# 第一章　行政法概述*

**一、单项选择题，每题所给的选项中只有一个正确答案。**

1. 下列有关行政法的基本原则的说法哪一项是错误的？（　　）

A. 行政机关作出决定时不得考虑不相关因素，这是诚实守信原则的要求之一

B. 没有法律规定的授权，行政机关不得作出影响公民、组织权利义务的决定

C. 合理行政原则属于行政法治的范畴

D. 行政效能原则是权责统一原则的要求之一

2. 下列哪一选项不属于程序正当原则的要求？（　　）

A. 公众参与

B. 回避

C. 进行行政裁量时应考虑相关因素

D. 听取当事人的意见

3. 下列有关行政法特征的说法哪一项是正确的？（　　）

A. 实体法律规范集中规定在统一法典之中

B. 行政职权与职责的适当分离

C. 行政法规范立、改、废的经常性

D. 行政机关可以通过协商确定行政权利义务

**二、多项选择题，每题所给的选项中有两个或两个以上正确答案，少答或多答均不得分。**

1. 下列哪些选项不属于比例原则的要求？（　　）

A. 行政机关采取的措施应当符合法律目的

B. 行政机关采取的措施应当遵守法定时限

C. 行政机关采取的措施应当保障公民知情权

D. 行政机关采取的措施应当尊重公民、组织的意见

2. 下列哪些选项是行政权力与法律责任的统一的体现？（　　）

A. 有权必有责　　B. 用权受监督

C. 违法受追究　　D. 侵权须赔偿

3. 有关合理行政原则，下列哪些说法是正确的？（　　）

A. 属于形式行政法治范畴

B. 平等对待当事人是其要求之一

C. 其要求的理性指行政决定应当具有法律专业人士所能达到的合理和适当

D. 其要求遵循考虑相关因素原则

4. 下列有关行政与行政法的说法哪些是正确的？（　　）

A. 行政法意义上的行政一般指形式行政，实质行政作补充

B. 宪法是建立和发展行政法的根据和基础

C. 有关行政组织的职能、组织、编制的法律制度是行政行为法的内容

D. 行政法与刑法是两个无关联的独立法律部门

**三、不定项选择题，每题所给的选项中有一个或一个以上正确答案，不答、少答或多答均不得分。**

1. 某市政府在招商活动中与某公司确定开发南山别墅山庄项目，并与该公司签订土地使用权出让合同。该公司缴纳了全部土地出让金后获得土地使用权，山庄如期建设并完工60%。后在省政府批准的城市规划中，山庄所在地要规划一个城市主题公园，故市政府决定收回该公司的土地使用权。该公司对收回决定不服，申请复议。下列说法正确的是：（　　）

A. 因收回决定是市政府根据省政府的批准决定作出的，故被申请人应为省政府

B. 该公司可用来维护自己合法权益的原则是信赖保护原则

C. 该公司可以委托2名代理人参加行政复议

D. 应由专职复议人员审理此案

2. 某公司的保安员张某擅离职守造成公司财物被盗，受到公司扣除年度奖金的处罚。张某心怀不满，一晚趁值夜班之机，将公司的生产用电变压器破坏。公司发觉后向公安局报案，公安局作出对张某拘留15日、罚款100元的处罚决定，并就张某赔偿公司的损失对双方进行调解。张某可以对下列哪些（项）行为提起行政诉讼？（　　）

A. 公司扣除张某奖金的处罚决定

B. 公安局对张某拘留15日的处罚决定

C. 公安局对张某罚款100元的处罚决定

D. 公安局对赔偿公司损失进行的调解

3. 县林业和草原局与该局5名干部的家属王某等人签订了承包该局所管辖的某乡林业检查站的合同。合同约定：工资自付，全奖全罚。因王某等承包人私印收费凭证，对当事人乱收、滥罚，县林业和草原局遂决定废止合同。王某等人不服，诉至法院。法院判决合同无效，追缴罚款。请问王某等人败诉的原因何在？（　　）

---

* 本章答案参见第52页。

A. 因违反合同约定而败诉

B. 因行政权是职权与职责的统一体，故承包合同无效

C. 因国家行政权不能承包，故合同无效

D. 因混淆了民事行为和行政行为是两类性质不同的行为

4. 下列表述中是行政合理性原则的内在含义的有：(　　)

A. 行政行为必须具有合理的动机

B. 行政行为必须考虑相关的因素

C. 行政行为必须符合法律的目的和精神

D. 行政行为必须符合公正法则

5. 甲公司从外省一家制药厂购进一批兽药在本县进行出售。县农牧渔业局接到举报后抽取部分样品进行检验，认定该药品不符合国家标准，遂对甲公司处以没收该种药品、违法所得以及罚款的处罚。甲公司不服处罚决定，向县政府申请复议，并在县政府维持原处罚决定后向县法院提起行政诉讼。下列哪些(种)关系受行政法调整？(　　)

A. 甲公司与县农牧渔业局之间的关系

B. 甲公司与制药厂之间的关系

C. 甲公司与县政府之间的关系

D. 甲公司与县法院之间的关系

6. 下列有关合法行政原则的表述正确的有：(　　)

A. 合法行政的根据是行政机关在政治制度上对立法机关的从属性

B. 合法行政的要求不是一成不变的

C. 合理行政原则是合法行政原则的延伸

D. 高效便民也蕴含着合法行政原则的精神

7. 下列选项中属于高效便民原则要求的有：(　　)

A. 行政机关公布的信息应全面、准确、真实

B. 行政机关应积极履行法定职责

C. 行政机关应遵守法定时限

D. 行政机关应保护公民的知情权

# 第二章　行政组织与公务员*

**一、单项选择题，每题所给的选项中只有一个正确答案。**

1. 下列有关国务院行政机构的说法哪一项是错误的？(　　)

A. 国务院办事机构协助国务院总理办理专门事项

B. 国务院直属机构主管国务院的某项专门业务

C. 在特殊情况下，国务院议事协调机构有权自行规定采取临时性行政管理措施

D. 国务院组成部门管理的国家行政机构主管特定业务

2. 下列有关公务员录用的说法哪一项是正确的？(　　)

A. 曾被开除公职的人原则上不得录用为公务员，但表现特别突出者不受此限制

B. 录用公务员须遵循统一程序，不得因录用特别职位的公务员而简化程序

C. 招录机关提出的拟录用人员名单应予以公示

D. 市级以下公务员主管部门可以对拟任职位的公务员的资格条件作出规定

3. 村民陈某申请建房，村委会经研究批给他一处6间房的宅基地。但陈某在该处建房6间后，以住房紧张为由在附近打了2间房的地基，并动工建房。村委会以陈某未经审批和建房过多为由出面制止，陈某不听劝阻。村委会报告乡政府并经其同意，限陈某1个月内拆除2间新房，陈某向法院提起行政诉讼。有关本案被告的确定下列哪一选项是正确的？(　　)

A. 村委会为被告

B. 乡政府为被告

C. 村委会和乡政府为共同被告

D. 县政府为被告

4. 邓丁与乡政府签订一份海湾养殖承包合同，乡政府将月亮湾承包给邓丁经营5年。后某市政府发出通知，要求邓丁等人依法办理确权手续，并领取海域使用权证书。邓丁以自己与乡政府签有承包合同为由拒不办理，市自然资源行政主管部门通知乡政府处理此事。乡政府得知后转交乡治安联防队处理，乡治安联防队带民工20余人将邓丁的海湾养殖设施全部拆除。邓丁对拆除行为不服起诉应以下列哪个组织为被告？(　　)

A. 市政府

B. 市自然资源行政主管部门

C. 乡政府

D. 乡治安联防队

5. 下列有关行政机关公务员处分的说法哪一项是

---

* 本章答案参见第52页。

正确的？（　　）

A. 处分决定自送达之日起生效

B. 处分决定机关负责人的回避由机关集体讨论决定

C. 除案情复杂或有特殊情形外，给予行政机关公务员处分应自批准立案之日起6个月内作出决定

D. 如被撤销处分的行政机关公务员的工资福利受到损失，应给予赔偿

6. 某市辖区公安局民警刘某在所辖范围内值勤时发现甲、乙等人在一录像厅内进行赌博，刘某准备将甲、乙等人带回派出所时遭到了甲、乙等人的反抗，刘某即用随身携带的警棍将甲的头部打伤。事情发生后，区公安局认定刘某殴打他人，情节较轻，于是依据《治安管理处罚法》对刘某作出拘留5日的处罚。下列关于此案的说法正确的是：（　　）

A. 刘某的行为不是职务行为，因为超越了职责范围

B. 区公安局对刘某的处罚是合法的

C. 刘某的行为是与行使职权有关的职务行为，因为其正在执行职务

D. 刘某的行为是职务行为，所以是合法的，区公安局不应当对刘某进行处罚

7. 下列关于公务员定期考核的说法哪项是正确的？（　　）

A. 定期考核是平时考核的基础

B. 对非领导成员的定期考核的结果，可以口头形式通知公务员本人

C. 对公务员的考核重点是工作能力

D. 定期考核的结果是调整公务员职务和级别的依据

8. 下列关于公务员回避的说法哪项是正确的？（　　）

A. 因地域或者工作性质特殊，需要变通执行公务员任职回避的，只能由国务院公务员主管部门作出规定

B. 公务员所在机关只能根据公务员本人或者利害关系人的申请，在审查之后作出是否回避的决定

C. 公务员担任省级、市级机关及其有关部门主要领导职务的，应当实行地域回避

D. 公务员在可能影响其公正履行职务时应当予以回避

9. 张某受到本单位的降职处分，现欲行使申诉控告权。以下说法正确的是：（　　）

A. 只能先向原处理机关申请复核，不能直接向同级公务员主管机关提出申诉

B. 张某若向原处理机关申请复核应在15日以内提出申请

C. 若张某直接向作出降职处分的机关的上一级机关提出申诉，该机关应当在受理之日起60日内作出决定且在任何情况下不得延长

D. 张某若向原处理机关申请复核，原处理机关应当在收到复核申请书后30日内作出复核决定

10. 下列有关新录用公务员试用期的说法哪项是正确的？（　　）

A. 试用期为6个月，试用期不合格的，可再试用6个月

B. 试用期为1年，对试用期内无法确定合格与否的，可延长6个月

C. 试用期不合格的，取消录用

D. 试用期合格的，经综合考评后，决定是否录用

11. 下列哪项做法不符合公务员管理规定？（　　）

A. 某卫生健康委员会干部经有关机关批准在外兼职并领取兼职报酬

B. 公务员甲因表现特别优秀，依程序被越一级晋升职务

C. 某行政机关对出现空缺的调研员职位面向社会公开选拔

D. 某公务员主管部门把公务员培训学习成绩作为公务员晋升的依据之一

12. 下列有关地方人民政府行政机构编制管理的说法哪项是不正确的？（　　）

A. 地方各级人民政府的行政编制总额，由省级人民政府编制管理机关提出，报国务院机构编制管理机关批准

B. 经国务院批准，国务院机构编制管理机关可以在地方行政编制总额内对特定的行政机构的行政编制实行专项管理

C. 地方各级人民政府在同一个行政区域不同层级之间调配使用行政编制的，应当由省级人民政府机构编制管理机关报国务院机构编制管理机关审批

D. 机构编制管理机关应当按照编制的不同类别和使用范围审批编制

13. 某县税务局干部沈某违反有关规定，被给予撤职处分。下列说法哪项是不正确的？（　　）

A. 沈某受处分的期间为18个月

B. 受处分期间，沈某不得晋升工资档次

C. 应当按规定降低沈某的级别

D. 处分决定应当以书面形式通知沈某

14. 下列有关公务员管理的说法哪项是正确的？（　　）

A. 公务员参加培训的情况应作为公务员晋升的依据之一

B. 除有特别情况外，为培养锻炼公务员，应以挂职方式选派公务员到下级机关工作

C. 经市级公务员主管部门批准，可以对辅助性职

位实行聘任制

D. 机关聘任公务员不受规定的编制限额的约束

**二、多项选择题，每题所给的选项中有两个或两个以上正确答案，少答或多答均不得分。**

1. 有关地方各级人民政府机构设置和编制管理的说法，下列哪些选项是正确的？（　　）

A. 县级以上各级人民政府机构编制管理机关与下级机构编制工作之间的关系为业务指导和监督关系

B. 行政机构之间对职责划分有异议经协商一致的，应当报本级人民政府机构编制管理机关批准

C. 地方各级人民政府机构编制管理机关应当如实向上级机构编制管理机关提交机构编制年度统计资料

D. 县级以上各级人民政府机构编制管理机关应定期评估机构和编制执行情况，并将评估结果作为调整机构编制的主要依据

2. 下列哪些选项的表述是正确的？（　　）

A. 乡政府是一般权限行政机关

B. 地区行政公署是省级政府的派出机关

C. 审计局是专业性行政机关

D. 国家税务总局是国务院的工作部门

3. 下列有关行政机关公务员处分的做法哪些是正确的？（　　）

A. 生态环境局干部李某主动交代违法违纪行为并主动采取措施挽回损失，应当从轻处分

B. 财政局公务员孙某在 2 人以上共同违法违纪行为中起主要作用，应当从重处分

C. 林业和草原局对该局被判处有期徒刑 2 年的田某予以开除处分

D. 公务员姜某本应受警告处分，因有减轻处分的情形而免予处分

4. 下列有关地方人民政府机构设置和编制管理的说法哪些是不正确的？（　　）

A. 县级以上人民政府机构编制管理机关定期评估机构和编制执行情况的结果，应作为调整机构编制的标准

B. 地方各级政府的机构编制实行省统一领导、分级管理的体制

C. 对设立的所有议事协调机构，应明确规定其撤销的条件和期限

D. 县级以上地方各级人民政府的议事协调机构不单独设立办事机构

5. 下列哪些规范可以设定行政机关公务员处分事项？（　　）

A. 行政法规

B. 国务院决定

C. 规章

D. 省级行政机关公务员主管机关发布的文件

6. 下列哪些人员不符合公务员的任职条件？（　　）

A. 张某，居住在中国境内的美籍华人

B. 李某，常年患有严重的心脑血管疾病

C. 田某，大专文化水平，欲报考最高人民法院

D. 崔某，虽年仅 17 岁，但能力非凡，思想进步，身体强健，品行良好，欲报考北京市公务员

7. 下列哪些人员不得录取为公务员？（　　）

A. 刘某，因严重违反单位纪律被开除公职

B. 王某，党员，因个人作风问题被留党察看

C. 李某，曾因盗窃罪被判处管制 3 个月，现管制期限已届满

D. 方某，名牌大学研究生，但受腐朽思想的侵蚀，对社会主义制度颇为不满

8. 下列哪些情形下公务员应当回避？（　　）

A. 王某为某交通运输局局长，其儿媳蔡某欲调入该交通运输局财务室担任会计一职

B. 刘某为某市市场监督管理局局长，其外甥孙某为该市某县市场监督管理局局长

C. 田某为司法局某部门的科员，其妻周某在该局另一部门工作

D. 赵某为某林业和草原局局长，其子为该局人事部门负责人

9. 某机关拟辞退以下 4 位公务员，其中哪些不符合《公务员法》的有关规定？（　　）

A. 甲，因工作期间被机器轧断手指，被确定为五级伤残，丧失工作能力

B. 乙，因患病住院，仍在法律规定的医疗期内

C. 丙，已经怀孕 9 个月

D. 丁，请假期满无正当理由逾期不归已超过 20 日

10. 下列哪些人员不具有报考公务员的资格？（　　）

A. 小张，曾因盗窃被判处有期徒刑

B. 小王，曾经担任检察官，因玩忽职守而被开除公职

C. 小李，年满 16 周岁但未满 18 周岁，以自己的劳动收入作为主要生活来源

D. 小陈，大学应届毕业生（22 周岁），但没有工作经验

11. 公务员在受下列何种处分时，不得晋升工资档次？（　　）

A. 记过　　　　B. 记大过

C. 降级　　　　D. 撤职

12. 公务员之间有以下何种关系的，不得在同一机关担任双方直接隶属于同一领导人员的职务或者有直接上下级领导关系的职务？（　　）

A. 小王和小李为夫妻关系

B. 老陈和小陈为父子关系

C. 小孙和大孙为兄弟关系

D. 小周和小吴为连襟关系

13. 公务员有下列哪些情形的,不得辞去公职?(　　)

A. 未满国家规定的最低服务年限的

B. 重要公务尚未处理完毕,且须由本人继续处理的

C. 正在接受审计、纪律审查的

D. 涉嫌犯罪,司法程序尚未终结的

14. 公务员李某定期考核结果为不称职,如果对此考核结果不服,他可以采取哪些措施维护自己的合法权益?(　　)

A. 自知道该人事处理之日起 30 日内向原处理机关申请复核

B. 对复核结果不服的,可以自接到复核决定之日起 15 日内,按照规定向同级公务员主管部门或者作出该人事处理的机关的上一级机关提出申诉

C. 不经复核,自知道该人事处理之日起 30 日内直接提出申诉

D. 不经复核,自知道该人事处理之日起 45 日内直接提出申诉

15. 下列有关公务员人事争议仲裁的说法哪些是正确的?(　　)

A. 人事争议仲裁只对聘任制公务员适用

B. 人事争议仲裁委员会中应有法律专家

C. 公务员可以自争议发生之日起 1 年内向人事争议仲裁委员会申请仲裁

D. 当事人对人事争议仲裁裁决不能提出诉讼

16. 公务员在离职后有哪些从业限制?(　　)

A. 公务员李某,原系领导成员,在离职后 2 年内不得到与原工作业务直接相关的企业或者其他营利性组织任职

B. 公务员陈某,原系领导成员,在离职后 3 年内不得到与原工作业务直接相关的企业或者其他营利性组织任职

C. 公务员张某,非系领导成员,在离职后 2 年内不得从事与原工作业务直接相关的营利性活动

D. 公务员赵某,非系领导成员,在离职后 3 年内不得从事与原工作业务直接相关的营利性活动

**三、不定项选择题,每题所给的选项中有一个或一个以上正确答案,不答、少答或多答均不得分。**

1. 下列有关地方人民政府议事协调机构的设立说法不正确的有:(　　)

A. 地方各级人民政府行政机构应当根据工作需要和精简的原则设立议事协调机构

B. 议事协调机构的设立、撤销、合并应由本级人民政府报上一级人民政府机构编制管理机关审批

C. 县级以上地方各级人民政府的议事协调机构不得单独设立办事机构

D. 地方各级人民政府议事协调机构不单独确定编制

2. 下列说法正确的有:(　　)

A. 市场监督管理局李某违纪后主动采取措施挽回损失,应当免予处分

B. 财政局田某检举他人重大违法违纪行为且情况属实,应当减轻处分

C. 公安机关小钱被判处刑罚,应给予开除处分

D. 税务机关小孙违纪行为情节轻微,经过批评教育后改正,可以免予处分

3. 下列有关公务员管理的说法错误的有:(　　)

A. 生态环境局干部汪某工作已满 25 年,距法定退休年龄不足 7 年,经本人提出申请,应予提前退休

B. 建设局干部小曾未满国家规定的最低服务年限,不能辞去公职

C. 档案局干部莫某在年度考核中被确定为基本称职,可以按规定享受年终奖金

D. 司法部干部马某到某国有企业挂职锻炼,可以将人事关系转到该国有企业

4. 某县卫生健康委员会主任田某在管理过程中滥用职权,侵害了当事人的合法权益,构成违法。下列说法正确的有:(　　)

A. 对田某的处分,可由某县人民政府决定

B. 田某自立案调查起,不得再履行职务

C. 对田某的处分决定自作出之时生效

D. 对田某作出处分的办案期限,最长不得超过 2 年

5. 下列有关地方人民政府机构设置和编制管理的说法正确的有:(　　)

A. 依照规定程序设置的机构和核定的编制,应作为配备领导成员的依据

B. 县级人民政府行政机构的设立,应依法报县人大常委会备案

C. 确因行政管理需要,行政机构可以自行设定其他类别的编制

D. 县级以上各级人民政府机构编制管理机关发现违反机构设置和编制管理情况的,应当向本级人民政府提出处理意见和建议

6. 下列不属于增设国务院行政机构的司级内设机构方案应包括事项的是:(　　)

A. 机构的名称和职能

B. 与其业务相近的司级内设机构职能的划分

C. 与其业务相近或相关的司级内设机构职能转移情况

D. 机构的编制

7. 下列不属于由国务院规定或决定的公务员管理事项的是:(　　)

A. 公务员职务与级别的对应关系

B. 增设职位类别

C. 公务员体检的项目和标准

D. 所招录公务员职位的任职资格条件

8. 下列有关行政机关公务员处分的说法正确的是:(　　)

A. 李某受到记过处分,该处分决定自作出之日起生效

B. 曲某被公安局开除,其本人档案即应转由其户籍所在地人事部门所属的人才服务机构管理

C. 因俞某违纪案情复杂,对其处分可自批准立案之日起 18 个月内作出决定

D. 对田某的处分决定应包括处分机关的名称和印章

# 第三章　抽象行政行为*

**一、多项选择题,每题所给的选项中有两个或两个以上正确答案,少答或多答均不得分。**

1. 下列哪些属现行有效的行政法规?(　　)

A. 国务院制定并公布的行政法规

B. 2005 年,经国务院批准、由国务院某部公布的规范性文件

C. 在清理行政法规时,由国务院确认为行政法规的规范性文件

D. 国务院发布的决定

2. 下列哪些事项规章无权设定?(　　)

A. 吊销行政许可证

B. 查封财物

C. 冻结银行存款

D. 对金钱给付的滞纳金

**二、不定项选择题,每题所给的选项中有一个或一个以上正确答案,不答、少答或多答均不得分。**

1. 下列属于抽象行政行为的有:(　　)

A. 某大桥桥头有一块牌子,上面写着"6:00～21:00,非机动车辆不得上桥",落款为该市公安局

B. 某公安局对违反规定驾驶人力三轮车上大桥的人员处以 50 元的罚款

C. 某劳动局规定,本辖区内企业与员工间的劳动合同应报经该局鉴证

D. 某劳动局对辖区内某企业与员工间的劳动合同予以鉴证

2. 下列关于抽象行政行为的说法正确的是:(　　)

A. 抽象行政行为一般以不特定的人和事为调整对象

B. 抽象行政行为向后发生效力,不具有溯及力

C. 抽象行政行为一般能够反复适用

D. 抽象行政行为和行政立法这两个概念的内涵和外延都是相同的

3. 大兴手套厂系国有企业红旗机械厂为安置待业人员创办的集体企业,后两厂因隶属关系发生纠纷,市国有资产监督管理委员会以国资字第 6 号文件的形式对两厂产权作出界定。国资字第 6 号文件属于什么种类的行政行为?(　　)

A. 抽象行政行为　　B. 具体行政行为

C. 内部行政行为　　D. 行政强制措施

# 第四章　具体行政行为概述**

**一、单项选择题,每题所给的选项中只有一个正确答案。**

1. 下列哪一行为不是具体行政行为?(　　)

A. 公安局对殴打他人的张某作出拘留 10 日的处罚

B. 市场监督管理局向拟办理工商登记的李某提供建议

C. 林业和草原局责令砍伐林木的田某补种树木 50 棵

D. 卫生健康委员会对患有传染病的黄某强制隔离

2. 下列有关无效具体行政行为的说法哪一项是正确的?(　　)

A. 无效具体行政行为的表现形式是确定的

B. 任何机关都可以在任何时间宣布无效具体行政行为无效

C. 无效具体行政行为与可撤销的具体行政行为的法律缺陷程度差异不大

D. 对无效具体行政行为,当事人不受它约束

---

* 本章答案参见第 55 页。

** 本章答案参见第 55 页。

3. 甲村与乙村交界处20公顷土地的权属由于历史原因一直处于不明确状态,双方多次协商未果。为了早日解决问题,乡政府在双方代表参与的情况下,经过审查裁决土地所有权属于甲村。乡政府的行为属于:(　　)

A. 行政处罚　　B. 行政裁决

C. 行政调解　　D. 行政确认

4. 乡政府根据张某的申请,依法向其发放《农村五保户证明书》和一定的救济金。下列说法哪一项是正确的?(　　)

A. 发放《农村五保户证明书》和发放救济金的行为均属于行政许可行为

B. 发放救济金的行为属于依职权的行政行为

C. 发放救济金的行为属于双方行政行为

D. 发放《农村五保户证明书》的行为属于依申请的行政行为

**二、多项选择题,每题所给的选项中有两个或两个以上正确答案,少答或多答均不得分。**

1. 下列关于具体行政行为确定力的理解哪些是正确的?(　　)

A. 相对人不得擅自改变具体行政行为

B. 行政主体非经法定程序不得任意改变或撤销具体行政行为

C. 相对人必须遵守和实际履行具体行政行为规定的义务

D. 具体行政行为在行政复议或行政诉讼期间不停止执行

2. 下列关于行政行为从属性的理解哪些是正确的?(　　)

A. 行政行为的实施必须有法律依据

B. 行政行为必须在行政首长指令的范围内实施

C. 行政行为一经作出,相对人必须遵守和服从

D. 行政行为是受法律约束的行为

3. 下列哪些行为属于具体行政行为?(　　)

A. 某市人民政府针对社会治安问题所作的具体规定

B. 某乡政府作出的责令王某退还非法占用土地的决定

C. 某区人民政府对某家长不送适龄子女入学的行为进行通报批评

D. 税务机关向某人收取个人所得税

4. 依照有关法律规定,设立股份有限公司,董事会应当于创立大会结束后30日内向市场监督管理机关申请设立登记。市场监督管理机关收到其提交的全部文件后向其发送《公司登记受理通知书》,自发出《公司登记受理通知书》之日起30日内,作出核准登记或者不予登记的决定。核准登记属于哪些类型的行为?(　　)

A. 依职权行政行为　　B. 要式行政行为

C. 单方行政行为　　D. 授益行政行为

5. 行政行为无效的法律后果体现在哪些方面?(　　)

A. 司法机关可以不受时效限制审查该行为

B. 行政机关应当将实施行政行为取得的利益返还

C. 行政行为自宣布无效之日起失去法律效力

D. 行政相对人可以自行决定不履行该行为设定的义务

6. 下列哪些行为属于行政裁决?(　　)

A. 某县人民政府解决甲、乙双方关于土地使用权归属的纠纷

B. 某劳动争议仲裁委员会解决某企业与其职工之间因解除劳动合同而产生的争议

C. 某环境保护机关裁决某企业违法排污造成他人合法权益损害而引起的赔偿纠纷

D. 甲将乙打伤,派出所对甲、乙之间关于医疗费用的承担所作的调解

# 第五章　行政许可*

**一、单项选择题,每题所给的选项中只有一个正确答案。**

1. 下列有关行政许可的变更和延续的说法哪项是正确的?(　　)

A. 被许可人要求变更行政许可事项的,可以向作出许可决定的行政机关提出申请,也可以向其上一级提出申请

B. 被许可人需要延续其取得的行政许可的有效期的,可以向作出许可决定的行政机关提出申请,也可以向其上一级提出申请

C. 被许可人对行政机关作出的变更许可事项的决定不服的,不能向法院提起行政诉讼

D. 被许可人对行政机关拒绝延续许可有效期的决定不服的,可以向法院提起行政诉讼

2. 某县对屠宰市场进行监管,决定只设1个名额。甲和乙都提出申请,且都符合法定的条件。行政机关

* 本章答案参见第56页。

的下列做法哪一项是正确的？（　　）

A. 按照本省政府制定的规章作出决定

B. 根据受理行政许可申请的先后顺序作出准予行政许可的决定。但是，法律、行政法规另有规定的，依照其规定

C. 报请上一级行政机关决定

D. 报请县人大常委会决定

3. 发生下面所说的哪种情况，给公民、法人或者其他组织造成财产损失的，行政机关应当依法予以补偿？（　　）

A. 李某依法取得了在江边某处采砂的许可，后为了防洪筑坝的需要，行政机关撤回了该许可

B. 猎户赵某违反规定滥杀动物，其持枪证被行政机关吊销

C. 丙申请食品生产许可，行政机关工作人员玩忽职守，未经实地检查其场地条件就批准了该申请，后该许可被撤销

D. 王某在不符合条件的情况下，为了取得生猪屠宰许可证而贿赂行政机关工作人员，后王某的许可证被上级机关吊销

4. 某省政府认为行政法规设定的有关经济事务的行政许可在本地区已无实施必要，经下列哪一机关批准可以停止实施？（　　）

A. 该省人大常委会　　B. 司法部

C. 国务院　　D. 全国人大常委会

5. 甲公司向生态环境局申请排污许可证，附近居民反对并申请听证。生态环境局拟进行听证。下列哪一选项是正确的？（　　）

A. 若甲公司和附近居民协商同意，听证可以不公开举行

B. 附近居民应承担组织此次听证的费用

C. 附近居民在举行听证时可以提出证据，但不能质证

D. 甲公司有权申请听证主持人回避

6. 根据法律规定，申请一项许可的程序是，先由下级行政机关初审，再报上一级行政机关批准后作出决定。张某向甲行政机关提出许可申请，甲行政机关认为张某的申请不符合条件，拒绝向乙行政机关（上一级行政机关）上报，张某不服提起行政诉讼。下列哪一主体为本案的被告？（　　）

A. 乙行政机关

B. 甲行政机关

C. 甲行政机关和乙行政机关

D. 甲行政机关或乙行政机关，由张某选择

7. 下列有关行政许可监督检查的说法哪一项是正确的？（　　）

A. 凡行政机关均应当实现与被许可人的计算机档案系统互联，以核查被许可人从事行政许可事项活动情况

B. 行政机关可以根据规章的规定，对直接关系人身健康的重要设备、设施进行定期检验

C. 除《行政许可法》的规定外，法律、法规、规章可以规定其他注销行政许可的情形

D. 行政机关发现直接关系人身健康的重要设备存在安全隐患，应当责令停止建造、安装和使用

8. 某直辖市政府以“摩的”遍地开花影响市容为由发布一项通知，要求凡是从事“摩的”运营的都应当取得市政府的运营许可证。关于此运营许可证，下列说法哪一项是正确的？（　　）

A. 因通知越权，规定运营许可证违法

B. 因市政府发布通知时没有举行听证会，规定运营许可证违法

C. 政府有对城市进行管理的权力，通知对“摩的”进行限制是合法的

D. 基于维护市容的要求，政府进行管理，通知是合理的

9. 赵某想开办一家化肥厂，向行政机关申请营业执照。行政机关在审查时发现该厂距离河水很近，如果化肥厂管理不善，很有可能污染河水，并对附近居民生活造成影响。那么，下面关于行政机关的做法哪一项是正确的？（　　）

A. 行政机关无须告知附近居民该申请许可事项

B. 行政机关应当告知附近居民该情况，但是附近居民无权陈述意见

C. 行政机关只须听取附近居民的意见，无须听取赵某的申辩

D. 行政机关应当告知附近居民，附近居民和赵某有权进行陈述和申辩，行政机关应当听取双方的意见

10. 下列有关行政许可的监督检查的说法哪一项是正确的？（　　）

A. 取得直接关系公共利益的特定行业的市场准入行政许可的被许可人，如停业应经作出许可决定的上级行政机关批准

B. 直接关系公共安全的重要设备的使用单位应建立相应的自检制度

C. 对行政机关监督检查行政许可的记录的查阅权，限于行政许可的利害关系人

D. 行政机关必须保证实现与被许可人、其他有关行政机关的计算机档案系统互联

11. 某公司为建一栋商品房，向某市规划局、建设局和生态环境局等部门申请有关证照。请问下列哪一种说法是正确的？（　　）

A. 某公司应当对其申请材料实质内容的真实性负责

B. 某公司的申请材料不齐全，相关部门不当场一次告知需要补正的全部内容即构成违法

C. 相关部门需要对某公司申请材料的实质内容进行核实的,应当指派1名工作人员进行核查

D. 某公司的申请符合条件,相关部门应在30个工作日内办结全部证照

12. 某规划局针对一公司提出的建设规划许可证申请举行听证会,并制作了听证笔录。关于听证笔录的效力,下列哪一项说法是正确的?( )

A. 规划局可以抛开听证笔录作出行政许可决定

B. 听证笔录可以作为规划局作出行政许可决定的参考

C. 规划局可以根据听证笔录以外的事实作出行政许可决定

D. 规划局应当根据听证笔录作出行政许可决定

13. 王某通过提供虚假材料的方式向房管局申请将李某的房屋过户给自己,由于房管局工作人员未按要求履行审查职责,导致李某在不知情的情况下房屋被过户,又被出售给他人。李某要求房管局赔偿自己的损失。下列哪一项说法是正确的?( )

A. 李某损失系王某行为造成,房管局不承担赔偿责任

B. 虽然王某的行为是导致李某损失的起因,但如果房管局严格审查,李某的损失可以避免,房管局应承担全部赔偿责任

C. 李某损失由房管局和王某的行为共同造成,二者应承担连带赔偿责任

D. 应当根据房管局的行为在损害发生过程和结果中所起作用等因素,确定其赔偿责任

**二、多项选择题,每题所给的选项中有两个或两个以上正确答案,少答或多答均不得分。**

1. 下列关于行政许可的说法哪些是不正确的?( )

A. 起草法律草案、法规草案和省、自治区、直辖市人民政府规章草案,拟设定行政许可的,起草单位可以采取听证会、论证会等形式听取意见

B. 行政许可的实施和结果可以公布,但涉及国家秘密、商业秘密或者个人隐私的除外

C. 行政许可申请人有依法取得行政许可的平等权利,行政机关不得歧视

D. 行政许可依据的法律已经修改,行政机关依法变更或者撤回已经生效的行政许可,由此给公民、法人或者其他组织造成财产损失的,行政机关应当依法给予补偿

2. 下列有关行政许可费用的说法哪些是正确的?( )

A. 行政机关实施行政许可的费用应由本级财政保障

B. 法律、行政法规若规定实施行政许可可以收取费用,依照其规定

C. 行政机关提供行政许可申请书格式文本,可以收取工本费

D. 行政机关实施行政许可,依照法律、行政法规收取的费用,只能作为实施行政许可所需经费

3. 下列关于行政许可设定权的说法中,哪些是正确的?( )

A. 教育部有权对法律设定的行政许可作出具体规定

B. 商务部有权设定行政许可

C. 上海市政府的规章有权设定临时性的行政许可

D. 国务院有权决定对纺织品进出口实行配额限制

4. 甲公司依法取得的国有土地使用权证因该土地上要修建铁路被提前收回,导致甲公司遭受损失。甲公司对撤回决定不服,向法院提起行政诉讼。下列哪些说法是正确的?( )

A. 行政机关对补偿作出决定,甲公司同时起诉的,法院可以决定合并审理

B. 对补偿问题,甲公司向行政机关提出申请,行政机关在法定期限内不予答复时,甲公司可向法院提起行政诉讼

C. 对甲公司的损失,应按照市场价值进行补偿

D. 对补偿问题,法院在审理时可以进行调解

5. 某市惠达房产公司经过投标获得了珍珠广场的一块地皮,准备建造一个现代化小区。后市政府根据城市发展的战略需要,欲将此块地皮收回,并将该部分建设为城市中心公共绿地。对市政府的上述行为,看法不正确的是:( )

A. 市政府有权收回此块地皮并不给予任何补偿,因为其行为是为了公共利益

B. 市政府有权收回此块地皮,但对于给惠达公司造成的损失应给予补偿

C. 市政府无权收回此块地皮

D. 市政府如果收回此块地皮,则应当重新给惠达公司一块地皮

6. 下列说法中,哪些不符合《行政许可法》对行政机关实施行政许可的要求?( )

A. 某市的消防部门要求申请人购买指定的消防设备,否则不发给消防许可证

B. 某地的市场监督管理机关利用企业登记之机要求申请人订阅某种杂志

C. 某地负责机动车年检的机关无论机动车是否有毛病,一律要求其到指定的维修厂接受服务,否则不能通过年检

D. 某地文化和旅游局的工作人员在办理导游资格证的过程中,接受申请人送的到国外旅游的机票

7. 对下列哪些选项中的情况,行政机关应当举行听证?( )

A. 某市因城市建设需将一座大型体育馆拆除。根据《公共文化体育设施条例》的规定，因城乡建设确需拆除大型公共文化体育设施的，人民政府在批准前，应当举行听证会，听取公众意见

B. 某地为发展经济需要修建高速公路。行政机关认为高速公路上的噪声会影响附近群众的生活

C. 屈某向市规划局申请将自家原来的平房翻盖为两层的小楼。邻居谈某得知后，认为两层小楼会影响自己房间的采光，于是向规划局提出听证申请

D. 某市政府部门根据地方性法规，欲批准申请人王某的屠宰场为本市唯一指定生猪屠宰场。申请人赵某认为自己也符合条件，于是要求举行听证

8. 关于行政许可听证程序，下列哪些说法是正确的？（　　）

A. 行政机关应当在举行听证的 7 日前通知申请人、利害关系人

B. 听证一律公开举行

C. 听证会由负责审查行政许可申请的工作人员主持

D. 举行听证时，申请人、利害关系人可以提出证据并进行申辩和质证

9. 对下列哪些行为，当事人认为侵犯其合法权益提起行政诉讼的，法院应当依法受理？（　　）

A. 变更行政许可　　B. 注销行政许可

C. 不延续行政许可　　D. 撤回行政许可

10. 有关行政许可法律责任的说法，下列哪些是不正确的？（　　）

A. 行政机关对符合法定条件的行政许可申请不予受理的，即应对其直接负责的主管人员给予行政处分

B. 行政机关对不符合法定条件的申请人准予许可的，即应对其直接负责的主管人员给予行政处分

C. 许可申请人隐瞒有关情况申请许可的，行政机关即应给予罚款处罚

D. 行政机关截留实施行政许可依法收取的费用的，予以追缴即可

**三、不定项选择题，每题所给的选项中有一个或一个以上正确答案，不答、少答或多答均不得分。**

1. 下列有关行政许可设定的说法正确的有：（　　）

A. 国务院以决定形式设定的行政许可为临时性行政许可

B. 行政许可的实施机关可以对已设定的行政许可的实施情况及存在的必要性适时进行评价

C. 规章可以对上位法设定的行政许可的条件作出具体规定

D. 省、自治区、直辖市人民政府对行政法规设定的有关经济和社会事务的行政许可，符合条件的，经国务院批准，可以在本行政区域内停止实施该行政许可

2. 下列事项不适用《行政许可法》的有：（　　）

A. 某市建委对企业建设工程项目的开工审批

B. 某省教委对其直接管理的高校财务事项的审批

C. 某省公安厅对某高校教师出国护照的审批

D. 国家卫生健康委员会对其直接管理的医院外事事项的审批

3. 下列有关行政许可的说法不正确的有：（　　）

A. 张某申请卫生许可证，某县卫生健康委员会拒绝且未予说明理由，即应给予其直接责任人行政处分

B. 医生李某死亡，有关卫生部门应当注销其医师资格

C. 某企业通过贿赂手段取得的生产烟花爆竹的生产许可证被撤销后，在 1 年之内不得再申请此许可证

D. 某区规划局批准某居委会搭建自行车棚的决定，某区人民政府认为违法有权予以撤销

4. 下列许可或审批，属于《行政许可法》所规定的行政许可的有：（　　）

A. 王某想开一个小饭馆，向市场监督管理局申请营业执照

B. 公安交通部门根据李某的申请发给李某驾驶执照

C. 进出口食品检疫机关经鉴定后给某公司的出口食品贴上了检疫标签

D. 某大学希望上级教育主管部门拨款对学校进行扩建，上级教育部门对其申请进行审批

5. 某自然资源局以修建公共绿地为由，撤回向甲公司发放的国有土地使用权证。甲公司开工建设的厂房将被拆除。下列说法正确的是：（　　）

A. 如甲公司仅主张行政补偿，应当先向该自然资源局提出申请

B. 如甲公司对该自然资源局的补偿决定不服，应先申请复议才能向法院提起行政诉讼

C. 如甲公司对撤回决定不服，可以向法院提起行政诉讼

D. 如撤回决定合法，对甲公司的补偿原则上按照其实际投入的损失确定补偿数额

6. 关于行政许可的变更和延续，下列说法中不正确的是：（　　）

A. 范某是执业医师，如果想要变更执业范围，应当向准予其注册的卫生行政部门提出申请

B. 李某的捕捞许可证即将到期，如果李某希望延续捕捞许可证的有效期，应当在有效期届满 30 日前提出

C. 王某为注册建筑师，其注册有效期为 2 年。如果王某需要延续注册，应当在注册有效期届满之日起 30 日内提出

D. 被许可人提出延续申请，而矿务局未在采矿许

可有效期届满之前作出准许延续的决定，则视为准予延续

7. 甲公司对某行政机关发给乙公司的许可证不服，向法院提起行政诉讼。法院受理后发现行政机关发给乙公司的许可证虽违反决定时的法律，但符合新的法律。下列说法正确的有：(　　)

A. 法院可以依新的法律对行政机关发给乙公司许可证的决定的合法性作出判定

B. 应判决撤销乙公司的许可证

C. 应判决维持行政机关发给乙公司许可证的决定

D. 可以判决确认行政机关发给乙公司许可证的决定违法

8. 沈某申请一许可，行政机关审查后认定符合法定条件和标准，作出准予行政许可决定。下列说法正确的是：(　　)

A. 行政机关应作出书面决定

B. 对此决定，行政机关应予公开

C. 行政机关作出此决定后，当事人无须再办理相应的许可证

D. 公民、法人或者其他组织认为此决定侵犯其合法权益的，可以提起行政诉讼

# 第六章　行 政 处 罚*

**一、单项选择题，每题所给的选项中只有一个正确答案。**

1. 关于行政处罚中一事不再罚原则的表述，下列哪一项是正确的？(　　)

A. 针对一个违法行为，不能进行多种行政处罚

B. 针对一个违法行为，不能依据同一法律规范进行两次或两次以上的处罚

C. 针对一个违法行为，不能进行两次或两次以上的罚款

D. 针对一个违法行为，不能由两个或两个以上的行政机关进行处罚

2. 根据《行政处罚法》的规定，在下列哪种情况下当事人有权拒绝执法人员当场收缴行政处罚罚款？(　　)

A. 给予 20 元以下的罚款处罚的

B. 不当场收缴事后难以执行的

C. 不出具省、自治区、直辖市财政部门统一制发的罚款收据的

D. 认为决定证据不足的

3. 王某被市场监督管理局处以 2000 元的罚款，王某未按期缴纳，被市场监督管理局按罚款数额的 3% 加处罚款。下列哪一说法是正确的？(　　)

A. 2000 元罚款属于行为罚

B. 加处的 3% 罚款属于行政强制措施

C. 市场监督管理局对王某的处罚不能适用简易程序

D. 加处的 3% 罚款属于财产罚

4. 国务院某部制定一规章规定，对某一行政违法行为，除可以对单位处以罚款之外，还可以对直接责任人处以 5000 元以下罚款，但规定这一违法行为处罚的法律、行政法规并未规定可以对直接责任人处以行政处罚。下列有关该规章违法的理由的说法哪一项是正确的？(　　)

A. 因为规章无权规定罚款的行政处罚

B. 因为该规章对法律、行政法规未规定给予行政处罚的行为作出处罚规定

C. 因为该规章扩大了法律、行政法规给某一行为行政处罚的主体种类

D. 因为该规章超出了法律、行政法规对某一行为给予行政处罚的幅度范围

5. 根据《行政处罚法》的规定，下列选项中哪个不属于应当依法从轻或者减轻行政处罚的情形？(　　)

A. 已满 14 周岁、不满 18 周岁的人有违法行为的

B. 主动消除或者减轻违法行为危害后果的

C. 受他人教唆实施违法行为的

D. 配合行政机关查处违法行为有立功表现的

6. 某直辖市人民政府根据国务院的授权，决定由住建局统一行使行政机关的行政处罚权。但下列哪一项职权是根据《行政处罚法》的规定不能由住建局行使的？(　　)

A. 生态环境局的罚款权

B. 市场监督管理局的吊销营业执照权

C. 自然资源局的没收权

D. 公安局的拘留权

7. 甲市某制药公司生产了大批某种药品，并销往乙市。乙市卫生健康委员会在例行抽样检查过程中发现该药品内很多成分不符合卫生标准，乙市卫生健康委员会准备依据有关规定对该制药公司进行行政处罚。但甲市卫生健康委员会得知此事后，认为此案应

* 本章答案参见第 57 页。

由其自行管辖，乙市卫生健康委员会无权处理，两地卫生健康委员会因管辖权发生争议。就此案管辖权下列哪项说法是正确的？（　　）

A. 由乙市卫生健康委员会管辖

B. 由甲市卫生健康委员会管辖

C. 由二者共同管辖

D. 先协商解决，协商不成的，报请共同上一级卫生管理机关指定管辖

8. 李某出售不卫生的熟肉制品，县卫生健康委员会接到举报后，经过调查核实，对李某处以 5000 元罚款。下列哪一说法是正确的？（　　）

A. 由于情况紧急，县卫生健康委员会可以当场进行处罚

B. 县卫生健康委员会向有关人员调查询问时应制作笔录

C. 对 5000 元罚款县卫生健康委员会可以当场收缴

D. 执法人员在收集证据时，可自行决定先行登记保存可能灭失的证据

9. 刘某在饭馆喝酒时因对服务不满将服务员打伤，刘某被扭送到区公安分局，刘父声称刘某有精神病史。经鉴定，刘某确系精神分裂症患者，而且案发时正处于发病状态。下列哪一说法是正确的？（　　）

A. 是否对刘某予以处罚，区公安分局享有裁量权

B. 区公安分局应当对刘某予以处罚，但应减轻处罚

C. 区公安分局应当对刘某予以处罚，但应从轻处罚

D. 区公安分局应责令刘父对刘某严加看管和治疗

10. 某公安局以张某倒卖黄金为由，根据《金银管理条例》的规定，作出没收倒卖黄金款 20000 元的处罚，但未向张某送达处罚决定书。下列哪一说法是正确的？（　　）

A. 公安局的处罚合法

B. 公安局的处罚程序违法

C. 如向公安局申请复议，复议机关为上一级公安局

D. 因公安局没有送达处罚决定书，张某不能向法院提起行政诉讼

11. 赵某与钱某是邻居，一日双方为琐事争吵以致互殴。公安机关进行了调解，双方就医疗费赔偿等达成了调解协议。事后，赵某履行了调解协议，而钱某没有履行。赵某请求公安机关强制执行调解协议。公安机关的下列做法哪一项是正确的？（　　）

A. 不予执行。告知赵某向人民法院就该纠纷提起民事诉讼

B. 不予执行。告知赵某提起行政附带民事诉讼以撤销该调解协议并判决钱某赔偿医疗费

C. 不予执行。告知赵某提起行政诉讼以撤销该调解协议

D. 强制钱某履行该调解协议

12. 周某聚众扰乱某高校的秩序，被公安机关处以 15 日拘留并罚款 500 元。同时，周某强行进入正在进行中超联赛的足球场内，又被公安机关处以 10 日拘留并罚款 500 元。对这两项治安处罚，该如何执行？（　　）

A. 合并执行行政拘留 25 日，并处罚款 1000 元

B. 合并执行行政拘留 20 日，并处罚款 1000 元

C. 执行最长行政拘留 15 日，并处罚款 1000 元

D. 由于是两个处罚决定，应当分别执行

13. 张某非法携带管制刀具乘坐长途火车，在其拿出刀具向同伴炫耀之时被乘警发现。乘警当场没收了张某的管制刀具，并作出罚款 50 元的处罚，且立即收缴了该罚款。对于缴纳罚款，乘警的下列哪一做法是正确的？（　　）

A. 自到站之日起 5 日内将罚款缴付指定银行

B. 自到站之日起 2 日内将罚款缴付指定银行

C. 自到站之日起 5 日内将罚款交至所属的铁路公安机关，由公安机关自收到罚款之日起 5 日内将罚款缴付指定银行

D. 自到站之日起 2 日内将罚款交至所属的铁路公安机关，由公安机关自收到罚款之日起 2 日内将罚款缴付指定银行

**二、多项选择题，每题所给的选项中有两个或两个以上正确答案，少答或多答均不得分。**

1. 根据《行政处罚法》的规定，下列选项中哪些属于应当不予行政处罚或者行政机关不得给予处罚的情形？（　　）

A. 不满 14 周岁的人有违法行为的

B. 违法行为轻微并及时纠正，没有造成危害后果的

C. 违法事实不能成立的

D. 行政机关对当事人进行处罚不使用罚款、没收财物单据或者使用非法定部门制发的罚款、没收财物单据的

2. 某派出所以田某违反治安管理为由作出罚款 300 元的处罚。下列哪些说法是正确的？（　　）

A. 派出所可以以自己的名义作出处罚

B. 派出所制作的处罚决定书应载明处罚的执行期限

C. 如处罚决定书无法当场交给田某，派出所应在 7 日内送达田某

D. 派出所对田某可以当场作出处罚决定

3. 徐某因寻衅滋事被派出所抓获，派出所同时查明徐某 3 个月前曾因殴打他人被处以 500 元罚款。

《治安管理处罚法》第26条规定，有寻衅滋事行为，处5日以上10日以下拘留，可以并处500元以下罚款；情节较重的，处10日以上15日以下拘留，可以并处1000元以下罚款。下列哪些说法是正确的？（ ）

A. 派出所对徐某无权处罚

B. 对徐某应从重处罚

C. 对徐某应加重处罚

D. 若徐某3个月前殴打他人的行为未处罚，对徐某殴打他人和寻衅滋事的行为应分别作出处罚决定，合并执行

4. 张某系A县外出到C县的经商人员，除春节回家探亲之外基本上常年住在C县。一日张某从B县购进一批假烟在C县出售，对张某的行为应当由：（ ）

A. A县享有管辖权的行政机关管辖

B. B县享有管辖权的行政机关管辖

C. C县享有管辖权的行政机关管辖

D. A、B、C县的共同上级行政机关管辖

5. 2006年3月20日晚，韩某和本班同学刘某在电影院门口盗窃自行车一辆，商定各骑2个月后将车卖掉，得款均分。2006年5月19日韩某14岁生日，16岁的刘某在骑自行车去韩某家参加聚会的途中被联防人员查获，并供出自己和韩某盗窃的全过程。为此，两人所属的区公安局作出对韩某、刘某各处以行政拘留7日的行政处罚决定。下列说法哪些是正确的？（ ）

A. 区公安局对韩某的处罚是错误的

B. 区公安局对刘某的处罚过于严重，应当减轻处罚

C. 对两人都不应该加以处罚

D. 区公安局对韩某的处罚过于严重，而对刘某的处罚是正确的

6. 个体户某甲销售货物时屡有短斤少两的现象，市场监督管理局发现后决定对其处以吊销营业执照的处罚。下列有关该事件的表述中哪些是正确的？（ ）

A. 市场监督管理局应告知某甲有要求举行听证的权利

B. 某甲既可以自己参加听证，也可以委托他人代理参加听证

C. 听证应当公开进行

D. 举行听证的有关费用由市场监督管理局与某甲合理分担

7. 张某家住甲地，在乙地制作盗版光盘经过丙地运输到丁地进行销售。对张某的违法行为要进行处罚，有管辖权的机关是：（ ）

A. 甲地依法有处罚权的行政机关

B. 乙地依法有处罚权的行政机关

C. 丙地依法有处罚权的行政机关

D. 丁地依法有处罚权的行政机关

8. 以下违反治安管理的行为人，依照《治安管理处罚法》应当给予行政拘留处罚，但不需要执行该行政拘留处罚的有哪些？（ ）

A. 张某（女）正在哺乳自己6个月大的女儿

B. 陈某年届80岁，但身体仍很健康

C. 李某刚过18岁生日，但初次违反治安管理

D. 孙某15周岁

9. 王某为某高校计算机专业的研究生，他故意制作、传播计算机病毒等破坏性程序，违法侵入学校行政管理系统进行破坏，被公安机关查获。公安机关对其作出行政拘留3日的处罚，但同时认为对王某暂缓执行拘留不致发生社会危险。王某的父母提出以下哪些担保人，公安机关不可以暂缓执行？（ ）

A. 王某回国探亲的舅舅

B. 王某的父亲，曾因故意伤害罪被判处5年有期徒刑，现已刑满释放

C. 王某的叔叔，在外省担任某公安局局长

D. 王某已经工作的同学，和王某一起制作了这些计算机病毒，但没有实施破坏行为

10. 下列有关行政处罚一般程序的说法哪些是正确的？（ ）

A. 行政机关在收集证据时，可以采取抽样取证的方法

B. 行政机关进行检查时，应制作笔录

C. 行政机关在作出处罚决定前，应告知当事人给予行政处罚的事实、理由和依据

D. 行政处罚的履行期限是处罚决定书应载明的事项

11. 公安机关进行治安调解应当具备下列哪些条件？（ ）

A. 引发违反治安管理行为的原因必须是民间纠纷

B. 可以调解的治安案件的范围仅限于打架斗殴或者损毁他人财物等情节轻微的违反治安管理的行为

C. 至少一方当事人有愿意接受调解的意思表示

D. 必须在公安机关的主持下进行

12. 警察对于下列哪些情形可以当场收缴罚款？（ ）

A. 被处50元以下罚款，被处罚人对罚款无异议的

B. 在边远、水上、交通不便地区，公安机关及其人民警察依照《治安管理处罚法》的规定作出罚款决定后，被处罚人向指定的银行缴纳罚款确有困难，经被处罚人提出的

C. 被处罚人在当地没有固定住所，不当场收缴事后难以执行的

D. 被处罚人不讲真实姓名的

13. 在当事人提出请求的情况下，下列哪些案件应当适用听证程序？（　　）

A. 市场监督管理机关作出的吊销卫生许可证的处罚

B. 市场监督管理机关作出的罚款 2000 元的处罚

C. 行政机关作出的警告处罚

D. 公安交通管理局作出的暂扣驾驶执照的处罚

14. 有关治安管理处罚的说法，下列哪些选项是正确的？（　　）

A. 对外国人限期出境，属于治安管理处罚的种类之一

B. 对违反治安管理所得的财物，没有被侵害人的应登记造册

C. 对行政拘留的合并执行，最长不超过 30 日

D. 教唆他人违反治安管理的，属于从重处罚情形

**三、不定项选择题，每题所给的选项中有一个或一个以上正确答案，不答、少答或多答均不得分。**

1. 渔民余某经航运主管机关批准并取得航运许可证，在渡口用自己的渔船摆渡过河的行人。一日，余某在超载摆渡行人时，被航运主管机关的执法人员拦截。经调查，执法人员欲对余某作出行政处罚。

(1) 航运主管机关执法人员欲当场对余某作出处罚决定，可以作出的处罚有：（　　）

A. 吊销航运许可证　　B. 50 元以下的罚款

C. 1000 元以下的罚款　　D. 警告

(2) 如果航运主管机关拟作出吊销余某航运许可证的处罚，余某要求听证，下列说法不正确的有：（　　）

A. 余某可以在航运主管机关告知其有要求听证的权利后 7 日内提出听证

B. 航运主管机关应当在听证的 7 日前，通知余某举行听证的时间、地点

C. 听证由本案调查人员主持

D. 余某必须亲自参加听证

(3) 如果航运主管机关对余某作出罚款决定，余某对处罚无异议，但认为到指定的银行缴纳罚款确有困难，要求向执法人员当场缴纳罚款。下列说法不正确的有：（　　）

A. 由于罚款数额巨大，航运主管机关的执法人员不能当场收缴余某的罚款

B. 执法人员应当自收缴罚款之日起 2 日内，将收缴的罚款交至航运主管机关

C. 执法人员应当自抵岸之日起 2 日内，将收缴的罚款交至航运主管机关

D. 航运主管机关应当自收到执法人员上缴的罚款之日起 2 日内，将罚款缴付指定的银行

2. 下列有关治安处罚的说法正确的有：（　　）

A. 不使用传唤证传唤违反治安管理行为人接受调查的，构成违法

B. 询问不满 18 周岁的违反治安管理行为人，应当通知其父母到场

C. 公安机关办理治安案件，不得扣押被侵害人合法占有的财产

D. 公安机关办理治安案件时制作的笔录应当交被询问人核对

3. 下列有关治安处罚的说法正确的有：（　　）

A. 保护公民的人格尊严，是实施治安管理处罚的要求之一

B. 在中华人民共和国航空器内发生的违反治安管理行为，均应适用《治安管理处罚法》

C. 违反治安管理且产生较严重后果的，加重处罚

D. 违反治安管理行为在 1 年内没有被公安机关发现的，不再处罚

4. 某歌舞厅因提供色情服务被举报，公安机关决定吊销该歌舞厅许可证并处以 1 万元的罚款，对歌舞厅的经理处以行政拘留 5 日，并对提供色情服务的人员予以警告。在公安机关作出决定前，对哪些（种）处罚，违反治安管理行为人有权要求举行听证？（　　）

A. 对提供色情服务人员的警告

B. 对经理的行政拘留

C. 吊销歌舞厅许可证

D. 对歌舞厅罚款 1 万元

5. 下列事项为行政机关按照一般程序作出行政处罚决定书应载明的内容的是：（　　）

A. 处罚的依据

B. 处罚地点

C. 处罚的履行方式

D. 不服处罚决定，当事人寻求救济的途径和期限

6. 薛某非法持有鸦片 100 克，公安机关对其作出拘留 10 日的处罚。下列说法正确的是：（　　）

A. 公安机关应及时通知薛某的家属

B. 对薛某的拘留由作出决定的公安机关送达拘留所执行

C. 薛某对处罚不服，应先申请复议才能提起行政诉讼

D. 薛某对拘留决定申请复议的，即应暂缓执行拘留

7. 下列有关行政处罚的说法正确的有：（　　）

A. 其本质在于其行政制裁性

B. 也可适用于公务员的失职行为

C. 地方性法规可以设定吊销个体户营业执照的行政处罚

D. 罚款和没收财产都是对财产的强制执行方式

# 第七章　行 政 强 制*

**一、单项选择题，每题所给的选项中只有一个正确答案。**

1. 某县政府为保障水上交通安全，对其辖区一水库内船舶进行清理整顿。因沈某船舶未到港务监督机构进行登记，县政府要求沈某将船舶驶到指定地点，限期不得驶离。关于这一措施的性质，下列说法正确的是：(　　)

A. 属于查封设施

B. 属于其他行政强制措施

C. 属于扣押财物

D. 属于行政强制执行

2.《海关法》规定，当事人逾期不履行海关的处罚决定，海关可以将其保证金抵缴或者将其被扣留的货物、物品、运输工具变价抵缴。海关采取的此种措施属于下列哪一种性质的行为？(　　)

A. 行政强制措施　　B. 执行罚

C. 代执行　　D. 直接强制

3. 根据《防洪法》的规定，工程设施建设严重影响防洪，逾期不拆除的，水利行政部门强行拆除，所需费用由建设单位承担。下列哪项说法是正确的？(　　)

A. 强制拆除行为为行政强制措施

B. 要求建设单位承担费用属于行政性收费

C. 要求建设单位承担费用应按照成本合理确定

D. 逾期不拆除的，水利行政部门也可以申请法院强行拆除

4. 下列有关行政强制措施的说法哪一项是正确的？(　　)

A. 警察将醉酒闹事的人强行带离现场的措施可以由行政法规设定

B. 划拨存款属于行政强制措施

C. 情况紧急需要当场实施查封行政强制措施的，行政执法人员应在返回行政机关后立即向负责人报告并补办手续

D. 行政机关逾期未作出处理决定或解除冻结决定的，金融机构应自冻结期满之日起解除冻结

5. 纳税人未按照规定期限缴纳税款的，税务机关从滞纳税款之日起，按日加收滞纳税款5‰的滞纳金。逾期仍未缴纳的，通知其开户银行从其存款中扣缴税款和滞纳金。下列说法中哪一项是正确的？(　　)

A. 加收滞纳金为行政强制措施，通知银行扣缴税款和滞纳金为行政强制执行

B. 加收滞纳金为行政强制执行，通知银行扣缴税款和滞纳金为行政强制措施

C. 加收滞纳金与通知银行扣缴税款和滞纳金，均为行政强制措施

D. 加收滞纳金为间接强制执行，通知银行扣缴税款和滞纳金为直接强制执行

6. 下列有关查封行政强制措施的说法正确的是：(　　)

A. 地方性法规有权对查封期限作出特别规定

B. 因查封发生的保管费由当事人承担

C. 接受行政机关委托负责保管财物的第三人的原因造成查封的财物损失，行政机关应先向当事人赔偿

D. 行政机关解除查封后应在30日内退还财物

7. 下列哪一选项，不属于行政机关中止行政强制执行后不再执行的条件？(　　)

A. 当事人确无能力履行

B. 中止执行没有明显社会危害

C. 中止执行满3年未恢复执行

D. 中止执行事项仅限于金钱给付

8. 下列哪一事项行政机关可以委托给第三人？(　　)

A. 实施扣押行政强制措施

B. 实施冻结行政强制措施

C. 要求当事人履行恢复原状义务的行政决定

D. 实施查封行政强制措施

**二、多项选择题，每题所给的选项中有两个或两个以上正确答案，少答或多答均不得分。**

1. 下列有关代履行的说法哪些是正确的？(　　)

A. 属于行政强制执行的方式

B. 行政机关可以代履行

C. 代履行时作出决定的行政机关应当派员到场监督

D. 代履行的费用由当事人承担，但法律、行政法规另有规定的除外

2. 下列哪些规范不得授权行政机关自行强制执行具体行政行为？(　　)

A. 法律　　B. 行政法规

C. 地方性法规　　D. 规章

3. 有关冻结存款行政强制措施，下列哪些说法是

---

* 本章答案参见第58页。

正确的？(　　)

A. 由法律、法规规定的行政机关实施

B. 实施这一措施的行政机关委托给其他行政机关实施的，应当将受委托行政机关和受委托实施的内容予以公告

C. 冻结存款的数额应当与违法行为涉及的金额相当

D. 金融机构接到依法作出的冻结通知书后，应立即予以冻结

4. 下列行政强制措施可以由地方性法规设定的有：(　　)

A. 扣押财物　　B. 查封财物

C. 查封场所　　D. 冻结汇款

5. 下列属于《行政强制法》所确立的实施行政强制的基本原则的有：(　　)

A. 行政强制法定原则

B. 信赖保护原则

C. 适当原则

D. 教育与强制相结合原则

6. 下列有关代履行的说法哪些是正确的？(　　)

A. 代履行属于行政强制措施

B. 代履行可以适用于不作为义务

C. 代履行不适用于与人身有关的义务

D. 代履行可以委托给没有利害关系的第三人

7. 下列哪些措施不适用《行政强制法》的规定？(　　)

A. 行政机关为应对社会安全突发事件采取的临时措施

B. 行政机关采取的进出境货物强制性技术监控措施

C. 行政机关采取的金融业审慎监管措施

D. 行政机关为应对公共卫生突发事件采取的应急措施

8. 下列哪些行为属于行政强制措施：(　　)

A. 市场监督管理局发现张某销售未经检验检疫的猪肉，暂扣尚未出售的猪肉

B. 李某酒后驾车，公安机关决定暂扣其机动车驾驶证6个月

C. 公安局发现吴某醉酒影响公共秩序，将其带离现场并约束至酒醒

D. 税务稽查局认定某公司涉嫌逃税，为防止其转移财产，扣押其相应财物

**三、不定项选择题，每题所给的选项中有一个或一个以上正确答案，不答、少答或多答均不得分。**

1. 下列哪些(种)规范可以授权行政机关自行强制执行？(　　)

A. 法律　　B. 行政法规

C. 地方性法规　　D. 规章

2. 某地方性法规规定机动车有违法行为的，执法机关应暂扣机动车行驶证并要求行为人到指定地点接受处理。下列说法正确的有：(　　)

A. 暂扣机动车行驶证为行政处罚

B. 对暂扣机动车行驶证，地方性法规无权设定

C. 暂扣机动车行驶证时应制作现场笔录

D. 暂扣机动车行驶证后应立即通知行为人的家属

3. 对下列哪些(种)情形，行政机关应当及时作出解除冻结的决定？(　　)

A. 当事人没有违法行为

B. 冻结的存款、汇款与违法行为无关

C. 冻结期限届满

D. 行政机关对违法行为已作出处理决定，不再需要冻结

4. 对下列哪些(种)情形，行政机关应当中止行政强制执行？(　　)

A. 执行标的灭失

B. 第三人对执行标的主张权利

C. 当事人履行行政决定确有困难

D. 执行可能造成难以弥补的损失

5. 某生态环境局对一企业作出罚款1万元的处罚，该企业逾期不缴纳罚款，生态环境局按日加处罚款3%。下列说法正确的有：(　　)

A. 加处罚款属于执行罚

B. 生态环境局无权加处罚款

C. 生态环境局应告知该企业加处罚款的标准

D. 加处罚款的数额不得超过2万元

6. 下列有关行政强制执行的说法正确的有：(　　)

A. 行政机关均不得在夜间或者法定节假日实施行政强制执行

B. 行政机关均不得对居民采取停止供水、供电、供热、供燃气等方式迫使当事人履行相关行政决定

C. 代履行均应委托没有利害关系的第三人执行

D. 行政机关作出强制执行决定前均应当事先催告当事人履行义务，且催告应当以书面形式作出

# 第八章　行政合同与行政给付*

一、单项选择题，每题所给的选项中只有一个正确答案。

1. 下列情形中，不属于行政合同可以终止的情形的是：(　　)

A. 不可抗力导致合同履行已不可能

B. 双方当事人协议解除

C. 行政机关因相对方的过错而宣布解除合同

D. 相对方因行政主体的过错而宣布解除合同

2. 行政机关单方面解除行政合同的情形不包括下列哪种情况？(　　)

A. 相对人不按约定履行合同，行政机关作为制裁解除合同

B. 因政策变化该合同的履行已经没有意义，行政机关单方面解除合同

C. 行政机关想更换合同相对的当事人而单方面解除合同

D. 因客观情况的影响，行政机关为公共利益单方面解除合同

3. 行政合同中行政机关的义务不包括：(　　)

A. 依法履行合同

B. 变更合同须征求相对人的同意

C. 支付报酬并兑现优惠

D. 单方面解除合同造成相对人损失的应该予以补偿

4. 行政合同中，行政机关与相对人的关系是：(　　)

A. 命令与服从

B. 平等

C. 协商

D. 行政主体享有权利，相对人履行义务

二、多项选择题，每题所给的选项中有两个或两个以上正确答案，少答或多答均不得分。

1. 行政机关在行政合同中享有的优益权包括：(　　)

A. 监督合同履行权和制裁权

B. 指挥权

C. 单方变更权

D. 无须征得相对人同意单方缔结合同的权力

2. 在行政合同的履行过程中应遵循哪些原则？(　　)

A. 诚实信用原则

B. 实际履行原则

C. 全面、适当履行原则

D. 本人履行原则

3. 行政合同中相对人享有的权利有：(　　)

A. 取得报酬和优惠的权利

B. 对不可预见的困难的补偿请求权

C. 损失补偿请求权

D. 损害赔偿请求权

4. 行政合同与民事合同的区别有：(　　)

A. 行政合同的当事人一方必为行政主体，而民事合同当事人则不要求有行政主体

B. 行政合同的签订目的是行使行政职能，实现特定的国家行政管理目标；而民事合同的订立是为了当事人本身的利益

C. 行政合同双方当事人地位不完全平等，而民事合同双方当事人地位完全平等

D. 行政合同纠纷通过行政法律救济程序解决，而民事合同纠纷通过民事法律救济程序解决

5. 下面关于行政给付特征的说法正确的有：(　　)

A. 行政给付是行政主体向行政相对人给付金钱或实物的行为

B. 行政给付的对象是特定的行政相对人

C. 行政给付是一种依申请的行政行为

D. 行政给付是依法作出的行政行为

6. 下列有关行政合同订立方式的说法正确的有：(　　)

A. 行政合同的订立须采用招标方式

B. 行政合同的对方当事人有权要求行政机关和其他机构提供相应的有效文件

C. 行政合同案卷可以供利害关系人查阅

D. 依法成立的行政合同自成立时生效

7. 下列有关行政合同的行政指导和监督的说法正确的有：(　　)

A. 行政合同应当约定关于行政指导和监督的条款

B. 行政机关的指导和监督违法，给对方当事人造成损失的，应当承担赔偿责任

C. 行政机关在指导和监督时可以要求对方当事人提供反映实际履行状况的资料和说明

D. 行政机关作为行政合同当事人，可以依照法律的规定或行政合同的约定，对对方当事人履行行政合同的情况进行指导和监督

8. 根据现行有效法律法规的规定，下列哪些属于行政给付？(　　)

---

* 本章答案参见第 60 页。

A. 某行政机关对因公牺牲人员家属给予的抚恤金

B. 某县人民政府对农村"五保户"给予的最低生活保障金

C. 某企业向先进工作者发放的奖金

D. 行政机关对退伍军人的工作安置

# 第九章　行政程序与政府信息公开*

**一、单项选择题，每题所给的选项中只有一个正确答案。**

1. 下列哪一项信息不属于《政府信息公开条例》所规定的政府信息？（　　）

A. 某市保密局制定的保密规定

B. 某市场监督管理局保存的某企业申请营业执照时向其递交的材料

C. 某公安局对甲作出的行政处罚决定

D. 某生态环境局干部小吴在办公室计算机中存储的参加研究生考试的笔记

2. 下列哪一事项不属于县级人民政府及其部门应当主动公开的政府信息？（　　）

A. 环境保护、公共卫生、安全生产、食品药品、产品质量的监督检查情况

B. 涉及市政建设、公共服务、公益事业方面的政府信息

C. 贯彻落实农业农村政策、农田水利工程建设运营等方面的政府信息

D. 办理行政许可和其他对外管理服务事项的依据、条件、程序以及办理结果

3. 下列哪一事项不属于当事人的政府信息公开申请书应包括的内容？（　　）

A. 申请人的联系方式

B. 申请公开的政府信息的名称、文号或者便于行政机关查询的其他特征性描述

C. 申请公开的政府信息的形式要求，包括获取信息的方式、途径

D. 申请政府信息公开的理由

4. 根据《政府信息公开条例》的规定，行政机关收到政府信息公开申请，不能当场答复的，应当自收到申请之日起多少个工作日内予以答复？（　　）

A. 7　　　　B. 10

C. 15　　　　D. 20

5. 下列关于行政告知制度的说法哪一项是不正确的？（　　）

A. 它是指通过合理的途径将应该让当事人了解的事项及有关权利予以明确

B. 告知的内容包括两个方面：相关的事实、法律和行为的内容；当事人享有的权利和寻求救济的方法

C. 告知对行政机关来说是一项义务，对当事人来说是一项权利

D. 告知以当事人提出申请为前提条件

6. 在政府信息公开行政案件审理期间，原告张某申请停止公开涉及其个人隐私的政府信息。法院经审查认为公开该信息会造成难以弥补的损失，且停止公开不损害公共利益的，可以作出哪一处理？（　　）

A. 裁定中止案件的审理

B. 裁定暂时停止公开

C. 判决确认公开行为违法

D. 判决暂时停止公开

7. 下列有关政府信息公开的说法哪一项是正确的？（　　）

A. 由行政机关的档案机构保管的政府信息的公开，不适用《政府信息公开条例》的规定

B. 行政机关对政府信息不能确定是否可以公开时，应报同级保密工作部门确定

C. 申请公开的政府信息中含有不应当公开的内容的，行政机关应向申请人提供可以公开的政府信息内容

D. 行政机关按照申请人要求的形式提供政府信息，可能危及政府信息载体安全或者公开成本过高的，可以通过其他适当形式提供

**二、多项选择题，每题所给的选项中有两个或两个以上正确答案，少答或多答均不得分。**

1. 下列哪些事项属于政府信息公开工作机构的具体职责？（　　）

A. 建立健全本行政机关的政府信息发布协调机制

B. 组织开展对拟公开政府信息的审查

C. 组织编制本行政机关的政府信息公开工作年度报告

D. 办理本行政机关的政府信息公开事宜

2. 下列有关政府信息公开行政案件的说法哪些是

* 本章答案参见第 60 页。

正确的？(　　)

A. 甲认为行政机关提供的政府信息不符合法律、法规规定的适当形式向法院起诉的，法院不应受理

B. 乙认为行政机关提供的与其自身相关的政府信息记录不准确，要求该行政机关予以更正，该行政机关拒绝更正，乙向法院起诉的，属于行政诉讼受案范围

C. 丙要求行政机关为其制作政府信息，遭拒绝后向法院起诉的，法院应予受理

D. 被告能够证明政府信息涉及国家秘密，请求在诉讼中不予提交的，法院应当准许

3. 政府信息公开工作年度报告应当包括下列哪些内容？(　　)

A. 因政府信息公开工作被申请行政复议、提起行政诉讼的情况

B. 行政机关收到和处理政府信息公开申请的情况

C. 政府信息公开工作存在的主要问题

D. 政府信息公开机构的具体职责

4. 下列哪些事项属于行政机关应当主动公开的政府信息？(　　)

A. 某生态环境局的职能

B. 某自然资源局的机构设置情况

C. 向市场监督管理局申请办理工商登记的依据和条件

D. 某公安局有权给予行政处罚的规定

5. 甲向某行政机关申请公开政府信息。下列哪些说法是正确的？(　　)

A. 该机关除可以收取检索、复制、邮寄等成本费用外，不得收取其他费用

B. 若甲申请公开政府信息的数量、频次明显超过了合理范围，该机关可以收取信息处理费

C. 若甲的申请内容不明确，该机关应当给予指导和释明，并自收到申请之日起 7 个工作日内一次性告知甲作出补正

D. 若该机关已就甲提出的政府信息公开申请作出了答复，甲重复申请公开相同政府信息，该机关应告知甲不予重复处理

**三、不定项选择题，每题所给的选项中有一个或一个以上正确答案，不答、少答或多答均不得分。**

1. 所有具体行政行为在程序上都应确立的基本制度有：(　　)

A. 回避制度　　　　B. 合议制度

C. 告知制度　　　　D. 审议制度

2. 回避制度是行政程序的基本制度。需要回避的法定事由有：(　　)

A. 实施行政行为的人员本人为当事人

B. 实施行政行为的人员是一方当事人的近亲属

C. 实施行政行为的人员与当事人有其他关系，足以影响作出公正决定

D. 实施行政行为的人员曾经作为鉴定人或者证人参与过该项行政活动

3. 下列有关政府信息公开行政案件的说法不正确的有：(　　)

A. 法院审理政府信息公开案件，原则上公开审理

B. 政府信息由某一行政机关的档案机构保管的，应适用《档案法》

C. 政府信息移交某县档案馆的，应适用《政府信息公开条例》的规定

D. 被告公开政府信息涉及商业秘密，且不存在公共利益等法定事由的，法院应判决行政机关不得公开

4. 下列有关时效制度的说法正确的有：(　　)

A. 时效制度是指行政机关必须在法定的期限内作出行政行为，否则应承担相应的法律责任

B. 行政行为的时效一般由法律明确规定，有些情况下也可以由行政机关根据具体情况确定

C. 时效制度不仅有助于提高行政效率，也有利于保障相对人的合法权益

D. 行政机关如果超过法定期限作出行政行为，该行政行为就构成违法，应承担相应的法律后果

5. 行政效率原则是通过下列哪些(项)制度保障的？(　　)

A. 时效制度

B. 代理制度

C. 申诉不停止执行制度

D. 听证制度

6. 下列有关政府信息公开的方式和程序的说法正确的是：(　　)

A. 地方性法规对负责公开政府信息的行政机关另有规定的，应从其规定

B. 联系电话是政府信息公开指南应包含的内容

C. 政府网站不属于行政机关主动公开的方式

D. 申请公开政府信息的公民、法人或者其他组织确有经济困难的，经申请并经行政机关负责人审核同意，予以免除相关费用

7. 下列有关答复政府信息公开申请的说法正确的是：(　　)

A. 行政机关收到政府信息公开申请，能够当场答复的，应当当场予以答复

B. 行政机关不能当场答复的，应当自收到申请之日起 15 个工作日内予以答复

C. 行政机关均应自收到申请之日起 15 个工作日内予以答复

D. 行政机关征求第三方和其他机关意见所需时间不计算在法定答复期限内

8. 某建设局向甲公司发放建设工程施工许可证，附近居民向建设局申请公开施工许可证的内容以及甲公司申请此证时提交的规划许可证，建设局决定不公开。下列说法正确的有：(　　)

A. 因附近居民所申请公开的信息属于不公开范围，建设局的决定是合法的

B. 因建设局不是规划许可证的制作主体，对此作出不公开决定是合法的

C. 如附近居民对建设局的决定不服申请行政复议，申请期限为 60 日

D. 如附近居民对建设局的决定不服提起行政诉讼，起诉期限为 15 日

9. 下列属于政府信息公开行政案件受案范围的有：(　　)

A. 某县政府拒绝向张某提供其申请公开的政府信息，张某提起诉讼

B. 李某向某市政府申请提供公开出版的市政府公报遭到拒绝向法院起诉

C. 甲公司认为某市场监督管理局向乙公司公开的政府信息侵犯其商业秘密向法院起诉

D. 孙某认为某生态环境局提供的政府信息不符合其申请中要求的内容向法院起诉

10. 田某向某县发展和改革委员会申请公开一项行政许可的依据和条件，县发展和改革委员会书面答复拒绝，田某向法院起诉。下列说法不正确的有：(　　)

A. 因行政许可的依据和条件系县发展和改革委员会主动公开事项，法院不应受理

B. 因行政许可的依据和条件系依申请公开事项，田某的起诉属于政府信息公开行政案件受案范围

C. 如县发展和改革委员会在答复前曾与县政府进行沟通，应以县政府为被告

D. 如县发展和改革委员会在答复前报经市发展和改革委员会确认，应以市发展和改革委员会为被告

# 第十章　行政复议*

**多项选择题，每题所给的选项中有两个或两个以上正确答案，少答或多答均不得分。**

1. 下列选项中，哪些情形公民、法人或者其他组织可以依照《行政复议法》申请行政复议？(　　)

A. 申请行政许可，行政机关拒绝或者在法定期限内不予答复，或者对行政机关作出的有关行政许可的其他决定不服

B. 对行政机关作出的征收征用决定及其补偿决定不服

C. 认为行政机关违法集资、摊派费用或者违法要求履行其他义务

D. 行政机关对行政机关工作人员的奖惩、任免等决定

2. 下列情形中，哪些申请人应当先向行政复议机关申请行政复议，对行政复议决定不服的，可以再依法向人民法院提起行政诉讼？(　　)

A. 对当场作出的行政处罚决定不服

B. 对行政机关作出的侵犯其已经依法取得的自然资源的所有权或者使用权的决定不服

C. 申请政府信息公开，行政机关不予公开

D. 法律、行政法规规定应当先向行政复议机关申请行政复议的情形

3. 下列选项中，哪些属于县级以上地方各级人民政府管辖的行政复议案件？(　　)

A. 对本级人民政府工作部门作出的行政行为不服的

B. 对下一级人民政府作出的行政行为不服的

C. 对本级人民政府或者其工作部门管理的法律、法规、规章授权的组织作出的行政行为不服的

D. 对本级人民政府依法设立的派出机关作出的行政行为不服的

4. 在行政复议期间，出现下列哪些情形，行政复议应当中止？(　　)

A. 作为申请人的公民丧失参加行政复议的行为能力，尚未确定法定代理人参加行政复议

B. 作为申请人的法人或者其他组织终止，尚未确定权利义务承受人

C. 申请人、被申请人因不可抗力或者其他正当理由，不能参加行政复议

D. 行政复议案件审理需要以其他案件的审理结果为依据，而其他案件尚未审结

---

* 本章答案参见第 62 页。

# 第十一章　行政诉讼概述*

**一、多项选择题，每题所给的选项中有两个或两个以上正确答案，少答或多答均不得分。**

1. 下列有关行政诉讼的说法哪些是正确的？（　　）

A. 在行政诉讼中，原告与被告的地位具有恒定性

B. 在所有的行政诉讼中法院均不得进行调解

C. 在行政诉讼中，法院既可以审理具体行政行为的法律问题，也可以审理其事实问题

D. 在行政诉讼中，司法权不能替代行政权

2. 行政诉讼与民事诉讼存在下列哪些关系？（　　）

A. 先后关系　　B. 附带关系

C. 移送关系　　D. 参照关系

3. 某县市场监督管理局与该县一家具厂签订了购买办公桌椅的合同。家具厂在合同约定的期限内将县市场监督管理局所购买的桌椅送上门，但县市场监督管理局以质量不合格为由要求家具厂降价，家具厂不同意。而后县市场监督管理局以家具厂非法经营为由，吊销该厂营业执照。家具厂不服，下列哪些说法不正确？（　　）

A. 因县市场监督管理局与家具厂签订的合同属于民事合同，双方的所有争议均应通过民事诉讼解决

B. 因县市场监督管理局与家具厂签订的合同属于行政合同，对市场监督管理局不履行合同的行为可提起行政诉讼

C. 家具厂对县市场监督管理局吊销其营业执照的行为不服，可提起行政诉讼

D. 因县市场监督管理局为行政机关，其与公民、组织发生的争议均应通过行政诉讼解决

**二、不定项选择题，每题所给的选项中有一个或一个以上正确答案，不答、少答或多答均不得分。**

1. 甲与乙就承包的责任田的边界问题产生争执，甲将乙种植于争议地段的玉米抢摘走。两人所在地的乡人民政府就甲、乙之间的争议作出裁决，认为争议地段的承包权归乙，甲须于10日以内将所抢玉米返还。甲对乡政府这一裁决不服，欲通过诉讼的方式解决与乙的争议。甲能否就与乙的争议提起民事诉讼？原因何在？（　　）

A. 可以。因民事诉讼是解决平等民事主体之间民事争议的

B. 不可以。本案中甲应遵循先行政后民事的原则，先提起行政诉讼

C. 可以。因为《民事诉讼法》没有类似于《行政诉讼法》中“受案范围”的限制，几乎所有的民事争议均可以通过民事诉讼解决

D. 不可以。乡政府的裁决一经送达甲和乙，即发生了法律效力，甲只能承担该裁决的法律后果，不得再有异议

2. 下列行政诉讼原则中，为行政诉讼所特有的、能充分反映行政诉讼的精神和价值取向的是：（　　）

A. 人民法院依法独立行使审判权原则

B. 被告承担主要举证责任原则

C. 当事人的诉讼地位平等原则

D. 对行政行为进行合法性审查原则

3. 在行政诉讼中，人民法院实施下列哪一（些）行为须征得原告同意？（　　）

A. 通知第三人参加诉讼

B. 追加或变更被告

C. 对因同类行政行为发生的行政案件决定合并审理

D. 允许被告改变行政行为

4. 行政诉讼与刑事诉讼之间存在的关系有：（　　）

A. 先后关系　　B. 参照关系

C. 排斥关系　　D. 附带关系

5. 下列有关行政诉讼的说法正确的有：（　　）

A. 法院对应当受理的行政案件应当依法受理

B. 法院应当保障公民、法人和其他组织的起诉权利

C. 行政机关工作人员不得干预、阻碍法院受理行政案件

D. 被诉行政机关负责人必须亲自出庭应诉，不得委托他人

6. 下列有关行政机关负责人出庭应诉的说法正确的有：（　　）

A. 行政机关的副职负责人可以出庭应诉

B. 行政机关负责人应以行政诉讼被告身份出庭应诉

C. 行政机关负责人出庭应诉的，行政机关只能再委托一名诉讼代理人

D. 行政机关负责人出庭应诉的，应以该负责人的意见为行政机关的意见

---

* 本章答案参见第63页。

# 第十二章　行政诉讼的受案范围*

**一、单项选择题，每题所给的选项中只有一个正确答案。**

1. 下列哪种情况不属于行政诉讼受案范围？（　　）

A. 依《出境入境管理法》对外国人实施的遣送出境措施

B. 有关征收反补贴税的决定

C. 某行政机关拒绝甲的政府信息公开申请的决定

D. 某行政机关拒绝延续一公司行政许可的行为

2. 某市建设委员会于 1 月 10 日印发了《关于为治理城市市容拆迁滨江道沿街建筑的通告》，责令滨江道街旁 5 米内 50 家住户于 10 月 1 日前一律拆迁，否则强制拆除。陈某系此类建筑所有人之一，他对市建委的行为不服，欲提起行政诉讼。下列说法哪一项是正确的？（　　）

A. 因建委的文件是具体行政行为，陈某可以提起行政诉讼

B. 因建委的文件为抽象行政行为，其不属于行政诉讼受案范围

C. 因建委的文件尚未形成一个完整的具体行政行为，对陈某尚未造成实际影响，不属于行政诉讼受案范围

D. 因建委的文件是内部文件，其不属于行政诉讼受案范围

3. 以下行为中哪个不属于不可诉的国家行为？（　　）

A. 边检机关在其认为是伪造的护照上加盖"无效"字样的行为

B. 国务院宣布某省市进入戒严状态

C. 中国政府驱逐某国使领馆人员出境

D. 宣布国家进入紧急动员状态的行为

4. 下列行为引发的争议哪个属于行政诉讼的受案范围？（　　）

A. 行政机关工作人员在商场购买办公用品的行为

B. 公安机关对犯罪嫌疑人的拘留行为

C. 行政机关对其工作人员作降职处分的行为

D. 王某遭赵某殴打，王某寻求公安局保护，公安局不予答复的行为

5. 某市政府为了引进外资，搞活地方经济，发布一文件称：如果有关企业或个人介绍外国企业在该市投资达 1000 万美元以上，市政府奖励 10 万元人民币。公民甲通过自己的海外关系联系一外商，该外商在该市投资 2000 万美元。但事后市政府拒绝给予甲 10 万元人民币的奖励。甲能否就市政府拒绝奖励的行为提起行政诉讼？（　　）

A. 不可以。《行政诉讼法》并未列举行政奖励行为，因行政奖励行为引发的争议不属于行政诉讼的受案范围

B. 不可以。市政府的文件是行政指导行为，对公民甲并不具有强制力，因而市政府拒绝履行行政指导所设定义务的行为是不可诉的

C. 可以。因行政奖励是具体行政行为，市政府不给予公民甲奖励的行为侵犯了甲的财产权。市政府的行为是可诉的

D. 不可以。公民甲可以提起民事诉讼，因市政府与甲之间是要约—承诺的民事合同关系

6. 有关下列案件的受理的说法哪一项是正确的？（　　）

A. 公安机关以美国人杰克未持有效旅行证件前往不对外国人开放的地区旅行为由对其处以 3 日拘留，杰克不服，直接向法院起诉。因涉及外国人入境管理，法院应不予受理

B. 某县粮食和物资储备局建议该县农民种植水稻，张某因此种植水稻，后出现水稻滞销，张某向法院起诉粮食和物资储备局，法院应予以受理

C. 李某要求某管理局汇总和分析房屋价格政府信息遭到拒绝后向法院起诉，法院应不予受理

D. 孙某认为某规划局未公开发放规划许可证决定侵犯其合法权益提起行政诉讼，法院应不予受理

**二、多项选择题，每题所给的选项中有两个或两个以上正确答案，少答或多答均不得分。**

1. 下列明确排除在行政诉讼受案范围之外的事项有哪些？（　　）

A. 国家行为　　　B. 行政裁决

C. 刑事司法行为　　D. 规章

2. 下列哪些情况属于行政诉讼受案范围？（　　）

A. 甲认为行政机关滥用行政权力提起诉讼的

B. 乙认为行政机关不依法履行政府特许经营协议提起诉讼的

* 本章答案参见第 64 页。

C. 丙认为行政机关没有依法支付社会保险待遇的

D. 丁对行政机关免除其公安局副局长职务的行为提起诉讼的

3. 在行政诉讼中,对下列哪些具体行政行为不服提起的诉讼,人民法院可以受理?(　　)

A. 某个体摊贩对罚款、吊销营业执照不服

B. 某企业认为某行政机关侵犯其合法的经营自主权

C. 某国家机关一处长对撤销其职务不服

D. 认为行政机关违法要求履行义务的

4. 下列纠纷中,当事人可以提起行政诉讼的有:(　　)

A. 公务员甲不服所在行政机关对其作出的记过处分

B. 甲对某市政府就其与乙之间土地使用权归属的裁决不服

C. 甲不服某公安机关认为其有犯罪嫌疑而进行刑事拘留

D. 甲不服某海关以有走私嫌疑为由将其扣留 24 小时

5. 某县政府发布决定,要求外地啤酒企业不得在本地销售啤酒,违者处 3 万元以下罚款。对该决定,下列表述错误的是:(　　)

A. 该决定是针对特定对象作出的,属于具体行政行为

B. 该决定属于抽象行政行为

C. 对该决定某一外地企业直接向法院起诉,应属于行政诉讼受案范围

D. 该决定是不具有强制力的行政指导行为,是不可诉的

6. 林某与郑某合伙从事海鲜生意,欠了朱某 13 万元。朱某在追讨欠款无果的情况下向公安局报案,称林某与郑某诈骗货款。公安局立案,并对林某刑事拘留,同年检察院批准逮捕。在林某归还货款后,公安局对林某采取了取保候审措施,后来检察院撤销了批捕决定。林某对公安局的行为不服,向法院提起行政诉讼。试问,法院应否受理?(　　)

A. 公安局对林某的刑事拘留和逮捕措施属于刑事侦查行为,不在行政诉讼受案范围之列,法院不应受理

B. 公安局的行为是以刑事侦查为名规避法律审查的滥用职权的行政行为,法院应该受理

C. 公安局在林某还款后就变更强制措施,说明其目的不是查明犯罪事实,而是捞好处或徇私为一方当事人讨债,其行为不是刑事侦查行为,法院应该受理

D. 公安局的行为是依照《刑事诉讼法》的明确授权实施的行为,不属于行政诉讼受案范围,法院不应受理

7. 下列哪些行为引发的争议属于行政诉讼的受案范围?(　　)

A. 行政机关对某企业进行警告的行为

B. 某乡政府建议本乡农民使用某种化肥的行为

C. 劳动争议仲裁委员会根据《劳动合同法》的规定,对劳动争议进行仲裁的行为

D. 某劳动局扣发某人抚恤金的行为

8. 张某和李某因土地使用权产生争议,经乡政府确权,认定张某具有使用权。1 个月后,李某找到乡政府申诉,乡政府认为其所作确权合法驳回申诉。对此,下列哪些说法是正确的?(　　)

A. 对乡政府的确权行为,李某可以向法院提起行政诉讼

B. 如李某起诉乡政府驳回其申诉的行为,法院不予受理

C. 李某可以张某为被告提起民事诉讼

D. 若李某提起的行政诉讼被受理,张某可以申请作为第三人参加诉讼

**三、不定项选择题,每题所给的选项中有一个或一个以上正确答案,不答、少答或多答均不得分。**

1. 某市公安局为追查犯罪嫌疑人甲,在未办理有关手续的情况下,将甲的表兄乙的车扣押,并告诉乙必须找到甲并且将其送至市公安局后才能将车返还。乙以市公安局为被告向法院提起行政诉讼,请求认定该强制措施违法并予以撤销,返还被扣车辆。关于法院对此案的处理下列说法正确的有:(　　)

A. 应当作为行政案件处理,因为市公安局的扣车行为是具体行政行为

B. 不应当作为行政案件处理,因为扣车行为属于刑事侦查措施

C. 应当作为行政案件处理,因为扣车行为侵犯了乙的财产权

D. 不应当作为行政案件处理,应由检察机关进行法纪监督上的处理

2. 某造纸厂依法取得市水利局发放的取水许可证,被许可从流经本市的一条河流中取水,月取水量为 100 万吨。其后,该市节约用水办公室(属于地方性法规授权的组织)经市政府批准,发布《某市节约用水规定》(以下简称《用水规定》),规定全市所有从河流中取水的单位,其取水量须由节约用水办公室核准,并由节约用水办公室按季度下达取水计划。市节约用水办公室遂对造纸厂下达了《取水计划通知书》,要求其月取水量不得超过 90 万吨。造纸厂不服,以市节约用水办公室为被告向人民法院提起行政诉讼,要求撤销其所作出的《用水规定》和已下达的《取水计划通知书》。请问:

（1）对于造纸厂撤销《用水规定》的请求，法院是否应当受理？（　　）

A. 不应当受理。因为《用水规定》的制定机关节约用水办公室是行政机关的内部组织，不能成为行政诉讼被告

B. 不应当受理。因为《用水规定》是节约用水办公室经市政府批准发布的，应以批准机关为被告

C. 不应当受理。因为《用水规定》是抽象行政行为，不能直接对其提起行政诉讼

D. 应当受理。因为对行政机关作出的行政行为不服，属于行政争议，是行政诉讼应当解决的法律争议

（2）对于造纸厂提出的撤销《取水计划通知书》的请求，法院是否应当受理？（　　）

A. 不应当受理。因为《取水计划通知书》是抽象行政行为，不属于行政诉讼受案范围

B. 应当受理。因为作出《取水计划通知书》的节约用水办公室是法规授权的组织，符合行政诉讼被告的条件

C. 不应当受理。因为节约用水办公室是在市政府的批准下作出《取水计划通知书》的，该行政行为应当由市政府承担责任，不应以节约用水办公室为被告

D. 应当受理。因为节约用水办公室作出《取水计划通知书》是具体行政行为，属于人民法院的审查范围

# 第十三章　行政诉讼的管辖*

**一、单项选择题，每题所给的选项中只有一个正确答案。**

1. 某市甲县市场监督管理局认定某机电公司从乙县贸易公司购进的3辆进口汽车的准运证系伪造，作出没收3辆汽车和罚款20万元的处罚决定。机电公司不服，向市市场监督管理局申请复议。市市场监督管理局认为县市场监督管理局的处罚过重，遂作出没收3辆汽车但不罚款的复议决定。机电公司仍不服，向法院起诉。下列哪项说法是正确的？（　　）

A. 被告应为县市场监督管理局

B. 乙县贸易公司为第三人

C. 甲县人民法院对此案有管辖权

D. 乙县人民法院对此案有管辖权

2. 甲省广播电视局以某制药厂非法印制出版物为由处其8万元罚款。制药厂不服，向广播电视总局申请复议，广播电视总局将罚款减为5万元。制药厂不服，提起行政诉讼。下列哪一法院对本案有管辖权？（　　）

A. 甲省广播电视局所在地的基层人民法院

B. 制药厂所在地的基层人民法院

C. 甲省广播电视局所在地的中级人民法院

D. 广播电视总局所在地的基层人民法院

3. 甲、乙两村因土地所有权产生纠纷，向县政府申请解决，县政府裁决土地所有权属于甲村。乙村不服向上一级行政机关申请复议，市政府维持了县政府的裁决。乙村仍不服，提起行政诉讼。那么，下列哪个法院有管辖权？（　　）

A. 县政府所在地的人民法院

B. 复议机关所在地的人民法院

C. 争议土地所在地的人民法院

D. 县政府所在地的人民法院或市政府所在地的人民法院

4. 某镇花木园艺场对该镇政府注销其经营资格的决定不服，向某县政府申请复议，县政府作出限制其经营范围的决定。花木园艺场仍不服，向法院起诉。下列哪一法院应为本案的管辖法院？（　　）

A. 县人民法院

B. 中级人民法院

C. 由高级人民法院指定的基层人民法院

D. 高级人民法院

**二、多项选择题，每题所给的选项中有两个或两个以上正确答案，少答或多答均不得分。**

1. 某省甲市乙县政府为改造旧城建设，成立一公司，负责旧房拆除。郭某因与该公司达不成协议而拒不搬迁。乙县政府决定对其住房强制拆迁。郭某对强制拆迁行为不服向甲市中级人民法院提出行政诉讼，1个月未得到甲市中级人民法院答复。下列哪些说法是正确的？（　　）

A. 本案应由乙县人民法院管辖

B. 郭某可以向省高级人民法院起诉

C. 如甲市中级人民法院接收郭某起诉状后不出具书面凭证，郭某可以向最高人民法院投诉

D. 因此案不属行政诉讼受案范围，甲市中级人民法院不予答复是正确的

2. 甲地刘某被乙地铁路公安分局作出拘留15日的行政处罚，刘某向市公安局申请复议，市公安局将拘留15日的处罚改为拘留5日。刘某仍不服，决定提起行政诉讼。下列哪些法院对此案享有管辖权？（　　）

---

* 本章答案参见第65页。

A. 刘某所在地的基层人民法院

B. 乙地铁路运输法院

C. 乙地铁路公安分局所在地的基层人民法院

D. 市公安局所在地的基层人民法院

3. 下列行政案件中哪些可以构成选择管辖？（　　）

A. 经过复议，但复议机关维持了原具体行政行为的行政案件

B. 公民对限制人身自由的行政强制措施不服而起诉的行政案件

C. 经过复议，但复议机关撤销了原具体行政行为的案件

D. 公民对不作为不服而起诉的行政案件

4. 下列哪些情形中，行政诉讼案件由中级人民法院管辖？（　　）

A. 李某是行医多年的老中医，他根据祖传秘方和多年行医的经验研制了一种药膏，可以治疗颜面性损伤痤疮，于是通过专利中介机构申请发明专利。但是申请几经努力却遭驳回，于是李某提起行政诉讼

B. 在选项 A 中，李某因申请外观设计专利被驳回而提起行政诉讼

C. 某贸易公司利用来料加工合同走私货物被海关查获，遭到罚款的行政处罚。该公司认为自己是正当渠道进口，不服该处罚，于是提起行政诉讼

D. 某市某区政府在旧城区改造拆迁过程中因拆迁补偿问题被某街 100 多户居民告上法庭，晚报、电视新闻均予以报道

5. 王某从事服装生产，未经有关部门许可即在该市 A 区与 B 区交界处跨界修建了一排简易厂房。市规划部门发现后认定王某所建的厂房是违章建筑，通知王某限期拆除。王某对该通知不服，向其住所地 C 区人民法院提起行政诉讼。

（1）如果市规划部门在该市 D 区，以下法院中哪些拥有管辖权？（　　）

A. A 区人民法院　　B. B 区人民法院

C. C 区人民法院　　D. D 区人民法院

（2）C 区人民法院受理此案以后，以下哪些做法是符合行政诉讼规定的？（　　）

A. 组成合议庭审理该案

B. 适用简易程序审理此案

C. 将该案件移送至 A 区人民法院管辖

D. 将该案件移送至 B 区人民法院管辖

6. 区公安分局以李某教唆他人殴打王某为由对其作出了拘留 7 日的处罚。李某不服，向市公安局申请复议。市公安局认为李某构成扰乱公共秩序，依《治安管理处罚法》维持了分局的处罚决定。李某不服向法院起诉。下列说法哪些是正确的？（　　）

A. 被告为区公安分局和市公安局，区公安分局所在地的法院有管辖权

B. 被告为区公安分局，李某所在地的法院有管辖权

C. 被告为区公安分局和市公安局，市公安局所在地的法院有管辖权

D. 被告为市公安局，李某所在地的法院有管辖权

# 第十四章　行政诉讼参加人*

## 基础知识篇

**一、单项选择题，每题所给的选项中只有一个正确答案。**

1. 某单位排污违反《环境保护法》的有关规定，市生态环境局经市政府批准对其作出署名为市生态环境局的行政处罚决定，该单位不服提起行政诉讼。下列哪个说法是正确的？（　　）

A. 应当以批准的市政府为被告

B. 应当以市政府与市生态环境局为共同被告

C. 应当以市生态环境局为被告

D. 应当以市生态环境局为被告，市政府为第三人提起行政诉讼

2. 环宇生物制药有限责任公司与某市医院达成协议，共同开发 SP 制剂。试产期间，市卫生健康委员会、市市场监督管理局同时接到群众举报，即共同对该公司进行了调查。经查，该药在尚未获得批准的情况下，就在市医院投入临床使用。两机关遂对该公司作出处罚，责令停止生产，没收库存药品和非法所得，并处罚款 10 万元。环宇生物制药有限责任公司不服，提起诉讼。本案行政主体或被告应当是谁？（　　）

A. 应当是市场监督管理局，因为处罚涉及其行政职责

B. 应当是卫生健康委员会，以市场监督管理局为第三人

C. 应当是上述两机关，因为是共同行为

D. 应当是两机关共同的上级机关

3. 关于行政诉讼原告资格的表述中，下列哪一选

* 本章答案参见第 66 页。

项是正确的？(　　)

A. 原告资格是作为行政诉讼原告所应具备的条件

B. 有原告资格的人一定而且也只能是原告

C. 原告资格要求起诉人必须具备民事主体资格，具有完全的民事权利能力

D. 原告资格要求起诉人所受具体行政行为的侵害是已经发生的损害

**二、多项选择题，每题所给的选项中有两个或两个以上正确答案，少答或多答均不得分。**

1. 关于行政诉讼的第三人的表述，下列哪些选项是正确的？(　　)

A. 行政诉讼的第三人有权提出与本案有关的诉讼主张

B. 一审法院判决第三人承担义务的，第三人有权提起上诉

C. 行政诉讼的第三人可以提出管辖权异议

D. 应当追加被告而原告不同意追加的，人民法院可以通知其以第三人的身份参加诉讼

2. 下列表述哪些是正确的？(　　)

A. 合伙企业向人民法院提起诉讼的，有字号的以该字号为原告；没有字号的以合伙人为共同原告

B. 个体工商户向人民法院提起诉讼的，以营业执照上登记的经营者为原告

C. 其他组织的主要负责人作为诉讼代表人

D. 合伙组织推选的代表人应当由全体合伙人出具代表书

3. 某市甲厂与某外资公司组建中外合资公司，后市市场监督管理局因该合资公司的违法行为对其作出罚款处罚，该公司对处罚不服欲提起行政诉讼。对此下列表述中哪些是正确的？(　　)

A. 甲厂有权以自己的名义提起诉讼

B. 外资公司有权以自己的名义提起诉讼

C. 合资公司有权以自己的名义提起诉讼

D. 甲厂有权以合资公司的名义提起诉讼

## 理解与应用篇

**一、单项选择题，每题所给的选项中只有一个正确答案。**

1. 甲、乙、丙三人成立了一家合伙企业，购买了一艘货轮从事海上运输，登记为“兴海”货运。一日，某海关缉私人员检查他们的货轮时认为他们为丁所运输的货物系走私物品。其后，某海关作出没收货轮和全部货物的决定。甲、乙、丙和丁不服海关的决定。下列哪一说法不正确？(　　)

A. 若申请复议，复议机关为某海关的上一级海关

B. 若直接提起行政诉讼，应向某海关所在地的中级人民法院提起

C. 甲、乙、丙和丁为共同原告

D. 可以先申请复议，再提起行政诉讼

2. 甲公司为私营企业，由于经营有方，效益颇佳。甲公司所在市政府为改善本市另一家与甲公司经营同类产品的乙公司(国有企业)经营不佳的状况，指令将甲与乙两公司合并。对此决定，谁无权提出行政诉讼？(　　)

A. 甲公司

B. 甲公司的法定代表人

C. 乙公司

D. 乙公司的法定代表人

3. 王某在下班途中骑摩托遭遇车祸死亡，后交警部门多次调查仍不能判断事故责任，遂出具《交通事故证明书》，载明情况及事发地点。公司向劳动局申请工伤，劳动局以证明书不能证明事实为由，作出《工伤中止鉴定通知书》。王某之子向该局申请恢复鉴定，该局不予处理，王某之子向法院提起诉讼，请求撤销该中止通知书。下列选项正确的是：(　　)

A. 王某之子应向法院提供身份证明

B. 公司为第三人

C. 该中止鉴定通知书为可诉行为

D.《交通事故证明书》为行政裁决

**二、多项选择题，每题所给的选项中有两个或两个以上正确答案，少答或多答均不得分。**

1. 下列叙述中当事人可以自己的名义提起行政诉讼的是：(　　)

A. 具体行政行为侵犯了张某的采光权

B. 甲企业是中外合作企业中的外资方，政府的某一具体行政行为侵犯了该合作企业的权益

C. 某非国有企业被行政机关非法注销

D. 某股份制企业的董事会认为具体行政行为侵犯了企业的经营自主权

2. 甲、乙、丙三人系同村农民，村里重新调整土地以后，三人均主张自己对某块土地有承包权。争议发生后，三人互不相让，发展到相互殴打以致毁坏对方的房屋和家具。乡人民政府得知此事后，派工作人员到该村进行调查。后乡政府作出了该块土地的承包权归甲所有的处理决定，乙、丙均对乡政府的处理决定不服，向县法院提起行政诉讼。对于甲、乙、丙三人诉讼地位的表述正确的是：(　　)

A. 因为乙和丙虽均主张具体行政行为违法侵权，但是他们却分别认为该块土地的承包权归自己所有，所以后起诉的人应作为第三人，先起诉的则作为原告

B. 甲可以第三人的身份参加诉讼

C. 乙和丙是共同原告

D. 因为乙和丙虽均主张具体行政行为违法侵权，但是他们却分别认为该块土地的承包权归自己所有，因此法院可以就乙和丙的起诉分别立案审理，甲在两

个诉讼中可以分别作为第三人

3. 下列哪些人具备原告资格，可以依法提起行政诉讼？（　　）

A. 某小区在小区边建了一个自行车棚，用于放置小区居民的自行车，但政府管理局认为小区车棚挤占道路且影响市容，故勒令小区整改，小区业主委员会不服，向区法院起诉

B. 某中资企业与某外商合资设立了一家化工产品公司，引进了先进的生产线，但是由于排放污水超标被市场监督管理机关勒令停业整顿。该企业苦于联系不到外商共同起诉，但又不能眼见进口设备闲置造成极大浪费，于是以自己的名义提起了行政诉讼

C. 某县民营企业家李某自行创办了一家工艺品厂，其产品出口欧美，销售情况很好。建厂之初，为了取得出口许可，李某将工艺品厂挂靠在县政府下。后来，县政府在整合国有资产时将该工艺品厂易名后收归国有。李某不服，以原工艺品厂的名义提起诉讼

D. 某上市公司在审计机关对会计账目的例行检查中被查出有弄虚作假的情况，并被审计机关予以公布，结果对该公司股票价格产生了相当程度的负面影响。董事会决议以公司的名义对审计局的公布行为提起行政诉讼

4. 甲之父与乙登记结婚，二人均系再婚。甲之父去世后，甲因为遗产继承问题与乙发生纠纷，遂向人民法院提起行政诉讼。甲认为当初甲之父与乙二人没有亲自到民政部门办理结婚登记，该婚姻登记是违法的，民政部门应该撤销婚姻登记。下列哪些说法是错误的？（　　）

A. 甲有权提起诉讼，因为该婚姻关系的成立与否直接影响甲的继承权

B. 如果婚姻登记机关的行为违法，则人民法院应该受理甲的诉讼请求，对违法行为进行纠正

C. 甲无权提起诉讼，因为婚姻登记属于特定的人身权利，与甲没有法律上的利害关系

D. 甲与乙的继承纠纷应该通过民事诉讼的途径解决

## 综合提高篇

**一、多项选择题，每题所给的选项中有两个或两个以上正确答案，少答或多答均不得分。**

1. 某市人民政府为了达到全国卫生城市的标准，成立了市容管理办公室这一临时机构。某日，该办公室在日常卫生检查中发现某商城将大量的货物堆放在旁边，当即指令该商城搬走货物并清除垃圾，该商城置之不理。次日上午，该办公室派人将该商城的货物搬至市政府大院内封存起来。该商城以市容管理办公室为被告提起行政诉讼，要求人民法院撤销市容管理办公室的行政强制措施。下列哪些选项是正确的？（　　）

A. 市容管理办公室不具备行政主体资格，因此不能作被告，原告起诉的被告不适格

B. 人民法院在认为市容管理办公室不适格的情况下，依职权主动将被告变更为市人民政府

C. 人民法院应该通知某商城，市容管理办公室不是适格被告，应变更被告，如果原告不同意，应驳回起诉

D. 本案的适格被告应该是市人民政府

2. 关于诉讼代表人和法定代表人，下列哪些说法是正确的？（　　）

A. 当事人一方 10 人以上，适用代表人诉讼

B. 诉讼代表人的性质如同诉讼代理人，均是代表“被代表人”或“被代理人”进行活动

C. 诉讼代表人是由法律规定、当事人推选或人民法院指定产生的，而法定代表人一般由行政机关在颁发的证照中确定

D. 诉讼代表人也是当事人之一，他参与行政诉讼的目的不只是维护他人的合法权益

3. 孙某与沈某因共同对陈某实施殴打行为受到某县公安局罚款处罚，孙某不服处罚决定向人民法院提起行政诉讼。下列哪些说法是正确的？（　　）

A. 被告为某县公安局

B. 陈某为第三人

C. 人民法院应追加沈某为原告

D. 此案应由被告所在地人民法院管辖

**二、不定项选择题，每题所给的选项中有一个或一个以上正确答案，不答、少答或多答均不得分。**

1. 某公司欲建总部办公楼，楼址选在一幢居民楼的前面。但该居民楼的居民们认为规划图中办公楼与居民楼之间距离过近，而且办公楼高达 14 层，建成以后势必影响居民楼内几十户居民正常的通风与采光。居民们遂要求有关部门不要批准某公司的建设申请，并要求某公司另择地建设或调整现有的规划图。但有关部门认为办公楼与居民楼之间的距离符合相关标准，遂批准了某公司的申请，向其颁发了相关许可证。

(1)居民楼内的居民对有关部门的批准行为是否享有原告资格？（　　）

A. 不享有。批准行为不针对居民楼内居民，他们不是具体行政行为的相对人，不享有原告资格

B. 不享有。批准行为与居民楼内的居民之间并不具有利害关系，对居民楼内居民相邻权造成损害的是某公司的建楼行为，他们应该以该公司为被告提起民事诉讼

C. 不享有。尽管居民楼内的居民为相关人，但是批准行为还没有对他们的相邻权造成损害，即这种损害是在将来发生的，因此批准行为与居民楼内居民之间不具有利害关系

D. 享有。居民作为相关人，批准行为已经侵犯了其相邻权。尽管这种损害在办公楼建成之后才发生，

但这种损害的发生是必然的，因而可以不必等到损害实际发生才起诉

(2)如果居民楼内的所有住户均提起行政诉讼，那么以下哪一(些)说法符合《行政诉讼法》的规定？(　　)

A. 他们是必要共同诉讼中的共同原告

B. 他们可以分别委托自己的律师参加诉讼，以维护自己的合法权益

C. 诉讼代表人可以委托1~2人作为诉讼代理人

D. 对于他们的起诉，人民法院有一并审理的义务

(3)如果只有2户居民提起了诉讼，其他相关人均未起诉，人民法院在受理之后，下述做法正确的是：(　　)

A. 可以通知其他利害关系人以第三人身份参加诉讼

B. 因为是必要共同诉讼，因而应当强行追加其他相关人为共同原告

C. 有义务通知其他相关人以第三人身份参加诉讼，是否参加取决于他们自己

D. 因为是必要共同诉讼，对于不愿以第三人身份参加诉讼的其他相关人，应该强行列为第三人

2. 某公安派出所以刘某偷窃少量财物为由，对刘某作出罚款500元的治安处罚，刘某不服起诉。下列说法正确的是：(　　)

A. 公安派出所在作出决定前应告知刘某有权要求举行听证

B. 公安派出所应以所属的公安局的名义作出此处罚决定

C. 公安派出所为被告

D. 如罚款为800元，刘某也可以公安派出所所属的公安局为被告

3. 李某对甲县公安局罚款3000元的治安处罚不服向乙市公安局申请复议，乙市公安局维持了原处罚决定。李某不服以甲县公安局为被告向法院起诉。下列说法正确的有：(　　)

A. 法院应当告知李某追加乙市公安局为被告，李某不同意追加的，法院应当把乙市公安局列为共同被告

B. 对本案，乙市公安局所在地的法院有管辖权

C. 对本案，应以甲县公安局确定案件的级别管辖

D. 对本案，起诉期限为3个月

# 第十五章　行政诉讼程序*

**一、单项选择题，每题所给的选项中只有一个正确答案。**

1.《行政诉讼法》规定的当事人直接向法院提起诉讼的期限与《税收征收管理法》规定的起诉期限不同，当事人对税务机关的处理决定不服，应适用哪部法律的起诉期限？(　　)

A. 适用《税收征收管理法》。因为《税收征收管理法》的起诉期限较长

B. 适用《行政诉讼法》。因为《行政诉讼法》的起诉期限较长

C. 适用《行政诉讼法》。因为《行政诉讼法》是法院适用的主要依据

D. 适用《税收征收管理法》。因为《税收征收管理法》是特别法，应当采用特别法优于一般法的原则

2. 钱师傅是一起行政纠纷案件的原告，因不服一审判决依法提起了上诉，二审人民法院要求其于7日内预交诉讼费。在期限届满前2日钱师傅申请缓交诉讼费，次日人民法院即答复不予批准。下列说法正确的是：(　　)

A. 一旦钱师傅缓交诉讼费的申请未获批准，就要按自动撤诉处理

B. 如果钱师傅在法院规定的期限内未能预交诉讼费，按自动撤诉处理

C. 因不按规定期限预交诉讼费按撤诉处理，且相关裁定已依法送达双方当事人，即使未超出上诉期限，一审判决也已即时生效

D. 虽然钱师傅在7日内未预交诉讼费，但假设关于缓交诉讼费的申请是在第8日才提出的，在人民法院未作出不予批准的答复前，仍不能按自动撤诉处理

3. 老李诉派出所行政不作为一案的行政判决已经生效，如该案确实存在错误，下列关于再审的说法正确的是：(　　)

A. 老李申请再审，应当在判决生效后2年内向作出生效判决的法院提出

B. 作出生效判决的人民法院的院长，如发现该案违反法律、法规规定认为需要再审的，有权决定再审

C. 作出生效判决的人民法院的审判委员会，如发现该案适用法律、法规确有错误的，有权决定再审

D. 老李在法定期限内向作出生效判决的人民法院的上级法院申诉的，上级法院发现该案判决确实存

* 本章答案参见第68页。

在违反法律、法规规定情况的，有权决定再审或指令下级人民法院再审

4. 关某和李某在街上打架，双方都造成轻微伤。某公安分局以扰乱治安为由，对关某作出了拘留5日的决定，关某和李某均不服向法院起诉。法院审理后认为，拘留决定明显过轻。下列哪一做法是正确的？(　　)

A. 判决变更，但不得加重对关某的处罚

B. 判决变更，并可以加重对关某的处罚

C. 判决维持处罚决定

D. 判决驳回李某的诉讼请求

5. 当事人接到恐吓电话，请求公安机关予以保护，但公安机关不予答复。当事人何时可以提起行政诉讼？(　　)

A. 只有在公安机关接到申请后60日内仍然不履行法定职责时，才能向法院起诉

B. 可以立即起诉

C. 只有当公安机关在《治安管理处罚法》规定的履行法定职责期限内仍不履行时，才能起诉

D. 只有在公安机关明确表示拒绝提供保护后才能起诉

6. 张先生在其与税务局的行政诉讼案开庭结束后，从高中同学处得知了该案主审法官李某的妻子与税务局的代理人韩小姐有表亲关系的情况，于是向人民法院提出要求李某回避的申请。下列说法正确的是：(　　)

A. 人民法院应驳回张先生关于要求李某回避的申请

B. 人民法院应批准张先生关于要求李某回避的申请

C. 李某在获知其妻子与韩小姐的关系后，应主动申请回避。在人民法院作出是否回避的决定前，李某应当暂停参与本案的工作

D. 张先生在回避申请被驳回后，可以向上一级法院申请复议

7. 李某因打架斗殴而被公安机关予以500元罚款和7日拘留，李某不服，释放后申请复议，但是复议决定维持原处罚决定。李某向法院提起行政诉讼，一审判决依旧驳回其诉讼请求，李某提出上诉。则下列选项组合中说法正确的是：(　　)

①李某申请复议的最晚时间是释放后2个月。

②李某一审起诉应当自收到复议决定书15日内提出。

③一审人民法院应当自立案起3日内将起诉状副本发送被告，被告应当在10日内提出答辩状，法院应当自收到答辩状之日起3日内将答辩状副本发送原告。

④李某应当自判决书送达之日起15日内提起上诉。

⑤上级法院应当自收到李某上诉状之日起3个月内作出判决。

⑥李某若申请再审，应当自判决发生法律效力后1年内提出。

A. ①②④　　B. ②④⑤

C. ③④⑤　　D. ③⑤⑥

8. 李某对某行政机关的行政决定不服，便依法向有权机关申请复议。在复议期间，李某经复议机关同意撤回了复议申请。以下说法正确的是：(　　)

A. 若李某在法定期限内对具体行政行为不服，他也不能再向人民法院提起行政诉讼

B. 若法律、法规未规定行政复议为提起行政诉讼前的必经程序，则李某还可以向人民法院提起行政诉讼

C. 李某申请撤回复议申请后，他既丧失了重新申请复议的权利，也丧失了提起行政诉讼的权利

D. 李某撤回复议申请后，他还可以再次向复议机关申请复议

9. 关于行政诉讼二审程序，下列说法不正确的有：(　　)

A. 当事人不服一审判决，有权在判决书送达之日起15日内向上一级法院起诉；若对裁定不服，有权在裁定书送达之日起10日内向上一级法院起诉

B. 法院对上诉案件，认为事实清楚的，可以实行书面审理；若当事人对原审法院认定的事实有争议，人民法院仍可实行书面审理

C. 第二审人民法院审理上诉案件应当对原审法院的裁判和被诉具体行政行为是否合法进行全面审查

D. 一般情况下，法院审理上诉案件应当在收到上诉状之日起3个月内作出终审判决

10. 以下有关申请撤诉的说法，错误的是：(　　)

A. 申请撤诉的主体既可以是原告，也可以是第三人

B. 撤诉申请必须是自愿的、明确的

C. 撤诉申请必须在法院宣告判决、裁定前提出

D. 撤诉是否准许由法院裁定

11. 甲、乙两兄弟共同继承其亡父留下的4间瓦房。甲另有住房，4间瓦房由其弟乙居住。该县房产局在进行城市产权调查登记时，将4间瓦房确权给乙。甲得知后，非常生气，以房产局为被告向法院起诉。法院受理后，认为被告不适格，告知甲变更为以县人民政府为被告。因甲是县政府工作人员，故不同意变更，法院应如何处理？(　　)

A. 判决驳回诉讼请求　B. 裁定终结诉讼

C. 裁定中止诉讼　　D. 裁定驳回起诉

12. 张某是一个体户，2023年1月其所在县的市场监督管理局认为张某所开饭店的卫生条件不符合标

准,撤销了饭店的营业执照。张某不服,于 2023 年 2 月 10 日向县人民法院提起诉讼。县法院一直推辞,直到 2 月 20 日仍未答复张某,也未作出裁定。于是张某向市法院起诉。以下说法错误的是:(    )

A. 张某可以向市法院起诉

B. 其已超过了受理期限,不能再行起诉

C. 市法院认为符合受理条件,应该受理的,可以自行审理

D. 市法院受理后可以移交或指定下级人民法院审理

13. 关于行政诉讼案件的一般审理期限,下列哪一说法是正确的?(    )

A. 第一审适用普通程序的审理期限为 3 个月,第二审的审理期限为 2 个月

B. 适用简易程序的审理期限为 1 个月,第二审的审理期限为 3 个月

C. 第一审适用普通程序的审理期限为 6 个月,第二审的审理期限为 3 个月

D. 适用简易程序的审理期限为 45 日,第二审的审理期限为 3 个月

**二、多项选择题,每题所给的选项中有两个或两个以上正确答案,少答或多答均不得分。**

1. 王叔和李叔均系大良村村民,两人同在一块山场上采摘八角果实,后因八角树的权属问题产生纠纷。王叔以李叔采摘的八角树属于其享有林权的山场为由,向林业和草原局申请裁决。林业和草原局裁决确认李叔采摘的部分八角树属于王叔享有使用权的山场范围,李叔不服向人民法院提起行政诉讼。其诉请撤销林业和草原局裁决的同时,还要求认定王叔采摘了属于他的八角树并请求判令赔偿。下列说法不正确的是:(    )

A. 李叔的诉请涉及行政及民事两种不同的法律关系,应分开审理

B. 李叔的诉请虽然涉及行政及民事两种不同的法律关系,但可以合并审理

C. 如一并审理李叔关于行政及民事的诉请,程序上仍应以行政及民事的归类和案号分别作出判决

D. 人民法院可以选择分开审理或合并审理

2. 法庭发现当庭认定的证据有误,可以按照哪些方式予以纠正?(    )

A. 在庭审结束前发现错误的,应当重新进行认定

B. 在庭审结束后宣判之前发现错误的,可以在裁判文书中予以更正并说明理由

C. 庭审结束后宣判之前发现错误的,应当再次开庭予以认定

D. 有新的证据材料可能推翻已认定的证据的,应当再次开庭予以认定

3. 有下列哪些情形的法院可以裁定驳回起诉?(    )

A. 起诉人无法提供能够证明具体行政行为存在的行政决定书等法律文书

B. 法院认为应当追加被告,但原告不同意追加的

C. 法律规定必须由法定或指定代理人代为诉讼行为,未有法定或指定代理人代为诉讼行为的

D. 原告起诉的被告不适格,法院告诉其变更被告后,原告不同意变更的

4. 行政诉讼与行政复议都是行政相对人不服行政机关的具体行政行为或认为具体行政行为侵害了其权益所可能采取的救济手段。以下关于二者关系的表述正确的有:(    )

A. 一些情况下提出行政复议后,如果不服,相对人可以再提起诉讼

B. 法律、法规规定行政复议为行政诉讼的必经程序,公民、法人或其他组织未提出复议而直接提出诉讼,人民法院亦可受理

C. 对某些行政复议,由于属于终局裁定,因而相对人不能再提出诉讼

D. 行政行为相对人选择行政复议,有时即排除了行政诉讼

5. 复议机关不受理复议申请或在法定复议期间内不作出复议决定的情形下,下列说法正确的是:(    )

A. 如果法律、法规规定复议是诉讼的必经程序,公民、法人或其他组织只能向复议机关的上级机关申诉,而不能直接向法院起诉

B. 如果法律、法规规定复议是诉讼的必经程序,公民、法人或其他组织可以向法院起诉。但其只能请求法院判令履行法定职责,而不能要求法院直接审理原具体行政行为

C. 如果法律、法规未规定复议是诉讼的必经程序,公民、法人或其他组织可以直接向法院起诉。既可以起诉复议机关不履行法定职责,又可以起诉原具体行政行为

D. 如果法律、法规规定复议是诉讼的必经程序,公民、法人或其他组织可以直接向法院起诉。既可以起诉复议机关不履行法定职责,又可以起诉原具体行政行为

6. 下列关于行政机关不履行法定职责的起诉期限的说法正确的是:(    )

A. 如果法律、法规、规章和其他规范性文件对行政机关履行法定职责的期限已作了规定,行政机关超过期限仍不作为,从该期限届满之日起计算起诉期限

B. 在没有相关法律、法规规定行政机关履行法定职责的期限的情况下,公民、法人或其他组织申请行政机关履行法定职责,行政机关在接到申请之日起两个月内不履行的,公民、法人或其他组织向人民法院提起行政诉讼,人民法院应予受理

C. 公民、法人或其他组织在紧急情况下申请行政机关履行法定职责，行政机关不履行的，当事人应在行政机关接到申请之日起60日后提起行政诉讼

D. 公民、法人或其他组织在紧急情况下申请行政机关履行法定职责，行政机关不履行的，当事人可以立即起诉，而不受起诉期限的限制

7. 人民法院审理上诉行政案件，在哪些情况下必须作出发回重审的裁定？（　　）

A. 原审判决遗漏被告的

B. 原审判决遗漏必须参加诉讼的第三人的

C. 原审判决遗漏诉讼请求的

D. 原审不予受理裁定确有错误的

8. 下列关于第二审的审理对象的说法错误的是：（　　）

A. 仅审查一审的判决与裁定是否正确

B. 仅审查被诉行政行为的合法性

C. 既审查一审的判决与裁定是否正确，又审查被诉行政行为的合法性，但应受上诉人上诉范围的限制

D. 既审查一审的判决与裁定是否正确，又审查被诉行政行为的合法性，且不受上诉人上诉范围的限制

9. 已发生法律效力的判决、裁定有下列哪些情形，当事人申请再审的，法院应当再审？（　　）

A. 不予受理确有错误

B. 违反法律规定的诉讼程序，可能影响公正审判的

C. 原判决遗漏诉讼请求的

D. 据以作出原判决的法律文书被撤销

10. 小孙独资开办的商行因销售假冒商标的五金产品被市场监督管理局罚款，小孙不服，提起了行政诉讼。诉讼期间，市场监督管理局又作出对商行处以停业整顿处罚的处理决定，小孙再次向同一法院提起诉讼。下列说法不正确的是：（　　）

A. 法院应合并审理两案

B. 法院可以分开审理两案

C. 法院不可以合并审理两案

D. 法院应分开审理两案

11. 某税收部门对A、B、C三家个体户进行罚款，A、B、C不服，提起行政诉讼，结果一审法院维持了行政决定。其中A、B提起上诉，C没有提起上诉，请问他们在上诉中的法律地位如何呢？（　　）

A. A、B、C均为上诉人，税收部门为被上诉人

B. A、B为上诉人，税收部门为被上诉人

C. C不是上诉人，C仍为一审原告

D. A、B、C和税收部门均为上诉人

12. 个体户李某在卖肉时因争抢顾客与另一个体户陈某发生争执，大打出手，并且还对闻讯赶来的民警恶语相向，公安局对李某作出拘留10日的行政处罚。李某不服，申请复议，复议机关维持了原处罚决定。李某仍不服，向人民法院提起行政诉讼，陈某作为第三人参加诉讼。下列说法正确的是：（　　）

A. 陈某有权对一审判决提起上诉

B. 被告公安局有权提起反诉

C. 人民法院有权判决加重对李某的行政处罚

D. 人民法院有权变更公安局对李某的行政处罚

13. 对于下列哪些案件，人民法院可以适用简易程序？（　　）

A. 案件款额2000元以下，事实清楚、权利义务关系明确、争议不大的第一审案件

B. 属于政府信息公开的第二审案件

C. 被诉行政行为是依法当场作出的第二审案件

D. 当事人各方同意适用简易程序的第一审案件

14. 关于法院接到起诉状的处理，下列说法正确的有：（　　）

A. 对当场不能判定是否符合《行政诉讼法》规定的起诉条件的，应当接收起诉状，出具注明收到日期的书面凭证，并在7日内决定是否立案

B. 在接到起诉状时对符合《行政诉讼法》规定的起诉条件的，应当登记立案

C. 起诉状内容欠缺的，应当给予指导和释明，并一次性告知当事人需要补正的内容

D. 起诉状内容有错误的，应当拒绝受理

**三、不定项选择题，每题所给的选项中有一个或一个以上正确答案，不答、少答或多答均不得分。**

1. 公民、法人或者其他组织在提起行政诉讼时，应当“有具体的诉讼请求”。下列有关诉讼请求的说法正确的有：（　　）

A. 判决确认某一行政行为无效，属于有具体的诉讼请求

B. 请求判决行政机关履行特别的给付义务，属于有具体的诉讼请求

C. 请求审查和撤销规章以下规范性文件，属于有具体的诉讼请求

D. 起诉人未能正确表达诉讼请求的，法院应当裁定不予受理

2. 对下列立案的哪些（项）行政案件，法院应当裁定驳回起诉？（　　）

A. 超过法定起诉期限且无正当理由的

B. 撤回起诉后无正当理由再行起诉的

C. 未按照法律规定由法定代理人、指定代理人、代表人为诉讼行为的

D. 行政行为对其合法权益明显不产生实际影响的

3. 孙某对县人民法院作出的行政案件的裁定申请再审，下列说法正确的有：（　　）

A. 孙某可以向省高级人民法院申请再审

B. 孙某应当在裁定发生法律效力后1年内提出

C. 如有新的证据足以推翻原裁定的，孙某应当自知道或者应当知道之日起 6 个月内提出

D. 如法院驳回孙某再审申请的，孙某可以向检察院申请抗诉

4. 就下列哪些(种)情形当事人对行政诉讼判决向法院申请再审的，应自知道或者应当知道之日起 6 个月内提出？(　　)

A. 原判决认定事实的主要证据是伪造的

B. 据以作出原判决的法律文书被撤销或者变更的

C. 审判人员审理该案件时有枉法裁判行为的

D. 原判决适用法律不准确的

# 第十六章　行政诉讼的特殊制度与规则*

## 基础知识篇

**一、单项选择题，每题所给的选项中只有一个正确答案。**

1. 下列关于证据收集的说法中哪一个是正确的？(　　)

A. 在诉讼过程中，被告不得向原告和证人收集证据

B. 在诉讼过程中，诉讼代理人可向案件的有关证人收集证据

C. 在诉讼过程中，被告经法院同意可以向原告收集证据

D. 行政诉讼中被告提供的证据必须来自行政程序

2. 甲村对某县人民政府将一土地所有权确权给乙村的决定不服，向法院申请提起行政诉讼。法院为核实证据，决定对现场进行勘查。请问下列哪种说法正确？(　　)

A. 人民法院进行现场勘查应依当事人申请进行

B. 人民法院勘查现场应当制作勘验笔录

C. 人民法院勘查现场必须绘制现场图

D. 当事人对勘验结论不能提出异议

3. 在行政诉讼中，原告或第三人不能自行收集的证据，可以申请人民法院调取。下列选项中，哪项证据是不能调取的？(　　)

A. 由国家机关保存而必须由人民法院调取的证据材料

B. 涉及国家秘密、商业秘密、个人隐私的证据

C. 确因客观原因不能自行收集的证据材料

D. 为证明被诉具体行政行为的合法性而调取被告在作出具体行政行为时未收集的证据

4. 关于行政诉讼的现场笔录的说法哪一项是错误的？(　　)

A. 现场笔录必须由当事人和执法人员签名，否则无效

B. 当事人拒绝签名的，不一定导致现场笔录的无效

C. 制作现场笔录时，有其他人在现场的，可由其他人签名

D. 现场笔录必须当场制作，不能在诉讼过程中另行补充

5. 有关行政诉讼被告举证期限的说法，正确的是：(　　)

A. 被告应当在收到起诉状副本之日起 15 日内提供被诉行为的全部证据和依据，否则视为没有证据

B. 被告若有正当事由可以延期提供，但必须书面告知人民法院

C. 被告若有正当事由可以延期提供，但必须经人民法院准许

D. 被告即使有正当事由也必须在收到起诉状后 10 日内提供

6. 下列关于行政诉讼撤诉制度的说法正确的是：(　　)

A. 行政诉讼中的撤诉共有三种：自愿申请撤诉、视为申请撤诉以及按撤诉处理

B. 当事人申请撤诉必须经人民法院同意，法院不准许的，当事人应当到庭参加诉讼

C. 上诉人经传唤不到庭，或者未经法庭许可中途退庭的，可以按撤诉处理

D. 第三人经合法传唤无正当理由拒不到庭或者未经法庭许可中途退庭的，可以按撤诉处理

7. 下列不属于中止审理的情形的是：(　　)

A. 原告死亡，须等待其近亲属表明是否参加诉讼的

B. 一方当事人因不可抗力的事由不能参加诉讼的

C. 案件证据不足，须传新的证人到庭或继续调查、取证的

D. 案件涉及法律适用问题须送请有权机关作出解释的

8. 下列属于终结审理的情形的有：(　　)

A. 案件的审理须以相关民事、刑事或者其他行政案件的审理结果为依据，而相关案件尚未审结的

---

* 本章答案参见第 69 页。

B. 原告丧失诉讼行为能力，中止诉讼满 90 日仍未确定法定代理人的，有特殊情况除外

C. 原告在诉讼过程中死亡的

D. 作为一方当事人的行政机关终止的

9. 下列不属于起诉停止执行的条件的是：(　　)

A. 被告认为需要停止执行的

B. 必须是由行政机关申请人民法院强制执行的具体行政行为

C. 法律规定应当停止执行的

D. 行政法规规定应当停止执行的

10. 根据最高人民法院《关于行政诉讼证据若干问题的规定》，下列说法错误的是：(　　)

A. 行政执法人员可以出庭说明情况

B. 当事人申请人民法院保全证据的同时必须提供相应的担保

C. 在诉讼过程中，人民法院可以依职权主动收集证据

D. 未成年人所作的与年龄和智力状况不相适应的证言不能单独作为定案依据

**二、多项选择题，每题所给的选项中有两个或两个以上正确答案，少答或多答均不得分。**

1. 有关行政诉讼中的证据，下列说法哪些是正确的？(　　)

A. 在诉讼过程中，人民法院认为对专门性问题需要鉴定的，应当交由高级人民法院指定的鉴定部门鉴定

B. 在诉讼过程中，人民法院认为对专门性问题需要鉴定的，应当交由法定鉴定部门鉴定

C. 在证据可能灭失或以后难以取得的情况下，诉讼参加人可以向人民法院申请保全证据

D. 在证据可能灭失或以后难以取得的情况下，人民法院可以主动采取保全措施

2. 有关在行政诉讼中相关行政执法人员出庭说明情况，下列哪些说法是正确的？(　　)

A. 须由原告提出申请

B. 须经法院许可

C. 须经该执法人员所属行政机关许可

D. 若行政执法人员出庭作证，应当出示证明其身份的证件

3. 下列关于行政诉讼法律冲突适用规则表述正确的是：(　　)

A. 人民法院审理民族自治地方的行政案件，并以民族自治地方的自治条例和单行条例为依据是人际冲突规则的体现

B. 人民法院认为地方人民政府制定、发布的规章与国务院部委制定、发布的规章不一致的，由最高人民法院报请国务院作出解释或裁决是解决同级法律冲突的适用规则

C. 不同效力等级的行政法律规范发生冲突实际上是一种违法性冲突，应选择适用效力等级高的行政法律规范

D. 新的行政法律规范与旧的行政法律规范发生冲突时，并不一定适用新的法律规范

4. 行政诉讼过程中，在下列哪些情形下，人民法院可以按撤诉处理？(　　)

A. 原告经传票传唤，无正当理由拒不到庭的

B. 上诉人认为法院偏袒被告，未经法庭许可中途退庭的

C. 原告申请撤诉，法院裁定不予准许，经传票传唤拒不到庭的

D. 被告改变原具体行政行为，原告不撤诉的

5. 行政诉讼中可以缺席判决的情形有：(　　)

A. 被告无正当理由拒不到庭的

B. 原告或上诉人申请撤诉，人民法院裁定不予准许，原告或上诉人经合法传唤无正当理由拒不到庭或未经法庭许可中途退庭的

C. 被告改变具体行政行为，原告申请撤诉，人民法院裁定不予准许，原告经合法传唤，无正当理由拒不到庭或未经法庭许可中途退庭，同时被告亦无正当理由拒不到庭的

D. 第三人经合法传唤无正当理由拒不到庭或未经法庭许可中途退庭的

6. 行政诉讼中的财产保全与非诉行政案件执行前的财产保全的区别有：(　　)

A. 申请人不同

B. 申请财产保全的原因不同

C. 前者分为人民法院依申请采取财产保全措施与依职权采取财产保全措施两种，后者只能是人民法院依申请采取财产保全措施

D. 前者申请人可以不提供担保，后者申请人必须提供担保

7. 下列关于“起诉不停止执行”原则表述正确的是：(　　)

A. 在我国“起诉不停止执行”原则只适用于行政机关有强制执行权并能够自行强制执行的情形

B. 在诉讼过程中，行政机关申请人民法院强制执行被诉具体行政行为的，人民法院原则上不予准许

C. 行政诉讼中原告申请停止执行的，人民法院应当停止执行

D. 人民法院认为该具体行政行为的执行会造成难以弥补的损失，并且停止执行不损害社会公共利益的，可以依职权裁定停止执行

## 理解与应用篇

**一、单项选择题，每题所给的选项中只有一个正确答案。**

1. 港商李先生不服税务机关认定其有偷税行为并

予以处罚的决定申请行政复议。因行政复议机关维持了原处罚决定，于是李先生向法院提起行政诉讼。下列不能作为人民法院维持税务机关原具体行政行为根据的是：（　　）

A. 人民法院立案受理后，税务机关说服知情人作证，并在一审人民法院规定的举证期限届满前向人民法院提供的相关证人笔录

B. 行政复议过程中，行政复议机关发现知情人的存在于是对其进行了详细调查，证实李先生确有偷税行为

C. 复议机关通过线人提供的线索在某处查获的能够证实偷税行为的秘密账簿

D. 作出原具体行政行为的税务机关在作出处罚决定前对相关知情人进行调查，证实李先生有偷税行为

2. 下列关于行政诉讼中人民法院调取证据的说法正确的是：（　　）

A. 人民法院调取证据的权力是有限的，只有在特定情形下才能调取

B. 人民法院认为必要时就可以调取证据，这是人民法院的一项权力

C. 被告申请人民法院向原告调取证据的，人民法院不予准许

D. 被告提供了证据线索，但无法自行收集而申请人民法院调取的，人民法院应该调取

3. 下列关于证据采信的说法中哪一种是错误的？（　　）

A. 被告违反法定程序收集的证据不能作为证明具体行政行为合法的证据

B. 被告及其诉讼代理人在作出具体行政行为后收集的证据，不能作为证明具体行政行为合法的证据

C. 行政诉讼中的定案证据都必须经法庭开庭质证

D. 复议机关在复议过程中收集和补充的证据不能作为人民法院维持原具体行政行为的根据

4. 行政诉讼中，对原告或第三人提供证据的要求，下列说法正确的是：（　　）

A. 原告不能提供被诉具体行政行为违法的证据

B. 原告或第三人应当在开庭审理前或者法院指定的交换证据之日提供证据，逾期提供的，视为放弃举证权利

C. 原告或第三人在一审程序中未提供而在二审程序中提供的证据，法院不予采纳

D. 原告或第三人因正当事由申请延期提供证据的，经法院准许，可在法庭调查中提供

5. 王某对县民政局的决定不服向法院提起行政诉讼，县民政局向法院提供了由民政部制定的规章和该局发布的文件证明其决定合法。法院审查后认为规章和文件均合法有效。有关法院在判决书中对二者的适用和引用的说法，下列哪一项是正确的？（　　）

A. 不能对县民政局制定的文件的合法性进行评述

B. 不能承认县民政局制定的文件的效力

C. 可以引用民政部的规章，但不能引用县民政局的文件

D. 既可以引用民政部的规章，也可以引用县民政局的文件

6. 原告是一股份有限公司，被告为市场监督管理局。原告在一审中提起诉讼，认为市场监督管理局吊销其营业执照没有法律依据，被告当时没有出具相关证明，法院判其败诉。之后，被告提出上诉，在二审中出具了一份红头文件，该文件在被告处罚原告之前就生效了。请问法院该如何处理本案？（　　）

A. 法院不应把这份文件作为撤销一审判决的依据，应全面审查本案，若没有其他证据证明被告的行为合法，应作出维持一审的判决

B. 法院应采纳这份文件的证据效力，作出撤销一审的判决

C. 法院应对这份文件进行质证，若当事人无异议，应作出撤销一审的判决

D. 法院仅依据该文件就应该作出撤销一审的判决

**二、多项选择题，每题所给的选项中有两个或两个以上正确答案，少答或多答均不得分。**

1. 下列情形中不适用行政附带民事诉讼的有：（　　）

A. 被告行政机关对甲和乙之间的土地权属争议作出的裁决经法院审理认为合法，但甲要求法院重新解决该民事争议

B. 被告行政机关对殴打乙的公民甲处以200元的罚款，乙认为处罚较轻，向人民法院起诉，并要求人民法院一并解决甲对其的侵权赔偿问题

C. 被告行政机关对甲和乙之间的房屋权属争议作出的裁决经法院审理认为违法，乙同时要求法院重新解决该民事争议

D. 被告行政机关工作人员在执行职务过程中对甲进行刑讯逼供，甲向法院提起行政诉讼要求确认被告行政机关的行为违法，并且赔偿所造成的损失

2. 小孙想在一个市场设小摊点卖蔬菜，与市场管理者办好手续后，向县市场监督管理局申请执照，并请县市场监督管理局尽快办理，但在法定期限内一直未得到答复。小孙向法院起诉。下列哪些说法是错误的？（　　）

A. 若小孙未得到县市场监督管理局明确拒绝的答复，法院不能受理起诉

B. 小孙应当证明自己曾向县市场监督管理局提出过申请

C. 小孙应对县市场监督管理局有处理其申请的法定职责负有举证责任

D. 若县市场监督管理局提出其起诉超过法定期限，小孙应负有举证责任

3. 某县卫生防疫站在进行食品卫生检查监督时，发现某饭店卫生不合格，厨房里有苍蝇，于是报请县卫生健康委员会，并以县卫生健康委员会的名义对饭店罚款 2000 元。饭店对罚款不服，向法院起诉，县卫生健康委员会得知饭店起诉后，为保证打赢官司，责令卫生防疫站的工作人员到该饭店补作现场卫生检查笔录，遭到饭店拒绝。于是县卫生健康委员会委托其法律顾问律师周某到饭店调查有关证据。下列哪些说法不正确？（　　）

A. 卫生健康委员会无权对饭店实施处罚

B. 饭店已起诉，卫生健康委员会不能派防疫站工作人员到饭店补作现场笔录

C. 卫生健康委员会可以派其法律顾问到饭店收集与本案有关的证据

D. 饭店起诉以后，卫生健康委员会防疫站工作人员再也不能到饭店进行食品卫生检查

4. 下列有关人民法院审理反倾销行政案件的说法正确的有：（　　）

A. 利害关系人可以直接援引 WTO 规则起诉

B. 有关行政机关可以作为第三人参加诉讼

C. 人民法院应当依据有关法律、法规，并参照规章对被诉具体行政行为的合法性进行审查

D. 被告就被诉具体行政行为所举证据仅限于记入被告案卷的证据

5. 根据最高人民法院《关于行政诉讼证据若干问题的规定》，下列说法错误的有：（　　）

A. 对原告在第二审程序中提供的证据，人民法院一律不予接纳

B. 人民法院经调取未能取得当事人申请调取的证据时，应书面通知申请人，对此申请人可以向人民法院申请复议一次

C. 人民法院调取的证据应在法庭上出示，并接受当事人质证

D. 证据形成的原因是人民法院审查证据真实性的重要方面

6. 法院在审理一起行政案件时，发现某省制定的地方性法规与某部制定的规章对同一事项的规定不一致。在下列哪些情形下，法院优先适用规章？（　　）

A. 法律授权部门规章作出实施性规定的

B. 规章制定的时间早于地方性法规，涉及对地方性事项的规定

C. 规章是在无法律、行政法规规定的情况下，对需要全国统一规定的事项作出的规定

D. 地方性法规是根据法律授权为本地区作出的具体规定

7. 人民法院审理行政案件，对下列哪些案件可以适用调解？（　　）

A. 行政赔偿案件

B. 行政补偿案件

C. 行政处罚案件

D. 行政机关行使法律、法规规定的自由裁量权的案件

8. 在审理行政案件时，法院对被告经传票传唤无正当理由拒不到庭，或者未经法庭许可中途退庭的，可以采取下列哪些措施？（　　）

A. 将被告拒不到庭或者中途退庭的情况予以公告

B. 依法对其主要负责人或者直接责任人员予以拘留

C. 依法对其主要负责人或者直接责任人员予以罚款

D. 可以向监察机关或者被告的上一级行政机关提出依法给予其主要负责人或者直接责任人员处分的司法建议

## 综合提高篇

**一、多项选择题，每题所给的选项中有两个或两个以上正确答案，少答或多答均不得分。**

1. 下列关于现场笔录与勘验笔录区别的说法正确的是：（　　）

A. 制作主体不同。勘验笔录的制作主体很广泛，而现场笔录只能由行政机关的执法人员制作

B. 制作程序不同。现场笔录是执法人员对现场情况的自身感受，应当由当事人签名或盖章，勘验笔录的制作程序较为复杂

C. 制作内容不同。勘验笔录所反映的多是静态的客观情况，而现场笔录所反映的多是动态的事实，而且具有即时性

D. 证据效力不同。勘验笔录都是间接证据，与待证事实之间只有间接关系，而现场笔录是直接证据，可以直接证明案件事实

2. 在起诉被告不履行法定职责的案件中，原告应当提供其向被告提出申请的证据。但下列哪些情形除外？（　　）

A. 公民甲某认为被告的不作为侵害其财产权，该行为属于被告应当依职权主动履行法定职责的

B. 公民乙和丙申请办理结婚登记，民政机关提出今年结婚指标已经没有了，要求他们明年再结婚，乙和丙都提起诉讼的

C. 公民丁因生活困难向有关行政部门申请生活补助，有关部门拒发生活补助，丁不服，提起诉讼的

D. 某企业向有关部门申请核发某资质证书，该部门逾期未作任何答复。由于被告受理申请的登记制度

不完备不能提供相关证据材料，但原告能够作出合理说明的

3. 下列可以合并审理的情形有：(　　)

A. 甲在路边摆摊卖煎饼，卫生健康委员会以其无卫生许可证为由对甲进行处罚，交通管理局以其在路边摆摊妨碍交通为由也对甲进行处罚，甲不服，分别向两个法院起诉

B. 甲和乙共同殴伤丙，公安机关对甲作出拘留15日的处理决定，对乙作出罚款的处理决定，对此甲和乙均不服，向同一人民法院起诉

C. 甲因打人而被公安机关处以拘留15日的行政处罚，甲不服向人民法院提起诉讼。起诉后公安机关发现甲在此之前还有盗窃行为，又针对此对其实施200元的罚款，对此甲也向同一人民法院起诉

D. 甲因盗窃行为而被公安机关处以拘留15日的行政处罚，甲不服向人民法院提起诉讼，起诉后公安机关改变了对甲的行政处罚，改为罚款200元。甲既不申请撤诉，同时又对改变后的具体行政行为不服，向同一人民法院提起诉讼

4. 高某因不服市自然资源局行政处罚决定向法院提起诉讼。诉讼过程中，自然资源局撤销了原处罚决定。高某遂向法院申请撤诉，法院作出准予撤诉的裁定。2日后，市自然资源局又以同一事实和理由作出了与原来相同的处罚决定，高某应当如何处理？下列说法错误的有：(　　)

A. 重新起诉

B. 申请再审，请求法院撤销原准予撤诉的裁定

C. 撤回撤诉申请，请求法院恢复诉讼，继续审理本案

D. 对法院所作的撤诉裁定提出上诉

5. 下列有关人民法院审理行政案件的说法正确的有：(　　)

A. 人民法院审理国际贸易行政案件可以以地方政府规章为参照

B. 人民法院应当对证人、鉴定人和翻译人的住址和联系方式予以保密

C. 人民法院应当运用逻辑推理和生活经验审查确定证据与案件事实之间的关联性

D. 所有证据未经当庭质证，人民法院均不能作为定案依据

6. 某海关认定王某船上运输的货物无合法证明构成走私，对王某予以行政处罚。王某向法院提起行政诉讼，并向法院提供了包括日本某公司出具的购货证明在内的有关证据。下列说法正确的是：(　　)

A. 王某若在法庭调查时直接向法庭提供此购货证明，须经人民法院准许

B. 王某向人民法院提供此购货证明时应提供其中文译本

C. 人民法院接到王某提交的证据，应当出具收据

D. 此购货证明应当在法庭上出示

7. 2003年某省政府为实施省人大的地方性法规出台一部规章，2006年省人大对该地方性法规进行修订，但未对该规章废止与否作出规定。2008年某省行政机关依据该规章对甲作出处罚。甲不服处罚提起行政诉讼，提出不应适用该规章。关于法院是否应适用该规章，下列哪些说法是正确的？(　　)

A. 因地方性法规已修改，规章失效，不予适用

B. 因修改后的地方性法规未明确废止该规章，应予适用

C. 如规章与修改后的地方性法规相抵触，不予适用

D. 如因地方性法规的修改，相应规章丧失依据不能单独实施，不予适用

**二、不定项选择题，每题所给的选项中有一个或一个以上正确答案，不答、少答或多答均不得分。**

1. 苏某系某市制药厂的职工，受该厂委托去某限价区内收购当地农民采挖的麻黄草，收购后苏某雇了个体运输户陈某的汽车，将麻黄草运往所属的制药厂。在运输途中，被该县草原监理所工作人员发现，经检查，苏某、陈某并未持有采药许可证及调运、货运的合法批准手续，该县草原监理所遂对苏某作出没收麻黄草并处以麻黄草价款2倍的罚款处罚。在执法过程中，该监理所工作人员认为苏某认错态度不好，对其进行了殴打。苏某不服，提起行政诉讼，要求撤销该行政处罚决定、确认该监理所工作人员的行为违法并对其所造成的人身伤害给予赔偿。

(1) 本案的举证责任应如何分配？(　　)

A. 被告县草原监理所应对其行政处罚的合法性承担举证责任

B. 被告县草原监理所应当提供作出行政处罚的证据和所依据的规范性文件

C. 原告苏某应对行政赔偿诉讼中受侵害的事实承担举证责任

D. 被告县草原监理所应对行政赔偿诉讼承担举证责任

(2) 在诉讼过程中，苏某提出县草原监理所处罚对象错误，他受市制药厂的委托，不应对其进行行政处罚。被告遂向法院申请补充收集与此相关的证据。法院应否准许？(　　)

A. 不予准许。否则违反了先取证后裁决的行政程序

B. 不予准许。人民法院应当自己收集与此相关的证据

C. 应予准许。因为原告提出了其在行政机关作出具体行政行为时没有提出的反驳理由

D. 应予准许。否则司法程序将会出现不公平

2. 杨某受某厂指派在本县范围内收购茶叶 2 万斤,厂方提供了介绍信、营业执照副本。杨某收购后未向税务机关纳税。县税务局知悉后即作出决定,杨某须缴纳增值税 5000 余元。杨某不服,认为自己是接受某厂的指派,与该厂是委托关系,其税款应由厂方缴纳。县税务局未采纳杨某的意见,坚持要求杨某缴纳。

(1)在此情况下,杨某应当如何处理?(　　)

A. 杨某可以直接向法院提起行政诉讼

B. 杨某可以先提起复议,对复议决定不服再起诉

C. 杨某必须先经过复议,不经复议不得起诉

D. 杨某可在复议与诉讼之间任意选择

(2)如果复议机关改变原纳税决定为由茶厂缴纳税款,茶厂与杨某的诉讼地位应如何确定?(　　)

A. 茶厂可以作为原告提起行政诉讼

B. 茶厂可以再提起行政复议

C. 杨某可以作为诉讼第三人

D. 杨某可以提起行政诉讼

3. 某市市场监督管理局对中央商场实行执法检查时,认定商场销售假烟、假酒和其他伪劣品,制作现场笔录,查扣这些物品,并责令该商场停业整顿,罚款 1 万元,但未制作决定书,只交给商场一处罚收据。事后,市场监督管理局未送达决定书。中央商场提起行政诉讼,并要求赔偿损失。一审中,市场监督管理局制作并向商场送达决定书,声称当时已经制作了现场笔录,因此决定是合法的。市场监督管理局还向当时在场的人员调取证据,要他们出庭作证证明其对商场的处罚是合法的。

(1)下列属于行政处罚的是:(　　)

A. 对中央商场进行执法检查

B. 查扣假烟、假酒和其他伪劣品

C. 责令商场停业整顿

D. 罚款 1 万元

(2)关于该案例,说法正确的有:(　　)

A. 现场笔录是行政诉讼特有的法定证据

B. 中央商场尽管没有决定书,也可以向法院提起诉讼

C. 市场监督管理局制作的现场笔录应载明时间、地点和事件

D. 市场监督管理局对中央商场进行处罚可以适用简易程序

(3)本案中,市场监督管理局的违法行为有哪些?(　　)

A. 市场监督管理局实施行政处罚,未制作处罚决定书

B. 市场监督管理局在案件审理过程中自行向其他组织和公民收集证据

C. 市场监督管理局制作了罚款收据

D. 市场监督管理局在诉讼时才补充制作处罚决定书

(4)法院应当作出怎样的判决?(　　)

A. 法院应判决撤销市场监督管理局的处罚决定,责令其重新作出行政行为

B. 法院应驳回中央商场的诉讼请求,维持该具体行政行为

C. 法院应确认市场监督管理局的处罚行为违法

D. 法院应直接变更该处罚决定,作出比原来轻的行政处罚

(5)若市场监督管理局在诉讼后,重新按照法定的程序对中央商场作出了同样的处罚决定,下列选项正确的是:(　　)

A. 市场监督管理局的这种行为属于以同一事实和理由作出相同的行政行为

B. 若中央商场再行起诉,法院应判决撤销该行政决定

C. 市场监督管理局的这种行为不属于以同一事实和理由作出相同的行政行为

D. 若中央商场再行起诉,法院依法审理后,应判决维持该行政决定

4. 甲因殴打乙被某县公安局处以拘留 10 日的处罚,甲不服诉至法院。在诉讼期间某县公安局将拘留改为罚款 500 元,甲申请撤诉。下列哪些事项是法院准予甲的申请应符合的条件?(　　)

A. 某公安局改变处罚决定不违反法律、法规的禁止性规定

B. 某公安局把改变处罚决定书面告知受理此案的人民法院

C. 甲申请撤诉是其真实意思表示

D. 作为第三人的乙无异议

5. 下列有关行政诉讼中证据的对质辨认和核实的说法正确的有:(　　)

A. 视听资料应当庭播放或显示

B. 对已经过法庭庭审质证的证据,不再进行质证

C. 经法庭准许,当事人可以向鉴定人发问

D. 法庭在质证过程中,对与案件无关联的证据材料,应予排除并说明理由

6. 下列情形中法院应当作出不予准许一并审理民事争议的决定的有:(　　)

A. 法律规定应当由行政机关先行处理的

B. 违反《民事诉讼法》专属管辖规定的

C. 违反协议管辖约定的

D. 已经申请仲裁的

7. 甲村与乙村因某一土地的所有权发生争议,县政府作出土地归乙村所有的认定。甲村不服提出行政诉讼,申请一并解决土地归属争议。下列说法正确的有:(　　)

A. 甲村有正当理由的,可以在第二审法庭调查中

提出

B. 法院对一并提出的解决土地归属争议申请应当单独立案,由同一审判组织审理

C. 法院一并审理相关民事争议,适用民事法律规范的相关规定,法律另有规定的除外

D. 在本案中,法院对行政争议和民事争议应当一并裁判

8. 下列有关当事人请求一并审理行政争议相关的民事争议的说法正确的有:(　　)

A. 当事人在第一审开庭审理后提出请求的,法院不应准许

B. 对已经申请仲裁的民事争议,法院不应准许在行政诉讼中再一并提出

C. 法院作出不予准许一并审理民事争议的决定的,应当告知当事人可以依法通过其他渠道主张权利

D. 当事人对不予准许一并审理民事争议的决定可以申请复议一次

9. 下列有关法院在行政诉讼审理中当事人请求一并审理行政争议相关的民事争议的说法正确的有:(　　)

A. 法院对相关的民事争议均应当单独立案

B. 当事人在调解中对民事权益的处分,不能作为审查被诉行政行为合法性的根据

C. 因行政裁决产生的民事争议,法院应对行政争议和民事争议一并裁判

D. 如当事人提出上诉,应对行政裁判和民事裁判一并提出上诉

# 第十七章　行政案件的裁判与执行*

**一、单项选择题,每题所给的选项中只有一个正确答案。**

1. 2008 年 8 月,县公安局在审查孙某卖淫案中发现张某曾有嫖娼行为,遂于当年 9 月对张某作出罚款 1000 元的决定。张某不服该处罚决定,提起诉讼。法院经审查认定张某的最后一次嫖娼行为发生于 2006 年 5 月,张某当时付给孙某 500 元现金及一些首饰。对法院应如何处理此案,下列哪一说法是正确的?(　　)

A. 驳回张某的诉讼请求

B. 变更对张某的处罚决定

C. 撤销对张某的处罚决定

D. 判决驳回张某的诉讼请求

2. 王某对行政机关的具体行政行为不服,向人民法院提起行政诉讼。在一审期间,被诉行政机关改变了原具体行政行为。王某没有申请撤诉,法院继续审理案件。经审理,法院认为原具体行政行为违法,法院应如何处理?(　　)

A. 作出撤销判决,撤销原具体行政行为

B. 作出确认判决,确认原具体行政行为违法

C. 若改变后的行政行为合法适当,则应作出驳回原告诉讼请求的判决

D. 若改变后的行政行为合法适当,则应作出维持判决

3. 当事人在第二审期间提出行政赔偿请求的,第二审人民法院可以进行调解,调解不成的,人民法院应当如何处理?(　　)

A. 应当直接作出赔偿判决

B. 应当告知当事人另行起诉

C. 应当告知当事人提出申诉

D. 应当发回原审人民法院进行重审

4. 张大爷等数 10 人为退休工人,其退休养老金一直由当地民政部门负责按月发放,但从今年 2 月开始,民政部门以种种理由为借口不再足额支付该笔养老金。张大爷等不得不将民政部门告上法院,并申请了财产保全。下列说法正确的是:(　　)

A. 张大爷等若不申请财产保全,法院不能主动进行财产保全

B. 张大爷等若不申请财产保全,法院也应依职权采取财产保全措施

C. 民政部门对财产保全裁定不服的,应当在 7 日内申请复议

D. 民政部门对财产保全裁定不服的,可以在 7 日内申请复议

5. 李某是一个年近七旬的老太太。一日,她出门忘记带钥匙,被困在门外,遂拨打“110”要求公安机关出警为其开锁。“110”告知她这不属于其职责后,并未出动。李某遂起诉被告不作为,法院经审理认为被告并无法定职责,应作出何种判决?(　　)

A. 驳回原告诉讼请求判决

B. 撤销判决

C. 确认判决

D. 维持判决

6. 人民法院在作出行政判决后,发现判决书中存在一个细小的笔误。在这种情况下,法院应当如何处理?(　　)

---

* 本章答案参见第 72 页。

A. 因系细小的笔误,可以不予理睬

B. 作出裁定,补正前述判决书中的笔误

C. 作出书面决定,补正判决书中的笔误

D. 口头告知当事人判决书中的笔误,并进行改正

7. 姜某在法院的主持下,和公安局达成行政赔偿协议,法院作出了行政赔偿调解书。调解书生效后,姜某却反悔,向法院提起再审。下列选项中正确的是:(　　)

A. 姜某若能证明调解违反自愿原则或内容违反法律规定的,可以在6个月内提起再审

B. 姜某不可以对生效的调解书提起再审,法院不应当受理

C. 姜某可以在任何时候提出再审,不受时间限制

D. 姜某应当履行协议,不应该再起诉

8. 某生态环境局对一企业作出罚款3000元处罚。该企业以处罚决定事实不清、适用法律错误为由向区法院起诉,区法院驳回企业的诉讼请求。该企业提起上诉,下列关于二审裁判的表述哪一项是正确的?(　　)

A. 只能对区法院的判决的效力作出确认,而不能涉及处罚决定

B. 如需要改变区法院的判决,应当同时对处罚决定作出判决

C. 如需要改变一审判决,可以同时对处罚决定作出判决

D. 如裁定撤销原判、发回重审,应当同时对处罚决定作出判决

9. 甲镇人民政府为了促进本镇经济发展下发了整顿本镇的企业、取缔非法经营企业的通知。之后,便下令关了乙开的印刷厂。请问下列哪种说法不正确?(　　)

A. 甲镇人民政府下发通知的行为为抽象行政行为

B. 乙可以在对下令关掉乙印刷厂的行为申请行政复议时,一并对甲镇人民政府下发通知的行为提出审查请求

C. 乙可以对甲镇人民政府下发的通知直接提起行政诉讼

D. 乙可以对下令关闭乙印刷厂的行为提起行政诉讼

10. 人民法院对于下列哪种案件,根据当事人申请,可以书面裁定先予执行?(　　)

A. 要求行政机关依法返还罚款,人民法院根据当事人申请,可以书面裁定先予执行

B. 要求行政机关依法返还罚款,人民法院可以依职权书面裁定先予执行

C. 要求行政机关依法发放抚恤金,人民法院根据当事人申请,可以书面裁定先予执行

D. 要求行政机关依法发放抚恤金,人民法院可以依职权书面裁定先予执行

11. 下列关于行政诉讼执行管辖表述正确的是:(　　)

A. 发生法律效力的行政判决书、行政裁定书、行政赔偿判决书和行政赔偿调解书必须由一审人民法院执行

B. 发生法律效力的行政判决书、行政裁定书、行政赔偿判决书和行政赔偿调解书必须由中级人民法院执行

C. 发生法律效力的行政判决书、行政裁定书、行政赔偿判决书和行政赔偿调解书原则上由一审人民法院执行,情况特殊的,二审人民法院可决定由其执行

D. 发生法律效力的行政判决书、行政裁定书、行政赔偿判决书和行政赔偿调解书原则上由中级人民法院执行,情况特殊的,高级人民法院可决定由其执行

12. 下列哪项不属于行政机关向人民法院申请执行其具体行政行为的条件?(　　)

A. 具体行政行为依法应当由行政机关自行执行,但是行政机关执行不力的

B. 具体行政行为已经生效并具有可执行内容

C. 被申请人是该具体行政行为所确定的义务人

D. 被申请人在具体行政行为确定的期限内或者行政机关另行指定的期限内未履行义务

13. 甲在商场买了一个某品牌电动剃须刀,认为质量有明显缺陷,向市市场监督管理局举报。市市场监督管理局经查认定该剃须刀确系假冒产品,查封了商场尚未出售的10箱该商品,对该商场作出罚款2000元的处罚决定。该商场不服,向区人民法院起诉。在诉讼过程中,被告市场监督管理局仅提供了顾客甲购买的剃须刀的质量鉴定结论,并未提供对查封的物品依法抽样鉴定的结论。一审认为其证据不足,判决撤销处罚决定,要求其重新处理。被告市场监督管理局不服,提起上诉,并在二审期间对查封的剃须刀作出质量鉴定,结果证明该批商品是假冒商品,二审法院该如何判决?(　　)

A. 证据充分,判决维持市场监督管理局的处罚决定

B. 认为处罚过重,判决变更市场监督管理局的处罚决定

C. 驳回上诉,维持原判

D. 证据不足,判决撤销市场监督管理局的具体行政行为

14. 王某因违反《治安管理处罚法》被公安局处以5日行政拘留,王某不服,经复议后,向人民法院提起诉讼,一审法院判决维持该行政处罚。王某上诉,并提出行政赔偿请求,后二审法院经审理认为对王某的行政拘留是违法的。二审法院该作何判决?(　　)

A. 撤销一审判决,撤销拘留决定,并就赔偿问题进行调解,调解不成,告知其就赔偿问题另行起诉

B. 撤销一审判决,并确认拘留违法,告知赔偿另行起诉

C. 撤销一审判决,并确认拘留违法,就赔偿问题调解不成,将全案发回重审

D. 撤销一审判决,并撤销拘留决定,就赔偿问题进行调解

15. 因作出的具体行政行为证据不足,法院责令被告重新作出具体行政行为,被告以同一事实和理由作出与原具体行政行为基本相同的具体行政行为的,法院应如何处理?(　　)

A. 判决撤销并对行政机关采取相应的强制措施促使其履行法院的生效判决

B. 确认被告重新作出的具体行政行为违法

C. 确认被告重新作出的具体行政行为无效

D. 判决被告履行法定职责,因其行为属于不履行法定职责

16. 李某多次通过各种手段窃电,市电力管理部门发现后,给予其拘留5日的处罚,李某不服,向人民法院提出行政诉讼。人民法院应作出何种判决?(　　)

A. 维持判决　　B. 变更判决

C. 撤销判决　　D. 驳回诉讼请求

17. 甲对某行政机关采取的行政强制措施不服,向法院起诉。法院审理后认为,该强制措施明显不当。法院可以采用下列哪一判决形式?(　　)

A. 维持判决

B. 驳回原告诉讼请求判决

C. 撤销判决

D. 变更判决

**二、多项选择题,每题所给的选项中有两个或两个以上正确答案,少答或多答均不得分。**

1. 某市建筑材料总厂超标准排放污水违反了《水污染防治法》,该市生态环境局对其处以2万元的罚款。在规定期间内,建筑材料厂既不缴纳罚款,也未向人民法院提起诉讼。该市生态环境局向人民法院申请强制执行罚款决定。下列哪几种说法是不正确的?(　　)

A. 市生态环境局应自罚款决定生效之日起180日内向法院提起执行申请

B. 市生态环境局应向某市建筑材料总厂所在地的基层人民法院提出申请

C. 市生态环境局应向法院提供某市建筑材料总厂的财产状况材料

D. 法院应自受理执行申请之日起30日内对是否强制执行作出裁定

2. 张某未经批准在门前耕地建起一幢小楼,并将该房卖给徐某。县自然资源局以张某非法买卖土地为由,对其作出没收地上建筑及罚款的处罚决定。张某不服,起诉至法院。诉讼期间,县自然资源局将原来的处罚变更为没收地上建筑,取消了罚款处罚,并动员张某撤诉。张某拒绝撤诉,法院应当如何处理?(　　)

A. 审理原处罚决定,认为原处罚决定违法的,作出确认违法的判决

B. 审理变更后的处罚决定

C. 驳回原告起诉而终结案件

D. 审理原处罚决定,认为原处罚决定合法的,作出驳回诉讼请求的判决

3. 某市规划局作出对某企业违章建筑予以拆除的处罚决定,并依法向建筑物所在地的T区人民法院申请执行,T区人民法院认为执行有困难,于是报请该市中级人民法院执行。中级人民法院经调查后认为,如由T区人民法院执行确有困难,下列说法正确的是:(　　)

A. 中级人民法院只能决定由本院执行

B. 中级人民法院仍可以决定由T区人民法院执行

C. 中级人民法院可以决定由该市所辖其他区的人民法院执行

D. 中级人民法院不能再决定由T区人民法院执行

4. 在行政诉讼中,下列选项中哪些适用确认违法判决?(　　)

A. 被诉行为违法,但不具有可撤销内容的

B. 行政机关在诉讼中改变被诉行为,法院根据原告要求审查原行为,而原行为合法的

C. 行政机关在诉讼中改变被诉行为,法院根据原告要求审查原行为,而原行为违法的

D. 被诉具体行政行为违法,但判决撤销将会对他人合法权益造成重大损失的

5. 下列情形中,法院可以判决驳回原告或上诉人诉讼请求的有:(　　)

A. 在诉讼过程中,被告公安局改变处罚决定,原告不撤诉,法院经审查认为,原具体行政行为合法

B. 甲种苹果丰收,但当年水果市场过剩,甲遭受严重经济损失,遂起诉其所在乡政府,认为乡政府未履行对农业生产进行指导的职责

C. 张某因违章建筑被市规划局罚款500元,张某不服,向法院以市政府为被告提起诉讼。法院受理后,告知其应起诉市规划局,张某执意起诉市政府

D. 丁在起诉时一并向法院提出行政赔偿请求,但一审判决未涉及赔偿问题,丁上诉,二审法院审查后认为丁不应获得国家赔偿

6. 下列哪些行政法律文书,当事人可以依法申请法院强制执行?(　　)

A. 当事人在法定期间内未提起上诉的一审行政判决书

B. 当事人在法定期间内未提起上诉的一审行政裁定书

C. 经双方当事人签收的行政赔偿调解书

D. 按照审判监督程序作出的行政判决书

7. 某市禁止养狗,但市民甲的邻居乙不顾禁令养了一只狗,狗经常咬伤路人。甲对此提心吊胆,于是请求公安局处理此事,但公安局置之不理。甲对公安局的不作为提起诉讼,人民法院作出不予受理的决定。甲依法上诉,二审法院撤销一审不予受理的决定,并发回重审。在重审过程中,由于审判员丙是乙的弟弟,甲提出回避的请求,人民法院同意了甲的请求,并依法责令公安局处理此事。那么,下列哪些说法是正确的?(　　)

A. 人民法院作出不予受理的决定是错误的

B. 二审法院应作出撤销一审不予受理的裁定

C. 一审法院对甲提出的回避请求应作出裁定

D. 人民法院责令公安局处理此事应采用判决的方式

8. 在一起行政纠纷二审案中,上诉人向人民法院申请撤诉,但未获准许。虽然人民法院已经对上诉人进行了依法传唤,但上诉人拒不到庭且没有提出正当理由。下列说法中不正确的是:(　　)

A. 二审人民法院应缺席判决

B. 二审人民法院应按撤诉处理

C. 二审人民法院不可以按撤诉处理

D. 二审人民法院应拘传上诉人到庭

9. 下列哪些案件人民法院应当判决驳回原告的诉讼请求?(　　)

A. 甲认为市场监督管理局不履行向其颁发许可证的法定职责,人民法院审理后认为其起诉理由不成立

B. 行政行为证据确凿,适用法律、法规正确,符合法定程序的

C. 被诉行政机关具体行政行为违法,但无可撤销内容

D. 甲的货物被抢时,曾向公安机关请求援助,但公安局未理会,致使甲的货物被抢

10. 罗某从某部队复员将关系转到某县后,到该县民政局要求领取伤残保健金时却遭到拒绝,罗某向法院提起行政诉讼。下列说法中正确的是:(　　)

A. 此案为一起诉县民政局不履行法定职责案

B. 法院可以依职权要求县民政局先行支付罗某的伤残保健金

C. 罗某应当对其曾向民政局提出请求这一事实提供证据

D. 此案可适用驳回诉讼请求判决

11. 被诉行政行为有下列哪些情形的,法院判决确认违法,但不撤销行政行为?(　　)

A. 行政行为依法应当撤销,但撤销会给国家利益、社会公共利益造成重大损害的

B. 行政行为涉及对款额的确定、认定确有错误的

C. 行政行为程序轻微违法,但对原告权利不产生实际影响的

D. 被告不依法履行、未按照约定履行或者违法变更政府特许经营协议的

**三、不定项选择题,每题所给的选项中有一个或一个以上正确答案,不答、少答或多答均不得分。**

1. 某区法院判决撤销某区公安分局的处罚决定,返还当事人甲 2000 元罚款,并要求在判决生效后 15 日内执行。后当事人均未上诉,区公安分局也未返还罚款。

(1) 甲申请执行,该向谁申请?(　　)

A. 某区法院

B. 某市中级人民法院

C. 区公安分局的上级主管部门

D. 该有关部门的主管部门

(2) 对区公安分局不履行法院判决的行为,法院可以采取的执行措施有:(　　)

A. 按日对区公安分局处以 50 ~ 100 元罚款

B. 通知银行从区公安分局账户内划拨

C. 将区公安分局拒绝履行的情况予以公告

D. 拒不履行判决、裁定、调解书,社会影响恶劣的,可以对该行政机关直接负责的主管人员和其他直接责任人员予以拘留

2. 王某与其子王甲进城卖西瓜,中午 12 时以张某为首的一伙当地无业青年强拿王某车上的西瓜而拒不付钱。王某再三要求,张某等人非但不付钱,还围住王某进行殴打,王甲见状急忙跑到邻近某县派出所请求保护。该派出所值班人员李某以休息时间不办公为由拒绝提供保护,结果王某的西瓜大半被砸烂,王某本人也被打伤。随后,该派出所的工作人员赶到对张某等人进行了处理。

(1) 对该派出所的行为应如何认定?(　　)

A. 派出所的行为是拖延履行法定职责

B. 派出所的行为是滥用职权

C. 派出所的行为合法但并不合理

D. 派出所的行为合法也合理

(2) 如果王某对该派出所的不作为不服提起诉讼,法院应作出何种判决?(　　)

A. 履行判决

B. 撤销判决

C. 确认违法判决

D. 撤销并责令被告重新作出具体行政行为

3. 张某与李某因邻里纠纷发生冲突和打斗,造成李某软组织损伤,但并不严重。甲市乙县丙乡公安派出所了解此事后,根据《治安管理处罚法》的规定,以派出所名义对张某作出罚款 800 元的决定。据此请回答下列问题。

(1) 张某对处罚决定不服欲申请行政复议,下列为

张某提供的被申请人和复议机关正确的是:(　　)

A. 被申请人为丙乡派出所,复议机关为乙县公安局

B. 被申请人为乙县公安局,复议机关为乙县人民政府

C. 被申请人为乙县公安局,复议机关为甲市公安局

D. 被申请人为乙县公安局,李某为复议第三人

(2)张某对处罚决定不服申请行政复议,但复议机关一直未予答复,张某欲提起行政诉讼。下列哪一(些)机关可能成为本案的被告?(　　)

A. 丙乡派出所　　B. 乙县公安局

C. 乙县人民政府　　D. 甲市公安局

(3)张某对处罚决定不服申请行政复议,复议机关将处罚改为罚款 500 元。张某可以向哪一(些)法院提起行政诉讼?(　　)

A. 甲市中级人民法院

B. 乙县人民法院

C. 甲市公安局所在区的基层人民法院

D. 由原告从以上法院中选择

(4)被告在张某对处罚决定提起行政诉讼后,向法院提交了医院对李某伤情的诊断证明书和邻居陈某关于李某受伤经过的证言。请问下列哪一(些)说法正确?(　　)

A. 医院的诊断证明书证明力优于陈某的证言

B. 陈某的证言应当有陈某的签名

C. 陈某出庭作证时,应当出示其身份证件

D. 陈某出庭作证时,不得旁听案件的审理

4. 罗某从外地采购一批玉米存放在一粮食仓库销售,甲市乙区市场监督管理局接到这批玉米已发生霉变的举报后,即派员前往现场检查核实。该局人员对这批玉米全部进行查封,并从这批玉米中抽出四袋样品送检,制作了现场笔录。罗某对此不服,向法院提起行政诉讼。据此,回答下列问题。

(1)有关乙区市场监督管理局的查封行为,下列说法正确的有:(　　)

A. 此行为为行政强制措施

B. 查封应有期限限制

C. 查封行为带有证据保全性质

D. 乙区市场监督管理局在查封之后应在 15 日内作出相应的处罚决定

(2)如乙区市场监督管理局将查封的物品交给某公司保管,后造成物品损毁。下列说法正确的有:(　　).

A. 乙区市场监督管理局不得将物品交给第三人保管,故违法

B. 因保管发生的保管费,应由罗某承担

C. 对于造成的损失,乙区市场监督管理局应先行赔付

D. 对于造成的损失,罗某应直接要求某公司赔偿

(3)乙区市场监督管理局在查封罗某的物品时应制作查封决定书和清单。下列说法正确的有:(　　)

A. 查封决定书应当当场制作,3 日内送达罗某

B. 查封清单应当当场制作,当场交付罗某

C. 乙区市场监督管理局印章是查封决定书的内容之一

D. 查封清单一式二份,由罗某和乙区市场监督管理局分别保存

(4)乙区市场监督管理局向法院提交了现场笔录。下列有关此现场笔录的说法正确的有:(　　)

A. 现场笔录应有两名以上执法人员签名

B. 现场笔录应当有当事人的签名

C. 现场笔录应加盖该局的公章

D. 现场笔录应有检查的时间、地点和事件

(5)乙区市场监督管理局向法院提交了有关部门对抽样玉米的鉴定意见。下列说法正确的有:(　　)

A. 该鉴定意见中应当载明鉴定所使用的科学技术手段

B. 该鉴定意见应当有鉴定人的签名和鉴定部门的盖章

C. 若罗某要求鉴定人出庭接受询问,除有正当事由外,鉴定人应当出庭

D. 若鉴定意见不明确,法院应对此鉴定意见不予采纳

(6)假定在诉讼过程中,某区市场监督管理局又根据《产品质量法》的有关规定对罗某作出了行政处罚决定。下列说法正确的有:(　　)

A. 市场监督管理局作出行政处罚决定违反法律规定

B. 此处罚决定只能在第一审中作出

C. 若罗某就此处罚决定向受诉人民法院起诉,受诉人民法院可以另案处理

D. 罗某可以就此处罚决定先申请行政复议

(7)假定第一审人民法院认定该查封行为违法,罗某遂在第二审中提出了行政赔偿请求。下列说法不正确的有:(　　)

A. 第二审法院应当不受理罗某的请求

B. 第二审法院应当告知罗某另行起诉

C. 第二审法院可以根据需要对赔偿问题进行调解

D. 第二审法院应将案件发回重审

5. 下列可以适用确认无效判决的情形有:(　　)

A. 被告改变原违法行政行为,原告仍要求确认原行政行为违法的

B. 行政行为实施主体不具有行政主体资格,原告申请确认行政行为无效的

C. 行政行为没有依据的

D. 被告不履行或者拖延履行法定职责,判决履行没有意义的

# 第十八章　国家赔偿概述*

**一、单项选择题，每题所给的选项中只有一个正确答案。**

1. 根据《国家赔偿法》的规定，下列哪一项属于国家不予赔偿的情形？(　　)

A. 某地政府为挽救当地一濒临倒闭的国有企业，强令另一企业与该国企订立订购合同。该企业不服，政府将其银行账户冻结

B. 税务局工作人员钱某与个体户赵某素有嫌隙，以赵某偷税为名借税务局名义没收其价值 5000 元的财物

C. 市场监督管理局张某骑自行车上班途中与人相撞，发生争执后将人打伤

D. 狱警梁某的朋友被犯人陆某打伤，梁某指使同监犯人将陆某打伤

2. 某县公安局刑事警察赵某下班期间发现有人斗殴，即予以制止。正巧打架的马某与赵某有隙，便对赵某出言不逊。赵某大怒，拔枪将马某击伤。下列关于赔偿的说法哪一项是正确的？(　　)

A. 应由赵某赔偿，因其行为属于与行使职权无关的个人行为

B. 应由赵某赔偿，因其是刑事警察，无治安管理职权，且是在下班时间作出

C. 应由国家赔偿，因赵某的行为是在执行职务

D. 应由公安局赔偿，因赵某的行为属于违法使用武器、警械造成公民身体伤害的情形

3. 某县公安局以涉嫌盗窃为由将何某刑事拘留，3 个月后决定撤销案件并将何某释放。何某向某县公安局提出国家赔偿请求。下列哪一项说法是正确的？(　　)

A. 何某应自其知道或者应当知道县公安局拘留侵犯其人身权之日起 2 年内提出赔偿请求，但被拘留 3 个月的期间不计算在内

B. 按照国家上年度职工日平均工资标准给予何某 45 日的赔偿

C. 因对何某不属于错误拘留，不应给予赔偿，但可以酌情给予补偿

D. 如县公安局决定赔偿，应当制作赔偿决定书，并自作出决定之日起 15 日内送达何某

4. 下列有关刑事赔偿的说法哪一项是正确的？(　　)

A. 刑事赔偿实行无罪羁押赔偿制度

B. 赔偿义务机关在作出赔偿决定时可以就一些赔偿问题与请求人进行协商，但赔偿项目不在协商之列

C. 赔偿请求人对复议决定不服的，可以申请赔偿义务机关所在地的中级人民法院赔偿委员会作出赔偿决定

D. 法院赔偿委员会处理赔偿请求时，遇有请求人与赔偿义务机关对损害事实及因果关系有争议时，可以进行质证

5. 下列有关国家赔偿的赔偿时效的说法哪一项是正确的？(　　)

A. 时效均为 2 年

B. 时效为 1 年

C. 自国家机关及其工作人员行使职权时的行为被确认违法时起计算

D. 赔偿请求人在赔偿请求时效的最后 6 个月内，因不可抗力或者其他障碍不能行使请求权的，时效中止

6. 曹某被人民法院以贪污罪判处有期徒刑 8 年，以受贿罪判处有期徒刑 5 年，合并执行刑期共 12 年。后经申诉再审，其贪污罪改判 5 年，其受贿罪不成立。如其原 12 年刑期已全部执行完毕，则国家：(　　)

A. 仅对其受贿罪的 5 年承担赔偿责任

B. 对其被多执行的 7 年承担赔偿责任

C. 对其被多执行的 4 年承担赔偿责任

D. 不负任何赔偿责任，因为曹某并非无罪

7. 下列有关国家赔偿的归责原则的说法哪一项是正确的？(　　)

A. 实行违法归责原则

B. 实行结果归责原则

C. 实行多元归责原则

D. 实行单一归责原则

8. 下列有关国家赔偿的说法哪一项是正确的？(　　)

A. 对因逮捕被羁押的人的赔偿实行违法归责制度

B. 对刑事拘留的赔偿采用结果归责制度

C.《国家赔偿法》修正后，行政赔偿与行政补偿不再存在区别

D. 在分析国家赔偿要件时，区分执行职务行为与非执行职务行为的标准是综合的

---

* 本章答案参见第 74 页。

**二、多项选择题，每题所给的选项中有两个或两个以上正确答案，少答或多答均不得分。**

1.2008 年 2 月 3 日张某因涉嫌盗窃被县公安局刑事拘留，后经县检察院批准逮捕。2009 年 3 月 1 日市中级人民法院二审判决有期徒刑 3 年，交付执行。2011 年 2 月 2 日张某被释放。2011 年 3 月 23 日，市中级人民法院改判张某无罪。张某申请国家赔偿。下列哪些说法是正确的？（　　）

A. 市中级人民法院为赔偿义务机关

B. 对张某的赔偿，属于 2010 年 12 月 1 日前应予赔偿的部分适用修正前的《国家赔偿法》，属于在此之后的应予赔偿的部分适用修正后的《国家赔偿法》

C. 如张某对赔偿数额不满，可以向市中级人民法院赔偿委员会申请作出赔偿决定

D. 如张某认为造成其严重精神损害，可以要求支付精神损害抚慰金

2. 下列哪些情形国家应当承担赔偿责任？（　　）

A. 某部队在一次军事演习中，将附近渔港的渔船炸毁

B. 某区人民法院在执行一行政处理决定时，误将被执行人蔡某邻居王某家的偏房拆除

C. 某区公安局警察在办理刑事案件时唆使他人殴打犯罪嫌疑人冯某使其致残

D. 一名穿制服的警察见有歹徒抢劫，以自己下班为由没有制止

3. 对下列哪些情形，应给予请求人国家赔偿？（　　）

A. 李某因打架斗殴被公安局抓获，并经检察院批准逮捕。后检察院作出不起诉决定。李某请求国家赔偿

B. 某看守所工作人员放纵在押犯人将另一在押犯人程某虐待致死，程某的父亲请求国家赔偿

C. 王某为掩盖其兄罪行，主动承担刑事责任被判处有期徒刑 3 年

D. 公安工作人员甲图谋报复而非法拘禁其邻居乙 10 日之久

4. 刘某因不缴纳乡政府非法征收的费用，被乡政府非法拘禁 4 日。对此，刘某应通过哪些途径请求国家赔偿？（　　）

A. 必须先向乡政府请求国家赔偿，对乡政府的决定不服再向人民法院提起赔偿诉讼

B. 可以在向县人民政府申请复议时一并提出赔偿请求

C. 可以在向县人民法院提起行政诉讼时一并提出赔偿请求

D. 可以先向乡政府请求赔偿，不服乡政府决定再向县人民政府申请复议

5. 下列有关国家不承担国家赔偿责任的说法哪些是正确的？（　　）

A. 对错判管制刑罚的，无论情形如何，国家不承担国家赔偿责任

B. 不负刑事责任的人被判处有期徒刑，判决确定前被羁押的日期依法不予赔偿

C. 公民自伤致使损害发生的，国家不承担国家赔偿责任

D. 民事错判已执行，依法应当执行回转的，不承担国家赔偿责任

6. 2017 年 9 月 10 日，张某因涉嫌合同诈骗罪被刑事拘留，后被逮捕，市检察院向市中级人民法院提起公诉，市中级人民法院以构成合同诈骗罪判处张某有期徒刑 13 年，张某提出上诉，省高级人民法院于 2019 年 10 月 30 日宣告张某无罪，张某于 2019 年 12 月 5 日申请国家赔偿，但是对赔偿义务机关的赔偿数额有异议，下列错误的有：（　　）

A. 对侵犯张某人身自由的赔偿金应按照 2017 年度国家职工日平均工资计算

B. 张某可以向赔偿义务机关的上一级机关申请复议

C. 如果张某向省高级人民法院赔偿委员会申请作出赔偿决定，赔偿委员会应当开庭受理

D. 赔偿义务机关为市检察院

# 第十九章　行政赔偿*

**一、单项选择题，每题所给的选项中只有一个正确答案。**

1. 某县公安局和县文化和旅游局在联合执法中认定陈某构成违法行为，共同决定没收其全部财物，并处罚款 8000 元。陈某缴纳罚款后，向法院起诉撤销没收财物和罚款决定。法院生效判决支持陈某请求。陈某提出国家赔偿请求。下列哪一说法是正确的？（　　）

A. 没收财物行为为行政强制措施，罚款为行政处罚

* 本章答案参见第 75 页。

B. 如陈某向县文化和旅游局提出赔偿要求，县文化和旅游局应当先予赔偿全部损失

C. 如陈某提出申请的材料不齐全，赔偿义务机关应在 15 日内一次性告知其需要补正的全部内容

D. 对陈某的赔偿应包括返还罚款 8000 元和被没收的财物及其总额的同期存款利息

2. 公安机关不确认下列行为违法时，对哪种情况赔偿请求人可以直接向法院提起赔偿诉讼？(　　)

A. 对甲采取的刑事拘留行为

B. 公安人员因怀疑乙有偷窃他人少量财物行为，在派出所对其实施的殴打行为

C. 对丙作出的治安拘留 10 日的行为

D. 对丁作出的罚款 200 元的行为

3. 胡某系某个体音像行老板，因为被怀疑出售黄色淫秽光盘而被县行政执法机关将其全部光盘没收。胡某不服，于是向市一级行政主管机关提起行政复议。复议机关经过复议后，不仅没有撤销原具体行政行为，反而对胡某又处以 1000 元的罚款。后查明，胡某并未出售黄色淫秽光盘。胡某认为行政机关的行为侵犯了其合法权益，应当向哪个机关提出行政赔偿请求？(　　)

A. 应当由复议机关赔偿对其造成的全部损失

B. 应当由最初作出行政行为的行政机关承担赔偿责任

C. 县级行政机关应当对其没收行为承担赔偿责任，复议机关应当对其加重处罚的部分承担赔偿责任

D. 胡某可以向二者中任何一个行政机关要求赔偿损失

4. 在甲地至乙地的火车上，乘警田某发现乘客张某在玩赌博游戏，遂走过去将张某的赌博工具没收。张某不肯，向田某撞去。田某后退一步，拔出手枪，对准张某的小腿射击，后张某住院 1 个月，花去医疗费数千元。张某提出赔偿请求。下列说法中正确的是：(　　)

A. 公安机关不承担赔偿责任，因为田某的行为是行使职权的合法行政行为

B. 应当由田某承担责任，因为田某的行为属于故意或者重大过失行为

C. 公安机关承担赔偿责任后，可以向田某追偿赔偿费用

D. 公安机关应当承担赔偿责任，而田某不承担任何责任

5. 在一起行政强制执行案件中，执行人员要拆除王某修建的被行政机关认为是违章的建筑。王某即跑到现场阻止，扬言要是把违章建筑拆了，他就喝毒药。执行人员不予理会，将该建筑拆除。王某当场一气之下喝下一瓶农药，经抢救无效死亡。后来经有关机关认定，该建筑并非违章建筑。其子要求执行机关对王某的死亡承担赔偿责任的主张能否成立？(　　)

A. 成立。因为执行机关的拆除行为导致了王某喝农药死亡

B. 成立。因为行政机关的行为是违法行使职权的行为

C. 不成立。行政机关的行为是依法行使职权的行为

D. 不成立。王某的死亡是王某自己造成的，和行政机关的行为之间没有直接因果关系

**二、不定项选择题，每题所给的选项中有一个或一个以上正确答案，不答、少答或多答均不得分。**

1. 王某是有权要求国家赔偿的受害人，在请求国家赔偿期间突然死亡。下列关于王某请求国家赔偿权利的说法正确的是：(　　)

A. 因死亡而自然消失

B. 转移给他的近亲属

C. 转移给他的继承人

D. 转移给他的有扶养关系的亲属

2. 郭某经批准，在路旁搭建一临时修理部。后其未经批准，将其改造为水泥楼房。城管所发现后两次限期拆除，郭某均不予执行。城管所工作人员吕某、关某见此情形，于下班时间将其强行拆除，致使郭某屋内许多电器被损坏。郭某不服，要求城管所赔偿。

(1) 本案的赔偿责任应如何认定？(　　)

A. 应由吕某、关某赔偿

B. 应由城管所赔偿，因为吕某、关某的行为是执行职务的行为

C. 应由城管所和吕某、关某二人共同赔偿

D. 应由城管所赔偿，因为城管所工作人员属于违法采取强制措施

(2) 如果郭某在屋顶被拆后，未采取任何防护措施，致使屋内财产又因雨淋而受损失，应如何界定城管所的赔偿责任？(　　)

A. 城管所应承担全部损失

B. 城管所工作人员应承担全部损失

C. 郭某应承担未采取防护措施致损失扩大的部分

D. 城管所有权采取强制拆除措施，且其已向郭某发出过限期拆除通知，所以不应承担责任

3. 某公安机关接到举报说有人在一间酒吧内嫖娼。公安机关立即行动将正在嫖娼的张某抓获带到派出所。张某随即被绑在一张椅子上，被用刑。第二天，家人来看望张某时，发现张某昏迷，全身多处受伤，经抢救无效死亡。张某的家人提出国家赔偿要求。下列说法正确的有：(　　)

A. 张某的继承人和其他有扶养关系的亲属有权提出国家赔偿要求

B. 张某的家人提出赔偿要求时，应当说明与受害

人的关系，并提供相应证明

C. 对公安机关的殴打行为与张某的死亡之间是否存在因果关系，公安机关应当提供证据

D. 对张某家人的赔偿应当包括支付死亡赔偿金、丧葬费，最高不超过国家上年度职工年平均工资的20倍

4. 某派出所所长姜某身穿制服在一饭店二楼吃饭期间，闻知楼下有人打架即去劝解和调停。参与斗殴人之一的杨某在姜某表明身份、鸣枪示警后仍不停手，反而大骂姜某。对方见杨某仍不停手，又和其对打起来。杨某突然拿起一啤酒瓶，并在桌上敲碎后刺向对方。姜某开枪，击中杨某右肩致其歪倒在地，姜某又向其背部连射两枪，致其当场死亡。

(1) 在本案中，下列哪个(些)选项表述正确?(　　)

A. 国家应承担赔偿责任，因为杨某是在姜某执行职务的过程中违法使用武器致死的

B. 国家不应承担赔偿责任，因为事故是在姜某吃饭期间发生的，姜某的行为只能视为一般的民事调停

C. 国家不应承担赔偿责任，因为杨某目无法纪，虽经合法劝告仍不停手，且有伤人目的

D. 国家不应承担赔偿责任，因为杨某意欲伤人，情况紧急

(2) 仅就姜某开枪击中杨某右肩来说，国家:(　　)

A. 应承担赔偿责任，因为杨某是在姜某执行职务的过程中受伤的

B. 不应承担赔偿责任，因为事故是在姜某吃饭期间发生的，姜某的行为只能视为一般的民事调停

C. 不应承担赔偿责任，因为杨某目无法纪，虽经合法劝告仍不停手，且有伤人目的

D. 不应承担赔偿责任，因为杨某意欲伤人，情况紧急

(3) 如果杨某当时拿起啤酒瓶欲伤害姜某，姜某开枪射其右肩即致其死亡，则国家:(　　)

A. 应承担赔偿责任，因为杨某是在姜某执行职务的过程中死亡的

B. 不应承担赔偿责任，因为事故是在姜某吃饭期间发生的，姜某的行为只能视为一般的民事调停

C. 不应承担赔偿责任，因为杨某目无法纪，虽经合法劝告仍不停手，且有伤人目的

D. 不应承担赔偿责任，因为杨某意欲伤人，情况紧急

(4) 如果本案中国家应当承担赔偿责任，则属于:(　　)

A. 行政赔偿，因为姜某当时是在维护社会秩序，行使行政管理权

B. 行政赔偿，因为公安派出所无刑事侦查权，姜某行使的只能是行政管理权

C. 刑事赔偿，因为当时杨某有可能致人重伤或者死亡的犯罪嫌疑

D. 刑事赔偿，因为根据案情，姜某已构成故意伤害罪致人死亡

(5) 如果本案中国家赔偿成立，则应由谁承担赔偿责任?(　　)

A. 姜某

B. 姜某所在的派出所

C. 姜某所属的公安局

D. 姜某和其所属的公安局

5. 根据我国国家赔偿制度的规定，行政机关在承担赔偿责任后，可以行使追偿权，但是追偿权的行使必须具备一定的条件。关于行使追偿权的条件，下列说法中哪项(些)是正确的?(　　)

A. 行政赔偿义务机关已经先行赔偿了受害人的损失

B. 追偿权的行使必须在赔偿义务机关赔偿受害人之前

C. 国家机关只能向有故意或者重大过失的工作人员行使追偿权

D. 追偿只能在赔偿数额范围内进行

# 第二十章　司法赔偿*

**一、单项选择题，每题所给的选项中只有一个正确答案。**

1. 甲公司申请县法院强制被告乙公司履行归还欠款200万元的判决。法院在执行过程中，将案外人丙公司的财物扣押，并不履行监管职责造成财物灭失。丙公司请求法院赔偿。下列哪项说法是正确的?(　　)

A. 丙公司申请赔偿，应先要求有关机关确认法院的执行措施违法

B. 因无法执行回转，应给予丙公司国家赔偿

C. 因执行由甲公司提出，应由甲公司赔偿

D. 县法院应自收到丙公司申请之日起3个月内作出是否赔偿的决定

---

* 本章答案参见第76页。

2. 甲市乙区公安分局违反《刑事诉讼法》对孙某实施刑事拘留，孙某被释放后向乙区公安分局申请国家赔偿，后者拒绝赔偿。下列哪一说法是正确的？（　　）

A. 孙某在向乙区公安分局提出申请时，须递交书面申请书

B. 乙区公安分局应向孙某说明不予赔偿的理由

C. 乙区公安分局不予赔偿的决定是合法的

D. 对乙区公安分局的决定，孙某可以向甲市中级人民法院申请复议

3. 下列有关法院赔偿委员会程序的说法哪个是正确的？（　　）

A. 赔偿请求人向赔偿委员会申请作出赔偿决定，应提交赔偿义务机关作出的决定书

B. 赔偿义务机关可以委托律师作为代理人

C. 赔偿委员会作赔偿决定，应有 3 名以上审判员或陪审员参加

D. 赔偿委员会作出赔偿决定制作的国家赔偿决定书，应加盖赔偿委员会的印章

4. 尤某因涉嫌强奸被县公安局拘留，县检察院批准逮捕并提起公诉，后被县法院判处有期徒刑 5 年。尤某上诉，市中级人民法院维持原判。尤某在狱中申诉，后经再审改判无罪。尤某提出国家赔偿请求，下列哪一机关为赔偿义务机关？（　　）

A. 县公安局　　B. 县检察院

C. 县法院　　D. 市中级人民法院

5. 孙某与王某集资购买了一辆汽车，并由王某营运，后因两人发生结算纠纷，王某诉至县人民法院，要求将汽车判归己有，由其偿还孙某的投资，或由孙某退还其投资，汽车归孙某所有。诉讼中王某提出诉讼保全申请，并要求在诉讼期间汽车继续营运，以其朋友刘某的汽车为担保。法院裁定准许王某将车营运至判决车辆归属时止。后经法院判决车归孙某，但孙某发现汽车发动机已被更换，担保人刘某将用以担保的汽车变卖后不知去向。孙某遂向法院提出赔偿请求。那么，法院应否赔偿？（　　）

A. 应予赔偿。因为孙某的损失是法院的违法行为造成的

B. 应予赔偿。因为是该法院诉讼保全手续的不明导致了诉讼当事人的损失

C. 不予赔偿。因本案中法院的保全行为并不违法

D. 不予赔偿。因为孙某的赔偿请求事项不属于司法赔偿的范围

6. 在审理一起民事案件时，某县法院对申请人甲申请的财产保全违反法律解除，导致甲胜诉后判决无法执行，造成财产损失。甲申请县法院赔偿，县法院作出不予赔偿决定。下列哪一说法是正确的？（　　）

A. 在向县法院申请赔偿前，甲应首先向有关机关确认县法院的行为违法

B. 县法院在作出不予赔偿决定前，应当充分听取甲的意见

C. 对不予赔偿决定，甲可以向上一级法院提出上诉

D. 县法院的决定是正确的

**二、多项选择题，每题所给的选项中有两个或两个以上正确答案，少答或多答均不得分。**

1. 法院赔偿委员会适用质证程序审理国家赔偿案件时，下列哪些事实需要证明的，由赔偿义务机关负举证责任？（　　）

A. 赔偿义务机关行为的合法性

B. 赔偿义务机关无过错

C. 赔偿义务机关的过错致使赔偿请求人不能证明的待证事实

D. 赔偿义务机关行为与被羁押人在羁押期间死亡或者丧失行为能力之间不存在因果关系

2. 被告人经审判监督程序改判无罪前的哪些情形，国家不承担赔偿责任？（　　）

A. 执行刑罚中被保外就医的，对于保外就医期间的刑罚

B. 执行刑罚中被依法减刑的，对于被减刑部分的刑罚

C. 被判处有期徒刑缓刑的

D. 被判处管制刑罚的

3. 下列有关法院赔偿委员会的说法哪些是正确的？（　　）

A. 法院赔偿委员会处理赔偿请求实行不公开审理

B. 对简单的赔偿案件，赔偿委员会可以由一名审判员独立作出赔偿决定

C. 赔偿请求人和赔偿义务机关经协商达成协议的，赔偿委员会审查确认后应当制作国家赔偿决定书

D. 赔偿委员会组成人员的人数应当为单数

4. 下列哪些选项属于法院在民事诉讼中违法采取保全措施应予国家赔偿的情形？（　　）

A. 明显超过申请人申请保全的数额

B. 依法不应当采取保全措施而采取保全措施

C. 违法保全案外人的财产

D. 应当拍卖而未依法拍卖

5. 下列关于刑事赔偿复议机关的说法，哪些是正确的？（　　）

A. 复议机关应当自收到申请之日起 3 个月内作出决定

B. 赔偿请求人不服复议决定的，可以自收到复议决定之日起 30 日内向复议机关所在地的同级人民法院赔偿委员会申请作出赔偿决定

C. 复议机关逾期不作决定的,赔偿请求人可以自期间届满之日起30日内向复议机关所在地的同级人民法院赔偿委员会申请作出赔偿决定

D. 复议机关逾期不作决定的,赔偿请求人可以自期间届满之日起3个月内向复议机关所在地的同级人民法院赔偿委员会申请作出赔偿决定

6. 下列哪些情形属于法院赔偿委员会应当受理的案件?( )

A. 县公安机关工作人员在侦查一起抢劫案时,对犯罪嫌疑人王某刑讯逼供,造成王某重伤。王某依法申请赔偿,对赔偿决定不服,又向市公安机关申请复议。对复议决定不服,在法定期间内向市公安机关所在地的中级人民法院赔偿委员会申请作出赔偿决定

B. 检察机关在侦查一起贪污案件时,将犯罪嫌疑人赵某的一辆汽车扣押。后赵某被排除嫌疑,赵某依法向检察机关申请赔偿和向上级检察机关申请复议。但是,上级机关逾期不予答复,赵某遂向上级检察机关所在地的同级人民法院申请作出赔偿决定

C. 张某在再审中被改判无罪,于是向作出生效判决的一审法院申请赔偿,一审法院逾期不予赔偿。于是,张某向上一级法院赔偿委员会申请作出赔偿决定

D. 人民法院是赔偿义务机关,杨某申请赔偿,但是觉得法院赔偿得太少,于是向上一级法院赔偿委员会申请作出决定

7. 公安机关在侦查一起盗窃案件时,公安干警张某发现李某有嫌疑,于是将李某带到一旅社中,以监视居住为名,对其关押长达2个月之久。后李某被排除嫌疑,张某才将其释放。于是,李某向公安机关提出赔偿请求。下列哪些说法是不正确的?( )

A. 因公安机关是行政机关,李某只能申请行政赔偿

B. 因《国家赔偿法》未规定对监视居住应予赔偿,公安机关不应赔偿

C. 因对李某的关押系张某的个人行为,公安机关不应赔偿

D. 李某的赔偿请求应适用刑事赔偿程序

8. 在刑事案件中,相关机关解除、撤销拘留或者逮捕措施后虽尚未撤销案件、作出不起诉决定或者判决宣告无罪,但是下列哪些属于符合《国家赔偿法》所规定的终止追究刑事责任的情形?( )

A. 办案机关决定对犯罪嫌疑人终止侦查的

B. 取保候审、监视居住法定期限届满后,办案机关超过1年未移送起诉、作出不起诉决定或者撤销案件的

C. 检察院撤回起诉超过30日未作出不起诉决定的

D. 法院决定按撤诉处理后超过30日,检察院未作出不起诉决定的

9. 下列有关刑事赔偿的说法哪些是正确的?( )

A. 依照《刑事诉讼法》规定的条件和程序对公民采取拘留措施,但拘留时间超过《刑事诉讼法》规定的时限,不属于违法刑事拘留

B. 违反《刑事诉讼法》规定的程序采取拘留措施,属于违法刑事拘留

C. 数罪并罚的案件经再审改判部分罪名不成立,国家不承担赔偿责任

D. 违法刑事拘留的人身自由赔偿金自拘留之日起计算

10. 下列有关刑事赔偿的赔偿义务机关及举证责任的说法哪些是正确的?( )

A. 对公民采取拘留措施后又采取逮捕措施,国家承担赔偿责任的,作出逮捕决定的机关为赔偿义务机关

B. 看守所及其工作人员在行使职权时侵犯公民合法权益造成损害的,看守所的主管机关为赔偿义务机关

C. 赔偿义务机关主张公民自伤致使损害发生而免除国家赔偿责任的,应当就该免责事由的成立承担举证责任

D. 赔偿义务机关主张因公民自己故意作虚伪供述被判处刑罚免除国家赔偿责任的,应当就该免责事由的成立承担举证责任

11. 下列哪些刑事赔偿决定、复议决定说法是正确的?( )

A. 法院赔偿委员会作出的赔偿决定,是发生法律效力的决定

B. 超过《国家赔偿法》规定的期限没有申请复议或者向上一级法院赔偿委员会申请国家赔偿的赔偿义务机关的决定,是发生法律效力的决定

C. 超过《国家赔偿法》规定的期限没有向法院赔偿委员会申请国家赔偿的复议决定,是发生法律效力的决定

D. 发生法律效力的赔偿义务机关的决定的效力低于赔偿委员会作出的赔偿决定的法律效力

12. 下列有关刑事赔偿案件的赔偿标准的说法哪些是正确的?( )

A. 护理费赔偿参照当地护工从事同等级别护理的劳务报酬标准计算,原则上按照一名护理人员的标准计算护理费

B. 误工减少收入的赔偿根据受害公民的误工时间和国家上年度职工日平均工资确定,最高为国家上年度职工年平均工资的5倍

C. 辅助器具的更换周期和赔偿期限根据赔偿复议机关、法院赔偿委员会的意见确定

D. 公民因残疾不能恢复生活自理能力的,可以根据其年龄、健康状况等因素确定合理的护理期限,最长

不超过10年

13. 在刑事赔偿案件中，受害的公民全部丧失劳动能力的，对其扶养的无劳动能力人应当支付生活费。关于此生活费发放标准，下列哪些说法是正确的？(　　)

A. 参照作出赔偿决定时被扶养人住所地所属省级人民政府确定的最低生活保障标准执行

B. 能够确定扶养年限的，生活费可协商确定并一次性支付

C. 不能确定扶养年限的，可按照20年上限确定扶养年限并一次性支付生活费，被扶养人超过60周岁的，年龄每增加1岁，扶养年限减少1年

D. 被扶养人年龄超过确定扶养年限的，被扶养人可逐年领取生活费至死亡时止

**三、不定项选择题，每题所给的选项中有一个或一个以上正确答案，不答、少答或多答均不得分。**

1. 谢某因打架斗殴被公安机关取保候审，后经检察机关批准变更为逮捕。案件经一审法院审理，判处谢某有期徒刑1年；经二审法院改判无罪，谢某当庭释放。谢某提出赔偿请求。下列说法中正确的有：(　　)

A. 一审人民法院和检察机关为赔偿义务机关

B. 有期徒刑1年属于赔偿范围

C. 谢某应当先向赔偿义务机关提出赔偿请求

D. 确认羁押谢某的行为违法是谢某申请赔偿的前提

2. 田某因涉嫌诈骗罪先被公安机关刑事拘留，经检察院批准逮捕，后变更为监视居住，但田某实际被限制在一个小房间内。一审法院经审理判处田某有期徒刑5年，第二审法院则改判无罪，田某提出国家赔偿请求。下列说法不正确的有：(　　)

A. 田某无权要求国家对他被监视居住承担赔偿责任

B. 对逮捕的赔偿，公安机关为赔偿义务机关

C. 对被判处有期徒刑5年，田某无权要求国家赔偿

D. 田某只能要求金钱赔偿

3. 下列有关法院赔偿委员会审理赔偿案件的说法正确的有：(　　)

A. 赔偿委员会审理作出决定，赔偿请求人撤回赔偿申请的，赔偿委员会应予准许

B. 赔偿委员会作出的赔偿决定是发生法律效力的决定

C. 赔偿委员会立案后应当在15日内将赔偿申请书副本送达复议机关和赔偿义务机关

D. 除疑难、复杂、重大案件外，赔偿委员会应当自收到赔偿申请之日起3个月内作出是否赔偿的决定

4. 根据《国家赔偿法》的规定，下列情形可以适用精神损害抚慰金的有：(　　)

A. 某乡政府工作人员殴打村民造成其身体伤残

B. 某市场监督管理局吊销一企业的营业执照造成该企业重大损失

C. 甲被实施逮捕措施后，检察院决定不起诉

D. 派出所民警违法使用武器、警械造成乙死亡

5. 有关人民法院赔偿委员会的说法，下列哪些(个)选项是正确的？(　　)

A. 赔偿委员会审理行政赔偿案件与刑事赔偿案件采用同一规则

B. 赔偿委员会作出的赔偿决定，是发生法律效力的决定

C. 赔偿委员会处理赔偿请求原则上应当采用听证方式

D. 赔偿请求人认为赔偿委员会作出的决定有错误的，可以向上一级法院上诉

6. 有关刑事赔偿案件的赔偿请求人和赔偿义务机关，下列哪一(些)说法是正确的？(　　)

A. 依法享有继承权的同一顺序继承人有数人时，其中一人或者部分人作为赔偿请求人申请国家赔偿的，申请效力及于全体

B. 赔偿请求人为数人时，其中一人或者部分赔偿请求人非经全体同意，申请撤回或者放弃赔偿请求的，效力不及于未明确表示撤回申请或者放弃赔偿请求的其他赔偿请求人

C. 一审判决有罪，二审发回重审，重审期间检察院作出不起诉决定的，作出一审有罪判决的法院和检察院为共同赔偿义务机关

D. 依照审判监督程序再审后作无罪处理的，作出原生效判决的法院为赔偿义务机关

7. 有关刑事赔偿案件中侵犯公民、法人和其他组织的财产权造成损害的赔偿标准，下列说法中正确的有：(　　)

A. 财产灭失的，财产损失均应按照损失赔偿时的市场价格计算

B. 财产不能恢复原状的，财产损失按照损失发生时的市场价格或者其他合理方式计算

C. 被罚没的资金属于赔偿请求人在金融机构合法存款的，在存款合同存续期间，除应返还资金外，还应当支付银行同期存款利息，利率参照作出赔偿决定时中国人民银行公布的人民币整存整取定期存款一年期基准利率确定

D. 涉及利率计算，复议机关或者法院赔偿委员会改变原赔偿决定的，利率参照新作出决定时中国人民银行公布的人民币整存整取定期存款一年期基准利率确定

# 第二十一章　国家赔偿方式、标准和费用*

**一、单项选择题，每题所给的选项中只有一个正确答案。**

1. 张某在一饭店酗酒闹事，砸碎饭店内玻璃及餐具。后经朋友劝说，张某承认错误并表示愿意赔偿。此时恰巧碰上某区公安局工作人员李某、赵某值勤到店里，李某对张某又推又打，欲将张某带回派出所处理。在扭推过程中，张某跌倒，头撞在暖气片上，造成颅内出血死亡。张某之父向某公安局提出行政侵权赔偿。那么，本案的赔偿义务机关应以什么赔偿方式赔偿？（　　）

A. 公安局应当支付死亡赔偿金、丧葬费，对死者生前扶养的无劳动能力的人，还应当支付生活费

B. 公安局应当支付医疗费、残疾赔偿金，对死者生前扶养的无劳动能力的人，还应当支付生活费

C. 公安局应当支付医疗费及张某之父申请赔偿的车旅费

D. 公安局应当支付死亡赔偿金、丧葬费，总额为国家上年度职工年平均工资的 10 倍

2. 赵某是农贸市场的一个小商贩，在市场里租用了一家门面。后张某认为该门面是他的，二人发生争执。市场监督管理局在处理争议时将赵某的营业执照扣缴，导致赵某停业达 3 个月之久。赵某于是向法院提起诉讼，要求市场监督管理局发还营业执照，并赔偿停业造成的损失 8000 元，门面租赁费 800 元，以及食品过期不能出售造成的损失 600 元。下列哪一说法是正确的？（　　）

A. 赵某可以获得的赔偿金数额包括：停业损失 8000 元，租赁费 800 元以及食品过期损失 600 元

B. 赵某停业的损失可以获得赔偿，租赁费和食品过期损失都不能得到赔偿

C. 赵某的停业损失和租赁费可以得到赔偿，食品过期的损失不能得到赔偿

D. 赵某可以获得停业期间经常性费用开支赔偿，对于停业期间的损失和食品过期的损失则不能得到赔偿

3. 某县公安局为查明张某是否与他人打架斗殴，将其关押 20 日后释放，但当地对张某传言纷纷。张某申请行政复议，某县公安局的行为被确认违法。张某请求国家赔偿。下列说法哪一项是正确的？（　　）

A. 市公安局应为复议机关

B. 张某申请复议的期限为 90 日

C. 张某申请复议时不能一并提出赔偿请求

D. 张某可以要求某县公安局为自己恢复名誉

4. 关于对《国家赔偿法》第 33 条“侵犯公民人身自由的，每日赔偿金按照国家上年度职工日平均工资计算”的规定中“上年度”的理解，下列哪一说法是正确的？（　　）

A. 应当是赔偿请求人人身自由受到侵犯时的上年度

B. 应当是赔偿请求人请求赔偿时的上年度

C. 应当是赔偿义务机关、复议机关或者人民法院赔偿委员会作出赔偿决定时的上年度

D. 复议机关或者人民法院赔偿委员会决定维持原赔偿决定的，是指作出维持决定时的上年度

5. 公安交通管理部门以陈某违反交通规则为由将他的车扣押半年后归还，且造成车辆损坏，陈某请求国家赔偿。下列哪一说法是正确的？（　　）

A. 陈某可以直接向法院提起行政赔偿诉讼

B. 陈某请求国家赔偿的时效自扣押行为被确认违法之日起计算

C. 公安交通管理部门应支付车辆损坏的赔偿金或修复损坏的车辆

D. 公安交通管理部门应向陈某赔礼道歉

6. 王某的汽车被法院违法查封后变卖，后法院确认查封违法，王某请求国家赔偿。就该车的赔偿标准问题，下列哪一说法是正确的？（　　）

A. 按王某提出请求时该车的市场价格赔偿

B. 按法院变卖汽车时该车的市场价格赔偿

C. 按合法评估机构的估价赔偿

D. 给付变卖所得的价款，变卖的价款明显低于财产价值的，应当支付相应的赔偿金

**二、多项选择题，每题所给的选项中有两个或两个以上正确答案，少答或多答均不得分。**

1. 某网吧因违法被查封而停业 50 天。其间，网吧门被撬开，屋内电脑被盗走 50 台。现网吧老板要求国家赔偿，则国家应：（　　）

A. 赔偿其电脑被盗的损失

B. 赔偿其员工的基本工资

C. 赔偿其正常的经营性开支

D. 赔偿其正常的营业利润损失

2. 根据《国家赔偿法》的有关规定，下列哪些说法是正确的？（　　）

A. 国家赔偿请求人获得的赔偿金不需要纳税

B. 国家赔偿的诉讼时效为 2 年，自侵权行为被依

---

* 本章答案参见第 77 页。

法确认违法之日起计算

C. 行政赔偿请求人向人民法院提起行政赔偿诉讼应当预交案件受理费

D. 国家赔偿以金钱赔偿为主

3. 某市交警大队违法扣押了某公司一加长汽车，在扣押期间该车发动机和车厢受到损坏。如要进行国家赔偿，可采取下列哪些方式？（　　）

A. 支付赔偿金　　B. 恢复原状

C. 消除影响　　D. 返还财产

4. 公安机关在侦查一起强奸案时，对赵某刑讯逼供，导致赵某死亡。其父亲要求国家赔偿。对赔偿金的计算，下面的说法哪些是错误的？（　　）

A. 应当支付医疗费、死亡赔偿金、丧葬费，总额为国家上年度职工年平均工资的20倍

B. 应当支付死亡赔偿金、丧葬费，总额为国家上年度职工年平均工资的10倍

C. 应当支付死亡赔偿金、丧葬费，总额为国家上年度职工年平均工资的20倍

D. 对死者生前扶养的无劳动能力的人，还应当支付生活费

5. 果农田某被公安机关在讯问中殴打致残，造成部分丧失劳动能力。国家对田某的赔偿应当支付哪些费用？（　　）

A. 医疗费、护理费

B. 残疾赔偿金

C. 受田某扶养的无劳动能力人的生活费

D. 残疾生活辅助具费、康复费等因残疾而增加的必要支出和继续治疗所必需的费用

6. 国家赔偿以支付赔偿金为主要方式。下列情况中，哪些可以适用金钱赔偿？（　　）

A. 赵某被违法扣押的汽车被国家机关工作人员损坏且不能恢复原状的

B. 田某的营业执照被违法吊销，田某停业期间必要的经常性费用开支

C. 张某被公安民警在讯问中暴力殴打致死，其妻子要求赔偿的

D. 郝某被公安机关违法拘留的

7. 关于国家赔偿案件中的费用问题，下列说法不正确的是：（　　）

A. 对赔偿请求人取得的赔偿金不征收任何种类的税

B. 对赔偿请求人取得的赔偿金只能征收少量低标准的个人所得税，不得征收其他种类的税

C. 国家赔偿案中，赔偿义务机关和复议机关不得向赔偿请求人收取任何费用

D. 赔偿请求人要求人民法院确认具体行政行为违法涉及的鉴定、勘验、审计等费用，由申请人支付

8. 段某经营的一家饭店生意红火，但某县法院为执行一起民事诉讼判决错将他的饭店查封，导致饭店停业3个月，段某请求国家赔偿。下列哪些属于赔偿的范围？（　　）

A. 饭店停业期间的留守职工工资

B. 饭店停业期间的水电费

C. 饭店停业期间的利润

D. 饭店停业期间的房屋场地租金

9. 出租车司机王某被公安交警以出租营运手续不全为由罚款1000元，并将车辆暂扣，王某当场缴纳罚款。后交警支队提出只要王某缴纳3000元保证金，即可将车辆归还，恢复营运。王某认为极不合理而拒交，随即向法院提起诉讼。法院以证据不足为由撤销了交警支队的罚款和扣车决定，王某的出租车被扣3个月。对于王某的损失，应如何进行赔偿？（　　）

A. 返还出租车

B. 返还3000元保证金

C. 赔偿被扣期间的经营出租车的损失

D. 退还罚款1000元并支付银行同期存款利息

10. 下列有关国家赔偿费用的说法不正确的有：（　　）

A. 赔偿费用列入中央财政预算

B. 赔偿请求人可以凭有效法律文书向赔偿义务机关或向有关财政部门提出支付申请

C. 财政部门应自收到赔偿请求人的支付申请之日起15日内支付赔偿金

D. 赔偿费用预算与支付的具体办法由国务院规定

# 参考答案及解析

## 第一章　行政法概述

一、1. A。考查行政法的基本原则。行政机关作出决定时不得考虑不相关因素，是合理行政原则的要求之一。故A项的说法错误。其他选项均为正确说法。故答案为A。

2. C。考查行政法的基本原则。进行行政裁量时应考虑相关因素是合理行政原则的要求，而非程序正当原则的要求。

3. C。考查行政法的基本概念。国家行政管理内容经常更新，要求行政法律规范处于经常化的变动过程之中。

二、1. BCD。考查行政法的基本原则。比例原则包括行政机关采取的措施应当合目的、必要、适当，能采用多种方式实现行政目的时，应采用对当事人损害最小的方式。故A项属于其要求。B项属于高效便民原则的要求，C、D项属于程序正当原则的要求。

2. ABCD。考查行政法的基本原则。权责统一是行政法的基本原则，其要求之一是行政机关要依法承担法律责任，基本要求是行政权力和法律责任的统一，即执法有保障、有权必有责、用权受监督、违法受追究、侵权须赔偿。

3. BD。考查行政法的基本原则。合理行政属于实质行政法治范畴，故A项错误。合理行政要求的理性是指行政决定应当具有一个有正常理智的普通人所能达到的合理与适当，并且能够符合科学公理和社会公德，故C项错误。

4. AB。考查行政法的基本概念。有关行政组织的职能、组织、编制及公务员录用和管理的法律制度属于行政组织法，而非行政行为法，故C项的说法错误。行政法与刑法虽是两个独立的法律部门，但二者存在关联，故D项的说法错误。

三、1. BC。考查行政法的基本原则和行政复议参加人。收回决定本身并未经省政府批准，不符合《行政复议法实施条例》第13条的规定，A项的说法错误。D项的说法无法律依据。本案中，公司依法取得土地使用权，市政府因省政府城市规划建造城市主题公园而撤销其批准，公司可以使用信赖保护原则维护自己的权益。B项的说法正确。C项的说法符合《行政复议法实施条例》第10条的规定。

2. BC。考查行政法的基本概念、行政诉讼受案范围。A项，张某所在公司对张某的处理，是普通组织的自我管理，不是行政行为。D项，公安局对赔偿问题进行的调解属于行政调解，根据最高人民法院《关于适用〈中华人民共和国行政诉讼法〉的解释》(以下简称《行诉解释》)第1条的规定，其不属于行政诉讼受案范围。

3. BCD。考查行政法的基本概念。行政权力的行使具有公共性，必须由行政机关等在法定的范围内行使，无法定授权不得转让给其他组织行使，亦不能成为民事合同的标的，故B、C、D项是正确答案。

4. ABCD。考查行政法的基本原则。行政合理性原则是约束和评价行政机关裁量活动是否合法的基本原则，其目的是防止行政机关对自由裁量权的滥用，禁止行政决定的武断专横和随意；其具体要求是行政行为应符合并体现法律的授权目的，不得以形式合法背离立法的实质要求。行政行为建立在对相关因素的正当考虑之上，不得考虑不相关因素。行政行为还应符合行政法上的正当程序和最一般法律正义的要求。所以，上述四个选项均是正确的。

5. ACD。考查行政法的基本概念。行政法所调整的关系是行政关系，本案中甲公司与县农牧渔业局之间的关系应受《行政处罚法》的调整，甲公司与县政府之间的关系应受《行政复议法》的调整，甲公司与县法院之间的关系应受《行政诉讼法》的调整。B项中的关系应受民事法律的调整。

6. ABCD。考查行政法的基本原则。合法行政是行政法的首要原则，其他原则均是这一原则的延伸；合法行政的根据是行政机关在政治制度上对立法机关的从属性，是我国根本政治制度即人民代表大会制度在国家行政制度上的体现和延伸；合法行政的要求是随着宪法制度的演变、行政职能的消长而不断变化的。故A、B、C、D项均为正确选项。

7. BC。考查行政法的基本原则。行政真实是诚实守信原则的要求，而知情权保护是程序正当原则的要求。

## 第二章　行政组织与公务员

一、1. C。考查中央国家行政机关。参见《国务院行政机构设置和编制管理条例》第6条。

2. C。考查公务员的基本管理制度。综合《公务员法》第25条、第26条、第32条第1款、第33条之规定，C项的说法是正确的。

3. B。考查行政组织法、行政诉讼被告。村委会本身并非行政机关，在拆除违建房的事项方面也未获得法律、法规授权。限陈某在1个月内拆除房屋的决定实际由乡政府作出，应以乡政府为被告。

4. C。考查行政组织法、行政诉讼被告。被委托组织的行为应由委托机关承担责任。市政府发出通知但并没有具体行使行政权力，因此不能以市政府为被告。市自然资源行政主管部门虽然通知乡政府处理此事，但其并未委托，只是通知而已。乡治安联防队不是一个行政主体，不能单独行使行政职权，必须以乡政府的名义，受乡政府委托行使行政职权。

5. C。考查公务员的基本管理制度。参见《行政机关公务员处分条例》第43条、第44条、第46条、第51条第2款。

6. C。考查公务员的基本管理制度。本题的关键是对公务员的职务行为与个人行为的区分。由于公务员具有双重身份，所以对其行为性质的区分决定了其应承担的责任。刘某在执行公务期间将甲打伤是滥用职权的行为，但是仍属于职务行为的范畴，其所属的行政机关即区公安局应当对其行为承担责任并追究刘某的行政责任。而行政处罚是针对公民、法人或其他组织违反行政管理秩序的行为所实施的处罚，对公务员滥用职权的行为不能适用。区公安局应当根据有关规定给刘某相应的行政处分。所以，上述选项中只有C项是正确的。

7. D。考查公务员的基本管理制度。参见《公务员法》第35～39条。

8. D。考查公务员的基本管理制度。参见《公务员法》第74～77条。

9. D。考查公务员的基本管理制度。参见《公务员法》第95条、第96条。

10. C。考查公务员的基本管理制度。《公务员法》第34条规定，新录用的公务员试用期为1年。试用期满合格的，予以任职；不合格的，取消录用。本题的正确选项为C。

11. A。考查公务员的基本管理制度。本题综合考查了公务员管理中的多项内容，涉及《公务员法》第44条、第45条、第47条和第68条，其中A项的做法错误，符合题干要求。

12. A。考查地方国家行政机关。地方各级人民政府的行政编制总额，由省、自治区、直辖市人民政府提出，经国务院机构编制管理机关审核后，报国务院批准。故选项A的说法错误，符合题干要求。

13. A。考查公务员的基本管理制度。根据《公务员法》第64条的规定，行政机关公务员受撤职处分的期间为24个月。故A项的说法错误。其他说法均正确。故A项为本题的答案。

14. A。考查公务员的基本管理制度。《公务员法》第72条第1款规定："根据工作需要，机关可以采取挂职方式选派公务员承担重大工程、重大项目、重点任务或者其他专项工作。"故B项的说法错误。《公务员法》第100条第1款规定："机关根据工作需要，经省级以上公务员主管部门批准，可以对专业性较强的职位和辅助性职位实行聘任制。"故C项的说法错误。《公务员法》第101条第2款规定："机关聘任公务员应当在规定的编制限额和工资经费限额内进行。"故D项的说法错误。

二、1. AC。考查地方国家行政机关。行政机构之间对职责划分有异议的，应当主动协商解决。协商一致的，报本级人民政府机构编制管理机关备案，而非批准。故B项的说法错误。定期评估结果是调整机构编制的参考依据，而非主要依据。故D项的说法错误。

2. AB。考查行政组织法。对于A项，我们根据一般权限行政机关的概念就能作出判断。一般权限行政机关是指管理全国或一定区域内全面性行政事务的国家行政机关，国务院和地方各级人民政府均属此类，因此A项是正确的。B项是关于派出机关的表述，目前我国有三类派出机关，省、自治区人民政府的派出机关为行政公署；县、自治县人民政府的派出机关为区公所；市辖区、不设区的市人民政府的派出机关为街道办事处。这需要记清楚，并且注意派出机关均具有主体资格。C项是错误的，审计局所管理的客体是综合性、跨部门、跨行业的，所以是职能性行政机关。D项错误，国家税务总局是国务院的直属机关，不是其工作部门。

3. BCD。考查公务员的基本管理制度。根据《行政机关公务员处分条例》第14条的规定，A项的情形应减轻处分，而非从轻处分。其他三个选项分别符合《行政机关公务员处分条例》第12条、第15条、第17条的规定。

4. ABC。考查地方国家行政机关。参见《地方各级人民政府机构设置和编制管理条例》第4条、第11条、第12条、第24条。

5. ABC。考查公务员的基本管理制度。《行政机关公务员处分条例》第2条第4款规定："除法律、法规、规章以及国务院决定外，行政机关不得以其他形式设定行政机关公务员处分事项。"

6. ABCD。考查公务员的基本管理制度。参见《公务员法》第13条。

7. ACD。考查公务员的基本管理制度。参见《公务员法》第26条。

8. ABD。考查公务员的基本管理制度。参见《公务员法》第74条。

9. ABC。考查公务员的基本管理制度。参见《公务员法》第88条、第89条。

10. ABC。考查公务员报考的条件。报考公务员

有一定的条件限制，其中既包括积极条件，又包括消极条件。本题C项中的小李未满18周岁，根据《公务员法》第13条第2项的规定，即使其能够自食其力也不具有报考公务员的资格，所以应选。根据《公务员法》第26条的规定，本题A、B项中小张和小王的情形属于报考公务员的消极条件，所以他们不具有报考公务员的资格，应选。《公务员法》并没有对报考公务员的人员的工作经历进行限制，本题D项中的小陈虽然没有工作经验，但仍具有报考资格，所以不应选。

11. ABCD。考查不得晋升工资档次的处分种类。处分是公务员违纪违法应当承担的法律责任，是一种惩戒形式。根据《公务员法》第62条的规定，处分分为：警告、记过、记大过、降级、撤职、开除；第64条第1款规定，公务员在受处分期间不得晋升职务、职级和级别，其中受记过、记大过、降级、撤职处分的，不得晋升工资档次。所以，本题的正确选项为ABCD。

12. ABCD。考查公务员的任职回避。任职回避是指针对有特定亲属关系的公务员在担任某些关系密切的职务方面作出的限制，一般遵循两个原则即以低避高原则和工作需要原则。本题A项中，小王和小李是夫妻关系；B项中，老陈和小陈为父子，属于直系血亲关系；C项中，小孙和大孙是兄弟，属于三代以内的旁系血亲关系；D项中，小周和小吴是连襟，属于近姻亲关系。所以，A、B、C、D项均是正确答案，应全选。

13. ABCD。考查公务员不得辞去公职的情形。公务员辞去公职，是指公务员根据本人意愿提出，并经过任免机关批准，依法解除其与机关的职务关系。公务员辞去公职的条件分为肯定性条件和限制性条件。根据《公务员法》第86条的规定，本题中A、B、C、D四项均正确，应全选。

14. ABC。考查公务员的申诉和控告。公务员申诉是指公务员对机关作出的涉及本人权益的人事处理不服，向有关机关提出意见，要求机关变更或者撤销原处理后重新予以处理。根据《公务员法》第95条的规定，本题中的公务员李某定期考核被定为不称职，属于申诉的范围。对于具体的程序，A、B、C三项的表述是正确的，所以应选；D项中对直接申诉的时间表述错误，所以不应选。

15. AB。考查公务员的基本管理制度。根据《公务员法》第105条的规定，国家建立人事争议仲裁制度，适用于聘任制公务员；人事争议仲裁委员会由公务员主管部门的代表、聘用机关的代表、聘任制公务员的代表以及法律专家组成；聘任制公务员与所在机关之间因履行聘任合同发生争议的，可以自争议发生之日起60日内向人事争议仲裁委员会申请仲裁；当事人对仲裁裁决不服的，可以自接到仲裁裁决书之日起15日内向人民法院提起诉讼。本题中，A、B项说法正确，C、D项说法错误。

16. BC。考查公务员离职后的从业限制。公务员在职期间掌握一定的公权力，对与原工作业务直接相关的单位具有一定的影响力。这种权力的惯性和影响力一经形成就具有相对的稳定性和渗透性，即便是在公务员本人离开机关后的一段时间内仍具有不可低估的影响作用。因此，必须对公务员离职后一段时间内的从业行为作出一定的限制。根据《公务员法》第107条第1款的规定，B、C项的表述正确，所以应选。

三、1. AB。考查地方国家行政机关。议事协调机构由地方人民政府独立设立，地方各级人民政府行政机构无权设立议事协调机构。故选项A、B的说法错误。

2. CD。考查公务员的基本管理制度。行政机关公务员主动采取措施，有效避免或者挽回损失的，应当从轻处分。故A项的说法错误。行政机关公务员检举他人重大违法违纪行为，情况属实的，应当从轻处分。故B项的说法错误。行政机关公务员依法被判处刑罚的，给予开除处分。故C项的说法正确。行政机关公务员违纪行为情节轻微，经过批评教育后改正的，可以免予处分。故D项的说法正确。

3. ACD。考查公务员的基本管理制度。公务员距国家规定的退休年龄不足5年，且工作年限满20年的，本人自愿提出申请，经任免机关批准，可以提前退休。故A项的说法错误。公务员在定期考核中被确定为优秀、称职的，按照规定享受年终奖金。故C项的说法错误。以挂职方式选派公务员承担其他工作时，公务员在工作期间，不改变与原机关的人事关系。故D项的说法错误。

4. AC。考查公务员的基本管理制度。行政机关公务员违法违纪，已被立案调查，不宜继续履行职责的，任免机关可以决定暂停其履行职务。故B项的说法错误。给予行政机关公务员处分，应当自批准立案之日起6个月内作出决定，遇有特殊情形可以延长办案期限，但最长不得超过12个月。故D项的说法错误。

5. ABD。考查地方国家行政机关。地方各级人民政府行政机构应当使用行政编制，事业单位应当使用事业编制，不得滥用、挤占、挪用或者自行设定其他类别的编制。故C项的说法错误。

6. CD。考查中央国家行政机关。增设国务院行政机构的司级内设机构的方案，应当包括下列事项：增设机构的必要性，增设机构的名称和职能，与业务相近的司级内设机构职能的划分。故C、D项不属于应包括的事项，符合题干要求，应选。

7. CD。考查公务员的基本管理制度。综合《公务员法》第16条、第21条、第25条、第31条规定，答案应为CD。

8. AD。考查公务员的基本管理制度。根据《行政机关公务员处分条例》的规定，A、D项的说法正确，而

B、C 项的说法不符合该条例第 44 条、第 47 条的规定。

## 第三章 抽象行政行为

一、1. AC。考查行政规则的适用。根据最高人民法院《关于审理行政案件适用法律规范问题的座谈会纪要》的规定，现行有效的行政法规包括三类：一是国务院制定并公布的行政法规；二是《立法法》施行以前，按照当时有效的行政法规制定程序，经国务院批准、由国务院部门公布的行政法规；三是在清理行政法规时由国务院确认的其他行政法规。在《立法法》施行以后，经国务院批准、由国务院部门公布的规范性文件，不再属于行政法规。

2. ABCD。考查规章。根据《行政处罚法》和《行政强制法》的规定，对此四项规章无权设定。

二、1. AC。考查抽象行政行为的概念。抽象行政行为有以下几个特点：(1)是国家行政机关实施的行为；(2)是一种制定规则的行为；(3)调整不特定多数人和事；(4)能够反复适用；(5)表现为规范，通过具体行政行为的实施来实现目的和作用；(6)接近于立法程序。

2. ABC。考查抽象行政行为的概念。抽象行政行为是个学理概念，动态意义上是指行政主体针对不特定对象制定具有普遍约束力且可以反复适用的规范性文件的行为，静态意义上是指以此所形成的规范性文件，如各种行政法规、规章。抽象行政行为一般不具有溯及既往的效力，只对其生效后所发生的事项具有约束力。

3. B。考查抽象行政行为的概念。A 项错误。抽象行政行为一般在两种意义上使用：一是静态意义上的抽象行政行为，指行政机关制定的具有普遍约束力的规范性文件；二是动态意义上的抽象行政行为，指行政机关制定具有普遍约束力的规范性文件的活动。B 项正确。具体行政行为是行政主体针对特定的对象，就特定的事项作出的处理决定。C 项错误。内部行政行为是行政主体对系统内部的行政机构和公务员所实施的行政行为。D 项错误。行政强制措施是临时性的处置措施。

## 第四章 具体行政行为概述

一、1. B。考查具体行政行为的定义和构成。选项 A、C、D 中的行为，分别是行政处罚、科以义务的处理决定和行政强制措施，均为具体行政行为。选项 B 为行政指导，行政指导不是具体行政行为。

2. D。考查具体行政行为的无效。无效具体行政行为可以表现为许多具体情形，不能作一次性穷尽列举；有权国家机关可在任何时候宣布该具体行政行为无效；具体行政行为有严重和明显的法律缺陷时，方构成无效。

3. B。考查具体行政行为的分类。乡政府对相对人之间发生的与土地行政管理活动密切相关的纠纷进行审查后所作的决定属于具体行政行为，即行政裁决。行政确认是行政主体对相对人法律地位、法律关系或有关的法律事实所作的确定与认可，并进行宣告的行为。乡政府的裁决虽然经过了调解程序，但其对于土地权属纠纷的处理是根据法律的授权规定作出的，并不是在双方当事人达成协议的基础上解决纠纷。

4. D。考查具体行政行为的分类。发放救济金属于行政给付行为，乡政府发放《农村五保户证明书》和发放救济金的行为均属于依申请的行政行为和单方行政行为。

二、1. AB。考查具体行政行为的效力。具体行政行为的确定力是指具体行政行为一经作出即发生法律效力，非经法定程序，行政机关和相对人不得任意改变或者撤销。

2. AD。考查具体行政行为的定义和构成。行政行为的从属性表现为：(1)行政行为的实施有法律依据；(2)行政行为必须在法律规定的时间和空间范围内实施；(3)任何违法、越权的行为都是无效或可撤销的行为。

3. BCD。考查具体行政行为的定义和构成。A 项是针对不特定对象所作的决定，属于抽象行政行为。B 项是乡政府根据《土地管理法》的规定针对王某占用土地的行为实施的具体行政行为。C 项是区政府根据《义务教育法》的规定针对特定事项所作的具体行政行为。D 项的征税行为也属于具体行政行为。

4. BCD。考查行政行为的分类。(1)根据行政主体行使职权是否需要相对人的申请，可以将行政行为分为依申请的行政行为和依职权的行政行为。本题中市场监督管理机关的核准行为是以相对人的申请为前提条件的，因此属于依申请的行政行为。(2)按照行政行为是否必须具备法定的形式，行政行为可分为要式行政行为和不要式行政行为。本题中市场监督管理机关的核准行为要以发放营业执照的形式作出，因此属于要式行政行为。(3)按照作出行政行为的意思表示，行政行为可以分为单方行政行为与双方行政行为。核准登记由市场监督管理机关单方作出，因此属于单方行政行为。(4)按照具体行政行为与当事人之间的权益关系，行政行为可以分为授益行政行为和负担行政行为。本题中的核准行为属于授益行政行为。

5. ABD。考查行政行为无效的法律后果。需要指出的是 D 项，对于可撤销的行政行为，在行政行为被撤销之前，行政相对人不可以自行决定不履行该行为设定的义务，否则要承担相应的法律后果。这也是无效的行政行为和可撤销的行政行为的一个区别。

6. AC。考查具体行政行为的分类。A 项属于行政机关对与行政管理活动相关的民事纠纷所作的裁决;B 项属于行政仲裁;C 项属于生态环境机关对与生态环境行政管理活动相关的损害赔偿纠纷所作的裁决;D 项是行政调解。故 A、C 项为正确答案。

## 第五章 行政许可

一、1. D。考查行政许可的变更和延续。选项 D 符合最高人民法院《关于审理行政许可案件若干问题的规定》(以下简称《行政许可规定》)第 1 条,而选项 C 不符合。选项 A 和 B 与《行政许可法》第 49 条、第 50 条不符。

2. B。考查行政许可的审查和决定程序。参见《行政许可法》第 57 条。

3. A。考查行政许可被撤销的补偿。《行政许可法》第 8 条第 2 款规定:"行政许可所依据的法律、法规、规章修改或者废止,或者准予行政许可所依据的客观情况发生重大变化的,为了公共利益的需要,行政机关可以依法变更或者撤回已经生效的行政许可。由此给公民、法人或者其他组织造成财产损失的,行政机关应当依法给予补偿。"本题中 A 项即属此类。B 项中,赵某的行为构成权利的滥用,行政机关为了公共利益吊销其持枪证是合法的职权行为,不符合《行政许可法》第 8 条规定的补偿条件,故不予补偿。根据《行政许可法》第 69 条的规定,行政机关工作人员滥用职权、玩忽职守作出的准予行政许可决定被撤销,被许可人的合法权益受到损害的,行政机关应当依法给予赔偿;被许可人以欺骗、贿赂等不正当手段取得行政许可的,应当予以撤销,被许可人基于行政许可取得的利益不受保护。所以 C、D 项的情况不适用补偿。

4. C。考查行政许可的停止实施。依据为《行政许可法》第 21 条。

5. D。考查行政许可的听证程序。参见《行政许可法》第 47 条、第 48 条。

6. B。考查行政许可诉讼。依据为《行政许可规定》第 4 条。

7. D。考查行政许可的监督检查。《行政许可法》第 61 条第 3 款规定:"行政机关应当创造条件,实现与被许可人、其他有关行政机关的计算机档案系统互联,核查被许可人从事行政许可事项活动情况。"故 A 项的说法错误。《行政许可法》第 62 条第 2 款规定,行政机关根据法律、行政法规的规定,对直接关系公共安全、人身健康、生命财产安全的重要设备、设施进行定期检验。故 B 项的说法错误。《行政许可法》第 70 条规定:"有下列情形之一的,行政机关应当依法办理有关行政许可的注销手续:……(六)法律、法规规定的应当注销行政许可的其他情形。"故 C 项的说法错误。

8. A。考查行政许可的设定。根据《行政许可法》第 17 条的规定,除法律、法规、规章以外的其他规范性文件一律不得设定行政许可。市政府的通知是违法的,故 A 项说法正确。

9. D。考查行政许可中听取利害关系人陈述和申辩。参见《行政许可法》第 36 条。

10. B。考查行政许可的监督检查。A、C、D 项与《行政许可法》第 67 条第 1 款、第 61 条第 2 款和第 3 款的规定不相符。B 项则有该法第 68 条第 1 款作依据。

11. A。考查行政许可的实施程序。参见《行政许可法》第 31 条、第 32 条、第 34 条、第 42 条。

12. D。考查行政许可的听证程序。为了防止听证流于形式,《行政许可法》第 48 条第 2 款就听证笔录对行政许可决定的约束力作出了明确的规定,即行政机关应当根据听证笔录,作出行政许可决定。故选 D 项。

13. D。考查行政许可诉讼。本案中房管局未尽到审慎合理的审查职责,应承担按份赔偿责任。依据是《行政许可规定》第 13 条。

二、1. ABCD。考查行政许可的基本原则和设定。参见《行政许可法》第 5 条第 2 款、第 3 款,第 8 条第 2 款,第 19 条。

2. AB。考查行政许可的费用。参见《行政许可法》第 58 条、第 59 条。

3. ACD。考查行政许可的设定。A 项部门规章有权在上位法的许可范围内对行政许可作出具体规定。B 项国务院各部门的规章无权设定行政许可。C 项上海市政府是省级政府,省级政府的规章有权设定临时性的行政许可。D 项国务院既可以采用行政法规的方式设定行政许可,必要时也可以采用发布决定的方式设定行政许可。D 项对纺织品进出口实行配额限制,属于国家宏观经济调控事项,也属于《行政许可法》第 12 条第 1 项所列的可设定行政许可的事项。因此,可以设定行政许可。

4. ABD。考查行政许可诉讼。根据《行政许可规定》第 15 条的规定,C 项的说法错误。国有土地使用权证属于《行政许可法》第 12 条第 2 项规定的特许,一般按照实际投入的损失确定补偿数额。其他选项参见《行诉解释》第 73 条,《行政许可规定》第 14 条、第 16 条。

5. ACD。考查行政许可的基本原则。参见《行政许可法》第 8 条。

6. ABCD。考查行政许可的实施程序。参见《行政许可法》第 27 条。

7. ABCD。考查行政许可的听证程序。参见《行政许可法》第 46 条、第 47 条。

8. AD。考查行政许可的听证程序。《行政许可

法》第48条规定了听证的程序,A、D项正确。《行政许可法》第5条规定,行政许可的实施和结果,除涉及国家秘密、商业秘密或者个人隐私的外,应当公开,故B项错误。根据公正原则,C项错误。

9. ABCD。考查行政许可诉讼。参见《行政许可规定》第1条。

10. ACD。考查行政许可的监督检查。参见《行政许可法》第72条、第74条、第75条、第78条。

三、1. BC。考查行政许可的设定。参见《行政许可法》第14条、第16条、第20条、第21条。

2. BD。考查《行政许可法》的适用范围。参见《行政许可法》第3条。

3. AC。考查行政许可的法律责任。参见《行政许可法》第72条、第79条。

4. ABC。考查行政许可的概念。根据《行政许可法》第2条和第3条第2款的规定,《行政许可法》所称行政许可是指行政机关根据公民、法人或者其他组织的申请,经依法审查,准予其从事特定活动的行为;有关行政机关对其他机关或者对其直接管理的事业单位的人事、财务、外事等事项的审批,不适用《行政许可法》。D项中,某大学属于教育主管部门管理的事业单位,所以该审批活动不适用《行政许可法》的规定。

5. ACD。考查行政许可诉讼。参见《行政许可规定》第14条、第15条。

6. C。考查行政许可的实施程序。参见《行政许可法》第49条、第50条。

7. D。考查行政许可诉讼。对行政行为的合法性审查应当以行政行为作出的时间为基准,合法性审查的依据应当是旧法,而非新法。A项错误。《行政许可规定》第10条规定:"被诉准予行政许可决定违反当时的法律规范但符合新的法律规范的,判决确认该决定违法;准予行政许可决定不损害公共利益和利害关系人合法权益的,判决驳回原告的诉讼请求。"故本案不宜作出撤销许可证或维持准予许可的决定。B、C项的说法错误。D项的说法符合规定。

8. ABD。考查行政许可的实施程序、行政许可诉讼。A、B项正确,其符合《行政许可法》第38条第1款、第40条的规定。C项与《行政许可法》第39条不符,是错误的。D项符合《行政许可规定》第1条的规定,是正确的。

## 第六章 行政处罚

一、1. C。考查行政处罚的基本原则。《行政处罚法》第29条对一事不再罚原则作了表述:对当事人的同一个违法行为,不得给予两次以上罚款的行政处罚。很明显,只有C项的表述符合该条文的规定。其余的A、B、D项都与该条规定不符合。值得注意的是,尽管学术上对一事不再罚原则的意义有不同的理解,但考试中应以法条的规定为准。

2. C。考查行政处罚的程序。参见《行政处罚法》第70条。

3. C。考查行政处罚的程序。加处的3%罚款为执行罚,属于行政强制执行的范畴,2000元罚款为财产罚。

4. C。考查行政处罚的设定。参见《行政处罚法》第13条第1款。

5. C。考查行政处罚的适用。参见《行政处罚法》第30条、第32条。

6. D。考查行政处罚的实施机关。参见《行政处罚法》第18条。

7. D。考查行政处罚的实施机关。参见《行政处罚法》第25条第2款:"对管辖发生争议的,应当协商解决,协商不成的,报请共同的上一级行政机关指定管辖……"

8. B。考查行政处罚的程序。参见《行政处罚法》第51条、第55条、第56条、第67条。

9. D。考查行政处罚的适用、治安管理处罚。参见《行政处罚法》第31条、《治安管理处罚法》第13条。

10. B。考查行政处罚的程序。依《行政处罚法》第59条、第61条的规定,行政机关给予行政处罚的,应当制作行政处罚决定书,并应当在宣告后及时交付当事人。

11. A。考查治安管理处罚。参见《治安管理处罚法》第9条。

12. B。考查治安管理处罚。参见《治安管理处罚法》第16条。

13. D。考查治安管理处罚。参见《治安管理处罚法》第105条。

二、1. ABC。考查行政处罚的适用。参见《行政处罚法》第30条、第33条第1款、第57条第1款第3项。

2. AB。考查治安管理处罚。参见《治安管理处罚法》第91条、第96条、第97条第1款、第100条。

3. ABD。考查治安管理处罚。《治安管理处罚法》第91条规定,警告、500元以下罚款可以由公安派出所决定。故A项说法正确。根据《治安管理处罚法》第16条、第20条的规定,B、D项说法正确,而C项说法错误。

4. BC。考查行政处罚的管辖。《行政处罚法》第22条、第23条规定,行政处罚由违法行为发生地的县级以上地方人民政府具有行政处罚权的行政机关管辖。本案中,张某在B县违法购买假烟,在C县违法销售,所以应当由B县、C县享有管辖权的行政机关管辖。

5. AB。考查行政处罚的适用。参见《行政处罚法》第 30 条。

6. ABC。考查行政处罚的听证程序。参见《行政处罚法》第 63 条、第 64 条。

7. BCD。考查行政处罚的实施机关、管辖。《行政处罚法》第 22 条规定,行政处罚以由违法行为发生地的行政机关管辖为一般原则,其例外是法律、行政法规、部门规章另有规定的情况。如果法律、行政法规、部门规章规定可以由违法行为发现地、行为人居住地的有权行政机关管辖,应当按其规定。违法行为发生地包括违法行为实施地和违法行为结果地。本题中,乙地、丙地是违法行为实施地,丁地是违法行为结果地,所以,三地的有处罚权的行政机关均有管辖权。

8. ABD。考查治安管理处罚。参见《治安管理处罚法》第 21 条。

9. ACD。考查治安管理处罚。参见《治安管理处罚法》第 108 条。

10. ABCD。考查行政处罚的程序。参见《行政处罚法》第 55 条、第 56 条、第 59 条、第 62 条。

11. ABD。考查治安调解。治安调解是指公安机关依法对民间纠纷引起的违反治安管理行为的调解处理,其应具备以下条件:(1)必须是民间纠纷引起的违反治安管理的行为,民间纠纷是指公民之间各种民事权益的争执;(2)必须在《治安管理处罚法》规定的调解范围内;(3)必须是已经构成违反治安管理,应当受到治安处罚的行为;(4)当事人各方必须有自愿接受调解的意愿;(5)必须是公安机关认为可以适用调解的事项。根据《治安管理处罚法》第 9 条的规定,A、B、D 项的表述均正确,应选。而 C 项将"双方意愿"表述为"一方意愿",所以错误。

12. ABC。考查治安管理处罚。参见《治安管理处罚法》第 104 条。

13. AB。考查行政处罚的听证程序。参见《行政处罚法》第 63 条。

14. ABD。考查治安管理处罚。参见《治安管理处罚法》第 10 条第 2 款、第 11 条第 2 款、第 16 条和第 20 条。

三、1.(1)BD。考查行政处罚的程序。参见《行政处罚法》第 51 条。

(2)ACD。考查行政处罚的听证程序。参见《行政处罚法》第 64 条。

(3)AB。考查行政处罚的程序。参见《行政处罚法》第 69 条、第 71 条。

2. CD。考查治安管理处罚。《治安管理处罚法》第 82 条第 1 款规定,需要传唤违反治安管理行为人接受调查的,使用传唤证传唤;对现场发现的违反治安管理行为人,人民警察经出示工作证件,可以口头传唤,但应当在询问笔录中注明。故 A 项的说法错误。《治安管理处罚法》第 84 条第 3 款规定:"询问不满十六周岁的违反治安管理行为人,应当通知其父母或者其他监护人到场。"故 B 项的说法错误。

3. A。考查治安管理处罚。《治安管理处罚法》第 4 条第 2 款规定,在中华人民共和国船舶和航空器内发生的违反治安管理行为,除法律有特别规定的外,应适用《治安管理处罚法》。故 B 项的说法错误。违反治安管理且有较严重后果的,从重处罚。故 C 项的说法错误。《治安管理处罚法》第 22 条第 1 款规定,违反治安管理行为在 6 个月内没有被公安机关发现的,不再处罚。故 D 项的说法错误。

4. CD。考查治安管理处罚。参见《治安管理处罚法》第 98 条。

5. ACD。考查行政处罚的程序。参见《行政处罚法》第 59 条第 1 款。

6. AB。考查治安管理处罚。A、B 项符合《治安管理处罚法》第 97 条第 1 款、第 103 条的规定,C、D 项与该法第 102 条、第 107 条的规定不符。

7. A。考查行政处罚概述、设定、程序。行政处罚的适用对象是普通的公民、组织,公务员履行职务的违法失职不能适用行政处罚;地方性法规可以设定除限制人身自由、吊销企业营业执照以外的行政处罚;罚款和没收财产都是对当事人财产的处罚方式,而不是强制执行方式。故 B、C、D 项的说法均错误。

## 第七章　行政强制

一、1. C。考查行政强制。本题考查的是对行政强制措施分类的理解以及对行政强制措施与行政强制执行的区分。

A、B、C 选项考查行政强制措施的分类。《行政强制法》第 9 条规定:"行政强制措施的种类:(一)限制公民人身自由;(二)查封场所、设施或者财物;(三)扣押财物;(四)冻结存款、汇款;(五)其他行政强制措施。"查封与扣押的区别在于查封是执法中将涉案物品封存在原地,扣押是将涉案物品转移至其他的地方封存。本题中县政府要求沈某将船只驶向指定地点,被采取行政强制措施的船舶发生了转移,因而该行政强制措施属于扣押财物,故 C 选项当选。

D 选项考查对行政强制措施和行政强制执行的理解与区分。行政强制措施是指行政机关在实施行政管理的过程中,依法对公民人身自由进行暂时性限制,或者对公民、法人或者其他组织的财产实施暂时性控制的措施。行政强制执行是指行政机关或者行政机关申请人民法院,对不履行行政决定的公民、法人或者其他组织,依法强制其履行义务的行为。综上,本题县政府要求沈某将船只驶到指定地点,限期不得驶离的行为并不能起到强制沈某履行船舶登记义务的作用,不属

于行政强制执行,而属于行政强制措施,本题答案为C。

2. D。考查行政强制的种类。直接强制是指在相对人逾期不履行法定义务时,由行政机关或行政机关申请人民法院依法针对相对人的人身、财产,直接采取强制手段使义务得以履行或者达到与履行义务相同的状态。直接强制的种类主要有强制拘留、强制划拨、强制扣缴、强制拍卖等。本题中,海关的行为属于强制扣缴,是直接强制的一种。

3. C。考查行政强制执行程序。强制拆除为行政强制执行,而非行政强制措施,此项权力已由《防洪法》授予水利行政部门,不能申请法院执行。

4. D。考查行政强制措施的种类和设定、行政强制措施实施程序。选项A中的措施为限制人身自由的行政强制措施,只能由法律设定。选项B中的划拨存款为行政强制执行的方式。对限制人身自由之外的行政强制措施当场实施的,执法人员应当在24小时内向负责人报告。选项C的查封即属于此类情形。只有选项D的说法正确。

5. D。考查行政强制的界定。加收滞纳金、通知银行扣缴税款和滞纳金均为行政机关为保证纳税人履行纳税义务而进行的行政强制执行。只不过前者为间接强制,后者为直接强制。

6. C。考查行政强制措施实施程序。《行政强制法》第25条第1款规定,查封的一般期限为30日,法律、行政法规可以对期限作特别规定。该法第26条第3款规定,因查封发生的保管费用由行政机关承担。该法第28条第2款规定,解除查封后,应立即退还财物。

7. D。考查行政机关强制执行程序。参见《行政强制法》第39条第2款。

8. C。考查行政强制措施实施程序。参见《行政强制法》第50条。

二、1. ABC。考查行政机关强制执行程序。代履行的费用由当事人承担,但法律另有规定的除外。

2. BCD。考查行政强制执行的方式和设定。参见《行政强制法》第13条第1款。

3. CD。考查行政强制措施实施程序。本题是有关冻结这一行政强制措施的综合性题目。《行政强制法》对冻结措施作出了严格规定,只有法律才能设定。故A项的说法错误。对于委托,《行政强制法》一律禁止,冻结当然也不例外。故B项的说法错误。

4. ABC。考查行政强制措施的种类和设定。根据《行政强制法》第10条第3款的规定,地方性法规可以设定查封场所、设施或者财物以及扣押财物的行政强制措施。而冻结存款或汇款只能由法律设定。

5. ACD。考查行政强制的基本原则。信赖保护原则并非《行政强制法》所确立的基本原则。

6. CD。考查行政机关强制执行程序。代履行为行政强制执行方式,适用于可以由第三人履行的义务。

7. ABCD。考查《行政强制法》的适用范围。参见《行政强制法》第3条。

8. ACD。考查行政强制措施。本题考查行政强制措施与行政处罚的区分。

A、C、D选项考查对行政强制措施种类的掌握。《行政强制法》第9条规定:"行政强制措施的种类:(一)限制公民人身自由;(二)查封场所、设施或者财物;(三)扣押财物;(四)冻结存款、汇款;(五)其他行政强制措施。"A选项扣押尚未出售的猪肉、D选项扣押某公司相应财物均属于"(三)扣押财物",C选项公安局工作人员将吴某带离现场并约束至酒醒属于"(一)限制公民人身自由"。

B选项考查行政处罚的种类以及行政处罚与行政强制的区分。《行政处罚法》第9条规定:"行政处罚的种类:(一)警告、通报批评;(二)罚款、没收违法所得、没收非法财物;(三)暂扣许可证件、降低资质等级、吊销许可证件;(四)限制开展生产经营活动、责令停产停业、责令关闭、限制从业;(五)行政拘留;(六)法律、行政法规规定的其他行政处罚。"暂扣机动车驾驶证属于"(三)暂扣许可证件、降低资质等级、吊销许可证件"。此外,《道路交通安全法》第88条明确规定:"对道路交通安全违法行为的处罚种类包括:警告、罚款、暂扣或者吊销机动车驾驶证、拘留。"因此,B选项中李某被暂扣机动车驾驶证的决定属于行政处罚。

综上,本题答案为ACD。

三、1. A。考查行政强制执行的方式和设定。《行政强制法》限制了授权行政机关自行强制执行规范的范围,规定只有法律才能授权行政机关自行强制执行。

2. BC。考查行政强制措施的种类和设定。暂扣机动车行驶证为中间行为而非最终处理决定,为行政强制措施而非行政处罚。该措施为《行政强制法》第9条第5项所规定的"其他行政强制措施",地方性法规无权设定。

3. ABCD。考查行政强制措施实施程序。参见《行政强制法》第33条第1款。

4. C。考查行政机关强制执行程序。选项A的情形,应属于终结执行的情形。选项B、D的情形并不必然构成执行中止。

5. AC。考查行政强制的界定和行政机关强制执行程序。《行政处罚法》授予有行政处罚权的机关加处罚款的权力,选项B的说法错误。加处罚款的数额不得超出金钱给付义务的数额,选项D的说法错误。

6. BD。考查行政机关强制执行程序。《行政强制法》第43条第1款规定,如情况紧急,行政机关也可以

在夜间或者法定节假日实施行政强制执行；根据《行政强制法》第50条的规定，在特定情形下行政机关可以代履行。

## 第八章　行政合同与行政给付

一、1. D。考查行政合同的终止。行政合同的终止主要有下述情形：(1)合同履行完毕或者合同期限届满；(2)双方当事人同意解除；(3)行政机关依照法律或者政策规定以及出于公共利益的需要单方面解除合同；(4)不可抗力导致合同履行已不可能；(5)行政机关因相对方的过错宣布解除合同；(6)因行政机关有严重过错，法院可以根据相对方的申请依法判决解除合同。

2. C。考查行政合同的履行。C项的做法实际上是违法的。

3. B。考查行政合同的概念。行政机关在行政合同中有一定的行政优益权，因法定事由的出现而单方面变更合同并不需要征求相对人同意。

4. C。考查行政合同的概念。行政合同是行政主体与相对人达成合意而订立的合同，并不是基于行政机关单方面的行政命令所订立的。行政机关在行政合同中享有一定的行政优益权，即对行政合同有履行的监督权、指挥权、单方面变更权和解除权，而相对人不享有这些权利。这说明双方当事人的法律地位并不是完全平等的，故行政机关与相对人的关系应是一种协商关系。

二、1. ABC。考查行政合同的概念。行政机关的优益权主要包括合同履行中行政主体享有的监督权、指挥权、单方变更权和解除权。只有在合同订立后出现了由于公共利益的需要或者法律政策的重大调整，必须变更或解除行政合同的情况时，行政主体才能行使单方变更权、解除权。因此给相对人的合法权益造成损害的，要予以补偿。行政合同区别于其他具体行政行为之处就在于其具有双方性，尤其是订立时，必须有相对人的自愿。所以D项错误。

2. ABCD。考查行政合同的履行。根据行政合同的一般原理解答本题。

3. ABCD。考查行政合同的订立和效力。虽然在行政合同中行政机关有行政优益权，但相对人的权益也不得损害。所以相对人也有其权利，主要包括本题的4个选项中的权利。

4. ABCD。考查行政合同的概念。本题从主体、目的、权利义务、纠纷解决4个方面比较了民事合同与行政合同。

5. ABCD。考查行政给付的概念。行政给付的特征主要包括：行政给付是行政主体向行政相对人给付金钱或实物的行为；行政给付的对象是特定的行政相对人；行政给付是一种依申请的行政行为；行政给付是依法作出的行政行为。因此本题选A、B、C、D项。

6. BCD。考查行政合同的订立和效力。行政合同的订立应依法采用招标或其他竞争性方式。故A项的说法错误。

7. ABCD。考查行政合同的履行。A、B、C、D4个选项所涉及的内容均为行政合同的行政指导和监督的要求。

8. ABD。考查行政给付的概念。行政给付是指对特定的相对人赋予一定的物质利益或与物质利益有关的权益，其形式主要有抚恤金、最低社会保障金、社会保险金以及安置等。C项属于企业内部的奖励行为，不是行政主体的给付行为。

## 第九章　行政程序与政府信息公开

一、1. D。考查政府信息公开制度的主要内容。《政府信息公开条例》所规定的政府信息是指行政机关在履行行政管理职能过程中制作或者获取的，以一定形式记录、保存的信息。D项因与行政机关履行行政管理职能无关，故不受《政府信息公开条例》的约束。

2. C。考查政府信息公开制度的主要内容。根据《政府信息公开条例》第20条、第21条的规定，C项所涉及事项属于乡(镇)人民政府应当根据本地方的具体情况主动公开的政府信息，而不属于县级人民政府及其部门应当主动公开的政府信息。

3. D。考查政府信息公开制度的主要内容。《政府信息公开条例》第29条第2款规定，政府信息公开申请应当包括下列内容：申请人的姓名或者名称、身份证明、联系方式；申请公开的政府信息的名称、文号或者便于行政机关查询的其他特征性描述；申请公开的政府信息的形式要求，包括获得信息的方式、途径。故D项不属于政府信息公开申请书应包括的内容。

4. D。考查政府信息公开制度的主要内容。《政府信息公开条例》第33条规定，行政机关收到政府信息公开申请，能够当场答复的，应当当场予以答复；不能当场答复的，应当自收到申请之日起20个工作日内予以答复。故D项正确，当选。

5. D。考查行政告知制度。对告知制度应该从概念、内容、条件等方面来把握。

6. B。考查政府信息公开行政诉讼。依据为最高人民法院《关于审理政府信息公开行政案件若干问题的规定》(以下简称《政府信息公开规定》)第11条第2款。值得注意的是，除暂时停止公开这一内容外，法院只能使用判决而非裁定。

7. D。考查政府信息公开制度的主要内容。根据《政府信息公开规定》第7条第1款的规定，政府信息

由被告的档案机构或者档案工作人员保管的，适用《政府信息公开条例》的规定。根据《政府信息公开条例》第 17 条第 3 款的规定，行政机关对政府信息不能确定是否可以公开时，应当依照法律、法规和国家有关规定报有关主管部门或者保密行政管理部门确定；第 37 条规定，申请公开的政府信息中含有不应当公开或者不属于政府信息的内容，但是能够作区分处理的，行政机关应当向申请人提供可以公开的政府信息内容，并对不予公开的内容说明理由。

二、1. BCD。考查政府信息公开制度的主要内容。《政府信息公开条例》第 4 条第 2 款规定，政府信息公开工作机构的具体职能是：办理本行政机关的政府信息公开事宜；维护和更新本行政机关公开的政府信息；组织编制本行政机关的政府信息公开指南、政府信息公开目录和政府信息公开工作年度报告；组织开展对拟公开政府信息的审查；本行政机关规定的与政府信息公开有关的其他职能。故 B、C、D 项的说法均正确。

2. BD。考查政府信息公开行政诉讼。选项 A、C 的说法分别与《政府信息公开规定》第 1 条和第 2 条的规定不符。而选项 B、D 的说法分别有该规定第 1 条和第 5 条作依据。

3. ABC。考查政府信息公开制度的主要内容。《政府信息公开条例》第 50 条第 1 款规定，政府信息公开工作年度报告应当包括下列内容：行政机关主动公开政府信息的情况；行政机关收到和处理政府信息公开申请的情况；因政府信息公开工作被申请行政复议、提起行政诉讼的情况；政府信息公开工作存在的主要问题及改进情况，各级人民政府的政府信息公开工作年度报告还应当包括工作考核、社会评议和责任追究结果情况；其他需要报告的事项。故 D 项不属于。

4. ABCD。考查政府信息公开制度的主要内容。《政府信息公开条例》第 19 条规定，对涉及公众利益调整、需要公众广泛知晓或者需要公众参与决策的政府信息，行政机关应当主动公开。该条例第 20 条规定，行政机关应当依照该条例第 19 条的规定，主动公开本行政机关的下列政府信息：行政法规、规章和规范性文件；机关职能、机构设置、办公地址、办公时间、联系方式、负责人姓名；国民经济和社会发展规划、专项规划、区域规划及相关政策；国民经济和社会发展统计信息；办理行政许可和其他对外管理服务事项的依据、条件、程序以及办理结果；实施行政处罚、行政强制的依据、条件、程序以及本行政机关认为具有一定社会影响的行政处罚决定；财政预算、决算信息；行政事业性收费项目及其依据、标准；政府集中采购项目的目录、标准及实施情况；重大建设项目的批准和实施情况；扶贫、教育、医疗、社会保障、促进就业等方面的政策、措施及其实施情况；突发公共事件的应急预案、预警信息及应对情况；环境保护、公共卫生、安全生产、食品药品、产品质量的监督检查情况；公务员招考的职位、名额、报考条件等事项以及录用结果；法律、法规、规章和国家有关规定规定应当主动公开的其他政府信息。《行政处罚法》第 5 条第 3 款对选项 D 的情形作出了规定。

5. BCD。考查政府信息公开制度的主要内容。《政府信息公开条例》第 42 条第 1 款规定："行政机关依申请提供政府信息，不收取费用。但是，申请人申请公开政府信息的数量、频次明显超过合理范围的，行政机关可以收取信息处理费。"故选项 A 的说法错误，选项 B 正确。该条例第 30 条规定，政府信息公开申请内容不明确的，行政机关应当给予指导和释明，并自收到申请之日起 7 个工作日内一次性告知申请人作出补正，说明需要补正的事项和合理的补正期限；该条例第 36 条第 6 项规定，行政机关已就申请人提出的政府信息公开申请作出答复，申请人重复申请公开相同政府信息的，告知申请人不予重复处理。故选项 C、D 的说法正确。

三、1. AC。考查行政程序的基本制度。B 项和 D 项不是一切具体行政行为都要确立的，要视情况而定。

2. ABCD。考查行政程序的基本制度。本题的关键是理解回避制度的法理内涵。回避制度的价值在于保证相关人不参与案件的审理，从程序上确保公正。本题所列 4 项正是对这一概念的具体阐释。

3. ABCD。考查政府信息公开制度的主要内容。选项 A 与《政府信息公开规定》第 6 条的规定不符；B、C 项与《政府信息公开规定》第 7 条的规定不相符；D 项与《政府信息公开规定》第 11 条的规定不相符。

4. ABCD。考查时效制度。要从概念、法律意义、制度价值等方面来把握。

5. ABC。考查行政程序的基本制度。听证制度在更大程度上强调的是公平。

6. AB。考查政府信息公开制度的主要内容。《政府信息公开条例》第 10 条规定，行政机关制作的政府信息由制作该政府信息的行政机关负责公开。行政机关从公民、法人和其他组织获取的政府信息，由保存该政府信息的行政机关负责公开；行政机关获取的其他行政机关的政府信息，由制作或者最初获取该政府信息的行政机关负责公开。法律、法规对政府信息公开的权限另有规定的，从其规定。故 A 项的说法正确。该条例第 12 条第 2 款规定，政府信息公开指南包括政府信息的分类、编排体系、获取方式和政府信息公开工作机构的名称、办公地址、办公时间、联系电话、传真号码、互联网联系方式等内容，故 B 项的说法正确。该条例第 23 条规定，行政机关应当建立健全政府信息发布机制，将主动公开的政府信息通过政府公报、政府网站或者其他互联网政务媒体、新闻发布会以及报刊、广播、电视等途径予以公开，故 C 项的说法错误。D 项错

误,其内容并无相关法条依据。

7. AD。考查政府信息公开制度的主要内容。依据为《政府信息公开条例》第 33 条。

8. BC。考查政府信息公开制度的主要内容、行政复议申请期限和行政诉讼起诉期限。依据为《政府信息公开条例》第 10 条、第 13～17 条、第 51 条,《行政复议法》第 9 条,《行政诉讼法》第 46 条。

9. ACD。考查政府信息公开行政诉讼。选项 B 为《政府信息公开规定》第 2 条规定的情形,法院应不予受理。

10. ABCD。考查政府信息公开行政诉讼。《政府信息公开规定》第 1 条第 1 款第 1 项规定,"向行政机关申请获取政府信息,行政机关拒绝提供或者逾期不予答复的",属于人民法院受理范围,因此,田某的起诉属于政府信息公开行政案件受案范围。B 项的结论正确,但理由错误。根据《政府信息公开条例》第 20 条第 5 项的规定,"办理行政许可和其他对外管理服务事项的依据、条件、程序以及办理结果"为行政机关主动公开的政府信息。A 项的理由部分正确,但结论错误。从《政府信息公开规定》第 3 条也可以看出,此类案件属于法院受理的范围。C、D 项不符合《政府信息公开规定》第 4 条的规定。

## 第十章　行政复议

1. ABC。考查行政复议范围。依据为《行政复议法》第 11 条、第 12 条。

《行政复议法》第 11 条规定:有下列情形之一的,公民、法人或者其他组织可以依照该法申请行政复议:

(1)对行政机关作出的行政处罚决定不服;

(2)对行政机关作出的行政强制措施、行政强制执行决定不服;

(3)申请行政许可,行政机关拒绝或者在法定期限内不予答复,或者对行政机关作出的有关行政许可的其他决定不服;

(4)对行政机关作出的确认自然资源的所有权或者使用权的决定不服;

(5)对行政机关作出的征收征用决定及其补偿决定不服;

(6)对行政机关作出的赔偿决定或者不予赔偿决定不服;

(7)对行政机关作出的不予受理工伤认定申请的决定或者工伤认定结论不服;

(8)认为行政机关侵犯其经营自主权或者农村土地承包经营权、农村土地经营权;

(9)认为行政机关滥用行政权力排除或者限制竞争;

(10)认为行政机关违法集资、摊派费用或者违法要求履行其他义务;

(11)申请行政机关履行保护人身权利、财产权利、受教育权利等合法权益的法定职责,行政机关拒绝履行、未依法履行或者不予答复;

(12)申请行政机关依法给付抚恤金、社会保险待遇或者最低生活保障等社会保障,行政机关没有依法给付;

(13)认为行政机关不依法订立、不依法履行、未按照约定履行或者违法变更、解除政府特许经营协议、土地房屋征收补偿协议等行政协议;

(14)认为行政机关在政府信息公开工作中侵犯其合法权益;

(15)认为行政机关的其他行政行为侵犯其合法权益。

第 12 条规定:下列事项不属于行政复议范围:

(1)国防、外交等国家行为;

(2)行政法规、规章或者行政机关制定、发布的具有普遍约束力的决定、命令等规范性文件;

(3)行政机关对行政机关工作人员的奖惩、任免等决定;

(4)行政机关对民事纠纷作出的调解。

2. ABCD。考查应先申请行政复议的情形。依据为《行政复议法》第 23 条。

《行政复议法》第 23 条规定:有下列情形之一的,申请人应当先向行政复议机关申请行政复议,对行政复议决定不服的,可以再依法向人民法院提起行政诉讼:

(1)对当场作出的行政处罚决定不服;

(2)对行政机关作出的侵犯其已经依法取得的自然资源的所有权或者使用权的决定不服;

(3)认为行政机关存在该法第 11 条规定的未履行法定职责情形;

(4)申请政府信息公开,行政机关不予公开;

(5)法律、行政法规规定应当先向行政复议机关申请行政复议的其他情形。

对前款规定的情形,行政机关在作出行政行为时应当告知公民、法人或者其他组织先向行政复议机关申请行政复议。

3. ABCD。考查行政复议案件的管辖。依据为《行政复议法》第 24～29 条。

《行政复议法》第 24 条规定:县级以上地方各级人民政府管辖下列行政复议案件:

(1)对本级人民政府工作部门作出的行政行为不服的;

(2)对下一级人民政府作出的行政行为不服的;

(3)对本级人民政府依法设立的派出机关作出的行政行为不服的;

(4)对本级人民政府或者其工作部门管理的法

律、法规、规章授权的组织作出的行政行为不服的。

除前款规定外,省、自治区、直辖市人民政府同时管辖对本机关作出的行政行为不服的行政复议案件。

省、自治区人民政府依法设立的派出机关参照设区的市级人民政府的职责权限,管辖相关行政复议案件。

对县级以上地方各级人民政府工作部门依法设立的派出机构依照法律、法规、规章规定,以派出机构的名义作出的行政行为不服的行政复议案件,由本级人民政府管辖;其中,对直辖市、设区的市人民政府工作部门按照行政区划设立的派出机构作出的行政行为不服的,也可以由其所在地的人民政府管辖。

第25条规定:国务院部门管辖下列行政复议案件:

(1)对本部门作出的行政行为不服的;

(2)对本部门依法设立的派出机构依照法律、行政法规、部门规章规定,以派出机构的名义作出的行政行为不服的;

(3)对本部门管理的法律、行政法规、部门规章授权的组织作出的行政行为不服的。

第26条规定:对省、自治区、直辖市人民政府依照该法第24条第2款的规定、国务院部门依照该法第25条第1项的规定作出的行政复议决定不服的,可以向人民法院提起行政诉讼;也可以向国务院申请裁决,国务院依照该法的规定作出最终裁决。

第27条规定:对海关、金融、外汇管理等实行垂直领导的行政机关、税务和国家安全机关的行政行为不服的,向上一级主管部门申请行政复议。

第28条规定:对履行行政复议机构职责的地方人民政府司法行政部门的行政行为不服的,可以向本级人民政府申请行政复议,也可以向上一级司法行政部门申请行政复议。

第29条规定:公民、法人或者其他组织申请行政复议,行政复议机关已经依法受理的,在行政复议期间不得向人民法院提起行政诉讼。

公民、法人或者其他组织向人民法院提起行政诉讼,人民法院已经依法受理的,不得申请行政复议。

4. ABCD。考查行政复议中止的情形。依据为《行政复议法》第39条。

《行政复议法》第39条规定:行政复议期间有下列情形之一的,行政复议中止:

(1)作为申请人的公民死亡,其近亲属尚未确定是否参加行政复议;

(2)作为申请人的公民丧失参加行政复议的行为能力,尚未确定法定代理人参加行政复议;

(3)作为申请人的公民下落不明;

(4)作为申请人的法人或者其他组织终止,尚未确定权利义务承受人;

(5)申请人、被申请人因不可抗力或者其他正当理由,不能参加行政复议;

(6)依照本法规定进行调解、和解,申请人和被申请人同意中止;

(7)行政复议案件涉及的法律适用问题需要有权机关作出解释或者确认;

(8)行政复议案件审理需要以其他案件的审理结果为依据,而其他案件尚未审结;

(9)有该法第56条或者第57条规定的情形;

(10)需要中止行政复议的其他情形。

行政复议中止的原因消除后,应当及时恢复行政复议案件的审理。

行政复议机关中止、恢复行政复议案件的审理,应当书面告知当事人。

## 第十一章　行政诉讼概述

一、1. ACD。考查行政诉讼的概念和特征。在行政赔偿、补偿以及行政机关行使法律、法规规定的自由裁量权的案件中,法院可以进行调解。

2. ABD。考查行政诉讼与民事诉讼的关系。行政诉讼与民事诉讼之间存在多种关系,包括先后关系、附带关系、参照关系、排斥关系和互补关系。

3. ABD。考查行政诉讼的概念和特征。县市场监督管理局作为行政机关具有双重身份——行政主体和民事主体,对其行为不服的救济方式应视其身份而定。县市场监督管理局吊销营业执照的行为属于具体行政行为,对此行为不服家具厂可以通过行政诉讼途径寻求救济。县市场监督管理局与家具厂签订的购买桌椅的合同是民事合同而非行政合同。在该合同中,县市场监督管理局以普通的民事主体身份实施了购买桌椅的民事行为,这种行为不是行政管理行为。

二、1. B。考查行政争议。本案民事争议的解决必须以政府对土地边界的确权是否合法这一行政争议的解决为前提条件,所以选B项。

2. BD。本题考查的是行政诉讼的基本原则。对行政行为进行合法性审查的原则和被告对被诉行政行为合法性承担举证责任的原则为行政诉讼所特有的基本原则。

3. BC。考查行政诉讼的当事人、审理。参见《行诉解释》第26条、第30条及第81条,《行政诉讼法》第27条的规定。

4. AC。考查行政诉讼与刑事诉讼的关系。刑事诉讼与行政诉讼之间存在的关系有先后关系、移送关系和排斥关系。

5. ABC。考查行政诉讼的受理和程序。参见《行政诉讼法》第3条第1款。同时对于行政机关负责人出庭应诉,《行诉解释》作出了详细规定,具体参见《行

诉解释》第128~132条。

6. A。考查行政机关负责人出庭应诉。参见《行诉解释》第128条:“行政诉讼法第三条第三款规定的行政机关负责人,包括行政机关的正职、副职负责人以及其他参与分管的负责人。行政机关负责人出庭应诉的,可以另行委托一至二名诉讼代理人。行政机关负责人不能出庭的,应当委托行政机关相应的工作人员出庭,不得仅委托律师出庭。”

## 第十二章　行政诉讼的受案范围

一、1. A。考查不予受理的案件。参见《出境入境管理法》第64条,最高人民法院《关于审理反补贴行政案件应用法律若干问题的规定》第1条,《行政许可规定》第1条。

2. A。考查应予受理的案件、不予受理的案件。正如选项A所言,市建设委员会发布文件的行为虽然以“文件”为载体,但它针对的是特定的相对人,因此是可诉的具体行政行为。具体可参见《行诉解释》第2条第2款的规定。

3. A。考查不予受理的案件。国家行为主要是指国务院、中央军事委员会、国防部、外交部等根据《宪法》和法律的授权,以国家名义实施的有关国防和外交事务的行为,以及经《宪法》和法律授权的国家机关宣布紧急状态等行为。所以,B、C、D三项均为国家行为。A项属于一般的行政行为,属于行政诉讼受案范围。本题应特别注意题干中的双重否定(不属于不可诉)表示肯定(属于可诉)。

4. D。考查应予受理的案件、不予受理的案件。A项是行政机关以民事主体身份从事的民事行为,B项是不可诉的刑事司法行为,C项是不可诉的内部行为,D项是可诉的行政不作为。

5. C。考查应予受理的案件、不予受理的案件。《行政诉讼法》虽然在受案范围里没有列举行政奖励,但是也没有排除行政奖励的可诉性,所以根据概括性的受案范围的规定,对行政奖励可以进行行政诉讼。

6. C。考查应予受理的案件、不予受理的案件。对拘留等行政处罚不服的,可以向法院提起行政诉讼。同时,《行政诉讼法》第98条规定:“外国人、无国籍人、外国组织在中华人民共和国进行行政诉讼,适用本法。法律另有规定的除外。”县粮食和物资储备局的建议行为为行政指导,不属于法院的受案范围。C项的判断,参见《政府信息公开规定》第2条第3项。D项的判断,参见《行政许可规定》第2条。

二、1. ACD。考查不予受理的案件。参见《行政诉讼法》第13条,《行诉解释》第1条。

2. ABC。考查应予受理的案件、不予受理的案件。A、B、C项中的事项,《行政诉讼法》第12条均有明确规定;选项D中的事项属于对公务员的奖惩、任免事项,根据《行政诉讼法》第13条的规定,不属于行政诉讼受案范围。

3. ABD。考查应予受理的案件。参见《行政诉讼法》第12条、第13条。

4. BD。考查应予受理的案件、不予受理的案件。参见《行政诉讼法》第12条、第13条,《行诉解释》第1条、第2条。

5. ACD。考查行政行为性质及具体行政行为和抽象行政行为的区分。本题中县政府发布的决定,不是无强制力的意见、建议,其含有行政处罚的内容,不是行政指导。同时,该决定针对外地不特定企业,可以反复适用,当属抽象行政行为。《行政诉讼法》仅规定对部分抽象行政行为可以随带或者一并提起行政诉讼。本题为选非题,因此选A、C、D项。

6. BC。考查应予受理的案件、不予受理的案件。本案关键是要清楚行政机关的刑事侦查行为与行政行为的区别,不能根据行为的表面性质来判断,要从行政权与刑事侦查权的区别、行政行为与刑事侦查行为的程序以及它们的依据和法定目的来区分。

7. AD。考查应予受理的案件、不予受理的案件。A项是行政处罚中的申诫罚,B项是不可诉的行政指导行为,C项是不可诉的行政仲裁行为,D项是可诉的抚恤金发放行为,所以应选A、D项。

8. ABD。考查应予受理的案件、不予受理的案件。《行诉解释》第1条第2款第4项规定,驳回当事人对行政行为提起申诉的重复处理行为,不属于受案范围。不过,此案中根据《行政诉讼法》,直接提起行政诉讼的一般时效是6个月,乡政府的确权行为未过6个月的诉讼时效,李某可以向人民法院提起诉讼,法院应受理。

三、1. AC。考查应予受理的案件、不予受理的案件。市公安局的扣押行为应认定为行政强制措施,因为刑事侦查中的扣押措施有其特殊性,只能针对犯罪嫌疑人所有的且与犯罪行为有关的物品。本案中,车主并非犯罪嫌疑人,该车也与犯罪行为无关。因此,该扣押行为属于违法的行政强制措施。根据《行政诉讼法》第12条第1款第2项的规定,对限制人身自由或者对财产的查封、扣押、冻结等行政强制措施和行政强制执行不服的,人民法院应当受理。因此,对于该案件,人民法院应当作为行政诉讼案件受理。

2. (1) C。考查应予受理的案件、不予受理的案件。节约用水办公室作出的《用水规定》,针对的是全市所有从河流中取水的单位,其对象显然是不特定的。因而,该规定是一份具有普遍约束力的规范性文件,属于抽象行政行为。根据《行政诉讼法》第53条的规

定，公民、法人或者其他组织认为行政行为所依据的国务院部门和地方人民政府及其部门制定的规范性文件不合法，在对行政行为提起诉讼时，可以一并请求对该规范性文件进行审查。因此，对于造纸厂提出的撤销《用水规定》的请求，人民法院不应当受理。C项正确，A、B、D项错误。A项错误，因为节约用水办公室是法规授权的行政主体，可以作为行政诉讼的被告。

(2)BD。考查应予受理的案件、不予受理的案件。市节约用水办公室根据《用水规定》下达给造纸厂的《取水计划通知书》是针对特定对象、就特定的具体事项作出、有关相对一方权利义务的单方行为，属于具体行政行为。人民法院可以对其合法性进行审查。

## 第十三章　行政诉讼的管辖

一、1. C。考查行政诉讼当事人、行政诉讼地域管辖。依照《行政诉讼法》第26条第2款的规定，复议机关改变原行政行为的，复议机关是被告。《行政诉讼法》第18条第1款规定："行政案件由最初作出行政行为的行政机关所在地人民法院管辖。经复议的案件，也可以由复议机关所在地人民法院管辖。"本案中，市市场监督管理局改变了县市场监督管理局的决定，被告应为市市场监督管理局。甲县人民法院是甲县市场监督管理局所在地法院，也就是作出原行政行为的行政机关所在地法院，有管辖权；同时，复议机关即市市场监督管理局所在地法院也有管辖权，二者均有管辖权。

2. C。考查行政诉讼级别管辖、地域管辖。参见《行政诉讼法》第26条第2款、第18条第1款、第15条第1项。

3. C。考查行政诉讼地域管辖。参见《行政诉讼法》第20条。

4. B。考查行政诉讼级别管辖、地域管辖。本案某县政府在复议决定中改变了原具体行政行为，被告应为某县政府。根据《行政诉讼法》第15条的规定，应由中级人民法院管辖。

二、1. BC。考查行政诉讼级别管辖和法院对起诉的处理。本案中的被告为县政府，应由甲市中级人民法院管辖，乙县人民法院无管辖权，因此A项错误。郭某提起行政诉讼后，甲市中级人民法院没有答复。《行政诉讼法》第52条规定："人民法院既不立案，又不作出不予立案裁定的，当事人可以向上一级人民法院起诉。上一级人民法院认为符合起诉条件的，应当立案、审理，也可以指定其他下级人民法院立案、审理。"因此B项正确。《行政诉讼法》第51条第4款规定："对于不接收起诉状、接收起诉状后不出具书面凭证，以及不一次性告知当事人需要补正的起诉状内容的，当事人可以向上级人民法院投诉，上级人民法院应当责令改正，并对直接负责的主管人员和其他直接责任人员依法给予处分。"因此C项正确。乙县政府的强制拆迁行为已经侵犯了郭某的合法财产权，属于行政诉讼受案范围，因此D项错误。

2. ACD。考查行政诉讼级别管辖、地域管辖。《行政诉讼法》第26条第2款规定："经复议的案件，复议机关决定维持原行政行为的，作出原行政行为的行政机关和复议机关是共同被告；复议机关改变原行政行为的，复议机关是被告。"本题中市公安局改变了原决定，因此市公安局应为被告。《行政诉讼法》第18条第1款规定，经复议的案件，也可以由复议机关所在地人民法院管辖。同时，《行政诉讼法》第19条规定，对限制人身自由的行政强制措施不服提起的诉讼，由被告所在地或者原告所在地人民法院管辖。并依据《行诉解释》第3条、第8条的规定，答案应为ACD。

3. ABC。考查行政诉讼级别管辖、地域管辖。选择管辖的前提是存在共同管辖，所以，构成选择管辖的情况有：(1)经复议的案件，也可以由复议机关所在地人民法院管辖；(2)采取限制人身自由的行政强制措施的案件，被告所在地的法院与原告所在地的法院都有管辖权；(3)临界不动产案件，有关行政区域的人民法院都有管辖权。所以，该题的选项中，A、B、C项符合题干要求。

4. CD。考查级别管辖。参见《行政诉讼法》第15条。

5. (1)AB。考查行政诉讼地域管辖。参见《行政诉讼法》第20条。

(2)CD。考查移送管辖。参见《行政诉讼法》第22条。

6. AC。本题是综合考查行政诉讼被告和管辖的试题，而管辖又涉及特别地域管辖。《行政诉讼法》第26条第2款规定，经复议的案件，复议机关决定维持原行政行为的，作出原行政行为的行政机关和复议机关是共同被告；复议机关改变原行政行为的，复议机关是被告。而《行诉解释》第22条规定，《行政诉讼法》第26条第2款规定的"复议机关改变原行政行为"，是指复议机关改变原行政行为的处理结果。本案中，复议机关虽改变了原行政行为所适用的法律条款，且对定性产生了影响，但最终维持了区公安分局对李某的拘留决定，不属于改变原行政行为的处理结果。因此，仍属于复议维持。故被告为区公安分局和市公安局，B、D项错误。同时，依据《行政诉讼法》第18条第1款的规定，经复议的案件，也可以由复议机关所在地人民法院管辖。本案作出原行政行为的行政机关所在地人民法院和复议机关所在地人民法院都有管辖权，原告可以选择。综合分析，A、C项是正确的。另外，值得注意的是，由于处罚是行政拘留，是对人身自由的限

制，因此，也可以由原告所在地人民法院管辖，选项B、D后半段的说法是正确的，但前半段的说法是错误的。

# 第十四章　行政诉讼参加人

## 基础知识篇

一、1. C。考查行政诉讼的被告、共同诉讼人、第三人。参见《行诉解释》第19条。

2. C。考查行政诉讼的被告、共同诉讼人、第三人。参见《行政诉讼法》第26条第4款。

3. A。考查行政诉讼的原告。B项错在有原告资格的人还有可能作为第三人。C项错在起诉人并不一定具有民事主体资格，更不需要有完全的民事权利能力。D项错在行政诉讼中，并不要求侵害已经发生，只要行政行为作出后，当事人认为其侵犯自己的合法权益即可。

二、1. AB。考查行政诉讼的第三人。参见《行政诉讼法》第29条，《行诉解释》第10条、第26条第2款、第30条第2款。

2. ABD。考查行政诉讼的原告。参见《行诉解释》第15条。

3. ABC。考查行政诉讼的原告。参见《行诉解释》第16条第2款。

## 理解与应用篇

一、1. C。考查行政诉讼的原告、行政复议机关、行政复议与行政诉讼的关系。海关为中央垂直领导，当事人申请复议，应向海关的上一级申请；海关处理的案件，应由中级人民法院管辖；海关案件采用自由选择制度。故选项A、B、D的说法正确。甲、乙、丙成立了有字号的合伙企业，应以核准登记的字号为原告。

2. D。考查行政诉讼的原告。根据《行诉解释》第16条第3款的规定，甲公司作为非国有企业，企业本身或其法定代表人可以提起诉讼。而乙公司为国有企业，只有企业本身可以提起诉讼。

3. A。考查行政诉讼参与人。

A选项考查行政诉讼中近亲属提起诉讼的条件。本题中王某之子作为原告提起诉讼的依据是《行政诉讼法》第25条，该条第1、2款规定："行政行为的相对人以及其他与行政行为有利害关系的公民、法人或者其他组织，有权提起诉讼。有权提起诉讼的公民死亡，其近亲属可以提起诉讼。"《行诉解释》第14条第1款将近亲属明确定义为"包括配偶、父母、子女、兄弟姐妹、祖父母、外祖父母、孙子女、外孙子女和其他具有扶养、赡养关系的亲属"，王某之子在近亲属的范围之内。《行诉解释》第54条规定："依照行政诉讼法第四十九条的规定，公民、法人或者其他组织提起诉讼时应当提交以下起诉材料：（一）原告的身份证明材料以及有效联系方式……"因此王某之子作为本案原告应提供身份证明，A选项正确，当选。

B选项考查行政诉讼中第三人的规定。《行政诉讼法》第29条第1款规定："公民、法人或者其他组织同被诉行政行为有利害关系但没有提起诉讼，或者同案件处理结果有利害关系的，可以作为第三人申请参加诉讼，或者由人民法院通知参加诉讼。"本题中王某之子起诉请求撤销的是劳动局作出的《工伤中止鉴定通知书》，公司对于本案结果无利害关系，因此公司不是本案第三人，B选项错误。

C选项考查《工伤中止鉴定通知书》的可诉性。《工伤保险条例》第55条规定："有下列情形之一的，有关单位或者个人可以依法申请行政复议，也可以依法向人民法院提起行政诉讼：（一）申请工伤认定的职工或者其近亲属、该职工所在单位对工伤认定申请不予受理的决定不服的；（二）申请工伤认定的职工或者其近亲属、该职工所在单位对工伤认定结论不服的；（三）用人单位对经办机构确定的单位缴费费率不服的；（四）签订服务协议的医疗机构、辅助器具配置机构认为经办机构未履行有关协议或者规定的；（五）工伤职工或者其近亲属对经办机构核定的工伤保险待遇有异议的。"本题中的《工伤中止鉴定通知书》不属于上述情形，并且作出《工伤中止鉴定通知书》是程序性行为，其目的不是要发生一定的法律效果，也没有对申请人的权利义务产生影响，实体上对申请人的合法权益并不构成侵犯。因此，C选项错误。

D选项考查《交通事故证明书》的效力。《道路交通事故处理程序规定》第67条规定："道路交通事故基本事实无法查清、成因无法判定的，公安机关交通管理部门应当出具道路交通事故证明，载明道路交通事故发生的时间、地点、当事人情况及调查得到的事实，分别送达当事人，并告知申请复核、调解和提起民事诉讼的权利、期限。"本选项中的《交通事故证明书》为上述规定中的"交通事故证明"，是交警部门在多次调查仍不能判断事故责任的情况下作出的主要载明事故基本情况以及调查到的基本事实的文件。对于该证明的救济途径，该规定第71条第1款规定："当事人对道路交通事故认定或者出具道路交通事故证明有异议的，可以自道路交通事故认定书或者道路交通事故证明送达之日起三日内提出书面复核申请。当事人逾期提交复核申请的，不予受理，并书面通知申请人。"因此本案中王某之子可采取的救济途径是申请复核。此外，全国人民代表大会常务委员会法制工作委员会《关于交通事故责任认定行为是否属于具体行政行为，可否纳入行政诉讼受案范围的意见》中明确表示"交通事故责任认定行为不属于具体行政行为，不能向人民法院提起行政诉讼"。综上所述，首先，《交通事故证明

书》作为公安机关交通管理部门作出的仅列明事故基本情况以及调查到的基本事实的文书，并不如行政裁决那般是行政机关或法律授权的组织依照法律授权对当事人之间发生的、与行政管理活动密切相关的、与合同无关的民事纠纷进行审查并作出裁决的具体行政行为。其次，二者在救济途径上也有差异，当事人对《交通事故证明书》有异议只能提出复核申请，而对于行政裁决，当事人既可根据《行政复议法》申请行政复议，也可根据《行政诉讼法》提起行政诉讼。因此D选项中的《交通事故证明书》不是行政裁决，D选项错误。

综上，本题答案为A。

二、1. ABC。考查行政诉讼的原告。根据《行诉解释》第12条第1项的规定，被诉的行政行为涉及其相邻权或者公平竞争权的公民、法人或者其他组织可以依法提起行政诉讼。A项的张某可以依据该条以自己名义提起行政诉讼。根据《行诉解释》第16条第2款的规定，联营企业、中外合资或者合作企业的联营、合资、合作各方，认为联营、合资、合作企业权益或者自己一方合法权益受行政行为侵害的，可以自己的名义提起诉讼。所以B项也正确。《行诉解释》第16条第3款规定，非国有企业被行政机关注销、撤销、合并、强令兼并、出售、分立或者改变企业隶属关系的，该企业或者其法定代表人可以提起诉讼。所以C项中的当事人也可以自己的名义提起行政诉讼。《行诉解释》第16条第1款规定，股份制企业的股东大会、股东会、董事会等认为行政机关作出的行政行为侵犯企业经营自主权的，可以企业名义提起诉讼，所以D项中的董事会无权以自己的名义提起行政诉讼。

2. BC。考查行政诉讼的原告、第三人和共同诉讼人。乙和丙因为同一行政行为起诉至法院，根据《行政诉讼法》第27条的规定，乙和丙为共同原告。甲和被起诉的具体行政行为有利害关系，根据《行政诉讼法》第29条第1款的规定，可以作为第三人参加诉讼。

3. ABCD。考查行政诉讼的原告。参见《行诉解释》第16条、第18条。

4. AB。考查行政诉讼的原告。参见《行政诉讼法》第25条、《行诉解释》第12条。

## 综合提高篇

一、1. ACD。考查行政诉讼的被告。《行诉解释》第20条第1款规定："行政机关组建并赋予行政管理职能但不具有独立承担法律责任能力的机构，以自己的名义作出行政行为，当事人不服提起诉讼的，应当以组建该机构的行政机关为被告。"本题中组建市容管理办公室的是市人民政府，所以，市人民政府是被告，而原告起诉的被告不适格，依照《行诉解释》第26条第1款的规定，法院应该告知原告变更被告，原告不同意的，法院裁定驳回起诉。所以，B项错误，法院没有依职权改变被告的权力。

2. ACD。考查行政诉讼的诉讼代理人。B项错在混淆了代表人与代理人的区别，代理人只代表委托人进行诉讼但并不是当事人，而代表人则是当事人。

3. ABD。考查行政诉讼的被告、第三人、原告和行政诉讼管辖。本案为直接起诉，作出具体行政行为的机关为被告，A项的说法正确。陈某为受害人，且未提起诉讼，为本案的第三人。故B项的说法正确。本案被诉行为为罚款，不属于特殊地域管辖，适用原告就被告原则。故D项的说法正确。根据《行诉解释》第30条第1款的规定，沈某应为第三人，C项的说法错误。

二、1.（1）D。考查行政诉讼的原告。参见《行诉解释》第12条第1项。

（2）AC。考查行政诉讼的共同诉讼人。由于这些诉讼是同一行政行为引起的，属于学理上所谓的必要的共同诉讼，根据《行政诉讼法》第27条的规定，人民法院可以合并审理。根据《行诉解释》第29条第3款的规定，C项正确，所以，应选A、C项。

（3）C。考查行政诉讼的第三人。参见《行诉解释》第30条第1款。

2. C。考查行政诉讼的被告、治安管理处罚。选项A错误，参见《治安管理处罚法》第98条；选项B错误，参见《治安管理处罚法》第91条；选项C、D的判定，参见《行诉解释》第20条。

3. ABC。考查行政复议机关维持原行政行为后行政案件的被告确定、管辖和起诉期限。根据《行政诉讼法》第26条第2款的规定，对于复议机关维持原行政行为的行政诉讼案件，复议机关和原机关为共同被告。《行诉解释》第134条第1款规定："复议机关决定维持原行政行为的，作出原行政行为的行政机关和复议机关是共同被告。原告只起诉作出原行政行为的行政机关或者复议机关的，人民法院应当告知原告追加被告。原告不同意追加的，人民法院应当将另一机关列为共同被告。"故选项A正确。《行政诉讼法》第18条第1款规定："行政案件由最初作出行政行为的行政机关所在地人民法院管辖。经复议的案件，也可以由复议机关所在地人民法院管辖。"故选项B正确。《行诉解释》第134条第3款规定："复议机关作共同被告的案件，以作出原行政行为的行政机关确定案件的级别管辖。"故选项C正确。《行政诉讼法》第46条规定，公民、法人或者其他组织直接向人民法院提起诉讼的，应当自知道或者应当知道作出行政行为之日起6个月内提出，法律另有规定的除外；因不动产提起诉讼的案件自行政行为作出之日起超过20年，其他案件自行政行为作出之日起超过5年提起诉讼的，人民法院不予受理。本案无特别情形，起诉期限为6个月。故选项D错误。

# 第十五章 行政诉讼程序

一、1. D。考查行政诉讼的起诉条件。《行政诉讼法》第46条第1款规定,公民、法人或者其他组织直接向人民法院提起诉讼的,应当自知道或者应当知道作出行政行为之日起6个月内提出;法律另有规定的除外。该条确定了特别法优于普通法的原则,《税收征收管理法》相对于《行政诉讼法》是特别法,应优先适用。

2. B。考查行政诉讼的起诉条件、撤诉。参见《行诉解释》第61条。

3. C。考查行政诉讼的审判监督程序。参见《行政诉讼法》第90~92条,《行诉解释》第110条。

4. B。考查行政诉讼的审理和裁判。《行政诉讼法》第77条规定:"行政处罚明显不当,或者其他行政行为涉及对款额的确定、认定确有错误的,人民法院可以判决变更。人民法院判决变更,不得加重原告的义务或者减损原告的权益。但利害关系人同为原告,且诉讼请求相反的除外。"同时,《行政诉讼法》第70条规定,行政行为有下列情形之一的,人民法院判决撤销或者部分撤销,并可以判决被告重新作出行政行为:主要证据不足的;适用法律、法规错误的;违反法定程序的;超越职权的;滥用职权的;明显不当的。

5. B。考查行政诉讼的起诉条件。参见《行政诉讼法》第47条第2款。

6. A。考查行政诉讼的第一审程序。具体参见《行政诉讼法》第55条、《行诉解释》第74条。

注意:只有被当事人申请回避的,工作人员才应当暂停参与本案的工作,主动申请回避不受此限。

7. B。本题考查的是行政诉讼的起诉条件和申请复议的期限。参见《行政诉讼法》第45条、第67条、第85条、第88条,《行诉解释》第110条。

8. B。本题考查的是行政复议与行政诉讼的关系。参见《行诉解释》第58条。

9. B。考查行政诉讼的第二审程序。参见《行政诉讼法》第85~88条。

10. A。本题考查的是原告自愿申请撤诉的问题,比较简单。参见《行政诉讼法》第62条。

11. D。本题是关于行政诉讼程序的问题,命题的目的是考查对行政裁定适用范围的掌握。原告所起诉的被告不适格,法院应当告知原告变更被告;原告不同意变更的,裁定驳回起诉。故选D项,排除A、B、C项。本题解答应参见《行诉解释》第26条、第69条、第101条。

12. B。考查行政诉讼的起诉与受理。参见《行政诉讼法》第52条。

13. C。参见《行政诉讼法》第81条、第83条、第88条。

二、1. ABCD。考查行政诉讼的第一审程序。《行政诉讼法》第61条第1款规定,在涉及行政许可、登记、征收、征用和行政机关对民事争议所作的裁决的行政诉讼中,当事人申请一并解决相关民事争议的,人民法院可以一并审理。人民法院决定一并审理的,当事人不得对该民事争议再提起民事诉讼。当事人对行政机关就民事争议所作的裁决不服提起行政诉讼的,人民法院依申请可以对民事争议一并审理。注意:"合并审理"与"一并审理"的区别。

2. ABD。考查行政诉讼证据。参见最高人民法院《关于行政诉讼证据若干问题的规定》(以下简称《行政诉讼证据规定》)第73条。

3. CD。考查行政诉讼的起诉与受理。《行诉解释》第63条规定,行政机关作出行政行为时,没有制作或者没有送达法律文书,公民、法人或者其他组织只要能证明行政行为存在,并在法定期限内起诉的,人民法院应当依法立案。因此,对于A项法院不可以驳回起诉。对于B项,如果原告不同意追加,法院应通知其作为第三人参加诉讼,不可以驳回起诉。C项属于法律规定由法定或指定代理人代为起诉,其代理不符合法定要求的情形,应驳回起诉。《行诉解释》第26条第1款规定:"原告所起诉的被告不适格,人民法院应当告知原告变更被告;原告不同意变更的,裁定驳回起诉。"所以,C、D项两种情形下,法院可以裁定驳回起诉。

4. ACD。考查行政复议与行政诉讼的关系。二者在程序上的关系大致有以下几种:(1)选择关系,即在二者之间作出选择,复议之后仍可提起诉讼;(2)必经关系,即要想提起行政诉讼必须先经过行政复议;(3)复议终局关系,即行政复议决定为终局决定,当事人无法再提出诉讼;(4)选择兼终局关系,即当事人可以选择复议或诉讼,但一旦选择复议后就不能再提起诉讼。据此可以确定本题A、C、D项为正确选项。

5. CD。考查行政诉讼的起诉与受理。根据《行诉解释》第56条第2款的规定,依照《行政诉讼法》第45条的规定,复议机关不受理复议申请或者在法定期限内不作出复议决定,公民、法人或者其他组织不服,依法向人民法院提起诉讼的,人民法院应当依法立案,A项错误。公民既可以起诉复议机关不履行法定职责,又可以起诉原具体行政行为。复议是诉讼的必经程序的,经复议后,可以要求法院审理原具体行政行为,故B项错误。

6. BD。考查行政诉讼的起诉条件。《行政诉讼法》第47条规定,公民、法人或者其他组织申请行政机关履行保护其人身权、财产权等合法权益的法定职责,行政机关在接到申请之日起2个月内不履行的,

公民、法人或者其他组织可以向人民法院提起诉讼；法律、法规对行政机关履行职责的期限另有规定的，从其规定；公民、法人或者其他组织在紧急情况下请求行政机关履行保护其人身权、财产权等合法权益的法定职责，行政机关不履行的，提起诉讼不受前款规定期限规定的限制。

7. ABC。考查行政诉讼的裁判。《行政诉讼法》第89条第1款第4项规定，原审判决遗漏当事人的，第二审法院应撤销原判，发回原审人民法院重审。选项A、B中的被告、第三人都属于当事人，因而A、B项都应当选。根据《行诉解释》第109条第3款的规定，C项也应当选。D项涉及的条文是《行诉解释》第109条第1款，对于原审不予立案裁定确有错误且起诉符合法定条件的，应撤销此裁定，指令原审法院立案受理。此时不适用发回重审。

8. ABC。考查行政诉讼的第二审程序。《行政诉讼法》第87条规定，人民法院审理上诉案件，应当对原审人民法院的判决、裁定和被诉行政行为进行全面审查。此规定确立了行政诉讼第二审审理案件的全面审查原则。全面审查原则在行政诉讼领域是指既审查一审的判决与裁定是否正确，又审查被诉行政行为的合法性，且不受上诉人上诉范围的限制。D项即为全面审查原则，因此A、B、C项的说法错误。

9. ABCD。考查行政诉讼的审判监督程序。参见《行政诉讼法》第91条。

10. ACD。考查行政诉讼的第一审程序。参见《行诉解释》第73条第3项。

11. BC。考查行政诉讼的第二审程序。参见《行诉解释》第107条。

12. AD。本题考查的是行政诉讼的上诉和判决变更。行政诉讼是指行政相对人与行政主体在行政法律关系领域发生纠纷后，依法向人民法院提起诉讼，人民法院依法进行审判的一种活动。可见，在行政诉讼中，行政机关只能是被告，不能对原告进行反诉而成为反诉人，故B项错误。《行政诉讼法》第77条第2款规定："人民法院判决变更，不得加重原告的义务或者减损原告的权益。但利害关系人同为原告，且诉讼请求相反的除外。"故C项错误。《行诉解释》第30条第2款规定，第三人有权提起上诉，故A项正确。《行政诉讼法》第77条第1款规定，行政处罚明显不当的，法院可以判决变更。故D项正确。

13. AD。《行政诉讼法》第82条第1、2款规定，人民法院审理下列第一审行政案件，认为事实清楚、权利义务关系明确、争议不大的，可以适用简易程序：(1)被诉行政行为是依法当场作出的；(2)案件涉及款额2000元以下的；(3)属于政府信息公开案件的。除前款规定以外的第一审行政案件，当事人各方同意适用简易程序的，可以适用简易程序。

14. ABC。参见《行政诉讼法》第51条。

三、1. AB。考查行政诉讼起诉条件。参见《行诉解释》第68条。

2. ABCD。考查行政诉讼起诉条件。参见《行诉解释》第69条。

3. CD。考查行政诉讼再审。参见《行政诉讼法》第90条，《行诉解释》第110条、第117条。

4. ABC。考查行政诉讼再审。参见《行诉解释》第110条。

# 第十六章　行政诉讼的特殊制度与规则

## 基础知识篇

一、1. C。考查行政诉讼中被告取证限制。参见《行政诉讼法》第35条。

2. B。考查证据的对质辨认和核实。参见《行政诉讼证据规定》第33条、第34条。

3. D。考查行政诉讼中人民法院调取证据。参见《行政诉讼法》第41条。

4. A。考查证据的对质辨认和核实。参见《行政诉讼证据规定》第15条。

5. C。考查举证责任。参见《行政诉讼法》第36条，《行诉解释》第34条。

6. B。考查撤诉。按撤诉处理和视为申请撤诉是一个意思，所以A项错误。第三人拒不到庭或未经法庭许可中途退庭的，不影响案件的审理，所以D项错误。C项错在缺少条件"合法传唤"和"无正当理由"。

7. C。考查审理程序的延阻。参见《行诉解释》第87条。

8. B。考查审理程序的延阻。参见《行诉解释》第88条。

9. B。考查具体行政行为的停止执行。参见《行政诉讼法》第56条。

10. B。考查行政诉讼证据。《行政诉讼证据规定》第27条第2款规定："当事人申请保全证据的，人民法院可以要求其提供相应的担保。"故B项的说法错误。其他选项均在《行政诉讼证据规定》及《行诉解释》中有相应的根据。

二、1. BCD。考查行政诉讼中对证据的对质辨认和核实。证据保全是指在证据可能灭失或者以后难以取得的情况下人民法院可以根据诉讼参加人的申请或者依职权主动采取措施，对证据加以确定和保护的制度。所以C、D项正确。根据证据规则，对专门性问题需要鉴定的，法院可以直接交法定鉴定部门鉴定，无须交由高级人民法院指定的鉴定部门鉴定。故A项错误，B项正确。

2. BD。考查行政诉讼中对证据的对质辨认和核实。参见《行诉解释》第41条、第44条。

3. ABCD。本题考查法律适用冲突的解决。A项是人际冲突,不同民族、种族的人之间的法律适用不同,所以少数民族应该适用自治条例和单行条例。B项是相同等级的规章之间的冲突,应报共同上级决定。C项是层级冲突,所以适用效力等级高的法律。D项是新法与旧法的冲突,法律不溯及既往,所以如果行政行为发生在新法生效前,则应适用旧法。

4. AB。考查撤诉。《行政诉讼法》第58条规定:"经人民法院传票传唤,原告无正当理由拒不到庭,或者未经法庭许可中途退庭的,可以按照撤诉处理;被告无正当理由拒不到庭,或者未经法庭许可中途退庭的,可以缺席判决。"所以A、B项都应选。选项C涉及的情况应当作缺席判决。而D项涉及《行诉解释》第81条第3款,此时应依法作出确认判决。

5. ABC。考查缺席判决。《行政诉讼法》第58条规定:"经人民法院传票传唤,原告无正当理由拒不到庭,或者未经法庭许可中途退庭的,可以按照撤诉处理;被告无正当理由拒不到庭,或者未经法庭许可中途退庭的,可以缺席判决。"

6. ABC。考查财产保全。行政诉讼中的财产保全是人民法院对于因一方当事人的行为或者其他原因,可能使具体行政行为或者人民法院生效裁判不能或者难以执行的案件,可以根据对方当事人的申请作出财产保全的裁定;当事人没有提出申请的,人民法院在必要时也可以依法采取财产保全措施。而非诉行政案件执行前的财产保全是行政机关或者具体行政行为确定的权利人申请人民法院强制执行前,有充分理由认为被执行人可能逃避执行的,可以申请人民法院采取财产保全措施。后者申请强制执行的,应当提供相应的财产担保。所以,D项错在如果是行政机关申请执行,则不一定要提供担保。

7. AB。考查具体行政行为的停止执行问题。《行政诉讼法》第56条规定,诉讼期间,不停止行政行为的执行。但有下列情形之一的,裁定停止执行:(1)被告认为需要停止执行的;(2)原告或者利害关系人申请停止执行,人民法院认为该行政行为的执行会造成难以弥补的损失,并且停止执行不损害国家利益、社会公共利益的;(3)人民法院认为该行政行为的执行会给国家利益、社会公共利益造成重大损害的;(4)法律、法规规定停止执行的。当事人对停止执行或者不停止执行的裁定不服的,可以申请复议一次。

## 理解与应用篇

一、1. A。考查行政诉讼证据。参见《行诉解释》第135条。

2. A。考查调取证据。法院调取证据受到限制,《行政诉讼法》第41条规定,与本案有关的下列证据,原告或者第三人不能自行收集的,可以申请人民法院调取:(1)由国家机关保存而须由人民法院调取的证据;(2)涉及国家秘密、商业秘密和个人隐私的证据;(3)确因客观原因不能自行收集的其他证据。

3. D。考查行政诉讼证据。《行诉解释》第43条第1项规定,被告严重违反法定程序收集的证据属于"以非法手段取得的证据",不能作为证明行政行为合法的根据。故A选项正确。根据《行诉解释》第135条第3款的规定,D选项错误。

4. D。考查举证责任。参见《行诉解释》第35条。

5. D。考查行政诉讼的法律适用。参见最高人民法院《关于审理行政案件适用法律规范问题的座谈会纪要》,以及《行诉解释》第100条。

6. A。考查行政诉讼证据。

二、1. ABD。考查行政附带民事诉讼。行政附带民事诉讼是指人民法院在审理行政案件的同时,对与引起该案件的行政争议相关的民事纠纷一并进行审理的诉讼活动和诉讼关系的总称。其特点是:(1)原告是经行政机关裁决的权属纠纷或民事纠纷的任何一方当事人;(2)原告既可以提出损害赔偿的要求,也可以提出重新解决民事纠纷的要求;(3)必须在行政诉讼过程中提出。A项错在行政诉讼已经结束,而且确认合法,所以不是行政附带民事诉讼。B项错在被告行政机关对甲的罚款不属于行政裁决。D项错在行政附带民事诉讼中,民事诉讼的被告不应该是行政机关,本项是行政赔偿诉讼。

2. ACD。考查举证责任。本题为选非题。选项B的说法符合原告承担举证责任的情形,C、D选项则不符合。A项与《行政许可规定》第6条规定不符。

3. ACD。本题是关于行政诉讼证据的问题,命题的目的在于考查对行政诉讼证据收集规则的掌握。在行政诉讼中,被告及其代理人不能自行向原告和证人收集与行政争议有关的证据,故不选B项。卫生健康委员会作为国家卫生行政管辖机关,它有权对违反食品卫生管理的行为进行处罚。虽然原告已起诉,但为行使卫生管理职权,卫生健康委员会仍然可以到原告处进行卫生检查,只是不能自行收集与此行政争议有关的证据而已。故A、C、D项符合题意。本题解答应参见《行政诉讼法》第35条。

4. BD。考查行政诉讼的法律适用。A、C项不符合最高人民法院《关于审理反倾销行政案件应用法律若干问题的规定》第2条、第6条的规定,B、D项则符合该规定第4条、第7条的规定。

5. ABC。考查行政诉讼证据。A、B、C项的说法分别不符合《行政诉讼证据规定》第7条第2款、第25条、第38条第2款的规定,D项则符合《行政诉讼证据规定》第56条的规定。

6. AC。考查行政诉讼的法律适用。依据为最高人民法院《关于审理行政案件适用法律规范问题的座谈会纪要》。

7. ABD。参见《行政诉讼法》第 60 条。

8. AD。参见《行政诉讼法》第 66 条第 2 款。

## 综合提高篇

一、1. ABCD。考查行政诉讼证据的概念和种类。这两种笔录的区别是历年考试的重点。勘验笔录是指行政机关工作人员对不能、不便拿到人民法院的物证，现场就地进行分析、检验、测量、勘查后作的记录。现场笔录是行政诉讼中特殊的证据，是行政机关工作人员在实施行政行为现场对现场情况所作的书面记录。

2. AD。考查举证责任。《行政诉讼法》第 38 条第 1 款规定，在起诉被告不履行法定职责的案件中，原告应当提供其向被告提出申请的证据。但有下列情形之一的除外：(1) 被告应当依职权主动履行法定职责的；(2) 原告因正当理由不能提供证据的。

3. BCD。考查合并审理。参见《行诉解释》第 73 条。

4. BCD。考查撤诉的后果。《行诉解释》第 60 条第 1 款规定，人民法院裁定准许原告撤诉后，原告以同一事实和理由重新起诉的，人民法院不予立案。但是本题中，自然资源局撤销处罚决定后，又作出同样的处罚，这一处罚实际上是一个新的行政行为。所以，应该重新起诉。《行诉解释》第 60 条所讲的申请再审也不适用于高某，因而应选 B 项。C 项的错误在于原来的撤诉申请已被准许，不存在可被撤销的理由。

5. AC。考查行政诉讼的法律适用。A 项符合最高人民法院《关于审理国际贸易行政案件若干问题的规定》第 8 条的规定；B 项和 D 项不符合《行政诉讼证据规定》第 35 条、第 38 条和第 74 条的规定；C 项符合《行政诉讼证据规定》第 54 条的规定。

6. ABCD。考查提供证据的要求。A、B、C、D 项的说法分别符合《行政诉讼证据规定》第 7 条第 1 款、第 17 条、第 20 条、第 35 条的规定。

7. CD。考查行政诉讼的法律适用。最高人民法院《关于审理行政案件适用法律规范问题的座谈会纪要》指出，法律、行政法规或者地方性法规修改后，其实施性规定未被明文废止的，人民法院在适用时应当区分下列情形：实施性规定与修改后的法律、行政法规或者地方性法规相抵触的，不予适用；因法律、行政法规或者地方性法规的修改，相应的实施性规定丧失依据而不能单独施行的，不予适用；实施性规定与修改后的法律、行政法规或者地方性法规不相抵触的，可以适用。

二、1. (1) ABC。考查举证责任。《行政诉讼法》第 34 条第 1 款规定："被告对作出的行政行为负有举证责任，应当提供作出该行政行为的证据和所依据的规范性文件。"所以，A、B 项正确。《行政诉讼法》第 38 条规定，在起诉被告不履行法定职责的案件中，原告应当提供其向被告提出申请的证据。但有下列情形之一的除外：(1) 被告应当依职权主动履行法定职责的；(2) 原告因正当理由不能提供证据的。在行政赔偿、补偿的案件中，原告应当对行政行为造成的损害提供证据。因被告的原因导致原告无法举证的，由被告承担举证责任。C 项吻合，D 项错误。

(2) CD。考查调取和保全证据。根据《行政诉讼法》第 36 条的规定，有下列情形之一，经人民法院准许，被告可以补充证据：原告或者第三人提出了其在行政处理程序中没有提出的理由或者证据的。

2. (1) C。考查行政复议与行政诉讼的关系。根据《行政诉讼法》第 44 条的规定，法律、法规规定复议为前置程序的，必须先经过复议，不经复议不得起诉。本题属于纳税争议，根据《税收征收管理法》第 88 条第 1、2 款的规定，杨某对纳税决定不服，只能先提起复议，经复议后才能起诉。故 C 项为应选项。B 项错在"可以"的表述上。当复议依法被规定为前置程序时，必须先经过复议，不经复议不得起诉，而不是可以选择的问题。

(2) ACD。考查行政诉讼的原告、第三人。《行政诉讼法》第 29 条第 1 款规定："公民、法人或者其他组织同被诉行政行为有利害关系但没有提起诉讼，或者同案件处理结果有利害关系的，可以作为第三人申请参加诉讼，或者由人民法院通知参加诉讼。"据此，本题中，A 项茶厂和 D 项杨某都是与变更行政行为有利害关系的相对人，依法可以提起行政诉讼，C 项杨某亦可以作为诉讼第三人参加诉讼。故 A、C、D 项为应选项。

3. (1) CD。考查行政处罚的界定。选项 A 为行政检查，选项 B 为行政强制措施。

(2) ABC。考查行政诉讼证据的种类和提供证据的要求。《行政诉讼法》第 33 条第 1 款第 8 项明确把现场笔录作为法定证据，其他诉讼法都未作此规定，所以 A 项正确。依照《行诉解释》第 63 条的规定，中央商场有收据能证明决定存在，不影响其起诉，B 项正确。依照《行政处罚法》第 55 条和《行政诉讼证据规定》第 15 条的规定，C 项正确。本案不符合行政处罚简易程序的适用条件，D 项错误。

(3) ABD。考查行政处罚程序、行政诉讼证据。依照《行政处罚法》有关的程序规定，无论是简易程序，还是一般程序，行政机关都应制作相应的处罚决定书。故 A 项为违法行为。依照《行政诉讼法》第 35 条的规定，B、D 项为违法行为。

(4) A。考查行政诉讼的裁判。本案中，市场监督管理局所作的行政处罚违反了法定的处罚程序。根据《行政诉讼法》第 70 条的规定，对违反法定程序的行

政行为,应判决撤销,并可以责令被告重新作出具体行政行为。因此选 A 项。市场监督管理局的行为不符合作出确认判决的条件,因此 C 项错误。本案的行政处罚并非显失公正,只是不符合法定程序。因此 D 项错误。

(5)CD。考查行政诉讼的裁判。市场监督管理局的处罚实体上是正确的,只是程序上违法。《行政诉讼法》第 71 条规定,人民法院判决被告重新作出行政行为的,被告不得以同一的事实和理由作出与原行政行为基本相同的行政行为。不过,依照《行诉解释》第 90 条第 2 款的规定,人民法院以违反法定程序为由,判决撤销被诉行政行为的,行政机关重新作出行政行为不受此限制。因此 C、D 项正确。

4. ABCD。考查撤诉。四项皆符合最高人民法院《关于行政诉讼撤诉若干问题的规定》(以下简称《行政诉讼撤诉规定》)第 2 条的规定。

5. ACD。考查行政诉讼证据。依据分别为《行政诉讼证据规定》第 39 条、第 40 条、第 49 条第 1 款。B 项与该规定第 49 条第 3 款不符,错误。

6. ABCD。考查行政附带民事诉讼。参见《行诉解释》第 139 条第 1 款。

7. C。考查行政附带民事诉讼。参见《行政诉讼法》第 61 条,《行诉解释》第 137 条、第 139 条、第 140 条第 2 款以及第 142 条的规定。值得注意的是,本案中引发民事争议的是行政裁决,不同于涉及民事争议的行政许可、登记、征收、征用等。

8. BCD。考查行政附带民事诉讼。参见《行诉解释》第 137 条、第 139 条。

9. B. 考查行政附带民事诉讼。参见《行诉解释》第 140 ~ 142 条。

## 第十七章　行政案件的裁判与执行

一、1. C。考查行政诉讼的判决、治安管理处罚。参见《行政诉讼法》第 70 条和《治安管理处罚法》第 22 条。

2. B。本题考查的是被告在一审期间改变被诉行政行为的处理问题。参见《行诉解释》第 81 条第 3 款。

3. B。本题考查的是当事人在第二审期间提出行政赔偿请求的处理问题。参见《行诉解释》第 109 条第 6 款。

4. D。考查行政诉讼中的财产保全。参见《行诉解释》第 76 条第 1 款、第 4 款。

5. A。考查行政诉讼的判决。《行政诉讼法》第 69 条规定:"行政行为证据确凿,适用法律、法规正确,符合法定程序的,或者原告申请被告履行法定职责或者给付义务理由不成立的,人民法院判决驳回原告的诉讼请求。"

6. B。本题考查的是行政诉讼中裁定的适用范围。参见《行诉解释》第 101 条。

7. A。考查行政诉讼的判决。参见《行诉解释》第 110 条。

8. B。考查行政诉讼的判决。《行政诉讼法》第 87 条规定:"人民法院审理上诉案件,应当对原审人民法院的判决、裁定和被诉行政行为进行全面审查。"

9. C。考查行政诉讼的受案范围。甲镇人民政府下发通知针对的是不特定对象,可以反复适用,故为抽象行政行为。A 项的说法正确。根据《行政诉讼法》第 53 条的规定,对规章以外的规范性文件(部分抽象行政行为)不能直接提出行政诉讼,只能一并提出,故 C 项的说法错误。而根据《行政复议法》的规定,当事人可以附带对抽象行政行为申请复议,B 项的说法正确。下令关闭乙的印刷厂的行为为具体行政行为,乙可以提起行政诉讼。D 项的说法正确。

10. C。考查行政诉讼的裁定。《行政诉讼法》第 57 条规定,人民法院对起诉行政机关没有依法支付抚恤金、最低生活保障金和工伤、医疗社会保险金的案件,权利义务关系明确、不先予执行将严重影响原告生活的,可以根据原告的申请,裁定先予执行。当事人对先予执行裁定不服的,可以申请复议一次。复议期间不停止裁定的执行。

11. C。考查行政诉讼的执行与非诉行政案件的执行。参见《行诉解释》第 154 条。

12. A。考查行政诉讼的执行与非诉行政案件的执行。参见《行诉解释》第 155 条。

13. C。考查行政诉讼的判决。《行政诉讼法》第 34 条第 2 款规定:"被告不提供或者无正当理由逾期提供证据,视为没有相应证据。但是,被诉行政行为涉及第三人合法权益,第三人提供证据的除外。"本案被告市场监督管理局在一审过程中没有在法定期限内提交作出具体行政行为的证据,二审法院不能因被告在二审过程中提交的证据而撤销或变更一审裁判。因此,A、B、D 项错误。被诉行政行为违法,只能驳回上诉,维持原判,因此 C 项正确。

14. A。考查行政诉讼的判决。根据《行政诉讼法》第 89 条的规定,应撤销一审判决。根据《行诉解释》第 109 条第 6 款的规定,王某在二审期间提出行政赔偿请求,二审法院可以就赔偿问题进行调解,调解不成的,应告知其就赔偿问题另行起诉。

15. A。考查行政诉讼的判决。参见《行诉解释》第 90 条第 3 款。

16. C。考查行政诉讼的判决。限制公民人身自由的行政处罚限于公安机关有权作出,市电管局的拘留处罚明显属于超越职权,故应予撤销。

17. C。考查行政诉讼的判决。参见《行政诉讼法》第 70 条。

二、1. ABD。考查行政诉讼的执行与非诉行政案件的执行。参见《行诉解释》第 155 条、第 156 条、第 157 条第 1 款、第 160 条,《行政强制法》第 55 条。

2. AD。考查行政诉讼的判决。参见《行诉解释》第 81 条。

3. BC。考查行政诉讼的执行与非诉行政案件的执行。《行诉解释》第 157 条规定:"行政机关申请人民法院强制执行其行政行为的,由申请人所在地的基层人民法院受理;执行对象为不动产的,由不动产所在地的基层人民法院受理。基层人民法院认为执行确有困难的,可以报请上级人民法院执行;上级人民法院可以决定由其执行,也可以决定由下级人民法院执行。""下级人民法院"应理解为包括报请执行的基层人民法院在内。该解释第 154 条规定:"发生法律效力的行政判决书、行政裁定书、行政赔偿判决书和行政调解书,由第一审人民法院执行。第一审人民法院认为情况特殊,需要由第二审人民法院执行的,可以报请第二审人民法院执行;第二审人民法院可以决定由其执行,也可以决定由第一审人民法院执行。"

4. AC。考查行政诉讼的判决。B 项应该判决驳回原告的诉讼请求。根据《行政诉讼法》第 74 条第 1 款第 1 项、第 2 款第 2 项的规定,行政行为依法应当撤销,但撤销会给国家利益、社会公共利益造成重大损害的才能作出确认违法判决;被告改变原来所作具体行政行为,原告不撤诉,坚持诉原具体行政行为,法院经审查认定原具体行政行为违法的情况下,应作出确认该具体行政行为违法的判决。所以 C 项适用确认判决,D 项不适用。根据《行政诉讼法》第 74 条的规定,行政行为违法,但不具有可撤销内容的,也适用确认违法判决,所以 A 项也正确。

5. ABD。考查行政诉讼的判决。判决是针对实体问题作出的,C 项属于程序问题,应当裁定驳回起诉。

6. ABC。考查行政诉讼的执行与非诉行政案件的执行。A、B、C 项是生效的文书,可以作为执行的依据。D 项,按审判监督程序作出的判决书,如果审判监督程序按一审审理,则是可以上诉的,只有在上诉期内没有上诉的,才生效,也才能作为执行的依据。

7. ABD。此题考查的是判决、决定、裁定的区别。在诉讼中,判决是针对实体问题的,而裁定是就诉讼过程中的程序问题而作出的,决定是人民法院对诉讼中发生的某些特殊事项所作的司法意思表示。本题中对申请回避的请求应作出决定,所以 C 项错误。

8. ABCD。考查撤诉、缺席判决。参见《行诉解释》第 79 条第 1 款。

9. AB。考查行政诉讼的判决。参见《行政诉讼法》第 69 条。A、B 项符合相关情形。而 C、D 项属于《行政诉讼法》第 74 条第 2 款规定的应作出确认被诉具体行政行为违法或在确认违法后判决赔偿的情形。

10. ACD。考查行政诉讼的判决、先予执行。罗某要求发放伤残保健金是要求民政部门履行法定职责,提出申请是民政部门履行职责的前提,罗某应举证。对要求履行法定职责的案件,可以作出履行判决,也可以作出驳回诉讼请求的判决,依案情而定。故 A、C、D 项的说法正确。而对没有依法发给抚恤金、最低生活保障金和支付工伤、医疗社会保险金案件,权利义务关系明确、不先予执行将严重影响原告生活的,可以根据原告的申请,由法院裁定先予执行。故 B 项的说法错误。

11. AC。选项 A、C 符合《行政诉讼法》第 74 条第 1 款的规定,选项 B 应当采用变更判决,选项 D 应判决被告承担继续履行、采取补救措施或者赔偿损失等责任。

三、1. (1)A。考查行政诉讼的执行与非诉行政案件的执行。根据《行政诉讼法》第 96 条的规定,行政机关拒绝履行判决、裁定、调解书的,应由第一审人民法院执行。

(2)BCD。考查行政诉讼的执行与非诉行政案件的执行。参见《行政诉讼法》第 96 条。

2. (1)A。考查行政行为的履行。派出所负有保护公民人身、财产安全的义务,在王某财产权受到侵害的情况下,李某等作为国家机关工作人员应该尽到保护义务。但其以休息为由拒绝履行自己的职责,所以是拖延履行。

(2)C。考查行政诉讼的判决。根据《行政诉讼法》第 74 条第 2 款第 3 项的规定,被告不履行或者拖延履行法定职责,但判决其履行法定职责已无实际意义的,人民法院应当作出确认被诉行政行为违法的判决。

3. (1)A。考查行政复议的申请人与被申请人。根据《治安管理处罚法》第 91 条的规定,派出所有权作出警告、500 元以下的罚款。如果派出所以自己的名义作出处罚,即使超越了法定权限处罚,行为违法,也并不意味着复议被申请人和行政诉讼被告会发生转移。同时,依《行政复议法》第 24 条的规定,A 项的说法正确。

(2)ABC。考查行政诉讼的被告。对复议机关未答复的诉讼,张某既可诉原具体行政行为,也可诉复议机关不作为。被告因此而不同,前者为原机关,后者为复议机关。本案未说明张某诉的对象,而复议机关既可以是乙县公安局,也可以是乙县政府。故丙乡派出所、乙县公安局、乙县政府,都可能成为被告。

(3)AB。考查行政诉讼的管辖。《行政诉讼法》第 26 条第 2 款规定:"经复议的案件,复议机关决定维持原行政行为的,作出原行政行为的行政机关和复议机关是共同被告;复议机关改变原行政行为的,复议机关是被告。"该法第 18 条第 1 款规定:"行政案件由最

初作出行政行为的行政机关所在地人民法院管辖。经复议的案件,也可以由复议机关所在地人民法院管辖。”张某既可以选择乙县公安局,也可以选择乙县政府作复议机关。一旦选择乙县政府,根据《行政诉讼法》第15条第1项对中级法院管辖的规定,甲市中级人民法院即享有管辖权;而选择乙县公安局,则由基层人民法院管辖。

(4)BCD。考查行政诉讼的证据。医院的诊断证明书与陈某的证言证明对象不同,无法比较证明力大小。故A项的说法错误。B、C、D项的说法正确,均在《行政诉讼证据规定》中有依据,B项的依据为第13条,C项的依据为第45条第1款,D项的依据为第45条第2款。

4.(1)ABC。考查行政强制措施。市场监督管理局采取的封存措施是为了查明情况和进行证据保全,而非强制执行。故是行政强制措施,这类措施应有期限限制。故A、B、C项的说法正确。封存之后是否采取措施及是否处罚,取决于送检结果和对事实的认定。故D项的说法不正确。

(2)C。考查行政强制措施程序。参见《行政强制法》第26条。

(3)BCD。考查行政强制措施程序。

(4)ABD。考查提供证据的要求。现场笔录应当符合法定要求。C项明显不属于现场笔录的要求,应排除。而行政机关检查现场应有两名以上执法人员进行,故现场笔录应有两名以上执法人员签名。故A项的说法正确。

(5)ABCD。考查提供证据的要求,证据的对质辨认和核实。根据《行政诉讼证据规定》第14条、第47条、第62条的规定,四个选项的说法均正确。

(6)CD。考查行政诉讼程序。本案中被诉具体行政行为为封存行为,被告作出行政处罚为新的具体行政行为,不是对原行政行为的改变,故不受审级限制。即使改变被诉具体行政行为,根据《行政诉讼撤诉规定》,也不受审级限制。故A、B项的说法错误。根据《行诉解释》第73条第3项的规定,C项的说法正确。同时,处罚为新的具体行政行为,罗某有权先申请行政复议。故D项的说法正确。

(7)ABD。考查行政诉讼程序。根据《行诉解释》第109条第6款的规定,C项的说法正确。

5.B。只有选项B完全符合适用确认无效判决的条件,参见《行政诉讼法》第75条。

## 第十八章　国家赔偿概述

一、1.C。考查国家赔偿的构成要件。因C项中张某的行为为非职务行为,不符合国家赔偿的构成要件。

2.A。考查国家赔偿的构成要件。本题的关键是区分职务行为与个人行为。赵某因个人恩怨动怒用枪,其行为的性质为个人行为。

3.A。考查国家赔偿的程序、计算标准。参见《国家赔偿法》第23条、第33条、第39条。

4.D。考查国家赔偿的构成要件、司法赔偿程序。参见《国家赔偿法》第21条、第23条第1款、第25条第2款、第27条。

5.D。考查国家赔偿的时效。参见《国家赔偿法》第39条。

6.A。考查司法赔偿范围。参见《国家赔偿法》第17条。应当注意的是,数罪并罚时部分罪名被撤销的,国家仅对其被撤销的罪名刑期负赔偿责任;经再审被减轻处罚的,国家不负赔偿责任。所以正确答案为A项。

7.C。考查国家赔偿的概念和特征、行政机关和司法赔偿的归责原则。参见《国家赔偿法》第2条。

8.D。考查国家赔偿的概念和特征、行政机关和司法赔偿的归责原则。对因逮捕被羁押的人的赔偿实行结果归责制度,而对刑事拘留的赔偿采用违法归责制度,《国家赔偿法》并未改变行政赔偿与行政补偿的区别。故选项A、B、C错误。

二、1.AD。考查司法赔偿的赔偿义务机关、《国家赔偿法》的适用、司法赔偿程序和赔偿的计算标准。参见《国家赔偿法》第21条、第24条、第35条。最高人民法院《关于适用〈中华人民共和国国家赔偿法〉若干问题的解释(一)》第1条。

2.BCD。考查国家赔偿的概念和特征、构成要件。参见《国家赔偿法》第2条、第17条、第38条。应当注意的是,在场的警察尤其是穿制服的警察对盗窃、抢劫等是非明显、性质严重的案件的受害人负有特定的保护义务,而不论其具体时间和地点。

3.AB。考查行政赔偿范围与司法赔偿范围。参见《国家赔偿法》第3条、第6条第2款、第17条、第19条、第20条。

4.BC。考查行政赔偿程序。参见《国家赔偿法》第9条、《行政诉讼法》第12条、《行政复议法》第11条。

5.BCD。考查国家赔偿的构成要件、司法赔偿范围。参见《国家赔偿法》第19条、第38条,最高人民法院《关于人民法院执行〈中华人民共和国国家赔偿法〉几个问题的解释》(以下简称《国家赔偿解释》)第1条、第2条、第4条。

6.ACD。考查《国家赔偿法》。

A选项考查侵犯公民人身自由的国家赔偿金的计算方式。《国家赔偿法》第33条规定:“侵犯公民人身自由的,每日赔偿金按照国家上年度职工日平均工资计算。”最高人民法院、最高人民检察院《关于办理刑

事赔偿案件适用法律若干问题的解释》(以下简称《刑事赔偿解释》)第21条第1款规定:“国家赔偿法第三十三条、第三十四条规定的上年度,是指赔偿义务机关作出赔偿决定时的上一年度……”本案赔偿义务机关市中级人民法院作出赔偿决定的时间虽不明确,但作出决定日期一定在张某申请国家赔偿的日期之后,即2019年12月5日后。《国家赔偿法》第23条第1款规定:“赔偿义务机关应当自收到申请之日起两个月内,作出是否赔偿的决定……”因此如市中级人民法院在2019年12月作出赔偿决定,赔偿标准的“上年度”为2018年,如市中级人民法院在2020年1月作出赔偿决定,赔偿标准的“上年度”为2019年,故A选项错误,当选。

B选项考查对赔偿数额有异议时的救济途径。《国家赔偿法》第24条第2款规定:“赔偿请求人对赔偿的方式、项目、数额有异议的,或者赔偿义务机关作出不予赔偿决定的,赔偿请求人可以自赔偿义务机关作出赔偿或者不予赔偿决定之日起三十日内,向赔偿义务机关的上一级机关申请复议。”因此B选项正确,不当选。

C选项考查人民法院赔偿委员会处理赔偿请求时的审查形式。《国家赔偿法》第27条规定:“人民法院赔偿委员会处理赔偿请求,采取书面审查的办法。必要时,可以向有关单位和人员调查情况、收集证据。赔偿请求人与赔偿义务机关对损害事实及因果关系有争议的,赔偿委员会可以听取赔偿请求人和赔偿义务机关的陈述和申辩,并可以进行质证。”C选项应当开庭的描述与法条规定不符,因此C选项错误,当选。

D选项考查赔偿义务机关的确定。《国家赔偿法》第21条第1款规定:“行使侦查、检察、审判职权的机关以及看守所、监狱管理机关及其工作人员在行使职权时侵犯公民、法人和其他组织的合法权益造成损害的,该机关为赔偿义务机关。”第4款进一步规定:“再审改判无罪的,作出原生效判决的人民法院为赔偿义务机关。二审改判无罪,以及二审发回重审后作无罪处理的,作出一审有罪判决的人民法院为赔偿义务机关。”本案中作出一审有罪判决的人民法院为市中级人民法院,故市中级人民法院为赔偿义务机关,D选项错误,当选。

综上,本题答案为ACD。

## 第十九章 行政赔偿

一、1. B。考查具体行政行为的分类、行政赔偿范围、行政赔偿程序和赔偿的计算标准。参见《国家赔偿法》第10条、第12条第4款、第36条第7项。

2. B。考查行政赔偿程序。B项中的殴打行为为公安机关行使行政职权过程中的事实行为,即使公安机关不确认违法,乙仍可直接向法院提起行政赔偿诉讼。

3. C。考查行政赔偿的赔偿义务机关。参见《国家赔偿法》第7条第2款、第8条、第10条。

4. C。考查行政赔偿的范围。根据《国家赔偿法》第3条第4项的规定,行政机关及其工作人员在行使行政职权时,违法使用武器、警械造成公民身体伤害或者死亡的,受害人有取得赔偿的权利。该法第16条第1款规定:“赔偿义务机关赔偿损失后,应当责令有故意或者重大过失的工作人员或者受委托的组织或者个人承担部分或者全部赔偿费用。”本案中,田某违法使用武器造成张某身体伤害,公安机关应当予以赔偿,然后可以依法向田某追偿。所以,C项的说法正确。其他选项与法律规定不符。

5. D。考查行政赔偿的特征、行政赔偿的范围。《国家赔偿法》第5条第2项规定,因公民、法人和其他组织自己的行为致使损害发生的,国家不承担赔偿责任。损害结果和职务行为之间必然的因果关系,是国家赔偿责任的构成要件。在本案中,王某的死亡是自己造成的,和行政机关行使职权没有必然的因果关系。所以应当选D项。C项中的理由没有抓住要害,所以不成立。

二、1. CD。考查行政赔偿的请求人。参见《国家赔偿法》第6条第2款。

2. (1)BD。考查行政赔偿的特征、行政赔偿的范围。参见《国家赔偿法》第2条、第4条。

(2)C。考查行政赔偿的特征、行政赔偿的范围。参见《国家赔偿法》第5条。

3. ABC。考查行政赔偿的请求人、行政赔偿程序、赔偿的计算标准。参见《国家赔偿法》第6条第2款、第12条第3款、第15条第2款、第34条第1款第3项。

4. (1)A。考查行政赔偿的概念和特征、范围。参见《国家赔偿法》第3条。

(2)CD。考查行政赔偿的概念和特征、范围。此时姜某的行为属正常的执法行为。姜某身为警察负有保护人民生命、财产安全之责,随时应制止打架斗殴、行凶杀人的违法行为。

(3)CD。考查行政赔偿的概念和特征、范围。此时开枪射击是姜某正常执行职务所必需的行为。题中说“开枪射其右肩即致其死亡”,说明姜某使用武器没有超过必要限度。

(4)AB。考查行政赔偿的概念和特征、范围。即便从刑法正当防卫的角度来讲,正当防卫不适用于姜某这种在法律上负有特定义务的人,也构不成正当防卫,所以不是刑事赔偿。

(5)C。考查行政赔偿的赔偿义务机关。公安派出所一般不具有行政主体资格。

5. ACD。考查行政赔偿的追偿权。参见《国家赔偿法》第16条。

## 第二十章 司法赔偿

一、1. B。考查司法赔偿范围、程序。2010年修正后的《国家赔偿法》取消了司法赔偿的确认程序。丙公司的损失是法院造成的,且无法执行回转,应给予国家赔偿。根据《国家赔偿法》第13条的规定,赔偿义务机关应自收到申请之日起2个月内作出是否赔偿的决定。

2. B。考查司法赔偿程序。参见《国家赔偿法》第21~24条。

3. A。考查司法赔偿程序。参见最高人民法院《关于人民法院赔偿委员会审理国家赔偿案件程序的规定》第2条、第5条、第7条、第20条。

4. D。考查司法赔偿义务机关。参见《国家赔偿法》第21条第4款。

5. C。考查司法赔偿范围。根据《国家赔偿法》第38条的规定,人民法院在民事诉讼过程中,违法采取保全措施,造成损害的,适用刑事赔偿程序予以赔偿。在本案中,法院的诉讼保全措施并不违法。从因果关系上来讲,该损失也并非是法院工作人员违法行使职权所致。所以,法院不予赔偿,当事人只能寻求其他救济途径。因此C项正确,A、B、D项的说法都不正确。

6. B。考查司法赔偿程序。参见《国家赔偿法》第23条,最高人民法院《关于审理民事、行政诉讼中司法赔偿案件适用法律若干问题的解释》第3条。

二、1. ABCD。考查司法赔偿程序。参见最高人民法院《关于人民法院赔偿委员会适用质证程序审理国家赔偿案件的规定》第6条。

2. BCD。考查司法赔偿范围。《国家赔偿解释》第4条规定,人民法院判处管制、有期徒刑缓刑、剥夺政治权利等刑罚的人被依法改判无罪的,国家不承担赔偿责任,但是,赔偿请求人在判决生效前被羁押的,依法有权取得赔偿。据此,C、D项属此类。B项中,国家对被减刑部分的刑罚原本就无须承担责任,此即国家赔偿的基本原理:有损害,才有赔偿。

3. CD。考查司法赔偿程序。参见《国家赔偿法》第27条、第29条,最高人民法院《关于人民法院赔偿委员会审理国家赔偿案件程序的规定》第7条、第11条。

4. ABCD。考查司法赔偿范围。参见最高人民法院《关于审理民事、行政诉讼中司法赔偿案件适用法律若干问题的解释》第3条。

5. BC。考查司法赔偿程序。《国家赔偿法》第25条规定,复议机关应当自收到申请之日起2个月内作出决定。赔偿请求人不服复议决定的,可以在收到复议决定之日起30日内向复议机关所在地的同级人民法院赔偿委员会申请作出赔偿决定;复议机关逾期不作决定的,赔偿请求人可以自期限届满之日起30日内向复议机关所在地的同级人民法院赔偿委员会申请作出赔偿决定。应注意识记。

6. ABCD。考查司法赔偿程序。根据《国家赔偿法》第24、25条的规定,赔偿义务机关逾期不予赔偿或者赔偿请求人对赔偿数额有异议的,赔偿请求人可以向上一级机关申请复议,赔偿义务机关是人民法院的,赔偿请求人可以向其上一级人民法院赔偿委员会申请作出赔偿决定。赔偿请求人不服复议决定或者复议机关逾期不作决定的,赔偿请求人可以向复议机关所在地的同级人民法院赔偿委员会申请作出决定。

7. ABC。考查司法赔偿范围、程序。本案中张某是在行使《刑事诉讼法》规定的职责过程中违法行使职权侵犯李某的人身自由,不是行使行政职权,应适用刑事赔偿程序。

8. ABCD。本题考查刑事赔偿范围。参见《刑事赔偿解释》第2条。

9. BD。本题考查刑事赔偿范围。参见《刑事赔偿解释》第5条、第6条。

10. ABCD。本题考查刑事赔偿的赔偿义务机关及举证责任。参见《刑事赔偿解释》第8条、第10条、第11条。

11. ABC。本题考查刑事赔偿案件的赔偿决定、复议决定的法律效力。参见《刑事赔偿解释》第22条。

12. AB。本题考查刑事赔偿案件的赔偿标准。参见《刑事赔偿解释》第14~16条。

13. ABCD。本题考查刑事赔偿案件赔偿标准。参见《刑事赔偿解释》第18条。

三、1. C。考查司法赔偿程序、赔偿义务机关。依照《国家赔偿法》第21条第4款的规定,二审改判无罪的,作出一审有罪判决的人民法院为赔偿义务机关,A项错误。一审法院判处谢某有期徒刑1年并未执行,不属于赔偿范围,B项的说法错误。2010年修正后的《国家赔偿法》已取消了刑事赔偿中的确认程序,D项的说法错误。C项符合《国家赔偿法》第22条规定。

2. ABD。考查司法赔偿程序、赔偿义务机关、赔偿的计算标准。对田某的监视居住实为非法限制人身自由,故为国家赔偿的范围,A项的说法错误。对逮捕的赔偿,检察院为赔偿义务机关,故B项的说法错误。有期徒刑5年未执行,不属于国家赔偿的范围,C项的说法正确。田某被错误拘留和逮捕,若造成名誉权、荣誉权损害,可以请求消除影响、恢复名誉、赔礼道歉,不限于金钱赔偿,故D项的说法错误。

3. BD。考查司法赔偿程序。参见《国家赔偿法》第28条、第29条,最高人民法院《关于人民法院赔偿委员

会审理国家赔偿案件程序的规定》第 4 条、第 16 条。

4. ACD。考查精神损害抚慰金。参见《国家赔偿法》第 35 条。

5. B。考查人民法院赔偿委员会。A 项、C 项和 D 项与《国家赔偿法》第 22 条、第 27 条和第 30 条第 1 款规定不符。

6. ABD。本题考查刑事赔偿案件的赔偿请求人和赔偿义务机关。参见《刑事赔偿解释》第 9 条第 2、3 款,第 12 条。

7. BD。本题考查刑事赔偿案件中财产损失的赔偿标准。参见《刑事赔偿解释》第 19 条、第 20 条。

## 第二十一章　国家赔偿方式、标准和费用

一、1. A。考查国家赔偿的方式。参见《国家赔偿法》第 34 条第 1 款第 3 项。

2. D。考查国家赔偿的计算标准。根据《国家赔偿法》第 36 条第 6 项的规定,吊销许可证和执照、责令停产停业的,赔偿停产停业期间必要的经常性费用开支。所以在本案中,张某的经常性费用开支以外的费用得不到赔偿。所以应当选 D 项。

3. D。考查国家赔偿的方式。根据《国家赔偿法》第 35 条的规定,赔偿义务机关非法拘禁或以其他方法限制或剥夺公民人身自由并造成受害人名誉权损害的,应当在侵权行为影响的范围内为受害人消除影响、恢复名誉、赔礼道歉。故 D 项正确。

4. C。考查国家赔偿的计算标准。参见《国家赔偿解释》第 6 条。

5. C。考查国家赔偿的方式、程序。本题中,侵犯陈某权益的行为为扣押行为,并非事实行为,且其没有先向赔偿义务机关提出,不符合直接提起行政赔偿诉讼的条件。2010 年修正后的《国家赔偿法》改变了国家赔偿请求时效的计算方法,自其知道或应当知道国家机关及其工作人员行使职权时的行为侵犯其人身权、财产权之日起计算。根据《国家赔偿法》第 36 条第 3 项的规定,应当返还的财产损坏的,能够恢复原状的恢复原状,不能恢复原状的,按照损害程度给付相应的赔偿金。根据该法第 35 条的规定,消除影响、恢复名誉、赔礼道歉是侵犯人身权承担责任的方式。故应选 C 项。

6. D。考查国家赔偿的计算标准。参见《国家赔偿法》第 36 条第 5 项,最高人民法院《关于审理民事、行政诉讼中司法赔偿案件适用法律若干问题的解释》第 12 条。

二、1. BC。考查国家赔偿的计算标准。参见《国家赔偿法》第 36 条第 2 项。应当注意的是,在行政机关采取强制措施期间,受害人财物被盗的,国家一般不承担赔偿责任,因为不具有直接的因果关系。但国家没有采取任何保护措施的除外。所以本题答案为 B、C 项。

2. AD。考查国家赔偿的方式、程序。B 项的说法有两点值得注意:首先,并非对所有国家赔偿均可以提起诉讼,本题旨在通过混淆国家赔偿请求时效与诉讼时效来考查相关知识点;其次,《国家赔偿法》对国家赔偿的请求时效起算点有所改变,从当事人自其知道或者应当知道国家机关及其工作人员行使职权时的行为侵犯其人身权、财产权之日起计算,但被羁押等限制人身自由期间不计算在内。

3. BD。考查国家赔偿的方式。参见《国家赔偿法》第 32 条、第 36 条第 3 项。

4. AB。考查国家赔偿的计算标准。参见《国家赔偿法》第 34 条第 1 款第 3 项。

5. ABD。考查国家赔偿的计算标准。参见《国家赔偿法》第 34 条第 1 款第 2 项。

6. ABCD。考查国家赔偿的计算标准。根据《国家赔偿法》第 32 条第 1 款、第 33 条、第 34 条、第 36 条第 3 项的规定,国家赔偿以支付赔偿金为主要方式;应当返还的财产损坏后不能恢复原状的,按照损害的程度给予相应的赔偿金;侵犯公民人身自由或者生命健康权的,应当根据一定的标准支付赔偿金。所以 A、B、C、D 项皆正确。

7. BD。考查国家赔偿的费用。税法没有具体规定即为不收税,故 A 项正确,B 项错误。确认具体行政行为违法涉及的相关费用由作出违法行为的行政机关或其他国家赔偿义务机关承担,故 C 项正确,D 项错误。

8. ABD。考查国家赔偿的范围。参见最高人民法院《关于审理民事、行政诉讼中司法赔偿案件适用法律若干问题的解释》第 14 条。

9. AD。考查国家赔偿的计算标准。注意《国家赔偿法》第 36 条第 7 项的规定,返还执行的罚款或者罚金、追缴或者没收的金钱,解除冻结的存款或者汇款的,应当支付银行同期存款利息。

10. ABC。考查国家赔偿的费用。根据《国家赔偿法》第 37 条第 1、2 款的规定,赔偿费用列入各级财政预算,赔偿请求人应向赔偿义务机关申请支付赔偿金。故 A 项、B 项和 C 项错误。本题为选非题。

# 目　录

第一章　行政法概述 …………………………（1）
第二章　行政组织与公务员 ……………………（2）
第三章　抽象行政行为 …………………………（6）
第四章　具体行政行为概述 ……………………（6）
第五章　行政许可 ………………………………（7）
第六章　行政处罚 ………………………………（11）
第七章　行政强制 ………………………………（15）
第八章　行政合同与行政给付 …………………（17）
第九章　行政程序与政府信息公开 ……………（18）
第十章　行政复议 ………………………………（20）
第十一章　行政诉讼概述 ………………………（21）
第十二章　行政诉讼的受案范围 ………………（22）
第十三章　行政诉讼的管辖 ……………………（24）
第十四章　行政诉讼参加人 ……………………（25）
第十五章　行政诉讼程序 ………………………（28）
第十六章　行政诉讼的特殊制度与规则 ………（32）
第十七章　行政案件的裁判与执行 ……………（38）
第十八章　国家赔偿概述 ………………………（43）
第十九章　行政赔偿 ……………………………（44）
第二十章　司法赔偿 ……………………………（46）
第二十一章　国家赔偿方式、标准和费用 ………（50）
参考答案及解析 …………………………………（52）
第一章　行政法概述 …………………………（52）
第二章　行政组织与公务员 ……………………（52）
第三章　抽象行政行为 …………………………（55）
第四章　具体行政行为概述 ……………………（55）
第五章　行政许可 ………………………………（56）
第六章　行政处罚 ………………………………（57）
第七章　行政强制 ………………………………（58）
第八章　行政合同与行政给付 …………………（60）
第九章　行政程序与政府信息公开 ……………（60）
第十章　行政复议 ………………………………（62）
第十一章　行政诉讼概述 ………………………（63）
第十二章　行政诉讼的受案范围 ………………（64）
第十三章　行政诉讼的管辖 ……………………（65）
第十四章　行政诉讼参加人 ……………………（66）
第十五章　行政诉讼程序 ………………………（68）
第十六章　行政诉讼的特殊制度与规则 ………（69）
第十七章　行政案件的裁判与执行 ……………（72）
第十八章　国家赔偿概述 ………………………（74）
第十九章　行政赔偿 ……………………………（75）
第二十章　司法赔偿 ……………………………（76）
第二十一章　国家赔偿方式、标准和费用 ………（77）

# 2025年

## 国家统一法律职业资格考试

# 应知应会 5000客观题解

## 行政法与行政诉讼法

法律考试中心/组编

法律出版社
LAW PRESS·CHINA
北京

# 2025年

## 国家统一法律职业资格考试

# 应知应会 5000客观题解

习近平法治思想·
法理学·宪法·中国法律史·
司法制度和法律职业道德

法律考试中心/组编

法律出版社
LAW PRESS·CHINA
北京

**图书在版编目（CIP）数据**

2025年国家统一法律职业资格考试应知应会5000客观题解：全9册／法律考试中心组编. -- 北京：法律出版社, 2024. -- ISBN 978－7－5197－9594－8

Ⅰ. D920.4

中国国家版本馆CIP数据核字第2024BN8180号

**2025年国家统一法律职业资格考试应知应会5000客观题解（全9册）**

**2025 NIAN GUOJIA TONGYI FALÜ ZHIYE ZIGE KAOSHI YINGZHI YINGHUI 5000 KEGUAN TIJIE(QUAN 9 CE)**

法律考试中心 组编

策划编辑 宋杰鹏
责任编辑 宋杰鹏
装帧设计 汪奇峰

**出版发行** 法律出版社
**编辑统筹** 法律考试·职业教育出版分社
**责任校对** 杨锦华
**责任印制** 胡晓雅
**经　　销** 新华书店

**开本** 787毫米×1092毫米　1/16
**印张** 51.75　**字数** 1811千
**版本** 2024年10月第1版
**印次** 2024年10月第1次印刷
**印刷** 固安华明印业有限公司

地址：北京市丰台区莲花池西里7号(100073)
网址：www.lawpress.com.cn
投稿邮箱：info@lawpress.com.cn
举报盗版邮箱：jbwq@lawpress.com.cn

销售电话：010－83938349
客服电话：010－83938350
咨询电话：010－63939796



**书号**：ISBN 978－7－5197－9594－8
**定价(全9册)**：178.00元
凡购买本社图书，如有印装错误，我社负责退换。电话：010－83938349

# 目　　录

## 习近平法治思想


习近平法治思想 …………………………… ( 1 )


## 法　理　学


第一章　法的本体 ………………………… ( 6 )
第二章　法的运行 ………………………… ( 11 )
第三章　法的演进 ………………………… ( 15 )
第四章　法与社会 ………………………… ( 18 )
**参考答案及解析** ………………………… ( 22 )
　第一章　法的本体 ……………………… ( 22 )
　第二章　法的运行 ……………………… ( 24 )
　第三章　法的演进 ……………………… ( 26 )
　第四章　法与社会 ……………………… ( 27 )


## 宪　　法


第一章　宪法基本理论 …………………… ( 29 )
第二章　国家的基本制度(上) ………… ( 32 )
第三章　国家的基本制度(下) ………… ( 34 )
第四章　公民的基本权利和义务 ……… ( 39 )
第五章　国家机构 ………………………… ( 42 )
第六章　宪法的实施与监督 …………… ( 47 )
**参考答案及解析** ………………………… ( 49 )
　第一章　宪法基本理论 ………………… ( 49 )
　第二章　国家的基本制度(上) ……… ( 50 )
　第三章　国家的基本制度(下) ……… ( 51 )
　第四章　公民的基本权利和义务 …… ( 54 )
　第五章　国家机构 ……………………… ( 55 )
　第六章　宪法的实施与监督 ………… ( 56 )


## 中国法律史


第一章　先秦时期的法律思想与制度 ……… ( 58 )
第二章　秦汉至魏晋南北朝时期的法律思想与制度 ………………………… ( 58 )
第三章　隋唐宋元时期的法律思想与制度…… ( 59 )
第四章　明清时期的法律思想与制度 ……… ( 59 )
第五章　中华民国时期的法律思想与制度…… ( 61 )
第六章　新民主主义革命时期民主政权法制 ………………………… ( 63 )
**参考答案及解析** ………………………… ( 64 )
　第一章　先秦时期的法律思想与制度 …… ( 64 )
　第二章　秦汉至魏晋南北朝时期的法律思想与制度 ………………………… ( 65 )
　第三章　隋唐宋元时期的法律思想与制度…… ( 65 )
　第四章　明清时期的法律思想与制度 …… ( 66 )
　第五章　中华民国时期的法律思想与制度 ………………………… ( 68 )
　第六章　新民主主义革命时期民主政权法制 ………………………… ( 69 )


## 司法制度和法律职业道德


第一章　中国特色社会主义司法制度 ……… ( 70 )
第二章　法官职业道德 …………………… ( 74 )
第三章　检察官职业道德 ………………… ( 76 )
第四章　律师职业道德 …………………… ( 77 )
第五章　公证员职业道德 ………………… ( 78 )
第六章　其他法律职业人员职业道德 ……… ( 80 )
**参考答案及解析** ………………………… ( 82 )
　第一章　中国特色社会主义司法制度 …… ( 82 )
　第二章　法官职业道德 ………………… ( 83 )
　第三章　检察官职业道德 ……………… ( 84 )
　第四章　律师职业道德 ………………… ( 85 )
　第五章　公证员职业道德 ……………… ( 86 )
　第六章　其他法律职业人员职业道德……… ( 86 )

# 习近平法治思想

# 习近平法治思想

## 1. 习近平法治思想的鲜明特色

| 鲜明特色 | 内　容 |
| --- | --- |
| 原创性 | 习近平总书记以马克思主义政治家、思想家、战略家的深刻洞察力、敏锐判断力和战略定力,在理论上不断拓展新视野、提出新命题、作出新论断、形成新概括,为发展马克思主义法治理论作出了重大原创性贡献 |
| 系统性 | 习近平总书记强调全面依法治国是一个系统工程,注重用整体联系、统筹协调、辩证统一的科学方法谋划和推进法治中国建设,科学指出当前和今后一个时期推进全面依法治国十一个重要方面的要求,构成了系统完备、逻辑严密、内在统一的科学思想体系 |
| 时代性 | 习近平总书记立足中国特色社会主义进入新时代的历史方位,立时代之潮头,发思想之先声,科学回答了新时代我国法治建设向哪里走、走什么路、实现什么目标等根本性问题,在新时代治国理政实践中开启了法治中国新篇章 |
| 人民性 | 习近平总书记强调法治建设要为了人民、依靠人民、造福人民、保护人民,推动把体现人民利益、反映人民愿望、维护人民权益、增进人民福祉落实到全面依法治国各领域全过程,不断增强人民群众获得感、幸福感、安全感 |
| 实践性 | 习近平总书记明确提出全面依法治国并将其纳入"四个全面"战略布局,以破解法治实践难题为着力点,作出一系列重大决策部署,解决了许多长期想解决而没有解决的难题,办成了许多过去想办而没有办成的大事,社会主义法治国家建设取得历史性成就、发生历史性变革 |

## 2. 习近平法治思想的重大意义

| 重大意义 | 内　容 |
| --- | --- |
| 习近平法治思想是马克思主义法治理论同中国法治建设具体实际相结合、同中华优秀传统法律文化相结合的最新成果 | 习近平法治思想是马克思主义法治理论中国化的最新成果。习近平法治思想坚持马克思主义立场观点方法,坚持科学社会主义基本原则,植根于中华优秀传统法律文化,借鉴人类法治文明有益成果,在理论上有许多重大突破、重大创新、重大发展,同我们党长期形成的法治理论既一脉相承又与时俱进,为发展马克思主义法治理论作出了重大原创性、集成性贡献 |
| 习近平法治思想是对党领导法治建设丰富实践和宝贵经验的科学总结 | 习近平法治思想以新的高度、新的视野、新的认识赋予中国特色社会主义法治建设事业以新的时代内涵,深刻回答了事关新时代我国社会主义法治建设的一系列重大问题,实现了中国特色社会主义法治理论的历史性飞跃;既是提炼升华党领导法治建设丰富实践和宝贵经验的重大理论创新成果,更是引领新时代全面依法治国不断从胜利走向新的胜利的光辉思想旗帜 |

续表

| 重大意义 | 内　容 |
|---|---|
| 习近平法治思想是在法治轨道上全面建设社会主义现代化国家的根本遵循 | 习近平法治思想贯穿经济、政治、文化、社会、生态文明建设各个领域，涵盖改革发展稳定、内政外交国防、治党治国治军各个方面，为深刻认识全面依法治国在治国理政中的重要地位提供了科学指引，为推进国家治理体系和治理能力现代化、建设更高水平的法治中国提供了根本遵循 |
| 习近平法治思想是引领法治中国建设实现高质量发展的思想旗帜 | 习近平法治思想从全面建设社会主义现代化国家的目标要求出发，立足新发展阶段、贯彻新发展理念、构建新发展格局的实际需要，提出了当前和今后一个时期全面依法治国的目标任务，为实现新时代法治中国建设高质量发展提供了强有力的思想武器。要毫不动摇地坚持习近平法治思想在全面依法治国工作中的指导地位，把习近平法治思想贯彻落实到全面依法治国全过程和各方面，转化为做好全面依法治国各项工作的强大动力，转化为推进法治中国建设的思路举措，转化为建设社会主义法治国家的生动实践，不断开创法治中国建设新局面。要坚持以习近平法治思想为指引，深化依法治国实践，准确把握全面依法治国工作布局，全面推进国家各方面工作法治化，认真贯彻“一规划两纲要”各项部署要求，奋力推进新时代法治中国建设高质量发展 |

## 3. 习近平法治思想的核心要义

| 核心要义 | 内　容 |
|---|---|
| **坚持党对全面依法治国的领导** | (1)党的领导是中国特色社会主义法治之魂<br>(2)全面依法治国是要加强和改善党的领导<br>(3)坚持党的领导、人民当家作主、依法治国有机统一<br>(4)坚持党领导立法、保证执法、支持司法、带头守法<br>(5)健全党领导全面依法治国的制度和工作机制 |
| **坚持以人民为中心** | (1)以人民为中心是中国特色社会主义法治的根本立场<br>(2)坚持人民主体地位<br>(3)牢牢把握社会公平正义的价值追求<br>(4)推进全面依法治国的根本目的是依法保障人民权益 |
| **坚持中国特色社会主义法治道路** | (1)中国特色社会主义法治道路是建设中国特色社会主义法治体系、建设社会主义法治国家的唯一正确道路<br>(2)中国特色社会主义法治道路的核心要义。<br>①坚持党的领导：坚定不移走中国特色社会主义法治道路，最根本的是坚持中国共产党的领导；<br>②坚持中国特色社会主义制度：中国特色社会主义制度是中国特色社会主义法治体系的根本制度基础，是推进全面依法治国的根本制度保障；<br>③贯彻中国特色社会主义法治理论：中国特色社会主义法治理论是中国特色社会主义法治体系的理论指导和学理支撑，是推进全面依法治国的行动指南 |

续表

| 核心要义 | 内　容 |
|---|---|
| 坚持依宪治国、依宪执政 | (1)坚持依法治国首先要坚持依宪治国,坚持依法执政首先要坚持依宪执政:<br>①这是宪法的地位和作用决定的;<br>②坚持依宪治国,是推进全面依法治国、建设社会主义法治国家的基础性工作,科学回答了宪法如何更好促进全面建设社会主义现代化国家的关键性问题;<br>③坚持依宪执政,体现了中国共产党作为执政党的执政理念,体现了我们党对执政规律和执政方式的科学把握<br>(2)宪法是国家的根本法,是治国理政的总章程:宪法是国家的根本法,是治国理政的总章程,是党和人民意志的集中体现,具有最高的法律地位、法律权威、法律效力<br>(3)全面贯彻实施宪法:是建设社会主义法治国家的首要任务和基础性工作<br>(4)推进合宪性审查工作:完善宪法监督制度,必须积极稳妥推进合宪性审查工作,加强备案审查制度和能力建设,依法撤销和纠正违宪违法的规范性文件,维护宪法权威;必须加强宪法解释工作,积极回应涉及宪法有关问题的关切,努力实现宪法稳定性和适应性的统一<br>(5)深入开展宪法宣传教育 |
| 坚持在法治轨道上推进国家治理体系和治理能力现代化 | (1)全面依法治国是国家治理的一场深刻革命<br>(2)法治是国家治理体系和治理能力的重要依托<br>(3)更好发挥法治固根本、稳预期、利长远的保障作用<br>(4)坚持依法治军、从严治军<br>(5)坚持依法保障"一国两制"实践与推进祖国统一<br>(6)坚持依法治网 |
| 坚持建设中国特色社会主义法治体系 | (1)推进全面依法治国的总目标和总抓手<br>(2)建设完备的法律规范体系<br>(3)建设高效的法治实施体系<br>(4)建设严密的法治监督体系<br>(5)建设有力的法治保障体系<br>(6)建设完善的党内法规体系 |
| 坚持依法治国、依法执政、依法行政共同推进,法治国家、法治政府、法治社会一体建设 | 全面依法治国是一个系统工程。<br>要坚持系统观念,准确把握全面依法治国工作布局,坚持依法治国、依法执政、依法行政共同推进,法治国家、法治政府、法治社会一体建设。依法治国、依法执政、依法行政是一个有机整体,关键在于党要坚持依法执政、各级政府要坚持依法行政。法治国家、法治政府、法治社会三者各有侧重、相辅相成,法治国家是法治建设的目标,法治政府是建设法治国家的主体,法治社会是构筑法治国家的基础 |

续表

| 核心要义 | 内　容 |
| --- | --- |
| 坚持全面推进科学立法、严格执法、公正司法、全民守法 | (1)科学立法、严格执法、公正司法、全民守法是推进全面依法治国的重要环节<br>(2)推进科学立法<br>(3)推进严格执法<br>(4)推进公正司法<br>(5)推进全民守法 |
| 坚持统筹推进国内法治和涉外法治 | (1)统筹推进国内法治和涉外法治是全面依法治国的迫切任务<br>(2)加快涉外法治工作战略布局<br>(3)加强对外法治交流合作<br>(4)为构建人类命运共同体提供法治保障 |
| 坚持建设德才兼备的高素质法治工作队伍 | (1)建设一支德才兼备的高素质法治工作队伍至关重要<br>(2)加强法治专门队伍建设<br>(3)加强法律服务队伍建设<br>(4)加强法治人才培养 |
| 坚持抓住领导干部这个“关键少数” | (1)领导干部是全面依法治国的关键<br>(2)领导干部要做尊法学法守法用法的模范<br>(3)领导干部要提高法治思维和法治方式的能力<br>(4)党政主要负责人要履行推进法治建设第一责任人职责 |

### 4. 习近平法治思想的实践要求

| 项　目 | 内　容 |
| --- | --- |
| 充分发挥法治对经济社会发展的保障作用 | (1)以法治保障经济发展<br>(2)以法治保障政治稳定<br>(3)以法治保障文化繁荣<br>(4)以法治保障社会和谐<br>(5)以法治保障生态良好 |
| 正确认识和处理全面依法治国一系列重大关系 | (1)政治和法治<br>(2)改革和法治<br>(3)依法治国和以德治国<br>(4)依法治国和依规治党 |

## 【练习题】

**不定项选择题,每题所给的选项中有一个或一个以上正确答案,不答、少答或者多答均不得分。**

1. 党的十九届四中全会要求坚持和完善中国特色社会主义法治体系,加强对法律实施的监督。对此,下列哪些(项)理解是正确的?(　　)

A. 保证行政权、监察权、审判权、检察权得到依法正确实施,坚决排除对执法、司法活动的干扰

B. 加大对违法行为的处罚力度,普遍实行惩罚性赔偿制度

C. 增强全民法治观念,夯实依法治国群众基础

D. 保证公民、法人和其他组织合法权益得到切实保障，拓展公益诉讼案件范围

2. 以下关于坚持党对全面依法治国的领导理解正确的是：（　　）

A. 党的领导是推进全面依法治国的根本保证

B. 全面依法治国决不是要削弱党的领导，而是要加强和改善党的领导

C. 要健全党领导全面依法治国的制度和工作机制，推进党的领导制度化、法治化，通过法治保障党的路线方针政策有效实施

D. 要坚持依法治国和依规治党有机统一，确保党既依据宪法法律治国理政，又依据党内法规管党治党、从严治党

3. 以下关于坚持依宪治国、依宪执政理解正确的是：（　　）

A. 宪法是国家的根本法，具有最高的法律效力

B. 党领导人民制定宪法法律，领导人民实施宪法法律，党自身要在宪法法律范围内活动

C. 全国各族人民、一切国家机关和武装力量、各政党和各社会团体、各企业事业组织，都必须以宪法为根本的活动准则，都负有维护宪法尊严、保证宪法实施的职责

D. 坚持依宪治国、依宪执政，就包括坚持宪法确定的中国共产党领导地位不动摇，坚持宪法确定的人民民主专政的国体和人民代表大会制度的政体不动摇

4. 以下关于坚持建设德才兼备的高素质法治工作队伍理解正确的是：（　　）

A. 推进全面依法治国，首先要把专门队伍建设好

B. 要加强理想信念教育，深入开展社会主义核心价值观和社会主义法治理念教育，推进法治专门队伍革命化、正规化、专业化、职业化，确保做到忠于党、忠于国家、忠于人民、忠于法律

C. 对法治专门队伍的管理必须坚持更严标准、更高要求

D. 法律服务队伍是全面依法治国的重要力量

## 【参考答案及解析】

1. ACD。党的十九届四中全会通过《中共中央关于坚持和完善中国特色社会主义制度 推进国家治理体系和治理能力现代化若干重大问题的决定》，其中第四部分第四点提到：加强对法律实施的监督。保证行政权、监察权、审判权、检察权得到依法正确行使，保证公民、法人和其他组织合法权益得到切实保障，坚决排除对执法司法活动的干预。拓展公益诉讼案件范围。加大对严重违法行为处罚力度，实行惩罚性赔偿制度，严格刑事责任追究。加大全民普法工作力度，增强全民法治观念，完善公共法律服务体系，夯实依法治国群众基础。各级党和国家机关以及领导干部要带头尊法学法守法用法，提高运用法治思维和法治方式深化改革、推动发展、化解矛盾、维护稳定、应对风险的能力。可知，ACD 说法正确。

B 项，原文中实行惩罚性赔偿制度针对的是“严重违法行为”，而选项中是针对“违法行为”。原文中对惩罚性赔偿制度的表述是“实行”，而选项中是“普遍实行”，可见 B 说法不准确。B 是错误选项。

2. ABCD。

3. ABCD。

4. ABCD。

# 第一章　法的本体*

## 基础知识篇

**一、单项选择题，每题所给的选项中只有一个正确答案。**

1. 关于实证主义法学和非实证主义法学，以下说法中错误的是哪一项？（　　）

A. “法律的生命不在于逻辑，而在于经验”是社会法学派的观点

B. 非实证主义不承认“社会是法律的前提与基础”

C. 分析法学派认为恶法亦法

D. 实证主义法学和非实证主义法学主要的划分标准是：是否认为法和道德之间有本质和必然的联系

2. 下列有关法的特征的说法中，正确的是哪一项？（　　）

A. 法律是调整人的行为的一种社会规范

B. 未经国家明示认可的社会规范不属于法律

C. 依靠人的良知、内心确信和社会舆论等来保证实施的道德规范也属于法律

D. 法的普遍性意味着所有的法律规范的效力是相同的

3. 下列有关法的本质的说法中，哪一选项是错误的？（　　）

A. 法是掌握国家政权的阶级的意识活动的产物

B. 法的本质最终体现为法的物质制约性

C. 统治阶级的意志就是法

D. 政治、文化、历史传统、民族精神、思想、道德等都是影响法的要素

4. 下列关于法律关系的说法中，正确的是哪一项？（　　）

A. 法律关系是特定法律关系主体之间的权利和义务关系

B. 调整性法律关系是因主体间的违法行为产生的，有制裁性

C. 程序法律关系是第一性法律关系

D. 法律关系主体是法律关系的参加者，包括自然人和法人两类

5. 下列关于法的作用的说法中，错误的是哪一项？（　　）

A. 法的社会作用是由法的内容、目的决定的

B. 法对人的指引分个别性指引和规范性指引

C. 法律可以通过不断完善解决所有社会问题

D. 通过法律的预测作用，可以预先估计到人们相互之间的行为

6. 下列关于法律规则的说法中，哪一选项是正确的？（　　）

A. 法律规则由假定条件、行为模式两部分组成

B. 法律规则笼统模糊，需要法官灵活适用

C. 法律规则以“全有或全无”的方式应用于个案

D. 法律规则具有宏观的指导性

7. 下列有关法的价值的说法中，错误的是哪一项？（　　）

A. 自由是法律的最高价值，所以自由是绝对不可以被任何东西限制的

B. 人权既可以作为道德权利，也可以作为法律权利

C. 作为法的价值的正义主要涉及的是分配正义

D. 秩序处于基础地位，必须受到正义和自由价值的限制

8. 下列关于法律原则作用的说法中，哪一选项是错误的？（　　）

A. 法律原则与法律规则不同，其适用时并不是以“全有或全无”的方式

B. 法律原则为人们提供具体的行为标准，并为司法机关提供审判案件的确定依据

C. 理解法律原则有助于完整地把握法律整体，指导法律解释和法律推理，更好地适用法律

D. 法律原则侧重的是法治的可接受性

**二、多项选择题，每题所给的选项中有两个或两个以上正确答案，少答或多答均不得分。**

1. 权利和义务是一切法律规范、法律部门（部门法），甚至整个法律体系的核心内容。下列关于权利与义务的说法中，正确的有哪些？（　　）

A. 从数量上看，权利与义务的总量是相等的

B. 在民主法治社会，权利是第一性的，义务是第二性的

C. “对世权利”和“对世义务”是对应特定的法律主体的权利和义务

D. 通过权利所保护的利益并不总是本人的利益，

---

* 本章答案参见第 22 页。

也可能是他人的、集体的或国家的利益

2. 下列关于法律责任特点的说法中，哪些是正确的？(　　)

A. 法律责任是由法律规定的，具有法定性

B. 法律责任是法律规范对某种行为及其后果的否定性评价

C. 法律责任的履行都是国家强制力实施的结果

D. 行为人在主观上没有过错，但是在客观上侵犯了别人的法律权利，也要承担法律责任

3. 下列关于法律原则适用条件的说法中，哪些是正确的？(　　)

A. 穷尽法律规则，方得适用法律原则

B. 除非为了实现个案正义，否则不得舍弃法律规则而直接适用法律原则

C. 没有更强的理由，不得径直适用法律原则

D. 为了将法律原则适用带来的不确定性限制在一定程度之内，需要设定严格的条件

4. 下列关于法的渊源冲突的解决方法的说法中，哪些是正确的？(　　)

A. 省、自治区的人民政府制定的规章效力高于本行政区域内设区的市、自治州的人民政府制定的规章

B. 在一般法与特别法产生冲突的时候，应当适用特别法

C. 宪法具有最高的法律效力，一切法律、行政法规、地方性法规、自治条例和单行条例、规章都不得同宪法相抵触

D. 地方性法规与部门规章之间对同一事项的规定不一致，不能确定如何适用时，由国务院提出意见，国务院认为应当适用地方性法规的，应当决定在该地方适用地方性法规的规定；认为应当适用部门规章的，应当提请全国人民代表大会常务委员会裁决

5. 价值体现着主客体之间的一种关系。下列关于法律价值的说法中，正确的有哪些？(　　)

A. 法的价值属于法的应然领域的范畴

B. 秩序是法律最本质的价值

C. “公共利益”绝对高于“个人利益”

D. 正义是法的基本标准和评价体系

## 理解与应用篇

**一、单项选择题，每题所给的选项中只有一个正确答案。**

1. 关于法的效力，下列说法中哪一项是错误的？(　　)

A. 如果法律溯及既往，就是以今天的规则要求昨天的行为，就等于要求某人承担自己从未期望过的义务，所以所有的法律均不溯及既往

B. 对我国停泊在境外的船舶上发生的犯罪行为，可以适用我国《刑法》追究刑事责任

C. 在适用法律过程中出现新法与旧法冲突时，适用新法而使旧法事实上被废止为法的默示废止

D. 按照保护主义原则，即使侵害本国利益的行为人不具有本国国籍，也要受到该国法律的追究

2. 下列关于法律责任的说法中，哪一选项是正确的？(　　)

A. 钱某在街道上走路，被街道边上自然掉落的树枝砸成重伤。该案中，钱某所受伤害完全是因为自然因素，因此无人应该对此承担责任

B. 李四因与单位女同事暧昧，被其女友王某罚跪一晚，李四事后觉得人格尊严遭遇重创。王某应对罚跪致李四人格尊严受损一事承担法律责任

C. 张某与赵某有仇，因此，张某每日到寺庙祈祷，祈求赵某遇车祸身亡。一年后，赵某果然遇车祸身亡。张某应当对赵某的死亡承担法律责任

D. 孙某与周某是好友，某日孙某主动挑衅周某，周某当即发怒，并殴打孙某致其轻伤，周某应承担法律责任

3. 下列关于法的规范作用的说法中，哪一项是错误的？(　　)

A. 张某与李某有仇，一直想要杀死李某，但是看到刑法关于故意杀人应判处死刑的规定之后，打消了杀死李某的念头。这主要体现了法的教育作用

B. 王某多次利用所画人民币刻制印版制造假币，并在自己使用的同时，将人民币散发给其他村民盖房修路，村民们对王某十分感激。其后，王某制造假币一案被侦破。虽然村民屡次请愿，但王某依然被判处无期徒刑，并处没收全部财产。这体现了法的强制作用

C. 赵某欠孙某人民币 100 万元，其以某处房产作为抵押，并到登记机关登记抵押权。一年后，赵某经营生意亏损。孙某经咨询律师，发现自己可以就抵押房产之价值优先受偿，故毫不担心。这体现了法的预测作用

D. 吴某因故意伤害他人被判处有期徒刑 7 年，在监狱接受改造期间，他意识到了自己行为的不正当性，在狱中表现积极，获得减刑。这体现了法的评价作用

4. 在下列事例中，哪一选项体现了个案平衡原则？(　　)

A. 李某到野生森林旁边参观，遭遇黑熊追逐至一农户家对峙，后持斧砍死黑熊。后法院判决李某无罪

B. 王某向法院起诉要和妻子离婚，法官在审理过程中发现王某的妻子正在怀孕期间，遂判决二人不得离婚

C. 出租车司机张某送孕妇去医院，途中孕妇临产，情形危急。为了争取时间，张某将车开到了非机动车道上调头，结果被交警拦住并被告知罚款。经过张某的解释，交警不仅没有处罚，还用警车为他开道，将孕妇及时送到了医院

D. 在一起遗产纠纷案件中，继承人甲、乙两人按法律规定应当平均继承遗产。但由于乙患有先天性小儿麻痹，无劳动能力，法官判决乙继承了70%的遗产

5. 下列关于法与道德关系的说法中，错误的是哪一选项？（　　）

A. 道德关注内在动机，法律关注外在表现

B. 法律人的主要工作是为自己的主张寻找规范基础并提供论证

C. 法律是自然演进形成的

D. 法律调整与道德调整各具优势，且形成互补

6. 下列有关法律规则的说法中，哪一选项是错误的？（　　）

A.《民法典》第40条规定："自然人下落不明满二年的，利害关系人可以向人民法院申请宣告该自然人为失踪人。"该规定为授权性规定

B.《民法典》第57条规定："法人是具有民事权利能力和民事行为能力，依法独立享有民事权利和承担民事义务的组织。"该条文属于规范性条文

C.《计量法》第32条规定："中国人民解放军和国防科技工业系统计量工作的监督管理办法，由国务院、中央军事委员会依据本法另行制定。"该条文表述的为委任性规则

D.《商业银行法》第17条第1款规定："商业银行的组织形式、组织机构适用《中华人民共和国公司法》的规定。"该条文表述的为准用性规则

7. 下列有关法律关系的说法中，错误的是哪一选项？（　　）

A. 张三因为违章停车被交警罚款200元，张三与交警之间的法律关系属于调整性法律关系

B. 法律关系必须是合法的社会关系，违法的关系不属于法律关系

C. 法律关系是特定法律关系主体之间的权利和义务关系

D. 保护性法律关系的一方主体是国家，另一方主体是违法行为人

8. 下列有关权利与义务的说法中，哪一选项是错误的？（　　）

A. 知识产权属于绝对权

B. 所有时代的权利都是第一性的

C. 权利和义务是一切法律规范的核心内容

D. 没有无义务的权利，也没有无权利的义务

9. 法律的基本价值包括秩序、自由、正义、效率等价值。关于法律的这些基本价值，下列哪一个选项是错误的？（　　）

A. 自由是衡量国家的法律是不是"真正的法律"的评价标准

B. 自由和平等之间是没有矛盾的

C. 法律是人们自由的保障，自由不是对法律的否定，没有法律也就没有自由

D. 在法律的适用过程中所进行的价值判断往往与立法目的相联系

10. 关于法律关系，下列哪一说法是错误的？（　　）

A. 甲和乙因买卖房屋而引起的法律关系为双向法律关系

B. 丁为他人的借款提供的担保属于第二性法律关系

C. 行政法中的人事调动关系为多向法律关系

D. 丙因故意伤害罪被提起刑事诉讼产生的法律关系是调整性法律关系

11. 关于法的对人效力原则，下列哪一说法是正确的？（　　）

A. 如果按照属地主义，对在驻外领事馆所发生的违法犯罪行为，领事馆所属国家没有管辖权

B. 如果按照属人主义，缅甸公民越境至中国抢劫财物，中国对此有管辖权

C. 如果按照保护主义，中国人李某盗版美国软件销售并对美国权利人造成侵害，美国有权追究李某的责任

D. 现在中国实行的是属人主义为主，结合属地主义与保护主义

12. 关于法律部门与法律体系，下列哪一说法是错误的？（　　）

A. 一国的法律体系包含已被废止的法律规范

B. 被一国承认的国际条约和国际惯例属于该国的法律体系的一部分

C. 宪法属于公法的一个组成部分

D. 商法是民法的特别法

13. 关于法律关系主体，下列哪一说法是正确的？（　　）

A. 国家不可以成为法律关系主体

B. 公民具有权利能力和行为能力，且二者是统一的

C. 法人不具有权利能力，仅具有行为能力

D. 法人被撤销时，其行为能力也同时消灭

14. 关于法律原则与法律规则，下列哪一说法是错误的？（　　）

A. "罪刑法定"是我国的一项法律原则

B. "合同当事人之间可以在法定范围内约定管辖法院"是一条法律原则

C. 当法律规则存在漏洞的时候，可以援用法律原则来进行填补

D. 法律原则的司法适用优先于法律规则的司法适用

15. 某工厂擅自向河流中排放未达标的污水，被当地生态环境局处以5万元的罚款。该工厂与生态环境

局之间所形成的法律关系属于下列哪种法律关系？(　　)

A. 绝对法律关系　　B. 隶属性法律关系

C. 第一性法律关系　　D. 调整性法律关系

16. 关于法律事实，下列哪一说法是错误的？(　　)

A. 小敏的奶奶寿终正寝是法律事件

B. 小红前往商店购买了一台笔记本电脑是法律行为

C. 某地发生海啸是法律事件

D. 张三因打架被公安机关治安处罚属于法律事件

17. 关于法律关系客体，下列哪一说法是错误的？(　　)

A. 军事设施、武器(枪支、弹药等)不能成为我国法律关系的客体

B. 活人的(整个)身体不能作为物权、债权和继承权的客体

C. 作为法律关系客体的行为结果是特定的

D. 在同一法律关系中可能存在两个或两个以上的客体

18. 关于法律责任，下列哪一说法是错误的？(　　)

A. 被告人张某在刑事审理过程中突发心脏病死亡，根据已查明的案件事实和认定的证据材料，能够确认被告人无罪的，应当判决宣告被告人无罪

B. 主债权因清偿、提存、抵销、免除、混同等原因而消灭，保证之债赖以存在的基础消失，保证人的保证责任也自然归于消灭

C. 李某持刀故意伤害王某，并致其重伤。如果王某以公开方式声称同意免除其责任，则李某的法律责任得以免除

D. 徐某为军队高官，被控犯贪污罪、受贿罪等重大罪名。在审判开始前，徐某患病去世。此时，徐某的法律责任自然消灭

19. 2012 年 9 月，“湄公河惨案”中杀害中国 13 名船员的 6 名犯罪嫌疑人在中缅双方交涉后被押解至中国接受审判。关于该案中所体现的法律对象效力的原则，下列哪一说法是正确的？(　　)

A. 保护主义原则　　B. 公平原则

C. 属人主义原则　　D. 折中主义原则

**二、多项选择题，每题所给的选项中有两个或两个以上正确答案，少答或多答均不得分。**

1.《刑法》第 17 条第 2 款规定：“已满十四周岁不满十六周岁的人，犯故意杀人、故意伤害致人重伤或者死亡、强奸、抢劫、贩卖毒品、放火、爆炸、投放危险物质罪的，应当负刑事责任。”关于此条文表述，下列哪些说法是正确的？(　　)

A. 此条文属于非规范语句

B.“已满十四周岁不满十六周岁的人”是该法律规则中的假定条件

C.“犯故意杀人、故意伤害致人重伤或者死亡、强奸、抢劫、贩卖毒品、放火、爆炸、投放危险物质罪的”是该法律规则中的行为模式

D.“应当负刑事责任”是该法律规则中的法律后果

2. 关于法律关系，下列哪些说法是正确的？(　　)

A. 亲权关系属于横向法律关系

B. 国家可以作为一个整体成为法律关系主体

C. 分公司不可以作为法律关系主体

D. 法律关系是以法律上的权利、义务为纽带而形成的社会关系

3. 下列哪些法律行为还需要其他法律事实，才能导致有关法律关系的产生、变更和消灭？(　　)

A. 容某与鄂某纸上协议离婚

B. 某公司到保险公司为其员工丙办理投保手续

C. 小于将自己的私房卖给小孔

D. 万先生参加所在选区的人民代表大会代表的选举

4. 关于法律责任的免除，下列哪些说法是正确的？(　　)

A. 诽谤案中，如果当事人不向法院起诉，则责任实际免除

B. 告诉才处理的案件，撤回起诉不算免责

C. 受害人和加害人在法律允许的范围内协商同意可以免除责任

D. 时效免责是指责任经过一定期限后而免除

5. 法律规则可以分为授权性规则与义务性规则。关于授权性规则与义务性规则，下列哪些说法是错误的？(　　)

A.《刑法》第 232 条规定，故意杀人的，处 10 年以上有期徒刑、无期徒刑或死刑。此规定表述的是授权性规则

B.《宪法》第 56 条明确规定，中华人民共和国公民有依照法律纳税的义务。此规定表述的是授权性规则

C.《宪法》第 40 条规定，中华人民共和国公民的通信自由和通信秘密受法律的保护。除因国家安全或者追查刑事犯罪的需要，由公安机关或者检察机关依照法律规定的程序对通信进行检查外，任何组织或者个人不得以任何理由侵犯公民的通信自由和通信秘密。此规定表述的是授权性规则

D.《民法典》第 240 条规定，所有权人对自己的不动产或者动产，依法享有占有、使用、收益和处分的权利。此规定表述的是授权性规则

## 综合提高篇

**一、多项选择题，每题所给的选项中有两个或两个以上正确答案，少答或多答均不得分。**

1. 英国某法院曾审理一件颇为棘手的刑事案。一名叫乔治的年轻人设法进入某皇家空军机场，坐在机场跑道上观看天上的飞机。后其被警察带走，并于几天后被送上法庭。乔治的辩护律师为其辩道，《英国官方机密条例》规定："不得在禁区附近妨碍皇家军队成员的行动。"虽然军用机场是个"禁区"，乔治也妨碍了皇家军队成员的行动，但是他不是在"禁区附近"，而是在"禁区里"做的事。《英国官方机密条例》只规定了"在……附近"，没有规定"在……里"，所以依据这条规定是不能处罚乔治的。律师还提醒法官注意，英国是个法治国家，法无明文规定不为罪。法官在对此案进行裁决时甚感为难。对于此案，下列哪些说法是正确的？（　　）

A. 作为法律载体的语言本身存在局限性

B. 立法者的用语与其本意不合，可能造成立法意图与法律文字表现的背离

C. 立法者不可能预见一切可能发生的情况，并据此为人们设定行为方案

D. 法律具有滞后性，总体上落后于社会生活实际

2. 2018 年 3 月 8 日，某网站举办"三八妇女节系列活动"。丁女士从该网站上购买了一件外套，收到货后发现实物与图片不符。于是，丁女士根据《消费者权益保护法》第 25 条第 1 款即"经营者采用网络、电视、电话、邮购等方式销售商品，消费者有权自收到商品之日起七日内退货，且无需说明理由……"联系网店店主，要求退货，但遭店主拒绝。对此，下列哪些说法是错误的？（　　）

A.《消费者权益保护法》第 25 条第 1 款的规定是为了实现法的秩序价值

B. 该条文的规定对丁女士起到了明确的指引作用

C. 丁女士根据法律规定要求退货体现了法的社会作用

D. 店主拒绝了丁女士的要求，表明法治的实现需要其他社会规范的支持

3. 马克思曾经说过，"法典是人类自由的圣经"，"法律必须体现自由，保障自由，才能使个别公民服从国家的法律也就是服从他自己的理性即人类理性的自然规律"，"法律只是在自由的无意识的自然规律变成有意识的国家法律时，才成为真正的法律。哪里法律成为实际的法律，即成为自由的存在，哪里法律就成为人的实际的自由存在"。对此，下列哪些理解是正确的？（　　）

A. 法律是自由的保障

B. 只有法典才能真正保护人们的自由

C. 法律具有形式上的合法权威，并不一定就能成为真正意义上的法律，其还必须得保障自由

D. 自由是人的本性，是衡量法律是不是真正法律的标准之一

4. 周某在单位工作时，因其他工作人员的疏忽导致其被重物砸伤，在被送往医院的途中去世。目前其家人正在进行索赔、继承等事宜。关于该案，下列哪些说法是正确的？（　　）

A. 对周某来说，这是一个法律行为

B. 周某被重物砸伤致死这一事件导致其婚姻关系、劳动关系的消灭

C. 按照法律规定，周某的直系亲属可以从工伤保险基金领取丧葬补助金、供养亲属抚恤金和一次性工亡补助金

D. 整个案例中，既存在法律事件，也存在法律行为

5. 一天晚上，田某从同学家归来，路过一条偏僻的胡同时，从胡同口处跳出一个持刀青年黄某。黄某持刀逼向田某，并让他交出钱和手机。田某见状扭头就跑，结果跑进了死胡同，而黄某持刀紧随其后。慌乱害怕中，田某拿起墙角的一根木棒，向黄某挥去，黄某应声倒下。田某立即向派出所报案，后经查验，黄某已死亡。关于此案，下列哪些说法是错误的？（　　）

A. 田某的行为属于正当防卫，应当免除其法律责任

B. 田某的行为属于紧急避险，但仍要承担一定的法律责任

C. 田某的行为属于自助行为，符合自助免责的条件

D. 田某虽然在事实上造成了黄某的死亡，但其不具备法律上应负责的条件

**二、不定项选择题，每题所给的选项中有一个或一个以上正确答案，不答、少答或多答均不得分。**

1.《民事诉讼法》第 35 条规定，合同或者其他财产权益纠纷的当事人可以书面协议选择被告住所地、合同履行地、合同签订地、原告住所地、标的物所在地等与争议有实际联系的地点的人民法院管辖，但不得违反本法对级别管辖和专属管辖的规定。关于该法条，下列说法中错误的是：（　　）

A. 在私法领域中，公民之间的协议有时候可以限制法律的适用

B. 该法条体现了私法领域中的"法不禁止皆自由"的原则

C. 如果合同双方当事人约定的管辖违背了专属管辖的规定，法院也可以受理并直接审判

D. 民事诉讼法律关系是调整性法律关系

2. 关于法律渊源，下列说法中正确的是：（　　）

A. 全国人大常委会决定同外国缔结的条约和重要协定的批准和废除

B. 自治州、自治县的自治条例和单行条例，报全国人民代表大会常务委员会批准后生效

C. 中国人民银行根据法律和国务院的行政法规、决定、命令在本部门的权限内制定的规章为部门规章

D. 具有立法权的地方人大及其常委会根据本行政区域的具体情况和实际需要，依法制定的在本行政区域内具有法的效力的规范性文件为地方性法规

3. 关于法的价值，下列说法中正确的是：(　　)

A. 法的价值反映了主体与法律之间的特定关系

B. 秩序本身的性质决定了秩序是法的基本价值

C. 自由既然是人的本性，因而也就可以成为一种评价标准，衡量国家的法律是否是"真正的法律"

D. "正义"本身是个关系范畴，它存在于人与人之间的相互交往之中，可以说，没有人与人之间的关系存在，就不会有正义问题的产生

4. 公民甲向乙房地产公司销售部工作人员缴纳了2万元定金，并签订了一份协议，商定以60万元的价格购买一套房屋，并约定一个月后签订正式购房合同。一个月后甲凑足购房费用，欲和乙房地产公司签订正式购房合同。但此时房价已经大幅度上涨，原来60万元的房屋可以卖至80万元，乙房地产公司不愿意以原来商定的价格将该套房屋卖给甲。甲诉至法院，要求法院判决乙房地产公司履行约定，但法院最后判决乙房地产公司返还给甲双倍定金4万元。对此，下列说法中正确的是：(　　)

A. 乙房地产公司违反协议中的约定，应当承担法律责任

B. 法院以判处乙房地产公司返还双倍定金的方式来追究其法律责任，不足以遏制其今后的违约行为，因此不符合追究法律责任的效益原则

C. 乙房地产公司所承担的责任属于侵权责任

D. 法院判处乙房地产公司承担法律责任，符合责任法定原则

5. 关于非正式法律渊源，下列说法中正确的是：(　　)

A. 习惯作为非正式法律渊源不得违背公序良俗

B. 作为非正式法律渊源的指导性案例只能由最高人民法院发布

C. 个人习惯在一定条件下能够成为法的非正式渊源

D. 党的政策对法的制定和实施具有指导作用

6. 关于法的作用，下列说法中正确的是：(　　)

A. 李某欲注册一家公司，但不知如何办理，遂翻阅相关法律手册，终于知道了注册公司的程序并开始准备相关资料，这反映了法的指引作用

B. 小王认为，网络财富也属于财物。因此，认为小张窃取自己网络游戏装备的行为属于违法行为，这反映了法的评价作用

C. 林某因犯抢劫罪被判有期徒刑3年，出狱后非常悔恨，表示以后要遵纪守法，好好做人，这反映了法的教育作用

D. 法院从某建筑企业银行账户上划走了10万元，用来支付该企业拖欠的农民工工资，这反映了法的预测作用

# 第二章　法的运行*

## 基础知识篇

**一、单项选择题，每题所给的选项中只有一个正确答案。**

1. 立法体制包括立法权限的划分、立法机关的设置和立法权的行使等各方面的制度，关于我国的立法体制，下列哪一选项是错误的？(　　)

A. 我国现行的立法体制是中央统一领导和一定程度分权的、多级并存和多类结合的立法体制

B. 立宪权和立法权是最重要的，国家立法权只能由全国人大及其常委会行使

C. 低层次的规范性法律文件不得同高层次的规范性法律文件相抵触

D. 最高层级的立法机关可以制定多种类的规范性法律文件，如法律、行政法规、地方性法规等

2. 关于法律解释，下列哪一选项是错误的？(　　)

A. 法律解释的对象是特定的

B. 法律解释往往由有待处理的案件所引起

C. 行政解释属于非正式解释

D. 相对于其他的法律解释，文义解释和立法者目的解释使法律适用的确定性和可预测性得到最大可能的保证

3. 在现代法治社会，人们总是要求法律决定具有高度的可预测性，同时具有高度的正当性。对此，下列哪一说法是错误的？(　　)

A. 对于特定时期、特定国家的人而言，法律的可

* 本章答案参见第24页。

预测性具有初始的优先性

B. 法律的可预测性是实质法治的要求，正当性是形式法治的要求

C. 法的可预测性意在实现法律的安定性、确定性

D. 法的可预测性和可接受性存在紧张关系

**二、多项选择题，每题所给的选项中有两个或两个以上正确答案，少答或多答均不得分。**

1. 关于我国的立法程序，下列哪些选项是错误的？（　　）

A. 一个代表团或者 10 名以上的代表联名有权向全国人民代表大会提出法律案

B. 宪法的修正案，由全国人民代表大会全体代表的 2/3 以上的多数通过

C. 全国人大常委会通过法律案，由常委会全体组成人员的 2/3 以上的多数通过

D. 在“中国人大网”上刊载的法律文本为标准文本

2. 关于法律论证中的内部证成和外部证成，下列哪些说法是正确的？（　　）

A. 内部证成是指法律决定必须按照一定的推理规则从相关前提中被推导出来

B. 外部证成主要是对内部证成中所推导出的结论的合理性进行逻辑说明

C. 内部证成和外部证成是相互关联的

D. 内部证成和外部证成都需要支持性理由和推理规则

3. 关于法的实施，下列哪些说法是错误的？（　　）

A. 法的实现与法的实施是同一概念

B. 执法主体具有特定性，仅行政机关及其公职人员可以作为执法的主体

C. 在执法活动中，效率原则是最重要的原则

D. 执法具有主动性和单方面性

4. 关于法律解释，下列哪些说法是正确的？（　　）

A. 只有最高人民法院与最高人民检察院才能作出司法解释

B. 审判解释是最高人民法院对审判工作中具体应用法律问题所作的解释

C. 立法解释相较于法律效力要低一级

D. 国务院、中央军委、国家监察委员会、最高人民法院、最高人民检察院、全国人大各专门委员会、省级人大常委会可以提出法律解释要求

5. 关于法律执行的特征，下列哪些说法是正确的？（　　）

A. 法律执行的主体非常广泛，包括国家行政机关，法律、法规授权组织和行政机关的委托组织。这些主体的执法权源于法律的赋予，体现了法律执行中的合法性原则

B. 法律执行的内容非常广泛，以国家的名义对社会实行全方位的组织和管理，涉及国家社会、经济生活的各个方面，与人们的生活息息相关，对人们生活的影响也越来越大

C. 在法律执行过程中，执行活动具有单方面性，完全依照国家机关单方面的意志进行，不需要相对人的请求和同意，具有国家强制性的特点

D. 法律执行是国家行政机关的法定职权，既是国家行政机关对社会进行全面组织和管理的一项权力，又是国家行政机关所应当承担和履行的一种职责，具有主动性的特点

6. 关于法律推理，下列哪些说法是正确的？（　　）

A. 演绎推理是从个别到一般

B. 设证推理效力很弱

C. 法律推理不同于自然科学研究中的推理

D. 类比推理是从个别到个别

## 理解与应用篇

**一、单项选择题，每题所给的选项中只有一个正确答案。**

1. 关于法律漏洞，下列哪一项说法是错误的？（　　）

A. 法律漏洞是法外空间

B. 任何社会都存在一些法律不能调整、无须调整或不宜调整的社会关系或领域

C. 在法律制定时即已存在的法律漏洞为自始漏洞

D. 关于某个法律问题，法律依其规范目的或立法计划，应积极地加以规定却未设规定的法律漏洞是明显漏洞

2. 关于法律解释的方法，下列哪一说法是错误的？（　　）

A. 文义解释既不改善也不改变文本的字面内容

B. 比较解释，是指将历史上的立法例和判例学说与现行的某个法律规定进行比较，从而实现对该现行法律规定的解释

C. 体系解释，是指将被解释的法律条文放在整部法律中乃至整个法律体系中，联系此法条与其他法条的相互关系来解释法律

D. 客观目的解释和立法者目的解释不是同一种解释方法

3. 司法过程离不开法律推理和法律论证，下列关于法律推理和法律决定的证成的说法中，哪一项是正确的？（　　）

A. 法律决定的内部证成只关注论证的逻辑是否严谨，不关注结论所依赖的前提。法律决定的内部证

成方式可以帮助发掘法律推理中的逻辑错误，即法律决定与赖以建立的逻辑前提之间的矛盾，从而强化法律结论的说服力

B. 英美法系国家在司法活动中重点运用的法律推理方式是演绎推理，大陆法系国家在司法活动中重点运用的法律推理方式是归纳推理

C. 类比推理是生活中常见的一种推理方式，但是这种推理的确定性取决于法律人对案情重要性和相关性的判断，故具有较高程度的不确定性。因此，类比推理不应当被作为得出法律决定的推理方法

D. 设证推理是指先从所有能够解释事实的假设中有限选择一个假设的推论，这种推理是一种效力很弱的推理。因此，法律人在其工作中基本不运用设证推理

4. 下列有关法律监督的说法中，哪一项是正确的？（　　）

A. 法律监督的规则包括法律监督的实体规则与程序规则两部分

B. 在我国，所有国家机关、政党是监督的主体，社会团体、社会组织、大众传媒和公民是监督的客体

C. 在我国，法律监督体系的核心是社会法律监督

D. 党的监督属于国家法律监督

5. 立法体制是由关于立法权限、立法权运行、立法权载体的体系和制度所构成的有机整体，其核心是有关立法权限的体系和制度。下列关于立法体制的说法中，错误的是哪一项？（　　）

A. 立法体制主要涉及立法权限的体系和制度，主要是指立法权的性质、种类及立法权和其他权力的关系等静态因素

B. 立法权运行的体系和制度，包括立法权的运行原则、过程和方式等

C. 立法权载体的体系和制度主要是指，立法主体的建制、组织原则和活动形式等。世界上主要的立法体制包括单一立法体制、复合立法体制和制衡立法体制三种类型

D. 我国现行的立法体制是单一立法体制

**二、多项选择题，每题所给的选项中有两个或两个以上正确答案，少答或多答均不得分。**

1. 根据某省新修订的《行政执法证管理办法》，行政执法证的有效期为 5 年，到期前 3 个月须按程序申领换发。要想继续行政执法，有关人员应重新参加综合法律知识考试，考试不合格的不予换发。此外，对于“粗暴、野蛮”执法情节严重的，还将取消行政执法资格。对此，下列哪些说法是正确的？（　　）

A. 这是出于规范行政执法权的政治考量

B. 这为强大的行政执法权套上了一个无形的“紧箍咒”

C. 这有助于防止权力的膨胀和滥用，维护公民的正当权益

D. 随着改革和立法的深入，还会有更多类似的法律“紧箍咒”出现，这恰恰是法治要义所在

2. 下列关于司法活动的说法中，哪些选项是正确的？（　　）

A. 国家的司法权只能由国家各级审判机关和检察机关统一行使，其他任何机关、团体和个人都无权行使此项权力

B. 判决书、裁定书和决定书等可以作为一种法律事实，引起具体法律关系的产生、变更和消灭

C. 重证据、重调查研究、不轻信口供体现了司法平等原则

D. 司法责任原则是权力与责任相统一的法治原则在司法领域的体现

3. 下列有关法律解释的说法中，哪些选项是正确的？（　　）

A. 法律解释需要将表达法律的语言文字与案件事实结合起来进行

B. 法律解释具有强烈的目的性

C. 客观目的解释使法律决定具有最大可能的正当性

D. 学理解释是非正式解释

4. 关于执法和司法的区别，下列哪些选项是正确的？（　　）

A. 司法是由司法机关及其公职人员适用法律的活动，而执法是由国家行政机关及其公职人员来执行法律的活动

B. 司法的内容远比执法广泛

C. 执法活动的程序性规定没有司法活动那样严格和细致

D. 相比司法活动，执法活动具有较强的主动性

5. 下列关于法律解释的说法中，哪些选项是正确的？（　　）

A. 某民法专家在解释《民法典》某条款时研究参照了当时的立法资料，这一专家的解释为历史解释

B. 某律师在法庭上按照某法律条文的字面含义来解释该条文，这种解释属于文义解释

C. 某法学院教师探求某法律条文在当下所处具体情况下的需要，这种解释为目的解释

D. 某医生在解释《刑法》的分则条文时参照总则的规定，这一解释属于体系解释

6. 一辆外地面包车因违章行驶被 A 市交警拦下。驾驶员张某解释自己第一次来到 A 市，不熟悉路况。张某还诚恳地说：“这里有些交通标志和信号在我们县城都没有见过。”交警考虑到其具有一定的特殊性，对其作出免予处罚、教育后放行的决定。对此，下列说法中正确的有哪些？（　　）

A. 驾驶员张某不认识交通标志和信号导致违章，

属于对法律的认识错误

B. 教育后放行的做法，是交警对自由裁量权的合理行使

C. 在此事件的认定中，交警对法律进行了扩大解释

D. 此事件反映出合法性与合理性的冲突

7. 下列有关内部证成和外部证成的说法中，哪些选项是正确的？（　　）

A. 证成是给一个决定提供充足理由的活动或过程

B. 内部证成是对推理前提的证立

C. 外部证成必然涉及内部证成

D. 外部证成保证内部证成的前提正当

## 综合提高篇

**一、多项选择题，每题所给的选项中有两个或两个以上正确答案，少答或多答均不得分。**

1. 关于法的实施，下列哪些选项是正确的？（　　）

A. 法的实施仅包括法的执行、法的适用

B. 法的实施也是建立法治国家的必要条件

C. 社会法律监督体系具有广泛性和人民性

D. 守法既包括履行义务，也包括行使权利

2. 甲因盗窃网易公司游戏《大话西游Ⅱ》中价值4000多元的网络游戏“装备”，被检察院提起公诉，后被法院判决构成盗窃罪。法官在判决书中认为，网络游戏中的游戏“装备”尽管属于虚拟财产，却是游戏者投入了时间、精力和金钱后获取的劳动成果。而且该劳动成果可通过售卖的形式来换取现实生活中的货币，具备了商品的一般属性，属于《刑法》第264条规定的“财物”。因此，甲的行为构成盗窃罪。对此，下列说法中正确的有哪些？（　　）

A. 在适用法律的过程中，由于法律条文的概括性和抽象性，要将法律条文适用到具体的案件事实，需要进行法律解释

B. 法官在此对法律条文进行了扩张解释

C. 借助法律解释可以在不修改法律的前提下使法律适应社会的发展

D. 科技进步会对法律发展产生影响

3. 下列关于当代中国的法律解释体制的说法中，正确的有哪些？（　　）

A. 全国人民代表大会解释自己制定的法律被称为立法解释

B. 司法解释包含审判解释与检察解释

C. 最高人民法院与最高人民检察院对有关具体法律应用问题的解释发生原则性分歧的，需要报请国务院解释或决定

D. 立法解释、司法解释和行政解释均具有法律约束力

4. 张三从某购物商场购买了一床电热毯，夜间使用时由于产品有问题，张三的大腿被烧伤。张三遂将厂家诉至法院，要求厂家承担侵权责任并赔偿精神损失费。被告方律师认为，几年前该地区中级人民法院在审理类似案件时，并未判予精神损害赔偿，因此不应给张三精神损害赔偿。但法院援引新颁布的司法解释，判处厂家赔付张三精神损害赔偿。对此案件，下列说法中错误的有哪些？（　　）

A. 法律推理要受现行法律约束

B. 本案中既有正式法的渊源，也有非正式法的渊源

C. 被告方律师的推理是归纳推理

D. 法官在本案中未适用设证推理

**二、不定项选择题，每题所给的选项中有一个或一个以上正确答案，不答、少答或多答均不得分。**

1. 某地发生过一起“一男娶两女”案，一名男子同时和两名女子举行婚礼。举办婚礼后，这两名女子均以妻子的名义和身份与该名男子共同生活。对于该名男子的行为是否构成重婚罪，存在两种截然相反的观点。第一种观点认为，《刑法》第258条将重婚罪界定为“有配偶而重婚的，或者明知他人有配偶而与之结婚的”，同时娶两女在字面上难以归入重婚罪之列。第二种观点则认为，刑法规定重婚罪的目的在于维护一夫一妻制，而一男娶两女的行为违背了一夫一妻制的原则，所以该名男子构成重婚罪。对此，下列说法中正确的是：（　　）

A. 第一种观点属于文义解释和严格解释

B. 第二种观点没有拘泥于文义，而是根据法律目的进行解释，因此属于目的解释

C. 法无明文规定不为罪，因此对于刑法条文不应该加以解释

D. 法律解释不应该仅考虑字面含义，还应该考虑法律目的

2. 关于立法，下列说法中错误的是：（　　）

A. 修改和废止法的活动不属于立法活动

B. 制定村规民约属于村民集体行使立法权的活动

C. 中国立法的原则包括法治原则、民主原则与科学原则

D. 全国人大常委会通过的法律由国家主席签署主席令予以公布

3. 外国某著名化妆品公司认为我国某公司侵犯其商标权，起诉到法院。法院查明案情后，发现《商标法》及其实施条例在本案的情况下没有可以援引的规定。但查阅《最高人民法院公报》时，发现其中刊登了一个十分类似的案例。于是，法院依照该案例对本案作出了判决。对此，以下说法中错误的是：（　　）

A.《最高人民法院公报》中刊登的典型案例，是对法律适用的重要解释说明，是我国法律的正式渊源

之一

B. 法院在该案件中适用的法律推理属于演绎推理

C. 由于法律对被告行为的性质没有明确规定，根据法治原则不应判决被告侵犯了原告的商标权

D. 该事例说明了法律漏洞的存在

4. 2022 年，法院在审理某案件时发现，法律对恶意取得人和善意取得人返还财物的范围无具体规定，认为存在法律漏洞，遂援引《民法典》中对占有返还财物范围的规定，对善意取得人返还财物范围作出判决。下列说法正确的是：(　　)

A. 只要是法律没有规定的内容都是法律漏洞

B. 判断法律漏洞不需要进行价值评价

C. 该法律漏洞是隐藏漏洞

D. 法官运用了类比推理

5. 下列关于法律监督的说法中正确的是：(　　)

A. 中国共产党的监督属于国家机关的监督

B. 各级监察委员会是国家的监察机关，是行使国家监察职能的专责机关

C. 公民的监督属于社会监督

D. 宪法和法律是法律监督的依据

6. 下列关于法律解释的说法中，可以成立的是：(　　)

A. 中国古人提出“举轻以明重、举重以明轻”，这种做法是类比推理

B. 最高人民法院在有关司法解释中提出，《民法典》第 1042 条规定的“有配偶者与他人同居”的情形是指有配偶者与婚外异性，不以夫妻名义，持续、稳定地共同居住。这一解释属于限制解释

C. 李某趁王某外出时，潜入王某家中盗窃。王某回家后发现失窃，向保险公司索赔。对于保险公司来说，李某盗窃王某财产的事实属于法律事件

D. 我国《宪法》规定，中华人民共和国公民在法律面前一律平等。这里的“法律”应作扩充解释

7. 关于立法，下列说法中正确的是：(　　)

A. 一个代表团或者 10 名以上的代表联名，可以向全国人民代表大会提出法律案

B. 委员长会议可以向常务委员会提出法律案，由常务委员会会议审议

C. 常务委员会组成人员 10 人以上联名，可以向常务委员会提出法律案，由委员长会议决定是否列入常务委员会会议议程

D. 专门委员会审议的时候，可以邀请提案人列席会议，发表意见

# 第三章　法的演进*

## 基础知识篇

**一、单项选择题，每题所给的选项中只有一个正确答案。**

1. 有关法的产生的说法中，下列哪一选项是错误的？(　　)

A. 法是与生俱来的，且是永恒存在的

B. 法反映统治阶级的利益和意志

C. 法律诉讼和司法的出现标志着公力救济代替了私力救济

D. 法是由国家制定或认可的

2. 关于法律意识，下列说法中错误的是哪一项？(　　)

A. 法律意识相对稳定，具有一定连续性

B. 法律意识可能先于法律制度存在，也可能滞后于法律制度的发展

C. 法律心理是法律意识的高级阶段

D. 法律意识可以使一个国家的法律传统得以延续

3. 下列有关法的移植的说法中，哪一项是错误的？(　　)

A. 法的移植具有必然性和必要性

B. 法的移植只能移植外国的法律

C. 法的移植要避免不加选择地盲目移植

D. 法的移植要注意法律体系的系统性

**二、多项选择题，每题所给的选项中有两个或两个以上正确答案，少答或多答均不得分。**

1. 关于法的历史类型，下列说法中正确的有哪些？(　　)

A. 人类历史上的法可以划分为奴隶制法、封建制法、资本主义法和社会主义法四大类型

B. 从奴隶制法到封建制法，再从资本主义法到社会主义法，这是人类法律发展的必经之路

C. 人类社会的法之所以能够从一个旧的历史类型进化为一个新的历史类型，其根本原因在于社会基本矛盾的运动

D. 新的历史类型的法取代了旧的历史类型的法，新法与旧法之间不存在历史联系性和批判继承关系

2. 资本主义的发展经历了自由资本主义和垄断资

* 本章答案参见第 26 页。

本主义两个阶段,其法律也与此相适应而表现出某种变化。对此,下列哪些说法是正确的?(　　)

A. 资产阶级通过以法国大革命为代表的一系列资产阶级革命建立了资本主义国家,形成了资本主义法律体系

B. 资本主义法的“社会化”标志着资本主义法发生了一定的变化

C. 总体而言,在整个资本主义的发展过程中,在立法、司法、行政三权中,立法权的扩张最为明显

D. 资本主义国家的两大法系逐渐靠拢

3. 有关法的发展,下列哪些选项是正确的?(　　)

A. 每一个国家、民族在人类社会发展过程中都经历了由奴隶制法到封建制法,再从资本主义法到社会主义法的阶段

B. 奴隶制法是人类历史上出现最早的法律

C. 社会生活条件的历史延续性决定了法的继承性

D. 法的移植是对外开放应有的内容

## 理解与应用篇

**一、单项选择题,每题所给的选项中只有一个正确答案。**

1. 执法的效率原则是指在依法行政的前提下,行政机关在对社会实行组织和管理的过程中,以尽可能低的成本取得尽可能大的收益,从而取得最大的执法效益。关于执法的效率原则的具体要求,下列哪一说法是错误的?(　　)

A. 执法主体应当及时地处理行政相对人的诉求,保护公民和国家的权利,及时准确地运用自由裁量权来处理相关事务

B. 行政机关在执法时要尊重科学,考虑客观规律,作必要的可行性分析,为国家和社会带来最大效益,并降低执法成本

C. 效率原则必须在合法与合理原则限制的范围内进行

D. 有名言说“迟来的正义就不是正义”,因此,执法主体可以为追求行政效率适当忽视法律规定和执法的正义性

2. 下列有关中华法系特点的说法中,哪一选项是错误的?(　　)

A. 礼法结合、德主刑辅

B. 等级有序、家族本位

C. 以刑为主、民刑不分

D. 诉讼爆炸、重视调解

3. 在学习“法的起源、法的发展”这部分内容时,法学院的同学小李与小薛进行了讨论。小李认为:①在奥古斯丁看来,作为最高理性的自然法来自神的理性,人定法源于自然法;②在黑格尔看来,绝对精神发展到自然界阶段才有了人类,人类精神的发展产生法;③日本以1850年《普鲁士宪法》为蓝本制定明治宪法属于法律移植的表现。小薛认为:①在美国法律社会学家塞尔茨尼克等看来,一个群体的法律秩序,是基于合理性管理的需要而发展起来的;②1902年,清政府以收回领事裁判权为契机,诏令沈家本、伍廷芳等主持修律,标志着中国法的现代化在制度层面上正式启动;③在法系的分类上,中国目前属于中华法系。下列哪一个选项中的观点全部是错误的?(　　)

A. 小李的观点①②

B. 小薛的观点②

C. 小李的观点①和小薛的观点③

D. 小李的观点②和小薛的观点①②

4. 下列关于西方传统法律文化的说法中,哪一选项是错误的?(　　)

A. 法律受宗教的影响较大

B. 强调个体的地位和价值

C. 公法文化更加发达

D. 以正义为法律的价值取向

5. 关于法律移植和法律继承,下列哪一说法是错误的?(　　)

A. 法律继承更强调不同时间法律的承接和继受,即纵向意义上的法律之间的承接和继受

B. 法律移植更偏向于同时代的法律的吸收和借鉴,即横向意义上的法律之间的承接和继受

C. 在法律内容方面,法律继承不可能全盘接受,法律移植则有可能

D. 法律移植与法律继承完全不存在重合

**二、多项选择题,每题所给的选项中有两个或两个以上正确答案,少答或多答均不得分。**

1. 人权是法的源泉,法是人权的体现和保障。人权与国家法律之间存在不可分割的关系,两者相互作用、相互影响。关于法律与人权的关系,下列哪些说法是正确的?(　　)

A. 人权是现代民主政治的目的,也是现代进步文明法律所要实现的价值目标之一,它构成了法律的人道主义基础

B. 人们可以根据人权的精神来判断法律的善与恶、好与坏

C. 从历史和现实的角度来看,人权的法律保护主要表现为国内法的保护

D. 人权的国际保护也是值得重视的法律保护方式,这是“二战”结束后人权保障的新机制、新发展

2. 下列关于法律与原始社会规范的区别的说法中,正确的有哪些?(　　)

A. 产生的方式不同,法是由国家制定或认可的,原始社会规范是先民在长期的生产和生活过程中自发

形成的

B. 反映的利益和意志不同，法反映统治阶级的利益和意志，原始社会规范反映原始社会全体成员的利益和意志

C. 实施的机制不同，法以国家强制力保证实施，原始社会规范主要依靠社会舆论、传统力量和氏族部落领袖的威信保证实施

D. 适用的范围不同，法适用于国家主权范围内的所有居民，原始社会规范只适用于具有相同血缘的本氏族部落成员

## 综合提高篇

**一、多项选择题，每题所给的选项中有两个或两个以上正确答案，少答或多答均不得分。**

1. 关于法与生产关系，下列说法中正确的有哪些？(　　)

A. 法律的产生和发展受制于一定的生产关系

B. 法的性质和内容在总体上受制于其赖以建立的一定的生产关系

C. 法的作用和生命力取决于其赖以建立的生产关系的历史合理性

D. 法确认一定生产关系，确认其赖以建立的生产关系的主导地位，把社会基本经济关系表现为法律形式和制度形态，使其具有合法性和不可侵犯性。同时控制和调整经济交往关系，将其控制在秩序允许的范围内

2. 下列有关法的继承与法的移植的说法中，错误的有哪些？(　　)

A. 法国资产阶级以奴隶制时代的罗马法为基础制定《法国民法典》，属于法的移植

B. 法的相对独立性决定了法律发展过程中的延续性和继承性

C. 法的继承体现时间的先后关系，法的移植则反映一个国家对不同时代其他国家法律制度的吸收和借鉴

D. 国际法律和惯例不属于法的移植的范围

**二、不定项选择题，每题所给的选项中有一个或一个以上正确答案，不答、少答或多答均不得分。**

1. 下列关于法与宗教的关系的表述中，错误的是：(　　)

A. 宗教同法的价值有某些相通之处，两者的出发点和目的都包括“使人向善”，使社会有其秩序而不发生混乱，甚至使人们在精神上有所依靠与寄托

B. 宗教的产生远早于法律，法律的产生是社会发展到更高阶段的产物

C. 法律规范一般只规范人的外部行为，宗教规范只规范人的内心活动

D. 法与宗教在历史上曾经是浑然一体的，但现代国家的法与宗教都是分离的

2. 关于法的现代化，说法正确的是：(　　)

A. 法的现代化仅要求法律制度的变革

B. 外源型法的现代化具有自发性和渐进性特征

C. 从清末开始，中国法的现代化一直是司法主导型

D. 法的现代化要求法具备形式合理性(合法性)

3. 作为一种现代治国方略，“法治”一词有丰富的内涵。关于“法治”，下列说法中正确的是：(　　)

A. 法治意味着法律在社会生活中具有最高权威

B. 法治意味着是良法之治

C. 法治意味着人权应得到尊重和保障

D. 法治意味着国家权力必须依法行使

4. 受到大陆法系与英美法系影响的国家主要是资本主义国家以及工业化国家。因此，它们有许多共同之处，如在经济基础、阶级本质上是相同的，都重视法治等。但因各自的传统不同，它们之间又有一定的区别。下列选项中，属于英美法系特点的是：(　　)

A. 在法的渊源方面，以制定法、判例法作为法的正式渊源

B. 在法律的分类方面，将公法和私法的划分作为法律分类的基础

C. 在诉讼程序方面，采用对抗制诉讼程序

D. 在法律思维方面，属于归纳式思维，注重类比推理

5. 原始社会规范，是以习惯为表现形式并依靠氏族部落领袖的威信、社会舆论和人们的自觉遵守来保证实施的特殊社会规范；而习惯法是法的一种重要形态。下列有关原始社会规范和习惯法的说法中，错误的是：(　　)

A. 两者产生的方式不同。前者是自发形成的；后者由国家认可

B. 两者保证实施的力量不同。前者主要靠领袖威信和社会舆论；后者还依靠国家强制力

C. 两者的约束力不同。前者没有约束力；后者则具有法律约束力

D. 两者的适用范围不同。前者在某个氏族、部落内部适用；后者则适用于一个国家主权所辖的全部范围

6. 关于法的继承，下列说法中正确的是：(　　)

A. 法的阶级性排斥法的继承性

B. 法发展的历史事实验证了法的继承性

C. 社会生活条件的历史延续性决定了法的继承性

D. 法作为人类文明成果决定了法的继承的必要性

7. 关于法的移植，下列说法中正确的是：(　　)

A. 法律移植的目的是使各国的法律趋同

B. 法的移植反映了法在不同空间的关系

C. 引进各国通行的法律原则和规范属于法的移植

D. 社会和法发展的不平衡性决定了法的移植的必然性

8. 近年来，我国的立法速度进一步加快，已经基本上形成了比较完备的法律体系，法律渐渐渗透到人们生活的方方面面。然而我们却看到，在广大的城市化程度还不高的城镇和农村地区，各种规避法律的事件频频发生；调节人们生活的不是国家制定法，而是长久以来形成的习惯法和当地的风俗习惯。中国法治现代化的进程中，出现这种现象的原因是：(　　)

A. 我国法治现代化是被动接受而不是主动选择的

B. 法律制度变革在前，法律观念更新在后，先进的法律制度同人们的法治观念之间出现了断裂

C. 我国法的现代化的启动形式是立法主导型的，历史缺乏法治传统

D. 我国法律现代化程度不高

9. 关于中国的法律现代化，三位同学发表了一些看法。甲说："中国社会转型对法律制度变革产生了迫切的要求，因此，从起因上看，中国法律的现代化属于内发型法的现代化。"乙说："中国法律的现代化是在外部环境的强有力的作用下发生的，因此，从起因上看属于外源型法的现代化。"丙说："中国法律现代化进程体现出立法的主导作用，因此，其启动形式是立法主导型的。"对于三位同学的看法，以下选项判断正确的是：(　　)

A. 甲的说法是正确的

B. 乙的说法是不正确的

C. 乙的说法是正确的

D. 三人的说法都不正确

10. 社会主义法制和法治的含义在强调法律要建立在社会主义民主的基础上，在体现人民的意志、反映社会发展规律、依法办事等方面是相同或相近的。但两者也有重大区别。关于二者的区别，下列说法中正确的是：(　　)

A. "法制"一词明确了法律在社会生活中的最高权威

B. "法治"一词显示了法律介入社会生活的广泛性

C. "法治"一词蕴含了法律调整社会生活的正当性

D. "法制"所包含的法律制度，强调秩序价值，而不一定建立在正当性价值之上

11. 民法法系是指以古罗马法，特别是以19世纪初《法国民法典》为传统产生和发展起来的法律总称。该法系的影响范围主要是欧洲大陆国家，特别是法国和德国，并且主要法律的表现形式均为法典，所以又被称为大陆法系。普通法系，又称英美法系，是指以英国中世纪的法律，特别是以普通法为基础和传统产生与发展起来的法律总称。关于两者差别，下列说法中错误的是：(　　)

A. 在法律思维方式方面，普通法系属于演绎型思维；而民法法系属于归纳式思维，注重类比推理

B. 在法的渊源方面，在民法法系中，法的正式渊源只是制定法；而在普通法系中，制定法、判例法都是法的正式渊源

C. 在诉讼程序方面，民法法系与教会法程序接近，属于纠问制诉讼；普通法系则采用对抗制诉讼程序

D. 在法律的分类方面，民法法系一般将公法与私法的划分作为法律分类的基础，而普通法系则是以普通法与衡平法为法的基本分类

# 第四章　法与社会*

## 基础知识篇

**一、单项选择题，每题所给的选项中只有一个正确答案。**

1. 法谚云"习惯在于自觉遵守，而法律在于强制服从"，关于法律和习惯的说法，下列选项正确的是：(　　)

A. 法律不被施行则不具有实效性

B. 法律不被遵守则不具有强制力

C. 习惯不具有强制力

D. 习惯具有成文性

2. 有关法与科技的说法中，下列哪一选项是错误的？(　　)

A. 人们的法律意识常常受到科技发展的影响

B. 法律可以促进科技经济一体化、科技商品成果化

C. 科技促进了人们法律观念的更新

D. 目前我国没有有关科技的法律法规

3. 法与政策作为两种重要的社会调整手段，在当代政治和法律生活中发挥着重要的作用。下列关于法与政策的区别的说法中，哪一项是错误的？(　　)

A. 法律是国家意志的体现，党的政策是党的意志的体现

B. 法律以国家强制力保证实施，政策主要依靠宣

---

* 本章答案参见第27页。

传教育和纪律保证实施

C. 法律具有较大稳定性，政策则具有较大灵活性

D. 法律调整的社会关系要比政策广泛得多

4. 下列关于人权的说法中，哪一项是错误的？（　　）

A. 是否保障人权可以作为判断法律善恶的标准

B. 不同时代对人权的理解大致相同

C. 并非人权的所有内容都由法律规定

D. 人权是每个人作为人享有或者应该享有的权利

**二、多项选择题，每题所给的选项中有两个或两个以上正确答案，少答或多答均不得分。**

1. 下列关于法与宗教的说法中，哪些是正确的？（　　）

A. 部分宗教教义被法律吸收，成为立法的基本精神

B. 宗教信仰有助于提高人们守法的自觉性

C. 宗教宣誓有助于简化审判程序

D. 宗教容忍有助于减少诉讼

2. 下列关于法与人权的说法中，哪些选项是正确的？（　　）

A. 为了保障人权的实现，人权必须被法律化

B. 人权有利于实现法律的有效性

C. 人权通过法律权利的形式具体化

D. 法对人权的保障具有优势

3. 下列关于法与政治的说法中，哪些选项是正确的？（　　）

A. 有什么样的政治制度就必须实行与之相适应的法律制度

B. 政治的良性运行和发展都需要法的介入

C. 法对政治角色的行为和活动进行程序上的控制

D. 并非每一具体的法律都有相应的政治内容

4. 关于社会主义法与社会主义经济基础，下列说法中，哪些选项是正确的？（　　）

A. 社会主义法确认和维护社会主义基本经济基础

B. 社会主义法对社会主义市场经济进行法律规制

C. 社会主义法通过调整生产关系促进生产力的发展

D. 社会主义法限制社会主义市场经济的发展

## 理解与应用篇

**一、单项选择题，每题所给的选项中只有一个正确答案。**

1. 下列关于法律与宗教关系的说法中，错误的是哪一项？（　　）

A. 由于部分宗教教规与国家法律存在抵触，公民能够以信仰宗教为由，回避国家部分法律的强行性规定

B. 公民有信仰这种宗教的自由，也有信仰那种宗教的自由，法律保护公民正常合法的传教活动

C. 任何国家机关、社会团体和个人，都不得强制公民信仰宗教或者不信仰宗教，不得歧视信仰宗教的公民和不信仰宗教的公民

D. 在我国社会主义条件下，必须坚定不移地坚持和实行宗教同国家政治生活及教育相分离的原则

2.《唐律疏议》规定“一准乎礼”，通过引经决狱、引礼入律的方式，将儒家道德思想贯彻到立法、司法、守法的整个过程中。从法与道德的角度来看，下列说法中错误的是哪一项？（　　）

A. 唐律的制定者认为法律必须以儒家道德为基础

B. 说明中国古代封建社会道德与法律界限模糊

C. 反映了儒家道德伦理观念对古代国家法律的重要影响

D. 是“明刑弼教”思想的表现

3. 关于法与道德，下列说法中错误的是哪一项？（　　）

A. 在人类社会的早期，法与道德浑然一体，后来才逐渐分化、分离

B. 分析实证主义法学派肯定法与道德存在本质上的必然联系，认为法在本质上是内含一定道德因素的概念，即“恶法非法”

C. 村规民约是道德规范的体现

D. 近现代后，法学家们一般倾向于强调法律调整的突出作用，依法治国成为普遍的政治主张

**二、多项选择题，每题所给的选项中有两个或两个以上正确答案，少答或多答均不得分。**

1. 下列有关法与政策的说法中，哪些是正确的？（　　）

A. 政党政策是党的领导机关依党章规定的权限和程序制定的，体现全党意志

B. 法表现为规范性法律文件或国家认可的其他渊源形式，以规则为主，具有严格的逻辑结构，权利义务的规定具体、明确

C. 政党政策与国家强制相关，且是有组织、专门化和程序化的

D. 法相较于政党政策具有较高的稳定性

2. 下列关于法与国家关系的说法中，正确的是哪些？（　　）

A. 在最一般的意义上，法与国家权力构成相互依存、相互支撑的关系

B. 法与国家权力也存在紧张或冲突关系，国家权力的扩张可能使权力出现凌驾于法乃至摆脱法的倾向

C. 近现代法治的实质和精义在于控权

D. 法的至上性意味着法相对于任何一个国家权力都具有至上地位，同时意味着法在总体上高于或脱离国家权力而存在

3. 关于法与科学技术的关系，下列说法中哪些是正确的？（　　）

A. 1993 年颁布的《科学技术进步法》（已修改）体现了国家运用法律管理科技活动

B. 随着人工授精、试管婴儿技术的发展，"代孕"行为引起了广泛的争议。现行的法律规定已不足以对"代孕"行为作出规制，这体现了科技进步对立法的影响

C. 某县人民法院刑事审判庭的远程庭审系统搭建成功并正式投入使用，通过远程视频提讯系统对被告人进行"面对面"的视频提讯，体现了科技进步对司法的影响

D. 将科技成果推向成熟、稳定的市场，促进科技成果源源不断地转化为现实生产力，离不开公平有序的竞争规则，离不开相应的法律制度

## 综合提高篇

**一、多项选择题，每题所给的选项中有两个或两个以上正确答案，少答或多答均不得分。**

1. 年过七旬的王太婆照顾患病卧床的八旬老伴刘老伯十余年，由于其身边无子女，加上自己也年老体衰，心生厌倦，于是将老伴毒死。案发后，曾有当地群众向司法机关"求情"，声称王太婆照顾刘老伯多年实属不易，事发有因，恳请对王太婆从轻处罚。王太婆一度认为这属"安乐死"，自己的行为不涉及犯罪。区法院一审以故意杀人罪对王太婆从轻判处有期徒刑 8 年。对于此案，下列说法中哪些是正确的？（　　）

A. 当地群众向司法机关"求情"体现出道德首先关注和过问内在动机，不仅侧重于通过内在信念影响外在行为，而且评价和谴责主要针对动机

B. 区法院对王太婆从轻处罚表明司法机关对于法的任意解释和滥用

C. 区法院一审以故意杀人罪对王太婆从轻判处有期徒刑 8 年，体现了司法机关在法的适用过程中没有排除道德判断

D. 王太婆认为自己不涉及犯罪，体现了道德评价与法律评价标准存在差异

2. 法与政治都属于上层建筑，下列哪些选项正确地表述了二者的关系？（　　）

A. 法与政治体制密切相关。如果在分权型权力结构中，法还只是作为人治这种权力运行方式的点缀或辅助的话，那么在集权型权力结构中，权力的配置和行使皆须以法为依据

B. 政治在上层建筑中居主导地位，因而总体上法的产生和实现往往与一定的政治活动相关

C. 法对于国家机构、政治组织、利益集团等政治角色的行为和活动的程序性和规范性控制，表明法对重要政治角色的行为进行控制、调整的必然性和必要性

D. 政治运行的规范化，政治发展中政治生活的民主化和政治体系的完善化，离开法的运作都无从谈起

**二、不定项选择题，每题所给的选项中有一个或一个以上正确答案，不答、少答或多答均不得分。**

1. 下列关于法律与道德的说法中，正确的是：（　　）

A. 法律与道德均具有经济制约性、阶级性、历史性和继承性

B. 法律与道德在内容上相互渗透，法律被视为最低限度的道德

C. 法律与道德在功能上相互冲突

D. 比起道德，法律能更好地调整复杂的社会关系

2. 柯某长期打骂家人、为害乡邻，在当地激起公愤。其父屡次规劝柯某无果，决定大义灭亲。一日凌晨，柯某父亲在确认儿子熟睡后，用刀将儿子砍死，随后投案自首。当地乡民闻讯后，联名请求司法机关对柯某父亲从轻处理。法院最后以故意杀人罪判处柯某父亲有期徒刑 3 年，缓刑 5 年。对于此案，下列说法中正确的是：（　　）

A. 法律评价和道德评价的标准并不相同

B. 在刑罚适用过程中，应该排除道德判断

C. 如果柯某之父只是将其子绑起来锁在家里，防止他再为害乡民，则不应认为其行为违法

D. 柯某父亲的行为是合乎正义的，而且属于法律规定的免责事由。因此柯某的父亲不应当承担法律责任

3. 某报以"沈阳一强奸猥亵女生的教师一审被判死刑"为题发布了一条消息。该消息报道了沈阳市某村小学四年级班主任房某，在课堂上强奸猥亵了 6 名女生。该消息详细披露了被告人作案的具体地点和具体时间。对此报道，下列说法中正确的是：（　　）

A. 司法机关通过司法救济活动保障了被害人的人权

B. 这样的报道会损害本案 6 名被害人的隐私权

C. 被告人严重侵犯了学生的人权

D. 需要提高新闻工作者的法律意识

4. 马克思说："社会不是以法律为基础的。那是法学家们的幻想。相反地，法律应该以社会为基础。法律应该是社会共同的、由一定物质生产方式所产生的利益和需要的表现，而不是单个的个人恣意横行。"对此段话，下列说法中正确的是：（　　）

A. 法是社会的产物

B. 对社会的调整手段主要有法律、道德和宗教三种

C. 法律的性质与功能决定于社会，而且法律变迁与社会发展的进程基本一致

D. 为了有效地通过法律控制社会，必须使法律与其他资源分配系统进行配合

5. 下列关于法律与社会关系的说法中，正确的是：(　　)

A. 法律也像上层建筑的其他组成部分一样，不仅消极地反映社会，而且对社会具有强大的反作用。它要么表现为对社会发展的促进作用，要么表现为对社会发展的阻碍作用

B. 社会法以国家法为基础，社会力量以国家权力为基础，"纸上的法"以"活法"为基础

C. 法律以社会为基础，不仅指法律的性质与功能决定于社会，而且指法律变迁与社会发展的进程基本一致

D. 法律对社会的调整，首先保证总体社会秩序得以确立和维护，再分别集中调和社会各种冲突

6. 某市法院开发了"电脑量刑辅助系统"。该系统旨在为司法审判提供较为客观的尺度和标准，把法官估推量刑的"暗箱"打开，使其公开化、标准化，从而减少上诉和申诉，有效节约司法资源。对此，下列说法中正确的是：(　　)

A. 科技的发展有助于提高司法效率

B. 在现阶段，电脑可以完全取代法官判案

C. 如果没有电脑的辅助，法官的量刑就不具有客观性

D. 由于各个案件的具体情形不尽相同，电脑无法完全取代法官裁判案件

7. "每一时代的社会经济结构形成现实基础，每一历史时期由法律设施和政治设施以及宗教的、哲学的和其他的观点所构成的全部上层建筑，归根结底都是应当由这个基础来说明。"关于法与经济基础的关系，下列说法中正确的是：(　　)

A. 经济基础决定了法律从低级到高级的发展演变

B. 在同一社会形态里，经济基础的局部变化，也必将显著影响法律的变化

C. 法律对经济的作用，既可能是促进作用，也可能是阻碍作用

D. 在阶级社会中，法律会成为统治阶级为了维护自己的利益而对生产关系进行限制、改造或消灭的工具

8. 下列有关法与科技的说法中，正确的是：(　　)

A. 科技的发展扩大了法律调整的社会关系的范围

B. 科技的发展在一定程度上提高了立法的质量和水平

C. 新技术的出现也导致了伦理困境和法律评价上的困难

D. 科技的发展有助于司法过程中的事实认定和法律适用

# 参考答案及解析

## 第一章　法的本体

### 基础知识篇

一、1. B。考查法的概念。B选项错误，无论是实证主义还是非实证主义都承认社会的基础性和前提性。

2. A。考查法的特征。A选项正确，法律是调整人的行为的社会规范。法的认可主要有两种方式：明示认可与默示认可，B选项错误。国家以国家的强制力作为保证法实施的力量，法具有国家强制性。其他的社会规范也具有强制性，但是它们都不是以国家的强制力作为它们实施的力量，不具有国家强制性，C选项错误。一个国家的具体法的效力，呈现不同的情况，不可一概而论。有些法律是在全国范围内生效的，有些则在部分地区或仅对特定主体生效。那些经国家认可的习惯法，其适用范围则可能更为有限。因此，不能将法的普遍性作片面的理解，认为一切具体的法的效力都是完全相同的，D选项错误。

3. C。考查法的本质。统治阶级的意志只有经过国家机关被上升为国家意志，被客观化、正式化为具体规定才可能成为法。C选项错误。

4. A。考查法律关系。B选项错误，调整性法律关系因主体间的合法行为产生，是法实现的正常形式，并无制裁性。C选项错误，实体法律关系是第一性法律关系（主法律关系），程序法律关系是第二性法律关系。D选项错误，法律关系主体是法律关系的参加者，不仅包括自然人和法人两类，还包括国家。

5. C。考查法的作用。虽然法在社会生活中具有重要作用，但是，法律不是万能的，不能解决所有的社会问题。

6. C。考查法律规则。A选项错误，法律规则由“假定条件”“行为模式”“法律后果”三部分组成。B选项错误，法律原则笼统模糊，在适用时要求灵活应用。D选项错误，法律原则具有宏观的指导性，适用范围宽广。

7. A。考查法的价值。A选项错误，自由必须受到法律的限制，自由并不是绝对的。

8. B。考查法律原则。B选项错误，法律规则为人们提供具体的行为标准。

二、1. ABD。考查权利与义务。绝对权利和义务，又称“对世权利”和“对世义务”，是对应不特定的法律主体的权利和义务，C选项错误。

2. ABD。考查法律责任。C选项错误，法律责任的追究在最终上是由国家强制力保证的，具有国家强制性。但是，这并不意味着所有的法律责任的履行都是国家强制力实施的结果。有些法律责任是责任人主动履行的，国家强制力只是备而不用的。

3. ABCD。考查适用法律原则的条件。

4. ABCD。考查法律渊源冲突的解决。参见《立法法》的规定。B选项正确，《立法法》第103条规定，同一机关制定的法律、行政法规、地方性法规、自治条例和单行条例、规章，特别规定与一般规定不一致的，适用特别规定；新的规定与旧的规定不一致的，适用新的规定。

5. AD。考查法的价值。B选项错误，自由是法律最本质的价值。C选项错误，任何时候都不能将“公共利益”作为绝对高于“个人利益”的价值标准来看待，要结合案件具体情形找到二者之间的平衡。

### 理解与应用篇

一、1. A。考查法的效力。在刑法领域，目前各国采用的通例是“从旧兼从轻”的原则，即新法原则上不溯及既往，但是新法不认为构成犯罪或者处刑较轻的，适用新法。该原则被称为“有利追溯”，它同样具有其正当性或合理性基础。A选项错误。

2. D。考查法律责任。A选项错误，钱某被街道旁的树枝砸伤，应由该树的管理部门负责赔偿。B选项错误，该事项非法律调整范围，故无法律责任一说。C选项错误，张某的行为与赵某的死亡不具有因果关系。

3. D。考查法的规范作用。D选项错误，吴某因被判处有期徒刑7年，意识到了自己行为的不正当性，并积极表现，这体现了法的教育作用。

4. D。考查法的价值冲突。个案平衡原则是指处于同一位阶的法的价值之间发生冲突时，必须综合考虑主体之间的特定情形、需求和利益，以使个案的解决能够适当兼顾双方的利益。因此，应选择D选项。

5. C。考查法与道德的关系。C选项错误，道德是自然演进形成的，法是人为形成的。

6. B。考查法律规则。从表述内容来看，规定某些法律技术内容（如专门法律术语的界定、公布机关和时间、法律生效日期等）的条文为非规范性条文。B选项是对“法人”这一法律术语进行界定，因此属于非规范性条文。

7. A。考查法律关系。A选项错误,调整性法律关系基于合法行为产生,保护性法律关系基于违法行为产生。所以,张三与交警之间的法律关系属于保护性法律关系。

8. B。考查权利与义务。B选项错误,不是所有时代的权利都是第一性的。

9. B。考查法的价值。法律的基本价值一般包括秩序、安全、自由、平等、正义、效率等价值。这些价值源于主体即人的需要,是一个有机的整体,因而不是孤立存在的。自由和平等之间有时是矛盾的,有时候为了追求社会的平等便有可能利用国家的权力对社会进行干预,这也就在某些方面限制了人们的自由,因而B选项是错误的。没有法律就没有自由,法律并不是用来限制自由的,而是公民自由的保障书。法律所追求的价值贯穿于法律始终,因而在进行价值判断时,也就经常与立法目的相联系。

10. D。按照法律关系产生的依据、执行的职能和实现规范的内容不同,可以将法律关系分为调整性法律关系和保护性法律关系。调整性法律关系不需要适用法律制裁,法律主体之间便能够依法行使权利、履行义务,如各种依法建立的民事法律关系、行政合同关系等。保护性法律关系是由违法行为产生的,旨在恢复被破坏的权利和秩序的法律关系。它的典型特征是一方主体(国家)适用法律制裁,另一方主体(通常是违法者)必须接受这种制裁,如刑事法律关系。丙因故意伤害罪被提起刑事诉讼产生的法律关系是保护性法律关系,D选项错误。

11. C。考查法的对人效力原则。A选项错误,领事馆一般被视为本国领土之延伸,因此,按照属地主义,领事馆设立国有权管辖领事馆所发生案件。B选项错误,按照属人主义,国家对外国人无管辖权。D选项错误,中国现在实行的是属地主义为主,结合属人主义与保护主义。

12. A。考查法律部门与法律体系。法律体系是由一个国家全部的现行有效的法律规范所构成的整体,不包括已经被废止的不再有效的法律规范。

13. D。考查法律关系主体。A选项错误,在特殊情况下,国家可以作为一个整体成为法律关系主体。例如,国家作为主权者,是国际公法关系的主体,可以成为外贸关系中的债权人或债务人。在国内法中,国家作为法律关系主体的地位比较特殊,既不同于一般公民,也不同于法人。国家可以直接以自己的名义参与国内的法律关系(如发行国库券),但在多数情况下则由国家机关或授权的组织代表国家参加法律关系。B选项错误,公民具有权利能力,并不必然具有行为能力,例如,婴幼儿、精神病患者不可能预见自己行为的后果,所以在法律上不能赋予其行为能力。C选项错误,法人的权利能力和行为能力自法人成立时产生,至法人解体时消灭,其范围是由法人成立的宗旨和业务范围决定的,所以法人同时具有权利能力和行为能力。

14. D。考查法律原则与法律规则之间的区别。在法律适用上,法律规则优先于法律原则。

15. B。考查法律关系的分类。工厂与生态环境局之间的法律关系是行政法律关系。在此关系中,生态环境局相对于工厂处于命令地位,所以B选项即隶属性法律关系正确。在本法律关系中,权利和义务主体都是特定的,所以属于相对法律关系,故A选项不正确;此法律关系是由工厂擅自排放未达标的污水引起的,属于由非法行为产生的法律关系,因此属于保护性法律关系、第二性法律关系,所以CD选项不正确。

16. D。考查法律事实。D选项错误,此为法律行为,与当事人的意志有关。

17. A。考查法律关系的客体。物理意义上的物要成为法律关系客体,须具备以下条件:第一,应得到法律的认可;第二,应为人类所认识和控制;第三,能够给人们带来某种物质利益,具有经济价值;第四,须具有独立性。在我国,大部分天然物和生产物可以成为法律关系的客体。军事设施、武器(枪支、弹药等)不得进入国内商品流通领域,成为私人法律关系的客体,但是仍然可以成为法律关系的客体。A选项错误。

18. C。考查法律责任的消灭。王某可以免除李某的赔偿责任,但是司法机关依然需要追究李某故意伤害的法律责任。因此,C选项错误。

19. A。考查法的对象效力原则。A选项正确,该案体现了保护主义原则。

二、1. BCD。表达法律规则的特定语句往往是一种规范语句,此条文属于规范语句,A选项错误。

2. BD。考查法律关系。A选项错误,亲权关系属于纵向法律关系,因为法律承认了子女对父母教导的服从义务。C选项错误,分公司可以作为法律关系主体。

3. AC。考查法律事实。离婚和房屋买卖都需要经过登记等行为才能成立。

4. ACD。考查法律责任的免除。B选项错误,告诉才处理的案件撤回起诉即免责。

5. ABC。考查法律规则的分类。A选项错误,该规则属于禁止性规则。B选项错误,该规则属于义务性规则。C选项错误,该规则属于权利义务复合性规则。

## 综合提高篇

一、1. ABC。考查法律的局限性等。D选项错误,该案件未体现法的滞后性。

2. ABC。考查法律规则。A选项错误,实现的是法的正义价值。B选项错误,应该是不确定的指引。C

选项错误,体现的是规范作用。

3. ACD。考查法的价值。B选项错误,法典及其他法律形式都能保障自由。

4. BCD。考查法律事实。对周某来说,这是一个法律事件,而非法律行为,A选项错误。

5. ABC。考查法律责任。田某的行为属于正当防卫,是合法行为,因此不存在法律责任。

二、1. CD。考查法律关系的分类及其特征。C选项错误,私人协议不能排除法律的强制性规定。D选项错误,民事诉讼法律关系主要是保护性法律关系。

2. ACD。考查法律渊源。B选项错误,自治州、自治县的自治条例和单行条例,报省、自治区、直辖市的人民代表大会常务委员会批准后生效。

3. ABCD。考查法的价值。

4. ABD。考查法律责任。乙房地产公司违约,因此,应当承担违约的法律责任,该责任是法律明确规定的。因此,A、D选项都是正确的。B选项也是正确的,法院应当判决乙房地产公司实际履行协议,即与甲签订正式的购房合同。这样才能充分保护甲的利益,同时遏制乙房地产公司通过违约的方式获利的行为。法院仅判处乙房地产公司双倍返还定金,虽然符合责任法定的原则,但无法有效防止其以后的违约行为,因此不符合效益原则。C选项的错误之处在于,乙房地产公司的法律责任属于违约责任而不是侵权责任。

5. ABD。考查法律渊源。C选项错误,能够作为法的非正式渊源的习惯仅指社会习惯。

6. ABC。考查法的作用。李某通过查阅法律手册知道了法律的要求,并按照法律规定实施行为,这是法的指引作用的体现。因此,A选项的说法是正确的。小王根据自己对法律的理解,对小张窃取网络游戏装备的行为进行了法律评价,这属于法的评价作用。因此,B选项的说法是正确的。林某出狱后真心悔改,这正是法的教育作用的体现。因此,C选项的说法也是正确的。法院从某建筑企业银行账户上划走10万元,这体现了法的强制作用。因此,D选项的说法是错误的。

# 第二章 法的运行

## 基础知识篇

一、1. D。考查立法体制。D选项错误,享有不同立法权的主体所制定出来的规范性法律文件的种类不同,有法律、行政法规、地方性法规、自治条例等多个种类。

2. C。考查法律解释。C选项错误,正式解释可以分为立法、司法和行政三种解释,故而行政解释属于正式解释。

3. B。考查法律适用的目标。B选项错误,法律的可预测性是形式法治的要求,正当性是实质法治的要求。

二、1. ACD。考查立法的程序。A选项错误,一个代表团或者30名以上的代表联名有权向全国人民代表大会提出法律案。C选项错误,全国人大常委会通过法律案,由委员长会议提请常委会全体会议表决,由常委会全体组成人员的过半数通过。D选项错误,我国公布法律的报刊是全国人大常委会公报、中国人大网以及在全国范围内发行的报纸,在全国人大常委会公报上刊登的法律文本为标准文本。

2. ACD。考查法律论证中的内部证成和外部证成。B选项错误,外部证成主要是针对内部证成所采用的前提的证成。

3. ABC。考查法的实施。A选项错误。法的实施,亦称法律的实施或法律的施行,是指法律在社会现实生活中具体运用的过程。法的实现是指法的要求在社会生活中被转化为现实。法的实现与法的实施不同,法的实施是人们施行法律,使法从应然状态到实然状态的过程和活动;法的实现是将法的实施的过程性与法的实效的结果性结合的一个概念。B选项错误,除行政机关及其公职人员外,法律或法规授权的组织及其工作人员、行政机关委托的组织也可以作为执法的主体。C选项错误,效率原则是指行政机关应当在依法行政的前提下,讲究效率,主动有效地行使其权能,以取得最大的行政执法效益。

4. ABD。考查法律解释。C选项错误,立法解释的效力与法律本身的效力相同。

5. ABD。考查法律执行的特征。就主体而言,法律执行的主体是国家行政机关,法律、法规授权组织和行政机关委托的组织。法律执行的内容具有广泛性,法律执行的活动具有单方面性和主动性。法律执行活动具有单方面性并不是说执法机关可以武断地行事,而是说执法机关的意志居于主导地位,但还是需要保障相对人应有的权利,在作出重大的决定时还是要允许相对人申辩的。因此,C选项错误。

6. BCD。考查法律推理。A选项错误,演绎推理是从一般到个别。

## 理解与应用篇

一、1. A。考查法律漏洞。A选项错误,法律漏洞不同于法外空间。漏洞不是简单的缺失状态,而必须是不合目的的,或者说依其目的被评价为不好的缺失状态。法律规范的缺失可能是合乎目的的,也可能不是合乎目的的。合乎目的的缺失被称为“法外空间”,也就是原本就不应由法律来调整的领域。

2. B。考查法律解释。B选项错误,比较解释,是指根据外国的立法例和判例学说对某个法律规定进行解释。如果说历史解释是利用历史上已发生的法律状况证成某个法律解释结果，那么比较解释是利用另一个社会或国家的法律状况证成某个法律解释结果。

3. A。考查法律论证与法律推理。B选项错误，大陆法系国家在司法活动中重点运用的法律推理方式是演绎推理，英美法系国家在司法活动中重点运用的法律推理方式是归纳推理。C选项错误，类比推理可以作为得出法律决定的推理方法，除刑法有严格限制之外。D选项错误，设证推理虽然效力较弱，但却是法律人在工作中必不可少的推理方法。

4. A。考查法律监督。B选项错误，在我国，所有国家机关、政党、社会团体、社会组织、大众传媒和公民既是监督的主体，也是监督的客体。C选项错误，在我国，法律监督体系的核心是国家法律监督。D选项错误，党的监督属于社会法律监督。

5. D。D选项错误。我国现行的立法体制是中央统一领导和一定程度分权的、多级并存和多类结合的立法权划分体制。

二、1. ABCD。考查执法的基本原则。

2. ABD。考查司法活动。C选项错误，在司法工作中应当坚持实事求是、从实际出发的思想路线，重证据、重调查研究、不轻信口供是司法合法原则的体现。

3. ABCD。考查法律解释。

4. ACD。B选项错误，司法活动的对象是案件，主要内容是裁决涉及法律问题的纠纷和争议，以及对有关案件进行处理；执法是以国家的名义对社会进行全面管理，管理的事务涉及社会生活方方面面，内容远比司法广泛。

5. ABCD。考查法律解释。

6. AB。交警在执行交通法规时合理运用了自由裁量权，并没有对法律进行扩大解释。因此，C选项错误。在此事件中，交警的做法是符合法律规定的，不存在合法性与合理性的冲突，D选项错误。

7. ACD。B选项错误，外部证成是对推理前提的证立。

## 综合提高篇

一、1. BCD。考查法的实施。A选项错误，法的实施包括法的遵守、法的执行和法的适用。

2. ABCD。考查法律解释、法律与科技。该题的4个选项都是正确的。A选项叙述的是法律解释的必要性，这是正确的。法官在本案中对"财物"这个概念的外延进行了扩张，属于扩张解释，因此，B选项是正确的。C、D选项本身的表述都是正确的，也是从此案中能够直接推导出来的。

3. BD。考查法律解释。A选项错误，全国人大常委会的解释被称为立法解释。C选项错误，最高人民法院与最高人民检察院对有关具体法律应用问题的解释发生原则性分歧的，需要报请全国人大常委会解释或决定。

4. CD。考查法的渊源和法律推理。C选项错误，被告方律师适用的是类比推理。D选项错误，法官在本案中适用了设证推理和演绎推理两种。

二、1. ABD。考查法律解释与法律推理。在本案中，第一种观点属于严格依据文义所作的解释；而第二种观点则是依据法律目的所作的解释。法律解释过程中，应当综合考虑文义、目的、历史、体系等多种因素。因此，A、B、D选项是正确的。C选项的观点是错误的，罪刑法定原则并不排斥对刑法条文的解释。

2. AB。考查立法。A选项错误，立法是直接产生法和变动法的活动，它是一项系统工程，包括制定法、认可法、修改法和废止法等一系列活动。B选项错误，立法活动不是任何的国家机关都可以进行的，而只能由法定的国家机关进行。

3. ABC。我国不是判例法国家，典型案例不能作为法律的正式渊源，因此A选项错误。法院在该案件中适用的是类比推理，因此B选项错误。在民事案件中，即使法律没有规定，法院根据原则等判决被告侵犯了原告的商标权也不违反法治原则，因此C选项错误。

4. CD。A选项。法学家拉伦茨将"法律漏洞"定义为违反计划的不圆满性。这里的计划实际上是立法的人所显现的规整意向。如果这种欠缺是立法者有意识的决定，就不能将其归为法的漏洞，这被他称为"有意义的沉默"。事实上，法律是调整社会关系、解决社会矛盾的一种工具，却并非唯一工具，并非所有的社会关系都需要通过法律进行调整。因此法外空间是必然存在的，而不是只要是法律没有规定的内容都是法律漏洞。A选项的说法是错误的。

B选项。价值评价是主体对客体可能具有的价值和实践改造客体后的意义、成果等进行的评价。它根据主体的利益、主体的价值需求来评判客体。我们判断是否存在法律漏洞的前提和依据就是立法计划(目的)，显然立法计划具有立法者的价值取向，而判断法律未作规定的事项是否违反立法计划，又不可避免带有立法者对于法律的价值评价，因此可以说，判断法律漏洞一定需要价值评价。B选项错误。

C选项。以法律对待决的具体个案是否有明确的规定为标准，可以将法律漏洞分为明显漏洞与隐藏漏洞。明显漏洞，是指针对特定的事实和问题，法律依据立法计划应规定而没有规定。隐藏漏洞，是指法律对某一问题虽然有所规定，但规定不充分或对于应当规定的例外情况没有规定。题干中所说的"法律对恶意取得人和善意取得人返还财物的范围无具体规定"表明，法律对于何种情形下要返还财产有明确规定，但没有规定具体范围，因此是一种隐藏漏洞。因此，C选项正确。

D选项。类比推理亦称“类推”。根据两个对象在某些属性上的相同或相似，通过比较而推断出它们在其他属性上也相同，这是一种或然的法律推理方法。在法律中，占有返还和善意/恶意取得的返还具有许多相同属性，都属于民法的调整范围，都是占有人及物权人之间的权利义务关系，都是占有人对物权人的返还等。法官因为以上相同属性，类推适用了物权的占有中对返还财物范围的规定，是一种类比推理。因此D选项正确。

5. BCD。考查法律监督。国家机关的监督，包括国家权力机关、行政机关、监察机关和司法机关的监督。社会监督，即非国家机关的监督，指由各政党、各社会组织和公民依照宪法和有关法律，对各种法律活动的合法性所进行的监督。中国共产党的监督属于社会监督。A选项错误。

6. ACD。考查法律解释和法律推理。最高人民法院关于《民法典》第1042条的解释并没有超出该条字面的含义，因此应属于文义解释，而非限制解释。故B选项错误。

7. BCD。考查立法。A选项错误，一个代表团或者30名以上的代表联名，才可以向全国人民代表大会提出法律案。

# 第三章 法的演进

## 基础知识篇

一、1. A。考查法的产生。A选项错误，法是人类社会发展到一定历史阶段才出现的社会现象。

2. C。考查法律意识的内容。法律心理是人们对法律现象表面的、直观的感性认识，属于法律意识的初级形式和初级阶段；法律思想则属于法律意识的高级阶段，它以理论化、知识化和体系化为特征，是人们对法律现象理性认识的产物，一般以著作、论文等方式呈现出来。C选项错误。

3. B。考查法的移植。B选项错误，法的移植范围除了外国的法律，还包括国际法律和惯例。

二、1. AC。考查法的历史类型。B选项错误，从奴隶制法到封建制法，再从资本主义法到社会主义法，这是人类法律发展的一般规律和总体趋势，但具体到特定国家和民族，其法的发展并不一定都会完整经历这四个历史阶段。D选项错误，新的历史类型的法取代了旧的历史类型的法，这是新法对旧法的否定，但并不意味着新法与旧法之间不存在历史联系性和批判继承关系。

2. ABD。资产阶级革命后，在主要资本主义国家形成了自由资本主义的法律体系，大多贯彻了资产阶级革命中的各种原则。随着自由资本主义向垄断资本主义发展，资本主义法律出现了法律的社会化，但是其资本主义法律的本质并没有变化。在这个过程中，行政权明显扩张，两大法系相互靠拢。

3. BCD。考查法的发展。A选项错误，并非每一个国家、民族的法都一定经过这四种历史类型。

## 理解与应用篇

一、1. D。考查执法的效率原则。执法主体不能为追求行政效率而忽视法律和牺牲执法的正义性。

2. D。考查中华法系的特点。D选项错误，中华法系重视调解、无讼是求。孔子曾说：“听讼，吾犹人也，必也使无讼乎。”在传统中国，基于熟人社会的背景与儒家“和为贵”的价值准则，“厌讼”是普遍情形。

3. C。考查法的起源。小李的观点①是西塞罗的观点。小薛的观点③错误，中国目前属于社会主义法系，中华法系已经随着清末引进西方法律制度和思想逐渐消亡。

4. C。考查西方传统法律文化。C选项错误，从法的文化属性比较出发，如果说传统中国法属于公法文化，那么西方法在传统上则是一种私法文化。认为西方法属于私法文化，并不意味着西方法中没有公法的内容，而是就整个西方法律体系而言，私法文化的传承与发达确实是它的一个基本特色。无论是古罗马的《十二铜表法》《国法大全》，还是19世纪以来欧洲各国的宪法典、民法典，都呈现出浓郁的私法气息。

5. D。考查法律继承和法律移植。法律继承强调的是较后历史类型的法律对较前历史类型的法律的承接和继受；法律移植强调的是对同一时代其他国家的法律的吸收和借鉴，这就可能存在重合。

二、1. ABCD。考查法与人权的关系。

2. ABCD。考查法律与原始社会规范的区别。

## 综合提高篇

一、1. ABCD。考查法与生产关系。

2. ACD。考查法的继承与法的移植。法的继承是不同历史类型的法律制度之间的延续与继受，一般为旧法对新法的影响和新法对旧法的承接和继受。法国资产阶级以奴隶制时代的罗马法为基础制定《法国民法典》，属于法的继承，A选项错误。法的继承体现了时间上的先后关系，而法的移植则反映了空间上的内外关系，是一个国家对同时代其他国家法律制度的吸收和借鉴，C选项错误。法的移植的范围除了外国的法律，还包括国际法和国际惯例，D选项错误。

二、1. CD。考查法与宗教的关系。C选项，宗教规范虽然更侧重于规范人的内心活动，但也规范人的外部行为。D选项，在当今社会，除政教合一的国家以外，其他国家的法与宗教都严格分离。但政教合一的国家还把某些宗教教义作为本国法的渊源。

2. D。法的现代化是指法与社会的政治、经济、文化等方面的现代化需要相适应的一个变化过程。

依据法的现代化动力来源,可将法的现代化分为两类:

内发型现代化。所谓内发型现代化,指由社会内部自发产生的力量促使法进行现代化,这是一种自发的、缓慢的现代化过程,社会内部的矛盾和斗争比较和缓。西方国家法的现代化大多属于内发型。

外源型现代化。所谓外源型现代化,指由外部环境的影响而引发的现代化,外来因素是最初的推动力,在此过程中,社会内部的矛盾和斗争比较尖锐。法的外源型现代化有以下特点:(1)具有被动性,即在法的外源型现代化中,现代化最初是迫于某种外来压力而进行的。(2)具有依附性,即在外源型现代化国家中,法的现代化本身往往不具有价值,而是国家图强的一种工具,服务于国家政治、经济的变革。(3)具有反复性,即在法的外源型现代化中,外来因素是最初的推动力,与固有的传统习惯之间存在激烈斗争,双方互有进退,因而表现为过程的反复性。中国法的现代化属于外源型。在鸦片战争后,面对欧洲列强的殖民压力和国内有识之士变法图强的要求,清政府下诏,派沈家本和伍廷芳主持修律,中国法的现代化在制度层面上正式开始,启动形式是立法主导型。

中国法的现代化进程有如下特点:(1)从被动接受到主动选择;(2)从模仿民法法系到建立中国特色社会主义法律制度;(3)自上而下的立法活动是中国法治现代化的主要形式;(4)法律意识的建立落后于法律制度,思想领域斗争激烈。

A选项。法的现代化不仅需要法律制度的变革,还需要法律观念的更新,法律文化的革新等,因此A选项说法错误。值得注意的是,当"仅"和"一定"等这类过于绝对的用词出现在选项中时,极大概率是错误的。

B选项。由上述可知,内发型现代化是一种自发的、缓慢的现代化过程,而外源型现代化具有被动性和反复性,因此自发性和渐进性是内发型现代化的特征,而不是外源型现代化的特征。因此B选项错误。

C选项。中国法的现代化在制度层面正式启动,是清政府下诏,派沈家本和伍廷芳主持修律。因此,中国法的现代化的启动形式是立法主导型,并非"一直"是司法主导型,题目中说"从清末开始,中国法的现代化一直是司法主导型"是错误的。因此C选项错误。

D选项。法现代化的标志之一就是法律具有一致性、普遍性、公开性等形式理性,具备形式合理性。法与道德相互分离,经过一定的法定形式程序具有合法性。因此D选项正确。

3. ABCD。考查"法治"的含义。

4. ACD。考查两大法系的区别。B选项属于大陆法系的特点。

5. CD。考查原始社会规范与习惯法。C选项的错误在于否定了原始社会规范的约束力,虽然它缺乏法律约束力。D选项的错误在于误解了习惯法的适用范围。习惯法虽然具有法律的效力,但仍然具有地域性。

6. BCD。A选项错误,法的阶级性并不排斥法的继承性,社会主义法可以而且必然要借鉴资本主义法。

7. BCD。考查法的移植。A选项错误,法的移植的目的并非使各国法律走向趋同。

8. B。题目反映了我国制定法的法律制度和法律理念与人们日常生活中形成的法律认识和生活中的法律传统间的差异。在中国的法律现代化过程中,一个基本模式是法律制度变革在前,法律观念更新在后。这就极容易导致法律制度与人们的法律观念之间出现断裂,有时甚至是冲突。A选项错误,当今我国法治现代化是一种主动推动模式。

9. C。考查法律现代化。从起因上看,中国法律的现代化是在外部环境强有力的作用下发生的,因此属于外源型法的现代化,A、B、D选项错误。

10. BCD。考查社会主义法制和法治的概念区别。A选项错误,"法治"一词明确了法律在社会生活中的最高权威。

11. A。考查英美法系与大陆法系的区别。A选项说法错误,在法律思维方式方面,民法法系属于演绎型思维,而普通法系属于归纳式思维,注重类比推理。

# 第四章 法与社会

## 基础知识篇

一、1. A。A选项。法律的施行等同于法律的实施。法律的实施包括遵行(守法)、执行(执法)和适用(司法)。法律的实效,就是指人们实际上按照法律规定的行为模式去行为,法律被人们实际遵行、执行或适用。因此没有被施行的法律自然不具有实效性。A选项正确。

B选项。列宁在《列宁全集》中说:"法与国家存在着不可分割的联系。没有能够强制人们遵守法律规范的机关,法就等于零。"任何社会规范都具有强制性,作为一种以国家强制力为后盾,通过法律程序保证实现的社会规范,法律自生效那一刻起就具有强制力。是否被遵守,都不影响法的强制性。恰恰由于法律的强制性,如果不遵守法律,可能会因此承受一定的法律后果。因此B选项说法错误。

C选项。这个选项容易误导考生。任何社会规范都具有强制力,强制力并非法律的独特属性,法律的强制力和其他社会规范的强制力不同的地方在于,法律以国家强制力为后盾。因此法律拥有不同于其他社会规范的最强的强制力。习惯作为一种社会规范,和法律一样都具有强制力。C选项说法错误。

D选项。成文性是成文法的特征之一。如果一个社会规范具有成文性,那么这个规范就应以规范性条文的形式表述并于生效前公布。习惯是独立于国家制定法之外,通常在一定社会时期和地区长期而普遍地为人所惯习,从而逐渐形成的具有一定强制性的行为规范,如古罗马法学家赫尔莫杰尼安所说:"那些由长期习惯确认了的并且被长年遵守的东西,同写成文字的法一样,被作为公民间的默认协议。"因此不能说习惯具有成文性。因此D选项错误。

2. D。D选项错误,科技法日趋成为一个独立的法律部门。

3. D。考查法与政策的区别。一般而言,政策调整的社会关系和领域比法律更广。

4. B。B选项错误,不同时代对人权的理解和使用都会有差异。

二、1. ABCD。考查法与宗教的关系。

2. ABCD。考查法与人权的关系。

3. ABCD。考查法与政治的关系。

4. ABC。考查社会主义法与社会主义经济基础。D选项错误,社会主义法对社会主义市场经济有促进作用,而非限制作用。

## 理解与应用篇

一、1. A。考查法律与宗教。A选项错误,公民不能以信仰宗教为由,回避国家部分法律的强行性规定。

2. D。"明刑弼教"是指提高了礼、刑关系中刑的地位。

3. B。考查法与道德的关系。B选项错误,B选项的观点是自然法学派的观点。

二、1. ABD。考查法与政策。C选项错误,法的实施与国家强制相关,且是有组织、专门化和程序化的。政党政策以党的纪律保障实施。

2. ABC。考查法与国家的关系。D选项错误,法的至上性只意味着法相对于任何一个被具体化的国家权力具有至上地位,并不意味着法在总体上高于或脱离国家权力而存在。

3. ABCD。考查法与科学技术的关系。

## 综合提高篇

一、1. ACD。考查法与道德的关系。B选项错误。司法机关的行为是根据案件的具体情节,合法使用自由裁量权的表现。

2. BCD。考查法与政治的关系。法与政治体制密切相关。如果在集权型权力结构中,法还只是作为人治这种权力运行方式的点缀或辅助的话,那么在分权型权力结构中,权力的配置和行使皆须以法为依据,A选项错误。

二、1. ABD。考查法律与道德的关系。C选项错误,法律与道德在功能上相辅相成,共同调整社会关系。法律调整与道德调整各具优势且形成互补。

2. A。在刑罚适用过程中不可能完全排除道德判断,因此,B选项错误。柯某之父若只是将儿子绑起来,也侵犯了其子的人身权,应认为其行为违法,因此,C选项错误。法律与道德因调整目的等方面的不同,不可能完全一致,柯某父亲的行为虽合乎正义,但依然属于违法行为,应承担相应的法律责任,因此,D选项错误。

3. ABCD。考查法律对人权的保障。题中的4个说法都成立。该消息详细披露被告人作案的具体地点和具体时间明显不妥当,会损害本案6名受害人的隐私权。

4. ABCD。考查法与社会的关系。

5. AC。考查法与社会的关系。B选项错误,制定、认可法律的国家以社会为基础,国家权力以社会力量为基础,国家法以社会法为基础,"纸上的法"以"活法"为基础;D选项错误,法律对社会的调整首先是调和社会各种冲突,其次表现为通过法律解决各种社会问题,并以此来保证总体社会秩序得以确立和维护。

6. AD。考查法律与科技。"电脑量刑辅助系统"的出现是科技进步的结果,这对提高司法效率产生了积极的作用,因此,A选项是正确的。但是由于司法活动中需要根据案件事实进行复杂的价值判断活动,电脑是无法完全取代法官判案的。因此,B选项是错误的,而D选项是正确的。电脑判案只是提高了司法的效率,部分克服了人的主观判断的任意性,但即便没有电脑,采取其他的手段也同样可以实现量刑的客观性。因此,C选项是错误的。

7. ABCD。考查法与经济基础的关系。

8. ABCD。考查法律与科技的关系。

# 第一章 宪法基本理论*

## 基础知识篇

**一、单项选择题，每题所给的选项中只有一个正确答案。**

1. 宪法作为国家根本法，具有最高的法律地位、法律权威和法律效力，关于宪法的根本性，下列哪一说法是错误的？（ ）

A. 宪法在内容上规定了一个国家最根本、最核心的问题，包括国家的性质、国家的政权组织形式、国家的基本国策、公民的基本权利和义务等

B. 一切法律、行政法规和地方性法规都不得与宪法相抵触

C. 全国人民代表大会以全体代表的过半数通过我国宪法的修改案

D. 宪法是一切国家机关、社会团体和全体公民的最高行为准则

2. 我国1954年颁布了第一部宪法，而后经历了3次全面修改和数次部分修改。关于我国宪法修改的规定，下列哪一选项是正确的？（ ）

A. 我国有权修改宪法的机关是全国人民代表大会

B. 宪法修正案以主席令的方式，由国家主席签署后公布

C. 至今为止，我国宪法最后一次全面修改是在2004年

D. 修改宪法的过程中，只有1/5以上代表联名才能提案

3. 宪法作为国家的根本大法，在其内容的理解上发生分歧时，应该遵循法律的严格规定进行解释。关于宪法解释，下列哪一说法是正确的？（ ）

A. 作为英美法系的典型代表，英国、美国都是由司法机关对宪法进行解释的

B. 我国宪法的解释权归全国人大，属于立法机关的解释

C. 美国著名的"马伯里诉麦迪逊案"，确立了美国的"违反宪法的法律不是法律"和"法官有阐释宪法的职责"等宪法解释规则

D. 我国由全国人大常委会解释宪法的方式，属于专门机关的解释

4. 关于宪法的基本特征，下列哪一说法是错误的？（ ）

A. 宪法是国家的根本法，规定了国家的根本制度和根本任务，具有最高的法律效力

B. 宪法最重要、最核心的价值是保障公民的基本权利，宪法是公民权利的保障书

C. 宪法和民主紧密相连，是民主事实法律化的基本形式

D. 对国家权力的限制和对公民权利的保障是宪法的基本内容，其中，对国家权力的限制居于核心和支配地位

5. 关于宪法的分类，下列哪一说法是错误的？（ ）

A. 成文宪法和不成文宪法是英国学者J. 蒲莱士于1884年提出的宪法分类

B. 当今世界绝大多数国家是成文宪法国家

C. 英国是典型的柔性宪法国家

D. 1889年《大日本帝国宪法》是协定宪法

6. 有关宪法的制定，下列哪一说法是错误的？（ ）

A. 修宪权是依据制宪权而产生的权力形态，制宪权与修宪权是两种不同性质的权力

B. 最早系统地提出制宪权概念并建立理论体系的是法国大革命时期的著名学者西耶斯

C. 人民作为制宪主体，要直接参与制宪的过程

D. 宪法草案经过一定程序通过后，由国家元首或代表机关公布

7. 关于我国宪法的渊源，下列哪一说法是正确的？（ ）

A. 我国的宪法渊源不包括宪法判例和国际条约

B. 我国属于成文宪法国家，所以宪法典和宪法性法律都具有最高的法律效力

C. 虽然宪法惯例是宪法的渊源，但违反宪法惯例的行为不属于违宪行为

D. 宪法序言的内容属于政治立场的表述，不是具体规定，所以不具有最高的法律效力

**二、多项选择题，每题所给的选项中有两个或两个以上正确答案，少答或多答均不得分。**

1. 宪法是国家的根本大法，具有最高的法律效力。

---

* 本章答案参见第49页。

关于宪法的概念和特征，下列哪些说法是正确的？（　　）

A. 将“宪法”一词作为根本法使用始于19世纪80年代

B. 宪法是公民权利的保证书

C. 我国宪法具有可诉性

D. 宪法是一切国家机关、社会团体和全体公民的最高行为准则

2. 我国宪法中设计了各个国家机关之间相互监督、相互制约的基本规则。关于我国宪法权力制约原则，下列哪些说法是正确的？（　　）

A. 上级法院对下级法院是监督关系，而上级检察院对下级检察院是领导关系

B. 法院、检察院、公安机关在侦办刑事案件的过程中，要相互配合、相互制约、分工负责

C. 为了保证审判权、检察权的独立行使，人民代表大会无权监督同级法院、检察院

D. 宪法中的权力制约原则的内容是国家机关之间相互监督，而不包括公民对国家机关的监督

3. 随着宪法理论的发展和各国经济政治形势的变化，世界各国的宪法也发生了巨大的变化。关于当代宪法发展的趋势，下列哪些说法是正确的？（　　）

A. 违宪审查制度被不断强化。各国分别建立了自身的违宪审查制度，通过审查机关宣布与宪法相抵触的行为或法律无效，保障宪法的权威和人民的基本权利

B. 宪法更加国际化。为了更好地保障公民权利，在人权问题上有一致意见的国家通过签订国际公约的方式，规定各国在人权保障方面的职责和义务

C. 人权保障方式发生了改变，除了消极防范公民的基本权利不受侵害，还更加注重积极实现公民的基本权利

D. 公民的基本权利从政治领域逐渐扩大到经济、社会、文化领域

4. 我国现行《宪法》可以追溯到1949年具有临时宪法作用的《中国人民政治协商会议共同纲领》（以下简称《共同纲领》）和1954年一届全国人大一次会议通过的《宪法》。关于这两个文件下列哪些说法是正确的：（　　）

A.《共同纲领》是新中国第一部宪法性文件

B.《共同纲领》的效力高于1954年《宪法》

C. 1954年《宪法》是一部刚性宪法

D. 两个文件既有规范性，又有纲领性

5. 宪法是国家的根本法，是治国安邦的总章程。对此，下列哪些说法是正确的？（　　）

A. 在内容上，宪法规定国家最根本、最重要的问题

B. 在本质上，宪法是资产阶级民主事实的必然结果

C. 在法律效力上，宪法的法律效力最高

D. 在制定和修改的程序上，宪法比其他法律更加严格

## 理解与应用篇

**一、单项选择题，每题所给的选项中只有一个正确答案。**

1. 关于宪法的效力，下列哪一说法是正确的？（　　）

A. 我国宪法对境内的外国公民不具有效力

B. 我国宪法对条约与宪法的关系有明文规定

C. 宪法的地域效力决定了我国公民一旦出国便不再受宪法的管辖

D. 宪法的空间效力及于国土的所有领域

2. 关于世界各国宪法的结构，下列哪一说法是正确的？（　　）

A. 成文宪法一般包括序言、正文、附则部分，而不成文宪法则一般没有附则，只有序言和正文

B. 在“马伯里诉麦迪逊”一案中，马歇尔法官将美国宪法序言中关于“三权分立”的表述作为最后判决的依据

C. 我国是典型的成文宪法国家，现行《宪法》包括序言、正文和附则三个部分

D. 我国现行《宪法》正文部分结构鲜明，包括总纲、公民的基本权利和义务、国家机构以及国旗、国歌、国徽、首都等内容，共143条

3. 2018年第十三届全国人民代表大会第一次会议通过了《宪法修正案》，下列哪一选项不是2018年《宪法修正案》的内容？（　　）

A. “中华人民共和国主席、副主席每届任期同全国人民代表大会每届任期相同，连续任职不得超过两届”修改为“中华人民共和国主席、副主席每届任期同全国人民代表大会每届任期相同”

B. “国家保障各少数民族的合法的权利和利益，维护和发展各民族的平等、团结、互助关系”修改为“国家保障各少数民族的合法的权利和利益，维护和发展各民族的平等团结互助和谐关系”

C. 增加规定“国家工作人员就职时应当依照法律规定公开进行宪法宣誓”

D. 增加规定“国家建立健全同经济发展水平相适应的社会保障制度”

4. 宪法监督是宪法权威确立的和宪法有效实施的重要制度保障。下列有关宪法监督的说法中，哪一项是正确的？（　　）

A. 立法机关监督是社会主义国家经常采用的宪法保障制度，起源于苏俄

B. 司法机关监督，即由专门设立的宪法法院保障

宪法的实施,起源于奥地利

C. 专门机关监督,是指由专门设立的非司法机构保障宪法的实施,起源于法国的护法元老院,是大陆法系国家普遍采用的方式

D. 宪法监督的内容包括审查国家机关行为的合宪性和社会团体、自然人行为的合宪性两个方面

**二、多项选择题,每题所给的选项中有两个或两个以上正确答案,少答或多答均不得分。**

1. 对世界各国宪法理论与实践的考察表明,宪法的基本原则主要有人民主权原则、基本人权原则、权力制约原则和法治原则。关于权力制约原则,下列哪些说法是正确的?(　　)

A. 在资本主义国家的宪法中,权力制约原则主要表现为分权原则;在社会主义国家的宪法中,权力制约原则主要表现为监督原则

B. 权力制约原则只包括国家权力相互之间的制约

C. 社会主义国家的监督原则是由第一个无产阶级专政政权巴黎公社首创的

D. 1787 年美国宪法按照典型的分权制衡原则确立了国家的政权体制

2. 关于宪法的功能,下列哪些说法是正确的?(　　)

A. 宪法规定国家权力的归属,使统治阶级的统治地位得到合法化,体现了宪法的确认功能

B. 宪法规定各种民主原则、民主程序与民主生活规则,体现了宪法的保障功能

C. 宪法规定限制国家权力行使的原则与程序,确立所有公权力活动的界限,体现了宪法的协调功能

D. 宪法明确了社会共同体的基本价值目标与原则,为社会共同体的发展提供统一的价值体系,体现了宪法的确认功能

## 综合提高篇

**一、多项选择题,每题所给的选项中有两个或两个以上正确答案,少答或多答均不得分。**

1. 宪法规范具有多种形式。关于我国宪法规范,下列哪些说法是正确的?(　　)

A. "中华人民共和国是工人阶级领导的、以工农联盟为基础的人民民主专政的社会主义国家"属于确认性规范

B. "禁止任何组织或者个人破坏社会主义制度"属于禁止性规范

C. 一个宪法条文只能载明一种宪法规范,不能同时包含确认性规范与禁止性规范

D. 程序性规范主要涉及国家机关活动程序方面的内容

2. 关于中国宪法的历史发展,下列哪些选项是正确的?(　　)

A.《中华民国临时约法》是中国历史上唯一一部具有资产阶级共和国性质的宪法性文件

B.《共同纲领》是新中国第一部社会主义类型的宪法

C. 1974 年、1978 年、1982 年我国分别对宪法进行了全面修改

D. 全国人民代表大会分别于 1988 年、1993 年、1999 年、2004 年和 2018 年通过了共 52 条宪法修正案

3. 在宪法文本的不同部分,"国家"一词的内涵与表现形式是不同的。在我国宪法中,主要是在三种意义上使用该词:一是在统一的政治实体意义上使用的"国家";二是在与社会相对的意义上使用的"国家";三是在与地方相对的意义上使用的"国家"。下列哪些选项是在第一种意义上使用"国家"一词?(　　)

A. 1840 年以后,封建的中国逐渐变成半殖民地半封建社会的国家

B. 中华人民共和国的国家机构实行民主集中制度

C. 中华人民共和国公民在年老、疾病或者丧失劳动能力的情况下,有从国家和社会获得物质帮助的权利

D. 民族自治地方的自治机关在国家计划的指导下,自主地安排和管理地方性的经济建设事业。国家在民族自治地方开发资源、建设企业的时候,应当照顾民族自治地方的利益

4. 下列关于宪法在社会主义法治国家建设中的作用的说法中,哪些是正确的?(　　)

A. 社会主义法律体系以宪法为核心,一切法律、法规与其他规范性文件不得与宪法相抵触

B. 宪法是立法体制发展与完善的基础与依据

C. 宪法是审判权和检察权的来源,是人民法院和人民检察院活动的基本准则

D. 宪法规定了国家生活中的根本和重大问题,具体问题由普通法律调整

**二、不定项选择题,每题所给的选项中有一个或一个以上正确答案,不答、少答或多答均不得分。**

1. 下列关于宪法适用范围的说法中,错误的是:(　　)

A. 宪法适用于中国公民、法人或其他组织,在一些时候也可适用于外国公民或组织

B. 我国宪法不承认双重国籍

C. 香港特别行政区已经由全国人民代表大会授权适用《香港特别行政区基本法》,因此,宪法效力不及于香港特别行政区

D. 宪法适用的时间起点是其颁行之日或者宪法文本中载明的生效日期

2. 宪法的功能是指宪法内容和原则在社会生活中产生的实际效果。关于宪法的功能,下列哪些(种)说法是正确的?(　　)

A. 正当性是宪法在社会生活中发挥功能的前提，包括在内容、程序与形式上的正当性

B. 宪法的确认功能在于确认宪法赖以存在的物质基础，确认国家权力的归属

C. 宪法为民主制度和人权的发展提供有效的保障

D. 宪法规定限制国家权力行使的原则与程序，确定所有公权力活动的界限

3. 宪法的渊源亦即宪法的表现形式。下列有关宪法的渊源的说法中，错误的是：(　　)

A. 美国是不成文宪法国家，不存在根本法意义上的宪法，只存在部门法意义上的“宪法”

B. 在有些成文宪法国家，法院享有宪法解释权

C. 一国参与或认可的国际条约是该国宪法的渊源

D. 宪法惯例的效力低于宪法

4. 下列关于宪法的结构的说法中，正确的是：(　　)

A. 我国现行《宪法》正文的排序是：总纲，国家机构，公民的基本权利和义务，国旗、国歌、国徽、首都

B. 宪法典一般包括序言、正文、附则三个部分，但我国宪法没有规定附则

C. 宪法附则也被称为过渡条款、特别条款，因此其法律效力比一般条文低

D. 宪法序言是宪法精神和内容的高度概括

5. 宪法性法律是指一国宪法的基本内容不是统一规定在一部法律文书之中，而是由多部法律文书表现出来的宪法。关于宪法性法律，下列说法中正确的是：(　　)

A. 是指在不成文宪法国家中，国家最根本、最重要的问题不是用宪法典的形式予以规定，而由多部单行法律文书予以规定的法律

B. 是指在成文宪法国家中，由国家立法机关为实施宪法而制定的有关规定宪法内容的法律

C. 英国作为不成文宪法国家的典型，不存在根本法意义上的宪法，只存在部门法意义上的宪法

D. 是指形式意义上的宪法

6. 下列关于宪法修正案的说法中，正确的是：(　　)

A. 1988 年《宪法修正案》中规定了“土地的使用权可以依照法律的规定转让”

B. 1993 年《宪法修正案》将“我国将长期处于社会主义初级阶段”写入宪法

C. 1999 年《宪法修正案》中规定了“农村集体经济组织实行家庭承包经营为基础、统分结合的双层经营体制”

D. 2018 年《宪法修正案》增加规定“国家尊重和保障人权”

7. “宪法惯例形成的前提是书面的宪法文件对某些宪法事项没有作出明确规定，而政治实践中又需要一定的政治原则。”下列关于宪法惯例的说法中，正确的是：(　　)

A. 具有规范性，其含义由权威机关加以解释确认

B. 由国家的强制力来保障实施，违反宪法惯例会直接导致一定的法律后果

C. 可以形成书面文件

D. 是宪法法院或者专门机关可以适用的不成文规则

# 第二章　国家的基本制度(上)*

## 基础知识篇

**一、单项选择题，每题所给的选项中只有一个正确答案。**

1. 我国是人民民主专政的社会主义国家。下列关于人民民主专政的内涵的说法中，哪一选项是错误的？(　　)

A. 工人阶级成为国家政权的领导力量是人民民主专政的根本标志

B. 人民民主专政的国家政权以工农联盟为基础

C. 人民民主专政是对人民实行民主与对敌人实行专政的统一

D. 我国人民民主专政的主要特点是中国共产党主导的多党合作和政治协商制度、爱国统一战线

2. 从计划经济到市场经济的转轨，是国家经济体制的深刻变革。下列关于中国特色社会主义市场经济体制的说法中，哪一选项是错误的？(　　)

A. 社会主义市场经济本质上是法治经济

B. 我国在分配制度上，以按劳分配为主体，多种分配方式并存，效率优先，兼顾公平

C. 1993 年全国人民代表大会通过修改宪法序言的修正案，将“发展社会主义市场经济”作为一项重要的国家任务写进宪法

D. 在所有制结构上，以公有制为主体，多种所有

* 本章答案参见第 50 页。

制经济平等竞争，共同发展

3. 下列关于人民代表大会制度的说法中，哪一项是正确的？（　　）

A. 人民代表大会制度的内涵之一是全国人民代表大会是国家的最高权力机关，是行使国家一切权力的机关

B. 人民代表大会制度是我国的根本政治制度

C. 人民代表大会制度要求其他国家机关由人民代表大会产生，并与人民代表大会相互监督

D. 全国人民代表大会是我国最高的权力机关，因此要求全国人民代表大会行使国家所有权力

**二、多项选择题，每题所给的选项中有两个或两个以上正确答案，少答或多答均不得分。**

关于我国政党制度，下列说法中正确的是哪些？（　　）

A. 中国共产党领导的多党合作和政治协商制度是中国共产党领导中国人民长期奋斗的成果和历史选择

B. 各民主党派在宪法规定范围内有政治自由、组织独立和法律地位平等的权利

C. 1982 年《宪法》在序言中规定“中国共产党领导的多党合作和政治协商制度将长期存在和发展”

D. 中国共产党领导的多党合作和政治协商制度，既不同于苏联等社会主义国家的一党制，也区别于西方国家的两党制和多党制

## 理解与应用篇

**一、单项选择题，每题所给的选项中只有一个正确答案。**

1. 关于经济制度与宪法的关系，下列哪一说法是错误的？（　　）

A. 经济制度包括生产资料的所有制形式、各种经济成分的相互关系及其宪法地位、国家发展经济的基本方针、国家管理经济的基本原则等内容

B. 1993 年《宪法修正案》规定了发展社会主义市场经济

C. 自德国《魏玛宪法》以来，经济制度便成为现代宪法的重要内容之一

D. 在我国，国家保护个体经济、私营经济等非公有制经济的发展，并对非公有制经济依法实行监督和管理

2. 关于中国特色的社会主义市场经济体制，下列说法中错误的是哪一项？（　　）

A. 1993 年《宪法修正案》中规定了“国家实行社会主义市场经济”

B. 2004 年《宪法修正案》将“发展社会主义市场经济”作为一项重要的国家任务写进宪法序言中

C. 社会主义市场经济本质上是法治经济

D. 社会主义市场经济体制是市场在国家宏观调控下对资源配置起决定性作用的一种经济制度

**二、多项选择题，每题所给的选项中有两个或两个以上正确答案，少答或多答均不得分。**

1. 基本文化制度是宪法中的重要内容。下列关于宪法中文化制度的说法中，哪些选项是正确的？（　　）

A. 1919 年德国《魏玛宪法》首次针对公民的文化权利作出规定，但未对国家的基本文化政策作出相关规定

B. 我国现行《宪法》的基本文化政策中，规定公民有受教育的基本权利

C. 我国《宪法》规定，国家发展教育事业、科学事业、医疗卫生体育事业、文学艺术和其他文化事业

D. 国家立法保护知识产权，鼓励公民创新，是我国基本文化政策的重要组成部分

2. 下列关于社会保障制度的说法中，哪些是正确的？（　　）

A. 社会保障制度是基本社会制度的核心内容

B. 狭义上的社会制度就是指社会保障制度

C. 我国《宪法》规定了社会保障制度的基本原则和目标

D. 我国《宪法》规定了对社会弱势和特殊群体的社会保障制度

## 综合提高篇

**一、多项选择题，每题所给的选项中有两个或两个以上正确答案，少答或多答均不得分。**

1. 1978 年，我国农村开展了波澜壮阔的经济改革运动。经历这一改革，国家经济获得了突飞猛进的发展。此后，宪法将此种农村经济制度固定下来。按照我国宪法规定，下列有关我国农村经济制度的说法中，哪些是正确的？（　　）

A. 我国农村经济制度以集体经营为基础

B. 作为农村重要生产资料的土地，其所有权属于国家

C. 农村土地的使用权可以依法进行流转

D. 我国农村经济的基本组织形式是家庭承包经营为基础的统分结合的双层经营体制

2. 下列关于全民所有制经济的说法中，正确的是：（　　）

A. 因为土地等自然资源是国家经济赖以发展的物质基础，所以所有土地都属于国家所有

B. 1993 年《宪法修正案》将“国营经济”修改为“国有经济”

C. 国有经济在我国国民经济中占据优势地位，具有主导作用

D. 我国的全民所有制经济是通过没收官僚资本、

改造民族资本以及国家投资兴建各种企业等途径建立起来的

**二、不定项选择题，每题所给的选项中有一个或一个以上正确答案，不答、少答或多答均不得分。**

1. 选举程序的民主性是选举结果合法性的保证。下列关于我国选区划分的说法中，正确的是：(　　)

A. 选区可以按居住状况划分，也可以按生产单位、事业单位、工作单位划分

B. 选区的大小，按照每一选区选一名至三名代表划分

C. 本行政区域内各选区每一代表所代表的人口数应当大体相等

D. 选区划分发生在间接选举过程中。选区又划分为若干选民小组

2. 现行《宪法》对文化制度的原则、内容等作了比较全面和系统的规定，下列属于基本文化制度的具体内容的是：(　　)

A 国家发展社会主义的教育事业

B. 国家发展科学事业

C. 国家发展文学艺术及其他文化事业

D. 国家开展公民道德教育

3. 放开私营经济和集体经济是社会主义中国的重大决策，这一决策为中国经济近几十年的高速发展奠定了基础。根据我国现行《宪法》的规定，下列选项中正确的是：(　　)

A. 国家保护个体经济、私营经济的合法权利和利益

B. 在法律规定范围内的个体经济、私营经济等非公有制经济，是社会主义市场经济的重要组成部分

C. 国家鼓励、支持和引导非公有制经济的发展，并对非公有制经济依法实行监督和管理

D. 国家保护城乡集体经济组织的合法的权利和利益，鼓励、指导和帮助集体经济的发展

4. 关于我国宪法中对公民道德教育的规定，下列说法中正确的是：(　　)

A. 公民道德教育是国家文化建设的基础，对整个国家文化制度的发展方向具有决定性意义

B. 社会主义核心价值观的基本内容包括：富强、民主、文明、和谐、自由、平等、公正、法治、爱国、敬业、诚信、友善。其是全党全国各族人民团结奋斗的共同思想道德基础

C. 道德是有层次的，国家以“五爱”为基础进行社会主义道德教育，与公民必须履行的尊重社会公德的义务是不完全一致的

D. 现行《宪法》第 24 条第 1 款规定的目的在于培养有理想、有道德、有文化、有纪律的社会主义公民

5. 文化建设在党和国家的事业中占据着重要地位，文化制度是我国宪法的重要内容。下列关于我国宪法文化制度的说法中，正确的是：(　　)

A. 国家通过普及理想教育、道德教育、文化教育、纪律和法制教育，通过在城乡不同范围的群众中制定和执行各种守则、公约，加强社会主义精神文明的建设

B. 国家保护名胜古迹、珍贵文物和其他重要历史文化遗产

C. 国家推广全国通用的普通话

D. 国家提倡爱祖国、爱人民、爱劳动、爱科学、爱社会主义的公德，在人民中进行爱国主义、集体主义和国际主义、共产主义的教育，进行辩证唯物主义和历史唯物主义的教育，反对资本主义的、封建主义的和其他的腐朽思想

6. 下列关于对财产权的宪法保障的说法中，错误的是：(　　)

A. 公民合法的私有财产神圣不可侵犯

B. 国家保护社会主义的公共财产。禁止任何组织或个人用任何手段侵占或者破坏国家的和集体的财产

C. 国家为了公共利益的需要，可以依照法律规定对公民的私有财产实行征收或者征用并给予赔偿

D. 国家保障自然资源的合理利用，保护珍贵的动物和植物

# 第三章　国家的基本制度(下)*

## 基础知识篇

**一、单项选择题，每题所给的选项中只有一个正确答案。**

1. 由于各国具体历史条件的差异，不同国家的政权组织形式也各不相同。下列关于政权组织的说法中，哪一选项是错误的？(　　)

A. 美国是总统制国家

B. 英国是议会君主立宪制国家

C. 瑞士是议会共和制国家

D. 1958 年后的法国是半总统半议会制国家

2. 1997 年，香港回归祖国，香港特别行政区成立。

---

* 本章答案参见第 51 页。

香港特别行政区享有高度自治权限,包括立法权等重要权力事项。下列关于《香港特别行政区基本法》和立法权的说法中,哪一项是错误的?(　　)

A. 香港特别行政区可以在不违反基本法的前提下制定法律

B. 全国人民代表大会常务委员会如认为香港特别行政区立法机关制定的法律不符合《香港特别行政区基本法》之规定,可以对有关法律进行修改完善

C.《香港特别行政区基本法》由全国人民代表大会自行决定起草,在征求香港特别行政区各界意见、吸收香港特别行政区各界人士参与的基础上自行成立基本法起草委员会,任命相关的起草委员会委员,并由全国人民代表大会通过施行

D. 香港特别行政区对《香港特别行政区基本法》的修改议案,须经香港特别行政区的全国人民代表大会代表 2/3 多数、香港特别行政区立法会全体议员 2/3 多数和香港特别行政区行政长官同意后,交由香港特别行政区出席全国人民代表大会的代表团向全国人民代表大会提出

3. 根据《香港特别行政区基本法》和《澳门特别行政区基本法》的相关规定,下列关于香港特别行政区和澳门特别行政区司法机关的说法中,错误的是哪一项?(　　)

A. 香港特别行政区属普通法系地区,因而香港特别行政区的司法机关只有法院,检察机关则作为行政机关的一部分;澳门特别行政区属大陆法系地区,因此,澳门特别行政区的司法机关除法院外,还包括检察机关

B. 香港特别行政区法院在审理案件时,需要对基本法关于中央管理的事务或中央和特别行政区关系的条款进行解释的,在作出终审判决前,应由终审法院提请全国人大常委会对有关条款作出解释

C. 香港特别行政区终审法院和高等法院的首席法官,应由在外国无居留权的香港特别行政区永久性居民中的中国公民担任

D. 澳门行政法院是管辖行政诉讼和税务诉讼的法院,不服行政法院裁决者,可向终审法院上诉

4. 关于民族自治地方的自治机关,下列哪一选项是错误的?(　　)

A. 各民族自治地方的自治机关是中央统一领导下的地方政权机关

B. 民族自治机关除行使宪法规定的地方政权机关的职权外,还可以依法行使更广泛的自治权

C. 自治地方与国家的关系是自治与统一的关系

D. 民族自治地方的自治机关是自治区、自治州、自治县、自治乡的人民代表大会和人民政府

5. 根据我国《宪法》、《香港特别行政区基本法》和《澳门特别行政区基本法》的规定,下列关于特别行政区享有立法权的说法中,正确的是哪一项?(　　)

A. 特别行政区享有的立法权包括修改特别行政区基本法

B. 全国人民代表大会常务委员会在征询其所属的香港特别行政区基本法委员会和香港特别行政区政府的意见后,可对有关国防、外交等方面的法律作出增减

C. 全国人民代表大会常务委员会认为特别行政区制定的法律同基本法相冲突,可以直接修改或撤销

D. 在未经香港特别行政区立法机构批准的情况下,任何全国性法律都不能在香港特别行政区实施

**二、多项选择题,每题所给的选项中有两个或两个以上正确答案,少答或多答均不得分。**

1. 特别行政区享有高度自治权。关于特别行政区的自治权,下列哪些说法是正确的?(　　)

A. 特别行政区有权自行处理国防和外交事务

B. 特别行政区制定的法律需报全国人大备案,备案不影响该法律的生效

C. 特别行政区有独立的司法权和终审权

D. 中央人民政府可授权特别行政区依照基本法自行处理有关对外事务

2. 根据《全国人民代表大会和地方各级人民代表大会选举法》的相关规定,下列关于我国人大代表的说法中,正确的是哪些选项?(　　)

A. 省、自治区、直辖市的代表名额基数为 350 名,省、自治区每 15 万人可以增加一名代表,直辖市每 25000 人可以增加一名代表;但是,代表总名额不得超过 1000 名

B. 设区的市、自治州的代表名额基数为 240 名,每 25000 人可以增加一名代表;人口超过 1000 万的,代表总名额不得超过 650 名

C. 省、自治区、直辖市的人民代表大会代表的具体名额,由全国人民代表大会常务委员会依照本法确定。设区的市、自治州和县级的人民代表大会代表的具体名额,由省、自治区、直辖市的人民代表大会常务委员会依照本法确定,报全国人民代表大会常务委员会批准

D. 地方各级人民代表大会的代表总名额经确定后,不再变动。由于行政区划变动或者由于重大工程建设等造成人口较大变动的,该级人民代表大会的代表总名额依照本法的规定重新确定

3. 关于法律、法规与规章之间的效力等级,下列哪些选项是正确的?(　　)

A. 部门规章和地方政府规章之间具有同等效力

B. 法律的效力高于行政法规

C. 行政法规的效力高于地方性法规、规章

D. 地方性法规的效力高于本级和下级地方政府规章

4. 关于特别行政区行政长官,下列哪些说法是正确的?(　　)

A. 行政长官既对中央人民政府负责，又对特别行政区负责

B. 澳门特别行政区的行政长官由年满 40 周岁，在澳门连续居住满 20 年并在外国无居留权的澳门特别行政区永久性居民中的中国公民担任

C. 特别行政区行政长官在当地通过选举或协商产生，由中央人民政府任命

D. 香港特别行政区和澳门特别行政区的行政长官任期为 5 年，均可以连选连任一次

5. 选举制度是一国统治阶级通过法律规定的关于选举国家代议机关代表的原则、程序与方法等各项制度的总称。关于我国选举制度中代表候选人的提出，下列哪些说法是正确的？(　　)

A. 选民或代表 10 人以上联名可以推荐代表候选人

B. 直选中，选委会汇总提名的候选人后，于选举日的 30 日以前公布

C. 间接选举中代表候选人的人数应多于应选代表名额的 1/3 至 1 倍

D. 对代表候选人的介绍必须于选举日前停止

6. 从 2011 年开始到 2012 年年底，全国县乡两级人大进行了换届选举。参加这次全国县级人大代表选举的选民达 9 亿多人，参加乡级人大代表选举的选民达 6 亿多人，共选举产生县乡两级人大代表 200 多万人，是人民当家作主的一次重要实践。四川省成都市武侯区的李某想竞选该区人民代表大会代表，他应该满足下列哪些条件才能成为代表候选人？(　　)

A. 在选举开始前宣布自己以独立候选人身份参选即可

B. 仅需在选举委员会处登记成为候选人

C. 获得各政党、各人民团体的联合或者单独推荐

D. 获得选民或者代表 10 人以上联名推荐

## 理解与应用篇

**一、单项选择题，每题所给的选项中只有一个正确答案。**

1. 关于在我国享有选举权的条件，下列哪一说法是正确的？(　　)

A. 在我国居住了 10 年的美国商人约翰享有选举权

B. 靠自己打工具有稳定收入的 17 岁小张享有选举权

C. 回家探亲的美籍华人小李享有选举权

D. 被判处有期徒刑而没有被剥夺政治权利的小王享有选举权

2. 某县是一少数民族自治县，根据该族风俗习惯，招婿现象较为普遍，而且一般不与外族通婚。该自治县人民政府变通执行了自治区人民政府下发的某个鼓励各民族通婚的指示。关于该自治县自治机关的行为，下列说法中正确的是哪一项？(　　)

A. 该自治县人民政府无权对自治区的某个鼓励各民族通婚的指示变通执行

B. 该自治县人民政府可以对自治区的某个鼓励各民族通婚的指示变通执行，但须报经本级人民代表大会及其常务委员会批准

C. 该自治县的人民代表大会有权依照该自治县的政治、经济和文化特点，制定关于婚姻方面的单行条例，在报自治州人民代表大会常务委员会批准后生效，并报自治区人民代表大会常务委员会和国务院备案

D. 该自治县的人民代表大会有权依照该自治县的政治、经济和文化特点，制定关于婚姻方面的单行条例，在报自治区人民代表大会常务委员会批准后生效，并报全国人民代表大会常务委员会和国务院备案

3. 下列有关我国行政区域设立、变更的决定机关的说法中，错误的是哪一项？(　　)

A. 全国人民代表大会批准省、自治区、直辖市的建置

B. 国务院批准省、自治区、直辖市的区域划分

C. 省级人民政府批准自治州、县、自治县、市的建置和区域划分

D. 省级人民政府决定乡、民族乡、镇的建置和区域划分

4. 人大代表的选举关系各地区和整个国家最高权力机构的稳健运行，而选举程序的设定关乎选举的成败。下列关于人大代表选举程序的说法中，错误的是哪一项？(　　)

A. 在选民直接选举人民代表大会的代表时，选民根据选举委员会的规定，凭身份证或者选民证领取选票。各选区应当设立投票站、流动票箱或者召开选举大会进行选举，投票选举由选举委员会主持

B. 县级以上的地方各级人民代表大会在选举上一级人民代表大会代表时，由各该级人民代表大会主席团主持

C. 选民如果在选举期间外出，经选举委员会同意，可以书面委托其他选民代为投票。每一选民接受的委托不得超过两人

D. 在选民直接选举人民代表大会代表时，选区全体选民的过半数参加投票，选举有效。代表候选人获得参加投票的选民过半数的选票时，始得当选

5. 县级以上的地方各级人大在选举上一级人大代表时，若共有全体代表 1000 人，到场代表 600 人，代表候选人至少需要多少张选票才能当选？(　　)

A. 501　　B. 500

C. 301　　D. 300

6. 下列关于选举权的平等性原则的理解中，错误的是哪一项？(　　)

A. 每一代表所代表的选民人数相同

B. 一切代表在代表机关具有平等的法律地位

C. 我国选举权的平等性原则仅注重机会平等

D. 在对选举中处于弱势地位的选民给予特殊的保护性规定,也是选举权平等性的表现

**二、多项选择题,每题所给的选项中有两个或两个以上正确答案,少答或多答均不得分。**

1. 国家机构领导人的权力交接制度和权力负责制度对于维护政治稳定和社会正常发展具有十分重要的价值,我国《宪法》对其进行了较为详尽的规定。以下关于权力交接制度和权力负责制度的说法中,正确的是哪些?(　　)

A. 中华人民共和国主席、副主席都缺位的时候,由全国人民代表大会补选;在补选以前,由国务院总理暂时代理主席职位

B. 中华人民共和国国务院,即中央人民政府,是最高国家权力机关的执行机关,是最高国家行政机关。国务院实行总理负责制;各部、各委员会实行部长、主任负责制

C. 中央军事委员会实行主席负责制;中央军事委员会每届任期同全国人民代表大会每届任期相同;中央军事委员会主席对全国人民代表大会和全国人民代表大会常务委员会负责

D. 最高人民检察院领导地方各级人民检察院和专门人民检察院的工作,上级人民检察院领导下级人民检察院的工作。最高人民检察院对全国人民代表大会和全国人民代表大会常务委员会负责;地方各级人民检察院对产生它的国家权力机关和上级人民检察院负责

2. 下列关于地方各级人大代表名额的说法中,哪些是正确的?(　　)

A. 自治区、聚居的少数民族多的省,经全国人大常委会决定,代表名额可以另加5%

B. 根据本行政区域所辖的下一级各行政区域或者各选区的人口数,按照每一代表所代表的城乡人口数相同的原则,以及保证各地区、各民族、各方面都有适当数量代表的要求进行分配

C. 在县、自治县的人民代表大会中,人口特少的乡、民族乡、镇,至少应有代表一人

D. 聚居的少数民族多或者人口居住分散的县、自治县、乡、民族乡,经省级人大常委会决定,代表名额可以另加5%

3. 关于人大代表的罢免、辞职和补选,下列哪些选项是正确的?(　　)

A. 原选区选民50人以上联名,可以向县级人大常委会书面提出罢免县级人大代表的要求

B. 罢免县级和乡级人大代表,均须经原选区过半数的选民通过

C. 乡、民族乡、镇人大主席、副主席,辞去代表职务的请求被接受的,其主席、副主席的职务相应终止,由主席团予以公告

D. 县级以上地方各级人大闭会期间,可以由本级人大常委会补选上一级人大代表

4. 关于特别行政区立法会的立法权,下列哪些说法是正确的?(　　)

A. 立法会有权依照基本法的规定和法定的程序制定、修改和废除法律

B. 立法会制定的法律须由行政长官签署、公布方有法律效力

C. 立法会制定的法律须报全国人大常委会备案,备案不影响该法律的生效

D. 全国人大常委会认为特别行政区制定的法律不符合基本法关于中央管理的事务及中央和特别行政区的关系的条款时,在征询基本法委员会的意见后,可将法律发回,法律一经发回,立即失效

5. 中国提倡民族团结,充分维护各民族的文化和习俗,并在宪法上设定了民族区域自治制度。关于民族区域自治制度,下列说法中错误的是哪些?(　　)

A. 民族自治地方的自治机关是自治区、自治州、自治县的人民代表大会、人民政府和党委

B. 自治区、自治州、自治县的人民代表大会中,除实行区域自治的民族的代表外,其他居住在本行政区域内的民族也应当有适当名额的代表。自治区、自治州、自治县的人民代表大会常务委员会中应当有实行区域自治的民族的公民担任主任或者副主任

C. 民族自治地方的人民代表大会有权依照当地民族的政治、经济和文化的特点,制定自治条例和单行条例。自治区的自治条例和单行条例,报全国人民代表大会常务委员会备案后生效。自治州、自治县的自治条例和单行条例,报省或者自治区的人民代表大会常务委员会备案后生效

D. 民族自治地方的自治机关有管理地方财政的自治权。凡是依照国家财政体制属于民族自治地方的财政收入,都应当由民族自治地方的自治机关自主地安排使用

6. 关于基层群众性自治组织,以下说法中正确的有哪些?(　　)

A. 村委会的设立、撤销、范围调整,由乡、民族乡、镇的人民政府提出,经村民会议讨论同意后,报县级人民政府批准

B. 村民委员会应当自新一届村民委员会产生之日起15日内完成工作移交

C. 有1/10以上的村民或者1/3以上的村民代表提议,应当召集村民会议

D. 居委会的成员可以由本居住地区范围内全体年满18周岁且没有被剥夺政治权利的居民选举产生,

也可以由每户派出代表选举产生,还可以由每个居民小组选举代表2人至3人选举产生

## 综合提高篇

**一、多项选择题,每题所给的选项中有两个或两个以上正确答案,少答或多答均不得分。**

1. 关于我国选举制度,下列哪些说法是正确的?(　　)

A. 全国人民代表大会代表名额的具体分配,由全国人民代表大会常务委员会决定

B. 在县、自治县的人民代表大会中,人口特少的乡、民族乡、镇,至少应有代表1人

C. 全国和地方各级人大代表实行差额选举,代表候选人的人数应多于应选代表名额

D. 正式代表候选人名单及代表候选人的基本情况应当在选举日的5日以前公布

2. 律师刘某原住在某市甲区,后因购买商品房迁入乙区的玫瑰园住宅小区。在入住后第二年的选举中,刘某发现自己的名字没有出现在小区公布的选民名单上,刘某决定依法维护自己的选举权。对此,下列说法中正确的是哪些?(　　)

A. 按照《全国人民代表大会和地方各级人民代表大会选举法》的规定,刘某应当列入玫瑰园住宅小区的选民名单

B. 刘某就此事可以向当地的选举委员会提出申诉,选举委员会应在3日内作出处理决定

C. 刘某如果对选举委员会的处理决定不服,可以在选举日的5日以前向人民法院起诉,人民法院应在选举日以前作出判决

D. 对法院判决不服,刘某还可以提出上诉

**二、不定项选择题,每题所给的选项中有一个或一个以上正确答案,不答、少答或多答均不得分。**

1. 关于不同类型的政权组织形式,下列说法中正确的是:(　　)

A. 二元君主立宪制中君主的权力受到宪法和议会的严格限制,君主对议会、内阁、法院都没有实际控制能力

B. 总统制国家的总统既是国家元首,又是政府首脑,既要对选民负责,又要对议会负责

C. 委员会制的主要特征是最高国家行政机关为委员会,委员会成员由众议院选举产生,总统(行政首长)由委员会成员轮流担任,任期1年,不得连任

D. 社会主义国家的政权组织形式都是人民代表制

2. 人民代表大会代表由人民选举产生,对人民负责,下列关于我国人大代表罢免和辞职程序的说法中,正确的是:(　　)

A. 罢免县级和乡级人大代表,若该选区有10000名选民,则罢免案至少要得到5001票

B. 若某乡选民想要罢免某位代表,需要30名以上选民联名向乡人大常委会书面提出罢免要求

C. 代表辞职或被罢免后,产生的空缺可以采用等额选举的方式重新选举

D. 乡级人大代表若要辞职,需要向本级人大提交书面辞呈,经本级人大全体表决半数通过,辞职就发生效力

3. 根据宪法和法律法规的规定,关于我国行政区划变更的法律程序,下列选项中错误的是:(　　)

A. 欲撤销甲乡,须由甲乡所属的省级政府审批

B. 乙县欲更名,须报该县所属的省级政府审批

C. 欲设立丙省,须由全国人大常委会审议决定

D. 丁自治县的行政区域界线欲变更,须经国务院审批

4. 关于选举委员会的职责,下列说法中正确的是:(　　)

A. 进行选民登记,审查选民资格,公布选民名单

B. 受理对于选民名单有不同意见的申诉,并作出决定

C. 划分选举本级人民代表大会代表的选区

D. 确定选举日期

5. 为了保障公民的基本权利,我国建立了广泛的基层群众性自治组织。关于基层群众性自治组织,下列说法中正确的是:(　　)

A. 基层群众性自治组织不是国家机关,也不是国家机关的下属或下级机关,具有自身组织上的独立性

B. 村民委员会的设立、撤销、范围调整,由乡、民族乡、镇的人民政府提出,经村民会议讨论同意后,报县级人民政府批准

C. 基层群众性自治组织只存在于居住地范围的基层社区,所从事的工作都是居(村)民居住范围内社区的公共事务和公益事业

D. 居民公约由居民会议讨论制定,报不设区的市、市辖区的人民政府或者它的派出机关备案,由居民委员会监督执行

6. 民族自治地方的自治权是指民族自治地方的自治机关根据《宪法》、《民族区域自治法》和其他法律的规定,根据实际情况自主地管理本地方、本民族内部事务的自主权。下列有关民族自治地方自治权的说法中,错误的是:(　　)

A. 凡是依照国家财政体制属于民族自治地方的财政收入,都应当由民族自治地方的自治机关自主地安排使用

B. 与外国接壤的民族自治地方可以自行开展合法的边境贸易

C. 民族自治地方的自治机关在执行职务的时候,使用当地通用的一种或者几种语言文字,必要时,可以

以实行区域自治的民族的语言文字为主

D. 自治区制定的自治条例和单行条例须报全国人大批准后才能生效

7. 下列关于国旗、国歌、国徽和首都的说法中，正确的是：(　　)

A. 国旗、国歌、国徽、首都是国家的标志，是国家的主权、独立和尊严的象征

B. 我国国旗是五星红旗，中国人民政治协商会议地方各级委员会应当在工作日升挂国旗

C. 宪法宣誓仪式应当奏唱国歌

D. 我国的国徽中间是五星照耀下的天安门，周围是谷穗和齿轮

8. 根据《宪法》和法律，关于特别行政区的法律制度，下列表述正确的是：(　　)

A. 特别行政区原有法律、法令、行政法规等，除经特别行政区的立法机关作出修改外，予以保留

B.《国籍法》适用于香港和澳门特别行政区

C. 基本法在特别行政区的法律体系中处于最高法律地位

D. 特别行政区立法机关制定的法律只要符合基本法和法定程序，就可以在特别行政区生效适用

9. 关于行政区域建置和变更权限，下列说法中正确的是：(　　)

A. 全国人大批准省、自治区、直辖市的建置

B. 国务院批准自治州、县、自治县、市的建置和区域划分

C. 省级人民政府决定乡、民族乡、镇的建置和区域划分

D. 省级人民政府根据国务院授权，可以审批县、市、市辖区的部分行政区域界线的变更

10. 城市和农村按居民或者村民居住地区设立的居民委员会或者村民委员会是基层群众性自治组织。有关基层群众性自治组织，下列说法中错误的是：(　　)

A. 村民委员会成员实行任期和离任经济责任审计

B. 居委会由主任、副主任和委员共 5～9 人组成

C. 居民会议由居民委员会召集和主持。有 1/3 以上的 18 周岁以上的居民、1/3 以上的户或者 1/3 以上的居民小组提议，应当召集居民会议。涉及全体居民利益的重要问题，居民委员会必须提请居民会议讨论决定

D. 村民委员会、居民委员会每届任期 5 年，其成员可以连选连任

11. 关于县人大代表的选举，下列说法正确的是：(　　)

A. 县人大代表的选举由县人大主席团主持

B. 10 个选民联名有权提出县人大代表候选人

C. 县人大代表选举时，候选人的人数比应选代表人数至少应多出 1/5，至多多出 1/2

D. 县人大代表的选举与罢免，均要求全体选民过半同意

12. 关于民族自治地方的人民法院和人民检察院，下列说法中正确的是：(　　)

A. 民族自治地方的人民法院和人民检察院对本级人民代表大会及其常务委员会负责。民族自治地方的人民检察院并对上级人民检察院负责

B. 民族自治地方人民法院的审判工作，直接受最高人民法院监督。民族自治地方的人民检察院的工作，受最高人民检察院领导

C. 民族自治地方的人民法院和人民检察院应当用当地通用的语言审理和检察案件，并合理配备通晓当地通用的少数民族语言文字的人员。对于不通晓当地通用的语言文字的诉讼参与人，应当为他们提供翻译。法律文书应当根据实际需要，使用当地通用的一种或者几种文字。保障各民族公民都有使用本民族语言文字进行诉讼的权利

D. 民族自治地方的人民法院和人民检察院的领导成员和工作人员中，应当有实行区域自治的民族的人员

# 第四章　公民的基本权利和义务*

## 基础知识篇

**一、单项选择题，每题所给的选项中只有一个正确答案。**

1. 下列关于基本权利主体的说法中，错误的是哪一项？(　　)

A. 基本权利的主体主要是公民

B. 公民是指具有一国国籍的自然人

C. 人民的范围比公民的范围更加广泛

D. 公民表达的一般是个体概念，而人民表达的往往是团体概念

2. 基本权利和人权是两个相关却不相同的概念。

* 本章答案参见第 54 页。

下列关于二者关系的说法中，错误的是哪一项？（　　）

A. 基本权利是宪法化的人权

B. 人权是一种自然权利，不需要法律的规定，是人生而有之的权利

C. 人权更多地表现为道德效力，而基本权利表现为法律效力

D. 基本权利源于人权，是不能被剥夺的

**二、多项选择题，每题所给的选项中有两个或两个以上正确答案，少答或多答均不得分。**

1. 我国《宪法》规定公民享有人身自由权。下列关于我国宪法所规定的人身自由的说法中，正确的是哪些选项？（　　）

A. 狭义的人身自由主要指公民的身体不受非法侵犯，所以生命权属于狭义的人身自由的范畴

B. 广义的人身自由除了包括身体不受非法侵犯，还包括与其相关的生命权、人格尊严、住宅不受侵犯、通信自由和通信秘密等

C. 人身自由虽然是公民的基本权利，但是必须建立在不侵害他人权利的基础之上

D. 只有经过司法程序，才能剥夺公民的人身自由，否则即为非法

2. 关于基本权利和基本义务，下列哪些说法是正确的？（　　）

A. 我国公民的基本权利和义务具有广泛性、平等性、现实性和一致性四大特点

B. 2004年《宪法修正案》将“国家尊重和保障人权”写入宪法

C. 公民的基本权利不受任何限制

D.《宪法》作为国家的根本法，规定了公民的所有的法律权利

3. 关于政治自由，下列说法中哪些是正确的？（　　）

A. 政治自由是指公民表达自己政治意愿的自由

B. 政治自由是公民作为国家政治主体而享有的参与国家政治生活的自由

C. 公民享有言论、出版、集会、结社、游行、示威的自由

D. 公民的政治自由是近代民主政治的基础

4. 我国是一个多民族国家，很多民族拥有自己的宗教信仰，所以我国《宪法》规定了公民在宗教信仰方面的基本权利。关于该权利，下列说法中正确的是哪些？（　　）

A. 我国《宪法》规定，我国公民拥有宗教信仰自由，范围只包括信仰的自由，不包括传教、创教的自由

B. 宗教信仰的自由有其相应的界限，不得破坏社会秩序、不得损害公民身体健康、不得妨碍国家教育制度、不受外国势力支配

C. 宗教信仰自由是精神层面的自由，属于政治权利和自由的范畴

D. 宗教是人类文化生活的重要组成部分，所以现在大部分国家的宪法都规定，人们享有宗教信仰自由

5. 人人平等，是现代宪法的基本理念，也是社会主义法治的重要原则。下列关于平等权的说法中，正确的是哪些？（　　）

A. 中华人民共和国公民在法律面前一律平等

B. 平等权包括合理的差别对待

C. 中华人民共和国保护华侨的正当权利和利益

D. 国家和社会帮助安排盲、聋、哑和其他有残疾的公民的劳动、生活和教育

## 理解与应用篇

**一、单项选择题，每题所给的选项中只有一个正确答案。**

1. 张某被司法机关依法剥夺政治权利，在被剥夺政治权利期间，下列哪一行为是张某不能做的？（　　）

A. 在某高校担任教职

B. 在某地司法局为领导担任司机

C. 为抗议其他国家的反华行为，和群众一起游行示威

D. 在民主党派中担任非领导职务

2. 言论自由是公民监督和制约公权力的重要手段。现代法治国家，往往以言论自由作为衡量一个国家法治程度的标杆，但是言论自由也有其界限。下列哪一行为超出了言论自由的范畴？（　　）

A. 揭发某国家机关领导包养情妇，将掌握的证据刊登在报纸上

B. 在电视购物节目中，商家为了推广自己的产品，公开制作秘方

C. 军队领导在接受记者采访时，向记者透露我国核弹头储备的数量

D. 某学者在报纸上公开批评他人作品，言辞激烈，极尽嘲讽

3. 下列关于宗教信仰自由的说法中，哪一说法是错误的？（　　）

A. 中华人民共和国公民有宗教信仰自由

B. 任何国家机关、社会团体和个人不得强制公民信仰宗教或者不信仰宗教

C. 任何人不得利用宗教实施破坏社会秩序的行为

D. 宗教信仰自由仅指选择信仰宗教的自由

4. 下列关于政治权利和自由的说法中，哪一项是错误的？（　　）

A.《宪法》规定了公民行使选举权的具体原则、程序和方法

B. 言论自由在公民的各项政治自由中居于首要地位

C. 出版主要是将自己的见解付诸文字，因此出版自由是言论自由的自然延伸

D. 各国宪法规定的结社自由主要是指组织政治性团体的自由

5. 人身自由是公民所应享有的最基本的权利。下列关于人身自由的说法中，错误的是哪一项？（　　）

A. 我国《宪法》明确规定"中华人民共和国公民的人身自由不受侵犯"

B. 人身自由是绝对的，不受任何侵犯

C. 公民的身体不受非法限制、搜查、拘留和逮捕

D. 必要时，国家可以依法采取搜查、拘留、逮捕等措施，限制甚至剥夺特定公民的人身自由

6. 关于纳税义务，下列哪一说法是错误的？（　　）

A. 纳税是无偿的，由国家单方面向纳税人征收，无须返还

B. 合理的纳税可以调节个人收入的分配水平，在一定程度上缓解分配不公的矛盾，从而达到稳定社会和巩固国家政权的目的，因此纳税具有平衡性特征

C. 纳税主体与具体税率是由法律明确规定的，具有固定性特征

D. 纳税义务侵犯了公民的财产权，因此不履行纳税义务，不需要承担法律责任

**二、多项选择题，每题所给的选项中有两个或两个以上正确答案，少答或多答均不得分。**

1. 公民甲是高校的研究生，24 周岁。根据我国《宪法》的规定，就其基本权利义务，下列说法中错误的是哪些？（　　）

A. 因其尚未就业，不承担纳税的义务

B. 高校研究生有很大的学习压力，所以其有休息的权利

C. 接受研究生阶段的教育，是其基本义务

D. 有权利在外国学术期刊上发表论文

2. 周某参加研究生招生考试，笔试成绩突出，但其他考生在面试时"托关系、走后门"，导致周某落榜。请问周某的哪些权利没有受到侵犯？（　　）

A. 平等权

B. 受教育权

C. 进行科学研究活动的自由

D. 人格尊严

3. 下列关于征收和征用的说法中，哪些是正确的？（　　）

A. 征收是所有权的改变，征用是使用权的改变

B. 征收的补偿标准比征用的补偿标准高

C. 对公民财产权的限制必须基于公共利益

D. 在紧急状态结束以后，被征用的物体要发还给原权利人

4. 监督权的主要内容是批评建议权、控告检举权和申诉权。下列关于监督权的说法中，哪些是正确的？（　　）

A. 公民在行使监督权时，不得捏造或者歪曲事实进行诬告陷害

B. 我国《宪法》、《刑法》和其他法律保护公民监督权的行使

C. 检举人通常是直接受到不法侵害的人，控告人不一定与事件有直接关系

D. 我国公民可以通过新闻报刊、来信来访、座谈讨论会等多种形式和途径行使批评建议权

5. 随着老龄化社会的日益临近，完善社会保障体系不可避免。根据我国宪法，下列选项中关于我国社会保障的描述，正确的有哪些？（　　）

A. 国家依照法律规定实行企业事业组织的职工和国家机关工作人员的退休制度。退休人员的生活受到国家和社会的保障

B. 公民在年老、疾病、失业或者丧失劳动能力的情况下，有从国家和社会获得物质帮助的权利

C. 国家和社会保障残废军人的生活，抚恤烈士家属，优待军人家属

D. 国家和社会帮助安排盲、聋、哑和其他有残疾的公民的劳动、生活和教育

## 综合提高篇

**一、多项选择题，每题所给的选项中有两个或两个以上正确答案，少答或多答均不得分。**

2014 年 10 月 9 日，甲某因贪污罪被法院判处有期徒刑 10 年，并处剥夺政治权利 5 年，刑期至 2024 年 9 月 2 日。根据我国现行《宪法》和法律的规定，下列说法中正确的有哪些？（　　）

A. 2019 年 10 月 8 日之前，甲某丧失了选举权与被选举权

B. 2019 年 10 月 8 日之前，甲某丧失了进行学术研究的自由

C. 2019 年 10 月 8 日之前，甲某不得在国内外公开学术刊物上发表学术论文

D. 2019 年 10 月 8 日之前，甲某不再享有宗教信仰的自由

**二、不定项选择题，每题所给的选项中有一个或一个以上正确答案，不答、少答或多答均不得分。**

1. 据报道，某公司员工下班候车时被小货车撞致颅脑严重损伤，公司不但没给他申报工伤，反而辞退了他。在人力资源和社会保障局认定此员工受伤属于工伤后，该公司还将人力资源和社会保障局告上法庭，要求撤销认定书，并指出公司员工手册规定，"非因上班或休假没有任何手续而在外面留宿者，予以严惩"。公司不准员工外宿，员工自行离开属于违规。广州市

黄埔区人民法院作出判决，驳回该公司的起诉，并表示不准员工外宿违背宪法精神。对此，下列说法中正确的是：(　　)

A. 公司员工手册中不准员工外宿的规定侵犯了该员工的人身自由权

B. 公司拒绝给此员工申报工伤的行为侵犯了员工的人身权

C. 此员工手册与宪法精神相悖，对员工无约束力

D. 公司要求撤销工伤认定书，侵犯了此员工的求偿权

2. 近年来，互联网飞速发展，极大地改变了人们的思维方式和生活习惯。一些新的通讯传媒手段随之诞生，如微博、微信等。新的通讯模式也带来了网络诽谤、色情传播等一系列问题。对此，有一种观点强调应当加强对网络环境的治理。对于那些造成较为严重社会危害的行为，应当对其设定较重的罚款、拘留等行政处罚措施甚至是管制、拘役、有期徒刑等刑罚措施。对此，下列说法中正确的是：(　　)

A. 中华人民共和国公民的通信自由和通信秘密受法律的保护。除因国家安全或者追查刑事犯罪的需要，由公安机关或者检察机关依照法律规定的程序对通信进行检查外，任何组织或者个人不得以任何理由侵犯公民的通信自由和通信秘密

B. 对网民政治权利的剥夺、限制人身自由的强制措施和处罚，可以由全国人大及其常委会、国务院制定法律、行政法规进行规制

C. 微博行为是行使言论自由的具体活动，《民法典》的相关具体条文对言论自由进行限制，这是对基本权利的常见的限制方式

D. 由于网络规制立法还需要经验积累，可以按照往年的立法经验，由全国人大常委会授权国务院设定部分限制网民人身自由的强制措施和处罚

3. T检察院接到匿名举报，称王某骗取了一项国家生态补偿款。经侦查，T检察院侦查人员发现王某在获取该补偿款过程中有行贿行为。为获取王某犯罪证据，T检察院以“追缴赃款”的名义暂扣该款项。王某因此多次向上级检察机关和信访部门反映情况，要求T检察院退还该款项，但均无果。2010年迫于上级压力，王某所在地党政主要领导组织集体接访，表示会依法处理，同时要求王某不能“无理取闹、越级上访”。由于该案久拖不决，王某又反复进京上访。不久，T检察院因证据不足而对王某作出不予起诉决定，并承诺退还上述款项。退款前一天，T检察院以王某在另一起案件中涉嫌合同诈骗罪批准将其逮捕。事后证实，王某领取的上述款项符合法律规定，在另一起案件中也并无合同诈骗的事实，T检察院系为压制王某上访而违法限制其人身自由。对此事件，下列说法中正确的是：(　　)

A. 王某对T检察院及其办案人员的违法行为，有向有关机关进行揭发和指控的权利，这属于王某的控告权

B. 王某对违法失职的T检察院及其办案人员，有向有关机关揭发事实、请求依法处理的权利，这属于王某的检举权

C. 王某合法的财产权和人身自由因T检察院作出错误的、违法的决定而受到侵害，有向有关机关申述理由、要求重新处理的权利，这属于王某的申诉权

D. 王某合法的财产权和人身自由因T检察院及其工作人员违法行使检察权而受到侵害，王某有要求国家赔偿的权利

4. 关于结社自由的特征，下列说法中正确的是：(　　)

A. 结社具有持续性和稳定性

B. 结社应该遵循法定程序

C. 结社一般具有固定的组织机构和成员

D. 结社与一定的利益选择有关

# 第五章　国家机构*

## 基础知识篇

**一、单项选择题，每题所给的选项中只有一个正确答案。**

1. 我国中央行政机关和军事机关都采用首长负责制。关于两者的比较，下列哪一选项是错误的？(　　)

A. 中央军委委员由军委主席直接任命，而国务院其他组成人员都要经过总理提名，由全国人大决定

B. 国务院总理需向全国人大作工作报告，而中央军委主席则不需要作工作报告

C. 中央军委主席需经过全国人大选举，而国务院总理不需要选举，由全国人大直接决定

D. 中央军委主席向全国人大负责，而国务院全体向全国人大负责

2. 下列关于民主集中制原则的说法中，错误的是

* 本章答案参见第55页。

哪一项？（　　）

A. 在国家机构与人民的关系方面，体现了国家权力来自人民，由人民组织国家机构

B. 在我国，在国家权力机关与其他国家机关之间的关系上，国家权力机关居于核心地位，其他的国家机关都由它产生，对它负责，受它监督

C. 在中央和地方机构的关系上，遵循“在中央的统一领导下，充分发挥地方的主动性、积极性”的原则

D. 各级行政机关以及中央军事委员会都实行个人负责制

3. 关于国家主席，下列哪一项说法是错误的？（　　）

A. 1982 年《宪法》恢复了国家主席的设置

B. 国家主席、副主席由全国人大常委会选举产生

C. 国家主席、副主席必须是具有选举权和被选举权的年满 45 周岁的中华人民共和国公民

D. 国家主席进行国事活动时可以直接授予外国政要、国际友人等人士“友谊勋章”

4. 中华人民共和国设立国家监察委员会和地方各级监察委员会。下列关于监察委员会的说法中，错误的是：（　　）

A. 中华人民共和国国家监察委员会是最高监察机关

B. 监察委员会主任每届任期同本级人民代表大会每届任期相同。国家监察委员会主任连续任职不得超过两届

C. 国家监察委员会监督地方各级监察委员会的工作，上级监察委员会监督下级监察委员会的工作

D. 监察委员会依照法律规定独立行使监察权，不受行政机关、社会团体和个人的干涉

5. 全国人大常委会是全国人大的常设机关，是最高国家权力机关的组成部分，是行使国家立法权的机关。下列有关全国人大常委会的说法中，错误的是哪一项？（　　）

A. 全国人大常委会由委员长、副委员长若干人、秘书长和委员若干人组成

B. 在全国人大闭会期间，全国人大常委会有权审查和批准中央决算，有权审查和批准国民经济和社会发展计划以及国家预算在执行过程中所必须作的部分调整方案

C. 全国人大常委会会议期间，委员会组成人员有 30 人以上联名就可以向国务院及其各部门、国家监察委员会、最高人民法院、最高人民检察院提出书面质询案

D. 上届全国人大产生的委员会负责召集下一届全国人大第一次会议

6. 关于国务院的职权，下列说法中正确的是哪一项？（　　）

A. 国务院根据宪法和全国人民代表大会的授权，制定一般性法律和行政法规

B. 国务院依法改变或者撤销地方各级国家行政机关的不适当的决定和命令

C. 国务院依法管理对外事务，批准参加双边或多边国际条约

D. 国务院依法决定某一省、自治区、直辖市进入紧急状态

7. 关于全国人民代表大会，下列说法中错误的是哪一项？（　　）

A. 全国人民代表大会是最高国家权力机关

B. 全国人民代表大会是最高国家立法机关

C. 在我国国家机构体系中，全国人民代表大会居于首要地位

D. 全国人民代表大会每届任期为 4 年

**二、多项选择题，每题所给的选项中有两个或两个以上正确答案，少答或多答均不得分。**

1. 关于一个国家机关对其他国家机关行为的改变和撤销的权力，下列哪些说法是正确的？（　　）

A. 人大可以改变和撤销本级政府不适当的决定和命令

B. 上级政府可以改变和撤销下级政府不适当的决定和命令

C. 人大可以改变和撤销本级常委会不适当的决定和命令

D. 人大可以改变和撤销下级人大及其常委会不适当的决议

2. 全国人大常委会是全国人大的常设机关，在全国人大闭会期间行使职权。下列关于全国人大常委会人事任命方面的权力的说法中，正确的有哪些？（　　）

A. 在全国人大闭会期间，根据国务院总理的提名，决定水利部部长人选

B. 在全国人大闭会期间，根据中央军委主席的提名，决定中央军委副主席的人选

C. 根据最高人民法院院长的提请，任免最高人民法院审判员

D. 根据最高人民检察院检察长的提请，批准西藏自治区人民检察院检察长的任免

3. 关于监察委员会，下列哪些说法是正确的？（　　）

A. 国家监察委员会主任由全国人大选举，副主任、委员由国家监察委员会主任提请全国人大任免

B. 监察委员会由主任、副主任若干人、委员若干人、副委员若干人组成

C. 地方各级监察委员会对本级人大及其常委会和上一级监察委员会负责，接受监督

D. 监察委员会主任连续任职不得超过两届

4. 下列哪些主体有权向全国人大提出罢免案？（　　）

A. 全国人大主席团　　B. 3 个以上的代表团

C. 1/10 以上的代表　　D. 全国人大常委会

5. 下列哪些选项属于国家机关履行国家职能？（　　）

A. 外交部发言人强烈谴责国家恐怖主义

B. 全国政协主席应邀出访尼泊尔、印度等国

C. 国家主席应邀出席亚太经合组织会议

D. 上海市人民政府召开动员大会，号召全市人民把上海建成国家卫生城市

## 理解与应用篇

**一、单项选择题，每题所给的选项中只有一个正确答案。**

1. 下列关于地方人大的说法中，哪一项是错误的？（　　）

A. 人大代表的产生采取直接选举和间接选举并用的方式

B. 乡镇人大主席团或1/10 以上代表联名，可以提出对人大（副）主席、（副）乡长、（副）镇长的罢免案，由主席团提请乡镇人大会议审议

C. 设区的市、自治州人大有权对城乡建设与管理、生态文明建设、历史文化保护、基层治理等方面的事项制定地方性法规

D. 地方各级人大的每届任期均为 5 年

2. 关于全国人大常委会的职权，下列哪一说法是错误的？（　　）

A. 解释宪法，监督宪法的实施

B. 监督中央和地方预算的执行

C. 在全国人大闭会期间，决定批准或废除同外国缔结的条约和重要协定

D. 在全国人大闭会期间，宣布全国进入战争状态

3. 关于全国人民代表大会常务委员会，下列说法中错误的是哪一项？（　　）

A. 全国人民代表大会常务委员会全体会议一般每两个月举行一次，由委员长召集并主持

B. 全国人民代表大会常务委员会无权决定、任免国家机关领导人员

C. 委员长会议可以向常务委员会提出属于常务委员会职权范围内的议案，由常务委员会会议审议

D. 国务院、中央军事委员会、国家监察委员会、最高人民法院、最高人民检察院、委员长会议、全国人民代表大会各专门委员会、常务委员会组成人员 10 人以上联名，可以向全国人民代表大会常务委员会提出属于常务委员会职权范围内的议案

4. 根据我国现行《宪法》的规定，某部是国务院的组成单位，国务院总理拟提名张某为该部部长。下列有关张某任职的说法中，正确的是哪一项？（　　）

A. 张某经任命后既属于国务院组成人员，也是国务院常务会议的组成人员

B. 根据《宪法》规定，张某必须是年满 45 周岁的中华人民共和国公民

C. 国务院总理只能向全国人民代表大会常务委员会提名张某

D. 国家权力机关通过张某的任命后，由国家主席宣布任命

5. 关于地方人民代表大会常务委员会，下列哪一说法是错误的？（　　）

A. 常委会主任召集和主持常委会会议和主任会议

B. 各级人民代表大会常务委员会均由主任、副主任、委员、秘书长组成

C. 县级以上地方各级人民代表大会常务委员会设代表资格审查委员会，由主任委员、副主任委员和委员组成，由主任会议在常委会组成人员中提名，常委会会议通过

D. 常委会会议每两个月至少举行一次

6. 关于国家主席职位的补缺，下列哪一说法是错误的？（　　）

A. 国家主席缺位时，由副主席继任主席的职位

B. 副主席缺位时，由全国人大补选

C. 国家主席、副主席都缺位时，由全国人大进行补选

D. 国家主席、副主席都缺位时，在补选之前，由国务院总理暂时代理国家主席的职位

7. 地方各级人大和地方各级人民政府属于地方国家机关。下列有关地方各级人大会议制度的说法中，正确的是哪一项？（　　）

A. 地方各级人大会议每年至少举行一次，经 1/10 以上代表的提议，可以临时召集本级人大会议

B. 县级以上人大代表 15 名以上，乡镇人大代表 10 名以上联名，可以向本级人大提出属于本级人大职权范围内的议案

C. 地方各级国家机关负责人的产生一般由本级人大主席团或代表依照法律规定联合提名

D. 县级以上人大开会期间，大会主席团、常委会或1/5 以上代表联名，可以提出对本级人大常委会组成人员、人民政府组成人员、监察委员会主任、人民法院院长、人民检察院检察长的罢免案，由主席团提请大会审议

8. 全国人大及其常委会行使的职权中包括：①审查和批准国民经济和社会发展计划和计划执行情况的报告；②决定特别行政区的设立及其制度；③决定特赦；④决定同外国缔结的条约和重要协定的批准和废除。其中，应由全国人大行使的职权是：（　　）

A. ①②③④　　　　B. ②③

C. ①②　　　　　　　　D. ②④

9.《宪法》第93条第1款规定，中华人民共和国中央军事委员会领导全国武装力量。下列关于中央军事委员会的说法中，正确的是哪一项？（　　）

A. 中央军事委员会由主席、副主席若干人、委员若干人组成，实行集体领导制

B. 根据全国人大常委会决议，中央军事委员会每届任期同全国人民代表大会每届任期可以略有差异

C. 中央军事委员会主席对全国人民代表大会和全国人民代表大会常务委员会负责，不对国家主席负责

D. 中央军事委员会主席无法履职时，由国家副主席代理

**二、多项选择题，每题所给的选项中有两个或两个以上正确答案，少答或多答均不得分。**

1.《宪法》第128条规定：“中华人民共和国人民法院是国家的审判机关。”下列关于人民法院的产生、任期和职权的说法中，正确的是哪些？（　　）

A. 最高人民法院院长每届任期同全国人民代表大会每届任期相同，连续任职不得超过两届

B. 人民法院审理案件，除法律规定的特别情况外，一律公开进行。被告人有权获得辩护

C. 人民法院依照法律规定独立行使审判权，不受行政机关、社会团体和个人的干涉

D. 最高人民法院对全国人民代表大会和全国人民代表大会常务委员会负责，地方各级人民法院对产生它的国家权力机关负责

2. 关于国家主席的职权，下列哪些说法是正确的？（　　）

A. 法律经全国人大或全国人大常委会正式通过后，由国家主席予以颁布施行

B. 国家主席根据全国人大常委会的决定，发布特赦令、发布动员令、宣布进入紧急状态、宣布战争状态等

C. 副主席受托行使国家主席职权时，具有与国家主席同等的法律地位

D. 国家主席有权任免国务院的组成人员和驻外全权代表

3. 下列选项中，有权向全国人大常委会提出法律解释要求的主体有哪些？（　　）

A. 国务院

B. 全国人大各专门委员会

C. 重庆市人大常委会

D. 深圳市人大常委会

4. 下列关于民族自治地方的说法中，正确的是哪些？（　　）

A. 民族自治地方的名称，除特殊情况外，按照地方名称、民族名称、行政地位的顺序组成

B. 民族自治地方一经建立，未经法定程序，不得撤销或者合并；民族自治地方的区域界线一经确定，未经法定程序，不得变动；确实需要撤销、合并或者变动的，应由所涉区域的上级政府报请国务院批准

C. 各民族自治地方的人民政府都是国务院统一领导下的国家行政机关，都服从国务院

D. 民族自治地方的人民代表大会有权依照当地民族的政治、经济和文化的特点，制定自治条例和单行条例。自治区的自治条例和单行条例，报全国人民代表大会常务委员会批准后生效。自治州、自治县的自治条例和单行条例，报省或者自治区的人民代表大会常务委员会批准后生效，并报全国人民代表大会常务委员会备案

5. 关于全国人大的专门委员会，下列哪些说法是正确的？（　　）

A. 专门委员会是全国人大的辅助性的工作机构

B. 专门委员会是从代表中选举产生的、按照专业分工的工作机关

C. 各专门委员会经过充分讨论后作出的决议具有国家权力机关所作的决定的效力

D. 各委员会的人选由全国人大主席团在代表中提名，由大会表决决定

6. 全国人民代表大会各专门委员会，如果认为最高人民法院和最高人民检察院所报备的司法解释与法律精神相抵触，经协调后司法机关不予废止，可以采用下列哪些措施？（　　）

A. 向全国人大常委会报告

B. 向全国人大常委会委员长会议报告

C. 提出由全国人大常委会进行立法解释的议案

D. 提出要求作出司法解释的司法机关修改、废止该司法解释的议案

## 综合提高篇

**一、多项选择题，每题所给的选项中有两个或两个以上正确答案，少答或多答均不得分。**

1. 根据宪法和法律，下列关于人民法院的说法中，正确的有哪些？（　　）

A. 人民法院审判案件，实行合议制

B. 人民法院审判第一审案件，由审判员组成合议庭或者由审判员和人民陪审员组成合议庭进行；简单的民事案件、轻微的刑事案件和法律另有规定的案件，可以由审判员一人独任审判

C. 人民法院审判上诉和抗诉的案件，由审判员组成合议庭进行。合议庭由院长或者庭长指定审判员一人担任审判长；院长或者庭长参加审判案件的时候，自己担任审判长

D. 地方各级人民法院审判委员会委员，由院长提议并由审判委员会集体决议任免

2. 全国人民代表大会制度的良好运行，依赖于其

良好的机构设置和会议制度。关于全国人大及其下设机构的说法中,错误的是哪些?(　　)

A. 全国人民代表大会设立民族委员会、宪法和法律委员会、监察和司法委员会、财政经济委员会、教育科学文化卫生委员会、外事委员会、华侨委员会和其他需要设立的专门委员会

B. 各专门委员会在全国人民代表大会领导下,研究、审议和拟订有关议案。除全国人民代表大会之外,各专门委员会不对任何机构负责

C. 全国人民代表大会常务委员会委员长主持全国人民代表大会常务委员会的工作,召集全国人民代表大会常务委员会会议

D. 委员长、副委员长、秘书长及各专门委员会主任委员组成委员长会议,处理全国人民代表大会常务委员会的重要日常工作

3. 根据《宪法》和《全国人民代表大会和地方各级人民代表大会代表法》等的规定,下列哪些选项属于全国人大代表享有的权利?(　　)

A. 出席全国人大会议,参加审议各项议案、报告和其他议题

B. 在全国人大闭会期间,没有经过全国人大常委会的许可,全国人大代表不受逮捕或者刑事审判

C. 全国人大代表在全国人大各种会议上的发言和表决不受法律追究

D. 提出对各方面工作的建议、批评和意见

**二、不定项选择题,每题所给的选项中有一个或一个以上正确答案,不答、少答或多答均不得分。**

1. 关于全国人大常委会,下列说法中正确的是:(　　)

A. 全国人大常委会对全国人大负责并报告工作,接受其监督

B. 全国人大常委会组成人员必须是全国人大代表

C. 全国人大常委会的组成人员可以兼任国家行政机关、监察机关、审判机关和检察机关的职务

D. 在全国人大常委会的组成人员中,应当有适当名额的少数民族代表

2.《宪法》规定了全国人大成立调查委员会的条件和程序。对此,下列说法中正确的是:(　　)

A. 全国人大及其常委会都可以在自己认为必要的时候,组织调查委员会

B. 调查委员会进行调查的时候,一切有关的国家机关、社会团体和公民都有义务向它提供必要的材料

C. 全国人大及其常委会可以根据调查委员会的报告,作出相应的决议

D. 调查委员会的调查对象一般是关于特定问题的

3. 下列可以向全国人大提出属于全国人大职权范围内的议案的是:(　　)

A. 全国人大主席团

B. 全国人大各专门委员会

C. 一个代表团

D. 20 名代表联名

4. 下列有关城市居民委员会的说法中,正确的是:(　　)

A. 居民公约由居民会议讨论制定,报不设区的市、市辖区的人民政府或者其派出机关备案,由居民委员会监督执行。居民应当遵守居民会议的决议和居民公约。居民公约的内容不得与宪法、法律、法规和国家的政策相抵触

B. 居民委员会办理本居住地区公益事业所需的费用,经居民会议讨论决定,可以根据自愿原则向居民筹集,也可以向本居住地区的受益单位筹集,但是必须经受益单位同意;收支帐目应当及时公布,接受居民监督

C. 居民委员会的工作经费和来源,居民委员会成员的生活补贴费的范围、标准和来源,由不设区的市、市辖区的人民政府或者上级人民政府规定并拨付;同时,还可以由市、市辖区的人民政府或者上级人民政府决定,从居民委员会的经济收入中给予适当补助

D. 居民委员会的办公用房,由当地人民政府统筹解决

5. 下列关于各级人大常委会监督权的行使的说法中,正确的是:(　　)

A. 各级人大常委会对属于其职权范围内的事项,需要作出决议、决定,但有关重大事实不清的,可以组织关于特定问题的调查委员会

B. 在常委会举行会议的 20 日前,一府两院将报告交专门委员会或常委会工作机构征求意见;根据意见修改后,在会议 10 日前送交常委会

C. 地方各级政府有关主管部门应当在本级人大常委会举行会议审批预算调整方案的 1 个月前,将初步方案送交本级人大财政经济委员会进行初步审查,或者送交常委会有关工作机构征求意见

D. 常委会认为必要时,可以对审计工作报告作出决议;本级政府应当在决议规定的期限内,将执行决议的情况向常委会报告

6. 良好的分工配合有利于各国家机关权力的高效运转,司法机关与权力机关的分工配合是我国政治体制的重要规定。下列各选项中,由最高人民法院院长或最高人民检察院检察长提请全国人大常委会任免的是:(　　)

A. 最高人民检察院检察委员会委员

B. 最高人民法院审判委员会委员

C. 最高人民法院副院长

D. 军事检察院副检察长

# 第六章　宪法的实施与监督*

## 基础知识篇

**一、单项选择题，每题所给的选项中只有一个正确答案。**

宪法实施是宪法规范在实际生活中的贯彻落实。主要包括宪法的执行、适用和遵守。关于宪法实施下列哪一说法是错误的？（　　）

A. 宪法在国家法律体系中居于最根本的地位，具有最高的法律效力

B. 宪法在实施过程中，对人们的行为后果往往从具体方面作出肯定与否定的评价

C. 宪法对行为只是从总体上作肯定与否定的评价，为一般法律的具体评价和责任追究提供基础和依据

D. 宪法实施不可能单纯是宪法本身或社会生活某一方面的问题，而是整个国家具有高度综合性的社会问题，需要考虑国家和社会生活中的各种综合因素

**二、多项选择题，每题所给的选项中有两个或两个以上正确答案，少答或多答均不得分。**

1. 下列关于宪法监督的说法中，正确的是哪些选项？（　　）

A. 在规范性文件颁布实施以前，由有权机关对其合宪性作出审查，对不合宪的文件或给予修改或给予撤销，属于事先审查

B. 在规范性文件颁布以后，有关主体对其合宪性提出疑问，由有权机关对其合宪性作出审查，对不合宪的规范性文件予以撤销，属于事后审查

C. 我国宪法监督机关包括全国人大及其常委会

D. 针对违宪的法律可以采取撤销违宪法律的方式

2. 关于宪法修改，下列哪些说法是正确的？（　　）

A. 宪法修改是调整宪法规范与社会生活冲突的基本形式之一

B. 宪法的修改机关是宪法授权的特定机关

C. 宪法的修改程序比普通法律的修改程序更为严格

D. 宪法修改包括宪法规范内容的变更和宪法规范形式的变更

## 理解与应用篇

**一、单项选择题，每题所给的选项中只有一个正确答案。**

1. 关于我国宪法修改的实践，下列哪一说法是错误的？（　　）

A. 自 1954 年《宪法》制定以来，我国宪法共经历过 3 次全面修改和 7 次部分修改

B. 第二次全面修改是对 1975 年《宪法》的修改，通过并颁布 1978 年《宪法》

C. 宪法的修改机关是全国人民代表大会和全国人民代表大会常务委员会

D. 1988 年、1993 年、1999 年、2004 年和 2018 年分别对 1982 年《宪法》进行了部分修改

2. 关于我国宪法的修改，下列说法中错误的是哪一项？（　　）

A. 修改主体为全国人大

B. 提案主体为全国人大常委会或 1/3 以上的全国人大代表

C. 全体代表的 2/3 以上多数通过

D. 宪法修正案由全国人大主席团公布

**二、多项选择题，每题所给的选项中有两个或两个以上正确答案，少答或多答均不得分。**

1. 关于地方人大的质询案，下列说法中正确的是哪些选项？（　　）

A. 地方各级人民代表大会举行会议的时候，代表 10 人以上联名可以书面提出对本级人民政府和它所属各工作部门以及监察委员会、人民法院、人民检察院的质询案。质询案必须写明质询对象、质询的问题和内容

B. 质询案由主席团决定交由受质询机关在主席团会议、大会全体会议或者有关的专门委员会会议上口头答复，或者由受质询机关书面答复。在主席团会议或者专门委员会会议上答复的，提质询案的代表有权列席会议、发表意见；主席团认为必要的时候，可以将答复质询案的情况报告印发会议

C. 质询案以口头答复的，应当由受质询机关的负责人到会答复

D. 质询案以书面答复的，应当由受质询机关的负责人签署，由主席团印发会议或者印发提质询案的代表

2. 关于宪法解释的机关，下列哪些说法是正确的？（　　）

A. 由立法机关解释宪法的制度源自英国

B. 由司法机关按照司法程序解释宪法的体制起

* 本章答案参见第 56 页。

源于美国

C. 最早提出设立宪法法院的是奥地利规范法学派代表人物汉斯·凯尔森

D. 专门机关解释宪法普遍采用司法积极主义原则

## 综合提高篇

**一、多项选择题，每题所给的选项中有两个或两个以上正确答案，少答或多答均不得分。**

根据我国《宪法》和法律，下列行为中构成违宪的有哪些？（　　）

A. 某村村民王某一家5口人均在外地经商，在人大代表选举日，王某全家委托其母梁某回乡参加投票，梁某代表全家5口人对候选人孙某投了5张赞成票

B. 某县人大常委会主持本县人大代表的选举工作

C. 某县共有选民573579人，其中参加投票的人数为271753人，以231123票通过了对县级人大代表胡某的罢免决议

D. 某乡有选民1235人，其中有735人参加了投票；候选人张某获得选票623张，被宣布当选乡人大代表

**二、不定项选择题，每题所给的选项中有一个或一个以上正确答案，不答、少答或多答均不得分。**

1. 下列关于我国宪法监督制度的说法中，正确的是：（　　）

A. 我国采取事先审查与事后审查相结合的方式

B. 我国属于代议机关作为宪法监督机关的模式

C. 我国的宪法监督模式是1975年《宪法》确立的

D. 1982年《宪法》授予全国人大常委会“监督宪法的实施”的职权

2. 关于合宪性审查和备案审查，下列选项正确的是：（　　）

A. 备案审查是指对规范性文件的合法性审查

B. 备案审查的对象有法规、规章、司法解释三类

C. 合宪性审查的主体是全国人大宪法和法律委员会

D. 合宪性审查的对象是规范性文件和具体行为

3. 关于宪法宣誓制度，下列说法中正确的是：（　　）

A. 宣誓人员是国家工作人员

B. 2018年《宪法修正案》将宪法宣誓制度写入《宪法》

C. 集体宣誓时，由一人领誓，领誓人左手握拳，右手抚按《宪法》

D. 宣誓场所应当悬挂中华人民共和国国旗或者国徽

4. 关于我国规范性法律文件的备案制度，下列说法中正确的是：（　　）

A. 行政法规报全国人民代表大会常务委员会备案

B. 省、自治区、直辖市的人民代表大会及其常务委员会制定的地方性法规，报全国人民代表大会常务委员会和国务院备案

C. 部门规章和地方政府规章报国务院备案

D. 根据授权制定的法规应当报授权决定规定的机关备案

5. 根据我国宪法和有关法律的规定，下列说法中正确的是：（　　）

A. 全国人大常委会有权改变或者撤销国务院制定的同宪法、法律相抵触的行政法规

B. 全国人大可以改变或者撤销全国人大常委会作出的不适当决议

C. 全国人大常委会有权对最高人民法院的错误判决进行宪法监督，但不能改变或撤销判决

D. 全国人大常委会有权撤销直辖市国家权力机关制定的同宪法、法律、行政法规相抵触的地方性法规，但不能改变

6. 根据我国现行《宪法》的规定，下列行为中构成违宪的是：（　　）

A. 某县共有人大代表500名，经其中的101名代表提议，临时召集本级人大会议

B. 某直辖市人大常委会依法罢免该市某一失职的中级人民法院院长

C. 全国人大常委会撤销国务院制定的行政法规

D. 全国人大专门委员会对国务院制定的行政法规提出书面审查意见，并要求限期修改

7. 我国对于违宪行为的制裁措施包括：（　　）

A. 撤销违宪法律

B. 宣布违宪法律无效

C. 对违宪行为进行审判

D. 不得通过违宪法案，并责令立法机关修改

8. 关于法律位阶及法律冲突的解决，下列说法中正确的是：（　　）

A. 部门规章之间、部门规章与地方政府规章之间具有同等效力，在各自的权限范围内施行

B. 同一机关制定的法律、行政法规、地方性法规、自治条例和单行条例、规章，特别规定与一般规定不一致的，适用特别规定；新的规定与旧的规定不一致的，适用新的规定

C. 法律、行政法规、地方性法规、自治条例和单行条例、规章不溯及既往，但为了更好地保护公民、法人和其他组织的权利和利益而作的特别规定除外

D. 地方性法规与部门规章之间对同一事项的规定不一致，不能确定如何适用时，由国务院提出意见。国务院认为应当适用地方性法规的，应当决定在该地方适用地方性法规的规定；认为应当适用部门规章的，应当提请全国人民代表大会常务委员会裁决

# 参考答案及解析

## 第一章　宪法基本理论

### 基础知识篇

一、1. C。考查宪法的特征。宪法的修改需要全国人大以全体代表的2/3以上的多数通过。

2. A。考查宪法的修改。我国的修宪机关是全国人大,宪法修正案由全国人大主席团公布。全国人大常委会或者1/5以上全国人大代表联名,可以提出议案。2004年是对宪法的部分修改,而非全面修改。

3. C。考查宪法的解释。英国是立法机关解释宪法,我国的全国人大常委会有权解释宪法,属于立法机关解释。

4. D。考查宪法的基本特征。就对国家权力的限制和对公民权利的保障这两者关系而言,对公民权利的保障居于核心和支配地位,因此,D选项错误。

5. D。考查宪法的分类。1889年《大日本帝国宪法》属于钦定宪法。

6. C。考查宪法的制定。C选项错误,人民作为制宪主体并不意味着人民直接参与制宪的过程。

7. C。考查我国宪法的渊源。我国宪法的渊源包括宪法典、宪法性法律、宪法惯例和国际条约,但不包括宪法判例。宪法性法律不具有最高的法律效力。宪法惯例虽然是我国宪法渊源,但因为没有成文规定,所以违反惯例的行为不是违宪行为。宪法序言、正文、附则的内容都具有最高的法律效力。

二、1. ABD。考查宪法的概念和特征。C选项错误,我国宪法不具有可诉性。

2. AB。考查宪法的基本原则。政府、监察机关、法院以及检察院需对同级人大负责,接受同级人大监督。《宪法》中的权力制约原则,既包括国家机关之间的相互制约,也包括公民对国家机关的制约。

3. ABCD。考查宪法的历史发展。

4. ACD。《共同纲领》是新中国第一部宪法性文件,因此A选项说法正确。《共同纲领》是宪法性文件,在1954年《宪法》问世前,起到临时宪法作用。1954年《宪法》是新中国第一部社会主义类型的宪法,是在《共同纲领》的基础上制定的。两者是前法和后法的关系,不应横向比较效力位阶,不能说《共同纲领》的效力高于1954年《宪法》。B选项说法错误。

C选项,按照有无严格的制定、修改机关和程序,宪法可以被分为刚性宪法和柔性宪法。刚性宪法的制定和修改机关及程序不同于一般的法律,柔性宪法的制定和修改机关及程序与一般的法律相同。成文宪法国家一般都是刚性宪法,不成文宪法国家一般都是柔性宪法。

我国宪法的制定主体是人民。制宪机关是一届全国人大一次会议,法律(此处取狭义)的制定主体是全国人大及其常委会。我国的修宪机关是全国人大,而法律的修改主体是全国人大及其常委会。修宪由全国人大以全体代表的2/3以上的多数通过,而法律由全体代表过半数通过。可以看出,1954年《宪法》的制定和修改机关及程序都不同于一般法律。C选项说法正确。

D选项,《共同纲领》是宪法性文件,1954年《宪法》是宪法典,都是规范性文件,都具有规范性。纲领性是指不仅对现实社会生活有所规定,还明确表达了对未来的追求,指明了国家和社会发展的目标和宏伟发展思路。1954年《宪法》是在《共同纲领》的基础上制定的,《共同纲领》和1954年《宪法》都明确表达了对未来的追求,指明了国家和社会发展的目标和宏伟发展思路,都具有纲领性。D选项说法正确。

(陷阱点拨:新中国成立后,于1954年、1975年、1978年和1982年通过四部宪法,但只有1954年《宪法》是制定的,其他三部都是对1954年《宪法》的全面修改。因此我国的制宪机关是1954年一届全国人大一次会议。按照《宪法》的规定,全国人民代表大会没有制定宪法的权力,只有修改宪法的权力。)

5. ACD。考查宪法的特征。近代意义上的宪法才是资产阶级民主事实的必然结果。因此,B选项错误。

### 理解与应用篇

一、1. D。考查宪法的效力。宪法对境内外国公民和国外的本国公民均具有效力,我国宪法并未规定条约与宪法的关系。

2. D。考查宪法的结构。只有成文宪法才有结构问题,不成文宪法没有结构问题。美国宪法的序言不是宪法的组成部分。我国现行《宪法》只有序言和正文,没有附则部分。

3. D。考查2018年宪法修改内容。"国家建立健全同经济发展水平相适应的社会保障制度"为2004年《宪法修正案》增加的内容。

4. C。考查宪法保障的方式。立法机关监督的方式起源于英国,司法机关监督的方式起源于美国的

“马伯里诉麦迪逊案”,专门机关监督的方式起源于法国1799年设立的护法元老院。宪法监督的内容包括审查“规范”的合法性和“行为”的合法性两个方面。

二、1. ACD。考查权力制约原则。B选项错误,权力制约原则既包括公民权利对国家权力的制约,也包括国家权力相互之间的制约。

2. ABD。考查宪法的功能。宪法规定限制国家权力行使的原则与程序,确立所有公权力活动的界限,体现的是宪法的限制功能,因此C选项错误。

## 综合提高篇

一、1. ABD。考查宪法规范。《宪法》第1条就包含了确认性规范与禁止性规范两种,故C选项错误。

2. AD。考查中国宪法的历史发展。1949年制定的《共同纲领》起到了临时宪法的作用,第一届全国人民代表大会第一次会议制定的1954年《宪法》是新中国第一部社会主义类型的宪法,因此B选项错误。1975年、1978年和1982年进行了全面修改,而非C选项中的1974年,因此,C选项错误。

3. AB。考查宪法与国家。根据题意可知AB两项符合要求。C选项是在第二种意义上使用“国家”一词,D选项是在第三种意义上使用“国家”一词。因此,正确答案是AB。

4. ABCD。考查宪法在社会主义法治国家建设中的作用。

二、1. C。考查宪法的适用范围。全国人大虽然授权香港特别行政区适用《香港特别行政区基本法》,但是宪法在香港特别行政区依然有效。

2. ABCD。考查宪法的功能。

3. AD。考查宪法的渊源。A选项错误,美国是成文宪法国家。D选项错误,宪法惯例是与宪法有同等效力的习惯或传统。

4. BD。考查宪法的结构。A选项错误。我国现行《宪法》正文的排序是:总纲,公民的基本权利和义务,国家机构,国旗、国歌、国徽、首都。1982年《宪法》将“公民的基本权利和义务”一章提到“国家机构”之前。C选项错误,附则也是宪法的一部分,因此,其法律效力和一般条文相同。

5. ABC。考查宪法性法律。宪法性法律是指虽然不包括在宪法条文中,但其内容是规定国家最根本、最重要的问题或者由国家立法机关为实施宪法而制定的有关规定宪法内容的法律。英国作为不成文宪法国家的典型,不存在根本法意义上的宪法,只存在部门法意义上的宪法。因此,ABC选项正确。D选项错误,宪法性法律不是宪法,而是规定宪法内容的法律。

6. AC。考查历次宪法修改内容。“我国将长期处于社会主义初级阶段”是1999年《宪法修正案》的内容,因此,B选项错误;“国家尊重和保障人权”是2004年《宪法修正案》规定的内容,因此,D选项错误。

7. C。A选项,宪法惯例是一种社会规范,因此具有规范性,但宪法惯例并非法律,其是在国家长期政治生活实践中形成的,为公民及全体社会普遍承认有约束力的习惯或传统。其含义并非由权威机关解释确认。因此A选项说法错误。

B选项,宪法惯例并非法律,没有具体的法律形式,因此不借由国家强制力来保障实施,违反宪法惯例并不构成违宪,也不具有司法上的适用性,不会直接导致一定的法律后果。例如,在我国,全国人大和全国政协往往同时举行会议。这就是一种宪法惯例,但如果某一年的两会不同时举行,也并不违宪,不会导致任何法律后果。因此B选项说法错误。

C选项,宪法惯例没有具体的法律形式,不论是在成文法还是不成文法国家,宪法惯例都不规定在宪法典或宪法性法律中,而是散见于政党纲领及法院判例中,因此宪法惯例可以形成书面文件。C选项说法正确。

D选项,宪法惯例并非法律,不具有司法上的适用性,主要依靠政治家的自觉和公共舆论来保证实施。因此无论是宪法法院还是专门机关都不能适用。D选项说法错误。

# 第二章　国家的基本制度(上)

## 基础知识篇

一、1. D。考查人民民主专政的内涵。我国人民民主专政的主要特点是中国共产党领导的多党合作和政治协商制度、爱国统一战线,因此D选项错误。

2. C。考查社会主义市场经济体制。C选项错误,1999年全国人民代表大会通过修改宪法序言的修正案,将“发展社会主义市场经济”作为一项重要的国家任务写进宪法。

3. B。考查人民代表大会制度。作为我国的政体,人民代表大会制度同时也是我国的根本政治制度。它全面表现了我国的阶级本质,是我国国家机构得以建立、健全和国家政治生活全面开展的基础。因此,B项为正确答案。A选项中,人民代表大会制度的内涵之一是各级人大接受人民的委托和授权,代表人民行使国家权力;全国人民代表大会是最高国家权力机关,行使国家权力具有最高性;全国人民代表大会是其他一般国家权力的来源,但并不能说全国人民代表大会行使所有国家权力。因此,A选项错误。C选项中,其他国家机关由人大产生,接受人大的监督,它们的关系不是相互监督的关系,故C选项错误。D选项中,全国人民代表大会是一切国家权力之源,但并非行使一切国家权力的机关,国家权力的行使也存在立法、行政、司法方面的分工。因此,D选项错误。

二、ABD。“中国共产党领导的多党合作和政治协商制度将长期存在和发展”是1993年八届全国人大一次会议通过的《宪法修正案》第4条的规定,C选项错误。

## 理解与应用篇

一、1. B。考查经济制度与宪法的关系。B选项内容为1999年《宪法修正案》的规定。

2. B。考查中国特色的社会主义市场经济体制。1999年《宪法修正案》将“发展社会主义市场经济”作为一项重要的国家任务写进宪法序言中,因此,B选项错误。

二、1. BC。考查国家的基本文化制度。《魏玛宪法》不但对公民的文化权利作出了规定,还对国家的基本文化政策作出了规定。保护知识产权是保护公民财产权利的内容,不属于国家基本文化政策的范畴。因此,AD选项错误。

2. ABCD。考查我国的社会保障制度。

## 综合提高篇

一、1. CD。考查宪法中的农村经济制度。《宪法》第8条第1款规定,农村集体经济组织实行家庭承包经营为基础、统分结合的双层经营体制。农村中的生产、供销、信用、消费等各种形式的合作经济,是社会主义劳动群众集体所有制经济。参加农村集体经济组织的劳动者,有权在法律规定的范围内经营自留地、自留山、家庭副业和饲养自留畜。我国农村经济的基本组织形式是家庭承包经营为基础的统分结合的双层经营体制。因此,A选项错误。农村土地所有权归集体所有,不是国家,故B选项错误。

2. BCD。考查我国全民所有制经济制度。《宪法》第10条第1、2款规定,城市的土地属于国家所有。农村和城市郊区的土地,除由法律规定属于国家所有的以外,属于集体所有;宅基地和自留地、自留山,也属于集体所有。因此,A选项错误。

二、1. ABC。考查我国的选举制度。D选项不正确,选区划分发生在直接选举过程中。选区又划分为若干选民小组。

2. ABCD。考查国家基本文化制度的具体内容。

3. ABCD。考查宪法规定的基本经济制度。《宪法》第8条第3款规定,国家保护城乡集体经济组织的合法的权利和利益,鼓励、指导和帮助集体经济的发展。第11条规定,在法律规定范围内的个体经济、私营经济等非公有制经济,是社会主义市场经济的重要组成部分。国家保护个体经济、私营经济等非公有制经济的合法的权利和利益。国家鼓励、支持和引导非公有制经济的发展,并对非公有制经济依法实行监督和管理。

4. ABD。考查宪法关于公民道德教育的规定。C选项错误。《宪法》第24条规定,国家通过普及理想教育、道德教育、文化教育、纪律和法制教育,通过在城乡不同范围的群众中制定和执行各种守则、公约,加强社会主义精神文明的建设。国家倡导社会主义核心价值观,提倡爱祖国、爱人民、爱劳动、爱科学、爱社会主义的公德,在人民中进行爱国主义、集体主义和国际主义、共产主义的教育,进行辩证唯物主义和历史唯物主义的教育,反对资本主义的、封建主义的和其他的腐朽思想。据此,国家以“五爱”为基础进行社会主义道德教育,与公民必须履行的尊重社会公德的义务是一致的。

5. ABCD。考查我国宪法对文化制度的规定。参见《宪法》第19、22、24条。

6. AC。考查财产权的宪法规定。《宪法》第13条规定,公民的合法的私有财产不受侵犯。国家依照法律规定保护公民的私有财产权和继承权。国家为了公共利益的需要,可以依照法律规定对公民的私有财产实行征收或者征用并给予补偿。A选项中“神圣”一词表述不正确;C选项中应为“补偿”而非“赔偿”,表述不正确。

# 第三章 国家的基本制度(下)

## 基础知识篇

一、1. C。考查政权组织。瑞士是典型的委员会制国家,因此C选项错误。

2. B。考查香港特别行政区的立法权。《香港特别行政区基本法》第17条规定,香港特别行政区享有立法权。香港特别行政区的立法机关制定的法律须报全国人民代表大会常务委员会备案。备案不影响该法律的生效。全国人民代表大会常务委员会在征询其所属的香港特别行政区基本法委员会后,如认为香港特别行政区立法机关制定的任何法律不符合本法关于中央管理的事务及中央和香港特别行政区的关系的条款,可将有关法律发回,但不作修改。经全国人民代表大会常务委员会发回的法律立即失效。该法律的失效,除香港特别行政区的法律另有规定外,无溯及力。

3. D。澳门行政法院是管辖行政诉讼和税务诉讼的法院,不服行政法院裁决者,可向中级法院上诉,D选项错误。

4. D。考查民族区域自治制度。D选项错误,自治乡不是民族自治地方。

5. B。考查特别行政区享有的立法权。A选项错误,特别行政区无权修改基本法。C选项错误,全国人大常委会无权修改特别行政区立法。根据《香港特别行政区基本法》第17条第1、3款的规定,香港特别行政区享有立法权。全国人民代表大会常务委员会在征询其所属的香港特别行政区基本法委员会后,如认为香港特别行政区立法机关制定的任何法律不符合本法关于中央管理的事务及中央和香港特别行政区的关系的条款,可将有关法律发回,但不作修改。经全国人民代表大会常务委员会发回的法律立即失效。D选项错误,根据《香港特别行政区基本法》第18条第4款的规定,全国人民代表大会常务委员会决定宣布战争状态或因香港特别行政区内发生香港特别行政区政府不能控制的危及国家统一或安全的动乱而决定香港特别行政区进入紧急状态,中央人民政府可发布命令将有关全国性法律在香港特别行政区实施。

二、1. CD。考查我国特别行政区制度。A选项错误,国防、外交以及根据基本法规定的有关行政事务由中央人民政府处理,特别行政区无权自行处理国防和外交事务。B选项错误,特别行政区制定的法律需报全国人大常委会备案,而非全国人大。

2. ABD。考查人大代表名额的确定。参见《全国人民代表大会和地方各级人民代表大会选举法》第12～14条。C选项错误,根据《全国人民代表大会和地方各级人民代表大会选举法》第13条的规定,省、自治区、直辖市的人民代表大会代表的具体名额,由全国人民代表大会常务委员会依照本法确定。设区的市、自治州和县级的人民代表大会代表的具体名额,由省、自治区、直辖市的人民代表大会常务委员会依照本法确定,报全国人民代表大会常务委员会备案。

3. ABCD。考查法的效力位阶。《立法法》第99、100、102条。

4. ACD。考查特别行政区行政长官的当选条件和职责。根据《香港特别行政区基本法》第43条第2款的规定,香港特别行政区行政长官依照本法的规定对中央人民政府和香港特别行政区负责。根据《香港特别行政区基本法》第44条的规定,香港特别行政区行政长官由年满40周岁,在香港通常居住连续满20年并在外国无居留权的香港特别行政区永久性居民中的中国公民担任。根据《澳门特别行政区基本法》第45条第2款的规定,澳门特别行政区行政长官依照本法规定对中央人民政府和澳门特别行政区负责。根据《澳门特别行政区基本法》第46条的规定,澳门特别行政区行政长官由年满40周岁,在澳门通常居住连续满20年的澳门特别行政区永久性居民中的中国公民担任。因此,B选项错误,澳门特别行政区的行政长官任职条件中并无在外国无居留权一项。

5. AD。考查我国选举制度。B选项错误,直选中,选委会汇总提名的候选人后,于选举日的15日以前公布。C选项错误,直接选举中代表候选人的人数应多于应选代表名额的1/3至1倍。

6. CD。考查选举制度。参见《全国人民代表大会和地方各级人民代表大会选举法》第30条。

## 理解与应用篇

一、1. D。考查享有选举权的基本条件。在我国享有选举权的基本条件是:(1)具有中国国籍,是中华人民共和国公民。因此,A、C选项错误。(2)年满18周岁。因此,B选项错误。(3)依法享有政治权利。因此,D选项正确。

2. D。考查民族区域自治制度。依据《民族区域自治法》第20条的规定,该自治县人民政府可以对自治区的某个鼓励各民族通婚的指示变通执行,但是报经本级人民代表大会及其常务委员会批准是错的,而是应当层报自治区人民政府批准,因此A、B选项不得入选。根据《民族区域自治法》第19条的规定,该自治县制定的单行条例,应报自治区人大常委会批准后生效,并报全国人大常委会和国务院备案。故C选项错误,D选项正确。

3. C。考查我国宪法上的行政区划。C选项错误,国务院批准自治州、县、自治县、市的建置和区域划分。

4. C。考查地方人大的选举程序。选项C错误,选民如果在选举期间外出,经选举委员会同意,可以书面委托其他选民代为投票。每一选民接受的委托不得超过3人。

5. A。考查我国的选举制度。县级以上的地方各级人大在选举上一级人大代表时,代表候选人获得全体代表过半数的选票时,始得当选。因此,A选项正确。

6. C。考查选举权的平等性原则。C选项错误,我国选举权的平等性原则既着眼于机会平等,也重视实质平等。

二、1. BCD。A选项错误,应由全国人大常委会委员长代理。《宪法》第84条第3款规定,中华人民共和国主席、副主席都缺位的时候,由全国人民代表大会补选;在补选以前,由全国人民代表大会常务委员会委员长暂时代理主席职位。

2. ABCD。考查人大代表名额的确定。

3. ABCD。考查我国人大代表的罢免、辞职和补选。

4. ABCD。考查特别行政区立法会的立法权。

5. AC。考查民族区域自治制度。A选项表述错误,根据《宪法》第112条的规定,民族自治地方的自治机关是自治区、自治州、自治县的人民代表大会和人民政府。C选项表述错误,根据《宪法》第116条的规定,民族自治地方的人民代表大会有权依照当地民族的政治、经济和文化的特点,制定自治条例和单行条例。自治区的自治条例和单行条例,报全国人民代表大会常务委员会批准后生效。自治州、自治县的自治条例和单行条例,报省或者自治区的人民代表大会常务委员会批准后生效,并报全国人民代表大会常务委员会备案。

6. ACD。考查基层群众性自治组织。B选项错误,村民委员会应当自新一届村民委员会产生之日起10日内完成工作移交。

## 综合提高篇

一、1. ABC。考查我国的选举制度。正式代表候选人名单及代表候选人的基本情况应当在选举日的7日以前公布,因此,D选项错误。

2. ABC。考查基层人大代表的选举。申诉人如果对处理决定不服,可以在选举日的5日以前向人民法院起诉(民事诉讼),人民法院应在选举日以前作出判决,该判决为最后决定。所以D选项错误。

二、1. CD。考查政权组织形式。A选项错误,二元君主立宪制以国家为核心,虽然君主的权力受到宪法和议会的限制,但这种限制的力量非常弱小,君主仍掌握着极大的权力;而议会君主立宪制的主要特点就是君主的权力受到宪法和议会的严格限制,君主对议会、内阁、法院都没有实际控制能力。B选项错误,总统制国家的总统既是国家元首,又是政府首脑,由选民产生,不对议会负责。

2. AC。考查我国的选举制度。A选项正确,罢免县级和乡级人大代表时最少要得到全体选民过半数的同意,但当选只需过半数选民参加投票且获得超过半数选票。B选项错误,乡级人大没有常委会,需要向县级人大常委会提出罢免要求。C选项正确,补选可以采用等额选举。D选项错误,县级、乡级人大代表辞职,向社会公布之后才发生效力。

3. BC。考查我国行政区划变更的法律程序。B选项错误,根据《宪法》第89条第15项和《行政区划管理条例》第7条的规定,县的更名应由国务院审批。C选项错误,省、自治区、直辖市的设立应由全国人大审议决定。

4. ABCD。考查我国选举委员会的职责。

5. ABCD。考查我国的基层群众自治制度。

6. BD。考查民族自治地方的自治权。B选项错误,与外国接壤的民族自治地方经国务院批准,可以开展边境贸易。D选项错误,自治区制定的自治条例和单行条例须报全国人大常委会批准后才能生效。

7. ABCD。考查我国的国家标志。

8. BC。A选项,《香港特别行政区基本法》第8条规定:"香港原有法律,即普通法、衡平法、条例、附属立法和习惯法,除同本法相抵触或经香港特别行政区的立法机关作出修改者外,予以保留。"因此原有法律和基本法相抵触的,也不应予以保留。A选项说法错误。

B选项,《香港特别行政区基本法》第18条第2款规定:"全国性法律除列于本法附件三者外,不在香港特别行政区实施……"《澳门特别行政区基本法》第18条第2款规定:"全国性法律除列于本法附件三者外,不在澳门特别行政区实施……"附件三中的法律包括《国籍法》。因此《国籍法》适用于香港和澳门特别行政区。B选项说法正确。

C选项,《香港特别行政区基本法》由全国人民代表大会根据《宪法》制定通过,地位仅次于宪法。香港特别行政区的制度和政策,包括社会、经济制度,有关保障居民基本权利和自由的制度,行政管理、立法和司法方面的制度,以及有关政策,均以基本法的规定为依据。基本法在特别行政区的法律体系中处于最高法律地位。C选项说法正确。

D选项,《香港特别行政区基本法》第17条规定:"香港特别行政区享有立法权。香港特别行政区的立法机关制定的法律须报全国人民代表大会常务委员会备案。备案不影响该法律的生效。全国人民代表大会常务委员会在征询其所属的香港特别行政区基本法委员会后,如认为香港特别行政区立法机关制定的任何法律不符合本法关于中央管理的事务及中央和香港特别行政区的关系的条款,可将有关法律发回,但不作修改。经全国人民代表大会常务委员会发回的法律立即失效。该法律的失效,除香港特别行政区的法律另有规定外,无溯及力。"由此可知,特别行政区立法机关制定的法律,即使符合基本法和法定程序,如果被全国人大常委会发回,就会立即失效,因此D选项说法错误。

9. ABCD。考查我国行政区域建置和变更权限。参见《宪法》第62、89、107条,《行政区划管理条例》第8条。

10. C。考查基层群众性自治组织。C选项错误。居民会议由居民委员会召集和主持。有1/5以上的18周岁以上的居民、1/5以上的户或者1/3以上的居民小组提议,应当召集居民会议。涉及全体居民利益的重要问题,居民委员会必须提请居民会议讨论决定。

11. B。《全国人民代表大会和地方各级人民代表大会选举法》在2020年进行了修改,因此考生应重点关注。

A选项考查选举主持。根据《全国人民代表大会和地方各级人民代表大会选举法》第9条第2款的规定,不设区的市、市辖区、县、自治县、乡、民族乡、镇设立选举委员会,主持本级人民代表大会代表的选举。由此可以看出,县人大代表的选举由选举委员会主持,而不是由县人大主席团主持。A选项说法错误。

B选项。根据《全国人民代表大会和地方各级人民代表大会选举法》第30条第2款的规定,选民或者代表,10人以上联名,也可以推荐代表候选人。B选项说法正确。

C选项。《全国人民代表大会和地方各级人民代表大会选举法》第31条第2款规定:“由选民直接选举人民代表大会代表的,代表候选人的人数应多于应选代表名额三分之一至一倍;由县级以上的地方各级人民代表大会选举上一级人民代表大会代表的,代表候选人的人数应多于应选代表名额五分之一至二分之一。”前者指直接选举,后者指间接选举。县级人大代表的选举是直接选举,因此候选人的人数应多于应选代表名额1/3至1倍。C选项说法错误。

D选项。《全国人民代表大会和地方各级人民代表大会选举法》第53条第1款规定:“罢免县级和乡级的人民代表大会代表,须经原选区过半数的选民通过。”因此D选项关于罢免的说法正确。《全国人民代表大会和地方各级人民代表大会选举法》第45条第1款规定:“在选民直接选举人民代表大会代表时,选区全体选民的过半数参加投票,选举有效。代表候选人获得参加投票的选民过半数的选票时,始得当选。”可见并非“全体选民”过半同意,而是“参加投票的选民”过半同意,因此D选项关于选举的说法错误。综上,D选项的说法是错误的。

12. ACD。考查民族区域自治地区的司法制度。B选项错误,根据《民族区域自治法》第46条第2款之规定,民族自治地方人民法院的审判工作,受最高人民法院和上级人民法院监督。民族自治地方的人民检察院的工作,受最高人民检察院和上级人民检察院领导。

# 第四章　公民的基本权利和义务

## 基础知识篇

一、1. C。考查基本权利主体。C选项错误,公民的范围比人民的范围更加广泛,公民除包括人民,还包括敌对分子。

2. D。基本权利是一种法律权利,虽然源于人权,但根据法律的规定,某些基本权利是可以被剥夺的。例如,我国《宪法》规定,公民享有选举权,但是可以被司法程序剥夺。

二、1. BC。考查我国公民的人身自由权。A选项错误,生命权属于广义的人身自由。D选项错误,拘留不是司法程序,可以限制人身自由,不一定非法。另外,在正当防卫、紧急避险的情况下剥夺他人人身自由,也不一定非法。

2. AB。考查公民的基本权利和基本义务。我国《宪法》第51条规定,中华人民共和国公民在行使自由和权利的时候,不得损害国家的、社会的、集体的利益和其他公民的合法的自由和权利。因此,C选项错误。宪法作为根本法,没有必要也不可能对公民的所有的法律权利进行规定,宪法规定的只能是一些最重要、最根本的权利。因此,D选项错误。

3. ABCD。考查政治自由。

4. ABD。考查我国宪法规定的宗教信仰自由。宗教信仰自由不包含在政治权利与自由的范畴之内。因此,C选项错误。

5. ABCD。考查我国公民的平等权。

## 理解与应用篇

一、1. C。考查我国公民的政治权利。在高校任教、在国家机关担任司机以及在人民团体中从事非领导职务,都不属于被剥夺政治权利的人禁止从事的活动。被剥夺政治权利的人,没有游行示威的自由。

2. C。考查我国公民的言论自由权。揭发国家机关领导的生活作风问题,属于监督公权力的范畴。在电视节目中公布自己的商业秘密,没有侵犯他人的权利。批评他人的作品,没有针对他人的人身进行攻击的,不属于侮辱诽谤。核弹头储备属于国家秘密,泄露国家秘密已经超出了言论自由的范畴。

3. D。考查宗教信仰自由。D选项错误,宗教信仰自由也包括不信仰宗教的自由。

4. A。考查政治权利和自由。为保证公民选举权和被选举权的有效行使,《宪法》作原则性规定,此外,《全国人民代表大会和地方各级人民代表大会选举法》规定公民行使选举权的具体原则、程序和方法,因此A选项错误。

5. B。考查公民的人身自由。人身自由不是绝对的,必要时,国家可以依法采取搜查、拘留、逮捕等措施,限制甚至剥夺特定公民的人身自由,因此B选项错误。

6. D。考查纳税义务。D选项错误,纳税具有强制性,是一种法律义务,是每一个公民都必须履行的,不履行纳税义务要承担法律责任。

二、1. ABC。考查我国公民的基本权利和义务。甲虽然尚未就业,但是仍负有纳税的义务,如消费税等。休息权是针对劳动者而言的。受教育的义务,是指义务教育阶段受教育,研究生教育不是义务教育。

2. ACD。考查我国公民的基本权利。本题考查对基本权利的理解。侵犯平等权主要体现在对某种不相关因素的区别对待上,“托关系、走后门”导致周某落榜虽然很不公平,但不侵犯其平等权,而是侵犯其受教育权。

3. ABCD。考查征收和征用。

4. ABD。考查我国公民的监督权。C选项错误,控告人通常是直接受到不法侵害的人,检举人不一定与事件有直接关系。

5. ACD。考查公民的社会权利。《宪法》第45条第1款规定,中华人民共和国公民在年老、疾病或者丧失劳动能力的情况下,有从国家和社会获得物质帮助的权利。上述规定中不包括失业,因此,B选项错误。

## 综合提高篇

一、AC。考查政治权利所包含的内容。

二、1. AC。公司的起诉行为是正常诉讼行为,没有侵犯员工的权利。公司制定员工手册规定不准员工外宿,在本案中侵犯了员工的人身自由权。法院认定其规定与宪法精神相悖,所以对员工无约束力。

2. AC。考查宪法的言论自由以及对公民权利进行限制的规则。B选项错误,根据《立法法》第11条第5项之规定,国务院无权制定有关公民政治权利的剥夺、限制人身自由的强制措施和处罚的行政法规。D选项错误,根据《立法法》第12条之规定,《立法法》第11条规定的事项尚未制定法律的,全国人民代表大会及其常务委员会有权作出决定,授权国务院可以根据实际需要,对其中的部分事项先制定行政法规,但是有关犯罪和刑罚、对公民政治权利的剥夺和限制人身自由的强制措施和处罚、司法制度等事项除外。

3. ABCD。考查宪法基本权利。

4. ABCD。考查结社自由的特征。

# 第五章　国家机构

## 基础知识篇

一、1. A。考查我国国家机构的组织和活动原则。中央军委除军委主席之外的所有成员,以及国务院包括总理在内的所有成员,都要经全国人大决定。

2. D。考查民主集中制原则。D选项错误,该选项为责任原则的内容。

3. B。考查国家主席制度。国家主席、副主席由全国人大选举产生,因此B选项错误。

4. C。考查监察委员会。国家监察委员会领导地方各级监察委员会的工作,上级监察委员会领导下级监察委员会的工作。

5. C。考查全国人大常委会。C选项错误,全国人大常委会会议期间,委员会组成人员有10人以上联名就可以向国务院及其各部门、国家监察委员会、最高人民法院、最高人民检察院提出书面质询案。

6. B。考查国务院的职权。参见《宪法》第89条的规定。

7. D。考查全国人民代表大会。D选项错误,全国人大每届任期为5年。

二、1. BC。考查我国人民代表大会制度。上下级之间是领导关系,既可改变又可撤销;上下级之间是监督关系,只能撤销不能改变。人大对本级常委会是领导关系,对本级政府、下级人大及其常委会是监督关系,政府对下级政府是领导关系。

2. ABCD。考查全国人大常委会的职权。参见《宪法》第67条。

3. CD。考查监察委员会。国家监察委员会主任由全国人大选举,副主任、委员由国家监察委员会主任提请全国人大常委会任免,因此,A选项错误。监察委员会由主任、副主任若干人、委员若干人组成,因此,B选项错误。

4. ABC。考查罢免案提出主体。根据法律规定,全国人大主席团或者3个以上的代表团或者1/10以上的代表才能向全国人大提出罢免案。

5. ACD。全国政协不是国家机关,只是一个统一战线组织。

## 理解与应用篇

一、1. B。考查地方人大。乡镇人大主席团或1/5以上代表联名,可以提出对人大(副)主席、(副)乡长、(副)镇长的罢免案,由主席团提请乡镇人大会议审议。因此,B选项错误。

2. D。考查全国人大常委会的职权。全国人大常委会对进入战争状态有决定权,但需要国家主席进行宣布。对于国家主席和常委会职权的衔接,要特别注意。

3. B。考查全国人民代表大会常务委员会。B选项错误,全国人民代表大会常务委员会有权决定、任免国家机关重要领导人。

4. D。考查国务院的组织程序。国务院常务会议由总理、副总理、国务委员、秘书长组成,不包括部长,故A选项错误。国务院总理可向全国人大或全国人大常委会提名部长,故C选项错误。主席、副主席必须是年满45周岁的中华人民共和国公民,而部长不是,故B选项错误。根据《宪法》第80条的规定,国家主席根据全国人大和全国人大常委会的决定,可任免国务院各部部长,故D选项正确。

5. B。考查地方人大常委会。县级人大常委会不设秘书长。

6. D。考查国家主席职位的补缺。补选之前,由全国人大常委会委员长暂时代理国家主席的职位。

7. C。考查地方各级人大会议制度。A选项错误,地方各级人大每年至少举行一次,经1/5以上代表的提议,可以临时召集本级人大会议。B选项错误,县级以上人大代表10名以上,乡镇人大代表5名以上联名,可以向本级人大提出属于本级人大职权范围内的议案。D选项错误,县级以上人大开会期间,大会主席团、常委会或1/10以上代表联名,可以提出对本级人大常委会组成人员、人民政府组成人员、监察委员会主任、人民法院院长、人民检察院检察长的罢免案,由主席团提请大会审议。

8. C。考查全国人大和全国人大常委会的职权划分。另外两项为全国人大常委会的职权。

9. C。考查中央军事委员会。参见《宪法》第93、94条。

二、1. ABCD。考查人民法院。参见《宪法》第128、129、130、131、133条。

2. ABC。考查国家主席的职权。

3. ABC。考查法律解释。参见《立法法》第49条。

4. ACD。D选项正确。我国现行《宪法》第116条规定,民族自治地方的人民代表大会有权依照当地民族的政治、经济和文化的特点,制定自治条例和单行条例。自治区的自治条例和单行条例,报全国人民代表大会常务委员会批准后生效。自治州、自治县的自治条例和单行条例,报省或者自治区的人民代表大会常务委员会批准后生效,并报全国人民代表大会常务委员会备案。其他选项都是《民族区域自治法》第13、14、15条的规定。因此,ACD三项为正确选项。

5. ABD。考查全国人大专门委员会。C选项错误,各专门委员会在讨论其所属的专门问题之后,虽然也作出决议,但这种决议必须经过全国人大或者全国人大常委会审议通过之后,才具有国家权力机关所作的决定的效力。

6. CD。考查全国人大专门委员会。

## 综合提高篇

一、1. ABC。考查人民法院的组织。D选项错误,《人民法院组织法》第43条第1款规定,地方各级人民法院院长由本级人民代表大会选举,副院长、审判委员会委员、庭长、副庭长和审判员由院长提请本级人民代表大会常务委员会任免。

2. BD。考查全国人大的内部组织。B选项错误,应当是在全国人大及其常委会领导下。D选项错误,《宪法》第68条第2款规定,委员长、副委员长、秘书长组成委员长会议,处理全国人民代表大会常务委员会的重要日常工作。

3. ABCD。考查全国人大代表的权利。

二、1. ABD。考查全国人大常委会。C选项错误,为了保证全国人大常委会顺利开展工作,为了保证其组成人员集中精力做好常委会的本职工作,《宪法》第65条第4款规定,全国人大常委会的组成人员不得担任国家行政机关、监察机关、审判机关和检察机关的职务。

2. ABCD。考查全国人大调查委员会。《宪法》第71条规定:全国人民代表大会和全国人民代表大会常务委员会认为必要的时候,可以组织关于特定问题的调查委员会,并且根据调查委员会的报告,作出相应的决议。调查委员会进行调查的时候,一切有关的国家机关、社会团体和公民都有义务向它提供必要的材料。

3. ABC。考查全国人大议案提出的主体。根据《全国人民代表大会组织法》和《全国人民代表大会议事规则》,全国人民代表大会主席团,全国人民代表大会常务委员会,全国人民代表大会各专门委员会,国务院,中央军事委员会,国家监察委员会,最高人民法院,最高人民检察院以及一个代表团或者30名以上的代表联名,可以向全国人民代表大会提出属于全国人民代表大会职权范围内的议案。因此,D选项错误。

4. ABD。考查城市居民委员会制度。C选项错误,根据《城市居民委员会组织法》第17条的规定,居民委员会的工作经费和来源,居民委员会成员的生活补贴费的范围、标准和来源,由不设区的市、市辖区的人民政府或者上级人民政府规定并拨付;经居民会议同意,可以从居民委员会的经济收入中给予适当补助。居民委员会的办公用房,由当地人民政府统筹解决。

5. ABCD。考查各级人大常委会监督权的行使。

6. ABC。法律依据为《人民法院组织法》《人民检察院组织法》。

# 第六章　宪法的实施与监督

## 基础知识篇

一、B。考查宪法实施的特征。宪法实施的最高性和原则性是由宪法的内容和地位决定的。由于宪法规定的是国家和社会生活中最根本、最重要的问题,宪法在国家法律体系中居于最根本的地位、具有最高的法律效力。它不仅直接约束国家的基本法律和其他法律性文件的制定和实施,而且对一切国家机关、社会组织和公民的活动也具有最高的约束力。同时,宪法所调整的社会关系十分广泛,因而在具体规定中,只能规定调整社会关系的一般原则。因此,宪法的实施过程就表现为宪法规范对所调整的社会关系从宏观上、总体上进行原则性指导的过程。这种原则性指导主要表现在两个方面:一是宪法确定的是社会关系主体的基本方向和原则标准,一般不涉及人们行为的具体模式,这些具体模式则通常由一般法律进行调整;二是宪法在实施过程中,对人们的行为后果往往只是从总体上作出肯定与否定的评价,从而为一般法律对人们的行为进行具体评价和追究法律责任提供基础和依据。而且,宪法实施的最高性和原则性也决定了宪法实施与一般法律实施之间的相互关系,即宪法实施是一般法律实施的基础,一般法律的实施则是宪法实施的具体化。因此,B选项错误。

二、1. ABCD。考查宪法监督。

2. ABCD。考查宪法修改。

## 理解与应用篇

一、1. C。考查我国宪法修改的实践。宪法的修改机关是全国人民代表大会，因此C选项错误。

2. B。考查宪法的修改。提案主体为全国人大常委会或1/5以上的全国人大代表。

二、1. ABCD。考查地方人大质询案。

2. ABCD。考查宪法解释的机关。

## 综合提高篇

一、ABC。根据我国《全国人民代表大会和地方各级人民代表大会选举法》的规定，在直接选举时，选民如果外出，可以委托其他选民代为投票，但每一选民接受的委托不得超过3人，故A选项错误。进行县级人大代表选举时，设立选举委员会主持选举，县人大常委会本身不主持选举，故B选项错误。我国《全国人民代表大会和地方各级人民代表大会选举法》第53条第1款规定："罢免县级和乡级的人民代表大会代表，须经原选区过半数的选民通过。"C选项中，对胡某的罢免虽然获得了参加投票人数的过半数选票，但没有达到全体选民过半数的要求，故C选项错误。D选项中，参加投票选民数超过全体选民半数，张某获得的选票超过参加投票选民半数，故正确。因此，ABC选项说法错误。

二、1. ABD。考查我国宪法监督制度。我国的代议机关作为宪法监督机关的模式是由1954年《宪法》确立的，因此C选项错误。

2. D。备案审查是指由制定主体将规范性文件报有关机关备案，由有关机关审查是否同宪法及上位法相抵触，同位阶的法律规范是否和谐统一的制度。不只是对规范性文件进行合法性审查，还要进行合宪性审查。A选项说法错误。

《立法法》第109条规定："行政法规、地方性法规、自治条例和单行条例、规章应当在公布后的三十日内依照下列规定报有关机关备案……"第119条第2款规定："最高人民法院、最高人民检察院作出的属于审判、检察工作中具体应用法律的解释，应当自公布之日起三十日内报全国人民代表大会常务委员会备案。"可见，备案审查的对象是行政法规、地方性法规、自治条例和单行条例、规章以及司法解释。所以B选项说法错误。

合宪性审查又称宪法监督，是指特定的机关依据一定的程序和方式，对法律、法规和行政命令等规范性文件和特定主体行为是否符合宪法进行审查并作出处理的制度。比如，我国《宪法》第62条规定："全国人民代表大会行使下列职权：……（二）监督宪法的实施……"第67条规定："全国人民代表大会常务委员会行使下列职权：（一）解释宪法，监督宪法的实施……（七）撤销国务院制定的同宪法、法律相抵触的行政法规、决定和命令；（八）撤销省、自治区、直辖市国家权力机关制定的同宪法、法律和行政法规相抵触的地方性法规和决议……"我国合宪性审查的主体是全国人民代表大会及其常务委员会。不是全国人大宪法和法律委员会。因此C选项说法错误。D选项说法正确。

3. ABD。集体宣誓时，由一人领誓，领誓人左手抚按《宪法》，右手举拳，因此，C选项错误。

4. ABCD。考查我国规范性法律文件的备案制度，即《立法法》第109条。

5. BCD。考查宪法实施的保障。A选项错误，全国人大常委会有权撤销国务院制定的同宪法、法律相抵触的行政法规，但无权改变。

6. B。参见我国现行《宪法》第101条。

7. ABD。考查违宪行为的制裁措施。

8. ABCD。参见《立法法》第102~106条。

# 中国法律史

## 第一章　先秦时期的法律思想与制度*

**单项选择题，每题所给的选项中只有一个正确答案。**

1. 西周初期统治者提出新的政治法律主张，古文献中的表述是：（　　）

A. 以刑配德　　B. 以德配刑

C. 以德配礼　　D. 以德配天

2. 西周时期在审判中观察当事人心理活动的方式“五听”中的“气听”指：（　　）

A. 分析当事人的陈述内容

B. 观察当事人陈述时的气色

C. 观察当事人陈述时的呼吸

D. 观察当事人陈述时的眼睛

3. 以下对周礼的基本原则表述正确的是：（　　）

A. “亲亲”“君君”　　B. “亲亲”“尊尊”

C. “亲君”“君尊”　　D. “君君”“尊尊”

4. 下面关于礼与刑关系的说法中正确的是：（　　）

A. 刑的作用是“惩恶于未萌”

B. 礼的作用是“禁恶于已然”

C. 礼的作用是“禁恶于当时”

D. 刑的作用是“惩恶于已然”

5. 西周的买卖契约称为“质剂”，其中的“质”指：（　　）

A. 买卖奴隶、牛马所使用的较长的契券

B. 买卖兵器、珍异之物所使用的较短的契券

C. 带有动产抵押性质的买卖的契券

D. 买卖土地之物所使用的较短的契券

6. 关于对西周以来“刑不可知，则威不可测”原则产生重大影响的事件，下述说法正确的是：（　　）

A. 春秋时期成文法的公布否定了“刑不可知，则威不可测”

B. 战国时期成文法的公布改变了“刑不可知，则威不可测”

C. 春秋时期法律的法典化否定了“刑不可知，则威不可测”

D. 战国时期法律的法典化否定了“刑不可知，则威不可测”

7.《法经》具有重要的历史地位。以下表述正确的是：（　　）

A. 从体例上看，《法经》六篇为明清律直接继承

B.《法经》六篇成为隋唐律的篇目蓝本

C.《法经》是对西周出礼入刑制度的一种肯定

D.《法经》中各篇的主要内容被后世传统法典继承发展

8.《法经》六篇中相当于后世《名例律》渊源的是：（　　）

A.《囚法》　　B.《盗法》

C.《杂法》　　D.《具法》

9. 周代统治者尊重并善于利用传统习俗的规范作用，强调“礼从宜，使从俗”（《礼记》）。《左传》中告诫后人：（　　）

A. “人弃常则乱兴”　　B. “人弃君则妖兴”

C. “人弃常则妖兴”　　D. “人弃常则贼兴”

## 第二章　秦汉至魏晋南北朝时期的法律思想与制度**

**单项选择题，每题所给的选项中只有一个正确答案。**

1. 秦代“不直”罪和“纵囚”罪在《睡虎地秦墓竹简》所载律文中指：（　　）

A. 罪应重而故意轻判为“纵囚”

B. 罪应轻而故意重判为“不直”

C. 应当论罪而故意不论罪为“不直”

D. 不应当论罪而故意论罪为“纵囚”

2. 秦律规定凡属未成年人犯罪，其刑事责任的执行标准是：（　　）

A. 不负刑事责任或减轻刑事处罚

B. 等年龄达到，减轻刑事处罚

C. 由其家长负完全刑事责任

D. 负刑事责任，但免予刑事处罚

---

* 本章答案参见第 64 页。

** 本章答案参见第 65 页。

3. 秦代经常使用“髡”“耐”“完”等耻辱刑。其中,剃光犯人头发的耻辱刑指:(　　)

A. 耐　　B. 髡

C. 完　　D. 鬓

4. 主张“霸王道杂之”,并诏令确定“亲亲得相首匿”原则的皇帝是:(　　)

A. 西汉章帝　　B. 西汉文帝

C. 东汉昭帝　　D. 西汉宣帝

5. 在中国法律发展史上,“死刑复奏制度”确立于:(　　)

A. 三国两晋南北朝时期　　B. 唐代初期

C. 隋代后期　　D. 汉代前期

6. 以《北齐律》为蓝本的法典是:(　　)

A. 北周律　　B. 隋律

C. 北魏律　　D. 晋律

# 第三章　隋唐宋元时期的法律思想与制度*

**单项选择题,每题所给的选项中只有一个正确答案。**

1. 唐代的“六赃罪”中不属于官员身份犯的是:(　　)

A. 坐赃罪　　B. 受所监临罪

C. 受财不枉法罪　　D. 受财枉法罪

2.《唐律》规定,官吏犯罪需划分为公罪、私罪,处理上适用的原则是:(　　)

A. 私罪从重,公罪从轻

B. 私罪从轻,公罪从重

C. 私罪、公罪酌情处理

D. 私罪比照公罪加倍处刑

3.《唐律》中规定了自首的原则,其中一条规定的“遣人代首”是指:(　　)

A. 被遣送之人自首

B. 遣送官府自首

C. 派遣官府人员接受自首

D. 有容隐关系的亲属代为自首

4. 宋代神宗时,在中央设置“编敕所”。其目的是:(　　)

A. 作为司法审查机关

B. 解决积案问题

C. 确保官员的申诉权利

D. 进行编敕

5. 以下属于宋代刑制中正式入律的是:(　　)

A. 凌迟　　B. 髡刑

C. 发遣　　D. 充军

6. 宋代把犯人推翻原来的口供称为:(　　)

A. 反言　　B. 翻复

C. 翻异　　D. 反供

7. 宋代路一级设置的案件审理机关的称谓是:(　　)

A. 提点刑狱司　　B. 提刑按察使司

C. 肃政廉访司　　D. 巡按御史

# 第四章　明清时期的法律思想与制度**

**单项选择题,每题所给的选项中只有一个正确答案。**

1.《大明律·名例律》中解释“谋”:“称‘谋’者,二人以上。”以下判断正确的是:(　　)

A. 明律仍然认为谋杀首先是二人以上共同犯罪

B. 明律不承认一个人也可以成为谋杀罪的主体

C. 明律中对一个人进行的谋杀即单独谋杀的解释与唐律基本不同

D. 明律没有继承唐律的做法

2. 清末变法前,作为中央司法机构之一的刑部是:(　　)

A. 中央审判机关　　B. 死刑复核机关

C. 中央监察机关　　D. 中央复核机关

3. 对明代都察院司法执掌表述不正确的是:(　　)

A. 复核或审理直隶及各省职官犯罪案件

B. 复核或审理京师职官犯罪案件

C. 不复核或审理京师斩、绞监候案件

D. 复核或审理直隶及各省斩、绞监候案件

4. 明代霜降后,三法司会同在京王公大臣审理重

---

* 本章答案参见第 65 页。

** 本章答案参见第 66 页。

囚的制度称:(　　)

A. 九卿会审　　B. 三司会审

C. 朝审　　D. 秋审

5. 清廷以光绪皇帝的名义颁布《预备立宪上谕》,随后进行官制改革,宣布“更定官制”。其原则是:(　　)

A. 君主立宪原则

B. “三权分立”原则

C. 文官制度原则

D. 行政兼理司法原则

6. 1911 年公布的《宪法重大信条十九条》的特点是:(　　)

A. 扩大了皇族内阁的权力

B. 扩大了百姓的权利

C. 缩小了国会的权力

D. 扩大了国会和内阁总理的权力

7. 清末“预备立宪”时期,清廷设立的地方各省咨询机关称为:(　　)

A. 资政院　　B. 资政局

C. 谘议局　　D. 参政院

8.《中华民国临时约法》依照资产阶级三权分立原则,规定参议院拥有的权力不包括:(　　)

A. 立法权　　B. 弹劾总统权

C. 弹劾副总统权　　D. 罢免总统权

9. 有关《钦定宪法大纲》,下列说法错误的是:(　　)

A. 由清廷宪政编查馆编订

B. 是中国近代史上第一部宪法性文件

C. 分正文“君上大权”和附录“臣民权利义务”两部分

D. 形式上被迫缩小皇帝权力,相对扩大议会和总理权力

10. 下列有关《钦定宪法大纲》的表述,错误的是:(　　)

A.《钦定宪法大纲》分为正文“君上大权”与附录“臣民权利义务”两个部分

B.《钦定宪法大纲》在结构与内容上都体现了“大权统于朝廷”的精神

C.《钦定宪法大纲》确立了资产阶级民主共和国的国家制度

D.《钦定宪法大纲》是中国近代史上第一部宪法性文件

11. 下列有关谘议局与资政院的表述,错误的是:(　　)

A. 谘议局、资政院是清末预备立宪的产物

B. 谘议局可以议决本省兴革事宜、预算决算、税收、公债等事项

C. 资政院一切决议须报请皇帝定夺

D. 资政院可以议决国家的预决算、税法、公债、宪法及其他法典的制定与修订等事项

12. 下列有关清末修律的表述,错误的是:(　　)

A. 清末修律的发生时间早于预备立宪

B. 清末修律的主要目标在于“务期中外通行,有裨治理”

C. 西方列强有关放弃领事裁判权的允诺促进了清末修律的开展

D. 清末各项近代法律的起草是由修订法律馆承担的

13. 下列有关《大清现行刑律》的表述,正确的是:(　　)

A.《大清现行刑律》是在对《大清律例》进行整体修改的基础上完成的

B.《大清现行刑律》废除了旧律中名例、吏、户、礼、兵、刑、工的传统体例

C.《大清现行刑律》对纯属民事性质的条款不再科刑

D.《大清现行刑律》仍旧保留了凌迟、枭首、戮尸、刺字等刑罚

14. 下列有关《大清新刑律》的表述,错误的是:(　　)

A.《大清新刑律》抛弃了旧律诸法合体的编纂形式,以罪名和刑罚等专属刑法范畴的条文作为法典的唯一内容

B.《大清新刑律》确立了新刑罚制度,规定刑罚分主刑、从刑

C.《大清新刑律》于 1911 年 1 月 25 日由清政府公布并正式施行

D.《大清新刑律》是中国历史上第一部近代意义上的专门刑法典,但仍保持旧律中维护专制制度和伦理的传统

15. 清末刑法修订的成果之一是《大清现行刑律》,对此说法错误的是:(　　)

A.《大清现行刑律》是一部过渡性法典

B.《大清现行刑律》是清政府在《大清律例》的基础上稍加修改而成的

C.《大清现行刑律》仍采用传统的六律总目

D.《大清现行刑律》废除了一些残酷的刑罚手段,如凌迟

16.《大清新刑律》的特点不包括:(　　)

A. 是一部专门的刑法典

B. 采用西方刑法典的结构

C. 确立新的刑罚体系并大量采用了西方资产阶级的刑法原则

D. 维系了以往的传统旧律结构

17. 下列有关《大清民律草案》的表述,错误的是:(　　)

A. 日本法学家松冈义正等外国法律专家参与了

《大清民律草案》的起草工作

B. 在制定过程中，曾派员赴全国各省进行民事习惯的调查

C. 总则、债权、物权三编主要仿照德、日民法典体例内容草拟而成，吸收大量西方资产阶级民法的理论

D. 亲属、继承两编因关涉礼教，由礼学馆起草完成，保留了许多传统法律的精神

18. 清末修律过程中，大量法律最终未能正式颁布，下列法律得以正式颁布施行的是：(　　)

A.《钦定大清商律》

B.《大清刑事民事诉讼法》

C.《大清新刑律》

D.《大清民律草案》

19. 下列有关清末商事立法的表述，错误的是：(　　)

A. 清末商事立法大致可以分为前后两个阶段

B.《钦定大清商律》是清朝第一部商律，包括《商人通例》《公司律》《破产律》

C.《大清商律草案》是由修订法律馆起草的，但未能正式颁行

D. 除商法外，清政府还公布了《银行则例》《运送章程》等单行商事法规

20. 清末商事立法分为前后两个阶段，分别是由下列哪两个部门负责制定的：(　　)

A. 资政院和修订法律馆

B. 修订法律馆和资政院

C. 商部和修订法律馆

D. 修订法律馆和商部

21. 下列对清末官制改革的表述正确的是：(　　)

A. 刑部改为法部，大理寺改为大理院

B. 户部改为财政部，兵部改为陆军部

C. 在中央设置资政院，随后在地方设置谘议局

D. 取消军机处、内阁，外务部、吏部照旧

22. 下列有关清末司法机构调整的表述，错误的是：(　　)

A. 法部专掌全国司法行政事务，不再承担审判职能

B. 大理院作为全国最高审判机关，专掌审判

C. 实行审检分署，检察厅负责对刑事案件实行审判监督

D. 建立新式监狱，改良狱政管理制度

23. 清末修律过程中颁布了《法院编制法》，规定司法审判实行：(　　)

A. 四级四审制　　B. 四级三审制

C. 四级二审制　　D. 三级三审制

24. 清末修律中首次引入罪刑法定原则的刑法典是：(　　)

A.《大清律例》　　B.《大清现行刑律》

C.《大清新刑律》　　D.《暂行新刑律》

25. 有关领事裁判权的表述，错误的是：(　　)

A. 领事裁判权确立于 1843 年的《中英五口通商章程及税则》和随后签订的《虎门条约》

B. 中国人与享有领事裁判权国家的侨民间的诉讼由侨民所属国法院管辖

C. 不同国家的侨民之间的争讼适用被告主义原则

D. 享有领事裁判权国家的侨民与非享有领事裁判权国家的侨民之间的争讼，如果前者是被告则适用被告主义原则，如果后者是被告则由中国法院管辖

26. 清末"预备立宪"时期清政府设立的中央咨询机构是：(　　)

A. 谘议院　　B. 资政院

C. 立宪议会　　D. 立宪院

27. 清末"预备立宪"活动中最先颁布的文件是：(　　)

A.《钦定宪法大纲》

B.《钦定逐年筹备事宜清单》

C.《预备立宪上谕》

D.《宪法重大信条十九条》

28. 清末司法机关改革之后，全国最高审判机关为：(　　)

A. 法部　　B. 大理寺

C. 最高法院　　D. 大理院

29. 清末变法修律之际，上奏"变法奏议三折"，要求实行变法的是：(　　)

A. 康有为　　B. 沈家本

C. 张之洞、刘坤一　　D. 伍廷芳

# 第五章　中华民国时期的法律思想与制度*

**单项选择题，每题所给的选项中只有一个正确答案。**

1. 民国期间，被人们戏称为"贿选宪法"的是：(　　)

A. 1913 年"天坛宪草"

B. 1914 年《中华民国约法》

* 本章答案参见第 68 页。

C. 1923 年《中华民国宪法》

D. 1947 年《中华民国宪法》

2. 孙中山的“五权宪法”吸收了中西方的思想，其中属于中国传统部分的是：(　　)

A. 司法权、行政权　　B. 行政权、监察权

C. 监察权、考试权　　D. 行政权、考试权

3. 1928 年 10 月，国民党中央常务委员会召开第 172 次会议，制定并通过《训政纲领》共 6 条，作为“训政时期”政纲，下列表述错误的是：(　　)

A. 确立国民党为最高“训政”者

B. 蒋介石以党总裁身份直接控制政治会议，集党、政、军权于一身

C. 国民党中央执行委员会是国家最高权力机关

D. 规定“政权”和“治权”的划分

4. 1928 年国民政府颁行《中华民国刑法》，对此说法错误的是：(　　)

A. 该部刑法由时任司法部长的王宠惠主持修订

B. 以北京政府的《暂行新刑律》及《第二次刑法修正案》为蓝本修订

C. 是我国历史上首部以“刑法”相称的刑法典

D. 受德、意等国刑法内容影响，特别增加了“保安处分”专章

5. 有关“保安处分”的说法，正确的是：(　　)

A. 由 1928 年颁布的《中华民国刑法》规定

B. 适用对象为有犯罪行为者

C. 处分种类仅限感化教育、监护处分、禁戒处分、强制工作四种

D. 根据“保安处分”，政府认为谁是有“犯罪之虞”的“思想犯”“阴谋犯”等，便可以关押教育，限制其人身自由

6. 关于民国北京政府时期制定的《暂行新刑律》，说法错误的是：(　　)

A. 该律在《大清新刑律》的基础上修订而成

B. 该律仍包含许多带有明显帝制性质的名词概念以及与“民国国体”相抵触的条文

C. 该律与《大清新刑律》少有实质区别

D. 该律从 1912 年施行，直至 1928 年南京国民政府刑法典颁布

7. 南京国民政府立法频繁，法律法规数量繁多、体系庞杂，对其法律体系描述不正确的是：(　　)

A. 以大陆法系法律制度为蓝本，并采用英美法系法律制度中的一些内容

B. 效仿西方的法律，并未对中国传统法律制度予以保留、延续

C. 特别法优于普通法这一特征在该法律体系中表现得极为明显

D. 立法文本与司法实践脱节严重

8.《中华民国民法》是“六法全书”体系的组成部分，有关该民法典的说法错误的是：(　　)

A. 采用民商合一的体例

B. 肯定在无法可依的情况下，习惯和法理可作为审判民事案件的依据

C. 保留了旧法中长期沿用的宗祧继承制度

D. 这部民法典的产生，改变了我国没有单独民法典、民事法律规范依附于刑法典的历史

9. 国民政府标榜结束“训政”，实行“宪政”所制定的法律文件是：(　　)

A.《国民政府组织法》

B. 1936 年 5 月 5 日公布的《中华民国宪法草案》

C. 1947 年 1 月 1 日公布的《中华民国宪法》

D. “双十协定”

10. 有关 1931 年的《中华民国训政时期约法》说法错误的是：(　　)

A. 用根本法的形式肯定国民党的一党专政政权

B. 采取三院制的政权组织形式，国民政府设行政院、立法院、司法院

C. 规定中华民国国民无男女、种族、宗教、阶级之区别，在法律上一律平等

D. 规定国体“永为统一共和国”，但人民的选举、罢免、创制、复决四种权利的行使，由国民党政府训导之

11.《中华民国民法》是国民政府“六法全书”体系的重要组成部分，该民法典对旧法进行了较多修改，有较大的进步，以下说法错误的是：(　　)

A. 认定留置权有物权的效力

B. 在结婚的法律效力上采用登记制，而不采用仪式制

C. 在家庭关系上取消了嫡子与庶子的区别

D. 不再认为妻是限制行为能力人

12. 对国民政府 1935 年刑法典表述错误的是：(　　)

A. 是国民政府颁布的第一部刑法典

B. 实行从新兼从轻原则

C. 采取罪刑法定主义原则

D. 依据社会防卫主义，实行保安处分制度

13. 国民政府仿效资产阶级国家诉讼程序的法律原则。在《中华民国民事诉讼法》中规定有“一告九不理”——对九种提起的诉讼不予立案处理。下列表述错误的有：(　　)

A. 管辖不合规定不受理

B. 当事人未成年不受理

C. 未经合法代理不受理

D. 起诉不合程式不受理

14. 南京国民政府于 1941 年公布《律师法》，共计 51 条。其后，于 1945 年 4 月和 1948 年 3 月对该法又加以修正。依照《律师法》撤销律师资格的条件不包括：(　　)

A. 曾受一年有期徒刑之宣告者

B. 曾受律师除名之处分者

C. 凡背叛“三民主义”证据确实者

D. 曾受破产宣告尚未复权者

15. 1948 年国民政府颁布《特种刑事法庭组织条例》,下列表述错误的有:(　　)

A. 分中央、高等特种刑事法庭两级

B. 中央特种刑事法庭隶属最高法院

C. 高等特种刑事法庭受理《戡乱时期危害国家紧急治罪条例》所规定的案件

D. 中央特种刑事法庭复判高等特种刑事法庭判决的案件

# 第六章　新民主主义革命时期民主政权法制*

**多项选择题,每题所给的选项中有两个或者两个以上正确答案。**

1.《中华苏维埃共和国宪法大纲》的主要内容包括:(　　)

A. 确定苏维埃国家性质是“工人和农民的民主专政国家”

B. 确定苏维埃国家政治制度是工农兵苏维埃代表大会制度

C. 确定苏维埃国家公民的权利和义务,包括政治、经济、文化等各方面

D. 确定苏维埃国家外交政策

2.《陕甘宁边区宪法原则》的主要内容包括:(　　)

A. 确立边区、县、乡人民代表会议为管理政权机关

B. 规定人民政治上行使的各项自由权利,受政府指导与物质帮助

C. 规定除司法机关、公安机关依法执行职务外,任何机关、团体不得有逮捕审讯行为

D. 应保障耕者有其田,劳动者有职业,企业者有发展机会

3. 马锡五审判方式的特点包括:(　　)

A. 深入农村调查研究,实事求是了解案情

B. 依靠群众,教育群众,尊重群众意见

C. 方便群众诉讼

D. 手续简便、不拘形式

* 本章答案参见第 69 页。

# 参考答案及解析

## 第一章　先秦时期的法律思想与制度

1. D。本题考查的是西周时期的法制指导思想。为谋求长治久安,西周初期的统治者继承了夏商以来的神权政治学说。同时,为了修补神权政治学说中的缺漏,并确定周王朝新的统治策略,西周初期的统治者(一说周公姬旦)进一步提出了"以德配天,明德慎罚"的政治法律主张。这种"明德慎罚"的主张要求统治者首先要用"德教"的办法来治理国家,也就是通过道德教化的办法使天下人民臣服;在适用法律、实施刑罚时应该宽缓、谨慎,而不应一味地用严刑峻法来迫使臣民服从。"明德慎罚"的具体要求可以归纳为"实施德教,用刑宽缓"。其中"实施德教"是前提,是第一位的。西周初期的统治者将"德教"的具体内容逐渐归纳成内容广博的"礼治",即要求君臣上下、父子兄弟都按既有的"礼"的秩序去生活,从而达到一种和谐安定的境界,使天下长治久安。因此,本题的正确选项为D选项。

2. C。本题考查的是西周的诉讼审判制度。通过对长期司法实践经验的总结和提炼,西周时期形成了审理案件的"五听"制度。所谓"五听"即辞听、色听、气听、耳听和目听。这是审判案件时,观察当事人心理活动的五种方式。《周礼·秋官·小司寇》中载,辞听,听当事人的陈述,理屈则言语错乱;色听,观察当事人的表情,如理亏就会面红耳赤;气听,听当事人陈述时的呼吸,如无理就会紧张得喘息;耳听,观察当事人的听觉反应,如无理就会紧张得听不清话;目听,观察当事人的眼睛,如无理就会失神。因此,本题的正确选项为C选项。

3. B。本题考查的是西周的"礼"。西周时期的"礼"可以归纳为"亲亲"与"尊尊"两个方面。"亲亲",即要求在家族范围内,按自己的身份行事,不能以下凌上、以疏压亲;而且"亲亲父为首",全体亲族成员都应以父家长为中心。"尊尊",即要求在社会范围内,尊敬一切应该尊敬的人,君臣、上下、贵贱都应恪守名分;而且"尊尊君为首",一切臣民都应以君主为中心。在"亲亲""尊尊"两大原则下,又形成了"忠""孝""义"等具体精神规范。因此,本题的正确选项为B选项。

4. D。本题考查的是西周时期的礼、刑关系。西周时期的"礼"与"刑"的关系可以从两个方面来看:一是"出礼入刑"。西周时期的"刑"多指刑法和刑罚。"礼"正面积极规范人们的言行,而"刑"则对一切违背礼的行为进行处罚。其关系正如《后汉书·郭陈列传》所载,"礼之所去,刑之所取,失礼则入刑,相为表里"。礼的作用是"禁恶于未萌",刑的作用是"惩恶于已然",二者共同构成西周法律的完整体系。二是"礼不下庶人,刑不上大夫",这是中国古代法律中的一项重要法律原则。它强调平民百姓与贵族官僚之间的不平等,强调官僚贵族的法律特权。"礼不下庶人"强调礼有等级差别,禁止任何越礼的行为;"刑不上大夫"强调贵族官僚在适用刑罚上的特权。因此,本题的正确选项为D选项。

5. A。本题考查的是西周的买卖契约。西周的买卖契约称为"质剂"。这种契约写在简牍上,一分为二,双方各执一份。《周礼》载,"质""剂"有别。"质",是买卖奴隶、牛马所使用的较长的契券;"剂",是买卖兵器、珍异之物所使用的较短的契券。"质""剂"由官府制作,并由"质人"专门管理。因此,本题的正确选项为A选项。

6. A。本题考查的是春秋时期成文法的公布。春秋时期成文法的公布,对旧贵族操纵和使用法律的特权是严重的冲击,是新兴地主阶级的一次重大胜利。成文法的公布,否定了"刑不可知,则威不可测"的旧传统,明确了"法律公开"这一新兴地主阶级的立法原则,对于后世封建法制的发展具有深远的影响。因此,本题的正确选项为A选项。

7. D。《法经》具有重要的历史地位。《法经》是战国时期政治变革的重要成果,是战国时期封建立法的典型代表和全面总结。《法经》作为李悝变法的重要内容之一,也是对这一时期社会变革的一种肯定。另外,《法经》的体例和内容为后世封建成文法典的进一步完善奠定了重要的基础。从体例上来看,《法经》六篇为秦、汉律直接继承,成为秦、汉律的主要篇目。魏晋以后在此基础上进一步发展,最终形成了以《名例》为统率、以各篇为分则的完善的法典体例。在内容上,《法经》中"盗""贼""囚""捕""杂""具"各篇的主要内容大都为后世封建法典继承与发展。因此,无论从其历史作用还是对后世的影响来看,《法经》都是中国法制史上一部极为重要的法典。因此,本题的正确选项为D选项。

8. D。本题考查的是《法经》的内容。《法经》共六篇:《盗法》《贼法》《囚法》《捕法》《杂法》《具法》。其中,《盗法》《贼法》是关于惩罚危害国家安全、危害他人人身安全及侵犯财产行为的法律规定。李悝认为“王者之政莫急于盗贼”,所以将此两篇列为法典之首。《囚法》又称《网法》,是关于囚禁和审判罪犯的法律规定;《捕法》是关于追捕盗贼及其他犯罪者的法律规定。《囚法》《捕法》两篇多属于诉讼法的范围。第五篇《杂法》是关于“盗贼”以外的其他犯罪与刑罚的规定,主要规定了“六禁”,即淫禁、狡禁、城禁、嬉禁、徒禁、金禁。第六篇《具法》是关于定罪量刑中从轻从重法律原则的规定,起着“具其加减”的作用,相当于近代刑法典中的总则部分。因此,本题的正确选项为D选项。

9. C。本题考查的是西周时期的礼的特点和作用。统治者尊重并善于利用传统习俗的规范作用,强调“礼从宜,使从俗”(《礼记》);告诫后人“人弃常则妖兴”(《左传》)。因此,本题的正确选项为C选项。

## 第二章　秦汉至魏晋南北朝时期的法律思想与制度

1. B。本题考查的是秦律的“不直”罪和“纵囚”罪。在《睡虎地秦墓竹简》所载律文中,“不直”罪指罪应重而故意轻判,罪应轻而故意重判;“纵囚”罪指应当论罪而故意不论罪,以及设法减轻案情,故意使案犯达不到定罪标准,从而判其无罪。因此,本题的正确选项为B选项。

2. A。本题考查的是秦代的刑事责任能力。秦律规定,凡属未成年人犯罪,不负刑事责任或减轻刑事处罚。秦律以身高判定是否成年,大约六尺五寸为成年身高标准,低于六尺五寸的为未成年人。因此,本题的正确选项为A选项。

3. B。本题考查的是秦代的刑罚。秦代经常使用“髡”“耐”“完”等耻辱刑作为徒刑的附加刑。“髡”是指剃光犯人的头发和胡须、鬓毛;“耐”与“完”是一刑二称,指仅剃去胡须和鬓毛,而保留犯人的头发。因此,本题的正确选项为B选项。

4. D。本题考查的是西汉时期的法律儒家化。“亲亲得相首匿”原则是西汉宣帝时期确立的,主张亲属间首谋藏匿犯罪可以不负刑事责任。其源于儒家“父为子隐,子为父隐,直在其中矣”的理论,主张对卑幼亲属首匿尊长亲属的犯罪行为,不追究刑事责任;尊长亲属首匿卑幼亲属,罪应处死的,可上请皇帝宽贷。它反映出汉律的儒家化,并且一直影响后世封建立法。因此,本题的正确选项为D选项。

5. A。本题考查的是三国两晋南北朝时期法律的发展。死刑复奏制度是指奏请皇帝批准执行死刑判决的制度,北魏太武帝时正式确立这一制度,为唐代的死刑三复奏打下了基础。这一制度的建立既加强了皇帝对司法审判的控制,又体现了皇帝对民众的体恤。因此,本题的正确选项为A选项。

6. B。本题考查的是《北齐律》的影响。《北齐律》成为隋《开皇律》的蓝本。因此,本题的正确选项为B选项。

## 第三章　隋唐宋元时期的法律思想与制度

1. A。本题考查的是唐代的罪名。唐代把侵夺官、私财物的行为归为六类,定名为“六赃罪”。受财枉法赃(接受当事人的财物而枉法处断的行为)、受财不枉法赃(接受当事人的财物、没有枉法处断的行为)、受所监临赃(监临主司官员收受所辖部内之人馈赠钱物的行为),此三者皆为职务犯罪,具有一定身份的人才构成此类犯罪,故称身份犯。其他三赃分别是坐赃、强盗赃、窃盗赃。因此,本题的正确选项为A选项。

2. A。本题考查的是《唐律》中的刑罚原则。《唐律》规定公罪从轻,私罪从重。之所以要区分公罪与私罪,主要目的在于提高各级官吏执行公务、行使职权的积极性,以便提高国家的统治效能;同时,防止某些官吏假公济私、以权谋私,保证法制的统一。因此,本题的正确选项为A选项。

3. D。本题考查的是唐代的立法。唐代将犯罪未被举发而能亲自到官府或父兄代为到官府交代罪行的行为,叫作自首或遣人代首,即“若於法得相容隐者为首及相告言者,各听如罪人身自首法”。因此,本题的正确选项为D选项。

4. D。本题考查的是宋代的立法活动。编敕是宋代一项重要且频繁的立法活动,神宗时还设有专门进行编敕的机构“编敕所”。因此,本题的正确选项为D选项。

5. A。本题考查的是宋代刑制。宋代刑制的主要变化是增加了三种刑罚:(1)折杖法。《宋史·刑法志》载,“太祖受禅,始定折杖之制”。公元963年(建隆四年)颁行“折杖法”,意在笼络人心,克服五代以来刑罚严苛的弊端。(2)配役。配役刑源于隋唐的流配刑。推行折杖法之后,原有的流刑实际上便称为配役。为补死刑和折杖后的配役刑刑差太大有轻重失平之弊,朝廷遂增加配役刑的种类和一些附加刑,使配役刑成为一种非常复杂的刑名。配役刑在两宋多为刺配。刺是刺字,即古代黥刑的复活;配指流刑的配役。刺配是对罪行严重的流刑罪犯的处罚,其源于后晋天福年间的刺面之法。宋初刺配并非常行之法,《宋刑统》也无此规定。太祖时偶一用之,意在弥补推行折杖法后死刑与配役刑之间刑差太大的弊病。但仁宗以后,刺配的诏敕日多,刺配之刑滥用,渐成常制。刺配对后世刑罚制度影响极坏,是刑罚制度上的一种倒退,在宋代和后世都曾颇遭非议。(3)凌迟。作为死刑的一种,始于五代时的西辽,是一种碎而割之,使被用刑者极端痛苦、慢慢死亡的酷刑。仁宗时使用凌迟刑,神宗熙宁以后成为常刑。至南宋,在《庆元条法事类》中,其正式成为法定死刑的一种。因此,本题的正确选项为A选项。

6. C。本题考查的是宋代的司法制度。宋代的翻异别勘制度规定,在诉讼中,犯人否认口供称“翻异”;对事关重大的案件,由另一法官或另一司法机关重审,称“别勘”。因此,本题的正确选项为C选项。

7. A。本题考查的是宋代地方司法机构的设置。在宋代的地方司法机构中,各路设提点刑狱司,为中央在各路的司法派出机构。选项B中,提刑按察使司为明代省级专门司法机关。选项C中,肃政廉访司为元代地方监察机关。因此,本题的正确选项为A选项。

## 第四章　明清时期的法律思想与制度

1. A。本题考查的是《大明律》对谋杀的规定。明律继承了唐律的做法,在《大明律·名例律》中这样解释“谋”:“称‘谋’者,二人以上。”由此可见,明律仍然认为谋杀首先是二人以上共同犯罪。同时,明律也承认一个人也可以成为谋杀罪的主体。而且,明律中对一个人进行的谋杀即单独谋杀的解释与唐律也基本相同。因此,本题的正确选项为A选项。

2. A。本题考查的是清代的中央司法机构。清代刑部是中央的主审机关,为六部之一,执掌全国“法律刑名”事务。下设十七清吏司分掌京师和各省审判事务,还设有追捕逃犯的督捕司、办理秋审的秋审处、专掌律例修订的修订法律馆。刑部是清朝最重要的司法机构,在处理全国法律事务方面一直起主导作用。其主要负责:一是审理中央百官犯罪;二是审核地方上报的重案(死刑应交大理寺复核);三是审理发生在京师的笞杖刑以上的案件;四是处理地方上诉案及秋审事宜;五是主持司法行政与律例修订事宜。因此,本题的正确选项为A选项。

3. C。本题考查的是明代的司法机构。明代都察院掌纠察,主要是纠察百司,会审及审理官吏犯罪案件。其设有十三道监察御史,都察院司法执掌主要有以下三个方面:一是复核或审理直隶、各省及京师职官犯罪案件;二是复核或审理直隶、各省及京师斩、绞监候案件;三是奉旨监察御史巡按直隶、各省地方,就职官犯罪奏闻皇帝裁决,人命案件或亲审或交两司审理,“大事奏裁,小事立断”。因此,C选项错误。

4. C。本题考查的是明代的会审制度。公元1459年(明代天顺三年),英宗命每年霜降之后,三法司会同公侯、伯爵,在吏部尚书(或户部尚书)主持下会审重案囚犯,从此形成制度。这一制度被称为朝审。因此,本题的正确选项为C选项。

5. B。本题考查清政府“预备立宪”活动。1906年9月1日(光绪三十二年七月十三日),清廷以光绪皇帝的名义颁布《预备立宪上谕》,以“大权统于朝廷,庶政公诸舆论”为立宪根本原则。随后进行官制改革,宣布仿照资产阶级国家“三权分立”原则“更定官制”,使司法与行政分离,一改几千年来司法行政合一的体制。因此,本题的正确选项为B选项。

6. D。本题考查的是清末“预备立宪”的有关知识。《宪法重大信条十九条》是清廷统治者推行君主立宪最后破产的记录。迫于压力,它在形式上缩小了皇帝的权力,扩大了国会和内阁总理的职权,而对人民的权利只字不提。因此,本题的正确选项为D选项。

7. C。本题考查的是清末资政院和谘议局。资政院是清末“预备立宪”时期清政府设立的中央咨询机构,其筹建始于1907年,1908年以后陆续完成《资政院院章》,1910年正式设立。其性质是承旨办事的御用机构,与近现代社会的国家议会有根本性的不同:可以“议决”国家年度预决算、税法与公债以及其余奉“特旨”交议事项等,但一切决议均须报请皇帝定夺。皇帝还有权谕令资政院停会或解散及指定钦选议员。谘议局是清末“预备立宪”时期清政府设立的地方咨询机关,筹建于1907年。1908年7月,清政府颁布《谘议局章程》及《谘议局议员选举章程》,1909年开始在各省设立谘议局。其实质是各省督抚严格控制下的附属机构,宗旨是“指陈通省利病,筹计地方治安”,权限包括讨论本省兴革事宜、决算预算、选举资政院议员、申复资政院或本省督抚的咨询等。因此,本题的正确选项为C选项。

8. D。本题考查的是《中华民国临时约法》的内容。《中华民国临时约法》肯定了资产阶级民主共和国的政治体制和组织原则。依照资产阶级三权分立原则,《中华民国临时约法》规定参议院除拥有立法权外,还有对总统决定重大事件的同意权和对总统、副总统的弹劾权。此外,其还规定,临时大总统对参议院议决事项咨院复议时,如有2/3以上参议员仍坚持原议,大总统必须公布施行。因此,本题的正确选项为D选项。

9. D。本题考查的是《钦定宪法大纲》相关知识。《钦定宪法大纲》由宪政编查馆编订,于1908年8月颁布,是中国近代史上第一部宪法性文件,分正文“君上大权”和附录“臣民权利义务”两部分。《宪法重大信条十九条》是清政府于武昌起义爆发后抛出的应急性宪法文件,形式上被迫缩小皇帝权力,相对扩大议会和总理权力。因此,D选项错误。

10. C。本题考查的是《钦定宪法大纲》的相关知识。《钦定宪法大纲》的制定与颁布,反映出清朝统治集团仿行西方君主立宪制,维护专制极权统治的本质,并未确立资产阶级民主共和国的国家制度。因此,C选项错误。

11. D。本题考查的是谘议局与资政院的相关知识。资政院作为清末预备立宪的中央咨询机构,并不能议决宪法,而只能议决除宪法以外的其他法典。因此,D选项错误。

12. D。本题考查的是清末修律的相关知识。清末各项近代法律的起草,并非全部由修订法律馆承担,例如,《钦定大清商律》是由商部拟定的。因此,D选项错误。

13. C。本题考查的是《大清现行刑律》的相关知识。《大清现行刑律》仅仅是对《大清律例》的局部修改而非整体修改;保留了"名例"作为总则;对于纯民事性质的条款不再科刑;废除了一些残酷的刑罚手段,如凌迟。因此,C选项正确。

14. C。本题考查的是《大清新刑律》的相关知识。《大清新刑律》由于引发了礼教派的攻击和争议,至1911年1月才正式公布,但并未真正施行。因此,C选项错误。

15. C。本题考查的是《大清现行刑律》的相关知识。《大清现行刑律》是清政府在《大清律例》的基础上稍加修改而成的,作为《大清新刑律》完成前的一部过渡性法典。与《大清律例》相比,《大清现行刑律》改律名为"刑律",取消了六律总目,将法典各条按性质分隶30门,废除了一些残酷的刑罚手段,如凌迟。因此,C选项错误。

16. D。本题考查的是《大清新刑律》的特点。《大清新刑律》在形式和内容上都有较大的改动:(1)抛弃了以往旧律"诸法合体"的形式,以罪名和刑罚等专属刑法范畴的条文作为法典的唯一内容,因而成为一部纯粹的专门刑法典;(2)在体例上抛弃了以往旧律的结构形式,采用近代西方刑法典的体例将整部法典分为总则和分则两部分;(3)确立了新的刑罚体系,规定刑罚分为主刑和从刑两种,采用了一些近代西方资产阶级的刑罚原则和刑法学的通用术语,如罪刑法定主义、人人平等原则、正当防卫制度。但对于传统旧律并没有进行实质性的修改,特别是附录《暂行章程》依然存在于法典之中,依然保持着旧律维护专制制度和封建伦理的传统。因此,本题的正确选项为D选项。

17. D。本题考查的是《大清民律草案》的相关知识。《大清民律草案》的亲属、继承两编因关涉礼教,是由修订法律馆会同礼学馆共同起草的。因此,D选项错误。

18. A。本题考查的是清末修律颁布的相关法律。《钦定大清商律》在1904年1月奏准颁行。因此,A选项正确。

19. B。本题考查的是清末修律中的商事立法。1904年1月颁行的《钦定大清商律》仅包括《商人通例》《公司律》,而《破产律》是1906年5月颁行的,不属于《钦定大清商律》的一部分。因此,B选项错误。

20. C。本题考查的是清末修律中的商事立法。清末商事立法可以划分为两个阶段,第一阶段的商事立法主要由商部负责,第二阶段的主要商事法典改由修订法律馆主持起草。因此,C选项正确。

21. A。本题考查的是清末官制改革。刑部改为法部,大理寺改为大理院为官制改革中司法机构的重大调整;户部改为度支部;1909年各省设立谘议局,1910年成立资政院;在清政府官制改革中,诸如军机处、内阁、宗人府、翰林院、步军统领衙门等"一切现制",并未取消。因此,A选项正确。

22. C。本题考查的是清末司法机构改革的相关知识。清末司法机构变革在地方分别设立高等审判厅、地方审判厅、初级审判厅等审判机构,在各级审判厅内设置相应的检察厅,实行审检合署制度。因此,C选项错误。

23. B。本题考查的是清末修律确立的审级制度。1910年颁布的《法院编制法》规定,实行四级三审制。因此,B选项正确。

24. C。本题考查的是《大清新刑律》的相关知识。《大清新刑律》引入了西方的罪刑法定原则,是中国历史上首部引入罪刑法定原则的刑法典。因此,C选项正确。

25. B。本题考查的是清末领事裁判权。外国在华领事裁判权是外国侵略者在强迫中国订立的不平等条约中所规定的一种司法特权。凡在中国享有领事裁判权的国家,其在中国的侨民不受中国法律管辖,只由该国的领事或设在中国的司法机构依其本国法律裁判。领事裁判权确立于1843年的《中英五口通商章程及税则》及随后签订的《虎门条约》,并在其后签订的一系列不平等条约中得以扩充。领事裁判权的内容包括:中国人与享有领事裁判权国家的侨民间的诉讼适用被告主义原则;享有领事裁判权国家的侨民之间的诉讼由所属国审理;不同国家的侨民之间的争讼适用被告主义原则;享有领事裁判权国家的侨民与非享有领事裁判权国家的侨民之间的争讼,如果前者是被告则适用被告主义原则,如果后者是被告则由中国法院管辖。因此,B选项错误。

26. B。本题考查的是清末"预备立宪"的相关知识。清末"预备立宪"时期清政府设立的中央咨询机构为资政院,地方咨询机构为谘议局。因此,B选项正确。

27. C。本题考查的是清末"预备立宪"的相关知识。1905年清廷提出"仿行宪政",开始"预备立宪"。1906年9月1日清廷以光绪皇帝的名义颁布《预备立宪上谕》。1908年8月27日公布了"预备立宪"计划——《钦定逐年筹备事宜清单》。1908年8月颁布

《钦定宪法大纲》。1911 年 11 月,为挽回颓局,发布《宪法重大信条十九条》。因此,C 选项正确。

28. D。本题考查的是清末司法机构改革。清末司法机构改革,将刑部改为法部,掌管全国司法行政事务,改大理寺为大理院,为全国最高审判机关。因此,D 选项正确。

29. C。本题考查的是清末要求实行变法的人物。1901 年年初,清廷颁布"变法上谕"。时任湖广总督的张之洞和两江总督的刘坤一联合上奏"变法奏议三折",强调适应形势,实行变法,要求"整顿中法""采西法以补中法之不足"。因此,C 选项正确。

## 第五章 中华民国时期的法律思想与制度

1. C。本题考查的是"贿选宪法"。1923 年的《中华民国宪法》是直系军阀控制政权后,企图利用"法统"作工具以达政治目的而制定的。曹琨急于当选总统,和国会议员间进行了一场交易,以每票 5000 元贿赂国会议员当选总统,国人蔑称此届国会是"猪仔国会",曹琨是"贿选总统",通过的《中华民国宪法》被称为"贿选宪法"。因此,C 选项正确。

2. C。本题考查的是孙中山的"五权宪法"思想。孙中山提出了"五权宪法"理论,认为"用五权宪法组织的政府,才是完全政府"。政府五权包括行政权、立法权、司法权、考试权、监察权。孙中山的宪法思想受到了西方国家三权分立思想的影响,同时将中国传统的考试权和监察权纳入其中,具有独创性。因此,C 选项正确。

3. C。本题考查的是《训政纲领》的相关知识。1928 年,国民党中央常务委员会召开第 172 次会议,制定并通过《训政纲领》共 6 条,作为"训政时期"政纲,其基本内容是:确立国民党为最高"训政"者;国民党全国代表大会代行国民大会职权,为最高国家权力机关;国民党中央执行委员会是国家最高权力机关的常设机关。蒋介石以党总裁身份直接控制政治会议,集党、政、军权于一身。《训政纲领》还规定了"政权"和"治权"的划分。因此,C 选项错误。

4. D。在 1935 年颁行的《中华民国刑法》中才特别增加了"保安处分"专章。因此,D 选项错误。

5. D。本题考查的是"六法体系"中刑法典的相关内容。1935 年 1 月 1 日由国民政府颁行的《中华民国刑法》特别增加了"保安处分"专章。"保安处分"一章规定了"保安处分"的宣告与执行及处分种类和适用原则。其中,处分种类有七种:感化教育、监护处分、禁戒处分、强制工作、强制治疗、保护管束和驱逐出境。凡政府认为谁是有"犯罪之虞"的所谓"思想犯""阴谋犯"等,可以以"保安处分"为名予以关押教育,限制其人身自由。适用对象不限于有犯罪行为者,还包括有犯罪嫌疑或有危害社会嫌疑者。因此,D 选项正确。

6. B。本题考查的是《暂行新刑律》的相关知识。民国北京政府成立后,袁世凯令法部对《大清新刑律》进行删修,将该律中与"民国国体"抵触的各条,如"侵犯皇室罪""伪造制书罪""伪造御玺国宝罪"等加以删除;将律文中带有明显帝制性质的名词概念加以修改;取消了附加《暂行章程》5 条,更名为《暂行新刑律》,该律与《大清新刑律》少有实质区别。该律从 1912 年施行,直到 1928 年南京国民政府刑法典颁布。因此,B 选项错误。

7. B。本题考查的是南京国民政府"六法体系"的相关知识。从法律内容上来看,南京国民政府法律制度是继受法与固有法的混合,一方面,大量采用、引进、吸收西方近代以来的法律学说、法律原则与法律制度,以大陆法系法律制度为蓝本,并采用英美法系法律制度中的一些内容;另一方面,则继续保持、延续了中国传统法律制度的一些特性。从法律文本层次上来看,特别法效力高于普通法,政府奉行"特别法优先于普通法,如特别法无规定者,始适用普通法"的原则。从立法文本与司法实践层面看,两者脱节严重。因此,B 选项错误。

8. C。本题考查的是"六法体系"中民法典的相关内容。在继承制度方面,法典废止了旧法中长期沿用的宗祧继承制度。因此,C 选项错误。

9. B。本题考查的是"六法体系"中宪法的相关内容。全面抗战爆发前的 1936 年 5 月 5 日,国民政府公布《中华民国宪法草案》,标榜要结束"训政",实行"宪政"。因此,B 选项正确。

10. B。本题考查的是"六法体系"中宪法的相关内容。1931 年的《中华民国训政时期约法》采取五院制的政权组织形式,国民政府设行政院、立法院、司法院、考试院、监察院。因此,B 选项错误。

11. B。本题考查的是"六法体系"中民法典的相关内容。国民政府的民法典在结婚的法律效力上采用仪式制,而不采用登记制。因此,B 选项错误。

12. A。本题考查的是"六法体系"中刑法典的相关内容。国民政府共制定有两部主要的刑法典。1928 年 3 月 10 日颁布的刑法典为第一部刑法典。因此,A 选项错误。

13. B。"一告九不理"——对九种提起的诉讼不予立案处理。一是管辖不合规定不受理;二是当事人不适格不受理;三是未经合法代理不受理;四是起诉不合程式不受理;五是不缴纳诉讼费不受理;六是一事不再理;七是不告不理;八是已经成立和解者不受理;九是非以违背法令为理由,第三审不受理。因此,B 选项错误。

14. C。本题考查的是南京国民政府《律师法》关于律师资格的规定。凡背叛民国证据确实者，或曾受一年有期徒刑之宣告者，或曾受律师除名之处分者，或曾任公务员而受撤职之惩戒处分者，或亏空公款者，或受破产宣告尚未复权者，不得充当律师。已经担任者撤销其资格。因此，该题选择C选项。

15. B。1948年国民政府颁布《特种刑事法庭组织条例》，设特种刑事法庭，分中央、高等特种刑事法庭两级，前者设于首都，隶属司法院。因此，B选项错误。

## 第六章　新民主主义革命时期民主政权法制

1. ABCD。《中华苏维埃共和国宪法大纲》遵循党中央提出的“制宪七大原则”，规定苏维埃政权的性质、政治制度、公民权利义务、外交政策等内容，共17条。主要内容是：(1)确定苏维埃国家性质是“工人和农民的民主专政国家”。所谓专政，一是将地主资产阶级(军阀、官僚、地主、资本家、豪绅、僧侣及一切剥削者)拒绝于政权之外；二是剥夺他们的言论、出版、集会、结社等自由；三是使用革命武力和法庭镇压一切反革命复辟活动。(2)确定苏维埃国家政治制度是工农兵苏维埃代表大会制度。它保证工农大众参加国家管理，便于工人阶级及其政党的领导，实行民主集中制和议行合一原则。它是根据革命实践及苏联经验建立的新式民主制度。(3)确定苏维埃国家公民的权利和义务，包括政治、经济、文化等各方面。工农兵及一切劳苦民众享有广泛民主权利。各级政府采取切实有效措施，提供力所能及的物质保障条件。(4)确定苏维埃国家外交政策。宣布中华民族完全自由独立，不承认帝国主义在中国的特权及不平等条约。与世界无产阶级和被压迫民族站在一起，苏联是巩固的同盟者。对受迫害的世界革命者给予保护。对居住在苏区从事劳动的外国人给予法定的政治权利。

2. ABCD。《中华苏维埃共和国宪法大纲》的主要内容包括：(1)确立边区、县、乡人民代表会议为管理政权机关。各级权力机关开始由抗战时期的参议会过渡为人民代表会议制度，为新中国基本政治制度奠定初步基础。(2)规定人民政治上行使的各项自由权利，受政府指导与物质帮助。边区人民不分民族一律平等。(3)规定除司法机关、公安机关依法执行职务外，任何机关、团体不得有逮捕审讯行为。人民有权用任何方式控告失职的任何公务人员。各级司法机关独立行使职权，除服从法律外，不受任何干涉。(4)应保障耕者有其田，劳动者有职业，企业者有发展机会。经济上采取公营、合作、私营三种方式，组织一切人力、财力为促进经济繁荣消灭贫穷而斗争。(5)普及并提高人民文化水准。从速消灭文盲，减少疾病与死亡。

3. ABCD。1942年至1943年，马锡五担任边区陇东专区专员兼高等法院陇东分庭庭长，在边区长期的司法审判实践中，形成了马锡五审判方式。马锡五审判方式是把群众路线的工作方法创造性地运用到审判工作中去的司法民主的崭新形式，也是从一系列司法案件中总结归纳出的经验成果。(1)马锡五审判方式的特点。①深入农村调查研究，实事求是了解案情。②依靠群众，教育群众，尊重群众意见。③方便群众诉讼；手续简便、不拘形式。(2)马锡五审判方式的产生和意义。延安整风运动为马锡五审判方式的产生奠定了思想基础，群众智慧是其产生的源泉。这一方式是在巡回审判基础上成长起来的，成为陕甘宁边区司法工作的一面旗帜。马锡五审判方式的出现和推广，培养了大批优秀司法干部，解决了积年疑难案件，减少争讼、促进团结、利于生产、保证抗日，使人民司法制度落到实处。

# 第一章　中国特色社会主义司法制度*

**一、单项选择题，每题所给的选项中只有一个正确答案。**

1. 人民法院、人民检察院依法独立公正行使审判权和检察权，是宪法的明确规定，是国家法律统一正确实施的法制保障。《中共中央关于全面推进依法治国若干重大问题的决定》从完善制度入手，提出了具体的改革措施，以下哪一项不包含在内？（　　）

A. 建立各级党政机关和领导干部支持法院、检察院依法独立公正行使职权的制度机制

B. 健全维护司法权威的法律制度

C. 建立国家统一法律职业资格考试制度

D. 建立健全司法人员履行法定职责保护机制

2.《中共中央关于全面推进依法治国若干重大问题的决定》提出了一系列完善司法管理体制和司法权力运行机制的重大改革措施。下列哪一项不是关于完善司法管理体制方面的措施？（　　）

A. 最高人民法院设立巡回法庭

B. 探索建立跨行政区划的人民法院和人民检察院

C. 完善行政诉讼体制机制

D. 改革法院案件受理制度

3. 为保证公正司法，提高司法公信力，让人民群众在每一个司法案件中感受到公平正义，《中共中央关于全面推进依法治国若干重大问题的决定》中提出了相应的要求，以下哪项不包括在内？（　　）

A. 为保证独立行使审判权和检察权，建立领导干部干预司法活动、插手具体案件处理的记录、通报和责任追究制度

B. 为优化司法职权配置，探索实行法院、检察院司法行政事务管理权和审判权、检察权相分离

C. 完善对涉及公民人身、财产权益的行政强制措施实行司法监督制度。探索建立检察机关提起公益诉讼制度

D. 完善人民监督员制度，重点监督检察机关查办涉及人身权利的刑事案件立案、逮捕、起诉等环节的执法活动

4. 关于司法公开，下列哪一项不是《中共中央关于全面推进依法治国若干重大问题的决定》提出的明确要求？（　　）

A. 构建开放、动态、透明、便民的阳光司法机制，推进审判公开、检务公开、警务公开、狱务公开

B. 依法及时公开执法司法依据、程序、流程、结果和生效法律文书，杜绝“暗箱操作”

C. 加强法律文书释法说理，建立生效法律文书统一上网和公开查询制度

D. 向全社会公开法官、检察官的学习经历、工作经历、家庭住址、联系方式等信息

5.《中共中央关于全面推进依法治国若干重大问题的决定》提出，探索建立检察机关提起公益诉讼制度，这体现了检察制度的哪一基本原则？（　　）

A. 检察权统一行使原则

B. 检察权独立行使原则

C. 对诉讼活动实行法律监督原则

D. 民主集中制原则

6. 下列表述中，说法不正确的是哪一项？（　　）

A. 被开除公职的人不得担任公证员

B. 因犯罪受过刑事处罚的人一律不得担任公证员

C. 无民事行为能力或者限制民事行为能力的人不得担任公证员

D. 因故意犯罪或者职务过失犯罪受过刑事处罚的人不得担任公证员

**二、多项选择题，每题所给的选项中有两个或两个以上正确答案，少答或多答均不得分。**

1. 自2015年起，我国逐步实行巡回法庭制度，以下关于巡回法庭的说法，不正确的是：（　　）

A. 巡回法庭的设立是为了便于当事人诉讼，推动审判工作重心下移

B. 巡回法庭作出的判决、裁定和决定，经最高人民法院认可后，视为最高人民法院的判决、裁定和决定

C. 巡回法庭受理具有重大影响的执行案件

D. 巡回法庭按照审理者裁判、由裁判者负责原则，实行审判长负责制

2. 近年来，我国法院不断完善诉讼程序制度，加强司法政务管理，努力提高司法效率，建立公正、高效的审判工作机制。这些审判工作机制包括哪些？（　　）

A. 实行立审分离，繁简分流，改进简易程序

B. 强化审限意识，严格禁止超审限审理案件

---

* 本章答案参见第82页。

C. 加强对诉讼调解工作的指导，提高诉讼调解水平

D. 强化合议庭和独任审判员的作用，完善独立审判制度

3. 近年来，某地法院通过对人员进行分类管理，试行“综合审判机制”，构建以法官为中心，法官助理和书记员各负其责、相互衔接的审判运行体系，探索基层人民法院缓解“法官断层”难题之策。关于此项改革体现出的价值取向，下列说法正确的是哪些选项？(　　)

A. 推进司法公开

B. 促进法官的专业化、职业化建设

C. 促进司法民主

D. 整合审判资源，优化人才组合

4. 关于司法公正问题的理解，下列哪些表述是正确的？(　　)

A. 晋刘颂上疏惠帝，论及司法制度时说“君臣之分，各有所司。法欲人奉，故令主者守之；理有穷，故使大臣释滞；事有时立，故人主权断”

B. 管仲在《管子·任法》中提出“以法制行之，如天地之无私也。是以官无私论，士无私议，民无私说，皆虚其匈以听于上。上以公正论，以法制断，故任天下而不重也”

C. 实体公正，主要是指司法程序具有正当性和合理性，当事人在司法过程中受到公平的对待；程序公正，主要是指案件事实真相的发现和对实体法的正确适用

D. 案件处理的正确性要求司法人员通过诉讼活动，在核实证据和认定事实的基础上，正确适用实体法和程序法，对案件作出恰当的处理

5. 恪守司法廉洁，是司法公正与司法公信的基石和防线，《中共中央关于全面推进依法治国若干重大问题的决定》为此提出了哪些要求？(　　)

A. 坚决破除各种潜规则，绝不允许法外开恩，绝不允许办关系案、人情案、金钱案

B. 坚决反对和克服特权思想、衙门作风、霸道作风，坚决反对和惩治粗暴执法、野蛮执法行为

C. 对司法领域的腐败零容忍，坚决清除害群之马

D. 对因违法违纪被开除公职的司法人员、吊销执业证书的律师和公证员，暂时禁止从事法律职业

6. 关于司法的人权保障功能，下列表述哪些是正确的？(　　)

A. 在法治国家中，司法权力是维护人权的坚强后盾

B. 司法机关是保障人权的责任主体，保障人权是司法机关的重要职责

C. 司法程序是人们依法、理性维权的基本途径

D. 司法既具有维护和支持其他公权力依法行使、发展人权的作用，又具有防范和制裁其他公权力恣意行使、侵犯人权的作用

7. 2018 年 10 月 26 日，第十三届全国人民代表大会常务委员会第六次会议修订通过了《人民法院组织法》，其中关于审判委员会的职能，下列说法正确的是哪些选项？(　　)

A. 总结审判工作经验

B. 讨论决定重大、疑难、复杂案件的法律适用

C. 讨论决定本院已经发生法律效力的判决、裁定、调解书是否应当再审

D. 讨论决定其他有关审判工作的重大问题

8. 根据《律师执业管理办法》，县级司法行政机关对其执业机构在本行政区域的律师的执业活动进行日常监督管理，履行下列哪些职责？(　　)

A. 受理对律师的举报和投诉

B. 监督律师履行行政处罚和实行整改的情况

C. 对律师进行表彰

D. 办理律师执业核准、变更执业机构核准和执业证书注销事项

9.《律师法》第 3 条第 4 款规定，律师依法执业受法律保护，任何组织和个人不得侵害律师的合法权益。关于这一规定的理解，下列哪些选项是正确的？(　　)

A. 律师依法独立执业是律师发挥作用的前提

B. 律师担任诉讼代理人或者辩护人，其辩论或者辩护的权利依法受到保障

C. 律师在法庭上发表的任何言论都不受法律追究

D. 律师协会应当保障律师依法执业，维护律师的合法权益

10. 张某委托胡律师处理其与李某之间的合同纠纷一案，委托权限为一般诉讼代理。庭审中李某表示愿意与张某达成和解协议，胡律师当即表示愿意接受和解。对于胡律师的行为，下列说法不正确的是哪些选项？(　　)

A. 胡律师是张某的代理人，有权接受和解

B. 胡律师切实履行律师职责，并没有超越代理权限

C. 因为没有特别授权，胡律师接受和解的意思表示不能得到法院的认可

D. 如果胡律师当庭出示了张某的特别授权委托书，则法院应当认可胡律师的意思表示

11. 2015 年 9 月 16 日，最高人民法院、最高人民检察院、公安部、国家安全部、司法部联合出台了《关于依法保障律师执业权利的规定》，其中规定了对律师执业权利保障的哪些救济机制？(　　)

A. 投诉机制

B. 申诉控告机制

C. 维护律师执业权利工作机制

D. 各部门联席会议制度

12. 乙某急需用钱,向甲某借款50万元,并以自己的房产作抵押。甲某和乙某签订了抵押借款协议,在协议中,借款人乙某明确表示“如借款期限届满不能还款,则自愿接受人民法院的强制执行”。双方在公证处就此协议办理了强制执行公证。关于此案,下列说法不正确的是哪些选项?( )

A. 如乙某到期不能还钱,甲某必须先经过诉讼程序,经法院判决后申请执行

B. 如乙某到期不能还钱,甲某可以直接向人民法院申请执行

C. 公证机关出具的强制执行公证不符合法律规定

D. 公证机关出具的强制执行公证符合法律规定

13. 下列事项中可以成为公证对象的是哪些?( )

A. 甲请求公证员公证,其于2005年10月1日借给乙1万元,乙予以否认,甲就此向法院起诉乙,目前尚未审结

B. 王某于2007年12月15日8时45分在医院死亡

C. 熊某设立的一份自书遗嘱

D. 丙公司的公司章程

14. 甲、乙、丙、丁、戊五人申请设立一家公证机构,经由所在地的司法行政部门报省人民政府司法行政部门按照规定程序批准后,获颁发公证机构执业证书。下列关于公证机构的说法中,正确的是哪些?( )

A. 公证机构是独立的法人

B. 公证机构独立行使公证职能

C. 公证机构不可以营利

D. 公证机构可以自愿参加公证职业责任保险

**三、不定项选择题,每题所给的选项中有一个或一个以上正确答案,不答、少答或多答均不得分。**

1. 为了提高司法效率,建立公正、高效的审判工作机制,我国法院采取了许多改革措施。下列哪一或哪些措施是关于这一方面的改革措施?( )

A. 加强审判管理,提高司法效率

B. 实行立审分离,繁简分流,改进简易程序

C. 强化审限意识,严格禁止超审限审理案件

D. 加强对诉讼调解工作的指导,提高诉讼调解水平

2. 以下关于司法的说法,正确的是:( )

A. 乙法院为保障公众知情权,除不公开审理的案件外,一律公开宣告判决

B. 甲法院在审理案件时遇到疑难问题,为避免发生冤假错案,向其上级法院请示

C. 司法的过程是运用法律解决个案纠纷的过程,因此,司法不具有普遍性

D. 从形式上看,司法和行政属于法律实施的具体形式,均为广义的执法活动

3. 以下关于律师和律师事务所的说法,不正确的是:( )

A. 甲曾因过失泄露国家秘密被处以刑罚,后通过了国家统一法律职业资格考试,在满足其他条件的情况下,其仍有资格担任律师

B. 乙本科毕业后,在法律服务人员紧缺领域从事专业工作12年,获得高级职称,有资格申请专职律师执业

C. 丙现在某律师事务所实习,但尚未取得律师执业证书,不得从事诉讼代理或者辩护业务

D. 国家出资的律师事务所依法自主开展律师业务,以该律师事务所的全部资产对其债务承担责任

4. 在司法过程中,坚持审判独立与检察独立原则,与司法机关坚持中国共产党的领导、坚持群众路线是一致的。为此,《中共中央关于全面推进依法治国若干重大问题的决定》提出了相应的改革措施。下列哪一或哪些措施是关于这一方面的改革措施?( )

A. 建立领导干部干预司法活动、插手具体案件处理的记录、通报和责任追究制度

B. 健全行政机关依法出庭应诉、支持法院受理行政案件、尊重并执行法院生效裁判的制度

C. 完善惩戒妨碍司法机关依法行使职权、拒不执行生效裁判和决定、藐视法庭权威等违法犯罪行为的法律规定

D. 建立健全司法人员履行法定职责保护机制

5. 近年来,一些地方人民法院实行了“司法确认”制度,赋予了非诉调解协议强制执行力。关于这一制度,下列表述不正确的是哪一或哪些选项?( )

A. 有利于诉讼与非诉讼相衔接的多元矛盾纠纷解决机制的建立

B. 有利于提高司法效率,提高执行率

C. 为了鼓励当事人选择人民调解途径化解矛盾纠纷,法院应当对所有调解协议的效力予以确认

D. 为了实现司法便民,人民法院在所有情况下均应当对所有调解协议立即予以审查确认

6. 关于司法效率和司法公正的关系,下列哪一或哪些说法是错误的?( )

A. 效率与公正都是司法追求的目标,因而在许多情况下,这两者是相辅相成的

B. 效率属于价值理性,具有明确的可比性,而公正属于工具理性,具有模糊的相对性,所以这两者存在内在的紧张关系

C. 我国司法现状决定了我们应当作出“效率优先,兼顾公正”的选择

D. 司法工作人员提高业务水平,高效地履行司法

职责,有利于促进司法公正和提高司法效率

7. 现行《法律援助条例》对公民申请法律援助的具体法律援助机构作了明确规定。据其规定,下列表述中不正确的是哪一或哪些选项?( )

A. 请求国家赔偿的,向赔偿义务机关所在地的法律援助机构提出申请

B. 请求给付赡养费、抚养费、扶养费的,向申请人住所地的法律援助机构提出申请

C. 请求支付劳动报酬的,向支付劳动报酬的义务人住所地的法律援助机构提出申请

D. 主张因见义勇为行为产生的民事权益的,向被请求人住所地的法律援助机构提出申请

8. 下列有关律师收费的说法,正确的是哪一或哪些选项?( )

A. 律师事务所代理民事案件、行政案件,为刑事案件犯罪嫌疑人提供法律咨询、代理申诉和控告、申请取保候审,担任被告人的辩护人或自诉人、被害人的代理人,代理各类诉讼案件的申诉,代理仲裁,实行协商的收费方式

B. 担任法律顾问,提供非诉讼法律服务,解答有关法律的询问,代书,实行法定方式收费

C. 委托人因律师过错而提出终止委托关系的,律师事务所应退还预收的全部律师服务费;非因律师过错而终止委托关系的,律师事务所已经收取的律师服务费不予退还

D. 律师事务所无故终止委托关系的,应当退还已收取的全部律师服务费;给委托人造成损失的,根据有关规定,应负赔偿责任

9. 下面关于设立律师事务所分所的规定,哪一或哪些选项是错误的?( )

A. 成立3年以上并具有20名以上执业律师的合伙律师事务所,可以设立分所

B. 设立分所,须经拟设立分所所在地的省、自治区、直辖市人民政府司法行政部门审核

C. 合伙律师事务所对其分所的债务承担责任

D. 国家出资设立的律师事务所不可以设立分所

10. 下列情况中,律师事务所的哪一或哪些行为不符合法律规定?( )

A. 甲律师事务所拒绝履行法律援助义务

B. 乙律师事务所认为自己律所的名字不好听,自行修改了律所的名称,未经得司法行政机关核定

C. 丙律师事务所不向委托人开具律师服务收费合法票据

D. 丁律师事务所指派本所律师担任同一诉讼案件的原告、被告的代理人

11. 下列哪一或哪些事项必须由本人亲自申请办理公证?( )

A. 提存公证　　B. 遗赠扶养协议公证

C. 生存状况公证　　D. 保证公证

12. 下列哪一或者哪些属于不予办理公证的情形?( )

A. 无民事行为能力人或者限制民事行为能力人没有监护人代理申请办理公证的

B. 当事人之间对申请公证的事项有争议的

C. 当事人的原因致使该公证事项在6个月内不能办结的

D. 当事人阻挠、妨碍公证机构及承办公证员按规定的程序、期限办理公证的

13. 关于公证程序,以下说法不正确的是哪一或哪几项?( )

A. 自然人、法人或者其他组织申请办理涉及不动产的委托、声明、赠与、遗嘱的公证,可以向住所地、经常居住地的公证机构提出

B. 当事人与申请公证的事项没有利害关系的,公证机构也可以办理公证

C. 申请办理公证的当事人应当向公证机构如实说明申请公证事项的有关情况,提供真实、合法、充分的证明材料;提供的证明材料不充分的,公证机构可以要求补充

D. 公证机构经审查,认为申请提供的证明材料真实、合法、充分,申请公证的事项真实、合法的,应当自受理公证申请之日起15个工作日内向当事人出具公证书。因补充证明材料的,所需时间计算在期限内

14. 根据法律规定,公证机构办理公证,应当根据不同公证事项的办证规则,分别审查下列哪一或哪些事项?( )

A. 当事人的身份、申请办理该项公证的资格以及相应的权利

B. 提供的文书内容是否完备,含义是否清晰,签名、印鉴是否齐全

C. 提供的证明材料是否真实、合法、充分

D. 申请公证的事项是否真实、合法

15. 王某在世时留下遗嘱,其内容为去世后将财产全部交给妻子刘某继承,并到公证处对其进行了公证。不想14年后,公证书被撤销,王某继子参与了对王某财产的继承。66岁的刘某以一纸诉状将公证处诉至法院,要求赔偿其各项损失110余万元。对于公证机构的表述,下列正确的是哪一或哪几项?( )

A. 公证机构是依法设立,不以营利为目的,依法独立行使公证职能、承担民事责任的证明机构

B. 公证机构有县、市、省三级,按行政区划层层设立

C. 办理公证时,公证机构有责任和义务根据不同公证事项的办证规则审查公证

D. 公证机构及其公证员给当事人、公证事项的利害关系人造成损失的,由公证机构承担相应的无过错

赔偿责任

16. 根据《公证员执业管理办法》的相关规定，下列哪一或哪些行为是公证员禁止从事的？（　　）

A. 为近亲属办理公证

B. 从事有报酬的其他职业

C. 为不真实、不合法的事项出具公证书

D. 侵占、挪用公证费或者侵占、盗窃公证专用物品

# 第二章　法官职业道德*

**一、单项选择题，每题所给的选项中只有一个正确答案。**

1. 下列哪一人员可以不受法官职业道德基本准则的约束？（　　）

A. 在法院担任法官助理的王某

B. 担任法官多年现已退休的李某

C. 董某在某中级人民法院试用过一段时间，现已离开该法院

D. 金某系某大学法学院的研究生，利用假期到某基层法院实习

2. 法官职业道德的核心是公正、廉洁、为民。以下情形中哪一项未被法律禁止？（　　）

A. 陈法官受某知名培训机构的邀请，兼职担任该机构的培训讲师

B. 沈法官为其弟向银行的抵押贷款提供担保

C. 冯法官在被辞退 3 年后，以非律师身份担任原任职法院的诉讼代理人

D. 已退休的冯法官放任其子在其曾任职的辖区内开办律师事务所

3.《中共中央关于全面推进依法治国若干重大问题的决定》强调依法规范司法人员与当事人、律师、特殊关系人、中介组织的接触、交往行为。下列哪一项对此的表述是不正确的？（　　）

A. 严禁司法人员私下接触当事人及律师、泄露或者为其打探案情、接受吃请或者收受其财物等违法违纪行为

B. 严禁司法人员为律师介绍代理和辩护业务

C. 坚决惩治司法掮客行为，防止利益输送

D. 对因违法违纪被开除公职的司法人员、吊销执业证书的律师和公证员，暂时禁止从事法律职业，构成犯罪的要依法追究刑事责任

4. 关于法官任职，下列选项中符合法律规定的是哪一项？（　　）

A. 郑某和王某系夫妻关系，郑某在甲市中级人民法院担任院长，王某在同一法院担任副院长

B. 杨某和刘某系父子关系，杨某在乙区人民法院民事审判庭担任副庭长，刘某在同一法院刑事审判庭担任审判员

C. 沈某原是丙区人民法院的法官，离任 1 年后，以律师身份担任诉讼代理人向丙区人民法院提起诉讼

D. 陈某是丁市人民法院的法官，同时兼任该市人民代表大会常务委员会组成人员

**二、多项选择题，每题所给的选项中有两个或两个以上正确答案，少答或多答均不得分。**

1.《法官职业道德基本准则》为加强法官职业道德建设，保证法官正确履行法律赋予的职责，规定了相关内容，以下说法正确的是：（　　）

A. 严格遵守法定办案时限，提高审判执行效率，及时化解纠纷，注重节约司法资源，杜绝玩忽职守、拖延办案等行为，符合司法为民的要求

B. 认真贯彻司法公开原则，尊重人民群众的知情权，自觉接受法律监督和社会监督，同时避免司法审判受到外界的不当影响，符合司法公正的要求

C. 加强自身修养，培育高尚道德操守和健康生活情趣，杜绝与法官职业形象不相称、与法官职业道德相违背的不良嗜好和行为，遵守社会公德和家庭美德，维护良好的个人声誉，符合维护司法形象的要求

D. 不从事或者参与营利性的经营活动，不在企业及其他营利性组织中兼任法律顾问等职务，不就未决案件或者再审案件给当事人及其他诉讼参与人提供咨询意见，符合司法廉洁的要求

2. 某法官说："个别法官和律师关系不正常，有些律师，不打官司，只打关系，这很危险，法官放松自己就将毁掉一生。"关于法官和律师的相互关系，下列事实中哪些违反了相关规范？（　　）

A. 李律师在代理案件之前及其代理过程中，向当事人宣称自己与受理案件法院的法官有亲戚关系

B. 王法官与本案当事人委托的律师有同学关系，他自行申请回避，本院院长决定其不予回避

C. 张律师在业务推广中使用已获得的法律服务荣誉称号，但未注明获得时间和期限

D. 潘律师担任某市人民代表大会常务委员会组成人员期间，谢绝当事人的诉讼代理委托

---

* 本章答案参见第 83 页。

**三、不定项选择题，每题所给的选项中有一个或一个以上正确答案，不答、少答或多答均不得分。**

1. 根据法官职业道德的要求，下列哪一或哪些行为是法官禁止从事的活动？（　　）

A. 与他人合资经办企业

B. 以他人名义入股经办企业

C. 为他人的经济活动提供担保

D. 以他人名义从事以营利为目的的民间借贷活动

2. 为保证司法公正，不仅应当维护审判独立，坚持实体公正和程序公正并重，还应当提高司法效率。以下哪一项或哪几项的做法符合提高司法效率的要求？（　　）

A. 严格遵守审理期限，遇到特别情况不能在法定审限内结案的，应当按照法定程序办理延长审限的手续

B. 在审判工作中有权依法采取或不采取各种程序性措施，应当充分考虑效率因素，合理安排各项工作

C. 应当在不违反中立地位的前提下，督促当事人或其代理人提高效率

D. 根据职业道德的要求，法官应当充分尊重其他法官和其他诉讼参与人的时间

3. 关于法官职业道德，下列说法不正确的是哪一或哪些选项？（　　）

A. 法官职业道德适用的对象包括法官、人民陪审员、人民法院其他工作人员，也包括退休的法官

B. 法官职业道德规范的对象完全是法官履行司法职务的行为

C. 法官的一些非职业活动不受法官职业道德的拘束

D. 除法官职业道德的具体规范外，法官的职业道德观念也是职业道德的重要组成部分

4. 根据《人民法院工作人员处分条例》的规定，下列对法官的纪律处分中执行正确的是哪一或哪些选项？（　　）

A. 甲法官同时需要受到记大过和降级两个处分，最后给予其降级处分

B. 乙法官同时需要受到记大过和降级两个处分，最后给予其记大过处分和降级处分

C. 丙法官同时需要受到三个记大过处分，最后给予其记大过处分 48 个月

D. 丁法官同时需要受到四个记大过处分，最后给予其记大过处分 64 个月

5.《法官法》第 22 条规定了法官的限制条件，下列哪一或哪些选项符合该规定？（　　）

A. 不得兼任人民代表大会常务委员会的组成人员

B. 不得兼任行政机关、监察机关、检察机关的职务

C. 不得兼任企业或者其他营利性组织、事业单位的职务

D. 不得兼任律师、仲裁员和公证员

6. 周某系 H 市中级人民法院法官，2006 年从该法院辞职。下列关于周某的活动中，可以被允许的是哪一或哪些选项？（　　）

A. 2009 年以律师身份作为诉讼代理人代理在 A 市 B 区人民法院审理的案件

B. 2009 年以普通公民身份作为诉讼代理人代理在 A 市 B 区人民法院审理的案件

C. 2009 年以律师身份作为诉讼代理人代理在 H 市中级人民法院审理的案件

D. 2009 年以普通公民身份作为诉讼代理人代理在 H 市中级人民法院审理的案件

7. 为保障法官履行职责，《法官法》规定了法官的权利和相应的保障机制，以下说法正确的有哪一项或哪几项？（　　）

A. 依法审判案件不受任何行政机关、社会团体和个人的干涉

B. 非因法定事由、非经法定程序，不被免职、降职、辞退或者处分

C. 对于国家机关及其工作人员侵犯法官权利的行为，法官有权提出控告

D. 法官对人民法院关于本人的处分、处理不服的，自收到处分、处理决定之日起 30 日内可以向原机关或上级机关申请复议

8. 法官张某的下列哪一或哪些行为违反了法官职业道德的要求？（　　）

A. 拒不承担赡养义务

B. 违反规定滞留境外不归

C. 违反规定将案卷或者其他诉讼材料借给他人

D. 故意泄露合议庭评议、讨论案件的具体情况

# 第三章 检察官职业道德*

**一、单项选择题，每题所给的选项中只有一个正确答案。**

1. 检察官职业道德的主要内容概括为“忠诚、为民、担当、公正、廉洁”，下列哪一选项体现了“忠诚”的要求？（　　）

A. 检察官不得散布有损国家声誉的言论

B. 检察院内部严格执行“案件查处由不同机构承办、互相制约”的制度

C. 检察官应当树立证据意识、程序意识，全面、客观依照程序收集证据

D. 检察官本人或亲属与他人发生矛盾，应当通过合法途径解决，不得以检察官身份寻求照顾

2. 公正是检察官工作的核心目标，为了保证公正办案，《检察官法》和《刑事诉讼法》规定了相关的回避制度，以下说法不符合回避制度的是：（　　）

A. 王某是某省检察院的检察长，其子在该省某基层检察院担任副检察长

B. 张某是某省检察院的副检察长，其侄是该检察院的助理检察员

C. 李检察官在办案时发现当事人与其同一个大学毕业，但未曾共事或交流过，因而未申请回避

D. 陈检察官因需在某公诉案件中担任证人，因而主动申请回避

**二、多项选择题，每题所给的选项中有两个或两个以上正确答案，少答或多答均不得分。**

1. 关于检察官职业道德和纪律，下列哪些做法是错误的？（　　）

A. 赵检察官为提高效率，在家里会见本人所承办案件的被告人方律师

B. 钱检察官与其承办案件的被害人系来往密切的邻居，因此提出回避申请

C. 孙检察官发现所办案件存在应当排除的证据而未排除，仍将其作为起诉意见的依据

D. 李检察官出于个人对某类案件研究的需要，私下要求邻县检察官为其提供正在办理的某案情况

2. 关于检察官的任职，下列说法符合法律规定的是哪些选项？（　　）

A. 甲某和乙某系夫妻关系，甲某任A市B区人民检察院检察长，乙某任A市人民检察院副检察长

B. 丙某和丁某系父子关系，丙某任A市B区人民检察院检察长，丁某任A市C区人民检察院检察员

C. 戊检察官被选为所在区的人大代表

D. 丁检察官同时兼任某律师事务所律师

**三、不定项选择题，每题所给的选项中有一个或一个以上正确答案，不答、少答或多答均不得分。**

1. 在下列哪一或者哪些情况下，检察官的职务应该被提请免除？（　　）

A. 甲由检察院调动到政法委

B. 乙被选为某市人大代表

C. 丙因为健康原因长期不能履行职务

D. 丁达到退休年龄，正式退休

2. 下列情况中没有违反我国法律关于检察官任职回避的规定的是哪一或哪些选项？（　　）

A. 夫妻二人同时在同一人民检察院担任检察员

B. 兄妹二人同时在同一人民检察院的起诉科担任助理检察员

C. 父亲担任某市人民检察院的副检察长，儿子担任下级人民检察院的副检察长

D. 母亲担任某市人民检察院的检察长，女儿担任下级人民检察院的检察员

3. 李某是A市B区人民检察院的一名检察官，同时还兼任了其他的社会职务，以下情况符合法律规定的是哪一或哪些选项？（　　）

A. 李某可以兼任B区人民代表大会常务委员会的组成人员

B. 李某可以兼任B区政协委员

C. 李某不能兼任B区司法局副局长

D. 李某不能兼任律师

4.《检察官职业道德基本准则》规定检察官应当“坚持担当精神，强化法律监督”，下列哪一或哪些选项体现了这一要求？（　　）

A. 坚决打击发生在群众身边、损害群众利益的各类犯罪

B. 运用法治思维和法治方式，将不公平、不公正现象纳入法治轨道来解决

C. 善于发现、勇于承认工作中存在的问题，主动承担责任，认真吸取教训

D. 维护国家安全、荣誉和利益，维护国家统一和民族团结，严守国家秘密和检察工作秘密

5. 下列说法正确的是：（　　）

A. 最高人民法院、最高人民检察院发布的指导性

* 本章答案参见第84页。

案例,可以由审委会、检委会讨论通过

B. 最高人民法院、最高人民检察院在一定期限内可将担任法官、检察官的学历放宽到高等学校本科毕业

C. 法官、检察官员额应该考虑偏远地区和基层法院、检察院的办案数量来相应增列

D. 法院院长和检察长,应从办案法官、检察官和其他法官、检察官中选拔

6. 关于人民检察院的性质与组织体系,下列选项正确的是:(　　)

A. 检察院内设业务机构的负责人对本部门的办案活动进行监督管理

B. 上级检察院可以调用下级检察院的检察官办理案件,被调用的检察官可以代表上级检察院出庭支持公诉,体现了检察一体化

C. 检察官在法庭审理中提交证明被告人构成坦白的证据,体现了检察一体化

D. 检察官在检察长领导下开展工作,办案事项均由检察长决定

# 第四章　律师职业道德*

**一、单项选择题,每题所给的选项中只有一个正确答案。**

律师不得采用不正当手段与同行进行业务竞争,损害其他律师及律师事务所的合法权益,以下哪项不属于律师执业不正当竞争的行为?(　　)

A. 无正当理由,以低于同地区同行业收费标准为条件争揽业务

B. 承诺给中介人、推荐人回扣以争揽业务

C. 在业务交流会上,屡次援引某律师事务所的多位律师代理的诸多败诉案件

D. 暗示可以帮助委托人达到不正当目的,或以不正当的方式达到委托目的

**二、多项选择题,每题所给的选项中有两个或两个以上正确答案,少答或多答均不得分。**

1.《公职律师管理办法》规定了公职律师的任职条件,对下列哪些人不予颁发公职律师证书?(　　)

A. 李某曾被吊销律师执业证书

B. 杨某正被列为失信联合惩戒对象

C. 王某涉嫌违纪违法、正在接受审查

D. 张某上一年度公务员年度考核结果被确定为不称职

2. 律师参与诉讼或仲裁需要遵守相关规范,关于律师行为规范,以下说法正确的是:(　　)

A. 应当遵守回避规范,因法定事由或相关规定不能担任诉讼代理人的,应当谢绝当事人的委托,或者解除委托代理合同

B. 不得为了胜诉而向司法机关或仲裁机构提交明知是虚假的证据

C. 在庭审或谈判过程中各方律师不得使用挖苦、讽刺或侮辱性的语言

D. 出庭时,除出庭服装外不得穿着或佩戴其他衣物或饰品

3. 律师在诉讼与仲裁中,必须遵循一定的行为规范。根据相关规范的要求,下列哪些表述是正确的?(　　)

A. 法官从人民法院离任后 2 年内,不得以律师身份担任诉讼代理人或者辩护人

B. 法官的配偶、子女、兄弟姐妹不得担任该法官所任职法院办理案件的诉讼代理人或者辩护人

C. 检察官从人民检察院离任后,不得担任原任职检察院办理案件的诉讼代理人或者辩护人

D. 律师因法定事由或者根据相关规定不得担任诉讼代理人或者辩护人的,可以将被委托的法律事务转委托同一律师事务所的其他律师办理

4. 武某遇车祸住院,在生命垂危时,请某律师事务所陆姓律师当其见证人并代书了遗嘱,武某同时指定陆律师为遗嘱的执行人。武某去世后,陆律师又接受了武某妻子的委托代理遗产继承一案,并收取了代理费 15 万元。在上述情况中,陆律师采取的下列哪些行为是正确的?(　　)

A. 向所在律师事务所说明情况后,由本所其他律师代理武某妻子的诉讼

B. 向武某妻子说明情况,建议她另外聘请其他律师事务所的律师代理

C. 在未向武某妻子说明的情况下,继续代理其诉讼

D. 向武某妻子说明情况,并返还所收取的代理费

5. 关于律师职业道德,下列做法错误的是:(　　)

A. 大学高校法学老师开设个人执业律所,应吊销其律师执照

B. 律所在责令停业期间可解散

C. 律师去当企业高管,应吊销其律师执照

---

* 本章答案参见第 85 页。

D. 律所为了社会利益,0 元中标去国企当顾问

**三、不定项选择题,每题所给的选项中有一个或一个以上正确答案,不答、少答或多答均不得分。**

1. 律师和律师事务所为推广业务,可以发布使社会公众了解律师个人和律师事务所法律服务业务信息的广告。在下列哪一或哪些情况下,律师和律师事务所不得发布律师广告?( )

A. 没有通过年度考核的

B. 处于停止执业或停业整顿处罚期间的

C. 受到通报批评、公开谴责未满 1 年的

D. 停止执业或停业整顿处罚期间届满后已满 1 年的

2. 律师和律师事务所推广律师业务,应当遵守平等、诚信原则,遵守律师职业道德和执业纪律,遵守律师行业公认的行业准则。下列哪一或哪些行为不属于不正当竞争?( )

A. 某律师事务所通过互联网、报纸等新闻媒体介绍该律师事务所的业务特长

B. 某律师总结自己的执业经验,发表学术论文

C. 某律师以自己的名义参与到社区普法宣传工作中

D. 某律师事务所邀请专家学者参与研讨会,探讨律师制度改革

3. 关于律师在执业过程中应当履行的义务,下列表述中错误的是:( )

A. 律师应当在一个律师事务所执业,不得同时在 2 个以上律师事务所执业

B. 曾经担任法官、检察官的律师,从人民法院、人民检察院离任后 2 年内,不得担任辩护人,但可担任诉讼代理人

C. 经过双方当事人书面授权同意,律师可在同一案件中为双方当事人担任代理人

D. 律师可以自愿加入所在地的地方律师协会

4. 律师在执业活动中,应当遵守律师执业规范,以下哪一项或哪几项违反了律师执业规范?( )

A. 李律师在代理侵权纠纷案中,代收代管当事人应得的赔偿款,未及时向当事人移交,私自挪为己用

B. 张律师为实现非法执业的目的,明知不符合专职律师执业条件,隐瞒真实情况,提供虚假材料,骗取律师执业许可

C. 周律师代理某案时,代理权限为特别授权,后法院依法向其送达该案的判决书,周律师拒绝签收

D. 王律师在代理某案时,不服从法庭指挥,不按时出庭,未经法庭许可随意走动、擅自退庭

# 第五章　公证员职业道德*

**一、单项选择题,每题所给的选项中只有一个正确答案。**

1.《公证员执业管理办法》规定了担任公证员应当具备的条件,下列说法不正确的是哪一选项?( )

A. 具有中华人民共和国国籍

B. 年龄 23 周岁以上 60 周岁以下

C. 通过国家统一法律职业资格考试

D. 在公证机构实习 2 年以上或者具有 3 年以上其他法律职业经历并在公证机构实习 1 年以上,经考核合格

2. 关于公证员和公证机构,以下说法不正确的是:( )

A. 司法部对决定予以任命或者免职的公证员,应当定期在全国性报刊上予以公告,并定期编制全国公证员名录

B. 始终维护和不断增强公证公信力是公证制度的本质属性和公证工作者的职责使命

C. 公证员和公证机构的负责人被投诉和举报、执业中有不良记录或者经年度考核发现有突出问题的,公证协会应当对其进行重点监督、指导

D. 公证员应当接受司法行政机关和公证协会组织开展的职业培训。公证员每年参加职业培训的时间不得少于 40 学时

**二、多项选择题,每题所给的选项中有两个或两个以上正确答案,少答或多答均不得分。**

1. 以下哪些说法属于《公证员职业道德基本准则》对公证员职业道德的要求?( )

A. 公证员在履行职责时,对发现的违法、违规或违反社会公德的行为,应当按照法律规定的权限,积极采取措施予以纠正、制止

B. 公证员如果发现已经生效的公证文书存在问题或其他公证员有违法、违规行为,应当及时向有关部门反映

C. 公证员应当热爱集体,团结协作,相互支持、相互配合、相互监督,共同营造健康、有序、和谐的工作环境

D. 公证员应当树立廉洁自律意识,遵守职业道德和执业纪律,不得从事有报酬的其他职业和与公证员职务、身份不相符的活动

---

* 本章答案参见第 86 页。

2.《公证员职业道德基本准则》要求公证员廉洁自律、尊重同行，为此公证员不得有下列哪些不正当竞争行为？（　　）

A. 利用与行政机关、社会团体的特殊关系进行业务垄断

B. 以支付介绍费、给予回扣、许诺提供利益等方式承揽业务

C. 利用媒体或其他手段炫耀自己，贬损他人，排斥同行，为自己招揽业务

D. 公证员如果发现已生效的公证文书存在问题或其他公证员有违法、违规行为，应当及时向有关部门反映

**三、不定项选择题，每题所给的选项中有一个或一个以上正确答案，不答、少答或多答均不得分。**

1. 下列哪一或哪些做法不符合公证员职业道德的要求？（　　）

A. 王公证员除了做好公证工作，还自己开办了一家工厂

B. 某公证机构的公证员经常利用节假日到街上发传单，对自己所在的公证机构进行大肆炫耀

C. 某公证机构的业务做得很好，深受当地人们的信赖。于是此公证机构找到了市行政部门，准备通过行政支持对当地的公证业务进行垄断

D. 公证员为一些当事人进行公证，给当事人带来了很大的益处，有时接受当事人的答谢款待

2. 下列哪一或者哪些公证员的做法是合法的？（　　）

A. 公证员王某想下海经商，所以决定辞去公证员职务

B. 公证员谭某对于国家工作人员侵犯了他的合法权益的行为提出了申诉

C. 公证员谭某对于国家工作人员侵犯了他的合法权益的行为提出了控告

D. 某公证机构主任对公证员陈某看不惯，决定对陈某进行免职

3. 根据《公证法》第 42 条的规定，公证机构及其公证员有以下哪一项或哪几项行为的，由省、自治区、直辖市或者设区的市人民政府司法行政部门对公证机构给予警告，并处 2 万元以上 10 万元以下罚款，并可以给予 1 个月以上 3 个月以下停业整顿的处罚；对公证员给予警告，并处 2000 元以上 1 万元以下罚款，并可以给予 3 个月以上 12 个月以下停止执业的处罚；有违法所得的，没收违法所得；情节严重的，由省、自治区、直辖市人民政府司法行政部门吊销公证员执业证书；构成犯罪的，依法追究刑事责任？（　　）

A. 为本人及近亲属办理公证或者办理与本人及近亲属有利害关系的公证的

B. 侵占、挪用公证费或者侵占、盗窃公证专用物品的

C. 以诋毁其他公证机构、公证员或者支付回扣、佣金等不正当手段争揽公证业务的

D. 为不真实、不合法的事项出具公证书的

4. 关于公证员违纪责任的表述，以下哪一项或哪些选项是正确的？（　　）

A. 公证员张某采用不正当方式垄断公证业务，被给予严重警告

B. 公证员王某违反公证程序，降低受理、出证标准，被给予记过

C. 公证员孙某一年内连续出现 6 件以上错误公证文书，被予以暂停公证员协会会员资格

D. 公证员孙某受到暂停会员资格惩戒，则 3 年内不得晋升职务、级别，不得参加各级公证员协会组织的外事及具有福利性质的活动

5. 关于公证员的表述，下列不正确的是哪一或哪些选项？（　　）

A. 公证员吉某在派发的名片上印有“法学博士、法学教授”的头衔

B. 公证员马某利用职务之便将公证费 6000 余元据为己有，被法院判决职务侵占罪成立，免予刑事处罚，并被司法行政部门处以罚款 3000 元和停止执业 2 个月的处罚

C. 对私自出证、出假证、篡改公证书、泄露当事人商业秘密或隐私的，处罚很重，对公证员罚款可高达 10 万元

D. 因故意犯罪或者职务过失犯罪受刑事处罚的，应当吊销公证员执业证书

6. 下列哪一或哪些选项是公证员爱岗敬业、规范服务的表现？（　　）

A. 公证员按照规定的程序和期限办理公证事务，及时受理、审查、出证，不得因个人原因和其他主观因素拖延推诿

B. 公证员要独立思考、自主判断、敢于坚持正确的意见

C. 公证员在履行职责时，应当告知当事人、代理人和参加人其权利和义务，并就权利和义务的真实意思作出明确解释，避免形式上的简单告知

D. 发现其他公证员有违法、违规行为或已生效的公证文书存在问题，公证员应当及时向有关部门反映，以使违法行为或有问题的公证文书得到制止或纠正

# 第六章　其他法律职业人员职业道德*

**一、单项选择题，每题所给的选项中只有一个正确答案。**

1. 根据《公司律师管理办法》，下列哪一说法是不正确的？（　　）

A. 中央企业员工申请颁发公司律师证书的，由所在单位审核同意后向司法部提出申请

B. 中央企业在地方的各级分支机构和子企业的员工申请颁发公司律师证书的，也可以由所在单位审核同意后向司法部提出申请

C. 省属企业员工申请颁发公司律师证书的，由所在单位审核同意后向当地省、自治区、直辖市司法行政机关提出申请

D. 其他国有企业员工申请颁发公司律师证书的，由所在单位审核同意后向当地设区的市级或者直辖市的区（县）司法行政机关提出申请

2. 关于律师担任政府法律顾问，以下说法不正确的是哪个选项？（　　）

A. 为保障律师权益，必须由政府与律师事务所签订聘用合同

B. 担任政府法律顾问的律师，有权参加政府召开的有关会议、查阅相关文件和资料

C. 政府聘请法律顾问，可以由律师事务所指派多名律师担任

D. 对于律师担任政府法律顾问工作，司法行政机关应当加强指导、管理和监督

3. 关于国有企业法律顾问，以下说法错误的是哪个选项？（　　）

A. 企业应当建立企业法律顾问专业技术等级制度，分为企业一级法律顾问、企业二级法律顾问和企业三级法律顾问

B. 企业总法律顾问应当具有企业法律顾问执业资格，在企业中层以上管理部门担任主要负责人满3年；或者被聘任为企业一级法律顾问，并担任过企业法律事务机构负责人

C. 企业有关负责人对企业法律顾问依法履行职责打击报复的，由企业法律顾问的协会组织或者所出资企业予以通报批评或者警告

D. 国有资产监督管理机构的工作人员违法干预企业法律顾问工作，侵犯所出资企业和企业法律顾问合法权益的，对直接负责的主管人员和其他直接责任人员依法给予行政处分

4. 关于律师法律顾问，以下说法不正确的是哪个选项？（　　）

A. 顾问律师应当就聘方所提供的法律事实、证据的真实性以及法律意见的合法性承担法律责任

B. 顾问律师在受指派提供法律顾问服务过程中对遇到的重大问题、参与重大项目、经济合同谈判应及时向律师事务所汇报

C. 律师事务所受聘担任法律顾问前，应对聘方资信进行初步调查

D. 聘方对所指派的律师有特别要求或明示希望指派特定律师的，应尽量满足

5. 以下说法错误的是哪个选项？（　　）

A. 小刘拟于今年报考某市行政执法机关的法制审核的职位，应当取得国家统一法律职业资格

B. 小王现在某行政执法机关实习，其具有行政执法资格

C. 小朱在审核本单位行政处罚案件时发现调查人员采用非法手段采集证据，向上级建议不采纳此项证据

D. 某市市场监督管理局执法人员小张在对某个体工商户进行检查时，使用威胁、辱骂等手段，可能被处以警告

6. 小吴是某仲裁委员会的仲裁员，以下说法不正确的是哪个选项？（　　）

A. 应当作风公道正派

B. 如果在仲裁某案件时有徇私舞弊行为，则该仲裁裁决可能被法院撤销

C. 以仲裁委员会名义对外参加有关仲裁的学术会议时，事后向仲裁委员会备案

D. 拒绝向当事人透露任何有关案件的情况、本人看法以及仲裁庭合议的情况

**二、多项选择题，每题所给的选项中有两个或两个以上正确答案，少答或多答均不得分。**

1. 法律顾问作为一种相对独立的力量介入党政机关、国有企事业单位的活动中，要求法律顾问保持独立，下列哪些行为是正确的？（　　）

A. 法律顾问应当以服务的党政机关、国有企事业单位的利益为唯一出发点

B. 法律顾问不得接受其他当事人委托，办理与聘任单位有利益冲突的法律事务

C. 法律顾问与所承办的业务有利害关系、可能影响公正履行职责的，应当回避

---

* 本章答案参见第86页。

D. 法律顾问在提供法律服务过程中不受他人意志的干扰，仅仅依照法律的规定或依照法律的精神对事实作出合乎价值的判断

2. 关于仲裁员的职业道德，下列说法正确的是：(　　)

A. 仲裁员不得以任何直接或间接的方式接受当事人或其他代理人的请客、馈赠或其他利益

B. 仲裁员应当主动披露其与当事人和代理人之间的关系

C. 仲裁员不得以法律顾问的身份从事商业活动

D. 仲裁员在仲裁中遇到可能对社会产生重大影响的事件、突发情况时，应当向仲裁委员会上报

3. 关于行政机关中从事行政处罚决定审核、行政复议、行政裁决工作的公务员，以下说法不正确的是：(　　)

A. 以行政机关的意见为准，不得进行独立的价值判断和价值决策

B. 坚持秉公用权、公私分明，努力维护和促进社会公平正义

C. 执行公务时，应当文明执法、以礼待人，杜绝粗暴执法

D. 执法应当公开透明，行政处罚文书一律向行政相对人和社会公开

**三、不定项选择题，每题所给的选项中有一个或一个以上正确答案，不答、少答或多答均不得分。**

1. 公职律师，是指任职于党政机关或者人民团体，依法取得司法行政机关颁发的公职律师证书，在本单位从事法律事务工作的公职人员。下列哪一或哪些选项属于公职律师可以受所在单位委托或者指派从事的法律事务？(　　)

A. 办理民事案件的诉讼和调解、仲裁等法律事务

B. 为所在单位讨论决定重大事项提供法律意见

C. 参与行政处罚审核、行政裁决、行政复议、行政诉讼等工作

D. 参与法律法规规章草案、党内法规草案和规范性文件送审稿的起草、论证

2. 保持独立、忠诚法律、保守秘密是法律顾问的职业道德，《律师法律顾问工作规则》为此提出了哪些(项)要求？(　　)

A. 律师事务所及其指派的顾问律师在完成法律顾问工作中，应依法维护聘方的合法权益，遵守诚信原则，在授权委托范围内，依法独立提供法律服务

B. 律师事务所及其所指派的顾问律师应对其提供法律服务过程中接触、了解到的国家秘密、商业秘密、不宜公开的情况及个人隐私负有保密的义务

C. 律师事务所及其指派的顾问律师，有权拒绝聘方要求为其违法行为及违背事实、违背律师职业道德等的事项提供服务

D. 法律顾问的报酬，由聘方和受律师事务所指派提供法律顾问服务的律师协商决定

3. 小王为某仲裁委员会的仲裁员，根据《仲裁法》的规定，就其行为所可能承担的责任，以下说法不正确的是哪一项或哪几项？(　　)

A. 在调解过程中，受仲裁庭安排单独会见一方当事人，不属于违纪行为

B. 接受当事人的请客送礼，情节严重，被仲裁委员会除名

C. 因其行为不当对当事人造成巨大损失的，部分或全部承担民事赔偿

D. 在仲裁案件时向当事人索取贿赂，枉法裁决，被人民检察院提起公诉

4. 小李为某市行政机关行政复议人员，关于其违反职业道德规范的行为，以下说法正确的是：(　　)

A. 在审核行政处罚案件时，徇私舞弊，情节不严重，被给予撤职处分

B. 拒不承担赡养其年迈父亲的义务，被给予记大过处分

C. 工作作风懈怠、工作态度恶劣，造成不良影响，被给予降级、撤职处分

D. 因相对人举报其索取贿赂而殴打相对人，造成身体伤害，而被单位追偿相关赔偿费用

# 参考答案及解析

## 第一章　中国特色社会主义司法制度

一、1. C。其他三项属于《中共中央关于全面推进依法治国若干重大问题的决定》提出的改革措施。

2. D。D 项属于完善司法权力运行机制。

3. D。人民监督员制度,重点监督检察机关查办职务犯罪的立案、羁押、扣押冻结财物、起诉等环节的执法活动。

4. D。法官、检察官的学习经历、工作经历、家庭住址、联系方式不属于司法公开的范围。

5. C。考查检察制度的基本原则。

6. B。《公证法》第 20 条规定:"有下列情形之一的,不得担任公证员:(一)无民事行为能力或者限制民事行为能力的;(二)因故意犯罪或者职务过失犯罪受过刑事处罚的;(三)被开除公职的;(四)被吊销公证员、律师执业证书的。"

二、1. BCD。B 选项错误,巡回法庭作出的判决不需认可,其就是最高人民法院作出的判决;C 选项错误,执行案件仍由最高人民法院受理;D 选项错误,巡回法庭实行主审法官、合议庭办案负责制。

2. ABCD。这些选项都属于审判工作机制。

3. BD。考查司法改革。

4. ABD。考查司法公正。

5. ABC。D 项错误。对因违法违纪被开除公职的司法人员、吊销执业证书的律师和公证员,终身禁止从事法律职业。

6. ABCD。这些说法都正确。

7. ABCD。考查审判委员会的职能。

8. AB。考查律师行政管理。C 项是设区的市级司法行政机关的职责,D 项是省、自治区、直辖市司法行政机关的职责。

9. ABD。《律师法》第 37 条第 2 款规定,律师在法庭上发表的代理、辩护意见不受法律追究。但是,发表危害国家安全、恶意诽谤他人、严重扰乱法庭秩序的言论除外。

10. ABD。根据《民事诉讼法》第 62 条第 1、2 款的规定,委托他人代为诉讼,必须向人民法院提交由委托人签名或者盖章的授权委托书。授权委托书必须记明委托事项和权限。诉讼代理人代为承认、放弃、变更诉讼请求,进行和解,提起反诉或者上诉,必须有委托人的特别授权。故 AB 两项的说法不正确,C 选项说法正确。根据最高人民法院《关于适用〈中华人民共和国民事诉讼法〉的解释》第 89 条第 1 款的规定,当事人向人民法院提交的授权委托书,应在开庭审理前送交人民法院。故 D 选项说法不正确。

11. ABCD。考查律师执业权利保障。

12. AC。《公证法》第 37 条第 1 款规定,对经公证的以给付为内容并载明债务人愿意接受强制执行承诺的债权文书,债务人不履行或者履行不适当的,债权人可以依法向有管辖权的人民法院申请执行。故 A 选项说法错误,可以直接向法院申请执行。

13. BCD。公证对象是没有争议的民事法律行为、有法律意义的事实和文书。甲借给乙 1 万元这一行为尚存争议,未获法院确认,不能成为公证对象。王某死亡的事实具有法律意义,可能引发继承、债的转移等法律后果,可以成为公证对象。熊某设立的自书遗嘱、丙公司的公司章程均是具有法律意义的文书,亦可成为公证对象。

14. AB。C 项错误,公证机构不可以以营利为目的,但是并不意味着其不可以营利。D 项的错误在于公证职业责任保险属于强制保险的范畴,公证机构不得自由选择。

三、1. ABCD。考查司法效率。

2. D。A 项无论公开审理还是不公开审理,判决均公开。B 项违反法院的独立性。C 项错误。在形式上,司法连接着具有普遍性的法律和社会生活中的个别性事件。案件的司法解决意味着个别性事件获得普遍性,普遍性在个别性事件中得以体现。此外,在实质意义上,司法可以解决其他机关不能解决的一切纠纷,是管辖范围最广泛的机关,在现代社会中,司法已成为社会纠纷解决体系中最具有普遍性的方式。D 项正确。

3. BC。A 项中的甲为过失犯罪,仍有资格担任律师。D 项正确。B 项需从事专业工作满 15 年。C 项中丙不得以律师身份从事诉讼代理或辩护业务。

4. ABCD。这些选项都是《中共中央关于全面推进依法治国若干重大问题的决定》明确规定的。

5. CD。考查司法为民、司法效率等。

6. BC。考查司法效率和司法公正的关系。

7. B。《法律援助条例》第 14 条规定,公民就本条例第 10 条所列事项申请法律援助,应当按照下列规定提出:(1)请求国家赔偿的,向赔偿义务机关所在地的法律援助机构提出申请;(2)请求给予社会保险待遇、最低生活保障待遇或者请求发给抚恤金、救济金的,向提供社会保险待遇、最低生活保障待遇或者发给抚恤金、救济金的义务机关所在地的法律援助机构提出申请;(3)请求给付赡养费、抚养费、扶养费的,向给付赡养费、抚养费、扶养费的义务人住所地的法律援助机构提出申请;(4)请求支付劳动报酬的,向支付劳动报酬的义务人住所地的法律援助机构提出申请;(5)主张因见义勇为行为产生的民事权益的,向被请求人住所地的法律援助机构提出申请。

8. CD。A 项应当实行法定的方式。B 项应当实行协商的收费方式。CD 项是正确的。

9. D。考查律师事务所分所规范。

10. ABCD。考查律师事务所制度。

11. BCD。《公证程序规则》第 11 条第 1 款规定,当事人可以委托他人代理申办公证,但申办遗嘱、遗赠扶养协议、赠与、认领亲子、收养关系、解除收养关系、生存状况、委托、声明、保证及其他与自然人人身有密切关系的公证事项,应当由其本人亲自申办。所以本题 BCD 项正确,A 项错误。

12. AB。《公证法》第 31 条规定了公证机构不予办理公证的9 种情形。《公证程序规则》第 49 条规定,不予办理公证的,由承办公证员写出书面报告,报公证机构负责人审批。不予办理公证的决定应当书面通知当事人或其代理人。不予办理公证的,公证机构应当根据不予办理的原因及责任,酌情退还部分或者全部收取的公证费。《公证程序规则》第 50 条规定,公证事项有下列情形之一的,公证机构应当终止公证:(1)因当事人的原因致使该公证事项在 6 个月内不能办结的;(2)公证书出具前当事人撤回公证申请的;(3)因申请公证的自然人死亡、法人或者其他组织终止,不能继续办理公证或者继续办理公证已无意义的;(4)当事人阻挠、妨碍公证机构及承办公证员按规定的程序、期限办理公证的;(5)其他应当终止的情形。《公证程序规则》第 51 条规定,终止公证的,由承办公证员写出书面报告,报公证机构负责人审批。终止公证的决定应当书面通知当事人或其代理人。终止公证的,公证机构应当根据终止的原因及责任,酌情退还部分收取的公证费。

13. BD。考查公证程序。

14. ABCD。参见《公证法》第 28 条。

15. AC。考查公证机构。

16. ABCD。《公证员执业管理办法》第 23 条规定,公证员应当依法履行公证职责,不得有下列行为:(1)同时在两个以上公证机构执业;(2)从事有报酬的其他职业;(3)为本人及近亲属办理公证或者办理与本人及近亲属有利害关系的公证;(4)私自出具公证书;(5)为不真实、不合法的事项出具公证书;(6)侵占、挪用公证费或者侵占、盗窃公证专用物品;(7)毁损、篡改公证文书或者公证档案;(8)泄露在执业活动中知悉的国家秘密、商业秘密或者个人隐私;(9)法律、法规和司法部规定禁止的其他行为。

## 第二章　法官职业道德

一、1. C。考查法官职业道德基本准则的适用主体。法官职业道德基本准则的适用主体是法官和法院内的相关工作人员,C 项中董某只是在某中级人民法院试用过一段时间,且现在已经离开该法院,故不属于法官职业道德基本准则的适用主体。

2. D。根据《关于人民法院落实廉政准则防止利益冲突的若干规定》第 4、7 条的规定,人民法院工作人员不得为他人的经济活动提供担保,不得在其他经济实体中兼职;根据《法官法》第 36 条第 2 款的规定,法官从人民法院离任后,不得担任原任职法院办理案件的诉讼代理人或辩护人。故 ABC 项错误,D 项正确。

3. D。对因违法违纪被开除公职的司法人员、吊销执业证书的律师和公证员,终身禁止从事法律职业,构成犯罪的要依法追究刑事责任。

4. B。《法官法》第 23 条规定:“法官之间有夫妻关系、直系血亲关系、三代以内旁系血亲以及近姻亲关系的,不得同时担任下列职务:(一)同一人民法院的院长、副院长、审判委员会委员、庭长、副庭长;(二)同一人民法院的院长、副院长和审判员……”所以 A 项错误,B 项正确。《法官法》第 36 条第 1 款规定,法官从人民法院离任后 2 年内,不得以律师身份担任诉讼代理人或者辩护人。故 C 项错误。《法官法》第 22 条规定,法官不得兼任人民代表大会常务委员会的组成人员,不得兼任行政机关、监察机关、检察机关的职务,不得兼任企业或者其他营利性组织、事业单位的职务,不得兼任律师、仲裁员和公证员。故 D 项错误。

二、1. BCD。A 项为司法效率的要求。

2. ABC。考查法官和律师的相互关系。

三、1. ABCD。《关于人民法院落实廉政准则防止利益冲突的若干规定》第 3 条第 1 款规定,人民法院工作人员不得从事下列营利性活动:(1)本人独资或者与他人合资、合股经办商业或者其他企业;(2)以他人名义入股经办企业;(3)以承包、租赁、受聘等方式从事经营活动;(4)违反规定拥有非上市公司(企业)的股份或者证券;(5)本人或者与他人合伙在国(境)外注册公司或者投资入股;(6)以本人或者他人名义从事以营利为目的的民间借贷活动;(7)以本人或者他人名义从事可能与公共利益发生冲突的其他营利性活动。

2. ABCD。考查提高司法效率对法官的要求。

3. BC。《法官职业道德基本准则》第 27 条规定,人民陪审员依法履行审判职责期间,应当遵守本准则。人民法院其他工作人员参照执行本准则。第 26 条规定,法官退休后应当遵守国家相关规定,不利用自己的原有身份和便利条件过问、干预执法办案,避免因个人不当言行对法官职业形象造成不良影响,所以A项正确。法官职业道德规范的对象主要是法官履行司法职务的行为,同时与法官职业形象直接相关的其他的司法以外的活动也受到法官职业道德的拘束,所以BC项不正确。D项是正确的。

4. AC。同时有两种以上需要给予处分的行为的,应当分别确定其处分种类。应当给予的处分种类不同的,执行其中最重的处分;应当给予撤职以下多个相同种类处分的,执行该处分,并在一个处分期以上、多个处分期之和以下,决定应当执行的处分期。在受处分期间受到新的处分的,其处分期为原处分期尚未执行的期限与新处分期限之和。处分期最长不超过48个月。所以AC项正确。

5. ABCD。考查法官的限制条件。

6. AB。法官离任后2年内,不得以律师身份担任诉讼代理人,本题中周某已经离任3年,不受此项规定限制。法官从人民法院离任后,不得担任原任职法院办理案件的诉讼代理人。所以CD两项不允许。

7. ABC。考查法官享有的权利和相应的保障机制。D项中应向原机关申请复议,向上级机关申诉。

8. ABCD。这些选项都符合题目要求。

## 第三章　检察官职业道德

一、1. A。BCD选项体现了"公正"的要求,A选项体现了"忠诚"的要求。

2. B。考查任职回避和诉讼回避制度。根据《检察官法》第24条的规定,不允许有三代以内旁系血亲关系的人同时担任同一人民检察院的检察长、副检察长和检察员。B项错误,其他正确。

二、1. ACD。B选项中钱检察官的做法符合检察官"坚持公正理念,维护法制统一"的要求,故其行为是正确的。

2. BC。考查检察官的任职。

三、1. ACD。B项不应提请免除,因为检察官不得兼任的是人民代表大会常务委员会的组成人员,而并非人大代表。

2. D。《检察官法》第24条规定,检察官之间有夫妻关系、直系血亲关系、三代以内旁系血亲以及近姻亲关系的,不得同时担任下列职务:(1)同一人民检察院的检察长、副检察长、检察委员会委员;(2)同一人民检察院的检察长、副检察长和检察员;(3)同一业务部门的检察员;(4)上下相邻两级人民检察院的检察长、副检察长。因此,本题的答案为D项。

3. BCD。《检察官法》第23条规定,检察官不得兼任人民代表大会常务委员会的组成人员,不得兼任行政机关、监察机关、审判机关的职务,不得兼任企业或者其他营利性组织、事业单位的职务,不得兼任律师、仲裁员和公证员。因此,A项不符合法律规定,C、D项符合法律规定。检察官兼任政协委员并不为法律所禁止。故B项正确。

4. ABC。D选项的表述是"坚持忠诚品格,永葆政治本色"的要求。

5. BC。A项考查指导性案例的审查机关。我国《人民法院组织法》第37条第2款规定:"最高人民法院对属于审判工作中具体应用法律的问题进行解释,应当由审判委员会全体会议讨论通过;发布指导性案例,可以由审判委员会专业委员会会议讨论通过。"我国《人民检察院组织法》第31条第2款规定:"最高人民检察院对属于检察工作中具体应用法律的问题进行解释、发布指导性案例,应当由检察委员会讨论通过。"可见,对于最高人民法院发布指导性案例,可以由审委会讨论通过,对于最高人民检察院发布指导性案例,应当由检委会讨论通过,二者有一定差别,A项说法错误。

B项考查法官检察官学历要求。我国《法官法》第12条第2款规定:"适用前款第五项规定的学历条件确有困难的地方,经最高人民法院审核确定,在一定期限内,可以将担任法官的学历条件放宽为高等学校本科毕业。"我国《检察官法》第12条第2款规定:"适用前款第五项规定的学历条件确有困难的地方,经最高人民检察院审核确定,在一定期限内,可以将担任检察官的学历条件放宽为高等学校本科毕业。"因此,B项说法正确。

C项考查员额制管理。我国《法官法》第25条第1款规定:"法官实行员额制管理。法官员额根据案件数量、经济社会发展情况、人口数量和人民法院审级等因素确定,在省、自治区、直辖市内实行总量控制、动态管理,优先考虑基层人民法院和案件数量多的人民法院办案需要。"我国《检察官法》第26条第1款规定:"检察官实行员额制管理。检察官员额根据案件数量、经济社会发展情况、人口数量和人民检察院层级等因素确定,在省、自治区、直辖市内实行总量控制、动态管理,优先考虑基层人民检察院和案件数量多的人民检察院办案需要。"因此,C项说法正确。

D项考查法院院长和检察长的资格要求。法院院长和检察长是由同级人民代表大会选举产生的。我国《人民法院组织法》第47条第2款规定:"院长应当具有法学专业知识和法律职业经历。副院长、审判委员会委员应当从法官、检察官或者其他具备法官、检察官条件的人员中产生。"我国《人民检察院组织法》第42条第2款规定:"检察长应当具有法学专业知识和法律职业经历。副检察长、检察委员会委员应当从检察官、法官或者其他具备检察官、法官条件的人员中产生。”因此,D 项说法错误。

6. AB。《人民检察院刑事诉讼规则》第 6 条第 2 款规定:“业务机构负责人对本部门的办案活动进行监督管理。需要报请检察长决定的事项和需要向检察长报告的案件,应当先由业务机构负责人审核。业务机构负责人可以主持召开检察官联席会议进行讨论,也可以直接报请检察长决定或者向检察长报告。”因此 A 项说法正确。

在上下级检察机关和检察官之间存在上命下从的领导关系,这是检察一体化原则的体现之一。《人民检察院刑事诉讼规则》第 9 条规定:“最高人民检察院领导地方各级人民检察院和专门人民检察院的工作,上级人民检察院领导下级人民检察院的工作。检察长统一领导人民检察院的工作。上级人民检察院可以依法统一调用辖区的检察人员办理案件,调用的决定应当以书面形式作出。被调用的检察官可以代表办理案件的人民检察院履行出庭支持公诉等各项检察职责。”B 项说法正确。

检察一体化原则与检察官独立原则是对立统一的,检察官在法庭审理中提交证明被告人构成坦白的证据,体现了检察官独立原则,C 项说法错误。

《人民检察院组织法》第 29 条规定:“检察官在检察长领导下开展工作,重大办案事项由检察长决定。检察长可以将部分职权委托检察官行使,可以授权检察官签发法律文书。”因此,只有重大办案事项由检察长决定,D 项说法错误。

## 第四章　律师职业道德

一、C。ABD 为《律师执业行为规范(试行)》第 78 条中的内容,C 项不构成诋毁、诽谤。

二、1. ABCD。《公职律师管理办法》第 6 条规定,申请人有下列情形之一的,不予颁发公职律师证书:(1)无民事行为能力或者限制民事行为能力的;(2)曾被吊销律师、公证员执业证书的;(3)涉嫌犯罪、司法程序尚未终结的,或者涉嫌违纪违法、正在接受审查的;(4)上一年度公务员年度考核结果被确定为不称职的;(5)正被列为失信联合惩戒对象的。

2. ABCD。考查律师执业规范。选项均正确。

3. AC。《律师法》第 41 条规定,曾经担任法官、检察官的律师,从人民法院、人民检察院离任后 2 年内,不得担任诉讼代理人或者辩护人。《法官法》第 36 条第 1、2 款规定,法官从人民法院离任后 2 年内,不得以律师身份担任诉讼代理人或者辩护人。法官从人民法院离任后,不得担任原任职法院办理案件的诉讼代理人或者辩护人,但是作为当事人的监护人或者近亲属代理诉讼或者进行辩护的除外。《检察官法》第 37 条第 1、2 款规定,检察官从人民检察院离任后 2 年内,不得以律师身份担任诉讼代理人或者辩护人。检察官从人民检察院离任后,不得担任原任职检察院办理案件的诉讼代理人或者辩护人,但是作为当事人的监护人或者近亲属代理诉讼或者进行辩护的除外。最高人民法院、司法部《关于规范法官和律师相互关系维护司法公正的若干规定》第 4 条第 2 款规定,律师因法定事由或者根据相关规定不得担任诉讼代理人或者辩护人的,应当谢绝当事人的委托,或者解除委托代理合同。

4. BD。根据《律师执业行为规范(试行)》的有关规定,律师不得在同一案件中为双方当事人担任代理人。同一律师事务所不得代理民事诉讼案件的双方当事人。陆律师是遗嘱的执行人,因此,陆律师所在律师事务所依照法律规定不应接受武某妻子的委托。故 AC 两项错误。

5. ABCD。我国《律师事务所管理办法》第 11 条规定:“设立个人律师事务所,除应当符合本办法第八条规定的条件外,还应当具备下列条件:(一)设立人应当是具有五年以上执业经历并能够专职执业的律师;(二)有人民币十万元以上的资产。”

我国《律师法》第 12 条规定:“高等院校、科研机构中从事法学教育、研究工作的人员,符合本法第五条规定条件的,经所在单位同意,依照本法第六条规定的程序,可以申请兼职律师执业。”大学高校法学老师可以兼职律师,不能专职,不符合开设个人律所的条件,但不能因此吊销其律师执照,A 项说法错误。

我国《律师事务所管理办法》第 31 条第 3 款规定:“律师事务所在受到停业整顿处罚期限未满前,不得自行决定解散。”,B 项说法错误。

《律师法》第 27 条规定:“律师事务所不得从事法律服务以外的经营活动。”2020 年司法部办公厅《关于在律师队伍中开展违规兼职等行为专项清理活动的通知》要求在全国律师队伍中开展违规兼职等行为专项清理活动,主要包括专职律师在执业期间担任党政机关、人民团体、事业单位、社会团体在编工作人员(兼职律师除外);担任企业的法定代表人、董事(不含外部独立董事)、监事(不含外部独立监事)、高级管理人员或者员工;与律师事务所以外的其他单位签订劳动合同或形成劳动关系的;在律师事务所以外的其他单位参加全日制工作的(律师事务所接受委托并指派本所律师到相关单位提供法律服务的除外)。该通知规定,在专项清理活动期间主动向司法行政机关如实报告违规兼职或者丧失中国国籍情形的,可以责令限期整改。在限期内主动辞去其他工作、能够符合律师执业条件或者恢复中国国籍的,经批评教育,可以不予注销其律师执业证书。因此,C 项不区分情况吊销执照的说法错误。

《中华全国律师协会律师业务推广行为规则(试行)》第 10 条规定:“律师、律师事务所进行业务推广时，不得有下列行为：……（八）不收费或者减低收费（法律援助案件除外）……”因此律师事务所0元中标不符合业务推广行为规则，D项说法错误。

三、1. ABC。《中华全国律师协会律师业务推广行为规则（试行）》第5条规定，律师、律师事务所具有下列情形之一的，不得发布律师服务广告：(1)未参加年度考核或者未通过年度考核的；(2)处于中止会员权利、停止执业或者停业整顿处罚期间，以及前述期间届满后未满1年的；(3)受到通报批评、公开谴责未满1年的；(4)其他不得发布广告的情形。

2. ABCD。考查律师执业推广。

3. BCD。参见《律师法》第10、39、41、45条的规定。

4. ABCD。《律师法》第40条第2项明确规定，律师在执业活动中不得有利用提供法律服务的便利牟取当事人争议的权益的行为。A项应选。《律师法》第49条第1款第3项规定，律师有向司法行政部门提供虚假材料或者有其他弄虚作假行为的，由设区的市级或者直辖市的区人民政府司法行政部门给予停止执业6个月以上1年以下的处罚，可以处5万元以下的罚款。B项应选。《律师和律师事务所违法行为处罚办法》第19条第4项规定，律师无正当理由，当庭拒绝辩护、代理，拒绝签收司法文书或者拒绝在有关诉讼文书上签署意见的，属于《律师法》第49条第6项规定的律师“扰乱法庭、仲裁庭秩序，干扰诉讼、仲裁活动的正常进行的”违法行为。C项应选。D项行为构成扰乱法庭、仲裁庭秩序，干扰诉讼、仲裁活动的正常进行。D项应选。

## 第五章　公证员职业道德

一、1. B。担任公证员的年龄应在25周岁以上65周岁以下。

2. C。公证员和公证机构的负责人被投诉和举报、执业中有不良记录或者经年度考核发现有突出问题的，所在地司法行政机关应当对其进行重点监督、指导。

二、1. ABCD。考查公证员职业道德。所有选项均正确。

2. ABC。《公证员职业道德基本准则》第25条规定，公证员不得从事以下不正当竞争行为：(1)利用媒体或其他手段炫耀自己，贬损他人，排斥同行，为自己招揽业务；(2)以支付介绍费、给予回扣、许诺提供利益等方式承揽业务；(3)利用与行政机关、社会团体的特殊关系进行业务垄断；(4)其他不正当竞争行为。D选项符合《公证员职业道德基本准则》第12条的要求，不属于不正当竞争行为。

三、1. ABCD。公证员不得经商和从事与公证员职务、身份不相符的活动。不得接受当事人及其代理人、利害关系人的答谢款待、馈赠财物和其他利益。公证机构和公证员不得利用新闻媒体或其他手段炫耀自己，贬损他人，排斥同行，为自己招揽业务，也不得利用与行政机关、社会团体、经济组织的特殊关系进行业务垄断，或进行其他不正当竞争行为。所以本题全选。

2. ABC。根据《公证法》第22条第2款的规定，公证员享有下列权利：(1)有权获得劳动报酬，享受保险和福利待遇。公证员作为法律工作者，在公证活动中付出了脑力劳动和一定量的体力劳动，因而有权获得劳动报酬，享受保险和福利待遇。这也是公证员作为劳动者所享有的一项宪法权利。(2)有权提出辞职、申诉或者控告。公证员作为执业人员，有权决定是否继续在公证机构工作，也有权决定辞去公证员职务。同时，公证员作为公民，依照我国宪法的规定，对于国家机关和国家工作人员侵犯自己合法权益的行为，有权提出申诉或者控告。(3)非因法定事由和非经法定程序，不被免职或者处罚。所以本题ABC项正确，D项错误。

3. BD。AC项属于《公证法》第41条的内容。

4. CD。采用不正当方式垄断公证业务的，应给予警告，A项错误。违反公证程序，降低受理、出证标准的，应给予严重警告，B项错误。CD项正确。

5. ABC。考查公证员制度。

6. ABCD。ABCD项都属于公证员爱岗敬业、规范服务的表现。

## 第六章　其他法律职业人员职业道德

一、1. B。考查公司律师的申请程序。根据《公司律师管理办法》第8条第1款的规定，中央企业在地方的各级分支机构和子企业的员工申请颁发公司律师证书的，也可以由所在单位审核同意后向当地省、自治区、直辖市司法行政机关提出申请。因此，B选项说法错误。

2. A。考查政府聘用律师担任法律顾问。A项中也可以根据具体情况，协商采用其他方式建立法律顾问关系。依据司法部《关于律师担任政府法律顾问的若干规定》第4、8、12、13条。

3. C。考查国有企业法律顾问制度。企业有关负责人对企业法律顾问依法履行职责打击报复的，由国有资产监督管理机构或者所出资企业予以通报批评或者警告。依据《国有企业法律顾问管理办法》第14、18、35、36条。

4. A。考查律师法律顾问相关规范。依据《律师法律顾问工作规则》第6、10、11、16条。

5. B。考查行政执法人员资格制度、从事法制审核的资格、职业道德及责任。B 项中，实习人员不属于行政执法人员。

6. C。考查仲裁员职业道德。依据《中国国际经济贸易仲裁委员会、中国海事仲裁委员会仲裁员守则》第 15 条的规定，仲裁员需要以仲裁委员会名义对外参加有关仲裁的会议或活动，发表文章或讲演，应当事先得到仲裁委员会的同意。

二、1. BCD。考查法律顾问应当保持独立。

2. ABC。考查仲裁员的职业道德。D 项错误，仲裁员独立仲裁，不受仲裁委员会的干预。律师事务所及其顾问律师在提供法律服务过程中对有重大社会影响的事件、突发事件，在提供法律意见前，应向当地司法行政机关、律师协会报告。

3. AD。考查行政机关中从事行政处罚决定审核、行政复议、行政裁决工作的公务员的职业道德的内容。A 项错误，公务员不是没有灵魂、没有任何意志自由的政治工具，而是需要运用理性进行独立价值判断和价值决策的行为主体，因而也意味着其需承担相应的道德责任。D 项错误，涉及国家机密、职业秘密或个人隐私的内容不得公开。

三、1. ABCD。《公职律师管理办法》第 13 条规定，公职律师可以受所在单位委托或者指派从事下列法律事务：(1) 为所在单位讨论决定重大事项提供法律意见；(2) 参与法律法规规章草案、党内法规草案和规范性文件送审稿的起草、论证；(3) 参与合作项目洽谈、对外招标、政府采购等事务，起草、修改、审核重要的法律文书或者合同、协议；(4) 参与信访接待、矛盾调处、涉法涉诉案件化解、突发事件处置、政府信息公开、国家赔偿等工作；(5) 参与行政处罚审核、行政裁决、行政复议、行政诉讼等工作；(6) 落实"谁执法谁普法"的普法责任制，开展普法宣传教育；(7) 办理民事案件的诉讼和调解、仲裁等法律事务；(8) 所在单位委托或者指派的其他法律事务。

2. ABC。考查法律顾问的职业道德。《律师法律顾问工作规则》第 7、8、15、19 条。

3. C。考查仲裁员职业责任。目前我国尚未在仲裁立法中规定仲裁员的民事责任。正确选项依据为《仲裁法》第 38 条。

4. BD。依据《行政复议法》第 81 条，行政复议机关工作人员在行政复议活动中，徇私舞弊或者有其他渎职、失职行为的，依法给予警告、记过、记大过的行政处分；情节严重的，依法给予降级、撤职、开除的行政处分；构成犯罪的，依法追究刑事责任。A 项情节不严重，可以给予警告、记过、记大过处分。B 项依据《行政机关公务员处分条例》第 29 条第 1 款第 1 项。C 项依据《行政机关公务员处分条例》第 28 条，被给予警告、记过或记大过处分。D 项依据《国家赔偿法》第 16 条第 1 款。

# 2025年

## 国家统一法律职业资格考试

# 应知应会 5000客观题解

## 刑　法

法律考试中心 / 组编

法律出版社
LAW PRESS·CHINA
—— 北京 ——

# 目　录


第一章　刑法概说 …………………… (1)
第二章　犯罪概说 …………………… (3)
第三章　犯罪构成 …………………… (4)
第四章　犯罪排除事由 …………………… (8)
第五章　犯罪未完成形态 …………………… (10)
第六章　共同犯罪 …………………… (12)
第七章　单位犯罪 …………………… (14)
第八章　罪数形态 …………………… (15)
第九章　刑罚概说 …………………… (18)
第十章　刑罚种类 …………………… (18)
第十一章　刑罚裁量 …………………… (20)
第十二章　刑罚执行 …………………… (24)
第十三章　刑罚消灭 …………………… (26)
第十四章　罪刑各论概说 …………………… (27)
第十五章　危害国家安全罪 …………………… (28)
第十六章　危害公共安全罪 …………………… (29)
第十七章　破坏社会主义市场经济秩序罪 …………………… (31)
第十八章　侵犯公民人身权利、民主权利罪 …………………… (35)
第十九章　侵犯财产罪 …………………… (39)
第二十章　妨害社会管理秩序罪 …………………… (43)
第二十一章　危害国防利益罪 …………………… (49)
第二十二章　贪污贿赂罪 …………………… (50)
第二十三章　渎职罪 …………………… (53)
第二十四章　军人违反职责罪 …………………… (56)

**参考答案及解析** …………………… (57)
第一章　刑法概说 …………………… (57)
第二章　犯罪概说 …………………… (58)
第三章　犯罪构成 …………………… (59)
第四章　犯罪排除事由 …………………… (62)
第五章　犯罪未完成形态 …………………… (64)
第六章　共同犯罪 …………………… (65)
第七章　单位犯罪 …………………… (67)
第八章　罪数形态 …………………… (68)
第九章　刑罚概说 …………………… (70)
第十章　刑罚种类 …………………… (70)
第十一章　刑罚裁量 …………………… (71)
第十二章　刑罚执行 …………………… (75)
第十三章　刑罚消灭 …………………… (77)
第十四章　罪刑各论概说 …………………… (77)
第十五章　危害国家安全罪 …………………… (78)
第十六章　危害公共安全罪 …………………… (79)
第十七章　破坏社会主义市场经济秩序罪 …………………… (80)
第十八章　侵犯公民人身权利、民主权利罪 …………………… (82)
第十九章　侵犯财产罪 …………………… (85)
第二十章　妨害社会管理秩序罪 …………………… (87)
第二十一章　危害国防利益罪 …………………… (91)
第二十二章　贪污贿赂罪 …………………… (91)
第二十三章　渎职罪 …………………… (93)
第二十四章　军人违反职责罪 …………………… (94)

# 第一章 刑法概说*

**一、单项选择题，每题所给的选项中只有一个正确答案。**

1. 关于罪刑法定原则的论述，下列哪一选项是错误的？（  ）

A. 罪刑法定原则允许扩大解释，但不允许不利于被告人的类推解释

B. 罪刑法定原则禁止不利于被告人的事后法，但有利于被告人的事后法不在禁止之列

C. 罪刑法定原则禁止习惯法，不允许依据特定的社会习惯解释刑法

D. 罪刑法定原则禁止判例法，但允许最高人民法院发布指导性案例

2. 我国《刑法》第 3 条规定："法律明文规定为犯罪行为的，依照法律定罪处刑；法律没有明文规定为犯罪行为的，不得定罪处刑。"关于本条的理解，下列哪一选项是正确的？（  ）

A. 第 3 条中的"法律"，包括国务院制定的行政法规

B. 第 3 条中的"法律"，包括最高人民法院发布的指导性案例

C. 第 3 条中的"依照法律定罪处刑"，要求只能在法律的限度内对被告人定罪处刑

D. 第 3 条中的"不得定罪处刑"，同时排除对被告人进行行政处罚的可能性

3. 关于刑法解释，下列哪一项是正确的？（  ）

A. 全国人大常委会法制工作委员会刑法室编著的《中华人民共和国刑法条文说明、立法理由及相关规定》一书认为，应将 2017 年《刑法》第 17 条第 2 款中规定的"投毒罪"解释为"投放危险物质罪"。这一解释是立法解释

B. 学理解释中的类推解释结论，被最高人民法院接受变成司法解释的内容后，这一解释结论就不再是类推解释

C. 当然解释的结论，有时可能在刑法用语的文义射程之内，有时则可能超出刑法用语的文义射程

D. 根据罪刑法定原则，禁止对刑法规定进行类推解释，即便是有利于被告人的类推解释也是被绝对禁止的

4. 某国公民甲到我国旅行，因生意纠纷与我国公民乙发生争执。甲拿起身边的烟灰缸朝乙的头部猛砸数下，致乙重伤。我国对甲享有刑事管辖权。下列哪一原则构成我国对甲行使刑事管辖权的根据？（  ）

A. 属地管辖原则　　B. 属人管辖原则

C. 排他管辖原则　　D. 普遍管辖原则

5. 下列哪一案件不能适用中国刑法？（  ）

A. 中国的火车驶入中亚某国时，一外国乘客故意伤害另一外国乘客，致其死亡

B. 在美国留学的中国学生，被某国的留学生杀害

C. 日本的毒枭，租用飞机走私毒品到中亚，其中一段飞行路线经过中国上空

D. 国际恐怖组织的头目，在美国实施恐怖活动（未侵害任何中国公民）后，进入我国

6. 1996 年 9 月，陈某某因犯流氓罪被判处 3 年有期徒刑。1997 年《刑法》实施以后，陈某某以 1997 年《刑法》里没有"流氓罪"罪名为由提起申诉。关于如何处理本案，下列哪一选项是正确的？（  ）

A. 撤销原判，改判无罪

B. 释放陈某某，对其进行国家赔偿

C. 考虑到陈某某已经服刑有期徒刑 1 年，改判为 2 年有期徒刑

D. 驳回申诉，维持原判

**二、多项选择题，每题所给的选项中有两个或两个以上正确答案，少答或多答均不得分。**

1. 关于罪刑法定原则及其内容的表述，下列哪些选项是正确的？（  ）

A. 罪刑法定原则要求刑法规范的明确性，但不排斥规范的构成要件要素

B. 罪刑法定原则禁止司法机关进行类推解释，但不禁止立法机关进行类推解释

C. 罪刑法定原则禁止类推解释，但不禁止有利于被告人的类推解释

D. 罪刑法定原则禁止适用不利于行为人的事后法，但不禁止适用有利于行为人的事后法

2. 中国公民王某在英国盗窃了一个外国人的价值 5000 元人民币的财物。关于本案，下列哪些选项是错误的？（  ）

A. 依据中国刑法，必须追究王某的刑事责任

B. 中国可以属人原则为依据适用中国刑法审判

C. 英国本国可以属地原则为依据适用英国刑法审判

D. 依据中国刑法，不应当追究王某的刑事责任

3. 携带凶器抢夺的构成抢劫罪。对"凶器"有以

---

* 本章答案参见第 57 页。

下几种理解：

①凶器应该是能够杀伤人的器物，枪能杀伤人，所以携带枪支抢夺是抢劫。

②凶器不仅包括通常意义上的凶器如刀子、匕首、枪支，还包括用法上的凶器如石头、砖头，为抢夺不成时使用而随身携带砖头就属于携带凶器。

③如果甲某精于使用弹弓，他随身携带威力很大的弹弓抢夺，并且有在抢夺不成时使用弹弓的想法，那么携带弹弓抢夺也属于"携带凶器抢夺"。

关于上述三句话的判断，下列哪些选项是错误的？(　　)

A. ①为文理解释，②③为论理解释

B. ①②为文理解释，③为论理解释

C. ①③为文理解释，②为论理解释

D. ①②③均为论理解释

4. 下列哪些案件可以适用属地管辖原则？(　　)

A. 属于越南的一列国际列车行驶在我国领域内时，越南人甲盗窃美国人乙的数额较大的财物

B. 外国公民甲劫持一架英国航空公司的飞机在我国台湾地区桃园机场迫降后逃走，逃到厦门后被逮捕

C. 悬挂我国国旗的飞机在A国领空飞行时，在飞机上的A国公民甲将B国公民乙打成轻伤

D. 甲为杀害乙，从法国邮寄投放了毒药的食物给住在上海的乙，乙收到食用后死亡

**三、不定项选择题，每题所给的选项中有一个或一个以上正确答案，不答、少答或多答均不得分。**

李某是我国公民，跟随其父母在某太平洋岛国A国生活。2008年9月，刚满15周岁的李某进入A国公民吉姆家窃取了价值3000多元人民币的财物。根据A国的法律，凡盗窃他人财物者，将被剁去一只手的拇指、食指和中指。(事实一)

李某知道A国的法律规定后，心里害怕，就以想回国上学为由，央求父母将其送回国。2009年1月，李某的父亲为李某购买了机票，让李某独自回国投靠其叔叔李某明。临行前，李某的父亲将300克海洛因交给李某，让李某放在内衣裤里捎回国交给其叔叔李某明。李某的父亲将李某送到机场，李某到国内下飞机后，其叔叔李某明将李某接回家。到家后，李某将300克海洛因交给了李某明。(事实二)

李某在国内上学的业余时间内，其叔叔李某明教会了李某开大型拖拉机，并教会了李某简单的拖拉机修理技术。李某明经常让李某开着家里的大型拖拉机干农活，还经常让李某干一些超过其体力承受范围的重农活，李某稍有不从，李某明就对李某打骂，李某对李某明心生怨恨。2011年2月27日，李某知道李某明第二天要开着拖拉机去城里买化肥，就事先将家里大型拖拉机的一个关键零件卸下。第二天，李某明开着家里的大型拖拉机去买化肥的过程中，因李某卸下了关键零件而致使大型拖拉机遭撞毁，一位行人被撞死，李某明也身受重伤。2011年3月10日，李某到公安机关如实交代了自己破坏家里的大型拖拉机一事和以前的所有违法行为，并揭发了李某明和魏某经常合伙贩卖毒品的事实，司法机关认为李某的行为构成自首，并有重大立功表现。(事实三)

请回答下列1~5题。

1. 若我国对事实一中李某的盗窃行为进行刑事管辖，构成管辖依据的是：(　　)

A. 属地管辖原则　　　　B. 属人管辖原则

C. 保护管辖原则　　　　D. 普遍管辖原则

2. 关于事实一，下列说法不正确的是：(　　)

A. 我国司法机关在审理李某盗窃案时，应该适用我国《刑法》的规定

B. 我国司法机关在审理李某盗窃案时，应该适用A国《刑法》的规定

C. 依照我国《刑法》对刑事责任年龄的规定，李某对事实一中的盗窃行为不负刑事责任

D. 若李某达到了刑事责任年龄，依据我国《刑法》的规定，必须追究李某的刑事责任

3. 如果A国《刑法》规定，凡盗窃者，一律剁去一只手的3根手指，即拇指、食指和中指，这项法律规定违反的刑法基本原则是：(　　)

A. 罪刑法定原则

B. 刑法面前人人平等原则

C. 罪责刑相适应原则

D. 责任主义原则

4. 关于事实二，下列说法正确的是：(　　)

A. 李某可能构成走私毒品罪

B. 李某可能构成运输毒品罪

C. 根据我国《刑法》对已满14周岁不满16周岁未成年人刑事责任年龄的规定，李某应对事实二中携带毒品的行为负刑事责任

D. 根据我国《刑法》对已满14周岁不满16周岁未成年人刑事责任年龄的规定，李某对事实二中携带毒品的行为不负刑事责任

5. 事实三中，若认为李某破坏大型拖拉机的行为触犯了我国《刑法》第116条规定的破坏交通工具罪，大型拖拉机属于《刑法》第116条中规定的"汽车"，这种刑法解释方法属于：(　　)

A. 平义解释　　　　B. 扩大解释

C. 当然解释　　　　D. 补正解释

# 第二章　犯罪概说*

**一、单项选择题，每题所给的选项中只有一个正确答案。**

1. 下列哪一因素不能决定社会危害性的轻重与程度？（　　）

A. 行为侵犯的客体

B. 行为的方式、手段与后果

C. 行为人的犯罪动机、目的

D. 行为人的年龄、精神状态

2. 王某欠赵某50万元货款，王某一直借故不还。赵某无奈之下，打听到王某隔日将会携带大量现金到A地进行买卖交易。第二天，赵某喊了几个朋友一起在王某去A地的路上将王某拦截，强行夺走王某随身携带的现金并现场清点共45万元。接着，赵某等人逼王某写下大致内容为王某已还赵某货款45万元，尚欠赵某5万元的欠款字据。之后，赵某和朋友拿着钱走了。事后王某到派出所报案，经医院鉴定，其仅受轻微伤。关于本案，下列哪一选项是正确的？（　　）

A. 赵某不构成犯罪

B. 赵某构成抢劫罪

C. 赵某构成故意伤害罪

D. 赵某构成抢劫罪和故意伤害罪

3. 关于不纯正不作为犯的罪过形式，下列哪一选项是正确的？（　　）

A. 只能是故意

B. 既可以是故意，也可以是过失

C. 只能是间接故意

D. 只能是过失

4. 吴某没有固定工作，后经人介绍与外国人威尔逊联系，答应以获取20万元人民币为报酬，帮威尔逊收集、刺探并提供我国的军事秘密。对吴某的行为定性，下列哪一选项是正确的？（　　）

A. 投敌叛变罪

B. 间谍罪

C. 资敌罪

D. 为境外窃取、刺探、收买、非法提供军事秘密罪

5. 甲系某厂司机，某日深夜驾车返回厂里，倒车入库时将偷偷溜进车库过夜的乞丐乙某轧死，后查明乙某当时睡在车库麻袋中取暖。对甲的行为定性，下列哪一选项是正确的？（　　）

A. 属于意外事件，不构成犯罪

B. 构成过失致人死亡罪，属于疏忽大意的过失

C. 构成过失致人死亡罪，属于过于自信的过失

D. 构成故意杀人罪，属于间接故意

**二、多项选择题，每题所给的选项中有两个或两个以上正确答案，少答或多答均不得分。**

1. 下列哪些选项中的行为构成犯罪？（　　）

A. 甲见有人掉入深井，找来绳子救人，在即将救出时发现是仇人乙，遂松手使乙再次坠入深井，造成乙受伤，后乙因无人救助而死

B. 甲带朋友的儿子乙（8周岁）外出钓鱼，当其忙于整理渔具时，看到朋友的儿子乙正掐住丙（3周岁）的脖子，未予理会。等整理好渔具后，甲发现丙已窒息死亡

C. 甲将他人遗弃的女婴乙抱回家中抚养，因发现乙有残疾，将乙置之不理。之后乙因天气寒冷而死

D. 小偷入院行窃被护院的藏獒围攻，主人甲认为小偷活该，放任藏獒将小偷咬死

2. 关于犯罪的分类，下列哪些选项是正确的？（　　）

A. 故意杀人罪是即成犯

B. 绑架罪是继续犯

C. 故意伤害致人死亡属于结果加重犯

D. 强奸致人重伤属于结果加重犯

**三、不定项选择题，每题所给的选项中有一个或一个以上正确答案，不答、少答或多答均不得分。**

1. 乙购买了一块昂贵的劳力士表后，到处炫耀。甲对此十分嫉妒，于是骗乙说要请他吃饭，在吃饭的时候将乙灌醉。等乙回家走到一僻静的路段时，甲迅速将乙的手表捋下拿走。甲的行为触犯的罪名有：（　　）

A. 诈骗罪　　B. 抢劫罪

C. 盗窃罪　　D. 侵占罪

2. 关于特殊主体，下列说法正确的有：（　　）

A. 组织、领导、参加黑社会性质组织罪的组织者属于特殊主体的身份

B. 境外黑社会组织成员入境发展黑社会组织罪属于特殊主体的犯罪

C. 特殊主体的犯罪意味着没有该特殊主体身份的人不可能构成该罪的实行犯，但是可以构成帮助犯或者教唆犯

D. 贪污罪的主体与职务侵占罪的主体各自利用了本人的职务上的便利，共同侵吞国有财产的，根据主

---

* 本章答案参见第58页。

犯的身份认定犯罪的性质

3. 甲因其妻难产而死而怨恨其儿子乙，使其挨饿受冻，并经常打骂乙。之后在一次打骂过程中，致乙左眼失明。关于本案，下列分析正确的有：(　　)

A. 甲已经构成虐待罪

B. 甲未尽到抚养义务，但不构成犯罪，不属于刑法的调整范围

C. 甲已经构成故意伤害罪

D. 只能由乙告诉才处理

# 第三章　犯罪构成*

**一、单项选择题，每题所给的选项中只有一个正确答案。**

1. 乙杀丙，见丙痛苦不堪，心生悔意，欲将丙送医。路人甲劝阻乙救助丙，乙遂离开，丙死亡。关于甲的行为定性，下列哪一选项是正确的？(　　)

A. 不构成犯罪

B. 构成过失致人死亡罪

C. 成立不作为犯罪的教唆犯

D. 因没有救助义务，不构成不作为犯罪

2. 甲本欲电话诈骗乙，但拨错了号码，对接听电话的丙实施了诈骗，骗取丙大量财物。关于本案的分析，下列哪一选项是正确的？(　　)

A. 属于对象错误，成立诈骗罪既遂

B. 属于方法错误，成立诈骗罪既遂

C. 属于手段错误，成立诈骗罪既遂

D. 属于因果关系错误，成立诈骗罪既遂

3. 甲得知仇人乙身患重病，便假意和好，将投有毒药的茶水给乙饮用。乙喝了茶水后感觉更加难受，于是自杀身亡。关于本案的分析，下列哪一选项是正确的？(　　)

A. 甲构成故意杀人罪中止

B. 甲构成故意杀人罪既遂

C. 甲与乙的死亡具有因果关系

D. 甲与乙的死亡没有因果关系

4. 甲拐骗乙(女，12 周岁)、丙(男，13 周岁)、丁(男，15 周岁)、戊(女，16 周岁)，并将其四人分别卖给四个家庭。关于本案的分析，下列哪一选项是正确的？(　　)

A. 甲构成拐卖儿童罪

B. 戊属于拐卖儿童罪的行为对象

C. 甲构成拐卖妇女、儿童罪

D. 丁属于拐卖妇女、儿童罪的行为对象

5. 甲(男，17 周岁)、乙(男，15 周岁)合谋共同盗窃。甲在门外放风，乙进入房内窃取财物。不料乙进入屋内后被一老人发现，老人抓住乙不让其离开，乙即用随身携带的小刀将老人杀死，并带上其窃取的 5000 元钱离开，后和甲平分。根据司法解释，关于本案的分析，下列哪一选项是正确的？(　　)

A. 甲、乙构成共同的故意杀人罪

B. 甲、乙构成共同的盗窃罪

C. 甲构成盗窃罪，乙构成故意杀人罪

D. 甲构成故意杀人罪，乙不构成犯罪

6. 甲意欲跳楼自杀，在犹豫的过程中，听到围观者乙大喊“怎么还不跳”，遂毅然跳下，后抢救无效死亡。关于乙的行为定性，下列哪一选项是正确的？(　　)

A. 构成故意杀人罪

B. 不构成犯罪

C. 疏忽大意的过失致人死亡罪

D. 过于自信的过失致人死亡罪

7. 甲患有抑郁症欲自杀，但无自杀勇气。某天，甲开车故意将走路的路人乙撞死，随后向公安机关自首，要求判处其死刑立即执行。关于甲责任能力的认定，下列哪一选项是正确的？(　　)

A. 抑郁症属于精神疾病，甲没有责任能力，不应承担故意杀人罪的责任

B. 抑郁症不是严重精神疾病，但是甲的想法表明其没有责任能力，不承担故意杀人罪的责任

C. 甲具有责任能力，但因患有抑郁症，应当对其从轻或者减轻处罚

D. 甲虽患有抑郁症，但具有责任能力，应当承担故意杀人罪的责任

8. 甲为县烟草局局长，其妻乙为县税务局副局长。乙在家收受贿赂时，甲知情却不予制止。关于本案的分析，下列哪一选项是正确的？(　　)

A. 甲不构成犯罪，乙构成受贿罪

B. 甲、乙是事前无通谋的共犯

C. 甲成立不作为的共同犯罪

D. 甲是共同受贿罪中的从犯

9. 阎某深夜听见自己家的狗一阵狂叫，怀疑有小偷潜入，便起身拿起猎枪外出查看，朦胧夜色中见有几个人走过来，阎某便向这几个人开枪，击中其中一个巡逻的警察，致其死亡。关于阎某的罪过形式，下列哪一

* 本章答案参见第 59 页。

选项是正确的？(　　)

A. 直接故意　　B. 间接故意

C. 疏忽大意过失　　D. 过于自信过失

10. 一天晚上，某村召开村干部会议，因还未通电，就用煤油灯照明开会。会议中间灯没油了，村干部张某便找来新买来的煤油往灯里加油，当煤油刚倒出接近明火时，突然爆炸，将身边的另一乡干部王某炸死。经化验鉴定，当天新买的煤油里被油脂公司掺杂进了汽油。关于张某的罪过形式，下列哪一选项是正确的？(　　)

A. 故意　　B. 疏忽大意的过失

C. 过于自信的过失　　D. 意外事件

11. 张某带其6岁的儿子A在公园玩耍。A因与儿童B抢夺游乐设施而发生争执，被B推倒在地，手掌膝盖等多处破裂流血。张某见后很生气，冲上前去拉过B便打了几个耳光。B在退让的过程中踉跄了几步摔倒在地，头部刚好撞到凸起的钢管一角，当场头破血流、脑神经受压而死亡。对张某行为的定性，下列选项正确的是：(　　)

A. 构成故意伤害罪，属于间接故意

B. 属于意外事件，不构成犯罪

C. 构成过失致人死亡罪，属于疏忽大意的过失

D. 构成过失致人死亡罪，属于过于自信的过失

12. 甲想与妻子乙离婚，但乙一直不同意。甲便产生杀乙的念头，但苦于没有机会。一天，甲与乙约定上山打猎。甲在出发前一边检查猎枪一边与乙交谈，不经意地将枪口朝向了乙，正好枪支走火击中乙而致其死亡。关于甲的主观心态的分析，下列哪一选项是正确的？(　　)

A. 甲在主观上是故意

B. 甲在主观上是疏忽大意的过失

C. 甲在主观上是过于自信的过失

D. 甲在主观上没有罪过

13. 甲以杀人的故意殴打乙，乙奋力反抗将屋内已经点燃的炭盆打翻。甲殴打乙致乙昏迷，此时炭盆已导致屋内起火。甲为毁灭证据且想让乙被烧死，故未灭火逃走，从而引发火灾，导致邻居房屋着火，乙因昏迷吸入大量气体死亡。以下说法正确的是：(　　)

A. 甲的行为同时存在作为和不作为，而作为和不作为是相悖的，故不能对甲实行数罪并罚

B. 甲有灭火的义务而没有灭火，成立不作为的放火罪

C. 乙死亡的因果流程与甲的设想不一致，因而甲成立故意杀人罪未遂

D. 无论对甲的行为如何评价，甲都只成立一个罪名

14. 关于犯罪主体，以下说法正确的是：(　　)

A. 犯罪集团和聚众犯罪中的首要分子是一种特殊身份

B. 单位分支机构或内设机构不是独立的法人单位，不能成为单位犯罪的主体

C. 已满14周岁不满16周岁的人绑架杀人的，对杀人行为负刑事责任，对绑架行为不负刑事责任

D. 单位犯罪本质上是由单位主管人员、直接负责人员构成的特殊的共同犯罪

**二、多项选择题，每题所给的选项中有两个或两个以上正确答案，少答或多答均不得分。**

1. 甲(15周岁)的下列哪些行为成立犯罪？(　　)

A. 春节期间放鞭炮，导致邻居失火，造成巨大的财产损失

B. 盗取他人财物，为抗拒抓捕，当场使用暴力将他人打成重伤

C. 帮助张某将汽车推至悬崖下毁坏以骗取保险金

D. 因偷拿苹果遭摊主喝骂，遂掏出水果刀将其刺成重伤

2. 甲与其妻子乙不和已久。甲为杀死乙，便在乙的饭碗里投放毒鼠强。甲明知孩子丙可能分食而中毒，但杀妻心切而不顾孩子的死活。关于甲对乙的心理态度和对丙的心理态度的分析，下列哪些选项是正确的？(　　)

A. 对乙为直接故意

B. 对丙为间接故意

C. 对丙为疏忽大意的过失

D. 对丙为过于自信的过失

3. 在下列哪些选项中，时间、地点或者方法是犯罪构成客观方面的构成因素？(　　)

A. 非法捕捞水产品罪

B. 虚报注册资本罪

C. 叛逃罪

D. 倒卖文物罪

4. 甲为谋杀乙，就在乙平时喝水的杯子里面投毒，但因为使用的毒药没有达到致死量，所以仅导致乙昏迷。甲误以为乙已经死亡，便将乙背到山上扔下悬崖，致使乙被摔死。对甲的行为定性，下列哪些选项是错误的？(　　)

A. 甲构成故意杀人罪未遂

B. 甲构成故意杀人罪既遂

C. 甲构成过失致人死亡罪和帮助毁灭证据罪，属于想象竞合犯，从一重罪处罚

D. 甲构成故意杀人罪(未遂)和过失致人死亡罪，数罪并罚

5. 甲乙二人在路边争执，甲推乙一掌，致乙被路过的车辆轧死。对甲的行为定性，下列哪些选项是错误的？(　　)

A. 不构成犯罪

B. 构成故意伤害罪

C. 构成故意杀人罪

D. 构成过失致人死亡罪

6. 关于不作为犯罪，下列哪些选项是正确的？（　　）

A. 一般公民发现他人建筑物发生火灾故意不报警的，成立不作为的放火罪

B. 荒山狩猎人发现弃婴后不救助的，成立不作为犯罪

C. 父母能制止而故意不制止未成年子女侵害行为的，可能成立不作为犯罪

D. 宠物饲养人在宠物撕咬儿童时故意不制止，导致儿童被咬死的，成立不作为的故意杀人罪

7. 甲明知被害人乙当时身无分文，还使用严重暴力压制其反抗，迫使对方于次日交付财物 3000 元。关于刑法上因果关系的判断，下列哪些选项是错误的？（　　）

A. 甲的暴力行为和取得财物之间不存在因果关系，所以甲的行为应认定为抢劫罪（未遂）与敲诈勒索罪（既遂），数罪并罚

B. 甲的暴力行为和取得财物之间不存在因果关系，所以甲的行为应认定为抢劫罪（未遂）

C. 甲的暴力行为和取得财物之间存在因果关系，所以甲的行为应认定为敲诈勒索罪（既遂）

D. 甲的暴力行为和取得财物之间存在因果关系，所以甲的行为应认定为抢劫罪（既遂）

8. 关于犯罪主观方面的说法，下列哪些选项是正确的？（　　）

A. 甲某因被辞退，意欲报复原单位，遂明知建筑物内有人值班仍放火，致值班人乙死亡。甲某对于损毁财物持直接故意心态，对人员被烧死持间接故意心态

B. 甲意图杀死乙，其得知某日乙将在单位值班室值班，即放火将值班室烧毁，结果将顶替乙值班的丙烧死。甲对丙的死持间接故意心态

C. 甲是捕猎高手，其将捕获的猛兽养在家中。某日，甲出门忘记锁门，其邻居来家中被猛兽咬成重伤。对甲应定过失致人重伤罪

D. 甲偷取输油管道内的油放回家中缸内，不料此缸漏油流了一地。其母半夜起床用火柴点灯，引起大火，母亲被烧死。甲构成盗窃罪与过失致人死亡罪，数罪并罚

9. 关于不作为犯罪，以下哪些说法是正确的？（　　）

A. 赵某眼见 12 岁的儿子盗窃而不制止，构成盗窃罪

B. 钱某（女）眼见成年女儿遗弃年幼外孙女而不问不管，构成遗弃罪

C. 孙某眼见成年弟弟杀害父亲而不予制止，构成故意杀人罪

D. 李某在岳母家眼见妻子伤害岳母而不予制止，构成故意伤害罪

10. 以下甲的行为与死亡结果之间有因果关系的是：（　　）

A. 甲系黑社会组织老大，命令成员乙对丙进行非法拘禁，丙趁乙不注意脱逃，乙害怕甲责怪，恼羞成怒，追丙至丙家中将其杀害

B. 乙住 14 楼，甲上门讨债。甲敲门，乙问："是谁？"甲说："你欠的债该还了！"乙听了非常害怕，为了逃避追债，乙试图从 14 楼跳到 13 楼阳台，失足摔死

C. 甲乙合谋杀丙，甲让乙引诱丙到甲家中将其杀死，乙驾车载丙去甲家，途中因丙语言过激，乙十分生气，在车上将丙杀死

D. 甲教唆乙非法拘禁丙，乙在非法拘禁的过程中把丙过失捂死了

11. 关于刑事责任能力的判断，以下说法正确的是：（　　）

A. 间歇性精神病人在能够辨认但不能控制自己行为的时候造成危害结果不负刑事责任

B. 15 周岁的人犯抢夺枪支、弹药、爆炸物、危险物质罪的，不负刑事责任

C. 甲被乙欺骗吸食毒品后，出现乙是魔鬼的幻觉，为了"保命"，甲打死了乙，对乙的死亡，甲不负刑事责任

D. 76 岁的王某对自己的老伴不满，在某天深夜将门窗封好，致老伴煤气中毒死亡，王某虽然要负刑事责任，但不适用死刑

**三、不定项选择题，每题所给的选项中有一个或一个以上正确答案，不答、少答或多答均不得分。**

1. 甲将安眠药投入乙的饭菜中，准备在其熟睡后将其勒死。但未待甲实施勒杀行为，乙便因吃了甲投放的安眠药而死。对甲的行为定性，下列选项正确的有：（　　）

A. 犯罪结果虽然提前实现，但按照通说不影响故意杀人罪（既遂）的认定

B. 存在因果关系的认识错误，甲对死亡结果成立故意杀人罪（未遂）

C. 存在方法错误，甲对死亡结果成立过失致人死亡罪

D. 乙意外死于安眠药中毒，属于意外事件

2. 关于罪过形式与案件定性的分析，下列选项错误的有：（　　）

A. 张某在深夜闯入仓库偷窃，由于光线太暗，就用打火机烧开绑麻袋的绳索以寻找财物，却引燃了仓库中的物品，导致仓库被烧毁。在此案例中，应当认定张某为放火罪

B. 王某对李某非常痛恨，想杀之。某天王某发现李某和赵某一起站在50多米高的脚手架上，想要砍断脚手架的绳索以摔死李某。王某和赵某之间素无冤仇，但其杀李某心切而砍断绳索，导致李某、赵某摔死。在此案例中，王某对赵某的死亡应认定为间接故意

C. 钱某打猎时瞄准一野兔，但发现野兔旁有一牧童在睡觉。钱某打猎心切开枪射击，不幸打中牧童，牧童当即死亡。此案例中，应当认定钱某为过于自信的过失

D. 孙某是老司机，对自己的技术颇为得意。一日，孙某发觉汽车刹车失灵，但自认为技术好路况熟，仍旧开车出去，刚出门不久就由于刹车失灵而撞死行人马某。在此案例中，应认定孙某为过于自信的过失

3. 甲到其姐姐的租住房玩耍，发现角落临时车棚内有一辆摩托车布满灰尘，后听其姐说起此车已停放至少半月，一直没见有人骑走，可能是被人盗来存放于此的赃物。甲万分兴奋，认为偷了赃车不犯法，遂买来作案工具将摩托车推走并加上油骑走。两天后，失主乙的朋友看到甲骑的像是乙的车，叫来乙确认后，合力将甲扭送到公安机关。对本案的分析，下列选项错误的有：(　　)

A. 甲没有盗窃的故意，所以其行为不成立盗窃罪

B. 甲没有盗窃的故意，但具有侵占的故意，所以其行为成立侵占罪

C. 甲具有盗窃的故意，但存在可避免的违法性认识错误，其行为仍然成立盗窃罪

D. 甲具有盗窃的故意，但存在不可避免的违法性认识错误，其行为不成立盗窃罪

4. 甲14周岁生日当天，其父乙带其到动物园玩耍。在动物园内，两人不断向猴子抛撒瓜子等食物，遭到管理员丙劝阻。二人即将随身携带的鞭炮点燃投向猴群，丙无奈将二人交与安保人员丁。在丁劝阻不能的情况下，丙将二人赶出动物园。甲乙二人非常气愤，遂再次买票进入动物园，故意抛撒食物引出丙，乙佯装与丙争执，甲用事先准备好的木棒从背后击打丙的脑袋。丙在倒下的过程中脑袋撞上石凳而鲜血直流，乙带甲离开现场弃之不理。丁看到后恐二人报复自己，遂装作没有看到丙被打伤，转身离开。另一游客戊好心将丙拉起，并背着将丙送往医院。医生说如丙保持静止并得到救治，其尚有生存的可能，但因被戊背起跑动过程中造成了脑损伤，丙死亡。

(1) 对甲、乙不顾管理员与安保人员的劝阻向动物抛掷食物和鞭炮的行为，下列分析错误的有：(　　)

A. 甲、乙二人构成了妨害公务罪

B. 乙构成以危险方法危害公共安全罪

C. 甲和乙是共同犯罪

D. 甲不负刑事责任，乙构成妨害公务罪

(2) 甲将丙打伤，对该行为定性，下列分析错误的有：(　　)

A. 甲已满14周岁，应负刑事责任

B. 甲未达刑事责任年龄，不负刑事责任

C. 甲实施了杀人、伤害行为并且造成了丙死亡的后果，应负刑事责任

D. 甲已构成故意杀人罪

(3) 对乙的行为定性，下列分析错误的有：(　　)

A. 乙构成故意伤害罪

B. 乙构成故意杀人罪

C. 乙与甲构成共同犯罪

D. 乙不构成犯罪

(4) 对丁的行为定性，下列分析正确的有：(　　)

A. 丁对丙无救助的义务

B. 丁对丙有救助的义务

C. 丁构成不作为犯罪

D. 丁不构成不作为犯罪

(5) 对戊的行为定性，下列分析正确的有：(　　)

A. 戊因疏忽大意造成丙的死亡，已构成过失致人死亡罪

B. 戊对丙没有救助义务，对丙的死亡不承担刑事责任

C. 戊对丙有救助义务，但不应当对丙的死亡承担刑事责任

D. 戊应当预见其行为可能造成丙的死亡，具有杀人的间接故意

5. 村长甲号召村民冒雨抢救粮食，不料村民乙在抢救粮食过程中被雷击中身亡。关于本案的处理，下列选项正确的有：(　　)

A. 甲不应负刑事责任

B. 甲对结果有预见可能性，但因为缺乏过失犯的实行行为，不成立过失致人死亡罪

C. 甲对结果有预见可能性，但放任结果的发生，已构成间接故意杀人罪

D. 甲因疏忽大意没有预见结果的发生，已构成过失致人死亡罪

6. 甲不慎将烟头扔在仓库里，具有发生火灾的危险。甲若及时行动可消除危险，但其想通过造成火灾陷害仓库保管员乙，因而故意不消除危险，导致火灾发生。关于甲的行为定性，下列说法正确的有：(　　)

A. 甲构成故意毁坏财物罪

B. 甲构成失火罪

C. 甲构成放火罪

D. 甲不构成犯罪

7. 甲、乙积怨较深。一日，甲见到乙被人砍伤在路边，奄奄一息，但未死亡。甲未采取任何措施而走开，后乙因失血过多而死亡。关于本案的分析，下列说法

正确的有:(　　)

A. 甲的行为构成作为犯罪

B. 甲的行为已构成间接故意杀人

C. 甲仅违反了道德义务,不构成不作为犯罪

D. 甲的行为构成不作为犯罪

# 第四章　犯罪排除事由*

**一、单项选择题,每题所给的选项中只有一个正确答案。**

1. 乙持刀抢劫妇女,骑车路过的甲见此情况,将乙撞成重伤,见其受伤,甲送乙到医院治疗,由于护士的疏忽,乙因药物过敏而死。对于甲的行为定性,下列哪一选项是正确的?(　　)

A. 意外事件　　B. 过失致人死亡罪

C. 过失致人重伤罪　　D. 正当防卫

2. 铁某在自家胡同口发现李某拎着蛇皮口袋路过,怀疑其偷狗,上前质问,李某扔下口袋就跑,铁某随后追赶,对李某拳打脚踢,在李某倒地后还对其头部踢了两脚,导致李某视网膜出血当场死亡。经查,李某当时确有偷狗的嫌疑。对铁某的行为如何判断,以下说法正确的是:(　　)

A. 假想防卫,构成过失致人死亡罪

B. 正当防卫,不构成犯罪

C. 防卫过当,不负刑事责任

D. 故意犯罪,构成故意伤害罪

3. 甲在行走时突然听到有人惊呼"杀人了,快跑",便来不及细想,慌忙跑向路旁胡同,不料撞倒一个坐在轮椅上的老人,造成老人腿部骨折,后发现只是小孩子在恶作剧喊叫。对于甲的行为定性,下列哪一选项是正确的?(　　)

A. 防卫过当　　B. 紧急避险

C. 假想避险　　D. 避险过当

4. 民警甲在夜间巡逻期间,见一货车停放在路边,但是驾驶室内并没有人,甲觉得可疑便上车去搜查,恰好货车司机乙回来,因为夜黑没有看清甲的警服,误以为是偷车的,便手持木棒向其挥过去并喝令其下车;甲却误以为乙是犯罪分子偷袭,情急之下开枪将乙打死。对于甲的行为定性,下列哪一选项是正确的?(　　)

A. 正当防卫　　B. 防卫过当

C. 过失致人死亡罪　　D. 假想防卫

5. 下列哪一行为成立正当防卫?(　　)

A. 架设电网等"防盗"设施致人死亡

B. 两人斗殴过程中甲求饶,乙继续将甲打成重伤

C. 甲挑衅乙不敢打自己,乙遂殴打甲,甲反抗将乙打成重伤

D. 甲凌晨闯入女工宿舍,并殴打女工乙,乙遂用水果刀划伤甲

6. 王某不幸沦为"黑砖窑"的苦力,为逃出"黑砖窑",其在看管人员的饭菜中下了安眠药,趁看管人员熟睡而逃走,不料其中一个看管人员患有特殊疾病,因安眠药的作用,其急性病发身亡。关于王某的刑事责任,下列哪一选项是正确的?(　　)

A. 应以过失致人死亡罪追究刑事责任

B. 属于防卫过当,构成过失致人死亡罪

C. 属于正当防卫

D. 属于紧急避险

7. 刘某持西瓜刀去某超市抢劫,营业员陈某奋起反抗,扭打中夺下歹徒的西瓜刀,慌乱中欲把西瓜刀交给营业员王某控制,结果王某并未接住刀反而被重伤。刘某见刀被夺,也未抢到财物,慌忙逃出超市,见路边有一自行车便骑车逃跑,陈某冲出超市追赶歹徒,飞身一跃压倒自行车,使刘某连人带车重重摔倒在地,造成陈某重伤,刘某擦伤。以下说法正确的是:(　　)

A. 刘某对陈某的重伤负刑事责任

B. 陈某对王某的受伤负刑事责任

C. 陈某构成正当防卫

D. 刘某对王某的受伤负刑事责任

**二、多项选择题,每题所给的选项中有两个或两个以上正确答案,少答或多答均不得分。**

1. 甲与乙不和。一天,甲从农田回家,经过乙家门口,乙解开赵某绑在树上的狼狗让其去咬甲,甲情急之下用随身带的镰刀将狗砍死。对甲的行为定性,下列哪些选项是错误的?(　　)

A. 正当防卫　　B. 紧急避险

C. 故意毁坏财物　　D. 不可抗力,无罪

2. 甲开车正常行驶,避让不及而将快速跑过马路的乙撞成重伤。事后查明,当时乙正在追赶前面的女青年丙,准备实施强奸行为。对甲的行为定性,下列哪些选项是错误的?(　　)

A. 正当防卫　　B. 交通肇事罪

C. 一般的交通事故　　D. 不构成犯罪

3. 甲、乙两家有仇,某晚两拨人在歌厅发生斗殴,甲、乙恰巧在场并各属一方,打斗中甲砍伤乙小臂,乙

---

* 本章答案参见第 62 页。

用木棒击中甲头部,致甲死亡。对于乙的行为定性,下列哪些选项是错误的?(　　)

A. 属于紧急避险　　B. 属于正当防卫

C. 属于防卫过当　　D. 属于故意杀人

4. 关于排除犯罪的事由,下列哪些选项是错误的?(　　)

A. 对严重危及人身安全的暴力犯罪以外的不法侵害进行防卫,造成不法侵害人死亡的,均属防卫过当

B. 由于武装叛乱、暴乱罪属于危害国家安全罪,而非危害人身安全犯罪,所以,对于武装叛乱、暴乱犯罪不可能实行特殊正当防卫

C. 律师在法庭上为维护被告人的合法权益,不得已泄露他人隐私的,属于紧急避险

D. 放火毁损自己所有的财物但危害公共安全的,不属于排除犯罪的事由

5. 甲为精神病人,一日发病,闯入路旁乙家所开的小超市乱砸,乙阻拦不能,遂将其打晕。对于乙的行为定性,下列哪些选项是错误的?(　　)

A. 正当防卫　　B. 防卫过当

C. 故意犯罪　　D. 假想防卫

6. 甲骑摩托车抢夺乙的手提包后离开,前方丙听到乙的呼喊声,用木棒将甲所骑摩托车弄倒,致使甲摔成轻伤。对丙的行为定性,下列哪些选项是错误的?(　　)

A. 紧急避险

B. 正当防卫

C. 防卫过当

D. 与正当防卫行为无关

7. 赵某的次子乙平时脾气暴躁,经常打骂赵某。一日,乙与其妻发生争吵,赵某过来劝说,乙转而辱骂赵某,对其拳打脚踢,并拿起身边的板凳欲砸赵某,赵某见状起身就逃,乙随后紧追。赵某的长子甲见状,随手拿起身边的扁担朝乙的颈部打了一下,将乙打昏在地上。赵某顺手拿起地上的石头转身朝乙的头部猛砸数下,致乙死亡。对于本案的分析,下列哪些选项是正确的?(　　)

A. 赵某的行为构成故意杀人罪

B. 甲的行为属于正当防卫

C. 甲的行为属于防卫过当

D. 赵某和甲的行为均构成故意杀人罪

**三、不定项选择题,每题所给的选项中有一个或一个以上正确答案,不答、少答或多答均不得分。**

1. 赵某去饭店就餐之时,在饭店正好碰到自己的弟弟遭一个流氓毒打,立刻前去制止,却反遭流氓进攻,无奈被迫自卫还击。正在这时,便衣民警钱某正好经过现场,未来得及表明自己的身份即迅速抓住赵某以制止其殴打。赵某以为钱某是流氓的同伙,随即抄起身边的椅子将钱某砸成重伤。对赵某的行为定性,下列选项正确的是:(　　)

A. 正当防卫　　B. 过失伤害

C. 意外事件　　D. 故意伤害

2. 甲、乙乘坐的轮船在海上遇难,二人一同游向同一块木板。甲首先抓住木板后,发现只能承重一人,于是在乙伸手拉木板时将乙推开,致其死亡。对甲的行为定性,下列选项正确的是:(　　)

A. 构成紧急避险　　B. 构成避险过当

C. 构成意外事件　　D. 构成故意杀人罪

3. 甲与母亲、妻子出游,母亲、妻子同时落水。甲救助母亲而未来得及救助妻子,致妻子溺水死亡。对于甲的行为定性,下列选项错误的是:(　　)

A. 不作为犯罪　　B. 故意杀人罪

C. 避险过当　　D. 义务冲突行为

4. 甲以为乙独居,欲入户抢劫,敲门后出来一人。甲一看对方是个彪形大汉(丙),便想放弃,连忙说,"对不起,敲错门了"。但丙感觉甲形迹可疑,便将其拉到屋内问其真实身份。甲说出其真实意图后,丙将甲打成轻伤。对于丙的行为分析,下列选项错误的是:(　　)

A. 假想防卫　　B. 防卫不适时

C. 防卫过当　　D. 特殊防卫

5. 下列选项中不能排除行为的违法性的有:(　　)

A. 武警甲接到执行死刑的命令,将死刑犯乙枪毙

B. 甲在街上发现自己被盗的汽车后,强行拉着司机乙不让他开车走,并打"110"报警,20 分钟后警察赶到现场

C. 甲怀疑乙在自己的超市里偷了东西,在乙将要离开时将其拦下,带到一房间进行搜查,发现乙确实盗窃了一件价值 28 元的物品,便让乙打电话通知家人交来 500 元罚款。一天后,乙的家人送来 500 元并将乙领走

D. 乙得了难以治愈的重病,十分痛苦,请求甲将自己杀死以减少痛苦。甲按照乙的要求将乙杀死

6. 张某为防盗,外出时在自己的住宅内安放了防卫装置。某晚,盗贼王某撬门潜入张某的住宅后,触动了防卫装置,并被击为轻伤。对于张某的行为认定,下列选项正确的是:(　　)

A. 故意伤害罪

B. 正当防卫

C. 防卫不适时

D. 民事侵权行为,不构成犯罪

# 第五章　犯罪未完成形态*

**一、单项选择题，每题所给的选项中只有一个正确答案。**

1. 甲预谋前往乙处杀害乙，但到达后发现乙处有人，感到无法下手，遂返回。关于甲的犯罪形态，下列哪一选项是正确的？（　　）

A. 犯罪预备　　B. 犯罪中止
C. 犯罪未遂　　D. 不可罚的不能犯

2. 甲潜入一住宅内，想要撬开保险柜实施盗窃，但撬了许久也未打开。关于甲的犯罪形态，下列哪一选项是正确的？（　　）

A. 盗窃罪的未遂犯　　B. 盗窃罪的既遂犯
C. 盗窃罪的中止犯　　D. 盗窃罪的预备犯

3. 甲夜间潜入室内实施盗窃，结果发现是本单位同事家，于是放弃了盗窃的念头。关于甲的犯罪形态，下列哪一选项是正确的？（　　）

A. 犯罪预备　　B. 犯罪中止
C. 犯罪既遂　　D. 犯罪未遂

4. 甲为报复乙而将毒药放入乙的饭菜中，后看乙中毒痛苦的样子于心不忍，赶快将乙送入医院，但乙仍死亡。关于甲的犯罪形态，下列哪一选项是正确的？（　　）

A. 犯罪既遂　　B. 犯罪未遂
C. 犯罪中止　　D. 犯罪预备

5. 甲将乙打晕后拖入水中，以为乙必死无疑，但适逢过路人丙将乙救活。关于甲的犯罪形态，下列哪一选项是正确的？（　　）

A. 犯罪预备　　B. 犯罪未遂
C. 犯罪中止　　D. 不应作为犯罪处理

6. 甲为杀死乙，举枪向乙射击，第一枪未中。在能够继续向乙开枪的情况下，甲停止了射击。关于甲的犯罪形态，下列哪一选项是正确的？（　　）

A. 犯罪未遂　　B. 犯罪既遂
C. 犯罪中止　　D. 犯罪预备

7. 因乙移情别恋，甲将硫酸倒入水杯并带到学校欲报复乙。课间甲、乙争吵激烈，甲欲泼乙，但情急之下未能拧开杯盖，后甲追着乙离开教室。关于甲的犯罪形态，下列哪一选项是正确的？（　　）

A. 犯罪未遂　　B. 犯罪预备
C. 犯罪中止　　D. 不构成犯罪

8. 甲给乙 5 万元，让乙"教训"丙。乙收钱后找到丁，给其 2 万元让其"教训"丙。后甲又反悔，便告知乙取消行动。乙说"知道了"，但未转告丁。丁仍按照原计划将丙打成重伤。关于甲的犯罪形态，下列哪一选项是正确的？（　　）

A. 犯罪预备　　B. 犯罪中止
C. 犯罪未遂　　D. 犯罪既遂

9. 甲系乙雇用的保姆。某日，甲趁家内无人，盗窃乙家现金 9 万元及价值 4327 元的金首饰，后将钱物藏匿于乙所睡的沙发床下，准备一有机会就带回自己家中。关于甲的犯罪形态，下列哪一选项是正确的？（　　）

A. 盗窃预备　　B. 盗窃既遂
C. 盗窃未遂　　D. 盗窃中止

10. 张某与婆婆王某素来不和，于是意图毒死王某。一日，张某听到一个偏方，即若将味精放入茶里，长期饮用会导致中毒，于是照做，结果被人发现。关于张某犯罪形态的分析，下列哪一选项是正确的？（　　）

A. 属于不可罚的不能犯，不应追究刑事责任
B. 构成犯罪未遂
C. 构成犯罪中止
D. 构成犯罪既遂

11. 甲用毛巾蒙脸，夜间拦路强奸妇女乙，粗鲁地抚摸乙的隐私部位。乙在反抗时扯下了甲的毛巾，认出了甲，对甲破口大骂。甲跪地求饶，请乙不要报警。关于甲犯罪形态的分析，下列哪一选项是正确的？（　　）

A. 甲属于实行终了的强奸犯罪未遂
B. 甲属于强奸罪的能犯未遂
C. 甲构成强奸罪的犯罪中止
D. 对甲应以强制猥亵罪既遂论处

**二、多项选择题，每题所给的选项中有两个或两个以上正确答案，少答或多答均不得分。**

1. 关于犯罪未完成形态的论述，下列哪些选项是正确的？（　　）

A. 犯罪未完成形态存在于故意犯罪中，不存在于过失犯罪中
B. 预备犯应当比照既遂犯从轻、减轻处罚或者免除处罚
C. 未遂犯可以比照既遂犯从轻或者减轻处罚
D. 对于中止犯，没有造成损害的，应当免除处罚，造成损害的，应当减轻处罚

---

* 本章答案参见第 64 页。

2. 关于犯罪未完成形态的论述，下列哪些选项是正确的？（　　）

A. 甲意欲杀乙，向乙连开数枪，这时甲后悔了，于是停止了射击，甲的行为成立犯罪中止

B. 张某为了盗窃，去某仓库“踩点”，查看情况完毕后从仓库出来，被公安部门抓获，该行为是盗窃未遂

C. 妻子甲欲杀害自己的丈夫乙，结果误把白砂糖当作毒药放入乙的食物中，乙吃后没事。甲的行为构成犯罪未遂

D. 赵某欲抢劫钱某，将钱某绑在路边的树上，结果赵某的同伴打电话来告知说钱某的身上并没有现金，现金在钱某叔叔身上，于是赵某放弃抢劫，其实，钱某身上带有大量现金。赵某的行为构成犯罪未遂

3. 甲欲与其妻乙离婚，乙不同意，某日，甲将毒药拌入菜中意图杀乙，因久等未归且惧怕法律制裁，甲打消杀乙念头，将菜倒掉。关于甲的犯罪未完成形态，下列哪些选项是错误的？（　　）

A. 成立犯罪预备

B. 成立犯罪预备阶段的犯罪中止

C. 已经投毒，成立犯罪未遂

D. 已经着手，成立犯罪实行阶段的犯罪中止

4. 甲意图杀害乙，用车将乙撞倒。甲以为乙已经死亡，将乙带到一山上抛弃，结果乙当时并未死亡。乙醒来迷迷糊糊地爬行，结果不慎掉入悬崖被摔死。关于甲的行为定性，下列哪些选项是正确的？（　　）

A. 构成故意杀人罪　　B. 构成故意伤害罪

C. 犯罪未遂　　D. 犯罪既遂

5. 不考虑情节，下列哪些行为成立犯罪预备？（　　）

A. 为了实施犯罪准备犯罪工具

B. 拟订犯罪计划

C. 尾随目标的行为

D. 纠集、拉拢其他犯罪人的行为

6. 关于犯罪未完成形态的论述，下列哪些说法是正确的？（　　）

A. 犯罪未完成形态只能存在于故意犯罪中

B. 通说认为，间接故意犯罪没有既遂与未遂的问题

C. 犯罪预备事实上未能着手实行犯罪

D. 迷信犯成立犯罪未遂

7. 甲以杀意猛砍王某数刀后离开现场。2 小时后，甲意图分尸，回到现场，见王某尚未死亡。王某对甲说：“我死了不要紧，但你也避免不了吃枪子。”甲感到惧怕，赶紧将王某送到医院。王某虽受重伤，但经抢救得以保命。关于本案的分析，下列哪些选项是正确的？（　　）

A. 对甲意图分尸的行为，成立犯罪预备阶段的犯罪中止

B. 甲已离开犯罪现场 2 小时，但王某尚未死亡，故意杀人尚未既遂，此时救助王某的行为可成立犯罪中止

C. 甲系惧怕被判处死刑，才救助王某，但这不影响犯罪中止的成立

D. 若甲的行为属于犯罪中止，那么因造成了损害，对甲只能减轻处罚，不能免除处罚

**三、不定项选择题，每题所给的选项中有一个或一个以上正确答案，不答、少答或多答均不得分。**

1. 张某对社会极度不满，积极煽动王某等人颠覆国家政权，但王某等人并未实施颠覆国家政权的行为。关于张某的犯罪停止形态，下列选项错误的有：（　　）

A. 王某等人尚未着手犯罪，张某构成犯罪预备

B. 王某等人并未实施颠覆国家政权的行为，张某属于教唆未遂

C. 张某虽实施煽动行为，但王某等人并未实施颠覆国家政权的行为，张某成立犯罪未遂

D. 张某煽动王某等人颠覆国家政权的行为已实施完毕，成立犯罪既遂

2. 关于犯罪未完成形态的认定，下列选项正确的有：（　　）

A. 张某到商场盗窃，窃得戒指等物，出商场后被保洁员发现，张某害怕，于是将盗出的东西偷偷放回，张某的行为构成犯罪中止

B. 甲男欲行强奸而翻入一女职工宿舍，扑上床，结果发现是熟人，于是放弃作案，甲构成犯罪中止

C. 李某意图陷害赵某，于是捏造赵某受贿的事实，向检察院举报。检察院将赵某取保候审，后发现受贿事实并不存在。李某的意图未能得逞，其行为构成犯罪未遂

D. 甲男意欲奸淫乙女，因乙女正值经期，于是放弃强奸行为，甲属于犯罪未遂

3. 甲从欧洲旅游归来，送给多年好友乙一块名表。乙生性多疑，仔细比对，认为该表与国内销售的同款名表在外观上有极为细小的差别，不是真表，便花言巧语欺骗第三人丙，将该表以名表的价格（2 万元）卖给丙。事后鉴定，该表是货真价实的名表。关于本案的分析，下列选项正确的有：（　　）

A. 构成诈骗罪既遂

B. 构成诈骗罪未遂

C. 属于不可罚的不能犯，不构成犯罪

D. 属于民事欺诈行为

4. 关于犯罪停止形态的认定，下列选项错误的有：（　　）

A. 张三欲杀死李四，用刀捅了其一刀，后感到后悔，又返回原处，将倒在血泊中的李四送往医院，李四

得以脱险。张三成立犯罪中止

B. 王五为抢劫赵六而尾随赵六,结果被发现。王五的行为属于抢劫未遂

C. 周某欲前往公司盗窃珠宝,但半路上,周某放弃了犯罪,事后得知,当时珠宝刚被公司运走。周某构成犯罪未遂

D. 吴某欲杀郑某,在郑某的食物中下毒。郑某中毒倒地,吴某后悔,将郑某送往医院,经抢救无效,郑某死亡。吴某构成犯罪既遂

# 第六章　共同犯罪*

**一、单项选择题,每题所给的选项中只有一个正确答案。**

1. 一日,张某将路人打晕,欲取走其财物。这时,熟人王某正好经过,于是,张某让王某帮忙将晕倒的路人所携带的财物取走,王某同意。关于本案,下列哪一选项是正确的?(　　)

A. 张某构成抢劫罪,王某构成盗窃罪

B. 张某、王某构成抢劫罪的共同犯罪

C. 张某、王某构成盗窃罪的共同犯罪

D. 张某、王某是事前有联络的共同犯罪

2. 关于共同犯罪的认定,以下说法正确的是:(　　)

A. 甲夜间毒瘾发作,前往毒贩乙家中购买毒品,乙因困倦不愿起床,经甲反复要求才卖给甲毒品,甲构成贩卖毒品罪的教唆犯

B. 无业人员甲使用欺骗方法使国有公司的出纳乙将30万元公款交给自己,甲利用了不知情的乙,构成贪污罪的间接正犯

C. 15周岁的甲入户盗窃,请18周岁的乙帮忙望风,甲虽未达到法定刑事责任年龄,但视情况仍构成从犯或共同正犯

D. 甲、乙共谋盗窃,甲潜入丙家行窃,乙在望风时发现丙正要回家,将丙打成重伤,甲对此不知情。甲构成盗窃罪,乙构成抢劫罪

3. 15周岁的甲意图盗窃,17周岁的乙对此知情,仍应甲的要求为其配置万能钥匙。甲用乙配置的钥匙,盗窃他人财物3万元。关于本案,下列哪一选项是错误的?(　　)

A. 若认为责任年龄、责任能力不是共同犯罪的成立条件,则甲、乙成立共犯

B. 若认为甲、乙成立共犯,则乙成立盗窃罪的从犯

C. 不管甲、乙是否成立共犯,都不能认为乙成立盗窃罪的间接正犯

D. 由于甲不负刑事责任,对乙应按盗窃罪的片面共犯论处

4. 一辆货车翻倒在路边,赵某看后,就和钱某商量"我们一起去把车上的货物拿走吧",钱某便与赵某将车上东西拿走,然后各自回家。后经估价,赵某和钱某拿走的物品价值8000多元。关于本案,下列哪一选项是正确的?(　　)

A. 不构成犯罪

B. 赵某单独构成犯罪

C. 钱某单独构成犯罪

D. 构成共同犯罪

5. 甲与乙共谋杀害丙,但乙临时改变主意,并没有前往犯罪地点,最后,甲单独将丙杀害。对甲、乙的定性,下列哪一选项是正确的?(　　)

A. 构成共同犯罪

B. 不属于共同犯罪

C. 甲单独构成故意伤害罪

D. 乙单独构成故意杀人罪

**二、多项选择题,每题所给的选项中有两个或两个以上正确答案,少答或多答均不得分。**

1. 看守所值班武警甲擅离职守,重大案犯乙趁机逃脱。关于本案,下列哪些选项是正确的?(　　)

A. 甲、乙成立共同犯罪

B. 甲、乙不成立共同犯罪

C. 甲、乙成立事中共犯

D. 应按照甲、乙所犯之罪分别处罚

2. 甲某日凌晨两点骑车从某超市门口经过,发现超市的卷帘门开着(事后无法查明卷帘门打开的原因),立即进入超市盗窃财物。30分钟后,与甲素不相识的乙进入超市,也开始盗窃。由于甲盗窃的财物数额多(价值2万元),就请乙帮他抬到室外绑到自行车后座上,乙欣然应允。甲离开后,乙自己将价值1万元的财物绑上自行车离开。关于本案,下列哪些选项是正确的?(　　)

A. 甲、乙成立盗窃罪共犯

B. 甲、乙是同时犯,不是共犯

C. 甲盗窃数额2万元,乙盗窃3万元

D. 甲盗窃2万元,乙盗窃1万元

* 本章答案参见第65页。

3. 甲将乙(8岁)绑架到自己家中,并向乙父勒索财物。由于甲得知乙父已经报警,便打算杀害乙。甲正在琢磨杀害方法时,甲的朋友丙来到甲家,甲将杀乙的想法告诉丙,丙帮助甲杀害了乙。关于本案,下列哪些选项是错误的?(　　)

A. 甲和丙的行为构成绑架罪的共犯

B. 甲和丙不成立共同犯罪

C. 甲和丙二人不构成故意杀人的共犯,甲的行为构成绑架罪,丙构成故意杀人罪

D. 甲和丙二人构成故意杀人的共犯,甲的行为构成绑架罪,丙构成故意杀人罪

4. 张某、王某二人共同负责监控设备,因为二人在工作中闲聊,没能及时发现设备存在的安全隐患,导致事故发生。对张某、王某的行为处理,下列哪些选项是正确的?(　　)

A. 属共同犯罪

B. 两人属过失犯罪

C. 应按照张某、王某所犯的罪分别处罚

D. 各自构成故意犯罪

5. 下列哪些行为成立共同犯罪?(　　)

A. 甲在某网站发布出售枪支、子弹的广告,网站经营者乙收取甲的广告费后同意甲发布广告。甲、乙构成共同犯罪

B. 甲为了侮辱A,想以A的名义在某电视台发布虚假征婚广告,宣称A的配偶已经死亡,无子女,欲寻找新的配偶。实际上,A的配偶身体健康,并且夫妻二人育有两子一女。甲将此打算告诉自己的朋友乙,并向乙借了一部分钱作为广告费。甲向广告发布者丙出示了虚假证件,说A要发布此征婚广告,丙没有认真核实证件就发布了A征婚的虚假广告。此事在A所在的村庄引起巨大轰动。甲、乙、丙构成共同犯罪

C. 甲在某网站发布了虚构的某名人A存在违法行为的假消息,乙和甲是熟人,明知甲发布的是假消息,仍将此假消息在自己的网页转载。法院认为甲、乙共同构成了诽谤罪

D. 甲与乙约定将自己抢夺的东西都存在乙处,并且给乙一定的好处。甲、乙构成共同犯罪

6. 关于共同犯罪的认定,下列哪些选项是错误的?(　　)

A. 有查禁犯罪活动职责的国家机关工作人员,向犯罪分子通风报信、提供便利,帮助犯罪分子逃避处罚的,按共犯处理

B. 帮助当事人毁灭、伪造证据,情节严重的,按共犯处理

C. 教唆他人实施盗窃的,按共犯处理

D. 煽动他人颠覆国家政权的,按共犯处理

7. 关于主犯和首要分子的表述,下列哪些选项是错误的?(　　)

A. 主犯仅指在犯罪集团或一般共同犯罪中起主要作用的犯罪分子

B. 首要分子都是主犯

C. 主犯都是首要分子

D. 首要分子只存在于犯罪集团和聚众犯罪中

8. 甲将一张伪造的现金支票(票面金额5万元)递给某国有银行工作人员乙。乙虽然发现是伪造的现金支票,但由于某种原因(与领导有矛盾),仍然为甲付款,将5万元现金交付给甲。关于本案,下列哪些选项是正确的?(　　)

A. 甲与乙构成票据诈骗罪共犯

B. 甲与乙构成贪污罪共犯

C. 甲构成票据诈骗罪,乙构成贪污罪,不构成共犯

D. 应按照甲、乙所犯的罪分别处罚

9. 下列哪些情形不构成共同犯罪?(　　)

A. 甲在境外购买毒品,乙在境外购买淫秽光盘等淫秽物品,两人租用同一辆车运输

B. 甲和乙预谋杀害丙,到约定时间乙改变主意,放弃这个想法,没有前往。甲独自将丙杀害

C. 甲唆使精神病人乙将仇人丙杀害

D. 甲在路上发生交通事故,车主由于急于赶路指使甲逃逸,最终导致伤员死亡

**三、不定项选择题,每题所给的选项中有一个或一个以上正确答案,不答、少答或多答均不得分。**

1. 甲、乙相约盗窃,由乙开车将甲送至盗窃地点,乙在车上等候。甲盗窃得手后被保安丙发现,丙紧追不舍,甲殴打丙并叫乙帮忙,乙下车与甲共同殴打丙,随后甲、乙一同开车逃跑。以下说法正确的是:(　　)

A. 对于故意伤害行为,甲、乙构成共同正犯

B. 乙也对丙实施了殴打行为,所以构成抢劫罪

C. 甲盗窃了财物,又殴打了丙,所以构成抢劫罪

D. 无论如何分析,甲、乙构成的罪名都一致

2. 对于共同犯罪人的表述,下列选项错误的是:(　　)

A. 对于主犯应当从重处罚

B. 对于从犯,可以从轻或者减轻处罚

C. 胁从犯包括被诱骗参加犯罪的情形

D. 被胁迫参加犯罪者可能成为主犯

3. 下列选项中构成间接正犯的是:(　　)

A. 甲痛恨丙,并知道乙有喝醉酒发酒疯打人的毛病。为了痛打丙,甲喊来乙、丙共同喝酒,把乙和丙灌醉后,将乙、丙锁在房间里离开,后发现丙被乙打成重伤

B. 医生赵某发现自己痛恨的钱某来看病,就故意开错药,并让护士陈某给钱某注射,致钱某重伤

C. 利用他人的正当防卫、紧急避险行为实施犯罪

D. 利用未达到刑事责任年龄的人实施犯罪

4. 甲、乙共同砍伐一棵路边的大树时,将路人丙砸死。关于本案的分析,下列选项错误的是:(　　)

A. 甲、乙构成共同犯罪

B. 甲、乙都构成过失致人死亡罪

C. 甲、乙二人不构成犯罪

D. 意外事件

5. 甲、乙二人在五金店门前互殴，店员丙旁观。甲边打边掏钱向丙买羊角锤。丙递锤时对甲说，“你打伤人可与我无关”。甲用该锤将乙打成重伤。关于本案的分析，下列选项正确的是：(　　)

A. 甲、丙构成故意伤害的共同犯罪

B. 甲、丙不构成共同犯罪

C. 丙是正常经营行为

D. 丙成立帮助犯

6. 关于共同犯罪的说法，下列选项正确的是：(　　)

A. 甲、乙共谋盗窃，甲在外放风。乙进入一户人家室内，发现没有值钱的财物，但是将女主人强奸。甲、乙构成盗窃罪的共同犯罪，但不构成强奸罪的共同犯罪

B. 甲、乙事前并无同谋，但同时向仇人丙开枪，丙中枪死亡，甲、乙二人构成共同犯罪

C. 甲、乙共谋，相互串通骗取同乡丙钱财，甲、乙成立共同犯罪

D. 共同过失犯罪不是共同犯罪

7. 甲想要购买淫秽光盘，但不知从何处可买，得知乙可以买到，便拜托乙帮忙，但遭乙拒绝。甲给乙连续做了三天三夜的思想工作，终于将乙说通。乙第四天早晨去批发了一些淫秽光盘卖给甲。关于本案的分析，下列选项正确的是：(　　)

A. 甲、乙构成贩卖淫秽物品牟利罪的共同犯罪

B. 甲、乙不构成贩卖淫秽物品牟利罪的共同犯罪

C. 贩卖淫秽物品牟利罪只处罚贩卖者，因此，甲作为购买者不应得到处罚

D. 甲的行为超出了普通“购买”的程度，成立教唆犯

8. 下列选项中，不能适用《刑法》总则共同犯罪相关规定的有？(　　)

A. 甲明知乙已婚，仍与其领取结婚证

B. 甲教唆未满 14 周岁的乙杀死了丙

C. 甲知乙想偷车，盗取车钥匙给乙，又在乙盗车前要回，但乙用其他方法盗窃了轿车

D. 甲送给国家工作人员乙 10 万元，托其将儿子录用为公务员

9. 张某对王某心存怨恨，于是在王某的食物中投放毒药，王某食用后被毒死。这时李某到张某家玩，了解情况后，与张某一同将尸体掩埋。后来，民警询问李某，李某称自己对王某死亡一事不知情。关于张某、李某的行为，下列选项正确的是：(　　)

A. 二人构成故意杀人的共同犯罪

B. 张某构成故意杀人罪，李某构成包庇罪

C. 张某构成故意杀人罪，李某无罪

D. 张某构成故意杀人罪，李某构成遗弃罪

# 第七章　单位犯罪*

**一、单项选择题，每题所给的选项中只有一个正确答案。**

1. 某电解铝厂为节省开支，由经理和两名副经理集体研究决定，指派本厂电工在电表上做手脚，盗窃电力。后经公安机关侦查发现，该电解铝厂盗窃的电力价值已经达到 65 万元。关于本案，下列哪一选项是正确的？(　　)

A. 电解铝厂没有构成单位犯罪，应对电解铝厂的经理、两名副经理和电工按照盗窃罪的共同犯罪处罚

B. 电解铝厂没有构成单位犯罪，应对电解铝厂的经理、两名副经理和电工分别按照个人单独犯罪处罚

C. 电解铝厂构成了单位犯罪，应对电解铝厂判处罚金，对经理、两名副经理和电工按照单位盗窃罪的直接负责的主管人员和其他直接责任人员进行处罚

D. 按照罪刑法定原则，电解铝厂不构成单位犯罪，电解铝厂的经理、两名副经理和电工也不构成个人犯罪

2. 关于单位犯罪，下列哪一选项是正确的？(　　)

A. 公司、企业、事业单位、机关、团体等单位实施《刑法》规定的危害社会的行为，即便《刑法》没有明文规定单位能够构成该种犯罪，也能够追究单位的刑事责任

B. 单位实施《刑法》规定的危害社会的行为，当《刑法》没有明确规定单位能够构成这种犯罪时，对组织、策划、实施该危害社会行为的自然人追究刑事责任

C. 单位实施《刑法》规定的危害社会的行为，只要《刑法》没有明确规定只有自然人能够构成该种犯罪，就能够对单位定罪处罚

D. 我国《刑法》规定的 400 多种犯罪，大多数犯罪能由单位构成

3. 甲是某公司董事长，伪造了一份建筑菜市场的政府批文，拿着该批文与商户签订合同，约定交付 2 万元预付金，菜市场建成后的摊位就可以 7 折优惠出售。甲一年内骗取了 196 万元人民币，用于给自己买别墅。关于甲的行为定性，下列哪一选项是正确的？(　　)

* 本章答案参见第 67 页。

A. 构成诈骗罪,属于单位犯罪

B. 构成诈骗罪,不属于单位犯罪

C. 构成合同诈骗罪,属于单位犯罪

D. 构成合同诈骗罪,不属于单位犯罪

4. 某市公安局接到有关该市一家制药公司制售劣药的举报。公安局派人侦查核实后,公安局长王某找来该制药公司经理李某谈话,要求该制药公司今后不准再生产劣药,并将仓库中尚未销售的劣药全部销毁;同时告诉李经理,若给公安局捐献400万元的办公经费,可以将此案撤案。5天后,该制药公司向市公安局账号上打款400万元,王某指示相关人员将制药公司制售劣药一案撤案。关于本案,下列哪一选项是正确的?( )

A. 市公安局长王某构成了受贿罪

B. 市公安局长王某的行为不构成犯罪,只是违纪行为

C. 市公安局构成了单位受贿罪

D. 只应将市公安局长王某定罪判刑,不应该追究市公安局的整体责任

**二、多项选择题,每题所给的选项中有两个或两个以上正确答案,少答或多答均不得分。**

1. 某村村民蔡某常年信访,村委会不胜其扰。一次村委会开会时,五位村委会成员甲、乙、丙、丁、戊一致同意杀死蔡某。第二天傍晚,甲、乙、丙、丁、戊五位村委会成员在村口将信访回来的蔡某杀死后埋掉。关于本案的分析,下列哪些选项是正确的?( )

A. 村委会构成单位犯罪

B. 甲、乙、丙、丁、戊构成共同犯罪

C. 甲、乙、丙、丁、戊杀死蔡某是职务行为

D. 本案行为人触犯的罪名是故意杀人罪

2. 关于单位犯罪的说法,下列哪些选项是正确的?( )

A. 单位犯罪以我国《刑法》分则条文有明文规定为限,《刑法》分则条文没有明文规定单位能构成的犯罪,单位都不可能构成这种犯罪

B. 我国《刑法》规定的单位犯罪包括法人犯罪,但不限于法人犯罪

C. 我国《刑法》规定的大多数犯罪,单位能成为犯罪主体

D. 我国《刑法》规定的单位犯罪一般采用双罚制

3. 张某、王某和李某三人成立了一家有限责任公司,然后三人以该公司的名义从事集资诈骗行为,所得数额较大,并由三人平分。对于三人的行为定性,下列哪些选项是正确的?( )

A. 构成集资诈骗罪

B. 成立单位犯罪

C. 不成立单位犯罪,依照《刑法》有关自然人犯罪的规定定罪处罚

D. 按照单位犯罪的处罚原则来追究刑事责任

4. 下列哪些情况可以认定为单位犯罪,但是只能处罚自然人?( )

A. 某有限责任公司领导集体研究决定并实施虚假破产的方法逃债

B. 某市市场监督管理局领导集体研究决定将50多万元的国有资产分给本单位职工

C. 某砖瓦厂领导集体研究决定并长期采用殴打手段强迫职工劳动,并且不发工资

D. 某企业领导集体研究决定并由电工具体实施,窃取电力公司价值60万元的电力

# 第八章　罪数形态*

**一、单项选择题,每题所给的选项中只有一个正确答案。**

1. 关于罪数的认定,下列哪一选项是错误的?( )

A. 司法工作人员刑讯逼供致被告人死亡的,按照故意杀人罪一罪处罚

B. 在走私普通货物、物品过程中,以暴力、威胁办法抗拒缉私的,以走私普通货物、物品罪和妨害公务罪数罪并罚

C. 实施绑架过程中,故意致被害人死亡的,以故意杀人罪一罪处罚

D. 组织他人偷越国(边)境,以暴力、威胁方法抗拒检查的,按照组织他人偷越国(边)境罪一罪处罚

2. 张某在公交车上盗窃了王某的钱包,钱包中有现金600元和一张信用卡。张某不知道卡内是否有钱,遂到一商城用信用卡尝试刷卡购物,证实卡内有金额后便疯狂购物达8000余元。对张某的行为定性,下列哪一选项是正确的?( )

A. 盗窃罪

B. 信用卡诈骗罪

C. 诈骗罪

D. 盗窃罪和信用卡诈骗罪数罪并罚

3. 甲为杀害乙,在晚上将乙家的房子点燃。乙和乙的妻子、孩子被烧死,房子也被烧毁。对甲的罪数分析,下列哪一选项是正确的?( )

---

* 本章答案参见第68页。

A. 属于连续犯，以一罪论处

B. 从一重处罚，系想象竞合犯

C. 从一重处罚，系手段行为和目的行为的牵连

D. 以故意杀人罪与放火罪数罪并罚

4. 甲盗窃了一批珍贵的古董文物，为避免罪行暴露被抓，将文物藏在自己的私密地窖内10年之久。多年之后，甲见文物被盗风波已经渐渐平息，遂将文物拿出。为方便携带和销赃，甲将部分文物砸碎。对甲盗窃珍贵文物和砸碎珍贵文物的行为定性，下列哪一选项是正确的？（　　）

A. 砸碎文物的行为被盗窃文物的行为吸收，只定一个盗窃罪

B. 盗窃文物的行为和砸碎文物的行为应分别定盗窃罪和故意损毁文物罪，实行数罪并罚

C. 相对于盗窃文物来说，砸碎文物是不可罚的事后行为

D. 甲盗窃珍贵文物后将珍贵文物放在地窖中10年之久，属于继续犯

**二、多项选择题，每题所给的选项中有两个或两个以上正确答案，少答或多答均不得分。**

1. 下列哪些情形应当数罪并罚？（　　）

A. 在强奸妇女的过程中致使其死亡

B. 在拐卖妇女的过程中对其进行奸淫

C. 收买被拐卖的妇女，强行和她发生性关系

D. 强奸妇女后迫使其卖淫

2. 张某在聚众斗殴的过程中，将对方一名参加斗殴的人员打成重伤。对张某的处理，下列哪些选项是错误的？（　　）

A. 以聚众斗殴罪一罪处罚

B. 以聚众斗殴罪和故意伤害罪并罚

C. 以故意伤害罪一罪处罚

D. 致人重伤是聚众斗殴罪的加重处罚情节

3. 2000年9月3日晚，张某在某大学附近冒充警察，查验两名逛街回来正准备返校的女生王某和李某的身份证，但二人没带。张某便以两位女生行踪可疑为由，要带她们去"警区"了解情况。张某将王某和李某带至郊区的一处房内，将二人锁在屋里，并对二人说没有身份证不能放她们出去。王某和李某极为害怕，恳求张某放她们回去。张某便以此迫使王某、李某二人跟他发生了性行为。对张某的行为定性，下列哪些选项是错误的？（　　）

A. 按照招摇撞骗罪和强奸罪数罪并罚

B. 以强奸罪定罪处罚

C. 以强制侮辱罪定罪处罚

D. 以招摇撞骗罪定罪处罚

4. 大学生甲（男，20岁）晚上驾车时肇事，在公路上将乙撞成重伤。甲为毁灭罪证，又用刀将乙刺死。对甲的行为定性，下列哪些选项是错误的？（　　）

A. 对甲按照故意杀人罪一罪处罚

B. 对甲按照交通肇事罪和故意杀人罪数罪并罚

C. 对甲按照交通肇事罪从重处罚

D. 甲的交通肇事和故意杀人行为之间具有牵连关系

5. 下列哪些选项构成想象竞合犯？（　　）

A. 赵某盗掘古墓葬后，为防止犯罪行为暴露，又毁坏了较大的珍贵文物

B. 钱某为诈骗而伪造公文

C. 孙某盗窃正在使用中的铁路专用的电线

D. 李某为了杀害A，便放火烧了A的房屋，A被烧死的同时房屋被毁

6. 下列哪些行为应以抢劫罪一罪论处？（　　）

A. 甲在抢劫过程中遇到被害人张某的反抗，甲将张某杀死后取走其现金3万元

B. 乙将仇人王某杀死后，取走其身上的5000元现金

C. 丙拦路行抢，首先将受害人李某杀死，然后取走其携带的财物，价值800元

D. 丁实行抢劫罪后，为防止受害人赵某报案，将其杀死

7. 下列哪些犯罪应当数罪并罚？（　　）

A. 张某在我国境内收购国家禁止进口的物品，又以暴力抗拒缉私

B. 王某参加恐怖组织，又实施了杀人行为

C. 李某生产假冒伪劣产品，又以暴力抗拒技术监督局工作人员的检查

D. 司法工作人员赵某受贿后因此对一起民事案件枉法裁判

8. 赵某是一民营企业主，在该企业经营的2年之内，采取不法手段，共偷逃应缴税款达90多万元，占其应缴税额的30%。税务机关发现后依法下达追缴通知，但赵某拒绝缴纳税款，并在税务机关工作人员上门征缴时纠集数名员工殴打税务人员，造成税务人员中1人重伤、1人轻伤。对赵某的行为定性，下列哪些选项是错误的？（　　）

A. 以逃税罪一罪处罚

B. 以逃税罪和故意伤害罪数罪并罚

C. 以逃税罪和抗税罪数罪并罚

D. 偷税行为和抗税行为具有牵连关系，择一重罪论处

9. 甲、乙、丙共同在公交车上扒窃，在他们偷得一位乘客的一部手机时，遭到反扒民警丁某、胡某和竹某的抓捕。甲、乙、丙分头逃走，甲、乙被抓获；丙在民警竹某对其抓捕时，在难以逃跑的情况下，掏出随身携带的匕首，向竹某身上乱刺，竹某被送往医院后不治身亡。关于本案的分析，下列哪些选项是错误的？（　　）

A. 甲和乙构成盗窃罪，丙构成盗窃罪和故意伤害

(致人死亡)罪

B. 甲和乙构成盗窃罪,丙构成盗窃罪和故意杀人罪

C. 甲、乙和丙都构成抢劫罪

D. 甲和乙构成盗窃罪,丙构成抢劫罪

10. 关于罪数形态的认定,下列哪些选项是正确的?( )

A. 赵某在某商场盗窃一手提包,发现手提包里除有大量现金以外,还有一把手枪。赵某觉得很危险,害怕暴露,便将枪藏在床头的暗格内。赵某非法持有枪支的行为属于不可罚的事后行为

B. 钱某因孙某欠债不还,将孙某绑在自己家里拷打,并威胁再不还钱就打死他。钱某拷打过猛,导致孙某头部被打裂,颅内出血,经抢救后成为植物人。对钱某应以故意伤害罪论处

C. 李某为杀周某,将周某捆绑封口放在自家地下室内两天之后,于深夜将周某扔入河中淹死。对李某应以故意杀人罪论处

D. 吴某在一条小巷内见一经过的路人夹着一个公文包,就趁路人不注意抢走公文包便跑。路人见状紧追,吴某见甩不掉路人,便转身对路人一顿拳打脚踢。对吴某应以抢劫罪论处

11. 甲想伤害乙,用匕首刺向乙的腰部,把乙扎成重伤,同时将乙价值 2 万多元的西服刺破。对于甲的行为定性,下列哪些选项是错误的?( )

A. 对甲应定故意伤害罪和故意毁坏财物罪

B. 对甲应定故意伤害罪

C. 甲刺伤乙的行为和刺破乙的西服行为之间具有牵连关系

D. 甲刺伤乙的行为和刺破乙的西服行为属于连续犯

12. 张某一天晚上在街上闲逛,经过一个僻静的路口时见一老人提一只包独自行走,便冲上前去一把夺过老人的包就跑。因为张某夺包时用力过猛,老人被顺带着拉倒在地,老人多处骨折,摔成重伤。对于张某的行为定性,下列哪些选项是错误的?( )

A. 构成抢夺罪,属于情节严重

B. 构成抢劫罪

C. 应以抢劫罪与过失致人重伤罪数罪并罚

D. 应以抢夺罪和过失致人重伤罪数罪并罚

13. 下列哪些选项构成结果加重犯?( )

A. 甲为抢劫张某的提包,将张某扎成重伤

B. 乙强奸赵某后怕赵某报案,将赵某杀死

C. 丙在绑架李某的过程中,用透明胶粘住了李某的口鼻,致使李某死亡

D. 民警丁在讯问被告人王某的过程中,对王某刑讯逼供,致使王某死亡

14. 下列哪些情形不适用数罪并罚?( )

A. 甲收买被拐卖的妇女张某后,在张某不同意的情况下强行与之发生了性关系

B. 民警乙刑讯逼供致犯罪嫌疑人赵某重伤

C. 丙入室盗窃 1800 元,一个月后又盗窃一头黄牛(价值 7500 元)

D. 邮政工作人员丁私自拆开了一个邮件,并从中窃取财物,价值 6000 多元

15. 关于罪数的认定,下列哪些选项是错误的?( )

A. 以强奸的手段迫使妇女卖淫的,应以强迫妇女卖淫罪一罪论处

B. 绑架他人后,故意伤害被绑架人致使其重伤的,应以绑架罪与故意伤害罪数罪并罚

C. 甲在盗窃普通财物时,意外窃得一支手枪,并将手枪藏在地窖中。甲藏匿枪支的行为不属于不可罚的事后行为

D. 伪造货币后,出售该伪造的货币的,属于吸收犯,不符合牵连犯的特征,应以伪造货币罪一罪论处

**三、不定项选择题,每题所给的选项中有一个或一个以上正确答案,不答、少答或多答均不得分。**

1. 下列犯罪属于继续犯的是:( )

A. 非法拘禁罪　　B. 遗弃罪

C. 盗窃罪　　D. 窝藏赃物罪

2. 甲在商场游荡时,见乙正在柜台前选购首饰,其放在柜台上的手机价值不菲,于是想将其手机偷走。不想乙有所警觉而将手机拿在手上,甲只好尾随乙,趁乙不备之时将其手机夺走。之后,甲使用乙的手机开通了很多付费业务,并反复用该手机拨打国际长途,致使乙的手机话费损失 6300 元。几天之后,甲将手机扔至垃圾桶,正好被一巡警看见。民警见其可疑,经询问后案发。事后鉴定,手机价值 3200 元。对甲的处理,下列选项错误的是:( )

A. 以抢夺罪从重处罚

B. 以抢夺罪和盗窃罪实行数罪并罚

C. 以盗窃罪从重处罚

D. 以抢夺罪和故意毁坏财物罪实行数罪并罚

3. 对下列行为应当数罪并罚的有:( )

A. 某验资机构工作人员张某为一家企业出具了虚假的验资报告,在收取了正常费用后,又接受该企业 2 万元酬谢金

B. 某国有企业的厂长王某在接受一私营企业老板 50 万元贿赂后,挪用本企业 1000 万元让该私营企业使用

C. 某税务局工作人员李某在接受了一家私营企业老板 5 万元贿赂后,非法为其减税 20 万元

D. 某市中级人民法院法官赵某在民事审判中,接受了被告甲的 2 万元贿赂后,故意违背案件事实,作出了有利于被告甲的判决

4. 张某与李某是邻居,二人因为琐事发生争执,最

后互相打斗,张某被打成轻微伤。由此,张某记恨在心。为讨回公道,张某便趁李某不在的时候将李某的儿子骗到自己家里,喂其吃了安眠药,然后恐吓李某,要李某赔偿他之前就医的花费以及精神损失费,不然就对李某的儿子不利。李某见张某迁怒于自己的儿子,怒火中烧,手持菜刀冲到张某家中要与其拼命。在打斗过程中,张某抢过李某的菜刀,顺势将李某砍成重伤并使其当场晕倒。张某误以为已将李某砍死,吓得赶紧逃至A省。张某因生活所迫,在A省抢夺了一妇女的钱包,包内有现金3000余元,被当场抓获,并如实交代了以前所犯的所有罪行。

(1)下列选项中,对张某的行为定性正确的是:( )

A. 张某构成绑架罪

B. 张某将李某砍伤的行为构成故意伤害罪

C. 张某误以为将李某砍死,应构成故意杀人罪

D. 张某抢夺妇女钱包的行为构成抢夺罪

(2)关于本案的处罚方案,下列选项正确的是:( )

A. 以故意伤害罪论处,并从重处罚

B. 以绑架罪和故意杀人罪实行数罪并罚

C. 以绑架罪、故意伤害罪、抢夺罪实行数罪并罚

D. 以绑架罪、过失致人重伤罪、抢夺罪实行数罪并罚

# 第九章 刑罚概说*

**一、单项选择题,每题所给的选项中只有一个正确答案。**

1. 关于刑罚的目的,下列哪一选项是错误的?( )

A. 刑罚的目的是预防犯罪

B. 刑罚的目的和刑法的任务,二者是一回事

C. 刑罚的目的不包括提升犯罪人的道德

D. 随着预防对象的不同,刑罚的目的存在不同

2. 关于一般预防和特殊预防的关系,下列哪一选项是错误的?( )

A. 在刑罚立法阶段,应侧重于一般预防,同时注意到特殊预防的需要

B. 在对个案审理宣判刑罚时,应一般预防和特殊预防并重

C. 在执行刑罚时,应侧重于特殊预防

D. 在刑罚立法和刑罚执行时,都应侧重于特殊预防

**二、多项选择题,每题所给的选项中有两个或两个以上正确答案,少答或多答均不得分。**

1. 关于刑罚的理解,下列哪些选项是正确的?( )

A. 严厉性是刑罚区别于其他法律制裁方法的本质特征

B. 适用刑罚以行为人的行为构成犯罪为前提

C. 对刑法没有明文规定的制裁方法,不能以刑罚之名适用于犯罪分子

D. 刑罚适用的主体只能是代表国家行使审判权的人民法院

2. 关于刑罚目的和功能的理解,下列哪些选项是正确的?( )

A. 刑罚的目的是惩罚犯罪人

B. 一般预防的对象是所有的犯罪人

C. 刑罚对犯罪人的功能表现为消除再犯的条件、个别威慑和教育感化

D. 刑罚对犯罪人之外的其他人的功能,表现为对一般公民的威慑、教育和对被害人及其亲属的安抚、补偿

# 第十章 刑罚种类**

**一、单项选择题,每题所给的选项中只有一个正确答案。**

1. 下列哪一选项不属于我国《刑法》中主刑的种类?( )

A. 死缓　　B. 有期徒刑

C. 管制　　D. 无期徒刑

2. 关于剥夺政治权利期限的说法,下列选项错误的是:( )

A. 犯罪人单独判处剥夺政治权利的,或者主刑被判处拘役、有期徒刑而附加剥夺政治权利的,剥夺政治权利的期限为1年以上5年以下

---

* 本章答案参见第70页。

** 本章答案参见第70页。

B. 犯罪人被判处管制附加剥夺政治权利的，剥夺政治权利的期限与管制的期限相等

C. 犯罪人被判处死刑、无期徒刑的，应当剥夺政治权利终身

D. 犯罪人被判处死刑缓期执行、无期徒刑的，在死刑缓期执行减为有期徒刑或者无期徒刑减为有期徒刑的时候，应当把附加剥夺政治权利的期限改为与主刑期相同

3. 关于管制的说法，下列选项正确的是：(　　)

A. 管制是我国的主刑之一

B. 管制的刑期从判决生效之日起计算，判决执行以前先行羁押的，羁押一日折抵刑期一日

C. 管制的期限为 6 个月以上 2 年以下，最长不可能超过 2 年

D. 被判处管制的犯罪分子，管制期满，由人民法院向本人和其所在单位宣布解除管制

4. 张某犯了 A 罪，根据我国《刑法》的规定，犯 A 罪的，"处三年以下有期徒刑、拘役或者管制，并处或者单处罚金"。下列哪一选项的判决符合我国《刑法》的规定？(　　)

A. 甲法官考虑到张某的犯罪情节和其身无分文的情况，判处张某有期徒刑 6 个月，没有判处罚金

B. 乙法官考虑到张某的犯罪情节和其身无分文的情况，判处张某拘役 5 个月，没有判处罚金

C. 丙法官以张某的犯罪情节较轻为由，判处张某管制 6 个月，没有判处罚金

D. 丁法官以张某的犯罪情节较轻为由，单独判处张某罚金 1000 元，没有判处主刑

5. 关于剥夺政治权利的执行，下列哪一选项是错误的？(　　)

A. 被判处拘役的罪犯被剥夺政治权利的，从拘役执行完毕之日起，执行剥夺政治权利附加刑

B. 被判处无期徒刑的罪犯，一般要剥夺政治权利，其刑期与主刑相等，同时执行

C. 被判处管制的罪犯被剥夺政治权利的，附加刑与主刑刑期一样，同时执行

D. 被判处有期徒刑的罪犯被剥夺政治权利的，从有期徒刑执行完毕或假释之日起，执行剥夺政治权利附加刑

6. 关于从业禁止的论述，下列哪一选项是错误的？(　　)

A. 只有因利用职业便利实施犯罪，或者实施违背职业要求的特定义务的犯罪而被判处刑罚的，才可能被判处从业禁止

B. 从业禁止是指其自刑罚执行完毕之日或者假释之日起禁止从事相关职业

C. 违反从业禁止，情节并不严重的，由公安机关依法给予处罚

D. 从业禁止的期限一律为 3 年至 5 年

**二、多项选择题，每题所给的选项中有两个或两个以上正确答案，少答或多答均不得分。**

1. 关于没收财产，下列哪些选项是错误的？(　　)

A. 甲贪污 2000 万元，巨额财产来源不明 3000 万元，被判处死刑并处没收财产，甲被没收财产的总额至少应为 5000 万元

B. 乙抢劫他人摩托车而被判处死刑，并处没收财产，该摩托车应上缴国库

C. 丙因犯走私罪被判处无期徒刑，并处没收财产，丙此前所负赌债，经债权人请求应予偿还

D. 丁因犯受贿罪被判处 12 年有期徒刑，并处没收财产 10 万元；因犯妨害清算罪被判处 3 年有期徒刑，并处罚金 5 万元。没收财产和罚金应当合并执行

2. 对下列哪些犯罪人不能判处死刑？(　　)

A. 甲已经年满 78 周岁，犯故意杀人罪，致被害人死亡，但没有使用特别残忍的手段

B. 乙犯罪时已经怀孕，但在羁押期间自然流产

C. 17 岁的丙为报复自己的老师和同学，在教室实施爆炸，致 12 人死亡、28 人重伤，审判时已经年满 18 周岁

D. 丁实施杀人时 16 周岁，审判时刚满 17 周岁

3. 在缓刑考验期限内，被宣告缓刑的犯罪分子在下列哪些情形中应被撤销缓刑？(　　)

A. 再次故意犯罪

B. 再次过失犯罪

C. 发现判决以前还有其他罪没有判决的

D. 违反法律、行政法规或者国务院有关部门关于缓刑的监督管理规定，或者违反人民法院判决中的禁止令，情节严重的

4. 对下列哪些犯罪人，人民法院可以根据犯罪情况发布禁止令？(　　)

A. 被判处管制的犯罪人

B. 被单独判处剥夺政治权利的犯罪人

C. 被宣告缓刑的犯罪人

D. 被裁定假释的犯罪人

5. 对于下列哪些犯罪分子，在判决时必须附加剥夺政治权利？(　　)

A. 张某犯盗窃罪，被判处无期徒刑

B. 王某犯抢劫罪，被判处 15 年有期徒刑

C. 李某犯武装叛乱、暴乱罪，被判处 15 年有期徒刑

D. 赵某犯贪污罪，被判处死刑

**三、不定项选择题，每题所给的选项中有一个或一个以上正确答案，不答、少答或多答均不得分。**

1. 对于被判处拘役、3 年以下有期徒刑的犯罪分子，符合《刑法》第 72 条规定的缓刑条件，因而应当宣告缓刑的对象是：(　　)

A. 不满 18 周岁的人　　B. 已满 75 周岁的人

C. 怀孕的妇女　　D. 又聋又哑的人

2. 甲因犯抢劫罪被判处有期徒刑 3 年，决定宣告

缓刑3年,缓刑考验期满后不久,又查获甲在缓刑考验期内曾盗窃价值1万元的财物。对于甲的处理,下列说法错误的是:(　　)

A. 撤销缓刑,以惯犯从重处罚

B. 撤销缓刑,前后罪数罪并罚

C. 不撤销缓刑,以累犯从重处罚

D. 不撤销缓刑,以盗窃罪从重处罚

3. 根据我国现行法律规定,下列选项中依法实行社区矫正的情形是:(　　)

A. 甲被判处有期徒刑1年,宣告缓期2年执行

B. 乙被判处剥夺政治权利2年,没有再判处其他刑罚

C. 丙被判处有期徒刑9年,在监狱执行5年后,因病被保外就医,暂予监外执行

D. 丁被判处管制8个月

4. 刘某和王某是夫妻,有一子刘某某(28岁,未婚),家庭共同财产120万元。刘某另有个人财产30万元。刘某因犯绑架罪,被判处死刑,缓期2年执行,并处没收财产,剥夺政治权利终身。对于没收财产刑的执行,下列选项正确的是:(　　)

A. 将刘某的个人财产30万元和家庭共有财产120万元全部没收,但为王某、刘某某和刘某留出必要的生活费

B. 将刘某的个人财产30万元和家庭共有财产120万元全部没收,只为王某和刘某某留出必要的生活费

C. 只针对刘某的个人财产30万元和家庭共有财产120万元的一半即60万元进行没收

D. 只针对刘某的个人财产30万元和家庭共有财产120万元中属于刘某的40万元进行没收

# 第十一章　刑罚裁量*

**一、单项选择题,每题所给的选项中只有一个正确答案。**

1. 关于量刑情节,下列哪一说法是错误的?(　　)

A. 法定刑有数个量刑幅度,减轻情节是指在法定量刑幅度的下一个量刑幅度内判处刑罚

B. 酌定减轻情节需要报最高人民法院核准

C. 我国《刑法》规定的法定情节包括加重、从重、从轻、减轻和免除处罚情节

D. 量刑情节包括法定情节和酌定情节

2. 下列哪一犯罪人可能被假释?(　　)

A. 甲组织、领导黑社会性质组织,并领导该组织对他人进行伤害,被以组织、领导黑社会性质组织罪和故意伤害罪数罪并罚,决定执行15年有期徒刑

B. 乙犯投放危险物质罪,被判处12年有期徒刑

C. 丙犯盗窃罪,被判处无期徒刑

D. 丁犯诈骗罪,被判处5年有期徒刑,但前罪被认定为累犯

3. 张某因盗窃被判处有期徒刑1年,缓期2年执行。缓刑考验期满不久,司法机关查获张某在缓刑考验期内又曾盗窃价值6000余元的财物。对张某的处理,下列哪一选项是正确的?(　　)

A. 撤销原判宣告的缓刑,将新罪和前罪都从重处罚后再进行数罪并罚

B. 撤销原判宣告的缓刑,将新罪判处的刑罚和前罪已经判处的刑罚实行数罪并罚

C. 不撤销原判宣告的缓刑,以盗窃罪从重处罚

D. 不撤销原判宣告的缓刑,以累犯从重从罚

4. 下列哪一情形成立累犯?(　　)

A. 甲因犯贪污罪被判处5年有期徒刑,2008年3月10日刑满释放,2014年10月22日又因犯煽动颠覆国家政权罪被判处8年有期徒刑

B. 乙因犯间谍罪被判处3年有期徒刑,2005年9月20日刑满释放,2013年5月7日又因犯故意杀人罪被判处无期徒刑

C. 丙因犯叛逃罪被判处5年有期徒刑,2006年12月2日刑满释放,2014年3月1日又因犯故意泄露国家秘密罪被判处2年有期徒刑

D. 丁因犯参加恐怖组织罪被判处2年有期徒刑,2003年12月2日刑满释放,2012年3月24日又因犯组织、领导黑社会性质组织罪被判处5年有期徒刑

5. 关于缓刑的说法,下列哪一选项是错误的?(　　)

A. 宣告缓刑,可以根据犯罪情况,同时禁止犯罪分子在缓刑考验期限内从事特定活动,进入特定区域、场所,接触特定的人

B. 对于犯罪集团的首要分子,可以适用缓刑

C. 对宣告缓刑的犯罪分子,在缓刑考验期限内,依法实行社区矫正

D. 对于不满18周岁的人、怀孕的妇女和已满75周岁的人,符合缓刑条件的,必须宣告缓刑

* 本章答案参见第71页。

6. 下列哪一种情形不成立累犯？(　　)

A. 甲犯故意伤害罪，被判处有期徒刑3年，缓刑3年，缓刑期满后的第3年又犯盗窃罪，被判处有期徒刑10年

B. 乙犯强奸罪，被判处有期徒刑5年，刑满释放后的第4年又犯妨害公务罪，被判处有期徒刑6个月

C. 丙犯抢夺罪，被判处有期徒刑4年，执行3年后被假释，假释期满后的第5年又因犯故意杀人罪被判处无期徒刑

D. 丁犯叛逃罪，被判处管制2年，管制期满后8年又因犯参加恐怖组织罪被判处拘役6个月

7. 假如某罪的法定刑为"3年以上10年以下有期徒刑"，关于量刑，下列哪一选项是正确的？(　　)

A. 若法官对构成该罪的被告人判处7年以上10年以下有期徒刑，就属于从重处罚；若判处3年以上7年以下有期徒刑，就属于从轻处罚

B. 法官对构成该罪的被告人判处3年有期徒刑时，属于从轻处罚与减轻处罚的竞合

C. 由于该罪的法定最低刑为3年以上有期徒刑，所以，法官不得对构成该罪的被告人宣告缓刑

D. 若犯该罪的被告人不具有《刑法》规定的减轻处罚情节，法官就不能判处低于3年有期徒刑的刑罚；除非根据案件的特殊情况，报经最高人民法院核准

8. 下列哪一情形不得适用缓刑？(　　)

A. 甲是某犯罪集团的首要分子，被判处3年有期徒刑

B. 乙因为强奸未遂，被判处2年有期徒刑

C. 丙因为故意杀人预备，被判处2年有期徒刑

D. 丁因为放火罪，被判处3年有期徒刑

9. 关于减刑，下列哪一选项是错误的？(　　)

A. 对于累犯、犯罪集团的首要分子，也可以减刑

B. 减刑是指在法定刑的下一个量刑幅度内低于法定最低刑进行处罚

C. 经过减刑，被判无期徒刑的犯罪分子，实际执行的刑期不得少于10年

D. 非经法定程序不得减刑

10. 关于累犯的说法，下列哪一选项是错误的？(　　)

A. 我国《刑法》规定的累犯，包括一般累犯和特别累犯

B. 一般累犯是指因故意犯罪被判处有期徒刑以上刑罚，刑罚执行完毕或者赦免之后，在5年内再因故意犯罪应当被判处有期徒刑以上刑罚的犯罪人

C. 特别累犯是指因犯危害国家安全罪、恐怖活动犯罪和黑社会性质的组织犯罪受过刑罚处罚，刑罚执行完毕或者赦免以后，在任何时候再犯上述任一类罪的犯罪分子

D. 根据我国《刑法》的规定，就一般累犯和特别累犯的整体而言，犯罪人的前罪是过失犯罪时，也有和后罪构成累犯的可能性

**二、多项选择题，每题所给的选项中有两个或两个以上正确答案，少答或多答均不得分。**

1. 甲犯抢夺罪，被判处有期徒刑2年，缓期3年执行。3年缓刑期满后，公安机关经人举报，发现甲在缓刑考验期内第2年曾犯盗窃罪。对甲的处理，下列哪些选项是错误的？(　　)

A. 甲构成累犯，以盗窃罪从重处罚

B. 对甲单独追究盗窃罪的刑事责任，对抢夺罪所判刑罚不再执行

C. 先对盗窃罪作出判决，再将所判刑罚与前罪抢夺罪所判的2年有期徒刑实行并罚

D. 对甲撤销缓刑，执行抢夺罪的原判刑罚

2. 下列哪些情形成立立功或者重大立功？(　　)

A. 张某因贩卖毒品被抓获，归案后交代出毒枭郭某，但郭某一直未被抓获

B. 王某因涉嫌贪污被逮捕，关押期间揭发了吴某犯有受贿罪，经查证属实

C. 李某和丁某共同拐卖妇女、儿童，李某被抓获后交代出丁某藏匿在其远房亲戚家，并协助公安机关将丁某抓获

D. 赵某在押期间及时阻止了同监犯人钱某和武某的越狱行为

3. 下列哪些情形成立累犯？(　　)

A. 甲是我国澳门特别行政区居民，1992年8月因犯间谍罪被内地法院判处4年有期徒刑，2014年5月22日又因涉嫌入境发展黑社会性质组织在内地被逮捕

B. 1998年，乙因犯参加黑社会性质组织罪被判3年有期徒刑，2013年6月2日又因涉嫌参加恐怖组织被刑事拘留

C. 1999年2月，丙因犯煽动颠覆国家政权罪被判处有期徒刑3年，2008年1月又因犯分裂国家罪被判剥夺政治权利5年

D. 丁犯盗窃罪被判处有期徒刑2年，缓刑2年，缓刑期满后的第3年又犯敲诈勒索罪，被判处有期徒刑1年

4. 根据我国现行法律规定，对下列哪些人员，人民法院在作出判决或者决定时，可以根据具体情况，同时发布禁止令？(　　)

A. 对被判处管制的被告人

B. 对被判处剥夺政治权利的被告人

C. 对被宣告缓刑的被告人

D. 对被决定给予假释的罪犯

5. 关于缓刑，下列哪些选项是错误的？（　　）

A. 对累犯以及实施故意杀人等暴力性犯罪的人，不得宣告缓刑

B. 拘役的缓刑考验期为原判刑期以上 1 年以下，但是不能少于 1 个月

C. 被宣告缓刑的犯罪分子，在缓刑考验期内，遵守有关缓刑的规定，只要没有再犯新罪的，缓刑考验期满，原判刑罚就不再执行

D. 被宣告缓刑的犯罪分子，在缓刑考验期内犯新罪的，应当撤销缓刑，将前罪和后罪所判处的刑罚，依照先减后并的方法决定应当执行的刑罚

6. 关于假释的适用，下列哪些选项是正确的？（　　）

A. 甲犯爆炸罪被判处有期徒刑 15 年。在服刑第 13 年时，因有悔改表现而被裁定假释

B. 乙犯抢劫罪被判处有期徒刑 9 年，犯盗窃罪被判处有期徒刑 8 年，数罪并罚决定执行 15 年。在服刑第 13 年时，因有悔改表现而被裁定假释

C. 丙犯诈骗罪被判处有期徒刑 10 年，刑罚执行 7 年后假释。假释考验期内第 2 年，丙犯抢劫罪，应当判处有期徒刑 9 年，数罪并罚决定执行 10 年。在服刑第 7 年时，因有悔改表现而被裁定假释

D. 丁犯盗窃罪被判处有期徒刑 3 年，缓刑 4 年。经过缓刑考验期后，发现丁在缓刑考验期内的第 2 年犯故意伤害罪，应判处 9 年有期徒刑，数罪并罚决定执行 10 年有期徒刑。在服刑第 7 年时，因有悔改表现而被裁定假释

7. 下列哪些情形应当视为“自动投案”？（　　）

A. 犯罪嫌疑人向其所在单位、城乡基层组织或者其他有关负责人员投案的

B. 经查实确已准备去投案，或者正在投案途中，被公安机关捕获的

C. 罪行尚未被司法机关发觉，仅因形迹可疑，被有关组织或者司法机关盘问、教育后，主动交代自己的罪行的

D. 并非出于犯罪嫌疑人主动，而是经亲友规劝、陪同投案的

8. 甲因犯盗窃罪被判处有期徒刑，执行完毕后第 4 年，再次因犯盗窃罪被人民法院判处 2 年 6 个月有期徒刑。对甲不得适用下列哪些制度？（　　）

A. 减刑　　B. 缓刑

C. 假释　　D. 保外就医

9. 被宣告缓刑的犯罪分子，应当遵守下列哪些规定？（　　）

A. 遵守法律、行政法规，服从监督

B. 未经考察机关批准，不得行使言论、出版、集会、结社、游行、示威自由的权利

C. 按照考察机关的规定报告自己的活动情况

D. 遵守考察机关关于会客的规定

10. 甲和乙分别为某国有企业的厂长和会计，在该厂转制过程中，甲要求乙隐匿 200 万元的国有资产，过一段时间两人均分。乙按照甲的要求隐匿了财产。事后，乙在甲不知情的情况下将该笔资产套现用于个人炒股。后在上级机关对该厂审计过程中，甲、乙主动向有关部门交代了犯罪事实。关于本案的分析，下列哪些选项是错误的？（　　）

A. 甲、乙构成贪污罪和挪用公款罪的自首

B. 甲构成贪污罪的自首，乙构成贪污罪和挪用公款罪的自首

C. 甲构成贪污罪的自首，乙构成挪用公款罪的自首

D. 甲、乙构成贪污罪的自首

11. 对下列哪些犯罪人应当予以社区矫正？（　　）

A. 被判处管制的犯罪人

B. 单独被判处剥夺政治权利的犯罪人

C. 被假释的犯罪人

D. 被暂予监外执行的犯罪人

12. 对下列哪些犯罪人不得适用缓刑？（　　）

A. 张某受贿 12 万元后，主动向司法机关自首

B. 王某 2005 年 4 月因为犯盗窃罪被判处 2 年有期徒刑，2007 年 5 月刑满释放；2010 年 12 月又因为犯交通肇事罪被依法判处 2 年有期徒刑

C. 李某 2010 年 7 月因为犯寻衅滋事罪被判处 2 年有期徒刑，2012 年 7 月刑满释放；2015 年 3 月又因为犯聚众斗殴罪被依法判处 2 年有期徒刑

D. 赵某向他人贩卖海洛因 20 克

13. 下列哪些情形不能数罪并罚？（　　）

A. 投保人张某为骗取保险金杀害被保险人

B. 15 周岁的王某盗窃时拒捕致被害人重伤

C. 司法工作人员李某刑讯逼供致犯罪嫌疑人死亡

D. 赵某运送他人偷越边境，遇到边境检查，将检查人杀死

14. 张某犯三个罪，第一个罪被判处有期徒刑 14 年，附加罚金 6 万元；第二个罪被判处有期徒刑 14 年；第三个罪被判处有期徒刑 7 年，附加剥夺政治权利 3 年。关于本案的执行刑，下列哪些选项是正确的？（　　）

A. 在14年以上20年以下执行有期徒刑

B. 执行附加罚金5万元、剥夺政治权利2年

C. 在14年以上25年以下执行有期徒刑

D. 执行附加罚金6万元、剥夺政治权利3年

15. 关于数罪并罚的说法，下列选项正确的是：(　　)

A. 管制，数罪并罚法定最高刑不得超过2年

B. 拘役，数罪并罚法定最高刑不得超过1年

C. 有期徒刑，数罪并罚法定最高刑不可能超过20年

D. 有期徒刑，数罪并罚法定最高刑可能超过20年

16. 关于判决宣告以前犯数罪的并罚，下列哪些选项是正确的？(　　)

A. 被判处数个管制的，应在总和刑期以下、数刑中最高刑期以上，酌情决定管制的执行刑期，但是最高不能超过3年

B. 被判处数个罚金的，应合并执行，执行罚金的总和数额

C. 犯两罪被判处有期徒刑和管制的，有期徒刑执行完毕后，管制仍须执行

D. 犯三罪分别被判处有期徒刑、拘役和管制的，先执行有期徒刑，然后执行管制，对拘役不再执行

**三、不定项选择题，每题所给的选项中有一个或一个以上正确答案，不答、少答或多答均不得分。**

1. 关于自首的说法，下列选项正确的有：(　　)

A. 两位巡警发现张某形迹可疑，将其带到派出所盘问。张某交代了自己刚刚对附近的一户住宅进行盗窃的事实，对张某应当认定为自动投案

B. 犯罪嫌疑人王某自动投案后作虚假供述，但在一审宣判前如实供述了自己的罪行，对王某应当认定为自首

C. 参与共同犯罪的李某自动投案，但仅如实供述了自己的犯罪行为，没有供述他知道的其他同案犯参与犯罪的情况，对李某不能认定为自首

D. 赵某向担任人民警察的好友兰某诉说了自己的犯罪事实，向兰某请教自己如何能够逃避刑事追究，对赵某不能认定为自首

2. 关于数罪并罚，下列选项错误的有：(　　)

A. 甲在刑罚执行完毕以前发现漏罪的，应当按照“先并后减”的原则实行数罪并罚

B. 乙在刑罚执行完毕以前再犯新罪的，应当按照“先减后并”的原则实行数罪并罚

C. 丙在刑罚执行完毕以前再犯新罪，同时发现漏罪的，应当先将漏罪与原判决的罪实行“先并后减”，再对新罪与前一并罚后尚未执行完毕的刑期实行并罚

D. “先减后并”在一般情况下使犯罪人受到的实际处罚比“先并后减”轻

3. 下列选项中，构成重大立功的是：(　　)

A. 甲在审判前羁押期间揭发同案犯蔡某曾经强迫多名幼女卖淫，查证属实

B. 乙在审判前羁押期间揭发同村村民李某将他人打成重伤，查证属实

C. 丙在审判前协助公安机关抓获贩卖过20公斤海洛因的大毒枭张某

D. 丁在审判前的羁押期间提供重要线索，从而使公安机关得以侦破魏某贪污2000万元的案件

4. 甲因投放危险物质罪被判处有期徒刑15年。入狱后，甲认真遵守监规，接受教育改造，确有悔改表现，并且已经执行了10年有期徒刑，狱警认为其已经没有再犯罪的危险。对甲的处理，下列选项错误的是：(　　)

A. 既可以减刑，也可以假释

B. 可以减刑，但不能假释

C. 可以假释，但不能减刑

D. 既不能减刑，也不能假释

5. 关于罪数的认定，下列选项正确的是：(　　)

A. 甲使用暴力强迫A与自己进行商品交易，造成A重伤。对甲的行为应以故意伤害罪与强迫交易罪实行并罚

B. 乙借用B的摩托车后藏匿不想归还。B要求归还时，乙谎称摩托车被盗。乙欺骗B的行为不单独构成诈骗罪

C. 丙为杀人而盗窃枪支，未及实施杀人行为就被抓获，丙的行为构成故意杀人罪(预备)与盗窃枪支罪的想象竞合

D. 丁盗窃信用卡并使用的行为，应按照盗窃罪处罚，不实行盗窃罪和信用卡诈骗罪的并罚

6. 汪某因共同盗窃犯罪被人民法院判处有期徒刑3年，人民法院量刑时考虑到汪某有积极退赃和检举他人犯罪的情节，决定宣告缓刑3年。缓刑考验期满不久，司法机关查获汪某在缓刑考验期内又曾盗窃价值6000余元的财物。对汪某的处理，下列选项正确的是：(　　)

A. 不撤销原判宣告的缓刑，以盗窃罪从重处罚

B. 不撤销原判宣告的缓刑，以累犯从重处罚

C. 撤销原判宣告的缓刑，前罪与后罪数罪并罚

D. 撤销原判宣告的缓刑，对前罪与后罪从重处罚后再数罪并罚

7. 下列情形中应当数罪并罚的有：(　　)

A. 伪造货币又出售、运输伪造的货币的

B. 为走私而骗购外汇的，为骗购外汇而伪造有关公文的

C. 出售、运输假币构成犯罪，同时使用假币数额较大的

D. 甲、乙等人为冒充警察抢劫银行，盗窃一辆警

车在抢劫中使用的

8. 下列选项中，不得适用缓刑的情形是：(　　)

A. 甲因为犯虐待罪被判处管制1年

B. 乙1995年4月因为犯走私淫秽物品罪被判处2年有期徒刑，1997年5月刑满释放，2001年10月因为犯交通肇事罪被依法判处2年有期徒刑

C. 丙2002年7月因为犯寻衅滋事罪被判处2年有期徒刑，2004年7月刑满释放，2009年3月因为犯聚众斗殴罪被依法判处2年有期徒刑

D. 丁因为无钱赌博，情急之下，乘人不备，公然夺取一位妇女的手提包就跑(包内财物价值3000元)，被当场抓获，依法应当判处2年有期徒刑

# 第十二章　刑罚执行*

**一、单项选择题，每题所给的选项中只有一个正确答案。**

1. 下列哪一犯罪人可能被假释？(　　)

A. 甲19岁时因为武装叛乱、暴乱罪被判处有期徒刑2年，刑满释放后，甲又于27岁时因构成参加恐怖组织罪，被判处有期徒刑10年

B. 乙17周岁时因为盗窃罪被判处有期徒刑3年，刑满释放后的第2年，又因抢劫罪被判处有期徒刑12年

C. 丙在拐卖妇女的过程中强奸被拐卖的妇女，被以拐卖妇女罪从重处罚，判处有期徒刑15年

D. 丁因重大责任事故罪被判处有期徒刑3年，刑满释放的第3年，又因为绑架罪被判处有期徒刑8年

2. 不受已经执行刑期的限制，进行假释，须经下列哪一国家机关核准？(　　)

A. 全国人民代表大会常务委员会

B. 国务院

C. 最高人民法院

D. 最高人民检察院

3. 已实际执行了原判刑期一半以上，且表现良好，可以适用假释的是下列哪一选项？(　　)

A. 甲因犯贪污罪被判处有期徒刑5年，2008年刑满释放，2012年又因犯盗窃罪被判处有期徒刑3年

B. 乙因犯抢劫罪被判处有期徒刑9年

C. 丙因犯故意杀人罪被判处有期徒刑15年

D. 丁因犯侮辱罪被判处拘役6个月

4. 关于假释，下列哪一选项是错误的？(　　)

A. 对累犯以及因故意杀人、强奸、抢劫、绑架、放火、爆炸、投放危险物质或者有组织的暴力性犯罪被判处10年以上有期徒刑、无期徒刑的犯罪分子，不得假释

B. 被判处无期徒刑的犯罪分子，实际执行10年以上，认真遵守监规，接受教育改造，确有悔改表现，没有再犯罪的危险的，可以假释

C. 对犯罪分子决定假释时，应当考虑其假释后对所居住社区的影响

D. 对假释的犯罪分子，在假释考验期限内，依法实行社区矫正

5. 关于刑罚的具体运用，下列哪一选项是正确的？(　　)

A. 被假释的犯罪分子，在假释考验期间再犯新罪的，不构成累犯

B. 法定最高刑为无期徒刑、死刑的，若经过20年以后认为必须追诉，须报请最高人民法院核准

C. 对因故意杀人、强奸、抢劫、绑架、放火、爆炸、投放危险物质或者有组织的暴力性犯罪的犯罪分子，不得假释

D. 累犯可以适用假释

6. 甲于2017年3月3日被A市B区法院以故意伤害罪(致人死亡)判处有期徒刑3年(上诉后二审维持原判)。刑满释放后于2020年6月6日又犯盗窃罪，B区法院审理盗窃罪时，A市中级人民法院发现甲的前罪仅成立过失致人重伤罪，故撤销原判发回B区法院重审。B区法院审理后认定甲构成过失致人重伤罪，判处其1年有期徒刑，盗窃罪被判处4年有期徒刑。关于本案的分析，错误的有：(　　)

A. 前罪已执行的3年有期徒刑，应折抵后判决的刑期

B. 对甲的过失致人重伤罪与盗窃罪应按数罪并罚处理

C. 甲已执行的有期徒刑是故意犯罪的刑罚，其执行完毕后又故意犯罪，故构成累犯

D. 甲前后两罪中只要有一个是过失犯罪就不成立累犯，故甲不构成累犯

**二、多项选择题，每题所给的选项中有两个或两个以上正确答案，少答或多答均不得分。**

1. 赵某大学毕业后在北京工作，2013年3月因为诽谤罪被北京市某区人民法院判处管制2年。在管制执行期间，赵某的下列哪些行为违反我国法律规定？(　　)

A. 家中经常去人，来去匆匆非常可疑，从未报告

B. 每天买一叠报纸回家，不知在干什么

C. 未经执行机关批准，写作并出版了《如何养生》一书

---

* 本章答案参见第75页。

D. 未经执行机关批准，悄悄回了吉林省老家一趟

2. 关于假释的适用，下列哪些选项是正确的？（　　）

A. 赵某犯抢劫罪被判处有期徒刑 9 年，犯抢夺罪被判有期徒刑 8 年，数罪并罚决定执行有期徒刑 15 年。在服刑第 13 年时，赵某因有悔改表现而被裁定假释

B. 钱某犯诈骗罪被判处有期徒刑 10 年，刑罚执行 7 年后假释。假释考验期内第 2 年，钱某犯抢劫罪，应当判处有期徒刑 9 年，数罪并罚决定执行有期徒刑 10 年。在服刑第 7 年时，钱某因有悔改表现而被裁定假释

C. 孙某犯盗窃罪，被判处有期徒刑 3 年，缓刑 4 年。经过缓刑考验期后，发现孙某在缓刑考验期内的第 2 年犯故意伤害罪，应判有期徒刑 9 年，数罪并罚决定执行有期徒刑 10 年。在服刑第 7 年时，孙某因有悔改表现而被裁定假释

D. 李某因爆炸罪被判处有期徒刑 15 年。在服刑第 13 年时，李某因有悔改表现而被裁定假释

3. 关于剥夺政治权利的执行问题，下列哪些选项是正确的？（　　）

A. 判处管制附加剥夺政治权利的，剥夺政治权利的期限与管制的期限相同，同时执行

B. 被判处拘役附加剥夺政治权利的，剥夺政治权利的刑期从拘役执行完毕之日起计算，剥夺政治权利的效力施用于拘役执行期间

C. 被判处有期徒刑附加剥夺政治权利的，剥夺政治权利的刑期从主刑执行完毕之日或者从假释之日起计算，剥夺政治权利的效力施用于有期徒刑执行期间

D. 对于被判处无期徒刑的犯罪分子，附加剥夺政治权利终身，与主刑同时执行

4. 对下列哪些罪犯可以假释？（　　）

A. 张某犯了侮辱罪，因是累犯，被从重判处 3 年有期徒刑

B. 王某因强奸罪被判处 5 年有期徒刑

C. 李某因抢劫罪被判处 7 年有期徒刑

D. 赵某因放火罪被判处 12 年有期徒刑

5. 下列哪些情形不能适用假释？（　　）

A. 累犯

B. 因犯投放危险物质罪被判处无期徒刑

C. 因犯抢劫罪被判处 10 年以上有期徒刑

D. 因犯盗窃罪被判处 10 年以上有期徒刑

6. 对于被判处 3 年以下有期徒刑、拘役的犯罪分子宣告缓刑，需要符合下列哪些条件？（　　）

A. 有悔罪表现

B. 犯罪情节较轻

C. 没有再犯罪的危险

D. 宣告缓刑对所居住社区没有重大不良影响

7. 甲因犯数罪被人民法院依法判处有期徒刑 20 年，服刑 13 年后被假释。在假释考验期的第 6 年，甲盗窃一辆汽车而未被发现。假释考验期满后的第 4 年，甲因抢劫而被逮捕，交代了自己在假释考验期内盗窃汽车的行为。关于本案的分析，下列哪些选项是正确的？（　　）

A. 对甲应当撤销假释

B. 对甲应将其盗窃罪作出的判决与前罪没有执行完毕的刑罚数罪并罚

C. 对甲的抢劫罪应按累犯从重处罚

D. 甲最终的刑罚，应是将其盗窃罪作出的判决与前罪没有执行完毕的刑罚数罪并罚后再将该刑罚与抢劫罪所判处的刑罚数罪并罚，决定其最后的刑罚

**三、不定项选择题，每题所给的选项中有一个或一个以上正确答案，不答、少答或多答均不得分。**

1. 关于减刑，下列说法正确的是：（　　）

A. 判处管制、拘役、有期徒刑的，减刑后实际执行的刑期不能少于原判刑期的 1/2

B. 判处无期徒刑的，减刑后实际执行的刑期不能少于 10 年

C. 判处死刑缓期执行的，在死刑缓期执行期间，若确有重大立功表现，2 年期满以后，减为 25 年有期徒刑

D. 对于累犯不得减刑

2. 在刑罚执行期间都不存在减刑的情况下，下列选项中不得假释的是：（　　）

A. 甲 2000 年因犯盗窃罪，被判处有期徒刑 3 年，缓刑 5 年，2004 年又犯故意伤害罪，应当判处有期徒刑 7 年

B. 乙 2000 年因犯盗窃罪，被判处有期徒刑 3 年，缓刑 5 年，2008 年又犯故意伤害罪，应当判处有期徒刑 7 年

C. 丙 2000 年因犯拐卖儿童罪，被判处有期徒刑 10 年，2008 年假释，2009 年又犯故意伤害罪，应当判处有期徒刑 7 年

D. 丁 2000 年因犯拐卖儿童罪，被判处有期徒刑 10 年，2008 年假释，2014 年又犯故意伤害罪，应当判处有期徒刑 7 年

3. 关于减刑适用的起始时间和间隔时间，下列说法错误的是：（　　）

A. 甲被判处 12 年有期徒刑，在执行期间有重大立功表现，可以一次减刑至 8 年

B. 乙被判处 11 年有期徒刑，已经一次减刑至 10 年有期徒刑，而后在 1 年内又有重大立功表现，仍然不可以减刑

C. 被判处 5 年以上有期徒刑的犯罪分子，一般在执行 1 年 6 个月以后方可减刑

D. 被判处无期徒刑的犯罪分子在刑罚执行期间

又犯罪，被判处有期徒刑的，自新罪判决确定之日起2年内一般不予减刑

4. 关于减刑，下列说法正确的是：(　　)

A. 对被限制减刑的死刑缓期执行的犯罪分子，死刑缓期执行期满后依法减为25年有期徒刑的，再次进行减刑的，实际执行的刑期不能少于20年

B. 依法被判处限制减刑的死刑缓期执行的犯罪分子，缓期执行期满后依法减为无期徒刑的，再次进行减刑的，实际执行的刑期不能少于25年

C. 被判处无期徒刑的罪犯减刑后，实际执行的刑期不能少于13年

D. 被判处管制、拘役、有期徒刑的罪犯减刑后，实际执行的刑期不能少于原判刑期的1/2

# 第十三章　刑罚消灭*

**一、单项选择题，每题所给的选项中只有一个正确答案。**

1. 1997年6月23日，甲故意伤害张某至重伤，一直未被发现；2010年5月7日，甲再次伤害王某，致王某轻伤。关于甲伤害张某行为的追诉截止时间，下列哪一选项是正确的？(　　)

A. 2007年6月23日

B. 2025年5月7日

C. 2012年6月23日

D. 2015年5月7日

2. 1996年7月12日，李某(男，18岁)和不满14周岁的幼女赵某发生性关系。2008年12月10日，李某又和杨某打架，致杨某轻伤。2014年9月17日，公安机关将李某抓获，2015年3月18日由检察机关向人民法院提起公诉。对李某应以下列哪一罪名追诉？(　　)

A. 强奸罪

B. 故意伤害罪

C. 强奸罪与故意伤害罪

D. 均已过时效期间，不得追诉

3. 对于连续犯或继续犯追诉期限的起算，下列哪一选项是正确的？(　　)

A. 从实施犯罪预备行为时起算

B. 从着手实行犯罪时起算

C. 从犯罪行为终了之日起算

D. 从犯罪行为既遂时起算

**二、多项选择题，每题所给的选项中有两个或两个以上正确答案，少答或多答均不得分。**

1. 根据我国《刑法》规定的对犯罪分子追究刑事责任的有效期限，下列哪些选项是错误的？(　　)

A. 甲以威胁、殴打的方式强迫张某等人在自己承包的农场里劳动，甲犯强迫劳动罪的追诉期限从张某等人被强迫劳动之日起开始计算

B. 乙殴打王某至重伤，乙犯故意伤害罪的追诉期限从鉴定结果证明王某被伤至重伤之日起开始计算

C. 丙在李某的住处安装一枚定时炸弹，定时为3天后爆炸，丙犯爆炸罪的追诉期限从安装炸弹完毕之日起开始计算

D. 丁绑架赵某后，向赵某的家人勒索赎金，丁犯绑架罪的追诉期限从丁得到赵某家人的赎金之日起开始计算

2. 关于赦免，下列哪些选项是正确的？(　　)

A. 赦免包括大赦和特赦

B. 大赦既能赦犯罪人之刑，也能赦犯罪人之罪；特赦只能赦犯罪人之刑，不能赦犯罪人之罪

C. 大赦所涉及的犯罪人的人数一般比特赦所涉及的犯罪人的人数多

D. 我国现行《宪法》只规定了特赦，没有规定大赦

3. 2008年2月起，赵某与钱某结伙盗窃，先后共同作案五次，共窃得财物价值25,000元，销赃后得赃款9000元，二人平分。2008年10月，赵某单独作案一次，窃得现金5000元。2009年3月案发后，赵某主动交代曾在1998年1月单独作案，窃得摩托车一辆，价值1800元。对于赵某和钱某应被追究刑事责任的盗窃数额，下列哪些选项是错误的？(　　)

A. 赵某盗窃合计31,800元，钱某合计盗窃25,000元

B. 赵某盗窃合计30,000元，钱某合计盗窃25,000元

C. 赵某盗窃合计14,000元，钱某合计盗窃9000元

D. 赵某盗窃合计11,300元，钱某合计盗窃4500元

4. 下列哪些情形会导致追诉时效的延长？(　　)

A. 司法机关立案后或者人民法院受理案件后，逃避侦查和审判的

B. 被害人提出控告，司法机关应立案而未立案的

C. 犯罪行为处于继续状态的

D. 犯罪人又犯新罪的

5. 关于赦免制度，下列哪些说法是正确的？(　　)

A. 我国1954年《宪法》既规定了大赦，也规定了特赦；但后来的我国《宪法》，包括现行《宪法》，都只规

---

* 本章答案参见第77页。

定了特赦，而没有规定大赦

B. 根据我国现行《宪法》规定，特赦的决定权属于全国人民代表大会常务委员会

C. 赦免制度具有缓和刑法规定的僵硬性的作用

D. 特赦既赦免犯罪，亦赦免刑罚

# 第十四章　罪刑各论概说*

**一、单项选择题，每题所给的选项中只有一个正确答案。**

1.《刑法》第 260 条第 2 款规定："犯前款罪，致使被害人重伤、死亡的，处二年以上七年以下有期徒刑。"该款的罪状属于下列哪一罪状？（　　）

A. 简单罪状　　B. 叙明罪状

C. 引证罪状　　D. 空白罪状

2.《刑法》第 232 条规定："故意杀人的，处死刑、无期徒刑或者十年以上有期徒刑；情节较轻的，处三年以上十年以下有期徒刑。"该条的罪状属于下列哪一罪状？（　　）

A. 简单罪状　　B. 叙明罪状

C. 引证罪状　　D. 空白罪状

3. 关于法条竞合，下列哪一说法是错误的？（　　）

A. 生产、销售不符合安全标准的食品，不构成《刑法》第 143 条所规定的犯罪，但是销售金额在 5 万元以上的，依照《刑法》第 140 条生产、销售伪劣产品罪的规定定罪处罚

B. 法条竞合的数罪名之间不具有内在的逻辑关系

C. 渎职罪与食品监管渎职罪之间存在普通法和特别法的竞合关系

D. 发生法条竞合时，一般是特别法优于普通法，例外是重法优于轻法

4. "伪造、变造股票、公司、企业债券罪"属于下列哪一罪名？（　　）

A. 单一罪名　　B. 选择罪名

C. 类罪名　　D. 概括罪名

5. 关于法定刑的表述，下列哪一选项是错误的？（　　）

A. 我国现行《刑法》规定了五种主刑和三种附加刑

B. 可以选择的刑罚方法既可以是一种，也可以是几种

C. 我国《刑法》分则存在绝对确定的法定刑

D. 法定刑不同于宣告刑，在立法时即已确定

**二、多项选择题，每题所给的选项中有两个或两个以上正确答案，少答或多答均不得分。**

1. 关于罪状，下列哪些选项是正确的？（　　）

A. 罪状是犯罪构成的基本内容，是定罪的法律依据

B.《刑法》第 133 条规定："违反交通运输管理法规，因而发生重大事故，致人重伤、死亡或者使公私财产遭受重大损失的，处……"是空白罪状

C.《刑法》第 217 条规定："以营利为目的，有下列侵犯著作权或者与著作权有关的权利的情形之一，违法所得数额较大或者有其他严重情节的，处三年以下有期徒刑，并处或者单处罚金；违法所得数额巨大或者有其他特别严重情节的，处三年以上十年以下有期徒刑，并处罚金：（一）未经著作权人许可，复制发行、通过信息网络向公众传播其文字作品、音乐、美术、视听作品、计算机软件及法律、行政法规规定的其他作品的……"该条是叙明罪状

D. 简单罪状就是在条文中只简单地规定犯罪的构成要件，而不具体叙述犯罪构成的详细特征

2. 关于罪名，下列哪些选项是正确的？（　　）

A. 在适用选择性罪名定罪时，行为人实施了该罪名能够包含的若干个行为或者行为指向若干个对象的，只定一罪

B. 组织、领导、参加恐怖组织罪，行为是选择的，对象是单一的

C. 拐卖妇女、儿童罪，行为是单一的，对象是选择的

D. 非法制造、买卖、运输、邮寄、储存枪支、弹药、爆炸物罪，行为和对象均是选择的

3. 关于法定刑，下列哪些选项是正确的？（　　）

A. 法定刑就是《刑法》规定的刑度

B. 法定刑是立法时已经确定的，是立法的规定；宣告刑是法院针对具体案件判决时作出的

C. 我国《刑法》没有绝对不确定的法定刑，但是仍然存在绝对确定的法定刑

D. 法院在任何情况下都绝不允许在法定刑之外适用刑罚

4. 关于法条竞合的表现形式，下列哪些选项是正确的？（　　）

A. 合同诈骗罪与诈骗罪的法条竞合源于《刑法》对犯罪手段的规定

B. 破坏军婚罪与重婚罪是由于犯罪对象而形成了法条竞合关系

* 本章答案参见第 77 页。

C. 军人故意泄露国家军事秘密的行为不会与其他罪名产生法条竞合的情形

D. 交通肇事罪与过失致人死亡罪的法条会产生法条竞合的情形

5. 关于法条竞合的适用原则，下列哪些选项是正确的？（　　）

A. 一个行为同时触犯了两个不同法律的规定，既符合特别法规定的犯罪构成，又符合普通法规定的犯罪构成时，适用特别法的规定，此项原则是特别法优于普通法

B. 与军人配偶结婚的行为既符合破坏军婚罪，又符合重婚罪时，适用破坏军婚罪，此处的法理基础是特别条款优于普通条款

C. 一个行为同时触犯了同一部法律中的不同条款时，总是适用特别条款优于普通条款原则

D. 重法优于轻法不是法条竞合的适用原则

# 第十五章　危害国家安全罪*

**一、单项选择题，每题所给的选项中只有一个正确答案。**

1. 国家机关工作人员叛逃后，参加间谍组织或者接受间谍任务的，应按下列哪一选项处理？（　　）

A. 只定叛逃罪

B. 只定间谍罪

C. 叛逃罪和间谍罪数罪并罚

D. 叛逃罪和间谍罪择一重罪处罚

2. 某公司的工作人员张某见单位档案室里的几包材料上没有标明密级，但根据工作经验，其知道这些材料事关国家安全和军队建设，仍提供给境外的某组织。对张某应以下列哪一犯罪论处？（　　）

A. 为境外非法提供国家秘密罪

B. 故意泄露国家秘密罪

C. 为境外非法获取国家秘密罪

D. 为境外非法提供军事秘密罪

**二、多项选择题，每题所给的选项中有两个或两个以上正确答案，少答或多答均不得分。**

1. 下列哪些行为不构成间谍罪？（　　）

A. 甲被诱骗参加间谍组织，但并未进行危害国家安全的活动

B. 乙在间谍组织中从事一般勤杂事务，但并不知道该组织性质

C. 丙是外国人，对中国地理环境十分熟悉，接受并实施国外间谍组织交给其危害中国安全的任务

D. 丁叛逃后又参加间谍组织

2. 下列哪些犯罪属于一般主体的犯罪？（　　）

A. 间谍罪

B. 叛逃罪

C. 为境外刺探国家秘密、情报罪

D. 资助危害国家安全犯罪活动罪

**三、不定项选择题，每题所给的选项中有一个或一个以上正确答案，不答、少答或多答均不得分。**

1. 关于侵犯秘密的犯罪，下列定性正确的是：（　　）

A. 公安机关办案人员甲打电话告知犯罪嫌疑人张三公安机关将对其执行逮捕的机密，张三听后随即潜逃，甲构成故意泄露国家秘密罪

B. 国家机关工作人员乙接受国外情报机构收买，为其提供所掌握的国家秘密，乙构成为境外非法提供国家秘密罪

C. 有限责任公司工程师丙未经许可，私自出售本单位保密的专有技术配方，并且给该公司造成重大损失，丙构成侵犯商业秘密罪

D. 国家机关工作人员丁为筹措儿子的留学费用，将掌握的国家秘密出售给境外媒体，丁构成为境外非法提供国家秘密罪

2. 通过互联网，将窃取的包括如何部署火箭军在内的国家秘密非法发送给境外机构的，触犯的罪名有：（　　）

A. 为境外非法提供国家秘密罪

B. 故意泄露国家秘密罪

C. 非法获取国家秘密罪

D. 为境外非法提供军事秘密罪

3. 关于资助危害国家安全犯罪活动罪的表述，下列选项错误的是：（　　）

A. 行为人出于颠覆国家政权的目的，在战时向敌人提供武器装备的行为，构成资助危害国家安全犯罪活动罪

B. 资助危害国家安全犯罪活动罪的犯罪主体是境内外机构、组织和个人，因此，本罪的主体可以是单位

C. 资助危害国家安全犯罪活动罪的犯罪主体是境内外机构、组织和个人，但是，本罪的主体只能是自然人

D. 资助危害国家安全犯罪活动罪是指资助背叛

---

* 本章答案参见第 78 页。

国家罪、分裂国家罪、煽动分裂国家罪与为境外窃取、刺探、收买、非法提供国家秘密、情报罪等

4. 关于叛逃罪的理解，下列选项错误的是：(　　)

A. 叛逃罪的主体是国家工作人员，掌握秘密的国家工作人员叛逃时应当从重处罚

B. 军人在履行公务期间擅离岗位，叛逃境外的，构成叛逃罪

C. 掌握国家秘密的工作人员犯叛逃罪时，只有将该秘密出卖或泄露给其他国家、境外组织或者个人时，才从重处罚

D. 对犯叛逃罪的犯罪分子，应当附加剥夺政治权利

# 第十六章　危害公共安全罪*

**一、单项选择题，每题所给的选项中只有一个正确答案。**

1. 李某和邓某在一年内共盗割 20 公里长的公用通信电缆，变卖后得款 16,000 余元。二人的盗割行为导致某通信干线中断十余次。对于李某、邓某的行为定性，下列哪一选项是正确的？(　　)

A. 盗窃罪

B. 破坏公用电信设施罪

C. 盗窃罪与破坏公用电信设施罪的法条竞合

D. 盗窃罪与破坏公用电信设施罪的想象竞合

2. 郑某与朋友聚会喝了不少啤酒后，仍坚持驾车离去，途中撞上电线杆，造成车辆损坏。对于郑某的行为定性，下列哪一选项是正确的？(　　)

A. 危险驾驶罪

B. 交通肇事罪

C. 重大责任事故罪

D. 未造成严重后果，不构成犯罪

3. 王某在一晚上携带钢锯、管钳、扳手等作案工具，盗窃路名牌 4 个、十字路口标志牌 2 个、限速标志牌 2 个、限重标志牌 1 个，危害公共安全。对王某的行为定性，下列哪一选项是正确的？(　　)

A. 破坏交通设施罪

B. 盗窃罪

C. 破坏公用电信设施罪

D. 盗窃交通标识不会危害到公共安全，王某不构成犯罪

4. 2014 年 7 月某日，沈某酒后驾驶无号牌二轮摩托车行至一路口时与一辆轿车追尾相撞，造成轿车局部受损。经公安局民警对其抽验血样，沈某身体内的酒精含量为 181.6mg/100ml，属于醉酒驾驶机动车。对于沈某的行为定性，下列哪一选项是正确的？(　　)

A. 摩托车不是机动车，沈某不构成危险驾驶罪或交通肇事罪

B. 只是发生了一般交通事故，不是犯罪行为

C. 交通肇事罪

D. 危险驾驶罪

**二、多项选择题，每题所给的选项中有两个或两个以上正确答案，少答或多答均不得分。**

1. 2013 年 12 月某日，余某喝酒回到家里被父亲责骂后，萌发烧自家房子的念头，便跑到堆放草料处，点燃一支香烟后丢到草料上，大火烧毁了自家一栋土木结构楼房。火燃烧起来后，蔓延到隔壁刘家，烧毁了其屋顶一角。关于本案的分析，下列哪些选项是正确的？(　　)

A. 故意毁坏财物罪

B. 放火罪

C. 失火罪

D. 行为人对自己所有财物具有处分权，但即使烧坏的是自己的房屋，危及不特定多数人的人身财产安全时也可能构成犯罪

2. 陈某与陆某是邻居，双方经常因琐事发生口角，陈某怀恨在心，萌生投毒之念。一日晚 9 时许，陈某找来一支一次性注射器，从农药瓶中抽取半针筒农药，至被害人陆某家门前丝瓜棚处，将农药打入丝瓜中。次日晚上，陆某及外孙女食用了被注射农药的丝瓜后，出现中毒症状，被及时送往医院，但抢救无效死亡。对陈某行为的认定，下列哪些选项是正确的？(　　)

A. 陈某的行为构成故意杀人罪

B. 陈某的行为危及不特定多数人人身财产安全

C. 陈某的行为构成投放危险物质罪

D. 陈某的行为构成以危险方法危害公共安全罪

3. 甲系某发电厂工人，一日晚其值夜班时，发现一机组出现故障，有引发火灾的危险，但因对厂领导不满，为进行报复，甲不采取措施排除故障，最终导致火灾，造成近 100 万元的损失。关于甲的行为定性，下列哪些选项是正确的？(　　)

A. 甲的行为构成故意毁坏财物罪

B. 甲的行为构成不作为犯罪

C. 甲的行为构成放火罪

D. 甲的行为构成失火罪

---

* 本章答案参见第 79 页。

4. 下列哪些行为成立帮助恐怖活动罪？（　　）

A. 为恐怖活动培训招募人员

B. 明知是恐怖活动组织，某单位仍给其提供赞助资金

C. 为实施恐怖活动运送恐怖活动人员

D. 明知是实施恐怖活动的人，仍提供场所供其进行恐怖活动训练

5. 为在火车站实施爆炸以使公众产生恐慌，甲、乙、丙盗窃了爆炸物，购买了匕首等凶器。因被群众举报，尚未来得及实施爆炸活动，三人即被抓获。关于本案的分析，下列哪些选项是正确的？（　　）

A. 盗窃爆炸物的行为，构成盗窃爆炸物罪既遂

B. 盗窃爆炸物的行为，还构成准备实施恐怖活动罪既遂

C. 对于未能在火车站实施爆炸的行为，构成爆炸罪预备

D. 甲、乙、丙三人的行为还构成组织、领导、参加恐怖组织罪

6. 关于危害公共安全的认定，下列哪些说法是正确的？（　　）

A. 甲和楼上邻居有嫌隙，故在确定该邻居在楼下的车旁边无人后，从13楼往下扔重物砸中该邻居的车，无人受伤，甲的行为构成以危险方法危害公共安全罪

B. 甲想在家打开煤气罐自杀，但煤气仍扩散至隔壁的邻居家里，甲的行为构成以危险方法危害公共安全罪

C. 甲在高速公路上驾车高速逆行10千米，所幸没有造成人员伤亡和损失，甲的行为构成以危险方法危害公共安全罪

D. 甲故意在高速公路上泼洒废机油，致使多名过路司机束手无策，造成人员伤亡和重大经济损失，甲的行为构成破坏交通设施罪

**三、不定项选择题，每题所给的选项中有一个或一个以上正确答案，不答、少答或多答均不得分。**

1. 被告人甲（18岁）和乙（17岁）于某日路过某铁路段时，甲提出："往铁轨上摆石块，看火车能不能压碎。"乙应允。二人遂在两股铁轨面上摆放路基石29块。一会儿，一列货车驶过时压在甲、乙摆放的路基石上，致使机车脱轨，造成直接经济损失50余万元。对于甲、乙的行为定性，下列选项正确的是：（　　）

A. 甲构成犯罪，乙不构成犯罪

B. 甲、乙构成共同犯罪

C. 甲、乙构成破坏交通设施罪的共同犯罪

D. 对乙量刑时应该从轻或减轻处罚

2. 因其所种西瓜被盗严重，甲在瓜地周围拉上铜丝，接通电源。其妻阻止道："会电死人的。"甲说："我又不是要电死好人，是防盗，偷西瓜的人死了活该。"几天后，三个小学生放学后追逐蝴蝶进入西瓜地，触电后均抢救无效死亡。甲发现后即到派出所投案。关于本案的分析，下列选项正确的是：（　　）

A. 死亡结果的发生属于意外事件

B. 甲的行为构成以危险方法危害公共安全罪

C. 甲的行为构成自首

D. 甲的行为构成过失致人死亡罪

3. 朱某于6月某日0时许，在北京市南五环某区盗窃路灯供电电缆线共180米，经鉴定价值为人民币5000余元，后被抓获。对于朱某的行为定性，下列选项正确的是：（　　）

A. 只构成盗窃罪

B. 只构成破坏电力设备罪

C. 行为人同时符合盗窃罪和破坏电力设备罪的构成要件

D. 对朱某应当从一重罪，以破坏电力设备罪论处

4. 某中学锅炉工甲一日值班给浴池用水加热时，遇一同学远道来访，遂带同学前往宿舍，离开时忘记关冲气阀，致使浴池水温一直加热到近90℃。洗澡的人都只能在大池边打一点热水兑凉水再洗。结果一男生在打热水时，因水太烫，导致滑入高温水池中被烫伤致死。对于甲的行为定性，下列选项正确的是：（　　）

A. 甲的行为构成重大责任事故罪

B. 甲的行为构成以危险方法危害公共安全罪

C. 甲的行为属于不作为犯罪

D. 甲的主观罪过为过失

5. 甲曾有一支自制火药猎枪。甲死后，其子乙将该枪支私藏在家中。当地公安局曾多次宣传收枪缴爆，但乙一直未交出该枪。某日，乙酒后持该枪在本村闲逛时，被当地群众向公安机关举报。对于乙的行为定性，下列选项正确的是：（　　）

A. 乙的枪支是从甲处继承所得的，没有非法持有的主观故意

B. 不论通过何种途径获取的枪支，获取后不上交而持有的，都属于非法持有枪支

C. 乙的枪支没有用于不法目的，不承担刑事责任

D. 乙的行为构成非法持有枪支罪

6. 甲因贪污行为被撤销公司经理职务，对揭发人乙（公司副经理）一直怀恨在心。一日，甲、乙一同陪三个客户就餐。其间，甲趁乙出去解手而客户又未注意时，往乙的酒杯内投放了毒药。散席后不久，乙毒性发作，经抢救无效死亡。为混淆视听，甲自己也服了少量毒药，出现轻微中毒症状。关于甲的行为定性，下列选项正确的是：（　　）

A. 甲的行为构成投放危险物质罪

B. 甲的行为构成投毒罪

C. 甲的行为构成报复陷害罪

D. 甲的行为构成故意杀人罪

# 第十七章　破坏社会主义市场经济秩序罪*

## 基础知识篇

**一、单项选择题，每题所给的选项中只有一个正确答案。**

1. 实施生产、销售伪劣商品犯罪，同时构成侵犯知识产权、非法经营等其他犯罪的，应按下列哪一选项处理？（　　）

A. 生产、销售伪劣商品罪

B. 构成侵犯知识产权类犯罪、非法经营罪

C. 依照处罚较重的犯罪定罪

D. 按照生产、销售伪劣商品犯罪以及侵犯知识产权等罪数罪并罚

2. 关于伪造、出售伪造的增值税专用发票罪，下列哪一说法是错误的？（　　）

A. 本罪是单位犯罪

B. 触犯本罪，一定要判处罚金

C. 本罪最高可能判处死刑

D. 触犯本罪不可能判处死刑

3. 关于金融诈骗犯罪，下列哪一说法是错误的？（　　）

A. 集资诈骗罪可以由单位构成

B. 金融凭证诈骗罪可以由单位构成

C. 信用证诈骗罪可以由单位构成

D. 有价证券诈骗罪可以由单位构成

4. 伪劣产品尚未销售，货值金额达到（　　）万元以上的，应以生产、销售伪劣产品罪（未遂）定罪处罚。

A. 15　　　　B. 5

C. 10　　　　D. 20

5. 走私下列哪一选项的物品，构成走私普通货物、物品罪？（　　）

A. 境外固体废物、液态废物和气态废物

B. 以牟利或者传播为目的，非法运输、携带、邮寄淫秽的影片进出国（边）境

C. 黄金、白银和其他贵重金属

D. 钢材

6. 对以暴力、威胁方法抗拒缉私的行为定性，下列哪一选项是正确的？（　　）

A. 妨害公务罪　　　　B. 走私罪

C. 择一重罪处罚　　　　D. 数罪并罚

7. 保险公司的工作人员甲利用职务上的便利，故意编造未曾发生的保险事故进行虚假理赔，骗取保险金归自己所有。对于甲的行为定性，下列哪一选项是正确的？（　　）

A. 侵占罪　　　　B. 职务侵占罪

C. 诈骗罪　　　　D. 信用卡诈骗罪

**二、多项选择题，每题所给的选项中有两个或两个以上正确答案，少答或多答均不得分。**

1. 甲的私营企业在2004年生产的产品全部内销，并缴纳了各种税收50万元。甲在年底向税务机关谎称其中部分产品出口，并出具了虚假的出口外销合同及相关证明，获得国家20万元的出口退税。对于甲的行为定性，下列哪些选项是错误的？（　　）

A. 骗取出口退税罪　　　　B. 诈骗罪

C. 逃税罪　　　　D. 合同诈骗罪

2. 下列哪些行为不构成非法经营罪？（　　）

A. 甲医药公司擅自从事假药生产、销售，违法所得数额巨大

B. 乙国有图书公司明知是盗版图书仍然进行销售，违法所得数额巨大

C. 丙公司倒卖窃取的商业秘密，违法所得数额巨大

D. 丁公司未经许可擅自倒卖烟草，违法所得数额巨大

3. 下列哪些行为构成非法经营罪？（　　）

A. 甲未经国家有关主管部门批准非法从事经营证券、期货、保险业务

B. 乙买卖进出口原厂地证明

C. 丙在国家规定的交易场所外买卖外汇，扰乱市场秩序

D. 丁非法从事出版物的出版业务，严重扰乱市场秩序

4. 投保人甲勾结鉴定人乙故意提供虚假的证明文件，捏造虚假的保险事故发生原因，从而获得了巨额保险金。对于甲与乙的行为应如何处罚，下列哪些选项是正确的？（　　）

A. 甲与乙构成保险诈骗罪的共犯

B. 甲的行为构成合同诈骗罪，应按合同诈骗罪定性处罚

---

* 本章答案参见第80页。

C. 乙的行为构成保险诈骗罪和提供虚假证明文件罪,应数罪并罚

D. 乙的行为不构成提供虚假证明文件罪

## 理解与应用篇

**一、单项选择题,每题所给的选项中只有一个正确答案。**

1. 魏某是上市公司某科技研发股份有限公司的董事长,违背对公司的忠实义务,利用职务便利,操纵上市公司,采用隐瞒事实的方式,为明显不具有清偿能力的单位提供担保,致使上市公司利益遭受特别重大损失。对于魏某的行为定性,下列哪一选项是正确的?(　　)

A. 为亲友非法牟利罪

B. 背信损害上市公司利益罪

C. 受贿罪

D. 滥用职权罪

2. 曾某是某公司的法定代理人,以非法占有的目的,在该公司不具有发行股票、债券的真实内容的情况下,以虚假转让股权、发售虚假债券等方式非法吸收巨额资金,归个人使用。对于曾某的行为定性,下列哪一选项是正确的?(　　)

A. 集资诈骗罪

B. 非法经营罪

C. 非法吸收公众存款罪

D. 不构成犯罪

**二、多项选择题,每题所给的选项中有两个或两个以上正确答案,少答或多答均不得分。**

1. 关于非法吸收公众存款罪,下列哪些说法是正确的?(　　)

A. 仙桃市某有限公司不具有房产销售的真实内容,以返本销售、售后包租、约定回购、销售房产份额等方式非法吸收资金的,构成非法吸收公众存款罪

B. 上海市某信托投资公司不具有募集基金的真实内容,以假借转让股权、发售虚构债券等方式,向社会不特定对象变相吸收公众存款,数额巨大,其行为构成非法吸收公众存款罪

C. 习某等人采取投资入股的名义,向公众吸收存款,并承诺在一定期限内还本付息并给付报酬,习某的这种行为构成非法吸收公众存款罪

D. 北京某民间环保公益组织以植树造林为名,向社会不特定人员非法吸收数量巨大的资金,该组织构成非法吸收公众存款罪

2. 信用卡诈骗罪的行为方式包括下列哪些选项的内容?(　　)

A. 使用伪造的信用卡,或者使用以虚假的身份证明骗领的信用卡

B. 使用作废的信用卡

C. 冒用他人信用卡

D. 恶意透支

3. 陈某声称要开办一家外贸服装厂,需要运营资金2000万元,以商机无限、高回报率为诱饵,未经有权机关批准,向各界亲朋好友募集资金1000多万元。但陈某并没有将此资金用于生产经营,而是将募集而来的资金挥霍一空。关于本案的分析,下列哪些选项是正确的?(　　)

A. 陈某根本没有开展正常的外贸服装经营,而是将募集而来的资金挥霍一空,应当认定其具有非法占有的目的

B. 本案中陈某构成集资诈骗罪

C. 本案无法认定陈某具有非法占有目的

D. 构成非法吸收公众存款罪

4. 下列哪些选项构成虚假广告罪的主体?(　　)

A. 广告主　　　　　　B. 广告经营者

C. 电视平台负责人　　D. 广告发布者

5. 刘某在未实际出资的情况下,通过他人虚假出资注册成立某电子贸易有限公司。刘某伙同周某以该电子贸易公司的名义,通过电视广告等方式招揽他人承揽定制电子笔芯,后分别与十几名被害人签订承揽定制合同,其间收取这十几名被害人合同款共计35万元,后刘某分给周某10万元,二人携款潜逃。关于本案的分析,下列哪些选项是正确的?(　　)

A. 刘某构成虚假出资罪

B. 对刘某应以虚假出资罪和合同诈骗罪数罪并罚

C. 对周某应以合同诈骗罪论处,不能以诈骗罪论处

D. 周某合同诈骗的数额为35万元

6. 关于贷款诈骗罪,下列哪些选项是正确的?(　　)

A. 合法取得贷款后,被告人按照规定将贷款投入生产经营,但是由于被告人经营管理不善,其公司濒临破产。虽然被告人想方设法地偿还贷款,但最终还是不能偿还。因为被告人不具有非法占有的目的,所以不构成贷款诈骗罪

B. 以非法占有为目的,通过编造引进资金、项目等虚假理由,诈骗银行的贷款,个人进行贷款诈骗数额为8000元,可以构成贷款诈骗罪

C. 只有行为人主观上具有非法占有的目的,才可以构成贷款诈骗罪

D. 单位不能构成贷款诈骗罪

7. 关于贷款诈骗罪与高利转贷罪的区别，下列哪些选项是正确的？(　　)

A. 主观目的都是非法占有财物

B. 主观目的不同，一个是非法占有，另一个是转贷牟利

C. 二者行为方式不同

D. 二者的犯罪行为都与贷款有关

8. 下列哪些情形构成票据诈骗罪？(　　)

A. 明知是伪造、变造的汇票、本票、支票而使用的

B. 明知是作废的汇票、本票、支票而使用的

C. 签发空头支票或者与其预留印鉴不符的支票，没有骗取财物的主观心态和客观结果

D. 汇票、本票的出票人签发无资金保障的汇票、本票，具有骗取财物的主观心态和客观结果

9. 关于金融诈骗罪的认定，下列哪些选项是正确的？(　　)

A. 被告人使用伪造、变造的委托收款凭证、汇款凭证，构成金融凭证诈骗罪

B. 投保人、被保险人故意造成被保险人死亡、伤残或者疾病，骗取保险金的，构成保险诈骗罪

C. 保险事故的鉴定人、证明人、财产评估人故意提供虚假的证明文件，为他人诈骗提供条件的，以保险诈骗的共犯论处

D. 被告人使用虚假的身份证明骗领信用卡，构成信用卡诈骗罪

10. 关于破坏社会主义市场经济秩序罪，以下说法正确的是：(　　)

A. 甲在新冠疫情期间，大量生产、销售不符合国家标准、行业标准的 KN95 防尘口罩，甲构成生产、销售伪劣产品罪

B. 甲明知乙实施金融诈骗行为，仍然协助乙将犯罪所得资金汇往境外，甲构成洗钱罪和掩饰、隐瞒犯罪所得罪的想象竞合

C. 甲在自己亲友和科室同事之间宣传投资机会，共吸收 20 余名亲友和同事的资金用于投资，并许诺给予高额回报。甲不构成非法吸收公众存款罪

D. 甲为让自己的公司成功上市，虚开增值税专用发票以虚构公司业务量，但并不抵扣税款，甲不构成虚开增值税专用发票罪

## 综合提高篇

**不定项选择题，每题所给的选项中有一个或一个以上正确答案，不答、少答或多答均不得分。**

1. 孙某是某公司的法定代表人，收受他人 2 万美元，承诺帮他人安排进公司工作，但至案发时并没有谋取利益。对于孙某行为的认定，下列选项正确的是：(　　)

A. 非国家工作人员受贿罪符合为他人谋取利益的要件

B. 为他人谋取利益包括承诺、实施和实现三个阶段的行为，只要具备任何其中一个阶段的行为，就符合"为他人谋取利益"的要件

C. 孙某承诺为他人谋取利益，符合非国家工作人员受贿罪的主观要件

D. 孙某不构成非国家工作人员受贿罪

2. 下列行为构成信用卡诈骗罪的是：(　　)

A. 持卡人甲某以非法占有为目的，超限额透支，经银行催收后仍不归还

B. 乙某借用好友的信用卡购物消费

C. 丙某盗窃他人信用卡后使用，消费人民币 2000 元

D. 丁某隐瞒事实，将作废的信用卡用来抵押

3. 对逃税罪主观方面的认定，下列选项错误的是：(　　)

A. 逃税罪的主观方面为故意

B. 行为人出于过失，逃税数额特别大的，也可以构成逃税罪

C. 行为人出于一时疏忽或不懂有关税法而没有按时申报纳税，漏缴了应纳税款的，不构成逃税罪

D. 因制度混乱、账目不清而漏缴税款的，不构成逃税罪

4. 甲为获取超额利润，在明知其所经销的电器产品不符合保障人身安全的国家标准的情况下，仍然大量进货销售，销售金额总计达到 180 万元。一企业因使用这种电器而导致短路，引起火灾，造成 3 人轻伤；部分厂房被烧毁，直接经济损失 10 万元。关于甲的行为定性，下列选项正确的是：(　　)

A. 应当数罪并罚

B. 构成销售不符合安全标准的产品罪

C. 构成销售伪劣产品罪

D. 应按照销售伪劣产品罪和销售不符合安全标准的产品罪中的一个重罪定罪处罚

5. 下列选项中，应以单位犯罪处罚的是：(　　)

A. 某国有公司明知他人进行走私，仍为其提供贷款的

B. 某有限责任公司领导层为了单位利益，集体决定走私假币的

C. 自然人投资设立有限责任公司后，该公司以实施走私为主要活动的

D. 自然人以走私石油为目的注册有限责任公司后，该公司大量走私石油的

6. 保险受益人甲故意杀害被保险人乙，造成乙死亡，并骗取了20万元保险金。对于甲的行为定性，下列选项正确的是：(　　)

A. 以故意杀人罪定罪处罚

B. 以保险诈骗罪定罪处罚

C. 以保险诈骗罪和故意杀人罪的牵连犯择一重罪处罚

D. 以故意杀人罪和保险诈骗罪数罪并罚

7. 中国科学院研究生院科研开发处原代理处长李某在本单位网络系统改造工程招标中隐瞒亲属关系，利用职务便利，使其亲属经营的公司中标，并以明显高于市场的价格采购商品，使国家利益遭受重大损失。对李某的行为评价，下列选项正确的是：(　　)

A. 不构成犯罪　　B. 滥用职权罪

C. 贪污罪　　D. 为亲友非法牟利罪

8. 钟某到银行取款时，将被害人陈某遗留在自动取款机内的银行卡修改密码后拿走，并先后多次用该卡在自动取款机上取款4万余元。对于钟某的行为定性，下列选项正确的是：(　　)

A. 根据相关司法解释，属于冒用他人信用卡的行为

B. 根据相关司法解释，构成信用卡诈骗罪

C. 属于使用作废的信用卡

D. 属于拾捡遗失物，不构成犯罪

9. 刘某从事食品销售工作，为了谋取利益，销售一种名为"泡椒牛板筋"的食品，但该食品配料标签上没有载明存在牛板筋，不足以造成严重食物中毒事故或者其他严重食源性疾病。对于刘某的行为定性，下列选项正确的是：(　　)

A. 构成销售假药罪

B. 构成销售伪劣产品罪

C. 因不足以造成严重食物中毒事故，不构成犯罪

D. 构成销售劣药罪

10. 某有限公司弄虚作假，采用将高关税税率货物伪报为低关税税率货物的方法进口货物，偷逃关税20万元。对该公司的处理，下列选项正确的是：(　　)

A. 走私普通货物、物品罪

B. 走私国家禁止进出口的货物、物品罪

C. 偷税罪

D. 行政处罚

11. 陈某租住某房屋后，为牟取非法利益，伪造房产证，在房屋产权人刘某不知情的情况下，对外张贴出租房屋的小广告。后陈某与被害人石某签订房屋租赁合同后，以租金、押金的名义收取石某人民币2万余元后逃匿。对于陈某的行为认定，下列选项正确的是：(　　)

A. 陈某具有很明显的非法占有目的

B. 陈某在签订合同过程中骗取他人财物，数额较大

C. 陈某的行为构成合同诈骗罪

D. 陈某的行为构成诈骗罪

12. 陈某将自己两间破旧的房屋向保险公司投保10万元。为取得赔偿金，陈某点燃自己旧屋后离开，大火蔓延烧死房屋附近居民3人。陈某随后向保险公司索赔，但保险公司发现其中的问题并迅速报警，后公安机关将陈某抓获。对于陈某的行为定性，下列选项正确的是：(　　)

A. 保险诈骗罪(未遂)

B. 放火罪

C. 故意杀人罪

D. 故意毁坏公私财物罪

13. 潘某经人介绍认识张某，商定由潘某通过银行卡转账的方式为张某等人转移从网上银行诈骗的钱款，潘某按照转移钱款10%的比例提成。嗣后，张某通过非法手段获取网上银行客户黄某等人的银行卡卡号和密码，并将资金划入潘某办理的多张银行卡内，共计人民币100余万元。对于潘某的行为认定，下列选项正确的是：(　　)

A. 洗钱罪

B. 掩饰、隐瞒犯罪所得罪

C. 窝藏、包庇罪

D. 构成张某金融犯罪的同案犯

14. 朱某未经注册商标所有人许可，非法使用"剑南春""五粮液"等商标及包装物，生产了大量假酒，后被公安查获。经查朱某获得违法所得数额达到1万元左右。对于朱某的行为定性，下列选项正确的是：(　　)

A. 朱某构成假冒注册商标罪

B. 朱某构成销售假冒注册商标的商品罪

C. 朱某构成销售侵权复制品罪

D. 朱某不构成犯罪

15. 被告人吕某在担任新世纪黑豚特种养殖有限公司法定代表人期间，利用广告对本公司的不合格产品及服务作虚假宣传，造成养殖户重大经济损失35万元。关于本案，下列选项正确的是：(　　)

A. 吕某触犯虚假广告罪

B. 吕某触犯诈骗罪

C. 吕某触犯合同诈骗罪

D. 吕某触犯销售伪劣产品罪

16. 行为人通过签发空头支票骗取被害人钱款后，

并不是将财产据为己有，而是用于企业经营。关于该行为的定性，下列选项正确的是：(　　)

A. 不应当认定为具有诈骗的故意

B. 行为人对其银行账户无兑换能力是明知的，可以认定为“明知没有归还能力而大量骗取资金”

C. 可以构成票据诈骗罪

D. 并不是只有将财产据为己有才可以认定为“非法占有”的目的

17. 徐某购买了一辆重型自卸货车，将车挂靠在一汽车运输队，并办理了盗抢险保险业务。车辆的年检、保险等费用均由徐某个人支出。之后，徐某将该车出售给他人，次日即向公安机关及保险公司谎报假案，称车辆失窃，最终通过运输队获取盗窃险保险金 6 万余元。对于徐某的行为认定，下列选项正确的是：(　　)

A. 徐某编造未曾发生的保险事故

B. 徐某的行为构成保险诈骗罪

C. 该车辆属于挂靠经营，其所有权名义上的拥有者与实际上的拥有者不尽一致，实际拥有者不符合保险诈骗罪的特殊主体的要求

D. 车辆的实际拥有者通过名义上的拥有者的名义实施保险诈骗的行为，构成保险诈骗罪的间接正犯，符合保险诈骗罪的特殊主体要求

# 第十八章　侵犯公民人身权利、民主权利罪*

## 基础知识篇

**一、单项选择题，每题所给的选项中只有一个正确答案。**

1. 下列哪一选项构成绑架罪中的“杀害被绑架人”？(　　)

A. 以勒索财物为目的控制被害人之后，故意伤害被害人，被害人因重伤而死亡

B. 绑架被害人之后，为防止被害人出声，用毛巾塞住其嘴后离开，被害人窒息死亡

C. 为勒索财物而着手绑架被害人，遭到被害人的激烈反抗，用绳子直接勒死被害人

D. 取得赎金后，已经释放被害人，因担心被害人报警，开车追了 3 千米，杀死被害人

2. 关于重婚罪的说法，下列哪一选项是错误的？(　　)

A. 重婚罪的主观故意应当是明知

B. 没有重婚故意的，不应当认定为重婚罪

C. 明知他人有配偶而与之结婚的行为不是重婚罪

D. 丈夫或妻子外出下落不明，妻子或丈夫又与他人建立家庭的，因为没有重婚的故意，不应当认定为重婚罪

3. 关于组织出卖人体器官罪，下列哪一选项是错误的？(　　)

A. 欺骗他人捐献器官，致人死亡的，应当认定为故意杀人罪

B. 强迫他人捐献器官，具有致人死亡危险的，应当认定为组织出卖人体器官罪

C. 摘取不满 18 周岁的人的器官，致人死亡的，应当认定为故意杀人罪

D. 未经本人同意摘取其器官，致人死亡的，应当认定为故意杀人罪

4. 丁某、白某等人为一拐卖儿童的犯罪团伙。一日，丁某等人购买了一个 5 个月大的男婴，将婴儿带至广西等地欲行贩卖。当晚，男婴生病，丁某等人将其带至县医院治疗，经诊治，该婴儿患有新生儿破伤风。几日后，该男婴呼吸衰竭，随时有生命危险，丁某等人要求县医院放弃治疗，并在男婴死亡后将尸体丢弃。对丁某等人的说法，下列哪一选项是错误的？(　　)

A. 丁某等人的行为构成拐卖儿童罪

B. 对丁某等人应当适用拐卖儿童罪的加重情节

C. 丁某等人造成了被拐卖的儿童死亡，应当对其适用 10 年以上有期徒刑或者无期徒刑

D. 丁某等人的行为没有直接造成男婴的死亡，不适用加重情节

5. 曹某找人将郭某家大门敲开，伙同刘某、张某等十余人冒充公安民警强行闯入郭家住宅，在郭家亲属要求其退出时拒不退出。曹某等人对郭某及其亲属进行威胁、辱骂、殴打，致郭某面部被打成轻微伤。对于曹某等人的行为认定，下列哪一选项是正确的？(　　)

A. 构成非法侵入住宅罪

B. 行政处罚即可，不需要刑事处罚

C. 构成故意伤害罪

D. 非法侵入住宅罪与故意伤害罪并罚

6. 甲系某国有企业财务部负责人，故意捏造曾给他提过意见的单位职工乙有偷盗行为，并在单位中散布，对乙造成极坏的影响。对于甲的行为定性，下列哪

* 本章答案参见第 82 页。

一选项是正确的？（　　）

A. 报复陷害罪　　B. 诬告陷害罪

C. 诽谤罪　　D. 侮辱罪

**二、多项选择题，每题所给的选项中有两个或两个以上正确答案，少答或多答均不得分。**

1. 下列哪些选项应按非法拘禁罪定罪论处？（　　）

A. 王某想杀害李某，便先将李某捆绑起来锁在一间屋子里，王某回来后发现李某已被救走

B. 张某为索取赌资非法拘禁他人，致人重伤

C. 赵某在组织他人偷越国境的过程中，限制被组织人的人身自由，情节严重

D. 贾某收买被拐卖的妇女高某后，非法剥夺、限制其人身自由，但后来又尊重了高某的意愿，没有阻碍其返回原居住地

2. 下列哪些行为应以拐卖妇女罪论处？（　　）

A. 收买妇女后，因妇女不愿意做自己的妻子，无奈又将妇女出卖

B. 为充抵赌债，将与自己合法结婚的妻子让与他人

C. 以出卖为目的，使用暴力方法绑架妇女，但未能成功，妇女逃走

D. 将被拐卖的妇女卖给他人，迫使其卖淫

## 理解与应用篇

**一、单项选择题，每题所给的选项中只有一个正确答案。**

1. 李某因多次向张某催讨欠款，被张某纠集多人打伤，全身多处骨折，经鉴定构成轻伤。对于张某等人的行为定性，下列哪一选项是正确的？（　　）

A. 张某等人的行为构成故意伤害罪

B. 张某等人的行为构成寻衅滋事罪

C. 张某等人的行为属于正常的要债行为，不构成犯罪

D. 张某等人的行为构成聚众斗殴罪

2. 被告人唐某的婆婆与唐某妯娌因琐事发生争吵。争吵中，妯娌的舅父用铁锹击打婆婆的腿部，唐某立马前去夺过妯娌舅父手中的铁锹，朝妯娌舅父的头部击打，导致妯娌舅父当场死亡。对于唐某的行为定性，下列哪一选项是正确的？（　　）

A. 唐某构成故意伤害罪（致人死亡）

B. 唐某构成过失致人死亡罪

C. 唐某不构成犯罪

D. 唐某的击打行为与妯娌舅父的死亡结果之间不具有刑法上的因果关系

3. 王某谎称科研需要，向众多持卡人收购真实的信用卡信息资料及密码，实则将这些信用卡资料倒卖给刘某。下列哪一选项是正确的？（　　）

A. 信用卡信息资料和密码属于公民个人信息，王某非法获取并出售该信息，构成侵犯公民个人信息罪

B. 王某谎称科研需要向他人收购信用卡信息资料和密码，构成诈骗罪

C. 王某收买信用卡信息资料和密码并提供给他人，构成收买信用卡信息资料罪和非法提供信用卡信息资料罪，对其应数罪并罚

D. 刑法中的“信用卡”包括信用卡信息资料，故王某构成妨害信用卡管理罪

**二、多项选择题，每题所给的选项中有两个或两个以上正确答案，少答或多答均不得分。**

1. 下列哪些行为属于以“其他手段”强奸妇女？（　　）

A. 用酒灌醉、用药物麻醉并对被害女性进行奸淫

B. 趁女性重病、昏迷、熟睡之机进行奸淫

C. 以为女性治病为名进行奸淫

D. 冒充女性的丈夫或者恋人使女性受蒙蔽进行奸淫

2. 张某与郭某处于婚姻关系的正常存续期间中，二人经常因琐事而激烈争执。有一天二人又开始大吵，郭某就指着墙角的农药说：“这日子没法过了，我喝农药死了算了！”张某回应道：“你想死就去死好了。”随后，张某出门之际就看到郭某真的在喝农药，但张某还是走出家门去找父母。最后郭某死亡。关于张某的行为定性，下列哪些选项是正确的？（　　）

A. 张某不构成犯罪

B. 张某系不作为犯罪

C. 张某对被害人的死亡后果持放任态度，存在间接故意

D. 张某构成不作为的故意杀人罪

3. 下列哪些行为不应认定为过失致人死亡罪？（　　）

A. 甲遭受乙正在进行的不法侵害，在防卫过程中一棒将乙打倒，致乙脑部跌在一块石头上而死亡。法院认为，甲的防卫行为明显超过必要限度并造成了重大损害，应以防卫过当追究刑事责任

B. 甲对乙进行非法拘禁，在拘禁过程中，因长时间捆绑，乙呼吸不畅窒息死亡

C. 甲因对女儿乙的恋爱对象丙不满意，阻止乙、丙正常交往。乙对此十分不满，并偷偷与丙登记结婚。甲获知后对乙进行打骂，逼其离婚。乙、丙不从，遂相约自杀而亡

D. 甲结婚后，对丈夫与其前妻所生之子乙十分不满，采取冻饿等方式进行虐待，后又发展到打骂，致乙多处伤口腐烂，乙因未能及时救治而不幸身亡

4. 下列哪些选项应以非法拘禁罪论处？（　　）

A. 非法拘禁持续时间超过 24 小时

B. 3 次以上非法拘禁他人，或者一次非法拘禁 3

人以上

C. 为索取债务非法扣押、拘禁他人

D. 非法拘禁，致人伤残、死亡、精神失常

5. 关于收买被拐卖的妇女、儿童罪，下列哪些选项是正确的？（　　）

A. 收买被拐卖的妇女、儿童又出卖的，依照拐卖妇女、儿童罪的规定定罪处罚

B. 收买被拐卖的妇女、儿童，并有强奸行为的，依照数罪并罚的规定处罚

C. 收买被拐卖的妇女、儿童，并有伤害、侮辱等犯罪行为的，依照数罪并罚的规定处罚

D. 收买被拐卖的妇女、儿童，按照被买妇女的意愿，不阻碍其返回原居住地的，依然要追究其刑事责任

6. 关于报复陷害罪的说法，下列哪些选项是正确的？（　　）

A. 报复陷害罪的主体是特殊主体，只能是国家机关工作人员

B. 该罪的对象也是特定的，即控告人、申诉人、批评人、举报人

C. 打击、报复会计、统计人员，也可成立此罪

D. 本罪侵犯的客体既包括国家机关的正常活动，又包括公民的民主权利

## 综合提高篇

**一、多项选择题，每题所给的选项中有两个或两个以上正确答案，少答或多答均不得分。**

1. 李某，男，21岁，富家子弟，整日喜欢泡吧飙车。某日中午，李某同未成年人沈某（13周岁）、周某（20周岁）和唐某（19周岁）将酒吧女王某领到宾馆玩耍，四人趁着酒吧女王某不胜酒力昏醉之际，先后对王某实施奸淫。关于本案，下列哪些选项是正确的？（　　）

A. 李某的行为不属于“轮奸”

B. 李某的行为属于“轮奸”

C. 李某构成强奸罪

D. 沈某不构成强奸罪

2. 关于侵犯人身权利的理解，下列哪些选项是正确的？（　　）

A. 侮辱罪的行为方式可以是暴力

B. 刑讯逼供罪和暴力取证罪的犯罪主体只能是司法工作人员

C. 虐待被监管人罪的犯罪主体只能是监狱、拘留所、看守所、强制戒毒所等监管人员

D. 侵犯公民个人信息罪的犯罪主体只能是国家机关或者金融、电信、交通、教育、医疗等单位的工作人员

3. 下列哪些行为成立侵犯公民个人信息罪？（　　）

A. 利用作为快递员的便利，大量出售他人的姓名与电话信息，情节严重

B. 移动公司的员工非法给他人提供大量单位的名称、住址与联系电话信息，情节严重

C. 制作虚假淘宝网站的网页，诱骗他人注册，获取大量他人姓名、邮箱等信息

D. 移动公司向司法机关提供几百人的个人信息，供司法机关查处案件，但最终只有两人被司法机关认定为犯罪分子

4. 关于虐待罪与虐待被监护、看护人罪的论述，下列哪些选项是正确的？（　　）

A. 无论是虐待罪还是虐待被监护、看护人罪，都要求情节严重才成立犯罪

B. 单位不能构成虐待罪，但可以构成虐待被监护、看护人罪

C. 虐待罪与虐待被监护、看护人罪的犯罪对象虽然存在不同，但完全可能出现一个行为既构成虐待罪又构成虐待被监护、看护人罪的情形

D. 虐待罪一般情形下属于亲告罪，虐待被监护、看护人罪则是非亲告罪

5. 关于拐卖妇女、儿童罪的认定，下列哪些选项是正确的？（　　）

A. 以出卖为目的，对婴幼儿采取欺骗、利诱等手段使其脱离监护人或者看护人的，视为拐卖儿童中的“偷盗婴幼儿”

B. 公立医院妇产科的医生以获利为目的，将数名被产妇遗弃的新生儿出卖给他人的，以拐卖儿童罪论处

C. 以介绍婚姻为名，利用妇女人地生疏、孤立无援等境况，违背妇女意志，将其出卖给他人的，应以拐卖妇女罪追究刑事责任

D. 将外籍妇女诱骗到我国，卖给他人为妻的，因该行为解决了我国男性的婚姻问题，故不应以拐卖妇女罪论处

**二、不定项选择题，每题所给的选项中有一个或一个以上正确答案，不答、少答或多答均不得分。**

1. 宋某外出打工期间与男友王某同居并怀孕，因父母反对二人处对象，一直将怀孕一事对外隐瞒。一日，宋某在其公司员工宿舍一楼卫生间内自然分娩产下一活体男婴后，不顾当日低温且下雪的室外环境，将男婴扔到女卫生间窗外的空地上，最终导致该男婴死亡。对于宋某的行为认定，下列选项正确的是：（　　）

A. 构成遗弃罪

B. 构成故意杀人罪

C. 构成虐待罪

D. 构成过失致人死亡罪

2. 周某与研究生室友李某关系不好，二人互相看不惯。周某有一天从学校的实验室取得有毒物质，投入

宿舍的饮水机，之后李某喝下饮水机的水并死亡。对于周某的处理，下列选项正确的是：(    )

A. 构成投放危险物质罪

B. 构成故意杀人罪

C. 投放危险物质罪和故意杀人罪并罚

D. 投放危险物质罪和故意杀人罪从一重处罚

3. 盛某通过网上聊天认识了被害人曹某，提出愿意出人民币 1500 元与曹某开房间发生性关系，曹某应允。次日，二人在事先约定的地点见面。盛某为达到少付钱款的目的，先将曹某骗至一小区楼道内，提出要与曹某发生性关系。曹某不允，盛某对曹某扇了一耳光，见其未反抗，就与曹某发生了性关系。对于盛某的行为认定，下列选项正确的是：(    )

A. 强奸罪不能以被害人事前同意为要件，应当具体到发生性行为的当场进行考虑

B. 盛某是来进行性交易的，主观上没有强奸罪的故意

C. 盛某强制发生性关系是在公共场合发生的，情节比较恶劣

D. 在当时特定的环境和条件下，盛某强迫曹某发生性关系，违背妇女意志，其行为已构成强奸罪

4. 根据《刑法》的规定，下列选项应以故意杀人罪定罪处罚的是：(    )

A. 拐卖妇女致使被害人死亡的

B. 暴力干涉婚姻自由致使被害人死亡的

C. 抢劫致使被害人死亡的

D. 刑讯逼供致使被害人死亡的

5. 被害人郑某(2 岁)跟随母亲在广场游玩，在母亲上厕所时，被在附近捡垃圾的付某发现。付某趁四周无人，抱起郑某到当地火车站。在火车站候车厅，付某因形迹可疑被民警查获。对于付某的行为认定，下列选项正确的是：(    )

A. 付某拐骗郑某并没有什么明确的主观目的，只是临时起意，不构成拐骗儿童罪

B. 付某的行为构成拐卖儿童罪

C. 付某将郑某带离其监护人但目的不明确的，宜定性为拐骗儿童罪

D. 拐骗儿童罪与拐卖儿童罪择一重罪论处

6. 甲男(15 周岁)与乙女(13 周岁)在同一所中学上学，二人在参加校文体活动时相识并成为好友，关系日渐密切。某日，二人在公园发生性关系时被发现。据甲交代，二人还曾在自己家中发生过一次性关系。甲、乙均表示是双方自愿。乙的家长要求追究甲的刑事责任。经调查，二人确属自愿且未造成其他严重后果。对于甲的行为认定，下列选项正确的是：(    )

A. 构成奸淫幼女罪

B. 构成强奸罪

C. 情节显著轻微、危害不大，不认为是犯罪

D. 构成猥亵儿童罪

7. 甲误认为遭到乙的紧急的不法侵害，而对乙实行防卫行为，致乙死亡。事后证实，乙的行为不具有不法侵害的性质。对于甲的行为认定，下列选项正确的有：(    )

A. 可能构成故意杀人罪

B. 可能构成过失致人死亡罪

C. 可能属于意外事件

D. 可能属于防卫过当

8. 关于故意杀人罪的认定，下列选项正确的有：(    )

A. 非法拘禁使用暴力致人死亡的，应以故意杀人罪论处

B. 刑讯逼供或者暴力取证致人死亡的，应以故意杀人罪论处

C. 聚众“打砸抢”致人死亡的，应以故意杀人罪论处

D. 聚众斗殴致人死亡的，应以故意杀人罪论处

9. 某甲为索取债务，将其债务人的妻子某乙扣押在一地窖中。因通风不好，某乙窒息而死。对于某甲的行为认定，下列选项正确的有：(    )

A. 构成过失致人死亡罪

B. 构成非法拘禁罪并应按加重结果犯处罚

C. 构成非法拘禁罪和过失致人死亡罪，依数罪并罚的规定处罚

D. 某乙的死亡是意外事件，某甲对此结果不应负刑事责任

10. 孙某与丈夫陆某发生争执。孙某拿出事先用瓶装的“鼠必死”药液准备喝下，被陆某夺取自己喝掉。陆某喝完后，出现中毒反应，孙某未予救助，陆某中毒死亡。对于孙某的行为认定，下列选项正确的有：(    )

A. 陆某自己喝的农药，与孙某没有关系

B. 孙某对陆某没有救助义务

C. 孙某对陆某负有积极救助的义务

D. 孙某的行为构成故意杀人罪

# 第十九章　侵犯财产罪*

## 基础知识篇

**一、单项选择题，每题所给的选项中只有一个正确答案。**

1. 已满 14 周岁不满 16 周岁的甲在实施抢夺的过程中，为抗拒抓捕而当场使用暴力，造成他人轻伤。对甲应以下列哪一犯罪论处？（　　）

A. 抢夺罪　　B. 抢劫罪

C. 故意伤害罪　　D. 不构成犯罪

2. 孙某将安眠药放入饮料内让被害人喝下，趁被害人麻醉昏睡，拿走其随身携带财物。孙某的行为构成下列哪一犯罪？（　　）

A. 抢夺罪　　B. 盗窃罪

C. 诈骗罪　　D. 抢劫罪

3. 实施抢夺公私财物行为，构成抢夺罪，同时造成被害人重伤、死亡等后果，构成过失致人重伤罪、过失致人死亡罪等犯罪的，应当按照下列哪一选项处理？（　　）

A. 定抢夺罪

B. 定过失致人重伤、过失致人死亡罪

C. 数罪并罚

D. 按照处罚较重的定罪

4. 关于盗窃罪，下列哪一选项是错误的？（　　）

A. 盗窃公私财物，数额较大的，可以认定为盗窃罪

B. 多次盗窃公私财物、入户盗窃、扒窃，没有数额限制，都可以构成盗窃罪

C. 盗窃的公私财物，不包括电力、煤气、天然气等

D. 携带凶器盗窃，可以构成盗窃罪

5. 关于敲诈勒索罪与抢劫罪中的“威胁”的理解，下列哪一选项是错误的？（　　）

A. 敲诈勒索罪的威胁既可以当面实施，也可以不当面实施；既可以由自己实施，也可以通过第三者实施

B. 抢劫罪的威胁可以当面直接对被害人实施，也可以不当面实施

C. 敲诈勒索罪威胁的内容既可以是当场实现的，也可以是在以后的某个时间实现的；抢劫罪威胁的内容是可以当场实现的

D. 敲诈勒索罪既可以是当场取得财物，也可以在以后的某个时间取得财物；抢劫罪只能是当场取得财物

**二、多项选择题，每题所给的选项中有两个或两个以上正确答案，少答或多答均不得分。**

1. 下列哪些行为构成挪用资金罪？（　　）

A. 村民委员会成员在实施协助政府执行公务以外的其他公共业务过程中，利用职务上的便利，挪用本单位资金归个人使用或者借贷给他人构成犯罪

B. 赵某是彩票销售人员，她利用经营彩票投注站的职务便利，不交纳投注金而购买彩票，且事后无力偿付购买彩票款的

C. 国有企业改制以后，原国有企业从事管理工作的人员挪用单位资金进行营利的

D. 韩某系某公司游戏项目管理中心运维部工作人员，负责维护服务器、游戏软件，更新游戏环境内容等，拥有数字修改权。其利用工作便利，将所在单位的游戏“武器装备”盗出后出售牟利

2. 俞某与朋友闲聊，谈及上网费用较贵，便起意要设法窃取密码。俞某通过计算机网站上的黑客软件强行侵入周某的电脑，窃取周某的上网账号和密码，并将该账号和密码供其朋友、同学等多人使用，共计盗用周某的上网费 8071 元。俞某的行为未触犯下列哪些犯罪？（　　）

A. 诈骗罪　　B. 盗窃罪

C. 抢劫罪　　D. 侵占罪

3. 下列哪些选项不构成抢劫致人重伤？（　　）

A. 赵某犯盗窃罪被当场发现后逃跑，被害人紧追不舍，赵某跨越栏杆时过失导致栏杆倒下，砸中被害人致其重伤

B. 钱某犯抢夺罪被当场发现后立即逃跑，被害人追赶钱某时摔倒在地造成重伤

C. 孙某犯盗窃罪时被马某发现，马某在犹豫是否要报警时，孙某担心被马某抓捕而对其实施暴力，造成马某重伤

D. 李某犯抢夺罪后为抗拒抓捕逃跑，逃跑时猛推刚好挡道的行人致行人倒地重伤

## 理解与应用篇

**一、单项选择题，每题所给的选项中只有一个正确答案。**

1. 赵某以请客喝酒为名将高某灌醉，后将高某扶到一偏僻无人处，将高某的钱包（内有人民币 5000 元）和手机拿走。对于赵某的行为定性，下列哪一选项是正确的？（　　）

A. 诈骗罪　　B. 盗窃罪

---

* 本章答案参见第 85 页。

C. 抢劫罪　　　　　　　　D. 侵占罪

2. 徐某在中国银行自动柜员机上取钱时，发现上一位客户把银行卡忘在机器里没有取走，于是立即修改了这张银行卡的密码，随后提取了10万元现金。根据相关司法解释，对于徐某的行为定性，下列哪一选项是正确的？（　　）

A. 诈骗罪　　　　　　　　B. 信用卡诈骗罪

C. 侵占罪　　　　　　　　D. 盗窃罪

3. 甲被某国有资本控股的有限责任公司聘用，负责查验出场单、验货放行。甲与无业人员乙串通，甲一人值班时，由乙开车从货场拉出价值10万元的货物，并销赃平分。对于甲、乙的行为定性，下列哪一选项是正确的？（　　）

A. 甲构成贪污罪，乙构成盗窃罪

B. 甲构成职务侵占罪，乙构成盗窃罪

C. 甲、乙共同构成职务侵占罪

D. 甲、乙共同构成贪污罪

4. 甲、乙、丙等人经预谋后，从淘宝网店购买某品牌的最新款手机30部。收到手机后，拆下新主板，换上旧主板。然后利用"七天无理由退货规则"将手机退还网店，并获得店铺的全额退款。关于甲等三人的刑事责任，以下说法正确的是：（　　）

A. 就手机主板构成盗窃罪

B. 就退货款构成盗窃罪

C. 就手机主板构成诈骗罪

D. 就退货款构成诈骗罪

**二、多项选择题，每题所给的选项中有两个或两个以上正确答案，少答或多答均不得分。**

1. 甲唆使乙盗窃丙的财物，乙为抗拒抓捕而当场使用暴力致丙死亡。关于本案的分析，下列哪些选项是正确的？（　　）

A. 甲乙构成抢劫罪的共犯

B. 甲构成盗窃罪

C. 乙构成抢劫罪

D. 对甲而言，被教唆人乙没有犯被教唆的罪

2. 方某遇见被害人高某一人骑自行车经过，便用事先准备好的铁质织毛衣用的毛线针插入自行车后轮。高某停下车子，转身检查自行车后轮时，方某将放在自行车前面篮子内的装有1000余元现金的钱包、价值3000元的iPhone手机等物的黑色提包拿走并逃窜。高某经旁人提醒，报警将方某抓获。对于方某的行为定性，下列哪些选项是错误的？（　　）

A. 方某将置于车头篮子里的手提包拎走，是一种秘密窃取的行为

B. 方某在高某在场的情况下拿走手提包，其行为是抢夺

C. 方某用毛线针插入自行车后轮的行为，构成故意毁坏财物罪

D. 方某的行为已经构成了盗窃罪

3. 关于职务侵占罪，下列哪些选项是正确的？（　　）

A. 虽无经营、管理单位财产的权限，但在劳务活动中经手单位财物的，应当认定为具有职务侵占罪的职务便利

B. 网络公司职员利用职务上的便利，通过修改数据生成网络虚拟财物并出售给其他玩家，获利数额较大，应以职务侵占罪论处

C. 临时聘用人员利用职务上的便利，窃取本单位财物数额较大的，应以职务侵占罪论处

D. 公司职员利用代理公司业务的职务便利，将签订合同所得财物非法占为己有，数额较大的，应以职务侵占罪论处

4. 蒋某欲抢劫出租摩托车司机彭某，但被彭某等十余名出租摩托车司机抓获。彭某等人质问蒋某是"公了"还是"私了"，蒋某答应"私了"并同意叫家属拿钱。彭某等人将蒋某带往旅馆住下，对蒋某进行殴打并迫使其在纸条上写明家庭住址、家属姓名以及叫家属拿钱等内容，并通知蒋某家属，要求当日下午以5500元的价格领走蒋某。对于彭某等人的行为认定，下列哪些选项是错误的？（　　）

A. 蒋某咎由自取，对彭某等人不宜认定为犯罪

B. 彭某等人的行为构成绑架罪

C. 彭某等人将蒋某非法拘禁在旅馆的行为被其敲诈勒索行为吸收，不再单独定罪

D. 对抢劫未遂的行为人限制人身自由，以送派出所处理相要挟，迫使其家属交出财物的行为，构成敲诈勒索罪

5. 梁某设计了一个虚假的银行网上支付页面链接，以便窃取上网人员的密码和账号。在1个月内，工商银行客户田某、吴某等人在网上办理存取款业务时，误认为梁某设计的网页为真实的银行网上支付网页，并在该页面办理存取款业务。梁某窃取上述人员的账号和密码后，以上述人员的名义进入真实的中国工商银行网上支付网页，将被害人的存款转入自己的工商银行账号内，共计4万余元，挥霍使用，案发后未追回赃款。对梁某的行为认定，下列哪些选项是正确的？（　　）

A. 梁某表面上使用了诈骗手段取得密码，进而获得财物，但对田某等被害人来说，其合法财产的损失并非基于"自愿"交付

B. 梁某的行为不符合诈骗罪的构成要件

C. 梁某通过骗取的账号和密码，采用秘密手段转移被害人存款的行为，构成盗窃罪

D. 4万余元的赃款被梁某挥霍，给被害人造成巨大损失，应酌情从重处罚

6. 关于敲诈勒索罪，下列哪些选项是正确的？（　　）

A. 以实施暴力或者毁坏财物、名誉为要挟，造成被害人精神上的恐惧，并迫使其事后交出财物的，应以敲诈勒索罪论处

B. 利用被害人年幼将其哄骗到外地，但并未限制其人身自由，同时谎称其被绑架向家属勒索财物的，不构成绑架罪，应以敲诈勒索罪论处

C. 没有债权的事实基础，胁迫他人出具债券凭证的，应以敲诈勒索罪论处

D. 设立赌博骗局，并向被骗的被害人胁迫索要赌债，迫使其交付财物的，应以敲诈勒索罪论处

7. 关于侵占罪与盗窃罪的关系，下列哪些选项是正确的？(　　)

A. 侵占罪的犯罪故意只能产生于持有他人财物之后；盗窃罪的犯罪故意只能产生在非法获取他人财物之前

B. 侵占罪的手段既可以是秘密的，也可以是公开的；盗窃罪的手段只能是秘密的

C. 侵占罪的对象只能是行为人在犯罪前已经持有的他人财物；盗窃罪的对象只能是行为人在犯罪前并不持有的他人财物

D. 侵占罪必须是拒不退还或交出他人财物；窃取他人财物后又主动退还的，不影响盗窃罪的成立

8. 下列哪些行为应以盗窃罪论处？(　　)

A. 甲窃取他人股票账户账号、密码后侵入该账户，利用该账户与自己或第三人的股票账户进行交易并从中牟利

B. 乙非法侵入银行计算机系统，将银行资金划入自己或他人账户，而后到储蓄所提取自己或他人账户上的现金

C. 丙秘密窃取他人财物，事后留言表明自己身份并表示日后归还

D. 丁是邮政工作人员，利用其对邮局储蓄资金存放环境的熟悉以及其他邮政工作人员对其身份的信任，窃取邮政储蓄资金，数额较大

9. 沈某由会计学校安排至某银行支行实习。沈某在柜面办理客户储蓄业务时，从客户陈某的取款单上记录下其借记卡卡号及余额，再从该银行电脑中查得该卡的客户号。次日，沈某前往该银行的其他支行，冒用陈某的身份在该银行存款单上填写客户号，办理了活期存折，然后通过电话银行将陈某借记卡内的人民币1.9万元划入活期存折内，再提款占为己有。对于沈某的行为定性，下列哪些选项是错误的？(　　)

A. 本案中，沈某只是银行的实习生，不具备单位侵占罪的主体资格

B. 沈某经授权独立从事储蓄业务，已经具备了该单位工作人员的同等资质，具备职务侵占罪的主体资格

C. 沈某以非法占有为目的，采用虚构事实的方法骗取他人财物，数额较大，构成诈骗罪

D. 沈某只构成普通的侵占罪

10. 甲乙同乘大巴，途中，甲见乙熟睡，便偷拿出乙的手机，把乙的微信零钱转到自己的账户中。转款后，甲为了防止乙发觉，将乙的手机放进自己的书包想伺机丢掉。到达目的地下车后，乙找不到手机，甲谎称乙的手机落在大巴上，乙信以为真。次日，甲又起犯意，将乙的手机转售他人。关于本案，以下说法错误的是：(　　)

A. 甲取得乙手机，就占有了乙微信零钱，故其就零钱构成侵占罪

B. 甲非法侵入乙手机，实施转账操作，构成非法侵入计算机信息系统罪

C. 甲扒窃乙随身携带的手机，构成盗窃罪

D. 甲对乙的手机和微信零钱构成不同罪名的犯罪

## 综合提高篇

**一、多项选择题，每题所给的选项中有两个或两个以上正确答案，少答或多答均不得分。**

1. 下列哪些情形构成"入户抢劫"？(　　)

A. 入户盗窃被发现后，为抗拒抓捕，对户主实施暴力

B. 入户抄水表读数时，发现户主富有，临时起意实施抢劫

C. 对部分时间从事经营、部分时间用于生活起居的场所，行为人在非营业时间以购物为名骗开房门，入内抢劫

D. 对部分用于经营、部分用于生活且之间有明确隔离的场所，行为人进入生活场所实施抢劫

2. 李某是某村的村民委员会成员，其利用职务上的便利，个人借用了村集体拆迁补偿款供自己的儿子出国留学。关于本案的分析，下列哪些选项是正确的？(　　)

A. 村民委员会成员不是刑法意义上的国家工作人员

B. 李某构成挪用资金罪

C. 李某不构成挪用公款罪

D. 李某不构成职务侵占罪

3. 下列哪些行为应以诈骗罪论处？(　　)

A. 故意制造交通事故，给被害人造成是其过错所致的假象，借机骗取被害人高额赔偿款

B. 银行出纳员自制高额利率订单，对外虚构单位内部有高额利率存款的事实，吸收亲朋好友的现金并占为己有，数额较大

C. 以原始股为诱饵低买高卖骗取股民钱财的，数额较大

D. 以虚假身份证件办理入网手续并使用移动电

话造成电信资费损失,数额较大

4. 甲借口忘带身份证,用假名字骗过宾馆服务员,住进该宾馆二楼一个标价 468 元的标准房。次日凌晨 1 点左右,甲用随身携带的螺丝刀拆下电脑主板、内存条硬盘等配件(总价值 6000 元),然后在未付房费的情形下,若无其事地离开宾馆。关于本案的分析,下列哪些选项是正确的?(　　)

A. 甲秘密窃取宾馆财物,触犯盗窃罪

B. 甲拆卸电脑,使电脑无法使用,触犯故意毁坏财物罪

C. 甲虚构事实、隐瞒真相,取得宾馆的财物,触犯诈骗罪

D. 对未支付房费的行为,甲不构成犯罪

**二、不定项选择题,每题所给的选项中有一个或一个以上正确答案,不答、少答或多答均不得分。**

1. 董某为在房屋拆迁中取得更多的拆迁安置款,伪造了其与妻子离婚的民事判决书,从而成功骗取巨额房屋拆迁款。对于董某的行为认定,下列选项错误的是:(　　)

A. 为实施诈骗行为而伪造国家机关公文的,不适用数罪并罚

B. 属于牵连犯,应当从一重罪处断

C. 行为人为实施诈骗行为而伪造国家机关公文的,一般以诈骗罪定罪处罚

D. 对董某应当按照伪造国家公文罪与诈骗罪数罪并罚

2. 温某想买高档音响,无奈手头有点紧,于是某日趁和自己做生意的朋友嬴某之子小西放学之机,将其骗到自己的出租屋内,打电话要挟嬴某用 20 万元换孩子。随后嬴某报警,温某知道嬴某报警后将小西杀死。对于温某的行为认定,下列选项正确的是:(　　)

A. 以敲诈勒索罪和故意杀人罪并罚

B. 以绑架罪和故意杀人罪并罚

C. 以绑架罪和故意杀人罪的牵连犯,择一重罪处断

D. 以绑架罪定罪处罚

3. 何某在一快递公司担任装卸工,利用当班装卸托运包裹的职务便利,先后多次窃取电脑、手机等物品,共计价值 4.5 万元。对于何某的行为认定,下列选项正确的是:(　　)

A. 以秘密窃取的方式盗取他人物品,构成盗窃罪

B. 利用职务之便侵占他人财物,构成职务侵占罪

C. 不能构成职务侵占罪,因为所侵占财物并非本单位财物

D. 侵占罪中的"本单位财物"不仅局限于本单位所有的财物

4. 关于挪用特定款物罪,下列选项正确的是:(　　)

A. 挪用特定款物罪的对象是救灾、抢险、防汛、优抚、扶贫、移民、救济七种特定款物

B. 挪用特定款物的行为并非一经实施就构成犯罪,而是必须情节严重

C. 挪用特定款物的行为的特征主要是利用职务上的便利,改变特定款物的既定用途,未经合法批准或授权以及不是归个人使用

D. 党政组织中多人参加决定挪用特定款物的,每一个参与者都应认定为构成挪用特定款物罪

5. 倪某拖欠王某 10 万元,因无力偿还,纠结张三等人将王某骗至一宾馆内,对其进行殴打,并向其索要欠款凭证,后迫使其在收到该 10 万元欠款的收条上签字。对于倪某等人的行为认定,下列选项正确的是:(　　)

A. 本案是经济纠纷,倪某不构成犯罪

B. 被抢的欠条不具有价值,不能成为抢劫罪的对象

C. 倪某等人构成抢劫罪

D. 倪某等人抢劫的金额为 10 万元

6. 陆某为制衣厂经营人,自 2013 年年初,因资金不足,开始拖欠该厂职工工资,至 2013 年年末共拖欠韩某等 17 名工人工资共计人民币 15 万余元。该地劳动争议仲裁委员会先后两次作出仲裁协议,裁决陆某支付拖欠的工资。该仲裁协议生效后,陆某转移财产,逃避支付报酬。对于陆某的行为定性,下列选项错误的是:(　　)

A. 由有关政府部门介入解决陆某拖欠工资一事即可

B. 陆某以转移财产、逃匿等方法逃避支付劳动者的劳动报酬,构成拒不支付劳动报酬罪

C. 陆某的行为是其所在的制衣厂的行为,只需要追究该制衣厂拒不支付劳动报酬罪的责任

D. 单位也可构成拒不支付劳动报酬罪,对陆某及制衣厂都要依据该罪定罪处罚

7. 甲在乘坐乙的出租车时,将公文包遗忘在出租车内,包内有现金 5 万多元。乙将该公文包予以隐藏。几天后,甲找到乙所在的出租车公司,将乙辨认出来,但乙拒不交出公文包。对于乙的行为定性,下列选项错误的是:(　　)

A. 盗窃罪

B. 诈骗罪

C. 侵占罪

D. 不当得利,不构成犯罪

8. 熊某为某运输公司的货车驾驶员。在一次运输过程中,熊某从其驾驶的货车内取出一箱品名为"纪念品"的货物,从该封存箱内窃得 30 枚梅花鼠年纪念金币(价值人民币 16 万余元)。后在运输公司的一再追问下,熊某将窃得的纪念金币退还给该公司。对于

熊某行为的评价,下列选项正确的是:(　　)

A. 熊某在运输途中利用其运输、保管货物的职务便利窃取货物,其行为构成职务侵占罪

B. 熊某以秘密窃取的方式获得纪念金币,其行为构成盗窃罪

C. 熊某受运输公司委托具体负责该批货物,其在运输途中取得了对该批货物的控制权

D. 该批纪念金币不是运输公司的财物,故熊某不构成职务侵占罪

# 第二十章　妨害社会管理秩序罪*

## 基础知识篇

**一、单项选择题,每题所给的选项中只有一个正确答案。**

1. 关于聚众斗殴罪的主体,下列哪一说法是正确的?(　　)

A. 聚众斗殴罪的主体包括首要分子和其他积极参加者

B. 聚众斗殴罪的主体还包括所有的普通参加者

C. 聚众斗殴罪的主体只包括首要分子

D. 聚众斗殴罪的主体包括首要分子、其他积极参加者和所有的普通参加者

2. 关于招摇撞骗罪与诈骗罪的界限,下列哪一选项是错误的?(　　)

A. 招摇撞骗罪的行为方式只能是冒充国家机关工作人员,诈骗罪的行为方式是各种各样的

B. 招摇撞骗罪和诈骗罪骗取的只能是财物

C. 骗取财物数额特别巨大的,是法条竞合,应当以诈骗罪定罪处罚

D. 招摇撞骗罪与诈骗罪侵犯的法益差异很大

3. 伪造、变造、买卖国家机关的公文、证件、印章并用于诈骗、招摇撞骗等犯罪活动的,应按下列哪一选项处理?(　　)

A. 伪造、变造、买卖国家机关公文、证件、印章罪

B. 诈骗罪、招摇撞骗罪

C. 应当将伪造、变造、买卖国家机关公文、证件、印章罪与诈骗罪、招摇撞骗罪数罪并罚

D. 是牵连犯,按照其中的重罪处罚

4. 高某不具有医师执业资格,其通过伪造医师资格证书和医师执业证书假冒医生身份行医。虽然多次被施以行政处罚,且其诊所被有关部门予以取缔,但是高某仍然在原址上继续非法行医,严重损害了就诊人的身体健康。对于高某的行为定性,下列哪一说法是正确的?(　　)

A. 构成非法行医罪

B. 若高某擅自为他人堕胎,情节严重,构成非法行医罪

C. 若高某擅自为他人堕胎,造成就诊人死亡,构成医疗事故罪

D. 不构成犯罪

5. 对于聚众斗殴致人伤害的行为认定,下列哪一说法是正确的?(　　)

A. 聚众斗殴致人轻伤的,应认定为聚众斗殴罪,不需另定故意伤害罪

B. 聚众斗殴的过程中致人重伤、死亡的,也应认定为聚众斗殴罪,不需另定故意伤害罪

C. 在聚众斗殴的过程中致人重伤、死亡的,应当择一重罪处罚

D. 在聚众斗殴的过程中致人重伤、死亡的,应当以聚众斗殴罪与故意伤害罪或者故意杀人罪数罪并罚

6. 下列哪一选项属于脱逃罪的主体?(　　)

A. 被宣告缓刑、假释并在考验期限内的犯罪分子

B. 被判处管制、单处剥夺政治权利的犯罪分子

C. 正在服有期徒刑的在押犯

D. 被取保候审的犯罪嫌疑人

7. 司机方某因拒绝缴纳道路通行费而与收费站工作人员郑某发生冲突,将郑某左臂打伤,经法医鉴定为轻伤。对于方某的行为认定,下列哪一说法是正确的?(　　)

A. 妨害公务罪

B. 故意伤害罪

C. 寻衅滋事罪

D. 妨害公务罪与故意伤害罪择一重罪处罚

8. 某甲见他人贩卖毒品有暴利可图,遂起贩毒之意,但苦于无毒品来源,便用面粉等原料加工制造了大量假毒品卖给他人,获赃款5万余元。对于某甲的行为定性,下列哪一说法是正确的?(　　)

A. 贩卖毒品罪　　B. 诈骗罪

C. 制造毒品罪　　D. 非法经营罪

9. 无业人员高某谎称其父是某军区副司令员,通过网上聊天骗取一女大学生信任,与其同居一段时间后,借故骗走女大学生1万余元,后不辞而别。对于高

---

* 本章答案参见第87页。

某的行为认定，下列哪一说法是正确的？（　　）

A. 诈骗罪

B. 招摇撞骗罪

C. 冒充军人招摇撞骗罪

D. 高某冒充的身份是军人

10. 关于伪证罪，下列哪一说法是错误的？（　　）

A. 伪证罪只可能发生在刑事诉讼中

B. 伪证罪的犯罪主体包括证人、鉴定人、记录人、翻译人

C. 伪证罪的主观方面不需要具有陷害他人或者隐匿罪证的意图

D. 伪证罪的最高刑是7年有期徒刑

11. 犯组织、运送他人偷越国（边）境罪，对被组织人、运送人有杀害、伤害、强奸、拐卖等犯罪行为，或者对检查人员有杀害、伤害等犯罪行为的，应按下列哪一选项处理？（　　）

A. 以组织、运送他人偷越国（边）境罪从重处罚

B. 以故意杀人罪、故意伤害罪处罚

C. 组织、运送他人偷越国（边）境罪与故意杀人罪、故意伤害罪择一重罪处罚

D. 组织、运送他人偷越国（边）境罪与故意杀人罪、故意伤害罪数罪并罚

12. 将面粉误作毒品进行贩卖的，按照司法解释，应按下列哪一选项处理？（　　）

A. 构成贩卖毒品罪既遂

B. 构成贩卖毒品罪未遂

C. 构成诈骗罪

D. 没有造成社会危害，不构成犯罪

**二、多项选择题，每题所给的选项中有两个或两个以上正确答案，少答或多答均不得分。**

1. 关于非法持有毒品罪，下列哪些选项是正确的？（　　）

A. 非法持有毒品罪是明知犯

B. 非法持有毒品罪中的"非法持有"，是指违反国家法律和国家主管部门的规定，占有、携带、藏有或者以其他方式持有毒品

C. 购买毒品数量巨大，有证据表明行为人系吸毒者的，应以非法持有毒品罪论处

D. 在购买、运输、存储毒品的过程中被抓获，供述自吸且没有证据证明实施了其他毒品犯罪，但查获毒品数量大的，应以非法持有毒品罪论处

2. 关于寻衅滋事罪，下列哪些选项是正确的？（　　）

A. 寻衅滋事罪是严重扰乱社会秩序的犯罪

B. 行为人主观上具有逞强好胜和填补精神空虚等目的

C. 犯罪行为表现为随意殴打他人，追逐、拦截、辱骂、恐吓他人，强拿硬要或者任意毁损、占有公私财物，都需要情节严重

D. 对犯寻衅滋事罪的犯罪分子，可以附加剥夺政治权利

3. 关于黑社会性质组织的特征，下列哪些选项是正确的？（　　）

A. 形成较稳定的犯罪组织，人数较多，有明确的组织者、领导者，骨干成员基本固定

B. 有组织地通过违法手段获得经济利益，具有一定的经济实力，以支持该组织的活动

C. 以暴力、威胁或者其他手段，无组织地多次进行违法犯罪活动，为非作恶，欺压、残害百姓

D. 不需要利用国家工作人员的包庇

4. 关于走私犯罪，下列哪些说法是正确的？（　　）

A. 甲从境外网站购买枪支，并且收到了枪支。甲构成走私武器罪

B. 乙以传播为目的，从境外网站大量下载淫秽视频，并传播给朋友。乙构成走私淫秽物品罪

C. 丙携带假币进入公海，但找卖家未果，便驾船驶回。丙构成走私假币罪

D. 丁不知道法律是否允许携带黄金入境，便将随身携带的黄金佛像放入行李箱内。丁构成走私贵重金属罪

## 理解与应用篇

**一、单项选择题，每题所给的选项中只有一个正确答案。**

1. 房某自2009年4月起以营利为目的，通过QQ和侯某联系，让其帮助租用境外服务器空间开办手机淫秽网站，2009年11月又让侯某将网站更名为"4gyt.me"。房某利用该网站先后上传淫秽图片570张、淫秽视频链接1389个，并通过给广告联盟做广告推介获利9268元。侯某明知房某开办淫秽网站，仍然为其提供租用境外服务器空间的帮助。对于房某和侯某的行为认定，下列哪一选项是正确的？（　　）

A. 对房某应以传播淫秽物品牟利罪论处

B. 对房某应以非法利用信息网络罪论处

C. 对侯某也应以传播淫秽物品牟利罪论处

D. 侯某不构成帮助信息网络犯罪活动罪

2. 梁某在未取得医生执业资格和医疗机构执业许可证的情况下，自2012年3月起便在上海市嘉定区某出租房内开设非法诊所，为孕妇做B超检查，鉴别胎儿性别，并利用引流器等设备为孕妇进行选择性别的终止妊娠手术，因为部分堕胎手术不成功，所以很多女性患上了不孕不育症，其中还有一名女性在得知自己患不孕不育症后跳楼自杀。对梁某的行为定性，下列哪一选项是正确的？（　　）

A. 构成非法经营罪　　B. 构成非法行医罪

C. 构成故意伤害罪　　D. 构成医疗事故罪

3. 关于毒品犯罪,以下说法正确的是(不考虑数额):(　　)

A. 乙吸毒成瘾,为躲避搜查,乙将毒品交给甲代为保管。甲构成窝藏毒品罪和非法持有毒品罪

B. 甲决心戒毒,将持有的毒品交由乙,乙收下了。乙构成非法持有毒品罪,甲就乙的犯罪行为成立共犯

C. 甲在网上购买毒品用于自己吸食,在取快递时被警察抓获,甲构成运输毒品罪既遂

D. 甲为购买毒品供自己吸食和乙协商在宾馆交货,交货时被公安机关抓获。乙构成贩卖毒品罪既遂、甲构成非法持有毒品罪既遂

**二、多项选择题,每题所给的选项中有两个或两个以上正确答案,少答或多答均不得分。**

1. 甲详知其子强奸妇女的犯罪事实。甲的下列哪些行为不构成包庇罪?(　　)

A. 用手机向其子通报追捕的动静

B. 面对侦查人员的询问,沉默不予回答

C. 对侦查人员谎称妇女为三陪女,因给的钱少,妇女便报案诬陷

D. 经人民法院通知,无正当理由,拒绝出庭作证

2. 关于非法侵入计算机信息系统罪与破坏计算机信息系统罪的认定,下列哪些选项是正确的?(　　)

A. 非法侵入计算机信息系统罪的对象限于国家事务、国防建设、尖端科学技术领域的计算机信息系统

B. 两罪在主观方面都只能是故意

C. 直接对计算机硬件设备毁坏、拆卸的,不构成破坏计算机信息系统罪

D. 利用计算机实施金融诈骗、盗窃、贪污、挪用公款、窃取国家秘密或者其他犯罪的,不构成破坏计算机信息系统罪

3. 关于寻衅滋事罪与其他罪名的界限,下列哪些选项是正确的?(　　)

A. 寻衅滋事致人重伤、死亡的,应以故意伤害罪、故意杀人罪论处

B. 寻衅滋事强拿硬要公私财物的,仍然不能认定为抢劫罪,因为这些行为不以非法占有为目的

C. 寻衅滋事致人重伤、死亡的,应以故意伤害罪、故意杀人罪与寻衅滋事罪数罪并罚

D. 寻衅滋事罪与聚众扰乱社会秩序罪的动机和起因不同,前者往往事出有因,要满足某种个人的要求

4. 2009年,随州大酒店厨师徐某(24岁)在酒店坠楼身亡,经公安机关调查认定为自杀,并将调查结果告知了死者亲属。死者亲属为向酒店索要赔偿,将尸体停放在酒店大厅,引起群众围观。在有关部门协调处理事件的过程中,徐某的父亲徐某某组织、煽动亲戚朋友闹事,堵塞交通,打砸、焚烧随州大酒店,殴打维持现场秩序的公安民警和武警官兵,聚众扰乱社会秩序,造成多名公安、武警人员受伤;多辆警用车辆遭到不同程度的损毁;致使周边企业、学校等单位的生产经营、教学和居民生活秩序受到严重干扰,造成重大财产损失和恶劣的社会影响。对于徐某某的行为定性,下列哪些选项是错误的?(　　)

A. 故意毁坏财物罪

B. 聚众扰乱社会秩序罪

C. 聚众斗殴罪

D. 故意伤害罪

5. 关于妨害作证罪的认定,下列哪些选项是正确的?(　　)

A. 以暴力、威胁、贿买等方法阻止证人作证或者指使他人作伪证

B. 妨害作证罪可以发生在各种诉讼中,辩护人、诉讼代理人毁灭证据、伪造证据、妨害作证罪只能发生在刑事诉讼中

C. 采取暴力手段阻止证人作证或指使他人作伪证而触犯其他罪名的,应当数罪并罚

D. 司法工作人员犯妨害作证罪的,从重处罚

6. 甲将头痛粉冒充海洛因欺骗乙,让乙出卖"海洛因",然后两人均分所得款项。乙出卖后获款4000元,但未来得及分赃便被公安机关查获。关于本案,根据司法解释,下列哪些说法是正确的?(　　)

A. 甲与乙构成贩卖毒品罪的共犯

B. 甲的行为构成诈骗罪

C. 甲属于间接正犯

D. 甲的行为属于犯罪未遂

7. 关于非法组织卖血罪的表述,下列哪些选项是正确的?(　　)

A. 非法组织他人出卖血液,致人死亡的,按故意杀人罪论处

B. 单位不构成非法组织卖血罪

C. 主观方面为故意,一般具有营利的目的

D. 侵犯的客体是国家采供血液管理秩序和公民的健康权利

8. 关于破坏监管秩序罪,下列哪些选项是正确的?(　　)

A. 监犯向多名监管人员行贿,大肆享受监狱特权的,可以认定为破坏监管秩序罪

B. 监犯指使其他监犯殴打另外的被监管人,致使另外的被监管人上吊自杀,可以认定为破坏监管秩序罪

C. 监犯殴打监管人员,扰乱正常的监管秩序,可以认定为破坏监管秩序罪

D. 犯罪主体是依法被关押的罪犯

9. 关于毒品犯罪的说法,下列哪些选项是错误的?(　　)

A. 居间介绍买卖毒品,不获利的,不能以贩卖毒

品罪定罪

B. 故意贩卖假毒品骗取财物的，以诈骗罪论处

C. 因实施其他毒品犯罪而持有毒品的，按所实施的毒品犯罪与非法持有毒品罪数罪并罚

D. 明知是走私、贩卖、运输、制造毒品的犯罪分子，帮助其毁灭罪证，以使其逃避法律制裁的，构成帮助毁灭证据罪

10. 关于破坏环境资源保护罪，下列哪些选项是正确的？（　　）

A. 破坏环境资源保护罪都是单位犯罪

B. 违反《矿产资源法》的规定，未取得采矿许可证擅自采矿，擅自进入国家规划矿区、对国民经济具有重要价值的矿区和他人矿区范围采矿，或者擅自开采国家规定实行保护性开采的特定矿种，经责令停止开采后拒不停止开采，造成矿产资源破坏，情节严重的，应认定为非法采矿罪

C. 林木权属争议一方在林木权属确权之前，擅自砍伐森林或者其他林木，数量较大的，以滥伐林木罪论处

D. 农村居民采伐自留地和房前屋后个人所有的零星林木，不以滥伐林木罪论处

11. 关于盗掘古文化遗址、古墓葬罪的认定，下列哪些选项是正确的？（　　）

A. 本罪具有窃取文物的目的

B. 盗掘古文化遗址、古墓葬并窃取文物的，以本罪与盗窃罪并罚

C. 行为人只要实施了盗掘古文化遗址、古墓葬的行为，即构成本罪的既遂，至于是否窃取了文物，并不影响成立本罪的既遂

D. 在盗掘古文化遗址、古墓葬的过程中，又损毁珍贵文物或者名胜古迹的，应当以本罪与故意损毁文物罪、故意损毁名胜古迹罪并罚

12. 关于妨害文物管理罪的认定，下列哪些选项是正确的？（　　）

A. 故意损毁文物罪，是指故意损毁国家保护的珍贵文物或者被确定为全国重点文物保护单位的文物，不包括被确定为省级文物保护单位的文物

B. 非法向外国人出售、赠送珍贵文物罪，是违反文物保护法规，将收藏的国家禁止出口的珍贵文物私自出售给外国人，私自赠送给外国人的不构成此罪

C. 非法出售、私赠文物藏品罪的犯罪主体是国有博物馆、图书馆等单位

D. 倒卖文物罪要求以牟利为目的

13. 自 2005 年起，犯罪嫌疑人曹某伙同其夫、其弟及郭某、翁某等人，先后以欺骗的手段招募 40 余名广东、河南籍年轻女子，非法扣押身份证，限制她们的人身自由，切断与外界的联系，组织强迫她们在湖南、湖北、江西等地巡回进行淫秽色情表演。对于曹某等人的行为定性，下列哪些选项是正确的？（　　）

A. 不构成非法拘禁罪

B. 构成传播淫秽物品罪

C. 构成非法经营罪

D. 构成组织淫秽表演罪

14. 甲是工厂的保安，空暇时间喜欢赌博。某日，甲赌博时输的钱较多，担心回家会被老婆臭骂，便尾随赌徒乙，抢劫了乙的赌资。因乙认识甲，为防止乙日后报案，甲将乙杀死。对于甲的处理，下列哪些选项是错误的？（　　）

A. 抢劫罪

B. 以抢劫罪、故意杀人罪并罚

C. 以赌博罪、抢劫罪、故意杀人罪并罚

D. 以赌博罪、抢劫罪并罚

15. 甲公司欲在路边盖门面房，但路边的树枝阻碍了施工。在未取得采伐许可的情况下，甲公司将部分树枝砍掉，所砍树枝共计 6 立方米。对于甲公司的行为认定，下列哪些选项是错误的？（　　）

A. 盗伐林木包括砍伐树枝，甲公司的行为成立盗伐林木罪

B. 盗伐林木罪是行为犯，不以破坏林木资源为要件，甲公司的行为成立盗伐林木罪

C. 甲公司不以非法占有为目的，只成立滥伐林木罪

D. 不能以盗伐林木罪判处甲公司罚金

16. 关于包庇罪，下列哪些选项是正确的？（　　）

A. 包庇罪和包庇毒品犯罪分子罪法条是普通法条和特殊法条的关系

B. 包庇罪和帮助犯罪分子逃避处罚罪不同，后者的主体是负有查禁犯罪活动职责的国家机关工作人员

C. 实施窝藏、包庇行为的行为人与被窝藏、包庇的犯罪分子在犯罪之前有通谋的，对于窝藏、包庇的行为人不以窝藏、包庇罪论处，而是以被窝藏、包庇的犯罪分子共同实施犯罪论处

D. 旅馆业、饮食服务业人员在公安机关查处卖淫、嫖娼活动时为违法犯罪分子通风报信，情节严重的，构成包庇罪

17. 甲纠集十余人对乙进行报复，其通过手机微信的群聊功能指令所有参与者“和对方打斗时，下手重一点”。在打架的过程中，现场一片混乱，乙不知道被何人拿刀捅死，现已无明确证据查清这一事实。关于本案的分析，下列哪些选项是错误的？（　　）

A. 对甲应以故意杀人罪定罪量刑

B. 甲是教唆犯，未参与打斗，不应认定为主犯

C. 所有在现场参与打架的人都构成故意杀人罪

D. 所有在现场参与打架的人都构成聚众斗殴罪

18. 关于制作、贩卖、传播淫秽物品罪，下列哪些选项是正确的？（　　）

A. 明知是淫秽网站而租用广告及为其站提供资金的，应以传播淫秽物品牟利罪论处

B. 网站版主明知是淫秽信息而允许或放任该淫秽信息传播，涉及的淫秽电子信息数量达到司法解释规定的数量标准的，应以传播淫秽物品罪论处

C. 将自己与他人的性行为视频上传至个人博客，使不特定多数人得以浏览，属于传播淫秽物品，应以传播淫秽物品罪论处

D. 通过网络视频组织淫秽表演的，应以组织淫秽表演罪论处

## 综合提高篇

**一、多项选择题，每题所给的选项中有两个或两个以上正确答案，少答或多答均不得分。**

1. 关于赌博罪，下列哪些说法是正确的？（　　）

A. 不以营利为目的，进行带有少量财物输赢的娱乐活动，不以赌博罪论处

B. 提供棋牌室等娱乐场所只收取正常的场所和服务费用的经营行为，不以赌博罪论处

C. 明知他人实施赌博犯罪活动，而为其提供资金，施以直接帮助的，以赌博罪的共犯论处

D. 明知他人实施赌博犯罪活动，而为其提供费用结算服务，施以直接帮助的，以赌博罪的共犯论处

2. 下列哪些行为不构成组织考试作弊罪？（　　）

A. 在法学院民法课期末考试中，班长组织全班同学考试作弊

B. 明知他人组织考生在全国研究生入学英语考试中作弊，而为其提供作弊器材

C. 为实施考试作弊行为，向他人出售某省高考入学试题的正确答案

D. 让他人代替自己参加高考，后被某名牌大学顺利录取

3. 下列哪些行为构成非法利用信息网络罪？（　　）

A. 通过互联网，非法侵入国家事务、国防建设的计算机信息系统

B. 通过互联网，非法远程对计算机信息系统功能进行删除，导致计算机信息系统不能正常运行，后果严重

C. 贩毒者在微信群中发布“想知道在哪里购到毒品吗？请联系本人私聊”的信息，情节严重

D. 为实施非法吸收公众存款的犯罪活动，在各大网络论坛发布诱骗他人投资某项目的信息，情节严重

4. 下列哪些行为构成帮助信息网络犯罪活动罪？（　　）

A. 明知他人建立的是淫秽网站，仍为其提供服务器托管服务，情节严重

B. 支付公司明知某网站为赌博网站，仍为其提供资金结算服务，情节严重

C. 明知他人意图通过互联网破坏计算机信息系统，仍为其提供黑客技术支持

D. 利用互联网，帮助他人侵入尖端科学技术领域的计算机信息系统

5. 下列哪些行为应以编造、故意传播虚假信息罪论处？（　　）

A. 明知是编造的虚假恐怖信息，印刷下来，四处张贴

B. 在微博上发布自己编造的某医院丢失放射性物质的信息

C. 吃饭聊天时，将自己编造的某商场将会爆炸的信息告诉同桌的人

D. 明知是编造的虚假险情信息，仍无聊地复制到手机中的数个微信群

6. 关于妨害社会管理秩序罪的认定，下列哪些选项是正确的？（　　）

A. 两村村民为争土地资源而斗殴的，因不存在流氓动机，故双方的行为均不构成聚众斗殴罪

B. 甲怀疑医院未认真治疗自己的疾病，导致病情恶化，遂去医院殴打医生，砸坏医生的办公室，严重影响医院医疗活动。甲的行为构成寻衅滋事罪

C. 乙因食品安全犯罪被判处禁止从事食品行业的工作 3 年，但其刑满释放后即从事食品工作，情节严重。对乙的行为可以拒不执行判决、裁定罪定罪处罚

D. 丙强行给他人注射毒品，使他人形成毒瘾，健康严重受损。丙的行为既构成强迫吸毒罪，又构成故意伤害罪

**二、不定项选择题，每题所给的选项中有一个或一个以上正确答案，不答、少答或多答均不得分。**

1. 下列行为中应以故意伤害罪定罪处罚的是：（　　）

A. 聚众斗殴，致人死亡

B. 非法组织他人出卖血液，对他人造成伤害

C. 司法工作人员对犯罪嫌疑人实行刑讯逼供，致人伤残的

D. 监狱的监管人员对被监管人进行殴打或者体罚虐待，致人伤残的

2. 甲从医院退休后，为赚钱在家擅自为人看病。某日，乙上门请求甲为其看病。甲判定需注射青霉素，乙自述以前曾注射过青霉素，甲未做皮试就给乙注射青霉素，乙因青霉素过敏而死亡。对于甲的行为定性，下列选项错误的是：（　　）

A. 医疗事故罪

B. 以非法行医罪的基本犯论处

C. 以非法行医罪的加重犯论处

D. 过失致人死亡罪

3. 关于非法持有毒品罪，下列选项正确的是：（　　）

A. 非法持有毒品的，无论数量多少都应当追究刑

事责任

B. 持有毒品不限于本人持有,包括通过他人持有

C. 持有毒品者非所有者时,必须知道毒品的来源以及毒品的所有者

D. 因实施其他毒品犯罪而持有毒品的,按所实施的毒品犯罪定罪处罚,不再数罪并罚

4. 金某是个吸毒人员,晚上经常和几个被害人一起打麻将,每次打到半夜三更的时候,金某就说毒品能提神解乏,极力鼓励被害人一起吸食毒品,最后导致金某的众多牌友都染上了毒瘾。对于金某的行为定性,下列选项错误的是:(　　)

A. 不构成犯罪

B. 构成传授犯罪方法罪

C. 构成引诱他人吸毒罪

D. 教唆犯

5. 郑某经营着一家大型百货公司,其明知林某几人经常在该商场扒窃他人财物,但仍收购了林某等人拿来的 10 余部手机,放在商场里面卖手机的柜台上销售。对于郑某的行为认定,下列选项正确的是:(　　)

A. 百货公司不满足掩饰、隐瞒犯罪所得罪的主体条件

B. 单位可以成为掩饰、隐瞒犯罪所得罪的主体

C. 对郑某应当以掩饰、隐瞒犯罪所得罪的规定处罚

D. 郑某构成盗窃罪的共犯

6. 钱某经营一家舞厅,经常为来舞厅消费的顾客联系卖淫女,中间收取一些介绍费。随着钱某舞厅的生意越来越大,其中间收取的介绍费多达 10 万余元。对于钱某的行为认定,下列选项正确的是:(　　)

A. 构成介绍卖淫罪　　B. 构成组织卖淫罪

C. 构成协助组织卖淫罪　D. 构成容留卖淫罪

7. 对协助组织卖淫罪的认定,下列选项正确的是:(　　)

A. 协助行为表现为帮助组织者引诱、介绍、强迫他人卖淫

B. 对协助组织卖淫的行为,不能以组织卖淫罪的共犯定罪处罚

C.《刑法》将协助组织卖淫的帮助行为正犯化,依照单独的罪名即协助组织卖淫罪来认定

D. 帮助组织者引诱、介绍、强迫他人卖淫的,不再认定为引诱、介绍、强迫卖淫罪

8. 关于招摇撞骗罪的说法,下列选项正确的是:(　　)

A. 构成招摇撞骗罪的行为人要么冒充国家机关工作人员,要么冒充人民警察

B. 冒充人民警察招摇撞骗的,依照《刑法》第 279 条第 1 款的规定从重处罚

C. 当招摇撞骗罪与诈骗罪发生交叉竞合时,应当重法优于轻法

D. 冒充国家机关工作人员骗取财物,又骗取其他非法利益的,是基于一个概括故意实施的连续性的行为,应以一罪论处

9. 谢某甲因绑架罪被判处 12 年有期徒刑,后从该监狱中逃脱。警方迅速组织警力对其进行追捕。谢某甲逃脱后设法联系到谢某乙,请求其帮助自己。谢某乙明知道谢某甲是从监狱中逃脱的,却不向警方报告,并向其提供财物及隐藏住所。对于谢某乙的行为认定,下列选项正确的是:(　　)

A. 包庇罪的对象可以是已决犯,谢某乙的行为构成包庇罪

B. 即使谢某乙是谢某甲的亲哥哥,但根据我国法律规定,其窝藏行为也是一种犯罪

C. 谢某乙的行为必然出于故意,主观上需要明知是犯罪的人

D. 谢某乙的行为可以认定为知情不举

10. 黄某在家里将重约 10 克的甲基苯丙胺卖给陈某,要价 2000 元。随后黄某离开房间,陈某还留在房间里,而 18 岁的侄儿甲在一旁打游戏。突然,甲听到房间外面一阵喧嚣,听到有个人说“我们是公安的”。甲马上趁机将黄某卖给陈某的毒品扔出窗外,致使毒品遗失。对于甲的行为定性,下列选项正确的是:(　　)

A. 应当认定为窝赃罪

B. 应当认定为非法持有毒品罪

C. 应当认定为窝藏毒品罪

D. 应当认定为包庇毒品犯罪分子罪

11. 刘某因涉嫌寻衅滋事罪被某市公安局刑事拘留,其父刘甲和李乙在得知刘某被羁押并有可能被判处刑罚的情况下,为使其从轻、减轻处罚,到市公安局办理了刘某的户籍变更登记手续,将其年龄改为未成年,并将该身份信息提供给该市办理案件的检察院。检察院在审查起诉过程中发现问题,并向市公安局调查而查出真相。对于刘甲和李乙的行为认定,下列选项正确的是:(　　)

A. 构成共同犯罪

B. 构成伪证罪

C. 伪造的证据只涉及刘某的罪行轻重,不属于与案件有重要关系的情节

D. 二人故意在司法机关审查起诉阶段提供虚假证明

12. 陈某是一名网络黑客,其经常非法侵入腾飞网络计算机信息系统,对该计算机信息系统功能非法进行修改、删除和干扰,同时盗窃腾飞网络游戏中的虚拟货币,在网络游戏中肆意挥霍。这些行为都导致腾飞网络系统经常不能正常运行,给腾飞网络公司造成了巨大的经济损失。对于陈某的定罪处罚,下列选项正确的是:(　　)

A. 陈某只构成破坏计算机信息系统罪

B. 陈某利用计算机实施盗窃罪,仍然只构成破坏计算机信息系统罪

C. 陈某既构成破坏计算机信息系统罪,也构成盗窃罪,但应从一重罪处罚

D. 陈某既构成破坏计算机信息系统罪,也构成盗窃罪,对于二者数罪并罚

13. 关于卖淫行为构成犯罪的情形,下列选项正确的是:(　　)

A. 构成传播性病罪不要求实际上已经造成他人染上性病的结果

B. 中国公民和外国人均可成为传播性病罪的主体

C. 以营利为目的,采用招募、容留等方法,控制他人从事同性卖淫活动的,应以组织卖淫罪论处

D. 通过互联网向社会公众发布卖淫信息,很多人通过该卖淫信息而前往嫖娼的,不构成犯罪

14. 孟某经营一家旅馆,除正常经营外,还与多个卖淫组织有联系,为卖淫女的卖淫行为提供住所。至案发时,孟某经营的旅馆接纳卖淫嫖娼行为共计千余人次。在公安机关的专项整治社会管理秩序的活动开展时,孟某为卖淫嫖娼者通风报信,致使部分人逃脱处罚。孟某与一个卖淫组织的主犯较为熟悉,在公安机关通缉该名主犯时,将其藏匿在亲戚的租住房内,且为其提供逃往东南亚的资金,致使该卖淫组织很长时间内没有被完全消灭。

(1)关于孟某为卖淫嫖娼行为提供住所的行为定性,下列选项正确的是:(　　)

A. 构成容留卖淫罪

B. 构成组织卖淫罪的共犯

C. 构成协助组织卖淫罪

D. 构成包庇罪

(2)关于孟某为卖淫嫖娼者通风报信的行为定性,下列选项正确的是:(　　)

A. 构成组织卖淫罪的共犯

B. 构成容留卖淫罪

C. 构成包庇罪

D. 属于旅馆业、饮食服务业、文化娱乐业、出租汽车业等单位的人员为违法犯罪分子通风报信的情形,且情节严重

(3)关于孟某将卖淫组织的主犯藏匿在租住屋的行为定性,下列选项正确的是:(　　)

A. 构成窝藏罪

B. 构成包庇罪

C. 构成组织卖淫罪的共犯

D. 构成妨害作证罪

15. 关于妨害文物管理罪,下列选项正确的是:(　　)

A. 非法向外国人赠送珍贵文物罪中的"珍贵文物",只能是行为人"收藏的国家禁止出口的珍贵文物"

B. 过失损毁省级文物保护单位的文物,即使是造成严重后果的,也不构成犯罪

C. 非法私赠文物藏品罪的犯罪主体只能是国有博物馆、图书馆等单位

D. 行为人倒卖国家禁止经营的文物,主观方面要求以牟利为目的

# 第二十一章　危害国防利益罪*

**一、单项选择题,每题所给的选项中只有一个正确答案。**

1. 2012 年 5 月,被告人曹某等人经密谋后,分别购买作案工具迷彩色三菱吉普车、假军车牌照、假军服、头盔、警棍以及证件等物,伪装成军队纠察人员,以查假军车为名,让多人缴纳"罚款"。有人不缴纳罚款,曹某等人即殴打对方,迫使其缴纳罚款。对于曹某等人的定性,下列哪一选项是正确的?(　　)

A. 骗取他人缴纳罚款的行为,构成敲诈勒索罪

B. 骗取他人缴纳罚款的行为,触犯冒充军人招摇撞骗罪

C. 殴打对方迫使其缴纳罚款的行为,不构成抢劫罪

D. 殴打对方迫使其缴纳罚款的行为,构成敲诈勒索罪

2. 对破坏武器装备、军事设施、军事通信罪的认定,下列哪一选项是正确的?(　　)

A. 该罪只能发生在平时,不能发生在战时

B. 本罪的主观目的可以是泄愤报复或者其他个人目的

C. 战时破坏武器装备、军事设施、军事通信的,不构成该罪

D. 破坏武器装备、军事设施、军事通信情节特别严重的,也不会被判处死刑

**二、多项选择题,每题所给的选项中有两个或两个以上正确答案,少答或多答均不得分。**

1. 对武装部队公文、证件、印章的犯罪认定,下列哪些选项是错误的?(　　)

A. 伪造、变造武装部队公文、证件、印章的,构成

---

* 本章答案参见第 91 页。

伪造、变造武装部队公文、证件、印章罪

B. 买卖武装部队公文、证件、印章的，构成买卖国家机关公文、证件、印章罪

C. 以秘密手段窃取或者公然夺取武装部队公文、证件、印章的，构成盗窃、抢夺武装部队公文、证件、印章罪

D. 毁灭武装部队公文、证件、印章的，构成毁灭武装部队公文、证件、印章罪

2. 农民张某等一行 9 人春节后准备南下至广州，进入火车站广场时被武警战士宋某、徐某二人拦住。宋某、徐某要求张某等人接受危险品检查。张某由于刚坐出租车被“宰”而满腹怒气，拒绝接受检查，并扬言要揍宋某、徐某一顿。当宋某再次要求张某接受检查时，张某出手便打，其同伙也相继动手，将宋某、徐某打倒在地，并把二人跟指挥中心联系的步话机摔坏，把执勤用的军用摩托车砸毁。后来在公安人员的协助下，才将张某等 9 人抓获。张某等人的行为触犯下列哪些犯罪？（　　）

A. 故意伤害罪

B. 妨害公务罪

C. 寻衅滋事罪

D. 阻碍军人执行职务罪

**三、不定项选择题，每题所给的选项中有一个或一个以上正确答案，不答、少答或多答均不得分。**

1. 关于冒充军人诈骗罪的认定，下列选项正确的是：（　　）

A. 冒充军人进行诈骗，同时构成诈骗罪与冒充军人招摇撞骗罪的，从一重罪论处

B. 冒充军人劫持航空器的，成立冒充军人招摇撞骗罪与劫持航空器罪，实行数罪并罚

C. 冒充军人招摇撞骗罪要求有骗取财物的目的

D. 冒充人民警察招摇撞骗的，依照冒充军人招摇撞骗罪的规定从重处罚

2. 张某是一流浪汉，某日碰巧拾得一包裹，发现里面装着军官证、武警部队服装等物，遂心生假扮军人念头。关于本案，下列分析正确的是：（　　）

A. 若张某仅是为了好玩而冒充军人，没有为牟取非法利益进行招摇撞骗，不构成犯罪

B. 若假冒军人身份行骗，情节严重，造成严重后果，构成冒充军人招摇撞骗罪

C. 若张某冒充军人诈骗财物数额特别巨大或者有其他特别严重情节，属于想象竞合，应以诈骗罪定罪从重处罚，不实行数罪并罚

D. 若军官证、武警部队服装等物是张某偷来的，还构成盗窃武装部队证件罪

3. 甲、丙是情侣关系，得知丙出轨，甲等待着复仇的时刻。有一天，甲得知丙第二天将会与第三者搭乘 A308 航班前往马尔代夫度假，于是冒充军人身份在各大微博、论坛上虚构“丙是恐怖分子，明日将会搭乘 A308，通过自爆将 A308 航班在天空中炸毁”的消息。甲的好友乙已知这些信息是假的，还跟着一起传播。这些虚假的帖子瞬间在网上引起巨大轰动，导致第二天 A308 航班停机接受全面检查。关于甲、乙的行为分析，下列选项错误的是：（　　）

A. 触犯故意传播虚假恐怖信息罪

B. 触犯编造、故意传播虚假信息罪

C. 触犯以危险方法危害公共安全罪

D. 触犯冒充军人招摇撞骗罪

# 第二十二章　贪污贿赂罪*

**一、单项选择题，每题所给的选项中只有一个正确答案。**

1. 于某是某房管所房管科副科长，利用工作之便套出 60 平方米住房一处并占有使用，但并未办理私有产权证。关于于某的行为定性，下列哪一选项是正确的？（　　）

A. 不构成犯罪，贪污罪的对象只能是动产

B. 构成侵占罪

C. 构成贪污罪，但未遂

D. 构成贪污罪，且已经既遂

2. 昌某为某国有企业驻上海销售办事处副主任。该企业根据出台的奖励政策，对销售达到要求的员工给予年终一次性奖励。昌某伪造虚假的销售合同，借以提升自己的工作业绩，一次性骗取企业年终奖励 3.5 万元。关于昌某的行为定性，下列哪一选项是正确的？（　　）

A. 诈骗罪　　B. 合同诈骗罪

C. 贪污罪　　D. 不构成犯罪

3. 程某为某国有企业的副经理，在与另一公司进行合作活动时，该公司给予程某存有 88,888 美元的招商银行的银行卡一张，同时有一张写有银行卡密码和数额的字条。之后，程某变更了该银行卡的密码，并将该银行卡存放于保密柜中，案发后被起获。关于程某的行为定性，下列哪一选项是正确的？（　　）

A. 受贿罪，且既遂　　B. 受贿罪，但未遂

C. 不构成犯罪　　D. 贪污罪

* 本章答案参见第 91 页。

4. 甲在国家机关任职，乙有求于他的职务行为，给甲送上5万元的好处费。甲答应给乙办事，但因故未办成。乙见事未办成，要求甲退回好处费。甲拒不退还，并威胁乙若再来要钱就告乙行贿。关于甲的行为定性，下列哪一选项是正确的？（　　）

A. 受贿罪

B. 诈骗罪

C. 敲诈勒索罪

D. 受贿罪与敲诈勒索罪

5. 彭某为某国有企业职工，其妻因做生意欠债很多，债主经常上门讨债。彭某为帮妻子还债，在未与其他公司领导商量的情况下，利用职务之便，以借为名，挪用公款6万余元，超过3个月未还。关于彭某的行为定性，下列哪一选项是正确的？（　　）

A. 挪用资金罪

B. 挪用公款罪

C. 属于民事纠纷，不构成犯罪

D. 贪污罪

6. 某报社为国有事业单位，该报社广西记者站是该报社的派出机构，唐某即该记者站的工作人员。唐某利用职务之便，在采访过程中利用某市粮食系统一些问题害怕上报、曝光的心理，索取区县粮食局共计10余万元现金。关于唐某的行为定性，下列哪一选项是正确的？（　　）

A. 受贿罪

B. 唐某不具备国家工作人员身份，不构成犯罪

C. 贪污罪

D. 侵占罪

7. 国家工作人员温某利用职务上的便利，为某单位谋取利益。随后，该单位的经理送给温某一张购物卡，并告知其购物卡的价值为2万元，使用期限为1个月。温某收下购物卡后忘记使用，导致购物卡过期作废，卡内的2万元被退回到原单位。关于甲的行为定性，下列哪一选项是正确的？（　　）

A. 甲的行为不构成受贿罪

B. 甲的行为构成受贿罪（既遂）

C. 甲的行为构成受贿罪（未遂）

D. 甲的行为构成受贿罪（预备）

8. 派出所所长华某为了创收，指派联防队员葛某与他人合谋"做路子"抓卖淫女，派被告人谢某带卖淫女到集镇上指认嫖客。2000年8月3日，回家探亲的大学生李某被华某、谢某等人以嫖娼为由予以拘留，并遭到体罚和殴打，被迫承认曾经参与嫖娼。华某责令李某交付5000元罚款后才放其回家。此后，华某又将与李某"招供"的嫖娼情节不符的卖淫女笔录进行涂改，并安排他人找发廊老板取假证，起草违背事实真相的"情况报告"蒙蔽上级领导，企图将李某"嫖娼"案变成铁案。关于华某、葛某的行为定性，下列哪一选项是正确的？（　　）

A. 刑讯逼供罪　　B. 诬告陷害罪

C. 滥用职权罪　　D. 伪证罪

9. 甲为某市副市长，在代表该市到其他省、市进行招商引资的活动中，多次接受对方省、市赠送的礼品，价值50万元，应当交公而没有交公。关于甲的行为定性，下列哪一选项是正确的？（　　）

A. 侵占罪　　B. 受贿罪

C. 贪污罪　　D. 职务侵占罪

10. 乙与他人合开公司（注册资金为1000万元）时，将10%的股份送给国家工作人员甲，经甲同意将其登记在丙名下。一年后，10%的股份的价值增值为200万元，乙经过甲同意，以600万元收购了该股份。甲的受贿金额为：（　　）

A. 600万元　　B. 500万元

C. 400万元　　D. 100万元

**二、多项选择题，每题所给的选项中有两个或两个以上正确答案，少答或多答均不得分。**

1. 下列哪些选项属于挪用公款归个人使用，从而构成挪用公款罪？（　　）

A. 国有公司经理甲将公款供亲友使用

B. 国有企业财会人员乙以个人名义将公款供其他国有单位使用

C. 国家机关负责人丙个人决定以单位名义将公款供其他单位使用，但未谋取个人利益

D. 国有企业的单位领导集体研究决定将公款给私有企业使用

2. 关于贪污罪与职务侵占罪的区别，下列哪些选项是正确的？（　　）

A. 对象不同：贪污罪的对象是公共财产，职务侵占罪的对象是个人财产

B. 主体不同：贪污罪的主体是国家工作人员，职务侵占罪的主体是公司、企业或者其他单位的人员

C. 职务侵占罪的对象是他人的委托保管物、遗忘物、埋藏物

D. 职务侵占罪的对象是公司、企业或者其他单位的财产

3. 下列哪些选项属于《刑法》规定的"国家工作人员"？（　　）

A. 国家机关中从事公务的人员，但不包括中国共产党的各级机关、中国人民政治协商会议的各级机关中从事公务的人员

B. 国有公司、企业、事业单位、人民团体中从事公务的人员

C. 国家机关、国有公司、企业、事业单位委派到非国有公司、企业、事业单位、社会团体中从事公务的人员

D. 受国家机关、国有公司、企业、事业单位、人民

团体委托管理、经营国有财产的人员

4. 甲的女儿参加高考,未达到某大学录取线。甲委托该高校所在市的教委副主任乙向该大学主管招生的副校长丙打招呼,还交付给乙 2 万元现金,其中 1 万元用于酬谢乙,另外 1 万元请乙转交给丙。乙向丙打了招呼,并将 1 万元转交给丙。丙收下 1 万元,并答应尽量帮忙,但仍然没有录取甲的女儿。1 个月后,丙的妻子丁知道此事后,对丙说:“你没有帮人家办事,不能收这 1 万元,还是退给人家吧。”丙同意后,丁将 1 万元退给甲。关于本案,下列哪些说法是错误的?(　　)

A. 乙的行为成立不当得利与介绍贿赂罪

B. 丙没有利用职务上的便利为他人牟取利益,所以不成立受贿罪

C. 丙在未能为他人牟取利益之后退还了财物,所以不成立受贿罪

D. 丁将 1 万元贿赂退给甲而不移交司法机关,构成帮助毁灭证据罪

5. 关于贪污贿赂等行为的定性,下列哪些选项是错误的?(　　)

A. 村民委员会主任甲利用职务之便侵吞救济款物,构成贪污罪

B. 普通公民乙利用受聘担任国有公司经理职务的便利条件,侵吞国有财物,不构成贪污罪

C. 国家工作人员丙利用职务上的便利向他人索取财物,但未为他人牟取利益,不构成受贿罪

D. 丁采用暴力方法阻碍国家机关工作人员执行公务,并致使该工作人员重伤,应以妨害公务罪从重处罚

6. 唐某、张某与刘某等人为某国有公司的职工,三人利用职务之便共同侵吞公款 300 余万元,但刘某并未分得赃款。关于本案的分析,下列哪些选项是正确的?(　　)

A. 没有得到赃款,刘某的行为不构成贪污罪

B. 刘某即使没有分得赃款也成立贪污罪的共犯

C. 刘某没有分得赃款,证明刘某既没有犯罪目的,也没有犯罪动机

D. 没有得到赃款可以作为量刑情节予以考虑

7. 关于行贿罪的说法,下列哪些选项是正确的?(　　)

A. 在经济往来中,违反国家规定,给予国家工作人员以财物,数额较大的,或者违反国家规定,给予国家工作人员以各种名义的回扣、手续费的,以行贿罪论处

B. 因被勒索给予国家工作人员以财物,没有获得不正当利益的,不构成行贿

C. 行贿人在被追诉前主动交代行贿行为的,可以从轻或减轻处罚

D. 民事诉讼当事人为达到胜诉目的,给予主审法官财物,使其作出有利于自己的民事判决的行为,应认定为行贿罪

8. 副县长甲对妻子乙(幼儿园老师)说:“我不便收受别人东西,如有人给你送礼,只要对方所托之事我能搞定,你就收下。”丙送给乙 3 万元,请乙想办法解决孩子工作问题。乙收下钱后告知甲,甲安排丙的孩子去财政局上班。关于本案的分析,下列哪些选项是错误的?(　　)

A. 甲构成受贿罪

B. 乙构成利用影响力受贿罪

C. 丙构成对有影响力的人行贿罪

D. 丙构成行贿罪

9. 律师甲送给私企员工乙 30 万元,请乙想办法劝说其在法院任院长的哥哥丙,照顾一下甲的案件。乙告诉丙:“律师甲给了我和你 30 万元,你就关照一下甲的案件。这 30 万元,我们一人一半。”丙同意,并关照了甲的案件。对于乙如何劝说丙的事实,甲并不知情。关于本案的分析,下列哪些选项是正确的?(　　)

A. 甲的行为成立对有影响力的人行贿罪

B. 乙的行为成立行贿罪

C. 乙和丙的行为均成立受贿罪

D. 乙、丙不构成触犯同一罪名的共同犯罪

10. 关于贪污罪的认定,下列哪些选项是正确的?(　　)

A. 在中国石油总公司中从事公务的甲利用职务便利,将本单位在对外石油贸易活动中收受的回扣据为己有,数额较大。甲的行为构成贪污罪

B. 县土地管理部门的工作人员乙为农民赵某多报房屋面积,使赵某从某私营地产开发商处多领取 80 万元补偿款,自己分得 10 万元。乙的行为构成贪污罪

C. 村民委员会主任丙在协助政府分发救灾款项时,利用职务便利,将其中数额较大款项据为己有。丙的行为构成贪污罪

D. 国有保险公司工作人员丁利用职务便利,编造未发生的机动车保险事故进行虚假理赔,将骗取的 15 万元保险金据为己有。丁的行为构成贪污罪

**三、不定项选择题,每题所给的选项中有一个或一个以上正确答案,不答、少答或多答均不得分。**

1. 国家工作人员朱某挪用本单位的救灾款 100 万元,全部买了彩票,结果分文未中。之后,朱某不服气,又挪用单位的希望工程项目经费 200 万元,继续买彩票,结果再次败北且只剩下 10 万元。朱某见事已至此,就干脆携卷剩余资金开始亡命天涯。关于朱某的行为定性,下列选项正确的是:(　　)

A. 朱某携款潜逃的行为使其之前挪用公款的行为转化为贪污行为,朱某只构成贪污罪

B. 朱某只构成挪用公款罪

C. 朱某挪用救灾款的行为构成挪用特定款物罪

D. 朱某同时构成挪用公款罪和贪污罪,数罪并罚

2. 关于贪污贿赂罪的犯罪主体,下列说法正确的是:(　　)

A. 与离职的国家工作人员关系密切的人是利用影响力受贿罪的犯罪主体

B. 只有国家机关、国有公司、企业、事业单位、人民团体才是私分国有资产罪的犯罪主体

C. 只有司法机关是私分罚没财物罪的犯罪主体

D. 受人民团体委托管理国有财产的人员是贪污罪的犯罪主体

3. 关于贪污罪,下列说法正确的是:(　　)

A. 国家工作人员利用职务上的便利,以本单位名义向有关单位索要财物并占为己有的,应以贪污罪论处

B. 租赁经营国有企业的人员倒卖国有资产的,应以贪污罪论处

C. 在学校招生中,由学校决定,以学校名义收取的点招费,属于公共财产,对此予以贪污的,应以贪污罪论处

D. 国家工作人员利用所管理的国家建设专项奖金为少数人购买房屋的,应以贪污罪论处

4. 下列情形中,属于挪用公款"归个人使用"的是:(　　)

A. 国家工作人员甲将公款借给其弟弟炒股

B. 国家机关工作人员甲以个人名义将公款借给原工作过的国有企业使用

C. 某县原工商局局长甲以单位名义将公款借给某公司使用

D. 某国有公司总经理甲擅自决定以本公司名义将公款借给某国有事业单位使用,以安排其子在该单位就业

5. 国家工作人员甲与开小卖铺的乙是夫妻。甲、乙支出明显超过合法收入,差额达500万元。甲、乙拒绝说明财产来源。一审中,甲交代500万元系为丙办事收取的好处费,经查证属实。对于本案的分析,下列选项正确的是:(　　)

A. 甲构成受贿罪

B. 甲不构成巨额财产来源不明罪

C. 乙不构成巨额财产来源不明罪

D. 乙构成掩饰、隐瞒犯罪所得罪

6. 甲是某机关领导,乙是甲的远房亲戚。乙为获得一项工程,携带两箱王老吉饮料来到甲家里。在聊天过程中,乙拿出一块价值60万元人民币的手表,表示要送给甲并希望在工程中标上能得到甲的帮助,甲拒绝。乙乘甲不备,偷偷将手表放在茶几下层离开。甲不知情。保姆以为甲知道此事,将手表放入甲的床头柜。对于本案的分析,下列选项正确的是:(　　)

A. 乙的行为成立行贿罪

B. 甲的行为不构成受贿罪

C. 认定乙构成行贿罪与甲不构成受贿罪不矛盾

D. 保姆的行为成立利用影响力受贿罪

7. 关于私分国有资产罪,下列说法正确的是:(　　)

A. 国有单位内设机构在对外开展业务中,截留公款并按照一定比例将公款私分给绝大多数成员的,以私分国有资产罪论处

B. 国家工作人员采用抬高收费标准、搭车收费、截留应缴奖金等手段设立小金库,并以年终福利名义进行私分的,应以私分国有资产罪论处

C. 行政事业单位违反行政法规,滥用职权而乱收费、乱摊派、乱罚款所得的款项,应当认定为国有资产,对此予以私分的,构成私分国有资产罪

D. 国家机关超标准、超范围发放奖金、福利的行为,以私分国有资产罪论处

8. 甲想向某局局长(国家工作人员)乙行贿,让其为自己谋取不法利益。但苦于不认识乙,就找到了乙的妻子丙,谎称自己已经和乙说好了,请丙将10万元转交给乙。丙答应。丙和乙提及此事,乙大怒,当即表示不同意,并让丙将钱返还给甲,丙表面答应,实则将钱用于家庭开支。以下说法错误的是:(　　)

A. 甲构成行贿罪既遂

B. 乙构成受贿罪既遂

C. 丙构成侵占罪

D. 丙构成利用影响力受贿罪既遂

# 第二十三章　渎　职　罪*

**一、单项选择题,每题所给的选项中只有一个正确答案。**

1. 司法工作人员甲徇私枉法又收受贿赂,构成徇私枉法罪和受贿罪的,对甲应按下列哪一选项处理?(　　)

A. 属于吸收犯,按徇私枉法罪一罪处理

B. 属于牵连犯,按受贿罪一罪处理

C. 徇私枉法罪和受贿罪数罪并罚

* 本章答案参见第93页。

D. 在徇私枉法罪和受贿罪中，择一重罪处罚

2. 黄某为某市看守所所长。该所在押犯张某因犯故意杀人、抢劫、强奸罪一审被宣判死刑后，黄某安排干警李某给张某带上该所的自制械具。然而该械具不符合法律规定，张某戴上后，双手经常能从中脱出。一日，张某按照事先越狱行凶预谋，持械具将同监舍在押犯曾某等4人打死，在实施越狱时被值班武警发现并制服。关于黄某的行为定性，下列哪一选项是正确的？（　　）

A. 徇私枉法罪　　B. 玩忽职守罪

C. 过失致人死亡罪　　D. 不构成犯罪

3. 下列哪一行为构成玩忽职守罪？（　　）

A. 某国有企业的总经理在经营活动中严重不负责任，造成该公司严重亏损

B. 某高校校长对财务管理严重不负责任，造成巨额资金无法收回

C. 某法院执行庭庭长在执行民事判决中严重不负责任，不履行法定执行职责，致使当事人利益遭受重大损失

D. 某外汇管理部门工作人员在外汇管理工作中严重不负责任，造成大量逃汇，致使国家利益遭受重大损失

4. 2003年6月4日，某县公安局城郊派出所值班民警黄某将实施盗窃行为的妇女李某抓获。审查期间，李某向城郊派出所副所长章某等办案人员反映其女儿在家，无人照顾，请章某帮助联系其姐照顾。章某数次打电话与其姐联系不上，通知某区公安分局某派出所实习的市警校学生穆某帮助联系。穆某未将与李某姐姐联系不上的情况向其他值班民警和所领导汇报。6月21日，该派出所社区民警接到群众反映，发现李某的女儿已死在家中多日。对于章某的行为定性，下列哪一选项是正确的？（　　）

A. 玩忽职守罪

B. 过失致人死亡罪

C. 遗弃罪

D. 行政失职，不构成犯罪

5. 下列哪一行为构成徇私枉法罪？（　　）

A. 某看守所警察甲利用值班之机，徇私情故意放跑因受贿罪被关押的犯罪嫌疑人刘某

B. 某法院法官乙在行政案件审判中故意曲解法律，偏袒原告，作出违背事实与法律的判决，情节严重

C. 警察丙在对陈某的抢夺行为进行侦查的过程中，因接受陈某家属的吃请而隐匿陈某犯罪的证据

D. 警察丁为使其仇人王某受刑事追究，捏造王某犯罪的事实，向人民检察院举报，致使王某被无辜羁押100天

6. 民警黄某在处理一起交通事故纠纷引发的打架事件中，发现已批捕在逃的犯罪嫌疑人付某也在围观的人群中，遂将其抓获并押于派出所留置。派出所所长莫某于当晚10时许指使看管人员将犯罪嫌疑人付某放走，致使付某至今未被抓获归案。对于莫某的行为定性，下列哪一选项是正确的？（　　）

A. 应以玩忽职守罪论处

B. 应以徇私枉法罪论处

C. 应以私放在押人员罪论处

D. 应以滥用职权罪论处

**二、多项选择题，每题所给的选项中有两个或两个以上正确答案，少答或多答均不得分。**

1. 下列哪些行为不能认定为玩忽职守罪？（　　）

A. 法官执行判决时严重不负责任，因未履行法定执行职责，致当事人利益遭受重大损失

B. 检察官讯问犯罪嫌疑人甲，甲要求上厕所，因检察官违规打开械具后未跟随，致甲在厕所翻窗逃跑

C. 值班警察与女友电话聊天时接到杀人报警，又闲聊10分钟后才赶往现场，因延迟出警，致被害人被杀、歹徒逃走

D. 市政府基建负责人因听信朋友介绍，未经审查便与对方签订建楼合同，致被骗300万元

2. 下列哪些选项属于徇私枉法罪中的徇私枉法行为？（　　）

A. 对明知无罪的人而使他受追诉

B. 对明知有罪的人而故意包庇使他不受追诉

C. 在民事审判活动中故意违背事实和法律作枉法裁判

D. 在刑事审判活动中故意违背事实和法律作枉法裁判

3. 关于民事、行政枉法裁判罪与徇私枉法罪的界限，下列哪些说法是正确的？（　　）

A. 民事、行政枉法裁判罪只能发生在民事、行政的审判活动中，而徇私枉法罪发生在刑事诉讼活动中

B. 民事、行政枉法裁判罪和徇私枉法罪都需要达到情节严重的程度

C. 徇私枉法罪不以情节严重为构成要件

D. 徇私枉法罪可以发生在民事、行政及刑事诉讼活动中

4. 黎某在处理西盖村砖厂窃电一案过程中（盗窃金额3万元），徇私舞弊，只对西盖村砖厂进行追缴电费和缴纳违约金方式给予处理，而不将该案件移交公安机关立案。对于本案的分析，下列哪些选项是错误的？（　　）

A. 黎某肯定有收受贿赂的行为，应以受贿罪论处择一重罪处罚

B. 对黎某应以帮助犯罪分子逃避处罚罪论处

C. 对黎某应以徇私舞弊不移交刑事案件罪论处

D. 对黎某应以徇私舞弊不征、少征税款罪论处

5. 对于帮助犯罪分子逃避处罚罪，下列哪些选项是正确的？（　　）

A. 犯罪主体是有查禁犯罪活动职责的国家机关工作人员

B. 帮助犯罪分子逃避处罚罪，行为人必须明知帮助的对象是涉嫌犯罪的人

C. 若行为人已知通风报信对象有犯罪嫌疑人，而行为人为使其逃避处罚，即使被通风报信的对象经查不构成犯罪，行为人的通风报信行为也可以构成帮助犯罪分子逃避处罚罪

D. 该罪的主观方面只可能是直接故意

6. 时任某市副市长的秦某不采纳权威咨询公司的意见，也不向市委市政府汇报，擅自决定引进美国某公司的液晶显示器生产线。其间，秦某先后 3 次到美国考察，敷衍了事、游山玩水。在发现美国公司没有按承诺邀请考察对象的情况下，秦某没有提出异议，致使考察团没有看到关键设备，只看了一条运作不完整的试运线就草率拍板，最终导致引进 LCD 项目失败，造成上千万元的贷款利息损失。对于秦某的行为定性，下列哪些选项是正确的？（　　）

A. 秦某不正确履行或不履行应尽的职责、义务，导致国有财产损失严重

B. 秦某的行为构成玩忽职守罪

C. 秦某不具有玩忽职守的过失

D. 秦某的行为不严重，不用追究刑事责任

7. 某县派出所接到某公司保卫科报案，称在郭某家发现该公司被盗钢材，价值人民币 2 万余元。派出所接到报案后，将郭某传至派出所询问，郭某对盗窃行为供认不讳。该案承办人敖某明知郭某的行为构成犯罪，应当追究刑事责任，但由于该镇主管政法工作的党委副书记及该镇某村村长郭某的父亲的求情，碍于情面，在未请示县公安局领导批准和会议研究的情况下，擅自决定将该案移送该公司内部处理，致使郭某逃避法律制裁。对于敖某的行为认定，下列哪些选项是正确的？（　　）

A. 构成滥用职权罪

B. 构成徇私枉法罪

C. 敖某虽然是故意的，但没有徇私、徇情的动机

D. 敖某徇私的起因就是个人情面

**三、不定项选择题，每题所给的选项中有一个或一个以上正确答案，不答、少答或多答均不得分。**

1. 某县一公司发生特大透水事故，导致井下 40 余名矿工被淹。该公司总经理李某将情况向该县主管副书记莫某汇报，莫某打电话将该情况向该县委书记万某汇报。万某与莫某商量后决定隐瞒矿难的真相，并电话告知李某进一步了解事故的处理及事态发展情况。因抢救不及时，该事故导致被淹的40 余名矿工死亡。对于莫某与万某的行为定性，下列选项正确的是：（　　）

A. 二人的行为不构成犯罪

B. 莫某是执行万某的决定，不构成犯罪

C. 二人是共同犯罪

D. 二人构成滥用职权罪

2. 陈某因涉嫌强奸罪被某县公安局刑事拘留。陈某的妻子找到该县公安局法制科科长潘某和副科长李某帮忙，并送二人各 1 万元。潘某和李某为陈某开脱罪责而出谋划策，最终使被害人出示了一份陈某强奸不成立、是自愿行为的申请。潘某向该案的承办人提出对陈某取保候审，陈某因此被释放。对于潘某行为的认定，下列选项正确的是：（　　）

A. 潘某是国家司法工作人员，是可以构成徇私枉法罪的主体

B. 潘某的行为只是使陈某改变了强制措施，但其仍然可以被司法机关追究责任，所以其行为造成的结果并不是很严重

C. 潘某的行为已经使陈某脱离司法机关的侦控，行为性质很严重

D. 潘某构成徇私枉法罪

3. 下列行为中，构成放纵制售伪劣商品犯罪行为罪的是：（　　）

A. 国家机关工作人员徇私舞弊，对生产、销售伪劣商品不履行法律规定的查处职责，致使国家和人民利益遭受重大损失或者造成恶劣影响

B. 国家机关工作人员徇私舞弊，对生产、销售伪劣商品不履行法律规定的查处职责，放纵生产、销售假药

C. 国家机关工作人员徇私舞弊，对生产、销售伪劣商品不履行法律规定的查处职责，对 2 个有生产、销售伪劣商品犯罪行为的个人不履行追究职责

D. 国家机关工作人员徇私舞弊，对生产、销售伪劣商品不履行法律规定的查处职责，放纵生产、销售有害食品犯罪行为

4. 某车站工作人员发现胡某携带 100 余枚雷管欲进站乘车，当即将胡某交给在该站值班的公安人员黄某。黄某将胡某带到公安室进行调查询问，并向领导进行汇报。按领导要求，要有专人对胡某进行看管。黄某连续带班三天三夜，十分疲倦，但因警力不足，其主动承担了对胡某的看管工作。凌晨 4 时许，黄某感到头晕眼发黑，见胡某熟睡，叫其不应，便扶墙到隔壁值班室打了盹。5 时许，黄某再回留置室时，发现胡某已用自己的白衬衣绞成绳索系在钢筋护栏上自缢身亡。对于黄某的行为认定，下列选项正确的是：（　　）

A. 黄某的行为构成玩忽职守罪

B. 胡某自杀的结果是黄某不能预见的，不存在过失，属意外事件，不应负刑事责任

C. 黄某没有故意或过失，而是正常履行了职责，但仍造成严重后果，不构成犯罪

D. 黄某的行为是擅离岗位

5. 下列选项中，构成故意泄露国家秘密罪的有：(　　)

A. 张某是国家机关工作人员，手上持有国家秘密，其故意使国家秘密被不应知悉的情妇知悉，造成了恶劣的后果

B. 贾某是某有限公司的一名普通职员，因为一些正当缘故而持有国家秘密，其故意使国家秘密被不应知悉的情妇知悉，造成了恶劣的后果

C. 唐某是某有限公司的一名普通职员，因为一些正当缘故而持有国家秘密，但他不小心遗失了国家秘密载体，最后使国家秘密被不应知悉的人知悉，造成了恶劣的后果

D. 洪某是国家机关工作人员，手上持有国家秘密，其过失地向情妇泄露了国家秘密，造成了恶劣的后果

6. 关于滥用职权罪和玩忽职守罪的理解，下列选项正确的有：(　　)

A. 构成滥用职权罪和玩忽职守罪，都需要行为致使公共财物、国家和人民利益遭受重大损害

B. 国家机关工作人员滥用职权，符合《刑法》第九章所规定的特殊渎职罪构成要件的，仍然按照滥用职权罪予以定罪处罚

C. 玩忽职守罪是不履行或者不认真履行职责

D. 滥用职权罪是超越职权，违法决定、处理其无权决定、处理的事项

7. 某宿舍被盗，该地派出所民警叶某、林某接到报案后赶往现场，将犯罪嫌疑人马某抓获。马某供认从宿舍盗窃 4800 元的事实。第二日，马某的哥哥来到派出所向叶某、林某求情，要求私了。叶某、林某对马某罚款 500 元，将马某放走。对于叶某、林某的行为认定，下列选项正确的有：(　　)

A. 徇私枉法罪

B. 徇私舞弊不移交刑事案件罪

C. 徇私枉法罪的主体可以是司法工作人员和行政执法人员

D. 徇私枉法罪与徇私舞弊不移交刑事案件罪竞合，择一重罪处断

# 第二十四章　军人违反职责罪*

**一、单项选择题，每题所给的选项中只有一个正确答案。**

1. 关于“战时”的理解，下列哪一选项是错误的？(　　)

A. 国家宣布进入战争状态是战时

B. 部队受领作战任务或执行戒严任务是战时

C. 部队处置暴力事件时是战时

D. 遭敌突然袭击时是战时

2. 士兵甲颇喜欢在网上聊天。一日，一陌生女子主动与其在 QQ 上搭讪，并传送自己的照片给甲看。甲看后非常倾心该女子，无意中将自己知晓的一些军事秘密泄露出去。该女子系某国外间谍，根据从甲处得知的秘密采取一系列行动，致使我方不得不改变军事部署，造成巨大损失。对甲的行为应以下列哪一犯罪追究刑事责任？(　　)

A. 故意泄露军事秘密罪

B. 过失泄露军事秘密罪

C. 为境外非法提供军事秘密罪

D. 过失泄露国家秘密罪

**二、多项选择题，每题所给的选项中有两个或两个以上正确答案，少答或多答均不得分。**

1. 关于为境外窃取、刺探、收买、非法提供军事秘密罪的说法，下列哪些选项是正确的？(　　)

A. 其客观行为表现为为境外的机构、组织、人员窃取、刺探、收买、非法提供军事秘密

B. 为境内的机构、组织、人员窃取、刺探、收买、非法提供军事秘密的，不构成此罪

C. 该罪可能与为境外窃取、刺探、收买、非法提供国家秘密罪形成法条竞合关系

D. 该罪的主观方面应当为故意

2. 关于“战时”自伤罪，下列哪些选项是错误的？(　　)

A. 在我国，自杀行为都不是犯罪行为，任何伤害自己的行为更不构成犯罪

B. 行为人伤害自己的身体，以逃避战时的军事任务，其行为构成战时自伤罪

C. 战时自伤罪与故意伤害罪是牵连犯

D. 战时自伤身体，逃避军事义务的行为当然也构成故意伤害罪

---

* 本章答案参见第 94 页。

# 参考答案及解析

## 第一章 刑法概说

一、1. C。扩大解释并未超出条文的文义射程，因而是不被禁止的刑法解释方法。不利于被告人的类推解释已经超出条文的文义射程，侵犯了被告人的人权，因而为罪刑法定原则所禁止。从保障人权的目的出发，罪刑法定原则仅禁止不利于被告人的事后法，有利于被告人的事后法则不在禁止之列。在我国，罪刑法定原则要求只有全国人民代表大会及其常务委员会才有权制定罪刑规范，不允许最高人民法院创设罪刑规范，从此意义上讲，罪刑法定原则禁止判例法。最高人民法院发布的指导性案例并未超出条文的文义射程，因而并不违背罪刑法定原则。ABD 的论述都是正确的。罪刑法定原则要求法律必须是成文的，禁止习惯法，但这并不意味着不可以根据特定的社会习惯解释刑法。例如，农村很多地区在结婚时习惯于"闹洞房"，因此，只要"闹洞房"不过分出格，对于搂抱、抚摸新娘的行为，不能轻易解释为强制猥亵。C 项论述错误，为本题正确选项。

2. C。《刑法》第 3 条是关于罪刑法定原则的规定。根据《立法法》的规定，其中的"法律"只能是全国人民代表大会及其常务委员会制定的法律，不包括国务院制定的行政法规，更不包括最高人民法院发布的指导性案例。"不得定罪处刑"仅意味着被告人的行为不构成犯罪，并不意味着被告人的行为一定是合法的，在违反行政法的前提下，存在对被告人进行行政处罚的可能性。ABD 的论述都是错误的。《刑法》第 3 条中的"依照法律定罪处刑"，要求只能在法律的限度内对被告人定罪处刑。C 项为正确选项。

3. C。本题考查对刑法解释的理解。即便是全国人大常委会法制工作委员会刑法室出版的著作，其中所作的解释也仍然是学理解释。类推解释的结论，即便是最高司法机关以司法解释的名义作出的，也仍然是类推解释。当然解释的结论，有时可能在刑法用语的文义射程之内，有时则可能超出刑法用语的文义射程。例如，抢劫宠物狗的，可以按照抢劫罪处罚；以收养为目的抢劫婴幼儿的，危害性远重于抢劫宠物狗的行为，就更应按照抢劫罪处罚（按照拐骗儿童罪处罚将会导致处罚明显不均衡），这是当然解释的结论。但是，婴幼儿不属于"财物"，将以收养为目的抢劫婴幼儿的行为按照抢劫罪来处罚，超出了抢劫"公私财物"的文义射程。因此，C 项论述正确。现代刑法确立罪刑法定原则的目的是保障人权，禁止对刑法规定进行类推解释，是禁止不利于被告人的类推解释，并不禁止有利于被告人的类推解释，因为有利于被告人的类推解释不会侵害被告人的人权。故 D 项错误。

4. A。本题考查对刑法管辖原则的理解。我国之所以对外国公民甲行使刑事管辖权，是因为案件发生在我国领土上，这归属于属地管辖原则，不能归属于属人管辖原则或者普遍管辖原则。不存在排他管辖原则。

5. A。在我国的火车驶入中亚某国时，一外国乘客故意伤害另一外国乘客，已经不属于在我国领域内犯罪，对该案不能适用中国刑法。根据保护管辖原则，在美国留学的中国学生，被某国的留学生杀害，应适用中国刑法。日本的毒枭，租用飞机走私毒品到中亚，其中一段飞行路线经过中国上空，属于走私行为（的一部分）发生在我国，根据属地管辖原则，应适用中国刑法。国际恐怖组织的头目，在美国实施恐怖活动（未侵害任何中国公民）后，进入我国的，根据普遍管辖原则，应当适用中国刑法。

6. D。本题考查对刑法溯及力的记忆和理解。刑法的溯及力问题，是对刑法规定颁布前发生、刑法规定生效后法院判决还没有确定的刑事案件来说的。对于刑法规定修改前已经按照当时生效的法律判决确定的刑事案件，仍应该执行当时的判决。

二、1. CD。本题考查对罪刑法定原则的理解。罪刑法定原则的具体要求如下：(1) 规定犯罪及法律后果的法律必须是立法机关制定的成文的法律，行政规章不得规定刑罚，习惯法不得作为刑法的渊源，判例也不应作为刑法的渊源。(2) 禁止不利于行为人的事后法（禁止溯及既往）。(3) 禁止不利于行为人的类推解释。(4) 禁止绝对不定刑与绝对不定期刑。(5) 对犯罪及其法律后果的规定必须明确。(6) 只能将值得科处刑罚的行为规定为犯罪，禁止不均衡的、残虐的刑罚。据此可知，规范的构成要件要素往往具有一定的模糊性，在刑事立法过程中，要尽量避免使用规范的构成要件要素，因此，A 项不正确。不利于被告人的类推解释，无论是谁作出的，都应被该禁止，因此，B 项不正确。

2. AD。本题考查我国《刑法》对属人管辖的规定。《刑法》第 7 条第 1 款规定："中华人民共和国公民在中华人民共和国领域外犯本法规定之罪的，适用本法，但是按本法规定的最高刑为三年以下有期徒刑的，可以不予追究。”《刑法》第264条规定:“盗窃公私财物,数额较大的……处三年以下有期徒刑、拘役或者管制,并处或者单处罚金……”因此,对于王某在英国盗窃了一个外国人价值5000元人民币的财物的行为,可以不予追究。AD项的论述错误。

3. BCD。本题考查刑法解释的分类。①中对枪支作为凶器的判断,根据《刑法》所用文字的文义及其通常使用的方式即可使其含义明确,是文理解释。②③则要用论理解释中的扩张解释,扩大刑法条文的字面含义,按照立法精神,根据法理作出解释,是论理解释。因此,BCD项均为错误选项。

4. ACD。本题考查我国《刑法》对属地管辖的规定。《刑法》第6条规定:“凡在中华人民共和国领域内犯罪的,除法律有特别规定的以外,都适用本法。凡在中华人民共和国船舶或者航空器内犯罪的,也适用本法。犯罪的行为或者结果有一项发生在中华人民共和国领域内的,就认为是在中华人民共和国领域内犯罪。”国际列车与悬挂某国国旗的航空器和船舶性质不同,A选项应由我国以属地管辖原则进行刑事管辖。香港特别行政区、澳门特别行政区和台湾地区虽然属于我国领土,但不适用我国内地(大陆)刑法,B选项的管辖依据不是属地管辖原则,而是普遍管辖原则,因此,B选项错误。CD项均可适用属地管辖原则。

三、1. B。本题考查刑法的空间效力问题。如果我国对事实一中李某的盗窃行为行使刑事管辖权,原因只在于李某是我国公民,这属于属人管辖原则。

2. BD。本题考查我国《刑法》对属人管辖的规定和对刑事责任年龄的规定。我国法院审理我国具有管辖权的刑事案件,应该适用我国的刑法规定。依照《刑法》第17条第2款的规定,已满14周岁不满16周岁的未成年人只对故意杀人、故意伤害致人重伤或者死亡、强奸、抢劫、贩卖毒品、放火、爆炸、投放危险物质罪8种犯罪行为负责,不包括盗窃犯罪行为。《刑法》第7条第1款规定:“中华人民共和国公民在中华人民共和国领域外犯本法规定之罪的,适用本法,但是按本法规定的最高刑为三年以下有期徒刑的,可以不予追究。”根据《刑法》第264条的规定,盗窃公私财物,数额较大的,处3年以下有期徒刑、拘役或者管制,并处或者单处罚金。《刑法》第99条规定:“本法所称以上、以下、以内,包括本数。”

3. AC。本题考查对罪刑法定原则的罪责刑相适应原则的理解。题中规定违反了罪刑法定原则的派生原则之一——禁止残虐、不均衡的刑罚原则,所以也违反了罪刑法定原则。盗窃财物,一律剁去3根手指,违反了罪责刑相适应原则。只要盗窃财物,就一律剁去3根手指,不违反刑法面前人人平等原则。因为对盗窃行为可以要求有主观方面的故意,并且只处罚盗窃者本人,所以没有违反责任主义原则。

4. AD。本题考查对走私、贩卖、运输、制造毒品罪的理解和我国《刑法》对相对负刑事责任年龄人应负刑事责任的规定。李某携带毒品跨越国境进入我国,可能构成走私毒品罪。运输毒品,是指在我国领域内转移毒品。根据我国《刑法》第17条的规定,已满14周岁不满16周岁的未成年人只对贩卖毒品等8种犯罪行为负责,而对走私毒品犯罪行为不负刑事责任。

5. B。本题考查对刑法解释的理解。将大型拖拉机解释为属于“汽车”,扩大了“汽车”的字面含义,属于扩大解释。

## 第二章　犯罪概说

一、1. D。按照通说,社会危害性的轻重与程度取决于行为侵犯的客体,行为的方式、手段与后果和行为人的犯罪动机、目的。行为人的年龄、精神状态不影响社会危害性的轻重与程度。D项正确。

2. A。本题考查对抢劫罪和故意伤害罪的理解。赵某没有非法占有王某钱财的目的,因此其不构成抢劫罪。构成故意伤害罪需要造成轻伤以上的伤害,因此,赵某等人也不构成故意伤害罪。

3. B。本题考查对不纯正不作为犯的理解。不纯正不作为犯的主观方面,既可以是故意,也可以是过失。

4. D。本题考查对间谍罪和为境外窃取、刺探、收买、非法提供军事秘密罪等相关犯罪的理解。吴某并不知道威尔逊是否是外国间谍,因此,接受威尔逊的任务并不构成间谍罪。吴某仅为了钱财,答应为外国人收集、刺探我国军事情报,符合为境外窃取、刺探、收买、非法提供军事秘密罪的犯罪构成。因此,答案为D项。

5. A。本题考查意外事件与过失的区分。因难以预想到会有人睡在车库麻袋中取暖,故甲的行为造成乙的死亡,属于意外事件,不构成犯罪。

二、1. ABCD。本题考查对是否构成犯罪的理解。A项中甲将乙摔入深坑的行为有伤害的故意,构成故意伤害罪。B项中乙不能承担刑事责任,而甲基于法律行为对其负有监督、监护义务,对其危险行为有予以阻止的义务。C项甲某基于自愿将他人遗弃的女婴抱回家中而产生保护义务,其置之不理的行为已构成不作为的故意杀人罪。D项藏獒围攻小偷是合法的,是正当防卫。但是在小偷被吓住后,甲并无权利杀死小偷,其行为已不是防卫过当,而是独立的不作为的故意杀人罪。

2. ABCD。本题考查犯罪的分类。考生必须熟知基本犯、结果加重犯、即成犯、状态犯、继续犯等基本概念。ABCD项的论述均正确。

三、1. B。本题考查对抢劫罪等相关犯罪的理解。

本题选答案时比较容易被盗窃罪这一选项迷惑。甲将乙灌醉是为了最终抢劫乙的名贵手表。如果乙的醉酒不是甲造成的,那么甲的行为构成盗窃罪。

2. BCD。本题考查对犯罪特殊主体的理解。特殊主体没有法律条文,仅是理论上的说法。但理论说法与实际操作是有关系的。A 项是错的,“黑社会老大”是一般主体。特殊主体的身份是犯罪之前获得的一种社会上的身份,仅因为犯罪获得的地位和身份不能算是身份犯。C 项是说法问题,无特殊主体的身份就不能构成犯罪指的是实行犯,而不包括共犯的情况,即不包括帮助犯和教唆犯。无特殊身份的人是不能单独构成身份犯罪的,例如,一个女人单独不能构成强奸罪的实行犯,尤其是不可能构成强奸罪的既遂,但是女人帮助或者教唆一个男人强奸妇女的时候,她可以因此而构成强奸罪。所以,强奸罪的主体是特殊主体。D 项是正确的,对此有专门的司法解释(《最高人民法院关于审理贪污、职务侵占案件如何认定共同犯罪几个问题的解释》),一般主体与特殊主体共同犯罪,内外勾结共同贪污的,以贪污罪论;内外勾结共同侵占的,以职务侵占罪论。如果一个有身份,另一个无身份,根据身份来定;但是当两者都有身份而且身份不同时,如甲是贪污罪的主体而乙是职务侵占罪的主体,二者勾结贪污或受贿、挪用公款,这时两人都利用了自己的职务之便,则应以主犯的身份定罪。如果职务侵占罪的主体(董事长)起到了主导作用,那么全案定职务侵占罪;如果贪污罪的主体(国家委派到股份制公司里经管国有资产的人员)起主导作用,那么全案定贪污罪。

3. C。本题考查亲告罪与非亲告罪的区别。甲打骂致乙失明,不是亲告罪中的虐待罪,而是已满足故意伤害罪的构成要件。

## 第三章 犯罪构成

一、1. C。本题考查不作为犯罪的判断。故意犯罪也能成为作为义务的来源。因此,乙杀丙后对丙的生命具有救助义务,乙不救助就成立不作为的故意杀人罪。路人甲劝阻乙救助丙,使丙不能得到救助,甲就成为乙不作为犯罪的教唆犯。

2. A。本题考查事实认识错误。甲的行为属于对象错误,因为他在诈骗时对行为对象发生了认识错误,是对着丙进行诈骗的,根据法定符合说,这种对象错误仍然成立犯罪既遂。

3. D。本题考查刑法上的因果关系。乙的死亡是自己的自杀行为导致的,而人因为感觉到难受就自杀是很异常的事情,因此,甲的行为与乙的死亡之间不具有刑法上的因果关系,甲不必为乙的自杀负责。

4. C。本题考查犯罪客观方面的行为对象。“妇女”是指已满 14 周岁的女性,“儿童”指不满 14 周岁的男童或女童,拐卖妇女、儿童不包括已满 14 周岁的男子。

5. C。本题主要考查的是我国《刑法》对刑事责任年龄的规定以及已满 14 周岁不满 16 周岁的人能否犯转化型抢劫罪的问题。甲在外面放风,对乙的杀人行为客观上并未提供实质性的帮助,主观上对此也不知情,故甲的行为只构成盗窃罪。乙的行为属于《刑法》第 269 条规定的情形,但根据最高人民法院的司法解释,已满 14 周岁不满 16 周岁的人在盗窃过程中,为窝藏赃物、抗拒抓捕或者毁灭罪证而当场使用暴力或者以暴力相威胁的,不构成抢劫罪;故意致人死亡的,按故意杀人罪追究刑事责任。据此可知,C 项正确。

6. B。本题考查犯罪故意。跳楼是他人的自主行为,不是围观者逼迫下的行为。这种情况下,围观者即使有让他人跳楼的故意,也不是杀人的故意。如果围观者亲自上楼将他人推下楼,那么围观者构成故意杀人罪。

7. D。本题考查精神病人的刑事责任。参考《刑法》第 18 条对精神病人刑事责任的规定。

8. A。本题考查不作为犯罪的构成要件。必须具有法定的作为义务才可能构成不作为犯罪。甲没有制止妻子受贿的法定作为义务,甲的行为不属于不作为的帮助,因此不成立受贿罪的共犯。

9. B。本题考查行为人的主观罪过问题。行为人在看不清楚的情况下,明知道可能错伤人甚至错杀人,仍然开枪,构成故意杀人罪,主观上为间接故意。

10. D。本题考查意外事件与犯罪行为的区别、疏忽大意的过失与意外事件的区别。张某对当天新买的煤油里被油脂公司掺杂进汽油的事实无法预见,也不应预见,对危害社会的结果同样不能预见、不应预见,因此是意外事件。

11. C。本题考查犯罪的主观方面。张某对 B 的死亡结果应当预见而未预见,致使发生了死亡结果,且其并无伤害的故意,所以应构成过失致人死亡罪,并且属于疏忽大意的过失。

12. B。甲虽然起意想杀死其妻乙,但案发时甲没有杀乙的念头,所以甲不具有杀人的故意。疏忽大意的过失与过于自信的过失最大的区别就是是否已经预见自己的行为可能造成危害社会的结果。疏忽大意的过失是无认识的过失,过于自信的过失是有认识的过失。行为是否已经认识或者预见,一般要在案件中用相关的事实表述出来。本案中,甲应当预见自己行为的后果,但由于疏忽大意没有预见,因此是疏忽大意的过失。本题中并没有相关事实表明甲已经认识到枪口朝向了乙,相反,甲是在与乙交谈的过程中不经意地将枪口朝向了乙,这表明甲没有预见自己的行为可能造成危害社会的结果,属于无认识的过失。

13. B。甲以杀人故意殴打乙的行为是作为犯罪，甲看见炭盆燃烧而不灭火的行为是不作为犯罪。

首先，虽然作为和不作为是相悖的，但也存在作为与不作为竞合的现象。例如，甲在十字路口行驶时，看见红灯不刹车，导致行人死亡。从应当踩刹车而不踩刹车的角度来看，这是不作为犯罪；但从不应当行驶而行驶的角度来看，这是作为犯罪。

其次，本案中，甲有两个行为：故意杀人行为和不灭火行为。这是两个独立的行为。对于两个独立的行为是可以进行数罪并罚的。选项A错误。

乙打翻炭盆是为了制止甲的犯罪行为。对于甲来说，这是他的杀人行为的不异常的结果，他对此有消除危险的义务，所以他能灭火而不灭火，构成放火罪。选项B正确。

虽然乙死亡的因果流程与甲的设想不一致，但无论甲是被烧死还是被浓烟呛死，都是因为火灾而死亡。这是狭义的因果关系错误，不影响对甲故意杀人罪既遂的认定。

因为甲在不灭火时具有明确的烧死乙的主观故意，所以甲的不灭火行为同时构成放火罪和故意杀人罪。根据我国的司法实践，通常认定为放火罪。有人认为甲不灭火是为了毁灭证据，而本犯毁灭证据不构成犯罪。这句话本身没错，但是甲的不灭火行为还危害了公共安全，不是仅妨害了司法秩序，即甲的不灭火行为侵犯了新的法益。所以，对甲的不灭火行为应当认定为放火罪，和前面的故意杀人罪数罪并罚。选项D错误。

14. C。选项A：特殊身份是指行为人在身份上的特殊资格以及其他与一定的犯罪行为有关的行为主体在社会关系上的特殊地位或者状态，如男女性别、亲属关系、国籍、国家工作人员、司法工作人员、证人等。特殊身份必须是在行为主体开始实施犯罪行为时，就已经具有的特殊资格或者已经形成的特殊地位或状态，因此行为主体在实施犯罪后才形成的特殊地位不属于特殊身份。例如，在犯罪集团中起组织、策划、指挥作用的首要分子不属于特殊身份。选项A错误。

选项B：单位分支机构或内设机构虽然不是独立的法人单位，但如果确实以分支机构或者内设机构的名义实施犯罪，犯罪所得也归分支机构或者内设机构所有，仍然能够成立单位犯罪。选项B错误。

选项C：已满14周岁不满16周岁的人需要对8种犯罪负责，这8种犯罪不包括绑架罪，但是包括故意杀人罪。那么，对于这些人在绑架中杀人的，他们对杀人行为要负刑事责任，对绑架行为则不负刑事责任。司法机关仍然应当追究他们故意杀人行为的刑事责任。

说明：根据《刑法修正案（十一）》的规定，已满12周岁的人也要为故意杀人且致人死亡的行为负刑事责任。

选项D：单位犯罪的本质是单位作为一个整体的犯罪，不是由单位主管人员、直接负责人员构成的特殊的共同犯罪。选项D错误。

二、1. BD。本题考查我国《刑法》对刑事责任年龄的规定。根据《最高人民法院关于审理未成年人刑事案件具体应用法律若干问题的解释》的规定，对于已满14周岁不满16周岁的未成年人实施盗窃、抢夺、诈骗后，为了抗拒抓捕、毁灭罪证等打伤（致人重伤）打死被害人或其他抓捕人员的，按故意伤害罪、故意杀人罪定罪，可知B项正确。根据我国《刑法》对刑事责任年龄的规定可知D项正确。

2. AB。本题考查行为人的主观罪过问题。直接故意是指明知自己的行为会发生危害社会的结果，并且希望这种结果发生的心理态度。间接故意是指明知自己的行为可能会发生危害社会的结果，并且放任这种结果发生的心理态度。间接故意的意志因素是指行为人放任危害结果发生的心理态度。这里的"放任"是指行为人在认识到某种危害结果可能发生的情况下，虽然不是积极地追求这种结果发生，但也没有采取相应的措施设法避免这种危害结果发生，而是听任危害结果发生；危害结果发生与否，都不违背行为人的意志。本题中，甲毒死乙是杀人的直接故意。甲的目的在于毒死乙，而不是希望丙死亡，但甲对丙的死亡却持听之任之的态度，这便是放任的心理态度，因此是间接故意。

3. AC。本题考查相关犯罪的客观构成要件要素。一般情况下，犯罪的时间、地点与方法并不是犯罪构成客观方面的因素，只有在某些特殊的犯罪中，法律才把它们规定为犯罪构成的要素。根据《刑法》第340条的规定，违反保护水产资源法规，在禁渔区、禁渔期或者使用禁用的工具、方法捕捞水产品，情节严重的，构成非法捕捞水产品罪。根据《刑法》第109条的规定，国家机关工作人员在履行公务期间，擅离岗位，叛逃境外或者在境外叛逃的，构成叛逃罪。由此可见，非法捕捞水产品罪、叛逃罪对时间、地点有特定要求。虚报注册资本罪与倒卖文物罪均没有时间、地点或者方法上的要求。

4. ACD。本题考查对具体因果过程的认识错误问题。甲的行为属于刑法上因果关系的错误中的事前故意。所谓事前故意，是指行为人误认为第一个行为已经造成危害结果，出于其他目的实施了第二个行为，但实际上是第二个行为才导致预期的结果发生。例如，甲以杀人故意对乙实施打击，造成乙休克之后，甲以为乙已经死亡，为了毁灭罪证，将乙扔到水里，实际上乙是被水溺死的。这种情况下，不影响故意犯罪的成立和犯罪的形态。

5. ABC。本题考查犯罪故意与过失的认定。甲因为争执而推乙一掌,从客观行为来看,其行为不是伤害行为,也没有伤害故意。但是甲应当预见在路边推乙一掌可能会导致乙被过路汽车轧死。所以,甲构成过失致人死亡罪。

6. CD。本题考查不作为犯罪。选项A中,一般公民发现他人建筑物发生火灾而故意不报警的,并不成立不作为的放火罪,因为这种行为的危害性和作为的放火行为的危害性并不相当。选项B中,荒山狩猎人没有法定的救助义务,所以不成立不作为犯罪。选项C中,父母有法定的制止义务。选项D中,宠物饲养人有法定的制止义务,因此成立不作为犯罪。

7. ABD。本题考查刑法上因果关系的判断。在行为人实施暴力、威胁抢劫财物的情形下,如果行为人当场使用暴力相威胁,使受害人不敢反抗或失去抵抗能力,从而当场劫取财物,应定抢劫罪。行为人扬言将要施加暴力相威胁,以后索取财物的,应定敲诈勒索罪。因此,正确区分两罪的关键是:如果是当场施加暴力相威胁,强迫当事人将来给付财物,就是敲诈勒索罪;如果是当场施加暴力相胁迫并且当场劫取财物,按照抢劫罪定罪处罚。甲使用暴力手段非法取得了乙的财物,具有刑法上的因果关系,构成了敲诈勒索罪的既遂。

8. AC。本题考查犯罪主观方面。犯罪故意是明知自己的行为会发生危害社会的结果,而希望或者放任这种结果发生的心理态度。直接故意是指行为人明知自己的行为必然或者可能发生危害社会的结果,并希望这种结果发生的心理态度。间接故意是指行为人明知自己的行为可能发生危害社会的结果,而放任这种结果发生的心理态度。直接故意与间接故意的区别主要如下:(1)从认识因素上看,直接故意的行为人是认识到危害结果必然发生或可能发生;间接故意的行为人是认识到危害结果可能发生。(2)从意志因素上看,直接故意是希望即积极追求危害结果的发生;间接故意是放任危害结果发生。有观点认为,明知结果的必然发生而持放任态度的,也应属于间接故意。我们认为,不存在行为人认识到结果必然发生而加以放任的情况,因为放任是对危害社会的结果采取了听之任之的态度,其前提是危害结果存在发生与不发生这两种可能性,只有如此,行为人才可能存在后果发生可以不发生也可以的心理态度。(3)特定结果发生与否对两种故意及其支配下的行为定罪的意义不同。在直接故意中,其行为性质和结果性质是同一的,其结果也是特定的,危害结果发生与否不影响定罪,而是在以结果为既遂要件的犯罪里区分既遂与未遂的标志。在间接故意中,特定的结果可能发生,也可能不发生,结果发生与否都不违背其意志,当仅有行为而无结果时,尚不能认定构成此种犯罪。本题中,A选项正确。B选项错误,其中甲是发生了对象认识错误,但其主观方面是直接故意。选项CD考查犯罪过失,C项中甲应当预见可能发生危害结果,因为疏忽大意而没有预见,应认定为过失致人重伤罪;D项中甲对其母亲被烧死的结果无法预见,所以并不构成过失致人死亡罪。

9. AC。要成立不作为犯罪,行为人必须具有保证人的地位,即具有作为义务。赵某有义务制止年幼子女的法益侵害行为,所以,他眼见12岁的儿子盗窃而不制止,构成盗窃罪。选项A正确。

钱某对自己的外孙女没有法定的监护义务。她对自己的成年女儿的犯罪行为也没有法定的制止义务。所以,她看见成年女儿遗弃年幼外孙女而不问不管,不构成遗弃罪。注意:钱某不是因为是外婆而不具有法定的制止义务,即使钱某是孩子的奶奶,她对孙子女也没有法定的监护义务。选项B错误。

孙某对自己成年弟弟的杀人行为虽然没有阻止义务,但他对自己的父亲有法定的救助义务。所以,孙某眼见成年弟弟杀害父亲而不予制止,构成故意杀人罪。选项C正确。

李某对岳母没有法定的救助义务,所以他在岳母家眼见妻子伤害岳母而不予制止,不构成故意伤害罪。需要说明的是,李某的妻子伤害岳母的行为发生在岳母家,而不是在李某家。如果是在李某家,那么李某对发生在自己家的犯罪行为有制止的义务,如果李某不予制止的,构成故意伤害罪。选项D错误。

10. CD。选项A:甲命令乙非法拘禁丙,乙杀丙是甲犯意以外的行为,甲只对自己教唆的非法拘禁行为负责,对于乙另起犯意的行为,甲无须负责。所以,甲的行为与丙的死亡没有因果关系。选项A不当选。

选项B:甲只是告诉乙“你该还债了”,乙即跳楼,乙的跳楼不是为了逃生而迫不得已的行为,所以,这是乙自陷风险的行为,由其自负其责。甲的行为与乙的死亡没有因果关系。选项B不当选。

选项C:虽然乙杀丙是丙语言过激导致的,但是乙已经先有杀丙之心,所以才会因为丙语言过激这点小事就将其杀死,而乙有杀丙之心是因为和甲的共谋产生的,所以,甲乙的合谋对乙的杀人起到了心理上的促进作用。甲的行为和丙的死亡具有刑法上的因果关系。选项C当选。

选项D:甲教唆乙非法拘禁丙,就应当认识到乙有可能在非法拘禁的过程中过失致人死亡。在非法拘禁中的过程过失致人死亡是非法拘禁的结果加重犯。对于结果加重犯的加重结果,其他共犯即使没有亲自实施造成加重结果的行为,也要对加重结果负责。类似的例子还有,甲雇乙去伤害他人,虽然甲特意叮嘱乙说,“别把人打死了”,但如果乙不小心打死了人,甲还是要对死亡结果承担刑事责任。甲的行为和丙的死亡具有刑法上的因果关系。选项D当选。

11. ABCD。刑事责任能力是能够辨认并且控制自己的行为的能力。间歇性精神病人在能够辨认但是不能控制自己行为时,实施严重危害社会行为的,其并无刑事责任能力,所以不负刑事责任。选项 A 正确。

抢夺枪支、弹药、爆炸物、危险物质罪不属于《刑法》第 17 条规定的 8 种犯罪,所以 15 周岁的人对此不负刑事责任。选项 B 正确。

甲产生幻觉不是自愿吸食毒品的结果,是被人欺骗吸食毒品的结果,所以这不是原因自由行为。甲因此而杀人的,甲既无故意,亦无过失。因此,甲不负刑事责任。选项 C 正确。

审判的时候已满 75 周岁的人,不适用死刑,但以特别残忍手段致人死亡的除外。王某用煤气毒死妻子不属于"以特别残忍手段致人死亡",所以,王某虽然要负刑事责任,但不适用死刑。选项 D 正确。

三、1. A。本题考查的是因果关系错误中的构成要件的提前实现,也称犯罪结果的提前实现。要认定这种行为是否成立故意犯罪既遂,关键看该行为是否进入实施阶段即是否属于实行行为,若进入实行阶段,则该损害结果属于既遂结果;若没有进入实行阶段,则就故意犯罪而言,只能成立犯罪预备。投放安眠药的行为是直接的杀人行为,因此,甲的行为成立故意杀人既遂。

2. ABC。本题考查犯罪的主观方面,我们一定要理解掌握其基本概念并注意以下区别。(1)直接故意:明知和希望;间接故意:明知和放任。从直接故意来看,明知自己的行为必然发生危害结果,或者明知自己的行为可能发生危害结果;从间接故意来看,只能是明知自己的行为可能发生危害结果。(2)疏忽大意的过失和过于自信的过失的区别。疏忽大意的过失:没有预见而应当预见(无认识的过失);过于自信的过失:已经预见,轻信能够避免而导致危害结果发生(有认识的过失)。(3)过于自信的过失和间接故意的区别。二者都是预见了危害结果可能发生,但可能的含义不同:在间接故意中的可能是现实可能,过于自信中的可能是抽象可能(可能性转化为现实性的距离不一样);两者在意志因素上的区别:间接故意对危害结果是容忍态度,因此没有采取措施阻止和避免危害结果发生;过于自信的过失中行为人不希望危害结果的发生。根据上述理论,在 A 项中,点燃打火机肯定是故意的,但这个故意不是对火灾之危害结果的故意,事实上张某对于发生火灾的后果在当时是没有预见的,但他应当预见这样的后果,只是由于疏忽大意而没有预见,所以应当定失火罪,而不能定放火罪。在 B 项中,王某应该明知赵某的死亡是必然发生的,这就否定了间接故意的成立,间接故意只能是放任——可能发生,也可能不发生。因此,应认定为直接故意。在 C 项中,根据过于自信的过失与间接故意的区别,完全可以认定钱某的行为是间接故意而不是过于自信的过失。在 D 项中,很明显是过于自信的过失。

3. ABD。甲认为偷了赃车不犯法,说明主观上有盗窃的故意,AB 项错误。对法的状况产生疑问时,如果行为人没有认真地考虑疑问,实施了违法行为,就属于可以避免的违法性认识错误,应当成立故意犯罪,因此,甲构成盗窃罪,D 项错误。

4. (1)ABCD。甲、乙不顾管理员与安保人员的劝阻向动物抛掷食物和鞭炮,社会危害性显著轻微,不构成犯罪。

(2)ACD。周岁的计算应当以实足年龄为准,即从行为人 14 周岁或 16 周岁生日的第二天起才能视为已满 14 周岁或 16 周岁。

(3)ACD。甲、乙共同实施犯罪,但甲不足刑事责任年龄,不负刑事责任,与乙不构成共同犯罪,敲击头部应当预见致人死亡的后果,而行为人内心希望结果发生,故乙单独成立故意杀人罪。

(4)BC。动物园的保安是动物园的监管者,对动物园内人员具有救助义务,因此,丁对丙具有救助义务,对丙的损害结果构成不作为犯罪。

(5)B。戊作为游客不是监管者,没有救助义务,对丙的救助是见义勇为,对于因送丙就医的方式造成丙的死亡没有预见性,丙的死亡属于意外事件,戊不应负刑事责任。

5. AB。首先,甲没有犯罪的故意,不成立故意杀人罪。其次,过失致人死亡罪的犯罪客观方面的表现中,行为人要有致人死亡的行为,而甲并没有实行行为,因此甲不构成过失致人死亡罪。

6. C。本题中,在能够及时消除危险的情况下,甲故意不消除危险,导致火灾发生,甲的行为从一般过失转化为犯罪故意,应认定为放火罪而不是失火罪。

7. C。不作为犯罪的救助义务包括四个方面:法律明文规定的积极作为义务、职业或者业务要求的作为义务、法律行为引起的积极作为义务、先行行为引起的积极作为义务。由此可见,甲对乙没有救助义务,其不救助乙仅仅违反了道德义务,并不构成不作为犯罪。

## 第四章　犯罪排除事由

一、1. D。乙持刀抢劫妇女,属于正在实施严重危及人身安全的暴力犯罪;为了避免妇女被抢,即便甲当时将乙撞死,根据《刑法》第 20 条第 3 款的规定,也构成正当防卫。何况当时仅是将乙撞成重伤,死亡结果是护士的疏忽造成的,不能因此认定甲构成过失致人死亡罪。

2. D。即使李某当时确有偷狗的嫌疑,其蛇皮口袋里装的是盗窃来的狗,但其已经扔下赃物逃走,不法侵害行为已经结束,铁某此时追打李某,其行为已不具有防卫性质。既然没有防卫性质,那么既不成立正当防卫,也不成立防卫过当。假想防卫的行为对象也必须是正在进行的虚假的“不法侵害”。李某已经扔下了蛇皮口袋,无论其有无偷狗嫌疑,其行为都已结束。所以,铁某不构成假想防卫。选项A、B、C都错误。

铁某的行为是事后报复行为,这是故意伤害,构成故意伤害罪。选项D正确。

3. C。本题考查紧急避险的成立条件。甲并未遭受正在发生的危险,行为人善意地误以为存在这种危险,因而实施了所谓的紧急避险,属于假想避险。

4. D。本题仍是考查正当防卫的成立条件。民警甲误以为是犯罪分子偷袭而进行防卫,属于假想防卫。

5. D。架设电网等“防盗”设施致人死亡的,无论被电击死者是否是不法侵害人,通常都要认定为犯罪。互相斗殴可以在以下两种情况下成立正当防卫:一是一方求饶或者逃走,另一方继续侵害;二是在一般的轻微斗殴中,一方突然使用杀伤力很强的凶器,另一方生命受到严重威胁的,后者可以进行正当防卫。C项中甲的行为属于防卫挑拨。

6. C。王某投放安眠药的目的是使看管人员昏睡,以便自己逃走,恢复自己的人身自由。看管人员死亡是由于患有特殊疾病,死亡结果的发生对王某而言属于意外事件,不可归责于王某。因此,不得因为出现死亡结果,从而认为防卫行为明显超过必要限度造成重大损害。王某的行为成立正当防卫。

7. B。陈某反抗刘某的抢劫并夺下其西瓜刀的行为属于防卫行为。陈某在慌乱中欲把西瓜刀交给营业员王某控制,其行为仍然属于防卫行为,结果王某并未接住刀反而被重伤,因此,陈某的行为属于防卫行为造成第三者的损害。对此,应当认为,陈某的行为成立假想防卫,因为王某没有实施不法侵害,但陈某的防卫行为导致了王某的伤害结果,所以应视为一种假想防卫,阻却故意责任。如果陈某对此有过失,则应按照过失犯罪来处理。陈某将刀扔给王某,显然是有过失的,他应当预见到将刀对着人扔过去,有可能伤到人。所以,陈某应当对王某的重伤负责。

刘某对于陈某扔刀的行为无须负责。刘某没有用这把刀来砍王某,陈某将刀扔给王某也不是刘某能预见的,刘某也没有阻止陈某扔刀的义务。所以,刘某无须对王某的重伤负责。

刘某在抢劫未遂,放弃抢劫逃走后,陈某仍然出门追赶,陈某的行为不再成立正当防卫。因为刘某已经放弃了抢劫,也没有携带赃物。此时,不法侵害已经结束。

但是,陈某仍然有权追赶刘某,将其扭送到公安机关,因为抢劫未遂也成立犯罪,但是陈某这种行为的性质是扭送,不是正当防卫。陈某在飞身扑倒刘某时造成自己重伤,刘某显然无须对此负责,因为这是陈某自己的鲁莽行为导致的。陈某扑倒刘某也不是迫不得已的行为,所以刘某的逃走和陈某的受伤之间没有刑法上的因果关系,刘某无须对此负责。

综上所述,只有选项B是正确的。

二、1. ACD。本题考查正当防卫和紧急避险的成立条件。根据我国《刑法》第20条和第21条的规定,正当防卫和紧急避险有两个明显区别:一是危险来源的不同。紧急避险的来源含义十分广泛,既可以是洪水、地震、风暴等自然灾害,又可以是猛兽、狂犬等动物的侵袭,还可以是人的不法侵害。正当防卫的危险来源只能是人的不法侵害。二是损害的对象不同。紧急避险损害的对象是第三者的合法权益,正当防卫的损害对象只能是不法侵害者的利益。在本题中,乙解开赵某的狼狗去咬甲,甲将狗打死,损害的是第三人赵某的利益而不是不法侵害人乙的利益。所以甲的行为应当是紧急避险。

2. AB。甲不具有正当防卫意图,按照我国正当防卫的通说,甲的行为不是正当防卫。甲正常驾车行驶,避让不及撞伤乙的行为也不构成交通肇事罪,只属于一般的交通事故。

3. ABC。正当防卫只能发生在单方的犯罪过程中,是被害人针对犯罪进行的防卫行为。在双方互相的伤害、聚众斗殴中是不能成立正当防卫的。两方都算犯罪,各自定罪。两人都是聚众斗殴,而聚众斗殴致人死亡的,定故意杀人罪。

4. ABC。本题考查对正当防卫、紧急避险等排除犯罪行为相关问题的理解。防卫是否过当,要根据人身或财产受到的危险以及防卫的条件等因素决定,不能一概认为,对除严重危及人身安全的暴力犯罪以外的不法侵害行为进行防卫,造成不法侵害人死亡的,就属于防卫过当。关于B项,我国《刑法》第20条第3款规定的几种情况指的是行为的性质而不是仅指这几种罪名,所以,对于武装叛乱、暴乱犯罪一样可以实行特殊的正当防卫。律师在法庭上即使是为了维护被告人的合法权益,也不得泄露他人隐私。放火毁损自己所有的财产危害公共安全的,一样构成犯罪。

5. BCD。本题考查正当防卫的成立条件。不法侵害者是否达到法定刑事责任年龄、是否具有刑事责任能力,并不影响正当防卫的成立。

6. ACD。本题考查正当防卫的成立条件。在财产性犯罪的情况下,行为虽然已经既遂,但在现场还来得及挽回损失的,应当认为不法侵害尚未结束,可以实行正当防卫。

7. AB。本题考查正当防卫与犯罪行为的区别。A选项中,赵某构成故意杀人罪。因为甲已经将乙打晕,乙的不法侵害行为已经停止,赵某用砖头砸乙的行为就不能成立正当防卫,也就不存在防卫过当或事后防卫。B选项中甲将乙打晕是在乙的不法行为正在进行时制止其不法行为,属于正当防卫。

三、1. C。本题考查对正当防卫成立条件的理解。根据《刑法》第16条的规定,行为在客观上虽然造成了损害结果,但是不是出于故意或者过失,而是由于不能抗拒或者不能预见的原因所引起的,不是犯罪。赵某遭流氓攻击被迫自卫还击,属于正当防卫。钱某未表明民警的身份,且身穿便衣,赵某在当时特定的情况下,不可能辨认其身份、其行为目的,因此赵某将钱某砸成重伤属于意外事件。

2. B。本题考查对紧急避险成立条件的理解。甲在自己的生命遭受严重威胁之时做出的行为属于不得已而为之,依照《刑法》的有关规定,应属于避险行为。但是,结合本案的具体情况考虑,紧急避险的成立条件之一是保全的利益应当大于牺牲的利益,甲以牺牲他人生命的方式保全自己的生命,已经超过了紧急避险的限度,属于避险过当,应当负刑事责任,但应当减轻或免除处罚。

3. ABC。本题考查其他犯罪排除事由。本题仅从判断甲与妻子的落水死亡结果来看,甲对妻子负有救助义务,同时有能力予以救助。这种情形从形式上构成不作为杀人罪。但考查当时的客观情境,因为存在义务冲突的情形,即母亲与妻子只能救其一,所以甲在作出决定要救助母亲时,便不可能同时再救助妻子,故甲不应当被追究刑事责任。

4. ACD。本题考查防卫不适时。甲的侵害行为尚未开始,尚处犯罪预备阶段,丙对其进行的防卫属于事前防卫,是防卫不适时情形的一种。

5. CD。本题考查我国刑法中排除犯罪行为的种类。A项中武警的行为是法令行为,不具有违法性。B项中甲的行为是自救行为,不具有违法性。C项中甲将乙扣留,并且没有将乙交给警察处理,构成了非法拘禁,且非法拘禁时间超过了24小时,应认定该行为具有刑事违法性。D项中,虽然甲的行为是按照乙的承诺实施的,但我国刑法并不承认按照承诺杀人排除刑事违法性,即便是安乐死也是如此。

6. B。本题考查正当防卫的成立条件。《刑法》第20条规定,为了使国家、公共利益、本人或者他人的人身、财产和其他权利免受正在进行的不法侵害,而采取的制止不法侵害的行为,对不法侵害人造成损害的,属于正当防卫,不负刑事责任。正当防卫明显超过必要限度造成重大损害的,应当负刑事责任,但是应当减轻或者免除处罚。对正在进行行凶、杀人、抢劫、强奸、绑架以及其他严重危及人身安全的暴力犯罪,采取防卫行为,造成不法侵害人伤亡的,不属于防卫过当,不负刑事责任。本案中,张某为保护自己的住宅而设置防卫装置,对不法侵害人王某正在进行的盗窃行为进行了制止,造成王某轻伤,张某的这种行为既不是防卫不适时(假想防卫、事后防卫),又未明显超过必要限度造成重大损害而成立防卫过当,因此应为正当防卫,而且正当防卫是一种合法行为,不构成侵权。

## 第五章 犯罪未完成形态

一、1. A。本题考查犯罪预备与犯罪未遂、犯罪中止的区别。甲只是为杀人行为做准备,因为意志以外的原因而停止。

2. A。本题考查犯罪未遂的成立条件。甲已经着手实施盗窃行为,因为意志以外的原因而停止。

3. B。本题考查犯罪中止,即什么是主动放弃犯罪。甲因为发现是同事家而自动放弃了犯罪。

4. A。本题考查犯罪既遂与犯罪中止的区别。甲虽然主观上具有防止犯罪结果发生的意图,但是已经发生行为人原本所追求的、行为性质所决定的犯罪结果,犯罪既遂,已不存在中止的可能。

5. B。本题考查犯罪未遂。本题中甲已经着手实施犯罪,其认为应当实行的行为实行终了,但意外情况阻止了结果的发生,即由于其意志以外的原因没有得逞,所以属于犯罪未遂。

6. C。刑法意义上的侵害行为,可以是人体的单个举动或动作,也可以是由几个连续举动或动作组成的一个整体行为。放弃重复侵害行为是自动的,行为人在还能够把犯罪进行下去的情况下,自动放弃犯罪意图,不再实行侵害,有效地阻止了危害结果的发生,应视为犯罪中止。

7. A。甲欲泼乙,但情急之下未能拧开杯盖,说明行为已经着手实施,完全具有既遂的可能性,因为行为人意志以外的原因而未能既遂,所以只能认定为犯罪未遂。

8. D。甲虽然反悔并告知乙取消行动,但未满足犯罪中止需要的条件——有效性。无论哪种中止,都必须具有有效性,即没有发生行为人原本所追求的、行为性质所决定的犯罪结果,要自动有效地防止犯罪结果的发生。

9. B。本案中,甲已经将他人财物转移占有,脱离了所有人的控制,已经构成盗窃罪既遂。

10. A。本题考查犯罪行为与非犯罪行为的界限问题。将味精放入茶里长期饮用会导致人中毒是没有科学依据的说法,张某的行为属于迷信犯,故不存在成立犯罪的问题。

11. C。甲虽然被妇女认出,但仅是在将来才会遭受刑罚处罚,无妨其当下继续实施犯罪行为。甲惧怕刑罚,主动放弃强奸行为,成立强奸罪的中止犯。根据中止犯的立法目的,在中止行为同时构成强奸罪的中止犯与强制猥亵罪的既遂犯时,对行为人应以强奸罪的中止犯论处,这样有利于鼓励犯罪分子及时中止犯罪。

二、1. ACD。本题考查对犯罪未完成形态的理解和我国《刑法》对相关未完成形态的处罚规定。A项中，犯罪未完成形态只存在于直接故意犯罪中，过失犯罪中都不存在。B项中，根据《刑法》第22条的规定，是“可以”而非“应当”，故错误。C项和D项参见《刑法》第23条、第24条原文。

2. ACD。本题考查对犯罪中止和犯罪未遂成立条件的理解。A项中甲的行为属于自动放弃可以重复侵害的行为，按犯罪中止处理。B项中张某“踩点”后被抓，属于犯罪预备。C项中妻子甲因为手段错误而未毒死自己的丈夫乙，按照我国刑法理论的通说，妻子甲属于犯罪未遂。D项中赵某的行为属于“欲达目的而不能”，因其听信同伙的话而不得不放弃犯罪，属于犯罪未遂。

3. ACD。本案中甲已将毒药拌入菜中，因此不再是犯意表示，而是进入了犯罪预备阶段。因为饭菜还在甲的控制之下，是否端给乙吃还不一定，未对乙的生命造成“现实、紧迫的危险”，所以属于犯罪预备，而不属于“着手”的实行行为。此时，因为久等其妻未归且惧怕法律制裁而停止犯罪，是主动停止，故构成犯罪预备阶段的犯罪中止。

4. AC。本题考查犯罪的主观方面对犯罪形态的影响。甲基于故意杀害的故意，实施了故意杀害的行为，故构成故意杀人罪；由于乙的死亡并非由甲撞倒所致，故甲的行为构成故意杀人的未遂。

5. ABCD。本题考查对犯罪预备行为的理解。为了犯罪，准备工具、制造条件的，是犯罪预备。ABCD四项均是制造犯罪条件的行为，故均属于犯罪预备行为。

6. ABC。迷信犯的行为在任何情况下都不可能导致危害结果发生，因此，迷信犯不成立犯罪。ABC项论述正确。

7. ABCD。对于甲意图分尸的行为，一方面，甲尚未着手分尸；另一方面，甲后来主动放弃杀人与分尸，故成立犯罪预备阶段的犯罪中止。A项正确。对于B项，一般认为犯罪已经呈现结局形态，故甲救助王某的行为不成立犯罪中止，但这种看法是错误的。既然王某尚未死亡，故意杀人尚未既遂，就不能说故意杀人罪已经呈现终局性。在能够避免王某死亡的前提下，甲主动避免了死亡结果的发生，成立犯罪中止，B项正确。甲系惧怕被判处死刑才救助王某，但这属于动机问题，不影响犯罪中止的成立，C项正确。因为王某受到重伤，故甲的行为属于造成损害的中止犯，对其只能减轻处罚，不能免除处罚，D项正确。

三、1. ABC。本题考查犯罪既遂的成立标准问题。煽动颠覆国家政权罪属行为犯，张某煽动王某等人颠覆国家政权的行为已经实施完毕，已经齐备煽动颠覆国家政权罪的犯罪构成要件，故成立犯罪既遂。对于煽动颠覆国家政权的行为，成立煽动颠覆国家政权罪的正犯（实行犯），不构成煽动颠覆国家政权罪的教唆犯，B项错误。

2. B。本题考查犯罪未遂、犯罪中止的成立条件和犯罪既遂的成立标准。A项中张某将偷盗的物品放回的行为属于犯罪既遂后返还财物的行为。B项中甲男主动放弃本可以完成的犯罪，属犯罪中止。C项涉及诬告陷害罪的既遂与未遂的判断，行为人的诬告陷害行为如果导致被害人成为刑事侦查的对象，即可认定为既遂。D项中，乙女正值经期，并不足以制止甲男实施强奸行为，甲放弃强奸应认定为犯罪中止。

3. C。这种情形在理论上被称为不可罚的不能犯，不构成犯罪，当然也没有既遂和未遂之分。

4. BC。本题考查犯罪预备和犯罪中止的成立条件。A项中，张三通过自己的努力，防止了危害结果发生，构成行为实施终了的犯罪中止；B项中王五尚未着手实施犯罪行为，故成立犯罪预备，而非犯罪未遂；C项中甲放弃了“自认为”可以完成的犯罪，虽然在客观上不能完成，但仍成立犯罪中止；D项中是行为实施终了的补救行为，由于吴某没有制止犯罪结果发生，所以成立犯罪既遂。

## 第六章　共同犯罪

一、1. B。本题考查共同犯罪的成立条件。这是在犯罪过程中，王某加入张某正在进行的抢劫而构成共同抢劫犯罪。

2. D。选项A：教唆犯的成立条件是在他人没有犯意时，教唆他人，使其产生犯意。乙本来就是贩卖毒品的人，有贩毒的故意，所以甲不构成贩卖毒品罪的教唆犯。选项A错误。

选项B：间接正犯也是正犯。如果正犯要求具有特殊身份，间接正犯也要具有特殊身份。甲是无业人员，他不具备“国家工作人员”这个身份，不能构成贪污罪。甲构成诈骗罪。乙是因为被骗而交给甲公款的，如果乙对此没有过失，则不构成犯罪；如果乙对此有过失，则可能构成国有公司、企业、事业单位人员失职罪。选项B错误。

选项C：甲、乙在客观上构成共同犯罪。甲是实现符合构成要件的实行行为的人，因此甲是正犯。乙只是为甲望风，甲是对危害结果的发生具有支配作用的人，因此，甲不是从犯，是主犯。乙没有和甲共同实施实行行为，因此二人不是共同正犯。甲是实行犯，乙是帮助犯。选项C错误。

选项D：乙在为盗窃行为望风时，为了防止被害人回家发现甲的犯罪行为，将被害人打成重伤，构成抢劫罪。甲对此不知情，不需要为乙的伤害行为负责。因此，甲只构成盗窃罪。选项D正确。

3. D。成立盗窃罪，要求行为主体年满16周岁。甲实施盗窃时只有15周岁，无责任能力。若认为责任年龄、责任能力不是共同犯罪的成立条件，则甲实施盗窃，乙对此提供帮助，二人相互协作完成犯罪，应认定甲、乙成立共同犯罪。据此可知，A选项表述正确。在甲、乙成立共同犯罪的前提下，由于乙的帮助行为在共同犯罪中仅起次要作用，所以乙是盗窃罪的从犯。B选项表述正确。如果甲、乙成立共同犯罪，则乙的行为属于帮助行为，而不是实行行为，故乙不成立间接正犯（间接正犯的行为是实行行为）。如果甲、乙不成立共同犯罪，即便要追究17周岁的乙的刑事责任，也不能认定乙成立盗窃罪的间接正犯，因为成立间接正犯，要求行为人对所利用的工具具有支配性，而在本案中，乙是应甲的要求为其配置万能钥匙的，甲是否实施盗窃以及如何盗窃，乙都不具有支配性，无法将本案评价为如同乙本人亲自实施盗窃一般，故乙不属于间接正犯。因此，无论甲、乙是否成立共犯，都不能认为乙成立盗窃罪的间接正犯。C选项表述正确。片面共犯是指参与同一犯罪的人中，一方认识到自己是在和他人共同犯罪，而另一方没有认识到有他人和自己共同犯罪。本题中，甲、乙存在盗窃他人财物的意思联络，不符合片面共犯的概念。D选项的表述错误，为本题正确选项。

4. D。本题考查共同犯罪的成立条件。赵某和钱某有共同犯罪的故意，也有共同犯罪的行为。

5. A。本题考查共同犯罪的成立问题。乙虽然没有前往，但没有阻止甲实施他们预谋的犯罪，因此，甲、乙构成共同犯罪。

二、1. BD。甲为过失犯罪，乙为故意犯罪，客观上虽有一定联系，但共同犯罪必须具有共同故意，故意犯罪行为与过失犯罪行为不能成立共同犯罪，因此甲、乙二人不成立共同犯罪，应按照甲、乙所犯之罪分别处罚。

2. AC。在甲盗窃的2万元财物范围内，甲、乙成立共同犯罪，因为乙对甲实施了帮助行为，有帮助的故意，乙认识到甲所实行的犯罪行为和这种犯罪行为将要产生的危害结果，也认识到自己所实行的行为是帮助实施犯罪的行为，以自己的帮助行为为甲完成犯罪创造便利条件。但对乙盗窃的1万元，甲、乙不构成共同犯罪，是乙个人的犯罪行为。因此，甲盗窃数额2万元，乙盗窃3万元。

3. ABC。甲、丙之间在主观上有共同杀害乙的故意，并实施了共同杀害行为，构成故意杀人的共同犯罪。但甲对乙的杀害行为为先前的绑架行为所包容，作为绑架罪的结果加重犯处理，而不单独定罪，故甲构成绑架罪，丙构成故意杀人罪。

4. BC。本题考查按照我国《刑法》规定，过失犯罪是否有共同犯罪问题。危害结果是由张某、王某二人的行为共同导致的，但二人主观上都是过失，属过失犯罪，应按照张某、王某所犯的罪分别处罚。

5. ACD。本题考查的是共同犯罪的成立条件问题，要关注近年的司法解释。2013年9月6日发布的《最高人民法院、最高人民检察院关于办理利用信息网络实施诽谤等刑事案件适用法律若干问题的解释》第8条规定，明知他人利用信息网络实施诽谤、寻衅滋事、敲诈勒索、非法经营等犯罪，为其提供资金、场所、技术支持等帮助的，以共同犯罪论处。选项B中，丙主观方面是过失，与甲、乙没有共同的犯罪故意。选项D中，事先商定犯罪后窝赃的，构成共同犯罪。

6. ABD。本题考查的是共同犯罪的成立条件以及我国《刑法》的相关特殊规定。A项直接构成帮助犯罪分子逃避处罚罪；B项直接构成帮助毁灭、伪造证据罪；D项直接构成煽动颠覆国家政权罪。

7. ABC。本题主要考查对主犯的认定问题。除选项A的内容外，主犯还包括在犯罪集团或聚众犯罪中起组织、领导、策划作用的犯罪分子，故A项错误；首要分子原则上属于主犯，但也有例外，故B项错误；主犯的范围大于首要分子，故C项错误。首要分子只存在于犯罪集团和聚众犯罪中，D项正确。

8. CD。区分是否构成共同犯罪的关键在于是否具有共同故意。本题中甲、乙二人主观上没有共同犯罪的故意。行为人仅是伪造、变造金融票证而没有使用的，构成伪造、变造金融票证罪。但司法实践中，伪造、变造金融票证罪和票据诈骗罪这两种犯罪往往是联系在一起的，表现为行为人先伪造、变造汇票、本票、支票或者其他银行结算凭证，然后使用该伪造、变造的票证进行诈骗，这种情形实际上属于牵连犯，应当从一重罪，即按票据诈骗罪论罪处罚，而不实行数罪并罚，故甲成立票据诈骗罪。乙是银行柜台营业员，盗窃自己经营的存款构成贪污罪。甲、乙应分别处罚。

9. AC。本题考查共同犯罪的成立条件。A项中甲、乙具有不同的犯罪故意。C项中甲唆使乙的行为成立间接正犯。B项中甲、乙存在预谋，尽管乙并未杀害丙，但事实上给甲杀害丙提供了心理的原因力，二人构成故意杀人罪既遂的共同犯罪。根据司法解释，交通肇事后，单位主管人员、机动车辆所有人、承包人或者乘车人指使肇事人逃逸，致使被害人因得不到救助而死亡的，以交通肇事罪的共犯论处，故D项说法正确。

三、1. ABCD。选项A：甲、乙共同殴打了丙，二人共同实施了故意伤害罪的实行行为，二人均为实行犯，实行犯是正犯。所以，对于故意伤害行为，甲、乙构成共同正犯。选项A正确。

选项B：乙和甲共谋盗窃，乙帮助甲殴打阻止甲逃跑的丙的行为符合转化型抢劫罪的犯罪构成，乙构成抢劫罪。选项B正确。

选项C：甲在实施盗窃行为后，为了抗拒抓捕，殴打抓捕人丙的行为符合转化型抢劫罪的犯罪构成，甲构成抢劫罪。选项C正确。

选项D：根据主客观相一致原则，甲、乙共谋盗窃且由甲实施后，又共同殴打抓捕甲的丙，二人均构成抢劫罪，罪名一致。所以，选项D正确。

2. ABC。本题考查我国《刑法》对共同犯罪人的处罚规定。A项中主犯本身不是从重处罚的法定情节，仅按照其所参与或组织、指挥的犯罪直接处罚即可。B项中从犯应当从轻、减轻或者免除处罚。C项中胁从犯仅包括被胁迫而参加犯罪这种情形。刚开始被胁迫参加犯罪，继而在共同犯罪中起主要作用的，应该定为主犯，D选项表述是正确的。

3. ABCD。本题考查间接正犯的认定问题。A项中，即便乙负刑事责任，甲、乙也不构成共同犯罪。甲利用乙的犯罪行为达到自己犯罪的目的，因此，甲构成间接正犯。B项中，护士陈某作为无罪过的犯罪工具被医生赵某使用，医生赵某构成间接犯罪。选项CD也都能构成间接正犯。

4. ACD。甲、乙主观上没有犯罪的故意，对丙的死亡是疏忽大意的过失致人死亡，因此两人都构成过失致人死亡罪。共同犯罪主观上必须是故意，过失犯罪不能构成共同犯罪。

5. AD。店员丙的行为是一种外表无害的"中立"行为，但这种行为在客观上帮助了正犯时，是否成立帮助犯？对此应当综合考虑正犯行为的紧迫性、店员丙（帮助者）对法益的保护义务、行为对法益侵害所起的作用大小以及行为人对正犯行为的确实性的认识等因素，得出妥当结论。如果甲的杀人行为并不紧迫，丙只是大体估计对方将来可能实施犯罪行为，对于丙的经营行为不宜认定为帮助犯，但向正在斗殴的人出售利刃的，成立帮助犯。故本案丙与甲成立故意伤害的共同犯罪，丙成立帮助犯。

6. ACD。本题考查我国《刑法》规定的共同犯罪的成立条件。A项中乙属于实行过限，过限的强奸行为由乙单独承担；入户盗窃未遂的，构成盗窃罪。B项中，甲、乙属于同时犯，不构成共同犯罪。C项中，甲、乙属于共同犯罪。共同犯罪只限于故意犯罪，共同过失行为不构成共同犯罪，因此D项说法正确。

7. AD。本题考查必要的共同犯罪。必要的共同犯罪包括聚合犯和对合犯两种。贩卖淫秽物品牟利罪属于对合犯中的一种，即只处罚对合犯的某一方，对另外一方不处罚——只处罚贩卖者，不处罚购买者。但在本案中，乙在甲的教唆下实施了犯罪行为，甲成立教唆犯，应当认定为贩卖淫秽物品牟利罪，与乙成立共同犯罪。

8. BC。A项和D项均属于必要的共同犯罪中的对合犯。A项中，刑法同时处罚处于对合地位的两个行为人，且法定刑相同，均为重婚罪。D项中，刑法对两个对合主体都处罚，但罪名和法定刑均不同，甲为行贿罪，乙为受贿罪。B项中，乙未达刑事责任年龄，甲是间接正犯，甲和乙不能构成共同犯罪。C项中，甲在犯罪实施前又有效撤回了自己的帮助行为，所以不能和乙成立共同犯罪。

9. B。本题考查共同犯罪的认定。本案中，李某的行为是事前无通谋的帮助行为，张某、李某不构成共同犯罪，对这种事后帮助行为应单独定罪处罚。

## 第七章　单位犯罪

一、1. A。在我国《刑法》对盗窃罪没有规定单位主体的情况下，本题考查如何处理为了单位利益，以单位名义实施的盗窃行为问题。我国对盗窃罪没有规定单位犯罪，所以，电解铝厂不可能构成单位盗窃罪。根据《刑法》第264条的规定，同时参照2013年4月2日发布的《最高人民法院、最高人民检察院关于办理盗窃刑事案件适用法律若干问题的解释》第13条"单位组织、指使盗窃，符合刑法第二百六十四条及本解释有关规定的，以盗窃罪追究组织者、指使者、直接实施者的刑事责任"之规定，可以得出结论，虽然单位不能作为盗窃罪主体，但单位中的相关人员是犯罪主体，并且，经理、两名副经理和电工有共同盗窃的故意和行为，他们构成了盗窃罪的共同犯罪。因此，选项A是正确的。

2. B。本题考查对单位犯罪的理解。《刑法》第30条规定，公司、企业、事业单位、机关、团体实施的危害社会的行为，法律规定为单位犯罪的，应当负刑事责任。根据罪刑法定原则，法律没有规定为单位犯罪的，就不能追究单位的刑事责任，因此，选项A、选项C不正确。2014年4月24日第十二届全国人民代表大会常务委员会第八次会议通过的《关于〈中华人民共和国刑法〉第三十条的解释》明确规定，公司、企业、事业单位、机关、团体等单位实施《刑法》规定的危害社会的行为，《刑法》分则和其他法律未规定追究单位的刑事责任的，对组织、策划、实施该危害社会行为的人依法追究刑事责任。因此，选项B正确。在我国《刑法》规定的400多种犯罪中，只有少部分犯罪能够由单位构成，这是刑法常识知识，因此，选项D也不正确。

3. D。本题考查单位犯罪的认定问题以及合同诈骗罪与诈骗罪的界限。甲采用签订合同的方式诈骗他人钱财，构成了合同诈骗罪；他诈骗的钱财归属其个人，所以并不构成单位犯罪。

4. C。本题考查单位受贿罪的认定问题。市公安局长王某以单位的名义收受制药公司的财物归市公安局所有，并以市公安局的职权为制药公司牟取利益，市公安局构成了单位犯罪。

二、1. BD。故意杀人罪只能由自然人构成，单位不能构成此罪。村委会无权决定村民的生死，村委会成员的行为也不是职务行为。

2. ABD。本题选项都是我国单位犯罪的基本常识。

3. AC。本题主要考查单位犯罪的认定问题。参见《刑法》第192条、《最高人民法院关于审理单位犯罪案件具体应用法律有关问题的解释》第3条、《刑法》第31条的规定。

4. AB。《刑法修正案（八）》对强迫职工劳动罪进行了修正，改为强迫劳动罪，此罪既能由单位构成，也能由自然人构成；并且，在单位构成此罪时，采用双罚制，因此，选项C不正确。我国《刑法》没有规定单位能够成为盗窃罪的犯罪主体，因此，此罪只能由自然人构成，选项D不正确。虚假破产罪、私分国有资产罪是只处罚直接责任人的单位犯罪，因此，本题答案是AB。

## 第八章　罪数形态

一、1. C。根据《刑法》第247条的规定，司法工作人员刑讯逼供致使被告人死亡的，应依照故意杀人罪从重处罚。因此，A项说法正确。按照《刑法》第157条第2款的规定，以暴力、威胁方法抗拒缉私的，以走私罪和妨害公务罪数罪并罚。B项说法正确。根据《刑法》第239条第2款的规定，犯绑架罪，杀害被绑架人的，或者故意伤害被绑架人，致人重伤、死亡的，处无期徒刑或死刑，并处没收财产。实施绑架过程中故意致被害人死亡的，仍应认定为绑架罪一罪，所以，C项说法不正确。根据《刑法》第318条第1款第5项的规定，组织他人偷越国（边）境的过程中，以暴力、威胁方法抗拒检查的，仍应定组织他人偷越国（边）境罪，但应处7年以上有期徒刑或者无期徒刑，并处罚金或者没收财产，因此，D项说法正确。因为本题为选非题，所以应选C项。

2. A。本题考查盗窃信用卡并使用的行为应认定为何罪的问题。《刑法》第196条第3款规定，盗窃信用卡并使用的，按照盗窃罪定罪处罚。

3. B。本题考查想象竞合犯问题。甲实施了一个行为而触犯了不同的罪名，理论上认为属于想象竞合犯。

4. B。本题考查罪数的认定问题。甲砸碎国家珍贵文物的行为侵犯了新的法益。

二、1. CD。根据《刑法》第236条第3款第6项的规定，强奸致使被害人死亡的，仍应定强奸罪一罪，但应处10年以上有期徒刑、无期徒刑或者死刑。根据《刑法》第240条第1款第3项的规定，在拐卖过程中奸淫被拐卖的妇女的，仍定拐卖妇女罪一罪，但应处10年以上有期徒刑或者无期徒刑，并处罚金或者没收财产；情节特别严重的，处死刑，并处没收财产。根据《刑法》第241条第2款和第4款的规定，收买被拐卖的妇女，强行与其发生性关系的，应按照收买被拐卖的妇女罪和强奸罪数罪并罚。根据《刑法》第358条第3款的规定，组织、强迫他人卖淫，并有杀害、伤害、强奸、绑架等犯罪行为的，依照数罪并罚的规定处罚。因此，选项CD正确。

2. ABD。根据《刑法》第292条第2款的规定，在聚众斗殴的过程中致人重伤的，应按照《刑法》第234条的规定，即按故意伤害罪定罪处罚。

3. ACD。本题考查犯罪行为的定性问题。张某的行为构成强奸罪。张某使用冒充警察欺骗、非法限制人身自由的手段，迫使两位女生违背自己意志与其发生性行为，构成强奸罪。招摇撞骗罪，是指为牟取非法利益，假冒国家机关工作人员的身份或职称行骗，损害国家机关的威信及其正常活动的行为。本案中，虽然张某冒充警察欺骗两位女生达到满足自己性欲的目的，但是招摇撞骗罪不足以评价其全部行为，该招摇撞骗行为是为了对被害人施加精神强制，已经为强奸罪所吸收，所以张某不单独构成招摇撞骗罪。强制侮辱罪不能包括与妇女发生性行为这种情况，所以，张某不构成强制侮辱罪。

4. ACD。甲的交通肇事和故意杀人行为是两个不同的犯罪行为，两个行为之间也不具有牵连或者吸收关系，因此，应当按照交通肇事罪和故意杀人罪数罪并罚。

5. CD。本题考查想象竞合犯的认定问题。A选项中，赵某实施的是盗窃文物和故意损毁文物两个不同的行为，应按照盗窃罪和故意损毁文物罪数罪并罚。B选项中，钱某的行为构成牵连犯。C选项中，孙某盗窃的是正在使用的铁路专用电线，必然涉及公共安全，而且该电线是铁路交通设施的重要组成部分，因此，孙某的行为同时触犯了盗窃罪和破坏交通设施罪，是想象竞合。D选项中李某的行为不仅触犯了故意杀人罪，还触犯了放火罪和故意毁坏财物罪，属于想象竞合犯。

6. AC。抢劫罪侵犯了双重客体，AC项是抢劫罪的应有内容。B项中乙构成故意杀人罪和盗窃罪。D项中丁的第一个行为已经构成抢劫罪，后又另外产生犯罪故意，将被抢劫者杀死，又构成了故意杀人罪。

7. ABC。本题考查罪数的认定和我国《刑法》相关的特殊规定。《刑法》第157条第2款规定，以暴力、威胁方法抗拒缉私的，以走私罪和妨害公务罪数罪并罚。根据《刑法》第120条第2款的规定，犯组织、领导、参加恐怖组织罪，并实施杀人、爆炸、绑架等犯罪的，数罪并罚。根据《最高人民法院、最高人民检察院关于办理生产、销售伪劣商品刑事案件具体应用法律若干问题的解释》第11条的规定，犯生产、销售伪劣产品罪，又以暴力、威胁方法抗拒查处，构成其他犯罪的，依照数罪并罚的规定处罚。根据《刑法》第399条第4款的规定，对D选项中的赵某应按照民事枉法裁判罪和受贿罪择一重罪处罚。

8. ACD。本题考查罪数的认定问题和我国《刑法》相关的转化犯的规定。赵某在偷逃税款后，拒不缴纳，构成逃税罪。暴力抗税致人重伤，应当按照想象竞合犯的处断原则，在抗税罪和故意伤害罪中择一重罪处断，即按照故意伤害罪论处。所以，对赵某应当按照逃税罪和故意伤害罪数罪并罚。

9. ABC。甲、乙、丙本来构成盗窃罪的共同犯罪，但丙在实施盗窃行为后以暴力抗拒抓捕，就构成了《刑法》第269条规定的转化型抢劫罪，但甲、乙和丙没有共同的暴力抗拒抓捕的故意和行为。因此，甲和乙构成盗窃罪，丙构成抢劫罪。

10. BCD。本题重点考查罪数的认定问题。A选项中，赵某盗窃手提包时不知道其中会有枪支，因此，赵某只构成盗窃罪，不构成盗窃枪支罪；发现枪支后予以藏匿，另外构成非法持有枪支罪，因此不属于不可罚的事后行为；如果赵某故意盗窃枪支，构成盗窃枪支罪以后再藏匿枪支，藏匿枪支的行为属于不可罚的事后行为。B选项参见《刑法》第238条第2款和第3款，钱某的非法拘禁行为已经转化为故意伤害罪，最后应以故意伤害罪论处。C选项中李某有两个行为，即非法拘禁和故意杀人。非法拘禁行为是前行为，故意杀人行为是后行为，也是主行为，故意杀人行为吸收了非法拘禁行为，直接以故意杀人罪论处。D选项参见《刑法》第267条第2款，吴某的抢夺行为已经转化为抢劫罪。

11. ACD。甲将乙扎成重伤的行为和将乙的西服刺破的行为之间具有吸收关系，将西服刺破的轻罪行为为将乙扎成重伤的重罪行为所吸收，对甲只应定故意伤害罪。

12. BCD。本题考查罪数的认定问题。2013年11月11日颁布的《最高人民法院、最高人民检察院关于办理抢夺刑事案件适用法律若干问题的解释》第3条规定，抢夺致人重伤的，应当认定为《刑法》第267条规定的“其他严重情节”，在3年以上10年以下有期徒刑的刑罚幅度内量刑。

13. AC。根据《刑法》第263条的规定，为实施抢劫致人重伤的，属于抢劫罪的结果加重犯。强奸后又杀害被害人的，按照强奸罪和故意杀人罪数罪并罚，不属于强奸罪的结果加重犯。根据《刑法》第239条第2款的规定，绑架过程中致人死亡的，属于绑架罪的结果加重犯。根据《刑法》第247条的规定，刑讯逼供致使被告人死亡的，按照故意杀人罪定罪并从重处罚，不构成刑讯逼供罪的结果加重犯。

14. BCD。根据《刑法》第241条第2款和第4款的规定，甲的行为应依照收买被拐卖的妇女罪和强奸罪数罪并罚。根据《刑法》第247条的规定，乙的行为应依故意伤害罪从重处罚。丙的行为属于同种数罪，按照我国现行通说和司法实践，会将盗窃数额累计计算，按照一个盗窃罪处罚。根据我国《刑法》第253条第2款的规定，应对丁依照盗窃罪从重处罚。

15. ABD。在《刑法修正案(九)》颁布之前，以强奸的手段迫使妇女卖淫的，应以强迫妇女卖淫罪一罪定罪量刑。但根据2015年修订后的《刑法》第358条第3款的规定，强迫他人卖淫，并有杀害、伤害、强奸、绑架等犯罪行为的，依照数罪并罚的规定处罚。据此可知，A项错误。根据《刑法》第239条第2款的规定，绑架被害人之后，故意伤害被绑架人致使其重伤的，应以绑架罪一罪定罪处罚，B项错误。甲藏匿枪支的行为虽然在外形上似乎属于事后处理赃物，但该行为侵犯了新的法益，对公共安全存在抽象危险，故该行为不构成不可罚的事后行为，应追究甲非法持有枪支罪的刑事责任，C项表述正确。伪造货币后，出售该伪造的货币的，虽然符合吸收犯的特征，但也符合牵连犯的特征，即主观上行为人伪造货币的目的是出售假币，客观上伪造货币与出售假币通常具有手段与目的或者原因与结果的牵连关系，故D项错误。

三、1. ABD。本题考查对继续犯的理解。继续犯又称持续犯，是指犯罪行为与该行为的不法状态在一定时间内处于继续状态的犯罪。继续犯必须是犯罪行为与不法状态同时继续；犯罪行为在一定时间内不间断继续；行为侵犯了同一具体的社会关系；出于一个罪过。盗窃罪的盗窃行为不具有持续性。

2. ACD。本题考查罪数认定问题。根据《刑法》第265条的规定，以牟利为目的，盗接他人通信线路、复制他人电信码号或者明知是盗接、复制的电信设备、设施而使用的，依照该法第264条的规定定罪处罚。根据《刑法》第267条的规定，抢夺公私财物，数额较大的，处3年以下有期徒刑、拘役或者管制，并处或者单处罚金；数额巨大或者有其他严重情节的，处3年以上10年以下有期徒刑，并处罚金；数额特别巨大或者有其他特别严重情节的，处10年以上有期徒刑或者无期徒刑，并处罚金或者没收财产。

3. B。根据《刑法》第229条第2款的规定，中介组织的工作人员索取或者非法收受他人财物，故意提供虚假证明文件的，按照处罚较重的规定定罪处罚。依据《最高人民法院关于审理挪用公款案件具体应用法律若干问题的解释》第7条的规定，行为人因挪用公款索取、收受贿赂构成犯罪的，依照数罪并罚的规定处罚。国家税务工作人员利用职务上的便利，索取或者收受他人贿赂，为纳税人牟取利益的，应以受贿罪论处。但应注意，也有刑法学者主张对这种情况采用数罪并罚方法处理。根据《刑法》第399条第4款的规定，司法工作人员接受贿赂，并因此在民事审判中故意作枉法裁判的，以受贿罪和民事枉法裁判罪中处罚较重的犯罪处罚，不实行数罪并罚。

4.(1)ABD。本题考查罪数的认定和定性问题。张某为了向李某索要钱财，将李某的儿子骗至家中并喂其吃了安眠药的行为属于绑架。张某在与李某厮打时将李某砍至重伤，从其行为方式及行为后的表现可看出，其对故意伤害的行为与结果是认识到的，属于故意伤害致人重伤，构成故意伤害罪。张某在A省抢夺钱包的行为构成抢夺罪。

(2)C。本题考查罪数的认定和处罚问题。对张某应当以绑架罪、故意伤害罪和抢夺罪实行数罪并罚。绑架罪和故意伤害罪之间并没有必然的联系和牵连，彼此相对独立。

## 第九章 刑罚概说

一、1. B。刑罚的目的是预防犯罪。根据预防对象是已经犯罪的人还是尚未犯罪但可能犯罪的人的不同，刑罚的目的分为特殊预防与一般预防。刑罚的目的不包括提升犯罪人的道德。刑罚目的是指国家制定刑罚、适用刑罚和执行刑罚所希望达到的结果，与刑法的任务不是一回事。

2. D。本题考查一般预防和特殊预防。刑罚立法时侧重于一般预防，判决时特殊预防和一般预防并重，刑罚执行时侧重于特殊预防。

二、1. ABCD。关于刑罚的理解，ABCD项都是正确的。

2. CD。本题考查对刑罚目的和功能的理解。刑罚的目的是预防犯罪，而非惩罚犯罪人，因此，A项不能选。预防犯罪包括一般预防和特殊预防，一般预防的对象是尚未犯罪的人，而非所有的犯罪人，因此，CD项为正解。

## 第十章 刑罚种类

一、1. A。本题考查对我国刑罚种类的记忆。我国的五种主刑是管制、拘役、有期徒刑、无期徒刑、死刑。死刑缓期两年执行简称死缓，是我国死刑的一种执行方式，不是单独的刑种。

2. D。根据《刑法》第57条第2款的规定，在死刑缓期执行减为有期徒刑或者无期徒刑减为有期徒刑的时候，应当把附加剥夺政治权利的期限改为3年以上10年以下。

3. A。本题考查对管制这种刑罚的理解。管制是我国的主刑之一；管制的刑期是3个月以上2年以下，数罪并罚时不超过3年；被判处管制前先行羁押的，羁押1日折抵刑期2日；对被判处管制的犯罪分子应依法实行社区矫正，管制期满，执行机关应立即向本人和其所在单位或者居住地的群众宣布解除管制。

4. D。本题考查对法定刑的理解。既然A罪的法定刑是“三年以下有期徒刑、拘役或者管制，并处或者单处罚金”，那么犯A罪就必须判处罚金，要么单独判处罚金，要么附加判处罚金，否则就是没有按照法定刑判处刑罚。被告人没有钱，可以判处较少的罚金，但不能不判处罚金。犯罪人现在身无分文，可以以其将来的劳动所得缴纳罚金。因为A项、B项和C项都没有并处罚金，所以都不符合《刑法》的规定；因为法定刑允许单处罚金，所以D项判决符合《刑法》的规定。

5. B。本题考查附加剥夺政治权利的执行问题。对于被判处无期徒刑的罪犯，应当附加剥夺政治权利终身，而不是“一般”要剥夺政治权利。

6. D。《刑法》第37条之一规定，因利用职业便利实施犯罪，或者实施违背职业要求的特定义务的犯罪被判处刑罚的，人民法院可以根据犯罪情况和预防再犯罪的需要，禁止其自刑罚执行完毕之日或者假释之日起从事相关职业，期限为3年至5年。被禁止从事相关职业的人违反人民法院依照前款规定作出的决定的，由公安机关依法给予处罚；情节严重的，依照该法第313条的规定定罪处罚。其他法律、行政法规对其从事相关职业另有禁止或者限制性规定的，从其规定。例如，《食品安全法》第135条第2款规定，因食品安全犯罪被判处有期徒刑以上刑罚的，终身不得从事食品生产经营管理工作，也不得担任食品生产经营企业食品安全管理人员，这是一种禁止终身从业的规定。D项为本题正确答案。

二、1. ABC。本题主要考查对没收财产这种附加刑的理解和对赃款、赃物予以追缴或者返还受害人的理解。选项A说法错误，5000万元属于犯罪分子违法所得的财物，应当予以追缴，不属于没收财产刑的执行对象。选项B说法错误，摩托车属于被害人的合法财产，应当及时返还，而不是上缴国库。选项C说法错误，赌债不是合法债务，不予偿还。选项D说法正确，根据《最高人民法院关于适用财产刑若干问题的规定》第3条第2款的规定，一人犯数罪依法同时并处罚金和没收财产的，应当合并执行。

2. ABCD。本题考查我国《刑法》规定的死刑适用主体的限制范围。《刑法》第49条规定，犯罪的时候不满18周岁的人和审判的时候怀孕的妇女，不适用死刑。审判的时候已满75周岁的人，不适用死刑，但以特别残忍手段致人死亡的除外。这里所说的“犯罪的时候”，是指实施犯罪行为的时候，不是指审判的时候。在年龄计算上，刑法中的18周岁是指实足年龄，一律按公历的年、月、日计算。审判时怀孕的妇女，包括在羁押期间已经怀孕的妇女，也不适用死刑。所谓“审判的时候怀孕的妇女”，是指在人民法院审判的时候，被告人是怀孕的妇女。这里所说的“审判的时候”是指从羁押到执行的整个诉讼过程，而不是仅指法院审理阶段。因此,在刑事诉讼的各个阶段怀孕的妇女都不适用死刑。审判时已满75周岁的人,是指审判时只要其已满75周岁,就不应该判处死刑,以特别残忍手段致人死亡的不受此规定限制。

3. ABCD。本题考查我国《刑法》规定的应当撤销缓刑的情况。根据《刑法》第77条的规定,被宣告缓刑的犯罪分子,在缓刑考验期限内犯新罪或者发现判决宣告以前还有其他罪没有判决的,应当撤销缓刑,对新犯的罪或者新发现的罪作出判决,把前罪和后罪所判处的刑罚,依照该法第69条的规定,决定执行的刑罚。被宣告缓刑的犯罪分子,在缓刑考验期限内,违反法律、行政法规或者国务院有关部门关于缓刑的监督管理规定,或者违反人民法院判决中的禁止令,情节严重的,应当撤销缓刑,执行原判刑罚。

4. AC。《刑法》第38条第2款规定,判处管制,可以根据犯罪情况,同时禁止犯罪分子在执行期间从事特定活动,进入特定区域、场所,接触特定的人。《刑法》第72条第2款规定,宣告缓刑,可以根据犯罪情况,同时禁止犯罪分子在缓刑考验期限内从事特定活动,进入特定区域、场所,接触特定的人。对于被单独判处剥夺政治权利的犯罪分子和被裁定假释的犯罪分子,我国《刑法》没有作出相应的规定,因此,对于这两类犯罪人,人民法院在判决书或者裁定书中不得规定相应的禁止令。

5. ACD。根据《刑法》第57条的规定,对于被判处死刑、无期徒刑的犯罪分子,应当剥夺政治权利终身,因此,A项、D项正确。根据《刑法》第56条的规定,对于危害国家安全的犯罪分子应当附加剥夺政治权利;对于故意杀人、强奸、放火、爆炸、投毒、抢劫等严重破坏社会秩序的犯罪分子,可以附加剥夺政治权利。因此,B项错误,C项正确。

三、1. ABC。本题考查缓刑的适用问题,参照我国《刑法》第72条的规定,对符合该条规定的缓刑条件的,不满18周岁的人、怀孕的妇女和已满75周岁的人,应当宣告缓刑。对于又聋又哑的人和盲人没有规定。

2. ACD。本题考查缓刑期间再犯新罪时的数罪并罚问题。根据《刑法》第77条的规定,对于新罪,强调实施该罪的时间是在缓刑考验期间,即只要是在缓刑考验期内实施新的犯罪的,理应撤销缓刑,至于发现该罪行的时间原则上没有限定;对于漏罪则强调发现的时间是在缓刑考验期内。缓刑考验期满后才发现行为人在缓刑考验期内所犯新罪的,也应当撤销缓刑;在缓刑考验期满后才发现原判决宣告前还有漏罪的,则不能再撤销缓刑,只能考虑对该漏罪进行依法处理。

3. ACD。本题考查的是社区矫正的适用对象问题。参照我国《刑法》第38条、第76条、第85条和《刑事诉讼法》第269条的规定,我国现在对被判处管制、宣告缓刑、假释或者暂予监外执行的罪犯,依法实行社区矫正。

4. D。《刑法》第59条规定,没收财产是没收犯罪分子个人所有财产的一部或者全部。没收全部财产的,应当对犯罪分子个人及其扶养的家属保留必要的生活费用。在判处没收财产的时候,不得没收属于犯罪分子家属所有或者应有的财产。据此可知,没收刘某的财产只能没收刘某个人的财产和家庭财产中应该属于刘某的部分,而不能没收应属于刘某家人的财产。

## 第十一章　刑罚裁量

一、1. C。本题考查对量刑情节的理解和记忆。我国现行《刑法》规定的法定情节没有加重这种量刑情节。

2. C。本题考查对假释主体条件的记忆。《刑法》第81条第1款和第2款规定,被判处有期徒刑的犯罪分子,执行原判刑期1/2以上,被判处无期徒刑的犯罪分子,实际执行13年以上,如果认真遵守监规,接受教育改造,确有悔改表现,没有再犯罪的危险的,可以假释。如果有特殊情况,经最高人民法院核准,可以不受上述执行刑期的限制。对累犯以及因故意杀人、强奸、抢劫、绑架、放火、爆炸、投放危险物质或者有组织的暴力性犯罪被判处10年以上有期徒刑、无期徒刑的犯罪分子,不得假释。

3. B。本题考查缓刑的执行问题。发现在缓刑期间再犯新罪的,应当撤销缓刑,将新罪判处的刑罚和前罪已判处的刑罚实行数罪并罚。

4. D。本题考查一般累犯和特别累犯的成立条件。选项A、选项B和选项C的前、后罪间隔时间都超过了5年,并且不构成特别累犯。《刑法》第66条规定,危害国家安全犯罪、恐怖活动犯罪、黑社会性质的组织犯罪的犯罪分子,在刑罚执行完毕或者赦免以后,在任何时候再犯上述任一类罪的,都以累犯论处。丁构成了特别累犯,因此,选项D正确。

5. B。本题考查缓刑的有关规定。根据《刑法》第74条的规定,对于累犯和犯罪集团的首要分子,不适用缓刑。

6. A。本题考查一般累犯和特别累犯的成立条件。甲缓刑考验期满,原判刑罚不再执行。根据学界多数说,既然原判刑罚不再执行,就表明原判刑罚并未被执行,故不符合"刑罚执行完毕或者赦免以后"这一累犯的要件,因此,不存在和前罪构成累犯的问题。根据《刑法》第65条、第66条的规定,乙、丙构成一般累犯,丁构成特别累犯。

7. D。本题考查对量刑情节的理解问题。从轻处罚不是指在法定刑的中间线以下判处刑罚,而是与不存在从轻处罚情况相比,判处较轻的刑罚,所以A选项错误。减轻处罚是低于法定最低刑处罚；按照法定刑的下限进行处罚属于从轻处罚，不属于减轻处罚，所以B选项错误。法官判处被告人3年有期徒刑或者对被告人减轻处罚时，都可能对被告人判处缓刑，所以C选项错误。根据《刑法》第63条的规定，D选项的说法是正确的。

8. A。本题考查不得适用缓刑的对象。根据《刑法》第74条的规定，对于累犯和犯罪集团的首要分子，不适用缓刑。

9. B。本题考查对我国减刑制度的理解。选项B说的是减轻处罚这一量刑情节，不是减刑。

10. D。本题考查对我国刑法规定的累犯的理解。根据我国《刑法》的规定，一般累犯的前罪和后罪必须都是故意犯罪，前罪是过失犯罪时不可能与后罪构成一般累犯；特别累犯的前罪和后罪必须都是危害国家安全罪、恐怖活动犯罪和黑社会性质的组织犯罪之一，这里虽然没有明确说明前罪和后罪必须都是故意犯罪，但是根据我国《刑法》的规定，危害国家安全罪、恐怖活动犯罪和黑社会性质的组织犯罪都是故意犯罪，没有一个过失犯罪。所以，前罪是过失犯罪时，也没有构成特别累犯的可能性。因此，选项D的说法不正确，符合题目的要求。

二、1. ABD。只要犯罪分子在缓刑考验期内违反了缓刑条件，又犯新罪，无论所犯新罪是在缓刑考验期限内发现，还是在缓刑考验期满后发现，只要没有超过《刑法》规定的追诉时效期限，都应当撤销缓刑，将前后两罪合并处罚。

2. BCD。参见《刑法》第68条的规定以及《最高人民法院关于处理自首和立功具体应用法律若干问题的解释》第5～7条。

3. ABC。本题主要考查特别累犯和一般累犯的成立条件。我国《刑法》第65条第1款规定，被判处有期徒刑以上刑罚的犯罪分子，刑罚执行完毕或者赦免以后，在5年以内再犯应当判处有期徒刑以上刑罚之罪的，是累犯，应当从重处罚，但是过失犯罪和不满18周岁的人犯罪的除外。《刑法》第66条规定，危害国家安全犯罪、恐怖活动犯罪、黑社会性质的组织犯罪的犯罪分子，在刑罚执行完毕或者赦免以后，在任何时候再犯上述任一类罪的，都以累犯论处。D项中丁被判处缓刑，缓刑考验期满属于刑罚不再执行，因此不能成立累犯。

4. AC。本题考查人民法院对犯罪人可以同时宣告禁止事项的规定问题。对被判处管制、宣告缓刑、决定给予假释的罪犯和决定暂予监外执行的罪犯，依法进行社区矫正。对被判处管制、宣告缓刑的被告人，人民法院可以同时决定禁止犯罪分子在管制执行期间或者缓刑考验期间从事特定的活动，进入特定区域、场所，接触特定的人。对于决定给予假释、暂予监外执行或者被判处剥夺政治权利的罪犯，不能进行上述限制；对被判处剥夺政治权利的人，也不能进行社区矫正。

5. ABCD。本题主要考查的是缓刑制度，对此逐项解析。(1)A选项的判断过于绝对，因为缓刑适用的对象条件一是原判拘役、3年以下有期徒刑的犯罪分子，二是不能是累犯和犯罪集团的首要分子。而“实施故意杀人等暴力性犯罪的人”法律并没有明确禁止，且从法理上分析是有可能适用缓刑的。其一，因为“杀人等暴力性犯罪”不仅包括了故意杀人罪，还包括社会危害程度较轻的其他暴力性犯罪，如故意伤害罪等；其二，就故意杀人罪而言，虽然该罪的法定刑在3年以上有期徒刑(《刑法》第232条)，但根据《刑法》第99条的规定，“以上、以下、以内，包括本数”。也就是说，原判刑罚是3年有期徒刑的故意杀人罪，如果不是累犯和犯罪集团的首要分子，根据其犯罪情节(如属激情犯罪)和悔罪表现，当然可以适用缓刑。(2)B选项的错误很清楚，因为根据《刑法》第73条的规定，拘役的缓刑考验期为原判刑期以上1年以下，但最低不能少于2个月。(3)C选项的错误在于根据《刑法》第77条的规定，缓刑考验期满而不再执行原判刑罚的条件应当有三个：一是没有犯新罪；二是没有发现有漏罪；三是没有违反国家有关缓刑的监督管理规定或者虽然有违反法律法规的情况但情节尚未达到严重。所以仅说“只要没有再犯新罪的，缓刑考验期满，原判刑罚就不再执行”是错误的。(4)D选项的错误在于新罪与原罪的并罚方法并不存在先减后并问题，对于缓刑而言，由于实际上并未执行原判刑罚，并不存在“减”的前提条件，所以在考验期内无论是犯新罪还是发现漏罪，都是直接依照《刑法》第69条规定的方法进行并罚。

6. BCD。本题考查假释的禁止适用对象。根据《刑法》第81条的规定，假释的条件包括：(1)前提条件——只适用于被判处有期徒刑、无期徒刑的犯罪分子。(2)刑期条件——被判处有期徒刑的犯罪分子，执行原判刑期1/2以上；被判处无期徒刑的犯罪分子，实际执行13年以上。(3)实质条件——认真遵守监规，接受教育改造，确有悔改表现，没有再犯罪的危险。(4)消极条件——对累犯以及因故意杀人、强奸、抢劫、绑架、放火、爆炸、投放危险物质或者有组织的暴力性犯罪被判处10年以上有期徒刑、无期徒刑的犯罪分子，不得假释。

7. ABCD。本题考查对自首成立条件的理解。《最高人民法院关于处理自首和立功具体应用法律若干问题的解释》第1条规定，自动投案，是指犯罪事实或者犯罪嫌疑人未被司法机关发觉，或者虽被发觉，但犯罪嫌疑人尚未受到讯问、未被采取强制措施时，主动、直接向公安机关、人民检察院或者人民法院投案。犯罪嫌疑人向其所在单位、城乡基层组织或者其他有关负责人员投案的；犯罪嫌疑人因病、伤或者为了减轻犯罪后果，委托他人先代为投案，或者先以信电投案的；罪行未被司法机关发觉，仅因形迹可疑，被有关组织或者司法机关盘问、教育后，主动交代自己的罪行的；犯罪后逃跑，在被通缉、追捕过程中，主动投案的；经查实确已准备去投案，或者正在投案途中，被公安机关捕获的，应当视为自动投案。并非出于犯罪嫌疑人主动，而是经亲友规劝、陪同投案的；公安机关通知犯罪嫌疑人的亲友，或者亲友主动报案后，将犯罪嫌疑人送去投案的，也应当视为自动投案。犯罪嫌疑人自动投案后又逃跑的，不能认定为自首。

8. BC。本题考查对累犯不得适用缓刑和假释的制度规定。甲的行为成立累犯。从常识可以判断，减刑是针对罪犯在监狱的表现的，如果对累犯不减刑，显然不利于改造罪犯。另外，从人道主义的角度来看，对累犯当然也可以保外就医。根据《刑法》的规定，对累犯以及因故意杀人、强奸、抢劫、绑架、放火、爆炸、投放危险物质或者有组织的暴力性犯罪被判处10年以上有期徒刑、无期徒刑的犯罪分子，不得假释，所以C选项当选。缓刑的适用条件是：第一，被判处拘役或者3年以下有期徒刑（针对的是宣告刑，而非法定刑）；第二，根据犯罪人的犯罪情节和悔罪表现，适用缓刑确实不致再危害社会；第三，不是累犯或者犯罪集团的首要分子。所以，B选项当选。

9. ACD。本题考查缓刑犯应遵守的制度规定。选项ACD涵盖了《刑法》第75条的规定。被判处管制的犯罪分子未经执行机关批准，不得行使言论、出版、集会、结社、游行、示威的自由权利，故B选项错误。

10. ABC。甲、乙两人构成贪污罪的共同犯罪。乙按照甲的要求隐匿了财产后，在甲不知情的情况下将该笔资产套现用于个人炒股，属于贪污罪既遂后不可罚的事后行为，故甲、乙构成贪污罪的自首，只有D选项认定正确。

11. ACD。根据我国《刑法》的规定，被判处缓刑的犯罪人、被假释的犯罪人和被判处管制的犯罪人，应当予以社区矫正；根据我国《刑事诉讼法》的规定，对被暂予监外执行的犯罪人应当予以社区矫正；我国现行法律没有规定对单独被判处剥夺政治权利的犯罪人予以社区矫正，因此对这类犯罪人不得进行社区矫正。

12. ACD。A选项即使适用自首减轻处罚也得在7年有期徒刑以上量刑，因此不可能适用缓刑；B选项因后罪为过失犯罪，不构成累犯，故可适用缓刑；C选项符合累犯条件，不得适用缓刑；D项中赵某应判处7年以上有期徒刑，因此也不可能适用缓刑。

13. BC。选项A错误，根据《刑法》第198条的规定，投保人、受益人故意造成被保险人死亡、伤残或者疾病，骗取保险金的，同时构成其他犯罪的，依照数罪并罚的规定处罚。选项B正确，《最高人民法院关于审理未成年人刑事案件具体应用法律若干问题的解释》第10条第1款规定，已满14周岁不满16周岁的人盗窃、诈骗、抢夺他人财物，为窝藏赃物、抗拒抓捕或者毁灭罪证，当场使用暴力，故意伤害致人重伤或者死亡，或者故意杀人的，应当分别以故意伤害罪或者故意杀人罪定罪处罚。因此，王某应认定为故意伤害罪一罪，不数罪并罚。选项C正确，根据《刑法》第247条的规定，司法工作人员对犯罪嫌疑人、被告人实行刑讯逼供或者使用暴力逼取证人证言的，处3年以下有期徒刑或者拘役。致人伤残、死亡的，依照本法第234条（故意伤害罪）、第232条（故意杀人罪）的规定定罪从重处罚。因此选项C中的情形应以故意杀人罪一罪处罚，不数罪并罚。选项D错误，根据《刑法》第321条的规定，在运送他人偷越国（边）境过程中，对被运送人有杀害、伤害、强奸、拐卖等犯罪行为，或者对检查人员有杀害、伤害等犯罪行为的，依照数罪并罚的规定处罚。

14. CD。本题考查数罪并罚时刑罚的执行问题。这一案例适用了并罚原则中的限制加重原则和并科原则。根据《刑法》第69条第1款的规定，判决宣告以前一人犯数罪的，有期徒刑应当在总和刑期以下、数刑中最高刑期以上，酌情决定执行的刑期，总和刑期不满35年的，最高不能超过20年，总和刑期在35年以上的，最高不能超过25年。本罪的总和刑期正好35年，所以，应该在最高刑期以上25年以下确定刑期。另外，再确定张某的附加刑罚金和剥夺政治权利刑应采取相加的规则，即附加罚金6万元、剥夺政治权利3年。

15. BD。《刑法》第69条第1款规定，判决宣告以前一人犯数罪的，除判处死刑和无期徒刑的以外，应当在总和刑期以下、数刑中最高刑期以上，酌情决定执行的刑期，但是管制最高不能超过3年，拘役最高不能超过1年，有期徒刑总和刑期不满35年的，最高不能超过20年，总和刑期在35年以上的，最高不能超过25年。因此，AC项错误，BD项正确。

16. ABCD。《刑法》第69条规定，判决宣告以前一人犯数罪的，除判处死刑和无期徒刑的以外，应当在总和刑期以下、数刑中最高刑期以上，酌情决定执行的刑期，但是管制最高不能超过3年，拘役最高不能超过1年，有期徒刑总和刑期不满35年的，最高不能超过20年，总和刑期在35年以上的，最高不能超过25年。数罪中有判处有期徒刑和拘役的，执行有期徒刑。数罪中有判处有期徒刑和管制，或者拘役和管制的，有期徒刑、拘役执行完毕后，管制仍须执行。数罪中有判处附加刑的，附加刑仍须执行，其中附加刑种类相同的，合并执行，种类不同的，分别执行。据此可知，ABC项都是正确的。犯三罪分别被判处有期徒刑、拘役和管制的，对此如何数罪并罚，虽然存在不同看法，但一般认为，对此应先执行有期徒刑，然后执行管制，对拘役不再执行。据此可知，D 项正确。

三、1. ABCD。本题考查自首的有关知识。具体参见 1998 年《最高人民法院关于处理自首和立功具体应用法律若干问题的解释》和 2010 年《最高人民法院关于处理自首和立功若干具体问题的意见》的相关规定。

2. D。本题考查对我国数罪并罚制度的掌握和理解。根据《刑法》第 70 条的规定，判决宣告以后，刑罚执行完毕以前，发现被判刑的犯罪分子在判决宣告以前还有其他罪没有判决的，应当对新发现的罪作出判决，把前后两个判决所判处的刑罚，依照该法第 69 条的规定，决定执行的刑罚。已经执行的刑期，应当计算在新判决决定的刑期以内。本条规定的并罚方式在刑法理论上被称为“先并后减”。据此可知，A 项“甲在刑罚执行完毕以前，发现漏罪”应当依照《刑法》第 70 条的规定“先并后减”，A 项正确。根据《刑法》第 71 条的规定，判决宣告以后，刑罚执行完毕以前，被判刑的犯罪分子又犯罪的，应当对新犯的罪作出判决，把前罪没有执行的刑罚和后罪所判处的刑罚，依照该法第 69 条的规定，决定执行的刑罚。本条规定的并罚方式在刑法理论上被称为“先减后并”。据此可知，B 项“乙在刑罚执行完毕以前再犯新罪”应当依照《刑法》第 71 条的规定“先减后并”，B 项正确。如果犯罪分子在刑罚执行完毕以前又犯新罪，并且发现其在原判决宣告以前有其他罪（漏罪）没有判决，应先将漏罪与原判决的罪根据《刑法》第 70 条规定的“先并后减”的方法实行并罚；再将新罪的刑罚与前一并罚后的刑罚还没有执行的刑期进行并罚。据此可知，C 项正确。D 项中，“先减后并”使犯罪人受到的实际处罚比“先并后减”要重。一方面，“先减后并”后实际执行的起点刑期提高了；另一方面，“先减后并”后实际执行的刑期可能超过《刑法》规定的数罪并罚法定最高刑的限制。如张三犯 A、B 罪，分别被判处有期徒刑 14 年和 7 年，法院决定合并执行 20 年；在执行 2 年后，法院发现张三在判决宣告以前还有没有判决的 C 罪，并就 C 罪判处有期徒刑 5 年。此时对张三按照先并后减的原则应当在 5 年以上 20 年以下决定执行的刑期，已经执行的 2 年刑期应当计算在新判决决定的刑期内，这样，对乙实际执行的刑期最长也只有 20 年。上面这个例子中，假设张三在执行 2 年后，不是发现漏罪而是又犯 C 罪，法院就 C 罪判处有期徒刑 5 年。此时对张三按照“先减后并”的原则应当是“20 - 2 = 18”年与 5 年进行并罚，也就是决定执行有期徒刑的幅度是 18 年以上 20 年以下，因此如果最后决定执行有期徒刑超过 18 年，加上原来已执行的 2 年有期徒刑，实际执行的期限就超过了 20 年。

3. ACD。《最高人民法院关于处理自首和立功具体应用法律若干问题的解释》第 7 条规定，根据《刑法》第 68 条第 1 款的规定，犯罪分子有检举、揭发他人重大犯罪行为，经查证属实；提供侦破其他重大案件的重要线索，经查证属实；阻止他人重大犯罪活动；协助司法机关抓捕其他重大犯罪嫌疑人（包括同案犯）；对国家和社会有其他重大贡献等表现的，应当认定为有重大立功表现。前款所称“重大犯罪”“重大案件”“重大犯罪嫌疑人”的标准，一般是指犯罪嫌疑人、被告人可能被判处无期徒刑以上刑罚或者案件在本省、自治区、直辖市或者全国范围内有较大影响等情形。根据我国《刑法》的规定，甲、丙和丁揭发的案件或者协助抓获的犯罪嫌疑人，都可能被判处无期徒刑或者死刑，因此，甲、丙和丁都构成了重大立功。选项 B 中乙揭发同村村民李某将他人打成重伤，根据我国《刑法》第 234 条的规定，李某可能被判处的刑罚是 3 年以上 10 年以下有期徒刑，因此，乙只构成一般立功，不构成重大立功。

4. ACD。根据《刑法》第 78 条的规定，被判处管制、拘役、有期徒刑、无期徒刑的犯罪分子，在执行期间，如果认真遵守监规，接受教育改造，确有悔改表现的，或者有立功表现的，可以减刑；有该条规定的重大立功表现之一的，应当减刑。根据《刑法》第 81 条的规定，被判处有期徒刑的犯罪分子，执行原判刑期 1/2 以上，被判处无期徒刑的犯罪分子，实际执行 13 年以上，如果认真遵守监规，接受教育改造，确有悔改表现，没有再犯罪的危险的，可以假释。如果有特殊情况，经最高人民法院核准，可以不受上述执行刑期的限制。对累犯以及因故意杀人、强奸、抢劫、绑架、放火、爆炸、投放危险物质或者有组织的暴力性犯罪被判处 10 年以上有期徒刑、无期徒刑的犯罪分子，不得假释。对犯罪分子决定假释时，应当考虑其假释后对所居住社区的影响。甲犯有投放危险物质罪，根据上述规定，只可减刑不能假释。所以，ACD 项的说法是错误的，符合试题要求。

5. BCD。本题考查罪数问题。想象竞合犯又称想象的数罪，是指一个行为触犯数个罪名的情况。也就是以一个故意或过失实施了一个行为，数次符合犯罪构成要件的情况。对于想象竞合犯，应当从一重罪论处，不实行数罪并罚。A 项中甲使用暴力强迫 A 与自己进行商品交易，造成 A 受重伤，甲只实施了一个行为即暴力行为，同时触犯了强迫交易罪和故意伤害罪两个罪名，成立想象竞合犯，因此，应当根据想象竞合犯从一重罪论处的原则处理而不实行数罪并罚。A 项错误。C 项中，行为人在杀人犯罪意图的支配下产生了杀人和盗窃枪支两个不同质的罪过，并进而实施了盗枪行为，而这一行为触犯了两个异种罪名——盗窃枪支罪、故意杀人罪（预备），完全符合想象竞合犯的特征，成立想象竞合犯。C 项正确。侵占罪是指将代为保管的他人财物非法占为己有，数额较大，拒不退还，或者将他人的遗忘物或者埋藏物非法占为己有，数额较大,拒不交出的行为。B 项中,乙借用 B 的摩托车后藏匿不想归还。B 要求归还时,乙谎称摩托车被盗。乙欺骗 B 的行为实际上是其拒不退还的表现,因此不单独构成诈骗罪。事实上,诈骗罪的对象系他人占有的财物,而本题中,摩托车是乙借用 B 的,即乙已经基于借用关系占有了摩托车,因此,摩托车属于乙代为保管的他人财物而非他人占有的财物,乙将摩托车据为己有不成立诈骗罪。B 项正确。根据我国《刑法》第 196 条第 3 款的规定,盗窃信用卡并使用的,按照盗窃罪处罚。因此,D 项正确。

6. C。本题考查缓刑期间再犯新罪的处理。根据《刑法》第 77 条的规定,被宣告缓刑的犯罪分子,在缓刑考验期内犯新罪或者发现判决宣告以前还有其他罪没有判决的,应当撤销缓刑,对新犯的罪或新发现的罪作出判决,把前罪与后罪所判处的刑罚依照该法第 69 条(数罪并罚)的规定,决定执行的刑罚。选项 C 正确。

7. CD。本题考查罪数问题。伪造货币并出售、运输的,直接以伪造货币罪定罪处罚,即不适用数罪并罚,故 A 项不选。B 项所列行为属于牵连犯,从一重罪论处,故 B 项不选。C 项中,依据《最高人民法院关于审理伪造货币等案件具体应用法律若干问题的解释》第 2 条第 2 款的规定,行为人出售、运输假币构成犯罪,同时有使用假币行为的,依照《刑法》第 171 条、第 172 条的规定,实行数罪并罚。故 C 项正确。D 项构成抢劫罪和盗窃罪,数罪并罚,参见 2013 年 4 月 4 日实施的《最高人民法院、最高人民检察院关于办理盗窃刑事案件适用法律若干问题的解释》第 10 条。故 D 项正确。

8. AC。本题考查缓刑的适用条件。缓刑只适用于被判处 3 年以下有期徒刑或者拘役的犯罪分子,对判处管制的犯罪分子不适用缓刑。因此,A 选项中的甲不得适用缓刑。根据我国《刑法》的规定,对累犯和犯罪集团的首要分子不得适用缓刑。B 选项中乙因为后罪是过失犯罪,所以不构成累犯,对乙能适用缓刑。C 选项中丙构成累犯,所以对丙不得适用缓刑。D 选项中对丁能够适用缓刑。

## 第十二章 刑罚执行

一、1. D。本题考查假释禁止适用的对象。甲构成特别累犯,对于累犯不得假释。乙犯前罪时不满 18 周岁,因此不是累犯;但乙犯抢劫罪,并被判处 12 年有期徒刑,根据我国《刑法》的规定,对于累犯以及故意杀人、强奸、抢劫、绑架、放火、爆炸、投放危险物质和有组织的暴力性犯罪被判处 10 年以上有期徒刑或者无期徒刑的犯罪分子,不得假释,所以,对乙也不得假释。丙虽然不是以强奸罪被判刑,而是以拐卖妇女罪被判刑,但《刑法》第 81 条第 2 款所说的不得假释的情况,所列举的是犯罪行为而不是罪名,所以,丙因具有强奸犯罪行为而被判处 15 年有期徒刑,也不得假释。首先,丁因前罪是过失犯罪而不构成累犯;其次,丁虽然是绑架犯罪行为,但所判处的有期徒刑不满 10 年,所以,对丁可以进行假释。

2. C。本题考查对我国假释制度的记忆。我国《刑法》第 81 条第 1 款规定,被判处有期徒刑的犯罪分子,执行原判刑期 1/2 以上,被判处无期徒刑的犯罪分子,实际执行 13 年以上,如果认真遵守监规,接受教育改造,确有悔改表现,没有再犯罪的危险的,可以假释。如果有特殊情况,经最高人民法院核准,可以不受上述执行刑期的限制。因此,C 选项正确。

3. B。本题考查假释的适用条件。首先,只能对被判处有期徒刑、无期徒刑的犯罪分子进行假释,所以排除选项 D。我国《刑法》第 81 条第 2 款规定,对累犯以及因故意杀人、强奸、抢劫、绑架、放火、爆炸、投放危险物质或者有组织的暴力性犯罪被判处 10 年以上有期徒刑、无期徒刑的犯罪分子,不得假释。甲构成累犯,丙因为故意杀人罪被判处 10 年以上有期徒刑,因此排除选项 A 和选项 C。

4. B。本题考查我国的假释制度问题。《刑法》第 81 条规定,被判处有期徒刑的犯罪分子,执行原判刑期 1/2 以上,被判处无期徒刑的犯罪分子,实际执行 13 年以上,如果认真遵守监规,接受教育改造,确有悔改表现,没有再犯罪的危险的,可以假释。如果有特殊情况,经最高人民法院核准,可以不受上述执行刑期的限制。对累犯以及因故意杀人、强奸、抢劫、绑架、放火、爆炸、投放危险物质或者有组织的暴力性犯罪被判处 10 年以上有期徒刑、无期徒刑的犯罪分子,不得假释。对犯罪分子决定假释时,应当考虑其假释后对所居住社区的影响。《刑法》第 85 条规定,对假释的犯罪分子,在假释考验期限内,依法实行社区矫正,如果没有该法第 86 条规定的情形,假释考验期满,就认为原判刑罚已经执行完毕,并公开予以宣告。

5. A。本题考查我国《刑法》对量刑和减刑的相关规定。在假释期间又犯新罪的,应将新罪判处刑罚,并与前罪的剩余刑期进行并罚,行为人不构成累犯。因此,A 选项正确。B 选项中,应该是报请最高人民检察院核准。C 选项中,对所列举的犯罪分子不得假释有判处 10 年以上有期徒刑或者无期徒刑的限制。对于累犯,不得假释,所以 D 选项也错误。

6. C。甲只有一个致人死亡的行为,对此行为已经执行了 3 年有期徒刑,就不能再次执行 1 年的有期徒刑,不然就是一个行为被处罚了两次,这显然不合法。由于甲的盗窃罪还被判处 4 年有期徒刑,所以应当在新的数罪并罚后形成的判决中扣除已经执行的 3 年有期徒刑。甲的前罪与后罪无关,所以应当数罪并罚。选项A、B都正确。

甲的前罪既然是过失犯罪，就不构成累犯。选项C错误，选项D正确。

二、1. ACD。《刑法》第39条第1款规定，被判处管制的犯罪分子，在执行期间，应当遵守下列规定：(1)遵守法律、行政法规，服从监督；(2)未经执行机关批准，不得行使言论、出版、集会、结社、游行、示威自由的权利；(3)按照执行机关规定报告自己的活动情况；(4)遵守执行机关关于会客的规定；(5)离开所居住的市、县或者迁居，应当报经执行机关批准。据此可知，ACD项是正确选项。

2. ABC。本题考查假释的适用条件。根据《刑法》第81条的规定，假释的条件包括：(1)前提条件——只适用于被判处有期徒刑、无期徒刑的犯罪分子。(2)刑期条件——被判处有期徒刑的犯罪分子，执行原判刑期1/2以上；被判处无期徒刑的犯罪分子，实际执行13年以上。(3)实质条件——认真遵守监规，接受教育改造，确有悔改表现，没有再犯罪的危险。(4)消极条件——对累犯以及因故意杀人、强奸、抢劫、绑架、放火、爆炸、投放危险物质或者有组织的暴力性犯罪被判处10年以上有期徒刑、无期徒刑的犯罪分子，不得假释。据此可知，A项中的赵某数罪并罚虽然决定执行15年有期徒刑，但不属于因暴力性犯罪中的一罪被判处10年以上有期徒刑、无期徒刑的犯罪分子，因此不属于不得假释的情形。同时，赵某作为被判处有期徒刑的犯罪分子，已经执行原判刑期1/2以上，且有悔改表现，因此，对赵某可以假释。A项正确。根据《刑法》第65条第1款的规定，累犯的成立以前罪刑罚执行完毕或者赦免以后5年内再犯新罪为条件。B项中，由于钱某是在假释考验期内犯抢劫罪，原判刑罚尚未执行完毕，不具备累犯成立的条件，因此，钱某不成立累犯。钱某虽然因犯诈骗罪被判处10年有期徒刑，但是诈骗罪并非暴力犯罪，假释考验期内再犯抢劫罪被判处9年有期徒刑，数罪并罚决定执行10年有期徒刑也不属于因暴力性犯罪中的一罪被判处10年以上有期徒刑、无期徒刑的犯罪分子。综上所述，钱某不具有不得假释的情形。同时，钱某作为被判处有期徒刑的犯罪分子，已经执行原判刑期1/2以上，且有悔改表现，因此，对钱某可以假释。B项正确。如前所述，累犯的成立条件以前罪刑罚执行完毕或者赦免以后5年内再犯新罪为条件。孙某在缓刑考验期内犯新罪，由于犯新罪时原判刑罚尚未执行，不具备累犯成立的时间条件的起算点，因此，孙某不成立累犯。孙某虽然数罪并罚决定执行有期徒刑10年，但是并罚的两罪中不存在禁止假释的暴力犯罪行为，即不属于因暴力性犯罪中的一罪被判处10年以上有期徒刑、无期徒刑的犯罪分子。综上所述，孙某不具有不得假释的情形。同时孙某作为被判处有期徒刑的犯罪分子，已经执行原判刑期1/2以上，且有悔改表现，因此，对孙某可以假释。C项正确。D项中，李某因为犯爆炸罪被判处15年有期徒刑，属于禁止假释的情况，D项错误，不选。

3. ABCD。本题考查附加剥夺政治权利的执行问题。题中四个选项内容涵盖了《刑法》第55条、第57条和第58条的规定。

4. BC。本题考查对哪些犯罪人不允许假释。我国《刑法》第81条第2款规定，对累犯以及因故意杀人、强奸、抢劫、绑架、放火、爆炸、投放危险物质或者有组织的暴力性犯罪被判处10年以上有期徒刑、无期徒刑的犯罪分子，不得假释。

5. ABC。本题考查假释的适用条件。根据我国《刑法》第81条第1款的规定，被判处有期徒刑的犯罪分子，执行原判刑期1/2以上，被判处无期徒刑的犯罪分子，实际执行13年以上，如果认真遵守监规，接受教育改造，确有悔改表现，没有再犯罪的危险的，可以假释。如果有特殊情况，经最高人民法院核准，可以不受上述执行刑期的限制。假释仅适用于无期徒刑犯与有期徒刑犯，包括原判为死刑缓期执行2年后被减为无期徒刑或有期徒刑者。另外，《刑法》第81条第2款强调，对累犯以及因故意杀人、强奸、抢劫、绑架、放火、爆炸、投放危险物质或者有组织的暴力性犯罪被判处10年以上有期徒刑、无期徒刑的犯罪分子，不得假释。

6. ABCD。本题考查缓刑的适用条件。四个选项的内容涵盖了《刑法》第72条原文。

7. ABCD。本题考查的是较为复杂的数罪并罚问题。被假释的罪犯在假释考验期内有犯新罪的，应当撤销假释。对甲的盗窃行为，应先对盗窃罪作出判决，然后把前罪没有执行完毕的刑罚和盗窃罪所判处的刑罚数罪并罚。对甲的假释考验期满后的抢劫罪应按累犯从重处罚。对甲最后宣告的刑罚，应当先将前罪没有执行完的刑罚和盗窃罪所判处的刑罚，数罪并罚，决定执行的刑罚，再将该刑罚与抢劫罪所判处的刑罚数罪并罚后，决定其最后的刑罚。

三、1. AC。《刑法》第50条第1款规定，判处死刑缓期执行的，在死刑缓期执行期间，如果没有故意犯罪，2年期满以后，减为无期徒刑；如果确有重大立功表现，2年期满以后，减为25年有期徒刑。因此，C项正确。《刑法》第78条第2款规定，减刑以后实际执行的刑期不能少于下列期限：(1)判处管制、拘役、有期徒刑的，不能少于原判刑期的1/2；(2)判处无期徒刑的，不能少于13年；(3)人民法院依照该法第50条第2款规定限制减刑的死刑缓期执行的犯罪分子，缓期执行期满后依法减为无期徒刑的，不能少于25年，缓期执行期满后依法减为25年有期徒刑的，不能少于20年。因此，B项错误，A项正确。我国《刑法》没有规定累犯不得减刑，因此，D项错误。

2. D。本题考查假释的适用条件。甲在缓刑期间再犯新罪，不构成累犯，所犯的罪也不是不得假释的情况，可以假释。乙前罪缓刑考验期完毕，原刑罚不再执行，乙犯后罪不构成累犯，所犯后罪也不是禁止假释的犯罪情况，也可以假释。丙在假释期间再犯新罪，不构成累犯，所犯的罪也不是不得假释的情况，可以假释。丁构成了累犯，《刑法》规定对于累犯不得假释。所以，正确答案为选项D。

3. BD。本题考查我国减刑制度的相关规定。参见2016年11月14日发布的《最高人民法院关于办理减刑、假释案件具体应用法律的规定》（自2017年1月1日起施行）。

4. ABCD。本题考查我国的减刑制度。《刑法》第78条第2款规定，减刑以后实际执行的刑期不能少于下列期限：（1）判处管制、拘役、有期徒刑的，不能少于原判刑期的1/2；（2）判处无期徒刑的，不能少于13年；（3）人民法院依照该法第50条第2款规定限制减刑的死刑缓期执行的犯罪分子，缓期执行期满后依法减为无期徒刑的，不能少于25年，缓期执行期满后依法减为25年有期徒刑的，不能少于20年。故ABCD项都正确。

## 第十三章 刑罚消灭

一、1. B。本题考查我国的追诉时效计算问题。甲故意伤害张某致重伤，根据《刑法》第234条的规定，处3年以上10年以下有期徒刑，故张某对应法定最高刑的刑期是10年。根据《刑法》第87条的规定，法定最高刑10年以上有期徒刑的追诉期限是15年，此处的“10年以上”包括10年本身。所以，甲故意伤害张某致重伤的追诉时效是15年，到2012年6月23日；又因为甲在追诉期限内再次伤害王某致轻伤，即再次犯罪，甲伤害张某致重伤的追诉期限应从他犯新罪时重新计算，即从2010年5月7日起重新计算15年，也就是说至2025年5月7日。所以，B项正确。

2. A。本题考查追诉时效期限的计算。李某和不满14周岁的幼女赵某发生性关系，构成强奸罪，根据《刑法》第236条的规定，李某行为对应的法定刑是3年以上10年以下有期徒刑，奸淫幼女从重处罚追诉期限是15年，即到2011年7月12日止。因为李某在追诉期限内致杨某轻伤，又犯新罪，李某强奸罪和故意伤害罪的追诉期限都从2008年12月10日起重新计算。结合《刑法》第234条故意伤害罪的规定，李某故意伤害罪的追诉期限为5年。所以，强奸罪追诉到2023年12月10日、故意伤害罪追诉到2013年12月10日；到2014年9月17日公安机关将李某抓获时，故意伤害罪已经超过追诉期限，而强奸罪没有超过追诉期限。

3. C。根据《刑法》的规定，连续犯或继续犯追诉期限从犯罪行为终了之日起算。

二、1. ABD。对于追诉时效的起算，分继续犯、连续犯和一般犯罪。一般犯罪是指没有连续和继续状态的犯罪。一般犯罪应当从犯罪成立之日起计算，持续犯和连续犯应当从行为终了之日起计算。强迫劳动罪是继续犯，应从犯罪终了之日起计算。故意伤害罪、爆炸罪和绑架罪是一般犯罪，应从犯罪成立之日起计算。故意伤害罪从伤害行为完毕、爆炸罪从爆炸装置安装完毕、绑架罪从被害人被绑架起视为犯罪成立。故只有C项说法正确，其他选项说法都错误，故应当选。

2. ABCD。本题考查的是关于赦免的基本知识，四个备选答案的叙述都是正确的。

3. ACD。本题考查我国的追诉时效制度。赵某1998年1月盗窃他人价值1800元摩托车一辆，按照我国《刑法》的规定，应当按照盗窃罪判处3年以下有期徒刑、拘役或者管制，单处或者并处罚金，此案的追诉时效应为5年，到2003年1月止。因此，此案已经超过追诉时效，盗窃的数额不能再算入赵某应负刑事责任的盗窃数额。盗窃数额应当按照盗窃的财物价值算，不能按照销赃的数额算。共同盗窃的，每人都要对盗窃财物的总价值负责。

4. AB。本题考查我国《刑法》有关追诉时效延长的规定。所谓刑事追诉时效的延长，是指在追诉时效进行期间，因为发生法定事由，刑事追诉的时间不再受追诉时效的限制。我国《刑法》第88条规定，在人民检察院、公安机关、国家安全机关立案侦查或者在人民法院受理案件以后，逃避侦查或者审判的，不受追诉期限的限制。被害人在追诉期限内提出控告，人民法院、人民检察院、公安机关应当立案而不予立案的，不受追诉期限的限制。所以，选项A、选项B正确。选项C是追诉期限从犯罪终了之时起算，这是刑事追诉时效的起算问题。选项D是刑事追诉时效的中断。

5. ABC。本题考查我国的特赦制度。我国1954年《宪法》规定了大赦和特赦；之后的《宪法》，包括现行的1982年《宪法》，都只规定了特赦，没有规定大赦。我国现行《宪法》规定，特赦权属于全国人民代表大会常务委员会。特赦只赦免刑罚，不赦免犯罪。

## 第十四章 罪刑各论概说

一、1. C。引证罪状是指引用《刑法》的其他条款来说明和确定某一犯罪的基本特征。

2. A。简单罪状仅写出犯罪名称，没有具体描述犯罪特征。例如，《刑法》第232条的“故意杀人的”属于典型的简单罪状。

3. B。法条竞合的数罪名之间存在内在的逻辑关系，导致法条之间存在包含或者交叉关系，因而出现法条竞合。B项错误。

4. B。本题考查的是罪名的分类。《刑法》分则的条文所包含的犯罪构成内容复杂，在一个条文中包含了不同的行为方式或者不同的犯罪对象，既可以按照行为方式的不同或者犯罪对象的不同分别确定罪名，也可以概括为一个罪名使用的罪名形式。

5. A。本题考查的是法定刑的相关概念，我国一共有四种附加刑，分别是罚金、没收财产、剥夺政治权利以及针对外国人或无国籍人犯罪行为的驱逐出境。

二、1. ABCD。本题考查罪状的具体分类。根据《刑法》分则条文对犯罪构成要件描述形式的不同，我国刑法理论上一般把罪状分为四种：简单罪状、叙明罪状、引证罪状和空白罪状。简单罪状不具体描述犯罪构成的详细特征；叙明罪状较为具体地叙述犯罪的构成特征；引证罪状引用同一法律中的其他条款来说明或确定某一犯罪构成的特征；空白罪状在条文中指明要参照其他法律、法规中的规定，来确定某一犯罪的构成特征。故四个选项说法均正确。

2. ABCD。本题考查选择性罪名。A 选项为学理上对选择性罪名的定义，BCD 项描述了我国刑法中规定的选择性罪名的三种情况。

3. BCD。本题考查法定刑与宣告刑。A 项错误，法定刑不仅包括刑度，还包括了《刑法》明文规定的刑种。

4. ABD。本题考查法条竞合的表现形式。C 项错误，军人故意泄露国家军事秘密的行为既符合《刑法》第 398 条规定的故意泄露国家秘密罪的构成要件，又符合《刑法》第 432 条规定的故意泄露军事秘密罪的构成要件。

5. AB。在一个行为同时符合数个法律条文的犯罪构成时，需要解决法条竞合的适用问题，其基本原则是特别法优于普通法、特别条款优于普通条款以及重法优于轻法。大多数情况下，特别条款应当优于普通条款，但若特别条款的法定刑明显低于普通条款的法定刑，基于罪刑相适应原则的要求，有可能适用重法优于轻法的原则。故 CD 项错误。

## 第十五章　危害国家安全罪

一、1. C。本题考查间谍罪与叛逃罪的界限。叛逃后又参加间谍组织或者接受间谍任务的，应当按照数罪并罚的原则处理。

2. A。本题考查为境外非法提供国家秘密罪的具体适用。参见《刑法》第 111 条。

二、1. AB。本题考查的是间谍罪。间谍罪的构成要求主观上的故意，被诱骗参加间谍组织但并未进行危害国家安全活动的，以及在间谍组织中从事一般勤杂事务但并不知道该组织性质的，不能构成间谍罪。间谍罪的主体是一般主体，既包括中国人，也包括外国人，还包括无国籍人，所以选项 C 中丙的行为构成间谍罪。叛逃后又参加间谍组织或者接受间谍任务的，应当按照数罪并罚的原则处理，所以选项 D 中丁的行为既构成叛逃罪，也构成间谍罪。

2. ACD。本题考查危害国家安全罪中具体个罪的犯罪主体，具体条文参见《刑法》第 107 条、第 109 条、第 110 条、第 111 条。选项 A 中间谍罪的主体为一般主体。选项 B 中叛逃罪的主体为特殊主体，只能是国家机关工作人员以及掌握国家秘密的国家工作人员。选项 C 中为境外刺探国家秘密、情报罪的主体和选项 D 中资助危害国家安全犯罪活动罪的都是一般主体。

三、1. ABCD。本题考查危害国家安全罪中具体个罪的具体适用。A 选项为故意泄露国家秘密罪，BD 选项属于为境外非法提供国家秘密、情报罪。从题目中可以看出，A 选项中侵犯的客体为国家的保密制度，而 BD 选项侵犯的客体为国家安全；BD 选项的为境外非法提供国家秘密、情报罪特指向境外的机构、组织、人员窃取、刺探、收买、非法提供国家秘密、情报；C 选项为侵犯商业秘密罪。

2. ABCD。考生需要注意区分“触犯哪些罪名”与“应以哪一犯罪论处”这两种提问的不同，前者在问行为人的行为符合哪些犯罪的犯罪构成，后者在问存在竞合关系时对行为人应如何定罪量刑。为境外非法提供国家秘密罪、故意泄露国家秘密罪、非法获取国家秘密罪、为境外非法提供军事秘密罪存在一定的竞合关系。通过互联网，将窃取的包括如何部署火箭军在内的国家秘密非法发送给境外机构的，同时符合上述四罪的罪名。

3. ABD。本题考查资助危害国家安全犯罪活动罪的具体适用情形。选项 A 不正确，出于颠覆国家政权目的在战时向敌人提供武器装备的行为不一定构成资助危害国家安全犯罪活动罪，如果行为人与敌人相勾结通谋，有颠覆国家政权的意思联络，当然构成颠覆国家政权罪；但是如果行为人与敌人并没有颠覆国家政权的通谋，那么行为人的行为只构成资敌罪。选项 B 不正确，因为《刑法》规定危害国家安全犯罪的犯罪主体只能是自然人，单位不可能成为本罪的主体。选项 D 不正确，因为资助危害国家安全犯罪活动罪不包括资助为境外窃取、刺探、收买、非法提供国家秘密、情报罪。

4. ABC。本题考查叛逃罪的相关认定。叛逃罪的主体是国家机关工作人员，而不是国家工作人员，只有掌握国家秘密的国家工作人员有叛逃行为时才可构成此罪，所以 A 选项不正确。军人在履行公务期间擅离岗位，叛逃境外的，应当根据《刑法》第 430 条军人叛逃罪定罪，所以 B 选项不正确。对掌握国家秘密的工作人员犯叛逃罪时从重处罚只要求该工作人员掌握国家秘密即可，是否泄露、出卖给他人在所不问，所以 C 选项不正确。对犯叛逃罪的犯罪分子，应当附加剥夺政治权利，所以 D 选项正确。

# 第十六章　危害公共安全罪

一、1. D。本题考查盗窃罪与破坏公用电信设施罪的想象竞合问题。两行为人盗割公用通信电缆一行为触犯两罪名,因此为想象竞合。

2. A。郑某醉酒驾驶机动车,根据《刑法》第 133 条之一的规定,郑某的行为构成危险驾驶罪。

3. A。本题考查的是破坏交通设施罪。根据《刑法》第 117 条的规定,破坏轨道、桥梁、隧道、公路、机场、航道、灯塔、标志或者进行其他破坏活动,足以使火车、汽车、电车、船只、航空器发生倾覆、毁坏危险,危害公共安全的行为构成破坏交通设施罪。盗窃交通标识是否构成破坏交通设施罪,关键看该交通标识是否给公共安全造成了重大危险。王某窃取的交通标识对车辆的安全行驶起着重要的指示作用,其盗窃行为已经危及公共交通安全,应当以破坏交通设施罪论处。

4. D。本题考查的是危险驾驶罪。机动车是以动力为装置驱动或者牵引,上道路行驶的供人员乘用或者用于运送物品以及进行工程专项作业的轮式车辆,摩托车同样属于机动车。沈某的行为构成危险驾驶罪。

二、1. BD。本题考查的是放火罪。行为人采用放火焚烧的方式处分自己的财物时,有可能因为处置不当或者未采取有效防范措施,引起侵犯公众人身财产安全的危险。余某的行为构成了放火罪。

2. BC。本题考查的是投放危险物质罪与故意杀人罪的认定。投放危险物质罪是危害公共安全的犯罪,危及的是不特定多数人的生命、健康和公私财产安全;故意杀人罪侵犯的是公民人身权利犯罪。该题认定的关键是陈某的行为是否危及公共安全,应当认定陈某的行为危及不特定多数人的安全,构成投放危险物质罪。

3. BC。本题考查不作为放火罪的具体适用。甲作为值班人员,在发现机器出现故障有可能引起火灾的情况下,未履行自己应尽也可能尽之职责,最终导致了火灾,其不作为与火灾之间具有刑法上的因果关系。甲为报复厂领导而故意不履行自己的职责,其放火之故意十分明显。因此,应以放火罪定罪处罚。

4. ABCD。《刑法》第 120 条之一规定,资助恐怖活动组织、实施恐怖活动的个人的,或者资助恐怖活动培训的,处 5 年以下有期徒刑、拘役、管制或者剥夺政治权利,并处罚金;情节严重的,处 5 年以上有期徒刑,并处罚金或者没收财产。为恐怖活动组织、实施恐怖活动或者恐怖活动培训招募、运送人员的,依照前款的规定处罚。单位犯前两款罪的,对单位判处罚金,并对其直接负责的主管人员和其他直接责任人员,依照第 1 款的规定处罚。据此可知,ABCD 项均正确。

5. ABC。甲、乙、丙三人尚不能被认定为恐怖组织,三人不构成组织、领导、参加恐怖组织罪。D 项错误。盗窃爆炸物的行为构成盗窃爆炸物罪既遂。对于未能在火车站实施爆炸的行为,构成爆炸罪预备。AC 项均正确。盗窃爆炸物的行为,属于《刑法》第 120 条之二规定的“为实施恐怖活动准备凶器、危险物品或者其他工具”,还构成准备实施恐怖活动罪。

6. BCD。选项 A:要成立以危险方法危害公共安全罪,在客观上,行为人的行为必须具有危害公共安全的危险;在责任上,行为人必须具有追求或者放任对公共安全造成危害的故意。甲是在确定该邻居在楼下的车旁边无人后,才从 13 楼往下扔重物,砸中该邻居的车的,事实上也无人受伤。因此,甲的行为既不具有危害公共安全的特征,也没有危害公共安全的故意。甲的行为不构成以危险方法危害公共安全罪。选项 A 错误。

选项 B:甲虽然不追求危害公共安全的结果,但其行为具有危害公共安全的危险,甲也没有采取措施防止危害公共安全结果的发生,因此,甲对其行为可能危害公共安全是放任的。甲的行为构成以危险方法危害公共安全罪。选项 B 正确。

选项 C:在高速公路上逆行是严重危害公共安全的行为。甲虽然没有造成人员伤亡,但本罪的成立并不需要造成人员伤亡,只要行为具有造成人员伤亡的危险即可。甲的行为构成以危险方法危害公共安全罪。选项 C 正确。

选项 D:在高速公路上泼洒废机油会使路面的摩擦力下降,导致车辆打滑,不易控制,容易发生车辆相撞事故,这是严重危害公共安全的行为。甲将废机油泼洒在路面上,使路面成为不安全的路面,这是对道路的破坏,道路是交通设施,因此,甲构成破坏交通设施罪。选项 D 正确。

三、1. BCD。本题考查破坏交通设施罪的共犯问题。甲、乙的行为导致一列货物列车机车脱轨被毁,严重侵犯了铁路运输的安全,共同构成破坏交通设施罪。根据《刑法》的规定,量刑时对未满 18 周岁的乙应从轻或者减轻处罚。

2. BC。本题考查以危险方法危害公共安全罪的具体适用。甲的行为应定为以危险方法危害公共安全罪。在处罚时,应考虑甲投案自首的情节,予以适当从宽处理。

3. CD。本题考查的是盗窃罪与破坏电力设备罪的竞合。朱某盗窃路灯供电电缆线不仅侵犯了公私财物的所有权,同时破坏了电力设备,危害到公共安全,行为人的行为符合盗窃罪和破坏电力设备罪的构成要件,应当从一重罪处断。盗窃罪的基本量刑幅度是 3 年以下有期徒刑、拘役或者管制,而破坏电力设备罪的基本量刑幅度为 3 年以上 10 年以下有期徒刑,应当以破坏电力设备罪论处。

4. ACD。本题考查不作为的重大责任事故罪的具体适用。甲在值班期间具有控制浴池水温高低的义务,但其违反规定擅离岗位,且未按操作规程及时关掉气阀,致使浴池水温过高,其这一不作为与一男生滑入池中被烫死具有刑法上的因果关系。致一人死亡属于重大事故,符合重大责任事故罪的犯罪构成。

5. BD。本题考查的是非法持有枪支罪。无论通过何种途径获取枪支,行为人没有持枪资格时都具有及时上交公安机关的作为义务,即使行为人没有将枪支用于不法目的,由于其持有行为本身即构成对公共安全的危险,故对其持有行为也要追究刑事责任。

6. D。本题考查投放危险物质罪和故意杀人罪的具体适用。甲将毒药投入乙的酒杯,只可能导致乙死亡,不具有危害公共安全的性质,故不能认为其实施了投放危险物质罪所要求的投毒行为,而应认定为故意杀人罪。

## 第十七章　破坏社会主义市场经济秩序罪

### 基础知识篇

一、1. C。本题考查的是生产、销售伪劣商品犯罪与其他罪名的竞合。实施生产、销售伪劣商品犯罪,同时构成侵犯知识产权、非法经营等其他犯罪的,依照处罚较重的规定定罪处罚。

2. C。本题考查伪造、出售伪造的增值税专用发票罪的《刑法》规定。《刑法》第206条第1款规定了本罪应处罚金及最高处无期徒刑的责任;第2款规定了单位犯罪。因此,选项ABD正确,选项C的说法错误。

3. D。本题考查金融诈骗罪中的具体个罪的主体。《刑法》第192条、第200条分别规定了集资诈骗、金融凭证诈骗、信用证诈骗的单位犯罪情形,故D选项有价证券诈骗没有单位犯罪,应当选。

4. A。本题考查的是生产、销售伪劣产品罪的未遂标准。伪劣产品尚未销售,货值金额达到生产、销售伪劣产品罪规定的销售金额3倍以上的,也应以生产、销售伪劣产品罪(未遂)定罪处罚。生产、销售伪劣产品和销售金额在5万元以上是构成生产、销售伪劣产品罪的构成要件。

5. D。本题考查的是走私普通货物、物品罪。走私普通货物、物品罪是违反海关法规,逃避海关监管,非法运输、携带、邮寄除武器、弹药、核材料、伪造的货币、文物、贵重金属、珍贵动物及其制品、珍稀植物及其制品、淫秽物品以及毒品之外的其他货物、物品进出国(边)境,偷逃应缴关税及工商税数额较大的行为。

6. D。本题考查的是走私罪与妨害公务罪的竞合问题。根据《刑法》规定,以暴力、威胁方法抗拒缉私的行为,以走私罪和阻碍国家机关工作人员依法执行职务罪,依照数罪并罚的规定处罚。

7. B。本题考查的是职务侵占罪与保险诈骗罪的区别。根据《刑法》第183条第1款的规定,保险公司的工作人员利用职务上的便利,故意编造未曾发生的保险事故进行虚假理赔,骗取保险金归自己所有的,认定为职务侵占罪。

二、1. ABD。本题考查诈骗罪的行为类型。根据《刑法》第204条的规定,纳税人缴纳税款后,采取假报出口或者其他欺骗手段,骗取所缴纳的税款的,依照逃税罪的规定定罪处罚。

2. ABC。本题考查非法经营罪与生产、销售假药罪、销售侵权复制品罪、侵犯商业秘密罪在行为方式上的区别。甲的行为构成生产、销售假药罪,乙的行为构成销售侵权复制品罪,丙的行为构成侵犯商业秘密罪。只有丁的行为属于非法经营。

3. ABCD。本题考查非法经营罪的具体行为方式。《刑法》第225条规定的扰乱市场秩序的行为包括题中四个选项的内容。

4. AC。本题考查保险诈骗罪的行为方式和共犯。根据《刑法》第198条的规定,甲、乙二人构成保险诈骗罪的共犯。乙提供虚假文件是诈骗行为的手段,也应单独成罪。

### 理解与应用篇

一、1. B。本题考查背信损害上市公司利益罪的具体认定。题中行为人违背忠实义务,损害公司利益的行为符合《刑法》第169条之一规定的背信损害上市公司利益罪。

2. A。本题考查集资诈骗罪的具体认定。根据《刑法》第192条的规定,以非法占有为目的,使用诈骗方法非法集资的,构成该罪。

二、1. ABCD。本题考查非法吸收公众存款罪的具体认定。要理解《刑法》第176条"非法"和"变相吸收公众存款"的含义,题中案例房产销售、假借股权转让、假借投资入股、虚假吸收资金、植树造林的做法都是变相吸收公众存款。

2. ABCD。本题考查的是信用卡诈骗罪的行为方式。四个选项列举的都是《刑法》第196条规定的信用卡诈骗的情形。

3. AB。本题考查集资诈骗罪的具体认定。在认定行为人是否具有非法占有目的时,应当坚持主客观相统一原则,既要避免单纯根据损失结果客观归罪,也不能仅凭行为人自己的供述,而应具体案件具体分析,分析行为人的主观心态、行为方式和行为后果。本案中陈某具有非法占有的目的。

4. ABD。本题考查的是虚假广告罪的认定。根据《刑法》第 222 条的规定，广告主、广告经营者、广告发布者都是本罪主体。故选项 ABD 当选。

5. ABCD。虚假出资罪是指公司发起人、股东违反《公司法》的规定，未交付货币、实物或者未转移财产权，虚假出资，数额巨大、后果严重或者有其他严重情节的行为。刘某未实际出资，通过他人虚假出资注册成立某电子贸易有限公司，构成虚假出资罪。刘某的公司没有实际生产能力，却签订合同骗取他人财物，构成合同诈骗罪。对此两罪应当数罪并罚。周某与刘某构成合同诈骗罪的共同犯罪，周某的合同诈骗数额为 35 万元，而不是分赃数额 10 万元。

6. ACD。本题考查贷款诈骗罪的构成要件。根据《刑法》第 193 条的规定，贷款欺诈行为的认定，要看行为人取得贷款后是否按照贷款用途使用以及是否具有非法占有的目的。由此经营不善无力清偿不构成本罪，而本罪也的确不存在单位犯罪。

7. BCD。本题考查的是贷款诈骗罪与高利转贷罪的区别。这两种犯罪虽然都与贷款有关，但有明显区别：一是主观目的不同，前者目的是非法占有；后者目的是转贷牟利。二是行为方式不同，前者是虚构事实，隐瞒真相，骗取贷款；后者是套取贷款，高利转贷，非法牟利。

8. ABD。本题考查票据诈骗罪的刑法规定。根据《刑法》第 194 条关于本罪的规定可知，不以骗取财物为目的签发空头支票或与其预留印鉴不符的支票之行为，不是票据诈骗。

9. ABCD。本题考查金融诈骗罪中具体个罪的认定，选项 ABCD 均正确。

10. ABCD。选项 A：不符合国家标准、行业标准的 KN95 防尘口罩既是不符合标准的卫生器材，也是伪劣产品。甲大量生产、销售这种伪劣产品，构成生产、销售伪劣产品罪。如果甲的行为足以严重危害人体健康，那么甲同时构成生产、销售不符合标准的医用器材罪。二者虽然属于法条竞合，但择一重罪论处。在没有对人体健康造成严重危害而又销售额巨大的情况下，生产、销售伪劣产品罪处罚更重。选项 A 正确。

选项 B：洗钱罪的上游犯罪包括各种金融诈骗罪。甲明知乙实施金融诈骗行为，仍然协助乙将犯罪所得资金汇往境外，甲的行为构成洗钱罪。甲的行为同时是掩饰、隐瞒犯罪所得的行为，也构成掩饰、隐瞒犯罪所得罪。由于本罪被规定在“破坏金融管理秩序罪”中，所以洗钱罪的法益不仅包括“司法机关的正常活动”，还包括“金融管理秩序”。因此，二罪的法益并不完全相同。在法条竞合时，二罪的法益是相同的。所以，此二罪之间不是法条竞合的关系，而是想象竞合的关系。选项 B 正确。

选项 C：非法吸收公众存款罪必须具备犯罪对象的公众性，即必须向社会不特定对象吸收存款。甲在自己亲友和科室同事之间宣传投资机会，并没有向社会公众吸收存款。因此，甲不构成非法吸收公众存款罪。选项 C 正确。

选项 D：甲虚开增值税专用发票的目的是让自己的公司成功上市，而不是骗取税款，他也没有用该发票抵扣税款，甲的行为没有导致国家损失税款的危险，不应当认定为虚开增值税专用发票罪。如果甲在公司上市时，向股东和社会公众提供虚假的或者隐瞒重要事实的财务会计报告，情节严重的，可能构成违规披露、不披露重要信息罪。选项 D 正确。

## 综合提高篇

1. ABC。本题考查非国家工作人员受贿罪的认定。“为他人谋取利益”只要具备承诺、实施和实现的其中之一即可。但是对于没有请托事项的存在，或者行为人虽然收受了财物，但没有为对方牟利的事实和可能性的存在的情况，不宜认定为非国家工作人员受贿罪。

2. AD。本题考查信用诈骗罪的行为方式。根据《刑法》第 196 条关于信用卡诈骗罪之规定，其中被告人盗窃信用卡并使用的，按照《刑法》第 264 条规定的盗窃罪定罪处罚。

3. B。本题考查的是对逃税罪主观方面的认定。逃税罪的主观方面表现为故意，如果出于过失，就不能构成逃税罪，应当由有关税务管理部门依照税法予以处理。

4. BCD。本题考查销售伪劣商品罪中特殊法条与普通法条的关系。根据《刑法》第 146 条的规定，销售明知是不符合保障人身、财产安全的国家标准、行业标准的电器，造成严重后果的，构成销售不符合安全标准的产品罪。

根据《刑法》第 140 条的规定，销售者以不合格产品冒充合格产品，销售金额 5 万元以上不满 20 万元的，可以构成销售伪劣产品罪。

根据《刑法》第 149 条的规定，销售该法第 146 条所列产品，构成该条规定的犯罪，同时构成该法第 140 条规定之罪的，依照处罚较重的规定定罪处罚。

5. AB。本题考查单位犯罪的成立范围。根据《刑法》第 156 条的规定，与走私罪犯通谋，为其提供贷款、资金、账号、发票、证明，或者为其提供运输、保管、邮寄或者其他方便的，以走私罪的共犯论处。走私罪可以由单位构成，故 A 项正确。为了单位利益，集体决定走私假币的，也构成单位犯罪，故 B 项正确。CD 两选项中，根据司法解释，个人为进行违法犯罪活动而设立公司、企业、事业单位实施犯罪的，或者公司、企业、事业单位设立后，以实施犯罪为主要活动的，不以单位犯罪论处，而是自然人犯罪。

6. D。本题考查保险诈骗罪与故意杀人罪的竞合问题。实施保险诈骗活动,故意以纵火、杀人、伤害、传播传染病、虐待、遗弃等行为方式制造财产损失、被保险人死亡、伤残、疾病的结果,骗取保险金的,依照《刑法》第198条第2款的规定,数罪并罚,如放火罪与保险诈骗罪并罚,故意杀人罪与保险诈骗罪并罚,故意伤害罪与保险诈骗罪并罚,等等。故本题选D。

7. D。本题考查为亲友非法牟利罪的具体运用。《刑法》第166条规定,国有公司、企业、事业单位的工作人员,利用职务便利,有下列情形之一,致使国家利益遭受重大损失的,处3年以下有期徒刑或者拘役,并处或者单处罚金;致使国家利益遭受特别重大损失的,处3年以上7年以下有期徒刑,并处罚金:(1)将本单位的盈利业务交由自己的亲友进行经营的;(2)以明显高于市场的价格从自己的亲友经营管理的单位采购商品、接受服务或者以明显低于市场的价格向自己的亲友经营管理的单位销售商品、提供服务的;(3)从自己的亲友经营管理的单位采购、接受不合格商品、服务的。题中行为人隐瞒亲属关系、利用职务便利、高价购买亲友经营的商品,构成该罪。

8. AB。本题考查的是信用卡诈骗罪的表现形式。钟某作为非法持卡人以持卡人的名义使用持卡人的信用卡骗取财物,是冒用他人信用卡的行为。

9. C。本题考查具体危险犯。《刑法》第143条规定,生产、销售不符合食品安全标准的食品,足以造成严重食物中毒事故或者其他严重食源性疾病的,处3年以下有期徒刑或者拘役,并处罚金;对人体健康造成严重危害或者有其他严重情节的,处3年以上7年以下有期徒刑,并处罚金;后果特别严重的,处7年以上有期徒刑或者无期徒刑,并处罚金或者没收财产。

10. A。本题考查走私普通货物、物品罪的具体运用。《刑法》第153条第1款规定,走私该法第151条、第152条、第347条规定以外的货物、物品的,根据情节轻重,分别依照下列规定处罚:(1)走私货物、物品偷逃应缴税额较大或者一年内曾因走私被给予二次行政处罚后又走私的,处3年以下有期徒刑或者拘役,并处偷逃应缴税额1倍以上5倍以下罚金。(2)走私货物、物品偷逃应缴税额巨大或者有其他严重情节的,处3年以上10年以下有期徒刑,并处偷逃应缴税额1倍以上5倍以下罚金。(3)走私货物、物品偷逃应缴税额特别巨大或者有其他特别严重情节的,处10年以上有期徒刑或者无期徒刑,并处偷逃应缴税额1倍以上5倍以下罚金或者没收财产。

11. ABC。本题考查的是合同诈骗罪的行为方式及该罪与诈骗罪的竞合关系。陈某采取欺骗手段,不具有实际履行合同的能力,骗取对方大量钱财后逃跑,其行为构成合同诈骗罪。

12. AB。本题考查的是保险诈骗罪和其他罪的竞合关系。投保人、被保险人故意造成财产损失的行为或者投保人、受益人故意造成被保险人死亡、伤残或者疾病的行为同时构成其他犯罪的,如放火罪、爆炸罪、故意杀人罪、故意伤害罪,应当依照数罪并罚的规定处罚。

13. A。本题考查的是洗钱罪。行为人潘某帮助张某转移诈骗所得钱款的行为符合《刑法》第191条关于洗钱罪的规定。

14. A。本题考查假冒注册商标罪的具体运用。朱某构成假冒注册商标罪。

15. AD。本题考查虚假广告罪的具体运用。虚假广告罪是指广告主、广告经营者、广告发布者,违反国家规定,利用广告对商品或者服务作虚假宣传,情节严重的行为。吕某利用广告对本公司的不合格产品及服务作虚假宣传,造成养殖户重大经济损失35万元,其行为触犯虚假广告罪与销售伪劣产品罪。AD项为正确答案。

16. BCD。本题考查的是票据诈骗罪中非法占有目的的认定。不是只有将财产据为己有才可以认定为金融诈骗犯罪。明知没有归还能力依然骗取资金的行为已经侵害了正常的金融管理秩序,可以认定为非法占有的目的。

17. ABD。本题考查的是保险诈骗罪的相关认定。挂靠经营的机动车辆的实际拥有者对保险标的存有保险利益,是实际的投保人和被保险人,其利用名义上的拥有者的名义实施保险诈骗的行为,构成保险诈骗罪的间接正犯。

# 第十八章　侵犯公民人身权利、民主权利罪

## 基础知识篇

一、1. C。绑架罪中的"杀害被绑架人"是指在犯绑架罪的过程中故意杀害被绑架人的行为。

选项A:行为人是故意伤害被绑架人,致其死亡。这不是"杀害被绑架人"。选项A不当选。

选项B:行为人是为防止被害人出声,用毛巾塞住其嘴后离开,导致被害人窒息死亡。这是过失导致被害人死亡,不是"杀害被绑架人"。选项B不当选。

选项C:行为人是在实施绑架行为时,遭到被害人的激烈反抗,用绳子直接勒死被害人的。这是在绑架中"杀害被绑架人"。选项C当选。

选项D:行为人是在取得赎金后,已经释放了被害人,却因担心被害人报警,开车追了3公里,杀死被害人的。这不是在绑架中"杀害被绑架人",这是在绑架结束后"杀害被绑架人"。对此,应以绑架罪和故意杀人罪数罪并罚。选项D不当选。

2. C。本题考查的是对重婚罪的认定。根据《刑法》第 258 条的规定,有配偶而重婚或者明知他人有配偶而与之结婚的行为是重婚罪。

3. B。本题考查组织出卖人体器官罪的刑法规定。《刑法修正案(八)》规定,欺骗、强迫、未经本人同意摘取其器官以及摘取未成年人器官四种情况,按故意伤害或故意杀人处罚。因此,B 选项有误。

4. D。本题考查的是拐卖儿童罪的加重情节。行为人的行为直接导致儿童死亡结果的,当然适用加重刑罚;如果行为人的行为是构成儿童死亡的条件之一,即便不具备直接的因果关系,也应认定为造成儿童死亡,仍然应当适用加重刑罚。

5. A。本题考查的是对非法侵入住宅罪的认定。题中行为人的行为符合《刑法》第 245 条对非法侵入住宅罪之规定。

6. C。本题考查诽谤罪的具体运用。报复陷害罪的主体是国家机关工作人员。诬告陷害罪的行为人必须要有意图使他人受刑事追究。本案中甲故意捏造事实并予以传播诽谤他人,情节严重,可以构成诽谤罪。

二、1. BD。本题考查非法拘禁罪的具体适用。王某的行为构成故意杀人罪未遂。根据《刑法》第 238 条第 2 款和第 3 款之规定,为索取债务非法扣押、拘禁他人,致人重伤的,处 3 年以上 10 年以下有期徒刑。所以张某构成非法拘禁罪。赵某构成组织他人偷越国境罪。贾某虽然不构成收买被拐卖的妇女、儿童罪,但是仍然构成非法拘禁罪。

2. ABCD。本题考查的是对拐卖妇女罪的认定。收买妇女后,因妇女不愿意做自己的妻子,无奈将妇女又出卖,根据《刑法》第 241 条第 5 款的规定,构成拐卖妇女罪。为抵充赌债,将与自己合法结婚的妻子让与他人,属于以出卖为目的拐卖妇女,成立拐卖妇女罪。C 项虽然构成犯罪未遂,但依然成立拐卖妇女罪。D 项行为应以拐卖妇女罪一罪论处,不数罪并罚。ABCD 项均正确。

## 理解与应用篇

一、1. A。本题考查故意伤害罪和寻衅滋事罪的区别。两罪之区别在于故意伤害罪的主观方面是伤害他人身体健康权,寻衅滋事罪伤害的是社会公共秩序。故两者的犯罪客体也有区别。另外,寻衅滋事具有随意挑衅的特征,故综合分析可得题中行为人构成故意伤害罪。

2. A。本题考查故意伤害罪的具体运用。行为人朝被害人头部击打的行为体现了伤害对方身体健康权的故意,故成立故意伤害罪。

3. A。信用卡信息资料和密码属于公民个人信息,王某非法获取并出售该信息,构成侵犯公民个人信息罪,选项 A 正确。

诈骗罪的犯罪对象是财产或财产性利益。王某用欺骗方法获得的是他人的信用卡信息资料,不是财产或财产性利益,所以不构成诈骗罪。选项 B 错误。

《刑法》规定了窃取、收买、非法提供信用卡信息罪。王某的行为同时触犯本罪。但是,这是一个选择性罪名,同时有收买和非法提供行为的,只认定为收买、非法提供信用卡信息罪一罪。选项 C 错误。

"信用卡"和"信用卡信息资料"是不同的概念。《刑法》对信用卡信息进行了专门的规定,所以,《刑法》中的"信用卡"不包括"信用卡信息资料"。王某不构成妨害信用卡管理罪,本罪是指各种妨害信用卡的管理的犯罪行为,包括明知是伪造的信用卡而持有、运输的,或者明知是伪造的空白信用卡而持有、运输,数量较大的;非法持有他人信用卡,数量较大的;使用虚假的身份证明骗领信用卡的;出售、购买、为他人提供伪造的信用卡或者以虚假的身份证明骗领的信用卡的。选项 D 错误。

二、1. ABCD。本题考查的是强奸罪的手段。所谓"其他手段",是指暴力、胁迫手段之外的其他手段,使被害女性不知反抗或无法反抗,如用酒灌醉、用药物麻醉对被害女性进行奸淫,趁女性重病、昏迷、熟睡之机进行奸淫,以为女性治病为名进行奸淫,冒充女性的丈夫或者恋人使女性受蒙蔽进行奸淫等。

2. BCD。本题考查具有间接故意的故意杀人罪的不作为犯。根据通说,夫妻之间在刑法上互负救助义务。张某明知其先行行为可能引发严重危害后果,能采取而不采取积极有效措施予以防止,其行为成立不作为的故意杀人罪。

3. BCD。本题考查过失致人死亡罪的具体运用。B 选项中甲某构成非法拘禁罪,C 选项中甲某构成暴力干涉婚姻自由罪,D 选项中甲构成虐待罪。

4. ABCD。本题考查的是非法拘禁罪的行为方式。具有以下情形之一的,即应当以犯罪论处:(1)非法拘禁持续时间超过 24 小时的;(2)3 次以上非法拘禁他人,或者一次非法拘禁 3 人以上的;(3)非法拘禁他人,并实施捆绑、殴打、侮辱等行为的;(4)非法拘禁,致人伤残、死亡、精神失常的;(5)为索取债务非法扣押、拘禁他人,具有上述情形之一的;(6)司法工作人员对明知是无罪的人进行非法拘禁的。

5. ABCD。本题考查的是收买被拐卖的妇女、儿童罪与相关罪名的竞合关系。根据《刑法》第 241 条的规定,不阻碍被收买的受拐卖妇女返回原居住地的,可以从轻或减轻追究刑事责任。

6. ABD。本题考查的是对报复陷害罪的认定。公司、企业、事业单位、机关、团体的领导人打击、报复会计、统计人员的,可以构成打击、报复会计、统计人员罪。

## 综合提高篇

一、1. BCD。本题考查已满14周岁不满16周岁的未成年人应该对哪些犯罪行为负刑事责任，还考查强奸罪加重结果犯的具体运用。沈某实施奸淫行为时不满14周岁，依法不负刑事责任，但不能因此否认其奸淫行为的存在。李某与沈某对同一女子轮流实施了奸淫行为，即使沈某不负刑事责任，也应认定李某的行为构成强奸罪，且属于“轮奸”。

2. ABC。本题考查侵犯人身权利罪的刑法规定。以暴力或者其他方法公然侮辱他人，情节严重的，构成侮辱罪。刑讯逼供罪和暴力取证罪的犯罪主体只能是司法工作人员。虐待被监管人罪的犯罪主体只能是监狱、拘留所、看守所、强制戒毒所等监管人员。

《刑法》第247条规定，司法工作人员对犯罪嫌疑人、被告人实行刑讯逼供或者使用暴力逼取证人证言的，处3年以下有期徒刑或者拘役。致人伤残、死亡的，依照该法第234条、第232条的规定定罪从重处罚。根据《刑法》第253条之一的规定，侵犯公民个人信息罪的主体不限于国家机关或者金融、电信、交通、教育、医疗等单位的工作人员。D项错误。

3. AC。本题考查侵犯公民个人信息罪。侵犯公民个人信息罪，是指违反国家有关规定，向他人出售或者提供公民个人信息，或者将在履行职责或者提供服务过程中获得的公民个人信息出售或者提供给他人，以及窃取或者以其他方法非法获取公民个人信息，情节严重的行为。在B项中，泄露的是单位的信息，不是公民的个人信息，故B项不构成侵犯公民个人信息罪。在D项中，应司法机关要求，移动公司向司法机关提供个人信息，供司法机关查处案件，该行为没有违反国家有关规定，属于合法行为，故D项不构成侵犯公民个人信息罪。AC项中的行为均构成侵犯公民个人信息罪。

4. ABCD。《刑法》第260条规定，虐待家庭成员，情节恶劣的，处2年以下有期徒刑、拘役或者管制。虐待罪，告诉的才处理，但被害人没有能力告诉，或者因受到强制、威吓无法告诉的除外。《刑法》第260条之一规定，对未成年人、老年人、患病的人、残疾人等负有监护、看护职责的人虐待被监护、看护的人，情节恶劣的，处3年以下有期徒刑或者拘役。单位犯前款罪的，对单位判处罚金，并对其直接负责的主管人员和其他直接责任人员，依照前款的规定处罚。据此可知，ABD项都是正确的。虐待被监护、看护人罪与虐待罪存在交叉关系，即当行为人不仅对未成年人、老年人、患病的人、残疾人等负有监护、看护职责，还与被虐待的被监护、看护的人属于家庭成员时，行为同时触犯了虐待被监护、看护人罪与虐待罪，成立想象竞合。据此可知，C项正确。

5. ABC。根据2016年12月21日发布的《最高人民法院关于审理拐卖妇女儿童犯罪案件具体应用法律若干问题的解释》，对婴幼儿采取欺骗、利诱等手段使其脱离监护人或者看护人的，视为《刑法》第240条第1款第6项规定的“偷盗婴幼儿”。医疗机构、社会福利机构等单位的工作人员以非法获利为目的，将所诊疗、护理、抚养的儿童出卖给他人的，以拐卖儿童罪论处。以介绍婚姻为名，采取非法扣押身份证件、限制人身自由等方式，或者利用妇女人地生疏、语言不通、孤立无援等境况，违背妇女意志，将其出卖给他人的，应当以拐卖妇女罪追究刑事责任。ABC项均正确。外籍妇女的人身自由受到我国《刑法》的保护，拐卖外籍女的成立拐卖妇女罪。

二、1. B。本题考查的是故意杀人罪与遗弃罪的区别。行为人将负有抚养义务的被害人抛弃，构成故意杀人罪还是遗弃罪，关键是看该抛弃行为能否使被抛弃对象生命安全遭受重大危险。宋某将没有任何自我救助能力的婴儿扔在环境极其恶劣的室外，构成故意杀人罪。

2. B。本题考查故意杀人罪的具体运用。参见《刑法》第232条故意杀人罪的规定。

3. ACD。本题考查的是对强奸罪的认定。本案中，虽然行为人与被害人曾经达成发生性关系的意思表示，但地点、场所、行为改变后发生了性关系，对双方的意思表示应当重新考虑。盛某与曹某发生性关系时，明显属于违反妇女意志，已经构成强奸罪。

4. D。本题考查结果加重犯的定罪问题。拐卖妇女致使被拐卖的妇女死亡的，是拐卖妇女罪的结果加重犯。暴力干涉婚姻自由致使被害人死亡的，是暴力干涉婚姻自由罪的结果加重犯。抢劫致使被害人死亡的，是抢劫罪的结果加重犯。根据《刑法》第247条的规定，刑讯逼供致使被害人死亡的，以故意杀人罪从重处罚。

5. C。本题考查的是拐骗儿童罪的认定及与该罪拐卖妇女儿童罪的区别。根据《刑法》第262条的规定，拐骗不满14周岁的未成年人，脱离其家庭或者监护人的行为是拐骗儿童罪。拐骗儿童罪并非目的犯，目的不明确亦可认定为该罪。

6. C。本题考查强奸罪的具体运用。《刑法》第13条规定：“一切危害国家主权、领土完整和安全，分裂国家、颠覆人民民主专政的政权和推翻社会主义制度，破坏社会秩序和经济秩序，侵犯国有财产或者劳动群众集体所有的财产，侵犯公民私人所有的财产，侵犯公民的人身权利、民主权利和其他权利，以及其他危害社会的行为，依照法律应当受刑罚处罚的，都是犯罪，但是情节显著轻微危害不大的，不认为是犯罪。”本题中，甲、乙双方发生性关系是完全自愿的，而且未造成其他严重后果，因此符合情节显著轻微、危害不大，不认为是犯罪的规定。C项是正确的。

7. BC。本题考查正当防卫。事实上不存在不法侵害，行为人误以为存在不法侵害而对臆想中的侵害者进行防卫，属于假想防卫。对于假想防卫，应视行为主观上有无过失而予以不同的处理，行为人无过失的应视为意外事件，行为人有过失而根据《刑法》的规定应该承担刑事责任的，构成过失犯罪。因此本题中BC项是正确的。

8. ABCD。本题考查刑法中故意杀人罪的定罪。参见《刑法》第238条对非法拘禁罪之规定、第247条对刑讯逼供罪、暴力取证罪的规定以及第292条对聚众斗殴罪的规定。

9. B。本题考查非法拘禁罪的具体运用。《刑法》第238条规定，非法拘禁他人或者以其他方法非法剥夺他人人身自由的，处3年以下有期徒刑、拘役、管制或者剥夺政治权利。具有殴打、侮辱情节的，从重处罚。犯前款罪，致人重伤的，处3年以上10年以下有期徒刑；致人死亡的，处10年以上有期徒刑。使用暴力致人伤残、死亡的，依照该法第234条、第232条的规定定罪处罚。为索取债务非法扣押、拘禁他人的，依照前两款的规定处罚。

10. CD。本题考查的是以不作为方式构成的故意杀人罪。孙某对被害人负有积极的救助义务，应当积极救助而不作为，其行为构成故意杀人罪。

# 第十九章　侵犯财产罪

## 基础知识篇

一、1. B。本题考查的是抢夺罪的转化犯。根据《刑法》第269条的规定，犯盗窃、诈骗、抢夺罪，为窝藏赃物、抗拒抓捕或者毁灭罪证而当场使用暴力或者以暴力相威胁的，依照抢劫罪定罪处罚。

2. D。本题考查的是抢劫罪的认定。抢劫罪是以非法占有为目的，以暴力、胁迫或者其他方法使他人不能抗拒，强行将公私财物抢走的行为。孙某将安眠药放入饮料内让被害人喝下是用“其他方法”劫取他人财物。

3. D。本题考查的是一行为触犯数罪名的处置方式。实施抢夺公私财物行为，构成抢夺罪，同时造成被害人重伤、死亡等后果，构成过失致人重伤罪、过失致人死亡罪等犯罪的，属于一行为触犯数罪名，应当依照处罚较重的规定定罪处罚。

4. C。本题考查盗窃罪的具体运用。参见《最高人民法院、最高人民检察院关于办理盗窃刑事案件适用法律若干问题的解释》第4条的规定。

5. B。本题考查的是敲诈勒索罪与抢劫罪的区别。抢劫罪的威胁是当面直接对被害人实施的。

二、1. ABC。本题考查挪用资金罪的具体运用。D选项中的韩某构成盗窃罪。

2. ACD。本题考查的是对盗窃罪的认定。根据《最高人民法院关于审理扰乱电信市场管理秩序案件具体应用法律若干问题的解释》第8条的规定，盗用他人公共信息网络上网账号、密码上网，造成他人电信资费损失数额较大的，依照《刑法》第264条的规定，以盗窃罪定罪处罚。盗用上网账号密码的行为成立盗窃。

3. ABD。《刑法》第269条规定：“犯盗窃、诈骗、抢夺罪，为窝藏赃物、抗拒抓捕或者毁灭罪证而当场使用暴力或者以暴力相威胁的，依照本法第二百六十三条的规定定罪处罚。”故，在转化的抢劫中致人重伤的，成立抢劫致人重伤。

选项A是犯罪分子过失导致栏杆倒下，砸中被害人；选项B是被害人自己摔倒在地，都不符合行为人“使用暴力或以暴力相威胁”的条件，不构成抢劫致人重伤。对于赵某，以盗窃罪和过失致人重伤罪数罪并罚。对于钱某，由于被害人是自行摔倒的，钱某无须负责，所以对钱某以抢夺罪一罪定罪处罚。

转化型抢劫罪的犯罪对象为财物的所有人、看护人或者意图阻止财产犯罪的人员。

选项C中，孙某对马某实施暴力的原因是担心被马某抓捕，马某确实也正在犹豫是否要报警，所以马某不是无关的第三人。孙某的行为属于为了抗拒抓捕而对抓捕者使用暴力，构成抢劫致人重伤。

选项D中，行人只是刚好挡着李某逃跑之路的无关的第三人，不是试图阻止李某逃跑的人，所以李某的行为不构成抢劫致人重伤。对李某应当按照抢夺罪和故意伤害罪数罪并罚。

## 理解与应用篇

一、1. C。本题考查抢劫罪的具体运用。抢劫罪中的其他方法，是指行为人实施暴力、胁迫方法以外的其他致使被害人不知反抗或不能反抗的方法，如用药物麻醉、用酒灌醉、使用催眠术或用药物毒昏。

2. B。对于机器能否被骗虽然存在争议，但对此类案件存在明确的司法解释。2008年4月18日发布的《最高人民检察院关于拾得他人信用卡并在自动柜员机（ATM机）上使用的行为如何定性问题的批复》（自2008年5月7日起施行）认为，拾得他人信用卡并在自动柜员机上使用的行为，属于《刑法》第196条第1款第3项规定的“冒用他人信用卡”的情形，构成犯罪的，以信用卡诈骗罪追究刑事责任。据此可知，B为正确答案。

3. C。本题考查职务侵占罪的共犯。职务侵占罪，是指公司、企业或者其他单位的人员，利用职务上的便利，将本单位财物非法占为己有，数额较大的行为。国有公司中从事公务的人员实施侵占行为的，以贪污罪论处。在本题中，甲为国有公司的聘用人员，并非公务人员,因此不能构成贪污罪。甲和乙为共同犯罪,故答案为 C。

4. C。甲等人在付款购买了手机后,这些手机就是属于他们的财产了。他们拆开自己的手机,换掉新的主板并不构成对自己的手机的盗窃。他们换掉手机的新主板,再假装是新机退货的行为的实质是将坏的手机当成好的手机卖给店家,所以这是诈骗行为。“退货”的实质是顾客将手机卖给网店,但是根据“七天无理由退货规则”,网店必须买回这批手机。

由于甲等三人只拆掉了主板,店家的实际损失只是主板,所以正确答案为 C。

二、1. BC。本题考查盗窃罪和转化型抢劫罪的具体运用。甲教唆乙实施盗窃罪,而乙接受了甲的教唆,并且付诸实施,因此,甲的盗窃罪成立。但是,乙在实施盗窃罪的过程中为抗拒抓捕而当场使用暴力,符合《刑法》第 269 条转化型抢劫罪的成立条件,应该按照抢劫罪处理。而乙使用暴力抗拒抓捕,成立转化型的抢劫罪不在甲故意犯罪意图之内,因此,甲不对此行为承担刑事责任。因此,应该分别认定犯罪。

2. BC。本题考查的是对盗窃罪方式的认定及盗窃罪与抢夺罪的区别。方某通过自以为不被发现的秘密手段窃取他人财物,而不是在被害人知晓的情况下夺取财物,因此方某的行为构成盗窃罪。

3. ABCD。本题考查职务侵占罪的具体运用。参见《刑法》第 271 条职务侵占罪的规定。

4. AB。本题考查的是敲诈勒索罪与绑架罪的区别。敲诈勒索罪是以非法占有为目的,以对被害人实施威胁或者要挟的方法,强索公私财物,数额较大的行为。蒋某的家属并非出于对蒋某本人的安危所虑而被迫交出财物,其目的是使蒋某逃避法律追究,因此彭某等人的行为不构成绑架罪。

5. ABCD。本题考查的是诈骗罪与盗窃罪的区分。梁某是以欺骗手段获得他人的银行账号和密码进而支取存款的,应当按照盗窃罪定性处罚。

6. ABCD。本题考查敲诈勒索罪的具体运用。参见《刑法》第 274 条。

7. ABCD。本题考查的是侵占罪与盗窃罪的区别。根据《刑法》第 264 条与第 270 条即可得出正确答案。

8. ABCD。本题考查盗窃罪的具体运用。参见《刑法》第 264 条及相关司法解释。

9. ACD。本题考查的是职务侵占罪的认定。职务侵占罪的主体是公司、企业或者其他单位的人员。沈某虽然是实习生,但经银行授权从事银行储蓄柜面业务便可独立办理客户的有关储蓄业务。沈某通过专用的电脑网络查询客户资料,利用凭借客户号即可开立新账户的规定,通过电话银行委托将被害人的欠款划入开立的新账户内,达到非法占有的目的,其行为符合职务侵占罪的构成要件,应以职务侵占罪追究其刑事责任。

10. ABC。甲取得乙的手机,并不能直接占有乙的微信零钱,只有通过甲的转账行为才能将乙的钱转走,故甲就零钱不构成侵占罪。由于乙的微信钱包不属于信用卡,微信钱包中的余额也不属于信用卡中的资金。甲将乙微信钱包里的余额转走的行为,属于以非法占有为目的,通过平和的手段将他人占有的财物转移为自己占有的行为,构成盗窃罪。A 项错误,当选。

非法侵入计算机信息系统罪,是指违反国家规定,侵入国家事务、国防建设、尖端科学技术领域的计算机信息系统的行为。乙的手机上的计算机信息系统并不属于这三种系统,所以甲不构成本罪。选项 B 错误,当选。

甲拿走乙的手机的目的是要丢掉,故甲是以毁坏的意思取走乙的手机的,由于欠缺非法占有目的,所以不构成盗窃罪,其事后不予毁坏反而利用该手机(卖出),成立侵占罪。因为此时手机处在甲的非法占有之下。因此,选项 C 错误,当选。

甲就乙的微信零钱构成盗窃罪,就乙的手机构成侵占罪,因此甲对乙的手机和微信零钱构成不同罪名的犯罪。选项 D 正确,不当选。

## 综合提高篇

一、1. ACD。选项 A 属于转化型的入户抢劫。根据《最高人民法院关于审理抢劫刑事案件适用法律若干问题的指导意见》的规定,对于部分时间从事经营、部分时间用于生活起居的场所,行为人在非营业时间强行入内抢劫或者以购物等为名骗开房门入内抢劫的,应认定为“入户抢劫”。对于部分用于经营、部分用于生活且之间有明确隔离的场所,行为人进入生活场所实施抢劫的,应认定为“入户抢劫”。构成“入户抢劫”,需要行为人具有“入户”的意思。以侵害户内人员的人身、财产为目的,入户后实施抢劫,包括入户实施盗窃、诈骗、抢夺转化为抢劫的,应当认定为“入户抢劫”。因访友办事等原因经户内人员允许入户后,临时起意实施抢劫,或者临时起意实施盗窃、诈骗等犯罪而转化为抢劫的,不应认定为“入户抢劫”。

2. ABCD。本题考查挪用资金罪的主体认定和具体运用。从村民委员会的职能来看,其成员所从事的是村民自治范围内的公共事务和公益事业,虽然属于公务,但不同于以国家或者政府的名义实施的国家事务和公共事务,不属于“依照法律从事公务”。

3. ABCD。本题考查诈骗罪的具体运用。ABCD 项均符合诈骗罪的犯罪构成,成立诈骗罪。

4. ABD。宾馆服务员仅因认识错误,使甲获得了宾馆的服务,住进了标价 468 元的标准房。因数额达不到数额较大的要求,故对于骗取入住利益以及未支付房费的行为,甲的行为不构成犯罪。宾馆服务员并未因认识错误处分电脑主板、内存条硬盘等财物,故甲虚构事实、隐瞒真相,取得宾馆的财物,不构成诈骗罪,C 项错误。甲的行为构成盗窃罪与故意毁坏财物罪的想象竞合犯。

二、1. D。本题考查的是诈骗罪的牵连犯。伪造、变造、买卖国家机关的公文、证件、印章并用于诈骗、招摇撞骗等犯罪活动的,是牵连犯,按照其中的重罪处罚,而不数罪并罚。

2. D。本题考查绑架罪的具体运用。行为人为了非法获得财物,通过欺骗方法将小孩控制在自己掌握之中,然后向其家人索要财物,符合《刑法》第 239 条规定的绑架罪。致使被绑架人死亡或者杀害被绑架人的,也应该按照绑架罪来认定。因此,选择 D 项。

3. BD。本题考查的是职务侵占罪的认定。装卸工利用当班装卸包裹的职务便利,窃取物资的行为构成职务侵占罪。职务侵占罪中的"本单位财物"不仅包括本单位占有、管理和支配的本单位所有的财物,还包括本单位根据法律规定和合同约定临时占有、管理、使用、运输、加工的他人财物。

4. ABCD。本题考查挪用特定款物罪。根据《刑法》第 273 条的规定,挪用用于救灾、抢险、防汛、优抚、扶贫、移民、救济款物,情节严重,致使国家和人民群众利益遭受重大损害的,对直接责任人员,处 3 年以下有期徒刑或者拘役;情节特别严重的,处 3 年以上 7 年以下有期徒刑。

5. CD。本题考查的是对抢劫罪的认定。倪某以非法占有为目的,采用暴力胁迫手段强行索回欠款凭证,并让债权人在收条上签名以消灭债务的行为,构成抢劫罪。

6. ACD。本题考查的是对拒不支付劳动报酬罪的认定。根据《刑法》第 276 条之一的规定,以转移财产、逃匿等方法逃避支付劳动者的劳动报酬或者有能力支付而不支付劳动者的劳动报酬,数额较大,经政府有关部门责令支付仍不支付的,构成拒不支付劳动报酬罪。陆某的行为已经构成犯罪,应当依法追究其刑事责任,而不是只需要行政机关解决此事,A 选项错误。单位也可构成该罪,但该题目所述行为并未体现单位意志,也并非以单位之名,为单位谋取利益,所以制衣厂并不成立拒不支付劳动报酬罪,只有行为人陆某构成拒不支付劳动报酬罪。

7. ABD。本题考查侵占罪的具体运用。根据《刑法》第 270 条第 1 款的规定,将代为保管的他人财物非法占为己有,数额较大,拒不退还的,成立侵占罪。甲的行为属于这种情形,应以侵占罪论处。

8. AC。本题考查对职务侵占罪的认定。涉案财物为该运输公司运输、保管的财物,在运输过程中应当认定为该公司财物。熊某作为运输公司的货车司机不仅负有将货物安全送达目的地的职责,同时对该货物负有直接保管的义务。因此,熊某在运输途中利用其运输、保管货物的职务便利窃取货物的行为,构成职务侵占罪。

# 第二十章 妨害社会管理秩序罪

## 基础知识篇

一、1. A。本题考查聚众斗殴罪的主体范围。参见《刑法》第 292 条聚众斗殴罪的规定。

2. B。本题考查的是招摇撞骗罪与诈骗罪的区别。招摇撞骗罪是以冒充国家机关工作人员的方式骗取包括财产在内的各种利益,不仅限于财物。

3. D。本题考查的是伪造、变造、买卖国家机关公文、证件、印章罪与诈骗罪、招摇撞骗罪的竞合关系。伪造、变造、买卖国家机关的公文、证件、印章并用于诈骗、招摇撞骗等犯罪活动的,是牵连犯,按照其中的重罪处罚。

4. A。本题考查非法行医罪的具体运用。《刑法》第 336 条规定,未取得医生执业资格的人非法行医,情节严重的,处 3 年以下有期徒刑、拘役或者管制,并处或者单处罚金;严重损害就诊人身体健康的,处 3 年以上 10 年以下有期徒刑,并处罚金;造成就诊人死亡的,处 10 年以上有期徒刑,并处罚金。未取得医生执业资格的人擅自为他人进行节育复通手术、假节育手术、终止妊娠手术或者摘取宫内节育器,情节严重的,处 3 年以下有期徒刑、拘役或者管制,并处或者单处罚金;严重损害就诊人身体健康的,处 3 年以上 10 年以下有期徒刑,并处罚金;造成就诊人死亡的,处 10 年以上有期徒刑,并处罚金。

医疗事故罪的主体是医务人员。

5. A。本题考查的是聚众斗殴过程中致人伤害的行为认定。聚众斗殴致人轻伤的,应认定为聚众斗殴罪,不需另定故意伤害罪;在聚众斗殴的过程中致人重伤、死亡的,应当以故意伤害罪或者故意杀人罪论处。

6. C。本题考查脱逃罪的主体范围。根据《刑法》第 316 条之规定,脱逃罪主体是依法被关押的罪犯、被告人、犯罪嫌疑人,缓刑、假释、取保候审的人不在此列。

7. B。本题考查的是妨害公务罪的认定。妨害公务罪表现为阻碍公务人员依法执行职务或履行职责。收费站收取公路通行费的行为属于经营行为,而非执法行为。郑某的行为不属于公务行为,不符合妨害公务罪的对象要件,该行为构成故意伤害罪。

8. B。本题考查诈骗罪的具体运用。参见《刑法》第 266 条诈骗罪的规定。

9. A。本题考查的是招摇撞骗罪与诈骗罪、冒充军人招摇撞骗罪的区别。高某冒充的是高干子弟,而不是国家机关工作人员或军人,应当以诈骗罪论处。

10. C。本题考查伪证罪的刑法规定。参见《刑法》第305条伪证罪的规定。

11. D。本题考查的是组织、运送他人偷越国(边)境罪与其他罪名的竞合关系。犯组织、运送他人偷越国(边)境罪,对被组织人、运送人有杀害、伤害、强奸、拐卖等犯罪行为,或者对检查人员有杀害、伤害等犯罪行为的,依照数罪并罚的规定处罚。

12. B。本题考查的是对走私、贩卖、运输、制造毒品罪的认定。对于故意贩卖假毒品骗取财物的,以诈骗罪论处;把假毒品误作真毒品进行走私、贩卖、运输的,应以本罪(未遂)处罚。

二、1. ABCD。本题考查非法持有毒品罪的具体适用。参见2012年5月16日发布的《最高人民检察院、公安部关于公安机关管辖的刑事案件立案追诉标准的规定(三)》。

2. ABCD。本题考查寻衅滋事罪。ABCD项均正确。虽然《刑法》第293条未对寻衅滋事罪规定剥夺政治权利,但依据《刑法》总则关于剥夺政治权利的规定,对犯寻衅滋事罪的犯罪分子,可以附加剥夺政治权利。

3. ABC。本题考查刑法中"黑社会性质组织"的认定。根据《刑法》第294条的规定,黑社会性质的组织应当同时具备以下特征:(1)形成较稳定的犯罪组织,人数较多,有明确的组织者、领导者,骨干成员基本固定;(2)有组织地通过违法犯罪活动或者其他手段获取经济利益,具有一定的经济实力,以支持该组织的活动;(3)以暴力、威胁或者其他手段,有组织地多次进行违法犯罪活动,为非作恶,欺压、残害群众;(4)通过实施违法犯罪活动,或者利用国家工作人员的包庇或者纵容,称霸一方,在一定区域或者行业内,形成非法控制或者重大影响,严重破坏经济、社会生活秩序。ABC项为正确选项。

4. AC。甲从境外购买枪支,且收到了境外寄来的枪支,甲构成走私武器罪。选项A正确。

乙从境外网站上下载淫秽视频的行为并不是违反海关法规,跨境走私淫秽物品的行为,所以不构成走私淫秽物品罪。根据《刑法》的规定,乙的行为构成传播淫秽物品罪。选项B错误。

丙携带假币进入公海,虽然又带着假币返回了,但是假币已经进出境两次,每进出境一次就构成一次走私假币罪,所以丙构成走私假币罪。选项C正确。

丁携带贵重金属入境并不构成走私贵重金属罪,因为该罪处罚的行为是将贵重金属走私出境的行为。丁携带贵重金属入境的行为属于走私普通物品的行为。如果偷逃关税额较大,构成走私普通货物、物品罪。选项D错误。

## 理解与应用篇

一、1. A。房某的行为同时触犯传播淫秽物品牟利罪与非法利用信息网络罪,从一重罪论处,应按传播淫秽物品牟利罪论处。侯某的行为在本质上属于房某传播淫秽物品牟利的帮助犯,此行为已经被《刑法》第287条之二明文规定为帮助信息网络犯罪活动罪。据此可知,CD选项都是错误的。

2. B。梁某非法行医,构成非法行医罪,不构成医疗事故罪,也不构成非法经营罪。

3. B。选项A:甲只构成非法持有毒品罪,不构成窝藏毒品罪。根据《刑法》的规定,窝藏毒品罪是指为走私、贩卖、运输、制造毒品的犯罪分子窝藏毒品。甲是和吸毒的乙共同持有毒品,不是为走私、贩卖、运输、制造毒品的犯罪分子窝藏毒品。选项A错误。

选项B:甲和乙构成非法持有毒品罪的共犯,乙是直接持有,甲是间接持有。选项B正确。

选项C:只有与走私、贩卖、制造毒品具有关联性的运输毒品的行为才能被认定为运输毒品罪中的"运输毒品"。甲在网上购买毒品是用于自己吸食的,与走私、贩卖、制造毒品无关,因此不能认定为"运输毒品"。选项C错误。如果甲购买的毒品数量较大,达到了非法持有毒品罪的定罪标准,对甲应当以非法持有毒品罪定罪处罚。

选项D:贩卖毒品罪以毒品实际上转移给买方为既遂。甲、乙在交货时被公安机关抓获,应认定为贩卖毒品罪未遂,甲同样应认定为非法持有毒品罪未遂。这说明在实践中,可能会将这种行为认定为贩卖毒品罪既遂。但是,在法考中,一直是按照未遂认定的。选项D错误。

二、1. ABD。甲详知其子强奸妇女的犯罪事实,用手机向其子通报追捕的动静,属于窝藏行为。面对侦查人员的询问,沉默不予回答,因不存在作假证明的问题,故不构成包庇罪。甲对侦查人员谎称其子给钱少,妇女便报案诬陷,属于对司法人员作假证明,构成包庇罪。经人民法院通知,甲无正当理由,拒绝出庭作证的行为,不构成任何犯罪。

2. ABCD。本题考查的是对非法侵入计算机信息系统罪与破坏计算机信息系统罪的认定。参照《刑法》第285条、第286条的规定。

3. AB。本题考查的是寻衅滋事罪与相关罪名的竞合关系。寻衅滋事致人轻伤的,仍构成寻衅滋事罪;致人重伤、死亡的,则应以故意伤害罪、故意杀人罪论处;寻衅滋事罪是基于寻求刺激的动机,无端生事。

4. ACD。本题考查故意毁坏财物罪、聚众斗殴罪和故意伤害罪的数罪。《刑法》第290条第1款和第2款规定,聚众扰乱社会秩序,情节严重,致使工作、生产、营业和教学、科研、医疗无法进行,造成严重损失的，对首要分子，处3年以上7年以下有期徒刑；对其他积极参加的，处3年以下有期徒刑、拘役、管制或者剥夺政治权利。聚众冲击国家机关，致使国家机关工作无法进行，造成严重损失的，对首要分子，处5年以上10年以下有期徒刑；对其他积极参加的，处5年以下有期徒刑、拘役、管制或者剥夺政治权利。

5. ABD。本题考查的是对妨害作证罪的认定。采取暴力手段阻止证人作证或指使他人作伪证而触犯其他罪名的，应当按照处理牵连犯的原则，从一重罪处断。

6. BC。本题考查间接正犯和诈骗罪的具体适用。虚构事实、隐瞒真相，诱使他人交付财物，行为人接受财物，他人财物遭受损失，这属于诈骗罪。

7. ABCD。本题考查详见《刑法》第333条。非法组织他人卖血，对他人造成伤害的，应当以故意伤害罪追究刑事责任。

8. BCD。本题考查破坏监管秩序罪的具体适用。BCD项中的行为均构成破坏监管秩序罪。监犯向多名监管人员行贿，大肆享受监狱特权的，不构成破坏监管秩序罪，A项错误。

9. ACD。本题考查的是毒品类犯罪的认定。居间介绍买卖毒品的，无论是否获利，均以贩卖毒品罪的共犯论处，A选项错误。因实施其他毒品犯罪而持有毒品的，按所实施的毒品犯罪定罪处罚，C选项错误。明知是走私、贩卖、运输、制造毒品的犯罪分子，而向司法机关作虚假证明掩盖其罪行，或者帮助其毁灭罪证，以使其逃避法律制裁的，构成包庇毒品犯罪分子罪，D选项错误。

10. ACD。本题考查破坏环境资源保护罪的具体适用。根据《刑法》第343条的规定，违反《矿产资源法》的规定，未取得采矿许可证擅自采矿，擅自进入国家规划矿区、对国民经济具有重要价值的矿区和他人矿区范围采矿，或者擅自开采国家规定实行保护性开采的特定矿种，情节严重的，构成非法采矿罪。B选项是《刑法修正案（八）》之前的规定，是错误的。

11. AC。本题考查的是盗掘古文化遗址、古墓葬罪的认定。盗掘古文化遗址、古墓葬并窃取文物的，以盗掘古文化遗址、古墓葬罪论处，B选项错误。在盗掘古文化遗址、古墓葬的过程中，又损毁珍贵文物或者名胜古迹的，应当以盗掘古文化遗址、古墓葬罪处罚，D选项错误。

12. CD。本题考查的是对妨害文物管理罪的认定。故意损毁文物罪保护的对象包括被确定为省级文物保护单位的文物，A选项错误。违反文物保护法规，将收藏的国家禁止出口的珍贵文物私自赠送给外国人的，也是非法向外国人出售、赠送珍贵文物罪，B选项错误。

13. AD。本题考查组织淫秽表演罪的具体适用。非法经营罪是扰乱社会主义市场经济秩序的行为。本案中曹某等人的行为是妨碍国家管理社会秩序。

14. ACD。本题考查对赌博罪的认定。赌博罪要求以赌博为业，甲在闲暇时间喜欢赌博，而且有正经工作，不是以赌博为业，不构成赌博罪。甲抢劫后，杀人灭口的行为是另起犯意，应以抢劫罪与故意杀人罪数罪并罚。

15. ABC。本题考查的是对滥伐林木罪、盗伐林木罪的认定。盗伐林木罪、滥伐林木罪不应包括砍伐树枝，AC选项错误。盗伐林木罪的成立要求盗伐林木数量较大，B选项错误。

16. ABCD。本题考查包庇犯罪中具体犯罪的区分。《刑法》第362条规定，旅馆业、饮食服务业、文化娱乐业、出租汽车业等单位的人员，在公安机关查处卖淫、嫖娼活动时，为违法犯罪分子通风报信，情节严重的，依照该法第310条的规定定罪处罚。这是刑法关于包庇罪的一种特殊规定，D项基本上是法条的原文，因此可选。

17. BCD。本题考查的是对聚众斗殴罪的认定。甲虽然没有直接参加斗殴，但其在整个过程中起主要作用，应当认定为主犯，B选项错误。在聚众斗殴过程中，如果只是一个人或一部分人实施了严重暴力行为，导致被害人重伤、死亡，那么只有实施该严重暴力的人转化为故意伤害罪或故意杀人罪，其他的人仍然定聚众斗殴罪，C选项错误。聚众斗殴罪是故意组织、策划、指挥或者积极参加聚众斗殴的行为，不是所有的参与者都要认定为聚众斗殴罪，D选项错误。

18. ABCD。本题考查制作、贩卖、传播淫秽物品罪的具体适用。根据《刑法》第364条的规定，传播淫秽的书刊、影片、音像、图片或者其他淫秽物品，情节严重的，处2年以下有期徒刑、拘役或者管制。

## 综合提高篇

一、1. ABCD。本题考查赌博罪的具体适用。参见2005年5月11日发布的《最高人民法院、最高人民检察院关于办理赌博刑事案件具体应用法律若干问题的解释》第4条之规定，明知他人实施赌博犯罪活动，而为其提供资金、计算机网络、通讯、费用结算等直接帮助的，以赌博罪的共犯论处。同时该解释第9条规定，不以营利为目的，进行带有少量财物输赢的娱乐活动，以及提供棋牌室等娱乐场所只收取正常的场所和服务费用的经营行为等，不以赌博论处。

2. ACD。法学院民法课期末考试不属于“法律规定的国家考试”，A项不构成组织考试作弊罪。《刑法》第284条之一第2款规定，为他人实施前款犯罪提供作弊器材或者其他帮助的，依照组织考试作弊罪的规定处罚。B项构成组织考试作弊罪。C项行为属于《刑法》第284条之一第3款规定的“为实施考试作弊行为,向他人非法出售或者提供第一款规定的考试的试题、答案",成立非法出售、提供试题、答案罪,不构成组织考试作弊罪。D项行为属于"让他人代替自己参加考试",成立代替考试罪,不构成组织考试作弊罪。

3. CD。A项构成非法侵入计算机信息系统罪。B项构成破坏计算机信息系统罪。C项属于《刑法》第287条之一中的"发布有关制作或者销售毒品、枪支、淫秽物品等违禁物品、管制物品或者其他违法犯罪信息",成立非法利用信息网络罪。D项属于《刑法》第287条之一中的"为实施诈骗等违法犯罪活动发布信息",成立非法利用信息网络罪。

4. AB。根据《刑法》第287条之二的规定,自然人或者单位明知他人利用信息网络实施犯罪,为其犯罪提供互联网接入、服务器托管、网络存储、通讯传输等技术支持,或者提供广告推广、支付结算等帮助,情节严重的,成立帮助信息网络犯罪活动罪。据此可知,AB项行为均构成帮助信息网络犯罪活动罪。C项行为构成破坏计算机信息系统罪的帮助犯。D项行为构成非法侵入计算机信息系统罪的帮助犯。

5. BD。成立编造、故意传播虚假信息罪,要求"在信息网络或者其他媒体上传播"。据此可知,A项中张贴虚假恐怖信息,C项中口头传播虚假爆炸信息,都不能构成编造、故意传播虚假信息罪。D项中的行为成立编造、故意传播虚假信息罪。编造、故意传播虚假恐怖信息罪与编造、故意传播虚假信息罪不是对立的关系,如果行为人编造虚假恐怖信息,在信息网络或者其他媒体上传播,同样成立编造、故意传播虚假信息罪。B项的行为属于"编造虚假的险情、疫情、灾情、警情,在信息网络或者其他媒体上传播",成立编造、故意传播虚假信息罪。BD项为正确答案。

6. BCD。成立聚众斗殴罪,并不要求行为人主观上必须具有流氓动机。两村村民为争土地而斗殴的,构成聚众斗殴罪,A项错误。B项的行为成立寻衅滋事罪。《刑法》第37条之一第2款规定,被禁止从事相关职业的人违反人民法院依照前款规定作出的决定的,由公安机关依法给予处罚;情节严重的,依照该法第313条的规定定罪处罚。据此可知,C项正确。强行给他人注射毒品,使他人形成毒瘾的,首先构成强迫吸毒罪。由于强行给他人注射毒品损害了他人正常的生理机能,故同时成立故意伤害罪。强迫吸毒属于《刑法》另有规定的故意伤害行为,故对行为人仅以强迫吸毒罪追究刑事责任。

二、1. BCD。本题考查故意伤害罪的具体适用。依据《刑法》的相关规定,BCD项中的行为均应以故意伤害罪定罪处罚。

2. ABD。本题考查的是非法行医罪与医疗事故罪等的认定与界限。根据《刑法》第336条的规定,非法行医造成就诊人死亡的,处10年以上有期徒刑,并处罚金。有医师执业资格是"医师资格"与"执业资格"的统一。退休的医生仍然具备医师资格,但是没有了执业资格,所以相当于刑法上的普通人,其行医问诊的,可以成立非法行医罪。医疗事故罪的主体应是医务人员,甲不具备医疗事故罪的主体资格。

3. BD。本题考查的是非法持有毒品罪的认定。非法持有毒品的数量不够较大的,不构成犯罪,A选项错误。持有并不要求直接持有,即介入第三者时,也不影响持有的成立,B选项正确。认定非法持有毒品罪时,只要持有者知道自己持有的是毒品即可成立犯罪,是否知道所有者及毒品来源并不影响本罪的成立,C选项错误。

4. ABD。本题考查引诱他人吸毒罪的具体适用。金某不是教唆犯。

5. BC。本题考查的是对掩饰、隐瞒犯罪所得、犯罪所得收益罪的认定。单位可以成为掩饰、隐瞒犯罪所得、犯罪所得收益罪的主体,B选项正确。

6. A。本题考查的是对介绍卖淫罪的认定,参照《刑法》第359条的规定。

7. ABCD。本题考查的是对协助组织卖淫罪的认定,参照《刑法》第358条的规定。

8. ABCD。本题考查招摇撞骗罪的具体适用。ABCD项均正确。

9. ABC。本题考查的是对窝藏罪的认定,参照《刑法》第310条的规定。

10. B。本题考查非法持有毒品罪的具体适用。包庇毒品犯罪分子罪,是指包庇毒品犯罪分子,使其逃脱法律制裁的行为。

11. ABD。本题考查的是对伪证罪的认定。根据《刑法》第305条的规定,对与案件有重要关系的情节作伪证的,构成伪证罪。刘某年龄与案件有重要关系,故为此做假符合伪证罪的构成要件。

12. D。本题考查破坏计算机信息系统罪和盗窃罪的具体适用。《刑法》第287条规定,利用计算机实施金融诈骗、盗窃、贪污、挪用公款、窃取国家秘密或者其他犯罪的,依照该法有关规定处罚。

13. ABC。本题考查卖淫犯罪中具体罪名的具体适用。明知自己患有梅毒、淋病等严重性病卖淫、嫖娼的,构成传播性病罪;成立传播性病罪,并不要求实际上已经造成他人染上性病这一结果的发生。本罪主体不限,中国人、外国人均可。组织卖淫罪包括组织同性卖淫。通过互联网向社会公众发布卖淫信息,可能成立组织卖淫罪的帮助犯。

14. (1)A。本题考查的是对容留卖淫罪的认定。根据《刑法》第359条的规定,行为人孟某为卖淫女接纳卖淫嫖娼行为之做法构成容留卖淫罪。

(2)CD。本题考查的是对包庇罪的特殊行为方式的认定。根据《刑法》第 362 条的规定,CD 项为正确选项。

(3)A。本题考查的是对窝藏罪的认定。根据《刑法》第 310 条的规定,A 项为正确选项。

15. ACD。本题考查妨害文物管理罪中具体罪名的具体适用。根据《刑法》第 325 条的规定,违反文物保护法规,将收藏的国家禁止出口的珍贵文物私自出售或者私自赠送给外国人的,构成非法向外国人出售、赠送珍贵文物罪。据此可知,非法向外国人赠送珍贵文物罪中的"珍贵文物",只能是行为人"收藏的国家禁止出口的珍贵文物"。A 项正确。根据《刑法》第 324 条第 3 款的规定,过失损毁国家保护的珍贵文物或者被确定为全国重点文物保护单位、省级文物保护单位的文物,造成严重后果的,成立过失损毁文物罪。据此可知,B 项错误。根据《刑法》第 327 条的规定,违反文物保护法规,国有博物馆、图书馆等单位将国家保护的文物藏品出售或者私自送给非国有单位或者个人的,构成非法出售、私赠文物藏品罪。据此可知,C 项正确。根据《刑法》第 326 条的规定,以牟利为目的,倒卖国家禁止经营的文物,情节严重的,构成倒卖文物罪。据此可知,D 项正确。

## 第二十一章　危害国防利益罪

一、1. B。本题考查冒充军人招摇撞骗罪和抢劫罪的具体适用。曹某等人冒充军人骗取他人缴纳罚款的行为,触犯冒充军人招摇撞骗罪,不构成敲诈勒索罪。殴打对方迫使其缴纳罚款的行为,因为使用了暴力,根据司法解释,构成抢劫罪,不构成敲诈勒索罪。

2. B。本题考查的是对破坏武器装备、军事设施、军事通信罪的认定。本罪的主观目的可以是泄愤报复或者其他个人目的,B 项正确。

二、1. BD。本题考查的是对武装部队公文、证件、印章犯罪的认定。买卖武装部队公文、证件、印章的,构成买卖武装部队公文、证件、印章罪,而非买卖国家机关公文、证件、印章罪,B 选项表述不正确。关于 D 选项,没有毁灭武装部队公文、证件、印章罪这一罪名。

2. BC。题干中没有提及张某等人的行为造成武警战士宋某、徐某轻伤以上的结果,故不能认定张某等人触犯故意伤害罪。宋某、徐某在依法执行职务,张某等人的行为妨碍了公务的执行,但该行为不会侵犯国防利益,故该行为触犯妨害公务罪,但不能构成阻碍军人执行职务罪。由于该行为发生在火车站,扰乱了社会公共秩序,张某等人的行为还符合寻衅滋事罪的犯罪构成,触犯寻衅滋事罪。

三、1. A。本题考查的是对招摇撞骗罪的认定。同时构成诈骗罪与冒充军人招摇撞骗罪的,从一重罪论处,A 选项正确。冒充军人劫持航空器的,应当认定为劫持航空器罪,B 选项不正确。冒充军人招摇撞骗罪通常具有牟取非法利益的目的,不限于骗取财物的目的,C 选项错误。冒充人民警察招摇撞骗的,依照招摇撞骗罪的规定从重处罚,D 选项不正确。

2. ABCD。本题考查的是对招摇撞骗罪、盗窃武装部队公文、证件、印章罪的认定。ABD 项都是正确的。在诈骗财物的场合,冒充军人招摇撞骗罪与诈骗罪存在想象竞合关系(不存在法条竞合关系,因为冒充军人招摇撞骗罪与诈骗罪的保护法益不同),应以诈骗罪追究张某的刑事责任,故 C 项也是正确的。

3. BCD。本题考查故意传播虚假恐怖信息罪的具体适用。明知是他人编造的恐怖信息而故意传播,严重扰乱社会秩序的,依照《刑法》第 291 条之一的规定,应认定为故意传播虚假恐怖信息罪。编造、故意传播虚假信息罪,是指编造虚假的险情、疫情、灾情、警情,在信息网络或者其他媒体上传播,或者明知是上述虚假信息,故意在信息网络或者其他媒体上传播,严重扰乱社会秩序的行为。甲、乙的行为不构成编造、故意传播虚假信息罪。甲、乙的行为不会给公共安全造成具体的危险,不构成以危险方法危害公共安全罪(本罪是具体危险犯,而不是抽象危险犯)。甲、乙的行为没有骗取什么利益,故也不构成冒充军人招摇撞骗罪。

## 第二十二章　贪污贿赂罪

一、1. D。本题考查的是贪污罪的犯罪构成及完成形态。根据《刑法》第 382 条的规定,贪污罪是国家工作人员利用职务上的便利,侵吞、窃取、骗取或者以其他手段非法占有公共财物的行为,犯罪对象是公共财产,包括动产和不动产,而并不限于动产。于某骗取公有房屋并占有使用,虽未办理私有产权证,仍构成贪污罪既遂。

2. C。本题考查的是对贪污罪的认定。根据《刑法》第 382 条的规定,昌某的行为符合贪污罪的构成要件,是以诈骗的方式侵占公共财产。

3. A。本题考查的是对受贿罪的认定。根据《刑法》第 385 条的规定,受贿罪是国家工作人员利用职务上的便利,索取他人财物的,或者非法收受他人财物,为他人谋取利益的行为。程某身为国家工作人员,利用职务上的便利,为他人谋取利益,收受他人的银行卡,至案发时虽未实际支取卡中存款,但已经变更银行卡的密码,其主观上明显具有非法占有的故意,收受钱款的行为已经实施终了,已经构成受贿罪的既遂。

4. A。本题考查受贿罪的具体适用。参见《刑法》第 385 条受贿罪的规定,国家工作人员利用职务上的便利,索取他人财物的,是受贿罪。

5. B。本题考查的是对挪用公款罪的认定。根据

《刑法》第 384 条的规定，挪用公款罪是国家工作人员利用职务上的便利，挪用公款归个人使用，进行非法活动的，或者挪用公款数额较大、进行营利活动的，或者挪用公款数额较大、超过 3 个月未还的行为。程某作为国家工作人员，以写借条的方式挪用单位公款，用于替家人清偿债务，数额较大，超过 3 个月未还，应当认定为挪用公款罪。

6. A。本题考查的是对受贿罪的认定。受聘于属国有事业单位报社的记者和工作人员，其采访、报道等活动属于履行公务，依法应以国家工作人员论，符合受贿罪的主体要件。

7. B。本题考查受贿罪的具体适用。根据《刑法》第 385 条的规定，国家工作人员利用职务上的便利，非法收受他人财物，为他人谋取利益的，是受贿罪。

8. C。本题考查滥用职权罪的具体适用。参见《刑法》第 397 条的滥用职权罪的规定。

9. C。本题考查贪污罪的具体适用。根据《刑法》第 394 条的规定，国家工作人员在国内公务活动或者对外交往中接受礼物，依照国家规定应当交公而不交公，数额较大的，以贪污罪定罪处罚。故甲的行为符合这一规定，构成贪污罪。

10. B。甲收受的股份已经登记在丙的名下，那么受贿行为就完成了。对受贿金额应当按照受贿时的价值认定，股份后来的增值属于犯罪所得的收益。所以，甲第一次受贿的金额是 100 万元。乙经过甲同意，将价值 200 万元的股份以 600 万元的价格买回，这是第二次受贿。本次受贿金额为 400 万元。所以，两次受贿金额累计计算，甲的受贿金额为 500 万元。但是，对于甲第一次受贿的犯罪所得所获得的收益 100 万元，仍然应当收缴。

二、1. AB。本题考查挪用公款罪中对"归个人使用"的理解。2002 年 4 月 28 日第九届全国人民代表大会常务委员会第 27 次会议通过的《关于〈中华人民共和国刑法〉第三百八十四条第一款的解释》规定，有下列情形之一的，属于挪用公款"归个人使用"：(1) 将公款供本人、亲友或者其他自然人使用的；(2) 以个人名义将公款供其他单位使用的；(3) 个人决定以单位名义将公款供其他单位使用，谋取个人利益的。

2. BD。本题考查的是贪污罪与职务侵占罪的区别：(1) 对象不同。贪污罪的对象是公共财产，职务侵占罪的对象是本单位的财产。(2) 主体不同。贪污罪的主体是国家工作人员和"受国家机关、国有公司、企业、事业单位、人民团体委托管理、经营国有财产的人员"，职务侵占罪的主体是上述贪污罪主体范围以外的公司、企业或者其他单位的人员。

3. BCD。本题考查国家工作人员的范畴。中国共产党的各级机关、中国人民政治协商会议的各级机关中从事公务的人员属于国家机关中从事公务的人员，A 选项表述错误。

4. ABCD。本题考查受贿罪和介绍贿赂罪的具体适用。无论为他人谋取的利益是否正当，为他人谋取的利益是否实现，均不影响受贿罪的认定。

5. BCD。本题主要考查贪污贿赂罪的犯罪主体范围。村民委员会主任甲利用职务之便侵吞救济款物的，属于村民委员会等村基层组织人员协助人民政府从事行政管理工作，此时应认定其属于国家工作人员，其行为构成贪污罪。A 选项正确。普通公民乙受聘担任国有公司经理职务，其也属于国家工作人员，若侵吞国有财物，构成贪污罪。B 选项错误。成立受贿罪并不要求现实地为他人谋取利益。C 选项错误。采用暴力方法阻碍国家机关工作人员执行公务，并致使该工作人员重伤，属于想象竞合犯，应以故意伤害罪定罪处罚。D 选项错误。

6. BD。本题考查的是贪污罪的共犯。认定是否构成贪污罪共犯时，不是看行为人最终是否分得赃款，而是看公共财产是否被侵犯以及被侵犯的程度。刘某即使没有分得赃款，也成立贪污罪的共犯。

7. ABD。本题考查的是关于行贿罪的认定。行贿人在被追诉前主动交代行贿行为的，可以减轻处罚或者免除处罚，而不是可以从轻或减轻处罚，C 选项错误。

8. BD。甲、乙构成受贿罪的共犯，乙不构成利用影响力受贿罪。丙对甲、乙有受贿共谋并不知情，其行为仅成立对有影响力的人行贿罪。丙行贿的对象不是国家工作人员，故不构成行贿罪。

9. AC。对有影响力的人行贿罪，是指自然人或者单位为牟取不正当利益，向国家工作人员的近亲属或者其他与该国家工作人员关系密切的人，或者向离职的国家工作人员或者其近亲属以及其他与其关系密切的人行贿的行为(《刑法》第 390 条之一)。在本题中，甲的行为成立对有影响力的人行贿罪。乙的行为属于受贿罪的教唆犯(不构成行贿罪)，丙的行为属于受贿罪的实行犯，二人构成受贿罪的共同犯罪。据此可知，D 项错误。

10. ACD。中国石油总公司在对外石油贸易活动中收受的回扣属于中国石油总公司的公共财物，国家工作人员甲利用职务便利将该回扣据为已有，数额较大的，构成贪污罪。村民委员会主任丙在协助政府分发救灾款项时，其在法律上属于"国家工作人员"，故其利用职务便利将其中数额较大款项据为已有的，构成贪污罪。根据《刑法》的规定，国有保险公司工作人员丁，利用职务便利编造未发生的机动车保险事故进行虚假理赔的，其性质属于贪污。在 B 项中，乙骗取的是私营地产开发商的财物，该财物不属于公共财物，故即便国家工作人员利用职务上的便利骗取该财物的，也只能构成诈骗罪，不构成贪污罪。B 项是错误的。

三、1. D。本题考查挪用公款罪和贪污罪的具体适用。根据《刑法》第384条第2款的规定，国家工作人员挪用用于救灾、抢险、防汛、优抚、扶贫、移民、救济款物归个人使用的应以挪用公款罪定罪，并从重处罚。所以朱某挪用救灾款的行为不构成挪用特定款物罪，构成挪用公款罪，C项错误。朱某挪用200万元希望工程项目经费，本来只构成挪用公款罪，但其携带10万元逃跑的行为应以贪污罪定罪处罚，故其挪用公款数额为290万元，贪污数额为10万元，应数罪并罚。

2. ABD。本题考查贪污贿赂罪中具体罪名的犯罪主体。根据《刑法》第382条第2款之规定，受国家机关、国有公司、企业、事业单位、人民团体委托管理、经营国有财产的人员，利用职务上的便利，侵吞、窃取、骗取或者以其他手段非法占有国有财物的，以贪污论。

根据《刑法》第388条之一第2款的规定，离职的国家工作人员或者其近亲属以及其他与其关系密切的人，利用该离职的国家工作人员原职权或者地位形成的便利条件实施前款行为的，依照前款的规定定罪处罚。

根据《刑法》第396条的规定，国家机关、国有公司、企业、事业单位、人民团体，违反国家规定，以单位名义将国有资产集体私分给个人，数额较大的，对其直接负责的主管人员和其他直接责任人员，处3年以下有期徒刑或者拘役，并处或者单处罚金；数额巨大的，处3年以上7年以下有期徒刑，并处罚金。司法机关、行政执法机关违反国家规定，将应当上缴国家的罚没财物，以单位名义集体私分给个人的，依照前款的规定处罚。

3. ABCD。本题考查贪污罪的具体适用。根据《刑法》第382条的规定，国家工作人员利用职务上的便利，侵吞、窃取、骗取或者以其他手段非法占有公共财物的，是贪污罪。受国家机关、国有公司、企业、事业单位、人民团体委托管理、经营国有财产的人员，利用职务上的便利，侵吞、窃取、骗取或者以其他手段非法占有国有财物的，以贪污论。与前两款所列人员勾结，伙同贪污的，以共犯论。

4. ABD。本题考查的是挪用公款罪的认定。C选项属于单位向单位借钱的情形，行为人没有谋取个人利益，不能认定为挪用公款给个人使用。

5. ABC。本题考查的是受贿罪与巨额财产来源不明罪的认定。甲已经交待500万元是受贿所得，只能构成受贿罪而不构成巨额财产来源不明罪。对这笔财产乙没有说明的义务，所以乙并不构成巨额财产来源不明罪。掩饰、隐瞒犯罪所得罪是指明知是犯罪所得及其产生的收益而予以窝藏、转移、收购、代为销售或者以其他方法掩饰、隐瞒的行为，乙某没有掩饰、隐瞒，也不构成此罪。

6. ABC。本题考查的是对贿赂犯罪的认定。乙为牟取不正当利益，给付国家工作人员财物的，是以行贿故意实施了行贿行为，成立行贿罪，A选项正确；由于甲不知情，没有受贿的故意，不成立受贿罪，B选项正确；成立行贿罪并不意味着对方一定成立受贿罪，C选项正确；保姆没有通过国家工作人员职务上的行为为请托人牟取不正当利益，因此不成立利用影响力受贿罪，D选项错误。

7. ABC。本题考查私分国有资产罪的具体适用。参见《刑法》第396条及其相应规定。

8. ABCD。甲试图向乙行贿，不是向丙行贿，所以甲构成行贿罪，而不是对有影响力的人行贿罪。丙是帮助丈夫接受行贿款，不是自己受贿，所以丙不构成利用影响力受贿罪。由于乙大怒，拒绝了受贿行为，所以甲的行贿罪未遂。丙虽然收下了钱，但乙对此不知情，不能认为乙构成受贿罪的既遂，乙不构成受贿罪。

对于丙不退款的行为是否构成侵占罪，有两种不同观点。一种观点认为，丙侵占了乙让其退还给甲的财产，所以构成侵占罪。另一种观点认为，由于这笔钱是甲用于行贿的财产，甲对此没有返还请求权，所以丙的行为不构成侵占罪。目前在法考中的多数观点是后者，即丙不构成侵占罪。丙的行为也不构成其他犯罪。该笔钱应当由国家予以追缴。故，选项ABCD均错误。

## 第二十三章　渎　职　罪

一、1. D。本题考查的是对徇私枉法罪和其他罪的竞合关系。司法工作人员徇私枉法又收受贿赂，构成徇私枉法罪和受贿罪的，属于牵连犯的行为，按照其中处罚较重的规定定罪处罚。

2. B。本题考查的是对玩忽职守罪的认定。国家机关工作人员严重不负责任，不履行或者不正确履行职责，致使公共财产、国家和人民的利益遭受重大损失的，是玩忽职守罪。

3. D。本题考查玩忽职守罪的具体适用。玩忽职守罪，是指国家机关工作人员玩忽职守，致使公共财产、国家和人民利益遭受重大损失的行为。D项符合，构成玩忽职守罪。AB项分别构成国有公司、企业人员失职罪和国有事业单位人员失职罪。C项执行庭庭长的行为仅使当事人的利益而非国家和人民利益遭受重大损失，不构成玩忽职守罪。

4. D。穆某未将与李某姐姐联系不上的情况向其他值班民警和所领导汇报，导致李某的女儿死亡，即便认定章某存在玩忽职守行为，也与李某的女儿死亡这一结果之间缺乏因果关系。章某的行为属于行政失职，不构成犯罪。

5. C。本题考查徇私枉法罪的具体适用。徇私枉法罪，是指司法工作人员徇私枉法、徇情枉法，在刑事诉讼中,对明知是无罪的人而使其受到追诉,对明知有罪的人而故意包庇使其不受追诉,或者在刑事审判活动中故意违背事实和法律作枉法裁判的行为。据此可知,对有确凿事实证明其实施犯罪的人,采取隐匿证据手段,故意包庇使其不受侦查的行为是徇私枉法罪的客观方面表现之一。故选 C 项。选项 A 中甲的行为不是发生在刑事诉讼和刑事审判中,不构成徇私枉法罪而构成私放在押人员罪。选项 B 中法官乙的行为不是发生在刑事审判活动中,构成的是行政枉法裁判罪。选项 D 中丁的行为不是基于其司法工作人员身份所为的行为,其构成的是诬告陷害罪。

6. C。本题考查私放在押人员罪的具体适用。参见《刑法》第 400 条的规定,司法工作人员私放在押的犯罪嫌疑人、被告人或者罪犯的,构成私放在押人员罪。

二、1. ABD。本题考查的是对玩忽职守罪与一些特殊行为的竞合。A 选项构成执行判决、裁定失职罪,B 选项构成失职致使在押人员脱逃罪,D 选项构成国家机关工作人员签订、履行合同失职被骗罪。

2. ABD。本题考查的是徇私枉法罪的客观行为,参照《刑法》第 399 条的规定。

3. AC。本题考查的是民事、行政枉法裁判罪与徇私枉法罪的界限。二者均有徇私的动机和枉法裁判的行为,但是行为发生的场合不同:民事、行政枉法裁判罪只能发生在民事、行政的审判活动中,而徇私枉法罪发生在刑事诉讼活动中;构成犯罪的条件不同:民事、行政枉法裁判罪以情节严重为构成要件,而徇私枉法罪没有这样的条件要求。

4. ABD。本题考查徇私舞弊不移交刑事案件罪的具体适用。根据《刑法》第 402 条的规定,行政执法人员徇私舞弊,对依法应当移交司法机关追究刑事责任的不移交,情节严重的,处 3 年以下有期徒刑或者拘役;造成严重后果的,处 3 年以上 7 年以下有期徒刑。

5. ABCD。本题考查帮助犯罪分子逃避处罚罪的具体适用。根据《刑法》第 417 条的规定,有查禁犯罪活动职责的国家机关工作人员,向犯罪分子通风报信、提供便利,帮助犯罪分子逃避处罚的,处 3 年以下有期徒刑或者拘役;情节严重的,处 3 年以上 10 年以下有期徒刑。

6. AB。本题考查的是玩忽职守罪的认定。秦某的行为属于严重不负责任,不认真履行职责,造成的后果也十分严重,构成玩忽职守罪。

7. BD。本题考查的是对徇私枉法罪的认定。司法工作人员徇私枉法、徇情枉法,对明知是无罪的人而使他受追诉,对明知是有罪的人而故意包庇使他不受追诉,或者在刑事审判活动中故意违背事实和法律作枉法裁判的,构成徇私枉法罪。

三、1. CD。本题考查的是滥用职权罪的行为。滥用职权罪虽然一般表现为作为,但不排除不作为形式也可能构成该罪,莫某和万某的不作为导致对事故抢救不及时,从而造成了更为严重的后果。

2. ACD。本题考查的是对徇私枉法罪的认定,潘某的行为致使嫌疑人陈某脱离侦控,行为性质严重,构成徇私枉法罪。

3. ABD。本题考查放纵制售伪劣商品犯罪行为罪的具体适用。对生产、销售伪劣商品犯罪行为负有追究责任的国家机关工作人员,徇私舞弊,不履行法律规定的追究职责,情节严重的,构成放纵制售伪劣商品犯罪行为罪。本罪与其他犯罪之间存在法条竞合关系时,应按特别法优于普通法的原则,认定成立放纵制售伪劣商品犯罪行为罪。C 项成立徇私舞弊不移交刑事案件罪。

4. BC。本题考查的是对玩忽职守罪的认定。玩忽职守罪的主观方面是过失。黄某离开留置室并不意味着他离开了值班区,其在采取必要的安全措施后,到值班室并不违背规定,不能认定为擅离岗位,更不能认定为严重不负责任,胡某死亡属于意外事件,黄某不应负刑事责任。

5. AB。本题考查故意泄露国家秘密罪的具体适用。故意泄露国家秘密罪是指国家机关工作人员或者非国家机关工作人员违反保守国家秘密法,故意使国家秘密被不应知悉者知悉,或者故意使国家秘密超出限定的接触范围,情节严重的行为。CD 项中的行为均构成过失泄露国家秘密罪。

6. ACD。本题考查滥用职权罪和玩忽职守罪的刑法规定。滥用职权罪,是指国家机关工作人员超越职权,违法决定、处理其无权决定、处理的事项,或者违反规定处理公务,致使公共财产、国家和人民利益遭受重大损失的行为。玩忽职守罪,是指国家机关工作人员严重不负责任,不履行或者不认真履行职责,致使公共财产、国家和人民利益遭受重大损失的行为。国家机关工作人员滥用职权,符合《刑法》第九章所规定的特殊渎职罪构成要件的,应当按照特殊渎职罪定罪处罚。B 选项错误。

7. A。本题考查徇私枉法罪与徇私舞弊不移交刑事案件罪的区别。徇私枉法罪的主体是司法工作人员,而徇私舞弊不移交刑事案件罪的主体是行政执法人员,故答案为 A 项。

## 第二十四章　军人违反职责罪

一、1. C。本题考查对“战时”的理解。《刑法》第 451 条规定,本章所称“战时”,是指国家宣布进入战争状态、部队受领作战任务或者遭敌突然袭击时。部队执行戒严任务或者处置突发性暴力事件时,以战时论。

2. B。本题考查的是过失泄露军事秘密罪的认定。根据《刑法》第432条的规定,违反保守国家秘密法规,过失泄露军事秘密,情节严重的,构成过失泄露国家秘密罪。为境外非法提供军事秘密罪为故意犯罪,甲对该女子系某国外间谍毫无认识,没有为境外非法提供军事秘密罪的犯罪故意,故不构成为境外非法提供军事秘密罪。因甲过失泄露军事秘密,而不是泄露通常的国家秘密,故不构成过失泄露国家秘密罪。

二、1. ABCD。本题考查的是为境外窃取、刺探、收买、非法提供军事秘密罪。根据《刑法》第431条的规定,为境外的机构、组织、人员窃取、刺探、收买、非法提供军事秘密的行为构成为境外窃取、刺探、收买、非法提供军事秘密罪。ABCD选项均正确。

2. ACD。本题考查的是对战时自伤罪的认定。根据《刑法》第434条的规定,战时自伤身体,逃避军事义务的行为构成战时自伤罪。该罪要求自伤行为发生在"战时",与故意伤害罪并没有必然的关系。

# 2025年

## 国家统一法律职业资格考试

# 应知应会 5000客观题解

刑事诉讼法

法律考试中心/组编

法律出版社
LAW PRESS·CHINA
北京

# 目　录


第一章　刑事诉讼法概述 ……………………（1）
第二章　刑事诉讼法的基本原则 ……………（2）
第三章　刑事诉讼中的专门机关和诉讼参与人 ……………………………（4）
第四章　管辖 ……………………………（5）
第五章　回避 ……………………………（6）
第六章　辩护与代理 ………………………（8）
第七章　刑事证据 …………………………（10）
第八章　强制措施 …………………………（13）
第九章　附带民事诉讼 ……………………（15）
第十章　期间、送达 ………………………（17）
第十一章　立案 ……………………………（18）
第十二章　侦查 ……………………………（19）
第十三章　起诉 ……………………………（22）
第十四章　刑事审判概述 …………………（24）
第十五章　第一审程序 ……………………（26）
第十六章　第二审程序 ……………………（29）
第十七章　死刑复核程序 …………………（32）
第十八章　审判监督程序 …………………（33）
第十九章　执行 ……………………………（34）
第二十章至第二十四章　特别程序 ………（36）
第二十五章　涉外刑事诉讼程序与司法协助制度 ……………………（41）

**参考答案及解析** ……………………………（43）
第一章　刑事诉讼法概述 ……………………（43）
第二章　刑事诉讼法的基本原则 ……………（44）
第三章　刑事诉讼中的专门机关和诉讼参与人 ……………………………（46）
第四章　管辖 ……………………………（47）
第五章　回避 ……………………………（49）
第六章　辩护与代理 ………………………（50）
第七章　刑事证据 …………………………（52）
第八章　强制措施 …………………………（55）
第九章　附带民事诉讼 ……………………（57）
第十章　期间、送达 ………………………（59）
第十一章　立案 ……………………………（60）
第十二章　侦查 ……………………………（62）
第十三章　起诉 ……………………………（64）
第十四章　刑事审判概述 …………………（67）
第十五章　第一审程序 ……………………（69）
第十六章　第二审程序 ……………………（73）
第十七章　死刑复核程序 …………………（76）
第十八章　审判监督程序 …………………（77）
第十九章　执行 ……………………………（80）
第二十章至第二十四章　特别程序 ………（82）
第二十五章　涉外刑事诉讼程序与司法协助制度 ……………………（87）

# 第一章　刑事诉讼法概述*

**一、单项选择题，每题所给的选项中只有一个正确答案。**

1. 我国《刑事诉讼法》第2条规定，“尊重和保障人权，保护公民的人身权利、财产权利、民主权利和其他权利”，下列哪一项是正确的：(　　)

A. 体现了公正优先、兼顾效率的理念

B. 体现了犯罪嫌疑人、被告人权利至上的理念

C. 体现了实体公正和程序公正并重的理念

D. 体现了以人为本、保障和维护公民基本权利和自由的理念

2. 甲是富家子弟，乙是下岗职工子女，二人共同伤害(轻伤)丙。在侦查过程中，公安机关鉴于二人犯罪情节较轻且认罪态度较好，决定取保候审，对甲采取了保证金的保证方式，由于乙经济困难，对其采取了保证人的保证方式。下列说法正确的是：(　　)

A. 公安机关的做法不正确，对不同经济条件的人采用不同的保证方式，不符合公正的基本理念

B. 公安机关的做法不正确，未实现甲和乙法律适用上的平等，不符合程序公正与实体公正并重的基本理念

C. 公安机关的做法正确，体现了公平正义的基本理念

D. 公安机关的做法正确，因为其直接为犯罪嫌疑人选择不同的保证方式符合追求效率的基本理念

**二、多项选择题，每题所给的选项中有两个或两个以上正确答案，少答或多答均不得分。**

1. 下列有关刑事诉讼法价值的表述正确的是：(　　)

A. 刑事诉讼法是刑法的从法，没有自身独立的价值

B. 刑事诉讼法是独立的法律学科，有其自身的独立价值

C. 刑事诉讼法价值包括刑事诉讼法的工具性价值和刑事诉讼法的自身价值

D. 刑事诉讼法的价值目标是保证刑法的贯彻实施

2. 下列关于刑事诉讼法和刑法的关系说法正确的是：(　　)

A. 刑事诉讼法是刑事程序法，规定如何查明犯罪和惩罚犯罪；刑法是刑事实体法，规定犯罪与刑罚，解决行为人的行为是否构成犯罪，应否处以刑罚的实体性问题

B. 刑事诉讼法的存在只是为实现刑法实体法内容提供组织上和程序上的保障

C. 刑事诉讼法不仅是为了保障刑法的实施，同时也有自己的独立品格。刑事诉讼法的制定和实施，自身也蕴含公正、效率、民主、法治、人权保障等价值

D. 刑法与刑事诉讼法相辅相成，构成了刑事法律的整体内容

3. 下列哪些要求属于最低限度的程序公正？(　　)

A. 控辩平等　　B. 裁判及时作出

C. 裁判者中立　　D. 控审合一

4. 实体公正包括哪些内容？(　　)

A. 不枉不纵

B. 裁判必须依法作出

C. 裁判必须是依照法定程序作出的

D. 裁判结果必须符合事实真相

5. 犯罪嫌疑人、被告人符合以下哪些条件可以从宽处罚？(　　)

A. 犯罪嫌疑人、被告人自愿如实供述自己的罪行

B. 犯罪嫌疑人、被告人承认指控的事实

C. 犯罪嫌疑人、被告人愿意接受处罚

D. 犯罪嫌疑人、被告人放弃辩护权

**三、不定项选择题，每题所给的选项中有一个或一个以上正确答案，不答、少答或多答均不得分。**

1. 下列说法正确的是：(　　)

A. 狭义的刑事诉讼结构是指控辩审三方的关系

B. 程序违法能得到及时有效的救济是程序正义的体现

C. 程序正义要求刑事诉讼的判决结果应当符合事实真相

D. 程序正义要求诉讼参与人能够充分地参与诉讼

2. 下列关于刑事诉讼秩序价值的表述，错误的是：(　　)

A. 追究犯罪的活动必须是有序的

B. 通过惩罚犯罪维护社会秩序

C. 效率越高，越有利于实现秩序价值

D. 司法权的行使，必须受到刑事程序的规范

---

* 本章答案参见第43页。

# 第二章　刑事诉讼法的基本原则*

**一、单项选择题，每题所给的选项中只有一个正确答案。**

1. 关于刑事诉讼法的基本原则，下列哪一表述是错误的？（　　）

A. 人民法院审判案件，除刑事诉讼法另有规定以外，一般应公开进行

B. 人民法院依照法律规定独立行使审判权，人民检察院依照法律规定独立行使检察权，不受行政机关、社会团体和个人干涉

C. 在少数民族聚居或者多民族杂居的地区，应当用当地通用的语言进行审讯，用当地通用的文字发布判决书、布告和其他文件

D. 未经人民法院依法判决，对任何人都不得确定有罪

2. 下列哪一项是“保障诉讼参与人的诉讼权利”原则的体现？（　　）

A. 对一审中事实不清、证据不足的，法院应作出证据不足的无罪判决

B. 被告人有权获得辩护，人民法院有义务保证被告人获得辩护

C. 诉讼参与人在其诉讼权利受到侵害时，有权采用控告等法律手段依法保护自己的诉讼权利

D. 少数民族同胞享有使用本民族的语言文字进行诉讼的权利

3. 我国《刑事诉讼法》规定了具有法定情形不予追究刑事责任的原则，下列案件的处理体现这一原则的是：（　　）

A. 王某涉嫌抢劫，检察院审查起诉后认为证据不足，决定不起诉

B. 张某涉嫌诈骗，法院审理后认为其主观上不具有非法占有他人财物的目的，作出无罪判决

C. 赵某涉嫌盗窃，立案后发现涉案金额为 400 余元，公安机关决定撤销案件

D. 李某涉嫌抢夺，检察院审查起诉后认为犯罪情节轻微，不需要判处刑罚，决定不起诉

4. 对于我国《刑事诉讼法》中“人民法院依法独立行使审判权”的原则，下列理解正确的是：（　　）

A. 法官个人独立审判案件，不受他人影响

B. 合议庭独立审判案件，不受任何组织或个人的影响

C. 法院独立审判案件，不受行政机关、社会团体和个人的监督

D. 法院依法独立审判案件，上级法院不能对下级法院正在审理的具体案件如何处理发布指示或命令

5. 下列说法正确的是：（　　）

A. 甲是少数民族人，在某案件中是证人，法官应当用少数民族的语言询问

B. 乙是少数民族人，在石家庄故意伤害他人，当地法院应当为其提供少数民族语言的判决书

C. 汉族人丙在少数民族聚居的地方犯罪，法官应当用汉语讯问他，以保障他顺利参与刑事诉讼

D. 汉族人丁在少数民族聚居地证明戊凶杀案件，法官应用当地的通用语言询问他，并为丁提供翻译

6. 某工厂职工李某经常旷工，平日游手好闲，一天车间被盗，单位领导怀疑李某有盗窃嫌疑，于是决定将其监禁，并要求其交代犯罪事实，这种做法违反了：（　　）

A. 公民在适用法律上一律平等原则

B. 依法保障诉讼参与人诉讼权利原则

C. 审判权、检察权、侦查权由专门机关依法行使的诉讼原则

D. 法律面前一律平等的原则

7. 我国《刑事诉讼法》严格区分“犯罪嫌疑人”和“被告人”的做法体现了刑事诉讼的哪一基本原则？（　　）

A. 人民法院、人民检察院依法独立行使职权原则

B. 未经人民法院依法判决，不得确定有罪原则

C. 保障诉讼参与人的诉讼权利原则

D. 审判公开原则

**二、多项选择题，每题所给的选项中有两个或两个以上正确答案，少答或多答均不得分。**

1. 在上海市静安区人民法院审理的一起盗窃案件中，两名被告人均为维吾尔族人（不懂汉语），那么对于法院审判过程中所使用的语言，下列说法错误的是：（　　）

A. 使用维吾尔语进行审判

B. 使用汉语进行审判

C. 为两被告提供翻译

D. 判决书采用维吾尔语发布

2.《刑事诉讼法》第 12 条规定：“未经人民法院依法判决，对任何人都不得确定有罪。”关于这一原则，

---

* 本章答案参见第 44 页。

下列说法正确的是：(　　)

A. 明确了定罪权的专属性，法院以外任何机关、团体和个人都无权行使这一权力

B. 确定被告人有罪需要严格依照法定程序进行

C. 表明我国刑事诉讼法已经全面认同和确立无罪推定原则

D. 按照该规定，可以得出疑罪从无的结论

3. 某厂员工王某因有暴力犯罪前科，在公安机关侦办该厂内发现的一起强奸杀人案时被列为主要犯罪嫌疑人。因为社会舆论带来的破案压力，公安机关与当地检察机关联合侦查此案并通过疲劳审讯等方式取得了王某的有罪供述。检察机关将此案起诉至人民法院，法院经审理认为本案证据不足，而经媒体报道与该地有关领导建议却对王某判处死刑立即执行。本案中，违反的刑事诉讼的基本原则有：(　　)

A. 侦查权、检察权、审判权由专门机关行使

B. 人民法院依法独立行使职权

C. 一切公民在适用法律上一律平等

D. 保障诉讼参与人的诉讼权利

4. 下列哪些案件依法不应公开审理？(　　)

A. 张某强奸案

B. 审判时15岁的金某故意杀人案

C. 王某间谍案

D. 当事人谢某提出申请，且有证据证明确实涉及商业秘密的案件

5. 在一场街头斗殴中，参加者甲被多人围攻，拳打脚踢，情急之下甲拿出怀揣的水果刀，将离其最近的乙捅伤。案件移送县检察院审查起诉后，经过检察委员会讨论，仍对甲的行为是否构成正当防卫存在较大分歧，遂向上级检察院请示汇报。关于本案，下列说法不正确的有：(　　)

A. 若上级检察院认为构成正当防卫，要求县检察院不起诉，则县检察院可以不服从

B. 若上级检察院认为不构成正当防卫，要求县检察院以故意伤害罪起诉，则县检察院必须服从

C. 若本案以故意伤害罪提起公诉，合议庭提请审判委员会讨论，则合议庭可以将审判委员会的讨论结果作为主要参考

D. 若本案以故意伤害罪提起公诉并经县法院审理宣判，则上级法院可以直接要求县法院进行二审

6. 关于依法不追究刑事责任的情形，下列哪些选项是正确的？(　　)

A. 张某侵占案，被害人李某没有起诉

B. 王某犯罪情节轻微，对社会危害不大

C. 被告人李某贪污受贿数额巨大，在被抓获前畏罪自杀身亡

D. 犯罪嫌疑人陈某和被害人何某在审查起诉阶段就赔偿达成协议，被害人要求不追究陈某的刑事责任

**三、不定项选择题，每题所给的选项中有一个或一个以上正确答案，不答、少答或多答均不得分。**

1. 关于程序法定，下列说法正确的是：(　　)

A. 程序法定要求法律预先规定刑事诉讼程序

B. 程序法定是大陆法系国家法定原则的重要内容之一

C. 英美国家实行判例制度而不实行程序法定

D. 以法律为准绳意味着我国实行程序法定

2. 乌日，男，蒙古族，56岁，原任内蒙古自治区某研究所所长。2005年，乌日多次利用职务之便，将掌握的国家秘密文件非法倒卖给境外组织，情节较轻。

(1)下列关于办理本案的司法机关，说法正确的有哪些？(　　)

A. 该案应由人民检察院立案侦查

B. 对乌日的逮捕应由公安机关执行

C. 对乌日的逮捕应由人民检察院批准

D. 对乌日的审判应由人民法院不公开进行

(2)侦查过程中，乌日以自己不会说汉语为由，拒绝了律师的辩护，同时也拒绝回答侦查人员的讯问，则下列说法错误的有：(　　)

A. 侦查机关有义务为乌日请一位汉语翻译，以保障侦查的进行

B. 乌日不能拒绝律师的辩护，从而放弃行使辩护权

C. 本案的侦查人员应当采用蒙古族语言进行讯问

D. 乌日有“如实供述”的义务

(3)经法院审理查明，乌日构成为境外非法提供国家秘密、情报罪，情节较轻，应判处有期徒刑3年。但其恰巧在案件审理结束宣判前突发心脏病死亡，则此时人民法院应作出何种处理？(　　)

A. 裁定撤销案件

B. 判决乌日有期徒刑3年

C. 裁定中止审理

D. 裁定终止审理

3. 下列体现直接言词原则要求的有：(　　)

A. 在王某盗窃案中，法官刘某没有当庭听取双方的证人证言，而是委托书记员对证人证言进行记录并转交刘某

B. 法官高某在审理张某抢劫案中，要求证人出庭作证

C. 法官刘某在审理案件过程中，由于单位要召开会议，就暂时停止了庭审

D. 在审理一起涉嫌危害国家安全犯罪的案件中，法官赵某认为庭审可能涉及国家秘密，就不允许辩护律师出庭，只需提交辩护意见就可以了

4. 关于适用认罪认罚从宽制度，下列说法正确的是：(　　)

A. 赵某故意杀人，社会危害性极大，自愿认罪认

罚并积极赔偿被害方后,也不对其从宽处理

B. 钱某涉嫌受贿罪和滥用职权罪,如实自愿供述受贿情况,但否认滥用职权,全案不适用认罪认罚从宽,法院不得从宽处理

C. 孙某成立交通肇事罪,自愿认罪认罚,但无力赔偿被害人损失,且被害人不谅解,不能适用认罪认罚从宽制度

D. 不同意适用速裁程序的,不影响认罪认罚的成立

# 第三章　刑事诉讼中的专门机关和诉讼参与人*

**一、单项选择题,每题所给的选项中只有一个正确答案。**

1. 法医刘某是某公安机关的工作人员,他对一起伤害案件的伤情作了鉴定,鉴定意见为轻伤,那么他处于何种诉讼地位?(　　)

A. 侦查人员

B. 诉讼参与人

C. 既是侦查人员又是诉讼参与人

D. 既不是侦查人员也不是诉讼参与人

2. 下列有关审判委员会的说法,正确的是:(　　)

A. 某市人民法院审判委员会委员出现空缺,该法院院长刘某任命法官张某担任审判委员会委员

B. 某市人民法院审判委员会就一起疑难复杂案件召开审判委员会会议,同级检察机关决定列席,派公诉处处长赵某列席会议

C. 某人民法院合议庭在审理一起刑事案件的过程中,审判委员会成员杨某认为合议庭的审判是错误的,于是要求合议庭的三位组成人员更改判决

D. 某审判委员会召开会议,就审判工作中的问题以及疑难案件进行讨论

3. 某国有电缆厂在春节期间被盗,丢失一大批电缆,数额巨大。报案后公安机关认为应是内部人员所为,应由该厂保卫科自行查处,故不予受理。该厂不服,向检察院提出意见。关于本案,下列说法正确的是:(　　)

A. 检察院接到请求后,在自行查明案情的基础上,可以直接要求公安机关受理此案

B. 如该案进入诉讼阶段,则该电缆厂的厂长即为该厂在诉讼中的法定代理人

C. 如该案进入审判阶段,则该厂和检察院均有权提起附带民事诉讼

D. 如对该案的判决结果不服,该厂可以向上级法院提起上诉

4. 下列人员中,可以委托诉讼代理人参加刑事诉讼的是:(　　)

A. 证人　　　　B. 刑事被告人

C. 鉴定人员　　D. 刑事自诉人

**二、多项选择题,每题所给的选项中有两个或两个以上正确答案,少答或多答均不得分。**

1. 下列关于刑事诉讼中独任庭和合议庭的说法,正确的是:(　　)

A. 中级人民法院审理案件只能适用合议庭

B. 中级人民法院审判第一审案件应该由审判员和人民陪审员 3 人至 5 人组成合议庭

C. 高级人民法院审判第一审案件应该由审判员 3 人至 5 人组成合议庭

D. 适用简易程序审理案件,对可能判处 3 年以上有期徒刑的,应当组成合议庭进行审判

2. 被告人王某在某市宣武区白纸坊云霞彩扩部,撬锁入室盗窃被害人李某的海鸥牌照相机一部,柯达牌、富士牌彩色胶卷 90 余个。李某是该盗窃案的被害人,蔡某是该案中的证人,那么李某和蔡某在刑事诉讼中的不同之处表现在哪些方面?(　　)

A. 李某有权用本民族语言文字进行诉讼,蔡某无权用本民族语言文字进行诉讼

B. 李某有权委托诉讼代理人,蔡某无权委托诉讼代理人

C. 李某有权申请回避,蔡某无权申请回避

D. 李某有权参加法庭审理的全过程,蔡某无权参加庭审全过程,只能在作证时到庭

3. 下列关于人民陪审员制度的说法,错误的有:(　　)

A. 人民陪审员的人选应由基层人民法院院长提出,由同级人民代表大会常务委员会任命

B. 人民陪审员在审判中只负责事实认定,不负责法律适用

C. 基层法院应当在陪审员名单中随机抽取确定参加合议庭审判的人民陪审员

D. 李某是某市民政局的工作人员,不可以担任人民陪审员

4. 下列选项中错误的有:(　　)

A. 有专门知识的人协助一方说明情况,因此也是

* 本章答案参见第 46 页。

证人的一种

B. 贪污犯罪被告人的妻子能作为贪污案的证人

C. 法定代理人可以代理被代理人的全部诉讼行为

D. 鉴定人可以是单位

# 第四章　管　　辖*

**一、单项选择题，每题所给的选项中只有一个正确答案。**

1. 李某系B市出租汽车公司司机，住该市河东区。某日晚上，美国人汤姆在河西区乘坐李某驾驶的出租车至该区吉祥大酒店，下车时将背包遗忘在车上，内有2万美元。汤姆下车后即意识到背包遗忘在车上，于是找到李某，向其索要。李某谎称并未见到背包，拒不交出。该案一审管辖法院应当是哪个法院？(　　)

A. 河东区人民法院

B. 河西区人民法院

C. 市中级人民法院

D. 市中级人民法院指定的其他基层人民法院

2. 对于我国刑事诉讼自诉案件中的“被害人有证据证明的轻微刑事案件”，下列说法正确的是：(　　)

A. 只能由人民法院依法受理

B. 可以由公安机关受理

C. 只能由公安机关立案侦查

D. 不能向公安机关控告

3. 根据我国《刑事诉讼法》和有关司法解释的规定，下列哪个说法是正确的？(　　)

A. 上级人民法院不能审判下级人民法院管辖的第一审刑事案件

B. 上级人民法院不能指定下级人民法院审判应当由上级人民法院管辖的第一审刑事案件

C. 上级人民法院不能指定下级人民法院审判管辖不明的案件

D. 上级人民法院不能指定下级人民法院审判管辖明确的案件

**二、多项选择题，每题所给的选项中有两个或两个以上正确答案，少答或多答均不得分。**

1. 某甲因犯强奸罪被A县人民法院判处有期徒刑6年，判决生效后被送至B县监狱服刑。其间，某甲越狱脱逃，并在C县抢劫某乙人民币50元，后被捕获。请问，下列关于本案管辖的选项哪些是正确的？(　　)

A. 如果是在C县捕获并发现某甲犯抢劫罪的，由C县法院管辖

B. 如果是被缉捕押解回监狱后发现某甲犯抢劫罪的，由B县法院管辖

C. 如果是某甲抢劫后逃至D县被捕获并发现其犯抢劫罪的，由D县法院管辖

D. 上列选项所列的各种情况下，都由A县法院管辖

2. 甲、乙为A市东区无业人员，听说A市西区的王老汉家中藏有祖传古画，于是二人多次在A市东区甲家中密谋，终于形成一套完整的敲诈勒索方案。某日清晨，二人前往A市西区王老汉家附近的晨练小花园，拍下了王老汉与一老年妇女貌似亲密的照片，然后将之配上侮辱性话语寄给王老汉。后甲、乙又在A市南区的一公用电话亭打电话威胁王老汉，声称如不交出古画，就将这些照片广为散布。王老汉无奈，只得按照甲、乙的要求，将古画放在A市北区的一个树洞中。甲、乙二人得画后，将其拿到A市中区的古玩黑市销赃，得款数额巨大，二人遂平分之。本案中的管辖法院应为：(　　)

A. A市东区法院　　B. A市西区法院

C. A市南区法院　　D. A市北区法院

3. 中国公民李某在我国驻美国大使馆内犯故意伤害罪，下列哪些法院对此案有管辖权？(　　)

A. 李某离境前的居住地法院

B. 李某原户籍所在地法院

C. 李某工作单位所在地法院

D. 美国有关法院

4. 某甲采用黑客技术盗取某乙的社交网络账号、密码等信息，将窃取到的相关数据存放在其租用的服务器中，并将盗取到某乙的个人信息等相关数据放在第三方网络交易平台上进行售卖，获利6000元。下列哪些地区的法院对本案具有管辖权？(　　)

A. 某甲计算机所在地

B. 某乙计算机所在地

C. 社交网站的公司所在地

D. 某甲租用服务器所在地

**三、不定项选择题，每题所给的选项中有一个或一个以上正确答案，不答、少答或多答均不得分。**

1. 犯罪嫌疑人李军，男，40岁，汉族，大学文化，浙

---

* 本章答案参见第47页。

江省温州市苍南县人,系某国家机关进口处干部。1998 年 6 月,李军被派去 R 国进修学习半年,在 R 国学习期间,李军禁不住金钱、美女的诱惑,被该国情报部门拉下水。回国后,李军曾多次为 R 国情报机构提供国家秘密和情报。李军在去本省某县考察确定外贸加工定点厂家的过程中,收受一工厂通过该县外贸公司经理送的好处费人民币 4 万元。另外,李军隐瞒已婚的事实,利用妻、女均在老家的机会,骗取结婚证明,2000 年 2 月在工作单位所在的街道办事处与刘燕登记结婚。请根据上述材料回答以下问题。

(1)关于该案的立案,以下说法正确的是:(　　)

A. 李军为 R 国情报机构提供国家秘密和情报的行为应由公安机关立案

B. 李军收取好处费的行为应由人民检察院立案

C. 李军的重婚行为可以由人民法院直接受理

D. 李军所有的案件都应由公安机关立案侦查

(2)关于李军案的第一审管辖法院,以下说法正确的是:(　　)

A. 李军案应由浙江省温州市苍南县人民法院进行第一审

B. 李军案应由浙江省温州市中级人民法院进行第一审

C. 本案中李军所为三个犯罪行为应当分案由不同审级人民法院审判

D. 李军案由于案情复杂,第一审管辖权冲突,应由浙江省高级人民法院指定下级法院进行第一审

(3)对于李军案的审判,以下说法正确的是:(　　)

A. 人民法院审判李军案应当公开进行

B. 如果李军重婚案涉及个人隐私,当事人可以向法院申请不公开审理,由法院决定是否公开审理

C. 李军为 R 国情报机构提供国家秘密和情报的行为涉及国家秘密,应当不公开审理

D. 如果李军收取好处费的行为涉及商业秘密,无须当事人提出申请,法院可自行决定不公开审理

2. 甲市 A 区破获一起团伙盗窃案,经审理后认定,只有主犯刘某可能被判处无期徒刑。根据以上情况,回答如下问题:

(1)关于此案的移送管辖,应当如何处理?(　　)

A. 刘某移送至甲市中级人民法院审理,其余涉案人员仍由 A 区法院审理

B. 团伙中的未成年嫌疑人一律移送至中级人民法院审理

C. 中级人民法院认为刘某不至于被判无期徒刑,可不同意移送

D. 中级人民法院同意移送的,应当书面通知同级检察院

(2)如果查明该盗窃团伙在甲市 B 区、C 区也曾进行团伙盗窃,则享有管辖权的法院有:(　　)

A. 甲市中级人民法院　　B. A 区法院

C. B 区法院　　D. C 区法院

(3)如果 A 区法院院长查明与该盗窃团伙有利益瓜葛,应当如何处理?(　　)

A. 仍由 A 区法院管辖

B. 移送至 B 区法院管辖

C. 由甲市中级人民法院指定管辖

D. 由甲市中级人民法院管辖

# 第五章　回　　避*

**一、单项选择题,每题所给的选项中只有一个正确答案。**

1. 在法庭审判中,被告人以水平太低为由,申请出席法庭的公诉人王某回避。对被告人的回避申请,合议庭应当如何处理?(　　)

A. 合议庭决定休庭,由审判长转告提起公诉的检察院,由该院检察长决定

B. 合议庭决定休庭,向本院院长汇报,由院长决定并告知被告人

C. 法庭应当驳回,并不得申请复议

D. 法庭对此申请可以不予理睬,继续审理

2. 下列各案件中,依法不需要回避的是:(　　)

A. 王某 2010 年 1 月辞去在某县人民法院的工作,2011 年 4 月作为被害人某房地产公司的诉讼代理人出庭参加该县人民法院的审理,被告人李某要求王某回避

B. 王某作为检察人员参与了刘某涉嫌盗窃案的审查起诉工作,待王某调到人民法院后,又作为审判人员参与该案的审理,被告人刘某申请王某回避

C. 王某作为合议庭的审判长审理了刘某涉嫌盗窃案,该案件上诉到上一级法院后,上一级法院作出撤销原判,发回重审的裁定。由于该法院刑庭人手有限,王某再次参加法庭审判,不再担任审判长,被告人刘某要求王某回避

D. 王某 2008 年 1 月辞去在某县人民法院的工作,2011 年 3 月担任其弟弟的辩护人,出庭参加该县人民法院就其弟弟涉嫌盗窃案的审理,被害人李某申请王

* 本章答案参见第 49 页。

某回避

3. 聋哑被告人刘某开庭审理前要求其懂哑语的妹妹担任他的辩护人和翻译。对于刘某的要求，法院应当作出哪种决定？(　　)

A. 准予担任辩护人

B. 不准担任辩护人

C. 准予担任翻译人员

D. 既准予担任翻译人员，也准予担任辩护人

4. 甲涉嫌玩忽职守罪被立案侦查。甲以该案侦查人员王某与被害人存在近亲属关系为由，提出回避申请。对此，下列哪一选项是错误的？(　　)

A. 王某可以口头提出自行回避的申请

B. 作出回避决定以前，王某不能停止案件的侦查工作

C. 王某的回避由公安机关负责人决定

D. 如甲的回避申请被驳回，甲有权申请复议一次

5. 某市检察院张某在办理一起受贿案件时，发现犯罪嫌疑人之一系其堂妹，故申请回避并经检察长同意。下列关于张某在申请回避前所取得的证据和进行的诉讼行为效力问题的表述，哪一项是正确的？(　　)

A. 取得的证据和进行的诉讼行为均无效

B. 取得的证据和进行的诉讼行为均有效

C. 取得的证据有效，但进行的诉讼行为无效

D. 取得的证据和进行的诉讼行为是否有效，由检察长决定

6. 下列关于回避的表述正确的是：(　　)

A. 庭审中被告人申请公诉人回避，审判长应当宣布休庭

B. 在 A 中若公诉人最终被决定回避，不服可以申请复议一次

C. 公安机关负责人的回避，应由同级检察院检委会决定

D. 张法官从法院辞职做律师，他在离任后 2 年内不得担任辩护人

**二、多项选择题，每题所给的选项中有两个或两个以上正确答案，少答或多答均不得分。**

1. 在某刑事公诉案件中，如果审判长与案件有利害关系，那么下列哪些人员有权申请审判长回避？(　　)

A. 被害人的诉讼代理人有权申请审判长回避

B. 被害人的近亲属有权申请审判长回避

C. 被害人有权申请审判长回避

D. 被害人的法定代理人有权申请审判长回避

2. 某诈骗案，被告人甲 17 岁。在开庭审理过程中，甲的父亲乙提出申请，要求担任本案庭审记录工作的书记员丙回避，理由是听人说被害人的父亲丁在开庭前曾请丙吃过饭，关于本案中的回避，下列说法正确的是：(　　)

A. 乙提出回避申请时，应经过甲的同意

B. 乙提出回避申请时，应该提供相应的证明材料

C. 是否批准本案中的回避申请，由审判长决定

D. 是否批准本案中的回避申请，由法院院长决定

3. 于某和张某共同实施了盗窃行为，张某因情节轻微被人民检察院作出不起诉决定。在开庭审判时于某发现张某被法院通知出庭作证，而张审判长是张某的姐姐，本案还存在附带民事诉讼。那么关于本案中的回避问题，下列说法中错误的是：(　　)

A. 张某作为证人不属于回避制度适用的范围，故张某不应回避

B. 张某作为共同犯罪人之一，如不出庭作证，案件就无法查明，故张某不应回避

C. 张审判长的弟弟与整个案件有利害关系，故其应当回避

D. 张审判长是本案刑事诉讼中当事人张某的近亲属，故其应当回避

4. 以下属于《刑事诉讼法》第 30 条规定的违反规定会见当事人及其委托人或接受请客送礼的情形有：(　　)

A. 侦查人员甲与犯罪嫌疑人的表兄在珠宝鉴定行一见如故，欣然接受了其赠送的古字画一幅，后查明其表兄正是受该犯罪嫌疑人委托

B. 审判人员乙在办理一起单位被盗窃的案件中，从该单位低价购进冰箱一台

C. 在一起侵占案中，审判人员丙向尚未聘请辩护人的被告人推荐一名办理该类案件的资深律师

D. 在一起故意杀人可能被判处死刑的案件中，法院为尚未聘请辩护人的被告人推荐一名办理该类案件的资深律师

**三、不定项选择题，每题所给的选项中有一个或一个以上正确答案，不答、少答或多答均不得分。**

1. 在刘某杀人一案中，办理该案的侦查员小李是被害人的表哥，而另一位侦查员小王后因工作调动，进入检察院，成为该案的审查起诉人员。本案合议庭组成人员如下：审判长甲，为刘某辩护人的表哥；审判员乙，曾担任本案的勘验人；审判员丙，是刘某的岳父。本案一审判处刘某无期徒刑，刘某不服，提起上诉，二审法院以事实不清为由，撤销一审判决，发回原审法院重审。原审法院院长考虑到原合议庭对该案案情熟悉，决定仍由甲承担本案的重审工作。试回答本案中的下列回避问题：

(1)假设回避事由均成立，则刘某可对不同阶段

的下列人员中的哪些人员提出回避申请?(　　)

A. 侦查阶段的侦查员小李

B. 起诉阶段的审查起诉人小王

C. 一审合议庭人员

D. 重审合议庭人员

(2)关于侦查员小李的回避,下列说法正确的有:(　　)

A. 小李是本案当事人的近亲属,故其应当回避

B. 小李不是被害人的同胞哥哥,故其回避理由不成立

C. 决定小李是否回避的主体为该公安机关负责人

D. 决定小李是否回避的主体为同级检察院的检察委员会

(3)本案中的下列哪些做法,违反了法律的规定?(　　)

A. 审判长甲参加合议庭

B. 审判员乙参加合议庭

C. 审判员丙参加合议庭

D. 原审法院院长考虑到原合议庭对该案案情熟悉,决定仍由甲承担本案的重审工作

2. 某甲是某公安局的刑侦人员,根据《刑事诉讼法》的规定,下列哪些情形,某甲应当回避?(　　)

A. 本案犯罪嫌疑人是某甲多年未见的同学

B. 某甲目击了本案案发经过

C. 某甲与本案被害人是情侣关系

D. 某甲收过本案犯罪嫌疑人父亲送的两条烟

# 第六章　辩护与代理*

## 基础知识篇

**一、单项选择题,每题所给的选项中只有一个正确答案。**

1. 犯罪嫌疑人张某涉嫌抢劫,下列可以担任张某辩护人的是:(　　)

A. 张某 17 岁的亲弟弟

B. 美国知名律师艾伦

C. 张某所在单位推荐的李某

D. 张某在国家安全机关工作的好友

2. 在委托人给律师的委托授权书中关于代理权限写明"全权代理",则律师该怎么处理?(　　)

A. 在民事案件中,发现审判员与本案有利害关系或其他关系,可能影响案件公正审理时,可以不经委托人同意,直接申请其回避

B. 不经委托人同意便提起上诉

C. 为了委托人的利益撤诉

D. 为减少委托人的损失接受对方的诉讼请求

3. 李某涉嫌抢夺罪,委托其做建筑工人的弟弟为辩护人。其弟弟可以做下列哪项事情?(　　)

A. 经证人或者其他有关单位和个人同意,向他们收集与本案有关的材料

B. 经人民检察院或者人民法院许可,并且经被害人或者其近亲属、被害人提供的证人同意,向他们收集与本案有关的材料

C. 申请人民检察院、人民法院代为调查取证

D. 申请人民检察院和人民法院调取证明犯罪嫌疑人、被告人无罪或罪轻的证据

4. 被告人张某没有委托辩护人,法律援助机构也没有指派律师为其提供辩护,值班律师不能做下列哪项事情?(　　)

A. 提供法律咨询　　B. 申请变更强制措施

C. 提供程序选择建议　　D. 出庭辩护

**二、多项选择题,每题所给的选项中有两个或两个以上正确答案,少答或多答均不得分。**

1. 下列情形中,人民法院、人民检察院和公安机关应当通知法律援助机构指派律师为其提供辩护的有:(　　)

A. 患有精神病的某甲涉嫌故意伤害案件

B. 16 岁的某乙涉嫌盗窃案

C. 某丙涉嫌故意杀妻案

D. 经济困难的某丁涉嫌抢劫案,且其父母为其向法律援助机构提出了申请

2. 下列表述不正确的有:(　　)

A. 司法局的现职人员,不得担任辩护人

B. 辩护在侦查阶段,主要体现为实体辩护

C. 王律师直接申请县法院调查取证,法院若认为确有必要,应当签发准许调查书

D. 侵占案被害人的妹妹有权随时聘请诉讼代理人

3. 韩某,浙江某律师事务所律师,在一起故意杀人案中,接受被告人范某的委托担任辩护人,韩某在本案

---

* 本章答案参见第 50 页。

的审理过程中,其下列哪些行为是被法律允许的?(　　)

A. 为范某作无罪辩护

B. 提出有利于范某的证据和主张

C. 拒绝为范某继续辩护

D. 帮助范某隐匿一些证据

4. 甲因积怨将乙打成重伤,致乙丧失劳动能力。本案中,哪些人有权为乙委托诉讼代理人?(　　)

A. 乙的母亲　　B. 乙的祖父

C. 乙本人　　D. 乙的好友丙

## 理解与应用篇

**一、单项选择题,每题所给的选项中只有一个正确答案。**

1. 某甲和某乙涉嫌共同犯罪,某甲在逃。崔律师为某乙担任辩护人。案件判决生效后,某甲被抓获并被起诉。关于崔律师可否担任某甲辩护人,下列哪一说法是正确的?(　　)

A. 崔律师不得担任某甲辩护人

B. 如果某甲系法律援助对象,崔律师可以担任某甲辩护人

C. 如果被告人某甲同意,崔律师可以担任某甲辩护人

D. 如果公诉人未提出异议,崔律师可以担任某甲辩护人

2. 某市人民法院受理陈某盗窃案后,因陈某系未成年人,即通知法律援助机构指派律师高某作为陈某的辩护人。开庭审理时,陈某以刚刚知道自己的父亲与辩护人高某的姐姐在一个单位向来关系不好为由拒绝高某继续为他辩护,同时提出不需要辩护人而自行辩护。对此,该市人民法院应该如何处理?(　　)

A. 应当准许,并记录在案

B. 准许陈某拒绝高某继续辩护,但要求陈某另行委托辩护人或者另行为陈某指定辩护人

C. 通知陈某的近亲属,由其亲属决定是否需要辩护人辩护

D. 不准许陈某拒绝高某继续辩护

3. 张某今年25岁,在一家公司打工,因为盗窃被起诉。张某打算委托一人作为自己的辩护人,在他提出的下列人选中,人民法院可以准许的是:(　　)

A. 张某在公安机关工作的表姨父

B. 正在被公安机关监视居住的张某的大学好友刘某

C. 张某在人民法院工作的哥哥

D. 张某的工友介绍的某外资公司的法律顾问,美国人汤姆

**二、多项选择题,每题所给的选项中有两个或两个以上正确答案,少答或多答均不得分。**

1. 关于辩护律师在侦查期间享有的权利和承担的义务,下列哪些说法是正确的?(　　)

A. 向侦查机关了解犯罪嫌疑人涉嫌的罪名和案件有关情况,提出意见

B. 会见在押的犯罪嫌疑人

C. 收集到的有利于犯罪嫌疑人的证据,均应及时告知公安机关、检察院

D. 在执业活动中知悉犯罪嫌疑人、被告人曾经实施犯罪的,应及时告知司法机关

2. 犯罪嫌疑人张某涉嫌故意杀人一案由甲市A区公安分局侦办,张某委托的辩护律师赵某指使他人将本案关键证人李某打成重伤。对于赵某涉嫌故意伤害一案,以下可以办理的机关有:(　　)

A. 甲市公安局

B. 甲市A区公安分局

C. 甲市公安局指定的甲市B区公安分局

D. 甲市公安局指定的甲市A区公安分局下辖某派出所

3. 律师顾某为涉嫌强奸罪的方某辩护,以下事项中顾某可以做的有:(　　)

A. 经被害人或者其近亲属、被害人提供的证人同意,向他们收集与本案有关的材料

B. 当人民检察院、人民法院根据其申请收集、调取证据时在场

C. 要求人民法院对于其调查取证的申请,在5日内作出决定

D. 在人民法院收集、调取证据材料后进行查阅、摘抄、复制

4. 未成年人朱某因涉嫌故意伤害被立案侦查,下列人员中可以担任朱某辩护人的有:(　　)

A. 朱某的因贪污被开除公职的父亲

B. 朱某的已经被吊销律师执业证书的堂兄

C. 朱某就读的学校推荐的人

D. 朱某的母亲

## 综合提高篇

**一、多项选择题,每题所给的选项中有两个或两个以上正确答案,少答或多答均不得分。**

犯罪嫌疑人李某聘请律师高某作为自己涉嫌抢劫一案的辩护律师,公安机关接到举报,高某在履行辩护职责时涉嫌毁灭证据等犯罪,请问以下做法正确的是:(　　)

A. 为防走漏风声,不通知高某所在的律师事务所或所属的律师协会

B. 审查后发现高某之案与李某之案有关联,为提高工作效率,决定由侦办李某案件的侦查机关对高某立案侦查

C. 由侦办李某案件的上一级侦查机关对高某之案立案侦查

D. 为避免利益冲突，侦办李某案件的上一级侦查机关指定与侦办李某案件平级的其他合适的侦查机关对高某之案立案侦查

**二、不定项选择题，每题所给的选项中有一个或一个以上正确答案，不答、少答或多答均不得分。**

1. 甲 17 岁时抢劫他人财物，3 年后案发，被公安机关立案侦查，同时被立案侦查的还有甲的朋友乙。经查，乙并未参与抢劫，因而乙的案件部分被撤销。关于此案的辩护，下列哪些说法是正确的？（　　）

A. 甲未委托辩护人时，可以不给其指定辩护人

B. 可以准许甲委托乙作为他的辩护人

C. 可以准许甲委托他的一位正在检察院任检察员的堂兄作为辩护人

D. 可以准许甲委托他的正在该法院任人民陪审员的姐姐作为辩护人

2. 王某、赵某于 2007 年 1 月 7 日共同抢劫个体户李某，在抢劫中，持匕首刺中李某的腹部，致李某失血过多而死亡。该案经公安机关侦查终结后，移送人民检察院审查起诉，人民检察院以抢劫罪将二人起诉到某市中级人民法院。请根据上述情况，回答以下问题。

(1) 本案中，王某、赵某可以获得律师帮助的时间是：（　　）

A. 从第一次被讯问或采取强制措施之日起，可以委托辩护人

B. 自案件移送审查起诉之日起，可以委托辩护人

C. 自侦查之初即可委托辩护人

D. 自人民检察院向人民法院提起公诉之日起可委托辩护人

(2) 王某、赵某委托的辩护人不能是：（　　）

A. 他们的近亲属

B. 美籍华人律师宋某

C. 他们各自的好友

D. 该法院的人民陪审员

(3) 在本案中，如果王某未委托辩护人而赵某委托了辩护人，则人民法院应如何处理？（　　）

A. 可以要求王某委托辩护人

B. 可以为王某委托辩护人

C. 应当为王某委托辩护人

D. 应当为王某指定辩护人

(4) 如果王某提出法院为其指定的辩护律师曾与他有仇，要求另行指定律师，经查证属实，则人民法院：（　　）

A. 不能准许

B. 应当准许

C. 如果王某没有另行委托辩护人，法院应当为其另行指定辩护人

D. 要求王某另行委托辩护人

# 第七章　刑 事 证 据*

## 基础知识篇

**一、单项选择题，每题所给的选项中只有一个正确答案。**

1. 下列非法收集的证据应当予以排除的是：（　　）

A. 办案人员采用刑讯逼供手段获取的被告人李某的辩解

B. 侦查人员暴力逼取的证人证言

C. 侦查人员威胁证人，证人不得已说出看到犯罪嫌疑人用布口袋装尸体后扔到某井里了，侦查人员据此找到布口袋装的尸体

D. 收集物证、书证不符合法定程序，可能严重影响司法公正的

2. 张某突然死亡，群众反映可能是其妻吴某与奸夫钱某害死的。侦查人员获得的下列证据材料中属于传来证据的是：（　　）

A. 吴某供述钱某为达到与其结婚的目的，深夜趁张某熟睡之际，用钉锤猛击张某的头部将其打死

B. 张某的父母说，张某死的当天他们不在家，听吴某说是从楼上摔下来跌死的

C. 邻居甲、乙、丙一致证明，吴、钱通奸是人所共知的事，张某的父母也可能知道，但他们为人老实，怕当干部的钱某报复，所以不敢声张

D. 确认尸体头部两处凹形骨折与吴某交出的钉锤形状完全吻合的法医鉴定

3. 在一起抢劫杀人案件中，公安机关收集的下列证据中属于直接证据的是：（　　）

A. 被害人陈某度过危险期苏醒后，说是原来的邻居吕某在她身上砍了一刀，并抢走其肩上的手提包

* 本章答案参见第 52 页。

B. 现场留有吕某的脚印两个

C. 在吕某家搜出陈某的手提包、沾血的菜刀一把

D. 菜刀上血的血型与陈某的血型一致

4. 张某、李某因共同抢劫被抓获。张某下列哪一陈述属于证人证言？(　　)

A. 我确实参加了抢劫银行

B. 李某逼我去抢的

C. 李某策划了整个抢劫，抢的钱他拿走了一大半

D. 李某在这次抢劫前还杀了赵某

5. 如果同一案件有几个鉴定人，下列说法正确的是：(　　)

A. 几个鉴定人之间不能相互讨论

B. 几个鉴定人必须共同作出一份鉴定意见

C. 几个鉴定人意见不一致时，要遵循少数服从多数的原则，作出一份鉴定意见

D. 几个鉴定人意见不一致时，每个鉴定人有权单独作出自己的鉴定意见

6. 关于证据的关联性，下列哪一选项是正确的？(　　)

A. 关联性仅指证据与案件事实之间具有因果关系

B. 具有关联性的证据即具有可采性

C. 证据与待证事实的关联度决定证据证明力的大小

D. 类似行为一般具有关联性

**二、多项选择题，每题所给的选项中有两个或两个以上正确答案，少答或多答均不得分。**

1. 下列说法中正确的是：(　　)

A. 行政机关在行政执法过程中收集的证据材料，在刑事诉讼中可以作为证据使用

B. 对于涉及个人隐私的证据，应当保密

C. 证人因履行作证义务而支出的交通、住宿、就餐等费用，应当予以补助。对证人作证的补助，列入司法机关业务经费，由同级政府财政予以保障

D. 生理上、精神上有缺陷或者年幼的人，不能作为证人

2. “证据确实、充分”应当符合以下哪些条件？(　　)

A. 定罪量刑的事实都有证据证明

B. 定罪量刑的事实都经查证属实

C. 据以定案的证据均经法定程序查证属实

D. 综合全案证据，对所认定事实已排除合理怀疑

3. 关于证人与鉴定人的共同特征，下列哪些选项是正确的？(　　)

A. 是当事人以外的人

B. 与案件或案件当事人没有利害关系

C. 具有不可替代性

D. 有义务出席法庭接受控辩双方询问

4. 下列关于证据种类的说法哪些是不正确的？(　　)

A. 甲乙共同抢劫，甲供述乙除了与自己抢劫外，还有盗窃行为，关于盗窃行为的陈述属于证人证言

B. 在某杀人案的犯罪现场发现一张字条，字条内容与案件无关，但根据字条开头的姓名查出了犯罪嫌疑人，该字条是物证

C. 在某故意伤害案中，被害人到医院就诊时，接诊医生出具了关于被害人伤情的陈述，该陈述属于书证

D. 某盗窃案中，在被告人家中找到的从某商场盗窃的录像带，该录像带属于视听资料

## 理解与应用篇

**一、单项选择题，每题所给的选项中只有一个正确答案。**

1. 下列哪一选项体现直接言词原则的要求？(　　)

A. 法官亲自收集证据

B. 法官亲自在法庭上听取当事人、证人及其他诉讼参与人的口头陈述

C. 法庭审理尽可能不中断地进行

D. 法庭审理应当公开进行证据调查与辩论

2. 关于证据种类，下列说法正确的是：(　　)

A. 诈骗案件中记录诈骗过程的 QQ 聊天记录是勘验笔录

B. 犯罪嫌疑人抢劫银行的监控录像是侦查实验笔录

C. 犯罪嫌疑人用于诈骗的空头支票是书证

D. 侦查人员讯问嫌疑人时制作的录音，用于证明嫌疑人自己的罪行，该录音是视听资料

3. 张某、李某、孙某、高某涉嫌共同盗窃，侦查人员在张某的住处搜到一份书面的分赃协议，其内容为：张某取得出售金额的 40%，李某、孙某、高某各得 20%。经过笔迹鉴定，确认此分赃协议系张某所写。本案中的分赃协议属于下列何种证据？(　　)

A. 物证

B. 书证

C. 勘验、检查、辨认、侦查实验等笔录

D. 既是书证又是物证

4. 下列关于证据的说法正确的是：(　　)

A. 说明某人有暴力倾向的材料与证明其实施了

故意伤害行为的犯罪事实具有关联性

B. 在我国,以刑讯逼供手段获取的犯罪嫌疑人辩解不可以作为定案的根据

C. 收集物证、书证不符合法定程序,可能严重影响司法公正的,应当予以排除

D. 收集物证、书证不符合法定程序,可能严重影响司法公正,不能补正或者作出合理解释的,对该证据应当予以排除

5. 下列有关最高人民法院、最高人民检察院、公安部、国家安全部、司法部《关于办理刑事案件严格排除非法证据若干问题的规定》的理解与适用说法正确的是:(　　)

A. 以违法方法收集的记录犯罪嫌疑人、被告人犯罪过程的日记,可能严重影响司法公正的,应当予以排除

B. 以暴力方法侵害犯罪嫌疑人、被告人亲属的合法权益,从而迫使犯罪嫌疑人违背意愿作出供述的,对该供述应当予以排除

C. 以违法方法收集的被害人陈述,应当直接予以排除

D. 采用刑讯逼供的方法获取的犯罪嫌疑人、被告人供述及之后获取的与该供述相同的重复性供述应当一并予以排除

6. 在一起重大的贩卖毒品犯罪案件中,鉴定人马某出庭作证,马某因在诉讼中作证,其本人或者近亲属的人身安全面临危险,以下对马某的保护等问题的表述,不正确的是:(　　)

A. 马某因履行作证义务产生的交通费、住宿费、就餐费,司法机关应当给予补助

B. 对马某的人身和住宅采取专门性保护措施

C. 禁止特定的人员接触马某及其近亲属

D. 法院不公开马某的真实姓名、住址和工作单位等个人信息

**二、多项选择题,每题所给的选项中有两个或两个以上正确答案,少答或多答均不得分。**

1. 下列关于刑事诉讼中负有证明责任主体的各种说法,错误的有:(　　)

A. 在张某巨额财产来源不明一案中,张某负有责任证明其为国家机关工作人员

B. 在李某贪污一案中,公安机关负有责任证明其具备逮捕的条件

C. 在王某虐待一案中,自诉人王老太太负有责任证明王某对其存在虐待行为

D. 在李某故意伤害一案中,犯罪嫌疑人李某负有责任证明其无罪

2. 下列选项错误的有:(　　)

A. 有罪证据都是控诉证据

B. 无罪证据都是辩护证据

C. 有罪证据都是原始证据

D. 无罪证据都是传来证据

3. 小刚是一名 17 岁的职业高中学生,在 2013 年 10 月 5 日国庆节放假期间,他潜入某单位办公室,窃得手提电话 3 部。在公安机关对此案进行侦查时,下列哪些内容属于刑事诉讼的证明对象?(　　)

A. 小刚盗窃的事实

B. 小刚的年龄

C. 2013 年国庆节期间放长假的事实

D. 小刚犯罪后的表现

4. 下列关于鉴定人与证人的说法错误的是:(　　)

A. 鉴定人需要有专门的知识和技能,而证人不需要

B. 鉴定人提供的鉴定意见是凭借鉴定人的专业知识和技能作出的判断,而证人提供证言不需要判断,只需要对所见所闻进行客观描述

C. 证人因在黑社会性质组织犯罪中作证,本人或其近亲属的人身安全面临危险的,公检法有义务对其采取保护措施,但是鉴定人不享有此项权利

D. 鉴定意见是实物证据,证人证言是言词证据

## 综合提高篇

**一、多项选择题,每题所给的选项中有两个或两个以上正确答案,少答或多答均不得分。**

1. 依据《刑事诉讼法》和相关司法解释的规定,对非法证据排除规则的表述,下列选项错误的是:(　　)

A. 犯罪嫌疑人、被告人受刑讯逼供行为影响而作出的重复性供述均应予以排除

B. 采用刑讯逼供等非法方法收集的犯罪嫌疑人、被告人的供述和辩解,应当予以排除

C. 采用暴力、威胁等非法方法收集的证人证言、被害人陈述,应当予以排除

D. 物证、书证的收集不符合法定程序,可能严重影响司法公正的,对该证据应当予以排除

2. 某公司被盗手提电脑 1 台,侦查人员怀疑是王某所为,王某一开始不承认,但后来经过刑讯承认了盗窃事实,并供述已将电脑卖给刘某,同时还说他之所以拿公司的电脑是因为公司拖欠了他 6 个月的工资。侦查人员找到刘某后,刘某说电脑又倒卖给了秦某。秦某起初不承认,侦查人员威胁他:“如果不承认就按共同盗窃论罪!”秦某害怕,承认了购买电脑一事,并交出了电脑。此案中下列哪些证据不能作为定案的依据?(　　)

A. 王某承认盗窃事实的供述

B. 王某有关公司拖欠他工资的辩解

C. 秦某的证言

D. 手提电脑

**二、不定项选择题，每题所给的选项中有一个或一个以上正确答案，不答、少答或多答均不得分。**

1. 有一天，某公安机关法医王某在下班途中，目睹了一起故意伤害案。下列说法正确的是：(　　)

A. 王某不能做鉴定人，也不能做证人

B. 王某可以做鉴定人，也可以做证人

C. 王某应当做证人，但不能做鉴定人

D. 王某是本案的诉讼参与人

2. 在王某被杀一案中，侦查人员取得了下列线索：(1)王某的朋友李某的陈述，证明王某患有严重的失眠症；(2)王某邻居张某的陈述，描述案发当天曾看见一个衣着邋遢的女子(后经查为留着长发的男子齐某被误认)离开王某家；(3)王某的又一邻居肖某反映，案发当天看见小区收破烂的齐某神色慌张地从王某家里跑出来，身上还隐约带着血迹；(4)齐某在被公安机关拘传后，在侦查人员的威逼恐吓下，按照公安人员的诱导，交代其用斧头杀害王某的犯罪事实；(5)按照齐某的交代，侦查人员找到沾有王某血迹的斧头。以上线索，下列说法正确的有：(　　)

A. 材料(1)不能成为证据，因为缺乏证据的关联性

B. 材料(2)不能成为证据，因为缺乏证据的客观性

C. 材料(4)不能成为证据，因为缺乏证据的合法性

D. 材料(5)不能成为证据，因为缺乏证据的合法性

# 第八章　强制措施*

## 基础知识篇

**一、单项选择题，每题所给的选项中只有一个正确答案。**

1. 2014 年 7 月 5 日，张某因盗窃罪被公安机关拘留。如果没有有碍侦查或者无法通知的情形，拘留后，把拘留的原因和羁押的处所通知被拘留人张某的家属的期限是：(　　)

A. 24 小时以内　　B. 48 小时以内

C. 3 日以内　　D. 7 日以内

2. 某自诉案件，人民法院在庭前审查过程中，认为有必要逮捕被告人，但又担心证据不足，于是就先拘留了被告人。法院的这一做法是否正确？(　　)

A. 正确，法院的做法是为了防止错捕

B. 正确，法院有进行拘留的权力

C. 错误，法院应该先拘传，然后再决定是否拘留

D. 错误，在刑事诉讼中法院没有拘留权

3. 依照《刑事诉讼法》的规定，对下列哪种情况的人，任何公民都可以立即将其扭送到公安机关、人民检察院或者人民法院处理？(　　)

A. 有流窜作案嫌疑的人

B. 不讲真实姓名、住址，身份不明的人

C. 在身边或住处发现犯罪证据的人

D. 正在实行犯罪或者犯罪后即时被发现的人

4. 甲因涉嫌盗窃罪被逮捕。经其辩护人申请，公安机关同意对甲取保候审。公安机关应当如何办理变更手续？(　　)

A. 报请原批准机关审批

B. 报请原批准机关备案

C. 自主决定并通知原批准机关

D. 要求原批准机关撤销逮捕决定

5. 关于指定居所监视居住，以下说法错误的是：(　　)

A. 指定的居所应具备正常的生活、休息条件

B. 指定居所监视居住的，可以要求被监视居住人支付费用

C. 指定居所监视居住可以折抵刑期

D. 由人民检察院对指定居所监视居住的决定和执行是否合法实行监督

**二、多项选择题，每题所给的选项中有两个或两个以上正确答案，少答或多答均不得分。**

1. 人民法院、人民检察院和公安机关对于符合逮捕条件，有下列哪些情形的犯罪嫌疑人、被告人，可以监视居住？(　　)

A. 患有严重疾病，生活不能自理的

B. 怀孕或者正在哺乳自己婴儿的妇女

C. 系生活不能自理人的唯一扶养人

D. 符合取保候审条件，但犯罪嫌疑人、被告人不能提出保证人，也不交纳保证金的

2. 人民检察院审查批准逮捕时，应当讯问犯罪嫌疑人的情形有哪些？(　　)

A. 对是否符合逮捕条件有疑问的

B. 犯罪嫌疑人所涉罪行涉及国家秘密的

C. 犯罪嫌疑人要求向检察人员当面陈述的

---

* 本章答案参见第 55 页。

D. 侦查活动可能有重大违法行为的

3. 张某交纳了1万元的保证金，在取保候审期间因为工作原因经常出差，但是并未经公安机关批准，公安机关决定对其重新取保候审，下列说法正确的是？（　　）

A. 要求其提供保证人

B. 取保候审期间累计计算

C. 要求其上交驾驶证

D. 可以只没收8000元保证金

## 理解与应用篇

**一、单项选择题，每题所给的选项中只有一个正确答案。**

1. 下列关于司法拘留、行政拘留和刑事拘留的表述，哪一项是正确的？（　　）

A. 司法拘留、行政拘留和刑事拘留都是一种处罚手段

B. 司法拘留是对妨害诉讼的强制措施，行政拘留是行政制裁方法，被司法拘留和行政拘留的人均羁押在行政拘留所；刑事拘留是一种强制措施，被刑事拘留的人羁押在看守所

C. 司法拘留、行政拘留和刑事拘留都是一种强制措施

D. 司法拘留、行政拘留和刑事拘留均可由公安机关决定

2. 王某是一起故意伤害案的犯罪嫌疑人，公安机关在侦查终结后将案件移送人民检察院审查起诉，人民检察院为了审查案件，将王某拘传到人民检察院接受了1天的讯问。为此，王某可以对人民检察院以何种理由提出申诉？（　　）

A. 未经传唤，直接拘传

B. 应由公安机关决定拘传

C. 应由公安机关执行拘传

D. 执行拘传的人员只有一人

3. 某市政府机关职员王某，因涉嫌间谍罪被有关部门立案侦查，后被依法采取强制措施。下列哪种说法是正确的？（　　）

A. 本案应由公安机关立案侦查

B. 本案应由人民检察院立案侦查

C. 对王某的取保候审应由国家安全机关执行

D. 对王某的取保候审应由公安机关执行

4. 常某涉嫌投毒杀人被立案侦查，考虑到常某怀孕已近分娩，县公安机关决定对其取保候审，责令其交纳保证金3000元。婴儿出生1个月后，常某写下遗书，两次自杀未果，家人遂轮流看护常某及其婴儿，以防意外。在此情况下，对常某应当采取什么强制措施？（　　）

A. 维持原取保候审决定

B. 将取保候审变更为监视居住

C. 增加取保候审保证金或者改为保证人担保

D. 依法提请人民检察院批准逮捕

**二、多项选择题，每题所给的选项中有两个或两个以上正确答案，少答或多答均不得分。**

1. 方某系刑事被告人李某的保证人。被告人李某在取保候审期间逃匿，方某明知李某藏匿地点，却拒绝向司法机关提供。有关机关可以对方某采取以下哪些措施？（　　）

A. 依照刑法规定追究方某的刑事责任

B. 没收方某为李某交纳的保证金

C. 根据案件情况，可以对李某进行逮捕

D. 对李某的强制措施需要变更为逮捕，对李某先行拘留

2. 以下适用指定居所监视居住的情形有：（　　）

A. 犯罪嫌疑人张某在办案机关所在地无工作、生活的合法居所

B. 李某涉嫌危害国家安全犯罪，在其住处执行可能有碍侦查，已经上一级公安机关批准

C. 范某涉嫌恐怖活动犯罪，在其住处执行可能有碍侦查，已经上一级公安机关批准

D. 季某涉嫌重大贿赂犯罪，在其住处执行可能有碍侦查，已经上一级人民检察院批准

3. 关于犯罪嫌疑人的审前羁押，下列哪些选项是正确的？（　　）

A. 基于强制措施适用的必要性原则，应当尽量减少审前羁押

B. 审前羁押是临时性的状态，可根据案件进展和犯罪嫌疑人的个人情况予以变更

C. 经羁押必要性审查认为不需要继续羁押的，检察院应及时释放或变更为其他非羁押强制措施

D. 案件不能在法定办案期限内办结的，应当解除羁押

4. 检察院进行羁押必要性审查时，下列哪些选项可作为其建议变更强制措施的理由？（　　）

A. 犯罪嫌疑人患有严重传染疾病，生活不能自理

B. 被告人与被害人已达成和解协议，待其被解除羁押后予以履行，并已提供担保

C. 犯罪嫌疑人已自愿认罪认罚

D. 被告人体质较弱且年满65周岁

## 综合提高篇

**不定项选择题，每题所给的选项中有一个或一个以上正确答案，不答、少答或多答均不得分。**

1. 刘某，男，24岁。1999年5月19日，刘某在某洗浴中心与按摩女邹某发生了性关系。事后邹某向公安机关报案，声称刘某将其强奸，公安机关经审查后决定对该案立案侦查。在本案侦查过程中，如果公安机

关需要讯问刘某,可以采取下列哪些措施?(　　)

A. 传唤刘某到所在市、县内的指定地点讯问

B. 上述传唤持续的时间不得超过 12 小时

C. 如刘某已被拘留或者逮捕,可以在看守所或公安机关的场所进行讯问

D. 到刘某住所进行讯问

2. 犯罪嫌疑人甲于 2002 年因琐事将邻居捅成轻伤后逃跑,2008 年春节他认为没事了,回家过年,被害人发现后到当地公安机关报案,要求追究其刑事责任,公安机关决定立案侦查,并将其拘留,报请人民检察院批准逮捕。那么,对此案应当如何处理?(　　)

A. 人民检察院应当作出不批准逮捕的决定

B. 人民检察院应当作出退回补充侦查的决定

C. 公安机关应当作出撤销案件的决定

D. 公安机关应当释放犯罪嫌疑人,并发给释放证明

3. 以下说法错误的是:(　　)

A. 监视居住可折抵刑期:被判处管制的,监视居住 1 日折抵刑期 1 日;被判处拘役、有期徒刑的,监视居住 2 日折抵刑期 1 日

B. 被指定居所监视居住人及其法定代理人、近亲属或者辩护人,发现在决定和执行指定居所监视居住过程中存在违法行为的,可以向人民检察院控告或举报

C. 指定居所监视居住的,除无法通知的以外,应当在执行监视居住后 24 小时以内,通知被监视居住人的家属

D. 对于可以指定居所的具体条件予以明确。采取指定居所监视居住的,不得在看守所、拘留所、监狱等羁押、监管场所以及留置室、讯问室等专门的办案场所、办公区域执行

4. 犯罪嫌疑人涉嫌的罪行较轻,且没有其他重大犯罪嫌疑,具有以下何种情形的,人民检察院可以作出不批准逮捕的决定或者不予逮捕?(　　)

A. 犯罪嫌疑人张某系主观恶性较小的初犯,并且犯罪后有自首表现的

B. 犯罪嫌疑人李某与被害人双方根据刑事诉讼法的有关规定达成和解协议,人民检察院经审查认为和解系自愿、合法且已经履行或者提供担保的

C. 犯罪嫌疑人夏某已经 76 周岁

D. 犯罪嫌疑人涉嫌交通肇事罪,犯罪后有悔罪表现,有效控制损失或者积极赔偿损失的

# 第九章　附带民事诉讼*

**一、单项选择题,每题所给的选项中只有一个正确答案。**

1. 某县检察院以抢劫罪对孙某提起公诉,被害人李某提起附带民事诉讼。下列哪一种说法是正确的?(　　)

A. 审判附带民事诉讼案件,应当适用民事诉讼法,不适用刑事诉讼法

B. 如果调解达成协议,无论是否当庭执行完毕,审判人员都必须制作调解书

C. 附带民事诉讼案件,由检察机关决定查封被告人财产

D. 若在侦查阶段孙某、李某已就赔偿达成协议且孙某已给付,法院不予受理,但有证据证明调解违反自愿、合法原则的除外

2. 甲、乙、丙三人涉嫌共同盗窃,在侦查过程中,丙突发心脏病死亡。在审判阶段,被害人提起附带民事诉讼,将甲、乙以及丙的唯一遗产继承人丁列为被告。如果丁宣布放弃继承,那么法院应当如何处理?(　　)

A. 将丁列为被告,丁承担赔偿责任

B. 将丁列为被告,但丁不承担赔偿责任

C. 不将丁列为被告,其赔偿责任由甲、乙承担

D. 不将丁列为被告,原告无法获得应赔偿的份额

3. 张某被某县人民检察院以交通肇事罪向人民法院提起公诉,同时被害人李某向人民法院提起刑事附带民事诉讼,人民法院予以受理并决定对此案公开开庭审理。在审理过程中,合议庭认定被告人张某的行为不构成犯罪,只是一般的违法行为,张某对李某的受伤负有一定的民事责任,于是合议庭组织双方进行调解但是没有达成协议,则人民法院应当如何处理?(　　)

A. 退回人民检察院补充侦查

B. 将案件转到人民法院民事庭继续审理

C. 一并作出刑事附带民事判决

D. 仅对民事部分作出民事判决

**二、多项选择题,每题所给的选项中有两个或两个以上正确答案,少答或多答均不得分。**

1. 依法可能成为附带民事诉讼原告人的有:(　　)

A. 人民检察院

---

* 本章答案参见第 57 页。

B. 被害人的法定代理人

C. 被害人的近亲属

D. 被害人的委托代理人

2. 张某因被李某打成轻伤而到法院提起刑事附带民事诉讼，在案件审理过程中，被告人李某因意外事故不幸去世，受理该案的人民法院该如何处理？（　　）

A. 裁定终止审理，并告知自诉人张某对附带民事诉讼部分另行提起民事诉讼

B. 裁定终止审理，并根据已查明的案件事实，由李某的遗产继承人对张某负赔偿责任，对附带民事诉讼部分一并处理

C. 如果根据已查明的案件事实和认定的证据材料，能够证明李某打伤张某纯属正当防卫，李某是无罪的，应当判决李某无罪

D. 只是裁定终止审理，对附带民事诉讼部分不审理

3. 甲、乙、丙三人共同伤害被害人，检察机关对甲和乙提起公诉，对丙作了不起诉处理。被害人欲提起附带民事诉讼，下列说法哪些是正确的？（　　）

A. 应将甲和乙作为共同被告

B. 应将甲、乙、丙作为共同被告

C. 既可以将甲和乙作为被告，也可以将甲、乙、丙作为被告

D. 由于只有丙有赔偿能力，可以只以丙为被告

4. 甲因遭受强奸住院治疗一个多月，出院后仍长期精神恍惚，后经多方医治才恢复正常。在诉讼过程中，甲提起附带民事诉讼。下列哪些赔偿要求具有法律依据？（　　）

A. 甲因住院支付的费用

B. 甲住院期间的陪护费用

C. 甲住院期间的误工费用

D. 甲医治精神恍惚支付的费用

**三、不定项选择题，每题所给的选项中有一个或一个以上正确答案，不答、少答或多答均不得分。**

李某与张某为邻居，因李某笑话张某才 30 岁就掉了大量头发，像个老头，张某便将李某打成重伤，经及时抢救，李某才脱离生命危险，治疗期间共花去医药费、交通费以及误工损失约 3 万元。公安机关对张某立案侦查，人民检察院经审查，向人民法院提起公诉。关于本案，请回答下列问题。

1. 如果李某欲提起附带民事诉讼，应在何时提起？（　　）

A. 可以在侦查阶段提起

B. 可以在审查起诉阶段提起

C. 可以在审判阶段、在人民法院受理案件之后第一审判决宣告之前，直接向人民法院提起

D. 应当在审判阶段、在人民法院受理案件之后第一审判决生效之前，直接向人民法院提起

2. 如果李某在医院治疗 2 个月后，终因伤势过重而死亡，以下哪种说法是正确的？（　　）

A. 李某的姐姐可以提起附带民事诉讼

B. 李某的叔叔可以提起附带民事诉讼

C. 因李某作为被害人已死亡，不能提起附带民事诉讼

D. 人民检察院可以在提起公诉时提起附带民事诉讼

3. 如果张某被法院判处有期徒刑 10 年，并赔偿李某 3 万元，但张某没有足够的钱赔偿，下列哪些说法是正确的？（　　）

A. 可以由张某的叔叔赔偿

B. 应当由张某的父母赔偿

C. 必须以张某本人的财产进行赔偿

D. 李某可以自愿同意张某出狱后赚钱再赔偿

4. 如果李某向法院提起了附带民事诉讼，但在审理期间，见到被告张某在赔偿数额上斤斤计较，强词夺理，非常气愤，不打招呼就离开了法庭。对此，法院应如何处理？（　　）

A. 宣布暂时休庭，延期审理

B. 对刑事部分继续审理，对附带民事部分中止审理

C. 直接按李某自行撤诉处理

D. 用传票将李某再传唤回法庭

5. 对于本案附带民事诉讼部分的审理，下列说法正确的是哪种？（　　）

A. 法院应当在自愿合法的基础上对本案的附带民事诉讼部分进行调解

B. 因为是刑事附带民事诉讼，所以公诉人在控诉犯罪的同时，应当一并对张某的赔偿责任进行举证

C. 人民法院除了要适用《刑法》《刑事诉讼法》外，还应当适用《民法典》《民事诉讼法》的有关规定

D. 李某提起的附带民事诉讼本质上是民事诉讼，应当按照有关规定交纳诉讼费

# 第十章　期间、送达*

**一、单项选择题，每题所给的选项中只有一个正确答案。**

1. 下列关于期限的说法正确的是：（　　）

A. 公安机关和人民检察院对犯罪嫌疑人的拘留时间适用不同的期间

B. 侦查羁押期限应从犯罪嫌疑人被拘留之日起计算

C. 法定期间包括路途上的时间

D. 张某被拘留期限届满之日恰逢法定节假日，应顺延至第一个工作日将其释放

2. 甲、乙二人在商场购物时发生冲突，继而发生打斗。甲将乙打成轻伤，乙将甲诉至法院，甲被法院判处有期徒刑1年。甲服判，不愿意提出上诉。乙不服，欲提出上诉。在上诉期内，乙父死亡，乙为父奔丧而耽误了上诉期限。障碍消除后，乙申请继续进行应当在期满前完成的上诉活动。下列关于本案说法正确的是：（　　）

A. 期间是否恢复，由人民法院决定

B. 提出该申请需要经其辩护人同意

C. 乙必须在障碍消除后5日内提出申请

D. 乙无权提出该申请

3. 河源县公安局在对张某的抢夺案侦查终结时发现张某另有强奸嫌疑，但此时对张某的侦查羁押期限已届满。鉴于须对该强奸案进行侦查，公安局决定对张某继续羁押，并重新计算侦查羁押期限。此时公安局应如何履行法律手续？（　　）

A. 不必告知人民检察院

B. 报经人民检察院批准

C. 报上级公安机关批准

D. 报人民检察院备案

4. 赵某涉嫌恐怖活动犯罪，于2月3日被公安机关依法逮捕，2月6日，赵某的律师提出欲与其会面，下列说法正确的是：（　　）

A. 公安机关应当在2月8日以前安排会面

B. 律师会见赵某可被监听

C. 公安机关应当在2月11日以前安排会面

D. 赵某事前聘请律师提供法律帮助须经侦查机关批准

5. 根据《刑事诉讼法》及有关司法解释的规定，下列哪一项办案期限是不能重新计算的？（　　）

A. 补充侦查完毕后的审查起诉期限

B. 发现犯罪嫌疑人另有重要罪行后的侦查羁押期限

C. 处理当事人回避申请后的法庭审理期限

D. 检察院补充侦查完毕移送法院继续审理的审理期限

**二、多项选择题，每题所给的选项中有两个或两个以上正确答案，少答或多答均不得分。**

1. 下列关于检察院作出批准逮捕决定的期间规定，说法正确的是：（　　）

A. 对公安机关提请批准逮捕的犯罪嫌疑人，已被拘留的，人民检察院应当在接到提请批准逮捕书后的7日以内作出是否批准逮捕的决定

B. 对公安机关提请批准逮捕的犯罪嫌疑人，未被拘留的，应当在接到提请批准逮捕书后的15日以内作出是否批准逮捕的决定

C. 对本院负责侦查的部门移送审查逮捕的案件，犯罪嫌疑人已被拘留的，负责捕诉的部门应当在接到逮捕犯罪嫌疑人意见书后的7日以内，报请检察长决定是否逮捕

D. 对本院负责侦查的部门移送审查逮捕的案件，犯罪嫌疑人未被拘留的，负责捕诉的部门应当在接到逮捕犯罪嫌疑人意见书后的15日以内，报请检察长决定是否逮捕

2. 下列关于留置送达，说法错误的有：（　　）

A. 调解书不宜适用留置

B. 在找不到收件人，同时也找不到代收人时，才能采用留置送达

C. 留置送达与直接送达具有同样的法律效力

D. 留置送达的程序中无须见证人到场

3. 下列情形中，哪些应当重新计算期间？（　　）

A. 公诉案件改变管辖的

B. 补充侦查完毕又起诉的

C. 耽误期间后提出补救申请的

D. 二审法院发回重审的

---

* 本章答案参见第59页。

# 第十一章　立　　案*

**一、单项选择题，每题所给的选项中只有一个正确答案。**

1. 某地发生一起持枪抢劫银行案件，公安人员赶到现场后，三名犯罪嫌疑人已经全部逃跑，下落不明。那么该公安机关应当何时立案？（　　）

A. 应当在抓获其中一名犯罪嫌疑人以后立案

B. 应当在查清犯罪事实后立案

C. 应当在抓获全部犯罪嫌疑人以后立案

D. 应当在对犯罪现场进行初步勘验后立即立案

2. 某检察院接到报案电话，报案人称自己的人身安全正受到威胁，某检察院应当如何处理？（　　）

A. 告知报案人此案不属于人民检察院管辖范围，应当向公安机关报案

B. 组织法警采取紧急措施，然后移送公安机关

C. 立即依法决定立案

D. 将报案材料整理后，移送公安机关，由公安机关采取措施

3. 王某发现一起盗窃案件的犯罪嫌疑人，他可以向下列哪个机关举报？（　　）

A. 公安机关　　B. 检察院

C. 法院　　D. 公安机关、检察院或法院

4. 张某被王某殴打致重伤，但是张某的母亲向公安机关报案后，公安机关迟迟不予立案，张某于是向检察院申诉，检察院向公安机关发出要求说明不予立案理由通知书，此时公安机关应当：（　　）

A. 在收到通知书后 5 日内书面答复检察院

B. 在收到通知书后 7 日内书面答复检察院

C. 在收到通知书后 10 日内书面答复检察院

D. 在收到通知书后 15 日内书面答复检察院

5. 某深山老林里发现一具高度腐烂的尸体，村民立即向公安机关报案，公安机关立即赶赴现场进行勘验检查，无法查清该尸体的身份，该尸体背部以及腹部有刀伤，可以排除自杀，公安机关负责人认为该案侦破的难度很大，决定暂时不予立案。人民检察院对于该公安机关的做法可以：（　　）

A. 要求公安机关立即立案

B. 要求公安机关说明不立案的理由，认为理由不成立的，建议其尽快立案

C. 要求公安机关将案件移交人民检察院立案侦查

D. 要求公安机关说明不立案的理由，认为理由不成立的，通知其立案

6. 甲的汽车被盗。第二日，甲发现乙开的是自己的汽车（虽然更换了汽车号牌但仍可认出），遂前去拦车。在询问时，乙突然将车开走。甲追了一段路未追上，遂向公安机关陈述了这一事实，要求公安机关追究乙的法律责任。甲这一行为的法律性质是什么？（　　）

A. 报案　　B. 控告

C. 举报　　D. 扭送

7. 某县公安机关收到甲控告乙抢劫的材料，经审查后认为乙没有抢劫的犯罪事实。县公安机关该如何处理？（　　）

A. 不予立案

B. 要求甲撤回控告

C. 撤销案件

D. 侦查终结后移送检察院作不起诉决定

8. D 县公安机关接到有关陈某、刘某、卞某合伙拐卖妇女的报案，依法对报案材料进行立案前的审查。下列选项哪个是 D 县公安机关决定立案的条件？（　　）

A. 报案人提供了充分的证据

B. 有明确的犯罪嫌疑人

C. 案件事实已基本查清

D. 认为有犯罪事实需要追究刑事责任

**二、多项选择题，每题所给的选项中有两个或两个以上正确答案，少答或多答均不得分。**

1. 陈某与张某系同一汽车修理厂的职工。一日，两人在玩闹过程中，陈某拿起喷漆头，喷在张某的脸上，致使其面部灼伤，左眼失明，张某因受此重伤而报至公安机关。公安机关认为本案系普通纠纷，以民事调解为宜，不予立案。张某又告到检察院，检察院以同样理由不予立案。张某遂将本案诉至法院。下列选项中，哪些属于法院决定是否立案之前应当审查的内容？（　　）

A. 本院是否有管辖权

B. 自诉人是否有证明被告人犯罪事实的证据

C. 是否由被害人提出

D. 被告人是否提出反诉

2. 马某遭到牛某等一伙人的毒打，导致骨折、脑震荡。马某到公安机关控告牛某。公安机关以没有人能证明马某身上的伤是牛某打的为由，通知马某不予立案。如果马某不服，他可以：（　　）

A. 向人民法院起诉公安局

B. 向人民检察院反映公安机关不立案的错误

C. 对此不立案决定申请公安机关复议

---

* 本章答案参见第 60 页。

D. 向人民法院起诉牛某

3. 某县人民法院受理了一起诽谤案,自诉人张某口头起诉郭某,称郭某诽谤自己,给自己造成了精神损害。关于本案的立案,下列说法错误的有:(　　)

A. 只要张某有证据证明郭某犯有诽谤罪,法院就应当立案

B. 法院应在张某起诉之日起 15 日内作出是否立案的决定

C. 自诉案件不能口头告诉,法院应告知张某提供书面起诉书

D. 张某作为本案的原告不适格,法院应裁定驳回起诉

4. 某伤害案,由于犯罪嫌疑人系当地公安局局长的儿子,当地公安机关对被害人的报案作出了不立案的处理决定。被害人不服,向检察院提出申请,要求检察院对此进行监督。人民检察院应当如何处理?(　　)

A. 应该改变管辖,直接由检察院对此案进行立案侦查

B. 检察委员会可以作出决定,要求该局长回避

C. 可以直接书面通知公安机关立案

D. 可以要求公安机关说明不立案的理由,认为理由不能成立的,应当书面通知公安机关立案

**三、不定项选择题,每题所给的选项中有一个或一个以上正确答案,不答、少答或多答均不得分。**

1. 孙明与周大风自小就是好朋友。孙明为人老实,性格内向;周大风很是机灵,颇有经济头脑。改革开放以来,各大、中、小城市都致力于规划建设,改善市容。周大风看到建材市场前景很好,就约孙明一起做建材生意。由于两人齐心合力,勤奋吃苦,加之机会好,开始几趟生意都很不错,赚了不少钱。但随着市场形势变化,又加上竞争激烈,状况越来越差。为此,两人不但没赚钱,反而欠了不少债。周父认为孙明没有头脑,连累了他儿子,对孙明时有怨言,坚决不让其儿子再和孙明合作。孙明从此没有了着落,又欠了许多债,心中异常苦闷。一日借酒消愁,思前想后,觉得今日落到如此地步,都怪周父不好,越想越气,于是怒从心生,趁着酒意拿了一把匕首要找周父算账。孙明来到周家,恰逢周父从房中出来,孙明上前举刀便砍,周父慌忙闪避,大呼救命,周家人闻声赶来,搏斗中,周父手被划伤,孙明见状,赶紧逃走。周父到县公安局控告后,公安局认为后果影响极小,孙明的行为显著轻微,不予受理。周父遂向县人民检察院提出申诉,人民检察院认为县公安局的不立案理由成立,也没有受理。周父气愤至极,引起心脏病发作,抢救无效死亡。周大风之母杨某又向人民法院提起控告。请根据上述案情,回答下列问题。

(1)根据我国立案管辖的有关规定,最初受理本案的法定机关应当是:(　　)

A. 检察机关　　B. 公安机关

C. 人民法院　　D. 司法局

(2)关于本案,在公安机关和检察机关不予立案的情况下,人民法院应当:(　　)

A. 无权直接受理

B. 告知杨某其无权提起诉讼

C. 应当依法受理

D. 应驳回杨某起诉

(3)周父死后,下列哪些人可以提起诉讼?(　　)

A. 杨某　　B. 周大风

C. 周父所在的单位　　D. 周大风的妹妹

(4)假设孙明回去后十分后悔,在杨某起诉之前,决定投案自首,遂来到人民法院要求自首,人民法院应当如何处理?(　　)

A. 无权接受

B. 告知孙明向公安机关自首

C. 应当接受

D. 告知孙明因受害人没有向本院告诉,本院无权受理

2. 某县公安机关收到王某控告孙某故意伤害的材料,经审查后发现以下哪些情形的,不予立案?(　　)

A. 已过追诉时效期限

B. 孙某与王某是近亲属关系

C. 孙某已经死亡

D. 王某先辱骂孙某

# 第十二章　侦　　查*

## 基础知识篇

**一、单项选择题,每题所给的选项中只有一个正确答案。**

1. 关于侦查阶段犯罪嫌疑人的诉讼权利,下列说法错误的是:(　　)

A. 犯罪嫌疑人自被侦查机关第一次讯问或者采取强制措施之日起,即有权委托辩护人

B. 犯罪嫌疑人聘请的律师要经过律师主管行政机关的批准

* 本章答案参见第 62 页。

C. 犯罪嫌疑人只能委托律师作为辩护人

D. 犯罪嫌疑人不须经批准即有权聘请律师

2. 公安机关侦破一起盗窃案件，其中有四个犯罪嫌疑人：甲、乙、丙、丁。在侦查过程中，公安机关对下列四个犯罪嫌疑人的处理正确的是：(    )

A. 公安机关认为甲在共同盗窃过程中情节轻微，不必认定为犯罪，但是觉得这种处理结果不宜由自己作出，准备侦查完毕后移送检察机关，建议其作出不起诉决定

B. 乙已被逮捕，但是查明其真实年龄是 15 周岁，不应当追究刑事责任，因此撤销了乙涉嫌的案件，将其释放，但未通知批准逮捕的检察机关

C. 丙被取保候审，经过鉴定，丙系无刑事责任能力人，公安机关认为丙未被逮捕，因此可以不必撤销案件，侦查终结后由检察机关最终处理

D. 丁已被逮捕，在羁押过程中因突发急病死亡，公安机关未经检察机关批准，直接撤销案件

3. 下列说法错误的是：(    )

A. 对于讯问笔录有遗漏或者差错的，犯罪嫌疑人可以提出补充或者改正

B. 侦查笔录需要犯罪嫌疑人、侦查人员签名或者盖章

C. 询问证人应当个别进行

D. 侦查人员询问证人一般应当在现场进行，或者通知证人到人民检察院或者公安机关提供证言

4. 在某县法院审理高某抢劫案过程中，高某提出了新的立功线索。此时，审理本案的合议庭应按下列哪种方法处理？(    )

A. 可以建议检察院补充侦查

B. 应当通知检察院补充侦查

C. 可以向检察院调取相应的证据材料

D. 应当自行补充侦查

5. 根据《刑事诉讼法》的规定，关于“侦查”的含意，下列说法正确的是：(    )

A. “侦查”是指公安机关、人民检察院在办理案件的过程中，依照法律进行的专门调查工作和有关的强制性措施

B. “侦查”是指公安机关、人民检察院等机关对于刑事案件，依照法律进行的收集证据、查明案情的工作和有关的强制性措施

C. “侦查”是指公安机关、人民检察院等机关在办理刑事案件的过程中，依照法律进行的收集证据、查明案情的专门调查工作

D. “侦查”是指公安机关、人民检察院对于刑事案件，依照法律进行的收集证据、查明案情的工作和有关的强制性措施

**二、多项选择题，每题所给的选项中有两个或两个以上正确答案，少答或多答均不得分。**

1. A 市检察机关接到对该市政府某工作部门的公务人员刘某涉嫌非法拘禁的举报，遂对刘某进行了初查。检察机关的哪些初查措施是不符合法律规定的？(    )

A. 搜查其房屋

B. 讯问刘某

C. 将可能知情的刘某配偶传唤到宾馆询问

D. 拘留刘某

2. 公安机关在侦查某盗窃案的过程中，依法扣押了犯罪嫌疑人的手提电脑，冻结了犯罪嫌疑人在银行的存款，并扣押了犯罪嫌疑人为联系销赃而寄出的一封信。后来查明手提电脑不是赃物，银行的存款是从被害人处盗窃的赃款。在侦查过程中犯罪嫌疑人突发疾病死亡，于是公安机关撤销案件，终结侦查。下列做法违反法定程序的有：(    )

A. 侦查人员通知邮局后，打开邮箱，将信扣押

B. 侦查人员将存款取出，交还被害人，补偿损失

C. 侦查人员将手提电脑一并赔偿给受害人，补偿剩余损失

D. 侦查人员撤销案件，终结侦查

## 理解与应用篇

**一、单项选择题，每题所给的选项中只有一个正确答案。**

1. 比例原则是侦查的基本原则之一，其含义是指侦查权在侵犯公民权利时，必须在法律规定范围内选择侵害公民权利最小的方式。下列法条中，哪一条的规定充分体现了比例原则？(    )

A.《刑事诉讼法》第 115 条：公安机关对已经立案的刑事案件，应当进行侦查，收集、调取犯罪嫌疑人有罪或者无罪、罪轻或者罪重的证据材料

B.《刑事诉讼法》第 52 条：严禁刑讯逼供和以威胁、引诱、欺骗以及其他非法方法收集证据

C.《刑事诉讼法》第 54 条第 3 款：对涉及国家秘密、商业秘密、个人隐私的证据，应当保密

D.《刑事诉讼法》第 81 条第 1 款：对有证据证明有犯罪事实，可能判处徒刑以上刑罚的犯罪嫌疑人、被告人，采取取保候审尚不足以防止发生下列社会危险性的，应当予以逮捕：(1)可能实施新的犯罪的；(2)有危害国家安全、公共安全或者社会秩序的现实危险的；(3)可能毁灭、伪造证据，干扰证人作证或者串供的；(4)可能对被害人、举报人、控告人实施打击报复的；(5)企图自杀或者逃跑的

2. 关于司法鉴定，说法正确的是：(    )

A. 某鉴定机构的 3 名鉴定人共同对某杀人案进行法医类鉴定，这 3 名鉴定人依照诉讼法律规定不需要实行回避

B. 某鉴定机构的鉴定人张某对某盗窃案进行了声像资料鉴定，该司法鉴定应由张某所在鉴定机构负责

C. 当事人对鉴定人李某的鉴定意见有异议，经法

院通知，李某应当出庭作证

D. 鉴定人刘某、廖某、徐某共同对被告人的精神状况进行了鉴定，刘某和廖某意见一致，但徐某有不同意见，应当按照刘某和廖某的意见作出结论

3. 下列侦查人员在勘验、检查中的做法，正确的是：(　　)

A. 在进行现场勘验时，聘请具有专门知识的人主持勘验

B. 物证检验应当制作笔录，参加检验的侦查人员、鉴定人和见证人均应签名或者盖章

C. 对于死因不明的尸体，经家属同意，并经县级以上公安机关负责人批准，可以解剖

D. 对被害人进行人身检查，必要时，可以强制进行。检查妇女的身体，应当由女工作人员或者医师进行

4. 甲省乙市检察院决定逮捕受贿案的犯罪嫌疑人田某，但田某已潜逃至甲省丙市。关于对田某的通缉，下列哪一选项是正确的？(　　)

A. 甲省乙市检察院可以决定通缉

B. 甲省丙市检察院可以发布通缉令

C. 甲省检察院可以决定通缉

D. 甲省检察院可以发布通缉令

**二、多项选择题，每题所给的选项中有两个或两个以上正确答案，少答或多答均不得分。**

1. 关于鉴定意见，下列哪些说法是正确的？(　　)

A. 鉴定意见可以当作证据

B. 侦查机关应当将用作证据的鉴定意见告知犯罪嫌疑人、被害人

C. 犯罪嫌疑人可以提出申请进行补充鉴定或者重新鉴定

D. 被害人也可以提出申请进行补充鉴定或者重新鉴定

2. 关于扣押物证、书证，下列哪些做法是正确的？(　　)

A. 公安机关在侦查李某抢劫案中，可以依照规定查询、冻结李某的存款、汇款、债券、股票、基金份额等财产

B. 在张某故意伤害案中，侦查机关依法查封、扣押张某的一些财物和文件。对与案件无关的财物和文件，侦查机关应当在3日内解除查封、扣押，退还张某

C. 侦查人员在搜查钱某住宅时，发现一份能够证明钱某无罪的证据，对此证据予以扣押

D. 在对黄某诈骗罪审查起诉中，黄某死亡，检察院决定将依法冻结的黄某赃款的一部分上缴国库，其余部分返还被害人

3. 卢某殴打陈某造成轻伤，下列说法正确的是？(　　)

A. 为核实事实，公安机关喊卢某到指定地点

B. 在鉴定报告未出来之前，公安机关不得作治安管理处罚

C. 卢某对认定报告不服，可以向公安机关申请原鉴定人重新鉴定

D. 卢某可以让在人民法院工作的母亲为其诉讼代理人

## 综合提高篇

**一、多项选择题，每题所给的选项中有两个或两个以上正确答案，少答或多答均不得分。**

孙某、朱某、沙某3人流窜全国，在多个省市制造了多起命案，成为公安部督办的重大复杂案件。后3人终于在北京市被公安机关抓获。公安机关于2004年3月1日依法拘留了3人，并在3月4日报请检察院批准逮捕，检察院于3月8日批准逮捕，公安机关当日采取了逮捕措施。下列对于该案的侦查羁押期限说法正确的是：(　　)

A. 如果在侦查期间，发现犯罪嫌疑人另有重要罪行，则本案的侦查羁押期限重新计算

B. 对于本案，公安机关认为不能在2个月内终结的，经北京市人民检察院批准，可以延长2个月

C. 如果公安机关认为不能在2个月内终结，再延长1个月就可以了，则可以经同级人民检察院批准延长1个月

D. 如果3人可能被判处死刑，则最长侦查羁押期限可能达到7个月

**二、不定项选择题，每题所给的选项中有一个或一个以上正确答案，不答、少答或多答均不得分。**

1. 公安机关在办理某盗窃案的过程中，侦查人员对该案犯罪嫌疑人闫某进行讯问，下列侦查人员在讯问过程中的做法正确的是：(　　)

A. 首先讯问闫某是否有犯罪行为

B. 闫某被送交看守所羁押后，侦查人员可以将其带至公安机关进行讯问，但需由公安机关出示证明文件

C. 侦查人员在讯问闫某时，应当告知其享有的诉讼权利，如实供述自己罪行可以从宽处理和认罪认罚的法律规定

D. 侦查人员在讯问闫某时应当对讯问过程进行录音或者录像

2.《刑事诉讼法》规定，公安机关、人民检察院根据侦查犯罪的需要，经过严格的批准手续，可以采取技术侦查措施，而且赋予公安机关根据侦查犯罪的需要，隐匿身份实施侦查和控制下交付的权力。据此回答以下问题：

(1) 下列哪些案件人民检察院可以采取技术侦查措施？(　　)

A. 重大贪污贿赂犯罪案件

B. 利用职权实施的严重侵犯公民人身权利的重大犯罪案件

C. 重大毒品犯罪案件

D. 可能判处 7 年以上有期徒刑的严重危害社会的犯罪案件

(2) 关于技术侦查措施，下列说法正确的是：(　　)

A. 公安机关实施的技术侦查包括记录监控、行踪监控、通信监控、场所监控等措施

B. 技术侦查措施的适用对象是犯罪嫌疑人、被害人以及与犯罪活动直接关联的人员

C. 采取技术侦查措施获取的材料，只能用于对犯罪的侦查、起诉和审判，不得用于其他用途

D. 采取技术侦查措施，必须严格按照批准的措施种类、适用对象和期限执行

(3) 关于隐匿身份调查和控制下交付，下列说法正确的是：(　　)

A. 公安机关为了查明案件，在必要的时候，经县级以上公安机关负责人决定，可以由有关人员隐匿身份实施侦查

B. 隐匿身份实施侦查，不得采取可能危害公共安全或者发生重大人身危险的方法

C. 对涉及给付毒品等违禁品或者财物的犯罪活动，公安机关可以根据侦查犯罪的需要，实施控制下交付

D. 如果将通过这些侦查措施获取的内容作为证据使用，可能危及有关人员的人身安全，则应当采取保护措施，必要的时候可以在庭外对证据进行核实

# 第十三章　起　　诉*

**一、单项选择题，每题所给的选项中只有一个正确答案。**

1. 即使符合起诉条件，检察机关仍然可以根据案件情况决定是否起诉。这一制度的理论基础是：(　　)

A. 起诉法定主义　　B. 起诉便宜主义

C. 公诉垄断主义　　D. 私人追诉主义

2. 对于公安机关二次补充侦查的案件，人民检察院仍然认为证据不足，不符合起诉条件的，下列做法正确的是：(　　)

A. 应当退回公安机关补充侦查

B. 可以退回公安机关补充侦查

C. 应当作出不起诉的决定

D. 可以作出不起诉的决定

3. 甲在一天夜班下班回家的途中，被人抢劫，公安机关侦查终结后，将犯罪嫌疑人乙移送检察院。检察院经审查认为不构成犯罪，遂作出不起诉决定。下列说法不正确的是：(　　)

A. 不起诉决定书可以公开宣布，一经宣布立即生效

B. 检察院应当将不起诉决定书送达乙、乙所在的单位和被害人

C. 公安机关认为决定有错误的，可以要求复议，人民检察院应当在收到复议意见书后 30 日内作出决定

D. 被不起诉人乙和被害人甲一样有权自收到决定书 7 日内直接向作出不起诉决定的上一级人民检察院申诉

4. 检察院在审查起诉时，下列哪种做法是正确的？(　　)

A. 犯罪嫌疑人甲，没有犯罪事实，检察院应当作出不起诉决定

B. 犯罪嫌疑人乙，犯罪情节轻微，按照刑法规定不需要判处刑罚，检察院应当作出不起诉决定

C. 犯罪嫌疑人丙，为犯罪准备工具、制造条件，检察院可以作出不起诉决定

D. 犯罪嫌疑人丁为聋哑人，检察院可以作出不起诉决定

5. 某看守所干警王某因涉嫌虐待被监管人张某被立案调查。在审查起诉期间，A 地基层检察院认为王某情节显著轻微，不构成犯罪，遂经上一级检察院批准作出不起诉处理。关于该决定，下列哪一选项是正确的？(　　)

A. 公安机关有权申请复议复核

B. 王某有权向原决定检察院申诉

C. 张某有权向上一级检察院申诉

D. 申诉后，上级检察院维持不起诉决定的，张某可以向该地的中级人民法院提起自诉

6. 对于监察机关移送审查起诉的案件，检察机关经审查，认为需要补充核实的，下面做法正确的是？(　　)

A. 检察机关可以自行补充侦查

* 本章答案参见第 64 页。

B. 退回监察机关补充调查

C. 应当退回监察机关补充调查，必要时可以自行补充侦查

D. 既可以退回监察机关补充调查，也可以自行补充侦查

7. 对于监察机关移送审查起诉并且已经采取留置措施的案件，检察机关以下做法正确的是？（　　）

A. 先行逮捕，留置措施自动解除

B. 先行拘留，留置措施自动解除

C. 直接变更为拘留

D. 直接变更为逮捕

8. 张某系国家机关工作人员，因涉嫌贪污罪被监察机关立案调查，调查终结后移送检察机关审查起诉。检察机关审查发现张某情节轻微，不需要判处刑罚，经报请上一级检察机关批准对张某作出不起诉决定。对此，监察机关存在异议，此时监察机关的正确做法是？（　　）

A. 向同级检察机关申请复议

B. 向上一级检察机关申请复议

C. 向同级检察机关申请复核

D. 向上一级检察机关申请复核

**二、多项选择题，每题所给的选项中有两个或两个以上正确答案，少答或多答均不得分。**

1. 对于我国刑事起诉制度，下列哪些选项的说法是正确的？（　　）

A. 实行公诉为主、自诉为辅的犯罪追诉机制

B. 公诉为主表明公诉机关可主动干预自诉

C. 实行的起诉原则为起诉法定主义为主，兼采起诉便宜主义

D. 起诉法定为主要求凡构成犯罪的必须起诉

2. 叶某涉嫌盗窃罪，甲市公安局侦查终结后移送该市检察院审查起诉。甲市检察院审查后认为事实不清、证据不足，退回甲市公安局补充侦查，补充侦查完毕移送甲市检察院后，该检察院认为应该将该案交A区检察院审查起诉。A区检察院审查后认为需要退回公安机关补充侦查。根据以上案情，下列说法正确的是：（　　）

A. A区检察院可以通过甲市检察院将该案退回甲市公安局

B. 改变管辖后退回补充侦查的次数不得超过两次

C. 对于公诉人向法庭提出的补充侦查延期审理的建议，法院应当同意

D. 对于二次补充侦查的案件，人民检察院仍然认为证据不足，不符合起诉条件的，应当作出不起诉的决定

3. 张某故意伤害案由公安机关侦查终结后移送人民检察院审查起诉。人民检察院审查后认为张某犯罪情节轻微，可以免除刑罚，决定不起诉。公安机关如果认为人民检察院的决定有错误，决定采取下列措施，其中哪些是错误的？（　　）

A. 请求人民法院审查人民检察院的决定

B. 请求上一级公安机关移送人民检察院审查起诉

C. 提请上一级人民检察院复议

D. 要求作出决定的人民检察院复议，意见不被接受时向上一级人民检察院提请复核

4. 对于不起诉决定，如果被害人不服检察院的不起诉决定，依法可以采取下列哪些诉讼行为？（　　）

A. 可以向上一级检察院提起申诉

B. 可以直接向法院起诉

C. 可以向作出不起诉决定的检察院提起申诉

D. 必须经过申诉程序后才能向人民法院起诉

5. 赵某涉嫌故意伤害被逮捕，李某为赵某委托的辩护律师，在审查起诉阶段，李某享有哪些诉讼权利？（　　）

A. 查阅、摘抄、复制案卷材料

B. 向人民检察院提出要求，发表意见

C. 会见、通信

D. 为赵某申请变更强制措施

6. 甲、乙、丙、丁4人涉嫌多次结伙盗窃，公安机关侦查终结移送审查起诉后，甲突然死亡。检察院审查后发现，甲和丁共同盗窃1次，数额未达到刑事立案标准；丙和丁共同盗窃1次，数额刚达刑事立案标准；甲、乙、丙3人共同盗窃1次，数额巨大，但经2次退回公安机关补充侦查后仍然证据不足；丁对其参与的2起盗窃案有自首情节。关于本案，下列哪些选项是错误的？（　　）

A. 对甲可以作出酌定不起诉

B. 对乙可以作出证据不足不起诉

C. 对丙可以作出证据不足不起诉

D. 对丁可以作出法定不起诉

7. 甲、乙、丙因涉嫌绑架犯罪被逮捕。人民检察院经审查起诉，认为丙犯罪证据不足，不符合起诉条件，于是作出不起诉决定。该不起诉决定宣布后，发生哪些法律后果？（　　）

A. 不起诉决定书立即发生法律效力

B. 应当立即释放丙

C. 不得因该案件事实再次追究丙的刑事责任

D. 该案被害人可以在法定期间内向上一级人民检察院申诉

8. 在审查起诉阶段，犯罪嫌疑人认罪认罚的，人民检察院需听取哪些人的意见？（　　）

A. 犯罪嫌疑人、辩护人

B. 犯罪嫌疑人的近亲属

C. 值班律师

D. 被害人及其诉讼代理人

9. 林某因涉嫌受贿罪被实施监察调查，在监察调查过程中他主动认罪认罚，请问存在以下哪几种情形时，监察机关可以在移送检察机关时提出从宽处罚的建议？（　　）

A. 自动投案，真诚悔罪悔过的

B. 立功

C. 积极退赃，减少损失

D. 案件涉及国家重大利益的

10. 在以下哪几种情形下，检察机关可以作出不起诉决定：（　　）

A. 是又聋又哑的人或者盲人，且犯罪情节轻微的

B. 自愿如实供述涉嫌犯罪的事实，有重大立功或者案件涉及国家重大利益的，并经最高人民检察院核准的

C. 犯罪预备、中止的

D. 因防卫过当或者紧急避险过当构成犯罪的

11. 犯罪嫌疑人自愿认罪，同意量刑建议和认罪认罚程序适用的，应当在辩护人或者值班律师在场的情况下签署认罪认罚具结书，请问在以下哪些情形下犯罪嫌疑人可以不签署认罪认罚具结书？（　　）

A. 犯罪嫌疑人是盲、聋、哑人

B. 犯罪嫌疑人是尚未完全丧失辨认或者控制自己行为能力的精神病人

C. 犯罪嫌疑人是未成年人

D. 成年犯罪嫌疑人的近亲属有异议

**三、不定项选择题，每题所给的选项中有一个或一个以上正确答案，不答、少答或多答均不得分。**

甲采用武力威胁的方法，胁迫乙同其一道盗窃丙。乙万般无奈之下只能在甲实施盗窃的过程中帮其望风。甲在盗窃的过程中，被丙觉察，甲见事情败露，随手捡起一块大石头向丙头部砸去，致丙当场死亡。案发后，县公安局经县检察院批准，将甲、乙二人逮捕。公安机关侦查终结后认为案件事实清楚，证据确实、充分。于是将甲、乙二人移送县检察院提起公诉。

1. 在审查起诉过程中，如果人民检察院对本案的物证存在疑问，可以采取下列哪些措施？（　　）

A. 必要时，可询问提供物证的人员并制作笔录

B. 要求公安机关对物证重新进行鉴定

C. 要求侦查人员提供物证获取的有关情况

D. 责令犯罪嫌疑人提供新证据

2. 甲的亲属为其聘请了律师丁，则在检察院审查起诉阶段，丁可以查阅、摘抄、复制该案的哪些材料？（　　）

A. 立案决定书和批准逮捕决定书

B. 起诉意见书

C. 物证技术鉴定

D. 证人证言

3. 县检察院经过审查以后，对乙作出不起诉的决定，请问这种不起诉是以下什么类型？（　　）

A. 法定不起诉　　B. 酌定不起诉

C. 存疑不起诉　　D. 绝对不起诉

4. 人民检察院决定不起诉，则以下做法正确的有：（　　）

A. 人民检察院可以根据案件的不同情况，对被不起诉人予以训诫或者责令具结悔过、赔礼道歉、赔偿损失

B. 对被不起诉人需要给予行政处罚、行政处分或者需要没收其违法所得的，人民检察院应当提出检察意见，连同不起诉决定书一并移送有关主管机关处理

C. 不起诉的决定应当公开宣布

D. 如果被不起诉人在押，必须经过复议期限、申诉期限方可释放

5. 在审查起诉期间，甲认罪认罚并同意适用速裁程序。经审查，县检察院认为甲可能被判处 2 年有期徒刑，符合速裁程序的适用条件，那么县检察院最长可在多少日之内作出起诉决定？（　　）

A. 14 日　　B. 15 日

C. 1 个月　　D. 1 个半月

# 第十四章　刑事审判概述*

**一、单项选择题，每题所给的选项中只有一个正确答案。**

1. 下列哪种情况中，人民法院对人民检察院提起公诉的案件进行审查后，应当决定开庭审判？（　　）

A. 审查起诉书中有明确的指控犯罪事实的

B. 审查证据充分的

C. 审查证据确实的

D. 审查案件属于本院管辖的

2. 根据我国《刑事诉讼法》的有关规定，下列关于未成年人犯罪案件的庭审形式，哪一选项是正确的？（　　）

A. 张某被采取强制措施时 17 周岁，不应当公开审理

B. 王某在审理时 15 周岁，不应当公开审理

C. 刘某犯罪时 16 周岁，不应当公开审理

D. 李某被立案时 18 周岁，不应当公开审理

* 本章答案参见第 67 页。

3. 在桥西区法院开庭审判许某交通肇事案的过程中，许某的辩护人请求通知新的证人到庭并请求重新勘验。依照法律规定，法庭正确的做法是：(　　)

A. 应当决定延期审理

B. 应当决定中止审理

C. 可以决定延期审理

D. 可以决定中止审理

4. 在某受贿案审判过程中，被告人王某声称自己在侦查阶段遭到侦查人员的刑讯逼供，要求法院将刑讯逼供的供述予以排除，下列说法正确的是：(　　)

A. 王某的辩护律师李某申请排除刑讯所得的供述时，应当提供相关线索或者材料

B. 若法院决定对供述收集的合法性进行法庭调查，则检察院可以对供述收集的合法性加以证明

C. 若现有证据材料不能证明王某供述的合法性，则检察院应当提请法院通知该案的侦查人员出庭说明情况

D. 对于经过法庭审理，不能排除王某的供述是刑讯逼供而获得的，对该供述可以排除

**二、多项选择题，每题所给的选项中有两个或两个以上正确答案，少答或多答均不得分。**

1. 某抢夺案，在法院庭前准备中，人民法院的下列做法错误的有：(　　)

A. 人民法院决定开庭审判后，应当将人民检察院的起诉书副本至迟在开庭 10 日以前送达被告人及其辩护人

B. 在开庭以前，审判人员应当召集公诉人、当事人和辩护人、诉讼代理人，对回避、出庭证人名单、非法证据排除等与审判相关的问题，了解情况，听取意见

C. 人民法院开庭审判的案件，应当在开庭 3 日以前先期公布案由、被告人姓名、开庭时间和地点

D. 庭前准备活动情形应当写入笔录，由审判长和书记员签名

2. 我国刑事审判模式的当事人主义体现在以下哪些法条的规定中？(　　)

A. 人民检察院提起公诉的案件，应当向人民法院移送起诉书、证据目录、证人名单和所有犯罪事实的主要证据的复印件或者照片

B. 辩护律师经证人或者其他有关单位和个人同意，可以向他们收集与本案有关的材料，也可以申请人民检察院、人民法院收集、调取证据，或者申请人民法院通知证人出庭作证

C. 经审判长许可，公诉人、当事人和辩护人、诉讼代理人可以对证据和案件情况发表意见并且可以互相辩论

D. 证据不足，不能认定被告人有罪的，应当作出证据不足、指控的犯罪不能成立的无罪判决

3. 下列哪些选项体现了集中审理原则的要求？(　　)

A. 案件一旦开始审理就不得更换法官

B. 法庭审理应不中断地进行

C. 更换法官或者庭审中断时间较长的，应当重新进行审理

D. 法庭审理应当公开进行

4. 陈某系国有企业高管，因涉嫌收受巨额贿赂被诉至某市中级人民法院，关于本案的处理正确的是？(　　)

A. 辩护人孙某经通知未到庭，征求陈某同意后，合议庭照常开庭审理

B. 陈某在最后陈述中提出新的立功线索，合议庭建议公诉人补充侦查

C. 为证明取证合法性，公诉人当庭提交了调查人员签名、加盖公章的书面说明

D. 因本案社会影响重大，合议庭由 1 名法官、2 名陪审员共同组成。

**三、不定项选择题，每题所给的选项中有一个或一个以上正确答案，不答、少答或多答均不得分。**

1. 田某，男，21 周岁，因故意杀人被人民检察院起诉至某中级人民法院，中级人民法院审理该案作出判决后，被告人在法定期限内提起了上诉。

(1) 在本案中，被告人田某提出：自己犯罪属一时激愤，现在非常后悔，他相信自己能够有机会报答社会，不会被判处死刑，因此为了不影响自己的前途，希望人民法院不要公开审理此案，人民法院能否答应田某的请求？(　　)

A. 应当答应

B. 不能答应

C. 可以答应

D. 可以答应田某不公开审理，但必须公开宣判

(2) 在本案中，中级人民法院在组成合议庭的时候，下列正确的做法是：(　　)

A. 可以有人民陪审员参加

B. 不能有人民陪审员参加

C. 合议庭人数只能是 3 人

D. 合议庭人数可以是 3 人至 7 人

(3) 在本案中，高级人民法院在组成合议庭的时候，下列正确的说法是：(　　)

A. 可以由人民陪审员参加

B. 不能由人民陪审员参加

C. 合议庭人数只能是 3 人或者 5 人

D. 合议庭人数可以是 3 人或者 7 人

2. 人民法院行使审判权的基本特征有哪些？(　　)

A. 主动性　　B. 独立性

C. 终局性　　D. 秘密性

# 第十五章　第一审程序*

## 基础知识篇

**一、单项选择题，每题所给的选项中只有一个正确答案。**

1. 某法院在审理张某自诉伤害案中，发现被告人还实施过抢劫。对此，下列哪种做法是正确的？（　　）

A. 继续审理伤害案，将抢劫案移送有管辖权的公安机关

B. 鉴于伤害案属于可以公诉的案件，将伤害案与抢劫案一并移送有管辖权的公安机关

C. 继续审理伤害案，建议检察院对抢劫案予以起诉

D. 对伤害案延期审理，待检察院对抢劫案起诉后一并予以审理

2. 下列自诉案件中，哪起案件不能由法定代理人、近亲属告诉或代为告诉？（　　）

A. 被害人王某长期受丈夫虐待，双腿残疾

B. 被害人华某系未成年

C. 被害人张某自小双目失明

D. 被害人李某受到威胁，不敢提起自诉

3. 法院在审理一起抢夺案时，发现被告人朱某可能有自首情节，但起诉书和移送材料中没有相关证据材料。关于法院应当如何处理，下列哪一选项是正确的？（　　）

A. 运用庭外调查权调查核实

B. 通知检察院在指定时间内移送

C. 裁定驳回起诉

D. 根据已有证据定罪量刑

4. 刘某和王某因涉嫌抢劫罪被检察院提起公诉，出现下列哪种情形将导致案件必须按照普通程序审理？（　　）

A. 刘某系该市人大常委会委员的儿子，案件公开后，引发全市热议

B. 王某被逮捕后供认了全部罪行

C. 王某系先天性耳聋

D. 刘某系满16周岁的未成年人

5. 按照我国《刑事诉讼法》的规定，关于法庭审理活动先后顺序的排列，下列哪一选项的组合是正确的？（　　）

①宣读勘验笔录；②公诉人发表公诉词；③讯问被告人；④询问证人、鉴定人；⑤出示物证；⑥被告人最后陈述。

A. ②③⑤④①⑥　　B. ③④⑤①②⑥

C. ②④⑤①⑥③　　D. ③④①⑤②⑥

6. 关于证人证言，下列说法正确的是：（　　）

A. 张某系李某故意杀人案的证人，案件审理过程中，辩护人对张某的证言提出异议，张某应当出庭作证

B. 胡某系李某故意杀人案案发时的巡逻警察，案发时目睹了李某持刀杀人后逃跑的过程。法庭审理过程中，辩护人对胡某的证言提出异议且法院认为其有必要出庭，则胡某应当出庭作证

C. 王某对李某故意杀人案出具了鉴定意见，公诉人对该鉴定意见提出异议且法院认为王某有必要出庭，但王某拒不出庭，法院可以强制其到庭

D. 证人石某系被告人李某的妻子，法院通知其到庭作证但其无正当理由不出庭作证，法院可以强制其到庭

7. 张某和郭某因琐事发生争吵，大打出手，造成张某多处骨折，伤情严重。公安机关受理后认为本案属于普通治安案件，故依法不予追究郭某的刑事责任。张某不服，遂自行向法院提起诉讼，控告郭某犯有故意伤害罪，致其重伤。郭某随即对张某提出反诉，亦控告其犯有故意伤害罪。关于本案，下列说法正确的有：（　　）

A. 张某、郭某均在诉讼中具有自诉人和被告人的双重身份

B. 法院不能主动进行调解

C. 判决宣告后，双方仍可以达成和解

D. 因为郭某已提出反诉，所以张某不能主动要求撤诉

8. 赵某与罗某系邻居，两人因日常小事纠纷不断。某日，两人又起纠纷，争吵中罗某抄起木棍，打在赵某头上，致使其严重脑震荡，左耳失聪，赵某因此受重伤而向公安机关报案。公安机关认为本案系邻里纠纷，以民事调解为宜，不予立案，赵某即将本案诉至人民法院。下列选项中，哪一项不属于人民法院在决定是否立案之前应审查的内容？（　　）

A. 本院是否有管辖权

B. 自诉人是否有证明被告人犯罪事实的证据

C. 被告人是否下落不明

D. 被告人是否会提起反诉

9. 在适用第一审程序审理案件的过程中，被告人

---

* 本章答案参见第69页。

当庭表示愿意认罪认罚，此时法官的哪种做法是错误的？（　　）

A. 告知被告人其所享有的诉讼权利

B. 告知被告人认罪认罚的法律规定

C. 告知被告人在庭审过程中不适用认罪认罚从宽

D. 对被告人认罪认罚的自愿性进行审查

**二、多项选择题，每题所给的选项中有两个或两个以上正确答案，少答或多答均不得分。**

1. 有关被告人拒绝律师为其辩护，下列说法正确的有：（　　）

A. 孙某涉嫌盗窃被起诉，委托 2 名辩护律师 M 和 N 为其辩护，在庭审过程中，孙某拒绝 M 律师继续为其辩护，并要求另行委托的，合议庭应当准许，但由于仍有 1 名辩护人，故庭审可以继续进行

B. 王某、肖某、陈某 3 人涉嫌抢劫被起诉至法院，3 人均分别委托了 1 名辩护律师，在庭审过程中，肖某拒绝其委托的律师继续为其辩护，因此合议庭应当宣布休庭，择日再行审理

C. 在法庭审理过程中，被告人蔡某拒绝其委托的律师继续为其辩护，并另行委托了 1 名律师参与案件审理，根据法律规定，自案件宣布休庭之日起第 15 日止，由辩护人准备辩护，但被告人及其辩护人自愿缩短时间的除外

D. 程某属于应当提供法律援助的情形，重新开庭后，程某再次申请拒绝其委托的律师为其辩护，有一定理由的，合议庭仍然应当准许其申请

2. 下列关于自诉案件的说法正确的有：（　　）

A. 自诉案件都可以适用调解

B. 自诉案件都可以和解和撤诉

C. 自诉案件都可以提起反诉

D. 自诉案件也可以适用简易程序

3. 甲、乙、丙、丁 4 人均为某市阳光小区业主委员会的委员，在小区召开的一次业主委员会会议上，由于意见相左，4 人发生争执，经旁人劝阻无效，甲、乙将丙、丁 2 人打成轻伤。事后，丙向人民法院提起刑事自诉，要求人民法院追究甲的刑事责任。人民法院依法受理了本案，并告知其放弃告诉的法律后果，同时通知另一被害人丁参加诉讼，丁接到通知后没有表明是否参加诉讼，而且一直没有答复，也没有出庭。人民法院依法对案件进行了审理，并依法对甲予以宣判。宣判后，丙又向人民法院提起自诉要求追究乙打伤自己的刑事责任，同时丁也向人民法院提起自诉，要求追究甲的刑事责任，则下列论述中正确的有：（　　）

A. 丙对乙提起的自诉，符合自诉条件的，人民法院应当受理

B. 丙对乙提起的自诉，人民法院不予受理，丙可以对乙另行提起民事诉讼

C. 丁对甲提起的自诉，符合自诉条件的，人民法院应当受理

D. 丁对甲提起的自诉，人民法院不予受理，丁可以对甲另行提起民事诉讼

4. 李某大学毕业后未找到工作，整天游手好闲。其父多次劝导，反而使其内心愈加扭曲。某日，因其父劝解，李某怒火冲天，打伤其父。经依法侦查，检察机关提起公诉，法院受理此案并开庭审理。对于本案出现下列情形，人民法院处理正确的有：（　　）

A. 起诉指控的事实清楚，证据确实、充分，但人民检察院以虐待罪指控，人民法院认为是故意伤害罪，则人民法院告知检察院变更罪名后重新起诉

B. 法院审理后认定被告人是精神病人，在不能辨认或者不能控制自己行为的时候造成危害结果，是不予刑事处罚的，应当判决宣告被告人不负刑事责任

C. 在审理期间，被告人死亡，一般应当裁定终止审理

D. 只有在起诉指控的事实清楚，证据确实、充分，依据法律认定被告人的罪名成立时，才应当作出有罪判决

5. 下列哪些情形不得适用刑事速裁程序？（　　）

A. 被告人是盲、聋、哑人

B. 案件有重大社会影响

C. 张某和王某共同盗窃，张某不同意适用速裁程序

D. 在一起故意伤害案件中，被告人陈某始终未能就附带民事诉讼的赔偿数额与被害人赵某达成协议

## 理解与应用篇

**一、单项选择题，每题所给的选项中只有一个正确答案。**

1. 下列哪一段时间应计入一审案件审理期限？（　　）

A. 需要延长审理期限的案件，办理报请高级人民法院批准手续的时间

B. 当事人申请重新鉴定，经法院同意延期审理的时间

C. 检察院补充侦查完毕后重新移送法院的案件，法院收到案件之日以前补充侦查的时间

D. 法院改变管辖的案件，自改变管辖决定作出至改变后的法院收到案件之日的时间

2. 石某系某市无业人员，某日因琐碎小事将张某和李某打致轻伤，张某将案件起诉到法院，李某接到法院通知后表示不想追究石某的责任，没有参加诉讼。一审宣判后，李某反悔，就同一事实向法院提起自诉。该法院应当如何处理？（　　）

A. 受理李某的自诉

B. 在李某和石某之间进行调解

C. 告知李某在当事人上诉时向二审法院提出其主张

D. 不受理李某的自诉

3. 高某非法拘禁陈某，并致陈某重伤，某县人民法院适用简易程序审理该案，下列哪一选项的说法是正确的？（　　）

A. 可以由审判员一人独任审判

B. 应当由合议庭进行审理

C. 县人民法院应当在受理此案后 20 日内审结此案

D. 提起公诉的县人民检察院不必派员出席法庭

4. 下列关于速裁程序的表述错误的是？（　　）

A. 适用速裁程序的案件一定是基层人民法院管辖的案件

B. 适用速裁程序的案件既可以独任审理，也可以由合议庭审理

C. 被告人是未成年人的一律不得适用速裁程序

D. 适用速裁程序的案件必须事实清楚，证据确实、充分

5. 赵某涉嫌非法持有枪支罪被提起公诉，庭审期间，赵某提出涉案枪支已改装不具有杀伤力。关于本案，下列哪一选项是正确的？（　　）

A. 经公诉人提议，审判长要求赵某对枪支改装方法作具体说明

B. 合议庭认为公诉机关需对枪支杀伤力进一步补证，决定中止审理

C. 经公诉人申请，法庭通知专家孙某出庭，与赵某就改装方法、效果进行对质

D. 合议庭认为此前多次讯问赵某从未提及枪支改装，对辩解法庭不采信

**二、多项选择题，每题所给的选项中有两个或两个以上正确答案，少答或多答均不得分。**

1. 张某因犯抢劫罪被某市公安局逮捕，由于张某承认全部罪行，且案件事实清楚、证据充分，人民检察院建议法院适用简易程序。下列哪些做法不符合法律规定？（　　）

A. 由于适用简易程序，法院决定由审判员一人独任审判

B. 在审判过程中，公诉人和被告人张某对与定罪、量刑有关的事实、证据均无异议，法庭决定不再进行调查、辩论

C. 由于张某对定罪、量刑问题无异议，法庭在宣布辩论终结后，直接进行宣判

D. 在审理过程中，张某翻供，不承认犯罪，法院决定按照普通程序重新审理

2. 某市中级人民法院审理被告人赵某故意伤害案，为其指定了辩护律师。庭审中，赵某拒绝辩护律师为其辩护，合议庭的下列哪些做法是正确的？（　　）

A. 赵某要求另行委托辩护人时，应当同意，并宣布休庭

B. 赵某要求另行指定辩护律师时，应当同意，并宣布延期审理

C. 赵某要求另行指定辩护律师时，不应当同意，并宣布继续审理

D. 赵某另行委托辩护人的，自宣布休庭之日起至第 15 日止，由辩护人准备辩护

3. 关于自诉案件的审理，下列哪些做法是正确的？（　　）

A. 甲、乙系一起伤害案件的自诉人，案件审理中甲撤回起诉，法院继续案件审理

B. 某伤害案，因检察院作出不起诉决定，被害人提起自诉，审理中自诉人与被告人和解而撤回自诉，法院经审查准许

C. 某遗弃案，被告人在第二审程序中提出反诉，法院予以受理并与原自诉合并审理

D. 某侵犯知识产权案，第二审中当事人和解，法院裁定准许撤回自诉并撤销一审判决

4. 对于认罪认罚案件，人民法院在下列哪些情形下可以不采纳人民检察院指控的罪名和量刑建议？（　　）

A. 被告人当庭否认检察院指控的犯罪事实

B. 检察院指控被告人构成盗窃罪，但法院经审理认为被告人构成诈骗罪

C. 法院经审理查明被告人尚未达到刑事责任年龄

D. 法院经审理查明被告人认罪认罚并非出于自愿

## 综合提高篇

**多项选择题，每题所给的选项中有两个或两个以上正确答案，少答或多答均不得分。**

1. 在法庭审理中，控方向法庭出示被告人实施抢劫时所持的匕首。关于该匕首，应当履行的法庭调查程序，下列哪些选项是正确的？（　　）

A. 让被害人辨认

B. 让被告人辨认

C. 听取辩护人意见

D. 听取诉讼代理人意见

2. 法庭审理活动结束后，下列哪些人员应当在法庭审判活动笔录上签名？（　　）

A. 参与本案审判的陪审员甲

B. 参与本案审判的审判人员乙

C. 主持本案审判的审判长丙

D. 本案书记员丁

3. 下列选项中，关于认罪认罚从宽制度表述正确

的是？（　　）

A. 被告人认罪认罚的案件不适用一审普通程序

B. 法官对认罪认罚具结书进行形式审查

C. 庭审时，辩护人对量刑建议提出异议的，人民检察院可以调整量刑建议

D. 人民法院一般应当按照人民检察院起诉指控的罪名作出判决

4. 下列关于速裁程序的表述错误的是？（　　）

A. 适用速裁程序审理案件，一般应当当庭宣判，特殊情况下可以定期宣判

B. 适用速裁程序审理案件，人民法院应当在受理后 15 日以内审结

C. 适用速裁程序审理案件，对可能判处的有期徒刑超过 1 年的，审限可以延长至 1 个月

D. 适用速裁程序审理案件，一般不进行法庭调查、法庭辩论

# 第十六章　第二审程序*

## 基础知识篇

**一、单项选择题，每题所给的选项中只有一个正确答案。**

1. 王某因故意杀人罪被判处无期徒刑，判决宣告时，被害人万某的母亲不服，认为杀人偿命天经地义，王某应当被判处死刑，此时万母可以采取什么方式？（　　）

A. 直接向上级法院上诉

B. 向本级人民法院另行起诉

C. 自收到判决书 5 日内请求检察院提出抗诉

D. 待判决生效后向法院申诉

2. 关于第二审程序，下列哪一说法是正确的？（　　）

A. 王某和赵某故意杀人一案，王某被判处死刑立即执行，赵某为从犯，被判处无期徒刑，赵某以量刑过重为由提出上诉，王某未上诉，二审法院不开庭审理

B. 华某因故意伤害被判处有期徒刑 15 年，华某律师认为该案事实认定错误，量刑过重，于是提起上诉，二审法院审查后认为原判事实不清、证据不足，需要发回重审，遂决定对上诉进行不开庭审理

C. 闫某因故意杀人被判处有期徒刑 10 年，人民检察院认为量刑过轻，提起抗诉，二审人民法院决定组成合议庭，开庭审理

D. 梁某因强奸罪被判处死刑，梁某认为自己量刑过重提出上诉，二审法院认为事实清楚，量刑适当，决定不开庭审理

3. 某县人民法院一审以抢夺罪判处高某有期徒刑 3 年，一审宣判后高某向市中级人民法院提出上诉，县人民检察院未提出抗诉。市中级人民法院经审理，认为原判认定事实清楚，证据确实、充分，但罪名认定不当，量刑过轻，高某的行为构成抢劫罪，应判处有期徒刑 6 年。该市中级人民法院应当作出何种处理？（　　）

A. 将抢夺罪改判为抢劫罪，将原判刑期改为 6 年

B. 在维持原判罪名的情况下将原判刑期改为 6 年

C. 在不加重原判刑罚的情况下将罪名改为抢劫罪

D. 维持原判

4. 2015 年 2 月 18 日，张某涉嫌故意杀人被判处死刑，剥夺政治权利终身。中级人民法院于宣判次日将判决送达张某。判决宣告后张某不服，于 2015 年 3 月 1 日向高级人民法院提起上诉，高级人民法院受理后依法进行了审理，并于 2015 年 5 月 2 日作出了驳回上诉、维持原判的裁定。以下说法中正确的是哪一项？（　　）

A. 张某的上诉已超过上诉期限，高级人民法院的审判也已超过审判期限

B. 张某的上诉未超过上诉期限，高级人民法院的审判已超过审判期限

C. 张某的上诉已超过上诉期限，高级人民法院的审判未超过审判期限

D. 张某的上诉未超过上诉期限，高级人民法院的审判也未超过审判期限

5. 李某（17 周岁）以故意伤害罪依法被检察院提起公诉，被害人王某同时提出附带民事诉讼，要求李某赔偿自己医药费 3 万元。一审判决李某有期徒刑 1 年。由于对赔偿数额争执不下，附带民事诉讼在刑事案件审判后单独审理，法院判决李某赔偿王某医药费 2 万元。下列说法中错误的是：（　　）

A. 对本案中的附带民事判决，王某可以独立提出上诉

B. 本案中的民事判决部分，上诉期限适用《民事诉讼法》的规定

C. 人民法院可就附带民事诉讼部分进行调解

D. 李某的父亲可以以口头方式向上一级法院提

---

* 本章答案参见第 73 页。

出上诉

**二、多项选择题，每题所给的选项中有两个或两个以上正确答案，少答或多答均不得分。**

1. 李某因盗窃罪被某县人民法院一审判处有期徒刑5年。李某不服，其家人、亲属亦不服，辩护人也认为量刑过重。对此案哪些人享有独立的上诉权？(　　)

A. 李某本人

B. 李某的法定代理人

C. 李某的近亲属

D. 李某的辩护人

2. A市B区检察院对杨某贩卖毒品案提起公诉。检察院在一审开庭后向法院申请撤回起诉，B区法院裁定准许。杨某认为现有证据根本无法证明其有罪，B区法院应当宣告其无罪，因此上诉至A市中级人民法院。A市中级人民法院应该怎样处理？(　　)

A. 应当开庭审理

B. 裁定撤销B区准予撤回起诉的裁定，要求B区法院继续审理，且此裁定为终审裁定

C. 审理后直接判有罪或无罪

D. 以杨某无权就准予撤回起诉的裁定提出上诉为由，直接驳回

## 理解与应用篇

**一、单项选择题，每题所给的选项中只有一个正确答案。**

1. 某县人民法院审理一起刑事自诉案件，宣判认定了被告人张某故意伤害李某的犯罪行为，并判处张某6个月的拘役和赔偿李某2000元的处罚。法院宣判后，自诉人李某不服，认为县人民法院对张某的判罚过轻，于是在上诉期限内向市中级人民法院提起上诉。市中级人民法院受理该案后，依法对双方进行调解，但是双方在某些问题上未能达成一致，致使调解失败。但是在人民法院决定要对该案进行开庭审理的前一天，双方经过努力达成和解，则应如何正确处理本案？(　　)

A. 应当制作和解书，并撤销第一审判决

B. 应当制作和解书，第一审判决视为自动撤销

C. 裁定准许撤回自诉，第一审判决视为自动撤销

D. 裁定准许撤回自诉，并撤销第一审判决

2. 下列对二审法院开庭审理的哪种说法是不正确的？(　　)

A. 王某因抢劫罪被一审法院判处7年有期徒刑，王某以对抢劫数额的认定有误、量刑畸重为由提起上诉，二审法院审查后认为略微数额差异并不影响其定罪量刑，决定开庭审理

B. 赵某因故意杀人被一审法院判处死刑立即执行，赵某以量刑过重为由提起上诉，二审法院认为原判决认定事实和适用法律正确，量刑适当，决定不开庭审理

C. 李某因强奸罪被法院判处5年有期徒刑，检察院认为李某犯罪性质恶劣提起抗诉，法院应当开庭审理

D. 二审法院认为原判决认定事实和适用法律正确，量刑适当，遂决定不开庭审理，仅就案卷材料进行审理评议

3. 下列说法哪个是正确的？(　　)

A. 被告人在上诉期满后撤回上诉，人民法院予以准许，第一审判决自上诉期满生效

B. 王某故意伤害一案一审被判处有期徒刑2年，赔偿被害人医药费5000元，被害人赵某就附带民事诉讼部分提起上诉，因为第一审刑事部分的判决在上诉期满后即发生法律效力，因此应将王某送监狱执行

C. 检察院在接到二审法院决定开庭审理和阅卷的通知后，应该在1个月内阅卷完毕，1个月内无法完成的，可以申请人民法院延期审理，延期审理的期限记入二审审限

D. 最高人民法院受理上诉、抗诉案件的审理期限，由最高人民法院决定

4. 张某因故意杀人被某市检察院提起公诉，其经一审宣判后不服提起上诉，第二审人民法院依法审理认为原判事实清楚，证据确实、充分而裁定驳回上诉维持原判。关于第二审人民法院作出的裁定，下列说法不正确的是：(　　)

A. 若是委托第一审人民法院代为宣判，第二审人民法院应当直接向同级人民检察院送达该裁定书

B. 第一审人民法院应当在代为宣判后7日内将宣判笔录送交第二审人民法院

C. 根据《刑事诉讼法》及相关司法解释规定，第二审人民法院可以委托第一审人民法院代为宣判的法律文书包括判决书、裁定书

D. 第一审人民法院代为宣判送达裁定书，应当在送达完毕后及时将送达回证送交第二审人民法院

**二、多项选择题，每题所给的选项中有两个或两个以上正确答案，少答或多答均不得分。**

1. 钱某因故意杀人罪被某市中级人民法院判处死刑缓期2年执行。一审判决宣告后，钱某以量刑过重为由提出上诉，但在上诉期满后又要求撤回上诉。下列二审法院对于钱某撤回上诉所作的处理中，正确的是：(　　)

A. 不允许钱某撤回上诉

B. 对上诉案件进行审查，原判认定事实和适用法律正确、量刑适当的，应当裁定准许钱某撤回上诉

C. 对上诉案件进行审查，原判认定事实不清，证据不足或适用法律错误、量刑不当的，应当不允许撤回上诉

D. 对上诉案件进行审查,原判认定事实不清,证据不足或适用法律错误、量刑不当而不允许撤回上诉的,应当继续按照上诉程序进行审理

2. 甲某、乙某共同实施盗窃案件,A 区人民法院一审判处甲某有期徒刑 1 年,乙某有期徒刑 5 年。A 区人民检察院认为法院对甲量刑过轻,就对甲某部分的判决提起抗诉。下列说法正确的是:(  )

A. 甲某有权委托辩护人,参加法庭调查和法庭辩论

B. 乙某也有权委托辩护人,参加法庭调查和法庭辩论

C. 二审法院不能加重甲某的刑罚

D. 二审法院不能加重乙某的刑罚

3. 甲、乙二人因共同杀人被一审法院分别判处死刑立即执行和无期徒刑。甲提出了上诉,乙未提出上诉。检察院也未对判决提出抗诉。下列说法哪些是正确的?(  )

A. 第二审法院只审查甲的判决部分

B. 第二审法院不仅应审查甲的判决部分,也应书面审查乙的判决部分

C. 在第二审程序中,如果发现第一审对甲的判决认定事实清楚,证据确实、充分,但量刑过重,应当依法改判

D. 在第二审程序中,如果发现第一审对乙的判决认定事实清楚,证据确实、充分,但量刑过重,应当依法改判

## 综合提高篇

**一、多项选择题,每题所给的选项中有两个或两个以上正确答案,少答或多答均不得分。**

1. 朱某自诉陈某犯诽谤罪,法院审理后,陈某反诉朱某侮辱罪。法院审查认为,陈某的起诉符合反诉条件,合并审理此案,判处陈某有期徒刑 1 年,判处朱某有期徒刑 1 年。两人不服,均以对方量刑过轻、己方量刑过重为由提出上诉。关于二审法院的判决,下列哪些选项是正确的?(  )

A. 如认为对两人量刑均过轻,可同时加重朱某和陈某的刑罚

B. 如认为对某一人的量刑过轻,可加重该人的刑罚

C. 即使认为对两人量刑均过轻,也不得同时加重朱某和陈某的刑罚

D. 如认为一审量刑过轻,只能通过审判监督程序纠正

2. 张某、王某合伙实施盗窃,张某被判处有期徒刑 10 年,王某被判处有期徒刑 3 年。张某、王某未上诉,人民检察院认为对王某的量刑过轻,仅就王某的量刑问题提出抗诉。在二审程序中,张某享有哪些权利?(  )

A. 参加法庭调查

B. 参加法庭辩论

C. 委托辩护人辩护

D. 二审法院不得加重其刑罚

3. 关于发回重审制度,下列做法哪些是不正确的?(  )

A. 一审法院对 17 岁的王某故意伤害一案进行公开审理,二审法院将此案发回重审

B. 二审法院认为一审法院认定事实不清,决定将案件发回重审,原审法院在查清事实后改判,被告人上诉到二审法院,二审法院认为原审法院仅由书记员对本案进行独任审判不合法,决定再次发回重审

C. 被告人以量刑过重为由提起上诉,二审法院审查后发现原判决事实认定清楚,但法律适用错误,被告人实为抢劫罪而非抢夺罪,遂决定将该案发回重审

D. 被告人以量刑过重为由提起上诉,二审法院审查后发现原判决认定事实和适用法律正确,但由于其犯罪性质恶劣,量刑过轻,于是决定将案件发回重审

**二、不定项选择题,每题所给的选项中有一个或一个以上正确答案,不答、少答或多答均不得分。**

1. 在一起共同抢劫案件中,一审判决宣告后,只有被告人吴某认为量刑过重,提出上诉,其他被告人都表示不上诉,人民检察院也没有提出抗诉,则二审人民法院应当如何审理?(  )

A. 只针对吴某作出判决

B. 针对全部被告人作出判决

C. 只对一审人民法院对全部被告人适用法律的情况进行审查

D. 对一审人民法院对全部被告人认定事实和适用法律的情况进行全面审查

2. 法院对一起共同犯罪案件审理后分别判处甲死缓、乙无期徒刑。甲没有提出上诉,乙以量刑过重为由提出上诉,同时检察院针对甲的死缓判决以量刑不当为由提起抗诉。下列关于第二审程序的何种表述是错误的?(  )

A. 二审法院可以不开庭审理

B. 二审法院应当开庭审理

C. 因上诉和抗诉都不是针对原审事实认定的,二审法院对本案不能以事实不清为由撤销原判,发回重审

D. 因本案存在抗诉,二审法院对乙的裁决不受上诉不加刑原则的限制

3. 下列哪些说法是错误的?(  )

A. 二审期间,被告人以故意伤害罪对自诉人提起反诉,人民法院决定将案件发回重审

B. 二审自诉案件,二审法院进行调解并结案的,应当制作调解书,并裁定撤销原判

C. 被告人对刑事部分提起上诉,附带民事诉讼部

分在上诉期满后生效，二审法院在对刑事部分进行审理时，发现一审判决中的附带民事部分确有错误，应当依照审判监督程序对附带民事部分予以纠正

D. 第二审人民法院审理对附带民事部分提出上诉，刑事部分已经发生法律效力的案件，发现第一审判决、裁定中的刑事部分确有错误的，应当依照审判监督程序对刑事部分进行再审，并将附带民事部分与刑事部分一并审理

# 第十七章　死刑复核程序*

**一、单项选择题，每题所给的选项中只有一个正确答案。**

1. 王某因贪污罪被某市中级人民法院一审判处死刑，缓期二年执行。判决后王某未上诉，人民检察院也未抗诉，市中级人民法院遂在抗诉、上诉期满后第二天报请省高级人民法院核准。省高级人民法院不得作出下列哪项处理？(　　)

A. 认为原判事实不清，证据不足，发回重新审判

B. 认为原审违反法定诉讼程序，可能影响公正审判，裁定不予核准，并撤销原判，发回重新审判

C. 认为原判刑罚太轻，应判处死刑立即执行，直接改判并报最高人民法院核准

D. 同意判处死缓，作出予以核准的裁定

2. 刘某因犯故意杀人罪被某市中级人民法院一审判处死刑，缓期二年执行。判决后，刘某没有上诉，检察机关也没有抗诉。省高级人民法院在复核该案时认为，一审判决认定事实清楚，适用法律正确，但量刑不当，因为刘某杀人后先奸尸又碎尸，情节恶劣，应当判处死刑立即执行。省高级人民法院应当如何处理该案？(　　)

A. 裁定撤销原判，直接改判刘某死刑立即执行

B. 裁定撤销原判，发回市中级人民法院重新审判

C. 裁定撤销原判，由省高级人民法院进行第一审，依法判处刘某死刑立即执行

D. 裁定维持一审判决

3. 孙某因犯故意伤害罪被中级人民法院第一审判处死刑缓期二年执行，人民检察院提起抗诉。第二审人民法院经审理后改判孙某死刑立即执行。对此案的处理，下列哪一种说法是正确的？(　　)

A. 第一审法院应另行组成合议庭进行死刑复核

B. 应当报请最高人民法院核准

C. 因杀人罪判处死刑的核准权已经授权高级人民法院行使，不必报请最高人民法院核准

D. 该死刑判决是高级人民法院作出的终审判决，应当生效，执行死刑

4. 被告人李某涉嫌故意杀人罪，被省高级人民法院判处死刑立即执行，在报请最高人民法院复核的过程中，被告人李某的辩护律师胡某的哪项行为是不被允许的？(　　)

A. 向最高人民法院提出辩护意见

B. 向最高人民法院立案庭查询立案信息

C. 到最高人民法院办公场所查阅、摘抄、复制案卷所有相关材料

D. 要求向案件承办人员当面反映意见

**二、多项选择题，每题所给的选项中有两个或两个以上正确答案，少答或多答均不得分。**

1. 犯罪嫌疑人张某涉嫌抢劫罪，一审被市中级人民法院判处死刑缓期二年执行。判决宣告后，张某没有提起上诉，市人民检察院也没有抗诉，市中级人民法院依法提起死刑复核程序，则下列说法中正确的有：(　　)

A. 应当由审判员 3 人组成合议庭进行复核和核准

B. 高级人民法院在复核和核准的过程中无须提审被告人张某

C. 高级人民法院同意判处死刑缓期二年执行的，应当裁定予以核准

D. 高级人民法院认为原判事实清楚，但是量刑过重，不同意判处死刑的，应当将案件发回市中级人民法院重审

2. 最高人民法院复核死刑案件时，对裁定不予核准，发回重审的案件，应当如何处理？(　　)

A. 既可以发回二审法院重新审判，也可以发回一审法院重新审判

B. 发回二审法院重新审判的案件，除法律另有规定外，二审法院可以不经开庭直接改判

C. 发回一审法院重新审判的案件，一审法院应当开庭审理

D. 最高人民法院复核后认为原判认定事实正确，但依法不应当判处死刑的，裁定不予核准，并撤销原判，发回重新审判的案件，重新审判的法院应当另行组成合议庭进行审理

3. 最高人民法院在复核死刑案件时，应当审查哪些内容？(　　)

---

* 本章答案参见第 76 页。

A. 被告人王某系怀孕三个月的妇女

B. 被告人张某在被逮捕期间有重大立功表现

C. 某市判决的一起死刑案件未公开审理

D. 被告人李某犯抢劫罪的案件事实不清，证据不足

**三、不定项选择题，每题所给的选项中有一个或一个以上正确答案，不答、少答或多答均不得分。**

1. 被告人王某故意杀人案经某市中级人民法院审理，法院认为案件事实清楚，证据确实、充分，判处其死刑立即执行，下列选项说法正确的是：(　　)

A. 核准死刑立即执行的机关是最高人民法院

B. 签发死刑立即执行命令的是最高人民法院审判委员会

C. 王某由作出一审判决的法院执行

D. 王某可以由法院交由刑场或指定的羁押场所执行

2. 最高人民法院复核死刑案件时，对下列情形的处理哪些是符合法律规定的？(　　)

A. 原判认定事实和适用法律正确、量刑适当、诉讼程序合法的，应当裁定核准

B. 原判认定的某一具体事实或者引用的法律条款等存在瑕疵，但判处被告人死刑并无不当的，可以在纠正后作出核准的判决、裁定

C. 原判事实不清、证据不足的，应当裁定不予核准，并撤销原判，发回重新审判

D. 复核期间出现新的影响定罪量刑的事实、证据的，应当裁定不予核准，并撤销原判，发回重新审判

# 第十八章　审判监督程序*

**一、单项选择题，每题所给的选项中只有一个正确答案。**

1. 甲因犯抢劫罪被市检察院提起公诉，经一审法院审理，判处死刑缓期二年执行。甲上诉，省高级人民法院核准死缓判决。根据审判监督程序的规定，下列哪种做法是错误的？(　　)

A. 最高人民法院自行对该案重新审理，依法改判

B. 最高人民法院指令省高级人民法院再审

C. 最高人民检察院对该案向最高人民法院提出抗诉

D. 省检察院对该案向省高级人民法院提出抗诉

2. A 市中级人民法院以故意伤害罪判处被告人死刑缓期二年执行，被告人没有上诉，检察机关也没有抗诉。该案经 B 省高级人民法院核准。判决生效后，被害人某甲不服，提起申诉。如果判决确有错误，那么下列哪一司法机关有权提起审判监督程序？(　　)

A. A 市检察院　　　　B. A 市中级人民法院

C. B 省高级人民法院　　D. B 省检察院

3. 某故意杀人案，经过一审、二审后，判处被告人死刑缓期执行。在死刑缓期执行期间，真凶出现并供述了杀人的全过程，人民检察院提起抗诉，下列关于审判监督程序的表述错误的是：(　　)

A. 本案若由原审人民法院重新审理，应当另行组成合议庭进行

B. 本案审判监督程序应该依照第二审程序进行

C. 人民法院应当开庭再审该案件，同级人民检察院应当派员出席法庭

D. 人民法院按照审判监督程序再审该案件，应当决定中止原判决、裁定的执行

4. 李某因受贿罪被第一审人民法院判处有期徒刑 3 年，被告人提起上诉，第二审人民法院改判有期徒刑 2 年。随后，人民检察院按照审判监督程序提起抗诉，按照法律规定，下列哪种表述是错误的？(　　)

A. 接受抗诉的人民法院应当进行审查以决定是否重新审理

B. 接受抗诉的人民法院应当组成合议庭重新审理

C. 接受抗诉的人民法院可以指定下级人民法院再审

D. 应当在作出提审、再审决定之日起 3 个月之内审结，需要延长期限的，不得超过 6 个月

5. 吴某因涉嫌强奸罪被判处有期徒刑，刑罚执行期间，吴某父亲找到证人李某，证明案发时吴某正与李某在外地开会，吴某父亲提出申诉。法院对该案启动再审。关于原判决的执行，下列说法正确的是：(　　)

A. 继续执行原判决

B. 由再审法院裁定中止执行原判决

C. 由再审法院决定中止执行原判决

D. 由再审法院报上级法院决定中止原判决

**二、多项选择题，每题所给的选项中有两个或两个以上正确答案，少答或多答均不得分。**

1. 被告人王某，16 岁，被判处有期徒刑 3 年，判决生效后王某被送往当地未成年管教所服刑。关于本案，下列哪些人员有权对本案提出申诉？(　　)

A. 被害人温某　　　　B. 王某的父亲

---

* 本章答案参见第 77 页。

C. 王某的成年胞兄　　D. 王某的辩护人

2. 李某因犯抢劫罪经一审程序被判处死刑缓期二年执行。判决生效后发现本案第一审的合议庭成员王某在审理该案时，曾收受李某的贿赂。对于本案，下列哪些机关有权提起审判监督程序？（　　）

A. 审判该案的第一审中级人民法院

B. 该省高级人民法院

C. 该省人民检察院

D. 最高人民检察院

3. 关于我国刑事诉讼中按照第二审程序提起抗诉和按照审判监督程序提起抗诉，下列哪些选项的说法是错误的？（　　）

A. 二者的抗诉对象均是确有错误的判决、裁定

B. 二者均可以由各级检察院提起

C. 二者均受法定期限限制行使

D. 二者均由抗诉的检察院向同级法院提起

4. 某直辖市人民检察院分院发现本市中级人民法院以挪用公款罪判处被告人李某有期徒刑 15 年的第二审生效判决在适用法律上确有错误，该检察分院按下列哪些程序处理是错误的？（　　）

A. 向本市中级人民法院提起抗诉

B. 向本市高级人民法院提起抗诉

C. 报请该直辖市人民检察院，由市人民检察院向市高级人民法院提起抗诉

D. 向本市中级人民法院提出纠正意见

5. 在刑事再审中，下列哪些情形应当依法开庭审理？（　　）

A. 某盗窃案，可能对原审被告人吴某加重刑罚

B. 某杀人案，人民检察院依照审判监督程序提出了抗诉

C. 某强奸案，原审被告人范某已经死亡

D. 某故意伤害案，再审需要依照第一审程序审理

**三、不定项选择题，每题所给的选项中有一个或一个以上正确答案，不答、少答或多答均不得分。**

1. 李某被甲市某区人民法院以盗窃罪判处有期徒刑 3 年。请根据案情，回答下列问题：

(1) 在一审宣判以后，如果人民检察院认为该判决确有错误，在抗诉期间内，有权提出抗诉的人民检察院有：（　　）

A. 区人民检察院　　B. 甲市人民检察院

C. 省人民检察院　　D. 最高人民检察院

(2) 一审宣判之后，被告人在上诉期内上诉，二审法院作出了维持原判的裁定，原判决发生效力之后，有权按照审判监督程序提出抗诉的人民检察院有哪些？（　　）

A. 区人民检察院　　B. 市人民检察院

C. 省人民检察院　　D. 最高人民检察院

(3) 一审宣判之后，如果在上诉、抗诉期限内，被告人不上诉，人民检察院不抗诉，那么在发生法律效力之后，下列说法正确的是：（　　）

A. 区人民法院院长有权决定按照审判监督程序重新审判

B. 省高级人民法院有权指令区人民法院再审

C. 甲市中级人民法院有权决定提审

D. 甲市人民检察院有权向区人民法院提起抗诉

2. 吴某因犯放火罪被判处有期徒刑 15 年，判决生效后吴某的辩护律师声称发现新的证据，提起申诉要求再审，法院按照审判监督程序对案件重新审判后，认为原判决认定的犯罪事实正确，但量刑不当，应当如何处理？（　　）

A. 维持原判

B. 撤销原判，发回原审人民法院再审

C. 撤销原判，用裁定予以改判

D. 撤销原判，用判决予以改判

3. 李某被某区人民法院以诈骗罪判处有期徒刑 3 年，判决发生法律效力后，有新的证据证明原判决在适用法律上确有错误。对此，下列有权提起申诉的主体是：（　　）

A. 李某

B. 该区人民法院

C. 该区人民法院的上一级人民法院

D. 省高级人民法院和最高人民法院

# 第十九章　执　　行*

## 基础知识篇

**一、单项选择题，每题所给的选项中只有一个正确答案。**

1. 被执行人将刑事裁判认定为赃款赃物的涉案财物用于清偿债务、转让或者设置其他权利负担，以下哪种情况人民法院不予追缴：（　　）

A. 第三人明知是涉案财物而接受的

B. 第三人无偿或者以明显低于市场的价格取得涉案财物的

---

* 本章答案参见第 80 页。

C. 第三人通过非法债务清偿或者违法犯罪活动取得涉案财物的

D. 第三人善意取得涉案财物的

2. 已经被羁押的被告人王某因为盗窃罪被起诉，某区人民法院一审对其作出免除刑事处罚的判决，对于王某的处理，下列说法正确的是：(　　)

A. 宣判后将王某立即释放

B. 判决生效前人民法院依法变更强制措施为取保候审或者监视居住

C. 判决生效前将王某继续羁押

D. 判决生效后将王某释放

3. 执行机关是指将人民法院已发生法律效力的判决、裁定付诸实施的机关。下列有关执行机关执行范围的表述，哪一项是正确的？(　　)

A. 人民法院负责无罪、免除处罚、罚金、没收财产及死刑立即执行判决的执行

B. 公安机关负责送交执行时余刑不足 2 年的有期徒刑和拘役、管制、缓刑、剥夺政治权利、监外执行等的执行

C. 监狱负责被判处死刑缓期 2 年执行、无期徒刑和送交执行时余刑 2 年以上的有期徒刑的执行

D. 未成年犯监狱负责未成年犯被判处刑罚和劳动教养处罚的执行

**二、多项选择题，每题所给的选项中有两个或两个以上正确答案，少答或多答均不得分。**

1. 针对减刑、假释的案件，具有下列哪些情形的，人民检察院应当进行调查核实：(　　)

A. 拟提请减刑、假释罪犯系职务犯罪罪犯、走私犯罪罪犯、黑社会性质组织犯罪罪犯、严重暴力恐怖犯罪罪犯

B. 因罪犯有立功表现或者重大立功表现拟提请减刑的

C. 拟提请减刑、假释罪犯的减刑幅度大、假释考验期长、起始时间早、间隔时间短或者实际执行刑期短的

D. 拟提请减刑、假释罪犯的考核计分高、专项奖励多或者鉴定材料、奖惩记录有疑点的

2. 在刑事诉讼执行程序中，下列哪些情况可以暂予监外执行？(　　)

A. 被判处无期徒刑的女罪犯张某，被发现服刑时怀有身孕

B. 被判处有期徒刑 10 年的罪犯王某，在狱中自杀未遂，致使生活不能自理

C. 被判处拘役的罪犯李某患有严重疾病需要保外就医

D. 被判处 5 年有期徒刑的妇女赵某，服刑时其正值哺乳期

## 理解与应用篇

**一、单项选择题，每题所给的选项中只有一个正确答案。**

1. 被执行人在执行中同时承担刑事责任、民事责任，其财产不足以支付的，按照下列哪个顺序执行是正确的？(　　)

A. 人身损害赔偿中的医疗费用；退赔被害人的损失；其他民事债务；罚金；没收财产

B. 人身损害赔偿中的医疗费用；其他民事债务；退赔被害人的损失；罚金；没收财产

C. 人身损害赔偿中的医疗费用；罚金；退赔被害人的损失；其他民事债务；没收财产

D. 人身损害赔偿中的医疗费用；没收财产；退赔被害人的损失；其他民事债务；罚金

2. 根据《刑事诉讼法》的规定，下列关于暂予监外执行的说法不正确的是：(　　)

A. 李某因强奸罪被判处无期徒刑，在执行刑罚的过程中，李某犯病导致生活不能自理，对李某决定适用监外执行

B. 张某被判有期徒刑 11 年，在交付执行后需要暂予监外执行的，由监狱提出书面意见，报省级以上监狱管理机关批准

C. 郑某在暂予监外执行期间逃脱，逃脱的期间不计入执行刑期

D. 赵某在监外执行期间，依法实行社区矫正的，由社区矫正机构负责执行

**二、多项选择题，每题所给的选项中有两个或两个以上正确答案，少答或多答均不得分。**

《刑事诉讼法》规定，下级法院接到最高人民法院执行死刑的命令后，发现有关情形时，应当停止执行，并且立即报告最高人民法院，由最高人民法院作出裁定。下列哪些情形应当适用该规定？(　　)

A. 发现关键定罪证据可能是刑讯逼供所得

B. 判决书认定的年龄错误，实际年龄未满 18 周岁

C. 提供一重大银行抢劫案线索，经查证属实

D. 罪犯正在怀孕

## 综合提高篇

**一、多项选择题，每题所给的选项中有两个或两个以上正确答案，少答或多答均不得分。**

1. 人民检察院收到人民法院减刑、假释裁定书副本后，应当及时审查下列哪些内容？(　　)

A. 人民法院对罪犯裁定予以减刑、假释，以及起始时间、间隔时间、实际执行刑期、减刑幅度或者假释考验期是否符合有关规定

B. 人民法院对罪犯裁定不予减刑、假释是否符合有关规定

C. 人民法院审理、裁定减刑、假释的程序是否合法

D. 按照有关规定应当开庭审理的减刑、假释案件，人民法院是否开庭审理

2. 刑事裁判涉财产部分的执行，是指发生法律效力的刑事裁判主文确定的下列哪些事项的执行？（　　）

A. 罚金、没收财产

B. 责令退赔

C. 处置随案移送的赃款赃物

D. 没收随案移送的供犯罪所用本人财物

3. 被告人张某因故意伤害罪被判处无期徒刑，并没收财产，同时被害人李某提出附带民事诉讼要求其赔偿，经法院调查，张某还有债务若干，若张某的个人财产不足以清偿全部罚金和损失，则关于对他的财产的执行，哪些是错误的？（　　）

A. 应该先支付李某因受伤而住院的治疗费用

B. 应当先履行被害人李某提出的民事赔偿责任

C. 张某在案发前所有的债务，经债权人请求先行予以偿还

D. 债权人对执行标的依法享有优先受偿权，其主张优先受偿的，则应当首先偿还债务

**二、不定项选择题，每题所给的选项中有一个或一个以上正确答案，不答、少答或多答均不得分。**

1. 王某因盗窃罪被法院判处有期徒刑 3 年，刑罚执行 1 年以后，王某以患有严重疾病、生活不能自理为由，申请暂予监外执行，请根据本案情况回答下列问题：

（1）下列说法正确的有：（　　）

A. 必须由省级人民政府指定的医院开具证明，证明王某患有严重疾病，确需保外就医

B. 如发现王某系自伤自残，则不得对其适用保外就医

C. 应由监狱提出书面意见，报省级监狱管理机关审批

D. 批准机关应将批准暂予监外执行的文书抄送检察院

（2）对于暂予监外执行的王某：（　　）

A. 应当由王某居住地司法行政机关执行，对其严格管理监督

B. 应当由王某居住地公安机关执行，对其严格管理监督

C. 暂予监外执行的情形消失后，如果刑期已满，则王某不必再被收监

D. 监外执行的期间应当计入刑期

2. 在一起共同犯罪案件中，主犯王某被判处有期徒刑 15 年，剥夺政治权利 3 年，并处没收个人财产；主犯朱某被判处有期徒刑 10 年，剥夺政治权利 2 年，罚金 2 万元人民币；从犯李某被判处有期徒刑 8 个月；从犯周某被判处管制 1 年，剥夺政治权利 1 年。请回答下列各题：

（1）在本案中，由监狱执行刑罚的罪犯是：（　　）

A. 王某　　B. 朱某

C. 李某　　D. 周某

（2）对周某实施刑罚的执行机关是：（　　）

A. 社区矫正机构

B. 公安机关

C. 监狱

D. 基层组织或其所在单位

（3）所判刑罚既需要法院执行，又需要公安机关执行的罪犯是：（　　）

A. 王某　　B. 周某

C. 李某　　D. 朱某

# 第二十章至第二十四章　特别程序*

## 基础知识篇

**一、单项选择题，每题所给的选项中只有一个正确答案。**

1. 未成年人刑事案件诉讼程序需要贯彻分案处理原则，关于分案处理原则，下列说法错误的是：（　　）

A. 分案处理是指成年人与未成年人的案件要实行诉讼程序分离

B. 分案处理包括分别审理、分别关押、分别执行等

C. 分案处理主要是防止犯罪嫌疑人、被告人之间串供，影响刑事诉讼的顺利进行

D. 分案处理应当以不影响案件的处理为原则，并尽可能地采取分案处理

2. 在刘某（15 周岁，涉嫌抢劫）一案的审理过程中，应当贯彻不公开审理的原则，下列做法不符合这一原则的是：（　　）

A. 法院不准新闻记者采访报道

* 本章答案参见第 82 页。

B. 法院宣布对于刘某涉嫌抢劫的审理过程不公开

C. 法院审理结束后，为了刘某的健康成长，决定不公开宣告判决

D. 法院允许刘某的父母到场

3. 人民法院受理某甲抢劫案件，开庭时，公诉人出庭公诉，某甲没有委托辩护人，并查明某甲在案件受理后刚满 18 周岁。人民法院如何为某甲指定辩护人？（　　）

A. 由于某甲在实施抢劫犯罪时尚不满 18 周岁，人民法院应当为其指定辩护人

B. 某甲在案件受理后已满 18 周岁，但是案发时未满 18 周岁，因此人民法院可以为其指定辩护人

C. 某甲不符合法定的应当指定的情形，人民法院可不为其指定辩护人

D. 人民法院不能为某甲指定辩护人

4. 下列关于对未成年犯罪嫌疑人强制措施的说法，错误的是：（　　）

A. 对未成年犯罪嫌疑人应当严格限制和尽量减少使用逮捕措施

B. 人民检察院审查批准逮捕和人民法院决定逮捕，应当讯问未成年犯罪嫌疑人、被告人，听取辩护律师的意见

C. 未成年犯罪嫌疑人被拘留、逮捕后服从管理、依法变更强制措施不致发生社会危险性，能够保证诉讼正常进行的，公安机关可以变更强制措施

D. 对被羁押的未成年人应当与成年人分别关押、分别管理、分别教育

5. 未成年被告人赵某被检察机关决定附条件不起诉，在考验期内，应当由以下哪个机关对被附条件不起诉的未成年犯罪嫌疑人进行监督考察？（　　）

A. 人民检察院

B. 公安机关

C. 公安机关或者人民检察院

D. 社区矫正机构

6. 关于为未成年被告人提供法律援助的说法，下列选项正确的是：（　　）

A. 只有法院才有为未成年人提供法律援助的义务，公安机关和检察院无此义务

B. 如果其犯罪的时候未满 18 周岁，审判的时候已满 18 周岁了，则法院不用再为其提供法律援助

C. 如果其因经济困难，没有委托辩护人，则法院可以为其提供法律援助

D. 到了审判阶段，如果其还是未成年人，则法院要指定承担法律援助义务的某律师为其提供法律援助

7. 下列关于未成年人诉讼程序的说法正确的是：（　　）

A. 对于未成年人刑事案件，在讯问和审判的时候，应当通知未成年犯罪嫌疑人、被告人的法定代理人到场

B. 无法通知法定代理人到场的，应当通知未成年犯罪嫌疑人、被告人的其他成年亲属，所在学校、单位、居住地基层组织或者未成年人保护组织的代表到场

C. 到场的法定代理人或者其他人员可以代为行使未成年犯罪嫌疑人、被告人的诉讼权利

D. 审判未成年人刑事案件，未成年被告人最后陈述后，其法定代理人或者其他人员可以进行补充陈述

8. 对于符合《刑事诉讼法》第 288 条规定的公诉案件，以下做法错误的是：（　　）

A. 被告人系限制行为能力人的，其法定代理人可以代为和解

B. 被告人的法定代理人、近亲属代为和解的，和解协议约定的赔礼道歉等事项，可以由该法定代理人、近亲属代为履行

C. 被害人死亡的，其近亲属可以与被告人和解

D. 被害人系无行为能力人或者限制行为能力人的，其法定代理人、近亲属可以代为和解

9. 在缺席审判案件的审理过程中，哪些情形人民法院应当重新审理？（　　）

A. 被告人李某在审理过程中自动投案或者被抓获

B. 被告人王某有自首表现

C. 被告人有重大立功情形

D. 被告人自动投案或者被抓获，并且有重大、立功表现的，挽救重大社会利益

10. 被告人王某在境外，没有参加国内某中级人民法院的缺席审判。缺席审判结束，交付执行刑罚前，人民法院应当告知王某有权对判决、裁定提出异议。此时，王某提出异议的，人民法院如何处理？（　　）

A. 人民法院可以重新审判

B. 人民法院应当重新审判

C. 人民法院应当将案件退回到人民检察院

D. 人民法院应当立即执行，并告知罪犯

11. 被告人吴某，涉嫌贪污贿赂犯罪案件，人民检察院提起公诉。因其本人在境外，司法机关履行庭前程序后，吴某仍然不到案不出庭。那么，针对吴某的缺席审判案件，应当由哪些人民法院负责审理？（　　）

A. 由吴某现在居住地的人民法院

B. 由最高人民法院指定的高级人民法院

C. 由犯罪地、吴某离境前的居住地或最高人民法院指定的基层人民法院

D. 由犯罪地、吴某离境前的居住地或最高人民法院指定的中级人民法院

**二、多项选择题，每题所给的选项中有两个或两个以上正确答案，少答或多答均不得分。**

1. 关于附条件不起诉制度，下列说法正确的是：（　　）

A. 对于未成年人涉嫌《刑法》分则第四章、第五章、第六章规定的犯罪,可能判处3年有期徒刑以下刑罚,符合起诉条件,但有悔罪表现的,人民检察院可以作出附条件不起诉的决定

B. 人民检察院在作出附条件不起诉决定以前,应当听取公安机关、被害人的意见

C. 附条件不起诉的考验期为6个月以上1年以下

D. 被附条件不起诉的未成年犯罪嫌疑人在考验期内实施新的犯罪或者发现附条件不起诉以前还有其他犯罪需要追诉的,应当撤销附条件不起诉的决定,提起公诉

2. 关于未成年人案件的不公开审理与犯罪档案封存制度,下列说法不正确的是:(　　)

A. 犯罪的时候被告人不满18周岁的案件,不公开审理

B. 与审理该案无关的法院其他人员、当事人的近亲属及其他人员均不可旁听案件

C. 审判的时候不满18周岁,被判处5年有期徒刑以下刑罚的,应当对相关犯罪记录予以封存

D. 犯罪的时候不满18周岁,只有被判处3年有期徒刑以下刑罚的,才应当对相关犯罪记录予以封存

3. 关于人民检察院办理未成年人案件,下列说法不正确的是:(　　)

A. 人民检察院在作出附条件不起诉的决定之前,可以听取被害人的意见

B. 人民检察院在作出考察期满不起诉的决定之前,应当听取被害人的意见

C. 被害人如果对人民检察院对未成年犯罪嫌疑人作出的附条件不起诉的决定和不起诉的决定不服,可以向上一级人民检察院申诉

D. 被害人如果对人民检察院对未成年犯罪嫌疑人作出的附条件不起诉的决定和不起诉的决定不服,可以向人民法院起诉

4. 对于达成和解协议的公诉案件,下列说法正确的是:(　　)

A. 公安机关可以向人民检察院提出从宽处理的建议

B. 人民检察院可以向人民法院提出从宽处罚的建议

C. 人民检察院对于犯罪情节轻微,不需要判处刑罚的,可以作出不起诉的决定

D. 人民法院可以依法对被告人从宽处罚

5. 李某借助国家工作人员职务便利收受他人财物并为其谋取利益,因担心事情败露逃亡境外,一直未归案。检察院查清事实后就李某贪污一案向人民法院提起公诉。下列描述错误的是:(　　)

A. 李某可以委托其近亲属作为辩护人

B. 李某的近亲属可以代为委托律师作为辩护人

C. 当事人及其近亲属没有委托辩护人的,法院可以为其提供法律援助

D. 若李某委托其朋友张某作为辩护人,张某对判决结果可径行提起上诉

6. 下列案件在满足一定条件下有可能适用缺席审判程序审理的是:(　　)

A. 贪污贿赂犯罪

B. 恐怖活动犯罪

C. 被告人患有严重疾病无法长时间出庭的

D. 危害国家安全犯罪

7. 法院审判过程中,被告人因患有严重疾病无法出庭,对此下列做法正确的是:(　　)

A. 法官考虑到较长时间内无法继续审理,决定中止审理

B. 中止审理满3个月,被告人及其法定代理人、近亲属可以向法院申请以缺席审判的方式恢复审理

C. 中止审理满3个月,在被告人同意的情形下,人民法院可以以缺席审判的方式恢复审理

D. 中止审理满1年,被告人及其法定代理人、近亲属不同意的情况下,无法启动缺席审判程序

8. 赵某为制止李某盗窃而致李某重伤,A省B市C区检察院在认定赵某防卫超过必要限度的基础上对其作出不起诉决定。以下选项正确的是:(　　)

A. B市检察院审查后认为赵某的防卫行为没有超过必要限度,可以指令C区检察院撤销原不起诉决定并重新作出不起诉决定

B. A省检察院可以直接指令B市检察院对本案不起诉决定是否正确进行审查

C. 赵某对不起诉决定提出申诉的,由B市检察院立案复查

D. C区检察院向李某送达不起诉决定书时应当告知其可向法院自诉

## 理解与应用篇

**一、单项选择题,每题所给的选项中只有一个正确答案。**

1. 下列案件可以启动犯罪嫌疑人、被告人逃匿、死亡案件违法所得没收程序的是:(　　)

A. 张某在公安机关侦查其涉嫌的盗窃罪过程中死亡

B. 李某在检察机关侦查其涉嫌的贪污罪时潜逃国外,通缉1年后未被抓获

C. 赵某在公安机关侦查其涉嫌的抢劫罪时潜逃外地,通缉1年后未被抓获

D. 王某在检察机关侦查其涉嫌的玩忽职守罪时死亡

2. 关于犯罪嫌疑人、被告人逃匿、死亡案件违法所得的没收程序,下列说法正确的是:(　　)

A. 对于人民法院作出的裁定，只有犯罪嫌疑人、被告人的近亲属和其他利害关系人才可以提出上诉、抗诉

B. 在审理过程中，在逃的犯罪嫌疑人、被告人自动投案或者被抓获的，人民法院应当继续审理

C. 人民法院在审理犯罪嫌疑人、被告人逃匿、死亡案件违法所得的没收案件时，必要情况下，可以查封、扣押、冻结申请没收的财产

D. 审理没收犯罪嫌疑人、被告人逃匿、死亡案件违法所得案件可以由 1 名法官独任审判

3. 下列案件可以适用依法不负刑事责任的精神病人的强制医疗程序的是：(　　)

A. 张某因盗窃罪被立案侦查，经鉴定为不负刑事责任的精神病人

B. 李某因故意伤害罪被立案侦查，经鉴定为不负刑事责任的精神病人，无继续危害社会的可能性

C. 李某因故意伤害罪被立案侦查，经鉴定为不负刑事责任的精神病人，存在继续危害社会的可能性

D. 王某因故意杀人罪被立案侦查，经鉴定为具有部分刑事责任能力的精神病人，在犯罪过程中能够辨认和控制自己的行为

4. 以下关于依法不负刑事责任的精神病人的强制医疗程序说法正确的是：(　　)

A. 人民法院受理强制医疗的申请后，可以由 1 名法官独任审理

B. 人民法院审理强制医疗案件，一律应当开庭审理

C. 依法不负刑事责任的精神病人的强制医疗案件由被申请人所在地的中级人民法院管辖

D. 人民法院审理强制医疗案件，应当通知被申请人或者被告人的法定代理人到场。被申请人或者被告人没有委托诉讼代理人的，人民法院应当通知法律援助机构指派律师为其提供法律帮助

5. 人民检察院认为人民法院的缺席审判判决确有错误的，如何抗诉？(　　)

A. 应当向上一级人民法院提出抗诉

B. 可以向上一级人民法院提出抗诉

C. 应当向同级人民法院提出抗诉

D. 可以向同级人民法院提出抗诉

6. 人民法院缺席审判李某涉嫌贪污贿赂犯罪案件，被告人李某及其近亲属均没有委托辩护人的，人民法院如何处理？(　　)

A. 人民法院应当将案件退回人民检察院

B. 人民法院应当通知值班律师出庭

C. 人民法院应当通知法律援助机构指派律师为其辩护

D. 人民法院应当告知被告人及其近亲属应当委托辩护人出庭为其辩护

**二、多项选择题，每题所给的选项中有两个或两个以上正确答案，少答或多答均不得分。**

1. 在公诉案件中适用当事人和解需要具备以下哪些条件？(　　)

A. 犯罪嫌疑人、被告人真诚悔罪

B. 通过向被害人赔偿损失、赔礼道歉等方式获得被害人谅解，被害人自愿和解的

C. 因民间纠纷引起，涉嫌《刑法》分则第四章、第五章规定的犯罪案件，可能判处 3 年有期徒刑以下刑罚的，或除渎职犯罪以外的可能判处 7 年有期徒刑以下刑罚的过失犯罪案件

D. 犯罪嫌疑人、被告人在 5 年以内没有故意犯罪的

2. 人民检察院应当对和解的自愿性、合法性进行审查，以下属于重点审查内容的是：(　　)

A. 双方当事人是否自愿和解

B. 是否符合法律规定

C. 是否符合社会公德

D. 双方的权利义务

3. 关于人民法院审理犯罪嫌疑人、被告人逃匿、死亡案件违法所得的没收案件，下列说法不正确的是：(　　)

A. 人民法院审理犯罪嫌疑人、被告人逃匿、死亡案件违法所得的没收案件一律应当开庭审理

B. 没收违法所得的申请，由犯罪地或者犯罪嫌疑人、被告人居住地的中级人民法院组成合议庭进行审理

C. 人民法院发布的没收违法所得公告期间为 6 个月

D. 人民法院审理犯罪嫌疑人、被告人逃匿、死亡案件违法所得的没收案件应当由基层人民法院管辖

4. 张某因涉嫌恐怖主义犯罪被立案侦查，在侦查期间患病死亡，针对其财产的处置下列说法正确的是：(　　)

A. 人民检察院可以向其犯罪地基层人民法院提出没收其违法所得的申请

B. 对于属于被害人的财产应当依法予以返还

C. 对于人民法院作出的裁定，张某的近亲属和其他利害关系人或者人民检察院可以提出上诉、抗诉

D. 在没收过程中，如果错误地没收了属于张某家属的合法财产，则应当予以返还或赔偿

5. 下列公诉案件中，即使犯罪嫌疑人、被告人真诚悔罪，并通过向被害人赔偿损失、赔礼道歉等方式获得被害人谅解，被害人自愿进行和解，也不适用双方当事人和解程序的案件是：(　　)

A. 张某因与李某的宅基地纠纷，雇凶砍伤李某

B. 王某为索取债务，将常某非法拘禁，并在拘禁期间殴打常某，将常某打成重伤

C. 刘某经常称霸一方,为了要威风多次无故殴打素不相识的杜某

D. 钱某因与朱某的宅基地纠纷,将朱某打成轻伤,钱某在4年前曾犯盗窃罪被判处2年有期徒刑

## 综合提高篇

**一、多项选择题,每题所给的选项中有两个或两个以上正确答案,少答或多答均不得分。**

1. 对实施暴力行为精神病人的强制医疗程序,下列选项说法正确的是:(　　)

A. 应当由人民检察院或者人民法院决定

B. 被强制医疗的人对强制医疗决定不服的,可以向人民法院起诉

C. 审理人民检察院申请强制医疗的案件,应当会见被申请人

D. 审理强制医疗案件,应当通知被申请人或者被告人的法定代理人到场

2. 检察机关在审查赵某涉嫌故意伤害罪一案过程中,经法定程序鉴定认为其是不负刑事责任的精神病人,有继续危害社会的可能性,决定对其适用依法不负刑事责任的精神病人的强制医疗程序,以下符合法律规定的有:(　　)

A. 如果赵某没有委托诉讼代理人,则人民法院应当通知法律援助机构指派律师为其提供法律帮助

B. 人民法院应当在2个月内作出是否对赵某进行强制医疗的决定

C. 强制医疗机构应当定期对赵某进行诊断评估,判断对其是否可以解除强制医疗

D. 赵某有权申请解除强制医疗

3. 下列有关我国缺席审判程序的表述错误的是:(　　)

A. 被告人及其近亲属不服判决的,在判决生效前可以向上一级人民法院提起上诉

B. 人民检察院认为人民法院的判决结果有错误的,可以提出抗诉

C. 检察院作为公诉方认为人民法院一审判决存在错误的,在提出抗诉前,可先向法院提出检察建议

D. 律师经被告人或者近亲属同意,可以提出抗诉

4. 下列关于缺席审判涉案财物的说法正确的是:(　　)

A. 人民法院仅可以没收被告人的违法所得

B. 人民法院可以没收违法所得和其他涉案财产

C. 生效判决中对财产的处理确有错误的,应当予以返还、赔偿

D. 生效判决中对财产的处理确有错误的,应当予以返还、恢复原状

5. 下列对于刑事缺席审判程序认识不正确的是:(　　)

A. 刑事缺席审判程序与犯罪嫌疑人逃逸、死亡、案件违法所得没收程序密切相关

B. 刑事缺席审判程序中,被告人的缺席导致其辩护权难以实现

C. 作为4种刑事特别程序之一,缺席审判程序的设计初衷是进一步强化我国的反腐败工作力度

D. 刑事缺席审判程序在极大程度上违背了正当程序原则

**二、不定项选择题,每题所给的选项中有一个或一个以上正确答案,不答、少答或多答均不得分。**

1. 适用缺席审判的案件,下列说法正确的是:(　　)

A. 人民法院向被告人的近亲属送达传票和起诉书后,被告人仍不到案的,应当决定开庭审理

B. 被告人及其近亲属没有委托辩护人的,由人民法院指派律师为其辩护

C. 被告人或其近亲属不服判决的,可以提出上诉

D. 人民检察院认为判决确有错误的,应当向上一级人民法院抗诉

2. 甲某犯有领导恐怖活动组织罪,现已潜逃境外,若对其进行缺席审判,应满足的条件有:(　　)

A. 公安机关已查清案件事实并侦查终结

B. 人民检察院认为确有案件事实

C. 最高人民法院对案件已核准

D. 人民法院认为起诉书中的指控符合适用缺席审判的条件

3. 李某因犯贪污罪潜逃境外,监察机关将案件移送起诉后,人民检察院认为符合法律规定便向人民法院提起公诉。人民法院经审查后认为符合缺席审判的条件,遂决定开庭审理。请回答下列各题:

(1)人民法院将法律文书或副本送达李某的方式有:(　　)

A. 送达至刘某的近亲属

B. 通过国际条约规定的司法协助

C. 通过外交途径

D. 李某所在地法律所允许的公告方式

(2)人民法院作出判决后,下列说法错误的有:(　　)

A. 李某本人可以提出上诉

B. 李某的儿子可以提出上诉

C. 李某的辩护人王某可以提出上诉

D. 李某必须回国归案才能提出上诉

(3)在一审判决生效后,李某主动投案,下列说法正确的有:(　　)

A. 人民法院应当重新审理

B. 人民法院应将李某交付执行刑罚

C. 若李某对判决提出异议,则案件重新审理

D. 若李某对判决提出异议,不影响刑罚的执行

4. 关于缺席审判,下列说法正确的有:(　　)

A. 赵某因严重疾病无法出庭,中止审理超过 6 个月后仍无法出庭,应经赵某本人同意方可缺席审理,作出判决

B. 钱某系一起故意伤害案件的被告人,案件事实清楚,证据确实、充分,钱某在审理期间因病去世,在此情况下人民法院应当依法作出判决

C. 孙某因抢劫罪被判处有期徒刑 15 年,人民法院依法按照审判监督程序重新审理案件,其间孙某因病去世,在此情况下法院应依法作出判决

D. 周某因犯贪污罪潜逃境外,下落不明,人民法院依法对其进行缺席审理并作出一审判决,其辩护人经周某父亲同意后可以提出上诉

# 第二十五章　涉外刑事诉讼程序与司法协助制度*

**一、多项选择题,每题所给的选项中有两个或两个以上正确答案,少答或多答均不得分。**

1. 下列哪些案件适用涉外刑事诉讼程序?(　　)

A. 在公海航行的我国货轮被索马里海盗抢劫的案件

B. 我国国内一起贩毒案件的关键目击证人在诉讼时身在国外

C. 陈某经营的煤矿发生重大安全事故后携款潜逃国外的案件

D. 我国驻某国大使馆内中方工作人员甲、乙因看世界杯而发生斗殴的故意伤害案件

2. 向在中华人民共和国领域外居住的当事人送达诉讼文书,可以采用下列哪些方式:(　　)

A. 根据当事人所在国与中华人民共和国缔结或者共同参加的国际条约规定的方式送达

B. 对在国外的中国籍当事人,可以委托我国驻受送达人所在国的使领馆代为送达

C. 当事人所在国的法律允许邮寄送达的,可以邮寄送达

D. 当事人所在国法律允许的,可以采用传真、电子邮件等能够确认受送达人收悉的方式送达

3. 关于检察院进行刑事司法协助的范围,下列哪些选项的说法是正确的?(　　)

A. 调查取证

B. 送达刑事诉讼文书

C. 扣押、移交赃款、赃物

D. 受别国委托对逃往我国的别国犯罪嫌疑人采取强制措施

4. 下列属于涉外刑事诉讼程序适用的法律依据的有:(　　)

A.《国际刑事司法协助法》

B.《人民检察院刑事诉讼规则》

C.《公安机关办理刑事案件程序规定》

D.《关于对中华人民共和国缔结或者参加的国际条约所规定的罪行行使刑事管辖权的决定》

5. 下列属于我国开展国际刑事司法协助的主管机关的有:(　　)

A. 国家监察委员会

B. 国家安全部

C. 公安部

D. 最高人民检察院

**二、不定项选择题,每题所给的选项中有一个或一个以上正确答案,不答、少答或多答均不得分。**

杰克为美国人,其因酒后驾驶撞死我国公民赵某被 A 省 B 市交警查获,后因涉嫌交通肇事罪被 B 市公安机关立案侦查,关于此案:

1. 倘若杰克为在我国享有外交豁免权的人员,关于此案适用的程序,下列说法正确的是:(　　)

A. 我国司法机关对此无管辖权

B. 适用我国刑事诉讼法规定的普通程序

C. 适用我国刑事诉讼涉外程序

D. 通过外交途径解决

2. 根据《刑事诉讼法》及其司法解释的规定,人民法院下列哪些做法是正确的?(　　)

A. 由 B 市人民法院将杰克的有关情况通报美国驻该地区领馆

B. 由 A 省高级人民法院及时将杰克被采取的强制措施情况、庭审的相关事宜、宣判的时间、地点等情况通报 A 省人民政府外事主管部门,并通知美国驻该地区领馆

C. B 市人民法院认为应当限制杰克出境的,应由 A 省高级人民法院将此情况通报美国驻该地区领馆

D. A 省高级人民法院向美国驻该地区领馆通知有关事项,必要时,可以请人民政府外事主管部门予以协助

3. 关于人民法院通知的途径,下列说法正确的是:(　　)

---

* 本章答案参见第 87 页。

A. 外国籍当事人国籍国未与我国签订有双边领事条约，也未参加《维也纳领事关系公约》的，可以根据外事主管部门的意见，按照互惠原则，根据有关规定和国际惯例办理

B. 在外国驻华领馆区内发生的涉外刑事案件，通知有关外国驻该地区的领馆

C. 不管双边领事条约是否规定通知期限，一律至迟不得超过 7 日

D. 双边领事公约没有规定必须通知，外国籍当事人要求不通知其国籍国驻华使领馆的，可以不通知，且只需其本人的口头声明

# 参考答案及解析

## 第一章　刑事诉讼法概述

一、1. D。本题考查刑事诉讼法的任务。刑事诉讼法的根本任务中包含了尊重和保障人权,体现了以人为本、保障和维护公民基本权利与自由的理念。尊重和保障人权的核心是尊重和保障被告人、犯罪嫌疑人的人权,但是并不意味着犯罪嫌疑人、被告人的权利至上。尊重和保障人权没有体现实体公正和程序公正并重的理念,也没有体现公正优先、兼顾效率的理念。因此,D 项为正确选项。

2. C。本题考查刑事诉讼法的基本理念。刑事诉讼法的基本理念涵盖以下 3 个方面的内容:(1)既要惩罚犯罪,又要尊重和保障人权;(2)程序公正与实体公正并重;(3)节约司法资源,提高诉讼效率。《刑事诉讼法》第 68 条规定:人民法院、人民检察院和公安机关决定对犯罪嫌疑人、被告人取保候审,应当责令犯罪嫌疑人、被告人提出保证人或者交纳保证金。对于取保候审的方式,有保证金和保证人两种,公安机关根据具体情况可以灵活采用,但必须要秉持有利于犯罪嫌疑人的原则。这两种方式并无轻重之分,因此公安机关作出不同的处理符合公平正义的基本理念,故 C 项正确,A 项和 B 项错误;公安机关在选择不同的取保候审方式时不是毫无根据地任意选择,而且赋予其选择权并不是出于追求效率的考虑,故 D 项排除。

二、1. BC。本题考查刑事诉讼法的价值。刑事诉讼法的价值包括两方面内容:一是指刑事诉讼法的工具性价值,涉及刑事诉讼法与刑法的关系问题;二是指刑事诉讼法自身的价值,包括公正、效率、自由、秩序等,即刑事诉讼法作为程序法自身体现出来的不取决于实体法实施的作用。刑事诉讼主体的多元性决定了刑事诉讼法价值目标的多样性,这就必然存在不同价值目标的冲突与选择。其中,公正和效率的对立统一最为重要,两者协调发展的前提就是“公正优先,兼顾效率”,这也是刑事诉讼法的价值目标,故 D 项错误。A 项否定了刑事诉讼法的自身价值,错误理解了刑事诉讼法和刑法的关系,故 A 项错误。本题答案为 BC。

2. ACD。本题考查刑事诉讼法和刑法的关系。刑事诉讼法和刑法规定的内容是不一样的。刑法是刑事实体法,规定犯罪与刑罚;刑事诉讼法是刑事程序法,规定如何查明犯罪和惩罚犯罪。因此,A 选项正确。刑事诉讼法具有保障刑法正确适用的作用,也有自己独立的价值。刑事诉讼法的独立价值表现为:关于审判公开、辩护制度等规定,是民主、法治精神的体现;刑事诉讼法的制定和实施,就是在实现其自身蕴含的民主、法治、人权保障等价值。故 B 选项错误,CD 两选项正确。本题的正确答案为 ACD。

3. ABC。本题考查程序公正。最低限度的程序公正应当符合6 个方面的要求:(1)允许利益可能受裁判结果影响的人有充分的机会参与案件的裁判过程,并有效地对裁判者的裁判结论施加积极的影响;(2)案件的裁判者应当在控辩双方之间保持不偏不倚的中立地位,不使任何一方对其公正性产生合理怀疑;(3)控辩双方应有平等的机会参与裁判过程,从而获得平等的影响案件裁判结论的机会;(4)裁判者的裁判结论应有充分的证据加以支持,并经过充分的论证和裁判理由的说明;(5)裁判者的裁判应当及时产生;(6)裁判者应对案件给出一个终局的裁判结论。题目中的 ABC 选项,分别为第 3 项、第 5 项和第 2 项。

4. ABD。本题考查实体公正。实体公正,又称为“结果的公正”,有积极和消极两层含义之分。积极的实体公正必须符合 3 个条件:一是裁判是正确的;二是裁判是合法的;三是裁判应当在严格遵守法律规则与行使必要的自由裁量权下进行。消极的实体公正,即不枉不纵。C 项属于程序公正而非实体公正,故排除。本题答案为 ABD。

5. ABC。本题考查认罪认罚从宽的前提条件。《刑事诉讼法》第 15 条规定:“犯罪嫌疑人、被告人自愿如实供述自己的罪行,承认指控的犯罪事实,愿意接受处罚的,可以依法从宽处理。”故本题答案为 ABC。

三、1. ABD。本题考查刑事诉讼的基本理论。刑事诉讼结构包括横向结构和纵向结构。纵向结构指的是立案、侦查、起诉、审判、执行的流程。横向结构主要反映控辩审三方的关系。通常所说的刑事诉讼结构是指狭义上的刑事诉讼结构,即控辩审三方的关系。因此,A 选项正确。B、D 选项是程序正义的题中应有之义,正确。而 C 项属于实体公正的要求,而不属于程序公正的要求。本题答案为 ABD。

2. C。本题考查刑事诉讼的秩序价值。刑事诉讼的秩序价值包括两方面的含义:(1)通过惩治犯罪,维护社会秩序,即恢复被犯罪破坏的社会秩序以及预防社会秩序被犯罪破坏。(2)追究犯罪的活动是有序的。对刑事诉讼秩序价值的追求意味着对抑制犯罪行为、保持社会和平与稳定的期望。维护社会秩序的需要还表现为对社会及其成员安全的追求。这不仅需要控制社会暴力冲突，还要防止政府及其官员滥用权力而使社会成员没有安全保障。所以，国家刑事司法权的行使，必须受到刑事程序的规范。故ABD三项表述正确，C项中的效率价值和秩序价值之间没有直接的必然联系。

## 第二章　刑事诉讼法的基本原则

一、1. A。本题考查审判公开原则。《刑事诉讼法》第11条中规定，人民法院审判案件，除《刑事诉讼法》另有规定的以外，一律公开进行，而不是一般情况下应该公开，故A选项错误。B选项体现了《刑事诉讼法》第5条规定的独立行使审判权和检察权的原则，C选项体现了《刑事诉讼法》第9条的有权使用本民族语言文字进行诉讼的原则，D选项体现了《刑事诉讼法》第12条未经法院判决不得确定有罪的原则。

2. C。本题考查保障诉讼参与人的诉讼权利原则。A选项体现的是未经法院判决不得确定有罪的原则，B选项体现的是有权获得辩护的原则，D选项体现的是有权使用本民族语言文字进行诉讼的原则。

3. C。《刑事诉讼法》第16条规定：有下列情形之一的，不追究刑事责任，已经追究的，应当撤销案件，或者不起诉，或者终止审理，或者宣告无罪：(1)情节显著轻微、危害不大，不认为是犯罪的；(2)犯罪已过追诉时效期限的；(3)经特赦令免除刑罚的；(4)依照《刑法》告诉才处理的犯罪，没有告诉或者撤回告诉的；(5)犯罪嫌疑人、被告人死亡的；(6)其他法律规定免予追究刑事责任的。这是具有法定情形不予追究刑事责任原则。根据最高人民法院、最高人民检察院《关于办理盗窃刑事案件适用法律若干问题的解释》第1条第1款的规定，盗窃公私财物价值1000元至3000元以上、3万元至10万元以上、30万元至50万元以上的，应当分别认定为《刑法》第264条规定的“数额较大”“数额巨大”“数额特别巨大”。400元未达到定罪的数额标准，故属于《刑事诉讼法》第16条中的第一种情形，C项正确；A项属于证据不足不起诉，不属于《刑事诉讼法》第16条的情形，故A项排除；B项中，张某经过了法院的公正审判后得到无罪判决结果，其无罪源于未满足犯罪构成要件，不属于法定不起诉情形，故B项排除；D项属于酌定不起诉，排除。

4. D。本题考查上下级法院的关系。我国刑事审判中的法院独立不同于西方国家的法官个人独立，是指审判机关即法院在审理刑事案件的过程中保持独立，不受任何组织或个人的干预，因此A、B两项是错误的，不应选择。C选项具有迷惑性，实际上法院独立行使职权不能排除监督，监督不同于干预，相反地，法院行使职权的过程应当受到监督。D选项正确，人民法院上下级之间是监督与被监督关系而不是领导与被领导关系，每个人民法院的审判活动各自独立，上级人民法院对下级人民法院的监督只能通过第二审程序、死刑复核程序以及审判监督程序进行，上级法院不能直接指示下级法院如何办理具体案件。

5. D。本题考查《刑事诉讼法》第9条的规定：“各民族公民都有用本民族语言文字进行诉讼的权利。人民法院、人民检察院和公安机关对于不通晓当地通用的语言文字的诉讼参与人，应当为他们翻译。在少数民族聚居或者多民族杂居的地区，应当用当地通用的语言进行审讯，用当地通用的文字发布判决书、布告和其他文件。”国家机关不管对谁都用当地通用的语言文字进行诉讼，诉讼参与人不管在哪里都有权用自己的语言文字参加诉讼。不能沟通时，国家机关有义务为诉讼参与人提供翻译。

6. C。本题考查国家专门机关职权。参见《刑事诉讼法》第3条。

7. B。本题考查《刑事诉讼法》第12条的规定：未经人民法院依法判决，对任何人都不得确定有罪。因此，我国的刑事诉讼法按照案件所处的阶段严格区分了称呼，审判之前称为“犯罪嫌疑人”，进入审判阶段称为“被告人”，不能混淆这二者。而保障诉讼参与人的诉讼权利原则是指人民法院、人民检察院和公安机关应当保障犯罪嫌疑人、被害人和其他诉讼参与人依法享有的辩护权和其他诉讼权利，故选B。

二、1. AD。本题考查使用本民族语言文字进行诉讼的原则。《刑事诉讼法》第9条规定：“各民族公民都有用本民族语言文字进行诉讼的权利。人民法院、人民检察院和公安机关对于不通晓当地通用的语言文字的诉讼参与人，应当为他们翻译。在少数民族聚居或者多民族杂居的地区，应当用当地通用的语言进行审讯，用当地通用的文字发布判决书、布告和其他文件。”该案中，上海通用的语言是汉语，上海并非少数民族聚居或者多民族杂居的地区，所以审判和判决书的发布依然是使用汉语。同时，两被告不懂汉语，因此需要为二者提供翻译。因此，本题错误的选项是AD。

2. AB。本题考查未经法院依法判决，对任何人都不得确定有罪原则。这一原则明确规定了确定被告人有罪的权力由人民法院统一行使，其他任何机关、团体和个人都无权行使。人民法院判决被告人有罪，必须严格依照法定程序，在保障被告人享有充分的辩护权的基础上，依法组成审判庭进行公正、公开的审理。因此，A项和B项正确。这一原则在一定程度上吸收了无罪推定原则的精神，但并不表明已经全面认同和确立无罪推定原则，C项错误；我国刑事诉讼法只是在审查起诉和第一审程序中体现了疑罪从无的精神，从《刑事诉讼法》第12条中无法得出疑罪从无的结论，D项错误。

3. AB。本题考查刑事诉讼的基本原则。首先，本案违反了侦查权、检察权由专门机关行使的原则。本案应该由公安机关进行侦查，由检察机关进行起诉，但是公安局却与检察机关联合侦办此案，违反了侦查权、检察权、审判权由专门机关行使的刑事诉讼基本原则。其次，本案违反了人民法院依法独立行使职权的原则。人民法院独立行使职权是刑事诉讼的基本原则，其基本的含义是人民法院依法独立行使审判权，不受行政机关、社会团体和个人的干涉，而在本案中，社会媒体以及当地领导对案件的审理提建议，干涉法院对案件的审理，法院也最终听从了领导与舆论的要求，违反了人民法院依法独立行使职权的刑事诉讼基本原则。

4. ABCD。本题考查审判公开原则。《刑事诉讼法》第188条第1款规定："人民法院审判第一审案件应当公开进行。但是有关国家秘密或者个人隐私的案件，不公开审理；涉及商业秘密的案件，当事人申请不公开审理的，可以不公开审理。"《刑事诉讼法》第285条规定，审判的时候被告人不满18周岁的案件，不公开审理。

5. ACD。本题考查的是"人民法院、人民检察院依法独立行使职权"的原则。人民法院和人民检察院实行不同的领导体制，因此它们独立行使职权的主体范围有所不同。人民法院上下级之间是监督与被监督关系，而不是领导与被领导关系。每个人民法院的审判活动各自独立，上级人民法院对下级人民法院的监督只能通过第二审程序、死刑复核程序以及审判监督程序进行，上级法院不能直接指示下级法院如何办理具体案件，故D项错误。就每个人民法院内部而言，根据《刑事诉讼法》第185条的相关规定，独任法官和合议庭成员对一般刑事案件有独立判决权，但是对于疑难、复杂、重大的案件，合议庭认为难以作出决定的，由合议庭提请院长决定提交审判委员会讨论决定。对于审判委员会的决定，合议庭应当执行，而并非参考，故C项错误。与人民法院不同的是，人民检察院的上下级之间是领导与被领导关系，全国检察机关作为一个整体独立行使检察权。在刑事诉讼中，上级人民检察院有权对下级人民检察院的办案工作作出指示，下级人民检察院应当服从，故A项错误，B项正确。

6. AC。本题考查不追究刑事责任的法定情形。《刑事诉讼法》第16条规定：有下列情形之一的，不追究刑事责任，已经追究的，应当撤销案件，或者不起诉，或者终止审理，或者宣告无罪：(1)情节显著轻微、危害不大，不认为是犯罪的；(2)犯罪已过追诉时效期限的；(3)经特赦令免除刑罚的；(4)依照《刑法》告诉才处理的犯罪，没有告诉或者撤回告诉的；(5)犯罪嫌疑人、被告人死亡的；(6)其他法律规定免予追究刑事责任的。A项中侵占是自诉案件，属于第4种情况；C项属于第5种情况。

三、1. ABD。本题考查程序法定原则。程序法定原则包括两层含义：一是立法方面的要求，即刑事诉讼程序应当由法律事先明确规定；二是司法方面的要求，即刑事诉讼活动应当依据国家法律规定的刑事程序来进行，故A项正确。在大陆法系国家，程序法定原则与罪刑法定原则共同构成法定原则的内容。也就是说，法定原则既包括实体上的罪刑法定原则，也包括程序上的程序法定原则，故B项正确。在英美法系国家，刑事程序法定原则具体表现为正当程序原则，故C项错误。"以事实为根据，以法律为准绳"原则中，前半句是对实体方面的要求，后半句是对程序方面的要求，即程序法定原则，故D项正确。

2. (1)CD。本题考查国家安全机关职权。要正确解答本题，首先需要考生运用刑法学知识判断出该案中的乌日涉嫌构成为境外非法提供国家秘密、情报罪，这属于危害国家安全类的犯罪。根据《刑事诉讼法》第4条的规定，"国家安全机关依照法律规定，办理危害国家安全的刑事案件，行使与公安机关相同的职权"。根据《刑事诉讼法》第3条的规定，公安机关在刑事诉讼中的职权为"对刑事案件的侦查、拘留、执行逮捕、预审"。国家安全机关在办理危害国家安全的案件时，也应当行使这些职权。因此，A、B两项错误。根据侦查权、检察权、审判权由专门机关依法行使的基本原则，可判断出C项正确。又根据《刑事诉讼法》第188条的相关规定，有关国家秘密的案件不公开审理，故D项正确。

(2)AB。本题考查用本民族语言文字进行诉讼的原则。《刑事诉讼法》第9条规定："各民族公民都有用本民族语言文字进行诉讼的权利。人民法院、人民检察院和公安机关对于不通晓当地通用的语言文字的诉讼参与人，应当为他们翻译。在少数民族聚居或者多民族杂居的地区，应当用当地通用的语言进行审讯，用当地通用的文字发布判决书、布告和其他文件。"由此可知，由于本案发生在内蒙古自治区，本案应适用蒙古族语言文字，而无须为乌日聘请汉语翻译。根据"犯罪嫌疑人、被告人有权获得辩护""保障诉讼参与人的诉讼权利"等基本原则可知，辩护权是乌日依法享有的权利，依法由其行使，其当然可以选择放弃，而其权利的放弃，并不必然导致其可以不承担诉讼义务。根据《刑事诉讼法》第120条第1款的相关规定，犯罪嫌疑人对侦查人员的提问，应当如实回答。所以，答案为AB。

(3)D。本题考查不予追究刑事责任的情况。根据"具有法定情形不予追究刑事责任"的基本原则及最高人民法院《关于适用〈中华人民共和国刑事诉讼法〉的解释》(以下简称《刑诉解释》)第295条第1款第10项规定，被告人死亡的，应当裁定终止审理；但有证据证明被告人无罪，经缺席审理确认无罪的，应当判决宣告被告人无罪。

3. B。本题考查刑事诉讼法的基本原则。直接言词原则,是直接原则和言词原则的合称,是指法官必须在法庭上亲自听取被告人、证人及其他诉讼参与人的陈述,案件事实和证据应以口头方式向法庭提出,调查证据以口头辩论、质证、辨认的方式进行。A 项中,法官的行为违背了直接原则;C 项中,法官的行为违背了集中审理原则;D 项中,法官的行为违背了言词原则。

4. AD。选项 A、C 考查对从宽的理解。最高人民法院、最高人民检察院、公安部、国家安全部、司法部《关于适用认罪认罚从宽制度的指导意见》第 8 条第 1 款规定:"'从宽'的理解。从宽处理既包括实体上从宽处罚,也包括程序上从简处理。'可以从宽',是指一般应当体现法律规定和政策精神,予以从宽处理。但可以从宽不是一律从宽,对犯罪性质和危害后果特别严重、犯罪手段特别残忍、社会影响特别恶劣的犯罪嫌疑人、被告人,认罪认罚不足以从轻处罚的,依法不予从宽处罚。"本题中,赵某故意杀人,社会危害性极大,如果认罪认罚不足以从轻处罚,就可以不对其从宽处理。因此,选项 A 正确。《刑事诉讼法》第 15 条规定:"犯罪嫌疑人、被告人自愿如实供述自己的罪行,承认指控的犯罪事实,愿意接受处罚的,可以依法从宽处理。"最高人民法院、最高人民检察院、公安部、国家安全部、司法部《关于适用认罪认罚从宽制度的指导意见》第 8 条第 2 款规定:"办理认罪认罚案件,应当依照刑法、刑事诉讼法的基本原则,根据犯罪的事实、性质、情节和对社会的危害程度,结合法定、酌定的量刑情节,综合考虑认罪认罚的具体情况,依法决定是否从宽、如何从宽……"本题中,涉嫌交通肇事罪的孙某,自愿认罪认罚,赔偿被害人损失、被害人是否谅解只是从宽的考虑因素,不影响认罪认罚从宽的成立。因此,选项 C 错误。

选项 B 考查对认罪的理解。最高人民法院、最高人民检察院、公安部、国家安全部、司法部《关于适用认罪认罚从宽制度的指导意见》第 6 条规定:"……认罪认罚从宽制度中的'认罪',是指犯罪嫌疑人、被告人自愿如实供述自己的罪行,对指控的犯罪事实没有异议。承认指控的主要犯罪事实,仅对个别事实情节提出异议,或者虽然对行为性质提出辩解但表示接受司法机关认定意见的,不影响'认罪'的认定。犯罪嫌疑人、被告人犯数罪,仅如实供述其中一罪或部分罪名事实的,全案不作'认罪'的认定,不适用认罪认罚从宽制度,但对如实供述的部分,人民检察院可以提出从宽处罚的建议,人民法院可以从宽处罚。"本题中,钱某涉嫌受贿罪和滥用职权罪,如实自愿供述受贿情况,但是对滥用职权罪予以否认,全案不作"认罪"的认定,虽然不适用认罪认罚从宽制度,但法院可以对如实供述的部分从宽处罚。因此,选项 B 错误。

选项 D 考查对认罚的认定。最高人民法院、最高人民检察院、公安部、国家安全部、司法部《关于适用认罪认罚从宽制度的指导意见》第 7 条第 2 款规定:"'认罚'考察的重点是犯罪嫌疑人、被告人的悔罪态度和悔罪表现,应当结合退赃退赔、赔偿损失、赔礼道歉等因素来考量。犯罪嫌疑人、被告人虽然表示'认罚',却暗中串供、干扰证人作证、毁灭、伪造证据或者隐匿、转移财产,有赔偿能力而不赔偿损失,则不能适用认罪认罚从宽制度。犯罪嫌疑人、被告人享有程序选择权,不同意适用速裁程序、简易程序的,不影响'认罚'的认定。"本题中,犯罪嫌疑人、被告人享有程序选择权,若其不同意适用速裁程序,则不影响认罪认罚的成立。因此,选项 D 正确。

# 第三章　刑事诉讼中的专门机关和诉讼参与人

一、1. B。本题考查诉讼参与人。刘某是运用自己的法医知识对伤情这样一个专门性问题进行鉴定的人,因此是诉讼参与人,而非侦查人员。

2. D。本题考查合议庭与审判委员会。《人民法院组织法》第 43 条规定:"地方各级人民法院院长由本级人民代表大会选举,副院长、审判委员会委员、庭长、副庭长和审判员由院长提请本级人民代表大会常务委员会任免。在省、自治区内按地区设立的和在直辖市内设立的中级人民法院院长,由省、自治区、直辖市人民代表大会常务委员会根据主任会议的提名决定任免,副院长、审判委员会委员、庭长、副庭长和审判员由高级人民法院院长提请省、自治区、直辖市人民代表大会常务委员会任免。"故 A 项错误。《人民法院组织法》第 38 条第 3 款规定:"审判委员会举行会议时,同级人民检察院检察长或者检察长委托的副检察长可以列席。"公诉处处长无权列席审判委员会会议,故 B 项错误。《刑事诉讼法》第 185 条规定:"合议庭开庭审理并且评议后,应当作出判决。对于疑难、复杂、重大的案件,合议庭认为难以作出决定的,由合议庭提请院长决定提交审判委员会讨论决定。审判委员会的决定,合议庭应当执行。"审判委员会成员杨某的意见不能直接改变合议庭的合议结果,故 C 项错误。

3. C。本题主要考查单位作为被害人的相关特点。单位作为被害人时享有的诉讼权利与承担的诉讼义务,与自然人作为被害人时大体相同。主要表现在:(1)对公安机关应当立案而不立案的,有权向检察院提出意见,检察院应当要求公安机关说明不立案的理由,认为其理由不能成立的,应当通知公安机关立案,公安机关则必须立案,故 A 项说法错误。(2)不服地方各级人民法院第一审判决的,有权请求人民检察院抗诉,而不能直接向上级法院上诉,故 D 项错误。(3)有权提起附带民事诉讼。《刑事诉讼法》第 101 条规定:“被害人由于被告人的犯罪行为而遭受物质损失的,在刑事诉讼过程中,有权提起附带民事诉讼。被害人死亡或者丧失行为能力的,被害人的法定代理人、近亲属有权提起附带民事诉讼。如果是国家财产、集体财产遭受损失的,人民检察院在提起公诉的时候,可以提起附带民事诉讼。”故C项正确。注意:单位被害人参与刑事诉讼时,应由其法定代表人作为其诉讼代表人参加诉讼,而B项中“法定代理人”的适用情形是当事人为未成年人、无行为能力或者限制行为能力人,故B项错误。

4. D。本题考查可以委托代理人的刑事诉讼参与人的范围。《刑事诉讼法》第46条第1款规定:“公诉案件的被害人及其法定代理人或者近亲属,附带民事诉讼的当事人及其法定代理人,自案件移送审查起诉之日起,有权委托诉讼代理人。自诉案件的自诉人及其法定代理人,附带民事诉讼的当事人及其法定代理人,有权随时委托诉讼代理人。”所以,只有D选项正确。

二、1. AD。本题考查合议庭的组成。《刑事诉讼法》第183条规定,基层人民法院、中级人民法院审判第一审案件,应当由审判员3人或者由审判员和人民陪审员共3人或者7人组成合议庭进行,但是基层人民法院适用简易程序、速裁程序的案件可以由审判员一人独任审判;高级人民法院审判第一审案件,应当由审判员3人至7人或者由审判员和人民陪审员共3人或者7人组成合议庭进行;最高人民法院审判第一审案件,应当由审判员3人至7人组成合议庭进行;人民法院审判上诉和抗诉案件,由审判员3人或者5人组成合议庭进行;合议庭的成员人数应当是单数。《刑事诉讼法》第216条第1款规定,适用简易程序审理案件,对可能判处3年有期徒刑以下刑罚的,可以组成合议庭进行审判,也可以由审判员一人独任审判;对可能判处的有期徒刑超过3年的,应当组成合议庭进行审判。因此,本题选AD。

2. BCD。本题考查被害人与证人在诉讼权利上的区别。因为使用本民族语言文字进行诉讼,是所有诉讼参与人共同的诉讼权利,证人蔡某和被害人李某当然也共同享有此项权利。但是委托诉讼代理人的权利只有被害人李某才享有,证人蔡某没有此项权利,故B选项正确。按照《刑事诉讼法》第29条的规定,当事人及其法定代理人享有申请回避的权利,故李某有权申请回避,蔡某无此权利,C选项当选。至于庭审,被害人可以全程参加,而证人则只能在出庭作证时参加,故D选项符合题意。因此,本题的正确答案为BCD。

3. ABD。本题考查人民陪审员的条件、权利。《人民陪审员法》第11条第1款规定,因审判活动需要,可以通过个人申请和所在单位、户籍所在地或者经常居住地的基层群众性自治组织、人民团体推荐的方式产生人民陪审员候选人,经司法行政机关会同基层人民法院、公安机关进行资格审查,确定人民陪审员人选,由基层人民法院院长提请同级人民代表大会常务委员会任命。故A项错误。《人民陪审员法》第19条第1款规定:“基层人民法院审判案件需要由人民陪审员参加合议庭审判的,应当在人民陪审员名单中随机抽取确定。”故C项正确。《人民陪审员法》第6条规定:下列人员不能担任人民陪审员:(1)人民代表大会常务委员会的组成人员,监察委员会、人民法院、人民检察院、公安机关、国家安全机关、司法行政机关的工作人员;(2)律师、公证员、仲裁员、基层法律服务工作者;(3)其他因职务原因不适宜担任人民陪审员的人员。故D项错误。因此,本题的正确答案为ABD。

4. ACD。本题考查诉讼参与人、鉴定人的概念。A选项错误,有专门知识的人不是证人,是两个概念。有专门知识的人只是协助说明某项专业性的内容,证人是证明案件发生时的事实。B选项正确,所有知道案件事实的人,都有作证的义务。C选项错误,法定代理人代理的范围非常广泛,但是最后陈述是不可以由法定代理人代替的。D选项错误,鉴定人只能是自然人,不可以是单位。

## 第四章　管　　辖

一、1. B。本题考查地域管辖。《刑事诉讼法》第25条规定,刑事案件由犯罪地的人民法院管辖,故选B。

2. B。《刑诉解释》规定,对于被害人有证据证明的轻微刑事案件,被害人直接向人民法院起诉的,人民法院应当依法受理。对其中证据不足,可以由公安机关受理的,或者认为对被告人可能判处3年有期徒刑以上刑罚的,应当告知被害人向公安机关报案,或者移送公安机关立案侦查,故选B。

3. B。本题考查级别管辖和指定管辖问题。根据《刑事诉讼法》第27条的规定,上级人民法院可以指定下级人民法院审判管辖不明的案件,也可以指定下级人民法院将案件移送其他人民法院审判。根据《刑事诉讼法》第24条的规定,上级人民法院在必要的时候,可以审判下级人民法院管辖的第一审刑事案件,故选B。

二、1. AB。本题考查刑事诉讼法规定的地域管辖。根据《刑诉解释》第13条的规定,正在服刑的罪犯在判决宣告前还有其他罪没有判决的,由原审地人民法院管辖;由罪犯服刑地或者犯罪地的人民法院审判更为适宜的,可以由罪犯服刑地或者犯罪地的人民法院管辖。罪犯在服刑期间又犯罪的,由服刑地的人民法院管辖。罪犯在脱逃期间又犯罪的,由服刑地的人民法院管辖。但是,在犯罪地抓获罪犯并发现其在脱逃期间犯罪的,由犯罪地的人民法院管辖,故选 AB。

2. ABCD。本题考查地域管辖问题。《刑诉解释》第2条第1款规定,犯罪地包括犯罪行为地和犯罪结果地。以非法占有为目的的财产犯罪,犯罪地包括犯罪行为发生地和犯罪分子实际取得财产的犯罪结果发生地。从理论上讲,犯罪行为发生地应当包括犯罪预备地、犯罪行为实施地、销赃地等。具体到本题中,A市东区为二人制订计划处,A市西区拍照处属于犯罪预备地,A市南区属于犯罪行为实施地,A市北区属于犯罪分子实际取得财产的犯罪结果发生地,A市中区属于销赃地。因此,本题正确答案为 ABCD。

3. BC。本题考查地域管辖。《刑诉解释》第9条规定,中国公民在中国驻外使领馆内的犯罪,由其主管单位所在地或者原户籍地的人民法院管辖。

4. ABCD。本题考查网络犯罪案件的管辖。最高人民法院、最高人民检察院、公安部《关于办理信息网络犯罪案件适用刑事诉讼程序若干问题的意见》第2条规定:“信息网络犯罪案件由犯罪地公安机关立案侦查。必要时,可以由犯罪嫌疑人居住地公安机关立案侦查。信息网络犯罪案件的犯罪地包括用于实施犯罪行为的网络服务使用的服务器所在地,网络服务提供者所在地,被侵害的信息网络系统及其管理者所在地,犯罪过程中犯罪嫌疑人、被害人或者其他涉案人员使用的信息网络系统所在地,被害人被侵害时所在地以及被害人财产遭受损失地等。涉及多个环节的信息网络犯罪案件,犯罪嫌疑人为信息网络犯罪提供帮助的,其犯罪地、居住地或者被帮助对象的犯罪地公安机关可以立案侦查。”因此,本题正确答案为 ABCD。

三、1. (1)C。本题考查立案管辖。《刑事诉讼法》第4条规定:“国家安全机关依照法律规定,办理危害国家安全的刑事案件,行使与公安机关相同的职权。”本案中李军为R国情报机构提供国家秘密和情报的行为应由国家安全机关立案侦查,故A项错误,D项错误。《监察法》第11条规定,监察委员会依照《监察法》和有关法律规定履行监督、调查、处置职责:①对公职人员开展廉政教育,对其依法履职、秉公用权、廉洁从政从业以及道德操守情况进行监督检查。②对涉嫌贪污贿赂、滥用职权、玩忽职守、权力寻租、利益输送、徇私舞弊以及浪费国家资财等职务违法和职务犯罪进行调查。③对违法的公职人员依法作出政务处分决定;对履行职责不力、失职失责的领导人员进行问责;对涉嫌职务犯罪的,将调查结果移送人民检察院依法审查、提起公诉;向监察对象所在单位提出监察建议。故B项错误。《刑诉解释》第1条第2项规定,人民检察院没有提起公诉,被害人有证据证明的轻微刑事案件:①故意伤害案(《刑法》第234条第1款规定的);②非法侵入住宅案(《刑法》第245条规定的);③侵犯通信自由案(《刑法》第252条规定的);④重婚案(《刑法》第258条规定的);⑤遗弃案(《刑法》第261条规定的);⑥生产、销售伪劣商品案(《刑法》分则第三章第一节规定的,但严重危害社会秩序和国家利益的除外);⑦侵犯知识产权案(《刑法》分则第三章第七节规定的,但严重危害社会秩序和国家利益的除外);⑧《刑法》分则第四章、第五章规定的,对被告人可能判处3年有期徒刑以下刑罚的案件。本项规定的案件,被害人直接向人民法院起诉的,人民法院应当依法受理。对其中证据不足、可以由公安机关受理的,或者认为对被告人可能判处3年有期徒刑以上刑罚的,应当告知被害人向公安机关报案,或者移送公安机关立案侦查。因此,本案中李军的重婚行为可以由人民法院直接受理,C项正确。

(2)B。本题考查法院的级别管辖。《刑事诉讼法》第21条规定,中级人民法院管辖下列第一审刑事案件:①危害国家安全、恐怖活动案件;②可能判处无期徒刑、死刑的案件。因此,本案中李军为R国情报机构提供国家秘密和情报的行为应由温州市中级人民法院管辖。《刑诉解释》第15条规定,一人犯数罪、共同犯罪或者其他需要并案审理的案件,其中一人或者一罪属于上级人民法院管辖的,全案由上级人民法院管辖。因此,本案中李军的所有行为都应由温州市中级人民法院管辖,故B项正确。

(3)C。本题考查审判公开原则的例外。《刑诉解释》第222条规定,审判案件应当公开进行。案件涉及国家秘密或者个人隐私的,不公开审理;涉及商业秘密,当事人提出申请的,法庭可以决定不公开审理。不公开审理的案件,任何人不得旁听,但法律另有规定的除外。本案中,李军为R国情报机构提供国家秘密和情报的行为涉及国家秘密,因而应当不公开审理本案,故C项正确,A项错误。涉及个人隐私的案件,应当不公开审理,不需要当事人向法院提出不公开审理的申请,故B项错误。涉及商业秘密的案件,必须由当事人向法院提出不公开审理的申请,法院才会决定是否不公开审理,法院不能不经当事人提出申请而自行决定不公开审理,故D项错误。

2. (1)CD。本题考查移送管辖问题。《刑诉解释》第17条第1款规定,基层人民法院对可能判处无期徒刑、死刑的第一审刑事案件,应当移送中级人民法院审判。《刑诉解释》第15条规定,一人犯数罪、共同犯罪或者其他需要并案审理的案件,其中一人或者一罪属于上级人民法院管辖的,全案由上级人民法院管辖。故A、B项错误。《刑诉解释》第16条规定,上级人民法院决定审判下级人民法院管辖的第一审刑事案件的,应当向下级人民法院下达改变管辖决定书,并书面通知同级人民检察院。故C、D项正确。

(2)BCD。本题考查地域管辖。参见《刑事诉讼法》第25条规定:“刑事案件由犯罪地的人民法院管辖。如果由被告人居住地的人民法院审判更为适宜的,可以由被告人居住地的人民法院管辖。”故B、C、D项正确。

(3)CD。本题考查指定管辖。《刑诉解释》第18条规定,有管辖权的人民法院因案件涉及本院院长需要回避或者其他原因,不宜行使管辖权的,可以请求移送上一级人民法院管辖。上一级人民法院可以管辖,也可以指定与提出请求的人民法院同级的其他人民法院管辖。故C、D项正确。

## 第五章　回　　避

一、1. C。本题考查回避的程序。根据《刑诉解释》第35条第2款的规定,对于不属于法定回避理由的回避申请,由法庭当庭驳回,并不得申请复议。故选C。

2. D。本题考查的是任职回避的规定。《刑事诉讼法》和相关法律对任职回避的规定比较零散,因此考生对该问题容易忽略。选项A中情形需要回避,审判人员和人民法院其他工作人员离任后2年内,不能在任何法院辖区内以律师身份担任辩护人。选项B中情形需要回避,同一个人不能在诉讼的不同阶段分别作为侦查人员、检察人员、审判人员参与刑事诉讼。选项C中情形需要回避,这是刑事诉讼法关于另行组成合议庭的规定,其实质也是有关回避的问题。选项D中情形不需要回避,审判人员和人民法院其他工作人员离任2年后,也不得担任原单位办理案件的辩护人,但要注意,作为被告人的近亲属或者监护人进行辩护的除外。因此选项D中,王某作为其弟弟的辩护人参加诉讼是法律所允许的。

3. A。本题考查回避人员的范围。根据《刑事诉讼法》第32条第1款的规定,本章关于回避的规定适用于书记员、翻译人员和鉴定人。刘某的妹妹作为亲属是不可以担任本案的翻译人员的。故选A。

4. C。本题考查回避的程序与审查决定。根据《刑事诉讼法》第31条第1款的规定,审判人员、检察人员、侦查人员的回避,应当分别由院长、检察长、公安机关负责人决定;院长的回避,由本院审判委员会决定;检察长和公安机关负责人的回避,由同级人民检察院检察委员会决定。而本题中甲涉嫌的是玩忽职守罪,且甲被立案侦查而非调查,因而侦查人员王某应当为检察机关工作人员,其回避应由检察长决定。故选C。

5. D。本题考查回避决定的效力。《人民检察院刑事诉讼规则》(以下简称《高检规则》)第36条第2款规定,被决定回避的其他检察人员在回避决定作出以前所取得的证据和进行的诉讼行为是否有效,由检察长根据案件具体情况决定。故选D。

6. C。本题考查回避。A选项中如果被告人申请回避的事由不属于《刑事诉讼法》第29条、第30条规定情形的回避申请,则应由法庭当庭驳回,不得申请复议,并不必然引起休庭;B的主体为当事人及其法定代理人,公诉人不可以申请复议;D选项考查任职回避,但是并不必然,张法官在任职回避期限内是可以为自己的近亲属担任辩护人的。故选C。

二、1. ACD。本题考查刑事诉讼中回避申请权的归属。根据《刑事诉讼法》第29条和第32条的规定,当事人及其法定代理人、辩护人、诉讼代理人均可以要求符合法定回避情形的人员回避。

2. BD。本题考查回避的理由。《刑事诉讼法》第30条规定:“审判人员、检察人员、侦查人员不得接受当事人及其委托的人的请客送礼,不得违反规定会见当事人及其委托的人。审判人员、检察人员、侦查人员违反前款规定的,应当依法追究法律责任。当事人及其法定代理人有权要求他们回避。”乙是甲的法定代理人,具有独立的申请回避权,因此A项错误。根据《刑诉解释》第33条的规定,当事人及其法定代理人依照《刑事诉讼法》第30条和该解释第28条的规定申请回避的,应当提供证明材料,因此B项正确。根据《刑事诉讼法》第31条、第32条的规定,C项错误、D项正确。

3. BD。本题考查回避的主体。回避的适用人员,是指在法律明确规定的回避情形下应当回避的公安司法人员的范围。只有属于这一范围内的人员才需要自行主动回避,或者被当事人等人员申请回避。根据《刑事诉讼法》第29条和第32条以及最高人民法院、最高人民检察院有关解释的规定,适用回避制度的人员包括:审判人员、检察人员、侦查人员以及参与侦查、起诉、审判活动的法官助理、书记员、翻译人员、鉴定人、司法警察、勘验人员、执行员。注意:其中不包括证人,故而张某作为证人是不适用回避制度的,A项说法正确,B项错误。注意在本案的刑事诉讼中,张某未被起诉,故而不能被称为刑事诉讼中的当事人,所以D项的说法错误。而根据题目中所提供的信息,张某有可能成为本案中附带民事诉讼的当事人,则刑事部分的审理结果在一定程度上与其有利害关系,张审判长作为其姐姐,应当回避,故C项正确。

4. ABC。本题考查回避的理由。依《刑事诉讼法》第30条规定,审判人员、检察人员、侦查人员不得接受当事人及其委托的人的请客送礼,不得违反规定会见当事人及其委托的人。审判人员、检察人员、侦查人员违反前款规定的,当事人及其法定代理人有权要求他们回避。根据这一规定,公安司法人员接受当事人及其委托人的“请客送礼”,违反规定会见当事人及其委托人,满足回避的条件,故A项当选。另外,根据最高人民法院《关于审判人员在诉讼活动中执行回避制度若干问题的规定》(以下简称《回避规定》)第 2 条的规定,审判人员具有下列情形之一的,当事人及其法定代理人有权申请其回避:(1)私下会见本案一方当事人及其诉讼代理人、辩护人的;(2)为本案当事人推荐、介绍诉讼代理人、辩护人,或者为律师、其他人员介绍办理该案件的;(3)索取、接受本案当事人及其受托人的财物、其他利益,或者要求当事人及其受托人报销费用的;(4)接受本案当事人及其受托人的宴请,或者参加由其支付费用的各项活动的;(5)向本案当事人及其受托人借款,借用交通工具、通讯工具或者其他物品,或者索取、接受当事人及其受托人在购买商品、装修住房以及其他方面给予的好处的;(6)有其他不正当行为,可能影响案件公正审理的。注意:《回避规定》适用于审判人员。题目中的 B 项、C 项分别符合上述的第 5 项、第 2 项情形,构成回避理由。而 D 项为法院的指定辩护义务,不属于违规行为。

三、1.(1)ABCD。本题考查回避适用的主体。在假设回避理由都成立的情况下,本题实际上是考查回避适用诉讼阶段的范围。根据《刑事诉讼法》的规定,回避适用于审判人员、检察人员和侦查人员等,因而适用于侦查、起诉和审判等各个诉讼阶段。《刑事诉讼法》第 190 条第 1 款规定,开庭的时候,审判长告知当事人有权对合议庭组成人员、书记员、公诉人、鉴定人和翻译人员申请回避。而对侦查、起诉阶段回避的程序,《刑事诉讼法》没有作出明确的规定,相关内容可参见最高人民法院、最高人民检察院、公安部、国家安全部、司法部、全国人大常委会法制工作委员会《关于实施刑事诉讼法若干问题的规定》(以下简称《六机关规定》),《刑诉解释》及《公安机关办理刑事案件程序规定》(以下简称《公安部规定》)。

(2)C。本题考查回避的理由、方式。根据《刑事诉讼法》第 29 条的规定及相关司法解释,侦查人员等如果本身就是本案的犯罪嫌疑人、被告人、被害人或其近亲属,则应当回避。至于当事人近亲属的范围问题,根据《刑事诉讼法》第 108 条第 6 项的规定,其包括当事人的"夫、妻、父、母、子、女、同胞兄弟姊妹"。本案中的小李不是被害人的同胞哥哥,但结合《刑事诉讼法》第 29 条的规定,侦查人员"与本案当事人有其他关系,可能影响公正处理案件的",应当回避。小李与被害人的这种表兄弟关系,可能会影响其公正处理案件,所以小李应当回避。注意:关于小李回避的理由,A、B 项的说法均不正确,故不选。还需要注意《回避规定》第 1 条对"审判人员的近亲属"作了进一步的解释,规定与当事人有夫妻、直系血亲、三代以内旁系血亲及近姻亲关系的审判人员都应当回避。又根据《刑事诉讼法》第 31 条的规定,侦查人员的回避,应当由公安机关负责人决定,故 C 项正确,D 项错误。

(3)BCD。本题考查回避的主体。根据《回避规定》第 1 条的规定,与当事人有夫妻、直系血亲、三代以内旁系血亲及近姻亲关系的审判人员都应当回避,故审判员丙作为本案被告人的姻亲,应当回避;担任过本案勘验人的审判人员,也应当回避,故审判员乙应当回避;与本案的诉讼代理人、辩护人有夫妻、父母、子女或者同胞兄弟姐妹关系的审判人员,应当回避,而审判长甲仅为本案辩护人的表哥,非同胞兄弟姐妹,故依法不需回避。根据《刑事诉讼法》第 239 条的规定,原审人民法院对于发回重新审判的案件,应当另行组成合议庭,依照第一审程序进行审判。根据上述规定,对于经过第二审程序裁定发回重审的案件,原审法院负责审理此案的原合议庭组成人员不得再参与对案件的审理,故原一审合议庭(现重审合议庭)依法应当回避。

2. BCD。本题考查回避的理由、方式。参见《刑事诉讼法》第 29 条、第 30 条的规定。

# 第六章　辩护与代理

## 基础知识篇

一、1. C。本题考查辩护人的范围。参见《刑事诉讼法》第 33 条。

2. A。本题考查诉讼代理人的代理权限。作为诉讼代理人,律师必须有委托人的特别授权才可以参与对实体权利的处理,如决定是否上诉或撤诉、与对方当事人和解。依照相关司法解释,在仅仅有"全权代理"没有特别授权的情况下,该授权属于普通授权,代理人不得处理当事人的实体权利。

3. D。本题考查律师辩护人与非律师辩护人享有权利的区别。根据《刑事诉讼法》第 38 ~ 46 条的规定,注意前三个选项的主体均应且只能为"辩护律师",非律师身份的辩护人只能行使 D 选项中的权利。

4. D。本题考查法律援助值班律师的职责。根据《刑事诉讼法》第 36 条第 1 款的规定,值班律师可以为犯罪嫌疑人、被告人提供法律咨询、程序选择建议、申请变更强制措施、对案件处理提出意见等法律帮助。

二、1. ABC。本题考查法律援助辩护。《刑事诉讼法》第 35、278 条规定了应当法律援助的范围,ABC 皆符合法律规定的情形,D 选项中的某丁虽然经济困难并提出了法律援助的申请,但并不一定符合法律援助的条件。故答案为 ABC。

2. ABCD。本题综合考查辩护。A 选项中如果满足以下 3 种情形可以担任辩护人:(1)是被告人的监护人、近亲属;(2)被告人委托担任辩护人;(3)法院可以准许担任辩护人。B 选项中实体辩护与程序辩护是同时进行的。C 选项中律师享有的调查取证权是自行调查取证,而非法院代为调查取证。《刑事诉讼法》第 46 条第 1 款规定:"公诉案件的被害人及其法定代理人或者近亲属,附带民事诉讼的当事人及其法定代理人,自案件移送审查起诉之日起,有权委托诉讼代理人。自诉案件的自诉人及其法定代理人,附带民事诉讼的当事人及其法定代理人,有权随时委托诉讼代理人。”D选项中侵占罪属于绝对自诉案件,但是被害人的妹妹不属于自诉人及其法定代理人,无权随时委托诉讼代理人,因此D选项错误。

3. ABC。本题考查辩护人的权利与义务。辩护人的责任是根据事实和法律,提出犯罪嫌疑人、被告人无罪、罪轻或者减轻、免除其刑事责任的材料和意见,维护犯罪嫌疑人、被告人的诉讼权利和其他合法权益。我国《律师法》第32条第2款规定:“律师接受委托后,无正当理由的,不得拒绝辩护或者代理。但是,委托事项违法、委托人利用律师提供的服务从事违法活动或者委托人故意隐瞒与案件有关的重要事实的,律师有权拒绝辩护或者代理。”因此,在法定条件下,韩某是可以拒绝为范某继续辩护的。

4. AC。本题考查有权委托诉讼代理人的主体。《刑事诉讼法》第46条第1款规定:“公诉案件的被害人及其法定代理人或者近亲属,附带民事诉讼的当事人及其法定代理人,自案件移送审查起诉之日起,有权委托诉讼代理人。自诉案件的自诉人及其法定代理人,附带民事诉讼的当事人及其法定代理人,有权随时委托诉讼代理人。”《刑事诉讼法》第108条第5项规定,诉讼代理人是指公诉案件的被害人及其法定代理人或者近亲属、自诉案件的自诉人及其法定代理人委托代为参加诉讼的人和附带民事诉讼的当事人及其法定代理人委托代为参加诉讼的人。《刑事诉讼法》第108条第6项规定,近亲属是指夫、妻、父、母、子、女、同胞兄弟姊妹。A项,本案为公诉案件,乙的母亲是乙的近亲属,有权为乙委托诉讼代理人,故正确。B项,乙的祖父不是近亲属,无权委托,故错误。C项,乙本人当然有权委托诉讼代理人,故正确。D项,乙的好友丙无权为乙委托诉讼代理人,故错误。

## 理解与应用篇

一、1. A。本题考查辩护。《刑诉解释》第43条规定:一名被告人可以委托一至二人作为辩护人。一名辩护人不得为两名以上的同案被告人,或者未同案处理但犯罪事实存在关联的被告人辩护。

2. B。本题考查法律援助。根据《刑事诉讼法》第278条的规定,未成年犯罪嫌疑人、被告人没有委托辩护人的,人民法院、人民检察院、公安机关应当通知法律援助机构指派律师为其提供辩护。《刑诉解释》第50条规定,被告人拒绝法律援助机构指派的律师为其辩护,坚持自己行使辩护权的,人民法院应当准许。属于应当提供法律援助的情形,被告人拒绝指派的律师为其辩护的,人民法院应当查明原因。理由正当的,应当准许,但被告人应当在5日以内另行委托辩护人;被告人未另行委托辩护人的,人民法院应当在3日以内通知法律援助机构另行指派律师为其提供辩护。所以,答案为B。

3. C。本题考查不得担任辩护人的情形。根据《刑事诉讼法》第33条第2款的规定,正在被执行刑罚或者依法被剥夺、限制人身自由的人,不得担任辩护人,故B项错误。根据《刑诉解释》第40条的规定,被开除公职或者被吊销律师、公证员执业证书的人,人民法院、人民检察院、监察机关、公安机关、国家安全机关、监狱的现职人员,人民陪审员,与本案审理结果有利害关系的人,外国人或者无国籍人,以上五类只有是被告人的近亲属或者监护人,由被告人委托担任辩护人的,人民法院才可以准许其担任辩护人。故A项、D项错误,C项正确。

二、1. AB。本题考查辩护人的权利和义务。《刑事诉讼法》第38条规定:“辩护律师在侦查期间可以为犯罪嫌疑人提供法律帮助;代理申诉、控告;申请变更强制措施;向侦查机关了解犯罪嫌疑人涉嫌的罪名和案件有关情况,提出意见。”因此,A项正确。《刑事诉讼法》第39条第1款规定:“辩护律师可以同在押的犯罪嫌疑人、被告人会见和通信。其他辩护人经人民法院、人民检察院许可,也可以同在押的犯罪嫌疑人、被告人会见和通信。”因此,B项正确。《刑事诉讼法》第42条规定:“辩护人收集的有关犯罪嫌疑人不在犯罪现场、未达到刑事责任年龄、属于依法不负刑事责任的精神病人的证据,应当及时告知公安机关、人民检察院。”辩护人及时告知的内容并非一切有利于被告人的,而是法定的相关内容。因此,C项错误。《刑事诉讼法》第48条规定:“辩护律师对在执业活动中知悉的委托人的有关情况和信息,有权予以保密。但是,辩护律师在执业活动中知悉委托人或者其他人,准备或者正在实施危害国家安全、公共安全以及严重危害他人人身安全的犯罪的,应当及时告知司法机关。”对于其委托人曾经实施的犯罪行为,辩护人并没有告知司法机关的义务。因此,D项错误。

2. AC。本题考查对辩护人的人身保障权。对于辩护人在履行辩护职责时涉嫌犯罪的,在应当追究刑事责任的同时,也应从保障犯罪嫌疑人、被告人辩护权的角度给予辩护人相应的人身保障。根据《刑事诉讼法》第44条第2款的规定,辩护人涉嫌犯罪的,应当由办理辩护人所承办案件的侦查机关以外的侦查机关办理;辩护人是律师的,应当及时通知其所在的律师事务所或者所属的律师协会。故B项错误。根据《六机关规定》第9条规定,公安机关、人民检察院发现辩护人涉嫌犯罪,或者接受报案、控告、举报、有关机关的移送,依照侦查管辖分工进行审查后认为符合立案条件的,应当按照规定报请办理辩护人所承办案件的侦查机关的上一级侦查机关指定其他侦查机关立案侦查，或者由上一级侦查机关立案侦查；不得指定办理辩护人所承办案件的侦查机关的下级侦查机关立案侦查。故A项、C项正确，D项错误。

3. BCD。本题考查辩护律师的调查取证权。辩护律师向被害人或者其近亲属、被害人提供的证人取证须经人民检察院或者人民法院许可，并且经被害人或者其近亲属、被害人提供的证人同意，两个条件缺一不可，故A项错误。根据《高检规则》第52条的规定，案件移送起诉后，辩护律师依法律规定申请人民检察院收集、调取证据的，人民检察院认为需要收集、调取证据的，应当决定收集、调取并制作笔录附卷；决定不予收集、调取的，应当书面说明理由。人民检察院根据辩护律师的申请收集、调取证据时，辩护律师可以在场。故B项正确。根据《刑诉解释》第59～61条的规定，辩护律师向证人或者有关单位、个人收集、调取与本案有关的证据材料，因证人或者有关单位、个人不同意，申请人民法院收集、调取，或者申请通知证人出庭作证，人民法院认为确有必要的，应当同意；而辩护律师直接申请人民法院向证人或者有关单位、个人收集、调取证据，人民法院认为确有必要，且不宜或者不能由辩护律师收集、调取的，应当同意；人民法院对于辩护律师调查取证的申请，应当在5日内作出决定；人民法院收集、调取证据材料后，应当及时通知辩护律师查阅、摘抄、复制，并告知人民检察院。故C项、D项正确。

4. ACD。本题考查辩护人的资格。根据《刑事诉讼法》第33条第3款的规定，被开除公职和被吊销律师、公证员执业证书的人，不得担任辩护人，但系犯罪嫌疑人、被告人的监护人、近亲属的除外。故A项正确，B项错误。根据《刑事诉讼法》第33条第1款的规定，犯罪嫌疑人、被告人所在单位推荐的人及其监护人、亲友，可以被委托为辩护人，故C项、D项正确。

### 综合提高篇

一、CD。本题考查对辩护人的人身保障权。根据《刑事诉讼法》第44条第2款的规定，辩护人涉嫌犯罪的，应当由办理辩护人所承办案件的侦查机关以外的侦查机关办理；辩护人是律师的，应当及时通知其所在的律师事务所或者所属的律师协会。故A、B项错误。根据《六机关规定》第9条的规定，公安机关、人民检察院发现辩护人涉嫌犯罪，或者接受报案、控告、举报、有关机关的移送，依照侦查管辖分工进行审查后认为符合立案条件的，应当按照规定报请办理辩护人所承办案件的侦查机关的上一级侦查机关指定其他侦查机关立案侦查，或者由上一级侦查机关立案侦查；不得指定办理辩护人所承办案件的侦查机关的下级侦查机关立案侦查。故C、D项正确。

二、1. ABD。本题考查辩护人的范围。参见《刑事诉讼法》第33条。

2. (1) A。本题考查侦查阶段提供法律帮助的律师介入诉讼的时间。

(2) BD。本题考查禁止担任辩护人的人员范围。《刑事诉讼法》第33条规定犯罪嫌疑人、被告人的监护人、亲友可以被委托成为辩护人。因此B、D两项入选。

(3) D。本题考查法院指定辩护的情形。根据本案情节，王某有可能被判处死刑，根据《刑诉解释》第47条的规定，人民法院应当为其指定辩护人。

(4) BCD。本题考查对被告人拒绝辩护的处理。《刑诉解释》第50条规定，被告人拒绝法律援助机构指派的律师为其辩护，坚持自己行使辩护权的，人民法院应当准许。属于应当提供法律援助的情形，被告人拒绝指派的律师为其辩护的，人民法院应当查明原因。理由正当的，应当准许，但被告人应当在5日以内另行委托辩护人；被告人未另行委托辩护人的，人民法院应当在3日内通知法律援助机构另行指派律师为其提供辩护。因此，B、C、D三项正确。

## 第七章　刑事证据

### 基础知识篇

一、1. B。本题考查非法证据排除。《刑事诉讼法》第56条第1款规定："采用刑讯逼供等非法方法收集的犯罪嫌疑人、被告人供述和采用暴力、威胁等非法方法收集的证人证言、被害人陈述，应当予以排除。收集物证、书证不符合法定程序，可能严重影响司法公正的，应当予以补正或者作出合理解释；不能补正或者作出合理解释的，对该证据应当予以排除。"A选项不当选，因为对犯罪嫌疑人刑讯逼供，排除的只是供述，不包括辩解。C选项不当选，因为在刑讯逼供下取得的供述不可以作为定案根据，但根据此供述找到的赃款赃物、作案工具可以作为定案根据；在暴力、威胁下取得的证人证言不可作为定案根据，但根据此证人证言找到的款、物、作案工具等可以作为定案根据。D选项不符合应当排除的条件，不当选。

2. B。本题考查原始证据与传来证据。以证据来源作为划分标准，凡是直接源于案件事实的证据材料为原始证据，凡是不是直接源于案件事实，即从间接的非第一来源获得的证据为传来证据。B项属于传来证据，A、C、D项属于原始证据。

3. A。本题考查直接证据与间接证据。根据证据与案件主要事实的证明关系不同，可以将证据划分为直接证据和间接证据。能够单独直接证明案件主要事实的证据是直接证据，不能单独直接证明案件主要事实，需要与其他证据相结合才能证明的是间接证据。

A 项属于直接证据,B、C、D 项属于间接证据。

4. D。本题考查证人证言。证人证言,是指证人就其所了解的案件情况向公安司法机关所作的陈述。因此,D 项正确。

5. D。本题考查鉴定人与鉴定意见。同一案件有几个鉴定人时,鉴定人之间有权相互讨论、研究,共同作出一份鉴定意见。但是几个鉴定人意见不一致时,每个鉴定人有权单独作出自己的鉴定意见。因此,D 项正确。

6. C。本题考查证据的关联性。A 项,证据必须与案件事实有客观联系,对证明刑事案件事实具有某种实际意义,并非具备因果关系就具备证据的关联性,故 A 项错误。B 项,没有关联性的证据不具有可采性,但具有关联性的证据未必都具有可采性,仍有可能出于利益考虑,或者由于某种特殊规则,而不具有可采性,故 B 项错误。C 项,证据与待证事实的关联度决定证据证明力的大小,故 C 项正确。D 项,类似行为一般不具有关联性,故 D 项错误。

二、1. ABC。本题考查证据的一些基本问题。参见《刑事诉讼法》第 54 条、第 62 条、第 65 条。

2. ACD。本题考查"证据确实、充分"的标准。参见《刑事诉讼法》第 55 条。

3. AD。本题考查证人与鉴定人的特征。B 项中,证人是当事人以外的知道案情的人,其与当事人之间可能存在利害关系。所以,B 项错误。C 项中,鉴定人是可以替代的。所以,C 项错误。

4. BCD。本题考查证据的种类。B 项,该字条应该是书证。C 项,该陈述属于证人证言。D 项属于物证。

## 理解与应用篇

一、1. B。本题考查直接言词原则。直接言词原则,是指法官必须在法庭上亲自听取当事人、证人及其他诉讼参与人的口头陈述,案件事实和证据必须由控辩双方当庭口头提出并以口头辩论和质证的方式进行调查。直接言词原则包括直接原则和言词原则两项原则,故 B 项体现直接言词原则的要求。A 项仅体现直接原则中的直接采证原则,不符合题意。C 项体现的是集中审理原则。D 项体现的是审判公开原则。

2. C。本题考查证据的种类。其中 A 项属于电子数据,B 项属于视听资料,D 项属于犯罪嫌疑人、被告人供述和辩解,故选 C。

3. D。本题考查证据的分类。本案中,分赃协议一方面以其记录的分赃计划证明案件事实,具有书证属性;另一方面又帮助侦查机关通过笔迹的外部特征确认犯罪嫌疑人,具有物证属性。

4. D。本题考查证据的属性及非法证据排除。证据理论一般认为,某个人的特定品格在证明该人在特定条件下实施了与此品格相一致的行为上,不具有关联性,A 选项错误。根据《刑事诉讼法》第 56 条第 1 款的规定:"采用刑讯逼供等非法方法收集的犯罪嫌疑人、被告人供述和采用暴力、威胁等非法方法收集的证人证言、被害人陈述,应当予以排除。收集物证、书证不符合法定程序,可能严重影响司法公正的,应当予以补正或者作出合理解释;不能补正或者作出合理解释的,对该证据应当予以排除。"我国法律规定对犯罪嫌疑人的辩解不予排除,B 选项认为其辩解不可以作为定案根据是错误的。收集物证、书证不符合法定程序,可能严重影响司法公正的,应当予以补正或者作出合理解释;不能补正或者作出合理解释的,对该证据应当予以排除。C 项错误,D 项正确。

5. C. 本题考查最高人民法院、最高人民检察院、公安部、国家安全部、司法部《关于办理刑事案件严格排除非法证据若干问题的规定》(以下简称《严格排除非法证据规定》)有关非法证据排除的内容。《严格排除非法证据规定》第 7 条规定:"收集物证、书证不符合法定程序,可能严重影响司法公正的,应当予以补正或者作出合理解释;不能补正或者作出合理解释的,对有关证据应当予以排除。"日记作为书证,违法收集可能影响司法公正的,只有在不能补正或者不能作出合理解释的情况下才能排除,故 A 选项错误。《严格排除非法证据规定》第 3 条规定,采用以暴力或者严重损害本人及其近亲属合法权益等进行威胁的方法,针对的对象是犯罪嫌疑人、被告人的近亲属而非亲属,故 B 选项错误。根据《严格排除非法证据规定》第 6 条的规定,"采用暴力、威胁以及非法限制人身自由等非法方法收集的证人证言、被害人陈述,应当予以排除",故 C 选项正确。《严格排除非法证据规定》第 5 条规定,重复性供述的获取必须在受到先前刑讯逼供行为影响的情况下才能予以排除,且存在排除的两种例外情况,并非一概予以排除,故 D 选项错误。

6. A。本题考查证人作证的相关问题。《刑事诉讼法》第 65 条规定:"证人因履行作证义务而支出的交通、住宿、就餐等费用,应当给予补助。证人作证的补助列入司法机关业务经费,由同级政府财政予以保障。有工作单位的证人作证,所在单位不得克扣或者变相克扣其工资、奖金及其他福利待遇。"能够享受补偿的是证人,并非鉴定人,故 A 选项错误。根据《刑事诉讼法》第 64 条的规定,对于危害国家安全犯罪、恐怖活动犯罪、黑社会性质的组织犯罪、毒品犯罪等案件,证人、鉴定人、被害人因在诉讼中作证,本人或者其近亲属的人身安全面临危险的,人民法院、人民检察院和公安机关应当采取以下一项或者多项保护措施:(1)不公开真实姓名、住址和工作单位等个人信息;(2)采取不暴露外貌、真实声音等出庭作证措施;(3)禁止特定的人员接触证人、鉴定人、被害人及其近亲属；(4)对人身和住宅采取专门性保护措施；(5)其他必要的保护措施。故B、C、D项正确。

二、1. ABD。本题考查刑事诉讼中负有证明责任主体。我国《刑事诉讼法》第51条规定："公诉案件中被告人有罪的举证责任由人民检察院承担，自诉案件中被告人有罪的举证责任由自诉人承担。"所以，C项正确。B选项属于检察院直接立案侦查的案件，故依法应由检察院侦查部门负责证明其符合逮捕的条件，B选项错误。犯罪嫌疑人、被告人一般情况下不承担证明自己无罪的责任，故D项说法错误。此处需要注意一个例外情况，根据《刑法》第395条第1款的规定，巨额财产来源不明罪是典型的证明责任倒置，即犯罪嫌疑人负有说明其明显超过合法收入的那部分财产来源的责任，如果不能说明来源是合法的，则以巨额财产来源不明罪论处。但是证明犯罪嫌疑人为国家工作人员等事实存在的责任，仍然由司法机关承担，故A项说法错误。

2. CD。本题考查证据的分类。有罪证据是指能够证明犯罪事实存在，犯罪嫌疑人、被告人有罪，或者加强犯罪嫌疑人、被告人刑事责任的证据。有罪证据一般是由控诉人对犯罪嫌疑人、被告人进行指控时提出的，也是人民法院作出有罪判决和加重处罚的根据，所以也叫控诉证据。无罪证据是指反驳控诉，能够证明犯罪事实不存在，或者证明犯罪嫌疑人、被告人无罪、罪轻以及减轻他们刑事责任的证据。无罪证据一般也是辩护证据。原始证据是指直接源于案件的第一手证明材料，如犯罪现场遗留的物品、痕迹等。而传来证据是经过转手传抄等第二手或者第二手以上的材料，如各种物证的复制品、证人转述从别人处听到的情况等。

3. ABD。本题考查刑事诉讼的证明对象。证明对象，是指在诉讼中需要运用证据对其加以证明的问题。学习证明对象理论需要掌握两个方面的问题：一是哪些是需要在刑事诉讼中运用证据加以证明的问题；二是哪些是免证事项。对于第一个方面的问题一般教材均作了介绍，即证明对象既包括实体上的事实(如和定罪量刑有关的事实)，也包括程序上的事实。实体事实主要是有关犯罪构成要件的事实，具体有：犯罪事实是否发生，是否为犯罪嫌疑人、被告人所为，犯罪行为的实施过程、危害后果，行为人的刑事责任能力、主观罪过等，是否具有法定或者酌定的从重、从轻、减轻、免除刑事处罚的事实，以及行为人的个人情况和犯罪后的表现。本题中，显然A、B、D三个选项都属于证明对象的范围。第二个方面的问题是要掌握免证事项的范围，其范围如下：众所周知的事项、预决事项和推定事项。这些免证事项，往往会成为这类考试题目中设置的干扰项。本题的C项"2013年国庆节期间放长假的事实"就属于众所周知的事实，是免证事项，故不属于证明对象的范围。

4. CD。本题考查鉴定人与证人、鉴定意见与证人证言。鉴定意见，是指专门机关或者当事人就案件中的专门性问题，指派或聘请具有专门知识的人进行鉴定后作出的意见。证人证言，是指当事人以外了解有关案件情况的第三人，向公安、司法机关所作的与案件有关的事实情况的陈述。鉴定人需要具备专门的知识和技能，还要作出意见性判断；而凡是知道案件情况的人都有义务作证，证人不需要另外聘请，不需要具有特别的专业和技能，也不需要发表主观意见，只需把与案件有关的所见所闻向专门机关描述清楚即可。由此可见，A、B项正确，不当选。《刑事诉讼法》第64条第1款规定，对于危害国家安全犯罪、恐怖活动犯罪、黑社会性质的组织犯罪、毒品犯罪等案件，证人、鉴定人、被害人因在诉讼中作证，本人或者其近亲属的人身安全面临危险的，人民法院、人民检察院和公安机关应当采取以下一项或者多项保护措施……据此确定C选项错误。鉴定意见虽然最终形成书面的形式，但是其内容主要还是对某个专门性问题通过鉴定作出的主观判断，属于言词证据，证人证言也是言词证据。所以。D项错误，当选。

## 综合提高篇

一、1. ABD。本题考查非法证据排除规则。《严格排除非法证据规定》第5条规定："采用刑讯逼供方法使犯罪嫌疑人、被告人作出供述，之后犯罪嫌疑人、被告人受该刑讯逼供行为影响而作出的与该供述相同的重复性供述，应当一并排除，但下列情形除外：(一)侦查期间，根据控告、举报或者自己发现等，侦查机关确认或者不能排除以非法方法收集证据而更换侦查人员，其他侦查人员再次讯问时告知诉讼权利和认罪的法律后果，犯罪嫌疑人自愿供述的；(二)审查逮捕、审查起诉和审判期间，检察人员、审判人员讯问时告知诉讼权利和认罪的法律后果，犯罪嫌疑人、被告人自愿供述的。"据此，该重复性供述的排除不是绝对的，而是存在两种例外情形，故A选项错误。根据《刑事诉讼法》第56条第1款的规定，采用刑讯逼供等非法方法收集的犯罪嫌疑人、被告人供述和采用暴力、威胁等非法方法收集的证人证言、被害人陈述，应当予以排除。据此，采用刑讯逼供等非法方法收集的犯罪嫌疑人、被告人的辩解不应当予以排除，故B项错误，C项正确。根据《刑事诉讼法》第56条的规定，收集物证、书证不符合法定程序，可能严重影响司法公正的，应当予以补正或者作出合理解释；不能补正或者作出合理解释的，对该证据应当予以排除。D项必须是在不能补正或作出合理解释的情况下，该物证、书证才能够排除，故D选项错误。

2. AC。本题考查《刑事诉讼法》对非法言词证据的排除规定。《刑事诉讼法》第56条第1款规定:“采用刑讯逼供等非法方法收集的犯罪嫌疑人、被告人供述和采用暴力、威胁等非法方法收集的证人证言、被害人陈述,应当予以排除。收集物证、书证不符合法定程序,可能严重影响司法公正的,应当予以补正或者作出合理解释;不能补正或者作出合理解释的,对该证据应当予以排除。”由此可见,王某承认盗窃事实的供述、秦某的证言均属于法律规定的非法言词证据之列,不能作为定案根据。因此,本题正确答案为A、C两项。

二、1. CD。本题考查证人与鉴定人。《刑事诉讼法》第62条第1款规定:“凡是知道案件情况的人,都有作证的义务。”王某知道案件情况,因此可以作为证人。证人具有不可替代性和优先性,所以王某应当担任证人,不能同时担任鉴定人。无论是证人还是鉴定人都属于诉讼参与人的范围。

2. ABC。本题考查证据的特性。证据的特性具体表现为如下三个方面:一是客观性。诉讼证据的客观性,是指诉讼证据是客观存在的事实,而不是人们主观猜测和虚假的东西。诉讼证据的这一本质特征,决定了那些虚幻或虚假的情况、一切主观的东西(如本案中张某自认为长头发的一定是女子)都必须排除在诉讼证据之外。因此,材料(2)不能成为证据。二是关联性。诉讼证据的关联性是指诉讼证据与案件的待证事实之间存在客观的联系。很明显材料(1)缺乏证据的关联性。三是合法性。《刑事诉讼法》第56条确立了非法证据排除规则,即采用刑讯逼供等非法方法收集的犯罪嫌疑人、被告人供述和采用暴力、威胁等非法方法收集的证人证言、被害人陈述,应当予以排除。收集物证、书证不符合法定程序,可能严重影响司法公正的,应当予以补正或者作出合理解释;不能补正或者作出合理解释的,对该证据应当予以排除。故材料(4)不能成为本案证据,而材料(5)不应排除。

# 第八章 强制措施

## 基础知识篇

一、1. A。本题考查通知被拘留人家属的时限。参见《刑事诉讼法》第85条。

2. D。本题考查有拘留权限的机关。根据《刑事诉讼法》中关于“拘留”措施的相关规定,法院没有拘留被告人的权力。

3. D。本题考查扭送。《刑事诉讼法》第84条规定,对于有下列情形的人,任何公民都可以立即扭送公安机关、人民检察院或者人民法院处理:(1)正在实行犯罪或者在犯罪后即时被发觉的;(2)通缉在案的;(3)越狱逃跑的;(4)正在被追捕的。

4. C。本题考查刑事强制措施的变更程序。《刑事诉讼法》第96条规定:“人民法院、人民检察院和公安机关如果发现对犯罪嫌疑人、被告人采取强制措施不当的,应当及时撤销或者变更。公安机关释放被逮捕的人或者变更逮捕措施的,应当通知原批准的人民检察院。”由此可见,对于被逮捕的犯罪嫌疑人,公安机关可以自己决定对其实施取保候审,无须再提请批准,只要通知即可。因此,本题的正确选项为C项。

5. B。本题考查指定居所监视居住。指定居所监视居住的,不得要求被监视居住人支付费用,故B项错误。A、C、D项说法均正确。

二、1. ABCD。本题考查对符合逮捕条件的犯罪嫌疑人、被告人可以监视居住的情形。根据《刑事诉讼法》第74条第1、2款的规定,人民法院、人民检察院和公安机关对符合逮捕条件,有下列情形之一的犯罪嫌疑人、被告人,可以监视居住:(1)患有严重疾病、生活不能自理的;(2)怀孕或者正在哺乳自己婴儿的妇女;(3)系生活不能自理的人的唯一扶养人;(4)因为案件的特殊情况或者办理案件的需要,采取监视居住措施更为适宜的;(5)羁押期限届满,案件尚未办结,需要采取监视居住措施的。对符合取保候审条件,但犯罪嫌疑人、被告人不能提出保证人,也不交纳保证金的,可以监视居住。

2. ACD。《刑事诉讼法》第88条规定:“人民检察院审查批准逮捕,可以讯问犯罪嫌疑人;有下列情形之一的,应当讯问犯罪嫌疑人:(一)对是否符合逮捕条件有疑问的;(二)犯罪嫌疑人要求向检察人员当面陈述的;(三)侦查活动可能有重大违法行为的。人民检察院审查批准逮捕,可以询问证人等诉讼参与人,听取辩护律师的意见;辩护律师提出要求的,应当听取辩护律师的意见。”

3. ABC。选项C考查被取保候审人在取保候审期间遵守的义务。《刑事诉讼法》第71条第2款规定:“人民法院、人民检察院和公安机关可以根据案件情况,责令被取保候审的犯罪嫌疑人、被告人遵守以下一项或者多项规定:(一)不得进入特定的场所;(二)不得与特定的人员会见或者通信;(三)不得从事特定的活动;(四)将护照等出入境证件、驾驶证件交执行机关保存。”本题中,公安机关针对张某的情况决定对其重新取保候审,可以要求其在取保候审期间上交其驾驶证。因此,选项C正确。

选项A、D考查被取保候审人违反义务的处理。《公安部规定》第96条第1款规定:“被取保候审人在取保候审期间违反本规定第八十九条、第九十条规定,已交纳保证金的,公安机关应当根据其违反规定的情节,决定没收部分或者全部保证金,并且区别情形,责令其具结悔过、重新交纳保证金、提出保证人,变更强制措施或者给予治安管理处罚;需要予以逮捕的,可以对其先行拘留。”本题中,针对张某的情形,公安机关可以决定没收部分或者全部的保证金，但是否没收8000元却不得而知。因此，选项D错误。在本题中，公安机关对张某重新取保候审，有权根据其情形，责令其提供保证人。因此，选项A正确。

选项B考查取保候审期间的计算问题。《公安部规定》第107条第2款规定："取保候审最长不得超过十二个月。"本题中，两次对张某决定取保候审的机关均是公安机关，不存在决定机关变更的问题，故取保候审的期间累计计算。因此，选项B正确。

## 理解与应用篇

一、1. B。本题考查3种拘留的区别。我国法律规定了3种拘留：刑事诉讼法规定的刑事拘留、行政法规定的行政拘留，以及刑事诉讼法、民事诉讼法、行政诉讼法规定的司法拘留。这三者之间存在较大区别。第一，三者的法律性质不同。刑事拘留在刑事诉讼活动中是一种保障性措施，不具有惩罚性，属于强制措施；行政拘留是行政制裁方法，不是强制措施；司法拘留是对妨害诉讼的强制措施。因此，A、C项错误，B项正确。第二，有权采用的机关不同。司法拘留由人民法院决定，刑事拘留由公安机关、人民检察院决定，行政拘留一般由公安机关决定。因此，选项D错误。第三，三者的适用对象也是不同的。刑事拘留适用于刑事案件中的现行犯或重大嫌疑分子；行政拘留仅适用于一般违法行为人；而司法拘留适用于实施了妨害诉讼行为的人。

2. D。本题考查合法程序。《刑事诉讼法》第66条规定："人民法院、人民检察院和公安机关根据案件情况，对犯罪嫌疑人、被告人可以拘传、取保候审或者监视居住。"所以公、检、法三机关都有权决定和执行拘传，故选项B、C错误。《刑事诉讼法》第119条规定，对不需要逮捕、拘留的犯罪嫌疑人，可以传唤到犯罪嫌疑人所在市、县内的指定地点或者到他的住处进行讯问，但是应当出示人民检察院或者公安机关的证明文件；传唤、拘传持续的时间最长不得超过12小时；案情特别重大、复杂，需要采取拘留、逮捕措施的，传唤、拘传持续的时间不得超过24小时。因此，法律并未规定传唤是拘传的前置措施，故选项A错误。

3. C。本题考查侦查权、检察权、审判权由专门机关依法行使的原则以及取保候审的执行机关。根据有关规定，间谍罪应当由国家安全机关立案侦查，首先排除选项A、B。《刑事诉讼法》第67条第2款规定："取保候审由公安机关执行。"但是该法第4条又同时规定："国家安全机关依照法律规定，办理危害国家安全的刑事案件，行使与公安机关相同的职权。"所以，该案中对犯罪嫌疑人王某的取保候审应当由国家安全机关执行。因此，正确的选项应当为C。

4. D。本题考查强制措施的变更和逮捕的适用条件。根据《刑事诉讼法》第81条第1款的规定，对有证据证明有犯罪事实，可能判处徒刑以上刑罚的犯罪嫌疑人、被告人，采取取保候审尚不足以防止发生下列社会危险性的，应当予以逮捕：(1)可能实施新的犯罪的；(2)有危害国家安全、公共安全或者社会秩序的现实危险的；(3)可能毁灭、伪造证据，干扰证人作证或者串供的；(4)可能对被害人、举报人、控告人实施打击报复的；(5)企图自杀或者逃跑的。本题中，常某在被取保候审之后，"写下遗书，两次自杀未果"，此情形符合上述规定中的第5项，故应当依法提请人民检察院批准逮捕。因此，D选项正确。

二、1. ACD。本题考查保证人责任。《刑诉解释》第157条规定，根据案件事实和法律规定，认为已经构成犯罪的被告人在取保候审期间逃匿的，如果系保证人协助被告人逃匿，或者保证人明知被告人藏匿地点但拒绝向司法机关提供，对保证人应当依法追究责任。《刑事诉讼法》第81条第4款规定："被取保候审、监视居住的犯罪嫌疑人、被告人违反取保候审、监视居住规定，情节严重的，可以予以逮捕。"《刑事诉讼法》第71条第4款规定："对违反取保候审规定，需要予以逮捕的，可以对犯罪嫌疑人、被告人先行拘留。"据此，ACD入选。B选项中，《刑诉解释》第150条第2款规定"不得同时使用保证人保证与保证金保证"，题干中方某为保证人，故不得并用保证金保证。

2. ABC。本题考查指定居所监视居住。根据《刑事诉讼法》第75条的规定，监视居住分为住处监视居住和指定居所监视居住两种。指定居所监视居住是指在由人民法院、人民检察院或者公安机关指定的居所执行的监视居住。原则上，监视居住应当在犯罪嫌疑人、被告人的住处执行，只有两种情况下可以适用指定居所监视居住：(1)犯罪嫌疑人、被告人无固定住处的，根据《高检规则》第116条第2款的规定，固定住处是指犯罪嫌疑人在办案机关所在地的市、县内工作、生活的合法居所，故A项正确；(2)对于涉嫌危害国家安全犯罪、恐怖活动犯罪，在住处执行可能有碍侦查的，经上一级公安机关批准，也可以在指定的居所执行，故B、C项正确。

3. ABD。本题考查审前羁押制度。《刑事诉讼法》第95条规定："犯罪嫌疑人、被告人被逮捕后，人民检察院仍应当对羁押的必要性进行审查。对不需要继续羁押的，应当建议予以释放或者变更强制措施。有关机关应当在十日以内将处理情况通知人民检察院。"据此，检察院是"建议"而非直接予以释放或变更，故C项错误。

4. ABC。根据《高检规则》第580条的规定："人民检察院发现犯罪嫌疑人、被告人具有下列情形之一，且具有悔罪表现，不予羁押不致发生社会危险性的，可以向办案机关提出释放或者变更强制措施的建议：

(一)预备犯或者中止犯;(二)共同犯罪中的从犯或者胁从犯;(三)过失犯罪的;(四)防卫过当或者避险过当的;(五)主观恶性较小的初犯;(六)系未成年人或者已满七十五周岁的人;(七)与被害方依法自愿达成和解协议,且已经履行或者提供担保的;(八)认罪认罚的;(九)患有严重疾病、生活不能自理的;(十)怀孕或者正在哺乳自己婴儿的妇女;(十一)系生活不能自理的人的唯一扶养人;(十二)可能被判处一年以下有期徒刑或者宣告缓刑的;(十三)其他不需要继续羁押的情形。”本题中,选项A、B、C均符合本条的规定,选项D中年满65周岁不符合变更强制措施的条件。因此,选项A、B、C正确。

### 综合提高篇

1. ABD。根据《刑事诉讼法》第119条的规定,对不需要逮捕、拘留的犯罪嫌疑人,可以传唤到犯罪嫌疑人所在市、县内的指定地点或者到他的住处进行讯问,但是应当出示人民检察院或者公安机关的证明文件;传唤、拘传持续的时间最长不得超过12小时;不得以连续传唤、拘传的形式变相拘禁犯罪嫌疑人。第118条第2款规定,犯罪嫌疑人被送交看守所羁押以后,侦查人员对其进行讯问,应当在看守所内进行。故C项错误。

2. ACD。本题考查逮捕的审查程序问题,同时也涉及刑法中的相关知识。我国《刑法》第234条第1款规定,故意伤害他人身体的,处3年以下有期徒刑、拘役或者管制。《刑法》第87条规定,犯罪经过下列期限不再追诉:(1)法定最高刑为不满5年有期徒刑的,经过5年……依据《刑事诉讼法》第16条的规定,本题所给的案情属于不应追究刑事责任的情形,公安机关应当作出撤销案件的决定,故C项属正确项。依据《刑事诉讼法》第91条第3款的规定,人民检察院应当自接到公安机关提请批准逮捕书后的7日以内,作出批准逮捕或者不批准逮捕的决定;人民检察院不批准逮捕的,公安机关应当在接到通知后立即释放,并且将执行情况及时通知人民检察院;对于需要继续侦查,并且符合取保候审、监视居住条件的,依法取保候审或者监视居住。由此可见,A、D项属正确选项,B项系干扰项。

3. A。本题考查监视居住。只有指定居所监视居住可以折抵刑期,一般监视居住不可以折抵刑期,故A项错误。

4. ABCD。本题考查不予逮捕情形。《高检规则》第140条规定,犯罪嫌疑人涉嫌的罪行较轻,且没有其他重大犯罪嫌疑,具有下列情形之一的,可以作出不批准逮捕或者不予逮捕的决定:(1)属于预备犯、中止犯,或者防卫过当、避险过当的;(2)主观恶性较小的初犯,共同犯罪中的从犯、胁从犯,犯罪后自首、有立功表现或者积极退赃、赔偿损失、确有悔罪表现的;(3)过失犯罪的犯罪嫌疑人,犯罪后有悔罪表现,有效控制损失或者积极赔偿损失的;(4)犯罪嫌疑人与被害人双方根据《刑事诉讼法》的有关规定达成和解协议,经审查,认为和解系自愿、合法且已经履行或者提供担保的;(5)犯罪嫌疑人认罪认罚的;(6)犯罪嫌疑人系已满14周岁未满18周岁的未成年人或者在校学生,本人有悔罪表现,其家庭、学校或者所在社区、居民委员会、村民委员会具备监护、帮教条件的;(7)犯罪嫌疑人系已满75周岁的人。所以,ABCD全选。

## 第九章　附带民事诉讼

一、1. D。本题考查附带民事诉讼的审理程序。《刑诉解释》第201条规定:“人民法院审理附带民事诉讼案件,除刑法、刑事诉讼法以及刑事司法解释已有规定的以外,适用民事法律的有关规定。”故A项不正确。《刑诉解释》第190条规定:“人民法院审理附带民事诉讼案件,可以根据自愿、合法的原则进行调解。经调解达成协议的,应当制作调解书。调解书经双方当事人签收后即具有法律效力。调解达成协议并即时履行完毕的,可以不制作调解书,但应当制作笔录,经双方当事人、审判人员、书记员签名后即发生法律效力。”故B项不正确。《刑诉解释》第189条规定:“人民法院对可能因被告人的行为或者其他原因,使附带民事判决难以执行的案件,根据附带民事诉讼原告人的申请,可以裁定采取保全措施,查封、扣押或者冻结被告人的财产;附带民事诉讼原告人未提出申请的,必要时,人民法院也可以采取保全措施。有权提起附带民事诉讼的人因情况紧急,不立即申请保全将会使其合法权益受到难以弥补的损害的,可以在提起附带民事诉讼前,向被保全财产所在地、被申请人居住地或者对案件有管辖权的人民法院申请采取保全措施。申请人在人民法院受理刑事案件后十五日以内未提起附带民事诉讼的,人民法院应当解除保全措施。人民法院采取保全措施,适用民事诉讼法第一百条至第一百零五条的有关规定,但民事诉讼法第一百零一条第三款的规定除外。”故C项不正确。《刑诉解释》第185条规定,侦查、审查起诉期间,有权提起附带民事诉讼的人提出赔偿要求,经公安机关、人民检察院调解,当事人双方已经达成协议并全部履行,被害人或者其法定代理人、近亲属又提起附带民事诉讼的,人民法院不予受理,但有证据证明调解违反自愿、合法原则的除外。故D项正确。

2. C。本题考查附带民事诉讼的提起。在共同犯罪案件中,案件审结前行为人已经死亡,并且其继承人放弃继承的,则不应将其继承人列为被告,也不应判处其继承人承担赔偿责任。此外,由于所有的共同加害人对被害人物质损失的赔偿承担连带责任，法院可判处其他被告人承担赔偿责任。《刑诉解释》第180条规定：“附带民事诉讼中依法负有赔偿责任的人包括：(一)刑事被告人以及未被追究刑事责任的其他共同侵害人；(二)刑事被告人的监护人；(三)死刑罪犯的遗产继承人；(四)共同犯罪案件中，案件审结前死亡的被告人的遗产继承人；(五)对被害人的物质损失依法应当承担赔偿责任的其他单位和个人。附带民事诉讼被告人的亲友自愿代为赔偿的，可以准许。”故C项正确。

3. C。本题考查附带民事诉讼的审理问题、补充侦查的适用条件。《刑诉解释》第197条第1款规定：“人民法院认定公诉案件被告人的行为不构成犯罪，对已经提起的附带民事诉讼，经调解不能达成协议的，可以一并作出刑事附带民事判决，也可以告知附带民事原告人另行提起民事诉讼。”故C选项正确。同时，考生必须特别注意区别补充侦查的适用情形，尤其是在审判过程中的退回补充侦查问题。

二、1. ABC。本题考查附带民事诉讼的提起。参见《刑事诉讼法》第101条。

2. BC。本题考查终止审理、宣告无罪的情况以及附带民事诉讼的赔偿责任人。根据《刑事诉讼法》第16条和《刑诉解释》第295条第1款第10项的规定，被告人死亡的，应当裁定终止审理；但有证据证明被告人无罪，经缺席审理确认无罪的，应当判决宣告被告人无罪。因此，C项正确。人民法院对刑事附带民事诉讼应当一并处理，故A、D项错误。根据《刑诉解释》第180条的规定，附带民事诉讼中依法负有赔偿责任的人包括共同犯罪案件中，案件审结前已死亡被告人的遗产继承人，故B项正确。

3. CD。本题考查刑事附带民事诉讼的提起问题。《刑诉解释》第180条规定：“附带民事诉讼中依法负有赔偿责任的人包括：(一)刑事被告人以及未被追究刑事责任的其他共同侵害人；(二)刑事被告人的监护人；(三)死刑罪犯的遗产继承人；(四)共同犯罪案件中，案件审结前死亡的被告人的遗产继承人；(五)对被害人的物质损失依法应当承担赔偿责任的其他单位和个人。附带民事诉讼被告人的亲友自愿代为赔偿的，可以准许。”此处“未被追究刑事责任的其他共同侵害人”，主要是指在共同犯罪中，有的侵害人被交付人民法院审判，有的侵害人被公安机关作出行政拘留处分，有的侵害人被人民检察院作出不起诉决定，在这种情况下，被作出其他处理的同案人都可以被列为附带民事诉讼的被告人。《刑诉解释》第181条规定：“被害人或者其法定代理人、近亲属仅对部分共同侵害人提起附带民事诉讼的，人民法院应当告知其可以对其他共同侵害人，包括没有被追究刑事责任的共同侵害人，一并提起附带民事诉讼，但共同犯罪案件中同案犯在逃的除外。被害人或者其法定代理人、近亲属放弃对其他共同侵害人的诉讼权利的，人民法院应当告知其相应法律后果，并在裁判文书中说明其放弃诉讼请求的情况。”所以，本题的正确选项为C、D两项。

4. ABCD。本题考查附带民事诉讼的赔偿范围。《刑诉解释》第192条第1、2款规定：“对附带民事诉讼作出判决，应当根据犯罪行为造成的物质损失，结合案件具体情况，确定被告人应当赔偿的数额。犯罪行为造成被害人人身损害的，应当赔偿医疗费、护理费、交通费等为治疗和康复支付的合理费用，以及因误工减少的收入。造成被害人残疾的，还应当赔偿残疾生活辅助器具费等费用；造成被害人死亡的，还应当赔偿丧葬费等费用。”本题中甲的住院费、陪护费、误工费和医疗费用，都属于物质损失，其中误工费应为必然遭受的损失。因此，本题正确选项为A、B、C、D四个选项。

三、1. ABC。本题考查附带民事诉讼的提起。根据《刑诉解释》第184条的规定，附带民事诉讼应当在刑事案件立案后及时提起，但应当在人民法院一审裁判宣告之前提起，所以A、B、C项正确，D项错误。

2. A。本题考查附带民事诉讼的提起。《刑事诉讼法》第101条规定：“被害人由于被告人的犯罪行为而遭受物质损失的，在刑事诉讼过程中，有权提起附带民事诉讼。被害人死亡或者丧失行为能力的，被害人的法定代理人、近亲属有权提起附带民事诉讼。如果是国家财产、集体财产遭受损失的，人民检察院在提起公诉的时候，可以提起附带民事诉讼。”所以，A项正确。

3. AD。本题考查附带民事诉讼的调解。根据《刑诉解释》第180条第2款的规定，附带民事诉讼被告人的亲友自愿代为赔偿的，可以准许，所以A项正确。B项为可以由张某的父母赔偿，而不是应当，B、C项错误。根据《刑诉解释》第190条的规定，附带民事诉讼双方可以达成调解协议，所以D项正确。

4. C。本题考查附带民事诉讼的审理。根据《刑诉解释》第195条第1款的规定，附带民事诉讼原告人经传唤，无正当理由拒不到庭，或者未经法庭许可中途退庭的，应当按撤诉处理，所以C项正确。

5. C。本题考查附带民事诉讼的审理、调解。根据《刑诉解释》第201条的规定，人民法院审理附带民事诉讼案件，除《刑法》《刑事诉讼法》以及刑事司法解释已有规定的以外，适用民事法律的有关规定，所以C项正确。选项A应当是“可以”调解，而非“应当”调解。根据规定，审理民事部分应当坚持民事诉讼关于举证责任的规定，实行“谁主张，谁举证”，所以B项错误。根据《刑诉解释》第199条的规定，人民法院审理附带民事诉讼案件，不收取诉讼费，所以D项错误。

# 第十章　期间、送达

一、1. A。本题考查期间计算。根据《刑事诉讼法》第 91 条第 2 款的规定，公安机关对于流窜作案、多次作案、结伙作案的重大嫌疑分子，提请审查批准的时间可以延长到 30 日。根据《高检规则》第 126 条的规定，人民检察院直接受理侦查的案件，拘留犯罪嫌疑人的羁押期限为 14 日，特殊情况下可以延长 1～3 日。故公安机关和检察院拘留适用不同的期间，故 A 项正确。根据《刑事诉讼法》第 156 条的规定，对犯罪嫌疑人逮捕后的侦查羁押期限不得超过 2 个月。案情复杂、期限届满不能终结的案件，可以经上一级人民检察院批准延长 1 个月。侦查羁押期限应从逮捕之日起计算，故 B 项错误。《刑事诉讼法》第 105 条第 3 款规定："法定期间不包括路途上的时间。上诉状或者其他文件在期满前已经交邮的，不算过期。"故 C 项错误。《刑事诉讼法》第 105 条第 4 款规定："期间的最后一日为节假日的，以节假日后的第一日为期满日期，但犯罪嫌疑人、被告人或者罪犯在押期间，应当至期满之日为止，不得因节假日而延长。"故 D 项错误。

2. C。本题考查期间的耽误与恢复。《刑事诉讼法》第 106 条规定，当事人由于不能抗拒的原因或者有其他正当理由而耽误期限的，在障碍消除后 5 日以内，可以申请继续进行应当在期满以前完成的诉讼活动。前款申请是否准许，由人民法院裁定而不是由人民法院决定。只有当事人才能提出该申请，其他诉讼参与人无权提出该申请。因此，本题的正确答案为 C。

3. D。本题考查侦查羁押期限的延长、期间的重新计算。根据《六机关规定》第 22 条的规定，《刑事诉讼法》第 160 条第 1 款规定："在侦查期间，发现犯罪嫌疑人另有重要罪行的，自发现之日起依照本法第一百五十六条的规定重新计算侦查羁押期限。"公安机关依照上述规定重新计算侦查羁押期限的，不需要经过人民检察院批准，但应当报人民检察院备案，人民检察院可以进行监督。4 个选项中，只有 D 项符合该规定。

4. A。本题考查辩护人权利及期间。《刑事诉讼法》第 39 条第 2、3 款规定："辩护律师持律师执业证书、律师事务所证明和委托书或者法律援助公函要求会见在押的犯罪嫌疑人、被告人的，看守所应当及时安排会见，至迟不得超过四十八小时。危害国家安全犯罪、恐怖活动犯罪案件，在侦查期间辩护律师会见在押的犯罪嫌疑人，应当经侦查机关许可。上述案件，侦查机关应当事先通知看守所。"而上述案件中赵某事前聘请律师提供法律帮助无须经侦查机关批准，故 D 项错误。《刑事诉讼法》第 39 条第 4 款规定，辩护律师会见犯罪嫌疑人、被告人时不被监听，故 B 项错误。

5. C。本题考查办案期限的重新计算。办案期限的重新计算，必须以明确规定为前提。《高检规则》第 346 条第 3 款规定，补充调查、补充侦查完毕移送起诉后，人民检察院重新计算审查起诉期限。不过本题的 A 选项不太严谨，因为审查起诉阶段的补充侦查分为退回补充侦查和自行补充侦查，只有在退回补充侦查完毕后审查起诉期限才是重新计算的，如果是检察院自行补充侦查，那么根本不存在检察院自行补充侦查完毕后重新计算审查起诉期限的问题，因为检察院自行补充侦查必须在审查起诉期限内完成，依据是《高检规则》第 348 条规定，人民检察院在审查起诉中决定自行侦查的，应当在审查起诉期限内侦查完毕，故排除 A 项。《刑事诉讼法》第 160 条第 1 款规定，在侦查期间，发现犯罪嫌疑人另有重要罪行的，自发现之日起依照该法第 156 条的规定重新计算侦查羁押期限，故排除 B 项。《刑事诉讼法》第 208 条第 3 款规定，人民检察院补充侦查的案件，补充侦查完毕移送人民法院后，人民法院重新计算审理期限，故排除 D 项。

二、1. ABCD。本题考查侦查羁押期限。《高检规则》第 282 条规定，对公安机关提请批准逮捕的犯罪嫌疑人，已被拘留的，人民检察院应当在收到提请批准逮捕书后的 7 日以内作出是否批准逮捕的决定；未被拘留的，应当在收到提请批准逮捕书后的 15 日以内作出是否批准逮捕的决定，重大、复杂的案件，不得超过 20 日。《高检规则》第 297 条规定，对本院负责侦查的部门移送审查逮捕的案件，犯罪嫌疑人已被拘留的，负责捕诉的部门应当在收到逮捕犯罪嫌疑人意见书后 7 日以内，报请检察长决定是否逮捕，特殊情况下，决定逮捕的时间可以延长 1～3 日；犯罪嫌疑人未被拘留的，负责捕诉的部门应当在收到逮捕犯罪嫌疑人意见书后的 15 日以内，报请检察长决定是否逮捕，重大、复杂的案件，不得超过 20 日。注意对这两条进行比较记忆。

2. BD。本题考查送达。根据《刑事诉讼法》第 107 条第 2 款的规定，留置送达必须具备一定条件，即只有在收件人或代收人拒绝接收诉讼文书或者拒绝签名、盖章时才能采用。找不到收件人，同时也找不到代收人时，不能采用留置送达。留置送达的程序如下：在收件人本人或者代收人拒绝接收或者拒绝签名、盖章的情况下，送达人员可以邀请他的邻居或者其他见证人到场，说明情况，把诉讼文书留在他的住处，并在送达证上记明拒绝的事由、送达日期，由送达人签名，即认为已经送达。诉讼文书的留置送达与直接送达具有同样的法律效力。虽然留置送达与直接送达具有同等的法律效力，但是并非所有的诉讼文书都可以适用留置送达。例如，调解书就不宜适用。

3. ABD。本题考查侦查羁押期限。《刑事诉讼法》第 208 条第 2、3 款规定："人民法院改变管辖的案件，从改变后的人民法院收到案件之日起计算审理期限。人民检察院补充侦查的案件，补充侦查完毕移送人民法院后,人民法院重新计算审理期限。"《刑事诉讼法》第175条第3款规定,对于补充侦查的案件,应当在1个月以内补充侦查完毕。补充侦查以2次为限;补充侦查完毕移送人民检察院后,人民检察院重新计算审查起诉期限。据此,A、B项应入选。根据《刑事诉讼法》第241条的规定,第二审人民法院发回原审人民法院重新审判的案件,原审人民法院从收到发回的案件之日起,重新计算审理期限,故D项应入选。根据《刑事诉讼法》第106条的规定,当事人由于不能抗拒的原因或者其他正当理由而耽误期限的,在障碍消除后5日内,可以申请继续进行应当在期满以前完成的诉讼活动;前款申请是否准许,由人民法院裁定。因此,当事人补救申请并不能导致期间的重新计算,C项错误。

## 第十一章 立　案

一、1. D。本题考查刑事立案的条件。《刑事诉讼法》第109条规定:"公安机关或者人民检察院发现犯罪事实或者犯罪嫌疑人,应当按照管辖范围,立案侦查。"立案是刑事诉讼的必经程序,应当先立案后进行侦查,A、B、C三个选项都应当是在立案以后进行的工作,只有D选项才可以在立案之前实施。

2. D。本题考查立案材料的来源。《刑事诉讼法》第110条第3款规定:"公安机关、人民检察院或者人民法院对于报案、控告、举报,都应当接受。对于不属于自己管辖的,应当移送主管机关处理,并且通知报案人、控告人、举报人;对于不属于自己管辖而又必须采取紧急措施的,应当先采取紧急措施,然后移送主管机关。"我国《刑事诉讼法》对公民向哪个具体的机关举报犯罪是没有限制的,因此公民可以选择向公安机关、检察院或法院的任何一家举报。公安机关、人民检察院或者人民法院对于报案、控告、举报,都应当接受。对于不属于自己管辖的,应当移送主管机关处理。

3. D。本题考查立案材料的来源。《刑事诉讼法》第110条第3款规定:"公安机关、人民检察院或者人民法院对于报案、控告、举报,都应当接受。对于不属于自己管辖的,应当移送主管机关处理,并且通知报案人、控告人、举报人;对于不属于自己管辖而又必须采取紧急措施的,应当先采取紧急措施,然后移送主管机关。"《刑事诉讼法》对公民具体向哪个机关进行举报并没有限制,公民可以选择向公安机关、人民法院和人民检察院中的任何一家举报。另外,法条中的"紧急措施"是指保护现场、先行拘留嫌疑人、扣押证据等措施,而本案中犯罪分子就在现场实施盗窃行为,如果不马上采取措施犯罪分子就会逃逸,故属于法定的"紧急情况"。接受举报的单位应当先采取紧急措施,然后移送主管机关。

4. B。本题考查立案监督。《六机关规定》第18条规定,公安机关收到人民检察院要求说明不立案理由通知书后,应当在7日内将说明情况书面答复人民检察院;人民检察院认为公安机关不立案理由不能成立,发出通知立案书时,应当将有关证明应当立案的材料同时移送公安机关;公安机关在收到通知立案书后,应当在15日内决定立案,并将立案决定书送达人民检察院。

5. D。本题考查立案监督。《刑事诉讼法》第113条规定:"人民检察院认为公安机关对应当立案侦查的案件而不立案侦查的,或者被害人认为公安机关对应当立案侦查的案件而不立案侦查,向人民检察院提出的,人民检察院应当要求公安机关说明不立案的理由。人民检察院认为公安机关不立案理由不能成立的,应当通知公安机关立案,公安机关接到通知后应当立案。"

6. B。本题考查立案材料的来源,尤其考查报案、举报和控告三者之间的区别。报案是指被害人、有关单位或个人,发现犯罪事实或者犯罪嫌疑人,主动向司法机关报告的行为。举报是指被害人以外的个人或单位,发现有犯罪事实或者犯罪嫌疑人,出于公民的义务或者责任心,主动向司法机关反映犯罪情况的行为。控告是指被害人(包括自诉人和被害单位)就其人身权利、财产权利遭受不法侵害的事实及犯罪嫌疑人的有关情况,向司法机关揭露和告发,要求依法追究其刑事责任的诉讼行为。报案与控告的区别在于报案不能明确提供犯罪嫌疑人的详细情况;控告和举报的区别在于控告是由受所控罪行直接侵害的人提出,举报则绝大多数是与案件无直接利害关系的单位和个人提出的。因此,A、C选项错误。根据《刑事诉讼法》第84条的规定,对于有下列情形的人,任何公民都可以立即扭送公安机关、人民检察院或者人民法院处理:(1)正在实行犯罪或者在犯罪后即时被发觉的;(2)通缉在案的;(3)越狱逃跑的;(4)正在被追捕的。显然,甲的行为并非扭送,故本题的正确答案为B。

7. A。本题考查立案条件。《刑事诉讼法》第112条规定:"人民法院、人民检察院或者公安机关对于报案、控告、举报和自首的材料,应当按照管辖范围,迅速进行审查,认为有犯罪事实需要追究刑事责任的时候,应当立案;认为没有犯罪事实,或者犯罪事实显著轻微,不需要追究刑事责任的时候,不予立案,并且将不立案的原因通知控告人。控告人如果不服,可以申请复议。"本题属于"没有犯罪事实"的情形,公安机关应当不予立案,并且将不立案的原因通知甲,故选项A正确,B、C、D项错误。

8. D。本题考查立案的条件。《刑事诉讼法》第112条规定:"人民法院、人民检察院或者公安机关对于报案、控告、举报和自首的材料，应当按照管辖范围，迅速进行审查，认为有犯罪事实需要追究刑事责任的时候，应当立案；认为没有犯罪事实，或者犯罪事实显著轻微，不需要追究刑事责任的时候，不予立案，并且将不立案的原因通知控告人。控告人如果不服，可以申请复议。”据此，“有犯罪事实需要追究刑事责任”是刑事诉讼中立案的条件，故D项当选。

二、1. ABC。本案属公诉转自诉案件。根据《刑诉解释》第316条的规定，人民法院受理自诉案件必须符合下列条件：(1)属于《刑事诉讼法》第210条、《刑诉解释》第1条规定的案件；(2)属于本院管辖；(3)被害人告诉；(4)有明确的被告人、具体的诉讼请求和证明被告人犯罪事实的证据。人民法院受理《刑事诉讼法》第210条第3项规定的自诉案件，还应当符合《刑事诉讼法》第112条、第180条的规定。依此，题中选项A、B、C项均是法院受理自诉案件前应当审查的内容。无论被告是否提出反诉，人民法院都应立案，故D项错误。

2. BCD。本题考查立案监督。控告人对公安机关不立案决定不服的，在收到不予立案通知书后7日内，有权向作出决定的公安机关申请复议。控告人也有权向人民检察院提出申请，请求人民检察院行使立案监督权。如果属于第三种自诉案件的范围，那么控告人也可直接向法院起诉。

3. AD。本题考查立案条件。根据《刑事诉讼法》第112条的相关规定，人民法院、人民检察院或者公安机关对于刑事案件立案的条件是：有犯罪事实并需要追究刑事责任，故A项错误。《刑诉解释》第320条第1款规定，对于自诉案件，人民法院应当在15日以内审查完毕，经审查，符合受理条件的，应当决定立案，并书面通知自诉人或者代为告诉人，故B项正确。《刑诉解释》第318条规定，提起自诉应当提交刑事自诉状；同时提起附带民事诉讼的，应当提交刑事附带民事自诉状，故自诉案件不能口头告诉，必须提交自诉状。C项正确。《刑事诉讼法》第114条规定：“对于自诉案件，被害人有权向人民法院直接起诉。被害人死亡或者丧失行为能力的，被害人的法定代理人、近亲属有权向人民法院起诉。人民法院应当依法受理。”因此，D项错误。

4. BD。本题考查立案监督。《刑事诉讼法》第113条规定：“人民检察院认为公安机关对应当立案侦查的案件而不立案侦查的，或者被害人认为公安机关对应当立案侦查的案件而不立案侦查，向人民检察院提出的，人民检察院应当要求公安机关说明不立案的理由。人民检察院认为公安机关不立案理由不能成立的，应当通知公安机关立案，公安机关接到通知后应当立案。”故A、C项错误，D项正确。《刑事诉讼法》第31条规定：“审判人员、检察人员、侦查人员的回避，应当分别由院长、检察长、公安机关负责人决定；院长的回避，由本院审判委员会决定；检察长和公安机关负责人的回避，由同级人民检察院检察委员会决定。对侦查人员的回避作出决定前，侦查人员不能停止对案件的侦查。对驳回申请回避的决定，当事人及其法定代理人可以申请复议一次。”故B项正确。

三、1. (1) B。本题考查国家专门机关的职权。《刑事诉讼法》第3条规定：“对刑事案件的侦查、拘留、执行逮捕、预审，由公安机关负责。检察、批准逮捕、检察机关直接受理的案件的侦查、提起公诉，由人民检察院负责。审判由人民法院负责。除法律特别规定的以外，其他任何机关、团体和个人都无权行使这些权力。人民法院、人民检察院和公安机关进行刑事诉讼，必须严格遵守本法和其他法律的有关规定。”本案属于普通刑事案件，应当由公安机关立案侦查。

(2) C。本题考查自诉案件范围。根据《刑事诉讼法》第210条的规定，自诉案件包括下列案件：①告诉才处理的案件；②被害人有证据证明的轻微刑事案件；③被害人有证据证明对被告人侵犯自己人身、财产权利的行为应当依法追究刑事责任，而公安机关或者人民检察院不予追究被告人刑事责任的案件。《刑诉解释》第317条规定，自诉案件，如果被害人死亡、丧失行为能力或者因受强制、威吓等无法告诉，或者是限制行为能力人以及因年老、患病、盲、聋、哑等不能亲自告诉，其法定代理人、近亲属告诉或代为告诉的，人民法院应当依法受理；被害人的法定代理人、近亲属告诉或者代为告诉的，应当提供与被害人关系的证明和被害人不能亲自告诉的原因的证明。周父作为受到侵害的被害人，有权提起刑事自诉，但因周父死亡，其妻杨某是合格的自诉人，法院应当依法受理。

(3) ABD。本题考查自诉的受理。《刑事诉讼法》第114条规定，对于自诉案件，被害人死亡或者丧失行为能力的，被害人的法定代理人、近亲属有权向人民法院起诉，人民法院应当依法受理。又根据《刑事诉讼法》第108条的相关规定，“近亲属”是指夫、妻、父、母、子、女、同胞兄弟姊妹。

(4) C。本题考查立案材料的来源。根据《刑事诉讼法》第110条的规定，任何单位和个人发现有犯罪事实或者犯罪嫌疑人，有权利也有义务向公安机关、人民检察院或者人民法院报案或者举报。被害人对侵犯其人身、财产权利的犯罪事实或者犯罪嫌疑人，有权向公安机关、人民检察院或者人民法院报案或者控告。公安机关、人民检察院或者人民法院对于报案、控告、举报，都应当接受。对于不属于自己管辖的，应当移送主管机关处理，并且通知报案人、控告人、举报人；对于不属于自己管辖而又必须采取紧急措施的，应当先采取紧急措施,然后移送主管机关。犯罪人向公安机关、人民检察院或者人民法院自首的,适用上述关于采取紧急措施的规定。

2. AC。本题考查法定不起诉的情况。根据《刑事诉讼法》第 16 条的规定,被害人过错以及与加害人的近亲属关系并不是不追究刑事责任的情况。

## 第十二章 侦　　查

### 基础知识篇

一、1. B。本题考查委托辩护人的时间。根据《刑事诉讼法》第 34 条的规定,犯罪嫌疑人自被侦查机关第一次讯问或者采取强制措施之日起,有权委托辩护人;在侦查期间,只能委托律师作为辩护人。侦查机关在第一次讯问犯罪嫌疑人或者对犯罪嫌疑人采取强制措施时,应当告知犯罪嫌疑人有权委托辩护人。因此,犯罪嫌疑人在侦查阶段有权聘请律师,无须其他机关批准。

2. D。本题考查侦查中撤销案件的情形。根据《刑事诉讼法》第 16 条、第 163 条的规定,在侦查过程中,发现不应对犯罪嫌疑人追究刑事责任的,应当撤销案件;犯罪嫌疑人已被逮捕的,应当立即释放,发给释放证明,并且通知原批准逮捕的人民检察院。因此,公安机关应当直接撤销案件,不必经检察机关批准,更不应当将案件移送检察机关处理,故 A、C 两项错误。案件被撤销的,应当立即释放已被逮捕的犯罪嫌疑人,并通知原批准逮捕的人民检察院,故 B 项错误。

3. D。本题考查讯问和询问。《刑事诉讼法》第 122 条规定:"讯问笔录应当交犯罪嫌疑人核对,对于没有阅读能力的,应当向他宣读。如果记载有遗漏或者差错,犯罪嫌疑人可以提出补充或者改正。犯罪嫌疑人承认笔录没有错误后,应当签名或者盖章。侦查人员也应当在笔录上签名。犯罪嫌疑人请求自行书写供述的,应当准许。必要的时候,侦查人员也可以要犯罪嫌疑人亲笔书写供词。"《刑事诉讼法》第 124 条规定:"侦查人员询问证人,可以在现场进行,也可以到证人所在单位、住处或者证人提出的地点进行,在必要的时候,可以通知证人到人民检察院或者公安机关提供证言。在现场询问证人,应当出示工作证件,到证人所在单位、住处或者证人提出的地点询问证人,应当出示人民检察院或者公安机关的证明文件。询问证人应当个别进行。"

4. A。本题考查法院审理中的补充侦查。《刑诉解释》第 277 条规定,审判期间,合议庭发现被告人可能有自首、坦白、立功等法定量刑情节,而人民检察院移送的案卷中没有相关证据材料的,应当通知人民检察院移送。审判期间,被告人提出新的立功线索的,人民法院可以建议人民检察院补充侦查。

5. D。本题考查"侦查"的定义。《刑事诉讼法》第 108 条第 1 项规定,"侦查"是指公安机关、人民检察院对于刑事案件,依照法律进行的收集证据、查明案情的工作和有关的强制性措施。

二、1. ACD。本题考查搜查。A 项搜查其房屋错误。《高检规则》第 169 条规定:"进行调查核实,可以采取询问、查询、勘验、检查、鉴定、调取证据材料等不限制被调查对象人身、财产权利的措施。不得对被调查对象采取强制措施,不得查封、扣押、冻结被调查对象的财产,不得采取技术侦查措施。"C 项将其配偶传唤到宾馆询问错误。《刑事诉讼法》第 124 条规定,侦查人员询问证人,可以在现场进行,也可以到证人所在单位、住处或者证人提出的地点进行,在必要的时候,可以通知证人到人民检察院或者公安机关提供证言。除此之外,不可以另行指定询问地点。D 项中对张某的拘留不符合在侦查中拘留的条件。我国《刑事诉讼法》第 82 条规定,公安机关对于现行犯或者重大嫌疑分子,如果有下列情形之一的,可以先行拘留:(1)正在预备犯罪、实行犯罪或者在犯罪后即时被发觉的;(2)被害人或者在场亲眼看见的人指认他犯罪的;(3)在身边或者住处发现有犯罪证据的;(4)犯罪后企图自杀、逃跑或者在逃的;(5)有毁灭、伪造证据或者串供可能的;(6)不讲真实姓名、住址,身份不明的;(7)有流窜作案、多次作案、结伙作案重大嫌疑的。《刑事诉讼法》第 165 条规定,人民检察院直接受理的案件中符合《刑事诉讼法》第 81 条,第 82 条第 4 项、第 5 项规定的情形,需要逮捕、拘留犯罪嫌疑人的,由人民检察院作出决定,由公安机关执行。另外,根据上述《高检规则》第 169 条的规定,检察院也不得在初查阶段拘留刘某。

2. ABC。本题考查扣押邮件电报、违法所得的没收程序启动、扣押书证物证的范围。根据《刑事诉讼法》第 143 条第 1 款的规定:"侦查人员认为需要扣押犯罪嫌疑人的邮件、电报的时候,经公安机关或者人民检察院批准,即可通知邮电机关将有关的邮件、电报检交扣押。"因此,A 项中侦查人员自行取出信件的做法错误。根据《六机关规定》第 37 条的相关规定,对于犯罪嫌疑人、被告人死亡,依照刑法规定应当追缴其违法所得及其他涉案财产的,适用《刑事诉讼法》第五编第四章规定的程序,由人民检察院向人民法院提出没收违法所得的申请,故 B 项做法错误。根据《刑事诉讼法》第 145 条的规定,对于查封、扣押的财物、文件、邮件、电报或者冻结的存款、汇款、债券、股票、基金份额等财产,经查明确实与案件无关的,应当在 3 日以内解除查封、扣押、冻结,予以退还,故 C 项做法错误。《刑事诉讼法》第 163 条规定,在侦查过程中,发现不应对犯罪嫌疑人追究刑事责任的,应当撤销案件。其中“不应对犯罪嫌疑人追究刑事责任的”，是指查明案件不存在犯罪事实或者犯罪嫌疑人的行为符合《刑事诉讼法》第16条的规定，故D项做法正确。

## 理解与应用篇

一、1. D。本题考查侦查的基本原则。比例原则，是指侦查权在侵犯公民权利时，必须在法律规定范围内选择侵害公民权利最小的方式。侦查阶段是刑事诉讼中国家权力与公民基本权利对抗最严重的一个阶段，在这一阶段中，侦查权的行使可能涉及对公民个人权利和自由的限制或者剥夺，国家权力与公民个人权利之间的对抗比其他领域更为尖锐。基于侦查阶段的这一特性，现代法治国家普遍确立了比例原则，将侦查权对公民个人权利的侵犯设定在合理的范围之内。A项体现的是侦查中的客观全面原则，B项体现的是侦查中的遵守法制原则，C项体现的是侦查中的保守秘密原则。

2. C。本题考查其他人员的回避理由和程序、鉴定意见以及鉴定意见异议的处理。《刑事诉讼法》第32条第1款规定：“本章关于回避的规定适用于书记员、翻译人员和鉴定人。”全国人大常委会《关于司法鉴定管理问题的决定》第9条第3款规定：“鉴定人应当依照诉讼法律规定实行回避。”故选项A错误。全国人大常委会《关于司法鉴定管理问题的决定》第10条规定：“司法鉴定实行鉴定人负责制度。鉴定人应当独立进行鉴定，对鉴定意见负责并在鉴定书上签名或者盖章。多人参加的鉴定，对鉴定意见有不同意见的，应当注明。”故选项B、D错误。全国人大常委会《关于司法鉴定管理问题的决定》第11条规定：“在诉讼中，当事人对鉴定意见有异议的，经人民法院依法通知，鉴定人应当出庭作证。”故C项正确。

3. B。本题考查勘验、检查的种类及方式。选项A错误，根据《刑事诉讼法》第128条的规定，侦查人员进行现场勘验，必要时，可以指派或聘请具有专门知识的人，在侦查人员的主持下进行。选项B正确，《刑事诉讼法》第133条规定：“勘验、检查的情况应当写成笔录，由参加勘验、检查的人和见证人签名或者盖章。”选项C错误，《刑事诉讼法》第131条规定：“对于死因不明的尸体，公安机关有权决定解剖，并且通知死者家属到场。”选项D错误，《刑事诉讼法》第132条规定，对犯罪嫌疑人进行人身检查，必要时，可以强制进行；但对被害人的人身检查，不得强制进行；检查妇女的身体，应当由女工作人员或者医师进行。

4. C。本题考查通缉。《高检规则》第233条规定：“各级人民检察院需要在本辖区内通缉犯罪嫌疑人的，可以直接决定通缉；需要在本辖区外通缉犯罪嫌疑人的，由有决定权的上级人民检察院决定。”在本题中，甲省乙市检察院决定通缉田某，但由于田某已逃至甲省丙市，超出乙市检察院的辖区，故甲省乙市检察院不可以直接决定通缉，有权决定的上级人民检察院是甲省人民检察院。因此，选项A错误，选项C正确。《刑事诉讼法》第155条第1款规定：“应当逮捕的犯罪嫌疑人如果在逃，公安机关可以发布通缉令，采取有效措施，追捕归案。”因此，检察院可以作出通缉决定，而通缉令由公安机关发布，故选项B、D错误。

二、1. ABCD。本题考查鉴定意见的告知及异议的处理。《刑事诉讼法》第148条规定：“侦查机关应当将用作证据的鉴定意见告知犯罪嫌疑人、被害人。如果犯罪嫌疑人、被害人提出申请，可以补充鉴定或者重新鉴定。”所以，本题选ABCD。

2. ABC。本题考查扣押物证、书证的范围，查询、冻结存款、汇款等财产，对查封、扣押物的处理。《刑事诉讼法》第141条第1款规定，在侦查活动中发现的可用以证明犯罪嫌疑人有罪或者无罪的各种财物、文件，应当查封、扣押；与案件无关的财物、文件，不得查封、扣押。因此，C项正确。《刑事诉讼法》第145条规定：“对查封、扣押的财物、文件、邮件、电报或者冻结的存款、汇款、债券、股票、基金份额等财产，经查明确实与案件无关的，应当在三日以内解除查封、扣押、冻结，予以退还。”因此，B项正确。《刑事诉讼法》第144条第1款规定：“人民检察院、公安机关根据侦查犯罪的需要，可以依照规定查询、冻结犯罪嫌疑人的存款、汇款、债券、股票、基金份额等财产。有关单位和个人应当配合。”因此，A项正确。《刑诉解释》第445条规定，将犯罪嫌疑人的存款、汇款等上缴国库或者返还被害人的决定权属于法院，而非检察院。因此，D项错误。

3. AB。选项A考查讯问犯罪嫌疑人的地点。《刑事诉讼法》第119条第1款规定：“对不需要逮捕、拘留的犯罪嫌疑人，可以传唤到犯罪嫌疑人所在市、县内的指定地点或者到他的住处进行讯问，但是应当出示人民检察院或者公安机关的证明文件……”本题中，张某是故意伤害案的犯罪嫌疑人，公安机关可以传唤卢某到指定地点核查事实。因此，选项A正确。

选项B考查对立案材料的处理。《公安部规定》第187条第2款规定：“公安机关决定撤销案件或者对犯罪嫌疑人终止侦查时，原犯罪嫌疑人在押的，应当立即释放，发给释放证明书。原犯罪嫌疑人被逮捕的，应当通知原批准逮捕的人民检察院。对原犯罪嫌疑人采取其他强制措施的，应当立即解除强制措施；需要行政处理的，依法予以处理或者移交有关部门。”本题中，卢某殴打陈某是否构成轻伤是罪与非罪的关键问题，公安机关需要根据鉴定报告的结果决定予以刑事立案或者治安管理处罚，故鉴定报告结果出来之前，公安机关不能对卢某作治安管理处罚。因此，选项B正确。

选项C考查犯罪嫌疑人对鉴定意见提出异议的

处理。《刑事诉讼法》第 148 条规定:“侦查机关应当将用作证据的鉴定意见告知犯罪嫌疑人、被害人。如果犯罪嫌疑人、被害人提出申请,可以补充鉴定或者重新鉴定。”《公安部规定》第 255 条第 2 款规定:“重新鉴定,应当另行指派或者聘请鉴定人。”本题中,卢某对鉴定意见提出异议,可以向公安机关申请重新鉴定,但是不能申请原鉴定人进行。因此,选项 C 错误。

选项 D 考查诉讼代理人的委托人。根据《刑事诉讼法》第 108 条的规定:“本法下列用语的含意是:……(五)‘诉讼代理人’是指公诉案件的被害人及其法定代理人或者近亲属、自诉案件的自诉人及其法定代理人委托代为参加诉讼的人和附带民事诉讼的当事人及其法定代理人委托代为参加诉讼的人……”本题中,卢某是犯罪嫌疑人,不是被害人,不能委托诉讼代理人,可以委托辩护人。因此,选项 D 错误。

## 综合提高篇

一、AD。本题考查一般侦查羁押期限,重大复杂案件的侦查羁押期限,重刑案件的羁押期限。《刑事诉讼法》第 156 条规定,对犯罪嫌疑人逮捕后的侦查羁押期限不得超过 2 个月;案情复杂、期限届满不能终结的案件,可以经上一级人民检察院批准延长 1 个月。因此,C 项说法错误。又根据《刑事诉讼法》第 158 条的规定,流窜作案的重大复杂案件在上述期限届满不能侦查终结的,经省、自治区、直辖市人民检察院批准或者决定,可以延长 2 个月(注意:这 2 个月是在上述规定的 3 个月期限基础上延长的)。因此,B 项说法错误。《刑事诉讼法》第 159 条规定,对犯罪嫌疑人可能判处 10 年有期徒刑以上刑罚,依照该法第 158 条规定延长期限届满,仍不能侦查终结的,经省、自治区、直辖市人民检察院批准或者决定,可以再延长 2 个月。因此,D 项说法正确。《刑事诉讼法》第 160 条第 1 款规定,在侦查期间,发现犯罪嫌疑人另有重要罪行的,自发现之日起依照该法第 156 条的规定重新计算侦查羁押期限。因此,A 项说法正确。

二、1. AC。本题考查讯问犯罪嫌疑人的相关规定。《刑事诉讼法》第 120 条规定:“侦查人员在讯问犯罪嫌疑人的时候,应当首先讯问犯罪嫌疑人是否有犯罪行为,让他陈述有罪的情节或者无罪的辩解,然后向他提出问题。犯罪嫌疑人对侦查人员的提问,应当如实回答。但是对与本案无关的问题,有拒绝回答的权利。侦查人员在讯问犯罪嫌疑人的时候,应当告知犯罪嫌疑人享有的诉讼权利,如实供述自己罪行可以从宽处理和认罪认罚的法律规定。”因此,A、C 项正确。《刑事诉讼法》第 118 条第 2 款规定:“犯罪嫌疑人被送交看守所羁押以后,侦查人员对其进行讯问,应当在看守所内进行。”因此,B 项错误。《刑事诉讼法》第 123 条第 1 款规定:“侦查人员在讯问犯罪嫌疑人的时候,可以对讯问过程进行录音或者录像;对于可能判处无期徒刑、死刑的案件或者其他重大犯罪案件,应当对讯问过程进行录音或者录像。”因此,D 项错误。

2. (1) B。本题考查技术侦查措施的适用情况。《刑事诉讼法》第 150 条规定:“公安机关在立案后,对于危害国家安全犯罪、恐怖活动犯罪、黑社会性质的组织犯罪、重大毒品犯罪或者其他严重危害社会的犯罪案件,根据侦查犯罪的需要,经过严格的批准手续,可以采取技术侦查措施。人民检察院在立案后,对于利用职权实施的严重侵犯公民人身权利的重大犯罪案件,根据侦查犯罪的需要,经过严格的批准手续,可以采取技术侦查措施,按照规定交有关机关执行。追捕被通缉或者批准、决定逮捕的在逃的犯罪嫌疑人、被告人,经过批准,可以采取追捕所必需的技术侦查措施。”因此,B 项正确。

(2) ACD。本题考查技术侦查措施的实施。选项 B 错误,根据《刑事诉讼法》第 152 条第 1 款的规定,采取技术侦查措施,必须严格按照批准的措施种类、适用对象和期限执行;第 3 款规定,采取技术侦查措施获取的材料,只能用于对犯罪的侦查、起诉和审判,不得用于其他用途。《公安部规定》第 264 条规定:“技术侦查措施是指由设区的市一级以上公安机关负责技术侦查的部门实施的记录监控、行踪监控、通信监控、场所监控等措施。技术侦查措施的适用对象是犯罪嫌疑人、被告人以及与犯罪活动直接关联的人员。”因此,A、C、D 项正确。

(3) ABCD。本题考查秘密侦查、控制下交付的问题。《刑事诉讼法》第 153 条规定:“为了查明案情,在必要的时候,经公安机关负责人决定,可以由有关人员隐匿其身份实施侦查。但是,不得诱使他人犯罪,不得采用可能危害公共安全或者发生重大人身危险的方法。对涉及给付毒品等违禁品或者财物的犯罪活动,公安机关根据侦查犯罪的需要,可以依照规定实施控制下交付。”《刑事诉讼法》第 154 条规定,使用该证据可能危及有关人员的人身安全,或者可能产生其他严重后果的,应当采取不暴露有关人员身份、技术方法等保护措施,必要的时候,可以由审判人员在庭外对证据进行核实。因此,A、B、C、D 项都正确。

# 第十三章 起 诉

一、1. B。本题考查的是刑事公诉的一般理论。起诉法定主义,是指只要被告人的行为符合法定起诉条件,公诉机关就必须起诉。起诉便宜主义,是指被告人的行为在具备起诉条件时,是否起诉,由检察官根据被告人及其行为的具体详情,以及刑事政策等因素自由裁量。公诉垄断主义,是指刑事案件的起诉权被国家垄断,排除被害人自诉。私人追诉主义,是指刑事案件一律由私人追诉。因此，本题选 B。

2. C。本题考查审查起诉中公安机关提供证据的问题。《刑事诉讼法》第 175 条第 4 款规定："对于二次补充侦查的案件，人民检察院仍然认为证据不足，不符合起诉条件的，应当作出不起诉的决定。"因此，正确答案为 C。

3. D。本题考查不起诉的适用和对被不起诉人的酌定不起诉。根据《刑事诉讼法》第 177 条、第 181 条的规定，被不起诉人只有对酌定不起诉决定不服，才有权申诉。因此，答案应当选 D。

4. A。本题考查不起诉的适用。《刑事诉讼法》第 177 条第 1、2 款规定，犯罪嫌疑人没有犯罪事实，或者有《刑事诉讼法》第 16 条规定的情形之一的，人民检察院应当作出不起诉决定；对于犯罪情节轻微，按照《刑法》规定不需要判处刑罚或者免除刑罚的，人民检察院可以作出不起诉决定。为犯罪准备工具、制造条件及犯罪嫌疑人又聋又哑属于刑法规定的不需要判处刑罚或者免除刑罚的情形，但是仍需满足犯罪情节轻微的条件，检察院才可以作出不起诉的决定，所以 A 项正确。

5. C。本题考查被害人对不起诉的异议。《刑事诉讼法》第 180 条规定："对于有被害人的案件，决定不起诉的，人民检察院应当将不起诉决定书送达被害人。被害人如果不服，可以自收到决定书后七日以内向上一级人民检察院申诉，请求提起公诉。人民检察院应当将复查决定告知被害人。对人民检察院维持不起诉决定的，被害人可以向人民法院起诉。被害人也可以不经申诉，直接向人民法院起诉。人民法院受理案件后，人民检察院应当将有关案件材料移送人民法院。"据此规定，C 项说法正确。

6. C。本题考查监察案件退回补充调查的问题。《监察法》第 47 条第 3 款规定，人民检察院经审查，认为需要补充核实的，应当退回监察机关补充调查，必要时可以自行补充侦查；对于补充调查的案件，应当在 1 个月内补充调查完毕；补充调查以二次为限。因此，本题答案为 C。

7. B。本题考查监察调查措施与刑事强制措施衔接的问题。《刑事诉讼法》第 170 条第 2 款规定："对于监察机关移送起诉的已采取留置措施的案件，人民检察院应当对犯罪嫌疑人先行拘留，留置措施自动解除。人民检察院应当在拘留后的十日以内作出是否逮捕、取保候审或者监视居住的决定。在特殊情况下，决定的时间可以延长一日至四日。人民检察院决定采取强制措施的期间不计入审查起诉期限。"因此，本题应当选 B。

8. B。本题考查监察机关异议权的问题。《监察法》第 47 条第 4 款规定，人民检察院对于有《刑事诉讼法》规定的不起诉的情形的，经上一级人民检察院批准，依法作出不起诉的决定；监察机关认为不起诉的决定有错误的，可以向上一级人民检察院提请复议。因此，本题应当选 B。

二、1. AC。本题考查起诉的问题。选项 A 正确。我国刑事诉讼实行以公诉为主、自诉为辅的犯罪追诉机制，即在对刑事犯罪实行国家追诉的同时，兼采被害人追诉主义。选项 B 错误。我国刑事诉讼实行以公诉为主、自诉为辅的犯罪追诉机制，并非表明公诉机关可主动干预自诉。选项 C 正确，选项 D 错误。我国刑事起诉以起诉法定主义为主，兼采起诉便宜主义，检察官的起诉裁量权受到严格限制，并非检察官的起诉裁量权受到了剥夺，检察院还是有一定的起诉裁量权的。所以，对于构成犯罪的主体是否起诉，检察院在法定的裁量范围内可以酌定不起诉，不是凡是构成犯罪的就必须起诉。

2. AD。本题考查提起公诉的条件和适用。《高检规则》第 350 条规定，对于在审查起诉期间改变管辖的案件，改变后的人民检察院对于符合《刑事诉讼法》第 175 条第 2 款规定的案件，可以经原受理案件的人民检察院协助，直接退回原侦查的公安机关补充侦查，也可以自行侦查；改变管辖前后退回补充侦查的次数总共不得超过两次。因此，A 选项正确，B 选项错误。《刑诉解释》第 274 条第 1 款规定，审判期间，公诉人发现案件需要补充侦查，建议延期审理的，合议庭可以同意；但是建议延期审理不得超过两次。所以，C 选项错误。《刑事诉讼法》第 175 条第 4 款规定："对于二次补充侦查的案件，人民检察院仍然认为证据不足，不符合起诉条件的，应当作出不起诉的决定。"所以，D 选项正确。

3. ABC。本题考查的是公安机关对于人民检察院不起诉决定不服的救济途径。《刑事诉讼法》第 179 条规定："对于公安机关移送起诉的案件，人民检察院决定不起诉的，应当将不起诉决定书送达公安机关。公安机关认为不起诉的决定有错误的时候，可以要求复议，如果意见不被接受，可以向上一级人民检察院提请复核。"本案中，张某故意伤害案由公安机关侦查终结后移送人民检察院审查起诉，人民检察院审查后认为张某犯罪情节轻微，可以免除刑罚，决定不起诉，公安机关如果认为人民检察院的决定有错误，可以要求作出决定的人民检察院复议，意见不被接受时向上一级人民检察院提请复核，而不能直接向上一级检察院提请复议。因此，D 项正确，其余选项错误。

4. AB。本题考查不起诉的问题。《刑事诉讼法》第 180 条规定："对于有被害人的案件，决定不起诉的，人民检察院应当将不起诉决定书送达被害人。被害人如果不服，可以自收到决定书后七日以内向上一级人民检察院申诉，请求提起公诉。人民检察院应当将复查决定告知被害人。对人民检察院维持不起诉决定的，被害人可以向人民法院起诉。被害人也可以不经申诉，直接向人民法院起诉。人民法院受理案件后，人民检察院应当将有关案件材料移送人民法院。”《高检规则》第381条规定：被害人不服不起诉决定的，在收到不起诉决定书后7日以内提出申诉的，由作出不起诉决定的人民检察院的上一级人民检察院负责捕诉的部门进行复查；被害人向作出不起诉决定的人民检察院提出申诉的，作出决定的人民检察院应当将申诉材料连同案卷一并报送上一级人民检察院。所以，A、B项正确，C、D项错误。

5. ABCD。本题考查辩护人的诉讼权利。《刑事诉讼法》第40条规定：“辩护律师自人民检察院对案件审查起诉之日起，可以查阅、摘抄、复制本案的案卷材料。其他辩护人经人民法院、人民检察院许可，也可以查阅、摘抄、复制上述材料。”《刑事诉讼法》第88条第2款规定：“人民检察院审查批准逮捕，可以询问证人等诉讼参与人，听取辩护律师的意见；辩护律师提出要求的，应当听取辩护律师的意见。”《刑事诉讼法》第39条第1款规定，辩护律师可以同在押的犯罪嫌疑人、被告人会见和通信。《刑事诉讼法》第97条规定，犯罪嫌疑人、被告人及其法定代理人、近亲属或者辩护人有权申请变更强制措施。所以，A、B、C、D项都正确。

6. ACD。本题考查不起诉。《刑事诉讼法》第16条规定，犯罪嫌疑人、被告人死亡的情况下不追究刑事责任，已经追究的，应当撤销案件或者不起诉。A选项中，甲移送审查起诉后突然死亡，属于法定不起诉的情形，故A项错误。《刑事诉讼法》第175条第4款规定：“对于二次补充侦查的案件，人民检察院仍然认为证据不足，不符合起诉条件的，应当作出不起诉的决定。”因此，本案中乙符合证据不足不起诉的条件，B项正确。因丙参与了两起盗窃，其中一起已达到刑事立案标准，且无法定或酌定不起诉的情形，应当起诉，故C项错误。丁参与了两起盗窃，一起未达刑事立案标准，另一起数额刚达立案标准，同时存在自首情节，根据《刑事诉讼法》第177条第2款的规定，对于犯罪情节轻微，依照《刑法》规定不需要判处刑罚或者免除刑罚的，人民检察院可以作出不起诉决定，故丁属于酌定不起诉的情形，D项错误。因此，本题应选ACD。

7. ABD。本题考查不起诉决定的宣布以及被害人对不起诉决定的异议。《刑事诉讼法》第178条规定：“不起诉的决定，应当公开宣布，并且将不起诉决定书送达被不起诉人和他的所在单位。如果被不起诉人在押，应当立即释放。”所以，A、B项入选。《刑事诉讼法》第180条规定：“对于有被害人的案件，决定不起诉的，人民检察院应当将不起诉决定书送达被害人。被害人如果不服，可以自收到决定书后七日以内向上一级人民检察院申诉，请求提起公诉。人民检察院应当将复查决定告知被害人。对人民检察院维持不起诉决定的，被害人可以向人民法院起诉。被害人也可以不经申诉，直接向人民法院起诉。人民法院受理案件后，人民检察院应当将有关案件材料移送人民法院。”据此，D项当选。《高检规则》第369条规定，人民检察院根据《刑事诉讼法》第175条第4款规定决定不起诉的，在发现新的证据，符合起诉条件时，可以提起公诉。据此，排除C项。

8. ACD。本题考查认罪认罚案件听取意见的问题。《刑事诉讼法》第173条第2款规定，犯罪嫌疑人认罪认罚的，人民检察院应当告知其享有的诉讼权利和认罪认罚的法律规定，听取犯罪嫌疑人、辩护人或者值班律师、被害人及其诉讼代理人对部分事项的意见，并记录在案。因此，本题应当选ACD。

9. ACD。本题考查监察机关从宽处罚建议的问题。《监察法》第31条规定，涉嫌职务犯罪的被调查人主动认罪认罚，有下列情形之一的，监察机关经领导人员集体研究，并报上一级监察机关批准，可以在移送人民检察院时提出从宽处罚的建议：(1)自动投案，真诚悔罪悔过的；(2)积极配合调查工作，如实供述监察机关还未掌握的违法犯罪行为的；(3)积极退赃，减少损失的；(4)具有重大立功表现或者案件涉及国家重大利益等情形的。而一般立功不在此列。因此，本题答案为ACD。

10. ABCD。本题考查酌定不起诉范围。《刑事诉讼法》第177条第2款规定，对于犯罪情节轻微，依照《刑法》规定不需要判处刑罚或者免除刑罚的，人民检察院可以作出不起诉决定。因此。应当参照《刑法》有关规定。如《刑法》第19条规定，又聋又哑的人或者盲人犯罪，可以从轻、减轻或者免除处罚；第20条第2款规定，正当防卫明显超过必要限度造成重大损害的，应当负刑事责任，但是应当减轻或者免除处罚；第21条第2款规定，紧急避险超过必要限度造成不应有的损害的，应当负刑事责任，但是应当减轻或者免除处罚；第22条第2款规定，对于预备犯，可以比照既遂犯从轻、减轻处罚或者免除处罚；第24条第2款规定，对于中止犯，没有造成损害的，应当免除处罚，造成损害的，应当减轻处罚。因此，选项A、C、D正确。此外，《刑事诉讼法》第182条第1款规定：“犯罪嫌疑人自愿如实供述涉嫌犯罪的事实，有重大立功或者案件涉及国家重大利益的，经最高人民检察院核准，公安机关可以撤销案件，人民检察院可以作出不起诉决定，也可以对涉嫌数罪中的一项或者多项不起诉。”因此，选项B也正确。所以，本题答案应为ABCD。

11. AB。本题考查认罪认罚具结书。《刑事诉讼法》第174条第2款规定，犯罪嫌疑人认罪认罚，有下列情形之一的，不需要签署认罪认罚具结书：(1)犯罪嫌疑人是盲、聋、哑人，或者是尚未完全丧失辨认或者控制自己行为能力的精神病人的;(2)未成年犯罪嫌疑人的法定代理人、辩护人对未成年人认罪认罚有异议的;(3)其他不需要签署认罪认罚具结书的情形。因此,本题答案为AB。

三、1. ABC。本题考查审查起诉的必经程序。《高检规则》第336条规定:“人民检察院对物证、书证、视听资料、电子数据及勘验、检查、辨认、侦查实验等笔录存在疑问的,可以要求调查人员或者侦查人员提供获取、制作的有关情况,必要时也可以询问提供相关证据材料的人员和见证人并制作笔录附卷,对物证、书证、视听资料、电子数据进行鉴定。”因此,应选ABC。

2. ABCD。本题考查辩护人的权利。《刑事诉讼法》第40条规定:“辩护律师自人民检察院对案件审查起诉之日起,可以查阅、摘抄、复制本案的案卷材料。其他辩护人经人民法院、人民检察院许可,也可以查阅、摘抄、复制上述材料。”根据《高检规则》第47条第1款的规定,在审查起诉中,人民检察院应当允许被委托的辩护律师查阅、摘抄、复制本案的案卷材料。因此,A、B、C、D项均属于可以查阅的范围。

3. B。本题考查不起诉的问题。本案主要的干扰项为A项。法定不起诉,要求人民检察院对于犯罪嫌疑人具有法定不追究刑事责任的情形时,必须作出不起诉决定,不存在自由裁量和选择的余地;酌定不起诉,是由人民检察院根据案件的具体情况,全面考虑,自由裁量,经过选择后作出的决定。本案中,乙被迫帮助甲作案,应该酌情考虑。法定不起诉,是法律的一种硬性规定;酌定不起诉,是法律的一种弹性规定。法定不起诉的条件是对犯罪嫌疑人不应当追究刑事责任;酌定不起诉的条件是犯罪嫌疑人的犯罪情节轻微不需要判处刑罚或免除刑罚。法定不起诉,必须经过检察长的同意,由检察长决定作出;酌定不起诉,必须经过检察委员会讨论决定。因此,B项正确。

4. ABC。本题考查不起诉决定的宣布。依据《高检规则》第373条以及《刑事诉讼法》第177条的相关规定,人民检察院决定不起诉的案件,可以根据案件的不同情况,对被不起诉人予以训诫或者责令具结悔过、赔礼道歉、赔偿损失;对被不起诉人需要给予行政处罚、行政处分或者需要没收其违法所得的,人民检察院应当提出检察意见,连同不起诉决定书一并移送有关主管机关处理。《刑事诉讼法》第178条规定:“不起诉的决定,应当公开宣布,并且将不起诉决定书送达被不起诉人和他的所在单位。如果被不起诉人在押,应当立即释放。”因此,本题应选ABC。

5. B。本题考查适用速裁程序案件审查起诉期限的问题。《刑事诉讼法》第172条规定,犯罪嫌疑人认罪认罚,符合速裁程序适用条件的,应当在10日以内作出决定,对可能判处的有期徒刑超过1年的,可以延长至15日。因此,本题答案应为B。

# 第十四章　刑事审判概述

一、1. A。本题考查庭前审查。《刑事诉讼法》第186条规定:“人民法院对提起公诉的案件进行审查后,对于起诉书中有明确的指控犯罪事实的,应当决定开庭审判。”

2. B。本题考查不公开审理的案件范围。《刑事诉讼法》第285条规定,审判的时候被告人不满18周岁的案件,不公开审理。

3. C。本题考查调查新证据、延期审理的问题。《刑事诉讼法》第197条第1、2、3款规定:“法庭审理过程中,当事人和辩护人、诉讼代理人有权申请通知新的证人到庭,调取新的物证,申请重新鉴定或者勘验。公诉人、当事人和辩护人、诉讼代理人可以申请法庭通知有专门知识的人出庭,就鉴定人作出的鉴定意见提出意见。法庭对于上述申请,应当作出是否同意的决定。”《刑事诉讼法》第204条规定,在法庭审判过程中,遇有下列情形之一,影响审判进行的,可以延期审理:(1)需要通知新的证人到庭,调取新的物证,重新鉴定或者勘验的;(2)检察人员发现提起公诉的案件需要补充侦查,提出建议的;(3)由于申请回避而不能进行审判的。因此,选C项。

4. A。本题考查非法证据排除规则。《刑事诉讼法》第58条规定:法庭审理过程中,审判人员认为可能存在《刑事诉讼法》第56条规定的以非法方法收集证据情形的,应当对证据收集的合法性进行法庭调查;当事人及其辩护人、诉讼代理人有权申请人民法院对以非法方法收集的证据依法予以排除;申请排除以非法方法收集的证据的,应当提供相关线索或者材料。因此,A项正确,应选。《刑事诉讼法》第59条规定:在对证据收集的合法性进行法庭调查的过程中,人民检察院应当对证据收集的合法性加以证明;现有证据材料不能证明证据收集的合法性的,人民检察院可以提请人民法院通知有关侦查人员或者其他人员出庭说明情况。B选项检察院应当对供述收集的合法性进行证明,而不是“可以”,故B选项错误。C选项检察院是可以提请人民法院通知有关侦查人员出庭说明情况,而不是“应当”,故C选项错误。《刑事诉讼法》第60条规定,对于经过法庭审理,确认或者不能排除存在《刑事诉讼法》第56条规定的以非法方法收集证据情形的,对有关证据应当予以排除,故D选项错误。

二、1. BCD。本题考查庭前准备。《刑事诉讼法》第187条第1款规定,人民法院决定开庭审判后,应当确定合议庭的组成人员,将人民检察院的起诉书副本至迟在开庭10日以前送达被告人及其辩护人。所以,A项正确。该条第2款规定,在开庭以前,审判人员可以召集公诉人、当事人和辩护人、诉讼代理人，对回避、出庭证人名单、非法证据排除等与审判相关的问题，了解情况，听取意见。所以，B 项错误，把本项的“应当”改成“可以”才对。该条第 3 款规定，人民法院确定开庭日期后，应当将开庭的时间、地点通知人民检察院，传唤当事人，通知辩护人、诉讼代理人、证人、鉴定人和翻译人员，传票和通知书至迟在开庭 3 日以前送达。公开审判的案件，应当在开庭 3 日以前先期公布案由、被告人姓名、开庭时间和地点。所以，C 选项错误，因为“公开”和“开庭”不是一回事，一审都应当开庭，但开庭审理的案件，不一定公开审理。该条第 4 款规定，上述活动情形应当写入笔录，由审判人员和书记员签名。所以，D 选项错误，应该把“审判长”换成“审判人员”才对。

2. ABCD。本题考查刑事审判模式。2012 年《刑事诉讼法》对我国的刑事审判模式进行了重大改革，主要是吸收了英美法系当事人主义的对抗性因素，并适当保留了职权主义的某些特征。我国刑事审判模式的当事人主义改革主要体现在以下几个方面：(1) 法官庭前审查由实质性审查改为程序性审查。A 项法条即体现了这一方面。(2) 强化了控方的举证责任和辩方的辩护职能，弱化了法官的调查功能。B 项、D 项法条即体现了这一方面。(3) 扩大了辩护方的权利范围，强化了庭审的对抗性。C 项法条即体现了这一方面。

3. ABC。本题考查审判的基本原则。选项 A、B 正确。集中审理原则，又称不中断审理原则，是指法院开庭审理案件，应在不更换审判人员的条件下连续进行，不得中断审理的诉讼原则。选项 C 正确。法庭审理应不中断地进行，法庭因故更换法官或者延期审理较长时间者，应重新进行以前的庭审。选项 D 错误。法庭审理应当公开进行是“审判公开原则”的体现，不是“集中审理原则”的体现。

4. ABC。选项 A 考查辩护人不出庭的情形。《刑诉解释》第 225 条第 2 款规定：“辩护人经通知未到庭，被告人同意的，人民法院可以开庭审理，但被告人属于应当提供法律援助情形的除外。”本题中，并未说明陈某属于应当提供法律援助的情形，应按照一般情形处理。辩护人孙某经通知未到庭，征得陈某同意后，人民法院可以开庭审理。因此，选项 A 正确。

选项 B 考查审判期间补充侦查的规定。《刑诉解释》第 277 条第 2 款规定：“审判期间，被告人提出新的立功线索的，人民法院可以建议人民检察院补充侦查。”本题中，陈某在最后陈述的时候提出新的立功线索，合议庭可以建议公诉人补充侦查。因此，选项 B 正确。

选项 C 考查对取证行为合法性的证明。《刑诉解释》第 135 条第 3 款规定：“公诉人提交的取证过程合法的说明材料，应当经有关调查人员、侦查人员签名，并加盖单位印章。未经签名或者盖章的，不得作为证据使用。上述说明材料不能单独作为证明取证过程合法的根据。”本题中，公诉人提交的书面说明包括了调查人员的签名并加盖了公章，可以作为证据使用。因此，选项 C 正确。

选项 D 考查审判组织。《刑事诉讼法》第 183 条第 1 款规定：“基层人民法院、中级人民法院审判第一审案件，应当由审判员三人或者由审判员和人民陪审员共三人或者七人组成合议庭进行，但是基层人民法院适用简易程序、速裁程序的案件可以由审判员一人独任审判。”

《人民陪审员法》第 16 条规定：“人民法院审判下列第一审案件，由人民陪审员和法官组成七人合议庭进行：(一) 可能判处十年以上有期徒刑、无期徒刑、死刑，社会影响重大的刑事案件；(二) 根据民事诉讼法、行政诉讼法提起的公益诉讼案件；(三) 涉及征地拆迁、生态环境保护、食品药品安全，社会影响重大的案件；(四) 其他社会影响重大的案件。”本题中，因为张某涉嫌收受巨额贿赂，社会影响重大，应当由人民陪审员和法官组成 7 人合议庭进行审判。因此，选项 D 错误。

三、1. (1) B。本题考查公开审理与不公开审理。《刑事诉讼法》第 188 条规定：“人民法院审判第一审案件应当公开进行。但是有关国家秘密或者个人隐私的案件，不公开审理；涉及商业秘密的案件，当事人申请不公开审理的，可以不公开审理。不公开审理的案件，应当当庭宣布不公开审理的理由。”可见，法院审判以公开审理为原则，而本案不符合不公开审理的条件，故应该公开审理。

(2) A。本题考查合议庭的组成。根据《刑事诉讼法》第 183 条的规定可知：①基层人民法院、中级人民法院审判第一审案件，应当由审判员 3 人或者由审判员和人民陪审员共 3 人或者 7 人组成合议庭进行，但是基层人民法院适用简易程序、速裁程序的案件可以由审判员 1 人独任审判；②高级人民法院审判第一审案件，应当由审判员 3～7 人或者由审判员和人民陪审员共 3 人或者 7 人组成合议庭进行；③最高人民法院审判第一审案件，应当由审判员 3～7 人组成合议庭进行；④人民法院审判上诉和抗诉案件，由审判员 3 人或者 5 人组成合议庭进行；⑤合议庭的成员人数应当是单数。另见《人民陪审员法》第 16 条的规定，本案应当由 7 人合议庭审理。

(3) BC。本题考查合议庭的组成。根据《刑事诉讼法》第 183 条的规定，陪审员只能在一审参加案件的审理；二审法院审理上诉或抗诉的案件，由审判员 3 人或者 5 人组成合议庭进行。

2. BC。本题考查法院刑事审判权的基本特征。

人民法院行使审判权的基本特征有:被动性、独立性、中立性、职权性、程序性、亲历性、公开性及终局性等。

## 第十五章　第一审程序

### 基础知识篇

一、1. A。本题考查立案的问题。抢劫案属于需要立案侦查才能查明的公诉案件,应由公安机关立案侦查。因此,人民法院应当将抢劫案移送公安机关侦查。

2. A。本题考查提起自诉的程序。《刑诉解释》第317条规定,自诉案件,如果被害人死亡、丧失行为能力或者因受强制、威吓等无法告诉,或者是限制行为能力人以及因年老、患病、盲、聋、哑等不能亲自告诉,其法定代理人、近亲属告诉或者代为告诉的,人民法院应当依法受理。选项A双腿残疾不属于上述情形。

3. B。本题考查自首情节等相关证据材料移送的规定。根据《刑诉解释》第277条的规定,审判期间,合议庭发现被告人可能有自首、坦白、立功等法定量刑情节,而人民检察院移送的案卷中没有相关证据材料的,应当通知人民检察院在指定时间内移送。选项B正确。

4. C。本题考查禁止适用简易程序的规定。根据《刑事诉讼法》第215条的规定,有下列情形之一的,不适用简易程序:(1)被告人是盲、聋、哑人,或者是尚未完全丧失辨认或者控制自己行为能力的精神病人的;(2)有重大社会影响的;(3)共同犯罪案件中部分被告人不认罪或者对适用简易程序有异议的;(4)其他不宜适用简易程序审理的。选项C正确。

5. B。本题考查开庭、法庭调查、法庭辩论和最后陈述的问题。法庭审理活动具体包括宣布开庭、法庭调查、法庭辩论、被告人最后陈述、评议和宣判五个阶段。根据《刑事诉讼法》第190条第1款的规定,开庭的时候,审判长查明当事人是否到庭,宣布案由;宣布合议庭的组成人员、书记员、公诉人、辩护人、诉讼代理人、鉴定人和翻译人员的名单;告知当事人有权对合议庭组成人员、书记员、公诉人、鉴定人和翻译人员申请回避;告知被告人享有辩护权利。《刑事诉讼法》第191条规定:"公诉人在法庭上宣读起诉书后,被告人、被害人可以就起诉书指控的犯罪进行陈述,公诉人可以讯问被告人。被害人、附带民事诉讼的原告人和辩护人、诉讼代理人,经审判长许可,可以向被告人发问。审判人员可以讯问被告人。"《刑事诉讼法》第194条规定:"证人作证,审判人员应当告知他要如实地提供证言和有意作伪证或者隐匿罪证要负的法律责任。公诉人、当事人和辩护人、诉讼代理人经审判长许可,可以对证人、鉴定人发问。审判长认为发问的内容与案件无关的时候,应当制止。审判人员可以询问证人、鉴定人。"《刑事诉讼法》第195条规定:"公诉人、辩护人应当向法庭出示物证,让当事人辨认,对未到庭的证人的证言笔录、鉴定人的鉴定意见、勘验笔录和其他作为证据的文书,应当当庭宣读。审判人员应当听取公诉人、当事人和辩护人、诉讼代理人的意见。"《刑事诉讼法》第198条规定:"法庭审理过程中,对与定罪、量刑有关的事实、证据都应当进行调查、辩论。经审判长许可,公诉人、当事人和辩护人、诉讼代理人可以对证据和案件情况发表意见并且可以互相辩论。审判长在宣布辩论终结后,被告人有最后陈述的权利。"另外,《刑诉解释》第280、281条规定,合议庭认为案件事实已经调查清楚的,应当由审判长宣布法庭调查结束,开始就定罪、量刑、涉案财物处理的事实、证据和适用法律等问题进行法庭辩论。法庭辩论应当在审判长的主持下,按照下列顺序进行:(1)公诉人发言;(2)被害人及其诉讼代理人发言;(3)被告人自行辩护;(4)辩护人辩护;(5)控辩双方进行辩论。根据上述规定,①宣读勘验笔录;③讯问被告人;④询问证人、鉴定人;⑤出示物证都属于法庭调查阶段的活动,顺序为:③④⑤①。而②公诉人发表公诉词属于法庭辩论阶段的活动,应在法庭调查之后,⑥被告人最后陈述在法庭辩论之后。所以,本题的正确答案为B。这里的公诉词和起诉书不是一回事,请注意区分。

6. B。本题考查证人出庭作证。《刑事诉讼法》第192条规定:"公诉人、当事人或者辩护人、诉讼代理人对证人证言有异议,且该证人证言对案件定罪量刑有重大影响,人民法院认为证人有必要出庭作证的,证人应当出庭作证。人民警察就其执行职务时目击的犯罪情况作为证人出庭作证,适用前款规定。公诉人、当事人或者辩护人、诉讼代理人对鉴定意见有异议,人民法院认为鉴定人有必要出庭的,鉴定人应当出庭作证。经人民法院通知,鉴定人拒不出庭作证的,鉴定意见不得作为定案的根据。"《刑事诉讼法》第193条第1款规定,经人民法院通知,证人没有正当理由不出庭作证的,人民法院可以强制其到庭,但是被告人的配偶、父母、子女除外。选项A中,张某的证言若对案件定罪量刑无重大影响,则没有强制规定其出庭作证。选项C中,鉴定人拒绝出庭的,鉴定意见不得作为定案根据,不必要强制到庭。选项D中,石某系被告人的配偶,不适用强制到庭的规定。所以,本题的正确答案为B。

7. B。此题考查自诉案件。《刑事诉讼法》第210条规定,自诉案件包括下列案件:(1)告诉才处理的案件;(2)被害人有证据证明的轻微刑事案件;(3)被害人有证据证明对被告人侵犯自己人身、财产权利的行为应当依法追究刑事责任,而公安机关或者人民检察院不予追究被告人刑事责任的案件。本案符合第3种情况,所以属于自诉案件。《刑诉解释》第 334 条规定,告诉才处理和被害人有证据证明的轻微刑事案件的被告人或者其法定代理人在诉讼过程中,可以对自诉人提起反诉。因而,本案中郭某不得提出反诉,A 项错误。《刑事诉讼法》第 212 条第 1 款规定,人民法院对自诉案件,可以进行调解;自诉人在宣告判决前,可以同被告人自行和解或者撤回自诉。《刑事诉讼法》第 210 条第 3 项规定的案件不适用调解。B 项正确,C、D 项错误。

8. D。本题考查自诉案件的范围。根据《刑诉解释》第 316 条的规定,人民法院受理自诉案件必须符合下列条件:(1)符合《刑事诉讼法》第 210 条该解释第 1 条规定的案件;(2)属于本院管辖;(3)被害人告诉;(4)有明确的被告人、具体的诉讼请求和能证明被告人犯罪事实的证据。因此,只有 D 项不需审查。

9. C。本题考查认罪认罚从宽制度的适用。《刑事诉讼法》第 190 条第 2 款规定:“被告人认罪认罚的,审判长应当告知被告人享有的诉讼权利和认罪认罚的法律规定,审查认罪认罚的自愿性和认罪认罚具结书内容的真实性、合法性。”由此可知,A、B、D 选项正确。《刑事诉讼法》第 15 条规定:“犯罪嫌疑人、被告人自愿如实供述自己的罪行,承认指控的犯罪事实,愿意接受处罚的,可以依法从宽处理。”该条规定在《刑事诉讼法》总则第一章“任务和基本原则”部分,表明了认罪认罚从宽是我国刑事诉讼法中的一项基本原则,贯穿于刑事诉讼程序的始终,因此在庭审过程中被告人自愿认罪认罚的,也可适用认罪认罚从宽制度,选项 C 错误。

二、1. AC。本题考查被告人拒绝辩护的问题。《刑诉解释》第 311 条第 2 款规定,被告人当庭拒绝辩护人辩护,要求另行委托辩护人或者指派律师的,合议庭应当准许。被告人拒绝辩护人辩护后,没有辩护人的,应当宣布休庭;仍有辩护人的,庭审可以继续进行,所以 A 选项正确。有多名被告人的案件,部分被告人拒绝辩护人辩护后,没有辩护人的,根据案件情况,可以对该被告人另案处理,对其他被告人的庭审继续进行,所以 B 选项错误。《刑诉解释》第 311 条第 4、5 款规定,重新开庭后,被告人再次当庭拒绝辩护人辩护的,可以准许,但被告人不得再次另行委托辩护人或者要求另行指派律师,由其自行辩护。被告人属于应当提供法律援助的情形,重新开庭后再次当庭拒绝辩护人辩护的,不予准许,故 D 选项错误。《刑诉解释》第 313 条第 1 款规定,依照前两条规定另行委托辩护人或者通知法律援助机构指派律师的,自案件宣布休庭之日起至第 15 日止,由辩护人准备辩护,但被告人及其辩护人自愿缩短时间的除外,所以 C 选项正确。

2. BD。本题考查的是自诉案件的特点。《刑事诉讼法》第 212 条第 1 款规定:“人民法院对自诉案件,可以进行调解;自诉人在宣告判决前,可以同被告人自行和解或者撤回自诉。该法第二百一十条第三项规定的案件不适用调解。”由此可知,自诉案件都能和解和撤诉,但不是所有自诉案件都能调解,如公诉转自诉案件就不能调解,所以 A 项错误,B 项正确。根据《刑诉解释》第 334 条规定,告诉才处理和被害人有证据证明的轻微刑事案件的被告人或者其法定代理人在诉讼过程中,可以对自诉人提起反诉。反诉必须符合下列条件:(1)反诉的对象必须是本案自诉人;(2)反诉的内容必须是与本案有关的行为;(3)反诉的案件必须符合该解释相关规定。反诉案件适用自诉案件的规定,应当与自诉案件一并审理。自诉人撤诉的,不影响反诉案件的继续审理。可知,并非所有自诉案件都能反诉,所以 C 项错误。根据《刑事诉讼法》可知,只要案件事实清楚,证据充分,被告人认罪同意适用简易程序的自诉案件都可以适用简易程序,所以选项 D 正确。

3. BD。本题考查自诉的提起与受理、自诉的可分性问题。《刑诉解释》第 323 条规定,自诉人明知有其他共同侵害人,但只对部分侵害人提起自诉的,人民法院应当受理,并告知其放弃告诉的法律后果;自诉人放弃告诉,判决宣告后又对其他共同侵害人就同一事实提起自诉的,人民法院不予受理。共同被害人中只有部分人告诉的,人民法院应当通知其他被害人参加诉讼,并告知其不参加诉讼的法律后果。被通知人接到通知后表示不参加诉讼或者不出庭的,视为放弃告诉。第一审宣判后,被通知人就同一事实又提起自诉的,人民法院不予受理。但是,当事人另行提起民事诉讼的,不受该解释限制。因此,B、D 选项正确。

4. BCD。本题考查法院裁判。《刑诉解释》第 295 条第 1 款规定:对第一审公诉案件,人民法院审理后,应当按照下列情形分别作出判决、裁定:(1)起诉指控的事实清楚,证据确实、充分,依据法律认定指控被告人的罪名成立的,应当作出有罪判决。(2)起诉指控的事实清楚,证据确实、充分,但指控的罪名不当的,应当依据法律和审理认定的事实作出有罪判决。(3)案件事实清楚,证据确实、充分,依据法律认定被告人无罪的,应当判决宣告被告人无罪。(4)证据不足,不能认定被告人有罪的,应当以证据不足、指控的犯罪不能成立,判决宣告被告人无罪。(5)案件部分事实清楚,证据确实、充分的,应当作出有罪或者无罪的判决;对事实不清、证据不足部分,不予认定。(6)被告人因未达到刑事责任年龄,不予刑事处罚的,应当判决宣告被告人不负刑事责任。(7)被告人是精神病人,在不能辨认或者不能控制自己行为时造成危害结果,不予刑事处罚的,应当判决宣告被告人不负刑事责任;被告人符合强制医疗条件的,应当依照该解释第二十六章的规定进行审理并作出判决。(8)犯罪已过追诉时效期限且不是必须追诉,或者经特赦令免除刑罚的,应当裁定终止审理。(9)属于告诉才处理的案件,应当裁定终止审理,并告知被害人有权提起自诉。(10)被告人死亡的,应当裁定终止审理;但有证据证明被告人无罪,经缺席审理确认无罪的,应当判决宣告被告人无罪。本题中的选项A、B、C、D分别属于上述第(2)、(7)、(10)、(1)的情形。

5. ABCD。本题考查不得适用速裁程序的情形。《刑事诉讼法》第223条规定:"有下列情形之一的,不适用速裁程序:(一)被告人是盲、聋、哑人,或者是尚未完全丧失辨认或者控制自己行为能力的精神病人的;(二)被告人是未成年人的;(三)案件有重大社会影响的;(四)共同犯罪案件中部分被告人对指控的犯罪事实、罪名、量刑建议或者适用速裁程序有异议的;(五)被告人与被害人或者其法定代理人没有就附带民事诉讼赔偿等事项达成调解或者和解协议的;(六)其他不宜适用速裁程序审理的。"由此可知,本题A、B、C、D项均属于不得适用速裁程序的情形。

## 理解与应用篇

一、1. A。本题考查一审程序的审限。《刑事诉讼法》第208条第1款规定,人民法院审理公诉案件,应当在受理后2个月以内宣判,至迟不得超过3个月。对于可能判处死刑的案件或者附带民事诉讼的案件,以及有《刑事诉讼法》第158条规定情形之一的,经上一级人民法院批准,可以延长3个月;因特殊情况还需要延长的,报请最高人民法院批准。据此可知,需要延长审理期限的,应当在法定期限届满前提出申请,办理报请高级人民法院批准手续的时间应计入审理期限,A项正确。最高人民法院《关于严格执行案件审理期限制度的若干规定》第9条第5项规定,因当事人、诉讼代理人、辩护人申请通知新的证人到庭、调取新的证据、申请重新鉴定或者勘验,法院决定延期审理1个月之内的期间,不计入审理、执行期限。据此可知当事人申请重新鉴定,法院决定延期审理的时间不计入审理期限,B项错误。《刑事诉讼法》第208条第3款规定:"人民检察院补充侦查的案件,补充侦查完毕移送人民法院后,人民法院重新计算审理期限。"据此检察院补充侦查完毕移送人民法院的,审理期限从人民法院收到案件之日起重新计算,C项错误。《刑事诉讼法》第208条第2款规定,人民法院改变管辖的案件,从改变后的人民法院收到案件之日起计算审理期限,由此可知在改变管辖决定作出至改变后的办案机关收到案件之间的期间不应计入办案期限,D项错误。

2. D。本题考查法院受理自诉的条件。《刑诉解释》第323条规定,自诉人明知有其他共同侵害人,但只对部分侵害人提起自诉的,人民法院应当受理,并告知其放弃告诉的法律后果;自诉人放弃告诉,判决宣告后又对其他共同侵害人就同一事实提起自诉的,人民法院不予受理。共同被害人中只有部分人告诉的,人民法院应当通知其他被害人参加诉讼,并告知其不参加诉讼的法律后果。被通知人接到通知后表示不参加诉讼或者不出庭的,视为放弃告诉。第一审宣判后,被通知人就同一事实又提起自诉的,人民法院不予受理。但是,当事人另行提起民事诉讼的,不受该解释限制。本案中,李某接到法院通知后表示不想追究石某责任,没有参加诉讼。一审宣判后,李某反悔,就同一事实向法院提起自诉,该法院不应当受理。

3. B。本题考查简易程序的适用问题。根据《刑事诉讼法》第216条的规定,适用简易程序审理案件,对可能判处3年有期徒刑以下刑罚的,可以组成合议庭进行审判,也可以由审判员1人独任审判;对可能判处的有期徒刑超过3年的,应当组成合议庭进行审判;适用简易程序审理公诉案件,人民检察院应当派员出席法庭。第220条规定,适用简易程序审理案件,人民法院应当在受理后20日以内审结;对可能判处的有期徒刑超过3年的,可以延长至一个半月。本案中,高某非法拘禁陈某,致其重伤,可能判处的法定刑在3年以上10年以下,因此适用简易程序审理该案的时候,应当组成合议庭进行审判,因此A项错误,B项正确。本案的审理期限最多为一个半月,故C项错误。人民检察院应当派员出席法庭,故D项错误。

4. B。本题考查速裁程序的适用范围、条件和审理方式。《刑事诉讼法》第222条第1款规定:"基层人民法院管辖的可能判处三年有期徒刑以下刑罚的案件,案件事实清楚,证据确实、充分,被告人认罪认罚并同意适用速裁程序的,可以适用速裁程序,由审判员一人独任审判。"因此A项正确,B项错误,D项正确。根据《刑事诉讼法》第223条的规定,"被告人是未成年人的"属于不适用速裁程序的情形之一,因此C项正确。

5. A。《刑法》第128条第1款规定:"违反枪支管理规定,非法持有、私藏枪支、弹药的,处三年以下有期徒刑、拘役或者管制;情节严重的,处三年以上七年以下有期徒刑。"《枪支管理法》第46条规定:"本法所称枪支,是指以火药或者压缩气体等为动力,利用管状器具发射金属弹丸或者其他物质,足以致人伤亡或者丧失知觉的各种枪支。"非法持有枪支罪中的枪支要求具有杀伤力,本题中赵某涉嫌非法持有枪支罪,枪支是否具有杀伤力是本案罪与非罪的关键问题。选项A考查证明责任的承担。《刑事诉讼法》第51条规定:"公诉案件中被告人有罪的举证责任由人民检察院承担,自诉案件中被告人有罪的举证责任由自诉人承担。"另外,在证明过程中,也存在证明责任转移的情形,如在少数持有型的特定案件中,被告人如果提出了一些法定的积极抗辩事由,就需要对这些积极抗辩事由的真实性承担证明责任。持有型犯罪案件包括:

(1)巨额财产来源不明罪;(2)持有型犯罪:如非法持有枪支、弹药罪,持有假币罪等。在本题中,被告人赵某被指控构成非法持有枪支罪,属于持有型犯罪案件的一种,本案的关键问题在于涉案枪支是否具有杀伤力,赵某在庭审期间提出了涉案枪支已改装不具有杀伤力的积极抗辩,因此其应当承担提出证据的责任,应当对枪支改装方法作具体说明。因此,选项A正确。

选项B考查中止审理。《刑事诉讼法》第206条第1款规定:"在审判过程中,有下列情形之一,致使案件在较长时间内无法继续审理的,可以中止审理:(一)被告人患有严重疾病,无法出庭的;(二)被告人脱逃的;(三)自诉人患有严重疾病,无法出庭,未委托诉讼代理人出庭的;(四)由于不能抗拒的原因。"本案是对枪支杀伤力的进一步补证,并不符合中止审理的规定,而是延期审理的一种情形。《刑事诉讼法》第204条规定:"在法庭审判过程中,遇有下列情形之一,影响审判进行的,可以延期审理:(一)需要通知新的证人到庭,调取新的物证,重新鉴定或者勘验的;(二)检察人员发现提起公诉的案件需要补充侦查,提出建议的;(三)由于申请回避而不能进行审判的。"本案中,检察机关的进一步补证属于情形(二),法庭可以决定延期审理。因此,选项B错误。

选项C考查有专门知识的人出庭。《刑事诉讼法》第197条第2款规定:"公诉人、当事人和辩护人、诉讼代理人可以申请法庭通知有专门知识的人出庭,就鉴定人作出的鉴定意见提出意见。"有专门知识的人出庭是为了与鉴定人对质,本题中,赵某作为被告人,不是鉴定人,不是有专门知识的人出庭对质的对象。因此,选项C错误。

选项D考查被告人庭前供述与辩解和庭审不一致的处理办法。《刑诉解释》第96条第1款和第2款规定:"审查被告人供述和辩解,应当结合控辩双方提供的所有证据以及被告人的全部供述和辩解进行。被告人庭审中翻供,但不能合理说明翻供原因或者其辩解与全案证据矛盾,而其庭前供述与其他证据相互印证的,可以采信其庭前供述。"对于被告人庭审翻供的情形,若被告人能够合理说明翻供原因或者其辩解与全案证据相一致,则法庭可以予以采信。本题中,在合议庭此前对赵某的多次讯问中,赵某虽从未提及枪支改装,但是如果他的辩解能够作出合理说明或者与全案证据相一致,那么法庭是可以予以采信的。因此,选项D错误。

二、1. ABC。此题考查简易程序。《刑事诉讼法》第216条第1款规定,适用简易程序审理案件,对可能判处3年有期徒刑以下刑罚的,可以组成合议庭进行审判,也可以由审判员1人独任审判;对可能判处的有期徒刑超过3年的,应当组成合议庭进行审判。我国刑法规定抢劫罪量刑标准为3年以上,因此应当组成合议庭进行审判,A项错误。《刑事诉讼法》第219条规定:"适用简易程序审理案件,不受本章第一节关于送达期限、讯问被告人、询问证人、鉴定人、出示证据、法庭辩论程序规定的限制。但在判决宣告前应当听取被告人的最后陈述意见。"因此,C项错误。《刑事诉讼法》第198条第1、2款规定:"法庭审理过程中,对与定罪、量刑有关的事实、证据都应当进行调查、辩论。经审判长许可,公诉人、当事人和辩护人、诉讼代理人可以对证据和案件情况发表意见并且可以互相辩论。"简易程序简化的是法庭辩论,但是法庭调查部分被未简化,因此B项错误。《刑事诉讼法》第221条规定:"人民法院在审理过程中,发现不宜适用简易程序的,应当按照本章第一节或者第二节的规定重新审理。"因此,D选项正确。

2. AD。本题考查被告人拒绝辩护的问题。《刑诉解释》第311条第2款规定:被告人当庭拒绝辩护人辩护,要求另行委托辩护人或者指派律师的,合议庭应当准许。被告人拒绝辩护人辩护后,没有辩护人的,应当宣布休庭;仍有辩护人的,庭审可以继续进行。所以,答案为AD。

3. ABD。本题考查一审、二审中自诉案件的问题。《刑诉解释》第331条第2款规定:部分自诉人撤诉或者被裁定按撤诉处理的,不影响案件的继续审理。由此A项的说法正确,当选。《刑诉解释》第329条规定:在宣告判决前,自诉案件的当事人可以同被告人自行和解,自诉人可以撤回自诉;人民法院经审查认为确属自愿的,应当裁定准许;经审查认为自诉人系被强迫、威吓等,不是出于自愿的,不予准许。由此,B项的说法正确,当选。《刑诉解释》第412条规定:第二审期间,自诉案件的当事人提出反诉的,应当告知其另行起诉。由此,C项的说法错误,不当选。《刑诉解释》第411条规定:对第二审自诉案件,必要时可以调解,当事人也可以自行和解。调解结案的,应当制作调解书,第一审判决、裁定视为自动撤销。当事人自行和解的,依照该解释第329条的规定处理;裁定准许撤回自诉的,应当撤销第一审判决、裁定。由此,D项的说法正确,当选。因此,本题正确答案是ABD。

4. ABCD。本题考查法院对于认罪认罚案件作出判决的问题。根据《刑事诉讼法》第201条第1款的规定,对于认罪认罚案件,人民法院依法作出判决时,一般应当采纳人民检察院指控的罪名和量刑建议,但有下列情形的除外:(1)被告人的行为不构成犯罪或者不应当追究其刑事责任的;(2)被告人违背意愿认罪认罚的;(3)被告人否认指控的犯罪事实的;(4)起诉指控的罪名与审理认定的罪名不一致的;(5)其他可能影响公正审判的情形。由此可知,A选项属于"被告人否认指控的犯罪事实"的情形;B选项属于"起诉指控的罪名与审理认定的罪名不一致"的情形;C选项中被告人尚未达到刑事责任年龄，根据《刑法》的相关规定，被告人不负刑事法律责任，因而属于“被告人的行为不构成犯罪”的情形；D选项属于“被告人违背意愿认罪认罚”的情形。在这些情形出现时，人民法院可以不采纳人民检察院指控的罪名和量刑建议，因此，本题正确答案是ABCD。

### 综合提高篇

1. ABCD。本题考查调查核实证据的问题。《刑事诉讼法》第195条规定：“公诉人、辩护人应当向法庭出示物证，让当事人辨认，对未到庭的证人的证言笔录、鉴定人的鉴定意见、勘验笔录和其他作为证据的文书，应当当庭宣读。审判人员应当听取公诉人、当事人和辩护人、诉讼代理人的意见。”由此，本题正确答案是ABCD。

2. CD。本题考查庭审笔录的问题。《刑事诉讼法》第207条第1款规定：“法庭审判的全部活动，应当由书记员写成笔录，经审判长审阅后，由审判长和书记员签名。”据此，本题的正确答案是CD。

3. CD。本题考查认罪认罚从宽制度的适用。认罪认罚从宽制度是2018年《刑事诉讼法》修改时增加的主要内容，根据《刑事诉讼法》第222条第1款规定可知，基层人民法院管辖的可能判处3年有期徒刑以下刑罚的案件，案件事实清楚，证据确实、充分，被告人认罪认罚并同意适用速裁程序的，可以适用速裁程序，由审判员1人独任审判。同时该法第223条规定，有下列情形之一的，不适用速裁程序：(1)被告人是盲、聋、哑人，或者是尚未完全丧失辨认或者控制自己行为能力的精神病人的；(2)被告人是未成年人的；(3)案件有重大社会影响的；(4)共同犯罪案件中部分被告人对指控的犯罪事实、罪名、量刑建议或者适用速裁程序有异议的；(5)被告人与被害人或者其法定代理人没有就附带民事诉讼赔偿等事项达成调解或者和解协议的；(6)其他不宜适用速裁程序审理的。由此可知，被告人认罪认罚的案件可能适用速裁程序，也可能适用一审普通程序进行审理，A选项错误。《刑事诉讼法》第190条第2款规定：“被告人认罪认罚的，审判长应当告知被告人享有的诉讼权利和认罪认罚的法律规定，审查认罪认罚的自愿性和认罪认罚具结书内容的真实性、合法性。”因此，法官对于认罪认罚具结书不仅要审查其形式要件是否完备，也要审查其内容的真实性与合法性，故法官对认罪认罚具结书的审查包括了形式审查和实质审查，B选项错误。《刑事诉讼法》第201条规定：“对于认罪认罚案件，人民法院依法作出判决时，一般应当采纳人民检察院指控的罪名和量刑建议，但有下列情形的除外：(一)被告人的行为不构成犯罪或者不应当追究其刑事责任的；(二)被告人违背意愿认罪认罚的；(三)被告人否认指控的犯罪事实的；(四)起诉指控的罪名与审理认定的罪名不一致的；(五)其他可能影响公正审判的情形。人民法院经审理认为量刑建议明显不当，或者被告人、辩护人对量刑建议提出异议的，人民检察院可以调整量刑建议。人民检察院不调整量刑建议或者调整量刑建议后仍然明显不当的，人民法院应当依法作出判决。”因此，本题的正确答案是CD。

4. ABC。本题考查速裁程序的审理方式、宣判方式和审限。《刑事诉讼法》第224条第2款规定：“适用速裁程序审理案件，应当当庭宣判。”因此，A项错误。《刑事诉讼法》第225条规定：“适用速裁程序审理案件，人民法院应当在受理后十日以内审结；对可能判处的有期徒刑超过一年的，可以延长至十五日。”因此，B项、C项错误。根据《刑事诉讼法》第224条第1款的规定：“适用速裁程序审理案件，不受本章第一节规定的送达期限的限制，一般不进行法庭调查、法庭辩论，但在判决宣告前应当听取辩护人的意见和被告人的最后陈述意见。”因此，D项正确。本题为选错题。

## 第十六章　第二审程序

### 基础知识篇

一、1. C。此题考查第二审程序请求抗诉的内容。《刑事诉讼法》第229条规定，被害人及其法定代理人不服地方各级人民法院第一审的判决的，自收到判决书后5日以内，有权请求人民检察院提出抗诉。第252条规定：“当事人及其法定代理人、近亲属，对已经发生法律效力的判决、裁定，可以向人民法院或者人民检察院提出申诉，但是不能停止判决、裁定的执行。”A选项上诉的主体是被告人、自诉人及其法定代理人，而不是被害人。B选项根据“一事不再理”原则，就同一事实没有提出新的证据法院不受理。D选项只单纯认为量刑有问题而无新的证据提出，法院不会重新审判。

2. C。此题考查二审开庭审理。《刑事诉讼法》第234条第1款规定：第二审人民法院对于下列案件，应当组成合议庭，开庭审理：(1)被告人、自诉人及其法定代理人对第一审认定的事实、证据提出异议，可能影响定罪量刑的上诉案件；(2)被告人被判处死刑的上诉案件；(3)人民检察院抗诉的案件；(4)其他应当开庭审理的案件。

3. C。本题考查上诉不加刑原则。审理被告人或者其法定代理人、辩护人、近亲属提出上诉的案件，不得加重被告人的刑罚。根据《刑诉解释》第401条的规定，原判认定的罪名不当的，可以改变罪名，但不得加重刑罚或者对刑罚执行产生不利影响。因此，正确答案为C。

4. D。本题考查上诉期限和二审期限。《刑事诉讼法》第 230 条规定,不服判决的上诉和抗诉的期限为 10 日,不服裁定的上诉和抗诉的期限为 5 日,从接到判决书、裁定书的第 2 日起算。中级人民法院于宣判次日即 2 月 19 日将判决送达张某,则上诉期限由 2 月 20 日起算,故未超过上诉期限。《刑事诉讼法》第 243 条第 1 款规定,第二审人民法院受理上诉、抗诉案件,应当在 2 个月以内审结。对于可能判处死刑的案件或者附带民事诉讼的案件,以及有《刑事诉讼法》第 158 条规定情形之一的,经省、自治区、直辖市高级人民法院批准或者决定,可以延长 2 个月;因特殊情况还需要延长的,报请最高人民法院批准。法院受理上诉超过 2 个月,但因为是判处死刑的案件,所以未超过审判期限。

5. B。本题考查上诉的主体。《刑事诉讼法》第 227 条第 1 款、第 2 款规定:“被告人、自诉人和他们的法定代理人,不服地方各级人民法院第一审的判决、裁定,有权用书状或者口头向上一级人民法院上诉。被告人的辩护人和近亲属,经被告人同意,可以提出上诉。附带民事诉讼的当事人和他们的法定代理人,可以对地方各级人民法院第一审的判决、裁定中的附带民事诉讼部分,提出上诉。”所以,A、D 项均正确。《刑事诉讼法》第 103 条规定:“人民法院审理附带民事诉讼案件,可以进行调解,或者根据物质损失情况作出判决、裁定。”所以,C 项正确。《刑诉解释》第 380 条第 2 款规定:对附带民事判决、裁定的上诉、抗诉期限,应当按照刑事部分的上诉、抗诉期限确定。附带民事部分另行审判的,上诉期限也应当按照《刑事诉讼法》规定的期限确定。本案中,附带民事诉讼部分另行审理,上诉期限也应按刑事诉讼法规定的期限确定,所以 B 项错误。

二、1. AB。本题考查上诉的主体。《刑事诉讼法》第 227 条第 1 款规定:“被告人、自诉人和他们的法定代理人,不服地方各级人民法院第一审的判决、裁定,有权用书状或者口头向上一级人民法院上诉。被告人的辩护人和近亲属,经被告人同意,可以提出上诉。”

2. AB。选项 A 考查对第二审案件的审判方式。《刑事诉讼法》第 234 条第 1 款规定:“第二审人民法院对于下列案件,应当组成合议庭,开庭审理:(一)被告人、自诉人及其法定代理人对第一审认定的事实、证据提出异议,可能影响定罪量刑的上诉案件;(二)被告人被判处死刑的上诉案件;(三)人民检察院抗诉的案件;(四)其他应当开庭审理的案件。”本题中,杨某认为 B 区法院应当作出无罪判决,不应作出准许撤回起诉的裁定,是对第一审程序认定的事实、证据提出异议,故属于二审程序应当开庭审理的情形。因此,选项 A 正确。

选项 B 考查终审裁定的条件。《刑事诉讼法》第 10 条规定:“人民法院审判案件,实行两审终审制。”所谓两审终审制,是指一个案件经过相邻的两级人民法院审判,普通审判程序即告终结的制度,对于第二审人民法院作出的终审判决、裁定,当事人等不得再提出上诉,人民检察院不得按照上诉审程序提出抗诉。本题中,A 市中级人民法院作为二审法院,为裁定撤销 B 区法院裁定而作出的裁定,具有终局性,是终审裁定。因此,选项 B 正确。

选项 C 考查二审裁判的类型。《刑事诉讼法》第 236 条第 1 款规定:“第二审人民法院对不服第一审判决的上诉、抗诉案件,经过审理后,应当按照下列情形分别处理:(一)原判决认定事实和适用法律正确、量刑适当的,应当裁定驳回上诉或者抗诉,维持原判;(二)原判决认定事实没有错误,但适用法律有错误,或者量刑不当的,应当改判;(三)原判决事实不清楚或者证据不足的,可以在查清事实后改判;也可以裁定撤销原判,发回原审人民法院重新审判。”在本题中,A 市中级人民法院除了作出有罪判决和无罪判决之外,还可以作出驳回上诉或者抗诉的裁定以及撤销原判、发回重审的裁定。因此,选项 C 错误。

选项 D 考查上诉人上诉的理由。上诉权是被告人享有的一项诉讼权利,因此我国《刑事诉讼法》对于提出上诉的理由没有规定任何限制,上诉人在法定期限内提出上诉,不论理由是否充分,均应允许。在本题中,A 市中级人民法院不能以杨某无权就准予撤回起诉的裁定提出上诉为由,直接驳回。因此,选项 D 错误。

## 理解与应用篇

一、1. D。本题考查的是自诉案件的二审程序问题。《刑诉解释》第 411 条规定:对第二审自诉案件,必要时可以调解,当事人也可以自行和解。调解结案的,应当制作调解书,第一审判决、裁定视为自动撤销;当事人自行和解的,依照该解释第 329 条的规定处理;裁定准许撤回自诉的,应当撤销第一审判决、裁定。本案的情况属于后者规定的情形,应当裁定准许撤回自诉,并撤销第一审判决。所以,选项 D 正确,选项 A、B、C 错误。

2. B。本题考查二审开庭审理的范围。《刑事诉讼法》第 234 条规定:第二审人民法院对于下列案件,应当组成合议庭,开庭审理:(1)被告人、自诉人及其法定代理人对第一审认定的事实、证据提出异议,可能影响定罪量刑的上诉案件;(2)被告人被判处死刑的上诉案件;(3)人民检察院抗诉的案件;(4)其他应当开庭审理的案件。第二审人民法院决定不开庭审理的,应当讯问被告人,听取其他当事人、辩护人、诉讼代理人的意见。第二审人民法院开庭审理上诉、抗诉案件,可以到案件发生地或者原审人民法院所在地进行。所以,B 项中法庭应该开庭审理。

3. D。本题考查抗诉的程序、全面审查原则、申请延期的问题。《刑诉解释》第 386 条规定：在上诉、抗诉期满前撤回上诉、抗诉的，第一审判决、裁定在上诉、抗诉期满之日起生效。在上诉、抗诉期满后要求撤回上诉、抗诉，第二审人民法院裁定准许的，第一审判决、裁定应当自第二审裁定书送达上诉人或者抗诉机关之日起生效。所以，A 项错误。《刑诉解释》第 408 条规定：刑事附带民事诉讼案件，只有附带民事诉讼当事人及其法定代理人上诉的，第一审刑事部分的判决在上诉期满后即发生法律效力。应当送监执行的第一审刑事被告人是第二审附带民事诉讼被告人的，在第二审附带民事诉讼案件审结前，可以暂缓送监执行。所以，B 项错误。《高检规则》第 447 条第 2 款规定：人民检察院在接到第二审人民法院决定开庭、查阅案卷通知后，可以查阅或者调阅案卷材料；查阅或者调阅案卷材料应当在接到人民法院的通知之日起 1 个月以内完成；在 1 个月以内无法完成的，可以商请人民法院延期审理。所以，C 项错误。《刑事诉讼法》第 243 条规定："第二审人民法院受理上诉、抗诉案件，应当在二个月以内审结。对于可能判处死刑的案件或者附带民事诉讼的案件，以及有本法第一百五十八条规定情形之一的，经省、自治区、直辖市高级人民法院批准或者决定，可以延长二个月；因特殊情况还需要延长的，报请最高人民法院批准。最高人民法院受理上诉、抗诉案件的审理期限，由最高人民法院决定。"所以，D 项正确。

4. B。本题考查二审的审判结果。《刑诉解释》第 413 条第 1、2 款规定：第二审人民法院可以委托第一审人民法院代为宣判，并向当事人送达第二审判决书、裁定书。第一审人民法院应当在代为宣判后 5 日内将宣判笔录送交第二审人民法院，并在送达完毕后及时将送达回证送交第二审人民法院。委托宣判的，第二审人民法院应当直接向同级人民检察院送达第二审判决书、裁定书。所以，说法不正确的是 B 项。

二、1. BCD。本题考查撤回上诉的处理。根据《刑诉解释》第 383 条第 2、3 款的规定，上诉人在上诉期满后要求撤回上诉的，第二审人民法院经审查，认为原判认定事实和适用法律正确，量刑适当的，应当裁定准许；认为原判确有错误的，应当不予准许，继续按照上诉案件审理。被判处死刑立即执行的被告人提出上诉，在第二审开庭后宣告裁判前申请撤回上诉的，应当不予准许，继续按照上诉案件审理。题目中钱某被判处死刑缓期 2 年执行，因此应经第二审人民法院审查后作相应处理，故 A 项说法不正确。

2. ABD。本题考查辩护、被告人出庭及上诉不加刑原则。《刑诉解释》第 392 条规定：第二审期间，被告人除自行辩护外，还可以继续委托第一审辩护人或者另行委托辩护人辩护。共同犯罪案件，只有部分被告人提出上诉，或者自诉人只对部分被告人的判决提出上诉，或者人民检察院只对部分被告人的判决提出抗诉的，其他同案被告人也可以委托辩护人辩护。第 399 条第 2 款规定，同案审理的案件，未提出上诉、人民检察院也未对其判决提出抗诉的被告人要求出庭的，应当准许。出庭的被告人可以参加法庭调查和辩论。因此，A、B 项正确。《刑诉解释》第 401 条规定：审理被告人或者其法定代理人、辩护人、近亲属提出上诉的案件，不得对被告人的刑罚作出实质不利的改判，人民检察院抗诉或者自诉人上诉的案件，不受前款规定的限制。因此，C 项错误。《刑诉解释》第 402 条规定：人民检察院只对部分被告人的判决提出抗诉，或者自诉人只对部分被告人的判决提出上诉的，第二审人民法院不得对其他同案被告人加重刑罚。因此，D 项正确。

3. CD。本题考查全面审查原则、开庭审理原则和二审法院对上诉案件的处理。根据《刑事诉讼法》第 234 条的规定，第二审人民法院对于被告人被判处死刑的上诉案件，应当组成合议庭，开庭审理。根据《刑诉解释》第 389 条的规定，共同犯罪案件，只有部分被告人提出上诉，或者自诉人只对部分被告人的判决提出上诉，或者人民检察院只对部分被告人的判决提出抗诉的，第二审人民法院应当对全案进行审查，一并处理，故 A、B 项错误。根据《刑事诉讼法》第 236 条的规定，第二审人民法院对不服第一审判决的上诉、抗诉案件，经过审理后，发现原判决认定事实没有错误，但适用法律有错误，或者量刑不当的，应当改判，故 C、D 项正确。

## 综合提高篇

一、1. AB。本题考查上诉不加刑原则及其例外。《刑事诉讼法》第 237 条规定："第二审人民法院审理被告人或者他的法定代理人、辩护人、近亲属上诉的案件，不得加重被告人的刑罚。第二审人民法院发回原审人民法院重新审判的案件，除有新的犯罪事实，人民检察院补充起诉的以外，原审人民法院也不得加重被告人的刑罚。人民检察院提出抗诉或者自诉人提出上诉的，不受前款规定的限制。"本题中，自诉人和反诉人均提出了上诉，且不仅对自己的量刑提出了上诉，也针对对方的量刑提出了上诉。因此，法院在二审审理中不受上诉不加刑原则的限制，对二人都可以加重刑罚。

2. ABCD。本题考查的是二审全面审查原则和上诉不加刑原则。对于共同犯罪案件，只有部分被告人提出上诉的，或者人民检察院只就第一审人民法院对部分被告人的判决提出抗诉的，第二审人民法院应当对全案进行审查，一并处理。在第二审程序中，被告人除自行辩护外，还可以继续委托第一审辩护人或者另行委托辩护人辩护。共同犯罪案件，只有部分被告人提出上诉或者人民检察院只就第一审人民法院对部分被告人的判决提出抗诉的，其他同案被告人也可以委托辩护人辩护。共同犯罪案件中，没有上诉的和没有对其判决提出抗诉的第一审被告人，应当参加法庭调查，并可以参加法庭辩论。《刑诉解释》第 402 条规定：人民检察院只对部分被告人的判决提出抗诉，或者自诉人只对部分被告人的判决提出上诉的，第二审人民法院不得对其他同案被告人加重刑罚。因此，ABCD 正确。

3. CD。本题考查二审裁判结果。《刑事诉讼法》第 236 条规定："第二审人民法院对不服第一审判决的上诉、抗诉案件，经过审理后，应当按照下列情形分别处理：(一)原判决认定事实和适用法律正确、量刑适当的，应当裁定驳回上诉或者抗诉，维持原判；(二)原判决认定事实没有错误，但适用法律有错误，或者量刑不当的，应当改判；(三)原判决事实不清楚或者证据不足的，可以在查清事实后改判；也可以裁定撤销原判，发回原审人民法院重新审判。原审人民法院对于依照前款第三项规定发回重新审判的案件作出判决后，被告人提出上诉或者人民检察院提出抗诉的，第二审人民法院应当依法作出判决或者裁定，不得再发回原审人民法院重新审判。"程序违法案件应发回重审，所以 A 项正确。对事实认定不清的案件，二审法院仅能发回重审一次，但是对程序违法的发回重审次数则没有限制，所以 B 项正确。若原审法院适用法律错误，二审法院应直接改判，所以 C 项错误。不得以加重处罚为目的发回重审，所以 D 项错误。

二、1. BD。本题考查全面审查原则。《刑诉解释》第 388 条规定：第二审人民法院审理上诉、抗诉案件，应当就第一审判决、裁定认定的事实和适用法律进行全面审查，不受上诉、抗诉范围的限制。第 389 条规定，共同犯罪案件，只有部分被告人提出上诉，或者自诉人只对部分被告人的判决提出上诉，或者人民检察院只对部分被告人的判决提出抗诉的，第二审人民法院应当对全案进行审查，一并处理。因此，本题答案为 BD。

2. ACD。本题考查二审开庭审理的范围、全面审查原则、上诉不加刑原则及其例外。根据《刑事诉讼法》第 234 条第 1 款的规定，第二审人民法院对于下列案件，应当组成合议庭，开庭审理：(1)被告人、自诉人及其法定代理人对第一审认定的事实、证据提出异议，可能影响定罪量刑的上诉案件；(2)被告人被判处死刑的上诉案件；(3)人民检察院抗诉的案件；(4)其他应当开庭审理的案件。因此，选项 A 不正确，B 正确。另根据《刑诉解释》第 388 条规定，第二审人民法院审理上诉、抗诉案件，应当就第一审判决、裁定认定的事实和适用法律进行全面审查，不受上诉、抗诉范围的限制。《刑诉解释》第 389 条规定，共同犯罪案件，只有部分被告人提出上诉，或者自诉人只对部分被告人的判决提出上诉，或者人民检察院只对部分被告人的判决提出抗诉的，第二审人民法院应当对全案进行审查，一并处理。所以，选项 C 不正确。《刑事诉讼法》第 237 条第 1 款规定，第二审人民法院审理被告人或者他的法定代理人、辩护人、近亲属上诉的案件，不得加重被告人的刑罚。本案中，人民检察院仅针对甲死缓以量刑不当提出抗诉，而并未对乙提出抗诉，因此二审法院对乙的裁决应受上诉不加刑原则约束，所以选项 D 不正确。综上，本题应选 ACD。

3. AB。本题考查自诉案件的反诉以及和解问题。《刑诉解释》第 412 条规定：第二审期间，自诉案件的当事人提出反诉的，应当告知其另行起诉。所以，A 项错误。《刑诉解释》第 411 条规定：对第二审自诉案件，必要时可以调解，当事人也可以自行和解。调解结案的，应当制作调解书，第一审判决、裁定视为自动撤销。当事人自行和解的，依照该解释第 329 条的规定处理；裁定准许撤回自诉的，应当撤销第一审判决、裁定。所以，B 项错误。

## 第十七章　死刑复核程序

一、1. C。本题考查死缓的处理。《刑诉解释》第 428 条规定：高级人民法院复核死刑缓期执行案件，应当按照下列情形分别处理：(1)原判认定事实和适用法律正确、量刑适当、诉讼程序合法的，应当裁定核准；(2)原判认定的某一具体事实或者引用的法律条款等存在瑕疵，但判处被告人死刑缓期执行并无不当的，可以在纠正后作出核准的判决、裁定；(3)原判认定事实正确，但适用法律有错误，或者量刑过重的，应当改判；(4)原判事实不清、证据不足的，可以裁定不予核准，并撤销原判，发回重新审判，或者依法改判；(5)复核期间出现新的影响定罪量刑的事实、证据的，可以裁定不予核准，并撤销原判，发回重新审判，或者依照该解释第 271 条的规定审理后依法改判；(6)原审违反法定诉讼程序，可能影响公正审判的，应当裁定不予核准，并撤销原判，发回重新审判。复核死刑缓期执行案件，不得加重被告人的刑罚。因此，本题中 A、B、D 项符合上面列举的三种情况。而对于 C 项，高级人民法院是不可以直接改判死刑立即执行的。

2. D。本题考查死缓复核的情况及处理。《刑诉解释》第 428 条规定：高级人民法院复核死刑缓期执行案件，应当按照下列情形分别处理……(3)原判认定事实正确，但适用法律有错误，或者量刑过重的，应当改判……复核死刑缓期执行案件，不得加重被告人的刑罚。根据高级人民法院复核死刑缓期执行案件，不得加重被告人的刑罚的规定，A、C 选项不应选。另外，本案中级人民法院认定事实清楚，适用法律正确，仅量刑不当,依据上述规定,不属于裁定撤销原判并发回重审的情形,因此B选项不应选。综上,答案是D选项。

3. B。本题考查死刑核准程序。《刑事诉讼法》第247条第2款规定:“高级人民法院判处死刑的第一审案件被告人不上诉的,和判处死刑的第二审案件,都应当报请最高人民法院核准。”因此,B项正确。

4. C。本题考查死刑复核程序中辩护律师的作用。最高人民法院《关于办理死刑复核案件听取辩护律师意见的办法》(本题以下简称《死刑复核办法》)第1条第1款规定,死刑复核案件的辩护律师可以向最高人民法院立案庭查询立案信息。《死刑复核办法》第2条规定:律师接受被告人、被告人近亲属的委托或者法律援助机构的指派,担任死刑复核案件辩护律师的,应当在接受委托或者指派之日起3个工作日内向最高人民法院相关审判庭提交有关手续;辩护律师应当在接受委托或者指派之日起一个半月内提交辩护意见。《死刑复核办法》第4条规定:“辩护律师可以到最高人民法院办公场所查阅、摘抄、复制案卷材料。但依法不公开的材料不得查阅、摘抄、复制。”《死刑复核办法》第5条第1款规定,辩护律师要求当面反映意见的,案件承办法官应当及时安排。由上可知,A、B、D选项均正确,C选项中查阅、摘抄、复制案卷所有相关材料不正确,依法不公开的材料不得查阅、摘抄、复制。

二、1. AC。本题考查死刑缓期二年执行核准的法定程序。《刑事诉讼法》第249条规定,最高人民法院复核死刑案件,高级人民法院复核死刑缓期执行的案件,应当由审判员3人组成合议庭进行。因此,A选项表述正确。《刑诉解释》第424条规定:中级人民法院判处死刑缓期执行的第一审案件,被告人未上诉、人民检察院未抗诉的,应当报请高级人民法院核准。高级人民法院复核死刑缓期执行案件,应当讯问被告人。因此,B选项表述错误。《刑诉解释》第428条规定:高级人民法院复核死刑缓期执行案件,应当按照下列情形分别处理:……原判认定事实正确,但适用法律有错误,或者量刑过重的,应当改判。复核死刑缓期执行案件,不得加重被告人的刑罚。因此,C选项正确,D选项错误。

2. ABC。本题考查死刑核准的情况及处理。《刑诉解释》第430条第1、3款规定:最高人民法院裁定不予核准死刑的,根据案件情况,可以发回第二审人民法院或者第一审人民法院重新审判。第一审人民法院重新审判的,应当开庭审理。第二审人民法院重新审判的,可以直接改判;必须通过开庭查清事实、核实证据或者纠正原审程序违法的,应当开庭审理。因此,A、B、C选项正确。根据《刑诉解释》第432条的规定,最高人民法院裁定不予核准死刑,发回重新审判的案件,原审人民法院应当另行组成合议庭审理,但该解释第429条第4项、第5项规定的案件除外。因此,D选项错误。

3. ABCD。本题考查死刑复核程序的全面审查。《刑诉解释》第427条第1款规定:复核死刑、死刑缓期执行案件,应当全面审查以下内容:(1)被告人的年龄,被告人有无刑事责任能力、是否系怀孕的妇女;(2)原判认定的事实是否清楚,证据是否确实、充分;(3)犯罪情节、后果及危害程度;(4)原判适用法律是否正确,是否必须判处死刑,是否必须立即执行;(5)有无法定、酌定从重、从轻或者减轻处罚情节;(6)诉讼程序是否合法;(7)应当审查的其他情况。

三、1. ACD。本题考查死刑立即执行的核准。死刑立即执行案件都由最高人民法院核准,不再交由高级人民法院核准。选项A正确。《刑事诉讼法》第261条第1款规定:“最高人民法院判处和核准的死刑立即执行的判决,应当由最高人民法院院长签发执行死刑的命令。”选项B错误。《刑诉解释》第499条规定,最高人民法院的执行死刑命令,由高级人民法院交付第一审人民法院执行。选项C正确。《刑事诉讼法》第263条第3款规定:“死刑可以在刑场或者指定的羁押场所内执行。”选项D正确。

2. ABCD。本题考查死刑复核的处理结果。《刑诉解释》第429条规定,最高人民法院复核死刑案件,应当按照下列情形分别处理:(1)原判认定事实和适用法律正确、量刑适当、诉讼程序合法的,应当裁定核准;(2)原判认定的某一具体事实或者引用的法律条款等存在瑕疵,但判处被告人死刑并无不当的,可以在纠正后作出核准的判决、裁定;(3)原判事实不清、证据不足的,应当裁定不予核准,并撤销原判,发回重新审判;(4)复核期间出现新的影响定罪量刑的事实、证据的,应当裁定不予核准,并撤销原判,发回重新审判;(5)原判认定事实正确、证据充分,但依法不应当判处死刑的,应当裁定不予核准,并撤销原判,发回重新审判;根据案件情况,必要时,也可以依法改判;(6)原审违反法定诉讼程序,可能影响公正审判的,应当裁定不予核准,并撤销原判,发回重新审判。

## 第十八章 审判监督程序

一、1. D。本题考查提起再审的主体和理由。选项A、B说法正确。《刑事诉讼法》第254条第2款规定:“最高人民法院对各级人民法院已经发生法律效力的判决和裁定,上级人民法院对下级人民法院已经发生法律效力的判决和裁定,如果发现确有错误,有权提审或者指令下级人民法院再审。”《刑事诉讼法》第254条第3款规定:“最高人民检察院对各级人民法院已经发生法律效力的判决和裁定,上级人民检察院对下级人民法院已经发生法律效力的判决和裁定,如果发现确有错误,有权按照审判监督程序向同级人民法院提出抗诉。”本案死缓判决是省高级人民法院核准的,那么生效判决就是省高级人民法院作出的,依法应由上级检察院即最高人民检察院对其抗诉,省检察院不能就该案向省高级人民法院提出抗诉。选项C说法正确,选项D说法错误。

2. C。本题考查提起再审的主体和理由。《刑事诉讼法》第254条规定:“各级人民法院院长对本院已经发生法律效力的判决和裁定,如果发现在认定事实上或者在适用法律上确有错误,必须提交审判委员会处理。最高人民法院对各级人民法院已经发生法律效力的判决和裁定,上级人民法院对下级人民法院已经发生法律效力的判决和裁定,如果发现确有错误,有权提审或者指令下级人民法院再审。最高人民检察院对各级人民法院已经发生法律效力的判决和裁定,上级人民检察院对下级人民法院已经发生法律效力的判决和裁定,如果发现确有错误,有权按照审判监督程序向同级人民法院提出抗诉。人民检察院抗诉的案件,接受抗诉的人民法院应当组成合议庭重新审理,对于原判决事实不清楚或者证据不足的,可以指令下级人民法院再审。”本案中,该死刑缓期执行的案件经B省高级人民法院核准后生效,因此,作出发生法律效力的最后判决的机关是B省高级人民法院。根据上述规定可知,B省高级人民法院可以提起审判监督程序。同时,B省人民检察院的上一级人民检察院即最高人民检察院也有权提起审判监督程序。据此,本题的正确答案是C。

3. D。本题考查再审的审理。《刑事诉讼法》第256条规定:“人民法院按照审判监督程序重新审判的案件,由原审人民法院审理的,应当另行组成合议庭进行。如果原来是第一审案件,应当依照第一审程序进行审判,所作的判决、裁定,可以上诉、抗诉;如果原来是第二审案件,或者是上级人民法院提审的案件,应当依照第二审程序进行审判,所作的判决、裁定,是终审的判决、裁定。人民法院开庭审理的再审案件,同级人民检察院应当派员出席法庭。”所以,A、B选项正确。另外,依据最高人民法院《关于刑事再审案件开庭审理程序的具体规定(试行)》第5条规定,下列再审案件,人民法院应当依法开庭审理:(1)依照第一审程序审理的;(2)依照第二审程序需要对事实或者证据进行审理的;(3)人民检察院按照审判监督程序提出抗诉的;(4)可能对原审被告人(原审上诉人)加重刑罚的……本题属于应当开庭审理的情形,所以C选项正确。《刑事诉讼法》第257条第2款规定:“人民法院按照审判监督程序审判的案件,可以决定中止原判决、裁定的执行。”所以,D选项错误,错在“应当”上,应该为“可以”。

4. A。本题考查提起再审的主体以及再审的期限。《刑事诉讼法》第254条第4款规定:“人民检察院抗诉的案件,接受抗诉的人民法院应当组成合议庭重新审理,对于原判决事实不清楚或者证据不足的,可以指令下级人民法院再审。”《刑事诉讼法》第258条规定:“人民法院按照审判监督程序重新审判的案件,应当在作出提审、再审决定之日起三个月以内审结,需要延长期限的,不得超过六个月。接受抗诉的人民法院按照审判监督程序审判抗诉的案件,审理期限适用前款规定;对需要指令下级人民法院再审的,应当自接受抗诉之日起一个月以内作出决定,下级人民法院审理案件的期限适用前款规定。”所以,本题答案为A。

5. B。本题考查再审程序中强制程序的适用、中止执行。《刑诉解释》第464条规定:对决定依照审判监督程序重新审判的案件,人民法院应当制作再审决定书。再审期间不停止原判决、裁定的执行,但被告人可能经再审改判无罪,或者可能经再审减轻原判刑罚而致刑期届满的,可以决定中止原判决、裁定的执行,必要时,可以对被告人采取取保候审、监视居住措施。同时本题考查了裁定和决定的适用。裁定是人民法院在审理案件或者判决执行过程中对有关诉讼程序和部分实体问题所作的一种处理。适用裁定的情形主要有:诉讼期限的延展、中止审理、维持原判或者发回重审、驳回起诉、核准死刑、减刑和假释,等等。决定是人民法院在办理案件过程中对某些程序性问题进行处理的一种形式。中止执行不单纯是程序上的决定,应该用裁定。本案中,吴某正在刑罚执行期间,已在押,证人李某可能证明其不存在作案时间,可能导致再审改判宣告无罪,因此再审法院可裁定中止执行原判决。因此,选项B正确。

二、1. ABC。本题考查申诉的主体及效力。《刑事诉讼法》第252条规定:“当事人及其法定代理人、近亲属,对已经发生法律效力的判决、裁定,可以向人民法院或者人民检察院提出申诉,但是不能停止判决、裁定的执行。”王某是未成年人,王某的父亲当然是其法定代理人,而依据《刑事诉讼法》第108条第6项的规定,“近亲属”是指夫、妻、父、母、子、女、同胞兄弟姊妹。所以,王某的成年胞兄也是可以提出申诉的。

2. BD。本题考查提起审判监督程序的主体。《刑事诉讼法》第254条规定:“各级人民法院院长对本院已经发生法律效力的判决和裁定,如果发现在认定事实上或者在适用法律上确有错误,必须提交审判委员会处理。最高人民法院对各级人民法院已经发生法律效力的判决和裁定,上级人民法院对下级人民法院已经发生法律效力的判决和裁定,如果发现确有错误,有权提审或者指令下级人民法院再审。最高人民检察院对各级人民法院已经发生法律效力的判决和裁定,上级人民检察院对下级人民法院已经发生法律效力的判决和裁定,如果发现确有错误,有权按照审判监督程序向同级人民法院提出抗诉。人民检察院抗诉的案件，接受抗诉的人民法院应当组成合议庭重新审理，对于原判决事实不清楚或者证据不足的，可以指令下级人民法院再审。”因此，B、D项正确。

3. ABCD。本题考查二审抗诉与再审抗诉的区别。(1)二审抗诉和再审抗诉的对象不同。二审抗诉主要针对的是地方各级人民法院尚未发生法律效力的一审判决、裁定；再审抗诉的对象是已经发生法律效力的判决和裁定。(2)二者抗诉的权限不同。除最高人民检察院外，任何一级人民检察院都有权对同级人民法院的一审判决、裁定提出二审抗诉。而除最高人民检察院有权对同级的最高人民法院发生法律效力的判决、裁定提出再审抗诉外，其他各级人民检察院只能对下级人民法院发生法律效力的判决、裁定提出再审抗诉。可见，基层人民检察院只能提出二审抗诉，无权提出再审抗诉；而最高人民检察院只能提出再审抗诉，无权提出二审抗诉。(3)二者接受抗诉的审判机关不同。接受二审抗诉的是提出抗诉的人民检察院的上一级人民法院；而接受再审抗诉的是提出抗诉的人民检察院的同级人民法院。(4)抗诉的期限不同。二审抗诉必须在法定期限内提出，再审抗诉的期间没有限制。(5)抗诉的效力不同。二审抗诉将阻止第一审判决、裁定发生法律效力；而再审抗诉并不导致原判决、裁定在人民法院按照审判监督程序重新审判期间停止执行。据此，本题答案为ABCD。

4. ABD。本题考查检察院抗诉引起的审判监督程序。《刑事诉讼法》第254条第3款规定：“最高人民检察院对各级人民法院已经发生法律效力的判决和裁定，上级人民检察院对下级人民法院已经发生法律效力的判决和裁定，如果发现确有错误，有权按照审判监督程序向同级人民法院提出抗诉。”可知，人民检察院系统启动审判监督程序主要包括两方面：(1)来自最高人民检察院；(2)来自作出生效判决和裁定的人民法院的上级人民检察院。地方各级人民检察院发现同级人民法院已经发生法律效力的判决和裁定确有错误时，无权按照审判监督程序提出抗诉，应当报请上级人民检察院按照审判监督程序，向它的同级人民法院提出抗诉。因此，本题应选ABD。

5. ABD。本题考查再审的审理。依据最高人民法院《关于刑事再审案件开庭审理程序的具体规定(试行)》第5条规定，下列再审案件，人民法院应当依法开庭审理：(1)依照第一审程序审理的；(2)依照第二审程序需要对事实或者证据进行审理的；(3)人民检察院按照审判监督程序提出抗诉的；(4)可能对原审被告人(原审上诉人)加重刑罚的；(5)有其他应当开庭审理情形的。因此，本题应选ABD。

三、1. (1) A。本题考查抗诉的程序。《刑事诉讼法》第232条规定：“地方各级人民检察院对同级人民法院第一审判决、裁定的抗诉，应当通过原审人民法院提出抗诉书，并且将抗诉书抄送上一级人民检察院。原审人民法院应当将抗诉书连同案卷、证据移送上一级人民法院，并且将抗诉书副本送交当事人。上级人民检察院如果认为抗诉不当，可以向同级人民法院撤回抗诉，并且通知下级人民检察院。”因此，本题应选A。

(2) CD。本题考查提起再审的主体和理由。我国《刑事诉讼法》第254条第3款规定：“最高人民检察院对各级人民法院已经发生法律效力的判决和裁定，上级人民检察院对下级人民法院已经发生法律效力的判决和裁定，如果发现确有错误，有权按照审判监督程序向同级人民法院提出抗诉。”本题中，作出终审裁定的是甲市中级人民法院，所以提出抗诉的人民检察院只能是最高人民检察院和省人民检察院，故选CD。

(3) BC。本题考查提起再审的主体和理由。根据《刑事诉讼法》第254条第1、2款的规定，各级人民法院院长对本院已经发生法律效力的判决和裁定，如果发现在认定事实上或者在适用法律上确有错误，必须提交审判委员会处理。最高人民法院对各级人民法院已经发生法律效力的判决和裁定，上级人民法院对下级人民法院已经发生法律效力的判决和裁定，如果发现确有错误，有权提审或者指令下级人民法院再审。所以，A项错误，B、C项当选。又因为上级人民检察院对下级人民法院已经发生法律效力的判决和裁定，如果发现确有错误，有权按照审判监督程序向同级人民法院提出抗诉，所以D项错误。

2. D。本题考查再审审理后的情况及处理。《刑诉解释》第472条规定：再审案件经过重新审理后，应当按照下列情形分别处理：(1)原判决、裁定认定事实和适用法律正确、量刑适当的，应当裁定驳回申诉或者抗诉，维持原判决、裁定；(2)原判决、裁定定罪准确、量刑适当，但在认定事实、适用法律等方面有瑕疵的，应当裁定纠正并维持原判决、裁定；(3)原判决、裁定认定事实没有错误，但适用法律错误或者量刑不当的，应当撤销原判决、裁定，依法改判；(4)依照第二审程序审理的案件，原判决、裁定事实不清、证据不足的，可以在查清事实后改判，也可以裁定撤销原判，发回原审人民法院重新审判。原判决、裁定事实不清或者证据不足，经审理事实已经查清的，应当根据查清的事实依法裁判；事实仍无法查清，证据不足，不能认定被告人有罪的，应当撤销原判决、裁定，判决宣告被告人无罪。因此，D项正确。

3. A。本题考查申诉提起的主体以及审判监督提起的主体。《刑事诉讼法》第252条规定：“当事人及其法定代理人、近亲属，对已经发生法律效力的判决、裁定，可以向人民法院或者人民检察院提出申诉，但是不能停止判决、裁定的执行。”因此，李某可以提起申诉。《刑诉解释》第 461 条第 1 款规定，上级人民法院发现下级人民法院已经发生法律效力的判决和裁定确有错误的，可以指令下级人民法院再审；原判决、裁定认定事实正确但适用法律错误，或者案件疑难、复杂、重大，或者有不宜由原审人民法院审理情形的，也可以提审。B、C、D 选项为提起审判监督的主体。本题应注意区分有权提起审判监督的主体与有权提起申诉的主体。

# 第十九章　执　　行

## 基础知识篇

一、1. D。本题考查涉案财产的执行。最高人民法院《关于刑事裁判涉财产部分执行的若干规定》第 11 条第 1 款规定：被执行人将刑事裁判认定为赃款赃物的涉案财物用于清偿债务、转让或者设置其他权利负担，具有下列情形之一的，人民法院应予追缴：(1)第三人明知是涉案财物而接受的；(2)第三人无偿或者以明显低于市场的价格取得涉案财物的；(3)第三人通过非法债务清偿或者违法犯罪活动取得涉案财物的；(4)第三人通过其他恶意方式取得涉案财物的。所以，A、B、C 项说法正确。《关于刑事裁判涉财产部分执行的若干规定》第 11 条第 2 款规定："第三人善意取得涉案财物的，执行程序中不予追缴。作为原所有人的被害人对该涉案财物主张权利的，人民法院应当告知其通过诉讼程序处理。"人民法院并不对第三人善意取得的财物进行追缴，而是通过其他诉讼解决，故 D 项不予追缴。

2. A。本题考查免除刑事处罚的判决执行。《刑事诉讼法》第 260 条规定："第一审人民法院判决被告人无罪、免除刑事处罚的，如果被告人在押，在宣判后应当立即释放。"因此，A 项正确。

3. A。本题考查执行的场所。根据法律规定，公安机关负责送交执行时余刑不足 3 个月的有期徒刑、拘役、剥夺政治权利的执行；看守所负责执行在被交付执行刑罚前剩余刑期在 3 个月以下有期徒刑的罪犯；未成年犯管教所负责未成年犯被判处刑罚的执行；监狱负责死刑缓期 2 年执行、无期徒刑及送交执行时余刑在 3 个月以上的有期徒刑的执行；社区矫正机构负责管制、宣告缓刑、假释、暂予监外执行的执行。而无罪或免除处罚的判决、罚金、没收财产及死刑立即执行的判决和裁定，均由人民法院自己执行。因此，本题正确答案为 A。

二、1. BCD。本题考查人民检察院对减刑、假释的监督。《人民检察院办理减刑、假释案件规定》第 6 条规定，具有下列情形之一的，人民检察院应当进行调查核实：(1)拟提请减刑、假释罪犯系职务犯罪罪犯，破坏金融管理秩序和金融诈骗犯罪罪犯，黑社会性质组织犯罪罪犯，严重暴力恐怖犯罪罪犯，或者其他在社会上有重大影响、社会关注度高的罪犯；(2)因罪犯有立功表现或者重大立功表现拟提请减刑的；(3)拟提请减刑、假释罪犯的减刑幅度大、假释考验期长、起始时间早、间隔时间短或者实际执行刑期短的；(4)拟提请减刑、假释罪犯的考核计分高、专项奖励多或者鉴定材料、奖惩记录有疑点的；(5)收到控告、举报的；(6)其他应当进行调查核实的。据此可知 B、C、D 选项均正确。A 选项中，因走私犯罪并不在列举的罪名当中，且亦未限定为重大影响、社会关注度高的犯罪，故不选。本题答案为 BCD。

2. ACD。本题考查可以暂予监外执行的情形。《刑事诉讼法》第 265 条规定："对被判处有期徒刑或者拘役的罪犯，有下列情形之一的，可以暂予监外执行：(一)有严重疾病需要保外就医的；(二)怀孕或者正在哺乳自己婴儿的妇女；(三)生活不能自理，适用暂予监外执行不致危害社会的。对被判处无期徒刑的罪犯，有前款第二项规定情形的，可以暂予监外执行。对适用保外就医可能有社会危险性的罪犯，或者自伤自残的罪犯，不得保外就医。对罪犯确有严重疾病，必须保外就医的，由省级人民政府指定的医院诊断并开具证明文件。在交付执行前，暂予监外执行由交付执行的人民法院决定；在交付执行后，暂予监外执行由监狱或者看守所提出书面意见，报省级以上监狱管理机关或者设区的市一级以上公安机关批准。"故 B 项不正确，ACD 正确。

## 理解与应用篇

一、1. A。最高人民法院《关于刑事裁判涉财产部分执行的若干规定》第 13 条规定："被执行人在执行中同时承担刑事责任、民事责任，其财产不足以支付的，按照下列顺序执行：(一)人身损害赔偿中的医疗费用；(二)退赔被害人的损失；(三)其他民事债务；(四)罚金；(五)没收财产。债权人对执行标的依法享有优先受偿权，其主张优先受偿的，人民法院应当在前款第(一)项规定的医疗费用受偿后，予以支持。"因此，A 项正确。

2. A。本题考查暂予监外执行的规定。《刑事诉讼法》第 265 条第 1、2、5 款规定，对被判处有期徒刑或者拘役的罪犯，有下列情形之一的，可以暂予监外执行：(1)有严重疾病需要保外就医的；(2)怀孕或者正在哺乳自己婴儿的妇女；(3)生活不能自理，适用暂予监外执行不致危害社会的。对被判处无期徒刑的罪犯，有前款第 2 项规定情形的，可以暂予监外执行。在交付执行前，暂予监外执行由交付执行的人民法院决定；在交付执行后，暂予监外执行由监狱或者看守所提出书面意见，报省级以上监狱管理机关或者设区的市一级以上公安机关批准。由此可知,A 选项错误,B 选项正确。《刑事诉讼法》第 268 条第 3 款规定:“不符合暂予监外执行条件的罪犯通过贿赂等非法手段被暂予监外执行的,在监外执行的期间不计入执行刑期。罪犯在暂予监外执行期间脱逃的,脱逃的期间不计入执行刑期。”因此,C 选项正确。《刑事诉讼法》第 269 条规定,对被判处管制、宣告缓刑、假释或者暂予监外执行的罪犯,依法实行社区矫正,由社区矫正机构负责执行。因此,D 选项正确。

二、ABCD。本题考查死刑停止执行的情形。《刑事诉讼法》第 262 条第 1 款规定:“下级人民法院接到最高人民法院执行死刑的命令后,应当在七日以内交付执行。但是发现有下列情形之一的,应当停止执行,并且立即报告最高人民法院,由最高人民法院作出裁定:(一)在执行前发现判决可能有错误的;(二)在执行前罪犯揭发重大犯罪事实或者有其他重大立功表现,可能需要改判的;(三)罪犯正在怀孕。”《刑事诉讼法》第 56 条第 1 款规定,采用刑讯逼供等非法方法收集的犯罪嫌疑人、被告人供述和采用暴力、威胁等非法方法收集的证人证言、被害人陈述,应当予以排除。《刑法》第 49 条第 1 款规定,犯罪的时候不满 18 周岁的人和审判的时候怀孕的妇女,不适用死刑。所以,本题中 A 项和 B 项属于判决可能有错误的案件,故这两个选项也是应选项。本题正确答案是 ABCD。

## 综合提高篇

一、1. ABCD。《人民检察院办理减刑、假释案件规定》第 19 条规定,人民检察院收到人民法院减刑、假释裁定书副本后,应当及时审查下列内容:(1)人民法院对罪犯裁定予以减刑、假释,以及起始时间、间隔时间、实际执行刑期、减刑幅度或者假释考验期是否符合有关规定;(2)人民法院对罪犯裁定不予减刑、假释是否符合有关规定;(3)人民法院审理、裁定减刑、假释的程序是否合法;(4)按照有关规定应当开庭审理的减刑、假释案件,人民法院是否开庭审理;(5)人民法院减刑、假释裁定书是否依法送达执行并向社会公布。因此,本题正确答案是 ABCD。

2. ABCD。最高人民法院《关于刑事裁判涉财产部分执行的若干规定》第 1 条规定:“本规定所称刑事裁判涉财产部分的执行,是指发生法律效力的刑事裁判主文确定的下列事项的执行:(一)罚金、没收财产;(二)责令退赔;(三)处置随案移送的赃款赃物;(四)没收随案移送的供犯罪所用本人财物;(五)其他应当由人民法院执行的相关事项。刑事附带民事裁判的执行,适用民事执行的有关规定。”因此,本题正确答案是 ABCD。

3. BCD。本题考查财产刑的执行。最高人民法院《关于刑事裁判涉财产部分执行的若干规定》第 13 条规定:“被执行人在执行中同时承担刑事责任、民事责任,其财产不足以支付的,按照下列顺序执行:(一)人身损害赔偿中的医疗费用;(二)退赔被害人的损失;(三)其他民事债务;(四)罚金;(五)没收财产。债权人对执行标的依法享有优先受偿权,其主张优先受偿的,人民法院应当在前款第(一)项规定的医疗费用受偿后,予以支持。”由上可知,选项 A 是正确的,选项 B、C、D 不正确。

二、1.(1)ABD。本题考查保外就医的条件、暂予监外执行的监督。《刑事诉讼法》第 265 条第 3~5 款规定:“对适用保外就医可能有社会危险性的罪犯,或者自伤自残的罪犯,不得保外就医。对罪犯确有严重疾病,必须保外就医的,由省级人民政府指定的医院诊断并开具证明文件。在交付执行前,暂予监外执行由交付执行的人民法院决定;在交付执行后,暂予监外执行由监狱或者看守所提出书面意见,报省级以上监狱管理机关或者设区的市一级以上公安机关批准。”因此,A、B 项正确,C 项不正确。《刑事诉讼法》第 267 条规定,决定或者批准暂予监外执行的机关应当将暂予监外执行决定抄送人民检察院;人民检察院认为暂予监外执行不当的,应当自接到通知之日起 1 个月以内将书面意见送交决定或者批准暂予监外执行的机关,决定或者批准暂予监外执行的机关接到人民检察院的书面意见后,应当立即对该决定进行重新核查。因此,D 项正确。

(2)ACD。本题考查暂予监外执行的收监。根据《刑事诉讼法》第 268 条的规定,暂予监外执行的情形消失后,罪犯刑期未满的,应当及时收监。所以,如果刑期已满,则不必收监。《刑事诉讼法》第 269 条规定:“对被判处管制、宣告缓刑、假释或者暂予监外执行的罪犯,依法实行社区矫正,由社区矫正机构负责执行。”因此,本题正确答案是 ACD。

2.(1)ABC。本题考查刑罚的执行机构。人民法院负责死刑立即执行、罚金和没收财产的判决以及无罪或者免除刑罚的判决的执行;监狱负责死刑缓期 2 年执行、无期徒刑、有期徒刑的执行;公安机关负责送交执行时余刑不到 3 个月的有期徒刑、拘役、剥夺政治权利等的执行;社区矫正机构负责管制、宣告缓刑、假释、暂予监外执行的执行。由此可知,本题中王某的有期徒刑 15 年、朱某的有期徒刑 10 年都需要由监狱执行;李某的有期徒刑超过 3 个月,由监狱执行;周某的管制刑由社区矫正机构执行,因此本题正确答案是 ABC。

(2)AB。本题考查刑罚的执行机构。周某的管制刑由社区矫正机构执行,剥夺政治权利的执行机关是公安机关。所以,最终对周某刑罚的执行机关是公安机关和社区矫正机构。本题正确答案是 AB。

(3) AD。本题考查刑罚的执行机构。人民法院负责死刑立即执行、罚金和没收财产的判决以及无罪或者免除刑罚的判决的执行；公安机关负责送交执行时余刑不到3个月的有期徒刑、拘役、剥夺政治权利等的执行；社区矫正机构负责管制、宣告缓刑、假释、暂予监外执行的执行。由此可知，王某的没收财产刑由法院执行，剥夺政治权利刑由公安机关执行；朱某的罚金刑由人民法院执行，剥夺政治权利刑由公安机关执行。本题正确答案是AD。

## 第二十章至第二十四章　特别程序

### 基础知识篇

一、1. C。分案处理，是指在诉讼过程中把未成年人与成年人犯罪案件的刑事诉讼程序分离，分别审理、分别关押、分别执行。分别审理，是指未成年人和成年人共同犯罪或者与犯罪有牵连时，只要不妨碍审理，就要进行分案审理，包括对未成年被告人分案讯问、分案起诉、分案审理和分案宣判。分别关押，是指在采取刑事诉讼中的拘留、逮捕等强制措施时，要将未成年人和成年人分别关押看管。分别执行，是指未成年人案件的判决、裁定生效后执行刑罚时，要将未成年罪犯与成年罪犯分开执行，不能放在同一场所，以防止成年罪犯对未成年罪犯产生不良影响。《刑事诉讼法》第280条第2款规定："对被拘留、逮捕和执行刑罚的未成年人与成年人应当分别关押、分别管理、分别教育。"

2. C。本题考查审判公开原则。《刑事诉讼法》第202条第1款规定："宣告判决，一律公开进行。"故而在我国，无论案件是否公开审理，宣告判决都必须公开，C项错误。

3. C。本题考查未成年人犯罪案件法律援助。《刑事诉讼法》第278条规定："未成年犯罪嫌疑人、被告人没有委托辩护人的，人民法院、人民检察院、公安机关应当通知法律援助机构指派律师为其提供辩护。"被告人是否为未成年人，以开庭时为准。某甲不属于未成年人的范畴，因而只是"可以"指定，当然法院也可以不为其指定辩护人，故C项为正确答案。

4. C。本题考查对未成年犯罪嫌疑人的强制措施。根据《刑事诉讼法》第280条的规定，选项A、B、D正确。《公安部规定》第327条第2款规定："未成年犯罪嫌疑人被拘留、逮捕后服从管理、依法变更强制措施不致发生社会危险性，能够保证诉讼正常进行的，公安机关应当依法及时变更强制措施；人民检察院批准逮捕的案件，公安机关应当将变更强制措施情况及时通知人民检察院。"因此，选项C错误。

5. A。本题考查附条件不起诉的考验期。《刑事诉讼法》第283条第1款规定，在附条件不起诉的考验期内，由人民检察院对被附条件不起诉的未成年犯罪嫌疑人进行监督考察。

6. B。本题考查未成年人犯罪案件法律援助。《刑事诉讼法》第278条规定："未成年犯罪嫌疑人、被告人没有委托辩护人的，人民法院、人民检察院、公安机关应当通知法律援助机构指派律师为其提供辩护。"据此确定，公、检、法三机关都有为未成年人提供法律援助的义务，所以A、C选项错误。公、检、法为未成年人提供法律援助看的是诉讼进程中的年龄，而不是犯罪时的年龄，所以B项正确。提供法律援助的方式，《刑事诉讼法》修改为办案机关"通知法律援助机构指派律师为其提供辩护"，而不是由其指定具体的律师，所以D选项错误。

7. A。本题考查讯问、审判未成年犯罪嫌疑人、被告人的特殊规定。《刑事诉讼法》第281条规定："对于未成年人刑事案件，在讯问和审判的时候，应当通知未成年犯罪嫌疑人、被告人的法定代理人到场。无法通知、法定代理人不能到场或者法定代理人是共犯的，也可以通知未成年犯罪嫌疑人、被告人的其他成年亲属，所在学校、单位、居住地基层组织或者未成年人保护组织的代表到场，并将有关情况记录在案。到场的法定代理人可以代为行使未成年犯罪嫌疑人、被告人的诉讼权利。到场的法定代理人或者其他人员认为办案人员在讯问、审判中侵犯未成年人合法权益的，可以提出意见。讯问笔录、法庭笔录应当交给到场的法定代理人或者其他人员阅读或者向他宣读。讯问女性未成年犯罪嫌疑人，应当有女工作人员在场。审判未成年人刑事案件，未成年被告人最后陈述后，其法定代理人可以进行补充陈述。询问未成年被害人、证人，适用第一款、第二款、第三款的规定。"根据此条规定，可以确定A选项正确；B选项错误，错在"应当"上，应改为"可以"；C、D选项均错误，均应该把其中的"或者其他人员"去掉。

8. B。本题考查刑事和解。《刑诉解释》第589条第2款规定："被告人系限制行为能力人的，其法定代理人可以代为和解。"故A选项正确。《刑诉解释》第589条第3款规定："被告人的法定代理人、近亲属依照前两款规定代为和解的，和解协议约定的赔礼道歉等事项，应当由被告人本人履行。"故B项错误。根据《刑诉解释》第588条的规定，被害人死亡的，其近亲属可以与被告人和解；被害人系无行为能力或者限制行为能力人的，其法定代理人、近亲属可以代为和解。故C、D选项正确。

9. A。《刑事诉讼法》第295条第1款规定："在审理过程中，被告人自动投案或者被抓获的，人民法院应当重新审理。"

10. B。本题考查判决、裁定发生法律效力后罪犯到案并提出异议的情形。《刑事诉讼法》第295条第2

款规定:“罪犯在判决、裁定发生法律效力后到案的,人民法院应当将罪犯交付执行刑罚。交付执行刑罚前,人民法院应当告知罪犯有权对判决、裁定提出异议。罪犯对判决、裁定提出异议的,人民法院应当重新审理。”

11. D。本题考查缺席审判。由于缺席审判案件的特殊性,立法机关认为应当至少由中级及以上的人民法院作出缺席审判案件的审理和判决。根据《刑事诉讼法》第291条第2款的规定,缺席审判案件,由犯罪地、被告人离境前居住地或者最高人民法院指定的中级人民法院组成合议庭进行审理。

二、1. BCD。本题考查附条件不起诉的适用条件。《刑事诉讼法》第282条第1款规定:对于未成年人涉嫌《刑法》分则第四章、第五章、第六章规定的犯罪,可能判处1年有期徒刑以下刑罚,符合起诉条件,但有悔罪表现的,人民检察院可以作出附条件不起诉的决定;人民检察院在作出附条件不起诉决定以前,应当听取公安机关、被害人的意见。因此,A选项错误,B选项正确。根据《刑事诉讼法》第284条第1款的规定,被附条件不起诉的未成年犯罪嫌疑人,在考验期内有下列情形之一的,人民检察院应当撤销附条件不起诉的决定,提起公诉:(1)实施新的犯罪或者发现决定附条件不起诉以前还有其他犯罪需要追诉的;(2)违反治安管理规定或者考察机关有关附条件不起诉的监督管理规定,情节严重的。《刑事诉讼法》第283条第2款规定,附条件不起诉的考验期为6个月以上1年以下,从人民检察院作出附条件不起诉的决定之日起计算。所以,C、D项正确。

2. ABCD。本题考查未成年犯罪案件的不公开审理。《刑事诉讼法》第285条规定:审判的时候被告人不满18周岁的案件,不公开审理。但是,经未成年被告人及其法定代理人同意,未成年被告人所在学校和未成年人保护组织可以派代表到场。根据该条规定,A、B选项均错误。《刑事诉讼法》第286条第1款规定:犯罪的时候不满18周岁,被判处5年有期徒刑以下刑罚的,应当对相关犯罪记录予以封存。根据该款的规定,C、D选项均错误。

3. AD。本题考查附条件不起诉案件中被害人的权利。根据相关司法解释的规定,人民检察院办理未成年人刑事案件,在作出附条件不起诉的决定以及考验期满作出不起诉的决定以前,应当听取被害人的意见;被害人对人民检察院对未成年犯罪嫌疑人作出的附条件不起诉的决定和不起诉的决定,可以向上一级人民检察院申诉,不适用《刑事诉讼法》第180条关于被害人可以向人民法院起诉的规定。因此,B、C选项正确,A、D选项错误。

4. ABCD。本题考查对达成和解协议案件的从宽处理。根据《刑事诉讼法》第290条的规定,选项A、B、C、D均正确。

5. CD。《刑事诉讼法》第293条规定:“人民法院缺席审判案件,被告人有权委托辩护人,被告人的近亲属可以代为委托辩护人。被告人及其近亲属没有委托辩护人的,人民法院应当通知法律援助机构指派律师为其提供辩护。”由此可知,对缺席审判中的被告人,《刑事诉讼法》给予了“强制指定辩护”的规定,C选项中“可以为其提供”应改为“应当为其提供”。根据《刑事诉讼法》第294条第1款中“辩护人经被告人或者其近亲属同意,可以提出上诉”的规定可知,D为错误答案。《刑事诉讼法》第33条规定:“犯罪嫌疑人、被告人除自己行使辩护权以外,还可以委托一至二人作为辩护人。下列的人可以被委托为辩护人:(一)律师;(二)人民团体或者犯罪嫌疑人、被告人所在单位推荐的人;(三)犯罪嫌疑人、被告人的监护人、亲友。正在被执行刑罚或者依法被剥夺、限制人身自由的人,不得担任辩护人。被开除公职和被吊销律师、公证员执业证书的人,不得担任辩护人,但系犯罪嫌疑人、被告人的监护人、近亲属的除外。”故AB为正确表述,应当排除。

6. ABD。《刑事诉讼法》第291条第1款规定:“对于贪污贿赂犯罪案件,以及需要及时进行审判,经最高人民检察院核准的严重危害国家安全犯罪、恐怖活动犯罪案件,犯罪嫌疑人、被告人在境外,监察机关、公安机关移送起诉,人民检察院认为犯罪事实已经查清,证据确实、充分,依法应当追究刑事责任的,可以向人民法院提起公诉。人民法院进行审查后,对于起诉书中有明确的指控犯罪事实,符合缺席审判程序适用条件的,应当决定开庭审判。”显然A、B、D项均有可能适用缺席审判程序。同时第296条规定了“被告人患有严重疾病无法出庭”情况下适用缺席审判的条件,而C项中“无法长时间出庭”与“无法出庭”存在差异,因此C项错误。

7. AD。根据《刑事诉讼法》第206条的规定,审判过程中被告人患有严重疾病,无法出庭,致使案件在较长时间内无法继续审理的,可以中止审理。据此,A选项正确。根据《刑事诉讼法》第296条“因被告人患有严重疾病无法出庭,中止审理超过六个月,被告人仍无法出庭,被告人及其法定代理人、近亲属申请或者同意恢复审理的,人民法院可以在被告人不出庭的情况下缺席审理,依法作出判决”的规定可知,B、C选项错误,D选项正确。

8. BD。选项A考查上级检察院对下级检察院不起诉决定的制约。《高检规则》第389条规定:“最高人民检察院对地方各级人民检察院的起诉、不起诉决定,上级人民检察院对下级人民检察院的起诉、不起诉决定,发现确有错误的,应当予以撤销或者指令下级人民检察院纠正。”本题中,B市检察院认为赵某的防卫行为没有超过必要限度,即认为赵某的行为不构成犯罪,没有犯罪事实,属于法定不起诉的情形,应当作出不起诉的决定。因此,B 市人民检察院作为 C 区检察院的上级人民检察院,认为 C 区作出的酌定不起诉决定不当的,要么直接撤销 C 区的不起诉决定,要么指令其予以纠正,而不是指令 C 区检察院予以撤销。因此,选项 A 错误。

选项 B 考查人民检察院系统内部上下级之间的关系。人民检察院系统内部上下级之间是领导与被领导的关系。最高人民检察院领导地方各级人民检察院和专门人民检察院的工作,上级人民检察院领导下级人民检察院的工作,因此,上级人民检察院有权就具体案件如何处理向下级人民检察院发布具有约束力的批示和命令,下级人民检察院应当执行,故 A 省人民检察院可以直接指令 B 市人民检察院对本案不起诉决定是否正确进行审查。因此,选项 B 正确。

选项 C 考查被不起诉人对酌定不起诉决定的救济。《高检规则》第 385 条第 1 款规定:"对于人民检察院依照刑事诉讼法第一百七十七条第二款规定作出的不起诉决定,被不起诉人不服,在收到不起诉决定书后七日以内提出申诉的,应当由作出决定的人民检察院负责捕诉的部门进行复查;被不起诉人在收到不起诉决定书七日以后提出申诉的,由负责控告申诉检察的部门进行审查……"本题中,被不起诉人赵某对不起诉决定提出申诉,应当向作出不起诉决定的 C 区人民检察院立案复查,而不是 B 市人民检察院。因此,选项 C 错误。

选项 D 考查公诉转自诉。《高检规则》第 377 条规定:"不起诉决定书应当送达被害人或者其近亲属及其诉讼代理人、被不起诉人及其辩护人以及被不起诉人所在单位。送达时,应当告知被害人或者其近亲属及其诉讼代理人,如果对不起诉决定不服,可以自收到不起诉决定书后七日以内向上一级人民检察院申诉;也可以不经申诉,直接向人民法院起诉……"本题中,李某是被害人,检察机关在送达不起诉决定书时,应当告知对不起诉决定不服的,有权不经申诉,直接向人民法院起诉。因此,选项 D 正确。

## 理解与应用篇

一、1. B。本题考查违法所得没收程序的启动。根据《刑事诉讼法》第 298 条第 1 款的规定,对于贪污贿赂犯罪、恐怖活动犯罪等重大犯罪案件,犯罪嫌疑人、被告人逃匿,在通缉 1 年后不能到案,或者犯罪嫌疑人、被告人死亡,依照刑法规定应当追缴其违法所得及其他涉案财产的,人民检察院可以向人民法院提出没收违法所得的申请。4 个选项中,只有 B 项符合这一规定。

2. C。本题考查违法所得没收程序的审理结果。《刑事诉讼法》第 300 条第 2 款规定:"对于人民法院依照前款规定作出的裁定,犯罪嫌疑人、被告人的近亲属和其他利害关系人或者人民检察院可以提出上诉、抗诉。"A 项错误。《刑事诉讼法》第 301 条第 1 款规定:"在审理过程中,在逃的犯罪嫌疑人、被告人自动投案或者被抓获的,人民法院应当终止审理。"B 项错误。根据《刑事诉讼法》第 298 条第 4 款的规定,人民法院在必要的时候,可以查封、扣押、冻结申请没收的财产,C 项正确。根据《刑事诉讼法》第 299 条第 1 款的规定,没收违法所得的申请,由犯罪地或者犯罪嫌疑人、被告人居住地的中级人民法院组成合议庭进行审理,D 项错误。

3. C。本题考查精神病人强制医疗程序的适用条件。《刑事诉讼法》第 302 条规定:"实施暴力行为,危害公共安全或者严重危害公民人身安全,经法定程序鉴定依法不负刑事责任的精神病人,有继续危害社会可能的,可以予以强制医疗。"所以,只有 C 符合适用条件。

4. D。本题考查强制医疗程序。《刑事诉讼法》第 304 条规定:"人民法院受理强制医疗的申请后,应当组成合议庭进行审理。人民法院审理强制医疗案件,应当通知被申请人或者被告人的法定代理人到场。被申请人或者被告人没有委托诉讼代理人的,人民法院应当通知法律援助机构指派律师为其提供法律帮助。"所以,A 项错误,D 项正确。《刑诉解释》第 635 条第 1 款规定:审理强制医疗案件,应当组成合议庭,开庭审理。但是,被申请人、被告人的法定代理人请求不开庭审理,并经人民法院审查同意的除外。所以,B 项错误。根据《刑诉解释》第 631 条的规定,人民检察院申请对依法不负刑事责任的精神病人强制医疗的案件,由被申请人实施暴力行为所在地的基层人民法院管辖;由被申请人居住地的人民法院审判更为适宜的,可以由被申请人居住地的基层人民法院管辖。所以,C 项错误。

5. A。人民检察院的提起抗诉权,是法律监督权的一部分。针对缺席审判案件,被告人不在案的情形,应当更加强化检察院监督的角色、积极严格地审查是否具备应当抗诉的情形,从而保护被告人的诉讼权利。《刑事诉讼法》第 294 条第 2 款规定:"人民检察院认为人民法院的判决确有错误的,应当向上一级人民法院提出抗诉。"

6. C。贪污贿赂犯罪案件,被告人李某及其近亲属均没有委托辩护人出庭参加法庭审理。人民法院从保障被告人、缺席被告人辩护权的角度,应当为其强制辩护,即人民法院应当通知法律援助机构指派律师为其提供辩护。《刑事诉讼法》第 293 条规定:"人民法院缺席审判案件,被告人有权委托辩护人,被告人的近亲属可以代为委托辩护人。被告人及其近亲属没有委托辩护人的，人民法院应当通知法律援助机构指派律师为其提供辩护。”

二、1. ABCD。本题考查刑事和解的适用条件。《刑事诉讼法》第288条规定：“下列公诉案件，犯罪嫌疑人、被告人真诚悔罪，通过向被害人赔偿损失、赔礼道歉等方式获得被害人谅解，被害人自愿和解的，双方当事人可以和解：（一）因民间纠纷引起，涉嫌刑法分则第四章、第五章规定的犯罪案件，可能判处三年有期徒刑以下刑罚的；（二）除渎职犯罪以外的可能判处七年有期徒刑以下刑罚的过失犯罪案件。犯罪嫌疑人、被告人在五年以内曾经故意犯罪的，不适用本章规定的程序。”因此，ABCD都是正确的。

2. ABC。本题考查刑事和解的适用条件。根据《高检规则》第497条的规定，人民检察院应当对和解的自愿性、合法性进行审查，重点审查以下内容：(1)双方当事人是否自愿和解；(2)犯罪嫌疑人是否真诚悔罪，是否向被害人赔礼道歉，赔偿数额与其所造成的损害和赔偿能力是否相适应；(3)被害人及其法定代理人或者近亲属是否明确表示对犯罪嫌疑人予以谅解；(4)是否符合法律规定；(5)是否损害国家、集体和社会公共利益或者他人的合法权益；(6)是否符合社会公德。审查时，应当听取双方当事人和其他有关人员对和解的意见，告知刑事案件可能从宽处理的法律后果和双方的权利义务，并制作笔录附卷。因此，A、B、C项是正确的。

3. AD。本题考查没收违法所得的审理程序。《刑事诉讼法》第299条第1款规定：“没收违法所得的申请，由犯罪地或者犯罪嫌疑人、被告人居住地的中级人民法院组成合议庭进行审理。”所以，B项正确，而D项错误。《刑事诉讼法》第299条第2款规定：人民法院受理没收违法所得的申请后，应当发出公告；公告期间为6个月；犯罪嫌疑人、被告人的近亲属和其他利害关系人有权申请参加诉讼，也可以委托诉讼代理人参加诉讼。《刑事诉讼法》第299条第3款规定：“人民法院在公告期满后对没收违法所得的申请进行审理。利害关系人参加诉讼的，人民法院应当开庭审理。”所以，A项错误，而C项正确。

4. BCD。本题考查没收违法所得的审理程序。《刑事诉讼法》第299条第1款规定：“没收违法所得的申请，由犯罪地或者犯罪嫌疑人、被告人居住地的中级人民法院组成合议庭进行审理。”A项错误。《刑事诉讼法》第300条规定：“人民法院经审理，对经查证属于违法所得及其他涉案财产，除依法返还被害人的以外，应当裁定予以没收；对不属于应当追缴的财产的，应当裁定驳回申请，解除查封、扣押、冻结措施。对于人民法院依照前款规定作出的裁定，犯罪嫌疑人、被告人的近亲属和其他利害关系人或者人民检察院可以提出上诉、抗诉。”B、C项正确。《刑事诉讼法》第301条第2款规定：“没收犯罪嫌疑人、被告人财产确有错误的，应当予以返还、赔偿。”D项正确。

5. ABCD。本题考查刑事和解的适用条件。《刑事诉讼法》第288条规定：“下列公诉案件，犯罪嫌疑人、被告人真诚悔罪，通过向被害人赔偿损失、赔礼道歉等方式获得被害人谅解，被害人自愿和解的，双方当事人可以和解：（一）因民间纠纷引起，涉嫌刑法分则第四章、第五章规定的犯罪案件，可能判处三年有期徒刑以下刑罚的；（二）除渎职犯罪以外的可能判处七年有期徒刑以下刑罚的过失犯罪案件。犯罪嫌疑人、被告人在五年以内曾经故意犯罪的，不适用本章规定的程序。”根据《公安部规定》第334条的规定，有下列情形之一的，不属于因民间纠纷引起的犯罪案件：(1)雇凶伤害他人的；(2)涉及黑社会性质组织犯罪的；(3)涉及寻衅滋事的；(4)涉及聚众斗殴的；(5)多次故意伤害他人身体的；(6)其他不宜和解的。A项张某雇凶伤害他人，不属于民间纠纷，不适用刑事和解。B项王某非法拘禁常某并有殴打情节，致常某重伤应判处3年以上10年以下有期徒刑，不符合“因民间纠纷引起，涉嫌刑法分则第四章、第五章规定的犯罪案件，可能判处三年有期徒刑以下刑罚的”规定。C项刘某涉及寻衅滋事，不属于民间纠纷，不适用刑事和解。D项钱某在5年内曾经故意犯罪，不适用刑事和解。因此，ABCD均当选。

## 综合提高篇

一、1. CD。本题考查强制医疗程序的申请和决定。《刑事诉讼法》第303条第1款规定：“根据本章规定对精神病人强制医疗的，由人民法院决定。”A项错误。《刑事诉讼法》第305条第2款规定：“被决定强制医疗的人、被害人及其法定代理人、近亲属对强制医疗决定不服的，可以向上一级人民法院申请复议。”B项错误。根据《刑诉解释》第634条的规定，审理强制医疗案件，应当通知被申请人或者被告人的法定代理人到场。被申请人或者被告人没有委托诉讼代理人的，应当通知法律援助机构指派律师担任其诉讼代理人，为其提供法律帮助。D项正确。根据《刑诉解释》第635条的规定，审理人民检察院申请强制医疗的案件，应当会见被申请人。C项正确。

2. ACD。本题考查对强制医疗程序申请的审理、期限和申请复议。根据《刑事诉讼法》第304条第2款的规定，被申请人或者被告人没有委托诉讼代理人的，人民法院应当通知法律援助机构指派律师为其提供法律帮助。A项正确。根据《刑事诉讼法》第305条第1款的规定，人民法院经审理，对于被申请人或者被告人符合强制医疗条件的，应当在1个月以内作出强制医疗的决定。B项错误。《刑事诉讼法》第306条规定：“强制医疗机构应当定期对被强制医疗的人进行诊断评估。对于已不具有人身危险性,不需要继续强制医疗的,应当及时提出解除意见,报决定强制医疗的人民法院批准。被强制医疗的人及其近亲属有权申请解除强制医疗。”C、D 项正确。

3. BCD。根据《刑事诉讼法》第 294 条第 1 款的规定,被告人或者其近亲属对缺席审判的判决结果不服的,有权向上一级人民法院上诉。因此,A 选项正确。同时,根据该条第 2 款的规定,检察院认为判决结果存在错误的,应当向上一级人民法院提出抗诉。检察院从国家公诉人和法律监督者的角度出发,当认为法院判决存在错误时必须作出纠正,这一点在《刑事诉讼法》其他有关抗诉权(职责)的条款中也有体现。因此,B 选项错误。C 选项同样不符合刑事诉讼法有关检察机关抗诉的规定。D 选项有两处明显错误:一是“律师”并不等于《刑事诉讼法》第 294 条第 1 款规定的“辩护人”;二是被追诉人一方只能提出上诉,不能抗诉。

4. BC。《刑事诉讼法》第 292 条明确了“……被告人未按要求到案的,人民法院应当开庭审理,依法作出判决,并对违法所得及其他涉案财产作出处理”,第 295 条第 3 款明确了“依照生效判决、裁定对罪犯的财产进行的处理确有错误的,应当予以返还、赔偿”,因此,A、D 选项错误,B、C 选项正确。同时对于 D 选项应当强调的是,判决结果错误应当返还没收财物的,能返还的部分应当返还,对于无法返还的部分应给予相应的赔偿,返还原状的要求明显难以实现。

5. BCD。2012 年《刑事诉讼法》新增加了有关犯罪嫌疑人、被告人逃匿、死亡案件违法所得没收程序,其目的主要是遏制贪污腐败人员“潜逃境外”及“死后一了百了”的做法和心态,整治国内贪腐环境。没收程序虽然取得了一定效果,但是因缺少了法院的定罪审判过程,所以使判决在请求国际私法协助方面存在很多障碍。缺席审判程序的设立能够同“没收程序”相辅相成,巩固并进一步扩大反腐败的成果,加强制度震慑力。由此可见,A 选项表述正确。至于 C 选项,其后半段部分表述无误,但我国《刑事诉讼法》规定的特殊程序在 2018 年修法后从 4 种拓展至 5 种。B、D 项错误之处在于,缺席审判程序虽然因为被告人缺席而不利于直接言词原则、辩护权保障等原则的实现,但我国《刑事诉讼法》赋予了被告人近亲属代为委托辩护人、提出上诉等权利,且明确了被告人到案后转为普通程序审理的规定,在正当程序和辩护权保障上不存在大的疏漏。

二、1. CD。本题综合考查缺席审判的相关问题。根据《刑事诉讼法》第 292 条的规定,人民法院应当通过有关国际条约规定的或者外交途径提出的司法协助方式,或者被告人所在地法律允许的其他方式,将传票和人民检察院的起诉书副本送达被告人。A 选项的“被告人的近亲属”,错误。根据《刑事诉讼法》第 293 条的规定,被告人及其近亲属没有委托辩护人的,人民法院应当通知法律援助机构指派律师为其提供辩护,而非 B 选项中的人民法院直接指派律师为其辩护,故 B 选项错误。根据《刑事诉讼法》第 294 条对上诉与抗诉的规定,被告人或其近亲属不服判决的,有权向上一级人民法院上诉;人民检察院认为人民法院的判决确有错误的,应当向上一级人民法院提出抗诉,故 C、D 项正确。

2. D。本题考查缺席审判应满足的条件。根据《刑事诉讼法》第 291 条第 1 款的规定,对于贪污贿赂犯罪案件,以及需要及时进行审判,经最高人民检察院核准的严重危害国家安全犯罪、恐怖活动犯罪案件,犯罪嫌疑人、被告人在境外,监察机关、公安机关移送起诉后,人民检察院认为犯罪事实已经查清,证据确实、充分,依法应当追究刑事责任的,可以向人民法院提起公诉。因此,A、B、C 三个选项表述均错误。人民法院进行审查后,对于起诉书中有明确的指控犯罪事实,符合缺席审判程序适用条件的,应当决定开庭审判,故 D 选项正确。

3. (1) BCD。本题考查缺席审判的送达方式。根据《刑事诉讼法》第 292 条的规定,人民法院应当通过有关国际条约规定的或者外交途径提出的司法协助方式,或者被告人所在地法律允许的其他方式,将传票和人民检察院的起诉书副本送达被告人,故 A 选项错误,B、C、D 选项正确。

(2) CD。本题考查缺席审判的上诉问题。根据《刑事诉讼法》第 294 条对上诉与抗诉的规定,被告人或其近亲属不服判决的,有权向上一级人民法院上诉。辩护人经被告人或其近亲属同意,可以提出上诉,故 A、B 选项表述正确,C、D 选项表述错误,C、D 选项符合题目要求,为正确选项。

(3) BC。本题考查缺席审判案件中被告人投案后的程序处理。《刑事诉讼法》第 295 条第 2 款规定:“罪犯在判决、裁定发生法律效力后到案的,人民法院应当将罪犯交付执行刑罚。交付执行刑罚前,人民法院应当告知罪犯有权对判决、裁定提出异议。罪犯对判决、裁定提出异议的,人民法院应当重新审理。”因此,A、D 选项错误,B、C 选项正确。

4. CD。本题综合考查缺席审判相关问题。根据《刑事诉讼法》第 296 条的规定,因被告人患有严重疾病无法出庭,中止审理超过 6 个月,被告人仍无法出庭,被告人及其法定代理人、近亲属申请或者同意恢复审理的,人民法院可以在被告人不出庭的情况下缺席审理,依法作出判决。《刑事诉讼法》第 297 条规定:“被告人死亡的,人民法院应当裁定终止审理,但有证据证明被告人无罪,人民法院经缺席审理确认无罪的,应当依法作出判决。人民法院按照审判监督程序重新审判的案件，被告人死亡的，人民法院可以缺席审理，依法作出判决。”因此，A 选项中“应经赵某本人同意”的说法错误；B 选项中“案件事实清楚，证据确实、充分”而非有证据证明被告人无罪，不符合缺席审判的要求；C 选项正确。根据《刑事诉讼法》第 294 条对上诉与抗诉的规定，辩护人经被告人或其近亲属同意，可以提出上诉，故 D 选项正确。

## 第二十五章　涉外刑事诉讼程序与司法协助制度

一、1. ABC。本题考查涉外刑事诉讼程序所适用的案件范围。根据公约和中国国内法的有关规定，凡中国有义务管辖的国际犯罪案件，均适用涉外刑事诉讼程序。选项 B 正确。我国的证人在诉讼时身在国外，不属于涉外案件，但是该案的诉讼活动需要在外国进行，所以适用涉外刑事诉讼程序。选项 C 正确。陈某携款逃到国外的，虽然不属于涉外案件，但诉讼活动需要在外国进行或由外国协助，所以适用涉外刑事诉讼程序。选项 D 错误。虽然案件发生在国外，但当事人双方均是中国人，且案件发生在我国使馆内，所以不属于涉外案件，由我国法院管辖，不适用涉外诉讼程序。

2. ABCD。本题考查涉外刑事司法协助中的送达制度。《刑诉解释》第 495 条专门对涉外刑事案件法律文书的送达作了规定，根据本条的相关规定，人民法院向在中华人民共和国领域外居住的当事人送达刑事诉讼文书，可以采用下列方式：(1) 根据受送达人所在国与中华人民共和国缔结或者共同参加的国际条约规定的方式送达；(2) 通过外交途径送达；(3) 对中国籍当事人，所在国法律允许或者经所在国同意的，可以委托我国驻受送达人所在国的使领馆代为送达；(4) 当事人是自诉案件的自诉人或者附带民事诉讼原告人的，可以向有权代其接受送达的诉讼代理人送达；(5) 当事人是外国单位的，可以向其在中华人民共和国领域内设立的代表机构或者有权接受送达的分支机构、业务代办人送达；(6) 受送达人所在国法律允许的，可以邮寄送达；自邮寄之日起满 3 个月，送达回证未退回，但根据各种情况足以认定已经送达的，视为送达；(7) 受送达人所在国法律允许的，可以采用传真、电子邮件等能够确认受送达人收悉的方式送达。

3. ABCD。本题考查涉外刑事司法协助中检察机关的职权。《高检规则》第 672 条规定，人民检察院刑事司法协助的范围包括刑事诉讼文书送达，调查取证，安排证人作证或者协助调查，查封、扣押、冻结涉案财物，返还违法所得及其他涉案财物，移管被判刑人以及其他协助。因此，ABCD 是正确的。

4. ABCD。本题考查涉外刑事司法协助的法律依据。题目中的 4 项规定中都有涉及涉外刑事诉讼程序的内容，属于我国目前刑事司法实践中处理涉外刑事案件的法律依据。当然，涉外刑事诉讼程序的法律依据还包括《刑法》、《刑事诉讼法》、《外交特权与豁免条例》、最高人民法院的司法解释等。

5. ABCD。本题考查我国开展国际刑事司法协助的主管机关。根据《国际刑事司法协助法》第 6 条第 1 款的规定，国家监察委员会、最高人民法院、最高人民检察院、公安部、国家安全部等部门是开展国际刑事司法协助的主管机关，按照职责分工，审核向外国提出的刑事司法协助请求，审查处理对外联系机关转递的外国提出的刑事司法协助请求，承担其他与国际刑事司法协助相关的工作。所以，题目中的 4 项都属于我国《国际刑事司法协助法》规定的开展国际刑事司法协助的主管机关。

二、1. D。本题考查涉外刑事司法协助中的特有制度。根据《公安部规定》第 361 条的规定，犯罪嫌疑人为享有外交或者领事特权和豁免权的外国人的，应当层报公安部，同时通报同级人民政府外事办公室，由公安部商请外交部通过外交途径办理，故 D 项正确。

2. BCD。本题考查涉外刑事司法协助中的特有制度。依据《刑诉解释》第 480 条的规定，需要向有关国家驻华使领馆通知有关事项的，应当层报高级人民法院，由高级人民法院按照下列规定通知……高级人民法院向外国驻华使领馆通知有关事项，必要时，可以请人民政府外事主管部门协助，故 A 项错误，D 项正确。依据《刑诉解释》第 479 条第 1 款的规定，涉外刑事案件审判期间，人民法院应当将下列事项及时通报同级人民政府外事主管部门，并依照有关规定通知有关国家驻华使领馆：人民法院决定对外国籍被告人采取强制措施的情况；开庭的时间、地点、是否公开审理等事项；宣判的时间、地点，故 B 项正确。依据《刑诉解释》第 487 条第 1 款的规定，限制外国人出境的，应当通报同级人民政府外事主管部门和当事人国籍国驻华使领馆，故 C 项正确。

3. B。本题考查涉外刑事司法协助中的特有制度。依据《刑诉解释》第 480 条规定的人民法院通知的途径，可知 B 项正确。A 项错误在于少了“与我国有外交关系”这一限定条件。C 项错误在于双边条约有规定通知期限的，规定通知期限优先，而不是一律不得少于 7 日。D 项错误在于应由本人出具书面声明。

# 2025年

## 国家统一法律职业资格考试

# 应知应会
# 5000客观题解

## 民　　法

法律考试中心/组编

法律出版社
LAW PRESS·CHINA
——北京——

# 目　　录


## 第一编　总　　则

第一章　民法概述 …………………………… ( 1 )
第二章　自然人 …………………………… ( 2 )
第三章　法人和非法人组织 ………………… ( 4 )
第四章　民事法律行为 …………………… ( 5 )
第五章　代理 …………………………… ( 7 )
第六章　诉讼时效与期间 ………………… ( 8 )

## 第二编　物　　权

第七章　物权概述 …………………………… ( 9 )
第八章　所有权 …………………………… ( 12 )
第九章　用益物权 …………………………… ( 15 )
第十章　担保物权 …………………………… ( 16 )
第十一章　占有 …………………………… ( 18 )

## 第三编　合　　同

第十二章　债与合同概述 ………………… ( 19 )
第十三章　合同的订立和效力 ……………… ( 20 )
第十四章　合同的履行 …………………… ( 21 )
第十五章　合同的保全和担保 ……………… ( 22 )
第十六章　合同的变更、转让和权利义务终止 …………………… ( 25 )
第十七章　违约责任 …………………… ( 26 )
第十八章　移转财产权利合同 ……………… ( 28 )
第十九章　完成工作交付成果合同 ………… ( 32 )
第二十章　提供劳务或服务合同 ………… ( 34 )
第二十一章　技术合同 ………………… ( 36 )
第二十二章　保证合同和合伙合同 ………… ( 38 )
第二十三章　准合同 …………………… ( 39 )

## 第四编　人　格　权

第二十四章　人格权概述 ………………… ( 41 )
第二十五章　具体人格权 ………………… ( 41 )

## 第五编　婚 姻 家 庭

第二十六章　婚姻家庭概述 ……………… ( 43 )
第二十七章　结婚和离婚 ………………… ( 44 )
第二十八章　家庭关系 ………………… ( 45 )
第二十九章　收养 …………………… ( 46 )

## 第六编　继　　承

第三十章　继承概述 …………………… ( 48 )
第三十一章　法定继承 ………………… ( 48 )
第三十二章　遗嘱继承和遗赠 …………… ( 49 )
第三十三章　遗产的处理 ……………… ( 50 )

## 第七编　侵 权 责 任

第三十四章　侵权责任概述 ……………… ( 51 )
第三十五章　数人侵权和特殊主体的侵权责任 …………………… ( 52 )
第三十六章　特殊侵权责任 ……………… ( 53 )

**参考答案及解析** …………………… ( 58 )

## 第一编　总　　则

第一章　民法概述 ………………………… ( 58 )
第二章　自然人 ………………………… ( 59 )
第三章　法人和非法人组织 ……………… ( 61 )
第四章　民事法律行为 ………………… ( 63 )
第五章　代理 ………………………… ( 66 )
第六章　诉讼时效与期间 ……………… ( 67 )

## 第二编　物　　权

第七章　物权概述 ………………………… ( 67 )
第八章　所有权 ………………………… ( 70 )
第九章　用益物权 ………………………… ( 72 )
第十章　担保物权 ………………………… ( 73 )
第十一章　占有 ………………………… ( 75 )

## 第三编　合　　同

第十二章　债与合同概述 ……………… ( 76 )
第十三章　合同的订立和效力 …………… ( 77 )
第十四章　合同的履行 ………………… ( 79 )
第十五章　合同的保全和担保 …………… ( 80 )
第十六章　合同的变更、转让和权利义务终止 ………………… ( 82 )
第十七章　违约责任 ………………… ( 85 )
第十八章　移转财产权利合同 …………… ( 87 )
第十九章　完成工作交付成果合同 ……… ( 91 )
第二十章　提供劳务或服务合同 ……… ( 93 )

第二十一章　技术合同 ……………………（94）
第二十二章　保证合同和合伙合同 ………（95）
第二十三章　准合同 ………………………（98）

## 第四编　人　格　权

第二十四章　人格权概述 …………………（100）
第二十五章　具体人格权 …………………（101）

## 第五编　婚姻家庭

第二十六章　婚姻家庭概述 ………………（103）
第二十七章　结婚和离婚 …………………（104）
第二十八章　家庭关系 ……………………（106）
第二十九章　收养 …………………………（107）

## 第六编　继　　承

第三十章　继承概述 ………………………（108）
第三十一章　法定继承 ……………………（109）
第三十二章　遗嘱继承和遗赠 ……………（110）
第三十三章　遗产的处理 …………………（111）

## 第七编　侵权责任

第三十四章　侵权责任概述 ………………（111）
第三十五章　数人侵权和特殊主体的侵权责任
……………………………………………（112）
第三十六章　特殊侵权责任 ………………（115）

# 第一编　总　　则

## 第一章　民法概述*

**一、单项选择题，每题所给的选项中只有一个正确答案。**

1. 以下事实中，能在甲、乙之间产生民事法律关系的有哪个？（　　）

A. 甲开车不慎撞断丙电网公司的输电线致使附近小区停电数小时，该区食品加工业主乙因停电不能生产损失3000元

B. 甲、乙书面约定2020年5月12日领结婚证，不得逃避，违者自罚5万元

C. 甲、乙口头约定，如果甲通过司法考试，就将甲所有的司法考试复习资料送给乙

D. 甲向乙问路，乙热心帮忙但指向了相反方向

2. 下列权利中，不属于请求权的是？（　　）

A. 甲公司与乙厂签订购货合同，因货物质量不符合合同约定，甲公司请求乙厂支付违约金

B. 文化馆与演员田某签订演出合同，文化馆请求田某履行合同

C. 个体户孙某向供货商采购10箱元宵，供货商元宵节当天才供货，孙某发函表示解除该采购合同

D. 水果商丁某委托个体户李某运输一批水果到上海，并按照丁某给出的价格范围卖给其客户张某，丁某请求张某支付水果价款

3. 甲16周岁，以个人积蓄1000元在慈善拍卖会拍得明星乙表演用过的道具，市价约100元。事后，甲觉得道具价值与其价格很不相称，颇为后悔。关于这一买卖，下列哪一说法是正确的？（　　）

A. 买卖显失公平，甲有权要求撤销

B. 买卖存在重大误解，甲有权要求撤销

C. 买卖无效，甲为限制行为能力人

D. 买卖有效

4. 甲、乙都是完全行为能力人，甲因受到乙胁迫将所拥有的手机以极低价格卖给了乙，为此双方签署了买卖合同。下列说法正确的是？（　　）

A. 甲明确签署了合同，甲不能再主张要求乙返还手机

B. 甲可以在2年时间内要求乙返还

C. 甲有权请求确认行为无效，但该请求确认的权利属于支配权

D. 甲、乙间签署的买卖合同属于可撤销合同，甲可在行为发生后1年内行使撤销权

5. 下列有关孳息的表述正确的是？（　　）

A. 质押财产所产生的天然孳息，归质押权人所有

B. 动物腹中的胎儿，属于天然孳息

C. 出租展柜所得的租金，属于法定孳息

D. 质押财产所产生的法定孳息，归质押权人所有

6. 下列哪种行为属于有效的民事法律行为？（　　）

A. 6岁的小薛将价值500元的玩具车送给他人

B. 公司全部股东陈某、王某和邓某全票通过变更公司形式的决议

C. 李某依法向某地政府申请信息公开

D. 韦某占有他人遗忘在课桌上的笔记本

7. 下列情形中，属于行使抗辩权的是？（　　）

A. 甲有一部斧头手机，乙不慎将之损毁，甲要求乙赔偿时，乙主张以自己的小米手机抵偿

B. 甲欠乙100元，借期届满后，甲以乙前不久也欠自己100元未还为由予以拒绝

C. 甲是毒贩，乙、丙两位“瘾君子”从甲处购得黑市价格3000元的毒品，一直未付款，甲请求乙、丙偿还时，乙、丙以贩毒违法为由予以拒绝

D. 甲于2003年向乙借款2000元，二人约定的还款期限为1年。后甲一直未还钱，乙也未向甲主张还款。2008年，乙因资金周转困难要求甲还钱，甲以诉讼时效已过为由拒绝还钱

**二、多项选择题，每题所给的选项中有两个或两个以上正确答案，少答或多答均不得分。**

1. 下列选项中，有违民法诚实信用原则的是？（　　）

A. 夏某从鲜花店购买进口的郁金香，店员秦某了解到店里进口郁金香已售完，现有郁金香为国产，秦某对此当场进行了说明并请夏某选购其他鲜花

B. 甲公司系提供互联网信息搜索服务的互联网服务商，乙公司看到甲公司的搜索服务市场份额可观，在甲公司不知情的情况下，推出广告网页强行弹出服

---

*　本章答案参见第58页。

本书内容不考虑时效问题，如无特别说明，均适用最新法律、法规、司法解释。——编者注

务,在甲公司网站的搜索结果页面强行弹出与搜索的关键词有关的广告页面

C. 孙某与雷某共同出资设立天博公司,二人协商一致将“TB”作为天博公司商标和商号使用,并由雷某具体经办,后雷某利用授权抢先将该商标注册到自己名下

D. 王某向保险公司投保人生终身寿险,保险公司向其询问身体状况时,王某向其隐瞒了既往病史

2. 春节期间,13 周岁的小苏收到 3000 元压岁钱,其父苏某在银行以小苏为名开设账户,并将压岁钱存入账户。对此,下列说法正确的是?(　　)

A. 货币存入银行之前,压岁钱归小苏所有

B. 货币存入银行之前,压岁钱归苏某所有

C. 在储蓄法律关系中,当事人为小苏与银行

D. 在储蓄法律关系中,当事人为苏某与银行

# 第二章　自　然　人*

**一、单项选择题,每题所给的选项中只有一个正确答案。**

1. 17 岁的林某有唱歌天赋,其与某直播平台签约,约定林某在直播平台上获得的收入与平台五五分成。林某在直播 1 个月后如约收到了 1 万元报酬,平台在支付第 2 个月报酬时发现林某是未成年人。平台以林某是限制行为能力人为由主张合同不生效,拒绝支付第 2 个月报酬,并要求林某返还 1 万元报酬。对此,下列说法正确的是?(　　)

A. 林某应当返还 1 万元报酬

B. 该合同自林某法定监护人追认时生效

C. 虽然该合同未生效,但林某可以平台不当得利为由取得报酬

D. 该合同成立且生效

2. 孙某的以下行为,法律效力是无效的是?(　　)

A. 6 岁半时,受赠小提琴一把

B. 10 岁时,在父母陪同下选定并购买手机一部

C. 13 岁时,受赠滑动跑步车一台

D. 16 岁便不再上学,以打工维生,17 岁时为庆祝工作满 1 年,购买平板电脑一台

3. 甲是一机关单位干部,乙原为工厂工人,两人结婚已有 10 年。后乙辞职经商,依法登记为个体户。甲起初反对乙下海经商,但后来见收入不少,就不再反对,但一直没有参与乙的经营。乙的经营收入用于家庭消费和储蓄,实际上也无法区分是个人经营还是家庭经营。一次车祸导致乙货物受损,价值 13 万元,债主找甲要账。甲有存款 14 万元,这 14 万元是甲多年的工资收入以及继承其父亲财产所得。对于乙所负债务,下列说法中正确的是?(　　)

A. 14 万元存款是夫妻共同财产,乙所欠债务是共同债务,故甲有义务偿还债务

B. 甲的 14 万元存款虽然是其个人财产,但夫妻间有相互扶养的义务,故甲有义务偿还乙所负债务

C. 应按照乙的经营收入所用于家庭消费而为乙所分享的比例,确定甲所应承担的该宗债务中的适当份额

D. 乙的债务是个人债务,依《民法典》的规定,夫妻一方的个人债务,由债务人自己承担,不能由共同财产承担。故甲没有还债义务

4. 甲出境经商下落不明满 4 年后,其妻乙于 2018 年 9 月向 K 县法院提出申请宣告死亡获准。其后乙未再婚,乙是甲唯一的继承人。2019 年 3 月,乙将家里的一辆轿车赠送给了弟弟丙,交付并办理了过户登记。2019 年 10 月,经商失败的甲返回 K 县,为还债将登记于自己名下的一套夫妻共有住房私自卖给知情的丁;同年 12 月,甲的死亡宣告被撤销。下列选项不正确的是?(　　)

A. 乙不反对的情况下,甲、乙的婚姻关系自撤销死亡宣告之日起自行恢复

B. 乙有权赠与该轿车

C. 丙有义务返还该轿车

D. 甲出卖房屋的行为无效

5. 甲怀有双胞胎乙、丙,在怀孕期间乙、丙的爷爷去世,根据遗嘱两孩子分别继承 50 万元。不幸的是,分娩当天(4 月 4 日)突发地震,乙在分娩过程中未能存活,医院未为丙出具出生证明。甲认为丙出生时发生地震不吉利,便在户籍登记时将其出生日期登记为地震发生后第 2 天(4 月 6 日)。就此,下列说法正确的是?(　　)

A. 乙娩出时为死体,自始不具有民事权利能力

B. 应当由乙继承的 50 万元自动由丙继承

C. 丙自出生时取得民事权利能力

D. 即便有医院的分娩记录等作证丙真实的出生日期,丙在法律上的出生日期依旧为 4 月 6 日

6. 甲、乙是丙的父母,丙 3 岁时,丙被甲、乙租给从

---

* 本章答案参见第 59 页。

事盗窃的团伙，从事盗窃活动。丙的祖父母知道后，想要撤销甲、乙的监护权，下列说法错误的是？（　　）

A. 丙的祖父母可以直接撤销甲、乙的监护资格

B. 丙的祖父母欲撤销甲、乙的监护资格，需要向法院提出申请，由法院指定适当的监护人

C. 如果丙的祖父母没有去申请，此种情况下，民政部门应当向法院申请撤销甲、乙的监护资格

D. 甲、乙的监护资格被撤销的，依然应当负担对于丙的抚养费

**二、多项选择题，每题所给的选项中有两个或两个以上正确答案，少答或多答均不得分。**

1. 刘某被宣告死亡后，其所遗留财产由其继承人继承：其妻王某分得房屋2间，其父母分得养鸡场1处。刘某被宣告死亡后，其妻即改嫁他人，并搬出刘某所留房屋。该房屋一直出租给张某居住。不料，刘某于数年后返回家乡，并因财产返还与王某等人发生纠纷。经查，在刘某被宣告死亡期间，王某所得租金为2万元，刘某父母经营养鸡场所得收入为1万元。对此，下列表述正确的有？（　　）

A. 王某应返还2万元房屋租金给刘某

B. 因王某已经改嫁，王某无须返还房屋及租金

C. 刘某父母应返还经营养鸡场所得收入1万元

D. 刘某父母只需返还养鸡场，无须返还所得收入

2. 贾某与其妻子艾某育有一子。2017年3月1日，贾某在外地遭遇地震下落不明。2019年10月，艾某向法院申请宣告贾某死亡。就此，以下选项错误的是？（　　）

A. 贾某下落不明不满4年，不符合宣告死亡的条件

B. 贾某的母亲同时向法院申请宣告贾某失踪的，法院应当宣告死亡

C. 法院宣告贾某死亡后，贾某又出现的，应由艾某申请撤销宣告死亡

D. 法院宣告贾某死亡后，贾某又出现，艾某不反对的，其与艾某的婚姻关系自动恢复

3. 李某与丁某系夫妻，育有一尚未成年的孩子小李，三人都是李道村村民。李某一家在外出游玩时发生车祸，救护人员赶到现场时发现李某已经死亡，遂将丁某与小李带回医院，但是两人在途中死亡且不能确定死亡时间。后查明，李某在生前投保人身保险，受益人为丁某；丁某尚有胞弟，而李某与小李均无其他继承人。对此，下列说法错误的是？（　　）

A. 丁某是长辈，应当推定丁某先于小李死亡

B. 小李没有继承人，应当推定小李先于丁某死亡

C. 因为李某与丁某在同一事件中死亡，根据保险法的规定，应当推定受益人丁某先于被保险人李某死亡

D. 李某遗产归李道村集体所有制组织所有

4. 甲（16岁）为一富商之子，其借给乙（15岁）10万元，向丙借款10万元，在醉酒状态下将自己价值20万元的罗马表以100元的价格卖给丁，立下遗嘱将祖父赠与的一套别墅遗赠给女朋友戊。下列表述错误的有？（　　）

A. 一天甲对乙说：“老弟，你借大哥的10万元不用还了。”甲与乙的债权债务关系因免除而消灭

B. 甲向丙所借的10万元如不能清偿，其监护人负有清偿义务

C. 甲在醉酒状态下与丁签订的买卖合同需要经过甲之监护人的追认

D. 如甲在20岁时因车祸而亡，甲所立的遗嘱发生遗赠的效力

5. 甲14岁，甲的父亲因车祸身亡，母亲乙领取了包含甲的生活费在内的赔偿款后，未再与甲共同生活，甲与其祖父母共同生活，教育、医疗等费用也由其祖父母支付。甲的祖父母要求乙返还甲的生活费，却被乙告知已挪作他用。就此，下列说法正确的是？（　　）

A. 乙是甲的监护人

B. 甲的祖父母是甲的监护人，有权要求乙归还甲的生活费

C. 甲的祖父母可以向法院申请撤销乙的监护人资格

D. 监护人发生变更的，监护人只能是甲的近亲属或关系密切的其他亲属、朋友

6. 2015年2月，家住S省W县的孙某（男，51周岁，有配偶）依法收养了孤儿小丽（女，11周岁）为养女，后孙某多次对小丽实施性侵害，致使小丽先后产下两名女婴。2017年5月，当地群众向公安机关匿名举报，媒体也纷纷曝光此事。2017年8月，当地法院判决孙某构成强奸罪，判决有期徒刑3年。关于本案，下列哪些说法是错误的？（　　）

A. W县民政部门可以直接取消孙某的监护人资格

B. 孙某被人民法院取消监护人资格后可以不再给付抚养费

C. 孙某出狱后，如确有悔改表现的，经其申请，人民法院可以恢复其监护人资格

D. 小丽对孙某的损害赔偿请求权的诉讼时效期间自法定代理终止之日起计算

# 第三章　法人和非法人组织*

**一、单项选择题，每题所给的选项中只有一个正确答案。**

1. 某有限责任公司有甲、乙、丙三名股东，甲为该公司的法定代表人。公司章程规定公司对外提供借款的金额不得超过1000万元。甲以公司名义向丁提供借款1500万元并签订借款合同。对此，下列说法正确的是？（　　）

A. 因为借款额度超过公司章程规定，所以借款行为不对公司发生效力

B. 若丁为善意第三人，借款行为对公司依旧发生效力

C. 若公司不能足额支付款项，甲应承担补充责任

D. 若公司不能足额支付款项，甲、乙、丙三股东都应承担补充责任

2. 宗某患尿毒症，其所在单位甲公司组织员工捐款20万元用于救治宗某。此20万元存放于专门设立的账户中。后宗某医治无效死亡，花了15万元医疗费。关于余下5万元，下列哪一表述是正确的？（　　）

A. 应归甲公司所有

B. 应归宗某继承人所有

C. 应按比例退还员工

D. 应用于同类公益事业

3. 关于法人、法定代表人及设立人责任问题，下列说法正确的是？（　　）

A. 一联公司的公司章程规定，法定代表人不得对外签署超过4000万元的合同。某日，法定代表人签订了总标的5亿元的合同。对此，需要法人追认，否则法人不承担责任

B. 乙公司的法定代表人在签订某技术合同的过程中，出于个人原因构成了对丙公司的发明专利权的侵犯。对此，责任应当由乙公司承担，法定代表人不需要承担个人责任

C. 甲、乙、丙三人共同出资成立了戊公司。公司章程规定，如果转让价值超过120万元的资产或者对外提供担保，需要全体出资人一致同意。后来，甲、乙决定转让一台价值200万元的设备，丙不同意，但是，甲、乙依然向受让人转让了该设备。对此，转让合同有效，丙可以请求法院撤销转让资产的决议，并对于因此给自己造成的损失主张赔偿

D. 甲、乙共同出资设立丁公司，约定在设立公司过程中发生的债务，由成立后的丁公司承担，如果设立失败，则由甲、乙承担连带责任。对此，甲、乙以自己的名义为设立丁公司所负债务，在公司设立成功的情形下，债权人只能向丁公司主张

4. 某有限公司的公司章程规定，公司对外签署标的额超过100万元的合同必须召开股东会。后该公司法定代表人甲在未召开股东会的情况下与另一公司签订了标的额为150万元的合同。关于该合同的效力及理由，下列说法正确的是？（　　）

A. 合同无效，因为公司章程已经禁止在未召开股东会的情况下订立标的额超过100万元的合同

B. 合同有效，合同系该公司的法定代表人所签署，法定代表人的一切行为皆由公司负责

C. 合同效力待定，因为该法定代表人在签署合同时并未告知对方公司其代表权限受到限制的情形

D. 合同有效，法定代表人超越权限对外所签订的合同，除相对人知道或者应当知道外，该代表行为有效

5. 2020年1月，付某与叶某商议共同出资设立一家名为“富业坊”的普通合伙，从事测温仪的销售。同年2月，付某以富业坊的名义与昌盛公司签约买入测温仪。同年3月1日，富业坊成立并领取了营业执照，合伙协议约定，付某是富业坊唯一的执行事务合伙人。4月30日，叶某得知顺发公司有一批测温仪代售，遂以富业坊的名义与顺发公司签订买卖合同。5月初，因形势变化，测温仪不再畅销。现昌盛公司提出，就2月合同，还有80万元货款未付，顺发公司主张履行合同。关于本题下列说法正确的是？（　　）

A. 因与昌盛公司签约时，富业坊尚未成立，该合同无效

B. 叶某对富业坊与昌盛公司的货款不承担法律责任

C. 顺发公司可向叶某主张承担法律责任

D. 对与顺发公司所签合同，富业坊可主张不承担法律责任

**二、多项选择题，每题所给的选项中有两个或两个以上正确答案，少答或多答均不得分。**

1. 下列属于社团法人的组织是？（　　）

A. 农村信用合作社

B. 中国法学会

C. 中国文联

D. 联想集团公司

---

* 本章答案参见第61页。

2. 某市国有投资部门出资51%，其他34名股东共出资49%组建红星有限责任公司。1997年5月，国有投资部门作出了撤销公司董事长张某的决定，并通知了各股东，但未及时到工商行政管理部门办理变更登记。在此期间，张某应李某所求，以红星有限责任公司的名义为李某个人提供了50万元的担保。后因李某的债权人向红星有限责任公司请求承担担保责任而发生纠纷。下列有关说法中哪些是正确的？（　　）

A. 从撤销决定作出之日起，张某不再是公司董事长

B. 在办理变更登记之前，张某仍是公司董事长

C. 本案担保有效

D. 应责令张某取消担保

3. 关于法人与合伙，下列说法正确的是？（　　）

A. 根据《民法典》的规定，非营利法人由社会团体和事业单位组成，不包括机关法人

B. 法人拥有独立的财产、对外承担独立责任，但法人作为出资人的情况下承担有限责任

C. 法人分立时，关于债务承担的内部约定有效，但对债权人来说不一定有效力

D. 合伙人退伙时与其他合伙人约定自己退伙后对合伙债务不负责任有效，因此，债权人不能再找退伙人主张债权

4. 企业法人依法被解散、宣告破产或因其他法定原因而进行清算时，下列说法错误的是？（　　）

A. 主体资格消灭，不能进行民事活动

B. 主体资格不消灭，但不能进行民事活动

C. 主体资格不消灭，仍然可以进行各种民事活动

D. 主体资格不消灭，但不能进行清算范围以外的民事活动

# 第四章　民事法律行为*

## 基础知识篇

**一、单项选择题，每题所给的选项中只有一个正确答案。**

1. 甲与某大学达成协议，由甲捐款5000万元成立“春雨教学基金会”，用于资助该校教学楼建设。大学最后以甲的名字命名该楼。该行为属于？（　　）

A. 单方法律行为　　B. 双方法律行为

C. 有偿法律行为　　D. 身份法律行为

2. 下列关于民事法律行为表述正确的是？（　　）

A. 民事法律行为包括事实行为

B. 违约行为是民事法律行为

C. 要约是民事法律行为

D. 公司董事会的决议行为属于民事法律行为

**二、多项选择题，每题所给的选项中有两个或两个以上正确答案，少答或多答均不得分。**

下列行为包含意思表示的是？（　　）

A. 甲在某电商平台上将商品放入购物车

B. 甲在公路上向出租车司机招手

C. 甲在某即时聊天软件中发红包

D. 甲将现金存入银行

## 理解与应用篇

**一、单项选择题，每题所给的选项中只有一个正确答案。**

1. 薛某系天雅公司总经理、法定代表人，某晚参加聚会时饮酒过量，在争抢埋单的过程中将商务合同当作酒水单，以公司之名误签了一份购买1000瓶红酒的商务合同。关于该商务合同的效力，以下说法正确的是：（　　）

A. 因意思表示不真实而无效

B. 无权代理而效力待定

C. 因重大误解而主张撤销

D. 因显失公平而主张撤销

2. A公司委托王某去某市B公司购买钢笔1000支。王某见B公司还有文具盒可供应，在B公司说明文具盒的质量上乘后，就单方在A公司已经盖好章的购销合同上添加了购买2000个文具盒的条款，并添加约定：购买文具合同如未得到A公司认可，不影响对钢笔的购买。王某、A公司收到钢笔后，发现不好销售，遂以合同无效为由要求退货。同时A公司就文具盒与王某发生了争议。下列表述正确的是？（　　）

A. B公司不能向A公司主张关于2000个文具盒的款项

B. 因B公司构成善意，A公司应当支付文具盒款项

C. 王某购买文具盒的行为属于为A公司利益的有权代理

D. A公司就钢笔事后销售不好，可以向王某主张损害赔偿

3. 陈某和杂货店主孙某之间订有买卖协议，约定由陈某长期供应孙某假酒低价销售。后因孙某欠款较

* 本章答案参见第63页。

多,双方发生纠纷。下列说法正确的是?(　　)

A. 陈某和孙某之间具有买卖的法律关系

B. 假酒和货款是双方法律关系的客体

C. 陈某和孙某购销假酒的行为违法,但买卖行为在法律上有效

D. 双方的协议违反法律,是无效合同,不受法律保护

4. 王某因生意上的困境,急需10万元人民币。王某找到周某借钱,周某要求其将价值60万元的房屋以12万元卖给自己,王某被迫答应了周某的要求。随后,周某又将房屋卖给了不知情的刘某。后来,王某在朋友的建议下向周某主张撤销房屋买卖合同。对此,下列说法正确的是?(　　)

A. 买卖合同显失公平,可撤销

B. 买卖合同已经履行,不可撤销

C. 如果合同可撤销,刘某应将房屋返还给王某

D. 如果合同可撤销,周某应将房屋返还给王某

5. 2017年10月,公司A与工厂B签订一份合同,约定由工厂B于2017年12月供应原油10吨,未约定仲裁方式解决争议。到了临近时,双方都发现对主要条款(标的物的质量)有重大误解。对此,下列表述正确的是?(　　)

A. 双方当事人都有权向对方宣告此合同无效

B. 双方当事人都有权向对方宣告此主要条款无效

C. 双方当事人都有权请求人民法院予以撤销

D. 双方当事人都有权请求人民法院予以撤销或变更

6. 齐某扮成建筑工人模样,在工地旁摆放一尊廉价购得的旧蟾蜍石雕,冒充新挖出文物等待买主。甲曾以5000元从齐某处买过一尊同款石雕,发现被骗后正在和齐某交涉时,乙过来询问。甲有意让乙也上当,以便要回被骗款项,未等齐某开口便对乙说:“我之前从他这买了一个貔貅,转手就赚了,这个你不要我就要了。”乙信以为真,以5000元买下石雕。关于所涉民事法律行为的效力,下列哪一说法是正确的?(　　)

A. 乙可向甲主张撤销其购买行为

B. 乙可向齐某主张撤销其购买行为

C. 甲不得向齐某主张撤销其购买行为

D. 乙的撤销权自购买行为发生之日起2年内不行使则消灭

**二、多项选择题,每题所给的选项中有两个或两个以上正确答案,少答或多答均不得分。**

1. 柳河村村长甲垂涎乙祖传的字画一幅,多次向乙询价购买,均遭乙严词拒绝。村民丙为取得马路边一块宅基地而讨好村长甲,其知道甲早已想得到乙祖传的字画后,未经甲同意,夜间独闯乙家,将乙暴打一顿,并告诉乙:“下次甲再来买字画时,再不卖给他,小心你的狗命!”第二天,甲恰好又来找乙询价购买,乙同意甲提出的以2万元的价格出卖。当天,货款两清。交易后2年,丙因为意外事故死亡。在此情形下,乙将甲告上法庭要求其返还字画。对此,下列表述正确的有?(　　)

A. 甲、乙间买卖合同因为已经超过1年而无法撤销

B. 甲、乙间买卖合同为可撤销合同

C. 乙有权请求甲返还字画

D. 乙无权请求甲返还字画

2. 甲隐瞒了其所购别墅内曾发生恶性刑事案件的事实,以明显低于市场价的价格将其转卖给乙。乙在不知情的情况下,放弃他人以市场价出售的别墅,购买了甲的别墅。几个月后乙获悉实情,向法院申请撤销合同。关于本案,下列哪些说法是正确的?(　　)

A. 乙须在得知实情后1年内申请法院撤销合同

B. 如合同被撤销,甲须赔偿乙在订立及履行合同过程当中支付的各种必要费用

C. 如合同被撤销,乙有权要求甲赔偿主张撤销时别墅价格与此前订立合同时别墅价格的差价损失

D. 合同撤销后乙须向甲支付合同撤销前别墅的使用费

3. 张某在某手机店购得手机,手机店承诺手机7天无理由退货。张某将手机借给朋友许某使用,使用过程中手机电池过热造成许某皮肤灼伤。对此,下列说法正确的是?(　　)

A. 该手机买卖合同属于附条件的合同

B. 许某可依据合同向手机店主张违约责任

C. 许某可向手机生产者主张侵权责任

D. 许某可向张某主张侵权责任

## 综合提高篇

**一、多项选择题,每题所给的选项中有两个或两个以上正确答案,少答或多答均不得分。**

1. 下列表述错误的有?(　　)

A. 今年刚满15岁的甲初中辍学后就出门打工,以自己劳动收入为主要生活来源,但不幸被确诊为白血病患者,大其2岁的女友一直在旁边照顾。甲在其死前立遗嘱,将自己的刨去医疗费后剩余的3万元遗赠给女友乙。甲死亡后,其父母无权要求其女友返还

B. 9岁的甲与乙约定:甲、乙对决三国杀,甲输了,应将价值1万元的乐高玩具赠送给乙。甲的父母无权要求乙返还

C. 乙有两个孩子甲、丙。甲、丙为争夺财产反目成仇。甲趁丙外出期间胁迫乙订立自书遗嘱,将乙的一套房屋遗赠给甲。乙死亡后,甲接受遗赠并办理了房屋的过户登记手续。丙随后发现该事实,有权请求甲返还房屋

D. 6月1日甲、乙签订某房屋的买卖合同,7月1日

乙付款后，甲协助乙向房屋登记管理部门递交了房屋的过户登记材料。7月2日，该房因为甲的债权人起诉被法院查封。甲、乙之间的房屋买卖合同于6月1日生效，但乙仍未取得所有权，无权对抗甲的债权人查封执行

2. 某旅游地的纪念品商店出售秦始皇兵马俑的复制品，价签标名为"秦始皇兵马俑"，2800元一个。王某购买了一个。次日，王某以其购买的秦始皇兵马俑为复制品而非真品属于欺诈为由，要求该商店退货并赔偿。下列哪些表述是错误的？（　　）

A. 商店的行为不属于欺诈，真正的秦始皇兵马俑属于法律规定不能买卖的禁止流通物

B. 王某属于重大误解，可请求撤销买卖合同

C. 商店虽不构成积极欺诈，但构成消极欺诈，因其没有标明为复制品

D. 王某有权请求撤销合同，并可要求商店承担缔约过失责任

**二、不定项选择题，每题所给的选项中有一个或一个以上正确答案，少答、不答或多答均不得分。**

甲将其所有的房屋出租给乙，双方口头约定租金为每年5万元，乙可以一直承租该房屋，直至乙去世。房屋出租后的第2年，乙为了经营酒店，经甲同意，对该房屋进行了装修，共花费6万元。一天晚上，一失控的汽车撞到该房屋，致使其临街的玻璃墙毁损，肇事司机驾车逃逸。乙要求甲维修，甲拒绝，乙便自行花费1万元予以维修。现甲、乙发生纠纷，均欲解除合同，但就如何解除意见不一。请回答以下问题。

1. 该租赁合同的性质如何？（　　）

A. 附解除条件的合同

B. 附延缓条件的合同

C. 附始期的合同

D. 附终期的合同

2. 乙对玻璃墙的维修费用应如何处理？（　　）

A. 由甲承担维修费用

B. 由乙承担维修费用

C. 由甲、乙分担维修费用

D. 由甲承担大部分维修费用，乙承担小部分维修费用

# 第五章　代　　理*

**一、单项选择题，每题所给的选项中只有一个正确答案。**

1. 王某因装修房屋与甲公司签订装修合同，约定工程造价为5万元，包括室内装修，墙面粉刷，洁具、灯具安装等内容。王某交付工程款，甲公司出具了发票。甲公司派业务员李某和张某具体负责王某家的装修工程。后王某又与李某、张某达成协议，约定由他们俩为王某安装净化系统（未包括在王某与甲公司签订的装修合同之中），工程款为2万元。该款由李某、张某出具收条，款项未入公司账户。工程竣工后，甲公司为造价5万元的工程部分出具保修单。3个月后，净化系统出现质量问题，王某要求甲公司继续履行、赔偿损失。对该净化系统装修部分，下列表述正确的是？（　　）

A. 甲公司不承担责任

B. 甲公司承担全部责任

C. 甲公司应与王某分担责任

D. 甲公司应与李某、张某对工程承担连带责任

2. 甲委托乙去外省为其购买高级龙井茶10斤，乙到达目的地后因为突发感冒而住院，并且联系不上甲。为避免时机错过，于是委托了同行的丙代为购买10斤茶叶。回来后，甲发现了乙已经转委托，表示不认可该代理行为，为此双方产生争议。下列说法正确的是？（　　）

A. 乙的行为构成转委托，应当经甲同意

B. 如果甲不追认，乙应当自行承担损失

C. 乙的行为构成紧急代理

D. 丙的交易结果不能归之于甲

**二、多项选择题，每题所给的选项中有两个或两个以上正确答案，少答或多答均不得分。**

1. 甲是北京一书法爱好者。乙前往湖州出差，甲口头委托乙为自己代买某种高级毛笔10支，回来后甲如数支付价款。乙离京出差数日后，甲因心脏病突发去世，乙不知甲已经去世，仍精心挑选了甲需要的高级毛笔10支，价值5000元。乙回京后，甲子丙以父亲已经去世为由拒绝接受毛笔和支付价款。下列说法错误的是？（　　）

A. 因为甲已经死亡，乙的代理行为无效

B. 乙的代理行为经过丙的追认后有效

C. 丙有权拒绝接受毛笔，并拒绝支付5000元价款

D. 丙应当接受毛笔，并支付5000元价款

2. 甲公司员工方某受公司委托前往乙地采购电视。方某经过考察发现此地的电脑物美价廉，便自作主张从当地丙公司处购进一批电脑，并用盖着公司公章的空白文件起草合同文本。方某与丙公司私下约定

* 本章答案参见第66页。

将电脑的单价比正常售价提高 150 元，丙公司一次性给予方某 2 万元回扣。对此，下列说法正确的是？（　　）

A. 方某的行为属表见代理，甲公司应向丙公司支付货款

B. 方某与丙公司恶意串通损害甲公司利益，买卖合同无效

C. 方某与丙公司恶意串通损害甲公司利益，两者应对甲公司承担连带责任

D. 丙公司对甲公司存在欺诈行为，甲公司可申请撤销买卖合同

3. 吴某是甲公司员工，持有甲公司授权委托书。吴某与温某签订了借款合同，该合同由温某签字，吴某用甲公司合同专用章盖章。后温某要求甲公司还款。下列哪些情形有助于甲公司否定吴某的行为构成表见代理？（　　）

A. 温某明知借款合同上的盖章是甲公司合同专用章而非甲公司公章，未表示反对

B. 温某未与甲公司核实，即将借款交给吴某

C. 吴某出示的甲公司授权委托书载明甲公司仅授权吴某参加投标活动

D. 吴某出示的甲公司空白授权委托书已届期

# 第六章　诉讼时效与期间*

**一、单项选择题，每题所给的选项中只有一个正确答案。**

1. 关于诉讼时效中断的表述，下列哪一选项是正确的？（　　）

A. 甲欠乙 10 万元到期未还，乙要求甲先清偿 8 万元。乙的行为仅导致 8 万元债务诉讼时效中断

B. 甲和乙对丙因共同侵权而需承担连带赔偿责任共计 10 万元，丙要求甲承担 8 万元。丙的行为导致甲和乙对丙负担的连带债务诉讼时效均中断

C. 乙欠甲 8 万元，丙欠乙 10 万元，甲对丙提起代位权诉讼。甲的行为不会导致丙对乙的债务诉讼时效中断

D. 乙欠甲 10 万元，甲将该债权转让给丙。自甲与丙签订债权转让协议之日起，乙的 10 万元债务诉讼时效中断

2. 甲于 2019 年 2 月 1 日与乙签订货物买卖合同。合同约定，乙应在订立合同之日起 3 个月内交货，交货时甲付款。关于合同履行期间的计算，下列说法正确的是？（　　）

A. 期间应从 2019 年 2 月 1 日计算

B. 期间应从 2019 年 2 月 2 日计算

C. 期间至 2019 年 5 月 1 日届满

D. 期间至 2019 年 5 月 6 日届满

3. 甲对乙享有 50 万元的债权，该债权的诉讼时效期间只剩 1 年。此时乙将该债务转让给丙，并将债务承担协议于 5 月 3 日邮寄给甲。甲于 5 月 9 日收到该债务承担协议。5 月 10 日甲通知乙，不同意该债务承担。下列有关诉讼时效的表述正确的是？（　　）

A. 该债务承担未取得甲的同意，不发生诉讼时效中止的效力

B. 该债务承担未取得甲的同意，从 5 月 3 日起甲对乙债权的诉讼时效为 3 年

C. 该债务承担未取得甲的同意，从 5 月 9 日起甲对乙债权的诉讼时效为 3 年

D. 该债务承担未取得甲的同意，从 5 月 10 日起甲对乙债权的诉讼时效为 3 年

4. 甲于 5 月 10 日同乙签订保管合同。5 月 12 日，甲将货物交予乙保管。5 月 14 日，该货物被盗。5 月 25 日，甲提货时得知货物被盗。甲请求乙赔偿损失的诉讼时效应于第三年哪一日届满？（　　）

A. 5 月 10 日　　B. 5 月 12 日

C. 5 月 14 日　　D. 5 月 25 日

5. 甲、乙两公司约定，由乙公司负责甲公司开发的房地产相关电梯、窗户等安装事宜。乙公司交付并经甲公司验收合格后，甲公司未主动付款，乙公司考虑到双方合作关系也未催要。诉讼时效期间届满后，乙公司组织工人到甲公司讨要。因高级管理人员均不在，甲公司新录用的法务小王，擅自以公司名义签署了同意履行付款义务的承诺函，工人们才散去。其后，乙公司提起诉讼。关于本案的诉讼时效，下列哪一说法是正确的？（　　）

A. 甲公司仍可主张诉讼时效抗辩

B. 因乙公司提起诉讼，诉讼时效中断

C. 法院可主动适用诉讼时效的规定

D. 因甲公司同意履行债务，其不能再主张诉讼时效抗辩

**二、多项选择题，每题所给的选项中有两个或两个以上正确答案，少答或多答均不得分。**

1. 2016 年 1 月，甲公司从乙公司购进了一批货物，货物共计 100 万元。双方约定甲公司应于 2016 年

* 本章答案参见第 67 页。

3月1日前支付40万元，于2016年5月1日前支付40万元，于2016年7月1日前支付20万元。但是甲公司收到货物后始终没有支付任何款项。乙公司于2019年4月1日向法院提起诉讼，要求甲公司偿还全部货款。下列说法中错误的是？（　　）

A. 甲公司以第一期货款诉讼时效已经经过为由提出抗辩，法院应驳回乙公司要求偿还第一期货款的诉讼请求

B. 法院应主动援引诉讼时效制度进行裁判

C. 甲公司对乙公司货款的诉讼时效部分届满

D. 对于甲公司提出的诉讼时效抗辩，法院应不予支持

2. 2015年1月1日，甲与好友乙达成协议，甲借给乙10万元，乙应在2015年6月1日前偿还本息共计11万元。为了让甲放心，乙同意如果其没有按期还款，不论过了多长时间，甲都可以向法院起诉要求还款。后乙果然没有按时还款，甲出于情面没有催乙还。2018年5月，乙出车祸死亡，其继承人于2019年1月才确定为丙。甲于2019年2月向法院起诉丙，要求丙偿还甲的欠款本息合计11万元，丙提出了诉讼时效抗辩。下列选项正确的是？（　　）

A. 由于甲与乙约定了不论经过多长时间，甲都可以向法院提起诉讼，因此丙不能提起诉讼时效抗辩

B. 乙死后，继承人无法确定，这一事项构成诉讼时效的中止

C. 乙死后，继承人无法确定，这一事项构成诉讼时效的中断

D. 法院应对丙提出的诉讼时效抗辩不予支持

3. 关于诉讼时效与除斥期间的不同点，下列表述正确的有？（　　）

A. 诉讼时效适用中断的规定；除斥期间适用中止的规定

B. 诉讼时效属可变期间；除斥期间属不变期间

C. 诉讼时效属不变期间；除斥期间属可变期间

D. 诉讼时效届满引起胜诉权消灭；除斥期间届满引起实体权利消灭

4. 甲对乙因借款享有金钱债权，3年后乙表示以其对甲的债权进行抵销。下列说法正确的是？（　　）

A. 甲对乙的金钱债权诉讼时效是3年

B. 甲对乙的诉讼时效本已届满，但因为乙主张抵销，而自其主张抵销之日起恢复诉讼时效

C. 乙事后可以不知诉讼时效届满而主张撤销该抵销及其效果

D. 甲可以继续主张未抵销完毕的债权

# 第二编　物　　权

## 第七章　物权概述*

### 基础知识篇

**一、单项选择题，每题所给的选项中只有一个正确答案。**

1. 甲、乙系邻居，以下哪种情形甲可以对乙主张损害赔偿？（　　）

A. 乙是当地种粮大户，近日为发展有机种植，在自家院中试制有机肥，肥料异味在街坊四邻间萦绕不断。甲也因此寝食难安，饱受困扰，因连日失眠、精神萎靡，失手打碎了一瓶珍藏多年的好酒

B. 甲子（13岁）正值青春年少，痴迷篮球，遂在自家院中架起球筐，终日练习，一日不慎用力过猛将球投至乙家中。乙记恨甲因为有机肥异味当街辱骂过自己，遂扣下篮球，导致甲子多日茶饭不思、郁郁寡欢

C. 乙妻醉心家装，见今年流行"阳光房"，遂将家中门窗均改成落地款式，但为了保护隐私，特意选用了强反光玻璃。甲曾患有眼疾住院多日方才治愈，后因连日强光刺激，眼睛痛痒、泪流不止，终至复发

D. 甲、乙两家的自留地相邻，乙家土地毗邻断崖，背靠山壁，两侧悬空。乙家常年踩踏甲家田地，竟至走出一条小径，坚硬如铁，不能耕种

2. 下列情形中，不登记不能取得房屋物权的是？（　　）

A. 甲于同集体经济组织中的乙处购得一处宅基地，并在该宅基地上建造房屋一栋

B. 甲、乙系叔侄，一日甲向乙许诺，若乙能考上北京大学，就将自己在海淀区的一套住房赠与乙

---

* 本章答案参见第67页。

C. 甲伪造登记材料将乙名下房产转移至自己名下，乙遂提起确认之诉，后法院裁决乙为真正权利人

D. 甲为孤寡老人，乙为同族晚辈，甲、乙约定乙为甲养老送终，待甲百年后，将房屋赠与乙

**二、多项选择题，每题所给的选项中有两个或两个以上正确答案，少答或多答均不得分。**

1. 原始取得，又称固有取得，指非依他人所有权而取得所有权，以下属于甲原始取得物质所有权的是？（　　）

A. 甲、乙均系鱼虾养殖户，池塘毗邻。一日天降暴雨，池水满溢，乙家鱼塘因为地势较高，水流遂裹挟鱼虾涌入甲家鱼塘。两家一向要好，遂达成协议，乙之损失作价 2 万元，流走鱼虾皆归甲所有

B. 乙屡遭变故，心生去意，念及新购得的名牌包来之不易，遂随身携带一起投江，中途被人救起，名牌包漂至下游，被一渔民甲捞起。经由亲朋劝说，乙痛定思痛，决意重新来过，名牌包之事也再不提起

C. 甲、乙为邻村居民，平日交往甚密，感情要好。正值春耕时节，甲向乙借用家中耕牛，乙虽担忧耕牛已有身孕，但碍于情面不忍拒绝，遂叮嘱甲牵至家中，农忙结束再予归还，以免去辗转奔波之苦。两月后，耕牛于甲家中诞下一只小牛

D. 乙与其妻育有一子，乙妻去世后，乙子定居国外，多年未归，对乙疏于照顾。幸有一保姆甲，心地善良，热诚能干，精心照料乙的日常起居，使其免于晚景凄凉，乙遂立下遗嘱，将所有财产遗赠于甲

2. 张某和李某在婚姻关系存续期间共同出资购买了一套房屋，所有权登记在李某名下。2011 年两人离婚，法院于同年 4 月 20 日终审判决二人离婚，房屋所有权归张某。4 月 22 日，张某将房屋作价 100 万元出售给王某，王某当天支付了 30 万元。后李某起诉认为，张某和王某之间的房屋买卖合同无效。下列说法正确的是？（　　）

A. 张某于 2011 年 4 月 20 日取得房屋所有权

B. 李某仍然是房屋的所有权人

C. 张某和王某之间的房屋买卖协议有效

D. 王某已经取得了房屋的所有权

3. 根据民法中物的分类标准，下列哪些属于物的重要成分？（　　）

A. 情人节花束中的巧克力

B. 香水的香水瓶

C. “一包多背”的包的肩带

D. 山地自行车的变速器

4. 下列有关我国《民法典》的理解，错误的是？（　　）

A. 有限责任公司的股权可以成为物权的客体

B. 不动产物权的设立、变更、转让和消灭，未经登记一概不发生效力

C. 不动产权属证书是权利人享有物权的证明，其与不动产登记簿记载不一致的，以不动产权属证书为准

D. 占有权是我国《民法典》确定的物权种类之一

5. 下列选项中，哪些属于民法上的孳息？（　　）

A. 购买股票取得的股息

B. 动物腹中的胎儿

C. 母牛挤出的牛奶

D. 出租房屋所获得的租金

## 理解与应用篇

**一、单项选择题，每题所给的选项中只有一个正确答案。**

1. 甲向乙借款，丙为甲担保，并与乙约定将丙的一辆汽车抵押于乙。丙仅将车辆登记证交给乙，并未办理抵押登记。后丙开车出现交通事故，该车被损坏而送至丁处修理，因丙无力支付修理费而被丁扣留。对此，下列表述错误的是？（　　）

A. 乙有权要求丙继续履行担保合同，办理车辆抵押登记

B. 无论能否办理抵押登记，丁有权优先行使留置权

C. 假设已办理抵押登记，则登记物权优于非登记物权，乙有权优先行使抵押权

D. 乙无权要求丙以自身全部财产承担担保义务

2. 张某于 2017 年 2 月 10 日将自己的小提琴出售给李某，但二人约定，由张某继续使用该小提琴，直至张某参加完将于 2017 年 3 月 1 日举行的某国际大赛。2017 年 3 月 1 日晚，张某在大赛结束后电话通知李某，要求李某到张某的住所取走该小提琴。但在李某到达前，该小提琴就因张某的住宅发生大火而被烧毁。对此，下列表述正确的是？（　　）

A. 张某与李某的买卖合同无效，因为张某不能履行该合同项下交付小提琴的义务

B. 小提琴的损失应由张某承担，因为小提琴尚未实际交付

C. 小提琴的损失应由李某承担，因为小提琴的所有权已经转移给李某

D. 张某和李某都不应承担小提琴的损失，因为小提琴是因意外事件而损毁的

3. 下列情形中，不动产登记机关需对权利人承担赔偿责任的是？（　　）

A. 甲购买商品房后到不动产登记机关办理所有权移转登记，登记机关在审查其提交的各种材料时发现一些数据有出入，遂要求甲到指定机构进行不动产评估

B. 甲办理房屋产权移转登记，按不动产登记机关的要求提交相关材料后，登记机关以相关事实存疑需

要当事人接受询问为由，于工作日将其唤至办事处，致使其误工半天

C. 甲、乙系兄弟，共同继承亡父房屋一栋，但甲伪造文件将该房屋登记至自己名下，登记机关在登记过程中已尽到审查义务

D. 甲、乙系夫妻，正在进行离婚诉讼。婚姻存续期间两人同住的房屋登记在了甲名下，甲欲出售该房屋。乙得知情况后，要求甲变更权利人为甲、乙，甲拒绝。登记机关遂应乙之请求给房屋作了异议登记，致使正在协商的交易取消

4. 甲公司以一辆价值 120 万元的挖掘机作为抵押，向乙自然人借款 80 万元，但是未办理抵押登记手续。甲公司又以该挖掘机作为抵押，向丙银行借款 50 万元，办理了抵押登记手续。后甲公司欠丁公司 20 万元贷款，将该挖掘机质押给丁公司。丁公司使用挖掘机的过程中，不小心损坏了该套设备，送到戊修理厂修理，因欠戊 5 万元修理费，该挖掘机被戊留置。关于乙、丙、丁、戊对该挖掘机享有的担保物权清偿顺序，下列哪一项是正确的？（　　）

A. 乙丙丁戊　　B. 丙丁戊乙

C. 丁戊乙丙　　D. 戊丙丁乙

5. 甲将其房屋出卖给乙，交付了房屋，但没有办理过户登记。此后房价上涨，甲欲毁约。乙不同意，要求甲继续履行合同。下列说法错误的是？（　　）

A. 乙为有权占有

B. 乙尚未取得房屋所有权

C. 甲对乙享返还原物请求权

D. 买卖合同已经生效

**二、多项选择题，每题所给的选项中有两个或两个以上正确答案，少答或多答均不分。**

1. 甲将自己的一套住宅出售给乙，并约定乙先支付房款的 30%，1 个月内付清剩余房款，待乙付清房款再办理房屋过户手续。同时为保障乙的利益，双方在 3 月 10 日办理了预告登记。同年 4 月 10 日，甲又自行将该套房屋出卖给丙，双方签订了房屋买卖合同，丙交付了全部房款，房屋已经移转占有，但未办理过户登记。同年 7 月 10 日甲再次自行将该套房屋出卖给丁。下列表述正确的有？（　　）

A. 丙没有取得房屋所有权，属于无权占有

B. 因房屋已经办理了预告登记，丁无法办理过户

C. 甲与丁之间的房屋买卖合同有效

D. 假设乙取得房屋所有权，丙有权请求甲承担违约责任

2. 下列情形中，甲已取得物之所有权的是？（　　）

A. 甲、乙系好友，乙家境富裕，爱好赛车，名下有跑车数辆。一日甲有急事向乙借车，乙应允。甲试驾后感觉异常顺手，遂向乙提议购买此车，乙同意，约定 10 日后付清购车款，之后办理转让登记

B. 甲、乙系室友。一日乙于操场捡到手提电脑一部，带回寝室并声称是自己在 BBS 上买的二手货。刚过几日，甲电脑进水，遂向乙提出购买其二手电脑应急，乙同意并将电脑交付于甲

C. 乙将出国定居，欲将名下房产出手，遂找到好友甲，询问其是否有购买意向。甲与妻子新婚，但一直没找到合适的住房，当即同意购买并全额支付房款

D. 甲、乙系同班同学，都喜欢音乐。迎新晚会上，乙怀抱吉他轻弹浅唱，出尽风头。甲心生向往，遂向乙提出购买吉他。乙同意，但提出要在接下来的校园歌手大赛中借用，比赛结束后再交付

3. 王某将自己的一辆汽车以 15 万元卖给李某。双方约定汽车交付后第 90 日付款，付清全款之前汽车的所有权归王某所有。王某将汽车交付给李某 1 个月后，张某得知王某在卖车，向王某提出愿意以 18 万元购买，王某当即答应并与张某办理了过户手续。就此，下列表述正确的是？（　　）

A. 张某提出购买前王某享有汽车的所有权

B. 张某提出购买前李某享有汽车的所有权

C. 该汽车现归属李某

D. 该汽车现归属张某

## 综合提高篇

**一、多项选择题，每题所给的选项中有两个或两个以上正确答案，少答或多答均不得分。**

1. 甲与乙系五、六楼邻居关系。甲于 1997 年购买此房。入住后，甲在五楼通往六楼的楼梯上安装铁栅栏门，铁栅栏门外又安装了铝合金门，并用胶合板将楼梯扶手上的空间封堵。2004 年 5 月，乙住进六楼。2007 年 5 月，乙认为甲的行为严重造成自己出入及搬运东西的不便，于是向法院提起了诉讼，要求甲立即拆除。下列说法错误的有哪些？（　　）

A. 应当支持乙的请求，因甲侵犯了其相邻权

B. 不应支持乙的请求，因为甲是建筑物空间共有人之一，可自由使用该空间

C. 应支持乙的诉讼请求，因甲侵犯了其共有权

D. 不应支持乙的诉讼请求，因其请求已过诉讼时效

2. 甲、乙、丙三人共同设立一合伙企业，依合伙协议三人皆可执行合伙事务。但因甲大学毕业不久，乙、丙虑及其经商经验缺乏，要求甲对外签订标的额超过 40 万元的合同时需经三人共同同意，甲应允。以下选项正确的是？（　　）

A. 丁是甲好友，为表达对其创业的支持，决定向合伙企业购买价值 50 万元的产品。甲见机会难得且内心对丁十分信任，遂当场与丁订立买卖合同，该合同有效

B. 一日甲驾驶合伙企业所有的货车出门送货，返

回途中不慎发生车祸，货车毁损严重。恰逢二手车收购商戊经过，提议以3万元价格收购货车，甲同意，该买卖合同无效

C. 一日，甲侄子小明到合伙企业厂区玩耍，见甲办公桌上配发的笔记本电脑精巧灵便，遂开口讨要，甲欣然应允。该赠与有效，小明取得电脑所有权

D. 甲因经营管理权受限，心生苦闷，遂约己至家中饮酒，诉说乙、丙对自己的种种掣肘，谈及自己的签约权限于40万元时更是满怀激愤。己见状提议道，“兄弟有钱，帮你出气”，两人遂订下一单价值60万元的合同，该合同无效

**二、不定项选择题，每题所给的选项中有一个或一个以上正确答案，不答、少答或多答均不得分。**

1. 甲婚后丧偶，独自一人将一双子女乙、丙抚养成人。甲去世前留有遗嘱，表示甲的某处房产将在甲去世后由丙继承，甲去世前该房由乙借用。后甲去世，丙因当时在外地一直未办理该房屋所有权变更登记。3年后，丙回来并要求乙搬出该房，乙拒绝，丙遂将该房屋卖与丁。就此，下列说法错误的是？（　　）

A. 甲去世后，依照遗嘱，该房屋的所有权归丙所有

B. 因未办理房屋所有权变更登记，丙无权要求乙搬出

C. 因诉讼时效期间届满，丙要求乙搬出不受到法律保护

D. 该房屋所有权现归丁所有

2. 甲为开一家茶叶店，从王某处购得门面房两间，约定价款为100万元，甲先付60万元，余款办理过户登记后1个月内付清，双方签订了合同。甲交付60万元房款后，两人一起到登记机构办理过户登记。登记机构告知两人，为市政建设的需要，要按照房屋的评估价收取万分之五的费用，要求两人先对房屋进行评估，甲就该问题与登记机构发生纠纷。下列说法错误的是？（　　）

A. 登记机构是出于公共利益的需要，其行为是合法的

B. 登记机构的行为违法，甲不必交付该费用

C. 甲也不必对该房屋进行评估

D. 房屋买卖双方需要先对房屋进行评估，但不必缴纳该费用

3. 以下做法正确的是？（　　）

A. 甲竞选公职，因岗位特殊需报告个人财产状况，遂委托同事乙到不动产登记机关申请出具财产情况证明

B. 某不动产登记机关为彻底清查辖区内的不动产错误登记，将不动产的登记簿在当地主流媒体公示并开放网上报错通道，鼓励权利人、利害关系人参与登记纠错

C. 甲、乙因房屋所有权纠纷对簿公堂，甲提交了房产证复印件作为权利证明，乙申请法院调取不动产登记簿详细记录

D. 甲欲将名下房产出售，为增加交易成功率而向登记机关申请复制不动产登记簿中记载的相关信息，但未说明用途

4. 物权人在其权利的实现上遇有某种妨害时，有权请求造成妨害事由发生的人排除此等妨害，称为物权请求权。关于物权请求权，下列表述不正确的是？（　　）

A. 物权请求权只能通过向法院提起诉讼行使

B. 物权人超过3年行使返还原物请求权的，人民法院不予支持

C. 物权人行使消除危险请求权，不需要证明自己受有损失

D. 可以适用债权的有关规定

# 第八章　所　有　权*

## 基础知识篇

**一、单项选择题，每题所给的选项中只有一个正确答案。**

1. 下列选项错误的是？（　　）

A. 共同共有人可以约定以半数以上共有人同意决定共有物的重大修缮

B. 因共有基础丧失进行的共有物分割，造成损失的，应由分割请求人承担

C. 担保物权之上可成立共有

D. 按份共有人对各自份额约定不明的，视为等额按份共有

2. 以下有关所有权的权能的表述，理解正确的是？（　　）

A. 所有人占有是所有权人对自己的财产进行消费、投入流通的前提

B. 善意占有为非法占有

C. 使用是所有权内容的核心，是所有权最基本的

* 本章答案参见第70页。

权能

D. 他人使用所有物时，除法律或者合同另有规定外，物的收益归占有人所有

3. 某村张甲、张乙、张丙兄弟三人各出资100,000元、150,000元、170,000元修建了一栋三层小楼，他们各自独立生活。建楼前三人约定，建成后张甲、张乙、张丙分别住一楼、二楼、三楼，但对所有权的归属未明确约定。楼房建成后，因对楼房的所有权归属发生争议，如果三人不能协商解决，该楼房的所有权应怎样处理？（　　）

A. 推定三人共同共有

B. 推定三人按份共有

C. 推定三人区分所有

D. 认定张甲拥有所有权，张乙、张丙拥有使用权

4. 甲、乙、丙共有一块价值100万元的玉石原料，其应有部分各为1/3。为提高玉石的价值，甲主张对此玉石进行深加工，乙表示赞同，但丙反对。下列选项哪一个是正确的？（　　）

A. 因没有经过全体共有人的同意，甲、乙不得加工玉石

B. 因甲、乙的应有部分合计已过2/3，故甲、乙可以加工玉石

C. 甲、乙只能在自己的应有部分上加工

D. 若甲、乙坚持加工玉石，则需先分割该玉石原料

**二、多项选择题，每题所给的选项中有两个或两个以上正确答案，少答或多答均不得分。**

1. 孟某系北京市海淀区幸福小区2号楼2单元402室的业主，购买商品房后欲在自家卧室对应的外墙上安装空调外机。隔壁401业主老王认为2号楼外墙属于全楼业主共有，如孟某安装空调外机应获得全楼业主2/3以上业主同意并支付相应的使用费。孟某不同意。各方产生纠纷。关于本案，下列哪些说法是错误的？（　　）

A. 2号楼外墙属于全楼业主共有

B. 孟某未经其他业主同意在外墙安装空调外机的行为构成侵权

C. 孟某安装空调外机需交纳合理费用

D. 孟某有权无偿利用与其专有部分相对应的外墙面

2. 下列选项错误的是？（　　）

A. 业主将住宅改为经营性用房的，须经业主大会或业主委员会同意

B. 业主大会或者业主委员会作出的决定侵害业主合法权益的，业主可以诉请赔偿

C. 建设单位应为业主聘请物业服务企业或者其他管理人管理建筑物及其附属设施

D. 建筑物及其附属设施的费用分摊、收益分配按照业主专有部分面积所占比例确定

3. 下列属于“应当依照法定程序经本集体成员决定”的农民集体所有财产归属以及重大事项的是？（　　）

A. 土地承包方案以及将土地发包给本集体其他单位或者个人承包

B. 个别土地承包经营权人之间承包地的调整

C. 土地补偿费等费用的使用、分配办法

D. 集体出资的企业的所有权变动等事项

4. 对于幸福园商品房小区的业主享有的权利，下列表述错误的是？（　　）

A. 业主对小区的道路、绿地、公共服务设施、物业管理用房、车库车位，除另有约定外，享有按份共有的权利

B. 建筑物及其附属设施的维修资金，属于业主委员会所有

C. 若某一业主将住房改为营业用房，应取得小区业主同意

D. 若某一业主私搭乱建，业主委员会有权制止

## 理解与应用篇

**一、单项选择题，每题所给的选项中只有一个正确答案。**

1. 甲女爱好收集手表，一日与朋友逛街时发现心仪已久的新品到货，果断分期买下。之后甲乘地铁回家，途中因逛街过于劳累睡着，报站时惊醒才急忙下车，慌乱中装表的盒子从口袋里挤出，甲未发觉。路过的乙男捡起盒子，发现了里面的手表，见其光彩夺目、做工精巧，又想起隔天就是女友丙生日，遂将手表当作生日礼物赠与女友。丙收到手表后甚是喜爱，奈何表盘太大，难以佩戴。为了不浪费男朋友的一片心意，丙当即便将手表按市场价挂到学校二手信息平台转卖。没过几天，丁浏览学校二手信息平台时，偶然发现丙转卖的手表，当即下单购买。下列选项正确的是？（　　）

A. 甲未取得手表所有权

B. 乙未取得手表所有权

C. 丙取得手表所有权

D. 丁取得手表所有权

2. 乙有两辆汽车，其中一辆被甲借用。甲觉得该车易于驾驶，于是向乙表示想购买该车。乙正好想卖该车，遂同意了甲的请求。甲、乙经商量后，口头达成一致，即甲购买该车的价格是8万元，甲须于1周后付款，付款前甲可以继续使用，但所有权仍属于乙，待甲付款后所有权再转移给甲。后来，该车于甲付款前因发生地震毁损。请问，以下判断错误的是？（　　）

A. 经过简易交付，乙已经履行了交付义务

B. 在该汽车毁损时，其所有权仍属于乙

C. 该汽车灭失的风险应由甲承担，甲仍应支付8

万元价款

D. 甲、乙应以书面形式约定所有权保留

**二、多项选择题，每题所给的选项中有两个或两个以上正确答案，少答或多答均不得分。**

1. 一日，甲在下地干活途中发现一只瘸腿小羊，奄奄一息，甚是可怜。甲心中不忍，便将小羊抱至兽医站医治，经过甲的精心照料，不出数月小羊即已恢复，每日跟随甲左右，亲密无间。乙系邻村村民，见小羊额头的防疫标记，认出其正是多日前运输途中丢失的那只，遂找到甲要求归还。念及甲对小羊的悉心照顾，乙提出补偿甲支出的所有费用并赠送100元以示谢意，但甲严词拒绝。下列选项错误的是？（　　）

A. 甲对小羊是有权占有

B. 甲可向乙主张费用补偿

C. 甲可向乙主张酬谢

D. 甲无权拒绝乙的返还请求

2. 刘某、关某、张某三人以3∶3∶4的比例，共同出资80万元购买了一套酒店式公寓房，登记为按份共有。为提高租金收益，刘某和关某想重新装修，预计再投入8万元，张某反对。下列说法正确的有？（　　）

A. 张某可就此主张分割共有物

B. 若刘某与关某对公寓房重新装修，张某可就此主张刘某和关某侵权

C. 张某可就此主张转让共有份额

D. 刘某和关某二人有权主张重新装修

3. 甲、乙各投资20万元盖了一栋二层楼房，楼房盖好登记在了甲一个人的名下，甲、乙分别居住在一楼和二楼。由于甲、乙二人均有汽车，于是甲、乙二人与邻居丙签订了为期10年的通行地役权合同，但未办理地役权登记。1年后，甲将自己名下的份额全部转让给了丁。下列说法正确的是？（　　）

A. 甲、乙自楼房竣工之日起取得该楼房的所有权

B. 若乙出卖该楼房，可以发生物权变动的效力

C. 乙有权申请更正登记

D. 丁享有在丙的土地上通行的地役权

4. 下列行为不符合法律规定的有？（　　）

A. 某房地产开发公司将已销售完毕的某小区绿地改为免费停车场，提供给本公司在附近新开发的小区的业主使用

B. 某小区北邻一家综合的集贸市场，小区南面的居民习惯穿越小区到集贸市场购物。小区业主一致认为周围居民穿越小区的行为，既干扰了小区业主的正常生活，也造成安全隐患，遂集体决定禁止周围居民穿越小区，导致周围很多居民必须绕行较多路程才能到达集贸市场

C. 某小区的物业服务公司将小区的门房出租给某户小区居民用于经营早点销售，将租金用于物业服务公司的人员开支

D. 某房地产开发公司在销售某小区单元房时明示，住户凡需要占有小区内的停车位的，每月必须交付停车费

5. 甲、乙二人共有50辆汽车，甲将其中的1辆汽车租给丙使用。现甲、乙二人要将该50辆汽车整体转让，下列表述正确的有？（　　）

A. 甲、乙对该50辆汽车为按份共有

B. 丙对该50辆汽车享有优先购买权

C. 丙对承租的1辆汽车享有优先购买权

D. 丙对该50辆汽车不享有优先购买权

6. 甲合伙企业有孙某、唐某、赵某三名合伙人，为经营合伙事务购买了1辆货车用于货物运输。1年后，孙某、唐某私下决定卖掉该车并平分剩余款项，于是二人趁赵某出国度假的时候，将该车出售给牛某并办理了汽车过户手续。对此，下列说法正确的有？（　　）

A. 孙某、唐某的行为侵犯了赵某对货车的所有权

B. 如果牛某善意取得了该车所有权，孙某、唐某应赔偿赵某损失

C. 如果牛某非善意，则转让行为无效

D. 孙某、唐某有权对货车进行出卖

7. 甲、乙、丙三人共有2间厂房、300万元现金以及1艘游艇，现三人决定分割。在协商过程中，甲、乙二人认为自己应当各得1间厂房，剩下的现金和游艇由丙获得。丙则认为自己应当得到1间厂房及50万元现金，其余由甲、乙二人平分。下列说法正确的有？（　　）

A. 如果三人的出资额无法确定，应当认定各占1/3份额

B. 法院只能在甲、乙提出的方案和丙提出的方案之间进行选择

C. 法院若认为实物难以分割，可以采取通过拍卖或变卖的方式分割

D. 如果采取变价的方式分割厂房，三人均有同等条件下的优先购买权

## 综合提高篇

**一、多项选择题，每题所给的选项中有两个或两个以上正确答案，少答或多答均不得分。**

1. 有关观念交付，下列表述正确的有？（　　）

A. 李某将自己的一台电脑出售给王某，但二人约定李某再继续占有该电脑5天，王某取得该电脑所有权的时间是李某向王某正式交付该电脑之日

B. 甲的手表丢失被乙拾得，甲得知后，双方签订买卖合同，自合同生效之日起，乙享有手表所有权

C. 甲的耕牛借与乙使用，借用期间双方签订买卖合同，自合同生效之日起，耕牛的风险责任由乙承担

D. 张某将自己的数控机床借给刘某使用，张某在此期间内又与何某签订了该数控机床的买卖合同，约定由刘某直接向何某交付该数控机床，何某在签订该

协议之日起取得了对该数控机床的所有权

2. 以下属于法定孳息的是？(　　)

A. 出租房屋所得租金

B. 出借资金所获利息

C. 房屋升值所得差额

D. 出售劳务所得报酬

3. 张某的手机丢失，被王某捡到卖给了陈某，下列说法正确的是？(　　)

A. 陈某基于善意取得制度对手机享有所有权，张某无权索要

B. 张某有权自知道或者应当知道受让人陈某之日起2年内要求陈某返还手机

C. 如果陈某从信托商店购得该手机，其有权要求张某支付自己购买手机时所支付的费用

D. 张某有权向王某要求损害赔偿

**二、不定项选择题，每题所给的选项中有一个或一个以上正确答案，不答、少答或多答均不得分。**

以下情形，私人取得物之所有权的是？(　　)

A. 猎户甲在深山中猎得一只兔子

B. 渔民乙在沿海滩涂开辟出一片养殖场

C. 矿工丙偶然发掘出一处煤矿

D. 开发商丁以50亿元竞标成功拍下一块建设用地

# 第九章　用益物权*

**一、单项选择题，每题所给的选项中只有一个正确答案。**

1. 下列选项正确的是？(　　)

A. 居住权可通过合同设立，合同生效时居住权设立

B. 居住权人有其他居所的，可将住宅出租

C. 登记在册的居住权人可对抗所有权人的继承人

D. 居住权人可以将住宅用作经营性用途

2. 房地产公司拟在市区中心开发名为"威尼斯小镇"的高端小区，建设前与相邻的育英中学达成协议：育英中学20年内不得在校内兴建10层以上的建筑物，房地产公司一次性支付1000万元作为补偿。但双方一直未办理登记手续。"威尼斯小镇"开盘后很快销售一空。几年后，育英中学招生规模扩大，为改善教学条件，其决定在校内建造一栋15层的学生公寓。房地产公司以及"威尼斯小镇"的部分业主得知这一情况后，要求学校停止建造该学生公寓。以下哪一项表述是正确的？(　　)

A. 房地产公司有权禁止学校建造该学生公寓，因为开发商系地役权合同的当事人

B. 业主无权禁止学校建造该学生公寓，因为业主不是地役权合同的当事人

C. 业主无权禁止学校建造该学生公寓，因为地役权合同未经登记

D. 业主有权禁止学校建造该学生公寓

**二、多项选择题，每题所给的选项中有两个或两个以上正确答案，少答或多答均不得分。**

1. 下列关于土地承包经营权的表述正确的是？(　　)

A. 甲从某村村民委员会处承包该村农业用地的，该承包合同成立时，甲即取得土地承包经营权

B. 村民委员会可以根据国土资源管理部门发布的指示随时调整承包地

C. 耕地的土地承包经营权期限为30年，土地承包经营权人不得连续承包

D. 某村村民乙和丙互换承包地的，应当办理登记，未经登记的不得对抗善意第三人

2. 甲因住房老旧意欲推倒，重建一栋四层小楼。但是，若甲当真建起一栋四层小楼，其邻居乙家的采光将被完全阻断。乙遂找到甲表示抗议，甲无奈只得将计划改为两层。2年后甲家小楼建造完毕。乙以养蚕为生，院中常年摆满蚕架，其上爬满蚕虫。甲女丙患有严重的密集恐惧症，其卧室窗户正对乙家院子，每每瞥见院中境况都痛苦不堪，甲遂要求乙将蚕架移至别处，乙应允。后乙去世，迁居城市的乙子将住房卖与丁，丁亦是养蚕人，搬入后利用院子里的空间养起了蚕。下列选项正确的是？(　　)

A. 甲可因不能建造四层小楼向乙要求补偿

B. 乙可因不能在自家院子养蚕向甲要求补偿

C. 若甲要求丁停止在院中养蚕，丁无权拒绝

D. 若丁应允甲停止在院中养蚕，其有权向甲要求补偿

3. 孤寡老人甲欲出卖自己的房屋。因出卖房屋后无处居住，甲遂与购买人乙约定，以甲的生命为期限在房屋上设立居住权，在办理房屋过户登记手续时一并办理居住权登记。后双方在办理房屋过户登记手续时，因故未办理居住权登记。甲事后找乙要求继续办理居住权登记，乙拒绝。对此，下列说法正确的有？(　　)

A. 甲有权要求乙配合继续办理居住权登记

B. 甲有权要求乙承担迟延履行的违约责任

C. 甲主张的居住权具有债权效力

---

* 本章答案参见第72页。

D. 居住权作为物权没有有效设立

**三、不定项选择题，每题所给的选项中有一个或一个以上正确答案，不答、少答或多答均不得分。**

1. 关于建设用地使用权，下列表述错误的有？(　　)

A. 若甲已在某土地上享有了地役权，当乙取得对该土地的建设用地使用权时，甲的地役权自动灭失

B. 若某市国土资源管理部门欲将该市某块土地用于建设商业住宅，则该土地必须以招标的方式出让

C. 以划拨方式取得的建设用地使用权，不得用于互换、出资、赠与和抵押

D. 与土地承包经营权一样，建设用地使用权自建设用地出让合同成立时设立

2. 某村中，杨某的承包地与河流之间隔着李某的承包地。为了利用河水灌溉，杨某与李某约定，杨某可以经过李某的承包地修建引水渠。在引水渠修建好以后，李某将其承包地转让给丁某。此后，丁某欲填平该引水渠，遭到杨某反对，引起纠纷。下列表述正确的是？(　　)

A. 只有杨某和李某进行了登记，丁某才无权填平引水渠

B. 因杨某和李某未进行登记，丁某有权填平引水渠

C. 无论是否进行登记，丁某无权填平引水渠

D. 无论是否进行登记，丁某均有权填平引水渠

# 第十章　担保物权*

## 基础知识篇

**单项选择题，每题所给的选项中只有一个正确答案。**

1. 张三从其好友李四处借款 10 万元。为担保该笔借款，二人签订质权合同，约定张三以其价值 12 万元的家传玉佩出质给李四，由王五代为保管。张三将玉佩交付给王五。下列说法哪一项是正确的？(　　)

A. 张三与李四之间的质权合同可以以口头形式订立

B. 张三将玉佩交付给王五时，王五取得质权

C. 因王五代理李四占有玉佩，所以李四未取得质权

D. 若玉佩的价格因市场波动下跌到 10 万元以下，李四无权要求张三提供补充担保

2. 甲向乙借款，丙以自家厂房为其提供担保，约定若甲到期不能偿还，乙可取得丙的厂房所有权。借款到期后，甲未能按时偿还。以下选项正确的是？(　　)

A. 乙取得丙厂房所有权

B. 乙取得丙厂房所有权及建设用地使用权

C. 乙不能取得丙厂房所有权

D. 乙的担保物权不生效

## 理解与应用篇

**一、单项选择题，每题所给的选项中只有一个正确答案。**

1. 甲经营一家服装厂，常需要向银行贷款以应付临时的资金周转困难。乙以自己的一栋楼房为甲提供为期 1 年的最高额抵押，下列选项正确的是？(　　)

A. 经乙和银行同意，甲可将抵押权设立之前发生的债务纳入最高额抵押担保范围

B. 担保债权最终确定前，部分债权转移的，最高额抵押权随之转移

C. 即使楼房上还有其他抵押权存在，乙也可以为甲提高抵押限额

D. 甲的服装厂被吊销营业执照，乙和银行可以协议改变原来的担保范围

2. 乙公司向银行贷款 50 万元，甲公司以其厂房为该债务提供抵押，乙公司以其对丙公司享有的 40 万元债权出质给甲公司提供反担保。对此，下列哪一选项是正确的？(　　)

A. 因为乙公司对丙公司的应收账款属于未来债权，因此不得作为质押标的

B. 甲公司自其与乙公司签订应收账款质押合同时取得该应收账款的质权

C. 如乙公司向银行清偿了 50 万元债务，甲公司的债权质权仍未消灭

D. 即使乙公司未将债权出质的情况通知丙公司，甲、乙之间也能设立债权质权

3. 某乡镇企业甲以自有的办公大楼向银行乙抵押贷款，办理抵押时，只办理了抵押办公楼的登记，未涉及该办公楼所在的集体土地使用权。后该乡镇企业又向生意伙伴丙借资金周转，并通过合同约定以该办公楼所在的集体土地使用权抵押担保。甲对这两笔借款均无

* 本章答案参见第 73 页。

力偿还，因此发生纠纷。就此，下列表述正确的是？（　　）

A. 房屋所有权与土地使用权应同时抵押，银行乙与合作伙伴丙均无抵押权

B. 银行乙对办公楼享有抵押权，合作伙伴丙对集体土地使用权享有抵押权

C. 银行乙对办公楼及办公楼所在集体土地使用权均享有抵押权

D. 合作伙伴丙对办公楼及办公楼所在集体土地使用权均享有抵押权

4. 甲公司主营纸巾，为扩大生产规模，向乙银行贷款 100 万元人民币，以设备、待售的纸巾、已生产但未包装的纸巾和正在生产的纸巾半成品等财产提供抵押担保，双方签订了抵押合同，但未办理登记手续。不久，甲公司将其生产的全部纸巾销售给丙公司。后来，因甲公司无力偿还贷款，乙银行主张其抵押权，要求对丙公司所购甲公司的纸巾变价受偿，丙公司以其不知情为由拒绝。下列说法正确的是？（　　）

A. 甲公司不得以其将要生产的纸巾半成品设定抵押

B. 甲公司与乙银行的抵押权并不成立，因为没有办理抵押登记

C. 甲公司与乙银行的抵押已经成立，但由于没有登记，不能对抗善意第三人丙公司

D. 如果办理了抵押登记，抵押权自登记之日起成立

5. 2019 年 2 月 1 日，李明向张三借款 1000 万元。李明以其房屋提供抵押，担保张三的 900 万元债权；以其劳斯莱斯汽车抵押，担保张三 100 万元债权，均进行了抵押登记。3 月，李明又以其劳斯莱斯汽车作为抵押，先后向李四借款 100 万元，向王五借款 100 万元，向赵六借款 200 万元。其中，赵六的抵押权进行了登记，李四、王五的抵押权未进行登记。4 月 1 日，由于市场因素，李明的房屋下跌至 800 万元，故张三要求李明将汽车担保的债权变更为 200 万元，李明同意并进行了抵押登记，但未经李四、王五、赵六同意。张三、赵六对李四、王五享有汽车的抵押权的事实均不知情。后李明无法偿还债务，关于李明的债权人对汽车价款的分配，下列哪一选项是正确的？（　　）

A. 若汽车拍卖后仅得价款 300 万元，应由张三、赵六分别获得 200 万元、100 万元

B. 若汽车拍卖后得到价款 500 万元，李四、王五均可获得 100 万元

C. 若汽车拍卖后得到价款 500 万元，李四、王五均只能获得 50 万元

D. 若汽车拍卖后得到价款 500 万元，李四可获得 200 万元，王五不能得到受偿

6. 甲向乙借款 100 万元，借期 2 年，欲以自己的房屋 1 套作担保，双方于 2018 年 6 月 1 日签订了不动产抵押合同，乙一直催促甲办理抵押登记，均无果。1 月后，乙要求甲以自己的汽车作抵押，双方于 2018 年 7 月 1 日签订了动产抵押合同，但一直未将汽车交付于乙。现因甲不能清偿到期欠款，乙要求实现抵押权。下列哪一选项是错误的？（　　）

A. 甲、乙之间的不动产抵押合同由于一直没有办理抵押登记而无效

B. 甲、乙之间的不动产抵押合同于 2018 年 6 月 1 日成立并生效，但不动产抵押权未设立

C. 甲既能就汽车设立抵押权，又能就汽车设立质押权

D. 乙有权请求将甲的汽车拍卖，并就所得价款行使优先受偿权

**二、多项选择题，每题所给的选项中有两个或两个以上正确答案，少答或多答均不得分。**

1. 甲是作家，一日急需用钱，遂向朋友乙求助，并将自己的最新手稿交予乙作为担保。下列选项错误的是？（　　）

A. 手稿交付时，著作权质权设立

B. 乙可授权出版社出版该书稿

C. 甲可授权出版社出版该书稿

D. 该书稿出版后，所获收益归乙

2. 甲公司为获取借款，于 2017 年 3 月 1 日以自己公司生产的电脑 1000 台为乙公司设立了浮动抵押。该笔借款的期限为 1 年。对于该笔浮动抵押权，下列哪些表述是正确的？（　　）

A. 甲公司在乙公司取得该笔浮动抵押权期间，依然可以将该 1000 台电脑出售给善意的丙公司

B. 乙公司对甲公司的该笔浮动抵押权的抵押财产在 2017 年 3 月 1 日就已经确定

C. 若甲公司在 2018 年 3 月 1 日后仍未清偿该笔借款的，乙公司方可确定浮动抵押权下的抵押财产

D. 若甲公司在 2017 年 10 月 9 日被宣告破产，乙公司此时可以确认浮动抵押权下的抵押财产

3. 甲公司是某地龙头企业，以生产建筑钢材为主业。由于当地房地产市场疲软，甲公司现金流出现问题。此前甲已将其厂房抵押给了 A 银行，办公楼则被 B 法院查封。现在甲公司不可以采取的融资手段包括？（　　）

A. 用正处于诉讼争议中的机器设备抵押借款

B. 用办公楼抵押借款

C. 为解决当地工人就业，由地方政府出面为其借款提供担保

D. 以现有及将有的生产设备、原材料、半成品和产品抵押借款

4. 某服装有限责任公司为扩大规模，抵押其现有的和将有的服装产品向银行贷款。对此，下列选项正

确的有？（　　）

A. 抵押权自服装公司与银行的抵押合同生效时设立

B. 因抵押物不特定，抵押权未设立

C. 如银行贷款到期，抵押财产范围确定

D. 如银行贷款尚未到期，服装公司破产，则抵押财产范围提前确定

## 综合提高篇

**一、多项选择题，每题所给的选项中有两个或两个以上正确答案，少答或多答均不得分。**

1. 2015 年 4 月 15 日，甲公司与乙公司签订长期的服务器采购合同，同时甲公司以其自有机房为货款支付提供了最高额抵押，约定 2016 年 4 月 14 日为债权确定日，并办理了登记。同一日，丙公司也为甲公司担保，与乙公司订立最高额保证合同，保证期间为 1 年，自债权确定日开始计算。就此，下述选项错误的是？（　　）

A. 甲公司、乙公司双方可以约定将 2015 年 4 月 15 日之前甲公司所欠乙公司的货款纳入最高额抵押担保的担保范围，此情形下丙公司有权主张不再承担保证责任

B. 乙公司于 2015 年 6 月 1 日将自己对甲公司已取得的全部债权全部转让给丁，这一行为将导致最高额抵押权消灭

C. 假设甲公司在 2015 年 12 月被法院宣告破产，那么乙公司的债权提前得以确定

D. 假设甲公司在 2015 年 12 月被法院宣告破产，那么乙公司可以向甲要求承担担保责任，也可以要求丙承担保证责任

2. 甲公司向乙公司借款 1000 万元，丙公司在借款协议的保证人处盖章，但未约定保证方式。丁公司以自有房屋为该债权设定抵押，并办理了抵押登记。债权到期后，甲公司无力还款，乙公司向丙公司和丁公司主张权利。下列说法正确的有：（　　）

A. 丙公司应承担一般保证责任

B. 丙公司承担担保责任后可向甲公司追偿

C. 丁公司承担担保责任后可向甲公司追偿

D. 丁公司承担担保责任后可向丙公司追偿

**二、不定项选择题，每题所给的选项中有一个或一个以上正确答案，不答、少答或多答均不得分。**

甲向乙借款，以自己所有的一辆汽车担保，未交付，但办理了登记。后甲又将汽车卖与丙，完成了交付，但丙未支付价款。一日汽车故障，丙遂将其送到 4S 店维修，待丙付清修理费后，4S 店长要求其一并支付之前欠缴的保养费用。丙拒绝，汽车被扣留。以下选项正确的是？（　　）

A. 乙取得汽车质权

B. 丙取得汽车所有权

C. 4S 店取得汽车留置权

D. 乙可向甲主张损害赔偿

# 第十一章　占　　有*

**一、单项选择题，每题所给的选项中只有一个正确答案。**

甲、乙就一幅古董字画的归属发生了争议。甲称字画属甲所有，因为乙称认识字画鉴定的专家，故交给乙委托其代为找专家鉴定。甲现在要求乙返还。乙称该字画为自己所有，拒绝返还。甲无法证明对该字画拥有所有权，但能够证明在交给乙之前一直合法占有该字画，乙则拒绝提供从甲处合法取得字画的任何证据。对此，下列哪一说法是正确的？（　　）

A. 应当认定由甲、乙共同共有

B. 应当认定甲对字画享有合法权利，因其证明了自己的先前占有

C. 应当由甲、乙证明自己拥有所有权，否则应判决归国家所有

D. 应推定乙对字画享有合法权利，因占有具有权利公示性

**二、多项选择题，每题所给的选项中有两个或两个以上正确答案，少答或多答均不得分。**

1. 一日甲端着保温杯喝枸杞水，看到阳光正好，忍不住走到室外，坐在门口晒起了太阳。后甲听手机骤响，遂放下保温杯奔回室内接听。乙路过，看到保温杯，以为是他人遗失，便捡回家中自用。丙深夜潜入乙家中盗取多件财物，包括乙“捡回”的保温杯。下列选项正确的是？（　　）

A. 乙摔坏保温杯杯盖需赔偿

B. 乙可向丙主张返还原物

C. 甲可向乙主张返还原物

---

* 本章答案参见第 75 页。

D. 甲可向丙主张返还原物

2. 甲未取得规划许可证和施工许可证即在自家住宅前扩建停车库，占用了小区公共区域。邻居乙多次要求甲拆除未果，就将车库强行拆除，并破坏了甲原有房屋的外墙。对此，下述选项正确的有？（　　）

A. 甲自车库建成起，因事实行为取得车库所有权

B. 乙侵犯了甲的占有

C. 甲有权请求乙赔偿因拆除车库造成的损失

D. 甲有权请求乙恢复原有房屋外墙原状

3. 关于有权占有，下列说法正确的是？（　　）

A. 腾龙公司购买野马车一辆，董事长马大指派公司司机马二驾驶该车用于商务接待并负责平日保养与维护，马二对野马车成立有权占有

B. 某甲将自己所有的汽车交给某乙保管，某乙私自使用该车致使车辆损坏，遂将该车交付4S店修理。后甲向4S店要求提车，4S店在某甲支付修理费之前，有权继续占有该车

C. 张某私自将李某托其保管的金项链以市场价格卖给了不知情的王某并交付之，王某对金项链成立有权占有

D. 某甲将自己的玉佩质押给丙用作借款担保，丙对该玉石成立有权占有

4. 张三在步行街上游玩时，拾得一精美翡翠挂件。正当张三准备将该挂件上交街道办失物招领处时，巧遇朋友李四。张三为炫耀向李四展示该挂件，并谎称其为自己所有。李四羡慕不已，遂求张三借其把玩两日。张三推脱不过，将该挂件交给了李四。次日，王二趁李四不备，将该挂件盗走。王二在某二手古玩市场准备将该挂件倒卖时，被失主麻二认出。对此，下列选项正确的有？（　　）

A. 麻二可向王二主张返还原物

B. 李四构成恶意占有

C. 李四可向王二主张返还原物

D. 张三属于无权占有

# 第三编　合　　同

## 第十二章　债与合同概述*

**一、单项选择题，每题所给的选项中只有一个正确答案。**

下列义务中，不属于附随义务的是？（　　）

A. 汽车销售商在销售车辆时提供办理过户所需的必要文件

B. 保管人在被保管物品存在损坏危险时及时通知寄存人

C. 工程技术人员不得泄露公司开发的新产品

D. 保险合同中保险人对被保险人的状况进行

**二、多项选择题，每题所给的选项中有两个或两个以上正确答案，少答或多答均不得分。**

1. 甲、乙与丙签订了一份煤炭购销合同，约定丙供给甲、乙煤炭300吨，每吨价格为900元，煤炭运到甲、乙指定场地后，甲和乙按4∶6的比例分配并按该比例付款。关于该合同之债的种类，下列哪些选项是正确的？（　　）

A. 多数人之债　　B. 按份之债

C. 简单之债　　D. 特定之债

2. 张三向李四借款1000元，双方约定张三应当在90日内偿还该借款，或由张三父亲在90日内向李四交付500斤大豆抵债。关于该合同之债的种类，下列哪些选项是错误的？（　　）

A. 简单之债　　B. 选择之债

C. 多数人之债　　D. 连带之债

3. 任某上山采集野生菌，不料发现山腰向某家后屋起火。任某考虑到向某家仅其老母亲常年在家，且火势还比较大，应该需要帮助，于是奔向向某家救火。经过半个多小时的抢救，大火总算被扑灭，但任某右脚踝也受伤了。原因在于救火过程中，向某母亲向其递水时，一不小心碰到了靠墙的铁管，正好砸到了正在救火的任某脚踝处，后经医生鉴定其属于脚踝骨折。就本题中涉及的债的发生原因，下列说法错误的是？（　　）

A. 无因管理和侵权行为

B. 无因管理

C. 无因管理和不当得利

D. 不当得利和侵权行为

---

* 本章答案参见第76页。

# 第十三章　合同的订立和效力*

一、单项选择题，每题所给的选项中只有一个正确答案。

1. 房地产公司甲最近计划开发一个新楼盘，与生产混凝土的乙公司签订供货协议，约定乙公司负责生产甲公司所需的混凝土，视建筑情况需要甲公司分批采购，乙公司分批供货。每批次采购时都需要签订书面的采购协议，价格以签订协议时的市场价格为准。在甲公司第三次采购时，由于时间紧迫，未签订书面协议。随后，混凝土的市场价格发生了较大波动，双方产生争议。甲公司主张第三次采购合同不成立，应当按照当前的市场价格支付价款。就该次采购而言，下列说法正确的是？（　　）

A. 甲、乙之间的合同尚未成立，甲属于不当得利

B. 甲、乙之间的合同自双方达成合意时成立，甲应当按照达成合意时的市场价格支付价款

C. 甲、乙之间的合同自甲收货时成立，甲应当按照收货时的市场价格支付价款

D. 甲、乙之间的合同自补签合同书时成立，甲应当按照补签合同书时的市场价格支付价款

2. 甲公司于 5 月 10 日致函乙公司，愿意以单价 1200 元购买乙公司生产的型号为 7411 的手机 1000 部。乙公司也于同日致函甲公司，欲以每部 1600 元的价格向甲公司出售型号为 7411 的手机 500 部。双方收信后，均未给对方回复。1 个月后，乙公司向甲公司发货，甲公司拒绝收货、付款。本案中甲公司与乙公司的关系应如何认定？（　　）

A. 合同关系未成立

B. 合同关系成立

C. 合同关系成立且生效

D. 合同关系成立但未生效

3. 张某在某购物网站上以 3500 元单价销售某品牌 XVD－100 型号电视机，陈某于 3 月 5 日在购物网站提交订单购买了一台该型号电视机，后在线付款 3500 元。张某收到订单后于 3 月 6 日发货，陈某在 3 月 9 日收到该电视机，经查验电视机无质量问题，于是在该购物网站上确认收货。本案中，电子合同何时成立？（　　）

A. 陈某下单时合同成立

B. 陈某付款时合同成立

C. 张某发货时合同成立

D. 陈某确认收货时合同成立

4. 关甲为帮助好友宋乙完成销售业绩，以其哥哥关丙的名义订购了一盒单价为 2488 元的茶叶。后宋乙将该茶叶送至关丙家中，关丙知悉后，遂向宋乙支付了 2488 元。本案中的合同效力状态是？（　　）

A. 合同无效

B. 合同效力待定

C. 合同关系成立且生效

D. 合同关系成立但未生效

5. 甲与乙公司订立美容服务协议，约定服务期为半年，服务费预收后逐次计扣，乙公司提供的协议格式条款中载明“如甲单方放弃服务，余款不退”（并注明该条款不得更改）。协议订立后，甲依约支付 5 万元服务费。在接受服务 1 个月并发生费用 8000 元后，甲感觉美容效果不明显，单方放弃服务并要求退款，乙公司不同意。甲起诉乙公司要求返还余款。下列哪一选项是正确的？（　　）

A. 美容服务协议无效

B. “如甲单方放弃服务，余款不退”的条款无效

C. 甲单方放弃服务无须承担违约责任

D. 甲单方放弃服务应承担继续履行的违约责任

6. 甲公司传真告知乙公司：新到台式电脑 100 台，每台 4000 元，其他条款如旧例，请于 5 日内答复我方。乙公司当日即发出信函（邮戳日为当日）：完全同意你方提出的条件。但出于邮局投递原因，该信函比规定时间晚到 3 日，于第 6 日到达甲公司。甲公司未表态。后履行期届至，甲公司不履行义务。下列说法正确的是？（　　）

A. 甲公司有权不履行，因合同尚未成立

B. 甲公司若不履行，须承担缔约过失责任

C. 乙公司的传真为新要约

D. 乙公司的承诺已生效

7. 乙公司中标甲公司的某安装工程项目，双方就此签订安装合同，约定除首付款外，其余款项待工程完工且甲公司验收合格后支付。乙公司就本次安装工程的五金件采购与丙公司签订买卖合同，并约定货款待乙公司收到甲公司支付的全部尾款后 1 周内支付丙公司。就此，下列选项正确的是？（　　）

A. 乙公司与丙公司的买卖合同中关于付款的约定无效

B. 如果甲公司无正当理由故意拖欠工程款，则丙公司可以请求乙公司催款；乙公司怠于催款的，丙公司

---

* 本章答案参见第 77 页。

可以行使代位权,直接向甲公司主张付款

C. 如果乙公司工程质量有问题,甲公司有权行使同时履行抗辩权,拒绝支付剩余款项

D. 如果安装合同已经满足付款条件,但乙公司为了拖延向丙公司付款,与甲公司私下协商留 1% 的工程款暂不支付,则乙公司与丙公司买卖合同的付款条件尚未成就

**二、多项选择题,每题所给的选项中有两个或两个以上正确答案,少答或多答均不得分。**

1. 2019 年 1 月,陈某与安家房地产经纪公司签订了商品房预订合同,约定陈某以 30,000 元/平方米预订商品房一套,且双方约定以该价格订立商品房买卖合同。后国家标准提高了对建筑钢筋含量的要求,导致房屋建设成本大幅上升。陈某与安家房地产经纪公司协商不成,安家房地产经纪公司拒绝以 30,000 元/平方米的价格与陈某订立商品房买卖合同。下列选项正确的是?(　　)

A. 商品房预订合同在性质上为预约合同

B. 由于商品房预订合同具有商品房买卖合同的主要内容,该合同应当被认定为商品房买卖合同

C. 安家房地产经纪公司有权请求法院变更或解除商品房预订合同

D. 陈某有权请求安家房地产经纪公司承担违约责任

2. 甲公司与乙公司属于竞争关系。乙公司获知某客户近期有一新项目,为干扰甲公司与该客户洽谈,乙公司联系丙公司,由丙公司在无真实交易意图的情况下,向甲公司发合作邀请书,以重要业务合作为由邀请甲公司来其主要办公地点洽谈。甲公司安排授权代表往返十余次,每次都准备了详尽可操作的合作方案,丙公司佯装感兴趣并屡次表达将签署合同的意愿,但均在最后一刻推脱拒签。就此,下列选项中错误的是?(　　)

A. 丙公司发出邀请书的行为在性质上属于要约

B. 甲公司与丙公司虽未缔结合同,但丙公司构成恶意磋商,甲公司可就遭受的损失要求丙公司赔偿

C. 丙公司需就磋商事宜向甲公司承担违约责任

D. 丙公司也付出了工作成本,如被甲方主张赔偿,则据此可主张抵销

3. 甲在某大学摆设饮料自动贩卖机,乙投入两枚硬币购买了一罐咖啡,咖啡出来后,两枚硬币因机器故障跳出。乙见四处无人,就取出两枚硬币放入口袋。这一场景恰好被甲的职员丙发现,遂产生纠纷。关于本案,下列哪些说法是正确的?(　　)

A. 甲摆设自动贩卖机的行为属于要约

B. 乙投币购买咖啡的行为属于承诺

C. 乙将两枚硬币放入口袋的行为构成不当得利

D. 甲有权请求乙返还该两枚硬币

# 第十四章　合同的履行*

**一、单项选择题,每题所给的选项中只有一个正确答案。**

1. 甲公司与乙公司签订货物买卖合同,约定乙公司向甲公司出售一批水果,由丙公司进行运输,乙公司支付运费。甲公司、乙公司买卖合同的合同履行地是?(　　)

A. 甲公司所在地

B. 乙公司所在地

C. 乙公司向丙公司交付货物之地

D. 丙公司向甲公司交付货物之地

2. 庞某有 1 辆自行车,在借给黄某使用期间,达成转让协议,黄某以 80 元的价格购买该自行车。次日,黄某又将该自行车以 160 元的价格转卖给了洪某,但约定由黄某继续使用 1 个月。关于该自行车的归属,下列哪一选项是正确的?(　　)

A. 庞某未完成交付,该自行车仍归庞某所有

B. 黄某构成无权处分,洪某不能取得自行车所有权

C. 洪某在黄某继续使用 1 个月后,取得该自行车所有权

D. 庞某既不能向黄某,也不能向洪某主张原物返还请求权

3. 3 月 15 日,刘某在网购平台下单购买了一台单价为 2988 元的微波炉,并选择货到付款的支付方式。3 月 17 日,网店商家通过快递发货。3 月 18 日,快递工作人员通知刘某快递已到达快递代收点。3 月 19 日,刘某到快递代收点取回该快递并支付了 2988 元。关于微波炉的交付时间,下列哪一选项是正确的?(　　)

A. 3 月 15 日　　B. 3 月 17 日

C. 3 月 18 日　　D. 3 月 19 日

4. 甲与乙公司签订的房屋买卖合同约定:“乙公司收到首期房款后,向甲交付房屋和房屋使用说明书;收到二期房款后,将房屋过户给甲。”甲交纳首期房款

* 本章答案参见第 79 页。

后，乙公司交付了房屋，但未立即交付房屋使用说明书。甲以此为由行使先履行抗辩权而拒不支付二期房款。下列哪一表述是正确的？（　　）

A. 甲的做法正确，因乙公司未完全履行义务

B. 甲不应行使先履行抗辩权，而应行使不安抗辩权，因乙公司有不能交付房屋使用说明书的可能性

C. 甲可主张解除合同，因乙公司未履行义务

D. 甲不能行使先履行抗辩权，因甲的付款义务与乙公司交付房屋使用说明书不形成主给付义务对应关系

**二、多项选择题，每题所给的选项中有两个或两个以上正确答案，少答或多答均不得分。**

1. 甲工厂与乙工厂订立了一份钢材买卖合同，约定由甲工厂供应乙工厂钢材 10 吨，乙工厂支付货款 4 万元。但由于对付款地点和交货地点未作约定，双方发生纠纷。该钢材买卖合同的付款地点和交货地点应为？（　　）

A. 付款地点为甲工厂所在地

B. 付款地点为乙工厂所在地

C. 交货地点为甲工厂所在地

D. 交货地点为乙工厂所在地

2. 甲公司与乙公司签订买卖合同，约定由乙公司向甲公司出售一批生猪肉，甲公司于 2 月 5 日支付首期价款 20 万元，乙公司于 2 月 10 日前发货，甲公司须在发货后 5 日内支付剩余价款 30 万元。2 月 1 日，甲公司得知乙公司所在地发生猪流感疫情，即向乙公司询问情况。乙公司表示其生猪肉是从其他省进口的，疫情与之无关。甲公司表示解除合同，乙公司当场表示反对。直至 2 月 20 日，双方均未履行合同义务。下列表述正确的是？（　　）

A. 甲公司有权解除合同

B. 甲公司未在 2 月 5 日支付首期价款，构成违约

C. 乙公司未在 2 月 10 日发货，构成违约

D. 乙公司有权要求甲继续履行合同

3. 下列债的履行中，属于不适当履行的有？（　　）

A. 赵某将自己的玉佩以 10 万元出售给孙某，约定于 5 月 10 日一手交钱一手交货，但孙某到 5 月 10 日仅凑齐 8 万元

B. 知名演员张某和某摄影公司约定，由张某和其子为摄影公司担当 1 年的平面模特。某天张某之子突发高烧，无法参加拍摄，张某私自用自己的侄子代替儿子充当模特

C. 甲企业应付乙公司货款 30 万元，由于乙公司已经进入破产程序，遂把 30 万元的货款交给了清算组

D. 王某向水果店订购 10 箱草莓，水果店在发货时未仔细打包，致使张某收货时草莓部分烂掉

# 第十五章　合同的保全和担保*

## 基础知识篇

**一、单项选择题，每题所给的选项中只有一个正确答案。**

1. 甲公司与乙银行签订一份 500 万元的借款合同，由丙公司提供保证担保。因甲公司到期不能还款，乙银行要求丙公司承担保证责任。丙公司拒绝承担保证责任，乙银行便诉至法院，法院判决由丙公司承担 500 万元及其利息的保证责任。丙公司承担保证责任后，便向甲公司进行追偿。下列表述正确的是哪一选项？（　　）

A. 丙公司对甲公司追偿权的诉讼时效自乙银行向丙公司要求承担保证责任之日起计算

B. 丙公司可向甲公司追偿 500 万元及其利息

C. 丙公司可向甲公司追偿因丙公司逾期承担保证责任的利息

D. 丙公司可向甲公司追偿因败诉而承担的诉讼费用

2. 张三从李四处借款 100 万元，王五为其提供保证，但未约定保证方式。王五要求张三提供反担保，张三遂请求赵六提供反担保。下列表述错误的是？（　　）

A. 王五的保证方式是一般保证

B. 张三可以保证的方式为王五提供反担保

C. 张三可以自有房屋为王五提供反担保

D. 赵六可以保证的方式为王五提供反担保

3. 2019 年 2 月 1 日，甲向乙借款 10 万元，由丙提供连带责任保证，还款日期为 2019 年 7 月 1 日。乙、丙未约定保证期间。借款期限届满后，甲未向乙清偿，乙遂于 2019 年 10 月 1 日要求丙承担保证责任。下列哪一说法是正确的？（　　）

A. 保证期间自 2019 年 2 月 1 日起计算

B. 保证期间自 2019 年 7 月 1 日起计算

C. 保证债务诉讼时效自 2019 年 7 月 1 日起计算

D. 保证债务诉讼时效自 2019 年 8 月 1 日起计算

**二、多项选择题，每题所给的选项中有两个或两个以上正确答案，少答或多答均不得分。**

1. 张三从李四处借款 10 万元，由王五提供连带责

---

* 本章答案参见第 80 页。

任保证。后李四从张三处购买了5万元的钢材,约定货款从借款中扣除,将原合同中的10万元修改为5万元,但未通知王五。若张三到期不能偿还借款,下列选项错误的是?(　　)

A.王五应当承担10万元的保证责任

B.王五应当承担5万元的保证责任

C.王五不应当承担保证责任

D.只有在王五同意变更的情形下,王五才应当承担保证责任

2.下列属于人的担保的有?(　　)

A.某甲作为某乙与某丙之间债权的保证人

B.张某表示愿意以自己位于北京的一套房子担保李某向王某的借款

C.某甲从某商场购买一块价值20万元的瑞士手表,但双方约定,在某甲支付全部款项之前,该手表的所有权由商场享有

D.某甲为某乙和某丙之间的债权提供房子的抵押担保,但他同时要求被担保人某乙再要求某丁作为他在承担了担保责任之后与某乙的债权的保证人

3.李某为方某的债权人,下列关于债权人代位权的选项,表述不正确的是?(　　)

A.以方某的名义对方某享有的已到期的金钱给付之债权行使代位权

B.李某作为方某债权人,行使代位权必须通过诉讼程序行使

C.李某可以就方某用人单位拖欠方某的工资行使代位权

D.方某在一次交通事故中受伤,李某有权就肇事者的损害赔偿责任行使代位权

## 理解与应用篇

**一、单项选择题,每题所给的选项中只有一个正确答案。**

1.王股向金盛借款150万元用于炒股。因股市行情不好,金盛担心王股不能还款。后金盛从朋友处得知,秦军向王股借过200万元,且该借款已经到期,而王股打算将秦军的还款期延长3年。为此,金盛与王股发生争议。下列选项表述正确的是?(　　)

A.如金盛起诉,王股和秦军均处于被告的诉讼地位

B.经人民法院审理,代位权成立的,由秦军向王股履行清偿义务

C.金盛与王股之间的债务关系因秦军的清偿而消灭

D.王股与秦军之间的债务关系因秦军的清偿而消灭

2.甲公司欠乙公司200万元无力偿还,乙公司经过调查发现:丙公司与甲公司之间存在担保合同,丙公司向甲公司抵押的房产已符合抵押权的实现条件,但甲公司一直未提出履行请求;甲公司与丁公司之间存在租赁合同,丁公司租用甲公司的大型机器设备但一直未支付租金。乙公司拟通过诉讼采取下列措施,能够得到支持的是?(　　)

A.以自己名义请求丙公司向自己办理房屋权属转移手续

B.以甲公司代理人的名义请求丙公司办理房屋权属转移手续

C.以自己名义请求丁公司向自己返还机器设备

D.以自己名义请求丁公司向自己支付租金

3.甲公司向乙银行借款5000万元用于甲公司旭日建设项目,丙公司提供连带责任保证,并在保证合同中约定“除展期和增加贷款金额外,主合同变更无须保证人同意,保证人仍应承担保证责任”。后该笔借款中的2000万元用于“借新还旧”,即偿还此前欠乙银行的到期借款,而非用于旭日建设项目,丙公司对此不知情。下列选项正确的是?(　　)

A.丙公司对5000万元主债承担保证责任

B.丙公司对3000万元主债承担保证责任

C.丙公司无须承担保证责任

D.甲公司与乙银行恶意串通损害丙公司利益,故甲公司还款行为无效

**二、多项选择题,每题所给的选项中有两个或两个以上正确答案,少答或多答均不得分。**

1.刘涛是个体工商户,专门销售各种电机,其供货商是天伦电机公司,双方一直处于合作之中。目前,刘涛尚欠天伦公司到期货款200万元,刘涛的下列哪些行为导致无力偿还货款时,天伦公司可申请法院予以撤销?(　　)

A.刘涛放弃县农业局下面的国有企业对该县辖区内某集体企业采购电机的债务的保证担保

B.刘涛先行偿还其他债权人的未到期债务

C.刘涛买福彩中奖后,表示将所有奖项全部捐给当地学校

D.刘涛在离婚协议中放弃对家庭共有财产的分割

2.以下属于可以行使债权人撤销权的情形是?(　　)

A.债务人放弃债权担保

B.债务人放弃继承权

C.债务人恶意延长到期债权的履行期限

D.债务人为他人提供担保

3.甲对乙负有债务100万元,约定分别于2019年1月1日、3月1日、5月1日归还20万元、30万元、50万元,由丙提供保证责任,未约定保证方式与保证期间。后甲与乙协商将每笔债务均顺延2个月,乙表示同意,但未通知丙。乙于2019年10月1日请求丙承

担保证责任。下列说法错误的是？（　　）

A. 因未约定保证方式，丙承担一般保证责任

B. 丙保证担保的债权为80万元

C. 丙保证担保的债权为50万元

D. 因延长还款期限对主债务进行了实质性变更，且未经保证人同意，丙可不再承担保证责任

4. 甲欠乙20万元到期无力偿还，其父病故后遗有价值15万元的住房一套，甲为唯一继承人。乙得知后与甲联系，希望以房抵债。甲便对好友丙说："反正这房子我继承了也要拿去抵债，不如送给你算了。"二人遂订立赠与协议。下列哪些说法是正确的？（　　）

A. 乙对甲的行为可行使债权人撤销权

B. 甲的行为为放弃继承权的行为，故乙不得行使撤销权

C. 乙可主张赠与协议无效

D. 乙可代位行使甲的继承权

## 综合提高篇

**一、多项选择题，每题所给的选项中有两个或两个以上正确答案，少答或多答均不得分。**

1. 丙为甲向乙借款30万元提供一般保证。后甲对乙的债务诉讼时效期间经过，而丙对乙的保证债务诉讼时效期间尚未经过。乙请求甲偿还借款时，甲同意还款，但与乙协商一致决定宽限3个月。后乙请求丙承担保证责任。下列选项正确的是？（　　）

A. 丙有权以主债务诉讼时效期间经过的抗辩权拒绝承担保证责任

B. 若丙未主张诉讼时效期间经过的抗辩权并承担保证责任，则不能向甲追偿

C. 丙有权以先诉抗辩权拒绝承担保证责任

D. 若丙未主张先诉抗辩权并承担保证责任，则不能向甲追偿

2. 甲公司是一家科技企业，向乙公司采购10台进口空调，用于保证其机房的温度适合机器设备运转。甲公司与乙公司约定，乙公司交付全部空调后10日内付货款。丙银行以保函的形式为本次交易提供保证担保，保函明确："若甲公司不依约付款，则由丙银行代为支付，丙银行承担保证责任直至主债务本息还清时为止。"2014年3月10日甲公司收货，其中有2台经过试运行发现低温情况下无法运转。2014年3月20日乙公司要求甲公司付款未果，遂要求丙银行承担保证担保责任。以下选项错误的是？（　　）

A. 保函对保证期间的约定不明，保证期间应为2014年3月20日起6个月

B. 保函对保证期间的约定不明，保证期间应为2014年3月20日起2年

C. 如丙银行知道空调有问题并向乙公司支付全部货款，则只能向甲公司追偿部分货款

D. 丙银行为一般保证责任，如放弃先诉抗辩权承担保证责任，则不得向甲公司追偿

**二、不定项选择题，每题所给的选项中有一个或一个以上正确答案，不答、少答或多答均不得分。**

1. 甲、乙签订了一份借款合同，甲为借款人，乙为出借人，借款数额为500万元，借款期限为2年。丙、丁为该借款合同进行保证担保，担保条款约定，如果不能如期还款，丙、丁承担保证责任。戊对甲、乙的借款合同进行了抵押担保，担保物为一批布匹（价值300万元），未约定担保范围。请回答下列问题。

（1）设甲、乙均为生产性企业，下列表述正确的有？（　　）

A. 甲、乙之间的借款合同有效

B. 丙、丁与乙之间的保证合同亦有效

C. 戊与乙之间的抵押合同有效，因为该抵押合同办理了抵押登记，具有公信效力

D. 如甲不能如期还款，丙、丁、戊如有过错，仍应对乙承担相应的过错责任

（2）设戊有布匹因不可抗力灭失；丙被宣告失踪，其财产已由庚代管。现甲不能偿还到期债务，丁偿还了庚的全部债权，丁的追偿权可向谁行使？（　　）

A. 可向甲行使　　B. 可向庚行使

C. 可向戊行使　　D. 可向甲、庚、戊行使

2. 甲对乙享有100万元债权，乙对丙享有100万元债权。现甲对乙的债权到期，乙对丙的债权亦到期，但乙怠于行使。乙为逃避对甲的债务，以50万元将乙对丙的100万元债权卖给了丁。甲向法院提起代位权诉讼和撤销权诉讼。请回答下列问题。

（1）在代位权诉讼中，下列说法错误的是？（　　）

A. 甲提起诉讼，将使甲对乙的债权、乙对丙的债权均发生诉讼时效中断的效力

B. 次债务人对债务人的抗辩不可以向债权人主张

C. 甲行使代位权的必要费用，由乙承担

D. 若乙对丙的100万元债权为人身损害赔偿之债，则甲不能行使代位权

（2）若在代位权诉讼中，法院判决甲胜诉，但在执行过程中，发现丙无力清偿全部债务。下列说法正确的是？（　　）

A. 甲、乙之间的债权债务消灭

B. 乙、丙之间的债权债务消灭

C. 甲有权请求乙清偿丙无力清偿的剩余债务

D. 甲只能请求丙继续清偿剩余债务

# 第十六章 合同的变更、转让和权利义务终止*

**一、单项选择题，每题所给的选项中只有一个正确答案。**

1. 许某从事水果批发生意，张某长期为许某供货。2017年6月，因当地西瓜生意较好，许某与张某签订了供货合同，由许某购买张某的3000斤西瓜，当日许某即支付了全部价款。后张某告知，由于订购数量太多，需要延迟几天发货。许某无奈只得同意。直到2017年7月，在许某的数次催促下，张某仍然没有发货。对此，下列说法正确的是？（ ）

A. 许某无权解除合同

B. 许某发出解除合同的通知时即产生合同解除的效力

C. 许某有权要求张某返还合同价款，但无权要求张某赔偿损失

D. 对于合同解除的通知，张某可以向人民法院提出异议

2. 张某欠王某两笔借款：第一笔借款10万元于9月1日到期，迟延履行违约金为迟延标的额的千分之三/日，该笔借款由陈某提供保证；第二笔借款10万元于10月1日到期，迟延履行违约金为迟延标的额的千分之一/日。张某于11月1日向王某偿还了10万元。关于张某清偿的10万元，下列说法正确的是？（ ）

A. 因9月1日的债务先到期，故归还的是该笔借款

B. 因10月1日的债务无担保，故归还的是该笔借款

C. 因9月1日的债务负担较重，故归还的是该笔借款

D. 因9月1日和10月1日的债务均已到期，应当按比例抵充两笔债务

3. 债务人甲的给付不足以清偿其全部债务时，应当按何种顺序履行？（ ）

A. 主债务、利息、实现债权的有关费用

B. 实现债权的有关费用、利息、主债务

C. 实现债权的有关费用、主债务、利息

D. 利息、主债务、实现债权的有关费用

4. 张某和农户孙某协议，张某向孙某订购两筐新鲜鸡蛋，孙某交付，后鸡蛋张某再支付购买鸡蛋的价款。后张某和李某在孙某不知情的情况下，约定由李某代孙某提供鸡蛋。下列表述正确的是？（ ）

A. 张某和李某的约定无效，李某代为履行行为无效

B. 虽然孙某对此不知情，但李某代为履行行为有效

C. 如果李某提供的鸡蛋有质量问题，张某有权要求孙某承担违约责任

D. 如果李某未向张某提供鸡蛋，张某仍有权要求孙某提供

5. 甲欠乙10万元货款，迟迟不还。乙一气之下将债权分为10等份（每份1万元），将其转让给10位朋友，并通知甲分别偿还。对此，下列说法正确的是？（ ）

A. 履行增加费用由乙承担

B. 乙无权转让债权

C. 债权转让需要经过甲同意才生效

D. 乙无权分割债权

6. 甲、乙、丙三人是好友，乙欠甲5万元。某天甲、丙相遇，谈及此事，甲表示"乙生活困难，父母又生病，这5万元就不需要还了"。下列选项正确的是？（ ）

A. 甲的意思须乙受领

B. 乙无须偿还债务

C. 甲的意思不能免除乙的债务

D. 甲的意思到达丙时即发生效力

**二、多项选择题，每题所给的选项中有两个或两个以上正确答案，少答或多答均不得分。**

1. 3月16日，甲以5万元价格从乙家具厂订购了一批家具，已支付1万元，剩余款项在乙家具厂于3月20日交付家具后支付。甲、乙之间约定双方均不得转让债权。下列说法正确的是？（ ）

A. 甲将其债权转让给丙，并通知了乙家具厂。若丙不知道该不得转让的约定，乙家具厂不能以该约定为由拒绝向丙交货

B. 甲将其债权转让给丙，并通知了乙家具厂。若丙知道该不得转让的约定，乙家具厂可以以该约定为由拒绝向丙交货

C. 乙家具厂将其债权转让给丁，并通知了甲。若丁不知道该不得转让的约定，甲不能以该约定为由拒绝向丁付款

D. 乙家具厂将其债权转让给丁，并通知了甲。若丁知道该不得转让的约定，甲可以以该约定为由拒绝向丁付款

2. 下列选项中属于债的法定移转的情形的是？（ ）

---

* 本章答案参见第82页。

A. 房屋买卖中,买受人对出卖人与承租人之间关于租赁合同的承受

B. 甲将其与乙之间的合同义务,转由丙承受

C. 法定继承人在继承范围内对被继承人债务的清偿

D. 甲企业因吸收合并乙企业而承受了乙企业原有的债权债务

3. 甲向乙借款300万元,丙以其机动车设定抵押,但未办理抵押登记手续。经乙同意,甲、丁双方协议,由丁向乙偿还借款。丙不知情。下列表述正确的是?(　　)

A. 未办理抵押登记手续,乙对丙的机动车不享有抵押权

B. 未经丙同意,甲、丁间的债务承担协议无效

C. 经乙同意,甲、丁间的债务承担协议有效

D. 未经丙同意,丙不对所移转的债务承担担保责任

4. 甲向乙借款300万元,丙以其房屋设定抵押并办理了抵押登记手续。乙将该债权转让给丁,通知了甲,但未经丙同意。后甲到期无法清偿借款。下列表述错误的是?(　　)

A. 乙和丁债权转让协议生效时,债权即转让

B. 乙将债权转让的事实通知甲时债权才转让

C. 未经丙同意,丙不再承担担保责任

D. 因抵押权未办理变更登记,故丁不得主张抵押权

5. 丙公司因资金周转紧张向甲公司借款60万元。乙公司欠丙公司货款60万元。后甲公司吸收合并乙公司,并负担了乙公司对丙公司的该笔货款支付义务。现甲公司想抵销这笔债务,下列说法正确的是?(　　)

A. 经与乙公司协商一致方可使债务抵销

B. 可单方通知丙公司使债务抵销

C. 自丙公司收到抵销通知时,该笔债务抵销

D. 自与丙公司就抵销问题达成协议后,该合同权利义务终止,当事人间不再负任何权利义务

6. 王某向丁某借款100万元,后无力清偿,遂提出以自己所有的一幅古画抵债,双方约定第二天交付。对此,下列哪些说法是正确的?(　　)

A. 双方约定以古画抵债,等同于签订了另一份买卖合同,原借款合同失效,王某只能以交付古画履行债务

B. 双方交付古画的行为属于履行借款合同义务

C. 王某有权在交付古画前反悔,提出继续以现金偿付借款本息方式履行债务

D. 古画交付后,如果被鉴定为赝品,则王某应承担瑕疵担保责任

# 第十七章　违约责任*

**一、单项选择题,每题所给的选项中只有一个正确答案。**

1. 甲将其一辆二手机动车以20万元的价格卖给乙,该机动车刚发生过重大车祸。甲知道乙比较迷信,如果知晓该车祸事实可能会拒绝购买,因此未向乙说明该事实。对此,下列说法正确的是?(　　)

A. 乙有权在得知该车辆曾发生过车祸后1年内向法院主张撤销合同

B. 乙有权以被欺诈为由,向甲发出撤销合同的通知,合同自该通知到达甲时即被撤销

C. 如果乙选择接受该车辆,但是必须降低价格,则乙有权向法院主张变更合同

D. 如果乙未主张撤销合同,因合同继续有效存续,则乙无权请求甲承担缔约过失责任

2. 甲公司要运送一批货物给收货人乙公司,甲公司法定代表人丙电话联系并委托某汽车运输公司运输。汽车运输公司安排本公司司机刘某驾驶。运输过程中,刘某因过失发生交通事故,致货物受损。乙公司因未能及时收到货物而发生损失。乙公司有权要求承担损失的是?(　　)

A. 甲公司　　B. 丙

C. 刘某　　D. 汽车运输公司

3. 甲、乙双方签订房屋租赁合同,约定甲将其一套房屋租给乙,租期为2年。乙承租后与丙签订了房屋转租合同。对此,下列表述错误的是?(　　)

A. 甲知道或者应当知道转租事实,但在6个月内未提出异议的,视为同意转租

B. 若丙造成房屋损失的,甲有权要求乙赔偿损失

C. 若甲与乙签订租赁合同前已将该房屋租给丁并已交付,则乙有权要求丁搬离房屋

D. 若甲与乙签订租赁合同前已将该房屋租给丁并已交付,则乙有权解除合同

4. 甲委托乙安装公司为其安装空调。安装过程中,甲放在书房抽屉的现金被乙公司员工钱某盗走。

---

* 本章答案参见第85页。

员工方某在安装空调外挂机时不慎掉下金属扳手将楼下孙某养的一盆名贵花卉砸坏。对此,下列说法正确的是?(　　)

A. 乙安装公司对甲失窃以及孙某花卉毁损均构成违约责任

B. 花卉毁损属于方某的个人责任,乙安装公司无需对此承担责任

C. 钱某为乙安装公司的员工,因职务行为之便利而行偷盗,应由乙安装公司承担责任

D. 乙安装公司不承担甲失窃的责任,因为钱某的偷盗行为不属于职务行为

5. 甲将自己的一套房屋租给乙住,乙擅自将房屋租给丙住,丙在租赁期间损坏了房屋地板和墙面。对此,下列说法错误的是?(　　)

A. 甲有权要求解除与乙的租赁合同

B. 甲无权要求乙赔偿因丙损坏房屋地板和墙面造成的损失

C. 甲有权要求丙搬出房屋

D. 甲无权要求丙支付租金

**二、多项选择题,每题所给的选项中有两个或两个以上正确答案,少答或多答均不得分。**

1. 甲公司与乙公司签订了一份微波炉供货合同,约定甲公司供给乙公司某型号微波炉1000台,每部单价300元,一方违约应向对方支付5万元违约金。乙公司向甲公司支付了5万元定金,并将该批微波炉转售给丙公司,每台单价330元,指明由甲公司直接交付给丙公司。但甲公司未按约定时间交货。关于甲公司、乙公司、丙公司之间违约责任的承担,下列表述正确的是?(　　)

A. 丙公司无权请求甲公司向自己承担违约责任

B. 丙公司有权请求甲公司向自己承担违约责任

C. 丙公司有权请求乙公司承担延迟交货的违约责任

D. 丙公司无权请求乙公司承担迟延交货的违约责任

2. 下列说法中,甲须承担缔约过失责任的是?(　　)

A. 甲因工作调动打算购买乙位于上海的一套住房,乙多次带甲看房,产生交通费用若干。双方谈妥后,拟定于2019年1月10日签订合同。但是2019年1月4日甲被公司告知暂时不被调动,其遂通知乙不再购买房屋,磋商终止

B. 甲与乙公司原约定于北京签订玩具进货合同,后甲决定改于石家庄签订合同,但忘记通知乙公司。乙公司到达北京后才得知情况,辗转至石家庄与甲签订合同

C. 甲公司与乙公司拟进行业务合作,经过多次磋商顺利签约。但是磋商期间,甲公司将其知悉的乙公司的部分商业秘密不当泄露

D. A公司与B公司均为塑胶管道生产企业。甲本与A公司商谈进货事宜,B公司知道后提出更优惠的价格,甲遂与B公司签订合同,终止与A公司的谈判

3. 王先生因新房装修与某地板公司签订了一份购买并安装地板的合同,购买了该公司生产的某品牌的地板,并由该公司派人进行了安装。数日后,王先生发现地板的踢脚线拱起多处,遂与地板公司交涉。王先生提出的下列诉讼请求中,不应予以支持的是?(　　)

A. 有权要求某地板公司对踢脚线进行重新安装

B. 有权要求某地板公司对整个地板进行重新安装

C. 有权要求解除与地板公司的买卖合同,并退回全部地板

D. 有权要求地板公司对整个地板进行重新安装,并承担迟延履行责任

4. 甲向乙订购10吨大豆货物,双方约定合同签订后甲应向乙支付10万元定金。对此,下列说法错误的是?(　　)

A. 若甲未交付定金,则乙有权请求甲支付定金

B. 若甲实际交付6万元定金,则应视为定金合同的变更

C. 若甲实际交付12万元定金,则应视为定金合同的变更

D. 定金的数额超过主合同标的额的20%的,定金合同无效

5. 甲(出卖人)与乙(买受人)签订买卖合同,约定合同总价款200万元,乙支付定金50万元,任何一方违约应向对方支付合同总价款30%的违约金。后甲只如期供应给乙一半数量的货物,剩余部分无力供应,双方发生纠纷。对此,下列表述中正确的是?(　　)

A. 乙有权请求甲双倍返还定金100万元并支付违约金60万元

B. 乙有权请求甲双倍返还定金80万元并支付违约金60万元

C. 乙有权请求甲双倍返还定金40万元或者支付违约金60万元

D. 乙所交定金50万元可充抵70万元货款

6. 某私营企业老板钱某于2022年6月5日上午7点半对招手停下来的出租车司机王某说:“我欲去某宾馆签约,8点半以前必须赶到,否则我将损失10万元。”司机王某说:“时间没问题,你放心吧!”后王某因绕道加油耽误了时间,又因遇上早高峰而堵车,上午9点钟才将钱送到指定地点。钱某因迟到签约未成,故向法院起诉,要求王某赔偿10万元。经查,王某为个体司机,钱某签约不成,造成利润损失10万元属实。本案中,下列表述错误的是?(　　)

A. 钱某的 10 万元损失是直接损失，王某应赔偿

B. 钱某的 10 万元损失是预期的间接损失，王某应赔偿

C. 王某应按其过错的程度分担钱某的 10 万元损失

D. 王某因自己的过错造成对方损失，应退还乘车费，但不承担赔偿责任

7. 甲、乙两家公司签订预约合同，约定：甲公司向乙公司支付 10 万元研发费用，乙公司完成某专用设备的研发生产后双方订立买卖合同，将该设备出售给甲公司，价格暂定为 100 万元，具体条款另行商定。乙公司就同一设备研发又与丙公司签订合同，合同价款 120 万元，约定由乙方为丙公司研发该设备。后乙公司实验室失火，所有器材和资料毁损，乙公司无法按期履约。合同期满后，在丙公司的催促下，乙公司告知丙公司此事。那么，下列选项中错误的是？（　　）

A. 甲公司、乙公司合同在先，乙公司、丙公司合同在后，乙公司、丙公司合同无效

B. 乙公司、丙公司合同有效，但因为不可抗力，双方互不负责

C. 乙公司、丙公司合同有效，因为不可抗力，乙公司不必继续履行，但应赔偿损失

D. 如设备研发完成后，乙公司将设备交付给丙公司，甲公司可请求乙公司承担违约责任

# 第十八章　移转财产权利合同*

## 基础知识篇

**一、单项选择题，每题所给的选项中只有一个正确答案。**

1. 乙共享单车公司从甲自行车生产公司购买了 1000 辆自行车，但是其中 10 辆存在质量问题。乙公司收到甲公司交付的 1000 辆自行车后的第 3 天，因存放自行车的仓库意外失火，导致 1000 辆自行车全部毁损。对此，下列说法正确的是？（　　）

A. 该损失应当由乙公司承担，因为该批自行车已经交付给乙公司

B. 该损失应当由甲公司承担，因为甲公司存在违约行为

C. 该损失应当由甲公司和乙公司平均分担，因为双方都没有过错

D. 因自行车均已灭失，故乙公司无权就 10 辆自行车的质量问题向甲公司主张违约责任

2. 甲与乙订立房屋租赁合同，约定租期为 5 年。1 年后，甲将该出租房屋出售给丙。对此，下列说法错误的是？（　　）

A. 甲出售房屋应当征得乙的同意

B. 若丙为甲的近亲属，则乙不享有同等条件下的优先购买权

C. 甲履行通知义务后 15 日内，乙未明确表示购买的视为放弃优先购买权

D. 甲出售房屋未通知乙的，乙有权请求甲承担损害赔偿责任

**二、多项选择题，每题所给的选项中有两个或两个以上正确答案，少答或多答均不得分。**

1. 甲于 2020 年 2 月 1 日与乙签订房屋买卖合同，约定将其所有的一套房屋出售给乙，并约定于 2020 年 3 月 1 日为乙办理过户登记。若甲未于约定时间为乙办理过户登记，则应向乙支付违约金 30 万元。2 月 15 日，甲又将该房屋出卖给丙，并于 2 月 20 日为丙办理了过户登记。对此，下列说法正确的是？（　　）

A. 2 月 20 日以后，乙即有权对甲主张违约责任

B. 乙有权请求甲实际履行，为自己办理过户登记

C. 2 月 20 日以后，乙即有权解除合同，并有权请求甲支付 30 万元违约金

D. 2 月 20 日以后，乙即有权解除合同，但无权在解除合同后请求甲支付违约金

2. 甲借给乙 10 万元，约定借期为 30 个月，借期内年利率 10%。但是双方未约定支付利息的期限，事后也未能达成补充协议。依照《民法典》的规定，下列说法正确的是？（　　）

A. 借款合同自甲向乙提供借款时生效

B. 乙应当在返还借款时一并支付利息

C. 乙应当分别在满 12 个月、24 个月和 30 个月时支付利息

D. 如果乙未按照约定的借款用途使用借款，甲有权解除借款合同

3. 周某搬家时，见邻居郑某家因经济比较困难一直没有冰箱，于是将自己家的旧冰箱送给郑某，并告诉郑某该冰箱用了 11 年了，但没出过毛病，如不嫌弃就留下使用。于是，郑某留下了冰箱。半年后，该冰箱因故障起火，烧毁了郑某的大部分财产。就此，下列说法正确的是？（　　）

A. 周某赠送的冰箱发生故障导致郑某财产损失，

* 本章答案参见第 87 页。

周某应赔偿郑某损失

B. 周某已明确告知冰箱的实际情况，周某无须承担责任

C. 周某赠送冰箱时未要求郑某承担义务，周某无须承担责任

D. 如果周某明知冰箱有问题而故意不告知，周某应当赔偿郑某损失

## 理解与应用篇

**一、单项选择题，每题所给的选项中只有一个正确答案。**

1. 甲将房屋出租给乙，书面约定租期3年，租金月付。乙未经甲的同意，又擅自将房屋转租给丙。丙入住后，擅自打通了房屋客厅与阳台的隔墙。对此，下列说法错误的是？（　　）

A. 甲于知道转租事宜后的第3个月提出异议，甲有权解除甲、乙之间的租赁合同

B. 甲于知道转租事宜后的第9个月提出异议，甲有权解除甲、乙之间的租赁合同

C. 如果甲同意转租，则就丙打通隔墙的行为，甲有权要求乙恢复原状或赔偿损失

D. 无论甲是否同意转租，就丙打通隔墙的行为，甲有权要求丙承担侵权责任

2. 1998年3月1日，甲将自己的一套住房出租给乙，双方签订房屋租赁合同并约定租期22年。2017年3月1日，甲又将该房屋抵押给丙，并办理了抵押登记。2018年3月1日，丙行使抵押权拍卖该房屋，丁以100万元的价格购得该套房屋并办理了过户手续。现在，丁要求乙搬出房屋。下列说法正确的是？（　　）

A. 该租赁合同的租赁期限超过法定上限，超出部分为不定期租赁

B. 乙不应搬出房屋，并且有权请求丁继续履行原租赁合同

C. 乙应搬出房屋，并且有权要求甲承担违约责任

D. 乙应搬出房屋，并且无权要求甲承担违约责任

3. 甲是乙的闺蜜。2018年甲因购买彩票获得了一笔不菲的奖金，决定送给乙一台价值2万元的钢琴作为礼物，乙欣然接受。对此，下列表述错误的是？（　　）

A. 无论甲是否交付钢琴，甲、乙之间的赠与合同均已成立

B. 如果甲尚未交付钢琴，则甲可以随时反悔，且不承担违约责任

C. 如果该赠与合同经过公证且甲尚未交付钢琴，甲仍然可以随时反悔

D. 如果该赠与合同经过公证且甲反悔，则乙有权请求甲交付钢琴

4. 甲将自己的一间商铺租与乙。经甲同意，乙对房屋重新进行了装修，装修与房屋形成了附合。后租赁合同终止，装修物还有价值，但甲、乙不能就形成附合的装修物的处理达成协议。就此，下列表述错误的是？（　　）

A. 形成附合的装修物连同房屋的所有权归甲，乙无权取回

B. 如果租赁合同因租赁期间届满而终止，乙无权请求甲补偿装修费用

C. 如果租赁合同因被认定无效而终止，甲不同意利用装修物的，应按装修物剩余的价值与乙对半承担损失

D. 如果租赁合同因不可归责于双方的事由而被解除，剩余租赁期内的装修残值损失，由甲、乙双方按照公平原则分担

**二、多项选择题，每题所给的选项中有两个或两个以上正确答案，少答或多答均不得分。**

1. 甲公司与乙儿童福利院签订合同，约定由甲公司向该儿童福利院捐赠价值100万元的书籍。但在合同签订后，甲公司实际控制人赵某决定不再履行合同。下列哪些说法是错误的？（　　）

A. 赠与合同属于单务法律行为，故甲公司可以反悔，且不承担违约责任

B. 甲公司尚未交付书籍，故可撤销赠与

C. 乙儿童福利院有权要求甲交付书籍

D. 乙儿童福利院有权请求赵某承担违约责任

2. 甲于3月28日向乙出售自己的汽车。双方约定甲于5月2日向乙交付该汽车并办理过户手续，乙完成过户当天向甲付款。4月1日，甲又同丙签订合同将该汽车出售予丙，并当场将该汽车交给丙，但尚未办理汽车过户。根据《民法典》的规定，下列表述错误的是？（　　）

A. 在5月2日前，因为履行期没有届满，乙不得向甲主张违约责任

B. 在5月2日后，乙可以向甲主张缔约过失责任，因为合同因标的不能而无效

C. 在5月2日前乙不得向甲主张违约责任，因为汽车尚未办理过户，甲仍得履行

D. 在5月2日前，乙可以向甲主张默示预期违约的责任

3. 甲将房屋出租给乙，约定租期为3年。乙对该房屋进行了装修。关于构成附合部分的装饰装修物的补偿问题，下列表述正确的是？（　　）

A. 若乙对房屋装修未经甲同意，乙无权请求甲予以补偿

B. 若乙对房屋装修经过甲同意，租赁期间届满时，乙有权请求甲补偿构成附合部分的残值

C. 若乙对房屋装修经过甲同意，但因甲违约导致合同被解除，乙有权请求甲补偿剩余租赁期内的装饰装修残值损失

D. 若乙对房屋装修经过甲同意，但因甲的过错导致租赁合同无效，乙有权请求甲对装饰装修现值予以补偿

4. 甲公司与乙公司签订的融资租赁合同约定：甲公司向丙公司购买乙公司看中的某大型设备，并出租给乙公司使用。租期为 10 年，总租金 2 亿元，租金于每年 1 月 1 日支付 2000 万元。后乙公司未支付到期的第 3 年、第 4 年租金，经甲催告后在合理期限内仍不支付。对此，以下选项说法正确的是？（　　）

A. 甲公司有权请求人民法院解除合同

B. 甲公司有权请求乙公司一次性支付全部未付租金

C. 甲公司有权请求乙公司继续按照合同约定支付全部未付租金

D. 甲有权收回租赁物

5. 甲公司与乙公司签订的融资租赁合同约定：甲公司向丙公司购买一台大型医疗设备，出租给乙公司使用。租期为 10 年，总租金 10 亿元，乙公司首付 2 亿元，剩余 8 亿元于每年 1 月 1 日支付 8000 万元。租赁的第 4 年元旦，该医疗设备因强烈地震全毁，乙不能修复，也不能寻找替代物。对此，下列说法正确的是？（　　）

A. 甲公司与乙公司均有权请求法院解除融资租赁合同

B. 如果合同未被解除，甲公司有权请求乙公司继续支付租金

C. 如果合同未被解除，因为标的物灭失不可归责于双方，故甲公司无权请求乙公司继续支付租金

D. 若合同被解除，甲公司有权请求乙公司按照该设备的折旧情况给予补偿

6. 2018 年 3 月，甲以分期付款的方式向乙公司购买摄影设备一套，价值 6 万元。双方约定首期付款 2 万元，余款分 4 期付清，每期 1 万元。甲收到货后付了首付和第 1 期款，第 2 期款迟迟未付。对此，下列说法正确的是？（　　）

A. 甲迟延交付货款，乙无权因此解除合同

B. 乙有权解除合同，并要求甲支付设备的使用费

C. 乙有权解除合同，但不退还甲已经支付的 3 万元价款

D. 乙有权要求甲一次性付清余下的 3 万元价款

7. 甲将一辆汽车出卖给乙，合同约定价款 40 万元，由乙分 5 期支付完成。甲先将汽车交付给乙，但是明确约定在乙付清全部款项之前，甲保留对该汽车的所有权。此后，甲又将该车以 35 万元的价格出卖给不知情的丙，并以指示交付的方式完成交付。对此，下列说法错误的是？（　　）

A. 乙对汽车的占有为直接占有、他主占有、有权占有

B. 因汽车已经交付给乙，乙即取得汽车的所有权

C. 丙对甲、乙之间的交易不知情，可以根据善意取得制度取得汽车所有权

D. 丙不能依甲的指示交付取得汽车所有权

## 综合提高篇

**一、多项选择题，每题所给的选项中有两个或个以上正确答案，少答或多答均不得分。**

1. 甲将一套房屋出租给乙，约定租期为 5 年，租金每年 1 万元。乙未经甲同意，将该房出租给丙，约定租期为 4 年，租金每年 15000 元。甲于知道后的第 9 个月对乙、丙之间的转租合同表示异议。丙入住后，因与女友吵架，摔东西砸坏了房屋的地板。就此，下列表述不正确的是？（　　）

A. 乙、丙之间的转租合同有效

B. 甲有权主张解除甲、乙之间的租赁合同

C. 甲有权要求乙返还其基于转租合同取得的租金差额

D. 甲有权要求乙赔偿地板损坏所造成的损失

2. 关于甲、乙间买卖合同的风险负担，以下说法正确的是？（　　）

A. 甲将一套房屋卖给乙，约定自合同成立时风险转移给乙，在合同成立后办理过户登记期间房屋因泥石流倒塌。自合同成立时，风险由乙承担

B. 甲、乙签订试用买卖合同，甲将一台微波炉出卖给乙试用，试用期 3 个月。在乙试用 1 个月后，该微波炉因乙邻居家失火被焚毁。因微波炉系在乙试用时毁损，该风险应由乙承担

C. 甲将一台设备出卖给上海的乙，约定由甲代办托运，但未约定交付地点。甲与丙签订运输合同，由丙运交乙。自甲将设备交付给丙时，风险由乙承担

D. 甲将一台设备出卖给上海的乙，约定由甲代办托运，运输至大连后交付给承运人海路运输给乙。甲与丙签订运输合同，由丙运至大连后交付给承运人海路运输给乙。自甲将设备交付给丙时，风险由乙承担

3. 在不动产多重买卖、多重租赁和动产多重买卖中，下列表述正确的有？（　　）

A. 甲的一套房屋分别与乙、丙、丁签订了房屋买卖合同，乙的合同签订在先，丙占有了该套房屋，丁办理了过户登记，则应支持丁的所有权

B. 甲的一辆汽车分别卖给了乙、丙、丁，乙签订合同在先，丙占有了该车，丁已办理登记过户，则应支持丁对该车的所有权

C. 甲的一套房屋分别与乙、丙、丁签订了房屋租赁合同，乙签订合同在先，丙占有了该房屋，丁办理了登记备案手续，则应支持丁的承租权

D. 甲的一头耕牛分别卖给了乙、丙、丁，乙签订合同在先，丙占有了耕牛，丁已付款，则应支持丙对耕牛的所有权

4. 2018 年 5 月 1 日，甲商场与乙签订试用买卖合

同，约定甲商场将一台空调出卖给乙，价款2万元，试用期20天。5月10日，乙将该空调赠与其弟弟丙。5月15日，该空调因意外失火被焚毁。下列说法错误的是？（　　）

A. 甲、乙之间的买卖合同于2018年5月10日生效

B. 甲、乙间的买卖合同于2018年5月20日生效

C. 甲有权请求乙支付2万元价金

D. 因试用期尚未届满，试用买卖合同尚未生效，甲无权请求乙支付2万元价金

5. 甲公司与乙公司签订了一份买卖大米10吨的合同，但未约定交付地点。第2日，甲公司在未通知乙公司且未对大米进行分装的情况下，将30吨大米交给丙运往乙公司。运输途中，汽车发生车祸，致使包括乙公司所购大米在内的全部货物毁损。关于本案，以下说法正确的是？（　　）

A. 本案中货物毁损灭失的风险虽然发生在货交第一承运人之后，但买受人乙公司仍可以不承担风险

B. 本案中货物毁损灭失的风险应由买受人乙公司承担

C. 本案中货物毁损灭失的风险应由甲、乙双方分担

D. 本案中货物毁损灭失的风险只有在双方明确约定的情况下才可以由甲、乙双方共同分担

**二、不定项选择题，每题所给的选项中有一个或一个以上正确答案，不答、少答或多答均不得分。**

1. 甲公司与乙公司于2020年3月1日签订了一份买卖合同，约定甲公司供给乙公司某型号榨汁机1000台，每台单价300元，乙公司支付定金10万元，任何一方违约应向对方支付合同总价款20%的违约金。请回答以下问题。

（1）若甲公司未按照约定交货，那么下列表述正确的是？（　　）

A. 乙公司在请求甲公司支付违约金以后，就不能请求其继续履行债务

B. 乙公司在请求甲公司支付违约金的同时，还可以请求其继续履行债务

C. 乙公司在请求甲公司继续履行债务以后，就不能请求其支付违约金

D. 乙公司可选择请求甲公司支付违约金，或请求其继续履行债务

（2）若甲公司未按照约定交货，那么下列表述正确的是？（　　）

A. 乙公司有权请求甲公司双倍返还定金20万元并支付违约金6万元

B. 乙公司有权请求甲公司双倍返还定金12万元并支付违约金6万元

C. 乙公司有权请求甲公司双倍返还定金20万元或者支付违约金6万元

D. 乙公司有权请求甲公司双倍返还定金12万元或者支付违约金6万元

（3）假设甲公司与乙公司没有约定交付地点，但是约定由甲公司代办托运。甲公司于3月10日与丙公司签署运输合同，并于3月15日将1000台榨汁机交给丙公司。对此，下列表述正确的是？（　　）

A. 自2020年3月1日，风险转移由乙公司承担

B. 自2020年3月10日，风险转移由乙公司承担

C. 自2020年3月15日，风险转移由乙公司承担

D. 自乙公司收到榨汁机时，风险转移由乙公司承担

（4）假设甲公司与乙公司约定由甲公司代办托运，甲公司负责运输至上海后交付给承运人丁海路运输给乙公司。甲于3月10日与丙签署运输合同，委托丙将榨汁机运输至上海后交给海运承运人丁，并于3月12日与丁签署运输合同，委托丁将榨汁机运输给乙。3月15日，丙将榨汁机运至上海并交付给丁。对此，下列表述错误的是？（　　）

A. 自2020年3月1日，风险转移由乙公司承担

B. 自2020年3月10日，风险转移由乙公司承担

C. 自2020年3月12日，风险转移由乙公司承担

D. 自2020年3月15日，风险转移由乙公司承担

（5）假设1000台榨汁机中有10台存在质量问题，乙公司收到甲公司交付的1000台榨汁机后的第3日，因暴发山洪冲毁乙公司存放榨汁机的仓库，1000台榨汁机全部毁损。对此，下列表述正确的是？（　　）

A. 乙公司应当承担1000台榨汁机毁损的风险

B. 乙公司应当承担990台榨汁机毁损的风险

C. 乙公司不应承担榨汁机毁损的风险

D. 即使榨汁机全部毁损，乙公司仍有权就10台榨汁机的质量问题对甲公司主张违约责任

2. 某年4月，甲租赁公司与乙工厂达成融资租赁协议，约定甲租赁公司按照乙工厂的选择和要求从设备生产厂商丙公司购买淀粉加工设备3台，租给乙工厂使用，租期5年。甲租赁公司购买后，设备生产厂商丙公司交货给承运人，设备到达天津港后甲公司通知乙工厂提货。乙工厂提取设备后投入使用并向甲公司支付了第1期租金。请回答问题。

（1）假设甲租赁公司与乙工厂之间系口头约定融资租赁协议，那么以下说法正确的是？（　　）

A. 甲租赁公司与乙工厂之间的合同应当采用书面形式，因此该合同未成立

B. 甲租赁公司与乙工厂之间的合同应当采用书面形式，因此该合同虽成立但未生效

C. 甲租赁公司与乙工厂之间的合同应当采用书面形式，因此该合同虽成立但效力待定

D. 甲租赁公司与乙工厂之间的合同已经实际履

行，因此合同已成立且已生效

(2)假设由于购买人是甲租赁公司，设备生产厂商丙公司货交承运人时运单上载明的收货人是甲租赁公司，因此甲租赁公司通知乙工厂前去提货时，遭到拒绝。乙工厂急忙电告甲租赁公司解决，但甲租赁公司以承租人为租赁物的接受人为由未派人前往，后来乙工厂通过别的办法提取了淀粉加工设备，但因此产生额外仓储费用 2 万元。就此，以下选项正确的是？( )

A. 承租人为租赁物的接受人，因此该 2 万元应由乙工厂承担

B. 该 2 万元系甲租赁公司延误提货期限所产生的额外仓储费用，应由甲租赁公司承担

C. 该 2 万元应由乙工厂向设备生产厂商丙公司主张

D. 应由甲租赁公司与乙工厂各自承担 1 万元

(3)如租赁期间淀粉加工设备出于自身原因停机，造成乙工厂损失，那么下列说法正确的是？( )

A. 甲租赁公司应减少租金

B. 应由设备生产厂商丙公司修理并赔偿损失

C. 乙工厂向设备生产厂商丙公司请求承担责任时，甲租赁公司有协助义务

D. 甲租赁公司与设备生产厂商丙公司承担连带责任

(4)假设融资租赁协议约定租期届满后该 3 台淀粉加工设备归甲租赁公司所有。某日该 3 台淀粉加工设备所在的乙工厂厂房发生地震，导致厂房坍塌，3 台淀粉加工设备全部毁损，则下列说法正确的是？( )

A. 甲租赁公司仍有权要求乙工厂支付租金

B. 甲租赁公司无权要求其支付租金，只能要求乙工厂赔偿损失

C. 因乙工厂无法在租期届满后返还设备给甲租赁公司，甲租赁公司有权要求合理补偿

D. 因淀粉加工设备的灭失系不可抗力造成的，乙工厂有权解除融资租赁合同，且无须支付租金

(5)在乙工厂使用该淀粉加工设备为丁进行淀粉加工时，设备因发生故障而使淀粉加工未能达到要求的标准，丁要求乙工厂赔偿。但乙工厂在选择淀粉加工设备时，系采纳甲租赁公司的意见做的设备选型。就此，下列表述正确的是？( )

A. 淀粉加工设备故障时，其系乙工厂占有租赁物，甲租赁公司对此不承担责任

B. 乙工厂得以向设备生产厂商丙公司请求承担责任

C. 如果该淀粉加工设备与合同约定严重不符，乙工厂得以向甲租赁公司要求减少或者免除租金的支付

D. 甲租赁公司对故障设备负有维修义务

(6)假设甲租赁公司与乙工厂之间为普通租赁，乙工厂租用甲租赁公司的淀粉加工设备，后乙工厂厂房遭逢地震导致厂房坍塌，淀粉加工设备毁损，则下列表述正确的是？( )

A. 乙工厂应承担设备毁损的责任

B. 乙工厂得解除租赁合同，但不得请求损害赔偿

C. 乙工厂得解除租赁合同，并请求损害赔偿

D. 乙工厂不得解除租赁合同，但得请求损害赔偿

(7)以下关于该 3 台淀粉加工设备的所有权的说法，正确的是？( )

A. 租赁期内如乙工厂破产，该 3 台设备因所有权归甲租赁公司，不属于乙工厂的破产财产

B. 租赁期内如乙工厂破产，该 3 台设备因乙工厂通过融资租赁方式占有，属于其破产财产

C. 因甲租赁公司与乙工厂未约定，租期届满后该 3 台设备归甲租赁公司所有

D. 因甲租赁公司与乙工厂未约定，租期届满后该 3 台设备归乙工厂所有

# 第十九章　完成工作交付成果合同*

## 基础知识篇

**一、单项选择题，每题所给的选项中只有一个正确答案。**

1. 张三委托甲定作 100 件玉雕挂件，约定玉石原料由张三提供，张三提供样品，取货时付款。为赶时间，甲私自委托乙制作 50 件玉雕挂件。张三按时前来取货，发现乙加工的 50 件玉雕挂件不符合样品要求，甲拒绝付款，遂拒绝交货。对此，下列说法错误的是？( )

A. 张三可以甲擅自外包为由解除合同

B. 如张三不支付报酬，甲可拒绝交付玉雕挂件

C. 如张三不支付报酬，甲可以对玉雕挂件行使留置权

* 本章答案参见第 91 页。

D. 张三有权要求乙向其承担违约责任

2. 幸福大酒店与艺美公司签订订购协议书，双方约定由艺美公司加工完成特定样式的漆器工艺盘，并在幸福大酒店的大厅及走廊进行安装。后艺美公司按期完成对漆器工艺盘的加工，并将工艺盘运送至幸福大酒店拟进行安装，但幸福大酒店拒绝验收。2 天后，幸福大酒店通知艺美公司要求解除合同。对此，下列说法正确的是？（　　）

A. 艺美公司有权在幸福大酒店第一次拒绝验收后立即解除双方之间的合同

B. 因艺美公司并未违约，故幸福大酒店无权解除双方之间的合同

C. 双方之间的合同已经解除，但幸福大酒店应当赔偿艺美公司因合同解除遭受的损失

D. 艺美公司有权请求幸福大酒店按约验收工艺盘并履行协助安装的义务

**二、多项选择题，每题所给的选项中有两个或两个以上正确答案，少答或多答均不得分。**

甲公司开发了一个较大的花园公寓项目。作为发包人，甲公司将该项目的主体工程发包给了乙企业，签署了建设工程施工合同。乙企业一直未取得建筑施工企业资质。现该项目主体工程已封顶完工。就相关合同效力及工程价款，下列哪些说法是正确的？（　　）

A. 该建设工程施工合同无效

B. 因该项目主体工程已封顶完工，故该建设工程施工合同不应认定为无效

C. 该项目主体工程经竣工验收合格，则乙企业可参照合同约定请求甲公司支付工程价款

D. 该项目主体工程经竣工验收不合格，经修复后仍不合格的，乙企业不能主张工程价款

## 理解与应用篇

**一、单项选择题，每题所给的选项中只有一个正确答案。**

1. 关于承揽合同标的物所有权的归属，下列说法中错误的是？（　　）

A. 甲提供玉石，由乙雕刻成玉雕。玉雕完成时，甲即取得玉雕的所有权

B. 甲配齐材料，由乙为甲在宅基地上建造房屋。房屋完成时，甲即取得房屋的所有权

C. 甲在乙蛋糕店订制生日蛋糕 1 个，蛋糕完成时，甲即取得蛋糕的所有权

D. 甲将珍藏的国画交给乙提供材料装裱，装裱完成时，甲即取得所有权

2. 万里公司委托七彩印刷公司制作宣传册 1000 册。后七彩印刷公司按期完成宣传册的制作，但经万里公司查验，其中 100 册存在大量字迹不清、图片模糊的问题。对此，以下选项正确的是？（　　）

A. 万里公司有权要求七彩印刷公司重新制作全部的宣传册

B. 万里公司有权拒绝支付双方约定的报酬

C. 若万里公司拒绝支付双方约定的报酬，七彩印刷公司可以留置宣传册

D. 因仅少数宣传册存在问题，故万里公司无权解除与七彩印刷公司之间的合同

**二、多项选择题，每题所给的选项中有两个或两个以上正确答案，少答或多答均不得分。**

1. 甲委托乙印刷图书 100 册，约定于 2020 年 3 月 1 日交付图书，报酬 5000 元，报酬于取货时支付。对此，下列说法正确的是？（　　）

A. 若乙于 2 月 26 日印好全部图书，但图书在交付前因洪水毁损，乙无权请求甲支付报酬

B. 若乙于 2 月 26 日印好全部图书，但图书在交付前因洪水毁损，乙有权请求甲支付报酬

C. 若乙交付图书后，甲存放在仓库的图书当日即因洪水毁损，甲无权请求乙返还报酬

D. 若乙交付图书后，甲存放在仓库的图书当日即因洪水毁损，甲有权请求乙返还报酬

2. 甲建筑公司承包了某乡村大河上的文化桥修复工程，竣工后经验收发现工程质量不符合约定。对此，下列选项正确的是？（　　）

A. 发包人有权要求甲建筑公司在合理期间内无偿进行返工

B. 若发包人要求甲建筑公司进行返工导致甲建筑公司逾期交付，甲建筑公司不应承担违约责任

C. 若甲建筑公司对该工程进行返工并通过验收，但该文化桥投入使用后，桥上新修的横梁倒塌砸伤路人乙，应由甲建筑公司赔偿乙的损失

D. 若工程质量问题是由发包人提供资料不准确造成的，甲建筑公司有权请求发包人根据实际工作量增付费用

# 第二十章　提供劳务或服务合同*

**一、单项选择题，每题所给的选项中只有一个正确答案。**

1. 乙公司为一家知名的家具销售企业，甲公司为一家实木家具制造企业，甲公司授权乙公司以乙公司自己的名义按约定的价格对外代理出售某一批次的实木家具。乙公司与甲公司签订合同之后，乙公司与丙公司签订买卖合同，将该批家具出售给对此不知情的丙公司。后由于实木家具市场价格下跌，丙公司不愿履行合同。对此，以下说法不正确的是？（　　）

A. 乙公司应当向甲公司披露丙公司的存在

B. 乙公司向甲公司披露丙公司后，甲公司只能选择介入合同

C. 乙公司向甲公司披露丙公司后，甲公司可以行使乙公司对丙公司的权利

D. 若丙公司在订立合同之时知道甲公司的存在就不会订立合同，那么甲公司无权行使乙公司对丙公司的权利

2. 下列关于仓储合同的说法，不正确的是？（　　）

A. 仓储合同是诺成合同，自保管人和存货人意思表示一致时成立

B. 仓单是提取仓储物的凭证，存货人或者仓单持有人在仓单上背书并经保管人签字或者盖章的，可以转让提取仓储物的权利

C. 仓储合同的保管人承担过错责任，即需对保管不善造成的仓储物毁损、灭失承担赔偿责任

D. 当事人对储存期间没有约定或者约定不明确的，存货人或者仓单持有人不能随时提取仓储物

3. 甲被借调到外地，临行前将自己的电脑和相机委托同事乙保管。后甲另行购买了一台电脑，便委托乙将其保管的旧电脑以适当的价格出售。丙得知后表示自己想买，但希望乙对甲说电脑有毛病以便以低价购买。乙按照丙的意思告诉了甲，丙则以较低的价格购买了该电脑。另外，乙以甲的名义将甲委托保管的相机以合理价格卖给了丁。甲回来后得知实情，产生了纠纷。下列说法不正确的是？（　　）

A. 电脑所有权转移，甲不可以要求丙返还电脑

B. 丙不能取得电脑的所有权

C. 乙向丁出售相机的行为属于效力待定的民事行为

D. 乙以自己的名义出售给丁的，则乙的行为构成无权处分

4. 甲与春天画廊约定：甲将民国时期国画一幅交给春天画廊，由春天画廊以自己名义代为出卖；春天画廊不得以低于100万元的价格出售该画；该画卖出后，甲支付春天画廊报酬5万元。对此，下列说法正确的是？（　　）

A. 春天画廊是甲的代理人

B. 若春天画廊以150万元的价格将该画卖出，50万元归属于春天画廊

C. 若国画市场不景气，国画价格普遍大幅下跌，春天画廊有权以90万元的价格将画卖出

D. 春天画廊出卖该画所需的费用，由春天画廊负担

5. 甲提前10日通过汽车站售票厅购买长途车票，购得车票以后，甲因其他事情不能回家，便向车站退票。下列表述正确的是？（　　）

A. 甲向车站提出购票属于要约，车站根据合同自由可以拒绝承诺

B. 甲购得车票以后，甲与运输公司的合同成立且生效

C. 甲的退票行为不属于合同解除行为

D. 甲的退票行为属于缔约过失行为

6. 旅客韩玉投宿蓝天饭店，办好住宿手续后，将一只装有3万元现金和其他物品的密码箱寄存在饭店的总台，当班服务员清点了物品。第二天下午，韩玉凭取物牌去取密码箱，发现已被他人领走。韩玉要求饭店赔偿全部损失，饭店拒绝，遂起纠纷。对此，正确的处理结果是？（　　）

A. 保管合同成立，饭店应赔偿全部损失

B. 保管合同成立，饭店应承担主要损失，韩玉个人承担部分损失

C. 保管合同不成立，饭店酌情给韩玉补偿

D. 保管合同无效，饭店酌情给韩玉补偿

7. 关于物业服务合同，下列说法不正确的是？（　　）

A. 物业服务合同应当采用书面形式

B. 建设单位依法与物业服务人订立的前期物业服务合同，以及业主委员会与业主大会依法选聘的物业服务人订立的物业服务合同，需业主签署后方对其产生法律约束力

C. 物业服务人不得将其应当提供的全部物业服务转委托给第三人，或者将全部物业服务支解后分别转委托给第三人

---

* 本章答案参见第93页。

D. 物业服务期限届满后，业主没有依法作出续聘或者另聘物业服务人的决定，物业服务人继续提供物业服务的，原物业服务合同继续有效，但是服务期限为不定期

8. 业主甲想要出售自己的一套房产，苦于找不到买方而与中介乙签订了房屋中介合同，由乙代为寻找买方。关于此中介合同当事人的权利义务，说法不正确的是？（　　）

A. 若乙促成合同成立的，甲应当按照约定支付报酬

B. 若乙促成合同成立，则中介活动费用由甲承担

C. 若因乙提供订立合同的媒介服务而促成房屋买卖合同成立，由该合同的当事人平均负担乙的报酬

D. 甲在接受乙的服务后，利用乙提供的交易机会，绕开乙直接与买方丙订立合同的，仍应当向乙支付报酬

9. 甲去购买彩票，其友乙给甲 10 元，让其顺便代购彩票，同时告知购买号码，并一再嘱咐甲不要改变。甲预测乙提供的号码不能中奖，便擅自更换号码为乙购买了彩票并替乙保管。开奖时，甲为乙购买的彩票中了奖，二人为奖项归属发生纠纷。下列哪一分析是正确的？（　　）

A. 甲应获得该奖项，因按乙的号码无法中奖，甲、乙之间应类推适用借贷关系，由甲偿还乙 10 元

B. 甲、乙应平分该奖项，因乙出了钱，而甲更换了号码

C. 甲的贡献大，应获得该奖项之大部，同时按比例承担彩票购买款

D. 乙应获得该奖项，因乙是委托人

**二、多项选择题，每题所给的选项中有两个或两个以上正确答案，少答或多答均不得分。**

1. 海洋公司与顺利公司签订水路货物运输合同，约定将货物从 A 地港口运输至 B 地港口。在实际运输过程中，货物首先由顺利公司运输至 C 地港口，再由风帆公司运输至 D 地港口，最后由远航公司运输至 B 地港口。海洋公司在卸货过程中，发现货物因水湿毁损。对此，下列选项不正确的是？（　　）

A. 根据合同的相对性，海洋公司只能请求顺利公司承担赔偿责任

B. 若有证据证明，运输货物系在从 C 地港口运输至 D 地港口过程中水湿毁损，则海洋公司有权请求风帆公司承担赔偿责任

C. 若无法证明货物水湿发生在何一运输区段，则应由顺利公司、风帆公司、远航公司承担连带责任

D. 若有证据证明，运输货物系在从 D 地港口运输至 B 地港口过程中水湿毁损，则海洋公司只能请求远航公司承担赔偿责任

2. 承运人对运输过程中发生的下列哪些事件不承担赔偿责任？（　　）

A. 旅客甲在客车正常运行过程中突发心脏病身亡

B. 旅客乙在行车途中跳车自杀

C. 旅客丙为了制止歹徒的行凶被刺伤

D. 旅客丁自带的电脑在客车司机违章超速行驶而后急刹车时摔到地板上导致损坏

3. 王甲委托律师郝胜利和甄营担任某案件一审、二审的委托代理人，共同处理该案件的相关事务。后郝胜利经王甲同意，转委托给另一律师事务所合伙人何灿。甄营得知此事后，因其与何灿有个人恩怨，故意图解除与王甲之间的委托合同。对此，下列选项正确的是？（　　）

A. 对于转委托之前郝胜利处理的事务，应当由郝胜利和甄营对王甲承担连带责任

B. 因转委托经王甲同意，且解除原因为个人恩怨，故甄营无权解除委托合同

C. 对于何灿处理委托事务的行为，郝胜利应承担相关责任

D. 若何灿的合伙人身份系谎称，郝胜利应承担相关责任

4. 甲委托乙寄售行以乙自己的名义出售其笔记本电脑，约定价格 5000 元，并约定酬金，双方未约定其他。后乙将该笔记本电脑以 5800 元卖给丙。对此，下列表述正确的是？（　　）

A. 甲乙之间为行纪合同

B. 乙高于约定价格售出笔记本电脑，甲应当增加乙的酬金

C. 高出的差价部分属于甲

D. 高出的差价部分属于乙

5. 甲与乙约定由乙将一批货物运送到收货人内处，途中一部分货物因海上风浪较大而毁损灭失，另一部分货物则仍在运输途中。下列说法正确的是？（　　）

A. 甲为了余下货物的安全，可以要求乙停止继续运输，并变更到达地

B. 若该风浪被认定为不可抗力，则甲可以请求乙返还已支付的该部分货物的运费

C. 若该风浪被认定为不可抗力，则乙不承担货物毁损灭失的赔偿责任

D. 若余下货物顺利到达目的地后，甲拒绝支付该部分货物的运费，则乙对该部分货物享有留置权

6. 甲、乙两公司订立货物买卖合同，约定甲公司将一批货物出售给乙公司，乙公司支付价款 1000 万元，并约定 2 月 1 日由甲交付货物。5 月 1 日验收合格后，乙公司支付价款。后甲公司于 3 月 1 日出现现金资产紧缺问题，于是与丙银行订立保理合同，约定甲公司将其对乙公司的 1000 万元应收账款转让给丙银行，丙银行为甲公司提供有追索权的保理，并提供

100 万元预付款。下列关于该保理合同的说法正确的是？（　　）

A. 甲公司向丙银行转让 1000 万元应收账款的债权，需乙公司同意方对其生效

B. 丙银行不可以向甲公司主张返还保理融资款本息或者回购应收账款债权，但可以向乙公司主张应收账款债权

C. 若甲公司与乙公司虚构交易，乙公司不得以应收账款不存在为由对抗丙银行

D. 若丙银行向乙公司主张应收账款债权，在扣除保理融资款本息和相关费用后有剩余的，剩余部分应当返还给甲公司

7. 甲公司委托乙公司代其生产并销售蜡笔小新公仔，约定每个公仔售价不得超过 50 元。乙公司生产完公仔后，同采购商丙公司商定每个公仔售价 55 元。乙公司共多获利 1 万元。因对此未有约定，引起纠纷。下列说法正确的有？（　　）

A. 1 万元归属甲公司

B. 1 万元归属乙公司

C. 乙公司有权请求甲公司增加报酬

D. 甲公司有权请求乙公司承担违约责任

8. 关于多式联运合同，下列表述正确的是？（　　）

A. 多式联运经营人负责履行或者组织履行多式联运合同，对全程运输享有承运人的权利，承担承运人的义务

B. 多式联运经营人可以与参加多式联运的各区段承运人就多式联运合同的各区段运输约定相互之间的责任，该约定可免除多式联运经营人对全程运输承担的义务

C. 多式联运经营人可以与参加多式联运的各区段承运人就多式联运合同的各区段运输约定相互之间的责任，该约定不影响多式联运经营人对全程运输承担的义务

D. 货物的毁损、灭失发生于多式联运的某一运输区段的，多式联运经营人的赔偿责任和责任限额，适用调整该区段运输方式的有关法律规定

# 第二十一章　技术合同*

**一、单项选择题，每题所给的选项中只有一个正确答案。**

1. 下列关于职务技术成果的说法不正确的是？（　　）

A. 职务技术成果是执行法人或者非法人组织的工作任务且主要是利用法人或者非法人组织的物质技术条件所完成的技术成果

B. 职务技术成果的使用权、转让权属于法人或者非法人组织的，法人或者非法人组织可以就该项职务技术成果订立技术合同

C. 法人或者非法人组织订立技术合同转让职务技术成果时，职务技术成果的完成人享有以同等条件优先受让的权利

D. 非职务技术成果的使用权、转让权属于完成技术成果的个人

2. 甲、乙、丙共同完成一项发明，合同中未约定权利归属。关于该发明的专利申请权，下列选项不正确的是？（　　）

A. 如果甲准备转让其专利申请权，乙、丙在同等条件下有优先受让的权利

B. 如果甲放弃其专利申请权，乙、丙可以共同申请，但取得专利后，甲有免费使用的权利

C. 如果甲不同意申请专利，乙或丙不可以单独申请专利

D. 如果甲不同意申请专利，乙、丙可以共同申请，但取得专利后，甲有免费使用的权利

3. 甲公司盗取了乙公司的技术秘密成果，并以自己的名义转让给了不知情的丙公司，丙公司按照该技术成果进行生产。乙公司发现后采取的如下救济措施中，哪个不予支持？（　　）

A. 要求甲公司赔偿损失

B. 要求丙公司支付使用费

C. 要求丙公司停止侵害

D. 要求甲公司停止侵害

4. 下列选项中技术合同无效的为？（　　）

A. 限制技术接受方购买原材料、零部件、产品或者设备等的渠道或者来源的技术合同

B. 限制技术接受方实施合同标的技术生产产品或者提供服务的数量、品种、价格、销售渠道和出口市场的技术合同

C. 限制当事人一方从其他来源获得与技术提供方类似技术或者与其竞争的技术的技术合同

D. 技术接受方对合同标的技术知识产权的有效性提出异议或者对提出异议附加条件的技术合同

---

* 本章答案参见第 94 页。

5. 下列关于技术咨询合同当事人权利义务的说法，不正确的是？（　　）

A. 委托人不接受或者逾期接受工作成果的，支付的报酬不得追回，未支付的报酬应当支付

B. 委托人按照受托人符合约定要求的咨询报告和意见作出决策所造成的损失，由委托人承担，但是当事人另有约定的除外

C. 受托人利用委托人提供的技术资料和工作条件完成新的技术成果，属于委托人

D. 技术咨询合同对受托人正常开展工作所需费用的负担没有约定或者约定不明确的，由受托人负担

**二、多项选择题，每题所给的选项中有两个或两个以上正确答案，少答或多答均不得分。**

1. 甲公司与乙公司合作开发秘制酱油的技术秘密成果，对于使用权、转让权以及利益分配方法均未有相关约定。对此，下列说法不正确的是？（　　）

A. 双方在征得对方同意的情况下，才可以自己使用该技术秘密成果

B. 甲公司可以普通许可丙公司使用该技术秘密成果，但需将由此获得的收益与乙公司平分

C. 若乙公司将该技术秘密成果的转让权让与丁公司，该转让行为无效

D. 双方必须约定明确该技术秘密成果使用权和转让权的归属

2. 甲科研机构与乙公司订立了新能源汽车技术转让合同，合同中没有约定后续技术成果分享办法。后乙公司在对原有技术进行改造的基础上，研发了更节能的新一代新能源汽车技术。关于新一代新能源汽车技术，下列说法正确的是？（　　）

A. 技术成果归乙公司所有，甲科研机构可以无偿使用该技术

B. 技术成果归乙公司所有，但甲科研机构在同等条件下有优先受让权

C. 技术成果归乙公司所有，甲科研机构无优先受让权

D. 技术成果归乙公司所有，甲科研机构无权无偿使用

3. 甲公司与乙公司签订技术转让合同，由乙公司支付使用费1000万元。后甲公司转让的技术被确认系侵犯丙公司的技术秘密而取得，为此发生纠纷。经查，乙公司在订立技术转让合同时对甲公司侵犯丙公司技术秘密的事实知情。下列表述正确的有？（　　）

A. 丙公司有权主张甲公司和乙公司间的技术转让合同无效，并向甲公司主张侵权责任

B. 丙公司有权主张甲公司和乙公司承担连带赔偿责任

C. 乙公司有权在其取得时的范围内继续使用该技术，但要向丙公司支付使用费

D. 乙公司无权继续使用该技术秘密

4. 甲公司与乙公司合作研发某项技术秘密成果，双方约定该技术秘密成果的转让权归甲公司，乙公司不得将此技术转让给其他方使用。该技术秘密成果研发成功后，乙公司与丙公司签订合同，将该技术转让给丙公司使用。甲公司知道此事后，愤而向法院起诉。对此，下列说法正确的是？（　　）

A. 乙公司与丙公司之间的合同无效

B. 若丙公司为善意取得该项技术秘密成果，可以在其取得时的范围内继续使用该技术秘密，且无须再向甲公司支付使用费

C. 若丙明知乙公司侵权仍与其订立合同，则丙公司在承担赔偿责任和保密义务的前提下，可以在取得范围内继续使用该技术秘密

D. 若丙明知乙公司侵权仍与其订立合同，则丙公司应与乙公司承担连带赔偿责任

5. 技术合同价款、报酬或者使用费的支付方式由当事人约定，可以采取的方式有？（　　）

A. 一次总算、一次总付

B. 一次总算、分期支付

C. 提成支付

D. 提成支付附加预付入门费

6. 5G技术服务供应商甲与委托人乙公司签订了5G技术服务合同。下列表述正确的是？（　　）

A. 技术服务合同是当事人一方以技术知识为对方解决特定技术问题所订立的合同，不包括承揽合同和建设工程合同

B. 甲应当按照约定完成服务项目，解决技术问题，保证工作质量，并传授解决技术问题的知识

C. 如乙公司逾期接受工作成果，已支付的报酬不得追回，未支付的报酬应当支付

D. 除另有约定外，乙公司利用甲的工作成果完成的新的技术成果属于乙

# 第二十二章　保证合同和合伙合同*

**一、单项选择题，每题所给的选项中只有一个正确答案。**

1. 2019年6月，乙因经营需要，向甲借款50万元，约定乙在2019年12月前还本付息。丙与甲签订了保证合同，以保证甲对乙的债权。因三人关系密切，保证合同对保证方式、保证期间和保证范围均约定不明，下列说法正确的是？（　　）

A. 若乙到期不能清偿50万元债务，丙在50万元范围内承担保证责任

B. 若乙在2019年11月与甲达成约定，还本付息日期推迟至2020年1月并取得丙口头同意，则丙的保证期间自2020年2月起算

C. 若乙不履行到期债务，甲可以请求乙履行债务，也可以请求丙在其保证范围内承担保证责任

D. 保证期间为2020年1月到6月

2. 甲向乙采购一批机械设备，货款80万元，延期1年支付。乙要求提供担保，甲分别找到丙、丁、戊、己。下列何种情形构成保证？（　　）

A. 丙口头答应为甲保证

B. 丁向乙出具保证书，乙接收且并未表达异议

C. 戊向乙出具字据，称"若甲到期不能清偿货款，由本人以私家车抵债"

D. 己全程见证甲、乙的合同签订过程，虽未在买卖合同上签字，但未就甲要求自己为其提供保证表达异议

3. 2019年4月15日，甲公司与乙公司签订了1年的材料采购合同，总货款200万元于2020年4月15日前交付。丙公司为甲公司提供保证，与乙公司订立保证合同，保证期间为1年，合同约定禁止债权转让。2019年12月1日，乙公司为融通资金，将其对甲公司债权中的50万元转移给丁公司，该转让取得丙公司经理的口头同意。2020年4月1日，甲公司仍无法全部还款，经过与乙公司协商，将100万元债务转移给戊公司，且戊公司加入乙对甲的50万元债权中，对价是甲公司某处厂房3个月使用权，丙公司对以上变动并不知情。对于此案，下列说法正确的是？（　　）

A. 丙公司保证丁公司对甲公司的50万元债权

B. 丙公司保证乙公司对戊公司的100万元债权

C. 丙公司保证乙公司对甲公司的50万元债权

D. 丙公司保证乙公司对戊公司的50万元债权

4. 甲、乙、丙拟共同经营服装销售业务，三人签订的合伙合同明确约定：甲以其所有的门面房1年使用权出资，合同生效后10日内完成出资；乙以其劳务出资，负责管理店面的日常经营事项；丙以30万元出资，合同生效后3个月内完成出资。后甲提供门面房用以经营，乙展开业务经营，但丙仅在出资期限内出资10万元。以下论述中，说法正确的是？（　　）

A. 若合伙合同没有约定乙的报酬，乙便不得因执行合伙事务而请求支付报酬

B. 丙与乙协商后，决定对于剩余20万元再延长3个月出资期限，甲无权提出异议

C. 因丙逾期未完成出资，甲和乙可以径直分配合伙财产，停止经营

D. 因丙逾期未完成出资，乙经甲同意后，决定将合伙份额转让给丁，丙无权提出异议

**二、多项选择题，每题所给的选项中有两个或两个以上正确答案，少答或多答均不得分。**

1. 甲公司与乙公司达成分期还款计划书，约定甲在2019年1月31日、6月30日、12月31日和2020年6月30日各归还乙50万元，丙公司对4笔还款提供保证，保证方式为连带保证，但保证合同未明确约定保证期间。后因甲公司经营不善，难以按期还款，经协商乙公司同意将3笔还款均顺延3个月，丙公司对此并不知情。延期后，甲公司也未按时清偿任何一笔还款。对此，乙公司仅于2020年7月13日要求丙公司承担保证责任。关于丙的保证责任，下列说法正确的是？（　　）

A. 丙公司保证担保的主债权为200万元

B. 丙公司保证担保的主债权为50万元

C. 丙公司对最后一笔债务的保证期间为2020年10月1日至2021年4月31日

D. 丙公司对最后一笔债务的保证期间为2020年7月1日至2021年12月31日

2. 甲向乙借款，丙、丁在甲、乙的借款合同的保证人栏内分别签名，但未约定保证方式。后借款期届满，甲无力偿还借款。下列说法中正确的是？（　　）

A. 丙、丁在保证人栏签名的行为，构成保证担保，丙、丁均承担保证责任

B. 因合同未约定保证方式，丙、丁承担一般保证责任，享有先诉抗辩权

C. 因合同未约定保证方式，丙、丁承担连带保证责任，无先诉抗辩权

---

* 本章答案参见第95页。

D. 乙有权不起诉甲，而直接起诉丙、丁，丙、丁各承担一半的保证责任

3. 关于合伙事务的执行，下列说法中哪些是错误的？（　　）

A. 存在三种方式：全体合伙人共同执行、委托一个合伙人执行、委托数个合伙人分别执行

B. 经执行事务合伙人一致同意，合伙人可以就合伙事务作出决定

C. 没有被委托为执行事务合伙人的其他合伙人，仅对合伙企业享有利益分配请求权

D. 执行事务合伙人对其他执行事务合伙人所执行的事务提出异议后，未经全体合伙人决定，被提出异议的执行事务合伙人不必暂停该合伙事务的执行

4. 甲、乙、丙三人设立了一家有限合伙企业，甲、乙为普通合伙人，丙为有限合伙人，合伙协议未对合伙份额的转让作出规定。下列说法正确的有？（　　）

A. 甲如将合伙份额转让给乙，须经丙同意

B. 甲如将合伙份额转让给丁，须经乙、丙同意

C. 丙如将合伙份额转让给乙，应通知甲

D. 丙如将合伙份额转让给丁，须经甲、乙同意

5. 甲、乙、丙、丁四人设立一普通合伙企业，合伙合同约定合伙期限为 5 年。5 年后，合伙人甲决定终止合伙合同。下列说法错误的有？（　　）

A. 若合伙财产在支付因终止而产生的费用以及清偿合伙债务后仍有剩余，应当直接按实缴出资比例分配

B. 若合伙财产不能清偿合伙债务，债权人应按照实缴出资份额向合伙人主张清偿

C. 若乙、丙、丁均不同意终止合伙，则合伙应继续存续

D. 若乙对外清偿合伙债务超过自己实缴出资比例，有权向其他合伙人追偿

6. 乙公司向甲公司借款 500 万元，张三为连带保证人。乙公司经甲公司同意，将 200 万元债务转让给丙公司，甲公司通知了张三，张三口头同意。后乙公司破产无法偿还甲公司欠款，丙公司也未偿还 200 万元。以下说法正确的有？（　　）

A. 张三的保证责任因债务承担发生变化

B. 张三应承担 500 万元的保证责任

C. 张三只承担 300 万元的保证责任

D. 甲公司应征得张三的书面同意

**三、不定项选择题，每题所给的选项中有一个或一个以上正确答案，少答、不答或多答均不得分。**

甲、乙、丙三人为好友，共同出资设立了城南餐饮合伙企业。其中，甲出资 50 万元，乙出资 80 万元，丙出资 20 万元。因三人关系密切，合伙合同中没有明确约定合伙的利润分配规则，仅规定三人共同参与企业的经营管理。次年，合伙人乙因炒股负债累累，精神恍惚。其主要债权人丁主张行使乙作为合伙人的主要权利和义务，当丁与甲、丙交涉之际，乙跳楼自杀。甲、丙遂主张终止合伙，合伙企业剩余资产 48 万元，对外负债 90 万元。下列说法错误的有？（　　）

A. 若合伙人难以协商一致，合伙的利润应按照认缴出资比例分配

B. 丁有权主张代位行使乙作为合伙人的执行合伙事务权利以保全自己的债权

C. 尽管合伙合同没有明确约定，乙死亡未必导致合伙合同的终止

D. 合伙企业对外负债，合伙人甲只需要按比例向合伙企业债权人清偿 14 万元

# 第二十三章　准　合　同*

**一、单项选择题，每题所给的选项中只有一个正确答案。**

1. 甲在市场卖菜，突闻老婆要分娩，急忙离去。邻摊位的菜贩乙见状遂自作主张帮甲卖菜，并以甲标好的价格出售，获得收入 1000 元。对此，下列说法不正确的是？（　　）

A. 乙的行为构成侵权

B. 乙的行为构成无因管理

C. 乙应当向甲转交该 1000 元

D. 若甲归来后，对乙的行为进行追认，则甲、乙之间成立委托关系

2. 张某在其小区看见一只受伤的小狗，寻其主人未果，便将小狗抱回家中包扎、喂养。2 周以后，吴某得知自家的小狗被张某带走，便向张某索要。下列说法中，错误的是？（　　）

A. 张某可请求吴某支付喂养费

B. 张某可请求吴某支付包扎费

C. 张某可请求吴某支付劳务费

D. 张某可请求吴某支付相关损失的费用

3. 为了提高生产效率、扩大生产规模，甲公司从外地购进一批机器设备，价值 30 万元。但是，由于甲公司场地受限，其与乙公司约定，将甲公司所购得的机器

* 本章答案参见第 98 页。

设备暂放于乙公司库房内，待甲公司新的生产车间建设完工后再取走。在此期间，乙公司欠丙公司的37万元债务到期，乙公司向丙公司谎称该批设备是其为了改进生产线而购进的，价值40万元，并提议以该批设备充抵所欠丙公司的37万元债务，丙公司表示同意。不久，甲公司新的车间建设完工，来乙公司取回设备时被告知该批设备已经被丙公司取走。假定在此期间内该批设备的市场价格保持不变，且甲公司并未产生其他损失，对此下列说法正确的是？（　　）

A. 乙公司构成无因管理，应当返还甲公司30万元

B. 乙公司构成无权代理，应当返还甲公司30万元

C. 乙公司构成不当得利，应当返还甲公司37万元

D. 乙公司构成侵权，应当赔偿甲公司30万元

4. 甲的房屋与乙的房屋相邻。乙把房屋出租给丙居住，并为该房屋在A公司买了火灾保险。某日，甲见乙的房屋起火，唯恐大火蔓延使自家受损，遂率家人救火，火势得到及时控制，但甲被烧伤住院治疗。下列哪一表述是正确的？（　　）

A. 甲主观上为避免自家房屋受损，不构成无因管理，应自行承担医疗费用

B. 甲依据无因管理只能向乙主张医疗费赔偿，因乙是房屋所有人

C. 甲依据无因管理只能向丙主张医疗费赔偿，因丙是房屋实际使用人

D. 甲依据无因管理不能向A公司主张医疗费赔偿，因甲欠缺为A公司的利益实施管理的主观意思

5. 甲为农场主，放牧过程中走失一只羊，乙捡到该羊，寻找失主未果后将其牵回精心照料，后该羊产下羊羔后病死。下列说法正确的是？（　　）

A. 因该羊病死，甲有权要求乙赔偿该羊的价款

B. 甲有权要求乙返还该羊产下的羊羔

C. 甲无须支付乙支出的必要费用

D. 甲有权要求乙赔偿该羊价款、返还羊羔，但同时应支付乙支出的必要费用

6. 李某酷爱小动物，是某市流浪狗救助站的管理人员。某日，李某在回家途中发现一只浑身沾满泥土的狗躺在路边，左前肢血流不止，遂将其带回救助站并进行治疗，花费1000元。而后，李某在网上张贴了该狗的照片，寻求领养人。数日后，张某找上门来，声称该狗并非流浪狗，而是其家养的宠物，在小区内不慎走失，在网上看到照片后才找到这里。对于李某和张某之间的法律关系，下列说法正确的是？（　　）

A. 李某无权请求张某偿还狗的治疗费

B. 李某的行为属于无因管理，但基于救助站的特殊身份，张某不需要偿付狗的治疗费

C. 李某有权请求张某偿还狗的治疗费

D. 李某的行为不属于无因管理，他和张某之间的法律关系应当按照合同处理

**二、多项选择题，每题所给的选项中有两个或两个以上正确答案，少答或多答均不得分。**

1. 甲系果农，因去北京看病治疗，家中果园无人照看。同村果农乙见甲果园中的香蕉已经成熟，有的甚至已经熟透烂掉，遂雇上同村村民丙采摘并运到集市代为售卖。天快黑时，乙见还有香蕉未售完，便以低于市场的价格进行抛售，最终香蕉共计卖出5000元。乙认为其中应当支付给丙400元、运费200元、自己的报酬500元。下列选项错误的是？（　　）

A. 乙的行为构成无因管理

B. 香蕉卖出的5000元构成不当得利

C. 乙以低于市场的价格抛售构成不当管理，应承担赔偿责任

D. 乙应当给甲3900元

2. 甲在某废弃工地拾得一块破碎的旧手表，误以为是某人丢弃的，遂将其捡走卖给钟表铺，获得了1000元。因弟弟急需用钱，甲将该笔钱送给了弟弟。随后该手表的失主乙得知该事实。以下说法正确的是？（　　）

A. 甲的行为构成不当得利

B. 乙可以请求甲返还不当得利

C. 乙可以请求甲的弟弟返还不当得利

D. 乙无权请求甲和乙返还不当得利

3. 甲、乙俩人在游泳馆游泳时，想看下游泳馆里的安保措施怎么样，于是商议在离救生员远的一边假装溺水。丙刚要离开发现二人溺水就下去救助，因着急手机没有掏出来。下列选项中正确的有？（　　）

A. 丙自甘风险，不能向任何人主张权利

B. 游泳馆违反安全保障义务，应对丙给予赔偿

C. 丙构成无因管理，可请求甲乙适当补偿

D. 丙因保护他人权益受损，可请求甲、乙补偿

# 第四编　人　格　权

## 第二十四章　人格权概述*

**一、单项选择题，每题所给的选项中只有一个正确答案。**

1. 某天，著名流量小花景某某的工作室人员在浏览网页时，发现某妇科医院网站的宣传文章中附有景某某的照片，文章内容包括妇科疾病、人流手术、不孕不育治疗等。该工作室人员经过查询，确定该妇科医院并没有与景某某工作室签订代言合约和支付代言费。下列说法错误的是？（　　）

A. 某妇科医院侵犯了景某某的肖像权

B. 某妇科医院侵犯了景某某的名誉权

C. 景某某可以要求妇科医院在微博上公开赔礼道歉、消除不良影响

D. 某妇科医院行为仅涉及人格权利损害，景某某没有经济损失，该医院只用精神损害赔偿，不用进行额外经济损失赔偿

2. 根据法律规定，下列说法正确的是？（　　）

A. 医生甲在给乙做腹腔手术（未患阑尾炎）时，擅自切除乙的阑尾，甲医生的行为侵犯了乙的健康权

B. 甲应乙要求，协助乙完成自杀，甲的行为侵犯了乙的生命权

C. 甲因与乙发生争执，给乙写了　封信并在信中极尽侮辱，甲的行为侵犯了乙的名誉权

D. 甲破解了乙电子邮箱的密码，以乙的名义回绝了某大学给乙发送的录取通知，乙因此未能于当年出国留学，遭到他人耻笑，甲侵犯了乙的名誉权和荣誉权

**二、多项选择题，每题所给的选项中有两个或两个以上正确答案，少答或多答均不得分。**

1. 大学生甲追求乙，遭乙拒绝，便怀恨在心，编造乙当坐台小姐，并外出卖淫的谣言，并将其贴在 BBS 上。小报编辑丙看到该文章后，便以“某大学生坐台卖淫”为题，刊登此文。该小报将此文刊登后，乙在学校名誉扫地，身心遭到摧残，便将甲、丙、BBS 和小报报社告上法庭。对此，下列表述正确的有？（　　）

A. 乙的精神损害赔偿请求应予支持

B. BBS 以乙未曾向其指出侵权事实而主张侵权抗辩，能够成立

C. 甲和报社侵犯了乙的名誉权

D. 甲和报社因不存在意思联络，不应当承担连带责任

2. 甲用其拾得的乙的身份证在丙银行办理了信用卡，并恶意透支，致使乙的姓名被列入银行不良信用记录名单。经查，丙银行在办理发放信用卡之前，曾通过甲在该行留下的乙的电话（实为甲的电话）核实乙是否申请办理了信用卡。根据我国现行法律规定，下列哪些表述是正确的？（　　）

A. 甲侵犯了乙的姓名权

B. 甲侵犯了乙的名誉权

C. 甲侵犯了乙的信用权

D. 丙银行应当承担责任

3. 赵某是唐山大地震存活下来的孤儿。为保存自己和家人仅剩的合照，赵某要求照相馆把照片放入相框中。但照相馆工作人员乱扔烟头导致照相馆发生火灾，把该照片烧毁。下列说法正确的有？（　　）

A. 赵某可以追究照相馆的违约责任

B. 赵某可要求照相馆给予精神损害赔偿

C. 照相馆侵犯了赵某的隐私权

D. 照相馆侵犯了赵某的肖像权

## 第二十五章　具体人格权**

**一、单项选择题，每题所给的选项中只有一个正确答案。**

1. 乙与甲长相酷似，平常也有交往。某日，乙知悉甲获得了“劳动模范”荣誉称号，并有奖金，便伪造了甲的身份证件，到相关部门签字冒领了该笔奖金。根

* 本章答案参见第 100 页。

** 本章答案参见第 101 页。

据《民法典》的规定，下列说法正确的有：（　　）

A. 乙侵害了甲的姓名权

B. 乙取得的奖金构成不当得利

C. 乙侵害了甲的财产权

D. 乙侵害了甲的荣誉权

2. 医生甲在给乙做腹腔手术（未患阑尾炎）时，擅自切除乙的阑尾，甲医生的行为侵犯了乙的什么权利？（　　）

A. 健康权　　B. 生命权

C. 身体权　　D. 自主权

3. 高甲患有精神病，其父高乙为监护人。2009年高甲与陈小美经人介绍认识，同年12月陈小美以其双胞胎妹妹陈小丽的名义与高甲登记结婚，2011年生育一子高小甲。2012年高乙得知儿媳的真实姓名为陈小美，遂向法院起诉。诉讼期间，陈小美将一直由其抚养的高小甲户口迁往自己原籍，并将高小甲改名为陈龙，高乙对此提出异议。下列哪一选项是正确的？（　　）

A. 高甲与陈小美的婚姻属无效婚姻

B. 陈小美以其妹妹陈小丽的名义与高甲登记结婚的行为未侵犯陈小丽的合法权益

C. 陈小美为高小甲改名的行为侵害了高小甲的姓名权

D. 陈小美为高小甲改名的行为未侵害高甲的姓名权

4. 甲在市场上购买了一幅乙创作的国画后，将乙的署名刮去，签上自己的艺名并盖上自己的印章后，将该画悬挂于自家客厅鉴赏，往来客人对甲的创作水准赞不绝口。甲侵害了乙的哪一个权利？（　　）

A. 姓名权　　B. 署名权

C. 荣誉权　　D. 改编权

5. 某报社在一篇新闻报道中披露未成年人甲是乙的私生子，致使甲备受同学嘲讽和奚落，给甲的学习和生活造成重大影响。甲甚至因精神痛苦，自残左手无名指。按照我国现行法律规定，对该报社的行为应该如何认定？（　　）

A. 是如实报道，不构成侵权

B. 侵害了甲的隐私权

C. 侵害了甲的健康权

D. 侵害了甲的身体权

6. 某二人转明星请某摄影爱好者为其拍摄个人写真，摄影爱好者未经该明星同意将其照片卖给崇拜该明星的广告商，广告商未经该明星、摄影爱好者同意将该明星照片刊印在广告单上。对此，下列哪一选项是正确的？（　　）

A. 照片的著作权属于该明星，但由摄影爱好者行使

B. 广告商侵犯了该明星的肖像权

C. 广告商侵犯了该明星的名誉权

D. 摄影爱好者卖照片给广告商，不构成侵权

7. 赵某系全国知名演员，张某经多次整容后外形酷似赵某，此后多次参加公益性模仿秀表演，承接并拍摄了一些商业广告。下列哪一选项是正确的？（　　）

A. 张某故意整容成赵某外形的行为侵害了赵某的肖像权

B. 张某整容后参加公益性模仿秀表演侵害了赵某的肖像权

C. 张某整容后承接并拍摄商业广告的行为侵害了赵某的名誉权

D. 张某的行为不构成对赵某人格权的侵害

8. 张某因出售公民个人信息被判刑，孙某的姓名、身份证号码、家庭住址等信息也在其中，买方是某公司。下列哪一选项是正确的？（　　）

A. 张某侵害了孙某的身份权

B. 张某侵害了孙某的名誉权

C. 张某侵害了孙某对其个人信息享有的民事权益

D. 某公司无须对孙某承担民事责任

**二、多项选择题，每题所给的选项中有两个或两个以上正确答案，少答或多答均不得分。**

1. 长发飘飘的李某视其乌黑顺滑的头发为心中无价之宝。一日，李某去某理发店染发，员工张某为其使用劣质染发膏致使李某头发断裂，由长发变为参差不齐的短碎发。李某自2010年起留长发，精心护理，对此结果难以接受，遂起诉至法院。关于此案，下列哪些说法是正确的？（　　）

A. 张某侵犯了李某的身体权

B. 理发店构成违约

C. 李某可向张某主张精神损害赔偿

D. 李某只能向理发店主张违约损害赔偿

2. 孙大娃被招为上门女婿与宋翠花结婚，婚后生子宋二娃。宋二娃与孔菜花结婚后生子宋三娃，宋三娃2岁时父亲因拐卖被判20年有期徒刑，孔菜花无力抚养幼子，宋三娃由独身的表叔蒋公英抚养成人。宋三娃暗恋本村的第一个大学生邻家女孩木子美。宋三娃20岁时向公安机关提出变更姓名的申请。下列假设的四个申请中，哪些选项可以得到公安机关准许？（　　）

A. 随祖父孙大娃姓，更名为“孙立德”

B. 随母亲孔菜花姓，更名为“孔立功”

C. 随表叔蒋公英姓，更名为“蒋小正”

D. 随邻居木子美姓，更名为“木立言”

3. 朴某系知名美容专家。某医院未经朴某同意，在医院网站上使用了朴某照片和简介，且将朴某名字和简介错误地安在了其他专家的照片旁。下列哪些说

法是正确的？(　　)

A. 医院侵犯了朴某的姓名权

B. 医院侵犯了朴某的肖像权

C. 医院侵犯了朴某的名誉权

D. 医院侵犯了朴某的荣誉权

4. 摄影爱好者李某为好友丁某拍摄了一组生活照，并经丁某同意上传于某社交媒体群中。蔡某在社交媒体群中看到后，擅自将该组照片上传于某营利性摄影网站，获得报酬若干。对蔡某的行为，下列哪些说法是正确的？(　　)

A. 侵害了丁某的肖像权

B. 侵害了丁某的身体权

C. 侵害了李某的著作权

D. 不构成侵权

5. 甲在某网站上上传其自拍的生活照，乙公司擅自下载这些生活照并配上文字说明后出版成书。丙书店购进该书销售。下列哪些说法是正确的？(　　)

A. 乙公司侵犯了甲的发表权

B. 乙公司侵犯了甲的复制权

C. 乙公司侵犯了甲的肖像权

D. 丙书店应当承担侵权责任

6. 女青年牛某因在一档电视相亲节目中言辞犀利而受到观众关注，一时应者如云。有网民对其发动“人肉搜索”，在相关网站首次披露牛某的曾用名、儿时相片、家庭背景、恋爱史等信息，并有人在网站上捏造牛某曾与某明星有染的情节。关于网民的行为，下列哪些说法是正确的？(　　)

A. 侵害牛某的姓名权

B. 侵害牛某的肖像权

C. 侵害牛某的隐私权

D. 侵害牛某的名誉权

7. 李某与黄某未婚同居生子，取名黄小某。后李某和黄某分手，分别建立了家庭。黄小某长大后，进入演艺界，成为一名当红歌星。星星报社专职记者吴基(工作关系在报社)探知这一消息后，撰写文章将黄小某系私生子的事实公开报道，给黄小某造成极大痛苦。下列哪些选项是正确的？(　　)

A. 该报道侵害了黄小某的隐私权

B. 该报道侵害了黄小某的荣誉权

C. 吴某应对黄小某承担侵权责任

D. 星星报社应对黄小某承担侵权责任

# 第五编　婚姻家庭

## 第二十六章　婚姻家庭概述*

**不定项选择题，每题所给的选项中有一个或一个以上正确答案，不答、少答或多答均不得分。**

1. 以下不属于甲的家庭成员的为？(　　)

A. 与甲长期分居的配偶乙

B. 自从甲成年后即不再与其共同生活的父母丙、丁

C. 定居在另一个城市的养女戊

D. 定居在另一个国家的哥哥己

2. 在我国婚姻制度中，男女平等体现在以下哪些方面？(　　)

A. 男女结婚年龄应当相同

B. 夫妻在婚姻家庭关系中地位平等

C. 夫妻对共同财产，有平等的处理权

D. 禁止包办婚姻、买卖婚姻

3. 以下哪些选项不是我国收养制度的原则的体现？(　　)

A. 养子女 8 周岁以上的，解除收养关系，应当征得本人同意

B. 收养 8 周岁以上未成年人的，应当征得被收养人的同意

C. 收养人、送养人要求保守收养秘密的，其他人应当尊重其意愿，不得泄露

D. 外国人不可以在中华人民共和国收养子女

---

* 本章答案参见第 103 页。

# 第二十七章　结婚和离婚*

**不定项选择题，每题所给的选项中有一个或一个以上正确答案，不答、少答或多答均不得分。**

1. 以下关于协议离婚以及诉讼离婚的说法正确的是？（　　）

A. 男女双方自愿离婚的，应当订立书面离婚协议，并亲自到婚姻登记机关申请离婚登记

B. 婚姻登记机关查明双方确实是自愿离婚的，予以登记，发给离婚证

C. 人民法院收到诉讼离婚起诉书之日起 30 天内，原告可以撤回诉讼离婚请求

D. 婚姻登记机关收到离婚登记申请之日起 30 天内，男女双方协商一致方可撤回离婚登记申请

2. 以下关于诉讼离婚的条件，表述不正确的是？（　　）

A. 男女一方要求离婚的，应当先由有关组织进行调解，调解不成，再向人民法院提起离婚诉讼

B. 人民法院审理离婚案件，应当进行调解；如果感情确已破裂，调解无效的，应当准予离婚

C. 一方存在重婚或者与他人同居之情形，人民法院应当准予离婚

D. 一方被宣告失踪，另一方提起离婚诉讼的，应当准予离婚

3. 以下哪些情形中，法院应当准予离婚？（　　）

A. 人民法院在审理离婚案件时，经过调解，发现感情确已破裂，调解无效的

B. 一方被宣告失踪，另一方提起离婚诉讼的

C. 经人民法院判决不准离婚后，双方又分居满半年，一方再次提起离婚诉讼的

D. 经查明双方确实是自愿离婚，并已对子女抚养、财产及债务处理等事项协商一致的

4. A（女）和 B（男）谈恋爱，并已经同居。A 认为 B 不务正业，不适合成为丈夫，要与 B 分手。B 扬言非 A 不娶，并且以同居时存有 A 的不雅照（实际上没有）为由，要求 A 与其结婚。后 A 与 B 领证。下列选项中正确的是？（　　）

A. 因受欺诈婚姻可撤销

B. 非当事人真实意思表示，婚姻无效

C. 因受胁迫婚姻可撤销

D. 因受胁迫而婚姻无效

5. 宋勤是一名现役军人，其妻子李念欲与其离婚，有如下哪些情形时，需征得宋勤的同意？（　　）

A. 宋勤在婚内与其结识的一名女子同居

B. 宋勤长期虐待与其共同居住的李念与前夫所生的儿子

C. 宋勤有赌博的恶习，经李念多次劝阻但仍不悔改

D. 双方因感情不和分居满 2 年的

6. 以下关于离婚之后的父母子女关系以及财产关系的表述，正确的是？（　　）

A. 离婚后，子女无论由父或者母直接抚养，仍是父母双方的子女

B. 离婚后，仅直接抚养子女的一方对于子女有抚养、教育、保护的权利和义务

C. 离婚后，不满两周岁的子女的抚养问题，以由父母协议为原则

D. 离婚后，夫妻双方的财产问题，协商不成的，由人民法院根据双方的具体情况，按照最有利于未成年子女的原则判决

7. 王茵和李林结婚后育有一子李小宝。后夫妻双方关系不和而离婚，因离婚时李小宝刚满 1 岁，因此王茵被判决对李小宝享有抚养权。下列关于李林的探望权的表述不正确的是？（　　）

A. 李林有探望李小宝的权利，王茵有协助的义务

B. 行使探望权利的方式、时间由李林和王茵协议；协议不成的，由人民法院判决

C. 李小宝上小学时，李林每次探望李小宝，均教唆其从事一些小偷小摸的活动，王茵深感气愤，其可以中止李林的探望权

D. 李林的探望权行使必须符合李小宝的利益

8. 以下哪些情形导致离婚的，无过错方有权请求损害赔偿？（　　）

A. 甲男在婚姻存续期间与其认识的女友在外租房，长期以夫妻名义共同居住

B. 乙女在婚内长期虐待其和丈夫共同领养的养女

C. 丙男在婚内多次出轨，并与他人生下私生子

D. 丁女长期对其丈夫实施家庭暴力

9. 以下情形中，夫妻一方在离婚时可以向另一方请求补偿的是？（　　）

A. 夫妻一方因抚育子女、照料老年人、协助另一方工作等负担较多义务的

B. 一方重婚或者与他人同居

C. 一方实施家庭暴力或者虐待、遗弃家庭成员

---

* 本章答案参见第 104 页。

D. 一方有赌博、吸毒等恶习屡教不改

10. 离婚时，关于夫妻共同财产的处理，以下说法不正确的是？（　　）

A. 离婚时，夫妻共同财产由双方协议处理

B. 夫妻双方协议不成，由人民法院根据财产具体情况，按照有利于子女和女方权益的原则判决

C. 对夫或者妻在家庭土地承包经营中享有的权益等，应当依法予以保护

D. 分割共同财产时，应考虑是否有利于当事人生产、生活

11. 以下表述正确的是？（　　）

A. 甲男胁迫乙女结婚，后乙女向登记机关请求撤销婚姻，婚姻撤销后，甲、乙同居期间所得财产应平分

B. 甲男和其姑姑结婚并生下的孩子，不适用《民法典》婚姻家庭编中关系父母子女的规定

C. 甲某男患有重大疾病，在与乙某女登记结婚前未如实告知，若乙某女知晓该事实之后，请求法院撤销婚姻，则乙某女有权请求甲某男损害赔偿

D. 甲男有配偶之后仍与乙女结婚，其同居期间所得的财产，由当事人协议处理；协议不成的，由人民法院根据财产的具体情况，按照照顾子女和女方权益的原则判决

12. 王云因相貌出众被同村青年拐卖到偏远山村，并在该村的张大牛胁迫之下与之结婚。同时张大牛及其父母为了防止王云逃跑，常年将王云关在上锁的房间内。5 年后，该山村的正义青年张侠帮助王云逃离了山村，回到了家乡。关于这段婚姻关系，以下表述正确的是？（　　）

A. 王云与张大牛的婚姻关系自始无效

B. 王云回家之后，可以通知张大牛撤销其婚姻关系

C. 王云仍须对其与张大牛所生的子女履行抚养、教育、保护等义务

D. 回到家乡 2 年后，王云欲建立新的婚姻关系，则其可以向法院申请撤销其与张大牛的婚姻关系

13. 任海自幼双目失明，家境贫寒。后其在同村媒婆的介绍之下，与隔壁村的女青年任珊结婚。结婚 2 年之后，任珊嫌弃任海的穷困处境，于是两人协议离婚。以下关于离婚时的经济帮助的说法错误的是？（　　）

A. 因任海的生活困难并非婚后产生，因此任珊无须对其进行经济帮助

B. 生活困难出现在离婚后，困难方不得要求经济帮助

C. 若离婚时任珊亦无经济能力，则其无须向任海提供经济帮助

D. 经济帮助是夫妻相互扶养义务在离婚后的延伸和表现

# 第二十八章　家 庭 关 系*

**不定项选择题，每题所给的选项中有一个或一个以上正确答案，不答、少答或多答均不得分。**

1. 下列说法错误的是？（　　）

A. 丈夫甲整日酗酒赌博，挥霍家庭财产，妻子乙有权向法院请求分割共同财产

B. 甲的父亲乙和母亲丙离婚后，与丁结婚，并育有一子戊，于是甲对乙不再有赡养义务

C. 丈夫甲以个人名义向朋友丙借款 3000 元用于购买家庭日常生活用的空调，该 3000 元的债务属于丈夫甲和妻子乙的共同债务

D. 丈夫甲在一次车祸中被撞受伤，获赔 15 万元，该赔偿款属于丈夫甲的个人财产

2. 以下不是夫妻共同财产的是？（　　）

A. 丈夫甲在婚姻关系存续期间的工资、奖金

B. 丈夫甲在婚姻关系存续期间创作的音乐作品的版权费

C. 妻子乙婚前持有的股票在婚后价值上涨的部分

D. 妻子乙在婚姻关系存续期间因车祸受伤而获得的赔偿

3. 甲男与乙女于 2020 年 9 月 1 日结婚。对此，下列说法正确的是？（　　）

A. 甲男的父母在甲婚前赠与甲男的一套住房和婚后确定只赠与甲男归其所有的一辆汽车，均属于甲男的个人财产

B. 甲男与乙女可以口头约定双方婚姻存续期间所得财产归各自所有

C. 甲男在婚后以个人名义向朋友丙借款 5 万元用于为自己购买名贵手表，该 5 万元债务属于夫妻共同债务

D. 甲男与乙女约定婚后生活中凡是超过 1000 元以上的支出，需要夫妻双方协商同意。甲男为家庭日常生活需要向不知情商家购买了一台价值 1200 元的洗衣机，该行为对乙女不发生效力

4. 李雷和韩梅梅为夫妻，并育有一女李小梅。下列说法正确的是？（　　）

A. 李雷无权要求韩梅梅婚后改名为李梅梅

---

* 本章答案参见第 106 页。

B. 李雷年薪百万，可以负担一家人所有的生活开支，因此，李雷有权要求韩梅梅辞掉工作，在家照看年幼的李小梅

C. 因为李雷常年在外工作，很少照顾李小梅，因此，韩梅梅有权拒绝李雷干涉李小梅的教育问题

D. 李雷在外工作受伤致残，需要人扶养，韩梅梅可以以李雷常年在外工作，很少回家为由，要求李雷由李雷的父母扶养，而自己拒绝扶养

5. 甲男与乙女于 2020 年 6 月 1 日结婚。甲男在婚前持有(1)价值 10 万元的股票，婚后该股票(2)升值了 5 万元；婚后甲男和乙女共同购买了(3)一套价值 100 万元的房屋；乙女在结婚期间创作了一首歌曲，获得(4)版权费 5 万元；婚后甲男的父母去世，甲男继承了其父母的(5)价值 150 万元的遗产。以上属于夫妻共同财产的是？(　　)

A. (1)(2)(3)(4)(5)

B. (2)(3)(4)(5)

C. (1)(2)(3)(4)

D. (2)(3)(4)

6. 王梅在与张雷恋爱期间怀孕，二人分手后，王梅生下孩子王兰。后王梅与李东结婚；张雷与赵雨结婚，并育有一子张云。下列说法正确的是？(　　)

A. 张雷因为已经另行结婚，因此可以不支付对王兰的抚养费

B. 张云与王兰都有继承张雷的遗产的权利

C. 王兰不是李东的婚生子，因此李东无权教育抚养王兰

D. 王兰有权继承王梅的遗产

7. 王梅在与李东结婚后，仍无法忘记自己的初恋张雷，经常私会张雷并不慎怀孕，生下了李云。这一切都被李东察觉，且李东曾被诊断生育的可能性很低。下列说法正确的是？(　　)

A. 李东可以向法庭提起诉讼，请求否认自己与李云之间的亲子关系

B. 李云长大后经常听到有关自己身世的风言风语，16 岁的他可以向法院提起诉讼请求确认亲子关系

C. 王梅与李东因李云身世问题常年不和，并最终离婚，离婚后，李东无权再提起亲子关系否认之诉

D. 王梅与李东因李云身世问题常年不和，并最终离婚，离婚后，李东仍有权提起亲子关系否认之诉

8. 王梅和李东都是独生子女，两人结婚育有一子李北。后王梅和李东在一次车祸中双双瘫痪，无力抚养李北。下列说法错误的是？(　　)

A. 有负担能力的祖父母、外祖父母，有义务抚养未成年的李北

B. 李北成年具有负担能力后，主要义务是赡养其父母王梅和李东，而对王梅和李东的父母，李北则没有义务赡养

C. 假设王梅和李东育有两子李北和李南。王梅和李东瘫痪失去抚养能力时，李南 17 岁，已经在工作，具有负担能力。但是因为李南仍未成年，所以李南没有义务扶养 7 岁的李北

D. 假设王梅和李东育有两子李北和李南。王梅和李东瘫痪后，李南将李北扶养大。李北具有负担能力后，李南不幸受伤失去劳动能力，只能依靠收房租勉强度日，李北对李南没有扶养义务

9. 王梅和李东结婚，并育有一子李北，下列哪些行为是合法的？(　　)

A. 李东禁止王梅与曾经喜欢过王梅的同事张雷见面，并要求王梅更换工作

B. 王梅认为李东学历太低，禁止李东参与对李北的教育

C. 王梅为家庭生活需要向张雷赊购了一台洗衣机，张雷可以要求李东支付价款

D. 李东为了买个人收藏品私自向朋友张雷借了 5 万元，该 5 万元不属于夫妻共同债务

10. 下列哪些情形下，夫妻一方可以向法院请求分割共同财产？(　　)

A. 甲男伪造夫妻共同债务，严重损害夫妻共同财产利益

B. 甲男的亲弟弟急需 20 万元结婚，甲男妻子乙女不同意甲男给其弟 20 万元

C. 甲男婚前投资 10 万元股票，婚后增值至 40 万元，甲男十分开心，肆意赌博挥霍这 40 万元

D. 甲男母亲病重，急需 5 万元手术费，但是其妻子乙女不同意支付这笔钱

# 第二十九章　收　　养*

**不定项选择题，每题所给的选项中有一个或一个以上正确答案，不答、少答或多答均不得分。**

1. 下列说法错误的是？(　　)

A. 李云今年 15 周岁，已不属于儿童，无法被收养

B. 收养三代以内旁系同辈血亲的子女，被收养人的生父母可以不具有特殊困难无力抚养子女的情形

* 本章答案参见第 107 页。

C. 王梅育有一儿一女，但是仍可以再收养一名孤儿

D. 张雷单身，今年 50 周岁，不能收养 12 周岁的异性女童

2. 王梅和李东系夫妻，收养了一名 6 周岁的女童刘雪，下列说法正确的是？（　　）

A. 王梅和李东均需与刘雪的年龄相差 40 周岁以上

B. 收养刘雪时，应当征得刘雪的同意

C. 王梅、李东与刘雪的收养关系成立时，刘雪与其生父母及其他近亲属之间的权利义务关系消除

D. 刘雪被收养后，需要改名为李雪或王雪

3. 甲男和乙女收养了丙女，现丙女 12 周岁。下列说法正确的是？（　　）

A. 因为丙女尚未成年，因此甲男和乙女一律不得解除与丙女的收养关系

B. 如果收养人甲男、乙女有虐待丙女的行为，送养人有权要求解除他们之间的收养关系

C. 甲男、乙女与丙女解除收养关系之后，丙女与生父母及其他近亲属间的权利义务关系并不自行恢复

D. 如果收养人甲男、乙女有虐待丙女的行为，其生父母要求解除收养关系，甲男和乙女有权要求其生父母适当补偿收养期间支出的抚养费

4. 下列说法错误的是？（　　）

A. 被收养人须为未成年人

B. 生父母送养子女的，可以单方送养

C. 甲男为华侨，已经有两个孩子，依然能收养自己的三代以内旁系同辈血亲的子女

D. 收养查找不到生父母的未成年人的，办理登记的民政部门应当在登记前予以公告

5. 下列说法中不属于可以解除收养关系的情形的是？（　　）

A. 养父母与成年养子女关系恶化、无法共同生活

B. 收养人和送养人在被收养人成年以前，协议解除收养关系

C. 收养人不履行抚养义务，有虐待、遗弃等侵害未成年养子女合法权益行为的，送养人要求解除养父母与养子女的收养关系

D. 收养人和送养人在被收养人 9 周岁时，协议解除收养关系，但没有征得被收养人同意

6. 关于收养程序，下列说法错误的有？（　　）

A. 收养 6 周岁以上的未成年人，应当征得被收养人的同意

B. 收养应当向市级以上人民政府民政部门登记

C. 外国人在中国收养子女，应当亲自向省、自治区、直辖市人民政府民政部门登记

D. 收养当事人之间可以订立收养协议

7. 甲男和乙女将丙女收养并抚养成人。丙女成年后，甲男和乙女因为意外失去劳动能力并缺乏生活来源，而丙女因为虐待、遗弃养父母而解除了与甲男和乙女的收养关系。下列说法正确的是？（　　）

A. 因收养关系解除，丙女无须付给甲男和乙女生活费

B. 即使收养关系解除，丙女仍需付给甲男和乙女生活费

C. 因收养关系解除，甲男和乙女无权要求丙女补偿收养期间支出的抚养费

D. 即使收养关系解除，甲男和乙女仍有权要求丙女补偿收养期间支出的抚养费

8. 甲男和乙女育有一女丙女，甲男不幸去世后，乙女因特殊困难无力扶养丙女，决定送养。下列说法正确的是？（　　）

A. 甲男的父母有优先抚养的权利

B. 若丙女年满 8 周岁，则送养时应当征得丙女的同意

C. 丁男无配偶，是乙女三代以内旁系同辈血亲，丁男收养丙女不受 40 周岁年龄差的限制

D. 丁男无配偶，是乙女三代以内旁系同辈血亲，育有两个儿子，即使乙女并非有特殊困难无力抚养，丁男仍可收养丙女

9. 吕某和张某在 1990 年收养一女夏某，花费精力尽心培养。夏某成年后不履行赡养义务。吕某于 2016 年去世，夏某对张某拒不赡养并欲将其赶出家门。2017 年张某要卖掉与吕某的 5 处私房，夏某不同意。张某无法忍受，遂向法院起诉解除和夏某的收养关系。下列说法正确的是？（　　）

A. 张某有权让夏某补偿收养期间的生活费和教育费

B. 夏某无权继承吕某的遗产

C. 张某无权解除对夏某的收养关系

D. 对于 5 处私房，张某和夏某各继承一半

# 第六编　继　　承

## 第三十章　继承概述*

**一、单项选择题，每题所给的选项中只有一个正确答案。**

1. 甲生前立有遗嘱，死后将自己的1套毛笔和砚台送给其学生小张。甲去世时，小张正在美国留学，1年后小张从美国回来，才知道甲已经去世。又过了1年，小张才知道甲曾作出将1套毛笔和砚台送给小张的遗赠。小张能否向甲的继承人请求该套毛笔和砚台？（　　）

A. 不能，因为小张没有在甲死亡后60日内表示接受遗赠，已视为放弃接受遗赠

B. 不能，小张向甲的继承人请求该套毛笔和砚台，已经过了诉讼时效

C. 能，因为小张直到甲死亡后2年才知道甲的遗赠

D. 能，因为遗赠优于法定继承

2. 王某与其妻育有独生子王甲，此外王某还有私生子王乙。王某立有遗嘱，自己死后的遗产由王甲、王乙、朋友张丙平分。由于王某多年来身体状况较差，王甲不愿照顾，长期虐待王某。由于王乙希望独占王某遗产，某日其持刀威逼王某设立由王乙继承全部财产的遗嘱，因王某寻找机会大声呼救引来警察，未能得逞。后王甲经过社区法治教育后幡然悔悟，对王某悉心照料，并取得了王某的谅解。张丙见此情形，担心日后王某会转念将财产全部交由王甲继承，故将王某杀害，并伪造成自杀现场。王甲、王乙、张丙中，没有丧失继承权的是？（　　）

A. 王甲　　B. 王乙

C. 张丙　　D. 以上选项均错误

**二、多项选择题，每题所给的选项中有两个或两个以上正确答案，少答或多答均不得分。**

1. 刘某某生前租用其好友的铺面一间用于经营杂货。其名下还拥有存款10万元，自行车、彩电、冰箱、音响各一台，股票以及国库券若干，但其摩托车因拖欠修理费已被维修店留置。刘某某早年曾因公致残，获得单位的抚恤金8万元。刘某某于2014年买有意外伤害保险一份，但其中并未填写受益人。后刘某某因车祸死亡，获得保险赔偿金3万元。依法律规定刘某某的遗产包括？（　　）

A. 存款、自行车　　B. 彩电、音响、摩托车

C. 股票、国库券　　D. 抚恤金、保险金

2. 下列哪些行为不会引起放弃继承权的效果？（　　）

A. 甲在其父生前与其共同发表书面声明，断绝父子关系

B. 乙在遗产处理前，未表明是否放弃继承权

C. 丙在遗产处理前，发表书面声明放弃继承权

D. 丁在遗产处理后，发表书面声明放弃继承权

## 第三十一章　法定继承**

**一、单项选择题，每题所给的选项中只有一个正确答案。**

1. 甲在年幼时被乙收养并办理了登记手续，多年来乙一直同甲共同生活，抚养甲长大。甲成年后，将卧病在床的生父接到自己家中悉心照顾。10年后，甲的生父去世。下列说法错误的是？（　　）

A. 甲、乙间的权利义务关系，适用法律关于父母子女关系的规定

B. 乙死亡后，甲有权作为第一顺序继承人，继承乙的遗产

C. 甲有权作为第一顺序继承人，继承生父的遗产

D. 甲有权作为除继承人以外的人，分得生父的遗产

2. 王某与其妻子张乙以及张乙的母亲去西南某旅游胜地自驾游，在返程途中三人不幸遭遇车祸，无一生还，且不能确定三人死亡时间。已知张乙与王某有一儿子王小明，张乙的父亲早已去世，张乙另有一姐姐张甲，同时王某的近亲属中，仅母亲黄某尚在人世。王某与张乙共

---

* 本章答案参见第108页。

** 本章答案参见第109页。

有财产12万元，张乙的母亲共有财产8万元。对于本案财产的继承与分割，下列选项正确的是？（　　）

A. 张甲4万元，黄某4万元，王小明12万元

B. 张甲4万元，黄某3万元，王小明13万元

C. 张甲8万元，黄某3万元，王小明9万元

D. 张甲8万元，黄某6万元，王小明6万元

3. 安某与谢某结婚后生育一女谢甲，谢甲与赵某结婚后生育一子赵甲。某日，赵某因与谢甲及谢某发生争执，将谢甲杀死后，又将谢某杀死，然后自缢而亡。经查，赵某父母双亡，仅有一弟弟赵乙。赵某与谢甲共有财产6万元，安某与谢某共有财产4万元。对于本案财产继承及分割，正确的是？（　　）

A. 安某5万元，赵甲5万元

B. 安某4万元，赵甲6万元

C. 安某2.5万元，赵甲7.5万元

D. 安某4.5万元，赵甲5.5万元

**二、多项选择题，每题所给的选项中有两个或两个以上正确答案，少答或多答均不得分。**

1. 甲与乙结婚后，收养了丙，二人对丙视同己出，未办理收养手续。2020年2月，甲因意外事故去世，未立遗嘱。同年3月，乙分娩了一对双胞胎，其中男婴娩出时即为死体，女婴娩出时为活体，但很快死亡。对于甲的遗产，以下说法正确的是？（　　）

A. 乙为第一顺序的法定继承人

B. 丙为第一顺序的法定继承人

C. 分割甲的遗产时，应当保留男婴的份额

D. 女婴死亡后，应当发生法定的代位继承

2. 王大妻子早亡，两人仅有一子王二。后王二与张元结婚，生下儿子王三。不久，王二在出差途中遭遇车祸不治身亡，王大得知该消息后心脏病发作当场死亡。经查，王大共有财产20万元，王二与张元共有财产60万元。据此，下列说法不正确的是？（　　）

A. 因王大无法定继承人，故王大的所有遗产归国家所有

B. 王三为王大的第一顺序法定继承人

C. 王三共可获得遗产50万元

D. 张元共可获得遗产25万元

3. 村民张某死后留有房屋6间，水牛2头。张某有妻张乙，两个孩子张丙和张丁。对于张某的遗产继承，下列说法中正确的有？（　　）

A. 房屋6间由张乙分得4间，张丙和张丁各1间

B. 房屋6间由张乙、张丙和张丁各2间

C. 在遗产没有分割之前，各继承人对遗产的权利为共同共有

D. 对水牛的分割应采取变价分割或作价补偿，而不宜采用实物分割的方式

4. 王某妻子早亡，其独自抚养儿子王勇和女儿王芳。王勇在与张萍结婚3年后去世，两人并未育有子女。王勇去世后，张萍将王某视为亲父，尽心赡养；而王芳因父亲小时偏心王勇，拒绝赡养王某。后王某突发疾病而死。对于王某遗产的处理和分割，下列选项正确的是？（　　）

A. 应适当分配给张萍少量遗产

B. 应由张萍和王芳平分王某的遗产

C. 张萍应作为第一顺序继承人继承王某的遗产

D. 可以将全部遗产留给张萍

# 第三十二章　遗嘱继承和遗赠*

**多项选择题，每题所给的选项中有两个或两个以上正确答案，少答或多答均不得分。**

1. 李某死后留有遗产共计100万元。根据其遗嘱安排，李某自有的价值50万元的汽车由其女儿继承，其价值10万元的玉佩赠送给其侄子。剩余的40万元遗产由其妻和其女儿按照法定继承的方式继承。李某后事处理完后，张某找上门要求其继承人代李某偿还其生前的债务共计70万元。对于债务清偿问题，下列说法正确的是？（　　）

A. 李某女儿应当清偿45万元

B. 李某妻子应当清偿20万元

C. 李某侄子应当优先清偿10万元

D. 李某女儿应当清偿70万元

2. 张某有甲、乙、丙、丁四个继承人。2020年2月24日，张某亲笔书写一份遗嘱，写明全部遗产由甲继承，并签名和注明了年、月、日。后张某经过审慎思考，认为甲为人虚伪、品行不端，故而在同年4月，在两位律师的见证下立下一份打印遗嘱，写明全部遗产由乙继承，张某与两位律师均在遗嘱尾页签名并注明了年、月、日。不久后，乙与张某大吵并断绝了父子关系，张某十分伤心，在妻子和10岁孙女的见证下，由妻子代书了一份遗嘱，写明全部财产由丙继承，并注明了年、月、日。同年5月，张某突发心脏病，被丁送往医院急救，张某十分感动，在进入急救室之前立下口头遗嘱，全部财产由丁继承，由在场的4位医生、护士见证。之后张某抢救成功，身体康复，出院后未立

---

* 本章答案参见第110页。

下新的遗嘱。下列选项中哪些人无权继承张某的财产？（　　）

A. 甲　　B. 乙

C. 丙　　D. 丁

3. 甲因得知自己重病，不久于人世，故拟定书面遗嘱，将所有存款留给其学生乙，剩余的遗产按照法定继承处理。甲的法定继承人丙得知该遗嘱后未表态，乙得知该遗嘱后表明自己需要考虑一段时间。对此，下列说法不正确的是？（　　）

A. 若丙在知道该遗嘱 60 日内一直未表态，应视为丙放弃继承

B. 若乙一直未表态，应视为乙接受遗赠

C. 若乙明确表示接受遗赠，但在甲逝世前遭遇车祸去世，则届时应由乙的法定继承人继承甲的所有存款

D. 若乙明确表示接受遗赠，但在甲逝世前遭遇车祸去世，则届时应由甲的法定继承人继承甲的所有存款

# 第三十三章　遗产的处理*

**一、单项选择题，每题所给的选项中只有一个正确答案。**

1. 甲某膝下无子女，后将乙收为养子。甲某因病去世，去世时未留下遗嘱。其有一个侄子因下肢瘫痪长期由其照顾。下列哪项说法是正确的？（　　）

A. 养子乙应为第二顺位继承人

B. 因甲某死亡且未留下遗嘱，甲某的弟弟丙应为第一顺序继承人

C. 如果甲曾贩卖毒品，其收益可以作为遗产继承

D. 甲某的侄子缺乏劳动能力又没有生活来源，长期依靠甲生活，可以分给其适当的遗产

2. 甲在与妻子、儿子在外自驾游时，因车祸意外去世，其妻子与儿子仅受轻伤。下列选项中属于甲的遗产的是？（　　）

A. 甲在担任某局长期间收受的贿赂

B. 甲生前为自己投保一份人身保险，指定受益人为妻子，该份保险的保险金

C. 甲撰写的职务作品《论公务员的自我修养》的著作发表权

D. 全部夫妻共同财产

**二、多项选择题，每题所给的选项中有两个或两个以上正确答案，少答或多答均不得分。**

1. 李某于 2017 年 1 月立下书面遗嘱，其死后遗产由三个儿子平分。2017 年 4 月 1 日，李某去世。2017 年 4 月 2 日，李某的大儿子知晓其父亲去世的消息和遗嘱的内容。据此，下列说法正确的是？（　　）

A. 本题中，继承从 4 月 1 日开始

B. 李某的大儿子在知晓其父去世后，应当及时通知其他继承人

C. 若大儿子还未通知其他继承人便不幸遭遇车祸去世，应当由大儿子生前所在单位或者住所地的居民委员会通知其他继承人

D. 若大儿子知晓遗嘱内容，故意藏匿遗嘱不通知其他继承人，则大儿子丧失继承权

2. 谭某有哥哥，秦某有妹妹。谭某与秦某结婚后，在婚假旅行中不幸死于一场事故。请问二人的遗产应怎样分割？（　　）

A. 谭某的遗产应由其哥哥和秦某的妹妹继承

B. 秦某的遗产由其妹妹继承

C. 谭某的遗产由其哥哥继承

D. 秦某的遗产由其妹妹和谭某的哥哥继承

3. 费某与严某相交莫逆。费某身患重病，自觉不久于人世，故立下遗嘱，并委托严某为遗嘱执行人。费某去世后，严某对其遗产进行了清点，并向继承人秦某和吕某报告了遗产情况。在此过程中，严某因为重大疏忽，致使费某遗产中的多株名贵兰花枯死。下列说法正确的是？（　　）

A. 若费某未指定严某为遗嘱执行人，则应由法院指定遗产管理人

B. 严某有义务处理费某的债权债务关系

C. 严某须赔偿秦某、吕某名贵兰花枯死的损失

D. 严某有权依照法律规定获得报酬

* 本章答案参见第 111 页。

# 第七编　侵权责任

## 第三十四章　侵权责任概述*

**一、单项选择题，每题所给的选项中只有一个正确答案。**

1. 甲、乙、丙一起在丁放学的路上将其拦截。拦截丁之后，甲递给乙一块自己从地上拾起的石头，并让乙向丁扔过去。乙遂扔石头将丁打伤。在此过程中，丙站在一旁目睹这一切的发生。对丁的损害，下列描述正确的是？（　　）

A. 乙应当承担侵权责任

B. 甲、乙应当承担连带责任

C. 甲、乙、丙应当承担连带责任

D. 甲、乙、丙应当承担按份责任

2. 二楼住户甲见一楼住户乙家的后面有较大的空间，遂在未经乙同意的情况下将自家的纸箱堆放于此。过年时，三楼住户丙无意中将手中烟头丢下，引燃了甲堆放的纸箱，导致乙房屋被焚毁。对乙房屋的损害，甲、丙应承担的责任是？（　　）

A. 甲、丙负连带责任

B. 甲、丙负按份责任

C. 甲承担侵权责任，丙承担补充责任

D. 丙承担侵权责任，甲承担补充责任

3. 甲、乙两位同学自愿报名参加学校组织的面向全体师生的运动会。在田径接力赛时，因操场跑道不平，甲不慎摔倒，并将紧随其侧、正常奔跑的相邻跑道上另一名参赛的乙也绊倒，甲、乙均受伤。对甲、乙的损害，下列描述正确的是？（　　）

A. 甲应对乙的损害承担责任

B. 甲、乙双方均无过错，应适用公平补偿责任

C. 学校承担侵权责任，甲承担补充责任

D. 学校应对甲、乙的损害承担责任

4. 甲趁着春暖花开之际到郊外踏青，恰逢电力公司正在维修高压线路。维修工人见甲立于高压塔下，便再三提醒甲离开此地。甲对此不以为然，结果甲在使用电话时被高压电电死。对甲的损害，下列表述正确的是？（　　）

A. 应由电力公司承担责任

B. 应由甲自行承担责任

C. 应由电力公司和甲共同承担赔偿责任

D. 双方均无过错，应适用公平补偿责任

5. 王某于某日清晨使用月票在市公园内露天舞池旁学习跳舞时，突然被旁边一棵树上坠落的枯枝砸在后头颈上，随即被他人送到医院诊治。诊断结论为颈椎髓震荡，颈椎过伸性损伤，王某为此花费医药费若干。后因损害赔偿与公园发生纠纷，王某诉至法院。对此，下列说法正确的是？（　　）

A. 王某所受损害应由公园承担赔偿责任

B. 王某所受损害与公园无关，应由其自担

C. 王某所受损害应主要由公园承担，王某承担部分责任

D. 王某所受损害应主要由其自担，公园承担部分责任

6. 甲装修公司指派员工章某负责为王某家装修，章某因人手不够，请好友钟某帮忙。在装修过程中，因章某忘记给脚手架安装固定装置，钟某从脚手架上摔下。下列哪一选项是正确的？（　　）

A. 应当由甲公司承担赔偿责任

B. 应当由王某承担赔偿责任

C. 应当由甲公司与王某承担连带责任

D. 应当由甲公司与章某承担连带责任

**二、多项选择题，每题所给的选项中有两个或两个以上正确答案，少答或多答均不得分。**

1. 甲因图便宜，向乙购买了一辆报废车。甲在驾驶该车过程中致丙受害，丙花去医药费 2000 元。就该买卖合同及责任承担，下列表述正确的是？（　　）

A. 乙应向甲承担瑕疵担保责任

B. 丙可向甲主张侵权责任

C. 丙可向乙主张侵权责任

D. 丙可向甲、乙主张连带责任

2. 甲饭店后厨突然爆炸，造成乙、丙两名顾客死亡，丁、戊两名顾客受伤。迅速蔓延的火势还造成相邻己公司的仓库被烧，损失惨重。对甲饭店的损害赔偿责任，下列说法正确的是？（　　）

A. 对乙、丙应当赔偿丧葬费和死亡赔偿金

B. 对乙、丙应当按照相同数额确定死亡赔偿金

C. 对丁、戊应当赔偿其因误工减少的收入

D. 对己应当按照损失发生时的市场价格计算赔偿

---

* 本章答案参见第 111 页。

# 第三十五章　数人侵权和特殊主体的侵权责任*

一、单项选择题，每题所给的选项中只有一个正确答案。

1. 甲公司为了上市发行股票，聘请乙会计师事务所制作虚假的财务报告等上市材料。作为甲公司上市推荐人和主承销商的丙证券公司，明知该上市材料中包含重大虚假信息，但为谋求非法利益而与甲串通，予以审核通过，最后对投资人丁造成重大损失。对于甲、乙、丙的责任承担，下列说法正确的是？（　　）

A. 仅甲构成侵权，乙和丙没有实施侵权行为

B. 丁之损失属于投资风险，甲、乙、丙均不构成侵权

C. 甲、乙、丙构成共同加害行为，对丁之损失，三者承担连带责任

D. 甲、乙、丙构成共同危险行为，对丁之损失，具体侵权人是甲，应由其承担责任

2. 甲半夜酒后驾车回家，在超速行驶的情形下，为躲避乙逆向行驶的电动车，将行人丙撞伤，丙治疗花费20万元。关于丙的损害责任承担，下列说法正确的是？（　　）

A. 甲应承担全部责任

B. 乙应承担全部责任

C. 甲、乙应承担连带责任

D. 甲、乙应承担按份责任

3. 甲明星的私人信息，包括机票行程、家庭住址、车牌号等，被黑客乙非法收集后置于丙公司的电商平台售卖。甲发现后多次采取发送邮件、拨打客服电话等方式通知丙公司，要求丙公司采取封锁乙的卖家账号、下架相关产品等必要措施。下列说法正确的是？（　　）

A. 丙公司有权要求甲提供相关证据，但无权要求甲提供真实身份信息

B. 丙公司接到甲的通知后，可以径直采取必要措施

C. 丙公司后台检测到乙的侵权行为，无须采取任何措施，也无须承担侵权责任

D. 丙公司接到甲的通知后，无义务将通知转送给乙

4. 某外科医生甲在特殊时期被医院分配了过重的手术任务，致使其劳累过度，晕倒失去知觉。倒下时，其手术刀恰巧掉落在正在接受手术的创口上，导致正在接受手术的患者乙遭受了损害。对此，下列说法错误的是？（　　）

A. 甲不应对乙承担侵权责任，也无须对乙进行补偿

B. 医院应承担对乙的侵权责任

C. 医院无权向甲进行追偿

D. 若甲是因醉酒而产生医疗事故，则甲应承担侵权责任

5. 某旅行社导游甲带团游览一处地势险峻的景点，游客争相拍照，甲未提示注意安全，该团游客丙不慎将丁撞下陡坡摔伤。下列哪一选项是正确的是？（　　）

A. 旅行社对损害结果不承担赔偿责任

B. 丙不应对丁承担赔偿责任

C. 旅行社应当承担补充赔偿责任

D. 导游甲应当对丁承担侵权责任

二、多项选择题，每题所给的选项中有两个或两个以上正确答案，少答或多答均不得分。

1. 甲、乙合谋殴打丙，共同致丙受伤。乙又于一个星期后闯入丙家，为泄私愤，砸毁丙主要家具。下列说法正确的是？（　　）

A. 对于丙的人身损害，甲、乙承担按份责任

B. 对于丙的人身损害，甲、乙承担连带责任

C. 甲参与将丙打伤，客观上有助于乙砸毁丙的家具，对于丙的家具损失，甲、乙应承担连带责任

D. 对于丙的家具损失，甲无须承担责任

2. 小学生甲因其父母离异，长期跟随姑姑乙生活。某日，甲因调皮破坏了所住小区的大多数私家车轮胎。对于甲破坏住户轮胎的责任问题，下列说法错误的是？（　　）

A. 其母丙因已将监护职责委托给乙，无须承担侵权责任

B. 其父丁因在外打工，负担甲的生活费，无须承担侵权责任

C. 其姑姑乙因长期未关注甲的行动，应承担全部的侵权责任

D. 因甲是未成年人，无须支付轮胎赔偿费用

3. 甲的宠物狗在小区道路上追咬乙的宠物狗，恰逢该道路正由丙公司进行施工。行人丁为避让两条狗，不慎掉入丙公司施工形成的坑中，身受重伤。下列说法错误的有？（　　）

A. 丁受伤纯属意外，甲、乙、丙公司均不用承担赔偿责任

* 本章答案参见第 112 页。

B. 如甲能够证明自己没有过错，则其不应承担对丁的赔偿责任

C. 如乙能够证明自己没有过错，则其不应承担对丁的赔偿责任

D. 如丙公司能够证明自己没有过错，则其不应承担对丁的赔偿责任

4. 甲是某流量明星，乙是甲的前经纪人。因工作纠纷，乙写了一篇丑化甲的文章发布在丙论坛上。甲发现后要求丙平台删除，丙平台不予理会，导致乙遭受的损害进一步扩大。关于乙遭受之损害，下列说法错误的是？（　　）

A. 乙独自承担全部责任

B. 乙和丙承担连带责任

C. 乙和丙承担按份责任

D. 丙仅就扩大部分损害负全责

5. 甲和乙相约开一辆摩托车去镇上买菜，在某个山路转弯处超速行驶撞到丙，使其掉下山崖当场死亡。甲和乙均不承认是自己驾驶的摩托车。对此，下列说法正确的是？（　　）

A. 因为无法查明具体是谁的过错，甲和乙按照公平责任原则，各承担一半责任

B. 甲和乙是共同危险行为人，承担连带责任

C. 如果甲能够证明自己不可能开车，可以不承担责任

D. 甲和乙构成无意思联络的侵权行为，应当按照过错程度承担责任

**三、不定项选择题，每题所给的选项中有一个或一个以上正确答案，少答、不答或多答均不得分。**

1. 中学生甲与乙在课外补习机构发生打斗，在场老师丙没有及时制止，最终导致甲被乙打成重伤。下列哪些选项是错误的？（　　）

A. 丙没有尽职责义务，应由其承担赔偿责任

B. 乙父母的监护责任已转移到补习机构，应由补习机构承担赔偿责任

C. 补习机构和乙父母均有过错，应由二者承担连带赔偿责任

D. 补习机构存在过错，应承担连带赔偿责任

2. 甲聘请乙为自家司机。乙在某日下午接甲的儿子丙放学回家途中，因自己酒驾发生严重的车祸。该车祸造成乙自己轻伤，甲的儿子丙重伤，路上行人丁重伤。经交警认定，乙负全责。对此，以下说法错误的是？（　　）

A. 对于丁的损害，全部由侵权人乙赔偿

B. 对于丁的损害，全部由甲赔偿

C. 对于丁的损害，甲赔偿后可以向乙追偿

D. 对于乙的损害，其有权请求甲全额赔偿

# 第三十六章　特殊侵权责任*

## 基础知识篇

**一、单项选择题，每题所给的选项中只有一个正确答案。**

1. 甲和乙是同事，二人因为某项目的主管权发生争执。甲在落选后将乙曾经患病的事实公开发布到微博上并@了乙的现女友。乙发现后立即找到微博运营商要求其删除该微博，但微博运营商直至1个月后才删除该微博。其间，乙的女朋友因此而与乙分手。对此，下列说法正确的是？（　　）

A. 甲应对乙的损害承担全部责任

B. 就乙扩大部分的损害，甲和微博运营商承担连带责任

C. 微博运营商应对乙的损害承担全部责任

D. 微博运营商已将微博删除，故不应对乙承担责任

2. 甲公司明知自己生产的某药酒乙醇超标，仍然生产并由乙公司销售。由于甲公司生产许可、药品检疫等相关证明齐全，乙公司对其销售的甲公司某药酒存在严重质量问题并不知情。后丙购买药酒服用后，神经中枢受到严重损害。下列表述正确的是？（　　）

A. 丙有权向甲公司请求惩罚性赔偿

B. 丙有权向乙公司请求惩罚性赔偿

C. 丙有权向甲公司请求赔偿，由乙公司承担补充责任

D. 丙有权向甲公司请求赔偿，由乙公司承担公平责任

3. 乙常常免费搭乘同小区、同单位的乙的私家车上下班。下列表述正确的是？（　　）

A. 若甲正常驾驶期间发生交通事故造成乙受伤，应当减轻甲的赔偿责任

B. 若甲正常驾驶期间发生交通事故造成乙受伤，可以减轻甲的赔偿责任

C. 若甲饮酒后仍执意开车免费搭载乙回家，发生交通事故造成乙受伤，可以减轻甲的赔偿责任

* 本章答案参见第115页。

D. 若甲因乙每日皆搭乘自己的私家车上下班而心生不快，故意踩急刹车造成乙受伤，应当加重甲的赔偿责任

4. 孕妇甲在乙医院顺产期间，因大出血死亡，其近亲属要求乙医院提供相关病历资料。下列说法中，不能推定乙医院存在过错的是？（　　）

A. 乙医院称相关病历资料因病案科人员保管不当而遗失

B. 乙医院认为相关病历资料不应向非专业的病人家属提供，对甲近亲属的要求予以拒绝

C. 乙医院发现甲的病历资料不完整，临时要求病案科医生进行填写

D. 乙医院未向甲充分说明医疗风险、替代医疗方案等情况，而是向甲的近亲属说明。尽管甲的亲属明确同意顺产，但甲如果充分知情，有可能会选择剖腹产

**二、多项选择题，每题所给的选项中有两个或两个以上正确答案，少答或多答均不得分。**

1. 某研究所拟运输装有放射性物质的铅箱，为了确保安全，派了有经验的老工程师朱某押队运输。因为朱某在装运时疏忽大意，导致运输途中一只箱子从车上掉下来。刘晓（8 岁）看见后，即取出箱中的放射性物质玩耍，结果因过量吸收放射性物质而得病。下列说法错误的是？（　　）

A. 造成损害是朱某过失导致的，朱某应当承担赔偿责任

B. 刘晓受损害是因为高度危险物造成的，某研究所应当承担无过错赔偿责任

C. 主要由某研究所承担，刘晓的监护人适当分担

D. 主要由刘晓的监护人承担，某研究所适当分担

2. 下列侵权行为中，说法正确的是？（　　）

A. 甲公司为核设施经营企业，某年夏天因海啸造成核泄漏，甲公司不用承担责任

B. 王某为早日通过驾驶证科目三考试，想勤加练习，于是向其好友田某借了车。田某知晓王某尚未取得驾驶证，告诫他应当在路宽人少的路段驾驶。王某在练习过程中错把油门当刹车，撞伤过马路的行人。王某和田某应当承担按份责任

C. 小明妈妈周末带小明去儿童乐园玩耍，小明妈妈沉迷于手机视频，就让小明自己在游乐区内玩。小明从滑梯区走到蹦床区时，被积木绊倒，门牙刚好磕到钢管上，4 颗门牙磕断了。后查明发现，该钢管上理应有泡沫保护垫，但前段时间损坏后一直没有维修。该儿童乐园应当承担责任

D. 阳光医院医生在给病人注射青霉素之前，先进行了皮试，在观察室观察了 10 分钟之后发现没有异样，才给病人注射了青霉素。但病人回家之后突然发生过敏反应，医治无效死亡。后经查明，该过敏是由病人的特殊体质引起的。该医院和医生不用承担责任

3. 甲公司具有运输经营资质。乙自行购买大巴车，并投保机动车强制保险和商业第三者责任险，保险人均为丁公司。乙将大巴车登记在甲公司名下从事运输服务活动，并定期向甲公司支付管理费。后乙因疲劳驾驶大巴车发生交通事故，造成正常过马路的行人受伤。下列表述正确的是？（　　）

A. 对行人的损害，甲公司需与乙承担连带责任

B. 对行人的损害，甲公司需对乙承担补充责任

C. 对行人的损害，先由甲公司予以赔偿

D. 对行人的损害，先由丁公司予以赔偿

4. 甲遭遇车祸陷入失血性休克，被送往乙医院紧急救助。因短时间内无法联系到甲的家人，乙医院院长批准立即对甲实施手术治疗，但最终甲仍然死亡。经证实，乙医院在治疗过程中并无不当。下列说法错误的是？（　　）

A. 乙医院未尽到说明、征求同意的义务，存在一定的过错，应承担相应的赔偿责任

B. 乙医院在抢救生命垂危的甲时，已经尽到合理的诊疗义务，不承担赔偿责任

C. 因抢救生命垂危的甲这一紧急情况，乙医院可以在未取得甲及其近亲属意见的情形下立即实施医疗措施

D. 医疗损害责任以过错推定为归责原则，即除非乙医院能够证明自己没有过错，如情况紧急无法及时取得意见等，否则应当承担赔偿责任

5. 张大妈被小区里掉落的衣架砸伤了，但没有找到具体的侵权人，所以张大妈把二楼以上全体业主、小区物业公司还有派出所一起起诉到法院。下列选项正确的有？（　　）

A. 二楼以上的业主都要承担补偿责任，除非能证明自己不是侵权人

B. 二楼以上的业主、小区物业公司和派出所不承担连带责任

C. 小区物业公司承担所有的责任

D. 派出所有找到具体侵权人的义务

## 理解与应用篇

**一、单项选择题，每题所给的选项中只有一个正确答案。**

1. 甲带着自己饲养的藏獒在城市居民小区散步，乙和幼子丙在路上遇到甲，丙拿手中的香肠喂藏獒，结果被咬伤。对此，下列说法正确的是？（　　）

A. 甲应该承担责任

B. 乙没尽到监护责任，可以减免甲的责任

C. 由甲和乙共同承担责任

D. 甲要承担的是过错责任

2. 某日，在甲酒店就餐的乙、丙、丁三人因发生口角而相互斗殴。在斗殴过程中，乙、丙、丁打伤了酒店

员工2名,酒店为此支付医药费和交通费若干。同时,乙、丙、丁损坏了酒店大量的基础设施,致使甲酒店在接下来的一周内无法正常承接高端宴会。在这一周内,共有2场高端宴会,都被其竞争对手戊酒店承办。经查实,如果甲的酒店正常营业,很有可能承办这2场宴会。如果甲酒店起诉乙、丙、丁三人,下列哪个诉讼请求不应得到支持?(　　)

A. 设备损失费　　B. 医药费

C. 交通费　　D. 承办2场宴会的收益

3. 李明像平常一样走在上学的路上,过马路时突然有一辆车闯过红灯驶来,李明为了躲避该车掉进路边正在施工的排水沟中致右腿骨折,该施工单位没有设立任何警示标识。李明的损失应该由谁来承担?(　　)

A. 施工单位没有设立警示标识,应当承担损失

B. 汽车司机的违章驾驶行为是造成李明受伤的根本原因,应当承担损失

C. 施工单位和汽车司机构成共同侵权,承担连带责任

D. 施工单位和汽车司机构成无意思联络的数人侵权,根据过错承担各自相应的责任

4. 甲到乙医院做手术。手术过程中,医生使用的麻醉剂存在缺陷,导致甲的神经系统受到严重损害。经查,该麻醉剂的上市许可持有人为丙机构,生产商为丁公司,乙医院从戊公司购买。该批药品已多次出现此类事故。对甲的损害,下列表述错误的是?(　　)

A. 甲可以向乙医院请求赔偿

B. 甲可以向丙机构请求赔偿

C. 甲可以向丁公司请求赔偿

D. 甲可以向戊公司请求赔偿

5. 王大卫在广东佛山一玩具厂打工之前,签了一张招工协议,招工人员特意指着其中一条说:“这一条说了,在工作过程中发生任何意外,包括重伤、死亡,工厂概不负责。”王大卫觉得自己年轻机灵也不会有什么事,就说:“那是当然,都是自己的命。”后来王大卫在工作时被切割机切断手指,请求工厂支付医疗费。下列说法正确的是?(　　)

A. 招工协议属于格式条款,工厂已经尽到了提示注意义务,应当有效

B. 王大卫已经签了免责条款,工厂不用支付费用

C. 王大卫同意招工协议条款,且口头认可该条款,属于受害人承诺,工厂不用支付医疗费

D. 以上说法均不对,工厂需要支付医疗费

**二、多项选择题,每题所给的选项中有两个或两个以上正确答案,少答或多答均不得分。**

1. 白云施工公司在施工过程中挖断了黑土造纸厂的排污管,导致青青养殖场所养鳜鱼全部死亡,造成经济损失近200万元。青青养殖场要求白云公司和黑土造纸厂承担责任,对此下列表述正确的是?(　　)

A. 青青养殖场可要求白云公司承担全部赔偿责任

B. 青青养殖场可要求黑土造纸厂承担全部赔偿责任

C. 黑土造纸厂承担全部赔偿责任后,可向白云公司追偿

D. 青青养殖场可要求白云公司和黑土造纸厂承担连带赔偿责任

2. 甲从北京某商场购买扫地机器人一台。该扫地机器人由浙江某作坊生产,最后贴上广州某公司的商标。甲在使用过程中,扫地机器人突然起火,引起纠纷。就此,依据产品责任,下列表述正确的有?(　　)

A. 甲可以起诉北京某商场,要求其承担责任

B. 甲可以起诉浙江某作坊,要求其承担责任

C. 甲可以起诉广州某公司,要求其承担责任

D. 甲可以同时起诉北京某商场和浙江某作坊,要求其承担责任

3. 甲电力公司管理的一台变压器位于路旁20米处。为防止他人接近,电力公司建造围墙将变压器围起,仅留一道小门供检修人员出入,门上挂有“高压危险”的标志,平时用锁将小门锁住,钥匙由检修工人林某持有。一日,林某因将钥匙丢失,只能撬开锁进入检修,离开时见天色已晚,又急着去朋友家喝酒,于是匆匆把门带上就走了。次日,附近小区的赵某带自己12岁的小孩乙晨练,未留心乙进入围墙内玩耍,导致乙被电流击中,经抢救后双臂截肢。关于本案的表述错误的是?(　　)

A. 甲电力公司不应承担全部赔偿责任

B. 甲电力公司承担大部分赔偿责任,其余由其父母承担

C. 电力公司的高压电致人损害,实行过错推定责任

D. 乙的父母对乙的损害有过错

4. 王华为一大卡车司机。在某次运输过程中,王华将车停在路边,然后去小店买水。外卖员小张急着送单超速行驶,再加上下雨路滑,骑着电动车一下子撞上王华的卡车。小张头部严重受损,前前后后治疗花费共12万元。对此下列说法正确的是?(　　)

A. 小店内的监控器显示在案发时,王华正在店内,因而王华可以证明其没有过错,不用承担任何责任

B. 即使王华可以证明其没有任何过错,但也应当承担不超过2万元的责任

C. 承担交强险的保险公司应当在限额范围内支付保险金

D. 小张在送外卖的途中发生交通事故,外卖平台应当承担小张的损失

5. 甲依法购入一批炸药，交由乙公司保管。乙公司日常仓储业务的对象不包括炸药等易燃易爆物，但由于甲愿意支付更高的保管费，遂同意保管。乙公司将炸药放置在公司露天平地一角后，炸药被丙盗走。丙将炸药放置在自家仓库中，后因仓库电线短路，起火引燃炸药发生爆炸，将丙邻居丁的住宅炸毁。对丁的损失，下列表述正确的是？（　　）

A. 丙盗窃炸药，为非法占有人，应承担侵权责任

B. 乙作为管理人，将炸药放置在露天平地，未尽防止非法占有的高度注意义务，应与丙承担连带责任

C. 甲作为所有人，将炸药交由并无从事高度危险物保管资质、经验的公司保管，存在过错，应与乙承担连带责任

D. 甲作为所有人，将炸药交由并无从事高度危险物保管资质、经验的乙公司保管，未尽防止非法占有的高度注意义务，应与丙承担连带责任

6. 下列情形中，甲有权向乙请求侵权损害赔偿的是？（　　）

A. 甲在某手机店购买了乙品牌手机，该手机在充电过程中突然爆炸，造成甲家中遭受财产损失。经过鉴定，该手机爆炸原因是销售该手机的工作人员偷偷拆换了手机中的原装电池

B. 乙原本养有一条黄金大蟒作为宠物，结婚之后妻子无法接受与一条蛇同处一个屋檐下，乙无奈将大蟒在附近的森林中放生。后来这条大蟒咬伤了在森林公园游览的游客甲

C. 甲在乙医院输血时，不幸感染艾滋。后医院经过排查，发现是从血库运来用于输送的血液已经受到HIV病毒污染

D. 乙家中养有一条藏獒。某天乙出门遛藏獒时，甲想试试这只藏獒的野性，就故意挑逗该藏獒。在乙提醒之后，甲仍向藏獒投掷小石子，最终激怒藏獒，甲被咬伤

## 综合提高篇

**一、多项选择题，每题所给的选项中有两个或两个以上正确答案，少答或多答均不得分。**

1. 甲、乙约定，甲将一辆车出卖给乙，价款20万元，乙于5年内分10期支付价款，每期2万元，在支付全部价款之前，甲保留汽车的所有权。2015年3月1日，甲将该车交付给乙。2015年5月1日，乙为该车购买了交强险（人身损害最高限额为11万元）。2015年7月1日，乙与丙聚会后，乙将该车借给醉酒的丙驾驶，丙驾车撞伤了行人丁（交警认定丙负全责），给丁造成损失30万元。对于丁遭受的损害应如何承担，下列表述正确的是？（　　）

A. 丁有权请求保险公司支付交强险保险金

B. 丁有权请求甲承担赔偿责任

C. 丁有权请求乙承担赔偿责任

D. 丁有权请求丙承担赔偿责任

2. 甲、乙、丙、丁同为某幼儿园学生。一天，在课间游戏时，四人互投石子玩耍，结果不知是谁投出的石子将丁的右眼打伤，花去治疗费6000元。当时，幼儿园老师戊正躲在学校僻静处与热恋中的男友电话聊天。下列有关谁应承担丁之治疗费的论述，不正确的是？（　　）

A. 由幼儿园承担全部责任

B. 由甲、乙、丙三人的监护人依各自过错承担全部责任

C. 由丁的监护人自行承担

D. 由甲、乙、丙、丁四人的监护人和幼儿园依各自过错承担

3. 甲将自己的拼装车出租给乙驾驶。在乙占有期间，该车被丙盗走。丙的朋友丁在驾驶该车时，因驾驶该车技术不佳、操作不当而发生交通事故，将正常通过马路的行人撞伤。对该行人的损害，下列表述错误的是？（　　）

A. 甲转让拼装机动车，应承担赔偿责任

B. 乙受让拼装机动车，应承担赔偿责任

C. 丙盗窃机动车，应对丁承担补充责任

D. 丁使用机动车，应与丙承担连带责任

4. 甲购入一辆新车，乙希望能够试开一下，甲表示须等半个月后再借给乙试开。某晚在甲家做客时，乙因迫不及待想要试开，便趁甲在厨房忙碌时将甲放置在客厅茶几上的车钥匙偷偷装入包中，想着明天一大早趁甲出门之前将车偷偷开回。饭后，甲送乙走出家门。待甲进屋后，乙找到甲停放在街边的新车后开走，途中因操作不当，撞倒横穿马路的行人丁。对丁的损害，下列表述错误的是？（　　）

A. 乙应当承担赔偿责任

B. 甲应当承担相应的赔偿责任

C. 丁横穿马路，应由其自担其责

D. 丁对损害的发生有过错，可以减轻甲、乙的责任

5. 甲公司发现其生产的某批次汽车存在刹车系统缺陷，紧急向其经销商乙公司召回。乙公司收到甲公司通知后，仅将尚未出售的汽车返厂，并打电话向已经购买该批次汽车的丙进行“售后回访”，但未明确告知汽车缺陷问题。后丙驾驶汽车时因刹车失灵发生交通事故并受重伤。下列表述错误的是？（　　）

A. 甲公司已经履行召回义务，丙无权请求甲公司承担侵权责任

B. 乙公司已经履行告知义务，丙无权请求乙公司承担侵权责任

C. 丙有权请求甲公司和乙公司承担不真正连带责任

D. 丙有权请求甲公司对乙公司承担补充责任

**二、不定项选择题，每题所给的选项中有一个或一个以上正确答案，不答、少答或多答均不得分。**

1. 16 岁的甲与 13 岁的乙是好朋友，均为中学生。某日二人在住宅小区中玩耍，一辆某快餐店的送餐车前来小区送餐，将车停放在路边。甲对乙说："我最讨厌这家快餐店了，上次去吃快餐，钱没带够被老板骂了一顿，你悄悄去把车上的广告画弄脏，给我出出气。"乙遂找来一块废金属片在车厢上乱刻一气。这时，快餐店送货员正好送货出来碰见，大声制止。乙慌忙逃跑，不小心撞上修电视机回来的丙，将丙的电视撞翻在地。送餐车车身被划坏造成损失 3000 元，丙的电视被撞坏造成损失 1000 元。请问：

(1) 对于快餐店遭受的损失，责任由谁承担？(　　)

A. 由乙的监护人承担

B. 由甲自行承担

C. 由乙的监护人与甲承担

D. 由甲的监护人与乙的监护人共同承担

(2) 对于丙的损失，责任由谁承担？(　　)

A. 由乙的监护人承担

B. 由甲自行承担

C. 由乙的监护人与甲共同承担

D. 由甲的监护人与乙的监护人共同承担

2. 下列属于可以适用公平责任的是？(　　)

A. 因见义勇为遭受的损害，如果加害人无力承担该损害，由受益人适当补偿

B. 一个成年人癫痫发作时无意识踢碎了酒店里面价格高昂的花瓶

C. 开派对过程中，从房间抛出一个酒瓶砸伤路过的行人，但是抛酒瓶的人难以确定

D. 甲被一只失去控制的疯狗追赶，为了避险将巷道周围的物品推倒阻止疯狗的追赶，造成财产损失

3. 甲公司生产电视机，由乙公司进行零售。从甲公司仓库运往乙公司的过程中，由于丙运输公司管货不当，导致该批电视机遭受雨淋。后丁从乙公司购入其中某台电视机，保修期内，电视机内部发生短路起火，将丁家中的电视柜、电视墙烧毁。经查，电视机内部短路起火是运输途中雨淋受损所致。下列表述错误的是？(　　)

A. 丁有权向甲公司请求赔偿

B. 丁有权向乙公司请求赔偿

C. 丁有权向丙运输公司请求赔偿

D. 若丁向乙公司请求赔偿，则乙公司有权向甲公司追偿

4. 甲公司生产的手机存在爆炸隐患。乙从丁公司购买手机后，该手机充电时发生爆炸，正在使用手机的乙因近距离发生爆炸而失明。下列说法正确的是？(　　)

A. 乙有权向甲公司请求赔偿

B. 乙有权向丁公司请求赔偿

C. 若甲公司明知手机存在缺陷仍然生产，乙有权向甲公司请求惩罚性赔偿

D. 若手机运输到达丁公司仓库后，甲公司发现该批货物存在缺陷，但未采取召回等措施补救，乙有权向甲公司请求惩罚性赔偿

# 参考答案及解析

## 第一编　总　　则

### 第一章　民法概述

一、1. C。本题涉及民事法律关系的理解。选项A中,甲给乙造成的损失属于纯粹经济损失。乙既不能向甲主张违约,也不能向甲主张侵权。选项B中,甲、乙的约定属于婚约,不属于民事法律事实。因此,不能产生民事法律关系。选项C中,甲、乙之间的约定属于附生效条件的赠与合同,条件成就前,合同虽未生效但已经成立,乙享有的期待权已受法律保护,甲、乙之间成立了民事法律关系。选项D中,甲、乙的约定属于好意施惠关系,不能产生民事法律关系。

2. C。请求权是特定人请求特定他人为一定行为或不为一定行为的权利。请求权人对权利客体不能直接支配,其权利的实现有赖于义务人的协助,没有排他效力。合同解除权属于形成权,形成权的独特性在于,依权利人单方意思表示就能使权利发生、变更或者消灭。故本题选项C不属于请求权。

3. D。本题涉及自然人的民事行为能力。《民法典》第19条规定:"八周岁以上的未成年人为限制民事行为能力人,实施民事法律行为由其法定代理人代理或者经其法定代理人同意、追认;但是,可以独立实施纯获利益的民事法律行为或者与其年龄、智力相适应的民事法律行为。"16周岁的甲对拍卖会上拍卖的标的物有充分的理解,不存在认识错误,其购买标的物的行为与其年龄、智力状况相适应,买卖有效。由此可知,D项说法正确。

4. D。甲受胁迫将手机卖给乙,该买卖属于可撤销的法律行为。根据通说,甲因此获得的撤销权属于形成权。因此,选项ABC错误,选项D正确。

5. C。《民法典》第430条第1款规定,质权人有权收取质押财产的孳息,但是需要注意,质权人依法收取孳息时,并不当然取得所有权。因此,选项A、D都不准确。选项B中,动物腹中的胎儿尚未与母体分离,尚不属于孳息。《民法典》第321条明确规定,"天然孳息,由所有权人取得;既有所有权人又有用益物权人的,由用益物权人取得。当事人另有约定的,按照其约定。法定孳息,当事人有约定的,按照约定取得;没有约定或者约定不明确的,按照交易习惯取得"。因此,本题答案为C。

6. B。选项A中,小薛未满8周岁,属于无民事行为能力人,其不能作出民事法律行为。选项B中,陈某、王某、邓某的决议是共同行为,属于民事法律行为。选项C中,李某的行为受行政法调整,不属于民事法律行为。选项D中,韦某的无权占有是一种状态,而非法律行为。

7. D。本题涉及抗辩权与近似概念的区分。诉讼抗辩可以分为权利未生效抗辩、权利消灭抗辩、权利阻止抗辩。权利未生效抗辩的事由是权利自始没有产生;权利消灭抗辩的事由是权利已经归于消灭;权利阻止抗辩的事由是存在可以对抗相对人的给付请求权的情形。只有权利阻止抗辩才是实体法上的抗辩权。A选项中,乙的主张并不具有对抗甲的损害赔偿请求权的意思,仅是就偿债方式提出自己的主张,故不选。B选项中,甲提出的抵销请求是在消灭债权,属于权利消灭抗辩而非抗辩权,故不选。C选项中的债权并不受法律保护,乙、丙二人是在主张债权自始不存在,属于权利未生效抗辩而非抗辩权,故不选。D选项中甲以诉讼时效经过为由拒绝还款属于行使永久抗辩权。本题正确选项为D。

二、1. BCD。民事主体的民事活动应当遵守诚实信用原则,《民法典》第7条规定:民事主体从事民事活动,应当遵循诚信原则,秉持诚实,恪守承诺。选项A中,店员秦某对鲜花的情况如实相告,体现了诚信经商。选项B中,乙公司在未征得甲公司同意的情况下在甲公司网站强行弹出广告,有违诚信原则。选项C中,雷某在商标归属天博公司一事已经达成一致后,依然将商标以个人名义进行注册,违反了诚实信用原则,损害了正在筹建中的天博公司的利益。选项D中,为充分平衡保险合同双方权利义务,投保人负有义务秉持诚信原则向保险人充分、准确地告知与保险人是否决定承保有关的重要事实,王某显然违反了诚信原则。故本题答案为BCD。

2. AC。小苏虽是未成年人,但具备限制民事行为能力,可以独立实施纯获利益的民事法律行为或者与其年龄、智力相适应的民事法律行为,其接受压岁钱的行为是有效的民事法律行为,依法享有对压岁钱的所有权。苏某虽为小苏的监护人,可为小苏的利益处分财产,但并不享有对该财产的所有权。苏某作为小苏的法定代理人,其以小苏之名建立银行账户并存款的行为为代理行为,该行为合法有效,法律后果归属于小苏。本题正确选项为AC。

# 第二章　自　然　人

一、1. D。《民法典》第 18 条第 2 款规定,“十六周岁以上的未成年人,以自己的劳动收入为主要生活来源的,视为完全民事行为能力人”。本题中,林某 17 岁且可以自己劳动收入作为主要生活来源,视为完全民事行为能力人,其与直播平台的合同成立且生效。根据合同约定,林某有权享有第 1 个月的 1 万元报酬,且有权请求直播平台支付第 2 个月及以后可能的报酬。选项 A、B、C 错误,本题正确选项为 D。

2. A。《民法典》第 20 条规定,“不满八周岁的未成年人为无民事行为能力人,由其法定代理人代理实施民事法律行为”。故选项 A 中孙某 6 岁半时受赠小提琴的行为无效。依《民法典》第 19 条的规定,8 周岁以上的未成年人为限制民事行为能力人,实施民事法律行为由其法定代理人代理或者经其法定代理人同意、追认;但是,可以独立实施纯获利益的民事法律行为或者与其年龄、智力相适应的民事法律行为。故选项 B、选项 C 中孙某的行为有效。依《民法典》第 18 条第 2 款的规定,16 周岁以上的未成年人,以自己的劳动收入为主要生活来源的,视为完全民事行为能力人。选项 D 中孙某视为完全民事行为能力人,可以独立实施民事法律行为。因此,本题答案为 A。

3. A。本题涉及个体工商户的责任承担问题。《民法典》第 56 条第 1 款规定,个体工商户的债务,个人经营的,以个人财产承担;家庭经营的,以家庭财产承担;无法区分的,以家庭财产承担。本题中,甲的 14 万元存款,由其个人工资及继承遗产构成,由于当事人之间没有约定夫妻分别财产制,应认定为夫妻共同财产。因此,本题正确选项为 A。

4. D。本题涉及自然人宣告死亡制度。根据《民法典》第 51 条的规定,“被宣告死亡的人的婚姻关系,自死亡宣告之日起消除。死亡宣告被撤销的,婚姻关系自撤销死亡宣告之日起自行恢复。但是,其配偶再婚或者向婚姻登记机关书面声明不愿意恢复的除外”,A 项正确。乙作为继承人,在死亡宣告之日起发生继承,乙有权处分继承而来的轿车,B 项正确。根据《民法典》第 53 条第 1 款的规定,被撤销死亡宣告的人有权请求依照《民法典》第六编取得其财产的民事主体返还财产。无法返还的,应当给予适当补偿。甲可以请求乙返还,丙因无偿取得轿车,负有返还义务,C 项正确。本题中的住房虽登记在甲的名下,但属于夫妻共同财产,甲出卖房屋的行为不因无处分权而无效,D 项错误。故本题答案为 D。

5. A。《民法典》第 16 条规定,“涉及遗产继承、接受赠与等胎儿利益保护的,胎儿视为具有民事权利能力。但是,胎儿娩出时为死体的,其民事权利能力自始不存在”,选项 A 正确,选项 C 错误。《民法典》第 1155 条第 2 句规定,“胎儿娩出时是死体的,保留的份额按照法定继承办理”。由乙继承的 50 万元应当按照法定继承办理,丙并非第一顺序继承人,并不当然继承该笔遗产,选项 B 错误。《民法典》第 15 条规定,“自然人的出生时间和死亡时间,以出生证明、死亡证明记载的时间为准;没有出生证明、死亡证明的,以户籍登记或者其他有效身份登记记载的时间为准。有其他证据足以推翻以上记载时间的,以该证据证明的时间为准”。医院的分娩记录等证据如果能足以推翻户籍登记,应当以其记载的真实出生时间为准,选项 D 错误。本题答案为 A。

6. A。本题涉及监护人资格的撤销等。根据《民法典》第 36 条第 1 款,监护人监护资格的撤销需要有关个人或组织向法院申请,法院经过审查决定是否予以撤销,其他有监护资格的人不能自己决定。因此应选 A,而非 B。监护人侵害被监护人利益的,《民法典》第 36 条第 3 款规定:“前款规定的个人和民政部门以外的组织未及时向人民法院申请撤销监护人资格的,民政部门应当向人民法院申请。”据此,C 不选。《民法典》第 37 条规定:“依法负担被监护人抚养费、赡养费、扶养费的父母、子女、配偶等,被人民法院撤销监护人资格后,应当继续履行负担的义务。”据此,甲、乙作为丙的父母,被剥夺监护资格的,依然应当负担对于丙的抚养费,D 不选。

二、1. AD。本题涉及自然人宣告死亡被撤销后的财产返还问题。《民法典》第 53 条第 1 款规定,被撤销死亡宣告的人有权请求依照《民法典》第六编取得其财产的民事主体返还财产。无法返还的,应当给予适当补偿。刘某死亡宣告被撤销后,依据《民法典》第六编取得其财产的人应将所取得的财产返还,返还财产包括原物和孳息,房屋租金属于房屋的孳息,故应予以返还,A 选项正确,B 选项错误。经营养鸡场的所得属于劳动所得,应归刘某父母所有,故刘某父母只应返还养鸡场,而不返还收益,C 选项错误,D 选项正确。因此,本题正确选项为 AD。

2. AC。本题涉及自然人宣告死亡制度。《民法典》第 46 条第 1 款规定因意外事件下落不明满 2 年的,利害关系人可以向人民法院申请宣告该自然人死亡。选项 A 应选。《民法典》第 47 条规定,对同一自然人,有的利害关系人申请宣告死亡,有的利害关系人申请宣告失踪,符合《民法典》规定的宣告死亡条件的,人民法院应当宣告死亡。选项 B 不选。《民法典》第 50 条规定,被宣告死亡的人重新出现,经本人或者利害关系人申请,人民法院应当撤销死亡宣告。选项 C 答案过于片面。《民法典》第 51 条规定,被宣告死亡的人的婚姻关系,自死亡宣告之日起消除。死亡宣告被撤销的,婚姻关系自撤销死亡宣告之日起自行恢复,但是其配偶再婚或者向婚姻登记机关书面声明不愿意恢复的除外。选项D不选。故本题答案为AC。

3. ACD。《民法典》第1121条第2款规定,"相互有继承关系的数人在同一事件中死亡,难以确定死亡时间的,推定没有其他继承人的人先死亡。都有其他继承人,辈份不同的,推定长辈先死亡;辈份相同的,推定同时死亡,相互不发生继承"。本案中,小李与丁某在同一事件中死亡,且不能确定死亡先后顺序,小李没有继承人,应当推定其先于丁某死亡,选项A错误,选项B正确。《保险法》第42条第2款规定,受益人与被保险人在同一事件中死亡,且不能确定死亡先后顺序的,推定受益人死亡在先。本案中,李某实际先于丁某与小李死亡,不适用该条关于死亡时间推定的规则,选项C错误。《民法典》第1160条规定,"无人继承又无人受遗赠的遗产,归国家所有,用于公益事业;死者生前是集体所有制组织成员的,归所在集体所有制组织所有"。本案中,李某一家遗产应由丁某胞弟继承,并非无人继承,故不适用该条规定,选项D错误。因此,本题正确选项为ACD。

4. AD。选项A属于免除行为,甲为16岁的未成年人,该行为与其行为能力不相适应,不发生免除效力。选项B属于未成年人的债务行为,其监护人负有清偿义务。选项C中,限制民事行为能力人只能从事与其年龄、智力、精神健康状况相适应的行为。甲在醉酒状态下,以明显不合理的价格出售其手表的行为明显超过了其意志能力范围,该行为应当得到监护人的追认。选项D中,订立遗嘱要求行为人具有遗嘱能力,即要求行为人具有完全民事行为能力,否则遗嘱无效。判断有无遗嘱能力以遗嘱人订立遗嘱时为标准,而非以遗嘱人死亡时为标准。故本题正确选项为AD。

5. AC。父母是子女的第一顺位的监护人,故选项A正确,选项B错误。乙作为甲的监护人,应履行监护职责,保护被监护人人身、财产及其他合法权益。《民法典》第36条规定了撤销监护人资格的情形,监护人有规定的情形的,法院有权根据有关个人或者组织的申请,撤销其监护人资格,故选项C正确。未成年人的监护人并不限于近亲属或关系密切的其他亲属、朋友,还可以由居民委员会、村民委员会或者民政部门等担任监护人,故选项D错误。本题答案为AC。

6. ABCD。近几年,频频曝出养父性侵未成年养女事件,该题反映了法考重热点的特点,考生在复习时应当关注社会热点问题。

首先,孙某与小丽形成收养法律关系。《民法典》第1111条规定:"自收养关系成立之日起,养父母与养子女间的权利义务关系,适用本法关于父母子女关系的规定;养子女与养父母的近亲属间的权利义务关系,适用本法关于子女与父母的近亲属关系的规定。养子女与生父母以及其他近亲属间的权利义务关系,因收养关系的成立而消除。"《民法典》第27条第1款规定:"父母是未成年子女的监护人。"可知,孙某与小丽是拟制血亲的父母子女,但是其权利义务关系与自然血亲的父母子女之间的权利义务关系是一样的,形成亲权法律关系,养父孙某是小丽的监护人。

其次,选项A和选项B考查了监护人资格的撤销及其法律后果。《民法典》第36条规定:"监护人有下列情形之一的,人民法院根据有关个人或者组织的申请,撤销其监护人资格,安排必要的临时监护措施,并按照最有利于被监护人的原则依法指定监护人:(一)实施严重损害被监护人身心健康的行为;(二)怠于履行监护职责,或者无法履行监护职责且拒绝将监护职责部分或者全部委托给他人,导致被监护人处于危困状态;(三)实施严重侵害被监护人合法权益的其他行为。本条规定的有关个人、组织包括:其他依法具有监护资格的人,居民委员会、村民委员会、学校、医疗机构、妇女联合会、残疾人联合会、未成年人保护组织、依法设立的老年人组织、民政部门等。前款规定的个人和民政部门以外的组织未及时向人民法院申请撤销监护人资格的,民政部门应当向人民法院申请。"孙某多次对小丽实施性侵害,致使小丽先后产下两名女婴,属于严重损害被监护人身心健康的行为,符合撤销监护资格的条件,但是撤销监护资格的主体是人民法院,民政部门只是申请的主体。值得注意的是,若是前述规定的其他个人或者组织不及时申请法院撤销监护人资格,民政部门应当申请,这是民政部门的法定职责。选项A错误。《民法典》第37条规定:"依法负担被监护人抚养费、赡养费、扶养费的父母、子女、配偶等,被人民法院撤销监护人资格后,应当继续履行负担的义务。"虽然孙某被取消监护资格,但是其依然要继续履行对小丽负担抚养费的义务,因此,选项B错误。

选项C考查了监护资格的恢复。《民法典》第38条规定:"被监护人的父母或者子女被人民法院撤销监护人资格后,除对被监护人实施故意犯罪的外,确有悔改表现的,经其申请,人民法院可以在尊重被监护人真实意愿的前提下,视情况恢复其监护人资格,人民法院指定的监护人与被监护人的监护关系同时终止。"可知,监护资格的恢复需要具备以下4个要件:(1)监护人与被监护人是父母子女关系,包括婚生父母子女、非婚生父母子女、养父母子女和形成抚养关系的继父母子女;(2)确有悔改表现,但是实施故意犯罪的除外;(3)向人民法院提出申请,法院视情况恢复;(4)前提是尊重被监护人的真实意愿。本题中,孙某对小丽的行为已经构成强奸罪,而且主观上系故意,即使其确有悔改表现也不符合监护资格恢复的条件,选项C错误。

选项D考查诉讼时效的起算。《民法典》第190条规定:"无民事行为能力人或者限制民事行为能力人对其法定代理人的请求权的诉讼时效期间，自该法定代理终止之日起计算。”该法第 191 条规定：“未成年人遭受性侵害的损害赔偿请求权的诉讼时效期间，自受害人年满十八周岁之日起计算。”一般情况下，小丽作为限制民事行为能力人对其法定代理人孙某的请求权的诉讼时效是从法定代理终止之日起计算；但是本题中，小丽遭受性侵，根据法律规定，其对孙某的损害赔偿请求权的诉讼时效自小丽年满 18 周岁之日起计算。选项 D 错误。

## 第三章　法人和非法人组织

一、1. B。本题主要考查法定代表人的相关规定。《民法典》第 61 条第 3 款规定，“法人章程或者法人权力机构对法定代表人代表权的限制，不得对抗善意相对人”。选项 A 错误，选项 B 正确。有限责任公司是法人，根据《民法典》第 60 条的规定，法人以其全部财产独立承担民事责任。所以本题中该公司以其自有财产对债务承担责任，只有在“法人人格否认”等情况下，才会使股东承担连带责任。选项 C、D 错误。因此，本题正确选项是 B。

2. D。《民法典》第 92 条第 1 款规定：“具备法人条件，为公益目的以捐助财产设立的基金会、社会服务机构等，经依法登记成立，取得捐助法人资格。”本题中，甲公司组织员工捐款并不符合捐助法人成立的条件，但是民法理论上认为，这种情形可以成立为第三人(受益人)特定利益的募捐，即特定机关、法人或自然人发起的，以被救助对象为受赠人，其他社会主体无偿为该被救助对象的特定利益捐赠财产的社会捐赠。在此募捐中，甲公司为募集人，甲公司员工为捐赠人，第三人宗某为受益人。

本题主要考查在为第三人(受益人)特定利益的募捐中，受益人死亡时，捐款余额的归属问题。民法对此没有特殊规定，民法理论上认为可以参照捐助法人的原则进行处理。《民法典》第 95 条规定：“为公益目的成立的非营利法人终止时，不得向出资人、设立人或者会员分配剩余财产。剩余财产应当按照法人章程的规定或者权力机构的决议用于公益目的；无法按照法人章程的规定或者权力机构的决议处理的，由主管机关主持转给宗旨相同或者相近的法人，并向社会公告。”具体到本题而言：

首先，作为募集人的甲公司不享有捐款余额所有权。甲公司作为募集人，其对所捐款项并不享有所有权，仅享有保管(占有)、定向使用和监督等权利，以及按捐赠人意愿将捐款交与受益人用于特定目的的义务，故选项 A 是错误的。

其次，宗某继承人对捐款余额不具有继承权。因甲公司员工捐赠的目的是为宗某治病，当宗某病故后，捐赠人的特定捐赠目的因失去受益人这一载体而消灭，募捐合同的权利义务随之消灭。如果将剩余善款作为宗某的遗产由其继承人继承，违背了捐赠人的意愿、民法中的公平正义原则以及社会捐赠不应谋求私利之公序良俗。因此，剩余捐款不应作为宗某的个人遗产，宗某的继承人没有继承权。选项 B 错误。

再次，捐赠人员工不享有捐款余额所有权。《民法典》第 663 条规定：“受赠人有下列情形之一的，赠与人可以撤销赠与：(一)严重侵害赠与人或者赠与人近亲属的合法权益；(二)对赠与人有扶养义务而不履行；(三)不履行赠与合同约定的义务。赠与人的撤销权，自知道或者应当知道撤销事由之日起一年内行使。”可知，本题中，在员工已经给予宗某捐款的前提下，因宗某并未出现上述规定的赠与人可以撤销赠与的任何一种情形，故捐赠人甲公司员工无权要求撤销赠与，按比例退还其捐款。据此，选项 C 错误。

最后，将剩余善款用于同类公益事业，不仅符合捐赠人的善良意愿及捐赠目的，而且符合民法的经济原则，同时可使众人的爱心得以延续和发扬，符合民法上的诚实信用原则以及公序良俗。故在受益人死亡时，剩余款项通常用于同类公益事业，选项 D 正确。

3. C。《民法典》第 61 条第 2 款和第 3 款规定：“法定代表人以法人名义从事的民事活动，其法律后果由法人承受。法人章程或者法人权力机构对法定代表人代表权的限制，不得对抗善意相对人。”据此，一联公司的法定代表人虽然超越了公司章程限制，但是，如果第三人不知道内部限制，其行为直接就有效力，不需要法人追认，故 A 项错误。《民法典》第 62 条规定：“法定代表人因执行职务造成他人损害的，由法人承担民事责任。法人承担民事责任后，依照法律或者法人章程的规定，可以向有过错的法定代表人追偿。”据此，一般情况下，法定代表人的行为均由法人承担责任，但是，如果法定代表人有过错，法人承担责任后，可以向法定代表人追偿，故 B 项错误。《民法典》第 85 条规定：“营利法人的权力机构、执行机构作出决议的会议召集程序、表决方式违反法律、行政法规、法人章程，或者决议内容违反法人章程的，营利法人的出资人可以请求人民法院撤销该决议。但是，营利法人依据该决议与善意相对人形成的民事法律关系不受影响。”据此，丙可请求法院撤销甲、乙的决议，造成损失的，可请求赔偿，但不影响戊公司依据该决议对外与善意相对人订立合同的效力，C 项正确。《民法典》第 75 条规定：“设立人为设立法人从事的民事活动，其法律后果由法人承受；法人未成立的，其法律后果由设立人承受，设立人为二人以上的，享有连带债权，承担连带债务。设立人为设立法人以自己的名义从事民事活动产生的民事责任，第三人有权选择请求法人或者设立人承担。”据此，甲、乙以自己的名义为设立丁公司所负债务,在公司设立成功的情形下,债权人并非只能向丁公司主张,故D项错误。

4. D。《民法典》第504条规定:“法人的法定代表人或者非法人组织的负责人超越权限订立的合同,除相对人知道或者应当知道其超越权限外,该代表行为有效,订立的合同对法人或者非法人组织发生效力。”虽然公司章程是公司自治的“宪法”,但公司章程的效力一般只及于公司内部,A选项、C选项错误。只有法定代表人以公司名义实施的行为才能被视为公司的行为,且在以公司名义实施行为时还要考虑其是否超出权限,以及相对人对此是否明知或者应知,而不能一概而论地说法定代表人的行为皆由公司负责,B选项错误。因此,本题的正确选项是D。

5. C。选项A考查合伙企业成立之前,合伙人以合伙的名义对外签订的合同的效力。我国对此无明确规定,但是基于合伙企业与公司的相似性,根据法理,可以类推适用公司的有关规则。最高人民法院《关于适用〈中华人民共和国公司法〉若干问题的规定(三)》第3条规定:“发起人以设立中公司名义对外签订合同,公司成立后合同相对人请求公司承担合同责任的,人民法院应予支持。公司成立后有证据证明发起人利用设立中公司的名义为自己的利益与相对人签订合同,公司以此为由主张不承担合同责任的,人民法院应予支持,但相对人为善意的除外。”该条虽未明确指出公司设立前发起人以公司的名义对外作出的法律行为的效力,但是,基于其对合同责任承担的规定,可以推断出该合同并未因为公司尚未成立而无效,即公司成立与否,均不影响以公司名义对外签订的合同的效力。同理,合伙人在合伙企业登记前以合伙的名义对外作出的法律行为,若不存在其他无效事由,则其效力应当被肯定。本题中,在富业坊被登记为合伙企业以前,付某以富业坊的名义与昌盛公司签订了买卖测温仪的合同,该合同不存在《民法典》规定的合同无效事由,因此合同应为有效,选项A错误。

选项D考查合伙人对合伙事务执行人的内部约定的对外效力。合伙人对于合伙企业事务执行人的约定一般不具有公示性,外人难以得知,因此不具有对外效力。《合伙企业法》第37条规定:“合伙企业对合伙人执行合伙事务以及对外代表合伙企业权利的限制,不得对抗善意第三人。”本题中,合伙协议约定付某是富业坊唯一的执行事务合伙人,顺发公司对此并不知情,该约定不得对抗善意的顺发公司,叶某以富业坊的名义与顺发公司签订的合同对富业坊具有法律约束力。因此,选项D错误。

选项B、选项C考查合伙人承担合伙企业债务的责任形式。《民法典》第973条规定:“合伙人对合伙债务承担连带责任。清偿合伙债务超过自己应当承担份额的合伙人,有权向其他合伙人追偿。”合伙人应当对合伙企业的债务承担连带责任。本题中,富业坊与昌盛公司和顺发公司分别签订了测温仪买卖合同,两份合同不具有效力瑕疵,均对富业坊有法律拘束力。因此,对于富业坊所欠的货款,昌盛公司和顺发公司可以请求付某与叶某承担连带责任。因此,选项B错误,选项C正确。

二、1. BC。《民法典》第87条规定,“为公益目的或者其他非营利目的成立,不向出资人、设立人或者会员分配所取得利润的法人,为非营利法人。非营利法人包括事业单位、社会团体、基金会、社会服务机构等”。第90条规定,“具备法人条件,基于会员共同意愿,为公益目的或者会员共同利益等非营利目的设立的社会团体,经依法登记成立,取得社会团体法人资格;依法不需要办理法人登记的,从成立之日起,具有社会团体法人资格”。据此可知,社团法人至少需要为公益目的或者会员共同利益等非营利目的设立,有会员,并基于会员共同意愿展开活动。本题中,A选项农村信用合作社属于经营性质企业,D选项联想集团公司属于营利公司,B选项、C选项均非为营利目的且有会员,符合社团法人的定义。故本题应选BC。

2. AC。本题涉及法人的变更登记的效力和法人为个人债务提供担保的效力问题。依《民法典》第64条、第65条的规定,企业法人存续期间登记事项发生变更,应当依法申请变更登记,如果未登记,不得对抗善意第三人。本题中,张某为红星有限责任公司的董事长,从撤销决定作出之日起其不再具有董事长的身份,但未经登记的,不具有对抗善意第三人的效力,故张某以红星有限责任公司的名义对外签订的担保合同不因其被撤销而对第三人不产生效力。本题正确选项应为AC。

3. BC。本题涉及法人与合伙的区别。根据《民法典》第87条、第96条规定的分类,非营利法人包括事业单位、社会团体、基金会等,机关法人是特别法人的一种,不属于非营利法人的范畴,选项A错误。《民法典》第60条规定:“法人以其全部财产独立承担民事责任。”据此,法人拥有独立的财产,以自己的财产对外承担独立责任,但是作为法人出资人的股东则在出资的范围内承担有限责任。从法理上说,法人独立责任是出资人有限责任的前提。选项B正确。《民法典》第67条规定:“法人合并的,其权利和义务由合并后的法人享有和承担。法人分立的,其权利和义务由分立后的法人享有连带债权,承担连带债务,但是债权人和债务人另有约定的除外。”据此,法人分立的,可以在内部约定对原债务承担的比例,但是,若没有经过债权人同意,对于债权人不发生效力,故选项C正确。《合伙企业法》第53条规定:“退伙人对基于其退伙前的原因发生的合伙企业债务,承担无限连带责任。”据此,退伙人在退伙时即使对于退伙之前的债务清偿有约定，只要该约定没有经过债权人同意，退伙人对于退伙之前的债务依然需要承担连带责任，故选项 D 错误。

4. ABC。本题涉及清算法人的法律地位问题。《民法典》第 72 条第 1 款、第 3 款规定，清算期间法人存续，但是不得从事与清算无关的活动，法人的主体资格应在完成法人的注销登记时消灭。本题正确选项为 ABC。

## 第四章　民事法律行为

### 基础知识篇

一、1. A。本题涉及法律行为的分类问题。单方法律行为是仅由一方当事人的意思表示就能成立的民事法律行为；双方法律行为是由行为人双方相对应的意思表示达成一致而成立的民事法律行为。有偿法律行为与无偿法律行为相对应，是指具有对价的行为。有偿法律行为均为双方法律行为。身份法律行为与财产法律行为相对应，是指发生身份关系变动的民事法律行为。本题中，甲的行为属于捐助行为，捐助行为不同于捐赠行为，是单方法律行为，仅需甲一方意思表示即可成立。故本题正确选项为 A。

2. D。民事法律行为与事实行为都可引发法律关系的变动，前者以意思表示为核心要素，而后者不以意思表示为要素，故两者是并列关系，选项 A 错误。民事法律行为都是合法行为，非法行为、正当防卫等其他行为不在此限，选项 B 错误。要约是一种意思表示，民事法律行为虽然以意思表示为要素，但是两者不同，单纯的意思表示不一定能引发法律关系变动，如要约，故选项 C 错误。民事法律行为包括单方行为、双方行为和多方行为，董事会决议属于多方行为，故选项 D 正确。本题正确选项是 D。

二、BCD。将商品放入购物车并不包含购买的意思表示，也不会发生其他法律效果，因此不包含意思表示，A 项错误；向出租车司机招手是向出租司机发出的运输要约，包含建立运输合同的意思表示，B 项正确；储户将现金存入银行的行为是向银行发出储蓄的要约，其中包含储蓄的意思表示，D 项正确。本题正确选项为 BCD。

### 理解与应用篇

一、1. C。选项 A 考查因意思表示不真实而作出的法律行为的效力。根据民法学理，意思表示不真实分两种情况，一为意思表示不一致，二为意思表示不自由。意思表示不一致又具体分为故意的不一致（如真意保留、戏谑行为、通谋虚伪表示）和非故意的不一致（重大误解）。意思表示不自由主要有欺诈、胁迫等情形。意思表示不真实时，法律行为有效但可以撤销；撤销之前应先进行意思表示的解释，即采取解释先于撤销的原则，先探求理性相对人应当了解的意思，解释后，如果确定当事人未达成合意，再考虑是否需要撤销。当事人意思表示不真实而作出的法律行为的后果为可撤销而非无效，原因在于认定法律行为无效，虽简单、直接，却有立法者替当事人作出判断之嫌。此时，即便自由意志受干扰之人欲接受法律关系的内容，亦不可得，因为本应为当事人自由意志提供保障的制度，越俎代庖充当了私人意志的决定者。因此，与私法自治理念更为吻合的选择是，将是否有效的决定权（撤销权）交由意志自由受不当干扰之人，而不是由法律直接规定其无效。因此选项 A 错误。

选项 C 考查重大误解。我国民法中的重大误解系继受外国民法上的"错误"这一概念而来，并且对其的解释一直处于模糊状态。根据学界通说，重大误解的基本构成要件包括：(1) 当事人之间成立民事法律行为。(2) 当事人一方或者双方对合同存在重大误解。通说认为，重大误解的内涵包括对行为性质、对方当事人、标的物等存在误解，同时应当强调误解重大性。对于该重大性应该采取主客观相结合的标准，即一位理性人处在误解方同样的场合，如果了解真实情况会怎么做。如果该理性人根本不会签订合同，或者只会以显著不同的条款签订合同，如此，且仅当如此，误解才能被认定为是重大的。(3) 该重大误解与民事法律行为的成立具有因果关系。《民法典》第 147 条规定："基于重大误解实施的民事法律行为，行为人有权请求人民法院或者仲裁机构予以撤销。"本题中，薛某因饮酒过量而将购买 1000 瓶红酒的商务合同误认为酒水单，系基于对内容的重大误解签订的合同，薛某可以基于重大误解主张撤销。因此，选项 C 正确。

选项 D 考查显失公平。《民法典》将乘人之危的行为归并到显失公平的行为之中，统称为显失公平。显失公平，是指一方当事人利用对方处于困境、缺乏判断能力等情形，向对方当事人实施的对自己明显有重大利益而使对方明显不利的民事法律行为。显失公平的构成要件为：(1) 一方利用对方当事人处于困境或者缺乏经验等；(2) 对方当事人因困境或者缺乏经验而与其订立民事法律行为；(3) 行为人所获得的利益超出了法律所准许的限度，其结果是显失公平的。《民法典》第 151 条规定："一方利用对方处于危困状态、缺乏判断能力等情形，致使民事法律行为成立时显失公平的，受损害方有权请求人民法院或者仲裁机构予以撤销。"本题题干中并未提到相对方是利用薛某喝醉酒才与其签订商务合同，也未表示该商务合同的价格等远超正常水平致使对一方显失公平，当事人不能基于显失公平撤销合同。因此，选项 D 错误。

另外，《民法典》第 61 条第 1 款、第 2 款规定："依照法律或者法人章程的规定，代表法人从事民事活动的负责人，为法人的法定代表人。法定代表人以法人名义从事的民事活动，其法律后果由法人承受。”法定代表人有权代表法人从事民事活动，且其以法人名义而为的法律行为的后果由法人承担。本题中，薛某作为天雅公司的总经理、法定代表人，以公司的名义与相对人签订了该商务合同，该合同有效，合同的法律效果应由天雅公司承受，但是根据前述分析，天雅公司享有撤销权。可见，薛某并非无权代理，合同也并非无效。因此，选项B错误。

2. A。本题涉及无权代理、代理等问题。依《民法典》第162条的规定，代理人在代理权限内的行为对被代理人生效。本题中，王某购买钢笔的行为属于有权代理，合同上的效果应当归属于A公司，并且由A公司承担其销售风险，选项D错误。王某购买文具盒的行为属于无权代理，且B公司明知。在此情形下，B公司不能主张A公司受约束。选项A正确，选项B、C错误。

3. D。本题涉及对无效法律行为的理解。本题中，当事人之间签订的是假酒买卖合同，违反了法律强制性规定，应属无效。因此，本题应选D。

4. A。周某利用王某急需用钱的困境，以明显低于市价的价格购得王某的房屋，根据《民法典》第151条的规定，属于显失公平情形，王某可以主张撤销合同。选项A正确。合同已经履行不会导致撤销权消灭，选项B错误。合同撤销之后发生返还的法律效果，如果不能返还或者没有必要返还，应当折价补偿。周某将房屋出卖给刘某是对房屋的有权处分，所以刘某享有房屋的所有权。刘某与王某之间并无法律关系，所以刘某没有返还房屋的义务。选项C错误。因为周某已经将房屋出卖，无法返还原物，而应该折价补偿。选项D错误。

5. C。《民法典》第147条规定，“基于重大误解实施的民事法律行为，行为人有权请求人民法院或者仲裁机构予以撤销”。据此，本题应选C。

6. B。本题主要考查了欺诈行为，民法中的欺诈行为包括行为人实施的欺诈行为与第三人实施的欺诈行为。具体来说：

第一，行为人实施的欺诈行为，是指行为人故意欺骗他人，使对方陷入错误判断而作出意思表示的行为。行为人实施的欺诈行为的构成要件为：(1)有欺诈他人的行为；(2)有欺诈他人的故意；(3)被欺诈人因受欺诈而陷入错误；(4)被欺诈人因错误而作出意思表示。

《民法典》第148条规定：“一方以欺诈手段，使对方在违背真实意思的情况下实施的民事法律行为，受欺诈方有权请求人民法院或者仲裁机构予以撤销。”可知，行为人实施的欺诈行为的法律效力为：(1)欺诈行为属于可撤销民事法律行为，不是无效民事法律行为，也不是区分情况或为无效民事法律行为或为可撤销民事法律行为。(2)享有撤销权的人是受欺诈人。(3)撤销权的行使仍需通过法院或者仲裁机构行使。《民法典》取消了法院对欺诈行为可变更的规定。本题中，齐某隐瞒真实情况，将蟾蜍石雕冒充文物高价出售，导致乙信以为真购买石雕。从行为人实施欺诈的角度分析选项B，乙可向齐某主张撤销其购买行为，选项B是正确的。另外，齐某曾以5000元向甲出售过同款假冒玉石石雕，故齐某对甲实施了欺诈，甲有权向齐某主张撤销其购买行为，选项C是错误的。

第二，《民法典》还规定了第三人实施的欺诈行为。《民法典》第149条规定：“第三人实施欺诈行为，使一方在违背真实意思的情况下实施的民事法律行为，对方知道或者应当知道该欺诈行为的，受欺诈方有权请求人民法院或者仲裁机构予以撤销。”第三人实施的欺诈行为的要件及法律后果为：(1)当事人以外的第三人对合同一方当事人实施了欺诈行为，并致使该当事人陷入错误判断而作出了意思表示。欺诈行为的具体形式，可以是故意告知虚假信息，也可以是故意隐瞒真实情况。(2)受欺诈人享有对民事法律行为的撤销权，但该撤销权的行使须满足一定条件。第三人实施欺诈行为的，只有在受欺诈人的相对方非属善意时，受欺诈人才可行使撤销权，相对方的非善意表现为对于第三人的欺诈行为知道或者应当知道。(3)撤销权的行使仍须通过人民法院或者仲裁机构行使。本题中，齐某将蟾蜍石雕冒充文物出售，第三人甲有意让乙上当，告知乙虚假信息，使乙信以为真，以高价买下石雕。第三人甲对乙实施了欺诈行为，合同相对人齐某对于甲的欺诈行为是知情的。据此，从第三人实施欺诈行为的角度分析选项B，乙可向齐某主张撤销，选项B是正确的。虽然甲实施了欺诈行为，但因甲并非民事法律行为的当事人，甲、乙间并不存在民事法律关系，无乙撤销权行使的标的，故乙不能向甲主张撤销，选项A是错误的。

另外，选项D考查了撤销权的消灭期间。《民法典》第152条规定：“有下列情形之一的，撤销权消灭：(一)当事人自知道或者应当知道撤销事由之日起一年内、重大误解的当事人自知道或者应当知道撤销事由之日起九十日内没有行使撤销权；(二)当事人受胁迫，自胁迫行为终止之日起一年内没有行使撤销权；(三)当事人知道撤销事由后明确表示或者以自己的行为表明放弃撤销权。当事人自民事法律行为发生之日起五年内没有行使撤销权的，撤销权消灭。”撤销权消灭期间分为以下几种情形：(1)撤销权原则上应当在当事人知道或者应当知道撤销事由之日起1年内行使，但自民事法律行为发生之日起5年内没有行使撤销权的，撤销权消灭。(2)因重大误解而享有撤销权的,考虑到重大误解权利人的撤销事由系因自己造成,不应赋予其与其他撤销事由相同的消灭期间。故《民法典》将因重大误解而享有撤销权的消灭期间特别规定为权利人自知道或者应当知道撤销事由之日起90日内,否则撤销权消灭。(3)因胁迫享有撤销权的,考虑到受胁迫人在胁迫行为终止前,即使知道胁迫行为的存在,事实上仍无法行使撤销权,故《民法典》将因胁迫享有撤销权的消灭期间规定为胁迫行为终止之日起1年内。(4)当事人知道撤销事由后明确表示或者以自己的行为表明放弃撤销权的,撤销权消灭不受1年期间的限制。本题中,乙因受欺诈而享有撤销权,应自知道或者应当知道撤销事由之日起1年内行使,否则撤销权消灭。据此,选项D是错误的。

二、1. BC。本题涉及因胁迫而订立合同的效力的问题。根据《民法典》第150条、第152条的规定,对于受第三人胁迫的行为,受胁迫方可以在胁迫行为终止后1年内请求撤销。本题中,乙之所以低价卖画给甲,是因为受到村民丙的胁迫,且该胁迫直到丙死亡才结束。本题中,乙在丙死亡后即提起诉讼要求甲返还,符合法律规定。因此,选项A、D错误,选项B、C正确。

2. ABCD。首先,《民法典》第148条规定:“一方以欺诈手段,使对方在违背真实意思的情况下实施的民事法律行为,受欺诈方有权请求人民法院或者仲裁机构予以撤销。”本题中,甲将房屋转卖给乙时,故意隐瞒了别墅内发生恶性刑事案件的事实,导致乙在不知情的情况下购买房屋,甲的行为构成欺诈,乙有权撤销买卖合同。

关于乙行使撤销权的期限,《民法典》第152条规定:“有下列情形之一的,撤销权消灭:(一)当事人自知道或者应当知道撤销事由之日起一年内、重大误解的当事人自知道或者应当知道撤销事由之日起九十日内没有行使撤销权;(二)当事人受胁迫,自胁迫行为终止之日起一年内没有行使撤销权;(三)当事人知道撤销事由后明确表示或者以自己的行为表明放弃撤销权。当事人自民事法律行为发生之日起五年内没有行使撤销权的,撤销权消灭。”乙应在获悉实情后1年内申请法院撤销,据此,选项A是正确的。

其次,选项B、C、D考查了合同被撤销后的法律效果。《民法典》第157条规定:“民事法律行为无效、被撤销或者确定不发生效力后,行为人因该行为取得的财产,应当予以返还;不能返还或者没有必要返还的,应当折价补偿。有过错的一方应当赔偿对方由此所受到的损失;各方都有过错的,应当各自承担相应的责任。法律另有规定的,依照其规定。”合同被撤销后在当事人之间产生以下法律效力:(1)返还财产。在合同被撤销以后,已经接受对方交付财产的当事人应当将该财产返还给对方当事人。无论接受财产的一方是否具有过错,都应当负有返还财产的义务。(2)折价补偿。合同被撤销后,因该合同取得的财产不能返还或者没有必要返还,或者当事人一方接受的是劳务或利益,在性质上不能返还的,应以当时国家规定的价格折合成价款返还;没有国家规定价格的,以市场价格或同类劳务的报酬标准折合成价款返还。(3)赔偿损失。传统民法理论认为,因合同被撤销而产生的赔偿损失的责任属于缔约过失责任,缔约过失行为所造成的损失为信赖利益的损失,即对方当事人因信赖合同有效而遭受的损失。信赖利益损失的赔偿范围包括三个方面:①缔约费用,即为订立合同所支出的费用;②履行费用,包括为准备履行所支出的费用和实际履行所支出的费用;③合理的间接损失,如由于信赖所订立的合同有效从而丧失了与他人订立有效合同的机会而产生的损失。缔约过失的赔偿范围与违约损害赔偿的范围不同。前者仅限于信赖利益的损失,即当事人因信赖合同有效和对方将履行合同而给自己带来的损失;后者为期待利益的损失,即当事人通过合同履行所能获得的利益。原则上,信赖利益的赔偿不能超过期待利益。

本题中,选项B中,乙在订立及履行合同过程中支付的各种必要费用应获赔偿。选项C中的差价损失属合理的间接损失,应获赔偿。选项D中,乙向甲支付的使用费是对乙在买卖合同中使用别墅的折价补偿。据此,选项B、C、D均是正确的。

3. AC。手机店承诺7天无理由退货,表明该合同是附解除条件的合同,选项A正确。许某不是买卖合同的当事人,根据合同的相对性,其无权向手机店主张违约责任,选项B错误。根据《民法典》第1202条的规定,因产品存在缺陷造成他人损害的,生产者应当承担侵权责任,选项C正确。因为张某对许某受伤不存在过错,根据侵权责任的一般归责原则,张某不承担侵权责任,选项D错误。故本题正确选项为AC。

## 综合提高篇

一、1. ABD。根据《民法典》第18条第2款的规定,以自己的劳动收入为主要生活来源的16周岁以上的未成年人视为完全民事行为能力人,A选项中甲才15周岁,所立遗嘱无效。B选项中,甲是限制民事行为能力人,根据《民法典》第19条、第145条的规定,其赠与行为不与其年龄、智力等相适应,属于效力待定行为,父母等法定代理人可以主张返还。C选项中,甲的遗赠行为无效,丙有权请求甲返还房屋。D选项中,合同自签订之日起生效,乙已经付清款项,可以对抗甲的债权人查封执行。本题正确答案为ABD。

2. BCD。首先,选项A、C考查欺诈。《民法典》第148条规定:“一方以欺诈手段,使对方在违背真实意思的情况下实施的民事法律行为,受欺诈方有权请求人民法院或者仲裁机构予以撤销。”欺诈一方面需要欺诈人有欺诈故意及欺诈行为，另一方面需要有被欺诈人因欺诈行为而陷入错误并作出错误意思表示。在本题中，纪念品商店出售的秦始皇兵马俑复制品显而易见与真正的秦始皇兵马俑不同，故商场不具有欺诈故意与欺诈行为，而作为购买人的王某也不会因为复制品上标有"秦始皇兵马俑"字样即错误将复制品误认为真实的秦始皇兵马俑，所以，商店的行为不属于欺诈。真正的秦始皇兵马俑属于法律规定不能买卖的禁止流通物，不能作为买卖合同的标的。据此，选项A的表述是正确的。所谓积极欺诈，是指欺诈人故意告知对方虚假情况使对方陷于错误；所谓消极欺诈，是指欺诈人故意向对方隐瞒真实情况使对方作出错误判断。无论是积极欺诈还是消极欺诈，都是以构成欺诈为前提的，而本题中商店的行为未构成欺诈，故选项C是错误的。

其次，选项B考查重大误解。《民法典》第147条规定："基于重大误解实施的民事法律行为，行为人有权请求人民法院或者仲裁机构予以撤销。"重大误解必须是合同一方当事人对合同的内容发生了重大误解而直接影响到其权利与义务。但本题中，商店出售的秦始皇兵马俑与真正的秦始皇兵马俑明显是不同的，王某对所买合同标的为复制品而非真正的秦始皇兵马俑应无内容上的认识错误，故王某不存在重大误解，其无权以此为由请求撤销合同。据此，选项B的表述是错误的。

最后，选项D考查缔约过失责任。《民法典》第500条规定："当事人在订立合同过程中有下列情形之一，造成对方损失的，应当承担赔偿责任：(一)假借订立合同，恶意进行磋商；(二)故意隐瞒与订立合同有关的重要事实或者提供虚假情况；(三)有其他违背诚信原则的行为。"因商店并未违反诚信原则，既未故意隐瞒秦始皇兵马俑为复制品的事实，亦未给王某造成信赖利益的损失，故商店的行为并不构成缔约过失。据此，选项D的表述是错误的。

综上所述，因本题要求选择错误选项，故选项B、C、D应当入选。

二、1. D。本题考查条件与期限的区别。条件是不确定的偶然性事实，期限是确定的必然性事实。条件之事实成就与否是不确定的，期限是肯定会到来的。始期，是民事法律行为效力发生的期限。终期，是民事法律行为效力终止的期限。

2. A。《民法典》第708条规定："出租人应当按照约定将租赁物交付承租人，并在租赁期限内保持租赁物符合约定的用途。"第713条规定："承租人在租赁物需要维修时可以请求出租人在合理期限内维修。出租人未履行维修义务的，承租人可以自行维修，维修费用由出租人负担。因维修租赁物影响承租人使用的，应当相应减少租金或者延长租期。因承租人的过错致使租赁物需要维修的，出租人不承担前款规定的维修义务。"本题中，租赁物非因承租人乙的过错毁损，乙要求甲维修，甲拒绝，于是乙自行予以维修，费用依法应由甲承担，A项是正确答案。

# 第五章　代　　理

一、1. A。本题涉及表见代理问题。根据《民法典》第172条的规定，行为人没有代理权、超越代理权或者代理权终止后，仍然实施代理行为，相对人有理由相信行为人有代理权的，代理行为有效。本题中，甲公司虽然派李某和张某具体负责王某家的装修工程，但在王某安装净化系统的事情上，甲公司既没有将该内容归入装修合同，也没有对该部分工程款出具发票和工程保修单，王某没有理由相信该部分工程已经由李某和张某代理甲公司作出决定，从而让甲公司对该部分工程负责。李某和张某的行为并未构成表见代理，甲公司不应对该工程负责，故本题答案为A项。

2. C。本题涉及转代理中的责任承担问题。依照《民法典》第169条第3款的规定，一般情况下转委托需要经被代理人同意，但构成紧急代理时除外。本题中，乙的行为构成紧急代理，因此A项、B项、D项错误，C项正确。

二、1. ABC。根据《民法典》第174条的规定，被代理人死亡，并不当然导致代理关系的消灭，委托代理人不知情的，其行为由被代理人的继承人承担。

2. BC。方某在实施代理行为时与相对人丙公司恶意串通，订立损害被代理人甲公司利益的买卖合同，根据《民法典》第154条的规定，该代理行为无效。选项A、选项D错误，选项B正确。《民法典》第164条第2款规定："代理人和相对人恶意串通，损害被代理人合法权益的，代理人和相对人应当承担连带责任。"选项C正确。

3. CD。《民法典》第172条规定，"行为人没有代理权、超越代理权或者代理权终止后，仍然实施代理行为，相对人有理由相信行为人有代理权的，代理行为有效"。盖合同专用章足以说明吴某有代理权，温某无须对此质疑反对。故A项不能否定吴某行为构成表见代理，不选。既然吴某享有代理权，温某可以直接将借款交给吴某。故B项不能否定吴某行为构成表见代理，不选。若吴某的授权委托书载明甲公司仅授权吴某参加投标活动，则吴某代理公司进行借款的行为已经超出了代理权限，有助于甲公司否定吴某的行为构成表见代理，C项当选。若吴某出示的甲公司空白授权委托书已届期，则吴某没有代理权限再进行代理行为，有助于甲公司否定吴某的行为构成表见代理，D项当选。

## 第六章　诉讼时效与期间

一、1. B。本题涉及诉讼时效的中断。最高人民法院《关于审理民事案件适用诉讼时效制度若干问题的规定》(以下简称《诉讼时效规定》)第9条规定,权利人对同一债权中的部分债权主张权利,诉讼时效中断的效力及于剩余债权,但权利人明确表示放弃剩余债权的情形除外。据此可知,乙对自己的部分债权向甲主张权利,且没有明确表示放弃剩余债权,则诉讼时效中断的效力除了及于8万元债权外,还及于剩余的2万元债权。选项A错误。《诉讼时效规定》第15条第2款规定,对于连带债务人中的一人发生诉讼时效中断效力的事由,应当认定对其他连带债务人也发生诉讼时效中断的效力。据此可知,丙的行为导致甲和乙对丙负担的连带债务诉讼时效均中断。选项B正确。《诉讼时效规定》第16条规定,债权人提起代位权诉讼的,应当认定对债权人的债权和债务人的债权均发生诉讼时效中断的效力。据此可知,甲的行为会导致丙对乙的债务诉讼时效也中断。选项C错误。《诉讼时效规定》第17条第1款规定,债权转让的,应当认定诉讼时效从债权转让通知到达债务人之日起中断。据此可知,诉讼时效应该自甲、丙之间的债权转让通知到达乙之日起中断,而不是自甲、丙签订债权转让协议之日起中断。选项D错误。

2. B。本题涉及履行期间的计算问题。《民法典》第201条第1款规定,"按照年、月、日计算期间的,开始的当日不计入,自下一日开始计算"。第203条规定,"期间的最后一日是法定休假日的,以法定休假日结束的次日为期间的最后一日。期间的最后一日的截止时间为二十四时;有业务时间的,停止业务活动的时间为截止时间"。本题中,期间开始日期应为合同签订的下一日,即2月2日,B选项正确。期间届满的最后一日是5月1日,5月1日是法定休假日,法定休假日结束的次日为5月2日,因此期间届满日应为5月2日。本题唯一正确选项为B选项。

3. C。依据《诉讼时效规定》的规定,债权让与、债务承担均导致诉讼时效的中断;在债务承担的情况下,诉讼时效从债权人收到债务承担的通知之日起,发生中断效力。故本题正确选项为C。

4. D。根据《民法典》第188条的规定,诉讼时效期间为3年,自权利人知道或者应当知道权利受到损害以及义务人之日起计算。

5. A。本题中,法务小王需要有法人之授权,才能成立有权代理。故"擅自"两字告诉我们其并无法人之授权,其行为不属于义务人同意履行,其同意履行的行为不具有中断诉讼时效的效力,甲公司仍可主张诉讼时效抗辩。故A项正确,D项错误。已过诉讼时效之债权,起诉并不导致诉讼时效中断,故B项错误。法院不得主动适用诉讼时效的规定,故C项错误。

二、1. ABC。本题涉及分期履行的债权请求权的诉讼时效问题。《民法典》第189条规定,当事人约定同一债务分期履行的,诉讼时效期间自最后一期履行期限届满之日起计算。本题中,甲公司对乙公司的债务的诉讼时效从最后一期履行期限届满之日起算,即从2016年7月1日起算。乙公司于2019年4月1日提起诉讼,未超过诉讼时效,法院应对甲公司提出的诉讼时效抗辩不予支持。因此,A选项错误,D选项正确。依据《民法典》第193条的规定,法院不得主动援引诉讼时效的规定,B选项错误。依据《民法典》第189条的规定,分期付款的诉讼时效从最后一期履行期限届满之日起算,不存在诉讼时效部分届满的说法,C选项错误。

2. BD。《民法典》第197条第2款规定,当事人对诉讼时效利益的预先放弃无效。因此,乙同意如果其没有按期还款,不论过了多长时间,甲都可以向法院起诉要求还款的承诺并无法律效力,A选项错误。根据《民法典》第194条的规定,继承开始后未确定继承人,并且该情形发生在诉讼时效期间的最后6个月的,构成诉讼时效中止,B选项正确,C选项错误。根据《民法典》第194条第2款的规定,自中止时效的原因消除之日起满6个月,诉讼时效期间届满。因此,甲于2019年2月提起诉讼未超过诉讼时效,D选项正确。

3. BD。本题考查诉讼时效与除斥期间的区别。诉讼时效属于可变期间,适用时效中止、时效中断的规定;而除斥期间则属于不变期间,不能延长,不适用时效中止、时效中断的规定。所以,B项正确,A项、C项错误。诉讼时效届满后,当事人丧失胜诉权;除斥期间届满后,当事人则丧失实体权利。所以,D项正确。

4. ABD。《民法典》第192条第2款规定,诉讼时效期间届满后,义务人同意履行的,不得以诉讼时效期间届满为由抗辩。本题中,甲对乙的债权之诉讼时效本来已经届满,但因为乙主动主张抵债,可视为乙同意继续履行。因此,本题正确答案是ABD。

# 第二编　物　　权

## 第七章　物权概述

### 基础知识篇

一、1. C。本题涉及物权保护。根据《民法典》第233~238条的规定,物权人只有在物权遭受侵害或妨害而受有损失时才可以要求损害赔偿。此处的损失是侵害行为本身造成的直接损失。A选项中,甲的损失非直接损失;B选项中,乙只是妨害了甲子对物的占有使用,并未造成损失;D选项中,乙属于相邻关系中的合理利用,甲有容忍的义务。故选C。

2. B。本题涉及不动产所有权取得。根据《民法典》第229~231条的规定,不需登记即取得不动产所有权的情形大致有三种:依据法院、仲裁机构的法律文书或政府征收决定;依继承;依合法建造拆除房屋等事实行为。A项是合法建造,B项是赠与,C项是法院裁判,D项是遗赠。故选B。

二、1. AB。本题涉及物的原始取得。原始取得的主要形式包括:生产,获取孳息,先占,添附,拾得遗失物,拾得漂流物,发现埋藏物或者隐藏物,善意取得,时效取得和国家强制取得等。A项中,鱼虾混合属添附的一种,甲、乙虽有协议,但其约定的是物之归属及损害赔偿,而不是物的取得方式。B项中,乙先是遗失后为抛弃,甲属由拾得遗失物转为拾得抛弃物,是原始取得。C项中,甲、乙系借用关系,小牛属耕牛的天然孳息,天然孳息归所有权人乙所有。D项中,甲属遗嘱继承,是继受取得。故选AB。

2. AC。根据《民法典》第229条的规定,因人民法院裁判文书导致的物权变动,自该裁判文书生效时发生效力,因此张某应当自法院作出终审判决即2011年4月20日起即获得该房屋的所有权,故A项正确,B项错误。由于张某已经是该房屋的所有权人,因此张某和王某签订的房屋买卖合同有效,只不过根据《民法典》第232条的规定,在张某未办理房屋过户手续取得房屋所有权时,他和王某签订的房屋买卖合同不发生物权效力,故C项正确。根据《民法典》第209条的规定,不动产的物权变动必须要办理登记,由于王某只是支付了30万元的对价,在未办理房屋过户登记手续之前,王某不是该房屋的所有权人,故D项错误。故选AC。

3. BD。本题涉及物的重要成分。物的重要成分是指在一个物之相互结合的各个部分中,非经毁损或者变更其性质,不能分离者。情人节花束中的巧克力起的是装饰作用,它可以轻松脱离花束而不致花束受损,两者是相互独立的物,结合关系松散。同理,"一包多背"的包的肩带可自由拆卸、搭配,并非专属于包。但香水不能没有香水瓶,变速器也是山地自行车不可或缺的重要部件。故选BD。

4. BCD。本题涉及物权的类型、物权的变动问题。有限责任公司的股权可以成为质权的客体,选项A正确。《民法典》第209条规定了"法律另有规定的除外",并且规定依法属于国家所有的自然资源,所有权可以不登记,选项B错误。《民法典》第217条规定,不动产权属证书与不动产登记簿记载不一致的,除有证据证明不动产登记簿确有错误外,以不动产登记簿为准,选项C错误。虽然我国《民法典》物权编中包含占有分编,但通说认为占有仅是一种事实而非权利,选项D错误。因此,本题的答案为BCD。

5. ACD。A选项中,购买股票取得的股息属于法定孳息。B选项中,动物腹中的胎儿属于动物的成分,不是独立的物,不属于孳息。C选项中,母牛挤出的牛奶属于典型的天然孳息。D选项中,出租房屋所获得的租金属于法定孳息。因此,本题答案为ACD。

## 理解与应用篇

一、1. C。本题涉及物权变动、抵押权和留置权的冲突问题。依据《民法典》第215条、第577条的规定,丙、乙约定以丙的车辆进行抵押,抵押合同自合同成立时发生法律效力,丙未按约定办理抵押登记,只是乙的抵押权未设立,不影响抵押合同的效力,乙有权要求丙继续履行合同。选项A正确。依据《民法典》第456条的规定,同一动产上已设立抵押权或质权,该动产又被留置的,留置权人优先受偿。选项B项正确,选项C错误。从上述分析可知,乙的抵押权未设立,乙无权要求丙承担物权法上的担保责任。但抵押合同是有效的,乙有权要求丙承担抵押合同的担保义务。双方约定以车辆作物的担保,而非以丙的信用作人的担保,故选项D正确。

2. C。本题涉及占有改定和买卖合同中的风险分担问题。本题中,张某与李某以占有改定的方式买卖小提琴,该合同是有效的,故A项说法错误。根据《民法典》第228条的规定,以占有改定方式交付动产的,动产所有权自该约定生效时发生转移。故本题中小提琴的所有权在2017年2月10日就从张某处转移到了李某处。又根据《民法典》第604条的规定,标的物灭失的风险自交付时转移。此处的交付是与物的所有权转移统一。故C项说法正确,B项、D项说法错误。

3. C。本题涉及不动产登记机关的赔偿责任。根据《民法典》第222条的规定,不动产登记机关在登记错误,给权利人造成损失时,与造成登记错误的人承担不真正连带责任。A项中,登记机关要求申请人进行资产评估属于行政违法,应承担行政责任。B项、D项属合法行政行为。故选C。

4. D。根据《民法典》第414条规定的抵押权顺位,不管成立先后,登记的动产抵押权优先于未登记的动产抵押权。因此,丙的抵押权优先于乙的抵押权。根据《民法典》第403条的规定,未登记的动产抵押权不得对抗善意第三人,乙的抵押权未登记,不得对抗善意第三人丁;丙的抵押权已经登记,可以对抗善意第三人丁。因此,丙优于丁,丁优于乙。《民法典》第456条规定,同一动产上已设立抵押权或者质权,该动产又被留置的,留置权人优先受偿。据此,戊的留置权最优先,排在第一位。

5. C。本案中买卖合同已经订立并生效,D选项正确。由于买卖合同有效,乙基于有效买卖合同所生的债权占有房屋，为有权占有，A 选项正确。由于乙未办理过户登记，乙尚未取得房屋所有权，B 选项正确。甲系乙的债务人，乙相对甲为有权占有，故甲对乙无返还原物请求权，C 选项错误。

二、1. CD。本题涉及预告登记、多重买卖、返还原物请求权等问题。《民法典》第 215 条规定："当事人之间订立有关设立、变更、转让和消灭不动产物权的合同，除法律另有规定或者当事人另有约定外，自合同成立时生效；未办理物权登记的，不影响合同效力。"据此，虽然丙未取得房屋所有权，但不影响房屋买卖合同有效。丙基于买卖合同占有房屋，属于有权占有，故 A 选项错误。甲、乙之间的房屋买卖协议虽然办理了预告登记，但《民法典》第 221 条第 2 款规定了预告登记失效的情形，其中包括自能够进行不动产登记之日起 90 日内未申请登记的，预告登记失效。本题中预告登记已经超过 90 日，故预告登记失效，B 选项错误。同样地，根据《民法典》第 215 条的规定，选项 C 正确。虽然甲将房屋出卖给丙的行为不发生物权效力，但甲与丙之间所签订的房屋买卖合同有效。在乙已经取得房屋所有权后，甲对丙已经构成了根本违约，根据《民法典》第 563 条的规定，丙有权主张解除合同，并请求甲承担违约责任，D 选项正确。本题正确选项为 CD。

2. AD。本题涉及所有权的取得。依《民法典》第 225 条的规定，车船等特殊动产的所有权于交付时转移，于登记时具有对抗效力。依《民法典》第 209 条第 1 款的规定，不动产所有权移转自登记时生效。依《民法典》第 312 条的规定，善意取得情形下，遗失物所有权自原权利人能够行使返还原物请求权之日起 2 年后转移至善意买受人。依《民法典》第 228 条的规定，占有改定情形下，物之所有权自合同生效时转移。故选 AD。

3. AD。本题涉及物权的变动问题。王某和李某之间存在所有权保留的约定，即在李某付清全款之前汽车所有权归王某所有，张某提出购买前尚没到付款期限，因此选项 A 正确，选项 B 错误。王某将汽车卖给了李某，但所有权仍由王某保留。后王某将汽车卖给了张某，这一行为属于有权处分。当王某将汽车交付给张某并办理过户登记后，张某取得了汽车的所有权，故选项 C 错误，选项 D 正确。

## 综合提高篇

一、1. BD。本题涉及建筑物区分所有权和相邻关系的问题。本题中甲与乙是五、六楼邻居关系，对于楼道或楼梯，甲、乙之间享有共有权，共有权的行使应本着协商一致的原则。甲在楼道上安装铁栅栏门侵害了乙的共有权，也侵害了乙的相邻权。对于共有权和相邻权的侵害，不适用诉讼时效。本题正确选项为 BD。

2. AD。本题涉及普通合伙人处理合伙事务的权限问题。依《合伙企业法》第 37 条的规定，合伙人执行合伙事务以及对外代表合伙权利的限制，不得对抗善意第三人。丁不知甲订约数额受限，且双方意思表示真实，无其他无效事由，因此两者间合同有效。合伙财产归合伙人共有，依《民法典》第 970 条的规定，单一合伙人无权处分合伙财产。《民法典》删除了原《合同法》关于无权处分合同效力的规定，承认了因无权处分订立的合同不因无权处分而无效，只是不发生物权变动效果的立场。故选 AD。

二、1. BCD。本题涉及物权的变动问题。《民法典》第 230 条规定，因继承取得物权的，自继承开始时发生效力。故丙在甲死亡时依据遗嘱取得房屋的所有权，不需要办理变更登记。物权请求权不受诉讼时效限制。《民法典》第 232 条规定，依继承享有不动产物权，依照法律规定需要办理登记的，未经登记，不发生物权效力。本题答案为 BCD。

2. AD。考查不动产登记。根据《民法典》第 213 条的规定，登记机构不得要求对不动产进行评估，其擅自以市政建设为由收取费用的行为没有法律依据。因此，甲既不必对房屋进行评估，也不必缴付该费用，登记机构应无条件进行登记。

3. A。本题涉及不动产登记信息的利用和保护问题。依《不动产登记暂行条例》第 27 条第 1 款的规定，权利人、利害相关人可以依法查询、复制不动产登记资料。权利人委托的代理人是其自身的延伸，因此也有权要求不动产的登记机关提供相关信息。依《不动产登记暂行条例》第 26 条的规定，不动产登记机构及其工作人员应对不动产登记信息保密，不得随意公开。依最高人民法院《关于适用〈中华人民共和国民事诉讼法〉的解释》第 94 条的规定，当事人请求法院调取证据的范围限于其出于客观原因无法自行收集的证据。利害关系人可以自行到不动产登记机关调取不动产登记信息，因此不得向法院申请调取。依《不动产登记暂行条例》第 28 条的规定，申请人向不动产登记机构查询登记信息的，应说明查询目的。故选 A。

4. AB。物权请求权既可以在诉讼之外行使，也可通过诉讼行使，故 A 选项错误。物权请求权不受诉讼时效和除斥期间限制。物权人的返还原物请求权不适用 3 年诉讼时效的限制，故 B 选项说法错误。排除妨碍请求权和消除危险请求权的行使不需要证明妨碍人有过错，不需要证明自己有损失，故 C 选项说法正确。物权请求权虽不同于债权，但是属于请求权，与债权请求权有相似的结构，可以类推适用债权请求权的规定，故 D 选项正确。本题的正确答案是 AB。

# 第八章 所 有 权

## 基础知识篇

一、1. D。本题涉及共有的问题。依《民法典》第301条的规定,共有人决定对共有物进行重大修缮以约定为先。依《民法典》第303条的规定,共同共有中,共有基础丧失,共有人请求分割共有物,给其他共有人造成损害的,应当给予赔偿。依《民法典》第310条的规定,他物权适用共有规则,其上可成立共有。依《民法典》第309条的规定,按份共有中,共有人未约定份额的,按出资额确定份额。故选D。

2. B。本题涉及所有权的内容问题。财产所有人可以自己占有财产,也可以由非所有人占有。善意占有为非法占有。处分是所有权内容的核心,是所有权最基本的权能。他人使用所有物时,除法律或者合同另有规定外,物的收益归所有权人所有。故本题答案为B。

3. B。本题涉及按份共有和共同共有的认定问题。根据《民法典》第308条的规定,对按份共有和共同共有约定不明的,除具有家庭关系等外,视为按份共有。本例中甲、乙、丙虽系兄弟三人,但各自出资,表明其分家另过,不具有家庭关系,故应推定为按份共有。因此,本题正确选项为B。

4. B。本题涉及按份共有人共有权的行使问题。在按份共有的情况下,对共有物的改良行为及处分行为应取得占份额2/3以上的共有人的同意。本题中,甲、乙、丙各享有1/3的份额,甲、乙二人的应有部分已占共有财产份额的2/3,应按照甲、乙二人的意见对玉石进行加工。故本题正确选项为B。

二、1. BC。A项考查建筑物区分所有权中的共有权。最高人民法院《关于审理建筑物区分所有权纠纷案件适用法律若干问题的解释》(以下简称《建筑物区分所有权解释》)第3条规定:"除法律、行政法规规定的共有部分外,建筑区划内的以下部分,也应当认定为民法典第二编第六章所称的共有部分:(一)建筑物的基础、承重结构、外墙、屋顶等基本结构部分,通道、楼梯、大堂等公共通行部分,消防、公共照明等附属设施、设备,避难层、设备层或者设备间等结构部分……"因此,建筑物的外墙应当认定为共有。具体到本题,2号楼的外墙依法应当认定为业主共有。故A项正确。

B项、C项、D项考查建筑物区分所有权中的专有权。《建筑物区分所有权解释》第4条规定:"业主基于对住宅、经营性用房等专有部分特定使用功能的合理需要,无偿利用屋顶以及与其专有部分相对应的外墙面等共有部分的,不应认定为侵权。但违反法律、法规、管理规约,损害他人合法权益的除外。"可知,业主基于对住宅的专有部分特定使用功能的合理需要,无偿利用与其专有部分相对应的外墙面等共有部分的,不应认定为侵权。在本题中,孟某安装空调机是基于对专有部分特定使用功能的合理需要,构成合理使用,不需要另行缴纳费用;孟某有权无偿利用与其专有部分相对应的外墙面,不应认定为侵权。故B项、C项错误,D项正确。

2. ABCD。本题涉及建筑物区分所有权人的权利义务问题。依《民法典》第279条的规定,住宅改为经营性用房的,须经有利害关系的业主一致同意,而非业主大会或业主委员会同意。依《民法典》第280条第2款的规定,业主大会或业主委员会所作决定有损业主利益的,业主可诉请撤销。依《民法典》第284条第2款的规定,建设单位可以为业主聘请物业服务企业或其他管理人。依《民法典》第283条的规定,建筑物及其附属设施的费用分摊、收益分配等以约定为先。故选ABCD。

3. BCD。本题涉及集体所有权问题。《民法典》第261条规定可知,选项B、C、D正确,选项A错误,正确的说法应为"土地承包方案以及将土地发包给本集体以外的组织或者个人承包"。故本题答案为BCD。

4. ABC。本题A选项中,小区的道路、绿地、公共服务设施和物业管理用房除另有约定外,应属于业主共有。该共有非按份共有,也非共同共有。对于车库车位,应区分情况。规划的车库车位的所有权归开发商,利用道路或者绿地改建的车库车位归业主共有。本题B选项中,建筑物及其附属设施的维修资金属于全体业主共有。本题C选项中,业主将住房改为商业性用房,应取得本楼业主的同意而非小区业主的同意。本题D选项中,对于业主私搭乱建行为,业主委员会有权制止,该权利来源于公共相邻关系理论。本题正确选项为ABC。

## 理解与应用篇

一、1. B。本题涉及遗失物所有权的取得问题。商场里的现货交易虽为分期付款,但商品所有权已在交付时转移。买卖双方通常不会约定保留所有权,交付后卖家对买家享有的只是分期债权,买家不能及时还款只会被科以罚息,卖家不会将手表追回,因此甲是取得了手表所有权的。根据《民法典》第312条的规定,遗失物所有权人可以在能行使追回权之日起2年内要求持有人返回原物,即在此段时间内所有权人依然享有遗失物的所有权,即便受让人通过拍卖或向有经营资质的经营者购买获得了物的占有,善意取得在该期间内也无适用空间。故选B。

2. D。本题涉及所有权的取得问题。依据《民法典》第226条的规定,甲借用了乙的汽车,在借用期间,又与乙达成了买卖协议,在买卖协议生效时,乙便完成了对甲的交付义务，此种交付称为简易交付，故A选项正确。依据《民法典》第641条第1款的规定，由于双方约定支付价款前乙保留所有权，在甲支付价款前，该汽车所有权仍属于乙，故B选项正确。依据《民法典》第604条的规定，由于乙已完成了交付义务，交付后的风险责任应由买受人甲承担，故C选项正确。所有权保留的约定，法律并未规定应采用书面形式，故D选项错误。

二、1. ABC。本题涉及遗失物返还问题。依《民法典》第312条的规定，遗失物所有权始终属于遗失人，除非其在能行使遗失物返还请求权之日起2年内未行使。乙在发现小羊当时就主张了返还请求权，因此不丧失所有权。拾得人有返还的义务，侵占遗失物的，依《民法典》第317条的规定，丧失补偿费用和兑现承诺请求权。甲的行为在道德上或可同情，但在法律上无法得到支持和认可。故选ABC。

2. ABC。选项A考查按份共有物的分割。《民法典》第303条规定："共有人约定不得分割共有的不动产或者动产，以维持共有关系的，应当按照约定，但是共有人有重大理由需要分割的，可以请求分割；没有约定或者约定不明确的，按份共有人可以随时请求分割，共同共有人在共有的基础丧失或者有重大理由需要分割时可以请求分割。因分割造成其他共有人损害的，应当给予赔偿。"根据该条，可以总结出共有物的分割规则为：(1)当事人之间有关于共有物不得分割的约定的，原则上从其约定，但有重大理由可以请求分割；(2)当事人之间没有约定的，按份共有人可以随时请求分割，共同共有人在共有基础丧失或者有重大理由才能请求分割。本题中，刘某、关某、张某对公寓房为按份共有，且没有关于共有物不得分割的约定，三人可以随时请求分割共有物。因此，选项A正确。

选项C考查共有份额的转让。《民法典》第305条规定："按份共有人可以转让其享有的共有的不动产或者动产份额。其他共有人在同等条件下享有优先购买的权利。"根据该条，按份共有人有转让其共有份额的自由，本题中张某可以转让其对公寓房的共有份额。因此，选项C正确。

选项D考查对共有物的修缮问题。《民法典》第301条规定："处分共有的不动产或者动产以及对共有的不动产或者动产作重大修缮、变更性质或者用途的，应当经占份额三分之二以上的按份共有人或者全体共同共有人同意，但是共有人之间另有约定的除外。"可见，对共有物作重大修缮需要经占份额2/3以上的按份共有人同意。本题中，刘某、关某和张某按份共有一套酒店式公寓房，份额比例为3∶3∶4。由于刘某和关某占有的份额为3/5，小于2/3，所以二人无权主张重新装修，若刘某和关某对公寓进行重新装修，则侵犯了张某对共有物的财产权。因此，选项D错误，B选项正确。

3. ACD。对于自建房屋，自建好时便取得房屋所有权。根据《民法典》第232条的规定，因建造取得房屋所有权的，未经登记而处分该物权时，不发生物权效力。因此，在只登记甲为房屋所有权人时，乙出卖该房屋的行为不发生物权效力。利害关系人可申请更正登记，地役权未登记的不能对抗供役地的受让人，而非供役地人。本题正确选项为ACD。

4. AC。本题涉及建筑物区分所有权。根据《民法典》第274条的规定，建筑区划内的绿地属于业主共有，但属于城镇公共绿地或者明示属于个人的除外。房地产开发公司将小区销售完毕，绿地应归业主共有，房地产开发公司无权对绿地进行处分，因此将其改为停车场的行为违反法律规定。建筑区划内的道路属于业主共有，小区的门房属于业主的服务用房，归业主共有，物业服务企业无权擅自出租，所以物业服务企业的做法违反法律。故本题选项为AC。

5. AD。承租人的优先购买权是指同等条件下的优先购买权，整体出售视为条件之一，故丙对承租的1辆汽车不享有优先购买权，且对50辆汽车不存在合同基础，不享有优先购买权。同时，承租人的优先购买权只限于在房屋租赁中。对于共有，未约定共有类型的，除家庭关系等外，应视为按份共有。本题正确选项为AD。

6. ABC。本题涉及部分共有人处分共有物的法律后果问题。《民法典》第301条规定：处分共有的不动产或者动产以及对共有的不动产或者动产作重大修缮、变更性质或者用途的，应当经占份额2/3以上的按份共有人或者全体共同共有人同意，但共有人之间另有约定的除外。按份共有人对于共有物的处分，除另有约定外，应当经占份额2/3以上共有人的意思处理，但不能损害其他共有人的利益；否则，少数共有人可以要求其承担民事责任。本题中，孙某、唐某未征求赵某的意见，擅自处分共有物，侵害了赵某的份额所有权，同时也侵犯了赵某的优先购买权。但是，如果受让人牛某基于善意，可因善意取得制度而取得该物的所有权。本题答案为ABC。

7. ACD。本题涉及共有财产的分割。首先，对集合物的共有应当认定成立于单个的物之上，因此甲、乙、丙三人对厂房、现金、游艇分别成立按份共有。又根据《民法典》第309条的规定，按份共有人对共有份额没有约定或约定不明，又无法确定出资额的，应当视为等额享有，选项A正确。根据《民法典》第304条的规定，共有人可以采取协议分割方式，达不成协议时应当采取实物分割；难以分割或者因分割会减损价值的，应当对折价或者拍卖、变卖的价款予以分割。但法院在判决是否分割以及如何分割时，当事人分割方案仅为参考，故B选项错误，C选项正确。《民法典》第306

条规定,按份共有人对共有份额具有优先购买权。因甲、乙、丙三人的共有成立在单个物之上,因此甲、乙、丙三人对7房均有优先购买权,D选项正确。本题正确选项为ACD。

## 综合提高篇

一、1. BCD。本题考查的是观念交付的相关问题。本题A选项中,李某是以占有改定的方式交付电脑的,根据《民法典》第228条的规定,王某取得该电脑的时间为达成该买卖约定的时间,故A选项错误,不选。本题B选项中,因乙已依法占有该手表,自合同生效之日起,该手表的所有权归乙享有。本题C选项中,因乙已经占有了该耕牛,自合同生效之日起,耕牛的所有权已转移给乙,风险转移给乙。D选项涉及指示交付的问题。《民法典》第227条规定,指示交付的约定达成时,动产的所有权即发生转移,故D选项的说法正确。因此,本题正确选项为BCD。

2. AB。本题涉及法定孳息。法定孳息指依据法律规定,由法律关系产生的收益。孳息是物本身价值的增加,天然孳息是因为物的机能而产生,法定孳息是因为法律关系的安排而产生。因此,劳动报酬是出卖劳动的对价,不是孳息。房价升高是因为市场变化,不是源于法律关系本身的安排,房屋本身也未产生新的收益,而只是价值升高而已。故选AB。

3. BCD。本题涉及遗失物的善意取得问题。《民法典》第312条规定,该遗失物通过转让被他人占有的,权利人有权向无处分权人请求损害赔偿,或者自知道或者应当知道受让人之日起2年内向受让人请求返还原物,但受让人通过拍卖或者向具有经营资格的经营者购得该遗失物的,权利人请求返还原物时应当支付受让人所付的费用。权利人向受让人支付所付费用后,有权向无处分权人追偿。根据该规定可知,遗失物在任何情况下都不适用善意取得制度,因此权利人张某有权自知道或者应当知道受让人陈某之日起2年内要求陈某返还手机。如果受让人陈某从具有经营资格的信托商店购得手机,陈某有权要求张某支付自己购买手机时所支付的费用。

二、A。依《民法典》第251条的规定,野生动植物资源归国家所有,但非珍稀物种的单一动物或植物按实践习惯可由私人取得所有权,如野菜、野兔等。城市土地、滩涂、矿藏都归国家所有,开发商竞标取得的是建设用地使用权,滩涂、矿藏的开发需要国家授予资格证方可进行,但所有权始终属于国家。故选A。

# 第九章　用益物权

一、1. C。本题涉及居住权问题。依《民法典》第368条的规定,居住权自登记时设立。依《民法典》第369条的规定,除非另有约定,否则居住权人不得将住宅出租。依《民法典》第366条的规定,居住权只有占有、使用的权能,没有收益的权能,因此只能用于居住,不能用作经营。居住权属用益物权,权利人对物的占有属有权占有,继承属继受取得,继承人继承的除了所有权还有其上的负担。故选C。

2. D。本题考查地役权的从属性和不可分性。房地产公司与学校之间的协议为地役权合同,自该合同生效之日,房地产公司便取得地役权。该地役权随着"威尼斯小镇"的销售转让给业主,业主便对学校享有地役权。地役权为物权,业主有权禁止学校建造新的学生公寓,虽然该地役权合同没有进行登记,但不涉及善意第三人的问题,因此学校必须依照协议履行合同义务,本题正确选项为D。

二、1. AD。本题考查的是土地承包经营权。根据《民法典》第333条第1款的规定,土地承包经营权自合同生效时设立。登记仅具有对抗作用,因此选项A正确。根据《民法典》第332条的规定,耕地的承包期为30年,期限届满的可以继续承包,故选项C错误。又根据《民法典》第336条第1款的规定,承包期内发包人不得调整承包地,故选项B错误。根据《民法典》第335条的规定,土地承包经营权互换、转让,自合同生效时发生完成,自登记时具有对抗效力,故选项D正确。本题答案为AD。

2. BD。本题涉及地役权问题。采光属相邻关系内容,相邻人间有无偿维护对方采光条件的义务。相邻人要限制对方在自家院中开展生活生产活动的自由,可以约定有偿还是无偿。供役地所有权转移的,不影响其上地役权的存在,只是未经登记的地役权不得对抗善意第三人。乙是甲的相邻权人,因此不必为自己的要求支付对价;甲是乙的地役权人,当乙要求补偿时,其应当与之协商并支付合理对价。甲、乙未办理地役权登记,因此,甲对丁不能主张地役权。若双方日后通过合同设立新的地役权,丁可以要求甲支付对价。故选BD。

3. ABD。选项C考查居住权的性质。《民法典》新增了居住权制度。《民法典》第366条规定:"居住权人有权按照合同约定,对他人的住宅享有占有、使用的用益物权,以满足生活居住的需要。"居住权指的是权利人以自己的生活需求为限,在他人房屋上进行居住的权利。居住权是民事权利,是用益物权的一种,其特征是:(1)居住权的基本属性是他物权,具有用益性;(2)居住权是为特定自然人基于生活用房而设立的物权,具有人身性;(3)居住权是一种长期存在的物权,具有独立性;(4)居住权具有不可转让性。居住权人对住宅享有的是用益物权,而非债权。因此,选项C错误。

选项D考查居住权的设立条件。《民法典》第368

条规定:“居住权无偿设立,但是当事人另有约定的除外。设立居住权的,应当向登记机构申请居住权登记。居住权自登记时设立。”该条规定居住权在登记时设立。本题中,甲欲设立居住权,但并未进行居住权登记,居住权并未有效设立。因此,选项D正确。

选项A、B考查合同的违约救济。《民法典》第577条规定:“当事人一方不履行合同义务或者履行合同义务不符合约定的,应当承担继续履行、采取补救措施或者赔偿损失等违约责任。”本题中,甲与乙约定以甲的生命为期限在房屋上设立居住权,并在办理房屋过户登记手续时一并办理居住权登记,当事人双方意思表示真实且约定未违反法律规定及公序良俗,该约定对甲乙双方具有法律拘束力。乙未按时办理居住权登记,构成迟延履行。根据《民法典》第577条的规定,甲有权请求乙继续履行,即配合乙继续办理居住权登记,并承担迟延履行的违约责任。因此,选项A、B正确。

需要注意的是,居住权人和房屋承租人是两个不同的主体。居住权人享有的是物权,而承租人仅享有对出租人的债权,二者在性质、客体、生效要件、期限、是否有偿、能否转让、继承以及设立方式等方面均有重大差异。

三、1. ABCD。本题涉及建设用地使用权的问题。依照《民法典》第346条的规定,设立建设用地使用权的,不得损害土地上已有的其他用益物权,故A项表述错误。根据《民法典》第347条的规定,当拟出让的土地用途是工业、商业、旅游、娱乐和商品住宅等经营性用地或同一土地上有两个以上的意向用地者时,应当采取招标、拍卖等方式出让,故B项说法错误。根据《民法典》第353条的规定,建设用地使用权可以用于互换、出资、赠与、抵押等,故C项说法错误。根据《民法典》第349条的规定,建设用地使用权自登记时方才设立,故D项说法错误。因此,本题的正确答案是ABCD。

2. C。依据《民法典》第374条的规定,地役权未进行登记的,不得对抗善意第三人,但该不能对抗是针对供役地受让人不知之情况,如果受让人已知则不存在不能对抗之问题。因此,本题正确选项为C。

## 第十章　担保物权

### 基础知识篇

1. D。本题涉及动产质权的问题。根据《民法典》第427条第1款的规定,设立质权,当事人应当采取书面形式订立质押合同,故A选项错误。本题质权合同的质权人为李四,王五只是李四的代理人,故王五无法得质权,故B选项错误。李四可以委托他人代为占有质物玉佩,张三与李四之间的交付,是经由占有媒介关系而为的现实交付,故C选项错误。《民法典》第433条规定:“因不可归责于质权人的事由可能使质押财产毁损或者价值明显减少,足以危害质权人权利的,质权人有权请求出质人提供相应的担保……”但是,玉佩价格基于市场因素下跌应属李四在接受玉佩作为质物时应当预见的范围,李四应当承担此商业风险,该情形不适用《民法典》第433条的规定,故D选项正确。

2. C。本题涉及让与担保问题。依《民法典》第401条的规定,约定让与担保的,担保合同本身有效,债权人取得担保物权,但担保物权实现的方式不是所有权归债权人,而是按照一般担保的规则,将担保物变现,并以变现金额为限偿还债务。

### 理解与应用篇

一、1. A。本题涉及最高额抵押问题。依《民法典》第420条第2款的规定,最高额抵押权设立前已存在的债权可通过当事人合意纳入担保范围。依《民法典》第421条的规定,除另有约定外,债权确定前,部分债权转移的,最高额抵押权不转移。依《民法典》第422条的规定,当事人可以在债权确定前协议更改抵押权内容,但不得损害其他抵押权人利益。被吊销营业执照后,债务人不可能再有新的债务产生了,此时债权确定,当事人不得再通过合意改变抵押权内容。

2. D。本题考查的是应收账款质押问题。《民法典》第440条第6项规定,应收账款可以作为权利质权的标的。乙公司对丙公司享有的40万元债权是确定的,属现实债权,而非未来债权,故A选项错误。《民法典》第445条第1款规定,“以应收账款出质的,质权自办理出质登记时设立”,故B选项错误。担保物权具有从属性:首先,银行对甲公司厂房的抵押权从属于乙公司与银行之间的借贷关系,该借贷关系因乙公司还款而消灭,银行的抵押权亦消灭。其次,甲公司的权利质权从属于甲公司与银行的担保关系,若银行对甲公司厂房的抵押权消灭,则甲公司的权利质权亦消灭。故C选项错误。《民法典》第546条规定:“债权人转让债权,未通知债务人的,该转让对债务人不发生效力。债权转让的通知不得撤销,但是经受让人同意的除外。”因此,债权转让的生效并不以通知债务人为条件,只是未通知不得对抗债务人,故D选项正确。

3. C。本题涉及抵押权的设立问题。根据《民法典》第398条的规定,乡镇、村企业的建设用地使用权不得单独抵押。以乡镇、村企业的厂房等建筑物抵押的,其占用范围内的建设用地使用权一并抵押。因此,银行乙享有抵押权,且未登记的集体土地使用权属于抵押财产,合作伙伴丙不享有抵押权。本题答案为选项C。

4. C。本题涉及浮动抵押的问题。依据《民法典》

第396条的规定,对于浮动抵押,其抵押人应为生产者或经营者,其抵押财产是指现有的或将有的抵押人的动产,故A选项错误。依据《民法典》第403条的规定,动产浮动抵押权自合同签订时设立,登记并非生效条件而为对抗要件,故B选项、D选项错误,C选项正确。应予注意的是,即使办理了登记,也不能对抗正常生产经营活动中已支付了合理价款且取得了抵押财产的买受人。本题正确选项为C。

5. C。本题考查抵押权的顺位问题。根据《民法典》第414条第1款的规定,抵押物拍卖所得价款受偿顺序的规则为:(1)抵押权已登记的,按照登记的时间先后确定清偿顺序;(2)抵押权已登记的先于未登记的受偿;(3)抵押权未登记的,按照债权比例清偿。《民法典》第409条第1款规定:"抵押权人可以放弃抵押权或者抵押权的顺位。抵押权人与抵押人可以协议变更抵押权顺位以及被担保的债权数额等内容。但是,抵押权的变更未经其他抵押权人书面同意的,不得对其他抵押权人产生不利影响。"因此,张三于4月1日因协议变更担保债权数额增加的100万元,不可对抗赵六;但由于该变更已进行登记,且张三为善意第三人,因此可以对抗李四、王五。因此,若汽车拍卖后得价款300万元,先由张三获得100万元,再由赵六获得200万元。若汽车拍卖后得价款500万元,先由张三获得100万元,再由赵六获得200万元,接着由张三获得100万元,最后由李四、王五平分100万元。本题正确答案为C。

6. A。A项考查合同效力与物权效力相区分的原则。《民法典》第215条规定:"当事人之间订立有关设立、变更、转让和消灭不动产物权的合同,除法律另有规定或者当事人另有约定外,自合同成立时生效;未办理物权登记的,不影响合同效力。"可知,不动产抵押合同的效力不会因为没有办理不动产抵押登记而受到影响,故A项错误。

B项考查抵押权的设立与生效。《民法典》第402条规定:"以本法第三百九十五条第一款第一项至第三项规定的财产或者第五项规定的正在建造的建筑物抵押的,应当办理抵押登记。抵押权自登记时设立。"再结合《民法典》第215条可知,当事人没有特别约定的情形下,不动产抵押权于登记时设立,不动产抵押合同自合同成立时生效。在本题中,2018年6月1日当事人签订了不动产抵押合同,但是并未进行抵押权登记,合同成立时即生效但是抵押权因没有登记而未成立,故B项正确。

C项考查物权法定原则。物权的种类和内容都由法律规定,《民法典》第395条规定:"债务人或者第三人有权处分的下列财产可以抵押:……(六)交通运输工具……"《民法典》第425条第1款规定:"为担保债务的履行,债务人或者第三人将其动产出质给债权人占有的,债务人不履行到期债务或者发生当事人约定的实现质权的情形,债权人有权就该动产优先受偿。"可知,当事人既可以在动产上设定抵押权,也可以设定质权。本题中,车属于交通工具且为动产,依法可以设立抵押权和质权,故C项正确。

D项考查动产抵押的优先受偿权。首先,《民法典》第403条规定:"以动产抵押的,抵押权自抵押合同生效时设立;未经登记,不得对抗善意第三人。"动产抵押权自抵押合同生效时设立。在本题中,当事人以汽车为标的设定抵押,属于动产抵押,虽然未进行登记,但是动产抵押权依法成立。其次,《民法典》第394条第1款规定:"为担保债务的履行,债务人或者第三人不转移财产的占有,将该财产抵押给债权人的,债务人不履行到期债务或者发生当事人约定的实现抵押权的情形,债权人有权就该财产优先受偿。"抵押权成立后,当债务人不履行到期债务时,债权人有权就抵押财产主张优先受偿权。在本案中,以车为抵押标的的动产抵押权已经成立,因甲不能清偿到期欠款,债权人乙有权依法请求将甲的汽车拍卖,并就所得价款行使优先受偿权,故D项正确。

二、1. ABCD。本题涉及著作权质权问题。依《民法典》第444条的规定,著作权出质,质权于登记时设立。除非得到质权人同意,著作权人不得转让或许可他人使用著作权中的财产权,出版属于著作权中的财产权。转让或许可他人使用著作权的收益用于提前清偿债权或提存,并不当然归债权人所有。质权人只能保管出质物,不能加以利用。故选ABCD。

2. ACD。本题涉及浮动抵押的问题。根据《民法典》第404条的规定,浮动抵押设立后,抵押人依然可以向善意第三人出售抵押财产,故A项的说法正确。根据《民法典》第411条的规定可知,只有C项、D项满足浮动抵押财产确定的条件,B项的说法错误。因此,本题正确选项为ACD。

3. ABC。根据《民法典》第399条第4项的规定,所有权、使用权不明或者有争议的财产,不得抵押,A选项正确。根据《民法典》第399条第5项的规定,依法被查封的财产不能抵押,B选项正确。根据《民法典》第683条第1款的规定,机关法人不能为保证人,C选项正确。根据《民法典》第396条的规定,企业可以用现有及将有的生产设备、原材料、半成品、产品设定浮动抵押,D选项不选。因此,本题正确选项为ABC。

4. ACD。本题涉及浮动抵押及抵押财产确定问题。《民法典》第396条规定:"企业、个体工商户、农业生产经营者可以将现有的以及将有的生产设备、原材料、半成品、产品抵押,债务人不履行到期债务或者发生当事人约定的实现抵押权的情形,债权人有权就抵押财产确定时的动产优先受偿。"B选项错误。《民法典》第403条规定,以动产抵押的,抵押权自抵押合同生效时设立;未经登记,不得对抗善意第三人。A选项正确。《民法典》第411条规定,设定动产浮动抵押的,抵押财产自下列情形之一发生时确定:(1)债务履行期限届满,债权未实现;(2)抵押人被宣告破产或者解散;(3)当事人约定的实现抵押权的情形;(4)严重影响债权实现的其他情形。C选项、D选项正确。

## 综合提高篇

一、1. ABD。本题涉及最高额抵押、抵押合同的变更、最高额抵押权的转移问题。《民法典》第420条规定,最高额抵押权设立前已经存在的债权,经当事人同意,可以转入最高额抵押担保的债权范围。但是,保证期间债权人与债务人协议变更主债务(数量、价款、币种等)内容,应当取得保证人的同意。未经保证人同意,若加重保证人债务的,保证人对加重部分不承担保证责任。选项A后半句错误。《民法典》第421条规定,在最高额抵押担保的债权依照《民法典》第423条确定之前,部分债权转让的,最高额抵押权不得转让,但当事人另有约定的除外。选项B错误。根据《民法典》第423条第5项的规定,债务人、抵押人被宣告破产或者解散的,抵押权人的债权确定。根据《企业破产法》第46条第1款的规定,未到期债权在破产申请受理时视为到期,选项C正确。《民法典》第392条规定,被担保的债权既有物的担保又有人的担保的,债务人不履行到期债务或者发生当事人约定的实现担保物权的情形,债权人应当按照约定实现债权;没有约定或者约定不明确,债务人自己提供物的担保的,债权人应当先就该物的担保实现债权;第三人提供物的担保的,债权人可以就物的担保实现债权,也可以请求保证人承担保证责任。提供担保的第三人承担担保责任后,有权向债务人追偿。甲公司作为债务人,以自己的机房提供抵押,所以应当先就该抵押实现债权,选项D错误。因此本题答案为ABD。

2. ABCD。选项A考查保证方式的推定规则。《民法典》第686条规定:"保证的方式包括一般保证和连带责任保证。当事人在保证合同中对保证方式没有约定或者约定不明确的,按照一般保证承担保证责任。"本题中,丙公司为乙公司的债权提供保证,但是未约定具体的保证方式,那么丙公司应当按照一般保证承担保证责任。因此,选项A正确。

选项B、C、D考查混合共同担保中的求偿权。混合共同担保是指对同一债权既有保证,又有抵押、质押等担保的情况,即人保与物保并存。《民法典》第392条规定:"被担保的债权既有物的担保又有人的担保的,债务人不履行到期债务或者发生当事人约定的实现担保物权的情形,债权人应当按照约定实现债权;没有约定或者约定不明确,债务人自己提供物的担保的,债权人应当先就该物的担保实现债权;第三人提供物的担保的,债权人可以就物的担保实现债权,也可以请求保证人承担保证责任。提供担保的第三人承担担保责任后,有权向债务人追偿。"在混合共同担保中,债权人实现担保的顺序为:(1)有约定从约定,且该约定不用区分人保、物保的类型;(2)无约定或约定不明的情况下,若债务人自己提供担保物的,则该物保先于人保进行清偿;(3)若第三人提供物保,该物保与人保的清偿顺序由债权人选择。对于混合共同担保中的求偿问题,该条只规定了担保人和保证人承担责任后可以向债务人追偿,却并未明确担保人和保证人相互之间是否有求偿权。实际上,在《民法典》对混合担保中担保人和保证人内部求偿权未作规定的情况下,通说认为,应当肯定混合担保内部的求偿权,避免保证人和担保人在承担责任后难以从债务人处受偿,但是具体的内部求偿规则还没有定论。在本题中,结合前述法律规定和学界通说,丙公司作为保证人,丁公司作为担保人,其承担责任以后有权向债务人甲公司追偿,丙公司和丁公司内部的求偿权也应当被肯定。因此,选项B、C、D均正确。

二、BD。本题考查特殊动产物权变动。《民法典》第429条规定,质权自动产交付时设立,登记不是质权设立的要件。由于乙未取得质权,甲之后转让汽车的行为就没有损害到乙的质权,但违反质押合同约定,甲应当承担违约责任。依《民法典》第448条的规定,非企业间留置动产需与债权具有牵连性,4S店因此不能取得留置权。故选BD。

# 第十一章　占　　有

一、B。本题涉及占有的效力和保护占有的取得和消灭问题。占有状态的推定属于证明规则。占有人就其主张的占有事实不需要举证,法律推定其主张成立,由否定其主张的相对人承担证明责任。乙为现实占有人,无须证明自己的占有状态。但是甲已经举证证明在交给乙之前为合法占有人,则乙的占有状态被推翻。综上所述,本题正确答案为B。

二、1. ABD。本题涉及占有人的权利义务问题。乙为恶意占有,依《民法典》第459条的规定,恶意占有人对占有物造成损害的,应向权利人赔偿。权利人只能向现时无权占有人主张返还原物。依《民法典》第462条的规定,占有人无论有权无权,均可向侵占人主张返还原物。故选ABD。

2. BCD。《民法典》第231条规定:"因合法建造、拆除房屋等事实行为设立或者消灭物权的,自事实行为成就时发生效力。"甲违法建造车库,不能取得车库所有权,A选项错误。甲对违章建筑的占有属于一种事实状态,受法律保护,私人不得对其进行强拆,B选项正确。《民法典》第462条第1款规定:"占有的不动产或者动产被侵占的,占有人有权请求返还原物;对妨害占有的行为,占有人有权请求排除妨害或者消除危险;因侵占或者妨害造成损害的,占有人有权依法请求损害赔偿。"因此,甲的车库被乙强行拆除,甲有权请求乙赔偿损失,C选项正确。至于赔偿的范围,包括建造车库的成本、如车库未被查处可能获得的使用利益等,可能存在讨论的空间。乙损坏甲原有房屋的外墙系侵权行为,甲有权请求乙恢复外墙原状,D选项正确。

3. BCD。有权占有是指基于本权对物的占有,无权占有是指无本权的占有。本题A选项中,马二为公司雇员,受董事长指派占有、使用汽车,是占有辅助人,不成立占有。本题B选项中,4S店享有留置权,也是有权占有。本题C选项中,王某符合《民法典》第311条善意取得的构成要件,已经取得金项链的所有权,属于有权占有。本题D选项中,丙享有质权,也是有权占有。因此,本题正确选项为BCD。

4. AD。选项A、C考查返还原物请求权。返还原物请求权指的是物之权利人对无权占有人享有的请求其返还占有物的权利。《民法典》第235条对该请求权作出了规定:"无权占有不动产或者动产的,权利人可以请求返还原物。"根据该条规定,返还原物请求权的构成要件为:(1)请求权人为物之权利人,即物之所有权人;(2)被请求权人为物之占有人,此处包括直接占有和间接占有;(3)被请求权人对物的占有为无权占有。本题中,麻二为失主,对翡翠挂件享有所有权,王二系由盗窃而占有该挂件,属于无权占有,因此,麻二有权请求王二返还原物。李四并非该挂件的所有权人,即使王二侵犯了其占有状态,李四也并不享有返还原物请求权。因此,选项A正确,选项C错误。

选项B、D考查占有的类型。根据占有是否依据本权,可将其分为有权占有与无权占有。所谓有权占有是指有本权的占有,即占有人对于标的物享有某种法律上的权利(如物权、债权等),基于该种权利占有人可以对标的物予以占有。所谓无权占有是指无本权的占有,即没有对标的物进行占有的法律上的权利而对标的物进行了相应的占有,如盗窃他人之物而进行的占有。对于无权占有,可以依占有人是否知道自己的占有系无权占有而将其划分为善意占有与恶意占有。所谓善意占有是指占有人不知其对于标的物没有占有的权利而进行的占有,恶意占有是指占有人知道其对于标的物没有占有的权利而对其进行的占有。本题中,张三因拾得遗失物而占有翡翠挂件,其占有没有本权,因而属于无权占有。李四系从张三处借得该挂件,但是张三不具有处分权,因此李四属于无权占有,但是李四以为张三就是该挂件的所有权人,因而属于善意占有。因此,B选项错误,D选项正确。

# 第三编　合　　同

## 第十二章　债与合同概述

一、A。本题涉及对附随义务的理解问题。附随义务是以诚实信用原则为根据,根据债的性质、目的和习惯,随着债的关系的发展而逐渐产生的义务。附随义务包括作为义务和不作为义务。本题中选项B、C、D属于附随义务,选项A不属于附随义务。

二、1. ABC。本题考查债的分类。多数人之债,是指债权人或者债务人为二人以上的债。按份之债,是指债的一方当事人为多数,各自按照确定的份额享有权利或者承担债务的债。债权人为两人以上的乃按份债权;债务人为两人以上的乃按份债务。简单之债,是指仅有一个标的(客体)的债。特定之债,是指给付标的物特定,是相对于种类物之债而言的。本题中,煤炭购销合同属于多数人之债、按份之债、简单之债和种类物之债。

2. ACD。简单之债,是指仅有一个标的(客体)的债。选择之债,是指债的标的有数个,债务人或债权人可以选择其中之一请求履行的债。一旦选择作出,选择之债转化为简单之债。本题中,债的标的有数个,即1000元与500斤大豆,张三可以选择其中之一履行,故构成选择之债,而非简单之债。A选项错误,B选项正确。单一之债,是指债权人与债务人均为一人的债。多数人之债,是指债权人或者债务人为二人以上的债。本题中,该合同之债虽可由张三父亲代为履行,但该合同的性质为由第三人履行的合同,张三父亲不属于债务人。由于本题中的债务为单一之债,而非多数人之债,故C选项错误。连带之债是指债权人中的任何一人或债务人中的任何一人都有请求清偿全部债务的权利或承担全部债务的义务。本题中,该合同之债属于单一之债,张三父亲是第三人代为履行,而非承担连带责任,故D选项错误。

3. ACD。本题考查债发生的原因。债有两类发生原因:一是意定之债(基于法律行为产生的债);二是法定之债(基于法律规定产生的债)。就法定之债的发生的原因,主要指侵权行为、无因管理、不当得利等。其中,无因管理制度旨在适当界定"禁止干预他人事务"与"奖励互助义行"两项原则,使无法律上义务而为他人管理事务者,在一定要件下得享有权利、负担义务。本案中,任某是在为向某母亲提供救助的过程中遭受了损害,虽然损害的原因在于向某母亲的过失,但应当认为已经被无因管理涵盖。因此,本案中涉及的是无因管理之债。

# 第十三章　合同的订立和效力

一、1. C。本题考查合同成立瑕疵的履行救济规则。依据《民法典》第490条第2款的规定，法律、行政法规规定或者当事人约定合同应当采用书面形式订立，当事人未采用书面形式，但是一方已经履行主要义务，对方接受时，该合同成立。本案中，甲、乙两公司约定每批次采购时应当签订书面合同，虽然第三次采购未签订书面合同，但甲公司接受了乙公司的履行行为，应当视为合同已经成立。根据双方约定，甲公司应当按照收货时混凝土的市场价格支付货款。故本题正确答案为C。

2. A。本题涉及要约更改的问题。《民法典》第488条规定，承诺的内容应当与要约的内容一致。受要约人对要约的内容作出实质性变更的，为新要约。有关合同标的、数量、质量、价款或者报酬、履行期限、履行地点和方式、违约责任和解决争议方法等的变更，是对要约内容的实质性变更。本题中，乙公司的回复属于对甲公司要约内容的实质性变更，是新要约。既然甲公司未再回复，则甲、乙之间不成立合同关系，故本题正确选项为A。

3. A。本题考查电子合同的成立时间。根据《民法典》第491条第2款规定，当事人一方通过互联网等信息网络发布的商品或者服务信息符合要约条件的，对方选择该商品或者服务并提交订单成功时合同成立，但是当事人另有约定的除外。本题中，张某所发布的商品信息符合要约要件，陈某于3月5日提交订单购买电视机，此时电子合同成立。因此，本题正确选项为A。

4. C。依据《民法典》第503条的规定，无权代理人以被代理人的名义订立合同，被代理人已经开始履行合同义务或者接受相对人履行的，视为对合同的追认。本题中，关丙知悉后，支付了茶叶对价，可以视为对合同的追认，故此时合同关系成立且生效。

5. B。首先，《民法典》第496条第1款规定："格式条款是当事人为了重复使用而预先拟定，并在订立合同时未与对方协商的条款。"第497条规定："有下列情形之一的，该格式条款无效：(一)具有本法第一编第六章第三节和本法第五百零六条规定的无效情形；(二)提供格式条款一方不合理地免除或者减轻其责任、加重对方责任、限制对方主要权利；(三)提供格式条款一方排除对方主要权利。"本题中，乙公司在美容服务协议上载明了"如甲单方放弃服务，余款不退"的条款，并注明该条款不得更改。因为该条款可以重复使用，且在订立合同时未与甲进行协商，故该条款应被认定为格式条款。格式条款的内容"如甲单方放弃服务，余款不退"排除了甲的主要权利，应被认定为无效，选项B是正确的。

其次，《民法典》第155条规定："无效的或者被撤销的民事法律行为自始没有法律约束力。"《民法典》第156条规定："民事法律行为部分无效，不影响其他部分效力的，其他部分仍然有效。"合同部分无效的，不影响其他部分的效力。本题中，虽然甲与乙公司订立的服务协议中具有"如甲单方放弃服务，余款不退"的格式条款，并且该条款无效，但这并不影响甲、乙公司之间的美容服务协议其他部分的效力，选项A认为美容服务协议整体无效是错误的。

再次，《民法典》第543条规定："当事人协商一致，可以变更合同。"第577条规定："当事人一方不履行合同义务或者履行合同义务不符合约定的，应当承担继续履行、采取补救措施或者赔偿损失等违约责任。"合同变更应经过当事人之间协商一致，否则构成违约。本题中，甲、乙公司之间订立美容服务协议，甲在未取得乙公司同意的情况下，在接受服务1个月后单方放弃服务，甲的行为构成违约，应承担违约责任。据此，选项C是错误的。

最后，《民法典》第580条第1款规定："当事人一方不履行非金钱债务或者履行非金钱债务不符合约定的，对方可以请求履行，但是有下列情形之一的除外：(一)法律上或者事实上不能履行；(二)债务的标的不适于强制履行或者履行费用过高；(三)债权人在合理期限内未请求履行。"当债务的标的不适于强制履行时，权利人不能主张继续履行违约责任。本题中，由于美容服务协议的标的是对甲进行美容，具有人身属性，不适用强制履行，甲放弃美容服务时，乙不能要求甲继续履行合同。据此，选项D是错误的。

6. D。本题涉及承诺的生效时间问题。依《民法典》第487条的规定，"受要约人在承诺期限内发出承诺，按照通常情形能够及时到达要约人，但是因其他原因致使承诺到达要约人时超过承诺期限的，除要约人及时通知受要约人因承诺超过期限不接受该承诺外，该承诺有效"。因此，本题正确选项为D。

7. B。根据《民法典》第158条的规定，民事法律行为可以附条件，但是根据其性质不得附条件的除外。附生效条件的民事法律行为，自条件成就时生效。附解除条件的民事法律行为，自条件成就时失效。因此，只要法律或合同未作排外性规定，乙公司与丙公司的买卖合同中关于以甲公司支付工程款为乙公司向丙公司付款的条件的这一约定应属有效，选项A错误。根据《民法典》第535条第1款的规定，因债务人怠于行使其债权或者与该债权有关的从权利，影响债权人的到期债权实现的，债权人可以向人民法院请求以自己的名义代位行使债务人对相对人的权利，但是该权利专属于债务人自身的除外。因此，丙公司可以行使代位权，选项B正确。选项C中，甲公司有权行使的应为先履行抗辩权而非同时履行抗辩权。因此，选项C错误。《民法典》第159条规定，附条件的民事法律行为，当事人为自己的利益不正当地阻止条件成就的，视为条件已成就；不正当地促成条件成就的，视为条件不成就。因此，协议约定的付款条件视为已经成就，选项D错误。本题答案为B。

二、1. ACD。依据《民法典》第495条的规定，当事人约定在将来一定期限内订立合同的认购书、订购书、预订书等，构成预约合同。当事人一方不履行预约合同约定的订立合同义务的，对方可以请求其承担预约合同的违约责任。本案中的商品房预订合同约定了双方将来订立合同，在性质上为预约合同；安家房地产经纪公司拒绝按照预约合同约定订立商品房买卖合同，陈某可以请求其承担违约责任。因此，选项A、D正确。最高人民法院《关于审理商品房买卖合同纠纷案件适用法律若干问题的解释》（以下简称《商品房买卖合同解释》）第5条规定：商品房的认购、订购、预订等协议具备《商品房销售管理办法》第16条规定的商品房买卖合同的主要内容，并且出卖人已经按照约定收受购房款的，该协议应当认定为商品房买卖合同，选项B错误。本案中，由于安家房地产经纪公司尚未收受购房款，故不应当将商品房预订合同认定为商品房买卖合同，选项B错误。根据《民法典》第533条第1款的规定，合同成立后，合同的基础条件发生了当事人在订立合同时无法预见的、不属于商业风险的重大变化，继续履行合同对于当事人一方明显不公平的，受不利影响的当事人可以与对方重新协商；在合理期限内协商不成的，当事人可以请求人民法院或者仲裁机构变更或者解除合同。本案中，国家标准的变动导致房屋建设成本上升，按照预约合同的约定订立商品房买卖合同对安家房地产经纪公司明显不公平。因此，安家房地产经纪公司可以请求法院变更或解除商品房预订合同，选项C正确。

2. ACD。《民法典》第472条规定，要约是希望和他人订立合同的意思表示，该意思表示应当符合下列条件：(1)内容具体确定；(2)表明经受要约人承诺，要约人即受该意思表示约束。丙公司的邀请书不构成要约，选项A错误。《民法典》第500条规定了缔约过失责任："当事人在订立合同过程中有下列情形之一，造成对方损失的，应当承担赔偿责任：(一)假借订立合同，恶意进行磋商……"选项B正确，选项D错误。需要注意的是，丙公司需承担缔约过失责任，而非违约责任，选项C错误。故本题答案为ACD。

3. ABCD。首先，选项A和选项B考查了要约与承诺。

第一，根据《民法典》第472条关于要约的规定，"要约是希望与他人订立合同的意思表示，该意思表示应当符合下列条件：(一)内容具体确定；(二)表明经受要约人承诺，要约人即受该意思表示约束"。可知，要约有以下四个构成要件：(1)要约系特定人的意思表示。(2)内容具体确定。具体是指要约必须包含合同的主要条款，确定是指其内容明确、语义清晰。(3)向要约人希望与其订立合同的受要约人发出。受要约人可为特定人，亦可为不特定人。对于前者，要约到达或者了解时生效；对于后者，要约作出时生效。(4)具有订立合同的目的，并表明一经受要约人承诺，要约人即受该意思表示约束。

第二，《民法典》第479条规定了承诺的定义："承诺是受要约人同意要约的意思表示。"《民法典》第480条规定了承诺的方式："承诺应当以通知的方式作出；但是，根据交易习惯或者要约表明可以通过行为作出承诺的除外。"承诺有以下构成要件：(1)承诺只能由受邀约人作出。(2)原则上承诺应当以通知的方式作出，但是承诺也可以以交易习惯或者依要约表明的行为作出。(3)承诺的内容应当与要约的内容一致。承诺若是对要约的内容作出实质性变更，为新要约；若是作出非实质性变更，除要约人及时表示反对或者要约表明承诺不得对要约的内容作出任何变更的以外，该承诺有效，合同的内容以承诺的内容为准。(4)承诺必须在承诺期限内到达要约人。受要约人超过承诺期限发出承诺的，除要约人及时通知受要约人该承诺有效的以外，为新要约。受要约人在承诺期限内发出承诺，按照通常情形能够及时到达要约人，但出于其他原因承诺到达要约人时超过承诺期限的，除要约人及时通知受要约人因承诺超过期限不接受该承诺的以外，该承诺有效。(5)承诺须有同意要约，与要约人订立合同的意思表示。

具体到本题，自动贩卖机中是能根据投入的硬币自动出货的机器。甲摆放的自动贩卖机中备有商品，并且标明了陈列商品的种类和价格，其目的是表明只要相对人投入硬币就能得到相应商品，内容具体确定，是甲向不特定人发出的要约，选项A正确。根据交易习惯，只要相对人投入硬币就能获得商品，即买卖合同成立。因此，乙投币购买咖啡的行为应当认定为承诺，这也能反推出摆放自动贩卖机的行为属于要约，选项B正确。

其次，选项C和选项D考查了不当得利及其法律后果。不当得利，是指没有合法依据，使他人受到损失而自己获得利益的事实。《民法典》第122条规定："因他人没有法律根据，取得不当利益，受损失的人有权请求其返还不当利益。"构成不当得利应当具备以下几个要件：(1)一方获得利益，包括财产不应增加而增加和财产本应减少而未减少；(2)他人受有损失，包括财产本不应减少而减少和财产本应增加而未增加；(3)获得利益和受有损失之间具有因果关系；(4)获得利益没有法律上的原因。不当得利的法律后果是受损失的人有不当得利返还请求权,不当得利的规范旨在调整欠缺法律依据的财货变动,是无法律上原因而获得利益,致他人受损害者,负返还所受利益的义务,其规范目的重在去除不当得利。本题中,甲与乙之间成立买卖合同,乙给付甲两枚硬币系履行合同义务,但是由于机器故障而硬币跳出,乙拿走本应属于甲的两枚硬币,乙获益的同时造成甲受损,符合不当得利的构成要件。因此,乙将两枚硬币放入口袋的行为构成不当得利,选项C正确。同时甲作为受损失之人有权依不当得利返还请求权向受有利益的乙主张返还两枚硬币,选项D正确。

## 第十四章　合同的履行

一、1. C。本题涉及债的履行地点问题。由乙公司支付运费,并不意味着乙公司交付货物的债务为赴偿之债,因此,合同对合同履行地并无约定。甲公司、乙公司签订的是买卖合同,《民法典》第603条应优先《民法典》第510条适用。根据《民法典》第603条第2款第1项的规定,当事人没有约定交付地点或者约定不明确,依据《民法典》第510条的规定仍不能确定的,如果标的物需要运输,出卖人应当将标的物交付给第一承运人以运交给买受人。因此,本题中,货交第一承运人时的地点为货物的交付地点,即合同履行地点。本题答案为C。

2. D。《民法典》第226条规定,动产物权设立和转让前,权利人已经占有该动产的,物权自民事法律行为生效时发生效力。本题中,黄某在转让自行车之前已经占有该物,则双方达成转让协议时,黄某即因简易交付而取得了该自行车所有权。选项A、B错误。《民法典》第228条规定,动产物权转让时,当事人又约定由出让人继续占有该动产的,物权自该约定生效时发生效力。黄某将自行车转卖给洪某,又约定由黄某继续使用1个月,则双方达成黄某继续使用的协议时,洪某即因占有改定而取得了该自行车所有权。选项C错误。物权人在其所有物被他人非法占有时,可以向非法占有人请求返还原物。黄某、洪某均是基于合法有效的买卖合同而取得自行车所有权,因此,庞某既不能向黄某,也不能向洪某主张返还原物请求权。选项D正确。

3. D。根据《民法典》第512条第1款规定,通过互联网等信息网络订立的电子合同的标的为交付商品并采用快递物流方式交付的,收货人的签收时间为交付时间。本案中,刘某于3月19日签收该快递,故微波炉的交付时间为3月19日。本题答案为D。

4. D。首先,选项A、D考查先履行抗辩权。所谓先履行抗辩权,又称顺序履行抗辩权,是指双务合同中,合同明确约定了债务履行的先后顺序,应该先履行合同义务一方未履行合同义务的,后履行义务一方有权拒绝应该先履行合同义务一方要求履行义务的请求。《民法典》第526条规定:"当事人互负债务,有先后履行顺序,应当先履行债务一方未履行的,后履行一方有权拒绝其履行请求。先履行一方履行债务不符合约定的,后履行一方有权拒绝其相应的履行请求。"先履行抗辩权的构成要件为:(1)须双方当事人互负债务,互负债务具有对应关系;(2)两个债务须有先后履行顺序;(3)先履行一方未履行或其履行不合债的本旨。

本题中,从甲、乙公司签订的买卖合同来看,甲公司支付首付款的义务与乙公司交付房屋及房屋使用说明书的义务构成对应关系;乙履行完毕上述义务又与甲支付二期房款义务构成对应关系;甲支付完毕全部房款义务又与乙公司履行房屋过户义务构成对应关系。根据先履行抗辩权的上述要件,甲公司行使先履行抗辩权即不支付二期房款义务的前提必须是乙公司未履行交付房屋及房屋使用说明书的对应义务。但本题中,乙公司已经履行了交付房屋的主给付义务,仅未履行交付房屋使用说明书的从给付义务,故甲公司不能行使先履行抗辩权。据此,选项D是正确的,选项A是错误的。

其次,选项B考查了不安抗辩权。所谓不安抗辩权,是指在双务合同中负有先履行义务的一方,在合同尚未履行或尚未完全履行时,因法定事由暂时停止履行自己承担的合同义务。《民法典》第527条第1款规定:"应当先履行债务的当事人,有确切证据证明对方有下列情形之一的,可以中止履行:(一)经营状况严重恶化;(二)转移财产、抽逃资金,以逃避债务;(三)丧失商业信誉;(四)有丧失或者可能丧失履行债务能力的其他情形。"先履行一方有证据证明后履行一方有可能丧失履行债务能力的严重情形时,才可行使不安抗辩权。本题中,乙公司仅未立即交付房屋使用说明书,不属于"有丧失或者可能丧失履行债务能力的其他情形",甲不应行使不安抗辩权。据此,选项B是错误的。

最后,选项C考查合同的法定解除。《民法典》第563条规定:"有下列情形之一的,当事人可以解除合同:(一)因不可抗力致使不能实现合同目的;(二)在履行期限届满前,当事人一方明确表示或者以自己的行为表明不履行主要债务;(三)当事人一方迟延履行主要债务,经催告后在合理期限内仍未履行;(四)当事人一方迟延履行债务或者有其他违约行为致使不能实现合同目的;(五)法律规定的其他情形。以持续履行的债务为内容的不定期合同,当事人可以随时解除合同,但是应当在合理期限之前通知对方。"本题中,乙公司未立即交付房屋使用说明书的行为不属于迟延履行主要债务,也不属于致使合同目的不能实现的情形，甲与乙公司之间的合同不属于以持续履行的债务为内容的不定期合同，故不符合解除合同的情形，甲公司无权解除合同。据此，选项C是错误的。

二、1. AC。根据《民法典》第511条第3项的规定，履行地点不明确，给付货币的，在接受货币一方所在地履行；交付不动产的，在不动产所在地履行；其他标的，在履行义务一方所在地履行。因此，对于本案中的钢材买卖合同，付款地点应当以接受货币一方所在地为履行地点，即甲工厂所在地，交货地点应当以履行义务一方所在地为履行地点，即甲工厂所在地。本题答案为AC。

2. BD。《民法典》第527条规定，应当先履行债务的当事人，有确切证据证明对方有下列情形之一的，可以中止履行：(1)经营状况严重恶化；(2)转移财产、抽逃资金，以逃避债务；(3)丧失商业信誉；(4)有丧失或者可能丧失履行债务能力的其他情形。当事人没有确切证据中止履行的，应当承担违约责任。本题中，甲公司并无确切证据证明乙公司无法交付无质量瑕疵的生猪肉，并不享有不安抗辩权，故不能中止履行合同，亦无权解除合同。A选项错误，B选项正确。《民法典》第526条规定，当事人互负债务，有先后履行顺序，应当先履行债务一方未履行的，后履行一方有权拒绝其履行请求。先履行一方履行债务不符合约定的，后履行一方有权拒绝其相应的履行请求。因此，乙有权拒绝发货，C选项错误。甲公司未如期发货构成违约，根据《民法典》第577条的规定，乙公司有权请求甲公司继续履行，D选项正确。

3. ABD。本题涉及债的不适当履行问题。债的不适当履行是指债务人虽实施了给付行为，但其履行不符合当事人的约定或法律的规定。债的不适当履行包括迟延履行和瑕疵履行，前者是给付在时间上有瑕疵，后者则包括除迟延履行外的一切不适当履行的行为样态。A选项中，孙某只履行了自己的部分债务，为不适当履行。B选项所约定的债务具有特定的人身性，债务人将自己的债务转托第三人履行，为履行主体不合格。C选项中，因债权人已进入破产程序，债务人向清算组履行为适当履行。D选项中，出卖人在发货时未认真履行包装义务致使标的物受损，为不适当履行。故本题答案为ABD。

# 第十五章　合同的保全和担保

## 基础知识篇

一、1. B。依据《民法典》第694条第2款的规定，连带责任保证的债权人在保证期间届满前请求保证人承担保证责任的，从债权人请求保证人承担保证责任之日起，开始计算保证债务的诉讼时效。债权人要求保证人承担保证责任之日开始计算保证债务的诉讼时效，时效是指在连带保证的情况下保证合同的诉讼时效，故A选项错误。《民法典》第700条规定，保证人承担保证责任后，除当事人另有约定外，有权在其承担保证责任的范围内向债务人追偿，享有债权人对债务人的权利，但是不得损害债权人的利益。因此，B选项正确，C选项、D选项错误。本题正确选项为B。

2. B。根据《民法典》第686条第2款的规定，当事人在保证合同中对保证方式没有约定或者约定不明确的，按照一般保证承担保证责任。本题中，王五为张三提供保证时未约定保证方式，应当按照一般保证承担保证责任，选项A正确。反担保人可以是债务人，也可以是债务人之外的其他人。反担保方式可以是债务人提供的抵押或者质押，也可以是其他人提供的保证、抵押或者质押。本题中，张三可以抵押或质押为王五提供反担保，或由赵六以保证、抵押、质押为王五提供反担保。故选项C、D正确，选项B错误。

3. B。本题涉及保证期间与保证债务诉讼时效的问题。《民法典》第692条第2款规定：债权人与保证人可以约定保证期间，但是约定的保证期间早于主债务履行期限或者与主债务履行期限同时届满的，视为没有约定；没有约定或者约定不明确的，保证期间为主债务履行期限届满之日起6个月。故本题的保证期间自2019年7月1日起计算，A选项错误，B选项正确。《民法典》第694条第2款规定，连带责任保证的债权人在保证期间届满前请求保证人承担保证责任的，从债权人请求保证人承担保证责任之日起，开始计算保证债务的诉讼时效。故本题的保证债务诉讼时效自2019年10月1日起计算，C、D选项错误。

二、1. ACD。根据《民法典》第695条第1款的规定，债权人和债务人未经保证人书面同意，协商变更主债权债务合同内容，减轻债务的，保证人仍对变更后的债务承担保证责任；加重债务的，保证人对加重的部分不承担保证责任。本案中，张三与李四对主合同的价款内容作出变动，减轻了债务人的债务，虽未经王五同意，王五仍应当对变更后的合同承担保证责任，即应当承担5万元的保证责任。故选项A、C、D错误。

2. AD。本题涉及人的担保问题。人的担保，是指在债务人的全部财产之外又附加了其他有关人的财产，作为债权实现的总担保。其形式主要有保证人、连带债务人以及并存的债务承担。本题选项A属于保证，为人的担保。本题选项B、C属于物保，不属于人的担保。本题选项D属于反担保，反担保既可以是物的担保，也可以是人的担保。选项D中所涉反担保为保证，属于人的担保。本题正确选项为AD。

3. ACD。本题涉及债权人代位权成立要件问题。债权人代位权是债权人以自己的名义行使债务人的权利,选项 A 不正确。债权人代位权必须通过诉讼程序行使,选项 B 正确。根据《民法典》第 535 条第 1 款的规定,债权人可行使代位权的债务人的债权,须不是专属于债务人自身的债权。所谓专属于债务人自身的债权,是指基于扶养关系、抚养关系、赡养关系、继承关系产生的给付请求权和劳动报酬、退休金、养老金、抚恤金、安置费、人寿保险、人身伤害赔偿请求权等权利。选项 C、D 不正确。故本题答案为 ACD。

## 理解与应用篇

一、1. C。本题涉及代位权诉讼的效力问题。代位权的行使应通过诉讼方式进行。在代位权诉讼中,债权人为原告,次债务人为被告,债务人可以为诉讼中的第三人,故 A 选项错误。依《民法典》第 537 条的规定,人民法院认定代位权成立的,由债务人的相对人向债权人履行义务,债权人接受履行后,债权人与债务人、债务人与相对人之间相应的权利义务终止。债务人对相对人的债权或者与该债权有关的从权利被采取保全、执行措施,或者债务人破产的,依照相关法律的规定处理。故 B 选项错误。债权人只能在本人债权额内提起代位权诉讼,也不得超出债务人权利的范围。本题中,金盛行使代位权的请求数额不能超过王股所负债务额,秦军向金盛履行清偿义务后,王股与秦军之间的债权债务关系仅在清偿范围内归于消灭,故 C 选项正确,D 选项错误。本题正确选项为 C。

2. D。本题涉及债权代位权的问题。根据《民法典》第 535 条第 1 款的规定,债权人代位权的客体应为具有金钱给付内容的到期债权,债权人对于所有权和财物债权均无权主张代位权。本题中,丙公司所负债务为财物债务,乙公司不得代位,故 A 选项错误。乙公司并非甲公司的代理人,故 B 选项错误。根据甲公司与丁公司之间的合同,甲公司有权解除合同,取回机器设备,但对丁公司主张返还所有物不属于具有金钱给付内容的债权,乙公司无权代位行使,故 C 选项错误。甲公司有权请求丁公司支付租金,该债务可以代位,D 选项正确。本题正确选项为 D。

3. B。根据《民法典》第 695 条第 1 款的规定,债权人和债务人未经保证人书面同意,协商变更主债权债务合同内容,减轻债务的,保证人仍对变更后的债务承担保证责任;加重债务的,保证人对加重的部分不承担保证责任。本题中,虽然当事人约定除展期和增加贷款金额外,主合同变更无须保证人同意,但当事人将借款中的部分款项用于"借新还旧",改变了款项的用途,实际上加重了保证人的责任,故保证人对加重的部分不承担保证责任,选项 B 正确。

二、1. ABCD。本题涉及债权人撤销权的行使问题。《民法典》第 538 条规定,债务人以放弃其债权、放弃债权担保、无偿转让财产等方式无偿处分财产权益,或者恶意延长其到期债权的履行期限,影响债权人的债权实现的,债权人可以请求人民法院撤销债务人的行为。《民法典》第 539 条规定,债务人以明显不合理的低价转让财产、以明显不合理的高价受让他人财产或者为他人的债务提供担保,影响债权人的债权实现,债务人的相对人知道或者应当知道该情形的,债权人可以请求人民法院撤销债务人的行为。因此,选项 A、B 正确。本题有争议的可能在于刘涛的中奖奖金是否可以自主处分。从保护债权人角度,该奖金应当优先用于清偿债务,选项 C 正确。在离婚协议中放弃对共有财产的分割,属于放弃自己确定可以得到的财产,符合债权撤销权的构成要件,所以可以实施撤销权,选项 D 正确。故本题答案为 ABCD。

2. ACD。《民法典》第 538 条规定,债务人以放弃其债权、放弃债权担保、无偿转让财产等方式无偿处分财产权益,或者恶意延长其到期债权的履行期限,影响债权人的债权实现的,债权人可以请求人民法院撤销债务人的行为。《民法典》第 539 条规定,债务人以明显不合理的低价转让财产、以明显不合理的高价受让他人财产或者为他人的债务提供担保,影响债权人的债权实现,债务人的相对人知道或者应当知道该情形的,债权人可以请求人民法院撤销债务人的行为。因此,选项 A、C、D 正确。债务人放弃其继承权不会导致责任财产的减少,并非对债权人的债权实现产生不利影响,故选项 B 错误。

3. BD。《民法典》第 686 条第 2 款规定,当事人在保证合同中对保证方式没有约定或者约定不明确的,按照一般保证承担保证责任。故丙承担一般保证责任,A 选项正确。《民法典》第 692 条第 2 款规定:债权人与保证人可以约定保证期间,但是约定的保证期间早于主债务履行期限或者与主债务履行期限同时届满的,视为没有约定;没有约定或者约定不明确的,保证期间为主债务履行期限届满之日起 6 个月。故本题中的保证期间为主债权届满之日起 6 个月。《民法典》第 695 条第 2 款规定,债权人和债务人变更主债权债务合同的履行期限,未经保证人书面同意的,保证期间不受影响。故本题中三笔债务的保证期间都应从原约定的届满期限起计算,2019 年 10 月 1 日乙请求丙承担保证责任时,1 月 1 日、3 月 1 日的债务已过保证期间,丙仅需对 5 月 1 日的债务承担保证责任。B 选项、D 选项错误,C 选项正确。

4. AC。根据《民法典》第 538 条、第 539 条之规定,撤销权的客体应当为财产行为,对于具有人身性质的行为,不得主张撤销权,故甲对其父遗产的放弃继承行为不得成为撤销权的客体。但在本题中,甲在与丙签订赠与协议时,已经接受了遗产的继承,其将继承所得的遗产无偿赠与他人的行为损害了债权人的利益,债权人有权予以撤销,故 A 选项表述正确。根据《民法典》第154条的规定，行为人与相对人恶意串通，损害他人合法权益的民事法律行为无效。本题中，甲、丙之间达成的赠与协议，损害了债权人的合法利益，为恶意串通损害第三人利益的协议，故为无效，C选项表述正确。根据《民法典》第538条、第539条的规定，继承权不为债权，不得成为代位权的客体，故D选项错误。本题正确选项为AC。

## 综合提高篇

一、1. AC。《民法典》第701条规定，保证人可以主张债务人对债权人的抗辩。债务人放弃抗辩的，保证人仍有权向债权人主张抗辩。本案中，债务人甲放弃了诉讼时效期间经过的抗辩权，但保证人仍有权抗辩。若丙不行使抗辩权，承担保证责任不影响其对甲的追偿权。《民法典》第687条第2款规定，一般保证的保证人在主合同纠纷未经审判或者仲裁，并就债务人财产依法强制执行仍不能履行债务前，有权拒绝向债权人承担保证责任，但是有下列情形之一的除外：(1)债务人下落不明，且无财产可供执行；(2)人民法院已经受理债务人破产案件；(3)债权人有证据证明债务人的财产不足以履行全部债务或者丧失履行债务能力；(4)保证人书面表示放弃该款规定的权利。本案中，丙所提供的是一般保证，可以主张先诉抗辩权，拒绝承担保证责任。若丙不主张先诉抗辩权，承担保证责任不影响其对甲的追偿权。

2. ABD。本题涉及保证人的权利及保证期间问题。《民法典》第692条第2款规定，债权人与保证人可以约定保证期间，但是约定的保证期间早于主债务履行期限或者与主债务履行期限同时届满的，视为没有约定；没有约定或者约定不明确的，保证期间为主债务履行期限届满之日起6个月。本题中因乙交付的2台空调存在问题，甲公司可以行使顺序履行抗辩权，所以主债务履行期届满之日并非2014年3月20日，选项A、B错误。《民法典》第700条规定，保证人承担保证责任后，除当事人另有约定外，有权在其承担保证责任的范围内向债务人追偿，享有债权人对债务人的权利，但是不得损害债权人的利益。本题中，甲公司对问题空调的价款有权拒绝支付，选项C正确。保证人放弃先诉抗辩权而直接清偿的，并不丧失对债务人的追偿权，选项D错误。本题答案为ABD。

二、1. (1)AB。最高人民法院《关于审理民间借贷案件适用法律若干问题的规定》(以下简称《民间借贷规定》)第10条规定，法人之间、非法人组织之间以及它们相互之间为生产、经营需要订立的民间借贷合同，除存在《民法典》第146条、第153条、第154条以及《民间借贷规定》第13条规定的情形外，当事人主张民间借贷合同有效的，人民法院应予支持。故本题正确选项应为AB。

(2)AB。本题涉及追偿权问题。《民法典》第392条规定，提供担保的第三人承担担保责任后，有权向债务人追偿。《民法典》第519条规定，连带债务人之间的份额难以确定的，视为份额相同。实际承担债务超过自己份额的连带债务人，有权就超出部分在其他连带债务人未履行的份额范围内向其追偿，并相应地享有债权人的权利，但是不得损害债权人的利益。其他连带债务人对债权人的抗辩，可以向该债务人主张。被追偿的连带债务人不能履行其应分担份额的，其他连带债务人应当在相应范围内按比例分担。故本题正确选项应为AB。

2. (1)B。《诉讼时效规定》第16条规定："债权人提起代位权诉讼的，应当认定对债权人的债权和债务人的债权均发生诉讼时效中断的效力。"故A选项正确。《民法典》第535条第3款规定："相对人对债务人的抗辩，可以向债权人主张。"故B选项错误。《民法典》第535条第2款规定，债权人行使代位权的必要费用由债务人负担。故甲行使代位权的必要费用应由乙负担，C选项正确。《民法典》第535条第1款规定："因债务人怠于行使其债权或者与该债权有关的从权利，影响债权人的到期债权实现的，债权人可以向人民法院请求以自己的名义代位行使债务人对相对人的权利，但是该权利专属于债务人自身的除外。"故对于人身损害赔偿之债，不得提起代位权诉讼，D选项正确。

(2)C。《民法典》第537条规定："人民法院认定代位权成立的，由债务人的相对人向债权人履行义务，债权人接受履行后，债权人与债务人、债务人与相对人之间相应的权利义务终止。债务人对相对人的债权或者与该债权有关的从权利被采取保全、执行措施，或者债务人破产的，依照相关法律的规定处理。"故选项A、B、D错误，选项C正确。

# 第十六章 合同的变更、转让和权利义务终止

一、1. D。本题考查合同之债的消灭。根据《民法典》第563条的规定，当事人一方迟延履行主要债务，经催告后在合理期限内仍未履行的，当事人可以解除合同。本案中，张某迟延履行给付西瓜的合同义务，经许某数次催告仍未履行，符合法定解除的条件，许某有权解除合同，选项A错误。《民法典》第565条第1款规定，当事人一方依法主张解除合同的，应当通知对方。合同自通知到达对方时解除；通知载明债务人在一定期限内不履行债务则合同自动解除，债务人在该期限内未履行债务的，合同自通知载明的期限届满时解除。对方对解除合同有异议的，任何一方当事人均可以请求人民法院或者仲裁机构确认解除行为的效力。因此，合同解除的时间点应为解除通知到达时而

非发出时。对于一方解除合同的通知,对方可以向人民法院提出异议。选项B错误,选项D正确。《民法典》第566条第1款规定,合同解除后,尚未履行的,终止履行;已经履行的,根据履行情况和合同性质,当事人可以请求恢复原状或者采取其他补救措施,并有权请求赔偿损失。本案中,由于张某未履行合同义务,因此合同解除后,许某首先可以要求张某返还合同价款,其次可以要求张某赔偿因张某违约给自己带来的损失,选项C错误。本题答案为D。

2. B。本题考查债的清偿抵充顺序。根据《民法典》第560条的规定,债务人对同一债权人负担的数项债务种类相同,债务人的给付不足以清偿全部债务的,除当事人另有约定外,由债务人在清偿时指定其履行的债务。债务人未作指定的,应当优先履行已经到期的债务;数项债务均到期的,优先履行对债权人缺乏担保或者担保最少的债务;均无担保或者担保相等的,优先履行债务人负担较重的债务;负担相同的,按照债务到期的先后顺序履行;到期时间相同的,按照债务比例履行。本案中,两笔借款均已到期,应当优先履行对债权人缺少担保的债务,即10月1日到期的债务,选项B正确。

3. B。《民法典》第561条规定,债务人在履行主债务外还应当支付利息和实现债权的有关费用,其给付不足以清偿全部债务的,除当事人另有约定外,应当按照下列顺序履行:(1)实现债权的有关费用;(2)利息;(3)主债务。B选项正确。

4. B。本题涉及第三人清偿问题。第三人清偿是指债务可由债务人之外的第三人清偿,有效要件为:(1)债务的性质允许第三人代为清偿;(2)无禁止第三人代为清偿的约定;(3)经债权人同意;(4)第三人具有为债务人清偿的意思。本题中清偿符合前述要件,清偿有效,故选项A错误,选项B正确。第三人清偿的法律效果主要是债务人因第三人清偿免除债务,如第三人履行存在瑕疵,应由第三人自行承担责任。故选项C、D错误。本题答案为B。

5. A。选项D考查债的类型。根据标的种类不同,可以将债分为实物之债、金钱之债、劳务之债等类型;根据给付是否可分,可以将债分为可分之债和不可分之债。可分之债中,一个给付可以分割为数个独立的给付而不损害其价值,金钱之债是典型的可分之债。本题中,乙对甲享有10万元的债权,该债权根据性质应属于金钱之债、可分之债,债权人有权将10万元的债权分割为10个1万元的债权。因此,选项D错误。

选项B、C考查债权让与。债权让与是债权人处分债权的行为。债权让与有两个前提:(1)债权人对债务人存在有效债权;(2)债权可转让。另外,债权转让不需要债务人的同意,仅需通知债务人即可对债务人产生效力,原因在于债权转让系债权人处分其权利的行为,该处分并不会给债务人带来不利。《民法典》第545条规定:"债权人可以将债权的全部或者部分转让给第三人,但是有下列情形之一的除外:(一)根据债权性质不得转让;(二)按照当事人约定不得转让;(三)依照法律规定不得转让。当事人约定非金钱债权不得转让的,不得对抗善意第三人。当事人约定金钱债权不得转让的,不得对抗第三人。"《民法典》第546条规定:"债权人转让债权,未通知债务人的,该转让对债务人不发生效力。债权转让的通知不得撤销,但是经受让人同意的除外。"本题中,乙对甲享有的10万元的债权,当事人并未约定不得转让,其也并非根据性质和法律规定不得转让的债权,根据民法"法不禁止即自由"的基本精神,债权人乙有权转让其债权,且不需要经过债务人甲的同意,仅通知甲即能对甲产生效力。因此,选项B、C错误。

选项A考查债权让与中增加的履行费用的负担规则。《民法典》第550条规定:"因债权转让增加的履行费用,由让与人负担。"债权转让增加的费用由转让人即原债权人负担。因此,选项A正确。

需要注意的是,与债权让与相对应,债务承担需要经过债权人的同意。《民法典》第551条规定:"债务人将债务的全部或者部分转移给第三人的,应当经债权人同意。债务人或者第三人可以催告债权人在合理期限内予以同意,债权人未作表示的,视为不同意。"此处主要考虑到的是不同债务人的支付能力并不相同,债务承担中赋予债权人同意权,能够给予其判断新债务人是否具有清偿能力的机会。

6. C。本题考查债务免除。关于债务免除,一直存在单方行为和契约行为之争。根据单方行为说,债务免除一经债权人作出即生效,该债务免除的意思表示不需要债务人受领;而根据契约说,债务免除需经过债权人和债务人双方的合意,债务免除的意思表示需要债务人的受领。

《民法典》第575条规定:"债权人免除债务人部分或者全部债务的,债权债务部分或者全部终止,但是债务人在合理期限内拒绝的除外。"根据该条规定,我国对债务免除仍然采取单方行为说,债务免除的意思表示不需要被受领,但是基于对债务人人格的尊重,赋予了债务人在一定期限内拒绝的权利,若债务人未在合理期限内行使该权利,债务免除的效力也不受影响。具体而言,债务免除的构成要件为:(1)债权人对债务人享有合法有效的债权;(2)债权人作出免除债务的意思表示;(3)该免除的意思表示需要向债务人作出(未向债务人作出的,债务免除不生效力);(4)债务人未在合理的期限内表示拒绝。本题中,根据债务免除的性质,甲免除债务的意思表示不需要乙受领。但是,甲并未向债务人乙作出免除债务的意思表示,所以该债务免除不生效力,乙仍需偿还债务。因此,选项A、

B、D 错误，选项 C 正确。

二、1. ABC。《民法典》第 545 条第 2 款规定，当事人约定非金钱债权不得转让的，不得对抗善意第三人。当事人约定金钱债权不得转让的，不得对抗第三人。本题中，甲、乙双方就非金钱债权不得转让的约定，不能对抗善意第三人。因此，A 选项、B 选项正确。甲、乙双方就金钱债权不得转让的约定，不能对抗第三人。因此，C 选项正确，D 选项错误。

2. ACD。本题考查债的法定承受。法定承受是指在法定情形下，无须经对方当事人同意，即可将一方当事人享有的合同权利及承担的合同义务由第三人概括承受的制度。根据《民法典》第 725 条的规定，租赁物在承租人按照租赁合同占有期限内发生所有权变动的，不影响租赁合同的效力。因此，房屋出卖人对于租赁合同所享有的权利义务，由房屋买受人概括承受，选项 A 正确。合同承受既可基于当事人之间的约定，也可基于法律规定而发生，选项给出的条件无法判断丙承担甲原有义务的原因。此外，承受不仅包括合同义务，也包括合同权利。因此，选项 B 错误。根据《民法典》第 1163 条的规定，既有法定继承又有遗嘱继承、遗赠的，由法定继承人清偿被继承人依法应当缴纳的税款和债务；超过法定继承遗产实际价值部分，由遗嘱继承人和受遗赠人按比例以所得遗产清偿。因此，选项 C 正确。根据《民法典》第 67 条的规定，法人合并的，其权利和义务由合并后的法人享有和承担。法人分立的，其权利和义务由分立后的法人享有连带债权，承担连带债务，但是债权人和债务人另有约定的除外。故企业合并后，原企业的债权债务的移转，也属于法定移转，选项 D 正确。本题正确答案为 ACD。

3. CD。根据《民法典》第 403 条的规定，以动产抵押的，抵押权自抵押合同生效时设立；未经登记，不得对抗善意第三人。本题中，丙以其机动车设定抵押，虽未办理抵押登记手续，不能对抗善意第三人，但不影响乙对丙的机动车所享有的抵押权，故选项 A 错误。根据《民法典》第 551 条第 1 款的规定，债务人将债务的全部或者部分转移给第三人的，应当经债权人同意。债务承担以债权人的同意为生效要件，故选项 B 错误，选项 C 正确。根据《民法典》第 391 条的规定，第三人提供担保，未经其书面同意，债权人允许债务人转移全部或者部分债务的，担保人不再承担相应的担保责任。本题中，甲转让债务未经抵押人丙同意，丙不再承担担保责任，故选项 D 正确。

4. BCD。《民法典》第 546 条第 1 款规定，债权人转让债权，未通知债务人的，该转让对债务人不发生效力。本题中，乙作为原债权人，与受让人丁达成债权转让的合意即可在乙、丁之间发生债权转让的效力，但未通知债务人甲时，该转让对甲不发生效力，甲可以以未经通知为由抗辩。因此，选项 A 正确，选项 B 错误。《民法典》第 547 条规定，债权人转让债权的，受让人取得与债权有关的从权利，但是该从权利专属于债权人自身的除外。受让人取得从权利不因该从权利未办理转移登记手续或者未转移占有而受到影响。本案中，丁取得抵押权，该抵押权不因未办理变更登记而受到影响。因此，选项 C、D 错误。

5. BC。本题涉及债的抵销问题。抵销依其产生的根据不同，可分为法定抵销与合意抵销两种。法定抵销由法律规定其构成要件，当要件具备时，依当事人一方的意思表示即可发生抵销的效力。合意抵销是指按照当事人双方的合意所为的抵销。它尊重当事人的意思自由，可不受法律规定的抵销构成要件的限制。《民法典》第 568 条规定，当事人互负债务，该债务的标的物种类、品质相同的，任何一方可以将自己的债务与对方的到期债务抵销；但是，根据债务性质、按照当事人约定或者依照法律规定不得抵销的除外。当事人主张抵销的，应当通知对方。通知自到达对方时生效。抵销不得附条件或者附期限。本题总的债权债务关系符合法定抵销的条件，故本题答案为 BC。

6. BCD。代物清偿，是指债权人受领他种给付以代原定给付而使合同关系消灭的现象。其构成要件有：(1)原有债的关系存在。(2)以他种给付代替原定给付。(3)有当事人的合意。(4)清偿受领人现实受领他种给付。代物清偿的性质为要物契约，即须清偿人现实地为给付行为并经清偿受领人受领，才发生代物清偿的效力。

代物清偿具有以下效力：(1)使债归于消灭。在代物清偿后，债的关系消灭，债权的从权利也随之消灭。具体而言：①代物清偿合同成立后，新债务当然成立。②代物清偿合同成立后，新债务之清偿期未届至之前，债权人不得行使原债权。只有新债务不能履行，无效或被撤销时，始能就原债务请求履行。③代物清偿合同成立后，如果新债务没有履行，原债务并不消灭。④新债务与原债务如均已届清偿期，则因新债务不履行，其原债务并不消灭，债权人可以请求履行新债务，亦可以请求履行原债务。债务人如履行新债务，原债务随同消灭；反之，如债务人履行原债务，新债务消灭。(2)发生瑕疵担保责任。在代物清偿中，当原债基于有偿契约而发生时，代物清偿产生瑕疵担保责任。即如果代替给付具有权利上或者物的品质上的瑕疵时，适用瑕疵担保责任的有关规定。

本题中，王某与丁某成立借款合同，因王某无力偿还，二人约定第二天由王某交付古画来代替偿还借款，故王某与丁某成立代物清偿的合同。根据代物清偿合同的要物契约性质，只有在王某履行交付古画后，原来的借款合同才消灭，而非自代物清偿合同达成合意之时消灭原合同。据此，选项 A 是错误的。王某负担交付古画的义务乃是其履行原借款合同的一种方式，所以王某交付古画后，可发生消灭借款合同关系的效力，选项B是正确的。王某有权在代物清偿合同履行前决定继续履行代物清偿合同还是履行原合同。如决定不履行代物清偿合同的，代物清偿合同债务消灭，王某应履行原借款合同，选项C是正确的。因原借款合同属于有偿合同，故代物清偿合同中王某应对古画的给付承担瑕疵担保责任，选项D是正确的。

## 第十七章　违约责任

一、1. A。本题涉及可撤销的合同问题。根据通说观点，二手汽车出卖人对买受人负有以下信息的告知义务：汽车的行驶里程数、重大车祸史等。因为该等信息会影响买受人的购买决策。本题中，甲在与乙订立二手车买卖合同时，对于汽车刚发生重大车祸的事实负有告知义务，但是甲因为担心乙拒绝购买而故意隐瞒，从而导致乙因此陷入错误认识，并因错误认识作出不真实的意思表示。因此，甲、乙之间的二手车买卖合同属于因欺诈订立的买卖合同。

《民法典》第148条规定，一方以欺诈手段，使对方在违背真实意思的情况下实施的民事法律行为，受欺诈方有权请求人民法院或者仲裁机构予以撤销。《民法典》第152条第1款规定："有下列情形之一的，撤销权消灭：(一)当事人自知道或者应当知道撤销事由之日起一年内……没有行使撤销权……"故A选项正确。根据《民法典》第148条的规定，受欺诈人只能向人民法院或者仲裁机构申请撤销合同，而不能以通知的方式撤销合同，故B选项错误。原《合同法》第54条第3款已经被《民法典》第148条修改。因此，受欺诈人乙只享有撤销权，不再享有变更权，故C选项错误。《民法典》第500条规定，当事人在订立合同过程中有下列情形之一，造成对方损失的，应当承担赔偿责任：(1)假借订立合同，恶意进行磋商；(2)故意隐瞒与订立合同有关的重要事实或者提供虚假情况；(3)有其他违背诚信原则的行为。在与乙订立汽车买卖合同的过程中，甲故意隐瞒与订立合同有关的重要事实，给乙造成合理信赖利益的损失，乙有权向甲主张缔约过失责任，故选项D错误。综上所述，本题答案为A。

2. A。本题涉及合同的相对性问题。甲公司与乙公司之间存在一个买卖合同。甲公司委托汽车运输公司运输，表明甲公司与汽车运输公司之间存在运输合同关系。因该运输为汽车运输，乙公司取得货物所有权的时间为收货时间。一方面，因乙公司与汽车运输公司之间不存在运输合同关系，故乙公司不能向汽车运输公司要求其承担违约责任。另一方面，因乙公司未取得货物的所有权，故不能向汽车运输公司追究侵权责任。本题中所涉及的损失不是指货损本身，而是未及时收到货物发生的其他损失。乙公司与甲公司之间存在买卖合同关系，甲公司不能及时交付货物，构成对乙公司的违约，故乙公司可向甲公司追究违约责任。其不能及时收到货物而发生的损失应由甲公司承担。故本题正确选项为A。

3. C。《民法典》第718条规定，出租人知道或者应当知道承租人转租，但是在6个月内未提出异议的，视为出租人同意转租。选项A正确。《民法典》第716条第1款规定，承租人经出租人同意，可以将租赁物转租给第三人。承租人转租的，承租人与出租人之间的租赁合同继续有效；第三人造成租赁物损失的，承租人应当赔偿损失。选项B正确。最高人民法院《关于审理城镇房屋租赁合同纠纷案件具体应用法律若干问题的解释》(以下简称《城镇房屋租赁合同解释》)第5条第1款规定，出租人就同一房屋订立数份租赁合同，在合同均有效的情况下，承租人均主张履行合同的，人民法院按照下列顺序确定履行合同的承租人：(1)已经合法占有租赁房屋的；(2)已经办理登记备案手续的；(3)合同成立在先的。本案中，甲、乙的房屋租赁合同，乙、丙的房屋转租合同，甲与丁的房屋租赁合同均属有效。因丁已经合法占有租赁合同，丁享有的租赁权优先，选项C错误。甲对乙构成根本违约，乙对租赁合同享有法定解除权，选项D正确。故本题答案为C。

4. D。本题涉及违约责任和特殊侵权问题。甲与乙安装公司存在合同关系，公司应对雇员的职务行为负责，所以对于履行中的违约行为，乙安装公司应当负违约责任。《民法典》第1191条第1款规定，用人单位的工作人员因执行工作任务造成他人损害的，由用人单位承担侵权责任。据此，公司员工只有在职务范围内的行为造成他人损害的，才由用人单位承担责任。本题中，方某安装空调属于职务范围内的行为，由乙安装公司承担责任。钱某偷盗的行为已经超出其职务范围，应由其本人承担侵权责任。故A选项、B选项、C选项错误，D选项正确。

5. B。《民法典》第716条第2款规定，承租人未经出租人同意转租的，出租人可以解除合同。因此，承租人非法转租的，出租人享有法定解除权，有权解除自己与承租人的租赁合同，选项A正确。《民法典》第716条第1款规定，承租人经出租人同意，可以将租赁物转租给第三人。承租人转租的，承租人与出租人之间的租赁合同继续有效；第三人造成租赁物损失的，承租人应当赔偿损失。本案中，乙非法转租，次承租人丙损坏房屋，甲有权请求丙承担侵权损害赔偿责任，也有权请求乙承担侵权损害赔偿责任或者违约责任，乙对甲承担责任后有权向丙追偿，选项B错误。《民法典》第235条规定，无权占有不动产或者动产的，权利人可以请求返还原物。本案中，甲为房屋的所有权人，丙为非法转租的次承租人,相对于甲属于无权占有人,甲对丙享有返还原物请求权,选项C正确。出租人与次承租人之间不存在合同关系,根据合同的相对性,出租人不得要求次承租人向自己支付租金,也不得要求次承租人对自己承担违约责任,选项D正确。本题正确选项为B。

二、1. AC。《民法典》第523条规定,当事人约定由第三人向债权人履行债务,第三人不履行债务或者履行债务不符合约定的,债务人应当向债权人承担违约责任。根据合同相对性原理,在乙公司、丙公司之间的买卖合同中,当事人约定由第三人甲公司向债权人丙公司履行债务,如果甲公司未向丙公司履行,丙公司只能请求乙公司承担违约责任,不能请求第三人甲公司承担违约责任。选项A正确,选项B错误。甲公司在法律地位上属于债务人乙公司的履行辅助人,甲公司对债权人丙公司的违约行为,均属于可归责于债务人乙公司的违约行为。因此,甲公司迟延向丙公司交货,丙公司有权请求乙公司承担迟延交货的违约责任。选项C正确,选项D错误。因此,本题答案为AC。

2. BC。《民法典》第500条规定,当事人在订立合同过程中有下列情形之一,造成对方损失的,应当承担赔偿责任:(1)假借订立合同,恶意进行磋商;(2)故意隐瞒与订立合同有关的重要事实或者提供虚假情况;(3)有其他违背诚信原则的行为。缔约过失责任与合同自由原则并不矛盾。根据合同自由原则,任何一方均享有随时中止磋商、拒绝订立合同的自由。只要当事人没有同时违反先合同义务,就无须承担任何责任。选项A、D中,甲均无违反先合同义务的行为,甲有权根据磋商阶段的实际情况终止磋商,拒绝订立合同。故选项A、D不当选。选项B中,甲因过错违反了通知的先合同义务,乙公司因此遭受了合理的信赖利益损失,故乙公司有权要求甲承担缔约过失责任。合同已经成立生效并不影响缔约过失责任的成立。故选项B当选。关于选项C,《民法典》第501条规定,当事人在订立合同过程中知悉的商业秘密或者其他应当保密的信息,无论合同是否成立,不得泄露或者不正当地使用;泄露、不正当地使用该商业秘密或者信息,造成对方损失的,应当承担赔偿责任。甲公司在磋商过程中,将知悉的乙公司的商业秘密不当泄露,成立缔约过失责任。故选项C当选。综上所述,本题正确答案为BC。

3. BCD。本题涉及瑕疵履行的责任问题。从本题的情况来看,地板安装仅存在踢脚线多处拱起的问题,故王先生仅有权要求地板公司对踢脚线进行重新安装,无权要求地板公司对整个地板进行重新安装。本题中的瑕疵为小瑕疵,不存在合同目的不能实现的问题,故不能行使合同解除权。本题正确选项为BCD。

4. AD。《民法典》第586条规定,当事人可以约定一方向对方给付定金作为债权的担保。定金合同自实际交付定金时成立。定金的数额由当事人约定;但是不得超过主合同标的额的20%,超过部分不产生定金的效力。实际交付的定金数额多于或者少于约定数额的,视为变更约定的定金数额。定金合同自实际交付定金时生效,若甲未交付定金则定金合同未生效,乙无权请求甲支付定金。故选项A错误。实际交付的定金数额多于或者少于约定数额的,视为变更约定的定金数额。故选项B、C正确。定金的数额由当事人约定,但是不得超过主合同标的额的20%,超过部分不产生定金的效力。故选项D错误。故本题答案为AD。

5. CD。本题涉及违约责任的形式问题。《民法典》第588条第1款规定,当事人既约定违约金,又约定定金的,一方违约时,对方可以选择适用违约金或者定金条款。故选项A、B错误。《民法典》第586条第2款规定,定金的数额由当事人约定,但是不得超过主合同标的额的20%,超过部分不产生定金的效力,而是按预付款处理。在当事人部分不履行的情况下,定金按比例适用。本题中,合同总金额为200万元,定金数额最多为40万元,多余的10万元为预付款。现甲履行了合同的一半,定金按50%适用,也就是20万元为定金,另外20万元发生预付款的效力,定金发生双倍返还的效力,预付款则不发生该效力,故选项C正确。已支付的定金50万元可充抵70万元的货款,选项D正确。因此,本题正确选项为CD。

6. ACD。本题涉及损失的性质和承运人的归责原则问题。在违约责任中,如果双方当事人未约定违约金,则违约人应支付赔偿金,赔偿金的范围包括直接损失和间接损失。直接损失是指因违约行为而造成财产的直接减少,间接损失是指因违约行为而失去的可预期利益。该可预期利益应为双方当事人可预期的,或者能为社会一般人所预期的。如果仅为一方当事人预期,对方当事人根本不可能预见,或者该损失超出了社会一般人的预见范围,则属于异常损失,不为间接损失。本题中,钱某签约将获利10万元,钱某将该事实告知了司机王某,因王某违约,致使钱某未能签约,损失10万元,该损失应为可预期利益的损失,属于间接损失的范畴。对于违约责任,我国虽然在实务中对其归责原则存在争议,有过错推定原则和无过错责任原则之分,但本题中,王某绕道加油且遇上堵车,虽然堵车不是王某造成的,但王某绕道在先表明王某存在过错。由此造成的损失,无论根据过错推定原则,还是根据无过错责任原则,均应由王某承担。因此,本题正确选项为ACD。

7. ABC。尽管乙公司就同一设备分别与甲公司、丙公司订立合同,但两个合同未有法律规定的无效情形,均为有效合同。假设未发生火灾,乙公司完成研发后将设备交付给丙公司而未交付甲公司，则违反了与甲公司的合同，甲公司可请求乙公司承担违约责任。因此，选项A错误，选项D正确。因不可抗力不能履行合同的，根据不可抗力的影响，违约方可部分或全部免除责任。但是本题中需要注意的是，不可抗力的免责并非绝对的，法律赋予了遭受不可抗力一方及时通知的义务，该通知义务亦是从公平原则角度出发，旨在使对方当事人能够及时知晓不可抗力情形并采取补救措施以达到减轻损失的效果。《民法典》第590条第1款规定，因不可抗力不能履行合同的，应当及时通知对方，以减轻可能给对方造成的损失，并应当在合理期限内提供证明。本题中，乙公司未及时通知合同相对方，违反了不可抗力的公平原则，应当承担过错责任。因此，选项B、C错误。本题答案为ABC。

# 第十八章　移转财产权利合同

## 基础知识篇

一、1. A。本题涉及风险负担的问题。《民法典》第604条规定，标的物毁损、灭失的风险，在标的物交付之前由出卖人承担，交付之后由买受人承担，但是法律另有规定或者当事人另有约定的除外。因为自行车已经交付给乙公司，故乙公司应当承担自行车毁损的风险，选项A正确，选项B、C错误。《民法典》第611条规定，标的物毁损、灭失的风险由买受人承担的，不影响因出卖人履行义务不符合约定，买受人请求其承担违约责任的权利。因此，选项D错误。故本题正确选项为A。

2. A。本题涉及承租人优先购买权的问题。《民法典》第726条规定，出租人出卖租赁房屋的，应当在出卖之前的合理期限内通知承租人，承租人享有以同等条件优先购买的权利；但是，房屋按份共有人行使优先购买权或者出租人将房屋出卖给近亲属的除外。出租人履行通知义务后，承租人在15日内未明确表示购买的，视为承租人放弃优先购买权。甲向丙出售租赁房屋时，应当在出卖之前的合理期限内通知承租人，但无须经过承租人乙的同意，选项A错误。同时，根据《民法典》第726条的规定，选项B、C正确。《民法典》第728条规定，出租人未通知承租人或者有其他妨害承租人行使优先购买权情形的，承租人可以请求出租人承担赔偿责任。但是，出租人与第三人订立的房屋买卖合同的效力不受影响。因此，选项D正确。综上所述，本题答案为A。

二、1. AC。本题涉及买卖合同的违约责任问题。《民法典》第578条规定，当事人一方明确表示或者以自己的行为表明不履行合同义务的，对方可以在履行期限届满前请求其承担违约责任。本案中，甲于2月20日将房屋出售给丙并办理过户登记的行为已经构成预期违约，乙有权向甲主张预期违约的违约责任，故选项A正确。《民法典》第580条第1款规定，当事人一方不履行非金钱债务或者履行非金钱债务不符合约定的，对方可以请求履行，但是有下列情形之一的除外：(1)法律上或者事实上不能履行；(2)债务的标的不适于强制履行或者履行费用过高；(3)债权人在合理期限内未请求履行。本案中，甲已经给丙办理了过户登记，甲给乙办理过户登记的义务成为法律上不能履行的义务，乙不得对甲主张实际履行的违约责任，故选项B错误。《民法典》第563条第1款第2项规定，在履行期限届满前，当事人一方明确表示或者以自己的行为表明不履行主要债务的，当事人可以解除合同。《民法典》第566条第2款规定，合同因违约解除的，解除权人可以请求违约方承担违约责任，但是当事人另有约定的除外。因此，选项C正确，选项D错误。综上，本题答案为AC。

2. ACD。本题涉及借款合同的性质以及利息支付问题。依据《民法典》第679条的规定，自然人之间的借款合同为实践合同，故选项A正确。依据《民法典》第674条的规定，借款人应当按照约定的期限支付利息。对支付利息的期限没有约定或者约定不明确，依据《民法典》第510条的规定仍不能确定，借款期间不满1年的，应当在返还借款时一并支付；借款期间1年以上的，应当在每届满1年时支付，剩余期间不满1年的，应当在返还借款时一并支付。故选项B错误，选项C正确。依据《民法典》第673条的规定，借款人未按照约定的借款用途使用借款的，贷款人有权解除借款合同，故选项D正确。综上，本题答案为ACD。

3. BCD。本题涉及赠与合同的效力问题。《民法典》第662条规定，赠与的财产有瑕疵的，赠与人不承担责任。附义务的赠与，赠与的财产有瑕疵的，赠与人在附义务的限度内承担与出卖人相同的责任。赠与人故意不告知瑕疵或者保证无瑕疵，造成受赠人损失的，应当承担赔偿责任。周某送郑某冰箱时没有要求郑某承担任何义务，所以，周某赠与的财产即使有瑕疵也不需要承担责任。周某在送冰箱时告知了郑某此冰箱已使用了11年，郑某在接受冰箱时对冰箱的现有品质是知悉的，不存在赠与人故意不告知瑕疵的情况。故本题答案为BCD。

## 理解与应用篇

一、1. B。本题涉及房屋转租的效力问题。《民法典》第716条第2款规定，承租人未经出租人同意转租的，出租人可以解除合同。《民法典》第718条规定，出租人知道或者应当知道承租人转租，但是在6个月内未提出异议的，视为出租人同意转租。本题中，乙、丙之间的房屋转租合同为非法转租，甲须于知道后的

6个月内提出异议，才有权解除甲、乙之间的出租合同。故选项A正确，选项B错误。《民法典》第716条第1款规定，承租人经出租人同意，可以将租赁物转租给第三人。承租人转租的，承租人与出租人之间的租赁合同继续有效；第三人造成租赁物损失的，承租人应当赔偿损失。乙因第三人丙的行为对甲构成违约，根据《民法典》第593条、第716条第1款的规定，甲有权请求乙承担违约责任，故选项C正确。第三人丙损坏房屋，甲作为房屋所有权人有权请求丙承担侵权责任，故选项D正确。综上所述，本题答案为B。

2. D。本题涉及租赁合同的法定最长期限以及买卖不破租赁的问题。根据《民法典》第705条第1款的规定，租赁期限不得超过20年。超过20年的，超过部分无效。故选项A错误。依据《民法典》第405条的规定，抵押权设立前，抵押财产已经出租并转移占有的，原租赁关系不受该抵押权的影响。虽然甲、乙之间的租赁关系成立在前，但是2018年3月1日，甲、乙之间的租赁合同已经无效。乙无权请求丁继续履行原租赁合同，也无权请求甲承担违约责任。故选项B、C错误，选项D正确。综上，本题答案为D。

3. C。本题涉及赠与人的任意撤销权问题。《民法典》第657条规定，赠与合同是赠与人将自己的财产无偿给予受赠人，受赠人表示接受赠与的合同。赠与合同为诺成合同，由于乙已经接受甲的赠与意思，甲、乙之间的赠与合同成立，故选项A正确。《民法典》第658条规定："赠与人在赠与财产的权利转移之前可以撤销赠与。经过公证的赠与合同或者依法不得撤销的具有救灾、扶贫、助残等公益、道德义务性质的赠与合同，不适用前款规定。"本题中，因为钢琴还未交付，所以甲享有任意撤销权，选项B正确。但是，如果该赠与合同经过公证，则甲不再享有任意撤销权，选项C错误。《民法典》第660条第1款规定，经过公证的赠与合同或者依法不得撤销的具有救灾、扶贫、助残等公益、道德义务性质的赠与合同，赠与人不交付赠与财产的，受赠人可以请求交付。因此，若赠与合同经过公证，甲反悔，则乙有权请求甲交付钢琴，选项D正确。因此，本题正确选项为C。

4. C。本题涉及租赁合同当事人的权利和义务问题。因形成附合部分的装饰物连同房屋，所以其所有权应归出租人，承租人无权取回，选项A正确。依据《城镇房屋租赁合同解释》第10条的规定，承租人经出租人同意装饰装修，租赁期间届满时，承租人请求出租人补偿附合装饰装修费用的，不予支持。但当事人另有约定的除外。选项B正确。依据《城镇房屋租赁合同解释》第7条的规定，承租人经出租人同意装饰装修，租赁合同无效时，已形成附合的装饰装修物，出租人不同意利用的，由双方各自按照导致合同无效的过错分担现值损失。选项C错误。依据《城镇房屋租赁合同解释》第9条第4项的规定，承租人经出租人同意装饰装修，合同解除时，因不可归责于双方的事由导致合同解除的，剩余租赁期内的装饰装修残值损失，由双方按照公平原则分担。选项D正确。综上，本题答案为C。

二、1. ABD。本题涉及具有公益性质的赠与合同的撤销问题。《民法典》第658条规定："赠与人在赠与财产的权利转移之前可以撤销赠与。经过公证的赠与合同或者依法不得撤销的具有救灾、扶贫、助残等公益、道德义务性质的赠与合同，不适用前款规定。"本题中，甲公司与儿童福利院的赠与合同具有公益性质，赠与人不具有任意撤销权，儿童福利院有权要求甲公司交付书籍，以履行赠与合同。依《民法典》第666条的规定，赠与人的经济状况显著恶化，严重影响其生产经营或者家庭生活的，可以不再履行赠与义务。但本题中，甲公司不存在经营困难，不存在不履行的法定理由。同时，与儿童福利院签订合同的是甲公司而不是赵某，因此基于合同相对性，赵某不负违约责任。故本题正确选项为ABD。

2. ABC。本题涉及一物二卖及预期违约的问题。甲与乙之间的买卖合同是有效的，应无疑问，选项B错误。但在将汽车交付转让之前，甲仍为该汽车的所有权人，故甲仍可与丙签订买卖合同，甲与丙之间的买卖合同也是有效的。甲将汽车转让于丙后，其行为对于与乙的合同而言构成预期违约，故乙可向甲主张预期违约的责任。因此，选项A错误，选项D正确。根据《民法典》第225条的规定，汽车属于特殊不动产，所有权仍自交付时转移，未登记不发生对抗效力，选项C错误。本题答案为ABC。

3. ACD。本题涉及租赁合同装修装饰问题。《城镇房屋租赁合同解释》第11条规定，承租人未经出租人同意装饰装修或者扩建发生的费用，由承租人负担。出租人请求承租人恢复原状或者赔偿损失的，人民法院应予支持。故选项A正确。《城镇房屋租赁合同解释》第10条规定，承租人经出租人同意装饰装修，租赁期间届满时，承租人请求出租人补偿附合装饰装修费用的，不予支持。但当事人另有约定的除外。故选项B错误。《城镇房屋租赁合同解释》第9条规定，承租人经出租人同意装饰装修，合同解除时，双方对已形成附合的装饰装修物的处理没有约定的，人民法院按照下列情形分别处理：(1)因出租人违约导致合同解除，承租人请求出租人赔偿剩余租赁期内装饰装修残值损失的，应予支持。(2)因承租人违约导致合同解除，承租人请求出租人赔偿剩余租赁期内装饰装修残值损失的，不予支持。但出租人同意利用的，应在利用价值范围内予以适当补偿。(3)因双方违约导致合同解除，剩余租赁期内的装饰装修残值损失，由双方根据各自的过错承担相应的责任。(4)因不可归责于双方的事由导致合同解除的，剩余租赁期内的装饰装修残值损失，由双方按照公平原则分担。法律另有规定的，适用其规定。故选项C正确。《城镇房屋租赁合同解释》第7条规定，承租人经出租人同意装饰装修，租赁合同无效时，未形成附合的装饰装修物，出租人同意利用的，可折价归出租人所有；不同意利用的，可由承租人拆除。因拆除造成房屋毁损的，承租人应当恢复原状。已形成附合的装饰装修物，出租人同意利用的，可折价归出租人所有；不同意利用的，由双方各自按照导致合同无效的过错分担现值损失。故选项D正确。因此，本题正确选项为ACD。

4. ABCD。本题涉及融资租赁合同当事人权利义务的问题。《民法典》第752条规定，承租人应当按照约定支付租金。承租人经催告后在合理期限内仍不支付租金的，出租人可以请求支付全部租金；也可以解除合同，收回租赁物。本题中，乙公司未支付到期租金，且经甲催告后在合理期限内仍不支付，甲有权请求法院解除融资租赁合同、收回租赁物，选项A、选项D正确。甲有权请求乙支付全部租金，即租金加速到期，选项B正确。当然，甲亦有权选择继续按照合同约定的期限支付未付租金，选项C正确。综上，本题答案为ABCD。

5. ABD。本题涉及融资租赁合同的问题。《民法典》第754条规定："有下列情形之一的，出租人或者承租人可以解除融资租赁合同：……（二）租赁物因不可归责于当事人的原因毁损、灭失，且不能修复或者确定替代物……"选项A正确。《民法典》第751条规定，承租人占有租赁物期间，租赁物毁损、灭失的，出租人有权请求承租人继续支付租金，但是法律另有规定或者当事人另有约定的除外。选项B正确，选项C错误。《民法典》第756条规定，融资租赁合同因租赁物交付承租人后意外毁损、灭失等不可归责于当事人的原因解除的，出租人可以请求承租人按照租赁物折旧情况给予补偿。选项D正确。综上，本题的正确答案为ABD。

6. BD。本题涉及分期买卖合同问题。《民法典》第634条规定，分期付款的买受人未支付到期价款的数额达到全部价款的1/5的，经催告后在合理期限内仍未支付到期价款的，出卖人可以请求买受人支付全部价款或者解除合同。出卖人解除合同的，可以向买受人请求支付该标的物的使用费。故选项A错误，选项B、D正确。《民法典》第566条第1款规定，合同解除后，尚未履行的，终止履行；已经履行的，根据履行情况和合同性质，当事人可以请求恢复原状或者采取其他补救措施，并有权请求赔偿损失。对于甲已经支付的3万元，乙解除合同后，在扣除摄影设备的使用费并且补偿其他损失后，应当将剩余部分返还给乙，故选项C错误。本题答案为BD。

7. BCD。本题涉及所有权保留的买卖合同问题。甲已将汽车交付给乙，乙直接对该汽车进行事实上的管领和控制，故乙对汽车的占有为直接占有。又因甲与乙约定的汽车买卖合同为所有权保留的买卖，在乙付清全部款项之前，汽车的所有权仍归甲享有，故乙对汽车的占有为他主占有。而且，乙对汽车的占有是基于买卖合同的占有，故乙对汽车的占有是有权占有。因此，选项A正确。因为甲仍保留该汽车的所有权，甲、丙之间的买卖合同为有权处分，不适用善意取得制度，故选项B、C错误。依据《民法典》第227条的规定，动产物权设立和转让前，第三人占有该动产的，负有交付义务的人可以通过转让请求第三人返还原物的权利代替交付，故选项D错误。本题正确选项为BCD。

## 综合提高篇

一、1. BC。依据《民法典》第718条的规定，出租人知道或者应当知道承租人转租，但是在6个月内未提出异议的，视为出租人同意转租。本题中，甲在知道乙转租后的6个月内未提出异议，视为同意转租，乙、丙间的转租合同有效。故选项A正确，B选项错误。依据《民法典》第720条的规定，在租赁期限内因占有、使用租赁物获得的收益，归承租人所有，但是当事人另有约定的除外。因此，乙转租收取的租金，对出租人不构成不当得利，选项C错误。依据《民法典》第716条第1款的规定，承租人经出租人同意，可以将租赁物转租给第三人。承租人转租的，承租人与出租人之间的租赁合同继续有效；第三人造成租赁物损失的，承租人应当赔偿损失。故选项D正确。综上，本题正确选项为BC。

2. AC。本题涉及风险负担问题。《民法典》第604条规定，标的物毁损、灭失的风险，在标的物交付之前由出卖人承担，交付之后由买受人承担，但是法律另有规定或者当事人另有约定的除外。《商品房买卖合同解释》第8条规定，对房屋的转移占有，视为房屋的交付使用，但当事人另有约定的除外。房屋毁损、灭失的风险，在交付使用前由出卖人承担，交付使用后由买受人承担；买受人接到出卖人的书面交房通知，无正当理由拒绝接收的，房屋毁损、灭失的风险自书面交房通知确定的交付使用之日起由买受人承担，但法律另有规定或者当事人另有约定的除外。鉴于甲、乙已就风险负担作出明确的约定，因此风险自双方买卖合同成立之时转移给乙承担，选项A正确。《民法典》第640条规定，标的物在试用期内毁损、灭失的风险由出卖人承担，故选项B错误。《民法典》第607条第2款规定，当事人没有约定交付地点或者约定不明确，依据《民法典》第603条第2款第1项的规定标的物需要运输的，出卖人将标的物交付给第一承运人后，标的物毁损、灭失的风险由买受人承担。故选项 C 正确。《民法典》第 607 条第 1 款规定,出卖人按照约定将标的物运送至买受人指定地点并交付给承运人后,标的物毁损、灭失的风险由买受人承担。因此,若出卖人与买受人约定,出卖人须在约定的交付地点货交承运人,那么在此之前,出卖人货交第一承运人时,风险尚未转移,必须待出卖人在约定的交付地点交付给承运人时,风险才发生转移,选项 D 错误。本题答案为 AC。

3. AD。本题 A 选项属于房屋所有权买卖,依照房屋所有权买卖规则,以登记过户为所有权转移标志,故 A 选项正确。本题 B 选项属于特殊动产买卖,依据特殊动产买卖规则,应支持占有人的所有权,故 B 选项错误。本题 C 选项属于房屋租赁,依据房屋租赁规则,应支持占有承租人的承租权,故 C 选项错误。本题 D 选项属于一般动产买卖,依据一般动产买卖规则,应支持占有人的所有权,故 D 选项正确。本题正确选项为 AD。

4. BD。本题涉及试用买卖问题。试用买卖合同,是指出卖人与买受人约定,于买卖合同成立时,出卖人将标的物交付给买受人试用,若买受人在试用期内认可该买卖,买卖合同自认可时生效的特殊买卖。《民法典》第 638 条第 2 款规定,试用买卖的买受人在试用期内已经支付部分价款或者对标的物实施出卖、出租、设立担保物权等行为的,视为同意购买。因此,2018 年 5 月 10 日,乙将试用的空调赠与丙时,即对买卖予以认可。甲、乙买卖合同所附条件成就,甲、乙买卖合同自 2018 年 5 月 10 日生效。故选项 A 正确,选项 B 错误。《民法典》第 604 条规定,标的物毁损、灭失的风险,在标的物交付之前由出卖人承担,交付之后由买受人承担,但是法律另有规定或者当事人另有约定的除外。2018 年 5 月 10 日,在甲、乙之间的试用买卖合同生效后,甲向乙交付了该空调,风险应当由乙承担,故乙仍负向甲支付约定价款的义务。故选项 C 正确,选项 D 错误。综上所述,本题答案为 BD。

5. AD。根据《买卖合同解释》第 11 条的规定,在买卖合同的当事人没有特别约定时,如果标的物为种类物且没有通过装运单据、加盖标记、通知买受人等可识别的方式清楚地将标的物特定化,买受人可以主张不承担标的物毁损灭失的风险。因此,乙公司可以不承担货物毁损灭失的风险。故本题正确选项为 AD。

二、1. (1)BD。《民法典》第 585 条第 3 款规定,当事人就迟延履行约定违约金的,违约方支付违约金后,还应当履行债务。因此,实际履行与支付违约金可以并用。故选项 A、C 错误,选项 B 正确。民事权利具有可处分性,虽然实际履行和请求支付违约金可以并用,但是当事人也可以择一行使,并放弃另一主张,故选项 D 正确。因此,本题正确选项为 BD。

(2)D。《民法典》第 586 条第 2 款规定,定金的数额由当事人约定,但是不得超过主合同标的额的 20%,超过部分不产生定金的效力。实际交付的定金数额多于或者少于约定数额的,视为变更约定的定金数额。本案中,合同标的额为 30 万元,约定的定金为 10 万元,超出了合同标的额的 20%,超过部分不产生定金的效力。因此,甲对乙构成违约时,乙向甲支付的 10 万元定金中,只有 6 万元产生定金的效力,剩余的 4 万元应不发生双倍返还的效力。故选项 A、C 错误。《民法典》第 588 条第 1 款规定,当事人既约定违约金,又约定定金的,一方违约时,对方可以选择适用违约金或者定金条款。因此,定金与违约金不得并用,只能择一主张,选项 B 错误,选项 D 正确。本题正确选项为 D。

(3)C。《民法典》第 607 条第 2 款规定,当事人没有约定交付地点或者约定不明确,依据《民法典》第 603 条第 2 款第 1 项的规定标的物需要运输的,出卖人将标的物交付给第一承运人后,标的物毁损、灭失的风险由买受人承担。故本题正确选项为 C。

(4)ABC。《民法典》第 607 条第 1 款规定,出卖人按照约定将标的物运送至买受人指定地点并交付给承运人后,标的物毁损、灭失的风险由买受人承担。本案中,标的物毁损、灭失的风险应自榨汁机运送至上海并交付给承运人丁时转移至乙公司,选项 D 正确。本题正确选项为 ABC。

(5)AD。《民法典》第 604 条规定,标的物毁损、灭失的风险,在标的物交付之前由出卖人承担,交付之后由买受人承担,但是法律另有规定或者当事人另有约定的除外。本案中,甲公司已交付 1000 台榨汁机,乙公司应承担标的物毁损、灭失的风险。故选项 A 正确,选项 B、C 错误。《民法典》第 611 条规定,标的物毁损、灭失的风险由买受人承担的,不影响因出卖人履行义务不符合约定,买受人请求其承担违约责任的权利。甲公司已交付了榨汁机,乙公司应当承担风险,但乙公司仍可对甲公司主张违约责任。故选项 D 正确。本题正确选项为 AD。

2. (1)D。本题涉及融资租赁合同的成立问题。《民法典》第 490 条第 2 款规定,法律、行政法规规定或者当事人约定合同应当采用书面形式订立,当事人未采用书面形式但是一方已经履行主要义务,对方接受时,该合同成立。《民法典》第 736 条第 2 款规定,融资租赁合同应当采用书面形式。本题中,甲租赁公司已购买并交付该淀粉加工设备,乙工厂已使用并支付租金,双方当事人均履行了合同的主要义务且为对方接受,应认为该合同成立。《民法典》第 502 条第 1 款、第 2 款规定,依法成立的合同,自成立时生效,但是法律另有规定或者当事人另有约定的除外。依照法律、行政法规的规定,合同应当办理批准等手续的,依照其规定。未办理批准等手续影响合同生效的,不影响合同中履行报批等义务条款以及相关条款的效力。应当办理申请批准等手续的当事人未履行义务的,对方可以请求其承担违反该义务的责任。由于法律、行政法规并未规定融资租赁合同应当办理批准、登记等手续方可生效,故其自合同成立时即生效。因此,本题正确选项为 D。

(2)B。本题涉及融资租赁合同当事人的权利和义务问题。《民法典》第 748 条第 1 款规定,出租人应当保证承租人对租赁物的占有和使用。本案中,造成乙工厂多支付 2 万元仓储费用的主要责任在甲租赁公司,应由甲租赁公司承担责任。运单上写明收货人是甲租赁公司,导致乙工厂无法提出淀粉加工设备,而甲租赁公司在知道情况后未及时派人前去处理,导致乙工厂延期提货。正是因为甲租赁公司未保证承租人乙工厂及时提取租赁物,所以乙工厂未能按合同约定及时享有对租赁物的占有和使用权,可见过错在甲租赁公司,应由甲租赁公司承担责任,即向乙工厂赔偿 2 万元。故本题答案为 B。

(3)BC。本题涉及融资租赁合同修理义务的承担问题。在融资租赁合同中,租赁物有瑕疵,出租人不承担瑕疵担保责任,承租人应当向出卖人索赔,出租人有协助义务。所以,本题答案为 BC。

(4)AC。本题涉及融资租赁合同当事人的权利和义务问题。根据《民法典》第 751 条的规定,承租人占有租赁物期间,租赁物毁损、灭失的,出租人有权请求承租人继续支付租金,但是法律另有规定或者当事人另有约定的除外。因此,选项 A 正确,选项 B、D 错误。而且,当约定租期届满租赁物归出租人所有时,如果租赁物毁损灭失,出租人还有权要求适当补偿。本题答案为 AC。

(5)BC。本题涉及融资租赁物的瑕疵担保责任及融资租赁物造成的损害责任问题。《民法典》第 747 条规定,租赁物不符合约定或者不符合使用目的的,出租人不承担责任。但是,承租人依赖出租人的技能确定租赁物或者出租人干预选择租赁物的除外。本题中,甲租赁公司对设备的选择进行过干预,故选项 A 错误。《民法典》第 749 条规定,承租人占有租赁物期间,租赁物造成第三人人身损害或者财产损失的,出租人不承担责任。出卖人交付的租赁物与合同约定严重不符,则承租人按照合同约定向出卖人行使索赔权时,不影响其向出租人支付租金,但承租人依赖出租人的技能确定租赁物或者出租人以其他方式干预租赁物的选择的,可以要求减少或者免除租金的支付。因此,选项 B、C 正确。《民法典》第 750 条第 2 款规定,承租人应当履行占有租赁物期间的维修义务,选项 D 错误。本题答案为 BC。

(6)B。租赁的淀粉加工设备因地震发生倒塌,损失应由出租人甲租赁公司承担。因为地震属于不可抗力,不可抗力导致的设备毁损风险应由设备所有人即甲租赁公司承担。由于设备毁损导致承租人乙工厂的合同目的不能实现,故依据《民法典》第 754 条的规定,乙工厂享有合同解除权。同时,由于毁损是由于不可抗力造成的,乙工厂不得请求损害赔偿。故本题答案为 B。

(7)AC。本题涉及融资租赁物所有权及租赁期满租赁物归属问题。《民法典》第 745 条规定,出租人对租赁物享有的所有权,未经登记,不得对抗善意第三人。故选项 A 正确,选项 B 错误。《民法典》第 757 条规定,出租人和承租人可以约定租赁期限届满租赁物的归属;对租赁物的归属没有约定或者约定不明确,依照《民法典》第 510 条的规定仍不能确定的,租赁物的所有权归出租人。选项 C 正确,选项 D 错误。故本题答案为 AC。

# 第十九章　完成工作交付成果合同

## 基础知识篇

一、1. D。本题涉及承揽合同的问题。《民法典》第 772 条规定,承揽人应当以自己的设备、技术和劳力,完成主要工作,但是当事人另有约定的除外。承揽人将其承揽的主要工作交由第三人完成的,应当就该第三人完成的工作成果向定作人负责;未经定作人同意的,定作人也可以解除合同。所谓主要工作是指决定工作成果质量的工作,若所有承揽工作对工作成果的质量均无显著影响,则指大部分工作量的工作。本案中,甲擅自将承揽工作交给乙完成,定作人张三对承揽合同享有法定解除权,故选项 A 正确。《民法典》第 782 条规定,定作人应当按照约定的期限支付报酬。对支付报酬的期限没有约定或者约定不明确,依据《民法典》第 510 条的规定仍不能确定的,定作人应当在承揽人交付工作成果时支付;工作成果部分交付的,定作人应当相应支付。虽然乙加工的 50 件玉雕挂件不合格,但是张三应支付相应的报酬(另外 50 件合格玉雕挂件的报酬)。若张三拒绝支付,甲可行使同时履行抗辩权或留置权,拒绝交付玉雕挂件,故选项 B 正确。《民法典》第 783 条规定,定作人未向承揽人支付报酬或者材料费等价款的,承揽人对完成的工作成果享有留置权或者有权拒绝交付,但是当事人另有约定的除外,故选项 C 正确。根据合同相对性原理,除非法律另有规定,合同债权人无权请求合同以外的第三人承担违约责任,故选项 D 错误。综上,本题答案为 D。

2. C。本题主要考查定作人协助承揽人完成工作的义务以及任意解除合同的权利。《民法典》第 778 条规定,承揽工作需要定作人协助的,定作人有协助的义务。定作人不履行协助义务致使承揽工作不能完成的,承揽人可以催告定作人在合理期限内履行义务,并可以顺延履行期限;定作人逾期不履行的,承揽人可以解除合同。在本题中,幸福大酒店与艺美公司之间成立承揽合同,幸福大酒店作为定作人,负有在合理期间内及时验收定作物并协助艺美公司进行安装的义务。但幸福大酒店违反上述义务,致使艺美公司不能安装漆器工艺盘,无法完成承揽工作,故艺美公司可以催告幸福大酒店在合理期间内履行上述义务,若幸福大酒店逾期不履行,艺美公司有权解除合同。如果艺美公司未催告幸福大酒店在合理期间内履行协助义务,就无权解除合同,A 选项错误。《民法典》第 787 条规定,定作人在承揽人完成工作前可以随时解除合同,造成承揽人损失的,应当赔偿损失。幸福大酒店作为定作人,可以随时解除与艺美公司之间的承揽合同,但应赔偿因此造成的损失。故 B 选项错误,C 选项正确。同时,因双方之间的承揽合同已经解除,故艺美公司无权再请求幸福大酒店履行验收及协助安装的合同义务,D 选项错误。

二、AD。首先,最高人民法院《关于审理建设工程施工合同纠纷案件适用法律问题的解释(一)》(以下简称《建设工程施工合同解释(一)》)第 1 条第 1 款规定:“建设工程施工合同具有下列情形之一的,应当依据民法典第一百五十三条第一款的规定,认定无效:(一)承包人未取得建筑业企业资质或者超越资质等级的;(二)没有资质的实际施工人借用有资质的建筑施工企业名义的;(三)建设工程必须进行招标而未招标或者中标无效的。”可知,本题中,由于承包人乙企业一直未取得建筑施工企业资质,因此,甲公司、乙企业间建设工程施工合同无效。选项 A 是正确的,选项 B 是错误的。

其次,《民法典》第 793 条第 1 款规定:“建设工程施工合同无效,但是建设工程经验收合格的,可以参照合同关于工程价款的约定折价补偿承包人。”可知,本题中,虽然建设工程施工合同无效,但建设工程已经竣工验收合格,承包人乙企业可以请求发包人甲公司参照合同关于工程价款的约定对其进行折价补偿,但是不能直接请求甲公司支付工程价款。据此,选项 C 是错误的。

最后,《民法典》第 793 条第 2 款、第 3 款规定:“建设工程施工合同无效,且建设工程经验收不合格的,按照以下情形处理:(一)修复后的建设工程经验收合格的,发包人可以请求承包人承担修复费用;(二)修复后的建设工程经验收不合格的,承包人无权请求参照合同关于工程价款的约定折价补偿。发包人对因建设工程不合格造成的损失有过错的,应当承担相应的责任。”可知,本题中,项目主体工程经竣工验收不合格时,承包人乙企业不能主张工程价款。据此,选项 D 是正确的。

## 理解与应用篇

一、1. C。本题涉及承揽合同中制作物的所有权归属问题。依民法主流观点,如果定作人提供原材料且制作物为动产,制作物完成时,定作人取得制作物的所有权。故选项 A 正确。如果定作人提供原材料且制作物为不动产,制作物完成时(《民法典》第 231 条规定的“事实行为成就时”),定作人取得制作物的所有权。故选项 B 正确。如果承揽人提供原材料且制作物为动产时,须视定作人是否提供工作基底而有区别。如果定作人未提供工作基底,制作完成时,承揽人取得所有权,制作物交付定作人时,定作人取得所有权。故选项 C 错误。如果定作人提供工作基底,制作物完成时,定作人取得所有权。故选项 D 正确。综上所述,本题答案为 C。

2. C。《民法典》第 781 条规定,承揽人交付的工作成果不符合质量要求的,定作人可以合理选择请求承揽人承担修理、重作、减少报酬、赔偿损失等违约责任。故万里公司仅有权要求七彩公司对存在问题、不符合质量要求的 100 册宣传册进行重作或者减少此 100 册宣传册对应的报酬,A 选项、B 选项错误。《民法典》第 783 条规定,定作人未向承揽人支付报酬或者材料费等价款的,承揽人对完成的工作成果享有留置权或者有权拒绝交付,但是当事人另有约定的除外。本题中,万里公司与七彩印刷公司并无特别约定,故 C 选项正确。《民法典》第 787 条规定,定作人在承揽人完成工作前可以随时解除合同。故选项 D 错误。

二、1. AC。本题涉及承揽合同风险负担问题。《民法典》第 646 条规定,法律对其他有偿合同有规定的,依照其规定;没有规定的,参照适用买卖合同的有关规定。因此,承揽合同的风险负担采交付主义:在交付前,风险由承揽人承担;在交付后,风险由定作人承担。因此,选项 A、C 正确,选项 B、D 错误。

2. ACD。《民法典》第 801 条规定,因施工人的原因致使建设工程质量不符合约定的,发包人有权请求施工人在合理期限内无偿修理或者返工、改建。经过修理或者返工、改建后,造成逾期交付的,施工人应当承担违约责任。故 A 选项正确,B 选项错误。《民法典》第 802 条规定,“因承包人的原因致使建设工程在合理使用期限内造成人身损害和财产损失的,承包人应当承担赔偿责任。”故 C 选项正确。《民法典》第 805 条规定,因发包人变更计划,提供的资料不准确,或者未按照期限提供必需的勘察、设计工作条件而造成勘察、设计的返工、停工或者修改设计,发包人应当按照勘察人、设计人实际消耗的工作量增付费用。故 D 选项正确。

# 第二十章　提供劳务或服务合同

一、1. B。本题涉及委托合同当事人的权利义务问题。根据《民法典》第926条第1款的规定,“受托人以自己的名义与第三人订立合同时,第三人不知道受托人与委托人之间的代理关系的,受托人因第三人的原因对委托人不履行义务,受托人应当向委托人披露第三人,委托人因此可以行使受托人对第三人的权利。但是,第三人与受托人订立合同时如果知道该委托人就不会订立合同的除外”。此外,因受托人的披露,委托人也可以不行使介入权,仍然由受托人处理因第三人违约而产生的问题。由此可知,选项A、C、D正确,选项B错误。

2. D。《民法典》第914条规定,当事人对储存期限没有约定或者约定不明确的,存货人或者仓单持有人可以随时提取仓储物,保管人也可以随时请求存货人或者仓单持有人提取仓储物,但是应当给予必要的准备时间。故D选项正确。

3. A。本题涉及委托代理问题。甲委托乙代为出售电脑,双方形成代理法律关系。但是乙与丙恶意串通,损害了甲的利益。依照《民法典》第154条的规定,行为人与相对人恶意串通,损害他人合法权益的行为是无效民事法律行为。丙不能取得电脑的所有权,甲有权要求其返还电脑,故选项A错误,选项B正确。乙向丁出售相机的行为是无权代理行为,属于效力待定的民事行为,故选项C正确。乙以自己的名义出售给丁,则乙的行为属于无权处分,故选项D正确。

4. D。本题中,春天画廊以自己的名义为甲从事贸易活动,甲支付报酬,符合行纪合同的定义,春天画廊为行纪人,故选项A错误。根据《民法典》第955条的规定,行纪人高于委托人指定的价格卖出,没有约定或者约定不明确,依照《民法典》第510条的规定仍不能确定的,该利益属于委托人。委托人对价格有特别指示的,行纪人不得违背该指示卖出。故选项B、C错误,50万元应归属于甲,春天画廊无权以低于100万元的价格将画卖出。《民法典》第952条规定,行纪人处理委托事务支出的费用,由行纪人负担,但是当事人另有约定的除外。故选项D正确。

5. C。本题涉及客运合同特征及当事人的权利义务问题。公共承运人负有强制缔约义务,不适用要约自由和承诺自由之原则。甲购得车票以后,其与运输公司之间的合同成立,但尚未生效。其生效以检票或登上交通运输工具为标志。甲的退票行为,不属于缔约过失行为。合同解除是针对生效的合同而言的,没有生效的合同不存在解除问题,因此甲的退票行为也不属于解除合同的行为。故本题答案为C。

6. A。本题涉及保管合同的成立和保管人的责任问题。饭店和韩玉之间存在保管合同关系。韩玉将物品交给饭店保管,形成了保管合同关系,保管合同成立,不存在无效之理由,故饭店应赔偿韩玉全部损失。本题中,虽然饭店未收取保管费,但饭店和韩玉之间不适用无偿保管的规定,饭店负一般过错责任。因此,本题正确选项为A。

7. B。根据《民法典》第939条的规定,建设单位依法与物业服务人订立的前期物业服务合同,以及业主委员会与业主大会依法选聘的物业服务人订立的物业服务合同,对业主具有法律约束力。故本题答案为B。

8. B。根据《民法典》第963条第2款的规定,中介人促成合同成立的,中介活动的费用,由中介人负担。故本题答案为B。

9. D。《民间借贷规定》第1条第1款规定:“本规定所称的民间借贷,是指自然人、法人和非法人组织之间进行资金融通的行为。”本题中,乙交给甲10元的目的是由甲代自己购买彩票,并非甲、乙之间就10元进行资金融通,故甲、乙之间不应类推适用借贷关系,选项A是错误的。《民法典》第919条规定:“委托合同是委托人和受托人约定,由受托人处理委托人事务的合同。”本题中,甲购买彩票时,乙让甲顺便代购彩票。可见,甲、乙之间的意思表示非常明确,双方成立了代为购买彩票的委托合同法律关系,乙为委托人,甲为受托人。《民法典》第927条规定:“受托人处理委托事务取得的财产,应当转交给委托人。”在委托合同关系中,不论受托人的行为如何,其行为的一切后果均应归属于委托人。因此,本题中,甲代购彩票中奖的法律后果应归于委托人乙所有。据此,选项D是正确的,选项B、C是错误的。

二、1. ACD。依据《民法典》第834条的规定,两个以上承运人以同一运输方式联运的,与托运人订立合同的承运人应当对全程运输承担责任;损失发生在某一运输区段的,与托运人订立合同的承运人和该区段的承运人承担连带责任。故选项B正确,选项A、C、D错误。

2. AB。《民法典》第823条第1款规定,承运人应当对运输过程中旅客的伤亡承担赔偿责任;但是,伤亡是旅客自身健康原因造成的或者承运人证明伤亡是旅客故意、重大过失造成的除外。《民法典》第824条第1款规定,在运输过程中旅客随身携带物品毁损、灭失,承运人有过错的,应当承担赔偿责任。故本题答案为AB。

3. AD。《民法典》第932条规定,两个以上的受托人共同处理委托事务的,对委托人承担连带责任。故选项A正确。《民法典》第933条规定,受托人有任意解除权,但应赔偿因解除合同给委托人造成的损失。甄菅作为受托人,享有任意解除权,故选项B错误。《民法典》第923条规定,经委托人同意,受托人可以转委托。转委托经同意或者追认的,委托人可以就委托事务直接指示转委托的第三人,受托人仅就第三人的选任及其对第三人的指示承担责任。因郝胜利转委托已经王甲同意,故选项 C 错误,选项 D 正确。本题正确答案为 AD。

4. AC。本题涉及行纪合同当事人权利义务问题。依《民法典》第 951 条的规定,甲与乙之间为行纪合同,选项 A 正确。《民法典》第 955 条第 2 款规定,行纪人高于委托人指定的价格卖出或者低于委托人指定的价格买入的,可以按照约定增加报酬;没有约定或者约定不明确,依照《民法典》第 510 条的规定仍不能确定的,该利益属于委托人。故选项 B、D 错误,选项 C 正确。本题答案为 AC。

5. ABCD。《民法典》第 829 条规定,在承运人将货物交付收货人之前,托运人可以要求承运人中止运输、返还货物、变更到达地或者将货物交给其他收货人,但是应当赔偿承运人因此受到的损失。A 选项正确。《民法典》第 835 条规定,货物在运输过程中因不可抗力灭失,未收取运费的,承运人不得请求支付运费;已经收取运费的,托运人可以请求返还。B 选项正确。另外,根据《民法典》第 832 条和第 836 条的规定,C 选项、D 选项均正确。故本题答案为 ABCD。

6. CD。《民法典》第 763 条规定,应收账款债权人与债务人虚构应收账款作为转让标的,与保理人订立保理合同的,应收账款债务人不得以应收账款不存在为由对抗保理人,但是保理人明知虚构的除外。根据《民法典》第 766 条的规定,当事人约定有追索权保理的,保理人可以向应收账款债权人主张返还保理融资款本息或者回购应收账款债权,也可以向应收账款债务人主张应收账款债权。保理人向应收账款债务人主张应收账款债权,在扣除保理融资款本息和相关费用后有剩余的,剩余部分应当返还给应收账款债权人。故本题正确选项为 CD。

7. AD。本题涉及行纪合同问题。本题中,乙公司以高于甲公司指定的价格将公仔卖出,其行为违反了合同的约定,构成违约行为。由于双方对增加报酬未有约定,故乙公司无权要求增加报酬,增加的收益应属于委托人。因此,本题正确选项为 AD。

8. ACD。本题涉及多式联运合同的问题。根据《民法典》第 838 条、第 839 条、第 842 条的规定,多式联运经营人负责履行或者组织履行多式联运合同,对全程运输享有承运人的权利,承担承运人的义务。多式联运经营人可以与参加多式联运的各区段承运人就多式联运合同的各区段运输约定相互之间的责任;但是,该约定不影响多式联运经营人对全程运输承担的义务。货物的毁损、灭失发生于多式联运的某一运输区段的,多式联运经营人的赔偿责任和责任限额,适用调整该区段运输方式的有关法律规定。因此,选项 B 错误,选项 ACD 正确。

## 第二十一章　技术合同

一、1. A。根据《民法典》第 847 条第 2 款的规定,职务技术成果是执行法人或者非法人组织的工作任务,或者主要是利用法人或者非法人组织的物质技术条件所完成的技术成果,A 选项错误。根据《民法典》第 847 条第 1 款、第 848 条的规定,B 选项、C 选项、D 选项正确。故本题答案为 A。

2. D。本题涉及合作开发专利申请权的归属问题。《民法典》第 860 条规定,合作开发完成的发明创造,申请专利的权利属于合作开发的当事人共有;当事人一方转让其共有的专利申请权的,其他各方享有以同等条件优先受让的权利。但是,当事人另有约定的除外。合作开发的当事人一方声明放弃其共有的专利申请权的,除当事人另有约定外,可以由另一方单独申请或者由其他各方共同申请。申请人取得专利权的,放弃专利申请权的一方可以免费实施该专利。合作开发的当事人一方不同意申请专利的,另一方或者其他各方不得申请专利。选项 A、B、C 正确,因此,选项 D 错误。

3. C。最高人民法院《关于审理技术合同纠纷案件适用法律若干问题的解释》(以下简称《技术合同解释》)第 12 条第 1 款规定,根据《民法典》第 850 条的规定,侵害他人技术秘密的技术合同被确认无效后,除法律、行政法规另有规定的以外,善意取得该技术秘密的一方当事人可以在其取得时的范围内继续使用该技术秘密,但应当向权利人支付合理的使用费并承担保密义务。本题中,甲公司盗取乙公司的技术秘密成果并将其转让给丙公司,其技术合同为无效合同。但丙公司作为不知情的善意受让人,依法有权在其取得时的范围内继续使用该技术秘密,但应向权利人支付合理的使用费,故 B 选项应予以支持,C 选项不予支持。甲公司的行为已经侵犯他人技术秘密,故权利人有权要求其停止侵害并赔偿损失,A 选项、D 选项应予以支持。因此,本题正确选项为 C。

4. C。本题涉及技术合同无效的问题。《民法典》第 850 条规定,非法垄断技术或者侵害他人技术成果的技术合同无效。《技术合同解释》第 10 条规定,下列情形属于《民法典》第 850 条所称的"非法垄断技术":(1)限制当事人一方在合同标的技术基础上进行新的研究开发或者限制其使用所改进的技术,或者双方交换改进技术的条件不对等,包括要求一方将其自行改进的技术无偿提供给对方、非互惠性转让给对方、无偿独占或者共享该改进技术的知识产权;(2)限制当事人一方从其他来源获得与技术提供方类似技术或者与其竞争的技术;(3)阻碍当事人一方根据市场需求,按照合理方式充分实施合同标的技术,包括明显不合理地限制技术接受方实施合同标的技术生产产品或者提供服务的数量、品种、价格、销售渠道和出口市场;(4)要求技术接受方接受并非实施技术必不可少的附带条件,包括购买非必需的技术、原材料、产品、设备、服务以及接收非必需的人员等;(5)不合理地限制技术接受方购买原材料、零部件、产品或者设备等的渠道或者来源;(6)禁止技术接受方对合同标的技术知识产权的有效性提出异议或者对提出异议附加条件。故C选项中的技术合同无效。

5. C。根据《民法典》第885条的规定,技术咨询合同履行过程中,受托人利用委托人提供的技术资料和工作条件完成的新的技术成果,属于受托人。故本题答案为C。

二、1. ABD。《民法典》第861条规定,委托开发或者合作开发完成的技术秘密成果的使用权、转让权以及收益的分配办法,由当事人约定;没有约定或者约定不明确,依照《民法典》第510条的规定仍不能确定的,在没有相同技术方案被授予专利权前,当事人均有使用和转让的权利。但是,委托开发的研究开发人不得在向委托人交付研究开发成果之前,将研究开发成果转让给第三人。故选项A、D错误。《技术合同解释》第20条规定,《民法典》第861条所称"当事人均有使用和转让的权利",包括当事人均有不经对方同意而自己使用或者以普通使用许可的方式许可他人使用技术秘密,并独占由此所获利益的权利。当事人一方将技术秘密成果的转让权让与他人,或者以独占或者排他使用许可的方式许可他人使用技术秘密,未经对方当事人同意或者追认的,应当认定该让与或者许可行为无效。故选项B错误,选项C正确。

2. CD。本题涉及技术转让合同中后续成果的权利义务问题。依《民法典》第875条的规定,当事人可以按照互利的原则,在合同中约定实施专利、使用技术秘密后续改进的技术成果的分享办法;没有约定或者约定不明确,依据《民法典》第510条的规定仍不能确定的,一方后续改进的技术成果,其他各方无权分享。故本题正确选项为CD。

3. ABD。本题涉及侵害他人技术秘密而签订的技术转让合同的问题。《技术合同解释》第12条规定,根据《民法典》第850条的规定,侵害他人技术秘密的技术合同被确认无效后,除法律、行政法规另有规定的以外,善意取得该技术秘密的一方当事人可以在其取得时的范围内继续使用该技术秘密,但应当向权利人支付合理的使用费并承担保密义务。当事人双方恶意串通或者一方知道或者应当知道另一方侵权仍与其订立或者履行合同的,属于共同侵权,人民法院应当判令侵权人承担连带赔偿责任和保密义务,因此取得技术秘密的当事人不得继续使用该技术秘密。本题中,丙公司有权请求确认甲公司与乙公司所签订的合同无效,并向甲公司主张侵权责任。对于乙公司,由于其对甲公司侵权事由知情,因此,乙公司无权继续使用该技术秘密。甲公司与乙公司属于共同侵权,需要承担连带赔偿责任。因此,本题正确选项为ABD。

4. AD。《民法典》第850条规定,非法垄断技术或者侵害他人技术成果的技术合同无效。因该专利技术秘密的转让权归甲公司所有,故乙公司与丙公司签订的技术合同侵害他人技术秘密,且甲公司拒绝对该合同追认,该合同无效。故A选项正确。《技术合同解释》第12条第1款规定,根据《民法典》第850条的规定,侵害他人技术秘密的技术合同被确认无效后,除法律、行政法规另有规定的以外,善意取得该技术秘密的一方当事人可以在其取得时的范围内继续使用该技术秘密,但应当向权利人支付合理的使用费并承担保密义务。故B选项错误,丙公司应当向甲公司支付合理的使用费。根据《技术合同解释》第12条第2款的规定,当事人双方恶意串通或者一方知道或者应当知道另一方侵权仍与其订立或者履行合同的,属于共同侵权,人民法院应当判令侵权人承担连带赔偿责任和保密义务,因此取得技术秘密的当事人不得继续使用该技术秘密。故C选项错误,D选项正确。本题正确答案为AD。

5. ABCD。根据《民法典》第846条第1款的规定,技术合同价款、报酬或者使用费的支付方式由当事人约定,可以采取一次总算、一次总付或者一次总算、分期支付,也可以采取提成支付或者提成支付附加预付入门费的方式。本题正确答案为ABCD。

6. ABCD。根据《民法典》第884条第1款、第885条的规定,技术服务合同的委托人不履行合同义务或者履行合同义务不符合约定,影响工作进度和质量,不接受或者逾期接受工作成果的,支付的报酬不得追回,未支付的报酬应当支付。技术咨询合同、技术服务合同履行过程中,受托人利用委托人提供的技术资料和工作条件完成的新的技术成果,属于受托人。委托人利用受托人的工作成果完成的新的技术成果,属于委托人。当事人另有约定的,按照其约定。ABCD均为正确选项。

## 第二十二章　保证合同和合伙合同

一、1. D。本题涉及保证方式、保证期间、保证范围的推定以及主债权债务合同内容的变更问题。

《民法典》第691条规定:"保证的范围包括主债权及其利息、违约金、损害赔偿金和实现债权的费用。当事人另有约定的,按照其约定。"本案中,保证合同没有约定保证范围,因而丙需要在50万元本金、利息以及其他费用范围内承担保证责任。A选项错误。《民法典》第695条规定:"债权人和债务人未经保证人书面同意,协商变更主债权债务合同内容,减轻债务的，保证人仍对变更后的债务承担保证责任；加重债务的，保证人对加重的部分不承担保证责任。债权人和债务人变更主债权债务合同的履行期限，未经保证人书面同意的，保证期间不受影响。”本案中，甲、乙就主债权债务合同的履行期限的变更仅取得保证人丙的口头同意，丙的保证期间不受影响。B选项错误。《民法典》第686条规定：“保证的方式包括一般保证和连带责任保证。当事人在保证合同中对保证方式没有约定或者约定不明确的，按照一般保证承担保证责任。”本案中，丙承担一般保证责任，仅在乙不能履行债务时，丙才承担保证责任。C选项错误。《民法典》第692条第2款规定：“债权人与保证人可以约定保证期间，但是约定的保证期间早于主债务履行期限或者与主债务履行期限同时届满的，视为没有约定；没有约定或者约定不明确的，保证期间为主债务履行期限届满之日起六个月。”D选项正确。

2. B。本题涉及保证的概念、保证合同的成立。根据《民法典》第685条的规定，“保证合同可以是单独订立的书面合同，也可以是主债权债务合同中的保证条款。第三人单方以书面形式向债权人作出保证，债权人接收且未提出异议的，保证合同成立”。保证合同必须为书面形式，A选项、D选项错误，B选项正确。《民法典》第681条规定：“保证合同是为保障债权的实现，保证人和债权人约定，当债务人不履行到期债务或者发生当事人约定的情形时，保证人履行债务或者承担责任的合同。”C选项是抵押而非保证，错误。

3. C。本题涉及保证中的债权让与和债务承担规则。《民法典》第696条规定：“债权人转让全部或者部分债权，未通知保证人的，该转让对保证人不发生效力。保证人与债权人约定禁止债权转让，债权人未经保证人书面同意转让债权的，保证人对受让人不再承担保证责任。”本案中保证合同禁止债权让与，在未取得丙公司书面同意的情形下，丙公司对丁公司的债权不再承担保证责任，选项A错误。《民法典》第697条规定：“债权人未经保证人书面同意，允许债务人转移全部或者部分债务，保证人对未经其同意转移的债务不再承担保证责任，但是债权人和保证人另有约定的除外。第三人加入债务的，保证人的保证责任不受影响。”乙公司未经丙公司书面同意，便允许甲公司将债务移转给戊公司。对移转的债务，丙公司不再承担保证责任，选项B错误。戊公司参与到乙公司对甲公司的50万元债权中，丙公司的保证责任不受影响，被保证人是甲公司而非戊公司，故选项C正确，选项D错误。

4. A。本题涉及合伙合同中的出资、合伙事务的处理与合伙份额的转让问题。《民法典》第971条规定：“合伙人不得因执行合伙事务而请求支付报酬，但是合伙合同另有约定的除外。”本案中，合伙合同没有约定乙的报酬，其不能请求支付报酬正确，选项A正确。《民法典》第968条规定：“合伙人应当按照约定的出资方式、数额和缴付期限，履行出资义务。”既然合伙合同没有在三方达成一致的情况下修改，丙就仍应按照合伙合同的约定完成出资。对于丙与乙达成的协商，甲作为合伙人有权提出异议。选项B错误。《民法典》第969条规定：“合伙人的出资、因合伙事务依法取得的收益和其他财产，属于合伙财产。合伙合同终止前，合伙人不得请求分割合伙财产。”在未终止合伙合同前，合伙人不得径直分配合伙财产，选项C错误。《民法典》第974条规定：“除合伙合同另有约定外，合伙人向合伙人以外的人转让其全部或者部分财产份额的，须经其他合伙人一致同意。”乙向合伙人以外的丁转让财产份额，需要丙与甲一致同意，因此，丙有权提出异议。选项D错误。

二、1. BD。本题涉及保证期间、保证责任的承担。《民法典》第692条规定：“保证期间是确定保证人承担保证责任的期间，不发生中止、中断和延长。债权人与保证人可以约定保证期间，但是约定的保证期间早于主债务履行期限或者与主债务履行期限同时届满的，视为没有约定；没有约定或者约定不明确的，保证期间为主债务履行期限届满之日起六个月。债权人与债务人对主债务履行期限没有约定或者约定不明确的，保证期间自债权人请求债务人履行债务的宽限期届满之日起计算。”在没有约定保证期间的情形下，丙对每一笔债务的保证期间为还款日后的6个月。第一笔债务的保证期间为2019年2月1日至7月1日，以此类推。《民法典》第695条第2款规定：“债权人和债务人变更主债权债务合同的履行期限，未经保证人书面同意的，保证期间不受影响。”本案中，保证人丙公司对于债务延期的事实并不知情，更无书面同意，丙公司的保证期间仍以延期前的债务到期日起算，因此，丙公司最后一笔债务的保证期间为2020年7月1日至2021年12月31日。故选项C错误，选项D正确。《民法典》第693条第2款规定：“连带责任保证的债权人未在保证期间请求保证人承担保证责任的，保证人不再承担保证责任。”本案中，对于4笔债务，乙公司至少要分别在2019年6月30日、2019年12月31日、2020年7月1日、2020年12月31日前向丙公司主张其承担保证责任，但由于乙公司仅在2020年7月13日提出主张，因而对于前3笔债务，丙公司不再承担保证责任，其最终保证担保的主债权为最后一笔债务50万元。故选项A错误，选项B正确。

2. AB。本题涉及保证合同的形式与保证的方式问题。《民法典》第685条第1款规定：“保证合同可以是单独订立的书面合同，也可以是主债权债务合同中的保证条款。”保证合同的形式包括以下几种：保证人和债权人订立的保证合同；保证人、债权人、债务人在主合同订有保证条款，并有保证人的签名；保证人在主合同中未订保证条款，但在保证人栏中签名的。故选项A正确。《民法典》第686条规定："保证的方式包括一般保证和连带责任保证。当事人在保证合同中对保证方式没有约定或者约定不明确的，按照一般保证承担保证责任。"本案应视为一般保证，保证人享有先诉抗辩权。故选项B正确，选项C错误。《民法典》第687条规定："当事人在保证合同中约定，债务人不能履行债务时，由保证人承担保证责任的，为一般保证。一般保证的保证人在主合同纠纷未经审判或者仲裁，并就债务人财产依法强制执行仍不能履行债务前，有权拒绝向债权人承担保证责任，但是有下列情形之一的除外：(一)债务人下落不明，且无财产可供执行；(二)人民法院已经受理债务人破产案件；(三)债权人有证据证明债务人的财产不足以履行全部债务或者丧失履行债务能力；(四)保证人书面表示放弃本款规定的权利。"本案丙、丁享有先诉抗辩权，必须先起诉甲，故选项D错误。

3. BCD。本题涉及合伙事务的执行问题。《民法典》第970条规定："合伙人就合伙事务作出决定的，除合伙合同另有约定外，应当经全体合伙人一致同意。合伙事务由全体合伙人共同执行。按照合伙合同的约定或者全体合伙人的决定，可以委托一个或者数个合伙人执行合伙事务；其他合伙人不再执行合伙事务，但是有权监督执行情况。合伙人分别执行合伙事务的，执行事务合伙人可以对其他合伙人执行的事务提出异议；提出异议后，其他合伙人应当暂停该项事务的执行。"A选项正确。合伙人就合伙事务作出决定，需要全体合伙人一致同意，而不仅仅是执行事务合伙人一致同意。B选项错误。没有被委托为执行事务合伙人的其他合伙人，还享有对执行事务合伙人执行事务情况的监督权。C选项错误。被提出异议后，其他合伙人应当暂停该项事务的执行。D选项错误。

4. BCD。本题涉及合伙份额的转让问题。《民法典》没有废除《合伙企业法》，《合伙企业法》应继续有效。《民法典》第974条规定："除合伙合同另有约定外，合伙人向合伙人以外的人转让其全部或者部分财产份额的，须经其他合伙人一致同意。"《合伙企业法》第22条规定："除合伙协议另有约定外，合伙人向合伙人以外的人转让其在合伙企业中的全部或者部分财产份额时，须经其他合伙人一致同意。合伙人之间转让在合伙企业中的全部或者部分财产份额时，应当通知其他合伙人。"也就是说，合伙份额的内部转让通知即可，无须同意，而合伙份额的外部转让则需要一致同意。选项A错误，选项B、C、D均正确。

5. ABCD。本题涉及合伙终止及其法律后果、合伙债务的承担问题。《民法典》第978条规定："合伙合同终止后，合伙财产在支付因终止而产生的费用以及清偿合伙债务后有剩余的，依据本法第九百七十二条的规定进行分配。"《民法典》第972条规定："合伙的利润分配和亏损分担，按照合伙合同的约定办理；合伙合同没有约定或者约定不明确的，由合伙人协商决定；协商不成的，由合伙人按照实缴出资比例分配、分担；无法确定出资比例的，由合伙人平均分配、分担。"因此，对于剩余财产应当首先由合伙人协商，协商不成才按照实缴出资比例分配，选项A错误。《民法典》第973条规定："合伙人对合伙债务承担连带责任。清偿合伙债务超过自己应当承担份额的合伙人，有权向其他合伙人追偿。"合伙人对合伙企业的债务对外承担连带责任，债权人可以向一个或者多个合伙人主张全部未清偿债务，故选项B错误。合伙人仅当清偿合伙债务超过其应当承担的份额时有权向其他合伙人追偿，而合伙人应承担的份额要根据前文所引《民法典》第972条确定，未必就是其实缴出资比例，故选项D错误。《民法典》第976条规定："合伙人对合伙期限没有约定或者约定不明确，依据本法第五百一十条的规定仍不能确定的，视为不定期合伙。合伙期限届满，合伙人继续执行合伙事务，其他合伙人没有提出异议的，原合伙合同继续有效，但是合伙期限为不定期。合伙人可以随时解除不定期合伙合同，但是应当在合理期限之前通知其他合伙人。"甲有权在合伙期限届满后以异议的方式解除合伙合同、终止合伙关系。选项C错误。

6. ACD。本题考查债务承担中担保人的责任变化。《民法典》第697条规定："债权人未经保证人书面同意，允许债务人转移全部或者部分债务，保证人对未经其同意转移的债务不再承担保证责任，但是债权人和保证人另有约定的除外。第三人加入债务的，保证人的保证责任不受影响。"债务承担中，保证人继续承担原保证责任的条件是：(1)债权人征得保证人的书面同意；(2)债权人和保证人另有约定，此时则无须保证人书面同意。

本题中，乙公司向甲公司借款500万元，张三为连带保证人，后来乙公司经甲公司同意将200万元的债务转让给丙公司。对于该债务承担，甲公司通知了张三，张三仅口头同意，且甲公司和张三之间并没有关于张三承担保证责任的特别约定。所以根据前述法条，张三的保证责任发生了变化，即对转移的200万元债务不再承担保证责任，仅需对剩下的未转移的300万元债务承担保证责任。选项B错误，选项A、C、D正确。

需要注意的是，债权转让过程中，保证人的责任变化与债务承担略有不同。《民法典》第696条规定："债权人转让全部或者部分债权，未通知保证人的，该转让对保证人不发生效力。保证人与债权人约定禁止债权转让，债权人未经保证人书面同意转让债权的，保证人对受让人不再承担保证责任。”根据该条的规定，债权转让中保证人承担责任的规则为：(1)原则上债权转让仅需通知保证人即可对保证人发生效力；(2)但是保证人与债权人约定禁止转让债权的，债权人转让时需要征得保证人的书面同意。债权转让和债务承担中，保证人愿意承担保证责任多是基于对债务人的信任。债权转让中仅债权人发生了变更，债务人不变，因此对保证人影响不大，原则上仅需通知保证人即可。但是债务承担中债务人发生变化，保证人对于新的债务人并不存在信任关系，新债务人的偿债能力也未可知，因此需要保证人书面同意才能使其继续承担原保证责任。

三、ABCD。本题涉及合伙的利润分配确认规则、合伙人的债权人享有的权利、合伙的终止以及合伙责任的承担。《民法典》第 972 条规定：“合伙的利润分配和亏损分担，按照合伙合同的约定办理；合伙合同没有约定或者约定不明确的，由合伙人协商决定；协商不成的，由合伙人按照实缴出资比例分配、分担；无法确定出资比例的，由合伙人平均分配、分担。”在合伙合同没有约定且难以协商一致的情况下，合伙的利润应当按照实缴出资比例分配，而非按照认缴出资比例分配。选项 A 错误。《民法典》第 975 条规定：“合伙人的债权人不得代位行使合伙人依照本章规定和合伙合同享有的权利，但是合伙人享有的利益分配请求权除外。”合伙人的债权人丁无权主张代位行使乙的执行合伙事务权利。选项 B 错误。《民法典》第 977 条规定：“合伙人死亡、丧失民事行为能力或者终止的，合伙合同终止；但是，合伙合同另有约定或者根据合伙事务的性质不宜终止的除外。”选项 C 错误。《民法典》第 973 条规定：“合伙人对合伙债务承担连带责任。清偿合伙债务超过自己应当承担份额的合伙人，有权向其他合伙人追偿。”合伙企业债权人有权请求单个合伙人清偿合伙企业不能清偿的债务，仅在合伙人内部产生追偿的问题。选项 D 错误。

## 第二十三章　准　合　同

一、1. A。依据《民法典》第 979 条的规定，乙的行为构成无因管理。选项 A 错误，选项 B 正确。《民法典》第 983 条规定，管理人管理事务取得的财产，应当及时转交给受益人。选项 C 正确。《民法典》第 984 条规定，管理人管理事务经受益人事后追认的，从管理事务开始时起，适用委托合同的有关规定，但是管理人另有意思表示的除外。选项 D 正确。故本题答案为 A。

2. C。本题涉及无因管理之债的问题。根据《民法典》第 979 条第 1 款的规定，在无因管理之债中，管理人可以请求受益人偿还因管理事务而支出的必要费用；管理人因管理事务受到损失的，可以请求受益人给予适当补偿。但本题中张某要求的劳务费不属于受到的实际损失，故本题答案为 C。

3. D。本题考查无因管理和不当得利。无因管理是为了避免他人利益受损失而实施的管理行为，本题中乙公司的行为不成立无因管理，选项 A 错误。无权代理是指没有代理权或超越代理权而以被代理人的名义从事民事法律行为，但本案中乙公司是以自己的名义，因此不构成无权代理，选项 B 错误。不当得利是指取得利益没有法律上的根据，本案中乙公司以甲公司之物抵债，构成不当得利。但是在返还范围上，应当以原物和原物所生孳息为限。该批机器设备的市场价值为 30 万元，故乙公司应返还的不当利益为 30 万元，选项 C 错误。乙公司擅自处分甲公司所有的财产，构成侵权。《民法典》第 1184 条规定，侵害他人财产的，财产损失按照损失发生时的市场价格或者其他合理方式计算。因此，乙公司应当赔偿甲公司 30 万元，选项 D 正确。本题正确答案为 D。

4. D。所谓无因管理，是指没有法定的或者约定的义务，为避免他人利益受损失进行管理或者服务的事实。《民法典》第 979 条第 1 款规定：“管理人没有法定的或者约定的义务，为避免他人利益受损失而管理他人事务的，可以请求受益人偿还因管理事务而支出的必要费用；管理人因管理事务受到损失的，可以请求受益人给予适当补偿。”可知，无因管理成立应具有三个要件：(1)为他人管理事务；(2)有为他人谋利益的意思；(3)没有法定或约定义务。

结合无因管理的相关法理可知，本题中，甲救火的行为属于无法律上的原因管理他人事务，主观上虽然不排除恐大火蔓延使自家受损的意思，但是确有避免乙的房屋烧毁的意思，因此，甲可要求受益人进行偿付。据此，选项 A 认为甲不构成无因管理是错误的。选项 B 和选项 C 认为甲只能向乙或只能向丙主张医疗费赔偿是片面的，因为甲在进行管理时既有为房屋所有权人乙的利益进行管理的意思，也有为房屋承租人丙的利益进行管理的意思，因此甲可选择向其中任何一个受益人主张赔偿。选项 D 认为甲欠缺为 A 公司的利益实施管理的主观意思，因此不能依据无因管理向 A 公司主张医疗费赔偿是正确的。因为乙为房屋在 A 公司购买火灾保险的这一事实与乙将房屋出租给丙这一事实是不同的，前一事实甲从外观上根本无法直接判断，而后一事实甲可通过日常观察得出。因此，甲在进行管理时可为了丙的利益进行管理，却绝不可能对不知道存在的 A 公司利益进行管理。据此，本着选择最优选项的原则，选项 D 应当入选。

5. B。甲、乙之间成立无因管理之债。依据《民法典》第 983 条的规定，管理结束后，乙因管理事务取得的财产，应当及时转交给受益人甲。因此，乙负有返还羊羔的义务。另外,依据《民法典》第 979 条第 1 款的规定,管理人乙有权请求受益人甲偿付因管理事务支出的必要费用。故本题答案为 B。

6. C。本题考查无因管理。本案中,李某误将张某之狗当成流浪狗,他是出于道德、职业、爱好等因素才出手施救,并非为了避免张某的利益受到损失,主观上没有为他人管理事务的意思。但依据《民法典》第 980 条的规定,受益人应当在其获得的利益范围内向管理人偿还因管理事务而支出的必要费用,张某应当支付狗的治疗费用 1000 元。故选项 C 正确,选项 A、B、D 错误。本题正确答案为 C。

二、1. BCD。本题涉及无因管理之债的问题。本题中,乙并无法定或约定的义务为甲代为销售香蕉,其行为构成无因管理,故 A 选项正确;乙并未有将出售香蕉所得价款收归己有的意思,不构成不当得利,故 B 选项错误;乙系因天黑散摊以低于市场的价格进行抛售,不能认定为不当管理,故选项 C 错误;在无因管理之债中,管理人不存在报酬请求权问题,乙认为应当支付自己 500 元报酬没有依据,故 D 选项错误。本题答案为 BCD。

2. AC。依据《民法典》第 986 条的规定,得利人不知道且不应当知道获得的利益没有法律根据,取得的利益已经不存在的,不承担返还该利益的义务,选项 B 错误。《民法典》第 988 条规定,得利人已经将取得的利益无偿转让给第三人的,受损失的人可以请求第三人在相应范围内承担返还义务。选项 C 正确,选项 D 错误。本题正确答案为 AC。

3. CD。本题 A 选项考查见义勇为受害人的特别请求权。《民法典》第 183 条规定:"因保护他人民事权益使自己受到损害的,由侵权人承担民事责任,受益人可以给予适当补偿。没有侵权人、侵权人逃逸或者无力承担民事责任,受害人请求补偿的,受益人应当给予适当补偿。"可知,见义勇为受害人的特别请求权的构成要件为:(1)行为人实施了见义勇为行为。见义勇为行为要求满足以下条件:①须是为保护他人民事权益而实施的行为,行为人对实施该行为无法定或约定义务;②须针对侵害他人合法权益的侵害行为或者他人处于危难的危险事实而实施行为;③须是在客观上使受益人少受或免受损害。(2)见义勇为的行为人须因实施该行为而遭受人身和财产损害。(3)见义勇为行为人遭受的损害与实施见义勇为行为有因果关系。见义勇为中承担民事责任的规则为:(1)首先应由侵权人承担民事责任,即赔偿责任;(2)受益人承担适当补偿责任,即使侵权人承担了侵权赔偿责任,受益人也可以给予适当补偿;(3)没有侵权人、侵权人逃逸或者无力承担赔偿责任时,受益人应当承担适当的补偿责任。本题中,甲、乙假装溺水,丙为救助二人致使手机损坏,符合前述见义勇为受害人请求权的构成要件。由于本题中又不存在侵权人,丙可以请求甲、乙给予适当补偿。因此,选项 A 错误,选项 D 正确。

选项 B 考查安全保障义务。安全保障义务,是指宾馆、商场、餐馆、银行、机场、车站、港口、影剧院、娱乐场所等经营场所、公共场所的经营者、管理人或者群众性活动的组织者负有的保障他人之人身安全财产安全的注意义务。违反安全保障义务侵权责任主要有三种表现形式:(1)设施设备未尽安全保护义务;(2)服务管理未尽安全保障义务;(3)对防范制止侵权行为未尽安全保障义务。《民法典》第 1198 条规定:"宾馆、商场、银行、车站、机场、体育场馆、娱乐场所等经营场所、公共场所的经营者、管理者或者群众性活动的组织者,未尽到安全保障义务,造成他人损害的,应当承担侵权责任。因第三人的行为造成他人损害的,由第三人承担侵权责任;经营者、管理者或者组织者未尽到安全保障义务的,承担相应的补充责任。经营者、管理者或者组织者承担补充责任后,可以向第三人追偿。"负有安全保障义务的主体未尽到安全保障义务的,应当承担全部侵权责任或者相应的补充责任。本题中,甲、乙两人为测试游泳馆里的安保措施而假装溺水,甲、乙假装溺水也未受到任何损害,无法说明游泳馆未尽到安全保障义务。因此,选项 B 错误。

选项 C 考查无因管理。《民法典》第 979 条第 1 款规定:"管理人没有法定的或者约定的义务,为避免他人利益受损失而管理他人事务的,可以请求受益人偿还因管理事务而支出的必要费用;管理人因管理事务受到损失的,可以请求受益人给予适当补偿。"无因管理的构成要件为:(1)管理他人事务。这一要件强调管理人所管理的事务必须为他人的事务。若误将自己事务当作他人事务管理,不构成无因管理。(2)为避免他人利益损失而进行管理。这一要件强调有为他人利益进行管理的意思,这一意思无须进行表示。注意:虽然无因管理的成立以管理人有为他人谋利益的目的为要件,但这既不要求管理人必须有为他人利益的明确表示,也不要求管理人有专为他人谋利益的目的。管理人虽未明确表示其是为了他人利益而管理,但从管理行为看,客观上是为了避免他人利益受损失的,就可以成立无因管理。但是误将他人事务当作自己事务或者为了自己利益而管理他人事务,均不构成无因管理。(3)无法律上的原因,包括没有法定义务与约定义务两种情形。无因管理的效果为:(1)管理人有权请求受益人偿还必要的费用;(2)管理人有权请求受益人补偿管理人因管理事务遭受的损失。本题中,丙并无救助甲、乙的义务,且其在救助甲、乙的过程中致使手机受损,符合前述无因管理的要件,丙可以请求甲、乙对其手机的损失给予补偿。因此,选项 C 正确。

# 第四编　人　格　权

## 第二十四章　人格权概述

一、1. D。本题涉及肖像权、名誉权等人格权利。肖像权是指自然人以在自己肖像上所体现的利益为内容的一种具体人格权,包括肖像制作权、肖像使用权和肖像利益维护权等权利。依照《民法典》第1019条第1款的规定,任何组织或者个人不得以丑化、污损,或者利用信息技术手段伪造等方式侵害他人的肖像权。未经肖像权人同意,不得制作、使用、公开肖像权人的肖像,但是法律另有规定的除外。本案中,某妇科医院未经肖像权人景某某的同意便使用其肖像,侵犯了其肖像权,因此选项A正确。名誉权是指自然人和法人就其自身属性和价值所获得的社会评价。本案中,某妇科医院在多篇宣传文章中插入景某某的图片,让人会产生景某某可能患有这些妇科疾病的联想,使其社会评价降低,侵犯了景某某的名誉权,因此选项B正确。公开赔礼道歉、消除不良影响是侵犯人格权利的责任承担方式,因此选项C正确。景某某作为明星具有一定的社会知名度,其肖像有一定的商业化利用价值,某妇科医院未经许可使用其肖像,必然导致其肖像权中的经济性利益受到损失,也应当进行经济损失赔偿,因此选项D错误。

2. B。健康权,是指自然人以其身体生理机能和心理机能的健全正常运作和功能正常发挥,进而维持人体生命活动为内容的人格权。医生甲切除了乙的阑尾,并不影响甲的生理机能的正常运作和功能发挥,该行为侵犯了乙的身体权,故选项A错误。生命权是法律赋予自然人的以生命维持和生命安全为内容的权利,甲协助乙完成自杀行为构成对乙生命权的侵犯。由于生命权超出自然人可允诺处分的范围,乙的同意不构成违法阻却事由,故选项B正确。《民法典》第1024条第1款规定,民事主体享有名誉权。任何组织或者个人不得以侮辱、诽谤等方式侵害他人的名誉权。名誉权的侵犯需要满足被第三人所知悉的要件,故选项C错误。甲并未实施侮辱、诽谤行为,甲未侵犯乙的名誉权。侵犯荣誉权的前提条件是他人获得荣誉称号,此点并不具备,故甲未侵犯乙的荣誉权,故选项D错误。因此,本题答案为B。

二、1. ABCD。本题涉及侵害名誉权问题。甲编造乙当坐台小姐并外出卖淫的谣言,并将其贴在BBS上,侵害了乙的名誉权,甲为侵权人。丙的行为为职务行为,丙不为侵权行为人。小报报社未经核实便在小报报纸上刊登此文,侵害了乙的名誉权,小报报社为侵权行为人。BBS作为网络运营商,只有在权利人指出侵权事实以后不停止侵害才构成侵权,因权利人乙未向BBS指出侵权事实,所以BBS不构成侵权。对于乙的名誉侵权,侵权人为甲和小报报社,BBS以乙未曾向其指出侵权事实而主张的抗辩能够成立。小报报社刊登此文后,使乙身心遭受摧残,构成后果严重,乙的精神损害赔偿请求应予支持。至于甲与小报报社之间应否承担连带责任,答案是否定的,因为甲与小报报社不存在共同的意思联络。因此,本题正确选项为ABCD。

2. ABD。《民法典》第1014条规定,任何组织或者个人不得以干涉、盗用、假冒等方式侵害他人的姓名权或者名称权。甲用拾得的乙的身份证假冒乙在丙银行办理了信用卡,甲的行为侵犯了乙的姓名权。故选项A正确。个人征信记录事关个人在银行的贷款等事宜,与个人是否诚信有很大关系。故甲的行为侵害了乙的名誉权,故选项B正确。《民法典》第1024条第2款规定,名誉是对民事主体的品德、声望、才能、信用等的社会评价。故个人信用评价被纳入名誉权的保护范围,并不存在信用权这一人格权类型,故选项C错误。丙银行虽然尽了一定审核义务,但其未尽合理、谨慎审核之责,且其发放信用卡的制度设计或操作流程存在损害他人财产安全的隐患,故应当承担相应过错侵权责任。因此,本题正确选项为ABD。

3. AB。选项A考查违约责任。违约责任,是指合同当事人不履行合同义务或者履行合同义务不符合约定时,依法产生的法律责任。《民法典》第186条规定:"因当事人一方的违约行为,损害对方人身权益、财产权益的,受损害方有权选择请求其承担违约责任或者侵权责任。"合同一方请求相对方承担违约责任需要具备的条件为:(1)当事人之间存在有效的合同;(2)合同当事人不履行合同义务或者履行合同义务不符合约定。在我国违约责任归责原则采取严格责任的情况下,违约的判断并不以过错为条件。本题中,赵某和照相馆达成了一个承揽合同,合同内容为照相馆将赵某提供的照片装入相框中,赵某支付报酬。可以推知合同双方的义务分别为:(1)照相馆为赵某与家人的合照添加相框,保存该合照,并在约定的时间将带有相框的照片交付给赵某;(2)赵某向照相馆支付报酬,并于约定的时间受领该照片。但是本案中,照相馆遭遇大火,照片被烧毁,照相馆未尽到保管义务,且无法按照约定将照片交还给赵某,属于违约,赵某可以就此要求照相馆承担违约责任。因此,选项A正确。

选项B考查精神损害赔偿。在我国,获取精神损害赔偿的条件是比较严格的,只有在遭受严重精神损害的情况下才可以请求精神损害赔偿。《民法典》第1183条第2款规定:"因故意或者重大过失侵害自然人具有人身意义的特定物造成严重精神损害的,被侵权人有权请求精神损害赔偿。"侵害具有人身意义的特定物可以导致精神损害赔偿,但是必须满足相应条件:(1)侵害自然人具有人身意义的特定物;(2)存在故意或者重大过失;(3)造成了严重的精神损害。本题中,照相馆的工作人员乱扔烟头导致火灾,可知照相馆对火灾的发生存在重大过失。该火灾烧毁了赵某仅存的一张与家人的合照,该合照对赵某具有重要意义,属于具有人身意义的特定物,可以推知该照片的烧毁将会给赵某带来严重的精神损害。因此,本题描述的事实符合前述精神损害赔偿的构成要件,赵某有权请求照相馆赔偿其精神损失。因此,选项B正确。

选项C考查隐私权侵权。《民法典》第1032条规定:"自然人享有隐私权。任何组织或者个人不得以刺探、侵扰、泄露、公开等方式侵害他人的隐私权。隐私是自然人的私人生活安宁和不愿为他人知晓的私密空间、私密活动、私密信息。"《民法典》第1033条规定:"除法律另有规定或者权利人明确同意外,任何组织或者个人不得实施下列行为:(一)以电话、短信、即时通讯工具、电子邮件、传单等方式侵扰他人的私人生活安宁;(二)进入、拍摄、窥视他人的住宅、宾馆房间等私密空间;(三)拍摄、窥视、窃听、公开他人的私密活动;(四)拍摄、窥视他人身体的私密部位;(五)处理他人的私密信息;(六)以其他方式侵害他人的隐私权。"本题中,照相馆发生火灾烧毁了赵某和家人的合照,并不存在前述法律规定的任何侵犯他人隐私的行为。因此,选项C错误。

选项D考查肖像权侵权。《民法典》第1019条规定:"任何组织或者个人不得以丑化、污损,或者利用信息技术手段伪造等方式侵害他人的肖像权。未经肖像权人同意,不得制作、使用、公开肖像权人的肖像,但是法律另有规定的除外。未经肖像权人同意,肖像作品权利人不得以发表、复制、发行、出租、展览等方式使用或者公开肖像权人的肖像。"本题中,照相馆也不存在前述法律规定的侵害他人肖像权的行为。因此,选项D错误。

## 第二十五章　具体人格权

一、1. AB。选项A考查姓名权。姓名权是自然人对自己姓名的专用权及设定或者变更的自由决定权。《民法典》第1012条规定:"自然人享有姓名权,有权依法决定、使用、变更或者许可他人使用自己的姓名,但是不得违背公序良俗。"《民法典》第1014条规定:"任何组织或者个人不得以干涉、盗用、假冒等方式侵害他人的姓名权或者名称权。"侵害姓名权的行为主要表现为干涉、盗用、假冒等方式。本题中,乙伪造甲的身份证冒领奖金,属于以假冒的方式侵害他人的姓名权。因此,选项A正确。

选项B考查不当得利。不当得利是指没有法律根据,取得不当利益,他人财产因此受到损失的法律事实。构成不当得利的要件为:(1)须一方受有财产利益;(2)须他方受有损失;(3)须取得利益与受有损失之间有因果关系;(4)一方受有财产利益须无法律根据。具备上述构成要件,就会发生不当得利之债的后果,即因不当得利受到损失的人成为债权人,负有请求得利人返还所取得的利益的请求权,得利人成为债务人负有返还所获利益的义务,构成债的关系。

《民法典》第985条规定:"得利人没有法律根据取得不当利益的,受损失的人可以请求得利人返还取得的利益……"本题中,乙伪造甲的身份证冒领奖金,造成了政府部门的财产损失,而乙取得该奖金是没有法律依据的,本题事实符合前述不当得利的构成要件。因此,选项B正确。

选项C考查财产权。《民法典》第113条规定:"民事主体的财产权利受法律平等保护。"《民法典》第1164条规定:"本编调整因侵害民事权益产生的民事关系。"民法保护民事主体的财产权,该财产权包括物权、债权、知识产权等。本题中,甲还未取得奖金,因而对奖金不享有物权,仅仅享有一项请求政府支付奖金的债权。因此,本选项的讨论焦点为乙是否侵害了甲的债权。通说认为,第三人侵害债权的构成要件为:(1)存在合法有效的债权;(2)第三人对债权进行了不法侵害;(3)债权人的债权受到损害,主要表现为第三人的不法侵害致使债权消灭或者债务履行不能;(4)第三人侵害债权的行为与债权人的损失之间有因果关系。本题中,乙冒领奖金的行为,并未致使甲的债权受到侵害,甲的债权既未消灭,政府对甲的债务也未陷入履行不能,甲仍然有权请求政府向其支付奖金。因此,选项C错误。

选项D考查荣誉权。荣誉权,是指民事主体对其获得的荣誉及其利益所享有的保持、支配、维护的具体人格权。《民法典》第1031条第1款规定:"民事主体享有荣誉权。任何组织或者个人不得非法剥夺他人的荣誉称号,不得诋毁、贬损他人的荣誉。"侵害荣誉权的行为主要包括非法剥夺他人的荣誉称号,诋毁、贬损他人的荣誉等。本题中,乙仅仅是冒领了甲的奖金,并未剥夺甲的荣誉称号,也未诋毁、贬损甲的荣誉,因此乙的行为不构成对甲的荣誉权的侵犯。因此选项D错误。

2. C。医生甲切除了乙的阑尾,并不影响甲的生理机能的正常运作和功能发挥,该行为只是侵犯了乙的身体权,并未侵犯健康权和生命权,故A选项、B选项错误。自主权并非民法上类型化的人格权之一,故D选项错误。本题正确选项为C。

3. D。根据《民法典》第1051条的规定,"有下列情形之一的,婚姻无效:(一)重婚;(二)有禁止结婚的亲属关系;(三)未到法定婚龄"。本案中,高甲与陈小美虽然有冒名登记结婚的情形,但不属于上述三种无效婚姻情形。高甲患有精神病，但相关法律规范未禁止精神病人结婚，故A项错误。《民法典》第1012条规定，自然人享有姓名权，有权依法决定、使用、变更或者许可他人使用自己的姓名，但是不得违背公序良俗。《民法典》第1014条规定，任何组织或者个人不得以干涉、盗用、假冒等方式侵害他人的姓名权或者名称权。本案中，陈小美假冒陈小丽与高甲登记结婚，侵犯了陈小丽的姓名权，故B项错误。《民法典》第1015条第1款规定，“自然人应当随父姓或者母姓，但是有下列情形之一的，可以在父姓和母姓之外选取姓氏：（一）选取其他直系长辈血亲的姓氏；（二）因由法定扶养人以外的人扶养而选取扶养人姓氏；（三）有不违背公序良俗的其他正当理由”。高小甲有姓名权，有权决定、使用和依照规定改变自己的名字，可以随父姓姓高，也可以随母姓姓陈。《民法典》第20条规定，“不满八周岁的未成年人为无民事行为能力人，由其法定代理人代理实施民事法律行为”。《民法典》第23条规定，“无民事行为能力人、限制民事行为能力人的监护人是其法定代理人”。因此，高小甲是未成年人，应由其监护人作法定代理人，代理实施民事法律行为。根据《民法典》第27条第1款的规定，“父母是未成年子女的监护人”。陈小美系高小甲的监护人、法定代理人，有权代理高小甲行使姓名权，使高小甲更名随其姓。故C项错误，D项正确。本题正确选项为D。

4. B。《民法典》第1012条规定，自然人享有姓名权，有权依法决定、使用、变更或者许可他人使用自己的姓名，但是不得违背公序良俗。《民法典》第1014条规定，任何组织或者个人不得以干涉、盗用、假冒等方式侵害他人的姓名权或者名称权。甲的行为不属于干涉、盗用、假冒乙的姓名，没有侵犯乙的姓名权。A选项错误。根据《著作权法》第10条第1款第2项的规定，署名权，即表明作者身份，在作品上署名的权利。甲的行为侵犯了乙表明作者身份的权利。B选项正确。侵犯荣誉权的前提条件是他人获得荣誉称号，此点并不具备，故甲未侵犯乙的荣誉权。C选项错误。改编权，指改变作品，创作出具有独创性的新作品的权利。甲的行为不属于未经允许对原作品进行改变的行为。D选项错误。本题正确选项为B。

5. B。《民法典》第1032条规定，自然人享有隐私权。任何组织或者个人不得以刺探、侵扰、泄露、公开等方式侵害他人的隐私权。隐私是自然人的私人生活安宁和不愿为他人知晓的私密空间、私密活动、私密信息。本案中无论报社是否如实报道，均侵犯了甲的隐私权。故选项A错误，选项B正确。甲因精神痛苦，自残左手无名指，是报社侵害甲隐私权造成的严重后果，并非报社侵犯甲健康权和身体权的结果。故选项C、D错误。本题正确选项为B。

6. B。明星的个人写真属于摄影作品，无特别约定时，著作权属于摄影师，故A选项错误。依照《民法典》第1019条第1款的规定，任何组织或者个人不得以丑化、污损，或者利用信息技术手段伪造等方式侵害他人的肖像权。未经肖像权人同意，不得制作、使用、公开肖像权人的肖像，但是法律另有规定的除外。本题中，广告商的行为属于未经同意，使用、公开他人的肖像，侵犯了该明星的肖像权，故B选项正确。根据民法理论，侵犯名誉权的构成要件有四：第一，加害人实施了侮辱或者诽谤行为；第二，侮辱或者诽谤指向特定的人；第三，侮辱或者诽谤已经向第三人公开；第四，造成了被侮辱、诽谤者的社会评价降低。本题中，广告商没有实施侮辱或者诽谤行为，不可能造成该明星的社会评价降低，不构成名誉权的侵权，故C选项错误。摄影爱好者卖照片给广告商的行为构成帮助侵权，属于共同侵权，应当依照《民法典》第1169条第1款规定，教唆、帮助他人实施侵权行为的，应当与行为人承担连带责任，故D选项错误。本题正确选项为B。

7. D。《民法典》第1018条规定，自然人享有肖像权，有权依法制作、使用、公开或者许可他人使用自己的肖像。肖像是通过影像、雕塑、绘画等方式在一定载体上所反映的特定自然人可以被识别的外部形象。本题中，张某无论是整容还是表演使用的都是自己的肖像，而没有使用赵某的肖像，因此不构成对赵某肖像权的侵害，A项、B项错误。名誉是对民事主体的品德、声望、才能、信用等的社会评价。张某在承接并拍摄商业广告时，并未使用赵某的名义，也并未对赵某的社会评价造成侵害，因此也不构成侵犯名誉权，C项错误。本题正确答案为D。

8. C。身份权强调基于特定的身份产生。根据《民法典》第112条的规定，“自然人因婚姻家庭关系等产生的人身权利受法律保护”。本案中，孙某的姓名、身份证号码、家庭住址等信息非因婚姻、家庭关系产生，不属于身份权的范畴。故A项错误。根据《民法典》第1024条的规定，民事主体享有名誉权。任何组织或者个人不得以侮辱、诽谤等方式侵害他人的名誉权。名誉是对民事主体的品德、声望、才能、信用等的社会评价。本案中，孙某的姓名、身份证号码、家庭住址等信息不涉及孙某的社会评价，买卖个人信息不损害孙某的名誉，不属于名誉权的范畴。故B项错误。《民法典》第111条规定：“自然人的个人信息受法律保护。任何组织或者个人需要获取他人个人信息的，应当依法取得并确保信息安全，不得非法收集、使用、加工、传输他人个人信息，不得非法买卖、提供或者公开他人个人信息。”本案中，孙某的姓名、身份证号码、家庭住址等信息均属于个人信息，张某出售公民个人信息侵犯了孙某对其个人信息享有的民事权益。故C项正确。根据《民法典》第111条的规定，除了出卖个人信息，购买个人信息也属于对自然人个人信息的侵害。据此可知,某公司非法购买孙某个人信息,构成对孙某个人信息权的侵犯,应当承担侵权责任。故D项错误。本题正确答案为C。

二、1. AB。张某为李某使用劣质染发膏致其头发断裂的行为侵害了李某的身体权,故A选项正确。理发店与李某构成以提供染发服务为内容的买卖合同,理发店的瑕疵履行构成违约,故B选项正确。根据《民法典》第1191条第1款的规定,“用人单位的工作人员因执行工作任务造成他人损害的,由用人单位承担侵权责任”。张某的行为为职务行为,故应当由理发店承担责任,故C选项错误。《民法典》第996条规定,因当事人一方的违约行为,损害对方人格权并造成严重精神损害,受损害方选择请求其承担违约责任的,不影响受损害方请求精神损害赔偿。故D选项错误。本题正确选项为AB。

2. ABC。《民法典》第1015条规定:“自然人应当随父姓或者母姓,但是有下列情形之一的,可以在父姓和母姓之外选取姓氏:(一)选取其他直系长辈血亲的姓氏;(二)因由法定扶养人以外的人扶养而选取扶养人姓氏;(三)有不违背公序良俗的其他正当理由。少数民族自然人的姓氏可以遵从本民族的文化传统和风俗习惯。”宋三娃变更姓名,选取直系长辈血亲祖父的姓氏姓“孙”,符合要求,故A选项正确。选取母亲的姓氏姓“孔”,符合要求,故B选项正确。选取法定之外的扶养人表叔的姓氏姓“蒋”,符合要求,故C选项正确。选取邻居的姓氏姓“木”,并无正当理由,故D选项错误。本题正确选项为ABC。

3. AB。某医院未经朴某同意,擅自使用朴某的姓名,为盗用,构成姓名权侵权,故A选项正确。某医院未经朴某同意在网站上使用朴某照片,构成肖像权侵权,故B选项正确。某医院在网站上使用朴某照片并未对朴某的社会评价造成不良影响,也未剥夺朴某已经获得的荣誉称号,故C选项、D选项错误。本题正确选项为AB。

4. AC。《民法典》第1019条第1款规定,任何组织或者个人不得以丑化、污损,或者利用信息技术手段伪造等方式侵害他人的肖像权。未经肖像权人同意,不得制作、使用、公开肖像权人的肖像,但是法律另有规定的除外。蔡某未经丁某同意,使用、公开其肖像,构成侵权,故A选项正确。蔡某擅自将丁某照片上传于某营利性摄影网站,并未侵害丁某身体的完整性。故B选项错误。根据《著作权法》第3条的规定,摄影作品的著作权是著作权法保护的对象。本案中,生活照属于摄影作品,李某享有著作权,蔡某未经其同意使用其作品,构成对李某著作权的侵犯。故C选项正确,D选项错误。本题正确选项为AC。

5. BCD。甲在网站上上传自拍生活照,已经将其作品公之于众,发表权一次用尽,故乙公司下载生活照出版成书销售不构成侵犯发表权,A选项错误。乙公司未经甲同意的出版、销售行为侵犯了甲的复制权和肖像权,故B选项、C选项正确。丙书店购进侵犯著作权的书,然后销售,构成善意(题干未交代,推定善意)。受甲自拍照著作权中的发行权控制,应承担停止侵权、销毁侵权复制品的无过错责任。至于是否需要承担赔偿责任,则坚持过错责任,要看丙是否善意、能否提供产品的合法来源。如果能,则不承担赔偿责任。故丙书店应当承担侵权责任,D选项正确。本题正确选项为BCD。

6. BCD。《民法典》第1012条规定,自然人享有姓名权,有权依法决定、使用、变更或者许可他人使用自己的姓名,但是不得违背公序良俗。《民法典》第1014条规定,任何组织或者个人不得以干涉、盗用、假冒等方式侵害他人的姓名权或者名称权。网民的行为不属于干涉、盗用、假冒,未侵犯牛某的姓名权,故A选项错误。《民法典》第1019条第1款规定,任何组织或者个人不得以丑化、污损,或者利用信息技术手段伪造等方式侵害他人的肖像权。未经肖像权人同意,不得制作、使用、公开肖像权人的肖像,但是法律另有规定的除外。网民擅自使用牛某肖像的行为构成对牛某肖像权的侵犯,故B选项正确。牛某的家庭背景、恋爱史均属牛某的隐私,网民未经牛某允许擅自公开的行为构成对隐私权的侵犯,故C选项正确。有网民在网站上捏造牛某曾与某明星有染的情节,构成诽谤,且向第三人公开,会降低牛某的社会评价,构成对牛某名誉权的侵犯,故D选项正确。本题正确选项为BCD。

7. AD。《民法典》第1032条规定,自然人享有隐私权。任何组织或者个人不得以刺探、侵扰、泄露、公开等方式侵害他人的隐私权。隐私是自然人的私人生活安宁和不愿为他人知晓的私密空间、私密活动、私密信息。吴某将黄小某的私人信息公开报道,侵犯了黄小某的隐私权,故A选项正确。吴某的行为并未剥夺黄小某已经获得的荣誉称号,不构成侵犯荣誉权,故B选项错误。《民法典》第1191条第1款规定,用人单位的工作人员因执行工作任务造成他人损害的,由用人单位承担侵权责任。吴某将黄小某的个人信息公开报道属于执行职务的行为,应当由报社承担责任。故C选项错误,D选项正确。本题正确选项为AD。

# 第五编　婚姻家庭

## 第二十六章　婚姻家庭概述

1. D。本题涉及家庭成员的定义。《民法典》第1045条第2款和第3款规定,配偶、父母、子女、兄弟姐妹、祖父母、外祖父母、孙子女、外孙子女为近亲属。

配偶、父母、子女和其他共同生活的近亲属为家庭成员。因此,甲的配偶、父母、子女为甲的家庭成员,无论其是否与甲共同生活。甲与养女戊之间是父母子女关系。而甲的哥哥为甲的近亲属,但因其并不与甲共同生活,所以不属于甲的家庭成员。本题答案为D。

2. BC。本题涉及我国婚姻制度的男女平等这一内容。《民法典》第1047条规定,结婚年龄,男不得早于22周岁,女不得早于20周岁。我国对男女结婚年龄的要求并不相同,故A项错误。《民法典》第1055条规定,夫妻在婚姻家庭中地位平等。《民法典》第1062条第2款规定,夫妻对共同财产,有平等的处理权。这些都是男女平等的体现,故B项、C项正确。《民法典》第1042条第1款规定,禁止包办、买卖婚姻和其他干涉婚姻自由的行为。但是该规定是婚姻自由的体现,而非男女平等的体现,故D项错误。本题答案为BC。

3. D。本题涉及我国收养制度的原则。《民法典》第1044条第1款规定,收养应当遵循最有利于被收养人的原则,保障被收养人和收养人的合法权益。A项为《民法典》第1114条的规定,B项为《民法典》第1104条的规定,C项为《民法典》第1110条的规定。其均体现了最有利于被收养人的原则。同时,《民法典》第1109条第1款规定,外国人依法可以在中华人民共和国收养子女。故D项表述错误。本题答案为D。

## 第二十七章　结婚和离婚

1. A。本题涉及协议离婚和诉讼离婚的程序。《民法典》第1076条第1款规定,夫妻双方自愿离婚的,应当签订书面离婚协议,并亲自到婚姻登记机关申请离婚登记。故A项正确。《民法典》第1078条规定,婚姻登记机关查明双方确实是自愿离婚,并已经对子女抚养、财产以及债务处理等事项协商一致的,予以登记,发给离婚证。婚姻登记机关不仅仅审查双方是否自愿离婚,故B选项错误。《民法典》第1077条第1款规定,自婚姻登记机关收到离婚登记申请之日起30日内,任何一方不愿意离婚的,可以向婚姻登记机关撤回离婚登记申请。30天"冷静期"制度适用于协议离婚而非诉讼离婚,故C项错误。并且,任何一方不愿意离婚,均可以向登记机关撤回离婚登记申请,无须双方协商一致撤回申请,故D项错误。本题答案为A。

2. A。本题涉及诉讼离婚的条件。《民法典》第1079条第1款规定,夫妻一方要求离婚的,可以由有关组织进行调解或者直接向人民法院提起离婚诉讼。有关组织调解并非诉讼离婚的前提条件,可以直接提起离婚诉讼,故A项表述错误。《民法典》第1079条第2款规定,人民法院审理离婚案件,应当进行调解;如果感情确已破裂,调解无效的,应当准予离婚。故B项正确。《民法典》第1079条第3款规定,"有下列情形之一,调解无效的,应当准予离婚:(一)重婚或者与他人同居……"故C项正确。《民法典》第1079条第4款规定,一方被宣告失踪,另一方提起离婚诉讼的,应当准予离婚,故D项正确。本题答案为A。

3. AB。本题涉及诉讼离婚的条件。《民法典》第1079条第1款规定,夫妻一方要求离婚的,可以由有关组织进行调解或者直接向人民法院提起离婚诉讼。《民法典》第1079条第2款规定:人民法院审理离婚案件,应当进行调解;如果感情确已破裂,调解无效的,应当准予离婚。故A项正确。《民法典》第1079条第4款规定,一方被宣告失踪,另一方提起离婚诉讼的,应当准予离婚。故B项正确。《民法典》第1079条第5款规定,经人民法院判决不准离婚后,双方又分居满1年,一方再次提起离婚诉讼的,应当准予离婚。故C项错误,应为分居满1年。《民法典》第1078条规定,婚姻登记机关查明双方确实是自愿离婚,并已经对子女抚养、财产以及债务处理等事项协商一致的,予以登记,发给离婚证。故D项错将协议离婚登记机关的审查内容表述为诉讼离婚法院的审查内容。本题答案为AB。

4. C。选项A、C考查可撤销婚姻。《民法典》1052条第1款规定:"因胁迫结婚的,受胁迫的一方可以向人民法院请求撤销婚姻。"《民法典》第1053条第1款规定:"一方患有重大疾病的,应当在结婚登记前如实告知另一方;不如实告知的,另一方可以向人民法院请求撤销婚姻。"我国规定了两种婚姻可撤销的事由,分别为受胁迫结婚和隐瞒重大疾病。本题中,B以存有A的不雅照为由,胁迫A与其结婚,A属于因胁迫结婚,所以A可以请求撤销婚姻。另外,本题中B向A宣称其存有A的不雅照,但B实际上并没有照片,A受到了B的欺诈,但是我国《民法典》并未将受欺诈作为撤销婚姻的条件,所以A不能以受欺诈为由主张撤销婚姻。因此,选项A错误,选项C正确。

选项B、D考查婚姻无效的条件。《民法典》第1051条规定:"有下列情形之一的,婚姻无效:(一)重婚;(二)有禁止结婚的亲属关系;(三)未到法定婚龄。"我国民法规定了三种婚姻无效事由。本题中,不存在以上三种致使婚姻无效的情况,A和B的婚姻是有效的。因此,选项B、D错误。

5. D。本题涉及保护军婚的规定。《民法典》第1081条规定,现役军人的配偶要求离婚,应当征得军人同意,但是军人一方有重大过错的除外。一般认为,"重大过错"可以参考《民法典》第1079条第3款的前3项,具体为:(1)重婚或者与他人同居;(2)实施家庭暴力或者虐待、遗弃家庭成员;(3)有赌博、吸毒等恶习屡教不改。因此,A项、B项、C项正确,而D项并不构成宋勤的重大过错，李念须征得宋勤同意，故D项错误。本题答案为D。

6. A。本题涉及离婚对父母子女关系以及财产关系的影响。《民法典》第1084条第1款规定，离婚后，子女无论由父或者母直接抚养，仍是父母双方的子女。故A项正确。《民法典》第1084条第2款规定，离婚后，父母对于子女仍有抚养、教育、保护的权利和义务。故B项错误。《民法典》第1084条第3款规定，离婚后，不满两周岁的子女，以由母亲直接抚养为原则。已满两周岁的子女，父母双方对抚养问题协议不成的，由人民法院根据双方的具体情况，按照最有利于未成年子女的原则判决。故C项错误。最有利于未成年子女的原则适用于父母对子女的抚养权，而不适用于夫妻双方的财产关系。故D项错误。本题答案为A。

7. C。本题涉及离婚后的探望权。《民法典》第1086条第1款规定，离婚后，不直接抚养子女的父或者母，有探望子女的权利，另一方有协助的义务。故A项正确。《民法典》第1086条第2款规定，行使探望权利的方式、时间由当事人协议；协议不成的，由人民法院判决。故B项正确。《民法典》第1086条第3款规定，父或者母探望子女，不利于子女身心健康的，由人民法院依法中止探望；中止的事由消失后，应当恢复探望。李林教唆李小宝小偷小摸，不利于李小宝身心健康，人民法院可以依法中止其探望，王茵无权自行中止。故C项错误。D项正确。因此本题答案为C。

8. ABCD。本题涉及离婚时损害赔偿的规定。《民法典》第1091条规定："有下列情形之一，导致离婚的，无过错方有权请求损害赔偿：(一)重婚；(二)与他人同居；(三)实施家庭暴力；(四)虐待、遗弃家庭成员；(五)有其他重大过错。"因此，A项、B项、D项均正确。"婚内多次出轨"在原《婚姻法》中不属于法定的损害赔偿情形，但是在《民法典》第1091条规定中，新增了第5项"有其他重大过错"。实践中一般认为一方多次出轨等情形构成"重大过错"，因此，丙男婚内多次出轨，并生下私生子的行为构成"重大过错"，无过错方有权请求损害赔偿，C项正确。本题答案为ABCD。

9. A。本题涉及离婚时的家务补偿。《民法典》第1088条规定，夫妻一方因抚育子女、照料老年人、协助另一方工作等负担较多义务的，离婚时有权向另一方请求补偿，另一方应当给予补偿。具体办法由双方协议；协议不成的，由人民法院判决。故A项正确。B项、C项、D项表述的均为离婚时一方有过错的损害赔偿，而非补偿，故B项、C项、D项错误。本题答案为A。

10. B。本题涉及离婚时夫妻共同财产的处理。《民法典》第1087条规定，离婚时，夫妻的共同财产由双方协议处理；协议不成的，由人民法院根据财产的具体情况，按照照顾子女、女方和无过错方权益的原则判决。对夫或者妻在家庭土地承包经营中享有的权益等，应当依法予以保护。故A项、C项、D项正确。无过错方利益亦应予以照顾，故B项错误。本题答案为B。

11. C。本题涉及无效或可撤销婚姻中的夫妻财产关系和父母子女关系。《民法典》第1054条规定，"无效的或者被撤销的婚姻自始没有法律约束力，当事人不具有夫妻的权利和义务。同居期间所得的财产，由当事人协议处理；协议不成的，由人民法院根据照顾无过错方的原则判决。对重婚导致的无效婚姻的财产处理，不得侵害合法婚姻当事人的财产权益。当事人所生的子女，适用本法关于父母子女的规定。婚姻无效或者被撤销的，无过错方有权请求损害赔偿。"同居期间所得财产，应由当事人协议处理；协议不成的，由人民法院根据照顾无过错方的原则判决，故A项错误，D项错误。甲男与其姑姑的婚姻自始无效，但是其与其所生孩子的关系，适用《民法典》中关于父母子女的规定，故B项错误。《民法典》第1053条第1款规定，一方患有重大疾病的，应当在结婚登记前如实告知另一方；不如实告知的，另一方可以向人民法院请求撤销婚姻。C项中，甲某男患有重大疾病，在与乙某女登记结婚前未如实告知，为可撤销婚姻之事由，并且乙某女作为无过错方可以请求损害赔偿，故C项正确。本题答案为C。

12. C。本题涉及因胁迫结婚的婚姻关系。《民法典》第1052条规定，因胁迫结婚的，受胁迫的一方可以向人民法院请求撤销婚姻。请求撤销婚姻的，应当自胁迫行为终止之日起1年内提出。被非法限制人身自由的当事人请求撤销婚姻的，应当自恢复人身自由之日起1年内提出。若王云不撤销其与张大牛的婚姻关系，则其婚姻关系有效，故A项错误。王云须向人民法院请求撤销婚姻，仅通知张大牛无法撤销婚姻，故B项错误。王云自恢复人身自由之日2年后方提出撤销请求，已过1年的诉讼时效，法院不应允许，故D项错误。《民法典》第1054条规定，无效的或者被撤销的婚姻中，当事人所生的子女，适用《民法典》关于父母子女的规定。因此，王云与其子女的父母子女关系不受影响，其仍须对其与张大牛所生的子女履行抚养、教育、保护等义务，故C项正确。本题答案为C。

13. AD。本题涉及离婚时的经济帮助义务。《民法典》第1090条规定，离婚时，如果一方生活困难，有负担能力的另一方应当给予适当帮助。具体办法由双方协议；协议不成的，由人民法院判决。任海的生活困难并非婚后产生，但是其在离婚时仍生活困难，任珊需承担经济帮助的义务。故A项错误，B项、C项正确。一般认为，离婚之后，夫妻之间扶养义务终止，经济帮助为对弱势方的照顾，而不是相互扶养义务在离婚后的延伸和表现，故D项错误。本题答案为AD。

## 第二十八章　家庭关系

1. B。《民法典》第1066条规定："婚姻关系存续期间，有下列情形之一的，夫妻一方可以向人民法院请求分割共同财产：（一）一方有隐藏、转移、变卖、毁损、挥霍夫妻共同财产或者伪造夫妻共同债务等严重损害夫妻共同财产利益的行为……"甲整日酗酒、挥霍财产，其妻乙有权请求法院分割财产，故选项A正确。《民法典》第1069条规定："……子女对父母的赡养义务，不因父母的婚姻关系变化而终止。"即使甲的父亲乙再婚，甲仍对乙有赡养义务，故选项B错误。《民法典》第1064条第1款规定："……夫妻一方在婚姻关系存续期间以个人名义为家庭日常生活需要所负的债务，属于夫妻共同债务。"丈夫甲所负3000元的债务，系为家庭日常生活需要所负，属于夫妻共同债务，故选项C正确。《民法典》第1063条第2项规定，一方因受到人身损害获得的赔偿或者补偿，属于夫妻一方的个人财产。甲因受伤获得15万元赔偿，属于个人财产，故选项D正确。

2. D。《民法典》第1062条第1款规定："夫妻在婚姻关系存续期间所得的下列财产，为夫妻的共同财产，归夫妻共同所有：（一）工资、奖金、劳务报酬；（二）生产、经营、投资的收益；（三）知识产权的收益……"故选项A、B、C为夫妻共同财产。《民法典》第1063条第2项规定，一方因受到人身损害获得的赔偿或者补偿，属于夫妻一方的个人财产。妻子乙因受伤获得的赔偿，属于个人财产，故选D。

3. A。《民法典》第1063条规定："下列财产为夫妻一方的个人财产：（一）一方的婚前财产……（三）遗嘱或者赠与合同中确定只归一方的财产……"甲男在婚前受赠的住房和婚后受赠确定归甲男所有的车辆，均属甲男的个人财产，故选项A正确。《民法典》第1065条第1款规定，男女双方可以约定婚姻关系存续期间所得的财产以及婚前财产归各自所有、共同所有或者部分各自所有、部分共同所有。约定应当采用书面形式。甲男与乙女采取的是口头约定形式，故选项B错误。《民法典》第1064条第1款规定："……夫妻一方在婚姻关系存续期间以个人名义为家庭日常生活需要所负的债务，属于夫妻共同债务。"甲男所购名贵手表不属于为日常生活需要所负债务，故选项C错误。《民法典》第1060条第2款规定："夫妻之间对一方可以实施的民事法律行为范围的限制，不得对抗善意相对人。"甲男与乙女之间的限制约定不得对抗不知情的商家，故选项D错误。

4. A。《民法典》第1056条规定："夫妻双方都有各自使用自己姓名的权利。"李雷无权要求韩梅梅更改姓氏，故选项A正确。《民法典》第1057条规定："夫妻双方都有参加生产、工作、学习和社会活动的自由，一方不得对另一方加以限制或者干涉。"李雷无权要求韩梅梅辞去工作，在家照看李小梅，故选项B错误。《民法典》第1058条规定："夫妻双方平等享有对未成年子女抚养、教育和保护的权利，共同承担对未成年子女抚养、教育和保护的义务。"韩梅梅无权拒绝李雷对李小梅进行教育，故选项C错误。《民法典》第1059条第1款规定："夫妻有相互扶养的义务。"韩梅梅有义务扶养李雷，故选项D错误。

5. B。《民法典》第1063条规定："下列财产为夫妻一方的个人财产：（一）一方的婚前财产……"甲婚前持有的10万元股票属于婚前财产，故（1）不是夫妻共同财产。《民法典》第1062条第1款规定："夫妻在婚姻关系存续期间所得的下列财产，为夫妻的共同财产，归夫妻共同所有：……（二）生产、经营、投资的收益；（三）知识产权的收益；（四）继承或者受赠的财产，但是本法第一千零六十三条第三项规定的除外……"《民法典》第1063条规定："下列财产为夫妻一方的个人财产：……（三）遗嘱或者赠与合同中确定只归一方的财产……"甲男持有股票的收益属于婚后财产，故（2）是夫妻共同财产。甲男、乙女婚后共同购买的房屋属于共同财产，故（3）是夫妻共同财产。乙创作歌曲的收益属于知识产权收益，故（4）是夫妻共同财产。乙继承的财产不是遗嘱中确认只归乙的财产，因此（5）是夫妻共同财产。由于属于夫妻共同财产的是（2）（3）（4）（5），故选B。

6. BD。《民法典》第1071条第2款规定："不直接抚养非婚生子女的生父或者生母，应当负担未成年子女或者不能独立生活的成年子女的抚养费。"张雷需要承担对王兰的抚养费，故选项A错误。《民法典》第1071条第1款规定："非婚生子女享有与婚生子女同等的权利，任何组织或者个人不得加以危害和歧视。"张雷对王兰同样有抚养义务，王兰同样享有与张云一样的继承权，故选项B正确。《民法典》第1072条第2款规定："继父或者继母和受其抚养教育的继子女间的权利义务关系，适用本法关于父母子女关系的规定。"李东是王兰的继父，有对王兰教育抚养的权利，故选项C错误。《民法典》第1070条规定："父母和子女有相互继承遗产的权利。"王兰有权继承王梅的遗产，故选项D正确。

7. AD。《民法典》第1073条规定："对亲子关系有异议且有正当理由的，父或者母可以向人民法院提起诉讼，请求确认或者否认亲子关系。对亲子关系有异议且有正当理由的，成年子女可以向人民法院提起诉讼，请求确认亲子关系。"李东有正当理由怀疑自己与李云的亲子关系，有权提起诉讼，故选项A正确。16岁的李云并未成年，不能向法院提起诉讼，故选项B

错误。对亲子关系有异议,父或母都可提起诉讼,与是否离婚无关,故选项 C 错误,选项 D 正确。

8. BC。《民法典》第 1074 条规定:“有负担能力的祖父母、外祖父母,对于父母已经死亡或者父母无力抚养的未成年孙子女、外孙子女,有抚养的义务。有负担能力的孙子女、外孙子女,对于子女已经死亡或者子女无力赡养的祖父母、外祖父母,有赡养的义务。”李北的祖父母、外祖父母有义务抚养李北,而李北也有义务赡养其祖父母、外祖父母。故选项 A 正确,选项 B 错误。《民法典》第 1075 条规定:“有负担能力的兄、姐,对于父母已经死亡或者父母无力抚养的未成年弟、妹,有扶养的义务。由兄、姐扶养长大的有负担能力的弟、妹,对于缺乏劳动能力又缺乏生活来源的兄、姐,有扶养的义务。”李南虽然未成年,但是有负担能力,有义务扶养李北,故选项 C 错误。李南虽然失去劳动能力,但是李南不缺乏生活来源,故李北对李南没有扶养义务,选项 D 正确。

9. CD。《民法典》第 1057 条规定:“夫妻双方都有参加生产、工作、学习和社会活动的自由,一方不得对另一方加以限制或者干涉。”李东无权禁止王梅与张雷见面并更换工作,故选项 A 错误。《民法典》第 1058 条规定:“夫妻双方平等享有对未成年子女抚养、教育和保护的权利,共同承担对未成年子女抚养、教育和保护的义务。”王梅无权拒绝李东对李北进行教育,故选项 B 错误。《民法典》第 1064 条第 1 款规定:“……夫妻一方在婚姻关系存续期间以个人名义为家庭日常生活需要所负的债务,属于夫妻共同债务。”王梅赊购洗衣机属于夫妻共同债务,张雷可以要求李东支付价款,故选项 C 正确。李东购买个人收藏品不属于为日常生活需要所负债务,故选项 D 正确。

10. ACD。《民法典》第 1066 条规定:“婚姻关系存续期间,有下列情形之一的,夫妻一方可以向人民法院请求分割共同财产:(一)一方有隐藏、转移、变卖、毁损、挥霍夫妻共同财产或者伪造夫妻共同债务等严重损害夫妻共同财产利益的行为;(二)一方负有法定扶养义务的人患重大疾病需要医治,另一方不同意支付相关医疗费用。”选项 A、C、D 属于该条规定的情形,选项 B 不属于该条规定的情形。故选 ACD。

## 第二十九章　收　　养

1. A。《民法典》第 1093 条规定可被收养的人为“未成年人”,李云 15 周岁尚未成年,故选项 A 错误。《民法典》第 1099 条第 1 款规定:“收养三代以内旁系同辈血亲的子女,可以不受本法第一千零九十三条第三项、第一千零九十四条第三项和第一千一百零二条规定的限制。”《民法典》第 1093 条规定:“下列未成年人,可以被收养:……(三)生父母有特殊困难无力抚养的子女。”故选项 B 正确。《民法典》第 1100 条第 2 款规定:“收养孤儿、残疾未成年人或者儿童福利机构抚养的查找不到生父母的未成年人,可以不受前款和本法第一千零九十八条第一项规定的限制。”王梅可以再收养一名孤儿,故选项 C 正确。《民法典》第 1102 条规定:“无配偶者收养异性子女的,收养人与被收养人的年龄应当相差四十周岁以上。”张雷没有配偶,收养异性女童需年龄相差40 周岁,故选项 D 正确。

2. C。《民法典》第 1102 条规定:“无配偶者收养异性子女的,收养人与被收养人的年龄应当相差四十周岁以上。”王梅和李东系夫妻,无须年龄限制,故选项 A 错误。《民法典》第 1104 条规定:“……收养八周岁以上未成年人的,应当征得被收养人的同意。”刘雪仅 6 周岁,故选项 B 错误。《民法典》第 1111 条第 2 款规定:“养子女与生父母以及其他近亲属间的权利义务关系,因收养关系的成立而消除。”刘雪被收养时,其与生父母及其他近亲属间的权利义务关系消灭,故选项 C 正确。《民法典》第 1112 条规定:“养子女可以随养父或者养母的姓氏,经当事人协商一致,也可以保留原姓氏。”刘雪无须修改姓氏,故选项 D 错误。

3. B。《民法典》第 1114 条第 1 款规定:“收养人在被收养人成年以前,不得解除收养关系,但是收养人、送养人双方协议解除的除外……”若协议解除,则可以解除收养关系,故选项 A 错误。《民法典》第 1114 条第 2 款规定:“收养人不履行抚养义务,有虐待、遗弃等侵害未成年养子女合法权益行为的,送养人有权要求解除养父母与养子女间的收养关系……”送养人有权解除收养关系,故选项 B 正确。《民法典》第 1117 条规定:“收养关系解除后,养子女与养父母以及其他近亲属间的权利义务关系即行消除,与生父母以及其他近亲属间的权利义务关系自行恢复。但是,成年养子女与生父母以及其他近亲属间的权利义务关系是否恢复,可以协商确定。”因丙女尚未成年,其与生父母及其他近亲属间的权利义务关系自行恢复,故选项 C 错误。《民法典》第 1118 条第 2 款规定:“生父母要求解除收养关系的,养父母可以要求生父母适当补偿收养期间支出的抚养费;但是,因养父母虐待、遗弃养子女而解除收养关系的除外。”因养父母有虐待行为,甲男和乙女无权要求其生父母适当补偿收养期间支出的抚养费,故选项 D 错误。

4. B。《民法典》第 1093 条规定被收养人为未成年人,故选项 A 正确。《民法典》第 1097 条规定:“生父母送养子女,应当双方共同送养……”故选项 B 错误。《民法典》第 1099 条第 2 款规定:“华侨收养三代以内旁系同辈血亲的子女,还可以不受本法第一千零九十八条第一项规定的限制。”《民法典》第 1098 条规定:“收养人应当同时具备下列条件:(一)无子女或者只有一名子女……”甲男可以再收养自己的三代以内旁系同辈血亲的子女,故选项 C 正确。《民法典》第 1105 条第 2 款规定:"收养查找不到生父母的未成年人的,办理登记的民政部门应当在登记前予以公告。"故选项 D 正确。

5. D。《民法典》第 1115 条规定:"养父母与成年养子女关系恶化、无法共同生活的,可以协议解除收养关系……"故不选 A。《民法典》第 1114 条第 1 款规定:"收养人在被收养人成年以前,不得解除收养关系,但是收养人、送养人双方协议解除的除外……"收养人和送养人在被收养人成年以前,可以协议解除,故不选 B。《民法典》第 1114 条第 2 款规定:"收养人不履行抚养义务,有虐待、遗弃等侵害未成年养子女合法权益行为的,送养人有权要求解除养父母与养子女间的收养关系……"故不选 C。《民法典》第 1114 条第 1 款规定:"收养人在被收养人成年以前,不得解除收养关系,但是收养人、送养人双方协议解除的除外。养子女八周岁以上的,应当征得本人同意。"被收养人年满 9 周岁且没有征得其同意,不能协议解除收养关系,故选 D。

6. AB。《民法典》第 1104 条规定:"……收养八周岁以上未成年人的,应当征得被收养人的同意。"故选项 A 错误。《民法典》第 1105 条第 1 款规定,"收养应当向县级以上人民政府民政部门登记",而非市级以上部门,故选项 B 错误。《民法典》第 1109 条第 2 款规定:"……收养人应当提供由其所在国有权机构出具的有关其年龄、婚姻、职业、财产、健康、有无受过刑事处罚等状况的证明材料,并与送养人签订书面协议,亲自向省、自治区、直辖市人民政府民政部门登记。"故选项 C 正确。《民法典》第 1105 条第 3 款规定:"收养关系当事人愿意签订收养协议的,可以签订收养协议。"故选项 D 正确。

7. BD。《民法典》第 1118 条第 1 款规定:"收养关系解除后,经养父母抚养的成年养子女,对缺乏劳动能力又缺乏生活来源的养父母,应当给付生活费。因养子女成年后虐待、遗弃养父母而解除收养关系的,养父母可以要求养子女补偿收养期间支出的抚养费。"甲男和乙女已经将丙女抚养成人,故选项 A 错误,选项 B 正确。丙女因为虐待、遗弃养父母而解除收养关系,故选项 C 错误,选项 D 正确。

8. ABC。《民法典》第 1108 条规定:"配偶一方死亡,另一方送养未成年子女的,死亡一方的父母有优先抚养的权利。"故选项 A 正确。《民法典》第 1104 条规定:"……收养八周岁以上未成年人的,应当征得被收养人的同意。"故选项 B 正确。《民法典》第 1099 条第 1 款规定:"收养三代以内旁系同辈血亲的子女,可以不受本法第一千零九十三条第三项、第一千零九十四条第三项和第一千一百零二条规定的限制。"故选项 C 正确。丁男不属于《民法典》第 1099 条第 2 款所规定的华侨。故选项 D 错误。

9. A。选项 A、C 考查收养关系的解除及其后果。《民法典》第 1115 条规定:"养父母与成年养子女关系恶化、无法共同生活的,可以协议解除收养关系。不能达成协议的,可以向人民法院提起诉讼。"《民法典》第 1118 条第 1 款规定:"收养关系解除后,经养父母抚养的成年养子女,对缺乏劳动能力又缺乏生活来源的养父母,应当给付生活费。因养子女成年后虐待、遗弃养父母而解除收养关系的,养父母可以要求养子女补偿收养期间支出的抚养费。"本题中,夏某成年后不履行对张某的赡养义务,欲遗弃其养母张某,双方关系恶化并无法共同生活,张某有权解除收养关系。张某请求解除收养关系的,有权要求养女夏某补偿收养期间支出的抚养费,该抚养费应该包括生活费和教育费。选项 A 正确,选项 C 错误。

选项 B、D 考查收养关系中的继承问题。《民法典》第 1127 条规定:"遗产按照下列顺序继承:(一)第一顺序:配偶、子女、父母……本编所称子女,包括婚生子女、非婚生子女、养子女和有扶养关系的继子女……"养子女作为法定的第一顺位继承人,有权继承养父母的遗产,下一步则应当考察养子女的继承权是否丧失。《民法典》第 1125 条第 1 款规定:"继承人有下列行为之一的,丧失继承权:(一)故意杀害被继承人;(二)为争夺遗产而杀害其他继承人;(三)遗弃被继承人,或者虐待被继承人情节严重;(四)伪造、篡改、隐匿或者销毁遗嘱,情节严重;(五)以欺诈、胁迫手段迫使或者妨碍被继承人设立、变更或者撤回遗嘱,情节严重。"本题中,夏某在吕某生前虽未履行赡养义务,但也不存在该款所列举的致使继承权消灭的严重情况。因此,夏某并未丧失对吕某遗产的继承权。但是《民法典》第 1130 条规定:"同一顺序继承人继承遗产的份额,一般应当均等。对生活有特殊困难又缺乏劳动能力的继承人,分配遗产时,应当予以照顾。对被继承人尽了主要扶养义务或者与被继承人共同生活的继承人,分配遗产时,可以多分。有扶养能力和有扶养条件的继承人,不尽扶养义务的,分配遗产时,应当不分或者少分。继承人协商同意的,也可以不均等。"本题中,夏某虽然享有继承权,但是其在吕某生前并未尽到扶养义务,因此在分割该 5 处私房时,夏某应当少分或者不分,而不能和张某各继承一半。选项 B、D 均错误。

# 第六编　继　承

## 第三十章　继承概述

一、1. C。《民法典》第 1124 条第 2 款规定,受遗赠人应当在知道受遗赠后 60 日内,作出接受或者放弃受遗赠的表示；到期没有表示的，视为放弃受遗赠。本题中，甲生前立有遗嘱，将毛笔和砚台送给其学生小张，小张为受遗赠人，但小张在甲死后2年才知道甲的遗嘱，知道时小张未超过60日表示接受遗赠，故其有权接受遗赠，C选项正确。A选项的错误在于，其时间界定在甲死亡后60日内，而不是受遗赠人知道受遗赠后60日内，故该选项与法律规定不一致。B选项的错误在于，受遗赠权为形成权，只要受遗赠人作出接受遗赠的表示，该权利就产生。受遗赠权不是请求权，不适用诉讼时效。D选项的错误在于，遗赠优于法定继承是指被继承人的债务在遗产分割后才发现的，应首先用法定继承的财产清偿债务。因此，本题正确选项为C。

2. A。本题涉及继承权的丧失问题。《民法典》第1125条规定："继承人有下列行为之一的，丧失继承权：（一）故意杀害被继承人；（二）为争夺遗产而杀害其他继承人；（三）遗弃被继承人，或者虐待被继承人情节严重；（四）伪造、篡改、隐匿或者销毁遗嘱，情节严重；（五）以欺诈、胁迫手段迫使或者妨碍被继承人设立、变更或者撤回遗嘱，情节严重。继承人有前款第三项至第五项行为，确有悔改表现，被继承人表示宽恕或者事后在遗嘱中将其列为继承人的，该继承人不丧失继承权。受遗赠人有本条第一款规定行为的，丧失受遗赠权。"故正确答案为A。

二、1. ABCD。本题涉及遗产的范围问题。《民法典》第1122条规定，遗产是自然人死亡时遗留的个人合法财产。依照法律规定或者根据其性质不得继承的遗产，不得继承。铺面为租住，不为遗产。摩托车虽然被留置，但仍属于刘某某财产。自行车、彩电、音响、股票、国库券为遗产无疑。保险金未指定受益人，应为遗产。被继承人的抚恤金可作为遗产。因此，本题正确选项为ABCD。

2. ABD。本题涉及继承权的放弃问题。《民法典》第1124条第1款规定，继承开始后，继承人放弃继承的，应当在遗产处理前，以书面形式作出放弃继承的表示；没有表示的，视为接受继承。A选项中，甲与其父发表断绝父子关系的书面声明，由于违背善良风俗，应当认定为无效，不能引起父子关系的消灭，从而不能导致法定继承权丧失，亦不能引起放弃继承权的效果。B选项中，乙没有表示放弃继承权，视为接受继承。C选项中，丙发表书面声明作出放弃继承表示，该表示生效。D选项中，放弃继承的表示应当在遗产处理前作出。因此，本题正确答案为ABD。

## 第三十一章　法定继承

一、1. C。本题涉及对继承人以外的人酌情分配遗产的特殊规则问题。《民法典》第1111条规定，自收养关系成立之日起，养父母与养子女间的权利义务关系，适用《民法典》关于父母子女关系的规定；养子女与养父母的近亲属间的权利义务关系，适用《民法典》关于子女与父母的近亲属关系的规定。养子女与生父母以及其他近亲属间的权利义务关系，因收养关系的成立而消除。因此，甲是乙的第一顺序继承人，而不是其生父母的第一顺序继承人。选项A、B正确，选项C错误。《民法典》第1131条规定，对继承人以外的依靠被继承人扶养的人，或者继承人以外的对被继承人扶养较多的人，可以分给适当的遗产。选项D正确。

2. B。根据《民法典》第1121条第2款的规定，相互有继承关系的数人在同一事件中死亡，难以确定死亡时间的，推定没有其他继承人的人先死亡。都有其他继承人，辈份不同的，推定长辈先死亡；辈份相同的，推定同时死亡，相互不发生继承。故在本案中，应当推定张乙的母亲先死亡，王某与张乙同时死亡，互相不发生继承。张乙的母亲共有遗产8万元，张甲继承4万元，张乙继承4万元，因张乙在遗产分割前死亡，故启动转继承，王小明继承该4万元。同时，王某和张乙共有财产12万元。分割后，王某和张乙分别有财产6万元。《民法典》第1127条第1款规定："遗产按照下列顺序继承：（一）第一顺序：配偶、子女、父母；（二）第二顺序：兄弟姐妹、祖父母、外祖父母。"因王某的母亲黄某和儿子王小明都是王某的第一顺位继承人，故黄某继承王某3万元，王小明继承王某3万元。同时，王小明系张乙的第一顺位继承人，故继承张乙6万元。综上所述，王小明共继承13万元，黄某继承3万元，张甲继承4万元，选项B正确。

3. D。本题涉及死亡时间的推定以及代位继承、继承权丧失等问题。《民法典》第1128条第1款规定，被继承人的子女先于被继承人死亡的，由被继承人的子女的直系晚辈血亲代位继承。本题中，谢甲先于谢某死亡，谢甲之子赵甲在谢某死亡时可代位继承。谢甲死亡后，其个人遗产3万元本应由其配偶赵某、其父母安某与谢某、其子赵甲继承，但根据《民法典》第1125条第1款第1项的规定，继承人故意杀害被继承人的，丧失继承权。赵某故意杀害谢甲，丧失继承权，故其3万元遗产应由安某、谢某、赵甲共同继承，也就是各得1万元。谢某死亡后，其遗产共3万元（2万元+1万元）应由安某和谢甲共同继承，也就是各得1.5万元，其中，谢甲的1.5万元由赵甲代位继承。赵某死亡后，其遗产共3万元，应由其子赵甲继承，故赵甲得遗产5.5万元。安某应得4.5万元。因此，本题正确选项为D。

二、1. AC。本题涉及的是继承顺序与胎儿继承的问题。《民法典》第1127条规定："遗产按照下列顺序继承：（一）第一顺序：配偶、子女、父母……本编所称子女,包括婚生子女、非婚生子女、养子女和有扶养关系的继子女……”乙为甲的配偶,A选项正确。《民法典》第1105条第1款规定,收养应当向县级以上人民政府民政部门登记。收养关系自登记之日起成立。本题中,甲收养丙时并未办理收养手续,丙不属于和甲有扶养关系的养子女,即不是甲的法定继承人,B选项错误。《民法典》第16条规定,涉及遗产继承、接受赠与等胎儿利益保护护的,胎儿视为具有民事权利能力。但是,胎儿娩出时为死体的,其民事权利能力自始不存在。《民法典》第1155条规定,遗产分割时,应当保留胎儿的继承份额。胎儿娩出时是死体的,保留的份额按照法定继承办理。C选项正确。女婴出生时为活体,应当取得此前为其保留的继承份额,待其死亡后,该项财产作为女婴的遗产由母亲乙继承,未发生代位继承,D选项错误。因此,本题正确答案为AC。

2. ACD。本题涉及代位继承的相关问题。《民法典》第1128条第1款规定,被继承人的子女先于被继承人死亡的,由被继承人的子女的直系晚辈血亲代位继承。本题中,王二与张元共有财产60万元,故王二个人财产即遗产为30万元,由王大、张元、王三各继承10万元。王大死后的遗产共30万元。同时,因王二先于王大死亡,由王三代位继承王大的遗产30万元。王三共继承遗产40万元,张元共继承遗产10万元。故选项A、C、D错误,选项B正确。

3. ACD。本题涉及遗产的分割问题。《民法典》第1153条第1款规定,夫妻共同所有的财产,除有约定的外,遗产分割时,应当先将共同所有的财产的一半分出为配偶所有,其余的为被继承人的遗产。张某死亡时应首先进行析产。房屋6间、水牛2头由其与其妻共有。其作为个人遗产的财产为房屋3间、水牛1头。在遗产没有分割前,其妻和其子对该遗产形成共同共有关系。《民法典》第1156条规定,遗产分割应当有利于生产和生活需要,不损害遗产的效用。不宜分割的遗产,可以采取折价、适当补偿或者共有等方法处理。因水牛为不可分物,应采取变价分割和作价补偿的分割方式。因此,本题正确选项为ACD。

4. CD。《民法典》第1129条规定,丧偶儿媳对公婆,丧偶女婿对岳父母,尽了主要赡养义务的,作为第一顺序继承人。张萍作为丧偶儿媳,对公公王某尽心赡养,应作为第一顺序继承人继承遗产,故选项A错误,选项C正确。《民法典》第1130条第4款规定,有扶养能力和有扶养条件的继承人,不尽扶养义务的,分配遗产时,应当不分或者少分。王芳作为王某的女儿,不尽扶养义务,应当少分或者不分遗产,故选项B错误,选项D正确。正确答案为CD。

# 第三十二章　遗嘱继承和遗赠

1. AB。本题涉及遗产分割后的债务偿还问题。《民法典》第1163条规定,既有法定继承又有遗嘱继承、遗赠的,由法定继承人清偿被继承人依法应当缴纳的税款和债务;超过法定继承遗产实际价值部分,由遗嘱继承人和受遗赠人按比例以所得遗产清偿。因此,应当先由李某女儿和李某妻子用法定继承的40万元清偿债务,即李某女儿清偿20万元、李某妻子清偿20万元;就剩下30万元,李某女儿和李某侄子按照财产比例清偿,即李某女儿清偿25万元、李某侄子清偿5万元。据此,本题正确选项为AB。

2. BCD。本题涉及自书遗嘱、打印遗嘱、代书遗嘱和口头遗嘱的效力问题。《民法典》第1134条规定,自书遗嘱由遗嘱人亲笔书写,签名,注明年、月、日。因此,甲的自书遗嘱有效。《民法典》第1136条规定,打印遗嘱应当有两个以上见证人在场见证。遗嘱人和见证人应当在遗嘱每一页签名,注明年、月、日。本题中,甲和见证人只在尾页签字,不符合规定,打印遗嘱无效。《民法典》第1135条规定,代书遗嘱应当有两个以上见证人在场见证,由其中一人代书,并由遗嘱人、代书人和其他见证人签名,注明年、月、日。《民法典》第1140条规定:“下列人员不能作为遗嘱见证人:(一)无民事行为能力人、限制民事行为能力人以及其他不具有见证能力的人;(二)继承人、受遗赠人;(三)与继承人、受遗赠人有利害关系的人。”本题中,甲的孙女是限制民事行为能力人,不能作为见证人。甲的代书遗嘱无效。《民法典》第1138条规定,遗嘱人在危急情况下,可以立口头遗嘱。口头遗嘱应当有两个以上见证人在场见证。危急情况消除后,遗嘱人能够以书面或者录音录像形式立遗嘱的,所立的口头遗嘱无效。本题中,甲在立下口头遗嘱后,危急情况已经消除,口头遗嘱无效。综上所述,A选项错误,B选项、C选项、D选项均正确。

3. ABC。本题涉及遗赠的相关问题。《民法典》第1124条规定,继承开始后,继承人放弃继承的,应当在遗产处理前,以书面形式作出放弃继承的表示;没有表示的,视为接受继承。受遗赠人应当在知道受遗赠后60日内,作出接受或者放弃受遗赠的表示;到期没有表示的,视为放弃受遗赠。故选项A、B错误。根据《民法典》第1154条的规定,遗嘱继承人、受遗赠人先于遗嘱人死亡或者终止,遗产中的有关部分按照法定继承办理。故选项C错误,选项D正确。本题正确答案为ABC。

## 第三十三章　遗产的处理

一、1. D。本题涉及法定继承相关问题。《民法典》第 1111 条规定，自收养关系成立之日起，养父母与养子女间的权利义务关系，适用《民法典》关于父母子女关系的规定；养子女与养父母的近亲属间的权利义务关系，适用《民法典》关于子女与父母的近亲属关系的规定。养子女与生父母以及其他近亲属间的权利义务关系，因收养关系的成立而消除。因此，养子女同生子女具有同样的地位，依法为父母的第一顺序继承人，而甲某的弟弟为第二顺序继承人。同时，根据《民法典》第 1122 条第 1 款的规定，遗产是自然人死亡时遗留的个人合法财产。从事非法经营活动所得的收益不能够作为遗产继承，故甲贩卖毒品的收益不可以作为遗产继承。根据《民法典》第 1131 条的规定，对继承人以外的依靠被继承人扶养的人，或者继承人以外的对被继承人扶养较多的人，可以分给适当的遗产。故可以给甲某的侄子适当的遗产。本题的正确选项为 D。

2. C。本题涉及遗产的范围问题。《民法典》第 1122 条规定，遗产是自然人死亡时遗留的个人合法财产。依照法律规定或者根据其性质不得继承的遗产，不得继承。收受的贿赂不属于合法财产，A 选项错误。指定受益人的保险金应由受益人取得，不属于遗产，B 选项错误。《著作权法》第 18 条规定："自然人为完成法人或者非法人组织工作任务所创作的作品是职务作品，除本条第二款的规定以外，著作权由作者享有，但法人或者非法人组织有权在其业务范围内优先使用……有下列情形之一的职务作品，作者享有署名权，著作权的其他权利由法人或者非法人组织享有，法人或者非法人组织可以给予作者奖励：（一）主要是利用法人或者非法人组织的物质技术条件创作，并由法人或者非法人组织承担责任的工程设计图、产品设计图、地图、示意图、计算机软件等职务作品；（二）报社、期刊社、通讯社、广播电台、电视台的工作人员创作的职务作品；（三）法律、行政法规规定或者合同约定著作权由法人或者非法人组织享有的职务作品。"本题中，甲的作品显然不属于例外情形，虽然为职务作品，但甲应享有著作权，属于遗产范围，C 选项正确。《民法典》第 1153 条第 1 款规定，夫妻共同所有的财产，除有约定的外，遗产分割时，应当先将共同所有的财产的一半分出为配偶所有，其余的为被继承人的遗产。D 选项错误。因此，本题正确选项为 C。

二、1. AB。《民法典》第 1121 条第 1 款规定，继承从被继承人死亡时开始。故选项 A 正确。《民法典》第 1150 条规定，继承开始后，知道被继承人死亡的继承人应当及时通知其他继承人和遗嘱执行人。继承人中无人知道被继承人死亡或者知道被继承人死亡而不能通知的，由被继承人生前所在单位或者住所地的居民委员会、村民委员会负责通知。故选项 B 正确。如李某的大儿子在通知其他继承人之前去世，应当由被继承人李某生前所在单位或者住所地的居民委员会通知其他继承人，故选项 C 错误。由于丧失继承权的原因并没有故意藏匿遗嘱，故 D 选项错误。本题正确答案为 AB。

2. BC。根据《民法典》第 1121 条第 2 款的规定，相互有继承关系的数人在同一事件中死亡，难以确定死亡时间的，推定没有其他继承人的人先死亡。都有其他继承人，辈份不同的，推定长辈先死亡；辈份相同的，推定同时死亡，相互不发生继承。在同一事件中死亡的夫妻，不能确定死亡先后时间的，应推定他们同时死亡。本题中，谭某有继承人哥哥，秦某有继承人妹妹，故他们分别继承被继承人的遗产。本题正确选项为 BC。

3. BCD。本题涉及遗产管理人的确定及其职责。根据《民法典》第 1145 条的规定，继承开始后，遗嘱执行人为遗产管理人；没有遗嘱执行人的，继承人应当及时推选遗产管理人；继承人未推选的，由继承人共同担任遗产管理人；没有继承人或者继承人均放弃继承的，由被继承人生前住所地的民政部门或者村民委员会担任遗产管理人。A 选项错误。《民法典》第 1147 条规定："遗产管理人应当履行下列职责：（一）清理遗产并制作遗产清单；（二）向继承人报告遗产情况；（三）采取必要措施防止遗产毁损、灭失；（四）处理被继承人的债权债务；（五）按照遗嘱或者依照法律规定分割遗产；（六）实施与管理遗产有关的其他必要行为。"B 选项正确。《民法典》第 1148 条规定，遗产管理人应当依法履行职责，因故意或者重大过失造成继承人、受遗赠人、债权人损害的，应当承担民事责任。C 选项正确。《民法典》第 1149 条规定，遗产管理人可以依照法律规定或者按照约定获得报酬。D 选项正确。因此，本题正确选项为 BCD。

# 第七编　侵 权 责 任

## 第三十四章　侵权责任概述

一、1. B。本题涉及《民法典》第七编第一章"一般规定"中的数个条款，核心问题为数人侵权。本题中，先前的拦截行为并非侵权行为，乙扔石头打伤丁的行为才构成侵权。《民法典》第 1169 条第 1 款规定："教唆、帮助他人实施侵权行为的，应当与行为人承担连带责任。"甲递给乙石头的行为构成帮助侵权，因此，应当由甲、乙对丁的损害承担连带责任。

2. B。本题涉及多因一果中的连带责任问题，依照《民法典》第 1171 条的规定，无意思联络的共同侵中，每个人的侵权行为都足以造成全部损害的，行为人才构成连带责任。本题正确选项为 B。

3. D。本题涉及第三人侵权及安全保障义务。首先，从题意可知，甲无侵权行为，主观上也没有过错，不对乙构成侵权，且甲本身亦为受害者。根据《民法典》第 1175 条的规定："损害是因第三人造成的，第三人应当承担侵权责任。"第 1198 条第 1 款规定，群众性活动的组织者应负安全保障义务，未尽安全保障义务则须承担侵权责任。学校为运动会的组织者，应尽到安全保障义务，操场跑道不平，表明学校未对该活动提供最基本的设施安全保障，因此未尽安全保障义务，应对甲、乙的损害承担侵权责任。要注意的是，本题须与《民法典》第 1176 条所规定的"自愿参加具有一定风险的文体活动"的情形相区分，因为甲因操场跑道不平而摔倒，再将乙绊倒，并非侵权意义上的"行为"。

4. B。本题涉及侵权责任的免责事由问题。《民法典》第 1174 条规定，损害是因受害人故意造成的，行为人不承担责任。《民法典》第 1240 条规定，从事高空、高压、地下挖掘活动或者使用高速轨道运输工具造成他人损害的，经营者应当承担侵权责任；但是，能够证明损害是因受害人故意或者不可抗力造成的，不承担责任。甲在明知高压电施工时存在高度危险情况下仍然使用手机，存在故意。而且电力公司也尽到了相应的安全保障义务。因此，甲的损害应自行承担。本题正确选项为 B。

5. A。本题涉及树木掉落致人损害的民事责任承担问题。公园对买了门票进入公园的游客有保护其人身安全的义务，公园应定期修剪树枝，以免枯枝掉落伤人。本案中，枯枝掉落伤人表明公园没有尽到注意义务，对王某受损害存在过错。因此，公园应承担侵权责任。本题正确选项为 A。

6. D。本题涉及雇员致人损害问题。章某为甲装修公司的雇员。对于雇员致人损害，只有在故意或者重大过失的情况下，才能要求雇员和雇主承担连带责任；如果雇员只是一般过失，则是由雇主承担责任。本题中，章某为甲装修公司的雇员，作为常识也应当给脚手架安装固定装置，此处的过失不是一般的过失，而为重大过失。本题正确选项为 D。

二、1. BCD。甲、乙所签订的购买该车的合同因甲明知，故不存在瑕疵担保责任依据。根据《民法典》第 1214 条的规定，甲和乙对丙受害应承担连带责任。因此，本题正确选项为 BCD。

2. AC。本题涉及《民法典》第七编第二章"损害赔偿"。依据《民法典》第 1179 条的规定，侵害造成他人人身损害的，应当赔偿因误工减少的收入。造成死亡的，还应当赔偿丧葬费和死亡赔偿金。依据《民法典》第 1180 条的规定，因同一侵权行为造成多人死亡的，可以以相同数额确定死亡赔偿金。依据《民法典》第 1184 条的规定，侵害他人财产的，财产损失按照损失发生时的市场价格或者其他合理方式计算，即市场价格并非唯一的财产损失确定标准。因此，本题当选 AC。

## 第三十五章　数人侵权和特殊主体的侵权责任

一、1. C。本题涉及共同加害行为的识别问题。根据《民法典》第 1168 条的规定，"二人以上共同实施侵权行为，造成他人损害的，应当承担连带责任"。甲、乙、丙每一个主体的行为都符合侵权的客观构成要件，由于三者具有加害投资者的主观共同性，各个加害人的行为被作为一个整体而与损害之间存在可能的因果关系，因此，乙、丙是否直接导致投资者受损在所不问。选项 A、B 错误。根据《民法典》第 1170 条的规定，"二人以上实施危及他人人身、财产安全的行为，其中一人或者数人的行为造成他人损害，能够确定具体侵权人的，由侵权人承担责任；不能确定具体侵权人的，行为人承担连带责任"。关于共同危险行为的规定，共同加害行为强调多个侵权人主观上的意思联络。本案中，甲、乙、丙均存在明知串通的情节，构成共同加害行为。虽然在法律后果上，无论是共同加害行为还是共同危险行为，侵权人都要承担连带责任，但它们在免责事由上有明显的区别。就共同危险行为而言，行为人既可以通过证明自己的行为与损害后果没有因果关系而免责，也可以通过证明具体的侵权人是谁来免责。但是，在共同加害行为中，行为人并无此等免责事由。选项 C 正确，选项 D 错误。

2. D。本题涉及共同危险行为的识别问题。本案中，甲、乙并无侵害丙的共同故意，且各自单独的行为并不会导致丙的损害。根据《民法典》第 1172 条的规定，"二人以上分别实施侵权行为造成同一损害，能够确定责任大小的，各自承担相应的责任；难以确定责任大小的，平均承担责任"。因此，甲、乙应承担按份责任。

3. B。本题涉及网络用户、网络服务提供者的侵权责任问题。根据《民法典》第 1195 条的规定，"网络用户利用网络服务实施侵权行为的，权利人有权通知网络服务提供者采取删除、屏蔽、断开链接等必要措施。通知应当包括构成侵权的初步证据及权利人的真实身份信息。网络服务提供者接到通知后，应当及时将该通知转送相关网络用户，并根据构成侵权的初步证据和服务类型采取必要措施；未及时采取必要措施的，对损害的扩大部分与该网络用户承担连带责任。权利人因错误通知造成网络用户或者网络服务提供者损害的，应当承担侵权责任。法律另有规定的，依照其规定”。网络服务提供者丙公司有权要求甲提供真实身份信息，选项A错误。丙公司收到甲的通知后，有权采取必要措施，选项B正确。丙公司接到甲的通知后，应当及时将该通知转送乙，选项D错误。根据《民法典》第1197条的规定，“网络服务提供者知道或者应当知道网络用户利用其网络服务侵害他人民事权益，未采取必要措施的，与该网络用户承担连带责任”。丙公司明知甲之侵权行为，未采取必要措施，要与乙承担连带责任。选项C错误。

4. A。本题涉及暂时丧失意思能力人的责任和雇员责任问题。根据《民法典》第1190条的规定，“完全民事行为能力人对自己的行为暂时没有意识或者失去控制造成他人损害有过错的，应当承担侵权责任；没有过错的，根据行为人的经济状况对受害人适当补偿。完全民事行为能力人因醉酒、滥用麻醉药品或者精神药品对自己的行为暂时没有意识或者失去控制造成他人损害的，应当承担侵权责任”。甲对于晕倒并无过错，因而其无须承担侵权责任，但应对受害人适当补偿，选项A错误。若甲醉酒导致医疗事故，则甲对自己晕倒造成损害有过错，应当承担侵权责任，选项D正确。根据《民法典》第1191条第1款的规定，“用人单位的工作人员因执行工作任务造成他人损害的，由用人单位承担侵权责任。用人单位承担侵权责任后，可以向有故意或者重大过失的工作人员追偿”。甲在做手术时造成乙的损害，用人单位医院应承担侵权责任，但在甲无故意或者重大过失时，无权向甲进行追偿。选项B、C正确。

5. C。本题涉及违反安全保障义务的侵权责任以及雇员责任问题。根据《民法典》第1198条的规定，“宾馆、商场、银行、车站、机场、体育场馆、娱乐场所等经营场所、公共场所的经营者、管理者或者群众性活动的组织者，未尽到安全保障义务，造成他人损害的，应当承担侵权责任。因第三人的行为造成他人损害的，由第三人承担侵权责任；经营者、管理者或者组织者未尽到安全保障义务的，承担相应的补充责任。经营者、管理者或者组织者承担补充责任后，可以向第三人追偿”。本案中，丙将丁撞下陡坡，应由其对丁承担赔偿责任，选项B错误。丙的行为造成丁受到损害，旅行社员工甲作为游览活动的经营者、管理者或者组织者，没有尽到安全保障义务，主要表现为旅行社员工甲未尽提示注意安全义务的行为。因此，对于丙无力承担的部分，旅行社应承担与其过错相对应的补充责任。选项A错误，选项C正确。根据《民法典》第1191条第1款的规定，“用人单位的工作人员因执行工作任务造成他人损害的，由用人单位承担侵权责任。用人单位承担侵权责任后，可以向有故意或者重大过失的工作人员追偿”。甲在执行工作任务过程中违反安全保障义务致使第三人侵权行为对丁造成损害，应由用人单位旅行社承担补充责任，甲不是责任主体，不承担责任。选项D错误。

二、1. BD。本题涉及共同加害行为的责任承担。根据《民法典》第1168条的规定，“二人以上共同实施侵权行为，造成他人损害的，应当承担连带责任”。甲、乙存在伤害丙的共同故意，因此，对于丙的人身损害，甲、乙承担连带责任。选项A错误，选项B正确。根据《民法典》第1169条的规定，“教唆、帮助他人实施侵权行为的，应当与行为人承担连带责任。教唆、帮助无民事行为能力人、限制民事行为能力人实施侵权行为的，应当承担侵权责任；该无民事行为能力人、限制民事行为能力人的监护人未尽到监护职责的，应当承担相应的责任”。帮助是指通过提供工具、指示目标或以言语激励等方式，从物质上和精神上帮助实施加害行为的人。本案中，对于丙的家具损失，纯粹是由乙的单独行为导致的，甲的行为不构成帮助侵权行为。因此，甲无须对丙的家具损失承担责任。

2. ABCD。本题涉及无民事行为能力人、限制民事行为能力人侵权行为的责任承担问题。根据《民法典》第1188条的规定，“无民事行为能力人、限制民事行为能力人造成他人损害的，由监护人承担侵权责任。监护人尽到监护职责的，可以减轻其侵权责任。有财产的无民事行为能力人、限制民事行为能力人造成他人损害的，从本人财产中支付赔偿费用；不足部分，由监护人赔偿”。根据《民法典》第1189条的规定，“无民事行为能力人、限制民事行为能力人造成他人损害，监护人将监护职责委托给他人的，监护人应当承担侵权责任；受托人有过错的，承担相应的责任”。甲母亲丙和父亲丁均需承担侵权责任，姑姑乙虽有过错，但只需承担相应的责任，而非全部的侵权责任。若甲有财产，也需要从其财产中支付赔偿费用。选项A、B、C、D均错误。

3. ABC。本题涉及共同危险行为、饲养动物致人损害、施工致人损害的责任承担问题。意外事件是指尽管致害人尽合理注意义务，也难以预见的加害事实。本案中，甲、乙、丙公司对于可能致损并非不可预见，丁之损害不是意外事件，选项A错误。根据《民法典》第1172条的规定，“二人以上分别实施侵权行为造成同一损害，能够确定责任大小的，各自承担相应的责任；难以确定责任大小的，平均承担责任”。本案中，甲、乙、丙公司单独的行为都不足以导致丁之损害，应当是承担按份责任的共同危险行为。具体来看，根据《民法典》第1245条的规定，“饲养的动物造成他人损害的，动物饲养人或者管理人应当承担侵权责任；但是，能够证明损害是因被侵权人故意或者重大过失造成的，可以不承担或者减轻责任”。可见，饲养动物致人损害的责任是无过错责任，甲、乙即便证明自己对于损害的发生没有过错，也不能免除责任，选项B、C错误。根据《民法典》第1258条的规定，“在公共场所或者道路上挖掘、修缮安装地下设施等造成他人损害，施工人不能证明已经设置明显标志和采取安全措施的，应当承担侵权责任。窨井等地下设施造成他人损害，管理人不能证明尽到管理职责的，应当承担侵权责任”。可见地面施工致人损害的责任采用过错推定的归责方式，丙公司若能证明自己没有过错，则不应承担对丁的赔偿责任，选项D说法正确。

4. ABCD。本题涉及网络用户利用网络服务实施侵权行为。根据《民法典》第1194条的规定，“网络用户、网络服务提供者利用网络侵害他人民事权益的，应当承担侵权责任。法律另有规定的，依照其规定”。《民法典》第1195条规定：“网络用户利用网络服务实施侵权行为的，权利人有权通知网络服务提供者采取删除、屏蔽、断开链接等必要措施。通知应当包括构成侵权的初步证据及权利人的真实身份信息。网络服务提供者接到通知后，应当及时将该通知转送相关网络用户，并根据构成侵权的初步证据和服务类型采取必要措施；未及时采取必要措施的，对损害的扩大部分与该网络用户承担连带责任。权利人因错误通知造成网络用户或者网络服务提供者损害的，应当承担侵权责任。法律另有规定的，依照其规定。”对于甲通知丙删除前的损失应当全部由乙承担，对于丙不予删除所导致的扩大部分的损失，乙与丙应承担连带责任。因此，选项A、B、C、D均错误。

5. BC。本题涉及公平责任和共同危险行为的规定。公平责任规定在《民法典》第1186条规定，“受害人和行为人对损害的发生都没有过错的，依照法律的规定由双方分担损失”。本案中，甲和乙并非没有过错，因而不能适用公平责任，选项A错误。根据《民法典》第1170条的规定，“二人以上实施危及他人人身、财产安全的行为，其中一人或者数人的行为造成他人损害，能够确定具体侵权人的，由侵权人承担责任；不能确定具体侵权人的，行为人承担连带责任”。共同危险行为，是指两个或者两个以上的行为人实施可能造成他人损害的危险行为并实际致人损害，而无法确定加害人的侵权行为。本案中，甲和乙骑摩托车穿越山路，拐弯时超速行驶，从而导致丙死亡，二人的行为属于共同危险行为，甲和乙作为共同危险行为人应当承担连带责任，因此选项B正确。甲如果能够证明自己不可能开车，那么具体侵权人确定就是乙，应由乙单独承担责任，甲免责，选项C正确。无意思联络的数人侵权，是指两个或两个以上的行为人事先并无共同的意思联络，但其行为偶然结合致人损害。其与共同危险行为的区别是无意思联络的侵权行为人是确定的，但是共同危险行为的行为人是不确定的。本案中，行为人无法确定，因而属于共同危险行为，而不是无意思联络的侵权行为。选项D错误。

三、1. ABCD。本题涉及监护人职责、教育机构的侵权责任的问题。根据《民法典》第1191条第1款的规定，“用人单位的工作人员因执行工作任务造成他人损害的，由用人单位承担侵权责任”。丙在工作中的过错造成乙被打成重伤，侵权责任应当由用人单位补习机构承担，而非丙个人承担，选项A错误。根据《民法典》第1188条的规定，“无民事行为能力人、限制民事行为能力人造成他人损害的，由监护人承担侵权责任。监护人尽到监护职责的，可以减轻其侵权责任。有财产的无民事行为能力人、限制民事行为能力人造成他人损害的，从本人财产中支付赔偿费用；不足部分，由监护人赔偿”。根据我国法律规定，监护责任不会发生转移，乙之父母应当为乙的侵权行为承担无过错的替代责任，选项B错误。根据《民法典》第1200条的规定，“限制民事行为能力人在学校或者其他教育机构学习、生活期间受到人身损害，学校或者其他教育机构未尽到教育、管理职责的，应当承担侵权责任”。老师丙没有及时制止打斗，即补习机构没有尽到管理职责，应当基于其过错承担相应的责任，至少补习机构承担的是按份责任而非连带责任，故选项C、D错误。注意，此案不能援引《民法典》第1201条的规定，“无民事行为能力人或者限制民事行为能力人在幼儿园、学校或者其他教育机构学习、生活期间，受到幼儿园、学校或者其他教育机构以外的第三人人身损害的，由第三人承担侵权责任；幼儿园、学校或者其他教育机构未尽到管理职责的，承担相应的补充责任。幼儿园、学校或者其他教育机构承担补充责任后，可以向第三人追偿”。乙作为补习机构的学生，并非此处的“以外的第三人”。

2. ABD。本题涉及机动车发生交通事故时的责任承担和个人之间劳务关系侵权责任承担问题。根据《民法典》第1213条的规定，“机动车发生交通事故造成损害，属于该机动车一方责任的，先由承保机动车强制保险的保险人在强制保险责任限额范围内予以赔偿；不足部分，由承保机动车商业保险的保险人按照保险合同的约定予以赔偿；仍然不足或者没有投保机动车商业保险的，由侵权人赔偿”。对于丁的损害，仅在交强险和商业险（若有）不足赔偿的部分，才由侵权人赔偿。故选项A、B错误。根据《民法典》第1192条的规定，“个人之间形成劳务关系，提供劳务一方因劳务造成他人损害的，由接受劳务一方承担侵权责任。接受劳务一方承担侵权责任后，可以向有故意或者重大过失的提供劳务一方追偿。提供劳务一方因劳务受到损害的，根据双方各自的过错承担相应的责任。提供劳务期间，因第三人的行为造成提供劳务一方损害的，提供劳务一方有权请求第三人承担侵权责任，也有权请求接受劳务一方给予补偿。接受劳务一方补偿后，可以向第三人追偿”。甲聘请乙作为司机，甲、乙之间构成个人之间的劳务关系，乙接甲的儿子放学，属于提供劳务。在这个过程中，乙致人损害的，应当由接受劳务的甲承担侵权责任；又因乙酒后驾驶，存在重大过失，甲承担责任后有权向乙追偿，选项C正确。对于乙在提供劳务中自己遭受的损害，由双方按各自的过错承担相应的责任。本案中，乙至少存在重大过失，不能请求甲全额赔偿。选项D错误。

# 第三十六章　特殊侵权责任

## 基础知识篇

一、1. B。本题涉及网络侵权责任问题。根据《民法典》第1195条第1款、第2款的规定，网络用户利用网络服务实施侵权行为的，被侵权人有权通知网络服务提供者采取删除、屏蔽、断开链接等必要措施。网络服务提供者接到通知后未及时采取必要措施的，对损害的扩大部分与该网络用户承担连带责任。另外，《民法典》第1197条规定，网络服务提供者知道或者应当知道网络用户利用其网络服务侵害他人民事权益，未采取必要措施的，与该网络用户承担连带责任。甲在微博上泄露乙的隐私，理应承担侵权责任。本题关键是微博运营商的侵权责任认定问题。根据上述法条的规定，在乙已经通知该网站的情况下，微博运营商理应及时采取措施将该微博予以删除，但直至1个月后才将该微博删除，使乙的损失扩大，对乙扩大部分的损害，微博运营商应和甲承担连带责任。故本题的正确选项为B。

2. A。本题涉及产品责任中的惩罚性赔偿问题。《民法典》第1207条规定，“明知产品存在缺陷仍然生产、销售，或者没有依据前条规定采取有效补救措施，造成他人死亡或者健康严重损害的，被侵权人有权请求相应的惩罚性赔偿”。本题中，丙服用药酒后神经中枢严重受损，严重损害健康。甲公司属于明知其产品存在缺陷仍然生产，但销售者乙公司对此不明知。因此，丙有权请求甲公司承担惩罚性赔偿。

3. A。本题涉及非营运机动车发生交通事故时无偿搭乘人的损害赔偿问题。根据《民法典》第1217条的规定，非营运机动车发生交通事故造成无偿搭乘人损害，属于该机动车一方责任的，应当减轻其赔偿责任，但是机动车使用人有故意或者重大过失的除外。因此，A选项正确，B选项错误。C选项中，甲存在重大过失，不应当减轻赔偿责任；D选项中，甲存在故意，不应当减轻赔偿责任，但不等于应当加重赔偿责任。

4. D。本题涉及《民法典》第七编第六章医疗损害责任。《民法典》第1222条规定：“患者在诊疗活动中受到损害，有下列情形之一的，推定医疗机构有过错：(一)违反法律、行政法规、规章以及其他有关诊疗规范的规定；(二)隐匿或者拒绝提供与纠纷有关的病历资料；(三)遗失、伪造、篡改或者违法销毁病历资料。”A选项构成遗失病历资料，可推定乙医院存在过错。B选项属于拒绝提供病历资料，可推定乙医院存在过错。C选项为伪造病历，同样属于推定过错的情形。D选项中，乙医院应当向甲充分说明医疗风险、替代医疗方案等情况，但仅向其近亲属说明并获得明确同意。乙医院存在一定的过错，但该过错并不属于推定的情形，尚需原告方证明。

二、1. ACD。本题涉及高度危险作业致人损害的民事责任问题。依据《民法典》第1239条的规定，占有或者使用易燃、易爆、剧毒、高放射性、强腐蚀性、高致病性等高度危险物造成他人损害的，占有人或者使用人应当承担侵权责任；但是，能够证明损害是因受害人故意或者不可抗力造成的，不承担责任。被侵权人对损害的发生有重大过失的，可以减轻占有人或者使用人的责任。本题中，某研究所装运存有放射性物质的铅箱，该行为属于高度危险作业，其所引起的损害除属受害人的故意或不可抗力造成的外，应承担民事责任。受害人刘晓对其受害不存在故意，本案也不存在不可抗力的情形，故应由某研究所承担民事责任。本题正确选项为ACD。

2. BCD。本题涉及特殊侵权责任。发生海啸为不可抗力因素，但是对于民用核设施来说，不可抗力不是免责事由，因此，甲公司也应当承担责任，A选项错误。出借机动车的，如果出借人有过错，承租人和出借人应当承担按份责任。田某知道王某没有驾驶证还将车借给他，王某明知自己尚未取得驾驶证，二人都有过错，因而应当承担按份责任，B选项正确。儿童乐园负有安全保障义务，但未对钢管及时维修因而应当承担责任，C选项正确。医院医生已经尽到了医疗义务，但是出现过敏反应是出于患者的个人原因，非医生的过错引起的，因而不用承担责任，D选项正确。

3. AD。本题涉及机动车交通事故责任中挂靠及赔付的问题。《民法典》第1211条规定，以挂靠形式从事道路运输经营活动的机动车，发生交通事故造成损害，属于该机动车一方责任的，由挂靠人和被挂靠人承担连带责任。《民法典》第1213条规定，机动车发生交通事故造成损害，属于该机动车一方责任的，先由承保机动车强制保险的保险人在强制保险责任限额范围内予以赔偿；不足部分，由承保机动车商业保险的保险人按照保险合同的约定予以赔偿；仍然不足或者没有投保机动车商业保险的，由侵权人赔偿。因此，乙将自己的大巴车挂靠在甲公司，甲公司应与乙承担连带责任，且由丁公司先在承保范围内进行赔付。

4. AD。本题涉及《民法典》第七编第六章“医疗损害责任”。《民法典》第1220条规定,因抢救生命垂危的患者等紧急情况,不能取得患者或者其近亲属意见的,经医疗机构负责人或者授权的负责人批准,可以立即实施相应的医疗措施。《民法典》第1224条第1款第2项规定,医务人员在抢救生命垂危的患者等紧急情况下已经尽到合理诊疗义务的,则医疗机构对患者在诊疗活动中受到的损害不承担赔偿责任。因此,本题中,乙医院的行为并无不当,无须承担赔偿责任。《民法典》第1218条规定,患者在诊疗活动中受到损害,医疗机构或者其医务人员有过错的,由医疗机构承担赔偿责任。因此,医疗损害责任的归责原则依然是过错原则而非过错推定,医疗机构仅在《民法典》第1222条的三种情形下(违法违规,隐匿或拒绝提供与纠纷有关的病历资料,遗失、伪造、篡改或者违法销毁病历资料)会被推定为具有过错。

5. ABD。本题考查物件损害责任。《民法典》第1254条规定:“禁止从建筑物中抛掷物品。从建筑物中抛掷物品或者从建筑物上坠落的物品造成他人损害的,由侵权人依法承担侵权责任;经调查难以确定具体侵权人的,除能够证明自己不是侵权人的外,由可能加害的建筑物使用人给予补偿。可能加害的建筑物使用人补偿后,有权向侵权人追偿。物业服务企业等建筑物管理人应当采取必要的安全保障措施防止前款规定情形的发生;未采取必要的安全保障措施的,应当依法承担未履行安全保障义务的侵权责任。发生本条第一款规定的情形的,公安等机关应当依法及时调查,查清责任人。”

根据该条规定,高空抛物侵权责任的承担顺序为:(1)有具体侵权人的,由具体侵权人承担侵权责任;(2)无法查明具体侵权人的,由无法证明自己不是侵权人的可能加害人承担补偿责任;(3)物业服务企业等建筑物管理人未尽到安保义务的,应承担相应侵权责任。本题中,无法确定具体的侵权人,二楼以上的业主均为高空抛物的可能加害人。因此,应由二楼以上的业主承担补偿责任,但能够证明自己不是侵权人的业主不需要承担责任。关于公安等机关的调查义务的规定,立法目的是避免公安等机关推脱责任,促使其在侵权事件发生后及时调查。根据前述法律规定,公安等机关有找到具体侵权人的义务,但是不需要对该衣架掉落造成的损害承担连带赔偿责任。因此,选项A、B、D正确。

前述《民法典》第1254条第2款也规定了物业服务企业等建筑物管理人未尽到安全保障义务的侵权责任。在物件损害责任中,建筑物管理人并非直接加害人,其未尽到安保义务时承担的只是一种补充责任,而非承担全部责任。因此,选项C错误。

## 理解与应用篇

一、1. A。本题涉及禁止饲养的烈性犬等危险动物侵权问题。根据《民法典》第1247条的规定,禁止饲养的烈性犬等危险动物造成他人损害的,动物饲养人或者管理人应当承担侵权责任。该条明确规定了禁止饲养的烈性犬等危险动物如藏獒造成他人损害的,饲养人、管理人承担的是绝对无过错责任。不能认为小孩的家长没有尽到监护责任而要求减轻或免除饲养人、管理人的责任,此处应排除过失相抵的适用,饲养人、管理人要承担的是绝对无过错责任。故本题的正确选项为A。

2. D。《民法典》第1179条规定,侵害他人造成人身损害的,应当赔偿医疗费、护理费、交通费、营养费、住院伙食补助费等为治疗和康复支出的合理费用,以及因误工减少的收入。造成残疾的,还应当赔偿辅助器具费和残疾赔偿金;造成死亡的,还应当赔偿丧葬费和死亡赔偿金。甲酒店可能承办2场宴会的收益属于间接损失,不属于侵权损害赔偿范围。因此,本题正确答案为D。

3. D。本题涉及共同侵权和无意思联络的数人侵权。共同侵权是两人以上共同实施侵权的行为,需要共同侵权人有意思联络(共同故意或者共同过失)。但是本案中,施工单位和汽车司机没有意思联络,因而不属于共同侵权。无意思联络的数人侵权,是指两个或两个以上的行为人事先并无共同的意思联络,但其行为偶然结合致人损害。本案中,施工单位和汽车司机的违法行为偶然结合,导致李明掉进排水沟,属于无意思联络的侵权,因此选项D正确。

4. D。本题涉及因药品、消毒产品、医疗器械的缺陷,或者输入不合格的血液造成患者损害,侵权责任如何承担的问题。根据《民法典》第1223条的规定,因药品、消毒产品、医疗器械的缺陷,或者输入不合格的血液造成患者损害的,患者可以向药品上市许可持有人、生产者、血液提供机构请求赔偿,也可以向医疗机构请求赔偿。患者向医疗机构请求赔偿的,医疗机构赔偿后,有权向负有责任的药品上市许可持有人、生产者、血液提供机构追偿。根据该条规定,这种因麻醉剂缺陷所造成的损失,甲既可以向丙机构要求赔偿,也可以向丁生产公司要求赔偿,还可以向乙医院请求赔偿。故本题的正确选项为D。

5. D。根据《民法典》第506条的规定,造成对方人身损害的免责条款无效。《民法典》第497条规定,有《民法典》第506条情形的格式条款无效。因此,A、B错误。受害人承诺,是指受害人容许他人侵害其权利,自己自愿承担损害结果,且不违背法律和公共道德的意思表示。本案中的招工协议应当属于免责条款,而不是允许工厂侵害其权利的被害人承诺。另言之,王大卫所签订的协议和口头认可，本意是希望与对方签订劳动合同，而不是让对方伤害自己，因而选项C错误。本案中的免责条款无效，工厂对王大卫在工作过程中发生的人身损害工厂应当承担赔偿责任，选项D正确。

二、1. ABC。依照《民法典》第1233条的规定，因第三人的过错污染环境、破坏生态的，被侵权人可以向侵权人请求赔偿，也可以向第三人请求赔偿。侵权人赔偿后，有权向第三人追偿。本题正确选项为ABC。

2. ABCD。本题涉及产品责任的主体问题，依据《民法典》和《产品质量法》的规定，北京某商场、浙江某作坊、广州某公司均为责任主体。因此，本题正确选项为ABCD。

3. ABCD。《民法典》第1240条规定，从事高空、高压、地下挖掘活动或者使用高速轨道运输工具造成他人损害的，经营者应当承担侵权责任；但是，能够证明损害是因受害人故意或者不可抗力造成的，不承担责任。被侵权人对损害的发生有重大过失的，可以减轻经营者的责任。本题属于高度危险作业，应由甲电力公司承担赔偿责任。赵某作为乙的父母，带乙晨练属于正常活动，不应认为父母有过失。因此，本题正确答案为ABCD。

4. CD。本案涉及机动车与非机动车之间发生交通事故的责任。关于交通事故的责任，第一步是由承保交强险的保险公司在限额范围内支付保险金，第二步，由责任方承担受害人的损失。本案中，王华虽然能够证明自己没有过错，但是可以承担不超过10%的责任。因此，选项A、B错误，选项C正确。小张是在执行工作任务的过程中发生交通事故，属于工伤，其损失应当由外卖平台进行工伤赔偿，因此选项D正确。

5. ABCD。本题涉及高度危险责任中高度危险物品致人损害的责任。根据《民法典》第1241条的规定，遗失、抛弃高度危险物造成他人损害的，由所有人承担侵权责任。所有人将高度危险物交由他人管理的，由管理人承担侵权责任；所有人有过错的，与管理人承担连带责任。《民法典》第1242条规定，非法占有高度危险物造成他人损害的，由非法占有人承担侵权责任。所有人、管理人不能证明对防止非法占有尽到高度注意义务的，与非法占有人承担连带责任。本题情形为炸药在乙保管期间被丙盗走，一方面，丙为非法占有人，成为《民法典》第1242条中所规定的责任主体之一；另一方面，对乙而言，也构成所保管物品的遗失，符合《民法典》第1241条的适用条件。综上，ABCD的表述均正确。

6. ACD。本题涉及侵权责任。A选项主要涉及产品责任。根据《民法典》第1203条第1款的规定，因产品存在缺陷造成他人损害的，被侵权人可以向销售者或者生产者请求赔偿。A选项中，虽然造成产品侵权的原因是销售者，但是甲也有权利向生产者乙请求赔偿。B选项主要涉及遗弃、逃逸动物侵权责任。根据《民法典》第1249条的规定，遗弃、逃逸的动物在遗弃、逃逸期间造成他人损害的，由动物原饲养人或者管理人承担侵权责任。B选项中，乙已经将饲养的野生动物放归大自然，不存在遗弃、逃逸问题，故而乙无须承担责任。C选项主要涉及医疗产品缺陷责任。根据《民法典》第1223条的规定，患者因输入不合格的血液受到损害，既可以向血液提供机构请求赔偿，也可向医院请求赔偿。因此，甲可以向乙请求赔偿。D选项涉及动物致人损害责任。根据《民法典》第1247条的规定，禁止饲养的烈性犬等危险动物造成他人损害的，动物饲养人或者管理人应当承担侵权责任。因此，甲可以向乙请求赔偿。

## 综合提高篇

一、1. ACD。考查机动车道路交通事故责任。《民法典》第1210条、第1213条规定，当事人之间已经以买卖或者其他方式转让并交付机动车但是未办理登记，发生交通事故造成损害，属于该机动车一方责任的，先由保险公司在机动车强制保险责任限额范围内予以赔偿，不足部分，由受让人承担赔偿责任。这一规定也适用于机动车保留买卖。故丁无权请求甲承担侵权责任，B选项错误。最高人民法院《关于审理道路交通事故损害赔偿案件适用法律若干问题的解释》第15条规定：有下列情形之一导致第三人人身损害，当事人请求保险公司在交强险责任限额范围内予以赔偿，人民法院应予支持：(1)驾驶人未取得驾驶资格或者未取得相应驾驶资格的；(2)醉酒、服用国家管制的精神药品或者麻醉药品后驾驶机动车发生交通事故的；(3)驾驶人故意制造交通事故的。保险公司在赔偿范围内向侵权人主张追偿权的，人民法院应予支持。追偿权的诉讼时效期间自保险公司实际赔偿之日起计算。《民法典》第1209条、第1213条的规定，因租赁、借用等情形机动车所有人与使用人不是同一人时，发生交通事故后属于该机动车一方责任的，先由保险公司在机动车强制保险责任限额范围内予以赔偿，不足部分，由机动车使用人承担赔偿责任。机动车所有人对损害的发生有过错的，承担相应的赔偿责任。据此，乙将车借给醉酒的丙使用，乙对损害的发生也有过错。乙和丙对丁的损害承担按份责任。故选项A、C、D正确。

2. ABCD。《民法典》第1199条规定，无民事行为能力人在幼儿园、学校或者其他教育机构学习、生活期间受到人身损害的，幼儿园、学校或者其他教育机构应当承担侵权责任；但是，能够证明尽到教育、管理职责的，不承担侵权责任。本题中，幼儿园老师显然没有尽到管理职责，因此，幼儿园应当承担相应的侵权责任。

此外，根据《民法典》第1188条第1款规定，无民事行为能力人、限制民事行为能力人造成他人损害的，由监护人承担侵权责任。监护人尽到监护职责的，可以减轻其侵权责任。本题中，丁遭受损害是由甲、乙、丙造成的，甲、乙、丙的监护人应当承担无过错责任。因此，本题中关于监护人承担过错责任是错误的。本题正确答案为ABCD。

3. ABC。本题涉及的核心问题是盗窃他人机动车发生交通事故的侵权责任问题。根据《民法典》第1215条第1款的规定，盗窃、抢劫或者抢夺的机动车发生交通事故造成损害的，由盗窃人、抢劫人或者抢夺人承担赔偿责任。盗窃人、抢劫人或者抢夺人与机动车使用人不是同一人，发生交通事故造成他人损害，属于该机动车一方责任的，由盗窃人、抢劫人或者抢夺人与机动车使用人承担连带责任。本题中，丙盗窃机动车，而事故发生时的实际使用人为丁，因此，丙应与丁承担连带责任。须注意，本题的关键不在于拼装车转让，因丙的盗窃行为已经切断甲、乙之间转让拼装车的链条，此后交通事故的发生也是因为丁的驾驶技术不佳、操作不当，与拼装车本身不具有法律意义的因果关系。

4. BCD。本题涉及机动车交通事故责任中未经允许驾驶他人机动以及因果关系的问题。本题中，乙并无非法占有目的，而有未经允许试用的目的，并非《民法典》第1215条规定的“盗窃机动车”，而属于《民法典》第1212条的“未经允许驾驶他人机动车”。根据《民法典》第1212条的规定，“未经允许驾驶他人机动车，发生交通事故造成损害，属于该机动车一方责任的，由机动车使用人承担赔偿责任；机动车所有人、管理人对损害的发生有过错的，承担相应的赔偿责任，但是本章另有规定的除外”。本题中，乙应承担赔偿责任。以社会一般人观念为标准，甲将车钥匙放在自家客厅的茶几上，与乙造成交通事故之间不具有法律意义的因果关系，甲对事故的发生没有过错。尽管丁也有过错，应当适用《民法典》第1173条的责任减轻条款，但其责任主体不应为甲、乙。

5. ABD。本题涉及产品责任中补救义务的问题。甲公司履行召回义务的过程中存在过失，其应对发售给经销商乙公司的该批次汽车数量有明知，在乙公司并未将所有汽车返厂的情形下，甲并未妥善履行其作为生产者的召回义务。乙公司作为销售者，也具有召回等补救义务，但怠于履行。通说认为，产品责任中生产者与销售者之间的责任关系为不真正连带责任，即可能存在终局责任人，而被侵权人可以任意选择请求。

二、1. (1) D。甲和乙虽为限制民事行为能力人，但他们均具有对侵权行为的认识能力，存在侵权的共同故意，因而他们的行为构成共同侵权，应由他们的监护人对所造成的损害承担连带责任。本题正确选项为D。

(2) A。对于丙的损失，甲不存在过错，该损失是由于乙的行为造成的，故应由乙的监护人对该损失承担责任。本题正确选项为A。

2. ABCD。公平责任原则是指在双方当事人对损害均无过错，但是依照法律的规定又不能适用无过错责任的情况下，由人民法院根据公平的观念，在考虑受害人的损害、双方当事人的财产状况以及其他相关情况的基础上，判令加害人对受害人的财产损失给予适当赔偿。本题中，4个选项均为公平责任可以适用的情形。

3. CD。本题涉及《民法典》第七编第四章“产品责任”。根据《民法典》第1203条的规定，因产品存在缺陷造成他人损害的，被侵权人可以向产品的生产者请求赔偿，也可以向产品的销售者请求赔偿。产品缺陷由生产者造成的，销售者赔偿后，有权向生产者追偿。因销售者的过错使产品存在缺陷的，生产者赔偿后，有权向销售者追偿。《民法典》第1204条规定，因运输者、仓储者等第三人的过错使产品存在缺陷，造成他人损害的，产品的生产者、销售者赔偿后，有权向第三人追偿。本题中，对于消费者而言，就产品责任问题，其可以向生产者甲公司或销售者乙公司请求赔偿，因此选项A、B正确。但消费者本身并不能直接寻找运输者。至于追偿问题，根据《民法典》第1204条的规定，电视机起火原因为运输途中雨淋受损，即为运输者的过错，因此受消费者索赔的生产者或销售者有权向有过错的运输者丙运输公司追偿。

4. ABCD。本题涉及《民法典》第七编第四章“产品责任”。根据《民法典》第1203条第1款的规定，因产品存在缺陷造成他人损害的，被侵权人可以向产品的生产者请求赔偿，也可以向产品的销售者请求赔偿。因此，选项A、B均正确。根据《民法典》第1207条的规定，明知产品存在缺陷仍然生产、销售，或者没有依据前条规定采取有效补救措施，造成他人死亡或者健康严重损害的，被侵权人有权请求相应的惩罚性赔偿。乙被炸失明，在甲明知存在缺陷仍然生产或不及时补救的情形下，符合“健康严重损害”的惩罚性赔偿要件，选项C、D正确。

# 2025年

国家统一法律职业资格考试

# 应知应会5000客观题解

民事诉讼法与仲裁制度

法律考试中心/组编

法律出版社
LAW PRESS·CHINA
北京

# 目　录


第一章　民事诉讼与民事诉讼法 …………… (1)
第二章　民事诉讼法的基本原则与基本制度 …………… (2)
第三章　主管与管辖 …………… (4)
第四章　诉 …………… (9)
第五章　当事人 …………… (11)
第六章　诉讼代理人 …………… (16)
第七章　民事证据 …………… (18)
第八章　民事诉讼中的证明 …………… (19)
第九章　期间、送达 …………… (20)
第十章　人民法院调解 …………… (22)
第十一章　保全和先予执行 …………… (24)
第十二章　对妨害民事诉讼的强制措施 …… (27)
第十三章　普通程序 …………… (29)
第十四章　简易程序 …………… (33)
第十五章　第二审程序 …………… (34)
第十六章　特别程序 …………… (38)
第十七章　审判监督程序 …………… (41)
第十八章　督促程序 …………… (44)
第十九章　公示催告程序 …………… (46)
第二十章　民事裁判 …………… (47)
第二十一章　执行程序 …………… (49)
第二十二章　涉外民事诉讼程序 …………… (53)
第二十三章　仲裁与仲裁法概述 …………… (54)
第二十四章　仲裁委员会和仲裁协会 ……… (56)
第二十五章　仲裁协议 …………… (57)
第二十六章　仲裁程序 …………… (59)
第二十七章　申请撤销仲裁裁决 …………… (61)
第二十八章　仲裁裁决的执行与不予执行 …… (63)
第二十九章　涉外仲裁 …………… (64)

**参考答案及解析** …………… (67)
第一章　民事诉讼与民事诉讼法 …………… (67)
第二章　民事诉讼法的基本原则与基本制度 …………… (67)
第三章　主管与管辖 …………… (69)
第四章　诉 …………… (72)
第五章　当事人 …………… (73)
第六章　诉讼代理人 …………… (77)
第七章　民事证据 …………… (78)
第八章　民事诉讼中的证明 …………… (79)
第九章　期间、送达 …………… (81)
第十章　人民法院调解 …………… (82)
第十一章　保全和先予执行 …………… (83)
第十二章　对妨害民事诉讼的强制措施 …… (86)
第十三章　普通程序 …………… (88)
第十四章　简易程序 …………… (91)
第十五章　第二审程序 …………… (93)
第十六章　特别程序 …………… (96)
第十七章　审判监督程序 …………… (98)
第十八章　督促程序 …………… (102)
第十九章　公示催告程序 …………… (103)
第二十章　民事裁判 …………… (104)
第二十一章　执行程序 …………… (105)
第二十二章　涉外民事诉讼程序 …………… (108)
第二十三章　仲裁与仲裁法概述 …………… (109)
第二十四章　仲裁委员会和仲裁协会 …… (110)
第二十五章　仲裁协议 …………… (110)
第二十六章　仲裁程序 …………… (112)
第二十七章　申请撤销仲裁裁决 …………… (113)
第二十八章　仲裁裁决的执行与不予执行 …………… (114)
第二十九章　涉外仲裁 …………… (115)

# 第一章 民事诉讼与民事诉讼法*

**一、单项选择题，每题所给的选项中只有一个正确答案。**

1. 下列关于民事纠纷解决的说法，正确的是：（ ）

A. 民事诉讼在适用上优先于和解、调解和仲裁

B. 纠纷主体一旦达成和解协议就不可以再进行诉讼

C. 和解与调解没有严格的法定程序，仲裁和诉讼则有严格的法定程序

D. 和解、调解、仲裁和诉讼等民事纠纷解决方式的适用均须得到纠纷双方主体的一致同意

2. 下列关于民事诉讼的特征表述错误的是：（ ）

A. 法院通过代表国家行使审判权这一公权力来解决纠纷

B. 原告的起诉符合《民事诉讼法》规定的条件，无论被告是否愿意，诉讼均会发生

C. 当事人不主动履行生效裁判所确定的义务，法院可以依法强制执行，调解协议也具有同样的效力

D. 法院、当事人和其他诉讼参与人，都需要按照《民事诉讼法》设定的程序实施诉讼行为，违反诉讼程序通常会引起一定的法律后果

3. 母亲王某带领儿子李某去北京动物园参观，因职员张某的疏忽没有锁好笼子，致使动物园的猴子逃出咬伤李某。现李某欲向法院起诉，请求人身损害赔偿。下列不属于《民事诉讼法》规制范畴的事项是：（ ）

A. 应当向哪一法院起诉

B. 应当起诉北京动物园还是起诉员工张某

C. 李某的起诉应以违约损害赔偿为由还是以侵权损害赔偿为由

D. 王某是否可以参加诉讼

4. 小白、小魏、小何、小吴等同学在课堂上学习民事审判程序之后，对诉讼程序和非讼程序有着不同的理解。下列几位同学关于民事审判程序的理解正确的是：（ ）

A. 小白认为，适用特别程序审理的案件都是非讼案件

B. 小魏认为，人民陪审员可以参加一审、二审程序

C. 小何认为，确认调解协议效力的案件可以适用调解制度

D. 小吴认为，辩论原则适用于诉讼程序而不适用于非讼程序

**二、多项选择题，每题所给的选项中有两个或两个以上正确答案，少答或多答均不得分。**

1. 在以下选项中，关于争议的解决方式说法错误的是：（ ）

A. 张三欠李四 2000 元钱迟迟不还。某日，王五提议张三在 3 日内还给李四 1500 元，张三对李四的债务即可视为全部清偿，张三和李四当即同意，这种争议解决方式属于和解

B. 王鹏与李强发生经济纠纷，经当地人民调解委员会调解，双方于 3 月 1 日达成协议并生效。后王鹏认为调解协议对自己有较多不利，遂表示反悔并就此调解协议向法院提起诉讼，法院可以受理

C. 马刚在甲公司工作半年后被公司开除，马刚如果对公司开除自己的决定不满，可以直接向当地法院起诉要求甲公司进行赔偿

D. 甲公司与乙公司在合同中约定："因履行本合同发生的争议，由双方协商解决；协商解决不了的，由丙仲裁委员会进行仲裁。"后双方因履行合同发生纠纷，甲公司向丙仲裁委员会申请仲裁，丙仲裁委员会作出仲裁裁决。基于仲裁选择的自愿性，甲公司即使认为该仲裁庭的组成违反法定程序也无法再予以救济

2. 下列关于民事诉讼法的说法错误的是：（ ）

A. 最高人民法院在 2017 年颁布的《关于审理仲裁司法审查案件若干问题的规定》属于广义的民事诉讼法

B. 从民事诉讼调整的社会关系来看，民事诉讼法属于程序法

C. "民事诉讼法适用于哪些案件"是指民事诉讼法的对人效力

D. 中国企业与日本企业就某一合同产生纠纷诉至北京某法院，原告和被告可以协议选择适用中国民事诉讼法还是日本民事诉讼法来解决纠纷

3. 下列纠纷中，不能通过仲裁途径解决的是：（ ）

A. 老张与小张因收养关系产生的纠纷

B. 李某与孙某的房产所有权纠纷

C. 北清公司同乙区市场监督管理局就购买办公用品产生的合同纠纷

D. 赵某与林某的离婚纠纷

---

* 本章答案参见第 67 页。

# 第二章　民事诉讼法的基本原则与基本制度*

## 基础知识篇

**一、单项选择题，每题所给的选项中只有一个正确答案。**

1. 关于民事诉讼中的平等原则、同等原则、对等原则，下列说法正确的是：(　　)

A. 平等原则要求当事人的权利义务相同

B. 原告和被告在诉讼中有一些虽不相同却相对应的权利，这是民事诉讼对等原则的体现

C. 当事人均有权申请证人出庭作证、有权委托诉讼代理人，是对等原则的体现

D. 我国法律对在人民法院进行民事诉讼的外国人、无国籍人、外国企业和组织，赋予他们同我国公民、法人和其他组织同等的诉讼权利义务，这是同等原则的体现

2. 因保险合同纠纷，甲将乙诉至 A 区法院。A 区法院在立案时引导双方当事人在 A 区保险业协会进行调解。关于辩论原则，下列说法正确的是：(　　)

A. 甲在调解中就证据的真实性发表意见，是民事诉讼辩论原则的体现

B. 调解不成，法官在审理过程中向双方当事人发问，是民事诉讼辩论原则的体现

C. 甲仅可以口头形式行使辩论权

D. 辩论的内容既可以是实体内容，也可以是程序内容

3. 关于处分原则，下列说法错误的是：(　　)

A. 当事人处分的权利包括了民事权利和诉讼权利

B. 原告在诉讼过程中可以放弃全部的诉讼请求，被告可以部分或全部承认原告的诉讼请求

C. 双方当事人可以就实体问题自行和解

D. 在诉讼过程中只要当事人按照自己的真实意愿处分权利就应当受到允许

**二、多项选择题，每题所给的选项中有两个或两个以上正确答案，少答或多答均不得分。**

1. 甲诉乙侵权一案，由某人民法院受理并组成合议庭公开审理。本案合议庭审判员赵某是甲的舅舅，人民陪审员钱某是乙的诉讼代理人的姐姐，证人孙某与本案有直接利害关系，案件翻译人员李某曾私下接受过乙的诉讼代理人的请客。本案中应当回避的人员是谁：(　　)

A. 赵某　　B. 钱某

C. 孙某　　D. 李某

2. 关于民事诉讼的检察监督原则的内容，下列说法正确的是：(　　)

A. 民事案件中的原告和被告或者其他人对审判人员在审判中的不法行为，有权进行控告、检举

B. 人民检察院可以对人民法院作出的生效判决、裁定是否正确合法，进行监督

C. 如果调解书的内容损害了国家利益、社会公共利益，人民检察院应当通过抗诉或者检察建议的方式推动对调解书的再审

D. 人民检察院只能对审判活动进行监督，执行活动不属于检察监督的范围

## 理解与应用篇

**一、单项选择题，每题所给的选项中只有一个正确答案。**

1. 甲与乙为多年夫妻，因家庭琐事常发生争执，甲向法院提起诉讼，要求与乙离婚，关于本案的审理，下列说法中正确的是：(　　)

A. 应当不公开审理

B. 应当公开审理

C. 当事人申请不公开审理的，可以不公开审理

D. 当事人如不服法院对是否公开审理的决定，可以以此决定向上一级人民法院提出上诉

2. 关于我国的民事诉讼制度，下列哪一项说法是正确的：(　　)

A. 回避的对象包括审判人员、书记员、翻译人员、鉴定人、勘验人和证人

B. 合议庭的成员人数必须为 3 人

C. 简易程序案件可以实行独任审理，但是独任审理的并不一定都是简易程序

D. 我国所有民事案件的审理都为两审终审制

3. 关于民事诉讼中的审判组织，下列表述正确的是：(　　)

A. 独任制只适用于一审法院

B. 二审法院裁定发回重审的案件，原审法院可以由人民陪审员组成合议庭

C. 二审可以由审判员和人民陪审员共同组成合议庭

D. 特别程序只能适用独任制

---

* 本章答案参见第 67 页。

4. 李某因与王某在履行房屋买卖合同过程中发生纠纷而诉至法院，法院决定由乙、丙、丁组成合议庭对本案进行审理。本案审理结束后，乙、丙、丁对本案的处理产生了不同意见。乙认为应当驳回李某的诉讼请求，丙和丁认为应当支持李某的诉讼请求。关于本案的处理，下列说法正确的是：（　　）

A. 应当判决支持李某的诉讼请求

B. 若乙为审判长，则应当判决驳回李某的诉讼请求

C. 应当直接报请审判委员会处理

D. 若丙、丁均为人民陪审员，则应当判决驳回李某的诉讼请求

5. 关于公开审判制度的说法错误的是：（　　）

A. 公开审判制度是指人民法院审理民事案件，除法律规定的情况外，审判过程及结果应当向群众、社会公开

B. 蒋某和某医院医疗纠纷一案涉及个人隐私，应当不公开审理

C. 在某一诉讼中，两国企之间的纠纷涉及国家秘密，经当事人申请之后，可以不公开审理

D. 两公司的专利侵权案件涉及商业秘密，可以不公开审理

**二、多项选择题，每题所给的选项中有两个或两个以上正确答案，少答或多答均不得分。**

1. 武某和任某因交通事故纠纷诉至法院。在诉讼过程中，关于法院的做法，下列说法中错误的是：（　　）

A. 武某起诉任某要求其赔偿医疗费用 1 万元。法院在查明事实后，判决任某赔偿武某医疗费用 1 万元和精神损失费 5000 元。法院的做法违反了辩论原则

B. 武某起诉任某驾驶车辆撞伤了自己。在审判过程中，法院认为，任某是否驾驶车辆撞伤武某无法查明，但任某驾驶的越野车辆体积大、刹车声尖锐，有可能惊吓到武某，因此判决任某承担交通事故 80% 的责任。法院的做法违反了处分原则

C. 在诉讼过程中，任某承认开车撞倒了武某，但认为武某闯红灯在先。法院未理会任某的自认另行作出判决。法院的做法违反了辩论原则

D. 在开庭过程中，武某请求交通事故发生时在场的韩某出庭作证。韩某出庭作证是其行使辩论权和民事诉讼辩论原则的体现

2. 关于民事诉讼中人民法院的审判组织，下列说法错误的是：（　　）

A. 人民法院审理第一审民事案件应当由审判员组成合议庭

B. 适用简易程序审理的民事案件可以由人民陪审员审理

C. 人民法院审理第二审民事案件可以由人民陪审员审理

D. 人民陪审员在审理民事案件时需要听从审判人员的意见

3. 甲种子公司和乙农业科学院签订了一份优良稻种的买卖合同，甲种子公司只支付了一半价款，剩余价款拖延未付，乙农业科学院遂向法院提起诉讼，要求甲种子公司偿付欠款。法院由 3 名人民陪审员和 2 名审判员组成合议庭进行了审理。在合议庭进行评议时，人民陪审员的意见和审判员的意见不一致，审判长即将案件报送审判委员会处理。经过讨论，审判委员会决定乙农业科学院胜诉。合议庭全体成员参加了审判委员会的讨论，并在表决时进行了投票。合议庭遂以法院审判委员会的名义作出了一审裁判，判决乙农业科学院胜诉。判决生效后，原合议庭成员审判员丙发现甲种子公司和乙农业科学院之间的合同有伪造的嫌疑，遂向审判委员会提议再审。上述案件的审理过程存在哪些错误：（　　）

A. 合议庭意见不一致时，审判长将案件报送审判委员会处理

B. 合议庭全体成员参加了审判委员会的讨论，并在表决时进行了投票

C. 合议庭以审判委员会的名义作出了一审判决

D. 丙向审判委员会提议再审

4. 当事人的下列诉讼行为符合处分原则的有：（　　）

A. 过年期间，学生曹某在兼职送餐过程中剐蹭了范某停在路边的奔驰汽车，但是范某看在曹某身为学生并且主动留言留下修理费用的分上，放弃了对曹某的起诉并资助其上学

B. 某演员以作家程某新著损害其名誉权为由，向法院起诉赔偿精神损失费 100 万元并赔礼道歉。后经媒体曝光，该演员主动将赔偿额降至 1 元

C. 甲公司为了避免对外承担债务，在诉讼过程中主动承认了对乙的赌债

D. 甲公司以商标侵权为由，将乙公司诉至法院，要求赔偿 6 万元，乙公司承认了侵权事实，也同意按照甲公司的请求赔偿 6 万元

## 综合提高篇

**不定项选择题，每题所给的选项中有一个或一个以上正确答案，不答、少答或多答均不得分。**

1. 原告秦某与被告宋某借款合同纠纷一案进入二审程序，二审人民法院在审理过程中发现一审书记员王某与原告秦某是表兄弟的关系，而当事人双方均没有提出回避申请且书记员王某也未自行回避。请问此时二审人民法院下列做法中错误的是：（　　）

A. 视为双方当事人放弃申请回避的权利，继续

审理

B. 裁定终止诉讼

C. 报请上一级人民法院决定如何处理

D. 裁定撤销原判，发回重审

2. 甲与乙打架时丙正好路过，丙不慎被丢来的石块砸伤，遂起诉到法院要求甲、乙赔偿医疗费、误工费等损失。法院组成合议庭审理本案。根据案情回答以下问题：

（1）若丙以审判员丁和甲有师生关系为由申请丁回避，以书记员戊是乙的姐夫为由申请戊回避，则对于丁、戊的回避分别由谁决定：（　　）

A. 丁的回避由审判长决定，戊的回避由合议庭决定

B. 丁的回避由合议庭决定，戊的回避由审判长决定

C. 丁的回避由院长决定，戊的回避由合议庭决定

D. 丁的回避由院长决定，戊的回避由审判长决定

（2）在丙提出回避申请之后，法院作出回避决定之前，关于丁和戊的说法错误的有：（　　）

A. 丁可以继续参与合议庭对案情的讨论工作，戊应当暂停工作

B. 丁应当暂停工作，戊可以继续进行法庭审理的记录

C. 除案件需要采取紧急措施外，丁和戊都应当暂停参与本案工作

D. 除案件情况特殊外，丁和戊都可以继续参与本案的工作

（3）丙知晓审判员丁和甲之间有师生关系，法院的院长也知道书记员戊是乙的姐夫，那么关于本案的回避，下列说法正确的是：（　　）

A. 丁并未自行回避，丙并没有提出回避，视为放弃提出回避申请，所以审判员丁可以继续参与审理

B. 丁并未自行回避，丙并没有提出回避，院长可以决定其回避

C. 戊并未自行回避，可以继续参与本案的审理

D. 戊并未自行回避，审判委员会可以决定其回避

# 第三章　主管与管辖*

## 基础知识篇

**一、单项选择题，每题所给的选项中只有一个正确答案。**

1. 甲公司以乙公司侵犯了其专利权为由向法院提起诉讼，则关于本案可能的管辖法院下列说法错误的是：（　　）

A. 最高人民法院确定的中级人民法院

B. 最高人民法院确定的基层人民法院

C. 最高人民法院确定的高级人民法院

D. 知识产权法院

2. 北京市某大学的学霸级学生甲乙丙成立了一家从事中学生辅导业务的个人合伙，但是该合伙并没有注册登记。某中学生丁和该合伙签订合同，约定辅导时间为半年。但是由于业务繁多，负责辅导丁的丙经常迟到，并且辅导效果大打折扣。于是丁的母亲戊打算起诉该辅导机构。甲乙丙的住所地分别为北京市的东城区、西城区、朝阳区，某大学所在地为海淀区，丁的住所地为石景山区，那么下列关于本案管辖的说法错误的是：（　　）

A. 由东城区的法院管辖

B. 由西城区的法院管辖

C. 由朝阳区的法院管辖

D. 由海淀区的法院管辖

3. 李某与张某在甲市A区结婚，结婚后一直居住在甲市B区，后张某外出去乙市A区打工下落不明。2年后李某向法院申请宣告张某失踪，3年后李某见张某回来无望，遂准备向法院提起离婚诉讼。对该离婚案件具有管辖权的法院是：（　　）

A. 甲市A区法院

B. 甲市B区法院

C. 乙市A区法院

D. 甲市B区法院和乙市A区法院都有管辖权

4. 最高人民法院规定基层法院只能受理3000万元以下的案件，甲公司向基层法院起诉乙公司案件诉讼标的额为2900万元，开庭后甲公司又增加了要求乙公司支付290万元违约金的诉讼请求。本案被告乙公司以案件标的额超过基层法院的管辖权限为由，提出管辖权异议。本案基层法院做法正确的是：（　　）

A. 基层法院应当将案件移送中级法院

B. 案件已经开庭，不能增加诉讼请求，告知另诉

C. 基层法院已经受理案件，管辖恒定可以继续审理

D. 驳回被告提出的管辖权异议

5. 甲地的张三将一块价值10万元的石头交给乙地的李四去参加位于丙地的展览。后来李四在丙地将该石头以20万元卖给了王五，李四告诉张三该石头卖了15万元。之后，张三偶然得知真相，于是向法院起

* 本章答案参见第69页。

诉李四支付剩余的 5 万元。本案管辖法院应如何确定:(    )

A. 甲地法院和乙地法院

B. 乙地法院

C. 丙地法院

D. 丙地法院和乙地法院

6. 居住在甲市 A 区的李某和居住在甲市 B 区的王某就位于甲市 C 区的房屋签订了买卖合同,并在合同中约定:如果有关此房屋买卖的事项发生争议,应当向合同签订地甲市 D 区提起诉讼。合同签订后不久李某发现王某出售的房屋实际面积比合同中约定的面积小,拟向法院提起诉讼解除合同。则对该案具有管辖权的法院是:(    )

A. 甲市 A 区法院　　B. 甲市 B 区法院

C. 甲市 C 区法院　　D. 甲市 D 区法院

7. 下列关于协议管辖的说法中,正确的是:(    )

A. 离婚案件的诉讼可以通过协议管辖确定管辖法院

B. 甲和乙签订一份汽车买卖合同,合同中约定由甲住所地的法院管辖

C. 王某经营一家网络商店,与某个人物流公司签订 2 万元物流费用的合同,约定纠纷由王某所在地的中级法院管辖

D. 与父母同住的孙大与在外地的孙二就父母财产继承达成协议,约定如果对于继承发生纠纷,由孙二目前所居住城市的基层法院管辖

8. 关于移送管辖和管辖权的转移,下列说法错误的是:(    )

A. 甲法院受理案件后发现自己没有管辖权,于是将案件移送到乙法院。乙法院认为本案真正具有管辖权的法院为丙法院,于是将案件移送到丙法院

B. 移送管辖移送的只是案件,不包括案件的管辖权

C. 管辖权转移的不仅是案件,还包括案件的管辖权

D. 管辖权转移只会在上下级法院之间进行

9. 关于民事案件的级别管辖,下列哪一选项是正确的:(    )

A. 第一审民事案件原则上由基层人民法院管辖

B. 涉外案件的管辖权全部属于中级人民法院

C. 高级人民法院管辖的一审民事案件包括在本辖区内有重大影响的民事案件和它认为应当由自己审理的案件

D. 最高人民法院仅管辖在全国有重大影响的民事案件

**二、多项选择题,每题所给的选项中有两个或两个以上正确答案,少答或多答均不得分。**

1. 小李住所地是河南省郑州市金水区,目前在北京市海淀区工作生活已有 5 年。后来,他在北京市东城区的一家电动车商店里购买了一辆电动车。某晚电动车充电时发生短路导致失火,造成家中财产损失 11 万元。经过调查得知,是天津市南开区的电动车生产商使用的电池不合格造成的短路导致失火。沟通无果后,小李欲通过诉讼取得赔偿。本案有管辖权的法院是:(    )

A. 郑州市金水区法院

B. 北京市海淀区法院

C. 北京市东城区法院

D. 天津市南开区法院

2. 2023 年 7 月,家住 A 省的王大明因债务纠纷将家住 B 省甲县的张小鹏诉至甲县法院,甲县法院受理了此案。2023 年 8 月,经政府正式批准,张小鹏居住的甲县所属区域划归乙县管辖。甲县法院以管辖区域变化对该案不再具有管辖权为由,将该案移送至乙县法院。乙县法院则根据管辖恒定原则,将案件送还至甲县法院。下列哪些说法是错误的:(    )

A. 乙县法院对该案有管辖权,不应再移送管辖

B. 甲县法院对该案有管辖权,不应移送管辖

C. 虽乙县法院对该案没有管辖权,但不得将该案送还甲县法院

D. 乙县法院应当与甲县法院协商解决管辖问题

3. 居住于甲市 A 区的张三向居住于甲市 B 区的李四提起违约损害赔偿之诉,该案由合同履行地 C 法院管辖,在诉讼过程中张三将对李四的诉讼请求变更为侵权损害赔偿,侵权行为地法院为 D 法院,则关于本案管辖权的处理,下列说法错误的是:(    )

A. C 法院并不因此丧失对本案的管辖权,诉讼继续

B. C 法院因此丧失对本案的管辖权,应将案件移送至甲市 A 区法院

C. C 法院因此丧失对本案的管辖权,应将案件移送至甲市 B 区法院

D. C 法院和 D 法院都具有本案管辖权,应基于甲的选择决定本案由哪一法院管辖

4. 关于协议管辖,下列说法正确的是:(    )

A. 可以协议约定管辖法院的案件只能是合同案件

B. 协议管辖约定的法院必须唯一明确,否则协议管辖无效

C. 管辖协议约定由一方当事人住所地人民法院管辖,协议签订后当事人住所地变更的,可以由签订管辖协议时的住所地人民法院管辖

D. 合同转让的,合同的管辖协议对合同受让人有效。但转让时受让人不知道有管辖协议,或者转让协议另有约定且原合同相对人同意的除外

5. 谢某作为刚拿到驾照的司机,在实习期间,

不慎驾车撞到了邵某经营的水果摊，造成损失5万元左右。后双方对于赔偿问题未达成一致，邵某将谢某诉至法院。关于管辖权异议的说法错误的是：(　　)

A. 谢某可以在答辩状期间提出管辖权异议

B. 谢某可以在法庭辩论期间提出管辖权异议

C. 为查明案件事实，事发当日乘坐谢某车辆的蒋某作为第三人参与诉讼，蒋某也可以提出管辖权异议

D. 一审当事人并未提出管辖权异议并作出判决，谢某败诉不服，后上诉，同时提出管辖权异议

6. 居住于A市B区的甲在位于C市D区的网吧上网玩游戏时与伙伴乙发生口角，乙离去后甲大为不满，于是通过网吧的网络散布了大量对居住于E市F区的乙的恶意诋毁言语，对乙的名誉造成巨大损害。现乙欲就甲的网络侵权行为提起诉讼，对于本案具有管辖权的法院有：(　　)

A. A市B区人民法院

B. C市D区人民法院

C. E市F区人民法院

D. 甲可以向任何国内法院提起诉讼

7. 关于管辖权异议的表述，下列说法正确的是：(　　)

A. 当事人只能对一审案件的管辖权提出异议

B. 当事人未在规定期限内提出管辖权异议，视为受诉人民法院具有管辖权，但违反级别管辖和专属管辖的除外

C. 当事人提出管辖权异议的时间为提交答辩状期间

D. 法院认为管辖权异议成立的，应当驳回起诉

8. 关于专属管辖的表述，下列说法正确的是：(　　)

A. 不动产纠纷是指不动产的权利确认、分割、相邻关系等引起的物权纠纷

B. 不动产未登记的，以不动产实际所在地为不动产所在地

C. 港口作业中工人与雇主之间的劳务费用争议由港口所在地法院管辖

D. 继承案件中有多项动产，应当以价值高的动产所在地为主要遗产地

9. 下列案件中，最高人民法院国际商事法庭有管辖权的案件有：(　　)

A. 甲、乙双方签订标的额为5亿元的稀有金属买卖合同，合同履行地为H国。合同约定，若发生纠纷，由中国最高人民法院管辖

B. 甲、乙双方签订标的额为5亿元的稀有金属买卖合同，合同履行地为H国。后双方发生纠纷，甲将乙起诉至S省高级人民法院；S省高级人民法院受理后，认为本案需要由最高人民法院审理并获准许

C. 甲、乙双方就国际货物买卖发生纠纷，依约由S仲裁中心作出仲裁裁决。S仲裁中心系最高人民法院《关于设立国际商事法庭若干问题的规定》第11条第1款规定的国际商事仲裁机构。现甲向法院申请执行仲裁裁决

D. 甲、乙双方系“一带一路”共建国家重要企业，但其注册地均非中国，双方就处于中国境内某重要设备所有权发生纠纷，最高人民法院认为应当由国际商事法庭审理

## 理解与应用篇

**一、单项选择题，每题所给的选项中只有一个正确答案。**

1. 居住在甲市A区的王先生因情况紧急向甲市B区法院申请对赵先生的财产进行诉前财产保全，赵先生居住地为甲市C区。甲市B区法院依法采取保全措施后，王先生未在法定期间内向赵先生提起诉讼，赵先生因财产被保全而遭受巨大经济损失，为此赵先生欲起诉王先生，请求王先生就自己遭受的损失进行损害赔偿，则下列关于本案的管辖法院说法正确的是：(　　)

A. 应当由甲市A区法院管辖

B. 应当由甲市B区法院管辖

C. 应当由甲市C区法院管辖

D. 甲市B区法院和甲市C区法院都具有管辖权

2. 甲诉乙违约损害赔偿一案由A法院立案管辖，乙在答辩期间届满后未应诉答辩，A法院在一审开庭前，发现案件不属于本院管辖，应当由B法院管辖。下列关于本案管辖的说法正确的是：(　　)

A. 应当移送至B法院管辖

B. 基于管辖恒定原则，仍然由A法院管辖

C. 应当由A法院和B法院协商解决，协商不成的由其共同上级人民法院指定管辖

D. 由于答辩期已届满，应当仍然由A法院管辖

3. 位于A市甲区的某中外合资企业Q与位于A市乙区的某外企T签订合同，约定双方在M国履行某买卖合同。后双方因合同发生纠纷，Q将T起诉至A市甲区法院。A市甲区法院认为本案应当由A市乙区法院管辖，于是将案件移送至A市乙区法院。乙区法院认为该案应当由甲区法院管辖，拒绝接受甲区法院的移送。关于本案的管辖问题，下列说法正确的是：(　　)

A. 因为本案属于中外合资企业与其他民事主体发生的纠纷，所以应当由中国法院专属管辖

B. A市乙区法院对本案享有管辖权

C. 应当先由A市甲区和A市乙区的法院协商确定管辖权，在协商无果的情况下由A市甲区和A市乙区的共同上级人民法院指定管辖

D. A市乙区法院拒绝接受移送的做法是正确的

4. 家住A市东区的刘某因手机过时，常琢磨换部新手机。一日，刘某在A市南区的新天地商城采购办公用品时，发现聚合电子公司新推出的“欢聚”牌智能手机性价比很高，于是就购买了一部。回家后，刘某的儿子小刘（15周岁）见到新手机很是好奇，就用新手机给同学小丽试打电话。二人通话38分钟后，小刘手中的“欢聚”牌智能手机突然爆炸。小刘的右手、右耳、右脸颊受伤，被送去A市西区的医院治疗，医疗费等各项费用总计支出8万元。若聚合电子公司在B市北区，下列哪个法院对此案没有管辖权：（　　）

A. A市东区法院　　B. A市南区法院

C. A市西区法院　　D. B市北区法院

5. 家住北京市A区的赵某在钱某开设的“北京六六车行”网店上购买了一辆代步车。在第一次使用时，代步车突然爆胎，导致赵某摔伤。赵某欲起诉钱某赔偿损失，现已知“北京六六车行”为钱某自购服务器搭建的网站，服务器所在地为北京市B区，钱某住所地为北京市C区。下列哪个法院对此案具有管辖权：（　　）

A. A区法院　　B. B区法院

C. C区法院　　D. 北京互联网法院

**二、多项选择题，每题所给的选项中有两个或两个以上正确答案，少答或多答均不得分。**

1. A区公司的货车在C区与一辆小汽车相撞，经查，小汽车在B区保险公司投保交强险，小汽车司机甲负事故全部责任。甲住所地在D区，小汽车车主为E区的乙，甲系向乙借用。现该公司欲起诉赔偿，下列对本案有管辖权的法院包括：（　　）

A. A区法院　　B. B区法院

C. C区法院　　D. D区法院

2. 位于A县的某热水瓶厂生产了一批热水瓶，其在B县与代理商签订合同协议约定由代理商负责在C县销售。住在D县的杨某在旅游到C县时购买了该热水瓶，后在拿回家使用的过程中因为该热水瓶爆炸而造成杨某面部严重受伤，杨某欲以侵权损害赔偿为由提起诉讼。对该案具有管辖权的法院是：（　　）

A. A县人民法院　　B. B县人民法院

C. C县人民法院　　D. D县人民法院

3. 甲与乙签订买卖合同，约定若在合同履行中产生任何争议均由合同签订地A法院管辖，后甲经乙同意将合同权利义务转让给丙，丙在转让时不知道有管辖协议。在合同履行过程中乙与丙产生争议，乙欲向法院提起诉讼。关于本案的管辖法院下列说法错误的是：（　　）

A. 管辖协议对丙继续有效

B. 管辖协议的效力待定，需要看丙是否追认

C. 管辖协议对丙无效

D. 应当由合同履行地或被告住所地人民法院管辖

4. 居住在上海市浦东区的老王过世后留有位于上海市静安区的房屋一套。老王的儿子王大和王二因为房子的所有权发生争议，后王大向上海市浦东区法院提起诉讼，请求判决房屋归自己所有。在上海市浦东区法院向王二送达起诉状副本后，王二认为此案在上海市静安区法院审理对自己更为有利，于是向静安区的法院也提起了诉讼，请求判决房屋归自己所有，上海市静安区法院接到诉状后进行了立案。关于本案的管辖权下列说法错误的是：（　　）

A. 应当由上海市浦东区法院管辖

B. 应当由上海市静安区法院管辖

C. 上海市浦东区和静安区法院都具有管辖权

D. 应当由两区法院协商确定此案的管辖权，在无法协商确定的情况下由其共同上级人民法院指定管辖

5. 居住在甲市A区的钱某因生意周转需要向居住在甲市B区的王某借款50万元，后钱某因为生意失败，迟迟没有还钱。在王某多次索要无果的情况下，其向甲市A区法院提起诉讼，要求钱某归还借款中的10万元，甲市A区人民法院依法受理了此案。在此案答辩期届满后，王某增加了诉讼请求要求钱某归还全部借款50万元。此时被告钱某提出管辖权异议，认为50万元已经超过了甲市A区人民法院的管辖标准，此案应当由甲市中级人民法院管辖。关于本案管辖的下列说法错误的是：（　　）

A. 由于此案已经答辩期届满，钱某无权再提出管辖权异议

B. 即使增加诉讼金额后应当由甲市中级人民法院管辖，根据管辖恒定原则，也应当由甲市A区人民法院继续管辖本案

C. 如果增加诉讼金额后应当由甲市中级人民法院管辖，则应当裁定钱某的管辖权异议成立并移送甲市中级人民法院

D. 本案甲市B区人民法院也具有管辖权

6. 甲与乙在签订买卖合同时约定，甲与乙在合同履行过程中发生任何争议由合同履行地A区人民法院、被告住所地B区法院管辖。后乙拒绝支付合同价款，并且为了逃避债务将住所地迁至该市C区，双方也没有就合同或债务进行过有效沟通。甲欲通过诉讼实现债权，则关于本案管辖权的下列说法正确的是：（　　）

A. 甲可以向A区人民法院提起诉讼

B. 甲可以向B区人民法院提起诉讼

C. 甲可以向C区人民法院提起诉讼

D. 由于乙住所地进行了变更，因此管辖协议无效

7. 龙某在上海市浦东区某拍卖会拍得价值为12万元的南宋青花瓷器一件。后因有事至南京市，龙某觉得不方便，便在南京当地委托A快递公司（注册地

与运输车辆注册地均在南京市)将瓷器运输到自己在广西南宁的家。由于价值贵重,龙某还在南京B保险公司(注册地为南京市)为该瓷器的运输购买了一份保险。当龙某回到南宁收到快递时,瓷器已损毁为碎片。经调查,瓷器是在广州市中转时损坏的。在与A快递公司和南京B保险公司沟通无果后,龙某欲通过诉讼获取赔偿,下列说法正确的是:(　　)

A. 上海市法院有管辖权

B. 广州市法院有管辖权

C. 南京市法院有管辖权

D. 南宁市法院有管辖权

8. 军人小张与妻子小陈于2020年登记结婚。三年后两人因感情不和起诉离婚。关于离婚诉讼的管辖,下列说法错误的是:(　　)

A. 由于小张是军人,本案由军事法院专属管辖

B. 小张和小陈可以协议选择两人的住所地、主要财产所在地等法院管辖本案

C. 如果在小张起诉之前,小陈因为心情郁闷离家出走下落不明,则本案应按照特殊地域管辖原则由小张的住所地法院管辖

D. 在小张起诉之前,小陈因为被单位派出工作已经离开住所地两年,则本案由小张住所地法院管辖

9. 甲市A县的张三与李四签订房屋买卖合同,合同标的物是李四在乙市B县的祖传住宅一套。房屋交付并在房产部门完成变更登记手续后,张三尚欠李四60万元购房款,李四到甲市A县法院起诉张三索要购房款。甲市A县法院受理此案后,认为本院无管辖权将此案移送到乙市B县法院。乙市B县法院正准备开庭审理此案,该省发生行政区划变更,乙市B县被划归丙市C县。关于本案管辖的说法错误的有:(　　)

A. A县法院不应该将案件移送给B县法院

B. A县法院将案件移送给B县法院符合法律规定

C. B县法院应当将案件移送C县法院

D. B县法院无须将案件移送C县法院

## 综合提高篇

**不定项选择题,每题所给的选项中有一个或一个以上正确答案,不答、少答或多答均不得分。**

1. 北京市A区甲公司与大连市B区乙公司在大连市C区签订购买鲜活鱼的合同,约定由乙公司负责送货,并且必须在7月2日前将货物送到北京市D区水产品市场。于是乙公司找到大连市E区的丙运输公司,与其签订了一份运输合同。合同约定由丙公司将乙公司位于大连市F区的货物于7月1日前运至北京市D区水产品市场。后丙公司以注册在大连市B区的车辆进行运输。该车在从大连向北京运输途中,行至天津A区与居住在天津B区的王某的车辆相撞,车、货俱损,相撞车辆被马上带往位于天津C区的保险公司进行车辆毁损鉴定。7月2日,甲公司收到残损货物,于是便要求乙公司承担违约责任。而乙公司得知货物损失后,也要求丙公司承担违约责任。丙公司则以车祸责任不在己方为由拒绝赔偿,甲公司、乙公司都欲向法院起诉。请回答下列问题:

(1)如果甲公司与乙公司未约定管辖法院,则对甲乙之间的合同纠纷有管辖权的法院是:(　　)

A. 北京市A区人民法院

B. 大连市B区人民法院

C. 大连市C区人民法院

D. 北京市D区人民法院

(2)如果甲公司与乙公司在合同中约定管辖法院,下列哪些约定法院符合法律规定:(　　)

A. 北京市A区人民法院

B. 大连市B区人民法院

C. 大连市F区人民法院

D. 北京市D区人民法院

(3)丙公司在天津发生的车祸,撞毁了天津市某县村民李某停在路边的拖拉机。现李某欲提起损害赔偿诉讼,有管辖权的法院是:(　　)

A. 大连市E区人民法院

B. 天津市某县人民法院

C. 北京市D区人民法院

D. 大连市B区人民法院

2. 住所地在上海市S区的奇狼证券公司与住所地在北京市X区的千度金融科技公司订立合同,约定由千度金融科技公司为奇狼证券公司提供第三方支付服务,服务费为每年2亿元。合同履行后,奇狼证券公司认为千度金融科技公司提供的支付接口反应较慢,致使己方大量客户流失,要求减价支付服务费。千度金融科技公司欲起诉要求奇狼证券公司支付服务费。下列法院中,有管辖权的法院为:(　　)

A. 上海市S区人民法院

B. 上海市某中级人民法院

C. 北京市高级人民法院

D. 上海金融法院

# 第四章　诉*

**一、单项选择题，每题所给的选项中只有一个正确答案。**

1. 老刘乘坐公交车过程中，因司机急刹车而撞在汽车后门上，造成了轻微脑震荡。老刘以违约为由诉至法院，要求公交公司承担违约责任。在诉讼过程中，老刘得知倘若以侵权为由提起诉讼还可以要求公交公司赔偿精神损失，在征得受诉法院同意的情况下，老刘变更要求为公交公司承担侵权责任并赔偿其精神损失。关于本案下列说法正确的是：(　　)

A. 本案属于当事人的变更

B. 本案属于诉讼标的的变更

C. 本案属于原因事实的变更

D. 本案属于诉讼请求的增加

2. 张力向下城区法院起诉，请求王明按照买卖合同的内容交付标的物。下列王明的哪种行为构成了反诉：(　　)

A. 王明请求确认该买卖合同无效

B. 王明主张该买卖合同书系张力伪造

C. 王明主张张力虚构事实侵犯其名誉权

D. 王明向上城区法院起诉，请求张力返还两年前拖欠的借款

3. 周伟将张爱国诉至法院，请求法院判决张爱国支付拖欠的买卖合同货款 50000 元。在庭审过程中张爱国提出周伟的父亲曾向其借了 10000 元，要求用该债权抵债，其偿还周伟 40000 元。在此情况下，法院应如何处理：(　　)

A. 中止给付货款的诉讼

B. 直接驳回张爱国的要求

C. 告知被告张爱国另行起诉

D. 决定延期审理

**二、多项选择题，每题所给的选项中有两个或两个以上正确答案，少答或多答均不得分。**

1. 甲诉乙侵犯健康权纠纷一案在法庭辩论即将终结前，下列哪些情况的发生可以合并审理：(　　)

A. 甲增加诉讼请求，除造成的住院费与医疗费外，另行要求精神损害赔偿

B. 乙提起反诉，要求甲赔偿抓伤自己的医疗费

C. 第三人丙提出与本案有关的诉讼请求

D. 甲基于与乙之间存在的另一买卖合同关系向另一法院提起诉讼要求乙继续履行合同

2. 根据民事诉讼法基础理论及相关规定，下列选项中对于反诉说法错误的是：(　　)

A. 原告基于所有权要求被告返还所占有的动产，被告要求确认自己对该动产享有留置权，被告的行为不构成反诉

B. 黄某向 A 区法院起诉，请求于某按照买卖合同的内容交付标的物。在此情况下，于某向受理法院提出该买卖合同书系黄某伪造，于某的行为不构成反诉

C. 冯某向 B 区法院起诉吴某，称吴某与其妻存在不正当男女关系，冯某要求吴某赔偿精神损失费 10 万元。在庭审中，吴某向法院提出冯某是自己单位的下属，因对自己心怀不满而虚构事实。吴某的行为构成了反诉

D. 周某向人民法院起诉李某，要求其支付 20 万元的微波炉货款。一审判决后，李某提起上诉，并提出周某提供的微波炉存在质量问题，要求周某赔偿损失。在此情况下，二审法院应当将双方的请求合并进行调解，调解不成的，应将案件发回重审。但如周某和李某均同意二审法院对此一并审理的，二审法院可以一并审理裁判

3. 甲以乙拖欠买卖合同价款拒不归还为由向法院起诉乙。本案经一审法院审理后判决甲胜诉，上诉期内双方都没有提出上诉。判决生效后，乙申请再审，法院经审查决定再审。再审过程中，乙提出反诉。参照案情，法院的以下做法不恰当的有：(　　)

A. 受理乙的反诉

B. 将乙的反诉与甲提出的本诉合并审理

C. 判决驳回乙的反诉

D. 就乙的反诉请求进行调解，调解不成的，告知乙另行起诉

4. 在同一诉讼程序中，甲对乙提起两个诉。下列哪些说法是正确的：(　　)

A. 受诉法院对这两个诉均应有管辖权，才能构成诉的客体合并

B. 被告乙有权对法院的合并审理提出异议，法院

---

* 本章答案参见第 72 页。

应当对异议审理并作出裁定

C. 只有甲同意合并审理，才能构成诉的客体合并

D. 法院认为诉的合并不利于诉讼程序顺畅进行的，可将已合并之诉予以分离，以各自的程序分别审判

5. 甲与乙签订合同，约定由乙照顾甲，甲死后将名下的 200 万元与一辆宝马车交于乙。后甲将乙诉至 A 区法院，认为乙在合同履行过程中并未尽到照顾自己的责任，要求解除合同。乙认为自己已经尽到照顾义务，并且提出反诉，要求甲交付双方口头约定的其位于 B 区的房产一套。随后，甲申请撤诉。那么下列说法正确的是：(　　)

A. 甲起诉乙，是变更之诉

B. 乙提出的反诉，是确认之诉

C. 看到乙提出反诉后，甲提出撤诉，法院准许

D. 法院对于乙的反诉裁定不予受理

6. 下列关于诉的类型的说法错误的是：(　　)

A. 段某请求确认妻子苏某为无民事行为能力人，是确认之诉

B. 陈某代儿子小陈起诉前妻张某，要求将小陈的抚养费从每月 500 元增加到每月 1000 元，是给付之诉

C. 刘某起诉妻子李某要求离婚，是变更之诉

D. 马某、罗某申请法院确认调解协议效力，是确认之诉

7. 董某前往个体工商户邵某的邵氏手机店购买一块手机锂电池。由于生意火爆，邵某拿出多款电池让董某挑选，自己和营业员牟某忙于向其他顾客甲、乙、丙等人推荐新款智能手机。董某在自行挑选时，想测验电池真伪，拿起 A 电池就咬，没想到 A 电池爆炸，董某口鼻等多处被炸伤。爆炸引发火灾，邵氏手机店损失惨重，邵某、牟某和甲、乙、丙等店内顾客数十人身体多处被烫伤。现董某认为邵某未尽到安全管理责任，向法院起诉要求赔偿。邵某应诉后，反诉董某，要求其赔偿店内损毁财产。下列关于反诉的构成要件的说法错误的是：(　　)

A. 反诉的原告只能是本诉的被告

B. 董某与邵某在本诉与反诉中诉讼地位相同

C. 邵某必须在举证期限届满前提出反诉

D. 反诉与本诉必须源于同一法律关系

**三、不定项选择题，每题所给的选项中有一个或一个以上正确答案，不答、少答或多答均不得分。**

1. 甲公司和乙公司签订租赁合同，租用乙公司名下的某仓库为期 1 年。合同到期后，甲公司既不撤出货物又不与乙公司续约。乙公司无奈之下向法院起诉，请求法院禁止甲公司继续占用自己的仓库并赔偿之前的占用给乙公司带来的损失。

问题：

(1) 该诉讼不属于哪些类型的诉讼：(　　)

A. 确认之诉　　B. 变更之诉

C. 禁止之诉　　D. 给付之诉

(2) 有关该案件的诉讼标的的说法不正确的有：(　　)

A. 本案诉讼标的是乙公司向法院提出禁止甲公司继续占用自己仓库并提出的赔偿损失的请求

B. 本案诉讼标的是乙公司向法院主张合同已经到期的事实

C. 乙公司与甲公司之间因租赁合同而产生的债权债务关系

D. 乙公司与甲公司之间因侵权而产生的债权债务关系

2. 曹某经营一家面馆，于 2015 年 1 月向孙某借款 2 万元用于面馆经营，约定借款期限为 1 年，合同中未约定利息条款。但 2016 年 1 月合同到期后，曹某以经营不善为由，并未偿还借款，孙某一直催促还款，但并未到法院起诉。2017 年 2 月，孙某至曹某经营的面馆，再次催促还款未果。后孙某点了一碗面，并讽刺道：“卖这么便宜能挣钱才怪！”曹某反驳道：“我想怎么卖就怎么卖！”双方发生肢体冲突，均受到轻微伤。根据该案案情回答下列问题：

(1) 曹某将孙某起诉至法院，要求孙某承担侵权责任；孙某提出反诉，要求曹某承担侵权责任。下列说法错误的是：(　　)

A. 法院不应受理孙某提出的反诉

B. 应当告知孙某另行起诉

C. 应当合并审理

D. 应当裁定诉讼中止，等曹某向孙某提起的诉讼结束后再继续审理

(2) 曹某将孙某起诉至法院，要求孙某承担侵权责任；孙某提出反诉，要求曹某偿还借款 2 万元。下列说法正确的是：(　　)

A. 法院不应受理孙某提出的反诉

B. 应当告知孙某另行起诉

C. 应当合并审理

D. 应当裁定诉讼中止，等曹某向孙某提起的诉讼结束后再继续审理

# 第五章　当　事　人*

## 基础知识篇

**一、单项选择题，每题所给的选项中只有一个正确答案。**

1. 春分公司和夏至公司签订了货物销售合同。春分公司付款后，夏至公司一直没有发货，春分公司为此提起诉讼，请求夏至公司继续履行合同。李某作为春分公司的法定代表人参加了诉讼，王某作为夏至公司的法定代表人参加了诉讼。在诉讼过程中，王某因为损害夏至公司利益的事情而被依法更换，孙某代替王某成为新的法定代表人，则关于本案当事人的说法正确的是：(　　)

A. 应当由孙某代替王某参加诉讼

B. 应当由王某继续参加诉讼

C. 由原告春分公司决定是否更换夏至公司的法定代表人

D. 如果决定更换法定代表人，则原法定代表人王某进行的诉讼行为全部无效

2. 作家老王过世后给三个儿子王大、王二和王三留有房屋三套，其中一套房屋长期被老张租用。在继承遗产的过程中，王大要求老张在租赁期限届满后搬出房屋，老张拒绝搬出房屋并主张自己已经合法取得此房的所有权。在交涉无果的情况下，王大将老张起诉至法院。在案件一审期间，老张散播老王作品为抄袭的谣言以泄私愤，让老王的名誉受损。后王大追加诉讼请求，要求老张就侵害老王名誉权的行为赔礼道歉、赔偿损失。关于本案的当事人下列说法正确的是：(　　)

A. 人民法院应当通知王二和王三作为共同原告参加诉讼

B. 因为是王大起诉，人民法院应当直接将王大列为单独原告

C. 如果人民法院通知了王二和王三，其表示不愿意参加诉讼，但是依旧表示房屋应当有自己的份额，那么就不应再将其列为共同原告

D. 王大提出的名誉权侵权赔偿的诉讼请求，因主体资格不健全，法院应当驳回起诉

3. 下列关于当事人能力的说法正确的是：(　　)

A. 有民事诉讼权利能力者必定是适格当事人

B. 适格当事人必定是有民事诉讼权利能力者

C. 当事人能力与当事人适格均由法律明确加以规定

D. 诉讼标的的主体一定是本案的适格当事人

4. 甲诉乙合同违约，丙作为无独立请求权第三人参加诉讼。在诉讼过程中，甲、乙双方同意进行调解。调解过程中，法院需要确定由丙承担义务。这种情况下，下列表述正确的是：(　　)

A. 甲、乙达成调解协议即可，无须经过丙的同意

B. 法院在调解过程中，可以征询丙的意见，也可以不征询丙的意见

C. 法院进行调解需要经丙同意

D. 丙在法院送达调解书之前反悔的，法院应当继续调解

5. 甲是乙企业设立的分支机构，甲与丙企业签订了货物运输合同。后甲在运输货物的过程中因重大过失造成大量货物毁损，给丙企业带来巨大经济损失。现丙企业欲向法院提起诉讼要求获得相应赔偿，则关于本案的被告，下列说法中正确的是：(　　)

A. 应当以甲和乙作为共同被告提起诉讼

B. 应当直接以甲为被告提起诉讼

C. 若甲为乙依法设立的分支机构，但没有领取营业执照，以乙为被告提起诉讼

D. 若甲为乙依法设立的分支机构，则应当直接以甲为被告提起诉讼

6. 思法公司诉瑞旭公司要求瑞旭公司支付著作权使用金，瑞旭公司称已经将款项交付思法公司的员工李某，思法公司承认李某为其财务人员，但公司并未收到款项。法院依据申请，通知李某参加诉讼。关于李某在本案中诉讼地位的确定，下列说法正确的是：(　　)

A. 共同原告　　B. 共同被告

C. 第三人　　D. 证人

7. 甲乙两个工厂均向丙的农田排放工业污水，造成丙的农田里的种植物大量死亡，丙向法院提起诉讼，要求侵权损害赔偿，则关于甲和乙在本案中诉讼地位的确定，下列说法正确的是：(　　)

A. 倘若丙只起诉甲，则应当只列甲为被告

B. 甲和乙为本案的必要共同诉讼被告，均应当列为被告

C. 倘若丙只起诉甲，则应当列乙为无独立请求权的第三人

D. 甲和乙为本案的普通共同诉讼被告，可以由丙

---

* 本章答案参见第 73 页。

自由决定起诉哪一方

8. 甲乙二人均为年过七旬的老人,有一处房产,膝下育有一子丙。丙不务正业,因赌博欠下债务无力偿还,丙拿出两位老人家中的房产证等证件,办理了抵押贷款,无力偿还。后债主丁上门,要求甲乙二人搬出并交付房屋。争执期间,自称债主的戊也找上甲乙,同样要求甲乙二人搬出并交付房屋。但是对于房屋归属,丁和戊也无法商榷。后丁到法院起诉丙,要求法院将房屋判归自己所有,戊听说后,也到法院,声称自己才是房屋的所有人,甲乙二人同样到法院,主张丙签订的抵押协议无效,房屋归甲乙所有。那么请问下列说法正确的是:(　　)

A. 甲和乙不是本案当事人

B. 丙作为本案当事人不适格

C. 丁是有独立请求权的第三人

D. 戊是无独立请求权的第三人

9. 兰兰和丽丽是好姐妹,她们在美容院护肤的时候,由于美容院使用了过期的护肤产品,导致两人面部出现红斑。兰兰提起诉讼,请求美容院赔偿。法院受理后,丽丽也向法院提起了诉讼,请求损害赔偿。法院在征得当事人同意后决定将两个案件合并审理。在本案中兰兰的诉讼地位是什么:(　　)

A. 必要共同诉讼原告

B. 普通共同诉讼原告

C. 有独立请求权的第三人

D. 无独立请求权的第三人

10. 甲从乙处购得一台机器,使用不久即损坏,甲认为机器的某部件有问题,遂起诉要求乙赔偿损失。乙则认为该部件的工艺没有问题,如果该部件有质量问题,也是由于丙提供的钢材质量存在问题。下列关于丙在本案中诉讼地位的说法正确的是:(　　)

A. 应当追加为必要共同诉讼被告

B. 应列为无独立请求权的第三人

C. 应列为有独立请求权的第三人

D. 应列为普通共同诉讼被告

11. 甲、乙、丙分别是某一审民事案件的原告、被告和有独立请求权的第三人。在庭审过程中,甲申请撤诉,法院准许原告撤诉后诉讼应当怎样进行:(　　)

A. 将丙作为另案原告,甲、乙作为另案被告,诉讼另行进行

B. 由法院根据案件的具体情况灵活处理

C. 裁定诉讼终结

D. 将丙作为另案原告,甲、乙作为另案被告,诉讼继续进行

**二、多项选择题,每题所给的选项中有两个或两个以上正确答案,少答或多答均不得分。**

1. 赵某雇用保姆卢某为其整理家务和做饭。一日,卢某做饭期间忘记关火,导致火灾。后火势蔓延至邻居金某家中,造成金某严重烧伤。现在金某就医疗费欲提起诉讼,但是诉讼过程中由于伤情恶化,不幸去世。金某无配偶,膝下有成年儿子小金。下列说法正确的是:(　　)

A. 法院应当直接通知小金作为原告加入诉讼

B. 法院应当裁定中止诉讼,并且通知小金让其表明是否参加诉讼

C. 应当以赵某为被告

D. 应当以赵某和卢某为共同被告

2. 甲、乙、丙三人一起从事烟草生意。某次三人一同前往A市购货,同住在A市某宾馆,甲、乙晚上出外游玩,将装有8万元现金的皮箱交由丙保管。丙碰到朋友丁,在餐厅喝得大醉,被丁送回后在房间昏睡到第二天中午,醒来后发现皮箱已经不知所踪。甲、乙和宾馆交涉未果,即向法院起诉丙,要求赔偿损失。一审法院判决丙赔偿甲、乙损失6万元,甲、乙各一半。判决作出后甲对分配表示不满,认为自己应当获得4万元赔偿,遂提起上诉。关于本案二审程序中三人的诉讼地位的说法错误的是:(　　)

A. 甲为上诉人,乙、丙均为被上诉人

B. 甲为上诉人,乙应依原审诉讼地位列明,丙为被上诉人

C. 甲为上诉人,应将乙列为被上诉人,丙则依原审诉讼地位列明

D. 法院应当追加乙为甲的共同上诉人,丙则为被上诉人

3. 李纳德向北京市海淀区苏菲家政公司要求委派一位擦玻璃工,苏菲家政公司委派工作人员小梅前往。小梅在擦玻璃时,不慎将李纳德的波兰琥珀打碎。李纳德让小梅赔,小梅说赔不起。李纳德找苏菲家政公司,该公司称琥珀是小梅打碎的,与其无关。李纳德遂向人民法院起诉。小梅、苏菲家政公司的诉讼地位分别是:(　　)

A. 小梅为被告

B. 苏菲家政公司应处于被告的诉讼地位

C. 小梅为无独立请求权的第三人

D. 苏菲家政公司和小梅为共同被告

4. 下列说法正确的是:(　　)

A. 在劳务派遣期间,被派遣的工作人员因执行工作任务造成他人损害的,以接受劳务派遣的用工单位为当事人

B. 营业执照上登记的经营者与实际经营者不一致的,以登记的经营者和实际经营者为共同诉讼人

C. 在诉讼中,未依法登记领取营业执照的个人合伙的全体合伙人为共同诉讼人

D. 当事人之间的纠纷经人民调解委员会调解达成协议后,一方当事人不履行调解协议,另一方当事人向人民法院提起诉讼的,人民调解委员会和对方当事

人为共同被告

## 理解与应用篇

**一、单项选择题，每题所给的选项中只有一个正确答案。**

1. 个体工商户崔某从1999年起在某市经营一家饭店，领取了营业执照。2006年因妻子生病急需用钱，加上需要照顾病人无力继续经营，因而经协商将饭店转让给赵某，但双方并未办理营业执照的更名手续。2010年5月，赵某在经营过程中不慎致使多名顾客食物中毒，这些顾客决定向法院起诉请求赔偿损失。他们应怎样确定被告：(　　)

A. 赵某是无独立请求权的第三人，崔某是证人

B. 崔某是被告，赵某是无独立请求权的第三人

C. 崔某与赵某是共同被告

D. 崔某是被告，赵某是证人

2. 甲公司从乙公司购入其生产的电子元件若干，后又销售给丙公司用于电子仪器的装配。在装配过程中，丙公司发现该批电子元件质量不符合要求，遂暂时停止向甲公司支付货款，并要求其赔偿。甲公司认为该批电子元件并非自己生产，而且在包装运输过程中也不至于造成损坏，质量问题应当由乙公司负责。因此甲公司拒绝了丙公司的赔偿请求，并且要求其支付相应的货款。鉴于此，丙公司向人民法院提起诉讼，并请求法院追加乙公司为第三人参加诉讼。甲公司在诉讼过程中提出反诉，请求丙公司支付货款。在本案中，乙公司可以进行下列哪项与诉讼相关的行为：(　　)

A. 认为受理丙公司起诉的法院不具有管辖权，因此提出管辖权异议

B. 认为甲公司提起的反诉没有道理，因此向法院申请撤回反诉

C. 法院判决甲公司承担赔偿责任时，认为判决有明显错误而提起上诉

D. 法院判决其承担责任时，履行法院判决

3. 老杨有一11周岁的儿子小杨。一日，小杨通过老杨的手机解锁了一辆共享单车在小区内玩耍，由于控制不当，将同小区刘某的跑车的倒车镜撞掉。因赔偿额始终无法达成一致，刘某现在欲提起诉讼要求老杨和小杨赔偿自己的损失。下列说法正确的是：(　　)

A. 刘某应当将共享单车公司作为被告

B. 刘某应当将小区物业作为被告

C. 刘某应当将小杨作为被告

D. 刘某应当将小杨和老杨作为共同被告

4. T市是国家著名的旅游城市，拥有诸多5A级景区，每年游人如织。2017年，蒋某在未经政府批准的情况下，擅自在T市郊区建立了R化工厂。R化工厂排出的诸多废弃物污染了T市的旅游景观，造成T市水源和植被的大量破坏。现有关主体欲对R化工厂提起诉讼，下列说法正确的是：(　　)

A. T市检察院可以直接向T市法院提请公益诉讼，要求蒋某和R化工厂承担相应的环境侵权责任

B. T市消费者协会的成员们对R化工厂的行为深恶痛绝，其可以向T市法院起诉R化工厂

C. T市市民李某的鱼塘也被R化工厂排出的废弃物所污染，在T市法院受理关于R化工厂的公益诉讼案件后，李某便不能再提请诉讼

D. T市法院受理关于R化工厂的公益诉讼后，依法可以提起诉讼的其他机关和有关组织经T市法院准许参加诉讼的，应列为共同原告

5.《民事诉讼法》在第三人撤销之诉的提起中，规定的第三人因不能归责于本人的事由未参加诉讼的，不包括下列哪项情形：(　　)

A. 不知道诉讼而未参加的

B. 申请参加未获得准许的

C. 知道诉讼，但因为客观原因无法参加的

D. 未经法庭允许中途退庭按撤诉处理的

6. 老张有套房，老张死后，儿子张甲与张乙就房产分割问题发生争议，张甲将张乙诉至法院，老张已出嫁的女儿张丙知道后，认为自己有权继承遗产，于是向法院提出请求，下列选项正确的是：(　　)

A. 张甲和张乙为原告，张丙为被告

B. 张甲和张丙为原告，张乙为被告

C. 张丙为原告，张甲和张乙为被告

D. 张甲为原告，张乙为被告，张丙为第三人

**二、多项选择题，每题所给的选项中有两个或两个以上正确答案，少答或多答均不得分。**

1. 根据《民事诉讼法》的相关规定，下列说法哪些是正确的：(　　)

A. 在某学校课间活动时，魏某(10周岁)将王某(9周岁)的双眼划伤，致使王某的右眼失明、左眼视力下降。王父要求魏父赔偿王某的医疗费、伤残费共计5万元。如果魏父拒绝赔偿，王父可以以原告身份到法院起诉，将魏父与魏某列为共同被告

B. 张某在某杂志上发表了一篇纪实文学《村官》，以因病逝世的前任村委会主任王某的事情为原型，小说中描写了王某大量滥用职权的行为，并且以王某陪吃陪喝酒精中毒而死作为小说结尾。王某的弟弟非常不满，要求王某的儿子小王将张某告上法庭，小王表示赞同。此时，小王和王某的弟弟可以自己去法院提起诉讼

C. 李某、王某与张某等10人进行个人合伙，没有登记领取营业执照。李某以合伙人的名义与甲公司签订协议，后因拒不履行该协议被甲公司诉至人民法院。则在本案中李某、王某与张某等10人应当作为共同被告，且其可以推选代表人

D. 牛某是 A 市的建材经销商,因资金周转困难,便从 A 市杨某处借了 50 万元,购买了一批建材销售给了 B 市的齐某,约定价款为 60 万元。但齐某收货后并未按约定付款,牛某也未按期催要。后牛某、杨某之间的借款还款期到,杨某要求牛某还钱,牛某说因为齐某没有支付货款,所以无力偿还。杨某此时可以作为原告直接起诉齐某

2. 张甲和王乙发生纠纷,张甲将王乙诉至法院,一审张甲胜诉。王乙不服上诉,在二审过程中,二审法院发现刘丙是必须参加诉讼的当事人。那么下列说法不正确的是:(　　)

A. 二审法院应当直接发回重审

B. 二审法院应当将其追加为本案当事人,并依法作出裁判

C. 不能将其追加为本案的当事人,应当直接驳回上诉人的上诉请求

D. 应当先行调解,调解不成的发回重审

3. 在民事诉讼中,对于被告的确认,下列说法正确的是:(　　)

A. 罗某与万某出资成立 ABC 英语培训公司,在市场监督管理部门登记之前就以 ABC 英语培训公司的名义订购桌椅 200 套,后因资金问题无法支付货款,桌椅生产厂商向法院起诉,应当将罗某与万某作为被告

B. 罗某是 ABC 英语培训公司的法人,委托朋友张某订购桌椅 50 套,并且给了张某公司的公章和授权委托书,后张某订购了 200 套桌椅,ABC 英语培训公司拒绝支付多余价款,桌椅生产厂商向法院起诉,应当将张某作为被告

C. 罗某是 ABC 英语培训公司的法人,因经营不善公司倒闭,但罗某依旧以 ABC 英语培训公司的名义从事培训服务,后与学生方某发生纠纷。方某到法院起诉时,应当将罗某列为被告

D. ABC 英语培训公司与 DEF 英语培训公司合并成 XYZ 英语培训公司,但是 ABC 英语培训公司并不知道 DEF 英语培训公司对外有 200 万元的债务,后债权人王某向法院起诉,应当将 XYZ 英语培训公司列为被告

4. 甲工厂的违规排污行为致使附近上百户村民的农田严重受损,给其造成严重的经济损失。现这上百户村民欲共同向法院提起诉讼,则下列关于本诉讼的说法正确的是:(　　)

A. 该诉讼可以由当事人推选代表人进行诉讼

B. 若该诉讼在起诉时人数尚未确定,受诉法院可以发出公告,通知权利人在一定期间内登记

C. 在该诉讼中若当事人推选不出代表人,则每户村民可以另行起诉

D. 当事人推选出的代表人可以与甲工厂和解,无须经被代表的当事人同意

5. 小张因为急需购买婚房而向同学小王借款。为了顺利拿到借款,小张向自己开贸易公司的舅舅借用了合同专用章,以该贸易公司的名义与小王签订了借款协议并拿到借款 50 万元。借款到期后,小王经过多次索要,仍旧没有得到任何清偿。于是小王诉至法院,请求拿回借款和利息。关于本案适格被告的确定,下列说法错误的是:(　　)

A. 只能将小张列为被告

B. 只能将贸易公司列为被告

C. 应当将小张列为被告,将贸易公司列为无独立请求权的第三人

D. 应当将小张和贸易公司列为共同被告

6. 关于环境公益诉讼,下列说法正确的有:(　　)

A. 环境公益诉讼中,被告不得以反诉的方式提出诉讼请求

B. 某一社会环保组织在不设区的地级市人民政府的民政部门登记,尽管符合其他条件,也不能作为公益诉讼的原告起诉

C. 作为公益诉讼原告的社会环保组织提起的诉讼所涉及的社会公共利益,应与其宗旨和业务范围具有关联性

D. 因污染海洋环境提起的公益诉讼,由污染发生地海事法院专属管辖

7. 下列案情中可以提出第三人撤销之诉的有:(　　)

A. 甲并不知道自己所住房屋在乙丙的纠纷中被判决给乙

B. 居住在北京的甲欲到上海参加乙丙之间本属于自己的名画归属诉讼,但由于飞机途中遭遇无人机干扰而迫降于济南,导致无法参加

C. 甲从朋友那里听说乙丙的买卖合同纠纷由于乙请的律师不靠谱而败诉,故提出第三人撤销之诉

D. 甲在收拾家中物品时发现,原来一年以前自己的亲兄弟乙丙通过诉讼将父母在老家的房产进行了分割,而并未通知自己

8. 甲与乙因某笔记本电脑的所有权问题产生争议,甲诉至法院,受诉法院经审理后作出终局判决。判决作出后,第三人丙以该判决损害其民事权益为由向法院提起第三人撤销之诉,要求撤销原判。下列关于丙提起的诉讼说法正确的是:(　　)

A. 应当以甲、乙为共同被告

B. 应当以原审原告甲为单独被告

C. 若在原审中存在有独立请求权第三人丁,在丙提起的诉讼中应当列丁为被告

D. 若在原审中存在没有被判决承担责任的无独立请求权第三人戊,在丙提起的诉讼中应当列戊为第三人

9. 某装修公司 L 在对一大型商场装修时使用劣质

材料，造成商场内大量工作人员头晕、恶心和呼吸道疾病，现商场工作人员欲起诉L。关于此诉讼，下列说法错误的是：(　　)

A. 由于商场拥有大量工作人员，因此法院在诉讼过程中可以随时接受声称受到损害的工作人员作为共同原告

B. 工作人员在起诉时，应当推举出1～5名代表进行诉讼

C. 如果工作人员无法推举出相应代表，可以自己直接作为代表参加诉讼

D. 某工作人员在诉讼结束后才发现自己也因L的侵权行为遭受了损害，此时其向法院起诉的，法院应重新认定L对该工作人员的侵权情况并作出独立判决

10. 谭某诉邱某要求其支付买卖合同货款。诉讼过程中，因急缺资金，谭某将合同债权转让给刘某，并通过微信消息告知邱某。下列关于诉讼地位的表述正确的是：(　　)

A. 法院生效判决对刘某发生法律效力

B. 刘某可以申请以无独立请求权的第三人的身份参加诉讼

C. 刘某可以申请替代谭某为原告参加诉讼

D. 法院可以不准许刘某替代为原告参加诉讼

## 综合提高篇

**不定项选择题，每题所给的选项中有一个或一个以上正确答案，不答、少答或多答均不得分。**

1. 张大、张二和张三系兄弟，父母早亡。三人共同继承了父母在A县的房屋共五间，房屋的产权证明、法定继承公证书等由张三保管。由于三人均在B市生活工作，没有在老家居住。5年后，张三由于生意失败，急需资金周转，便将老家五间房屋转卖给位于C市的生意伙伴崔某。不久，张二得知此事，与崔某协商不成，遂向法院起诉，要求确认他对房屋的所有权。据此，回答下列问题：

(1) 此案应当由哪个法院管辖：(　　)

A. A县人民法院

B. B市人民法院

C. C市人民法院

D. A县、B市、C市法院均无管辖权

(2) 如果在一审和二审中法院分别发现张大没有参加诉讼，则应当如何处理：(　　)

A. 一审中依职权追加张大为必要共同原告，二审中先行调解，调解不成的发回重审

B. 一审应当驳回起诉，二审直接裁定撤销原判，发回重审

C. 一审和二审中都应当依职权通知张大以有独立请求权的第三人的身份加入诉讼

D. 一审应当依职权追加张大为必要共同原告，二审应直接裁定撤销原判，发回重审

(3) 如果崔某购买房屋符合善意取得的要件并参加诉讼，则他在本案诉讼中处于何种诉讼地位：(　　)

A. 有独立请求权的第三人

B. 证人

C. 无独立请求权的第三人

D. 共同被告

(4) 如果法院作出生效判决一个月后，张大才得知诉讼情况并向法院提起了第三人撤销之诉，那么下列说法不正确的是：(　　)

A. 人民法院应当在收到张大起诉状7日内立案，或者裁定不予受理

B. 如果张大对于生效判决确认的事实没有异议，只认为原判决适用法律错误，则人民法院在审理第三人撤销之诉时可以书面审理，不必开庭

C. 如果张大的诉讼请求是确认其对于争议房屋具有所有权，法院认为张大的诉讼请求成立，原判决确有错误，则应改变原判决内容的错误部分

D. 如果张大在提起第三人撤销之诉后，向执行法院提起对生效判决的执行异议，那么在法院裁定驳回其异议后，张大无权申请对生效判决进行再审

2. A市甲企业欠乙企业货款200万元，由某城市银行A市支行提供担保。乙企业从丙处购得价值188万元的机床一台，和丙协商后以自己对甲的债权充抵机床价款，并征得了某城市银行A市支行的同意。后甲企业在履行债务时和丙发生纠纷，丙向甲企业营业地C市法院提起诉讼，要求甲企业偿还债务。甲企业对丙的债权表示异议。请回答：

(1) 若乙参加诉讼，无权进行下列哪些行为：(　　)

A. 提出管辖权异议

B. 申请撤诉

C. 委托诉讼代理人

D. 在法院判决自己向丙承担责任时，提出上诉

(2) 若丙对某城市银行A市支行也提起诉讼，则关于其诉讼地位的说法不正确的是：(　　)

A. 可以将某城市银行A市支行与甲企业列为共同被告

B. 可以将某城市银行与甲企业列为共同被告

C. 某城市银行A市支行和甲企业只能分别作为被告

D. 只能由某城市银行和甲企业分别作为被告

3. 董某前往个体工商户邵某的邵氏手机店购买一块手机锂电池。由于生意火爆，邵某拿出多款电池让董某挑选，自己和营业员牟某忙于向其他顾客甲、乙、丙等人推荐新款智能手机。董某在自行挑选时，想测验电池真伪，拿起A电池就咬，没想到A电池爆炸，董某口鼻等多处被炸伤。爆炸引发火灾，邵氏手机店损

失惨重，邵某、牟某和甲、乙、丙等店内顾客数十人身体多处被烫伤。

（1）董某起诉邵某承担侵权责任，申请法院追加A电池的生产商A厂参加诉讼，请问A厂在诉讼中可能的诉讼地位是：（　　）

A. 共同被告

B. 证人

C. 无独立请求权第三人

D. 有独立请求权第三人

（2）店内顾客甲、乙、丙等15名受伤顾客欲向法院起诉邵某，请求人身损害赔偿。下列关于代表人诉讼的表述说法正确的是：（　　）

A. 可由部分受伤顾客推选自己的代表人

B. 代表人可以委托诉讼代理人参加诉讼，无须经过被代表的当事人同意

C. 代表人与对方达成和解协议，需经过被代表的当事人过半数以上同意

D. 若选不出代表人，顾客应自己参加诉讼

# 第六章　诉讼代理人*

**一、单项选择题，每题所给的选项中只有一个正确答案。**

1. 小明因合同纠纷欲起诉大明，小明因工作繁忙无法参加诉讼欲委托诉讼代理人，则下列人员中不可被委托为诉讼代理人的是：（　　）

A. 大明的律师谢某

B. 基层法律工作者张某

C. 小明的文盲哥哥小黄

D. 居委会推荐的法学博士曹某

2. 甲委托乙代为进行诉讼，在诉讼过程中甲希望变更代理权限。关于本案的处理，下列说法正确的是：（　　）

A. 只需变更委托代理协议即可

B. 甲口头告知法院变更事宜即可

C. 甲应当将变更事宜书面告知人民法院，并由人民法院通知对方当事人

D. 法院应当不予准许甲的变更请求

3. 关于诉讼代理人的代理权消灭，下列说法正确的是：（　　）

A. 委托诉讼代理人在第一审程序进行代理，第一审程序结束后，诉讼代理权不消灭

B. 未成年人在诉讼过程中年满18周岁的，原监护人仍然可以代理其进行诉讼

C. 委托诉讼代理人在第一审程序进行代理，第一审程序结束后，诉讼代理权消灭

D. 委托诉讼代理人在第一审程序进行代理，第一审程序结束后，如果当事人提起上诉，第二审程序的委托诉讼代理人与第一审程序相同的，无须向第二审法院另行提交授权委托书

4. 甲十分相信律师乙的业务水平，便将自己与丙的买卖合同纠纷一案委托于乙并写了一份委托书，写明案件由乙全权代理。那么乙能够做的工作是：（　　）

A. 收集证据

B. 变更甲的诉讼请求

C. 与丙达成和解

D. 不服一审判决提出上诉

**二、多项选择题，每题所给的选项中有两个或两个以上正确答案，少答或多答均不得分。**

1. 关于民事诉讼中的诉讼代理人，以下哪些说法是正确的：（　　）

A. 法定代理人和委托代理人的区别在于取得代理权限的方式不同，但是其代理权限相同

B. 不论法定诉讼代理人还是委托诉讼代理人，都不具有当事人的地位

C. 如果被代理人死亡，那么法定代理人的身份自动消灭

D. 法定代理人不可以再委托诉讼代理人

2. 下列关于社会团体推荐公民担任诉讼代理人的说法正确的是：（　　）

A. 社会团体属于依法登记设立或者依法免予登记设立的非营利性法人组织

B. 被代理人属于该社会团体的成员，或者当事人一方住所地位于该社会团体的活动地域

C. 代理事务属于该社会团体章程载明的业务范围

D. 被推荐的公民是该社会团体的负责人或者与该社会团体有合法劳动人事关系的工作人员

3. 周丹和焦海是夫妻，后周丹以感情破裂为由，起诉离婚。周丹委托其父亲周涛为诉讼代理人，焦海委托律师翟伟为诉讼代理人。下列做法错误的是：（　　）

* 本章答案参见第77页。

A. 周丹以不愿意再见焦海为由不出庭，由其父全权代理

B. 焦海以周涛过去对其有成见为由，申请周涛回避

C. 焦海认为自己委托诉讼代理人后，即可以不再出庭

D. 焦海因出国考察无法出庭，向人民法院提交书面意见并由翟伟代其宣读意见书

4. 甲婚后即前往 A 国攻读学位，后留在 A 国工作。其妻乙在分居多年后向法院提起离婚诉讼，并委托其兄丙代理诉讼，丙曾在监所服刑 9 个月。乙由于不愿意在庭审中再提起与甲的婚姻往事，在对其兄丙的书面委托书的委托权限中写明“全权委托”便不再出庭。甲闻讯后委托国内某律师事务所律师丁代理应诉，并将授权委托书直接邮寄到该律师事务所。甲在电话中授权丁处理诉讼全部事宜，并阐述了自己对财产分割的意见，丁在法庭上向法官口头转述了甲的意见。法院根据双方的辩论情况作出了判决。结合案情，以下哪些说法是错误的：(　　)

A. 乙可以委托曾经服刑的丙代理诉讼。由于是全权委托，丙可以在诉讼过程中减少乙要求分割的财产数额

B. 甲将授权委托书直接邮寄到律所，其委托是有效委托

C. 甲在电话中授权丁处理诉讼全部事宜，该授权产生全权委托的效力

D. 由于丁在法庭上已经向法官口头转述了甲对案件处理的意见，甲无须再提交书面意见；乙已全权委托其兄代理诉讼，乙也无须再出庭

5. 某社会团体欲为被诉侵犯著作权的小李推荐公民担任诉讼代理人，该社会团体应当满足的条件是：(　　)

A. 该社会团体必须为依法登记的营利性法人组织

B. 小李属于该社会团体的成员，或者该诉讼的当事人的住所地位于该社会团体的活动地域

C. 代理事务属于该社会团体章程载明的业务范围

D. 被推荐的代理人小莫是该社会团体的工作人员

6. 北京冬奥组委为 2022 年冬奥会征集吉祥物形象。5 岁的小马擅长画画，其父马某在朋友圈晒出小马画的冰雪小人形象，被马某的同事孙某窃取后稍作修改，投稿北京冬奥组委并被选中。现马某欲起诉孙某，追究其抄袭小马画作的责任。下列关于小马和马某诉讼地位的说法错误的是：(　　)

A. 由于小马是无民事行为能力人，因此其父马某是本案的当事人

B. 马某在本案中可以代小马实施所有诉讼行为而无须得到小马的同意

C. 在诉讼过程中，马某不幸遇车祸死亡，则本案应当裁定终止诉讼

D. 马某聘请律师胡某参与诉讼，则胡某是马某的诉讼代理人

7. 关于民事诉讼中的诉讼代理人，下列说法错误的是：(　　)

A. 张某曾因盗窃被判处有期徒刑，不能担任委托代理人

B. 李某为王某离婚诉讼中的委托代理人，王某可以不亲自出庭

C. 周某为郑某的“全权代理”诉讼代理人，故周某可以代为上诉

D. 甲作为未成年人乙的法定代理人参与诉讼，诉讼过程中乙因成年而取得诉讼行为能力，甲可以自动转化为委托代理人

**三、不定项选择题，每题所给的选项中有一个或一个以上正确答案，不答、少答或多答均不得分。**

张风因饮用了博瑞食品公司的罐装饮料而发生水银中毒，经救治恢复后，他决定向法院起诉博瑞食品公司。张风为了赢得诉讼打算委托诉讼代理人，其间遇到以下问题：

(1) 下列哪些人员可以作为张风的诉讼代理人：(　　)

A. 张风所在市的消费者协会推荐的工作人员

B. 张风住所地的基层法律工作者

C. 博瑞食品公司的法律顾问傅某

D. 张风所在单位推荐的单位法律顾问李进步

(2) 如果张风在授权委托书中写明其委托的诉讼代理人李雨为全权代理，但并无具体授权，则李雨在诉讼过程中有权作出的行为有：(　　)

A. 与博瑞食品公司达成和解协议，获得高额的赔偿费用

B. 申请对博瑞食品公司进行财产保全

C. 申请法院依职权调取证据

D. 一审判决后提出上诉

# 第七章 民事证据*

**一、单项选择题,每题所给的选项中只有一个正确答案。**

1. 赵某与王某发生借贷纠纷,赵某于2023年9月14日向法院起诉,并向法院提供证人甲的证言。甲说他亲眼见到赵某与王某签订借款合同,还款日期是2023年5月17日,看到赵某将现金交给王某。王某向法院提交赵某亲笔所写的收条原件一张,并提供证人乙的证言。乙说他听说王某已经将钱还给了赵某。根据本案情况,下列说法正确的是:(　　)

A. 王某提交的收条是物证和原始证据

B. 甲所说证言是本证和派生证据

C. 乙所说证言是反证和直接证据

D. 王某提交的收条是本证和书证

2. 甲与乙公司发生买卖合同纠纷,甲准备起诉乙公司。下列关于证据保全的说法错误的是:(　　)

A. 如果甲准备在起诉前向人民法院申请证据保全,可以向乙公司所在地法院申请

B. 如果甲在起诉前向人民法院申请证据保全且在法院采取保全措施15日内不起诉,则法院应当解除该保全措施

C. 如果甲在起诉后准备申请证据保全,他应在举证期限届满前书面提出

D. 如果人民法院在受理本案后发现乙公司有转移证据的行为并使证据可能灭失时,人民法院可以裁定采取证据保全措施

3. 甲公司诉乙公司侵犯知识产权一案中,双方当事人对乙公司所使用的生产技术是否与甲公司的生产技术雷同产生争议,而关于乙公司生产技术的详细说明存在于乙公司的技术开发合同中。为了证明乙公司确实擅自使用甲公司的专利技术,甲公司向法院申请要求乙公司提交其技术开发合同,法院予以准许。下列说法正确的是:(　　)

A. 甲公司可以在庭审中提出口头申请

B. 甲公司应在举证期限届满前提出申请

C. 在乙公司无正当理由拒绝提供技术开发合同的情况下,法院应当依职权调取乙公司的技术开发合同

D. 在乙公司无正当理由拒绝提供技术开发合同的情况下,人民法院应当判决乙公司败诉

4. 李明和张娜是男女朋友关系,二人因感情不和分手。分手后李明非常后悔,希望复合,张娜则与另一男子王壮交往。一天在餐厅中,李明看到张娜和王壮共进烛光晚餐,不禁怒火中烧。他冲过去大打出手,造成了王壮鼻梁骨骨折,张娜和用餐顾客吴敏看到了全过程。王壮向法院提起诉讼,并申请张娜和吴敏作为证人出庭作证。下列说法正确的是:(　　)

A. 张娜和双方当事人具有利害关系,可以不出庭作证,而吴敏必须出庭作证

B. 在诉讼过程中,吴敏突发疾病,经人民法院许可,可以不出庭作证

C. 张娜和吴敏因为履行出庭作证义务而支出的必要费用,由法院预付

D. 人民法院在张娜作证前告知其如实作证的义务以及作伪证的法律后果,张娜拒绝签署保证书,不影响其出庭作证

5. 甲公司诉乙公司知识产权侵权一案在审理过程中,需要相关技术的专业鉴定,则关于本案鉴定人的确定,下列说法正确的是:(　　)

A. 应当由甲公司和乙公司协商确定鉴定人

B. 应当由原告甲公司确定鉴定人

C. 应当由受诉法院直接指定鉴定人

D. 在当事人没有申请鉴定的情况下,受诉法院不能依职权主动委托鉴定人

6. 关于法院可以在诉讼中主动依职权采取的措施中,下列说法正确的是:(　　)

A. 涉及国家秘密、商业秘密、个人隐私或者法律规定应当保密的证据,法院可以主动进行调查

B. 对于案件中的某项专业技术问题,法院可以主动依职权邀请某大学的权威教授潘某作为有专门知识的人出庭进行探讨

C. 在某一案件中,关于标的物玉器的价值,双方当事人存在争议,法院可以主动启动鉴定程序,对玉器的价值进行评估

D. 罗某诉子女赡养纠纷案中,法院的法官谢某十分同情罗某的遭遇,在案件尚未宣判前主动裁定先予执行,让罗某获得相应的赡养费用

**二、多项选择题,每题所给的选项中有两个或两个以上正确答案,少答或多答均不得分。**

1. 明星李某诉甲报社侵犯名誉权一案需要确定举证期限,下列关于该案举证期限的说法错误的是:(　　)

A. 该举证期限应当由法院确定,当事人无权确定

---

* 本章答案参见第78页。

举证期限

B. 李某如果想申请延长举证期限应当在法庭辩论终结前提出

C. 甲报社因客观原因申请延长举证期限，法院准许后，该延长的举证期限不适用于李某

D. 李某因重大过失而逾期提供用以直接证明甲报社是否实施了侵权行为的证据，则该证据因逾期而无法被采纳

2. 下列哪些证据法院可以依职权进行调查收集：(　　)

A. 在分割遗产的诉讼中，对是否遗漏共有人的调查

B. 关于本案人民陪审员王某曾经接受原告方请客送礼的证据

C. 原被告可能合谋通过诉讼非法侵占国有企业资产的证据

D. 属于国家档案部门保存并须经人民法院依职权调取的材料

3. 甲公司和乙公司签订技术合作开发合同，在合同履行过程中甲公司认为乙公司提供的技术不符合合同约定要求。在协商无果的情况下，甲公司诉至有管辖权的人民法院，对乙公司提出违约损害赔偿请求。关于本案下列说法正确的是：(　　)

A. 如果乙公司申请技术鉴定，则公平起见应由甲公司确定具备资格的鉴定人

B. 如果当事人申请鉴定，鉴定人可以询问当事人、证人

C. 对于本案的鉴定，甲公司可以申请法院通知有专门知识的人出庭，就鉴定意见提出意见

D. 当事人对鉴定意见有异议的，鉴定人应当出庭作证。如果鉴定人确有特殊情形无法出庭作证，经人民法院允许，鉴定人可以采取视频传输等特殊方式出庭作证

4. 下列事项中应当在举证期限届满前完成的是：(　　)

A. 当事人申请证人出庭作证

B. 当事人申请具有专门知识的人出庭

C. 原告增加诉讼请求

D. 被告提出反诉

5. 甲向法院起诉乙归还 325 万元，向法院提供了借条，乙称借条是伪造的，向法院提交转账凭证 200 万元，证明乙只借了 200 万元，其余的 125 万元是高利贷。以下说法正确的是：(　　)

A. 乙提供的转账凭证是反证

B. 甲向法院申请鉴定借条真伪，否则承担诉讼结果的不利后果

C. 乙向法院申请鉴定借条的真伪，否则承担诉讼结果的不利后果

D. 甲提供的借条是本证

# 第八章　民事诉讼中的证明*

## 基础知识篇

**一、单项选择题，每题所给的选项中只有一个正确答案。**

1. 根据《民事诉讼法》及相关司法解释的规定，下列关于法庭质证的说法正确的是：(　　)

A. 国家机关或者其他依法具有社会管理职能的组织，在其职权范围内制作的文书，无须质证

B. 当事人在审前准备阶段认可的证据，也需在庭审中进行质证

C. 质证一律应公开进行

D. 未经当事人质证的证据，不得作为认定案件事实的根据

2. 根据《民事诉讼法》及相关司法解释的规定，下列关于举证期限的说法正确的是：(　　)

A. 人民法院确定举证期限，第一审普通程序案件不得少于 10 日

B. 当事人在举证期限内确有困难无法按期提供证据的，可以在举证期限届满后向法院书面申请延长

C. 当事人因故意或重大过失逾期提供的证据，法院原则上不予采纳。但该证据与案件基本事实有关的，人民法院应当采纳，并对当事人予以训诫、罚款

D. 当事人非因故意或者重大过失逾期提供的证据，人民法院应当采纳，并对当事人予以训诫、罚款

3. 下列关于自认制度的表述说法正确的是：(　　)

A. 自认的效果是导致自认方当事人败诉

B. 身份关系的案件不适用自认制度

C. 自认的事实与法院查明的事实不符的，人民法院不予认定

D. 委托代理人可以代为自认，但承认该事实将导致直接承认对方诉讼请求的除外

---

* 本章答案参见第 79 页。

**二、多项选择题，每题所给的选项中有两个或两个以上正确答案，少答或多答均不得分。**

1. 甲公司诉乙公司侵犯知识产权一案在审理过程中双方对本案的鉴定意见产生争议。关于该争议的解决，下列说法错误的是：(　　)

A. 甲公司和乙公司均可以申请具有专门知识的人出庭对鉴定意见进行质证

B. 申请具有专门知识的人出庭所产生的费用由败诉方负担

C. 具有专门知识的人在法庭上就专业问题提出的意见，视为鉴定意见

D. 具有专门知识的人有权参与专业问题之外的法庭审理活动

2. 张某以王某亲笔书写的5万元欠条为依据向法院起诉，要求王某偿还欠款5万元。在诉讼过程中，王某承认向张某借款5万元，但表示后来二人又达成协议，张某同意将5万元赠与自己，因此不必再归还。下列说法正确的是：(　　)

A. 张某应当对二人存在借贷关系承担证明责任

B. 王某应对二人之间存在赠与关系承担证明责任

C. 王某提出的证明赠与关系存在的协议复印件属于反证

D. 王某提出的证明赠与关系存在的协议复印件属于直接证据

3. 甲与乙侵权损害赔偿纠纷一案中，甲主张其乘坐公交车，在途经某站点下车时，因上下车人员拥挤且下雨天路面湿滑，被上车的乙撞倒，致使其大腿骨折。甲将乙诉至法院，要求乙进行侵权损害赔偿。关于本案的证明，下列说法正确的是：(　　)

A. 甲主张的其乘坐的公交车必然途经某站点的事实无须证明

B. 甲主张的下雨天路面湿滑的事实无须证明

C. 甲主张的乙将其撞倒的事实无须证明

D. 甲主张的其大腿骨折的事实无须证明

### 理解与应用篇

**不定项选择题，每题所给的选项中有一个或一个以上正确答案，不答、少答或多答均不得分。**

1. 李某与黄某于2009年登记结婚后居住在S市H区。2018年，黄某起诉至H区法院要求与李某离婚。在诉讼中，下列关于证据保全和证据收集说法错误的是：(　　)

A. 黄某控诉李某对自己实施家暴，但能够提供证言的邻居张某即将出国。如果此时黄某尚未对李某提起诉讼，则H区法院可以主动保全张某的证人证言

B. 张某的证人证言被依法保全后，就张某证言中可以证明的家暴事实，黄某无须再举证证明

C. 关于李某与黄某间是否为夫妻关系，H区法院可以主动进行调查取证

D. 诉讼过程中，如果黄某拒绝签署保证书，则H区法院可以拒绝其提供当事人陈述

2. 居住在A市甲区的蒋某在A市乙区拥有住房一套。为了能够顺利出租，蒋某雇佣住在A市丙区的杨某进行保洁处理。在工作过程中，杨某不慎将窗户上的玻璃撞破，其中的一块碎玻璃掉下来，将从住宅楼下经过的张某(女)的脸严重划伤。张某被送到医院紧急治疗后，与蒋某以及杨某进行交涉，但是因双方分歧较大，未取得任何结果。张某于是向人民法院提起诉讼。若本案最终由甲区人民法院进行审理，则下列关于双方当事人证明责任的说法正确的是：(　　)

A. 证明责任的分配，原则上是“谁主张，谁举证”

B. 本案属于证明责任倒置的情形，应当由被告承担举证责任，张某无须承担证明责任

C. 蒋某否认侵权事实的，应当对该事实承担举证责任

D. 蒋某否认自己存在过错的，应当对该事实承担举证责任

# 第九章　期间、送达*

**一、单项选择题，每题所给的选项中只有一个正确答案。**

1. 下列行为属于送达行为的是：(　　)

A. 法院向当事人的所在单位发出的协助执行通知书

B. 甲法院向乙法院出具的委托函

C. 当事人甲向法院告知其已经解除与代理人乙之间的委托关系

D. 甲法院在公告栏中粘贴一份侵权纠纷的判决书，并说明了裁判主要内容、上诉权利、上诉期限和上诉的人民法院

2. 依据《民事诉讼法》及相关司法解释的规定，下

---

* 本章答案参见第81页。

列有关送达的表述不正确的是：(　　)

A. 法院向小张送达判决书时小张不在家，小张 17 周岁的女儿可以代为签收

B. 当事人段英是现役军人，则人民法院应当找到段英所在部队的团以上的政治机关转交

C. 张明在诉讼中委托张伟、张亮为其诉讼代理人，则法院在送达本案诉讼文书时可以送交张明签收，也可以送交张伟签收，也可以送交张亮签收

D. 海浪公司收发室负责收件的王大爷尽管是临时工，但仍有权签收司法文书

**二、多项选择题，每题所给的选项中有两个或两个以上正确答案，少答或多答均不得分。**

1. 关于互联网法院的送达表述正确的是：(　　)

A. 互联网法院可以在简易程序中适用公告送达

B. 互联网法院可以电子送达裁判文书，但必须提供纸质版裁判文书

C. 互联网法院可以将未提供有效电子送达地址的受送达人本人近期常用即时通讯账号作为送达地址

D. 互联网法院根据在线庭审特点，无须经过当事人同意即可进行诉讼文书电子送达

2. 下列关于送达的做法不正确的是：(　　)

A. 人民法院向甲送达支付令时甲拒不接受，人民法院进行公告送达

B. 在甲与其妻丙的离婚诉讼中，人民法院向甲送达判决书时甲不在住所，人民法院将判决书交给其配偶丙

C. 人民法院向甲送达判决书时甲拒不接受，人民法院采用留置送达，邀请甲住所地居民委员会成员作为见证，并全程录像

D. 某基层法院派出法庭采用简易程序审理甲和乙的借贷纠纷一案。在宣判后，乙为了逃避债务突然失踪下落不明，该基层法院采用公告送达的方式送达判决书

3. 依照《民事诉讼法》及相关司法解释的规定，下列关于期间的说法正确的是：(　　)

A. 当事人不服地方人民法院第一审判决的，有权在判决书送达之日起 15 日内向上一级人民法院提起上诉，该期间属于法定期间

B. 人民法院限定当事人在一定期间内提供证据，该期间属于指定期间

C. 当事人申请再审应当在判决、裁定发生法律效力后 6 个月内提出，该期间属于相对不可变期间

D. 人民法院适用普通程序审理的案件，应当在立案之日起 6 个月内审结，该期间属于不可变期间

4. 下列哪些情况符合法律关于期间的规定：(　　)

A. 被告张某收到一审裁定书后第 15 日到法院递交上诉状，但恰逢周日法院不上班，张某等到下周一向法院递交

B. 原告刘某收到法院不予受理的裁定书后第 10 日寄出上诉状，法院在 3 日后收到信件

C. 黄某 9 月 21 日向法院递交起诉状，法院认为起诉状欠缺内容要求其补正。9 月 23 日黄某补正后又向法院递交，9 月 30 日法院立案

D. 当事人因不可抗拒的事由未能在 15 日内递交上诉状，在障碍消除后第 4 天，当事人向人民法院申请顺延上诉期限，经法院允许后递交上诉状

5. 下列关于期间的说法错误的是：(　　)

A. 法定期间指法律明文规定的期间，其为绝对不可变期间

B. 小刘收到判决书后表示不服准备上诉，恰巧上诉截止时间最后一日为 9 月 10 日教师节，则其截止时间顺延 1 日

C. 小温在上海工作，某次他出差广州，使用旅馆内的劣质棉被后引起过敏，为此花费医疗费用 1000 元。小温在广州起诉该旅馆后回上海工作，则在该案开庭期间，小温从上海往返广州的在途时间均不计算在期间之内

D. 民事诉讼中的期间，以时、日、月、年计算。期间开始的时和日，不计算在期间内

6. 下列关于民事诉讼期间的说法错误的是：(　　)

A. 适用普通程序审理的第一审案件，审限为 3 个月；适用简易程序审理的第一审案件，审限为 1 个月

B. 审理对判决的上诉案件，审限为 3 个月；审理对裁定的上诉案件，审限为 15 日

C. 洪湖法院于 1 月 30 日开庭审理甲乙双方合同纠纷案，因案件事实未查清需要再次开庭，故告知双方当事人下次开庭时间为 3 月 25 日

D. 鄱阳湖法院依法将案件的立案时间、审理期限等及时向当事人及其法定代理人、诉讼代理人公开。当事人及其法定代理人、诉讼代理人有异议的，可以依法向受案法院的同级人民检察院申请监督

# 第十章　人民法院调解*

## 基础知识篇

**一、单项选择题，每题所给的选项中只有一个正确答案。**

1. 下列哪一案件，法院可以调解结案：(　　)

A. 甲向法院请求确认其与乙之间不存在抚养关系

B. 甲因乙长期借款不还，向法院申请督促程序，要求乙还清所有借款

C. 甲因为原审中存在严重的程序问题而申请再审，人民法院裁定再审的

D. 甲向法院请求确认其与乙之间不存在婚姻关系

2. 对于民事诉讼中的调解制度，下列哪一理解是正确的：(　　)

A. 调解只能适用于诉讼程序，其他程序不能适用

B. 双方当事人达成调解协议后可向法院申请根据协议内容制作判决书，法院依申请可以制作判决书结案

C. 法院在审理离婚案件时不得主动进行调解

D. 调解协议的内容均不得公开

3. 甲诉乙侵权一案，法院适用普通程序对案件进行审理，在答辩期满之前双方当事人同意进行调解。关于本案的调解，下列说法正确的是：(　　)

A. 由于本案尚未正式进入开庭审理，法院不可以主持调解

B. 由于本案尚未正式进入开庭审理，即使作出生效的调解书，当事人如果不服的，还可以就此侵权纠纷再次起诉

C. 法院在当事人同意调解之日起 15 日未达成调解协议的，经各方当事人同意可以继续调解，且延长的调解期间不计入审限

D. 如果法院在此种情况下主持调解并达成调解协议，其仍然不属于法院的结案方式

4. 曹某诉刘某买卖合同违约，孙某作为无独立请求权的第三人参加诉讼。在诉讼过程中，曹某和刘某双方同意进行调解。调解过程中，人民法院需要确定由孙某承担义务。这种情况下，下列表述正确的是：(　　)

A. 需由无独立请求权第三人承担责任的案件不适用调解

B. 如果孙某不同意调解，人民法院不可以进行调解

C. 曹某和刘某达成调解协议即可，调解协议无须经过孙某的同意

D. 孙某在法院送达调解书之前反悔的，调解协议仅在曹某、刘某之间生效

5. 张大爷不慎摔伤，到 B 区第一医院进行治疗。因认为医院治疗措施不当使其永久性残疾，张大爷向法院提起诉讼请求赔偿损失。本案审理过程中，法院组织双方当事人进行调解，下面说法正确的是：(　　)

A. 因张大爷行动不便，法院可以在征得其书面同意后，通知其子张小刚参加调解

B. 张大爷对儿子张小刚说，“你全权代理我处理此案”，故法院可以直接通知张小刚参加调解

C. 张小刚代理张大爷参加调解，达成的调解协议应当由张大爷签名

D. 张小刚代理张大爷参加调解，达成的调解协议应当由张大爷和张小刚共同签名

**二、多项选择题，每题所给的选项中有两个或两个以上正确答案，少答或多答均不得分。**

1. 关于人民法院调解民事纠纷，下列哪些做法是合法的：(　　)

A. 法院将当事人之间的调解录像在未告知双方当事人的情况下作为典型案例上传至法院网站

B. 某消费者权益保护组织和一个社会知名生产企业之间的诉讼由于涉及诸多消费者的权益，法院决定公开调解书

C. 主持调解的法官将调解结案案件中企业的商业秘密透露给其他公司谋取利益

D. 主持调解的法官配合国家安全机关的调查将其主持调解案件中获知的公司商业秘密告诉国家安全机关

2. 以下关于法院调解和诉讼外调解的说法正确的是：(　　)

A. 诉讼外的调解发生在诉讼之外，当事人的行为无诉讼上的意义

B. 诉讼外调解所进行的活动不具有审判性，不具有司法的性质

C. 诉讼外调解的程序和要求不像法院调解那样严格

D. 诉讼外的调解，对当事人只有相当于合同的效力

---

* 本章答案参见第 82 页。

3. 以下关于法院调解与诉讼和解的说法正确的是：(　　)

A. 诉讼和解是当事人在诉讼中对自己诉讼权利和实体权利的处分，不具有法院行使审判权的性质

B. 诉讼和解没有法院参加，只有双方当事人自己参加

C. 当事人在诉讼中自行达成和解的，和解协议不具有执行力

D. 当事人在诉讼中自行达成和解，无权申请人民法院确认和解协议并制作调解书

4. 下列表述错误的是：(　　)

A. 在甲乙债务纠纷案执行过程中，甲为避免加大与邻居乙的矛盾请求法院调解，法院告知其本案不可以调解，但甲乙可以和解并达成和解协议

B. 小璐和小亮的合同纠纷诉至法院，经调解结案，小亮要求法院出具判决书，法院告知其调解协议与判决具有同等效力，不必转化为判决书

C. A 与 B 的纠纷经法院调解达成调解协议，请求法院制作调解书，法院告知其二人另行启动司法确认调解协议程序

D. 金老汉起诉要求邻居安老汉赔偿损失 5 万元，经法院调解，碍于邻里情面，安老汉答应除给付赔偿外，还承诺向金老汉公开道歉。因协议内容超出诉讼请求，该协议无效

## 理解与应用篇

**一、单项选择题，每题所给的选项中只有一个正确答案。**

1. 甲诉乙侵权一案，法院通过调解结案，并制作了调解书送达双方当事人。下列说法错误的是：(　　)

A. 调解协议或调解书生效后与生效判决具有同等效力，故甲乙达成调解协议后可申请法院依据调解协议的内容制作判决书

B. 甲不得以同一事实和理由再行起诉

C. 一审的调解书发生效力后，甲不能提起上诉

D. 乙未按调解书履行义务时，甲可以根据调解书向人民法院申请强制执行

2. 甲乙在第二审人民法院审理案件过程中自愿请求调解，以下说法正确的是：(　　)

A. 在二审中人民法院如果发现一审中遗漏了必须参加诉讼的当事人，则必须发回重审

B. 在二审调解过程中，可以超过上诉请求的范围进行调解

C. 二审调解达成调解协议的，可以不制作调解书

D. 二审人民法院制作调解书后，原一审法院的判决视为撤销

3. 孙老太太早年丧偶，独自抚养两个儿子长大成人。两个儿子成年后，都不愿意履行赡养义务。孙老太太向法院起诉，要求法院为其与儿子分家析产并责令儿子支付赡养费。一审法院判决两个儿子每人向孙老太太一次性支付赡养费 8 万元。孙老太太不服，提起上诉。二审法院审理过程中，发现一审法院未进行分家析产，此时二审法院应怎样处理：(　　)

A. 依法查清事实后改判

B. 裁定撤销原判决，发回原审法院重审

C. 根据自愿原则调解，调解不成，告知王老太太就分家析产问题另行起诉

D. 根据自愿原则调解，调解不成，撤销原判决，发回一审法院重审

4. 周某(男)与张某(女)婚后因感情纠纷，诉至法院，请求离婚。诉讼中双方达成调解协议约定：两个孩子由女方抚养，两套房屋均归女方所有，男方每月支付抚养费 1 万元。法院依据调解协议制作调解书送达给双方当事人。张某发现法院调解书上关于房屋部分的内容错误，将调解协议中约定都归她所有的两套房屋写成了周某和张某一人一套，遂提出异议。关于本案，下列说法正确的有：(　　)

A. 调解书已经生效，不能提出异议，可以违反自愿原则为由申请再审

B. 调解书不生效，法院收回调解书，重新制作后再送达给双方

C. 法院审查后认为异议成立的，及时作出判决

D. 法院审查后认为异议成立的，作出裁定予以补正

**二、多项选择题，每题所给的选项中有两个或两个以上正确答案，少答或多答均不得分。**

1. 法院对下列哪些调解协议内容应当予以准许：(　　)

A. 原告起诉请求被告赔偿损失 15000 元，调解协议中约定被告赔偿 8 万元

B. 在甲诉乙合同纠纷一案中，甲乙在未经无独立请求权第三人丙同意的情况下，在调解协议中约定由丙承担责任

C. 法院发现当事人甲乙之间恶意串通，企图通过调解方式侵害乙的债权人丙的合法权益

D. 经案外人甲同意，调解协议约定由甲为被告履行协议内容提供担保

2. 甲男在调解书生效后，拒不给付 5 万元。乙女申请强制执行，在执行过程中，甲男请求法院调解，则：(　　)

A. 对调解书不能申请强制执行

B. 对调解书可以申请强制执行

C. 甲男可以申请法院调解

D. 甲男不能申请法院调解

# 第十一章　保全和先予执行*

一、单项选择题，每题所给的选项中只有一个正确答案。

1. 甲因为生意需要向乙借钱，债务到期后甲一直躲避不见乙。在乙欲向法院提起诉讼时，乙得知甲有大量转移存款和低价转让财产的行为，遂向法院申请诉前财产保全。关于本案的保全，下列说法正确的是：(　　)

A. 乙只能向甲住所地人民法院申请保全

B. 乙可以提供担保，也可以不提供担保

C. 法院接受申请后，必须在 24 小时内作出裁定

D. 法院采取保全措施后，如果乙在 30 日内不起诉，法院应当解除保全

2. 张某与李某的服装买卖合同约定的履行时间为 2023 年 3 月 1 日，但是李某由于公司经营状况严重恶化，明确表示不履行其合同义务。因此，张某于 2023 年 2 月 1 日向人民法院提起诉讼，请求李某继续履行合同。以下说法错误的是：(　　)

A. 根据张某的申请，人民法院可以裁定对李某的财产进行保全、责令李某作出一定行为或者禁止其作出一定行为

B. 如果张某没有提出申请，人民法院在必要时也可以裁定采取保全措施

C. 人民法院采取保全措施可以责令张某提供担保，张某不提供担保的，裁定驳回申请

D. 如果张某于 2 月 15 日获得胜诉判决后，发现李某存在转移财产的行为，很可能导致其无法履行合同义务，可以向审理法院申请采取保全措施

3. 图某和李某因为债务发生纠纷诉至法院，一审判决图某胜诉。李某不服，提起上诉，在第二审人民法院接到本案报送之前，李某发现图某欲和邬某签订虚假合同转移财产。下列哪项财产保全的表述是正确的：(　　)

A. 无论情况是否紧急，一审人民法院都只能依申请作出财产保全裁定

B. 在紧急情况下，一审法院、二审法院都可以作出财产保全裁定

C. 第一审人民法院报请第二审人民法院批准后采取财产保全措施

D. 李某向一审人民法院申请财产保全，一审法院裁定后，必须报送第二审人民法院

4. 甲因民间借贷纠纷对乙提起诉讼，请求法院判令乙偿还借款 30 万元，并向法院提交了财产保全申请，请求冻结乙相应价值的财产。法院依照《民事诉讼法》第 103 条的规定责令甲提供财产保全担保，下列说法错误的是：(　　)

A. 甲应当提供相当于请求保全数额的担保，情况特殊的，法院可以酌情处理

B. 甲无力提供担保，遂向某保险公司投保财产保全责任保险，保险人可以以其与甲签订财产保全责任保险合同的方式为财产保全提供担保

C. 案件审理过程中，法院发现甲提供的担保不足以赔偿可能给乙造成的损失，可以责令甲追加相应的担保；如果甲拒不追加，可以裁定解除保全

D. 甲提供担保后，乙提供其他等值担保财产且有利于执行，人民法院可以裁定变更保全标的物为乙提供的担保财产

5. 某商业公司有一座 7 层的办公楼，2022 年 7 月，某商业公司向 H 银行贷款，并将这座办公楼抵押给 H 银行作担保。2022 年 12 月，某商业公司因一购销合同与某贸易有限公司发生纠纷，某贸易有限公司向法院起诉，并申请保全。受诉法院裁定将某商业公司办公楼查封。下列选项哪个是正确的：(　　)

A. 法院所作的裁定是错误的，因该办公楼已事先抵押给了 H 银行

B. 法院可以作出保全裁定，但事先应征得 H 银行的同意

C. 法院可以作出保全裁定，但 H 银行对该办公楼仍有优先受偿权

D. 法院作出裁定是正确的，H 银行因此对该办公楼丧失优先受偿权

6. 甲有借条证明乙欠其 1000 元，到期后经多次催要未果，遂将乙诉至人民法院并申请保全。人民法院受理后，考虑情况并不紧急，遂于受理申请后第 3 日作出保全决定：将乙家中新买的价值 10000 元的笔记本电脑扣押。乙不服提出了复议申请并要求暂停执行保全措施，法院受理了该申请并暂停执行保全措施。本案中法院的做法正确的是：(　　)

A. 以决定的方式作出保全措施

B. 扣押乙新买的笔记本电脑

C. 由于本案情况并不紧急，法院在接受财产保全申请后的第 3 日作出裁定

D. 暂停保全措施的执行

---

* 本章答案参见第 83 页。

**二、多项选择题，每题所给的选项中有两个或两个以上正确答案，少答或多答均不得分。**

1. H 地的刘某创作了歌曲《沙漠骆驼》，B 地的罗某、展某未经过刘某同意演唱了该首歌曲，一炮而红，并计划在 C 地开演唱会。刘某拟申请诉前禁令，关于本案，下列说法错误的有：(　　)

A. 刘某可以向 H 地、B 地、C 地法院申请诉前禁令

B. 刘某应在法院采取保全措施后的 30 日内提起诉讼

C. 刘某申请诉前禁令时应当提供担保，且应当提供相当于请求保全数额的担保

D. 罗某、展某可在收到保全裁定之日起 5 日内提出异议，收到异议后，法院应当撤销原裁定，禁止令失效

2. 依据《民事诉讼法》及相关司法解释的规定，下列有关先予执行制度的说法，哪些选项是正确的：(　　)

A. 法院可以责令申请人提供担保，申请人不提供担保的，驳回申请

B. 法院既可以依据当事人的申请，也可以依职权裁定先予执行

C. 申请先予执行的时间为案件受理后至终审判决作出前

D. 当事人对先予执行裁定不服的，可以自收到裁定书之日起 5 日内向作出裁定的上一级人民法院申请复议

3. 甲和乙结婚后因为乙经常夜不归宿，甲向法院提起离婚诉讼并请求小孩归自己抚养。在案件审理过程中，甲得知乙准备将小孩送往国外，于是甲向法院提出保全申请，请求法院裁定在案件审理结束前乙不得将小孩送往国外。关于甲的这一申请，下列说法正确的有：(　　)

A. 由于甲的保全申请与财产无关，故法院应当驳回甲的申请

B. 法院在作出保全裁定前，可以要求甲提供担保

C. 在此种情况下，法院也可以不依甲的申请而裁定保全

D. 如果本案情况紧急，法院必须在 48 小时内作出裁定

4. A 地甲公司与 B 地乙公司签订买卖合同，约定合同履行地在 C 地。乙公司到期未能交货，甲公司多次催货未果，便向 B 地基层人民法院起诉，要求判令乙公司按照合同约定交付货物并支付违约金。法院受理后，甲公司得知乙公司将货物放置于其设在 D 地的仓库，并且随时可能转移。在此情况下，以下说法正确的有：(　　)

A. 甲公司如果想申请保全，必须向货物所在地的 D 地基层人民法院提出

B. 甲公司如果要向人民法院申请保全，其并非必须提供担保

C. 人民法院如果认为确有必要，可以直接作出保全的裁定

D. 除上级人民法院决定解除外，在保全期限内，任何单位不得解除保全措施

5. 刘大元与张小中签订稀土买卖合同，张小中收到刘大元支付的货款后迟迟不发货。刘大元向法院提起诉讼，诉讼过程中发现张小中大量转移自己的货物和财产，只剩下 6 号库价值 4000 万元的矿物材料。根据刘大元的申请，法院裁定就 6 号库货物进行了财产保全。在下列哪些情形下，法院应当作出解除保全的裁定：(　　)

A. 案件审理过程中，法院发现金某对该库货物享有抵押权

B. 刘大元撤回保全申请

C. 法院作出生效判决驳回刘大元的诉讼请求

D. 张小中提供其他等值担保财产且有利于执行，请求法院裁定变更保全标的物为该财产

6. 大地公司与天空公司因加工承揽合同发生了纠纷，由大地公司负责提供原料，天空公司负责加工。由于天空公司未按合同约定的标准加工原料，大地公司欲解除合同并请求天空公司支付违约金。在诉讼过程中，天空公司仍然未停止对原料进行加工。此时，下列做法正确的有：(　　)

A. 大地公司可以向法院申请责令天空公司停止加工的保全措施

B. 天空公司提供担保后，人民法院应当解除保全

C. 即使大地公司没有申请，人民法院认为必要时可以裁定采取保全措施

D. 如果大地公司提出保全申请，人民法院应在 48 小时内作出裁定

7. 在二审与再审中关于保全措施的说法正确的是：(　　)

A. 第二审人民法院裁定对第一审人民法院采取保全措施的财产予以续保，可以自行实施或委托第一审人民法院继续实施

B. 再审人民法院裁定对原保全财产采取新的保全措施，可以自行实施或委托原审人民法院实施

C. 再审审查期间，债务人申请保全生效法律文书确定给付的财产的，人民法院不予受理

D. 再审审理期间，原生效法律文书中止执行，当事人申请财产保全的，人民法院应当受理

8. 李某诉王某侵权赔偿一案，诉讼过程中，李某发现王某有转移财产的行为，于是提起财产保全的申请，请求法院查封王某名下的一套房产。法院裁定采取保全措施并开始执行。与本案相关的下列说法正

确的是：(　　)

A. 应由立案、审判机构作出财产保全的裁定，并移送执行机构实施

B. 王某认为保全裁定实施过程中的执行行为违反法律规定，无权提出执行异议

C. 保全裁定实施过程中，案外人张某认为被保全的房产实际上为其所有，并提出书面异议，法院应当审查并作出裁定

D. 若法院裁定驳回了张某的异议，张某可以自裁定送达之日起 15 日内提起执行异议之诉

9. 根据我国《民事诉讼法》的规定，人民法院对下列民事案件适用先予执行正确的有：(　　)

A. 汪某因三个儿子拒绝对自己尽到赡养义务而将其诉至法院，在诉讼过程中，因汪某本月的退休金已经花完，则根据汪某的申请，法院可以要求汪某的三个儿子先予执行支付汪某 10 年的赡养费用

B. 金伦公司长期拖欠员工工资，员工小吴诉请金伦公司支付劳动报酬，并在宣判前申请先予执行部分工资，法院准许

C. 甲公司向乙保险公司追索恢复生产、经营急需的保险理赔费而申请先予执行，法院准许

D. 甲房屋墙壁因邻居乙的施工已经濒临倒塌，在侵权诉讼中甲请求邻居乙停止装修行为，法院准许

10. 吴某帮邻居陈某修建新房时不慎从脚手架上跌落，腰椎骨被摔断，需要做一次大手术方能康复。医院让吴某预交 10000 元保证金，陈某替吴某交了 2000 元，其余拒绝支付。吴某诉至法院并申请让陈某先行支付 8000 元。在此种情况下，以下说法错误的有：(　　)

A. 如果吴某不能提供担保，那么法院不能作出先予执行的裁定

B. 法院经审查后，不但可以决定对 8000 元先予执行，而且也可以决定对手术费先予执行

C. 本案属于先予执行的案件类型，法院应当作出先予执行的裁定

D. 如果法院作出先予执行的裁定，陈某对裁定不服，可以向上一级法院提出复议申请

11. 下列关于保全和先予执行中担保的说法错误的是：(　　)

A. 某案中，人民检察院提起的公益诉讼涉及损害赔偿，其申请保全的，人民法院可以不要求提供担保

B. A 商业银行是金融监管部门批准设立的具有独立偿付债务能力的金融机构。在其起诉郭某偿还贷款纠纷一案中，A 商业银行申请保全的，法院必须责令其提供担保

C. 申某因生意周转不灵，向好友周某借款并将自身的房屋抵押给周某。后申某由于经营方针有误损失惨重，被生意伙伴张某起诉至法院要求返还欠款。若张某在诉讼中申请保全申某的房屋，则该房屋在诉讼中应当由法院保管

D. 经某与冯某人身损害赔偿一案，双方就赔偿数额未能达成一致，经某欲通过诉讼解决纠纷。在起诉前，经某发现冯某欲损毁证明其侵权的关键证据并伺机转移财产，则经某可以同时申请证据保全和诉前保全，且只需提供一份担保

12. 张龙为赵虎的建筑公司提供建材。某日张龙向赵虎索要建材费 800 万元未果，遂将赵虎诉至法院，并以赵虎经营不善濒临破产而有转移财产之嫌疑，申请保全赵虎位于御街区价值 1000 万元别墅 1 套，无奈王朝和马汉共同对该别墅享有担保物权。下列表述错误的是：(　　)

A. 由于张龙和赵虎属于财产债务纠纷，因此张龙只能申请财产保全

B. 人民法院在保全过程中发现该别墅已经在另案中被另一法院查封，但为切实保护张龙的合法权益，可以再次查封

C. 在庭审过程中，张龙申请财产保全，王朝和马汉以享有优先受偿权为由，不同意保全。法院依法审查后确认担保物权存在，驳回张龙的财产保全申请

D. 一审判决张龙胜诉，赵虎不服提出上诉，在二审过程中，赵虎以财产保全措施为一审法院作出，对二审法院无约束力为由要求解除对其财产的保全措施。二审法院未采纳赵虎意见，经合法审查后，发现确无财产保全必要遂解除了财产保全措施

13. 天天食品有限公司(以下简称天天公司)以夭夭饰品有限公司(以下简称夭夭公司)侵犯其注册商标专用权为由向法院提起诉讼并申请保全。法院经审查认定请求成立，故裁定保全。以下说法错误的是：(　　)

A. 因为已经缴纳过诉讼费，故天天公司申请行为保全无须再交纳申请费

B. 人民法院应合理确定保全措施的期限，一般应当维持至案件裁判作出时止

C. 夭夭公司向法院提供了担保，法院裁定解除保全措施

D. 如因保全申请错误，夭夭公司向天天公司提起损害赔偿诉讼的，由天天公司所在地或侵权行为实施地法院管辖

14. 甲与乙签订水果买卖合同，甲支付了货款，但乙未按合同约定提供水果，甲欲起诉，其向水果所在地 A 法院申请诉前财产保全，之后又向乙住所地 B 区法院提起诉讼，下列说法正确的是：(　　)

A. 诉前保全应当提供担保

B. A 区法院应将保全措施全部转移给 B 区法院

C. A 区法院应冻结这批水果

D. B 区法院应把案件移送给 A 区法院

**三、不定项选择题，每题所给的选项中有一个或一个以上正确答案，不答、少答或多答均不得分。**

某市甲公司（位于 A 区）和乙公司（位于 B 区）发生买卖合同纠纷，甲公司得知乙公司已经濒临破产，正欲转移所余财物。于是甲公司向人民法院申请诉前保全，要求查封乙公司位于 C 区的房产一处。双方合同履行地在 D 区。

（1）申请人甲公司可以向哪个或哪些人民法院提出申请：（　　）

A. A 区人民法院　　B. B 区人民法院

C. C 区人民法院　　D. D 区人民法院

（2）法院接受保全申请后，应当在多长时间内作出裁定：（　　）

A. 24 小时内，且不可延长

B. 24 小时内，可以根据甲公司的申请适当延长

C. 48 小时内，且不可延长

D. 48 小时内，可以根据甲公司的申请适当延长

（3）人民法院采取保全措施后，甲公司在 2 个月后对乙公司提起诉讼，则法院应当如何处理：（　　）

A. 驳回甲公司的起诉

B. 裁定不予受理甲公司的起诉

C. 驳回甲公司的诉讼请求

D. 应当依法解除保全

（4）甲公司申请诉前财产保全，以下选项正确的是：（　　）

A. 应当提供担保

B. 由人民法院决定是否提供担保

C. 应当提供相当于请求保全数额的担保；情况特殊的，人民法院可以酌情处理

D. 应当提供不超过请求保全数额的 30% 的担保

（5）甲公司申请财产保全后，乙公司相应提供了担保财产，那么关于保全标的物可以予以置换的说法正确的是：（　　）

A. 乙公司提供的担保财产应与被保全财产等值

B. 乙公司提供的担保财产应有利于执行

C. 人民法院需要通过裁定的方式变更保全标的物为保全人提供的担保财产

D. 执行法院也可以径行变更乙公司提供的担保财产为财产保全标的物

# 第十二章　对妨害民事诉讼的强制措施*

**一、单项选择题，每题所给的选项中只有一个正确答案。**

1. 下列哪一项关于妨害民事诉讼强制措施的说法是正确的：（　　）

A. 民事诉讼中的强制措施包括拘传、扣押、训诫、责令退出法庭、罚款

B. 民事诉讼中的强制措施是人民法院依当事人申请采取的强制性手段

C. 民事诉讼中的强制措施不仅可以对当事人和其他诉讼参与人适用，也可以对旁听人员适用

D. 特殊情况下，经本院院长决定，法院也可以将采取强制措施的权力委托给当地公安机关，但情况结束后需补交委托书

2. 下列对妨害民事诉讼的强制措施的说法不符合我国法律规定的是哪一项：（　　）

A. 人民法院对被拘留人采取拘留措施后，应当在 24 小时内通知其家属；确实无法按时通知或者通知不到的，应当记录在案

B. 人民法院采用罚款或拘留措施的，应报请本院院长批准，并应当制作《罚款决定书》或《拘留决定书》

C. 对拘留、罚款不服的可以向上一级法院申请复议，复议期间停止执行

D. 对同一妨害民事诉讼行为的罚款、拘留不得连续适用

3. 李某租住王某一间房，2023 年 3 月，租赁合同到期，李某迟迟不愿退房。王某无奈，只得将李某诉至法院，法院判决李某退房。判决生效后，李某无正当理由拒不执行，王某于是申请强制执行。当执行员带法警进入该房时，案外人张某手持木棍将执行员打伤，法院对张某拘留 15 日，罚款 8000 元。下列哪一说法是不正确的：（　　）

A. 拘留期间被拘留人承认并改正错误的，法院可以决定提前解除拘留措施

B. 罚款和拘留两种措施不得同时采用

C. 适用拘留措施应当报请院长批准

D. 本案中人民法院可以对案外人采取强制措施

4. 李香诉张慧一案开庭审理后的第二天，李香到法院找到该案的书记员李猛吵闹，书记员对其进行了批评，李香仍不罢休，继续辱骂书记员。书记员将此情况报告合议庭审判长，由审判长批准，以李香妨害民事诉讼为由决定对其拘留。下列说法正确的是：（　　）

A. 李香的行为不构成妨害民事诉讼的行为

---

* 本章答案参见第 86 页。

B. 如果李香的上述行为发生在执行终结后，则李香的行为不构成妨害民事诉讼的行为

C. 当事人对拘留不服的，可向上一级人民法院上诉

D. 合议庭审判长可以决定对李香实施拘留

5. 被执行人未按执行通知书指定的期间履行生效法律文书确定的给付义务的，下列关于人民法院采取限制消费措施的说法正确的是：(　　)

A. 人民法院应当对其采取限制消费措施

B. 纳入失信被执行人名单的被执行人，人民法院也可以对其采取限制消费措施

C. 被人民法院采取限制消费措施的被执行人可以是自然人，也可以是单位

D. 限制消费措施只能由申请执行人提出书面申请，人民法院无权依职权决定

**二、多项选择题，每题所给的选项中有两个或两个以上正确答案，少答或多答均不得分。**

1. 以下表述中，哪些可以采取训诫、责令退出法庭、罚款、拘传、拘留等妨害民事诉讼行为强制措施：(　　)

A. 案件审理当日原告无故缺席

B. 无民事行为能力人李麻子突发恶疾，在旁听席大吵大闹

C. 法院邀请报社记者旁听审判，该记者为普法宣传，用报社配备的直播设备，现场传播辩护律师的精彩辩论

D. 律师在庭审过程中，实在无法忍受对方辩护律师的语言表达水平，恶语相向且不听法官劝阻，并辩称是在提高法庭审理质量

2. 根据《民事诉讼法》及相关司法解释的规定，下列哪些对妨害民事诉讼行为采取强制措施的说法是正确的：(　　)

A. 因哄闹、冲击法庭，用暴力、威胁等方法抗拒执行公务等紧急情况，必须立即采取拘留措施的，可在拘留后立即报告院长补办批准手续

B. 训诫、责令退出法庭由合议庭或者独任审判员决定

C. 对个人的罚款金额，为人民币 10 万元以下；对单位的罚款金额，为人民币 10 万元以上 100 万元以下

D. 对违反法庭纪律擅自进行录音、录像、摄影、现场传播审判活动的人员，人民法院可以暂扣其录音、录像、摄影、传播审判活动的器材，并责令其删除有关内容；拒不删除的，人民法院可以采取必要手段强制删除

3. 甲地法院负责执行的一案中，经审查发现被执行人的主要财产在乙地，于是甲地法院请求乙地的不动产管理部门协助执行，乙地的不动产管理部门在接到协助执行通知后拒绝协助执行。甲地法院的下列做法正确的有：(　　)

A. 可以对乙地不动产管理部门予以罚款

B. 可以对乙地不动产管理部门的主要负责人予以罚款

C. 由于乙地不动产管理部门为单位，故在此种情况中不可以适用拘留这一强制措施

D. 可以向监察机关或者有关机关提出予以纪律处分的司法建议

4. 诉讼参与人或者其他人有哪些行为，人民法院可以根据情节轻重予以罚款、拘留；构成犯罪的，依法追究刑事责任：(　　)

A. 伪造、毁灭重要证据，妨碍人民法院审理案件的

B. 以暴力、威胁、贿买方法阻止证人作证或者指使、贿买、胁迫他人作伪证的

C. 对司法工作人员、诉讼参加人、证人、翻译人员、鉴定人、勘验人、协助执行的人，进行侮辱、诽谤、诬陷、殴打或者打击报复的

D. 拒不履行人民法院已经发生法律效力的判决、裁定的

5. 人民法院在审理甲乙离婚案件时，双方家属在法庭上大打出手，还打砸法庭设施，人民法院决定对甲乙双方参与斗殴的家属丙、丁两人予以拘留和罚款。下列说法错误的有：(　　)

A. 丙、丁可以自收到决定书之日起 5 日内向作出决定的法院申请复议一次

B. 丙、丁情节特别恶劣，法院从重处罚，裁定对丙、丁二人处以 15 日拘留，各 10 万元罚款

C. 法院对丙、丁采取拘留措施后，应当在 24 小时内通知其家属

D. 丙、丁不服，当即向本院申请复议，法院经过复议如果认为处置不当，应当撤销或者变更审理法院已经作出的处罚决定

6. 根据《民事诉讼法》和相关司法解释的规定，关于拘传，下列说法正确的是：(　　)

A. 拘传必须用拘传票，并直接送达被拘传人

B. 对符合拘传条件的当事人，人民法院必须采取拘传措施

C. 对符合拘传条件的当事人，人民法院可以采取拘传措施

D. 对必须到庭的被告，经一次传票传唤，无正当理由拒不到庭的，可以拘传

7. 姜某与某混凝土有限公司因合同纠纷引发诉讼，法院判决姜某经营的某工程有限公司给付货款 776 万元及利息，姜某对此承担连带清偿责任。某混凝土有限公司申请执行后，姜某一再实施逃避执行的行为，法院决定对姜某采取限制消费措施。以下做法中正确的是：(　　)

A. 姜某提供确实有效的担保后，人民法院解除限

制消费令

B. 人民法院设置举报电话，接受申请执行人和社会公众对被限制消费的被执行人违反限制消费令的举报

C. 经查证，姜某违反限制消费令，多次在某五星级酒店进行高消费，人民法院对其予以拘留、罚款

D. 某五星级酒店在收到人民法院协助执行通知书后，仍允许被执行人进行高消费，人民法院对该酒店予以罚款

8. 关于妨害民事诉讼的强制措施及其相关说法错误的是：(　　)

A. 在某一涉及众多消费者案件的公益诉讼中，身为原告的M消协因更换了协会主席，打算退出诉讼，其申请撤诉后法院并未通过，则由于M消协是原告，法院不能够对相关负责人适用拘传措施以查明案件真相

B. 陈某在法庭中因对对方当事人不满而大肆喧闹，后被审判人员阻止并训诫。由于训诫的内容与案件事实无关，则训诫的过程无须记入庭审笔录

C. 彭某在旁听某社会热点案件时，不断用微博对案件进展和当事人情况进行实时更新，并在评论中添加容易煽动情绪的评论。对此，法院可以暂扣彭某的手机并要求其删除相关微博

D. 小葛与小方房屋租赁合同纠纷一案中，小葛由于疏忽大意丢失了能够证明双方存在租赁关系的合同。对于小葛这种造成妨害民事诉讼秩序的行为，法院应当采取相应的妨害民事诉讼的强制措施对小葛的行为进行处罚

# 第十三章　普通程序*

## 基础知识篇

**一、单项选择题，每题所给的选项中只有一个正确答案。**

1. 甲乙二美国人对我国《民事诉讼法》很感兴趣，在学习起诉程序时，以下观点正确的是：(　　)

A. 甲认为居住在甲县的李某可以就本地的水污染事故提起环境公益诉讼，因为李某与本案有直接利害关系

B. 乙认为法院经审查发现当事人起诉超过诉讼时效期间的，应当裁定不予受理

C. 甲乙认为起诉应当记载可以支持本人主张的证据和证据来源，也包括确定当事人身份的证据

D. 甲认为当被告下落不明时，属于当事人不明确的情形，不符合起诉条件

2. 张伟起诉至法院请求解除其与王雪的婚姻关系。在诉讼程序进行过程中，张伟向法院申请撤诉，法院按撤诉处理后第3天张伟表示反悔又向同一法院提起了离婚诉讼请求。对于张伟的再次起诉，法院的下列处理正确的是：(　　)

A. 裁定不予受理

B. 告知张伟按照申诉处理

C. 驳回诉讼请求

D. 可以受理

3. 甲基于与乙签订的服装加工机器买卖合同，向法院提起诉讼，请求乙承担违约责任。关于本案，下列说法不正确的是：(　　)

A. 法院接到甲提交的民事起诉状时，如果符合起诉条件，应当登记立案

B. 如果需要甲补充必要的相关材料，法院应当及时告知当事人，在补齐相关材料后，应当在7日内决定是否立案

C. 甲仅仅提供了乙公司名称缩写与住所街道，该地址存在诸多类似的法人无法分辨，但是如果甲坚持起诉，则可以认定为有明确的被告

D. 如果立案后发现甲乙之间存在仲裁协议，应当裁定驳回起诉

4. 下列关于普通程序起诉与受理的说法正确的是：(　　)

A. 原告甲公司因合同纠纷起诉乙公司，起诉状中列写的被告信息不足以认定明确的被告，人民法院应当裁定不予受理

B. 原告应当预交而未预交案件受理费，经人民法院通知后仍不预交的，人民法院应当裁定不予受理

C. 原告撤诉后，又以同一诉讼请求再次起诉的，人民法院应予受理

D. 原告在起诉状中有谩骂和人身攻击之辞的，人民法院应当裁定驳回起诉

5. 下列情形中，法院应受理起诉的有：(　　)

A. 张某起诉请求解除与周某的收养关系，后经法院调解维持，3个月后，张某以相同的事实、理由再次起诉请求解除与周某的收养关系

B. 钱某就生态补偿费用问题与市环保局发生争议，诉请法院判决撤销相关行政行为

---

* 本章答案参见第88页。

C. 罗某就房屋租赁问题与孙某发生争议，诉请法院判令孙某支付租金，法院审查起诉时发现已经超过3年诉讼时效

D. 于某与梁某因买卖房屋发生纠纷，梁某起诉至法院请求解除房屋买卖合同，法院审查起诉时发现双方存在书面仲裁协议

6. 隆发公司和甲市乙区的兴盛公司签订纱线合同，兴盛公司到期未履约交货，隆发公司向法院起诉，要求兴盛公司履行合同。法院经审理，兴盛公司上游供货商因疫情无法供货。法院判决驳回起诉。隆发公司未上诉。3个月后复工复产，兴盛公司仍未交货。隆发公司可采取什么措施救济：(　　)

A. 向法院再次提起诉讼要求履约

B. 向甲市中级法院申请再审

C. 向乙区法院申请再审

D. 向甲市中级法院上诉

**二、多项选择题，每题所给的选项中有两个或两个以上正确答案，少答或多答均不得分。**

1. 冯某驾车时使用手机，致使车辆与张某和李某路边停靠的机动车相撞，造成损失。当事人之间协商未果，欲诉至法院解决。下列说法正确的是：(　　)

A. 如果仅张某起诉，但是开庭当天没有说明理由缺席庭审，法院应当判决驳回张某诉讼请求

B. 如果仅李某起诉，开庭当天没有说明理由中途退庭，法院可以按撤诉处理

C. 如果冯某没有说明理由未参加庭审，法院可以缺席判决

D. 如果张某和李某同时向法院起诉，人民法院可以合并审理

2. 下列哪些民事案件法院不能按撤诉处理：(　　)

A. 刘某是无独立请求权第三人，无正当理由不到庭

B. 王某是原告陈某的委托代理人，庭审过程中未经法庭许可中途退庭

C. 李某是有独立请求权第三人，其法定代理人张某无正当理由拒不到庭

D. 原告吴某申请缓交案件受理费未获批准，仍不预交

3. 下列哪些情况中，法院可以中止诉讼：(　　)

A. 在诉讼过程中原告甲临时提出回避申请

B. 在诉讼过程中需要通知新的证人到庭

C. 一方当事人因为地震造成交通阻断而不能参加诉讼

D. 一方当事人在诉讼中丧失诉讼行为能力，需要确定法定代理人

4. 人民法院受理案件后，下列说法错误的有：(　　)

A. 对当事人没有争议且符合督促程序规定条件的，可以转入督促程序，但当事人不同意转入督促程序的除外

B. 开庭前可以调解的，人民法院可采取调解方式及时解决纠纷，达成调解协议的不能制作调解书

C. 人民法院可以根据案件情况，确定适用简易程序或者普通程序

D. 必须共同进行诉讼的当事人没有参加诉讼的，人民法院应当驳回原告的起诉

5. 互联网法院在适用普通程序审理案件过程中，下列表述错误的有：(　　)

A. 互联网法院采取在线方式审理案件，诉讼过程中发现某诉讼环节无法通过线上完成的，应当裁定中止审理，待线下完成该环节后，再恢复该案的线上处理程序

B. 互联网法院在线接收并处理当事人提交的诉讼材料，处理结果形成纸质文件送达当事人

C. 互联网法院采取在线视频方式开庭、组织证据交换

D. 对于简单民事案件，互联网法院可以依职权决定将当事人陈述、法庭调查、法庭辩论等庭审环节合并进行

## 理解与应用篇

**一、单项选择题，每题所给的选项中只有一个正确答案。**

1. 甲某和乙某之间产生合同纠纷，一审法院判决甲某败诉，甲某上诉，但其在递交上诉状3日之后死亡，法院应该如何处理：(　　)

A. 一审法院裁定中止诉讼

B. 二审法院裁定中止诉讼

C. 一审法院裁定终结诉讼

D. 二审法院裁定终结诉讼

2. 因突发洪水冲坏道路，被告王某无法参加诉讼，法院遂裁定中止诉讼。待道路修缮完毕，可恢复诉讼程序之时，下列做法正确的是：(　　)

A. 法院应撤销原中止诉讼的裁定，作出恢复诉讼程序的裁定，诉讼程序恢复进行

B. 法院不必撤销中止诉讼的裁定，只要作出恢复诉讼程序的裁定，诉讼程序即恢复进行

C. 法院应撤销原中止诉讼的裁定，不必作出恢复诉讼程序的裁定，诉讼程序即恢复进行

D. 法院既不必撤销原中止诉讼的裁定，也不必作出恢复诉讼程序的裁定，从法院通知或准许当事人双方继续进行诉讼时起，中止诉讼的裁定即失去效力

3. 夏麦(男)与黎芳(女)结婚半年，因性格不合经常发生争吵，直至分居。黎芳遂向法院起诉要求离婚，某区法院判决准许离婚，并在判决中对家庭财产进行

了分割处理。夏、黎二人在法定期限内均未上诉。2个月后,黎芳想起她的一件祖传玉器被夏麦占有,该玉器系黎芳结婚后其父所赠,后来黎芳给了夏麦。黎芳在诉讼过程中未提及玉器之事。黎芳如想要回玉器,她可以进行以下哪种行为:(　　)

A. 上诉　　B. 申诉

C. 申请再审　　D. 另行起诉

4. 下列法院对于诉讼中出现的各种情况的处理,做法正确的是:(　　)

A. 刘某与韩某买卖合同纠纷案,法庭审理过程中,刘某新发现回避事项,临时申请回避,法院裁定对本案诉讼中止

B. 甲与乙在房屋租赁合同中发生纠纷,乙诉至法院要求解除合同。法院作出生效判决,驳回乙的诉讼请求。但随后,邻居丙装修导致甲的房屋漏水,乙再次起诉,法院依法受理

C. 陈某(男)和吕某(女)婚后性格不合,陈某诉至法院要求离婚。诉讼过程中,吕某不幸车祸身亡,法院裁定驳回陈某的起诉

D. 老李向小明追索赡养费,在诉讼过程中小明心脏病突发死亡,法院判决驳回老李的诉讼请求

5. 张某将一串价值5万元的项链存放在某银行的对外出租的保险柜中,该银行工作人员孙某借工作之便将保险柜中的项链盗走,案发后一直潜逃在外。张某向法院起诉,要求银行承担民事责任。在审理中,公安机关将孙某抓获归案(但没有追回赃物),并移送检察机关,检察机关准备对孙某提起公诉。法院应如何处理该民事案件:(　　)

A. 中止此案的审理,待孙某犯罪事实查清后恢复审理

B. 终止审理

C. 延期审理此案,并不得作出判决

D. 继续审理此案,并可作出判决

6. 甲诉乙侵占其房屋,人民法院受理后,丙认为该房屋应属于自己所有并参加诉讼,人民法院进行了合并审理。审理中甲申请撤诉,此时应如何处理:(　　)

A. 因丙参诉不准甲撤诉

B. 准予甲撤诉,告知丙终结诉讼

C. 准予甲撤诉,告知丙另行起诉

D. 准予甲撤诉,将丙提起之诉作为另案进行

7. 张某与王某因双方之间的白酒买卖合同纠纷诉至法院,法院在庭前会议中明确了张某的诉讼请求与答辩意见,并且组织交换证据。下列说法错误的是:(　　)

A. 法院应当结合张某的诉讼请求、王某的答辩意见以及双方证据交换情况归纳争议焦点

B. 人民法院可以在庭前会议过程中对张某与王某的纠纷进行调解

C. 张某在庭审过程中,对庭前会议中所承认的收到王某第一期货款的事实予以否定,法院应当不予采纳

D. 王某在庭前会议中认可张某提供合格白酒的证据,但在庭审过程中予以否定,并提出了相应的证据证明张某所提供的白酒和其所要证明的交付白酒是不合格的,法院审查后列入争议焦点

8. 天美公司诉地盛公司金融借款合同一案,在诉讼过程中,天美公司将本案所涉债权转让给了案外人人合公司。关于本案审理,以下选项正确的是:(　　)

A. 天美公司未告知法院涉案债权已经转移的,其依旧是本案的适格原告。法院作出判决的,该判决对受让人人合公司没有拘束力

B. 天美公司告知法院涉案债权已经转移的,其不再是本案的适格原告。法院作出判决的,该判决对受让人人合公司有拘束力

C. 人合公司可以申请以无独立请求权第三人身份参加天美公司与地盛公司的诉讼

D. 人合公司可以申请替代天美公司参加诉讼,天美公司之前的诉讼行为对其没有拘束力

9. 甲公司诉乙公司买卖合同无效,法院经审理判决合同无效,丙公司得知该判决后,认为该判决导致合同目的无法实现,损害其合法权益,遂向法院起诉。经审理,法院认为甲公司在合同无效之诉中提供的证据确系伪造,但丙未证明其利益受到该判决损害。下列哪一选项是正确的:(　　)

A. 应裁定撤销原判决

B. 应判决驳回丙公司诉讼请求

C. 应判决撤销该判决

D. 应裁定驳回丙公司起诉

**二、多项选择题,每题所给的选项中有两个或两个以上正确答案,少答或多答均不得分。**

1. 2016年8月,C市D区基层法院对某轮胎厂诉某橡胶厂购销合同纠纷案作出一审判决,认定双方所签订的合同为有效合同,某橡胶厂应按时足量提供合同约定的货物。在判决向双方送达后的第二天,一审法院就发现了原判决有错误,应认定合同无效。在此情况下,一审法院应如何处理:(　　)

A. 立即作出补充裁定,撤销原判决,作出新判决

B. 等待当事人是否上诉,当事人在上诉期内均不上诉的,一审法院按照审判监督程序处理

C. 当事人在上诉期内上诉的,一审法院可以提出原判决有错误的意见并报送二审法院

D. 无论当事人是否上诉,一审法院应立即按照审判监督程序处理

2. 对于一审普通程序的规定,下列哪些做法是正确的:(　　)

A. 人民法院适用普通程序审理案件，应当在开庭3日前用传票传唤当事人

B. 公众可以查阅发生法律效力的判决书、裁定书，但涉及国家秘密、商业秘密和个人隐私的内容除外

C. 在案件受理后，法庭辩论结束前，原告增加诉讼请求，法院应告知其另行起诉

D. 人民法院准许本诉原告撤诉的，反诉也不再继续审理，告知反诉原告另行起诉

3. 张某与李某于2010年1月结婚，但后来因婚姻不和欲离婚。由于未能达成离婚协议，张某于2016年6月向人民法院起诉，那么，下列说法正确的是：(　　)

A. 如果法院判决不准离婚，李某却于2016年9月向人民法院起诉，而这3个月期间没有新情况与理由的出现，法院应当予以受理

B. 如果法院对张某与李某的离婚案件进行调解和好并最终达成调解协议，那么法院可以不制作调解书

C. 一审法院判决张某与李某不准离婚，原告张某不服进行上诉，第二审人民法院认为应当判决离婚，并对子女抚养、财产问题进行调解，但双方未能达成调解，此时二审法院应当告知当事人另行起诉

D. 当事人对已生效的解除婚姻关系的判决，不得申请再审

4. 关于不予受理、驳回起诉及驳回诉讼请求，下列说法错误的有：(　　)

A. 不予受理、驳回起诉及驳回诉讼请求的上诉期都是10日

B. 不予受理、驳回起诉及驳回诉讼请求的法律文书生效后，当事人都可以另行起诉

C. 当事人对不予受理、驳回起诉及驳回诉讼请求的法律文书都可以上诉和申请再审

D. 不予受理和驳回起诉发生在审查起诉阶段，而驳回诉讼请求发生在受理案后

5. 甲省消费者权益保护委员会向法院提起消费民事公益诉讼，要求被告大鹏网络科技有限公司立即停止违法获取用户信息并买卖获利的侵权行为。关于本案审理程序，下列说法错误的有：(　　)

A. 如甲省消费者权益保护委员会分别向A市中级人民法院和B市中级人民法院提起公益诉讼，由于A市中级人民法院先收到起诉状，因此由该院审理本案

B. 该公益诉讼案审理过程中，小明的个人信息被被告公司违法获取并买卖，遂向法院提起侵权诉讼，该法院应对该案裁定不予受理

C. 该公益诉讼审理期间，法院组织双方当事人进行调解，达成调解协议后，人民法院应当将调解协议进行公告，公告时间不得少于15日

D. 法庭辩论终结后，甲省消费者权益保护委员会申请撤诉，人民法院经审查认为不损害公共利益的，可以予以准许

## 综合提高篇

**不定项选择题，每题所给的选项中有一个或一个以上正确答案，不答、少答或多答均不得分。**

1. 甲与乙于2008年结婚，婚后二人感情不和，常常为琐事争吵。多次协商离婚，均因财产问题无法达成一致而未成功。2018年6月，甲向法院提起诉讼，要求解除与乙的婚姻关系，并对财产进行分割。据此，请回答以下问题：

(1)2018年甲向法院起诉时，乙已经离家出走3年，法院应如何处理：(　　)

A. 甲向法院起诉时，法院以离婚诉讼中被告不明确为由不予受理

B. 甲向法院起诉时，法院告知甲应当按特别程序申请宣告乙为失踪人

C. 甲向法院起诉，法院受理该案后以公告方式向乙送达诉讼文书

D. 甲向法院起诉，法院受理该案后得知乙离家出走的消息，遂在审理过程中宣布乙为失踪人

(2)下列哪些期间不得计算在审理期限内：(　　)

A. 乙下落不明，法院公告送达期间60天

B. 乙看到公告后速赶至法院，向法院提出管辖权异议，法院处理其异议的期间5天

C. 甲向法院申请鉴定，鉴定期间40天

D. 双方当事人和解期间15天

(3)案外人丙也欲进行离婚诉讼，听说甲乙离婚案的案情与自己的情况相近，遂希望查阅本案的裁判文书，下列说法正确的是：(　　)

A. 若本案通过调解结案，法院制作调解书并送达给甲乙，则丙无权向法院申请查阅调解书

B. 发生法律效力的判决书，公众均有权申请查阅，故丙可以申请查阅本案判决书

C. 若本案判决书已经通过信息网络向社会公开，则法院不提供查阅服务，应驳回丙的申请

D. 若法院认为本案涉及个人隐私，则可以不予准许丙查阅本案判决书

2. 刘稳与刘永系父子关系，刘稳在农村，年老多病，刘永外出做生意，收入颇丰。刘永遂在县城买房定居，但其长期不给其父赡养费导致刘稳生活困难。2015年，刘稳就此诉至人民法院，人民法院判决刘永每月给付刘稳生活费1000元，刘稳、刘永均服判。到2017年1月，刘稳因身体不好，医疗费增多，再次向人民法院起诉，要求刘永增加赡养费。

(1)针对刘稳的起诉，人民法院的做法正确的是：(　　)

A. 依法受理

B. 按照申诉处理

C. 根据一事不再理原则，不予受理

D. 先依法受理，再裁定驳回起诉

(2) 如果在开庭审理后，刘永拒不到庭，则人民法院应如何处理：(　　)

A. 应延期审理

B. 应中止诉讼

C. 可拘传刘永到庭

D. 如拘传不到刘永，人民法院可作出缺席判决

(3) 如在诉讼过程中，刘稳因病情恶化去世，法院应当如何处理：(　　)

A. 应中止诉讼，等待除刘永以外的其他继承人表明是否参与诉讼

B. 应判决驳回刘稳的诉讼请求

C. 应终结诉讼

D. 应延期审理，等待除刘永以外的其他继承人表明是否参与诉讼

# 第十四章　简易程序*

**一、单项选择题，每题所给的选项中只有一个正确答案。**

1. 下列哪一案件可以适用简易程序：(　　)

A. 甲起诉请求解除与乙的婚姻关系，乙下落不明

B. 二审法院认为一审遗漏了必须参加诉讼的当事人，裁定发回重审，案情简单

C. 甲因房屋所有权纠纷起诉乙获败诉判决，第三人戊起诉请求改变该判决

D. 丙在某区法院起诉丁，双方在开庭前约定适用简易程序

2. 根据《民事诉讼法》和相关司法解释，有关简易程序的说法哪一项是不正确的：(　　)

A. 对简单的民事案件，原告可以口头起诉

B. 人民法院在审理过程中，发现案件不宜适用简易程序的，裁定转为普通程序

C. 已经按照普通程序审理的案件，在开庭后仍然可以转为简易程序审理

D. 当事人双方可就开庭方式向人民法院提出申请，由人民法院决定是否准许

3. 甲诉乙返还所欠借款，关于本案的审理程序，下列说法哪一项是正确的：(　　)

A. 为尽快拿到欠款，甲申请适用小额诉讼程序，A区法院审查后告知甲，因诉讼金额超出本辖市上年度就业人员人均工资的30%，不符合适用条件

B. 律师告诉甲，甲如果想适用小额诉讼程序，可以先按照该程序要求对符合法律规定的欠款提起诉讼，之后再增加诉讼请求即可

C. 律师告诉甲，小额诉讼程序“一锤定音”，不得上诉和再审，甲要提前准备好举证材料，确保万无一失

D. 甲诉乙借款一案，法院审查后发现符合小额诉讼程序规定，当即告诉甲开庭事宜，审理法官下班途中碰巧遇到乙，也一并告知甲诉乙欠款诉讼开庭时间

4. 关于简易程序与普通程序的转化，下列说法正确的是：(　　)

A. 审判人员在适用普通程序审理案件的过程中，发现案情简单，应当适用简易程序的，可以将普通程序转为简易程序

B. 适用第一审普通程序审理的案件，当事人双方自愿选择简易程序的，应当适用简易程序审理本案

C. 人民法院在审理过程中，发现案件不宜适用简易程序审理的，应当将案件转为普通程序进行审理

D. 转入普通程序的案件自程序转化之次日起计算审限

**二、多项选择题，每题所给的选项中有两个或两个以上正确答案，少答或多答均不得分。**

1. 关于简易程序的说法错误的有：(　　)

A. 适用简易程序审理案件，可以简便方式进行审理前的准备

B. 适用简易程序审理的案件一审终审

C. 双方当事人约定适用简易程序的，应当在开庭前提出

D. 适用简易程序审结的民事案件不可以申请再审

2. 关于简易程序与普通程序的关系，下列各项说法正确的有：(　　)

A. 简易程序是普通程序的前置程序

B. 对基层人民法院和它派出的法庭审理的民事案件，当事人双方可以约定适用简易程序

C. 人民法院在审理过程中，发现案件不宜适用简易程序的，可用决定转为普通程序

D. 普通程序适用于所有法院，简易程序只适用于基层人民法院和它派出的法庭

3. 甲因服装买卖与乙发生纠纷，于A区法院起诉乙，A区法院依法适用小额诉讼程序审理该案，下列法

---

* 本章答案参见第91页。

院行为合法的有：(　　)

A. 允许甲口头起诉、乙当场答辩

B. 对乙的管辖权异议作出裁定后，允许乙就该异议上诉

C. 安排审判员丙独任审理该案

D. 未在判决书中列明所有证据

4. 根据《民事诉讼法》及相关司法解释中关于小额诉讼的规定，下列说法错误的有：(　　)

A. 人民法院审理小额诉讼案件，实行一审终审

B. 海事法院不属于基层人民法院及其派出法庭，因此不能审理小额诉讼案件

C. 小额诉讼程序可以省略举证期限和答辩期间

D. 小额诉讼案件的举证期限，当事人协商一致即可确定

5. 张博和张磊因为分割父母遗产而发生纠纷诉至人民法院，法院决定适用简易程序审理本案。关于本案的审理，下列说法正确的有：(　　)

A. 本案在立案之日起 3 个月内不能审结，有特殊情况需要延长的，经法院院长批准，可以延长审理期限

B. 本案由人民陪审员和审判员共同组成合议庭进行审理

C. 张博在诉讼过程中对张磊的部分诉讼请求明确表示了承认，人民法院在制作裁判文书时对认定事实部分进行了适当简化

D. 张博和张磊均表示不需要举证期限和答辩期间，法院当即进行了开庭审理

6. 张三诉王五合同纠纷一案，虽不属于事实清楚、权利义务关系明确、争议不大的案件，但双方当事人约定适用简易程序进行审理，法院同意并以电子邮件的方式向双方当事人通知了开庭时间(双方当事人均未回复)，法院组成合议庭对案件进行审理，开庭时被告王五无正当理由不到庭，法院作出了缺席判决。送达判决书时法院通过各种方式均未联系上王五，遂采取了公告送达方式送达了判决书。对此，法院下列的哪些行为是违法的：(　　)

A. 同意双方当事人的约定，适用简易程序对合同纠纷进行审理

B. 以电子邮件的方式向双方当事人通知开庭时间

C. 法院组成合议庭对案件进行审理

D. 采取公告方式送达判决书

7. 大熊在光头哥的网店买了一箱蜂蜜，到货后发现该批蜂蜜与约定的品质不符，大熊与光头哥协商无果后，遂向杭州互联网法院提起诉讼。下列关于互联网法院的审理程序说法正确的是：(　　)

A. 开庭前杭州互联网法院已经在线对双方当事人的身份进行了核对，开庭时无须再次核对

B. 法院已经组织双方当事人在线完成证据交换，开庭时对于无争议的证据可以不再举证、质证

C. 由于该案较为简单，法庭决定庭审直接围绕当事人的诉讼请求进行

D. 由于该案案件事实清楚、权利义务关系明确，杭州互联网法院在公告送达后，可以适用简易程序审理

# 第十五章　第二审程序*

**一、单项选择题，每题所给的选项中只有一个正确答案。**

1. 在下列诉讼中，当事人提起上诉，上诉人和被上诉人的确定错误的是：(　　)

A. 甲和乙是必要共同诉讼的共同原告，甲不服一审判决关于甲乙之间赔偿金额的分配方案，提起上诉，但对原审被告丙没有意见。乙为被上诉人，丙按原审诉讼地位列明

B. 甲和乙是必要共同诉讼的共同被告，甲对与原审原告丙权利义务关系分担有意见，但不涉及乙的利益。列丙为被上诉人，乙按原审地位列明

C. 甲是必要共同诉讼的共同原告之一，因对一审判决关于双方当事人之间及共同诉讼人之间权利义务承担有意见提起上诉。原审被告和共同原告都是本案的被上诉人

D. 原告甲、被告乙、无独立请求权第三人丙均不服一审判决提起上诉。甲为上诉人，乙、丙为被上诉人

2. 甲诉乙继承遗产纠纷一案，丙以有独立请求权第三人的身份参加诉讼。一审人民法院依法作出判决。在向当事人送达判决时，甲当场口头表示不上诉，但在上诉期内又向一审人民法院提交上诉状；乙当场口头表示上诉，而且在上诉期届满的前一天到邮局以挂号信的方式向一审人民法院邮寄了上诉状，人民法院收到上诉状时，上诉期已过了两天；丙当场口头表示要上诉，但始终未向人民法院提交上诉状。在上述情况下，从法律上讲，对本案判决提出了上诉的人是：(　　)

A. 甲、乙、丙　　　　B. 甲

* 本章答案参见第 93 页。

C. 甲、乙　　　　　D. 甲、丙

3. 根据《民事诉讼法》及其司法解释的规定，下列关于第二审程序的说法哪项是错误的：(　　)

A. 当事人提起上诉，通常采用书面方式，也可以口头上诉

B. 人民法院依照第二审程序审理案件，认为第一审人民法院受理案件违反专属管辖规定的，应当裁定撤销原裁判并移送有管辖权的人民法院

C. 原判决、裁定认定事实或者适用法律虽有瑕疵，但裁判结果正确的，第二审人民法院可以在判决、裁定中纠正瑕疵后予以维持

D. 第二审人民法院对不服第一审人民法院裁定的上诉案件，一律使用裁定处理

4. 甲诉乙侵权纠纷一案，一审法院判决乙承担一半的责任。甲不服提起上诉，但在15日上诉期未满时甲又提出撤回上诉申请。关于本案的处理，下列说法正确的是：(　　)

A. 法院应当准许甲撤回上诉

B. 甲提出撤回上诉的申请意味着一审判决自然发生效力

C. 如果本案已经进入二审审理程序，甲不得再申请撤回上诉

D. 法院准许甲撤回上诉的申请后，甲还可以再就本案提起上诉

5. 下列情形中，法院的处理方式正确的是：(　　)

A. 二审法院查明一审法院不予受理的裁定有误，撤销原裁定并指令一审法院审理

B. 丙与丁在二审程序中达成和解，法院根据当事人的请求，对和解协议的内容进行审查并制作判决书送达双方当事人

C. 上诉人戊申请撤回上诉，但二审法院认为一审判决确有错误，未准许戊的申请

D. 甲与乙的离婚诉讼中，乙在二审程序中死亡，法院裁定中止诉讼

6. 甲起诉乙支付货款，乙在答辩时提出管辖权异议，一审法院裁定驳回乙的异议，乙不服上诉至二审法院。就二审法院的审理，下列哪一种说法是正确的：(　　)

A. 二审法院应在立案之日起15日内作出终审裁定，该审限不可延长

B. 二审法院应在立案之日起30日内作出终审裁定，有特殊情况需要延长审限的，由本院院长批准

C. 二审法院应在立案之日起15日内作出终审裁定，有特殊情况需要延长审限的，由本院审判委员会批准

D. 二审法院应在立案之日起30日内作出终审裁定，该审限不可延长

7. 甲诉乙违约损害赔偿一案，一审法院判决作出后，甲不服一审判决，向上一级人民法院提起上诉。二审法院认为一审中存在违法缺席判决的情形，遂裁定发回重审。一审法院重新作出判决，甲依旧不服，提起上诉。二审法院在审理时发现一审法院在重审时依旧存在严重违反法定程序的情形，对此二审法院的正确处理是：(　　)

A. 依法作出裁判

B. 再次发回重审

C. 告知当事人申请再审

D. 驳回上诉

8. 根据《民事诉讼法》与相关司法解释的规定，下列情形不属于严重违反法定程序的是：(　　)

A. 一审合议庭由3名人民陪审员组成

B. 书记员与原告是亲属关系但是未回避的

C. 判决书中被告的名字存在文字错误

D. 在被告并没有收到法院传票的情况下，法院作出缺席判决

9. 唐某和麦克是生意伙伴，两人常年从事澳洲海鲜贸易，因为债务纠纷，作为美国人的麦克将中国人唐某诉至M市中院，该院审理后作出判决。关于该案上诉期限说法正确的是：(　　)

A. 依据民事诉讼权利平等原则，唐某和麦克上诉期限均为15日

B. 由于该案为涉外诉讼，诉讼当事人一方为外国人，所以另一方当事人唐某的上诉期也为30日

C. 唐某现在在澳洲居住，美国人麦克居住在M市，虽然属于涉外诉讼，但唐某和麦克的上诉期均为15日

D. 如唐某不能在法定上诉期间内提起上诉，可以向M市中院申请延期

**二、多项选择题，每题所给的选项中有两个或两个以上正确答案，少答或多答均不得分。**

1. 甲、乙、丙三兄弟经营一家汽车修理店，日常经营汽车修理美容服务。一日，技术原因导致吴某、张某共同所有的一辆豪车损毁报废，吴某、张某将甲、乙、丙诉至法院。收到一审判决书后，双方当事人如果提起上诉，下列哪些表述是错误的：(　　)

A. 甲认为乙、丙赔偿金额没有自己高，表示应该三兄弟一视同仁共同承担，提起上诉，则甲是上诉人，乙、丙、吴某、张某四人为被上诉人

B. 甲、乙认为丙赔偿金额太少，平时收益丙分成最多，赔偿金额也应该多，提起上诉，则甲、乙是上诉人，丙是被上诉人，吴某、张某为原审原告

C. 吴某认为张某获得赔偿金额太多不服提起上诉，则吴某、张某为上诉人，甲、乙、丙为被上诉人

D. 吴某、张某认为甲、乙、丙赔偿金额太少提起上诉，甲、乙、丙认为吴某、张某索要赔偿太高提起上诉，

则吴某、张某为上诉人，甲、乙、丙为被上诉人

2. 下列哪些二审案件可以不开庭审理：(　　)

A. 当事人因法院驳回了其起诉而提出上诉

B. 当事人提出的上诉请求与原审相同

C. 原判决、裁定认定事实清楚，但适用法律错误的

D. 原判决严重违反法定程序，需要发回重审

3. C 市 D 区人民法院对某离婚案件依法作出一审判决，判决夫妻陈某与肖某不准离婚。后女方肖某提出上诉。二审法院认为夫妻感情破裂，准予离婚。但是肖某在上诉中提出分割作为夫妻共同财产的汽车，其他财产则在上诉中未提及。那么针对新提出的诉讼请求，二审法院的下列做法正确的是：(　　)

A. 如果陈某肖某同意，那么二审法院可以进行调解，调解不成，告知当事人另行起诉

B. 如果陈某肖某同意，那么二审法院可以进行调解，调解不成，发回重审

C. 如果陈某肖某同意，二审法院可以一并审理

D. 直接告知肖某另行起诉

4. 甲向法院提起诉讼，要求乙赔偿因分手带来的精神损害赔偿。一审法院作出裁判后，乙不服，并提起上诉。二审法院认为该案不应当由法院受理，则二审法院对本案的下列处理错误的有：(　　)

A. 驳回诉讼请求

B. 驳回起诉

C. 发回原审人民法院重审

D. 撤销原裁判，并驳回起诉

5. 华某和杨某为夫妻，因感情不和等原因提起离婚诉讼，一审判决两人离婚。收到一审判决书后，下列哪些做法是错误的：(　　)

A. 华某对财产分割问题表示不服，在收到判决书 30 日后提起上诉

B. 杨某在收到判决书 10 日后与柳某领取结婚证

C. 如二审法院对本案进行调解，在制作调解书时，应同时对一审判决作出处理，即应裁定撤销一审判决

D. 由于两人期盼尽快组成新家庭，华某对杨某表示，可以在收到判决书后第二日上午共同上诉并于当日下午共同撤回上诉，一审判决即生效

6. 王甲和张乙同村，因借贷合同纠纷涉诉。一审法院作出判决后，王甲表示不服并提起上诉。二审法院开庭审理本案之后，王甲在村委会的劝说下向法院申请撤回上诉。下列关于撤回上诉的说法正确的有：(　　)

A. 王甲可以在二审法院第一次开庭审理时申请撤回上诉

B. 法院如发现一审判决确实有误，应当裁定不准许撤回上诉

C. 法院准许撤回上诉，二审程序即告终结，一审法院的裁判发生法律效力

D. 撤回上诉后，王甲反悔，如果未过上诉期间，仍可以提起上诉

7. 下列说法中，不符合我国《民事诉讼法》规定的有：(　　)

A. 第二审人民法院宣告判决可以自行宣判，也可以委托原审人民法院或者当事人所在地人民法院代行宣判

B. 第二审人民法院审理上诉案件，可以在本院或者原审人民法院所在地进行

C. 原审人民法院对发回重审的案件作出判决后，当事人可以提起上诉的，第二审人民法院不得再次发回重审，但涉及国家、集体利益的案件除外

D. 不服一审判决的，可以口头上诉

8. 对民事诉讼二审中发生的一些特殊情况的处理，以下哪些说法是错误的：(　　)

A. 对当事人在第一审程序中已经提出的诉讼请求，原审人民法院未作审理、判决的，第二审人民法院可以根据当事人自愿的原则进行调解；调解不成的，告知当事人另行起诉

B. 必须参加诉讼的当事人或者有独立请求权的第三人，在第一审程序中未参加诉讼，第二审人民法院可以根据当事人自愿的原则予以调解；调解不成的，发回重审

C. 人民法院依照第二审程序审理案件，认为依法不应由人民法院受理的，可以由第二审人民法院直接裁定撤销原裁判，驳回起诉

D. 人民法院依照第二审程序审理案件，认为第一审人民法院受理案件违反级别管辖规定的，应当裁定撤销原裁判并移送有管辖权的人民法院

9. 刘小姐住在浙江省杭州市 A 区，起诉天鸿文化传媒有限公司侵犯其作品的信息网络传播权，该公司的住所地、网络服务器及计算机终端等设备所在地均在山东省德州市 B 区。关于本案的具体处理，下列表述正确的是：(　　)

A. 本案管辖法院为 B 区法院

B. 本案管辖法院为杭州互联网法院

C. 如当事人提起上诉，上诉审法院为德州市中级人民法院

D. 如当事人提起上诉，上诉审法院为杭州市中级人民法院

10. 光大公司诉成方公司借款不还一案中，光大公司对一审人民法院只判决成方公司归还本金不满，提起上诉。下列说法正确的是：(　　)

A. 二审中，光大公司申请撤回上诉，二审法院审查认为一审判决确有错误，则不应准许撤回上诉

B. 二审中，光大公司与成方公司达成和解协议，二审法院可根据当事人要求，对双方达成的和解协议进行审查并制作调解书送达当事人

C. 二审中，光大公司与成方公司进行和解，光大

公司申请撤回起诉,二审法院审理后准许撤诉,并裁定撤销一审判决

D. 二审中,光大公司申请撤诉,法院准许撤诉并撤销一审裁判后,光大公司再次起诉,法院予以受理

11. 上海某外国语大学某女生到上海某外资百货公司超市购买东西,出了收款口后,被商场保安拦住,说她身上有未付款的商品。该女生声称没有,仍被商场保安带至地下室强行搜身。后来,该女生以商场侵害其人格权为由向法院提起诉讼,一审法院判决该外资百货公司赔偿该女生精神损失费人民币 25 万元。接到法院判决后,该外资百货公司认为赔偿数额太高,遂向上级人民法院提出上诉。二审法院经审理后认为,一审法院对案件事实的认定是清楚的,符合客观事实,但在赔偿数额问题上欠妥当,不符合中国国情。二审法院的下列做法错误的有:(　　)

A. 可以裁定撤销原判决,发回原审人民法院重审

B. 可以裁定撤销原判决,依法改判

C. 应该判决撤销原判决,依法改判

D. 应首先进行调解,调解不成的发回重审

12. 根据《民事诉讼法》及相关司法解释的规定,就第二审程序与第一审程序的异同,以下哪些选项是错误的:(　　)

A. 第二审程序与第一审程序合议庭的组成形式相同

B. 第一审法院与第二审法院审理案件的地点都为本院所在地

C. 第一审判决与第二审判决的法律效力相同

D. 第二审程序与第一审程序的审结期限不同

13. 当事人不服某区人民法院的一审判决,向中级人民法院提起上诉,下列做法正确的有哪些:(　　)

A. 原判决认定事实清楚,适用法律正确的,中级人民法院以裁定方式驳回上诉,维持原判决

B. 原判决适用法律错误的,中级人民法院依法改判

C. 原判决认定基本事实不清的,中级人民法院裁定撤销原判决,发回原审人民法院重审

D. 原判决遗漏当事人,中级人民法院依法改判

**三、不定项选择题,每题所给的选项中有一个或一个以上正确答案,不答、少答或多答均不得分。**

1. 2016 年 2 月 15 日,国际银行和厚泰公司、晓升公司三方签订了一份借款合同,约定国际银行给厚泰公司贷款 80 万港元,晓升公司为该贷款提供连带责任担保。三方在借款合同上签字盖章后,国际银行依约给厚泰公司发放 80 万港元的贷款。贷款到期后,厚泰公司未依约还款付息,晓升公司也未履行担保义务,国际银行向法院起诉。法院认为,厚泰公司应当承担违约的民事责任,晓升公司的担保已过保证期限,因此免除担保责任。晓升公司未提起上诉。

(1) 如果厚泰公司对一审判决中向国际银行承担违约责任的部分不服提起上诉,二审中应如何列明当事人:(　　)

A. 以国际银行为被上诉人,晓升公司按原审诉讼地位列明

B. 以晓升公司为被上诉人,国际银行按原审诉讼地位列明

C. 国际银行、晓升公司均按原审诉讼地位列明

D. 国际银行、晓升公司均为被上诉人

(2) 如果国际银行对一审判决不服提起上诉,并以厚泰公司为被上诉人提起上诉。在二审程序中,厚泰公司分立为大伟公司、志杰公司和光明公司三个公司。则二审法院的下列做法中正确的是:(　　)

A. 将大伟公司、志杰公司和光明公司列为共同诉讼人

B. 将案件发回原审人民法院重审

C. 裁定诉讼中止

D. 依法驳回诉讼请求

(3) 如果本案厚泰公司以国际银行为被上诉人提起上诉,并在二审中提出反诉,二审法院应当如何处理:(　　)

A. 驳回反诉请求,告知其另行起诉

B. 根据当事人自愿的原则就反诉请求进行调解,调解不成的,告知其另行起诉

C. 裁定撤销原判,发回重审

D. 双方当事人同意的,可以对反诉请求一并裁判

(4) 如果厚泰公司提起上诉,而国际银行在二审期间又申请撤回起诉,那么下列有关说法正确的是:(　　)

A. 二审法院应不予准许国际银行撤回起诉的申请

B. 如果撤回起诉申请予以准许,国际银行在撤回起诉后重复起诉的,法院应不予受理

C. 对于国际银行的撤回起诉申请,应当征得厚泰公司与晓升公司的同意

D. 如果撤回起诉申请予以准许,那么法院应当一并裁定撤销一审裁判

2. 2021 年 5 月 2 日,甲公司与乙公司签订了货物买卖合同。合同签订后,甲公司于同年 6 月 5 日要求乙公司按合同约定支付预付款,但是乙公司迟迟没有回应。后来由于甲公司货源落空,无法履行合同,双方发生纠纷。乙公司于 2021 年 9 月 1 日向人民法院提起诉讼,要求甲公司交付货物,并赔偿因此而造成的损失。

(1) 如果甲公司提出双方在合同条款中约定有仲裁条款对法院受理案件提出异议,那么下列说法正确的是:(　　)

A. 甲公司应当在提交答辩状时提出

B. 甲公司应当在首次开庭前提出

C. 甲公司应当在法庭调查结束前提出

D. 甲公司在判决作出之前都可以提出

(2) 如果甲公司对一审判决不服,欲向上一级人民法院提出上诉。下列关于提起上诉的程序的说法错误的是:(    )

A. 甲公司应当在判决书送达之日起10日内提起上诉

B. 当事人直接向第二审人民法院上诉的,第二审人民法院应当在5日内将上诉状移交原审人民法院

C. 第二审人民法院应当对与案件相关的事实和适用法律均进行审查

D. 第二审人民法院判决宣告前上诉人申请撤回上诉的,需经对方当事人同意并经二审法院准许

(3) 如果一审法院在审理过程中发现乙公司起诉不符合受理条件,裁定驳回起诉。乙公司不服提起上诉,二审法院经审查发现一审法院的裁定有误。根据《民事诉讼法》及相关司法解释的规定,二审法院正确的做法是:(    )

A. 撤销原裁定,发回重审

B. 撤销原裁定,指令一审法院进行审理

C. 撤销原裁定,指令一审法院立案受理

D. 撤销原裁定,直接予以受理

(4) 如果在二审审理过程中,双方达成和解协议,那么下列做法正确的是:(    )

A. 如果法院制作了调解书,该调解书生效后一审判决视为撤销

B. 法院应当对双方达成的和解协议进行审查并制作调解书送达当事人

C. 如果甲乙公司请求法院制作调解书,那么法院在审查双方达成的和解协议后制作调解书

D. 达成和解协议后,甲申请撤诉,法院应当进行审查,符合撤诉条件的应予准许

# 第十六章　特别程序*

**一、单项选择题,每题所给的选项中只有一个正确答案。**

1. 关于实现担保物权的特别程序规定,下列说法正确的是:(    )

A. 当事人之间对担保物权顺序的约定不影响实现担保物权的申请

B. 登记在先的担保物权尚未实现的,后顺位的担保物权人向人民法院申请实现担保物权,法院应当裁定不予受理

C. 抵押人、出质人、财产被留置的债务人或者所有权人有权申请实现担保物权

D. 申请实现担保物权的审查过程中,被申请人或者利害关系人提出异议的,人民法院应当裁定终止程序,转为普通程序

2. 关于宣告失踪与宣告死亡的案件,下列说法错误的是:(    )

A. 符合法律规定的多个利害关系人提出宣告失踪、宣告死亡申请的,列为共同申请人

B. 寻找下落不明人的公告应当记载,凡知悉被申请人生存现状的人,应当在公告期间将其所知道情况向当地公安机关报告

C. 人民法院受理宣告失踪、宣告死亡案件后,作出判决前,申请人撤回申请的,人民法院应当裁定终结案件,但其他符合法律规定的利害关系人加入程序要求继续审理的除外

D. 在诉讼中,当事人的利害关系人提出该当事人患有精神病,要求宣告该当事人无民事行为能力或者限制民事行为能力的,应由利害关系人向人民法院提出申请,由受诉人民法院按照特别程序立案审理,原诉讼中止

3. 人民法院作出判决,宣告某公民死亡,3天后该公民出现。在此种情况下,该公民或者利害关系人,可以采用:(    )

A. 向原审人民法院提出申请,由人民法院适用宣告死亡案件审理程序作出新判决,撤销原判决

B. 向原审人民法院提出再审,人民法院适用再审程序作出新判决,撤销原判决

C. 向原审人民法院的上级人民法院提出上诉,由上级人民法院适用二审程序予以改判

D. 请求原审人民法院适用普通程序对案件进行审理,改变原判决

4. 致富村进行村委会换届选举,邻村脱贫村村民钱某赶集回来看到致富村张贴的选民名单时,发现名单里没有致富村村民章如花,下列哪些做法是正确的:(    )

A. 钱某想为章如花打抱不平,到选举委员会要求增加章如花选民资格,被选举委员会以不是本村村民为由轰出

B. 被轰出后的钱某想继续为章如花申诉,律师王天一告诉钱某可以到该村所在地县法院提起选民资格之诉

---

* 本章答案参见第96页。

C. 钱某在距离选举还有 2 天时到法院起诉,法院以距离选举时间太近为由不予受理

D. 如果钱某在选举日 5 日前起诉,那么法院可以邀请选举委员会成员参与诉讼帮助调解

5. 关于《民事诉讼法》规定的特别程序的表述,下列哪一选项是正确的:(　　)

A. 适用特别程序审理的案件都是非讼案件

B. 起诉人或申请人与案件都有直接的利害关系

C. 适用特别程序审理的案件都是一审终审

D. 适用特别程序审理的案件,一律应当在立案之日起 30 日内或者公告期满后 30 日内审结。有特殊情况需要延长的,由本院院长批准

6. 下列说法符合《民事诉讼法》规定的是:(　　)

A. 适用特别程序的案件,除选民资格案件或者重大、疑难的案件由审判员组成合议庭审理外,其他案件由审判员一人独任审理

B. 人民法院在依照特别程序审理案件的过程中,发现案件属于民事权益争议的,应当裁定终结特别程序,转入普通程序

C. 人民法院适用特别程序审理的案件,应当在立案之日起 30 日内或者公告期满后 30 日内审结。有特殊情况需要延长的,由本院审判委员会批准。但审理宣告失踪、宣告死亡的案件除外

D. 特别程序仅适用于人民法院审理选民资格案件、宣告失踪或者宣告死亡案件、认定公民无民事行为能力或者限制民事行为能力案件、认定财产无主案件

7. 甲依法申请宣告乙失踪,法院经特别程序审理后宣告乙失踪,甲被指定为乙的财产代管人。后因为甲恶意处分乙的财产,乙的父亲丙申请变更代管人甲。关于本案下列说法错误的是:(　　)

A. 本案审理期间,人民法院可以根据甲的请求清理乙的财产,并指定案件审理期间甲为财产管理人

B. 若甲申请变更代管人,人民法院应当按照《民事诉讼法》特别程序的有关规定进行审理

C. 乙的父亲丙申请变更代管的,人民法院应当告知其以原指定的代管人为被告起诉,并按普通程序进行审理

D. 乙的父亲丙申请变更代管的,人民法院应当根据案件的具体需要来灵活确定适用的程序

8. 下列关于申请认定无民事行为能力案件的处理错误的是:(　　)

A. 被申请人没有近亲属的,人民法院可以指定其他亲属为代理人

B. 被申请人没有亲属的,人民法院可以指定经被申请人所在单位或者住所地的居民委员会、村民委员会同意,由关系密切的朋友为代理人

C. 被申请人所在单位或者住所地的居民委员会、村民委员会或者民政部门也可以担任代理人

D. 代理人可以是一人,也可以是同一顺序中的两人

**二、多项选择题,每题所给的选项中有两个或两个以上正确答案,少答或多答均不得分。**

1. 下列关于特别程序案件的管辖法院的判断,错误的有:(　　)

A. 在某实现担保物权案件中,涉案债权的担保物包括一栋 A 市 B 区的房屋和一辆 C 市 D 区的汽车,由于房屋价值更高,因此对该案有管辖权的是 A 市 B 区法院

B. 甲与乙因房屋租赁产生纠纷,经 A 区人民调解委员会调解失败后,在 B 区人民调解委员会的调解下成功达成协议,现双方欲申请司法确认调解协议,仅 B 区法院有管辖权

C. 丙欲申请认定某公司所占用的一所房屋无主,应向该房屋所在地的基层法院提出申请

D. 丁欲申请宣告其已下落不明两年的丈夫戊失踪,应向戊最后出现地的基层法院提出申请

2. 甲银行向乙提供借款,丙、丁以自己的房屋为乙提供担保。借款到期后,甲银行向法院申请实现担保物权。下列说法错误的是:(　　)

A. 有管辖权的法院为丙、丁住所地的基层人民法院

B. 本案只能适用独任制

C. 如房屋价值超过基层人民法院的管辖范围的,应当由中级人民法院组成合议庭进行审查

D. 若丙的担保物权登记先于丁,则丙的担保物权尚未实现的,不得就丁之担保物权向人民法院提出申请

3. 甲乙为夫妻,在 M 市共同经营餐馆,后因债务纠纷被 F 市的丙诉至法院,甲为逃避债务不知所踪。如法院判决丙胜诉,甲乙共同承担赔付责任。下列做法错误的是:(　　)

A. 为尽快得到赔付,丙可以在甲消失 2 年后向 F 市法院申请宣告甲失踪

B. 甲的弟弟申请宣告甲失踪,法院必须发出为期 6 个月的公告

C. 法院判决宣告甲失踪后,还需要 3 个月的判决公告期

D. 如法院指定乙是甲的财产代管人,甲的妹妹申请变更自己为财产代管人,法院审查后可裁定准许

4. 甲与乙系某市 A 区一处小区的邻居,乙经常居住地在 B 区的小区。后因乙装修 A 区的新房而产生矛盾。在多次协商未果之后甲欲起诉至法院。甲、乙所在小区和甲单位所在地 C 区的调解组织了解到后,多次和甲沟通,后甲与乙达成调解。如果甲欲申请司法确认调解协议,那么下列说法正确的是:(　　)

A. 可以向 A 区基层人民法院提出

B. 可以向 B 区基层人民法院提出

C. 可以向 C 区基层人民法院提出

D. 可以向该市中级人民法院提出

5. 下列案件中，当事人申请司法确认调解协议，人民法院应当裁定不予受理的是：（　　）

A. 甲市张三和乙市李四的合同纠纷经甲市人民调解委员会调解达成协议后，为公平起见，双方向丙市基层人民法院申请确认调解协议

B. 小红和小明就遗产房产归属达成调解协议，并向人民法院申请司法确认

C. 冬冬和小天申请法院司法确认二者婚姻关系已经解除

D. 王五和赵六就融资租赁合同纠纷达成调解协议，因调解协议无强制执行力，因此王五向法院申请司法确认

6. 甲因病死亡，继承人下落不明，其所遗留的房屋无人继承。甲所在的村委会向人民法院申请认定该房屋为无主财产，法院受理了该案件。关于人民法院的下列行为，正确的是哪几种：（　　）

A. 应当向房屋所在地基层法院提出申请

B. 可由审判员一人独任审理

C. 公告期间如果有人请求法院允许其将房屋收归己有，法院应裁定终结特别程序，并告知申请人另行起诉，适用普通程序审理

D. 如果判决认定财产无主后继承人出现，在诉讼时效期间对财产提出请求，人民法院应当通过再审程序解决

7. 关于适用特别程序确认调解协议的案件，下列说法正确的有：（　　）

A. 申请司法确认调解协议可以由双方当事人，自调解协议生效之日起 30 日内，选择一方当事人所在地基层人民法院提出

B. 人民法院经审查，认为当事人的陈述或者提供的证明材料不充分、不完备或者有疑义的，应当向调解组织核实有关情况

C. 确认调解协议的裁定作出前，当事人撤回申请的，人民法院可以裁定准许

D. 申请确认婚姻关系、亲子关系、收养关系等身份关系无效、有效或者解除的，人民法院裁定不予受理

8. 在某县基层人大代表换届选举中，李某发现选举委员会公布的选民名单中遗漏了同县张某的名字，遂向选举委员会提出申诉。选举委员会认为，李某不是本案的利害关系人无权提起申诉，故驳回了李某的申诉，李某不服诉至法院。下列哪些选项是错误的：（　　）

A. 如李某在选举日前 3 日起诉，法院应及时受理并在选举日前作出判决

B. 法院应该驳回李某的起诉，因李某与案件没有直接利害关系

C. 选民资格案件关系到公民的重要政治权利，需由审判员和人民陪审员组成合议庭进行审理

D. 4 月 10 日为选举日，人民法院在 4 月 11 日作出判决

9. 根据我国《民事诉讼法》的规定，下列哪些案件的审理程序中公告是必经的程序：（　　）

A. 2005 年 1 月乙被冲入大海后一直杳无音信，2007 年 3 月其妻向法院申请宣告乙死亡

B. 丙拿一张 5 万元的支票到银行兑现，途中遗失，丙向银行所在地的区法院提出申请公示催告

C. 某施工单位施工时挖出一个密封的金属盒，内藏一本宋代经书，该施工单位向法院申请认定经书及盒子为无主财产

D. 民事公益诉讼中双方当事人达成了和解协议

10. 参加法律职业资格考试复习的学生丁某和马某，学习我国《民事诉讼法》关于特别程序的内容时，所做下列表述错误的是：（　　）

A. 马某认为非讼程序就是特别程序

B. 丁某认为特别程序的审判组织只能是独任制，故不能有人民陪审员参与

C. 马某和丁某认为，所有的特别程序，无论案情复杂还是简单，统一由基层法院管辖

D. 丁某认为特别程序均一审终审，不得上诉，不得调解，但可以通过再审获得救济

**三、不定项选择题，每题所给的选项中有一个或一个以上正确答案，不答、少答或多答均不得分。**

张某是某单位干部，一直单身，居住在流水街 50 号。2010 年春节后，张某因病去世，留下银行存款 10 万元、古董字画若干。张某所在的街道办事处认为张某无继承人且未留下遗嘱，因此向区人民法院申请认定张某的财产为无主财产。法院受理后，经审查核实发出财产认领公告。因无人对张某的遗产主张权利，公告期满，法院判决认定张某的遗产为无主财产。半年后，从外地来了一位年轻人声称是张某的亲生儿子。经法院审查核实，该年轻人系张某下放时的私生子。根据上述案情，请回答下列各题：

（1）关于本案的审理下列说法错误的是：（　　）

A. 应当独任审理

B. 可以进行调解

C. 公告的期间为 1 年，可以适当延长

D. 应当由张某遗产所在地的基层人民法院管辖

（2）遗产认定无主后，张某的儿子依法对财产提出申请，主张继承其父亲财产的，人民法院应当如何处理：（　　）

A. 撤销原裁定

B. 作出新判决，撤销原判决

C. 作出新裁定

D. 驳回申请

(3)如果张某的儿子在公告期间即依法对财产提出申请，主张继承其父亲财产，人民法院应当如何处理：(　　)

A. 继续审理，申请理由充分的，判决财产归其所有；理由不充分的，驳回申请

B. 裁定终结特别程序

C. 告知申请人另行起诉，适用普通程序

D. 告知申请人另行起诉，适用简易程序

# 第十七章　审判监督程序*

## 基础知识篇

**一、单项选择题，每题所给的选项中只有一个正确答案。**

1. 下列有关审判监督程序的特点说法正确的是：(　　)

A. 启动审判监督程序的主体只能是当事人、人民法院和人民检察院

B. 当事人、人民法院和人民检察院启动审判监督程序应当在判决、裁定、调解书生效后的6个月内

C. 审判监督程序不是一个独立的审级

D. 在审判监督程序中进行再审审理的法院只能是原审法院的上级法院

2. 关于当事人申请再审，以下说法正确的是：(　　)

A. 对于不予受理、驳回起诉的裁定，当事人不可以申请再审

B. 当事人死亡或者终止的，其权利义务承继者可以根据《民事诉讼法》有关规定申请再审

C. 当事人申请再审的，停止判决、裁定的执行

D. 当事人申请再审时只可以向上一级法院申请再审

3. 甲因买卖合同纠纷起诉乙，法院依照小额诉讼程序审理并判决甲败诉，现甲准备申请再审，就此，下列说法正确的是：(　　)

A. 甲可以不应按小额诉讼案件审理为由向上一级法院申请再审

B. 甲可以适用法律错误为由向原审法院申请再审

C. 甲如以不应按小额诉讼案件审理为由申请再审的，再审判决、裁定作出后不可上诉

D. 甲以适用法律错误为由申请再审的，再审判决、裁定作出后可以上诉

4. 下列关于审判监督程序特点的说法正确的是：(　　)

A. 在判决生效之日起6个月后，法院不可以再提起再审

B. 在判决生效之日起6个月后，检察院不可以提起抗诉

C. 自判决生效之日起6个月后，当事人原则上不得申请再审，但是当事人因有新的证据而申请再审的，可自知道新证据存在之日起6个月内向人民法院申请再审

D. 当事人发现据以作出原判决、裁定的法律文书被撤销或者变更的，可以自知道或者应当知道之日起3年内向人民法院申请再审

5. 甲诉乙离婚一案，经过法院调解确定二人解除婚姻关系。调解书生效的7个月后，乙发现自己是受到了甲的恶意欺诈才同意调解结果的，遂就调解书中部分夫妻共同财产分割问题向上一级人民法院申请再审。请问，下列法院的做法正确的是：(　　)

A. 应当告知当事人另行起诉

B. 应当驳回再审申请

C. 对于全部的夫妻共同财产重新分割

D. 法院应当依照《民事诉讼法》第211条的规定进行审查，符合再审条件的，应当裁定再审

**二、多项选择题，每题所给的选项中有两个或两个以上正确答案，少答或多答均不得分。**

1. 我国《民事诉讼法》对审判监督程序的适用范围作了严格规定，下列表述错误的是：(　　)

A. 只有符合法定事由的判决书、裁定书才能适用再审程序，而周某和康某达成的调解书系双方当事人意思自治，不能再审

B. 判决解除婚姻关系的案件不得再审，刘某、章某经诉讼解除婚姻关系后，对于财产分割部分如果不服可以申请再审

C. 董某诉雷某合同纠纷案经再审维持原判，董某不服，可以再次提起再审

D. 李某向法院申请再审被驳回又再次提出申请，法院告知其向检察院申请检察建议或者抗诉

2. 对于下列再审申请，法院的处理正确的是：(　　)

A. 周某与孙某离婚一案中，周某在败诉后以管辖

---

* 本章答案参见第98页。

错误为由提起再审申请,法院不予受理

B. 检察院针对钱某的申请作出不予提出检察建议的决定后,钱某向法院提起再审申请,法院不予受理

C. 谭某申请法院宣告其子谭小某失踪,在失踪宣告判决生效1年后,谭小某重新出现,谭某遂向作出失踪宣告判决的法院提出再审申请,法院不予受理

D. 张某在诉李某返还不当得利二审败诉后,立即以该案法官存在枉法裁判的嫌疑为由提起再审申请,法院裁定再审

3. 对于审判监督程序中检察院的职权,下列说法正确的有:(　　)

A. 检察院的抗诉必然会引起再审程序的发生

B. 当事人再次向人民检察院申请抗诉,检察院应当直接作出不予提出抗诉的决定

C. 检察院有权接受当事人的申请,并决定是否提出抗诉

D. 检察院因履行监督职责,可以向当事人或者案外人调查核实有关情况

4. 关于检察建议,下列说法正确的有:(　　)

A. 人民检察院依法对损害国家利益、社会公共利益的发生法律效力的判决、裁定、调解书经人民检察院检察委员会讨论决定提出再审检察建议的,人民法院应予受理

B. 人民检察院依照《民事诉讼法》规定对人民法院逾期未对再审申请作出裁定提出再审检察建议的,人民法院应予受理

C. 人民法院收到再审检察建议后,应当组成合议庭进行审查,作出是否再审的决定

D. 人民法院审理因检察建议裁定再审的案件,但已经作出的驳回当事人再审申请裁定的案件除外

5. 下列关于被遗漏的共同必要诉讼人申请再审的情形,做法正确的是:(　　)

A. 甲对乙丙共有的房屋提起诉讼,人民法院未能成功通知丙,导致丙未能参加诉讼,丙可以自应当收到乙寄来的判决书之日起6个月内申请再审

B. 人民法院因共同必要诉讼人的申请,对一审判决作出再审的裁定,原审法院应当追加申请人为当事人,作出新的判决、裁定

C. 人民法院因共同必要诉讼人的申请,对二审判决作出再审的裁定,原二审人民法院应当进行调解,调解不能达成协议的,应当撤销原判决,发回重审,重审时应追加申请人为当事人

D. 丙对甲、乙关于一套房产的执行提出异议,执行法院审查后裁定驳回异议,丙认为该判决损害自己的权益,在收到执行法院的裁定后,立即向房屋所在地的法院提出再审申请

6. 针对已经生效的判决、裁定,下列哪些情形不属于申请再审的法定情形:(　　)

A. 在审理甲某和乙某的债务纠纷中,甲某去银行调取证据未果,遂申请法院到银行调取双方钱款往来明细,法院因为银行技术原因未能调取到该证据

B. 小新的爸爸在日本出差,后因小新涉诉只能匆忙回国,但极端恶劣天气致使飞机无法起飞,多方寻求回国办法无果,最终未能到庭。庭审第二天小新度过了自己18周岁生日

C. 杨某与高某曾在A区法院民一庭涉诉,后杨某听闻该庭的主管副院长被指控与被告高某有非法巨额资金往来正在被调查,遂申请再审

D. 方某的律师在庭审中就边缘问题喋喋不休、纠缠不清,被法官制止。后方某以被剥夺辩论权利为由申请再审

7. 下列哪些案件不应当再审:(　　)

A. 二审法院于2023年2月1日当庭判决解除张某与李某的婚姻关系。3月1日,张某向上级法院申请再审

B. 二审法院于2020年6月1日判决张某赔偿李某2万元。2021年10月5日,张某以原判决认定事实的证据未经质证为由向上级法院申请再审

C. 上级检察机关于2020年10月对2015年5月下级法院所作的终审判决提起抗诉

D. 上级法院于2020年10月对2015年5月下级法院所作的终审判决按审判监督程序提审

8. 对于因人民法院行使审判监督权启动的再审,下列说法不正确的有:(　　)

A. 作出原审生效判决的法院,如果发现该判决确有错误,应当提交本法院院长决定是否再审

B. 作出原审生效判决的法院发现判决确有错误决定再审的,除法律规定的案件以外可立即裁定中止原判决的执行

C. 凡是适用审判监督程序再审的案件,都只能由作出再审裁定的法院再审

D. 法院发现生效裁判存在错误,经过当事人的同意后可以决定再审。但涉及国家、社会公共利益和案外人利益的案件除外

9. 张某因合同纠纷起诉齐某,一审法院判决张某胜诉,确认张某对齐某享有债权。双方在上诉期内均未上诉。齐某一直未实现该债权。下列主体中,在满足法定条件下有可能启动本案再审程序的有哪些:(　　)

A. 张某死亡后继承该债权的张小某

B. 在判决生效后受让该债权的吴某

C. 一审审理时被遗漏的必要共同原告王某

D. 在执行程序中提出执行异议被驳回的梁某

10. 周某因合同纠纷起诉,甲省乙市的两级法院均驳回其诉讼请求。周某申请再审,但被驳回。周某又向检察院申请抗诉,检察院以原审主要证据系伪造为

由提出抗诉，法院裁定再审。关于启动再审的表述，下列哪些说法是不正确的：(　　)

A. 周某只应向甲省高级人民法院申请再审

B. 检察院抗诉后，应当由接受抗诉的法院审查后，作出是否再审的裁定

C. 法院应当在裁定再审的同时，裁定撤销原判

D. 受理抗诉的人民法院可以交由下一级人民法院再审

11. 再审申请审查期间，法院的做法正确的是：(　　)

A. 再审申请人死亡，其承继人声明放弃再审申请，法院裁定终结审查

B. 在民间借贷纠纷案中，债务人因车祸死亡，无可供执行的财产，也没有继承人，法院裁定终结审查

C. 当事人达成和解协议且已履行完毕，协议未约定双方之间申请再审的权利，法院裁定终结审查

D. 发现申请人曾向其他人民法院提出再审申请并被驳回，法院裁定终结审查

## 理解与应用篇

**单项选择题，每题所给的选项中只有一个正确答案。**

1. 下列何种情境不属于剥夺当事人的辩论权利：(　　)

A. 由于法庭案件过多最终没有组织法庭辩论环节

B. 应当开庭审理的案件法院进行了书面审理

C. 法院未经被告人同意直接通过电子邮件发送起诉状副本导致被告当事人无法参加庭审而缺席审判

D. 庭审中当事人一再强调自己的诉讼请求被法官制止

2. 在审查再审申请期间，下列说法正确的是：(　　)

A. 人民法院根据审查案件的需要决定是否询问当事人，新的证据可能推翻原判决、裁定的，人民法院应当询问当事人

B. 再审申请人申请人民法院委托鉴定、勘验的，人民法院经审查后，作出是否准许的决定

C. 再审申请人撤回再审申请的，人民法院应当准许

D. 撤回再审申请或者按撤回再审申请处理后，再审申请人再次申请再审的，经审查符合再审条件的，人民法院应当受理

3. 关于再审裁判，下列说法正确的是：(　　)

A. 部分当事人到庭并达成调解协议，其他当事人未作出书面表示的，人民法院应当在判决中对该事实作出表述；调解协议内容不违反法律规定，且不损害其他当事人合法权益的，可以在判决主文中予以确认

B. 已再审案件，再审法院发现原判决虽理由有瑕疵但判决结果正确，遂对原判予以维持

C. 依照再审程序审理的案件，当事人对维持原生效裁判的裁判只能申请再审一次

D. 审理再审案件，当事人在审理中增加新的诉讼请求，再审法院本着一次解决纠纷原则对该新请求予以判决

4. 甲诉乙合同纠纷一案，法院判决甲胜诉。在执行过程中，甲和乙自愿达成和解协议：将判决中确定的乙向甲偿还100万元人民币减少为80万元，协议生效之日起1个月内还清。乙按照和解协议的约定履行了相关义务。后甲以发现新证据为由向法院申请再审，法院对再审申请进行审查时，发现和解协议已履行完毕。法院的正确做法是：(　　)

A. 应当裁定执行回转

B. 应裁定驳回甲的再审申请

C. 审查执行和解协议是否违反自愿与合法原则

D. 裁定终结对再审的审查

5. 甲乙因一幅字画所有权问题产生争议，甲主张该幅字画属于自己所有，起诉要求乙返还该幅字画。A市B县法院判决乙交付字画给甲，双方均未提起上诉。后因乙拒不履行判决义务，甲申请强制执行。执行过程中，丙向法院提出异议，主张该字画的所有权，法院经审查驳回了其异议。丙遂向A市中级法院申请再审，A市中级法院在再审中发现该字画实为甲和丙共同所有。关于A市中级法院的做法正确的是：(　　)

A. 应当进行调解，调解不成的，再审审理后直接作出判决

B. 应当进行调解，调解不成的，驳回丙再审申请，告知其提起执行异议之诉

C. 应当进行调解，调解不成的，驳回其诉讼请求，告知丙另行起诉

D. 应当进行调解，调解不成的，裁定撤销原判决，发回重审

## 综合提高篇

**不定项选择题，每题所给的选项中有一个或一个以上正确答案，不答、少答或多答均不得分。**

1993年6月26日，银川铝型材厂从中国银行银川市支行中湖储蓄所购买了100张面额100元的定期定额有奖储蓄存单，存单背面标明中奖率为100%。1993年7月10日，中国银行银川市支行公开摇奖，在《宁夏日报》第4版上公布了中奖号码，同时规定从1993年7月15日至10月15日为兑奖期限，逾期不兑视为弃奖。在此期间，银川铝型材厂始终未去兑奖。1993年10月15日，在兑奖的最后一日，银川铝型材厂将有奖储蓄存单发给本厂职工代替欠发工人的工资。

该厂职工王春林领到奖券后，经核对该奖券的号码003172号中了一等奖，奖金1万元。王春林即持该奖券到银行领取了奖金。银川铝型材厂得知王春林中奖情况后，认为此奖金应归厂方所有，没有及时兑奖是厂方主管人员的疏忽大意、未了解中奖情况所致，王春林应将1万元奖金交回厂里，由厂里按幸运奖赠与王春林1888元。厂方意见被王春林拒绝，因而发生纠纷。银川铝型材厂遂向银川市城区人民法院提起诉讼，请求判令王春林返还奖金1万元。

银川市城区人民法院认为，王春林在银川铝型材厂有重大误解的情况下领到存单，进而取得1万元奖金，无法律上原因应为不当得利，由王春林返还奖金。据此于1994年5月20日判决王春林于判决生效后15日内返还银川铝型材厂不当得利1万元，王春林向银川市中级人民法院提出上诉。银川市中级人民法院于1994年8月8日作出判决驳回上诉，维持原判。

(1)在本案中，如以下情形存在，王春林可以基于哪些理由提出再审申请：(　　)

A. 原审判组织的组成不合法

B. 本案的管辖违反了级别管辖

C. 确定民事责任明显违背当事人约定或者法律规定

D. 原审法院未向王春林送达起诉状

(2)如果王春林向宁夏回族自治区高级人民法院申请再审，宁夏回族自治区高级人民法院裁定再审。下列情况中，宁夏回族自治区高级人民法院不得再指令银川市中级人民法院再审的是：(　　)

A. 银川市中级人民法院对该案没有再审管辖权

B. 银川市中级人民法院在审理该案时审判人员有贪污受贿行为

C. 原判决是经过银川市中级人民法院审判委员会讨论作出的

D. 原判决系经银川市中级人民法院再审审理后作出

# 第十八章　督促程序*

**一、单项选择题，每题所给的选项中只有一个正确答案。**

1. 天津某土产公司(以下简称天津公司)向吉林某农产品公司(以下简称吉林公司)购买价值20万元的优质大豆，吉林公司交货后，天津公司拒绝付款。为此，吉林公司向法院申请支付令请求天津公司支付货款。天津公司认为吉林公司用劣质大豆充当优质大豆，因此收到支付令后15日内，天津公司既未提出异议又未履行义务，而是向另一个法院提起诉讼，要求退货。以下说法正确的是：(　　)

A. 天津公司向另一个法院提起诉讼的行为不影响支付令的效力

B. 天津公司向另一个法院起诉后，吉林公司不得依据支付令申请执行

C. 受理支付令申请的法院应当将案件转为诉讼程序审理

D. 受理支付令申请的法院应裁定终结督促程序

2. 下列哪种情况下甲可以向基层法院申请启动督促程序：(　　)

A. 甲已支付货款，但乙公司拒绝交付买卖合同项下的货物

B. 乙拖欠甲20万元借款逾期未还，乙在国内但下落不明

C. 乙拖欠甲金额为200万元的汇票一张

D. 甲和乙之间的双务合同义务均未履行，甲请求乙支付50万元货款的债权

3. 甲欠乙20万元，乙向法院申请支付令，法院受理后依法向甲发出了支付令。如果甲在收到支付令后向法院提出暂无清偿能力，请求延缓债务清偿期限的书面异议，以下说法正确的是：(　　)

A. 法院应当对双方进行调解，促进纠纷的解决

B. 法院应当裁定终结督促程序

C. 法院应当将案件转为诉讼程序审理，但乙不同意的除外

D. 异议期间届满，乙可以向法院申请强制执行

**二、多项选择题，每题所给的选项中有两个或两个以上正确答案，少答或多答均不得分。**

1. 下列哪些情形会导致支付令自行失效：(　　)

A. 人民法院受理支付令申请后，债权人就同一债权债务关系又提起诉讼的

B. 人民法院发出支付令之日起30日内无法送达债务人的

C. 债务人收到支付令前，债权人撤回申请的

D. 债务人自收到支付令之日起15日内向人民法

* 本章答案参见第102页。

院提出书面异议的

2. 张三欠李四10万元,李四向法院申请支付令,法院经审查后依法向张三发出了支付令。就该支付令的效力问题,下列说法错误的有:(　　)

A. 支付令自送达张三时起即具有强制执行效力

B. 如支付令发出40日后仍无法送达张三,该支付令失效

C. 如李四基于同一债权债务关系既能请求张三给付金钱,又能请求其给付有价证券,故在同一支付令申请中提出了多项支付请求,现张三就其中一项请求提出异议,所有请求全部失效

D. 如李四基于同一债权债务关系,对包括张三在内的多个债务人都享有金钱给付请求权,故向多个债务人都提出了支付请求,现张三一人提出异议,所有请求全部失效

3. 王海欠张涛人民币20万元,张涛向法院申请支付令。下列说法正确的是:(　　)

A. 如果给付金钱没有约定逾期利息张涛却申请的,法院应当裁定驳回申请

B. 如果王海提出了口头异议,法院经审查后认为合理,裁定终结督促程序

C. 如果王海没有提出异议,则张涛可以在支付令生效后的2年内申请执行

D. 如果法院院长发现本院已经生效的支付令确有错误,应当发出裁定撤销该支付令

4. A法院根据甲的申请向债务人乙发出支付令,随后A法院发现已生效的支付令确有错误需要撤销。下列说法正确的有:(　　)

A. 应当由A法院的院长撤销支付令

B. 应当由A法院的院长提交审判委员会讨论决定后撤销支付令

C. 如果裁定撤销支付令,应当重新依职权作出新的支付令

D. 如果裁定撤销支付令,应当驳回债权人的申请

5. 四方公司拖欠远大公司一笔货款已逾期半年,远大公司在多次讨要均无果的情况下向法院申请支付令。法院经审查后向四方公司发出支付令,四方公司下列哪些行为不影响支付令的效力:(　　)

A. 四方公司在接到支付令后表示自己无力还款

B. 四方公司在接到支付令后提出延缓债务清偿期限

C. 四方公司在接到支付令后以口头形式提出远大公司所交货物不符合合同规定,应减少货款

D. 四方公司在接到支付令后不提出异议又不履行债务

6. 甲因乙拒不归还到期借款而向法院申请支付令。法院审查后向乙发出支付令。下列哪些说法是错误的:(　　)

A. 乙可以向法院提出异议,法院对异议理由进行形式审查

B. 乙可以向法院提出异议,由法院对异议理由进行实质审查

C. 乙可以在法院作出驳回异议裁定前撤回异议,还可以在7日的期限内对撤回异议反悔

D. 如果甲乙之间的督促程序因甲未在7日内向受理申请的人民法院表明不同意提起诉讼而转为诉讼程序之后,人民法院受理甲提出支付令申请的时间,即为向人民法院起诉的时间

7. 甲与乙签订借款合同借款100万元,丙作为连带保证人在合同上签字。后甲未按时还款,乙遂向法院申请支付令。法院受理乙的申请后,下列说法错误的是:(　　)

A. 如法院审查后向甲发出支付令,则该支付令对丙同样有效

B. 如法院审查后向甲发出支付令,但乙同时还就该担保关系单独起诉,则支付令自该诉被受理时失效

C. 如法院审查后向甲发出支付令,但乙同时还就该担保关系单独起诉,支付令仍然有效

D. 如法院发出支付令后,甲虽未提出异议,但就该债权债务关系向其他有管辖权的法院提起诉讼,则支付令失效

**三、不定项选择题,每题所给的选项中有一个或一个以上正确答案,不答、少答或多答均不得分。**

王某与李某签订合同,双方约定,王某将一批货物转让给李某,李某应当在王某交货后7日内支付货款20万元。王某按约定交货后李某逾期未支付货款,王某拟申请支付令。现知王某的住所地为甲地,李某的住所地为乙地,货物交付地为丙地,合同于丁地签订,则王某可以向哪个法院申请支付令:(　　)

A. 甲地基层人民法院

B. 乙地基层人民法院

C. 丙地基层人民法院

D. 丁地基层人民法院

# 第十九章　公示催告程序*

**一、单项选择题，每题所给的选项中只有一个正确答案。**

1. 甲公司因票据遗失向法院申请公示催告，下列说法正确的是：(　　)

A. 甲公司遗失的票据可以是不记名公司债券

B. 甲公司应当向票据出票地的基层人民法院申请公示催告

C. 甲公司应当向票据支付地的基层人民法院申请公示催告

D. 法院收到公示催告的申请后，应当立即受理，并同时通知支付人停止支付

2. 甲因为票据被盗向法院申请公示催告，法院决定受理的：(　　)

A. 应在人民法院公告栏里发布公告，有条件的，可以在有关报纸或其他媒体上刊登

B. 应当组成合议庭进行审理

C. 应当根据案件情况决定最多不超过 60 日的公示催告期间

D. 公示催告期间申请人申请撤回的，法院可以径行裁定终结公示催告程序

3. 甲因为随身携带的票据在乘车时遗失，向有管辖权的人民法院申请公示催告，法院受理后依法发出公告，在公示催告期间乙向法院申报。法院的下列做法错误的是：(　　)

A. 应当通知乙向法院出示票据，并通知甲在指定的期间查看该票据

B. 如果乙在申报期间届满后，判决作出前申报权利的，应当驳回申报

C. 法院终结公示催告程序的，应当通知甲和支付人

D. 乙提出申报后，也可以向人民法院起诉

4. 张某将一张银行汇票不慎丢失，遂向法院申请公示催告。法院受理后立即向银行发出止付通知并发出公告，催促利害关系人申报权利且将公示催告期间定为 60 日，法院的下列做法正确的是：(　　)

A. 若张某没有将汇票丢失而是不慎损毁，则法院催促利害关系人申报权利的期间可以少于 60 日

B. 若公告期届满无人申报权利，法院应当依职权组成合议庭作出除权判决

C. 若法院收到利害关系人的申报，应当裁定终结公示催告程序，并将案件转入诉讼程序

D. 因发生意外事件致使利害关系人无法知道公告事实的，利害关系人自知道或者应当知道判决公告之日起 1 年内，可以向作出判决的人民法院起诉

**二、多项选择题，每题所给的选项中有两个或两个以上正确答案，少答或多答均不得分。**

1. 甲向法院申请公示催告，法院受理后确定了 70 日的公示催告期间。70 日公示催告期间届满后，没有人申报权利。下列说法正确的有：(　　)

A. 甲应当自公示催告期间届满之日起 1 个月内申请作出判决

B. 甲向法院申请作出判决的，法院应当依甲的申请作出判决，宣告票据无效

C. 甲逾期不申请判决的，法院应当依职权作出判决，宣告票据无效

D. 自判决公告之日起，甲有权向支付人请求支付

2. 甲乙二人订立货物买卖合同，甲开具可转让提单一张交给乙。乙后将此提单背书转让给丙，丙不慎将其丢失。下列说法错误的有：(　　)

A. 丙可以向其住所地法院申请公示催告

B. 若公示催告期间届满而无人申报权利，则法院可以直接作出除权判决

C. 若公示催告期间有人申报权利，则法院应当对其权利主张进行实质审查，并组织双方当事人进行法庭调查与辩论以确定申报是否成立

D. 在整个公示催告程序期间，法院应当组成合议庭进行审理

3. 甲的汇票遗失，向法院申请公示催告。公告期满后无人申报权利，甲申请法院作出了除权判决。后乙主张对该票据享有票据权利，只是因为发生意外事件未能在判决前向法院申报权利。关于乙的权利，下列说法错误的有：(　　)

A. 乙可以向法院申报权利

B. 乙可以在知道或者应当知道判决公告之日起 1 年内向法院提起诉讼

C. 乙可以在知道或者应当知道判决公告之日起 6 个月内向法院申请再审

D. 乙可以在 3 年的诉讼时效内向法院提起诉讼

**三、不定项选择题，每题所给的选项中有一个或一个以上正确答案，不答、少答或多答均不得分。**

2010 年 1 月 22 日，赛格公司根据与深圳市联京工贸有限公司和无锡市北塘恒昌车辆贸易总公司(以

---

* 本章答案参见第 103 页。

下简称恒昌公司)签订的代理进口摩托车发动机协议对外开立了信用证。为此,恒昌公司按照约定签发了金额分别为650万元和850万元的承兑汇票。两张汇票到期日分别为同年11月16日、12月16日,收款人均为赛格公司,中国农业银行无锡分行江海支行为此两张汇票的承兑。这两张银行承兑汇票被恒昌公司在交付给赛格公司前遗失,于是启动公示催告程序。法院受理后立即发布公告,催促利害关系人申报权利,并将申报权利的期间定为60日。

(1)有权向人民法院提出申请公示催告的是:(　　)

A.赛格公司

B.深圳市联京工贸有限公司

C.恒昌公司

D.中国农业银行无锡分行江海支行

(2)申请公示催告应向以下哪个法院提出:(　　)

A.赛格公司住所地基层人民法院

B.恒昌公司住所地基层人民法院

C.中国农业银行无锡分行江海支行所在的无锡市崇安区人民法院

D.中国农业银行无锡分行江海支行所在的无锡市中级人民法院

(3)如在公示催告期间,利害关系人隆兴公司申报权利,法院收到申报后裁定终结公示催告程序,并通知了相关主体,下列说法正确的是:(　　)

A.隆兴公司可向有管辖权的法院起诉

B.隆兴公司无须出示汇票

C.终结公示催告程序的决定书,由审判员、书记员署名,加盖人民法院印章

D.终结公示催告程序的裁定书,由审判员、当事人署名,加盖人民法院印章

(4)如果在公示催告届满后,除权判决作出前,利害关系人四海公司向法院申报权利,下列说法正确的是:(　　)

A.法院应当驳回利害关系人的申报

B.四海公司可以向法院起诉

C.人民法院应当裁定终结公示催告程序

D.人民法院应当通知申请人和支付人

(5)除权判决作出后,没能在公示催告期间向人民法院申报权利的利害关系人吴某在知道判决后3个月内,可以以何种理由向作出判决的人民法院起诉:(　　)

A.吴某住所地发生洪水导致他没能知道汇票公告事实

B.吴某因病住院没能知道汇票公告事实

C.吴某被他人限制人身自由导致无法知道汇票公告事实

D.公示催告期间为50日

# 第二十章　民事裁判*

**一、单项选择题,每题所给的选项中只有一个正确答案。**

1.下列选项中,不适用裁定的是:(　　)

A.保全和先予执行

B.被申请回避的人员是否回避的处理

C.撤销仲裁裁决

D.不予执行仲裁裁决

2.法院对于诉讼中有关情况的处理,下列哪一做法是正确的:(　　)

A.李某与王某商标权纠纷一案,法院审理过程中发现需要重新鉴定,法院裁定延期审理

B.张某与钱某相邻权纠纷一案,钱某在去往法院开庭的路上突遇车祸,法院遂决定中止诉讼

C.周某诉李某抵押合同纠纷一案,法院审理中发现本案必须以另一案的审理结果为依据,而该案又尚未审结,遂裁定诉讼中止

D.甲公司诉乙公司合同纠纷一案,审理过程中甲公司与其他公司合并,法院裁定诉讼终结

3.对下列法院的处理结果当事人不可以提起上诉的是:(　　)

A.甲向法院提起精神损害赔偿诉讼,法院裁定不予受理

B.乙因哄闹冲击法庭,法院对乙予以罚款

C.丙对法院提出管辖权异议,法院裁定驳回

D.丁以借款纠纷为由起诉戊,法院审理后认为起诉条件不满足,遂裁定驳回起诉

4.甲因房屋装修与乙产生纠纷,遂向A区法院起诉,请求判决乙向其支付房屋装修款5万元。在下列哪一种情况下,甲或乙可以向A区法院申请复议:(　　)

A.A区法院认为自己对本案没有管辖权,裁定不予受理

B.乙在一审中提出的管辖权异议被驳回

C.乙在一审开庭前申请合议庭中的丙法官回避被驳回

---

* 本章答案参见第104页。

D. 甲因在一审开庭时不遵守法庭规则而被罚款

5. 关于裁定和决定的比较,下列说法正确的是:(　　)

A. 裁定的效力高于决定

B. 裁定可以救济,但是决定不可以救济

C. 裁定只限于在特定的诉讼阶段作出,但决定在诉讼的任何阶段都可以作出

D. 裁定和决定都既可以是书面的,也可以是口头的

6. 当事人不服人民法院作出的与诉讼有关的决定,可以申请复议,复议期间:(　　)

A. 暂停决定的执行

B. 不停止决定的执行

C. 是否停止决定的执行决定于双方当事人的认识是否一致

D. 是否停止决定的执行由人民法院依职权决定

7. 在民事诉讼中,关于判决与裁定下列说法正确的是:(　　)

A. 判决对人民法院、当事人均有约束力,而裁定仅对当事人有约束力

B. 判决在一审和二审中都可以作出,而裁定只能在一审中作出

C. 判决针对实体事项作出,裁定针对程序事项作出

D. 判决通常在诉讼的最后阶段作出,而裁定在诉讼过程中的任何阶段都可能作出

8. 关于裁定的特点,下列说法错误的是:(　　)

A. 法院作出裁定,是基于法院的诉讼指挥权

B. 裁定是用以解决程序问题的,其不会涉及实体问题

C. 裁定在诉讼的任何阶段都可以作出

D. 裁定既可以是书面形式,也可以是口头形式

9. 某县法院对张某诉李某房屋租赁合同纠纷案作出判决并送达双方当事人,张某和李某在上诉期内均未提起上诉。后该法院发现判决书中某处将支付房租的数额 5000 元误写成了 50000 元。法院对此应当如何处理:(　　)

A. 作出补正错误的裁定书并送达双方当事人

B. 通知收回并重新制作判决书

C. 由院长提交审判委员会讨论决定再审

D. 裁定撤销判决书,重新组成合议庭审判

**二、多项选择题,每题所给的选项中有两个或两个以上正确答案,少答或多答均不得分。**

1. 下列哪些判决、裁定,是一经送达即发生法律效力的:(　　)

A. 最高人民法院作出的任何判决、裁定

B. 小额诉讼程序中法院驳回管辖权异议的裁定

C. 某基层法院作出的宣告失踪判决

D. 某基层法院作出的不允许撤诉的裁定

2. 对下列法院的处理结果当事人不可以申请复议的有哪些:(　　)

A. 当事人双方在诉讼过程中达成和解协议向法院申请撤诉,法院裁定准予撤诉

B. 张某向法院申请先予执行,法院经审查驳回其申请

C. 甲以仲裁员王某在仲裁该案时应予回避而未回避为由向法院申请撤销仲裁裁决,法院经审查作出驳回撤销仲裁裁决申请的裁定

D. 在案件执行过程中,案外人陈某认为执行行为违反法律规定,法院经审查裁定驳回

3. 关于判决的效力,下列说法正确的有:(　　)

A. 判决生效后,法院非经法定程序,不得再自行对生效判决进行改变

B. 判决生效后,当事人不得再就判决确定的权利义务关系提起诉讼

C. 判决生效后,只对于当事人、法院产生拘束力

D. 判决效力高于裁定

4. 关于判决和裁定,下列做法错误的有:(　　)

A. 所有发生法律效力的判决书、裁定书都应该在互联网上公布,公众可以随时查阅

B. 缺席判决的效力会低于对席判决,因为缺席判决有一方当事人没有参加

C. 裁定是用以解决程序问题的,或者是涉及实体问题但不最终解决实体问题

D. 裁定必须采用书面形式,但只需记载裁定结果,无须记载裁定理由

5. 关于裁判文书的查阅,下列说法正确的是:(　　)

A. 申请查阅发生法律效力的判决书、裁定书的,可以向申请人住所地基层人民法院提出

B. 申请查阅发生法律效力的判决书、裁定书的,应当以口头或书面形式提出,并提供具体的案号或者当事人姓名、名称

C. 申请查阅的裁判文书尚未发生法律效力,或者已失去法律效力的,法院应当不提供查阅并告知申请人

D. 申请查阅的内容涉及国家秘密、商业秘密、个人隐私的,法院应当不予准许并告知申请人

# 第二十一章 执行程序*

**一、单项选择题,每题所给的选项中只有一个正确答案。**

1. 关于执行管辖,下列说法错误的是:(　　)

A. 发生法律效力的民事判决、裁定,由作出裁判的人民法院或者被执行财产所在地人民法院执行

B. 法律规定由人民法院执行的其他法律文书,由被执行人住所地或者被执行的财产所在地人民法院执行

C. 发生法律效力的支付令,由作出支付令的人民法院或者与其同级的被执行财产所在地的人民法院执行

D. 认定财产无主的判决,由作出判决的人民法院将无主财产收归国家或者集体所有

2. 光明公司与四海公司合同纠纷一案,一审法院判决光明公司赔偿违约金及其他损失 20 万元,并进入强制执行程序。请问执行过程中的下列做法,错误的是:(　　)

A. 若光明公司的财产不在本院辖区,则执行法院可以委托财产所在地法院予以执行,也可以直接到外地执行

B. 执行完毕后,据以执行的一审判决因有错误被人民法院撤销的,对已被执行的财产,人民法院应当作出裁定,责令四海公司返还

C. 执行过程中,若光明公司向人民法院提供担保,并经四海公司同意的,人民法院可以决定暂缓执行及暂缓执行的期限

D. 执行过程中,若光明公司依法被注销,法院应当裁定终结执行程序

3. 在王五与钱六的借款合同纠纷案中,王五败诉,在进入强制执行程序后被执行法院依法冻结银行存款 10 万元、扣押轿车 1 辆,对此下列说法正确的是:(　　)

A. 法院冻结王五的银行存款的期限不得超过 6 个月

B. 法院扣押轿车的期限不得超过 2 年

C. 如冻结、扣押期限届满但仍未执行完毕,必须经申请执行人钱六申请,法院才能续行相关手续

D. 对王五被执行的财产,如情况紧急,法院可不经查封、扣押、冻结,直接处分

4. 关于执行异议和复议,下列说法正确的是:(　　)

A. 法院对执行异议和复议案件,应当组成合议庭开庭审查

B. 执行异议审查期间,异议人申请撤回异议的,法院应当准许

C. 案外人对驳回执行标的异议的裁定不服的,可以向上级法院申请复议

D. 案外人撤回异议或者被裁定驳回异议后,再次就同一执行标的提出异议的,人民法院不予受理

5. 为了保障申请执行人的权利,在一定情形下,申请执行人可以向执行法院的上级法院申请执行,上级法院应当责令下级法院执行或者变更执行法院。下列选项中,哪一种情形不符合法定执行监督条件:(　　)

A. 债权人申请执行时,被执行人有可执行的财产,执行机构自收到申请执行书之日起超过 6 个月对该财产未执行完结的

B. 执行过程中发现被执行人可供执行的财产,执行机构自发现财产之日起超过 6 个月对该财产未执行完结的

C. 对法律文书确定的行为义务的执行,执行机构自收到申请执行书之日起超过 6 个月未依法采取相应执行措施的

D. 对法律文书确定的不作为义务的执行,义务人违反不作为义务,自违反义务之日起超过 6 个月执行机构未采取相应执行措施的

6. 关于执行程序中的管辖权异议,说法正确的是:(　　)

A. 当事人对于执行管辖的异议,应当自收到执行通知书之日起 15 日内提出

B. 法院经审查,认为异议成立的,应当撤销执行案件,并告知当事人向有管辖权的法院申请执行

C. 法院经审查,认为异议成立的,应当裁定移送有管辖权的法院

D. 在对管辖权异议进行审查的期间,应当停止案件的执行

7. 下列有关执行和解协议的说法正确的是:(　　)

A. 当事人在执行中达成和解协议,一方当事人不履行的,对方当事人可以向人民法院申请执行和解协议

B. 如果被执行人不履行和解协议,申请执行人可以就履行执行和解协议向执行法院提起诉讼

---

* 本章答案参见第 105 页。

C. 当事人在执行中达成和解协议的,法院应当裁定终结执行程序

D. 和解协议已经履行完毕的,人民法院还可以应当事人的请求执行原生效的法律文书

8. 关于民事审判程序与民事执行程序的关系,下列哪个说法是正确的:(　　)

A. 执行程序的基础是法院的司法执行权,而审判程序的基础是法院的审判权

B. 法院对案件裁定进行再审时,应当裁定终结执行

C. 民事审判程序是民事执行程序的前提

D. 民事执行程序是民事审判程序的继续

9. 天海公司根据生效判决书向法院申请强制执行。执行开始后,天海公司与四通公司达成和解协议。和解协议约定,将 80 万元债务减少为 70 万元,协议生效之日起 1 个月内还清。协议生效 1 个月后,四通公司并未履行协议的约定。下列做法哪一个是正确的:(　　)

A. 天海公司就四通公司违反协议的行为向四通公司住所地法院提起民事诉讼

B. 由法院执行和解协议

C. 由法院依职权恢复原判决的执行

D. 天海公司向法院申请恢复原判决的执行

10. 王某向李某借款 2000 元,约定 3 个月之后归还。3 个月之后,王某并未按照约定返还借款,李某遂依据督促程序向 A 区人民法院申请支付令。人民法院在审查后,认为王某与李某之间债权关系明确、合法,遂向王某发出了支付令。王某收到支付令之后,虽口头提出了异议,但是在 15 日内并未再提出书面异议且未按照支付令的要求履行义务,李某遂决定向人民法院申请执行。经查,王某住所地在 A 区,李某住所地在 B 区,王某在 C 区有一栋房产,在 D 区存放有一批货物。下列一定不可能成为执行法院的是:(　　)

A. A 区人民法院　　B. B 区人民法院

C. C 区人民法院　　D. D 区人民法院

11. 赵某诉韩某买卖合同案,法院经审理后判决韩某支付货款 100 万元并支付违约金 10 万元。因韩某拒不履行判决,赵某向法院申请强制执行。下列说法正确的是:(　　)

A. 被执行人不履行法律文书确定的义务的,人民法院可以将被执行人不履行或者不完全履行义务的信息向其所在单位、征信机构以及其他相关机构通报

B. 因未发现可执行财产而终结执行后,若赵某发现韩某有可供执行的财产,可以再次申请执行,但应当受到申请执行时效期间的限制

C. 若赵某申请撤销执行申请,法院应当裁定中止执行

D. 因赵某撤销申请而终结执行后,赵某再次申请执行的,法院不予受理

12. 张某与王某成立的普通合伙企业因欠债被诉诸法院,后被判令履行金钱给付义务。履行期限届满后,该合伙企业仍未还债。经债权人申请,人民法院对其予以强制执行。经查,该合伙企业已严重资不抵债,无偿还能力。下列后续措施何种是正确的:(　　)

A. 裁定中止执行,待该合伙企业有履行能力时再恢复执行

B. 裁定终结执行

C. 裁定宣告该合伙企业破产

D. 裁定执行合伙人的其他财产

13. 关于民事强制执行中的参与分配制度,说法错误的是:(　　)

A. 被执行人为法人或其他组织而非自然人

B. 对人民法院查封、扣押、冻结的财产有优先权、担保物权的债权人,可以直接申请参与分配,无须取得执行依据

C. 多个债权人对执行财产申请参与分配的,执行法院应当制作财产分配方案

D. 债权人或者被执行人有权对分配方案提出书面异议

14. 关于执行行为异议与案外人对诉讼标的的异议的比较,下列哪一选项是错误的:(　　)

A. 异议都应当向执行法院提出

B. 异议都是在执行过程中提出

C. 申请异议当事人有部分相同

D. 申请异议人对法院针对异议所作裁定不服,可采取的救济手段相同

15. 马某与祝某系邻居,共同使用其所居住楼房的楼顶花园。因祝某擅自在楼顶搭建违章建筑、改建排水管道,居住其下的马某家中天花板渗水问题严重。两人为此多次发生争执,后马某向法院起诉,请求法院判令祝某拆除违章建筑、恢复原排水结构。经过区、市两级人民法院两审终审后,祝某败诉,但直至法院确定的履行期届满祝某仍未履行义务。经马某申请,该案现已进入执行程序,以下说法错误的是:(　　)

A. 应马某申请,法院可以准许马某代为履行

B. 代履行费用的数额由法院根据案件具体情况确定,且为保障效率,法院应先行垫付

C. 代履行结束后,祝某可以查阅、复制费用清单以及主要凭证

D. 祝某应支付迟延履行金

16. 张林诉李南返还借款并支付利息,A 法院一审判决李南须返还借款 40 万元并支付利息 2 万元,分 3 期履行。判决生效后,李南未按期履行,张林遂向 B 法院申请执行。双方在执行程序中达成和解协议,约定李南在半年内一次性支付借款 40 万元,张林放弃剩

余的 2 万元利息。法院裁定中止执行。但和解协议生效一个月后,李南突然反悔,明确表示拒绝履行,下列说法正确的是:(　　)

A. 张林不能申请恢复执行,因为和解协议约定的半年期限尚未届至

B. 张林可以申请恢复执行,因为李南已经明确表示拒绝履行

C. 张林可以申请恢复执行一审判决书,也可以就履行该和解协议向一审法院提起诉讼

D. 若张林申请恢复执行,而李南以和解协议无效为由提起诉讼,则法院应先暂停对张林申请的审查

17. 周某设立了皓星一人有限公司(以下简称皓星公司)。周某和吴某因为债务纠纷起诉到法院,法院判处周某还给吴某 300 万元,判决生效后,周某未按期履行。吴某向法院申请强制执行周某的财产,但不足以清偿,后吴某发现皓星公司账户上有 200 万元,向法院申请追加皓星公司为被执行人,下列法院做法正确的是:(　　)

A. 当事人对执行异议裁定不服,相关人可以向法院申请复议

B. 法院应当裁定追加被执行人,皓星公司可以提出执行异议

C. 如果对执行异议裁定不服,可以提出执行异议之诉

D. 应当驳回申请,吴某可以申请执行异议

**二、多项选择题,每题所给的选项中有两个或两个以上正确答案,少答或多答均不得分。**

1. 甲乙两公司因合同纠纷诉至法院。人民法院判决乙公司赔偿甲公司损失 30 万元,乙公司拒不履行生效判决。经甲公司申请,人民法院决定对乙公司的机器设备实行扣押并拍卖。此时,丙公司向人民法院提出执行异议,声称作为执行标的物的机器设备为丙公司所有。经查,丙公司所言情况属实,法院裁定中止执行。下列说法正确的是:(　　)

A. 甲公司可以自执行异议裁定送达之日起 15 日内提起执行异议之诉

B. 甲公司提起执行异议之诉的,人民法院适用普通程序审理

C. 甲公司提起执行异议之诉的,丙公司应当对享有执行标的物的所有权承担举证责任

D. 甲公司未在执行异议裁定送达之日起 15 日内提起执行异议之诉的,法院应当自起诉期限届满之日起 7 日内解除对执行标的采取的执行措施

2. 甲诉乙民间借贷纠纷一案,经 A 市 B 区法院一审、A 市中级人民法院二审判决乙归还借款并支付利息。乙拒不履行生效判决所确定的义务,甲向 B 区法院申请强制执行,B 区法院受理后委托乙的财产所在地 C 市 D 区法院执行。下列说法正确的是:(　　)

A. C 市 D 区法院收到委托函件后,应当在 5 日内函复是否接受委托

B. C 市 D 区法院收到委托函件后,必须在 15 日内开始执行

C. C 市 D 区法院收到委托函件后 15 日内不执行的,A 市 B 区法院可以请求 C 市中级法院指令 C 市 D 区法院执行

D. C 市 D 区法院执行完毕后,应当将执行结果及时函复 A 市中级人民法院

3. 人民法院在执行中,公民郑某愿意以其所有的房屋为被执行人王某提供担保,申请执行人张某也同意暂缓执行,人民法院遂作出暂缓 6 个月执行的裁定。在这 6 个月期间内,郑某担保的房屋发生严重的虫蛀,但是郑某对此置之不理使得该房屋价值严重贬损。6 个月以后王某仍然不履行义务。下列说法正确的有:(　　)

A. 暂缓执行的期限最长不得超过 1 年

B. 在暂缓执行期间,人民法院不得因虫蛀导致房屋价值受损而进行强制执行

C. 人民法院只有在执行王某的财产不足以清偿张某的债权时,才能执行郑某的房产

D. 人民法院对王某的财产和郑某的房产都可以直接执行

4. 下列关于执行程序和审判程序的说法正确的有:(　　)

A. 执行程序不绝对依赖于审判程序而存在

B. 审判程序确认民事权利义务关系,执行程序实现权利义务关系

C. 经审判程序处理的民事案件并不必然要经过执行程序

D. 执行程序所适用的案件不只限于审判程序处理的案件范围

5. 张某诉江某买卖合同纠纷案经判决进入执行程序,被执行人江某不能清偿债务,但对李某享有 20 万元的到期债权。下列说法正确的是:(　　)

A. 法院应当作出裁定,通知李某向江某清偿该项 20 万元债务

B. 法院应当作出裁定,通知李某向张某清偿该项 20 万元债务

C. 若李某对该到期债权有异议,张某请求强制执行该到期债权的,法院不予支持

D. 若江某对李某的该项债权系生效裁判所确定,李某对该到期债权提出异议的,法院不予支持

6. 甲公司诉乙公司支付货款一案,乙公司在判决生效后未履行判决书所确定的义务,甲公司向法院申请强制执行。在执行过程中,乙公司提出目前暂时没有偿付能力,申请提供担保。对此,下列说法哪些是正确的:(　　)

A. 乙公司的执行担保申请须经甲公司同意，并由人民法院决定

B. 乙公司提供担保后，可以在暂缓执行期间与甲公司达成和解协议

C. 乙公司如选择提供执行保证，应当向申请执行人出具保证书，并将保证书副本送交执行法院

D. 乙公司在人民法院决定暂缓执行的期限届满后仍然不履行义务的，人民法院可以裁定执行担保人的全部财产

7. 在蓝天公司与白云公司的买卖合同纠纷一案中，法院判决蓝天公司赔偿白云公司20万元。后蓝天公司未履行该判决，白云公司向法院申请强制执行。在执行中，法院发现，蓝天公司存在隐匿财产、会计账簿等情形。对此，下列哪些说法是正确的：(　　)

A. 法院可对蓝天公司处以罚款

B. 法院可责令蓝天公司交出相关材料，如其拒不交出，可采取搜查措施

C. 为方便搜查，搜查人员应着便装，到场后出示工作证件

D. 如蓝天公司的法定代表人或主要负责人拒绝到场，则搜查无法进行

8. A市中级人民法院就王某诉李某古董花瓶一案作出判决，判决李某在一个月内向王某移交本案所涉古董花瓶。有关该古董花瓶的执行，下列说法正确的是：(　　)

A. 古董花瓶是特定物，应当执行原物

B. 古董花瓶因李某保管不善被打碎，经查实该花瓶价值100万元，法院可责令李某按照古董花瓶的价值赔偿王某100万元

C. 古董花瓶被他人持有的，法院向其发出协助执行通知后，拒不转交的，可以强制执行

D. 案外人张某主张合法持有该古董花瓶的，可以向法院提出书面异议

9. 江海公司设立于2010年，主要办事机构所在地位于天津市河东区，经营水产业务。2015年，江海公司与A、B、C三公司的诉讼全部败诉并进入执行程序，执行法院为天津市河西区法院。法院在执行过程中发现江海公司已严重亏损，其全部资产不足以清偿全部债务。下列说法正确的是：(　　)

A. 经A、B、C三公司中任一公司同意，河西区法院应当裁定中止对江海公司的执行，并将案件相关材料移送河东区法院

B. 河东区法院裁定受理破产案件的，河西区法院应当解除对江海公司财产的保全措施

C. 河东区法院裁定宣告被执行人破产的，河西区法院应当裁定终结对江海公司的执行

D. 河东区法院不受理该破产案件的，河西区法院就执行变价所得财产，在扣除执行费用及清偿优先受偿的债权后，对于普通债权按比例进行清偿

10. 下列情形中，当事人或利害关系人可以提起执行行为异议的有：(　　)

A. 张三依据生效判决请求法院执行李四的财产以偿还借款20万元，李四提出自己在判决生效后已经履行了该义务，不能对自己予以执行

B. 被执行人黄波认为执行法院未经拍卖手续即将自己的古董折价5万元变现作为执行款不符合法律规定

C. 执行过程中，执行法官侯军因与执行局局长产生矛盾，被勒令转岗，退出该案的执行工作，申请执行人王海认为侯军办事公道，希望其继续执行本案

D. 执行法院扣押了邱宇家中的一台钢琴，但未出示相关文书，邱宇的姐夫陆斌认为该台钢琴归自己所有，且法院的执行措施违反程序

11. X公司与Y公司签订货物买卖合同，后因Y公司未按时交货，X公司依法解除了合同，并将Y公司诉至法院要求其返还合同预付款200万元。二审法院判决X公司胜诉，但Y公司始终未履行。进入执行程序后，Y公司表示由于经营不善暂时无力还款，但可以其10台生产设备提供担保，并请Z公司提供了保证，X公司同意。就此案件，下列说法错误的是：(　　)

A. Y公司应在提交的担保书里写明设备的名称、数量、质量、状况、所在地、所有权或者使用权归属等内容

B. Z公司必须提供相应的董事会决议

C. X公司应当向人民法院出具书面同意意见，否则该担保无效

D. 担保书中没有记载担保期间或者记载不明的，担保期间为6个月

12. A区甲起诉B区乙，C区法院判决甲胜诉，甲申请C区法院强制执行，执行中甲与乙达成和解协议，法院中止执行，但和解协议部分履行后甲与乙产生争议，下列说法正确的是：(　　)

A. 甲可就和解协议向C区法院起诉

B. 甲可就和解协议向B区法院起诉

C. 甲可以向C区法院申请恢复原判决的强制执行

D. 因和解协议已部分履行，因此甲不能申请恢复强制执行

# 第二十二章　涉外民事诉讼程序*

**一、单项选择题，每题所给的选项中只有一个正确答案。**

1. 根据我国《民事诉讼法》的规定，下列说法错误的是：(　　)

A. 外国法院请求人民法院提供司法协助的请求书及其所附文件，应当附有中文译本或者国际条约规定的其他文字文本

B. 请求和提供司法协助，没有条约关系的，应当通过外交途径进行

C. 外国驻华使领馆可以向该国公民送达文书和调查取证，必要时可以采取强制措施，但应当遵守我国《民事诉讼法》的相关规定

D. 除法定情况外，未经中国主管机关准许，任何外国机关或者个人不得在中国领域内送达文书、调查取证

2. 关于外国驻华使领馆官员在中国法院参与民事诉讼，下列说法错误的是：(　　)

A. 作为诉讼当事人，根据中国有关法律和中国缔结或者参加的国际条约的规定享有外交或者领事特权和豁免

B. 作为诉讼当事人，可以委托本国人为诉讼代理人，也可以委托本国律师以非律师身份担任诉讼代理人

C. 受本国公民的委托，可以以外交代表身份为其担任诉讼代理人

D. 经外国驻华使领馆授权，在作为当事人的本国国民不在中国境内的情况下，可以以外交代表身份为其本国国民在中国聘请中国律师或者中国公民代理民事诉讼

3. A 国人白某由于在中国境内没有住所、往来不便，特委托何某帮助其处理中国境内的投资事务。双方发生纠纷后，白某于中国某法院起诉何某，欲委托中国律师丁某代理本案，就该委托事宜，下列哪一说法是正确的：(　　)

A. 如白某是从 A 国寄交授权委托书，需经中华人民共和国驻 A 国使领馆认证，并经中国公证机关公证，或者履行中华人民共和国与 A 国订立的有关条约中规定的证明手续后，该委托书才具有效力

B. 如白某是从 A 国寄交授权委托书，需经 A 国公证机关公证，并经中华人民共和国驻 A 国使领馆认证，或者履行中华人民共和国与 A 国订立的有关条约中规定的证明手续后，该委托书才具有效力

C. 如白某是在中华人民共和国境内签署的授权委托书，则该授权委托书需经 A 国驻中国使领馆认证后才具有效力

D. 如白某是在中华人民共和国境内签署的授权委托书，则该授权委托书需经中国公证机关公证，并经 A 国驻中国使领馆认证后才具有效力

4. 中国大地公司和外国蓝天公司在合作过程中发生纠纷，大地公司在上海市对蓝天公司提起民事诉讼，有关涉外民事诉讼程序，下列说法错误的是：(　　)

A. 应当使用中华人民共和国通用的语言、文字。蓝天公司要求提供翻译的，可以提供，费用由蓝天公司承担

B. 蓝天公司可以委托本国的律师以非律师身份担任诉讼代理人

C. 蓝天公司的代表人在人民法院法官的见证下签署授权委托书，委托代理人进行民事诉讼的，人民法院应当予以认可

D. 上海法院作出的生效裁判，若被执行人蓝天公司或其财产不在我国境内，大地公司请求执行的，只能由大地公司请求外国法院承认和执行

5. 我国公司 A 与某外国公司 B 签订了一份合作勘探开发我国某地铁矿资源的合同，后双方发生了合同纠纷。下列做法在我国无效的是：(　　)

A. 双方书面协议选择某外国仲裁机构进行裁决

B. 双方书面协议选择国内仲裁机构裁决

C. 双方在中国法院进行诉讼

D. 双方书面协议选择某外国法院管辖

6. 根据我国涉外民事诉讼程序的特别规定，下列说法正确的是：(　　)

A. 被告在中华人民共和国领域内没有住所的，人民法院应当通知其在收到起诉状副本后 15 日内提出答辩状

B. 在中华人民共和国领域内没有住所的当事人，不服一审法院判决、裁定的，有权在判决书、裁定书送达之日起 15 日内提起上诉

C. 涉外公告送达的，自公告之日起满 90 日即视

---

* 本章答案参见第 108 页。

为送达

D. A 国人甲在我国某市无经常居住地，涉外民事诉讼程序特别规定中规定的送达方式对甲适用

7. 关于外国的判决、裁定的承认与执行，下列说法错误的是：（　　）

A. 对外国法院作出的发生法律效力的判决、裁定或者外国仲裁裁决，需要中华人民共和国法院执行的，当事人应当先向人民法院申请承认，人民法院经审查，裁定承认后，再根据相关规定予以执行

B. 当事人仅申请承认而未同时申请执行的，人民法院仅对应否承认进行审查

C. 承认和执行外国法院作出的发生法律效力的判决、裁定或者外国仲裁裁决的案件，由合议庭进行审查

D. 与中华人民共和国没有司法协助条约又无互惠关系的国家的法院，未通过外交途径直接请求人民法院提供司法协助的，人民法院经审查后决定是否提供协助并说明理由

**二、多项选择题，每题所给的选项中有两个或两个以上正确答案，少答或多答均不得分。**

1. 下列做法符合我国《民事诉讼法》中关于涉外民事程序特别规定的是：（　　）

A. 我国缔结或者参加的国际条约同我国《民事诉讼法》有不同规定的，一律适用《民事诉讼法》的规定

B. 中华人民共和国法院和外国法院都有管辖权的案件，一方当事人向外国法院起诉，而另一方当事人向中华人民共和国法院起诉的，人民法院可予受理

C. 涉外民事诉讼中，经调解双方达成协议，应当制发调解书，当事人要求依协议的内容制作判决书的，可以依协议的内容制作判决书送达当事人

D. 当事人向中华人民共和国有管辖权的中级人民法院申请承认和执行外国法院作出的发生法律效力的离婚判决的，如果该法院所在国与中华人民共和国没有缔结或者共同参加国际条约，也没有互惠关系的，裁定驳回申请

2. 属于具有涉外因素的民事诉讼的有：（　　）

A. 甲为侨居马来西亚的华侨，来华旅游期间与中国公民乙发生的合同诉讼

B. 我国公民甲、乙，在缅甸买卖木材发生的纠纷

C. 我国当事人协议选择外国法院管辖的诉讼

D. 当事人争议的诉讼标的物在外国的诉讼

3. 中国人王强和美国人吉姆（住在北京市海淀区）发生民事争议，王强在北京市海淀区法院起诉吉姆，下列说法错误的是：（　　）

A. 吉姆应在收到起诉状副本后 30 日内提出答辩状

B. 吉姆不服第一审人民法院判决、裁定的，有权在判决书、裁定书送达之日起 30 日内提起上诉

C. 本案不受法律规定的一审、二审审理期限的限制

D. 本案一审、二审的审理期限分别为 6 个月、3 个月

4. 中国公民甲与某韩国公司于 2015 年 4 月在北京市海淀区签订货物买卖合同，韩国公司交付货物后，甲主张货物存在严重质量问题，拒绝付款并要求退货，韩国公司向韩国法院提起诉讼并被受理。下列说法正确的是：（　　）

A. 若甲收到韩国法院的应诉通知后，向北京市海淀区法院起诉，法院不予受理

B. 若甲收到韩国法院的应诉通知后，向北京市海淀区法院起诉，法院可予受理

C. 若北京市海淀区法院依法受理并作出判决，韩国公司请求法院承认和执行韩国法院对本案作出的判决的，法院不予准许

D. 若韩国法院对本案作出的判决已经被我国法院承认，甲就本案向北京市海淀区法院起诉的，北京市海淀区法院不予受理

# 第二十三章　仲裁与仲裁法概述*

**一、单项选择题，每题所给的选项中只有一个正确答案。**

1. 甲和乙因感情不和意欲离婚。关于甲乙二人离婚纠纷，下列说法正确的是：（　　）

A. 甲乙申请解除婚姻关系可以选择协议离婚或者向法院提起诉讼

B. 离婚案件的有效仲裁裁决不得再次申请仲裁

C. 若甲乙对解除其婚姻关系案件的仲裁裁决不服，可以向人民法院提起诉讼

D. 甲乙之间的财产分配问题可以向仲裁委员会申请仲裁

2. 关于民事诉讼和民事仲裁的区别，下列说法不

* 本章答案参见第 109 页。

正确的是:(　　)

A. 民事诉讼可以解决各类民事纠纷,仲裁不适用与身份关系有关的民事纠纷

B. 民事诉讼判决书可由审理案件的部分审判人员签署,仲裁裁决也可由部分仲裁庭成员签署

C. 当事人在诉讼中或仲裁中达成和解协议的,法院可以根据当事人的申请制作调解书,仲裁庭可以根据当事人的申请制作裁决书

D. 当事人协议不愿写明争议事实和判(裁)决理由的,法院必须在判决书中予以写明,但仲裁庭可以在裁决书中不予写明

3. 北京甲公司与山东乙公司签订了一份专利转让合同,合同约定:“因本合同发生的争议,提交青岛地区的仲裁委员会进行仲裁。”合同履行过程中发生争议,甲公司向青岛仲裁委员会申请仲裁,乙公司则向甲公司所在地的北京市海淀区人民法院提起诉讼。该法院立案受理后,甲公司对该院管辖权提出异议。这种情况下,该法院应如何处理:(　　)

A. 裁定驳回起诉

B. 裁定不予受理

C. 裁定驳回管辖权异议,本院具有管辖权

D. 裁定管辖权异议成立,将案件移送到青岛仲裁委员会

4. 吴某大学毕业后,经人介绍在北京某科技咨询公司工作。由于该公司规模很小,双方并未签订劳动合同。上班不久,吴某生病住院,花费医疗费若干。其欲找公司报销,公司以未签订劳动合同,且吴某之病不属于工伤为由拒绝报销。请问,吴某该如何请求解决:(　　)

A. 必须先向该公司设立的劳动争议调解委员会申请调解,调解不成,可以向劳动争议仲裁委员会申请仲裁

B. 可以不经过调解,直接向劳动争议仲裁委员会申请仲裁

C. 吴某可以与该公司约定由北京仲裁委员会仲裁,对仲裁裁决不服的,可向人民法院起诉

D. 吴某或由北京仲裁委员会仲裁或由有管辖权的人民法院起诉,只能选择其一

5. 北京某房地产公司与天津某建材公司签订了一份建材采购合同,总金额为 20 万元。合同签订后 1 个月,由于建材市场价格上涨,天津某建材公司通知北京某房地产公司加价 50%,否则将解除合同。北京某房地产公司遂向人民法院起诉。法院立案后,立即向被告发出通知。被告天津某建材公司在答辩期内提交了答辩状。法院在调查中发现,原告和被告在纠纷发生后曾经签订了一份仲裁协议,但直至人民法院开庭审理时,双方均未声明有仲裁协议,则法院应当如何处理:(　　)

A. 应当继续审理

B. 应当将案件移送有管辖权的仲裁机构

C. 应当裁定不予受理,并告知原告向仲裁机构申请仲裁

D. 应当裁定驳回起诉,并告知原告向仲裁机构申请仲裁

6. 甲公司与乙公司双方签订一份买卖合同,后甲公司违反合同约定,未按时支付货款,双方协商不成,拟通过仲裁或诉讼的方式解决纠纷。以下说法错误的是:(　　)

A. 请求仲裁机构解决纠纷,应在双方自愿的基础上达成仲裁协议;进行民事诉讼则无须双方当事人之间达成进行民事诉讼的协议

B. 当事人不服仲裁裁决的,可以到法院另行起诉

C. 仲裁裁决书、调解书和民事判决书、调解书具有同等的法律效力

D. 当事人在仲裁程序中申请财产保全、行为保全、证据保全,符合法定条件的,应由法院采取保全措施

**二、多项选择题,每题所给的选项中有两个或两个以上正确答案,少答或多答均不得分。**

1. 下列纠纷不适用我国《仲裁法》解决的是:(　　)

A. 甲与乙之间关于农村土地承包合同的纠纷

B. 甲、乙、丙之间关于继承遗产的纠纷

C. 甲公司与税务局就甲公司应当如何缴纳企业所得税的纠纷

D. 甲和乙之间的劳动合同纠纷

2. 下列关于仲裁基本原则和基本制度的说法错误的是:(　　)

A. 仲裁应独立进行,不受任何行政机关、社会团体或者个人的干涉,这是仲裁独立原则的体现

B. 有效的仲裁协议即可排除法院的管辖,这是一裁终局制度的体现

C. 仲裁裁决一经作出,当事人不得再申请仲裁,这是或裁或审制度的体现

D. 当事人之间的纠纷只能由当事人在诉讼或仲裁中择一适用,这是或裁或审制度的体现

3. 下列关于民事诉讼与仲裁关系的处理,哪些是正确的:(　　)

A. 甲乙在购销合同中约定,与该合同有关的一切纠纷应当向某仲裁委员会申请仲裁,而不得向人民法院起诉。后一方当事人向人民法院提起诉讼,人民法院在审查起诉时发现双方当事人已在合同中签订了仲裁协议。因此,未予受理

B. 甲乙因赡养问题发生纠纷，双方达成书面协议，将该纠纷提请甲仲裁委员会仲裁解决。一方向人民法院提起诉讼时，人民法院没有理会仲裁协议受理了该案件。对方当事人向人民法院提出管辖权异议，人民法院裁定自己有管辖权

C. 甲乙在合同中签订仲裁协议。后甲对该仲裁协议的效力问题提出异议，双方发生争议。甲请求人民法院确认该仲裁协议的效力，人民法院受理了该案件

D. 甲公司就与乙公司之间的合同纠纷向人民法院起诉未声明有仲裁协议，人民法院受理案件后，乙公司在提交答辩状时提出仲裁协议，人民法院据此裁定驳回甲公司的起诉

4. 甲公司与乙公司发生买卖合同纠纷后，依据合同的仲裁条款由 A 仲裁委员会作出了仲裁裁决。甲公司以该仲裁裁决所依据的证据是伪造的为由向 A 仲裁委员会所在地的中级人民法院申请撤销该仲裁裁决。中级人民法院经审查核实，裁定撤销该裁决。此时，乙公司欲解决与甲公司之间的争议，可以行使哪些权利：（　　）

A. 依据原仲裁协议，申请 A 仲裁委员会重新仲裁

B. 向有管辖权的人民法院起诉

C. 重新达成仲裁协议并申请仲裁

D. 无须达成新的仲裁协议，即可申请对方所在地的仲裁委员会仲裁

5. 我国内地甲公司与澳门乙公司因某一建筑工程承包合同发生争议，双方约定提交中国国际经济贸易仲裁委员会进行仲裁。对此案仲裁的审理方式为：（　　）

A. 不公开审理，但双方当事人可以协议要求公开审理

B. 不得进行公开审理，但仲裁委员会可依职权决定公开审理

C. 开庭审理，但双方当事人可要求不开庭审理

D. 不能开庭进行审理，但仲裁委员会可依职权决定开庭审理

**三、不定项选择题，每题所给的选项中有一个或一个以上正确答案，不答、少答或多答均不得分。**

下列有关仲裁与诉讼制度的表述哪些不符合我国现行法律规定：（　　）

A. 当事人对仲裁庭的组成有权选定；诉讼中审判人员原则上不可以由当事人选定，除非经审判委员会多数同意

B. 当事人之间达成了有效的仲裁协议，就原则上排除了法院的管辖权

C. 仲裁只能处理当事人有处分权的私权纠纷，而诉讼可以解决一切私权纠纷

D. 仲裁机构与行政机关是管理与被管理的关系

# 第二十四章　仲裁委员会和仲裁协会*

**一、单项选择题，每题所给的选项中只有一个正确答案。**

1. 关于仲裁委员会，下列说法正确的是：（　　）

A. 仲裁委员会由各级人民政府组织有关部门和商会统一组建

B. 仲裁委员会应当按行政区划层层设立

C. 仲裁委员会的主任、副主任和委员由法律、经济贸易专家和有实际工作经验的人员担任，其组成人员中，法律、经济贸易专家不得少于 2/3

D. 设立仲裁委员会，应当经司法行政部门登记，仲裁委员会隶属于行政机关

2. 以下人员中，谁可以担任仲裁员：（　　）

A. 甲，曾任某市检察院检察长 10 年

B. 乙，从事律师工作满 6 年

C. 丙，某大学法学院民法讲师

D. 丁，取得法律职业资格，从事仲裁工作满 9 年

3. 甲市某公司与乙市某公司在丙市签订了一份购销合同，约定合同于丁市履行。合同中的仲裁条款约定：若因本合同发生争议，提交设立于丙市的丙仲裁委员会进行仲裁。现两公司因合同发生争议，甲市某公司欲申请仲裁却得知丙市并没有设立仲裁委员会，但甲、乙、丁市均设有仲裁委员会。在此情况下，甲市公司欲解决纠纷，应当如何做：（　　）

A. 向设立于甲市的甲仲裁委员会申请仲裁

B. 向设立于乙市的乙仲裁委员会申请仲裁

C. 向设立于丁市的丁仲裁委员会申请仲裁

D. 双方重新达成仲裁协议，明确约定仲裁委员会所在地

**二、多项选择题，每题所给的选项中有两个或两个以上正确答案，少答或多答均不得分。**

1. 甲市随着经济的发展决定建立仲裁委员会，关

* 本章答案参见第 110 页。

于仲裁员的聘任，下列说法正确的是：(　　)

A. 从事了10年审判工作的赵法官可以兼任该仲裁委员会的仲裁员

B. 从事了10年律师工作的王律师可以兼任该仲裁委员会的仲裁员

C. 某大学法学院诉讼法专业刘教授可以兼任该仲裁委员会的仲裁员

D. 某大型商务公司法务部总经理、高级经济师于某可以兼任该仲裁委员会的仲裁员

2. 关于仲裁规则和《仲裁法》、《民事诉讼法》的适用，说法错误的是：(　　)

A.《民事诉讼法》的适用当事人无选择权，《仲裁法》、仲裁规则的适用当事人可自主选择

B.《仲裁法》是规范仲裁活动的总则类规范，而仲裁规则是规范仲裁活动的细则，因此，《仲裁法》和仲裁规则的内容都可以由当事人选择适用

C.《民事诉讼法》属于国家强制性法律，当事人不得协议排除

D.《仲裁法》是国家制定或认可的法律，仲裁规则是由仲裁协会或仲裁委员会制定的

# 第二十五章　仲 裁 协 议*

## 基础知识篇

**一、单项选择题，每题所给的选项中只有一个正确答案。**

1. 下列说法错误的是：(　　)

A. 甲和乙通过电子邮件达成仲裁协议，法院认为电子邮件达成的仲裁协议有效

B. 丙丁承揽合同中关于条文解释的争议不属于合同事项纠纷，即使丙丁之间就该合同达成了仲裁协议，仲裁委员会对此也不享有管辖权

C. 戊巳的仲裁协议约定仲裁机构名称不准确，但能够确定具体的仲裁机构，法院认为该仲裁协议有效

D. 债权人庚将部分债权转让给辛，若无特殊约定仲裁协议对辛有效

2. 下列哪种仲裁协议无效：(　　)

A. 限制民事行为能力人订立的仲裁协议

B. 甲乙双方约定，将汽车购买合同争议提交中国国际经济贸易仲裁委员会进行仲裁

C. 甲乙双方对仲裁委员会没有约定，但约定适用《中国国际经济贸易仲裁委员会仲裁规则》

D. 甲乙双方对仲裁委员会没有约定，在发生纠纷后达成补充协议

**二、多项选择题，每题所给的选项中有两个或两个以上正确答案，少答或多答均不得分。**

1. 天籁公司与世纪公司签订房屋买卖合同，合同中约定因合同产生的纠纷交仲裁委员会仲裁。后双方因合同履行产生纠纷，世纪公司向仲裁委员会申请仲裁，请求确认合同无效。关于本案，下列哪些选项是错误的：(　　)

A. 如合同被确认无效，作为合同内容的仲裁条款一并无效

B. 如两公司均对仲裁协议效力有争议，世纪公司先向仲裁委员会申请认定仲裁协议的效力，天籁公司后向法院申请认定仲裁协议的效力，则由先受理的仲裁委员会进行认定

C. 仲裁庭受理仲裁申请后，世纪公司请求仲裁委员会认定仲裁协议效力，天籁公司请求人民法院作出裁定的，由仲裁委员会决定

D. 仲裁委员会对仲裁协议的效力作出认定后，天籁公司请求人民法院撤销仲裁机构的决定的，人民法院可以受理

2. A市甲与B市乙在C市签订供销合同，在合同中约定因合同所发生的争议提交仲裁，虽未明确具体的仲裁委员会，但约定适用D仲裁委员会仲裁规则。后双方发生争议，甲与乙就仲裁协议的效力看法不一。甲欲申请法院确定该仲裁协议的效力，则有管辖权的法院是：(　　)

A. A市中级人民法院

B. B市中级人民法院

C. C市中级人民法院

D. D仲裁机构所在地中级人民法院

3. 甲公司与乙公司签订了一份货物买卖合同，同时约定，因合同效力或合同的履行发生纠纷提交A仲裁委员会或B仲裁委员会解决，但应该适用C仲裁委员会的仲裁规则。合同签订后，甲公司主张合同无效。关于本案，下列说法正确的是：(　　)

A. 上述仲裁协议当然无效

B. 由于双方明确约定适用C仲裁委员会的仲裁规则，视为双方对仲裁机构的约定明确，上述仲裁协议有效

C. 若甲公司向法院提起诉讼，法院应当受理

---

* 本章答案参见第110页。

D. 若甲公司向C仲裁委员会提起仲裁，乙公司答辩且C仲裁委员会已经作出裁决，乙公司不能以上述仲裁协议无效为由向法院申请确认仲裁协议无效

4. 甲乙二人就买卖合同达成仲裁协议，约定双方一切争议均提交至北京地区仲裁机构进行解决，有关该仲裁协议，下列说法正确的是：（　　）

A. 因北京地区仲裁机构有多个，无法确定具体的仲裁机构，所以该仲裁协议无效

B. 甲乙二人可以协议选择北京地区某一仲裁机构申请仲裁

C. 如果仲裁协议无效，甲乙二人可以通过诉讼途径解决纠纷

D. 如果仲裁协议无效，甲乙二人可以重新达成仲裁协议进行仲裁

## 理解与应用篇

**一、单项选择题，每题所给的选项中只有一个正确答案。**

1. 甲公司与乙公司签订了一份运输合同，后甲公司认为乙公司严重违约，行使法定解除权解除合同。乙公司认为甲公司签订合同时存在欺诈，损害其利益要求确认合同无效。双方曾在合同中就纠纷达成仲裁协议。下列说法正确的是：（　　）

A. 虽然达成了仲裁协议，但是当事人若向法院起诉，法院有权管辖

B. 运输合同的解除、撤销或者无效，不影响仲裁协议的效力

C. 仲裁协议对仲裁事项或者仲裁委员会没有约定或者约定不明确的，仲裁协议当然无效

D. 若甲乙对仲裁协议的效力有争议，甲向法院请求裁定，乙向仲裁委员会请求的情况下，由先受理的一方认定仲裁协议的效力

2. 甲公司与乙公司就双方签订的加工承揽合同达成仲裁协议，约定一旦因合同履行发生纠纷由当地仲裁委员会仲裁。后合同履行中发生争议，甲公司将乙公司告上法庭。对此，乙公司向法院提交了双方达成的仲裁协议。下列说法正确的是：（　　）

A. 由于双方未明确约定仲裁机构，该仲裁协议无效

B. 若当地仅有一个仲裁机构，该仲裁机构也不能视为约定的仲裁机构

C. 若当地有两个以上仲裁机构，则该仲裁协议无效

D. 若当地有两个以上仲裁机构，则双方应当签订补充协议选择其中的一个仲裁机构申请仲裁

**二、多项选择题，每题所给的选项中有两个或两个以上正确答案，少答或多答均不得分。**

1. 关于仲裁协议效力确认，下列说法错误的是：（　　）

A. 涉及海事海商纠纷仲裁协议效力的案件，由仲裁协议约定的仲裁机构所在地、仲裁协议签订地、申请人或者被申请人住所地的海事法院管辖或就近的海事法院管辖

B. 仲裁机构对仲裁协议的效力作出决定后，当事人向人民法院申请确认仲裁协议效力或者申请撤销仲裁机构的决定的，人民法院可以受理

C. 人民法院审理仲裁协议效力确认案件，由独任庭进行审查，并应当询问当事人

D. 当事人对仲裁协议的效力有异议，在仲裁庭庭审终结前皆可提出

2. 在商事仲裁中，下列关于管辖法院说法正确的是：（　　）

A. 申请撤销仲裁裁决，由仲裁委员会所在地中级人民法院管辖

B. 对仲裁协议效力有异议请求法院裁决的，有约定的，由约定的仲裁机构所在地、仲裁协议签订地、申请人住所地、被申请人住所地的中级人民法院或者专门人民法院管辖

C. 对于申请确认仲裁协议效力的案件，申请人向两个以上有管辖权的法院提出申请的，由最先立案的法院管辖

D. 执行仲裁裁决，由财产所在地基层人民法院管辖

## 综合提高篇

**不定项选择题，每题所给的选项中有一个或一个以上正确答案，不答、少答或多答均不得分。**

A市A区的甲加工厂和新加坡乙贸易公司签订了一份加工合同，由甲加工厂为乙贸易公司加工制作3万个运动包。双方约定由甲加工厂位于A市B区的分厂进行加工。合同签订后，甲加工厂将加工任务交给了位于A市C区的车间完成，乙贸易公司收到运动包不久发现其质量存在严重问题，双方发生纠纷。结合案情，回答以下问题。

（1）若双方签订有仲裁协议，现甲加工厂对仲裁协议的效力有异议，请求人民法院确认仲裁协议效力，以下说法正确的有：（　　）

A. 涉外仲裁协议的效力审查，当事人约定的法律与中国法律规定不同的，适用当事人约定的法律

B. 涉外仲裁协议的效力审查，当事人没有约定适用的法律但约定了仲裁地的，适用仲裁地法律

C. 涉外仲裁协议的效力审查，当事人仅约定合同适用的法律，不能作为确认合同中仲裁条款效力适用的法律

D. 涉外仲裁协议的效力审查，当事人没有选择适用的法律，适用仲裁机构所在地的法律与适用仲裁地的法律将对仲裁协议的效力作出不同认定的，人民法

院应当适用确认仲裁协议有效的法律

(2)若甲加工厂应诉后在开庭前向法院提出和乙贸易公司有仲裁协议,则以下说法正确的有:(　　)

A. 由于甲加工厂已经应诉,视为默认法院的管辖,仲裁协议的效力被排除

B. 如果仲裁协议有效,则法院应当驳回乙贸易公司的起诉

C. 如果仲裁协议有效,法庭应当继续进行审理

D. 如果仲裁协议有效,法院应当将案件移送有管辖权的仲裁机构审理

(3)若诉讼提起后,甲加工厂在应诉后开庭前向法院提出和乙贸易公司的仲裁协议,而乙贸易公司主张仲裁协议内容无效,则以下说法正确的有:(　　)

A. 由本案法院直接审查仲裁协议的效力

B. 法院可继续进行审理

C. 若仲裁协议对仲裁委员会约定不明,则可以由A市中级法院审查其效力

D. 应当将仲裁协议送交本案法院所在地的仲裁委员会进行审理

# 第二十六章　仲裁程序*

**一、单项选择题,每题所给的选项中只有一个正确答案。**

1. 某仲裁委员会仲裁某一合同争议案件:首席仲裁员某甲认为应裁决合同无效;仲裁庭组成人员某乙、某丙认为应裁决合同有效,但某乙认为应裁决解除合同,某丙认为应当裁决继续履行合同。本案应当如何作出裁决:(　　)

A. 按某甲的意见作出

B. 按某乙或某丙的意见作出

C. 请示仲裁委员会主任并按其意见作出

D. 重新组成仲裁庭经评议后作出

2. 下列关于仲裁程序与民事诉讼程序的说法,错误的是:(　　)

A. 仲裁必须基于双方合意启动,而民事诉讼可依单方意志启动

B. 仲裁庭人员可以由双方合意选定,民事诉讼中法官则是由法院指定

C. 仲裁员不能达成一致意见,以首席仲裁员意见为准;民事诉讼中的合议也可以依审判长意见为准

D. 仲裁庭仲裁纠纷时,其中一部分事实已经清楚,可以就该部分先行裁决;法院审理案件时,也可以在部分事实清楚的情况下,就某一部分先行判决

3. 王某和张某就买卖合同达成了仲裁协议,在王某不履行合同义务的情况下,张某向仲裁机构申请仲裁,则下列有关仲裁程序正确的是:(　　)

A. 仲裁员甲和王某是表兄弟,张某因此提出回避申请,仲裁庭集体决定后支持张某的申请

B. 买卖合同不涉及国家秘密,所以必须公开进行

C. 仲裁庭在作出裁决前,不能先行调解

D. 仲裁裁决书自作出之日起发生法律效力

4. 流云公司与飞雨公司签订建筑工程施工合同,约定因该合同产生的争议通过仲裁解决。仲裁过程中:(　　)

A. 仲裁庭在作出裁决前,应当先行调解

B. 调解达成协议的,仲裁庭不得根据协议结果制作裁决书

C. 调解书应当写明仲裁请求和当事人协议的结果

D. 调解书一经送达即发生法律效力

5. 在张某和周某借款合同纠纷一案中,张某对于仲裁庭的一名仲裁员提出了回避申请。经审查,该仲裁员应依法回避,仲裁委员会遂重新确定了仲裁员。下列说法正确的是:(　　)

A. 已经进行的仲裁程序是否重新进行,仲裁庭有权决定

B. 已经进行的仲裁程序应当重新进行

C. 已进行的仲裁程序当然有效,仲裁程序应当继续进行

D. 当事人请求已进行的仲裁程序重新进行时,仲裁程序应当重新进行

6. 甲乙两公司因货物买卖合同履行发生争议。甲公司依双方的仲裁条款申请仲裁,但有一个对甲公司很重要的证据在乙公司的上级主管部门手中,甲公司无法得到该证据。对于这种情况,仲裁庭该如何处理:(　　)

A. 依据“谁主张,谁举证”的原则,甲公司不能提供该证据,仲裁庭也不应当自行收集

B. 仲裁案件中关键性的证据可以由仲裁庭收集,所以应由仲裁庭依职权进行收集

C. 仲裁庭认为该证据对仲裁本案很有必要时也可自行收集

D. 仲裁庭认为该证据对仲裁本案很有必要时,可

* 本章答案参见第112页。

以申请证据所在地的中级人民法院收集

7. 仲裁案件当事人甲公司与乙公司在案件审理过程中通过协商，就已经提交仲裁的争议达成和解协议。随后，申请人甲公司撤回了仲裁申请。后甲公司反悔，此时甲乙两公司的纠纷应如何解决：（　　）

A. 甲公司只能另外通过诉讼解决纠纷

B. 甲公司只能与乙公司重新达成仲裁协议再申请仲裁

C. 甲公司可以根据原仲裁协议再申请仲裁

D. 乙公司可以向法院申请对双方达成的和解协议强制执行

**二、多项选择题，每题所给的选项中有两个或两个以上正确答案，少答或多答均不得分。**

1. 天时公司与地利公司合同纠纷仲裁一案，在仲裁过程中，双方达成和解协议。下列说法正确的是：（　　）

A. 不可以请求仲裁庭根据和解协议作出裁决书

B. 可以撤回仲裁申请

C. 撤回仲裁申请后反悔的，可以依据原仲裁协议重新申请仲裁

D. 撤回仲裁申请后反悔的，应当根据双方重新达成的仲裁协议申请仲裁

2. 法国公司与中国公司在履行涉外经济合同时发生纠纷，法国公司依据仲裁协议在我国申请仲裁，要求支付货款；中国公司反请求认定其产品质量不合格，并请求其支付违约金并赔偿损失。双方约定由1名仲裁员以不公开的方式独任审理此案。根据上述案情，关于本案的表述哪些是不正确的：（　　）

A. 法国公司要求采取证据保全措施，不能直接向被申请人住所地的中级人民法院申请，而应当通过仲裁委员会向证据所在地的基层人民法院申请

B. 中国公司不服仲裁裁决的，可以向人民法院起诉

C. 中国公司不履行仲裁裁决，法国公司可向中国公司住所地或财产所在地的基层人民法院申请执行

D. 中国公司可以要求公开审理而未得到满足为由，请求法院不执行仲裁裁决。法院应裁定不予执行

3. 有关仲裁程序，下列说法正确的是：（　　）

A. 当事人申请仲裁，应当向仲裁委员会提交仲裁协议、仲裁申请书及副本

B. 仲裁程序的申请人可以放弃或者变更仲裁请求，被申请人可以承认或者反驳仲裁请求，有权提出反请求

C. 仲裁庭不能由1名仲裁员组成

D. 仲裁员是一方当事人的大学同学，因和本案有利害关系，必须回避

4. 以下哪些选项的仲裁庭组成不符合法律规定：（　　）

A. 北京A食品厂与天津B商厦签订了一份食品购销合同，合同中约定了仲裁条款。后双方发生纠纷，于是北京A食品厂便向仲裁委员会申请仲裁。其中仲裁庭的组成，北京A食品厂选定了2名仲裁员，天津B商厦选定了1名仲裁员作为首席仲裁员

B. 王某开车下班回家时，将行人付某撞伤，双方就损害赔偿额达成仲裁协议，提交仲裁委员会仲裁。其中仲裁庭的组成，王某选择仲裁员齐某，付某选择仲裁员陈某，齐某和陈某共同推举赵某为首席仲裁员

C. 美国A公司与中国B公司在履行合同过程中发生了纠纷。按合同中的仲裁条款，美国A公司向中国某仲裁委员会提交了仲裁申请。其中仲裁庭的组成，美国A公司与中国B公司各自委托仲裁委员会主任指定胡某、林某，并共同委托仲裁委员会主任指定了首席仲裁员叶某

D. 方某与钱某因为买卖合同而发生纠纷，双方约定采取仲裁方式解决问题。双方将争议提交仲裁委员会后，选定袁某为首席仲裁员，并委托袁某指定其他两名仲裁员，组成仲裁庭

5. 关于仲裁程序，下列说法错误的是：（　　）

A. 在山影公司与初墨公司合同争议的仲裁过程中，因仲裁员吴某是初墨公司法定代表人的哥哥，山影公司向仲裁委员会提出回避申请，后仲裁委员会主任决定由仲裁员林某接替吴某进行仲裁案件的审理。山影公司请求已进行的仲裁程序重新进行的，仲裁庭不应准许

B. 仲裁庭对江北公司与海南公司之间的财产权益纠纷作出裁决后，如果债务人海南公司拒不履行义务，则债权人江北公司可以依据发生法律效力的仲裁裁决向海南公司住所地或者被执行的财产所在地的基层人民法院申请执行

C. 在月光公司与日照公司的仲裁程序中，月光公司认为日照公司转移财产的行为可能导致将来裁决的难以执行，此时月光公司可以向人民法院提出财产保全申请

D. 四季公司与光明公司在仲裁过程中达成和解协议，申请人四季公司撤回仲裁申请后反悔，则两公司只能重新达成新仲裁协议才能再次提起仲裁

**三、不定项选择题，每题所给的选项中有一个或一个以上正确答案，不答、少答或多答均不得分。**

甲（住所地在A市）开私家车下班回家时误将行人乙（住所地在B市）撞伤。就损害赔偿额，二人达成仲裁协议交C仲裁委员会仲裁。因双方对立情绪严重，在仲裁规则规定期限内未能约定仲裁庭的组成方式，也未选定仲裁员；对于是否开庭、是否公开审理也未达成协议。仲裁庭对裁决也不能达成一致意见。

1. 在仲裁规则规定期限内未能就仲裁庭的组成方式、仲裁员的选定达成协议的：（　　）

A. 视为撤回仲裁申请

B. 仲裁委员会裁定不予受理

C. 仲裁协议无效

D. 由仲裁委员会主任指定

2. 在仲裁过程中，双方有和解的意图，有关仲裁和解和调解，下列说法正确的是：(　　)

A. 仲裁庭可以主持双方进行和解

B. 在裁决作出前，如果双方无法达成和解，仲裁庭可以主持调解

C. 双方如果达成了和解协议，仲裁庭应当根据和解协议作出裁决书

D. 双方如果达成了调解协议，仲裁庭应当根据调解协议作出裁决书

3. 开庭审理过程中，甲提出乙曾与仲裁员赵某私下会面，提出回避申请，以下说法正确的是：(　　)

A. 回避申请最迟应在最后一次开庭终结前提出

B. 赵某是否回避，由首席仲裁员决定

C. 回避事由成立，重新选定仲裁员后，当事人请求已进行的仲裁程序重新进行的，应当准许

D. 赵某私自会见当事人，情节严重，应当承担法律责任的，中国仲裁协会应当将其除名

4. 仲裁庭在裁决时，仲裁员王某和首席仲裁员刘某认定被申请人甲应该承担赔偿责任，而仲裁员李某认为被申请人甲不应该承担任何责任。当裁决书最后作出时，仲裁员李某可以选择的做法有：(　　)

A. 李某必须在仲裁书上签名，只有这样仲裁书才得以生效

B. 李某可以不在仲裁书上签名，仲裁书依然生效

C. 李某向仲裁委员会提出申请，要求仲裁委员会对裁决书的裁决进行审查

D. 李某要求仲裁庭在仲裁书中补充说明自己对案件的裁决意见

# 第二十七章　申请撤销仲裁裁决*

**一、单项选择题，每题所给的选项中只有一个正确答案。**

1. 人民法院受理撤销仲裁裁决的申请后，应当根据不同情况作出不同处理，下列说法正确的是：(　　)

A. 法院受理当事人提出的撤销仲裁裁决的申请后，应当组成合议庭进行审查，仲裁裁决明显违法的，可以由一名审判员独任审查

B. 当事人在仲裁程序中未对仲裁协议的效力提出异议，但在仲裁裁决作出后以仲裁协议无效为由主张撤销仲裁裁决的，人民法院应予支持

C. 法院受理撤销仲裁裁决申请后，认为可以由仲裁庭重新仲裁的，通知仲裁庭在一定期限内重新仲裁，并裁定中止撤销程序。仲裁庭有权决定是否重新仲裁

D. 法院经审查认为当事人提出的撤销仲裁裁决的申请有理，应当在2个月内作出裁定撤销仲裁裁决。当事人不服的，不能上诉。仲裁裁决被撤销后，当事人可以原仲裁协议重新申请仲裁或向有管辖权的法院提起诉讼

2. 甲仲裁委员会对赵某和王某之间的建筑材料买卖合同纠纷作出裁决。裁决作出后，赵某对该仲裁裁决不服，欲申请撤销仲裁裁决。下列说法错误的是：(　　)

A. 赵某应当向甲仲裁委员会提出申请，由甲仲裁委员会提交给有管辖权的人民法院

B. 赵某应当自收到裁决书之日起6个月内提出申请

C. 赵某应当提出证据证明裁决存在法律规定的撤销事由

D. 人民法院应当在受理撤销裁决申请之日起2个月内作出撤销裁决或者驳回申请的裁定

3. 山无棱公司因与天地合公司合同纠纷申请仲裁，要求解除合同。某仲裁委员会经审理裁决解除双方合同，同时裁决天地合公司向山无棱公司赔偿违约损失10万元。根据以上情况，下列说法正确的是：(　　)

A. 因仲裁裁决超出了当事人请求范围，天地合公司可直接向法院起诉

B. 因仲裁裁决超出了当事人请求范围，天地合公司可向仲裁委员会申请撤销超出对方请求部分的裁决

C. 因仲裁裁决超出了当事人请求范围，天地合公司可向仲裁委员会申请撤销整个仲裁裁决

D. 因仲裁裁决超出了当事人请求范围，天地合公司可向法院申请再审

4. 当事人申请撤销仲裁裁决，以下说法正确的是：(　　)

A. 可以向被申请人所在地或仲裁委员会所在地的中级人民法院提出申请

B. 被申请人认为受诉法院不具有管辖权的，可以提出管辖权异议。人民法院对该异议应当审查并作出裁定。该裁定一经送达即生效

---

* 本章答案参见第113页。

C. 申请不符合法律规定的，裁定不予受理，申请人对不予受理的裁定不服的，可以提出上诉

D. 人民法院立案后发现不符合受理条件的，裁定驳回申请。当事人对驳回申请的裁定不服的，不得提出上诉

5. 在仲裁裁决作出后，当事人有权向人民法院申请撤销仲裁裁决。人民法院在一定情况下，可以通知原仲裁机构重新仲裁。下列关于重新仲裁的说法正确的是：(　　)

A. 仲裁裁决所根据的证据是伪造的，或对方当事人隐瞒了足以影响公正裁决的证据的，可以重新仲裁

B. 人民法院应当告知仲裁委员会要求重新仲裁的具体理由

C. 人民法院通知重新仲裁的，应裁定终结撤销程序

D. 当事人对重新仲裁裁决不服的，可以在重新仲裁裁决书送达之日起15日内向人民法院申请撤销

**二、多项选择题，每题所给的选项中有两个或两个以上正确答案，少答或多答均不得分。**

1. 李某和王某在B市就买卖合同纠纷达成仲裁协议，双方约定一切争议由A仲裁委员会管辖。之后双方就合同的履行发生争议，李某就争议提交至A仲裁委员会，仲裁裁决书作出后，王某如果想撤销该裁决书，其合理的理由为：(　　)

A. 仲裁协议有约定不明的事项

B. 仲裁员在仲裁过程中有私下同李某会见并一同宴饮的行为

C. 首席仲裁员是由双方各自选取的仲裁员一致推选的

D. 李某隐藏了足以影响公正裁决的证据

2. 河北某公司向北京仲裁委员会申请仲裁其与北京某企业间的买卖合同纠纷，仲裁委员会受理了申请。北京某企业为逃避责任，出示了一份伪造的证人证言，仲裁庭根据这份证人证言，裁决河北某公司赔偿北京某企业损失50万元。河北某公司不服该裁决，并且在收到仲裁裁决后发现了北京某企业伪造证据的情况。那么，河北某公司可以采取下列哪些措施以维护自己的合法权益：(　　)

A. 向仲裁委员会所在地的中级人民法院申请撤销裁决

B. 在对方当事人申请执行裁决时，向受理执行申请的法院申请不予执行

C. 起诉对方当事人

D. 向仲裁委员会所在地的基层人民法院申请撤销裁决

3. 关于仲裁裁决的撤销和不予执行，下列说法错误的是：(　　)

A. 撤销仲裁裁决与不予执行仲裁裁决的管辖法院都可以是仲裁机构所在地中级人民法院

B. 适用法律错误既不是法院撤销仲裁裁决也不是不予执行仲裁裁决的法定理由

C. 法院如发现仲裁裁决违背社会公共利益，可依职权主动启动撤销程序和不予执行程序

D. 申请撤销仲裁裁决或申请不予执行仲裁裁决程序中，法院经审查符合法定条件的，均可通知仲裁机构重新仲裁

4. 杜某向人民法院申请撤销仲裁裁决，人民法院认为可以通知仲裁庭重新仲裁，以下说法错误的是：(　　)

A. 仲裁庭人员组成违法或仲裁员有徇私舞弊等违反程序要求的行为可以重新仲裁。这是因为上述错误可以通过重新仲裁的方式给予补救，应当允许仲裁庭自我弥补程序中的缺陷

B. 仲裁庭接到通知后应当在人民法院指定的期限内另行组成仲裁庭重新仲裁

C. 人民法院通知仲裁庭重新仲裁的，申请撤销程序终结

D. 当事人对重新仲裁裁决不服的，不得再次向人民法院申请撤销

5. 李某与金某约定因货物买卖合同产生的纠纷通过仲裁方式解决，仲裁裁决作出后，李某对该裁决不服，向法院申请撤销。关于裁决撤销的具体程序，下列说法错误的是：(　　)

A. 李某认为仲裁裁决事项超出仲裁协议范围，经审查属实的，法院应撤销全部仲裁裁决

B. 法院可书面审理该案件

C. 人民法院可以要求仲裁机构作出说明或向相关仲裁机构调取案卷

D. 如已申请执行同一仲裁裁决，李某的撤销申请将导致执行中止

# 第二十八章　仲裁裁决的执行与不予执行*

**一、单项选择题，每题所给的选项中只有一个正确答案。**

1. 甲电子公司与乙电脑公司签订合同，约定一切纠纷均提交北京仲裁委员会解决。随后争议发生，在北京仲裁委员会的调解下，双方达成和解协议，仲裁庭作出调解书。下列说法错误的是：（　　）

A. 对于该调解书，当事人可以申请强制执行

B. 对于该调解书，当事人可以请求不予执行

C. 对该调解书的执行，可由被执行人住所地中级人民法院管辖

D. 对该调解书的执行，可由被执行财产所在地中级人民法院管辖

2. 鑫鑫养殖基地与新兴食品加工公司签订买卖合同，并约定因合同产生的争议交由 A 仲裁委员会解决。后争议发生，仲裁裁决作出后，鑫鑫养殖基地向 A 市中级人民法院申请执行仲裁裁决，以下说法错误的是：（　　）

A. 鑫鑫养殖基地应提交申请书及裁决书正本或经证明无误的副本

B. A 市中级人民法院应当告知鑫鑫养殖基地向有管辖权的人民法院提出申请，申请人拒不变更的，裁定不予受理

C. 对不予受理裁定，鑫鑫养殖基地可以提出上诉

D. 对不予受理裁定，鑫鑫养殖基地可以申请复议

3. 下列关于撤销仲裁裁决和不予执行仲裁裁决的异同之处的说法，表述正确的是：（　　）

A. 提出的主体相同。任何一方当事人都有权申请撤销仲裁裁决或者不予执行仲裁裁决

B. 法律程序不同。撤销仲裁裁决程序中，法院认为可以由仲裁庭重新仲裁的，应通知仲裁庭在一定期限内重新仲裁，而不予执行仲裁裁决程序中，法院不可以要求仲裁庭重新仲裁

C. 管辖法院不同。前者为仲裁委员会所在地的中级人民法院，后者为申请执行人所提出执行申请的基层人民法院

D. 申请撤销仲裁裁决与申请不予执行仲裁裁决的期限相同，都是自收到裁决书之日起 6 个月内

4. 甲乙公司因供销合同纠纷向仲裁委员会提起仲裁并获得仲裁裁决后，甲公司以仲裁裁决事项超出仲裁协议范围为由向法院申请不予执行仲裁裁决。法院审理过程中，认为超裁部分与其他裁决事项可分，下列哪项说法是正确的：（　　）

A. 法院应裁定撤销甲乙之间的仲裁裁决，告知当事人另行起诉

B. 法院应裁定撤销关于超出甲乙之间仲裁协议的裁决，对仲裁裁决的其他部分应继续执行

C. 法院应裁定不予执行甲乙之间的仲裁裁决，终结执行程序

D. 法院应裁定不予执行超出甲乙之间仲裁协议的裁决，对仲裁裁决的其他部分应继续执行

5. 关于法院对仲裁的司法监督，下列哪一选项是正确的：（　　）

A. 对根据当事人的和解协议作出的裁决书的不予执行申请，经审查不存在违反法律强制性规定的情形的，应当支持

B. 仲裁当事人申请财产保全，应当向仲裁机构申请，由仲裁机构将该申请移交给相关法院

C. 仲裁当事人申请撤销仲裁裁决被法院驳回，此后以相同理由申请不予执行，法院可以受理

D. 对违反法律程序的仲裁活动，有权裁决中止仲裁，通知仲裁庭纠正违法行为

**二、多项选择题，每题所给的选项中有两个或两个以上正确答案，少答或多答均不得分。**

1. 人民法院根据被执行人的申请裁定不予执行后，当事人的纠纷解决途径是：（　　）

A. 可以重新达成新的仲裁协议，根据新的仲裁协议申请仲裁

B. 可以根据原仲裁协议重新仲裁

C. 可以直接向人民法院起诉

D. 只能向人民法院起诉

2. 甲不履行仲裁裁决，乙向法院申请执行，甲提出不予执行的申请，并提出下列证据证明仲裁裁决应不予执行，法院可以针对下列哪些证据支持甲的申请：（　　）

A. 仲裁裁决超出当事人申请事项

B. 裁决事项是不可仲裁事项

C. 仲裁庭主动收集了其认为有必要的对乙有利的关键证据

D. 仲裁庭的组成违反法定程序

3. 甲乙两公司根据仲裁协议，向 A 仲裁委员会申请仲裁。仲裁审理中，两公司达成和解协议，并申请仲裁庭依和解协议作出裁决。裁决作出后，甲公司拒不履行其义务，乙公司向法院申请强制执行，而甲公司则

* 本章答案参见第 114 页。

向法院申请撤销该仲裁裁决。法院的下列做法错误的是:(　　)

A. 法院应该裁定终结执行,通知原仲裁庭重新仲裁

B. 法院应该裁定中止执行,审查是否具有应当撤销仲裁裁决的情形

C. 法院应当继续执行,不审查是否具有不予执行仲裁裁决的情形

D. 法院裁定撤销裁决的,应当裁定终结执行

**三、不定项选择题,每题所给的选项中有一个或一个以上正确答案,不答、少答或多答均不得分。**

甲公司与乙公司因共同投资设立企业而签订了一份合同。双方在合同中约定,因履行合同而产生的一切争议均交丁仲裁委员会仲裁。在合同履行过程中,甲公司注册资金未能及时到位,双方因此而发生纠纷,乙公司遂向丁仲裁委员会申请仲裁。仲裁过程中,双方自行达成和解协议,乙公司撤回了仲裁申请。事后,甲公司反悔,拒绝履行和解协议的内容。根据以上案情,请回答下列问题:

(1)在甲公司不履行和解协议的情况下,乙公司可以采取的有效救济措施是:(　　)

A. 向有管辖权的人民法院提起诉讼

B. 根据原仲裁协议再次申请丁仲裁委员会予以仲裁

C. 向有管辖权的人民法院申请强制执行和解协议的内容

D. 与甲公司重新达成仲裁协议并申请仲裁

(2)假设依据原仲裁协议,仲裁庭裁决甲公司须于5天内注入资金100万元。仲裁裁决作出后,甲公司拒不履行,乙公司遂向有管辖权的人民法院申请强制执行。在此情况下,甲公司的下列做法哪些是正确的:(　　)

A. 提出证据证明仲裁庭的组成是违法的,并向仲裁委员会所在地的丁市中级人民法院申请撤销仲裁裁决

B. 提出证据证明仲裁裁决所依据的证据是伪造的,并向仲裁委员会所在地的丁市中级人民法院申请撤销仲裁裁决

C. 向接受执行申请的人民法院提出证据证明仲裁裁决所依据的证据是伪造的,并请求裁定不予执行

D. 向接受执行申请的人民法院提出证据证明仲裁庭认定事实不清,并请求撤销仲裁裁决

(3)乙公司向人民法院申请强制执行,法院的下列做法正确的是:(　　)

A. 因乙公司提交的申请材料不符合法律规定,法院向其释明要求补充

B. 法院认为本院对乙公司的请求不具有管辖权,裁定移送至有管辖权的法院

C. 对于乙公司的申请,法院于第13日决定受理

D. 甲公司认为受理法院无管辖权,在执行程序结束之前都可提起管辖权异议

(4)假设法院裁定不予执行该仲裁裁决,当事人的救济途径包括:(　　)

A. 就该纠纷向法院起诉

B. 就该裁定向法院上诉

C. 就该裁定提出执行异议

D. 重新达成仲裁协议进行仲裁

# 第二十九章　涉外仲裁*

**一、单项选择题,每题所给的选项中只有一个正确答案。**

1. 在涉外仲裁中,当事人申请证据保全的,涉外仲裁委员会应当提交证据到人民法院。下列做法正确的是:(　　)

A. 应当将当事人的申请提交到证据所在地的基层人民法院

B. 应当将当事人的申请提交到仲裁机构所在地的基层人民法院

C. 应当将当事人的申请提交到证据所在地的中级人民法院

D. 应当将当事人的申请提交到仲裁机构所在地的中级人民法院

2. 有关涉外判决和涉外仲裁裁决的执行,下列说法错误的是:(　　)

A. 涉外判决中被执行人或者其财产不在中国领域内的,当事人可以直接向有管辖权的外国法院申请承认和执行

B. 涉外判决中被执行人或者其财产不在中国领域内的,中国法院可以依照中国缔结或者参加国际条约的规定,或者按照互惠原则,请求外国法院承认和执行

C. 我国领域内依法作出的发生法律效力的仲裁裁决,被执行人或者其财产不在中国领域的,当事人可

---

* 本章答案参见第115页。

以直接向有管辖权的外国法院申请承认和执行

D. 我国领域内依法作出的发生法律效力的仲裁裁决，被执行人或者其财产不在中国领域的，中国法院可以依照中国缔结或者参加国际条约的规定，或者按照互惠原则，请求外国法院承认和执行

3. 关于涉外仲裁协议的效力认定，下列说法正确的是：(　　)

A. 涉外仲裁协议效力的认定，应适用法院地法律，但当事人约定了应适用的法律的除外

B. 当事人没有约定应适用的法律，但约定了仲裁地的，适用仲裁地法律

C. 当事人约定了仲裁规则的，适用仲裁规则所属的仲裁机构所在地法律

D. 当事人约定了具体仲裁机构，由仲裁机构来决定适用

4. 根据我国《民事诉讼法》的规定，下列说法正确的是：(　　)

A. 涉外仲裁案件只能在专门的涉外仲裁机构进行

B. 违背社会利益是中国法院审查撤销涉外仲裁裁决的法定理由

C. 人民法院在审查申请执行涉外仲裁裁决的时候，仅能审查程序性事项，不能审查法律适用和事实认定

D. 对于中国涉外仲裁机构作出的生效仲裁裁决的申请执行，如果其财产不在中国境内，应由涉外仲裁机构向国外有管辖权的法院转交申请

**二、多项选择题，每题所给的选项中有两个或两个以上正确答案，少答或多答均不得分。**

1. 关于涉外仲裁委员会，下列说法正确的是：(　　)

A. 涉外仲裁委员会可以由中国国际商会组织设立

B. 涉外仲裁委员会由主任一人、副主任若干人和委员若干人组成

C. 涉外仲裁委员会的主任、副主任和委员由涉外仲裁委员会独立聘任

D. 可以从具有法律、经济贸易、科学技术等专门知识的外籍人士中聘任仲裁员

2. 下列哪些情形下，人民法院可以对我国涉外仲裁裁决裁定不予执行：(　　)

A. 被申请人没有得到指定仲裁员或者进行仲裁程序的通知

B. 由于不属于被申请人负责的原因未能陈述意见的

C. 裁决所依据的证据是伪造的

D. 对方当事人向仲裁机构隐瞒了足以影响公正裁决的证据

3. 中国海南省甲公司与澳大利亚乙公司长期从事橡胶贸易，双方签订橡胶贸易销售合同，约定关于合同争议适用中国《民法典》。双方签订仲裁条款，约定合同产生的争议提交中国某仲裁委员会仲裁。后双方对仲裁协议条款产生争议，一方向中国人民法院请求确认仲裁条款效力。根据案情，以下说法正确的是：(　　)

A. 根据橡胶贸易销售合同，当事人已选择中国《民法典》作为确认仲裁条款效力适用的法律

B. 根据橡胶贸易销售合同，当事人并未选定确认仲裁条款效力适用的法律

C. 本案应由仲裁协议约定的仲裁机构所在地的中级人民法院管辖，仲裁协议约定的仲裁机构不明确的，由仲裁协议签订地或者被申请人住所地的中级人民法院管辖

D. 本案应由仲裁机构所在地、仲裁协议签订地、申请人或被申请人住所地的中级人民法院管辖

4. 国内仲裁与涉外仲裁异同点的有关说法，下列表述正确的是：(　　)

A. 申请证据保全的管辖法院不同

B. 申请确认仲裁协议效力的管辖法院不同

C. 是否必须将开庭情况记入笔录不同

D. 不予执行仲裁裁决的情形不同

5. 甲乙双方均为外国投资企业，双方因合同发生纠纷。根据双方事后达成的仲裁协议，甲公司向中国国际经济贸易仲裁委员会提出仲裁申请。根据中国国际经济贸易仲裁委员会的仲裁规则的规定，甲公司在提出仲裁申请时应说明的事项有：(　　)

A. 甲请求所依据的事实、理由及相关争议要点

B. 甲申请仲裁所依据的仲裁协议

C. 甲的仲裁请求

D. 申请人和被申请人名称和住所

6. 根据我国《民事诉讼法》的规定，关于涉外仲裁下列说法正确的是：(　　)

A. 当事人申请采取保全的，涉外仲裁机构应当将当事人的申请提交仲裁机构所在地或者财产所在地的中级人民法院裁定

B. 一方当事人不履行仲裁裁决的，对方当事人可以向仲裁机构所在地或者财产所在地的中级人民法院申请执行

C. 一方当事人申请不予执行涉外仲裁裁决的，人民法院应当组成合议庭审查核实

D. 仲裁裁决被人民法院裁定不予执行的，当事人可以根据双方达成的书面仲裁协议重新申请仲裁，也可以向人民法院起诉

7. 在中国国际经济贸易仲裁委员会进行的仲裁程序中，双方当事人具有哪些权利：(　　)

A. 双方约定并申请不开庭审理

B. 双方除各自在仲裁委员会仲裁员名册中指定一名仲裁员外，还可以共同约定第三名仲裁员担任首席仲裁员

C. 双方约定向当事人或代理人发送仲裁文书、通知、材料的方式

D. 双方约定仲裁所使用的语言

8. 关于涉外仲裁协议效力的认定，以下说法正确的是：(　　)

A. 当事人仅约定合同适用的法律，可以作为确认合同中仲裁条款效力适用的法律

B. 当事人仅约定合同适用的法律，不得作为确认合同中仲裁条款效力适用的法律

C. 人民法院适用《承认及执行外国仲裁裁决公约》审查当事人申请承认和执行外国仲裁裁决案件时，被申请人以仲裁协议无效为由提出抗辩的，人民法院应当依照该公约的相关规定，确定确认仲裁协议效力应当适用的法律

D. 确定确认涉外仲裁协议效力适用的法律时，当事人没有选择适用的法律，适用仲裁机构所在地的法律与适用仲裁地的法律将对仲裁协议的效力作出不同认定的，人民法院应当适用确认仲裁协议有效的法律

# 参考答案及解析

## 第一章　民事诉讼与民事诉讼法

一、1. C。考查民事纠纷的解决方式。民事主体可以通过其真实意思表示在和解、调解、仲裁及诉讼中具体选择何种纠纷解决方式,民事诉讼在适用上并不具有优先效力。故A项错误。和解协议并不具有强制执行效力,如果纠纷主体对和解协议不满,其仍可以提起民事诉讼。故B项错误。和解、调解和仲裁的适用需要体现纠纷主体双方的自愿性,但是诉讼属于公力救济方式,只需原告依单方意思表示依法提起诉讼即可。故D项错误。C项正确。

2. C。考查民事诉讼的特征。调解协议未经司法的确认程序不具有强制执行的效力,因此法院不能直接根据调解协议的内容进行执行,故C项错误,当选。

3. C。考查民事诉讼法的适用范围。A项属于民事诉讼中的管辖问题;B项属于民事诉讼中的当事人确定问题;D项属于民事诉讼中诉讼代理人的问题;C项的诉讼请求确定属于当事人实体权利问题,不属于民事诉讼法规制范畴。

4. D。考查诉讼程序和非讼程序的联系与区别。特别程序适用于人民法院审理选民资格案件、宣告失踪或者宣告死亡案件、认定公民无民事行为能力或者限制民事行为能力案件、认定财产无主案件、确认调解协议案件和实现担保物权案件。其中,选民资格案件既不是诉讼案件也不是非讼案件,而是解决政治权利问题的案件。故A项错误。诉讼程序包括一审程序、二审程序和再审程序,人民陪审员只能参加一审程序,故B项错误。确认调解协议效力案件属于非讼程序,并不解决纠纷,不能适用调解制度,故C项错误。D项正确。

二、1. ACD。考查民事纠纷的解决方式。在第三者王五主持下的纠纷解决方式属于调解,而非和解,故A项错误。人民调解委员会作出调解后,双方当事人对调解协议不服的,可以选择向人民法院起诉调解协议,故B项正确。劳动争议应先进行劳动仲裁。C项错误。《民事诉讼法》第248条第2款第3项规定,仲裁庭的组成违反法定程序的,当事人可以向人民法院申请不予执行该仲裁裁决。故D项错误。

2. BCD。考查民事诉讼法的概念、属性和效力。广义的民事诉讼法不仅包括《民事诉讼法》本身,还包括宪法、其他法律、法规中有关民事诉讼的规范,以及最高人民法院在适用民事诉讼法过程中作出的司法解释。故A项正确。从民事诉讼调整的社会关系来看,其属于部门法,从民事诉讼法的内容来看,其属于程序法。故B项错误。民事诉讼法对人的效力是指民事诉讼法适用于哪些人,民事诉讼法对事的效力是指民事诉讼法适用于哪些案件。故C项错误。《民事诉讼法》第4条规定,凡在中华人民共和国领域内进行民事诉讼,必须遵守本法,即凡在中国参加民事诉讼,必须遵守中国民事诉讼法。故D项错误。

3. AD。考查仲裁的案件范围。AD当选,根据《仲裁法》第3条第1项的规定,婚姻、收养、监护、扶养、继承纠纷不能仲裁。

## 第二章　民事诉讼法的基本原则与基本制度

### 基础知识篇

一、1. D。考查平等原则、同等原则和对等原则。我国《民事诉讼法》第8条规定,民事诉讼当事人有平等的诉讼权利。人民法院审理民事案件,应当保障和便利当事人行使诉讼权利,对当事人在适用法律上一律平等。平等原则包括权利义务相同和相对应,故AB项错误。C项是平等原则而非对等原则的具体体现,表述错误。我国《民事诉讼法》第5条第1款规定,外国人、无国籍人、外国企业和组织在人民法院起诉、应诉,同中华人民共和国公民、法人和其他组织有同等的诉讼权利义务。这一规定表明,我国法律对在人民法院进行民事诉讼的外国人、无国籍人、外国企业和组织,赋予他们同我国公民、法人和其他组织同等的诉讼权利义务,这就是同等原则。D项正确,当选。

2. D。考查辩论原则。辩论的内容既可以是实体内容,也可以是程序内容,故D项正确;辩论原则贯穿于民事诉讼全过程,但题干中的调解属于诉讼外调解,故A项错误;原被告均具有辩论权,但法官并非辩论权的行使主体,故B项错误;当事人行使辩论权的方式既可以是书面形式也可以是口头形式,故C项错误。

3. D。考查处分原则。《民事诉讼法》第13条第2款规定,当事人有权在法律规定的范围内处分自己的民事权利和诉讼权利。故当事人的处分权应当在法律允许范围内行使,并非不受限制。D项错误,当选。

二、1. ABD。考查回避的适用对象和情形。根据

《民事诉讼法》第47条和最高人民法院《关于审判人员在诉讼活动中执行回避制度若干问题的规定》第1条、第13条、第14条的规定,AB项属于当事人和诉讼代理人的近亲属;C项是证人,不属于回避范围;D项属于《民事诉讼法》第47条第2款和第4款明确规定的应当回避的情形。

2. ABC。考查检察监督原则。A项考查人民检察院有权监督审判人员贪赃枉法、徇私舞弊等违法行为;B项考查人民检察院对生效判决、裁定的监督;C项考查人民检察院对调解书的监督。人民检察院监督的范围并不仅限于审判活动,对于执行活动中人民法院存在的不当行为,也应当履行法律监督职责。D项错误,ABC项当选。

## 理解与应用篇

一、1. C。考查公开审判制度。《民事诉讼法》第137条规定,人民法院审理民事案件,除涉及国家秘密、个人隐私或者法律另有规定的以外,应当公开进行。离婚案件,涉及商业秘密的案件,当事人申请不公开审理的,可以不公开审理。故AB项错误。D项错误,民事诉讼法并未赋予对是否公开审理决定的救济机制。

2. C。考查民事诉讼的基本制度。证人不属于回避的范畴,故A项错误。《民事诉讼法》第40条第1款、第41条第1款规定,民事一审及二审案件中合议庭的成员人数必须是单数,但并未限定为3人。故B项错误。《民事诉讼法》第165条规定的小额诉讼程序为一审终审。故D项错误。

3. B。考查民事诉讼的审判组织。《民事诉讼法》第160条第1款规定,基层人民法院和它派出的法庭审理事实清楚、权利义务关系明确、争议不大的简单的民事案件,适用简易程序。而简易程序实行独任制,故独任制只适用于基层人民法院及其派出法庭,而不是简单地与一审法院对应。故A项错误。根据《民事诉讼法》第41条第3款的规定,发回重审的案件,原审人民法院应当按照第一审程序另行组成合议庭。合议庭既可以由审判人员组成,也可以由审判人员和人民陪审员共同组成。故B项正确。根据《民事诉讼法》第41条第1款的规定,陪审制只适用于一审,在二审中不能有人民陪审员参与审理。故C项错误。根据《民事诉讼法》第185条的规定,特别程序中的选民资格案件或者重大、疑难案件由审判员组成合议庭审理。故D项错误。

4. A。考查合议庭评议案件。《民事诉讼法》第45条规定,合议庭评议案件,实行少数服从多数的原则。评议应当制作笔录,由合议庭成员签名。评议中的不同意见,必须如实记入笔录。故A项正确。

5. C。考查公开审判制度。公开审判的例外分为法定不公开和当事人申请不公开。法定不公开的案件主要有:(1)涉及国家秘密的案件;(2)涉及个人隐私的案件;(3)法律另有规定的案件。申请不公开的案件主要有:(1)离婚案件;(2)涉及商业秘密的案件。C项的案件涉及国家秘密,为法定不公开案件,无须当事人申请,就应当不公开审理,因此C项当选。

二、1. ABD。考查处分原则和辩论原则。《民事诉讼法》第12条规定:“人民法院审理民事案件时,当事人有权进行辩论。”《民事诉讼法》第13条第2款规定:“当事人有权在法律规定的范围内处分自己的民事权利和诉讼权利。”其中,辩论原则不仅指法院审理案件时当事人有权进行辩论,还包括法院审判权行使范围应当受到当事人辩论的约束,即法院只能以当事人提出并加以主张的事实作为裁判依据。处分原则要求法院的判决应当受到当事人诉讼请求的约束。A项错误,武某并没有请求任某赔偿精神损失费,法院超出当事人诉讼请求裁判的行为违反了处分原则;B项错误,法院以武某没有主张的事实为由判决任某承担责任,违反了辩论原则;C项正确,法院未将当事人自认的事实作为裁判的依据,违反了辩论原则;D项错误,证人在诉讼过程中并没有辩论权,辩论权是属于当事人的权利。故ABD项当选。

2. ABCD。考查合议庭的组成。《民事诉讼法》第40条规定,人民法院审理第一审民事案件,由审判员、人民陪审员共同组成合议庭或者由审判员组成合议庭。合议庭的成员人数,必须是单数。适用简易程序审理的民事案件,由审判员一人独任审理。人民陪审员在参加审判活动时,除法律另有规定外,与审判员有同等的权利义务。ABD项错误。《民事诉讼法》第41条第1款规定,人民法院审理第二审民事案件,由审判员组成合议庭。合议庭的成员人数,必须是单数。故C项错误。

3. ABCD。考查合议制度。A项错误,当合议庭意见不一致时,应当少数服从多数;B项错误,人民陪审员不能参加审判委员会的讨论;C项错误,合议庭必须以自己的名义作出判决;D项错误,应当是由院长提交审判委员会提议再审。

4. ABD。考查处分原则。《民事诉讼法》第13条第2款规定,当事人有权在法律规定的范围内处分自己的民事权利和诉讼权利。赌债属于法律禁止的债务,故C项错误。

## 综合提高篇

1. ABC。考查回避制度。根据《民事诉讼法》第177条第1款第4项及最高人民法院《关于适用〈中华人民共和国民事诉讼法〉的解释》(以下简称《民诉解释》)第323条的规定,D项正确,ABC项当选。

2. (1) D。考查回避的决定权。根据《民事诉讼法》第49条的规定,合议庭没有对回避申请的决定权。

(2)ABD。考查回避决定作出前的效力。《民事诉讼法》第48条第2款规定,被申请回避的人员在人民法院作出是否回避的决定前,应当暂停参与本案的工作,但案件需要采取紧急措施的除外。因此,只有C项正确,其他各项都错误。

(3)BD。考查回避的决定权。《民诉解释》第46条规定,审判人员有应当回避的情形,没有自行回避,当事人也没有申请其回避的,由院长或者审判委员会决定其回避。因此,本题答案为BD。

# 第三章 主管与管辖

## 基础知识篇

一、1. C。考查知识产权案件的管辖。《民诉解释》第2条第1款规定,专利纠纷案件由知识产权法院、最高人民法院确定的中级人民法院和基层人民法院管辖。故C项错误。

2. D。考查没有办事机构的个人合伙案件的管辖。《民诉解释》第5条规定,对没有办事机构的个人合伙、合伙型联营体提起的诉讼,由被告注册登记地人民法院管辖。没有注册登记,几个被告又不在同一辖区的,被告住所地的人民法院都有管辖权。因此,个人合伙的合伙人甲乙丙的住所地人民法院均有管辖权。因此ABC正确,D项错误。

3. B。考查特殊地域管辖制度。根据《民事诉讼法》第23条第2项的规定,对宣告失踪的人提起的有关身份关系的诉讼,由原告住所地法院管辖。故B项当选。

4. A。本题考查了级别管辖异议的处理。最高人民法院《关于审理民事级别管辖异议案件若干问题的规定》第3条规定,提交答辩状期间届满后,原告增加诉讼请求金额致使案件标的额超过受诉人民法院级别管辖标准,被告提出管辖权异议,请求由上级人民法院管辖的,人民法院应当按照本规定第1条审查并作出裁定。该规定第1条规定,被告在提交答辩状期间提出管辖权异议,认为受诉人民法院违反级别管辖规定,案件应当由上级人民法院或者下级人民法院管辖的,受诉人民法院应当审查,并在受理异议之日起15日内作出裁定:(1)异议不成立的,裁定驳回;(2)异议成立的,裁定移送有管辖权的人民法院。该规定第9条规定,经最高人民法院批准的第一审民事案件级别管辖标准的规定,应当作为审理民事级别管辖异议案件的依据。

本题中,甲公司开庭后增加290万元违约金的诉讼请求导致本案的诉讼标的额超过了基层法院的审理范围。根据最高人民法院《关于审理民事级别管辖异议案件若干问题的规定》第9条的规定,基层法院应当裁定乙公司的管辖权异议成立,将案件移送有管辖权的法院,即中级人民法院,故A项正确。

5. A。考查地域管辖的确定。解题关键在于明确张三要求李四支付剩余的5万元纠纷的诉讼标的类型。本题中,张三将石头交给李四去参加展览,双方之间本质上成立了委托关系。《民法典》第927条规定,受托人处理委托事务取得的财产,应当转交给委托人。因此,张三得知出售石头的真实价款后有权基于委托合同关系依据前述规定向法院起诉要求李四支付剩余的5万元。

《民事诉讼法》第24条规定,因合同纠纷提起的诉讼,由被告住所地或合同履行地人民法院管辖。因此,张三提起的委托合同纠纷诉讼可以由被告李四住所地即乙地法院,或者合同履行地法院管辖。关于本题"合同履行地"的确定,根据《民诉解释》第18条的规定,合同约定履行地点的,以约定的履行地点为合同履行地。合同对履行地点没有约定或者约定不明确,争议标的为给付货币的,接收货币一方所在地为合同履行地。本题中,张三要求李四支付剩余的5万元,即本案争议标的为给付货币,题干中未说明双方当事人在合同中约定了履行地点,因此,根据《民诉解释》第18条的规定应当以接收货币一方所在地为合同履行地,即张三所在的甲地。综上,本题案件的管辖法院为甲地和乙地法院,正确答案为A。

6. C。考查合同案件的协议管辖。根据《民事诉讼法》第35条的规定,协议管辖不得违反级别管辖和专属管辖的规定,而不动产物权纠纷应当由不动产所在地法院专属管辖。故C项正确。

7. B。考查协议管辖。《民事诉讼法》第35条规定,合同或者其他财产权益纠纷的当事人可以书面协议选择被告住所地、合同履行地、合同签订地、原告住所地、标的物所在地等与争议有实际联系的地点的人民法院管辖,但不得违反本法对级别管辖和专属管辖的规定。A项中,离婚属于确定身份关系案件,并非合同或者其他财产权益纠纷,不能适用协议管辖。故A项不当选。C项的案件应当由基层法院管辖,双方协议选择中级法院,违背了案件级别管辖的规定。故C项不当选。根据《民事诉讼法》第34条第3项的规定,因继承遗产纠纷提起的诉讼,由被继承人死亡时住所地或者主要遗产所在地人民法院管辖,可知其违反专属管辖的规定。故D项不当选。本题答案为B。

8. A。考查移送管辖和管辖权转移。《民事诉讼法》第37条规定,人民法院发现受理的案件不属于本院管辖的,应当移送有管辖权的人民法院,受移送的人民法院应当受理。受移送的人民法院认为受移送的案件依照规定不属于本院管辖的,应当报请上级人民法院指定管辖,不得再自行移送。故A项错误。

9. A。考查级别管辖。基层人民法院管辖第一审民事案件,但《民事诉讼法》另有规定的除外,由此可见,第一审民事案件原则上由基层人民法院管辖,A 项正确。只有重大涉外案件才由中级人民法院管辖,B 项错误。高级人民法院管辖在本辖区有重大影响的第一审民事案件,C 项错误。最高人民法院管辖两类民事案件:一是在全国有重大影响的案件;二是最高人民法院认为应当由其审理的案件,D 项错误。

二、1. BCD。考查特殊地域管辖。《民诉解释》第 26 条规定,因产品、服务质量不合格造成他人财产、人身损害提起的诉讼,产品制造地、产品销售地、服务提供地、侵权行为地和被告住所地人民法院都有管辖权。故 A 项为原告住所地,不当选,BCD 项正确。

2. AD。考查管辖恒定原则及指定管辖制度。根据《民诉解释》第 38 条的规定,有管辖权的人民法院受理案件后,不得以行政区域变更为由,将案件移送给变更后有管辖权的人民法院。故 A 项错误,B 项正确。根据《民事诉讼法》第 37 条的规定,受移送人民法院发现不属于自己管辖的,应报请上级法院指定管辖,不得再自行移送。故 C 项正确,D 项错误。AD 项当选。

3. BCD。考查管辖恒定原则。《民诉解释》第 39 条第 1 款规定,人民法院对管辖异议审查后确定有管辖权的,不因当事人提起反诉、增加或者变更诉讼请求等改变管辖,但违反级别管辖、专属管辖规定的除外。故 A 项正确,BCD 项错误,应当选。

4. CD。考查协议管辖制度。《民事诉讼法》第 35 条规定,合同或者其他财产权益纠纷的当事人可以书面协议选择被告住所地、合同履行地、合同签订地、原告住所地、标的物所在地等与争议有实际联系的地点的人民法院管辖,但不得违反本法对级别管辖和专属管辖的规定。故 A 项错误。《民诉解释》第 30 条第 2 款规定,管辖协议约定两个以上与争议有实际联系的地点的人民法院管辖,原告可以向其中一个人民法院起诉。故 B 项错误。《民诉解释》第 32 条规定,管辖协议约定由一方当事人住所地人民法院管辖,协议签订后当事人住所地变更的,由签订管辖协议时的住所地人民法院管辖,但当事人另有约定的除外。故 C 项正确。《民诉解释》第 33 条规定,合同转让的,合同的管辖协议对合同受让人有效,但转让时受让人不知道有管辖协议,或者转让协议另有约定且原合同相对人同意的除外。故 D 项正确。

5. BCD。考查提出管辖权异议的条件。根据《民事诉讼法》第 130 条及相关司法解释的规定,提出管辖权异议的条件为:(1)提出管辖权异议的主体必须是本案的当事人;(2)管辖权异议针对的必须是第一审民事案件的管辖权,对第二审民事案件不得提出管辖权异议;(3)提出管辖权异议的时间必须在提交答辩状期间。因此,A 项正确;B 项中法庭辩论阶段已过提交答辩状的时间;C 项中蒋某为无独立请求权第三人,并非本案当事人,无权提出管辖权异议;D 项中的情况为二审民事案件,不能提出管辖权异议。综上所述,BCD 项错误,当选。

6. ABC。考查网络侵权诉讼的管辖确定。《民事诉讼法》第 29 条规定,因侵权行为提起的诉讼,由侵权行为地或者被告住所地人民法院管辖。《民诉解释》第 25 条规定,信息网络侵权行为实施地包括实施被诉侵权行为的计算机等信息设备所在地,侵权结果发生地包括被侵权人住所地。故 ABC 项正确,D 项错误。

7. AC。考查管辖权异议制度。《民事诉讼法》第 130 条规定,人民法院受理案件后,当事人对管辖权有异议的,应当在提交答辩状期间提出。人民法院对当事人提出的异议,应当审查。异议成立的,裁定将案件移送有管辖权的人民法院;异议不成立的,裁定驳回。当事人未提出管辖异议,并应诉答辩或者提出反诉的,视为受诉人民法院有管辖权,但违反级别管辖和专属管辖规定的除外。故 AC 项正确,BD 项错误。

8. ABD。考查专属管辖。《民诉解释》第 28 条第 1 款规定,《民事诉讼法》第 34 条第 1 项规定的不动产纠纷是指因不动产的权利确认、分割、相邻关系等引起的物权纠纷。《民诉解释》第 28 条第 3 款规定,不动产已登记的,以不动产登记簿记载的所在地为不动产所在地;不动产未登记的,以不动产实际所在地为不动产所在地。因此,AB 正确。港口作业发生的纠纷主要是因为装卸、驳运等行为发生的纠纷,以及因为违章作业等行为损害港口设施或者造成其他人身或财产的损害而引起的侵权纠纷。雇员与雇主关于劳务费用的纠纷不属于港口作业专属管辖的范围,因此 C 项错误。继承案件中动产有多项的,应当以价值高的动产所在地为主要遗产地,D 项正确。本题 ABD 项当选。

9. ABCD。最高人民法院《关于设立国际商事法庭若干问题的规定》第 2 条规定:“国际商事法庭受理下列案件:(一)当事人依照民事诉讼法第二百七十七条的规定协议选择最高人民法院管辖且标的额为人民币 3 亿元以上的第一审国际商事案件;(二)高级人民法院对其所管辖的第一审国际商事案件,认为需要由最高人民法院审理并获准许的;(三)在全国有重大影响的第一审国际商事案件;(四)依照本规定第十四条申请仲裁保全、申请撤销或者执行国际商事仲裁裁决的;(五)最高人民法院认为应当由国际商事法庭审理的其他国际商事案件。”故 ABCD 项当选。

## 理解与应用篇

一、1. B。考查诉前保全造成损害的管辖确定。《民诉解释》第 27 条规定,当事人申请诉前保全后没有在法定期间起诉或者申请仲裁,给被申请人、利害关系人造成损失引起的诉讼,由采取保全措施的人民法院管辖。当事人申请诉前保全后在法定期间内起诉或者申请仲裁,被申请人、利害关系人因保全受到损失提起的诉讼,由受理起诉的人民法院或者采取保全措施的人民法院管辖。故 B 项正确。

2. A。考查移送管辖制度。《民诉解释》第 35 条规定,当事人在答辩期间届满后未应诉答辩,人民法院在一审开庭前,发现案件不属于本院管辖的,应当裁定移送有管辖权的人民法院。故 A 项正确。

3. B。考查专属管辖和移送管辖。根据《民事诉讼法》第 279 条的规定,因在中华人民共和国领域内履行中外合资经营企业合同、中外合作经营企业合同、中外合作勘探开发自然资源合同发生纠纷提起的诉讼,由中华人民共和国人民法院管辖。A 项表述偷换概念,错误。B 项正确。根据《民事诉讼法》第 24 条的规定,被告住所地对于合同纠纷享有管辖权。根据《民事诉讼法》第 37 条和第 38 条的规定,人民法院发现受理的案件不属于本院管辖的,应当移送有管辖权的法院,受移送的人民法院应当受理。本案不属于需要法院协商管辖权的情形,故 CD 项错误。

4. C。《民诉解释》第 26 条规定,因产品、服务质量不合格造成他人财产、人身损害提起的诉讼,产品制造地、产品销售地、服务提供地、侵权行为地和被告住所地的人民法院都有管辖权。因此,ABD 项均有管辖权,C 项当选。

5. D。最高人民法院《关于互联网法院审理案件若干问题的规定》(以下简称《互联网法院规定》)第 2 条规定:"北京、广州、杭州互联网法院集中管辖所在市的辖区内应当由基层人民法院受理的下列第一审案件:(一)通过电子商务平台签订或者履行网络购物合同而产生的纠纷;(二)签订、履行行为均在互联网上完成的网络服务合同纠纷;(三)签订、履行行为均在互联网上完成的金融借款合同纠纷、小额借款合同纠纷;(四)在互联网上首次发表作品的著作权或者邻接权权属纠纷;(五)在互联网上侵害在线发表或者传播作品的著作权或者邻接权而产生的纠纷;……(八)通过电子商务平台购买的产品,因存在产品缺陷,侵害他人人身、财产权益而产生的产品责任纠纷;……"故 D 项正确。

二、1. CD。本题考查侵权纠纷案件的管辖法院。《民事诉讼法》第 29 条规定:"因侵权行为提起的诉讼,由侵权行为地或者被告住所地人民法院管辖。"《民诉解释》第 24 条规定:"民事诉讼法第二十九条规定的侵权行为地,包括侵权行为实施地、侵权结果发生地。"《民法典》第 1209 条规定:"因租赁、借用等情形机动车所有人、管理人与使用人不是同一人时,发生交通事故造成损害,属于该机动车一方责任的,由机动车使用人承担赔偿责任;机动车所有人、管理人对损害的发生有过错的,承担相应的赔偿责任。"

本案中,货车和小汽车相撞,属于侵权纠纷,应该由侵权行为地或被告住所地人民法院管辖。C 区为交通事故发生地,为侵权行为实施地,故 C 区法院作为侵权行为地法院有管辖权。又因小汽车是甲向乙借用的,甲为实际使用人,乙为机动车所有人,在发生交通事故时,应由机动车使用人甲承担赔偿责任。故本案的适格被告应该是使用人甲,所以被告住所地,即 D 区法院有管辖权。故 CD 项正确。

2. ACD。考查侵权纠纷的管辖法院。《民诉解释》第 26 条规定,因产品、服务质量不合格造成他人财产、人身损害提起的诉讼,产品制造地、产品销售地、服务提供地、侵权行为地和被告住所地人民法院都有管辖权。故 ACD 项正确,B 项错误。

3. AB。考查协议管辖。《民诉解释》第 33 条规定,合同转让的,合同的管辖协议对合同受让人有效,但转让时受让人不知道有管辖协议,或者转让协议另有约定且原合同相对人同意的除外。故 AB 项错误,CD 项正确。

4. BD。考查继承遗产纠纷的管辖和共同管辖。根据《民事诉讼法》第 34 条第 3 项的规定,因继承遗产纠纷提起的诉讼,由被继承人死亡时住所地或者主要遗产所在地人民法院管辖。根据《民事诉讼法》第 36 条的规定,两个以上人民法院都有管辖权的诉讼,原告可以向其中一个人民法院起诉;原告向两个以上有管辖权的人民法院起诉的,由最先立案的人民法院管辖。因此,结合本题案情,上海市浦东区法院和静安区法院均有管辖权,但是由于浦东区法院最先立案,因此由浦东区法院进行管辖,故本题答案为 BD。

5. ABD。考查管辖权异议和管辖恒定制度。根据最高人民法院《关于审理民事级别管辖异议案件若干问题的规定》第 3 条的规定,提交答辩状期间届满后,原告增加诉讼请求金额致使案件标的额超过受诉人民法院级别管辖标准,被告提出管辖权异议,请求上级人民法院管辖的,人民法院应当按照本规定第 1 条审查并作出裁定,故 C 项正确,ABD 项当选。

6. AB。考查协议管辖。《民诉解释》第 30 条第 2 款规定,管辖协议约定两个以上与争议有实际联系的地点的人民法院管辖,原告可以向其中一个人民法院起诉。《民诉解释》第 32 条规定,管辖协议约定由一方当事人住所地人民法院管辖,协议签订后当事人住所地变更的,由签订管辖协议时的住所地人民法院管辖,但当事人另有约定的除外。因此,本题中,依旧按照管辖协议确定管辖法院,即 A 区与 B 区法院。乙住所地的变更,不会影响管辖协议的内容与效力。综上所述,本题答案为 AB。

7. BCD。考查因财产保险合同纠纷提起诉讼的管辖。《民诉解释》第 21 条第 1 款规定,因财产保险合同纠纷提起的诉讼,如果保险标的物是运输工具或者运输中的货物,可以由运输工具登记注册地、运输目的地、保险事故发生地人民法院管辖。根据案情可知,南京市为运输工具登记注册地,广州市是保险事故发生地,南宁市是运输目的地,BCD 项当选。

8. ABC。考查一般地域管辖的概念、类型和专属管辖。《民诉解释》第 11 条规定,双方当事人均为军人或者军队单位的民事案件由军事法院管辖。本案中小陈并非军人,因此不由军事法院专属管辖。故 A 项错误。根据《民事诉讼法》第 35 条的规定,身份案件不可以适用协议管辖。故 B 项错误。以当事人的住所地与法院隶属关系确定的管辖为一般地域管辖而非特殊地域管辖。故 C 项错误。根据《民诉解释》第 12 条第 1 款的规定,夫妻一方离开住所地超过一年,另一方起诉离婚的案件,可以由原告住所地人民法院管辖。故 D 项正确。ABC 项当选。

9. BC。考查专属管辖和管辖恒定制度。房屋买卖合同,不是政策性房屋买卖合同,所以不是专属管辖,应由合同履行地(乙市 B 县)和被告住所地(甲市 A 县)法院管辖。A 县法院有管辖权,所以不能移送。A 项正确、B 项错误。根据管辖恒定原则,B 县法院不能移送给 C 县法院。C 项错误、D 项正确。

## 综合提高篇

1. (1) BD。考查合同纠纷的管辖。如无协议管辖,则按照法定管辖确定法院管辖权,B 项为被告住所地;D 项为已经明确约定的合同履行地,且合同已经开始履行。BD 项当选。

(2) ABCD。考查协议管辖制度。根据《民事诉讼法》第 35 条的规定,合同的双方当事人可以在书面合同中协议选择被告住所地、合同履行地、合同签订地、原告住所地、标的物所在地人民法院管辖,故 ABC 项正确。购销合同中采取送货方式的,货物送达地属于合同履行地,因此 D 项也正确。

(3) AB。考查侵权案件的管辖。根据《民事诉讼法》第 29 条的规定,因侵权行为提起的诉讼,由侵权行为地或者被告住所地人民法院管辖。故 AB 项当选。

2. D。本案为合同纠纷,不涉及专属管辖与协议管辖,本案被告住所地为上海市 S 区,最高人民法院《关于调整高级人民法院和中级人民法院管辖第一审民商事案件标准的通知》(法发〔2015〕7 号)规定,当事人一方住所地不在受理法院所处省级行政辖区的第一审民商事案件。北京、上海、江苏、浙江、广东高级人民法院,管辖诉讼标的额 3 亿元以上一审民商事案件,所辖中级人民法院管辖诉讼标的额 5000 万元以上一审民商事案件。因此,本案应由中级人民法院管辖。全国人民代表大会常务委员会《关于设立上海金融法院的决定》规定:"上海金融法院专门管辖上海金融法院设立之前由上海市的中级人民法院管辖的金融民商事案件和涉金融行政案件。"因此,本题的四个选项中,只有上海金融法院有管辖权。

# 第四章 诉

一、1. B。考查诉讼标的。诉讼标的是指当事人之间发生争执并要求法院作出裁判的民事权利义务关系。本案中,老刘将原来主张的合同法律关系改为侵权法律关系,属于诉讼标的的变更。

2. A。考查反诉。BC 项均不构成独立的请求,只是诉讼中的反驳,D 项则不具有关联性。把握反诉的关键在于是不是独立的请求、是否具有关联性,以及是否旨在吞并、抵销对方的诉讼请求。此外,本诉与反诉应在同一法院、同一诉讼程序中进行。

3. C。考查反诉。张爱国提出的诉讼请求属于与本案无关的请求,应当告知其另行起诉。

二、1. ABC。考查诉的合并。《民诉解释》第 232 条规定,在案件受理后,法庭辩论结束前,原告增加诉讼请求,被告提出反诉,第三人提出与本案有关的诉讼请求,可以合并审理的,人民法院应当合并审理。故 ABC 项正确。反诉是指诉讼程序进行中,本诉被告针对本诉原告向法院提出的独立的反请求,其中本诉与反诉具有牵连关系是提出反诉的重要特征。D 项中,合同履行与侵权纠纷属于不同的诉讼标的,不满足反诉牵连性的要求,因此不能合并审理,D 项错误。

2. ACD。考查反诉的构成。反诉是否成立要看它所涉及的诉讼标的是否与本诉有牵连,是否可以抵销和削弱本诉的诉讼请求。反诉一旦成立,就是一个独立的诉,有自己独立的诉讼请求和诉讼标的,所以 A 项被告的行为构成反诉,A 项错误。于某的行为是针对黄某诉讼请求的反驳,是否定、驳斥对方当事人的主张的行为而非反诉,所以 B 项正确。C 项中,吴某事实上是在反驳。反驳是指在诉讼中,一方当事人为维护自己的合法权益,提出各种有利于自己的事实和理由,以否定和驳斥对方当事人主张的一种辩论活动。因而吴某的行为不构成反诉,C 项错误。根据《民诉解释》第 326 条的规定,在第二审程序中,原审原告增加独立的诉讼请求或者原审被告提出反诉的,第二审人民法院可以根据当事人自愿的原则就新增加的诉讼请求或者反诉进行调解;调解不成的,告知当事人另行起诉。双方当事人同意由第二审人民法院一并审理的,第二审人民法院可以一并裁判。所以 D 项错误。

3. ABC。考查再审程序中提出反诉的处理。根据《民诉解释》第 403 条第 1 款的规定,人民法院审理再审案件应当围绕再审请求进行。当事人的再审请求超出原审诉讼请求的,不予审理。所以,尽管本案适用一审程序再审，依然不能受理乙的反诉，只能调解，调解不成，告知其另行起诉。

4. AD。考查诉的合并，是对诉的合并中客体合并的考查。合并审理和诉的分离都可以由法院依职权作出，根据现行法，在客体合并中当事人无异议权。

5. ACD。考查诉的种类与反诉的内容。A 项正确，要求解除合同为变更之诉。B 项错误，要求交付房屋为给付之诉，给付之诉还包括给付物品，或要求对方为或者不为一定行为。《民诉解释》第 233 条第 3 款规定，反诉应由其他人民法院专属管辖，或者与本诉的诉讼标的及诉讼请求所依据的事实、理由无关联的，裁定不予受理，告知另行起诉。《民诉解释》第 239 条规定，人民法院准许本诉原告撤诉的，应当对反诉继续审理；被告申请撤回反诉的，人民法院应予准许。因此，本案由于乙的反诉为专属管辖，法院应当裁定不予受理，告知乙另行起诉。甲可以提出撤诉申请，C 项当选。乙的反诉为专属管辖，法院的做法正确，D 项当选。

6. ABD。考查诉的种类。确认公民为无民事行为能力人是特别程序而非诉讼程序，不存在诉的分类。故 A 项错误。陈某的诉讼请求是对抚养法律关系内容的变更，为变更之诉而非给付之诉。故 B 项错误。离婚诉讼案件的诉讼请求是消灭现存的婚姻关系，为变更之诉。故 C 项正确。确认调解协议效力为特别程序而非诉讼程序，不存在诉的分类问题。故 D 项错误。ABD 项当选。

7. BCD。本、反诉的主体应当具有同一性，A 项正确。但是本、反诉的当事人在诉讼中的地位并不相同，反诉应当在一审辩论终结前提出；本、反诉的牵连关系并非指同一法律关系，不同的法律关系也可能产生牵连。所以 BCD 项错误。

三、1.（1）ABC。考查诉的类型。按照当事人诉讼请求的目的和内容的不同，可以把诉分为确认之诉、给付之诉、变更之诉。诉的种类中没有禁止之诉，因而 C 项不正确。而乙公司要求甲公司停止侵权并给予赔偿应属于给付之诉，答案为 ABC 项。

（2）ABC。考查诉讼标的。诉讼标的是指当事人之间发生争执并要求法院作出裁判的民事权利义务关系。A、B 项是乙公司提出的诉讼请求和主张的事实，并非诉讼标的；本案中，双方当事人虽然曾经存在租赁关系，但是该租赁关系已经因为合同到期而终止，甲公司继续占用乙公司的仓库的行为事实上是一种侵权行为。因而本案的诉讼标的是甲公司与乙公司之间因甲公司的侵权行为而产生的债权债务关系。故 ABC 项当选。

2.（1）ABD。考查反诉。曹某与孙某的案件中，孙某提出的属于反诉的情形，法院应当合并审理，故 C 项正确，ABD 项当选。

（2）AB。考查诉讼标的、反诉与诉讼请求的处理。《民诉解释》第 233 条规定，反诉的当事人应当限于本诉的当事人的范围。反诉与本诉的诉讼请求基于相同法律关系、诉讼请求之间具有因果关系，或者反诉与本诉的诉讼请求基于相同事实的，人民法院应当合并审理。反诉应由其他人民法院专属管辖，或者与本诉的诉讼标的及诉讼请求所依据的事实、理由无关联的，裁定不予受理，告知另行起诉。在曹某与孙某侵权纠纷一案中，孙某提出曹某返还借款 2 万元。本诉是侵权纠纷，而反诉是借款合同纠纷，两个诉的诉讼标的并不相同，孙某提出的反诉和本诉也没有牵连性。因此，CD 项错误，AB 项当选。

# 第五章　当　事　人

## 基础知识篇

一、1. A。考查法定代表人的更换。根据《民诉解释》第 51 条第 1 款的规定，在诉讼中，法人的法定代表人变更的，由新的法定代表人继续进行诉讼，并应向人民法院提交新的法定代表人身份证明书。原法定代表人进行的诉讼行为有效。

2. A。考查遗产继承案件部分继承人起诉的当事人的确定。根据《民诉解释》第 70 条的规定，在继承遗产的诉讼中，部分继承人起诉的，人民法院应通知其他继承人作为共同原告参加诉讼；被通知的继承人不愿意参加诉讼又未明确表示放弃实体权利的，人民法院仍应将其列为共同原告。因此，A 项当选，BC 项错误。《民诉解释》第 69 条规定，对侵害死者遗体、遗骨以及姓名、肖像、名誉、荣誉、隐私等行为提起诉讼的，死者的近亲属为当事人。因此，王大作为已故老王的名誉权侵权纠纷的当事人是适格的，法院不应当驳回其诉讼，D 项错误，不当选。

3. B。考查民事诉讼权利能力和适格当事人。诉讼权利能力，又称当事人诉讼权利能力或者当事人能力，是指成为民事诉讼当事人，享有民事诉讼权利和承担民事诉讼义务所必需的诉讼法上的资格。当事人适格是作为具体的诉讼当事人的资格，是针对具体的诉讼而言的，拥有民事诉讼权利能力的人不一定就是具体案件的适格当事人，但一个具体案件的适格当事人必定是有民事诉讼权利能力的人，因此 A 项错误，B 项正确。诉讼权利能力由法律规定，当事人适格需要结合具体案件具体分析，因此 C 项错误。一般而言，诉讼标的的主体就是适格的当事人。但在某些案件如消极的确认之诉中，非案件所争议的民事法律关系的主体也是适格当事人，D 项错误。

4. C。考查无独立请求权第三人的调解制度。根据《民诉解释》第 150 条的规定，人民法院调解民事案件,需由无独立请求权的第三人承担责任的,应当经其同意。该第三人在调解书送达前反悔的,人民法院应当及时裁判。故C项正确。

5. C。考查法人分支机构的诉讼地位。《民诉解释》第53条规定,法人非依法设立的分支机构,或者虽依法设立,但没有领取营业执照的分支机构,以设立该分支机构的法人为当事人。故C项正确。

6. D。考查当事人身份的确定。李某作为思法公司的工作人员,因其职务行为引发纠纷应当以公司作为当事人,李某不能以当事人身份参加诉讼。法院依据申请,通知李某参加诉讼仅仅是因为其对案件知情,李某只能以证人身份参加诉讼。故D项正确。

7. B。考查必要共同诉讼。根据《民事诉讼法》第55条第1款的规定,当事人一方或者双方为二人以上,其诉讼标的是共同的,为必要共同诉讼,本案中诉讼标的是共同的,故甲和乙应当作为必要共同诉讼被告参加诉讼。故B项正确。

8. C。考查共同诉讼与第三人。《民事诉讼法》第55条第1款规定,当事人一方或者双方为二人以上,其诉讼标的是共同的,或者诉讼标的是同一种类、人民法院认为可以合并审理并经当事人同意的,为共同诉讼;第59条第1款规定,对当事人双方的诉讼标的,第三人认为有独立请求权的,有权提起诉讼。对于该案,甲和乙、丁、戊均可作为有独立请求权的第三人参与诉讼,将其他当事人都作为被告,行使原告的权利与义务;丙在该案中是适格的被告。因此,答案为C。

9. B。考查必要共同诉讼人、普通共同诉讼人、有独立请求权的第三人和无独立请求权的第三人。本案中有两个同类的诉讼标的,因此丽丽和兰兰是普通共同诉讼原告。故B项正确。

10. B。考查无独立请求权第三人。根据《民事诉讼法》第59条第2款的规定,对当事人双方的诉讼标的,第三人虽没有独立请求权,但案件处理结果同他有法律上的利害关系的,可以申请参加诉讼,或者由人民法院通知他参加诉讼。本案中,丙与甲、乙的诉讼标的无关,但与案件的处理结果有法律上的利害关系,一旦乙败诉就可能向丙索赔,故丙为无独立请求权的第三人。因此,答案为B。

11. D。考查有独立请求权第三人的原告撤诉的处理。根据《民诉解释》第237条的规定,有独立请求权的第三人参加诉讼后,原告申请撤诉,人民法院在准许原告撤诉后,有独立请求权的第三人作为另案原告,原案原告、被告作为另案被告,诉讼继续进行。

二、1. BC。考查被告的确定。《民诉解释》第55条规定,在诉讼中,一方当事人死亡,需要等待继承人表明是否参加诉讼的,裁定中止诉讼。人民法院应当及时通知继承人作为当事人承担诉讼,被继承人已经进行的诉讼行为对承担诉讼的继承人有效。《民诉解释》第57条规定,提供劳务一方因劳务造成他人损害,受害人提起诉讼的,以接受劳务一方为被告。因此,BC项正确。

2. ABD。本案中,甲、乙对该财产属于按份共有,根据《民诉解释》第317条第2项的规定,必要共同诉讼人中的一人或者部分人提出上诉的,如果该上诉仅对共同诉讼人之间权利义务分担有意见,不涉及对方当事人利益的,未上诉的同一方当事人为被上诉人,对方当事人依原审诉讼地位列明。易知本题的答案为ABD项。

3. BC。考查法人工作人员职务行为发生诉讼的诉讼地位。本案中,小梅是苏菲家政公司的员工,并在从事苏菲家政公司工作任务的过程中造成了损失,苏菲家政公司应承担赔偿责任。由于小梅对波兰琥珀的损坏有过失,苏菲家政公司可以向小梅追偿。因此,小梅与波兰琥珀损坏赔偿案的结果有法律上的利害关系,其可以作为无独立请求权第三人参加诉讼。因此,答案为BC。

4. ABC。考查《民诉解释》关于当事人的规定。《民诉解释》第58条规定,在劳务派遣期间,被派遣的工作人员因执行工作任务造成他人损害的,以接受劳务派遣的用工单位为当事人;第59条第2款规定,营业执照上登记的经营者与实际经营者不一致的,以登记的经营者和实际经营者为共同诉讼人;第60条规定,在诉讼中,未依法登记领取营业执照的个人合伙的全体合伙人为共同诉讼人。因此,ABC项正确,当选。《民诉解释》第61条规定,当事人之间的纠纷经人民调解委员会调解达成协议后,一方当事人不履行调解协议,另一方当事人向人民法院提起诉讼的,应以对方当事人为被告。因此D项错误。

## 理解与应用篇

一、1. C。考查营业执照登记者与实际经营者不一致时当事人的确定。根据《民诉解释》第59条第2款的规定,营业执照上登记的经营者与实际经营者不一致的,以登记的经营者和实际经营者为共同诉讼人。所以赵某与崔某都是被告,属于当事人,并非证人。因此C项正确。

2. D。考查无独立请求权第三人的诉讼权利。乙公司在本题中处于无独立请求权第三人的地位,因此根据《民诉解释》第82条的规定,在一审诉讼中,无独立请求权的第三人无权提出管辖异议,无权放弃、变更诉讼请求或者申请撤诉,被判决承担民事责任的,有权提起上诉。因此D项正确。

3. D。考查被告的确定。《民诉解释》第67条规定,无民事行为能力人、限制民事行为能力人造成他人损害的,无民事行为能力人、限制民事行为能力人和其监护人为共同被告。故D项正确。

4. D。考查公益诉讼的相关制度。根据《民事诉讼法》第58条第2款的规定,人民检察院在履行职责中发现破坏生态环境和资源保护的行为时,在没有相关组织和机关起诉的情形下,可以向人民法院提起诉讼。相关的机关或者组织提起诉讼的,人民检察院可以支持起诉。故A项错误。最高人民法院《关于审理环境民事公益诉讼案件适用法律若干问题的解释》(以下简称《环境公益诉讼解释》)第4条第2款规定,社会组织提起的诉讼所涉及的社会公共利益,应与其宗旨和业务范围具有关联性。对于消费者协会而言,提请环境公益诉讼不符合其宗旨和业务范围,其无权起诉R化工厂。故B项错误。《民诉解释》第286条规定,人民法院受理公益诉讼案件,不影响同一侵权行为的受害人根据《民事诉讼法》第122条规定提起诉讼。故C项错误。《民诉解释》第285条规定,人民法院受理公益诉讼案件后,依法可以提起诉讼的其他机关和有关组织,可以在开庭前向人民法院申请参加诉讼。人民法院准许参加诉讼的,列为共同原告。故D项正确,当选。

5. D。考查第三人撤销之诉的相关制度。根据《民诉解释》第293条的规定,ABC项都属于不能归责于本人未参加诉讼的情形。故D项当选。

6. B。考查共同诉讼中继承纠纷当事人的确定问题。共同诉讼是指当事人一方或双方为两人以上,诉讼标的是共同的或者是同一种类,在诉讼过程中合并审理的一种诉讼形式。《民诉解释》第70条规定:"在继承遗产的诉讼中,部分继承人起诉的,人民法院应通知其他继承人作为共同原告参加诉讼;被通知的继承人不愿意参加诉讼又未明确表示放弃实体权利的,人民法院仍应将其列为共同原告。"本案中,张甲和张乙之间是法定继承法律关系,张丙为女儿,也是基于法定继承主张自己对老张的遗产有继承权,这与本案原、被告之间的诉讼标的是共同的,都是法定继承法律关系,所以本案属于共同诉讼。张丙作为其他继承人,应该以共同原告的身份参加诉讼,故B项正确。

[陷阱点拨]本题考生应该注意共同诉讼和有独立请求权第三人参加诉讼的区别。共同诉讼中,诉讼标的是同一的或者同一种类的,而有独立请求权的第三人对诉讼标的有独立的请求权。

如果张丙是基于法定继承法律关系参加诉讼,则应该作为共同原告。如果张丙持有老张生前立下的遗嘱,以遗嘱为由主张自己对遗产有继承权,则此时张甲和张乙之间为法定继承法律关系,张丙基于遗嘱继承法律关系参加诉讼,两者的诉讼标的不一致,张丙基于遗嘱对遗产有独立的请求权,应该作为有独立请求权的第三人参加诉讼。考生在答题时应该注意申请参加诉讼的人所主张的法律关系是什么,并分析该法律关系与原诉讼标的之间的关系,避免失分。

二、1. BCD。考查当事人适格。A项错误在于本案只有王某具有原告身份,王父只是法定代理人不能成为原告。但根据《民诉解释》第67条的规定,魏某和魏父为共同被告。根据《民诉解释》第69条的规定,对侵害死者遗体、遗骨以及姓名、肖像、名誉、荣誉、隐私等行为提起诉讼的,死者的近亲属为当事人。故B项正确。根据《民诉解释》第60条的规定,在诉讼中,未依法登记领取营业执照的个人合伙的全体合伙人为共同诉讼人,全体合伙人可以推选代表人。故C项正确。根据《民法典》第535条第1款的规定,因债务人怠于行使其债权,对债权人造成损害的,债权人可以向人民法院请求以自己的名义代位行使债务人的债权,但该权利专属于债务人自身的除外。杨某与牛某、牛某与齐某的债务都已到期,所以,杨某根据《民法典》中规定的债权人的代位权,可以原告身份起诉齐某,要求其还款。故D项正确。

2. ABC。考查遗漏必须参加诉讼的当事人的处理。根据《民诉解释》第325条的规定,必须参加诉讼的当事人在一审中未参加诉讼,第二审人民法院可以根据当事人自愿的原则予以调解,调解不成的,发回重审。故D项正确,ABC项当选。

3. ABCD。考查被告的确认。根据《民诉解释》第62条的规定,下列情形,以行为人为当事人:(1)法人或者其他组织应登记而未登记,行为人即以该法人或者其他组织名义进行民事活动的;(2)行为人没有代理权、超越代理权或者代理权终止后以被代理人名义进行民事活动的,但相对人有理由相信行为人有代理权的除外;(3)法人或者其他组织依法终止后,行为人仍以其名义进行民事活动的。因此,ABC项正确。根据《民诉解释》第63条的规定,企业法人合并的,因合并前的民事活动发生的纠纷,以合并后的企业为当事人;企业法人分立的,因分立前的民事活动发生的纠纷,以分立后的企业为共同诉讼人。因此,D项正确。本题答案为ABCD。

4. ABC。考查代表人诉讼。《民事诉讼法》第56条规定,当事人一方人数众多的共同诉讼,可以由当事人推选代表人进行诉讼。代表人的诉讼行为对其所代表的当事人发生效力,但代表人变更、放弃诉讼请求或者承认对方当事人的诉讼请求,进行和解,必须经被代表的当事人同意。故A项正确,D项错误。《民事诉讼法》第57条第1款规定,诉讼标的是同一种类、当事人一方人数众多在起诉时人数尚未确定的,人民法院可以发出公告,说明案件情况和诉讼请求,通知权利人在一定期间向人民法院登记。故B项正确。《民诉解释》第76条规定,推选不出代表人的当事人,在必要的共同诉讼中可以自己参加诉讼,在普通的共同诉讼中可以另行起诉。故C项正确。

5. ABC。考查借用合同专用章引起纠纷的当事人确定。根据《民诉解释》第65条的规定，借用业务介绍信、合同专用章、盖章的空白合同书或者银行账户的，出借单位和借用人为共同诉讼人。

6. AC。考查环境公益诉讼的相关制度。《环境公益诉讼解释》第17条规定，环境民事公益诉讼案件审理过程中，被告以反诉方式提出诉讼请求的，人民法院不予受理。故A项正确。根据《环境公益诉讼解释》第3条和《环境保护法》第58条的规定，在不设区的地级市人民政府民政部门登记的社会组织，符合其他法定条件的，可以作为环境公益诉讼的原告，故B项错误。根据《环境公益诉讼解释》第4条第2款的规定，社会组织提起的诉讼所涉及的社会公共利益，应与其宗旨和业务范围具有关联性，故C项正确。《民诉解释》第283条第2款规定，因污染海洋环境提起的公益诉讼，由污染发生地、损害结果地或者采取预防污染措施地海事法院管辖。故D项错误。

7. AB。考查第三人撤销之诉的诉讼制度。《民诉解释》第293条规定，《民事诉讼法》第59条第3款规定的因不能归责于本人的事由未参加诉讼，是指没有被列为生效判决、裁定、调解书当事人，且无过错或者无明显过错的情形。包括：(1)不知道诉讼而未参加的；(2)申请参加未获准许的；(3)知道诉讼，但因客观原因无法参加的；(4)因其他不能归责于本人的事由未参加诉讼的。由此可知，A项属于不知道诉讼而未参加，B项属于知道诉讼，但因客观原因无法参加，故AB项当选。根据《民事诉讼法》第59条第3款的规定可知，C项中判决并未损害甲的民事权益，不当选；D项中已过6个月期限，不当选。

8. ACD。考查第三人撤销之诉的当事人确定。《民诉解释》第296条规定，第三人提起撤销之诉，人民法院应当将该第三人列为原告，生效判决、裁定、调解书的当事人列为被告，但生效判决、裁定、调解书中没有承担责任的无独立请求权的第三人列为第三人。故ACD项正确，B项错误。

9. ABCD。考查人数不确定的代表人诉讼。《民事诉讼法》第57条第1款规定，诉讼标的是同一种类、当事人一方人数众多在起诉时人数尚未确定的，人民法院可以发出公告，说明案件情况和诉讼请求，通知权利人在一定期间向人民法院登记。诉讼一旦开始，原告已经确定，法院不可以再无限制增加原告人数。故A项错误。《民诉解释》第78条规定，《民事诉讼法》第56条和第57条规定的代表人为2～5人。故B项错误。《民诉解释》第77条规定，根据《民事诉讼法》第57条规定，当事人一方人数众多在起诉时不确定的，由当事人推选代表人。当事人推选不出的，可以由人民法院提出人选与当事人协商；协商不成的，也可以由人民法院在起诉的当事人中指定代表人。故C项错误。《民诉解释》第80条规定，未参加登记的权利人提起诉讼，人民法院认定其请求成立的，裁定适用人民法院已作出的判决、裁定。因此法院应当直接将之前的诉讼结果扩张到某工作人员，无须再次认定。故D项错误。ABCD项当选。

10. ABCD。考查诉讼中实体权利义务关系的转移。《民诉解释》第249条规定："在诉讼中，争议的民事权利义务转移的，不影响当事人的诉讼主体资格和诉讼地位。人民法院作出的发生法律效力的判决、裁定对受让人具有拘束力。受让人申请以无独立请求权的第三人身份参加诉讼的，人民法院可予准许。受让人申请替代当事人承担诉讼的，人民法院可以根据案件的具体情况决定是否准许；不予准许的，可以追加其为无独立请求权的第三人。"

## 综合提高篇

1. (1) A。考查专属管辖。因不动产物权纠纷引起的诉讼，由不动产所在地法院专属管辖。

(2) A。考查遗漏必要共同诉讼人在一审和二审中的处理。本案中房屋为张大、张二、张三共同所有。在张二提起的诉讼中，张大的诉讼地位为必要共同诉讼原告。在一审中法院应当依职权追加其为必要共同诉讼原告；在二审中法院应当先行调解，调解不成的裁定撤销原判，发回重审。

(3) A。考查有独立请求权的第三人的确定。如果崔某符合善意取得的要件，则其在实体法上为房屋的所有权人，具有独立的请求权。故崔某应为有独立请求权的第三人，A项当选。

(4) AB。根据《民诉解释》第291条第3款的规定，对于第三人撤销之诉，人民法院应当在收到起诉状之日起30日内立案或者裁定不予受理。故A项错误。《民诉解释》第292条规定，人民法院对第三人撤销之诉案件，应当组成合议庭开庭审理。故B项错误。根据《民诉解释》第298条第1款第1项的规定，对第三人撤销或者部分撤销发生法律效力的判决、裁定、调解书内容的请求，请求成立且确认其民事权利的主张全部或部分成立的，法院应改变原判决、裁定、调解书内容的错误部分。故C项正确。《民诉解释》第301条第1款规定，第三人提起撤销之诉后，未中止生效判决、裁定、调解书执行的，执行法院对第三人依照《民事诉讼法》第238条规定提出的执行异议，应予审查。第三人不服驳回执行异议裁定，申请对原判决、裁定、调解书再审的，人民法院不予受理。故D项正确。故AB项当选。

2. (1) AB。考查无独立请求权第三人的权利。根据《民诉解释》第82条的规定，在一审诉讼中，无独立请求权的第三人无权提出管辖异议，无权放弃、变更诉讼请求或者申请撤诉，被判决承担民事责任的，有权提起上诉。因此，AB项应选。

(2)BCD。考查被告诉讼地位的确立。根据《民诉解释》第52条第6项的规定,商业银行的分支机构是享有独立民事诉讼权利能力的其他组织。因此,某城市银行A市支行可以单独参加诉讼,而不是由其所属的某城市银行应诉。故BD项错误。根据《民诉解释》第66条的规定,因保证合同纠纷提起的诉讼,债权人向保证人和被保证人一并主张权利的,人民法院应当将保证人和被保证人列为共同被告。因此C项错误,A项正确。

3.(1)A。考查当事人的诉讼地位。本案的原告为董某,被告为邵某,诉讼标的为侵权法律关系;A厂生产了易爆炸的不合格产品,对原告董某存在侵权行为,故为该侵权法律关系一方当事人,与原告存在侵权法律关系,故应为共同被告。

(2)AB。依照《民诉解释》第76条的规定,当事人一方人数众多在起诉时确定的,可以由全体当事人推选共同的代表人,也可以由部分当事人推选自己的代表人。故A项正确。代表人可以委托诉讼代理人参加诉讼,因委托代理人是程序行为,无须被代表的当事人同意;但是对于实体权利的处分,必须经过被代表的全体当事人同意。故B项正确,C项错误。根据《民诉解释》第76条的规定,人数确定的代表人诉讼选不出代表人的,应分情况讨论。如果是必要共同诉讼,应当自己参加诉讼;如果是普通共同诉讼,则需要另行起诉。本案属于普通共同诉讼,需要另行起诉,故D项错误。

## 第六章　诉讼代理人

一、1.A。考查诉讼代理人。《民事诉讼法》第61条第2款规定,下列人员可以被委托为诉讼代理人:(1)律师、基层法律服务工作者;(2)当事人的近亲属或者工作人员;(3)当事人所在社区、单位以及有关社会团体推荐的公民。在同一诉讼中,同一代理人不能代理双方当事人,因此A项错误。

2.C。考查诉讼代理人权限的变更。根据《民事诉讼法》第63条的规定,诉讼代理人的权限如果变更或者解除,当事人应当书面告知人民法院,并由人民法院通知对方当事人。

3.C。考查第一审委托代理权与第二审的关系和法定代理。如果在第一审程序中委托代理人进行诉讼,第一审程序结束以后,其诉讼代理权消灭,并不能自然取得第二审程序的代理权。未成年人在诉讼过程中成年的,原监护人的法定代理权自然消灭。

4.A。考查诉讼代理人的权限。《民事诉讼法》第62条第2款规定,授权委托书必须记明委托事项和权限。诉讼代理人代为承认、放弃、变更诉讼请求,进行和解,提起反诉或者上诉,必须有委托人的特别授权。故乙能够做的工作只有收集证据。

二、1.BC。考查法定代理人和委托代理人代理权限的取得和具体权限。法定代理人和委托代理人的区别不仅仅在于代理权限取得方式的不同,还在于代理权限的不同。故A项错误。根据《民事诉讼法》第61条第1款的规定,当事人、法定代理人可以委托1~2人作为诉讼代理人。故D项错误。

2.ABCD。考查社会团体推荐诉讼代理人。《民诉解释》第87条第1款规定,根据《民事诉讼法》第61条第2款第3项规定,有关社会团体推荐公民担任诉讼代理人的,应当符合下列条件:(1)社会团体属于依法登记设立或者依法免予登记设立的非营利性法人组织;(2)被代理人属于该社会团体的成员,或者当事人一方住所地位于该社会团体的活动地域;(3)代理事务属于该社会团体章程载明的业务范围;(4)被推荐的公民是该社会团体的负责人或者与该社会团体有合法劳动人事关系的工作人员。故ABCD项当选。

3.ABC。考查离婚案件中委托诉讼代理人的特殊规定。根据《民事诉讼法》第65条的规定,离婚案件有诉讼代理人的,本人除不能表达意思的以外,仍应出庭;确因特殊情况无法出庭的,必须向人民法院提交书面意见。因此AC项错误,D项正确。诉讼代理人不属于回避的范围,因此B项错误。

4.ABCD。《民诉解释》第84条规定,无民事行为能力人、限制民事行为能力人以及其他依法不能作为诉讼代理人的,当事人不得委托其作为诉讼代理人。因此,被判处过刑罚的人仍然可以作为诉讼代理人。此处注意不要与《刑事诉讼法》中辩护人的担任条件相混淆。虽然是全权委托,但根据《民诉解释》第89条第1款的规定,授权委托书仅写"全权代理"而无具体授权的,诉讼代理人无权代为承认、放弃、变更诉讼请求,进行和解,提起反诉或者上诉,故A项错误。根据《民事诉讼法》第62条第3款的规定,侨居在国外的中华人民共和国公民从国外寄交或者托交的授权委托书,必须经中华人民共和国驻该国的使领馆证明;没有使领馆的,由与中华人民共和国有外交关系的第三国驻该国的使领馆证明,再转由中华人民共和国驻该第三国使领馆证明,或者由当地的爱国华侨团体证明。因此,甲直接邮寄的授权委托书是没有效力的,故B项错误。根据《民事诉讼法》第62条第1款和《民诉解释》第89条第1款的规定,全权委托应该进行书面的具体授权,电话里的授权没有全权委托的效力,故C项错误。根据《民事诉讼法》第65条的规定,离婚案件有诉讼代理人的,本人除不能表达意思的以外,仍应出庭;确因特殊情况无法出庭的,必须向人民法院提交书面意见。因此,代理人丁必须向法院提交甲的书面意见,而非口头转述,故D项错误。

5.BCD。考查社会组织推荐诉讼代理人的要件。

《民诉解释》第 87 条规定,根据《民事诉讼法》第 61 条第 2 款第 3 项规定,有关社会团体推荐公民担任诉讼代理人的,应当符合下列条件:(1)社会团体属于依法登记设立或者依法免予登记设立的非营利性法人组织;(2)被代理人属于该社会团体的成员,或者当事人一方住所地位于该社会团体的活动地域;(3)代理事务属于该社会团体章程载明的业务范围;(4)被推荐的公民是该社会团体的负责人或者与该社会团体有合法劳动人事关系的工作人员。专利代理人经中华全国专利代理人协会推荐,可以在专利纠纷案件中担任诉讼代理人。故 A 项错误,BCD 项正确。

6. ACD。考查法定代理人的概念和权限。法定代理人是为补充无民事行为能力的人或限制民事行为能力的人在诉讼行为能力上的欠缺而设置的诉讼代理人,其不能取代无民事行为能力的人或限制民事行为能力的人的当事人地位。故 A 项错误。法定诉讼代理人可以按照自己的意志代理被代理人实施所有诉讼行为,如起诉、应诉、放弃或变更诉讼请求、进行调解、提起反诉等。同时,法定诉讼代理人也应履行当事人所应承担的一切诉讼义务。法定代理人无须被代理人的授权即可自由处分诉讼权利和实体权利。故 B 项正确。法定代理人马某并非当事人,若其死亡,法院可以另行指定监护人作为法定诉讼代理人继续诉讼,而不一定中止或终结诉讼。故 C 项错误。法定代理人可以为当事人聘请诉讼代理人,但其仍然为当事人的代理人而非法定代理人的代理人。故 D 项错误。ACD 项当选。

7. ABCD。考查委托代理人的权源和权限。法律并未规定受过刑事处罚的人不能担任委托代理人,故 A 项错误。有代理人后本人可以不亲自出庭,但离婚诉讼除外,当事人确有困难无法出庭的,应当出具书面意见,故 B 项错误。委托书中仅有"全权代理"等表述,无具体授权的,仍视为"一般授权",不能行使涉及当事人实体权利事项的程序性诉讼权利,如代为承认、放弃、变更诉讼请求,故 C 项错误。委托代理人一定是基于当事人的委托授权,法定代理人无法自动转为委托代理人,故 D 项错误。

三、(1) ABD。考查委托诉讼代理人的范围。根据《民事诉讼法》第 61 条第 2 款的规定,下列人员可以被委托为诉讼代理人:律师、基层法律服务工作者;当事人的近亲属或者工作人员;当事人所在社区、单位以及有关社会团体推荐的公民。因此 ABD 项正确。在同一诉讼中,一位诉讼代理人不可以同时担任原告和被告的诉讼代理人,因此 C 项错误。

(2) BC。考查全权代理的特别授权。《民诉解释》第 89 条第 1 款规定,当事人向人民法院提交的授权委托书,应当在开庭审理前送交人民法院。授权委托书仅写"全权代理"而无具体授权的,诉讼代理人无权代为承认、放弃、变更诉讼请求,进行和解,提出反诉或者提起上诉。故 BC 项当选。

## 第七章 民事证据

一、1. D。考查证据的分类。王某提交的证据是书证和原始证据,A 项错误;甲所说证言是本证和原始证据,B 项错误;乙所说证言是本证和间接证据,C 项错误。D 项正确。

2. B。考查诉前证据保全。根据《民事诉讼法》第 84 条第 2 款的规定,利害关系人可以在提起诉讼或者申请仲裁前向证据所在地、被申请人住所地或者对案件有管辖权的人民法院申请保全证据。因此 A 项正确。根据《民事诉讼法》第 84 条第 3 款和第 104 条第 3 款的规定,B 项错误。根据《民诉解释》第 98 条第 1 款和《民事诉讼法》第 84 条第 1 款的规定,CD 项正确。

3. B。考查文书提出命令。《民诉解释》第 112 条规定,书证在对方当事人控制之下的,承担举证证明责任的当事人可以在举证期限届满前书面申请人民法院责令对方当事人提交。申请理由成立的,人民法院应当责令对方当事人提交,因提交书证所产生的费用,由申请人负担。对方当事人无正当理由拒不提交的,人民法院可以认定申请人所主张的书证内容为真实。故 B 项正确,ACD 项错误。

4. B。考查证人证言。根据《民事诉讼法》第 75 条第 1 款的规定,凡是知道案件情况的单位和个人,都有出庭作证的义务。故 A 项错误。根据《民事诉讼法》第 76 条第 1 项的规定,因健康原因不能出庭的证人经人民法院许可,可以不出庭作证。故 B 项正确。根据《民诉解释》第 118 条第 2 款的规定,人民法院准许证人出庭作证申请的,应当通知申请人预缴证人出庭作证费用。故 C 项错误。根据《民诉解释》第 120 条的规定,证人拒绝签署保证书的,不得作证,并自行承担相关费用。故 D 项错误。

5. A。考查鉴定人的确定。《民事诉讼法》第 79 条规定,当事人可以就查明事实的专门性问题向人民法院申请鉴定。当事人申请鉴定的,由双方当事人协商确定具备资格的鉴定人;协商不成的,由人民法院指定。当事人未申请鉴定,人民法院对专门性问题认为需要鉴定的,应当委托具备资格的鉴定人进行鉴定。故 A 项正确。

6. C。根据《民诉解释》第 96 条的规定,法院依职权主动调取的证据包括涉及可能损害国家利益、社会公共利益的,涉及身份关系的,涉及公益诉讼的,涉及恶意诉讼的,涉及程序性事项的。故 A 项错误。根据《民诉解释》第 122 条的规定,只有当事人可以申请有专门知识的人出庭作证,法院无权主动要求。故 B 项错误。根据《民诉解释》第121条第3款的规定，法院可以主动依职权委托鉴定。故C项正确。根据《民事诉讼法》第109条的规定，法院在D项情形下不可以主动裁定先予执行。故D项错误。

二、1. ABCD。考查举证时限。《民诉解释》第99条第1款规定，人民法院应当在审理前的准备阶段确定当事人的举证期限。举证期限可以由当事人协商，并经人民法院准许。故A项错误。《民诉解释》第100条第1款、第2款规定，当事人申请延长举证期限的，应当在举证期限届满前向人民法院提出书面申请。申请理由成立的，人民法院应当准许，适当延长举证期限，并通知其他当事人。延长的举证期限适用于其他当事人。故BC项错误。《民诉解释》第102条第1款规定，当事人因故意或者重大过失逾期提供的证据，人民法院不予采纳。但该证据与案件基本事实有关的，人民法院应当采纳，并依照《民事诉讼法》第68条、第118条第1款的规定予以训诫、罚款。故D项错误。

2. ABC。考查法院依职权调取证据的情形。根据《民诉解释》第94条、第96条的规定，ABC项分别涉及法院依职权追加当事人、回避等与实体争议无关的程序事项，可能损害国家利益、社会公共利益的事项，当选，D项属于法院依申请调取证据的情形。

3. BC。考查鉴定意见。根据《民事诉讼法》第79条第1款的规定，当事人申请鉴定的，由双方当事人协商确定具备资格的鉴定人，故A项错误。根据《民事诉讼法》第79条、第80条第1款、第82条的规定，BC项正确。根据《民事诉讼法》第81条和最高人民法院《关于民事诉讼证据的若干规定》第80条规定，鉴定人因特殊情形无法出庭的后果与证人不同，故D项错误。

4. AB。考查举证期限。《民诉解释》第117条第1款规定，当事人申请证人出庭作证的，应当在举证期限届满前提出。故A项正确。《民诉解释》第122条第1款规定，当事人可以依照《民事诉讼法》第82条的规定，在举证期限届满前申请1~2名具有专门知识的人出庭，代表当事人对鉴定意见进行质证，或者对案件事实所涉及的专业问题提出意见。故B项正确。《民诉解释》第232条规定，在案件受理后，法庭辩论结束前，原告增加诉讼请求，被告提出反诉，第三人提出与本案有关的诉讼请求，可以合并审理的，人民法院应当合并审理。故CD项错误。

5. BD。考查本证、反证及证明责任。

A项和D项考查了本证和反证的分类。本证是指对待证事实负有举证责任的一方当事人提出支持自己主张的证据，反证是指对待证事实不负有举证责任的一方当事人提出反驳对方主张的证据，旨在推翻对方提出的事实。区分本证与反证的标准不在于证据的提出主体是原告还是被告，而是究竟谁对待证事实负有证明责任、证据与举证责任之间的关系。因此，原告和被告均有可能提出本证和反证。本证与反证可以通过以下方法进行判断，首先，确定该证据的证明对象即待证事实是什么。其次，确定该待证事实的法定责任主体。最后，根据该证据实际是由谁提出来的进行判断。如果是由法定承担证明责任的人提出，则是本证；若是由不承担证明责任的人提出，则是反证。《民诉解释》第91条第1项规定，主张法律关系存在的当事人，应当对产生该法律关系的基本事实承担举证证明责任。本题中，甲提交借条是为了证明其与乙之间的借款关系，根据《民诉解释》第91条第1项的规定，甲对该借款关系的成立承担举证责任，故其提交的借条就属于本证，D项正确。乙在其后提供的转账凭证并未否认甲主张的借款关系，只是对甲主张的借款数额提出了反驳，同时提出了一个新的事实，即借款金额为200万元。就乙反驳甲主张的借款数额的角度来说，乙提供的转账凭证属于反证，但就其主张的借款数额为200万元的事实的成立，乙应当承担举证责任，故此种情况下乙提交的转账凭证属于本证。综上，乙提供的转账凭证既是本证也是反证，A项错误。

B项和C项考查了证明责任。证明责任是指当事人对自己提出的主张有提出证据并加以证明的责任，如果当事人未能尽到上述责任，则有可能承担对其主张不利的法律后果。最高人民法院《关于民事诉讼证据的若干规定》第31条第2款规定，对需要鉴定的待证事实负有举证责任的当事人，在人民法院指定期间内无正当理由不提出鉴定申请或者不预交鉴定费用，或者拒不提供相关材料，致使待证事实无法查明的，应当承担举证不能的法律后果。本题中，如前所述，对待证事实借款关系成立负有举证责任的一方为甲，因此应当由甲向法院申请鉴定借条真伪，否则需要承担诉讼结果的不利后果。故B项正确，C项错误。

# 第八章　民事诉讼中的证明

## 基础知识篇

一、1. D。考查质证。根据《民诉解释》第103条的规定，证据应当在法庭上出示，由当事人互相质证。未经当事人质证的证据，不得作为认定案件事实的根据。当事人在审理前的准备阶段认可的证据，经审判人员在庭审中说明后，视为质证过的证据。涉及国家秘密、商业秘密、个人隐私或者法律规定应当保密的证据，不得公开质证。故BC项错误，D项正确。根据《民诉解释》第114条的规定，国家机关或者其他依法具有社会管理职能的组织，在其职权范围内制作的文书所记载的事项可推定为真实，但根据民事诉讼中证据的一般原则仍需经过质证。A项错误。

2. C。考查举证期限。根据《民诉解释》第99条第2款的规定，人民法院确定举证期限，第一审普通程序案件不得少于15日。故A项错误。《民诉解释》第100条第1款规定，当事人申请延长举证期限的，应当在举证期限届满前向人民法院提出书面申请，而非举证期限届满之后。故B项错误。根据《民诉解释》第102条第1、2款的规定，当事人因故意或者重大过失逾期提供的证据，人民法院不予采纳。但该证据与案件基本事实有关的，人民法院应当采纳，并依照《民事诉讼法》第68条、第118条第1款的规定予以训诫、罚款。当事人非因故意或者重大过失逾期提供的证据，人民法院应当采纳，并对当事人予以训诫。故C项正确，D项错误。

3. C。考查自认制度。自认是对事实的承认，仅导致对方无须举证，法院可以直接认定该事实，但并不当然导致自认方当事人败诉。故A项错误。仅仅是与身份关系有关的事实不适用自认，但并非与身份关系有关的案件均不适用自认。故B项错误。特别授权的委托代理人承认该事实将导致直接承认对方诉讼请求的，对该事实仍可以适用自认制度，故D项错误。根据《民诉解释》第92条第3款的规定，C项正确。

二、1. BCD。考查具有专门知识的人出庭。《民诉解释》第122条规定，当事人可以依照《民事诉讼法》第82条的规定，在举证期限届满前申请1~2名具有专门知识的人出庭，代表当事人对鉴定意见进行质证，或者对案件事实所涉及的专业问题提出意见。具有专门知识的人在法庭上就专业问题提出的意见，视为当事人的陈述。人民法院准许当事人申请的，相关费用由提出申请的当事人负担。故A项正确，BC项错误。《民诉解释》第123条规定，人民法院可以对出庭的具有专门知识的人进行询问。经法庭准许，当事人可以对出庭的具有专门知识的人进行询问，当事人各自申请的具有专门知识的人可以就案件中的有关问题进行对质。具有专门知识的人不得参与专业问题之外的法庭审理活动。故D项错误。

2. BD。考查证明责任和证据的分类。本题中，王某承认向张某借款5万元，属于自认。《民诉解释》第92条第1款规定，一方当事人在法庭审理中，或者在起诉状、答辩状、代理词等书面材料中，对于己不利的事实明确表示承认的，另一方当事人无须举证证明。因此，应免除张某的证明责任，故A项错误。根据《民诉解释》第91条第1项的规定，人民法院应当依照下列原则确定举证证明责任的承担，但法律另有规定的除外：主张法律关系存在的当事人，应当对产生该法律关系的基本事实承担举证证明责任。王某主张二人之间存在赠与协议，因此王某应当对此承担举证责任，故B项正确。本证和反证的区分，要看对证据所证明的事实，提出方是否承担证明责任。王某对赠与关系的存在承担举证责任，故该协议复印件属于本证而非反证，C项错误。该协议复印件能够单独证明赠与关系存在，因此属于直接证据，D项正确。

3. AB。考查免证事实。《民诉解释》第93条规定，下列事实，当事人无须举证证明：(1)自然规律以及定理、定律。(2)众所周知的事实。(3)根据法律规定推定的事实。(4)根据已知的事实和日常生活经验法则推定出的另一事实。(5)已为人民法院发生法律效力的裁判所确认的事实。(6)已为仲裁机构生效裁决所确认的事实。(7)已为有效公证文书所证明的事实。前款第2项至第4项规定的事实，当事人有相反证据足以反驳的除外；第5项至第7项规定的事实，当事人有相反证据足以推翻的除外。AB项均为众所周知的事实，故正确。

## 理解与应用篇

1. AD。考查证据保全、法院收集证据和当事人陈述的规定。根据《民事诉讼法》第103条和第104条的规定，法院不可以主动进行诉前证据保全。故A项错误。证据被采取保全措施后，就该证据能够证明的事实，可以免除相关当事人提供证据的责任。故B项正确。根据《民诉解释》第96条第1款第2项的规定，人民法院可以主动调查涉及身份关系的证据。故C项正确。根据《民诉解释》第110条第3款的规定，负有举证证明责任的当事人拒绝到庭、拒绝接受询问或者拒绝签署保证书，待证事实又欠缺其他证据证明的，人民法院对其主张的事实不予认定。如果黄某拒绝签署保证书，法院并不能拒绝其提供当事人陈述。故D项错误。AD项当选。

2. A。《民事诉讼法》第67条第1款规定："当事人对自己提出的主张，有责任提供证据。"《民诉解释》第91条规定："人民法院应当依照下列原则确定举证证明责任的承担，但法律另有规定的除外：(一)主张法律关系存在的当事人，应当对产生该法律关系的基本事实承担举证证明责任；(二)主张法律关系变更、消灭或者权利受到妨害的当事人，应当对该法律关系变更、消灭或者权利受到妨害的基本事实承担举证证明责任。"根据法条规定可知，对于证明责任的分配问题，原则上为"谁主张，谁举证"。故A项正确。

本案为杨某的保洁行为致使张某受伤，属于侵权案件，侵权的要件事实包括侵权行为、损害结果、因果关系、过错，证明责任分配问题是对于某个要件事实而言的，不能针对整个案件，即若属于证明责任倒置的情形，应该是由被告对其中某个要件事实承担证明责任，张某作为原告仍然需要承担其他要件事实的证明责任，而非题中所述，由被告对整个案件承担证明责任。

故 B 项错误。

本案为侵权案件，对于侵权要件中的侵权事实部分，应该由主张该事实存在的原告张某承担证明责任，这意味着如果当事人未能提供证据或者提供的证据不足以证明事实主张，张某要承担败诉的不利后果。蒋某可以积极提出证据否认该侵权事实，但不承担对该事实的证明责任，案件事实真伪不明时，其无须承担不利后果。故 C 项错误。

《民法典》第 1192 条第 1 款规定："个人之间形成劳务关系，提供劳务一方因劳务造成他人损害的，由接受劳务一方承担侵权责任。接受劳务一方承担侵权责任后，可以向有故意或者重大过失的提供劳务一方追偿。提供劳务一方因劳务受到损害的，根据双方各自的过错承担相应的责任。"蒋某作为接受劳务的一方，需要对提供劳务一方的行为承担责任，这是一种无过错责任，即无论其主观上是否具有过错，均须担责，蒋某是否具有过错在本案中是无须证明的。故 D 项错误。

## 第九章 期间、送达

一、1. D。考查送达的定义。民事诉讼中的送达，是人民法院依法定程序和方式，向当事人及其他诉讼参与人送交诉讼文书的行为。当事人所在单位，并非诉讼参与人，A 项错误。法院之间不适用送达，B 项错误。当事人向法院告知的事项，告知主体是当事人，告知对象是法院，C 项错误。D 项为公告送达，D 项正确。

2. A。考查几种特殊的送达方式。根据《民事诉讼法》第 88 条第 1 款的规定，送达诉讼文书，应当直接送交受送达人。受送达人是公民的，本人不在交他的同住成年家属签收。故 A 项错误。B 项符合《民事诉讼法》第 92 条的规定，正确。C 项符合《民诉解释》第 132 条的规定，正确。根据《民诉解释》第 130 条第 1 款的规定，办公室、收发室、值班室等负责收件的人可以签收诉讼文书。故 D 项正确。

二、1. AC。考查互联网诉讼送达有关知识。《互联网法院规定》第 18 条规定，对需要进行公告送达的事实清楚、权利义务关系明确的简单民事案件，互联网法院可以适用简易程序审理。故 A 项正确。《互联网法院规定》第 15 条第 3 款规定，经告知当事人权利义务，并征得其同意，互联网法院可以电子送达裁判文书。当事人提出需要纸质版裁判文书的，互联网法院应当提供。故 B 项错误。《互联网法院规定》第 16 条第 2 款规定，受送达人未提供有效电子送达地址的，互联网法院可以将能够确认为受送达人本人的近 3 个月内处于日常活跃状态的手机号码、电子邮箱、即时通讯账号等常用电子地址作为优先送达地址。故 C 项正确。《互联网法院规定》第 15 条第 1 款规定，经当事人同意，互联网法院应当通过中国审判流程信息公开网、诉讼平台、手机短信、传真、电子邮件、即时通讯账号等电子方式送达诉讼文书及当事人提交的证据材料等。故 D 项错误。

2. ABD。考查送达中特殊情况的处理。根据《民事诉讼法》第 225 条的规定，申请支付令的条件之一是"支付令能够送达债务人"，因此，支付令不能够公告送达，但可以留置送达，A 项错误。根据《民事诉讼法》第 88 条第 1 款的规定，送达诉讼文书，应当直接送交受送达人。受送达人是公民的，本人不在交他的同住成年家属签收。但在离婚诉讼中，不得把文书送给在身份上既是与受送达人同住的成年家属，又是另外一方当事人的人签收，故 B 项错误。根据《民事诉讼法》第 89 条的规定，当事人拒不接受诉讼文书的，应留置送达，故 C 项正确。《民诉解释》第 140 条规定，适用简易程序的案件，不适用公告送达。故 D 项错误。

3. AB。考查期间的分类。法定期间是指由法律明文规定的期间，指定期间是指人民法院根据案件审理时遇到的具体情况和案件审理的需要，依职权决定当事人及其他诉讼参与人进行或完成某种诉讼行为的期间。由此可知，AB 项正确。不变期间是指该期间经法律确定，任何机构和人员都不得改变，根据《民事诉讼法》第 216 条的规定，当事人申请再审，应当在判决、裁定发生法律效力后 6 个月内提出。此期间任何机构和人员都不得变更，为绝对不变期间，故 C 项错误。可变期间是指该期间经法律确定后，在通常情况下不可改变，但遇到有关法定事由，法院可对其依法予以变更，根据《民事诉讼法》第 152 条的规定，一审的案件审理期间为可变期间，故 D 项错误。

4. BCD。考查期间的计算。根据《民事诉讼法》第 171 条第 2 款和第 85 条第 3、4 款的规定，裁定书的上诉期限为 10 天；期间届满的最后一日是法定休假日的，以法定休假日后的第一日为期间届满的日期；期间不包括在途时间，诉讼文书在期满前交邮的，不算过期。故 A 项错误，B 项正确。根据《民事诉讼法》第 126 条和《民诉解释》第 126 条的规定，立案的期限为 7 日，因起诉状内容欠缺通知原告补正的，从补正后交人民法院的次日起算。故 C 项正确。《民事诉讼法》第 86 条规定，当事人因不可抗拒的事由或者其他正当理由耽误期限的，在障碍消除后的 10 日内，可以申请顺延期限，是否准许，由人民法院决定。故 D 项正确。

5. ABC。法定期间是指法律明文规定的期间，包括绝对不可变期间和相对不可变期间。故 A 项错误。《民事诉讼法》第 85 条第 3 款规定，期间届满的最后一日是法定休假日的，以法定休假日后的第一日为期间届满的日期。法定期间的开始日及期间中遇有法定休假日的,在计算期间时应计入。教师节不是法定休假日,故B项错误。《民事诉讼法》第85条第4款规定的"期间不包括在途时间,诉讼文书在期满前交邮的,不算过期"指诉讼文书的在途期间不计算在内,但当事人参加诉讼的在途期间应当计算,故C项错误。《民事诉讼法》第85条第2款规定,民事诉讼中的期间以时、日、月、年计算。期间开始的时和日,不计算在期间内。故D项正确。

6. ABCD。考查民商事案件审限的相关规定。最高人民法院《关于严格规范民商事案件延长审限和延期开庭问题的规定》第1条第1款规定,人民法院审理民商事案件时,应当严格遵守法律及司法解释有关审限的规定。适用普通程序审理的第一审案件,审限为6个月;适用简易程序审理的第一审案件,审限为3个月。审理对判决的上诉案件,审限为3个月;审理对裁定的上诉案件,审限为30日。故AB项错误。根据该规定第5条,人民法院认为需要再次开庭的,两次开庭间隔时间不得超过1个月,但因不可抗力或当事人同意的除外,故C项错误。根据该规定第7条,当事人及其法定代理人、诉讼代理人有异议的,可以依法向受理案件的法院申请监督,故D项错误。

# 第十章　人民法院调解

## 基础知识篇

一、1. C。考查可以调解的案件范围。《民诉解释》第143条规定,适用特别程序、督促程序、公示催告程序的案件,婚姻等身份关系确认案件以及其他根据案件性质不能进行调解的案件,不得调解。

2. A。考查调解的基本问题。根据《民诉解释》第143条的规定,适用特别程序、督促程序、公示催告程序的案件,婚姻等身份关系确认案件以及其他根据案件性质不能进行调解的案件,不得调解。故A项正确。《民诉解释》第148条第1款规定,当事人自行和解或者调解达成协议后,请求人民法院按照和解协议或者调解协议的内容制作判决书的,人民法院不予准许。故B项错误。《民诉解释》第145条第2款规定,人民法院审理离婚案件,应当进行调解,但不应久调不决。故C项错误。《民诉解释》第146条第2款规定,调解协议内容不公开,但为保护国家利益、社会公共利益、他人合法权益,人民法院认为确有必要公开的除外。故D项错误。

3. C。考查答辩期满前的调解。最高人民法院《关于人民法院民事调解工作若干问题的规定》(以下简称《调解规定》)第4条规定,在答辩期满前人民法院对案件进行调解,适用普通程序的案件在当事人同意调解之日起15日内,适用简易程序的案件在当事人同意调解之日起7日内未达成调解协议的,经各方当事人同意,可以继续调解。延长的调解期间不计入审限。故ABD项错误,C项正确。

4. B。考查调解协议确定无独立请求权第三人承担义务的法律规定。《民诉解释》第150条规定,人民法院调解民事案件,需由无独立请求权的第三人承担责任的,应当经其同意。该第三人在调解书送达前反悔的,人民法院应当及时裁判。故ACD项错误,B项正确。

5. A。考查民事诉讼调解的代理。《民诉解释》第147条规定,人民法院调解案件时,当事人不能出庭的,经其特别授权,可由其委托代理人参加调解,达成的调解协议,可由委托代理人签名。离婚案件当事人确因特殊情况无法出庭参加调解的,除本人不能表达意志的以外,应当出具书面意见。故A项正确,BCD项错误。

二、1. BD。考查调解协议的公开。《民诉解释》第146条规定,人民法院审理民事案件,调解过程不公开,但当事人同意公开的除外。调解协议内容不公开,但为保护国家利益、社会公共利益、他人合法权益,人民法院认为确有必要公开的除外。主持调解以及参与调解的人员,对调解过程以及调解过程中获悉的国家秘密、商业秘密、个人隐私和其他不宜公开的信息,应当保守秘密,但为保护国家利益、社会公共利益、他人合法权益的除外。A项未获得当事人同意,C项并非调解人员对调解协议进行保密的例外情况,因此,BD项当选。

2. ABC。考查诉讼调解与诉讼外调解之间的区别。诉讼外调解发生在诉讼之外,没有法院的参与,因此并无诉讼上的意义,故A项正确。诉讼外调解的主持者是人民调解委员会的委员、行政机关的官员、仲裁机构的仲裁员等,因此调解活动不具有审判性,不具有司法的性质,故B项正确。诉讼外的调解虽然也要求当事人自愿和合法,但是这一要求不是法律规定的原则,在查清事实和分清责任的问题上也不像法院调解那样严格,程序上诉讼外调解也不如法院调解那样规范,故C项正确。诉讼外的调解,除仲裁机构制作的调解书对当事人有约束力外,在其他机构主持下达成调解协议而形成的调解书,未经法院的司法确认,对当事人只有相当于合同的效力,D项遗漏仲裁的情形,因此是错误的。故本题答案为ABC。

3. ABC。考查法院调解与诉讼和解的区别。法院调解与诉讼和解的性质不同。前者含有法院行使审判权的性质,后者则是当事人在诉讼中对自己诉讼权利和实体权利的处分。故A项正确。法院调解与诉讼和解的参加主体不同。前者有法院和双方当事人共同参加,后者只有双方当事人自己参加。故B项正确。法院调解与诉讼和解的效力不同。根据法院调解达成协议制作的调解书生效后，诉讼归于终结，有给付内容的调解书具有执行力；当事人在诉讼中和解的，由原告申请撤诉或者转变为法院调解，申请撤诉的，经法院裁定准许后结束诉讼，和解协议不具有执行力。故C项正确。根据《调解规定》第2条第1款的规定，当事人在诉讼过程中自行达成和解协议的，人民法院可以根据当事人的申请依法确认和解协议制作调解书。故D项错误。

4. BCD。考查调解程序。根据《民诉解释》第143条的规定，适用特别程序、督促程序、公示催告程序的案件，婚姻等身份关系确认案件以及其他根据案件性质不能进行调解的案件，不得调解。故A项正确。调解协议是案件各方当事人自行判断各方利益后，在审判人员的主持下达成的协议，人民法院应当根据该协议制作调解书，经双方当事人签收后，具有法律效力。故B项错误。根据《民事诉讼法》第100条和第205条的规定，调解达成协议，人民法院应当制作调解书，无须另行启动司法确认调解协议程序。故C项错误。《调解规定》第7条规定，调解协议内容超出诉讼请求的，人民法院可以准许。故D项错误。

## 理解与应用篇

一、1. A。考查调解的法律效力。调解协议或调解书生效后，与生效判决具有同等的法律效力。具体表现在：诉讼结束，当事人不得以同一事实和理由再行起诉。一审的调解协议或调解书发生效力后，当事人不得上诉。当事人之间实体上的权利义务关系依调解协议的内容予以确定。具有给付内容的调解书，具有强制执行力，当负有履行调解书义务的一方当事人未按调解书履行义务时，权利人可以根据调解书向人民法院申请强制执行。故BCD项正确。《民诉解释》第148条第1款规定，当事人自行和解或者调解达成协议后，请求人民法院按照和解协议或者调解协议的内容制作判决书的，人民法院不予准许。故A项错误。

2. B。考查二审程序中的调解。《民诉解释》第325条规定，必须参加诉讼的当事人或者有独立请求权的第三人，在第一审程序中未参加诉讼，第二审人民法院可以根据当事人自愿的原则予以调解；调解不成的，发回重审。故A项错误。《调解规定》第7条规定，调解协议内容超出诉讼请求的，人民法院可以准许。故B项正确。根据《民事诉讼法》第179条的规定，第二审人民法院审理上诉案件，可以进行调解。调解达成协议，应当制作调解书。自调解书送达后，原审人民法院的判决即视为撤销。故CD项错误。

3. D。《民诉解释》第324条规定，对当事人在第一审程序中已经提出的诉讼请求，原审人民法院未作审理、判决的，第二审人民法院可以根据当事人自愿的原则进行调解；调解不成的，发回重审。故D项正确。

4. D。A项考查的是调解书的效力问题。《民事诉讼法》第100条规定："调解达成协议，人民法院应当制作调解书。调解书应当写明诉讼请求、案件的事实和调解结果。调解书由审判人员、书记员署名，加盖人民法院印章，送达双方当事人。调解书经双方当事人签收后，即具有法律效力。"本案中，张某在签收调解书的时候发现调解书内容与调解协议的规定不一致，提出异议，并未签收调解书，所以此时调解书并未生效。故A项错误。BCD项考查的是调解书的补正。《调解规定》第13条规定："当事人以民事调解书与调解协议的原意不一致为由提出异议，人民法院审查后认为异议成立的，应当根据调解协议裁定补正民事调解书的相关内容。"本案中，张某发现调解书和调解协议的约定不一致，提出异议，根据规定，法院可以通过裁定的方式对调解书的内容进行补正，而非通过重新制作调解书或者出具判决的方式。故BC项错误，D项正确。

二、1. AD。考查调解协议的内容。《调解规定》第7条规定，调解协议的内容超出诉讼请求的，人民法院可以准许。故A项正确。根据《民诉解释》第150条的规定，人民法院调解民事案件，需由无独立请求权的第三人承担责任的，应当经其同意。故B项错误。《民诉解释》第144条规定，人民法院审理民事案件，发现当事人之间恶意串通，企图通过和解、调解方式侵害他人合法权益的，应当依照《民事诉讼法》第115条的规定处理。故C项错误。《调解规定》第9条第1款规定，调解协议约定一方提供担保或者案外人同意为当事人提供担保的，人民法院应当准许。故D项正确。

2. BD。生效调解书具有给付内容的，有强制执行力。法院调解只适用于诉讼程序，执行过程中只能当事人自己和解，而不得适用调解制度，故BD项正确，AC项错误。

# 第十一章　保全和先予执行

一、1. D。考查诉前保全。《民事诉讼法》第104条规定，利害关系人因情况紧急，不立即申请保全将会使其合法权益受到难以弥补的损害的，可以在提起诉讼或者申请仲裁前向被保全财产所在地、被申请人住所地或者对案件有管辖权的人民法院申请采取保全措施。申请人应当提供担保，不提供担保的，裁定驳回申请。人民法院接受申请后，必须在48小时内作出裁定；裁定采取保全措施的，应当立即开始执行。申请人在人民法院采取保全措施后30日内不依法提起诉讼或者申请仲裁的，人民法院应当解除保全。据此，ABC项错误，D项正确。

2. D。考查保全的条件。《民事诉讼法》第103条第1、2款规定,人民法院对于可能因当事人一方的行为或者其他原因,使判决难以执行或者造成当事人其他损害的案件,根据对方当事人的申请,可以裁定对其财产进行保全、责令其作出一定行为或者禁止其作出一定行为;当事人没有提出申请的,人民法院在必要时也可以裁定采取保全措施。人民法院采取保全措施,可以责令申请人提供担保,申请人不提供担保的,裁定驳回申请。故ABC项正确。《民诉解释》第163条规定,法律文书生效后,进入执行程序前,债权人因对方当事人转移财产等紧急情况,不申请保全将可能导致生效法律文书不能执行或者难以执行的,可以向执行法院申请采取保全措施。因此,张某应向执行法院申请财产保全。故D项错误。

3. D。考查二审人民法院接到报送案件之前财产保全的管辖法院。《民诉解释》第161条规定,对当事人不服一审判决提起上诉的案件,在第二审人民法院接到报送的案件之前,当事人有转移、隐匿、出卖或者毁损财产等行为,必须采取保全措施的,由第一审人民法院依当事人申请或者依职权采取。第一审人民法院的保全裁定,应当及时报送第二审人民法院。因此D项正确,当选。

4. A。考查财产保全的担保。最高人民法院《关于人民法院办理财产保全案件若干问题的规定》(以下简称《财产保全规定》)第5条第1款规定,人民法院依照《民事诉讼法》第103条规定责令申请保全人提供财产保全担保的,担保数额不超过请求保全数额的30%;申请保全的财产系争议标的的,担保数额不超过争议标的的价值的30%。故A项错误。根据《财产保全规定》第7条的规定,财产保全担保可以以财产保全责任保险的形式进行。故B项正确。《财产保全规定》第5条第3款规定,财产保全期间,申请保全人提供的担保不足以赔偿可能给被保全人造成的损失的,人民法院可以责令其追加相应的担保;拒不追加的,可以裁定解除或者部分解除保全。C项正确。《民诉解释》第167条规定,财产保全的被保全人提供其他等值担保财产且有利于执行的,人民法院可以裁定变更保全标的物为被保全人提供的担保财产。D项正确。

5. C。考查对抵押物的保全。《民诉解释》第157条规定,人民法院对抵押物、质押物、留置物可以采取财产保全措施,但不影响抵押权人、质权人、留置权人的优先受偿权。故C项正确。

6. C。考查保全的条件。根据《民事诉讼法》第103条第1款的规定,保全应以裁定的方式作出。故A项错误。《民事诉讼法》第105条规定,保全限于请求的范围,或者与本案有关的财物。故B项错误。《民事诉讼法》第111条规定,当事人对保全或者先予执行的裁定不服的,可以申请复议一次。复议期间不停止裁定的执行。故D项错误。根据《民事诉讼法》第103条第3款的规定和《财产保全规定》第4条的规定,人民法院接受财产保全申请后,应当在5日内作出裁定,对情况紧急的,必须在48小时内作出裁定,故C项正确。

二、1. ACD。最高人民法院《关于审查知识产权纠纷行为保全案件适用法律若干问题的规定》(以下简称《知产保全规定》)第3条第1款规定:“申请诉前行为保全,应当向被申请人住所地具有相应知识产权纠纷管辖权的人民法院或者对案件具有管辖权的人民法院提出。”本案为知识产权侵权纠纷,应该由被告住所地或者侵权行为地人民法院管辖,即这些法院对诉前禁令拥有管辖权。本案中,申请人刘某的住所地H地不是侵权行为地,该地法院对诉前禁令没有管辖权,故A项错误。

《民事诉讼法》第104条规定:“利害关系人因情况紧急,不立即申请保全将会使其合法权益受到难以弥补的损害的,可以在提起诉讼或者申请仲裁前向被保全财产所在地、被申请人住所地或者对案件有管辖权的人民法院申请采取保全措施。申请人应当提供担保,不提供担保的,裁定驳回申请。人民法院接受申请后,必须在四十八小时内作出裁定;裁定采取保全措施的,应当立即开始执行。申请人在人民法院采取保全措施后三十日内不依法提起诉讼或者申请仲裁的,人民法院应当解除保全。”本案中,刘某申请诉前禁令,属于诉前行为保全,故刘某应当在法院采取保全措施之后30日内提起诉讼,故B项正确。

《民诉解释》第152条第2款规定:“利害关系人申请诉前保全的,应当提供担保。申请诉前财产保全的,应当提供相当于请求保全数额的担保;情况特殊的,人民法院可以酌情处理。申请诉前行为保全的,担保的数额由人民法院根据案件的具体情况决定。”本案属于诉前行为保全,需要提供担保,但是担保数额应该由人民法院根据案件的具体情况决定,而非题目中所说担保数额应该等同于申请保全的数额。故C项错误。

《民诉解释》第171条规定:“当事人对保全或者先予执行裁定不服的,可以自收到裁定书之日起五日内向作出裁定的人民法院申请复议。人民法院应当在收到复议申请后十日内审查。裁定正确的,驳回当事人的申请;裁定不当的,变更或者撤销原裁定。”本案中,罗某、展某若对保全裁定不服,可以在收到裁定之日起5日内提出复议,收到复议申请之后,法院并不会直接撤销原裁定,其会进行审查,只有当审查认定原裁定不当时,才会进行变更或撤销。故D项错误。

2. AC。考查先予执行的条件。根据《民事诉讼法》第110条第2款的规定,人民法院可以责令申请人提供担保,申请人不提供担保的,驳回申请。故A项正确。根据《民事诉讼法》第109条的规定,人民法院只可以根据当事人的申请裁定先予执行。故B项错误。根据《民诉解释》第169条的规定,《民事诉讼法》规定的先予执行,人民法院应当在受理案件后终审判决作出前采取。故C项正确。根据《民诉解释》第171条的规定,当事人对先予执行裁定不服的,应当在收到裁定书之日起5日内向作出裁定的人民法院而非上一级人民法院申请复议。故D项错误。

3. BCD。考查行为保全。本案中的情况属于行为保全,根据《民事诉讼法》第103条第1款的规定,当事人有权申请保全,故A项错误。

4. BC。考查保全的条件。根据《民事诉讼法》第103条第1款的规定,当事人提出保全的申请应向受理案件的人民法院提出。本题中的受案法院是B地基层人民法院,所以A项错误。考生注意,只有提请诉前保全,才是向财产所在地的人民法院申请。根据《民事诉讼法》第103条第2款的规定,法院可以责令申请人提供担保,当然也就意味着不是要求申请人必须提供担保,所以B项正确。根据《民事诉讼法》第103条第1款的规定,诉讼中的保全,在必要的情况下,人民法院可以依职权作出,所以C项正确。根据《民诉解释》第165条的规定,作出保全裁定的人民法院及其上级人民法院均有权解除保全措施,除此之外,任何单位不得解除保全措施。故D项错误。

5. BC。考查保全措施的解除。《民诉解释》第157条规定,人民法院对抵押物、质押物、留置物可以采取财产保全措施,但不影响抵押权人、质权人、留置权人的优先受偿权。故A项错误。根据《民诉解释》第166条第1款的规定,保全错误的、申请人撤回保全申请的、申请人的起诉或者诉讼请求被生效裁判驳回的、人民法院认为应当解除保全的其他情形下,人民法院应当作出解除保全裁定。故BC项正确。根据《民诉解释》第167条的规定,财产保全的被保全人提供其他等值担保财产且有利于执行的,人民法院可以裁定变更保全标的物为被保全人提供的担保财产,而不必解除保全,故D项错误。

6. ABC。考查诉讼中的保全。根据《民事诉讼法》第103条规定,AC项正确。《民事诉讼法》第107条的规定,财产纠纷案件,被申请人提供担保的,人民法院应当裁定解除保全。故B项正确。根据《民事诉讼法》第103条第3款、《财产保全规定》第4条的规定,人民法院接受财产保全申请后,应当在5日内作出裁定;对情况紧急的,必须在48小时内作出裁定。故D项错误。

7. ABCD。考查二审、再审中保全措施的衔接和实施。《民诉解释》第162条规定,第二审人民法院裁定对第一审人民法院采取的保全措施予以续保或者采取新的保全措施的,可以自行实施,也可以委托第一审人民法院实施。再审人民法院裁定对原保全措施予以续保或者采取新的保全措施的,可以自行实施,也可以委托原审人民法院或者执行法院实施。故AB项正确。《财产保全规定》第19条规定,再审审查期间,债务人申请保全生效法律文书确定给付的财产的,人民法院不予受理。再审审理期间,原生效法律文书中止执行,当事人申请财产保全的,人民法院应当受理。故CD项正确。

8. ACD。考查保全措施的执行。《财产保全规定》第2条规定,人民法院进行财产保全,由立案、审判机构作出裁定,一般应当移送执行机构实施。故A项正确。根据《财产保全规定》第26条的规定,申请保全人、被保全人、利害关系人认为保全裁定实施过程中的执行行为违反法律规定,有权提出书面异议。故B项错误。《财产保全规定》第27条第1款规定,人民法院对诉讼争议标的以外的财产进行保全,案外人对保全裁定或者保全裁定实施过程中的执行行为不服,基于实体权利对被保全财产提出书面异议的,人民法院应当依照《民事诉讼法》第238条规定审查处理并作出裁定。案外人、申请保全人对该裁定不服的,可以自裁定送达之日起15日内向人民法院提起执行异议之诉。故CD项正确。

9. BCD。考查先予执行的适用范围和程序。根据《民诉解释》第169条的规定,先予执行应当限于当事人诉讼请求的范围,并以当事人的生活、生产经营的急需为限。本案中汪某急需本月的生活费用,法院裁定直接支付10年的赡养费用,超出了生活急需,并不恰当。故A项错误。根据《民事诉讼法》第109条,《民诉解释》第169条、第170条的规定,先予执行适用的范围有:(1)追索赡养费、扶养费、抚养费、抚恤金、医疗费用的;(2)追索劳动报酬的;(3)因情况紧急需要先予执行的。因此BCD项正确。

10. ABD。考查先予执行。根据《民事诉讼法》第109~111条和《民诉解释》第171条的规定,ABD项错误。需要注意的是,先予执行的法律文书是裁定书,而非决定书,C项正确。

11. BCD。根据《财产保全规定》第9条第1款第3项的规定,人民检察院提起的公益诉讼涉及损害赔偿的,人民法院可以不要求提供担保。故A项正确。根据《财产保全规定》第9条第1款第6项的规定,申请保全人为商业银行、保险公司等由金融监管部门批准设立的具有独立偿付债务能力的金融机构及其分支机构的,人民法院可以不要求提供担保。故B项错误。根据《民诉解释》第154条第2款的规定,查封、扣押、冻结担保物权人占有的担保财产,一般由担保物权人保管。故C项错误。根据《民事诉讼法》第84条和第104条第1款的规定,申请诉前证据保全和诉前财产、行为保全的,均应提供担保,同时申请的,两类保全的担保并不能合二为一。故 D 项错误。

12. ABC。根据《民事诉讼法》第 103 条的规定，对于可能因当事人一方的行为或者其他原因，使判决难以执行或者造成当事人其他损害的案件，对方当事人可以向人民法院申请进行财产保全或行为保全，本题中，张龙也可以向法院申请禁止赵虎移转该别墅的所有权等行为，故 A 项错误。《民事诉讼法》第 106 条第 2 款规定，财产已被查封、冻结的，不得重复查封、冻结，故 B 项错误。《民诉解释》第 157 条规定，人民法院对抵押物、质押物、留置物可以采取财产保全措施，但不影响抵押权人、质权人、留置权人的优先受偿权。故 C 项错误。《民诉解释》第 162 条第 1 款规定，第二审人民法院裁定对第一审人民法院采取的保全措施予以续保或者采取新的保全措施的，可以自行实施，也可以委托第一审人民法院实施。故 D 项正确。

13. ABCD。考查知识产权纠纷行为保全的规定。《知产保全规定》第 20 条规定，申请人申请行为保全，应当依照《诉讼费用交纳办法》关于申请采取行为保全措施的规定交纳申请费。故 A 项错误。根据《知产保全规定》第 13 条第 2 款的规定，人民法院裁定停止侵害知识产权行为的效力，一般应当维持至案件裁判生效时止。故 B 项错误。《知产保全规定》第 12 条规定，人民法院采取的行为保全措施，一般不因被申请人提供担保而解除，但是申请人同意的除外。故 C 项错误。根据《知产保全规定》第 18 条的规定，被申请人依据《民事诉讼法》第 108 条规定提起赔偿诉讼，申请人已经起诉的，由受理起诉的人民法院管辖。故 D 项错误。

14. AB。《民事诉讼法》第 104 条第 1 款规定："利害关系人因情况紧急，不立即申请保全将会使其合法权益受到难以弥补的损害的，可以在提起诉讼或者申请仲裁前向被保全财产所在地、被申请人住所地或者对案件有管辖权的人民法院申请采取保全措施。申请人应当提供担保，不提供担保的，裁定驳回申请。"故诉前财产保全必须提供担保，A 项正确。BCD 项考查的是当事人申请诉前保全和提起诉讼的法院不同时，两个法院应当如何处理的问题。《民事诉讼法》第 24 条规定："因合同纠纷提起的诉讼，由被告住所地或者合同履行地人民法院管辖。"《民诉解释》第 160 条规定："当事人向采取诉前保全措施以外的其他有管辖权的人民法院起诉的，采取诉前保全措施的人民法院应当将保全手续移送受理案件的人民法院。诉前保全的裁定视为受移送人民法院作出的裁定。"本案为水果买卖合同纠纷，乙住所地 B 区法院作为被告住所地法院是有管辖权的，所以甲可以选择向 B 区法院提起诉讼。甲向采取诉前保全措施的 A 区法院以外的法院起诉时，A 区法院应将保全手续全部转移给 B 区法院，而不是对水果采取具体的保全措施。故 B 项正确，CD 项错误。

三、(1) BCD。考查诉前财产保全的管辖。根据《民事诉讼法》第 104 条第 1 款的规定，财产所在地、被申请人住所地或者对案件有管辖权的法院可以受理申请人诉前财产保全的申请。故 BCD 项正确。

(2) C。考查诉前保全中法院作出裁定的时间。根据《民事诉讼法》第 104 条第 2 款的规定，申请诉前保全的，法院必须在 48 小时内作出裁定。故 C 项正确。

(3) D。考查诉前财产保全的起诉时间。《民事诉讼法》第 104 条第 3 款规定，申请人在人民法院采取保全措施后 30 日内不依法提起诉讼或者申请仲裁的，人民法院应当解除保全。故 D 项正确。

(4) AC。考查诉前财产保全申请人提供担保的问题。根据《民事诉讼法》第 104 条第 1 款的规定，申请人应当提供担保，不提供担保的，裁定驳回申请。故 A 项正确，B 项错误。根据《民诉解释》第 152 条第 2 款、《财产保全规定》第 5 条第 2 款的规定，申请诉前财产保全的，应当提供相当于请求保全数额的担保；情况特殊的，人民法院可以酌情处理。故 C 项正确，D 项错误。

(5) ABC。考查对可保全标的物予以置换的规定。《民诉解释》第 167 条规定，财产保全的被保全人提供其他等值担保财产且有利于执行的，人民法院可以裁定变更保全标的物为被保全人提供的担保财产。根据该条规定，ABC 项正确。

## 第十二章　对妨害民事诉讼的强制措施

一、1. C。考查妨害民事诉讼的强制措施的分类和特征。妨害民事诉讼的强制措施只包括拘传、训诫、责令退出法庭、罚款和拘留，而不包括扣押。A 项错误。采取强制措施的权力只能专属于人民法院，并且强制措施是人民法院依据法律规定依职权作出，公安机关无权代理，故 BD 项错误。妨害民事诉讼的强制措施不仅适用于当事人，还适用于其他任何妨害民事诉讼的人，包括案件的当事人、其他诉讼参与人和案外人，故 C 项正确。

2. C。考查妨害民事诉讼的强制措施的相关规定。《民诉解释》第 180 条规定，人民法院对被拘留人采取拘留措施后，应当在 24 小时内通知其家属；确实无法按时通知或者通知不到的，应当记录在案。故 A 项正确。根据《民事诉讼法》第 119 条第 3 款的规定，罚款、拘留应当用决定书。故 B 项正确。根据《民事诉讼法》第 119 条第 3 款的规定，对决定不服的，可以向上一级人民法院申请复议一次。复议期间不停止执行。故C项错误。根据《民诉解释》第184条的规定，对同一妨害民事诉讼行为的罚款、拘留不得连续适用。故D项正确。本题C项当选。

3. B。考查拘留和罚款的适用。根据《民事诉讼法》第118条第3款的规定，在拘留期间，被拘留人承认并改正错误的，人民法院可以决定提前解除拘留。故A项正确。根据《民诉解释》第184条的规定，对同一妨害民事诉讼行为的罚款、拘留不得连续适用，而非对同一妨害行为不能同时适用，故B项错误，当选。根据《民事诉讼法》第119条第1款的规定，拘留和罚款必须由院长批准，故C项正确。只要是破坏了诉讼秩序，阻碍了诉讼的正常进行，都可以对其采取强制措施，故D项正确。

4. B。考查妨害民事诉讼的强制措施的相关规定。根据《民事诉讼法》第114条第1款第4项的规定，对司法工作人员、诉讼参加人、证人、翻译人员、鉴定人、勘验人、协助执行的人，进行侮辱、诽谤、诬陷、殴打或者打击报复的，属于妨害民事诉讼的行为，故A项错误。妨害民事诉讼的强制措施是指人民法院在民事诉讼过程中，对有妨害民事诉讼秩序行为的行为人采取的排除其妨害民事诉讼秩序行为的一种强制措施。行为人实施妨害民事诉讼秩序的行为一般是在诉讼过程中，在诉讼之前或诉讼结束之后，行为人实施在形式上与妨害民事诉讼秩序类似的行为，一般不能认定该行为构成妨害民事诉讼秩序的行为，故B项正确。根据《民事诉讼法》第119条第1、3款的规定，拘留必须经院长批准，对决定不服的，可以向上一级人民法院申请复议一次，故CD项错误。

5. C。考查限制消费措施的相关规定。最高人民法院《关于限制被执行人高消费及有关消费的若干规定》(以下简称《限制消费规定》)第1条规定，被执行人未按执行通知书指定的期间履行生效法律文书确定的给付义务的，人民法院可以采取限制消费措施，限制其高消费及非生活或者经营必需的有关消费。纳入失信被执行人名单的被执行人，人民法院应当对其采取限制消费措施。故AB项错误。根据《限制消费规定》第3条的规定，人民法院对自然人和单位都可采取限制消费措施，故C项正确。《限制消费规定》第4条规定，限制消费措施一般由申请执行人提出书面申请，经人民法院审查决定；必要时人民法院可以依职权决定。故D项错误。

二、1. BCD。考查对妨害法庭秩序行为的规定。《民诉解释》第176条第1款规定，诉讼参与人或者其他人有下列行为之一的，人民法院可以适用《民事诉讼法》第113条规定处理：(1)未经准许进行录音、录像、摄影的；(2)未经准许以移动通信等方式现场传播审判活动的；(3)其他扰乱法庭秩序，妨害审判活动进行的。因此，BCD项当选。A项并非妨碍法庭秩序的行为，法庭可以按撤诉处理。

2. ABD。《民诉解释》第181条规定，因哄闹、冲击法庭，用暴力、威胁等方法抗拒执行公务等紧急情况，必须立即采取拘留措施的，可在拘留后，立即报告院长补办批准手续。故A项正确。《民诉解释》第177条规定，训诫、责令退出法庭由合议庭或者独任审判员决定。训诫的内容、被责令退出法庭者的违法事实应当记入庭审笔录。故B项正确。《民事诉讼法》第118条第1款规定，对个人的罚款金额，为人民币10万元以下。对单位的罚款金额，为人民币5万元以上100万元以下。故C项错误。根据《民诉解释》第176条第2款的规定，对擅自进行录音、录像、摄影、现场传播审判活动的人员，人民法院可以暂扣诉讼参与人或者其他人进行录音、录像、摄影、传播审判活动的器材，并责令其删除有关内容；拒不删除的，人民法院可以采取必要手段强制删除。故D项正确。

3. BD。考查协助执行单位拒不协助执行的处理。根据《民事诉讼法》第117条的规定，BD项正确。

4. ABCD。考查诉讼参与人或者其他人妨害民事诉讼活动的行为。《民事诉讼法》第114条第1款规定，诉讼参与人或者其他人有下列行为之一的，人民法院可以根据情节轻重予以罚款、拘留；构成犯罪的，依法追究刑事责任：(1)伪造、毁灭重要证据，妨碍人民法院审理案件的；(2)以暴力、威胁、贿买方法阻止证人作证或者指使、贿买、胁迫他人作伪证的；(3)隐藏、转移、变卖、毁损已被查封、扣押的财产，或者已被清点并责令其保管的财产，转移已被冻结的财产的；(4)对司法工作人员、诉讼参加人、证人、翻译人员、鉴定人、勘验人、协助执行的人，进行侮辱、诽谤、诬陷、殴打或者打击报复的；(5)以暴力、威胁或者其他方法阻碍司法工作人员执行职务的；(6)拒不履行人民法院已经发生法律效力的判决、裁定的。综上，答案为ABCD。

5. ABD。考查对强制措施的复议。《民诉解释》第185条规定，被罚款、拘留的人不服罚款、拘留决定申请复议的，应当自收到决定书之日起3日内提出。上级人民法院应当在收到复议申请后5日内作出决定，并将复议结果通知下级人民法院和当事人。故A项错误。《民事诉讼法》第119条规定，拘传、罚款、拘留必须经院长批准。拘传应当发拘传票。罚款、拘留应当用决定书。对决定不服的，可以向上一级人民法院申请复议一次。复议期间不停止执行。故BD项错误。《民诉解释》第180条规定，人民法院对被拘留人采取拘留措施后，应当在24小时内通知其家属；确实无法按时通知或者通知不到的，应当记录在案。故C项正确。

6. AC。考查拘传的相关规定。根据《民诉解释》第175条的规定，拘传必须用拘传票，并直接送达被拘传人，故A项正确。《民事诉讼法》第112条规定，人民法院对必须到庭的被告,经两次传票传唤,无正当理由拒不到庭的,可以拘传。故BD项错误,C项正确。

7. ABCD。考查限制消费措施的规定。根据《限制消费规定》第9条的规定,在限制消费期间,被执行人提供确实有效的担保或者经申请执行人同意的,人民法院可以解除限制消费令,故A项正确。《限制消费规定》第10条规定,人民法院应当设置举报电话或者邮箱,接受申请执行人和社会公众对被限制消费的被执行人违反本规定第3条的举报,并进行审查认定。故B项正确。《限制消费规定》第11条规定,被执行人违反限制消费令进行消费的行为属于拒不履行人民法院已经发生法律效力的判决、裁定的行为,经查证属实的,依照《民事诉讼法》第114条的规定,予以拘留、罚款;情节严重,构成犯罪的,追究其刑事责任。有关单位在收到人民法院协助执行通知书后,仍允许被执行人进行高消费及非生活或者经营必需的有关消费的,人民法院可以依照《民事诉讼法》第117条的规定,追究其法律责任。故CD项正确。

8. ABD。根据2017年最高人民法院《关于认真贯彻实施民事诉讼法及相关司法解释有关规定的通知》的规定,属于《民事诉讼法》第58条规定的公益诉讼案件,对不到庭就无法查明案件基本事实的原告,可以依照《民诉解释》第174条第2款规定适用拘传。本案中,如果M消协不到庭就无法查清事实,其又属于侵害众多消费者权益的公益诉讼,法院可以对相关负责人适用拘传。故A项错误。根据《民诉解释》第177条的规定,适用训诫措施的,训诫的内容应记入庭审笔录。故B项错误。根据《民诉解释》第176条的规定,未经准许以移动通信等方式现场传播审判活动的,人民法院可以暂扣诉讼参与人或者其他人传播审判活动的器材,并责令其删除有关内容。故C项正确。行为人实施妨害民事诉讼的行为,主观上必须是故意的。如果行为人是因为过失而造成妨害民事诉讼秩序的结果的,如因为大意或疏忽而丢失了证据等,不构成妨害民事诉讼的行为。故D项错误。

## 第十三章　普通程序

### 基础知识篇

一、1. C。考查起诉程序。《民事诉讼法》第58条第1款规定,对污染环境、侵害众多消费者合法权益等损害社会公共利益的行为,法律规定的机关和有关组织可以向人民法院提起诉讼。故A项错误。当事人超过诉讼时效期间起诉的,人民法院应当受理。故B项错误。《民事诉讼法》第122条规定,起诉必须符合下列条件:(1)原告是与本案有直接利害关系的公民、法人和其他组织;(2)有明确的被告;(3)有具体的诉讼请求和事实、理由;(4)属于人民法院受理民事诉讼的范围和受诉人民法院管辖。故C项正确。被告下落不明不等于被告不明确,故D项错误。

2. A。考查离婚案件撤诉后再次起诉的处理。《民诉解释》第214条第2款规定,原告撤诉或者按撤诉处理的离婚案件,没有新情况、新理由,6个月内又起诉的,比照《民事诉讼法》第127条第7项的规定不予受理。

3. C。考查立案登记与明确被告的含义。《民诉解释》第208条规定,人民法院接到当事人提交的民事起诉状时,对符合《民事诉讼法》第122条的规定,且不属于第127条规定情形的,应当登记立案;对当场不能判定是否符合起诉条件的,应当接收起诉材料,并出具注明收到日期的书面凭证。需要补充必要相关材料的,人民法院应当及时告知当事人。在补齐相关材料后,应当在7日内决定是否立案。立案后发现不符合起诉条件或者属于《民事诉讼法》第127条规定情形的,裁定驳回起诉。因此,ABD项正确。《民诉解释》第209条第1款规定,原告提供被告的姓名或者名称、住所等信息具体明确,足以使被告与他人相区别的,可以认定为有明确的被告。由于C项中甲的起诉状并不能够完全使被告与他人相区别,因此不能认为有明确的被告。因此C项错误,本题选择C。

4. C。考查普通程序起诉与受理的问题。《民诉解释》第209条第2款规定,起诉状列写被告信息不足以认定明确的被告的,人民法院可以告知原告补正。原告补正后仍不能确定明确的被告的,人民法院裁定不予受理。故A项错误。《民诉解释》第213条规定,原告应当预交而未预交案件受理费,人民法院应当通知其预交,通知后仍不预交或者申请减、缓、免未获批准而仍不预交的,裁定按撤诉处理。故B项错误。《民诉解释》第214条第1款规定,原告撤诉或者人民法院按撤诉处理后,原告以同一诉讼请求再次起诉的,人民法院应予受理。故C项正确。《民诉解释》第210条规定,原告在起诉状中有谩骂和人身攻击之辞的,人民法院应当告知其修改后提起诉讼。因此不应为裁定驳回起诉。故D项错误。

5. C。考查不予受理的具体情形。根据《民事诉讼法》第127条第1、2、7项的规定,依照《行政诉讼法》的规定,属于行政诉讼受案范围的,告知原告提起行政诉讼;依照法律规定,双方当事人达成书面仲裁协议申请仲裁、不得向人民法院起诉的,告知原告向仲裁机构申请仲裁;判决不准离婚和调解和好的离婚案件,判决、调解维持收养关系的案件,没有新情况、新理由,原告在6个月内又起诉的,不予受理。故ABD项错误。《民诉解释》第219条规定,当事人超过诉讼时效期间起诉的,人民法院应予受理。受理后对方当事人提出诉讼时效抗辩,人民法院经审理认为抗辩事由成立的,判决驳回原告的诉讼请求。故正确答案为C。

6. A。《民诉解释》第248条规定,裁判发生效力后,发生新的事实,当事人再次提起诉讼的,人民法院应当受理。法院作出的判决仅仅是对判决之前当事人之间的实体法律关系的状态进行判断,不可能对判决之后可能出现的新的事实作出预测,因此在判决生效后出现新的事实应当允许当事人再次起诉,法院将其作为新的案件受理。

本题中,法院基于疫情期间供货商无法供货导致兴盛公司无法交货这一事实驳回隆发公司的起诉。3个月后复工复产是判决生效后发生的新的事实,因此隆发公司可以将其作为新的事实重新起诉,法院应当受理,故A项正确。根据《民事诉讼法》第210条的规定,对已经发生法律效力的判决、裁定,认为有错误的,当事人才可以申请再审。本题中,法院基于判决前的事实作出的判决是正确的,不符合再审的条件,因此B项错误。上诉的对象是尚未生效的一审判决及部分裁定,本题中一审判决已生效,故不能上诉,因此D项错误。

对于《民诉解释》第248条的理解:这一司法解释的规定背后涉及的是既判力的时间效力这一理论问题。大陆法系通说认为:"发生既判力的判决只确认特定时刻的权利状态,而不是确认所有未来的权利状态。"因为法院判决是对特定时间点上,即辩论终结时,当事人之间的实体法律关系状态的判断,故仅仅对该特定时间点之前发生的事项具有既判力,对该特定时间点之后发生的事项没有既判力,故该特定时间点后发生的事实不受既判力的约束,当事人可以再次提起诉讼。

二、1. BCD。考查撤诉、缺席判决与诉的合并。《民事诉讼法》第146条规定,原告经传票传唤,无正当理由拒不到庭的,或者未经法庭许可中途退庭的,可以按撤诉处理;被告反诉的,可以缺席判决。《民事诉讼法》第147条规定,被告经传票传唤,无正当理由拒不到庭的,或者未经法庭许可中途退庭的,可以缺席判决。因此,A项错误,BC项正确。《民诉解释》第221条规定,基于同一事实发生的纠纷,当事人分别向同一人民法院起诉的,人民法院可以合并审理。因此,D项正确。

2. AB。考查按撤诉处理的情形。根据《民事诉讼法》及司法解释的规定,按撤诉处理的情形为:(1)原告经传票传唤,无正当理由拒不到庭;(2)原告未经法庭许可中途退庭;(3)原告应预交而未预交案件受理费,人民法院应当通知其预交,通知后仍不预交,或者申请缓、减、免未获批准而仍不预交的;(4)无民事行为能力的原告的法定代理人,经传票传唤无正当理由拒不到庭的;(5)有独立请求权的第三人经法院传票传唤,无正当理由拒不到庭,或未经法庭许可中途退庭的。无独立请求权的第三人经法院传票传唤,无正当理由拒不到庭,或未经法庭许可中途退庭的,不影响案件的审理。故CD项可按撤诉处理,答案为AB。

3. CD。考查诉讼中止。根据《民事诉讼法》第153条的规定,CD项正确;根据《民事诉讼法》第149条的规定,AB项错误,应当延期审理。

4. ABD。《民事诉讼法》第136条规定,人民法院对受理的案件,按以下情形,予以处理:(1)当事人没有争议,符合督促程序规定条件的,可以转入督促程序;(2)开庭前可以调解的,采取调解方式及时解决纠纷;(3)根据案件情况,确定适用简易程序或者普通程序;(4)需要开庭审理的,通过要求当事人交换证据等方式,明确争议焦点。《民事诉讼法》第100条第1款规定,调解达成协议,人民法院应当制作调解书。调解书应当写明诉讼请求、案件的事实和调解结果。故AB项错误,C项正确。《民事诉讼法》第135条规定,必须共同进行诉讼的当事人没有参加诉讼的,人民法院应当通知其参加诉讼。故D项错误。

5. ABD。考查互联网法院普通程序的适用。《互联网法院规定》第1条规定,互联网法院采取在线方式审理案件,案件的受理、送达、调解、证据交换、庭前准备、庭审、宣判等诉讼环节一般应当在线上完成。根据当事人申请或者案件审理需要,互联网法院可以决定在线下完成部分诉讼环节。故AB项错误。根据《互联网法院规定》第9条、第12条的规定,C项正确。《互联网法院规定》第13条第3项规定,经征得当事人同意,可以将当事人陈述、法庭调查、法庭辩论等庭审环节合并进行。对于简单民事案件,庭审可以直接围绕诉讼请求或者案件要素进行。故D项错误。

## 理解与应用篇

一、1. B。《民事诉讼法》第153条规定:"有下列情形之一的,中止诉讼:(一)一方当事人死亡,需要等待继承人表明是否参加诉讼的;(二)一方当事人丧失诉讼行为能力,尚未确定法定代理人的;(三)作为一方当事人的法人或者其他组织终止,尚未确定权利义务承受人的;(四)一方当事人因不可抗拒的事由,不能参加诉讼的;(五)本案必须以另一案的审理结果为依据,而另一案尚未审结的;(六)其他应当中止诉讼的情形。中止诉讼的原因消除后,恢复诉讼。"本案为合同纠纷,一方当事人甲某死亡,需要等待甲某的继承人表明是否参加诉讼,故法院应该裁定中止诉讼。而甲某已经提起了上诉,二审程序已经启动,此时案件的具体处理应该由二审法院进行,故裁定应当由二审法院作出,故B项正确。

[陷阱点拨]在此类题型中,考生应该注意在一方当事人死亡时,可能出现中止诉讼的情形,也可能出现终结诉讼的情形。

(1)一般案件中当事人死亡,需要裁定中止诉讼,等待继承人表明是否参加诉讼。继承人表明参加,则恢复诉讼;没有继承人、继承人放弃权利,则裁定终结诉讼。

(2)离婚案件,追索赡养费、扶养费、抚养费以及解除收养关系案件,涉及身份关系,无法继承,一方当事人死亡,则诉讼终结。同时被告死亡,没有遗产,也没有应当承担义务的人时,诉讼终结。

考生需要注意案件的类型,以此来判断当事人死亡的法律后果。

2. D。《民诉解释》第246条规定,裁定中止诉讼的原因消除,恢复诉讼程序时,不必撤销原裁定,从人民法院通知或者准许当事人双方继续进行诉讼时起,中止诉讼的裁定即失去效力。因此,D项正确。

3. D。考查离婚判决中没有涉及的财产的处理。《民诉解释》第380条规定,当事人就离婚案件中的财产分割问题申请再审,如涉及判决中已分割的财产,人民法院应当依照《民事诉讼法》第211条的规定进行审查,符合再审条件的,应当裁定再审;如涉及判决中未作处理的夫妻共同财产,应当告知当事人另行起诉。

4. B。考查诉讼中各种情况的处理。根据《民事诉讼法》第149条第2项的规定,当事人临时提出回避申请的,可以延期审理。故A项错误。《民诉解释》第248条规定,裁判发生法律效力后,发生新的事实,当事人再次提起诉讼的,人民法院应当依法受理。故B项正确。根据《民事诉讼法》第154条第3项的规定,离婚案件一方当事人死亡的,终结诉讼。故C项错误。根据《民事诉讼法》第154条第4项的规定,追索赡养费的案件的一方当事人死亡的,终结诉讼。故D项错误。

5. D。考查既涉及刑事又涉及民事的处理。此案不能简单地按照“先刑后民”进行处理,而应当看具体的刑事案件的处理结果是不是民事案件的处理依据。本案中法院可以继续审理此案,因为刑事案件不是该民事案件审理的依据。

6. D。考查撤诉的处理。《民诉解释》第237条规定,有独立请求权的第三人参加诉讼后,原告申请撤诉,人民法院在准许原告撤诉后,有独立请求权的第三人作为另案原告,原案原告、被告作为另案被告,诉讼继续进行。本题中丙为有独立请求权第三人,故D项正确。

7. C。考查庭前会议以及禁反言的规定。《民诉解释》第226条规定,人民法院应当根据当事人的诉讼请求、答辩意见以及证据交换的情况,归纳争议焦点,并就归纳的争议焦点征求当事人的意见,因此A项正确。根据《民诉解释》第225条第6项的规定,庭前会议可以包括进行调解,因此B项正确。《民诉解释》第229条规定,当事人在庭审中对其在审理前的准备阶段认可的事实和证据提出不同意见的,人民法院应当责令其说明理由。必要时,可以责令其提供相应证据。人民法院应当结合当事人的诉讼能力、证据和案件的具体情况进行审查。理由成立的,可以列入争议焦点进行审理。故C项错误,D项正确。C项当选。

8. C。考查当事人的变更。《民诉解释》第249条规定,在诉讼中,争议的民事权利义务转移的,不影响当事人的诉讼主体资格和诉讼地位。人民法院作出的发生法律效力的判决、裁定对受让人具有拘束力。受让人申请以无独立请求权的第三人身份参加诉讼的,人民法院可予准许。受让人申请替代当事人承担诉讼的,人民法院可以根据案件的具体情况决定是否准许;不予准许的,可以追加其为无独立请求权的第三人。《民诉解释》第250条规定,依照本解释第249条规定,人民法院准许受让人替代当事人承担诉讼的,裁定变更当事人。变更当事人后,诉讼程序以受让人为当事人继续进行,原当事人应当退出诉讼。原当事人已经完成的诉讼行为对受让人具有拘束力。因此ABD项错误,C项当选。

9. B。考查第三人撤销之诉及裁判文书的类型。根据《民事诉讼法》第59条和《民诉解释》第290条的规定,第三人撤销之诉是指第三人对已经发生法律效力的判决、裁定、调解书提起撤销之诉的,应当自知道或者应当知道其民事权益受到损害之日起6个月内,向作出生效判决、裁定、调解书的人民法院提起诉讼。《民诉解释》第298条第1款规定,对第三人撤销或者部分撤销发生法律效力的判决、裁定、调解书内容的请求,人民法院经审理,按下列情形分别处理:(1)请求成立且确认其民事权利的主张全部或部分成立的,改变原判决、裁定、调解书内容的错误部分;(2)请求成立,但确认其全部或部分民事权利的主张不成立,或者未提出确认其民事权利请求的,撤销原判决、裁定、调解书内容的错误部分;(3)请求不成立的,驳回诉讼请求。

本题中,丙公司作为第三人主张原判决导致合同目的无法实现,损害其合法权益,向法院起诉撤销原判决,法院经审理认为原合同无效之诉中提供的证据确系伪造,但丙公司并未能证明其利益受到该判决损害,即丙公司的请求不成立。根据《民诉解释》第298条的规定,法院应当驳回诉讼请求。驳回诉讼请求,是指人民法院对已经立案受理的案件经审理后,发现原告请求法院保护的实体权利不符合法律规定的条件,因而对原告的请求不予保护的司法行为,其所解决的是实体意义上的胜诉权问题,针对的是不符合法律规定的实体请求,用判决的方式作出。故本题正确答案为B。

二、1. BC。考查判决错误的处理。作出判决的法院要受到所作判决的拘束,不得自行任意变更,故A

项错误。《民诉解释》第242条规定，一审宣判后，原审人民法院发现判决有错误，当事人在上诉期内提出上诉的，原审人民法院可以提出原判决有错误的意见，报送第二审人民法院，由第二审人民法院按照第二审程序进行审理；当事人不上诉的，按照审判监督程序处理。故BC项正确。由于一审判决尚未生效，所以D项错误。

2. AB。考查一审普通程序的具体规定。根据《民诉解释》第227条的规定，人民法院适用普通程序审理案件，应当在开庭3日前用传票传唤当事人，故A项正确。《民事诉讼法》第159条规定，公众可以查阅发生法律效力的判决书、裁定书，但涉及国家秘密、商业秘密和个人隐私的内容除外。故B项正确。《民诉解释》第232条规定，在案件受理后，法庭辩论结束前，原告增加诉讼请求，被告提出反诉，第三人提出与本案有关的诉讼请求，可以合并审理的，人民法院应当合并审理。故C项错误。《民诉解释》第239条规定，人民法院准许本诉原告撤诉的，应当对反诉继续审理；被告申请撤回反诉的，人民法院应予准许。故D项错误。

3. ABD。考查离婚案件的特殊规定。根据《民事诉讼法》第127条第7项的规定，禁诉期间的限制对象为原告，因此A项正确。根据《民事诉讼法》第101条的规定，调解和好的离婚案件，法院可以不制作调解书。故B项正确。《民诉解释》第327条第1款规定，一审判决不准离婚的案件，上诉后，第二审人民法院认为应当判决离婚的，可以根据当事人自愿的原则，与子女抚养、财产问题一并调解；调解不成的，发回重审。C项错误。根据《民事诉讼法》第213条的规定，D项正确。

4. ABD。考查不予受理、驳回起诉及驳回诉讼请求。不予受理、驳回起诉适用的文书为裁定，驳回诉讼请求适用的文书为判决，裁定的上诉期为10天，而判决的上诉期为15天，故A项错误。不予受理、驳回起诉的裁定生效后，当事人还可以另行起诉，但驳回诉讼请求的判决生效后，当事人不得另行起诉，故B项错误。根据《民诉解释》第379条、《民事诉讼法》第171条和第210条的规定，C项正确。不予受理发生在审查起诉阶段，驳回起诉及驳回诉讼请求发生在受理案件后，故D项错误。

5. ABCD。考查公益诉讼相关制度。《民诉解释》第283条第3款规定，对同一侵权行为分别向两个以上人民法院提起公益诉讼的，由最先立案的人民法院管辖，必要时由它们的共同上级人民法院指定管辖。因此A项错误。《民诉解释》第286条规定，人民法院受理公益诉讼案件，不影响同一侵权行为的受害人根据《民事诉讼法》第122条规定提起诉讼。因此B项错误。根据《民诉解释》第287条第2款的规定，当事人达成和解或者调解协议后，人民法院应当将和解或者调解协议进行公告。公告期间不得少于30日。因此C项错误。《民诉解释》第288条规定，公益诉讼案件的原告在法庭辩论终结后申请撤诉的，人民法院不予准许。因此D项错误。

## 综合提高篇

1. (1)C。考查离婚案件一方当事人下落不明的处理。《民诉解释》第217条规定，夫妻一方下落不明，另一方诉至人民法院，只要求离婚，不申请宣告下落不明人失踪或者死亡的案件，人民法院应当受理，对下落不明人公告送达诉讼文书。

(2)ABCD。《民诉解释》第243条规定，《民事诉讼法》第152条规定的审限，是指从立案之日起至裁判宣告、调解书送达之日止的期间，但公告期间、鉴定期间、双方当事人和解期间、审理当事人提出的管辖异议以及处理人民法院之间的管辖争议期间不应计算在内。

(3)AD。《民事诉讼法》第159条规定，公众可以查阅发生法律效力的判决书、裁定书，但涉及国家秘密、商业秘密和个人隐私的内容除外。故AD项正确，B项错误。《民诉解释》第255条第1项规定，判决书、裁定书已经通过信息网络向社会公开的，人民法院应当引导申请人自行查阅。故C项错误。

2. (1)A。考查给付赡养费案件的裁判发生法律效力后，一方当事人再行起诉的特殊规定。《民诉解释》第218条规定，赡养费、扶养费、抚养费案件，裁判发生法律效力后，因新情况、新理由，一方当事人再行起诉要求增加或者减少费用的，人民法院应作为新案受理。

(2)CD。考查妨碍民事诉讼的强制措施。根据《民诉解释》第174条的规定，刘永属于必须到庭的被告。故根据《民事诉讼法》第112条的规定，刘永经两次传票传唤，无正当理由拒不到庭，可以拘传，同时根据《民事诉讼法》第147条的规定可以缺席判决。

(3)C。考查适用诉讼终结的情形。根据《民事诉讼法》第154条第4项的规定，追索赡养费、扶养费、抚养费以及解除收养关系案件的一方当事人死亡的，应终结诉讼。因此，正确答案为C。

# 第十四章　简易程序

一、1. D。考查简易程序的适用范围。《民诉解释》第257条规定，下列案件，不适用简易程序：(1)起诉时被告下落不明的；(2)发回重审的；(3)当事人一方人数众多的；(4)适用审判监督程序的；(5)涉及国家利益、社会公共利益的；(6)第三人起诉请求改变或者撤销生效判决、裁定、调解书的；(7)其他不宜适用简易程序的案件。故ABC项不当选。根据《民事诉讼法》第160条第2款的规定，基层人民法院和它派出的法庭审理事实清楚、权利义务关系明确、争议不大的简单民事案件以外的民事案件，当事人双方也可以约定适用简易程序。D项当选。

2. C。考查简易程序中的具体制度。《民事诉讼法》第161条第1款规定，对简单的民事案件，原告可以口头起诉。故A项正确。《民事诉讼法》第170条规定，人民法院在审理过程中，发现案件不宜适用简易程序的，裁定转为普通程序。故B项正确。《民诉解释》第260条规定，已经按照普通程序审理的案件，在开庭后不得转为简易程序审理。故C项错误。根据《民诉解释》第259条的规定，当事人双方可就开庭方式向人民法院提出申请，由人民法院决定是否准许。故D项正确。

3. D。考查小额诉讼程序的特点。《民事诉讼法》第165条第1款规定，基层人民法院和它派出的法庭审理事实清楚、权利义务关系明确、争议不大的简单金钱给付民事案件，标的额为各省、自治区、直辖市上年度就业人员年平均工资50%以下的，适用小额诉讼的程序审理，实行一审终审。A项错误。《民诉解释》第278条第1款规定，因当事人申请增加或者变更诉讼请求、提出反诉、追加当事人等，致使案件不符合小额诉讼案件条件的，应当适用简易程序的其他规定审理。B项错误。《民诉解释》第424条第1款规定，对小额诉讼案件的判决、裁定，当事人以《民事诉讼法》第211条规定的事由向原审人民法院申请再审的，人民法院应当受理。申请再审事由成立的，应当裁定再审，组成合议庭进行审理。作出的再审判决、裁定，当事人不得上诉。C项错误。《民事诉讼法》第162条规定，基层人民法院和它派出的法庭审理简单的民事案件，可以用简便方式传唤当事人和证人、送达诉讼文书、审理案件，但应当保障当事人陈述意见的权利。D项正确。

4. C。考查简易程序与普通程序的转换。《民诉解释》第260条规定，已经按照普通程序审理的案件，在开庭后不得转为简易程序审理。故A项错误。根据最高人民法院《关于适用简易程序审理民事案件的若干规定》(以下简称《简易程序规定》)第2条第1款的规定，基层人民法院适用第一审普通程序审理的民事案件，当事人各方自愿选择适用简易程序，经人民法院审查同意的，可以适用简易程序审理。故B项错误。根据《简易程序规定》第3条的规定，人民法院在审理过程中发现不适宜适用简易程序的，应将案件转入普通程序审理。故C项正确。《民诉解释》第258条第3款规定，案件转为普通程序审理的，审理期限自人民法院立案之日计算。故D项错误。

二、1. BD。考查简易程序的适用。根据《民诉解释》第267条的规定，适用简易程序审理案件，可以简便方式进行审理前的准备。故A项正确。B项错误，在简易程序中也为二审终审。根据《民诉解释》第264条第1款的规定，当事人双方根据《民事诉讼法》第160条第2款规定约定适用简易程序的，应当在开庭前提出。故C项正确。D项错误，适用简易程序审结的民事案件也可以提起再审。

2. BD。考查简易程序和普通程序的关系。简易程序并非普通程序的前置程序，A项错误。根据《民事诉讼法》第160条第2款的规定，对基层人民法院和它派出的法庭审理的前款规定以外的民事案件，当事人双方也可以约定适用简易程序，B项正确。根据《民事诉讼法》第170条的规定，人民法院在审理过程中，发现案件不宜适用简易程序的，裁定转为普通程序。不是以决定方式转为普通程序，C项错误。根据《民事诉讼法》第160条的规定，D项正确。

3. ACD。考查简易程序与小额诉讼程序的特点。《民事诉讼法》第161条规定，对简单的民事案件，原告可以口头起诉。当事人双方可以同时到基层人民法院或者它派出的法庭，请求解决纠纷。基层人民法院或者它派出的法庭可以当即审理，也可以另定日期审理。故A项正确。《民诉解释》第276条规定，当事人对小额诉讼案件提出管辖异议的，人民法院应当作出裁定。裁定一经作出即生效。故B项错误。《民事诉讼法》第163条规定，简单的民事案件由审判员一人独任审理，并不受本法第139条、第141条、第144条规定的限制。故C项正确。《民诉解释》第280条规定，小额诉讼案件的裁判文书可以简化，主要记载当事人基本信息、诉讼请求、裁判主文等内容。故D项正确。

4. BD。考查简易程序中的特殊规定。《民事诉讼法》第165条规定，小额诉讼案件，实行一审终审，故A项正确。《民诉解释》第273条规定，海事法院可以适用小额诉讼的程序审理海事、海商案件。案件标的额应当以实际受理案件的海事法院或者其派出法庭所在的省、自治区、直辖市上年度就业人员年平均工资为基数计算。故B项错误。《民诉解释》第275条规定，小额诉讼案件的举证期限由人民法院确定，也可以由当事人协商一致并经人民法院准许，但一般不超过7日。被告要求书面答辩的，人民法院可以在征得其同意的基础上合理确定答辩期间，但最长不得超过15日。当事人到庭后表示不需要举证期限和答辩期间的，人民法院可立即开庭审理。因此C项正确，D项忽略了法院的审查准许，因此错误。

5. ACD。考查简易程序的特殊规定。《民诉解释》第258条第1款规定，适用简易程序审理的案件，审理期限到期后，有特殊情况需要延长的，经本院院长批准，可以延长审理期限。延长后的审理期限累计不得超过4个月。故A项正确。根据《民事诉讼法》第163条的规定，简易程序适用独任制，不能由合议庭合议审理。故B项错误。根据《民诉解释》第270条第2

项的规定,适用简易程序审理的案件,一方当事人明确表示承认对方全部或者部分诉讼请求的,人民法院在制作判决书、裁定书、调解书时,对认定事实或者裁判理由部分可以适当简化。因此C项正确。《民诉解释》第266条第3款规定,当事人双方均表示不需要举证期限、答辩期间的,人民法院可以立即开庭审理或者确定开庭日期。故D项正确。

6. CD。《民事诉讼法》第160条第2款规定,基层人民法院和它派出的法庭审理事实清楚、权利义务关系明确、争议不大的简单的民事案件以外的民事案件,当事人双方也可以约定适用简易程序。据此可知,本案可以根据当事人的约定,适用简易程序审理。故A项不当选。《民诉解释》第261条第1款规定,适用简易程序审理案件,人民法院可以采取捎口信、电话、短信、传真、电子邮件等简便方式传唤双方当事人、通知证人和送达诉讼文书。据此可知,法院以电子邮件的方式向双方当事人通知开庭时间的做法合法。故B项不当选。《民事诉讼法》第40条第2款规定,适用简易程序审理的民事案件,由审判员一人独任审理。故C项当选。《民诉解释》第140条规定,适用简易程序的案件,不适用公告送达。据此可知,法院采取公告送达的方式送达判决书违法。故D项当选。

7. ABCD。考查互联网法院的简化审理程序。《互联网法院规定》第13条规定,互联网法院可以视情况决定采取下列方式简化庭审程序:(1)开庭前已经在线完成当事人身份核实、权利义务告知、庭审纪律宣示的,开庭时可以不再重复进行。(2)当事人已经在线完成证据交换的,对于无争议的证据,法官在庭审中说明后,可以不再举证、质证。(3)经征得当事人同意,可以将当事人陈述、法庭调查、法庭辩论等庭审环节合并进行。对于简单民事案件,庭审可以直接围绕诉讼请求或者案件要素进行。故ABC项正确。《互联网法院规定》第18条规定,对需要进行公告送达的事实清楚、权利义务关系明确的简单民事案件,互联网法院可以适用简易程序审理。故D项正确。

## 第十五章　第二审程序

一、1. D。考查二审中当事人诉讼地位的确定。根据《民诉解释》第315条的规定,双方当事人和第三人都提起上诉的,均为上诉人。因此,只要提起上诉的均须列为上诉人,上诉案件可以没有被上诉人,故D项错误。《民诉解释》第317条对必要共同诉讼人中的一人或者部分人提起上诉的处理作出了具体的规定,由此也可以选出正确答案。

2. C。考查上诉的提起。根据《民事诉讼法》第172条的规定可知,甲为上诉人,丙则不是;另根据《民事诉讼法》第85条第4款的规定可知乙也是上诉人。

3. A。考查第二审程序。根据《民事诉讼法》第172条的规定,上诉应当递交上诉状。因此,不能采取口头形式上诉。故A项错误。《民诉解释》第329条规定,人民法院依照第二审程序审理案件,认为第一审人民法院受理案件违反专属管辖规定的,应当裁定撤销原裁判并移送有管辖权的人民法院。故B项正确。《民诉解释》第332条规定,原判决、裁定认定事实或者适用法律虽有瑕疵,但裁判结果正确的,第二审人民法院可以在判决、裁定中纠正瑕疵后,依照《民事诉讼法》第177条第1款第1项规定予以维持。故C项正确。《民事诉讼法》第178条规定,第二审人民法院对不服第一审人民法院裁定的上诉案件的处理,一律使用裁定。故D项正确。

4. D。考查上诉的撤回。《民事诉讼法》第180条规定,第二审人民法院判决宣告前,上诉人申请撤回上诉的,是否准许,由第二审人民法院裁定。故A项错误。如果在本案上诉期届满前,乙也没有提出上诉,则一审判决才发生效力。故B项错误。根据《民事诉讼法》第180条的规定,在二审判决宣告前,上诉人都有权申请撤回上诉。故C项错误。

5. C。《民诉解释》第330条规定,第二审人民法院查明第一审人民法院作出的不予受理裁定有错误的,应当在撤销原裁定的同时,指令第一审人民法院立案受理;查明第一审人民法院作出的驳回起诉裁定有错误的,应当在撤销原裁定的同时,指令第一审人民法院审理。因此A项错误。《民诉解释》第337条规定,当事人在第二审程序中达成和解协议的,人民法院可以根据当事人的请求,对双方达成的和解协议进行审查并制作调解书送达当事人。因此B项错误。《民诉解释》第335条规定,在第二审程序中,当事人申请撤回上诉,人民法院经审查认为一审判决确有错误,或者当事人之间恶意串通损害国家利益、社会公共利益、他人合法权益的,不应准许。因此C项正确。《民诉解释》第320条规定,上诉案件的当事人死亡或者终止的,人民法院依法通知其权利义务承继者参加诉讼,需要终结诉讼的,适用《民事诉讼法》第154条规定。根据《民事诉讼法》第154条的规定,离婚案件一方当事人死亡的,终结诉讼。因此D项错误。

6. B。考查二审审理期限。《民诉解释》第339条规定,人民法院审理对裁定的上诉案件,应当在第二审立案之日起30日内作出终审裁定。有特殊情况需要延长审限的,由本院院长批准。故B项正确。

7. A。考查二审发回重审的限制。《民事诉讼法》第177条第2款规定,原审人民法院对发回重审的案件作出判决后,当事人提起上诉的,第二审人民法院不得再次发回重审。故A项正确。

8. C。考查严重违反法定程序的情形。《民诉解释》第323条规定,下列情形,可以认定为《民事诉讼法》第 177 条第 1 款第 4 项规定的严重违反法定程序：(1)审判组织的组成不合法的；(2)应当回避的审判人员未回避的；(3)无诉讼行为能力人未经法定代理人代为诉讼的；(4)违法剥夺当事人辩论权利的。因此答案为 C。

9. D。考查涉外民事诉讼案件的上诉规定。《民事诉讼法》第 171 条第 1 款规定，当事人不服地方人民法院第一审判决的，有权在判决书送达之日起 15 日内向上一级人民法院提起上诉。《民事诉讼法》第 286 条规定，在中华人民共和国领域内没有住所的当事人，不服第一审人民法院判决、裁定的，有权在判决书、裁定书送达之日起 30 日内提起上诉。被上诉人在收到上诉状副本后，应当在 30 日内提出答辩状。当事人不能在法定期间提起上诉或者提出答辩状，申请延期的，是否准许，由人民法院决定。故 ABC 项错误，D 项正确。

二、1. ACD。考查二审程序确定上诉人与被上诉人情形。根据《民诉解释》第 315 条的规定，双方当事人和第三人都提起上诉的，均列为上诉人。人民法院可以依职权确定第二审程序中当事人的诉讼地位。《民诉解释》第 317 条规定，必要共同诉讼人的一人或者部分人提起上诉的，按下列情形分别处理：(1)上诉仅对与对方当事人之间权利义务分担有意见，不涉及其他共同诉讼人利益的，对方当事人为被上诉人，未上诉的同一方当事人依原审诉讼地位列明；(2)上诉仅对共同诉讼人之间权利义务分担有意见，不涉及对方当事人利益的，未上诉的同一方当事人为被上诉人，对方当事人依原审诉讼地位列明；(3)上诉对双方当事人之间以及共同诉讼人之间权利义务承担有意见的，未提起上诉的其他当事人均为被上诉人。故 B 项正确，ACD 项错误。

2. ACD。考查二审不开庭审理的情况。《民诉解释》第 331 条规定，第二审人民法院对下列上诉案件，依照《民事诉讼法》第 176 条规定可以不开庭审理：(1)不服不予受理、管辖权异议和驳回起诉裁定的；(2)当事人提出的上诉请求明显不能成立的；(3)原判决、裁定认定事实清楚，但适用法律错误的；(4)原判决严重违反法定程序，需要发回重审的。因此，ACD 当选。

3. BC。考查二审当事人增加诉讼请求的处理。《民诉解释》第 327 条规定，一审判决不准离婚的案件，上诉后，第二审人民法院认为应当判决离婚的，可以根据当事人自愿的原则，与子女抚养、财产问题一并调解；调解不成的，发回重审。双方当事人同意由第二审人民法院一并审理的，第二审人民法院可以一并裁判。由于本案涉及的是离婚案件的二审，因此正确答案为 BC。

4. ABC。考查上诉审对案件的审理方式。《民诉解释》第 328 条规定，人民法院依照第二审程序审理案件，认为依法不应由人民法院受理的，可以由第二审人民法院直接裁定撤销原裁判，驳回起诉。因此本题选 ABC。

5. ABCD。考查二审撤回上诉的处理。《民事诉讼法》第 171 条第 1 款规定，当事人不服地方人民法院第一审判决的，有权在判决书送达之日起 15 日内向上一级人民法院提起上诉。故 A 项错误。《民事诉讼法》第 151 条第 4 款规定，宣告离婚判决，必须告知当事人在判决发生法律效力前不得另行结婚。故 B 项错误。根据《民事诉讼法》第 179 条的规定，第二审人民法院审理上诉案件，可以进行调解。调解书送达后，原审人民法院的判决即视为撤销。故 C 项错误。《民事诉讼法》第 180 条规定，第二审人民法院判决宣告前，上诉人申请撤回上诉的，是否准许，由第二审人民法院裁定。撤回上诉视为没有上诉，如果一审裁判的上诉期未满，则一审裁判在上诉期满后生效。故 D 项错误。

6. ABC。考查上诉的撤回。《民事诉讼法》第 180 条规定，第二审人民法院判决宣告前，上诉人申请撤回上诉的，是否准许，由第二审人民法院裁定。故 A 项正确。由《民诉解释》第 335 条规定可知，B 项正确。第二审人民法院裁定上诉人不准撤回上诉的，诉讼继续进行；裁定准许撤回上诉的，二审程序即告终结，同时一审法院的裁判发生法律效力，C 项正确。也就是说，上诉人在第二审人民法院开庭审理之后撤回上诉的，一审裁判即发生法律效力，即使没有超过上诉期间也不得再提起上诉。这与当事人撤回起诉不同，须加以区别，故 D 项错误。

7. CD。考查上诉审理的特殊规定。根据《民诉解释》第 338 条的规定，A 项正确；根据《民事诉讼法》第 176 条第 2 款的规定，第二审人民法院审理上诉案件，可以在本院进行，也可以到案件发生地或者原审人民法院所在地进行，B 项正确；根据《民事诉讼法》第 177 条第 2 款的规定，当事人对发回重审判决提起上诉的，无论何种案件，第二审人民法院都不得再次发回重审，C 项错误；根据《民事诉讼法》第 172 条的规定，上诉应当递交上诉状，D 项错误。CD 项当选。

8. AD。考查二审中一些特殊情况的处理。《民诉解释》第 324 条规定，对当事人在第一审程序中已经提出的诉讼请求，原审人民法院未作审理、判决的，第二审人民法院可以根据当事人自愿的原则进行调解；调解不成的，发回重审。故 A 项错误。《民诉解释》第 325 条规定，必须参加诉讼的当事人或者有独立请求权的第三人，在第一审程序中未参加诉讼，第二审人民法院可以根据当事人自愿的原则予以调解；调解不成的，发回重审。故 B 项正确。《民诉解释》第 328 条规定，人民法院依照第二审程序审理案件，认为依法不应由人民法院受理的，可以由第二审人民法院直接裁定撤销原裁判，驳回起诉。故C项正确。根据《民诉解释》第329条的规定，人民法院依照第二审程序审理案件，认为第一审人民法院受理案件违反专属管辖规定的，应当裁定撤销原裁判并移送有管辖权的人民法院。故D项错误。

9. BD。考查互联网法院的二审管辖规定。《民事诉讼法》第29条规定，因侵权行为提起的诉讼，由侵权行为地或被告住所地人民法院管辖。根据《民诉解释》第24、25条的规定，侵权行为地包括侵权行为实施地、侵权结果发生地；信息网络侵权行为实施地包括实施被诉侵权行为的计算机等信息设备所在地，侵权结果发生地包括被侵权人住所地。又根据《互联网法院规定》第2条的规定，杭州互联网法院集中管辖所在市的辖区内应当由基层人民法院受理的在互联网上侵害在线发表或者传播作品的著作权或者邻接权而产生的纠纷案件。本案系侵害作品信息网络传播权纠纷，属于互联网著作权侵权纠纷。因被侵权人刘小姐的住所地为杭州市，故杭州互联网法院对本案依法享有管辖权。A项错误、B项正确。《互联网法院规定》第4条第3款规定，当事人对杭州互联网法院作出的判决、裁定提起上诉的案件，由杭州市中级人民法院审理。C项错误、D项正确。

10. ABC。考查上诉的撤回及原审原告撤回起诉的处理。根据《民诉解释》第335条的规定，二审中当事人申请撤回上诉，人民法院审查认为一审判决确有错误的，不应准许，故A项正确。根据《民诉解释》第337条的规定，当事人在第二审程序中达成和解协议的，人民法院可以根据当事人的请求，对双方达成的和解协议进行审查并制作调解书送达当事人，故B项正确。《民诉解释》第336条规定，在第二审程序中，原审原告申请撤回起诉，经其他当事人同意，且不损害国家利益、社会公共利益、他人合法权益的，人民法院可以准许。准许撤诉的，应当一并裁定撤销一审裁判。原审原告在第二审程序中撤回起诉后重复起诉的，人民法院不予受理。因此，C项正确，D项错误。

11. ABD。考查上诉审对案件的处理方式。按照我国《民事诉讼法》第177条第1款第2项的规定，二审法院经过审理，认为适用法律错误，应依法改判，不是发回重审。发回重审只适用于原判决严重违反法定程序或者原判决认定基本事实不清，可能影响案件正确判决及事实、证据认定的案件的上诉。

12. ABC。考查一审程序和二审程序的区别。一审合议庭可以由审判员、人民陪审员共同组成，也可由审判员组成；二审合议庭只能由审判员组成，二者不同。故A项错误。根据《民事诉讼法》第176条第2款的规定，第二审人民法院审理上诉案件，可以在本院进行，也可以到案件发生地或者原审人民法院所在地进行，而一审法院只能在本院进行，故B项错误。二审裁判作出后立即生效，一审裁判则需当事人在上诉期内未上诉才生效。故C项错误。根据《民事诉讼法》第152条的规定，一审的审结期限一般为6个月，有特殊情况的还可以延长，而根据《民事诉讼法》第183条的规定，二审案件的审结期限为3个月，有特殊情况可以延长，对裁定的上诉案件应当在立案之日起30日内作出裁定。故D项正确。本题为选非题，故ABC项当选。

13. BC。考查二审的裁判方式。《民事诉讼法》第177条第1款规定，第二审人民法院对上诉案件，经过审理，按照下列情形，分别处理：(1)原判决、裁定认定事实清楚，适用法律正确的，以判决、裁定方式驳回上诉，维持原判决、裁定；(2)原判决、裁定认定事实错误或者适用法律错误的，以判决、裁定方式依法改判、撤销或者变更；(3)原判决认定基本事实不清的，裁定撤销原判决，发回原审人民法院重审，或者查清事实后改判；(4)原判决遗漏当事人或者违法缺席判决等严重违反法定程序的，裁定撤销原判决，发回原审人民法院重审。对于裁定的处理以裁定的形式作出，对于判决的处理以判决的形式作出。故AD项错误，BC项正确。

三、1. (1)A。考查上诉审中被上诉人地位的确定。根据《民诉解释》第317条的规定作答。

(2)A。考查上诉审中当事人分立的处理。依据《民诉解释》第334条的规定，A项正确。

(3)BD。考查上诉审中提出反诉的特殊处理。依据《民诉解释》第326条的规定，二审中原审被告提出反诉的，二审法院可以根据当事人自愿的原则进行调解，调解不成的，告知其另行起诉。双方当事人同意由第二审人民法院一并审理的，第二审人民法院可以一并裁判。

(4)BCD。考查二审中撤回起诉的处理。《民诉解释》第336条规定，在第二审程序中，原审原告申请撤回起诉，经其他当事人同意，且不损害国家利益、社会公共利益、他人合法权益的，人民法院可以准许。准许撤诉的，应当一并裁定撤销一审裁判。原审原告在第二审程序中撤回起诉后重复起诉的，人民法院不予受理。因此，A项错误，BCD项正确。

2. (1)B。考查法院管辖异议提出时间。根据《民诉解释》第216条第1款的规定，甲应当在首次开庭前提出。

(2)AD。考查上诉程序。《民事诉讼法》第171条第1款规定，当事人不服地方人民法院第一审判决的，有权在判决书送达之日起15日内向上一级人民法院提起上诉。故A项错误。《民事诉讼法》第173条第2款规定，当事人直接向第二审人民法院上诉的，第二审人民法院应当在5日内将上诉状移交原审人民法院。故 B 项正确。《民事诉讼法》第 175 条规定，第二审人民法院应当对上诉请求的有关事实和适用法律进行审查。故 C 项正确。《民事诉讼法》第 180 条规定，第二审人民法院判决宣告前，上诉人申请撤回上诉的，是否准许，由第二审人民法院裁定。故 D 项错误。AD 项当选。

(3)B。考查法院依职权纠正一审裁判错误的规定。根据《民诉解释》第 330 条的规定，二审法院发现一审法院驳回起诉的裁定有误的，应在撤销原裁定的同时指令一审法院进行审理，故 B 项正确。

(4)CD。考查二审中的和解与撤诉。《民诉解释》第 337 条规定，当事人在第二审程序中达成和解协议的，人民法院可以根据当事人的请求，对双方达成的和解协议进行审查并制作调解书送达当事人；因和解而申请撤诉，经审查符合撤诉条件的，人民法院应予准许。因此，当事人的申请是法院根据和解协议制作调解书的条件，AB 项错误，CD 项正确。

## 第十六章　特别程序

一、1. C。考查实现担保物权案件的规定。根据《民诉解释》第 363 条的规定，A 项错误。根据《民诉解释》第 364 条的规定，B 项错误。根据《民诉解释》第 369 条的规定，D 项错误。根据《民诉解释》第 359 条的规定，C 项正确。

2. B。考查申请宣告失踪与宣告死亡案件的规定。根据《民诉解释》第 344 条、第 346 条与第 347 条的规定，可知选项 ACD 正确。《民诉解释》第 345 条规定，寻找下落不明人的公告应当记载下列内容：(1)被申请人应当在规定期间内向受理法院申报其具体地址及其联系方式，否则，被申请人将被宣告失踪、宣告死亡。(2)凡知悉被申请人生存现状的人，应当在公告期间内将其所知道情况向受理法院报告。因此，B 项错误。

3. A。考查宣告公民死亡判决的撤销。《民事诉讼法》第 193 条规定，被宣告失踪、宣告死亡的公民重新出现，经本人或者利害关系人申请，人民法院应当作出新判决，撤销原判决。考生要注意，特别程序案件没有再审之说，过去判决所确认的事实，如果现在已经不再成立，应当由本人或利害关系人申请，人民法院通过适用特别程序，作出新判决，撤销原判决。

4. C。考查选民资格案件程序。《民事诉讼法》第 188 条规定，公民不服选举委员会对选民资格的申诉所作的处理决定，可以在选举日的 5 日以前向选区所在地基层人民法院起诉。选民资格案件的起诉主体不要求与案件有直接的利害关系，认为选民名单有误的人均可起诉。故 AB 项错误，C 项正确。《民事诉讼法》第 189 条第 1、2 款规定，人民法院受理选民资格案件后，必须在选举日前审结。审理时，起诉人、选举委员会的代表和有关公民必须参加。《民诉解释》第 143 条规定，适用特别程序、督促程序、公示催告程序的案件，婚姻等身份关系确认案件以及其他根据案件性质不能进行调解的案件，不得调解。故 D 项错误。

5. C。考查特别程序的一般规定。选民资格案件不是严格意义上的非讼案件，故 A 项错误。选民资格案件的申请人和认定财产无主案件的申请人都可能是和案件无直接利害关系的人，故 B 项错误。一审终审是特别程序的典型特点，故 C 项正确。《民事诉讼法》第 187 条规定，人民法院适用特别程序审理的案件，应当在立案之日起 30 日内或者公告期满后 30 日内审结。有特殊情况需要延长的，由本院院长批准。但审理选民资格的案件除外。故 D 项错误。

6. A。考查特别程序的一般规定。根据《民事诉讼法》第 185 条的规定，依照特别程序审理的案件，实行一审终审。选民资格案件或者重大、疑难的案件，由审判员组成合议庭审理；其他案件由审判员一人独任审理。故 A 项正确。根据《民事诉讼法》第 186 条的规定，人民法院在依照特别程序审理案件的过程中，发现本案属于民事权益争议的，应当裁定终结特别程序，并告知利害关系人可以另行起诉。故 B 项错误。《民事诉讼法》第 187 条规定，人民法院适用特别程序审理的案件，应当在立案之日起 30 日内或者公告期满后 30 日内审结。有特殊情况需要延长的，由本院院长批准。但审理选民资格的案件除外。故 C 项错误。根据《民事诉讼法》第 184 条的规定，人民法院审理选民资格案件、宣告失踪或者宣告死亡案件、指定遗产管理人案件、认定公民无民事行为能力或者限制民事行为能力案件、认定财产无主案件、确认调解协议案件和实现担保物权案件，适用特别程序，故 D 项错误。

7. D。考查财产代管人规定。根据《民诉解释》第 341 条的规定，宣告失踪或者宣告死亡的案件，人民法院可以根据申请人的请求，清理下落不明人的财产，并指定案件审理期间的财产管理人，故 A 项正确。根据《民诉解释》第 342 条的规定，失踪人的财产代管人经人民法院指定后，代管人申请变更代管的，比照《民事诉讼法》特别程序的有关规定进行审理。失踪人的其他利害关系人申请变更代管的，人民法院应当告知其以原指定的代管人为被告起诉，并按照普通程序进行审理。故 BC 项正确，D 项错误。

8. B。考查认定公民为无民事行为能力人案件的规定。根据《民诉解释》第 350 条规定，申请认定公民无民事行为能力或者限制民事行为能力的案件，被申请人没有近亲属的，人民法院可以指定经被申请人住所地的居民委员会、村民委员会或者民政部门同意，且愿意担任代理人的个人或者组织为代理人。没有前款规定的代理人的，由被申请人住所地的居民委员会、村民委员会或者民政部门担任代理人。代理人可以是一人,也可以是同一顺序中的两人。因此,ACD 项正确,B 项错误,当选。

二、1. ABD。考查特别程序案件的管辖。根据《民事诉讼法》第 207 条和《民诉解释》第 362 条的规定,申请实现担保物权,应向担保财产所在地或者担保物权登记地基层人民法院提出,同一债权的担保物有多个且所在地不同,申请人分别向有管辖权的人民法院申请实现担保物权的,人民法院应当依法受理,因此 A 项错误。《民诉解释》第 352 条第 1 款规定,两个以上调解组织参与调解的,各调解组织所在地基层人民法院均有管辖权。因此 B 项错误。《民事诉讼法》第 202 条第 1 款规定,申请认定财产无主,由公民、法人或者其他组织向财产所在地基层人民法院提出。因此 C 项正确。《民事诉讼法》第 190 条第 1 款规定,公民下落不明满 2 年,利害关系人申请宣告其失踪的,向下落不明人住所地基层人民法院提出。因此 D 项错误。

2. ABCD。考查实现担保物权的特别程序。《民事诉讼法》第 207 条规定,申请实现担保物权,由担保物权人及其他有权请求实现担保物权的人依照《民法典》等法律,向担保财产所在地或者担保物权登记地基层人民法院提出。故 A 项错误。《民诉解释》第 367 条规定,实现担保物权案件可以由审判员一人独任审查。担保财产标的额超过基层人民法院管辖范围的,应当组成合议庭进行审查。故 BC 项错误。《民诉解释》第 364 条规定,同一财产上设立多个担保物权,登记在先的担保物权尚未实现的,不影响后顺位的担保物权人向人民法院申请实现担保物权。故 D 项错误。

3. ABCD。考查申请宣告失踪的特殊情形。《民事诉讼法》第 190 条第 1 款规定,公民下落不明满 2 年,利害关系人申请宣告其失踪的,向下落不明人住所地基层人民法院提出。故 A 项错误。根据《民事诉讼法》第 192 条第 1 款的规定,人民法院受理宣告失踪、宣告死亡案件后,应当发出寻找下落不明人的公告。宣告失踪的公告期间为 3 个月,宣告死亡的公告期间为 1 年。故 BC 项错误。《民诉解释》第 342 条规定,失踪人的财产代管人经人民法院指定后,代管人申请变更代管的,比照《民事诉讼法》特别程序的有关规定进行审理。申请理由成立的,裁定撤销申请人的代管人身份,同时另行指定财产代管人;申请理由不成立的,裁定驳回申请。失踪人的其他利害关系人申请变更代管的,人民法院应当告知其以原指定的代管人为被告起诉,并按普通程序进行审理。故 D 项错误。

4. AC。考查司法确认调解协议的管辖。《民诉解释》第 352 条第 1 款规定,两个以上调解组织参与调解的,各调解组织所在地基层人民法院均有管辖权。本案中参与调解的调解组织所在地为 A 区和 C 区,因此正确答案为 AC。

5. ABC。考查调解协议的司法确认。《民诉解释》第 355 条第 1 款规定,当事人申请司法确认调解协议,有下列情形之一的,人民法院裁定不予受理:(1)不属于人民法院受理范围的;(2)不属于收到申请的人民法院管辖的;(3)申请确认婚姻关系、亲子关系、收养关系等身份关系无效、有效或者解除的;(4)涉及适用其他特别程序、公示催告程序、破产程序审理的;(5)调解协议内容涉及物权、知识产权确权的。因此 ABC 项正确,D 项错误。

6. AB。考查认定财产无主案件的规定。《民事诉讼法》第 202 条第 1 款规定,申请认定财产无主,由公民、法人或者其他组织向财产所在地基层人民法院提出。故 A 项正确。《民事诉讼法》第 185 条规定,依照特别程序审理的案件,实行一审终审。选民资格案件或者重大、疑难的案件,由审判员组成合议庭审理;其他案件由审判员一人独任审理。本案可由审判员一人独任审理。故 B 项正确。根据《民诉解释》第 348 条的规定,认定财产无主案件,公告期间有人对财产提出请求的,人民法院应裁定终结特别程序,告知申请人另行起诉,适用普通程序审理。此处的"请求"应指对财产主张所有权的请求,而不是在承认财产无主的前提下请求将财产收归己有。故 C 项错误。《民事诉讼法》第 204 条规定,判决认定财产无主后,原财产所有人或者继承人出现,在《民法典》规定的诉讼时效期间可以对财产提出请求,人民法院审查属实后,应当作出新判决,撤销原判决。故 D 项错误。

7. CD。考查调解协议的确认。《民诉解释》第 351 条规定,申请司法确认调解协议的,双方当事人应当本人或者由符合《民事诉讼法》第 61 条规定的代理人依照《民事诉讼法》第 205 条的规定提出申请。故 A 项错误。《民诉解释》第 356 条第 2 款规定,人民法院经审查,认为当事人的陈述或者提供的证明材料不充分、不完备或者有疑义的,可以要求当事人限期补充陈述或者补充证明材料。必要时,人民法院可以向调解组织核实有关情况。故 B 项错误。《民诉解释》第 357 条第 1 款规定,确认调解协议的裁定作出前,当事人撤回申请的,人民法院可以裁定准许。故 C 项正确。根据《民诉解释》第 355 条第 3 项的规定,故 D 项正确。

8. ABCD。考查选民资格案件的规定。《民事诉讼法》第 188 条规定,公民不服选举委员会对选民资格的申诉所作的处理决定,可以在选举日的 5 日以前向选区所在地基层人民法院起诉。选民资格案不要求当事人有利害关系。故 AB 项错误。根据《民事诉讼法》第 185 条的规定,依照特别程序审理的案件,实行一审终审。选民资格案件或者重大、疑难的案件,由审判员组成合议庭审理;其他案件由审判员一人独任审理。故 C 项错误。《民事诉讼法》第 189 条第 1 款规定,人民法院受理选民资格案件后,必须在选举日前审结。

故 D 项错误。

9. ABCD。有关宣告死亡案件，根据《民事诉讼法》第 191 条第 1 款规定，A 项正确。有关公示催告程序，根据《民事诉讼法》第 229 条的规定，B 项正确。有关认定财产无主案件，根据《民事诉讼法》第 203 条的规定，C 项正确。有关民事公益诉讼中达成和解协议后的处理，根据《民诉解释》第 287 条第 2 款的规定，D 项正确。故选 ABCD。

10. ABCD。考查特别程序的一般规定。特别程序是非讼程序的一种，除特别程序外，非讼程序还包括督促程序、公示催告程序以及破产程序。故 A 项错误。《民事诉讼法》第 185 条规定，依照特别程序审理的案件，实行一审终审。选民资格案件或者重大、疑难的案件，由审判员组成合议庭审理；其他案件由审判员一人独任审理。特别程序虽然不能有人民陪审员参与，但不是只能独任制，可以是合议庭审理，故 B 项错误。适用特别程序的人民法院是特定的，即限于基层法院，但根据《海事诉讼特别程序法》第 2、9 条的规定，当事人申请认定海上财产无主的，向财产所在地海事法院提出；申请因海上事故宣告死亡的，向处理海事事故主管机关所在地或者受理相关海事案件的海事法院提出。海事法院的级别相当于中级法院。故 C 项错误。《民诉解释》第 372 条规定，适用特别程序作出的判决、裁定，当事人、利害关系人认为有错误的，可以向作出该判决、裁定的人民法院提出异议。人民法院经审查，异议成立或者部分成立的，作出新的判决、裁定撤销或者改变原判决、裁定；异议不成立的，裁定驳回。对人民法院作出的确认调解协议、准许实现担保物权的裁定，当事人有异议的，应当自收到裁定之日起 15 日内提出；利害关系人有异议的，自知道或者应当知道其民事权益受到侵害之日起 6 个月内提出。故 D 项错误。

三、(1) BC。考查无主财产的认定问题。依照《民事诉讼法》第 185 条的规定，特别程序中，只有重大、疑难案件及选民资格案件由审判员组成合议庭审理；其他案件由审判员一人独任审理。故 A 项正确。特别程序中不能进行调解。故 B 项错误。根据《民事诉讼法》第 203 条的规定，认定财产无主案件的公告期为 1 年，不得延长。故 C 项错误。根据《民事诉讼法》第 202 条第 1 款的规定，申请认定财产无主案件由财产所在地基层人民法院管辖。故 D 项正确。BC 当选。

(2) B。考查认定无主财产后原财产继承人出现，法院应当如何处理的问题。依《民事诉讼法》第 204 条的规定，在此情况下，人民法院应当作出新判决，撤销原判决。故本题答案为 B。

(3) BC。考查认定财产无主案件在公告期有人提出申请的处理。《民诉解释》第 348 条规定，认定财产无主案件，公告期间有人对财产提出请求，人民法院应裁定终结特别程序，告知申请人另行起诉，适用普通程序审理。故本题答案为 BC 项。

# 第十七章　审判监督程序

## 基础知识篇

一、1. C。考查审判监督程序的特点。A 项错误，启动审判监督程序的主体除了当事人、人民法院和人民检察院以外还包括特定的案外人；B 项错误，人民法院和人民检察院启动审判监督程序不受时间的限制；D 项错误，再审案件的审理法院可能是原审法院、原审同级的其他法院，也有可能是原审法院的上级法院。

2. B。考查当事人申请再审的条件。《民诉解释》第 379 条规定，当事人认为发生法律效力的不予受理、驳回起诉的裁定错误的，可以申请再审。故 A 项错误。根据《民诉解释》第 373 条第 1 款的规定，当事人死亡或者终止的，其权利义务承继者可以根据《民事诉讼法》第 210 条、第 212 条的规定申请再审。故 B 项正确。《民事诉讼法》第 210 条规定，当事人对已经发生法律效力的判决、裁定，认为有错误的，可以向上一级人民法院申请再审；当事人一方人数众多或者当事人双方为公民的案件，也可以向原审人民法院申请再审。当事人申请再审的，不停止判决、裁定的执行。因此 CD 项错误。

3. B。考查再审程序中关于小额诉讼案件的特别规定。《民诉解释》第 424 条规定，对小额诉讼案件的判决、裁定，当事人以《民事诉讼法》第 211 条规定的事由向原审人民法院申请再审的，人民法院应当受理。申请再审事由成立的，应当裁定再审，组成合议庭进行审理。作出的再审判决、裁定，当事人不得上诉。当事人以不应按小额诉讼案件审理为由向原审人民法院申请再审的，人民法院应当受理。理由成立的，应当裁定再审，组成合议庭审理。作出的再审判决、裁定，当事人可以上诉。因此 ACD 项错误，B 项正确。

4. C。考查再审提起的法定期间。根据《民事诉讼法》第 209 条和第 219 条的规定，可知人民法院和人民检察院发动再审程序不受时间限制，故 AB 项错误；根据《民事诉讼法》第 216 条的规定，可知 C 项正确，D 项错误。

5. B。考查调解离婚后就财产分割提出异议的处理。根据《民诉解释》第 380 条规定，当事人就离婚案件中的财产分割问题申请再审，如涉及判决中已分割的财产，人民法院应当依照《民事诉讼法》第 211 条的规定进行审查，符合再审条件的，应当裁定再审；如涉及判决中未作处理的夫妻共同财产，应当告知当事人另行起诉。由此来看，本题符合法院裁定再审的条件。但根据《民诉解释》第 382 条的规定，当事人对已经发生法律效力的调解书申请再审，应当在调解书发生法律效力后6个月内提出。7个月已经超出时限，因此，法院应驳回乙的再审申请，B项正确。

二、1. AC。考查审判监督程序的范围。《民事诉讼法》第209条第1款规定，各级人民法院院长对本院已经发生法律效力的判决、裁定、调解书，发现确有错误，认为需要再审的，应当提交审判委员会讨论决定。故A项错误。根据《民诉解释》第381条第1款的规定，当事人申请再审，对再审判决、裁定提出申请的，人民法院不予受理。故C项错误，D项正确。《民诉解释》第380条规定，当事人就离婚案件中的财产分割问题申请再审，如涉及判决中已分割的财产，人民法院应当依照《民事诉讼法》第211条的规定进行审查，符合再审条件的，应当裁定再审；如涉及判决中未作处理的夫妻共同财产，应当告知当事人另行起诉。故B项正确。

2. ABC。《民事诉讼法》第213条规定，当事人对已经发生法律效力的解除婚姻关系的判决、调解书，不得申请再审；而且根据《民事诉讼法》第211条的规定，管辖错误不属于再审事由，因此法院应不予受理。故A项正确。《民诉解释》第381条第1款规定，当事人申请再审，有下列情形之一的，人民法院不予受理：(1)再审申请被驳回后再次提出申请的；(2)对再审判决、裁定提出申请的；(3)在人民检察院对当事人的申请作出不予提出再审检察建议或者抗诉决定后又提出申请的。因此，B项正确。根据《民事诉讼法》第193条和《民诉解释》第378条的规定，被宣告失踪、宣告死亡的公民重新出现，经本人或者利害关系人申请，人民法院应当作出新判决，撤销原判决，当事人不得申请再审。因此C项正确。根据《民诉解释》第392条的规定，《民事诉讼法》第211条第13项规定的审判人员审理该案件时有贪污受贿、徇私舞弊、枉法裁判行为，是指已经由生效刑事法律文书或者纪律处分决定所确认的行为。当事人仅以法官存在枉法裁判的嫌疑为由提出申请，尚不符合该项再审事由的条件。因此D项错误。

3. ABCD。考查检察机关在审判监督程序中的职权。根据《民事诉讼法》第222条的规定可知A项正确。《民事诉讼法》第220条第2款规定，人民检察院对当事人的申请应当在3个月内进行审查，作出提出或者不予提出检察建议或者抗诉的决定，当事人不得再次向人民检察院申请检察建议或者抗诉。故B项正确。根据《民事诉讼法》第220条的规定，C项正确。根据《民事诉讼法》第221条的规定，D项正确。

4. AC。考查检察建议的规定。根据《民诉解释》第411条的规定，A项正确。根据《民诉解释》第413条的规定，B项错误。根据《民诉解释》第417条的规定，C项正确。根据《民诉解释》第418条的规定，D项错误。

5. ABCD。考查遗漏共同必要诉讼人的再审处理。《民诉解释》第420条第1款规定，必须共同进行诉讼的当事人因不能归责于本人或者其诉讼代理人的事由未参加诉讼的，可以根据《民事诉讼法》第211条第8项的规定，自知道或者应当知道之日起6个月内申请再审，但符合本解释第421条规定情形的除外。A项中，丙作为必要共同诉讼人，由于法院通知未果而未参与诉讼，属于《民诉解释》第420条第1款规定的情形，因此A项正确。《民诉解释》第420条第2款规定，人民法院因前款规定的当事人申请而裁定再审，按照第一审程序再审的，应当追加其为当事人，作出新的判决、裁定；按照第二审程序再审，经调解不能达成协议的，应当撤销原判决、裁定，发回重审，重审时应追加其为当事人。因此，BC项正确。根据《民诉解释》第421条的规定，案外人对驳回其执行异议的裁定不服，认为原判决、裁定、调解书内容错误损害其民事权益的，可以自执行异议裁定送达之日起6个月内，向作出原判决、裁定、调解书的人民法院申请再审。由于D项属于不动产权属争议，因此丙向房屋所在地的法院提出再审申请，符合司法解释向作出原判决的人民法院申请再审的规定，因此，D项正确。

6. ACD。考查审判监督程序当事人再审法定事由。根据《民事诉讼法》第211条第5项的规定，对审理案件需要的主要证据，当事人因客观原因不能自行收集，书面申请人民法院调查收集，人民法院未调查收集的，人民法院应当再审。故A项当选。根据《民事诉讼法》第211条第8项的规定，无诉讼行为能力人未经法定代理人代为诉讼或者应当参加诉讼的当事人，因不能归责于本人或者其诉讼代理人的事由，未参加诉讼的，人民法院应当再审。但庭审第二天小新成年，已不需法定代理人。故B项不符合题意。《民诉解释》第392条规定，《民事诉讼法》第211条第13项规定的审判人员审理该案件时有贪污受贿、徇私舞弊、枉法裁判行为，是指已经由生效刑事法律文书或者纪律处分决定所确认的行为。故C项当选。《民诉解释》第389条规定，原审开庭过程中有下列情形之一的，应当认定为《民事诉讼法》第211条第9项规定的剥夺当事人辩论权利：(1)不允许当事人发表辩论意见的；(2)应当开庭审理而未开庭审理的；(3)违反法律规定送达起诉状副本或者上诉状副本，致使当事人无法行使辩论权利的；(4)违法剥夺当事人辩论权利的其他情形。故D项当选。

7. AB。考查再审的条件。根据《民事诉讼法》第213条的规定，当事人对已经发生法律效力的解除婚姻关系的判决、调解书，不得申请再审。所以A项当选。由《民事诉讼法》第216条的规定可知，B项已经超出6个月的时限，并且不属于自知道或者应当知道之日起算6个月时限的情形，所以不得申请再审。因此B项当选。CD项可以再审,没有时间的限制。本题为选非题,故AB符合题意。

8. ACD。考查人民法院提起再审的程序。A项的错误在再审决定的主体上,主体应为审判委员会,院长是不能决定再审的。根据《民事诉讼法》第217条的规定,B项正确。C项的错误在于再审的法院可以是原审法院,也可以是原审法院的上级法院或原审法院的同级其他法院。D项的错误在于,法院依职权发动再审程序无须经过当事人的同意。

9. ACD。《民诉解释》第373条规定,当事人死亡或者终止的,其权利义务承继者可以根据《民事诉讼法》第210条、第212条的规定申请再审。判决、调解书生效后,当事人将判决、调解书确认的债权转让,债权受让人对该判决、调解书不服申请再审的,人民法院不予受理。故A项正确、B项错误。《民诉解释》第420条第1款规定,必须共同进行诉讼的当事人因不能归责于本人或者其诉讼代理人的事由未参加诉讼的,可以根据《民事诉讼法》第211条第8项的规定,自知道或者应当知道之日起6个月内申请再审,但符合本解释第421条规定情形的除外。故C项正确。根据《民事诉讼法》第238条和《民诉解释》第421条的规定,案外人对驳回其执行异议的裁定不服,认为原判决、裁定、调解书内容错误损害其民事权益的,可以自执行异议裁定送达之日起6个月内,向作出原判决、裁定、调解书的人民法院申请再审,故D项正确。

10. ABC。《民事诉讼法》第210条规定,当事人对已经发生法律效力的判决、裁定,认为有错误的,可以向上一级人民法院申请再审;当事人一方人数众多或者当事人双方为公民的案件,也可以向原审人民法院申请再审。当事人申请再审的,不停止判决、裁定的执行。故A项错误。《民事诉讼法》第222条规定,人民检察院提出抗诉的案件,接受抗诉的人民法院应当自收到抗诉书之日起30日内作出再审的裁定;有本法第211条第1项至第5项规定情形之一的,可以交下一级人民法院再审,但经该下一级人民法院再审的除外。据此可知,检察院提出抗诉的案件,法院就应该启动再审程序,不存在裁定不启动再审的情况。故B项错误。《民事诉讼法》第217条规定,按照审判监督程序决定再审的案件,裁定中止原判决、裁定、调解书的执行,但追索赡养费、扶养费、抚养费、抚恤金、医疗费用、劳动报酬等案件,可以不中止执行。据此可知,法院应当在裁定再审的同时,裁定中止执行,而非裁定撤销原判。故C项错误。《民诉解释》第416条规定,当事人的再审申请被上级人民法院裁定驳回后,人民检察院对原判决、裁定、调解书提出抗诉,抗诉事由符合《民事诉讼法》第211条第1项至第5项规定情形之一的,受理抗诉的人民法院可以交由下一级人民法院再审。故D项正确。

11. ABCD。考查再审审查终结的情形。《民诉解释》第400条规定,再审申请审查期间,有下列情形之一的,裁定终结审查:(1)再审申请人死亡或者终止,无权利义务承继者或者权利义务承继者声明放弃再审申请的;(2)在给付之诉中,负有给付义务的被申请人死亡或者终止,无可供执行的财产,也没有应当承担义务的人的;(3)当事人达成和解协议且已履行完毕的,但当事人在和解协议中声明不放弃申请再审权利的除外;(4)他人未经授权以当事人名义申请再审的;(5)原审或者上一级法院已经裁定再审的;(6)有本解释第381条第1款规定情形的。因此,根据该司法解释的规定可知,ABC项正确。根据《民诉解释》第381条第1款的规定,当事人申请再审,有下列情形之一的,人民法院不予受理:再审申请被驳回后再次提出申请的……因此可知,D项正确。

## 理解与应用篇

1. D。考查剥夺当事人辩论权利的具体表现。《民诉解释》第389条规定,原审开庭过程中有下列情形之一的,应当认定为《民事诉讼法》第211条第9项规定的剥夺当事人辩论权利:(1)不允许当事人发表辩论意见的;(2)应当开庭审理而未开庭审理的;(3)违反法律规定送达起诉状副本或者上诉状副本,致使当事人无法行使辩论权利的;(4)违法剥夺当事人辩论权利的其他情形。A项没有法庭辩论环节属于剥夺当事人的辩论权利,B项属于应当开庭审理而未开庭审理,C项属于法院违反法律规定送达起诉状副本,D项属于法院对庭审秩序的维持,不属于剥夺当事人辩论权利,因此D项错误,应当选。

2. A。考查再审审查期间的制度规定。根据《民诉解释》第395条的规定,A项正确。根据《民诉解释》第397条的规定,审查再审申请期间,再审申请人申请人民法院委托鉴定、勘验的,人民法院不予准许。故B项错误。根据《民诉解释》第398条第1款的规定,审查再审申请期间,再审申请人撤回再审申请的,是否准许,由人民法院裁定。故C项错误。根据《民诉解释》第399条的规定,人民法院准许撤回再审申请或者按撤回再审申请处理后,再审申请人再次申请再审的,不予受理,但有《民事诉讼法》第211条第1项、第3项、第12项、第13项规定情形,自知道或者应当知道之日起6个月内提出的除外。故D项错误。

3. A。考查再审的裁判方式。根据《民诉解释》第410条的规定,A项正确。《民诉解释》第405条第1款规定,原判决、裁定认定事实、适用法律虽有瑕疵,但裁判结果正确的,应当在再审判决、裁定中纠正瑕疵后予以维持。故B项错误。根据《民诉解释》第381条第1款第2项的规定,对再审判决、裁定提出再审申请的,法院不予受理,故C项错误。根据《民诉解释》第

403 条第 1 款的规定，D 项错误。

4. D。A 项考查执行回转。执行回转指的是执行完毕后，据以执行的法律文书确有错误被法院撤销的，对已执行的财产，法院应当作出裁定，责令取得财产人返还，拒不返还的，强制执行。本案是在再审申请过程中，发现和解协议已经履行完毕，并不存在据以执行的法律文书被法院撤销的情形，故与执行回转无关。故 A 项错误。

BD 项考查的是对再审申请如何处理的问题。《民事诉讼法》第 215 条第 1 款规定："人民法院应当自收到再审申请书之日起三个月内审查，符合本法规定的，裁定再审；不符合本法规定的，裁定驳回申请。有特殊情况需要延长的，由本院院长批准。"《民诉解释》第 400 条规定："再审申请审查期间，有下列情形之一的，裁定终结审查：(一)再审申请人死亡或者终止，无权利义务承继者或者权利义务承继者声明放弃再审申请的；(二)在给付之诉中，负有给付义务的被申请人死亡或者终止，无可供执行的财产，也没有应当承担义务的人的；(三)当事人达成和解协议且已履行完毕的，但当事人在和解协议中声明不放弃申请再审权利的除外；(四)他人未经授权以当事人名义申请再审的；(五)原审或者上一级人民法院已经裁定再审的；(六)有本解释第三百八十一条第一款规定情形的。"本案中，法院受理了当事人的再审申请并进行审查，但是审查过程中发现双方当事人在执行程序中达成了和解协议并已经履行完毕，属于法律规定的裁定终结审查的情形，故 D 项正确，B 项错误。

C 项考查的是再审审查内容。《民诉解释》第 384 条规定，人民法院受理申请再审案件后，应当依照《民事诉讼法》第 211 条、第 212 条、第 215 条的规定，对当事人主张的再审事由进行审查。《民事诉讼法》第 211 条规定："当事人的申请符合下列情形之一的，人民法院应当再审：(一)有新的证据，足以推翻原判决、裁定的；(二)原判决、裁定认定的基本事实缺乏证据证明的；(三)原判决、裁定认定事实的主要证据是伪造的；(四)原判决、裁定认定事实的主要证据未经质证的；(五)对审理案件需要的主要证据，当事人因客观原因不能自行收集，书面申请人民法院调查收集，人民法院未调查收集的；(六)原判决、裁定适用法律确有错误的；(七)审判组织的组成不合法或者依法应当回避的审判人员没有回避的；(八)无诉讼行为能力人未经法定代理人代为诉讼或者应当参加诉讼的当事人，因不能归责于本人或者其诉讼代理人的事由，未参加诉讼的；(九)违反法律规定，剥夺当事人辩论权利的；(十)未经传票传唤，缺席判决的；(十一)原判决、裁定遗漏或者超出诉讼请求的；(十二)据以作出原判决、裁定的法律文书被撤销或者变更的；(十三)审判人员审理该案件时有贪污受贿，徇私舞弊，枉法裁判行为的。"本案中，法院对甲和乙之间的合同纠纷作出了判决，只是在执行过程中，双方当事人达成了和解协议，甲以发现新证据为由向法院申请再审，是就原法院作出的判决申请再审，而不是就和解协议申请再审。在对判决申请再审时，法院审查的内容应该为是否存在《民事诉讼法》第 211 条规定的 13 种法定情形，而非和解协议的内容。故 C 项错误。

5. D。《民事诉讼法》第 238 条规定："执行过程中，案外人对执行标的提出书面异议的，人民法院应当自收到书面异议之日起十五日内审查，理由成立的，裁定中止对该标的的执行；理由不成立的，裁定驳回。案外人、当事人对裁定不服，认为原判决、裁定错误的，依照审判监督程序办理；与原判决、裁定无关的，可以自裁定送达之日起十五日内向人民法院提起诉讼。"本案中，关于甲乙之间的字画所有权争议，法院判决字画所有权归甲所有，之后丙在执行程序中提出异议但被驳回。丙主张自己为字画所有权人，即丙认为法院作出的判决内容是错误的，故之后丙应该申请再审，不可提起诉讼。

执行异议之诉这一概念目前并未在我国法律中作出规定，是一个学理概念。执行异议之诉，是在执行过程中，当事人和案外人对执行标的实体权利存有争议，请求执行法院解决争议而引起的诉讼，包括案外人异议之诉、申请执行人异议之诉以及分配方案异议之诉。故法院无法在具体的再审审查中告诉再审申请人去提起执行异议之诉。B 项错误。

《民事诉讼法》第 210 条规定："当事人对已经发生法律效力的判决、裁定，认为有错误的，可以向上一级人民法院申请再审；当事人一方人数众多或者当事人双方为公民的案件，也可以向原审人民法院申请再审。当事人申请再审的，不停止判决、裁定的执行。"《民事诉讼法》第 215 条第 2 款规定，因当事人申请裁定再审的案件由中级人民法院以上的人民法院审理，但当事人依照本法第 210 条的规定选择向基层人民法院申请再审的除外。《民事诉讼法》第 218 条第 1 款规定："人民法院按照审判监督程序再审的案件，发生法律效力的判决、裁定是由第一审法院作出的，按照第一审程序审理，所作的判决、裁定，当事人可以上诉；发生法律效力的判决、裁定是由第二审法院作出的，按照第二审程序审理，所作的判决、裁定，是发生法律效力的判决、裁定；上级人民法院按照审判监督程序提审的，按照第二审程序审理，所作的判决、裁定是发生法律效力的判决、裁定。"故双方当事人为公民的案件，当事人可以向原审法院或上一级人民法院申请再审。本案中，案件的生效判决是基层人民法院作出的，丙向中级人民法院申请再审，属于向上一级人民法院申请再审的情形，应该由中级人民法院审理，所以属于上级法院提审的情形，应该按照第二审程序进行审理。但丙之前并未参加诉讼,若按二审程序审理之后判决直接生效,意味着丙的权利义务关系只经一次审理即告终结,违背两审终审制度,故应该进行调解,调解不成的,裁定撤销原判决,发回重审,重审时追加丙为共同诉讼人,而非直接作出判决或告知丙另诉。故 AC 项错误,D 项正确。

### 综合提高篇

(1)ACD。考查申请再审的事由。参见《民事诉讼法》第 211 条,《民诉解释》第 388 条、第 389 条的规定。

(2)ABCD。考查不得指令再审的情形。根据最高人民法院《关于民事审判监督程序严格依法适用指令再审和发回重审若干问题的规定》第 3 条的规定,ABCD 正确。

## 第十八章 督促程序

一、1. A。考查支付令异议的提出。《民诉解释》第 431 条第 1 款规定,债务人在收到支付令后,未在法定期间提出书面异议,而向其他人民法院起诉的,不影响支付令的效力。故 BCD 项错误、A 项正确。

2. C。考查督促程序的适用范围。根据《民事诉讼法》第 225 条第 1 款的规定,督促程序适用于债权人请求债务人给付金钱、有价证券的案件,本题中的 A 项不属于给付金钱、有价证券,因此 A 项错误。根据《民诉解释》第 427 条第 1 款第 4 项规定,债务人在我国境内且未下落不明的,债权人可以向基层人民法院申请支付令。故 B 项错误。根据《民诉解释》第 427 条第 1 款第 3 项的规定,债权人没有对待给付义务的才可以申请支付令。故 D 项错误。《民诉解释》第 427 条第 3 款规定,基层人民法院受理申请支付令案件,不受债权金额的限制。所以 C 项当选。

3. D。考查支付令异议的审查。根据《民诉解释》第 143 条的规定,适用督促程序的案件不得调解,A 项错误。《民诉解释》第 436 条第 1 款规定,债务人对债务本身没有异议,只是提出缺乏清偿能力、延缓债务清偿期限、变更债务清偿方式等异议的,不影响支付令的效力。因此,本题中甲的异议不影响支付令的效力,BC 项错误。《民事诉讼法》第 227 条第 3 款规定,债务人在法定期间内不提出异议又不履行支付令的,债权人可以向人民法院申请执行。D 项正确。

二、1. ABC。根据《民诉解释》第 430 条的规定,ABC 项正确。《民事诉讼法》第 228 条第 1 款规定,人民法院收到债务人提出的书面异议后,经审查,异议成立的,应当裁定终结督促程序,支付令自行失效。只是提出异议并不会当然导致支付令失效,因此 D 项错误。

2. ACD。《民事诉讼法》第 227 条第 2、3 款规定,债务人应当自收到支付令之日起 15 日内清偿债务,或者向人民法院提出书面异议。债务人在前款规定的期间不提出异议又不履行支付令的,债权人可以向人民法院申请执行。故 A 项错误。根据《民诉解释》第 430 条第 2 项的规定,人民法院发出支付令之日起 30 日内无法送达债务人的,支付令自行失效,故 B 项正确。根据《民诉解释》第 432、433 条的规定,债权人基于同一债权债务关系,在同一支付令申请中向债务人提出多项支付请求,债务人仅就其中一项或者几项请求提出异议的,不影响其他各项请求的效力;债权人基于同一债权债务关系,就可分之债向多个债务人提出支付请求,多个债务人中的一人或者几人提出异议的,不影响其他请求的效力,故 CD 项错误。

3. AC。根据《民诉解释》第 428 条的规定,A 项正确。《民诉解释》第 436 条第 3 款规定,债务人的口头异议无效。故 B 项错误。《民诉解释》第 440 条规定申请支付令执行的期间为 2 年,故 C 项正确。《民诉解释》第 441 条规定,法院院长发现本院已经发生法律效力的支付令确有错误,认为需要撤销的,应当提交本院审判委员会讨论,而不能自行裁定撤销,所以 D 项错误。

4. BD。考查支付令存在错误从而需要撤销的规定。《民诉解释》第 441 条规定,人民法院院长发现本院已经发生法律效力的支付令确有错误,认为需要撤销的,应当提交本院审判委员会讨论决定后,裁定撤销支付令,驳回债权人的申请。故 AC 项错误,BD 项正确。

5. ABCD。考查提出支付令异议的条件。根据《民诉解释》第 436 条的规定,A 项、B 项和 C 项符合题意。根据《民事诉讼法》第 227 条第 3 款的规定,D 项符合题意。

6. BCD。人民法院对当事人的异议只进行形式审查,不进行实质审查,A 项正确、B 项错误。《民诉解释》第 437 条第 2 款规定,债务人对撤回异议反悔的,人民法院不予支持。故 C 项错误。《民诉解释》第 439 条第 2 款规定,债权人提出支付令申请的时间,即为向人民法院起诉的时间。所以 D 项错误。

7. ACD。《民诉解释》第 434 条规定,对设有担保的债务的主债务人发出的支付令,对担保人没有拘束力。债权人就担保关系单独提起诉讼的,支付令自人民法院受理案件之日起失效。故 AC 项错误,B 项正确。《民诉解释》第 431 条第 1 款规定,债务人在收到支付令后,未在法定期间提出书面异议,而向其他人民法院起诉的,不影响支付令的效力。故 D 项错误。

三、B。考查申请支付令的管辖法院。《民诉解释》第 23 条规定,债权人申请支付令,适用《民事诉讼法》第 22 条规定,由债务人住所地基层人民法院管辖。因此,王某应当向李某住所地即乙地基层人民法院申请支付令,故 B 项正确。

# 第十九章　公示催告程序

一、1. C。考查公示催告程序的申请和受理。根据《民事诉讼法》第229条第1款的规定，适用公示催告程序的票据应当是按照规定可以背书转让的票据，而不记名公司债券不记名、不挂失，经交付即可转让，不适用公示催告程序，故A项错误。公示催告程序的管辖法院应当是票据支付地的基层人民法院，故B项错误，C项正确。根据《民诉解释》第443条的规定，人民法院收到公示催告的申请后，应当立即进行审查，并决定是否受理，D项错误。

2. D。考查公示催告申请的受理。根据《民诉解释》第446条的规定，公告应当在有关报纸或者其他媒体上刊登，并于同日公布于人民法院公告栏内，因此A项错误。《民诉解释》第452条规定，适用公示催告程序审理案件，可由审判员一人独任审理；判决宣告票据无效的，应当组成合议庭审理。故B项错误。《民事诉讼法》第230条规定，人民法院决定受理申请，应当同时通知支付人停止支付，并在3日内发出公告，催促利害关系人申报权利。公示催告的期间，由人民法院根据情况决定，但是不得少于60日。因此，C项错误。根据《民诉解释》第453条的规定，D项正确。

3. B。考查对权利的申报及处理。根据《民事诉讼法》第232条第1、3款和《民诉解释》第449条的规定，利害关系人应当在公示催告期间内向人民法院申报。人民法院收到利害关系人的申报后，应当通知其向法院出示票据，并通知公示催告申请人在指定的期间查看该票据。中请人或者申报人可以向人民法院起诉，故ACD正确。根据《民诉解释》第448条的规定，B项错误。

4. D。考查申请公示催告的程序和条件。按照我国《民事诉讼法》第230条的规定，公告催促利害关系人申报权利的期间不得少于60日，A项错误。根据《民事诉讼法》第233条的规定，除权判决应当根据申请人的申请作出，而不能依职权作出，B项错误。根据《民事诉讼法》第232条的规定，法院裁定终结公示催告程序后，申请人或者申报人可以向人民法院起诉，而非法院径行将案件转入诉讼程序，C项错误。根据《民事诉讼法》第234条及《民诉解释》第458条的规定，D项正确。

二、1. ABD。考查无人申报的处理。根据《民诉解释》第450条的规定，AB项正确，申请人逾期不申请判决的，法院应当裁定终结公示催告程序，C项错误。根据《民事诉讼法》第233条的规定，自除权判决公告之日起，申请人有权向支付人请求支付，D项正确。

2. ABCD。考查公示催告的程序规定。根据《民事诉讼法》第229条第1款的规定，A项错误，丙应当向票据支付地基层人民法院申请公示催告。根据《民事诉讼法》第233条的规定，B项错误，若公示催告期间届满而无人申报权利，应当根据申请人的申请作出除权判决。根据《民事诉讼法》第232条的规定，C项错误，法院不应进行实质审查，法院也不应组织当事人进行法庭调查和法庭辩论。公示催告程序分为两个阶段，公示催告阶段和除权判决阶段，前者适用独任制，后者适用合议制。因此，D项错误。

3. ACD。考查对利害关系人权利的救济。根据《民事诉讼法》第232条第1款的规定，利害关系人应当在公示催告期间向人民法院申报，本题中已作出除权判决，乙无法再向法院申报权利，A项错误。《民事诉讼法》第234条规定，利害关系人因正当理由不能在判决作出前向人民法院申报的，自知道或者应当知道判决公告之日起1年内，可以向作出判决的人民法院起诉。故B项正确，D项错误。根据《民诉解释》第378条的规定，适用公示催告程序的案件，当事人不得申请再审，C项错误。

三、(1)C。考查申请公示催告的主体。根据《民事诉讼法》第229条、《民诉解释》第442条的规定，有权向人民法院提出申请公示催告的是票据被盗、遗失或者灭失前的最后持有人，故C项正确。

(2)C。考查申请公示催告的管辖法院。根据《民事诉讼法》第229条第1款的规定，按照规定可以背书转让的票据持有人，因票据被盗、遗失或者灭失，可以向票据支付地的基层人民法院申请公示催告，故C项正确。

(3)A。《民事诉讼法》第232条规定，利害关系人应当在公示催告期间向人民法院申报。人民法院收到利害关系人的申报后，应当裁定终结公示催告程序，并通知申请人和支付人。申请人或者申报人可以向人民法院起诉。故A项正确。《民诉解释》第449条规定，利害关系人申报权利，人民法院应当通知其向法院出示票据，并通知公示催告申请人在指定的期间查看该票据。公示催告申请人申请公示催告的票据与利害关系人出示的票据不一致的，应当裁定驳回利害关系人的申报。故B项错误。《民诉解释》第456条规定，依照《民事诉讼法》第232条规定制作的终结公示催告程序的裁定书，由审判员、书记员署名，加盖人民法院印章。故CD项错误。

(4)BCD。根据《民诉解释》第448条和《民事诉讼法》第232条的规定，利害关系人在公示催告期间届满后，除权判决作出前申报权利的，人民法院收到利害关系人的申报后，应当裁定终结公示催告程序，并通知申请人和支付人。申请人或者申报人可以向人民法院起诉。可知BCD项正确,A项错误。

(5)ACD。根据《民事诉讼法》第230、234条和《民诉解释》第458条的规定,ACD项当选,B项不属于不可抗力事项,也不属于其他导致利害关系人在判决作出前未能向人民法院申报权利的客观事由。

## 第二十章　民事裁判

一、1. B。考查裁定的类型。根据《民事诉讼法》第157条的规定,ACD项正确。根据《民事诉讼法》第50条的规定,人民法院对当事人提出的回避申请,应当在申请提出的3日内,以口头或者书面形式作出决定。B项错误。

2. C。考查裁定和决定的不同适用情形。根据《民事诉讼法》第149条的规定,A项情形下可以延期审理,但法院应该"决定"延期审理,而不是"裁定"延期审理,故A项错误。根据《民事诉讼法》第157条的规定,诉讼中止应该是适用"裁定",而不是"决定",故B项错误。根据《民事诉讼法》第153条第1款第5项和第157条的规定,C项正确。根据《民诉解释》第63条的规定,企业法人合并的,因合并前的民事活动发生的纠纷,以合并后的企业为当事人,法院不应裁定诉讼终结,因此D项错误。

3. B。考查法院的判决、裁定、决定可以上诉的情形。根据《民事诉讼法》第157条第2款的规定,对不予受理、管辖权异议的处理与驳回起诉三类裁定,当事人可以提起上诉,因此,ACD项不当选。根据《民事诉讼法》第119条第3款的规定,罚款应当用决定书,对决定不服的,可以向上一级法院申请复议一次,而不是上诉,因此B项当选。

4. C。根据《民事诉讼法》第157条第2款的规定,对不予受理、管辖权异议的裁定,可以上诉,而不可以申请复议,因此AB项不当选。根据《民事诉讼法》第50条的规定,人民法院对当事人提出的回避申请,应当在申请提出的3日内,以口头或者书面形式作出决定。申请人对决定不服的,可以在接到决定时申请复议一次,因此C项正确。根据《民事诉讼法》第119条第3款的规定,罚款、拘留应当用决定书。对决定不服的,可以向上一级人民法院申请复议一次。可见,对罚款和拘留决定的复议申请是向上一级法院提出,因此D项不当选。

5. D。考查裁定与决定的异同。A项错误,裁定与决定的效力是等同的;B项错误,裁定和决定都可以救济;C项错误,裁定和决定都可以在诉讼的任何阶段作出。

6. B。考查决定的效力。根据《民事诉讼法》第50条、第119条第3款的规定,复议期间不停止决定的执行。

7. D。考查判决与裁定的异同。裁定作出后,对法院也具有拘束力,而不仅仅对当事人有效,因此A项错误。判决和裁定都既可以在一审中作出也可以在二审中作出,因此,B项错误。判决是针对实体事项作出,裁定主要针对程序事项作出,但也可能针对实体事项作出,如保全和先予执行,因此,C项错误。D项正确。

8. B。考查裁定的特点。裁定是用以解决程序问题的,但是也会涉及实体问题,如对财产保全、先予执行的裁定,故B项错误。

9. A。根据《民事诉讼法》第157条第1款第7项的规定,补正判决书中的笔误,应当适用裁定,A项正确。

二、1. ABCD。《民事诉讼法》第158条规定,最高人民法院的判决、裁定,以及依法不准上诉或者超过上诉期没有上诉的判决、裁定,是发生法律效力的判决、裁定。因此ABD项正确。C项中的宣告死亡案件属于非讼案件,根据《民事诉讼法》第185条的规定,实行一审终审,不准上诉,故C项正确。

2. AC。考查可申请复议的裁判。根据《民事诉讼法》第157条的规定,裁定适用于下列范围:(1)不予受理;(2)对管辖权有异议的;(3)驳回起诉;(4)保全和先予执行;(5)准许或者不准许撤诉;(6)中止或者终结诉讼;(7)补正判决书中的笔误;(8)中止或者终结执行;(9)撤销或者不予执行仲裁裁决;(10)不予执行公证机关赋予强制执行效力的债权文书;(11)其他需要裁定解决的事项。上述民事裁定中,除了前三种当事人可以上诉的裁定、《民诉解释》第171条规定的保全和先予执行裁定以及《民事诉讼法》第236条规定的驳回执行异议的裁定可以申请复议外,对其他裁定不服的,当事人不能上诉,也不能申请复议,由此可见答案是AC项。对于比较容易混淆的法律规定,考生要注意加以归纳总结。

3. AB。考查判决的效力。判决拘束力的对象包括当事人、法院和社会,社会各界要尊重和维护法院判决并协助其执行,故C项错误。裁定、判决都是由法院作出的,二者主要区别在于处理事项的不同,在效力上是等同的,故D项错误。

4. ABD。考查判决和裁定的规定。《民事诉讼法》第159条规定,公众可以查阅发生法律效力的判决书、裁定书,但涉及国家秘密、商业秘密和个人隐私的内容除外。最高人民法院《关于人民法院在互联网公布裁判文书的规定》第4条规定:"人民法院作出的裁判文书有下列情形之一的,不在互联网公布:(一)涉及国家秘密的;(二)未成年人犯罪的;(三)以调解方式结案或者确认人民调解协议效力的,但为保护国家利益、社会公共利益、他人合法权益确有必要公开的除外;(四)离婚诉讼或者涉及未成年子女抚养、监护的;

(五)人民法院认为不宜在互联网公布的其他情形。”故A项错误。缺席判决与对席判决的效力是相同的，B项错误。《民事诉讼法》第157条第3款规定，裁定书应当写明裁定结果和作出该裁定的理由。裁定书由审判人员、书记员署名，加盖人民法院印章。口头裁定的，记入笔录。D项错误。C项涉及裁定的对象，表述正确。ABD项当选。

5. CD。考查裁判文书的查阅。根据《民诉解释》第254条的规定，申请查阅发生法律效力的判决书、裁定书的，应当向作出该生效裁判的人民法院提出，A项错误。根据《民诉解释》第254条的规定，申请应当以书面形式提出，B项错误。根据《民诉解释》第255条第3、5项的规定，CD项正确。

## 第二十一章 执行程序

一、1. A。《民事诉讼法》第235条第1款规定，发生法律效力的民事判决、裁定，以及刑事判决、裁定中的财产部分，由第一审人民法院或者与第一审人民法院同级的被执行的财产所在地人民法院执行。故A项错误。根据《民事诉讼法》第235条第2款的规定，B项正确。根据《民诉解释》第460条的规定，CD项正确。

2. D。根据《民事诉讼法》第240条、最高人民法院《关于委托执行若干问题的规定》第12条的规定，执行法院可以直接到外地执行，也可委托外地法院执行，故A项正确。根据《民事诉讼法》第244条的规定，执行完毕后，据以执行的判决、裁定和其他法律文书确有错误，被人民法院撤销的，对已被执行的财产，人民法院应当作出裁定，责令取得财产的人返还，故B项正确。根据《民事诉讼法》第242条的规定，C项正确。根据《民事诉讼法》第243条的规定，作为被执行人的法人或者其他组织终止的，由其权利义务承受人履行义务；根据《民诉解释》第470条的规定，执行中作为被执行人的法人或者其他组织被注销的，如果依照有关实体法的规定有权利义务承受人的，可以裁定该权利义务承受人为被执行人，因此，D项错误。

3. B。根据《民诉解释》第485条的规定，人民法院冻结被执行人的银行存款的期限不得超过1年，查封、扣押动产的期限不得超过2年。申请执行人申请延长期限的，人民法院应当在查封、扣押、冻结期限届满前办理续行查封、扣押、冻结手续，续行期限不得超过前款规定的期限。人民法院也可以依职权办理续行查封、扣押、冻结手续。因此AC项错误、B项正确。《民诉解释》第484条规定，对被执行的财产，人民法院非经查封、扣押、冻结不得处分。对银行存款等各类可以直接扣划的财产，人民法院的扣划裁定同时具有冻结的法律效力。故D项错误。

4. D。根据最高人民法院《关于人民法院办理执行异议和复议案件若干问题的规定》(以下简称《执行异议规定》)第12条的规定，法院对执行异议和复议案件实行书面审查，故A项错误。根据《执行异议规定》第13条的规定，执行异议审查期间，异议人申请撤回异议的，是否准许由法院裁定，故B项错误。根据《民事诉讼法》第238条的规定，案外人对驳回执行标的异议的裁定不服，认为原判决、裁定错误的，依照审判监督程序办理；与原判决、裁定无关的，可以自裁定送达之日起15日内向法院提起诉讼。案外人不能向上级法院申请复议，故C项错误。根据《执行异议规定》第15条第2款的规定，D项正确。

5. D。根据最高人民法院《关于适用〈中华人民共和国民事诉讼法〉执行程序若干问题的解释》(以下简称《民事执行程序解释》)第10条的规定，ABC项正确。D项应自法院收到执行申请书之日起计算，而非自违反义务之日起计算。

6. B。根据《民事执行程序解释》第3条第1款的规定，当事人对管辖权有异议的，应当自收到执行通知书之日起10日内提出，而不是15日，故A项错误；法院经审查，认为异议成立的，应当撤销执行案件，并告知当事人向有管辖权的法院申请执行，故B项正确、C项错误；管辖权异议审查和复议期间，均不停止执行，故D项错误。

7. B。考查执行和解。执行和解协议不属于《民事诉讼法》第235条规定的可以向法院申请强制执行的法律文书，不具有强制执行力，故A项错误。最高人民法院《关于执行和解若干问题的规定》(以下简称《执行和解规定》)第9条规定，被执行人一方不履行执行和解协议的，申请执行人可以申请恢复执行原生效法律文书，也可以就履行执行和解协议向执行法院提起诉讼。故B项正确。根据《民诉解释》第464条的规定，申请执行人与被执行人达成和解协议后请求中止执行或者撤回执行申请的，人民法院可以裁定中止执行或者终结执行，故C项错误。《民诉解释》第465条后段规定，和解协议已经履行完毕的，人民法院不予恢复执行。故D项错误。

8. A。《民事诉讼法》第217条规定，按照审判监督程序决定再审的案件，裁定中止原判决、裁定、调解书的执行，但追索赡养费、扶养费、抚养费、抚恤金、医疗费用、劳动报酬等案件，可以不中止执行。故B项错误。引起民事执行的依据不仅仅只是民事裁判，还包括仲裁裁决、赋予执行效力的公证文书、包含财产部分的刑事裁判，故C项错误。执行程序具有独立性，不是民事审判程序的继续，故D项错误。

9. D。考查执行和解协议。根据《民诉解释》第465条的规定，一方当事人不履行或者不完全履行在执行中双方自愿达成的和解协议，对方当事人申请执行原生效法律文书的,人民法院应当恢复执行,故D项正确。

10. B。《民诉解释》第460条第1款规定,发生法律效力的实现担保物权裁定、确认调解协议裁定、支付令,由作出裁定、支付令的人民法院或者与其同级的被执行财产所在地的人民法院执行。B项绝对不会成为执行法院,故当选。

11. A。《民诉解释》第516条规定,被执行人不履行法律文书确定的义务的,人民法院除对被执行人予以处罚外,还可以根据情节将其纳入失信被执行人名单,将被执行人不履行或者不完全履行义务的信息向其所在单位、征信机构以及其他相关机构通报。故A项正确。《民诉解释》第517条第2款规定,依照前款规定终结执行后,申请执行人发现被执行人有可供执行财产的,可以再次申请执行。再次申请不受申请执行时效期间的限制。故B项错误。根据《民事诉讼法》第268条第1项的规定,申请人撤销申请的,法院应当裁定终结执行,C项错误。《民诉解释》第518条规定,因撤销申请而终结执行后,当事人在《民事诉讼法》第250条规定的申请执行时效期间内再次申请执行的,人民法院应当受理。D项错误。

12. D。《民诉解释》第471条规定,其他组织在执行中不能履行法律文书确定的义务的,人民法院可以裁定执行对该其他组织依法承担义务的法人或者公民个人的财产。根据《合伙企业法》第2条第2款的规定,普通合伙企业由普通合伙人组成,合伙人对合伙企业债务承担无限连带责任。本题中,无法人资格的普通合伙企业,无能力履行法律文书确定的义务的,人民法院可以裁定执行该合伙企业合伙人的其他财产。

13. A。根据《民诉解释》第506条的规定,参与分配制度的被执行人应为公民或者其他组织,不能是法人,故A项错误;对人民法院查封、扣押、冻结的财产有优先权、担保物权的债权人,可以直接申请参与分配,主张优先受偿权,故B项正确。根据《民诉解释》第509条、第510条的规定,CD项正确。

14. D。根据《民事诉讼法》第236条当事人、利害关系人的执行异议以及第238条案外人的执行异议的规定,ABC项正确。根据《民事诉讼法》第236条的规定,当事人、利害关系人认为执行行为违反法律规定的书面异议被裁定驳回的,当事人、利害关系人可以向上一级人民法院申请复议;根据《民事诉讼法》第238条的规定,案外人对执行标的提出书面异议,对驳回裁定不服,认为原判决、裁定错误的,依照审判监督程序办理,与原判决、裁定无关的,可以自裁定送达之日起15日内向人民法院提起诉讼。D项错误。

15. B。根据《民诉解释》第501条的规定,被执行人不履行生效法律文书确定的行为义务,该义务可由他人完成的,人民法院可以选定代履行人;申请执行人可以在符合条件的人中推荐代履行人,也可以申请自己代为履行,是否准许,由人民法院决定。故A项正确。《民诉解释》第502条规定,代履行费用的数额由人民法院根据案件具体情况确定,并由被执行人在指定期限内预先支付。被执行人未预付的,人民法院可以对该费用强制执行。代履行结束后,被执行人可以查阅、复制费用清单以及主要凭证。故B项错误、C项正确。根据《民事诉讼法》第264条的规定,被执行人未按判决、裁定和其他法律文书指定的期间履行其他义务的,应当支付迟延履行金。故D项正确。

16. B。考查执行和解。根据《执行和解规定》第11条第2项的规定,申请执行人以被执行人一方不履行执行和解协议为由申请恢复执行,执行和解协议约定的履行期限尚未届至或者履行条件尚未成就的,人民法院裁定不予恢复执行,但符合《民法典》第578条规定情形的除外,因此A项错误、B项正确。《执行和解规定》第9条规定,被执行人一方不履行执行和解协议的,申请执行人可以申请恢复执行原生效法律文书,也可以就履行执行和解协议向执行法院提起诉讼。因此C项错误。《执行和解规定》第16条第2款规定,被执行人以执行和解协议无效或者应予撤销为由提起诉讼的,不影响申请执行人申请恢复执行。因此D项错误。

17. D。考查执行程序中变更、追加执行当事人的规定及执行行为异议,但其本质上涉及《公司法》中"法人人格反向否认"的问题。

"法人人格反向否认",系由"法人人格否认制度"引申而来,指当股东滥用股东权利,恶意向公司转移资产,并因此损害股东债权人利益时,股东债权人可以请求将公司和股东视为一体,由公司对股东的债务承担连带责任。《公司法》第23条第1款规定了"正向法人人格否认"制度,即公司股东滥用公司法人独立地位和股东有限责任,逃避债务,严重损害公司债权人利益的,应当对公司债务承担连带责任。《公司法》第23条第3款就一人有限责任公司进行了特别规定。但是我国现行法律尚无关于"法人人格反向否认"的规定。"法人人格反向否认"是对《公司法》"法人人格否认"相关条款的扩张解释和类推适用,司法实践中对此存在不同观点,从目前已有的判例来看,司法总体态度倾向于保守和谨慎。

A项考查执行行为异议的主体。《民事诉讼法》第236条规定,当事人、利害关系人认为执行行为违反法律规定的,可以向负责执行的人民法院提出书面异议。当事人、利害关系人提出书面异议的,人民法院应当自收到书面异议之日起15日内审查,理由成立的,裁定撤销或者改正;理由不成立的,裁定驳回。当事人、利害关系人对裁定不服的,可以自裁定送达之日起10日内向上一级人民法院申请复议。故A项中"相关人”的表述错误。

B项考查执行程序中变更、追加执行当事人的处理。如前所述,我国现行立法及司法解释尚无关于股东作为被执行人的情况下追加其作为股东的有限责任公司为被执行人的规定,因此在无现行有效的法律依据支持的情况下,法院应当裁定驳回吴某的诉讼请求。故B项“裁定追加被执行人”的表述错误。

C项考查对执行异议裁定不服的救济程序。最高人民法院《关于民事执行中变更、追加当事人若干问题的规定》规定了一人有限责任公司作为被执行人时追加其股东为被执行人的处理及救济程序。但本题涉及自然人股东作为被执行人的情形下追加其作为独资股东的一人有限责任公司为被执行人的处理,现行立法及司法解释并未就此问题予以明确规定。因此若皓星公司对法院追加其为被执行人的裁定不服的,应当根据《民事诉讼法》第236条的规定,向负责执行的人民法院提出书面异议,如果对异议裁定不服,可以向上一级法院申请复议。因此,C项“提出执行异议之诉”的表述错误。

如前所述,在现行立法及司法解释没有明确规定的情况下,法院应当依法驳回吴某追加皓星公司为被执行人的请求;如果吴某对法院裁定不服,可以根据《民事诉讼法》第236条的规定,向负责执行的法院提出书面异议。因此D项正确。

二、1. ABCD。根据《民诉解释》第304条的规定,A项正确。《民诉解释》第308条规定,人民法院审理执行异议之诉案件,适用普通程序。故B项正确。《民诉解释》第309条规定,案外人或者申请执行人提起执行异议之诉的,案外人应当就其对执行标的享有足以排除强制执行的民事权益承担举证证明责任。故C项正确。根据《民诉解释》第314条的规定,D项正确。

2. BC。根据《民事诉讼法》第240条的规定,受委托人民法院收到委托函件后,必须在15日内开始执行,不得拒绝,故A项错误,B项正确;执行完毕后,应当将执行结果及时函复委托人民法院,本题中,C市D区法院执行完毕后,应当将执行结果及时函复A市B区法院,而不是A市中级人民法院,故D项错误;受委托人民法院自收到委托函件之日起15日内不执行的,委托人民法院可以请求受委托人民法院的上级人民法院指令受委托人民法院执行,C项正确。

3. AD。根据《民诉解释》第467条的规定,如果担保是有期限的,暂缓执行的期限应当与担保期限一致,但最长不得超过1年。被执行人或者担保人对担保的财产在暂缓执行期间有转移、隐藏、变卖、毁损等行为的,人民法院可以恢复强制执行。故A项正确,B项错误。根据《民事诉讼法》第242条的规定,执行担保中,被执行人逾期仍不履行的,人民法院有权执行被执行人的担保财产或者担保人的财产,故C项错误,D项正确。注意,D项中所写的是“王某的财产”而不是“王某的担保财产”,这并不影响D项的正确性。因为被执行人的一切财产,除法律另有规定外,都可作为执行财产。

4. ABCD。审判程序只是时间上处于执行程序之前,但并无前提、基础之关系。执行程序并不绝对地依赖于审判程序而存在,也不必然是审判程序的继续。例如,公证机关制作的赋予强制执行效力的债权文书,由人民法院适用执行程序执行。执行程序是依靠强制力实现权利义务关系的程序,审判程序系确定权利义务关系的程序。经人民法院审判程序处理的民事案件并非都具有可执行内容,即使具有可执行内容,当事人主动履行完毕,也可不进入执行程序。综上,ABCD项正确。

5. BCD。《民诉解释》第499条第1款规定,人民法院执行被执行人对他人的到期债权,可以作出冻结债权的裁定,并通知该他人向申请执行人履行。故A项错误,B项正确。根据《民诉解释》第499条第2、3款的规定,CD项正确。

6. AB。根据《民事诉讼法》第242条的规定,在执行中,被执行人向人民法院提供担保,并经申请执行人同意的,人民法院可以决定暂缓执行及暂缓执行的期限,故A项正确。执行担保虽然引起暂缓执行,但仍在执行过程中,双方当事人可以达成和解协议,故B项正确。根据《民诉解释》第468条第2款的规定,他人提供执行保证的,应当向执行法院出具保证书,并将保证书副本送交申请执行人,故C项错误。根据《民诉解释》第469条的规定,执行担保人的财产以担保人应当履行义务部分的财产为限,故D项错误。

7. AB。《民诉解释》第494条规定,在执行中,被执行人隐匿财产、会计账簿等资料的,人民法院除可依照《民事诉讼法》第114条第1款第6项规定对其处理外,还应责令被执行人交出隐匿的财产、会计账簿等资料。被执行人拒不交出的,人民法院可以采取搜查措施。故AB项正确。《民诉解释》第495条规定,搜查人员应当按规定着装并出示搜查令和工作证件。故C项错误。根据《民诉解释》第496条第1款的规定,搜查对象是法人或者其他组织的,应当通知法定代表人或者主要负责人到场,拒不到场的,不影响搜查,故D项错误。

8. ACD。根据《民诉解释》第492条的规定,执行标的物为特定物的,应当执行原物;原物确已毁损或者灭失的,经双方当事人同意,可以折价赔偿。双方当事人对折价赔偿不能协商一致的,人民法院应当终结执行程序,故A项正确,B项错误。根据《民诉解释》第493条的规定,CD项正确。

9. ABC。根据《民诉解释》第511条的规定,被执行人符合破产情形的,执行法院经申请执行人之一或者被执行人同意,应当裁定中止对该被执行人的执行,将执行案件相关材料移送被执行人住所地人民法院,故A项正确。根据《民诉解释》第513条的规定,BC项正确。《民诉解释》第514条规定,当事人不同意移送破产或者被执行人住所地人民法院不受理破产案件的,执行法院就执行变价所得财产,在扣除执行费用及清偿优先受偿的债权后,对于普通债权,按照财产保全和执行中查封、扣押、冻结财产的先后顺序清偿,而非按比例进行清偿,故D项错误。

10. AB。根据《执行异议规定》的规定,执行行为异议的对象可以是人民法院的执行行为在程序上违反法律法规或司法解释,因此B项正确。同时,被执行人以债权消灭、丧失强制执行效力等执行依据生效之后的实体事由提出的排除执行的异议,虽然并非属于程序性事项,但鉴于我国并无独立的债务人异议之诉制度,因而执行法院应当参照执行行为异议予以审查,所以A项正确。人民法院的内部管理行为,如更换承办人、提级执行等不能作为执行行为异议的对象,因此C项错误。执行行为异议与执行标的异议存在竞合时,执行标的异议吸收执行行为异议,因此D项错误。

11. BCD。考查执行担保。最高人民法院《关于执行担保若干问题的规定》(以下简称《执行担保规定》)第4条第2款规定,提供财产担保的,担保书中还应当载明担保财产的名称、数量、质量、状况、所在地、所有权或者使用权归属等内容。因此A项正确。《执行担保规定》第5条规定,公司为被执行人提供执行担保的,应当提交符合《公司法》第15条规定的公司章程、董事会或者股东会决议。因此B项错误。《执行担保规定》第6条规定,被执行人或者他人提供执行担保,申请执行人同意的,应当向人民法院出具书面同意意见,也可以由执行人员将其同意的内容记入笔录,并由申请执行人签名或者盖章。因此C项错误。《执行担保规定》第12条第2款规定,担保书中没有记载担保期间或者记载不明的,担保期间为1年。因此D项错误。

12. AC。考查执行和解协议发生争议时的救济程序。《执行和解规定》第9条规定,被执行人一方不履行执行和解协议的,申请执行人可以申请恢复执行原生效法律文书,也可以就履行执行和解协议向执行法院提起诉讼。甲、乙部分履行和解协议后发生争议,甲可以向执行法院C区法院申请恢复执行原生效法律文书,故C项正确;也可以就履行执行和解协议向C区法院提起诉讼。因此,A项正确,B项错误。《民诉解释》第465条规定,一方当事人不履行或者不完全履行在执行中双方自愿达成的和解协议,对方当事人申请执行原生效法律文书的,人民法院应当恢复执行,但和解协议已履行的部分应当扣除。和解协议已经履行完毕的,人民法院不予恢复执行。甲乙的和解协议已经部分履行的,应当予以扣除,但甲仍有权申请恢复执行,故D项错误。

## 第二十二章　涉外民事诉讼程序

一、1. C。考查一般司法协助。根据《民事诉讼法》第295条第1款、第294条第1款的规定,AB项正确。《民事诉讼法》第294条第2款规定,外国驻华使领馆可以向该国公民送达文书和调查取证,但不得违反中华人民共和国的法律,并不得采取强制措施。C项错误。根据《民事诉讼法》第294条第3款的规定,D项正确。

2. C。根据《民事诉讼法》第270条的规定,A项正确。根据《民诉解释》第526条的规定,B项正确,C项错误。根据《民诉解释》第527条的规定,D项正确。

3. B。根据《民事诉讼法》第275条的规定,A项错误、B项正确。根据《民诉解释》第524条的规定,CD项错误。

4. D。根据《民事诉讼法》第273条的规定,A项正确。根据《民诉解释》第526条的规定,B项正确。根据《民诉解释》第523条的规定,C项正确。《民事诉讼法》第297条第1款规定,人民法院作出的发生法律效力的判决、裁定,如果被执行人或者其财产不在中华人民共和国领域内,当事人请求执行的,可以由当事人直接向有管辖权的外国法院申请承认和执行,也可以由人民法院依照中华人民共和国缔结或者参加的国际条约的规定,或者按照互惠原则,请求外国法院承认和执行。故D项错误。

5. D。考查涉外民事诉讼管辖中的专属管辖。《民事诉讼法》第279条规定,因在中华人民共和国领域内履行中外合资经营企业合同、中外合作经营企业合同、中外合作勘探开发自然资源合同发生纠纷提起的诉讼,由中华人民共和国人民法院管辖。《民诉解释》第529条第2款规定,属于中华人民共和国法院专属管辖的案件,当事人不得协议选择外国法院管辖,但协议选择仲裁的除外。D项中协议选择外国法院管辖无效,当选。

6. D。考查涉外民事诉讼的送达。涉外民事诉讼程序特别规定中规定的送达方式是对在我国领土内无住所地或经常居住地的当事人适用的送达方式,而不是对所有的涉外民事诉讼当事人所适用的送达方式,D项正确。根据《民事诉讼法》第283条、第285条、第286条的规定,ABC项错误。

7. D。根据《民诉解释》第544条的规定,AB项正确。根据《民诉解释》第546条第1款的规定,C项正确。根据《民诉解释》第542条第1款的规定,D项错误。

二、1. BC。根据《民事诉讼法》第 271 条的规定,A 项错误。根据《民诉解释》第 531 条的规定,B 项正确。根据《民诉解释》第 528 条的规定,C 项正确。根据《民诉解释》第 542 条的规定,D 项错误。

2. ABD。根据《民诉解释》第 520 条的规定,A 项中甲的经常居住地在国外,B 项中产生、变更或者消灭民事关系的法律事实发生在中华人民共和国领域外,D 项中标的物在中华人民共和国领域外,C 项不属于《民诉解释》第 520 条规定的涉外民事案件情形。

3. ABD。根据《民事诉讼法》第 285 条、第 286 条的规定,只有在我国境内没有住所的当事人,其答辩期间、上诉期间为 30 日,AB 项错误。根据《民事诉讼法》第 287 条的规定,C 项正确、D 项错误。

4. BCD。根据《民诉解释》第 531 条第 1 款的规定,中华人民共和国法院和外国法院都有管辖权的案件,一方当事人向外国法院起诉,而另一方当事人向中华人民共和国法院起诉的,人民法院可予受理,A 项错误,B 项正确。根据《民诉解释》第 531 条第 1、2 款的规定,CD 项正确。

## 第二十三章　仲裁与仲裁法概述

一、1. A。考查仲裁的范围。我国《仲裁法》第 2 条规定,平等主体的公民、法人和其他组织之间发生的合同纠纷和其他财产权益纠纷,可以仲裁。因此,仲裁的范围仅限于平等主体之间的合同、其他财产纠纷,解除婚姻关系属于人身关系纠纷,不属于仲裁管辖范围。《仲裁法》第 3 条规定,下列纠纷不能仲裁:(1)婚姻、收养、监护、扶养、继承纠纷;(2)依法应当由行政机关处理的行政争议。本案中,夫妻财产分配问题是婚姻纠纷,不属于仲裁的范围,所以 BCD 项错误。《民法典》规定了协议离婚和诉讼离婚,故 A 项正确。

2. B。考查仲裁与民事诉讼的关系。根据《民事诉讼法》第 3 条、《仲裁法》第 3 条的规定,A 项正确。根据《民事诉讼法》第 155 条第 2 款、《仲裁法》第 54 条的规定,B 项错误。根据《民事诉讼法》第 100 条、《仲裁法》第 51 条,C 项正确。根据《简易程序规定》第 32 条的规定,适用简易程序审理的民事案件,有相应情形的,人民法院在制作裁判文书时对认定事实或者判决理由部分可以适当简化。《仲裁法》第 54 条规定,裁决书应当写明仲裁请求、争议事实、裁决理由、裁决结果、仲裁费用的负担和裁决日期。当事人协议不愿写明争议事实和裁决理由的,可以不写。在诉讼中,只规定在简易程序中可以对认定事实或者判决理由部分适当简化,而不是一概可以依申请而不予写明,D 项正确。

3. D。考查仲裁委员会的选定。根据《仲裁法》第 18 条的规定,仲裁协议对仲裁委员会的选择约定不明确,该仲裁协议无效。根据最高人民法院《关于适用〈中华人民共和国仲裁法〉若干问题的解释》(以下简称《仲裁法解释》)第 6 条规定,仲裁协议约定由某地的仲裁机构仲裁且该地仅有一个仲裁机构的,该仲裁机构视为约定的仲裁机构。青岛地区仲裁委员会只有一家,为青岛仲裁委员会,该仲裁协议约定仲裁机构有效,所以 D 项正确。

4. B。考查仲裁范围。根据《仲裁法》第 77 条的规定,劳动争议仲裁不适用《仲裁法》,回答本题需注意《仲裁法》的适用范围。根据《劳动争议调解仲裁法》第 5 条的规定,发生劳动争议,可以向劳动争议仲裁委员会申请仲裁。故 B 项正确。

5. A。考查仲裁协议的法律效力。《仲裁法》第 26 条规定,当事人达成仲裁协议,一方向人民法院起诉未声明有仲裁协议,人民法院受理后,另一方在首次开庭前提交仲裁协议的,人民法院应当驳回起诉,但仲裁协议无效的除外;另一方在首次开庭前未对人民法院受理该案提出异议的,视为放弃仲裁协议,人民法院应当继续审理。因此,A 项正确。

6. B。考查仲裁与民事诉讼程序的关系。仲裁实行或裁或审制度,有效的仲裁协议即可排除法院对案件的司法管辖权,只有在没有仲裁协议或者仲裁协议无效的情况下,法院才可以行使司法管辖权予以审理。B 项错误。

二、1. ABCD。考查仲裁的范围。根据《仲裁法》第 77 条的规定,A 项关于农村土地承包合同的仲裁,适用《农村土地承包经营纠纷调解仲裁法》,D 项属于劳动争议,适用《劳动争议调解仲裁法》。根据《仲裁法》第 3 条的规定,B 项属于婚姻、收养、监护、扶养、继承等涉及身份关系的纠纷。C 项属于依法应当由行政机关处理的行政争议。因此 ABCD 项当选。

2. BC。考查仲裁独立原则、一裁终局制度和或裁或审制度。仲裁独立原则是指仲裁应独立进行,不受任何行政机关、社会团体或者个人的干涉,A 项正确。有效的仲裁协议即可排除法院的管辖,是或裁或审制度的体现,B 项错误。仲裁裁决一经作出,当事人不得再申请仲裁,这是一裁终局制度的体现,C 项错误。当事人之间纠纷只能由当事人在诉讼或仲裁中择一适用,是或裁或审制度的体现,D 项正确。

3. ABCD。考查民事诉讼与仲裁关系的处理。《民事诉讼法》第 127 条规定,人民法院对下列起诉,分别情形,予以处理:……(2)依照法律规定,双方当事人达成书面仲裁协议申请仲裁、不得向人民法院起诉的,告知原告向仲裁机构申请仲裁……因此,A 项正确。根据《仲裁法》第 3 条的规定,婚姻、收养、监护、扶养、继承纠纷,不能仲裁。《仲裁法》第 5 条规定,当事人达成仲裁协议,一方向人民法院起诉的,人民法院不予受理,但仲裁协议无效的除外。B 项中赡养问题是不能仲裁的，甲乙签订的仲裁协议是无效的。因此，一方当事人向法院起诉，法院认为其有管辖权是正确的。故B项正确。《仲裁法》第20条规定，当事人对仲裁协议的效力有异议的，可以请求仲裁委员会作出决定或者请求人民法院作出裁定。一方请求仲裁委员会作出决定，另一方请求人民法院作出裁定的，由人民法院裁定。当事人对仲裁协议效力有异议，应当在仲裁庭首次开庭前提出。因此C项正确。根据《仲裁法》第26条的规定，当事人达成仲裁协议，一方向人民法院起诉未声明有仲裁协议，人民法院受理后，另一方在首次开庭前提交仲裁协议的，人民法院应当驳回起诉，但仲裁协议无效的除外。因此D项正确。

4. BC。考查仲裁裁决被撤销后争议的解决。《仲裁法》第9条第2款规定，裁决被人民法院依法裁定撤销或者不予执行的，当事人就该纠纷可以根据双方重新达成的仲裁协议申请仲裁，也可以向人民法院起诉。BC项正确。

5. AC。考查仲裁审理的特点。《仲裁法》第40条规定，仲裁不公开进行。当事人协议公开的，可以公开进行，但涉及国家秘密的除外。根据《仲裁法》第39条的规定，仲裁一般开庭进行，当事人协议不开庭的，仲裁庭可根据仲裁申请书、答辩书以及其他材料作出裁决。故AC项正确。

三、AD。考查仲裁与民事诉讼的关系。根据《仲裁法》第31条、《民事诉讼法》第44条的规定，当事人对仲裁庭的组成有权选定，诉讼中审判人员由法院指定，A项错误。仲裁与诉讼是两种不同的争议解决方式，在两者之间，当事人之间发生的争议只能由双方当事人在仲裁或者诉讼中选择其一加以采用，B项正确。根据《仲裁法》第2条、《民事诉讼法》第3条的规定，C项正确。根据《仲裁法》第14条的规定，仲裁委员会独立于行政机关，与行政机关没有隶属关系，D项错误。

## 第二十四章　仲裁委员会和仲裁协会

一、1. C。考查仲裁委员会的设立。根据《仲裁法》第10条第1、2款的规定，AB项错误。根据《仲裁法》第12条第2款的规定，C项正确。根据《仲裁法》第14条的规定，D项错误。

2. D。考查仲裁员的资格。根据《仲裁法》第13条第2款的规定，A项甲是检察长，而不是法官；B项年限不够，必须从事律师工作满8年；C项不符合条件，因为丙没有高级职称；D项丁通过国家统一法律职业资格考试取得法律职业资格，从事仲裁工作满8年，符合条件。

3. D。考查仲裁委员会的选定。《仲裁法》第18条规定，仲裁委员会约定不明或没有约定的，可以通过重新达成仲裁协议的方式约定就原纠纷进行仲裁。

二、1. BCD。考查仲裁员的资格。根据《仲裁法》第13条的规定，BCD项符合仲裁员资格要求，且法律未规定兼职限制。根据最高人民法院《关于现职法官不得担任仲裁员的通知》的规定，法官担任仲裁员，从事案件的仲裁工作，不符合有关法律规定，超出了人民法院和法官的职权范围，且由于法院要行使对仲裁的监督职能，现职审判员兼任仲裁员不利于依法公正保护诉讼当事人的合法权益。因此，法官不得兼任仲裁员，A项错误。

2. AB。考查仲裁规则的内容。《民事诉讼法》和《仲裁法》是国家强制性法律，当事人不得拒绝适用；而仲裁规则系各仲裁委员会自设的办案规则和流程，国际通行做法是允许当事人选择是否适用审理案件的仲裁委员会的仲裁规则。

## 第二十五章　仲裁协议

### 基础知识篇

一、1. B。考查仲裁协议的类型、内容、仲裁条款的独立性。《仲裁法解释》第1条规定，《仲裁法》第16条规定的“其他书面形式”的仲裁协议，包括以合同书、信件和数据电文（包括电报、电传、传真、电子数据交换和电子邮件）等形式达成的请求仲裁的协议。因此A项正确。《仲裁法解释》第2条规定，当事人概括约定仲裁事项为合同争议的，基于合同成立、效力、变更、转让、履行、违约责任、解释、解除等产生的纠纷都可以认定为仲裁事项。因此B项错误。《仲裁法解释》第3条规定，仲裁协议约定的仲裁机构名称不准确，但能够确定具体的仲裁机构的，应当认定选定了仲裁机构。因此，C项正确。《仲裁法解释》第9条规定，债权债务全部或者部分转让的，仲裁协议对受让人有效，但当事人另有约定、在受让债权债务时受让人明确反对或者不知有单独仲裁协议的除外。因此，D项正确。

2. A。考查仲裁协议的内容。根据《仲裁法》第17条第2项的规定，仲裁协议的缔结主体必须是完全民事行为能力人，因此A项中的仲裁协议无效。根据《仲裁法》第16条的规定，B项中的仲裁协议有效。《仲裁法解释》第4条规定，仲裁协议仅约定纠纷适用的仲裁规则的，视为未约定仲裁机构，但当事人达成补充协议或者按照约定的仲裁规则能够确定仲裁机构的除外。根据《中国国际经济贸易仲裁委员会仲裁规则》（以下简称《贸仲规则》）第4条第4项的规定，当事人约定按照本规则进行仲裁但未约定仲裁机构的，视为同意将争议提交仲裁委员会仲裁。故C项中的仲裁协议有效。根据《仲裁法》第18条的规定，没有约定仲裁委员会的，仲裁协议无效，但经补充后仲裁协议有效，D 项中的仲裁协议有效。

二、1. ABCD。考查仲裁协议的法律效力。根据《仲裁法》第 19 条第 1 款的规定，A 项错误。根据《仲裁法》第 20 条第 1 款的规定，B 项错误，C 项错误。根据《仲裁法解释》第 13 条第 2 款的规定，D 项错误。

2. ABCD。考查仲裁协议的确认机构。最高人民法院《关于审理仲裁司法审查案件若干问题的规定》（以下简称《仲裁司法审查规定》）第 2 条第 1 款规定，申请确认仲裁协议效力的案件，由仲裁协议约定的仲裁机构所在地、仲裁协议签订地、申请人住所地、被申请人住所地的中级人民法院或者专门人民法院管辖。根据《仲裁法解释》第 4 条的规定，可视甲乙约定 D 仲裁委员会为仲裁机构，故 ABCD 项正确。

3. CD。考查选定仲裁协议的效力。根据《仲裁法》第 18 条的规定，双方可以签订补充协议使上述仲裁协议有效，并不是当然无效，A 项错误。根据《仲裁法解释》第 4 条的规定，仲裁协议仅约定纠纷适用的仲裁规则的，视为未约定仲裁机构，B 项错误。在没有签订补充协议之前，上述仲裁协议无效，法院应当受理，C 项正确。《仲裁法解释》第 13 条第 1 款规定，依照《仲裁法》第 20 条第 2 款的规定，当事人在仲裁庭首次开庭前没有对仲裁协议的效力提出异议，而后向人民法院申请确认仲裁协议无效的，人民法院不予受理。甲公司向 C 仲裁委员会提起仲裁，乙公司答辩的，乙公司不能再向法院申请确认仲裁协议无效。故 D 项正确。

4. BCD。《仲裁法解释》第 6 条规定，仲裁协议约定由某地的仲裁机构仲裁且该地仅有一个仲裁机构的，该仲裁机构视为约定的仲裁机构。该地有两个以上仲裁机构的，当事人可以协议选择其中的一个仲裁机构申请仲裁；当事人不能就仲裁机构选择达成一致的，仲裁协议无效。本题中仲裁协议并不当然无效，A 项错误，B 项正确。仲裁协议无效的，双方当事人可以重新达成仲裁协议申请仲裁或者直接向法院起诉，C 项正确，D 项正确。

## 理解与应用篇

一、1. B。考查仲裁协议的效力。根据《民诉解释》第 215 条的规定，当事人在书面合同中订有仲裁条款，或者在发生纠纷后达成书面仲裁协议，一方向人民法院起诉的，人民法院应当告知原告向仲裁机构申请仲裁，其坚持起诉的，裁定不予受理，但仲裁条款或者仲裁协议不成立、无效、失效、内容不明确无法执行的除外。故 A 项错误。根据《仲裁法》第 19 条、《仲裁法解释》第 10 条的规定，B 项正确。《仲裁法》第 18 条规定，仲裁协议对仲裁事项或者仲裁委员会没有约定或者约定不明确的，当事人可以补充协议；达不成补充协议的，仲裁协议无效。故 C 项错误。《仲裁法》第 20 条第 1 款规定，当事人对仲裁协议的效力有异议的，可以请求仲裁委员会作出决定或者请求人民法院作出裁定。一方请求仲裁委员会作出决定，另一方请求人民法院作出裁定的，由人民法院裁定。故 D 项错误。

2. D。《仲裁法解释》第 6 条规定，仲裁协议约定由某地的仲裁机构仲裁且该地仅有一个仲裁机构的，该仲裁机构视为约定的仲裁机构。该地有两个以上仲裁机构的，当事人可以协议选择其中的一个仲裁机构申请仲裁；当事人不能就仲裁机构选择达成一致的，仲裁协议无效。因此，D 项正确，ABC 项错误。

二、1. BCD。考查仲裁协议的确认。根据《仲裁法解释》第 12 条第 3 款、《仲裁司法审查规定》第 2 条第 2 款的规定，涉及海事海商纠纷仲裁协议效力的案件，由仲裁协议约定的仲裁机构所在地、仲裁协议签订地、申请人或者被申请人住所地的海事法院管辖；上述地点没有海事法院的，由就近的海事法院管辖。故 A 项正确。《仲裁法解释》第 13 条第 2 款规定，仲裁机构对仲裁协议的效力作出决定后，当事人向人民法院申请确认仲裁协议效力或者申请撤销仲裁机构的决定的，人民法院不予受理。故 B 项错误。《仲裁法解释》第 15 条规定，人民法院审理仲裁协议效力确认案件，应当组成合议庭进行审查，并询问当事人。故 C 项错误。《仲裁法》第 20 条第 2 款规定，当事人对仲裁协议的效力有异议，应当在仲裁庭首次开庭前提出。故 D 项错误。

2. ABC。考查仲裁协议的确认。根据《仲裁法》第 58 条的规定，A 项正确。根据《仲裁法解释》第 12 条第 1 款、《仲裁司法审查规定》第 2 条的规定，B 项正确。根据《仲裁司法审查规定》第 4 条的规定，C 项正确。根据《仲裁法解释》第 29 条的规定，D 项错误。

## 综合提高篇

（1）ABCD。考查涉外仲裁协议效力的审查。根据《仲裁法解释》第 16 条的规定，AB 项正确。根据《仲裁司法审查规定》第 13 条、第 14 条的规定，CD 项正确。

（2）B。考查仲裁协议的法律效力。《仲裁法》第 26 条规定，当事人达成仲裁协议，一方向人民法院起诉未声明有仲裁协议，人民法院受理后，另一方在首次开庭前提交仲裁协议的，人民法院应当驳回起诉，但仲裁协议无效的除外；另一方在首次开庭前未对人民法院受理该案提出异议的，视为放弃仲裁协议，人民法院应当继续审理。因此 B 项正确。

（3）C。考查仲裁协议的内容、仲裁协议的确认机构。根据《仲裁法》第 20 条和《仲裁法解释》第 12 条、《仲裁司法审查规定》第 2 条的规定，当事人对仲裁协议的效力有异议，应当在仲裁庭首次开庭前提出。当事人向人民法院申请确认仲裁协议效力的案件,由仲裁协议约定的仲裁机构所在地、仲裁协议签订地、申请人住所地、被申请人住所地的中级人民法院或者专门人民法院管辖;仲裁协议约定的仲裁机构不明确的,由仲裁协议签订地或者被申请人住所地的中级人民法院管辖。因此,ABD 项错误。

## 第二十六章 仲裁程序

一、1. A。考查仲裁裁决的作出。《仲裁法》第 53 条规定,裁决应当按照多数仲裁员的意见作出,少数仲裁员的不同意见可以记入笔录。仲裁庭不能形成多数意见时,裁决应当按照首席仲裁员的意见作出。本题中三位仲裁员不能达成一致意见,应当由首席仲裁员某甲作出最终意见,A 项正确,BCD 项错误。

2. C。考查仲裁程序与民事诉讼程序的主要区别。根据《仲裁法》第 53 条、《民事诉讼法》第 45 条的规定,民事诉讼中的合议实行少数服从多数,不能以审判长的意见为准,C 项错误。根据《仲裁法》第 55 条、《民事诉讼法》第 156 条的规定,D 项正确。

3. D。根据《仲裁法》第 36 条规定,仲裁员是否回避,由仲裁委员会主任决定;仲裁委员会主任担任仲裁员时,由仲裁委员会集体决定。故 A 项错误。根据《仲裁法》第 40 条规定,仲裁原则上不公开进行,当事人协议公开的,可以公开,但涉及国家秘密的除外,所以 B 项错误。根据《仲裁法》第 51 条第 1 款的规定,C 项错误。根据《仲裁法》第 57 条的规定,D 项正确。

4. C。考查仲裁中的调解。根据《仲裁法》第 51 条第 2 款、第 52 条的规定,B 项错误,C 项正确;根据《仲裁法》第 51 条第 1 款的规定,仲裁庭在作出裁决前,"可以"先行调解,而非"应当"先行调解,故 A 项错误。调解书经双方当事人签收后,即发生法律效力,故 D 项错误。

5. A。考查重新组庭之后的程序。《仲裁法》第 37 条第 2 款规定,因回避而重新选定或者指定仲裁员后,当事人可以请求已进行的仲裁程序重新进行,是否准许,由仲裁庭决定;仲裁庭也可以自行决定已进行的仲裁程序是否重新进行。故 A 项正确。

6. C。考查仲裁程序中证据的提供与收集。《仲裁法》第 43 条第 2 款规定,仲裁庭认为有必要收集的证据,可以自行收集。故 C 项正确。

7. C。考查仲裁中的和解。《仲裁法》第 50 条规定,当事人达成和解协议,撤回仲裁申请后反悔的,可以根据仲裁协议申请仲裁。故 C 项正确。

二、1. BC。本题考查仲裁和解。根据《仲裁法》第 49 条的规定,A 项错误,B 项正确;根据《仲裁法》第 50 条的规定,当事人达成和解协议,撤回仲裁申请后反悔的,可以根据仲裁协议申请仲裁,无须重新达成仲裁协议,故 C 项正确,D 项错误。

2. ABCD。考查仲裁程序。《仲裁法》第 68 条规定,涉外仲裁的当事人申请证据保全的,涉外仲裁委员会应当将当事人的申请提交证据所在地的中级人民法院。故 A 项错误。根据《民事诉讼法》第 290 条前段规定,经我国涉外仲裁机构裁决的,当事人不得向法院起诉,B 项错误。根据《民事诉讼法》第 290 条后段规定,一方不履行仲裁裁决的,对方当事人可以向被申请人住所地或者财产所在地的中级人民法院申请执行,C 项错误。根据《仲裁法》第 40 条的规定,仲裁以不公开审理为原则,D 项错误。

3. AB。考查仲裁程序。依据《仲裁法》第 22 条、第 27 条的规定,AB 项正确。《仲裁法》第 30 条规定,仲裁庭可以由 3 名或者 1 名仲裁员组成,故 C 项错误。根据《仲裁法》第 34 条的规定,仲裁员是一方当事人大学同学,必须回避是因为与本案当事人有其他关系,可能影响公正仲裁,而不是因为与本案有利害关系,D 项错误。

4. ABD。考查仲裁庭的组成程序。《仲裁法》第 31 条第 1 款规定,当事人约定由 3 名仲裁员组成仲裁庭的,应当各自选定或者各自委托仲裁委员会主任指定 1 名仲裁员,第三名仲裁员由当事人共同选定或者共同委托仲裁委员会主任指定。第三名仲裁员是首席仲裁员。A 项中,北京 A 食品厂和天津 B 商厦的做法都是错误的;B 项中,齐某和陈某是仲裁员,不能共同选定首席仲裁员;C 项中的做法是正确的;D 项中,首席仲裁员是没有指定其他仲裁员的权力的。ABD 项当选。

5. ABCD。考查仲裁程序。《仲裁法》第 37 条第 2 款规定,因回避而重新选定或者指定仲裁员后,当事人可以请求已进行的仲裁程序重新进行,是否准许,由仲裁庭决定;仲裁庭也可以自行决定已进行的仲裁程序是否重新进行。故 A 项错误。《仲裁法解释》第 29 条规定,当事人申请执行仲裁裁决案件,由被执行人住所地或者被执行的财产所在地的中级人民法院管辖。故 B 项错误。《仲裁法》第 28 条第 2 款规定,当事人申请财产保全的,仲裁委员会应当将当事人的申请依照《民事诉讼法》的有关规定提交人民法院。因此当事人应当向仲裁委员会而非直接向法院提出保全申请,故 C 项错误。《仲裁法》第 50 条规定,当事人达成和解协议,撤回仲裁申请后反悔的,可以根据仲裁协议申请仲裁。所以四季公司可以根据原有仲裁协议再次申请仲裁,D 项错误。

三、1. D。考查仲裁员的选定。依据《仲裁法》第 32 条的规定,在仲裁规则规定期限内未能就仲裁庭的组成方式、仲裁员的选定达成协议的,由仲裁委员会主任指定。故 D 项当选。

2. BD。考查仲裁中的和解和调解。根据《仲裁法》第49条的规定,和解是当事人的自发行为,仲裁庭不可以主持,A项错误。根据《仲裁法》第51条第1款的规定,B项正确。根据《仲裁法》第49条的规定,当事人达成和解协议的,可以请求仲裁庭根据和解协议作出裁决书,也可以撤回仲裁申请,故C项错误。根据《仲裁法》第51条第2款的规定,调解达成协议的,仲裁庭应当制作调解书或者根据协议的结果制作裁决书,所以D项正确。

3. A。考查仲裁中的回避。根据《仲裁法》第35条的规定,A项正确。根据《仲裁法》第36条的规定,仲裁员是否回避,由仲裁委员会主任决定,B项错误。根据《仲裁法》第37条第2款的规定,因回避重新选定仲裁员后,已进行的仲裁程序是否重新进行,仲裁庭享有决定权,故C项错误。根据《仲裁法》第15条第2款、第38条的规定,中国仲裁协会对仲裁员的违纪行为进行监督,但除名权由仲裁委员会行使,故D项错误。

4. B。考查裁决书的签名。《仲裁法》第54条规定:裁决书应当写明仲裁请求、争议事实、裁决理由、裁决结果、仲裁费用的负担和裁决日期。当事人协议不愿写明争议事实和裁决理由的,可以不写。裁决书由仲裁员签名,加盖仲裁委员会印章。对裁决持不同意见的仲裁员,可以签名,也可以不签名。故本题B项正确。

## 第二十七章　申请撤销仲裁裁决

一、1. C。考查法院对撤销仲裁裁决的处理。根据《仲裁法解释》第24条的规定,当事人申请撤销仲裁裁决的案件,人民法院应当组成合议庭审理,而不能由一名审判员独任审查,故A项错误。根据《仲裁法解释》第27条第1款的规定,B项错误。根据《仲裁法》第61条的规定,C项正确。《仲裁法》第9条第2款规定,裁决被人民法院依法裁定撤销或者不予执行的,当事人就该纠纷可以根据双方重新达成的仲裁协议申请仲裁,也可以向人民法院起诉。D项错误。

2. A。考查仲裁裁决的撤销。根据《仲裁法》第58条的规定,当事人申请撤销仲裁裁决的,应当直接向法院提出申请,A项错误。根据《仲裁法》第58条、第59条、第60条的规定,BCD项正确。

3. A。考查撤销仲裁裁决的理由。根据《仲裁法解释》第19条的规定,当事人以仲裁裁决事项超出仲裁协议范围为由申请撤销仲裁裁决,经审查属实的,人民法院应当撤销仲裁裁决中的超裁部分。因此A项正确,BCD项错误。

4. C。考查撤销仲裁裁决的程序。根据《仲裁法》第58条的规定,A项错误。根据《仲裁司法审查规定》第7条、第8条、第10条的规定,C项正确,BD项错误。

5. A。考查重新仲裁。根据《仲裁法解释》第21条的规定,A项正确。重新仲裁的主体,应当是仲裁庭而非仲裁委员会;仲裁裁决符合法律规定的两种情形的,法院并非必然通知仲裁庭重新仲裁,B项错误。对法院重新仲裁的通知,是否采纳,由仲裁庭决定,法院通知仲裁庭重新仲裁的,应裁定中止撤销程序,C项错误。根据《仲裁法解释》第23条的规定,期间为“6个月”而非“15日”,D项错误。

二、1. CD。根据《仲裁法》第58条的规定,D项正确,B项错误。根据《仲裁法》第31条的规定,可知仲裁庭首席仲裁员是由当事人共同选定或者共同委托仲裁委员会主任指定的,C项仲裁庭组成不符合仲裁规则,所以C项正确。《仲裁法解释》第18条规定了没有仲裁协议的情形,约定不明不属于没有仲裁协议,A项错误。

2. AB。考查撤销仲裁裁决的申请程序。根据《仲裁法》第58条的规定,河北某公司可以向仲裁委员会所在地的中级人民法院申请撤销裁决,A项正确,D项错误。根据《民事诉讼法》第248条的规定,河北某公司可以向执行法院申请不予执行,B项正确。根据“或裁或审”原则,仲裁裁决未被撤销或裁定不予执行的,当事人不得重新起诉,C项错误。

3. ACD。考查仲裁裁决的撤销和不予执行的关系。根据《仲裁法》第58条的规定,当事人申请撤销仲裁裁决,应当向仲裁委员会所在地的中级人民法院提出,而当事人申请不予执行仲裁裁决只能向申请执行人提出执行申请的法院提出,故A项错误。根据《仲裁法》第58条、《民事诉讼法》第248条的规定,B项正确。根据《民事诉讼法》第248条第3款、《仲裁法》第58条第3款的规定,仲裁裁决的撤销和不予执行程序仅能依当事人的申请而开始,法院不得依职权主动进行,故C项错误。根据《仲裁法》第61条、《仲裁法解释》第21条的规定,法院受理撤销裁决的申请后,认为可以由仲裁庭重新仲裁的,通知仲裁庭在一定期限内重新仲裁,并裁定中止撤销程序。根据《民事诉讼法》第248条的规定,人民法院裁定不予执行仲裁裁决后,当事人可以根据双方达成的书面仲裁协议重新申请仲裁,也可以向人民法院起诉。据此,申请撤销仲裁裁决中,法院可通知仲裁机构在一定期限内重新仲裁;申请不予执行仲裁裁决程序,法院则无此权限,故D项错误。

4. ABCD。考查重新仲裁。根据《仲裁法解释》第21条第1款的规定,A项错误。因为仲裁庭的组成方式和仲裁员本身就是由当事人直接选定或委托指定的,体现了当事人的自由意志,故重新仲裁无须另行组成仲裁庭,B项错误。根据《仲裁法解释》第22条的规定,C项错误。根据《仲裁法解释》第23条的规定,D 项错误。

5. AB。考查撤销仲裁裁决的程序。根据《仲裁法解释》第 19 条的规定,如果仲裁裁决事项超出当事人仲裁协议约定的范围,或者不属于当事人申请仲裁的事项,并且上述事项与仲裁机构作出裁决的事项是可分的,人民法院可以基于当事人的申请,在查清事实后裁定撤销该超裁部分,并非必然全部撤销,A 项错误。根据《仲裁法解释》第 24 条的规定,人民法院审理申请撤销仲裁裁决的案件,应当组成合议庭并询问当事人,B 项错误。根据《仲裁法解释》第 30 条的规定,C 项正确。根据《仲裁法解释》第 25 条的规定,D 项正确。

## 第二十八章　仲裁裁决的执行与不予执行

一、1. B。考查仲裁调解书的执行。《仲裁法》第 51 条第 2 款规定,调解达成协议的,仲裁庭应当制作调解书或者根据协议的结果制作裁决书。调解书与裁决书具有同等法律效力。因此,在未对调解书效力有特别规定的情形下,当事人可以申请执行调解书,A 项正确。《仲裁法解释》第 28 条规定,当事人请求不予执行仲裁调解书或者根据当事人之间的和解协议作出的仲裁裁决书的,人民法院不予支持。故 B 项错误。根据《仲裁法解释》第 29 条的规定,应由被执行人住所地或被执行的财产所在地的中级人民法院执行,CD 项正确。

2. D。考查仲裁裁决的执行。根据《仲裁司法审查规定》第 6 条第 1 款的规定,申请人向人民法院申请执行或者撤销我国内地仲裁机构的仲裁裁决,应当提交申请书及裁决书正本或者经确认无误的副本,A 项正确。根据该规定第 7 条第 2 款、第 3 款,BC 项正确,D 项错误。

3. B。考查仲裁裁决的撤销和不予执行。根据《仲裁法》第 63 条的规定,被申请人提出证据证明裁决有《民事诉讼法》第 248 条第 2 款规定的情形之一的,经人民法院组成合议庭审查核实,裁定不予执行。所以,只有被申请人可以提出不予执行的申请,A 项错误。根据《仲裁法解释》第 29 条的规定,不予执行仲裁裁决的管辖法院为受理申请执行的法院,有可能是被执行人住所地或者被执行财产所在地中级人民法院,不是基层人民法院,C 项错误。根据《仲裁法》第 59 条的规定,申请撤销仲裁裁决的期限是 6 个月,而不予执行仲裁裁决的申请期限是整个执行程序的时间,故 D 项错误。

4. D。考查仲裁裁决的撤销和不予执行。《民诉解释》第 475 条第 1 款规定,仲裁机构裁决的事项,部分有《民事诉讼法》第 248 条第 2 款、第 3 款规定情形的,人民法院应当裁定对该部分不予执行。故 D 项正确。

5. B。考查仲裁裁决的执行。《仲裁法解释》第 28 条规定,当事人请求不予执行仲裁调解书或者根据当事人之间的和解协议作出的仲裁裁决书的,人民法院不予支持。A 项错误。《仲裁法》第 28 条第 2 款规定,当事人申请财产保全的,仲裁委员会应当将当事人的申请依照《民事诉讼法》的有关规定提交人民法院。B 项正确。《仲裁法解释》第 26 条规定,当事人向人民法院申请撤销仲裁裁决被驳回后,又在执行程序中以相同理由提出不予执行抗辩的,人民法院不予支持。C 项错误。人民法院可以对仲裁协议和仲裁裁决进行监督,但是不能在仲裁进行过程中进行监督,D 项错误。

二、1. AC。考查仲裁裁决不予执行后的救济途径。根据《仲裁法》第 9 条第 2 款的规定,仲裁裁决不予执行的救济途径有两个:起诉和重新达成仲裁协议仲裁。

2. ABD。考查仲裁裁决的申请执行。根据《民事诉讼法》第 248 条的规定,ABD 项正确。《仲裁法》第 43 条第 2 款规定,仲裁庭认为有必要收集的证据,可以自行收集。故 C 项错误。

3. AC。考查仲裁裁决的执行与撤销。根据《仲裁法解释》第 21 条的规定,A 项错误。《仲裁法解释》第 28 条规定,当事人请求不予执行仲裁调解书或者根据当事人之间的和解协议作出的仲裁裁决书的,人民法院不予支持。仅规定不支持根据当事人和解作出的仲裁裁决书不予执行的申请,未规定不支持撤销根据和解作出的仲裁裁决书,C 项错误。B 项正确。根据《仲裁法》第 64 条第 2 款的规定,D 项正确。

三、(1) BD。考查仲裁中的和解。《仲裁法》第 50 条规定,当事人达成和解协议,撤回仲裁申请后反悔的,可以根据仲裁协议申请仲裁。B 项正确。此外,当事人还可以重新达成仲裁协议并申请仲裁,D 项正确。

(2) ABC。考查仲裁裁决的撤销。根据《仲裁法》第 58 条的规定,AB 项正确。根据《民事诉讼法》第 248 条的规定,C 项正确,D 项错误。

(3) A。考查仲裁裁决的执行程序。根据《仲裁司法审查规定》第 7 条第 1 款、第 2 款的规定,A 项正确,B 项错误。根据该规定第 9 条第 1 款的规定,C 项错误。根据该规定第 10 条的规定,D 项错误。

(4) AD。考查不予执行仲裁裁决的救济。《仲裁法》第 9 条第 2 款规定,裁决被人民法院依法裁定撤销或者不予执行的,当事人就该纠纷可以根据双方重新达成的仲裁协议申请仲裁,也可以向人民法院起诉。《民诉解释》第 476 条同样规定,人民法院裁定不予执行仲裁裁决后,当事人对该裁定提出执行异议或者复议的,人民法院不予受理。当事人可以就该民事纠纷重新达成书面仲裁协议申请仲裁，也可以向人民法院起诉。故AD项正确，BC项错误。

## 第二十九章 涉外仲裁

一、1. C。考查涉外仲裁的证据保全。《仲裁法》第68条的规定，涉外仲裁的当事人申请证据保全的，涉外仲裁委员会应当将当事人的申请提交证据所在地的中级人民法院。C项正确。

2. D。《民事诉讼法》第297条规定，人民法院作出的发生法律效力的判决、裁定，如果被执行人或者其财产不在中华人民共和国领域内，当事人请求执行的，可以由当事人直接向有管辖权的外国法院申请承认和执行，也可以由人民法院依照中华人民共和国缔结或者参加的国际条约的规定，或者按照互惠原则，请求外国法院承认和执行。在中华人民共和国领域内依法作出的发生法律效力的仲裁裁决，当事人请求执行的，如果被执行人或者其财产不在中华人民共和国领域内，当事人可以直接向有管辖权的外国法院申请承认和执行。可知D项错误。

3. B。考查涉外仲裁协议效力的确认。根据《仲裁法解释》第16条可知，对涉外仲裁协议的效力审查，适用当事人约定的法律；当事人没有约定适用的法律但约定了仲裁地的，适用仲裁地法律；没有约定适用的法律也没有约定仲裁地或仲裁地约定不明的，适用法院地法律。因此，CD项错误。A项未指出适用仲裁地法律这一除外条件，所以错误。B项正确。

4. B。考查涉外仲裁的特别规定。除了专门性的涉外仲裁机构受理涉外仲裁案件，普通的仲裁机构也受理涉外仲裁案件，A项错误。《民事诉讼法》第291条第2款规定，人民法院认定执行该裁决违背社会公共利益的，裁定不予执行，即人民法院可以对涉外仲裁裁决的实质内容进行审查，B项正确，C项错误。对涉外仲裁裁决的执行有管辖权的法院是被执行人（被申请人）住所地或财产所在地的中级人民法院。此外，根据《仲裁法》第72条的规定，应该由当事人直接向国外有管辖权的法院申请承认和执行涉外仲裁裁决，D项错误。

二、1. ABD。考查涉外仲裁委员会的设立。根据《仲裁法》第66条、第67条的规定，ABD项正确，涉外仲裁委员会的主任、副主任和委员可以由中国国际商会聘任，C项错误。

2. AB。考查涉外仲裁裁决的不予执行。根据《民事诉讼法》第291条的规定，对中华人民共和国涉外仲裁机构作出的裁决，被申请人提出证据证明仲裁裁决有下列情况之一的，经人民法院组成合议庭审查核实，裁定不予执行：(1)当事人在合同中没有订有仲裁条款或者事后没有达成书面仲裁协议的；(2)被申请人没有得到指定仲裁员或者进行仲裁程序的通知，或者由于其他不属于被申请人负责的原因未能陈述意见的；(3)仲裁庭的组成或者仲裁的程序与仲裁规则不符的；(4)裁决的事项不属于仲裁协议的范围或者仲裁机构无权仲裁的。人民法院认定执行该裁决违背社会公共利益的，裁定不予执行。故CD项错误。

3. BD。考查涉外仲裁协议效力的确认。《仲裁司法审查规定》第13条规定，当事人协议选择确认涉外仲裁协议效力适用的法律，应当作出明确的意思表示，仅约定合同适用的法律，不能作为确认合同中仲裁条款效力适用的法律。故A项错误，B项正确。根据《仲裁法解释》第12条、《仲裁司法审查规定》第2条的规定，C项错误，D项正确。

4. ABCD。考查涉外仲裁与国内仲裁的异同。根据《仲裁法》第46条、第68条的规定，A项正确；根据《仲裁法解释》第12条的规定，B项正确；根据《仲裁法》第48条、第69条的规定，C项正确；根据《民事诉讼法》第248条、第291条的规定，D项正确。

5. ABCD。考查涉外仲裁的特殊规则。根据《贸仲规则》第12条的规定，当事人依据本规则申请仲裁时，应提交由申请人或申请人授权的代理人签名及/或盖章的仲裁申请书。仲裁申请书应写明：(1)申请人和被申请人的名称和住所，包括邮政编码、电话、传真、电子邮箱或其他电子通讯方式；(2)申请仲裁所依据的仲裁协议；(3)案情和争议要点；(4)申请人的仲裁请求；(5)仲裁请求所依据的事实和理由。

6. CD。考查涉外仲裁的特殊规定。《民事诉讼法》第289条规定，当事人申请采取保全的，中华人民共和国的涉外仲裁机构应当将当事人的申请，提交被申请人住所地或者财产所在地的中级人民法院裁定。故A项错误。根据《民事诉讼法》第290条的规定，一方当事人不履行仲裁裁决的，对方当事人可以向被申请人住所地或者财产所在地的中级人民法院申请执行，故B项错误。根据《民事诉讼法》第291条、第292条的规定，CD项正确。

7. ABD。考查涉外仲裁的特殊规则。根据《贸仲规则》第35条第2项的规定，A项正确。根据《贸仲规则》第27条的规定，B项正确。根据《贸仲规则》第8条，有关仲裁的一切文书、通知、材料等可采用当面递交、挂号信、特快专递、传真或者仲裁委员会或仲裁庭认为适当的其他方式发送，而非当事人可以约定的方式，C项错误。根据《贸仲规则》第81条的规定，D项正确。

8. BCD。考查涉外仲裁协议效力确认的法律适用。根据《仲裁司法审查规定》第13条、第14条、第16条的规定，BCD项正确，A项错误。

# 2025年

## 国家统一法律职业资格考试

# 应知应会
# 5000客观题解

## 商　法

法律考试中心/组编

法律出版社
LAW PRESS·CHINA
——北京——

# 目　　录


第一章　公司法 …………………………………（1）
第二章　合伙企业法 ……………………………（9）
第三章　个人独资企业法 ………………………（13）
第四章　外商投资法 ……………………………（15）
第五章　企业破产法 ……………………………（16）
第六章　票据法 …………………………………（19）
第七章　证券法 …………………………………（22）
第八章　保险法 …………………………………（24）
第九章　海商法 …………………………………（32）
第十章　信托法 …………………………………（34）

**参考答案及解析** ……………………………（35）
第一章　公司法 …………………………………（35）
第二章　合伙企业法 ……………………………（46）
第三章　个人独资企业法 ………………………（49）
第四章　外商投资法 ……………………………（50）
第五章　企业破产法 ……………………………（51）
第六章　票据法 …………………………………（53）
第七章　证券法 …………………………………（57）
第八章　保险法 …………………………………（59）
第九章　海商法 …………………………………（67）
第十章　信托法 …………………………………（68）

# 第一章 公 司 法*

## 基础知识篇

一、单项选择题，每题所给的选项中只有一个正确答案。

1. 下列有关公司权利能力的说法正确的是：(　　)

A. 公司自其依法登记并取得营业执照之日起享有民事权利能力，自其解散之日起终止其民事权利能力

B. 公司的经营范围必须依法登记，经依法登记的，才产生法律效力

C. 公司权利能力所受到的限制，也同样适用于公司行为能力

D. 公司的意思能力是一种社团的意思能力，公司的对外行为须通过公司的法人机关表示

2. 国有企业甲和乙公司拟出资设立一家股份有限公司，律师提供的以下法律意见中不正确的是：(　　)

A. 公司中的国有资产所有权属于国家

B. 公司的名称中必须有“股份有限公司”或“股份公司”字样

C. 公司成立后可以变更为有限责任公司

D. 公司的总经理可以是公司的法定代表人

3. 关于公司下列说法正确的是：(　　)

A. 甲有限责任公司全资设立了乙企业，乙企业的经营决策和重大人事安排均由甲公司决定，甲公司与乙企业的关系只能是总公司和分公司的关系

B. 法国人索菲亚和美国人汤姆共同出资在中国设立了一家有限责任公司，该公司是外国公司

C. 两合公司和有限责任公司是人合公司

D. 我国公司法上存在典型的人合公司

4. 下列有关公司转投资的说法正确的是：(　　)

A. 公司不能向中外合作经营企业投资

B. 公司转投资的额度，法律没有任何的限制

C. 公司转投资的决议机关为董事会

D. 国有独资公司、上市公司不能投资于合伙企业

5. 某汽车销售有限责任公司董事会通过讨论，拟在公司章程的营业范围中增加“汽车租赁”一项。就该项公司章程变更的生效，下列判断中正确的是：(　　)

A. 董事会可以对此作出决议，并自办理变更登记时发生变更效力

B. 经出席董事会过半数董事表决通过，该项变更可以发生效力

C. 应由公司股东会作出决议，自决议生效时章程发生变更效力

D. 应由公司股东会作出决议，并自办理变更登记时发生变更效力

6. 某有限责任公司是由 15 名股东设立的。下列对于该公司股东会的表述，不正确的是：(　　)

A. 股东会是有限责任公司的常设机构和必设机构

B. 股东会的临时会议，经代表 1/10 以上有表决权的股东或 1/3 以上的董事提议，可以召开

C. 股东会的首次会议应由出资最多的股东召集主持

D. 对于修改公司章程，公司增加或减少注册资本，公司的分立、合并、解散等事项须经股东会代表2/3以上表决权的股东通过

7. 华荣公司章程中规定的经营期限于 2013 年 12 月 31 日届满，公司遂在 2013 年 12 月 1 日召开股东会，表决通过关于延长经营期限到 2030 年的决议。会议中作为创始股东的甲、乙欲分配公司剩余的大笔财产后隐退，故坚决反对。但股东会最后还是通过了该决议。下列相关说法错误的是：(　　)

A. 该延长经营期限的决议须经持有 2/3 以上表决权的股东通过

B. 甲、乙若请求公司回购股份，则须在该决议通过之日起至 2014 年 1 月 30 日前，与公司协商达成收购股权的协议

C. 甲、乙有权要求按照公司减少分配剩余财产的价值来要求公司收购其股权

D. 如果甲、乙于 2014 年 3 月 1 日才提起要求公司收购其股权的诉讼，则人民法院不予受理

8. 张某是泉嘉有限公司(以下简称泉嘉公司)的股东，持股 20%，2019 年 10 月，张某向何某借款 30 万元，借期 3 个月，为担保还款，张某与何某签订协议，约定将张某股权转让给何某，但双方并未办理股权变更手续。2020 年 1 月，张某将股权卖给了不知有此协议的荣某并办理了变更登记，但荣某仅支付了第一期转让款 10 万元，余款未付。此时，张某欠何某的债务已逾期。关于本案，下列说法正确的是：(　　)

---

* 本章答案参见第 35 页。

A. 荣某自付清全部股权转让款之日，才能取得泉嘉公司的股东资格

B. 张某与何某之间关于以股权转让担保借款的约定有效

C. 荣某自股权登记完成时，已合法取得泉嘉公司的股东资格

D. 何某自借款到期日起有权要求泉嘉公司将其登记为股东

9. 下列有关公司合并或分立的表述，不正确的是：(　　)

A. 公司合并或分立均需由公司权力机关作出决议

B. 公司合并或分立均经过清算程序

C. 公司分立前的债务由分立后的公司承担连带责任

D. 公司合并产生债权债务概括转移的效力

10. 在甲股份有限公司的一次董事会上，通过了对其控股股东乙公司进行投资的决议。其中董事马某等7人明确表示同意，董事古某明确表示反对，董事林某弃权。上述董事会所议事项均作成会议记录。现在该笔投资不仅不能取得投资回报而且连本金也无法收回，给甲公司造成严重损失。应对甲公司的损失承担赔偿责任的是：(　　)

A. 马某等7人承担

B. 由甲公司承担，所有董事均不承担赔偿责任

C. 马某等7人和林某承担

D. 全体参加会议的董事承担

11. 甲公司2013年的税后利润是500万元，注册资本是3000万元，则以下关于公积金、公益金的说法正确的是：(　　)

A. 公司从税后利润中提取法定公积金后，经股东会决议，还可以从税后利润中提取法定公益金

B. 甲公司应从税后利润中提取50万元作为公司的法定公积金，但假如发现公司以前的法定公积金累计额为1550万元，可以不再提取2013年的法定公积金

C. 公司的资本公积金可用于扩大公司生产经营或者转为增加公司资本，不能用于弥补公司的亏损

D. 公司从税后利润中提取法定公积金后，经董事会决议，还可以从税后利润中提取任意公积金

12. 鸿讯公司成立于2017年8月，主要从事精密仪器维修，公司股东5人，其中赵某现金出资200万元，占股40%，首期40万元出资已缴纳，余款160万元，于2022年8月之前缴清。余某出资20万元，占4%的股份，担任公司的监事。2018年12月，股东辛某与其他4位股东约定，辛某任维修部总监，年薪90万元，但自愿不参加公司分红。到2019年年底，公司共有300万元可分配利润，下列说法正确的是：(　　)

A. 辛某与其他股东的约定剥夺了辛某的利润分配权，故应无效

B. 辛某可向公司主张支付当年的90万元薪酬

C. 就该300万元利润赵某可向公司主张分取120万元

D. 就该300万元利润辛某可向公司主张分取12万元

13. 下列有关公司登记的表述，正确的是：(　　)

A. 公司登记机关办理登记时为公司成立日期

B. 公司申请变更登记，应当向公司登记机关提交全体股东签署的变更登记申请书、依法作出的变更决议或者决定等文件

C. 公司设立分公司，应当向公司登记机关申请登记，但无须领取营业执照

D. 公司登记机关可以发给电子营业执照

14. 振易公司为股份有限公司，为了促进资金融通，决定发行公司债券，下列关于公司债券的表述不正确的是：(　　)

A. 可以选择公开发行，也可以选择非公开发行

B. 公司以纸面形式发行公司债券的，应当在债券上载明公司名称、债券票面金额、利率、偿还期限等事项，并由法定代表人签名、盖章

C. 公司债券可以由债券持有人以背书方式转让

D. 公司可以由董事会决议发行可转换为股票的公司债券

**二、多项选择题，每题所给的选项中有两个或两个以上正确答案，少答或多答均不得分。**

1. 下列关于公司章程的说法正确的是：(　　)

A. 公司章程具有对内效力，不具有对外效力

B. 股东的出资方式、出资额和出资日期是有限责任公司章程的绝对必要记载事项

C. 股份有限公司章程的法定记载事项的规定较有限责任公司严格

D. 股份有限公司章程的修改须经代表2/3以上表决权的股东通过

2. 乙与丙是亲兄弟，其父甲过世后，留有房屋一套。乙伪造遗嘱获得房屋(本应归乙所有)，并登记在自己名下。2020年1月，乙创办一教育科技有限公司，以该房屋出资，于2020年1月1日将该房屋交付给该教育科技有限公司，2020年5月1日办理变更登记。丙发现后，要求该教育科技有限公司返还房屋。对此，下列说法正确的是：(　　)

A. 该教育科技有限公司应当向丙返还该房屋

B. 该教育科技有限公司无须向丙返还该房屋

C. 乙主张自2020年1月1日获得股东权利，能够得到支持

D. 2020年5月1日前乙不享有股东权利

3. 依据《公司法》的规定，领取营业执照的时间为公司的成立时间。某股份有限公司采取募集设立方式

设立，在创立大会上经过出席会议的认股人所持表决权过半数通过公司章程，3个月后该公司领取营业执照。那么，就该股份有限公司章程的时间效力，下列判断正确的是：(　　)

A. 公司成立后，章程发生法定效力

B. 在领取营业执照之前，章程对签字或盖章的出资人有效

C. 在领取营业执照之前，章程不能生效

D. 创立大会以决议方式通过后，公司章程效力待定

4. 某国有企业拟改制为公司，除两家公司作为股东外，该企业拟将原企业的中高层管理人员100人均作为公司设立后的股东。该企业的改制可以选择哪些形式：(　　)

A. 将企业改制为有限责任公司

B. 将企业改制为股份有限公司，两家公司和100名员工作为发起人以发起方式设立

C. 将企业改制为股份有限公司，两家公司和100名员工作为发起人以募集方式设立

D. 将企业改制为股份有限公司，以募集方式设立，两家公司作为发起人，向100名员工募集股份

5. 发生下列哪些情况，创立大会可以作出不设立公司的决议：(　　)

A. 全体发起人同意不设立公司

B. 代表股份总数2/3以上的发起人、认股人同意不设立公司

C. 发生不可抗力直接影响公司设立

D. 经营条件发生重大变化直接影响公司设立

6. 下列行为可以被认定为股东抽逃出资的是：(　　)

A. 甲将出资款项转入公司账户验资后又转出

B. 乙通过虚构债权债务关系将其出资转出

C. 丙制作虚假财务会计报表虚增利润进行分配

D. 丁将价值10万元的汽车评估为50万元作为出资

7. 蓝天公司设立，甲欲以其持有的蒙牛公司的股权出资。下列属于影响其出资合法性的因素的是：(　　)

A. 甲尚未依据章程规定的认缴数额向蓝天公司缴纳全部出资

B. 甲已经以该股权为债权人乙设定了质押

C. 甲出资的股权尚未在公司登记机关办理变更登记手续

D. 甲的妻子正提出离婚，要求分割该股权

8. 下列有关股份有限公司的股份转让的表述哪些是正确的：(　　)

A. 公司董事、监事、高级管理人员所持本公司股份自公司股票上市交易之日起一年内不得转让，章程可以另外规定

B. 章程可以规定公司董事、监事、经理所持有的本公司的股份在任职期间内不得转让

C. 持有股份公司1%以上表决权的股东，对公司股东会转让、处置主要财产的决议坚决反对的，可以要求公司收购自己的股票而退出公司

D. 公司减少注册资本时，可以收购本公司股票，但须经过股东会的决议，并且收购的股票应当自收购之日起10日内注销

9. 王大山为某公司股东，现欲主张公司回购其股权，下列相关说法正确的是：(　　)

A. 无论王大山是有限责任公司的股东还是股份有限公司的股东，如其对于公司的合并、分立持有异议，都有权要求公司以合理的价格收购其股权

B. 无论王大山以法律规定的何种理由请求公司收购其股权，都无须股东会议的表决通过

C. 无论王大山是有限责任公司的股东还是股份有限公司的股东，如欲请求公司以合理的价格收购其股权，都应当先与公司就收购价格进行协议

D. 如王大山为股份有限公司的股东，因其对于公司的分立持有异议而由公司收购其股份，公司应当将所收购的股份自收购之日起6个月内转让或者注销

10. 某上市公司注册资本5亿元，2013年公司资产达到10亿元，2013年年初公司购买了价值2亿元的航空设备，2013年6月公司召开股东会。下列哪些事项须经出席会议的股东所持表决权2/3以上通过：(　　)

A. 将公司注册资本增加为8亿元

B. 更换董事长

C. 公司继续购买1亿元的航空设备

D. 公司以价值5000万元的办公楼为另一个公司设定抵押

11. 单独或者合计持有公司全部股东表决权10%以上的股东，以下列哪些事由提起解散公司诉讼，人民法院应予以受理：(　　)

A. 公司持续2年以上无法召开股东会，公司经营管理发生严重困难的

B. 股东表决时无法达到法定或者公司章程规定的比例，持续2年以上不能作出有效的股东会决议，公司经营管理发生严重困难的

C. 股东以知情权、利润分配请求权等权益受到损害为由的

D. 公司亏损、财产不足以偿还全部债务，以及公司被吊销企业法人营业执照未进行清算的

12. 下列关于一人公司的说法不符合我国法律规定的有：(　　)

A. 一人公司既包括一人有限责任公司，也包括一人股份有限公司

B. 一人公司的注册资本最低限额为10万元，可以一次足额缴纳，也可以分期缴纳

C. 一个自然人只能投资设立一个一人公司

D. 股东不能证明公司财产独立于股东自己的财产的，应对公司债务承担连带责任

13. 下列关于国有独资公司说法正确的有：(　　)

A. 国有独资公司章程由履行出资人职责的机构制定

B. 国有独资公司的财务总监未经履行出资人职责的机构同意，不得在合伙企业兼职

C. 董事长、副董事长由履行出资人职责的机构从董事会成员中指定

D. 经经履行出资人职责的机构同意，董事会成员可以兼任经理

14. 大成有限责任公司经营3年后，发现公司有部分资产闲置的情形，故决定减少公司注册资本。下列相关说法正确的是：(　　)

A. 董事会负责制订公司减少注册资本的方案

B. 若其中甲股东尚有出资10万元未按章程规定的期限缴纳到位，则公司可以通过减资10万元的方式来解决

C. 公司应当自作出减少注册资本决议之日起10日内通知债权人，并于30日内在报纸上或者国家企业信用信息公示系统公告

D. 若大成有限责任公司作出了减资10万元，按照甲的实际出资3万元来确定其股权的决议，但未及时去登记机关办理变更登记，后公司负债难偿，则债权人依然有权要求甲在10万元的范围内承担责任

## 理解与应用篇

**一、单项选择题，每题所给的选项中只有一个正确答案。**

1. 甲持有维多利公司60%的股权，并担任该公司的董事长。该公司还有乙、丙、丁、戊4名股东，合计持股40%。某日，甲为了谋取高额报酬，违反公司章程的规定，以公司不动产为希望阳光公司提供担保。针对甲而言，下列相关说法错误的是：(　　)

A. 其行为属于违反股东忠实义务的行为，甲因此所得的收入应当归公司所有

B. 若因为承担担保责任而导致公司破产，甲亦无须对公司的债务承担连带责任

C. 若因为承担担保责任而导致公司重大损失，则甲须依法承担赔偿责任

D. 若因为承担担保责任而导致公司破产，则甲自破产程序终结之日起3年内不得担任任何企业的董事、监事、高级管理人员

2. 飞天航空公司(以下简称飞天公司)于2011年10月与人海票务公司(以下简称人海公司)签订了1份客运销售代理合同，约定由其向人海公司提供空白航空客票，人海公司应在每月终了后的7日内将销售的票款在扣除3%的代理费后汇入其账户。人海公司控股股东徐某用售票所得偿还个人欠款100万元，同时背着飞天公司以其妻子谢某为法定代表人成立另一家长空公司，以人海公司的名义销售长空公司的客票。现人海公司严重亏损，拖欠飞天公司票款200万元。下列相关说法正确的是：(　　)

A. 飞天公司只能向人海公司主张返还票款并赔偿损失

B. 徐某的行为属于抽逃出资

C. 飞天公司无权请求长空公司承担返还票款及赔偿损失的责任

D. 飞天公司有权请求徐某承担返还票款及赔偿损失的责任

3. 甲为蓝天股份公司的股东，其所持的该公司的记名股票被盗，下列相关说法正确的是：(　　)

A. 甲可以通知公司股票被盗事宜，公司即可宣布该被盗股票作废，并为甲补发等值股票

B. 甲可以依据《民事诉讼法》的规定，向人民法院申请宣告该股票失效

C. 设在公示催告期间，乙从朋友手中购得该股票，则乙有权要求蓝天公司给以股东名义变更

D. 设乙并不知情，则乙属于善意取得该股票权利

4. 甲、乙、丙、丁4家公司出现下列情况，哪家公司应在2个月内召开临时股东会会议：(　　)

A. 甲股份有限公司章程规定董事会成员为6人，因出车祸，导致3名董事死亡

B. 乙股份有限公司股本为3000万元，因经营出现重大失误，出现巨额亏损，导致未弥补亏损达800万元

C. 丙股份有限公司最大股东共持有5%股份，为改选董事会，该股东提出请求

D. 丁股份有限公司因市场出现重大变化，总经理建议召开股东会，董事会认为不必要

5. 科鼎有限公司设立时，股东们围绕公司章程的制定进行讨论，并按公司的实际需求拟定条款规则。关于股东对公司章程条款的说法，下列哪项是正确的：(　　)

A. 公司章程可以规定股东须一次缴足其认缴出资额

B. 公司董事会中必须有职工代表

C. 董事表决权按所代表股东的出资比例行使

D. 全体监事均由不担任董事的股东出任

6. 星煌公司是一家股份有限公司。现董事长吴某就星煌公司向坤诚公司的投资之事准备召开董事会。因公司资金比较紧张，且其中一名董事梁某的妻子又在坤诚公司任副董事长，有部分董事对此投资事宜表

示异议。关于本案,下列选项中正确的是:(　　)

A. 该项投资董事会无权表决

B. 星煌公司不可以投资于坤诚公司

C. 梁某应当回避该事项的董事会表决

D. 吴某可代梁某在董事会上表决

7. 甲、乙、丙等拟以募集方式设立厚亿股份公司(以下简称厚亿公司)。经过较长时间的筹备,厚亿公司设立的各项事务逐渐完成,现大股东甲准备组织召开公司成立大会。下列表述中错误的是:(　　)

A. 向社会公开募集股份的股款缴足后,必须经依法设立的验资机构验资并出具证明之后方可召开成立大会

B. 发起人应当自股款缴足之日起30日内主持召开公司成立大会,未按期召开的,认股人可以按照所缴股款并加算银行同期存款利息,要求发起人返还

C. 成立大会对职权范围内的事项作出决议,必须经出席会议的发起人和认股人所持表决权过半数通过

D. 设立厚亿公司的各种费用以及发起人用于抵作股款的财产的作价应由成立大会审核

8. 成立于2000年的皓月股份有限公司,欲通过收购股权用于职工持股计划,下列有关说法错误的是:(　　)

A. 该收购计划须经过股东会决议

B. 该收购计划可以由股东会授权,经2/3以上董事出席的董事会会议形成决议

C. 公司收购职工持股的股权不得超过本公司已发行股份总额的10%

D. 应当通过公开的集中交易方式进行

9. 华风有限公司(以下简称华风公司)设立于2016年。股东甲向公司实缴出资1000万元,占注册资本的70%,甲投资设立了清风一人有限公司,在甲将1000万元出资转入华风公司账户后的第5天,甲指令华风公司与清风公司签订一份《建设工程承包合同》,将该1000万元以支付工程款名义,汇入清风公司账户,但《建设工程承包合同》并未实际履行。2019年5月,华风公司被吊销营业执照,欠乙2000万元无力清偿。关于本案下列说法,正确的是:(　　)

A. 华风公司已解散,故无须再向乙承担责任

B. 甲应在1000万元范围内向乙承担责任

C. 华风公司应以其全部财产向乙承担责任

D. 甲已向华风公司实缴出资,故无须向乙承担责任

10. 阮恒是佳远公司的法定代表人及董事长,章程规定公司对外提供担保应由董事会提交股东会并经2/3以上表决权股东决议同意,但该章程未备案。阮恒未经股东会决议即以公司名义为德穗公司提供担保,后德穗公司找到阮恒就德穗公司欠凤舞公司的货款请求佳远公司提供担保。下列说法正确的是:(　　)

A. 必须将章程备案才能进行股东会表决

B. 阮恒有权自行决定

C. 股东会有权直接拒绝德穗公司的担保请求

D. 应当依公司章程规定进行表决

**二、多项选择题,每题所给的选项中有两个或两个以上正确答案,少答或多答均不得分。**

1. 在刘、关、张三人为股东的有限责任公司经营活动中,若要设定担保,则下列相关说法正确的是:(　　)

A. 公司股东会对为张提供担保的事情进行表决,此时张须回避该表决,则刘、关二人都需同意方可作出为张提供担保的决议

B. 公司董事会可以决定为关提供担保

C. 现刘设立的一人有限责任公司甲公司欲请求该公司提供担保,则必须经过股东会决议,且刘应当回避该表决

D. 如果刘的妻兄孙央求该公司为其提供担保,因孙与刘关系要好,则该决议必须经过股东会决议通过方可,且刘须回避该表决

2. 下列有关公司转投资的说法正确的是:(　　)

A. 有限责任公司设立分公司的行为属于合法的转投资

B. 一人有限公司可以向普通合伙企业投资

C. 股份有限公司既可以向有限责任公司投资,也可以向股份有限公司投资

D. 国有独资公司可以向有限合伙企业投资

3. 甲为某有限责任公司股东,由于2013年年底分红较少,甲怀疑公司的经营状况有问题,遂向公司董事会提出了查阅公司会计账簿的要求。下列相关说法错误的是:(　　)

A. 甲必须持有该公司全部股权的10%以上,方可提出该要求

B. 公司董事会可以查阅账簿有不当目的为由,电话通知甲拒绝其要求

C. 如果公司拒绝,甲有权提起诉讼,要求公司提供查阅

D. 如果甲通过查阅账簿,发现公司董事长张三有违法行为致使公司有重大损失的危险,甲有权直接向法院提起诉讼

4. 2020年1月20日甲股份有限公司成立,王某作为发起人持有公司2%的股份。2021年7月1日刘某和关某各受让甲公司3‰的股份,2022年12月5日张某购入甲公司5‰的股份。甲公司与乙公司于2021年2月1日签订货物买卖合同,约定甲公司2021年2月5日交货,乙公司2021年2月10日支付货款。甲公司按期交货后,乙公司迟迟不予付款。由于甲公司董事长与乙公司总经理交好,甲公司一直未催讨。时至2024年1月30日,下列说法正确的有:(　　)

A. 王某有权要求甲公司监事会以甲公司名义提

起诉讼

B. 刘某、关某和张某有权要求甲公司监事会以甲公司名义提起诉讼

C. 王某可以直接以自己为原告、以乙公司为被告向法院提起诉讼

D. 甲公司监事会明确拒绝提起诉讼的，王某有权以甲公司为原告、以乙公司为被告向法院提起诉讼

5. 下列关于有限责任公司与股份有限公司的比较，哪些是不正确的：(　　)

A. 有限责任公司股东分取红利可以不按照实缴的出资比例进行

B. 股份有限公司向股东分配利润必须按照股东持股比例进行

C. 有限责任公司股东必须按照出资比例行使表决权

D. 股份有限公司股东会会议对所议事项表决时，股东必须按照持股比例行使表决权，但是公司持有的本公司的股份没有表决权

6. 下列有关股份有限公司股权收购的说法错误的是：(　　)

A. 公司为维护公司价值有权决定收购本公司股份

B. 公司将公司发行的可转换为公司债券的股票转换为债券

C. 公司为与其他公司合并有权决定收购本公司股权

D. 公司收购股权应当通过公开的集中交易方式进行

## 综合提高篇

**一、多项选择题，每题所给的选项中有两个或两个以上正确答案，少答或多答均不得分。**

1. 甲为绿地股份有限公司（以下简称绿地公司）的发起人之一，其认购了公司股份 2 万股。在绿地公司股款募足后，召开成立大会前，由于代收股款的乙银行与甲之间发生了债务关系，甲遂将 2 万股股票设定了质押。之后不久，由于甲不能履行债务，银行遂经过法定程序将该笔股票拍卖，丙取得了该笔股票。此时正好公司成立大会召开完毕，公司已经成立，遂在绿地公司股东名册上做了名义变更，公司将该股票交付于丙。短时间内绿地公司的股票涨了数倍，甲懊悔不已，向人民法院起诉，要求绿地公司确认自己的股东地位。下列相关说法正确的是：(　　)

A. 甲有权请求绿地公司确认自己的股东地位

B. 设定质押时该股票尚未交付，故质押无效

C. 丙获得该股权属于善意取得，该股权应当归属丙

D. 甲无权请求绿地公司确认自己的股东地位

2. 甲、乙、丙等人设立长江汽配有限责任公司。在公司的经营过程中出现下列情况，假设公司章程均无相关规定，则其中不需要经过长江公司股东会特别表决通过即能生效的事项是：(　　)

A. 甲要求公司以合理价格收购自己的股权

B. 乙准备将自己的全部股权转让给不是公司股东的丁

C. 丙接受乙的股权成为公司股东后，需要相应变更公司章程中股东姓名的记载事项

D. 丙提议将公司形式变更为股份有限公司

3. 甲公司为一股份有限公司，在一次股东会会议上，股东对下列事项的表决权行使提出了异议。其中，股东所提出的异议能成立的有：(　　)

A. 甲公司向其第一大股东提供担保的决议，由公司全体股东所持表决权的过半数通过

B. 甲公司向其第二大股东转投资 300 万元，该议案由公司董事会通过

C. 甲公司拟发行公司债券，该议案经公司董事会通过

D. 甲公司股东会在增选董事时，采用了股东每一股份拥有与应选董事人数相同的表决权的计算方法

4. 李某和王某正在磋商物流公司的设立之事。通大公司出卖一批大货车，李某认为物流公司需要，便以自己的名义与通大公司签订了购买合同，通大公司交付了货车，但尚有 150 万元车款未收到。后物流公司成立。下列哪些说法是正确的：(　　)

A. 通大公司可以向王某提出付款请求

B. 通大公司可以向李某请求支付车款

C. 通大公司可以向物流公司提出付款请求

D. 李某、王某对通大公司的请求各承担 50% 的责任

5. 关于商事登记，下列哪些说法是正确的：(　　)

A. 公司的分支机构应办理营业登记

B. 被吊销营业执照的企业即丧失主体资格

C. 企业改变经营范围应办理变更登记

D. 企业未经清算不能办理注销登记

6. 甲、乙、丙成立一家科贸有限公司，约定公司注册资本 100 万元，甲、乙、丙各按 20%、30%、50% 的比例出资和分享红利。甲、乙按照约定缴足了出资，丙仅实缴 30 万元。当年年底公司进行分红。下列哪些说法是错误的：(　　)

A. 丙只能按 30% 的比例分红

B. 应按实缴注册资本 80 万元计算，由甲、乙、丙按各自的实际出资比例分红

C. 由于丙违反出资义务，其他股东可通过决议取消其当年分红资格

D. 丙有权按 50% 的比例分红

7. 下列有权向人民法院提起确认股东会决议无效之诉的是：(　　)

A. 公司股东

B. 公司董事、监事

C. 公司职工有权对与之有利害关系的公司决议提起效力之诉

D. 公司债权人有权对与之有利害关系的公司决议提起效力之诉

8. 下列情形属于股东会决议不成立的是：(　　)

A. 公司未召开股东会议而作出股东会决议的

B. 股东会未对决议事项进行表决而形成了包括该决议事项的决议

C. 出席会议的股东人数未达到公司章程规定的人数比例而形成的决议

D. 出席会议的股东所持表决权未达到公司章程规定的通过比例而形成的决议

9. 下列有关股东知情权行使的说法错误的是：(　　)

A. 股东在起诉请求查阅或者复制公司特定文件材料时不具有股东资格的，不能再行使股东知情权

B. 股东自营或者为他人经营与公司主营业务有实质性竞争关系业务的，不能要求查阅或者复制公司特定文件材料

C. 公司有证据证明股东为了向他人通报有关信息查阅公司会计账簿，可能损害公司合法利益的，有权拒绝该股东的查阅

D. 股东在向公司提出查阅请求之日前的 3 年内，曾经进行过查阅公司会计账簿的，不能再要求查阅或者复制公司特定文件

10. 下列有关股东知情权行使的说法正确的是：(　　)

A. 公司章程约定了股东查阅或者复制公司相关文件、账簿材料的应当经公司董事会决议通过，该章程约定对股东不产生约束力

B. 股东依据人民法院生效判决查阅公司文件材料的，在该股东在场的情况下，可以由会计师、律师等依法或者依据执业行为规范负有保密义务的中介机构执业人员代理进行

C. 股东行使知情权后泄露公司商业秘密导致公司合法利益受到损害的，公司有权请求该股东赔偿相关损失

D. 公司董事、高级管理人员等未依法履行职责，导致公司未依法制作或者保存《公司法》规定的公司文件材料，给股东造成损失，股东依法请求负有相应责任的公司董事、高级管理人员承担民事赔偿责任的，人民法院应当予以支持

11. 下列有关有限责任公司股权转让过程中的优先购买权的说法正确的是：(　　)

A. 有限责任公司的自然人股东因继承发生变化时，其他股东主张依据《公司法》规定行使优先购买权的，人民法院不予支持

B. 经股东同意转让的股权，在同等条件下，转让股东以外的其他股东主张优先购买的，人民法院应当予以支持

C. 人民法院在判断是否符合《公司法》所称的“同等条件”时，应当考虑转让股权的数量、价格、支付方式及期限等因素

D. 有限责任公司的股东向股东以外的人转让股权，未就其股权转让事项征求其他股东意见，损害其他股东优先购买权的，若第三人系善意，对于未经其他股东同意一事毫不知情，则其他股东无法主张按照同等条件购买该转让股权，只能要求赔偿因此遭到的损失

**二、不定项选择题，每题所给的选项中有一个或一个以上正确答案，不答、少答或多答均不得分。**

1. 甲有限责任公司、乙(无国籍人)、丙普通合伙企业(合伙人为张三、李四、王五)欲采用募集设立的方式设立大天股份有限公司(以下简称大天公司)，现已有认股人丁、戊认股。下列关于公司设立过程中的相关说法错误的是：(　　)

A. 发起人甲以价值 300 万元的机器设备出资，但后来查明该机器价值 200 万元，公司成立后，甲应当补足该差额，且甲、乙、丙和丁、戊应当就该笔出资差额对公司承担连带责任

B. 发起人乙在履行公司设立职责时造成庚的损失，应向庚支付 5 万元赔偿金，公司成立后，庚有权向乙、也有权向公司主张该笔费用的赔偿责任

C. 发起人乙必须在中国境内有住所

D. 发起人丙在章程中登记的出资 100 万元在公司成立 1 年后仍未到位，大天公司欲予以追缴，才发现丙的资产已经无法缴清该出资，则大天公司有权主张甲、乙、丙以及张三、李四、王五对该笔出资承担连带补缴责任

2. 甲、乙、丙、丁共同投资设立某有限责任公司。甲以房屋出资，已交付未登记。乙以土地使用权出资，已登记未交付。丙一直未履行任何出资义务。丁以货币 10 万元出资，公司成立后，丁立即将该 10 万元转走。下列选项正确的是：(　　)

A. 甲应当办理权属变更登记，自实际交付时享有股东权益。乙也自实际交付时享有股东权益

B. 公司根据章程或股东会决议可以对丙、丁的股东权益进行限制

C. 丁经公司催告依然不返还，公司可以股东会决议解除丁的股东资格

D. 丙经公司催告依然不缴纳，公司董事会可以依据公司章程解除丙的股东资格

3. 在公司进行清算期间，可以对直接负责的董事、

监事、高级管理人员采取通知出境管理机关依法阻止其出境,并申请司法机关禁止其转移、转让或者以其他方式处分财产,或者在财产上设定其他权利措施的,包括下列公司中的:(　　)

A. 国有独资公司　　B. 证券公司

C. 保险公司　　D. 商业银行

4. 甲、乙、丙、丁、戊5人欲设立一家有限责任公司经营肉类加工批发,公司的名称预登记为千惠公司。该公司在设立过程中出现了一些情形,请回答下列问题。

(1)甲在设立过程中,以自己的名义从农户铁兆义手中购买50只羊。有关该合同效力的说法正确的是:(　　)

A. 千惠公司成立后,铁兆义有权要求甲承担给付羊款的责任

B. 如千惠公司已经将该羊肉加工后大量销售,则铁兆义有权要求千惠公司承担责任

C. 如甲签订合同时是以公司名义进行的,则铁兆义有权要求公司承担,也有权要求甲承担羊款责任

D. 如甲签订合同时是以公司名义进行的,但实际将10只羊归自家享用,则公司仍应对全部羊款承担责任

(2)乙在公司设立过程中,与某一屠宰工大壮因设立工作问题而发生争议,双方发生纠纷,乙失手将大壮捅伤,须赔偿2万元医疗费。关于该事件,下列说法正确的是:(　　)

A. 如果公司因此未能成立,则大壮有权要求5人承担连带赔偿责任

B. 如5人并未约定承担责任比例,则应当均等分担责任,每人承担4000元

C. 如千惠公司成立,则大壮有权要求公司承担赔偿责任

D. 如千惠公司成立,公司承担了大壮的赔偿责任后,甲、丙、丁、戊发起人主张乙承担设立行为所产生的费用和债务,人民法院应当根据过错情况,确定乙的责任范围

(3)如股东丙未履行出资义务,则下列相关说法正确的是:(　　)

A. 公司可以请求丙依法全面履行出资义务

B. 公司股东可以请求丙依法全面履行出资义务

C. 如债权人佳丽公司的债权未得到公司的清偿,并因此要求未出资的丙承担清偿责任,则法院应予支持

D. 公司债权人佳丽公司可以要求其他发起人在乙未出资的范围内承担连带清偿责任

(4)戊将其出资转让于庚,后双方就股东资格发生争议,有关该争议下列说法正确的是:(　　)

A. 庚请求确认其股东资格的,应当以千惠公司和戊为共同被告,其他股东作为第三人参加诉讼

B. 庚须证明其已经受让公司股权,且不违反法律法规强制性规定

C. 庚有权要求公司为其出具出资证明书、将其记载于股东名册并办理公司登记机关登记

D. 庚有权要求公司为其办理公司登记机关登记

5. 2021年11月18日,投资人葛永乐(出资额40万元,占注册资本40%)、李建军(出资额46万元,占注册资本46%)、王泰胜(出资额14万元,占注册资本14%)出资设立了原动力公司。公司章程规定,公司设立董事会,设董事3名,董事长由葛永乐担任。董事会行使包括聘任或者解聘公司经理,根据经理提名聘任或者解聘公司副经理、财务负责人,决定其报酬等职权,对涉及公司增资、减资,公司合并、分立,变更公司形式,解散方案的,须经代表2/3以上表决权的股东通过才能实施,董事会行使职权时,不得违反法律、法规和公司章程的规定;对其他董事会召开的相关内容未作规定。公司章程分别由各投资人签名、盖章。同年4月17日,由前述投资人设立的原动力公司经工商局核准登记成立。

2024年7月18日,原动力公司召开董事会并形成决议,李建军在会议签到单上签名。董事会决议载明:根据《公司法》及公司章程规定,原动力公司董事会于当日,由董事长葛永乐电话通知、召集并主持,在公司竹园路4399号会议室召开。出席董事会董事成员应到3人,实到3人。列席董事会监事应到3人,实到3人,作出决议如下:(1)鉴于总经理李建军不经董事会同意私自动用公司资金在二级市场炒股,造成巨大损失,现免去李建军总经理职务,即日生效。(2)现聘任总工程师王泰胜为原动力公司代总经理,行使总经理职权。(3)从即日起5日内,原总经理李建军应交还公司章程、印鉴章、法定代表人私章、公司账簿(包括所有的原始记录凭证)给董事长葛永乐。如不交还,属于严重损害股东利益,股东有权向法院起诉。决议由董事葛永乐、王泰胜及监事签名。李建军未在决议上签名。

2024年7月27日,李建军向原审法院起诉,以原动力公司董事会决议依据的事实错误,在召集程序、表决方式及决议内容等方面均违反了《公司法》的规定,依法应予撤销为由,请求判令依法撤销原动力公司于2024年7月18日形成的"原动力公司董事会决议"。经查,李建军在二级市场投资通过了公司董事会决议。

(1)如果你是本案的承办法官,根据案情,认为本案的争议焦点应当是:(　　)

A. 李建军的诉讼请求是否成立

B. 董事会召集程序及决议形成方式是否符合公司章程及《公司法》规定

C. 董事会决议表决权是以占股权2/3比例还是

以一人一票来确定

D. 李建军未经董事会同意私自动用公司资金在二级市场炒股造成损失的事实是否存在

(2)有关李建军以公司名义向二级市场投资的公司董事会决议,下列说法正确的是:(　　)

A. 若该董事会决议未经公司董事会进行表决即作出,则该董事会决议不能成立

B. 该董事会决议因超越了法定的公司董事会职权范围,属于因内容违法而无效的决议

C. 董事会决议须经董事会一人一票投票决议,公司章程不能对此规则进行另外的约定

D. 既使该董事会决议被判无效,李建军依据该决议进行的投资行为依然有效

# 第二章　合伙企业法*

**一、单项选择题,每题所给的选项中只有一个正确答案。**

1. 甲国有企业、乙合伙企业拟设立一合伙企业,下列说法正确的是:(　　)

A. 不可以设立合伙企业

B. 可以设立普通合伙企业,也可以设立有限合伙企业

C. 可以设立有限合伙企业,不可以设立普通合伙企业

D. 可以设立普通合伙企业,不可以设立有限合伙企业

2. 甲拟设立一普通合伙企业,下列人员或组织可以成为合伙人的是:(　　)

A. 某基金会

B. 犯贪污罪服刑完毕未满 1 年的李某

C. 户籍民警赵某

D. 某上市公司

3. 刘某、关某和张某设立一家普通合伙企业,刘某以劳务出资,关某以货币出资,张某以房屋出资,设立过程中下列做法不符合法律规定的是:(　　)

A. 合伙协议约定关某在合伙企业成立之日起 1 年内缴付出资

B. 关某作为隐名合伙人不将姓名记载在合伙协议中

C. 对张某的房屋作价未委托法定评估机构评估,而是由 3 人协商作价

D. 刘某的劳务作价,由 3 人协商确定

4. 合伙协议不可以排除下列法律规定的是:(　　)

A. 修改合伙协议须合伙人一致同意

B. 合伙人向合伙人以外的人转让其在合伙企业的份额,须经其他合伙人一致同意

C. 合伙人向合伙人以外的人转让其在合伙企业的份额,其他合伙人有优先购买权

D. 合伙人以其在合伙企业中的份额出质,须经其他合伙人一致同意

5. 甲、乙、丙、丁 4 人设立一普通合伙企业,甲拟将在合伙企业的份额出质以获得戊的借款。乙、丙表示同意,丁表示反对。甲对戊谎称其他 3 人均同意,将份额出质给戊,甲借款到期无力对戊还本付息,戊要求行使自己的质权,乙、丙、丁拒绝,下列说法正确的是:(　　)

A. 戊为善意第三人,质押行为有效

B. 乙、丙、丁 3 人中有两人同意,质押行为有效

C. 可以按照甲退伙处理

D. 质押行为无效

6. 某合伙企业有甲、乙、丙 3 个合伙人,甲的出资为电脑 3 台。在合伙企业经营过程中,甲急于使用资金遂将电脑以较低价格出售给了丁,丁并不知情。该买卖行为应当如何认定:(　　)

A. 丁将取得该电脑的所有权

B. 由于该电脑所有权已经属于合伙企业,因此该买卖合同无效

C. 只有该合伙企业事后予以追认,丁才能取得电脑的所有权

D. 该买卖行为有效,因为电脑虽然是甲对合伙企业的出资,但电脑的所有权仍然属于甲,甲有权处分

7. 甲、乙、丙 3 人设立了一普通合伙企业,合伙协议中约定甲以 10 万元现金出资,乙、丙各以 20 万元现金出资,于合伙企业成立之日起 1 年内缴足。合伙协议未约定利润分配和亏损分担比例。合伙企业成立 6 个月后,由于经营不善企业亏损 30 万元,3 人决定解散合伙企业。但是对于如何分担亏损未达成协议。此时甲实际缴付 10 万元出资,乙实际缴付 15 万元,丙实际缴付 5 万元,对于 30 万元的亏损应如何分担:(　　)

A. 3 人平均分担

B. 甲、乙、丙按照 1∶2∶2 的比例分担

---

* 本章答案参见第 46 页。

C. 甲、乙、丙按照 2∶3∶1 的比例分担

D. 以上答案都不对

8. 张某和李某拟设立一合伙企业，张某只愿意在出资范围内对企业债务承担责任，某律师给出的下列法律意见中不正确的是：(　　)

A. 该合伙企业的合伙人不能超过 50 人

B. 李某可以用劳务出资

C. 张某和李某对执行合伙企业事务享有同等的权利

D. 如果合伙企业只有张某和李某二人，李某对合伙企业债务必须承担无限责任

9. 某普通合伙企业有王某、张某、李某 3 个合伙人，经 3 人同意，刘某入伙，刘某与 3 人约定刘某对入伙前的合伙企业债务不承担任何责任，下列说法不正确的是：(　　)

A. 刘某与原合伙人的约定无效

B. 刘某对入伙前的合伙企业债务承担无限连带责任

C. 刘某对入伙后的合伙企业债务承担无限连带责任

D. 刘某与原合伙人的约定不具有对抗效力

10. 甲普通合伙企业约定的经营期限届满，合伙人不同意继续经营。合伙企业成立清算组，清算组进行了公告并声明公告后 6 个月内为申报债权期限，如不申报，甲企业不再清偿债务。乙企业是甲企业的债权人，债权尚未到期。乙企业由于与甲企业不在同一地区，不知道甲企业解散并清算的事实。甲企业注销 6 年后乙企业的债权到期，乙企业主张债权时发现甲企业已注销，遂找到甲企业的合伙人张某和王某，要求二人承担清偿责任。二人拒绝承担清偿责任。以下说法正确的是：(　　)

A. 张某和王某按照法律规定的程序注销了甲企业，对甲企业的债务不再承担责任

B. 乙企业在甲企业解散 5 年内未提出偿债要求，张某和王某对该债务不再承担责任

C. 如甲企业解散时合伙企业尚有财产分配给张某和王某，则张某和王某在分得的财产范围内对乙企业承担责任

D. 张某和王某对甲企业的债务承担无限连带责任

11. 某有限合伙企业不能清偿到期债务，债权人向人民法院申请该合伙企业破产。下列说法正确的是：(　　)

A. 合伙企业不适用破产程序

B. 如人民法院宣告合伙企业破产，经过破产还债程序后，合伙人对合伙企业债务不再承担责任

C. 如人民法院宣告合伙企业破产，经过破产还债程序后，普通合伙人对合伙企业债务仍承担无限连带责任

D. 如人民法院宣告合伙企业破产，经过破产还债程序后，所有合伙人对合伙企业债务均承担无限连带责任

12. 李某、夏某与韩某是某普通合伙企业的合伙人。李某是合伙企业事务执行人，其擅自与合伙企业进行交易，收益 1 万元。下列说法正确的是：(　　)

A. 李某与合伙企业的交易行为是有效行为，收益归合伙企业所有

B. 李某与合伙企业的交易行为是效力待定行为，夏某与韩某有权追认

C. 李某与合伙企业的交易行为是可撤销行为，夏某与韩某有权申请法院或者仲裁机构撤销

D. 李某与合伙企业的交易行为无效，应恢复原状

**二、多项选择题，每题所给的选项中有两个或两个以上正确答案，少答或多答均不得分。**

1. 某普通合伙企业共有甲、乙、丙、丁 4 名合伙人，合伙协议约定甲和乙执行合伙企业事务，下列关于甲、乙 2 人执行合伙事务的说法不正确的有：(　　)

A. 甲或乙执行合伙企业事务时不得互相干涉

B. 甲和乙一致同意，可以将合伙企业名下的房产转让

C. 甲等 4 人均不得经营与合伙企业竞争的业务

D. 甲等 4 人均不得与合伙企业进行交易

2. 甲、乙、丙 3 人设立了一家有限合伙企业，甲、乙为普通合伙人，丙为有限合伙人，合伙协议未对合伙份额的转让作出规定。下列说法正确的有：(　　)

A. 甲如将合伙份额转让给乙，须经丙同意

B. 甲如将合伙份额转让给丁，须经乙、丙同意

C. 丙如将合伙份额转让给乙，应通知甲

D. 丙如将合伙份额转让给丁，须经甲、乙同意

3. 甲、乙、丙 3 人设立了一普通合伙企业，乙和丙委托甲一人负责合伙事务的执行，对外代表合伙企业。乙和丙的权利包括：(　　)

A. 查阅合伙企业会计账簿

B. 对甲执行合伙事务提出异议

C. 撤销对甲的委托

D. 要求甲定期报告合伙企业的经营状况

4. 下列事项中，能够导致普通合伙人当然退伙的有哪些：(　　)

A. 王某下落不明满 4 年，被依法宣告死亡

B. 张某因车祸成为植物人，被依法宣告为无民事行为能力人

C. 甲公司被依法宣告破产

D. 陈某未按照合伙协议约定缴纳出资

5. 以下关于合伙企业财产的描述，哪些是正确的：(　　)

A. 合伙人的出资属于合伙企业财产

B. 以合伙企业的名义取得的利益和其他财产，为

合伙企业的财产

C. 一般情况下，合伙企业进行清算前，合伙人不得请求分割合伙企业财产

D. 合伙人在合伙企业清算前私自转移或者处分合伙企业财产的，一律无效

6. 甲是某合伙企业的合伙人，甲在合伙企业中的财产份额是8万元，并且合伙企业中有应分配未分配给甲的利润2万元。甲欠乙人民币10万元，无力用个人财产清偿，乙可以采取下列何种措施：(　　)

A. 乙可以要求甲用应分配给其的2万元利润偿还部分债务

B. 乙可以代位行使甲在合伙企业中的财产份额

C. 乙可以请求法院强制执行甲在合伙企业中的份额

D. 乙可以直接变卖甲在该合伙企业的财产份额用于清偿

7. 张、王、李、赵4人成立某合伙企业，合伙协议中未对经营期限作出规定。后赵认为合伙企业效益不好，想自己另外开立一家个人独资企业，因此希望退出合伙。需要满足什么条件，赵才可以合法退伙：(　　)

A. 提前30天通知其他合伙人

B. 获得其他合伙人一致同意

C. 赵的退伙不给合伙企业的事务造成不利影响

D. 获得其他任意两名合伙人的同意

8. 刘某打算加入某合伙企业，成为普通合伙人。那么，依照我国《合伙企业法》，刘某要成为该合伙企业的合伙人必须符合以下哪些条件：(　　)

A. 取得原合伙企业合伙人的一致同意

B. 原合伙人如实告知刘某关于该企业的经营状况和财务状况

C. 刘某应当如实向合伙人说明自己的个人负债情况

D. 刘某应当停止其已经从事的与该企业相竞争的业务

9. 张某、王某和刘某签订合伙协议、设立合伙企业，约定张某于企业成立之日起3个月内出资10万元。企业成立后，张某拒绝出资。以下说法正确的是：(　　)

A. 张某应承担违约责任

B. 企业发生亏损的，张某不承担亏损

C. 张某当然退伙

D. 王某、刘某一致同意，可以将张某除名

10. 王某和张某是某从事服装生产的合伙企业的合伙人，王某是普通合伙人，张某是有限合伙人。在该合伙企业生产经营期间，王某和张某都打算再设立一家经营服装生产的个人独资企业。下列说法正确的有：(　　)

A. 除合伙协议另有约定外，王某不可以设立该个人独资企业

B. 除合伙协议另有约定外，张某不可以设立该个人独资企业

C. 除合伙协议另有约定外，张某可以设立该个人独资企业

D. 只要王某还保留普通合伙人的身份，则在任何情况下都不可以设立该个人独资企业

11. 甲、乙和丙3人共同创办了某普通合伙企业，后甲因病去世。甲的妻子丁、10岁的儿子戊是甲的继承人。以下说法不正确的是：(　　)

A. 丁自继承开始之日起即成为该合伙企业的合伙人

B. 戊可以在其他合伙人一致同意的情况下成为合伙人，由其监护人丁代行权利

C. 丁如果不愿意成为合伙企业的合伙人，则合伙企业应当退还其依法继承的财产份额

D. 戊由于并非完全民事行为能力人，因此不得成为合伙人

12. 甲公司、乙公司和李某共同出资设立了某有限合伙企业。甲公司和乙公司是有限合伙人，李某是普通合伙人，由李某执行合伙企业事务。甲公司和乙公司享有下列哪些权利：(　　)

A. 对合伙企业聘请会计师事务所一事进行表决

B. 以合伙企业名义对他人提起诉讼

C. 将合伙份额出质

D. 为合伙企业提供担保

13. 哈拉公司是一家合伙企业，老土是普通合伙人，小调皮是有限合伙人。小调皮一直对外宣称自己是普通合伙人，老土对此不置可否。某日小调皮看好口罩市场，与某德公司签订80万元口罩订购合同。对于该合同以下说法正确的是：(　　)

A. 老土和小调皮对80万元的合同承担同样的责任

B. 小调皮对80万元合同不承担责任

C. 小调皮对80万元合同承担无限责任

D. 老土对合同不承担责任

14. 甲企业是有限合伙企业，乙员工负责财务，丙是普通合伙人，乙被甲企业任命为策划经理，对外以普通合伙人的名义代表甲企业和丁公司签订合同，下面哪些正确：(　　)

A. 策划经理的任命需要公司所有合伙人的一致同意

B. 财务经理的任命需要公司普通合伙人的同意

C. 乙代表公司和丁公司签订的合同有效

D. 甲企业应对丁公司承担责任

**三、不定项选择题，每题所给的选项中有一个或一个以上正确答案，不答、少答或多答均不得分。**

1. 张某、王某与李某3人签订合伙协议，设立了甲

普通合伙企业。约定张某用现金5万元出资；王某用专利权出资，作价10万元；李某用劳务出资，作价5万元。3人约定聘请刘某担任合伙企业的经理。合伙协议对合伙人转让出资问题没有约定。企业成立后，王某由于要出国定居，将合伙份额转让给朱某。张某死亡，根据张某的遗嘱，张某之子10岁的张小果是张某的继承人，张某之妻周某是张小果的法定监护人。根据以上情况，回答下列问题。

(1)对于王某的专利权出资和李某的劳务出资，以下说法正确的是：(　　)

A. 必须经法定评估机构评估作价，不得高估或者低估

B. 必须经张某、王某与李某3人共同委托的法定评估机构评估作价

C. 可以由张某、王某与李某3人共同协商作价

D. 专利权必须经法定评估机构评估作价，劳务可以由3人共同协商作价

(2)刘某应对合伙企业的下列哪些损失承担赔偿责任：(　　)

A. 超越合伙企业授权范围履行职务给合伙企业造成的损失

B. 在履行职务过程中因故意给合伙企业造成的损失

C. 在履行职务过程中因重大过失给合伙企业造成的损失

D. 在履行职务过程中因轻过失给合伙企业造成的损失

(3)关于王某转让合伙份额给朱某，以下说法正确的是：(　　)

A. 应经张某与李某的一致同意

B. 只需通知张某与李某

C. 张某或李某主张以合理条件受让王某的份额的，王某必须将份额转让给张某或李某

D. 朱某对转让前的企业债务承担无限连带责任

(4)关于张小果的继承问题，以下说法正确的是：(　　)

A. 张小果当然成为有限合伙人，合伙企业转为有限合伙企业

B. 如果李某不同意，张小果不能成为有限合伙人，合伙企业应退还张某的财产份额给张小果

C. 如果朱某和李某一致同意，张小果可以继承张某的合伙人地位成为普通合伙人

D. 任何情况下张小果都不能成为合伙人

2. 甲公司、乙公司与张某、王某共同出资设立了丙有限合伙企业，甲公司和王某是有限合伙人，乙公司和张某是普通合伙人。合伙协议约定由张某执行合伙企业事务，并且约定甲公司可以自由转让自己在合伙企业中的财产份额，对甲公司、乙公司和张某就合伙企业份额出质的问题没有约定。合伙企业成立后，业绩良好，丁企业想作为有限合伙人入伙。

根据以上情况，回答下列问题。

(1)甲公司有权作出下列哪些行为：(　　)

A. 对丙企业的经营管理提出建议

B. 张某执行合伙事务过程中由于重大过失给合伙企业造成损失，对张某提起诉讼

C. 参与决定丁企业的入伙

D. 以自己在合伙企业中的份额出质

(2)经谈判，丁企业放弃了入伙打算，甲公司想将其在丙企业中的份额转让给戊公司。下列说法正确的是：(　　)

A. 需经过乙公司和张某的一致同意

B. 需经过张某的同意

C. 不需经乙公司和张某的同意，但应提前30日通知乙公司和张某

D. 不需经乙公司和张某的同意，也不需通知

(3)甲公司将份额全部转让给戊公司，戊公司成为丙企业的有限合伙人，戊公司以丙企业的名义与不知情的庚公司进行交易。下列说法正确的是：(　　)

A. 戊公司对该笔交易承担有限责任

B. 乙公司和张某对该笔交易不承担责任

C. 戊公司对该笔交易承担无限连带责任

D. 乙公司和张某对该笔交易承担无限连带责任

(4)经戊公司、乙公司和张某一致同意，戊公司转为普通合伙人，乙公司转为有限合伙人。下列说法正确的是：(　　)

A. 戊公司对作为有限合伙人期间发生的丙企业债务承担有限责任

B. 戊公司对作为有限合伙人期间发生的丙企业债务承担无限连带责任

C. 乙公司对作为普通合伙人期间发生的丙企业债务承担有限责任

D. 乙公司对作为普通合伙人期间发生的丙企业债务承担无限连带责任

(5)王某退伙，王某对基于退伙前的原因发生的丙企业债务的承担，下列说法正确的是：(　　)

A. 退伙之日起不再承担任何责任

B. 以原出资额为限承担有限责任

C. 以退伙时从合伙企业取得的财产承担有限责任

D. 承担无限连带责任

# 第三章　个人独资企业法*

**一、单项选择题，每题所给的选项中只有一个正确答案。**

1. 张某用家庭共有财产10万元出资设立了一家个人独资企业，但是申请企业登记时未明确以家庭共有财产出资。以下说法正确的是：(　　)

A. 张某用家庭共有财产对企业债务承担无限责任

B. 张某用个人财产对企业债务承担无限责任

C. 张某先用个人财产对企业债务承担责任，个人财产不足清偿的，用家庭共有财产清偿

D. 企业收益用于家庭共同生活的，应用家庭共有财产对企业债务承担无限责任

2. 刘某出资设立了甲个人独资企业。刘某由于事务繁忙，委托关某全权负责企业的经营，但是约定标的额超过10万元的合同，关某应先向刘某汇报，刘某同意后，关某方能签订合同。关某未经刘某同意，擅自与乙公司签订了15万元的供货合同，刘某拒绝追认，由于合同迟迟得不到履行造成乙公司10万元的损失。下列说法正确的是：(　　)

A. 关某超越授权范围签订合同，属于无权代理，供货合同无效

B. 关某签订的合同属于效力待定合同，由于刘某拒绝追认，合同无效

C. 合同有效，刘某应向乙公司赔偿损失

D. 合同有效，刘某应向乙公司赔偿损失，关某负连带责任

3. 受托人或者被聘用人管理个人独资企业的依据是：(　　)

A. 个人独资企业投资人的授权任命书

B.《个人独资企业法》规定的受托人或者被聘用的人的职权

C. 投资人与受托人或者被聘用人签订的书面合同

D. 个人独资企业与受托人、被聘用人签订的委托或聘用合同

4. 下列关于个人独资企业的说法，不正确的是：(　　)

A. 企业名称中不得有“有限”“有限责任”“合伙”字样

B. 公务员不得作为出资人

C. 可以不设置会计账簿

D. 没有从业人员人数的限制

5. 王某投资设立了甲个人独资企业。由于经营困难，2009年6月1日王某解散了该公司并发出公告。乙公司是甲企业的债权人，由于没有看到公告所以未申报债权。2009年9月1日清算结束，2009年9月5日王某到企业登记机关注销了企业登记。关于乙公司的债权，以下说法正确的是：(　　)

A. 甲企业清算结束，王某对乙公司的责任消灭

B. 乙公司如在2014年6月1日前不对王某提出偿债请求，王某对乙公司的责任消灭

C. 乙公司如在2014年9月1日前不对王某提出偿债请求，王某对乙公司的责任消灭

D. 乙公司如在2014年9月5日前不对王某提出偿债请求，王某对乙公司的责任消灭

6. 张某生前创办了一家个人独资企业。张某去世以后，张某的妻子与成年子女都表示不愿继承该企业，该企业只得解散。那么该企业解散时，应当由谁进行清算：(　　)

A. 由张某的妻子进行清算

B. 由张某的成年子女进行清算

C. 由张某的妻子和成年子女进行清算

D. 由债权人申请法院指定清算人进行清算

**二、多项选择题，每题所给的选项中有两个或两个以上正确答案，少答或多答均不得分。**

1. 甲个人独资企业准备在其他地方设立分支机构，以下说法正确的是：(　　)

A. 应当向分支机构所在地的登记机关申请登记，领取营业执照

B. 应当向甲企业的登记机关申请登记，领取营业执照

C. 甲企业对分支机构的经营承担无限责任

D. 甲企业的投资人最终对分支机构承担无限责任

2. 某从事粮食加工的个人独资企业经营不善，投资人张某决定将其解散。以下说法正确的是：(　　)

A. 除张某自己担任清算人外，还应聘请中介机构人员担任清算人

B. 清算期间企业不能继续从事粮食加工业务

C. 应通知债权人或进行公告

D. 职工工资和社会保险费用、税款先于企业债务清偿

---

* 本章答案参见第49页。

3. 某甲出资设立了一家个人独资企业，某甲聘用某乙作为企业的总经理，某乙的下列哪些行为须经某甲同意：（　　）

A. 以企业财产提供担保

B. 从事与本企业相竞争的业务

C. 同本企业进行交易

D. 将企业的知识产权转让给他人使用

4. 孙某设立的甲个人独资企业解散，乙公司是甲企业的债权人，甲企业清算结束，乙公司的债权未得到清偿，以下说法不正确的是：（　　）

A. 如果甲企业清算时，通知了乙公司，乙公司未申报债权，甲企业清算结束后，孙某对乙公司的责任消灭

B. 乙公司对孙某的债权受到 2 年诉讼时效的限制

C. 孙某对乙公司的责任期限不适用中止、中断和延长

D. 孙某对乙公司的责任期限为 5 年，自乙公司对甲企业的债权成立之日起算

5. 某个人独资企业的投资人甲聘用乙作为企业经理，下列所述乙的哪些行为是法律禁止的：（　　）

A. 乙擅自将企业的 50 万元资金借给自己的同学丙

B. 某日，甲出差在外，甲的好友丁来求助该企业为其贷款提供担保，乙认为丁是甲的好友，未经向甲请示就以企业财产为丁提供了担保

C. 乙认为企业获取的一项专利一直未能实施给企业造成了损失，遂说服甲同意将其转让给戊，后来戊实施该专利，获利颇丰

D. 乙将企业资金 20 万元用于个人炒股，在股市上获利后，立即归还企业

**三、不定项选择题，每题所给的选项中有一个或一个以上正确答案，少答、不答或多答均不得分。**

1. 王某投资开办了甲个人独资企业，聘请张某担任企业的总经理。王某与张某约定凡涉及企业重大经营问题，必须由王某决定。由于王某决策失误，甲企业出现严重亏损，对债权人乙公司的负债达 10 万元。根据以上情况，回答下列问题。

（1）设立甲企业的必要条件包括：（　　）

A. 住所　　B. 企业章程

C. 固定的经营期限　D. 必要的从业人员

（2）张某擅自决定转变企业经营方向，与某企业签订设备买卖合同，关于该合同效力的说法正确的是：（　　）

A. 无效　　B. 效力待定

C. 可撤销　　D. 有效

（3）甲企业享有下列哪些权利：（　　）

A. 以企业名义贷款

B. 以企业名义取得土地使用权

C. 以企业名义购买房屋

D. 以企业名义招聘员工

（4）甲企业解散，关于清算问题，以下说法正确的是：（　　）

A. 王某有权自行清算

B. 王某有权委托张某清算

C. 乙公司有权申请法院指定清算人进行清算

D. 清算结束后，应由清算人办理注销登记

2. 大学毕业生甲向当地的工商行政管理机关申请设立专门提供中介咨询服务的个人独资企业。根据以下假设的情况分别回答问题。

（1）甲向该企业投资的 2 台电脑自个人独资企业成立后，所有权属于：（　　）

A. 该独资企业所有

B. 甲所有

C. 既属于甲也属于该独资企业

D. 该独资企业和甲共同所有

（2）甲在申请设立企业的申请书中，应当载明以下哪些事项：（　　）

A. 企业的名称和住所　　B. 投资人的出资额

C. 经营范围　　D. 投资人的出资方式

（3）上述申请书中没有载明注册资金的数额。关于该申请书的效力说法正确的有：（　　）

A. 该申请书有效，因为独资企业不需要有注册资金

B. 该申请书无效，不载明注册资金不能使交易相对人信赖该企业

C. 该申请书的效力待定，登记机关可以要求申请人在一定期限内补正；逾期不办，则无效

D. 该申请书有效，因为申报的出资已经可以保护交易相对人

（4）由于甲经营得当，该独资企业的业务越来越大。甲准备扩大投资，遂向银行借贷。某高校在读 MBA 的乙欲以其管理才能作为出资，来扩大该企业的经营规模。以下说法正确的是：（　　）

A. 甲向银行借款增加投资后应当依法向登记机关办理变更登记

B. 乙不得以其管理才能出资，只能以现金或劳务出资

C. 乙无论以何种形式出资，都不能成为该独资企业的投资人

D. 甲可以聘用乙为其公司的高级管理经理

# 第四章　外商投资法*

**一、单项选择题，每题所给的选项中只有一个正确答案。**

1. 国家对外商投资实行负面清单管理制度。下列相关说法正确的是：(　　)

A. 负面清单，是指国家规定在特定领域对外商投资实施的准入特别管理措施

B. 国家对负面清单之内的外商投资，给予国民待遇

C. 负面清单须由国务院统一发布

D. 外商投资准入负面清单规定限制投资的领域，外国投资者不可以投资

2. 国家建立外商投资信息报告制度，下列相关说法正确的是：(　　)

A. 所有外国投资者或者外商投资企业均应当通过企业登记系统以及企业信用信息公示系统向商务主管部门报送投资信息

B. 所有外商投资信息均应该向商务主管部门报送

C. 外国投资者、外商投资企业未按照外商投资信息报告制度的要求报送投资信息的，由商务主管部门处以10万元以上50万元以下的罚款

D. 对外国投资者、外商投资企业违反有关信息报送的法律、法规，由有关部门直接吊销企业主体资格

3. 下列有关外商投资企业国民待遇的说法错误的是：(　　)

A. 国家对外商投资实行准入前国民待遇

B. 中华人民共和国缔结或者参加的国际条约、协定对外国投资者准入待遇有更优惠规定的，可以按照相关规定执行

C. 国家对负面清单之外的外商投资，给予国民待遇

D. 任何国家或者地区在投资方面对中华人民共和国采取歧视性的禁止、限制或者其他类似措施的，中华人民共和国可以根据实际情况对该国家或者该地区采取相应的措施

**二、多项选择题，每题所给的选项中有两个或两个以上正确答案，少答或多答均不得分。**

1.《外商投资法》规定，国家对外商投资实行负面清单管理制度。下列相关说法正确的是：(　　)

A. 中华人民共和国缔结或者参加的国际条约、协定对外国投资者准入待遇有更优惠规定的，可以按照相关规定执行

B. 外商投资准入负面清单以外的领域，按照内外资一致的原则实施管理

C. 外国投资者投资外商投资准入负面清单规定禁止投资的领域的，由有关主管部门责令停止投资活动，由有关部门没收违法投资

D. 外国投资者投资外商投资准入负面清单规定禁止投资的领域的，由有关主管部门责令停止投资活动，限期处分股份、资产或者采取其他必要措施，恢复到实施投资前的状态

2. 下列有关建立和完善外商投资促进机制的相关说法正确的是：(　　)

A. 制定与外商投资有关的法律、法规、规章，应当采取适当方式征求外商投资企业的意见和建议

B. 国家保障外商投资企业依法平等参与标准制定工作，强化标准制定的信息公开和社会监督

C. 外商投资企业经过证券监督机构、金融监管机构的审批后，可以通过公开发行股票、公司债券等证券和其他方式进行融资

D. 各级人民政府可以根据法律、行政法规、地方性法规的规定，在法定权限内制定外商投资促进和便利化政策措施

3. 下列有关外商投资企业投资管理的相关内容说法正确的是：(　　)

A.《外商投资法》规定，外商投资的所有投资项目均无须核准、备案

B. 外国投资者在依法需要取得许可的行业、领域进行投资的，有权按照与内资一致的条件和程序，向有关主管部门申请许可

C. 外国投资者并购中国境内企业或者以其他方式参与经营者集中的，应当依照《反垄断法》的规定接受经营者集中审查

D. 国家建立外商投资安全审查制度，对所有外商投资进行安全审查

---

* 本章答案参见第50页。

# 第五章　企业破产法*

一、单项选择题，每题所给的选项中只有一个正确答案。

1. 根据企业破产法律制度的规定，在破产程序中，有关当事人对人民法院作出的下列裁定，可以上诉的是：(　　)

A. 不予受理破产申请的裁定

B. 宣告企业破产的裁定

C. 认可破产财产分配方案的裁定

D. 终结破产程序的裁定

2. 人民法院受理破产申请后，管理人接管债务人的财产之前，对于已经开始而尚未终结的有关债务人的民事诉讼或者仲裁，下列说法正确的是：(　　)

A. 应当中止

B. 继续进行

C. 移交到受理破产案件的人民法院继续审理

D. 终结审理

3. 人民法院受理破产申请后，第一次债权人会议成立前，对破产申请受理前成立而未履行完毕的合同，正确的说法是：(　　)

A. 债权人有权决定解除或者继续履行合同

B. 管理人自破产申请受理之日起 3 个月内未通知对方当事人的，视为解除合同

C. 管理人自收到对方当事人催告之日起 60 日内未答复的，视为解除合同

D. 管理人决定继续履行合同的，对方当事人有权要求管理人提供担保

4. 人民法院受理了甲公司的破产申请案件，管理人解除了破产受理申请前甲公司与乙公司签订的尚未履行的设备买卖合同，该买卖合同标的额为 100 万元，解除该合同的行为使乙公司遭受 10 万元的经济损失。对此，下列说法中正确的是：(　　)

A. 该 10 万元作为破产企业的共益债务清偿

B. 该 10 万元可以由乙公司依法申报债权

C. 管理人不得解除未履行的合同

D. 解除合同后，由此产生 100 万元的共益债务

5. 假设人民法院于 2007 年 9 月 10 日受理某企业法人破产案件，12 月 10 日作出破产宣告裁定。在破产企业清算时，下列选项中管理人可依法行使撤销权的是：(　　)

A. 该企业于 2006 年 3 月 1 日对应于同年 10 月 1 日到期的债务提前予以清偿

B. 该企业上级主管部门于 2006 年 4 月 1 日从该企业无偿调出价值 10 万元的机器设备一套

C. 该企业于 2007 年 5 月 8 日与其债务人签订协议，放弃其 15 万元债权

D. 该企业于 2006 年 9 月 1 日将价值 25 万元的车辆作价 8 万元转让他人

6. 下列属于共益债务的是：(　　)

A. 破产案件的诉讼费用

B. 管理、变价和分配债务人财产的费用

C. 管理人执行职务的费用、报酬和聘用工作人员的费用

D. 债务人财产受无因管理所产生的债务

7. 某被申请破产企业的债权人有 9 人，债权总额为 3000 万元。其中有 2 位债权人的债权 900 万元有破产企业的财产做担保，债权人未声明放弃优先受偿权。在讨论和解协议时，如果全体债权人都出席了会议，下列情形可能通过决议的是：(　　)

A. 有 3 位债权人同意，并且其所代表的债权额为 1200 万元

B. 有 3 位债权人同意，并且其所代表的债权额为 1500 万元

C. 有 4 位债权人同意，并且其所代表的债权额为 1200 万元

D. 有 4 位债权人同意，并且其所代表的债权额为 1500 万元

8. 根据企业破产法律制度的有关规定，债权人会议应当以表决方式判定是否通过和解协议草案决议的法定条件是：(　　)

A. 出席会议的有表决权的债权人过半数通过，并且其所代表的债权额占无财产担保债权总额的 2/3 以上

B. 出席会议的有表决权的债权人过半数通过，并且其所代表的债权额占全部债权总额的 2/3 以上

C. 全体有表决权的债权人过半数通过，并且其所代表的债权额占无财产担保债权总额的 2/3 以上

D. 全体有表决权的债权人过半数通过，并且其所代表的债权额占全部债权总额的 2/3 以上

9. 甲公司被依法宣告破产，管理人的清算结果表明：甲公司的破产财产共 1900 万元，发生破产清算费用 110 万元，欠职工工资 140 万元，欠税款 1500 万元，破产债权 3000 万元，其中乙公司拥有破产债权 1000

---

* 本章答案参见第 51 页。

万元。根据《企业破产法》的规定，乙公司就破产债权受偿的金额为(　　)万元。

A. 150　　B. 50

C. 35　　D. 15

**二、多项选择题，每题所给的选项中有两个或两个以上正确答案，少答或多答均不得分。**

1. 下列关于破产申请受理的效力的表述中，正确的是：(　　)

A. 破产申请被受理后，债务人可以对个别债权人进行清偿

B. 破产申请被受理后，债务人应当向管理人清偿债务

C. 破产申请被受理后，管理人可以决定解除破产申请受理前成立而债务人和对方当事人均未履行完毕的合同

D. 破产申请被受理后，有关债务人的执行程序应当中止

2. 下列有关债权申报的表述中，符合《企业破产法》规定的有：(　　)

A. 债务人所欠职工的工资和医疗、伤残补助、抚恤费用不必申报，由管理人调查后列出清单并予以公示

B. 债务人的保证人或者其他连带债务人尚未代替债务人清偿债务的，不能申报债权

C. 管理人或者债务人依照规定解除合同的，对方当事人以因合同解除所产生的损害赔偿请求权申报债权

D. 债务人是票据的出票人，被裁定适用本法规定的程序，该票据的付款人继续付款或者承兑的，付款人以由此产生的请求权申报债权

3. 下列属于债务人财产的是：(　　)

A. 破产申请受理时债务人的尚未出售的产品

B. 破产申请受理时债务人的知识产权

C. 破产申请受理时债务人的机器设备

D. 破产申请受理后至破产程序终结前债务人取得的机器设备

4. 人民法院于2007年6月受理了甲企业的破产案件。根据企业破产法律制度的规定，以下各选项中，属于共益债务的有：(　　)

A. 同年7月，破产管理人在执行职务的过程中，致人损害产生的债务

B. 同年5月，甲企业厂房失火，导致隔壁家具店的高档木材全部烧毁，由此产生的债务

C. 同年12月，破产管理人应获得的报酬

D. 同年12月，甲为继续营业而应支付其员工的劳动报酬

5. 下列关于破产费用的表述中，正确的是：(　　)

A. 破产费用必须是破产程序开始后发生的费用

B. 破产费用必须是为破产事务的处理而发生的费用

C. 破产费用随时支付

D. 破产费用是为债权人的共同利益而支出的费用

6. 根据《企业破产法》的规定，下列各项中，可以作为破产费用从破产财产中优先拨付的有：(　　)

A. 破产案件的诉讼费用

B. 管理人聘任工作人员的费用

C. 管理人执行职务的费用

D. 破产财产的拍卖费用

7. 根据《企业破产法》的规定，管理人可以由(　　)担任。

A. 破产企业上级主管部门组成的清算组

B. 破产清算事务所

C. 依法设立的律师事务所

D. 依法设立的会计师事务所

8. 管理人的产生方式包括：(　　)

A. 随机方式

B. 竞争方式

C. 接受推荐方式

D. 自我推荐方式

9. 对债务人的特定财产享有担保权的债权人，未放弃优先受偿权利的，对于(　　)没有表决权。

A. 选任和更换债权人委员会成员

B. 决定继续或者停止债务人的营业

C. 通过和解协议

D. 通过破产财产的分配方案

10. 根据企业破产法律制度的规定，下列各项中，应当召开债权人会议的情形有：(　　)

A. 人民法院认为必要时

B. 管理人向债权人会议主席提议召开时

C. 债权人委员会向债权人会议主席提议召开时

D. 占债权总额1/6的债权人向债权人会议主席提议时

11. 下列有关债权人委员会组成的表述中，符合《企业破产法》规定的是：(　　)

A. 由7名债权人代表和1名债务人的职工代表组成

B. 由8名债权人代表和1名债务人的工会代表组成

C. 由9名债权人代表和1名债务人的职工代表组成

D. 由7名债权人代表和1名债务人的职工代表以及1名债务人的工会代表组成

12. 关于破产财产的分配，下列说法正确的有：(　　)

A. 管理人拟定的破产财产分配方案，首先应当提

交债权人会议讨论

B. 破产财产分配方案经债权人会议认可后，直接由管理人执行

C. 对于附生效条件或者解除条件的债权，管理人应当将其分配额提存

D. 债权人未受领的破产财产分配额，视为放弃受领分配的权利

13. 关于破产清偿顺序，下列说法错误的是：（　　）

A. 优先清偿破产费用和共益债务

B. 破产财产在优先清偿破产费用和共益债务后，要先清偿欠缴的税款

C. 破产财产在优先清偿破产费用和共益债务后，要先清偿普通破产债权

D. 破产财产不足以清偿同一顺序的清偿要求的，按照比例分配

14. 下列各项中，属于破产程序终结的情形有：（　　）

A. 债务人财产不足以清偿破产费用的

B. 破产人无财产可供分配的

C. 破产财产分配完毕的

D. 因重整程序顺利完成的

15. 2020年1月1日，法院受理了甲公司破产申请，股东张三认缴出资额期限届满，仍未向公司缴纳出资100万元。根据公司章程规定，股东李四的出资期限为2020年10月1日。对此，下列说法正确的是：（　　）

A. 管理人有权要求张三向公司缴纳出资

B. 管理人有权要求李四向公司缴纳出资

C. 公司欠张三100万元货款，张三可主张以其出资债务与公司对其负债抵销

D. 公司欠李四100万元货款，李四可主张以其出资债务与公司对其负债抵销

**三、不定项选择题，每题所给的选项中有一个或一个以上正确答案，少答、不答或多答均不得分。**

1. 宏远机械厂是一国有企业，该厂被债权人申请破产，人民法院受理申请并指定了管理人，法院依法宣告其破产。企业破产时管理的财产和债权人申报的债权情况如下。

（1）企业破产时经营管理的财产评估变现价值如下：①第1号房产价值300万元，全部用于对A银行的债务抵押；②第2号房产价值160万元，属于租用B公司的房屋；③对外投资140万元；④专利评估作价70万元；⑤破产案件受理之日前6个月破产企业主动放弃对G公司的到期债权100万元。

（2）债权人申报的债权情况如下：①A银行对该破产企业发放3年贷款，本金200万元，年利率10%，到期应计利息共60万元，尚有1年到期；②B公司拥有到期债权700万元；③C公司因为破产企业担保，替破产企业偿还债务本息共350万元；④D公司因管理人解除合同造成损失140万元；⑤欠税务机关税收罚款90万元。

针对上述案情，请回答如下问题。

（1）该案件中哪一（些）项属于别除权，金额为：（　　）

A. A银行对该破产企业发放的贷款，本息共240万元

B. B公司拥有到期债权700万元

C. C公司因为破产企业担保，替破产企业偿还债务本息共350万元

D. D公司因清算组解除合同造成直接损失140万元

（2）该案件中哪一（些）项属于抵销权，金额为：（　　）

A. A银行对该破产企业发放的贷款，本息共240万元

B. 宏远机械厂对B公司拥有债权190万元

C. C公司因为破产企业担保，替破产企业偿还债务本息共350万元

D. D公司因清算组解除合同造成直接损失140万元

（3）该案件中哪一（些）项属于取回权，金额为：（　　）

A. 第1号房产价值300万元，全部用于对A银行的债务抵押

B. 第2号房产价值160万元，属于租用B公司的房屋

C. 破产前职工以资本金形式投入的款项（货币资金）30万元

D. 破产企业主动放弃对G公司的到期债权100万元

（4）该案件中管理人有权追回的财产是：（　　）

A. 破产企业主动放弃对G公司的到期债权100万元

B. 第1号房产价值300万元，全部用于对A银行的债务抵押

C. 破产前职工以资本金形式投入的款项（货币资金）30万元

D. 欠丙公司到期货款150万元

（5）下列各项破产企业管理的财产中，哪一（些）项属于破产财产：（　　）

A. 第1号房产超过抵押债权部分的60万元

B. 对外投资的140万元

C. 专有技术价值70万元

D. 职工的投资30万元

（6）下列哪一（些）项费用属于破产费用：（　　）

A. 管理人拍卖破产企业的房产时发生的费用

B. 管理人聘用工作人员的费用

C. 破产案件的受理费

D. 管理人的报酬

2. 张某、李某和美澳公司共同出资设立了飞亚有限责任公司(以下简称飞亚公司)。张某出资 20%,李某出资 10%,美澳公司出资 70%,美澳公司的总经理王某任飞亚公司的董事长。公司成立后,经其他股东同意,李某将 5% 的股份转让给王某。飞亚公司成立后一直经营困难,长期拖欠欧陆公司货款。欧陆公司向人民法院申请宣告飞亚公司破产,法院受理了申请,并指定方正律师事务所为管理人。飞亚公司向法院提出重整申请,法院经审查后,裁定重整,并确定重整期间飞亚公司自行管理和营业。重整计划通过,飞亚公司在履行重整计划期间,有隐匿财产行为,经欧陆公司请求,法院裁定终止重整程序,宣告飞亚公司破产。根据以上情况,回答下列问题。

(1)除飞亚公司外,有权提出重整申请的主体包括:(　　)

A. 欧陆公司　　B. 方正律师事务所

C. 美澳公司　　D. 李某

(2)关于重整计划草案,下列说法正确的是:(　　)

A. 飞亚公司拟定

B. 方正律师事务所拟定

C. 应同时向法院和债权人会议提交

D. 有财产担保债权的债权人和普通债权的债权人应分组表决

(3)关于重整计划的通过和批准,下列说法正确的是:(　　)

A. 出席会议的同一表决组的债权人过半数同意重整计划草案,并且所代表的债权额占无财产担保债权总额的 1/2 以上,方为该组通过草案

B. 应设出资人组,对重整计划草案进行表决

C. 各表决组均通过重整计划草案时,重整计划即为通过

D. 部分表决组未通过的,经协商可以再表决一次,如又未通过,经飞亚公司申请,法院可强行批准重整计划

(4)重整期间,下列做法不合法的是:(　　)

A. 飞亚公司欠风驰汽车修理厂修理费 10 万元,风驰汽车修理厂留置了飞亚公司的汽车一辆,重整计划批准后,风驰汽车修理厂将汽车拍卖,清偿了自己的债权

B. 飞亚公司向 A 市城市信用合作社借款,并以厂房作为抵押

C. 王某将自己持有的飞亚公司股份转让给张某

D. 飞亚公司向美澳公司等股东支付红利共计 10 万元

# 第六章　票　据　法*

**一、单项选择题,每题所给的选项中只有一个正确答案。**

1. 甲公司与乙公司签订货物买卖合同,同时双方约定甲公司以转账支票形式支付货款。乙公司向甲公司交付货物后,甲公司向乙公司签发了一张转账支票。甲公司与乙公司之间的买卖合同关系是:(　　)

A. 票据关系　　B. 票据原因关系

C. 票据预约关系　　D. 票据资金关系

2. 王某是甲公司的法定代表人,王某擅自以甲公司之名签发一张银行承兑汇票,并在汇票上签章,但是未加盖甲公司的公章。以下说法正确的是:(　　)

A. 王某应承担票据责任

B. 甲公司应承担票据责任

C. 王某和甲公司应承担连带票据责任

D. 王某和甲公司均不承担票据责任

3. 一张汇票的出票人是甲,乙、丙、丁、戊分别是背书人,己是持票人。现查出这张汇票的金额被变造,且确定丁、戊在变造之后签章,乙在变造之前签章,但不能确定丙是在变造之前还是在变造之后签章的。下列说法中哪项是正确的:(　　)

A. 汇票中的金额被变造导致这张汇票无效

B. 甲、乙、丙、丁、戊均只就变造前的票据金额对己负责

C. 甲、乙就变造之前的票据金额对己负责,丙、丁、戊就变造后的金额对己负责

D. 甲、乙、丙就变造之前的票据金额对己负责,丁、戊就变造后的金额对己负责

4. 甲公司签发一张银行承兑汇票交付于乙公司,银行进行了承兑,乙公司将汇票背书给丙公司,丙公司向承兑行提示付款,银行以丙公司拖欠对自己的借款不还为由拒绝付款,将该笔汇票金额直接转入自己账户,对于银行的行为下列说法正确的是:(　　)

A. 该行为为可撤销行为

B. 该行为为无效行为

C. 属于票据抗辩之对人的抗辩

D. 属于票据抗辩之对物的抗辩

---

* 本章答案参见第 53 页。

5. 以下关于票据权利的说法不正确的是:(　　)

A. 票据权利包括付款请求权和追索权

B. 票据权利是金钱债权

C. 票据权利是证券性权利

D. 票据权利是双重权利,持票人可以选择行使

6. 甲公司向乙公司签发一张银行承兑汇票,乙公司将汇票向丙银行贴现,丙银行工作人员不慎将汇票遗失,王某拾得后,伪造了丙银行的签章,将汇票背书转让给丁公司,下列关于票据权利的取得说法正确的是:(　　)

A. 乙公司是继受取得　　B. 丙银行是原始取得

C. 王某是继受取得　　D. 丁公司是原始取得

7. 根据我国《票据法》,下列关于本票的说法哪一项是错误的:(　　)

A. 本票是委付票据

B. 本票是即期票据

C. 我国仅承认银行本票

D. 出票人必须具有支付本票金额的可靠资金来源

8. 以下各项关于票据的当事人的叙述,哪一项是错误的:(　　)

A. 根据是否随出票行为出现,可分为基本当事人和非基本当事人

B. 承兑人是基本当事人

C. 自付票据具有两方基本当事人,而委付票据通常具有三方基本当事人

D. 基本当事人欠缺,票据无效

9. 张某持一张银行承兑汇票向银行提示付款,银行拒绝付款。以下银行可能给出的理由,哪个是对人的抗辩:(　　)

A. 汇票上没有出票人的签章

B. 汇票上的背书不连续

C. 该汇票系张某盗窃所得

D. 汇票尚未到期

10. 甲公司签发一张银行承兑汇票交付给乙公司,乙公司工作人员将汇票遗失。下列说法正确的是:(　　)

A. 甲公司和乙公司均可向付款行挂失止付

B. 应先挂失止付,再向法院申请公示催告

C. 公示催告期间,有人提出权利申报,法院终结公示催告

D. 公示催告期满无人申报权利,法院应作出除权判决

11. 王某拾得一张汇票,伪造了汇票上的收款人甲公司的签章,并将汇票背书转让给李某,李某向付款人提示付款被拒绝。下列说法正确的是:(　　)

A. 李某有权向王某和甲公司行使追索权

B. 李某有权向甲公司行使追索权

C. 李某有权向王某行使追索权

D. 李某无权向王某和甲公司行使追索权

12. 甲公司以乙公司为收款人签发了一张银行承兑汇票,由于甲公司财务人员的失误,将出票日期填写为2013年7月1日,实际出票日期为2013年7月2日。下列说法正确的是:(　　)

A. 可以由甲公司财务人员将日期改为7月2日,并在更改处签字盖章

B. 甲公司可以附一纸书面证明,证明出票日期为7月2日

C. 该汇票的出票日期只能以7月2日为准

D. 汇票无效

13. 下列关于票据贴现的说法不正确的是:(　　)

A. 贴现适用于商业汇票和银行汇票

B. 贴现通过背书方式进行

C. 贴现是一种票据转让行为

D. 贴现是一种银行授信行为

14. 出票人甲公司签发了一张汇票交付给收款人乙公司,乙公司将汇票背书转让给丙公司,乙公司未在汇票上记载背书日期。经查,汇票系在到期日后背书,下列说法正确的是:(　　)

A. 背书行为无效

B. 背书有效,背书日期以真实的日期为准

C. 背书有效,视为在汇票到期日前背书

D. 以上说法都不对

15. 东公司向南公司签发汇票,银行承兑后,南公司背书转让给西公司,西公司将其赠与北公司,北公司在持有汇票期间将其丢失,被张某拾得。张某在背书栏伪造北公司签章,将自己记载为背书人,并注明“委托收款”,在银行获得兑付后携款潜逃。下列说法正确的是:(　　)

A. 北公司无对价取得票据,无票据权利

B. 银行因其错误付款,应承担责任

C. 北公司可向东、南、西公司行使票据追索权

D. 张某的背书行为无效

**二、多项选择题,每题所给的选项中有两个或两个以上正确答案,少答或多答均不得分。**

1. 下列关于票据权利的取得说法正确的有:(　　)

A. 无偿取得票据权利与有偿取得票据权利在权利效力上没有分别

B. 继承取得票据,需原权利人签章

C. 受赠取得的票据,不能主张抗辩切断和善意取得

D. 受让以不合法方式取得的票据时有过失的,不享有票据权利

2. 甲公司以乙公司为收款人,丙公司为付款人签

发了一张商业承兑汇票，乙公司将汇票转让给丁公司，出现下列哪些情况时丁公司可以行使追索权：(　　)

A. 丙公司拒绝承兑　　B. 丙公司破产

C. 乙公司破产　　D. 丙公司拒绝付款

3. 甲公司向乙公司签发了一张银行承兑汇票，付款人为丙银行，下列说法正确的有：(　　)

A. 丙银行向乙公司付款后，票据权利消灭

B. 乙公司对甲公司的票据权利，自出票日起满2年消灭

C. 乙公司向丙银行提示承兑被拒绝，乙公司不能出示拒绝证明的，丧失对甲公司的追索权

D. 乙公司将汇票丢失，乙公司的票据权利消灭

4. 以下支票应当记载的事项中，哪些在出票时未曾记载，若事后不经补记，支票便不得使用：(　　)

A. 付款地　　B. 金额

C. 出票地　　D. 收款人名称

5. 甲公司以乙公司为收款人签发了一张银行承兑汇票，银行进行了承兑，乙公司委托张某收款，并在汇票上背书记载"委托收款"，将汇票背书给张某。以下说法正确的是：(　　)

A. 张某取得票据权利

B. 张某取得代理权

C. 张某将汇票再次委托收款背书给第三人的，乙公司不对第三人承担票据责任

D. 张某不可以将汇票背书转让

6. 甲公司签发了一张银行承兑汇票交付给乙公司，付款行进行了承兑，乙公司将汇票背书给丙公司，丙公司将汇票背书给丁公司，丁公司将丙公司的签章涂销。下列说法正确的有：(　　)

A. 丁公司提示付款，付款行有理由以背书不连续拒绝付款

B. 只有丙公司可以涂销自己的签章，丁公司无权涂销

C. 丙公司对丁公司不再承担票据责任

D. 汇票无效

7. 甲公司签发了一张银行承兑汇票交付于乙公司，乙公司向付款行提示承兑，付款行拒绝承兑，乙公司将汇票背书转让给丙公司。下列说法正确的有：(　　)

A. 汇票被拒绝承兑后，不得再背书转让

B. 乙公司的背书行为无效

C. 丙公司无权向乙公司追索

D. 乙公司应对丙公司承担票据责任

8. 下列关于挂失止付制度的说法正确的是：(　　)

A. 付款人在收到挂失止付通知之前已经向持票人付款的，不再承担责任

B. 挂失止付是暂时性的票据丧失的补救措施

C. 是公示催告的必经程序

D. 失票人应在通知挂失止付后3日内，也可以在票据丧失后申请公示催告

9. 甲公司签发了一张银行承兑汇票，银行进行了承兑，乙公司和丙公司在汇票上记载了"保证"字样并签章，注明各承担50%的保证责任，但是未记载被保证人名称。下列说法正确的是：(　　)

A. 甲公司是被保证人

B. 银行是被保证人

C. 乙公司和丙公司承担连带保证责任

D. 乙公司和丙公司承担按份保证责任

10. 下列汇票不得转让的有：(　　)

A. 被拒绝承兑的汇票

B. 被拒绝付款的汇票

C. 出票人在汇票上记载"不得转让"的汇票

D. 超过付款提示期的汇票

11. 张某向甲公司签发了一张汇票，甲公司将汇票背书转让给乙公司，乙公司向付款行提示承兑，但付款行告知乙公司张某精神异常，系限制民事行为能力人，拒绝向乙公司付款。下列说法正确的有：(　　)

A. 汇票上有张某的签章，张某应承担票据责任

B. 张某是限制民事行为能力人，张某的监护人应承担票据责任

C. 张某的签章无效，张某不承担票据责任

D. 张某的监护人应承担民事责任

12. 关于付款请求权和追索权下列说法正确的是：(　　)

A. 都是票据权利

B. 行使付款请求权是行使追索权的法定前提条件

C. 都只能由持票人行使

D. 持票人为出票人的，对其后手没有追索权

13. 下列哪些票据行为无效：(　　)

A. 出票人出票时在票据上记载"款到付款"

B. 背书人背书时在票据上记载"款到背书生效"

C. 保证人保证时在票据上记载"主债务有效保证方有效"

D. 付款人承兑时在票据上记载"款到承兑生效"

14. 付款人在下列哪些情形下付款要自行承担所产生的责任：(　　)

A. 未审查提示付款人的合法身份证明

B. 汇票到期日前付款

C. 对在公示催告期内的票据付款

D. 未审查出票据金额系变造而付款

15. 甲向乙签发了一张银行承兑汇票，票面金额为12万元，见票后3个月付款。乙不慎遗失汇票，被丙拾得后，丙立即伪造乙的签章，将汇票转让给自己，然后拿到A银行贴现。A银行审查了汇票背书的连续

性后，给予贴现。汇票一直未被提示承兑。这时乙发现汇票丢失，立即向法院申请公示催告，并向付款人B银行提出挂失止付。下列选项中正确的是：（　　）

A. A银行基于善意取得享有票据权利

B. B银行不承担任何票据责任

C. 乙应向A银行承担票据责任，但有权要求丙向自己承担民事责任

D. 丙不仅承担票据责任，还应承担民事、刑事责任

16. 下列背书无效的有：（　　）

A. 背书附条件

B. 转让一部分票据金额的背书

C. 将票据金额转让给两个被背书人的背书

D. 出票人在票据上记载"不得转让"

17. 背书是指在票据背面或粘单上记载有关事项并签章的票据行为，以下的背书行为中具有票据法上效力的是：（　　）

A. 张某将一张出票人标有"不得转让"字样的汇票背书转让给甲公司

B. 王某将一张票面金额为10万元的汇票中的3万元转让给陈某

C. 吴某将被拒绝承兑的汇票背书给乙公司

D. 于某将一张支票背书转让

18. A公司给B公司出票，银行已承兑。B公司到银行提示付款时，银行工作人员查询后发现，A公司余额不足，故口头告知拒付。这时B公司的债权人C公司致电B公司要求还钱。B公司答复说用汇票支付，故将汇票从银行处要回并背书给C公司。C公司又提示银行付款，也被银行拒绝。下列选项错误的是：（　　）

A. B公司对C公司的债务因交付票据而消灭

B. 银行口头告知，承兑银行应对C公司承担票据责任

C. B公司对C公司所为的背书无效

D. A公司C公司承担票据责任

# 第七章　证　券　法*

**一、单项选择题，每题所给的选项中只有一个正确答案。**

1. 下列关于证券投资基金的说法正确的是：（　　）

A. 公开募集方式设立的基金（以下简称公开募集基金）和非公开募集方式设立的基金（以下简称非公开募集基金）的投资风险均由基金份额持有人按照其所持基金份额承担

B. 基金管理人和基金托管人可以是同一机构

C. 基金托管人只能由商业银行担任

D. 公开募集基金的基金管理人的董事、监事、高级管理人员和其他从业人员，其本人、配偶、利害关系人可以进行证券投资

2. 关于证券投资基金运用基金财产进行投资的范围，下列哪一选项是错误的：（　　）

A. 可以买卖该基金管理人发行的股票

B. 可以买卖上市交易的股票、债券

C. 不得从事承担无限责任的投资

D. 不得用于承销证券

3. 某上市公司董事吴某，持有该公司6%的股份。吴某将其持有的该公司股票在买入后的第5个月卖出，获利600万元。关于此收益，下列哪项是错误的：（　　）

A. 该收益应当全部归公司所有

B. 该收益应由公司董事会负责收回

C. 董事会不收回该收益的，股东有权要求董事会限期收回

D. 董事会未在规定期限内执行股东关于收回吴某收益的要求的，股东有权代替董事会以公司名义直接向法院提起收回该收益的诉讼

4. 关于证券交易的风险基金，下列说法不正确的是：（　　）

A. 从会员缴纳的会员费、席位费中提取一定比例的金额而设立

B. 风险基金由证券交易所会员大会管理

C. 应当存入专门的银行账户，不得擅自使用

D. 提取的具体比例和使用办法，由国务院证券监督管理机构会同国务院财政部门规定

5. 甲为实业股份有限公司，乙为证券股份有限公司，双方签订新股发行承销协议，约定乙包销甲2000万股，每股面值10元，承销期为50天。在承销股票的过程中，若由于发行股票资料的真实性、准确性、完整性以及其他由于承销方过错引起的法律责任由乙来承担。乙在承销甲的股票的过程中发现甲招股说明书以及有关宣传资料中有重大遗漏，甲公布的负债表中未列明欠缴国家税款76万元的事实。采取补救措施后，造成49万余元的损失。下列相关说法错误的是：（　　）

---

* 本章答案参见第57页。

A. 乙必须立即停止销售活动，并采取纠正措施

B. 依据合同的约定，应当由乙来承担该49万余元的损失

C. 依据法律规定，发行人甲须对其材料的真实性、准确性、完整性负责任

D. 该49万余元的损失，应当由甲乙共同承担

**二、多项选择题，每题所给的选项中有两个或两个以上正确答案，少答或多答均不得分。**

1. 下列有关操纵市场行为的说法正确的是：(　　)

A. 张三持有甲上市公司20%的股权，张三从2013年10月到12月，连续买进甲公司的股票，导致甲公司股票的价格大幅度上升，直至达到张三预期的价格。该行为属于操纵市场行为

B. 东海市的李四与锡地市的王五，都在2013年9月18日到20日买进了乙上市公司的股票，且恰好二人购买股票的价格都是每股25元。因此，乙公司的股票交易量大增，股票价格创历史新高。该二人行为属于操纵市场行为

C. 赵六被认定为操纵证券市场的行为给众多投资者造成了巨大损失，赵六应当依法承担赔偿责任

D. 丙公司被认定为具有操纵证券市场行为，那么证券监督管理机构可责令依法处理其非法持有的证券、没收违法所得，并对丙公司和直接责任人宋江都处以罚款

2. 根据《证券法》的规定，以下哪些人员属于内幕信息的知情人员：(　　)

A. 张某，持有发行人已发行债券的10%

B. 王某，现任甲公司经理秘书，甲公司是发行股票公司的控股公司

C. 李某，公司股东，持有公司股份的6%

D. 赵某，公司打字员，一些重要的公司决策均由其打印并向有关部门报送

3. 下列关于证券投资基金份额持有人的相关说法正确的是：(　　)

A. 基金份额持有人大会由基金托管人召集

B. 代表基金份额10%以上的基金份额持有人就同一事项要求召开基金份额持有人大会，而基金份额持有人大会的相关机构都不召集的，代表基金份额10%以上的基金份额持有人有权自行召集

C. 基金份额持有人大会可以采取现场方式召开，也可以采取通讯等方式召开

D 基金份额持有人大会应当有代表1/2以上基金份额的持有人参加，方可召开

4. 有关非公开募集基金，下列相关说法正确的是：(　　)

A. 非公开募集基金应当向合格投资者募集，合格投资者累计不得超过200人

B. 非公开募集基金可以由基金托管人之外的人托管

C. 非公开募集基金不得通过报刊、电台、电视台、互联网等公众传播媒体或者讲座、报告会、分析会等方式向不特定对象宣传推介

D. 非公开募集基金可以由部分基金份额持有人作为基金管理人负责基金的投资管理活动，并在基金财产不足以清偿其债务时对基金财产的债务承担无限连带责任

5. 下列有关上市公司收购说法正确的是：(　　)

A. 甲持有常春上市公司已发行的表决权股份5%后，其所持该上市公司已发行的股份比例每增加5%，应当依法进行报告和公告。在报告期限内不得再行买卖该上市公司的股票

B. 乙通过证券交易所的证券交易持有金玉上市公司已发行的有表决权股份达到30%时，如乙欲继续进行收购，应当依法向该上市公司所有股东发出收购上市公司全部或者部分股份的要约

C. 丙在收购要约中约定的收购期限为50日

D. 丁公司收购飞天上市公司的行为完成后，丁公司与飞天公司合并，飞天公司解散

**三、不定项选择题，每题所给的选项中有一个或一个以上正确答案，少答、不答或多答均不得分。**

1. 某公司申请股票上市交易，被核准。回答下列问题。

(1)发生下列事件，公司应向证券监督管理机构和证券交易所报送临时报告的是：(　　)

A. 公司分配股利计划发生重大变化

B. 公司监事王某涉嫌艳照事件被纪检部门调查

C. 公司董事李某辞职

D. 公司董事会的决议被撤销

(2)公司报送临时报告时，应说明的事项包括：(　　)

A. 事件的起因　　B. 目前的状态

C. 可能产生的法律后果　　D. 解决方法

2. 甲公司通过在证券交易所的交易，于2014年1月3日持有乙上市公司公开发行股票的5%。回答下列问题。

(1)甲公司应完成的工作是：(　　)

A. 最迟于2014年1月6日，向证券交易所报告

B. 最迟于2014年1月6日，向国务院证券监督管理机构报告

C. 公告该情况

D. 2014年1月8日前不能买卖乙公司的股票

(2)甲公司继续在证券交易所买卖乙公司的股票，于2014年2月10日持有乙公司公开发行股票的10%，甲公司于2014年2月13日向证券交易所报告。下列说法正确的是：(　　)

A. 甲公司最迟于2014年2月13日,向国务院证券监督管理机构报告

B. 甲公司最迟于2014年2月13日,通知乙公司

C. 自2014年2月14日开始,甲公司可以继续买卖乙公司的股票

D. 2014年2月15日,甲公司不能买卖乙公司的股票

(3)关于甲公司的要约收购,正确的是:(　　)

A. 收购期限最长不得超过90日

B. 承诺期限内可以撤销收购要约

C. 可以通过与乙公司的股东协商,确定不同的收购条件

D. 收购期限内,不得卖出乙公司的股票

(4)收购期限届满,甲公司持有乙公司80%的股票,以下说法正确的是:(　　)

A. 证券交易所应终止乙公司上市

B. 乙公司的其他股东有权要求甲公司以同等条件收购其持有的乙公司股票,甲公司不得拒绝

C. 甲公司持有的乙公司股票,在收购行为完成之日起满6个月后才能转让

D. 甲公司应将收购情况报告国务院证券监督管理机构和证券交易所,并公告

# 第八章　保　险　法*

**一、单项选择题,每题所给的选项中只有一个正确答案。**

1. 下列有关保险利益的说法不正确的是:(　　)

A. 人身保险的投保人在保险事故发生前,对被保险人应当具有保险利益

B. 财产保险的被保险人在保险事故发生时,对保险标的应当具有保险利益

C. 与投保人有劳动关系的劳动者与投保人具有保险利益

D. 被保险人同意投保人为其订立合同的,视为投保人对被保险人具有保险利益

2. 甲有一辆汽车价值50万元,但其与保险公司签订的保险合同中将保险金额约定为40万元,并按照40万元的保险金额缴纳了保险费。后来该车在使用过程中发生撞车事件导致了部分毁损,造成损失10万元,此时保险公司应该向甲支付多少赔偿金:(　　)

A. 50万元　　B. 40万元

C. 10万元　　D. 8万元

3. 下列情形,保险公司可以解除保险合同的是:(　　)

A. 甲向A保险公司投保车辆损失险,合同订立后,因该家用车辆转用于高危货物运输,增加了保险标的危险程度,甲将该事宜及时告知A公司

B. 乙向B保险公司投保车辆损失险,后该车与其他车辆相撞,车灯受损,乙变造相应证明,夸大损失程度

C. 丙向C保险公司投保车辆损失险,因为疏忽没有告知C公司工作人员其副驾驶座位的靠座已发生损坏

D. 丁向D保险公司投保车辆损失险,但是其保险金额明显超过保险车辆的价值

4. 张某向保险公司投保了意外伤害险,受益人是张某的妻子王某。某日深夜张某回家途中遭到李某抢劫,张某奋起反抗,被李某打死,后李某被公安机关抓获。以下说法正确的是:(　　)

A. 保险公司免除赔偿责任

B. 保险公司向王某支付保险金后,有权向李某追偿

C. 保险公司向王某支付保险金后,王某仍有权要求李某赔偿

D. 王某要求李某赔偿后,保险公司免除支付保险金的责任

5. 下列关于先行赔付的规定不正确的是:(　　)

A. 先行赔付发生在保险人根据现有的资料不能确定保险金额的情况下

B. 先行赔付之后,保险人的赔付责任解除

C. 先行赔付的金额是根据已有证明和资料可以确定的最低数额

D. 保险人在最终确定赔偿或者给付保险金的数额后,应当支付相应的差额

6. 下列关于保险合同中的受益人的说法不正确的是:(　　)

A. 受益人可以是无民事行为能力人

B. 投保人和被保险人都可能成为受益人

C. 受益人仅存在于人身保险合同

D. 受益人对保险标的须具有保险利益

7. 投保人在与保险人签订保险合同时,故意隐瞒事实。下列说法不正确的是:(　　)

A. 违反了如实告知义务

B. 保险人有权解除保险合同

---

* 本章答案参见第59页。

C. 发生保险事故的，保险人不承担赔偿责任

D. 保险人应退还保费

8. 投保人曲某，女，于2016年5月9日在某保险公司为本人投保了万能保险，保额12万元，附加重大疾病提前给付保险，保额10万元，附加住院费用保险。2018年3月，曲某因身体不适，入院治疗，后被诊断为胃癌，并进行了手术。出院后，曲某向保险公司提出申请，要求按照保险合同的约定，给付重大疾病保险金10万元，给付住院费用6000元。保险公司于2018年5月22日出具理赔通知书，拒绝了理赔申请，理由是：曲某在入院时，向主治医生陈述病情时，提到自己曾经患有糖尿病，已有13年。而曲某在投保过程中，未向保险公司如实告知曾经患病的情况，因此拒绝赔付。曲某与保险公司多次交涉未果，故委托律师向法院提起诉讼，要求保险公司按照保险合同的约定，承担相应的保险责任。有关该事件的下列说法不正确的是：(　　)

A. 保险公司拒赔的理由不能成立，该合同已经成立超过两年的最长时间

B. 本案中保险公司主张的病史系主观判断，没有直接证据证明原告投保前存在糖尿病。保险公司提出在曲某住院病历中，既往病史显示：患有糖尿病13年。此处系医生的书写，属于间接证据，并未提出直接的诊断报告，来证明曲某在投保前确实存在“糖尿病”

C. 曲某申请赔付的理由“胃癌”与保险公司拒付的原因“糖尿病”之间不存在因果关系

D. 曲某故意未向保险人告知既往病史，该情形不受两年不可抗辩条款的限制，因此保险公司有权拒赔

9. 某医院2010年为救护车购买商业险，其中赠送附加险“随行安全险”，可以理赔救护车出现车祸事故的费用，2011年甲驾驶救护车由于自己操作失误撞到护栏，导致当时车上病人丁骨折，治疗骨折花费20万元，2015年医院人员无意发现了附加险保单，下列选项正确的是：(　　)

A. 保险公司可以已过理赔时效拒赔

B. 保险公司可以“平安出行”未缴纳费用为由进行抗辩

C. 保险公司可以丁的伤是甲故意造成的为由抗辩

D. 如保险公司进行理赔应以第三者商业险的主险进行理赔

**二、多项选择题，每题所给的选项中有两个或两个以上正确答案，少答或多答均不得分。**

1. 王某将自己的轿车向保险公司投保，其保险合同中含有自燃险险种。某日，该车在行驶中起火，王某情急之下将一农户晾在公路旁的棉被打湿灭火，但车仍有部分损失，棉被也被烧坏。保险公司对下列哪些费用应承担赔付责任：(　　)

A. 车辆修理费3800元

B. 王某的误工费500元

C. 农户的棉被损失费240元

D. 王某乘坐其他车辆返回的交通费150元

2. 下列属于需要保险公司退还保单现金价值的情形有：(　　)

A. 投保人申报的被保险人年龄不真实，并且其真实年龄不符合合同约定的年龄限制的，保险人可以解除合同，并按照合同约定退还保险单的现金价值

B. 人身保险合同效力终止之日起满2年双方未达成协议的，保险人有权解除合同。保险人依照前述规定解除合同的，应当按照合同约定退还保险单的现金价值

C. 人身保险合同的被保险人自杀的，保险人不承担给付保险金的责任，按合同约定退还保单的现金价值

D. 投保人解除合同的，保险人应当自收到解除合同通知之日起30日内，按照合同约定退还保险单的现金价值

3. 南京某锅炉厂将其生产用的锅炉设备(价值80万元)向保险公司投了火灾保险。2010年9月18日，由于监控温度计的表失灵，炉温急剧上升，在危急万分时刻，锅炉设备随时有爆炸的危险。为了防止锅炉爆炸，有关人员立即向锅炉内投入大量冷却剂降温，从而避免了事故发生，但结果导致锅炉及附属设备报废，锅炉的价值加上采取抢救措施时的费用共计116万元。因此，锅炉厂向保险公司索赔，保险公司不同意赔偿，锅炉厂诉至法院。下列关于该案的表述，错误的是：(　　)

A. 116万元损失应由保险公司赔偿

B. 36万元损失应由锅炉厂自己负责

C. 80万元损失应由保险公司承担

D. 36万元损失保险公司可不予赔偿，但应减免锅炉厂相应比例的保险费

4. 下列有关保险公司保险经营规则说法正确的是：(　　)

A. 保险公司应当按照其注册资本总额的20%提取保证金，该保证金只能用于公司清算时的债务清偿

B. 保险公司应当缴纳保险保障基金。保险保障基金应当集中管理，并仅用于在保险公司被撤销或者被宣告破产时，向投保人、被保险人或者受益人提供救济

C. 经营财产保险业务和人身保险业务的保险公司的当年自留保险费，不得超过其实有资本金加公积金总和的4倍

D. 保险公司对每一危险单位，即对一次保险事故可能造成的最大损失范围所承担的责任，不得超过其实有资本金加公积金总和的10%

5. 下列有关保险人的问题中，哪些选项应给予否定的回答：(　　)

A. 保险人对财产保险合同中约定的保险费，是否不得用诉讼的方式要求投保人支付

B. 保险合同成立后，保险人是否不得解除保险合同

C. 人身保险合同因投保人迟延支付保险费而效力中止的，在中止期内被保险人发生了保险事故，保险人是否承担赔偿保险金的责任

D. 保险合同中规定有免除保险人依法应承担的责任的条款时，是否保险人在订立保险合同时向投保人进行必要的提示并明确说明，该条款才生效

6. 以下选项所列哪些情形下，保险人不能行使代位求偿权：(　　)

A. 财产保险的被保险人的家庭成员过失造成保险责任范围内的事故发生的

B. 财产保险中的保险人赔偿后，被保险人决定放弃对第三者的请求赔偿权利的

C. 对人身保险中致使被保险人死亡或是伤残的第三者

D. 责任保险的保险人在对被保险人给第三者造成的损失赔偿后

7. 下列关于保险事故发生和通知保险人事宜的说法错误的是：(　　)

A. 保险事故发生后，知情的投保人、被保险人或者受益人、保险代理人，应当及时通知保险人

B. 因通知义务人的过失而未及时通知保险人，致使保险事故的性质、原因、损失程度等难以确定的，保险人对无法确定的部分，不承担赔偿或者给付保险金的责任

C. 未发生保险事故，被保险人或者受益人谎称发生了保险事故，向保险人提出赔偿或者给付保险金请求的，保险人有权解除合同，并不退还保险费

D. 在合同有效期内，保险标的的危险程度显著增加的，投保人应当按照合同约定及时通知保险人，未履行前款规定的通知义务的，因保险标的的危险程度显著增加而发生的保险事故，保险人不承担赔偿保险金的责任

8. 在一次咨询活动中，保险公司的一位职员对人寿保险的相关问题作了以下回答，其回答哪些是错误的：(　　)

A. 保险代理人对投保人所作的保险单内容的解释与说明，对保险人无效，后果由其自己承担

B. 人身保险在合同成立后，投保人可以解除合同，保险人对于投保人缴纳的保险费如数退还

C. 投保人与被保险人之间、受益人与被保险人之间只有存在保险利益，保险合同才是有效的

D. 保险合同上可以不指定受益人，保险金最后给付给被保险人或者被保险人的继承人

9. 某股份有限公司将其所有财产向甲保险公司投保火灾保险。甲保险公司将该项保险业务的 20% 以再保险的方式转由乙保险公司承保。在保险期间内，该股份有限公司仓库因遭雷击而发生火灾，造成损失 53 万元。根据这些情况，以下选项所作的表述中哪些是错误的：(　　)

A. 股份有限公司仅向甲保险公司履行出险的通知

B. 股份有限公司无权向乙保险公司要求支付赔偿金

C. 如果乙保险公司对其承保的 20% 的保险业务拒绝承担保险责任，甲保险公司可以只向股份有限公司承担 80% 的保险责任

D. 如果股份有限公司未能从甲保险公司获得全部赔偿，仍有权就不足部分向乙保险公司要求赔偿

10. 下列有关保险合同成立与生效的说法正确的有：(　　)

A. 投保人提出保险要求，经保险人同意承保，保险合同成立

B. 保险合同成立后，保险人应当及时向投保人签发保险单或者其他保险凭证

C. 依法成立的保险合同，自投保人按照约定交付保险费时生效

D. 保险人不可以对合同的效力约定附条件或者附期限

11. 王某与某保险公司签订了一份财产保险合同，在下列哪些情况下，该保险公司可以解除与王某的保险合同：(　　)

A. 王某故意隐瞒事实，不履行如实告知义务

B. 王某因重大过失未履行如实告知义务，足以影响保险公司是否承保或者提高保险费率

C. 王某在未发生保险事故的情况下，谎称发生保险事故

D. 在合同有效期内，该保险合同标的的危险程度增加

12. 赵东于 2009 年 10 月在某保险公司投保人身保险 30 年期 10 份，约定保险费每月 10 日分期交付。2011 年 6 月 10 日赵东因下岗无力按期交付保险费，至 7 月 10 日仍未交付。赵东于 8 月 5 日外出时遇车祸身亡。下列说法不正确的是：(　　)

A. 赵东虽未按时交付保险费，但是保险人仍应按已交付保险费占全部保险费的比例支付保险金

B. 因未按时交付保险费而使合同效力中止

C. 虽未交足 2 年保险费，但应在扣除手续费后退还保险费

D. 因合同成立不足 2 年而退还保险单的现金价值

13. 下列有关保险公司股东、董事、监事和高级管

理人员的责任的说法正确的是:(　　)

A. 保险公司的股东利用关联交易严重损害公司利益,危及公司偿付能力的,由国务院保险监督管理机构责令改正。拒不改正的,可以责令其转让所持的保险公司股权

B. 保险监督管理机构根据履行监督管理职责的需要,可以与保险公司董事、监事和高级管理人员进行监督管理谈话,要求其就公司的业务活动和风险管理的重大事项作出说明

C. 保险公司的股东利用关联交易严重损害公司利益,危及公司偿付能力的,由国务院保险监督管理机构责令改正。在按照要求改正前,国务院保险监督管理机构可以限制其股东权利

D. 保险公司在整顿、接管、撤销清算期间,或者出现重大风险时,国务院保险监督管理机构对该公司直接负责的董事、监事、高级管理人员和其他直接责任人员可以申请司法机关禁止其转移、转让或者以其他方式处分财产,或者在财产上设定其他权利

14. 张某为自己所有的房屋向甲保险公司投保了财产险,张某与邻居李某交恶,李某放火将张某的房屋烧毁。下列说法不正确的是:(　　)

A. 如经友人调解,李某公开向张某赔礼道歉,张某表示不以任何形式追究李某的责任,则张某的损失可以由甲保险公司承担

B. 保险人自接到事故通知之日起,在赔偿金额范围内代位行使被保险人对第三者请求赔偿的权利

C. 如保险公司向张某赔偿保险金后,友人调解成功,则张某依然有权放弃追究李某的责任

D. 如张某与李某因此相爱并迅速结婚,则保险公司不能行使代位请求赔偿的权利

15. 关于人身保险,下列说法不正确的是:(　　)

A. 法人可以成为投保人

B. 法人可以成为被保险人

C. 未出生的胎儿可以成为被保险人

D. 无行为能力人不能成为以死亡为给付保险金条件的人身保险的被保险人,但监护人可以为无行为能力人投保

16. 张大爷与保险公司的代理人甲签订人身保险合同,下列说法正确的是:(　　)

A. 如果张大爷写字不方便,甲可以代张大爷签字

B. 若张大爷让甲代为签字后,同时缴纳了合同约定的保险费,则保险合同生效

C. 如果保险公司接受了张大爷的保单并收取了保费后,当天即发生了保险事故,被保险人或受益人有权要求保险人按照保险合同约定的承保条件承担赔偿或者给付保险金的责任

D. 如果保险公司接受了张大爷的保单并收取了保费后,当天即发生了保险事故,保险公司主张不符合承保条件的,应承担举证责任

17. 丁老师与甲保险公司的保险代理人乙签订了一份人身保险合同,下列有关该合同的说法不正确的是:(　　)

A. 丁老师的告知义务仅限于乙的询问范围和内容

B. 合同生效后,若甲欲以丁老师违反了投保询问表中所列概括性条款的如实告知义务为由请求解除合同,人民法院不予支持

C. 甲在与丁老师订立合同后,乙打听到丁老师确实没有如实告知乙询问的内容,仍然收取保险费,之后甲以丁老师因重大过失未履行如实告知义务解除合同,法院不予支持

D. 保险合同成立 1 年后,保险事故发生,此时甲发现丁老师确实因重大过失未履行如实告知义务且对保险事故的发生有严重影响,甲有权拒绝承担给付保险金的责任

18. 有关保险人对保险合同免责条款的说明义务,下列说法正确的是:(　　)

A. 保险人因投保人、被保险人违反法定或者约定义务,享有解除合同权利的条款,不属于《保险法》规定的"免除保险人责任的条款"

B. 保险人可以将法律、行政法规中的禁止性规定情形作为保险合同免责条款的免责事由,保险人对该条款作出提示后,对投保人和被保险人产生约束力

C. 保险人对保险合同中有关免除保险人责任条款的概念、内容及其法律后果可以通过口头形式向投保人作出常人能够理解的解释说明

D. 对于保险合同,保险人可以以网页、音频、视频等形式对免除保险人责任条款予以提示和明确说明

19. 当保险合同中记载的内容不一致时,下列说法正确的是:(　　)

A. 投保单与保险单或者其他保险凭证不一致的,以投保单为准

B. 非格式条款与格式条款不一致的,以格式条款为准

C. 保险凭证记载的时间不同的,以形成时间在后的为准

D. 保险凭证存在手写和打印两种方式的,以双方签字、盖章的手写部分的内容为准

20. 有关保险代位求偿权的行使,下列说法正确的是:(　　)

A. 保险人在行使代位求偿权时,既可以以自己的名义,也可以以被保险人的名义

B. 保险人代位求偿权的诉讼时效期间应自保险事故发生之日起算

C. 保险事故发生后,被保险人或者受益人起诉保险人,保险人不能以被保险人或者受益人未要求第三

者承担责任为由抗辩不承担保险责任

D. 财产保险事故发生后，被保险人有权就其所受损失从第三者取得赔偿后的不足部分提起诉讼，请求保险人赔偿

21. 下列有关保险合同的解除的说法错误的是：( )

A. 张三经妻子安娜同意，以妻子安娜为被保险人，投保了以死亡为给付保险金条件的人身保险合同。后二人吵架，安娜向保险公司发送了书面通知，告知保险公司撤销其对张三为其购买以死亡为给付保险金条件的人身保险合同的同意表示，则人民法院可以认定该保险合同被撤销

B. 王五经妻子贝尔同意，以妻子贝尔为被保险人，投保了以死亡为给付保险金条件的人身保险合同。2014 年 4 月 1 日，王五经济状况恶化，无法缴纳保险费，保险合同中止，直到 2016 年 4 月 5 日，张三经济恢复，遂向保险公司申请恢复保险合同效力，但保险公司告知其要解除合同，退还现金价值，保险人的做法合法

C. 投保人李四因拖欠分期缴纳的人身保险合同的保费而致使其保险合同于 2015 年 4 月 1 日中止，2016 年 4 月 1 日，李四经济能力恢复，遂向保险公司申请恢复保险合同的效力，但保险人在收到该申请后 40 日仍未明确答复，应认定为保险合同解除

D. 赵六以其汽车作为保险标的，在某保险公司投保。在保险合同期限内，赵六的汽车有时被弟弟开去上班。赵六按照约定通知保险公司此事，保险公司以保险标的的危险程度增加而要求解除合同，保险公司的做法合理

22. 保险法规定的最大诚信原则要求保险人和被保险人以及投保人在订立保险合同过程中，均应如实告知对方相关信息。下列说法错误的是：( )

A. 投保人为被保险人订立以死亡为给付保险金条件的合同，“被保险人同意并认可保险金额”的意思表示必须是书面形式的方可

B. 保险合同订立时，被保险人根据保险人的要求在指定的保险人开设的关联公司医疗服务机构进行体检的行为可以作为被保险人履行如实告知义务的证据

C. 保险合同订立时，被保险人根据保险人的要求在指定的保险人开设的关联公司医疗服务机构进行体检，该体检结果可以作为被保险人已经履行如实告知义务的证据

D. 以被保险人死亡作为给付保险金条件的保险合同的被保险人自杀身亡，保险人以此为由拒绝给付保险金，被保险人的受益人或者被保险人的继承人须证明其并非自杀方可获得保险金

23. 下列有关保险金赔偿的说法错误的是：( )

A. 保险事故发生前，受益人将与保险合同约定的保险事故发生时对应的全部或者部分保险金请求权转让给第三人的，属于有效行为

B. 保险金根据保险法的规定作为被保险人遗产，保险人须依据保险单向被保险人的全体继承人给付保险金方可，不得将保险金给付部分继承人

C. 保险人有权以被保险人未在保险合同约定的医疗服务机构接受治疗为由拒绝给付保险金

D. 被保险人因涉嫌故意犯罪在羁押、服刑期间因意外或者疾病造成伤残或者死亡，保险人仍需依约赔偿保险金

24. 张某将自己已购的二居室房屋及屋内财产投保了家庭财产保险，房屋的保险金额为 30 万元，家用电器的保险金额为 8 万元，其他财产的保险金额为 8 万元，保单中载明：“在保险期限内，保险标的被转卖、转让或赠与他人，或保险标的的危险程度增加时，应在七日之内通知保险公司，并办理批改手续。”张某与赵某签订该房屋的买卖合同，买受人赵某已将全部房款支付给张某，尚未办理完毕过户手续时，房屋发生火灾被烧毁。案发后，张某和赵某立即通知了保险公司。下列相关说法正确的是：( )

A. 虽然火灾确属于家庭财产保险责任范围内的风险，但由于张某已将房屋卖出，且赵某房款已付，因此张某对发生事故的房屋已无保险利益，存在于保险公司与张某之间的保险合同已失效。张某无权向保险公司提出索赔

B. 虽然赵某房款已付，但是双方尚未到房管部门办理交易过户手续和所有权登记转移手续，因此房屋仍属张某，所有权并未发生移转，张某对发生事故的房屋仍具有保险利益，也无须通知保险公司，保险公司应予赔付

C. 张某对发生事故的房屋仍具有保险利益，但是房屋发生转卖，被保险人未在 7 日内通知保险公司，根据条款，保险公司无任何责任

D. 若张某已经将案涉房屋交付给赵某，则赵某有权向保险公司提出索赔

25. 九九商贸公司为其员工小张投保了人身意外伤害保险，而小张随后在上班途中发生了交通事故，不幸身亡。在办理相关手续的时候才发现，原来小张入职时因离 16 周岁还有一个月而借用其姐姐大张的身份证(姐妹俩长得很像)应聘该单位。因单位没有为小张投保工伤保险，于是单位和小张家人达成了一个赔偿协议，并且在协议中约定，小张的家人获得赔偿款后，将申请保险赔款的权利转让给单位，双方结清后，互不承担责任。单位在向小张家人支付了赔偿金后，以支付工伤赔偿后已取得了保险金请求权为由向保险公司申请理赔，而保险公司以小张并非保单上的被保险人而拒赔，因此发生诉讼。下列相关说法正确的是：( )

A. 该保险合同是单位作为投保人和保险公司订

立的，单位员工才是合同的被保险人，此时投保人已经履行了交纳保费的义务，保险公司也出具了保险单，该保险合同已经成立并且生效

B. 人身保险合同的受益人权利因其具有人身性质而不得转让

C. 单位不能接受该保险赔偿请求权的转让，因为单位不能成为本单位员工人身保险的受益人

D. 若小张的保险合同成立，但其未指定受益人，保险公司应当将保险赔偿金给付其法定继承人

26. 甲给妻子乙投保意外险（若乙意外身亡，保险公司赔付100万元），受益人是甲本人。2018年，两人感情恶化，未经乙同意，甲将受益人变更为甲母。2019年1月，甲在乙的水杯中下毒，导致乙重病，后经常精神恍惚，某日在水边不慎落水身亡。2019年10月，甲因过马路时精神不集中，被车辆撞死。下列说法正确的是：（　　）

A. 甲母请求保险公司赔付，保险公司可以拒绝赔偿

B. 变更甲母为受益人应当征得乙同意

C. 投保时，不能由甲作为受益人

D. 保险金额和受益人应当由乙确认

**三、不定项选择题，每题所给的选项中有一个或一个以上正确答案，少答、不答或多答均不得分。**

1. 甲欲为其多年好友乙以及乙10岁的儿子小乙订立以死亡为给付保险金条件的合同，依据相关法律规定回答下列问题。

（1）关于乙的保险合同，下列说法正确的是：（　　）

A. 甲不能为其好友乙订立该种以死亡为给付保险金条件的合同

B. 若乙和甲一起去办理，则甲可以为乙订立该种以死亡为给付保险金条件的合同

C. 如果甲为乙订立了以死亡为给付保险金条件的合同，那么该保险单不得转让

D. 如果甲为乙订立了以死亡为给付保险金条件的合同，那么该保险单经过乙的书面同意，可以设定质押

（2）若乙同意甲为其订立以死亡为给付保险金条件的合同，下列相关说法正确的是：（　　）

A. 乙的同意必须是书面形式的，且同时须认可保险金额

B. 乙的书面同意一旦作出后，保险合同生效，其同意的意思不可以再撤回

C. 乙的同意可以在合同订立后追认

D. 甲订立合同后告知乙为其指定的受益人为其母亲，乙表示同意，此种情形下，视为甲订立该合同时经过了乙的同意并认可了保险金额

（3）关于甲为小乙订立以死亡为给付保险金条件的合同，下列相关说法正确的是：（　　）

A. 除了父母之外，其他人不能为未成年人订立以死亡为给付保险金条件的合同

B. 甲只要经过乙的书面同意并且认可保险金额，即可为小乙订立以死亡为给付保险金条件的合同

C. 以小乙为被保险人的以死亡为给付保险金条件的合同，任何情况下不得转让

D. 小乙的爷爷奶奶可以为小乙订立以死亡为给付保险金条件的合同

2. 2015年3月8日，投保人李大山给妻子苏日娜在保险公司购买了一份人身保险。请根据案情，回答下列问题。

（1）在订立保险合同时，李大山不识字，由保险代理人毛伟代为签字，下列相关说法正确的是：（　　）

A. 该保险合同对投保人李大山不生效

B. 若李大山已经缴纳保险费，那么该合同有效

C. 若事后李大山在保险单证上签字确认，那么该合同有效

D. 若毛伟承诺给予李大山保险合同约定以外的保险费回扣或者其他利益，那么该保险合同即使李大山签字，也不对李大山发生法律效力

（2）订立保险合同时，被保险人根据保险公司的要求在指定的医院进行了体检，下列相关说法正确的是：（　　）

A. 苏日娜有权主张自己已经按照保险人的要求进行了体检，即已经履行了如实告知义务

B. 若保险公司已经从苏日娜的体检结果中知道其患有肝炎，则有权以李大山未履行如实告知义务为由要求解除合同

C. 如果保险公司已经接受了李大山的投保单并收取了保险费，但尚未返还保单给李大山，苏日娜被确诊患有肝炎，正好符合保险合同约定的承保条件，那么苏日娜有权要求保险公司按照保险合同承担赔偿保险金责任

D. 如前述C选项情形，保险公司主张不承担保险责任，须承担举证责任

（3）保险合同约定分期支付保险费，每年的3月8日为支付保费的日期。保险公司于2016年3月10日对李大山发出催告函，但李大山至2016年4月10日仍未支付当期保费。下列说法正确的是：（　　）

A. 保险公司有权主张该保险合同效力中止

B. 若苏日娜在2016年6月1日发生保险事故，保险公司仍然应当按照合同约定给付保险金，但有权主张扣减李大山欠交的保险费

C. 2016年8月1日，李大山经济情况好转，申请复效，保险公司以苏日娜的危险程度在中止期间有所增加，而拒绝恢复效力，保险公司的做法不合法

D. 2016年8月1日，李大山经济情况好转，申请复效，2016年9月2日保险公司没有回应，李大山遂

补交保险费,而保险公司要求李大山补交相应的利息,保险公司的做法不合法

(4)李大山指定双方的儿子巴特尔为苏日娜人身保险合同的受益人,下列相关说法正确的是:(　　)

A. 若李大山指定巴特尔为受益人时未经苏日娜同意,该指定行为无效

B. 若李大山经苏日娜同意指定其母亲李丰华为受益人,后苏日娜未通知李大山自行将受益人变更为巴特尔,其变更有效

C. 若李大山经苏日娜同意指定儿子巴特尔为受益人,后李大山未通知苏日娜自行将受益人变更为其母亲李丰华,则其变更有效

D. 若苏日娜将受益人指定为其丈夫李大山,而在发生保险事故时,李大山已经与苏日娜离婚,那么在处理该保险金时,应当认定为未指定受益人

(5)李大山指定其母亲李丰华、儿子巴特尔、岳母萨日娜为苏日娜人身保险合同的受益人,在保险事故发生前,李丰华已经死亡,关于李丰华保险金份额的相关说法正确的是:(　　)

A. 若保险合同中未约定受益顺序及受益份额,由巴特尔、萨日娜平均享有

B. 若保险合同中未约定受益顺序但约定了各自的受益份额,由其他受益人巴特尔、萨日娜平均享有

C. 若保险合同约定了三人属于同一受益顺序但未约定受益份额,则由巴特尔、萨日娜平均享有

D. 若保险合同约定了三人属于同一受益顺序且受益份额比例为1:2:3,则李丰华的份额由巴特尔和萨日娜按照相应比例享有

(6)假设被保险人苏日娜发生了保险合同约定的保险事故而死亡,保险公司赔付保险金,下列相关说法正确的是:(　　)

A. 受益人巴特尔将其受益权转让于其奶奶李丰华,若无约定或者法定的禁止事由,其转让有效

B. 若唯一受益人巴特尔与被保险人苏日娜在同一事故中死亡,且不能确定死亡的先后顺序,那么针对苏日娜的保险金的赔偿,推定为巴特尔先于苏日娜死亡,保险金作为遗产由苏日娜的继承人继承。若是保险金外的其他财产,一般应当推定为苏日娜先于巴特尔死亡

C. 若现在被保险人苏日娜的保险金被当作遗产继承,巴特尔向保险人主张受益权时,保险人有权以已经向李大山支付了保险金为由进行抗辩

D. 若保险公司以被保险人苏日娜是自杀为由拒绝给付保险金,则苏日娜的家人须证明苏日娜并非自杀

(7)假设投保人李大山与保险公司达成解除保险合同的协议,欲解除该保险合同,下列相关说法正确的是:(　　)

A. 若保险合同解除时,投保人为李大山,被保险人为苏日娜,受益人为巴特尔,现苏日娜要求退还保险单的现金价值,保险公司可以以合同的相对性为由拒绝

B. 若因李大山故意杀害苏日娜未遂而导致合同解除时,保险人退还保险单的现金价值时,苏日娜有权主张获得该保单的现金价值

C. 李大山解除保险合同后,被保险人苏日娜与受益人巴特尔以解除保险合同未经二人同意为由主张解除行为无效,不能获得法院的支持

D. 保险人以被保险人未在保险合同约定的医疗服务机构接受治疗为由主张解除合同,并拒绝给付保险金的,人民法院应予支持

3. 2016年10月28日,被保险人华东联合制罐有限公司(以下简称华东制罐公司)、华东联合制罐第二有限公司(以下简称华东制罐第二公司)与江苏镇江安装集团有限公司(以下简称镇江安装公司)签订《建设工程施工合同》,约定由镇江安装公司负责被保险人整厂机器设备迁建安装等工作。双方签订的《建设工程施工合同》第二部分"通用条款"第38条约定:"承包人按专用条款的约定分包所承包的部分工程,并与分包单位签订分包合同,未经发包人同意,承包人不得将承包工程的任何部分分包,工程分包不能解除承包人任何责任与义务。承包人应在分包场地派驻相应管理人员,保证本合同的履行。分包单位的任何违约行为或疏忽导致工程损害或给发包人造成其他损失的,承包人承担连带责任。"《建设工程施工合同》第三部分"专用条款"第14条第1项约定,"承包人不得将本工程进行分包施工"。"通用条款"第40条约定:"工程开工前,发包人为建设工程和施工场地内的自有人员及第三人人员生命财产办理保险,支付保险费用;运至施工场地内用于工程的材料和待安装设备,由发包人办理保险,并支付保险费用;发包人可以将有关保险事项委托承包人办理,费用由发包人承担;承包人必须为从事危险作业的职工办理意外伤害保险,并为施工场地内自有人员生命财产和施工机械设备办理保险,支付保险费用。"

2016年11月16日,镇江安装公司与镇江亚民大件起重有限公司(以下简称亚民运输公司)签订《工程分包合同》,将前述合同中的设备吊装、运输分包给亚民运输公司。2016年11月20日,就上述整厂迁建设备安装工程,华东制罐公司、华东制罐第二公司向中国平安财产保险股份有限公司江苏分公司(以下简称平安财险公司)投保了安装工程一切险。投保单中记载被保险人为华东制罐公司及华东制罐第二公司,并明确记载承包人镇江安装公司不是被保险人。投保单

“物质损失投保项目和投保金额”栏载明“安装项目投保金额为177465335.56元”。附加险中,还投保有“内陆运输扩展条款A”,约定每次事故财产损失赔偿限额为200万元。

2016年12月19日10时30分许,亚民运输公司驾驶员姜某才驾驶苏L06069、苏L003挂重型半挂车,从旧厂区承运彩印机至新厂区的途中,在转弯时车上钢丝绳断裂,造成彩印机侧翻滑落地面损坏。平安财险公司接险后,对受损标的确定了清单。经镇江市公安局交通巡逻警察支队现场查勘,认定姜某才负事故全部责任。后华东制罐公司、华东制罐第二公司、平安财险公司、镇江安装公司及亚民运输公司共同委托泛华保险公估有限公司(以下简称泛华公估公司)对出险事故损失进行公估,并均同意认可泛华公估公司的最终理算结果。2018年3月9日,泛华公估公司出具了公估报告,结论:出险原因系设备运输途中翻落(意外事故);保单责任成立;定损金额总损1,518,431.32元、净损1,498,431.32元;理算金额1,498,431.32元。泛华公估公司收取了平安财险公司支付的47,900元公估费用。

2017年12月2日,华东制罐公司及华东制罐第二公司向镇江安装公司发出索赔函,称:“该事故导致的全部损失应由贵司与亚民运输公司共同承担。我方已经向投保的中国平安财产保险股份有限公司镇江中心支公司报险。一旦损失金额确定,投保公司核实并先行赔付后,对赔付限额内的权益,将由我方让渡给投保公司行使。对赔付不足部分,我方将另行向贵司与亚民运输公司主张。”

2018年5月12日,华东制罐公司、华东制罐第二公司向平安财险公司出具赔款收据及权益转让书,载明:已收到平安财险公司赔付的1,498,431.32元。同意将上述赔款部分保险标的的一切权益转让给平安财险公司,同意平安财险公司以平安财险公司的名义向责任方追偿。后平安财险公司诉至法院,请求判令镇江安装公司支付赔偿款和公估费。

根据上述案情,请回答下列问题。

(1)镇江安装公司抗辩:事故的发生是亚民运输公司在运输过程中造成的,镇江安装公司与涉案事故的发生无因果关系,不存在过错,故镇江安装公司不是保险法所限定的代位求偿权承担者。有关该抗辩,下列说法正确的是:(　　)

A.镇江安装公司是《建设工程施工合同》的当事人,并非保险合同的第三人

B.《保险法》第60条第1款规定所指的“第三者”应专指损害保险标的从而造成保险事故的责任人,即侵权行为人。镇江安装公司不是保险标的损害的直接侵权责任人,只有亚民运输公司才是保险合同的第三人

C.镇江安装公司违反了《建设工程施工合同》中不得分包的约定,其应当对亚民运输公司的过错行为对华东制罐公司承担法律责任,因此,保险公司承担保险责任后当然有权向其追偿

D.镇江安装公司与亚民运输公司签订的分包合同,属另一法律关系,就亚民运输公司的相应行为造成的镇江安装公司的损失,镇江安装公司在向平安财险公司支付了相应追偿款后,可依法向亚民运输公司主张权利

(2)平安财险公司要求镇江安装公司给付公估费47,900元的诉讼请求,是否能够成立并且得到法院的支持:(　　)

A.该费用属于华东制罐公司实现债权的必须费用,既然保险公司代位行使属于华东制罐公司的权利,该诉讼请求当然成立并且能够得到法院的支持

B.该费用属于保险公司为查明和确定保险事故的性质、原因和保险标的的损失程度所支付的必要的、合理的费用,因此应当由保险公司自行承担

C.该费用属于保险公司赔偿保险金的范围,因此保险公司当然有权要求第三人承担

D.要看保险合同的约定,约定是谁就是谁承担。如无约定,由提出评估的一方即保险公司承担

(3)对于本案中有关保险代位求偿权的权利范围是否限于侵权损害赔偿请求权的争议,下列相关说法正确的是:(　　)

A.法律中关于“因第三者对保险标的的损害而造成保险事故”的表述,不能直接解释为“因第三者对保险标的的侵权损害而造成保险事故”

B.保险代位求偿权制度的实质在于贯彻财产保险之“损失补偿规则”,避免被保险人因保险事故的发生分别从保险人及第三者获得赔偿,取得超出实际损失的不当利益,并因此增加道德风险。该“损害”不能理解为仅指“侵权损害”

C.保险代位求偿权既可因第三者对被保险人的侵权责任而产生,亦可基于第三者对被保险人应负的合同责任等产生

D.保险代位求偿权适用于违约责任不符合保险法的立法宗旨,按照一般的保险原理,保险所化解的风险不应当包括履行合同中的违约风险,因此保险代位求偿权仅限于“因第三者对保险标的的侵权损害而造成保险事故”

(4)镇江安装公司欲以华东制罐公司、华东制罐第二公司已购买相关财产损失险且得到了赔偿,故其违约行为并未给华东制罐公司和华东制罐第二公司造成损害为由拒绝保险人对其行使保险代位求偿权,下

列相关说法正确的是:(　　)

A. 根据发包人和承包人签订的《建设工程施工合同》"通用条款"第 40 条的约定,待安装设备由发包人办理保险,并支付保险费用。从该约定可以看出,就工厂搬迁及设备的拆解安装事项,发包人与镇江安装公司共同商定办理保险,镇江安装公司在总承包费用中已经就保险费用作出了让步。因此,由发包人向平安财险公司投保的业务,承包人镇江安装公司也应当是被保险人

B. 在保险事故发生时,按照保险合同的约定,镇江安装公司对保险标的的设备所有权并无保险利益

C. 作为承包人的镇江安装公司对案涉保险标的享有的是责任保险利益,其欲将施工过程中可能产生的损害赔偿责任转由保险人承担,应当投保相关责任保险

D. 镇江安装公司是否承担违约责任属于双方签订的建设工程施工合同法律关系,而平安财险公司依据的是其与华东制罐公司和华东制罐第二公司之间的保险合同法律关系,两种法律关系不能混为一谈,平安财险公司无权要求镇江安装公司对其承担责任

4. 2018 年 7 月 8 日 14 时 47 分许,刘甲驾驶车辆(该车辆车主是刘乙)沿大学路由西向东行驶至文化商城街口处时,由于被对向公交车上喷涂的广告女郎吸引侧目,而与由南向北由李某驾驶的电动自行车相撞,刘甲忙乱中驶入对向车道又与由东向西由张某驾驶的公交车相撞,造成车辆上的女郎广告严重损坏、车身也受损,刘甲受伤、李某死亡的交通事故。发生事故后,刘甲仓皇逃离现场。该事故经交警部门认定,刘甲负事故的全部责任,刘甲到案后,交警部门发现刘甲尚未取得机动车驾驶证,肇事车辆仅有交强险,无其他保险。

(1)若死者李某的家属欲主张赔偿,委托你作为代理律师,那么你认为本案中哪些主体需要承担法律责任:(　　)

A. 刘甲　　　　B. 刘乙

C. 保险公司　　D. 公交公司

(2)2019 年 1 月 18 日,经法院主持调解,刘甲与死者家属达成和解协议,赔偿死者家属 20 万元,死者家属不再追究刘甲任何责任。该协议的效力如何:(　　)

A. 该和解协议须经过保险公司的书面同意方能有效

B. 该和解协议合法有效

C. 该和解协议因未经过保险公司的同意而属于可撤销合同

D. 该和解协议仅能约束刘甲与死者家属

(3)本案中,刘甲的行为是否构成犯罪:(　　)

A. 刘甲的行为致使一人身亡,构成交通肇事罪

B. 刘甲的行为构成危险驾驶罪

C. 刘甲的行为构成过失致人死亡罪

D. 刘甲已经与死者李某的家属达成和解协议,刘甲的行为不构成犯罪

# 第九章　海　商　法*

**一、单项选择题,每题所给的选项中只有一个正确答案。**

1. 下列船舶适用《海商法》的是:(　　)

A. 缉私船

B. 军舰

C. 移动式海上钻井平台

D. 10 总吨的渔船

2. 下列关于船舶抵押权的说法,不正确的是:(　　)

A. 设定船舶抵押权,应当签订书面合同

B. 正在建造的船舶可以成为抵押权的标的

C. 登记是抵押权的生效要件

D. 应对抵押船舶进行保险

3. 依据《海商法》的规定,下列关于承运人对集装箱装运的货物的责任期间的表述哪个是正确的:(　　)

A. 承运人的责任期间是指从装货港接收货物时起至卸货港交付货物时止,货物处于承运人掌管下的全部期间

B. 承运人的责任期间自接收货物时起至交付货物时止

C. 承运人的责任期间自货物进入装货港的仓库时起至货物进入卸货港的仓库时止

D. 承运人的责任期间,是指从货物装上船时起至卸下船时止,货物处于承运人掌管下的全部期间

4. 托运人与承运人签订了货物运输合同,运费为 20 万元,由于承运人的原因,承运人迟延交货,部分货物由于迟延交货导致托运人需向买方支付 10 万元的违约金,部分货物在目的地的市场价格已经大大下跌,托运人的行市损失最少 20 万元,托运人要求承运人赔偿,以下说法正确的是:(　　)

A. 承运人向托运人赔偿的数额不超过 20 万元

* 本章答案参见第 67 页。

B. 承运人向托运人赔偿的数额不超过30万元

C. 承运人向托运人赔偿的数额不超过40万元

D. 承运人向托运人赔偿的数额不超过50万元

5. 某船舶上设定了抵押权，船舶因碰撞被修理，船舶营运人未按约定支付修理费用，修船人将船舶留置，船舶的营运人尚有船员工资和港务费未支付，相关权利的行使顺序是：(　　)

A. 港务费—船员工资—船舶留置权—船舶抵押权

B. 船员工资—港务费—船舶留置权—船舶抵押权

C. 船舶留置权—船员工资—港务费—船舶抵押权

D. 船员工资—港务费—船舶抵押权—船舶留置权

6. 甲船拖欠船员工资和引航费数月，甲船此次海上运输旅客时，几名旅客落水身亡，甲船继续航行中碰撞到暗礁，乙船对甲船进行了救助，相关债权人均向甲船的营运人提出了履行债务的请求，甲船应按下列何种顺序清偿：(　　)

A. 旅客死亡赔偿—船员工资—引航费—乙船的海难救助费用

B. 船员工资—旅客死亡赔偿—引航费—乙船的海难救助费用

C. 乙船的海难救助费用—船员工资—引航费—旅客死亡赔偿

D. 乙船的海难救助费用—船员工资—旅客死亡赔偿—引航费

**二、多项选择题，每题所给的选项中有两个或两个以上正确答案，少答或多答均不得分。**

1. 某船舶运输公司制定的海上旅客运输合同中的下列条款，无效的有：(　　)

A. 旅客不能证明自己对行李的灭失、毁损没有过错的，承运人不承担赔偿责任

B. 由于不可抗力，承运人将旅客运送委托给其他承运人的，承运人对旅客人身和行李的损失不再承担赔偿责任，而由实际承运人承担赔偿责任

C. 承运人对无票乘船的旅客的任何人身、财产损失不承担任何责任

D. 旅客要求人身损害的赔偿请求权，自离船或者应当离船之日起2年内不行使即丧失，该期限不适用中止、中断和延长

2. 下列哪些情况下，船舶优先权消灭：(　　)

A. 由于不可抗力，优先权人自优先权产生之日起满1年未行使

B. 船舶灭失

C. 船舶转让，法院应受让人申请予以公告之日起30日内不行使优先权的

D. 船舶经法院强制出售

3. 甲船海上运输货物期间，由于船员驾驶船舶的过失导致甲托运人的货物灭失，由于火灾导致乙托运人的货物损坏，由于救助乙船丢弃了丙托运人的货物，由于承运人未按照丁托运人的要求包装货物导致丁托运人的货物湿损。以下说法正确的是：(　　)

A. 甲船承运人可以不赔偿甲托运人的货物损失，但是要承担举证责任

B. 甲船承运人可以不赔偿乙托运人的货物损失，但是要承担举证责任

C. 甲船承运人可以不赔偿丙托运人的货物损失，但是要承担举证责任

D. 甲船承运人可以不赔偿丁托运人的货物损失，但是要承担举证责任

4. 某船舶在海上航行过程中，突遇暴风雨，下列损失应当列入共同海损的是：(　　)

A. 为减轻船舶吨重，将承运人私自夹带运输的货物抛入海中造成的货物损失

B. 船舶驶入避难港的港口费

C. 船舶在避难港修理的修理费

D. 船舶在避难港期间的船员工资

5. 根据我国《海商法》，关于提单的下列说法正确的是：(　　)

A. 提单是海上货物运输合同

B. 提单是物权凭证

C. 提单具有收据作用

D. 提单是承运人交付货物的凭证

6. 甲船和乙船在海上运输时相撞，丙船对甲船和乙船进行了救助，以下说法不正确的是：(　　)

A. 即使丙船救助未取得效果，丙船仍有权获得救助费用的补偿

B. 即使甲船船长明确、合理地拒绝丙船的救助，丙船救助取得效果时，仍有权从甲船处获得救助报酬

C. 甲船和乙船按照过错程度承担丙船的救助款项

D. 丙船救助中救助了甲船和乙船的船员，丙船有权要求获救船员支付救助报酬

7. 关于光船租赁合同项下双方当事人的权利和义务，以下各项说法中正确的是：(　　)

A. 承租人负责船舶的保养、维修

B. 承租人负担船舶的保险费用，但是保险方式须经出租人同意

C. 未经承租人书面同意，出租人不得转让合同的权利义务

D. 未经承租人事先书面同意，出租人不得对船舶设定抵押权

8. 海上赔偿责任限制的主体包括：(　　)

A. 船舶承租人

B. 救助人

C. 船舶所有人

D. 对海事赔偿请求承担责任的责任保险人

9. 下列各项海事请求中，不适用《海商法》所规定的海事赔偿责任限制的情况有：(　　)

A. 核动力船舶造成的核能损害的赔偿请求

B. 对救助款项或者共同海损分摊的请求

C. 海上货物运输因迟延交付造成损失的赔偿请求

D. 我国参加的《国际油污损害民事责任公约》规定的油污损害赔偿请求

10. 以下关于海上货物运输合同解除的表述哪些是正确的:(　　)

A. 船舶开航后,托运人不能解除合同

B. 托运人可以在船舶开航后要求解除合同并向承运人支付约定运费的一半

C. 托运人可以在船舶开航前要求解除合同,但应向承运人支付约定运费的一半

D. 船舶在装货港开航前,因不可抗力使合同不能履行,双方都有权解除合同

**三、不定项选择题,每题所给的选项中有一个或一个以上正确答案,少答、不答或者多答均不得分。**

我国甲公司与某国乙公司于 2014 年 10 月 20 日签订购买 52,500 吨化肥的 CFR 合同。甲公司开出信用证规定,装船期限为 2015 年 1 月 1 日至 10 日,由于乙公司租来运货的"黑珍珠号"在开往某外国港口途中遇到飓风,结果装货至 2015 年 1 月 20 日才完成。承运人在取得乙公司出具的保函的情况下签发了与信用证条款一致的提单。"黑珍珠号"于 2015 年 1 月 21 日驶离装运港。甲公司为这批货物投保了水渍险。请根据上述事例回答下列问题。

1. 若 2015 年 1 月 30 日"黑珍珠号"途经马六甲海峡时起火,造成部分化肥烧毁,则下列说法正确的是:(　　)

A. 途中烧毁的化肥损失属于单独海损

B. 途中烧毁的化肥损失属于共同海损

C. 途中烧毁的化肥损失应由甲公司承担

D. 途中烧毁的化肥损失应由保险公司承担

2. 若在船舶起火后,船长在命令救火过程中又造成部分化肥湿毁,则关于这部分损失下列说法正确的是:(　　)

A. 属于单独海损

B. 属于共同海损

C. 应由甲公司承担损失

D. 应由甲公司与船公司分担损失

3. 若由于船在装货港口的延迟,使该船到达目的地时赶上了化肥价格下跌,甲公司在出售余下的化肥时价格不得不大幅度下降,给甲公司造成很大损失,则下列说法中正确的是:(　　)

A. 甲公司可以向承运人追偿由于化肥价格下跌造成的损失

B. 甲公司应自行承担化肥价格下跌造成的损失,不可向承运人追偿

C. 若甲公司向承运人追偿,则承运人可向托运人乙公司追偿责任

D. 即使甲公司向承运人追偿,承运人也无权向托运人乙公司追偿责任

# 第十章　信　托　法*

**不定项选择题,每题所给的选项有一个或一个以上正确答案,不答、少答或者多答均不得分。**

1. 根据《信托法》的规定,以下关于信托受益权的转让,说法错误的是:(　　)

A. 受益人的信托受益权随时可以依法转让和继承

B. 信托计划存续期间,受益人可以向合格投资者转让其持有的信托单位

C. 信托公司应为受益人办理受益权转让的有关手续

D. 信托受益权进行拆分转让的,受让人不得为自然人

2. 根据《信托法》的规定,受益人自(　　)起享有信托受益权。信托文件另有规定的,从其规定。

A. 签订信托合同之日

B. 委托人指定受益人之日

C. 信托生效之日

D. 信托终止之日

3. 根据《信托法》的规定,设立信托应采取(　　)。

A. 书面形式　　B. 口头形式

C. 声明形式　　D. 公告形式

4. 设立信托,其书面文件必须载明的事项有:(　　)

A. 信托目的

B. 委托人、受托人的姓名或者名称、住所

C. 受益人或者受益人范围

D. 信托财产的范围、种类及状况

---

* 本章答案参见第 68 页。

# 参考答案及解析

## 第一章 公 司 法

### 基础知识篇

一、1. C。考查公司的能力。A 选项错误，公司解散后须注销方能终止其民事权利能力；B 选项错误，公司的经营范围经依法登记才产生公示的法律效力，而在登记前即具有对内效力；D 选项错误，公司的对外行为可以由其法定代表人的授权代表来实施；C 选项正确，公司作为法人，其权利能力和行为能力的范围是一致的。

2. A。考查公司的人格。A 选项不正确，公司具有独立的法人财产权，公司中的国有资产所有权不属于国家；B 选项正确，法律依据为《公司法》第 7 条的规定；C 选项正确，法律依据为《公司法》第 12 条的规定；D 选项正确，法律依据为《公司法》第 10 条的规定。

3. D。考查公司的分类。A 选项错误，其中甲公司与乙企业的关系可能是总公司和分公司的关系，也可能是母公司和子公司的关系。分公司是指在业务、资金、人事等方面受总公司管理而不具有法人资格的分支机构。子公司虽然具有独立法人资格，但是涉及公司重大利益的决策或重大人事安排，仍由母公司决定。B 选项错误，公司股东虽然都是外国人，但是该公司在中国登记注册，受中国法律约束，因此是中国公司，不是外国公司。C 选项错误，两合公司和有限责任公司都是人资兼合公司。D 选项正确，在公司理论分类中无限责任公司是典型的人合公司，在我国对应的企业组织形态是普通合伙企业。

4. B。考查公司的投资能力。法律依据为《公司法》第 14 条、第 15 条，《合伙企业法》第 2 条、第 3 条的规定。上述规定对公司投向的主体并无限制，对转投资的额度也无限制；董事会和股东会都可以成为转投资的决议机关，具体有赖于公司章程的规定；国有独资公司、上市公司可以成为有限合伙人。

5. C。考查公司章程的订立与修改。公司章程的修改属于股东会的职权，故 A、B 选项错误，法律依据为《公司法》第 59 条、第 112 条的规定。章程自股东会作出变更决议之日起便发生效力，工商行政登记仅具有对抗效力，所以 D 选项错误，C 选项正确。

6. A。考查有限责任公司的股东会议制度。A 选项错误，法律依据为《公司法》第 60 条、第 62 条的规定。只有一个股东的有限责任公司不设股东会。股东会会议分定期会议与临时会议两种，除此之外并无必要召开股东会，可见股东会并非常设机构。B 选项正确，法律依据为《公司法》第 62 条。C 选项正确，法律依据为《公司法》第 61 条，首次股东会会议由出资最多的股东召集和主持，依照《公司法》规定行使职权。D 选项正确，《公司法》第 66 条第 3 款规定，股东会会议作出修改公司章程、增加或者减少注册资本的决议，以及公司合并、分立、解散或者变更公司形式的决议，必须经代表 2/3 以上表决权的股东通过。

7. C。考查公司解散和股份回购请求权。A 选项正确。法律依据为《公司法》第 230 条的规定，公司有该法第 229 条第 1 款第 1 项情形的（公司章程规定的营业期限届满或者公司章程规定的其他解散事由出现），可以通过修改公司章程而存续。依照前款规定修改公司章程，有限责任公司须经持有 2/3 以上表决权的股东通过，股份有限公司须经出席股东会会议的股东所持表决权的 2/3 以上通过。该表决的事项涉及公司章程的修改，故正确。

B 选项正确。法律依据为《公司法》第 89 条的规定，在公司章程规定的营业期限届满或者章程规定的其他解散事由出现，股东会会议通过决议修改章程使公司存续的情形下，对股东会该项决议投反对票的股东可以请求公司按照合理的价格收购其股权。自股东会决议通过之日起 60 日内，股东与公司不能达成股权收购协议的，股东可以自股东会决议作出之日起 90 日内向人民法院提起诉讼。

C 选项因缺乏法律依据而错误。因为法律并未对回购股权的价格参照作出规定，而且若公司存续，甲、乙仍为该公司的股东，“剩余财产”一词不当。

D 选项正确。法律依据为最高人民法院《关于适用〈中华人民共和国公司法〉时间效力的若干规定》第 1 条第 2 款的规定，公司法施行前的法律事实引起的民事纠纷案件，当时的法律、司法解释有规定的，适用当时的法律、司法解释的规定，但是适用公司法更有利于实现其立法目的，适用公司法的规定。最高人民法院《关于适用〈中华人民共和国公司法〉若干问题的规定（一）》［以下简称《公司法解释（一）》］第 3 条的规定，原告以《公司法》（2013）第 22 条第 2 款、第 74 条第 2 款（《公司法》（2023）第 26 条第 1 款、第 89 条第 2 款）规定事由，向人民法院提起诉讼时，超过《公司法》规定期限的，人民法院不予受理。根据《公司法》第 89 条第 2 款的规定，股东可以自股东会会议决议通过之日起90日内向人民法院提起诉讼。

8. B。本题主要考查《公司法》股东资格的相关规定。

根据《全国法院民商事审判工作会议纪要》第71条“债务人或者第三人与债权人订立合同，约定将财产形式上转让至债权人名下，债务人到期清偿债务，债权人将该财产返还给债务人或第三人，债务人到期没有清偿债务，债权人可以对财产拍卖、变卖、折价偿还债权的，人民法院应当认定合同有效。合同如果约定债务人到期没有清偿债务，财产归债权人所有的，人民法院应当认定该部分约定无效，但不影响合同其他部分的效力。当事人根据上述合同约定，已经完成财产权利变动的公示方式转让至债权人名下，债务人到期没有清偿债务，债权人请求确认财产归其所有的，人民法院不予支持，但债权人请求参照法律关于担保物权的规定对财产拍卖、变卖、折价优先偿还其债权的，人民法院依法予以支持。债务人因到期没有清偿债务，请求对该财产拍卖、变卖、折价偿还所欠债权人合同项下债务的，人民法院亦应依法予以支持”的规定，根据题目，张某与何某订立合同，约定将股权转让给何某，担保张某向何某借款的30万元，符合上述让与担保的条件，故根据该司法解释性质文件，该股权转让担保借款的合同有效，B选项正确。

根据上述规定，若债务人张某到期未偿还何某债务，又约定股权归何某所有，但未进行股权转让登记，则该部分约定无效，因此何某借款到期日无权要求泉嘉公司将其登记为股东，但可向公司主张就股权变卖的价款优先受偿，故D选项错误。

根据《公司法》第56条第1款“有限责任公司应当置备股东名册，记载下列事项：(一)股东的姓名或者名称及住所；(二)股东认缴和实缴的出资额、出资方式和出资日期；(三)出资证明书编号；(四)取得和丧失股东资格的日期。记载于股东名册的股东，可以依股东名册主张行使股东权利”的规定，公司应当将股东的姓名或者名称向公司登记机关登记；登记事项发生变更的，应当办理变更登记。未经登记或者变更登记的，不得对抗第三人，股东名册是股东身份或资格的法定证明文件，记载于股东名册的股东可以依据股东名册来主张行使股东权利，而股东登记则产生对抗效力。根据《全国法院民商事审判工作会议纪要》第8条“当事人之间转让有限责任公司股权，受让人以其姓名或者名称已记载于股东名册为由主张其已经取得股权的，人民法院依法予以支持，但法律、行政法规规定应当办理批准手续生效的股权转让除外。未向公司登记机关办理股权变更登记的，不得对抗善意相对人”的规定，可知，获取股东资格的法定性文件为股东名册，而非股权转让协议的双方完成对价支付，因此荣某得以记载于股东名册之时为其获得股东资格之时，故A选项、C选项错误。

综上所述，本题选B选项。

9. B。考查公司的合并、分立规则。A选项正确，法律依据为《公司法》第59条第1款第7项的规定及第112条的规定。B选项错误，公司在解散时才需经过清算程序，公司合并或分立时不需清算。C选项正确，法律依据为《公司法》第223条。D选项正确，法律依据为《公司法》第221条。

10. B。考查董事会决议后的责任承担。法律依据为《公司法》第124条、第125条的规定。本题中董事会决议内容和程序均合法。投资损失属于公司正常经营风险，董事不应当对公司承担赔偿责任。

11. B。考查公司的公积金和公益金规则。A选项错误，B选项正确。法律依据为《公司法》第210条的规定，第210条没有对“法定公益金”进行规定。C选项错误，法律依据为《公司法》第214条的规定，公司的公积金用于弥补公司的亏损、扩大公司生产经营或者转为增加公司注册资本。公积金弥补公司亏损，应当先使用任意公积金和法定公积金；仍不能弥补的，可以按照规定使用资本公积金。D选项错误，决议机关不是董事会，而是股东会，法律依据为《公司法》第210条第3款的规定。

12. B。本题主要考查《公司法》股东权利的相关规定。

根据《公司法》第210条“有限责任公司按照股东实缴的出资比例分配利润，全体股东约定不按照出资比例分配利润的除外；股份有限公司按照股东所持有的股份比例分配利润，公司章程另有规定的除外”的规定，由于题干中全体股东均达成分红的一致约定，该利润分配方案有效，辛某不参与分红，辛某可就约定一致的方案请求公司支付90万元的年薪，但其分红请求不会得到支持，故A选项错误，B选项正确，D选项错误。

根据上述《公司法》规定，一般情形下公司按照实缴出资比例分红，2019年年底的300万元可分配利润，赵某应当按照实缴40万元占总资本的比例享受利润分配，即享有24万元的利润分配请求权，故C选项错误。

综上所述，本题应选B选项。

13. D。本题主要考查《公司法》新增章节公司登记的相关规定。

A选项错误，根据《公司法》第33条第1款的规定，依法设立的公司，由公司登记机关发给公司营业执照。公司营业执照签发日期为公司成立日期。B选项错误，根据《公司法》第35条的规定，变更登记申请书应当由法定代表人签署，而非由全体股东签署。C选项错误，根据《公司法》第38条的规定，公司设立分公司，应当向公司登记机关申请登记，领取营业执照。D

选项正确，法律依据为《公司法》第33条第3款规定，公司登记机关可以发给电子营业执照。电子营业执照与纸质营业执照具有同等法律效力。

14. B。本题主要考查公司债券的相关规定。

A选项正确，法律依据为《公司法》第194条第2款的规定，公司债券可以公开发行，也可以非公开发行。B选项错误，法律依据为《公司法》第196条的规定，公司以纸面形式发行公司债券的，应当在债券上载明公司名称、债券票面金额、利率、偿还期限等事项，并由法定代表人签名，公司盖章。C选项正确，法律依据为《公司法》第201条的规定，公司债券由债券持有人以背书方式或者法律、行政法规规定的其他方式转让；转让后由公司将受让人的姓名或者名称及住所记载于公司债券持有人名册。D选项正确，法律依据为《公司法》第202条第1款的规定，股份有限公司经股东会决议，或者经公司章程、股东会授权由董事会决议，可以发行可转换为股票的公司债券，并规定具体的转换办法。

二、1. ABC。考查有限责任公司与股份有限公司有关章程规定的差异。A选项正确，《公司法》第5条规定，公司章程对公司、股东、董事、监事、高级管理人员具有约束力。B选项正确，法律依据为《公司法》第46条第1款第5项的规定，有限责任公司章程应当载明下列事项：(5)股东的出资额、出资方式和出资日期。C选项正确，由《公司法》第46条和第95条的比较可知，股份有限公司章程的法定记载事项较有限责任公司严格，要求记载的事项更多，这是由股份有限公司的资合性和开放性决定的。D选项错误，法律依据为《公司法》第116条第3款的规定。股份有限公司修改章程必须经出席会议的股东所持表决权的2/3以上通过(D选项是有限责任公司的规定，法律依据为《公司法》第66条第3款的规定)。

2. BC。本题主要考查《公司法》股东出资的相关规定。

根据最高人民法院《关于适用〈中华人民共和国公司法〉若干问题的规定(三)》[以下简称《公司法解释(三)》]第7条“出资人以不享有处分权的财产出资，当事人之间对于出资行为效力产生争议的，人民法院可以参照民法典第三百一十一条的规定予以认定……”的规定，以及《民法典》第311条“无处分权人将不动产或者动产转让给受让人的，所有权人有权追回；除法律另有规定外，符合下列情形的，受让人取得该不动产或者动产的所有权：(一)受让人受让该不动产或者动产时是善意；(二)以合理的价格转让；(三)转让的不动产或者动产依照法律规定应当登记的已经登记，不需要登记的已经交付给受让人。受让人依据前款规定取得不动产或者动产的所有权的，原所有权人有权向无处分权人请求损害赔偿……”的规定，乙伪造遗嘱，对该房屋无权处分，但教育科技有限公司仍根据善意取得制度取得该房屋所有权，因此该教育科技有限公司无须向丙返还该房屋，A选项错误、B选项正确。

根据《公司法解释(三)》第10条“出资人以房屋、土地使用权或者需要办理权属登记的知识产权等财产出资，已经交付公司使用但未办理权属变更手续，公司、其他股东或者公司债权人主张认定出资人未履行出资义务的，人民法院应当责令当事人在指定的合理期间内办理权属变更手续；在前述期间内办理了权属变更手续的，人民法院应当认定其已经履行了出资义务；出资人主张自其实际交付财产给公司使用时享有相应股东权利的，人民法院应予支持……”的规定，尽管乙于2020年5月1日才将房屋过户登记给教育科技有限公司，但自其履行出资义务后可认定乙能够在实际交付房屋给教育科技有限公司使用时享有相应股东权利，故C选项正确，D选项错误。

3. AB。考查股份有限公司章程的时间效力。法律依据为《公司法》第104条的规定。创立大会通过章程，章程即对内发生法律效力，对出资人具有约束力。

4. BCD。考查股份有限公司和有限责任公司的设立方式。A选项错误，法律依据为《公司法》第42条的规定，有限责任公司由1个以上50个以下股东出资设立。有限责任公司由于其封闭性和人合性，不适宜有过多股东。BCD选项均正确，法律依据为《公司法》第91条、第92条的规定。需要注意的是募集设立，发起人认购股份之外其余股份既可以向社会公开募集，也可以向特定对象募集。

5. CD。考查不设立公司的法定原因。法律依据为《公司法》第104条第1款第6项的规定，发生不可抗力或者经营条件发生重大变化直接影响公司设立的，可以作出不设立公司的决议。法律规定只有这两种情形创立大会可以作出不设立公司的决议，并且须经出席会议的认股人所持表决权的过半数通过，其他情形均不能作出不设立公司的决议。所以CD选项正确，AB选项不正确。

6. BC。考查抽逃出资的认定。法律依据为《公司法解释(三)》第12条的规定。A选项因为公司注册登记制度改革而取消。D选项属于出资不实的情形，并非抽逃出资。

7. ABC。法律依据为《公司法解释(三)》第11条。依照题意，甲的妻子主张分割股权并不影响甲持股的合法性，也就不影响以股权出资的合法性。

8. BD。考查股份有限公司股东股权转让的限制。A选项错误、B选项正确，法律依据为《公司法》第160条第2款，“公司章程可以对公司董事、监事、高级管理人员转让其所持有的本公司股份作出其他限制性规定。”A选项中扩大了章程另外规定的权限，章程规定只能严格于法律规定，不能比法律强制性规定要求低。

C选项错误,法律依据为《公司法》第89条的规定,该选项将有限责任公司股东股份回购请求权与第162条规定的股份有限公司股份回购的规定相混淆了。D选项正确,法律依据为《公司法》第162条第3款的规定,“属于第一项情形的,应当自收购之日起十日内注销”。

9. ABD。考查公司股权回购规则。法律依据为《公司法》第89条、第162条的规定。C选项对收购价格进行协议的制度在我国不存在。

10. AC。考查公司特别表决事项范围。A选项正确,法律依据为《公司法》第116条第3款的规定,股东会作出修改公司章程、增加或者减少注册资本的决议,以及公司合并、分立、解散或者变更公司形式的决议,必须经出席会议的股东所持表决权的2/3以上通过。B选项错误,法律依据为《公司法》第122条,董事长的更换属于董事会的职权,并非股东会的特别表决事项。C选项正确,D选项错误,法律依据为《公司法》第135条的规定,上市公司在1年内购买、出售重大资产或者向他人提供担保的金额超过公司资产总额30%的,应当由股东会作出决议,并经出席会议的股东所持表决权的2/3以上通过。C选项中购买航空设备属于购买重大资产,D选项是对外提供担保,但并未表明担保金额超过公司资产总额30%,所以不应选。

11. AB。考查公司请求解散的法定理由。法律依据为最高人民法院《关于适用〈中华人民共和国公司法〉若干问题的规定(二)》[以下简称《公司法解释(二)》]第1条的规定。CD选项的情形不符合公司解散的法定事由。

12. BC。考查一人公司制度。A选项正确,法律依据为《公司法》第42条和第92条的规定。《公司法》第42条规定,“有限责任公司由一个以上五十个以下股东出资设立”。第92条规定,“设立股份有限公司,应当有一人以上二百人以下为发起人,其中应当有半数以上的发起人在中华人民共和国境内有住所”。B选项错误,2013年年底公司注册登记制度改革取消了最低注册资本以及缴纳期限的规定。C选项错误,根据《公司法》(2018)的规定,一个自然人只能投资设立一个一人有限责任公司,并且该一人有限责任公司不能投资设立新的一人有限责任公司。但《公司法》(2023)删除了关于一人有限责任公司的特别规定,意味着一个人可以设立多个一人公司,并且这些公司也可以继续设立新的一人公司,这有助于鼓励经营主体进行投资。D选项正确,法律依据为《公司法》第23条第3款的规定,“只有一个股东的公司,股东不能证明公司财产独立于股东自己的财产的,应当对公司债务承担连带责任。”公司法要求股东对于公司的财产独立承担证明责任,即举证责任倒置,如果股东不能证明,则推定为公司的财产不独立,并要求股东对公司的债务承担连带责任。

13. ABCD。考查国有独资公司的特别规定。A选项正确,法律依据为《公司法》第171条。B选项正确,法律依据为《公司法》第175条的规定,“国有独资公司的董事、高级管理人员,未经履行出资人职责的机构同意,不得在其他有限责任公司、股份有限公司或者其他经济组织兼职”。C选项正确,法律依据为《公司法》第173条第4款的规定。D选项正确,法律依据为《公司法》第174条第2款的规定。

14. ABCD。考查公司注册资本减少的程序。A选项正确,《公司法》第67条第2款规定,董事会行使下列职权:……(5)制订公司增加或者减少注册资本以及发行公司债券的方案……B选项正确,公司可以通过减少注册资本的方式来消除股东未足额缴纳出资对公司的影响。C选项正确,法律依据为《公司法》第224条第2款的规定。D选项正确,法律依据为《公司法》第34条的规定,“公司登记事项发生变更的,应当依法办理变更登记。公司登记事项未经登记或者未经变更登记,不得对抗善意相对人”。既然公司作出决议后没有办理变更登记,则甲仍有10万元的出资未缴是产生公信力的公示,而减资的变更决议并未对相对人产生拘束力。

## 理解与应用篇

一、1. A。根据《公司法》第181条的规定,股东没有忠实义务的问题,A选项错误。股东不能行使公司的权利,甲违反章程损害公司权益的行为是以其董事长的身份所为的,故B选项说法正确。

《公司法》第188条规定,董事、监事、高级管理人员执行职务违反法律、行政法规或者公司章程的规定,给公司造成损失的,应当承担赔偿责任。故C选项说法正确。

《企业破产法》第125条规定,企业董事、监事或者高级管理人员违反忠实义务、勤勉义务,致使所在企业破产的,依法承担民事责任。有前款规定情形的人员,自破产程序终结之日起3年内不得担任任何企业的董事、监事、高级管理人员。故D选项说法正确。

2. D。根据《公司法解释(三)》第12条的规定,徐某利用公司资本为个人还债的情形不属于抽逃出资的行为,B选项错误。

根据《公司法》第23条第1款的规定,徐某属于人海公司的控股股东,其用公司资产偿债的行为以及另成立公司的情形属于滥用股东权利损害公司利益、逃避债务的行为,故对徐某应当适用法人人格否认。本题当选答案为D。

A选项错在“只能”。C选项错在“无权”,根据《公司法》第23条第2款的规定,“股东利用其控制的两个以上公司实施前款规定行为的,各公司应当对任一公司的债务承担连带责任”。徐某利用其控制的人海公司与长空公司实施前款规定行为，人海公司与长空公司应对任一公司的债务承担连带责任。

3. B。《公司法》第164条规定，股票被盗、遗失或者灭失，股东可以依照《民事诉讼法》规定的公示催告程序，请求人民法院宣告该股票失效。人民法院宣告该股票失效后，股东可以向公司申请补发股票。故A选项说法错误，B选项说法正确。

《民事诉讼法》第231条规定，支付人收到人民法院停止支付的通知，应当停止支付，至公示催告程序终结。公示催告期间，转让票据权利的行为无效。故C、D选项说法错误。

4. A。《公司法》第113条规定，股东会应当每年召开一次年会。有下列情形之一的，应当在两个月内召开临时股东会会议：(1)董事人数不足本法规定人数或者公司章程所定人数的2/3时；(2)公司未弥补的亏损达股本总额1/3时；(3)单独或者合计持有公司10%以上股份的股东请求时；(4)董事会认为必要时；(5)监事会提议召开时；(6)公司章程规定的其他情形。A选项说法符合第1项规定的情形，正确当选；B选项中公司未弥补的800万元亏损并未达到股本总额的1/3，不符合法律规定召开临时股东大会的情形，故错误；C选项中的提议股东并未达到法定的10%比例，故错误；D选项并不符合第4项的规定，故错误。

5. A。考查公司章程中董事会与监事会成员构成条款规则。

《公司法》第47条第1款规定，"有限责任公司的注册资本为在公司登记机关登记的全体股东认缴的出资额。全体股东认缴的出资额由股东按照公司章程的规定自公司成立之日起五年内缴足"。章程可以规定为一次足额缴纳，股东签署该章程即应受其约束，故A选项正确。

《公司法》第68条规定，有限责任公司董事会成员为三人以上，其成员中可以有公司职工代表。职工人数三百人以上的有限责任公司，除依法设监事会并有公司职工代表的外，其董事会成员中应当有公司职工代表。因此，有限责任公司的董事会成员中可以有职工代表而非必须有，故B选项错误。

《公司法》第73条第3款规定，董事会决议的表决，实行一人一票。C选项的说法违背了该法律规定，故C选项错误。

《公司法》第76条第2款规定，监事会应当包括股东代表和适当比例的公司职工代表，其中职工代表的比例不得低于1/3，具体比例由公司章程规定。监事会中的职工代表由公司职工通过职工代表大会、职工大会或者其他形式民主选举产生。D选项中全体监事均由股东担任违法，故D选项错误。

6. D。考查一般公司中董事会成员对关联事项表决时的规则。

题中主要的事由是董事梁某与表决事项中的投资目标公司具有关联关系，该情形并非一般公司中董事表决回避的法定情形。依据《公司法》第15条的规定，公司向其他企业投资或者为他人提供担保，按照公司章程的规定，由董事会或者股东会决议；公司章程对投资或者担保的总额及单项投资或者担保的数额有限额规定的，不得超过规定的限额。公司为公司股东或者实际控制人提供担保的，应当经股东会决议。前款规定的股东或者受前款规定的实际控制人支配的股东，不得参加前款规定事项的表决。该项表决由出席会议的其他股东所持表决权的过半数通过。故A选项错误，董事会有权对此进行表决；B选项错误，公司可以对此类公司进行投资；C选项错误，梁某的情形并不属于一般股份有限公司投资表决中需要回避的情形。D选项正确，依据为《公司法》第73条、第125条的规定，董事会会议应当有过半数的董事出席方可举行。董事因故不能出席，可以书面委托其他董事代为出席，委托书中应载明授权范围。

7. C。考查股份有限公司成立大会的会议规则。

依据《公司法》第101条的规定，向社会公开募集股份的股款缴足后，必须经依法设立的验资机构验资并出具证明。依据《公司法》第103条的规定，募集设立股份有限公司的发起人应当自公司设立时应发行股份的股款缴足之日起30日内召开公司成立大会。依据《公司法》第105条规定，公司设立时应发行的股份未募足，或者发行股份的股款缴足后，发起人在30日内未召开成立大会的，认股人可以按照所缴股款并加算银行同期存款利息，要求发起人返还。因此，A、B选项正确，不当选。

C选项错误，依据《公司法》第104条第2款的规定，成立大会表决职权范围内的事项时仅需要出席会议的认股人所持表决权过半数通过，不包含发起人。D选项正确，这两个事项是公司设立时成立大会应当审核的主要内容。依据为《公司法》第104条第1款的规定，公司成立大会行使下列职权：(1)审议发起人关于公司筹办情况的报告；(2)通过公司章程；(3)选举董事、监事；(4)对公司的设立费用进行审核；(5)对发起人非货币财产出资的作价进行审核；(6)发生不可抗力或者经营条件发生重大变化直接影响公司设立的，可以作出不设立公司的决议。

8. A。A选项说法错误，公司收购本公司股权并非必须经股东会决议。其他选项的说法完全符合法律规定。根据《公司法》第162条的规定，公司不得收购本公司股份。但是，有下列情形之一的除外：(1)减少公司注册资本；(2)与持有本公司股份的其他公司合并；(3)将股份用于员工持股计划或者股权激励；(4)股东因对股东会作出的公司合并、分立决议持异议，要求公司收购其股份；(5)将股份用于转换公司发行的可转换为股票的公司债券;(6)上市公司为维护公司价值及股东权益所必需。公司因前款第1项、第2项规定的情形收购本公司股份的,应当经股东会决议;公司因前款第3项、第5项、第6项规定的情形收购本公司股份的,可以依照公司章程的规定或者股东会的授权,经2/3以上董事出席的董事会会议决议。公司依照本条第1款规定收购本公司股份后,属于第1项情形的,应当自收购之日起10日内注销;属于第2项、第4项情形的,应当在6个月内转让或者注销;属于第3项、第5项、第6项情形的,公司合计持有的本公司股份数不得超过本公司已发行股份总额的10%,并应当在3年内转让或者注销。上市公司收购本公司股份的,应当依照《证券法》的规定履行信息披露义务。上市公司因本条第1款第3项、第5项、第6项规定的情形收购本公司股份的,应当通过公开的集中交易方式进行。公司不得接受本公司的股票作为质权的标的。

9. C。本题主要考查《公司法》股东出资义务的相关规定。

根据《公司法解释(三)》第12条"公司成立后,公司、股东或者公司债权人以相关股东的行为符合下列情形之一且损害公司权益为由,请求认定该股东抽逃出资的,人民法院应予支持:(一)制作虚假财务会计报表虚增利润进行分配;(二)通过虚构债权债务关系将其出资转出;(三)利用关联交易将出资转出;(四)其他未经法定程序将出资抽回的行为"的规定,题干所述股东甲指令华风公司与清风公司签订《建设工程承包合同》并未实际履行,该交易既构成虚构债权债务关系又属于关联交易,且将甲的出资转出,据此,甲股东上述行为构成抽逃出资。

根据《公司法》第229条及第232条的规定,依法被吊销营业执照、责令关闭或者被撤销而解散的公司应当进行清算,清算后对债权人进行清偿,故公司解散并不免除公司对外应当承担的债务,A选项错误。

根据《公司法解释(三)》第14条第2款"公司债权人请求抽逃出资的股东在抽逃出资本息范围内对公司债务不能清偿的部分承担补充赔偿责任、协助抽逃出资的其他股东、董事、高级管理人员或者实际控制人对此承担连带责任的,人民法院应予支持……"的规定,甲股东抽逃出资1000万元,应当在1000万元本息范围内对公司欠乙的2000万元债务承担补充赔偿的责任,故D选项错误;承担责任的范围为甲股东抽逃资本的本息范围,而不是只有抽逃出资的本金,故B选项错误。

《公司法》第3条第1款:"公司是企业法人,有独立的法人财产,享有法人财产权。公司以其全部财产对公司的债务承担责任。"华风公司作为具有独立财产的法人以其全部财产对乙承担责任,故C选项正确。

综上所述,本题应选C选项。

10. D。本题主要考查《公司法》公司章程效力及无权代理的相关规定。

根据《公司法》第5条"设立公司应当依法制定公司章程。公司章程对公司、股东、董事、监事、高级管理人员具有约束力"以及《公司法》第15条"公司向其他企业投资或者为他人提供担保,依照公司章程的规定,由董事会或者股东会决议……"的规定可知,公司章程对公司及公司内部的股东、董事、监事及高级管理人员具有约束力,其均应按照章程规则行事,章程备案仅产生公示效力不影响该章程的内部拘束力。阮恒作为公司的董事长,公司章程对其具有约束力,公司对外担保应当按照公司章程的规定,阮恒无权自主决定,因此A、B错误,D正确。

根据《民法典》第171条第1款"行为人没有代理权、超越代理权或者代理权终止后,仍然实施代理行为,未经被代理人追认的,对被代理人不发生效力"以及第172条"行为人没有代理权、超越代理权或者代理权终止后,仍然实施代理行为,相对人有理由相信行为人有代理权的,代理行为有效"的规定,阮恒为佳远公司的法定代表人,具有使第三人相信其具有代理权的表征,其行为不得对抗善意第三人,因此股东会无权直接拒绝担保请求,故C选项错误。

**二、**1. AB。考查公司担保的基本规则。《公司法》第15条规定,公司向其他企业投资或者为他人提供担保,依照公司章程的规定,由董事会或者股东会决议;公司章程对投资或者担保的总额及单项投资或者担保的数额有限额规定的,不得超过规定的限额。公司为公司股东或者实际控制人提供担保的,必须经股东会决议。前款规定的股东或者受前款规定的实际控制人支配的股东,不得参加前款规定事项的表决。该项表决由出席会议的其他股东所持表决权的过半数通过。张为股东,为张提供担保,须张回避且其他股东过半数同意。故A选项符合该条的规定,正确。董事会可以作为担保的决议机关,故B选项正确。甲公司是刘设立的一人公司,为独立的法人,虽然与刘有关系,但属于另外的公司,适用一般规定即可,不必一定要求股东会决议,故C选项错误。D也是相同的原理,适用一般规定即可,故D也是错误的。

2. BC。考查公司转投资的对象。分公司是总公司的分支机构,分公司的全部财产都是总公司财产的组成部分,故A选项错误。《公司法》第14条规定:公司可以向其他企业投资。法律规定公司不得成为对所投资企业的债务承担连带责任的出资人的,从其规定。《合伙企业法》第3条规定,国有独资公司、国有企业、上市公司以及公益性的事业单位、社会团体不得成为普通合伙人。除该条规定以外的其他公司都是可以成为普通合伙人的,B选项正确。C选项符合《公司法》

第14条的规定,故正确。D选项说法错误,因为依据上述《合伙企业法》第3条的规定,国有独资公司不得成为普通合伙人。而向有限合伙企业投资,既可能成为有限合伙人,也可能成为普通合伙人。

3. ABD。考查有限责任公司股东知情权的行使规则。A选项错误,当选。法律依据为《公司法》第57条第2款的规定,股东可以要求查阅公司会计账簿、会计凭证。公司拒绝提供查阅的,股东可以请求人民法院要求公司提供查阅。其中并无持股比例的要求。B选项中董事会有权拒绝股东查阅会计账簿,但是通知方式应为书面,电话通知不符合法律规定。B选项错误,当选。C选项符合《公司法》第57条第2款的规定,正确,不当选。D选项错误,法律依据为《公司法》第189条的规定。股东代表诉讼除法定的紧急情况之外,须有先向监事会或不设监事会的有限责任公司的监事提出要求的前置程序。

4. AC。考查股东代表诉讼的适用规则。法律依据为《公司法》第189条。根据《公司法》第189条第1款的规定,本题中王某持有股份有限公司1%以上的股份,并且连续持有时间超过180日,因此王某有权进行股东代表诉讼;刘某、关某和张某虽然共同持有的股份超过1%,但是张某连续持有的时间不到180日,因此三人无权进行股东代表诉讼。所以A选项正确,B选项不正确。2024年2月10日后甲公司对乙公司的债权即超过3年的诉讼时效期间,如不立即提起诉讼,将使公司利益受到难以弥补的损害,因此王某有权直接向法院提起诉讼,所以C选项正确。股东代位诉讼应以自己名义提起诉讼,所以D选项不正确。

5. BC。考查有限责任公司与股份有限公司股东权利的比较。A选项正确,B选项不正确,法律依据为《公司法》第210条第4款的规定,公司弥补亏损和提取公积金后所余税后利润,有限责任公司按照股东实缴的出资比例分配利润,全体股东约定不按照出资比例分配利润的除外;股份有限公司按照股东所持有的股份比例分配利润,公司章程另有规定的除外。C选项也不正确,法律依据为《公司法》第65条的规定,股东会会议由股东按照出资比例行使表决权;但是,公司章程另有规定的除外。D选项正确,法律依据为《公司法》第116条第1款的规定,股东出席股东会会议,所持每一股份有一表决权,类别股股东除外。公司持有的本公司股份没有表决权。

6. ABCD。A选项错误,根据《公司法》第162条第1款第6项的规定,只有上市公司为维护公司价值才有权决定收购本公司股份,非上市公司无此权利。

B选项不符合《公司法》第162条第1款第5项的规定,第5项规定的是将股份用于转换公司发行的可转换为股票的公司债券。

C选项错误,只有公司与持有本公司股份的其他公司合并时方可决议收购本公司股权,而非与其他任何公司合并时均可收购。

D选项错误,只有上市公司因《公司法》第162条第1款第3项、第5项、第6项规定的情形收购本公司股份的,才应当通过公开的集中交易方式进行。并非所有的公司,也并非上市公司收购本公司股权的所有情形均需通过集中交易方式为之。

《公司法》第162条规定,公司不得收购本公司股份。但是,有下列情形之一的除外:(1)减少公司注册资本;(2)与持有本公司股份的其他公司合并;(3)将股份用于员工持股计划或者股权激励;(4)股东因对股东会作出的公司合并、分立决议持异议,要求公司收购其股份;(5)将股份用于转换公司发行的可转换为股票的公司债券;(6)上市公司为维护公司价值及股东权益所必需。公司因前款第1项、第2项规定的情形收购本公司股份的,应当经股东会决议;公司因前款第3项、第5项、第6项规定的情形收购本公司股份的,可以依照公司章程或者股东会的授权,经2/3以上董事出席的董事会会议决议。公司依照本条第1款规定收购本公司股份后,属于第1项情形的,应当自收购之日起10日内注销;属于第2项、第4项情形的,应当在6个月内转让或者注销;属于第3项、第5项、第6项情形的,公司合计持有的本公司股份数不得超过本公司已发行股份总额的10%,并应当在3年内转让或者注销。上市公司收购本公司股份的,应当依照《证券法》的规定履行信息披露义务。上市公司因本条第1款第3项、第5项、第6项规定的情形收购本公司股份的,应当通过公开的集中交易方式进行。公司不得接受本公司的股票作为质权的标的。

## 综合提高篇

一、1. AB。《公司法》第150条规定,股份有限公司成立后,即向股东正式交付股票。公司成立前不得向股东交付股票。在绿地公司召开成立大会,公司成立之前,股票并未生效。故质权因为标的不存在而不发生法律效力,当然丙也就谈不上善意取得了。故CD错误。

2. ABC。根据《公司法》第89条第1款、第2款的规定,有下列情形之一的,对股东会该项决议投反对票的股东可以请求公司按照合理的价格收购其股权:(1)公司连续5年不向股东分配利润,而公司该5年连续盈利,并且符合《公司法》规定的分配利润条件;(2)公司合并、分立、转让主要财产;(3)公司章程规定的营业期限届满或者章程规定的其他解散事由出现,股东会通过修改章程使公司存续。自股东会决议作出之日起60日内,股东与公司不能达成股权收购协议的,股东可以自股东会决议作出之日起90日内向人民法院提起诉讼。据此A选项当选。

2023 年修订《公司法》第 84 条第 2 款简化了股东对外转让的程序，取消了股东同意的要求，仅保留优先购买权规则，并允许公司章程作出例外规定，充分保护股东对股权转让的自由约定。可知 B 选项当选。

根据《公司法》第 87 条的规定，依照《公司法》转让股权后，公司应当及时注销原股东的出资证明书，向新股东签发出资证明书，并相应修改公司章程和股东名册中有关股东及其出资额的记载。对公司章程的该项修改不需再由股东会表决。据此 C 选项当选。

根据《公司法》第 66 条的规定，股东会的议事方式和表决程序，除《公司法》有规定的外，由公司章程规定。股东会作出修改公司章程、增加或者减少注册资本的决议，以及公司合并、分立、解散或者变更公司形式的决议，应当经代表 2/3 以上表决权的股东通过。结合上述规定可知，只有 D 选项是需要经过有限责任公司股东会特别表决通过才能生效的事项。

3. AC。在公司经营中，某些事项需要由股东会表决通过，如果是由董事会通过则无效。根据《公司法》第 15 条第 2 款、第 3 款的规定，公司为公司股东或者实际控制人提供担保的，应当经股东会决议。前款规定的股东或者受前款规定的实际控制人支配的股东，不得参加前款规定事项的表决。该项表决由出席会议的其他股东所持表决权的过半数通过。故 A 选项中“由公司全体股东所持表决权的过半数通过”的表述是错误的。根据《公司法》第 15 条第 1 款的规定，公司向其他企业投资或者为他人提供担保，依照公司章程的规定，由董事会或者股东会决议。所以，向股东投资的议案由董事会通过是可行的，B 选项正确。根据《公司法》第 59 条第 1 款第 6 项的规定，股东会行使对发行公司债券作出决议的职权，故 C 选项错误。D 选项考查累积投票制度。根据《公司法》第 117 条的规定，股东会选举董事、监事，可以根据公司章程的规定或者股东会的决议，实行累积投票制。该法所称累积投票制，是指股东会选举董事或者监事时，每一股份拥有与应选董事或者监事人数相同的表决权，股东拥有的表决权可以集中使用，故 D 选项正确。所以股东对 AC 选项提出的异议可以成立。

4. BC。考查公司设立过程中以发起人名义签订的合同的处理规则。

依据《公司法解释(三)》第 2 条的规定，发起人为设立公司以自己名义对外签订合同，合同相对人请求该发起人承担合同责任的，人民法院应予支持；公司成立后合同相对人请求公司承担合同责任的，人民法院应予支持。李某以自己名义与通大公司签订合同，物流公司已经成立且通过接受货车的行为实际享有了合同权利，因此债权人通大公司既可以依据合同的相对性向李某提出付款请求，也可以依据前述《公司法解释(三)》第 2 条的规定向已经成立并实际享有合同权利的物流公司主张权利。因此 BC 正确当选。

5. AC。本题考查商事登记。

《公司法》第 13 条第 2 款规定，公司可以设立分公司。分公司不具有法人资格，其民事责任由公司承担。根据《公司法》第 38 条的规定，公司设立分公司，应当向公司登记机关申请登记，领取营业执照。可见，A 选项正确，当选。《公司法》第 229 条规定，公司因下列原因解散：(1) 公司章程规定的营业期限届满或者公司章程规定的其他解散事由出现；(2) 股东会决议解散；(3) 因公司合并或者分立需要解散；(4) 依法被吊销营业执照、责令关闭或者被撤销；(5) 人民法院依照《公司法》第 231 条的规定予以解散。公司出现前款规定的解散事由，应当在 10 日内将解散事由通过国家企业信用信息公示系统予以公示。《公司法》第 232 条规定，公司因《公司法》第 229 条第 1 款第 1 项、第 2 项、第 4 项、第 5 项规定而解散的，应当清算。董事为公司清算义务人，应当在解散事由出现之日起 15 日内组成清算组进行清算。清算组由董事组成，但是公司章程另有规定或者股东会决议另选他人的除外。清算义务人未及时履行清算义务，给公司或者债权人造成损失的，应当承担赔偿责任。根据《公司法》第 233 条的规定，公司依照前条第 1 款的规定应当清算，逾期不成立清算组进行清算或者成立清算组后不清算的，利害关系人可以申请人民法院指定有关人员组成清算组进行清算。人民法院应当受理该申请，并及时组织清算组进行清算。公司因《公司法》第 229 条第 1 款第 4 项的规定而解散的，作出吊销营业执照、责令关闭或者撤销决定的部门或者公司登记机关，可以申请人民法院指定有关人员组成清算组进行清算。企业被吊销营业执照后，并没有立即丧失主体资格，应当先进行清算，清算后要办理注销登记，注销登记之后才丧失主体资格，故 B 选项错误，不当选。同样，依据前述第 229 条第 1 款第 3 项以及第 232 条的规定可知，一般情况下企业未经清算的，相关的债权债务关系并没有解决，不能办理注销登记，但是公司因合并、分立需要解散的情形却并不需要成立清算组进行清算，因为依据《公司法》第 221 条、第 223 条的规定，公司合并时，合并各方的债权、债务，应当由合并后存续的公司或者新设的公司承继。公司分立前的债务由分立后的公司承担连带责任。在法律明确规定了公司被新设合并或者被新设分立之后的债务承担的情形下，因公司合并、分立导致的公司解散即无须清算组进行清算。因此 D 选项说法错误，不当选。《公司法》第 33 条规定，依法设立的公司，由公司登记机关发给公司营业执照。公司营业执照签发日期为公司成立日期。公司营业执照应当载明公司的名称、住所、注册资本、经营范围、法定代表人姓名等事项。公司登记机关可以发给电子营业执照。电子营业执照与纸质营业执照具有同等法律效力。《公司法》第34条第1款规定,公司登记事项发生变更的,公司应当依法办理变更登记。可见,企业改变经营范围应办理变更登记,C选项正确,当选。

6. ABC。本题考查股东未足额缴纳出资时的分红规则。

本题中,丙认缴出资为50%,也就是50万元,但其实缴30%,即30万元。《公司法》第210条第4款规定了分红的一般原则,公司弥补亏损和提取公积金后所余税后利润,有限责任公司按照股东实缴的出资比例分配利润,全体股东约定不按照出资比例分配利润的除外;股份有限公司按照股东所持有的股份比例分配利润,公司章程另有规定的除外。本题中,公司设立时有明确的约定,按照认缴的出资比例分红,故D选项正确,AB选项错误。

《公司法解释(三)》第16条规定,股东未履行或者未全面履行出资义务或者抽逃出资,公司根据公司章程或者股东会决议对其利润分配请求权、新股优先认购权、剩余财产分配请求权等股东权利作出相应的合理限制,该股东请求认定该限制无效的,人民法院不予支持。丙虽然违反了出资的承诺,但其已经出资30万元,取消当年的分红资格的决议不符合该条"作出相应的合理限制"的要求,故C选项错误。

7. ABCD。考查公司决议效力之诉的法定主体。依据最高人民法院《关于适用〈中华人民共和国公司法〉若干问题的规定(四)》[以下简称《公司法解释(四)》]第1条规定,公司股东、董事、监事等请求确认股东会或者股东大会、董事会决议无效或者不成立的,人民法院应当依法予以受理。

在上述法条中包括了"等",这一类人包括与股东会或者股东大会、董事会决议内容有直接利害关系的其他人,通常为公司高级管理人员、公司员工以及公司债权人。故A、B、C、D选项正确。

8. BCD。考查公司股东会、董事会决议不成立的法定情形。

A选项错误,并非股东会未召开形成的决议均为不成立的决议。BCD正确。依据《公司法解释(四)》第5条的规定,股东会或者股东大会、董事会决议存在下列情形之一,当事人主张决议不成立的,人民法院应当予以支持:(1)公司未召开会议的,但依据《公司法》(2018)第37条第2款(现为《公司法》(2023)第59条规定)或者公司章程规定可以不召开股东会或者股东大会而直接作出决定,并由全体股东在决定文件上签名、盖章的除外;(2)会议未对决议事项进行表决的;(3)出席会议的人数或者股东所持表决权不符合《公司法》或者公司章程规定的;(4)会议的表决结果未达到《公司法》或者公司章程规定的通过比例的;(5)导致决议不成立的其他情形。

9. ABD。考查股东知情权行使的限制。

A选项说法错误,股东请求查阅或者复制公司特定文件材料时,虽然没有股东资格但仍然可以依法请求查阅或者复制其持股期间公司特定的文件材料。依据为《公司法解释(四)》第7条第2款的规定。

BD选项说法错误,C选项说法正确,依据为《公司法解释(四)》第8条的规定,有限责任公司有证据证明股东存在下列情形之一的,人民法院应当认定股东有《公司法》(2018)第33条第2款规定(《公司法》(2023)第57条第2款)的"不正当目的":(1)股东自营或者为他人经营与公司主营业务有实质性竞争关系业务的,但公司章程另有规定或者全体股东另有约定的除外;(2)股东为了向他人通报有关信息查阅公司会计账簿,可能损害公司合法利益的;(3)股东在向公司提出查阅请求之日前的3年内,曾通过查阅公司会计账簿,向他人通报有关信息损害公司合法利益的;(4)股东有不正当目的的其他情形。

10. ACD。考查股东知情权的行使。

A选项说法正确。依据为《公司法解释(四)》第9条的规定,公司章程、股东之间的协议等实质性剥夺股东依据《公司法》(2018)第33条、第97条的规定(《公司法》(2023)第57条、第110条的规定)查阅或者复制公司文件材料的权利,公司以此为由拒绝股东查阅或者复制的,人民法院不予支持。

B选项说法错误。中介机构的工作人员只能辅助进行查阅和复制相关知情权材料,而不能完全代理。依据为《公司法解释(四)》第10条的规定,人民法院审理股东请求查阅或者复制公司特定文件材料的案件,对原告诉讼请求予以支持的,应当在判决中明确查阅或者复制公司特定文件材料的时间、地点和特定文件材料的名录。股东依据人民法院生效判决查阅公司文件材料的,在该股东在场的情况下,可以由会计师、律师等依法或者依据执业行为规范负有保密义务的中介机构执业人员辅助进行。

C选项说法正确。依据为《公司法解释(四)》第11条的规定,股东行使知情权后泄露公司商业秘密导致公司合法利益受到损害,公司请求该股东赔偿相关损失的,人民法院应当予以支持。根据该规定第10条辅助股东查阅公司文件材料的会计师、律师等泄露公司商业秘密导致公司合法利益受到损害,公司请求其赔偿相关损失的,人民法院应当予以支持。

D选项说法正确。依据为《公司法解释(四)》第12条的规定,公司董事、高级管理人员等未依法履行职责,导致公司未依法制作或者保存《公司法》(2018)第33条、第97条规定(《公司法》(2023)第57条、第110条规定)的公司文件材料,给股东造成损失,股东依法请求负有相应责任的公司董事、高级管理人员承担民事赔偿责任的,人民法院应当予以支持。

11. BC。考查有限责任公司股东对外转让股权时的优先购买权行使规则。

A选项错误。并非所有的继承股权均不能主张优先购买权，如果公司章程许可或者股东一致同意也可以主张。依据为《公司法解释（四）》第16条的规定，有限责任公司的自然人股东因继承发生变化时，其他股东主张依据《公司法》（2018）第71条第3款的规定（《公司法》（2023）第84条第2款）行使优先购买权的，人民法院不予支持，但公司章程另有规定或者全体股东另有约定的除外。

B选项正确。依据为《公司法解释（四）》第17条第3款的规定，经股东同意转让的股权，在同等条件下，转让股东以外的其他股东主张优先购买的，人民法院应当予以支持，但转让股东依据该规定第20条放弃转让的除外。

C选项正确。依据为《公司法解释（四）》第18条的规定，人民法院在判断是否符合《公司法》（2018）第71条第3款（《公司法》（2023）第84条第2款）及本规定所称的“同等条件”时，应当考虑转让股权的数量、价格、支付方式及期限等因素。

D选项错误。依据为《公司法解释（四）》第21条第1款的规定，有限责任公司的股东向股东以外的人转让股权，未就其股权转让事项征求其他股东意见，或者以欺诈、恶意串通等手段，损害其他股东优先购买权，其他股东主张按照同等条件购买该转让股权的，人民法院应当予以支持，但其他股东自知道或者应当知道行使优先购买权的同等条件之日起30日内没有主张，或者自股权变更登记之日起超过1年的除外。

二、1. AC。综合考查公司发起人的设立责任。A选项错误。《公司法》第99条规定，发起人不按照其认购的股份缴纳股款，或者作为出资的非货币财产的实际价额显著低于所认购的股份的，其他发起人与该发起人在出资不足的范围内承担连带责任。股份有限公司成立后，发现作为设立公司出资的非货币财产的实际价额显著低于公司章程所定价额的，应当由交付该出资的发起人补足其差额；其他发起人承担连带责任。丁、戊并非发起人，对于发起人未缴足出资不承担连带补缴责任。B选项正确，法律依据为《公司法解释（三）》第5条第1款的规定，发起人因履行公司设立职责造成他人损害，公司成立后受害人请求公司承担侵权赔偿责任的，人民法院应予支持。C选项错误，《公司法》第92条规定，设立股份有限公司，应当有1人以上200人以下为发起人，其中应当有半数以上的发起人在中国境内有住所。其要求的是半数以上在中国境内有住所，并未要求发起人为外国人或无国籍人时必须在中国境内有住所。D选项正确，法律依据为《公司法》第99条的规定。甲、乙、丙应当对该笔出资的补缴承担连带责任，张三、李四、王五作为普通合伙企业的合伙人，对于合伙企业的债务承担连带责任，故张三、李四、王五也对该笔出资补缴承担连带责任。

2. ABC。考查股东出资制度。A选项正确，法律依据为《公司法解释（三）》第10条的规定，出资人以房屋、土地使用权或者需要办理权属登记的知识产权等财产出资，无论是先交付公司使用后办理权属变更手续，还是先办理权属变更手续后交付的，若交付和变更同时存在，则都应自交付日起享有股东权利。B选项正确，法律依据为《公司法解释（三）》第16条的规定，股东未履行或者未全面履行出资义务或者抽逃出资，公司可以根据公司章程或者股东会决议对其股东权利进行限制。C选项正确，D选项错误，法律依据为《公司法解释（三）》第17条的规定，有限责任公司的股东未履行出资义务或者抽逃全部出资，经公司催告缴纳或者返还，其在合理期间内仍未缴纳或者返还出资，公司有权以股东会决议解除该股东的股东资格。董事会无权解除股东资格，故D选项错误。

3. BCD。考查不同公司对董事、监事、高级管理人员违法行为规定的差异。A选项没有任何法律依据，《公司法》并未规定相关措施，故错误。《证券法》第144条规定，在证券公司被责令停业整顿、被依法指定托管、接管或者清算期间，或者出现重大风险时，经国务院证券监督管理机构批准，可以对该证券公司直接负责的董事、监事、高级管理人员和其他直接责任人员采取以下措施：(1)通知出境入境管理机关依法阻止其出境；(2)申请司法机关禁止其转移、转让或者以其他方式处分财产，或者在财产上设定其他权利。故B选项正确。《保险法》第153条规定，保险公司在整顿、接管、撤销清算期间，或者出现重大风险时，国务院保险监督管理机构可以对该公司直接负责的董事、监事、高级管理人员和其他直接责任人员采取以下措施：(1)通知出境管理机关依法阻止其出境；(2)申请司法机关禁止其转移、转让或者以其他方式处分财产，或者在财产上设定其他权利。故C选项正确。《银行业监督管理法》第40条规定，银行业金融机构被接管、重组或者被撤销的，国务院银行业监督管理机构有权要求该银行业金融机构的董事、高级管理人员和其他工作人员，按照国务院银行业监督管理机构的要求履行职责。在接管、机构重组或者撤销清算期间，经国务院银行业监督管理机构负责人批准，对直接负责的董事、高级管理人员和其他直接责任人员，可以采取下列措施：(1)直接负责的董事、高级管理人员和其他直接责任人员出境将对国家利益造成重大损失的，通知出境管理机关依法阻止其出境；(2)申请司法机关禁止其转移、转让财产或者对其财产设定其他权利。故D选项正确。

4. (1) AB。《公司法解释（三）》第2条规定，发起人为设立公司以自己名义对外签订合同，合同相对人请求该发起人承担合同责任的，人民法院应予支持；公司成立后合同相对人请公司承担合同责任的，人民法院应予支持。A、B选项正确。

《公司法解释(三)》第3条规定，发起人以设立中公司名义对外签订合同，公司成立后合同相对人请求公司承担合同责任的，人民法院应予支持。公司成立后有证据证明发起人利用设立中公司的名义为自己的利益与相对人签订合同，公司以此为由主张不承担合同责任的，人民法院应予支持，但相对人为善意的除外。C选项中要求甲承担责任是错误的。D选项中没有区分善意和恶意，错误。

(2)AC。《公司法解释(三)》第4条规定，公司因故未成立，债权人请求全体或者部分发起人对设立公司行为所产生的费用和债务承担连带清偿责任的，人民法院应予支持。部分发起人依照前款规定承担责任后，请求其他发起人分担的，人民法院应当判令其他发起人按照约定的责任承担比例分担责任；没有约定责任承担比例的，按照约定的出资比例分担责任；没有约定出资比例的，按照均等份额分担责任。因部分发起人的过错导致公司未成立，其他发起人主张其承担设立行为所产生的费用和债务的，人民法院应当根据过错情况，确定过错一方的责任范围。A选项符合第1款规定，正确；B选项不符合第2款规定，还须依据约定的出资比例承担责任，B错误。

《公司法解释(三)》第5条规定，发起人因履行公司设立职责造成他人损害，公司成立后受害人请求公司承担侵权赔偿责任的，人民法院应予支持；公司未成立，受害人请求全体发起人承担连带赔偿责任的，人民法院应予支持。公司或者无过错的发起人承担赔偿责任后，可以向有过错的发起人追偿。C选项符合第1款规定，正确；D选项说法混淆了上述两条的规定，错误。

(3)ABD。《公司法解释(三)》第13条规定，股东未履行或者未全面履行出资义务，公司或者其他股东请求其向公司依法全面履行出资义务的，人民法院应予支持。公司债权人请求未履行或者未全面履行出资义务的股东在未出资本息范围内对公司债务不能清偿的部分承担补充赔偿责任的，人民法院应予支持；未履行或者未全面履行出资义务的股东已经承担上述责任，其他债权人提出相同请求的，人民法院不予支持。股东在公司设立时未履行或者未全面履行出资义务，依照本条第1款或者第2款的规定提起诉讼的原告，请求公司的发起人与被告股东承担连带责任的，人民法院应予支持；公司的发起人承担责任后，可以向被告股东追偿。股东在公司增资时未履行或者未全面履行出资义务，依照本条第1款或者第2款的规定提起诉讼的原告，请求未尽《公司法》(2018)第147条第1款(《公司法》(2023)第179条、第180条)规定的义务而使出资未缴足的董事、高级管理人员承担相应责任的，人民法院应予支持；董事、高级管理人员承担责任后，可以向被告股东追偿。故A、B、D选项正确。

(4)BCD。《公司法解释(三)》第21条规定，当事人向人民法院起诉请求确认其股东资格的，应当以公司为被告，与案件争议股权有利害关系的人作为第三人参加诉讼。故A错误。

《公司法解释(三)》第22条规定，当事人之间对股权归属发生争议，一方请求人民法院确认其享有股权的，应当证明以下事实之一：①已经依法向公司出资或者认缴出资，且不违反法律法规强制性规定；②已经受让或者以其他形式继受公司股权，且不违反法律法规强制性规定。故B正确。

《公司法解释(三)》第23条规定，当事人依法履行出资义务或者依法继受取得股权后，公司未根据《公司法》(2018)第31条、第32条(《公司法》(2023)第55条、第56条)的规定签发出资证明书、记载于股东名册并办理公司登记机关登记，当事人请求公司履行上述义务的，人民法院应予支持。故C、D正确。

5.(1)B。本案中，有关"总经理李建军不经董事会同意私自动用公司资金在二级市场炒股，造成巨大损失，现免去李建军总经理职务"这一董事会决议是否撤销，须依据《公司法》第26条第1款的相关规定进行审查。该条款规定了董事会决议可撤销的事由包括：①召集程序是否违反法律、行政法规或公司章程；②表决方式是否违反法律、行政法规或公司章程；③决议内容是否违反公司章程。因此，本案的关键争议焦点即B选项。其他三个选项，A选项并未进行归纳，C选项与案件事实无关，D选项涉及实体权利义务的争议审查，不应当是董事会决议撤销权审查的关键问题。

(2)ACD。A选项正确，依据为《公司法解释(四)》第5条第1项、第2项的规定，股东会或者股东大会、董事会决议存在下列情形之一，当事人主张决议不成立的，人民法院应当予以支持：①公司未召开会议的，但依据公司法(2018)第37条第2款(《公司法》(2023)59条第3款)的规定或者公司章程规定可以不召开股东会或者股东大会而直接作出决定，并由全体股东在决定文件上签名、盖章的除外；②会议未对决议事项进行表决的。

B选项错误。《公司法》第67条第2款规定，董事会行使下列职权：……(3)决定公司的经营计划和投资方案……公司章程规定或者股东会授予的其他职权。公司向二级市场投资的事宜属于上述法条第3项决定公司的经营计划和投资方案的内容，因此，该决议并不因内容违法而无效。

C选项正确。依据为《公司法》第73条的规定，董事会的议事方式和表决程序，除该法有规定的外，由公司章程规定。董事会会议应当有过半数的董事出席方可举行。董事会作出决议，应当经全体董事的过半数通过。董事会决议的表决,应当一人一票。董事会应当对所议事项的决定作成会议记录,出席会议的董事应当在会议记录上签名。

D 选项说法正确。依据为《公司法解释(四)》第 6 条的规定,股东会或者股东大会、董事会决议被人民法院判决确认无效或者撤销的,公司依据该决议与善意相对人形成的民事法律关系不受影响。

## 第二章　合伙企业法

一、1. C。考查合伙的种类和合伙人资格。法律依据为《合伙企业法》第 2 条第 1 款、第 3 条的规定。由于国有企业不能成为普通合伙人,所以只能设立有限合伙企业,所以 C 选项正确。

2. B。考查合伙人资格。法律依据为《合伙企业法》第 3 条的规定。另外《公务员法》第 59 条第 16 项规定,公务员不得参与、从事营利活动,在企业中兼任职务。警察是国家公务员,因此不能成为合伙人。但所有的法律都未曾禁止曾犯罪服刑完毕的人员作为合伙人,所以 B 选项正确。

3. B。考查合伙人的出资程序。A 选项的做法合法。法律依据为《合伙企业法》第 17 条的规定,合伙人可以约定合伙人出资方式、数额和缴付期限。B 选项的做法不符合法律规定。我国不承认隐名合伙,合伙人的姓名或名称必须记载在合伙协议中。C、D 选项的做法合法,法律依据为《合伙企业法》第 16 条的规定。合伙人的出资需要评估作价的,可以由全体合伙人协商确定,也可以由全体合伙人委托法定评估机构评估。但合伙人以劳务出资的,其评估办法由全体合伙人协商确定,并在合伙协议中载明。

4. D。考查合伙协议的内容限制。A 选项错误,《合伙企业法》第 19 条第 2 款规定:修改或者补充合伙协议,应当经全体合伙人一致同意;但是,合伙协议另有约定的除外。修改合伙协议的程序可以由当事人约定排除适用法律。B 选项错误,《合伙企业法》第 22 条第 1 款规定:除合伙协议另有约定外,合伙人向合伙人以外的人转让其在合伙企业中的全部或者部分财产份额时,须经其他合伙人一致同意。C 选项错误,《合伙企业法》第 23 条规定:合伙人向合伙人以外的人转让其在合伙企业中的财产份额的,在同等条件下,其他合伙人有优先购买权;但是,合伙协议另有约定的除外。D 选项正确,法律依据为《合伙企业法》第 25 条的规定,合伙人以其在合伙企业中的财产份额出质的,须经其他合伙人一致同意;未经其他合伙人一致同意,其行为无效。

5. D。考查合伙份额质押的限制。法律依据为《合伙企业法》第 25 条的规定。该条规定合伙人质押合伙企业中财产份额的须经其他合伙人一致同意,否则无效。

6. A。考查合伙人擅自处分合伙财产的效力。法律依据为《合伙企业法》第 21 条第 2 款的规定,合伙人在合伙企业清算前私自转移或者处分合伙企业财产的,合伙企业不得以此对抗善意第三人。主要原理在于任一合伙人都可以代表合伙企业对外从事交易,只要相对人是善意的,交易对其来说就有效。

7. C。考查合伙企业的亏损承担顺序。法律依据为《合伙企业法》第 33 条的规定,合伙企业的利润分配、亏损分担的顺序为:有合伙协议约定的从约定;合伙协议未约定或约定不明确的由合伙人协商;协商不成的,由合伙人按实缴出资比例分配、分担;无法确定出资比例的,由合伙人平均分配、分担。

8. C。考查有限合伙的特殊性。法律依据为《合伙企业法》第 61 条、第 68 条的规定。根据题意,张某在合伙企业中担任有限合伙人。有限合伙人不执行合伙事务,不得对外代表合伙企业。

9. A。考查合伙协议约定合伙人对外责任时的效力。法律依据为《合伙企业法》第 44 条第 2 款的规定,新合伙人对入伙前合伙企业的债务承担无限连带责任。入伙人可以在入伙协议中约定对其入伙前的债务不承担责任,但这种约定仅有对内的效力而无对外的效力,不能对抗第三人。

10. D。考查合伙企业注销后的责任承担。《合伙企业法》第 91 条规定,合伙企业注销后,原普通合伙人对合伙企业存续期间的债务仍应承担无限连带责任。因此 D 选项正确。

11. C。考查合伙企业适用破产程序还债的规则。法律依据为《合伙企业法》第 92 条的规定,合伙企业不能清偿到期债务的可以适用破产程序还债,但不能破产免责,普通合伙人对合伙企业债务仍应承担无限连带责任。

12. A。考查普通合伙人自我交易时的法律后果。法律依据为《合伙企业法》第 99 条的规定,合伙人违反竞业义务或与本合伙企业交易的,收益归合伙企业所有。

二、1. ABD。考查合伙企业合伙事务的执行规则。A 选项不正确,法律依据为《合伙企业法》第 29 条第 1 款的规定,合伙人分别执行合伙事务的,执行事务合伙人可以对其他合伙人执行的事务提出异议。B 选项不正确,《合伙企业法》第 31 条规定,处分合伙企业的不动产须全体合伙人一致同意。C 选项正确,法律依据为《合伙企业法》第 32 条第 1 款的规定,合伙人不得自营或者同他人合作经营与本合伙企业相竞争的业务。D 选项的说法不正确,法律依据为《合伙企业法》第 32 条第 2 款的规定,合伙人并非绝对不能同合伙企业进行交易,只要合伙协议另有约定或经全体合伙人一致同意,依然可以进行交易。

2. BCD。考查合伙份额的转让规则。A 选项不正确,B 选项正确,法律根据为《合伙企业法》第 22 条第 2 款的规定。内部转让通知即可,无须同意。C、D 选项均正确,法律依据为《合伙企业法》第 73 条的规定,有限合伙人可以按照合伙协议的约定向合伙人以外的人转让其在有限合伙企业中的财产份额,但应当提前 30 日通知其他合伙人。本题中合伙协议并未约定有限合伙人转让合伙份额的问题,因此仍应适用第 22 条的规定。也就是说,即使是有限合伙人,如果合伙协议没有另外约定,有限合伙人向其他合伙人转让其在合伙企业中的全部或者部分财产份额时,也应当通知其他合伙人;有限合伙人向合伙人以外的人转让其在合伙企业中的全部或者部分财产份额时,亦须经其他合伙人一致同意。

3. ABCD。考查普通合伙企业事务执行的基本规则。A 选项正确,法律依据为《合伙企业法》第 28 条第 2 款的规定。普通合伙人共同经营的特点决定了合伙人为了解合伙企业的经营状况和财务状况,有权查阅合伙企业会计账簿等财务资料。B 选项正确,法律依据为《合伙企业法》第 27 条第 2 款的规定。不执行合伙事务的合伙人享有监督权,因此有权对执行事务合伙人执行合伙事务提出异议。C 选项正确,法律依据为《合伙企业法》第 29 条第 2 款的规定,受委托执行合伙事务的合伙人不按照合伙协议或者全体合伙人的决定执行事务的,其他合伙人可以决定撤销该委托。D 选项正确,法律依据为《合伙企业法》第 28 条第 1 款的规定,由一个或者数个合伙人执行合伙事务的,执行事务合伙人应当定期向其他合伙人报告事务执行情况以及合伙企业的经营和财务状况。

4. AC。考查当然退伙的法定理由。法律依据为《合伙企业法》第 48 条的规定。合伙人被认定为无民事行为能力人或限制民事行为能力人的,不是当然退伙,只有在其他合伙人未能一致同意其转为有限合伙人的情况下方按退伙处理,所以 B 选项不正确。合伙人未履行出资义务是除名退伙的法定理由,不是当然退伙的法定理由,所以 D 选项不正确。

5. ABC。考查合伙财产的范围。A、B 选项正确,法律依据为《合伙企业法》第 20 条的规定,合伙人的出资、以合伙企业名义取得的收益和依法取得的其他财产,均为合伙企业的财产。C 选项正确,D 选项不正确,法律依据为《合伙企业法》第 21 条的规定。私自处分合伙企业财产,不得对抗善意第三人,故并非绝对无效。

6. AC。考查普通合伙人个人债务的清偿。法律依据为《合伙企业法》第 42 条第 1 款的规定,当合伙人的个人财产不足清偿其个人所负债务时,该合伙人可以依法以其从合伙企业分取的收益用于清偿;债权人也可以依法请求人民法院强制执行该合伙人在合伙企业中的财产份额用于清偿。故 A 选项正确,C 选项正确,D 选项错误。根据《合伙企业法》第 41 条的规定,合伙人个人负有与合伙企业无关债务,其债权人不得代位行使该合伙人在合伙企业中的权利。故 B 选项错误。

7. AC。考查通知退伙。法律依据为《合伙企业法》第 46 条的规定,合伙协议未约定合伙期限的,合伙人在不给合伙企业事务执行造成不利影响的情况下,可以退伙,但应当提前 30 日通知其他合伙人。因此,在本题所设情况下,赵退伙只要满足 A、C 两项条件即可,而无须征得其他合伙人同意。

8. ABD。考查入伙的规则。法律依据为《合伙企业法》第 32 条第 1 款、第 43 条的规定。新合伙人入伙时,除合伙协议另有约定外,应当经全体合伙人同意,并依法订立书面入伙协议。订立入伙协议时,原合伙人应当向新合伙人如实告知原合伙企业的经营状况和财务状况。合伙人不得自营或者同他人合作经营与本合伙企业相竞争的业务。A、B、D 三项与法律规定一致。如实说明入伙人的个人负债情况是一种道德义务,原合伙人也可以要求其说明,但它不是法定义务,不是入伙条件,因此 C 选项不能入选。

9. AD。考查合伙人未按合伙协议出资时的法律责任承担。《合伙企业法》第 103 条第 1 款规定,合伙人违反合伙协议的,应当依法承担违约责任。张某违反合伙协议的约定不履行出资义务,当然应承担违约责任,所以 A 选项正确。张某即使不履行出资义务,仍然是合伙企业的合伙人,仍应负担企业的亏损,所以 B 选项不正确。根据《合伙企业法》第 48 条、第 49 条的规定,合伙人不履行出资义务,是除名退伙的法定事由,而不是当然退伙的法定事由,所以 C 选项不正确,D 选项正确。

10. CD。考查合伙人的竞业禁止义务。A 选项不正确,D 选项正确,法律依据为《合伙企业法》第 32 条第 1 款的规定,合伙人不得自营或者同他人合作经营与本合伙企业相竞争的业务。也就是说,合伙人的竞业禁止是绝对的,合伙协议不可以作另外的约定。B 选项不正确,C 选项正确,《合伙企业法》第 71 条规定,有限合伙人可以自营或者同他人合作经营与本有限合伙企业相竞争的业务;但是,合伙协议另有约定的除外。法律对有限合伙人的竞业禁止与普通合伙人的竞业禁止是相反的。除非合伙协议禁止,有限合伙人可以自营或者同他人合作经营与本有限合伙企业相竞争的业务。

11. ABD。考查合伙份额的继承规则。A 选项不正确,法律依据为《合伙企业法》第 50 条第 1 款的规定,合伙人死亡,对该合伙人在合伙企业中的财产份额享有合法继承权的继承人,按照合伙协议的约定或者经全体合伙人一致同意,从继承开始之日起,取得该合伙企业的合伙人资格,而不是自继承开始之日当然成为合伙人。B、D选项都不正确。《合伙企业法》第50条第3款规定,合伙人的继承人为无民事行为能力人或者限制民事行为能力人的,经全体合伙人一致同意,可以依法成为有限合伙人,普通合伙企业依法转为有限合伙企业。C选项的说法正确。《合伙企业法》第50条第2款规定,继承人不愿意成为合伙人的,合伙企业应当向合伙人的继承人退还被继承合伙人的财产份额。

12. ACD。考查有限合伙企业的特殊规则,依据为《合伙企业法》第68条的规定。选择会计师事务所、为合伙企业提供担保,不属于执行合伙事务,有限合伙人可以参与,故A、D选项正确。B选项不正确,有限合伙人为本企业利益提起诉讼的,应以自己的名义,而不能以合伙企业的名义提起。C选项正确,《合伙企业法》第72条规定,有限合伙人可以将其在有限合伙企业中的财产份额出质;但是,合伙协议另有约定的除外。

13. AC。本题主要考查《合伙企业法》普通合伙的相关规定,具体分析如下。

根据《合伙企业法》第2条第3款"有限合伙企业由普通合伙人和有限合伙人组成,普通合伙人对合伙企业债务承担无限连带责任,有限合伙人以其认缴的出资额为限对合伙企业债务承担责任"的规定,老土为有限合伙企业的普通合伙人,对合伙企业债务承担无限连带责任,故D选项错误。

根据《合伙企业法》第76条"第三人有理由相信有限合伙人为普通合伙人并与其交易的,该有限合伙人对该笔交易承担与普通合伙人同样的责任。有限合伙人未经授权以有限合伙企业名义与他人进行交易,给有限合伙企业或者其他合伙人造成损失的,该有限合伙人应当承担赔偿责任"的规定,小调皮作为有限合伙人对外以普通合伙人的身份与某德公司进行交易,小调皮应当就这笔交易承担与普通合伙人同样的责任,故A选项、C选项正确,B选项错误。

综上所述,本题应选AC。

14. CD。本题主要考查《合伙企业法》中有限合伙的相关规定。

根据《合伙企业法》第31条"除合伙协议另有约定外,合伙企业的下列事项应当经全体合伙人一致同意:……(六)聘任合伙人以外的人担任合伙企业的经营管理人员"的规定,以及第68条第1款"有限合伙人不执行合伙事务,不得对外代表有限合伙企业"的规定,有限合伙企业的有限合伙人不参与执行事务,乙虽然是策划经理但由于其被甲企业任命对外以普通合伙人的名义代表甲企业,其实质担任的是经营管理职务,因此聘请合伙人以外的员工乙作为策划经理需经过有限合伙企业全体普通合伙人一致同意,故A选项错误。

根据上述法律规定及《合伙企业法》第26条"合伙人对执行合伙事务享有同等的权利。按照合伙协议的约定或者经全体合伙人决定,可以委托一个或者数个合伙人对外代表合伙企业,执行合伙事务。作为合伙人的法人、其他组织执行合伙事务的,由其委派的代表执行"的规定,以及第60条"有限合伙企业及其合伙人适用本章规定;本章未作规定的,适用本法第二章第一节至第五节关于普通合伙企业及其合伙人的规定"的规定,有限合伙企业未规定普通合伙人选定执行合伙人的情形,故有限合伙企业普通合伙人担任执行合伙人的表决程序应适用上述第26条规定。仅当有限合伙企业聘请普通合伙人以外的人担任合伙企业的经营管理人员时需要经有限合伙企业全体普通合伙人一致同意。从B选项不可得知聘请的经营管理人员财务经理是普通合伙人还是普通合伙人以外的人,因此B选项错误。

根据《民法典》第162条"代理人在代理权限内,以被代理人名义实施的民事法律行为,对被代理人发生效力"的规定,乙作为该有限合伙企业的策划经理即管理人员,经甲企业任命享有代理权限,因此二者签订合同有效,甲企业应当对丁公司承担责任,故C选项、D选项正确。

综上所述,本题应选CD。

三、1.(1)C。考查合伙企业的出资制度。法律依据为《合伙企业法》第16条第2款、第3款的规定,合伙人以实物、知识产权、土地使用权或者其他财产权利出资,需要评估作价的,可以由全体合伙人协商确定,也可以由全体合伙人委托法定评估机构评估。合伙人以劳务出资的,其评估办法由全体合伙人协商确定,并在合伙协议中载明。根据该规定,C选项正确。

(2)ABC。考查合伙企业外聘第三人责任承担。法律依据为《合伙企业法》第35条第2款的规定,被聘任的合伙企业的经营管理人员,超越合伙企业授权范围履行职务,或者在履行职务过程中因故意或者重大过失给合伙企业造成损失的,依法承担赔偿责任。根据该条规定可知,ABC选项正确。

(3)AD。考查合伙份额转让规则。A选项正确,B选项不正确,法律依据为《合伙企业法》第22条第1款的规定,对外转让合伙企业的份额须经其他合伙人一致同意,除非合伙协议另有约定。C选项不正确,法律依据为《合伙企业法》第23条的规定。合伙人具有优先购买权,但不具有一般条件下必须受让其他合伙人在合伙企业中份额的权利。D选项正确,法律依据为《合伙企业法》第44条第2款的规定。

(4)B。考查合伙份额的继承规则。法律依据为《合伙企业法》第50条第3款的规定,合伙人的继承人为无民事行为能力人或者限制民事行为能力人的,经全体合伙人一致同意,可以依法成为有限合伙人,普通合伙企业依法转为有限合伙企业。全体合伙人未能一致同意的,合伙企业应当将被继承合伙人的财产份额退还该继承人。根据该条规定可知,合伙人的继承人如为无民事行为能力人或者限制民事行为能力人,只有在全体合伙人一致同意的情况下,才能成为有限合伙人,不能成为普通合伙人,所以B选项正确,ACD选项均不正确。

2.(1)ABD。考查有限合伙人的特殊权利。AB选项正确,C选项不正确。AB选项符合《合伙企业法》第68条第2款第1项、第2项、第6项的规定。该条规定有限合伙人可以参与决定普通合伙人入伙、退伙,并未赋予有限合伙人参与决定有限合伙人入伙、退伙事项的权利。D选项正确,法律依据为《合伙企业法》第72条的规定,有限合伙人可以将其在有限合伙企业中的财产份额出质;但是,合伙协议另有约定的除外。

(2)C。考查有限合伙人转让合伙份额的规则,法律依据为《合伙企业法》第73条的规定,有限合伙人可以按照合伙协议的约定向合伙人之外的人转让其财产份额,但应提前30日通知其他合伙人。

(3)CD。考查表见合伙。法律依据为《合伙企业法》第76条的规定。

(4)BD。考查合伙人相互转换后的责任承担规则。法律依据为《合伙企业法》第83条、第84条的规定。有限合伙人转变为普通合伙人的,对其作为有限合伙人期间有限合伙企业发生的债务承担无限连带责任。普通合伙人转变为有限合伙人的,对其作为普通合伙人期间合伙企业发生的债务承担无限连带责任。

(5)C。考查有限合伙人退伙后的责任承担。法律依据为《合伙企业法》第81条的规定,有限合伙人退伙后,对基于其退伙前的原因发生的有限合伙企业债务,以其退伙时从有限合伙企业中取回的财产承担责任。

## 第三章　个人独资企业法

一、1. B。考查个人独资企业投资人的责任范围。法律依据为《个人独资企业法》第18条规定,个人独资企业投资人在申请企业设立登记时明确以其家庭共有财产作为个人出资的,应当依法以家庭共有财产对企业债务承担无限责任。

2. C。考查个人独资企业外聘第三人经营时的责任承担。法律依据为《个人独资企业法》第19条的规定。委托合同可以约定受托人或受聘人的权限范围,但这种约定不具有对抗善意第三人的效力,所以关某代表个人独资企业订立的合同尽管超越权限,却有效,刘某应赔偿乙公司的损失。刘某赔偿损失后,可以向关某追偿,但是关某对乙公司的损失不承担连带责任。

3. C。法律依据为《个人独资企业法》第19条第2款的规定。独资企业的投资人可以委托或者聘任他人管理企业,受托人或受聘人管理企业的依据是投资人与受托人或受聘人之间签订的书面委托合同或聘任合同。需要注意的是,委托合同或聘任合同的一方主体是投资人而非独资企业。

4. C。考查个人独资企业的基本规则。根据《个人独资企业法》第11条的规定,A选项的说法正确。根据《个人独资企业法》第16条和《公务员法》的规定,B选项的说法正确。《个人独资企业法》第21条规定,个人独资企业应当依法设置会计帐簿,进行会计核算,所以C选项不正确。根据《个人独资企业法》第8条可知,D选项正确。

5. D。考查个人独资企业的责任消灭制度。法律依据为《个人独资企业法》第28条的规定,个人独资企业解散后,原投资人对个人独资企业存续期间的债务仍应承担偿还责任,但债权人在5年内未向债务人提出偿债请求的,该责任消灭。

6. D。考查个人独资企业的解散规则。法律依据为《个人独资企业法》第27条第1款的规定,个人独资企业解散,由投资人自行清算或者由债权人申请人民法院指定清算人进行清算。本案中投资人死亡,企业又无人继承,所以应由其债权人申请人民法院指定清算人进行清算。

二、1. ACD。考查个人独资企业的分支机构。AC选项正确,B选项不正确,法律依据为《个人独资企业法》第14条的规定,个人独资企业设立分支机构,应当由投资人或者其委托的代理人向分支机构所在地的登记机关申请登记,领取营业执照。分支机构经核准登记后,应将登记情况报该分支机构隶属的个人独资企业的登记机关备案。分支机构的民事责任由设立该分支机构的个人独资企业承担。D选项正确,法律依据为《个人独资企业法》第2条的规定,该法所称个人独资企业,是指依照该法在中国境内设立,由一个自然人投资,财产为投资人个人所有,投资人以其个人财产对企业债务承担无限责任的经营实体。根据该条规定,个人独资企业分支机构的最终责任由投资人承担,并且投资人承担的是无限责任。

2. BCD。考查个人独资企业的解散和清算。A选项不正确,C选项正确,法律依据为《个人独资企业法》第27条的规定,自行清算不必另行聘请清算人,自行清算应通知债权人或进行公告。B选项正确,法律依据为《个人独资企业法》第30条的规定,清算期间,个人独资企业不得开展与清算目的无关的经营活动。D选项正确,法律依据为《个人独资企业法》第29条的规定,企业解散,债务清偿顺序依次为:所欠职工工资和社会保险费用,所欠税款,其他债务。

3. ABCD。考查个人独资企业事务的执行规则和责任。法律依据为《个人独资企业法》第 20 条的规定。选项中的 4 种情形下,总经理的行为须事先经投资人同意。

4. ABD。考查个人独资企业的责任承担。法律依据为《个人独资企业法》第 28 条的规定,个人独资企业解散后,原投资人对个人独资企业存续期间的债务仍应承担偿还责任,但债权人在 5 年内未向债务人提出偿债请求的,该责任消灭。原投资人对个人独资企业存续期间的债务承担偿还责任的期限是不变期间,不适用中止、中断和延长,不受诉讼时效的限制,并且即使债权人应申报债权而未申报,原投资人也应在 5 年内对原企业债务承担无限责任。5 年期限从个人独资企业解散后起算,不是从债权人对个人独资企业的债权发生日起算。

5. ABD。考查个人独资企业事务执行规则。AD 选项当选,法律依据为《个人独资企业法》第 20 条第 3 项的规定。个人独资企业的投资人委托或者聘用的管理个人独资企业事务的人员不得挪用企业的资金归个人使用或者借贷给他人。B 选项当选,根据《个人独资企业法》第 20 条第 5 项的规定,管理人不得擅自以企业财产提供担保。C 选项不当选,经投资人批准,将知识产权转让给第三人使用的行为符合《个人独资企业法》第 20 条第 8 项的规定。

三、1. (1) AD。考查个人独资企业的设立条件。法律依据为《个人独资企业法》第 8 条的规定。根据该条规定,设立个人独资企业不需要企业章程,也不需要有固定的经营期限,所以 BC 选项不正确。

(2) D。考查个人独资企业工作人员的行为效力。《个人独资企业法》第 19 条第 4 款规定,投资人对受托人或者被聘用的人员职权的限制,不得对抗善意第三人。所以该买卖合同有效。

(3) ABCD。考查个人独资企业事务的执行。法律依据为《个人独资企业法》第 24 条的规定,个人独资企业可以依法申请贷款、取得土地使用权,并享有法律、行政法规规定的其他权利。

(4) ACD。考查个人独资企业的解散和清算。AC 选项正确,B 选项不正确,法律依据为《个人独资企业法》第 27 条第 1 款的规定,个人独资企业解散,由投资人自行清算或者由债权人申请人民法院指定清算人进行清算。D 选项正确,法律依据为《个人独资企业法》第 32 条的规定。

2. (1) B。考查个人独资企业的财产归属。法律依据为《个人独资企业法》第 2 条的规定,独资企业的所有财产均属于投资人所有。

(2) ABCD。考查个人独资企业的设立条件。法律依据为《个人独资企业法》第 10 条的规定,选项中的 4 项都属于申请设立独资企业时申请书上应载明的事项。

(3) A。考查个人独资企业的出资。《个人独资企业法》没有对独资企业规定最低注册资本的要求。

(4) ACD。考查个人独资企业的变更。法律依据为《个人独资企业法》第 15 条的规定,个人独资企业存续期间登记事项发生变更的,应当在作出变更决定之日起的 15 日内依法向登记机关申请办理变更登记,因此 A 选项正确。个人独资企业的投资人只能是一个人,所以乙无论如何都不能成为该独资企业的投资人(当然他们可以考虑成立合伙企业,那就另当别论了),因此 B 选项错误,而 CD 两选项符合法律要求。

## 第四章　外商投资法

一、1. A。B 选项错在应当是对负面清单之外的外商投资给予国民待遇;C 选项错在负面清单也可以由国务院批准发布;D 选项错在外国投资者符合负面清单规定的条件的,可以对外商投资准入负面清单规定限制投资的领域投资。依据为《外商投资法》第 4 条的规定,国家对外商投资实行准入前国民待遇加负面清单管理制度。前款所称准入前国民待遇,是指在投资准入阶段给予外国投资者及其投资不低于本国投资者及其投资的待遇;所称负面清单,是指国家规定在特定领域对外商投资实施的准入特别管理措施。国家对负面清单之外的外商投资,给予国民待遇。负面清单由国务院发布或者批准发布。中华人民共和国缔结或者参加的国际条约、协定对外国投资者准入待遇有更优惠规定的,可以按照相关规定执行。《外商投资法》第 28 条规定,外商投资准入负面清单规定禁止投资的领域,外国投资者不得投资。外商投资准入负面清单规定限制投资的领域,外国投资者进行投资应当符合负面清单规定的条件。外商投资准入负面清单以外的领域,按照内外资一致的原则实施管理。

2. A。A 选项正确,B 选项错误。《外商投资法》第 34 条规定,国家建立外商投资信息报告制度。外国投资者或者外商投资企业应当通过企业登记系统以及企业信用信息公示系统向商务主管部门报送投资信息。外商投资信息报告的内容和范围按照确有必要的原则确定;通过部门信息共享能够获得的投资信息,不得再行要求报送。

C 选项错误,依据为《外商投资法》第 37 条的规定,外国投资者、外商投资企业违反该法规定,未按照外商投资信息报告制度的要求报送投资信息的,由商务主管部门责令限期改正;逾期不改正的,处 10 万元以上 50 万元以下的罚款。

D 选项错误,依据为《外商投资法》第 38 条的规定,对外国投资者、外商投资企业违反法律、法规的行为,由有关部门依法查处,并按照国家有关规定纳入信用信息系统。

3. D。ABC选项正确，依据为《外商投资法》第4条的规定，国家对外商投资实行准入前国民待遇加负面清单管理制度。前款所称准入前国民待遇，是指在投资准入阶段给予外国投资者及其投资不低于本国投资者及其投资的待遇；所称负面清单，是指国家规定在特定领域对外商投资实施的准入特别管理措施。国家对负面清单之外的外商投资，给予国民待遇。负面清单由国务院发布或者批准发布。中华人民共和国缔结或者参加的国际条约、协定对外国投资者准入待遇有更优惠规定的，可以按照相关规定执行。

D选项错误，该内容为《外商投资法》第40条的规定，但并非国民待遇的内容。

二、1. ABD。ABD选项正确，依据为《外商投资法》第28条的规定，外商投资准入负面清单规定禁止投资的领域，外国投资者不得投资。外商投资准入负面清单规定限制投资的领域，外国投资者进行投资应当符合负面清单规定的条件。外商投资准入负面清单以外的领域，按照内外资一致的原则实施管理。《外商投资法》第36条第1款、第2款规定，外国投资者投资外商投资准入负面清单规定禁止投资的领域的，由有关主管部门责令停止投资活动，限期处分股份、资产或者采取其他必要措施，恢复到实施投资前的状态；有违法所得的，没收违法所得。外国投资者的投资活动违反外商投资准入负面清单规定的限制性准入特别管理措施的，由有关主管部门责令限期改正，采取必要措施满足准入特别管理措施的要求；逾期不改正的，依照前款规定处理。

2. AB。A选项正确，依据为《外商投资法》第10条的规定，制定与外商投资有关的法律、法规、规章，应当采取适当方式征求外商投资企业的意见和建议。与外商投资有关的规范性文件、裁判文书等，应当依法及时公布。

B选项正确，依据为《外商投资法》第15条的规定，国家保障外商投资企业依法平等参与标准制定工作，强化标准制定的信息公开和社会监督。国家制定的强制性标准平等适用于外商投资企业。

C选项错误，不是都要经过相关监管机构审批，依据为《外商投资法》第17条的规定，外商投资企业可以依法通过公开发行股票、公司债券等证券和其他方式进行融资。

D选项错误，并非各级人民政府，而是县级以上人民政府。依据为《外商投资法》第18条的规定，县级以上地方人民政府可以根据法律、行政法规、地方性法规的规定，在法定权限内制定外商投资促进和便利化政策措施。

3. BC。A选项错误，依据为《外商投资法》第29条的规定，外商投资需要办理投资项目核准、备案的，按照国家有关规定执行。

B选项正确，依据为《外商投资法》第30条的规定，外国投资者在依法需要取得许可的行业、领域进行投资的，应当依法办理相关许可手续。有关主管部门应当按照与内资一致的条件和程序，审核外国投资者的许可申请，法律、行政法规另有规定的除外。

C选项正确，依据为《外商投资法》第33条的规定，外国投资者并购中国境内企业或者以其他方式参与经营者集中的，应当依照《反垄断法》的规定接受经营者集中审查。

D选项错误，依据为《外商投资法》第35条的规定，国家建立外商投资安全审查制度，对影响或者可能影响国家安全的外商投资进行安全审查。依法作出的安全审查决定为最终决定。

## 第五章　企业破产法

一、1. A。考查破产程序中不服裁定的上诉。在破产程序中，人民法院作出的裁定，除不予受理破产申请的裁定和驳回破产申请的裁定外，一律不准上诉。

2. A。考查破产案件受理的效力。根据《企业破产法》第20条的规定，人民法院受理破产申请后，已经开始而尚未终结的有关债务人的民事诉讼或者仲裁应当中止；在管理人接管债务人的财产后，该诉讼或者仲裁继续进行。故本题选A选项。

3. D。考查受理破产的效力。法律依据为《企业破产法》第18条的规定。对破产申请受理前成立未履行完毕的合同，管理人有权决定解除或者继续履行，所以A选项错误。管理人自破产申请受理之日起2个月内未通知对方当事人，或者自收到对方当事人催告之日起30日内未答复的，视为解除合同，所以BC选项错误。管理人决定继续履行合同的，对方当事人应当履行。但是，对方当事人有权要求管理人提供担保。管理人不提供担保的，视为解除合同，所以D选项正确。

4. B。考查债权申报的要求。根据《企业破产法》第53条的规定，管理人或者债务人依照该法规定解除合同的，对方当事人以因合同解除所产生的损害赔偿请求权申报债权。

5. C。考查管理人的撤销权。根据《企业破产法》第31条的规定，人民法院受理破产申请前1年内，涉及债务人财产的特定情况的，管理人有权行使撤销权。选项C属于放弃债权，且发生在人民法院受理破产申请前1年之内，因此是可以由管理人撤销的。

6. D。考查共益债务。根据《企业破产法》第42条的规定，人民法院受理破产申请后发生的下列债务，为共益债务：(1)因管理人或者债务人请求对方当事人履行双方均未履行完毕的合同所产生的债务；(2)债务人财产受无因管理所产生的债务；(3)因债务人不当得利所产生的债务;(4)为债务人继续营业而应支付的劳动报酬和社会保险费用以及由此产生的其他债务;(5)管理人或者相关人员执行职务致人损害所产生的债务;(6)债务人财产致人损害所产生的债务。

7. D。考查债权人会议的表决。法律依据为《企业破产法》第97条的规定。通过和解协议属于特别决议,首先由出席会议的有表决权的债权人过半数(本题7人有表决权)同意,并且其所代表的债权额,必须占无财产担保债权总额的2/3以上(本题为3000-900=2100,2/3即1400万元)。

8. A。考查债权人会议对和解协议草案的通过。法律依据为《企业破产法》第64条、第97条的规定。债权人会议的一般决议,由出席会议的有表决权的债权人过半数通过,并且其所代表的债权额,必须占无财产担保债权总额的半数以上;对通过和解协议草案的决议,由出席会议的有表决权的债权人过半数同意,并且其所代表的债权额,必须占无财产担保债权总额的2/3以上。

9. B。考查破产财产的分配。乙公司受偿的金额=破产债权×清偿率=(1900-110-140-1500)÷3000×1000=50万元。

二、1. BCD。考查受理破产的效力。法律依据为《企业破产法》第16条、第19条的规定。人民法院受理破产申请后,债务人不得对个别债权人的债务进行清偿;人民法院受理破产申请后,有关债务人财产的保全措施应当解除,执行程序应当中止。

2. ACD。考查债权申报的规定。根据《企业破产法》第51条第2款的规定,“债务人的保证人或者其他连带债务人尚未代替债务人清偿债务的,以其对债务人的将来求偿权申报债权。但是,债权人已经向管理人申报全部债权的除外”。

3. ABCD。考查债务人财产的范围。债务人财产包括破产申请受理时属于债务人的全部财产,以及破产申请受理后至破产程序终结前债务人取得的财产,题中4项都是债务人财产。

4. AD。考查共益债务的界定。根据《企业破产法》第42条的规定,人民法院受理破产申请后发生的下列债务,为共益债务:(1)因管理人或者债务人请求对方当事人履行双方均未履行完毕的合同所产生的债务;(2)债务人财产受无因管理所产生的债务;(3)因债务人不当得利所产生的债务;(4)为债务人继续营业而应支付的劳动报酬和社会保险费用以及由此产生的其他债务;(5)管理人或者相关人员执行职务致人损害所产生的债务;(6)债务人财产致人损害所产生的债务。本题中,选项B发生在破产受理前,因此不属于共益债务;选项C属于破产费用。

5. ABCD。考查破产费用的特点。题中4项都是破产费用区别于其他费用的特点。

6. ABCD。考查破产费用的范围。破产费用是在破产程序中为债权人共同利益而发生的费用,题中各选项均为破产费用的范围。

7. ABCD。考查管理人的资格。《企业破产法》第24条第1款规定,管理人可以由有关部门、机构的人员组成的清算组或者依法设立的律师事务所、会计师事务所、破产清算事务所等社会中介机构担任。

8. ABC。考查管理人的产生。管理人的指定有随机、竞争和接受推荐三种方式。

9. CD。考查对债务人的特定财产享有担保权的债权人的表决权。根据《企业破产法》第59条第3款的规定,对债务人的特定财产享有担保权的债权人,未放弃优先受偿权利的,对于通过和解协议和破产财产的分配方案的决议没有表决权。

10. ABC。考查债权人会议的召开情形。根据《企业破产法》第62条第2款的规定,第一次债权人会议以后的债权人会议,在人民法院认为必要时,或者管理人、债权人委员会、占债权总额1/4以上的债权人向债权人会议主席提议时召开。所以此题只有D选项是错误的。

11. AB。考查债权人委员会的组成。根据《企业破产法》第67条的规定,债权人委员会由债权人会议选任的债权人代表和1名债务人的职工代表或者工会代表组成。债权人委员会成员不得超过9人。

12. AC。考查破产财产的分配。破产财产分配方案经人民法院裁定认可后,由管理人执行。债权人未受领的破产财产分配额,管理人应当提存。

13. BC。考查破产财产清偿顺序。《企业破产法》第113条第1款和第2款规定,破产财产在优先清偿破产费用和共益债务后,依照下列顺序清偿:(1)破产人所欠职工的工资和医疗、伤残补助、抚恤费用,所欠的应当划入职工个人账户的基本养老保险、基本医疗保险费用,以及法律、行政法规规定应当支付给职工的补偿金;(2)破产人欠缴的除前项规定以外的社会保险费用和破产人所欠税款;(3)普通破产债权。破产财产不足以清偿同一顺序的清偿要求的,按照比例分配。

14. ABCD。考查破产程序的终结情形。题中4项都是《企业破产法》规定的可以终结破产程序的情形。

15. AB。本题主要考查《企业破产法》追回权和抵销权的相关规定。

《企业破产法》第35条规定:“人民法院受理破产申请后,债务人的出资人尚未完全履行出资义务的,管理人应当要求该出资人缴纳所认缴的出资,而不受出资期限的限制。”据此,尽管股东李四出资期限尚未届至,管理人仍应要求李四缴足其所认缴的出资;股东张三也未缴足出资,管理人亦应向其追回未缴足的出资,故A选项、B选项正确。

最高人民法院《关于适用〈中华人民共和国企业破产法〉若干问题的规定(二)》第46条规定:“债务人的股东主张以下列债务与债务人对其负有的债务抵销,债务人管理人提出异议的,人民法院应予支持:(一)债务人股东因欠缴债务人的出资或者抽逃出资对债务人所负的债务;(二)债务人股东滥用股东权利或者关联关系损害公司利益对债务人所负的债务。”据此,股东欠付的出资与公司欠股东的债务不能抵销,故C选项、D选项错误。

综上所述,本题正确答案为AB。

三、1.(1)A。考查别除权。《企业破产法》第109条规定了别除权。A银行对破产企业拥有的实际债本息共240万元(扣除未到期利息20万元)可以就抵押物优先受偿,属于别除权。

(2)B。考查抵销权。《企业破产法》第40条规定了破产抵销权。B公司欠破产企业债务190万元,可以抵销破产企业所欠B公司的债权,属抵销权。

(3)B。考查取回权。《企业破产法》第38条规定了取回权。第2号房屋160万元属于租用B公司的房屋,B公司可以通过管理人行使取回权。

(4)A。考查撤销权。《企业破产法》第31条规定了破产可撤销行为。破产企业主动放弃对G公司的到期债权100万元,该行为为可撤销行为,管理人有权向法院申请撤销该行为。根据《企业破产法》第34条的规定,管理人申请撤销后,有权追回财产。

(5)ABCD。考查债务人财产的范围。《企业破产法》第30条规定,破产申请受理时属于债务人的全部财产,以及破产申请受理后至破产程序终结前债务人取得的财产,为债务人财产。《企业破产法》第107条第2款规定,债务人被宣告破产后,债务人称为破产人,债务人财产称为破产财产,人民法院受理破产申请时对债务人享有的债权称为破产债权。题中各选项都为破产财产。

(6)ABCD。考查破产费用的范围。法律依据为《企业破产法》第41条的规定。题中选项均对应第41条的内容。

2.本题目考查重整程序。

(1)C。《企业破产法》第70条第2款规定,债权人申请对债务人进行破产清算的,在人民法院受理破产申请后、宣告债务人破产前,债务人或者出资额占债务人注册资本1/10以上的出资人,可以向人民法院申请重整。美澳公司属出资占债务人注册资本1/10以上的出资人,有权申请重整。

(2)ACD。《企业破产法》第79条、第80条第1款、第82条规定了有关债务人或管理人提交重整计划草案、债务人制作重整计划草案以及债权人分组对重整计划草案表决。

(3)CD。根据《企业破产法》第84条第2款的规定,符合债权人人数过半,所代表债权额占无财产担保债权总额2/3以上的条件,可通过草案。故A选项不正确。根据《企业破产法》第86条第1款,第87条第1款、第2款的规定可知,CD选项均正确。《企业破产法》第85条第2款规定,重整计划草案涉及出资人权益调整事项的,应当设出资人组,对该事项进行表决。由此可知,只有重整计划草案涉及出资人权益调整的,才应当设出资人组,否则不应设,所以B选项不正确。

(4)ACD。根据《企业破产法》第75条第1款、第77条对于重整期间担保权的行使和重整期间对债务人的出资人、董事、监事、高级管理人员的限制,ACD选项均有误。根据《企业破产法》第75条第2款之规定,重整期间为继续营业而借款的,可以为该借款设定担保,故B选项正确。

## 第六章　票　据　法

一、1.B。考查票据上的法律关系与票据关系。票据关系是指当事人基于票据行为发生的债权债务关系。票据基础关系一般是指票据关系赖以产生的民事基础法律关系,包括票据原因关系、票据预约关系、票据资金关系。票据原因关系是指授受票据的直接当事人之间基于授受票据的理由而产生的法律关系。本题中甲公司和乙公司之间的买卖合同关系是甲公司和乙公司基于授受票据的理由而产生的票据原因关系。

2.D。考查票据的形式。法律依据为最高人民法院《关于审理票据纠纷案件若干问题的规定》(以下简称《审理票据纠纷规定》)第40条第1项的规定。商业汇票上的出票人的签章,为该法人或者该单位的财务专用章或者公章加其法定代表人、单位负责人或者其授权的代理人的签名或者盖章,不符合规定的,签章不具有票据法上的效力。本题中汇票上仅有王某的签章,没有甲公司的公章或者财务专用章,签章不具有票据法上的效力,所以王某和甲公司均不承担票据责任。

3.D。考查票据的变造。法律依据为《票据法》第14条第3款的规定。

4.C。考查票据的抗辩。票据抗辩分为对物的抗辩和对人的抗辩。票据抗辩之对物的抗辩是指因票据本身存在的事由而产生的抗辩,其抗辩事由来自票据这一“物”本身,与票据当事人之间的关系无关。本题中承兑行拒绝付款的理由与票据本身无关,所以不属于对物的抗辩。票据抗辩之对人的抗辩是指因票据义务人与特定的票据权利人之间存在一定关系而发生的抗辩,这种抗辩来源于票据当事人之间存在的一定个人因素的关系而非票据本身,所以仅能向特定的票据权利人主张。本题中承兑行对丙公司的抗辩源于与丙公司之间特定的关系,即承兑行与丙公司之间的债权债务关系,所以属于对人的抗辩。

5. D。考查票据权利的内涵。《票据法》第4条第4款规定，票据权利是指持票人向票据债务人请求支付票据金额的权利，包括付款请求权和追索权。票据权利的内容是要求票据债务人支付一定数量的货币，所以是金钱债权。票据权利一经发生，就与作为有价证券的票据本身合二为一，只有依据证券才能行使票据权利，所以票据权利是证券性权利。票据权利是一种二次性权利，即票据权利首先应向票据主债务人或其他付款义务人行使付款请求权，付款请求得不到实现时，可以向其他债务人行使追索权。付款请求权和追索权有行使的先后顺序，票据权利人不能选择行使，所以D选项的说法不正确。

6. D。考查票据权利的取得。票据权利的取得分为原始取得和继受取得。原始取得是指持票人不经其他任何前手权利人，最初取得票据，包括发行取得和善意取得。发行取得指权利人依出票人的出票行为取得票据权利；善意取得指票据受让人依《票据法》规定的转让方法善意地从无处分权人处取得票据，从而取得票据权利。继受取得是指受让人从有处分权的前手权利人处取得票据，从而取得票据权利。本题中乙公司依甲公司的出票行为取得票据权利，属于原始取得。丙银行通过贴现行为从权利人乙公司处取得票据权利属于继受取得。王某拾得票据不享有票据权利。丁公司从无权利人王某处通过背书取得票据是善意取得，属于原始取得，所以D选项正确。

7. A。考查本票的特征。票据分为自付票据和委付票据。自付票据是出票人承诺自己见票或到期无条件付款的票据；委付票据是出票人承诺委托他人见票或到期无条件付款的票据。《票据法》第73条第1款规定，本票是出票人签发的，承诺自己在见票时无条件支付确定的金额给收款人或者持票人的票据。由此可见，本票是自付票据，所以A选项的说法不正确。根据该款可知，本票仅有即期本票。该条第2款规定："本法所称本票，是指银行本票。"《票据法》第74条规定，本票的出票人必须具有支付本票金额的可靠资金来源，并保证支付。

8. B。考查票据当事人。票据关系的基本当事人是指票据一经成立即已存在的当事人，包括出票人、收款人、付款人。基本当事人在票据法律关系成立时的不存在或欠缺将导致票据法律关系不成立。票据关系的非基本当事人是指票据已经成立，通过出票以外的其他票据行为而加入票据关系中的当事人，包括背书人、保证人等。付款人承兑过后即为承兑人，因此，承兑人是非基本当事人。

9. C。考查票据的对人抗辩。ABD选项的抗辩都基于票据本身，属于对物的抗辩；C选项的抗辩基于持票人本身，属于对人的抗辩。

10. C。考查票据遗失之后的法律措施。A选项不正确，根据《票据法》第15条的规定，只有失票人有权利采取失票后的救济措施。B选项不正确，失票人可以挂失止付，也可以直接申请公示催告。C选项正确，《民事诉讼法》第232条第2款规定，人民法院收到利害关系人的申报后，应当裁定终结公示催告程序，并通知申请人和支付人。D选项不正确，根据《民事诉讼法》第233条的规定，公告期满无人申报权利的，应由失票人申请人民法院作出除权判决，而不是法院主动作出除权判决。

11. D。考查票据签章被伪造的法律后果。票据上有伪造签章的，被伪造人不承担票据责任。如果票据上没有伪造人的真实签章，伪造人也不承担票据责任，所以D选项正确。当然伪造人要承担民事或刑事责任。

12. D。考查票据的文义性。票据具有文义性，即票据上所载权利义务的内容必须严格按照票据上所载文义确定，不允许依据票据记载以外的事实，对行为人的意思作出与票据记载文义不一致的解释，或者对票据所载文义进行补充或变更。即使票据的书面记载内与事实相悖，也必须以该记载事实为准。由此可知，C选项不正确。《票据法》第9条第2款规定，票据金额、日期、收款人名称不得更改，更改的票据无效。所以A选项不正确。至于B选项，在票据上所作的记载属于不产生票据法上效力的记载，虽然可能具有民法上的效力，但是不具有票据法上的效力，即汇票的日期仍以7月1日为准。

13. A。考查票据的贴现规则。票据贴现是指持票人需要资金时，将持有的未到期商业汇票通过背书的方式转让给银行，银行在票据金额中扣除贴现利息后将余款支付给贴现申请人的票据行为。贴现只适用于商业汇票，不适用于银行汇票（该制度对银行汇票没有必要），所以A选项的说法不正确。贴现须通过背书方式，由持票人转让给银行，所以BC选项的说法正确。票据贴现实际上是银行通过贴现的方式给持票人以贷款，是银行的一种授信行为，所以D选项的说法正确。

14. C。考查票据的背书规则。《票据法》第29条第2款规定，背书未记载日期的，视为在汇票到期日前背书。所以C选项正确。

15. D。本题主要考查《票据法》的相关规定。

根据《票据法》第11条，"因税收、继承、赠与可以依法无偿取得票据的，不受给付对价的限制。但是，所享有的票据权利不得优于其前手的权利"的规定，尽管北公司无价取得票据，但其仍然享有不优于西公司的票据权利，因此A选项错误。

《票据法》第57条规定："付款人及其代理付款人付款时，应当审查汇票背书的连续，并审查提示付款人的合法身份证明或者有效证件。付款人及其代理付款人以恶意或者有重大过失付款的,应当自行承担责任。”根据题干所述信息不能判断承兑银行存在明显过失,因此不得据此判断承兑银行应当承担责任,故B选项错误。

《票据法》第61条规定:“汇票到期被拒绝付款的,持票人可以对背书人、出票人以及汇票的其他债务人行使追索权。汇票到期日前,有下列情形之一的,持票人也可以行使追索权:(一)汇票被拒绝承兑的;(二)承兑人或者付款人死亡、逃匿的;(三)承兑人或者付款人被依法宣告破产的或者因违法被责令终止业务活动的。”第15条规定:“票据丧失,失票人可以及时通知票据的付款人挂失止付,但是,未记载付款人或者无法确定付款人及其代理付款人的票据除外。收到挂失止付通知的付款人,应当暂停支付。失票人应当在通知挂失止付后三日内,也可以在票据丧失后,依法向人民法院申请公示催告,或者向人民法院提起诉讼。”据此,北公司票据灭失的情况不符合上述行使追索权的前提条件,其应当采取挂失支付、公示催告或提起诉讼的票据救济措施,故C选项错误。

根据《票据法》第14条第1款、第2款“票据上的记载事项应当真实,不得伪造、变造。伪造、变造票据上的签章和其他记载事项的,应当承担法律责任。票据上有伪造、变造的签章的,不影响票据上其他真实签章的效力”的规定,张某以非法占有为目的,恶意伪造票据签章,违反国家效力性强制性规定,其法律行为无效,D选项正确。

综上所述,本题应选D选项。

二、1. BC。考查票据权利的取得规则。A选项错误,BC选项正确。法律依据为《票据法》第11条第1款的规定,因税收、继承、赠与可以依法无偿取得票据的,不受给付对价的限制。但是,所享有的票据权利不得优于其前手的权利。由此可知,无偿取得票据的,不能如有偿取得票据一样主张抗辩切断和善意取得。D选项错误。《票据法》第12条规定,以欺诈、偷盗或者胁迫等手段取得票据的,或者明知有前列情形,出于恶意取得票据的,不得享有票据权利。持票人因重大过失取得不符合该法规定的票据的,也不得享有票据权利。由此可知,仅有轻过失取得不合法票据的,可以享有票据权利,所以D选项不正确。

2. ABD。考查追索权的行使。法律依据为《票据法》第61条对行使追索权的情形的规定。

3. ABC。考查票据权利的消灭。法律依据为《票据法》第17条、第60条、第65条的规定。《票据法》第60条规定,付款人依法足额付款后,全体汇票债务人的责任解除。所以付款是票据权利消灭的原因,A选项正确。《票据法》第17条规定,票据权利因权利时效期间届满而消灭,汇票持票人对出票人的权利时效期间为自出票日起2年,所以B选项正确。《票据法》第65条规定,持票人不能出示拒绝证明、退票理由书或者未按照规定期限提供其他合法证明的,丧失对其前手的追索权,所以C选项正确。票据权利人遗失了票据,可以通过公示催告、提起诉讼等方式保全自己的票据权利,并不必然丧失票据权利,所以D选项不正确。

4. BD。考查支票的记载事项。法律依据为《票据法》第84条至第86条第1款的规定。支票必须记载下列事项:表明“支票”的字样;无条件支付的委托;确定的金额;付款人名称;出票日期;出票人签章。支票上未记载前款规定事项之一的,支票无效。支票上的金额可以由出票人授权补记,未补记前的支票,不得使用。支票上未记载收款人名称的,经出票人授权,可以补记。由此可知,票据金额与收款人名称属于支票的必要记载事项,但是经出票人授权,可以由他人补记,若未补记则票据无效,不得使用。

5. BCD。考查票据背书委托收款时的基本规则。根据《票据法》第35条第1款的规定,背书记载“委托收款”字样的,被背书人有权代背书人行使被委托的汇票权利。但是,被背书人不得再以背书转让汇票权利。根据该款规定,委托收款背书的被背书人取得的是代背书人行使汇票权利的代理权,而不是票据权利。所以A选项不正确,B选项正确。委托收款背书的被背书人不得背书转让票据权利,所以D选项正确。根据《审理票据纠纷规定》第50条的规定,委托收款背书的被背书人再次委托收款背书的,原背书人对后手的被背书人不承担票据责任。所以C选项正确。

6. ABC。考查票据的涂销。我国《票据法》并未规定票据的涂销,因此涂销只能适用有关票据更改的规定。《票据法》第9条第3款规定,对票据上的其他记载事项,原记载人可以更改,更改时应当由原记载人签章证明。因此只有丙公司有权涂销自己的签章,其他人无权涂销,所以B选项正确。《票据法》第57条第1款规定,付款人及其代理付款人付款时,应审查背书的连续性。丁公司将丙公司的签章涂销,汇票上只显示乙公司背书给丙公司,而没有丙公司背书给丁公司的签章,背书不连续,付款行有权拒绝付款,所以A选项正确。我国《票据法》虽未规定持票人故意涂销前手的签章可免除前手对涂销人的责任,但是被涂销人在票据上已没有签章,而且涂销系权利人故意所为,权利人当然不能再向被涂销的前手主张权利,所以C选项正确。票据并不因为涂销一个行为人的签章而无效,所以D选项不正确。

7. AD。考查票据的期后背书。《票据法》第36条规定,汇票被拒绝承兑、被拒绝付款或者超过付款提示期限的,不得背书转让;背书转让的,背书人应当承担汇票责任。《审理票据纠纷规定》第57条规定,依据《票据法》第36条的规定,票据被拒绝承兑、被拒绝付款或者超过提示付款期限,票据持有人背书转让的,背书人应当承担票据责任。由此可知,AD选项正确。

8. ABD。考查票据的挂失止付规则。《票据管理实施办法》第21条规定,付款人或者代理付款人在收到挂失止付通知书前,已经依法向持票人付款的,不再接受挂失止付。《票据法》第15条第2款和第3款规定,收到挂失止付通知的付款人,应当暂停支付。失票人应当在通知挂失止付后3日内,也可以在票据丧失后,依法向人民法院申请公示催告,或者向人民法院提起诉讼。由此可知,ABD选项都是正确的。《审理票据纠纷规定》第23条规定,票据丧失后,失票人直接向人民法院申请公示催告或者提起诉讼的,人民法院应当依法受理。因此,挂失止付不是公示催告的必经程序,所以C选项错误。

9. BC。考查票据的保证。根据《票据法》第47条的规定,保证人未在汇票上记载被保证人的,汇票被承兑的,承兑人为被保证人;汇票未被承兑的,出票人为被保证人。所以B选项正确。《票据法》第51条规定,保证人为2人以上的,保证人之间承担连带责任。虽然两个保证人在汇票上记载了保证份额,但这种约定只能视为保证的条件。根据《票据法》第48条的规定,保证附条件的,不影响对汇票的保证责任。所以C选项正确。

10. ABCD。考查禁止转让的票据。《票据法》第27条第2款规定,出票人在汇票上记载"不得转让"字样的,汇票不得转让。《票据法》第36条规定,汇票被拒绝承兑、被拒绝付款或者超过付款提示期限的,不得背书转让;背书转让的,背书人应当承担汇票责任。所以ABCD选项均正确。

11. CD。考查限制行为能力人签章的效力。《票据法》第6条规定,无民事行为能力人或者限制民事行为能力人在票据上签章的,其签章无效,但是不影响其他签章的效力。因此张某的签章无效,其不承担票据责任,监护人当然也不承担票据责任。《票据法》第106条规定,依照该法规定承担赔偿责任以外的其他违反该法规定的行为,给他人造成损失的,应当依法承担民事责任。限制行为能力人在票据上签章给他人造成损失的,应当承担民事赔偿责任,因为其不具有完全民事行为能力,故由其监护人承担民事赔偿责任。

12. AC。考查票据权利的内涵。根据《票据法》第4条第4款的规定,付款请求权和追索权都是票据权利,A选项正确;票据权利只能由持票人行使,所以C选项正确。根据《票据法》第61条第2款的规定,没有行使请求权,只要符合条件也可以行使追索权,B选项不正确。根据《票据法》第69条的规定,持票人为出票人的,对其前手无追索权。持票人为背书人的,对其后手无追索权。D选项不正确。

13. AD。考查无效的票据行为的情形。票据是无条件付款的有价证券,《票据法》规定汇票、本票和支票上都应有无条件委托付款或无条件付款的字样,付款如附条件,则出票行为无效。《票据法》第33条第1款规定,背书不得附有条件。背书时附有条件的,所附条件不具有汇票上的效力。背书附条件,所附条件在票据法上无效,但背书行为有效。《票据法》第43条规定,付款人承兑汇票,不得附有条件;承兑附有条件的,视为拒绝承兑。承兑附条件,承兑无效。《票据法》第48条规定,保证不得附有条件;附有条件的,不影响对汇票的保证责任。保证附条件,条件在票据法上无效,但保证行为有效。

14. ABCD。考查票据的付款规则。《票据法》第57条规定,付款人及其代理付款人付款时,应当审查汇票背书的连续,并审查提示付款人的合法身份证明或者有效证件。付款人及其代理付款人以恶意或者有重大过失付款的,应当自行承担责任。故A选项正确。《审理票据纠纷规定》第68条第1款规定,付款人或者代理付款人未能识别出伪造、变造的票据或者身份证件而错误付款,属于《票据法》第57条规定的"重大过失",给持票人造成损失的,应当依法承担民事责任。付款人或者代理付款人承担责任后有权向伪造者、变造者依法追偿。由此可知D选项正确。《票据法》第58条规定,对定日付款、出票后定期付款或者见票后定期付款的汇票,付款人在到期日前付款的,由付款人自行承担所产生的责任。所以B选项正确。根据《审理票据纠纷规定》第69条可知,在公示催告期间对公示催告的票据付款的,付款人自行承担责任。故C选项正确。

15. ABD。考查票据权利的抗辩。《票据法》第14条第2款规定,票据上有伪造、变造的签章的,不影响票据上其他真实签章的效力。丙伪造乙的签章无效,不影响甲和丙的签章的效力,因此贴现行为有效,A银行取得票据权利。由于丙不享有票据权利,因此丙是无权处分人,A银行取得票据权利不是继受丙的权利而是善意取得,所以A选项正确。由于B银行未承兑,因此B银行仍只是关系人不是债务人,不负担任何票据债务,所以B选项正确。丙伪造了乙的签章,票据上没有乙的真实签章,乙不承担票据责任,所以C选项不正确。丙除伪造乙的签章外,在票据上还有自己的真实签章,所以丙应当承担票据责任,根据《票据法》第102条的规定,丙伪造乙的签章构成伪造票据,应承担刑事责任;根据《票据法》第106条的规定,还应当承担民事责任,所以D选项正确。

16. BCD。考查票据背书的规则。《票据法》第33条规定,背书不得附有条件。背书时附有条件的,所附条件不具有汇票上的效力。将汇票金额的一部分转让的背书或者将汇票金额分别转让给2人以上的背书无效。根据《审理票据纠纷规定》第47条的规定,出票人在票据上记载“不得转让”字样，持票人背书转让的，背书无效。故BCD选项正确。

17. CD。考查票据的背书规则。《票据法》第27条第2款规定，出票人在汇票上记载“不得转让”字样的，汇票不得转让。故A选项中行为不具有票据法上的效力，不当选。《票据法》第33条第2款规定，将汇票金额的一部分转让的背书或者将汇票金额分别转让给2人以上的背书无效。故B选项中行为不具有票据法上的效力，不当选。《票据法》第36条规定，汇票被拒绝承兑、被拒绝付款或者超过付款提示期限的，不得背书转让；背书转让的，背书人应当承担汇票责任。故期后背书由背书人承担汇票责任，其并非不产生票据法上的效力。故C选项当选。《票据法》第93条第1款规定，支票的背书、付款行为和追索权的行使，除该法第4章规定外，适用该法第2章有关汇票的规定。故D选项中的行为具有票据法上的效力，当选。

18. ABCD。本题主要考查《票据法》的相关规定。

《票据法》第60条规定：“付款人依法足额付款后，全体汇票债务人的责任解除。”根据题干银行为付款人，只有当银行依法足额付款后，全体债务人包括B的责任才得以解除，债务人责任非因转让票据行为而消灭，故A选项错误。

根据《票据法》第4条第5款“本法所称票据责任，是指票据债务人向持票人支付票据金额的义务”，第62条第2款“持票人提示承兑或者提示付款被拒绝的，承兑人或者付款人必须出具拒绝证明，或者出具退票理由书。未出具拒绝证明或者退票理由书的，应当承担由此产生的民事责任”的规定，银行口头拒绝承兑未出具证明应当承担未出具证明产生的民事责任，而非承担票据责任，故B选项错误。

根据《票据法》第36条“汇票被拒绝承兑、被拒绝付款或者超过付款提示期限的，不得背书转让；背书转让的，背书人应当承担汇票责任”的规定，题干中由于票据已被银行拒绝承兑，因此不得背书转让，B就被拒绝承兑的汇票进行背书转让，但该行为并非无效，而产生B承担汇票责任的结果，即B应向C支付票据金额，故C选项、D选项错误。

综上所述，本题应选ABCD。

## 第七章 证 券 法

一、1. D。考查证券投资基金。法律依据为《证券投资基金法》第3条第3款、第12条第3款、第17条第3款、第32条第3款、第35条的规定。A选项说法错误，《证券投资基金法》第3条第3款规定，公开募集基金的基金份额持有人按其所持基金份额享受收益和承担风险，非公开募集基金的收益分配和风险承担由基金合同约定。BC选项错误，法律依据为《证券投资基金法》第12条第1款、第32条第1款、第35条的规定。基金管理人由依法设立的公司或者合伙企业担任。基金托管人由依法设立的商业银行或者其他金融机构担任。基金管理人和基金托管人之间存在制约关系，因此不得为同一机构。基金托管人不限于商业银行，也可以是其他金融机构。D选项说法正确，法律依据为《证券投资基金法》第17条第1款规定：公开募集基金的基金管理人的董事、监事、高级管理人员和其他从业人员，其本人、配偶、利害关系人进行证券投资，应当事先向基金管理人申报，并不得与基金份额持有人发生利益冲突。

2. A。考查证券投资基金的投资范围。法律依据为《证券投资基金法》第72条、第73条的规定。

3. D。考查董事违法行为的归入权以及股东代表诉讼。法律依据为《证券法》第44条。ABC选项说法正确，D选项中股东应当以自己的名义提起诉讼，而不是以公司的名义。

4. B。考查证券交易的风险基金的设置。风险基金由证券交易所理事会而非证券交易所会员大会管理，故B选项错误。其他都符合法律的规定。《证券法》第114条规定，证券交易所应当从其收取的交易费用和会员费、席位费中提取一定比例的金额设立风险基金。风险基金由证券交易所理事会管理。风险基金提取的具体比例和使用办法，由国务院证券监督管理机构会同国务院财政部门规定。证券交易所应当将收存的风险基金存入开户银行专门账户，不得擅自使用。

5. B。考查证券公司承销证券的法律责任。A选项正确。《证券法》第29条第1款规定，证券公司承销证券，应当对公开发行募集文件的真实性、准确性、完整性进行核查。发现有虚假记载、误导性陈述或者重大遗漏的，不得进行销售活动；已经销售的，必须立即停止销售活动，并采取纠正措施。B选项错误，CD选项正确。证券公司与发行人之间是合同关系。《证券法》第28条规定，证券公司承销证券，应当同发行人签订代销或者包销协议，载明下列事项：(1)当事人的名称、住所及法定代表人姓名；(2)代销、包销证券的种类、数量、金额及发行价格；(3)代销、包销的期限及起止日期；(4)代销、包销的付款方式及日期；(5)代销、包销的费用和结算办法；(6)违约责任；(7)国务院证券监督管理机构规定的其他事项。本题目中为包销证券。虽然双方有若由于发行股票资料的真实性、准确性、完整性以及其他由于承销方过错引起的法律责任由乙来承担的约定，但是依据《证券法》第19条的规定，发行人报送的证券发行申请文件，应当充分披露投资者作出价值判断和投资决策所必需的信息，内容应当真实、准确、完整。为证券发行出具有关文件的证券服务机构和人员，必须严格履行法定职责，保证所出具文件的真实性、准确性和完整性。即便有约定，发行人甲不能因与他人的约定而免除自己的法定义务和责任。所以本题目中对于文件有重大遗漏造成的49万余元的损失，应当由甲负主要责任。乙在销售股票前并未发现文件中有重大遗漏，而是在销售中才发现有重大遗漏，属于对文件的真实性、准确性、完整性未尽核查义务，故应当负次要责任。本题目选择错误答案，所以B选项当选。

二、1. ACD。考查操纵市场行为的判断及法律责任。《证券法》第55条规定，禁止任何人以下列手段操纵证券市场，影响或者意图影响证券交易价格或者证券交易量：(1)单独或者通过合谋，集中资金优势、持股优势或者利用信息优势联合或者连续买卖；(2)与他人串通，以事先约定的时间、价格和方式相互进行证券交易；(3)在自己实际控制的账户之间进行证券交易……(8)操纵证券市场的其他手段。操纵证券市场行为给投资者造成损失的，应当依法承担赔偿责任。A选项属于《证券法》第55条第1款第1项的情形，正确。B选项不属于《证券法》第55条第1款第2项的情形，因为二人并未串通，实为巧合，故B选项错误。C选项符合《证券法》第55条第2款的规定，故正确。D选项符合《证券法》第192条对操纵市场的规定，故正确。

2. CD。考查证券内幕交易。《证券法》第51条规定了内幕信息的知情人员的范围。因张某持有的不是股票，而是债券，所以不属于内幕信息的知情人员。依据《公司法》第216条的规定，王某不属于控股公司的高级管理人员，所以不是内幕信息的知情人员。李某持有的股份超过了5%，属于《证券法》第51条第2项规定的知情人员。赵某由于职务可以获取公司有关交易信息，属于《证券法》第51条第4项规定的知情人员。

3. BCD。考查基金份额持有人大会的基本规则。A选项说法错误，B选项说法正确，基金份额持有人大会一般由基金管理人召集，代表1/10以上的基金份额持有人有权利自行召集。法律依据为《证券投资基金法》第83条规定，基金份额持有人大会由基金管理人召集。基金份额持有人大会设立日常机构的，由该日常机构召集；该日常机构未召集的，由基金管理人召集。基金管理人未按规定召集或者不能召集的，由基金托管人召集。代表基金份额10%以上的基金份额持有人就同一事项要求召开基金份额持有人大会，而基金份额持有人大会的日常机构、基金管理人、基金托管人都不召集的，代表基金份额10%以上的基金份额持有人有权自行召集，并报国务院证券监督管理机构备案。C选项说法正确，法律依据为《证券投资基金法》第85条第1款的规定，基金份额持有人大会可以采取现场方式召开，也可以采取通讯等方式召开。D选项说法正确，法律依据为《证券投资基金法》第86条第1款的规定，基金份额持有人大会应当有代表1/2以上基金份额的持有人参加，方可召开。

4. ABCD。考查非公开募集基金的基本规则。A选项说法正确，法律依据为《证券投资基金法》第87条第1款的规定，非公开募集基金应当向合格投资者募集，合格投资者累计不得超过200人。B选项说法正确，法律依据为《证券投资基金法》第88条的规定，除基金合同另有约定外，非公开募集基金应当由基金托管人托管。C选项说法正确，法律依据为《证券投资基金法》第91条的规定，非公开募集基金，不得向合格投资者之外的单位和个人募集资金，不得通过报刊、电台、电视台、互联网等公众传播媒体或者讲座、报告会、分析会等方式向不特定对象宣传推介。D选项说法正确，法律依据为《证券投资基金法》第93条第1款的规定，按照基金合同约定，非公开募集基金可以由部分基金份额持有人作为基金管理人负责基金的投资管理活动，并在基金财产不足以清偿其债务时对基金财产的债务承担无限连带责任。

5. ABCD。考查上市公司的收购规则。A选项符合《证券法》第63条第2款的规定，故正确。B选项符合《证券法》第65条第1款的规定，故正确。C选项符合《证券法》第67条的规定，故正确。D选项符合《证券法》第76条第1款的规定，故正确。

三、1. 考查公司证券上市和信息披露义务。

(1)CD。根据《证券法》第80条第2款的规定，董事发生变动、董事会决议被撤销构成应公告的重大事项，公司应向证券监督管理机构和证券交易场所报送临时报告，故CD选项均正确。而A选项属于第52条规定的内幕信息；B选项中应是司法机关立案调查，并非纪检部门调查。

(2)ABC。根据《证券法》第80条第1款的规定，D选项解决办法不是应说明的事项，故不正确。

2. 考查股票的发行和一般上市规则。

(1)ABC。法律依据是《证券法》第63条第1款。D选项的期限错误，应当是甲公司持有乙公司5%的股票之日起3日内而不是5日内不得买卖。

(2)ABD。法律依据为《证券法》第63条第2款。甲公司2014年2月13日方报告，因此2014年2月16日前(不含2月16日)不能买卖乙公司的股票。

(3)D。法律依据为《证券法》第67条至第70条。要约收购期限不得超过60日，承诺期限内不得撤销收购要约，收购条件适用于被收购公司所有股东。故ABC选项皆错误。

(4)ABD。法律依据为《证券法》第74条第1款、第75条、第76条。C选项错在根据《证券法》第75条的规定，在上市公司收购中，收购人持有的被收购的上市公司的股票，在收购行为完成后的18个月内不得转让，而非6个月内不得转让。

# 第八章　保　险　法

一、1. A。考查保险利益原则。法律依据为《保险法》第12条、第31条。

2. D。考查保险价值的理解。法律依据为《保险法》第55条第4款。本题中保险金额低于保险价值,保险人应按照比例承担责任,即8万元。

3. A。考查保险合同的解除。《保险法》第52条第1款规定,在合同有效期内,保险标的危险程度显著增加的,被保险人应当按照合同约定及时通知保险人,保险人有权要求增加保险费或者解除合同。可见,即使被保险人尽了及时通知的义务,保险公司也可以解除合同,故A选项正确。《保险法》第27条第3款规定,保险事故发生后,投保人、被保险人或者受益人以伪造、变造的有关证明、资料或者其他证据,编造虚假的事故原因或者夸大损失程度的,保险人对其虚报的部分不承担赔偿或者给付保险金的责任。可见,投保人虚报损失的,仅免除保险人对虚报部分的责任,对整个合同,其并无解除权,故B选项错误。《保险法》第16条第5款规定,投保人因重大过失未履行如实告知义务,对保险事故的发生有严重影响的,保险人对于合同解除前发生的保险事故,不承担赔偿或者给付保险金的责任,但应当退还保险费。C选项中提到的"副驾驶座位的靠座损坏"并不属于"对保险事故的发生有严重影响"的事实,故保险公司无解除权,C选项错误。保险金额超过保险车辆价值的,保险赔付以保险价值为最高限。该条件不构成保险公司解除合同的事由,D选项错误。

4. C。考查人身保险合同与保险代位求偿权。法律依据为《保险法》第46条的规定,被保险人因第三者的行为而发生死亡、伤残或者疾病等保险事故的,保险人向被保险人或者受益人给付保险金后,不享有向第三者追偿的权利,但被保险人或者受益人仍有权向第三者请求赔偿。

5. B。考查保险金先行赔付的规则。法律依据为《保险法》第25条的规定,保险人自收到赔偿或者给付保险金的请求和有关证明、资料之日起60日内,对其赔偿或者给付保险金的数额不能确定的,应当根据已有证明和资料可以确定的数额先予支付;保险人最终确定赔偿或者给付保险金的数额后,应当支付相应的差额。因此,先行赔付之后,保险人的赔付责任并没有解除,其承担着最后的补差责任,故B选项不正确。

6. D。考查对保险合同受益人的理解。法律依据为《保险法》第18条第3款。受益人仅是享有保险金请求权的人,不需要具有行为能力,也不需要对保险标的具有保险利益。

7. D。考查保险合同双方当事人的知情权。法律依据为《保险法》第16条的规定。根据该条第4款规定,投保人故意不履行如实告知义务的,保险人对于合同解除前发生的保险事故,不承担赔偿或给付保险金的责任,并不退还保费。故D选项错误。

8. D。根据《保险法》第16条第3款的相关规定,自合同成立之日起超过2年的,保险人不得解除合同;发生保险事故的,保险人应当承担赔偿或者给付保险金的责任。此法律条款即保险业界称的"两年不可抗辩条款"。在本案中,曲某的投保日期为2016年5月9日,保险公司作出理赔决定的日期为2018年5月22日,二者的时间间隔已经超过了2年,因此保险公司拒付的行为明显违反了法律规定,法律上并无故意还是过失未履行如实告知义务能够不受时效抗辩的说法,因此A选项正确,D选项错误。其他两个选项符合案件的事实,正确,不当选。

9. A。本题主要考查《保险法》机动车商业保险的相关规定。

《保险法》第26条第1款规定:"人寿保险以外的其他保险的被保险人或者受益人,向保险人请求赔偿或者给付保险金的诉讼时效期间为二年,自其知道或者应当知道保险事故发生之日起计算。"由于2011年发生保险事故,2015年医院才发现保险附加保单,中间已过4年,超过上述2年诉讼时效,故保险公司可就已过诉讼时效进行抗辩,故A选项正确。

《保险法》第2条规定:"本法所称保险,是指投保人根据合同约定,向保险人支付保险费,保险人对于合同约定的可能发生的事故因其发生所造成的财产损失承担赔偿保险金责任,或者当被保险人死亡、伤残、疾病或者达到合同约定的年龄、期限等条件时承担给付保险金责任的商业保险行为。"因此,保险合同应当支付对价,尽管题干中述明"随行安全险"附加险是保险公司赠送的,但是实践操作中,附加险的保险费往往囊括在保险主合同的费用中,附加险是不能单独投保的险种,仅能附加于主险投保,主险与附加险的关系一般为主合同与补充合同的关系,故附加险具有同样的合同约束力,且一方当事人不得以未支付对价进行抗辩,B选项错误。

《保险法》第60条规定:"因第三者对保险标的的损害而造成保险事故的,保险人自向被保险人赔偿保险金之日起,在赔偿金额范围内代位行使被保险人对第三者请求赔偿的权利。前款规定的保险事故发生后,被保险人已经从第三者取得损害赔偿的,保险人赔偿保险金时,可以相应扣减被保险人从第三者已取得的赔偿金额。保险人依照本条第一款规定行使代位请求赔偿的权利,不影响被保险人就未取得赔偿的部分向第三者请求赔偿的权利。"甲造成交通事故,保险公司有权代该医院向甲行使求偿权,但不得以此进行抗辩和不理赔保险费用,故C选项错误。

《民法典》第1213条规定:“机动车发生交通事故造成损害,属于该机动车一方责任的,先由承保机动车强制保险的保险人在强制保险责任限额范围内予以赔偿;不足部分,由承保机动车商业保险的保险人按照保险合同的约定予以赔偿;仍然不足或者没有投保机动车商业保险的,由侵权人赔偿。”故从赔偿顺位来看机动车发生交通事故造成损害的,应当先就交强险范围赔偿,不足的才由第三人商业责任险进行赔偿。此外,根据前述分析,主附保险是同一合同的条款内容,均应根据保险条款进行理赔,而非只理赔主险,故D选项错误。

综上所述,本题应选A选项。

二、1. AC。考查保险事故发生时被保险人的义务。法律依据为《保险法》第57条的规定:保险事故发生时,被保险人应当尽力采取必要的措施,防止或减少损失。保险事故发生后,被保险人为防止或减少保险标的的损失所支付的必要的、合理的费用,由保险人承担;保险人所承担的费用数额在保险标的损失赔偿金额以外另行计算,最高不超过保险金额的数额。

2. ABD。考查人身保险合同保单的现金价值。《保险法》第32条第1款规定:投保人申报的被保险人年龄不真实,并且其真实年龄不符合合同约定的年龄限制的,保险人可以解除合同,并按照合同约定退还保险单的现金价值。保险人行使合同解除权,适用该法第16条第3款、第6款的规定。故A选项正确当选。《保险法》第37条规定:合同效力依照该法第36条规定中止的,经保险人与投保人协商并达成协议,在投保人补交保险费后,合同效力恢复。但是,自合同效力中止之日起满2年双方未达成协议的,保险人有权解除合同。保险人依照前款规定解除合同的,应当按照合同约定退还保险单的现金价值,故B选项正确当选。《保险法》第44条规定:以被保险人死亡为给付保险金条件的合同,自合同成立或者合同效力恢复之日起2年内,被保险人自杀的,保险人不承担给付保险金的责任,但被保险人自杀时为无民事行为能力人的除外。保险人依照前款规定不承担给付保险金责任的,应当按照合同约定退还保险单的现金价值。该条的适用须为以被保险人死亡为给付保险金条件的合同,并非所有的人身保险合同都适用,故C选项错误不当选。《保险法》第47条规定:投保人解除合同的,保险人应当自收到解除合同通知之日起30日内,按照合同约定退还保险单的现金价值。故D选项正确当选。

3. BCD。考查保险金的赔付规则。法律依据为《保险法》第57条规定:保险事故发生时,被保险人应当尽力采取必要的措施,防止或者减少损失。保险事故发生后,被保险人为防止或者减少保险标的的损失所支付的必要的、合理的费用,由保险人承担;保险人所承担的费用数额在保险标的损失赔偿金额以外另行计算,最高不超过保险金额的数额。本题目中保险标的的损失为80万元,采取必要措施的费用为36万元,依据上述法条,保险人应当承担该费用,该费用在保险标的损失赔偿金额之外另行计算,故80万元保险标的损失,再加上36万元的必要措施费用(在80万元之内)共计116万元,都应由保险公司承担。因此A选项说法正确,其余错误。选误,故BCD选项当选。

4. AD。考查保险公司的经营规则。《保险法》第97条规定:保险公司应当按照其注册资本总额的20%提取保证金,存入国务院保险监督管理机构指定的银行,除公司清算时用于清偿债务外,不得动用。故A选项正确。《保险法》第100条规定,保险公司应当缴纳保险保障基金。保险保障基金应当集中管理,并在下列情形下统筹使用:(1)在保险公司被撤销或者被宣告破产时,向投保人、被保险人或者受益人提供救济;(2)在保险公司被撤销或者被宣告破产时,向依法接受其人寿保险合同的保险公司提供救济;(3)国务院规定的其他情形。保险保障基金筹集、管理和使用的具体办法,由国务院制定。保险保障金除提供救济外,还有其他用途,故B选项错误。《保险法》第102条规定:经营财产保险业务的保险公司当年自留保险费,不得超过其实有资本金加公积金总和的4倍。该条并不包括经营人身保险业务的公司,故C选项错误。《保险法》第103条规定:保险公司对每一危险单位,即对一次保险事故可能造成的最大损失范围所承担的责任,不得超过其实有资本金加公积金总和的10%;超过的部分应当办理再保险。保险公司对危险单位的划分应当符合国务院保险监督管理机构的规定,故D选项正确。

5. AD。考查保险人的特殊规定。《保险法》第38条规定:保险人对人寿保险的保险费,不得用诉讼方式要求投保人支付。财产保险并无此规定,故对A选项问题应给予否定的回答,A选项当选。《保险法》第15条规定:除《保险法》另有规定或者保险合同另有约定外,保险合同成立后,保险人不得解除保险合同。B选项问题需要进一步的条件才能得出判断而非简单回答对或错,故B选项不当选。《保险法》第36条规定:合同约定分期支付保险费,投保人支付首期保险费后,除合同另有约定外,投保人自保险人催告之日起超过30日未支付当期保险费,或者超过约定的期限60日未支付当期保险费的,合同效力中止,或者由保险人按照合同约定的条件减少保险金额。被保险人在前款规定期限内发生保险事故的,保险人应当按照合同约定给付保险金,但可以扣减欠交的保险费。故C选项的问题应给予肯定的回答,C选项不当选。《保险法》第19条规定,采用保险人提供的格式条款订立的保险合同中的下列条款无效:(1)免除保险人依法应承担的义务或者加重投保人、被保险人责任的；(2)排除投保人、被保险人或者受益人依法享有的权利的。故D选项的回答应是否定的。

6. ACD。考查保险代位权的抗辩理由。A选项当选，《保险法》第62条规定：除被保险人的家庭成员或者其组成人员故意造成该法第60条第1款规定的保险事故以外，保险人不得对被保险人的家庭成员或者其组成人员行使代位请求赔偿的权利。代位求偿权是财产保险中特有的问题，人身保险中因为人的生命无法以金钱计算与衡量，故不存在代位求偿权的问题。代位求偿权并非对任何第三人均可主张。被保险人的家庭成员或者组成人员，如果不是故意制造了保险事故，保险人是不得对其行使代位求偿权的。在财产保险中如果第三人是被保险人的家庭成员或组成人员，除非保险人能够证明他们故意制造事故，否则也不能适用代位求偿权。B选项不选，《保险法》第61条第1款、第2款规定：保险事故发生后，保险人未赔偿保险金之前，被保险人放弃对第三者请求赔偿的权利的，保险人不承担赔偿保险金的责任。保险人赔偿之后，被保险人未经保险人同意放弃对第三者赔偿请求权的，该放弃行为无效。保险人依然可以代位求偿。C选项当选，《保险法》第46条规定：被保险人因第三者的行为而发生死亡、伤残或者疾病等保险事故的，保险人向被保险人或者受益人给付保险金后，不享有向第三者追偿的权利，但被保险人或者受益人仍有权向第三者请求赔偿。在人身保险的情况下，因第三者行为发生的事故，保险人不得向第三者追偿。D选项当选，《保险法》第65条第3款、第4款规定：责任保险的被保险人给第三者造成损害，被保险人未向该第三者赔偿的，保险人不得向被保险人赔偿保险金。责任保险是指以被保险人对第三者依法应负的赔偿责任为保险标的的保险。责任保险中保险人承担责任后不能向被保险人追偿。据此ACD选项是不能实行代位求偿权的情形，为应选项；B选项是可以行使代位求偿权的情形，为不应选的项。

7. ABD。考查保险事故发生时相关责任人的义务。《保险法》第21条规定：投保人、被保险人或者受益人知道保险事故发生后，应当及时通知保险人。故意或者因重大过失未及时通知，致使保险事故的性质、原因、损失程度等难以确定的，保险人对无法确定的部分，不承担赔偿或者给付保险金的责任，但保险人通过其他途径已经及时知道或者应当及时知道保险事故发生的除外。通知义务人中无保险代理人，故A选项错误。重大过失才适用上述条款，故B选项错误。《保险法》第27条第1款规定：未发生保险事故，被保险人或者受益人谎称发生了保险事故，向保险人提出赔偿或者给付保险金请求的，保险人有权解除合同，并不退还保险费。故C选项正确。《保险法》第52条规定：在合同有效期内，保险标的的危险程度显著增加的，被保险人应当按照合同约定及时通知保险人，保险人可以按照合同约定增加保险费或者解除合同。保险人解除合同的，应当将已收取的保险费，按照合同约定扣除自保险责任开始之日起至合同解除之日止应收的部分后，退还投保人。被保险人未履行前款规定的通知义务的，因保险标的的危险程度显著增加而发生的保险事故，保险人不承担赔偿保险金的责任。注意该条适用的通知义务人是被保险人，只有被保险人最了解保险标的的情形，故D选项错误。

8. ABC。考查人寿保险合同的特点。《保险法》第127条规定：保险代理人根据保险人的授权代为办理保险业务的行为，由保险人承担责任。保险代理人没有代理权、超越代理权或者代理权终止后以保险人名义订立合同，使投保人有理由相信其有代理权的，该代理行为有效。保险人可以依法追究越权的保险代理人的责任。故A选项错误。《保险法》第47条规定：投保人解除合同的，保险人应当自收到解除合同通知之日起30日内，按照合同约定退还保险单的现金价值，故B选项错误。《保险法》第40条第1款规定：被保险人或者投保人可以指定一人或者数人为受益人。《保险法》第42条第1款第1项规定，被保险人死亡后，有下列情形之一的，保险金作为被保险人的遗产，由保险人依照《继承法》的规定履行给付保险金的义务：(1)没有指定受益人，或者受益人指定不明无法确定的。受益人无须与被保险人之间具有保险利益关系，故C选项错误，D选项正确。

9. CD。考查再保险合同的效力。相对于原保险合同而言，再保险合同以原保险合同的存在为前提。再保险合同承保的责任范围与责任期间与原保险合同完全一致，但再保险合同却是一个独立的保险合同。这就意味着原保险的被保险人不得向再保险接受人提出赔偿的请求。同样，原保险合同并不因为再保险合同的存在，其独立性受到影响，原保险的保险人(再保险的分出人)也不得以再保险的接受人未履行再保险责任为由，拒绝履行或者迟延履行其原保险责任。据此，AB选项是正确的，CD选项是错误的。解答本题的依据是《保险法》第28条、第29条的规定。《保险法》第28条规定：保险人将其承担的保险业务，以分保形式部分转移给其他保险人的，为再保险。应再保险接受人的要求，再保险分出人应当将其自负责任及原保险的有关情况书面告知再保险接受人。《保险法》第29条规定：再保险接受人不得向原保险的投保人要求支付保险费。原保险的被保险人或者受益人不得向再保险接受人提出赔偿或者给付保险金的请求。再保险分出人不得以再保险接受人未履行再保险责任为由，拒绝履行或者迟延履行其原保险责任。

10. AB。考查保险合同的成立与生效规则。法律依据为《保险法》第13条第1款、第3款的规定。

11. ABCD。考查保险合同解除的法定情形。法律依据为《保险法》第16条第1款、第2款的规定，第27条第1款，第52条第1款的规定。ABCD 4项均符合法律规定。

12. ABCD。考查保险合同的中止和复效。法律依据为《保险法》第36条、第37条的规定。《保险法》第36条规定：合同约定分期支付保险费，投保人支付首期保险费后，除合同另有约定外，投保人自保险人催告之日起超过30日未支付当期保险费，或者超过约定的期限60日未支付当期保险费的，合同效力中止，或者由保险人按照合同约定的条件减少保险金额。被保险人在前款规定期限内发生保险事故的，保险人应当按照合同约定给付保险金，但可以扣减欠交的保险费。因此，保险合同的效力从8月11日开始中止。《保险法》第37条规定：合同效力依照该法第36条规定中止的，经保险人与投保人协商并达成协议，在投保人补交保险费后，合同效力恢复。但是，自合同效力中止之日起满2年双方未达成协议的，保险人有权解除合同。保险人依照前款规定解除合同的，应当按照合同约定退还保险单的现金价值。因此，本题应选ABCD。

13. ABCD。考查保险公司董事、监事、高级管理人员的责任。法律依据为《保险法》第151条至第153条的规定。

14. ABCD。考查第三人侵权时，财产保险中保险人代位权的行使规则。法律依据为《保险法》第60条至第62条的规定。《保险法》第62条规定：除被保险人的家庭成员或者其组成人员故意造成该法第60条第1款规定的保险事故外，保险人不得对被保险人的家庭成员或者其组成人员行使代位请求赔偿的权利。虽张某与李某结婚，但李某先前行为为故意行为，故D选项依然错误。

15. BCD。考查人身保险合同的当事人和关系人。法律依据为《保险法》第12条第3款、第33条的规定。《保险法》第12条第3款规定：人身保险是以人的寿命和身体为保险标的的保险。法人不能成为人身保险中的被保险人，故B选项错误。被保险人必须是已出生的自然人，所以胎儿也不能成为被保险人，故C选项错误。根据《保险法》第33条的规定，只有父母为未成年子女投保以死亡为给付条件的人身保险不受必须经被保险人同意的限制，所以D选项不正确。

16. BCD。考查保险合同的签订。A选项错误，B选项正确，法律依据为最高人民法院《关于适用〈中华人民共和国保险法〉若干问题的解释（二）》[以下简称《保险法解释（二）》]第3条第1款的规定：投保人或者投保人的代理人订立保险合同时没有亲自签字或者盖章，而由保险人或者保险人的代理人代为签字或者盖章的，对投保人不生效。但投保人已经交纳保险费的，视为其对代签字或者盖章行为的追认。C、D选项正确，《保险法解释（二）》第4条规定：保险人接受了投保人提交的投保单并收取了保险费，尚未作出是否承保的意思表示，发生保险事故，被保险人或者受益人请求保险人按照保险合同承担赔偿或者给付保险金责任，符合承保条件的，人民法院应予支持；不符合承保条件的，保险人不承担保险责任，但应当退还已经收取的保险费。保险人主张不符合承保条件的，应承担举证责任。

17. BD。考查保险合同当事人未履行如实告知义务对保险合同效力的影响。A选项正确，B选项错误。概括性条款有具体内容的可以解除，法律依据为《保险法解释（二）》第6条规定：投保人的告知义务限于保险人询问的范围和内容。当事人对询问范围及内容有争议的，保险人负举证责任。保险人以投保人违反了对投保单询问表中所列概括性条款的如实告知义务为由请求解除合同的，人民法院不予支持。但该概括性条款有具体内容的除外。C选项正确，法律依据为《保险法解释（二）》第7条规定：保险人在保险合同成立后知道或者应当知道投保人未履行如实告知义务，仍然收取保险费，又依照《保险法》第16条第2款的规定主张解除合同的，人民法院不予支持。D选项错误，须先行使解除权，法律依据为《保险法解释（二）》第8条规定：保险人未行使合同解除权，直接以存在《保险法》第16条第4款、第5款规定的情形为由拒绝赔偿的，人民法院不予支持。但当事人就拒绝赔偿事宜及保险合同存续另行达成一致的情况除外。

18. ABC。考查保险合同当事人对免责条款的说明义务。A选项正确，法律依据为《保险法解释（二）》第9条第2款规定：保险人因投保人、被保险人违反法定或者约定义务，享有解除合同权利的条款，不属于《保险法》第17条第2款规定的“免除保险人责任的条款”。B选项正确，法律依据为《保险法解释（二）》第10条的规定：保险人将法律、行政法规中的禁止性规定情形作为保险合同免责条款的免责事由，保险人对该条款作出提示后，投保人、被保险人或者受益人以保险人未履行明确说明义务为由主张该条款不成为合同内容的，人民法院不予支持。C选项正确，法律依据为《保险法解释（二）》第11条第2款的规定：保险合同订立时，保险人对保险合同中有关免除保险人责任条款的概念、内容及其法律后果以书面或者口头形式向投保人作出常人能够理解的解释说明的，人民法院应当认定保险人履行了《保险法》第17条第2款规定的明确说明义务。D选项不正确，并非针对所有保险合同都可采取此方式。法律依据为《保险法解释（二）》第12条的规定：通过网络、电话等方式订立的保险合同，保险人以网页、音频、视频等形式对免除保险人责任条款予以提示和明确说明的，人民法院可以认定其履行了提示和明确说明义务。

19. ACD。考查保险合同法律文件记载不一致时的法律效力。法律依据为《保险法解释(二)》第 14 条的规定,保险合同中记载的内容不一致的,按照下列规则认定:(1)投保单与保险单或者其他保险凭证不一致的,以投保单为准;但不一致的情形系经保险人说明并经投保人同意的,以投保人签收的保险单或者其他保险凭证载明的内容为准。(2)非格式条款与格式条款不一致的,以非格式条款为准。(3)保险凭证记载的时间不同的,以形成时间在后的为准。(4)保险凭证存在手写和打印两种方式的,以双方签字、盖章的手写部分的内容为准。因此,B 选项错误,A、C、D 选项正确。

20. CD。考查保险代位求偿权。AB 选项错误,法律依据为《保险法解释(二)》第 16 条的规定:保险人应以自己的名义行使保险代位求偿权。根据《保险法》第 60 条第 1 款的规定,保险人代位求偿权的诉讼时效期间应自其取得代位求偿权之日起算。CD 选项正确,法律依据为《保险法解释(二)》第 19 条的规定:保险事故发生后,被保险人或者受益人起诉保险人,保险人以被保险人或者受益人未要求第三者承担责任为由抗辩不承担保险责任的,人民法院不予支持。财产保险事故发生后,被保险人就其所受损失从第三者取得赔偿后的不足部分提起诉讼,请求保险人赔偿的,人民法院应予依法受理。

21. ACD。考查保险合同的解除。

A 选项错误。被保险人书面撤销其同意的意思表示到达保险人处的法律效果为保险合同解除,并非撤销。法律依据为最高人民法院《关于适用〈中华人民共和国保险法〉若干问题的解释(三)》[以下简称《保险法解释(三)》]第 2 条规定,被保险人以书面形式通知保险人和投保人撤销其依据《保险法》第 34 条第 1 款的规定所作出的同意意思表示的,可认定为保险合同解除。

B 选项正确。《保险法》第 37 条规定,合同效力依照该法第 36 条的规定中止的,经保险人与投保人协商并达成协议,在投保人补交保险费后,合同效力恢复。但是,自合同效力中止之日起满 2 年双方未达成协议的,保险人有权解除合同。保险人依照前款规定解除合同的,应当按照合同约定退还保险单的现金价值。

C 选项错误。保险人在收到恢复效力的申请后,30 日内未明确拒绝的,应认定为同意恢复效力,而非解除合同。法律依据为《保险法解释(三)》第 8 条第 1 款和第 2 款的规定,保险合同效力依照《保险法》第 36 条规定中止,投保人提出恢复效力申请并同意补交保险费,除被保险人的危险程度在中止期间显著增加外,保险人拒绝恢复效力的,人民法院不予支持。保险人在收到恢复效力申请后,30 日内未明确拒绝的,应认定为同意恢复效力。

D 选项错误。保险标的危险程度显著增加才可解除合同,并非增加即可解除。法律依据为《保险法》第 52 条第 1 款的规定,在合同有效期内,保险标的的危险程度显著增加的,被保险人应当按照合同约定及时通知保险人,保险人可以按照合同约定增加保险费或者解除合同。保险人解除合同的,应当将已收取的保险费,按照合同约定扣除自保险责任开始之日起至合同解除之日止应收的部分后,退还投保人。

22. ABD。考查如实告知义务的履行。

A 选项错误。被保险人同意并认可保险金额的意思表示可以是口头、书面以及法律规定的其他形式。法律依据为《保险法解释(三)》第 1 条第 1 款的规定,当事人订立以死亡为给付保险金条件的合同,根据《保险法》第 34 条的规定,"被保险人同意并认可保险金额"可以采取书面形式、口头形式或者其他形式;可以在合同订立时作出,也可以在合同订立后追认。

B 选项错误,C 选项正确。被保险人在保险人指定的医疗服务机构的体检行为不能作为免除其如实告知义务的证据,但体检结果可以作为被保险人已经履行如实告知义务的证据。法律依据为《保险法解释(三)》第 5 条的规定,保险人在合同订立时指定医疗机构对被保险人体检,当事人主张投保人如实告知义务免除的,人民法院不予支持。保险人知道被保险人的体检结果,仍以投保人未就相关情况履行如实告知义务为由要求解除合同的,人民法院不予支持。

D 选项错误。保险人以被保险人自杀为由拒绝给付保险金须承担举证责任。法律依据为《保险法解释(三)》第 21 条第 1 款的规定,保险人以被保险人自杀为由拒绝给付保险金的,由保险人承担举证责任。

23. ABC。考查保险金赔偿的特殊情形。

A 选项错误,受益人在保险事故发生后,方可将针对本次保险事故相对应的全部或者部分保险金请求权转让于第三人。法律依据为《保险法解释(三)》第 13 条的规定,保险事故发生后,受益人将与本次保险事故相对应的全部或者部分保险金请求权转让给第三人,当事人主张该转让行为有效的,人民法院应予支持,但根据合同性质、当事人约定或者法律规定不得转让的除外。

B 选项错误。保险人可以将保险金赔付给持有保单的部分继承人。法律依据为《保险法解释(三)》第 14 条规定,保险金根据《保险法》第 42 条的规定作为被保险人遗产,被保险人的继承人要求保险人给付保险金,保险人以其已向持有保险单的被保险人的其他继承人给付保险金为由抗辩的,人民法院应予支持。

C 选项错误。保险人并非对所有的未在约定的医疗服务机构接受治疗的情况都可以拒绝给付保险金,如情况紧急须立即就医的。法律依据为《保险法解释(三)》第 20 条的规定,保险人以被保险人未在保险合同约定的医疗服务机构接受治疗为由拒绝给付保险金的，人民法院应予支持，但被保险人因情况紧急必须立即就医的除外。

D选项正确。《保险法解释（三）》第23条规定，保险人主张根据《保险法》第45条的规定不承担给付保险金责任的，应当证明被保险人的死亡、伤残结果与其实施的故意犯罪或者抗拒依法采取的刑事强制措施的行为之间存在因果关系。被保险人在羁押、服刑期间因意外或者疾病造成伤残或者死亡，保险人主张根据《保险法》第45条的规定不承担给付保险金责任的，人民法院不予支持。

24. BD。B选项正确，依据合同约定，当房屋转卖手续完成，所有权已转移他人时，被保险人才负有在7日内通知保险公司并办理批改手续的义务。而本案中，张某尚未将房产过户至赵某，故张某既具有对房屋的保险利益，又不违背保险单中规定的保险事故通知时间限制，因此，张某具有向保险公司提出索赔的权利。保险公司也应该对房屋的毁损作出相应的赔偿。

D选项正确，依据为最高人民法院《关于适用〈中华人民共和国保险法〉若干问题的解释（四）》第1条规定，保险标的已交付受让人，但尚未依法办理所有权变更登记，承担保险标的毁损灭失风险的受让人，依照《保险法》第48条、第49条的规定主张行使被保险人权利的，人民法院应予支持。

25. ACD。该保险合同是单位作为投保人和保险公司订立的，单位员工才是合同的被保险人，由于投保人已经履行交纳保费的义务，保险公司也出具了保险单，所以从整体来看，保险合同已经成立并且生效。保险公司虽然认为被保险人是大张，但大张并没有在该单位上班，真正上班的是小张，所以单位认为其已经为员工小张投保的观点，能够得到法院的支持。A选项说法正确。

根据《保险法解释（三）》第13条的规定，保险事故发生后，受益人有权将与本次保险事故相对应的全部或者部分保险金请求权转让给第三人，但根据合同性质、当事人约定或者法律规定不得转让的除外。B选项说法错误。

根据《保险法》第39条第2款的规定，投保人指定受益人时须经被保险人同意。投保人为与其有劳动关系的劳动者投保人身保险，不得指定被保险人及其近亲属以外的人为受益人。本案中，单位不能替代原受益人成为新的受益人。单位给予死者亲属赔偿补偿本属应当，其无权从所投人身保险中获取受益性填补，否则对于加强劳动保障会形成不利影响，也不符合保险法的规定。C选项说法正确。

根据《保险法》第42条第1款的规定，被保险人死亡后，保险合同没有指定受益人，保险金应作为被保险人的遗产，由保险人依照我国有关继承法律的规定履行给付保险金的义务。D选项说法正确。

26. AB。本题主要考查《保险法》人身保险的相关规定。

根据《保险法》第41条“被保险人或者投保人可以变更受益人并书面通知保险人。保险人收到变更受益人的书面通知后，应当在保险单或者其他保险凭证上批注或者附贴批单。投保人变更受益人时须经被保险人同意”的规定，以及《保险法解释（三）》第9条第1款“投保人指定受益人未经被保险人同意的，人民法院应认定指定行为无效”的规定，甲未经乙同意变更受益人为甲母，该行为无效。因此，甲母请求保险公司赔付，保险公司可以拒绝赔偿，A选项、B选项正确。

根据《保险法》第39条“人身保险的受益人由被保险人或者投保人指定。投保人指定受益人时须经被保险人同意”的规定，甲指定受益人时必须经乙同意，经乙同意后，甲指定的人可以成为受益人，但未规定保险金额也须经被保险人确认，因此C选项错误、D选项错误。

综上所述，本题应选AB。

三、1.（1）D。考查以死亡为给付保险金条件的合同的签订规则。法律依据为《保险法》第34条的规定：以死亡为给付保险金条件的合同，未经被保险人同意并认可保险金额的，合同无效。按照以死亡为给付保险金条件的合同所签发的保险单，未经被保险人书面同意，不得转让或者质押。父母为其未成年子女投保的人身保险，不受该条第1款规定限制。

A选项错误，他人并非不可以为被保险人订立以死亡为给付保险金条件的合同，只是需要经过被保险人的同意并认可保险金额。

B选项错误，被保险人的同意须有明确表示或者符合法律规定的情形方可，不可推定。

C选项错误，以死亡为给付保险金条件的合同的保险单经过被保险人书面同意是可以转让的。

D选项正确，以死亡为给付保险金条件的合同的保险单经过被保险人书面同意是可以设定质押的。

（2）CD。考查以死亡为给付保险金条件的合同的签订规则。法律依据为《保险法解释（三）》第1条的规定，当事人订立以死亡为给付保险金条件的合同，根据《保险法》第34条的规定，“被保险人同意并认可保险金额”可以采取书面形式、口头形式或者其他形式；可以在合同订立时作出，也可以在合同订立后追认。有下列情形之一的，应认定为被保险人同意投保人为其订立保险合同并认可保险金额：①被保险人明知他人代其签名同意而未表示异议的；②被保险人同意投保人指定的受益人的；③有证据足以认定被保险人同意投保人为其投保的其他情形。

该解释第2条规定：被保险人以书面形式通知保险人和投保人撤销其依据《保险法》第34条第1款的规定

所作出的同意意思表示的,可认定为保险合同解除。

A选项错误。被保险人同意并认可保险金额的意思表示形式可以是书面形式、口头形式或者其他形式。

B选项错误。被保险人以书面形式通知保险人和投保人撤销其依据《保险法》第34条第1款规定所作出的同意意思表示的,可认定为保险合同解除。

C选项正确。"被保险人同意并认可保险金额"的意思表示,可以在合同订立时作出,也可以在合同订立后追认。

D选项正确。符合《保险法解释(三)》第1条第2款第2项规定的情形。

(3)AC。考查以死亡为给付保险金条件的合同的签订规则。法律依据为《保险法》第34条的规定:以死亡为给付保险金条件的合同,未经被保险人同意并认可保险金额的,合同无效。按照以死亡为给付保险金条件的合同所签发的保险单,未经被保险人书面同意,不得转让或者质押。父母为其未成年子女投保的人身保险,不受本条第1款规定限制。

A选项说法正确,BD选项说法错误。依据《保险法》第34条的规定,只有父母可以为未成年子女投保以死亡为给付保险金条件的保险合同。C选项说法正确,符合《保险法》的规定。

2.(1)ABCD。考查保险合同的成立规则。法律依据为《保险法解释(二)》第3条的规定:投保人或者投保人的代理人订立保险合同时没有亲自签字或者盖章,而由保险人或者保险人的代理人代为签字或者盖章的,对投保人不生效。但投保人已经交纳保险费的,视为其对代签字或者盖章行为的追认。保险人或者保险人的代理人代为填写保险单证后经投保人签字或者盖章确认的,代为填写的内容视为投保人的真实意思表示。但有证据证明保险人或者保险人的代理人存在《保险法》第116条、第131条相关规定情形的除外。

(2)CD。考查保险合同订立时的知情权规则。AB选项错误。依据为《保险法解释(三)》第5条的规定:保险人在合同订立时指定医疗机构对被保险人进行体检,当事人主张投保人如实告知义务免除的,人民法院不予支持。保险人知道被保险人的体检结果,仍以投保人未就相关情况履行如实告知义务为由要求解除合同的,人民法院不予支持。

CD选项说法正确。依据为《保险法解释(二)》第4条的规定:保险人接受了投保人提交的投保单并收取了保险费,尚未作出是否承保的意思表示,发生保险事故,被保险人或者受益人请求保险人按照保险合同承担赔偿或者给付保险金责任,符合承保条件的,人民法院应予支持;不符合承保条件的,保险人不承担保险责任,但应当退还已经收取的保险费。保险人主张不符合承保条件的,应承担举证责任。

(3)ABC。考查保险合同的复效规则。AB选项说法正确,符合《保险法》第36条的规定,合同约定分期支付保险费,投保人支付首期保险费后,除合同另有约定外,投保人自保险人催告之日起超过30日未支付当期保险费,或者超过约定的期限60日未支付当期保险费的,合同效力中止,或者由保险人按照合同约定的条件减少保险金额。被保险人在前款规定期限内发生保险事故的,保险人应当按照合同约定给付保险金,但可以扣减欠交的保险费。

C选项说法正确,在中止期间被保险人的危险程度须显著增加,保险人才有权拒绝恢复效力,而非增加即可拒绝。D选项说法错误。保险合同复效后,保险人有权要求投保人补交相应的利息,故保险公司的做法合法。法律依据为《保险法解释(三)》第8条规定:保险合同效力依照《保险法》第36条规定中止,投保人提出恢复效力申请并同意补交保险费的,除被保险人的危险程度在中止期间显著增加外,保险人拒绝恢复效力的,人民法院不予支持。保险人在收到恢复效力申请后,30日内未明确拒绝的,应认定为同意恢复效力。保险合同自投保人补交保险费之日恢复效力。保险人要求投保人补交相应利息的,人民法院应予支持。

(4)ABD。考查人身保险受益人的指定规则。A选项说法正确,依据为《保险法解释(三)》第9条第1款的规定,投保人指定受益人未经被保险人同意的,人民法院应认定指定行为无效。

B选项正确。C选项错误。被保险人可以自由变更受益人,通知保险人即可;而投保人变更受益人需经过被保险人同意,否则不发生变更效力。依据为《保险法解释(三)》第10条第3款的规定,投保人变更受益人未经被保险人同意,人民法院应认定变更行为无效。

D选项说法正确。符合《保险法解释(三)》第9条第2款的规定,当事人对保险合同约定的受益人存在争议,除投保人、被保险人在保险合同之外另有约定外,按以下情形分别处理:①受益人约定为"法定"或者"法定继承人"的,以《民法典》规定的法定继承人为受益人。②受益人仅约定为身份关系,投保人与被保险人为同一主体时,根据保险事故发生时与被保险人的身份关系确定受益人;投保人与被保险人为不同主体时,根据保险合同成立时与被保险人的身份关系确定受益人。③约定的受益人包括姓名和身份关系,保险事故发生时身份关系发生变化的,认定为未指定受益人。

(5)ACD。考查数名受益人中的一人先于保险事故发生而死亡或者丧失受益权,属于其应得的受益份额的处理规则。ACD选项正确,符合《保险法解释(三)》第12条第1项、第4项的规定。B选项错误,保险合同未约定受益顺序但约定受益份额的,由其他受益人按照相应比例享有。法律依据为《保险法解释(三)》第12条规定,投保人或者被保险人指定数人为受益人,部分受益人在保险事故发生前死亡、放弃受益权或者依法丧失受益权的,该受益人应得的受益份额按照保险合同的约定处理;保险合同没有约定或者约定不明的，该受益人应得的受益份额按照以下情形分别处理：①未约定受益顺序及受益份额的，由其他受益人平均享有。②未约定受益顺序但约定受益份额的，由其他受益人按照相应比例享有。③约定受益顺序但未约定受益份额的，由同顺序的其他受益人平均享有；同一顺序没有其他受益人的，由后一顺序的受益人平均享有。④约定受益顺序及受益份额的，由同顺序的其他受益人按照相应比例享有；同一顺序没有其他受益人的，由后一顺序的受益人按照相应比例享有。

(6) ABC。考查被保险人死亡时，保险金的赔偿规则。

A 选项正确。符合《保险法解释(三)》第 13 条的规定，保险事故发生后，受益人将与本次保险事故相对应的全部或者部分保险金请求权转让给第三人，当事人主张该转让行为有效的，人民法院应予支持，但根据合同性质、当事人约定或者法律规定不得转让的除外。

B 选项正确。互有继承关系的几个人在同一事故中死亡时，死亡时间推定规则在《保险法》与《民法典》中有所不同。《保险法解释(三)》第 15 条规定：受益人与被保险人存在继承关系，在同一事件中死亡且不能确定死亡先后顺序的，人民法院应依据《保险法》第 42 条第 2 款的规定推定受益人死亡在先，并按照《保险法》及该解释的相关规定确定保险金归属。

C 选项正确。《保险法解释(三)》第 14 条规定：保险金根据《保险法》第 42 条规定作为被保险人遗产，被保险人的继承人要求保险人给付保险金，保险人以其已向持有保险单的被保险人的其他继承人给付保险金为由抗辩的，人民法院应予支持。

D 选项错误。依据《保险法解释(三)》第 21 条第 1 款的规定，保险人以被保险人自杀为由拒绝给付保险金的，由保险人承担举证责任，而非由被保险人近亲属承担举证责任。

(7) BC。考查保险合同的解除规则。

A 选项错误，B 选项正确。保险合同解除时，当投保人、被保险人、受益人为不同主体时，以保险人有权拒绝被保险人和受益人退还保单现金价值的要求为基本原则。而当投保人发生了道德风险时，受益人有权主张保单现金价值的返还。依据为《保险法解释(三)》第 16 条规定：保险合同解除时，投保人与被保险人、受益人为不同主体，被保险人或者受益人要求退还保险单的现金价值的，人民法院不予支持，但保险合同另有约定的除外。投保人故意造成被保险人死亡、伤残或者疾病，保险人依照《保险法》第 43 条的规定退还保险单的现金价值的，其他权利人按照被保险人、被保险人的继承人的顺序确定。

C 选项正确。依据为《保险法解释(三)》第 17 条的规定：投保人解除保险合同，当事人以其解除合同未经被保险人或者受益人同意为由主张解除行为无效的，人民法院不予支持，但被保险人或者受益人已向投保人支付相当于保险单现金价值的款项并通知保险人的除外。

D 选项错误。注意例外情形。《保险法解释(三)》第 20 条规定：保险人以被保险人未在保险合同约定的医疗服务机构接受治疗为由拒绝给付保险金的，人民法院应予支持，但被保险人因情况紧急必须立即就医的除外。

3. (1) CD。对于镇江安装公司关于《保险法》第 60 条第 1 款中“第三者”的抗辩意见不能成立。本案中，相对于投保人及保险公司而言，与投保人签订《建设工程施工合同》的镇江安装公司即第三者，虽然亚民运输公司也属于第三者，但《保险法》第 60 条第 1 款并未对“第三者”的范围作出特别限定，即保险公司有权依据便利原则根据具体情况进行选择，以确定其所主张权利的“第三者”。此外，《建设工程施工合同》中也有不得分包的约定，因此，平安财险公司选择镇江安装公司作为追偿的第三者，并无不当。镇江安装公司与亚民运输公司签订的分包合同，属另一法律关系，就亚民运输公司的相应行为造成的镇江安装公司的损失，镇江安装公司在向平安财险公司支付了相应追偿款后，可依法向亚民运输公司主张权利。

(2) B。依据为《保险法》第 64 条的规定，保险人、被保险人为查明和确定保险事故的性质、原因和保险标的的损失程度所支付的必要的、合理的费用，由保险人承担。

(3) ABC。《保险法》第 60 条规定，因第三者对保险标的的损害而造成保险事故的，保险人自向被保险人赔偿保险金之日起，在赔偿金额范围内代位行使被保险人对第三者请求赔偿的权利。前款规定的保险事故发生后，被保险人已经从第三者取得损害赔偿的，保险人赔偿保险金时，可以相应扣减被保险人从第三者已取得的赔偿金额。保险人依照本条第 1 款的规定行使代位请求赔偿的权利，不影响被保险人就未取得赔偿的部分向第三者请求赔偿的权利。按照该条的规定，将其中使用的“因第三者对保险标的的损害而造成保险事故”的表述，直接解释成为“因第三者对保险标的的侵权损害而造成保险事故”是没有法律依据的解释，从法条的文义来看，此处的损害可能是因侵权责任而产生的，也可能是因违约而产生的。因此，AC 选项正确。

从立法目的分析，规定保险代位求偿权制度，在于贯彻财产保险之“损失补偿规则”，避免被保险人因保险事故的发生分别从保险人及第三者获得赔偿，取得超出实际损失的不当利益，并因此增加道德风险。将《保险法》第 60 条第 1 款中的“损害”理解为仅指“侵权损害”，不符合保险代位求偿权制度设立的目的。因此，选项 B 正确，选项 D 错误。

(4) BC。“保险利益是指投保人或者被保险人对保险标的具有的法律上承认的利益。”据此，不同主体对于同一保险标的可以具有不同的保险利益，可就同一保险标的投保与其保险利益相对应的保险险种，成立不同的保险合同，并在各自的保险利益范围内获得保险保障，从而实现利用保险制度分散各自风险的目的。因发包人和承包人对保险标的具有不同的保险利益，只有分别投保与其保险利益相对应的财产保险类别，才能获得相应的保险保障，二者不能相互替代。发包人华东制罐公司和华东制罐第二公司作为保险标的的所有权人，其投保的安装工程一切险是基于对保险标的享有的所有权保险利益而投保的险种，而按照《保险法》第 12 条第 2 款的规定，财产保险的被保险人在保险事故发生时，对保险标的应当具有保险利益。镇江安装公司并未专门为其具有保险利益的运输责任投保相应的保险。故 AD 选项错误，而 BC 选项正确。

4.(1)ABC。《道路交通安全法》第 76 条规定，机动车发生交通事故造成人身伤亡、财产损失的，由保险公司在机动车第三者责任强制保险责任限额范围内予以赔偿；不足的部分，按照下列规定承担赔偿责任：①机动车之间发生交通事故的，由有过错的一方承担赔偿责任；双方都有过错的，按照各自过错的比例分担责任。②机动车与非机动车驾驶人、行人之间发生交通事故，非机动车驾驶人、行人没有过错的，由机动车一方承担赔偿责任；有证据证明非机动车驾驶人、行人有过错的，根据过错程度适当减轻机动车一方的赔偿责任；机动车一方没有过错的，承担不超过 10% 的赔偿责任。交通事故的损失是由非机动车驾驶人、行人故意碰撞机动车造成的，机动车一方不承担赔偿责任。《民法典》规定，因租赁、借用等情形机动车所有人与使用人不是同一人时，发生交通事故后属于该机动车一方责任的，由保险公司在机动车强制保险责任限额范围内予以赔偿。不足部分，由机动车使用人承担赔偿责任；机动车所有人对损害的发生有过错的，承担相应的赔偿责任。

本案中，肇事机动车的所有权人为刘乙，驾驶员为刘甲，而刘乙让没有取得驾驶证的刘甲驾驶车辆具有明显的严重过错，依据上述法律规定，驾驶员刘甲、有过错的车辆所有人刘乙以及保险公司应当对李某的死亡承担赔偿责任。因此，ABC 选项正确。

(2)BD。《民事诉讼法》第 13 条第 2 款规定，当事人有权在法律规定的范围内处分自己的民事权利和诉讼权利。据此，我国处分原则的含义应表述为：在民事诉讼中，当事人有权在法律规定的范围内按照自己的意志处置其实体权利和诉讼权利的准则。因此，本案中，刘甲与死者李某的家属有权就赔偿事宜达成和解协议。同时由于合同的相对性原则，该协议的效力也仅能约束签约人双方，并不能约束保险公司和其他人。因此，BD 正确，其他均为干扰项。

(3)A。刘甲的行为构成交通肇事罪。依据为最高人民法院《关于审理交通肇事刑事案件具体应用法律若干问题的解释》第 2 条的规定，交通肇事具有下列情形之一的，处 3 年以下有期徒刑或者拘役：①死亡 1 人或者重伤 3 人以上，负事故全部或者主要责任的……交通肇事致一人以上重伤，负事故全部或者主要责任，并具有下列情形之一的，以交通肇事罪定罪处罚……②无驾驶资格驾驶机动车辆的……⑥为逃避法律追究逃离事故现场的。题目中并无危险驾驶行为，因此，A 选项正确，BC 选项错误。

D 选项说法错误，是否追究肇事者的刑事责任属于公权力范畴，当事人无权私下处分。当然肇事双方已经达成民事赔偿协议并且得到履行，且取得受害人的谅解，受害人向法院出具谅解书，这对于法院给肇事司机量刑是有帮助的，能够获得法院从轻处理。

## 第九章　海　商　法

一、1. C。考查《海商法》上的船舶的界定。法律依据为《海商法》第 3 条的规定。C 选项中的海上钻井平台是海上移动式装置，所以正确。

2. C。考查船舶抵押权规则。法律依据为《海商法》第 12 条至第 15 条关于抵押权设定、登记，在建船舶抵押和抵押船舶保险的规定。登记为抵押权的对抗要件而非生效要件。

3. A。考查货物运输合同的责任期间。法律依据为《海商法》第 46 条第 1 款，承运人对集装箱装运的货物的责任期间，是指从装货港接收货物时起至卸货港交付货物时止，货物处于承运人掌管之下的全部期间。承运人对非集装箱装运的货物的责任期间，是指从货物装上船时起至卸下船时止，货物处于承运人掌管之下的全部期间。

4. A。考查货物运输合同迟延交付的责任。法律依据为《海商法》第 57 条的规定，承运人对货物因迟延交付造成经济损失的赔偿限额，为所迟延交付的货物的运费数额。所以 A 选项正确。

5. B。考查在船舶上的相关优先权利之间的关系。法律依据为《海商法》第 22 条第 1 款、第 23 条第 1 款、第 25 条第 1 款关于优先权受偿问题的规定。根据《海商法》第 22 条第 1 款和第 23 条第 1 款的规定，同属船舶优先权的船员工资优先于港务费。而根据《海商法》第 25 条第 1 款的规定，船舶优先权先于船舶留置权，船舶抵押权后于船舶留置权。

6. D。考查海难救助费用的偿还规则。法律依据为《海商法》第 22 条第 1 款、第 23 条第 1 款的规定，本题中海难救助费用发生在船员工资、旅客死亡赔偿、引航费之后，因此应优先受偿，所以 D 选项正确。

二、1. ABCD。考查旅客运输合同的免责条款。根据《海商法》第 126 条第 1 款的规定，海上旅客运输合同中含有下列内容之一的条款无效：(1)免除承运人对旅客应当承担的法定责任；(2)降低本章规定的承运人责任限额；(3)对本章规定的举证责任作出相反的约定；(4)限制旅客提出赔偿请求的权利。根据《海商法》第114条、第115条的规定,A选项的约定无效。根据《海商法》第121条的规定,B选项的约定无效。根据《海商法》第112条的规定,法律并未剥夺无票旅客的赔偿请求权,所以C选项的约定无效。根据《海商法》第258条的规定,2年期间是诉讼时效期间,而不是权利的除斥期间,应适用中止、中断和延长,所以D选项的约定无效。

2. ABD。考查船舶优先权。法律依据为《海商法》第26条、第29条的规定。行使优先权的1年期限为除斥期间,不适用中止、中断和延长。船舶转让的,船舶优先权自法院应受让人申请予以公告之日起满60日不行使的消灭。

3. AC。考查承运人的免责事由。法律依据为《海商法》第51条的规定。

4. BCD。考查共同海损的范围。法律依据为《海商法》第194条的规定。BCD选项均属于共同海损。A选项中的货物属于承运人私自夹带运输的货物,其损失不能作为共同海损。

5. BCD。考查提单的基本法律规则。法律依据为《海商法》第71条的规定:提单,是指用以证明海上货物运输合同和货物已经由承运人接收或者装船,以及承运人保证据以交付货物的单证。提单中载明的向记名人交付货物,或者按照指示人的指示交付货物,或者向提单持有人交付货物的条款,构成承运人据以交付货物的保证。由此可知,提单是海上货物运输合同的凭证,而不是海上货物运输合同。提单持有人凭提单提取货物,所以提单是物权凭证。提单是货物已经能够由承运人接受或者装船的证据,所以具有收据作用。提单是承运人交付货物的凭证。

6. ABCD。考查海难救助报酬。《海商法》第179条规定了救助报酬问题,第183条规定了救助报酬的分担,第185条规定了救助方的报酬,第186条规定了无权获得救助报酬的情形。

7. ABD。考查光船租赁合同的基本规则。法律依据为《海商法》第147条、第148条、第150条、第151条的规定。未经出租人书面同意,承租人不得转让合同权利义务,法律未对出租人转让合同权利义务作出限制,所以C选项不正确。

8. ABCD。考查海上赔偿责任限制的规则。法律依据为《海商法》第204条、第206条的规定。

9. ABD。考查海事赔偿责任限制的例外。法律依据为《海商法》第208条的几个例外及第207条的规定。ABD选项都符合第208条规定的例外。C选项因迟延交付造成的损失的赔偿请求符合《海商法》第207条规定的适用海事赔偿责任限制的情形。

10. ACD。考查海上货物运输合同的解除规则。法律依据为《海商法》第89条、第90条的规定。船舶在装货港开航前,托运人可以要求解除合同。但是,除合同另有约定外,托运人应当向承运人支付约定运费的一半;货物已经装船的,并应当负担装货、卸货和其他与此有关的费用。船舶在装货港开航前,因不可抗力或者其他不能归责于承运人和托运人的原因致使合同不能履行的,双方均可以解除合同,并互相不负赔偿责任。B选项错在认为船舶开航后仍可以解除合同,其实不能解除合同。

三、1. AD。共同海损是指在同一海上航程中,当船舶、货物和其他财产遭遇共同危险时,为了共同安全,有意地、合理地采取措施所直接造成的特殊牺牲、支付的特殊费用,由各受益方按比例分摊的法律制度。单独海损,是指由于自然灾害、意外事故或不可抗力所直接造成的船舶或货物的损害。故途中烧毁的化肥属于单独海损。依CFR术语,风险由甲公司即买方承担。甲公司购买了水渍险,赔偿范围包含单独海损,因此损失应由保险公司承担。

2. BD。因船舶和货物遭到了共同危险,船长为了共同安全,有意又合理地造成了化肥的湿毁,故属于共同海损。依据《海商法》第199条的规定,共同海损应当由受益方按照各自的分摊价值的比例分摊。

3. AC。倒签提单,是指在货物装船后签发的日期早于货物实际装船日期的提单。提单签发日期是货物装船日期的证明。签发此种提单,尤其是当倒签时间过长时,有可能推断承运人没有使船舶尽快到达,因而承担货物运输延误的责任。实际承运人,是指接受承运人委托,从事货物运输或者部分运输的人,包括接受转委托从事此项运输的其他人。承运人应对实际承运人,以及在受雇或者受委托范围内行事的实际承运人的受雇人和代理人的行为负责。

## 第十章　信　托　法

1. A。《信托法》第48条规定,受益人的信托受益权可以依法转让和继承,但信托文件有限制性规定的除外。

2. C。《信托法》第44条规定:受益人自信托生效之日起享有信托受益权。信托文件另有规定的,从其规定。

3. A。《信托法》第8条规定:设立信托,应当采取书面形式。书面形式包括信托合同、遗嘱或者法律、行政法规规定的其他书面文件等。采取信托合同形式设立信托的,信托合同签订时,信托成立。采取其他书面形式设立信托的,受托人承诺信托时,信托成立。

4. ABCD。《信托法》第9条规定,设立信托,其书面文件应当载明下列事项:(1)信托目的;(2)委托人、受托人的姓名或者名称、住所;(3)受益人或者受益人范围;(4)信托财产的范围、种类及状况;(5)受益人取得信托利益的形式、方法。除前款所列事项外,可以载明信托期限、信托财产的管理方法、受托人的报酬、新受托人的选任方式、信托终止事由等事项。

# 2025年

## 国家统一法律职业资格考试

# 应知应会5000客观题解

知识产权法·经济法·
劳动与社会保障法·环境资源法

法律考试中心/组编

法律出版社
LAW PRESS·CHINA
北京

# 目　　录

## 知识产权法


第一章　著作权 ……………………………… ( 1 )
第二章　专利权 ……………………………… ( 3 )
第三章　商标权 ……………………………… ( 4 )
**参考答案及解析** ……………………………… ( 6 )
　第一章　著作权 ……………………………… ( 6 )
　第二章　专利权 ……………………………… ( 9 )
　第三章　商标权 ……………………………… ( 10 )


## 经济法 · 劳动与社会保障法 · 环境资源法


第一章　竞争法 ……………………………… ( 14 )
第二章　消费者法 ……………………………… ( 16 )
第三章　银行业法 ……………………………… ( 18 )
第四章　财税法 ……………………………… ( 21 )
第五章　土地法和房地产法 ……………………………… ( 23 )
第六章　劳动法 ……………………………… ( 26 )
第七章　社会保障法 ……………………………… ( 29 )
第八章　环境保护法 ……………………………… ( 30 )
第九章　自然资源法 ……………………………… ( 33 )
**参考答案及解析** ……………………………… ( 34 )
　第一章　竞争法 ……………………………… ( 34 )
　第二章　消费者法 ……………………………… ( 35 )
　第三章　银行业法 ……………………………… ( 38 )
　第四章　财税法 ……………………………… ( 40 )
　第五章　土地法和房地产法 ……………………………… ( 42 )
　第六章　劳动法 ……………………………… ( 44 )
　第七章　社会保障法 ……………………………… ( 46 )
　第八章　环境保护法 ……………………………… ( 47 )
　第九章　自然资源法 ……………………………… ( 50 )

# 知识产权法

## 第一章 著 作 权*

**一、单项选择题，每题所给的选项中只有一个正确答案。**

1. 我国著作权法不予保护的对象不包括：（  ）

A. 具有立法、行政、司法性质的文件的官方正式译文

B. 通用表格和公式

C. 口述作品

D. 时事新闻

2. 刘某在公众号“案例观止”上署名“法的囚徒”发表题为《法院如何做出强制利润分配 · 最高人民法院案例》一文。某出版社的《最高人民法院公司法案例集》收录该文，某教材编写单位将该文反映的案例作为典型案例编入《公司法案例教程》，“法治纵横”公众号转载了该文。下列哪一说法是正确的？（  ）

A. 刘某署名方式不合法

B.《法院如何做出强制利润分配 · 最高人民法院案例》在某出版社的《最高人民法院公司法案例集》中被正式发表

C. 某教材编写单位可以使用该案例且无须支付费用

D. “法治纵横”公众号转载该文构成侵权，因为未经刘某和“案例观止”同意

3. 作家赵某在发表了一本校园小说《风》后去世，另有一部已经完成但尚未发表的长篇历史小说《归去来兮》，以下说法正确的是：（  ）

A. 赵某的继承人或受遗赠人可以继承《风》及《归去来兮》的著作权

B. 赵某的继承人或受遗赠人有权发表《归去来兮》

C. 因著作权人赵某去世，甲网站可以任意转载《风》而不构成侵权

D. 若赵某无继承人又无受遗赠人，则著作权行政管理部门有权发表《归去来兮》

4. 甲的下列行为中，不构成侵犯著作权的有：（  ）

A. 甲未经原著作权人同意，在某综合网站上转载了一则有关刚刚发生的校园暴力事件新闻报道

B. 甲接受单位下达的任务，开发了一套人事管理软件，甲将该软件授权乙公司使用

C. 甲购买优酷会员，将电影用于其小型影院经营活动

D. 甲阅读报刊发现刊登的一篇乙的散文，于是将该散文译成法文在国内出版，未经乙的同意，也未支付报酬

5. 中学英语教师甲积数十年教学经验，总结出一套提高英语水平的学习方法。学校指派青年教师乙将甲的学习方法总结成书面材料以便推广，乙在跟班听课和向甲请教的基础上，根据自己的构思编写了介绍甲的学习方法的材料。之后，乙应出版社的要求，对该材料作进一步加工，写成《英语学习妙法》一书，署自己一人的名。该书出版后，甲提出异议，认为该书的作者应是自己而不是乙。学校也提出异议，认为乙的出书行为侵犯了学校对总结材料的著作权。该书的著作权应归谁享有？（  ）

A. 应归甲享有

B. 应归乙享有

C. 应归甲、乙共同享有

D. 应归学校享有

6. 华信集团委托雕塑家张某创作了一座麒麟雕塑，寓意“生意兴隆”，放置在公司办公楼一层中央。委托创作合同中未约定版权归属。下列行为中，哪一项不属于侵犯著作权的行为？（  ）

A. 华信集团许可其子公司华信能源异地重建完全相同的雕塑

B. 华信集团仿照雕塑制作小型纪念品向客户赠送

C. 客户拜访华信集团后觉得这个雕塑很有意思，遂仿照雕塑制作小型纪念品想让其在某风景区工作的哥哥出售

D. 客户拜访华信集团总部时看到该雕塑，觉得非常有艺术价值，遂拍照留念

7. 以下关于著作权归属的说法正确的是：（  ）

A. 老武术家李四口述自己的人生经历，由张三记录，形成回忆录《我这一辈子》，该自传体作品的著作权归张三

B. 某领导要求小王为其拟写年会报告，该领导进行审阅定稿，并在年会上以本人名义进行讲话发表，该作品的著作权归小王

C. 小刘利用其单位的物质技术条件，并由其单位

---

* 本章答案参见第 6 页。

承担责任,创作出一份工程设计图,该作品的著作权归其单位,但小刘享有署名权

D. 小赵大学毕业时聘请某摄影师为其拍摄校园系列照片,该摄影作品的著作权归小赵

8. 甲和乙合作完成了歌曲《星海》,乙在甲无正当理由不同意的情况下允许丙公司录制并拍摄该歌曲的MV。某舞厅未经权利人的许可,播放了该歌曲光盘。下列说法正确的是:(　　)

A. 乙在甲不同意的情况下不能允许丙公司录制并拍摄该歌曲的MV

B. 乙所得的收益归自身所有

C. 乙未经甲的同意,不得将该歌曲的著作权进行转让

D. 某舞厅可以不经授权在公共场合播放该歌曲

9. 下列有关法定许可使用的选项中,说法正确的是:(　　)

A. 某出版社为编写出版学前教育读物,汇编他人已发表的作品片段,属于法定许可使用

B.《洛阳日报》转载已经刊登在《河南晚报》上的关于经济问题的时事性文章,属于法定许可使用

C. 某电视台播放他人已经发表的作品,属于法定许可使用

D. 某唱片公司使用已经录制为录音制品的周杰伦音乐作品制作黑胶唱片,不属于法定许可使用

10. 甲电视台经过主办方的授权,对某足球俱乐部的比赛进行现场直播,并聘请某极具个人风格的解说员进行实时解说。乙电视台未经许可截取电视信号,对比赛画面及实时解说进行同步转播。下列说法正确的是:(　　)

A. 乙电视台的行为侵犯了主办方对足球比赛的著作权

B. 乙电视台的行为侵犯了足球运动员的表演者权

C. 乙电视台的行为并不侵犯解说员的权利

D. 乙电视台的行为侵犯了甲电视台的播放者权

11. 朱某为法学院退休教授,陈某经过朱某同意之后将朱某的演讲录音资料整理为文字,汇编并按体系整理出版。许某对该书专业术语用自己的理解与观点注释。陈某与某出版社达成协议约定由该出版社独家出版,现某网络平台未经许可发布电子版于网络,对此正确的是:(　　)

A. 出版社侵犯了朱某的著作权

B. 出版社侵犯了陈某和许某的著作权

C. 陈某、许某对朱某稿件进行注释应当征得朱某同意

D. 网络平台侵犯了出版社的传播者权

**二、多项选择题,每题所给的选项中有两个或两个以上正确答案,少答或多答均不得分。**

1. 以下选项中,受《著作权法》保护的是:(　　)

A. 中国公民张某,未满16周岁,其尚未发表的作品

B. 在上海设立的外资企业甲的尚未发表的作品

C. 无国籍人的作品首次在中国参加的国际条约的成员国和非成员国同时出版的

D. 未与中国签订协议或者共同参加国际条约的国家的作者的作品首次在中国参加的国际条约的成员国出版的

2. 某影视中心在一电视连续剧中为烘托剧情,使用播放了某正版唱片中的部分音乐作品作为背景音乐。中国音乐著作权协会(音乐作品著作权人授权的集体管理组织)以该使用行为未经许可为由要求制片人支付报酬。该协会在要求被拒绝后,遂向法院起诉。下列说法哪些是错误的?(　　)

A. 播放行为是合理使用行为

B. 播放行为侵犯了音乐作品著作权人的表演权

C. 播放行为侵犯了录音制品制作者的播放权

D. 中国音乐著作权协会不是正当原告

3. 某科研单位安排甲进行某科学项目研究,甲将研究成果汇集成册并由某出版社出版。下列说法正确的有:(　　)

A. 甲的行为属于职务行为,著作权由甲所在的单位享有

B. 甲所在的单位有权在业务范围内优先对甲的成果进行使用

C. 作品完成两年内,甲可以不经单位同意许可他人以同样的方式使用

D. 甲与其单位可以通过合同约定著作权的归属

4. 说唱老艺人王某经多年收集、整理,将一民间传说创作成评书《花木兰》,同时录制成磁带。《花木兰》在电台播出时,作家曹某逐段录音,并根据录音记录成书,出版了同名小说《花木兰》,署名为曹某。对此,不符合《著作权法》的规定的有:(　　)

A. 评书《花木兰》为王某创作的口述作品,应受《著作权法》保护

B. 民间传说不是作品,故对花木兰的故事任何人均可利用

C. 曹某未经许可,将录音记录作为自己的作品出版,侵犯了王某的著作权

D. 曹某将民间传说改编为小说,是独立创作行为,并未侵犯王某的著作权

5. 琉璃厂附近一家字画店老板刘某请书法家舒某为其写个门匾题词,作为店上招牌,费用30万元。该店在未得到舒某同意的情况下,将题名印刷在为客户准备的手提袋上。舒某发现后,希望店主能够终止这一行为,但店主不同意。不得已,舒某诉至法院。依《著作权法》的规定,舒某向被告提出的下述主张,哪些依法不能成立?(　　)

A. 侵犯其题词的所有权

B. 侵犯其题词的发表权

C. 侵犯其题词的展览权

D. 侵犯其题词的复制权

6. 下列关于计算机软件的著作权侵权的说法正确的是：(    )

A. 小明购买正版软件光盘后，将该软件拷贝给多个朋友，并将光盘出租给其他同学，小明的拷贝行为构成侵权，但出租行为不构成侵权

B. 小王为个人操作便利使用盗版软件，构成侵权，但可以不承担赔偿责任

C. 小芳不知道也没有合理理由应当知道其使用的软件是侵权复制品的，不构成侵权

D. 甲公司不知其以正常渠道采购的软件是侵权复制品，若停止使用并销毁这些软件将严重影响甲公司的日常经营，甲公司可以在向软件著作权人支付合理费用后继续使用

7. 摄影师张某于1955年拍摄了一张黑白风景照片并于同年出版，照片右下角签署张某的名字。张某于2010年去世。下列未经张某继承人许可的行为中，属于侵犯著作权的有：(    )

A. 请画家精准描摹并出版该绘画

B. 去除张某署名，并将照片在网络上传播

C. 公开展览该照片的复印件

D. 采用数字技术将照片转化为彩色照片出版

8. 甲电视台请张某在电视讲座节目中讲解养生之道，并经张某许可，制作和销售节目录像光盘。乙电视台购入该光盘后，擅自在其电视节目上播出。关于乙电视台的行为，下列哪些说法是正确的？(    )

A. 侵犯了甲电视台的广播组织权

B. 侵犯了张某的著作权

C. 侵犯了张某的表演者权

D. 侵犯了甲电视台的录像制作权

# 第二章　专　利　权*

**一、单项选择题，每题所给的选项中只有一个正确答案。**

1. 甲五金公司发明了一种抗压轴承，在我国和《巴黎公约》成员国L国均获得了专利权，甲公司将该项专利分别给予了乙公司在我国、丙公司在L国的独占实施许可。下列哪一行为在我国构成对该专利的侵权？(    )

A. 在L国购买由丙公司制造销售的该抗压轴承，进口至我国销售

B. 在我国购买由乙公司制造销售的该抗压轴承，改进后销售

C. 在我国未经乙公司许可制造该抗压轴承，用于某五金公司的抗压性能实验

D. 在L国未经丙公司许可制造该抗压轴承，安装该抗压轴承的L国货船临时通过我国境内

2. 刘某于2015年1月18日被授予专利权并进行公告，2015年9月20日刘某与甲公司签订专利权转让合同并于当天履行完毕，2019年2月11日乙公司发现该项专利权不符合授予条件。以下说法正确的是：(    )

A. 自专利权转让合同生效时专利权转让给甲公司

B. 乙公司可以诉请法院判决该专利无效

C. 专利权授予满3年，故乙公司不能请求宣告该项专利权无效

D. 该项专利权被宣告无效后甲公司无权要求刘某退还专利权转让费

**二、多项选择题，每题所给的选项中有两个或两个以上正确答案，少答或多答均不得分。**

1. 赵某在甲公司主要负责研发新电脑，另外还参与手机的研发工作。以下说法错误的是：(    )

A. 赵某在假期期间研发的新电脑的专利申请权属于赵某

B. 如果赵某没有利用甲公司的物质技术条件而研发出新手机，其专利申请权属于赵某

C. 赵某在业余时间利用甲公司的原材料和零部件研发出新耳机，其专利申请权属于赵某

D. 赵某辞职离开甲公司到乙公司上班的8个月后研发出新电脑，其专利申请权属于乙公司

2. 某外国公司向国家知识产权局递交了一件发明专利申请，如果其要求享有一项外国优先权，则应当满足下列哪些条件？(    )

A. 该申请应当自在先申请的申请日起12个月内提出

B. 该申请的权利要求应当与在先申请的权利要求相同

C. 依照该外国同中国签订的协议或者共同参加的国际条约，或者依照相互承认优先权的原则

D. 该外国公司应当在法定的期限内提交在先申请文件的副本

3. 下列选项哪些不可授予专利权？(    )

* 本章答案参见第9页。

A. 伪造港币的设备

B. 快速记忆英语动词规则的方法

C. 促进种子发芽的红外光

D. 新品种金枝玉叶丝棉木的生产方法

4. 甲发明了一种轻薄口罩，口罩具有良好的过滤效果，申请了某项专利，专利的技术参数是 A + B，后乙改进了工艺，使这款口罩更加轻薄和过滤效果更好，专利技术参数是 A + B + C。下列选项正确的是：（　　）

A. 乙应当经过甲的同意

B. 丙公司若要生产 A + C 型口罩需要经过乙的同意

C. 丙公司若要生产 A + B + C + D 型的口罩需要经过甲、乙的同意

D. 丙公司若要生产 A + B + C + D 型的口罩只需要经乙的同意

# 第三章　商　标　权*

**一、单项选择题，每题所给的选项中只有一个正确答案。**

1. 商品使用未经核准注册的商标的，根据我国《商标法》的规定应当如何处理？（　　）

A. 一律不得在市场上销售，违者应受行政处罚

B. 原则上不允许在市场上销售，但《商标法》另有规定的除外

C. 一律可以在市场上销售，但其商标不受法律保护

D. 原则上可以在市场上销售，但《商标法》另有规定的除外

2. 甲公司于 2016 年 7 月 8 日将其商标权普通许可给乙公司使用，在合同有效期内甲、乙公司发现丙公司销售假冒该商标的商品，但丙公司对假冒并不知情，且有证据证明该商品为合法取得并说明了提供者，甲、乙公司均欲起诉丙公司。以下说法正确的是：（　　）

A. 乙公司可单独以自己的名义起诉丙公司

B. 丙公司不构成侵权

C. 丙公司需要向甲公司进行赔偿，但无须赔偿乙公司

D. 本案可由最高人民法院指定的基层人民法院进行管辖

3. 下列哪个标志可以作为商标使用？（　　）

A. 仅由商品自身的性质而产生的形状作为立体商标

B. 以勋章的图形作为平面商标

C. 以"红新月"作为文字商标

D. 以县级以上行政区划的地名作为商标

4. 甲于 2010 年 3 月 1 日开始使用"兴化"牌商标，乙于同年 4 月 1 日开始使用相同商标。甲、乙均于 2015 年 5 月 1 日向商标局寄出注册"兴化"商标的申请文件，其中甲的申请文件于 5 月 8 日寄至，乙的文件于 5 月 5 日寄至。商标局应初步审定公告谁的申请？（　　）

A. 同时公告，因甲、乙申请日期相同

B. 公告乙的申请，因乙申请在先

C. 公告甲的申请，虽然甲、乙同时申请，但甲使用在先

D. 由商标局自由裁定

**二、多项选择题，每题所给的选项中有两个或两个以上正确答案，少答或多答均不得分。**

1. 商标局受理了一批商标注册申请，审查过程中均未发现在先申请。商标局应当依法驳回下列哪些注册申请？（　　）

A. 将"五角星"文字商标使用于油漆商品上

B. 将"小黄米"文字商标使用于小米产品上

C. 将"明亮"文字商标使用于灯泡商品上

D. 将"红高粱"文字商标使用于高粱酿制的白酒类商品上

2. 甲公司是外国企业，欲在我国申请商标注册，下列说法正确的是：（　　）

A. 甲公司只能委托商标代理机构办理

B. 甲公司的所属国必须参加《与贸易有关的知识产权协定》

C. 商标代理机构若明知甲公司欲以不正当手段抢先注册他人已经使用并有一定影响的商标，则不得接受其委托

D. 若甲公司的所属国曾驳回其该项商标注册申请，我国也不会授予其该项商标权

3. 根据我国现行《商标法》及相关规定，认定驰名商标所应当考虑的因素包括：（　　）

A. 相关公众对该商标的知晓程度

B. 该商标使用的持续时间

C. 该商标是否在中国注册

D. 该商标的任何宣传工作的持续时间、程度和地理范围

4. 甲公司生产"清逸"牌洋甘菊精油，该精油主要

---

* 本章答案参见第 10 页。

提取自洋甘菊，该公司生产的该种精油外瓶及包装上均突出宣传“洋甘菊”，致使“洋甘菊”被消费者熟知，声誉良好。下列说法正确的是：(　　)

A. 甲公司不能将“洋甘菊”作为商标注册

B. 甲公司可以将“洋甘菊”作为商标注册

C. 甲如果转让其注册的商标，可以单独向商标局提出转让申请

D. 甲如果转让其注册的商标，应与受让方共同向商标局提出转让申请

5. 以下情形中，商标局不可以依职权宣告注册商标无效的是：(　　)

A. 商标中有商品的地理标志，而该商品并非源于该标志所标识的地区，误导公众

B. 未经授权，代理人或者代表人以自己的名义将被代理人或者被代表人的商标进行注册

C. 带有欺骗性，容易使公众对商品的质量等特点或者产地产生误认

D. 就不相同或者不相类似商品申请注册的商标是复制他人已经在中国注册的驰名商标，误导公众

6. 奔兔公司在其制造和销售的箱包上使用“奔兔”商标，产生了一定影响，但未进行商标注册。其经销商甲发现该商标未获注册后，就在箱包产品上注册了“奔兔”商标，并在箱包产品上使用“奔兔”商标。乙公司以囤积商标为业，其预料奔兔公司今后可能也会制造和销售皮带，就在皮带商品上注册了“奔兔”商标，以期高价出售给奔兔公司，但从未使用。以下说法正确的是：(　　)

A. 奔兔公司只能在甲公司注册“奔兔”商标后5年内请求其注册商标无效

B. 如奔兔公司在皮带上使用“奔兔”商标3年后，乙公司对其提起商标侵权之诉，要求其赔偿损失，奔兔公司可以乙公司此前曾未使用进行抗辩

C. 如果甲公司起诉奔兔公司在箱包上使用“奔兔”商标侵犯其注册商标专用权，奔兔公司可以自己率先使用为由进行抗辩

D. 奔兔公司只能在乙公司注册“奔兔”商标后5年内请求其注册商标无效

**三、不定项选择题，每题所给的选项中有一个或一个以上正确答案，少答、不答或多答均不得分。**

1. 甲公司的某商标在我国被认定为驰名商标。根据我国现行《商标法》及相关规定，下列说法正确的是：(　　)

A. 如果甲公司未在中国注册该商标，则他人就类似商品申请注册的商标是复制该驰名商标，容易导致混淆，不予注册并禁止使用

B. 如果甲公司未在中国注册该商标，则他人就类似商品申请注册的商标是复制该驰名商标，容易导致混淆，不予注册但允许使用

C. 如果甲公司已在中国注册该商标，则他人就不相类似商品申请注册的商标是摹仿该商标，误导公众，致使该驰名商标注册人的利益可能受到损害，不予注册并禁止使用

D. 如果甲公司已在中国注册该商标，则他人就不相类似商品申请注册的商标是摹仿该商标，误导公众，致使该驰名商标注册人的利益可能受到损害，不予注册但允许使用

2. 下列属于商标侵权行为的是：(　　)

A. 甲公司未经许可，在相同商品上使用与他人注册商标近似的商标，但不会导致混淆

B. 乙公司未经许可，在类似商品上使用与他人注册商标近似的商标，容易导致混淆

C. 丙公司购进某商品后，擅自更换该商品的注册商标后再次销售

D. 丁公司销售不知道是侵犯注册商标的商品，且能证明该商品为合法取得并可说明提供者

3. 下列关于商标撤销的说法正确的是：(　　)

A. 注册商标法定期限届满未续展或续展未获批准的，商标管理部门予以撤销

B. 商标侵犯他人现有的在先权利，利害关系人可申请撤销该商标

C. 商标注册人没有正当理由连续3年不使用该商标，任何单位或个人可申请撤销

D. 商标评审委员会负责撤销商标

4. 2015年7月1日，甲公司与乙公司签订商标许可合同，将其注册商标许可给乙公司使用，有效期为3年。2017年9月10日，甲公司将该项商标权转让给丙公司。下列说法错误的是：(　　)

A. 甲公司可以单独向商标局备案该商标许可合同，也可单独向商标局提出转让商标权的申请

B. 丙公司自变更登记时享有商标专用权

C. 商标权转让后丙公司可以禁止乙公司继续使用该商标

D. 甲公司对其在类似商品上注册的近似商标，可以另行转让给丁公司

# 参考答案及解析

## 第一章 著 作 权

一、1. C。本题涉及著作权法不予保护的对象问题。依据为我国《著作权法》第5条。

2. C。本题考查著作权。在A选项中，著作权人有署名权，其可以自由署名，所以该选项错误。在B选项中，该文在著作权人通过网络发表之际已被正式发表，所以该选项错误。在C选项中，最高人民法院的判决不属于著作权法意义上的作品，某教材编写单位可以直接使用相应案例，C选项正确。在D选项中，“法治纵横”未经著作权人同意而转载，侵害了其信息网络传播权，构成侵权行为。但是，仅刘某是著作权人，“案例观止”不享有相应权利，“法治纵横”转载并不需要“案例观止”的同意，所以D选项错误。

3. B。本题涉及作者死后著作权的继承和保护等问题。

4. A。本题涉及著作权的合理使用、法定许可使用、职务作品的著作权归属等问题。

5. B。本题涉及著作权的归属问题。

6. D。本题考查委托创作中著作权归属等问题。《著作权法》第19条规定，受委托创作的作品，著作权的归属由委托人和受托人通过合同约定。合同未作明确约定或者没有订立合同的，著作权属于受托人。据此可知，本题中雕塑的著作权属于受托人张某。另外，该法第10条第1款第5项规定，复制权，即以印刷、复印、拓印、录音、录像、翻录、翻拍、数字化等方式将作品制作一份或者多份的权利。本题中ABC描述的行为，属于侵犯了张某著作财产权中的复制权。而D中客户拍照纪念的行为则没有侵犯著作权人的人身、财产权利，不属于侵权行为。

7. C。本题涉及著作权的归属问题。自传体作品，有约定的从约定，没有约定的，著作权归该特定人物享有，故A项错误。由他人执笔，本人审阅定稿并以本人名义发表的报告、讲话等作品，著作权归报告人或讲话人享有，故B项错误。根据《著作权法》第18条第2款的规定，主要是利用法人或者非法人组织的物质技术条件创作，并由法人或者非法人组织承担责任的工程设计图、产品设计图、地图、示意图、计算机软件等职务作品，作者享有署名权，著作权的其他权利由法人或者非法人组织享有，故C项正确。摄影作品的著作权归摄影师，故D项错误。因此本题的正确答案是C。

8. C。本题涉及合作作品的著作权以及著作权的合理使用制度。根据《著作权法实施条例》第9条的规定，合作作品不可以分割使用的，其著作权由各合作作者共同享有，通过协商一致行使；不能协商一致，又无正当理由的，任何一方不得阻止他方行使除转让以外的其他权利，但是所得收益应当合理分配给所有合作作者。依照该规定，乙在甲无正当理由不同意的情况下不能将该歌曲的著作权进行转让，但可以允许丙公司录制并拍摄该歌曲的MV，只不过此时的收益要合理分配给甲。某舞厅的行为属于侵犯了作者的表演权，应当取得著作权人的同意，并向其支付报酬。故本题的正确选项为C。

9. C。本题涉及法定许可使用问题。为实施义务教育和国家教育规划而编写出版教科书，在教科书中汇编已经发表的作品片段等，才构成法定许可，学前教育读物并不属于教科书，选项A错误。根据《著作权法》第24条第1款第4项的规定，报纸、期刊、广播电台、电视台等媒体刊登或者播放其他报纸、期刊、广播电台、电视台等媒体已经发表的关于政治、经济、宗教问题的时事性文章，属于合理使用，选项B错误。根据《著作权法》第46条第2款的规定，广播电台、电视台播放他人已发表的作品，可以不经著作权人许可，但应当按照规定支付报酬。选项C正确。根据《著作权法》第42条第2款的规定，录音制作者使用他人已经合法录制为录音制品的音乐作品制作录音制品，可以不经著作权人许可，但应当按照规定支付报酬，故属于法定许可使用。选项D错误。故本题答案为C。

10. D。本题涉及体育比赛中的著作权问题。体育比赛并非“作品”，主办方并不享有对足球比赛的著作权，选项A错误。运动员并不属于“表演者”，不享有表演者权，选项B错误。解说员极具个人风格的解说可能构成口述作品，乙电视台未经该解说员许可，使用其作品侵犯其著作权，选项C错误。广播电台、电视台对其播放的广播、电视享有播放者权，有权禁止未经其许可的转播行为，选项D正确。故本题答案为D。

11. A。本题考查汇编作品、演绎作品。《著作权法实施条例》第4条第2项规定：“口述作品，是指即兴的演说、授课、法庭辩论等以口头语言形式表现的作品。”朱某的演讲具有独创性，构成口述作品，可以授权他人对该口述作品行使汇编权，即“将作品或者作品的片段通过选择或者编排，汇集成新作品的权利”。《著作权法》第15条规定：“汇编若干作品、作品的片段或者不构成作品的数据或者其他材料，对其内容的选择或者编排体现独创性的作品，为汇编作品，其著作权由汇编人享有，但行使著作权时，不得侵犯原作品的著作权。”陈某经过朱某同意以后将朱某演讲录音资料整理成文字，汇编并按体系出版，对内容的编排体现出独创性，因此构成汇编作品，对该汇编作品享有著作权。

《著作权法》第13条规定：“改编、翻译、注释、整理已有作品而产生的作品，其著作权由改编、翻译、注释、整理人享有，但行使著作权时不得侵犯原作品的著作权。”许某在陈某汇编作品的基础上用自己的理解与观点对专业术语进行注释，增加具有独创性的表达，因此构成演绎作品，对该演绎作品享有著作权。根据《著作权法》第24条的规定，为个人学习、研究或者欣赏，使用他人已经发表的作品，可以不经著作权人的许可，即构成合理使用的情形。许某对朱某的稿件进行注释，系出于个人学习、研究的目的，不具有商业动机不会不合理地损害著作权人朱某的合法权益，可以不经著作权人朱某的同意，因此，选项C错误。

出版社出版的书籍的作者包括朱某、陈某、许某，但是出版社仅获得了陈某的许可，因此侵犯了朱某和许某的著作权，未侵犯陈某的著作权。另外，根据《著作权法》第10条的规定，网络平台未经许可将电子版上传到网络，使公众可以在其选定的时间和地点获得作品，侵犯陈某、朱某、许某的信息网络传播权。根据《著作权法》第37条第1款的规定，出版社作为邻接权人，享有版式设计权，但是《著作权法》并没有为出版者规定法定的传播者权，因此出版者并不享有传播者权，网络平台也不构成侵犯出版者的传播者权。因此，选项A正确，选项B、D错误。

二、1. ABCD。本题涉及我国著作权法的保护对象问题。根据《著作权法》第2条的规定，中国公民、法人或者非法人组织的作品，不论是否发表，依照本法享有著作权。外国人、无国籍人的作品根据其作者所属国或者经常居住地国同中国签订的协议或者共同参加的国际条约享有的著作权，受本法保护。外国人、无国籍人的作品首先在中国境内出版的，依照本法享有著作权。未与中国签订协议或者共同参加国际条约的国家的作者以及无国籍人的作品首次在中国参加的国际条约的成员国出版的，或者在成员国和非成员国同时出版的，受本法保护。选项ABCD均正确。

2. ABCD。本题涉及对著作权的保护问题。本题中，某影视中心使用该音乐作品的行为不属于合理使用的范畴，故A选项的说法是错误的。同时，中国音乐著作权协会是音乐作品著作权人授权的集体管理组织，与音乐作品被侵权具有直接的利害关系，可以作为诉讼原告，故D选项的说法是错误的。本题的难点在于：(1)音乐作品著作权人应当如何理解？对此，音乐作品的著作权人包括音乐作品的作者或者音乐作品的投资人，表演者一般不能视为严格意义上的著作权人，而只能作为音乐作品的邻接权人。本题中，该音乐作品已经出版，故不存在侵犯音乐作品的作者或者音乐作品的投资人的表演权，而存在侵犯作为音乐作品邻接权人的表演者的表演权。故B选项的表述错误。(2)录音制品制作者是否享有播放权？依据《著作权法》第44条第1款的规定，录音录像制作者对其制作的录音录像制品，享有许可他人复制、发行、出租、通过信息网络向公众传播并获得报酬的权利；权利的保护期为50年，截止于该制品首次制作完成后第50年的12月31日。录音录像制作者不存在播放权的问题，故C选项表述错误。故本题正确选项为ABCD。

3. BD。本题涉及职务作品的著作权。根据《著作权法》第18条第1款的规定，自然人为完成法人或者非法人组织工作任务所创作的作品是职务作品，除本条第2款的规定以外，著作权由作者享有，但法人或者非法人组织有权在其业务范围内优先使用。作品完成2年内，未经单位同意，作者不得许可第三人以与单位使用的相同方式使用该作品。同时，甲和其所在单位还可以合同的方式约定著作权由其单位享有。此时，作者甲享有署名权，著作权的其他权利由甲所在的单位享有，其单位可以给予作者甲奖励。故本题的正确选项为BD。

4. ABD。本题涉及作品的分类及其保护问题。王某所创作的《花木兰》为录音作品，不为口述作品。民间传说为民间文学艺术作品，受《著作权法》保护。至于由谁行使权利，尚存争议。曹某未经许可，将王某的录音作品进行编辑，侵害了王某的著作权。因此，本题正确选项为ABD。

5. ABC。本题考查著作权的内涵。本题中，舒某为字画店写门匾后，该门匾原件的所有权和展览权即归该字画店享有，且该门匾已经公之于众，故也就不存在侵犯发表权的问题，ABC选项中的主张都不能成立。字画店将题词印制在自己的包装袋上，侵犯了舒某的复制权，故D选项中的主张有法律依据。本题正确选项为ABC。

6. BD。本题考查计算机软件的著作权侵权问题。根据《计算机软件保护条例》第24条的规定，除《著作权法》、《计算机软件保护条例》或者其他法律、行政法规另有规定外，未经软件著作权人许可，有下列侵权行为的，应当根据情况，承担停止侵害、消除影响、赔礼道歉、赔偿损失等民事责任；同时损害社会公共利益的，由著作权行政管理部门责令停止侵权行为，没收违法所得，没收、销毁侵权复制品，可以并处罚款；情节严重的，著作权行政管理部门并可以没收主要用于制作侵权复制品的材料、工具、设备等；触犯刑律的，依照刑法关于侵犯著作权罪、销售侵权复制品罪的规定，依法追究刑事责任:(1)复制或者部分复制著作权人的软件的;(2)向公众发行、出租、通过信息网络传播著作权人的软件的……小明的拷贝行为和出租行为分别侵犯了计算机软件著作权人的复制权和出租权,故A项错误。个人使用盗版软件构成侵权,软件著作权人可以要求其承担停止使用,删除、销毁该软件等民事责任。未利用计算机软件从事经营活动,可不承担赔偿责任,故B项正确。根据《计算机软件保护条例》第30条的规定,软件的复制品持有人不知道也没有合理理由应当知道该软件是侵权复制品的,不承担赔偿责任;但是,应当停止使用、销毁该侵权复制品。如果停止使用并销毁该侵权复制品将给复制品使用人造成重大损失的,复制品使用人可以在向软件著作权人支付合理费用后继续使用。故C项错误、D项正确。因此本题的正确答案是BD。

7. ABCD。本题考查著作权的内容。根据《著作权法》第10条的规定,著作权包括著作人身权和著作财产权,著作人身权包括发表权、署名权、修改权、保护作品完整权等权利,著作财产权包括复制权、发行权、出租权、展览权、表演权、放映权、广播权、信息网络传播权、摄制权、翻译权、汇编权等权利。著作权人可以许可他人实施前述权利,并依法获得相应报酬。《著作权法》第21条第1款规定:"著作权属于自然人的,自然人死亡后,其本法第十条第一款第五项至第十七项规定的权利在本法规定的保护期内,依法转移。"可知,著作权的继受主体可以继受著作财产权,而不能继受著作人身权,因为著作人身权不能转让,但是著作权的继受主体可以对已逝作者的著作人身权加以保护。本题中,张某拍摄了黑白照片,对黑白照片享有著作权。在张某去世后,张某继承人可以依法享有该照片的著作财产权,并对张某的著作人身权加以保护。

选项A考查复制权。复制权是指"以印刷、复印、拓印、录音、录像、翻录、翻拍、数字化等方式将作品制作一份或者多份的权利",可见,复制行为是再现原作的行为,以一定方式对作品进行翻版再制作。为了适应科学技术的发展,2020年《著作权法》新增"数字化"的复制方式。选项A请画家精准描摹并出版的行为属于精准再现原作的复制行为,故未经张某继承人许可,侵犯张某继承人对摄影作品享有的复制权。因此,选项A正确。

选项B考查署名权、信息网络传播权。署名权是指作者要求承认其创作人资格,决定是否署名以及以何种方式署名的权利,即"表明作者身份,在作品上署名的权利"。本题中,在张某去世后,违背张某意愿去除张某在摄影作品上的署名的行为,属于侵犯张某署名权的行为。信息网络传播权是指"以有线或者无线方式向公众提供,使公众可以在其选定的时间和地点获得作品的权利",即交互式网络传播行为。本题中,未经张某继承人许可,将去除署名的照片在网络上传播,使公众可以在其选定的时间和地点获得作品,属于侵犯张某继承人信息网络传播权的行为。因此,选项B正确。

选项C考查展览权。展览权,即"公开陈列美术作品、摄影作品的原件或者复制件的权利",可知,展览权是美术作品、摄影作品的著作权人享有的专有权利。《著作权法》第20条第1款规定:"作品原件所有权的转移,不改变作品著作权的归属,但美术、摄影作品原件的展览权由原件所有人享有。"这表明著作权法对美术、摄影作品原件的展览权规定了例外。这是因为美术作品原件与复制件的价值往往差异较大,他人购买美术作品的原件往往出于展览或者转让的目的,展览行为对美术作品原件的所有者非常重要。2020年《著作权法》修订时新增"摄影作品"原件展览权的例外情形。本题中,未经张某继承人许可公开展览照片复制件的行为,属于侵犯张某继承人展览权的行为。因此,选项C正确。

选项D考查修改权、改编权。修改权,即"修改或者授权他人修改作品的权利"。在张某去世后,采用数字技术将黑白照片转化为彩色照片,属于侵犯张某修改权的行为。此外,在采用数字化技术将黑白照片转换成彩色照片的过程中,如果体现了一定程度的创造性,则涉及侵犯张某继承人的改编权,即"改变作品,创作出具有独创性的新作品的权利"。因此,选项D正确。

8. BD。本题考查邻接权。《著作权法》规定了著作权和邻接权。著作权是著作权人对作品享有的权利,其中包括广播权,即"以有线或者无线方式公开传播或者转播作品,以及通过扩音器或者其他传送符号、声音、图像的类似工具向公众传播广播的作品的权利",但不包括信息网络传播权的权利内容。邻接权保护作品传播者的权利,其中包括广播组织权、表演者权、录音录像制作者权、版式设计权等。

《著作权法实施条例》第4条第2项规定:"口述作品,是指即兴的演说、授课、法庭辩论等以口头语言形式表现的作品。"本题中,张某在电视讲座节目中讲解养生之道,具有独创性,属于以即兴演说的方式表现的作品,即口述作品,张某为该口述作品的作者。甲电视台经张某许可,制作电视节目,属于录像制作者。《著作权法》第48条规定:"电视台播放他人的视听作品、录像制品,应当取得视听作品著作权人或者录像制作者许可,并支付报酬;播放他人的录像制品,还应当取得著作权人许可,并支付报酬。"可知,乙电视台播放甲电视台的节目录像光盘,需取得著作权人张某或者录像制作者甲电视台的许可,在未经张某或者甲电视台许可的情形下播放节目录像光盘,侵犯张某著作权中的广播权、甲电视台录像制作权中的许可电视台播放权。另外,《著作权法实施条例》第5条第6项规定:“表演者,是指演员、演出单位或者其他表演文学、艺术作品的人。”可知,可知本题中张某是作者,而非表演者。因此,B、D正确,选项C错误。

《著作权法》第47条第1款规定:“广播电台、电视台有权禁止未经其许可的下列行为:(一)将其播放的广播、电视以有线或者无线方式转播;(二)将其播放的广播、电视录制以及复制;(三)将其播放的广播、电视通过信息网络向公众传播。”可知,广播组织权的客体是广播组织播放的节目信号,但是本题中,乙电视台并未转播甲电视台的讲座节目,也并未录制甲电视台的讲座节目,而是购买并播放甲电视台制作的节目录像光盘,因此不侵犯甲电视台的广播组织权。因此,选项A错误。

需要注意的是,根据《著作权法》第44条第1款的规定,录音录像制作者对其制作的录音录像制品,享有许可他人复制、发行、出租、通过信息网络向公众传播并获得报酬的权利,录音制作者、录像制作者均享有复制权、发行权、出租权、信息网络传播权,但是《著作权法》第48条规定的许可电视台播放权是录像制作者的专有权利,录音制作者并不享有许可电视台播放权。

## 第二章 专 利 权

一、1. C。本题涉及专利侵权行为问题。根据《专利法》第75条的规定,有下列情形之一的,不视为侵犯专利权:(1)专利产品或者依照专利方法直接获得的产品,由专利权人或者经其许可的单位、个人售出后,使用、许诺销售、销售、进口该产品的;(2)在专利申请日前已经制造相同产品、使用相同方法或者已经作好制造、使用的必要准备,并且仅在原有范围内继续制造、使用的;(3)临时通过中国领陆、领水、领空的外国运输工具,依照其所属国同中国签订的协议或者共同参加的国际条约,或者依照互惠原则,为运输工具自身需要而在其装置和设备中使用有关专利的;(4)专为科学研究和实验而使用有关专利的;(5)为提供行政审批所需要的信息,制造、使用、进口专利药品或者专利医疗器械的,以及专门为其制造、进口专利药品或者专利医疗器械的。选项A、B对应第1项的“专利权耗尽原则”,选项C不符合第4项的“非商业使用原则”,该原则仅限“使用”,不包括“制造”,选项D对应第3项的“临时过境原则”。故本题答案为C。

2. D。专利申请权或者专利权的转让自登记之日起生效。故A错误。根据《专利法》第45条、第46条第2款的规定,自国务院专利行政部门公告授予专利权之日起,任何单位或者个人认为该专利权的授予不符合本法有关规定的,可以请求国务院专利行政部门宣告该专利权无效。对国务院专利行政部门宣告专利权无效或者维持专利权的决定不服的,可以自收到通知之日起3个月内向人民法院起诉。因此,乙公司不能直接诉请法院判决该专利无效,应向专利复审委员会请求宣告该专利权无效。故B错误。自国务院专利行政部门公告授予专利权之日起,任何单位或个人都可以请求宣告专利权无效,没有时效的限制,故C错误。根据《专利法》第47条第2款的规定,宣告专利权无效的决定,对在宣告专利权无效前已经履行的专利实施许可合同和专利权转让合同,不具有追溯力。故D正确。本题答案是D。

二、1. ABCD。本题涉及职务发明的专利申请权归属问题。根据《专利法》第6条第1款的规定,执行本单位的任务或者主要是利用本单位的物质技术条件所完成的发明创造为职务发明创造。职务发明创造申请专利的权利属于该单位,申请被批准后,该单位为专利权人。《专利法实施细则》第6条规定,《专利法》第6条所称执行本单位的任务所完成的职务发明创造,是指:(1)在本职工作中作出的发明创造;(2)履行本单位交付的本职工作之外的任务所作出的发明创造;(3)退休、调离原单位后或者劳动、人事关系终止后1年内作出的,与其在原单位承担的本职工作或者原单位分配的任务有关的发明创造。《专利法》第6条所称本单位的物质技术条件,是指本单位的资金、设备、零部件、原材料或者不对外公开的技术信息和资料等。故选项A、B、C、D中的专利申请权都属于甲公司。因此,本题答案是ABCD。

2. ACD。本题涉及国际优先权问题。《专利法》第29条第1款规定,申请人自发明或者实用新型在外国第一次提出专利申请之日起12个月内,或者自外观设计在外国第一次提出专利申请之日起6个月内,又在中国就相同主题提出专利申请的,依照该外国同中国签订的协议或者共同参加的国际条约,或者依照相互承认优先权的原则,可以享有优先权。《专利法》第30条第2款、第3款规定,申请人要求外观设计优先权的,应当在申请的时候提出书面声明,并且在3个月内提交第一次提出的专利申请文件的副本;未提出书面声明或者逾期未提交专利申请文件副本的,视为未要求优先权。故本题答案为ACD。

3. ABC。本题涉及授予专利的条件问题。根据《专利法》第5条的规定,选项A错误。根据《专利法》第25条的规定,对下列各项,不授予专利权:(1)科学发现;(2)智力活动的规则和方法;(3)疾病的诊断和治疗方法;(4)动物和植物品种;(5)原子核变换方法以及用原子核变换方法获得的物质;(6)对平面印刷品的图案、色彩或者二者的结合作出的主要起标识作用的设计。对前款第4项所列产品的生产方法,可以依照本法规定授予专利权。选项B属于智力活动的规则和方法,选项C属于科学发现,选项D属于植物新品种的生产方法，故选项 B、C 不可以授予专利，D 可以。本题答案为 ABC。

4. AC。本题考查专利的侵权判断原则。首先，《专利法》第 2 条规定："本法所称的发明创造是指发明、实用新型和外观设计。发明，是指对产品、方法或者其改进所提出的新的技术方案。实用新型，是指对产品的形状、构造或者其结合所提出的适于实用的新的技术方案。外观设计，是指对产品的整体或者局部的形状、图案或者其结合以及色彩与形状、图案的结合所作出的富有美感并适于工业应用的新设计。"可知，我国的专利包括发明专利、实用新型专利和外观设计专利，发明专利和实用新型专利是技术方案，而外观设计是新设计。由"口罩具有良好的过滤效果"以及"专利的技术参数是 A + B"可知，本题中涉及的专利是一种技术方案，属于发明或者实用新型专利。

其次，最高人民法院《关于审理侵犯专利权纠纷案件应用法律若干问题的解释》第 7 条规定："人民法院判定被诉侵权技术方案是否落入专利权的保护范围，应当审查权利人主张的权利要求所记载的全部技术特征。被诉侵权技术方案包含与权利要求记载的全部技术特征相同或者等同的技术特征的，人民法院应当认定其落入专利权的保护范围；被诉侵权技术方案的技术特征与权利要求记载的全部技术特征相比，缺少权利要求记载的一个以上的技术特征，或者有一个以上技术特征不相同也不等同的，人民法院应当认定其没有落入专利权的保护范围。"可知，我国发明或者实用新型专利的侵权包括字面侵权和等同侵权，分别采取全面覆盖原则和等同原则的侵权判断原则。全面覆盖原则指的是，如果专利产品的必要技术特征都被侵权产品覆盖，都在侵权产品中得到体现，就满足全面覆盖原则，构成专利侵权。根据最高人民法院《关于审理专利纠纷案件适用法律问题的若干规定》第 13 条第 2 款的规定，等同侵权指的是侵权产品的技术特征为他人专利产品必要技术特征的等同替换，"等同特征"指的是"与所记载的技术特征以基本相同的手段，实现基本相同的功能，达到基本相同的效果，并且本领域普通技术人员在被诉侵权行为发生时无需经过创造性劳动就能够联想到的特征"。

本题中，乙享有专利权的技术方案是 A + B + C，甲的技术方案是 A + B，乙的技术方案中全部包含甲的技术特征，因此其实施专利需取得甲的许可。选项 B 中，丙公司生产口罩的技术特征为 A + C，乙技术方案中的技术特征为 A + B + C，因此丙公司的技术方案比乙公司的技术方案少一个技术特征，不满足全面覆盖原则，丙公司若要生产 A + C 型口罩不需要经过乙的同意。选项 C 和选项 D 中，丙公司生产 A + B + C + D 型的口罩，技术特征全面覆盖甲公司和乙公司技术方案中的技术特征，因此丙公司若要生产 A + B + C + D 型的口罩，既需要经过甲的同意，也需要经过乙的同意。因此，选项 A、C 正确，选项 B、D 错误。

# 第三章　商　标　权

一、1. D。本题涉及商标的自愿注册原则。自愿注册原则是指商标使用人是否申请商标注册取决于自己的意愿。在自愿注册原则下，商标注册人对其注册商标享有专用权，受法律保护。未经注册的商标，可以在生产服务中使用，但其使用人不享有专用权，无权禁止他人在同种或类似商品上使用与其商标相同或近似的商标，但驰名商标除外。同时我国规定了在极少数商品上使用的商标实行强制注册原则，作为对自愿注册原则的补充。根据《商标法》第 6 条的规定，法律、行政法规规定必须使用注册商标的商品，必须申请商标注册，未经核准注册的，不得在市场销售。因此本题答案为 D。

2. D。本题涉及商标侵权与诉讼的问题。商标权的普通许可合同中，除经约定或得到授权以外，被许可人不能单独起诉，故 A 项错误。根据《商标法》第 64 条第 2 款的规定，销售不知道是侵犯注册商标专用权的商品，能证明该商品是自己合法取得并说明提供者的，不承担赔偿责任，但仍构成侵权，故 B、C 项错误。根据最高人民法院《关于商标法修改决定施行后商标案件管辖和法律适用问题的解释》第 3 条第 1 款的规定，第一审商标民事案件，由中级以上人民法院及最高人民法院指定的基层人民法院管辖，故 D 项正确。因此，本题正确选项为 D。

3. A。本题涉及禁用标志问题。根据《商标法》第 12 条的规定，以三维标志申请注册商标的，仅由商品自身的性质产生的形状、为获得技术效果而需有的商品形状或者使商品具有实质性价值的形状，不得注册，但可以作为商标使用，故 A 正确。根据《商标法》第 10 条第 1 款第 1 项中的规定，同中华人民共和国的国家名称、国旗、国徽、国歌、军旗、军徽、军歌、勋章等相同或者近似的标志，不得作为商标使用，故 B 错误。同"红十字""红新月"的名称、标志相同或者近似的标志，不得作为商标使用，故 C 错误。县级以上行政区划的地名或者公众知晓的外国地名，不得作为商标，故 D 错误。本题正确选项为 A。

4. C。本题涉及商标注册的原则问题。《商标法》第 31 条规定，两个或者两个以上的商标注册申请人，在同一种商品或者类似商品上，以相同或者近似的商标申请注册的，初步审定并公告申请在先的商标；同一天申请的，初步审定并公告使用在先的商标，驳回其他人的申请，不予公告。《商标法实施条例》第 9 条第 1 款规定，除本条例第 18 条规定的情形外，当事人向商标局或者商标评审委员会提交文件或者材料的日期，直接递交的，以递交日为准；邮寄的，以寄出的邮戳日为准；邮戳日不清晰或者没有邮戳的，以商标局或者商标评审委员会实际收到日为准，但是当事人能够提出实际邮戳日证据的除外。通过邮政企业以外的快递企业递交的，以快递企业收寄日为准；收寄日不明确的，以商标局或者商标评审委员会实际收到日为准，但是当事人能够提出实际收寄日证据的除外。以数据电文方式提交的，以进入商标局或者商标评审委员会电子系统的日期为准。甲、乙均于2015年5月1日向商标局寄出注册商标的申请文件，属于同一天申请，因此应当初步审定并公告使用在先的商标，即甲的申请，因此本题答案为C。

二、1. BCD。根据《商标法》第10条第1款的规定，与中华人民共和国国旗相同或者近似的标志不得作为商标使用。但是，用"五角星"作为文字商标是允许的。故A选项不当选。《商标法》第11条规定："下列标志不得作为商标注册：(一)仅有本商品的通用名称、图形、型号的；(二)仅直接表示商品的质量、主要原料、功能、用途、重量、数量及其他特点的；(三)其他缺乏显著特征的。前款所列标志经过使用取得显著特征，并便于识别的，可以作为商标注册。""小黄米"属于小米的质量或者主要原料，反映其颜色等，故B选项当选。而"明亮"作为文字商标用在灯泡上，表示其用途或者功能，不能作为注册商标使用于灯泡上，故C也当选。"红高粱"仅直接表示了商品的主要原料，不能在高粱酒上获得注册，故D选项当选。

2. AC。本题涉及商标注册申请的代理制度的问题。根据《商标法》第18条第2款的规定，外国人或者外国企业在中国申请商标注册和办理其他商标事宜的，应当委托依法设立的商标代理机构办理，故A项正确。根据《商标法》第17条的规定，外国人或者外国企业在中国申请商标注册的，应当按其所属国和我国签订的协议或者共同参加的国际条约办理，或者按对等原则办理，故B项错误。根据《商标法》第19条第3款的规定，商标代理机构知道或者应当知道委托人申请注册的商标属于《商标法》第4条、第15条和第32条规定情形的，不得接受其委托。而第32条规定，申请商标注册不得损害他人现有的在先权利，也不得以不正当手段抢先注册他人已经使用并有一定影响的商标，故C项正确。知识产权具有地域性，在我国申请注册商标，能否获得注册完全依照我国法律规定的标准进行审查，因此甲公司的所属国曾驳回其该项商标注册申请，并不影响我国对其申请的认定，故D项错误。因此，本题正确答案为AC。

3. ABD。本题涉及认定驰名商标的考虑因素问题。根据《商标法》第14条第1款的规定，驰名商标应当根据当事人的请求，作为处理涉及商标案件需要认定的事实进行认定。认定驰名商标应当考虑下列因素：(1)相关公众对该商标的知晓程度；(2)该商标使用的持续时间；(3)该商标的任何宣传工作的持续时间、程度和地理范围；(4)该商标作为驰名商标受保护的记录；(5)该商标驰名的其他因素。不包括选项C。本题答案为ABD。

4. BD。本题涉及商标注册条件和商标转让的程序。根据《商标法》第11条的规定，下列标志不得作为商标注册：(1)仅有本商品的通用名称、图形、型号的；(2)仅直接表示商品的质量、主要原料、功能、用途、重量、数量及其他特点的；(3)其他缺乏显著特征的。前款所列标志经过使用取得显著特征，并便于识别的，可以作为商标注册。虽然洋甘菊是甲公司所生产的精油的主要原料，一般不得作为商标进行注册，但是，该公司生产的该种精油外瓶及外包装上均突出宣传"洋甘菊"，致使"洋甘菊"被消费者熟知，声誉良好，故甲公司可以将"洋甘菊"作为商标注册。同时，根据《商标法》第42条第1款的规定，转让注册商标的，转让人和受让人应当签订转让协议，并共同向商标局提出申请。受让人应当保证使用该注册商标的商品质量。因此，甲如果转让其注册的商标，应当与受让方共同向商标局提出转让申请。故本题的正确选项为BD。

5. ABD。本条涉及绝对拒绝注册理由与相对拒绝注册理由的区分。存在绝对拒绝注册理由的，商标局可以依职权宣告商标无效，否则应当由在先权利人或利害关系人请求商标评审委员会宣告该注册商标无效。选项C属于《商标法》第10条第1款规定的不得作为商标使用的标志。根据《商标法》第44条的规定，已经注册的商标违反《商标法》第10条规定的，由商标局宣告该注册商标无效。因此，本题的正确选项是ABD。C项为相对拒绝注册理由。

6. ABC。本题考查商标无效宣告、商标侵权抗辩事由、商标撤销。

选项A考查擅自注册被代理人商标的商标无效宣告事由。《商标法》第15条第1款规定："未经授权，代理人或者代表人以自己的名义将被代理人或者被代表人的商标进行注册，被代理人或者被代表人提出异议的，不予注册并禁止使用。"可知，代理人未经被代理人许可擅自注册被代理人的商标，违反诚实信用原则，侵害被代理人的合法权益，该规定旨在禁止代理人的恶意抢注行为。《商标法》第15条第1款中的"代理人"不仅包括《民法典》总则编及合同编中的代理人，也包括基于商事业务往来而可以知悉被代理人商标的经销商，故本题中的经销商甲属于《商标法》第15条第1款规定中的"代理人"，其未经授权在与奔兔公司相同的箱包产品上注册相同的"奔兔"商标，构成擅自注册被代理人商标的情形。《商标法》第45条第1款规定："已经注册的商标，违反本法第十三条第二款和第三款、第十五条、第十六条第一款、第三十条、第三十一条、第三十二条规定的，自商标注册之日起五年内，在先权利人或者利害关系人可以请求商标评审委员会宣告该注册商标无效。对恶意注册的，驰名商标所有人不受五年的时间限制。”故奔兔公司可以以经销商甲擅自注册其“奔兔”商标为由请求商标局商标复审部门（原商标评审委员会）宣告甲的“奔兔”商标无效，由于奔兔公司的“奔兔”商标产生了一定影响，但未构成驰名商标，故受到“奔兔”商标注册之日起5年的时间限制。因此，选项A正确。

选项B考查注册商标未经使用的侵权赔偿抗辩事由。虽然我国实行商标注册取得制度，但是商标的价值在于通过商标使用而发挥识别商品或者服务来源的作用，未经使用的商标并不具备识别商品或者服务来源的功能，以牟利为目的囤积商标的行为损害商标正常的注册管理秩序。因此《商标法》第64条第1款规定：“注册商标专用权人请求赔偿，被控侵权人以注册商标专用权人未使用注册商标提出抗辩的，人民法院可以要求注册商标专用权人提供此前三年内实际使用该注册商标的证据。注册商标专用权人不能证明此前三年内实际使用过该注册商标，也不能证明因侵权行为受到其他损失的，被控侵权人不承担赔偿责任。”本题中，乙公司在皮带商品上注册“奔兔”商标以后从未使用，奔兔公司可以以此作为侵权赔偿的抗辩事由。因此，选项B正确。

选项C考查先用权。先用权是指在先使用商标的人，在他人将其在先商标注册以后，可以在原有范围内继续使用其商标的权利。先用权是一种抗辩权，是为了平衡商标注册人和商标在先使用人之间的利益。《商标法》第59条第3款规定：“商标注册人申请商标注册前，他人已经在同一种商品或者类似商品上先于商标注册人使用与注册商标相同或者近似并有一定影响的商标的，注册商标专用权人无权禁止该使用人在原使用范围内继续使用该商标，但可以要求其附加适当区别标识。”本题中，奔兔公司在箱包产品上在先使用“奔兔”商标，并且产生了一定影响，符合先用权的要件。因此，选项C正确。

选项D考查连续三年不使用的商标撤销事由。《商标法》第32条规定：“申请商标注册不得损害他人现有的在先权利，也不得以不正当手段抢先注册他人已经使用并有一定影响的商标。”本题中，奔兔公司未注册的“奔兔”商标属于在先使用并有一定影响的商标，乙公司在明知奔兔公司使用“奔兔”商标并产生一定影响的前提下，以高价转让给奔兔公司并从中牟利的目的注册“奔兔”商标，构成“以不正当手段抢先注册他人已经使用并有一定影响的商标”。根据《商标法》第45条第1款的规定，奔兔公司可以在乙公司注册“奔兔”商标后5年内请求宣告该注册商标无效。此外，《商标法》第49条第2款规定：“注册商标成为其核定使用的商品的通用名称或者没有正当理由连续三年不使用的，任何单位或者个人可以向商标局申请撤销该注册商标。商标局应当自收到申请之日起九个月内做出决定。有特殊情况需要延长的，经国务院工商行政管理部门批准，可以延长三个月。”本题中，乙公司并未实际使用过“奔兔”商标，奔兔公司在乙公司注册“奔兔”商标后无正当理由连续3年未使用的情形下即可向商标局申请撤销“奔兔”商标，而非D选项中的5年。因此，选项D错误。

三、1. AC。本题涉及驰名商标的保护问题。根据《商标法》第13条的规定，为相关公众所熟知的商标，持有人认为其权利受到侵害时，可以依照《商标法》规定请求驰名商标保护。就相同或者类似商品申请注册的商标是复制、摹仿或者翻译他人未在中国注册的驰名商标，容易导致混淆的，不予注册并禁止使用。就不相同或者不相类似商品申请注册的商标是复制、摹仿或者翻译他人已经在中国注册的驰名商标，误导公众，致使该驰名商标注册人的利益可能受到损害的，不予注册并禁止使用。故本题答案为AC。

2. BCD。本题涉及商标侵权行为的认定问题。根据《商标法》第57条的规定，有下列行为之一的，均属侵犯注册商标专用权：未经商标注册人的许可，在同一种商品上使用与其注册商标近似的商标，或者在类似商品上使用与其注册商标相同或者近似的商标，容易导致混淆的；销售侵犯注册商标专用权的商品的；未经商标注册人同意，更换其注册商标并将该更换商标的商品又投入市场的，故BCD属于商标侵权行为。本题答案是BCD。

3. C。本题涉及商标的撤销问题。根据《商标法》第40条第1款的规定，注册商标有效期满，需要继续使用的，商标注册人应当在期满前12个月内按照规定办理续展手续；在此期间未能办理的，可以给予6个月的宽展期。每次续展注册的有效期为10年，自该商标上一届有效期满次日起计算。期满未办理续展手续的，注销其注册商标。因此，注册商标法定期限届满未续展或续展未获批准的，进行注销而非撤销。故A项错误。《商标法》第45条第1款规定，已经注册的商标侵犯他人现有的在先权利，自商标注册之日起5年内，利害关系人可以请求商标评审委员会宣告该注册商标无效。故B项错误。《商标法》第49条第2款规定，注册商标成为商标注册人核定使用的商品的通用名称或者没有正当理由连续3年不使用的，任何单位或者个人可以向商标局申请撤销该注册商标。故C项正确。根据《商标法》第54条的规定，当事人对商标局撤销或者不予撤销注册商标的决定不服的，可以向商标评审委员会申请复审。当事人对商标评审委员会的决定不服的，可以向人民法院起诉。故D项错误。本题正确答案是C。

4. ABCD。本题考查商标的许可及商标权的转让。《商标法》第43条第3款规定，许可他人使用其注册商标的，许可人应当将其商标使用许可报商标局备案，由商标局公告。商标使用许可未经备案不得对抗善意第三人。因此甲公司可以单独向商标局备案商标使用许可合同。不过根据《商标法》第42条第1款的规定，转让注册商标的，转让人和受让人应当签订转让协议，并共同向商标局提出申请。因此甲公司应与丙公司共同向商标局申请商标权的转让，故A项错误。《商标法》第42条第4款规定，转让注册商标经核准后，予以公告。受让人自公告之日起享有商标专用权，故B项错误。《商标法》第42条第2款规定，转让注册商标的，商标注册人对其在同一种商品上注册的近似的商标，或者在类似商品上注册的相同或者近似的商标，应当一并转让，故D项错误。注册商标的转让不影响转让前已经生效的商标使用许可合同的效力，因此商标权转让给丙公司后，乙公司仍享有在商标使用许可合同剩余期限内的商标使用权，故C项错误。本题答案为ABCD。

# 经济法·劳动与社会保障法·环境资源法

## 第一章　竞　争　法*

**一、单项选择题，每题所给的选项中只有一个正确答案。**

1. 根据反不正当竞争法律制度的规定，下列行为中，属于不正当竞争行为的是：(　　)

A. 甲因其所居住小区内的超市过于吵闹，影响其休息，遂捏造该超市出售伪劣商品的事实并进行散布，导致该超市营业额严重下降

B. 乙家具制造企业将产自中国的家具产品的原产地标注为意大利

C. 丙歌厅见与其相邻的另外一家歌厅价格低、服务好、客源多，遂雇佣打手上门寻衅滋事，进行威胁

D. 入夏前，丁商场为了筹集资金购进夏装，以低于进货价的价格甩卖了一批库存的羽绒服

2. 某电器销售公司甲与某电视机厂乙因货款纠纷而产生隔阂，甲不再经销乙的产品。当客户询问甲的营业员是否有乙厂的电视机时，营业员故意说："乙厂的电视机质量不好，价格又贵，所以我们不再卖他们的产品了。"下列有关该事例的哪一表述是正确的？(　　)

A. 甲侵犯了乙的名誉权

B. 甲的行为属于诋毁乙的商业信誉的不正当竞争行为

C. 甲的行为因未通过宣传媒介诋毁乙的商业信誉，故不构成诋毁商业信誉

D. 甲侵犯了乙的荣誉权

3. 某市百货商场在发出的邮购广告上以大字注明："凡从本商场邮购微波炉，购买1台给付5%的回扣；5台至20台给付8%的回扣；20台至100台给付10%的回扣；100台以上给付15%的回扣。"有人见到广告后举报至有关部门，经查发现该商场所给付的回扣在账面上均有明确记载。该商场给付回扣的行为是：(　　)

A. 不正当竞争行为　　B. 正当竞争行为

C. 行贿行为　　D. 排挤竞争对手行为

4. 甲制药厂在组织参观乙制药厂实验室时，甲厂一名技术人员暗中提取了实验室中的一种溶液样品。回到甲厂后，该技术人员与他人一起分析了溶液的成分，得出了乙厂新开发的一种药品的配方，甲厂迅速根据此配方推出了一种新药。乙厂在市场上见到这种新药十分震惊，经调查查清了其中原委，遂向人民法院提起诉讼，要求甲厂赔偿损失，并停止生产这种药品。以下说法正确的是哪项？(　　)

A. 甲厂不构成不正当竞争，因提取溶液样品的技术人员并不能代表甲厂

B. 甲厂构成不正当竞争，但只能停止生产这种药品，而不能赔偿损失

C. 人民法院无权管辖此案

D. 乙厂的诉讼请求应予支持

5. 2018年8月，当事人宁某伟通过注册3个网站统一跳转到一个名称为"寄空包"的网站，搭建寄空包平台招揽刷单生意。客户通过网上注册会员后委托当事人进行寄空包业务。当事人未按照物流快递正常的取包裹、寄包裹的真实流程进行，而是通过平台组织虚假交易，通过下单记录进行"寄空包"业务，为客户完成刷单。截至案发，网站总共注册用户1189个，所得利润68342.6元。下列说法正确的是：(　　)

A. 该行为属于混淆行为

B. 该行为属于商业贿赂行为

C. 该行为属于虚假宣传行为

D. 该行为属于侵犯消费者信息权的行为

**二、多项选择题，每题所给的选项中有两个或两个以上正确答案，少答或多答均不得分。**

1. 下列行为构成滥用市场支配地位行为的有：(　　)

A. 甲公司生产的某种小家电市场占有率达60%，甲公司引进新技术对产品进行了改进，并将销售价格提高了30%

B. 乙公司生产的牛奶在该地的市场占有率达55%，乙公司要求当地某超市在购物车上为其免费做广告，超市拒绝，乙公司停止向超市供货

C. 某市自来水公司称由于很多用户的自来水龙头滴漏，造成严重浪费，要求用户必须购买该公司指定的几种品牌的水龙头，经查，自来水公司与指定品牌的生产厂家并无利益关系

D. 某市生产打火机的厂家众多，由于有的小厂家生产的打火机质量不合格，给该行业声誉造成影响；该市最大的打火机生产厂丙厂和丁厂的市场占有率达70%，两厂资金雄厚，决定以低于成本的价格销售打火机，以期将小厂家挤出市场

2. 下列有关经营者集中的处理的说法正确的有：(　　)

---

* 本章答案参见第34页。

A. 经营者集中可能具有排除、限制竞争效果的，国务院反垄断执法机构应当作出禁止经营者集中的决定

B. 对外资并购境内企业或者以其他方式参与经营者集中，应当按照国家有关规定进行国家安全审查

C. 对于禁止集中和不予禁止的经营者集中，国务院反垄断执法机构都可以决定附加减少集中对竞争产生不利影响的限制性条件

D. 经营者违反法律规定实施集中的，国务院反垄断执法机构可以采取责令限期处分股份或者资产、限期转让营业并处以罚款的措施

3. 个体工商户王某于 2009 年 6 月在某百货商场租赁一柜台用于销售绿叶公司生产的“绿源”牌连衣裙，并采取下列促销措施，其中属于不正当竞争行为的是：(　　)

A. 所雇用的销售人员都身着该百货商场的工作服，佩戴该百货商场的营业标志

B. 以明示的方式给购买者折扣，但没有入账

C. 举办抽奖式销售活动，最高奖为价值 5000 元的电视机 1 台

D. 以绿叶公司的名义直销“绿源”牌连衣裙

4. 下列有关反不正当竞争行为机制的说法正确的是：(　　)

A. 国务院设立反不正当竞争委员会，负责组织、协调、指导反不正当竞争工作

B. 县级以上人民政府履行工商行政管理职责的部门对不正当竞争行为进行查处

C. 个人对不正当竞争行为有权进行社会监督

D. 行业组织应当加强行业自律，引导、规范会员依法竞争，维护市场竞争秩序

5. 2018 年 1 月，李某通过找“网络买家”进行刷单虚构交易。“网络买家”按照李某制定的“刷单”计划购买指定的商品，之后一个星期左右，“网络买家”确认收货并给予好评后，李某通过支付宝将货款和刷单费转账给对方，刷单费为虚假交易金额的 1%。在交易过程中，李某通过快递公司发空包裹完成交易流程。截至被查处，李某共虚构交易 29 笔，涉案金额为 21636.65 元。下列相关说法正确的是：(　　)

A. 李某的行为属于经营者对其商品的销售状况和用户评价作虚假宣传从而欺骗、误导消费者的违法行为

B.“网络买家”的刷单行为属于通过组织虚假交易等方式，帮助其他经营者进行虚假或者引人误解的商业宣传行为

C. 监督检查部门有权责令李某停止违法行为

D. 如果属于情节严重的情形，监督检查部门可以对网络买家处 100 万元以上 200 万元以下的罚款，可以吊销营业执照

6. 下列有关《反不正当竞争法》中规定的混淆行为的说法正确的是：(　　)

A. 张三见同乡甲的“阿大烧饼”很受市场欢迎，于是自己也开了一家“阿大烧饼王”，标识都是一只笑脸的烧饼，该行为系混淆行为

B. 李四使用著名艺人乙的艺名进行商业活动，赚了不少钱，该行为系混淆行为

C. 王五使用京东网站的首页，作为自己的销售网页，该行为系混淆行为

D. 赵六因实施混淆行为，被监督检查部门责令停止违法行为，没收违法商品，并处 20 万元罚款，赵六认为自己没有违法经营额（经调查因经营额较小确实无法查实），并处 20 万元罚款的行为是违法行为，赵六的主张合法

7. 甲市工商局经济检查科接群众举报，称甲市燃气公司强制收取小区业主保险费。经查，燃气公司从 2017 年 1 月起，在未取得保险代理资质的情况下，与乙保险公司甲市中心支公司达成协议，为其代收居民燃气用户人身意外伤害险，保险公司以保费的 8% 支付给燃气公司作为业务代理费用。下列说法中正确的是：(　　)

A. 甲市燃气公司的行为属于滥用市场支配地位的违法行为

B. 乙保险公司的行为属于商业贿赂行为

C. 监督检查部门有权对燃气公司没收违法所得，处以 10 万元以上 300 万元以下的罚款

D. 监督检查部门有权对保险公司没收违法所得，处以 10 万元以上 300 万元以下的罚款

8. 下列属于虚假宣传的违法行为的是：(　　)

A. 食品广告和宣传声称有疾病预防和治疗功效

B. 保健食品广告中未标明“本品不能代替药物”

C. 要求专家进行以产品销售为目的的知识讲座和专家报告

D. 标签上没有保健食品批准文号，但商家声称其为保健食品

9. 监督检查部门调查涉嫌不正当竞争行为时，可以采取的措施的说法正确的是：(　　)

A. 向监督检查部门主要负责人书面报告并经批准后，查询、复制与涉嫌不正当竞争行为有关的协议、账簿、单据、文件、记录、业务函电和其他资料

B. 向设区的市级以上人民政府监督检查部门主要负责人书面报告，并经批准后查封、扣押与涉嫌不正当竞争行为有关的财物

C. 向设区的市级以上人民政府监督检查部门主要负责人书面报告，并经批准后查询、冻结涉嫌不正当竞争行为的经营者的银行账户

D. 监督检查部门调查涉嫌不正当竞争行为，应当将查处结果及时向社会公开

# 第二章　消费者法*

一、单项选择题，每题所给的选项中只有一个正确答案。

1.依据《消费者权益保护法》，下列选项中，当经营者(　　)，消费者可以依法按其所支付价款的3倍要求经营者赔偿其损失。

A.不具备产品应当具备的性能事先未作说明

B.所售产品包装上未注明出厂日期和保质期

C.谎称某国内私营企业产品为"美国进口原装"

D.出售国家明令淘汰的产品

2.甲厂生产一种易拉罐碳酸饮料。消费者丙从乙商场购买这种饮料后，在开启时被罐内强气流炸伤眼部，下列哪项是正确的？(　　)

A.丙只能向乙索赔

B.丙只能向甲索赔

C.丙只能向消费者协会投诉，请其确定向谁索赔

D.丙可向甲、乙中的一个索赔

3.某品牌的电器在市场流通1个月后发现该电器存在一定的安全隐患，故经理发出召回商品的通知，召回途中哪项行为是正确的？(　　)

A.召回商品的额外费用由消费者承担

B.该公司承担消费者因商品被召回的必要费用

C.私下召回该电器

D.该电器召回后不做任何处理

4.消费者购买经营者提供的机动车、计算机、电视机、电冰箱、空调器、洗衣机等耐用商品或者装饰装修等服务，自接受商品或者服务之日起(　　)内发现瑕疵，发生争议的，由经营者承担有关瑕疵的举证责任。

A.3个月　　B.6个月

C.1年　　D.2年

5.小周在一家商店选购电视机，觉得该商店电视机的款式、质量不合心意，正打算离开时，被该产品的促销员拦住。该店员要求小周必须买一台，否则不许离开。该促销员的行为侵犯了小周的：(　　)

A.公平交易权　　B.自主选择权

C.受尊重权　　D.知情了解权

6.甲借用乙的营业执照销售商品，消费者丙从甲雇佣的营业员丁处购买商品时合法权益受损。消费者丙就其损失请求赔偿的对象是：(　　)

A.只能是甲　　B.只能是乙、甲

C.只能是丁　　D.可以是甲，也可以是乙

7.2017年10月14日上午，吴某至苏州地铁东环路站乘坐一号线至相门站，上述区间地铁票价为2元。吴某持有余额为7.1元的苏州市民卡B卡刷卡进站，但进站闸机显示卡内余额不足，导致吴某无法进站。依据《苏州市轨道交通票务规则》第13条的规定，苏州通/市民卡、江苏交通一卡通本地卡余额低于轨道交通线网最高票价的折后金额时(折后全程票价为7.6元)将不能进站。吴某欲通过诉讼主张权利，下列说法正确的是：(　　)

A.市轨交公司侵犯了吴某的自主选择权

B.吴某有权针对该票务规则提起公益诉讼

C.该票务规则侵害了吴某的公平交易权

D.该票务规则符合公交惯例，属于有效条款

8.2017年7月，原告唐某(乙方)与被告宝华汽车经销公司(以下简称宝华公司)(甲方)签订买卖协议一份，约定乙方购买甲方所售车型为2016款福睿斯1.5自动时尚型轿车一辆。2017年8月27日，涉案车辆发生事故受损。在修理过程中，唐某发现该车之前曾经修理过，遂委托天安达汽车贸易有限公司对后保险杠进行拆解，发现涉案车辆的前后保险杠均存在维修过的痕迹，遂与宝华公司产生纠纷诉至法院。下列相关说法正确的是：(　　)

A.唐某的购车行为不属于生活消费

B.宝华公司不应当承担责任，应当由汽车生产厂家承担责任

C.宝华公司不构成欺诈，因为只是部分零部件经过了修理

D.宝华公司应当向唐某赔偿3倍购车款

9.2018年4月，尤某委托建达公司将两只玻璃展柜运送至广东省某地。建达公司收取600元包装运输费后，向尤某开具了快递运单，运单背面契约条款提示未保价的货物损坏的，最高赔偿金额为500元人民币，尤某未对快递物进行保价且未在寄件人签名处签名。后建达公司将货物发往目的地，收货人接收货物时，发现展柜损坏，拒绝签收。因赔偿事宜协商未果，尤某诉至法院，要求建达公司赔偿快递物损失费5000余元。下列相关说法不正确的是：(　　)

A.该契约条款严重侵害消费者权利，当属无效

B.建达公司应当向法院提供充分证据证明已经将保价条款向尤某提示阅读

C.该保价条款对尤某不产生法律效力

D.建达公司因运输不当对标的物造成的损失，应

---

* 本章答案参见第35页。

按照快递物的实际损失进行赔偿

10. 2017年9月23日,羊某某到鼎尚酒行购买10箱白酒,并支付酒款15000元;鼎尚酒行出具收据载明时间、数量、价格、保真等内容。2017年9月25日,羊某某向县消费者协会书面投诉,白酒有渗漏,饮用后头疼,夜里呕吐,要求假一罚十。2017年9月26日,县市场监督管理局暂扣案涉白酒,并送检。后该白酒生产公司作出鉴定结论:属假冒产品。后羊某某与鼎尚酒行就赔偿事宜发生纠纷,羊某某诉至法院要求退一赔三,诉讼中鼎尚酒行主张白酒被掉包,羊某某所持假冒白酒并非从鼎尚酒行购买,其不应当承担损害赔偿责任。下列相关说法不正确的是:(　　)

A. 消费者羊某某应当举证证明其主张存在质量问题的商品与销售的商品应为同一商品

B. 消费者羊某某只要向法庭提交曾在销售者处购买过涉案商品的初步证据即可

C. 销售者应当通过提交购买记录、电子识别码等证明其销售的商品并非消费者主张权利的商品,并提供从正规渠道进货的进货单等证明其已向消费者交付合格商品

D. 法院依法应判令鼎尚酒行向羊某某退一赔三

11. 2018年3月,市场监督管理局接到消费者举报。甲装修公司为争取到更多的装修业务,在未经消费者同意的情况下,通过非正常途径获得个人联系电话及住房认购面积等个人信息300余条,并向这些消费者个人拨打广告电话、发送广告短信,对本企业装修业务进行推销,令这些消费者的日常生活和工作不堪其扰。下列相关说法正确的是:(　　)

A. 通过电话和短信推销属于现代社会正常的商业行为

B. 如果打电话给购房人,购房人明确表示不需要该公司的装修服务,该公司仍然持续打电话和发短信推销才构成违法

C. 该行为侵害了消费者的个人信息权利,市场监督管理部门有权进行处罚

D. 市场监督管理部门有权对甲公司处以50万元以上的罚款

**二、多项选择题,每题所给的选项中有两个或两个以上正确答案,少答或多答均不得分。**

1. 商家维克多公司生产国家明令淘汰的商品,获利10万元,且给本地消费者造成了巨大的损害。针对该违法行为的法律责任的说法正确的是:(　　)

A. 由市场监督管理部门处以没收违法所得10万元,且处以50万元的罚款

B. 对维克多公司的董事长处以罚款10万元

C. 情节严重的,可以由市场监督管理部门责令停业整顿,吊销营业执照

D. 市场监督管理部门有权将该次处罚记入维克多公司的信用档案,向社会公布

2. 下列有关食品安全标准制定的说法正确的是:(　　)

A. 食品安全标准中应当包括食品中的食品添加剂的品种和用量以及食品的营养成分要求

B. 食品安全标准可能由省级地方卫生行政部门组织制定,也可能由企业制定

C. 食品安全标准是强制执行的标准,除食品安全标准外,不得制定其他的食品强制性标准

D. 制定食品安全国家标准规划及其实施计划,应当公开征求意见

3. 下列有关《食品安全法》调整对象和监管机构的说法,正确的是:(　　)

A. 食品添加剂的生产经营以及食品生产经营者使用食品添加剂、对食品添加剂的安全管理都属于《食品安全法》的调整对象

B. 供食用的源于农业的初级产品的质量安全管理适用《农产品质量安全法》的规定,但制定有关食用农产品的质量安全标准仍然适用《食品安全法》

C. 国务院卫生行政部门依法对食品经营活动实施监督管理

D. 声称具有特定保健功能的食品也属于《食品安全法》的调整范围

4. 某厂开发一种新型节能炉具,先后制造出10件样品。后样品中有6件丢失。2011年某户居民的燃气罐发生爆炸,查明原因是使用了某厂丢失的6件样品炉具中的一件,而该炉具存在重大缺陷。该户居民要求某厂赔偿损失。某厂不同意赔偿,下列理由中哪些不能成为该厂不承担责任的理由?(　　)

A. 该户居民如何得到炉具的事实不清

B. 该炉具尚未投入流通

C. 该户居民偷盗样品,由此造成的损失应由其自负

D. 该户居民应向给其提供炉具的人索赔

5. 甲花500元在乙商场购得茅台酒一瓶,饮后产生种种不适症状,住院治疗共花费1000元。经检验甲所购茅台酒为假酒。下列救济措施合法的是:(　　)

A. 主张买卖合同无效,要求返还500元价款,并依法要求乙赔偿损失

B. 要求乙给付真茅台酒一瓶,并赔偿损失

C. 依《消费者权益保护法》,要求乙给付相当于价款2倍的罚款,并赔偿损失

D. 主张乙违约,要求乙承担违约责任

6. 下列是某店堂的告示内容,其中不符合法律规定的是:(　　)

A. 本店商品一旦售出概不退换

B. 购物总额10元以下者,本商场不开发票

C. 钱物请当面点清,否则后果自负

D. 如售假药，包赔顾客 2 万元

7. 甲为其 3 岁儿子购买某品牌的奶粉，小孩喝后上吐下泻，住院 7 天才恢复健康。经鉴定，该品牌奶粉属劣质品，甲打算为此采取维权行动。下列是甲的一些维权措施，其中属于恰当措施的是：(　　)

A. 请媒体曝光，并要求市场监督管理机关严肃查处

B. 向出售该奶粉的商场索赔，或向生产该奶粉的厂家索赔

C. 直接提起诉讼，要求商场赔偿医疗费、护理费、误工费、交通费等

D. 直接提起仲裁，要求商场和厂家连带赔偿其全家所受的精神损害

8. 下列说法中正确的是：(　　)

A. 经营者提供商品或者服务有欺诈行为的，应当按照消费者的要求增加赔偿其受到的损失，增加赔偿金额为消费者购买商品的价款或者接受服务的费用的 2 倍

B. 经营者对行政处罚决定不服的，可以自收到处罚决定之日起 30 日内向人民法院提起诉讼

C. 对包修、包换、包退的大件商品，消费者要求经营者修理、更换、退货的，经营者应当承担运输费等合理费用

D. 拒绝、阻碍有关行政部门工作人员依法执行职务，未使用暴力、威胁方法的，由公安机关依照《治安管理处罚法》的规定处罚

9. 2016 年 2 月，王某与某培训中心签订了一份该培训中心提供的《名校包过班入学协议》，内容为：我们的辅导确保让你的孩子顺利进入名校！如有不通过，全额退款！金额 3 万元。王某在交纳 3 万元培训费后，某培训中心出具收据。王某的孩子（王某某）即在该培训中心参加培训。2017 年 7 月，王某某参加常青藤实验中学的小升初自主招生考试，因分数未达录取分数线未被该校录取。王某认为根据合同约定，培训中心应当退还所有的培训费。该培训中心认为，"包过班"仅是一个培训班的称谓，其已经提供了培训服务，故不同意退款。王某遂向法院起诉，要求培训中心退还全部培训费。下列相关说法不正确的是：(　　)

A. 该包过条款因违反法律规定而无效

B. 该包过条款因违反法律关于格式合同的规定而无效

C. 双方签订的《名校包过班入学协议》中"如有不通过，全额退款"的约定系一项附条件的约定，现条件成就，某培训中心即应按照协议约定"全额退款"

D. 若培训中心已经向王某提示了该"如有不通过，全额退款"内容，王某则有权要求培训中心承担责任

10. 2018 年 9 月 2 日，刘某在天猫网站上某酒类专营店（以下简称专营店）购买一款促销产品——×××高粱酒，促销价为 1257 元/瓶。刘某共购买了 5 瓶，合计支付货款 6285 元。专营店在该酒详情页中"是否为有机食品"一栏标注为"是"。刘某于 9 月 5 日收到货物后，对该款酒到底是否为有机食品产生怀疑，要求专营店提供证明该款酒为有机食品的认证文件。专营店表示无法提供。刘某认为，专营店存在虚假宣传，构成欺诈，故起诉至法院，要求专营店按照《消费者权益保护法》"退一赔三"的规定，退还其货款 6285 元并赔偿 18855 元，合计 25140 元。关于该案下列说法正确的是：(　　)

A. 专营店的行为违反了有关产品包装的规定

B. 专营店的行为构成欺诈

C. 消费者可依据相关法律主张惩罚性赔偿

D. 淘宝应当与专营店一起对消费者承担连带赔偿责任

11. A 电动车公司生产的电动车因为质量问题久久未见解决，三个月以前发生过一起自燃事件，但经调查发现是电池造成的。B 公司是电商平台，出售该款电动车时表明：该车型电动车严格按照检查程序检查，绝对没有质量问题。C 购买该电动车回家使用，未到一个月该电动车在一次驾驶中自燃烧毁，致使 C 残疾。下列说法正确的是？(　　)

A. 只能 A 公司承担赔偿责任

B. A 公司和 B 电商平台按份承担责任

C. C 可以向 A 公司申请残疾辅助器具补助金和损害赔偿

D. 市场监督管理部门应责令 A 公司召回该电动车

# 第三章　银行业法*

**一、单项选择题，每题所给的选项中只有一个正确答案。**

1. 以下不属于商业银行可以直接从事的业务的是：(　　)

A. 发行金融债券

B. 代理发行、代理兑付、承销政府债券

* 本章答案参见第 38 页。

C. 买卖政府债券、金融债券

D. 经营结汇、售汇业务

2. 下列哪方面的情况不属于银行业监督管理机构应当责令银行业金融机构如实向社会公众披露的重大事项？(　　)

A. 财务会计报告

B. 风险管理状况

C. 控股股东转让股份

D. 董事和高级管理人员的变更

3. 下列不属于银行业金融机构的审慎经营规则内容的是：(　　)

A. 资本充足率　　B. 资产质量

C. 资产流动性　　D. 业务范围变化

4. 下列有关商业银行解散的说法错误的是：(　　)

A. 解散的事由包括分立、合并或者出现公司章程规定的解散事由

B. 应当向国务院银行业监督管理机构提出申请，经批准后方能解散

C. 国务院银行业监督管理机构批准后制定支付存款的本金和利息等债务清偿计划，并由清算组执行该计划

D. 国务院银行业监督管理机构监督清算过程

5. 银行业监督管理机构不可以采取下列哪一措施？(　　)

A. 进入银行业金融机构检查

B. 询问银行业金融机构工作人员

C. 封存可能被转移的文件、资料

D. 查封银行业金融机构的资产

6. 王某是甲商业银行的信贷人员，王某的丈夫李某在乙公司任总经理，乙公司向甲银行申请贷款，下列说法正确的是：(　　)

A. 甲银行不得向乙公司发放贷款

B. 甲银行不得向乙公司发放信用贷款

C. 甲银行不得向乙公司发放担保贷款

D. 甲银行可以自由向乙公司发放贷款

**二、多项选择题，每题所给的选项中有两个或两个以上正确答案，少答或多答均不得分。**

1. 下列属于商业银行的关系人的是：(　　)

A. 该商业银行的监事张某的儿子

B. 该商业银行的董事王某任普通职员的公司

C. 该商业银行的某信贷业务人员赵某

D. 该商业银行的经理李某的配偶投资设立的企业

2. 商业银行通过同业拆借拆入的资金可以用于下列哪些用途？(　　)

A. 与其他商业银行共同出资设立银行性金融机构

B. 发放固定资产贷款

C. 弥补票据结算的不足

D. 解决临时性周转资金的需要

3. 具有下列哪些情形之任何一种，不得担任商业银行的高级管理人员？(　　)

A. 因犯有贪污、贿赂、侵占财产、挪用财产罪或者破坏社会经济秩序罪，被判处刑罚的

B. 因犯有强奸、杀人、重伤等侵害他人人身权利而被判处刑罚的

C. 担任因经营不善破产清算的公司、企业董事或者厂长、经理的

D. 个人所负数额较大的债务到期未清偿的

4. 下列哪些情况可以对商业银行实行接管？(　　)

A. 已经发生信用危机

B. 可能发生信用危机

C. 有重大违法行为

D. 董事会无法履行职责

5. 商业银行的下列哪些违法行为是需要由中国人民银行责令改正并进行处罚的？(　　)

A. 未经批准买卖政府债券或者发行、买卖金融债券的

B. 违反规定提高或者降低利率以及采用其他不正当手段，吸收存款，发放贷款的

C. 违反规定同业拆借的

D. 未经批准在银行间债券市场发行、买卖金融债券或者到境外借款的

6. 银行业监督管理机构的职责包括：(　　)

A. 对银行业金融机构的业务活动及风险状况实行非现场监管

B. 对银行业金融机构的业务活动及风险状况实行现场检查

C. 国务院银行业监督管理机构对银行业金融机构实行并表监督管理

D. 国务院银行业监督管理机构建立银行业突发事件的发现、报告岗位责任制度

7. 国有独资商业银行的监事会应对下列哪些事项实行监管？(　　)

A. 信贷资产质量

B. 资产负债比例

C. 国有资产保值增值情况

D. 高级管理人员的违法行为

8. 下列有关商业银行分支机构的说法正确的是：(　　)

A. 设立商业银行分支机构，申请人应当向国务院银行业监督管理机构提交申请人最近3年的财务会计报告

B. 商业银行分支机构开业后自行停业连续1年的，由国务院银行业监督管理机构吊销其经营许可证，并予以公告

C. 经批准设立的商业银行分支机构，可以直接向

市场监督管理部门办理登记，领取营业执照

D. 商业银行变更分支行所在地的，应当经国务院银行业监督管理机构批准

9. 商业银行的下列做法中哪些不符合法律规定？（ ）

A. 甲、乙银行之间交叉持股

B. 丙银行投资于房地产，等房价升高时出手以盈利

C. 丁银行购买某上市公司股票

D. 戊银行未经批准向境外某机构借款

10. 国务院银行业监督管理机构根据履行职责的需要设立派出机构，下列关于派出机构的说法正确的是：（ ）

A. 派出机构独立履行监督管理职责

B. 派出机构独立于地方政府

C. 派出机构受国务院银行业监督管理机构和中国人民银行的双重领导

D. 派出机构在国务院银行业监督管理机构的授权范围内，履行监督管理职责

**三、不定项选择题，每题所给的选项中有一个或一个以上正确答案，少答、不答或多答均不得分。**

1. 某地区银行业监督管理机构对当地多家金融机构进行例行检查，发现了一些问题，请根据有关法律规定，回答下列问题。

（1）关于该银行业监督管理机构在履行职责过程中的下列做法，符合法律规定的是：（ ）

A. 要求甲商业银行报送所需了解的经营管理资料

B. 对乙信用社可能被转移、隐匿或者毁损的文件、资料予以封存

C. 派精通电脑的检查人员刘星对丙投资银行运用电子计算机管理业务数据的系统进行检查

D. 与丁银行董事楚天飞进行监督管理谈话，要求其对某项重大贷款项目作出说明

（2）在检查过程中，发现乙信用社违反审慎经营规则，遂对乙的违法行为采取了相关措施。对此，下列说法正确的是：（ ）

A. 经省一级派出机构负责人批准，查询该金融机构负责人以及财务人员的账户；并对涉嫌转移或者隐匿违法资金的账户申请司法机关予以冻结

B. 必须是国务院银行业监督管理机构或者其省一级派出机构才能对其采取责令限期改正的措施

C. 若该信用社经责令限期改正之后逾期仍未改正，经国务院银行业监督管理机构批准，可以对其采取限制分配红利和其他收入的措施

D. 若该信用社的行为严重危及该银行业金融机构的稳健运行、损害存款人和其他客户合法权益，经省一级派出机构负责人批准，可采取责令控股股东转让股权的措施

2. 某城市商业银行在合并多家城市信用社的基础上设立，其资产质量差，经营队伍弱，长期以来资本充足率、资产流动性、存贷款比例等指标均不能达到监管标准。请根据有关法律规定，回答下列问题。

（1）某日，该银行行长卷款潜逃。事发后，大量存款户和票据持有人前来提款。该银行现有资金不能应付这些提款请求，又不能由同行获得拆借资金。根据相关法律，下列判断正确的是：（ ）

A. 该银行即将发生信用危机

B. 该银行可以由国务院银行业监督管理机构实行接管

C. 该银行可以由中国人民银行实施托管

D. 该银行可以由当地人民政府实施机构重组

（2）在作出对该银行的行政处置决定后，负责处置的机构对该银行的人员采取了以下措施，其中符合法律规定的是：（ ）

A. 对该行全体人员发出通知，要求各自坚守岗位，认真履行职责

B. 该行副行长邱某、薛某持有出境旅行证件却拒不交出。对此，通知出境管理机关阻止其出境

C. 该行董事范某欲抛售其持有的一批股票。对此，申请司法机关禁止其转让股票

D. 该行会计师余某欲将自己的一处房屋转让给他人。对此，通知房产管理部门停止办理该房屋的过户登记

（3）经采取处置措施，该银行仍不能在规定期限内恢复正常经营能力，且资产情况进一步恶化，各方人士均认为可适用破产程序。如该银行申请破产，应当遵守的规定是：（ ）

A. 该银行应当证明自己已经不能支付到期债务，且资产不足以清偿全部债务

B. 该银行在提出破产申请前应当成立清算组

C. 该银行在向法院提交破产申请前应当得到国务院银行业监督管理机构的同意

D. 该银行在向法院提交破产申请时应当提交债务清偿方案和职工安置方案

# 第四章 财 税 法*

**一、单项选择题，每题所给的选项中只有一个正确答案。**

1. 根据《企业所得税法》的规定，下列说法正确的是：（　　）

A. 居民企业源于中国境内的所得税率为25%，源于中国境外的所得税率为20%

B. 非居民企业在中国境内设立机构，该机构源于中国境内的所得税率为20%

C. 非居民企业在中国境内设立机构，发生在境外但与该机构有实际联系的所得税率为20%

D. 非居民企业在中国境内没有设立机构，源于中国境内的所得税率为20%

2. 根据《税收征收管理法》的规定，以下说法不正确的是：（　　）

A. 从事生产、经营的纳税人应当按照国家有关规定，持税务登记证件，在银行或者其他金融机构开立基本存款账户和其他存款账户，并将其全部账号向税务机关报告

B. 银行和其他金融机构应当在从事生产、经营的纳税人的账户中登录税务登记证件号码，并在税务登记证件中登录从事生产、经营的纳税人的账户账号

C. 税务机关依法查询、冻结从事生产、经营的纳税人开立账户的情况时，有关银行和其他金融机构应当予以协助

D. 纳税人按照国务院税务主管部门的规定使用税务登记证件。税务登记证件不得转借、涂改、损毁、买卖或者伪造

3. 甲经营一家商店，经查应补缴个人所得税、营业税共1万元，甲拖欠不交，税务机关应对其采取下列哪种措施？（　　）

A. 扣押甲个人财产

B. 通知甲的开户银行暂停支付甲的存款

C. 通知企业登记机关吊销甲的营业执照

D. 追究甲的刑事责任

4. 下列关于增值税的说法正确的是：（　　）

A. 一切从事生产经营活动的单位和个人都要缴纳增值税

B. 增值税的纳税人既可以是生产商，又可以是销售商

C. 增值税的纳税人不应当是提供服务的经营者

D. 增值税的纳税人只能是单位，不包括个人

5. 某县新办一副食品加工厂，县政府工业主管部门尽力扶持。该主管单位经县政府同意，决定对加工厂免征企业所得税3年，并函告县税务局执行。县税务局经审查加工厂的纳税条件，认为不应当免税。在此情况下，县税务局的正确做法是：（　　）

A. 请求县政府工业主管部门以书面方式作出对加工厂免税的正式决定，然后执行该决定

B. 请求县政府以书面方式作出对加工厂免税的正式决定，然后执行该决定

C. 拒绝执行县政府工业主管部门的决定，并向县政府报告

D. 拒绝执行县政府工业主管部门的决定，并向上级税务机关报告

6. 依据《企业所得税法》的规定，下列有关计算应纳税所得额时扣除的部分的说法错误的是：（　　）

A. 企业发生的公益性捐赠支出，在年度利润总额12%以内的部分，准予在计算应纳税所得额时扣除

B. 企业发生的公益性捐赠支出，超过年度利润总额12%的部分，准予结转以后3年内在计算应纳税所得额时扣除

C. 企业向投资者支付的股息、红利可以扣除

D. 企业的税收滞纳金不得扣除

**二、多项选择题，每题所给的选项中有两个或两个以上正确答案，少答或多答均不得分。**

1. 税务机关有根据认为某企业有逃避缴纳增值税的行为，责令其在规定的纳税期前缴纳税款。该企业在限期内有明显的转移、隐匿其应纳税的商品、货物的行为，以下说法正确的是：（　　）

A. 税务机关有权责令企业提供纳税担保，企业不提供的，有权采取税收保全措施

B. 企业可以提供物的担保，也可以提供人的担保

C. 税务机关经负责人同意，可以直接采取税收保全措施

D. 税务机关采取税收保全措施的，必须经县以上税务局（分局）局长批准

2. 甲公司以厂房作为抵押向银行借款100万元，后甲公司因故拖欠税款50万元，甲公司由于违法经营

---

* 本章答案参见第40页。

被吊销营业执照，有关部门对甲公司处以 50 万元罚款，对于下列说法正确的是：(　　)

A. 税款优先于银行的抵押权

B. 银行的抵押权优先于税款

C. 税款优先于罚款

D. 罚款优先于税款

3. 在下列哪些情况下，税务机关可以直接核定纳税人的应纳税额？(　　)

A. 甲公司擅自销毁账簿、拒不提供纳税资料

B. 乙公司申报的计税依据明显偏低，又无正当理由

C. 丙公司设置了账簿，但账目混乱，凭证不全，难以查账

D. 丁公司未按规定期限办理纳税申报，经税务机关责令限期申报后才申报

4. 下列哪些项目免征增值税？(　　)

A. 农民销售的自产农产品

B. 古旧图书

C. 直接用于科学研究的进口仪器设备

D. 销售的自己使用过的物品

5. 下列关于企业所得税税率的说法正确的是：(　　)

A. 企业所得税的税率为 25%

B. 非居民企业在中国境内设立机构、场所的，就其所设机构、场所取得的来源于中国境内的所得按照 25% 的税率缴纳企业所得税

C. 非居民企业在中国境内未设立机构、场所的，就其来源于中国境内的所得缴纳企业所得税的，适用 20% 的企业所得税税率

D. 非居民企业在中国境内设立机构、场所但取得的所得与其所设机构、场所没有实际联系的，适用 20% 的企业所得税税率

6. 下列关于企业所得税应纳税所得额准予扣除的相关费用的说法错误的是：(　　)

A. 企业付给本企业员工的奖金、津贴、补贴、年终加薪、加班工资等支出，准予扣除

B. 企业为投资者或者职工支付的补充养老保险费、补充医疗保险费，准予扣除

C. 企业为投资者或者职工支付的商业保险费，不得扣除

D. 企业发生的业务招待费支出，不得扣除

7. 下列属于《企业所得税法》中的居民企业的有：(　　)

A. 某中外合资经营企业

B. 某美国企业，但是该企业实际管理机构在中国境内

C. 某德国企业，该企业的实际管理机构在德国，但是在中国设有加工厂

D. 某日本企业，该企业的实际管理机构在日本，在中国没有设立派出机构和场所，但是有源于中国的收入

8. 下列收入为企业的征税收入的有：(　　)

A. 财政拨款

B. 依法收取并纳入财政管理的行政事业性收费

C. 股息、红利等权益性投资收益

D. 接受捐赠收入

9. 某企业的下列支出在计算应纳税所得额时不应扣除的有：(　　)

A. 将企业年度利润的 5% 捐赠给希望工程的支出

B. 将企业年度利润的 5% 赞助某选秀活动的支出

C. 应缴纳的企业所得税税款

D. 违反环境法应缴纳的罚款

**三、不定项选择题，每题所给的选项中有一个或一个以上正确答案，少答、不答或多答均不得分。**

1. 利泽公司为一家一人有限责任公司。税务机关发现其有企图逃避纳税义务的行为，并有证据证明。税务机关在规定的纳税期之前，责令其限期缴纳应纳税款。在此期限内，税务机关又发现利泽公司有将其库存产品及银行存款私分、转移的迹象，即责成其提供纳税担保。但该公司股东已销声匿迹，不能提供担保。请回答下列问题。

(1) 此时税务机关对其采取税收保全措施，以下做法不当的是：(　　)

A. 经县以上税务局(分局)局长批准后对利泽公司采取税收保全措施

B. 税务机关书面通知利泽公司开户银行冻结利泽公司金额相当于应纳税款的存款

C. 税务机关扣押、查封利泽公司的价值相当于应纳税款的商品、货物或者其他财产

D. 在以其他方法扣缴税款不足时查封公司股东住房，责令其家属迁出

(2) 税务机关依法对利泽公司采取税收保全措施后，利泽公司在规定期限内缴纳了应纳税款。此时税务机关应当：(　　)

A. 自收到税款或者银行转回的完税凭证之日起 1 日内解除税收保全措施

B. 自收到税款或者银行转回的完税凭证之日起 3 日内解除税收保全措施

C. 税务机关不解除保全措施给利泽公司造成损失的，应承担赔偿责任

D. 税务机关只对利泽公司的直接损失承担赔偿责任

(3)税务机关依法采取税收保全措施后,利泽公司在规定期限内仍未缴纳税款。此时税务机关可以:(　　)

A. 书面通知利泽公司开户银行从其冻结的存款中扣缴税款

B. 电话通知利泽公司开户银行从其冻结的存款中扣缴税款

C. 依法拍卖所扣押、查封的商品、货物或者其他财产

D. 依法变卖所扣押、查封的商品、货物或者其他财产

2. 丰润有限责任公司(以下简称丰润公司)未按照规定期限缴纳税款,当地税务局即下达通知,限期缴纳,期满后,该公司仍未缴纳税款。请回答下列问题。

(1)税务局限期缴纳的期限不得超过(　　)日。

A. 10　　B. 15

C. 30　　D. 60

(2)税务局对丰润公司采取了强制执行措施,发现被采取强制执行措施的财产中有部分已被设定了抵押。以下表述正确的是:(　　)

A. 抵押权人可要求取回抵押物,以实现其债权

B. 丰润公司应向抵押权人说明欠税情况

C. 抵押权人可以要求税务机关提供有关欠税情况

D. 税收应优先于抵押权

(3)税务局对丰润公司采取了强制执行措施后,此时该公司又被市场监督管理机关发现有销售假冒伪劣商品的行为,决定对其处以罚款,并没收违法所得。以下说法正确的是:(　　)

A. 欠缴税款征收应优先于罚款、没收违法所得

B. 罚款、没收违法所得应优先于欠缴税款征收

C. 两者之间无优先顺序,应按比例清偿

D. 应以罚款、没收的所得来抵缴税款

3. 某服装厂从去年7月开张,前两个月生意不错,资金周转顺利,按时向税务机关进行了纳税申报。10月,因一些衣服积压,加上有的客户资金没有及时返回,其资金周转出现了困难。其没有及时进行纳税申报。县税务局催缴两次,该服装厂都没有理会。县税务局经税务局局长批准后,派税务人员扣押、查封、拍卖了该服装厂一批服装,以拍卖所得抵缴10月所欠税款。该服装厂对税务局的做法无法接受,认为自己并非不主动纳税,而是确实存在困难,因此与税务局发生了争议。请回答下列问题。

(1)该服装厂与税务局所发生的争议属于什么性质的争议?(　　)

A. 纳税上的争议

B. 处罚上的争议

C. 保全措施上的争议

D. 强制执行措施上的争议

(2)对这类争议纳税人应该选择什么样的法律程序解决?(　　)

A. 向上一级税务机关申请复议

B. 向同级政府部门反映,并申请解决

C. 可直接向人民法院起诉

D. 可先向上一级税务机关申请复议,对复议不服的,再向人民法院起诉

# 第五章　土地法和房地产法*

**一、单项选择题,每题所给的选项中只有一个正确答案。**

1. 某企业通过土地出让方式取得土地使用权,下列说法不正确的是:(　　)

A. 应当签订书面土地出让合同

B. 企业不按照约定支付土地使用权出让金的,土地管理部门有权解除合同,并要求企业承担违约赔偿责任

C. 企业超过合同约定的动工开发日期满1年未动工开发的,可以征收相当于土地出让金20%以上的土地闲置费

D. 企业超过合同约定的动工开发日期满2年未动工开发的,可以无偿收回土地使用权

2. 划拨是取得国有土地使用权的方式之一。下列关于划拨土地使用权的表述,正确的是:(　　)

A. 土地使用权划拨的,土地使用者必须缴纳补偿、安置等费用后方能将该幅土地交付其使用

B. 在以划拨方式取得土地使用权的土地上建造房屋,转让房地产时,必须经有批准权的人民政府审批

C. 原则上划拨土地使用权有期限限制

D. 在以划拨方式取得土地使用权的土地上建造房屋,在房地产上设定抵押的,不需经批准

3. 关于在城市规划区内以出让方式取得国有土地使用权,下列说法不正确的是:(　　)

* 本章答案参见第42页。

A. 未确定规划条件的地块,不得出让国有土地使用权

B. 出让前,应将规划条件作为国有土地使用权出让合同的组成部分,未纳入的,合同无效

C. 国有土地使用权出让合同签订后,建设单位应领取建设用地规划许可证

D. 对未取得建设用地规划许可证的建设单位批准用地的,其应当补办

4. 甲公司通过划拨方式在上海某区取得了国有土地使用权,在该土地上建成了一栋房屋,并将该房屋出租给乙公司,每月得租金 6 万元。后被土地管理部门发现。下列对甲公司的行为和取得的租金收入的说法正确的是:(　　)

A. 房屋租赁合同无效,甲公司应补交土地使用权出让金,但已取得的租金归甲公司

B. 房屋租赁合同有效,已取得的租金归甲公司,但甲公司应另行向国家缴纳土地租金

C. 房屋租赁合同有效,已取得的租金归甲公司,但甲公司应将租金中所含的土地收益上缴国家

D. 房屋租赁合同无效,甲公司应先补交土地使用权出让金,然后再出租房屋,已取得的租金予以没收

5. 某省政府批准一大型基础建设项目,须占用耕地外的农田 30 公顷,关于审批手续,下列说法正确的是:(　　)

A. 向国务院办理农用地转用审批手续,同时办理土地征收审批手续

B. 向国务院办理农用地转用审批手续,向省级政府办理土地征收手续

C. 向省级政府办理农用地转用审批手续,向国务院办理土地征收手续

D. 向省级政府办理农用地转用审批手续,同时办理土地征收审批手续

6. 下列有关房地产开发企业的说法错误的是:(　　)

A. 从事房地产开发经营的,必须采用有限责任公司或者股份有限公司形式

B. 房地产开发企业在领取营业执照后的 1 个月内,应当到登记机关所在地的县级以上地方人民政府规定的部门备案

C. 国家采取税收等方面的优惠措施鼓励和扶持房地产开发企业开发建设居民住宅

D. 依法取得的土地使用权,可以依法作价入股,合资、合作开发经营房地产

7. 有关城乡规划的编制,下列说法错误的是:(　　)

A. 全国城镇体系规划由国务院城乡规划主管部门报国务院审批

B. 省、自治区人民政府组织编制省域城镇体系规划,报国务院审批

C. 城市人民政府组织编制城市总体规划,由省、自治区、直辖市人民政府审查同意后,报国务院审批

D. 省、自治区人民政府组织编制的省域城镇体系规划,城市、县人民政府组织编制的总体规划,在报上一级人民政府审批前,应当先经本级人民代表大会常务委员会审议

**二、多项选择题,每题所给的选项中有两个或两个以上正确答案,少答或多答均不得分。**

1. 大地公司欲扩展公司规模,建设一栋办公楼或者厂房,希望通过国有土地出让取得一块国有土地使用权。现在大地公司就有关事宜咨询了关律师,关律师的下列说法错误的有:(　　)

A. 如果大地公司需要改变土地用途,只需自然资源主管部门同意

B. 土地使用权出让金是国家作为城市土地所有者的收益,应当纳入国库,纳入财政预算,用于国家大型建设项目投资、国防支出、教育拨款、转移支付等决算支出项目

C. 土地使用权出让合同约定的使用年限届满,使用者要求续期的,应当批准,确认原出让合同继续有效,顺延原出让合同中规定的使用年限

D. 取得国有土地使用权后,如果大地公司不想建设办公楼了,可以直接把土地使用权再转让给其他单位

2. 和平公司欲新建一批楼盘,但资金不足,于是打算采取预售方式,先获取一笔资金支持后期建设。如果您是被咨询的律师,下列可以向和平公司提供的建议是:(　　)

A. 房地产预售必须是已经交付了大部分土地使用权出让金

B. 房地产预售必须持有建设规划许可证

C. 按提供预售的商品房计算,投入开发建设的资金必须达到建设工程总投资的 50% 以上

D. 商品房预售所得款项,必须用于有关工程建设

3. 甲村与乙村就临界的一块土地的所有权归属产生争议,下列说法正确的是:(　　)

A. 可以由乡级人民政府处理

B. 必须由县级以上人民政府处理

C. 必须首先由人民政府处理,对人民政府处理决定不服的,可以向人民法院起诉

D. 可以直接向人民法院起诉

4. 下列关于宅基地的说法,不正确的有:(　　)

A. 一户村民只能拥有一处宅基地

B. 宅基地不得转让

C. 农民住宅用地,不用乡级人民政府批准

D. 农民确有正当理由转让宅基地的,可以再申请一处宅基地

5. 下列用地，有条件的必须采取拍卖、招标方式出让土地使用权的有：(　　)

A. 商业用地　　B. 旅游用地

C. 娱乐用地　　D. 豪华住宅用地

6. 某企业用企业厂房抵押，抵押登记后，企业又在厂房内新建了一个仓库。债务到期时，企业无力清偿债务。下列说法正确的是：(　　)

A. 新增仓库不是抵押物

B. 债权人拍卖企业厂房时，不能将仓库一起拍卖

C. 债权人拍卖企业厂房时，可以将仓库一起拍卖

D. 拍卖仓库的价款归企业所有

7. 下列说法正确的是：(　　)

A. 以出让方式取得土地使用权的，应当向县级以上地方人民政府土地管理部门申请登记，由同级人民政府颁发土地使用权证书

B. 以划拨方式取得土地使用权的，无须领取土地使用权证书

C. 在土地上建造房屋的，应当凭土地使用权证书向县级以上地方人民政府房产管理部门领取房屋所有权证书

D. 房地产转让的，应当先办理土地使用权证书的变更，再办理房屋所有权证书的变更

8. 下列关于业主大会的表述正确的是：(　　)

A. 物业管理区域内全体业主组成业主大会，一个物业管理区域成立一个业主大会

B. 同一个物业管理区域内的业主，应当在物业所在地的区、县人民政府房地产行政主管部门或者街道办事处、乡镇人民政府的指导下成立业主大会

C. 业主人数较少的，可以不成立业主大会

D. 改建、重建建筑物及其附属设施，应当由专有部分占建筑物总面积过半数的业主且占总人数过半数的业主同意

9. 某建设工程未取得建设规划许可证即开工建设，下列有关说法正确的是：(　　)

A. 县级以上地方人民政府城乡规划主管部门有权责令其停止建设

B. 若可采取改正措施消除对规划实施的影响的，限期改正，并可处以一定数额的罚款

C. 无法采取改正措施消除影响的，限期拆除，不能拆除的，可以没收实物或者违法收入

D. 若在乡、村庄规划区内未依法取得乡村建设规划许可证，可以由乡政府直接责令拆除

10. 下列说法正确的是：(　　)

A. 建设单位应当在销售物业之前，制定临时管理规约

B. 物业买受人在签订物业买卖合同时，应对遵守临时管理规约作出书面承诺

C. 建设单位与物业买受人签订的买卖合同应包括前期物业服务合同的内容

D. 前期物业合同应当约定期限

11. 下列有关土地所有权的说法正确的是：(　　)

A. 国家土地所有权由国务院代表国家行使

B. 国务院可通过制定行政法规或发布行政命令授权地方人民政府或其职能部门行使国家土地所有权

C. 国有土地所有者代表行使对国有土地的收益权能、处分权能，应依法经有审批权的人民政府审批

D. 下级人民政府应依法向上级人民政府上缴土地收益

12. 某村办工厂因生产的拖拉机产能过剩，资金周转不灵，将其所有的一块集体经营性建设用地使用权出让给新兴公司。新兴公司拟在该土地上开办养殖场，须申请变更城乡规划。对此，下列选项正确的是？(　　)

A. 村办工厂应经2/3以上村民代表的同意方能出让该地

B. 如新兴公司未经批准改变该地用途，经村委会决议可收回

C. 新兴公司可将该建设用地用于抵押

D. 新兴公司可向村民委员会提出变更城乡规划的申请

**三、不定项选择题，每题所给的选项中有一个或一个以上正确答案，少答、不答或多答均不得分。**

永安市人民政府自然资源主管部门欲出让一块位于该市北区的农民集体所有的土地，华天公司正拟开发商品住宅小区而需用土地。请根据各问中给定的条件回答下列问题。

(1) 设该幅土地为非耕地，面积为300公顷，则其征地审批程序应通过下列何种方式完成？(　　)

A. 该市人民政府批准

B. 该市所在地的省人民政府批准

C. 国务院批准

D. 该市所在地的省人民政府批准，报国务院备案

(2) 华天公司欲取得该幅土地使用权，可以通过下列哪些方式取得？(　　)

A. 由市人民政府划拨取得

B. 由华天公司与市人民政府土地管理部门协议取得

C. 由市人民政府土地管理部门招标，华天公司参加投标取得

D. 由市人民政府土地管理部门拍卖，华天公司参加竞买取得

(3) 假设华天公司在取得土地使用权3年后与圣达公司达成土地使用权转让协议。下列有关转让行为的表述哪些是错误的？(　　)

A. 华天公司必须已进行投资开发，且已完成开发投资总额的25%以上

B. 华天公司在该地上已建有楼房一幢，该楼房的所有权不必随土地使用权转移而转移

C. 圣达公司受让的土地使用权期限最长可以为 70 年

D. 圣达公司受让后在取得华天公司同意的前提下可以改变土地用途

(4) 假设华天公司与圣达公司签订土地使用权转让合同，但尚未办理土地使用权变更登记。1 年后，在合同约定的转让金支付期到来之前，华天公司又与顺通公司签订土地使用权转让协议，双方办理了土地使用权变更登记。圣达公司提出异议。对此情况，下列说法正确的是：(　　)

A. 由于华天公司与圣达公司的土地转让合同签订在先，故顺通公司不能取得该土地使用权

B. 由于圣达公司对土地权属提出异议，故顺通公司的土地使用权变更登记应予撤销，待查清事实后再予确认登记

C. 顺通公司已有效取得该土地使用权

D. 圣达公司现在只能主张债权保护，而不能取得土地使用权

# 第六章　劳　动　法*

**一、单项选择题，每题所给的选项中只有一个正确答案。**

1. 关于劳务派遣的下列说法不正确的是：(　　)

A. 劳务派遣公司只能采取有限责任公司和股份有限公司形式

B. 劳务派遣公司的注册资本不得少于 200 万元

C. 劳务派遣公司可以与被派遣劳动者签订以完成一定工作为期限的劳动合同

D. 被派遣劳动者无工作期间，劳务派遣公司应按月向其支付报酬

2. A 企业的职工某甲，在 A 企业工作期间掌握了 A 企业的一些商业秘密，根据《劳动合同法》的规定，用人单位与某甲在劳动合同中不可以就哪个条款进行约定？(　　)

A. 甲应继续承担保守商业秘密的义务

B. 因某甲掌握商业秘密，约定未经 A 企业的同意，甲不得解除劳动合同

C. 甲在 2 年内不能到与用人单位经营同类产品有竞争关系的其他单位任职

D. 甲在 1 年内不得自己生产、经营与原单位同类的产品

3. 下列有关用人单位分支机构签订劳动合同的说法错误的是：(　　)

A. 用人单位设立的分支机构，依法取得营业执照的，可以作为用人单位与劳动者订立劳动合同

B. 用人单位设立的分支机构，依法取得登记证书的，可以作为用人单位与劳动者订立劳动合同

C. 用人单位设立的分支机构，未依法取得营业执照的，可以以用人单位的名义与劳动者订立劳动合同

D. 用人单位设立的分支机构，未依法取得登记证书的，不得与劳动者订立劳动合同

4. 下列有关用人单位对劳动者竞业限制的说法正确的是：(　　)

A. 甲公司可以与员工张三约定：解约后 2 年内不可以到竞争对手大天公司工作，张三为公司车间普通工人

B. 乙公司与副总工程师李四约定：解约后 2 年内不可以自己开业生产或者经营同类产品、从事同类业务，李四要求解约后给予补偿，公司人事部门称解约后与李四无合同则也无经济关系了

C. 丙公司与办公室秘书王五约定：解约后永远不得泄露所接触的公司保密信息，否则须支付巨额赔偿金

D. 丁公司要求刚刚应聘到本公司从事普通岗位工作的赵某签订竞业限制的协议，并有违约金条款，赵某有权予以拒绝

5. 下列情形签订的劳动合同，有效的是：(　　)

A. 用人单位甲与劳动者乙签订劳动合同，为期 1 年，工作内容是甲安排乙在衣服中夹带黄金交予广州某人

B. 某公司招聘启事中称，拟招聘文秘人员 3 名。3 名劳动者在签订劳动合同后，发现他们的实际工作是筛选砂石

C. 用人单位甲与劳动者乙签订的劳动合同中缺少劳动保护条款

D. 甲与乙签订的劳动合同没有约定试用期

6. 王某与狮城公司签订的劳动合同于 2014 年 3 月 1 日到期，王某于 2014 年 2 月 20 日突发急病住院，于 2014 年 3 月 20 日痊愈出院，下列说法正确的是：(　　)

A. 王某的劳动合同于 2014 年 3 月 1 日终止

B. 王某的劳动合同于 2014 年 3 月 20 日终止

---

* 本章答案参见第 44 页。

C. 只有狮城公司提出解除劳动合同，王某的劳动合同方终止

D. 只有王某提出解除劳动合同，王某的劳动合同方终止

7. 甲饭店招用乙为服务员，双方签有聘用协议。后双方发生争议。根据设定的情况，下列哪个选项是错误的？（　　）

A. 因甲强迫乙加夜班，乙可随时通知甲解除合同

B. 因甲未按照聘用合同的约定付给乙工资，乙可随时通知甲解除劳动合同

C. 在试用期内，乙可随时通知甲解除合同

D. 甲没有按照约定提供劳动条件，乙有权随时通知甲解除合同

8. 2018 年 1 月 5 日，元某至妙姿公司工作，3 个月后，公司要求签订合同，元某以违约金过高为由拒绝签订。2019 年 1 月 2 日，元某离职，申请劳动仲裁，要求公司支付未签合同的 3 倍工资差额以及经济补偿金。经查，公司多次找元某签订合同未果，但未书面通知元某解除劳动关系。公司该如何做？（　　）

A. 应赔付 3 倍工资，并支付经济补偿

B. 不应赔付 3 倍工资，但应支付经济补偿

C. 应赔付 3 倍工资，不应支付经济补偿

D. 应赔付 2 倍工资，并支付经济补偿

9. 甲在乙公司工作，2015 年，乙公司计划安排甲到美国分支机构工作，对此开支 15 万元专业英语培训费用，并和甲约定 5 年服务期。对此，下列说法正确的是？（　　）

A. 若甲于 2016 年主动辞职，应当向乙公司支付违约金 15 万元

B. 乙公司与甲约定，若甲未完成服务期离职，违约金总额 30 万元

C. 2017 年乙公司经营困难，因无法发出工资，甲通知公司解除劳动合同，则无须支付违约金

D. 因在服务期内，甲无法进行岗位调整

10. 山南公司与杨某签订劳动合同后，与海北公司签订劳务派遣协议，将杨某派遣至海北公司工作。对此，下列哪一说法是错误的？（　　）

A. 杨某有权在海北公司依法参加工会

B. 山南公司应当将劳务派遣协议的内容告知杨某

C. 杨某享有与海北公司的劳动者同工同酬的权利

D. 海北公司可将杨某派遣到其他公司

**二、多项选择题，每题所给的选项中有两个或两个以上正确答案，少答或多答均不得分。**

1. 张三与大地公司签订的劳动合同中约定有服务期限条款，下列有关该劳动合同解除的说法正确的是：（　　）

A. 大地公司因经营出现暂时困难，到 7 月底上半年的工资只发了 2 个月的，张三因此与大地公司解除合同，不用支付违约金

B. 张三因空闲时间较多，就与大天公司签订了另一份占用双休日的合同，张三的行为属于违约行为，需支付违约金给大地公司

C. 张三同时与大丰公司签订了劳动合同，大地公司认为会对本单位的工作任务造成影响，遂督促张三赶紧解除与大丰公司的合同，张三认为自己能够轻松应付两份工作，并不影响大地公司的工作而拒绝，张三的行为属于违约行为应当支付违约金

D. 张三进入公司才发现大地公司并没有提供合同中约定的工作条件，遂要求解约，张三无须支付违约金

2. 某公司预计 2013 年棉花丰收而订立了招收工人的劳动合同，并且要求每名工人缴纳 1000 元的“进入费”。后由于棉花大量减产，该公司遂提出变更原劳动合同，工人未同意。该公司宣布解除劳动合同，退还 1000 元的“进入费”，对工人的补偿要求不予理睬。针对该公司的上述行为，下列说法正确的有：（　　）

A. 工人可以随时解除合同

B. 劳动行政部门责令该公司将“进入费”限期退还劳动者本人

C. 如已给劳动者造成损害，该公司应当承担赔偿责任

D. 劳动行政部门对该公司处以每人 1500 元罚款

3. 下列有关劳动合同解除和经济补偿的说法正确的是：（　　）

A. 如用人单位生产经营发生严重困难而经济性裁员，无须向劳动者支付经济补偿

B. 在经济性裁员时，与本单位订立无固定期限劳动合同的劳动者应当优先留用

C. 在本单位连续工作满 15 年，且距法定退休年龄不足 5 年的劳动者，即使严重违反用人单位的规章制度，依据劳动法的规定，用人单位也不应当与其解除劳动合同

D. 用人单位违章指挥、强令冒险作业危及劳动者人身安全的，劳动者可以立即解除劳动合同

4. 关于劳务派遣的下列说法正确的是：（　　）

A. 经营劳务派遣业务，应当向劳动行政部门依法申请行政许可。经许可的，依法办理相应的公司登记

B. 劳务派遣单位与被派遣劳动者订立劳动合同，与用工单位订立劳务派遣协议

C. 劳务派遣用工是补充形式，只能在临时性、辅助性或者替代性的工作岗位上实施，其工作时间一般不超过 6 个月

D. 用人单位不得设立劳务派遣单位向本单位或者所属单位派遣劳动者

5. 关于非全日制用工的下列说法正确的是：(　　)

A. 双方当事人可以订立口头劳动协议，且不得约定试用期

B. 从事非全日制用工的劳动者可以与1个或者1个以上用人单位订立劳动合同，劳动法对此没有限制

C. 用人单位可以随时通知劳动者终止用工，且不需支付经济补偿

D. 非全日制用工劳动报酬结算支付周期最长不得超过15日

6. 下列关于女职工权益保护的说法正确的是：(　　)

A. 用人单位不得因女职工怀孕、生育、哺乳降低其工资、予以辞退、与其解除劳动或者聘用合同

B. 女职工在孕期不能适应原劳动的，用人单位应当根据女职工的申请，予以减轻劳动量或者安排其他能够适应的劳动

C. 对怀孕的女职工，用人单位不得延长劳动时间或者安排夜班劳动

D. 对未参加生育保险的女职工仍然享有产假期间的生育津贴，由用人单位按照女职工产假前工资的标准支付

7. 下列劳动争议中，仲裁裁决为终局裁决的是：(　　)

A. 因执行国家的劳动标准在工作时间、休息休假方面的争议

B. 因执行国家的劳动标准在社会保险方面发生的争议

C. 追索劳动报酬的争议

D. 追索赔偿金，不超过当地月最低工资标准12个月金额的争议

8. 根据《劳动争议调解仲裁法》的规定，以下说法正确的有：(　　)

A. 当事人申请劳动争议仲裁后，应当先自行和解。达成和解协议的，应当撤回仲裁申请

B. 仲裁庭在作出裁决前，应当先行调解。调解达成协议的，仲裁庭应当制作调解书

C. 调解书应当写明仲裁请求和当事人协议的结果。调解书由仲裁员签名，加盖劳动争议仲裁委员会印章，送达双方当事人。调解书经双方当事人签收后，发生法律效力

D. 调解不成或者调解书送达前，一方当事人反悔的，仲裁庭应当及时作出裁决

9. 下列有关劳动合同的说法正确的是：(　　)

A. 依法成立的会计师事务所、律师事务所等合伙组织和基金会，属于《劳动合同法》规定的用人单位

B. 自用工之日起1个月内，经用人单位书面通知后，劳动者不与用人单位订立书面劳动合同的，用人单位应当书面通知劳动者终止劳动关系，除依法向劳动者支付其实际工作时间的劳动报酬外无需向劳动者支付经济补偿

C. 劳动者非因本人原因从原用人单位被安排到新用人单位工作的，劳动者在原用人单位的工作年限合并计算为新用人单位的工作年限

D. 用人单位与劳动者在不违背公序良俗的前提下，可以和劳动者在劳动合同中约定《劳动合同法》规定的劳动合同终止情形之外的其他劳动合同终止条件

**三、不定项选择题，每题所给的选项中有一个或一个以上正确答案，少答、不答或多答均不得分。**

1. 郭某应聘到天天饭店做厨师，双方于2008年1月签订了劳动合同。合同中约定试用期为1年，试用期间包食宿，不支付工资，不为郭某缴纳社会保险费用，试用期满进行考试，若考试不合格则不予录用，合格则录用为正式员工，每月工资2000元。天天饭店称由于是餐饮行业，为食品安全卫生考虑，郭某必须穿饭店统一发放的制服，每套制服向郭某收200元，并为防止郭某到饭店偷艺，向郭某收取5000元押金。郭某在饭店工作半年，厨艺大长，暗中与月月红酒店接洽。月月红酒店同意只要郭某从天天饭店辞职，即聘用郭某。郭某通知天天饭店自己要辞职，天天饭店同意，但是要扣除郭某的押金，郭某不同意。

根据上述情况，请回答下列问题。

(1)关于天天饭店收取制服费和押金的做法，下列说法正确的是：(　　)

A. 收取制服费的做法合法，收取押金的做法违法

B. 收取制服费的做法违法，收取押金的做法合法

C. 均不合法

D. 劳动行政部门应对天天饭店处以罚款

(2)关于郭某解除劳动合同，下列说法正确的是：(　　)

A. 郭某可以提前3日通知天天饭店解除劳动合同

B. 郭某解除劳动合同应提前30日通知天天饭店

C. 郭某可以随时解除劳动合同

D. 月月红酒店应与郭某对天天饭店承担连带赔偿责任

(3)本案郭某与天天饭店的争议可以采取下列哪些方式解决？(　　)

A. 调解　　　　B. 协商

C. 仲裁　　　　D. 诉讼

2. 某国有企业因不能清偿到期债务而决定申请破产重整，对企业实施拯救。其拯救措施之一是进行裁员。根据有关法律规定，请回答下列问题。

(1)依照劳动法规定，企业在重整期间需要裁减人员时，应采取的程序是：(　　)

A. 应当向工会或全体职工说明情况，听取意见

B. 应当召集职工代表大会,对裁员方案进行表决

C. 裁员方案应当公布,并允许被裁减人员提出异议

D. 裁员方案实施前,应当向劳动行政部门报告

(2)对于被裁减人员,应当给予的待遇是:(　　)

A. 依照国家有关规定给予经济补偿

B. 制定职工安置预案,予以妥善安置

C. 承诺企业在6个月内录用人员时予以优先录用

D. 承诺企业在重整成功后予以重新录用

(3)不得被裁减的企业人员有:(　　)

A. 管理层、技术骨干和劳动模范

B. 患病或者非因工负伤,在规定的医疗期内的

C. 在孕期、产期、哺乳期内的女职工

D. 患职业病或者因工负伤并被确认丧失或者部分丧失劳动能力的

# 第七章　社会保障法*

**一、单项选择题,每题所给的选项中只有一个正确答案。**

1. 下列不可以从失业保险基金中领取失业保险金的人是:(　　)

A. 甲,失业前用人单位和本人已经缴纳失业保险费满1年的

B. 乙,因身体原因而导致中断就业的

C. 丙,已经进行了失业登记,并有求职要求的

D. 丁,大学毕业1年未找到工作

2. 下列有关生育保险说法不正确的是:(　　)

A. 用人单位已经缴纳生育保险费的,其职工未就业配偶按照国家规定享受生育医疗费用待遇

B. 生育医疗费用包括计划生育的医疗费用

C. 女职工怀孕期间享受生育津贴

D. 生育津贴按照职工所在用人单位上年度职工月平均工资计发

3. 下列关于社会保险费用缴纳的说法正确的是:(　　)

A. 用人单位应当自劳动合同生效之日起30日内为其职工向社会保险经办机构申请办理社会保险登记

B. 社会保险自愿参加

C. 用人单位应当自行申报、按时足额缴纳社会保险费,如因单位效益大幅下降等经相关机构批准可以缓缴

D. 无雇工的个体工商户可以直接向社会保险费征收机构缴纳社会保险费

4. 下列有关社会保险基金的说法正确的是:(　　)

A. 乡级以上人民政府在社会保险基金出现支付不足时,给予补贴

B. 社会保险基金不得用于支付人员经费、运行费用、管理费用

C. 社会保险基金不得投资运营

D. 社会保险经办机构应当每半年向社会公布参加社会保险情况以及社会保险基金的收入、支出、结余和收益情况

**二、多项选择题,每题所给的选项中有两个或两个以上正确答案,少答或多答均不得分。**

1. 下列有关用人单位社会保险责任的相关说法正确的是:(　　)

A. 用人单位在终止或者解除劳动合同时拒不向职工出具终止或者解除劳动关系证明,导致职工无法享受社会保险待遇的,用人单位应当依法承担赔偿责任

B. 职工应当缴纳的社会保险费由用人单位代扣代缴。用人单位未依法代扣代缴的,由社会保险费征收机构责令用人单位限期代缴,并自欠缴之日起向用人单位按日加收万分之五的滞纳金。用人单位可以要求职工承担滞纳金

C. 用人单位因不可抗力造成生产经营出现严重困难的,经省级人民政府社会保险行政部门批准后,可以暂缓缴纳一定期限的社会保险费,期限一般不超过1年

D. 用人单位未按月将缴纳社会保险费的明细情况告知职工本人的,由社会保险行政部门责令改正

2. 下列关于养老保险说法正确的有:(　　)

A. 职工应当参加基本养老保险,由用人单位、职工和国家共同缴纳基本养老保险费

B. 无雇工的个体工商户由个人缴纳基本养老保险费

C. 基本养老保险基金由用人单位和个人缴费以及政府补贴等组成

D. 基本养老保险个人账户不得提前支取,记账利率不得低于银行定期存款利率

3. 下列有关基本养老保险缴纳基金和费用缴纳的说法正确的是:(　　)

A. 基本养老金根据个人累计缴费年限、缴费工资、当地职工平均工资、个人账户金额、城镇人口平均

---

* 本章答案参见第46页。

预期寿命等因素确定

B. 新型农村社会养老保险实行个人缴费、集体补助和政府补贴相结合

C. 凡是参加新型农村社会养老保险的农村居民，按月领取新型农村社会养老保险待遇

D. 劳动者达到法定退休年龄时累计缴费不足15年的，由保险管理机关退还保险费

4. 国家建立和完善城镇居民基本医疗保险制度，下列哪些人所需个人缴纳部分由政府给予补贴？(　　)

A. 享受最低生活保障的人

B. 丧失劳动能力的人

C. 残疾人

D. 低收入家庭的未成年人

5. 下列医疗费用不纳入基本医疗保险基金支付范围的是：(　　)

A. 职工患职业病的治疗费用

B. 职工工作期间因第三人导致的身体伤害，但无法确定第三人的

C. 职工在旅游期间在境外就医的费用

D. 职工急诊、抢救的医疗费用

6. 下列有关工伤保险的说法错误的是：(　　)

A. 职工应当参加工伤保险，由职工和用人单位共同缴纳工伤保险费

B. 社会保险经办机构根据用人单位工资待遇、福利水平等情况，确定用人单位缴费费率

C. 职工因工作原因受到事故伤害的，享受工伤保险待遇

D. 职工因过失犯罪，导致本人在工作中伤亡的，不认定为工伤

7. 下列应当按照国家规定从工伤保险基金中支付的项目包括：(　　)

A. 一次性伤残补助金和一至四级伤残职工按月领取的伤残津贴

B. 到统筹地区以外就医的交通食宿费

C. 五级、六级伤残职工按月领取的伤残津贴

D. 终止或者解除劳动合同时，应当享受的一次性伤残就业补助金

8. 某企业职工张三，因工伤住院。下列相关说法正确的是：(　　)

A. 如其所在单位并未依法缴纳工伤保险费，则应由用人单位支付工伤保险待遇

B. 如其所在单位并未依法缴纳工伤保险费，则可由保险行政管理部门责令单位支付工伤保险待遇

C. 如其在工作期间因李四导致工伤，而李四不支付工伤医疗费用，则由工伤保险基金先行支付。工伤保险基金先行支付后，有权向第三人追偿

D. 如张三因心理原因拒不接受劳动能力鉴定，停止享受工伤保险待遇

9. 下列有关社会保险的相关说法正确的是：(　　)

A. 各项社会保险基金按照社会保险险种分别建账，分账核算

B. 社会保险基金预算按照社会保险项目分别编制

C. 只有基本医疗保险基金与生育保险基金合并建账及核算

D. 除基本医疗保险基金与生育保险基金预算合并编制外，其他社会保险基金预算按照社会保险项目分别编制

# 第八章　环境保护法*

**一、单项选择题，每题所给的选项中只有一个正确答案。**

1. 下列有关环境质量标准的说法不正确的是：(　　)

A. 国务院环境保护主管部门制定国家环境质量标准

B. 省、自治区、直辖市人民政府对国家环境质量标准中未作规定的项目，可以制定地方环境质量标准

C. 省、自治区、直辖市人民政府对国家环境质量标准中已作规定的项目，可以制定严于国家环境质量标准的地方环境质量标准

D. 地方环境质量标准应当报省级环境保护主管部门备案

2. 我国《环境保护法》规定，企业事业单位和其他生产经营者违反法律法规规定排放污染物，造成或者可能造成严重污染的，县级以上人民政府环境保护主管部门和其他负有环境保护监督管理职责的部门有权：(　　)

A. 责令企业事业单位进行整改

B. 公开进行通报批评

C. 可以查封、扣押造成污染物排放的设施、设备

D. 责令停产整顿

3. 我国《环境保护法》规定，县级以上地方人民政

* 本章答案参见第47页。

府环境保护主管部门和其他负有环境保护监督管理职责的部门,应当将企业事业单位和其他生产经营者的(　　)信息记入社会诚信档案,及时向社会公布违法者名单。

A. 污染物排放　　B. 环境违法

C. 节能减排　　D. 环保政策贯彻

4. 某法学院校的四位同学甲、乙、丙、丁就关于环境污染赔偿责任和赔偿金额的纠纷应如何解决展开讨论,下列哪一位同学的表述是符合法律规定的?(　　)

A. 甲同学认为,可以先请求环保部门进行处理,对处理决定不服的,可以向人民法院提起行政诉讼;也可以直接向人民法院起诉

B. 乙同学认为,可以先请求环保部门进行处理,对处理决定不服的,可以向人民法院提起民事诉讼;也可以直接向人民法院起诉

C. 丙同学认为,先请求环保部门进行处理,对处理不服才可以提起民事诉讼

D. 丁同学认为,先请求环保部门进行处理,对处理不服才可以提起行政诉讼

5. 依据我国《环境保护法》的有关规定,下列关于污染物排放标准的制定权限和效力的规定,说法不正确的是:(　　)

A. 地方排污标准须报国务院环境保护主管部门备案

B. 经济发展水平落后的省级人民政府在制定地方排污标准时,可略低于已有国家排污标准

C. 国家排污标准中未作规定的项目,省级人民政府可以制定地方排污标准

D. 凡是向已有地方污染物排放标准的区域排放污染物的,应当执行地方排污标准

**二、多项选择题,每题所给的选项中有两个或两个以上正确答案,少答或多答均不得分。**

1. 建设项目中防治污染的设施,应当与主体工程(　　),防治污染的设施应当符合经批准的环境影响评价文件的要求,不得擅自拆除或者闲置。

A. 同时开工建设　　B. 同时设计

C. 同时施工　　D. 同时投产

2. 企业事业单位和其他生产经营者,在污染物排放符合法定要求的基础上,进一步减少污染物排放的,人民政府应当依法采取(　　)等方面的政策和措施予以鼓励和支持。

A. 财政　　B. 税收

C. 价格　　D. 政府采购

3. (　　)依法享有获取环境信息、参与和监督环境保护的权利。

A. 国家　　B. 公民

C. 法人　　D. 其他组织

4. 下列有关环境影响评价说法正确的是:(　　)

A. 所有建设项目,都应当依法进行环境影响评价

B. 未依法进行环境影响评价的开发利用规划,不得组织实施;未依法进行环境影响评价的建设项目,不得开工建设

C. 对超过国家重点污染物排放总量控制指标或者未完成国家确定的环境质量目标的地区,省级以上人民政府环境保护主管部门应当暂停审批其新增重点污染物排放总量的建设项目环境影响评价文件

D. 负责审批建设项目环境影响评价文件的部门在收到建设项目环境影响报告书后,应当全文公开

5. 下列有关环境保护信息发布说法正确的是:(　　)

A. 国务院环境保护主管部门统一发布国家环境质量、重点污染源监测信息及其他重大环境信息

B. 省级以上人民政府环境保护主管部门定期发布环境状况公报

C. 县级以上人民政府环境保护主管部门和其他负有环境保护监督管理职责的部门,应当依法公开环境质量、环境监测、突发环境事件以及环境行政许可、行政处罚、排污费的征收和使用情况等信息

D. 县级以上地方人民政府环境保护主管部门和其他负有环境保护监督管理职责的部门,应当将企业事业单位和其他生产经营者的环境违法信息记入社会诚信档案,及时向社会公布违法者名单

6. 下列有关环境公益诉讼说法正确的是:(　　)

A. 对污染环境、破坏生态,损害社会公共利益的行为,符合条件的社会组织和个人可以向人民法院提起诉讼

B. 提起环境公益诉讼的组织必须依法在设区的市级以上人民政府民政部门登记

C. 提起环境公益诉讼的组织必须是专门从事环境保护公益活动连续5年以上且无违法记录的组织

D. 如果胜诉,提起环境公益诉讼的组织可以向受益者收取适当费用

7. 下列有关重点污染物排放总量控制制度的相关说法正确的是:(　　)

A. 重点污染物排放总量控制指标由省、自治区、直辖市人民政府下达,县级以上人民政府分解落实

B. 企业事业单位在执行国家和地方污染物排放标准的同时,应当遵守分解落实到本单位的重点污染物排放总量控制指标

C. 对超过国家重点污染物排放总量控制指标或者未完成国家确定的环境质量目标的地区,省级以上人民政府环境保护主管部门应当暂停审批其新增重点污染物排放总量的建设项目环境影响评价文件

D. 企业事业单位和其他生产经营者超过污染物排放标准或者超过重点污染物排放总量控制指标排放污染物的,县级以上人民政府环境保护主管部门可以

直接报经有批准权的人民政府批准，责令停业、关闭

8. 企业事业单位和其他生产经营者有下列(　　)行为，尚不构成犯罪的，除依照有关法律法规规定予以处罚外，由县级以上人民政府环境保护主管部门或者其他有关部门将案件移送公安机关，对其直接负责的主管人员和其他直接责任人员，处10日以上15日以下拘留。

A. 建设项目未依法进行环境影响评价，被责令停止建设，拒不执行的

B. 违反法律规定，未取得排污许可证排放污染物，被责令停止排污，拒不执行的

C. 通过暗管、渗井、渗坑、灌注或者篡改、伪造监测数据，或者不正常运行防治污染设施等逃避监管的方式违法排放污染物，拒不改正的

D. 生产、使用国家明令禁止生产、使用的农药，被责令改正，拒不改正的

9. 地方各级人民政府、县级以上人民政府环境保护主管部门和其他负有环境保护监督管理职责的部门有(　　)行为的，对直接负责的主管人员和其他直接责任人员给予记过、记大过或者降级处分；造成严重后果的，给予撤职或者开除处分，其主要负责人应当引咎辞职。

A. 不符合行政许可条件准予行政许可的

B. 依法应当作出责令停业、关闭的决定而未作出的

C. 对超标排放污染物、采用逃避监管的方式排放污染物、造成环境事故以及不落实生态保护措施造成生态破坏等行为，发现或者接到举报未及时查处的

D. 篡改、伪造或者指使篡改、伪造监测数据的

10. 下列有关企事业单位排放污染物的行政责任的下列说法正确的是：(　　)

A. 企业事业单位违法排放污染物，受到罚款处罚，被责令改正，拒不改正的，依法作出处罚决定的行政机关可以自责令改正之日的次日起，按照原处罚数额按日连续处罚。地方性法规可以根据环境保护的实际需要，增加上述规定的按日连续处罚的违法行为的种类

B. 企业事业单位超过污染物排放标准或者超过重点污染物排放总量控制指标排放污染物的，情节严重的，县级以上人民政府环境保护主管部门可以直接责令其停业、关闭

C. 企业事业单位作为建设单位未依法提交建设项目环境影响评价文件或者环境影响评价文件未经批准，擅自开工建设的，由负有环境保护监督管理职责的部门责令停止建设，处以罚款，并可以责令恢复原状

D. 企业事业单位已经取得排污许可证但超标准排放污染物，被责令停止排污，拒不执行的，由县级以上人民政府环境保护主管部门或者其他有关部门将案件移送公安机关，对其直接负责的主管人员和其他直接责任人员，处10日以上15日以下拘留

11. 下列相关说法正确的是：(　　)

A. 建设单位可以委托技术单位对其建设项目开展环境影响评价，具备环境影响评价技术能力的建设单位也可以自行对其建设项目开展环境影响评价

B. 接受委托为建设单位编制建设项目环境影响报告书、环境影响报告表的技术单位，不得与负责审批建设项目环境影响报告书、环境影响报告表的生态环境主管部门或者其他有关审批部门存在任何利益关系

C. 接受委托编制建设项目环境影响报告书、环境影响报告表的技术单位应当对建设项目环境影响报告书、环境影响报告表的内容和结论负责，建设单位对其编制的建设项目环境影响报告书、环境影响报告表承担相应责任

D. 县级以上的人民政府生态环境主管部门有权为建设单位指定编制建设项目环境影响报告书、环境影响报告表的技术单位

**三、不定项选择题，每题所给的选项中有一个或一个以上正确答案，少答、不答或多答均不得分。**

郑良县拟新建一造纸厂，因建成后的造纸厂将排出有机毒液，排放时可能会影响周围环境。造纸厂筹建人员中有人建议先征得县环保部门同意，有人则认为，“此造纸厂的建设已征得项目主管部门同意，没有必要再通过环保部门认可”。据此，请回答下列问题。

(1) 新建此造纸厂是否需要征得县环保部门同意？(　　)

A. 不必征得县环保部门同意

B. 必须征得县环保部门同意

C. 可以征得县环保部门同意

D. 应该征得县环保部门同意

(2) 新造纸厂开工建设过程中，依据《环境保护法》的规定，应注意下列哪些问题？(　　)

A. 防治污染的设施必须与主体工程同时设计

B. 防治污染的设施必须与主体工程同时施工

C. 防治污染的设施必须与主体工程同时投产使用

D. 防治污染的设施必须与主体工程同时检验维修

# 第九章　自然资源法*

**多项选择题，每题所给的选项中有两个或两个以上正确答案，少答或多答均不得分。**

1. 下列有关采矿权转让合同解除的相关说法正确的是：(　　)

A. 采矿权出让合同签订后，出让人未按照出让合同的约定移交矿区的，受让人有权要求解除合同

B. 受让人勘查开采矿产资源未达到自然资源主管部门批准的矿山地质环境保护与治理恢复方案要求的，出让人有权请求解除出让合同

C. 矿业权转让合同依法成立后，转让人无正当理由拒不履行报批义务，受让人有权请求解除合同、返还已付转让款及利息，并由转让人承担违约责任

D. 矿业权转让合同依法成立后、自然资源主管部门批准前，矿业权人又将矿业权转让给第三人并经自然资源主管部门批准、登记，受让人有权请求解除转让合同、返还已付转让款及利息

2. 下列有关矿业权出让和转让合同效力的说法正确的是：(　　)

A. 未取得矿产资源勘查许可证、采矿许可证，签订合同将矿产资源交由他人勘查开采的，人民法院可以限期要求补办许可证，若限期内未补办许可证，依法认定合同无效

B. 以矿业权转让申请未经自然资源主管部门批准为由，请求确认转让合同无效的，人民法院不予支持

C. 矿业权转让合同自双方当事人意思表示一致之日起具有法律约束力

D. 矿业权转让合同约定受让人支付全部或者部分转让款后办理报批手续，转让人在办理报批手续前有权请求受让人先履行付款义务

3. 下列有关矿产资源的说法正确的是：(　　)

A. 矿产资源属于国家所有，由国务院行使国家对矿产资源的所有权

B. 国有矿山企业是开采矿产资源的主体

C. 国家实行探矿权、采矿权有偿取得的制度；但是，国家对探矿权、采矿权有偿取得的费用，可以根据不同情况规定予以减缴、免缴

D. 已取得采矿权的矿山企业，因资金缺乏，可以按照市价将采矿权转让给其他有资质的企业，但需要经依法批准

---

* 本章答案参见第 50 页。

# 参考答案及解析

## 第一章 竞 争 法

一、1. B。考查不正当竞争行为的判断。A 选项错误。反不正当竞争行为的主体是特定的,只有参与市场竞争的“经营者”才可能实施不正当竞争行为,在本题中,甲并非经营者。依据为《反不正当竞争法》第 2 条第 3 款:“本法所称的经营者,是指从事商品生产、经营或者提供服务(以下所称商品包括服务)的自然人、法人和非法人组织。”

B 选项正确。该行为属于不正当竞争行为中的仿冒行为,根据《反不正当竞争法》第 8 条第 1 款的规定,经营者不得对其商品的性能、功能、质量、销售状况、用户评价、曾获荣誉等作虚假或者引人误解的商业宣传,欺骗、误导消费者。

C 选项错误。不正当竞争行为通常表现为违法者采取欺诈、强迫或其他违背商业道德的方式进行,丙歌厅的行为应考虑是否违反《治安管理处罚法》的规定或是否构成犯罪,并非一般民事案件。

D 选项错误。该行为属于降价处理季节性商品的正当竞争行为。

2. B。考查诋毁商誉行为的构成要件。B 选项正确。该行为属于诋毁商誉的行为。依据为《反不正当竞争法》第 11 条:“经营者不得编造、传播虚假信息或者误导性信息,损害竞争对手的商业信誉、商品声誉。”A 选项错误,法人没有名誉权。C 选项错误,诋毁商誉并非必须通过宣传媒介。D 选项错误,不可能侵犯荣誉权,与荣誉权无关。

3. B。考查商业贿赂行为的判断。根据《反不正当竞争法》第 7 条的规定,经营者不得采用财物或者其他手段贿赂下列单位或者个人,以谋取交易机会或者竞争优势:(1)交易相对方的工作人员;(2)受交易相对方委托办理相关事务的单位或者个人;(3)利用职权或者影响力影响交易的单位或者个人。经营者在交易活动中,可以以明示方式向交易相对方支付折扣,或者向中间人支付佣金。经营者向交易相对方支付折扣、向中间人支付佣金的,应当如实入账。接受折扣、佣金的经营者也应当如实入账。经营者的工作人员进行贿赂的,应当认定为经营者的行为;但是,经营者有证据证明该工作人员的行为与为经营者谋取交易机会或者竞争优势无关的除外。

4. D。配方当属于商业秘密,甲厂技术人员采用不正当手段窃取乙厂的商业秘密,且甲厂明知该种情形。故该情形属于侵犯商业秘密行为。《反不正当竞争法》第 9 条规定:“经营者不得实施下列侵犯商业秘密的行为:(一)以盗窃、贿赂、欺诈、胁迫、电子侵入或者其他不正当手段获取权利人的商业秘密;(二)披露、使用或者允许他人使用以前项手段获取的权利人的商业秘密;(三)违反保密义务或者违反权利人有关保守商业秘密的要求,披露、使用或者允许他人使用其所掌握的商业秘密……第三人明知或者应知商业秘密权利人的员工、前员工或者其他单位、个人实施本条第一款所列违法行为,仍获取、披露、使用或者允许他人使用该商业秘密的,视为侵犯商业秘密。本法所称的商业秘密,是指不为公众所知悉、具有商业价值并经权利人采取相应保密措施的技术信息、经营信息等商业信息。”

5. C。依据为《反不正当竞争法》第 8 条第 2 款,经营者不得通过组织虚假交易等方式,帮助其他经营者进行虚假或者引人误解的商业宣传。《反不正当竞争法》第 20 条第 1 款规定:“经营者违反本法第八条规定对其商品作虚假或者引人误解的商业宣传,或者通过组织虚假交易等方式帮助其他经营者进行虚假或者引人误解的商业宣传的,由监督检查部门责令停止违法行为,处二十万元以上一百万元以下的罚款;情节严重的,处一百万元以上二百万元以下的罚款,可以吊销营业执照。”其他均为干扰选项。

二、1. BCD。考查滥用市场支配地位行为的判断。法律依据为《反垄断法》第 22 条。A 选项中甲公司有正当理由提高价格,所以不属于滥用市场支配地位行为。B 选项中乙公司没有正当理由拒绝与交易相对人进行交易。C 选项中自来水公司虽然与指定品牌厂家没有利益关系,但是其指定品牌的理由并不正当。D 选项中丙厂和丁厂的行为属于没有正当理由以低于成本的价格销售,因此均构成滥用市场支配地位的行为。

2. AD。考查经营者集中的法律后果。法律依据为《反垄断法》第 34 条、第 35 条、第 38 条、第 58 条。

3. ABD。考查不正当竞争行为的判断。法律依据为《反不正当竞争法》第 6 条、第 7 条、第 8 条、第 10 条。

4. BCD。考查反不正当竞争工作机制。A 选项错误,国务院并无反不正当竞争委员会的设置,有的是反垄断反不正当竞争委员会,依据为《反不正当竞争法》第 3 条第 2 款的规定,国务院建立反不正当竞争工作协调机制,研究决定反不正当竞争重大政策,协调处理维护市场竞争秩序的重大问题。BCD 三个选项正确，依据为《反不正当竞争法》第4条、第5条之规定。

5. ABCD。考查虚假宣传行为。ABC 选项正确，依据为《反不正当竞争法》第8条之规定。经营者李某涉嫌对其商品的性能、功能、质量、销售状况、用户评价、曾获荣誉等作虚假或者引人误解的商业宣传，欺骗、误导消费者。“网络买家”属于通过组织虚假交易等方式，帮助其他经营者进行虚假或者引人误解的商业宣传。D 选项正确，本案中李某和“网络买家”均有违法行为，依据为《反不正当竞争法》第20条之规定。

6. ABC。考查《反不正当竞争法》中规定的混淆行为。ABC 选项符合《反不正当竞争法》第6条前3项之规定。D 选项错误，依据为《反不正当竞争法》第18条第1款的规定，经营者违反《反不正当竞争法》第6条规定实施混淆行为的，由监督检查部门责令停止违法行为，没收违法商品。违法经营额5万元以上的，可以并处违法经营额5倍以下的罚款；没有违法经营额或者违法经营额不足5万元的，可以并处25万元以下的罚款。情节严重的，吊销营业执照。

7. ABD。考查商业贿赂行为。A 选项正确，燃气公司利用其垄断地位实施了《反垄断法》第22条规定的具有市场支配地位的经营者从事没有正当理由搭售商品，或者在交易时附加其他不合理的交易条件的行为；BD 选项正确，依据为《反不正当竞争法》第7条和第19条。C 选项错误，依据为《反垄断法》第57条，经营者违反本法规定，滥用市场支配地位的，由反垄断执法机构责令停止违法行为，没收违法所得，并处上一年度销售额1%以上10%以下的罚款。C 选项的内容混淆了该条规定与《反不正当竞争法》第24条规定的内容。

8. ABCD。考查虚假宣传行为。依据《反不正当竞争法》第8条第1款的规定，经营者不得对其商品的性能、功能、质量、销售状况、用户评价、曾获荣誉等作虚假或者引人误解的商业宣传，欺骗、误导消费者。《广告法》第18条规定，保健食品广告不得含有下列内容：(1)表示功效、安全性的断言或者保证；(2)涉及疾病预防、治疗功能；(3)声称或者暗示广告商品为保障健康所必需；(4)与药品、其他保健食品进行比较；(5)利用广告代言人作推荐、证明；(6)法律、行政法规规定禁止的其他内容。保健食品广告应当显著标明“本品不能代替药物”。

9. ABD。考查监督检查部门调查不正当竞争行为的措施。ABD 三个选项正确，依据为《反不正当竞争法》第13条，C 选项错误是因为在监督检查部门采取的措施里不包括对于涉嫌不正当竞争行为的经营者的银行账户的冻结措施。

# 第二章 消费者法

一、1. C。考查欺诈的法律责任。《消费者权益保护法》第55条第1款规定：经营者提供商品或者服务有欺诈行为的，应当按照消费者的要求增加赔偿其受到的损失，增加赔偿的金额为消费者购买商品的价款或者接受服务的费用的3倍；增加赔偿的金额不足500元的，为500元。法律另有规定的，依照其规定。因为谎称具有欺诈性质，所以选C选项。

2. D。考查产品质量责任的承担主体范围。《消费者权益保护法》第40条第2款规定：“消费者或者其他受害人因商品缺陷造成人身、财产损害的，可以向销售者要求赔偿，也可以向生产者要求赔偿。属于生产者责任的，销售者赔偿后，有权向生产者追偿。属于销售者责任的，生产者赔偿后，有权向销售者追偿。”所以选择D选项。

3. B。根据《消费者权益保护法》第19条的规定，经营者发现其提供的商品或者服务存在缺陷，有危及人身、财产安全危险的，应当立即向有关行政部门报告和告知消费者，并采取停止销售、警示、召回、无害化处理、销毁、停止生产或者服务等措施。采取召回措施的，经营者应当承担消费者因商品被召回支出的必要费用。所以B选项是正确的。

4. B。考查耐用商品发现瑕疵的异议期限。根据《消费者权益保护法》第23条第3款的规定，经营者提供的机动车、计算机、电视机、电冰箱、空调器、洗衣机等耐用商品或者装饰装修等服务，消费者自接受商品或者服务之日起6个月内发现瑕疵，发生争议的，由经营者承担有关瑕疵的举证责任。

5. B。考查消费者权益保护。根据《消费者权益保护法》第9条的规定，消费者享有自主选择商品或者服务的权利。消费者有权自主选择提供商品或者服务的经营者，自主选择商品品种或者服务方式，自主决定购买或者不购买任何一种商品、接受或者不接受任何一项服务。消费者在自主选择商品或者服务时，有权进行比较、鉴别和挑选。

6. D。考查营业执照借用时的责任主体。根据《消费者权益保护法》第42条的规定，使用他人营业执照的违法经营者提供商品或者服务，损害消费者合法权益的，消费者可以向其要求赔偿，也可以向营业执照的持有人要求赔偿。本题中甲是营业执照的使用者，乙是营业执照的持有人，正确选项为D。

7. C。根据《民法典》第810条的规定，从事公共运输的承运人不得拒绝旅客、托运人通常、合理的运输要求。吴某需乘坐的地铁区间仅需2元票价，在其市民卡内余额足以支付其乘坐区间票价的情况下，不存在市轨交公司所述需要透支使用的情形，吴某的运输要求通常、合理，其应当享有公共运输服务的权利；市轨交公司通过涉诉票务规则排除或限制吴某在承担合理运输费用义务基础上享受公共运输服务的权利，有违公平原则，于消费者而言系不公平、不合理的规定。依据《消费者权益保护法》第10条的规定，消费者享有公平交易的权利。消费者在购买商品或者接受服务时，有权获得质量保障、价格合理、计量正确等公平交易条件，有权拒绝经营者的强制交易行为。根据《消费者权益保护法》第26条第2、3款的规定，格式条款含有排除或者限制消费者权利、减轻或者免除经营者责任、加重消费者责任等对消费者不公平、不合理规定的，其内容无效。据此，该票务规则侵害了吴某作为消费者的公平交易权，当属无效。C选项正确，其他三个选项均为干扰项。

8. D。《消费者权益保护法》第2条规定："消费者为生活消费需要购买、使用商品或者接受服务，其权益受本法保护……"本案中，原告因生活所需向被告宝华公司购买涉案车辆，属于生活消费，其购买行为受《消费者权益保护法》的保护。故A选项错误。

一方的欺诈行为尽管仅涉及商品的某些部分，但如果按照一般消费者的观念，这种部分的欺诈足以影响其对商品整体的购买决策时，则应当对商品的整体承担欺诈的法律责任。从一般消费者的认知能力和消费心理出发，新车是指全新、未经过使用、未经过维修的车辆，经过碰撞、维修的车辆并非一般消费者认为的新车，故车辆经过碰撞、维修的信息显然会影响消费者的购买选择。宝华公司应当明知其隐瞒涉案车辆的保险杠曾经被修理过的真实情况会让原告陷入（按照新车购买涉案车辆的）错误认识，但其仍然放任这种结果的发生，主观上具有欺诈故意，应当认定被告宝华公司的行为构成欺诈。依据我国《消费者权益保护法》第55条的规定，原告据此要求被告宝华公司赔偿其3倍购车款的诉讼请求，符合法律规定，应予支持。因此，D选项正确，BC选项也是错误的。

9. A。本案涉及的是货物运输合同中货物毁损或灭失的赔偿责任问题。对此，只要法律不禁止，合同双方当事人依据契约自由原则可以对该赔偿责任进行事先的约定。若无特定约定，自然应当依据实际损失进行赔偿。因此，A选项说法错误。

本案中快递公司提供的运单背面载明了最高赔偿额为500元的条款，属于格式合同，《消费者权益保护法》第26条第1款规定："经营者在经营活动中使用格式条款的，应当以显著方式提请消费者注意商品或者服务的数量和质量、价款或者费用、履行期限和方式、安全注意事项和风险警示、售后服务、民事责任等与消费者有重大利害关系的内容，并按照消费者的要求予以说明。"本案中，经营者并未向寄件人提示阅读特别条款，从而该格式条款不能产生效力。所以，BCD三个选项正确。

10. A。消费者取得商品到发现商品存在质量问题之间必然存在一定的时间间隔，如果销售者主张消费者应当举证证明其主张存在质量问题的商品与销售的商品应为同一商品，无疑会使消费者承担过重的证明责任。因此，在消费者已经提交了曾在销售者处购买过涉案商品的初步证据后，应由销售者通过提交购买记录、电子识别码等证明其销售的商品并非消费者主张权利的商品，并提供从正规渠道进货的进货单等证明其已向消费者交付合格商品。本案中，鼎尚酒行应当承担其向消费者交付的系合格商品的举证责任。故A选项错误，当选。根据《消费者权益保护法》第55条第1款的规定，经营者提供商品或者服务有欺诈行为的，应当按照消费者的要求增加赔偿其受到的损失，增加赔偿的金额为消费者购买商品的价款或者接受服务的费用的3倍；增加赔偿的金额不足500元的，为500元。法律另有规定的，依照其规定。其他三个选项均为正确选项。

11. C。甲公司的行为违反了《消费者权益保护法》第29条第3款"经营者未经消费者同意或者请求，或者消费者明确表示拒绝的，不得向其发送商业性信息"的规定。依据《消费者权益保护法》第56条第1款"经营者有下列情形之一，除承担相应的民事责任外，其他有关法律、法规对处罚机关和处罚方式有规定的，依照法律、法规的规定执行；法律、法规未作规定的，由工商行政管理部门或者其他有关行政部门责令改正，可以根据情节单处或者并处警告、没收违法所得、处以违法所得一倍以上十倍以下的罚款，没有违法所得的，处以五十万元以下的罚款；情节严重的，责令停业整顿、吊销营业执照：……（九）侵害消费者人格尊严、侵犯消费者人身自由或者侵害消费者个人信息依法得到保护的权利的……"的规定，市场监督管理部门有权对其进行处罚。A选项明显错误，B选项错在只有经消费者明确表示拒绝后仍然推销才构成侵权，D选项错在只能处以50万元以下的罚款。

二、1. ACD。法律依据为《消费者权益保护法》第56条。该条并未规定对经营者的法定代表人进行惩罚，故B选项错误。其他选项与第56条对应。

2. BCD。根据《食品安全法》第26条的规定，并非所有的食品营养成分都应当包括在食品安全标准当中，唯有专供婴幼儿和其他特定人群的主辅食品的安全标准才应当包括营养成分要求，故A选项错误。根据《食品安全法》第29条和第30条的规定，B选项说法正确。根据《食品安全法》第25条的规定，食品安全标准是强制执行的标准。除食品安全标准外，不得制定其他食品强制性标准。故C选项正确。根据《食品安全法实施条例》第10条的规定，D选项正确。

3. ABD。A 选项是《食品安全法》第 2 条第 1 款第 2 项、第 4 项、第 6 项的反映，故正确。B 选项属于《食品安全法》第 2 条第 2 款的情形，故正确。根据《食品安全法》第 5 条第 2 款的规定，C 选项错误，不当选。根据《食品安全法》第 74 条的规定，D 选项正确。

4. ACD。《产品质量法》第 41 条。

5. BCD。考查消费者的救济措施。商场的行为不属于确认合同无效的情形，甲关于买卖合同无效的主张不成立，只能请求商场承担违约责任或者侵权责任。根据《消费者权益保护法》第 49 条的规定，经营者提供商品或者服务，造成消费者或者其他受害人人身伤害的，应当赔偿医疗费、护理费、交通费等为治疗和康复支出的合理费用，以及因误工减少的收入。造成残疾的，还应当赔偿残疾生活辅助具费和残疾赔偿金。造成死亡的，还应当赔偿丧葬费和死亡赔偿金。《消费者权益保护法》第 55 条第 2 款规定，经营者明知商品或者服务存在缺陷，仍然向消费者提供，造成消费者或者其他受害人死亡或者健康严重损害的，受害人有权要求经营者依照本法第 49 条、第 51 条等法律规定赔偿损失，并有权要求所受损失 2 倍以下的惩罚性赔偿。

6. ABC。考查店堂告示等的法律效力。根据《消费者权益保护法》第 26 条第 2 款、第 3 款的规定，经营者不得以格式条款、通知、声明、店堂告示等方式，作出排除或者限制消费者权利、减轻或者免除经营者责任、加重消费者责任等对消费者不公平、不合理的规定，不得利用格式条款并借助技术手段强制交易。格式条款、通知、声明、店堂告示等含有前款所列内容的，其内容无效。所以 ABC 选项不符合法律规定。

7. ABC。考查消费者维权途径。根据《消费者权益保护法》第 39 条的规定，消费者和经营者发生消费者权益争议的，可以通过下列途径解决：(1) 与经营者协商和解；(2) 请求消费者协会或者依法成立的其他调解组织调解；(3) 向有关行政部门投诉；(4) 根据与经营者达成的仲裁协议提请仲裁机构仲裁；(5) 向人民法院提起诉讼。据此规定，消费者只有与经营者达成仲裁协议才能够提起仲裁。仲裁只适用于平等主体的公民、法人和其他组织之间发生的合同纠纷和其他财产权益纠纷，在仲裁中不能提起精神损害赔偿请求。所以 D 选项不正确。

8. CD。考查经营者的违法行为后果。根据《消费者权益保护法》第 55 条的规定，受欺诈的赔偿金额为消费者购买商品的价款或者接受服务的费用的 3 倍而不是 2 倍。故 A 选项错误。根据《消费者权益保护法》第 59 条的规定，经营者对行政处罚决定不服的，可申请行政复议或提起行政诉讼，无时间限制。故 B 选项错误。

9. ABD。本案中王某与某培训中心签订的是“包过班”协议，王某某未通过名校升学考试，即意味着某培训中心未完成合同约定的义务。按照协议约定，当王某某未能考上名校，约定退款的条件成就时，某培训中心即应当退还培训费用，某培训中心提出的抗辩不能成为其违反合同约定并拒不履行退款义务的理由。

当事人涉及的附条件合同约定(包括格式条款)，或者一方当事人的单方承诺，只要不违背效力性强制性规定均具有法律效力。本案中完全符合上述分析。故 ABD 三项错误。

10. ABC。根据《消费者权益保护法》第 23 条第 2 款的规定，经营者以广告、产品说明、实物样品或者其他方式表明商品或者服务的质量状况的，应当保证其提供的商品或者服务的实际质量与表明的质量状况相符。本案中，商品是否为“有机”食品，必须经过有关认证机构予以认定。刘某在购买案涉高粱酒时，该酒类专营店在商品详情页中“是否为有机食品”一栏标注为“是”，可以认定在交易发生时，专营店的错误标注误导了消费者的购买行为，存在欺诈情形，AB 选项正确。

根据《消费者权益保护法》第 55 条第 1 款的规定，经营者提供商品或者服务有欺诈行为的，应当按照消费者的要求增加赔偿其受到的损失，增加赔偿的金额为消费者购买商品的价款或者接受服务的费用的 3 倍；增加赔偿的金额不足 500 元的，为 500 元。法律另有规定的，依照其规定。因此，C 选项正确。

《消费者权益保护法》第 44 条，消费者通过网络交易平台购买商品或者接受服务，其合法权益受到损害的，可以向销售者或者服务者要求赔偿。网络交易平台提供者不能提供销售者或者服务者的真实名称、地址和有效联系方式的，消费者也可以向网络交易平台提供者要求赔偿；网络交易平台提供者作出更有利于消费者的承诺的，应当履行承诺。网络交易平台提供者赔偿后，有权向销售者或者服务者追偿。网络交易平台提供者明知或者应知销售者或者服务者利用其平台侵害消费者合法权益，未采取必要措施的，依法与该销售者或者服务者承担连带责任。依据该条的规定，只有在网络交易平台提供者明知或者应知销售者或者服务者利用其平台侵害消费者合法权益，未采取必要措施的情形下，才有连带责任产生。因此，D 选项错误。

11. CD。本题主要考查《消费者权益保护法》的相关规定。

《消费者权益保护法》第 40 条第 2 款规定：“消费者或者其他受害人因商品缺陷造成人身、财产损害的，可以向销售者要求赔偿，也可以向生产者要求赔偿。属于生产者责任的，销售者赔偿后，有权向生产者追偿。属于销售者责任的，生产者赔偿后，有权向销售者追偿。”C 受到电动车质量缺陷造成的人身损害,其有权向生产者A和销售者B要求赔偿,故A选项错误。

根据《消费者权益保护法》第44条的规定,消费者通过网络交易平台购买商品或者接受服务,其合法权益受到损害的,可以向销售者或者服务者要求赔偿。网络交易平台提供者不能提供销售者或者服务者的真实名称、地址和有效联系方式的,消费者也可以向网络交易平台提供者要求赔偿;网络交易平台提供者作出更有利于消费者的承诺的,应当履行承诺。网络交易平台提供者赔偿后,有权向销售者或者服务者追偿。网络交易平台提供者明知或者应知销售者或者服务者利用其平台侵害消费者合法权益,未采取必要措施的,依法与该销售者或者服务者承担连带责任。由于电瓶车存在质量问题并发生过严重的自燃事件,B作为电商平台应当知其存在的问题侵犯消费者的合法权益仍未采取必要措施,B电商平台应当与A生产者承担连带责任,故B选项错误。

根据《消费者权益保护法》第49条的规定,经营者提供商品或者服务,造成消费者或者其他受害人人身伤害的,应当赔偿医疗费、护理费、交通费等为治疗和康复支出的合理费用,以及因误工减少的收入。造成残疾的,还应当赔偿残疾生活辅助具费和残疾赔偿金。造成死亡的,还应当赔偿丧葬费和死亡赔偿金。C因电瓶车质量缺陷受到人身伤害并致残,所以可以向A请求赔偿医疗费、护理费、交通费等为治疗和康复支出的合理费用以及误工费、残疾生活辅助具费和残疾赔偿金。因此,C选项正确。

根据《消费者权益保护法》第33条第2款的规定,有关行政部门发现并认定经营者提供的商品或者服务存在缺陷,有危及人身、财产安全危险的,应当立即责令经营者采取停止销售、警示、召回、无害化处理、销毁、停止生产或者服务等措施。故市场监督管理局发现该商品的缺陷危及人身安全,应当立即责令经营者A或销售者B采取停止销售、警示、召回、无害化处理、销毁、停止生产或者服务等措施,故D选项正确。

综上,本题应选CD。

## 第三章 银行业法

一、1. D。考查商业银行的业务范围。法律依据为《商业银行法》第3条第3款,商业银行经营结汇、售汇业务须经中国人民银行批准。

2. C。考查商业银行的强制信息披露制度。法律依据为《银行业监督管理法》第36条,银行业金融机构应向社会公众披露的重大事项不包括控股股东转让股份的情况,故C选项错误。其他均符合法律的规定。

3. D。考查商业银行的审慎经营规则。法律依据为《银行业监督管理法》第21条第2款。

4. C。考查商业银行的解散。法律依据为《商业银行法》第69条,商业银行因分立、合并或者出现公司章程规定的解散事由需要解散的,应当向国务院银行业监督管理机构提出申请,并附解散的理由和支付存款的本金和利息等债务清偿计划。经国务院银行业监督管理机构批准后解散。商业银行解散的,应当依法成立清算组,进行清算,按照清偿计划及时偿还存款本金和利息等债务。国务院银行业监督管理机构监督清算过程。ABD选项完全符合上述规定,而C选项错误,因为依据上述法律的规定,须先制定支付存款的本金和利息等债务清偿计划,然后由国务院银行业监督管理机构批准。

5. D。考查银行业监督管理机构的监管措施。法律依据为《银行业监督管理法》第34条。银行业监督管理机构无权查封银行业金融机构的资产。

6. B。考查商业银行关系人的贷款规则。法律依据为《商业银行法》第40条。题中乙公司和甲银行构成关系人,故甲银行不得向乙公司发放信用贷款。

二、1. ACD。考查商业银行关系人的判定。法律依据为《商业银行法》第40条第2款的规定,商业银行的关系人包括:(1)商业银行的董事、监事、管理人员、信贷业务人员及其近亲属;(2)前项所列人员投资或者担任高级管理职务的公司、企业和其他经济组织。根据该条规定,B选项中的董事仅在该公司任普通职员,不担任高级管理职务,所以该公司不是商业银行的关系人。

2. CD。考查商业银行的同业拆借规则。法律依据为《商业银行法》第46条。该条禁止利用拆入资金发放固定资产贷款或用于投资。

3. AD。考查商业银行高级管理人员的任职资格。法律依据为《商业银行法》第27条。C选项的人员不得担任商业银行的高级管理人员的前提是对该公司、企业的破产负有个人责任的;不负有个人责任的,仍有资格担任高级管理人员。

4. AB。考查商业银行的接管。法律依据为《商业银行法》第64条第1款。AB选项正确。

5. CD。考查中国人民银行的监管范围和措施。法律依据为《商业银行法》第76条。

6. ABCD。考查银行业监督管理机构的职责范围。法律依据为《银行业监督管理法》第23至25条、第28条的规定。

7. ABCD。考查国有独资商业银行的组织机构。法律依据为《商业银行法》第18条。

8. BD。考查商业银行的分支机构规则。法律依据为《商业银行法》第20条、第21条、第23条第2款、第24条第1款。A选项错在第20条规定的是“2年”而不是“3年”。C选项错在第21条规定的是“国务院银行业监督管理机构颁发经营许可证”,而不是直接向市场监督管理部门办理登记。

9. BCD。考查商业银行的资产运作规则。法律依据为《商业银行法》第74条、第76条。可知B选项属于投资于非自用不动产,违法;C选项购买公司股票,实际上是投资于非银行金融机构和企业,故违法;D选项未经批准到境外借款,违法。而《商业银行法》并不限制商业银行投资于银行金融机构,所以银行间交叉持股是合法的。

10. BD。考查银行业监督管理机构的派出机构规则。法律依据为《银行业监督管理法》第8条。国务院银行业监督管理机构根据履行职责的需要设立派出机构。国务院银行业监督管理机构对派出机构实行统一领导和管理。国务院银行业监督管理机构的派出机构在国务院银行业监督管理机构的授权范围内,履行监督管理职责。可见本题的答案为BD选项。

三、1. (1) ABD。考查银行业监督管理机构的监管措施。

《银行业监督管理法》第33条规定:“银行业监督管理机构根据履行职责的需要,有权要求银行业金融机构按照规定报送资产负债表、利润表和其他财务会计、统计报表、经营管理资料以及注册会计师出具的审计报告。”故A选项说法符合法律规定。

根据《银行业监督管理法》第34条的规定,银行业监督管理机构根据审慎监管的要求,可以采取下列措施进行现场检查:①进入银行业金融机构进行检查;②询问银行业金融机构的工作人员,要求其对有关检查事项作出说明;③查阅、复制银行业金融机构与检查事项有关的文件、资料,对可能被转移、隐匿或者毁损的文件、资料予以封存;④检查银行业金融机构运用电子计算机管理业务数据的系统。进行现场检查,应当经银行业监督管理机构负责人批准。现场检查时,检查人员不得少于2人,并应当出示合法证件和检查通知书;检查人员少于2人或者未出示合法证件和检查通知书的,银行业金融机构有权拒绝检查。

B选项符合第34条第1款第3项规定,C选项符合不符合第34条第2款的规定,检查银行业金融机构运用电子计算机管理业务数据的系统为现场检查,要求检查人员不少于2人,故C选项错误,B选项当选。

根据《银行业监督管理法》第35条的规定,银行业监督管理机构根据履行职责的需要,可以与银行业金融机构董事、高级管理人员进行监督管理谈话,要求银行业金融机构董事、高级管理人员就银行业金融机构的业务活动和风险管理的重大事项作出说明。故D选项说法正确。

(2) ABCD。考查银行业监督管理机构的监管措施。

根据《银行业监督管理法》第41条的规定,经国务院银行业监督管理机构或者其省一级派出机构负责人批准,银行业监督管理机构有权查询涉嫌金融违法的银行业金融机构及其工作人员以及关联行为人的账户;对涉嫌转移或者隐匿违法资金的,经银行业监督管理机构负责人批准,可以申请司法机关予以冻结。故A选项说法正确。

《银行业监督管理法》第37条规定,银行业金融机构违反审慎经营规则的,国务院银行业监督管理机构或者其省一级派出机构应当责令限期改正;逾期未改正的,或者其行为严重危及该银行业金融机构的稳健运行、损害存款人和其他客户合法权益的,经国务院银行业监督管理机构或者其省一级派出机构负责人批准,可以区别情形,采取下列措施:①责令暂停部分业务、停止批准开办新业务;②限制分配红利和其他收入;③限制资产转让;④责令控股股东转让股权或者限制有关股东的权利;⑤责令调整董事、高级管理人员或者限制其权利;⑥停止批准增设分支机构。银行业金融机构整改后,应当向国务院银行业监督管理机构或者其省一级派出机构提交报告。国务院银行业监督管理机构或者其省一级派出机构经验收,符合有关审慎经营规则的,应当自验收完毕之日起3日内解除对其采取的前款规定的有关措施。B选项符合第37条第1款的规定;C选项符合第37条第1款第2项的规定;D选项符合第37条第1款第4项的规定,故BCD均正确。

2. (1) B。考查商业银行的接管原因。根据《商业银行法》第64条第1款的规定,商业银行已经或者可能发生信用危机,严重影响存款人的利益时,国务院银行业监督管理机构可以对该银行实行接管。本题中该商业银行不能应付存款人的提款请求,不能由同行获得拆借资金,已经构成信用危机,而不是即将发生信用危机,所以A选项不正确。由国务院银行业监督管理机构对商业银行实行接管,而不是中国人民银行或当地政府,所以B选项正确,CD选项不正确。

(2) ABC。考查商业银行的接管规则。根据《商业银行法》第66条第2款的规定,自接管开始之日起,由接管组织行使商业银行的经营管理权力。根据《银行业监督管理法》第40条第1款的规定,银行业金融机构被接管、重组或者被撤销的,国务院银行业监督管理机构有权要求该银行业金融机构的董事、高级管理人员和其他工作人员,按照国务院银行业监督管理机构的要求履行职责。银行业监督管理机构当然有权要求该行全体人员各自坚守岗位,认真履行职责,所以A选项正确。

根据《银行业监督管理法》第40条第2款的规定,在接管、机构重组或者撤销清算期间,经国务院银行业监督管理机构负责人批准,对直接负责的董事、高级管理人员和其他直接责任人员,可以采取下列措施:

①直接负责的董事、高级管理人员和其他直接责任人员出境将对国家利益造成重大损失的,通知出境管理机关依法阻止其出境;②申请司法机关禁止其转移、转让财产或者对其财产设定其他权利。B选项中副行长邱某、薛某的行为属于高级管理人员拒不交出出境旅行证件,国务院银行业监督管理机构有权通知出境管理机关阻止其出境,所以B选项正确。C选项中范某是银行董事,国务院银行业监督管理机构有权申请司法机关禁止其转让财产,所以C选项正确。国务院银行业监督管理机构无权通知房产管理部门停止房屋的过户登记,所以D选项不正确。

(3)C。考查商业银行的破产。根据《商业银行法》第71条第1款的规定,商业银行不能支付到期债务,经国务院银行业监督管理机构同意,由人民法院依法宣告其破产。商业银行被宣告破产的,由人民法院组织国务院银行业监督管理机构等有关部门和有关人员成立清算组,进行清算。商业银行的破产标准是"不能支付到期债务",所以A选项不正确。商业银行的破产应经国务院银行业监督管理机构同意,所以C选项正确。商业银行被宣告破产的,由法院组织有关部门和人员成立清算组,并不是在提出破产清算前成立清算组,所以B选项不正确。

根据《企业破产法》第8条第3款的规定,债务人提出申请的,还应当向人民法院提交财产状况说明、债务清册、债权清册、有关财务会计报告、职工安置预案以及职工工资的支付和社会保险费用的缴纳情况。由此可知,债务人提出破产申请的,应当同时向法院提交职工安置方案,但是不需要提交债务清偿方案,所以D选项不正确。

## 第四章　财　税　法

一、1. D。法律依据为《企业所得税法》第3条、第4条。

2. C。考查纳税人账户及税务登记。法律依据为《税收征收管理法》第17条、第18条,可见,ABD选项正确,C选项错误。

3. A。考查税收强制措施。法律依据为《税收征收管理法》第40条。比较四个选项,只有A选项为第40条规定的措施。故A选项当选。剩余选项都是违反税收法律的责任,而不是税收强制措施。

4. B。考查增值税的基本规则。增值税只对商品在生产流通过程中的价值增值额征收。没有价值增值的,不受增值税的调整。所以A选项的说法不周延。增值税具有普遍征收的特点。增值税不仅可以对制造业征收,而且可以对服务业征收;不但可以在生产环节征收,而且可以延伸到进口、批发、零售诸环节,因此这些环节的经营者都可成为增值税的纳税人,所以B选项说法正确,而C选项说法错误。同样,增值税的纳税人既包括单位,也包括个人,故D选项错误。

5. D。《税收征收管理法》第3条第2款规定:"任何机关、单位和个人不得违反法律、行政法规的规定,擅自作出税收开征、停征以及减税、免税、退税、补税和其他同税收法律、行政法规相抵触的决定。"

6. C。考查企业所得税计税时税收所得额的扣除项目。法律依据为《企业所得税法》第9条、第10条。

二、1. ABD。考查税收担保税收保金。AD选项正确。法律依据为《税收征收管理法》第38条。根据《税收征收管理法实施细则》第61条的规定,纳税义务人可以提供物的担保,也可以提供人的担保。所以B选项正确。C选项错在税收保全措施并非直接采用,而是要在纳税人不能提供纳税担保之后。

2. BC。考查税收优先权。法律依据为《税收征收管理法》第45条第1款。税务机关征收税款,税收优先于无担保债权,法律另有规定的除外;纳税人欠缴的税款发生在纳税人以其财产设定抵押、质押或者纳税人的财产被留置之前的,税收应当先于抵押权、质权、留置权执行。题目中纳税人欠缴的税款发生在抵押之后,所以B选项正确。该条第2款规定:"纳税人欠缴税款,同时又被行政机关决定处以罚款、没收违法所得的,税收优先于罚款、没收违法所得。"所以C选项正确。

3. ABC。考查核定纳税额的情形。法律依据为《税收征收管理法》第35条。纳税人有下列情形之一的,税务机关有权核定其应纳税额:(1)依照法律、行政法规的规定可以不设置账簿的;(2)依照法律、行政法规的规定应当设置账簿但未设置的;(3)擅自销毁账簿或者拒不提供纳税资料的;(4)虽设置账簿,但账目混乱或者成本资料、收入凭证、费用凭证残缺不全,难以查账的;(5)发生纳税义务,未按照规定的期限办理纳税申报,经税务机关责令限期申报,逾期仍不申报的;(6)纳税人申报的计税依据明显偏低,又无正当理由的。税务机关核定应纳税额的具体程序和方法由国务院税务主管部门规定。由上述法条可知ABC选项正确。D选项中,因为丁公司未按规定期限办理纳税申报,经税务机关责令限期申报后最终申报了,就不需要税务机关核定应纳税额。只有逾期仍不申报的才属于税务机关有权直接核定应纳税额的情形。

4. ABCD。考查增值税的税收优惠。法律依据为《增值税暂行条例》第15条。

5. ABCD。法律依据为《企业所得税法》第3条、第4条的规定。非居民企业在中国境内未设立机构、场所的,或者虽设立机构、场所但取得的所得与其所设机构、场所没有实际联系的,就其来源于中国境内的所得缴纳企业所得税时适用20%的税率,除此之外其他情形下居民企业和非居民企业都是适用25%的税率。

6. BCD。考查企业所得税的应纳税所得额的计算。A选项正确,法律依据为《企业所得税法实施条例》第34条第1款的规定,企业发生的合理的工资薪金支出,准予扣除。B选项错误,法律依据为《企业所得税法实施条例》第35条第2款的规定,企业为投资者或者职工支付的补充养老保险费、补充医疗保险费,在国务院财政、税务主管部门规定的范围和标准内,准予扣除。C选项错误,法律依据为《企业所得税法实施条例》第36条的规定,除企业依照国家有关规定为特殊工种职工支付的人身安全保险费和国务院财政、税务主管部门规定可以扣除的其他商业保险费外,企业为投资者或者职工支付的商业保险费,不得扣除。D选项错误,法律依据为《企业所得税法实施条例》第43条:"企业发生的与生产经营活动有关的业务招待费支出,按照发生额的60%扣除,但最高不得超过当年销售(营业)收入的5‰。"

7. AB。考查居民企业的判定。以《企业所得税法》第2条规定为依据。AB选项中的企业是居民企业,CD选项中的企业是非居民企业。

8. CD。考查企业的应纳税所得额的范围。依据为《企业所得税法》第6条、第7条。

9. BCD。考查企业的应纳税所得额的扣除。依据为《企业所得税法》第9条、第10条。

三、1. 考查税收强制措施。

(1)D。根据《税收征收管理法》第38条第3款的规定,个人及其所扶养家属维持生活必需的住房和用品,不在税收保全措施的范围之内。所以D选项的做法不当。

(2)ACD。根据《税收征收管理法》第38条第2款的规定,纳税人在税务机关规定的限期内缴纳税款的,税务机关必须立即解除税收保全措施。《税收征收管理法实施细则》第68条规定:"纳税人在税务机关采取税收保全措施后,按照税务机关规定的期限缴纳税款的,税务机关应当自收到税款或者银行转回的完税凭证之日起1日内解除税收保全。"所以A选项正确,B选项不正确。《税收征收管理法》第39条规定:"纳税人在限期内已缴纳税款,税务机关未立即解除税收保全措施,使纳税人的合法利益遭受损失的,税务机关应当承担赔偿责任。"根据《税收征收管理法实施细则》第70条的规定,《税收征收管理法》第39条、第43条所称损失,是指因税务机关的责任,使纳税人、扣缴义务人或者纳税担保人的合法利益遭受的直接损失。所以CD选项正确。

(3)ACD。根据《税收征收管理法》第38条第2款的规定,税务机关采取保全措施后,纳税人在限期期满后仍未缴纳税款的,经县以上税务局(分局)局长批准,税务机关可以书面通知纳税人开户银行或者其他金融机构从其冻结的存款中扣缴税款,或者依法拍卖或者变卖所扣押、查封的商品、货物或者其他财产,以拍卖或者变卖所得抵缴税款。由此可见,本题的ACD三个选项符合上述法律规定,为应选项。

2. 考查税收强制措施。

(1)B。《税收征收管理法实施细则》第73条规定:"从事生产、经营的纳税人、扣缴义务人未按照规定的期限缴纳或者解缴税款的,纳税担保人未按照规定的期限缴纳所担保的税款的,由税务机关发出限期缴纳税款通知书,责令缴纳或者解缴税款的最长期限不得超过15日。"

(2)BC。《税收征收管理法》第45条第1款规定:"税务机关征收税款,税收优先于无担保债权,法律另有规定的除外;纳税人欠缴的税款发生在纳税人以其财产设定抵押、质押或者纳税人的财产被留置之前的,税收应当先于抵押权、质权、留置权执行。"本案中,抵押权先于强制执行措施,所以抵押权应优先于税收,故D选项不正确。根据《税收征收管理法》第46条的规定,纳税人有欠税情形而以其财产设定抵押、质押的,应当向抵押权人、质权人说明其欠税情况。抵押权人、质权人可以请求税务机关提供有关的欠税情况。由此可见,本题的正确表述是BC选项。虽然抵押权优先于税收,但是抵押权人只能行使抵押权,不能行使取回权,所以A选项不正确。

(3)A。根据《税收征收管理法》第45条第2款的规定,纳税人欠缴税款,同时又被行政机关决定处以罚款、没收违法所得的,税收优先于罚款、没收违法所得。由此可见,本题的正确选项应为A选项。

3. 考查税收争议的解决。

(1)D。根据《税收征收管理法》第40条第1款、第2款规定,从事生产、经营的纳税人、扣缴义务人未按照规定的期限缴纳或者解缴税款,纳税担保人未按照规定的期限缴纳所担保的税款,由税务机关责令限期缴纳,逾期仍未缴纳的,经县以上税务局(分局)局长批准,税务机关可以采取下列强制执行措施:①书面通知其开户银行或者其他金融机构从其存款中扣缴税款;②扣押、查封、依法拍卖或者变卖其价值相当于应纳税款的商品、货物或者其他财产,以拍卖或者变卖所得抵缴税款。税务机关采取强制执行措施时,对前款所列纳税人、扣缴义务人、纳税担保人未缴纳的滞纳金同时强制执行。因此,本题应属于强制执行措施上的争议。故D选项为正确答案。

(2)CD。《税收征收管理法》第88条第2款规定:"当事人对税务机关的处罚决定、强制执行措施或者税收保全措施不服的,可以依法申请行政复议,也可以依法向人民法院起诉。"故本题正确选项为CD。

# 第五章　土地法和房地产法

一、1. C。考查以出让方式取得土地使用权的基本规则。法律依据为《城市房地产管理法》第 15 条、第 16 条、第 26 条。C 选项中应当是相当于土地出让金 20% 以下而非以上的土地闲置费。

2. B。考查以划拨方式取得土地使用权的基本规则。根据《城市房地产管理法》第 23 条的规定，土地使用权划拨，是指县级以上人民政府依法批准，在土地使用者缴纳补偿、安置等费用后将该幅土地交付其使用，或者将土地使用权无偿交付给土地使用者使用的行为。依照本法规定以划拨方式取得土地使用权的，除法律、行政法规另有规定外，没有使用期限的限制。所以 AC 选项不正确。根据该法第 40 条第 1 款中的规定，以划拨方式取得土地使用权的，转让房地产时，应当按照国务院规定，报有批准权的人民政府审批。所以 B 选项正确。根据《城镇国有土地使用权出让和转让暂行条例》第 45 条的规定，在以划拨方式取得的土地使用权的土地上建造房屋，转让、出租、抵押房地产的，须经批准。所以 D 选项不正确。

3. D。考查城市规划对土地使用权的影响。法律依据为《城乡规划法》第 38 条、第 39 条。根据《城乡规划法》第 39 条的规定，对未取得建设用地规划许可证的建设单位批准用地的，由县级以上人民政府撤销有关批准文件。该条未规定可以补办手续，故 D 选项错误。

4. C。考查划拨土地上房屋租赁合同的效力。法律依据为《城市房地产管理法》第 56 条的规定，以营利为目的，房屋所有权人将以划拨方式取得使用权的国有土地上建成的房屋出租的，应当将租金中所含土地收益上缴国家。具体办法由国务院规定。据此，本题的 ABD 选项对甲公司的行为和取得的租金收入进行处置的方式是错误的。根据上述规定，甲公司应将租金中所含的土地收益上缴国家，所以 C 选项正确。

5. A。考查占用农田的审批手续。法律依据为《土地管理法》第 44 条、第 46 条可知，A 选项正确。征收农用地，应先办理农用地转用审批手续，经国务院批准农用地转用的，同时办理征地审批手续。

6. A。《城市房地产管理法》第 28 条规定："依法取得的土地使用权，可以依照本法和有关法律、行政法规的规定，作价入股，合资、合作开发经营房地产。"第 29 条规定："国家采取税收等方面的优惠措施鼓励和扶持房地产开发企业开发建设居民住宅。"根据《城市房地产管理法》第 30 条的规定，房地产开发企业是以营利为目的，从事房地产开发和经营的企业。设立房地产开发企业，应当具备下列条件：(1) 有自己的名称和组织机构；(2) 有固定的经营场所；(3) 有符合国务院规定的注册资本；(4) 有足够的专业技术人员；(5) 法律、行政法规规定的其他条件。设立房地产开发企业，应当向工商行政管理部门申请设立登记。工商行政管理部门对符合本法规定条件的，应当予以登记，发给营业执照；对不符合本法规定条件的，不予登记。设立有限责任公司、股份有限公司，从事房地产开发经营的，还应当执行公司法的有关规定。房地产开发企业在领取营业执照后的 1 个月内，应当到登记机关所在地的县级以上地方人民政府规定的部门备案。

7. C。考查城乡规划的编制主体和程序。根据《城乡规划法》第 13 条的规定，省、自治区人民政府组织编制省域城镇体系规划，报国务院审批。省域城镇体系规划的内容应当包括：城镇空间布局和规模控制，重大基础设施的布局，为保护生态环境、资源等需要严格控制的区域。

《城乡规划法》第 14 条规定："城市人民政府组织编制城市总体规划。直辖市的城市总体规划由直辖市人民政府报国务院审批。省、自治区人民政府所在地的城市以及国务院确定的城市的总体规划，由省、自治区人民政府审查同意后，报国务院审批。其他城市的总体规划，由城市人民政府报省、自治区人民政府审批。"

根据《城乡规划法》第 15 条的规定，县人民政府组织编制县人民政府所在地镇的总体规划，报上一级人民政府审批。其他镇的总体规划由镇人民政府组织编制，报上一级人民政府审批。

《城乡规划法》第 16 条规定："省、自治区人民政府组织编制的省域城镇体系规划，城市、县人民政府组织编制的总体规划，在报上一级人民政府审批前，应当先经本级人民代表大会常务委员会审议，常务委员会组成人员的审议意见交由本级人民政府研究处理。镇人民政府组织编制的镇总体规划，在报上一级人民政府审批前，应当先经镇人民代表大会审议，代表的审议意见交由本级人民政府研究处理。规划的组织编制机关报送审批省域城镇体系规划、城市总体规划或者镇总体规划，应当将本级人民代表大会常务委员会组成人员或者镇人民代表大会代表的审议意见和根据审议意见修改规划的情况一并报送。"

二、1. ABCD。考查以出让方式取得国有土地使用权的基本规则。A 选项错误，法律依据为《土地管理法》第 56 条的规定。以出让方式取得土地使用权的，如果要改变土地用途，必须经有关自然资源主管部门同意，报原批准用地的人民政府批准。涉及在城市规划区内改变土地用途的，在报批前应当先经有关城市规划行政主管部门同意。选项 B 错误，法律依据为《城市房地产管理法》第 19 条的规定，土地使用权出让金应当全部上缴财政，列入预算，用于城市基础设施建设和土地开发。土地使用权出让金上缴和使用的具体办法由国务院规定。选项C错误,法律依据为《城市房地产管理法》第22条第1款的规定。土地使用权出让合同约定的使用年限届满,需要续期的,不是原合同继续生效,而是要重新签订土地使用权出让合同。选项D也错误,法律依据为《城市房地产管理法》第39条的规定。以出让方式取得的国有土地使用权不可以直接转让,必须符合法律规定的条件。

2. BD。考查商品房预售的条件。法律依据为《城市房地产管理法》第45条的规定。商品房预售,应当符合下列条件:(1)已交付全部土地使用权出让金,取得土地使用权证书;(2)持有建设工程规划许可证;(3)按提供预售的商品房计算,投入开发建设的资金达到工程建设总投资的25%以上,并已经确定施工进度和竣工交付日期;(4)向县级以上人民政府房产管理部门办理预售登记,取得商品房预售许可证明。商品房预售人应当按照国家有关规定将预售合同报县级以上人民政府房产管理部门和土地管理部门登记备案。商品房预售所得款项,必须用于有关的工程建设。由此可见,可以向和平公司提供的正确建议是BD两个选项。

3. BD。考查土地权利纠纷的处理规则。法律依据为《土地管理法》第14条第1、2、3款的规定,土地所有权和使用权争议,由当事人协商解决;协商不成的,由人民政府处理。单位之间的争议,由县级以上人民政府处理;个人之间、个人与单位之间的争议,由乡级人民政府或者县级以上人民政府处理。当事人对有关人民政府的处理决定不服的,可以自接到处理决定通知之日起30日内,向人民法院起诉。根据该条规定,BD选项正确。

4. CD。考查宅基地的特别规定。法律依据为《土地管理法》第62条,这是关于宅基地的唯一法律规定。宅基地一户一处,不得转让,农村村民住宅用地由乡(镇)政府审核,出卖、出租住宅后再申请宅基地的,不予批准。

5. ABCD。考查土地使用权的出让的种类。法律依据为《城市房地产管理法》第13条。

6. ACD。考查房地产抵押的法律后果。法律依据为《城市房地产管理法》第52条。房地产抵押合同签订后,土地上新增房屋不属于抵押财产。拍卖时,可以依法将土地上新增的房屋与抵押财产一同拍卖,但抵押权人无权就拍卖新增房屋所得优先受偿。

7. AC。考查土地使用权的取得。法律依据为《城市房地产管理法》第61条。B选项错在以划拨方式取得国有土地使用权也应领取土地使用权证书,而不是无须领取。D选项错在应先办理房产变更登记,再办理土地使用权证书变更。

8. ABC。考查小区业主大会。A选项说法正确,法律依据为《物业管理条例》第8条第1款、第9条第1款,物业管理区域内全体业主组成业主大会。一个物业管理区域成立一个业主大会。BC选项说法正确,《物业管理条例》第10条规定,同一个物业管理区域内的业主,应当在物业所在地的区、县人民政府房地产行政主管部门或者街道办事处、乡镇人民政府的指导下成立业主大会,并选举产生业主委员会。但是,只有一个业主的,或者业主人数较少且经全体业主一致同意,决定不成立业主大会的,由业主共同履行业主大会、业主委员会职责。D选项说法错误,法律依据为《物业管理条例》第11条、第12条。业主大会决定筹集和使用专项维修资金,改建、重建建筑物及其附属设施,应当经专有部分占建筑物总面积2/3以上的业主且占总人数2/3以上的业主同意。两项指标都不是过半数即能满足。

9. ABC。考查违反城乡规划的法律后果。ABC选项正确。法律依据为《城乡规划法》第64条,未取得建设工程规划许可证或者未按照建设工程规划许可证的规定进行建设的,由县级以上地方人民政府城乡规划主管部门责令停止建设;尚可采取改正措施消除对规划实施的影响的,限期改正,处建设工程造价5%以上10%以下的罚款;无法采取改正措施消除影响的,限期拆除,不能拆除的,没收实物或者违法收入,可以并处建设工程造价10%以下的罚款。D选项错误。法律依据为《城乡规划法》第65条,在乡、村庄规划区内未依法取得乡村建设规划许可证或者未按照乡村建设规划许可证的规定进行建设的,由乡、镇人民政府责令停止建设、限期改正;逾期不改正的,可以拆除。不是简单予以拆除。

10. ABC。考查管理合同和前期物业。依据为《物业管理条例》第22条、第23条、第25条、第26条。

11. ABCD。考查土地所有权法律制度。依据为《土地管理法》第2条、第5条。根据《土地管理法》的规定,国家土地所有权由国务院代表国家行使。同时,国务院可通过制定行政法规或发布行政命令授权地方人民政府或其职能部门行使国家土地所有权。例如,在国有土地使用权出让法律关系中由市、县人民政府土地管理部门担当国有土地所有者代表与用地者签订出让合同,上述行使国家土地所有权的代表称为国有土地所有者代表。国有土地所有者代表行使对国有土地的收益权能、处分权能,应依法经有审批权的人民政府审批,下级人民政府应依法向上级人民政府上缴土地收益。

12. AC。本题主要考查《土地管理法》集体经营性建设用地的相关规定。

《土地管理法》第63条第1、2款规定:“土地利用总体规划、城乡规划确定为工业、商业等经营性用途,并经依法登记的集体经营性建设用地,土地所有权人可以通过出让、出租等方式交由单位或者个人使用,并应当签订书面合同,载明土地界址、面积、动工期限、使用期限、土地用途、规划条件和双方其他权利义务。前款规定的集体经营性建设用地出让、出租等,应当经本集体经济组织成员的村民会议三分之二以上成员或者三分之二以上村民代表的同意。”据此,某村办工厂拟转让其集体性建设用地使用权应当经过该集体经济组织成员村民会议2/3以上成员或2/3以上村民代表的同意,故A选项正确。

《土地管理法》第66条第1款规定:“有下列情形之一的,农村集体经济组织报经原批准用地的人民政府批准,可以收回土地使用权:(一)为乡(镇)村公共设施和公益事业建设,需要使用土地的;(二)不按照批准的用途使用土地的;(三)因撤销、迁移等原因而停止使用土地的。”若新兴公司未经批准改变该地用途,农村经济组织报经原批准用地的人民政府批准后可以收回土地使用权,而不能仅依据村委会决议,故B选项错误。

《土地管理法》第63条第4款规定:“集体经营性建设用地的出租,集体建设用地使用权的出让及其最高年限、转让、互换、出资、赠与、抵押等,参照同类用途的国有建设用地执行。具体办法由国务院制定。”据此,该建设用地可用于抵押,需根据国务院制定的具体办法参照同类国有建设用地执行,故C选项正确。

《城乡规划法》第47条第1款规定:“有下列情形之一的,组织编制机关方可按照规定的权限和程序修改省域城镇体系规划、城市总体规划、镇总体规划:(一)上级人民政府制定的城乡规划发生变更,提出修改规划要求的;(二)行政区划调整确需修改规划的;(三)因国务院批准重大建设工程确需修改规划的;(四)经评估确需修改规划的;(五)城乡规划的审批机关认为应当修改规划的其他情形。”据此,城乡规划修订的主体为组织编制机关,并非村民委员会来决定,故D选项错误。

综上,本题应选AC。

三、(1)C。考查土地征收程序。根据《土地管理法》第46条第1款的规定,征收下列土地的,由国务院批准:①永久基本农田;②永久基本农田以外的耕地超过35公顷的;③其他土地超过70公顷的。由此可见,本题的正确选项是C选项。

(2)BCD。考查土地使用权转让方式。根据《城市房地产管理法》第13条第1款的规定,土地使用权出让,可以采取拍卖、招标或者双方协议的方式。该法第24条规定,下列建设用地的土地使用权,确属必需的,可以由县级以上人民政府依法批准划拨:①国家机关用地和军事用地;②城市基础设施用地和公益事业用地;③国家重点扶持的能源、交通、水利等项目用地;④法律、行政法规规定的其他用地。由此可见,本题的正确选项应为BCD,而A选项是不符合法律规定的。以划拨这种无偿取得国有土地使用权的方式获得的土地使用权,不应用来开发房地产营利。

(3)BCD。考查房地关系。根据《城市房地产管理法》第39条的规定,以出让方式取得土地使用权的,转让房地产时,按照出让合同约定进行投资开发,属于房屋建设工程的,完成开发投资总额的25%以上。据此本题A选项正确。该法第32条规定:“房地产转让、抵押时,房屋的所有权和该房屋占用范围内的土地使用权同时转让、抵押。”所以B选项错误。根据该法第43条的规定,以出让方式取得土地使用权的,转让房地产后,其土地使用权的使用年限为原土地使用权出让合同约定的使用年限减去原土地使用者已经使用年限后的剩余年限。根据《城镇国有土地使用权出让和转让暂行条例》第12条的规定,居住用地的最高使用年限为70年。本题中华天公司已经取得使用权3年,所以圣达公司的土地使用权年限不可能为70年。据此,C选项错误。根据《城市房地产管理法》第44条的规定,以出让方式取得土地使用权的,转让房地产后,受让人改变原土地使用权出让合同约定的土地用途的,必须取得原出让方和市、县人民政府城市规划行政主管部门的同意。据此,本题D选项也是错误的。

(4)CD。考查土地权属和用途的变更的程序。根据《土地管理法》第12条的规定,土地的所有权和使用权的登记,依照有关不动产登记的法律、行政法规执行。依法登记的土地的所有权和使用权受法律保护,任何单位和个人不得侵犯。由此可见,本题CD选项是正确的。

# 第六章　劳　动　法

一、1. C。考查劳务派遣的基本规则。法律依据为《劳动合同法》第57条、第58条。劳务派遣单位应当与被派遣劳动者订立2年以上的固定期限劳动合同,按月支付劳动报酬。

2. B。考查劳动合同履行过程中商业秘密的保护规则。根据《劳动合同法》第23条的规定可知,A选项正确,而B选项错误。根据该法第24条的规定可知,CD选项符合法律规定。

3. D。本题的关键在于对“委托”的理解。根据《劳动合同法实施条例》第4条的规定,《劳动合同法》规定的用人单位设立的分支机构,依法取得营业执照或者登记证书的,可以作为用人单位与劳动者订立劳动合同;未依法取得营业执照或者登记证书的,受用人单位委托可以与劳动者订立劳动合同。故ABC选项正确,D选项错误。

4. D。根据《劳动合同法》第23条、第24条的规定,A选项中的甲为普通工人,并不属于竞业限制的人员范围,故A选项错误。B选项中乙属于竞业限制的人员范围，但其有权要求解约后的经济补偿，故B选项错误。C选项中丙属于竞业限制的人员范围，但是公司要求其永远不得泄露秘密违背了竞业限制期限最长不得超过2年的限制，故C选项错误。根据《劳动合同法》第24条的规定，D选项中赵某不属于竞业限制人员的范围，有权予以拒绝，故D选项正确当选。

5. D。根据《劳动合同法》第26条的规定，下列劳动合同无效或者部分无效：(1)以欺诈、胁迫的手段或者乘人之危，使对方在违背真实意思的情况下订立或者变更劳动合同的；(2)用人单位免除自己的法定责任、排除劳动者权利的；(3)违反法律、行政法规强制性规定的。对劳动合同的无效或者部分无效有争议的，由劳动争议仲裁机构或者人民法院确认。ABC选项无效。根据《劳动合同法》第17条规定，试用期条款是任意条款，缺少不会导致合同无效。D选项有效。

6. B。根据《劳动合同法》第44条的规定，劳动合同期满的，劳动合同终止。根据第45条的规定，劳动合同期满，有《劳动合同法》第42条规定情形之一的，劳动合同应当续延至相应的情形消失时终止。因此，本题中王某病愈出院时合同终止。

7. C。根据《劳动合同法》第38条的规定，ABD选项正确。劳动者在试用期内提前3日通知用人单位，可以解除劳动合同。故C选项错误。

8. B。本题主要考查《劳动合同法》中劳动合同签订的相关规定。

《劳动合同法实施条例》第6条第1款规定："用人单位自用工之日起超过一个月不满一年未与劳动者订立书面劳动合同的，应当依照劳动合同法第八十二条的规定向劳动者每月支付两倍的工资，并与劳动者补订书面劳动合同；劳动者不与用人单位订立书面劳动合同的，用人单位应当书面通知劳动者终止劳动关系，并依照劳动合同法第四十七条的规定支付经济补偿。"

根据题干，元某2018年1月5日进入妙姿公司工作，2019年1月2日离职，用工时间超过一个月但不满一年。由于元某不与妙姿公司签订劳动合同，妙姿公司应当书面通知元某终止劳动关系，并按规定支付经济补偿。尽管妙姿公司未书面通知解除劳动关系，但在一年内劳动关系已经终止，符合上述法律规定，故妙姿公司需依据《劳动合同法》第47条支付经济补偿，但无须另行支付2倍工资。

综上所述，本题应选B选项。

9. C。本题主要考查《劳动合同法》服务期的相关规定。

《劳动合同法》第22条第1款和第2款规定："用人单位为劳动者提供专项培训费用，对其进行专业技术培训的，可以与该劳动者订立协议，约定服务期。劳动者违反服务期约定的，应当按照约定向用人单位支付违约金。违约金的数额不得超过用人单位提供的培训费用。用人单位要求劳动者支付的违约金不得超过服务期尚未履行部分所应分摊的培训费用。"乙公司开支的培训费用为15万元，乙要求甲支付的违约金不得超过15万元，故B选项错误。

根据上述规定，若甲2016年辞职，5年产生15万元培训费，分摊每年3万元培训费，剩余4年服务期甲尚未履行，则乙公司要求甲支付的违约金不超过12万元，故A选项错误。

《劳动合同法》第35条规定："用人单位与劳动者协商一致，可以变更劳动合同约定的内容。变更劳动合同，应当采用书面形式。变更后的劳动合同文本由用人单位和劳动者各执一份。"因此甲只要与乙公司达成一致约定即可以进行岗位调整，故D选项错误。

《劳动合同法》第38条规定："用人单位有下列情形之一的，劳动者可以解除劳动合同：(一)未按照劳动合同约定提供劳动保护或者劳动条件的；(二)未及时足额支付劳动报酬的……"若乙公司未及时足额支付劳动报酬，甲享有法定解除权，其行使解除权的行为不属于违约，无须支付违约金，故C选项正确。

综上，本题正确答案为C选项。

10. D。本题主要考察《劳动合同法》劳务派遣的相关规定。

《劳动合同法》第64条规定："被派遣劳动者有权在劳务派遣单位或者用工单位依法参加或者组织工会，维护自身的合法权益。"题干中，山南公司为劳务派遣单位，海北公司为用工单位，杨某有权在山南公司或海北公司单位依法参加工会。故A选项正确。

《劳动合同法》第60条第1款规定："劳务派遣单位应当将劳务派遣协议的内容告知被派遣劳动者。"可知，山南公司应当将劳务派遣协议的内容告知杨某，故B选项正确。

《劳动合同法》第63条规定："被派遣劳动者享有与用工单位的劳动者同工同酬的权利……"故C选项正确。

《劳动合同法》第62条第2款规定："用工单位不得将被派遣劳动者再派遣到其他用人单位。"据此，海北公司不得将杨某再派遣到其他单位，故D选项错误。

**二、**1. ACD。考查有服务期约定的劳动合同的解除。A选项的情形属于《劳动合同法》第38条规定的情形，劳动者有权解除合同，故不属于违约行为，A选项正确当选。B选项的情形没有区分兼职的情形，一概而论，故B选项错误，不当选。C选项属于违约行为，故C选项正确当选。D选项的情形属于用人单位的欺诈行为，依据《劳动合同法》第26条第1款的规定，下列劳动合同无效或者部分无效：以欺诈、胁迫的手段或者乘人之危，使对方在违背真实意思的情况下订立或者变更劳动合同的……结合《劳动合同法》第38条第1款第5项的规定,D选项正确当选。

2. BCD。考查劳动合同的解除和劳动者权利的保护。依据为《劳动合同法》第9条、第84条。A选项不属于劳动者随时解除劳动合同的法定情形。

3. BD。考查劳动合同的解除和经济补偿规则。结合《劳动合同法》第46条第4项规定和第41条第1款规定可知,用人单位经济性裁员,需要向劳动者支付经济性补偿,故A选项错误。根据《劳动合同法》第41条第2款的规定,B选项正确。C选项的情形属于用人单位单方解除劳动合同(过失性辞退)的情形,不受该法第42条规定的禁止解除合同的限制(《劳动合同法》第42条仅适用于第40条无过失性辞退和第41条经济性裁员的情形),故C选项错误。根据《劳动合同法》第38条的规定,D选项的说法正确当选。

4. ABD。考查劳务派遣。A选项正确,法律依据为《劳动合同法》第57条第2款,经营劳务派遣业务,应当向劳动行政部门依法申请行政许可;经许可的,依法办理相应的公司登记。未经许可,任何单位和个人不得经营劳务派遣业务。B选项正确,法律依据为《劳动合同法》第58条、第59条的规定。C选项错误,根据《劳动合同法》第66条的规定,临时性工作岗位是指存续时间不超过6个月的岗位。除此之外还有辅助性工作岗位和替代性工作岗位,而这两类岗位没有存续时间的规定。D选项正确,法律依据为《劳动合同法》第67条,用人单位不得设立劳务派遣单位向本单位或者所属单位派遣劳动者。

5. ACD。法律依据为《劳动合同法》第68~72条。

6. AD。考查女职工权益保护的特别规定。A选项正确,法律依据为《女职工劳动保护特别规定》第5条的规定,用人单位不得因女职工怀孕、生育、哺乳降低其工资、予以辞退、与其解除劳动或者聘用合同。BC选项错误,法律依据为《女职工劳动保护特别规定》第6条第1款、第2款的规定,女职工在孕期不能适应原劳动的,用人单位应当根据医疗机构的证明,予以减轻劳动量或者安排其他能够适应的劳动。对怀孕7个月以上的女职工,用人单位不得延长劳动时间或者安排夜班劳动,并应当在劳动时间内安排一定的休息时间。怀孕不足7个月的没有这一待遇。D选项正确,法律依据为《女职工劳动保护特别规定》第8条的规定,未参加生育保险的女职工仍然享有产假期间的生育津贴,由用人单位按照女职工产假前工资的标准支付。

7. ABD。考查一裁终局的劳动争议案件的范围。法律依据为《劳动争议调解仲裁法》第47条的规定。根据该规定,C选项追索劳动报酬的争议如果标的较小,不超过当地月最低工资标准12个月金额的,属于一裁终局的范畴,标的较大的追索劳动报酬的争议不符合第47条的规定,不属于一裁终局的案件。

8. BCD。考查劳动争议解决程序。法律依据为《劳动争议调解仲裁法》第41条的规定,当事人申请劳动争议仲裁后,可以自行和解。达成和解协议的,可以撤回仲裁申请。可见,A选项不正确。《劳动争议调解仲裁法》第42条规定:“仲裁庭在作出裁决前,应当先行调解。调解达成协议的,仲裁庭应当制作调解书。调解书应当写明仲裁请求和当事人协议的结果。调解书由仲裁员签名,加盖劳动争议仲裁委员会印章,送达双方当事人。调解书经双方当事人签收后,发生法律效力。调解不成或者调解书送达前,一方当事人反悔的,仲裁庭应当及时作出裁决。”可见,BCD选项均正确。

9. ABC。《劳动合同法实施条例》第3条、第5条、第10条、第13条为依据。

三、1. 考查劳动合同的订立和解除。

(1)CD。《劳动合同法》第9条规定:“用人单位招用劳动者,不得扣押劳动者的居民身份证和其他证件,不得要求劳动者提供担保或者以其他名义向劳动者收取财物。”根据《劳动合同法》第84条第2款规定,用人单位违反本法规定,以担保或者其他名义向劳动者收取财物的,由劳动行政部门责令限期退还劳动者本人,并以每人500元以上2000元以下的标准处以罚款;给劳动者造成损害的,应当承担赔偿责任。所以CD选项正确。

(2)C。根据《劳动合同法》第38条的规定,用人单位未依法为劳动者缴纳社会保险费的,劳动者可以解除劳动合同。况且,天天饭店不仅未为郭某缴纳社会保险,在试用期和工资问题上也有违法行为。

(3)ABCD。根据《劳动法》第77条第1款的规定,用人单位与劳动者发生劳动争议,当事人可以依法申请调解、仲裁、提起诉讼,也可以协商解决。由此可见,本题的正确选项应为ABCD选项。

2. 考查经济性裁员的法律后果和程序。

(1)AD。法律依据为《劳动合同法》第41条第1款。

(2)ABC。法律依据为《劳动合同法》第41、46条。

(3)BCD。法律依据为《劳动合同法》第42条。

## 第七章　社会保障法

一、1. D。考查失业保险。法律依据为《社会保险法》第45条。该条列举了3种领取失业保险金的人员,与ABC选项对应。只有D选项不受该条调整。

2. C。考查生育保险。法律依据为《社会保险法》第54~56条。女职工生育享受产假和享受计划生育手术产假时，享受生育津贴。怀孕期间不享受津贴。

3. D。考查社会保险费的缴纳。根据《社会保险法》第58条第1款的规定，A选项错误，应为用工之日起。根据《社会保险法》第60条第1款的规定，C选项错误，不可抗力方可缓缴、减免。B选项错误，不是都自愿。D选项符合《社会保险法》第60条第2款规定，正确。

4. B。考查社会保险基金的运行。根据《社会保险法》第65条第2款的规定，A选项错误。根据该法第69条的规定，B选项正确，C选项错误。D选项错误，《社会保险法》第70条只规定定期公布，并未规定每半年公布。

二、1. ACD。考查用人单位的社会保险责任。

A选项正确。依据为《实施〈中华人民共和国社会保险法〉若干规定》第19条，用人单位在终止或者解除劳动合同时拒不向职工出具终止或者解除劳动关系证明，导致职工无法享受社会保险待遇的，用人单位应当依法承担赔偿责任。

B选项错误。此情形下用人单位不得要求职工承担滞纳金。依据为《实施〈中华人民共和国社会保险法〉若干规定》第20条的规定，职工应当缴纳的社会保险费由用人单位代扣代缴。用人单位未依法代扣代缴的，由社会保险费征收机构责令用人单位限期代缴，并自欠缴之日起向用人单位按日加收万分之五的滞纳金。用人单位不得要求职工承担滞纳金。

C选项正确。根据《实施〈中华人民共和国社会保险法〉若干规定》第21条的规定，用人单位因不可抗力造成生产经营出现严重困难的，经省级人民政府社会保险行政部门批准后，可以暂缓缴纳一定期限的社会保险费，期限一般不超过1年。暂缓缴费期间，免收滞纳金。到期后，用人单位应当缴纳相应的社会保险费。

D选项正确。根据《实施〈中华人民共和国社会保险法〉若干规定》第24条的规定，用人单位未按月将缴纳社会保险费的明细情况告知职工本人的，由社会保险行政部门责令改正；逾期不改的，按照《劳动保障监察条例》第30条的规定处理。

2. BCD。考查养老保险的基本规则。法律依据为《社会保险法》第10条、第11条、第14条。A选项错在多出了“国家”这一主体。只有职工与用人单位是共同缴纳基本养老保险费的主体。

3. AB。考查社保基金的缴纳。法律依据为《社会保险法》第15条第2款、第16条第2款、第20条第2款、第21条。

4. AD。考查医疗保险费用中由国家负责的部分。政府补贴的对象包括题中AD选项即低保人员和低收入家庭的未成年人。法律依据为《社会保险法》第25条第3款。

5. AB。考查医疗保险基金支付的排除情形。法律依据为《工伤保险条例》第14条和《社会保险法》第30条。AB选项不用医疗保险基金支付。C选项可用医疗保险基金支付。

《社会保险法》第28条规定：“符合基本医疗保险药品目录、诊疗项目、医疗服务设施标准以及急诊、抢救的医疗费用，按照国家规定从基本医疗保险基金中支付。”故D选项属于医疗保险基金支付范围。

6. ABCD。考查工伤保险的基本规则。法律依据为《社会保险法》第33条、第34条第2款、第36条第1款、第37条。

7. AB。考查社会保险基金的支付项目。法律依据为《社会保险法》第38条、第39条。

8. ACD。考查工伤保险。法律依据为《社会保险法》第41～43条。B选项错在用人单位不支付的，不是责令用人单位支付，而是从工伤保险基金中先行支付。

9. CD。涉及2018年《社会保险法》的修改，依据为《社会保险法》第64条第1款中的“各项社会保险基金按照社会保险险种分别建账，分账核算，执行国家统一的会计制度”修改为“除基本医疗保险基金与生育保险基金合并建账及核算外，其他各项社会保险基金按照社会保险险种分别建账，分账核算。社会保险基金执行国家统一的会计制度”。《社会保险法》第66条规定：“……除基本医疗保险基金与生育保险基金预算合并编制外，其他社会保险基金预算按照社会保险项目分别编制。”

## 第八章　环境保护法

一、1. D。法律依据为《环境保护法》第15条第1款和第2款的规定，国务院环境保护主管部门制定国家环境质量标准。省、自治区、直辖市人民政府对国家环境质量标准中未作规定的项目，可以制定地方环境质量标准；对国家环境质量标准中已作规定的项目，可以制定严于国家环境质量标准的地方环境质量标准。地方环境质量标准应当报国务院环境保护主管部门备案。

2. C。法律依据为《环境保护法》第25条的规定，企业事业单位和其他生产经营者违反法律法规规定排放污染物，造成或者可能造成严重污染的，县级以上人民政府环境保护主管部门和其他负有环境保护监督管理职责的部门，可以查封、扣押造成污染物排放的设施、设备。

3. B。《环境保护法》第54条第3款规定，县级以上地方人民政府环境保护主管部门和其他负有环境保护监督管理职责的部门，应当将企业事业单位和其他生产经营者的环境违法信息记入社会诚信档案，及时向社会公布违法者名单。

4. B。考查环境污染赔偿责任纠纷的解决程序。根据《环境保护法》第57条的规定，公民、法人和其他组织发现任何单位和个人有污染环境和破坏生态行为的,有权向环境保护主管部门或者其他负有环境保护监督管理职责的部门举报。公民、法人和其他组织发现地方各级人民政府、县级以上人民政府环境保护主管部门和其他负有环境保护监督管理职责的部门不依法履行职责的,有权向其上级机关或者监察机关举报。接受举报的机关应当对举报人的相关信息予以保密,保护举报人的合法权益。

请求环境保护部门进行处理不是必经程序。据此,CD项的表述是不符合法律规定的。根据全国人大常委会法制工作委员会《关于正确理解和执行〈环境保护法〉第四十一条第二款的答复》,对环保部门处理决定不服提起的诉讼是民事诉讼,不是行政诉讼,所以B选项正确。

5. B。考查环境污染排放标准的制定。根据《环境保护法》第16条的规定,国务院环境保护主管部门根据国家环境质量标准和国家经济、技术条件,制定国家污染物排放标准。省、自治区、直辖市人民政府对国家污染物排放标准中未作规定的项目,可以制定地方污染物排放标准;对国家污染物排放标准中已作规定的项目,可以制定严于国家污染物排放标准的地方污染物排放标准。地方污染物排放标准应当报国务院环境保护主管部门备案。由此可见,本题中B选项的说法不正确,所以选B。

二、1. BCD。《环境保护法》第41条规定:"建设项目中防治污染的设施,应当与主体工程同时设计、同时施工、同时投产使用。防治污染的设施应当符合经批准的环境影响评价文件的要求,不得擅自拆除或者闲置。"

2. ABCD。《环境保护法》第21条规定:"国家采取财政、税收、价格、政府采购等方面的政策和措施,鼓励和支持环境保护技术装备、资源综合利用和环境服务等环境保护产业的发展。"

3. BCD。法律依据为《环境保护法》第53条第1款的规定,公民、法人和其他组织依法享有获取环境信息、参与和监督环境保护的权利。

4. BC。考查环境影响评价制度。A选项错误,B选项正确。只有建设对环境有影响的项目,才依法进行环境影响评价。法律依据为《环境保护法》第19条的规定,编制有关开发利用规划,建设对环境有影响的项目,应当依法进行环境影响评价。未依法进行环境影响评价的开发利用规划,不得组织实施;未依法进行环境影响评价的建设项目,不得开工建设。C选项正确。法律依据为《环境保护法》第44条第2款的规定,对超过国家重点污染物排放总量控制指标或者未完成国家确定的环境质量目标的地区,省级以上人民政府环境保护主管部门应当暂停审批其新增重点污染物排放总量的建设项目环境影响评价文件。D选项错误。环境影响报告书的公开如果涉及国家秘密和商业秘密的事项则不公开。法律依据为《环境保护法》第56条第2款的规定,负责审批建设项目环境影响评价文件的部门在收到建设项目环境影响报告书后,除涉及国家秘密和商业秘密的事项外,应当全文公开;发现建设项目未充分征求公众意见的,应当责成建设单位征求公众意见。

5. ABCD。考查环境信息的发布制度。法律依据为《环境保护法》第54条的规定,国务院环境保护主管部门统一发布国家环境质量、重点污染源监测信息及其他重大环境信息。省级以上人民政府环境保护主管部门定期发布环境状况公报。县级以上人民政府环境保护主管部门和其他负有环境保护监督管理职责的部门,应当依法公开环境质量、环境监测、突发环境事件以及环境行政许可、行政处罚、排污费的征收和使用情况等信息。县级以上地方人民政府环境保护主管部门和其他负有环境保护监督管理职责的部门,应当将企业事业单位和其他生产经营者的环境违法信息记入社会诚信档案,及时向社会公布违法者名单。

6. BC。考查环境公益诉讼的组织。法律依据为《环境保护法》第58条的规定,对污染环境、破坏生态,损害社会公共利益的行为,符合下列条件的社会组织可以向人民法院提起诉讼:(1)依法在设区的市级以上人民政府民政部门登记;(2)专门从事环境保护公益活动连续5年以上且无违法记录。符合前款规定的社会组织向人民法院提起诉讼,人民法院应当依法受理。提起诉讼的社会组织不得通过诉讼牟取经济利益。故公益诉讼不得由个人提起,也不得向受益者收取费用。

7. BC。考查重点污染物排放总量控制制度。A选项错在重点污染物排放总量指标由国务院下达,D选项错在对于企业事业单位和其他生产经营者超过污染物排放标准或者超过重点污染物排放总量控制指标排放污染物的,县级以上人民政府环境保护主管部门也可以责令其采取限制生产、停产整治等措施。法律依据为《环境保护法》第44条的规定,国家实行重点污染物排放总量控制制度。重点污染物排放总量控制指标由国务院下达,省、自治区、直辖市人民政府分解落实。企业事业单位在执行国家和地方污染物排放标准的同时,应当遵守分解落实到本单位的重点污染物排放总量控制指标。对超过国家重点污染物排放总量控制指标或者未完成国家确定的环境质量目标的地区,省级以上人民政府环境保护主管部门应当暂停审批其新增重点污染物排放总量的建设项目环境影响评价文件。《环境保护法》第60条规定:"企业事业单位和其他生产经营者超过污染物排放标准或者超过重点污染物排放总量控制指标排放污染物的,县级以上人民政府环境保护主管部门可以责令其采取限制生产、停产整治等措施;情节严重的,报经有批准权的人民政府批准,责令停业、关闭。”

8. ABD。C选项错在该种情形应当没有拒不改正的要求。考查企事业单位和生产经营者环境违法行为的法律责任。法律依据为《环境保护法》第63条的规定,企业事业单位和其他生产经营者有下列行为之一,尚不构成犯罪的,除依照有关法律法规规定予以处罚外,由县级以上人民政府环境保护主管部门或者其他有关部门将案件移送公安机关,对其直接负责的主管人员和其他直接责任人员,处10日以上15日以下拘留;情节较轻的,处5日以上10日以下拘留:(1)建设项目未依法进行环境影响评价,被责令停止建设,拒不执行的;(2)违反法律规定,未取得排污许可证排放污染物,被责令停止排污,拒不执行的;(3)通过暗管、渗井、渗坑、灌注或者篡改、伪造监测数据,或者不正常运行防治污染设施等逃避监管的方式违法排放污染物的;(4)生产、使用国家明令禁止生产、使用的农药,被责令改正,拒不改正的。

9. ABCD。考查环保部门的法律责任。法律依据为《环境保护法》第68条的规定,地方各级人民政府、县级以上人民政府环境保护主管部门和其他负有环境保护监督管理职责的部门有下列行为之一的,对直接负责的主管人员和其他直接责任人员给予记过、记大过或者降级处分;造成严重后果的,给予撤职或者开除处分,其主要负责人应当引咎辞职:(1)不符合行政许可条件准予行政许可的;(2)对环境违法行为进行包庇的;(3)依法应当作出责令停业、关闭的决定而未作出的;(4)对超标排放污染物、采用逃避监管的方式排放污染物、造成环境事故以及不落实生态保护措施造成生态破坏等行为,发现或者接到举报未及时查处的;(5)违反《环境保护法》规定,查封、扣押企业事业单位和其他生产经营者的设施、设备的;(6)篡改、伪造或者指使篡改、伪造监测数据的;(7)应当依法公开环境信息而未公开的;(8)将征收的排污费截留、挤占或者挪作他用的;(9)法律法规规定的其他违法行为。

10. AC。考查排污单位的行政责任。A选项正确,依据为《环境保护法》第59条的规定:“企业事业单位和其他生产经营者违法排放污染物,受到罚款处罚,被责令改正,拒不改正的,依法作出处罚决定的行政机关可以自责令改正之日的次日起,按照原处罚数额按日连续处罚。前款规定的罚款处罚,依照有关法律法规按照防治污染设施的运行成本、违法行为造成的直接损失或者违法所得等因素确定的规定执行。地方性法规可以根据环境保护的实际需要,增加第一款规定的按日连续处罚的违法行为的种类。”

B选项错误。该情形下采取责令停业、关闭措施须经有批准权的人民政府批准方可采用。依据为《环境保护法》第60条的规定,企业事业单位和其他生产经营者超过污染物排放标准或者超过重点污染物排放总量控制指标排放污染物的,县级以上人民政府环境保护主管部门可以责令其采取限制生产、停产整治等措施;情节严重的,报经有批准权的人民政府批准,责令停业、关闭。

C选项正确。依据为《环境保护法》第61条的规定,建设单位未依法提交建设项目环境影响评价文件或者环境影响评价文件未经批准,擅自开工建设的,由负有环境保护监督管理职责的部门责令停止建设,处以罚款,并可以责令恢复原状。

D选项错误。取得排污许可证的不适用于该情形,依据为《环境保护法》第63条的规定,企业事业单位和其他生产经营者有下列行为之一,尚不构成犯罪的,除依照有关法律法规规定予以处罚外,由县级以上人民政府环境保护主管部门或者其他有关部门将案件移送公安机关,对其直接负责的主管人员和其他直接责任人员,处10日以上15日以下拘留;情节较轻的,处5日以上10日以下拘留:(1)建设项目未依法进行环境影响评价,被责令停止建设,拒不执行的;(2)违反法律规定,未取得排污许可证排放污染物,被责令停止排污,拒不执行的;(3)通过暗管、渗井、渗坑、灌注或者篡改、伪造监测数据,或者不正常运行防治污染设施等逃避监管的方式违法排放污染物的;(4)生产、使用国家明令禁止生产、使用的农药,被责令改正,拒不改正的。

11. AB。AB选项正确,《环境影响评价法》第19条规定:“建设单位可以委托技术单位对其建设项目开展环境影响评价,编制建设项目环境影响报告书、环境影响报告表;建设单位具备环境影响评价技术能力的,可以自行对其建设项目开展环境影响评价,编制建设项目环境影响报告书、环境影响报告表。编制建设项目环境影响报告书、环境影响报告表应当遵守国家有关环境影响评价标准、技术规范等规定。国务院生态环境主管部门应当制定建设项目环境影响报告书、环境影响报告表编制的能力建设指南和监管办法。接受委托为建设单位编制建设项目环境影响报告书、环境影响报告表的技术单位,不得与负责审批建设项目环境影响报告书、环境影响报告表的生态环境主管部门或者其他有关审批部门存在任何利益关系。”

CD选项错误,《环境影响评价法》第20条规定:“建设单位应当对建设项目环境影响报告书、环境影响报告表的内容和结论负责,接受委托编制建设项目环境影响报告书、环境影响报告表的技术单位对其编制的建设项目环境影响报告书、环境影响报告表承担相应责任。设区的市级以上人民政府生态环境主管部门应当加强对建设项目环境影响报告书、环境影响报告表编制单位的监督管理和质量考核。负责审批建设项目环境影响报告书、环境影响报告表的生态环境主管部门应当将编制单位、编制主持人和主要编制人员的相关违法信息记入社会诚信档案,并纳入全国信用信息共享平台和国家企业信用信息公示系统向社会公布。任何单位和个人不得为建设单位指定编制建设项目环境影响报告书、环境影响报告表的技术单位。”

三、考查建设项目环境保护管理制度。

(1)B。法律依据为《环境保护法》第19条的规定,编制有关开发利用规划,建设对环境有影响的项目,应当依法进行环境影响评价。未依法进行环境影响评价的开发利用规划,不得组织实施;未依法进行环境影响评价的建设项目,不得开工建设。由此可见,本题的正确选项应为B选项。

(2)ABC。法律依据为《环境保护法》第41条的规定,建设项目中防治污染的设施,应当与主体工程同时设计、同时施工、同时投产使用。防治污染的设施应当符合经批准的环境影响评价文件的要求,不得擅自拆除或者闲置。由此可见,新造纸厂开工建设过程中应注意ABC三个选项所规定的内容。

## 第九章　自然资源法

1. ACD。考查矿业权的出让合同和转让合同的解除。

A选项正确,B选项错误。B选项漏掉了限期改正环节,因而错误。根据最高人民法院《关于审理矿业权纠纷案件适用法律若干问题的解释》第4条的规定,出让人未按照出让合同的约定移交勘查作业区或者矿区、颁发矿产资源勘查许可证或者采矿许可证,受让人请求解除出让合同的,人民法院应予支持。受让人勘查开采矿产资源未达到自然资源主管部门批准的矿山地质环境保护与土地复垦方案要求,在自然资源主管部门规定的期限内拒不改正,或者因违反法律法规被吊销矿产资源勘查许可证、采矿许可证,或者未按照出让合同的约定支付矿业权出让价款,出让人解除出让合同的,人民法院应予支持。

C选项正确。根据最高人民法院《关于审理矿业权纠纷案件适用法律若干问题的解释》第8条的规定,矿业权转让合同依法成立后,转让人无正当理由拒不履行报批义务,受让人请求解除合同、返还已付转让款及利息,并由转让人承担违约责任的,人民法院应予支持。

D选项正确。根据最高人民法院《关于审理矿业权纠纷案件适用法律若干问题的解释》第11条的规定,矿业权转让合同依法成立后、自然资源主管部门批准前,矿业权人又将矿业权转让给第三人并经自然资源主管部门批准、登记,受让人请求解除转让合同、返还已付转让款及利息,并由矿业权人承担违约责任的,人民法院应予支持。

2. BD。考查矿业权出让和转让合同的效力认定。

A选项说法错误,法律并无限期改正的规定。根据最高人民法院《关于审理矿业权纠纷案件适用法律若干问题的解释》第5条的规定,未取得矿产资源勘查许可证、采矿许可证,签订合同将矿产资源交由他人勘查开采的,人民法院应依法认定合同无效。

B选项正确。根据最高人民法院《关于审理矿业权纠纷案件适用法律若干问题的解释》第6条的规定,矿业权转让合同自依法成立之日起具有法律约束力。矿业权转让申请未经自然资源主管部门批准,受让人请求转让人办理矿业权变更登记手续的,人民法院不予支持。当事人仅以矿业权转让申请未经自然资源主管部门批准为由请求确认转让合同无效的,人民法院不予支持。

C选项错误。根据最高人民法院《关于审理矿业权纠纷案件适用法律若干问题的解释》第7条的规定,矿业权转让合同依法成立后,在不具有法定无效情形下,受让人请求转让人履行报批义务或者转让人请求受让人履行协助报批义务的,人民法院应予支持,但法律上或者事实上不具备履行条件的除外。人民法院可以依据案件事实和受让人的请求,判决受让人代为办理报批手续,转让人应当履行协助义务,并承担由此产生的费用。

D选项正确。根据最高人民法院《关于审理矿业权纠纷案件适用法律若干问题的解释》第9条的规定,矿业权转让合同约定受让人支付全部或者部分转让款后办理报批手续,转让人在办理报批手续前请求受让人先履行付款义务的,人民法院应予支持,但受让人有确切证据证明存在转让人将同一矿业权转让给第三人、矿业权人将被兼并重组等符合《民法典》第527条规定情形的除外。

3. ABC。考查矿产资源权利的转让。

A选项正确,依据为《矿产资源法》第3条第1款的规定,矿产资源属于国家所有,由国务院行使国家对矿产资源的所有权。地表或者地下的矿产资源的国家所有权,不因其所依附的土地的所有权或者使用权的不同而改变。

B选项正确。依据为《矿产资源法》第4条的规定,国家保障依法设立的矿山企业开采矿产资源的合法权益。国有矿山企业是开采矿产资源的主体。国家保障国有矿业经济的巩固和发展。

C选项正确。依据为《矿产资源法》第5条的规定,国家实行探矿权、采矿权有偿取得的制度;但是,国家对探矿权、采矿权有偿取得的费用,可以根据不同情况规定予以减缴、免缴。具体办法和实施步骤由国务院规定。开采矿产资源,必须按照国家有关规定缴纳资源税和资源补偿费。

D选项错误。依据为《矿产资源法》第6条第3款的规定,禁止将探矿权、采矿权倒卖牟利。

# 2025年

## 国家统一法律职业资格考试

# 应知应会 5000客观题解

国际法·国际私法·国际经济法

法律考试中心/组编

法律出版社
LAW PRESS·CHINA
北京

# 目　　录

## 国　际　法


第一章　导论 …………………………………… ( 1 )
第二章　国际法的主体与国际法律责任 …… ( 2 )
第三章　国际法上的空间划分 ……………… ( 4 )
第四章　国际法上的居民 …………………… ( 6 )
第五章　外交关系法与领事关系法 ………… ( 8 )
第六章　条约法 ……………………………… ( 11 )
第七章　国际争端的和平解决 ……………… ( 13 )
第八章　战争与武装冲突法 ………………… ( 14 )
**参考答案及解析** ……………………………… ( 16 )
第一章　导论 ………………………………… ( 16 )
第二章　国际法的主体与国际法律责任…… ( 16 )
第三章　国际法上的空间划分 …………… ( 18 )
第四章　国际法上的居民 ………………… ( 20 )
第五章　外交关系法与领事关系法 ……… ( 21 )
第六章　条约法 …………………………… ( 23 )
第七章　国际争端的和平解决 …………… ( 25 )
第八章　战争与武装冲突法 ……………… ( 26 )


## 国 际 私 法


第一章　国际私法概述 ……………………… ( 28 )
第二章　国际私法的主体 …………………… ( 29 )
第三章　法律冲突、冲突规范和准据法 ……… ( 31 )
第四章　适用冲突规范的制度 ……………… ( 32 )
第五章　国际民商事关系的法律适用 ……… ( 33 )
第六章　国际民商事争议的解决 …………… ( 38 )
第七章　区际法律问题 ……………………… ( 40 )
**参考答案及解析** ……………………………… ( 42 )
第一章　国际私法概述 …………………… ( 42 )
第二章　国际私法的主体 ………………… ( 42 )
第三章　法律冲突、冲突规范和准据法 …… ( 44 )
第四章　适用冲突规范的制度 …………… ( 44 )
第五章　国际民商事关系的法律适用 …… ( 45 )
第六章　国际民商事争议的解决 ………… ( 49 )
第七章　区际法律问题 …………………… ( 52 )


## 国际经济法


第一章　导论 ………………………………… ( 54 )
第二章　国际货物买卖 ……………………… ( 54 )
第三章　国际货物运输与保险 ……………… ( 56 )
第四章　国际贸易支付 ……………………… ( 60 )
第五章　对外贸易管理制度 ………………… ( 63 )
第六章　世界贸易组织 ……………………… ( 65 )
第七章　国际经济法领域的其他法律制度…… ( 66 )
**参考答案及解析** ……………………………… ( 70 )
第一章　导论 ……………………………… ( 70 )
第二章　国际货物买卖 …………………… ( 70 )
第三章　国际货物运输与保险 …………… ( 72 )
第四章　国际贸易支付 …………………… ( 75 )
第五章　对外贸易管理制度 ……………… ( 77 )
第六章　世界贸易组织 …………………… ( 78 )
第七章　国际经济法领域的其他法律
　　　　制度 ………………………………… ( 79 )

# 第一章 导 论*

**一、单项选择题,每题所给的选项中只有一个正确答案。**

1. 甲乙两国签署了贸易、通商等若干双边协定,乙国新《对外贸易管理法》出现了与两国条约不符的条款。依国际法相关规则及中国的有关规定,下列哪一选项是正确的?( )

A. 只要乙国新《对外贸易管理法》符合乙国的立法程序,就无须承担国家责任

B. 如两国的贸易双边协定的作准文本用语分歧,则该协定无效

C. 如乙国分立为两国,则分立的两国必须与甲国重新签署界河协定

D. 乙国分立为两国后,分立的两国应继承原乙国与他国的界河协定

2. 甲乙两国是邻国。乙国新一届政府决定在境内部署进攻性武器,甲国认为乙国行为对甲国构成威胁,于是向乙国境内发射导弹,将乙国一处正在修建的导弹发射装置摧毁。对于此行为,根据 1974 年联合国《关于侵略定义的决议》,下列哪一选项是正确的?( )

A. 甲国的行为构成侵略,因为甲国以另一国的领土为对象使用武器

B. 乙国的行为构成侵略,因为乙国部署了威胁甲国的进攻性武器

C. 甲国的行为构成国际法上的自卫

D. 甲国为了维护自身主权,可以将乙国正在修建的导弹发射装置摧毁

3. 下列关于国际习惯的说法正确的是?( )

A. 国际习惯是一国长期形成的做法的总称

B. 在现代国际法中,国际习惯已被国际条约取代

C. 国际习惯、国际惯例与通例是可以相互替代的

D. 国际习惯形成的证据,可见之于国家的对外文件、国内外司法判决、国际组织的决议等

**二、多项选择题,每题所给的选项中有两个或两个以上正确答案,少答或多答均不得分。**

1. 甲国新政府于某年上台,推行新的经济政策和外交政策,在国内外引起强烈反应。乙国议会通过议案,谴责甲国的政策,并要求乙国政府采取措施,支持甲国的和平反政府运动;同时,乙国记者玛丽也撰写了批评甲国政策的文章在丙国报纸上发表。依国际法的相关原则,下列哪项是正确的?( )

A. 丙国发表反甲国政策的文章涉嫌违反国际法

B. 乙国记者玛丽的行为并不违反国际法

C. 乙国议会的法案一旦被执行就涉嫌违反国际法

D. 甲国新政府推行的外交政策在国内外引起强烈反应,因此不属于内政

2. 下列涉及国际法的表述哪些是正确的?( )

A. 国际法院的判例是国际法的主要渊源

B. 国际法的强制力是各国依国际法通过单独或集体合作的方式实现和保障的

C. 国际法的强制力是通过国际刑警组织系统保障的

D. 各国的涉外民事法律适用规则均不是国际法的一部分

3. 根据 1974 年联合国大会通过的《关于侵略定义的决议》,下列选项中哪些属于侵略行为?( )

A. 乙国认为邻国修建的导弹发射装置对自身构成威胁,而向邻国境内发射导弹将该装置摧毁

B. 联合国维和部队依规定在一国驻扎

C. 甲国武装部队在海上攻击另一国的军舰

D. 甲国认为乙国的海军威胁甲国海上运输,而封锁乙国的港口和海岸

4. 关于国际法在中国国内的适用问题,下列表述哪些是正确的?( )

A. 凡条约规定与国内法规定不一致时,均应优先适用条约规定

B. 在民商事范围内,中国缔结的条约与国内法有不同规定的部分,条约优先直接适用,声明保留的除外

C. 对于条约在国内的适用问题,目前我国《宪法》尚未作出统一明确的规定

D. 条约规定与国内法规定不一致时,由最高人民法院作出裁定,确定应适用的法律

---

* 本章答案参见第 16 页。

# 第二章　国际法的主体与国际法律责任*

**一、单项选择题，每题所给的选项中只有一个正确答案。**

1. 甲国政府与乙国 Aier 公司在乙国订立了一份合同，在合同履行过程中出现纠纷。Aier 公司以甲国政府没按合同支付有关款项为由诉至乙国法院，甲国政府派代表向法院阐述了甲国坚持的绝对豁免主义立场。如乙国采取相对豁免主义，依国际法相关规则和实践，下列哪项是正确的？（　　）

A. 甲国政府订立合同的行为属于商业活动，构成对国家豁免权的放弃

B. 甲国政府派代表向法院作出说明的事实不意味着甲国已放弃国家豁免权

C. 甲国在其他案件上曾接受过乙国法院的管辖意味着乙国法院在此案中也可管辖

D. 甲国要求乙国宣布乙国法院作出的缺席判决无效，表明甲国此前已接受了乙国法院的管辖

2. 甲国与乙国相邻，为谋求共同发展，多年来，两国间签署了若干个双边条约。后甲国分立为东甲、西甲两国。现问，如果所涉各方之间尚没有新的相关协议达成，那么根据国际法中有关国家继承的规则，对于东甲、西甲两国，下列哪一项条约不予继承？（　　）

A. 甲、乙两国间的大陆架划界条约

B. 甲、乙两国界河航行使用协定

C. 甲、乙两国和平友好共同防御条约

D. 甲、乙两国关于界湖水资源灌溉分配协定

3. 联合国驻联合国会员国 A 国的某机构于 2010 年以联合国的名义与 A 国政府签订协议，购买了一批设备。后双方产生纠纷。依有关国际法规则，下列哪项是正确的？（　　）

A. 由于联合国组织属于政治性国际组织，故上述购买行为自始无效

B. 联合国驻 A 国某机构的购买行为属于该机构权利能力的范围

C. 上述行为应视为联合国所有会员国的共同行为

D. 联合国能就该项纠纷向国际法院提起针对 A 国的诉讼

4. 甲国人阿里在甲国侵吞了乙国某公司大量的资产，为逃避刑事处罚潜逃至丁国，在潜逃中阿里曾对丙国船舶实施了海盗行为。设甲乙丙丁 4 国间无司法协助方面的多边或双边协议。依国际法相关规则，下列哪一选项是正确的？（　　）

A. 丁国无权拿捕阿里并独自对阿里进行审判

B. 乙国对阿里有权实施保护性管辖，因此，丁国有义务将阿里引渡给乙国

C. 甲国不可以派警察到丁国将阿里缉拿归案

D. 阿里对丙国的船舶实施了海盗行为，因此，丁国有义务将阿里引渡给丙国

5. 甲国是一个新成立的国家。甲国成立后，乙国代表在某会议上与甲国代表有非官方接触，丁国与甲国签署了同盟友好条约，甲国在丙国首都设立了留学咨询服务机构，戊国与甲国共同参加了某项贸易规则的多边谈判会议。根据国际法的有关规则，上述哪个国家的行为构成对甲国的正式承认？（　　）

A. 戊国　　　　B. 乙国

C. 丙国　　　　D. 丁国

6. 悬挂甲国国旗的核动力商船在乙国港口停泊时发生核泄漏，污染了乙国港口。甲乙两国均为《关于核损害的民事责任的维也纳公约》及《核动力船舶经营人责任公约》的缔约国。依上述公约，下列哪个选项是正确的？（　　）

A. 首先应由甲国承担赔偿责任，不足部分由核动力商船所有人承担

B. 船运公司应承担核泄漏给乙国港口造成污染的全部赔偿责任

C. 甲国应承担全部的赔付责任

D. 甲国有义务保证在船运公司赔付乙国的同时，在船运公司赔偿不足的情况下，对规定的限额进行赔偿

7. 甲团体是 X 国反政府一方，与 X 国政府已发生全面武力敌对行动，内战状态已经形成。甲团体已经控制了 X 国领土的相当大部分，且对控制的部分实施了有效管理，并且遵守了国际法的相关规则。下列说法哪项是正确的？（　　）

A. 其他国家为了维护自身利益，可以承认甲团体为交战团体

B. 其他国家的任何承认行为都是违反国际法不干涉内政原则的

C. 其他国家对甲团体的承认改变了甲团体的性质

D. 其他国家不论承认甲团体为交战团体还是叛乱团体都是一种法律承认

---

* 本章答案参见第 16 页。

8. 甲国的一非政府组织租用的航天器在外空过失与乙国的卫星相碰撞，并造成乙国卫星的损坏，依相关外空责任制度的规定，下列哪个选项是正确的？(　　)

A. 应由甲国承担对乙国卫星造成损害的赔偿责任

B. 应由该非政府团体直接承担赔偿责任

C. 应由该非政府团体和甲国分别承担赔偿责任

D. 应由非政府团体与甲国承担连带赔偿责任

**二、多项选择题，每题所给的选项中有两个或两个以上正确答案，少答或多答均不得分。**

1. 甲国发生未遂军事政变，政变头目哈维逃到乙国。甲国法院缺席判决哈维 15 年有期徒刑。甲乙两国之间没有相关的任何特别协议。根据国际法有关规则，下列哪些选项是正确的？(　　)

A. 甲国为执行判决，可派出军队进入乙国捉拿哈维

B. 乙国可以给予哈维庇护

C. 乙国没有给予哈维庇护的一般义务

D. 甲国法院的判决生效后，乙国有义务将哈维逮捕并移交甲国

2. 根据 1967 年《关于各国探索和利用包括月球和其他天体在内外层空间活动的原则条约》(以下简称《外空条约》)和 1972 年《外空物体所造成损害之国际责任公约》(以下简称《责任公约》)的规定，下列说法正确的是哪几项？(　　)

A. 发射国对自身发射的空间实体对地面造成的损害，应当负绝对责任，失败发射不包括在其中

B. 发射国对自身发射的空间实体对发射国国民造成的损害，也适用《责任公约》

C. 发射国发射的空间实体在地球表面之外的地方对另一国或第三国的空间实体的损害，由发生过失的实体发射国单独或共同承担损害赔偿的过失责任

D. 发射国对自身发射的空间实体，包括政府部门和非政府部门发射的实体，造成的损害都应承担相应的责任

3. 甲乙两国的卫星相撞，造成乙国卫星坠落，乙国卫星的碎片又在丙国境内与正在飞行的丙国民航飞机相撞并使飞机坠落。同时坠落的卫星碎片又造成了丙国地面人员及财产的损害。甲乙丙 3 国均为相关公约的参加国。依外空法的有关制度，下列哪些表述是正确的？(　　)

A. 对于两个卫星之间的相撞，甲乙两国应承担绝对责任

B. 甲乙两国对卫星碎片造成的丙国飞机的损害应承担绝对责任

C. 对于卫星碎片造成的丙国地面人员及财产的损害，甲乙两国应承担绝对责任

D. 甲乙两国对卫星碎片造成的丙国人员及财产的损害应承担过失责任

4. 联合国是当今世界最普遍和最重要的国际组织。根据《联合国宪章》，下列哪些判断是正确的？(　　)

A. 联合国大会是联合国立法机构，联合国大会通过的所有决议对于会员国都具有拘束力

B. 联合国大会虽然不是联合国的立法机构，但根据宪章的规定，联合国大会通过的某些决议对于会员国是具有法律拘束力的

C. 安理会是联合国的六大机构之一，安理会对于任何事项的表决，都适用“大国一致原则”进行

D. 安理会在对秘书长人选的推荐进行表决时，适用“大国一致原则”

5. 甲国因领海海域海盗猖獗向联合国安理会请求国际社会在打击海盗上予以协助。安理会通过了他国军舰可进入甲国领海打击海盗活动的决议。乙国军舰在甲国附近公海登临一疑为海盗的船只时，因该船置之不理而使用了武力，造成了该船的损失。后查明该船并非海盗船。依国际法的相关规则，下列选项正确的有哪些？(　　)

A. 尽管有决议，外国军舰进入甲国领海仍然属于侵略行为

B. 安理会的决议并不能使外国军舰进入他国领海打击海盗成为国际习惯法

C. 军舰在公海有合理根据认为某船从事海洋法公约所列不法情况时，有登船检查的权利

D. 乙国应对乙国军舰对被临检船造成的损失承担赔偿责任

6. 甲国人汤姆和马约尔在甲国侵吞了乙国某公司大量的资产，事发后马约尔潜逃至公海时，对丙国船舶实施了海盗行为，最后逃至丁国。汤姆在甲国逃跑时持枪向路人射击，造成包括乙国驻甲国参赞在内的数人死亡，甲国警方迅速赶到并将拒捕的汤姆击毙。假设甲乙丙丁 4 国间无引渡协议，依国际法相关规则，下列哪些选项是正确的？(　　)

A. 因甲国警方没能阻止汤姆的枪击，甲国应对乙国参赞的死亡承担连带责任

B. 基于保护性管辖，乙国有权派员到公海将逃往公海的马约尔缉拿

C. 甲国对最后逃至丁国的马约尔具有属人管辖权，可通过司法协助将马约尔缉拿归案

D. 尽管马约尔对丙国的船舶实施了海盗行为，丁国也无义务将马约尔引渡给丙国

7. 甲国分立为甲乙两国后，涉及国家继承的问题。对此，下列说法中正确的是哪几项？(　　)

A. 政治性条约，如同盟条约、友好条约、共同防御条约等，一般是继承的

B. 国家债务继承的范围包括国债和地方债

C. 对外国法人或自然人所负之债不属于国家继

承的范围

D. 国家财产一般随领土的转移而从被继承国转属至继承国，所以动产和不动产都是以所处的地理位置为依据而被继承的

# 第三章　国际法上的空间划分*

**一、单项选择题，每题所给的选项中只有一个正确答案。**

1. 甲国为沿海国，乙国为群岛国，甲国在宣布的专属经济区水域某暗礁上修建了一人工岛。乙国主张对新发现的距乙国群岛水域200海里以外的礁石享有主权。依《联合国海洋法公约》，下列哪一选项是正确的？(　　)

A. 乙国有权在甲国的大陆架上铺设电缆和管道，但线路的划定须经甲国同意

B. 乙国可以宣布新发现的礁石周边为乙国专属经济区

C. 乙国在划定群岛水域后，则不能再划定专属经济区

D. 甲国无权在宣布的专属经济区内的暗礁上修建人工岛屿

2. 甲国在专属经济区某暗礁上修建了一座人工岛屿，并修建了灯塔。甲国军舰在领海巡航时，发现乙国一油轮在甲国领海排污，随即要求乙国油轮停船检查，但乙国油轮拒不停船，驶过甲国专属经济区后，向公海驶去。依《联合国海洋法公约》，下列哪一选项是正确的？(　　)

A. 甲国对该人工岛屿拥有领土主权

B. 甲国无权在该暗礁上修建人工岛屿和灯塔

C. 只要甲国军舰连续不断即可紧追乙国油轮至公海

D. 乙国油轮驶入了丙国领海，只要连续不断，甲国军舰可继续紧追乙国油轮

3. 赛拉西油田位于跨越甲乙两国边界的底土中，两国之间没有相关协议，两国均为联合国成员国。依国际法规则和国际实践，对油田归属与开发，下列哪一选项是正确的？(　　)

A. 赛拉西油田位于两国各自底土中的部分由甲乙两国各自分别所有

B. 赛拉西油田属于甲乙两国的共有物，任何一国无权单独进行勘探和开采

C. 赛拉西油田的开发应由联合国托管理事会负责监督

D. 一国开发油田的收益须与另一国分享

4. 甲国籍渔船在乙国专属经济区进行捕鱼作业时，乙国海上执法船赶来制止，并将甲国籍渔船带回乙国港口。甲乙两国均是《联合国海洋法公约》的缔约国，且两国之间无其他相关的协议。依国际法的有关规则，下列哪一选项是正确的？(　　)

A. 乙国有义务迅速通知甲国将甲国籍渔船带回乙国港口一事

B. 渔船为甲国国籍，乙国执法船不能对该渔船行使管辖

C. 如甲国籍渔船未能向乙国有关部门及时提交适当担保，则乙国有权对该船船长和船员处以监禁

D. 专属经济区是乙国的领海，因此，乙国执法船有权行使管辖权

5. 甲乙两国是邻国，甲国曾多次出动空军非法轰炸乙国境内的军事目标。某日，一甲国民航机因天气原因偏离航线，误入乙国境内。甲乙两国均为国际民航组织的成员国。甲乙之间没有双边的航空或航线协定。下列哪项是正确的？(　　)

A. 乙国有权要求该民航机立即离开乙国的领空

B. 在该民航机载客不明的情况下，乙国有权对该民航机使用武器，将该民航机击落

C. 乙国无权要求位于乙国境内的该民航机在指定安全地点降落

D. 该民航机在顾及安全的情况下可自行飞入乙国领空

6. 甲乙两国是邻国，甲国是沿海国，现丙国的货轮、乙国的科考船拟通过甲国的领海，丁国的飞机需要飞越甲国领海上空。依《联合国海洋法公约》的有关规定及国际习惯法，下列哪项是正确的？(　　)

A. 丙国的货轮可以无害通过甲国领海

B. 丁国的飞机可以无害通过甲国领海

C. 乙国的科考船为了进行科研项目可不经甲国允许即对甲国领海的水质进行取样

D. 甲国可对无害通过沿海国领海的该外国船舶扣押以进行民事诉讼

7. 添附是国际法中获得领土的一种方式，下列哪种情况构成国际法中的领土添附？(　　)

A. 沿海国在沿海进行围海造田工程

B. 在界河一侧进行人工填河使领土扩展

C. 在公海上的珊瑚礁上进行人工建设使珊瑚礁

* 本章答案参见第18页。

浮出水面

D. 在公海中人工建设岛屿

8. 甲乙丙3国是沿海国，丁国是内陆国，甲乙丙3国均为《联合国海洋法公约》的成员国。下列关于领海中的无害通过制度的说法中正确的是哪项？(　　)

A. 丁国是内陆国，因此没有无害通过甲国领海的权利

B. 乙国船舶在通过甲国领海时取水样进行科考，并不违反无害通过制度

C. 若丙国船舶在甲国领海内捕鱼，丙国的通过即为损害甲国的和平、良好秩序或安全

D. 只要发现有犯罪行为，甲国即可对无害通过本国领海的船舶上的外国船员行使刑事管辖权

9. 依照中国法律、司法解释和国际相关法，下列选项正确的是？(　　)

A. 联合国某专门机构在中国专属经济区开展海洋科考，无须经中国主管机关批准

B. 丙国军用飞机非经中国政府批准或接受，不得进入中国毗连区上空

C. 甲国潜艇通过中国毗连区须在海面航行，并展示甲国旗帜

D. 乙国渔民在中国大陆架非法捕捞并杀害濒危海龟，依照中国刑法追究刑事责任

**二、多项选择题，每题所给的选项中有两个或两个以上正确答案，少答或多答均不得分。**

1. 乘坐甲国航空公司航班的乙国公民在飞机进入丙国领空后劫持并杀害丙国公民，被机组人员制服后交丙国警方羁押。甲、乙、丙3国均为1963年《关于在航空器内的犯罪和其他某些行为的公约》(以下简称《东京公约》)、1970年《关于制止非法劫持航空器的公约》(以下简称《海牙公约》)及1971年《关于制止危害民用航空安全的非法行为的公约》(以下简称《蒙特利尔公约》)的缔约国。据此，下列哪些选项是正确的？(　　)

A. 犯罪发生在丙国领空，丙国有管辖权

B. 犯罪嫌疑人为乙国公民，乙国有管辖权

C. 劫机发生在甲国航空器上，仅甲国有管辖权

D. 甲国、乙国、丙国对本案均有管辖权

2. 甲国船东挂巴拿马旗的“Terli”轮在乙国港口停泊时，两位非乙国国籍船员在船舱内发生了斗殴。依国际法相关规则和实践，下列判断哪些是正确的？(　　)

A. 如两船员请求，乙国会依请求对该事件进行管辖

B. 如“Terli”轮船长请求，乙国通常会对该事件进行管辖

C. 如斗殴只涉及两船员个人财产问题，乙国通常不行使管辖权

D. 如巴拿马驻乙国领事请求，乙国通常会对该事件进行管辖

3. 甲乙两国是邻国，甲国是沿海国，乙国是内陆国，两国之间有一条界河。依国际法相关规则，下列哪些选项构成现代国际法中合法的领土添附？(　　)

A. 甲国在甲乙两国之间的界河中进行人工填河使领土扩展

B. 甲国的一河流由于泥沙较多，每年给河口增加1万平方公里的土地

C. 乙国在公海中通过人工建设而成的人工岛屿

D. 甲国在沿海进行围海造田工程

4. 甲河是多国河流，乙河是国际河流。依国际法相关规则，下列哪些选项是正确的？(　　)

A. 对甲河的航行、使用、管理等事项，一般都应由有关国家协议解决

B. 甲河上游国家可进行改道工程，以解决自身缺水问题

C. 所有国家的商船均可在乙河无害航行

D. 乙河属于人类共同的财产

5. 由于气候变暖，北极成了各国争夺的目标。甲国在北冰洋底插上了一面甲国国旗。依相关国际法，下列选项哪些是正确的？(　　)

A. 甲国在北极插国旗的行为并不改变北极的法律地位

B. 北极应属于北冰洋沿岸国共有

C. 北极上的北冰洋应为公海

D. 甲国可依先占原则取得对北极的主权

6. 甲国某民航飞机在乙国领空飞行时被乙国公民加西亚等4人劫持，后乙国将加西亚等4人控制，甲国提出引渡请求，但被乙国拒绝。甲、乙两国均为3个国际民航安全公约的缔约国，但两国之间无引渡条约。依相关国际法规则，下列哪些说法是正确的？(　　)

A. 乙国无义务将加西亚等4人引渡到甲国

B. 如果乙国不引渡，则应当在乙国对加西亚等4人进行刑事审判

C. 甲国对此没有管辖权，因为劫持未发生在甲国领空

D. 国际刑事法院可对加西亚等4人行使管辖权，因为本案属国际犯罪

7. “萨力”轮是甲国的货轮，“精灵”是乙国的科考船，“万里行”是丙国的油轮，“Derha”是丁国的捕鱼船。依《联合国海洋法公约》的规定，这些船舶在他国领海通过时的哪些行为构成有害行为？(　　)

A. “萨力”轮无害通过他国领海时，违反沿海国有关规定卸载了部分商品

B. “精灵”科考船无害通过他国领海时，自行决定起落了直升机

C. “万里行”通过他国领海时，发生原油泄漏并严

重污染了沿海国海域

D. "Derha"捕鱼船在无害通过另一国领海时，进行了捕鱼活动

8. 甲国有超过200海里的大陆架，乙国拟铺设海底电缆和管道通过甲国的大陆架。依国际法相关规定，下列哪些选项是正确的？（　　）

A. 甲国200海里大陆架的上覆水域即为甲国专属经济区

B. 甲国必须宣布才有专属经济区

C. 乙国有权在甲国的大陆架上铺设电缆和管道，但线路的划定须经甲国同意

D. 甲国的大陆架可以从领海基线量起达350海里

9. 甲国在加入《南极条约》前，曾对南极某区域提出过领土要求。乙国在成为《南极条约》缔约国后，在南极建立了常年考察站。丙国加入《南极条约》后，准备在南极大规模开发旅游项目。依《南极条约》和相关制度，下列哪些判断是正确的？（　　）

A. 甲国加入该条约不意味着甲国放弃了对南极的领土要求

B. 甲国成为条约缔约国，表明了其他缔约国对甲国主张南极领土权利的确认

C. 乙国在南极建立了常年考察站，构成了对南极地区提出领土主张的支持和证据

D. 丙国旅游开发不得对南极环境系统造成破坏

# 第四章　国际法上的居民*

**一、单项选择题，每题所给的选项中只有一个正确答案。**

1. 中国公民钱大壮与日本公民广末凉子结婚，婚后定居南京，并育有一女钱娇娇。依我国《国籍法》，下列哪一选项是正确的？（　　）

A. 如钱大壮为南京市人民检察院检察官，则钱大壮不得申请退出中国国籍

B. 如广末凉子申请中国国籍并获批准，经批准可再保留日本国籍

C. 如钱娇娇出生于日本，则不具有中国国籍

D. 如钱大壮与广末凉子定居于美国，钱娇娇出生后同时取得美国与中国国籍

2. 中国籍人李红出国多年后定居甲国（但未入甲国籍），后与甲国一男子结婚并生有一女，取名希瑞。李红回江苏老家省亲，住在亲属家。甲国称李红在甲国参与毒品交易等犯罪活动，向中国提出了引渡的要求，两国之间无引渡条约。依中国的《国籍法》《出境入境管理法》《引渡法》及相关国际法规则，下列哪一选项是正确的？（　　）

A. 依《国籍法》，希瑞可同时拥有中国国籍与甲国国籍

B. 李红回中国时住在亲属杨可家，需要去派出所办理住宿登记

C. 如依中国法律和甲国法律李红均构成犯罪，即可准予引渡

D. 因李红是中国人，中国应当拒绝引渡

3. 中国公民李丽与甲国公民山姆于2015年结婚后定居甲国并在该国生有一女，取名乔安娜。关于乔安娜的国籍，下列哪一选项是正确的？（　　）

A. 因乔安娜的母亲具有中国籍，故乔安娜在任何情况下均可取得中国国籍

B. 乔安娜可同时拥有中国国籍与甲国国籍

C. 乔安娜出生时是否具有甲国国籍，应由甲国法确定

D. 乔安娜如出生时即具有甲国国籍，将终生无法获得中国国籍

4. 甲国民航客机在途经乙国时遭丙国人阿里的劫持，飞机被迫在乙国降落。阿里逃脱时伤及两名乙国特警，并逃往丁国，最终被丁国警方缉拿。甲乙丙3国均向丁国提出了引渡要求。假设甲乙丙丁4国没有引渡条约，依相关国际规则，下列哪一选项是正确的？（　　）

A. 甲国作为飞机的登记国，有要求引渡的优先权

B. 因阿里伤及两名乙国特警，乙国可派警员赴丁国将阿里抓捕

C. 因阿里是丙国人，丁国有义务将阿里引渡至丙国

D. 丁国如不引渡而在本国境内起诉阿里也是符合国际法的

5. 甲国人迪亚来上海进行商务谈判并进行考察。迪亚在中国工作之余骑自行车误撞了一位老人，受害人提起了赔偿诉讼。依据中国《出境入境管理法》的规定，下列哪项是正确的？（　　）

A. 如迪亚在中国的友人家留宿，也应在入住后24小时内向居住地的公安机关办理登记

B. 只要迪亚误撞老人涉诉，中国边检就有权阻止

* 本章答案参见第20页。

迪亚出境

C. 如迪亚在中国商务考察后，认为较有工作前途，则可直接留下工作

D. 如迪亚申请取得了在中国的永久居留权，则之后再申请入境签证时可优先

6. 甲国公民刘易斯在中国居留期间被甲国刑事追诉，甲国向中国提出引渡刘易斯的请求，中国和甲国间无引渡条约。依相关规则，下列选项正确的是哪项？(　　)

A. 如甲国的引渡请求所指的犯罪纯属军事犯罪，则中国可决定是否拒绝引渡

B. 依中国法，引渡请求所指的犯罪纯属军事犯罪的，中国应当拒绝引渡

C. 由于刘易斯健康原因，依人道主义原则不宜引渡的，中国应当拒绝引渡

D. 甲国引渡请求所指的行为只要依甲国法律构成犯罪，中国即应准予引渡

7. 外交保护或外交保护权是指一国国民在外国受到不法侵害且依该外国法律程序得不到救济时，该国民国籍国可以通过外交方式要求该外国进行救济或承担责任，以保护国民或国家的权益。下列关于外交保护的说法正确的是哪项？(　　)

A. 甲国国民丁某在乙国受到当地歹徒的抢劫，甲国可直接对丁某进行外交保护

B. 甲国国民史密斯在乙国受到侵害，他同时具有乙国的国籍，甲国不能对史密斯进行外交保护

C. 甲国国民约翰受到乙国不法侵害后，无须在乙国国内寻求司法或行政方面的救济，甲国可以直接提起外交保护

D. 国家的外交保护权只能应公民的请求而行使

8. 甲国公民拉希德正在办理向乙国移民的手续。其间，拉希德去丙国旅游，因旅游中的纠纷被丙国人打成重伤，拉希德报警，但当地警察拒绝出警。依国际法有关规则，下列哪项是正确的？(　　)

A. 只要拉希德在丙国受到了侵害，丙国就需要负国家责任

B. 拉希德为取得民事赔偿，可诉诸丙国司法机关

C. 如拉希德希望获得外交保护，则必须由拉希德首先提出请求

D. 如拉希德受重伤时取得了乙国国籍，则应由乙国对拉希德进行外交保护

9. 中国人李纳移民并定居加拿大，后与加拿大一男子结婚并取得加拿大国籍，李纳回福建老家省亲，住在亲属李强家。依我国《国籍法》及《出境入境管理法》，下列哪项是正确的？(　　)

A. 因李纳并没有声明放弃中国国籍，故可以继续保留中国国籍

B. 如李纳申请恢复中国国籍并被批准，则不得再保留加拿大国籍

C. 李纳来中国省亲不需要签证，因为李纳是华裔

D. 如李纳住在了李强家，则无须向公安机关登记

10. 吉米是一名来北京大学留学的美国公民。依中国法律规定，下列哪一选项是正确的？(　　)

A. 吉米入境中国时，如出入境边防检查机关不准吉米入境，无须说明理由

B. 如吉米留学期间发现就业机会，则经北京大学批准可兼职工作

C. 吉米留学期间在同学家中短期借住，应在48小时内按规定向居住地的公安机关办理登记

D. 吉米若因盗窃罪被检察机关起诉，则不得出境

11. 甲国球星埃尔申请加入中国国籍。依中国《国籍法》，下列哪一选项是正确的？(　　)

A. 埃尔的申请一旦被批准，则今后不得申请退出中国国籍

B. 埃尔加入中国国籍的申请由中国外交部审批

C. 埃尔加入中国国籍后，可以保留甲国国籍

D. 埃尔在申请被批准前与中国女子在广州所生的儿子具有中国国籍

**二、多项选择题，每题所给的选项中有两个或两个以上正确答案，少答或多答均不得分。**

1. 甲国公民查尔斯读书期间曾在中国某大学交流半年，并认识了中国学生小严。现查尔斯申请来中国旅游，关于查尔斯在中国出入境和居留期间的管理，下列哪几项符合《出境入境管理法》？(　　)

A. 如查尔斯入境后在小严家住宿，应当在入住后48小时内由本人向居住地的公安机关办理登记

B. 查尔斯在小严家住宿后，也可由小严在24小时内向居住地的公安机关办理登记

C. 经小严介绍，查尔斯到小严友人的公司兼职担任技术指导

D. 查尔斯在入境后发生未了结的民事案件，法院决定查尔斯不准出境的，中国边检有权阻止查尔斯出境

2. 甲国公民利奥于2014年在甲国因走私被警方追查而逃至乙国，于2015年在乙国故意杀人又逃至中国。乙国于2015年向中国提出引渡请求，中乙两国间无引渡条约。依相关国际法及中国的规定，下列哪些选项是正确的？(　　)

A. 乙国应向中国公安部门提出引渡请求

B. 如乙国不作出互惠承诺，则我国将不会接受乙国引渡申请

C. 应由最高人民法院指定的高级人民法院对乙国提出的引渡请求进行审查并作出裁定

D. 如乙国将利奥引渡回本国，则在任何情况下都不得再将利奥转引

3. 刘娜是定居美国的中国公民，因在深圳有生意，

2013年2月赴深圳购房。在中国一次商务用餐时，因朋友与他人争议，刘娜帮助友人却误伤了他人，该人将刘娜诉诸中国某法院。依我国相关法律规定，下列哪些选项是正确的？（ ）

A. 刘娜回中国无须办理签证

B. 因刘娜是中国公民，故需持身份证才能办理所购房产的房产登记

C. 刘娜购房后可凭护照办理所购房产的登记手续

D. 若刘娜在中国某法院的案件未了结，则不准出境

4. 甲国人玛丽在浦东机场入境时被检查人员发现有非法入境的嫌疑。依中国相关规定，下列哪些选项是符合规定的？（ ）

A. 检查人员只能对玛丽进行当场盘问，不能对玛丽进行拘留审查

B. 如检查人员需要拘留审查玛丽，则应在24小时内进行询问

C. 拘留审查玛丽的期限一般不超过30日

D. 如发现不应当拘留审查玛丽，则应当立即解除拘留审查

5. 甲国公民马克就职于乙国的一公司，因长期在乙国工作，故在乙国某大城市购买了一处商住两用房。马克就职的公司欲以低于市场价的价格租用马克的商住两用房，但马克拒绝。该公司遂强行占用该房，纠纷中马克还被打伤。依国际法中的有关规则，下列救济方式哪些是正确的？（ ）

A. 马克应向乙国提出外交保护请求

B. 马克可以将此事诉诸乙国法院

C. 马克应向甲国驻乙国的外交团提出外交保护的请求

D. 如乙国法院拒绝司法，则甲国可对马克行使外交保护权

6. 亨利为来华学习法律的外国留学生。依《出境入境管理法》的规定，下列哪些选项是不违反规定的？（ ）

A. 亨利在假期到丽江旅游

B. 亨利到朋友在中国的办事处担任兼职秘书

C. 亨利参与勤工助学计划，担任辅导员助理

D. 亨利因学习优秀取得留学生奖学金

# 第五章 外交关系法与领事关系法*

**一、单项选择题，每题所给的选项中只有一个正确答案。**

1. 甲国为了举办世界博览会将乙国使馆及大使官邸、丙国领馆纳入了征用规划范围。3国均为《维也纳外交关系公约》和《维也纳领事关系公约》缔约国。依相关国际法规则，下列哪一选项是正确的？（ ）

A. 甲国征用乙国使馆是为举办世界博览会，如乙国使馆拒不搬迁，则可对乙国使馆强制征用

B. 大使官邸即使不在使馆办公区内，也不得对该建筑采取强制征用搬迁措施

C. 只要进行了补偿，甲国即可征用丙国领馆

D. 领馆馆舍在任何情况下均应免受任何方式的征用

2. 甲国暴发某种恶性传染病。甲国驻乙国大使的官邸据报发现疑似患者。乙国卫生防疫人员为此赶到该官邸外做好处理患者的准备工作。甲乙两国均为《维也纳外交关系公约》的缔约国，且没有其他的相关协定。依公约的规定，下列哪项是正确的？（ ）

A. 只要患者不是大使本人，乙国防疫人员即可进入官邸进行调查和处理工作

B. 如未得到甲国大使的明确同意，乙国防疫人员不得进入官邸进行调查和处理工作

C. 由于官邸位于城市居民区，乙国防疫人员可立即进入官邸调查处理患者

D. 只要甲国大使没有明确反对，乙国防疫人员即可进入官邸进行调查和处理工作

3. 汤姆和乔纳森是甲国驻乙国的领事官员，汤姆某日在公寓外目睹乔纳森驾车将一路人撞死，但乔纳森未下车救人，而是加速逃逸。死亡路人家属向乙国法院起诉乔纳森，要求赔偿。甲、乙两国都是《维也纳领事关系公约》的缔约国，且两国之间没有其他双边的涉及外交和领事特权与豁免方面的协定。关于本案的管辖和作证，根据相关国际法规则，下面哪项判断是正确的？（ ）

A. 乔纳森作为领事官员，享有管辖的豁免权

B. 汤姆作为领事官员，虽然免除作证义务，但甲国同意汤姆出庭作证时，汤姆应出庭作证

C. 汤姆就该交通事故不得拒绝作证，但如汤姆拒绝，乙国法院也不得对汤姆施以强制或处罚

D. 乙国法院可以依照本国法强制汤姆出庭作证或予以处罚

4. 甲国派赛德赴任驻乙国的甲国使馆，担任行政

---

* 本章答案参见第21页。

人员，丽萨是赛德妻子，小阿里是他们12岁的儿子，3人均具有甲国国籍。关于甲国使馆及赛德一家的特权和豁免，依相关国际法规则，下列哪一选项是正确的？（　　）

A. 丽萨和小阿里享有与赛德相同的特权与豁免

B. 在赛德从甲国进入乙国赴任时，行李免受海关查验

C. 当甲乙两国发生武装冲突时，乙国可以查封、扣押甲国使馆的档案

D. 当甲国使馆发生火灾时，乙国消防人员可不经馆长同意而进入甲国使馆救火

5. 甲乙两国发生了武装冲突，导致两国关系非常紧张，甲国使馆的公务用品在进入乙国时被要求交税，乙国媒体报出甲国的使馆从事了对乙国不利的间谍活动，乙国民众为此在馆外游行并要求查处。依相关国际法规则，下列哪一选项是正确的？（　　）

A. 乙国警察可不经馆长许可即进入甲国使馆，以检查是否有间谍活动

B. 因两国发生了武装冲突，乙国官员可进入甲国使馆，检查使馆档案和文件

C. 使馆公务用品进入乙国时应依法缴纳关税

D. 甲国使馆非经乙国同意，不得装置并使用无线电发报机

6. 哈维是甲国派驻乙国的商务参赞，在乙国任职期间，下列哪项判断是正确的？（　　）

A. 哈维可向乙国的某政党捐款支持该政党议员竞选

B. 哈维无权参加驻在国某政治组织举行的反政府的集会

C. 哈维有权在业余时间在乙国经营一家自己的商店

D. 如果哈维不幸去世，哈维家属应享有的特权与豁免即终止

7. 莱斯为甲国驻乙国使馆的二等秘书，科尔为丙国驻乙国使馆的随员。科尔目击了莱斯与他人争执并将对方杀死的事件。甲乙丙3国都是《维也纳外交关系公约》的缔约国，且3国之间没有其他涉及外交和领事特权与豁免方面的协定。根据国际法规则，下列判断哪项是正确的？（　　）

A. 如甲国表示放弃莱斯的管辖豁免，则乙国可对莱斯提起刑事诉讼

B. 如科尔本人表示愿意出庭作证，则乙国即可以带科尔到法庭作证，无论使馆是否同意

C. 乙国要求甲国放弃莱斯的豁免，如甲国没有答复，则可以推定甲国已经同意放弃，从而可以对莱斯提起刑事诉讼

D. 甲国放弃莱斯管辖豁免的表示必须经过莱斯同意才有效

8. 甲乙两国为《维也纳外交关系公约》及《维也纳领事关系公约》的缔约国。依两公约的规定，下列哪一选项正确？（　　）

A. 乙国驻甲国总领事馆办公楼发生重大火灾，甲国消防部门在总领事馆反对的情况下，紧急进入办公楼灭火

B. 乙国驻甲国大使馆可对被甲国通缉的丙国人予以庇护

C. 甲国反恐部门掌握乙国驻甲国领事馆的邮袋藏有危险炸药的确凿证据，如乙国拒绝则甲国不能强行拆开该邮袋

D. 乙国宣布甲国外交人员为不受欢迎的人时，必须说明理由

**二、多项选择题，每题所给的选项中有两个或两个以上正确答案，少答或多答均不得分。**

1. 甲、乙两国均为《维也纳外交关系公约》缔约国，甲国拟向乙国派驻大使馆工作人员。其中，卡罗琳是馆长，麦肯锡是参赞，布莱克是甲国籍翻译且非乙国永久居留者。依该公约，下列哪些选项是正确的？（　　）

A. 甲国派遣卡罗琳前，需先征得乙国同意

B. 麦肯锡在履职期间杀害乙国公民，乙国司法机关不可对麦肯锡进行刑事审判与处罚

C. 布莱克与外交人员享有相同的特权与豁免

D. 如卡罗琳因车祸意外死亡，卡罗琳家属在卡罗琳死亡时丧失外交特权与豁免

2. 甲乙两国因边境争端发生冲突，甲国单方面暂时关闭了该国驻乙国使馆。布莱恩为乙国派往甲国的领事馆馆长。玛丽是甲国派驻乙国使馆的一秘，被乙国宣布为不受欢迎的人。依相关国际法规则，下列哪些选项是正确的？（　　）

A. 布莱恩在获甲国准许并被颁发领事证书后，即可开始领馆馆长职务

B. 乙国宣布玛丽为不受欢迎的人，须向甲国说明理由

C. 甲国关闭使馆应经乙国同意后方可实现

D. 如甲国不将被宣布为不受欢迎的人的玛丽召回或终止职务，则乙国可拒绝承认玛丽为甲国驻乙国使馆人员

3. 柯里为甲国驻乙国领馆的官员，吉姆为丙国驻乙国使馆的二等秘书。柯里周末出游在乙国首都开车时因违反交通规则撞伤一行人，又因紧张而对伤者未实施救助即逃逸，伤者死亡。吉姆目击了该事件。甲、乙、丙3国均为《维也纳外交关系公约》和《维也纳领事关系公约》的缔约国，且3国之间没有其他双边的涉及外交和领事特权与豁免方面的协定。依国际法规则，下列表述哪些是正确的？（　　）

A. 只有柯里表示放弃管辖豁免，乙国才可对柯里进行刑事诉讼

B. 只要吉姆本人表示愿意即可出庭作证，而无论丙国驻乙国使馆是否同意

C. 乙国可以对柯里提起刑事诉讼，尽管柯里享有外交豁免权

D. 乙国可以对柯里提起刑事诉讼，因为领事官员只有执行职务的行为才不受接受国的司法管辖

4. 甲国新独立，乙国是甲国邻国，在甲国宣布独立后数月，乙国与甲国建立了外交关系，虽然乙国没有明确承认甲国。甲国因人才尚缺乏，拟将富有外交经验的丙国公民斯潘赛作为甲国的领事派往乙国。依相关国际规则，下列哪些选项是正确的？（　　）

A. 甲乙两国建立外交关系即意味着两国同意建立领事关系，除非另有声明

B. 乙国与甲国建立外交关系属于对甲国的默示承认

C. 斯潘赛非甲国公民也非乙国公民，不能担任甲国驻乙国的领事

D. 斯潘赛担任甲国领事的委派必须得到乙国的明示同意

5. 马里奥为甲国派驻乙国领馆的领事官员，马里奥16岁的儿子加西亚正处于叛逆期，经常惹是生非，对同学有暴力倾向。依《维也纳领事关系公约》，下列哪几项是正确的？（　　）

A. 如加西亚在乙国有严重犯罪情形，可依法定程序予以逮捕或拘押

B. 如马里奥在乙国突然去世，则加西亚丧失相应的豁免

C. 如加西亚在乙国有违反治安法规的情形，应予以拘押

D. 马里奥执行职务的行为不受乙国的司法和行政管辖

6. 外交代表机构和领事机构之间存在紧密的联系，但它们之间也有重要的区别。关于国际法中的外交代表机构和领事机构的区别，下列表述中哪些是正确的？（　　）

A. 外交代表机构全面代表所属国家与接受国中央政府进行交往和交涉

B. 领事机构的职务限于辖区，而非接受国全境

C. 外交代表机构只在接受国首都的范围内行使职务

D. 外交代表机构与领事机构均属于国家对外关系的范畴，因此两者的特权和豁免基本相同

7. 根据《维也纳外交关系公约》的有关规定，下列关于使馆的外交特权及豁免的说法正确的有哪些？（　　）

A. 使馆馆舍不可侵犯，所以，即使使馆发生火灾，如果未得到使馆馆长允许，驻在国也不可进入使馆进行救援

B. 使馆的档案和文件不受侵犯，但仅限于两国关系友好时期；在战争时期，对使馆的档案和文件可以进行封存或检阅

C. 使馆享有通信自由，所以，驻在国不得干预使馆使用无线电发报机与派遣国进行联系

D. 使馆公务用品免纳全国性或地方性的各种捐税，包括关税在内

8. 甲乙两国发生了武装冲突，导致两国关系紧张。威利是甲国派往甲国驻乙国使馆的行政人员，其妻是乙国人，阿明是甲国派驻该使馆的技术人员。依相关国际法规则，下列说法中正确的是哪几项？（　　）

A. 威利的妻子不能享有外交人员享有的特权与豁免

B. 当甲国与乙国发生武装冲突时，乙国可以查封、扣押甲国使馆的档案

C. 威利和阿明从甲国进入乙国海关时，行李不能免受海关查验

D. 阿明驾车旅游时撞伤人，受害人诉诸当地法院，因阿明享有豁免权，法院不得受理

9. 里尔和加利是甲国派驻乙国的商务参赞，加利26岁的儿子艾烈特在乙国就读大学。两国均为《维也纳外交关系公约》的缔约国。依相关国际法规则，下列选项哪些是正确的？（　　）

A. 如里尔的任期届满，里尔的职务即终止

B. 艾烈特在超市偷窃被抓，他可以享有管辖的豁免

C. 加利在乙国的叔叔去世，在遗嘱言明将一栋位于乙国的楼房交由加利继承，但加利叔叔之子对此持有异议而诉诸法院，对此法院可管辖

D. 加利与使馆的另一位参赞因国内债务问题发生纠纷，加利试图将此纠纷诉诸乙国法院解决，对此法院可管辖

# 第六章　条　约　法*

**一、单项选择题，每题所给的选项中只有一个正确答案。**

1. 甲乙丙3国签订了一投资贸易条约，甲乙两国就相同的事项又签订了新条约，两公约先后作出了不同的规定。新条约以甲乙两国文字的文本作为准文本，以第三种文字的文本作为参考文本。条约生效后，两国发现3个文本的某些用语有分歧。依《维也纳条约法公约》的规定，下列关于该条约的说法哪一选项是正确的？（　　）

A. 在甲乙两国之间，旧约优先适用

B. 因甲乙两国新约的文本之间有分歧，该条约无效

C. 甲乙两国可任意选择对己方有利的文本解释适用新约

D. 条约的分歧应当依公约的目的及宗旨调和

2. 中国于2009年6月完成了一项条约的缔结谈判工作，该条约中的某些条款与中国国内法律的规定有冲突，该条约目前尚未生效。依《维也纳条约法公约》及我国《缔结条约程序法》，下列哪项是正确的？（　　）

A. 上述条约须经我国全国人大常委会批准

B. 由于该条约尚未生效，我国不得缔结该条约

C. 我国在缔结条约时，有义务对与我国法律冲突的条款作出保留

D. 我国在缔结条约时，有义务先行修改与该条约相冲突的我国法律

3. 甲、乙两国的全权代表对某条约的文本进行了草签。对于草签，下列表述中哪项是正确的？（　　）

A. 草签对全权代表所代表的国家具有法律约束力

B. 全权代表对条约约文已认证，但条约对草签国尚不具有法律约束力

C. 全权代表所代表的国家不得对约文提出异议

D. 全权代表所代表的国家可以对约文提出异议，但必须签署该约文使之具有法律效力

4. 甲乙丙丁等20国签订了一个条约，甲国对其中一条款提出了保留，乙国接受了该项保留，而丙国则反对该项保留。依《维也纳条约法公约》，下列关于条约保留的说法，正确的是哪项？（　　）

A. 该条约在甲乙国之间按照保留的范围生效

B. 甲国提出保留后，即受保留的约束，不得撤销

C. 在其他当事国之间，这项保留不影响条约的规定

D. 甲国的保留未得到丙国的同意，则该条约在两国之间必然不生效力

5. 甲乙丙3国都是一项多边条约的缔约国，如果甲国对该条约的某项条款提出了保留，乙丙均未提出保留，依《维也纳条约法公约》，下列哪项判断是正确的？（　　）

A. 如乙国接受该保留，则甲乙两国之间适用保留后的条约规定

B. 即使丙国反对该保留，在甲丙两国之间也应适用保留后的条约规定

C. 乙丙之间也应适用保留后的条约规定

D. 如乙国反对保留，而丙国接受保留，则乙丙之间该条约整体不再适用

6.《联合国国家及其财产管辖豁免公约》标志着国际社会在国家及其财产管辖豁免方面开始确立普遍性的统一规则。中国已签署了该公约，但中国全国人大常委会尚未批准。关于条约的缔结与签署及条约与国内法的关系，依《缔结条约程序法》及中国相关法律，下列哪项是正确的？（　　）

A. 外交部长参加条约谈判时无须出具全权证书

B. 因中国已签署了《联合国国家及其财产管辖豁免公约》，该公约对我国具有拘束力

C. 中国缔结或参加的国际条约与中国国内法有冲突的，均优先适用国际条约

D. 中国已签署《联合国国家及其财产管辖豁免公约》，即表明全国人大有义务批准该公约

7. 甲乙两国自愿经过谈判、签署和批准程序，缔结了一项条约。该条约内容包括：出于两国的共同利益，甲国将本国领土提供给乙国的军事力量使用，用来攻击并消灭丙国国内的某个种族。根据国际法，下列哪项说法是正确的？（　　）

A. 双方平等自愿缔约，满足条约成立的实质要件，因此，该条约是合法有效的

B. 条约经过了合法的缔结程序，因此，该条约是合法有效的

C. 如果该条约的上述内容得到丙国同意，则缔约行为的不法性可以排除

D. 因为该条约与国际强行规则相抵触，所以是无效的

**二、多项选择题，每题所给的选项中有两个或两个以上正确答案，少答或多答均不得分。**

1. 甲、乙、丙3国对大陆架划界存在争端，3国均

* 本章答案参见第23页。

为《联合国海洋法公约》缔约国与联合国会员国。甲国在批准公约时书面声明海洋划界的争端不接受公约的强制争端解决程序；乙国在签署公约时口头声明选择国际海洋法法庭的管辖；丙国在加入公约时书面声明选择《联合国海洋法公约》附件七项下仲裁庭的管辖。此外，3 国曾在不同时期各自发表单方声明，表示接受联合国国际法院管辖。按照相关国际法规则，下列哪些选项是不正确的？（　　）

A. 强制争端解决程序不属于《联合国海洋法公约》允许保留的事项

B. 3 国均为联合国会员国，国际法院对该争端具有管辖权

C. 3 国发表的单方声明使国际法院对该争议具有管辖权

D. 口头声明与书面声明均为《联合国海洋法公约》认可的条约保留形式

2. 甲乙丙丁 4 国就流经 4 国的多国河流的航行事项于 2009 年缔结条约，规定缔约国船舶可以在 4 国境内的该河流中通航。2015 年，甲国新的政府宣布，因乙国政府未依条约的规定按时维修境内航道标志，所以甲国不再受上述条约的拘束，即外国船舶进入甲国境内的该多国河流河段，均须得到甲国政府的专门批准。从 2015 年起，甲国开始拦截和驱逐未经批准而驶入甲国河段的乙丙丁国船舶，并发生多起扣船事件。依国际法的有关规则，下列哪几项正确？（　　）

A. 由于乙国未能履行条约义务，甲国有权终止该条约

B. 即使乙丙丁 3 国一致同意，仍不足以终止该 3 国与甲国间的该条约关系

C. 若乙丙丁 3 国一致同意，可以终止该条约

D. 甲乙两国应就各自的不法行为承担相应的法律责任

3. 甲国元首、乙国首脑、丙国外交部副部长参加一多边贸易条约的谈判。甲国对某条款提出了保留，乙国接受了甲国的保留。条约生效后，甲国又撤回了保留。依《维也纳条约法公约》及国际法相关规则，下列说法正确的是哪些？（　　）

A. 三人均无须出示全权证书

B. 该条约约文的起草必须由参加谈判的各国共同提出约文草案

C. 甲国撤回保留无须经乙国同意

D. 如该条约未在联合国登记，则不得向联合国机关援引

4. 甲乙两国签订了投资保护条约。在该条约有效期内，甲国政府又于本国立法机构通过了一项法律，取消了乙国公民在甲国的某些投资优惠，而这些优惠是甲国依前述条约应给予乙国公民的。针对甲国的上述做法，依国际法的有关规则，下列判断哪些是错误的？（　　）

A. 甲国通过的取消乙国公民投资优惠的国内法律只要符合甲国国内法的立法程序，即可以作为对抗甲乙两国投资保护条约的依据

B. 甲国政府的上述做法将会引起国际法上的国家责任

C. 甲国政府的上述做法如果是严格依据国内法作出的，则甲国不应承担国际法上的国家责任

D. 甲国立法机构无权通过与上述条约不一致的立法

5. 鉴于涉外民商事争议的解决需要各国之间的合作，中国参与了某项民商事司法协助多边条约的谈判并签署了该条约。依条约法的相关规定，下列哪些表述是正确的？（　　）

A. 中国签署该条约后有义务批准该条约

B. 该条约须由全国人大常委会决定批准

C. 对该条约规定禁止保留的条款，中国在批准时不得保留

D. 如该条约获得批准，该条约与国内法有不同规定的部分，在中国国内可以直接适用，但中国声明保留的条款除外

6. A 国完成了一项条约的缔结谈判工作，该条约中的某些条款与 A 国国内法律的规定有冲突，该条约目前尚未生效。依国际法相关规则，下列哪些选项是正确的？（　　）

A. 如果该条约生效，则 A 国不得以国内法规定来对抗承担的国际义务

B. 由于该条约尚未生效，A 国不得缔结该条约

C. A 国在缔结条约时，无义务对与 A 国法律冲突的条款作出保留

D. A 国在缔结条约时，有义务先行修改与该条约相冲突的 A 国法律

7. 甲乙两国缔结了一个双边条约，该条约用两国的文字写成，此外还有一个英文文本。现该条约中有关条文的解释出现分歧，依《维也纳条约法公约》有关条约解释的规则，下列表述中正确的是哪几项？（　　）

A. 若该条约规定了应以某种文字的约文为准，则应以该文字作准

B. 如该条约无此类特别规定，应以英文文本作准

C. 如该条约无作准的规定，则每种文字应同一作准，且有关各方仅受本国文字文本的约束

D. 如该条约无作准的规定，则该条约无效

8. 根据《维也纳条约法公约》的规定，以下关于条约保留的说法中正确的是哪些？（　　）

A. 当由谈判国的有限数目以及条约的目的和宗旨可见，该条约在全体当事国的全部适用是每一当事国同意受该条约拘束的必要条件时，该条约不允许保留

B. 条约明文准许保留的，一般不需要其他缔约国事后予以接受

C. 条约若是一个国际组织的组织约章，保留一般须经该组织的有权机关接受

D. 在保留国与接受保留国之间按保留的范围改变该保留所涉及的一些条约规定

9. 甲乙丙丁都是《维也纳条约法公约》的缔约国。甲乙丙丁 4 国签订协议，约定如果对协议发生争议由国际法院管辖，甲国声明对该条款的保留，乙国接受该保留，丙国反对甲国的保留，并反对该条约在两国间适用，丁国仅反对甲国的保留。下列哪些表述是正确的？(    )

A. 甲国与乙国的冲突由国际法院管辖

B. 甲国与丙国的冲突由国际法院管辖

C. 乙国与丙国的冲突由国际法院管辖

D. 乙国与丁国的冲突由国际法院管辖

# 第七章　国际争端的和平解决*

**一、单项选择题，每题所给的选项中只有一个正确答案。**

1. 甲乙两国因历史问题常年纠纷不断，由于边境争端再起，甲国先宣布将驻乙国的外交代表机构由大使馆降为代办处，乙国遂宣布断绝与甲国的外交关系，丙国为使甲乙两国重开谈判提出了解决问题的方案。根据相关国际法，下列哪一表述是正确的？(    )

A. 丙国为使甲乙两国重开谈判提出解决方案的行为属于调停行为

B. 丙国提出的解决方案对甲乙双方具有约束力，双方应当接受

C. 丙国提出解决方案的行为属于斡旋行为

D. 乙国断绝与甲国的外交关系构成国际法上的报复行为

2. 甲乙两国常年因为领土问题发生冲突。后甲乙两国达成协议，将事实真相的调查交由第三方进行。甲乙两国对调查方式订立专门协议，成立调查委员会，并就调查委员会调查的内容、组成、期限、权限等方面作出约定。依国际法相关规则，下列表述哪一选项是正确的？(    )

A. 调查委员会作出的报告的性质由当事国所订的协议确定

B. 甲乙两国对调查委员会的报告必须承认

C. 调查委员会可以对争端的是非曲直作出判定

D. 甲乙两国的行为属于和解

3. 国际法院就甲、乙两国的争议作出裁决后，甲国拒不履行判决确定的义务。依《国际法院规约》的规定，下列哪一说法是正确的？(    )

A. 乙国可向联合国安理会提出申诉，请求由安理会作出建议或决定采取措施执行判决

B. 乙国可向甲国国内法院申请强制执行

C. 乙国可申请由国际法院强制执行

D. 乙国可由联合国法律委员会决定采取行动执行判决

4. AB 两国因界河的使用产生争端，关于该国际争端的解决，下列表述符合国际法相关规则的是哪项？(    )

A. C 国为支持 A 国可出面武装干涉 AB 两国有关界河使用的争端

B. C 国总统出面调停 AB 两国的边界争端属于干涉内政

C. AB 两国可书面协议将两国的争端提交国际法院，国际法院对此争端拥有管辖权

D. A 国可请求国际法院就国际争端解决提出咨询意见

5. 甲乙两国在建交后交恶，甲国先宣布将驻乙国的外交代表机构由大使馆降为代办处，乙国遂宣布断绝与甲国的外交关系。后双方分别撤走了各自驻对方的使馆人员。关于两国的上述做法，依相关国际法规则，下列哪一选项是正确的？(    )

A. 乙国对自身行为应承担国家责任

B. 甲国将驻乙国的外交代表机构降为代办处的行为违反国际法

C. 乙国可以查封甲国使馆的财产作为报复

D. 乙国的行为属于国际法中的反报

6. 关于国际法院对国家间的争端行使管辖权，下列哪一表述是错误的？(    )

A. 争端当事国任意一方可将争端提交国际法院，而无须取得对方的同意

B. 争端当事国双方均为《国际法院规约》的当事国，且声明接受国际法院根据《国际法院规约》第 36 条规定的管辖权

C. 争端当事国双方达成协议，同意将问题提交国际法院解决

D. 在争端当事国双方同为当事国的国际条约中规定争端应由国际法院解决

---

* 本章答案参见第 25 页。

**二、多项选择题，每题所给的选项中有两个或两个以上正确答案，少答或多答均不得分。**

1. 甲、乙两国因边境争端常年交战。丙国总统邀请甲、乙两国领导人到丙国参加该国庆典活动，并借此机会安排两国重开谈判。丙国总统参与了谈判，并为领土争端的解决提出了解决方案，但甲国表示反对。丙国在说服未果的情况下，派军舰在甲国近海进行军事示威，以迫使甲国接受方案。根据国际法，下列哪些表述是正确的？（　　）

A. 丙国使甲、乙两国重开谈判并提出解决问题的方案，属于调停

B. 丙国使甲、乙两国重开谈判并提出解决问题的方案，属于斡旋

C. 丙国的军事示威行为是现代国际法承认的解决争端的方式

D. 丙国的军事示威行为已构成干涉

2. 甲乙两国因海域中某岛屿归属产生争端。两国均为联合国会员国，甲曾作出接受联合国国际法院任择强制管辖的声明，乙未作出接受联合国国际法院强制管辖的声明。两国均为《联合国海洋法公约》的缔约国。依国际法相关规则，下列哪些选项是正确的？（　　）

A. 甲国曾作出接受国际法院任择强制管辖的声明，因此，可单方将争议提交该法院

B. 甲乙两国可达成协议，将争议提交联合国国际法院

C. 因岛屿产生的争端只能由海洋法庭管辖

D. 甲乙两国可自愿协议选择将争议提交联合国国际法院或国际海洋法庭

3. 甲、乙两国协议将海洋划界争端提交联合国国际法院。国际法院就该案作出判决后，甲国拒不履行依该判决所应承担的义务。依《国际法院规约》的规定，下列做法哪些是正确的？（　　）

A. 两国对判决的意义或范围发生争执时，可以请求国际法院作出解释

B. 乙国可以申请国际法院执行庭对该判决强制执行

C. 乙国可以向联合国安理会提出申诉，请求由安理会作出建议或采取措施执行该判决

D. 乙国可以向联合国大会法律委员会提出申诉，执行该判决

4. 甲乙因边境地下一处油气田的开采发生争端，甲国攻入乙国境内。两国均为联合国会员国，关于争端的解决，依《联合国宪章》的规定，下列哪些选项是正确的？（　　）

A. 安理会可以对油气田的归属提出解决的建议，该建议具有法律拘束力

B. 安理会可以通过采取武力行动的决议，该决议对所有会员国均具有拘束力

C. 安理会可以通过采取武力行动的决议，虽然该决议对会员国没有法律拘束力

D. 秘书长在争端解决中进行调停活动不属于干涉内政

5. 联合国国际法院是根据《联合国宪章》成立的。作为联合国的司法机关，它是当今最普遍、最重要的国际司法机构。下列哪些情况国际法院得以行使管辖权？（　　）

A. 争端当事国均非联合国的会员国，但为《国际法院规约》的当事国

B. 争端当事国双方达成协议，同意将问题提交国际法院解决

C. 争端当事国双方同为当事国的国际条约中规定争端应由国际法院解决

D. 当事国双方对于条约解释的争端自愿作出声明，国际法院在接受声明的范围内具有强制管辖权

# 第八章　战争与武装冲突法*

**一、单项选择题，每题所给的选项中只有一个正确答案。**

1. 甲国以乙国拥有并扩散大规模杀伤性武器为由，对乙国宣战。甲国军队突入乙国境内，乙国进行反击，丙国则保持中立。依相关战争法的规则，下列哪项是正确的？（　　）

A. 两国人民之间的贸易和商务往来是被禁止的，包括废除已履行的契约和已结算的债务

B. 丙国应防止甲乙两国在丙国领土内利用丙国资源准备从事敌对行动

C. 乙国为了消灭藏匿于甲国平民边境避难营中的甲国军队，可摧毁该避难营

D. 甲国军舰在海上发现执行医院任务的乙国船舶的，可将该船舶拿捕

2. 甲国以乙国境内有反甲国政府组织的据点为名，对乙国发动战争。依国际法相关规则，在下列战争

* 本章答案参见第 26 页。

开始引起的法律后果中，正确的是哪项？（　　）

A. 虽然两国发生战争，但私人之间的商业关系不被废止

B. 两国间的互助条约立即废止，但两国参加的规定战争行为规范的条约自动生效

C. 两国可以对各自境内敌国人民的私产予以限制和没收

D. 两国对在海上遇到的敌国一切船舶及航空器均可以拿捕没收

3. 甲乙两国因边境纠纷而发生全面的战争，战争开始后，交战国之间的外交关系和领事关系会出现下列哪一种结果？（　　）

A. 甲乙两国之间的外交关系不一定断绝

B. 甲乙两国之间的外交关系和领事关系自动断绝

C. 甲乙两国之间的外交关系断绝，但领事关系保持

D. 甲乙两国之间的外交关系和领事关系仍然保持

4. 甲、乙两大集团爆发战争，丙国为中立国。依战争法，下列关于战争开始引起的后果的表述哪一项是正确的？（　　）

A. 如果丙国商船破坏封锁或违反中立义务，不能将丙国商船拿捕，但可令丙国商船离开

B. 对参加战争的渔船可以拿捕

C. 对因不知已经开战而驶入敌港的商船可以没收

D. 可拿捕沿岸渔业用的敌国船只

**二、多项选择题，每题所给的选项中有两个或两个以上正确答案，少答或多答均不得分。**

1. 甲乙两国因大陆架上覆水域的争议引发的冲突升级，宣布进入战争状态，乙国军队突入甲国境内。丙国保持中立。依《联合国海洋法公约》及相关战争法的规则，下列正确的是哪几项？（　　）

A. 甲国大陆架的上覆水域自然为甲国专属经济区

B. 甲乙两国交战后，私人之间的商业关系也随之废止

C. 丙国应防止甲乙两国在丙国领土内利用丙国资源准备从事敌对行动

D. 甲乙两国在战事停止后应立即将战俘释放并遣返

2. 甲乙两国因投资的国有化纠纷关系恶化，并从武装冲突上升为战争，丙国发表声明表示恪守战时中立义务。依相关国际法规则，下列哪些做法是符合战争法的？（　　）

A. 甲乙两国的政治和经济类条约在战争开始后，除条约另有规定外效力停止

B. 甲乙两国交战期间，丙国可与任一方保持正常外交和商务关系

C. 丙国允许乙国作战部队过境

D. 丙国可对来自甲国的侵略行为进行自卫

3. 甲乙两国经过 8 年的战争后，甲国宣布战败并无条件向乙国投降。根据国际法的有关规则，下列哪些选项中的所列情况的出现，意味着甲乙两国战争状态在法律上正式结束？（　　）

A. 甲国的无条件投降

B. 在甲国投降后，乙国宣布战争结束

C. 甲乙两国共同宣布战争结束

D. 甲乙两国缔结和平条约

4. 甲乙两国发生边境争议，引发了两国间的大规模武装冲突。甲国是 1949 年日内瓦 4 个公约的缔约国，乙国不是。依国际法的有关规则，下列判断正确的有哪些？（　　）

A. 由于战场在甲国领土，甲国军队对乙国军队的作战不受战争法规则的拘束

B. 虽然甲国作战是行使自卫权，但是甲国军队对乙国军队作战仍受战争法规则的拘束

C. 虽然乙国非日内瓦 4 公约的缔约国，但是甲国军队对乙国军队作战仍受该 4 个公约的约束

D. 由于乙国不是日内瓦 4 公约的缔约国，故乙国没有遵守战争法规则的法律义务

5. 甲乙两国因边境冲突而发生全面战争，战争开始后，依相关国际法规则，下列哪些选项是正确的？（　　）

A. 甲乙两国之间的外交关系和领事关系自动断绝

B. 甲乙两国关闭在对方国家的使馆，并不再有义务保证敌国馆舍财产的安全

C. 甲乙两国一般应允许敌国平民离境

D. 甲乙两国可以区别对待敌我伤病员

# 参考答案及解析

## 第一章　导　　论

一、1. D。本题考查国际法与国内法的关系、国家继承、国家责任、条约法。A 错,该选项涉及国际法与国内法的关系,如乙国通过了与双边协定义务不一致的立法,导致乙国实施了违反条约义务的行为,则依照国际法将引起乙国在国际法上的国家责任。B 错,依条约法公约,条约的分歧应采用公约规定的方式消除,或依目的及宗旨调和,而不是认定无效。C 错,依国家继承的规则,界河协定属于应当继承的范畴。D 正确。

2. A。本题考查国际法的基本原则。甲国的行为属于"以另一国的领土为对象使用任何武器"的侵略行为,A 正确。乙国只是在境内部署进攻性武器,虽然可能不符合某些协定,但不构成侵略,B 错。自卫在国际法上是使用武力的合法性依据之一,但自卫权的行使必须符合必要性、相称性和安理会主导 3 项原则。一般而言,自卫权的行使应针对实际已发生的外来武装攻击行为,而本题的乙国尚未进行武装攻击,C 错,D 错。

3. D。A 错,国际习惯不是"一国"长期形成的习惯作法。B 错,即使在现代国际法中,国际习惯法规则仍然大量存在,仍然是现代国际法的一项主要渊源。C 错,国际习惯和惯例的关系如下:广义的惯例包括有约束力的习惯和没有一般法律拘束力的一般通例。狭义的惯例,一种是与习惯同义,指有法律拘束力的规则和制度;另一种则相反,专指没有法律拘束力的一般实践或通例。D 正确,证明一项国际习惯是否确立和存在,必须提出相关的证据,主要从以下 3 个方面判断:国家间的各种文书和外交实践;国际组织和机构的各种文件,包括决议、判决等;国家的国内立法、司法、行政实践和有关文件。

二、1. BC。依不干涉内政原则,任何国家或国际组织,在国际关系中,不得以任何借口或任何方式干涉本质上属于任何国家国内管辖的事件,即一国内政,也不得以任何手段强迫他国接受自己的意志,维持或改变被干涉国社会制度和意识形态。A 错,B 正确,言论自由,并不违反国际法。C 正确,乙国议会执行此法案属于干涉内政。D 错。

2. BD。国际法院的判例是辅助材料,并不是主要渊源,A 错。国际法的制定者主要是国家,由各个国家在平等基础上以协议的方式共同制定。国际法也有强制拘束力,但是该强制力是通过国家单独或集体采取措施予以保障的;目前还没有凌驾于国家之上的权威机关,也不可能有强制各国执行国际法的机关,B 正确,C 错误。国内法不是国际法的渊源,D 正确。

3. ACD。A 属于侵略,属于以另一国的领土为对象使用任何武器的情况。B 不属于侵略,是依国际法采取的集体行动。C 和 D 均属于《关于侵略定义的决议》中的侵略。

4. BC。条约在国内的适用可以分为 3 种情况:(1)直接适用;(2)和相关法律同时适用;(3)需要经国内法转化才能适用。目前一般认为,在民商事范围内,中国缔结的条约与国内法有不同规定的部分,条约优先直接适用,声明保留的除外。

## 第二章　国际法的主体与国际法律责任

一、1. B。国家在外国领土范围内从事商业行为本身不意味着对国家豁免权的放弃。国家或国家授权的代表为主张或重申国家的豁免权,对外国法院的管辖作出反应,出庭阐述立场或作证,或要求法院宣布判决或裁决无效,都不构成对国家豁免权的默示放弃。另外,国家对于管辖豁免的放弃,并不意味着对执行豁免的放弃。同时不能将一国对某一特定事项的豁免放弃推移到其他事项上。故 B 正确。

2. C。本题考查国际法上的继承。根据条约继承的相关规则,"人身性条约"一般是不予继承的,"非人身性条约"一般是可以继承的。故选 C。

3. B。本题考查国际组织。联合国机构的行为在该机构权利能力范围内是有效的,A 错,B 正确。联合国某机构的购买行为依《联合国宪章》和其他决议规定,由联合国作为独立主体实施并承担法律责任,不得视为所有会员国的行为,C 错误。就国际法院的诉讼管辖权而言,诉讼管辖权中"对人管辖"的行使,国际组织、法人或个人都不能成为国际法院的诉讼当事国。因此,联合国组织不能成为法院的诉讼当事国,D 错。

4. C。本题涉及国家的管辖权。A 错,依国家的属地管辖权,国家对于自身领土及领土内的一切人、物和事件,都有进行管辖的权利,除非国际法另有规定。阿里潜逃至丁国,因此,丁国有权拿捕阿里并独自对阿里进行审判。B 错,尽管阿里不是乙国人,也不在乙国,但他侵害了乙国公司的重大利益,因此,乙国对阿里有权实施保护性管辖，可向丁国提出引渡要求。但引渡是一项基于条约的义务，乙国与丁国无司法协助协议，因此，丁国没有义务将阿里引渡给乙国。C正确，由于阿里为甲国人，因此，甲国对阿里有权行使属人管辖权，但由于阿里在丁国，须通过司法协助才能将阿里缉拿归案，甲国不能直接向丁国派警察对阿里进行缉拿。D错，与B项理由相同，尽管丙国可以向丁国提出引渡要求，但丙国与丁国没有司法协助协议，因此，丁国没有义务将阿里引渡给丙国。

5. D。本题考查国际法上的承认。A错，戊国与甲国共同参加了某贸易规则多边谈判会议，是非正式承认。B错，乙国的非官方接触不构成正式承认。C错，丙国设立非官方或非完全外交性质的某种机构也是非正式承认。D正确，丁国与甲国签署了政治性的友好条约是正式承认。

6. D。本题考查国际法律责任。《关于核损害的民事责任的维也纳公约》及《核动力船舶经营人责任公约》采取的是双重责任制度，即国家与营运人共同承担对外国损害的赔偿责任，国家保证营运人的赔偿责任，并在营运人赔偿不足的情况下对规定的限额进行赔偿，D正确。

7. A。对交战团体的承认是在一国发生内战时，其他国家为了保护自己的利益，承认反政府一方为交战团体的单方面行为。在实践中，被承认为交战团体的反政府一方应满足下列条件：(1)反政府一方与政府已发生全面武力敌对行动，内战状态已经形成；(2)反政府一方已控制了领土的相当大的部分；(3)反政府一方对控制的领土实施了有效管理；(4)反政府一方遵守战争法相关规则。因此，其他国家可以承认甲团体为交战团体。其他国家对甲团体的承认并未改变甲团体性质。对叛乱团体的承认是指某一反政府团体的武力行动还没有发展到内战的规模和程度时，其他国家的一种权宜行为。对交战团体和叛乱团体的承认都是一种事实承认。

8. A。本题考查国际法律责任。根据外层空间法律制度的规定，无论一国的政府或非政府团体的外空活动行为是不是国家行为，国家都应对给其他国家造成的损害承担责任。

二、1. BC。一国的司法管辖权不可以自然地延伸到另一国，AD错。B正确，庇护是一项国家基于领土主权而衍生的权利，国家不存在给予外国人庇护的一般义务，因此，乙国可以庇护哈维，也可不庇护。C正确，国家不存在给予外国人庇护的一般义务，即使有些国家的国内法可能作出不同规定。庇护是国家基于领土主权的一项权利而非义务。

2. CD。根据1967年《外空条约》和1972年《责任公约》的规定，发射国对自身发射的空间实体对地面造成的损害，应当负绝对责任，失败发射也包括在其中，A错误。根据《责任公约》的规定，发射国对自身发射的空间实体对发射国国民造成的损害，不适用该《责任公约》，B错误。根据1967年《外空条约》和1972年《责任公约》的规定：(1)发射国对自身发射的空间实体，包括政府部门和非政府部门发射的实体，造成的损害都应承担相应的责任；(2)发射国发射的空间实体在地球表面之外的地方对另一国或第三国的空间实体造成的损害，由具有过失的实体发射国单独或共同承担损害赔偿的过失责任。因此，CD正确。

3. BC。本题考查国际法律责任。1972年《责任公约》对外空物体所造成的损害责任主要规定了两种原则，即绝对责任原则和过失责任原则。绝对责任原则是指无论发射国是否有过失，只要对他国造成了损失，发射国就要承担责任。这个原则适用于空间物体对地球表面或对飞行中的飞机造成的损害，无论该损害是一个空间物体造成的，还是一个发射国的空间物体对另一个发射国的空间物体造成的，并由此对第三国造成损害。过失责任原则是指空间物体造成的损害是因为发射国的过失或发射国负责人的过失。此责任适用于在地球表面以外的地方的空间物体之间的损害。A错，两个卫星在外空发生碰撞，适用过失责任原则。B正确，两国发射的空间物体对第三国的飞行中的飞机造成的损害，前两国对第三国应承担绝对责任。两国卫星相撞造成的丙国人员及财产的损害，应由两国承担绝对责任，而非过失责任，C正确，D错。

4. BD。本题考查国际组织。A错，B正确，根据《联合国宪章》，大会对联合国组织内部事务通过的决议对于会员国具有拘束力；对其他一般事项作出的决议属于建议性质，不具有法律拘束力。C错，对于非程序性事项或称实质性事项的决议表决，适用“大国一致原则”。D正确，安理会在向大会推荐秘书长人选时，适用非程序性事项表决程序。

5. BCD。A错，因为外国军舰进入甲国领海是依安理会的决议进行的，故不属于侵略。B正确，安理会的决议只针对甲国请求外国军舰参与打击乙国领海的海盗一事，并不能构成国际习惯法。C正确，依《联合国海洋法公约》，在公海，军舰和军用飞机在有合理根据认为某船从事海洋法公约所列不法情况时，均拥有登船检查的权利。D正确，嫌疑经证明无根据的，临检国需赔偿对被临检船舶造成的损失。

6. CD。本题考查国家的管辖权。A错，在枪击事件发生后甲国迅速采取了有效措施，控制了局势，履行了政府的正常职能，也不存在违背国际法义务的不作为，因此，甲国在这一事件中没有国家责任。B错，保护性管辖不能在公海行使，这是保护性管辖与普遍管辖的区别所在。C正确，甲国对马约尔有权行使属人管辖权，可通过司法协助将马约尔缉拿归案，不能直接向丁国派警察对马约尔缉拿。D正确，丙国与丁国没有引渡协议，因此，丁国没有义务将马约尔引渡给丙国。

7. BC。A错，根据条约继承的相关规定，政治性条约，如同盟条约、友好条约、共同防御条约等，一般是不予继承的，而"非人身性条约"，如有关领土边界、河流交通、水利灌溉等条约，一般是继承的。B正确，地方化债务也属于国家债务继承的范围。C正确，国家对外国法人或自然人所负之债不在国家继承的范围内。D错，动产和不动产并不是以所处的地理位置为依据而被继承的。

## 第三章 国际法上的空间划分

一、1. A。本题考查海洋法、群岛水域、专属经济区、大陆架。A正确，所有国家都有权在其他国家的大陆架上铺设电缆和管道，但线路的划定须经沿海国同意。B错，依《联合国海洋法公约》第121条第2、3款的规定，岛屿的领海、毗连区、专属经济区和大陆架的确定与其他陆地领土相同，但不能维持人类居住或人类本身的经济生活的岩礁，不应有专属经济区或大陆架。C错，群岛水域的划定不妨碍群岛国可以按照《联合国海洋法公约》划定内水，及在基线之外划定领海、毗连区、专属经济区和大陆架。D错，依《联合国海洋法公约》，甲国在宣布的专属经济区水域某暗礁上有权修建人工岛屿。

2. C。本题考查国际法上的空间划分、海洋法、专属经济区。AB错，依《联合国海洋法公约》，甲国在宣布的专属经济区水域某暗礁上有权修建人工岛屿，对建造和使用该人工岛屿拥有管辖权，但甲国对该人工岛屿没有领土主权。C正确，紧追可以开始于一国的内水、领海、毗连区或专属经济区，紧追可以追入公海继续进行，但必须是连续不断的。D错误，当被紧追船舶进入本国或第三国领海时应立即停止紧追。

3. A。A正确，当前的国际法中并没有关于跨界底土资源必须共同开发的一般规则，甲乙两国也没有专门的协议，因此，甲国可以在自己的领土上开发该油田，甲国也没有将开发所得与乙国分享的国际法上的义务，只要该开发行为发生在甲国境内，并且该过程不导致边境环境的破坏或其他不良后果。BC错，底土也属于国家领土的组成部分，具有领土属性，国家主权及于该国底土，所以底土中的资源依照边界的划分分属甲乙两国，国家有权对底土中的资源进行勘探和开采。D错，并非任何类型的跨界资源的开采，包括在本国领土上进行的对于地下跨界油气资源的开采，国家均承担将所获得油气收益与他方分享的义务。

4. A。本题考查国际法上的海洋法、专属经济区。A正确，依《联合国海洋法公约》，沿海国应通过适当途径将所采取措施和随后进行的处罚迅速通知船旗国。B错误，依《联合国海洋法公约》，未经沿海国批准所进行的捕鱼行为为非法行为，乙国有权对该渔船采取相应的执法措施。C错误，依《联合国海洋法公约》，沿海国对在专属经济区内仅违反渔业法规的行为的处罚，如有关国家间无相反的协议，则不得包括监禁或任何形式的体罚。D错误，专属经济区的法律地位既不是领海也不是公海，沿海国对专属经济区中渔业资源的保护拥有管辖权。

5. A。依领空主权原则，国家对自身领空拥有完全的和排他的主权。外国航空器进入他国领空需经该国许可并遵守领空国的有关法律。对于非法入境的外国民用航空器，国家可以行使主权，采取符合国际法有关规则的手段，包括要求该航空器终止此类侵犯立即离开或要求该航空器在指定地点降落等，但不得危及航空器内人员的生命和航空器的安全，避免使用武器。因此，A正确。

6. A。本题考查领海制度。依《联合国海洋法公约》，商船可以无害通过他国领海，但飞机不能，故A正确，B错。沿海国对领海内的一切资源享有专属权利，任何国家和个人非经沿海国同意不得加以开发和利用，故C错。沿海国不应为对通过领海的外国船舶行使民事管辖权而停止该船的航行或改变该船的航向。除该船在通过时违反所应承担的义务或责任之外，沿海国不得因任何民事诉讼的目的而对该船从事执行或加以扣押，故D错。

7. A。添附是指自然形成或人造的新土地出现而使得国家领土增加，包括河口三角洲、涨滩等自然添附，也包括围海造田等人工添附。人工添附不能损害他国的利益，故只有A是正确的。

8. C。本题考查领海制度。A错误，《联合国海洋法公约》的成员国，不论为沿海国或内陆国，其船舶均享有无害通过的权利。B错误，进行研究或测量活动不属于无害通过。C正确，捕鱼活动不属于无害通过。D错误，依《联合国海洋法公约》的规定，沿海国不应在通过领海的外国船舶上行使刑事管辖权，以逮捕与在船舶通过期间船上所犯任何罪行有关的人员或进行与该犯罪有关的调查，但也有一些例外。

9. D。A项考查专属经济区法律制度。我国《专属经济区和大陆架法》第9条规定："任何国际组织、外国的组织或者个人在中华人民共和国的专属经济区和大陆架进行海洋科学研究，必须经中华人民共和国主管机关批准，并遵守中华人民共和国的法律、法规。"因此，联合国某专门机构在中国专属经济区开展海洋科考必须经中国主管机关批准，A项说法错误。

B项和C项考查毗连区法律制度。根据《联合国海洋法公约》，沿海国可以在领海以外毗邻领海划定一定宽度的海水带，在此区域中，沿海国对海关、财政、移民和卫生等特定事项行使某种管制权，这个区域称为毗连区。毗连区不是国家领土,国家对毗连区不享有主权,国家对于毗连区的管制不包括毗连区上空,因此丙国军用飞机进入中国毗连区上空不需要经中国政府批准或接受,B 项说法错误。我国《领海及毗连区法》第 7 条规定,外国潜水艇和其他潜水器通过我国领海,必须在海面航行,并展示本国旗帜。这一要求不适用于毗连区,C 项说法错误。

D 项考查大陆架法律制度。大陆架是指领海以外依陆地领土的全部自然延伸。最高人民法院《关于审理发生在我国管辖海域相关案件若干问题的规定(一)》第 3 条规定:"中国公民或者外国人在我国管辖海域实施非法猎捕、杀害珍贵濒危野生动物或者非法捕捞水产品等犯罪的,依照我国刑法追究刑事责任。"故乙国渔民在中国大陆架非法捕捞并杀害濒危海龟需依据中国刑法追究刑责,D 项说法正确。

二、1. ABD。本题考查危害民航安全罪行的管辖权。根据 1963 年《东京公约》、1970 年《海牙公约》及 1971 年《蒙特利尔公约》的规定,下列国家均拥有对于危害民航安全罪行的管辖权:(1)航空器的登记国;(2)航空器降落时,被指称的嫌疑犯在该航空器内的,该航空器的降落地国有管辖权;(3)在租来时不带机组的航空器内发生犯罪或针对航空器的犯罪的,承租人的主要营业地国或永久居所地国有管辖权;(4)罪行发生地国;(5)嫌疑犯发现地国;(6)依各国国内法规定有管辖权的国家,如犯罪嫌疑人国籍国等。在本题中,甲国为航空器登记国,有管辖权;乙国为犯罪嫌疑人国籍国,有管辖权;丙国为犯罪行为发生地国,有管辖权。因此,ABD 正确,C 错误。

2. BCD。根据国家领土主权原则,国家对位于本国内水港口的外籍船舶有管辖权,依国际法享有豁免权的军舰和政府公务船等除外。在现代海洋法实践中,港口国一般在不介入船舶内部事件的基础上,采取沿岸国与船旗国管辖相结合的方法。在刑事管辖方面,通常只有在扰乱港口安宁,受害者为沿岸国,案情重大,船旗国领事或船长提出请求时,沿岸国才予以管辖。在民事案件方面,对完全属于船舶内部管理、工资、劳动条件、个人财产权利等的事项,各国通常不行使管辖权。因此,BCD 正确。

3. BD。本题考查国际法上的领土取得的方式。添附是指自然形成或人造的新土地出现而使国家领土增加,包括河口三角洲、涨滩等自然添附,也包括围海造田等人工添附。A 错误,人工添附不能损害他国的利益。因此,在界河上不能进行人工填河使领土扩展。BD 属于添附。C 属于设施,并不是添附,人工岛屿也没有领土地位。

4. AC。本题考查国际法上河流制度。A 正确。对多国河流的航行、使用、管理等事项,一般都应由有关国家协议解决。每一沿岸国在对该河流行使权利时,都应顾及其他沿岸国的利益。各国不得有害地利用该河流,不得使河流改道或堵塞河流,故 B 错误。国际河流一般允许所有国家的船舶特别是商船无害航行,故 C 正确。D 错误,乙河是国际河流,但不是人类共同财产。

5. AC。北极主要部分是北冰洋,70% 的洋面常年冰冻。北冰洋应适用海洋法的有关原则和制度。一些国家对于北极的主张并不能改变北极地区本身的法律地位。因此,AC 正确。

6. AB。本题考查国际航空法和外层空间法。A 正确,一国只有在订有引渡条约的条件下才有引渡义务,否则,引渡应遵照被要求国法律规定的其他条件。B 正确,符合了公约有关引渡或起诉的规定。C 错误,罪行是针对在该国登记的航空器,或在该航空器内发生的,甲国可以依本国法进行刑事管辖。D 错误,依《国际刑事法院罗马规约》的规定,劫持航空器罪不属于国际刑事法院管辖的情形。

7. ABCD。本题涉及海洋法中的无害通过制度。根据《联合国海洋法公约》的规定,无害是指不损害沿海国和平、安宁和良好秩序。有下列行为之一的即有害:对沿海国进行武力威胁或使用武力;以任何种类的武器进行操练或演习;搜集情报;进行影响沿海国防务或安全的宣传;在船上起落或接载飞机;在船上发射、降落或接载任何军事装置;违反沿海国海关、财政、移民或卫生的法律规章,上下任何商品、货币或人员;严重的污染行为;任何捕鱼活动;任何研究或测量活动;干扰沿海国的通讯系统;与通过没有直接关系的任何其他活动。因此,答案是 ABCD。

8. BCD。本题考查海洋法中的专属经济区和大陆架。A 错,依《联合国海洋法公约》的规定,大陆架的上覆水域并非当然是一国专属经济区,专属经济区需要宣布。B 正确,沿海国对专属经济区的权利以沿海国对专属经济区制度加以宣布和公告为前提。C 正确,所有国家有权在其他国家的大陆架上铺设电缆和管道,但线路的划定须经沿海国同意,并应顾及现有电缆和管道,不得加以损害。D 正确,依《联合国海洋法公约》的规定,关于大陆架的宽度,如果从领海基线量起到大陆边外缘的距离不足 200 海里,则扩展至 200 海里;如果超过 200 海里,则不得超出从领海基线量起 350 海里,或不超出 2500 米等深线 100 海里。

9. AD。本题考查两极地区的法律地位。甲国加入该条约并不意味着甲国放弃或否定了对南极的领土要求,A 正确。甲国成为条约缔约国也不构成其他缔约国对甲国主张南极领土权利的确认,B 错。乙国在南极地区的活动并不构成对南极地区提出领土主张的支持和证据,C 错。依《南极条约》和相关制度,南极只用于和平目的;任何国家都有在南极进行科学考察的自由;维持南极地区水域的公海制度,任何国家在南极地区根据国际法享有的对公海的权利不受损害或影响;保护南极环境与资源,在南极进行的任何活动不得破坏南极的环境或生态。AD 正确。

## 第四章　国际法上的居民

一、1. A。本题考查国籍的丧失与取得。A 项正确,《国籍法》第 12 条规定:"国家工作人员和现役军人,不得退出中国国籍。"B 错误,《国籍法》第 8 条规定:"申请加入中国国籍获得批准的,即取得中国国籍;被批准加入中国国籍的,不得再保留外国国籍。"《国籍法》第 5 条规定:"父母双方或一方为中国公民,本人出生在外国,具有中国国籍;但父母双方或一方为中国公民并定居在外国,本人出生时即具有外国国籍的,不具有中国国籍。"C 错误,如钱娇娇出生于日本,属于父母一方为中国公民,本人出生在外国的情形,钱娇娇应具有中国国籍。D 错误,无论钱娇娇是否能按美国法律取得美国国籍,中国均不承认双重国籍。

2. D。A 错,依《国籍法》第 3 条,中国不承认双重国籍。B 错,李红不是外国人,她只是定居甲国,并没有退出中国国籍。依《出境入境管理法》第 39 条第 2 款的规定,市民在自己家中留宿外国人的,需向居住地公安派出所办理外国人住宿登记手续,而李红不是外国人,故无须办理。依《引渡法》第 8 条第 1 项的规定,外国向中华人民共和国提出的引渡请求,根据中华人民共和国法律,被请求引渡人具有中国国籍的,应当拒绝引渡。本题李红具有中国国籍,因此属于应拒绝引渡之列,C 错,D 正确。

3. C。本题考查国籍法。依《国籍法》第 5 条的规定,父母双方或一方为中国公民,本人出生在外国的,具有中国国籍;但父母双方或一方为中国公民并定居在外国,本人出生时即具有外国国籍的,不具有中国国籍,A 错。依《国籍法》第 3 条,中国不承认双重国籍,B 错。依据国际法,国籍是每个国家根据自己的法律赋予自然人的,《国籍法》不能决定一个外国主权国家赋予一个自然人该国国籍的权利,乔安娜出生时是否具有甲国国籍,应由甲国法确定,C 正确。依《国籍法》第 7 条的规定,外国人在满足一定条件的情况下可以经申请加入中国国籍,D 错。

4. D。本题考查引渡。依《海牙公约》和《蒙特利尔公约》的规定,航空器登记国、航空器降落地国、嫌疑人所在国等均对危害航空安全的犯罪行为有管辖权,A 错误。乙国不能直接派警员赴丁国将阿里抓捕,可通过引渡的方式行使管辖权,B 错。因为无引渡条约,丁国无义务将阿里引渡至丙国,C 错。D 正确,《海牙公约》等公约没有将空中劫持行为的引渡作为缔约国的一项强制性义务,而是规定了"或引渡或起诉"的规则。

5. A。本题考查外国人入境、居留和出境。A 正确,《出境入境管理法》第 39 条第 2 款规定,外国人在旅馆以外的其他住所居住或者住宿的,应当在入住后 24 小时内由本人或者留宿人,向居住地的公安机关办理登记。B 错,《出境入境管理法》第 28 条第 2 项规定,有未了结的民事案件,人民法院决定不准出境的外国人,不准处境,即必须是法院决定不准出境,才不能出境。C 错,依《出境入境管理法》第 41 条,如非工作签证,则不能工作。D 错,依《出境入境管理法》第 22 条第 2 项的规定,如迪亚取得了永久居留权,则属于免签的范围。

6. B。本题考查引渡。A 错,B 正确,依《引渡法》第 8 条第 5 项的规定,依中国法或请求国法,引渡请求所指的犯罪纯属军事犯罪的,中国应当拒绝引渡。C 错,依该法第 9 条的规定,健康原因属于"可以"拒绝引渡的原因,不是"应当"。D 错,依该法第 7 条的规定,双重犯罪原则是中国准予引渡的条件之一。

7. B。本题考查外交保护。本题涉及外交保护的条件。A 错,甲国国民受到的是乙国私人侵害,乙国国家并无不法行为,甲国不应直接对该国民进行外交保护,除非侵害发生地国拒绝司法救济。C 违反了"用尽当地救济"原则,故 C 错。D 错误,因为外交保护是国家的权利,属于一国的属人优越权,国家可以拒绝行使此权利,也可以不应请求人的请求而主动行使。

8. B。本题考查外交保护。外交保护是指一国通过外交途径对在国外的本国国民的合法权利进行的保护。外交保护是国家的权利而不是义务。外交保护的条件主要有"国籍持续联系原则"和"用尽当地救济原则",即受害人必须用尽当地法律规定的一切可以利用的救济办法,包括行政和司法救济手段,在这些手段用尽之后仍未得到合理救济时,才可以提出外交保护,外交保护是国家之间的关系,不以个人提出为条件。故 B 正确,CD 错误。A 选项过于绝对了,故错误。

9. B。本题考查《国籍法》及外国人的法律地位。依《国籍法》,定居外国的中国公民如自愿取得外国国籍,则中国国籍自动丧失;曾具有中国国籍的外国人申请恢复中国国籍并被批准的,则不得再保留外国国籍。故 A 错,B 正确。C 错,依《出境入境管理法》第 15 条的规定,外国人入境,应当向驻外签证机关申请办理签证。D 错,依《出境入境管理法》第 39 条第 2 款的规定,市民在自己家中留宿外国人的,应当在外国人入住后 24 小时内由外国人或留宿人,持外国人护照、留宿人户口本等材料,向居住地公安派出所办理外国人住宿登记手续。

10. A。本题考查外国人出境入境的相关考点。A 项正确,《出境入境管理法》第 25 条第 2 款规定,对不准入境的外国人,出入境边防检查机关可以不说明理由。B 项错误,《出境入境管理法》第 41 条第 1 款规定:"外国人在中国境内工作,应当按照规定取得工作许可和工作类居留证件……”吉米留学期间发现就业机会,应当依法取得工作许可和工作类居留证件,而非仅需就读学校批准。C 项错误,《出境入境管理法》第39 条第 2 款规定:“外国人在旅馆以外的其他住所居住或者住宿的,应当在入住后二十四小时内由本人或者留宿人,向居住地的公安机关办理登记。”吉米留学期间在同学家中短期借住,应按规定在入住后 24 小时内向居住地的公安机关登记,而非 48 小时内。D 项错误,《出境入境管理法》第 28 条第 1 项规定:“外国人有下列情形之一的,不准出境:(一)被判处刑罚尚未执行完毕或者属于刑事案件被告人、犯罪嫌疑人的,但是按照中国与外国签订的有关协议,移管被判刑人的除外。”可见,若吉米为盗窃罪的犯罪嫌疑人,则吉米不可出境的情况存在例外情形。

11. D。A 项考查中国国籍的退出。我国《国籍法》第 10 条规定:“中国公民具有下列条件之一的,可以经申请批准退出中国国籍:一、外国人的近亲属;二、定居在外国的;三、有其它正当理由。”埃尔在申请被批准后成为中国公民,之后有正当理由仍可以申请退出中国国籍,A 项说法错误。

B 项考查国籍的审批机关。《国籍法》第 16 条规定:“加入、退出和恢复中国国籍的申请,由中华人民共和国公安部审批。经批准的,由公安部发给证书。”因此,埃尔加入中国国籍的申请由中国公安部审批,B 项说法错误。

C 项考查双重国籍。我国不承认中国公民有双重国籍。《国籍法》第 8 条规定:“申请加入中国国籍获得批准的,即取得中国国籍;被批准加入中国国籍的,不得再保留外国国籍。”因此,埃尔加入中国国籍后,不得再保留甲国国籍,C 项说法错误。

D 项考查国籍的取得。《国籍法》第 4 条规定:“父母双方或一方为中国公民,本人出生在中国,具有中国国籍。”埃尔与中国女子在中国广州所生的儿子,因本人母亲具有中国国籍,本人出生在中国,因此具有中国国籍,D 项说法正确。

二、1. BD。本题考查外国人法律地位。A 错,依《出境入境管理法》第 39 条第 1 款的规定,外国人在旅馆以外的其他住所居住或者住宿的,应当在入住后 24 小时内由本人或者留宿人,向居住地的公安机关办理登记。B 正确,留宿人也可以在 24 小时内办理登记。C 错,查尔斯所持的是旅游签证,不能工作。D 正确,该法第 28 条第 2 项规定:“外国人有下列情形之一的,不准出境:……(二)有未了结的民事案件,人民法院决定不准出境的……”

2. BC。本题考查《引渡法》。依《引渡法》第 10 条,请求国的引渡请求应向中国外交部提出,A 错。依《引渡法》第 15 条,在没有引渡条约的情况下,乙国应当作出互惠的承诺,否则,我国不会接受乙国申请,B 正确。依《引渡法》第 16 条第 2 款、第 22 条的规定,应由最高人民法院指定的高级人民法院对请求国提出的引渡请求进行审查并作出裁定,C 正确。依《引渡法》第 14 条第 1 项的规定,如中国同意,或被引渡人在引渡罪行诉讼终结、服刑期满或提前释放之日起 30 日内没离开请求国,或离开后又自愿返回,可将被引渡人再引渡给第三国,D 错。

3. AC。本题考查外国人的法律地位。A 正确,刘娜是中国公民,并不是外国公民,刘娜回中国不需要中国的签证。关于房产登记所需的身份证明,依《出境入境管理法》第 14 条,定居国外的中国公民在中国境内办理金融、教育、医疗、交通、电信、社会保险、财产登记等事务需要提供身份证明的,可以凭本人的护照证明身份。故 B 错误,C 正确。依该法第 12 条第 3 项的规定,中国公民有未了结的民事案件,人民法院决定不准出境的,不准出境,D 错误。

4. BCD。本题考查外国人出入境。《出境入境管理法》第 60 条规定:外国人有该法第 59 条第 1 款规定情形之一的,经当场盘问或者继续盘问后仍不能排除嫌疑,需要作进一步调查的,可以拘留审查。实施拘留审查,应当出示拘留审查决定书,并在 24 小时内进行询问。发现不应当拘留审查的,应当立即解除拘留审查。拘留审查的期限不得超过 30 日;案情复杂的,经上一级地方人民政府公安机关或者出入境边防检查机关批准可以延长至 60 日。故 A 错误,BCD 正确。

5. BD。外交保护是在国家之间进行的,A 错。公民根据国内法的规定,一般可以向国籍国请求保护,C 错。当受害人用尽当地法律规定的一切可以利用的救济办法,包括行政和司法救济手段,在这些手段用尽之后仍未得到合理救济时,受害人国籍国即可行使外交保护,BD 正确。

6. ACD。本题考查外国人入境、居留和出境。依《出境入境管理法》第 41 条第 1 款的规定,外国人在中国境内工作,应当按照规定取得工作许可和工作类居留证件。任何单位和个人不得聘用未取得工作许可和工作类居留证件的外国人。亨利为留学生,所持的不是工作签证,因此是不能在办事处工作的。因此,B 错误,ACD 正确。

## 第五章 外交关系法与领事关系法

一、1. B。本题考查外交与领事特权与豁免。依《维也纳外交关系公约》,使馆馆舍不得侵犯。如乙国使馆拒不搬迁,甲国不得采取强制的征用搬迁措施,A 错。使馆馆舍是指供使馆使用及供使馆馆长寓所之用的建筑物或建筑物的各部分以及所附属的土地,无论所有权属于谁。因此,不在使馆办公区域内的大使官邸也属于使馆馆舍,甲国也不可以采取强制征用搬迁措施,B正确。依《维也纳领事关系公约》的规定,如接受国对领馆确有征用的必要时,应采取一切可能的步骤以免妨碍领馆执行职务,并应向派遣国作出迅速、充分及有效的补偿。C项只是给予了补偿,并没有进行其他的安排,C错误。在作出上述安排和补偿的情况下,甲国可征用丙国领馆,D错误。

2. B。依《维也纳外交关系公约》的规定,使馆馆舍不可侵犯,接受国人员非经使馆馆长许可,不得进入使馆馆舍执行公务;即使是送达司法文书,遇火灾以及流行病发生,也不例外。B正确。

3. C。本题考查领事特权与豁免。A错误,依《维也纳领事关系公约》的规定,第三者因车辆在接受国内所造成的意外事故而要求损害赔偿的诉讼属于管辖豁免的例外。BD错误,依公约,领事对执行职务所涉及的事项没有作证或提供有关公文或文件的义务。除上述情形外,领事官员不得拒绝作证,但如领事拒绝作证也不得对他施以强制或处罚,C正确。

4. A。本题考查外交特权与豁免。A正确,根据《维也纳外交关系公约》的规定,行政和技术人员和与该人员构成同一户口的家属,如果不是接受国国民,而且不在该国居留,则也享有外交人员享有的特权与豁免。B错,行政和技术人员从派遣国进入接受国海关时,行李不能免受海关查验。C错,使馆的档案不得侵犯,即使派遣国与接受国发生武装冲突,也不能例外。D错,使馆的馆舍不得侵犯,接受国官员非经使馆馆长的许可,不得进入馆舍。即使是在使馆发生火灾或严重危及公共安全的灾难时,接受国官员非经使馆馆长的许可也不得进入。

5. D。本题考查外交特权与豁免。A错,依《维也纳外交关系公约》的规定,接受国官员不得进入馆舍执行公务,接受国也不能对馆舍进行任何司法程序,没有得到馆长许可,接受国的警察、司法机关人员等都不得进入使馆。B错,使馆档案和文件,无论何时,也不论位于何处,都是不可侵犯的,包括外交关系断绝或发生武装冲突时。C错,依公约,在关税方面,使馆公务用品准许入境并免除一切关税和除了贮存、运送及类似的服务费用之外的一切其他课征。D正确,使馆的通信自由指当使馆与派遣国政府及无论何处的该国其他使馆及领事馆通讯时,可以采用一切适当办法,包括外交信使及明密码电信在内。但使馆非经接受国同意,不得装置并使用无线电发报机。

6. B。本题考查外交关系法。外交人员不得介入接受国的党派斗争,不得参加或支持旨在反对接受国政府的集会、游行、示威活动等,A错,B正确。外交代表不应在接受国内为私人利益从事任何专业或商业活动,C错。如果哈维不幸去世,哈维家属应继续享有应享有的特权与豁免,直到离境的合理期间结束为止,D错。

7. A。根据《维也纳外交关系公约》的有关规定,外交人员享有完全的对接受国刑事管辖的豁免,外交人员也免除作证义务。外交人员的特权与管辖豁免可以由派遣国放弃,但这种放弃只能由派遣国明示作出,外交人员自身没有作出这种放弃的权利。故A正确,BC错。外交人员的特权与豁免的放弃由派遣国作出,不论本人同意与否,D错。

8. C。A项考查领事馆的豁免权。《维也纳领事关系公约》第31条第2款规定:"接受国官吏非经领馆馆长或其指定人员或派遣国使馆馆长同意,不得进入领馆馆舍中专供领馆工作之用之部分。惟遇火灾或其他灾害须迅速采取保护行动时,得推定领馆馆长已表示同意。"在本题中,虽然领事馆发生火灾,但领事馆已明确反对甲国进入,推定馆长同意的理由不能成立,A项说法错误。

B项考查使馆义务。《维也纳外交关系公约》第41条第3款规定:"使馆馆舍不得充作与本公约或一般国际法之其他规则或派遣国与接受国间有效之特别协定所规定之使馆职务不相符合之用途。"对被甲国通缉的丙国人予以庇护不属于使馆职务范围,B项说法错误。

C项考查通讯豁免权。《维也纳领事关系公约》第35条第3款规定:"领馆邮袋不得予以开拆或扣留。但如接受国主管当局有重大理由认为邮袋装有不在本条第四项所称公文文件及用品之列之物品时,得请派遣国授权代表一人在该当局前将邮袋开拆。如派遣国当局拒绝此项请求,邮袋应予退回至原发送地点。"对于领事馆的邮袋,如乙国拒绝则甲国不能强行拆开,C项说法正确。

D项考查不受欢迎的人。依《维也纳外交关系公约》,对于派遣国的使馆馆长及外交人员,接受国可以随时不加解释地宣布为"不受欢迎的人",对于使馆的其他人员,接受国可以宣布为"不能接受"的人,且无须说明理由。D项说法错误。

二、1. AB。本题考查外交人员的特权与豁免。A正确,派遣国派遣使馆馆长和武官之前,应先将拟派人选通知接受国。B正确,馆长、参赞、武官、外交秘书和随员享有完全的对接受国刑事管辖的豁免。C错误,使馆的行政技术人员包括译员、工程师、会计等,享有一般特权与豁免,但该特权与豁免存在若干限制,如不享有行政与民事豁免,C选项混淆了行政技术人员与外交人员特权与豁免的区别。D错误,与外交人员构成同一户口且为非接受国国民的家属,享有与外交人员相同的特权与豁免。如遇使馆人员死亡,家属继续享有应享有的特权与豁免,直到离境的合理期间结束时为止,而不是在外交人员死亡时结束。

2. AD。本题考查领事关系法和外交特权与豁免。A正确,在获接受国准许并颁发领事证书后,领馆馆长方可执行职务。B错,依《维也纳外交关系公约》的规定及相关国际法规则,接受国可以拒绝接受自己所不同意的任何派遣国使馆人员,并无须向派遣国说明理由。C错,在外交关系建立并互设使馆之后,由于某种原因,一国也可以单方面暂时关闭使馆,甚至断绝与另一国的外交关系。D正确,如派遣国使馆人员在入境后被宣告为不受欢迎的人,则派遣国应酌情召回该人员或终止该人员的职务。否则,接受国可以拒绝承认该人员为使馆人员,甚至令该人员限期离境。

3. CD。本题考查领事特权与豁免。柯里是领事馆官员,依《维也纳领事关系公约》的规定,领事官员执行职务的行为不受接受国的司法和行政管辖。柯里是在周末出游时肇事逃逸并致人死亡的,乙国可以对柯里提起刑事诉讼,因此,A错误,D正确。吉姆是外交人员,外交人员的特权和管辖豁免可以放弃,但这种放弃只能由派遣国明示作出,因此,吉姆本人没有作出这种放弃的权利,B错误。C正确,与上述理由相同,柯里只享受执行职务行为的司法管辖豁免。

4. ABD。本题考查外交关系和领事关系。AB正确,依《维也纳外交关系公约》和《维也纳领事关系公约》的规定,默示承认指承认者不是通过明白的语言文字,而是通过与承认对象有关的行为表现出承认的意思,建立外交关系属于默示的承认。两国建立外交关系,除非有特别声明,即意味着同意建立领事关系。依《维也纳领事关系公约》第22条第1款的规定,领事官员原则上应属派遣国国籍;依据该条第2款、第3款的规定,委派属接受国国籍之人或者第三国国民为领事官员,必须得到接受国的明示同意。C错,D正确。

5. AD。本题考查领事特权与豁免。领事官员的人身不受侵犯受到一定限制。当领事官员犯有严重罪行时,依当地司法机关的裁判,可予以逮捕或拘押。马里奥的同户家属也享有同样的豁免限制,A正确,严重犯罪是可以逮捕或拘押的。B错误,领馆人员的同户家属的特权和豁免于该人员不为家属时终止,但如该人员想在稍后合理期间内离开接受国境,特权与豁免应继续有效,至离境之时止。C错误,加西亚作为同户家属,应当是有豁免权的。D正确,领事官员执行职务行为不受接受国的司法和行政管辖。

6. AB。本题考查外交关系与领事关系的区别。AB正确,领事机构的职务限于辖区,而非接受国全境。C错误,外交代表机构的职务范围是接受国的全境,而非只在其首都。D错误,外交代表机构与领事机构的特权与豁免不尽相同。

7. AD。A正确,依《维也纳外交关系公约》,接受国官员不得进入馆舍执行公务,接受国也不能对馆舍进行任何司法程序,没有得到馆长许可,接受国的警察、司法机关人员等都不得进入使馆。公约没有规定任何例外,例如,它没有规定在发生火灾、流行病或其他特别紧急情况时,接受国官员可以不待馆长许可就进入馆舍。B错,使馆档案和文件,无论何时,也不论位于何处,都是不得侵犯的,包括外交关系断绝或发生武装冲突时,在时间上是没有限制的。C错,使馆的通信自由指当使馆与派遣国政府及无论何处的该国其他使馆及领事馆通讯时,可以采用一切适当办法,包括外交信使及明密码电信在内。但使馆非经接受国同意,不得装置并使用无线电发报机。D正确,依该公约,使馆免纳捐税的项目有:使馆馆舍免纳全国性或地方性各种捐税,但对接受的特定服务所应付的费用,如清除垃圾费,不在免除之列;使馆办理公务所收的规费和手续费免征一切捐税;在关税方面,使馆公务用品(如办公室家具、打字机、车辆)准许入境并免除一切关税和除了贮存、运送及类似的服务费用以外的一切其他课征。

8. AC。本题考查外交特权与豁免。威利的妻子是接受国国民,不应享受外交人员的特权与豁免,A正确。依《维也纳外交关系公约》,使馆的档案不得侵犯,即使当派遣国与接受国发生武装冲突时,也不能例外,B错误。依该公约,行政和技术人员从派遣国进入接受国海关时,行李不能免受海关查验,C正确。D错误,使馆的行政技术人员,执行职务范围以外的行为不享有民事和行政管辖的豁免。

9. ACD。本题考查外交关系法和外交特权与豁免。A正确,使馆人员的职务一般因派遣国与接受国断绝外交关系和暂时中断外交关系,或者因派遣国或接受国主体资格消失或者因革命产生新政府等而终止。派遣国通知接受国外交代表职务已经终止或接受国通知派遣国拒绝承认该外交代表为使馆人员,也会使该外交代表职务终止。B错,和外交人员同住一户的家属与外交人员有同样的豁免与特权,但艾烈特已26岁了,不再是同住一户的家属了。C正确,外交人员以私人身份并不代表派遣国而作为遗嘱执行人、遗产管理人、继承人或受赠人之关于继承事项的诉讼,属于民事管辖豁免的例外。D正确,外交人员主动起诉属于民事管辖豁免的例外。

## 第六章　条　约　法

一、1. D。本题考查条约的适用。A错,依《维也纳条约法公约》的规定,先后就同一事项签订了两个条约的,在同为两条约当事国的国家之间,适用后约优于前约的原则。在同为两条约当事国与仅为其中一条约的当事国的国家之间,适用两国均为当事国的条约。因此,甲乙两国之间优先适用新约。B错误,D正确,条约的分歧应采用公约规定的方式消除,或依目的及宗旨调和,而不是无效。C错,因为缔约国不得从对方文字约文的不同解释中获得利益。

2. A。依我国《缔结条约程序法》，上述条约须经我国全国人大常委会批准，A 正确。在国际法与国内法的关系上，目前国际法中尚无关于国内法与国际法关系的具体、统一、完整的规则。从国际实践来看，首先在国际层面，国内立法不能改变国际法的原则规则；国家不得以国内法规定来对抗承担的国际义务，或以国内法规定作为违背国际义务的理由来逃避国际责任。同时，国际法不得干预一国国内法制订，除非该国承担了相关的特殊义务。如一国在国际法与国内法发生冲突时，优先适用国内法造成对国际法的违背，该国应承担相应的国家责任。关于国际法与国内法的冲突，目前我国宪法没有统一的规定，存在条约直接适用，条约与相关国内法并行适用，条约转化适用的情况，BCD 错。

3. B。本题考查条约的成立。依《维也纳条约法公约》的规定，草签的意义是双方对约文文本的认证，不是接受拘束的一种方式。因此，草签的文本对签字双方尚没有法律上的拘束力。草签也不是缔结条约所必须经过的程序，国家对于草签后的条约文本也没有以后必须正式签署的一般义务。故 B 正确。

4. A。条约保留的法律效果分为以下几种情况：(1)在保留国与接受保留国之间，按保留的范围，改变该保留所涉及的一些条约规定；(2)在保留国与反对保留国之间，若反对保留国并不反对该条约在保留国与反对保留国之间生效，则保留所涉及的规定，在保留的范围内，不适用于该两国之间；(3)在未提出保留的国家之间，按照原来条约的规定。故 A 正确。

5. A。本题考查条约的保留。条约保留的法律效果分为以下几种情况：(1)在保留国与接受保留国之间，按保留的范围，改变该保留所涉及的一些条约规定；(2)在保留国与反对保留国之间，若反对保留国并不反对该条约在保留国与反对保留国之间生效，则保留所涉及的规定，在保留的范围内，不适用于该两国之间；(3)在未提出保留的国家之间，按照原来条约的规定。故 A 正确。

6. A。本题考查条约法。依我国《缔结条约程序法》第 6 条第 2 款第 1 项的规定，国务院总理与外交部长谈判、签署条约、协定，无须出具全权证书，A 正确。我国虽签署了《联合国国家及其财产管辖豁免公约》，但全国人大常委会尚未批准，该公约本身迄今也未生效，因此，该公约对中国尚不具有拘束力，B 错。我国《宪法》《立法法》《缔结条约程序法》等法律对国际条约在我国法律体系中的位阶与地位并未作出统一、明确的规定，仅在具体的中国法律对此有规定的情况下，才能确定具体的国际条约与国内法有冲突时何者优先适用；此外，优先适用国际条约，也须排除中国声明保留的条款，因此，C 错。依据条约法，一国签署了某公约，不表明该国立法机关有义务批准该公约，D 错。

7. D。根据《维也纳条约法公约》的规定，条约的成立要符合强行法规则。本题中甲、乙两国签订条约的目的是对他国使用武力和进行种族灭绝，一旦实施，就会违反不使用武力原则，同时涉嫌构成种族灭绝的国际罪行。因此，该条约因与国际法强行规则相抵触而无效，AB 所述错误，D 正确。一国国家行为的不法性，可因相关权利国的同意而排除，但需要注意的是，这种排除要以致害国的行为不违反强行法为限，因此，C 错误。

二、1. ABD。本题考查国际法院与国际海洋法法庭的管辖权问题。A 错误，对于海洋划界、领土争端、军事活动、涉及历史性海湾所有权的争端以及联合国安理会正在行使管辖权的争端，缔约国可以通过书面声明来排除强制程序的适用。B 错误，联合国会员国与是否接受国际法院管辖无必然联系。C 正确，任意强制管辖为国际法院行使管辖权的依据，主权国家接受管辖的单方声明构成任意强制管辖。D 错误，《联合国海洋法公约》规定，一国在签署、批准或加入本公约时，或在其后任何时间，可以自由用书面声明方式选择联合国海洋法法庭的管辖。可见《联合国海洋法公约》仅认可书面保留形式。

2. CD。本题考查条约的效力。《维也纳条约法公约》规定，条约当事国一方违约时，他方可以终止该约或暂停条约作为对对方不法行为的一种对抗，但必须满足必要和成比例原则，一方并不严重的违约不能导致另一方的废约。乙国未能及时维修航道的行为，不能构成终止条约的必要和成比例的理由。甲国首先应敦促乙国履行义务，而不能以此为借口废除条约。甲国以此理由提出终止条约，并单方面采取强制行动的行为没有条约法的根据，A 错。甲国政府片面实施强制行动，并扩展至其他缔约国，构成国际不法行为，引起了国际法上的国家责任。甲乙两国的责任并非同等，应就各自的不法行为承担相应的法律责任，D 正确。甲国政府的行为构成了重大违约，对于甲国的行为，乙丙丁 3 国有权与甲国终止条约关系，也可选择在所有当事国之间终止条约关系，即终止该条约，B 错，C 正确。

3. CD。本题考查条约的缔结和保留。A 错误，依《维也纳条约法公约》的规定，谈判代表一般须持有被授权进行谈判的全权证书，但国家元首、政府首脑或外交部长等无须出示全权证书，而外交部副部长无此特权。B 错误，依该公约的规定，条约约文的起草可以由一方提出条约草案，对方提出意见，也可以由双方共同起草。C 正确，依该公约的规定，除条约另有规定外，保留的撤回无须经接受保留的国家或国际组织的同意。D 正确，依《联合国宪章》第 102 条的规定，宪章发生效力后，联合国任何会员国所缔结的一切条约及国际协定应尽速在秘书处登记，并由秘书处公布之。当事国对于未经第 1 项规定登记的条约或国际协定，不得向联合国机关援引之。

4. ACD。无论甲国国内的法律制度如何，甲国的行为是否符合国内法，都不能作为对抗国际法上义务的根据，A和C错。如果甲国通过了与上述条约义务不一致的立法，导致甲国实施了违反条约义务的行为，则依照国际法，将引起甲国在国际法上的国家责任，B正确。根据国际法中的有关规则和实践，国际法一般不干预一国国内法制定。甲乙国之间的有效条约所规定的甲国的义务，对于甲国具有国际法上的拘束力，但这项条约并不直接剥夺甲国立法机关的相关立法权，因此D错。

5. BCD。本题考查条约的缔结。批准条约并非签署条约的必然结果，国家没有必须批准所签署的条约的义务，是否批准及何时批准一项条约，由各国自行决定，A错误。依《缔结条约程序法》第7条第1、4款的规定，条约和重要协定的批准由全国人大常委会决定，协定批准书由中华人民共和国主席签署，有关司法协助的条约即属于其中一种，因此，B正确。根据《维也纳条约法公约》的规定，在条约规定禁止保留的情况下不得提出保留，因此，C正确。在我国民商事和民事诉讼领域，中国缔结的条约与国内法有不同规定的部分，在国内可以直接适用，但声明保留的条款除外，因此，D正确。

6. AC。本题考查条约的缔结。在国际法与国内法的关系上，目前国际法中尚无关于国内法与国际法关系的具体、统一、完整的规则。从国际实践来看，首先在国际层面，国内立法不能改变国际法的原则规则；国家不得以国内法规定来对抗承担的国际义务，或以国内法规定作为违背国际义务的理由来逃避国际责任，故A正确。同时，国际法不得干预一国国内法的制定，除非该国承担了相关的特殊义务，故D错误。一国在国际法与国内法发生冲突时，优先适用国内法造成对国际法的违背的，该国应承担相应的国家责任。综上，AC正确。

7. AC。条约的解释是指对条约的整体、个别条款或词句的意义、内容和适用条件所作的说明，目的在于明确条约中含混不清或模棱两可的地方，从而有利于条约的诚实善意履行。条约用两种或两种以上文字写成，遇有分歧时，若条约规定了应以某种文字的约文为准，则应以规定的文字为准，如果条约无此类特别规定，每种文字应同一作准，而且有关各方仅受本国文字文本的约束。综上，AC正确。

8. BCD。本题考查条约的保留。根据《维也纳条约法公约》的规定，关于条约保留的接受：首先，条约明文准许保留的，一般不需要其他缔约国事后予以接受，B正确；其次，当从谈判国有限数目以及条约的目的和宗旨可见，该条约在全体当事国的全部适用是每一当事国同意受该条约拘束的必要条件时，保留须经全体当事国接受，而非"该条约不允许保留"，A错误；最后，条约若是一个国际组织的组织约章，保留一般须经该组织的有权机关接受，C正确。关于条约保留的法律后果，在保留国和接受保留国之间，按保留的范围改变该保留所涉及的一些条约规定，D正确。

9. CD。条约的保留是指一国在签署、批准、接受、赞同或加入一个条约时所作的单方声明，无论措辞或名称如何，目的在于排除或更改条约中某些规定对该国适用时的法律效果。

保留是一国单方面作出的，对于保留，其他的缔约国可以同意或反对。

在保留国与接受保留国之间，按保留的范围改变该保留所涉及的一些条约规定。在本题中，甲乙丙丁4国约定如果对协议发生争议由国际法院管辖，甲国声明对该条款的保留，乙国接受该保留，甲国为保留国，乙国为接受保留国，甲乙两国间适用保留的规定，即甲国与乙国的冲突均不适用国际法院管辖。A项说法错误。

在保留国与反对保留国之间，保留所涉及的规定，在保留的范围内，不适用于该两国之间。在本题中，丙国和丁国均反对甲国的保留，因此，甲国与丙国、丁国的冲突不适用国际法院管辖。B项说法错误。

在未提出保留的国家之间，按照原来条约的规定。在本题中乙国、丙国、丁国均未提出保留，仍适用4国协议约定，乙国与丙国的冲突、乙国与丁国的冲突均由国际法院管辖，C项、D项说法正确。

## 第七章　国际争端的和平解决

一、1. A。本题考查国际争端的和平解决。A正确，调停是第三方以中间人的身份推动和协助争端当事国采取和平方式解决争端，包括提出建议作为争端当事国进行谈判的基础，而且直接参加争端当事国之间的谈判，以促使争端当事国达成妥协。调停方提出的建议对争端方并没有法律约束力，因而不能强迫当事方接受，B错误。C错误，斡旋是指争端以外的第三方为促成当事国进行谈判或争端解决，采取和提供某些协助活动；第三国本身不参加谈判，也不提出任何解决争端的方案。D错误，乙国断绝与甲国的外交关系，构成国际法上的反报行为，而不是报复行为。关于反报和报复的区别主要有：反报是指一国对于他国的不礼貌、不友好但不违法的行为，采取相同或相似的不礼貌、不友好但不违法的行为予以回报；报复是一国对于他国的国际不法行为，采取与之相应的措施作为回应。

2. A。调查是解决国际争端的一种方式，是指在涉及事实性问题的争端中，有关当事方同意将有关事实真相的调查交由第三方进行，以解决争端。调查需要争端当事方对采用的调查方式订立专门协议，成立调查委员会，并就调查委员会的调查内容、组成、期限、权限等方面作出约定。调查委员会的任务限于查明事实,向当事国提交调查结果报告,不对争端的是非曲直作出判定。报告的拘束力性质由当事国所订的协议确定,各国不必然承担对报告承认的义务。综上,A 正确。

3. A。本题考查国际法院。国际法院本身没有强制执行的权力。根据《联合国宪章》及《国际法院规约》的有关规定,如有一方拒不履行判决,他方得向安理会提出申诉,安理会可以作出有关建议或决定采取措施执行判决。综上,A 正确,BCD 错误。

4. C。本题考查国际争端的解决方式。现代国际法确立了和平解决国际争端的基本原则,A 错。C 国总统可出面进行调停,属于非强制解决方法中的政治解决方法,不是干涉内政,B 错。对于任何争端,当事国都可以在争端发生后达成协议,将争端提交国际法院,国际法院根据当事国各方的同意进行管辖,C 正确。关于国际法院的咨询管辖,联合国大会及大会临时委员会、安理会等可以就执行职务中的任何法律问题请求国际法院发表咨询意见。其他任何国家、团体、个人包括联合国秘书长,都无权请求法院提供咨询意见,D 错误。

5. D。本题考查国际争端的解决方式。就乙国断绝与甲国的外交关系而言,该行为构成国际法上的反报行为。反报行为本身不构成对国际法的违背,乙国不承担国家责任,A 错,D 正确。在国际实践中,单纯的降级或断交常常被认为是两国进行政治斗争的一种手段,一般不带来法律义务的违背。因此,甲国的行为是一种强烈的政治姿态,但不是国际法上的违法行为,B 错。甲国使馆的财产为外交财产。依《维也纳外交关系公约》所规定的使馆的特权与豁免,使馆馆舍不得侵犯。这项特权即使在两国断交,使馆馆长长期或暂时撤退,发生武装冲突时也不例外,C 错。

6. A。本题考查国际法院。根据《国际法院规约》的规定,国际法院管辖案件的范围有 3 个方面:一是自愿管辖,即对于任何争端,当事国都可以在争端发生后达成协议将争端提交国际法院;二是协定管辖,指在现行条约或协定中规定各方同意将有关的争端提交国际法院解决;三是任择强制管辖,《国际法院规约》的当事国可以通过发表声明就具有某些性质的争端对于接受同样义务的任何其他当事国接受法院的管辖当然具有强制性,而不需要再有特别的约定。这些争端一般包括对于条约的解释、违反国际义务的任何事实、违反国际义务而产生的赔偿的性质和范围等。综上,A 错误。

二、1. AD。本题考查国际争端的解决方式。斡旋和调停的不同点是:斡旋只是第三方促使当事国进行谈判,提出建议或转达当事国的建议,但第三方一般不参与谈判;调停方则以中间人的身份推动和协助争端当事国采取和平方式解决争端,包括提出建议作为争端当事国进行谈判的基础,而且直接参加争端当事国之间的谈判,以促使争端当事国达成妥协。调停方提出的建议对争端方并没有法律约束力,因而不能强迫当事方接受。军事威胁构成干涉,是强制解决国际争端的方法,被现代国际法禁止。综上,AD 正确。

2. BD。本题考查国际争端的和平解决。根据《国际法院规约》中自愿管辖方式的规定,联合国法院可基于双方的协议取得争端的管辖权,甲国不能单方将争议提交该法院,故 A 错,B 正确。海洋法庭的建立不排除国际法院对海洋活动争端的管辖,争端当事国可以自愿选择将海洋争端交由哪个机构来审理,故 C 错,D 正确。

3. AC。本题考查国际争端的和平解决。根据《国际法院规约》,国际法院的判决须在法院开庭宣读,并自宣布之日起对各当事国产生拘束力。国际法院的判决是终局性的。判决一经作出即对案件及案件当事国产生拘束力,当事国必须履行。但国际法院本身没有强制执行的权力。如有一方拒不履行判决,他方得向安理会提出申诉,安理会可以作出有关建议或决定采取措施执行判决。当事国对判决的意义或范围发生争执时,可以请求国际法院作出解释,A 正确。当事国在判决作出后,如发现能够影响判决的、决定性的且在诉讼过程中不可能获知的新事实,可申请法院复核判决,复核程序与诉讼程序相同。申请复核至迟应于新事实发现后的 6 个月内并在判决之日起不超过 10 年内提出。综上所述,BD 错误,C 正确。

4. BD。本题考查国际争端的解决方式。A 错误,只有发生足以危及国际和平与安全的争端或情势,安理会才提出建议。B 正确,C 错误。D 正确,秘书长应密切关注各地潜在的冲突或争端,提请联合国有关机关和各国重视;直接与争端当事国进行讨论及磋商,参与谈判、调停、斡旋、和解等活动。

5. ABCD。本题考查国际法院。A 正确,属于对人管辖,争端当事国双方为非联合国的会员国,但为《国际法院规约》的当事国,国际法院得以对双方行使管辖权。B 正确,属于自愿管辖,即对于任何争端,当事国都可以在争端发生后达成协议,将争端提交国际法院,法院根据当事国各方的同意进行管辖。C 正确,属于协定管辖,即在现行条约或协定中规定各方同意将有关的争端提交国际法院解决的,国际法院得以对争端行使管辖权。D 正确,属于任择强制管辖,即《国际法院规约》的当事国可以通过发表声明就具有某些性质的争端接受法院的管辖,具有强制性。

## 第八章　战争与武装冲突法

一、1. B。本题考查战争法。A 错,依相关战争法规则,交战国人民之间的贸易和商务往来是被禁止的,但已履行的契约和已结算的债务并不废除。B 正确,依相关战争法,中立国有义务防止交战国在本国领土或本国管辖范围内利用本国资源准备从事敌对行动以及战争相关的行动,防止交战国在本国领土或本国管辖区域内装备船舰或增加船舰武装。C 错,对于在战争或武装冲突发生时位于交战国境内的敌国平民应给予人道主义的待遇,平民不得成为攻击的对象。D 错,交战国对在海上遇到的敌国公、私船舶及货物,可予以拿捕没收,但从事探险、科学、宗教或慈善活动以及执行医院任务的船舶除外。

2. B。本题考查战争法律状态的开始、结束与后果。战争开始使交战国之间的法律关系发生变化:在条约关系上,凡以维持共同政治行为或友好关系为前提的条约如同盟条约、互助条约及和平友好条约立即废止;凡规定战争行为规范的条约于战争开始后不仅有效,而且必须适用,当事国应严格遵守,B 正确。在经贸方面,断绝经贸往来是战争开始后敌国之间通常采取的措施,一般交战国人民之间的贸易和商务往来是被禁止的,但已履行的契约或已结算的债务不废除,A 错。在敌产处理方面,交战国对于境内的敌国人民的私产可予以限制,如禁止转移、冻结或征用,但不得没收,C 错。交战国对在海上遇到敌国公、私船舶及货物,可予以拿捕没收,但从事探险、科学、宗教或慈善活动以及执行医院任务的船舶除外;对敌国的公、私航空器及所载货物则均可以拿捕没收,D 错。

3. B。当战争开始后,各交战国之间的外交关系和领事关系一般自动断绝,交战国关闭在敌国的使馆和领馆,接受国有一般的义务尊重馆舍财产和档案的安全。因此,答案是 B 项。

4. B。本题考查战争法律状态的开始、结束与后果。对因不知道战争已经开始而进入敌国港口的商船,应准此类船只立即或在合理的宽容期限内自由离去;专供沿岸渔业用的船只、从事地方贸易的小船以及所备的渔具等,都免予拿捕;对参加战争的渔船,因此类船只已经取得了战争船只的地位,可以拿捕。因此,应选 B。

二、1. CD。本题考查大陆架、专属经济区和战争法。A 错误,沿海国对大陆架的权利不影响大陆架上覆水域或水域上空的法律地位。如果沿海国宣布建立专属经济区,则 200 海里以内的大陆架的上覆水域和水域上空应适用专属经济区制度。如果沿海国未建立专属经济区,则大陆架的上覆水域和水域上空应适用公海制度。B 错误,在经贸方面,断绝经贸往来是战争开始后敌国之间通常采取的措施,一般交战国人民之间的贸易和商务往来是被禁止的,但已履行的契约或已结算的债务并不废除。C 正确,依相关战争法,中立国有义务防止交战国在本国领土或本国管辖范围内利用本国资源准备从事敌对行动以及战争相关的行动,防止交战国在本国领土或本国管辖区域内装备船舰或增加船舰武装。D 正确,依相关国际法,战事停止后,战俘应立即予以释放并遣返,不得迟延。

2. ABD。本题考查战争与武装冲突法。A 正确,战争开始后,一般的政治和经济类条约如商务条约,除条约另有规定外,效力停止,这类条约战后的效力如何,一般由缔约方在这类条约中或在和约中明确。B 正确,中立国有权与交战国的任一方保持正常的外交和商务关系。C 错误,中立国不能允许外国军队过境。D 正确,中立国有权对入侵采取自卫措施。

3. BCD。本题考查战争法。在实践中,结束战争状态的方式通常有以下 3 种:(1)缔结和平条约。缔结和平条约是结束战争状态的最通常的方式。和平条约一般都规定了与交战国相关的全部未决事项。和平条约的缔结和生效,意味着战争状态的结束,从而一切基于战争状态而采取的作战行为不再被允许,双方不得再行攻击、征用或没收等行为。(2)联合声明。交战国双方以发表联合声明的方式结束战争状态。(3)单方面宣布结束战争。一般由战胜国单方面宣布结束战争状态。停战、停火以及战败一方宣布无条件投降等行为仅表明战时敌对行动的停止,并不意味着法律上战争状态的结束。综上,A 错,BCD 正确。

4. BC。战争法是调整交战国之间、交战国与中立国和其他非交战国之间的关系以及规范战争中交战方行为的规则和制度的总称。战争法规则多数是国际习惯法规则,并经过了国际社会官方的大规模编纂。特别是对作战手段的限制规则以及对人员的保护规则,不但在法律上的战争状态中适用,而且一般也适用于非战争的武装冲突中。对于国家间的战争或武装冲突,战争法的一般规则对有关各方同等适用,不存在由于战争性质或作战区域的不同而排除战争法规则的适用的情形。因此,本题中甲国不能免受战争法规则的拘束,故 A 错,B 正确。作为战争法组成部分的日内瓦 4 公约,为了最大限度地保护战争受难者,对本身的适用作出了明确的规定,即不仅在发生战争或武装冲突的缔约国之间具有拘束力,而且在交战国中有非缔约国的情况下,对缔约国也具有拘束力,C 正确。日内瓦 4 公约仅仅是战争法规则的一部分,并且其中许多是对习惯国际法的编纂,因此,接受一般战争法规则的拘束并不以是否为公约的缔约国作为条件,D 错。

5. AC。本题考查战争与武装冲突法。A 正确,当战争开始后,各交战国之间的外交关系和领事关系一般自动断绝。B 错,当战争开始后,交战国关闭在敌国的使馆和领馆,接受国有一般的义务保证馆舍财产和档案的安全。C 正确,对于在战争或武装冲突发生时,位于交战国境内的敌国平民一般应允许离境。对继续居留者应给予人道主义的待遇。D 错,敌我伤病员在一切情况下应无区别地予以人道的待遇和照顾,不得基于性别、种族、国籍、宗教政治意见或其他类似标准而有所歧视。

# 国际私法

## 第一章　国际私法概述*

**一、单项选择题，每题所给的选项中只有一个正确答案。**

1. 甲国人乔治与中国人王梅结婚，两人又与另一中国人陈某在北京组建了一经营与甲国贸易的公司，后因公司所购办公用房争议（乔治称双方有过协议适用甲国法律）及与甲国公司的贸易合同争议，陈某将乔治诉诸中国某法院。后乔治与王梅的婚姻也亮起了红灯，并因孩子的抚养权争议诉诸中国某法院，乔治称与王梅同意离婚适用甲国法律。依中国的相关规定，下列哪一选项是正确的？（　　）

A. 公司所购办公用房应适用协议选择的甲国法律

B. 乔治与王梅离婚应适用两人同意适用的甲国法律

C. 与甲国公司的贸易合同选择的法律必须与该民事关系有实际联系

D. 当事人在一审法庭辩论终结前可以协议变更贸易合同选择适用的法律

2. 下列哪项规定属于间接调整涉外民商事法律关系的规范？（　　）

A. 涉外民事诉讼的被告对人民法院管辖不提出异议，并应诉答辩的，视为承认该人民法院为有管辖权的法院

B. 本公约适用于营业地在不同国家的当事人之间所订立的货物销售合同

C. 多式联运人对全程运输享有承运人的权利，承担承运人的义务

D. 民用航空器所有权的取得、转让和消灭，适用民用航空器国籍登记国法律

3. 中东某公司与招聘的中国籍人杨光签订了劳动合同，合同规定有关劳动争议应适用中东某国法律。依中国的相关规定，下列哪一选项是正确的？（　　）

A. 因用工的公司为中东某公司，因此，该劳动合同应适用中东某国法律

B. 应在中东某国法和中国法中选择适用对杨光最有利的法律

C. 因涉及劳动者权益保护，应直接适用中国的强制性规定

D. 当事人可以通过约定排除中国法的适用

4. 在下列国际私法范围内的规范中，哪一项属于间接调整方法的法律规范？（　　）

A. 我国《民法典》规定，不动产继承适用不动产所在地法律

B. 1980 年《联合国国际货物销售合同公约》

C. 我国《民事诉讼法》第 5 条第 1 款规定，外国人、无国籍人、外国企业和组织在我国法院起诉、应诉，同中华人民共和国公民、法人和其他组织有同等的诉讼权利义务

D. 2000 年《国际贸易术语解释通则》

**二、多项选择题，每题所给的选项中有两个或两个以上正确答案，少答或多答均不得分。**

1. 中国甲公司与法国乙公司签订了一货物买卖合同，约定适用法国法律。后双方发生争议，甲公司在中国法院提起诉讼。关于该案的法律适用问题，依相关中国法律和司法解释，下列哪些选项是正确的？（　　）

A. 该货物买卖合同适用法国法律

B. 因当事人已选择适用法国法，本案涉及的食品卫生安全问题应适用法国法

C. 如争议涉及外汇管制问题，则该问题应直接适用中国法

D. 法院在确定应当直接适用的中国法律时，无须再通过冲突规范的指引

2. 中国甲公司与西班牙乙公司签订了一进出口合同。在履行过程中，双方在食品数量、外汇管制等方面产生争议，并诉诸某法院。关于该案的法律适用，下列哪些选项是正确的？（　　）

A. 涉及外汇管制的问题只能适用中国法

B. 双方应在一审开庭前协商一致，选择合同争议适用的法律

C. 因法院地在中国，本案的时效问题应适用中国法

D. 涉及公共卫生安全的问题应适用中国法

3. 国际私法调整的对象是国际民商事法律关系。下列法律关系，属于国际私法调整的有哪几项？（　　）

---

* 本章答案参见第 42 页。

A. 中国公民甲与英国公民乙之间针对位于东京的动产发生的继承纠纷

B. 中国籍甲某继承其父死后遗留在英国的房产的继承关系

C. 中国登记的两船舶在大连港内相撞产生的侵权关系

D. 中国某公司告韩国公司侵犯商标权

4. 某中国公司与法国公司签订了进口某技术产品的贸易合同，后因该技术产品的专利权和海上运输合同产生争议，并诉诸中国某法院。关于相关涉外民事关系，发现《涉外民事关系法律适用法》与其他法律的规定不一致。依我国相关司法解释，下列哪些选项是正确的？（　　）

A. 均应适用《涉外民事关系法律适用法》的规定

B. 均应适用其他法律的规定

C. 其他法律为《海商法》的，应当适用《海商法》的规定

D. 其他法律为知识产权领域的法律的，首先应适用有关知识产权的规定

# 第二章　国际私法的主体*

**一、单项选择题，每题所给的选项中只有一个正确答案。**

1. 杨三才、李建、刘强、左贺是大学同学，毕业以后他们分别去了中国驻外公司、中国驻外使馆工作或者出国留学。依相关司法解释，下列哪一选项属于以上各位经常居所地的情况？（　　）

A. 刘强在法国求学，毕业后找到了工作，在巴黎居住1年以上

B. 李建赴美国就医1年以上

C. 杨三才受雇于中国某建筑公司，被派往非洲某国1年以上

D. 左贺赴中国驻新西兰使馆工作1年以上

2. 在甲国登记的法人H，章程中规定的住所地在乙国，经常居所地在丙国。依我国《涉外民事关系法律适用法》，关于H公司的民事权利能力应适用何国法律？（　　）

A. 可以适用丙国法律，因为H公司经常居所地在丙国

B. 只能适用甲国法律，因为甲国为H公司的登记地

C. 适用乙国法律，因为乙国是H公司在章程中规定的住所地

D. 适用中国法律，因为中国为法院地

3. 中国甲公司与久居德国的法国人玛丽签订了一货物买卖合同，双方约定适用英国法。因双方争议得不到解决，甲公司诉诸中国某法院，依中国法，该争议已过时效，而依英国法则未过时效。依中国相关法律和司法解释，下列哪一选项是正确的？（　　）

A. 玛丽的行为能力适用法国法

B. 本案在中国法院审理，应依中国法判断该案时效已过

C. 合同适用何法律应当由法院来决定，而不能由当事人来选择

D. 如该合同适用英国法律，则不应包括英国的法律适用法

4. Alfred公司因与中国某公司的纠纷被诉至中国某法院，经查该公司所有人为法国人让埃，该公司的注册地为英国，而主营业地设在中国香港特别行政区。有关案件在中国某法院涉诉。依中国法律规定，下列哪一选项是正确的？（　　）

A. Alfred公司的国籍为公司所有人的国籍

B. Alfred公司拥有法国与英国双重国籍

C. Alfred公司的股东权利义务适用中国内地法

D. Alfred公司的民事权利能力与行为能力可适用中国香港特别行政区法或英国法

5. 英国人戴维斯在美国新泽西州和加利福尼亚州均有经常居所，他与中国大华公司有业务往来关系，后双方产生争议，戴维斯发现网络上有出自大华公司对自己不良的言论，他认为大华公司侵犯了自己的人格权。关于人格权内容的法律适用，依我国《涉外民事关系法律适用法》，下列哪项是正确的？（　　）

A. 美国不同区域实施不同法律的，适用美国处理区际冲突的法律确定应适用的法律

B. 应适用美国的区际冲突规范

C. 应适用英国法，因为戴维斯具有英国国籍

D. 应适用与戴维斯人格权有最密切联系的经常

---

* 本章答案参见第42页。

居所地的法律

6. 英国艺术家布朗在中国采风期间失踪,其妻中国人张彩云向中国某法院申请宣告布朗失踪。经查布朗受雇于一法国艺术品公司,布朗在法国和加拿大各有一处房产,他的工作则主要在法国,因此经常住在法国。关于布朗宣告失踪的法律适用,依我国《涉外民事关系法律适用法》,下列哪一选项是正确的?(　　)

A. 适用法国法律,因为布朗在法国有经常居所

B. 适用加拿大法律,因为他的父母主要在加拿大居住

C. 依英国法律,因为布朗具有英国国籍

D. 依中国法律,因为布朗是在中国失踪的

**二、多项选择题,每题所给的选项中有两个或两个以上正确答案,少答或多答均不得分。**

1. 甲国人艾伦的经常居所地在北京,他委托中国人李建国代理自己在中国的广告业务,双方没有就委托选择适用的法律,业务收入归入艾伦在乙国的一信托基金,艾伦和李建国约定信托适用乙国法律。艾伦认为李建国在办理某项广告时侵犯了自己的人格权,两人之间的争议在中国某法院审理。依中国的相关法律,下列哪些选项是正确的?(　　)

A. 艾伦人格权的内容适用中国法律

B. 艾伦与李建国之间的代理关系适用甲国法律

C. 涉及艾伦信托基金的争议应适用乙国法律

D. 艾伦与李建国之间的代理关系适用中国法律

2. 美籍华人杨某与新加坡人林某于 2014 年在美国结婚后一直住在中国北京。依我国《涉外民事关系法律适用法》,关于两人经常居所地的确定及林某的民事行为能力适用的法律,下列哪些选项是正确的?(　　)

A. 林某的民事行为能力适用中国法

B. 林某的民事行为能力适用新加坡法,因为林某是新加坡国籍

C. 林某的民事行为能力适用美国法,因为杨某是美国国籍

D. 杨某与新加坡人林某的经常居所地在中国

3. 德国施耐公司与中国达美公司在北京共同登记了康维有限责任公司,后施耐公司以确认自身在康维公司的股东权利为由向中国内地某法院提起诉讼。经查,康维公司的主营业地在中国香港特别行政区。关于本案的法律适用,下列哪些选项是正确的?(　　)

A. 施耐公司股东权利的确认适用中国内地法律,因为康维公司在中国登记

B. 施耐公司股东权利的确认可以适用中国香港特别行政区法,因为香港是康维公司的主营业地

C. 当事人可以协议选择应适用的法律

D. 因争议与中国的联系更密切,故应适用中国法

4. 国家及其财产豁免是国际私法理论中不能回避的问题。下列在国家及其财产豁免问题上的表述正确的是哪几项?(　　)

A. 当一国放弃司法管辖豁免时,并不等于同时放弃诉讼程序豁免和强制执行豁免

B. 一国在某一案件放弃了管辖的豁免,并不意味着在以后的案件均放弃管辖的豁免

C. 只要我国代表在外国法院出现,即代表我国接受了该国的管辖

D. 国家及其财产享受豁免待遇,即意味着国家亦被豁免了依一般国际法应承担的国际责任

5. 久居中国的南非公民克林,乘坐甲国某航空公司航班从甲国出发,前往中国,途经乙国领空时,飞机失去联系。若干年后,克林的亲属向中国法院申请宣告克林死亡,克林死亡时并未留下遗嘱。关于该案件应适用的法律,下列哪些选项是正确的?(　　)

A. 宣告克林死亡应适用中国法律

B. 有关克林财产的继承适用中国法律

C. 宣告克林死亡应适用南非法律

D. 宣告克林死亡应适用甲国法律

6. 西班牙人马里奥在美国两州均有经常居所,他与中国美亚公司有业务往来关系。马里奥发现网络上有出自美亚公司对自己不良的言论,认为美亚公司侵犯了自己的人格权,有关争议诉诸中国某法院。依我国《涉外民事关系法律适用法》,下列哪些选项是正确的?(　　)

A. 马里奥的人格权适用英国法律

B. 马里奥的人格权适用美国法律

C. 美国不同区域实施不同法律的,适用与该涉外民事关系有最密切联系区域的法律

D. 不能查明外国法律或者该国法律没有规定的,适用最密切联系的法律

7. 外国法人的认可,即内国对外国法人的法律人格的认可。关于外国法人认可制度,下列哪些表述是正确的?(　　)

A. 概括认可制即内国对属于某一外国之特定的法人概括地加以认可

B. 特别认可制即内国对外国法人通过特别登记或批准程序加以认可

C. 我国对外国法人的认可属于一般认可制

D. 我国对外国法人的认可属于特别认可制

# 第三章　法律冲突、冲突规范和准据法*

**一、单项选择题，每题所给的选项中只有一个正确答案。**

1. 结婚条件，适用当事人共同经常居所地法律；没有共同经常居所地的，适用共同国籍国法律；没有共同国籍，在一方当事人经常居所地或者国籍国缔结婚姻的，适用婚姻缔结地法律。该规定属于下列哪一种冲突规范？（　　）

A. 单边冲突规范

B. 重叠适用的冲突规范

C. 无条件选择适用的冲突规范

D. 有条件选择适用的冲突规范

2. 准据法是指按照冲突规范的指引而援用来确定涉外民事关系当事人具体的权利义务的特定实体法。下列哪项属于准据法的特点？（　　）

A. 准据法必须是通过程序规范指引的法律

B. 准据法是可以具体确定国际民商事法律关系的当事人权利义务的实体法

C. 准据法是冲突规范所援引的外国的冲突规范

D. 准据法是在处理涉外民事争议时适用的实体法和程序法

3. 中国某法院受理一涉外民事案件后，依案情确定应当适用甲国法，但在查找甲国法时发现甲国不同州实施不同的法律。关于本案，法院应当采取下列哪一项做法？（　　）

A. 根据意思自治原则，由当事人协议决定适用甲国哪个州的法律

B. 直接适用甲国与该涉外民事关系有最密切联系的州法律

C. 首先适用甲国区际冲突法确定准据法，如甲国没有区际冲突法，适用中国法律

D. 首先适用甲国区际冲突法确定准据法，如甲国没有区际冲突法，适用与案件有最密切联系的州法律

**二、多项选择题，每题所给的选项中有两个或两个以上正确答案，少答或多答均不得分。**

1. 关于当事人对法律适用的选择，依最高人民法院的司法解释，下列哪几项是正确的？（　　）

A. 法律没有明确当事人可以选择适用法律的，可以适用当事人选择的法律

B. 法律没有明确当事人可以选择适用法律的，当事人对法律适用的选择无效

C. 当事人协议选择的法律无须与争议的涉外民事关系有实际联系

D. 一审法庭辩论开始，当事人就不能再协议变更其选择适用的法律

2. 李晓曼在美籍华人马林的前妻去世后与马林同居，后马林去世，他在美国和中国各留有一处房产，李晓曼为继承马林财产与马林前妻所生之子产生了纠纷，并诉诸中国某法院。本案李晓曼与马林是否存在婚姻关系本身是一个需要解决的问题。依最高人民法院的相关司法解释，下列哪些选项是正确的？（　　）

A. 李晓曼与马林的婚姻关系争议及继承争议应当适用同一法律

B. 马林动产的法定继承，适用马林死亡时经常居所地法律

C. 李晓曼与马林是否存在婚姻关系属于先决问题

D. 法院应依李晓曼与马林的共同居所确定婚姻关系争议及继承争议应适用的法律

3. 下列冲突规范中属于重叠适用的冲突规范的是哪几项？（　　）

A. 收养应适用被收养人国籍国法和收养人所在国法

B. 不动产物权适用不动产所在地法

C. 离婚依原因发生时夫妇之本国法

D. 夫妇财产契约的缔结，关于缔结方式或依缔结契约地国之法律，或依婚姻举行时婚姻当事人各自之本国法，或依婚姻继续中夫妇各自之本国法，均为有效

4. 依我国的相关法律，下列哪些法律争议应该适用受理案件的法院所在地法？（　　）

A. 两只悬挂韩国国旗的船舶在公海上发生碰撞事故引起的损害赔偿纠纷

B. 海事赔偿责任限制引起的法律纠纷

C. 民用航空器所有权的取得和消灭问题引起的法律纠纷

D. 涉外民事关系的定性

---

* 本章答案参见第 44 页。

# 第四章　适用冲突规范的制度*

一、单项选择题，每题所给的选项中只有一个正确答案。

1. 关于外国法律的查明，依《涉外民事关系法律适用法》和相关司法解释，下列哪一表述是正确的？（　　）

A. 当事人对查明的外国法律有异议的，应当协商解决

B. 无法通过法律专家提供的方式获得外国法律的，法院可认定为不能查明

C. 在仲裁时需要适用外国法的，应由法院协助查明，仲裁机构无权查明

D. 不能查明外国法律或者该国法律没有规定的，适用中国法律

2. "承风"号是中国货轮，"哈里"号是甲国货轮，两船在乙国领海发生碰撞。"承风"号返回中国后，"哈里"号所有权人在中国某海事法院对"承风"号所属公司提起侵权损害赔偿之诉。在庭审过程中，双方均依乙国法律提出请求或进行抗辩。依中国的相关法律和司法解释，下列哪一选项是正确的？（　　）

A. "承风"号与"哈里"号相撞的损害赔偿应适用双方选择的法律

B. 本案应适用法院地法律，即中国法律

C. 两船相碰赔偿之诉适用的乙国法律应由法院查明

D. 应由当事人负责查明乙国法律，在当事人无法查明时，才由法院依职权查明

3. 甲国某公司与中国某公司的贸易合同约定在中国仲裁。双方没有选择该仲裁协议适用的法律，也没有约定仲裁机构或者仲裁地。依最高人民法院的相关司法解释，下列哪项是正确的？（　　）

A. 没有约定仲裁协议适用法律的，应认定该仲裁协议无效

B. 应当适用中国法律认定该仲裁协议的效力

C. 该仲裁协议无效

D. 可以适用中国法律认定该仲裁协议的效力

4. 甲国人艾伯特与中国人杨采珍相识并相爱，艾伯特去世后未留遗嘱，杨采珍要求继承艾伯特的遗产，艾伯特去世时在甲国留有房产，在中国和甲国的银行有存款。涉及艾伯特的继承案诉诸中国某法院。依中国相关法律和司法解释，下列哪项是正确的？（　　）

A. 杨采珍与艾伯特是否存在有效的婚姻关系属于定性问题

B. 杨采珍与艾伯特是否存在有效的婚姻关系属于先决问题

C. 艾伯特在甲国房产的继承适用法院地法

D. 杨采珍与艾伯特是否存在有效的婚姻关系应依艾伯特的最后居所地法律确定

5. 甲国人阿里，住所位于中国大连，2005 年阿里因病于中国上海医治无效身亡，阿里生前在日本购买别墅一栋。阿里去世后，阿里的子女对别墅的继承权产生争议，起诉至中国大连某法院。查日本《法例》，继承适用被继承人的本国法，即甲国法，但甲国的冲突规范规定适用死者最后的住所地法即中国法，而依据我国的《涉外民事关系法律适用法》，不动产继承适用不动产所在地法。依据我国法律，法院最终应当适用哪国法律裁决本案？（　　）

A. 甲国法　　　　B. 日本法

C. 中国法　　　　D. 日本法或者甲国法

6. 甲国人塞尔特在乙国从事蜂房生意，他死后其子女向法院提起继承之诉，经查塞尔特的住所在甲国。甲国冲突法规定动产继承依被继承人本国法，乙国冲突法规定不动产继承依物之所在地法，该案在甲国法院审理。甲国法院查明：在乙国，蜂房属于不动产，因而应适用物之所在地法即乙国法；在甲国，蜂房是动产，应适用被继承人本国法即甲国法。依相关国际私法，下列哪项是正确的？（　　）

A. 甲国法院认定蜂房是动产，并适用了甲国法律，这种认定是国际私法中的"定性"

B. 甲国法院认定蜂房为动产属于外国法的查明

C. 甲国法院认定蜂房为动产属于法律规避

D. 两国对于蜂房的不同看法属于反致

7. 一位住所在奥地利的挪威公民在甲国去世并在中国留有遗产。根据法院地甲国的国际私法的规定，继承适用被继承人死亡时的本国法。而挪威国际私法规定，继承应由被继承人死亡时的住所地法支配。若甲国法院承认转致，则应适用下列哪国法律？（　　）

A. 挪威法，因为被继承人为挪威国籍

B. 奥地利法，因为被继承人的住所在奥地利

C. 甲国法，因为被继承人在甲国死亡

D. 中国法，因为物之所在地为中国

8. 张某有甲乙两个国籍，定居上海，和中国公民王某在上海发生侵权纠纷，张某向中国法院起诉。下列

---

* 本章答案参见第 44 页。

说法正确的是？(　　)

A. 因为中国不承认双重国籍，为了方便审理，张某需放弃一个国籍

B. 法院适用只能用中国法

C. 两人协商适用甲国法，法院应予同意

D. 两个人如果对甲国法的内容有争议，法院可视为甲国法无法查明

**二、多项选择题，每题所给的选项中有两个或两个以上正确答案，少答或多答均不得分。**

1. 意大利画家利奥与马来西亚画廊经营人阿约在中国南方居住多年，后阿约在中国去世。利奥要求继承阿约的遗产，与阿约的其他亲属产生争议，因此，利奥诉诸中国某法院，要求中国法院判其继承阿约在中国的房产、存款。判断利奥对阿约财产的权利是基于夫妻财产关系的权利还是继承权利的问题，依我国《涉外民事关系法律适用法》的规定，下列哪些选项是正确的？(　　)

A. 本案涉及的问题在国际私法上称为定性

B. 本案涉及的问题应适用意大利法律

C. 本案涉及的问题应重叠适用马来西亚和意大利法律

D. 本案涉及的问题应适用中国法律

2. 中国人祁可多年旅居甲国，死时未留遗嘱。祁可在中国和甲国均有房产和存款、股票及珠宝。祁可前妻所生之女与祁可在甲国的妻子所生的子女因继承问题诉诸中国某法院。甲国的冲突规范规定，动产的法定继承适用被继承人本国法，不动产继承适用不动产所在地法。关于中国法院在确定法律适用的问题上，下列选项哪些是正确的？(　　)

A. 因祁可死亡时的最后经常居所地在甲国，因此，涉及祁可的继承均应适用甲国法

B. 因依中国法应适用祁可最后经常居所地法律，而依甲国法应适用祁可本国法，祁可是中国人，因此，应适用中国法

C. 祁可在甲国房产的继承应适用甲国法

D. 不动产的继承适用不动产所在地法，动产的继承适用甲国法

3. 关于公共秩序保留，依中国《涉外民事关系法律适用法》，下列哪几项是正确的？(　　)

A. 外国法律和国际惯例的适用损害中国社会公共利益的，可以排除适用

B. 外国法律的适用损害中国社会公共利益的，可以排除适用

C. 国际惯例的适用损害中国社会公共利益的，可排除适用

D. 以公共秩序保留排除外国法的适用后，适用中国法律

4. 齐亚和莎菲是夫妻，齐亚为马来西亚人，莎菲为英国人。齐亚在中国逝世后，莎菲与齐亚前妻之子就齐亚在中国的遗产产生争议。有关争议在中国法院审理，判断妻子对其夫财产的权利是基于夫妻财产关系的权利还是妻子对丈夫的继承权利的问题，依我国《涉外民事关系法律适用法》，下列哪些选项是正确的？(　　)

A. 本案涉及的问题在国际私法上称为定性

B. 应适用英国法律

C. 应重叠适用马来西亚和英国法律

D. 应适用中国法律

5. 德国人凡代克曾在中国工作，经常居所在德国，在德国有一处房产，并在两国的银行均有存款，2011年凡代克因病在中国去世并未留遗嘱。凡代克的子女对房产和存款的继承产生争议，起诉至中国某法院。依我国《涉外民事关系法律适用法》，法院最终应当适用哪些法律裁决本案？(　　)

A. 适用德国法，因为凡代克是德国人

B. 存款的继承适用德国法

C. 继承适用中国法，因为凡代克死于中国

D. 不动产法定继承，适用不动产所在地法律

# 第五章　国际民商事关系的法律适用*

**一、单项选择题，每题所给的选项中只有一个正确答案。**

1. 甲国公民阿什拉被乙国沙特尔公司雇佣，沙特尔公司主营业地在丙国，阿什拉工作内容为巡回中国、韩国、日本等地进行产品的售后服务，后阿什拉因与沙特尔公司的劳动合同纠纷诉诸中国某法院。关于该纠纷应适用的法律，下列哪一选项是正确的？(　　)

A. 因本案在中国审理，应适用中国法

B. 因阿什拉是甲国人，应适用甲国法

C. 因沙特尔公司是乙国公司，应适用乙国法

D. 因沙特尔公司的主营业地在丙国，应适用丙国法

2. 美国人甲和法国人乙是夫妻，二人久居日本。

---

* 本章答案参见第 45 页。

二人2015年来华投资经商,工作的分歧导致两人半年后在中国协议离婚,为了离婚便利,双方协议选择适用与当事人无关的某国法律。依我国《涉外民事关系法律适用法》,下列哪项是正确的?(　　)

A. 应适用美国法,因为丈夫的国籍为美国籍

B. 双方可以无限制地协议选择适用的法律

C. 应适用中国法,因为中国为受理案件的法律所在地

D. 应适用日本法,因为那里有双方共同的经常居所

3. 我国公民王勇将美国公民凯洛琳诉至北京市朝阳区人民法院,请求判决两人离婚,分割夫妻财产并主张幼女的监护权。王勇与凯洛琳的经常居所及名下4套房产均在北京,幼女为美国籍。关于本案的法律适用,下列哪一选项是正确的?(　　)

A. 离婚事项,可适用当事人协商的法律

B. 夫妻财产的分割,应优先适用双方共同居所地法律即中国法

C. 监护权事项,在美国法与中国法中选择适用有利于保护幼女利益的法律

D. 夫妻财产的分割与监护权事项均应适用美国法

4. 法国画家里奥来华采风期间租车自由行,因疏忽多付租车费1200元,里奥在要求返还时遭拒,于是里奥将车行诉诸中国某法院。下列哪一选项不符合中国的相关法律规定?(　　)

A. 里奥和车行可以协议选择适用的法律

B. 里奥和车行可以选择与纠纷无关的第三国法律

C. 双方没有选择,也没有共同居所的,适用中国法律

D. 应适用中国法和法国法中对里奥有利的法律

5. 甲国人威利在乙国购买了乙国产的电器,威利来中国工作时也携带了该电器,在中国使用的过程中电器的零件质量存在问题,导致威利受伤。威利就产品责任问题在中国某法院起诉。依我国《涉外民事关系法律适用法》的规定,下列哪一选项是正确的?(　　)

A. 适用甲国法,因为威利为甲国籍

B. 如该乙国企业在中国没有从事相关经营活动,则应适用中国法

C. 由法院决定适用乙国法律,因为侵权人主营业地在乙国

D. 如该乙国企业在中国有经营活动,且威利在中国有经常居所,则适用中国法律

6. 中国人齐红与甲国人马克2013年在乙国依照乙国法律登记结婚,婚后二人定居在北京,双方对财产关系的法律适用并没有协议。依我国《涉外民事关系法律适用法》,关于二者夫妻关系的法律适用,下列哪项表述是正确的?(　　)

A. 婚后双方的夫妻人身关系问题,适用甲国法

B. 婚后双方的夫妻人身关系,适用中国法

C. 婚后双方取得的财产的处分问题,应当适用财产所在地法律

D. 双方婚前财产的效力问题,应适用乙国法

7. 中国诚至公司与美国凯迪凯特公司签订了一份航空器融资租赁合同,约定合同纠纷适用美国法。双方后因航空器维修问题发生争议。凯迪凯特公司将诚至公司诉至某人民法院。关于本案的法律适用,下列哪一选项是正确的?(　　)

A. 本案的诉讼时效应适用中国法

B. 本案的实体问题应适用中国法

C. 本案的诉讼时效与实体问题均应适用美国法

D. 本案的诉讼时效应适用中国法,实体问题应适用美国法

8. 甲国游客艾米丽在北京旅游时过失导致老人林某受重伤。现林某在北京以艾米丽为被告提起侵权之诉。关于该侵权纠纷的法律适用,下列哪项是正确的?(　　)

A. 因侵权行为发生在中国,应直接适用中国法

B. 如当事人在开庭前协议选择适用乙国法,应予支持

C. 当事人如选择乙国法,应由法院查明乙国法的内容

D. 应在中国法与甲国法中选择适用更有利于林某的法律

9. 一对法国夫妇婚后移居西班牙,后来华工作。该夫妇于2011年收养了一名中国儿童并决定一起回西班牙生活。根据我国法律,有关该夫妇收养中国儿童的条件和手续适用的法律,下列哪项是正确的?(　　)

A. 收养的条件应适用中国法和西班牙法

B. 仅需适用中国的有关法律规定

C. 收养的手续应适用中国法和法国法

D. 因养父母为法国人,应适用法国法律

10. 定居法国的加拿大艺术家查尔斯来华旅游时与中国艺术家莫西相爱,莫西久居新疆。关于两者在中国的结婚,依《涉外民事关系法律适用法》,下列哪一选项是正确的?(　　)

A. 当事人可以无限制地选择结婚的所有事项适用的法律

B. 结婚的条件应同时适用中国法与法国法

C. 结婚的手续应适用中国法和加拿大法

D. 两人的婚龄适用中国法

11. 美国人拉里喜欢中国文化,并在深圳任英文教师,经常居所在深圳。一日拉里在泰国旅游时因交通意外不幸去世且未留遗嘱。拉里在深圳某银行存有250余万元人民币,在苏黎世银行存有10万欧元,且

在深圳与巴黎各有一套房产。现拉里继承人因遗产分割纠纷诉至深圳某法院。依中国法律规定，下列哪一选项是正确的？（　　）

A. 250余万元人民币存款应适用拉里死亡地法律

B. 10万欧元存款应适用瑞士法

C. 深圳的房产应适用中国法

D. 巴黎的房产应适用拉里最后经常居所地法律

12. 甲国人克鲁斯与日本人美子在中国有生意关系，克鲁斯久居埃及，美子居中国。美子因克鲁斯在互联网上发布对自己不利的消息，在克鲁斯来华期间，将克鲁斯诉诸中国某法院，诉克鲁斯侵犯自己的名誉权、肖像权和姓名权。关于该案的法律适用，根据我国相关法律的规定，下列哪一选项是正确的？（　　）

A. 美子名誉权的内容应适用日本法律，因为美子是日本人

B. 肖像权的侵害适用日本法律，因为美子是日本人

C. 姓名权的侵害适用埃及法律，因为侵权人克鲁斯的经常居所地在埃及

D. 网络侵权应当适用中国法律，因为美子的经常居所地在中国

13. 移居新加坡的中国人尚杰在甲国商务访问期间，在甲国一商店购买了一件商品，并送给了在中国的亲属尚小文，后该商品发生爆炸使尚小文受伤，尚小文的经常居所在中国。现涉及该商品的争议诉诸中国某法院。依我国相关法律适用的规定，下列正确的是哪项？（　　）

A. 该商品的产品责任应适用甲国法律

B. 有关产品责任争议的时效应适用新加坡法

C. 关于消费者合同，尚小文选择适用甲国法的，适用甲国法律

D. 该消费者合同只应适用被侵权人经常居所地法，即中国法律

14. 李某移居法国并取得法国国籍，后又在加拿大拥有住所，在美国拥有惯常居所。2007年8月，李某因业务资金往来需要，在上海向中国的甲企业签发了一张汇票，后引起票据纠纷，被甲企业诉至上海法院。关于出票时的记载事项的法律适用，下列哪项是正确的？（　　）

A. 出票人李某的住所地法，即加拿大法为准据法

B. 出票人李某的惯常居所地法，即美国法为准据法

C. 出票人李某的本国法，即法国法为准据法

D. 出票地法，即中国法为准据法

15. 中国人付力与华侨王德在某国相识后结婚并定居该国。数年后付力在定居国起诉离婚，但该国法院以当事人双方均具有中国国籍为由拒绝受理该案。付力遂向自己在中国的最后居住地法院起诉。依我国法律及相关司法解释，下列哪一选项是正确的？（　　）

A. 因双方在定居国结婚，该中国法院不应受理

B. 因付力已定居国外，该中国法院不应受理

C. 该中国法院有权受理

D. 该中国法院应告知双方先订立选择中国法院管辖的书面协议

16. 关于利用网络侵害人格权的法律适用，依我国《涉外民事关系法律适用法》的规定，下列哪项是正确的？（　　）

A. 通过网络侵害隐私权的适用网站服务器所在地法律

B. 通过网络侵害肖像权的适用侵权人经常居所地法律

C. 通过网络侵害姓名权的适用被侵权人经常居所地法律

D. 网络侵权争议应适用双方协议选择的法律

17. 沃伦公司在甲国注册成立，后被乙国林特公司全额收购，主要办事机构随之搬到乙国。后由于经营亏损，被中国启迪公司全额收购，主要办事机构仍在乙国。下列选项正确的是？（　　）

A. 由于在甲国注册，沃伦公司国籍始终为甲国

B. 沃伦公司国籍应根据林特公司和启迪公司的收购协议确定

C. 由于主要办事机构在乙国，沃伦公司国籍为乙国

D. 沃伦公司国籍为中国

18. 甲国公民汤姆经常居住地在我国上海，他在上海去世，去世前利用我国海星播放器录下了他的遗嘱，后因遗嘱继承问题诉至杭州市法院。下列哪一说法是正确的？（　　）

A. 汤姆的遗嘱纠纷应适用中国法

B. 汤姆的遗嘱纠纷可适用中国法和甲国法

C. 如汤姆在订立遗嘱时甲国规定不允许本国国民使用海星播放器则遗嘱无效

D. 汤姆的遗嘱不发生法律效力

19. 经常居所地在新加坡的日本人甲来中国旅游，发现长沙某某公司微信公众号用他的肖像，随即向长沙某法院起诉。请问以下选项正确的是？（　　）

A. 微信公众号是中国产品，应适用中国法

B. 甲经常居所地在新加坡，应适用新加坡法

C. 甲是日本人，应适用日本法

D. 甲可以与某公司协商适用中国法

**二、多项选择题，每题所给的选项中有两个或两个以上正确答案，少答或多答均不得分。**

1. 经常居所在北京的美国公民贝克，在服务器位于美国的“推特”上侮辱诽谤经常居所在哈萨克斯坦的中国公民王某。现王某将贝克诉至北京某法院，要求贝克承担侵害名誉权的责任。关于该纠纷的法律适

用,下列哪些选项是不正确的?(　　)

A. 侵权人是美国公民,应适用美国法

B. 被侵权人的经常居所在哈萨克斯坦,应适用哈萨克斯坦法

C. 被侵权人是中国公民,应适用中国法

D. "推特"服务器在美国,应适用美国法

2. 法国人埃维耶与某信托公司在北京签约,将位于北京的S大厦交由该公司管理,并指定受益人为自己5岁的幼女玛利亚。埃维耶与信托公司后因S大厦租赁协议发生纠纷,并诉至某人民法院。关于该信托纠纷的法律适用,下列哪些选项是正确的?(　　)

A. 当事人可协议选择适用的法律

B. 如双方未选择法律,法院应适用法国法

C. 如双方未选择法律,法院应适用中国法

D. 如双方未选择法律,法院应在中国法与巴西法中选择适用有利于保护玛利亚利益的法律

3. 定居美国的英国籍夫妇马克和琳达,拟来华共同收养一儿童。依中国相关法律规定,下列哪些说法是正确的?(　　)

A. 马克和琳达必须共同来华办理收养手续

B. 马克和琳达应与送养人订立书面收养协议

C. 收养的条件应适用中国法和美国法

D. 若发生收养效力纠纷,应适用中国法

4. 比利时人凡派克到北京与中国某公司签订了进口机器设备的合同,合同选择适用了与该生意没有关系的德国法律。设备运到中国后因调试安装产生纠纷,中国公司欲将凡派克诉至中国某法院。经查,凡派克在中国没有住所或居所,也没有可供扣押的财产。关于本案的管辖权和法律适用,依中国的相关规定,下列哪些选项是正确的?(　　)

A. 因凡派克在中国没有住所或居所,中国法院对凡派克没有管辖权

B. 中国公司可在该机器设备所在地或合同签订地的中国法院起诉

C. 虽然该交易与德国法没有关系,但当事人的该法律适用选择依然有效

D. 当事人只能选择适用中国法或比利时法

5. 甲国某航空公司的一民航飞机从中国出发,在乙国上空发生空难,该甲国航空公司在中国有代表机构,该飞机曾抵押给了丙国某银行。关于乘客向航空公司索赔及抵押权的诉讼管辖及法律适用,根据中国相关法律的规定,下列哪些表述是正确的?(　　)

A. 乘客的损害赔偿应适用受害人本国法确定损害赔偿数额

B. 应适用乙国法确定该侵权行为的损害赔偿

C. 中国法院对该案有管辖权,因为该航空公司在中国有代表机构

D. 该飞机的抵押权应适用中国法律

6. 中国公民钱某在华盛顿签发了一张支票给美国大时代公司用于相关融资活动,付款人为中国工商银行北京分行。大时代公司在华盛顿将支票背书转让给中国德承公司,德承公司在北京向工商银行请求付款时,工商银行主张支票提示付款的期限已过而拒绝付款。关于该支票的法律适用,依中国法律规定,下列哪些选项是正确的?(　　)

A. 大时代公司对该支票的背书行为,应适用美国法

B. 德承公司向大时代公司行使票据追索权的期限,应适用美国法

C. 该支票的提示付款期限应适用中国法

D. 如德承公司支票被窃,其请求保全票据权利的程序,应适用中国法

7. 美国凯德公司将旗下的明珠号货轮光船租赁给中国智信公司,为便于使用,明珠号的登记国由美国变更为马绍尔群岛。现明珠号与另一艘马绍尔群岛籍货轮在某海域相撞,并被诉至中国某法院。关于本案的法律适用,下列哪些选项是正确的?(　　)

A. 两船碰撞的损害赔偿应适用马绍尔群岛法

B. 如两船在公海碰撞,损害赔偿应适用美国法

C. 如两船在美国领海碰撞,损害赔偿应适用马绍尔群岛法

D. 如经智信公司同意,凯德公司在租赁期间将明珠号抵押给中国盛信公司,该抵押权应适用美国法

8. 洪都拉斯籍货轮"Tiery"号承运一批运往中国的货物,在日本停靠卸载同船装运的其他货物时与韩国货轮"天星"号相碰。"Tiery"号和"天星"号均继续航行至中国港口卸货,"Tiery"号船东在中国某海事法院起诉"天星"号,要求"天星"号赔偿碰撞损失,"天星"号船东则请求限制责任。经查,"天星"号在融资贷款时将船舶抵押给了某银行。关于本案相关的船舶碰撞损害赔偿、船舶抵押权等的法律适用,依照我国相关法律,下列哪些选项是正确的?(　　)

A. "天星"号抵押权适用韩国法律

B. "天星"号船东的责任限制应适用中国法律

C. 船舶碰撞的损害赔偿适用中国法律,因为本案两船国籍不同,应适用法院地法

D. 船舶碰撞的损害赔偿适用侵权行为地法,即日本法律

9. 希腊人雅典娜与意大利人马里奥在北京结婚并久居。婚后3年因性格不合欲离婚,因财产分割等未达成协议而诉诸中国某法院。关于二人财产关系与离婚的法律适用,下列哪些选项是正确的?(　　)

A. 两人的离婚应适用中国法

B. 两人可约定财产关系适用意大利法律

C. 两人可无限制地选择适用于财产关系的法律

D. 两人的离婚应适用双方协议选择的法律

10. 中国世纪公司与某甲国公司因国际货物买卖合同产生纠纷，买卖合同协议选择适用乙国法，纠纷诉至中国法院。关于该合同纠纷，下列哪些选项是正确的？（　　）

A. 当事人选择的乙国法，仅指该外国的实体法，不包括冲突法

B. 庭审中一方当事人以乙国与该纠纷无实际联系为由主张法律选择无效的，人民法院应支持

C. 如乙国不同州实施不同的法律，适用与该民事关系有最密切联系的法律

D. 当事人在一审法庭辩论时决定将选择的法律变更为甲国法，人民法院不应支持

11. 久居美国的一对夫妇，在中国广西从福利院收养了中国儿童庆生，并将该儿童带回美国生活。有关争议诉诸中国法院，依中国关于收养关系法律适用的规定，下列哪几项是正确的？（　　）

A. 美国夫妇收养庆生的条件和手续应同时符合美国法和中国法

B. 美国夫妇收养庆生的条件和手续符合中国法即可

C. 美国夫妇收养庆生的收养效力纠纷诉至中国法院的，应适用中国法

D. 美国夫妇收养庆生关系的解除，可以适用中国法律

12. 德国甲公司为其产品在中德两国注册了商标。中国乙公司擅自使用该商标生产了大量仿冒产品并销售至中德两国。现甲公司将乙公司诉至中国某法院，要求乙公司承担商标侵权责任。关于乙公司在中德两国侵权责任的法律适用，依中国法律规定，下列哪些选项是正确的？（　　）

A. 双方可协议选择适用中国法

B. 均应适用中国法

C. 双方可协议选择适用德国法

D. 如双方无法达成一致，则应分别适用德国法、中国法

13. 下列关于我国海事关系的法律适用的说法正确的是哪几项？（　　）

A. 日本甲船与日本乙船在我国海域发生碰撞，该船舶之间的损害赔偿适用中国法

B. 巴拿马甲船在运输途中遇到事故而发生共同海损，后在我国大连进行理算，则理算应适用我国法

C. 危地马拉甲船与洪都拉斯乙船在日本海域发生碰撞，后在我国法院进行诉讼，有关侵权行为的损害赔偿应适用日本法

D. 法国甲船因船舶优先权争议在我国法院进行诉讼，有关船舶优先权的争议应适用法国法律

14. 关于父母子女关系的法律适用，依我国《涉外民事关系法律适用法》，下列哪些选项是错误的？（　　）

A. 父母子女财产关系应适用双方选择的法律

B. 该法对父母子女人身关系和财产关系的法律适用进行了不同的规定

C. 该法在父母子女关系上倾向于适用保护弱者权益的一方当事人经常居所地或国籍国法律

D. 父母子女关系首先适用共同经常居所地法律

15. 德国施耐德公司与中国安科公司签订了一项技术的许可使用合同，授权安科公司在英国使用施耐德公司在英国获批的某项专利。后施耐德公司因相关纠纷诉诸中国法院。关于该案的法律适用，下列哪些选项是正确的？（　　）

A. 本案的定性应适用中国法

B. 本案涉及的专利权的归属争议，应适用德国法

C. 本案涉及的专利权的内容争议，应适用英国法

D. 当事人就专利权侵权的法律适用达不成协议的，应适用与纠纷有最密切联系的法律

16. 甲国人马丁在中国发现久居中国的乙国人斯坦利侵犯了其专利权，但斯坦利认为该专利是有转让许可协议的。马丁在网上不时谈及此事，斯坦利则认为马丁侵犯了其人格权。有关争议在中国某法院审理，依《涉外民事关系法律适用法》，下列哪些选项是正确的？（　　）

A. 该专利权的归属应适用中国法律

B. 该专利权的归属应适用甲国法律

C. 该专利权的转让协议应适用当事人选择的法律

D. 斯坦利人格权的内容适用中国法律

17. 关于物权的法律适用，依我国《涉外民事关系法律适用法》的规定，下列哪些选项是正确的？（　　）

A. 权利质权适用质权设立地法

B. 运输中的动产物权适用当事人选择的法律，当事人没有选择的，适用物之所在地法律

C. 有价证券适用有价证券权利实现地法律

D. 不动产物权适用当事人选择的法律

18. 甲国马戏团的狗在中国丢了，被乙捕获并卖给了常居中国的甲国人作为宠物狗。现在马戏团索要未果，在中国法院提起了诉讼。下列选项说法正确的是？（　　）

A. 因为丢弃、捕获和买卖行为都在中国，所以适用中国法

B. 因为双方当事人都是甲国人，所以适用甲国法

C. 因为双方当事人都是甲国人，所以法院应当不予管辖

D. 马戏团和甲国人可以协议适用甲国法和中国法以外的法律进行裁决，法院应当准许

# 第六章 国际民商事争议的解决*

**一、单项选择题，每题所给的选项中只有一个正确答案。**

1. 中国环宇公司在与某国艾易达公司签订的国际货物买卖合同中约定，合同争议提交中国国际经济贸易仲裁委员会仲裁，仲裁地在北京。双方未约定仲裁规则及仲裁协议适用的法律。依相关规定和规则，下列哪一选项是正确的？（　　）

A. 如环宇公司提请仲裁，艾易达公司对仲裁协议效力有争议，可在审理过程中提请仲裁机构解决

B. 如当事人将有关仲裁协议效力的争议诉至中国法院，应适用双方协议选择的法律

C. 如仲裁协议有效，当事人提请仲裁，应适用中国国际经济贸易仲裁委员会的仲裁规则仲裁

D. 如仲裁协议有效，环宇公司在审理中提请更改仲裁请求，仲裁庭不能拒绝

2. 中国某公司与甲国 Rerp 公司因一宗投资项目产生争议，Rerp 公司向甲国法院起诉中国某公司并获得胜诉判决。中国某公司败诉后就同一案件向我国法院提起诉讼。Rerp 公司以该案件已经甲国法院判决生效为由对中国法院提出管辖权异议。依据我国法律、司法解释以及我国缔结的相关条约，下列哪一选项是正确的？（　　）

A. Rerp 公司的主张构成对中国法院就同一案件实体问题行使管辖权的有效异议

B. 中国法院对中国某公司的起诉没有管辖权

C. 中国法院可以受理中国某公司的起诉

D. 中国法院对涉外民事诉讼案件的管辖权不受任何限制

3. 关于仲裁裁决的撤销，根据我国现行法律，下列哪一选项是正确的？（　　）

A. 中国法院可根据中国法律撤销一项外国仲裁裁决

B. 中国法院撤销涉外仲裁裁决的法定理由之一是裁决事项超出仲裁协议范围

C. 撤销涉外仲裁裁决的法定理由和撤销国内仲裁裁决的法定理由相同

D. 当事人可在收到中国的涉外仲裁裁决书之日起 6 个月内向仲裁机构所在地的高级人民法院申请撤销

4. 中国重阳公司与法国施耐尔公司订立了向中国进口货物的买卖合同，并约订有在中国国际经济贸易仲裁委员会仲裁的仲裁条款。在该合同的履行过程中，双方发生争议，施耐尔公司在法国向某法国法院提起以重阳公司为被告的诉讼。对此重阳公司提出了异议。关于此案，下列哪一选项是正确的？（　　）

A. 施耐尔公司有权选择通过法院诉讼解决争议或通过仲裁解决争议

B. 法国法院应终止诉讼程序，因为仲裁协议具有排除法院管辖权的效力

C. 法院管辖具有优于仲裁的效力

D. 重阳公司在法国法院提出管辖的异议即表明其默示接受了法国法院的管辖

5. 西班牙人何塞在北京某学校教授西班牙语，何塞在西班牙因民事纠纷在西班牙某法院涉诉，该法院欲通过西班牙驻中国使馆向何塞送达文书，并向何塞调查取证。依中国法律规定，下列哪一选项是正确的？（　　）

A. 西班牙驻华使馆必须通过中国法院才可以向何塞调查取证

B. 西班牙驻华使馆可向何塞调查取证并在必要时采取强制措施

C. 只有经中国外交部同意后，西班牙驻华使馆才能向何塞送达传票

D. 西班牙驻华使馆可向何塞送达传票

6. 中国甲公司与美国乙公司就合同中仲裁条款的效力问题在我国涉诉。合同中约定的仲裁机构为位于巴黎的国际商会仲裁院，仲裁地为斯德哥尔摩，但合同对该仲裁条款应适用的法律未作约定。依相关司法解释，我国法院审查该仲裁条款效力时，应适用下列哪国的法律？（　　）

A. 中国的法律，因为一方当事人为中国籍

B. 法国的法律，因为仲裁机构位于巴黎

C. 瑞典的法律，因为仲裁地为斯德哥尔摩

D. 美国的法律，因为一方当事人为美国籍

7. 中国甲公司与西班牙乙公司的贸易合同含有仲裁条款，约定由某地仲裁机构仲裁，但约定的仲裁机构名称不准确。根据相关司法解释，下列哪一选项是正确的？（　　）

A. 由于仲裁条款中的仲裁机构名称不准确，仲裁条款无效

B. 如仲裁条款约定的仲裁地仅有一个仲裁机构，该仲裁机构应视为约定的仲裁机构

---

* 本章答案参见第 49 页。

C. 如仲裁条款约定的仲裁地有两个仲裁机构,以约定在先的为准

D. 仲裁条款仅约定纠纷适用的仲裁规则的,均视为未约定仲裁机构

8. 我国某法院审理了涉外诉讼案件,需要从甲国调取某些证据。甲国是《关于从国外调取民事或商事证据的公约》的缔约国。依该公约,下列哪项是正确的?(　　)

A. 中方当事人的诉讼代理人可依上述公约请求甲国法院调取所需的证据

B. 调取证据的请求可以书面或口头提出

C. 应通过我国外交部转交甲国的中央机关调取证据的请求书

D. 中国驻甲国的领事代表在其执行职务的区域内,可以在不采取强制措施的情况下向中国籍当事人取证

9. 国际海上运输合同的当事人选择有关合同争议由中国法院管辖。关于当事人对管辖法院的选择,依《民事诉讼法》及《海事诉讼特别程序法》的有关规定,下列哪项是正确的?(　　)

A. 当事人可以在管辖协议中选择不同级别的法院

B. 当事人可以在纠纷发生前协议选择我国法院管辖

C. 我国法院无权管辖与该合同有实际联系的地点不在我国领域内的纠纷

D. 涉及中国当事人的合同或涉外财产权益纠纷应当由中国法律管辖

10. 中国某公司与墨西哥某公司签订合同,约定适用瑞士法,由北京仲裁委在新加坡仲裁。下列选项正确的是?(　　)

A. 仲裁条款若在新加坡有效,在中国无效,则应适用新加坡法

B. 若对仲裁规则有异议,应适用瑞士法

C. 若作出裁决,需向被执行人所在地或财产所在地中院申请执行

D. 北京仲裁委无法在新加坡仲裁,本条款无效

**二、多项选择题,每题所给的选项中有两个或两个以上正确答案,少答或多答均不得分。**

1. 中国甲公司与美国乙公司的商事纠纷在美国境内通过仲裁解决。因甲公司未履行裁决,乙公司向某人民法院申请承认与执行该裁决。中美均为《承认及执行外国仲裁裁决公约》(以下简称《纽约公约》)的缔约国。关于该裁决在中国的承认与执行,下列哪些选项是不正确的?(　　)

A. 如该裁决是由临时仲裁庭作出的,该人民法院应拒绝承认与执行

B. 该人民法院可视案件复杂程度适用独任制审理

C. 如该人民法院认为该裁决不符合《纽约公约》的规定,应由所属辖区的中级人民法院层报最高人民法院后裁定拒绝承认和执行

D. 乙公司申请承认该裁决的期间应适用中国法的规定

2. 甲国法院受理一侵权案件,涉及甲国人奇亚在中国与侵权有关的争议,需向中国请求调取证据。中国与甲国均为《关于从国外调取民事或商事证据的公约》的缔约国。根据该公约及我国相关规定,下列哪些选项是正确的?(　　)

A. 甲国法院可将请求书交中国司法部,请求代为取证

B. 如该争议不属于司法机关职权范围,则被请求的机关可以拒绝执行

C. 甲国驻中国的领事代表可在其执行职务范围内,向甲国公民取证

D. 奇亚可直接在中国向有关证人获取证人证言

3. 甲国某公司欲向中国法院申请承认并执行一项在甲国境内作出的仲裁裁决。中国与甲国均为《纽约公约》的成员国。关于该裁决的承认和执行,下列哪些选项是正确的?(　　)

A. 甲国公司应通过甲国法院向被执行人住所地或财产所在地的中级人民法院申请

B. 如该裁决系临时仲裁庭作出的裁决,人民法院不应承认与执行

C. 如承认和执行申请被裁定驳回,甲国某公司可向人民法院起诉

D. 如甲国公司仅申请承认该裁决而未同时申请执行该裁决,人民法院仅对应否承认进行审查并作出裁定

4. 甲国人弗雷德因一起侵权案在中国法院涉诉,弗雷德请求使用本国语言进行诉讼。关于中国法院对该请求的处理,下列哪些选项是正确的?(　　)

A. 允许使用弗雷德本国的语言进行案件的审理

B. 驳回该请求,使用中文进行案件的审理,告知弗雷德自行解决翻译问题

C. 驳回该请求,使用中文进行案件的审理

D. 在弗雷德要求并承担费用的情况下,应为弗雷德提供翻译

5. 当事人欲将某外国法院作出的民事判决申请由中国法院承认和执行。根据中国法律,下列哪些选项是正确的?(　　)

A. 该判决应向中国有管辖权的法院申请承认和执行

B. 该判决应是外国法院作出的发生法律效力的判决

C. 承认和执行该判决的请求须由该外国法院向中国法院提出,不能由当事人向中国法院提出

D. 如该判决违反中国的公共利益，中国法院不予承认和执行

6. 甲国驻中国领事拟进行领事取证，此种方式在我国受到若干限制。依我国相关法律，下列哪些选项是正确的？（　　）

A. 只能向在中国的甲国公民取证

B. 甲国领事采取的取证方式不得违背中国法律

C. 甲国领事不得对取证对象进行扣押

D. 甲国驻中国领事取证适用甲国法律

7. 依相关司法解释，下列选项中哪些案件需要进行集中管辖？（　　）

A. 在中俄边境的中国公民李某与俄公民萨沙的贸易合同纠纷

B. 审查有关涉外民商事仲裁条款效力的案件

C. 申请撤销、承认与强制执行国际仲裁裁决的案件或申请承认和强制执行外国法院民商事判决、裁定的案件

D. 中国甲公司与法国乙公司关于信用证的纠纷案件

8. 对在我国境内没有住所的被告提起的关于合同或其他财产权益纠纷的诉讼，人民法院可依法行使管辖权的有哪几项？（　　）

A. 被告正在我国旅游

B. 被告在我国境内有可供扣押的财产

C. 被告在我国境内设有代表机构

D. 合同是在我国签订的

# 第七章　区际法律问题*

**一、单项选择题，每题所给的选项中只有一个正确答案。**

1. 两公司在我国台北因合同纠纷涉诉，胜诉一方天宇公司向败诉方财产所在地的大陆某中级人民法院申请执行该台湾地区的民事判决。依 2015 年最高人民法院《关于认可和执行台湾地区法院民事判决的规定》，下列哪项是正确的？（　　）

A. 如天宇公司只申请执行，不申请认可，某人民法院应予允许

B. 在受理天宇公司的认可申请期间，败诉方公司在某人民法院就该争议提起了诉讼，该人民法院应当受理

C. 某人民法院对台湾地区法院的民事判决的真实性有疑问的，只能由天宇公司提出证据证明真实性

D. 如天宇公司向两个以上有管辖权的人民法院申请认可，由最先立案的人民法院管辖

2. 香港特别行政区荣昌公司与广东多福公司签订一贸易合同，并通过电子邮件约定如发生纠纷由香港特别行政区法院管辖。后因履约纠纷，荣昌公司将多福公司诉至香港特别行政区法院并胜诉。判决生效后，荣昌公司申请内地某中级人民法院认可和执行该判决。如依据 2019 年通过的《关于内地与香港特别行政区法院相互认可和执行民商事案件判决的安排》，关于该判决在内地的认可与执行，下列哪一选项是正确的？（　　）

A. 电子邮件是法律认可的“书面”管辖协议

B. 如荣昌公司向内地两个有管辖权的法院提出判决的认可与执行申请，则由财产所在地法院管辖

C. 如多福公司在内地与香港特别行政区均有财产，荣昌公司只能向一地法院提出申请

D. 多福公司在判决全部获得认可和执行后，又就同一争议提起了诉讼的，可予受理

3. 福建人李向荣与来自我国台湾地区的宋安因贸易问题发生争议，李向荣诉诸福建某法院，相关文书需要向我国台湾地区送达并确定法律适用。依相关规定下列哪项是正确的？（　　）

A. 宋安的诉讼权利和义务与李向荣有所不同

B. 确定应适用我国台湾地区民事法律的，受案的法院不应予以适用

C. 如宋安在大陆，民事诉讼文书可以直接送达

D. 如宋安在我国台湾地区地址明确，可以邮寄送达，但必须在送达回证上签收

**二、多项选择题，每题所给的选项中有两个或两个以上正确答案，少答或多答均不得分。**

1. 对于内地与澳门特别行政区关于相互认可和执行民商事判决，依《关于内地与香港特别行政区法院相互认可和执行民商事案件判决的安排》，下列表述正确的有哪几项？（　　）

A. 该安排的适用范围目前仅限于民商事案件判决的相互认可和执行

B. 内地有权受理认可和执行判决申请的法院为中级人民法院

C. 根据该安排，在被请求方法院受理认可和执行判决的申请期间，当事人提起相同诉讼的，被请求方法院可以根据案件的具体情况，再决定是否应当受理

D. 违反法律的基本原则可以成为双方拒绝认可

* 本章答案参见第 52 页。

相关判决的理由之一

2. 2019 年通过的《关于内地与香港特别行政区法院相互认可和执行民商事案件判决的安排》排除适用于下列哪些民商事案件的判决的认可和执行？（　　）

A. 内地人民法院审理的赡养案件的判决

B. 继承案件、遗产管理或者分配的案件的判决

C. 货物买卖合同案件的判决

D. 海洋环境污染案件的判决

3. 澳门人何某到内地投资建厂，王某在何某内地工厂打工，与资方出现了劳工争议，并诉诸内地的法院。有关文书需要向澳门特别行政区送达，依《关于内地与澳门特别行政区法院就民商事案件相互委托送达司法文书和调取证据的安排》，下列哪几项是正确的？（　　）

A. 上述安排适用于劳工争议案件的送达

B. 需要送达的司法文书载明的出庭日期或期限必须未过

C. 内地法院可通过澳门特别行政区高级法院送达

D. 最高人民法院与澳门特别行政区终审法院可以直接相互委托送达司法文书

4. 珠海甲公司与澳门特别行政区乙公司订立的合同约定有关争议在中国内地仲裁。乙公司在内地和澳门特别行政区均有营业机构。双方发生争议后，仲裁庭裁决乙公司对甲公司进行赔偿。乙公司未在规定的期限内履行仲裁裁决。关于甲公司对此采取的做法，下列哪些是正确的？（　　）

A. 只能向一地法院申请认可与执行

B. 向内地有管辖权的中级人民法院申请执行该仲裁裁决

C. 向澳门特别行政区中级法院申请认可该仲裁裁决

D. 分别向内地有管辖权的中级人民法院和澳门特别行政区有管辖权的法院申请认可该仲裁裁决

# 参考答案及解析

## 第一章　国际私法概述

一、1. D。依《涉外民事关系法律适用法》第36条和第27条的规定,不动产物权和诉讼离婚是不允许当事人选择适用的法律的,不动产应适用不动产所在地法律,双方诉讼离婚,应适用法院地法,故AB错误。C错误,依最高人民法院《关于适用〈中华人民共和国涉外民事关系法律适用法〉若干问题的解释(一)》(以下简称《涉外民事关系适用解释》)第5条,一方当事人以双方协议选择的法律与系争的涉外民事关系没有实际联系为由主张选择无效的,人民法院不予支持。D正确,依该解释第6条第1款,当事人在一审法庭辩论终结前协议选择或者变更选择适用的法律的,人民法院应予准许。

2. D。A选项是民诉中的程序规范,调整的是诉讼程序关系,而非涉外民商事实体关系。B项是国际公约的规定,也不是冲突规范。C选项是合同法中的实体规范,特点是直接调整民商事关系。D选项正确,冲突规范的特点之一是间接调整涉外民商事法律关系。

3. C。本题考查劳动合同的法律适用。依《涉外民事关系法律适用法》第4条,中国法律对涉外民事关系有强制性规定的,直接适用该强制性规定。《涉外民事关系适用解释》第8条第1项进一步规定,涉及劳动者权益保护的,人民法院应当认定为《涉外民事关系法律适用法》第4条规定的强制性规定,当事人不能通过约定排除适用,人民法院无须通过冲突规范指引而应直接适用。C正确,即应直接适用中国法的强制性规定。

4. A。间接调整方法又称冲突法调整方法,是指在国内立法或国际条约中规定某类国际民商事法律关系受何种法律调整和支配,而不直接规定当事人之间的实体权利和义务。B和D同属于直接规定当事人权利义务的实体法律规范,属于直接调整的方法;C是规定外国人民商事法律地位的规范。

二、1. ACD。本题考查法律适用和直接适用。A正确,依《涉外民事关系法律适用法》第41条的规定,当事人可以协议选择合同适用的法律。因此,该合同适用法国法律。B错,依《涉外民事关系适用解释》第8条第2项的规定,涉及食品或公共卫生安全的问题,应该适用中国法,所以,虽然当事人对合同有法律适用的选择,但涉及食品卫生的部分应当适用中国法。同样,涉及外汇管制等金融安全的问题,应该适用中国法,C正确。D正确,依《涉外民事关系法律适用法》第4条的规定,中华人民共和国法律对涉外民事关系有强制性规定的,直接适用该强制性规定,即无须再通过冲突规范的指引。

2. AD。本题考查强制适用、合同争议的法律适用,同时涉及意思自治、时效的法律适用、强制性规则。依《涉外民事关系法律适用法》第41条的规定,当事人可以协议选择合同适用的法律。依《涉外民事关系适用解释》第8条的规定,有下列情形之一,涉及中华人民共和国社会公共利益,当事人不能通过约定排除适用,无须通过冲突规范指引而直接适用于涉外民事关系的法律、行政法规的规定,人民法院应当认定为《涉外民事关系法律适用法》第4条规定的强制性规定:(1)涉及劳动者权益保护的;(2)涉及食品或公共卫生安全的;(3)涉及环境安全的;(4)涉及外汇管制等金融安全的;(5)涉及反垄断、反倾销的;(6)应当认定为强制性规定的其他情形。涉及公共卫生安全和外汇管制的问题属于强制适用的范围,应适用中国法,AD正确。关于当事人选择适用法律的时间,依《涉外民事关系适用解释》第6条第1款的规定,当事人在一审法庭辩论终结前协商一致,选择或者变更选择合同争议应适用的法律的,法院应予准许,B错误。关于时效的法律适用,依《涉外民事关系法律适用法》第7条的规定,诉讼时效适用相关涉外民事关系应适用的法律,而不是法院地的法律,C错误。

3. ABD。A中一方当事人为外国人且标的物位于国外。B中标的物位于国外。C没有涉外因素,不属于国际私法调整的范围。D中当事人一方具有涉外因素,知识产权保护属于商事关系,也属于国际私法调整的范围。

4. CD。本题考查特别法与一般法的适用。依《涉外民事关系适用解释》第3条的规定,《涉外民事关系法律适用法》与其他法律对同一涉外民事关系法律适用规定不一致的,适用《涉外民事关系法律适用法》的规定,但《票据法》《海商法》《民用航空法》等商事领域法律的特别规定以及知识产权领域法律的特别规定除外。综上,CD正确。

## 第二章　国际私法的主体

一、1. A。本题考查经常居所。依《涉外民事关系适用解释》第13条的规定，自然人在涉外民事关系产生或者变更、终止时已经连续居住1年以上且作为其生活中心的地方，人民法院可以认定为涉外民事关系法律适用法规定的自然人的经常居所地，但就医、劳务派遣、公务等情形除外。故A正确。

2. A。本题考查民事权利能力和行为能力的法律适用。依《涉外民事关系法律适用法》第14条的规定，法人及其分支机构的民事权利能力、民事行为能力、组织机构、股东权利义务等事项，适用登记地法律。法人的主营业地与登记地不一致的，可以适用主营业地法律。法人的经常居所地，为其主营业地。故A正确。

3. D。本题考查行为能力的法律适用、意思自治和反致。A错误，依《涉外民事关系法律适用法》第12条第1款的规定，自然人的民事行为能力，适用经常居所地法律，而不是国籍国法。B错误，依该法第7条的规定，诉讼时效，适用相关涉外民事关系应当适用的法律。在本题中，应当适用英国法即时效未过。C错误，依该法第41条，当事人可以协议选择合同适用的法律。D正确，依该法第9条，涉外民事关系适用的外国法律，不包括该国的法律适用法。

4. D。本题同时考查我国确定法人国籍的法律规定以及关于法人权利能力、行为能力法律适用的规定。依据《公司法》第2条、第243条的规定，我国以公司的注册登记地确定公司的国籍。本题公司在英国注册登记，故公司国籍为英国，AB错误。依据《涉外民事关系法律适用法》第14条的规定，法人及其分支机构的民事权利能力、民事行为能力、组织机构、股东权利义务等事项，适用登记地法。法人的主营业地与登记地不一致的，可以适用主营业地法。法人的经常居所地，为其主营业地。本题公司的主营业地在我国香港特别行政区，登记地在英国，故本题公司民事权利能力、行为能力及股东权利义务等事项可以适用中国香港特别行政区法或英国法，C错，D正确。

5. D。本题考查人格权的法律适用。依《涉外民事关系法律适用法》第15条的规定，人格权的内容，适用权利人经常居所地法律。戴维斯在美国的新泽西州和加利福尼亚州均有经常居所，依该法第6条的规定，涉外民事关系适用外国法律，该国不同区域实施不同法律的，适用与该涉外民事关系有最密切联系区域的法律。故A错误，D正确。

6. A。本题考查宣告失踪或宣告死亡的法律适用。依《涉外民事关系法律适用法》第13条的规定，宣告失踪或者宣告死亡，适用自然人经常居所地法律。布朗经常居所地是法国，因此，应当适用法国法律，A正确。

二、1. ACD。本题考查人格权和代理的法律适用。A正确，《涉外民事关系法律适用法》第15条规定："人格权的内容，适用权利人经常居所地法律。"该法第16条第1款规定，代理适用代理行为地法律，但被代理人与代理人的民事关系适用代理关系发生地法律。两人之间的民事关系应适用代理关系发生地法，两者的代理关系发生在中国，因此，应适用中国法，B错，D正确。该法第17条规定，当事人可以协议选择信托适用的法律。当事人没有选择的，适用信托财产所在地法律或者信托关系发生地法律。从该条规定可以看出，意思自治是优先的，当事人没有选择的，采取财产所在地法或信托关系发生地法的选择性冲突规范。本题的信托当事人约定适用乙国法，因此，C正确。

2. AD。本题考查民事行为能力的法律适用。依《涉外民事关系法律适用法》第12条第1款的规定，自然人的民事行为能力，适用经常居所地法律。两人久居北京，说明两人经常居所地在中国，应适用中国法，A正确。依《涉外民事关系适用解释》第13条的规定，自然人在涉外民事关系产生或者变更、终止时已经连续居住1年以上且作为其生活中心的地方，人民法院可以认定为《涉外民事关系法律适用法》规定的自然人的经常居所地，但就医、劳务派遣、公务等情形除外。因此，D选项正确。

3. AB。本题考查法人能力的法律适用。依据《涉外民事关系法律适用法》第14条的规定，法人及其分支机构的民事权利能力、民事行为能力、组织机构、股东权利义务等事项，适用登记地法律。法人的主营业地与登记地不一致的，可以适用主营业地法律。法人的经常居所地，为其主营业地。股东权利义务事项的法律适用，不适用最密切联系原则，也不允许当事人选择。故AB正确，CD错误。

4. AB。A正确，国家通过明示或默示的方式放弃管辖豁免时，并不意味着同时放弃了诉讼程序豁免和强制执行豁免。B正确，在放弃豁免上不能推定。我国派代表到外国法院特别出庭抗辩该外国法院的管辖权，不得视为接受该外国的管辖。国家参加国际民商事活动时享有他国给予的豁免，并非表明国家在从事国际民商事活动时可以不受法律约束，也并非实质上消灭国家在国际民商事法律关系中应承担的法律义务和责任，国家仍应履行民商事法律义务和承担民商事法律责任，CD错误。

5. AB。本题涉及宣告死亡和法定继承的法律适用。依《涉外民事关系法律适用法》第13条的规定，宣告失踪或宣告死亡，适用自然人经常居所地法。克林虽为南非人，但经常居所在中国，因此应适用中国法，A正确，CD均错误。又依该法第31条的规定，法定继承，适用被继承人死亡时经常居所地法律，但不动产法定继承，适用不动产所在地法律。本题克林未留下遗嘱，属于法定继承，克林死亡时久居中国，因此应适用中国法律，B 正确。

6. BC。本题考查人格权的法律适用、区际法律冲突的解决和外国法的查明。依《涉外民事关系法律适用法》第 15 条，人格权的内容，适用权利人经常居所地法律，并不是适用国籍国法，A 错误，B 正确。C 正确，依该法第 6 条的规定，涉外民事关系适用外国法律，该国不同区域实施不同法律的，适用与该涉外民事关系有最密切联系区域的法律。D 错误，依该法第 10 条第 2 款的规定，不能查明外国法律或者该国法律没有规定的，适用中华人民共和国法律，而不是最密切联系的法律。

7. ABD。本题考查法人的认可。我国对外国法人的认可采用“申请一个，认可一个”的方式，属于特别认可制。因此，ABD 正确。

## 第三章　法律冲突、冲突规范和准据法

一、1. D。本题考查冲突规范的类型。结婚条件，适用当事人共同经常居所地法律；没有共同经常居所地的，适用共同国籍国法律；没有共同国籍，在一方当事人经常居所地或者国籍国缔结婚姻的，适用婚姻缔结地法律。该冲突规范中的选择有一个先后的顺序，当事人有共同经常居所地的，就不会适用共同国籍国法律；当事人有共同国籍国的，就不适用婚姻缔结地法律。因此，属于有条件选择的冲突规范。D 正确。

2. B。本题考查准据法。A 错，准据法必须要通过“冲突规范”的指引，而非“程序规范”。B 正确，C 错，准据法是“实体法”，包括外国的实体法，而非“外国的冲突规范”。准据法不包括程序法，D 错误。

3. B。本题考查区际冲突的法律适用。《涉外民事关系法律适用法》第 6 条规定：“涉外民事关系适用外国法律，该国不同区域实施不同法律的，适用与该涉外民事关系有最密切联系区域的法律。”因此，B 选项“直接适用甲国与该涉外民事关系有最密切联系的州法律”是正确的。ACD 均为混淆项，没有相关规定。

二、1. BC。本题考查意思自治原则。依《涉外民事关系适用解释》第 4 条，中华人民共和国法律没有明确规定当事人可以选择涉外民事关系适用的法律，当事人选择适用法律的，人民法院应认定该选择无效，A 错误，B 正确。依该解释第 5 条，一方当事人以双方协议选择的法律与系争的涉外民事关系没有实际联系为由主张选择无效的，人民法院不予支持，C 正确。依该法第 6 条第 1 款，当事人在一审法庭辩论终结前协议选择或者变更选择适用的法律的，人民法院应予准许，D 错。

2. BC。本题考查先决问题。依《涉外民事关系适用解释》第 10 条的规定，涉外民事争议的解决须以另一涉外民事关系的确认为前提时，人民法院应当根据该先决问题自身的性质确定其应当适用的法律，AD 错误。依《涉外民事关系法律适用法》第 31 条，法定继承适用被继承人死亡时经常居所地法律，但不动产法定继承，适用不动产所在地法律，B 正确。李晓曼与马林是否存在婚姻关系属于先决问题，C 正确。

3. AC。本题考查冲突规范的种类。本题中只有 AC 是重叠适用的冲突规范，B 属于双边冲突规范，D 属于选择适用的冲突规范。

4. BD。根据我国《海商法》第 273 条第 3 款的规定，同一国籍的船舶，不论碰撞发生于何地，碰撞船舶之间的损害赔偿适用船旗国法，A 错误。海事赔偿责任限制适用受理案件的法院所在地法，B 正确。根据我国《民用航空法》第 185 条的规定，民用航空器所有权的取得和消灭适用民用航空器国籍登记国法律，C 错误。依《涉外民事关系法律适用法》第 8 条的规定，涉外民事关系的定性，适用法院地法律，D 正确。

## 第四章　适用冲突规范的制度

一、1. D。本题考查外国法的查明和解释。A 项错误，依《涉外民事关系适用解释》第 16 条的规定，人民法院应当听取各方当事人对应当适用的外国法律的内容及其理解与适用的意见，当事人对该外国法律的内容及其理解与适用均无异议的，人民法院可以予以确认；当事人有异议的，由人民法院审查认定，而不是协商解决。B 错误，该解释第 15 条第 1 款规定，人民法院通过由当事人提供、已对中华人民共和国生效的国际条约规定的途径、中外法律专家提供等合理途径仍不能获得外国法律的，可以认定为不能查明外国法律。只法律专家一个途径是不能认定为不能查明的。C 错，《涉外民事关系法律适用法》第 10 条第 1 款规定，涉外民事关系适用的外国法律，由人民法院、仲裁机构或者行政机关查明。因此，仲裁机构有权查明。D 项正确，《涉外民事关系法律适用法》第 10 条第 2 款规定，不能查明外国法律或者该国法律没有规定的，适用中国法律。

2. C。本题考查外国法的查明。依我国《海商法》第 273 条第 1 款的规定，不同国籍的船舶碰撞适用侵权行为地法，在本题中应适用乙国法律，不能由当事人选择适用，A 错误。B 错误，本题应适用侵权行为地法，而不是法院地法。C 正确，D 错，《涉外民事关系法律适用法》第 10 条第 1 款规定，涉外民事关系适用的外国法律，由人民法院、仲裁机构或者行政机关查明。当事人选择适用外国法律的，应当提供该国法律。本题适用的法律不是当事人选择的，应由法院查明乙国法律。

3. D。本题考查仲裁的法律适用。《涉外民事关

系适用解释》第12条规定，当事人没有选择涉外仲裁协议适用的法律，也没有约定仲裁机构或者仲裁地，或者约定不明的，人民法院可以适用中华人民共和国法律认定该仲裁协议的效力。只有D是正确的，B称“应当”适用中国法律是不正确的。

4. B。本题考查先决问题。先决问题是指涉外民事案件（主要问题）的处理所必须首先加以解决的其他问题。在本题中，杨采珍与艾伯特是否存在婚姻关系是判定杨采珍是否具有继承地位的前提，故属于先决问题，B正确，A错。C错，依《涉外民事关系法律适用法》第31条，不动产的法定继承应适用不动产所在地的法律。D错，《涉外民事关系适用解释》第10条规定，涉外民事争议的解决须以另一涉外民事关系的确认为前提时，人民法院应当根据该先决问题自身的性质确定其应当适用的法律。

5. B。我国不承认反致制度，应当适用的外国法，仅包含外国的实体法而不包括外国法中的冲突制度。因此此案应当依据不动产所在地法，即日本法进行审理，而不再适用日本的冲突规范发生间接反致适用中国法，或者发生包含直接反致的转致而适用甲国法，故本题应当选B。

6. A。本题属于定性问题。本题中当事人并没有故意制造连结点，因此也不属于法律规避。

7. B。本题考查转致。甲国法指向挪威法，挪威法指向奥地利法，故选B。

8. C。我国《涉外民事关系法律适用法》第19条条规定：“依照本法适用国籍国法律，自然人具有两个以上国籍的，适用有经常居所的国籍国法律；在所有国籍国均无经常居所的，适用与其有最密切联系的国籍国法律。自然人无国籍或者国籍不明的，适用其经常居所地法律。”因此，自然人有两个以上国籍的，适用私法冲突规范解决，不涉及公法意义的国籍放弃问题，A项说法错误。

我国《涉外民事关系法律适用法》第44条规定：“侵权责任，适用侵权行为地法律，但当事人有共同经常居所地的，适用共同经常居所地法律。侵权行为发生后，当事人协议选择适用法律的，按照其协议。”

本题中张某和中国公民王某在上海发生侵权纠纷，侵权行为地是中国，但是如两人协商适用甲国法，可以按照其协议选择，C项说法正确。法院并非仅能适用中国法，B项说法错误。

《涉外民事关系适用解释》第16条规定：“人民法院应当听取各方当事人对应当适用的外国法律的内容及其理解与适用的意见，当事人对该外国法律的内容及其理解与适用均无异议的，人民法院可以予以确认；当事人有异议的，由人民法院审查认定。”两个人如果对甲国法的内容有争议，由法院审查认定，而不是直接判定为无法查明，D项说法错误。

二、1. AD。本案涉及的问题属于定性，《涉外民事关系法律适用法》第8条规定，涉外民事关系的定性，适用法院地法律，AD正确。

2. CD。本题考查反致及继承的法律适用。A错误，《涉外民事关系法律适用法》第31条规定，法定继承，适用被继承人死亡时经常居所地法律，但不动产法定继承，适用不动产所在地法律。本题涉及动产和不动产的继承，不能都适用最后经常住所地法。B错误，《涉外民事关系法律适用法》第9条规定，涉外民事关系适用的外国法律，不包括该国的法律适用法，即不接受反致。依上述第31条的规定，C正确，不动产位于甲国，应适用甲国法律。D正确，被继承人在甲国和中国都有不动产，适用不动产所在地法正确。被继承人动产的继承应适用被继承人最后经常居所地法律，本题应为甲国法律。

3. BD。本题考查公共秩序的保留。《涉外民事关系法律适用法》第5条对公共秩序保留进行了规定，即外国法律的适用将损害中华人民共和国社会公共利益的，适用中华人民共和国法律。AC错，该法规定公共秩序排除的不包括国际惯例。D正确，以公共秩序保留排除外国法的适用后，适用中国法律。

4. AD。本案涉及的问题属于定性，依《涉外民事关系法律适用法》第8条，涉外民事关系的定性，适用法院地法律，AD正确。

5. BD。本题考查继承的法律适用。我国《涉外民事关系法律适用法》第31条规定，法定继承，适用被继承人死亡时经常居所地法律，但不动产法定继承，适用不动产所在地法律，BD正确。

## 第五章　国际民商事关系的法律适用

一、1. D。本题考查劳动合同的法律适用。《涉外民事关系法律适用法》第43条规定，劳动合同，适用劳动者工作地法律；难以确定劳动者工作地的，适用用人单位主营业地法律。本题劳动者阿什拉工作的内容为巡回中国、韩国、日本等地进行产品售后服务，工作地难以确定，依该法第43条的规定，应适用用人单位主营业地的法律，即丙国法律。只有D正确。

2. D。本题考查离婚的法律适用。《涉外民事关系法律适用法》第26条规定，协议离婚，当事人可以协议选择适用一方当事人经常居所地法律或者国籍国法律。当事人没有选择的，适用共同经常居所地法律；没有共同经常居所地的，适用共同国籍国法律；没有共同国籍的，适用办理离婚手续机构所在地法律。本案某国法律不是一方当事人经常居所地法律，也不是一方国籍国法律，依上述第26条的规定，不能选择该法为适用的法律。此时,应当适用共同经常居所地法。综上,D 正确。

3. C。本题考查涉外婚姻、监护关系的法律适用。A 错误,《涉外民事关系法律适用法》第 27 条规定:"诉讼离婚,适用法院地法律。"本题属于诉讼离婚,当事人不可选择适用法。B 错误,《涉外民事关系法律适用法》第 24 条规定:"夫妻财产关系,当事人可以协议选择适用一方当事人经常居所地法律、国籍国法律或者主要财产所在地法律。当事人没有选择的,适用共同经常居所地法律;没有共同经常居所地的,适用共同国籍国法律。"夫妻财产分割的法律适用应先考虑夫妻双方是否存在约定适用的法律,而非优先适用共同居所地法律。C 正确,《涉外民事关系法律适用法》第 30 条规定:"监护,适用一方当事人经常居所地法律或者国籍国法律中有利于保护被监护人权益的法律。"因此,监护权事项应在国籍国甲国法与经常居所地中国法中选择适用有利于保护幼子利益的法律。综合 BC 两项可知,D 错误。

4. D。本题考查不当得利的法律适用。《涉外民事关系法律适用法》第 47 条规定,不当得利、无因管理,适用当事人协议选择适用的法律。当事人没有选择的,适用当事人共同经常居所地法律;没有共同经常居所地的,适用不当得利、无因管理发生地法律。AB 符合规定,当事人可以协议选择适用的法律,且可选择与纠纷无关的第三国法。C 符合规定,当事人没有选择,且里奥是来华采风,经常居所不在中国,此时应适用不当得利发生地的法律,即中国法律。D 为混淆项,没有相关规定。本题为选非题,答案是 D。

5. D。本题考查产品责任法律适用。《涉外民事关系法律适用法》第 45 条规定,产品责任,适用被侵权人经常居所地法律;被侵权人选择适用侵权人主营业地法律、损害发生地法律的,或者侵权人在被侵权人经常居所地没有从事相关经营活动的,适用侵权人主营业地法律或者损害发生地法律。本题中的侵权人主营业地法律或损害发生地法律即乙国法律或中国法律。B 错,D 正确,A 为混淆项。C 错是因为依上述第 45 条的规定应由被侵权人选择适用侵权人主营业地法律,而不是法院决定。

6. B。本题考查婚姻与家庭的法律适用。《涉外民事关系法律适用法》第 23 条规定,夫妻人身关系,适用共同经常居所地法律;没有共同经常居所地的,适用共同国籍国法律。本题中双方定居于北京,即经常居住地为北京,因此应适用中国法,A 项错误,B 项正确。C 项错,《涉外民事关系法律适用法》第 24 条规定,夫妻财产关系,当事人可以协议选择适用一方当事人经常居所地法律、国籍国法律或者主要财产所在地法律。当事人没有选择的,适用共同经常居所地法律;没有共同经常居所地的,适用共同国籍国法律。本题双方对财产关系的法律适用没有协议,不能认定应当适用财产所在地法。D 错误,双方并无相关协议选择法律适用问题,因此应适用经常居住地法,即适用中国法。

7. C。本题考查涉外商事合同与诉讼时效的法律适用问题。C 项正确,《涉外民事关系法律适用法》第 7 条规定:"诉讼时效,适用相关涉外民事关系应当适用的法律。"《涉外民事关系法律适用法》第 41 条规定:"当事人可以协议选择合同适用的法律。当事人没有选择的,适用履行义务最能体现该合同特征的一方当事人经常居所地法律或者其他与该合同有最密切联系的法律。"本题中的商事合同当事人可以通过意思自治选择法律,当事人约定适用美国法的,实体问题就应适用美国法,而诉讼时效问题也是适用相关涉外民事关系应当适用的法律,即美国法。

8. B。本题考查侵权的法律适用以及外国法的查明方法。依《涉外民事关系法律适用法》第 44 条,侵权责任,适用侵权行为地法。侵权行为发生后,当事人协议选择适用法律的,按照其协议。可见,本案当事人可以在侵权纠纷发生后协议选择法律,且可以选择与侵权纠纷无关的第三国法律,AD 项错。依《涉外民事关系法律适用法》第 10 条第 1 款,当事人选择适用外国法律的,应提供该国法律;《涉外民事关系适用解释》第 6 条规定,当事人在一审法庭辩论终结前协议选择或者变更选择适用的法律的,人民法院应予准许。B 正确,C 错。

9. A。本题考查收养的法律适用。《涉外民事关系法律适用法》第 28 条规定,收养的条件和手续,适用收养人和被收养人经常居所地法律,A 正确。

10. D。本题考查结婚的法律适用。A 错,不是结婚所有事项都可以由当事人无限制地选择适用的法律。B 错,《涉外民事关系法律适用法》第 21 条规定,结婚条件,适用当事人共同经常居所地法律;没有共同经常居所地的,适用共同国籍国法律;没有共同国籍,在一方当事人经常居所地或者国籍国缔结婚姻的,适用婚姻缔结地法律。本题双方没有共同经常居所地,国籍也不同,在一方当事人,即莫西的国籍国结婚,因此,两人的婚龄这一结婚条件应适用中国法,D 正确。该法第 22 条规定,结婚手续,符合婚姻缔结地法律、一方当事人经常居所地法律或国籍国法律的,均为有效,C 错。

11. C。本题考查《涉外民事关系法律适用法》关于法定继承的规定。依据该法第 31 条,法定继承,适用被继承人死亡时的经常居所地法,但不动产继承,适用不动产所在地法。在本题中,拉里的经常居所在中国深圳,两笔银行存款属于动产,故均应适用中国法,而与存款存于何国的银行无关,AB 错。拉里在深圳与巴黎的房产属于不动产,应适用不动产所在地法,据此,他在深圳与巴黎的房产应分别适用中国法与法国法,C 正确,D 错。

12. D。本题考查人格权的法律适用。《涉外民事关系法律适用法》第 15 条规定,人格权的内容,适用权利人经常居所地法律。名誉权、肖像权、姓名权属于人格权,权利人美子的经常居所地在中国,应当适用中国法律,ABC 错误。《涉外民事关系法律适用法》第 46 条规定,通过网络或者采用其他方式侵害姓名权、肖像权、名誉权、隐私权等人格权的,适用被侵权人经常居所地法律。D 正确。

13. C。本题考查产品责任、消费者合同和时效的法律适用。依《涉外民事关系法律适用法》第 45 条,产品责任,适用被侵权人经常居所地法律;被侵权人选择适用侵权人主营业地法律、损害发生地法律的,或者侵权人在被侵权人经常居所地没有从事相关经营活动的,适用侵权人主营业地法律或者损害发生地法律。A 错,应当首先适用被侵权人经常居所地法律,即中国法。B 错,依该法第 7 条,诉讼时效,适用相关涉外民事关系应当适用的法律。C 正确,依该法第 42 条,消费者合同,适用消费者经常居所地法律;消费者选择适用商品、服务提供地法律或者经营者在消费者经常居所地没有从事相关经营活动的,适用商品、服务提供地法律。这是一个有条件选择的冲突规范,即该类合同首先是适用消费者经常居所地法,在出现后面的情况时,才会适用商品提供地法律。D 错,只能适用被侵权人经常居所地是不对的,因为还有其他的情况。

14. D。我国《票据法》第 97 条第 1 款规定:"汇票、本票出票时的记载事项,适用出票地法律。"D 正确。

15. C。本题考查涉外离婚的管辖。最高人民法院《关于适用〈中华人民共和国民事诉讼法〉的解释》(以下简称《民诉解释》)第 14 条规定,在国外结婚并定居国外的华侨,如定居国法院以离婚诉讼须由国籍所属国法院管辖为由不予受理,当事人向人民法院提出离婚诉讼的,由一方原住所地或在国内的最后居住地人民法院管辖。对于付力在我国法院的诉讼,我国法院可以受理,付力的最后居住地法院有权管辖,C 是正确选项。

16. C。本题考查涉外侵权关系的法律适用。《涉外民事关系法律适用法》第 46 条规定:"通过网络或者采用其他方式侵害姓名权、肖像权、名誉权、隐私权等人格权的,适用被侵权人经常居所地法律。"只有 C 正确。

17. A。我国在法人国籍确定问题上采取"设立地主义",即根据法人注册地确定法人国籍。我国《公司法》第 243 条规定:"本法所称外国公司是指依照外国法律在中国境外设立的公司。"在本题中,由于沃伦公司在甲国注册,国籍始终为甲国,A 选项说法正确,BCD 说法均错误。

18. B。A 项和 B 项考查遗嘱效力的法律适用。我国《涉外民事关系法律适用法》第 33 条规定:"遗嘱效力,适用遗嘱人立遗嘱时或者死亡时经常居所地法律或者国籍国法律。"

在本题中,汤姆是甲国公民,经常居住地在我国,在上海去世,因此,甲国为汤姆的国籍国,我国为汤姆死亡时经常居住地,其遗嘱效力纠纷可适用中国法或甲国法。B 项说法正确,A 项说法错误。

C 项、D 项考查遗嘱方式的法律适用。我国《涉外民事关系法律适用法》第 32 条规定:"遗嘱方式,符合遗嘱人立遗嘱时或者死亡时经常居所地法律、国籍国法律或者遗嘱行为地法律的,遗嘱均为成立。"因此,即使汤姆在订立遗嘱时甲国规定不允许本国国民使用海星播放器,但如根据中国法该遗嘱方式有效,该遗嘱仍具有法律效力,C 项说法错误。该遗嘱的效力还需依中国法具体判定,D 项说法错误。

19. B。我国《涉外民事关系法律适用法》第 15 条规定:"人格权的内容,适用权利人经常居所地法律。"本题中肖像权属于人格权,权利人甲的经常居所地在新加坡,应适用新加坡法,B 项说法正确,其他选项说法错误。

二、1. ACD。本题考查涉外侵权关系的法律适用。《涉外民事关系法律适用法》第 46 条规定:"通过网络或者采用其他方式侵害姓名权、肖像权、名誉权、隐私权等人格权的,适用被侵权人经常居所地法律。"在本题中,经常居所在北京的美国公民贝克通过网络侵害了经常居所在哈萨克斯坦的中国公民王某的名誉权,应适用被侵权人王某的经常居所地哈萨克斯坦法。因此,B 正确,ACD 错误。

2. AC。本题考查涉外信托关系的法律适用问题。《涉外民事关系法律适用法》第 17 条规定:"当事人可以协议选择信托适用的法律。当事人没有选择的,适用信托财产所在地法律或者信托关系发生地法律。"《涉外民事关系适用解释》第 5 条规定:"一方当事人以双方协议选择的法律与系争的涉外民事关系没有实际联系为由主张选择无效的,人民法院不予支持。"可见当事人通过意思自治选择信托关系适用法不受实际联系原则限制。本题信托财产所在地与信托关系发生地均为中国,因此在当事人未有约定的情况下,应适用中国法。

3. BC。本题考查涉外收养的程序与法律适用。A 错误,《外国人在中华人民共和国收养子女登记办法》第 8 条规定,夫妻共同收养的,应共同来华办理收养手续;一方因故不能来华的,应书面委托另一方。B 正确,《外国人在中华人民共和国收养子女登记办法》第 9 条第 1 款规定,外国人来华收养子女,应与送养人订立书面收养协议。C 正确,《涉外民事关系法律适用法》第 28 条规定,收养的条件和手续,适用收养人和被收养人经常居所地法律。收养的效力,适用收养时收养人经常居所地法律。关于收养的效力,收养时收养人经常居所地为美国,并不是中国,因此,D 选项称“应适用中国法”错误。

4. BC。本题考查涉外合同争议的管辖权及法律适用。依《民事诉讼法》第 276 条第 1 款的规定,因涉外民事纠纷,对在中国领域内没有住所的被告提起除身份关系外的诉讼,如果合同签订地、合同履行地、诉讼标的物所在地、可供扣押财产所在地、侵权行为地、代表机构住所地位于中国领域内的,可由合同签订地、合同履行地、诉讼标的物所在地、可供扣押财产所在地、侵权行为地或者代表机构住所地人民法院管辖。本题中国公司因而可以在合同签订地或诉讼标的物所在地法院起诉,B 正确,A 错。C 正确,依《涉外民事关系法律适用法》的规定,涉外合同当事人可以选择与合同无关的法律,几类特殊合同除外。由于本题涉及的合同不属于法律规定的几类特殊合同,因而当事人可以选择与纠纷无关的国家的法律,D 错。

5. BC。本题考查国际民商事关系的法律适用。A 错,依《涉外民事关系法律适用法》第 44 条的规定,侵权责任适用侵权行为地法律,而不是受害人本国法。B 正确,乙国法是侵权行为地法。C 正确,依《民事诉讼法》第 276 条第 1 款的规定,侵权行为地或者代表机构住所地人民法院可以管辖。因为被告甲国航空公司在中国设有代表处,所以中国法院可以受理该侵权纠纷。D 错,依《民用航空法》第 186 条的规定,民用航空器抵押权适用民用航空器国籍登记国法律。

6. ABCD。本题考查涉外票据关系的法律适用。A 正确,《票据法》第 98 条规定:“票据的背书、承兑、付款和保证行为,适用行为地法律。”本题背书行为地在美国,票据的背书应适用美国法。B 正确,《票据法》第 99 条规定:“票据追索权的行使期限,适用出票地法律。”本题出票地为美国,应适用美国法。C 正确,《票据法》第 100 条规定:“票据的提示期限、有关拒绝证明的方式、出具拒绝证明的期限,适用付款地法律。”本题付款地为中国,应适用中国法。D 正确,《票据法》第 101 条规定:“票据丧失时,失票人请求保全票据权利的程序,适用付款地法律。”本题付款地为中国,因此适用中国法。

7. ACD。本题考查船舶碰撞与船舶抵押权的法律适用。AC 正确,《海商法》第 273 条规定:“船舶碰撞的损害赔偿,适用侵权行为地法律。船舶在公海上发生碰撞的损害赔偿,适用受理案件的法院所在地法律。同一国籍的船舶,不论碰撞发生于何地,碰撞船舶之间的损害赔偿适用船旗国法律。”本题中相撞的船舶属于同一国籍的船舶,不论碰撞发生于何地,碰撞船舶之间的损害赔偿都应适用船旗国马绍尔群岛法律。D 正确,《海商法》第 271 条规定:“船舶抵押权适用船旗国法律。船舶在光船租赁以前或者光船租赁期间,设立船舶抵押权的,适用原船舶登记国的法律。”在本题中,抵押权应适用原船舶登记国法即美国法。

8. ABD。本题考查海商法中的法律适用问题。A 正确,依《海商法》第 271 条第 1 款的规定,船舶抵押权适用船旗国法律。B 正确,依《海商法》第 275 条的规定,海事赔偿责任限制,适用受理案件的法院所在地的法律。C 错误,D 正确,依《海商法》第 273 条第 1 款的规定,船舶碰撞的损害赔偿,适用侵权行为地法,即日本法律。

9. AB。本题考查夫妻财产关系的法律适用、离婚的法律适用。依《涉外民事关系法律适用法》第 27 条的规定,诉讼离婚,适用法院地法律。本题法院地法即中国法,A 正确,D 错。依该法第 24 条的规定,夫妻财产关系,当事人可以协议选择适用一方当事人的经常居所地法律、国籍国法或者主要财产所在地法。当事人没有选择的,适用共同经常居所地法律。据此,两人可以约定财产关系适用意大利法律,B 正确。此外,当事人的选择是有范围限制的,C 错。

10. AC。本题考查合同的法律适用及反致。依《涉外民事关系法律适用法》第 9 条的规定,涉外民事关系适用的外国法律,不包括该国的法律适用法。我国不承认反致,涉外民事关系适用的外国法仅指该外国的实体法,不包括冲突法,A 正确。依《涉外民事关系适用解释》第 5 条,一方当事人以双方协议选择的法律与系争的涉外民事关系没有实际联系为由主张选择无效的,人民法院不予支持,B 错。依《涉外民事关系法律适用法》第 6 条,涉外民事关系适用外国法律,该国不同区域实施不同法律的,适用与该民事关系有最密切联系的法律,C 正确。依《涉外民事关系法律适用法》第 41 条的规定,当事人可以协议选择合同适用的法律。依《涉外民事关系适用解释》第 6 条的规定,当事人在一审法庭辩论终结前变更选择适用的法律的,人民法院应予准许,D 错。

11. AD。本题考查收养的法律适用。根据《涉外民事关系法律适用法》第 28 条的规定,收养的条件和手续,适用收养人和被收养人经常居所地法律。收养的效力,适用收养时收养人经常居所地法律。收养关系的解除,适用收养时被收养人经常居所地法律或者法院地法律。由此,对收养的条件和手续,重叠适用收养人经常居所地法律和被收养人经常居所地法律,本题即需符合美国法和中国法,A 正确,B 错。对于收养的效力,适用收养时收养人经常居所地法律,即美国法,故 C 错。收养关系的解除,可以适用收养时被收养人经常居所地法律或者法院地法律,本题即适用中国法,D 正确。

12. AD。本题考查知识产权侵权的法律适用。《涉外民事关系法律适用法》第 50 条规定,知识产权的侵权责任,适用被请求保护地法律,当事人也可以在侵权行为发生后协议选择适用法院地法律。据此,双方当事人可以协议选择法院地法,即中国法,适用于乙公司在中德两国的侵权责任,而不能选择德国法,可见,A正确,C错。如双方无法达成一致,乙公司在中德两国的侵权责任应适用被请求保护地法律。在本题中,甲公司在中国与德国分别注册了商标,乙公司擅自使用该商标生产了大量仿冒产品并销售至中德两国,乙公司在中德两国侵权责任的法律适用,如双方当事人无法达成一致,则应分别适用中国法与德国法,B错,D正确。

13. BC。本题考查海事关系的法律适用。依《海商法》第273条第3款的规定,同一国籍的船舶,不论碰撞发生在何地,碰撞船舶之间的损害赔偿适用船旗国法,A错。依《海商法》第274条的规定,共同海损理算适用理算地法,B正确。依《海商法》第273条第1款的规定,船舶碰撞的损害赔偿,适用侵权行为地法,所以C正确。依《海商法》第272条的规定,船舶优先权,适用受理案件的法院所在地法律,D错。

14. AB。本题考查父母子女关系的法律适用。父母子女关系与夫妻关系不同,父母子女的财产关系的法律适用是没有意思自治的,A错。《涉外民事关系法律适用法》在父母子女的人身关系和财产关系上适用的法律是一样的,B错。《涉外民事关系法律适用法》第25条规定了适用有利于保护弱者权益的法律,C正确。第25条规定的有条件选择,第一个选择适用的就是共同经常居所地法律,D正确。

15. AC。本案考查知识产权的法律适用。《涉外民事关系法律适用法》第8条规定,涉外民事关系的定性,适用法院地法律。本题中国为法院地,因此,应适用中国法,A正确。该法第48条规定,知识产权的归属和内容,适用被请求保护地法律,本题授权乙公司在英国使用在英国获批准的专利,被请求保护地应为英国,因此,应适用英国法,B错误,C正确。该法第50条规定,知识产权的侵权责任,适用被请求保护地法律,当事人也可以在侵权行为发生后协议选择适用法院地法律,D错误。

16. ACD。本题考查专利权和人格权的法律适用。依《涉外民事关系法律适用法》第48条,知识产权的归属和内容适用被请求保护地法律。该题的被请求保护地是中国,A项正确,B项错误。依该法第49条,当事人可以协议选择知识产权转让和许可使用适用的法律,当事人没有选择的,适用该法对合同的有关规定,C项正确。依该法第15条,人格权的内容,适用权利人经常居所地法律,D正确。

17. AC。《涉外民事关系法律适用法》第40条规定,权利质权,适用质权设立地法律,A正确。第38条规定,当事人可以协议选择运输中动产物权发生变更适用的法律,当事人没有选择的,适用运输目的地法律,B错。第39条规定,有价证券,适用有价证券权利实现地法律或者其他与该有价证券有最密切联系的法律,C正确。依第36条的规定,不动产物权适用不动产所在地法律,D错。

18. AD。本题考查侵权行为的法律适用。

我国《涉外民事关系法律适用法》第44条规定:"侵权责任,适用侵权行为地法律,但当事人有共同经常居所地的,适用共同经常居所地法律。侵权行为发生后,当事人协议选择适用法律的,按照其协议。"

在本题中,因为丢弃、捕获和买卖行为都在中国,所以适用侵权行为地法,即中国法,A项说法正确。

双方当事人都是甲国人,但其中一方当事人常居中国,双方共同经常居所并不是甲国,所以不能适用甲国法,B项说法错误。

侵权行为发生后,当事人协议选择适用法律的,按照双协议。马戏团和甲国人可以协议选择适用甲国法和中国法以外的法律进行裁决,法院应当准许。D项说法正确。

C项考查涉外侵权关系的管辖。我国《民事诉讼法》第276条第1款规定:"因涉外民事纠纷,对在中华人民共和国领域内没有住所的被告提起除身份关系以外的诉讼,如果合同签订地、合同履行地、诉讼标的物所在地、可供扣押财产所在地、侵权行为地、代表机构住所地位于中华人民共和国领域内的,可以由合同签订地、合同履行地、诉讼标的物所在地、可供扣押财产所在地、侵权行为地、代表机构住所地人民法院管辖。"因此,虽然当事人都是甲国人,但侵权行为地在中国,所以中国法院有权管辖,C项说法错误。

## 第六章　国际民商事争议的解决

一、1. C。本题考查仲裁协议的效力和中国国际经济贸易仲裁委员会仲裁规则。依《中国国际经济贸易仲裁委员会仲裁规则》(以下简称《贸仲规则》)第6条第4款的规定,当事人对仲裁协议及/或仲裁案件管辖权有异议的,应在仲裁庭首次开庭前书面提出,故A错误。《涉外民事关系法律适用法》第18条规定,当事人可以协议选择仲裁协议适用的法律。当事人没有选择的,适用仲裁机构所在地法律或者仲裁地法律。本题仲裁机构及仲裁地均指向中国,应适用中国法,而不是双方选择的法律,B错误。关于仲裁的法律适用,依《贸仲规则》第4条第2款的规定,当事人约定将争议提交仲裁委员会仲裁的,视为同意按照本规则仲裁,C正确。关于仲裁请求的更改,依《贸仲规则》第17条的规定,申请人可以申请对其仲裁请求进行更改,被申请人也可以申请对其反请求进行更改,但是仲裁庭认为其提出更改的时间过迟而影响仲裁程序正常进行的,可以拒绝其更改请求,D错误。

2. C。《民事诉讼法》中的"一事不再理"原则仅在我国国内有效，除我国缔结或参加的国际条约另有规定外，外国法院的生效判决并不影响我国法院对同一争议的实体问题行使管辖权，并作出我国法院的判决，AB 错，C 正确。在当今国际社会中，没有一个国家对涉外民商事案件的管辖权不受任何限制，典型的例子是外交豁免。认为我国法院对涉外民事诉讼案件的管辖权不受任何限制，是不符合国际法以及我国已经制定的法律的，D 错。

3. B。本题考查国际商事仲裁。A 错，因为一国的法院是不应依据本国的法律撤销一项外国的仲裁裁决的。C 错，因为某些可撤销国内仲裁裁决的理由并不适用于涉外仲裁裁决，如作为裁决根据的证据是伪造的(《仲裁法》第 58 条第 1 款第 4 项)。D 错，依《仲裁法》第 58 条、第 59 条的规定，对于中国的涉外仲裁裁决，当事人可以在收到裁决书之日起 6 个月内向仲裁机构所在地的中级人民法院申请撤销，而不是高级人民法院。

4. B。本题考查国际民商事争议的解决。A 错误，当事人签订了仲裁协议后即承担了不向法院起诉的义务。B 正确，因为仲裁协议具有排除法院管辖权的效力。CD 错误，重阳公司出现在法庭是为了抗辩管辖的，不构成接受管辖。

5. D。本题考查司法协助中的送达与取证。依据《民事诉讼法》第 294 条第 2 款，外国驻华使领馆可以向该国公民送达文书和调查取证，但不得违反中国法律，并不得采取强制措施。据此，西班牙驻华使馆可以向本国公民何塞送达民事诉讼的传票，D 正确，C 错误；该国使馆也可以向何塞调查取证，但不得采取强制措施，AB 错。

6. C。依最高人民法院《关于适用〈中华人民共和国仲裁法〉若干问题的解释》(以下简称《仲裁法解释》)第 16 条的规定："对涉外仲裁协议的效力审查，适用当事人约定的法律；当事人没有约定适用的法律但约定了仲裁地的，适用仲裁地法律；没有约定适用的法律也没有约定仲裁地或者仲裁地约定不明的，适用法院地法律。"本题仲裁地为斯德哥尔摩，因此，应当适用瑞典的法律，C 正确。

7. B。本题考查国际商事仲裁。A 错，依《仲裁法解释》第 3 条的规定，仲裁协议约定的仲裁机构名称不准确，但能确定具体的仲裁机构的，应认定选定了仲裁机构。B 正确，依该解释第 6 条的规定，当仲裁协议约定的仲裁地只有一个仲裁机构时，推定该机构为当事人约定的仲裁机构。C 以约定先后为判断依据显然没有道理，也不符合《仲裁法解释》的规定。D 错误，依该解释第 4 条的规定，仲裁协议仅约定纠纷适用的仲裁规则的，视为未约定仲裁机构，但当事人达成补充协议或者按照约定的仲裁规则能够确定仲裁机构的除外。

8. D。依《关于从国外调取民事或商事证据的公约》第 1 条第 1 款的规定，每一缔约国的司法机关可以根据该国的法律规定，通过请求书的方式，请求另一缔约国主管机关调取证据。基于这项规定，只有缔约国的司法机关有权作出请求，而当事人的诉讼代理人是没有资格依照该公约请求外国法院调取所需的证据的，A 错。该公约多条都规定了有关取证的请求应当通过请求书的方式提出，B 错。依该公约第 1 条、第 2 条关于每一缔约国应指定一个中央机构负责接受来自另一缔约国司法机构的请求书的相关规定，公约仅在请求国的司法机关和被请求国的中央机关之间建立提出请求和接受请求的通道，C 错。关于领事取证制度，依该公约第 15 条第 1 款的规定，我国驻甲国的领事代表可以向居住在当地的中国公民取证，但不得采取强制性措施，D 正确。

9. B。本题考查协议管辖。依《民事诉讼法》第 35 条的规定，当事人无权改变《民事诉讼法》关于级别管辖的规定，A 错。当事人可在订立运输合同时约定管辖法院，B 正确。依《海事诉讼特别程序法》第 8 条的规定，海事纠纷的当事人都是外国人、无国籍人、外国企业或者组织，当事人书面协议选择中国海事法院管辖的，即使与纠纷有实际联系的地点不在中国领域内，中国海事法院对该纠纷也具有管辖权，C 错。D 不符合《民事诉讼法》的规定。

10. A。A 项考查仲裁协议的法律适用。《仲裁法解释》第 16 条规定："对涉外仲裁协议的效力审查，适用当事人约定的法律；当事人没有约定适用的法律但约定了仲裁地的，适用仲裁地法律；没有约定适用的法律也没有约定仲裁地或者仲裁地约定不明的，适用法院地法律。"中国法院在司法实践中将主合同适用法律与仲裁条款适用法律做区分。如果合同当事人未特别说明主合同适用法律同样适用于仲裁条款，则中国法院将认定当事人没有就仲裁条款适用法律进行约定。本题中的当事人并没有针对仲裁条款适用的法律作特别约定，但约定仲裁地在新加坡，因此应适用新加坡法。A 项说法正确。

B 项考查仲裁规则的法律适用。对仲裁规则的实体内容有异议的，一般由指定仲裁机构解释。B 项说法错误。

C 项考查仲裁裁决的执行。我国《仲裁法》第 72 条规定："涉外仲裁委员会作出的发生法律效力的仲裁裁决，当事人请求执行的，如果被执行人或者其财产不在中华人民共和国领域内，应当由当事人直接向有管辖权的外国法院申请承认和执行。"《仲裁法解释》第 29 条规定："当事人申请执行仲裁裁决案件，由被执行人住所地或者被执行的财产所在地的中级人民法院管辖。"因此，裁决作出后，如果被执行人或其财产在我国境内，可向我国法院申请执行；如果被执行人或者其财产不在我国境内,则向有管辖权的外国法院申请执行。C 项说法片面,不当选。

D 项考查仲裁地点的选择。一般而言,仲裁均允许当事人自行约定仲裁地点。北京仲裁委仲裁规则规定,除非当事人另有约定,北京仲裁委所在地为仲裁地。因此如果当事人约定仲裁地在新加坡,北京仲裁委则在新加坡仲裁,D 项说法错误。

二、1. ABC。本题考查涉外仲裁裁决的承认与执行程序。A 项错误,《民诉解释》第 543 条规定:对临时仲裁庭在中华人民共和国领域外作出的仲裁裁决,一方当事人向人民法院申请承认和执行的,人民法院应当依照《民事诉讼法》第 290 条规定处理。因此临时仲裁裁决可以在我国法院得到承认与执行。B 项错误,该解释第 546 条第 1 款规定:承认和执行外国法院作出的发生法律效力的判决、裁定或者外国仲裁裁决的案件,人民法院应当组成合议庭进行审查。C 项错误,依最高人民法院《关于人民法院处理与涉外仲裁及外国仲裁事项有关问题的通知》第 2 条的规定,人民法院在裁定不予执行或者拒绝承认和执行之前,必须报请本辖区所属高级人民法院进行审查;如果高级人民法院同意不予执行或者拒绝承认和执行,应将其审查意见报最高人民法院。待最高人民法院答复后,方可裁定不予执行或者拒绝承认和执行。因此报请程序应由高级人民法院报最高人民法院,而并非由中级人民法院层报最高人民法院。D 项正确,《民诉解释》第 545 条第 1 款规定:当事人申请承认和执行外国法院作出的发生法律效力的判决、裁定或者外国仲裁裁决的期间,适用《民事诉讼法》第 246 条规定。对于期间等程序问题,适用法院地法。因此,乙公司申请执行该裁决的期间应适用中国法。

2. ABC。本题考查涉外取证问题。依《关于从国外调取民事或商事证据的公约》,可以采用代为取证方式,我国指定司法部为中央机关,A 正确。根据该公约第 12 条的规定,只有在下列情况下,才能拒绝执行请求书:(1)在执行国,该请求书的执行不属于司法机关职权范围……故 B 正确。根据《民事诉讼法》第 294 条第 2 款、第 3 款的规定:外国驻中国的使领馆可以向该国公民送达文书和调查取证,但不得违反中国的法律,并不得采取强制措施。除前款规定的情况外,未经中国主管机关准许,任何外国机关或者个人不得在中国领域内送达文书,调查取证。因此,C 正确,D 错误。

3. CD。本题考查外国仲裁裁决的承认与执行。依《民事诉讼法》第 304 条,在中国领域外作出的发生法律效力的仲裁裁决,需要人民法院承认和执行的,当事人可以直接向被执行人住所地或者财产所在地的中级人民法院申请,A 错。《民诉解释》第 543 条规定,对临时仲裁庭在中国领域外作出的仲裁裁决,一方当事人向我国法院申请承认和执行的,我国法院应当依据《民事诉讼法》第 290 条规定处理,B 错。依《民诉解释》第 542 条第 2 款,如承认和执行申请被裁定驳回,当事人可向人民法院起诉,C 正确。依《民诉解释》第 544 条第 2 款,当事人仅申请承认而未同时申请执行的,我国法院仅对应否承认进行审查并作出裁定,D 正确。

4. CD。本题考查国际民事诉讼程序。我国《民事诉讼法》第 273 条规定,人民法院审理涉外民事案件,应当使用中华人民共和国通用的语言、文字。当事人要求提供翻译的,可以提供,费用由当事人承担。CD 正确。

5. ABD。本题考查外国法院判决的承认与执行。《民事诉讼法》第 298 条规定,外国法院作出的发生法律效力的判决、裁定,需要人民法院承认和执行的,可以由当事人直接向有管辖权的中级人民法院申请承认和执行,也可以由外国法院依照该国与中华人民共和国缔结或者参加的国际条约的规定,或者按照互惠原则,请求人民法院承认和执行,故 AB 正确。当事人可以向中国法院提出承认和执行请求,故 C 错误。《民事诉讼法》第 300 条第 5 项规定,对申请或者请求承认和执行的外国法院作出的发生法律效力的判决、裁定,人民法院经审查,发现违反中华人民共和国法律的基本原则或者损害国家主权、安全、社会公共利益的,裁定不予承认和执行,故 D 正确。

6. ABC。本题考查司法协助中的取证。《民事诉讼法》第 294 条第 2 款规定,外国驻中华人民共和国的使领馆可以向该国公民送达文书和调查取证,但不得违反中华人民共和国的法律,并不得采取强制措施。因此,ABC 都是正确表述。

7. BCD。本题考查集中管辖。依最高人民法院《关于涉外民商事案件诉讼管辖若干问题的规定》第 1 条第 1 款、第 3 条的规定,涉外合同和侵权纠纷案件,信用证纠纷案件,申请撤销、承认与强制执行国际仲裁裁决的案件,审查有关涉外民商事仲裁条款效力的案件,申请承认和强制执行外国法院民商事判决、裁定的案件,上述 5 类案件的第一审管辖权归于国务院批准设立的经济技术开发区人民法院,省会、自治区首府、直辖市所在地的中级人民法院,经济特区、计划单列市中级人民法院,最高人民法院指定的其他中级人民法院以及高级人民法院。该司法解释第 4 条规定,发生在与外国接壤的边境省份的边境贸易纠纷案件,涉外房地产案件和涉外知识产权案件,不适用本规定。BCD 都需要集中管辖。

8. BCD。本题考查管辖。依《民事诉讼法》第 276 条的规定,因涉外民事纠纷,对在中国领域内没有住所的被告提起除身份关系以外的诉讼,如果合同签订地、合同履行地、诉讼标的物所在地、可供扣押财产所在地、侵权行为地、代表机构住所地位于中国领域内,可由合同签订地、合同履行地、诉讼标的物所在地、可扣押财产所在地、侵权行为地或代表机构所在地人民法院管辖。各选项中只有A不符合上述规定。

## 第七章　区际法律问题

一、1. D。本题考查我国台湾地区法院民事判决在大陆的认可与执行。A错，依2015年最高人民法院《关于认可和执行台湾地区法院民事判决的规定》第3条第2款，申请人直接申请执行的，人民法院应当告知其一并提交认可申请；坚持不申请认可的，裁定驳回其申请。B错，依该规定第11条第1款，人民法院受理认可台湾地区法院民事判决的申请后，当事人就同一争议起诉的，不予受理。C错，依该规定第9条第2款，申请人可以申请人民法院通过海峡两岸调查取证司法互助途径查明台湾地区法院民事判决的真实性和是否生效以及当事人得到合法传唤的证明文件；人民法院认为必要时，也可以就有关事项依职权通过海峡两岸司法互助途径向台湾地区请求调查取证。D正确，依该规定第4条第2款，申请人向两个以上有管辖权的人民法院申请认可的，由最先立案的人民法院管辖。

2. A。本题考查香港特别行政区法院判决的认可与执行。A正确，依2019年最高人民法院《关于内地与香港特别行政区法院相互认可和执行民商事案件判决的安排》第11条第2款的规定，前款所称"书面形式"是指合同书、信件和数据电文(包括电报、电传、传真、电子数据交换和电子邮件)等可以有形地表现所载内容的形式。B错，依该安排第7条，申请认可和执行该安排规定的判决：(1)在内地，向申请人住所地或者被申请人住所地、财产所在地的中级人民法院提出；(2)在香港特别行政区，向高等法院提出。申请人应当向符合前款第1项规定的其中一个人民法院提出申请。向两个以上有管辖权的人民法院提出申请的，由最先立案的人民法院管辖。C错，依该安排第21条第1款，被申请人在内地和香港特别行政区均有可供执行财产的，申请人可以分别向两地法院申请执行。D错，依该安排第23条第1款、第2款，审查认可和执行判决申请期间，当事人就同一争议提起诉讼的，不予受理；已经受理的，驳回起诉。判决全部获得认可和执行后，当事人又就同一争议提起诉讼的，不予受理。

3. C。本题考查区际司法互助。最高人民法院《关于审理涉台民商事案件法律适用问题的规定》第2条规定："台湾地区当事人在人民法院参与民事诉讼，与大陆当事人有同等的诉讼权利和义务，其合法权益受法律平等保护。"故A错误。最高人民法院《关于审理涉台民商事案件法律适用问题的规定》第1条第2款规定："根据法律和司法解释中选择适用法律的规则，确定适用台湾地区民事法律的，人民法院予以适用。"故B错。最高人民法院《关于涉台民事诉讼文书送达的若干规定》第3条第1款第1项规定，受送达人不在大陆居住，但送达时在大陆的，可以直接送达，故C正确。同时第3条第1款第5项规定，"受送达人在台湾地区的地址明确的，可以邮寄送达"，且第5条第1款规定："采用本规定第三条第一款第(五)项方式送达的，应当附有送达回证。受送达人未在送达回证上签收但在邮件回执上签收的，视为送达，签收日期为送达日期。"故D选项中"必须在送达回证上签收"错误。

二、1. BD。根据最高人民法院《关于内地与澳门特别行政区相互认可和执行民商事判决的安排》第1条的规定，该安排适用于内地与澳门特别行政区民商事案件判决的相互认可和执行，亦适用于刑事案件中有关民事损害赔偿的判决、裁定，但不适用于行政案件，A错误。内地有权受理认可和执行判决申请的法院为中级人民法院，而澳门特别行政区有权受理该判决申请的法院为中级法院，有权执行的法院为初级法院，B正确。在被请求方法院受理认可和执行判决的申请期间，或者判决已获认可和执行，当事人再行提起相同诉讼的，被请求方法院不予受理，C错。D正确，不予认可判决的情形包括：在内地认可和执行判决将违反内地法律的基本原则或者社会公共利益的；在澳门特别行政区认可和执行判决将违反澳门特别行政区法律的基本原则或者公共秩序的。

2. ABD。依2019年最高人民法院《关于内地与香港特别行政区法院相互认可和执行民商事案件判决的安排》第3条，该安排暂不适用于就下列民商事案件作出的判决：(1)内地人民法院审理的赡养、兄弟姐妹之间扶养、解除收养关系、成年人监护权、离婚后损害责任、同居关系析产案件，香港特别行政区法院审理的应否裁判分居的案件；(2)继承案件、遗产管理或者分配的案件；(3)内地人民法院审理的有关发明专利、实用新型专利侵权的案件，香港特别行政区法院审理的有关标准专利(包括原授专利)、短期专利侵权的案件，内地与香港特别行政区法院审理的有关确认标准必要专利许可费率的案件，以及有关该安排第5条未规定的知识产权案件；(4)海洋环境污染、海事索赔责任限制、共同海损、紧急拖航和救助、船舶优先权、海上旅客运输案件……故ABD正确。

3. AD。本题考查区际司法协助。最高人民法院《关于内地与澳门特别行政区法院就民商事案件相互委托送达司法文书和调取证据的安排》第1条规定，内地人民法院与澳门特别行政区法院就民商事案件(在内地包括劳动争议案件，在澳门特别行政区包括民事劳工案件)相互委托送达司法文书和调取证据，均适用该安排。并且规定，双方相互委托送达司法文书和调取证据，均须通过各高级人民法院和澳门特别行政区终审法院进行。最高人民法院与澳门特别行政区终审法院可以直接相互委托送达和调取证据，A正确，C错，D正确。根据该安排第13条的规定，不论委托方法院司法文书中确定的出庭日期或者期限是否已过，受委托方法院均应送达，B错误。

4. BCD。本题考查区际司法互助。依《关于内地与澳门特别行政区相互认可和执行仲裁裁决的安排》第3条第1款的规定，甲公司为获得裁决的执行，可以选择分别向内地与澳门特别行政区两地的中级法院提出申请，A错，D正确。依上述安排第2条第1款，甲公司可以向被申请人住所地、经常居住地或者财产所在地的有关法院申请认可和执行，BC正确。

# 国际经济法

## 第一章 导　论*

**一、单项选择题，每题所给的选项中只有一个正确答案。**

1. 下列关于国际经济法渊源的表述哪项是正确的？（　　）

A.《跟单信用证统一惯例》从性质上讲属于国际商业惯例

B. 联合国大会的决议均属于国际经济法的渊源

C. 国内判例属于国际经济法的渊源

D. 国际经济法的渊源不包括国内立法

2. 下列哪一项是广义的国际经济法所调整的关系？（　　）

A. 专属经济区的法律问题

B. 甲国籍人 A 与乙国籍人 B 之间的婚姻关系

C. 甲国家与乙国家间的双边投资保护协定

D. 中国甲公司与中国乙公司之间的采购合同关系

**二、多项选择题，每题所给的选项中有两个或两个以上正确答案，少答或多答均不得分。**

下列对于国际商业惯例描述正确的是哪几项？（　　）

A. 国际商业惯例是在长期的国际经济交往中经过反复使用而形成的不成文的规则

B. 国际商业惯例属于任意性规则，只有在当事人明示选择适用时才在当事人之间具有约束力

C. 国际商业惯例是调整国际经济法的渊源之一

D. 国际商业惯例具有强制性

## 第二章 国际货物买卖**

**一、单项选择题，每题所给的选项中只有一个正确答案。**

1. 中国甲公司向德国乙公司出口一批食品，CFR 价格条件。货装船后，乙公司因始终未收到甲公司的通知，未办理保险。部分货物在途中因海上风暴毁损。货物以信用证付款，丙银行为开证行，丁银行为担保银行。依相关规则，下列哪项是正确的？（　　）

A. 甲公司在装船后未给乙公司以充分的通知，甲公司应赔偿因此产生的损失

B. 乙公司有办理保险的义务，因此，损失应由乙公司承担

C. 虽甲公司提供了与信用证相符的单据，但货物已损坏，丙银行无须承担付款责任

D. 因货物已损坏，丁银行无须承担担保责任

2. 中国宝力公司向哈萨克斯坦埃文公司出口一批电器，采用 DAP 术语，通过国际铁路运输，承运人签发了铁路运单，货到努尔苏丹火车站后发现有部分损坏。依相关国际惯例及《国际铁路货物联运协定》，下列哪一选项是正确的？（　　）

A. 埃文公司必须确定损失发生的区段，并只能向该区段的承运人索赔

B. 在 DAP 术语下，应由埃文公司负责出口清关

C. 中哈铁路各区段的承运人应承担连带责任

D. 铁路运单是物权凭证，埃文公司可通过转让运单转让货物

3. 中国甲公司向美国乙公司出口一批运动鞋，德国丙公司指控该批货物侵犯了丙公司在美国登记注册的专利权，货物遭美国海关扣押，美国乙公司遂向中国甲公司索赔。甲公司不可免责的理由是下列哪项？（　　）

A. 乙公司在订立合同时知道这批货物存在第三者权利

B. 甲公司在订立合同时不知道这批货物可能侵权

C. 甲公司是遵照乙公司提供的技术图样和款式进行生产的

D. 乙公司在订立合同后知道这批货物侵权但未在合理时间内及时通知甲公司

4. 中国甲公司以 CIF 价向法国乙公司出口一批货物，双方选择适用 2010 年《国际贸易术语解释通则》，

---

* 本章答案参见第 70 页。

** 本章答案参见第 70 页。

甲公司向中国人民保险公司投保了一切险，并规定以信用证方式支付。甲公司在规定的期限内在指定的中国某港口装船，船公司签发了提单，甲公司取得单据后办理了议付。次日甲公司接到乙公司来电，称装货的海轮在海上被雷击起火，货物全部烧毁，要求甲公司出面向中国人民保险公司提出索赔，否则要求甲公司退还全部货款。依国际惯例及相关规定，下列哪一选项是正确的？（　　）

A. 乙公司应向中国甲公司提出索赔

B. 乙公司应向保险公司提出索赔

C. 船方对火灾造成的货物损失是免责的

D. 乙公司承担货物自装运港越过船舷起的一切风险

5. 中国如意公司向美国维珍公司出口一批服装，CFR 价格条件(2010)。货装船后，维珍公司因始终未收到如意公司的装船通知，未办理保险。部分货物在途中因海上风暴毁损。根据《海牙规则》、2010 年《国际贸易术语解释通则》，下列哪项是正确的？（　　）

A. 承运货物的船公司应当承担赔偿货物损失的责任

B. 如意公司在装船后未给维珍公司以充分的通知，造成维珍公司漏保，因此损失应由如意公司承担

C. 该批服装的风险在装港船舷时转移给维珍公司

D. 维珍公司有办理保险的义务，因此损失应由维珍公司承担

6. 美国甲公司于 2011 年 5 月 9 日发商务电传至中国乙公司，该电传称："可供小麦 2000 吨，每吨 250 美元，CIF 大连，9 月装船，不可撤销信用证付款。本月内答复有效。"乙公司于 6 月 9 日回电："你方 5 月 9 日报盘我接受。除提供通常单据外，须提供卫生检疫证明。"甲公司未予答复。依 1980 年《联合国国际货物销售合同公约》的规定，甲公司与乙公司之间的合同关系是否成立？（　　）

A. 乙公司的回电在实质上变更了要约的条件，因此合同不成立

B. 乙公司的回电未在实质上变更要约的条件，因此合同成立

C. 由于乙公司提出新条件，甲公司未予答复，因此合同不成立

D. 乙公司未在要约的有效时间内作出承诺，该逾期承诺原则上无效

7. 捷克某公司与中国某公司订立了从中国出口皮箱的合同，合同约定了产品的质量规格。在产品的生产过程中，捷克公司又寄来了合同产品的样品，并来电：请收到后确认，请依样品履行合同。中方公司收到样品后回电：样品收到确认，保证依合同约定的规格履行合同。后捷克公司称中方公司交付的产品与寄到中国的样品不符，要求中方承担违约责任，而中方公司则认为自身生产的产品完全符合合同规定的规格，并有商检的证明。下列哪一项是正确的？（　　）

A. 中方公司的产品与捷克公司的样品不符，应承担违约责任

B. 中方公司确认收到捷克公司的样品后，本合同改为了凭样品的买卖

C. 中方公司应依合同约定的规格履行合同

D. 中方公司违约，因为其产品与样品不符

8. 中国 A 公司从甲国 B 公司处进口一批电子设备，合同中约定了设备规格，用 DPU(2020)。履行过程中 B 公司寄来样品，请 A 公司收到样品后确认依样品履行，A 公司确认样品收到并回复"请依合同履行"，设备到货后与样品相符，但与合同不符，A 公司要 B 公司承担违约责任。两国均为《联合国国际货物销售合同公约》的缔约国，信用证付款。下列选项正确的是？（　　）

A. 甲国 B 公司应承担违约责任，因其交付的设备不符合合同约定规格

B. 甲国 B 公司不应承担违约责任，因其交付的设备与其提供的样品相符

C. 本案货物风险自货交第一承运人时转移

D. 甲国 B 公司须在指定装运地的任何地点交货

**二、多项选择题，每题所给的选项中有两个或两个以上正确答案，少答或多答均不得分。**

1. 甲国伊桑公司向中国回春公司出售一批文具，合同并未规定包装的方式，FOB 价格条件，适用 2010 年《国际贸易术语解释通则》，后文具运至中国。依 2010 年《国际贸易术语解释通则》和《联合国国际货物销售合同公约》，下列哪些选项是正确的？（　　）

A. 因合同未规定包装的方式，伊桑公司对包装不承担责任

B. 货物的风险在货物由装运港越过船舷时由伊桑公司转移给回春公司

C. 如该批文具侵犯了第三方在中国的专利权，伊桑公司对回春公司应承担责任

D. 回春公司应签订货物运输合同并支付运费

2. 中国甲公司与英国乙公司签订了进口成套设备的合同，分 4 批运输。两批履约后乙公司得知甲公司履约能力出现严重问题，便决定中止第 3 批的发运；另第一批设备装机后试机时有零件飞出，伤及 1 名工人。依《联合国国际货物销售合同公约》，下列哪些选项是正确的？（　　）

A. 乙公司中止发运第 3 批设备属于违约行为

B. 如乙公司要中止发运第 3 批设备，则应通知甲公司

C. 如甲公司向乙公司提供了充分的履约担保，则

乙公司应发运第3批设备

D. 第一批设备造成工人受伤的人身伤亡争议应依公约的规定处理

3. 西班牙昂纳多公司于2016年10月25日收到来自中国十佳公司的电报，该电报表明中国十佳公司撤回其3天前发出的关于向西班牙昂纳多公司出口一批农产品的要约。昂纳多公司于10月29日才收到了中国十佳公司的要约，昂纳多公司认为十佳公司要约中涉及的该笔买卖很合适，于11月1日电告十佳公司表示承诺的意思，但十佳公司再无音信。昂纳多公司认为十佳公司没有履行合同，应当赔偿自己的损失。关于本案，依《联合国国际货物销售合同公约》的规定，下列选项哪些是正确的？（　　）

A. 合同没有成立，十佳公司无须赔偿昂纳多公司

B. 中国十佳公司应当履行合同，因为昂纳多公司已表示了承诺

C. 因为中国十佳公司的要约已被该公司撤回，因此合同没有成立

D. 因为对昂纳多公司的要约已被十佳公司撤销，因此合同没有成立

4. 中国甲公司与法国乙公司订立了进口设备合同。后因遇到无法预见与不能克服的障碍，乙公司未能按照合同履行交货义务，但未在合理时间内将此情况通知甲公司。甲公司直到交货期过后才得知此事。乙公司的行为使甲公司遭受了损失。依《联合国国际货物销售合同公约》的规定，下列哪些表述是正确的？（　　）

A. 乙公司可以解除合同，但应把障碍及其影响及时通知甲公司

B. 乙公司解除合同后，不再对甲公司的损失承担赔偿责任

C. 乙公司不交货，无论何种原因均属违约

D. 甲公司有权就乙公司未通知有关情况而遭受的损失请求赔偿

5. 2017年8月8日，洪都拉斯A公司向中国B公司发出实盘，来电称："欲出售优质铁矿石1.5万吨，价格条件为50美元/吨，FOB萨尔瓦多，总价款为75万美元，本月内回复收到有效。"中国B公司于8月18日回电："若单价为45美元/吨，可以接受1.5万吨。"洪都拉斯A公司8月24日再次回电："单价不能低于47美元/吨。"中国B公司8月28日发出了接受洪都拉斯公司条件的通知，洪都拉斯公司8月29日收到通知。下列说法正确的是：（　　）

A. 合同成立的时间为2017年8月28日

B. 合同成立的时间为2017年8月29日

C. 当事人在引用FOB术语时，不得对该术语内容作任何修改和增减，即使双方当事人同意

D. 当事人在引用FOB术语时，可以对该术语内容作相应的修改和增减，只要双方当事人同意

6. 中国海兰公司与法国香纳公司签订了向中国进口皮具的合同。贸易术语为CFR，香纳公司依合同的规定于2016年5月完成装运并发货。海兰公司在目的港接收货物后，经检验发现皮具的质量低于合同规定的要求。依2010年《国际贸易术语解释通则》及《联合国国际货物销售合同公约》的规定，关于本案的下列说法正确的是哪几项？（　　）

A. 海兰公司可以要求香纳公司减价

B. 只要交付的货物与合同不符，海兰公司即可要求香纳公司交付替代物

C. 海兰公司应当为货物办理保险

D. 即使货物与合同不符，海兰公司也需先从承运人处接收货物

7. 德国某公司向中国甲公司出售一大型设备，合同规定该设备的各部分部件分5批到货。前3批部件均按期按质到货，但在收到第4批部件时，发现有严重的质量问题。在这种情况下，甲公司依据《联合国国际货物销售合同公约》的规定，应该如何处理？（　　）

A. 甲公司有权宣告该批部件的交付行为无效，但无权解除整个合同

B. 甲公司有权要求德国某公司就该批部件承担违约责任

C. 甲公司有权将该批部件退还给德国某公司，要求德国某公司交付符合合同的设备

D. 甲公司有权解除整个合同

# 第三章　国际货物运输与保险*

**一、单项选择题，每题所给的选项中只有一个正确答案。**

1. 中国万里公司与甲国大宇公司签订了进口一批钢材的合同。在谈判过程中，甲国大宇公司提供了钢材买卖的格式合同，合同订立后，由海天公司承运，货物投保了平安险，海天公司签发了清洁提单，货到目的

* 本章答案参见第72页。

港钢材的数量短少了250根。依相关公约和国际惯例,下列说法正确的是哪一项?(　　)

A. 格式合同为该领域的习惯法,对双方具有约束力

B. 大宇公司是卖方,应承担货物短少的责任

C. 货物已投保了平安险,保险人应赔偿货物短少的责任

D. 海天公司应承担250根钢材短少的赔偿责任

2. 中国森木公司与泰国米丽公司签订了购买1000箱食品的合同,CFR价格条件。由万达公司的"Helen"轮运输,船舶抵达目的港卸货后,森木公司发现这1000箱食品中有270箱食品受潮变坏,其余符合合同要求。经查在承运人的货轮航行过程中,船员在雨天为查看货物状况进入货舱,但是却忘记将舱口的毡布重新盖上,结果雨水进入舱内,130箱食品受损。另外140箱食品的受潮原因是,航行中遭遇恶劣天气而湿损。依《海牙规则》的规定,下列选项中正确的是哪一项?(　　)

A. 米丽公司应安排货物的运输和保险

B. 对因雨淋而受潮的130箱食品,万达公司应当承担赔偿责任

C. 对因遭遇恶劣天气而受潮的140箱食品,万达公司应当负责赔偿

D. 万达公司应赔偿受潮变坏的所有270箱食品

3. 中国某航运公司承运一批从中国出口至加拿大的工艺制品,货物运抵目的港后,发现有部分发生碎损。该批货物受损的原因可能有以下几种,其中应由承运人承担责任的情况是哪项?(　　)

A. 货物碎损是因为承运人野蛮装载,未尽适当和谨慎的管货义务

B. 货物碎损是因为船员驾驶船舶不当,与其他船舶相撞

C. 货物碎损是因为海上风浪过大,虽采取了适当的保护措施仍受损

D. 货物碎损是由该批货物本身质量问题

4. 海运单是随着集装箱运输的发展,特别是航程较短的运输的发展而产生出来的一种运输单证。关于海运单,下列哪一选项是正确的?(　　)

A. 海运单不具有证明海上运输合同存在的作用

B. 第三方以非法的方式取得海运单时无权提取货物

C. 海运单具有物权凭证的特征,收货人凭海运单提取货物

D. 海运单是一种可流通的书面运输单证

5. 中国某公司进口了一批货物,投保了平安险,由甲国"海伦"号承运该批货物,并签发了收货人一栏为"凭指示"字样的提单。"海伦"号在公海与乙国的"莱利"号相碰撞,造成部分货损,有关案件在中国某法院审理。依《联合国国际货物销售合同公约》及《海商法》的相关规则,下列哪项正确?(　　)

A. 甲国航运公司签发的提单交付即可转让

B. 船舶碰撞造成的货物部分损失,应由保险公司承担赔偿责任

C. 船舶碰撞的损害赔偿应适用甲国法

D. 中国公司可依自己方便的时间在目的港安排检验

6. 一批货物从韩国运往中国某港口,由于近港运输,货物早于提单到达目的港,甲公司称自己为收货人,并用副本提单加保函提取了货物。几天后,付款并取得正本提单的乙公司前来提货,但承运人由于已将货物交给了甲公司,无法向乙公司履行交货义务。依相关司法解释,下列哪一选项是正确的?(　　)

A. 乙公司只能要求承运人承担违约责任

B. 承运人因无正本提单交付货物承担民事责任的,可以限制其赔偿责任

C. 乙公司可以要求承运人承担违约责任或侵权责任

D. 乙公司只能要求承运人承担侵权责任

7. 中国甲公司与某国乙公司签订茶叶出口合同,并投保水渍险,议定由丙公司"天然"号货轮承运。下列哪一选项属于保险公司应赔偿范围?(　　)

A. 运输中因茶叶串味等外来原因而货损

B. 运输中因"天然"号过失与另一轮船相撞而货损

C. 战争风险造成的损失

D. 提货不着造成的损失

8. 中国鼎运公司进口了一批医疗器械,支付方式为汇付信用证,以海运方式运输并投保了一切险。鼎运公司持正本提单提货时发现货物已被他人提走。依相关司法解释和国际惯例,下列哪项是正确的?(　　)

A. 承运人应赔偿收货人无单放货造成的损失

B. 保险人应对货主赔偿无单放货造成的损失

C. 收货人可以无单放货为由向有管辖权的法院申请信用证止付

D. 即使交单人提交的单证符合信用证的要求,银行也不应付款

9. 中国甲公司与泰国乙公司签订了进口热带水果的合同,价格条件为CFR,装运港的检验证书作为议付货款的依据,但约定买方在目的港有复验权。货物在装运港检验合格后交运。由于泰国当时发生疫情,船舶到达中国目的港外时,中国有关当局对船舶进行了熏蒸消毒,该工作进行了数天。目的港复验时发现该批水果已变质无法销售。依《海牙规则》及有关国际规则,下列哪一选项是正确的?(　　)

A. 甲公司应向乙公司提出索赔,因为乙公司提供的货物与合同不符

B. 甲公司应向船公司提出索赔，因为船公司没有尽到保管货物的责任

C. 甲公司应向乙公司提出索赔，因为乙公司没有履行适当安排保险的义务

D. 船公司可以享受检疫限制免责

10. 中国甲公司向欧洲乙公司出口一批中国大米，双方签订 CIF 合同。在约定的装船日期，甲公司将符合合同要求的大米装船并及时投保了水渍险，但在海上航行途中由于海浪过大，大米被海水浸泡，质量降低。这批货物损失应由下列谁来承担？（　　）

A. 甲公司　　　　B. 乙公司

C. 承运人　　　　D. 保险公司

11. 中国大风公司与德国艾伦公司订立了进口一批机器的合同，并向保险公司投保了一切险，由韩国某航运公司所属的“大洋”号运输。运输途中“大洋”号过失在公海与一巴拿马籍货轮相碰，导致大风公司的机器受损。关于本案，依《海牙规则》的规定，下列选项中哪项是正确的？（　　）

A. 航运公司应承担过失碰撞导致的机器损坏

B. 大风公司应向保险公司提出索赔

C. 大风公司应向德国艾伦公司提出索赔

D. 韩国某航运公司应赔偿碰撞导致的巴拿马籍船和本船装载的机器的损失

12. 一批投保了一切险的货物在海上运输中发生了损失。在这种情况下，哪项原因保险公司应承担赔偿责任？（　　）

A. 货物损失是由于运输迟延

B. 货物损失是由于发货人在发货前包装不当

C. 货物损失是由于货物本身的固有缺陷

D. 货物损失是由于海上风浪过大，海水打湿货物

13. 中国甲公司与法国乙公司签订了进口一批机器的进口合同。价格条件为 CFR 上海，信用证付款。货物按时装上了承运人所属的利比里亚籍“希拉”轮，甲公司投保了平安险。“希拉”轮航行到上海港区时与韩国籍“大宇”轮因双方的过失发生碰撞，致使“希拉”轮及其货舱中的部分货物受损。基于上述情况，下列哪一选项是正确的？（　　）

A. 本案碰撞引起的货损应由甲公司自行承担

B. 依《海牙规则》，“希拉”轮所有人对过失碰撞引起的货损可以免责

C. 因甲公司投保的是平安险，保险公司对本案碰撞引起的部分货物损失不承担赔偿责任

D. 因已知货物受损，所以即使单证相符，甲公司仍有权要求银行拒付货款

14. 甲公司的一批货物由乙航运公司承运，从韩国运至连云港，丙公司持正本提单提货时，发现货物已由丁公司以副本提单加保函从乙航运公司提走。丙公司与丁公司就货款支付达成协议，但没有得到赔付，于是，丙公司诉诸法院，要求乙航运公司承担民事赔偿责任。依我国相关司法解释，下列哪一选项是正确的？（　　）

A. 丙公司与丁公司就货款支付达成协议，在协议款项得不到赔付时，仍能要求乙航运公司承担民事赔偿责任

B. 乙航运公司无正本提单交货造成正本提单持有人损失的应依货物成本赔偿

C. 正本提单持有人只可以向提货人丙公司索赔

D. 如选择以侵权诉承运人无正本提单交付货物，诉讼时效应为 2 年

15. 意大利乙公司向中国甲公司购买大米，双方约定 CIF 价格条件，经中国商品检验局检验，该批货物达到合同所规定的品质，由中国“星云”轮负责运输。但当货物到达目的港时，发现大米生虫，致使该批货物失去商销性。乙公司对该批大米再次进行检验，结果发现该批大米本身没有问题，是中国甲公司提供的装大米的袋子含有虫卵。依《海牙规则》及《联合国国际货物销售合同公约》的规定，关于本案正确的说法是哪一选项？（　　）

A. 承运人未尽到管货的责任，应当承担货损责任

B. 中国甲公司应承担货损责任，因为其对货物损失有过失

C. 乙公司应当承担货损责任，因为大米商检合格，并且风险从货物在装运港装上船之时已发生转移

D. 承运人应承担责任

**二、多项选择题，每题所给的选项中有两个或两个以上正确答案，少答或多答均不得分。**

1. 中国金德公司与甲国红心公司签署了采取铁路运输方式由中国出口的大宗商品销售协议。后因国际大宗商品价格浮动，红心公司在收货后将该批货物转卖到乙国，现乙国正信公司称该批商品存在商标侵权。中国和甲国均为《联合国国际货物销售合同公约》和《国际铁路货物联运协定》缔约国。按照相关规则，下列哪些选项是正确的？（　　）

A. 金德公司不承担该批商品的商标侵权责任

B. 该批货物的风险于货交第一承运人时由金德公司转移给红心公司

C. 铁路运输承运人的责任期间是从货物装上火车时起至卸下时止

D. 不同铁路运输区段的承运人应对不同区段发生的货损承担连带责任

2. 中国甲公司与韩国乙公司签订了向中国进口两批皮包的合同，由丙公司的“森莫”轮运输，适用《海牙规则》，货物投保了平安险。第一批货物因“森莫”轮过失与他船相碰而部分受损，第二批货物收货人在持正本提单提货时，发现已被他人提走。争议诉至中国某法院。根据相关规则及司法解释，下列哪些选项是

错误的？（　　）

A. 保险公司应赔偿第一次碰撞导致的货损

B. 第一批货物受损为“森莫”轮过失碰撞所致，丙公司应承担责任

C. 丙公司不应承担无单放货的责任，应由提货人承担责任

D. 如丙公司需承担无单放货的责任，不得享受责任限制

3. 中国甲公司与希腊乙公司签订了出口啤酒花的合同，由“波浪”轮承运，货物投保了一切险，提单上的收货人一栏写明“凭指示”。因生产过程中水分过大，啤酒花到目的地港时已变质。依《海牙规则》及相关保险规则，下列哪些选项是正确的？（　　）

A. 本提单可通过背书进行转让

B. 因货物投保了一切险，保险人应承担货物变质的赔偿责任

C. 承运人没有尽到途中管货的义务，应承担货物途中变质的赔偿责任

D. 承运人对啤酒花的变质可以免责

4. 中国某公司进口了一批药品，采取海运方式并投保了平安险，提单上的收货人一栏写明“凭指示”的字样。途中因船方过失，货轮与他船相撞，药品大量泄漏。依《汉堡规则》及相关保险条款，下列哪些选项是正确的？（　　）

A. 该提单的转让方式为背书转让

B. 因船舶碰撞是由船方过失，故承运人应对药品泄漏承担补充责任

C. 保险人应向货主赔偿药品泄漏的损失

D. 承运人的责任期间是从其接收货物时起至交付货物时止

5. 中国甲公司与某国乙公司以 CIF 价格条件订立了从中国出口某种饲料的合同，该批货物投保了水渍险。当货物到达目的港时，发现饲料上有很多飞虫，致使该批货物已无法正常使用。调查表明该批货物在装船前就已含有大量虫卵。关于本案，依相关规则，下列选项中正确的是哪几项？（　　）

A. 保险公司不应承担赔偿责任，因为本质缺陷属于除外责任

B. 承运人应当承担责任，因为货物损失发生在运输途中

C. 中国甲公司应当承担责任，因为货物损失是由于甲公司所交货物的质量缺陷

D. 乙公司应当承担货物的损失，因为损失发生时风险已经转移

6. 中国麒麟公司进口一批货物，由“好运”轮承运，当麒麟公司凭正本提单到港口提货时，发现货物已被他人提走。麒麟公司在中国某法院对承运人，即“好运”轮所有人提起索赔诉讼。依中国相关司法解释，承运人在下列哪些情形下可免除责任？（　　）

A. 在麒麟公司提货前，货物已被同样持有正本提单的某公司提走

B. 承运人向副本提单持有人交付了货物

C. 法院依法裁定拍卖承运人留置的货物

D. 货物超过法定期限无人向海关申报，被海关提取并变卖

7. 中国大海公司向美国出口一批货物，CIF 价格条件，由船公司承运，适用《海牙规则》。途中船舶发生碰撞事故，部分货物毁损。后该船到临近的港口进行了修理以便继续航行。继续航行后，船舱因雷击起火，烧毁了部分货物。货物到达目的港后，经检验发现部分到港的货物与买卖合同规定的规格不符。下列说法正确的是哪几项？（　　）

A. 船舶碰撞造成的货损可以向船公司索赔

B. 碰撞后发生的修理费用由船方和货方共同分担

C. 与合同不符的部分货物应向船公司提出索赔

D. 火灾造成的货物损失船公司可以免责

8. 中国甲公司与法国乙公司签订了向中国进口 3 批水果的合同，由丙公司运输，适用《海牙规则》。第一批货物因中国的检疫限制在外港熏蒸消毒数天，到港后发现该批水果已变质无法销售。第二批货物正常。第三批货物收货人在持正本提单提货时，发现货物已被他人凭伪造的提单提走。争议诉至中国某法院。根据相关规则及司法解释，下列哪些选项是正确的？（　　）

A. 丙公司应当赔偿甲公司第一批货物的损失，因为丙公司未尽到保管货物的责任

B. 丙公司可以对第一批货物免责

C. 对于第三批货物，丙公司不应承担无单放货的责任，应由提货人承担责任

D. 对于第三批货物，如丙公司需承担无单放货的责任，不得限制责任

9. 中国茶韵公司与斯里兰卡伊曼公司签订了进口红茶的合同，条件为 CFR，货物投保了一切险。装船完毕后，船公司签发了清洁提单。茶韵公司收到货物后，发现货物串味，经鉴定串味是船公司将红茶与香料混放引起的。依《海商法》及《海事诉讼特别程序法》的规定，下列说法正确的是哪几项？（　　）

A. 货物串味的损失应当由伊曼公司承担责任

B. 红茶串味引起的损失在一切险的赔偿范围内

C. 保险公司赔偿了茶韵公司的损失后，就取得了向船公司索赔的代位求偿权

D. 保险公司赔偿了茶韵公司的损失后，可以茶韵公司的名义要求船公司赔偿

10. 中国辉煌公司进口的一批货物，由破浪航运公司承运，投保了平安险。海运途中，恶劣天气导致船舶搁浅和货物湿损，为脱浅，抛弃货物造成了部分损失。

货物最后延迟到达目的港。在港口卸货时,12 包货物落入海中。依《海牙规则》及国际海洋运输保险实践,关于相关损失的赔偿,下列哪些选项是正确的?(　　)

A. 保险公司应赔偿为脱浅而抛弃货物造成的部分损失

B. 对运输延迟造成的损失,保险人应承担赔偿责任

C. 破浪航运公司应赔偿货物的湿损,因为该损失发生在其责任期间内

D. 对卸货中落海的 12 包货物的损失,保险人应承担赔偿责任

11. 在国际货物运输中,常会涉及各种运输单证,依相关法律,下列涉及各类运输单证的选项哪些是正确的?(　　)

A. 用于海上货物运输的提单是承运人与托运人之间海上货物运输合同的证明

B. 提单、海运单、铁路运单、航空运单均具有流通的作用

C. 多式联运单据应是该单据所载货物由多式联运经营人接管的初步证据

D. 当托运人要求承运人代办保险时,航空运单则可以用来作为保险证书

12. “Adrian”轮满载一批货物从汉堡至中国盐田港,途中遇暴风,货轮触礁货物损失惨重。货主向其投保的保险公司发出委付通知。依我国《海商法》的相关规定,保险公司可选择下列哪些处理方法?(　　)

A. 保险公司必须接受货物的委付

B. 保险公司可依货物的损失情况,有条件地接受委付

C. 保险公司接受委付后,即不得再撤回

D. 保险公司可决定是接受委付还是拒绝接受委付

13. 中国甲公司从乙公司购买的一批进口货物由日本丙公司承运,并签发了清洁提单,甲公司向中国人民保险公司投保了水渍险。在运输途中,货物由于舱盖没有盖好而被雨淋受损。关于此案,下列选项哪些是正确的?(　　)

A. 保险公司可以不赔,因为货物受损的近因是雨淋

B. 保险公司应该赔偿,因为是在保险责任期间内发生的货损

C. 依《海牙规则》,甲公司应向承运人丙公司提出索赔

D. 甲公司应向乙公司提出索赔

14. 下列选项中哪些不属于《汉堡规则》的规定?(　　)

A. 承运人对于船长、船员、引水员或承运人的受雇人在驾驶或管理船舶中的行为、疏忽或不履行职责的事项可以免责

B. 承运人对延迟交货的赔偿责任限额为迟交货物应付运费的 2.5 倍

C. 承运人对货物灭失或损坏的赔偿责任限额为每件或每单位 835 美元,或每公斤 2.5 美元,以高者为准

D. 诉讼时效为 2 年

# 第四章　国际贸易支付*

**一、单项选择题,每题所给的选项中只有一个正确答案。**

1. 中国金星公司从中东利亚德公司进口一批货物,由中国甲银行出具信用证。利亚德公司发货后持单据向甲银行指定的乙银行请求付款,乙银行审单时发现单据上记载内容和信用证不完全一致。利亚德公司称金星公司接受此不符点,甲银行经与金星公司沟通后证实了该说法,即指示乙银行付款。后金星公司得知利亚德公司所发货物无价值,于是向中国某法院申请中止支付信用证项下的款项。下列说法正确的是哪一项?(　　)

A. 利亚德公司所发货物无价值构成信用证欺诈

B. 金星公司已接受了不符点,银行也应接受不符点

C. 虽然乙银行已付款,但法院仍能裁定甲银行中止支付

D. 甲银行发现单证存在不符点,有义务联系金星公司征询是否接受不符点

2. 中国甲公司与西班牙乙公司签订了出口山芋的合同,FOB 价格条件,西班牙公司投保了水渍险,山芋的品质约定为二级,信用证方式支付。后因库存二级山芋缺货,甲公司自行改装一级山芋。由于发票注明山芋品质为一级,货价仍以二级计收,在银行办理结汇时,单证和单单不符而遭拒付。货物到达目的港时,还发现有部分货物因淡水雨淋而湿损。依相关贸易惯例和保险条款,下列哪一选项是正确的?(　　)

---

* 本章答案参见第 75 页。

A. 因淡水雨淋而湿损的货物应由保险公司赔偿

B. 银行应在审查货物的真实等级后再决定是否收单付款

C. 银行可以发票与信用证不符为由拒绝收单付款

D. 银行应对单据记载的发货人甲公司的诚信负责

3. 在一笔国际货物买卖的信用证交易中，卖方向指定行提交的单据中有伪造的单据，且交付的货物与合同要求不完全相符，指定行已付款。信用证的申请人了解到这一事实，指示开证行拒绝付款。根据《跟单信用证统一惯例》和我国相关司法解释，下述选项中正确的是哪项？（　　）

A. 开证行应拒绝付款，因为所交货物与合同不符

B. 因为有伪造单据的情况，开证行应接受申请人的拒绝付款指示

C. 我国法院不能发出禁止支付令，终止开证行向指定行付款

D. 开证行对单据真伪应承担责任

4. 中国甲公司从日本乙公司购买成套机器设备，CIF 价格条件，用信用证方式付款。2015 年 7 月 10 日，买方中国甲公司向银行申请开立信用证，信用证上载明 2015 年 7 月 25 日之前卖方乙公司要将机器设备装船发运。2015 年 7 月 27 日，乙公司向银行提交了与信用证表面相符的单据，其中提单上记载该批成套机器设备由某船运公司的“Amanda”号运输。但中国甲公司查明当时“Amanda”号尚在非洲运货，提单系卖方与承运人串通伪造。对此，下列说法中正确的是哪项？（　　）

A. 甲公司可以待银行向日本乙公司付款后，以单据系伪造为由拒绝向银行付款

B. 乙公司向银行提交了与信用证表面相符的单据，银行即应付款

C. 当事人对人民法院作出中止支付信用证项下款项的裁定有异议的，可以上诉

D. 中国甲公司可以以基础交易欺诈为由提起诉讼，法院可以将与案件有关的开证行、议付行或者其他信用证法律关系的利害关系人列为第三人

5. 中国沈阳某进出口公司电告法国某贸易公司，以 FOB（2010 年《国际贸易术语解释通则》）为条件出售一批服装，信用证付款。广州公司将货物装上“玛丽”号轮船，整批货物分装在 3 个集装箱中（承运人签发的提单受《海牙规则》调整）。当承运船舶在海上航行时，由于船员疏忽，船上发生火灾，其中一个集装箱被火焚毁，剩余两个则完好无损。货物运至马赛，法国公司以货物受损为由拒绝接收货物，并向广州公司提出索赔。有关本案，下列说法正确的是哪项？（　　）

A. 对于集装箱被火焚毁造成的服装受损，沈阳公司应承担与合同不符的责任

B. 对本案货物损失，法国公司可向沈阳公司索赔

C. 承运人应对本案货物损失负责

D. 法国公司没有理由以货物受损为由要求开证行拒付货款

6. 中国甲公司与澳大利亚乙公司订立了一份进口羊毛产品的合同，CFR 上海，信用证付款，另一家银行加以保兑，由“继宏”号轮船承运。甲公司投保了平安险。运输途中不幸遇台风，该船沉没。甲公司得到消息后，立即通知开证行停止付款。依《跟单信用证统一惯例》及相关规则，下列选项中正确的是哪项？（　　）

A. 开证行可以不向乙公司付款，因为该公司提供的货物已经灭失

B. 保兑行的保兑责任因货物的灭失而解除

C. 甲公司可以向保险公司索赔

D. 甲公司可以向承运人索赔

7. 中国买方的一国际贸易买卖合同约定以信用证付款，甲银行为开证行，乙公司为买方公司申请开证的担保人，丙银行为保兑行。在当事人就法律适用没有约定的情况下，依最高人民法院《关于审理信用证纠纷案件若干问题的规定》，下列哪项是正确的？（　　）

A. 涉及丙银行保兑产生的纠纷适用中国《民法典》

B. 涉及乙公司担保买方公司申请开证的纠纷适用《跟单信用证统一惯例》

C. 涉及乙公司担保买方公司申请开证的纠纷适用中国法

D. 涉及该信用证开立、通知、修改、议付等环节产生的纠纷适用法院地法

**二、多项选择题，每题所给的选项中有两个或两个以上正确答案，少答或多答均不得分。**

1. 下列有关托收当事人之间的关系的表述正确的是哪些？（　　）

A. 卖方与代收行之间是委托的关系

B. 卖方作为托收行的委托人，同样是代收行的委托人，因此在代收行违反托收指示导致卖方损失时，卖方可以直接起诉代收行

C. 卖方开出汇票后，如果托收行对汇票进行了承兑，则托收行有义务向卖方付款

D. 代收行不与卖方发生直接的委托关系，代收行与买方也不发生直接的法律关系

2. 中国买方与巴林卖方签订了货物的进口合同，信用证方式付款，由远洋航运公司承运，货物投保了一切险。货到目的港后，中国买方发现这批货物的内在质量与合同的质量要求不符，遂请求银行不要议付，而巴林卖方提交的议付单据则与信用证的要求一致。依

《跟单信用证统一惯例》的规定，下列哪些选项是正确的？（　　）

A. 即使巴林公司提供的货物的内在质量与合同要求不符，银行也应当向巴林公司付款

B. 中国买方可以向远洋航运公司索赔

C. 保险公司应赔偿内在质量与合同要求不符的损失

D. 只要单据与信用证一致，银行就应付款，但中国买方可以向巴林卖方索赔

3. 依最高人民法院《关于审理信用证纠纷案件若干问题的规定》，下列关于我国在信用证项下的单证审查标准的说法中，哪几项是正确的？（　　）

A. 我国在信用证项下的单证审查采用的是“表面上相符”标准

B. 我国在信用证项下的单证审查采用的是“镜像”标准

C. 在我国，银行应对单据的真实性作实质上的审查

D. 我国在信用证项下的单证审查采用的是“严格相符”标准，允许单单之间、单证之间存在细微的、不会引起理解上歧义的“不完全一致”

4. 一国际货物买卖合同规定通过信用证支付方式支付货物款项。开证行开出以卖方为受益人的信用证，卖方在发运货物之后，买方失去了支付能力。依《跟单信用证统一惯例》的规定，下述选项中正确的是哪些选项？（　　）

A. 买方因失去了支付能力，可指示开证行不要对受益人承付

B. 只要卖方交单相符，开证行仍要对卖方承付

C. 卖方可以不向买方交付货物，因为买方失去了支付能力

D. 即使开证行不能从买方受偿，仍须对受益人承付

5. 一国际货物买卖合同采用了托收的方式付款，客户对托收行的责任有一些误解，咨询有关托收的问题。依《国际商会托收统一规则》，下列说法中正确的是哪几项？（　　）

A. 托收行应核实所收到的单据与托收指示是否在表面上一致

B. 托收行作为买方的受托人，在审查单据时只需审查单据表面上是否与托收指示书一致

C. 银行有义务采取必要措施保全跟单托收项下的货物

D. 如遭到拒付，代收行应当及时把拒付情况通知托收行，但是没有义务制作拒绝证书

6. 信用证支付方式应由开证行承担独立付款责任，开证行付款义务不同于汇票付款人的义务。如果信用证规定使用汇票，依《跟单信用证统一惯例》的规定，有关该汇票的下述说法中正确的是哪些？（　　）

A. 该汇票的付款人是开证行

B. 该汇票的出票人是开证行

C. 该汇票的出票人是信用证的受益人

D. 该信用证只有在没有注明的情况下才是不可撤销信用证

7. 中国卖方与葡萄牙买方签订了土产品出口合同，葡萄牙买方以托收方式付款，甲银行是托收行，乙银行是代收行。依《国际商会托收统一规则》的规定，下列哪些选项是正确的？（　　）

A. 中国卖方应填写托收委托书，向托收行办理托收

B. 代收行应及时向葡萄牙买方提示

C. 银行应保证汇票和装运单据与托收指示书的内容的一致性和真实性

D. 代收行应在葡萄牙买方不提货时提取货物

8. 依最高人民法院《关于审理信用证纠纷案件若干问题的规定》，出现下列哪些情况时，可通过司法手段干预信用证项下的付款行为？（　　）

A. 受益人交付的货物无价值

B. 开证行的授权人已对信用证项下票据善意地作出了承兑

C. 受益人和开证申请人串通提交假单据

D. 受益人提交记载内容虚假的单据

9. 根据《国际商会托收统一规则》的规定，在托收中银行对下列哪几项免责？（　　）

A. 收到的款项在扣除必要的手续费和其他费用后必须按照指示书的规定无迟延地交付

B. 对承兑人签名的真实性进行审核

C. 在收货人不提货时提取货物

D. 任何通知、信件或单据在寄送途中发生延误或失落所造成的一切后果

# 第五章　对外贸易管理制度*

**一、单项选择题，每题所给的选项中只有一个正确答案。**

1. 甲国高维公司与法国埃维特公司签订了进口一批高精设备的合同，但发现该批设备的某个零部件侵犯了中国方达公司在中国申请的一项专利。依《对外贸易法》的规定，有关知识产权的保护措施，下列选项中哪项是正确的？（　　）

A. 中国法院可以禁止侵权人销售侵权货物

B. 中国方达公司可以向法院申请禁止令以禁止侵权人的侵权货物进口

C. 国务院主管部门可以在一定期限内禁止侵权人生产、销售的有关货物进口

D. 中国方达公司可以向法院申请禁止令以禁止侵权人生产有关的侵权产品

2. 中国生产某化工产品的产业 2017 年向商务部提出了反倾销调查的申请，针对甲乙丙 3 国企业向中国出口的某化工产品，理由是该化工产品的价格过低。根据相关规则，下列哪项是正确的？（　　）

A. 反倾销税的纳税人为向中国倾销化工产品的甲乙丙 3 国出口人

B. 反倾销税税额不应超过终裁决定确定的倾销幅度

C. 商务部可要求甲乙丙 3 国企业作出价格承诺，否则不能进口

D. 只要倾销进口产品来自两个以上国家，即可就倾销进口产品对国内产业造成的影响进行累积评估

3. 乙国对甲国公司向乙国出口的某种化工原料征收高额反倾销税，使甲国出口企业损失严重。甲乙两国均为世贸组织成员。甲国政府对此向世界贸易组织提出申诉并最终胜诉。下述选项中，正确的选项是哪项？（　　）

A. 在乙国不履行裁决的情况下，甲国可申请授权报复

B. 甲国的报复限于同一产品之内

C. 乙国政府应向甲国企业赔偿该措施引起的一切损失

D. 世贸组织可以对乙国强制执行

4. 甲国的某种钢产品大量低价进入中国，中国钢产业向中国商务部提出反倾销调查的申请。关于反倾销调查及反倾销措施，依《反倾销条例》，下列哪项是正确的？（　　）

A. 商务部如需派员赴甲国进行调查，则需要甲国的司法协助

B. 如商务部建议价格承诺的话，甲国的钢产品出口商必须接受

C. 反倾销税税额不应超过终裁确定的倾销幅度

D. 针对甲国某钢产品的反倾销税征收期限为 5 年，不能延长

5. 中国 8 个新闻纸企业向商务部提出反倾销调查申请，要求对原产于某国的新闻纸进口产品进行相关调查。商务部终局裁定确定倾销成立，决定征收反倾销税。依我国相关法律规定，下列哪项说法是正确的？（　　）

A. 反倾销税税额应当不超过初步裁决确定的倾销幅度

B. 对不同出口经营者应该征收同一标准的反倾销税税额

C. 征收反倾销税，由国务院关税税则委员会作出决定，法院予以执行

D. 商务部负责与反倾销有关的对外磋商、通知和争端解决事宜

6. 某国甲公司向中国低价销售某化工产品，中国化工产业向商务部申请反倾销的调查，调查涉及价格承诺问题。依《反倾销条例》的规定，有关价格承诺的下列说法，哪一选项是正确的？（　　）

A. 甲公司一旦作出价格承诺，商务部就必须接受

B. 商务部在对倾销及其损害作出肯定的终裁裁定后才可以寻求或接受价格承诺

C. 价格承诺和反倾销税可以同时使用

D. 甲公司违反其价格承诺的，调查机关可以立即决定恢复反倾销调查

7. 根据《保障措施条例》的规定，下列关于保障措施的说法哪项是正确的？（　　）

A. 如某种进口产品数量增加，并对生产同类产品或者直接竞争产品的国内产业造成严重损害或者严重损害威胁，可以采取保障措施

B. 保障措施中的价格承诺由出口商作出

C. 保障措施中的进口产品数量增加只包括进口数量的绝对增加

D. 临时保障措施可以采取提高关税和数量限制的形式

**二、多项选择题，每题所给的选项中有两个或两个以上正确答案，少答或多答均不得分。**

1. A、B、C3 国生产 PVC 材料的企业以低于正常价

---

* 本章答案参见第 77 页。

值的价格向中国出口其产品，代表中国PVC产业的15家企业拟向商务部申请反倾销调查。依我国《反倾销条例》，下列哪些选项是正确的？（　　）

A. 终裁决定确定的反倾销税低于已付的临时反倾销税的，差额部分予以退还

B. 支持申请的国内生产者的产量达到PVC材料总产量50%的，可以启动反倾销调查

C. A、B、C3国的出口经营者必须接受商务部建议的价格承诺

D. 反倾销税的履行期限按照倾销幅度个案认定

2. 多国进口到中国的某种新闻纸数量激增，导致中国同类新闻纸的生产企业遭受实质损害，经查其中来自甲国的该种新闻纸的数量最多。依我国相关立法，下列哪些选项是正确的？（　　）

A. 遭受实质损害的中国企业可向有关部门申请保障措施的调查

B. 中国有关部门可仅对甲国的新闻纸采取保障措施，因为来自该国的该种新闻纸最多

C. 如采取保障措施，措施针对的新闻纸范围应当与调查范围相一致

D. 如甲国企业同意进行价格承诺，则可避免被中国采取保障措施

3. 进口到中国的某类钢材产品2016年占中国的市场份额比2015年有较大增加。经查，两年进口总量虽持平，但仍给生产同类产品的中国产业造成了严重损害。依我国相关法律，下列哪些选项是正确的？（　　）

A. 受损害的中国国内产业可向商务部申请保障措施调查

B. 保障措施应当针对正在进口的该类钢材实施，不区分产品来源国或地区

C. 因为该类钢材的进口数量并没有绝对增加，故不能采取保障措施

D. 该类钢材的出口商可通过价格承诺避免保障措施的采取

4. 保障措施与反倾销措施存在很大的不同。依中国《保障措施条例》及《反倾销条例》，下面有关保障措施及反倾销措施的陈述正确的是哪些？（　　）

A. 反倾销针对来源，而保障措施不针对来源

B. 在保障措施的因果关系上，没有进口增加就没有国内产业损害

C. 反倾销和保障措施均有价格承诺

D. 保障措施针对的产品范围应与调查范围相一致

5. 我国商务部在对来自甲国的进口某产品进行反倾销调查后，初裁决定采取临时反倾销措施。根据《反倾销条例》的规定，下列有关临时反倾销措施的陈述哪些是正确的？（　　）

A. 初裁确定倾销成立并对国内产业造成损害的，可以采取临时反倾销措施

B. 临时反倾销措施包括征收临时反倾销税，提供保证金、保函等形式担保

C. 临时反倾销税的数额不得超过初步裁定确定的倾销幅度

D. 终裁确定的反倾销税额高于临时反倾销税的数额的，差额部分应当由纳税义务人补足

6. 甲乙丙国多个公司向中国出口某类设备，生产同类设备的中国多个企业向商务部提出了反补贴的调查。依《反补贴条例》的规定，下列哪几项属于补贴？（　　）

A. 甲乙丙国政府出资兴建通向口岸的高速公路

B. 甲乙丙国政府给予企业的免税优惠

C. 甲乙丙国政府提供的贷款

D. 甲乙丙国政府通过向私营筹资机构付款，转而向企业提供资金

7. 设某国一些公司向我国倾销某种轧钢，给我国同类产业造成严重损害。依我国《反倾销条例》的规定，下列哪些是正确的？（　　）

A. 只有国内轧钢的生产者可以发起反倾销调查

B. 反倾销税只适用于终裁决定公告之日后来自该国的该种轧钢

C. 反倾销税税额不应高于终裁决定确定的倾销幅度

D. 反倾销税应向该种轧钢进口商征收

8. 依《反倾销条例》，在反倾销案件调查中，应当终止反倾销调查，并由商务部予以公告的情形是下列哪几项？（　　）

A. 申请人撤销申请的

B. 倾销幅度低于3%的

C. 倾销进口产品实际或潜在的进口量或者损害属于可忽略不计的

D. 没有足够的证据证明存在倾销、损害或者两者之间有因果关系的

9. 甲国某公司向中国出口一类商品，因价格过低涉及反倾销被商务部调查，该出口商向商务部作出价格承诺。以下正确的是？（　　）

A. 若该公司违反价格承诺，则商务部可以立即恢复反倾销调查

B. 若商务部拒绝该公司的价格承诺，应当告知理由

C. 该出口经营者针对商务部的复议可以提起行政诉讼

D. 出口商不得就价格承诺复审提起行政诉讼

# 第六章 世界贸易组织*

**一、单项选择题，每题所给的选项中只有一个正确答案。**

1. 甲、乙两国均为 WTO 成员国。甲国对来自乙国的香水征收 20% 的消费税，但仅对本国的同类香水征收 10% 的消费税。为此，乙国诉诸 WTO 争端解决机构。依相关规则，下列哪一选项是正确的？（　　）

A. 乙国生产该类香水的企业可以甲国违反国民待遇为由起诉甲国

B. 专家组审查范围应与甲、乙两国磋商的范围保持一致

C. 相关争端解决报告如超过半数反对，该报告不可通过

D. 如甲国败诉且拒不执行裁决，乙国可向争端解决机构申请授权对甲国采取报复措施

2. 乙、丙两国企业均向甲国出口 A 型钢材，丁国向甲国出口 B 型钢材，A 型钢材和 B 型钢材在税则上属于不同种类的产品。甲、乙、丁是世界贸易组织的成员，丙国不是世界贸易组织的成员。依《关税及贸易总协定》，下列违反最惠国待遇的做法是哪项？（　　）

A. 甲国给予来自乙国的 A 型钢材和丁国的 B 型钢材以不同的关税

B. 甲国给予来自乙、丙两国的 A 型钢材以不同的关税

C. 甲国给予来自乙、丁两国的 A 型钢材以不同的关税

D. 因实施反倾销措施，给予从乙、丁两国进口的 A 型钢材以不同的关税

3. 世界贸易组织的《服务贸易总协定》没有对服务贸易下定义，而是规定了服务贸易的几种方式。下列哪项属于《服务贸易总协定》服务贸易方式中的商业存在？（　　）

A. 从一国境内直接向其他国境内提供服务

B. 从一国境内向其他国的服务消费者提供服务

C. 外国实体在另一国境内设立附属公司或分支机构并提供服务

D. 一国的服务提供商通过自然人到其他国境内提供服务

**二、多项选择题，每题所给的选项中有两个或两个以上正确答案，少答或多答均不得分。**

1. 甲乙丙国均为 WTO 的成员，当甲国面临政策评审机制时，乙国对甲国限制外国银行业进入甲国的措施提出了意见，丙国对甲国鼓励国产化的汽车产业政策提出了意见。关于世界贸易组织对成员贸易政策评审机制的表述，下列哪些选项是正确的？（　　）

A. 政策评审的结果对甲成员具有约束力，成员必须依此作出改进，否则会受到处罚

B. 甲成员不改进相关措施将会受到指控

C. 政策审议的结果对甲成员没有约束力

D. 甲成员如对乙丙两成员异议的措施不作出改进，很可能被乙丙两成员利用争端解决机制提出指控

2. 下列关于世界贸易组织机构设置的表述不正确的是哪几项？（　　）

A. 世界贸易组织部长级会议有权决定豁免某个成员在特定情况下的义务

B. 总理事会是世界贸易组织常设权力机构，在部长级会议休会期间处理世界贸易组织的日常事务

C. 贸易政策审议机构负责分析成员的贸易政策，向总理事会报告工作

D. 总干事和秘书处在履行职责时，可寻求和接受任何政府或当局的指示

3. 将加入 WTO 的甲国面临服务贸易的开放，需要熟悉 WTO 服务贸易的规则。依世界贸易组织《服务贸易总协定》，下列哪些选项是正确的？（　　）

A. 甲国的政府采购服务不在《服务贸易总协定》适用之列

B. 甲国公民接受国外某保险公司在甲国分支机构的服务属于协定中的境外消费

C.《服务贸易总协定》中的最惠国待遇只适用于服务产品而不适用于服务提供者

D.《服务贸易总协定》中的国民待遇义务，仅限于列入承诺表的部门

4.《马拉喀什建立世界贸易组织协定》（以下简称《WTO 协定》）和货物贸易规则、服务贸易规则、与贸易有关的知识产权规则等是“一揽子”协议，在争端解决的实践中，在涉及不同协议、不同规定的相互关系时，可共同适用。下列关于世界贸易组织规则之间的相互关系的说法正确的是哪几项？（　　）

A. 某一事项可能同时受货物贸易规则、服务贸易规则调整

B. 当《WTO 协定》与任何多边贸易协议条款冲突时，以《WTO 协定》为准

---

* 本章答案参见第 78 页。

C. WTO各规则是相互独立的，当某一项贸易措施受其中一个协议的调整时，它一定不受其他协议的支配

D. WTO的《反倾销协定》和《1994年关税及贸易总协定》处于同等地位

# 第七章　国际经济法领域的其他法律制度*

**一、单项选择题，每题所给的选项中只有一个正确答案。**

1. 中国国家电网在巴西以工程总承包形式开展PPP项目，使用了载明适用《见索即付保函统一规则》的保函。后涉及保函的争议诉至北京市中级人民法院。根据最高人民法院《关于审理独立保函纠纷案件若干问题的规定》，下列哪一选项是正确的？(　　)

A. 保函内容中与《见索即付保函统一规则》不符的部分有效

B. 保函根据对应的基础交易的内容，可能构成一般保证或连带保证

C. 人民法院裁定中止支付独立保函项下款项的，紧急情况下止付申请人无须提供担保

D. 人民法院裁定中止支付独立保函项下款项，应符合"排除合理怀疑"的证明标准

2. 已有101个国家和地区确认了依《共同申报准则》(CRS)实施信息交换的意向，CRS的目的在于遏制跨境逃税国际合作。关于CRS，下列哪项是正确的？(　　)

A. 在实施CRS的不同国家和地区之间，财务信息会自动交换

B. CRS需要请求国向被请求国提出交换信息的申请

C. 通过CRS交换信息申请时需要提供涉税的证明材料

D. 通过CRS交换信息需要提出理由

3. 埃及萨里曼公司与法国康纳公司签订了转让一项新技术的许可协议，约定萨里曼公司在非洲区约定期间内有独占使用该项新技术的权利。依相关规则，下列哪项是正确的？(　　)

A. 康纳公司在约定的期间内在非洲区不能再使用该项新技术

B. 康纳公司在法国也不可以使用该项新技术

C. 康纳公司不能再将该项新技术允许另一家公司在法国使用

D. 康纳公司在全球均不能再使用该项新技术

4. 中国甲公司中标了中东的一项工程，并向中国乙银行申请开立了独立保函，保函载明适用《见索即付保函统一规则》。双方就单据的不符点产生争议，甲公司接受了不符点，而乙银行拒绝不符点，有关争议在中国某法院审理。依最高人民法院《关于审理独立保函纠纷案件若干问题的规定》，下列哪一选项是正确的？(　　)

A. 在审单的标准上，要求单据与独立保函条款必须完全一致

B. 受益人认为甲公司已接受了不符点，乙银行即应付款，法院对此应支持

C. 乙银行开出的独立保函适用乙银行经常居所地法律

D.《见索即付保函统一规则》等交易示范规则的内容构成独立保函条款的组成部分

5. 国际融资担保存在多种不同的形式，如银行保函、备用信用证、浮动担保。依国际惯例，关于各类融资担保，下列哪一选项是正确的？(　　)

A. 备用信用证项下的付款义务只有在开证行对借款人的违约事实进行实质审查后才产生

B. 大公司出具的担保意愿书具有很强的法律效力

C. 见索即付保函独立于基础合同

D. 浮动担保的担保物在任何期间均处于不确定的浮动状态，但担保权的行使应有明确、固定的标的物

6. 甲乙两国均为《关于解决国家和他国国民之间投资争端公约》缔约国。甲国布兰登公司拟将与乙国的争端提交根据该公约成立的解决国际投资争端中心。对此，下列哪项是正确的？(　　)

A. 该中心可根据布兰登公司的单方申请对该争端行使管辖权

B. 该中心对该争端行使管辖权，须以布兰登公司和乙国书面同意为条件

C. 该中心对该争端享有管辖权在任何情况下都必须以用尽当地救济为条件

D. 该中心对该争端行使管辖权后，如无法依当地国内法裁决，则驳回起诉

7. 甲乙两国均参加了《巴黎公约》《伯尔尼公约》《与贸易有关的知识产权协定》，丙国未参加上述公约。下列有关知识产权的描述，哪项是正确的？(　　)

* 本章答案参见第79页。

A.《巴黎公约》规定的优先权的获得，需要申请人于“在后申请”中提出优先权申请并提供有关证明文件

B. 甲国人在甲国注册但未在乙国注册的非驰名商标，受乙国法律保护

C. 丙国人在甲国首次发表的作品，不能在乙国受乙国法律的保护

D.《与贸易有关的知识产权协定》没有将计算机程序和有独创性的数据汇编列为版权保护对象

8. 为了完成中韩合作美容机构的工作，韩国人朴贞兰来到中国工作半年多，圆满完成工作并获得了相应的报酬。依相关法律规则，下列哪一选项是正确的？（　　）

A. 朴贞兰是韩国人，中国不能对其征税

B. 因朴贞兰在中国停留超过了 183 天，中国对其可从源征税

C. 如中国已对朴贞兰征税，则韩国在任何情况下均不得对朴贞兰征税

D. 朴贞兰因半年多在中国，韩国不能对其征税

9. 甲国的纳税居民西蒙是甲国某银行的大股东，西蒙从该银行在乙国的分支机构获利 260 万美元。依《服务贸易总协定》及相关税法规则，下列哪一选项是正确的？（　　）

A. 甲国某银行在乙国设立分支机构，属于商业存在的服务方式

B. 西蒙在乙国的收益不需要向甲国纳税

C. 甲乙国均对西蒙的 260 万美元获利征税属于重叠征税

D. 260 万美元获利属于甲国人西蒙的所得，乙国无权对西蒙征税

10. 甲国人摩斯在乙国经营有贸易公司，在甲国有运输公司，由于摩斯长期居住在乙国，因此委派其友人担任其在甲国的运输公司的总经理。在确定纳税居民的身份上，甲国以国籍为标准，乙国以住所和居留时间为标准。根据相关规则，下列哪项是正确的？（　　）

A. 如甲国和乙国对摩斯在乙国的收入同时征税，属于国际重复征税

B. 甲乙两国出现了来源税收管辖权的冲突

C. 甲国只能对摩斯在甲国的所得行使征税权，而不能对摩斯在乙国的所得行使征税权

D. 甲国和乙国对摩斯在乙国的收入同时征税属于国际重叠征税

11. 根据《多边投资担保机构公约》的规定，关于多边投资担保机构的下列哪一项说法是正确的？（　　）

A. 多边投资担保机构承保的险别包括征收和类似措施险、战争和内乱险、货币汇兑险和投资方违约险

B. 作为多边投资担保机构合格投资者（投保人）的法人，只能是具有东道国以外任何一个缔约国国籍的法人

C. 不管是发展中国家的投资者，还是发达国家的投资者，都可向多边投资担保机构申请投保

D. 多边投资担保机构承保的前提条件是投资者母国和东道国之间有双边投资保护协定

12. 中国甲公司要将其从法国乙公司处通过普通许可合同购得的一项技术再许可给香港特别行政区丙公司使用（原合同中有允许再许可的条款）。甲公司和丙公司签订的合同应当是下列哪种合同？（　　）

A. 独占许可合同　　B. 普通许可合同

C. 排他许可合同　　D. 交叉许可合同

**二、多项选择题，每题所给的选项中有两个或两个以上正确答案，少答或多答均不得分。**

1. 甲国人贝斯在甲国出版著作《我的人生》后 29 天内，又在乙国出版了该作品，乙国是《伯尔尼公约》缔约国，甲国不是。后因《我的人生》中的部分内容引发伦理争议，该书在甲国受到封禁。依该公约，下列哪些选项是正确的？（　　）

A. 因甲国并非《伯尔尼公约》缔约国，因此《我的人生》不能在乙国享受国民待遇

B. 贝斯在甲国出版《我的人生》后 29 天内在乙国出版，在乙国享受国民待遇

C. 乙国依国民待遇为该作品提供的保护无须贝斯履行任何手续

D. 乙国可以在甲国封禁《我的人生》后不再对该书提供保护

2. 中国人王某久居北京，因在香港特别行政区有生意，常往来于北京和香港特别行政区之间，内地和香港特别行政区均确认了实施 CRS。依 CRS，王某在香港特别行政区下列哪些信息会被交换至北京税务机关？（　　）

A. 王某在香港特别行政区的存款账户、托管账户、投资机构的股权或债权权益账户

B. 王某在香港特别行政区的基金、信托计划、专户/集合类资产管理账户

C. 王某在香港特别行政区具有现金价值的保险合同或年金合同

D. 王某在香港特别行政区投资的房产

3. 甲国公司在乙国投资自来水公司，并向多边投资担保机构投了保。2003 年，针对外汇大量外流的情况，乙国政府采取了一系列的措施。自来水公司虽已取得了收入汇出批准书，但乙国政府采取的措施使自来水公司无法将收入汇出。依相关国际法规则，关于投资担保，下列哪几项是不正确的？（　　）

A. 乙国只有为发展中国家，才能获得多边投资担保机构的承保

B. 因乙国中央银行已批准了自来水公司的收入汇出，故不能认为发生了禁兑风险

C. 只有积极限制货币汇兑才属于货币汇兑险的范畴

D. 投资担保机构一经向甲公司赔付，即代位取得向甲公司母国的索赔权

4. 甲国博格公司在乙国的投资产生争议。甲乙两国均为《关于解决国家和他国国民之间投资争端公约》的成员。依相关规定，下列哪些选项是正确的？（　　）

A. 对于解决投资争端国际中心裁决不能在国内法院上诉

B. 如博格公司书面协议将其争端提交给解决投资争端国际中心解决，则解决投资争端国际中心对该争端有管辖权

C. 提交解决投资争端国际中心解决的争端为与直接投资有关的法律争端

D. 解决投资争端国际中心可以受理博格公司与乙国书面同意提交的争议

5. 甲国英帝拉公司与乙国政府签约在乙国建设高速路，英帝拉公司向多边投资担保机构投了保。依相关国际法规则，下列哪些选项是正确的？（　　）

A. 乙国政府不履行与英帝拉公司签订的合同，乙国法院又拒绝受理相关诉讼，属政府违约险的范畴

B. 乙国货币大幅贬值造成英帝拉公司损失，属货币汇兑险的范畴

C. 乙国新所得税法致英帝拉公司所得税增加，属征收和类似措施险的范畴

D. 乙国出现针对政府的暴力活动，属战争内乱险的范畴

6. 国民待遇原则是《伯尔尼公约》的一个重要的基本原则。甲国是《伯尔尼公约》成员国，乙国不是。依《伯尔尼公约》确定的国民待遇原则，对下列哪些作品，甲国应当给予国民待遇？（　　）

A. 乙国公民安娜所著的《海的女儿》在甲国和乙国先后出版，相隔 20 天

B. 无国籍人山姆在甲国出版了其作品《神灯》，但山姆在甲国既无住所也无惯常居所

C. 乙国制片人李查德到甲国采风，回国后完成了《梦里故乡》的电影作品

D. 乙国雕塑家伊兰在甲国某艺术院校访学期间，创作了安装于该校艺术中心内的雕塑作品

7. 秦进公司向甲银行贷款，乙银行出具了备用信用证为该笔贷款担保，后秦进公司称贷款协议无效，拒绝履约。甲银行向乙银行出示了秦进公司的违约证明，要求乙银行付款。依相关规则，下列哪些选项是正确的？（　　）

A. 即使该国际贷款协议无效，乙银行仍须承担保证责任

B. 乙银行必须对违约的事实进行审查后才能向甲银行付款

C. 与商业信用证适用的惯例不同，备用信用证适用《国际备用信用证惯例》

D. 备用信用证的有效性有赖于甲银行与秦进公司的国际贷款协议

8. 甲银行为乙公司出具了独立保函，后甲银行主张该独立保函的权利义务已终止了。依最高人民法院《关于审理独立保函纠纷案件若干问题的规定》，下列哪些选项属于该规定涉及的可以终止的情形？（　　）

A. 独立保函载明的到期日或到期事件届至，受益人未提交符合独立保函要求的单据

B. 独立保函项下的应付款项已经全部支付

C. 独立保函的金额已减额至零

D. 开立人收到受益人出具的免除独立保函项下付款义务的文件

9. 特别提款权是国际货币基金组织于 1968 年在原有的普通贷款权之外，按各国认缴份额的比例分配给会员国的一种使用资金的特别权利。下列表述正确的是？（　　）

A. 特别提款权可与黄金、外汇一起作为国际储备

B. 特别提款权根据“一揽子”货币定值，由于它的稳定性，可以在私人企业之间持有和使用

C. 特别提款权是一种常用的计价和定值单位

D. 成员国在基金组织开设特别提款权账户，作为一种账面资产或记账货币，可用于办理政府间的结算

10. 张成为惯常居所地在甲国的公民，玛丽为惯常居所地在乙国的公民。甲国不是《伯尔尼公约》缔约国，乙国和中国是该公约的缔约国。关于作品在中国的国民待遇，下列哪些选项是正确的？（　　）

A. 张成的文章在乙国首次发表，其作品在中国享有国民待遇

B. 张成的文章无论发表与否，其作品在中国都享有国民待遇

C. 玛丽的文章无论在任何国家首次发表，其作品在中国都享有国民待遇

D. 玛丽的文章无论发表与否，其作品在中国都享有国民待遇

11. 甲国人汉森在乙国注册了某投资公司，该投资公司的实际控制管理中心在甲国，汉森则半年在甲国，半年在乙国。甲乙两国均认为汉森是其纳税义务人，在公司纳税人上，乙国采取实际控制与管理中心所在地标准。两国之间没有涉及征税的协议。依相关规则，下列正确的是哪几项？（　　）

A. 甲乙两国均认为汉森是其纳税义务人属于重复征税

B. 甲国不能对汉森在乙国的收入征税

C. 乙国不应对投资公司征税，因为该投资公司是甲国的纳税义务人

D. 投资公司在乙国税后向汉森发放的分红再被甲国征税属于国际重叠征税

12. 人民币于 2016 年加入特别提款权，成为继美元、欧元、日元和英镑之后的第 5 种入篮货币。下列对特别提款权的使用，哪些选项是正确的？（　　）

A. 甲国以特别提款权作为其国际储备

B. 乙国以特别提款权办理政府间的结算

C. 甲国公司以特别提款权支付与乙国公司之间的国际货物买卖

D. 特别提款权是一种常用的计价和定值单位

13. 中国甲公司中标了非洲的一项工程，并向中国乙银行申请开立了独立保函，非洲丙公司为该工程主办人，也是该独立保函的受益人。后乙银行主张因存在欺诈拒绝承担担保义务。依最高人民法院《关于审理独立保函纠纷案件若干问题的规定》，下列哪些选项构成独立保函欺诈？（　　）

A. 丙公司与甲公司串通，虚构基础交易

B. 丙公司提交的第三方单据系伪造或内容虚假

C. 法院判决或仲裁裁决认定基础交易债务人没有付款或赔偿责任

D. 丙公司明知其没有付款请求权仍滥用该权利

14. 甲国建筑公司投资兴建乙国水库工程。甲国某银行为该工程出具了见索即付保函。后由于乙国发生内战，工程无法继续。乙国与甲国建筑公司通过书面约定一致同意双方之间因直接投资而产生的争端，应直接提交解决投资争端国际中心仲裁。两国均为有关投资公约的缔约国。依相关公约及规则，下列正确的是哪几项？（　　）

A. 即使乙国内战，甲国银行仍需履行保函义务

B. 在解决投资争端国际中心仲裁期间，甲国可对建筑公司行使外交保护

C. 如建筑公司不服解决投资争端国际中心的裁决，可向国内法院上诉

D. 该中心的裁决对争端各方均具有约束力，具有终局的效力

# 参考答案及解析

## 第一章　导　　论

一、1. A。本题考查国际经济法的渊源。A正确,《跟单信用证统一惯例》属于国际商业惯例。B错,不是所有的联合国大会的决议都是国际经济法的渊源,只有联合国大会的规范性文件才属于。C错,国内判例不是国际经济法的渊源。D错,国内法中的涉外立法是国际经济法的渊源。

2. C。A不属于,专属经济区的法律问题属于国际公法调整的关系。B不属于,虽然该选项的主体是不同国家的当事人,具有涉外因素,但所涉及的是婚姻关系,而不是经济关系,因此不是国际经济法调整的对象。C属于不同国家之间的经济关系,属于广义国际经济法调整的范围。D不属于,因为没有涉外因素,只是中国两个公司之间的国内采购合同关系,属于国内合同法调整的范畴。

二、ABC。本题考查国际经济法的渊源。国际经济法的渊源包括国际经济条约、国际商业惯例、联合国大会的规范性决议以及国内立法,国际商业惯例是国际经济法的渊源之一,故C正确。国际商业惯例是在长期的国际经济交往中逐渐形成的,一般是不成文的规则,但目前也出现了成文法化的趋势,一些国际组织或协会进行了惯例的编纂和整理工作,故A正确。国际商业惯例并不当然地在双方当事人之间产生拘束力,只有在当事人明示选择适用时才对当事人具有约束力,故B正确。故应选ABC项。

## 第二章　国际货物买卖

一、1. A。本题考查贸易术语和信用证。A正确,B错,依2010年《国际贸易术语解释通则》,CFR术语中卖方须在装运港指定船舶上交货,须支付将货物运至指定目的港所需的运费,买方有办理保险的义务。应该注意的是,CFR术语装船是卖方,而投保是买方,卖方在装船后应给买方以充分的通知,否则,因此而产生的买方漏保引起的货物损失应由卖方承担。CD错误,依《跟单信用证统一惯例》,只要受益人提供了与信用证要求一致的单据,银行即应付款。

2. C。本题涉及国际贸易术语及铁路货物运输。A错,C正确,依《国际铁路货物联运协定》按运单承运货物的铁路部门应对货物负连带责任。因此,不需要确定损失发生在什么区段。B错,依2010年《国际贸易术语解释通则》的规定,DAP术语下,卖方应在约定日期,在指定目的地将仍处于抵达的运输工具上,且已做好卸载准备的货物交由买方处置时交货,不用把货物卸下。D错,铁路运单不是物权凭证,不能流通。

3. B。本题考查《联合国国际货物销售合同公约》——知识产权担保。依《联合国国际货物销售合同公约》第42条第2款的规定,卖方在下列两种情况下免除知识产权担保的义务:(1)买方在订立合同时已知道或不可能不知道此项权利或要求;(2)此项权利或要求的发生,是由于卖方要遵照买方所提供的技术图样、图案、款式或者其他规格。因此,AC可免责。此外,该公约第43条第1款规定了买方的及时通知义务,当买方在已知道或理应知道第三方的权利或要求后一段合理时间内,应将此项权利或要求的性质通知卖方,否则就丧失了买方依公约本来可以得到的权利,即要求卖方承担辩驳第三方的义务的权利。D可免责,B不能免责。

4. B。本题考查2010年《国际贸易术语解释通则》。A错,因为货物的损失与甲公司无关。B正确,当货物在装运港装上船时,货物的风险已从甲公司转移给了乙公司,因此,应由乙公司向保险公司提出索赔。C错,依《海商法》第51条第1款第2项的规定,船方对火灾是免责的,因此,乙公司不应向船公司提出索赔。D错,依2010年《国际贸易术语解释通则》,在CIF术语下,货物的风险以货物在装运港口被装上船时为界。

5. B。本题考查国际货物买卖合同和贸易术语。A错,货物是由于不可抗力损失的,承运人依《海牙规则》可以免责。依2010年《国际贸易术语解释通则》,CFR术语中卖方须在装运港指定船舶上交货,须支付将货物运至指定目的港所需的运费,买方有办理保险的义务。应该注意的是,CFR术语装船是卖方,而投保是买方,卖方在装船后应给买方以充分的通知,否则,因此而产生的买方漏保引起的货物损应由卖方承担。本题即由如意公司承担,B正确。C错误,依CFR术语,该批服装的风险在货物交到船上时转移给维珍公司。D错误,维珍公司应自行办理保险,但需要如意公司通知后再办理,由于如意公司装船后未给维珍公司及时通知,维珍公司漏保引起的损失应由如意公司承担,不应由维珍公司承担损失。

6. D。本题考查《联合国国际货物销售合同公约》中的要约和承诺。对于规定了有效期限的要约,应在规定的期限内作出承诺。逾期作出的承诺原则上无效;但如果要约人毫不迟疑地发出通知表示接受,则仍具有承诺的效力。本题甲公司没有给予答复,乙公司回电已构成新要约。

7. C。本题考查国际货物买卖合同。A 错,因该合同是凭规格的买卖,尽管捷克公司后又寄来样品,但中方公司的回电并没有改变合同的性质,中方称“保证依合同约定的规格履行合同”,因此,该合同还是一个凭规格的买卖合同。如中方称“保证依样品履行合同”,则改变了合同的性质,由凭规格的买卖变成了凭样品的买卖,此时,中方应承担依样品履行合同的义务。B 错,本合同是一个凭规格的买卖,中方公司收到样品后依然回答依合同约定的规格履行合同。C 正确,同样的理由,中方没有义务使其产品与捷克方提供的样品相符,但有义务依合同约定的规格履行合同。D 错,本合同并没有变为凭样品的买卖。题中称中方生产的产品与合同约定的规格相符,并有商检的证明,故中方没有违约。

8. A。A 项和 B 项考查国际货物买卖中的质量担保义务。根据《联合国国际货物销售合同公约》,卖方对货物负有质量担保义务,即卖方交付的货物必须与合同约定的数量、质量、规格相符,并须按照合同所规定的方式装箱或包装。

在合同没有就货物质量、规格作出明确规定时,则应:

用于通常使用目的。这种情况是指买方定货时,是依据一般规格定货,而没有向卖方指出货物的任何用途。一般用途的目的由卖方来确定。

用于特定目的。如果买方对该特定用途所需要的货物的规格不很了解,他可将购买该货物的特定用途告知卖方。

与样品或样式相符。当订立合同是以样品或样式为基础时,卖方应保证货物符合样品或样式的质量。

题中约定了设备规格,且并非以样品为基础,设备到货后与样品相符,但与合同不符,B 公司应承担违约责任,B 项说法错误,A 项说法正确。

C 项和 D 项考查 DPU 术语。DPU 指目的地卸货后交货,是国际贸易术语中唯一要求买方在目的地卸货的术语。当货物已从抵达的运输工具上卸货交由买方处置时风险转移,因此 C 项和 D 项说法错误。

二、1. CD。本题考查国际货物买卖及 2010 年《国际贸易术语解释通则》中的 FOB。A 错误,《联合国国际货物销售合同公约》第 35 条第 1、2 款规定,卖方须按照合同所规定的方式装箱或包装,如合同没规定,则应依同类货物通用方式包装,如果未按照同类货物通用方式包装而造成损失,卖方应承担责任。B 错,依 2010 年《国际贸易术语解释通则》,FOB 术语下自货物按照上述规定交付之时起,买方要承担货物灭失或损失的全部风险。因此,风险自“船上交货”时转移,而不是“越过船舷”时转移。C 正确,依上述公约第 42 条第 1 款的规定,卖方所交付的货物,必须是第三方不能根据工业产权或其他知识产权主张任何权利或要求的货物,但以卖方在订立合同时已知道或不可能不知道的权利或要求为限,而且这种权利或要求根据以下国家的法律规定是以工业产权或其他知识产权为基础的……因此,如该批设备侵害了第三方在中国的专利权,卖方应当承担侵权责任。D 正确,依上述通则的规定,FOB 术语下,卖方没有义务为买方订立运输合同。因此,买方得自行订立货物运输合同。

2. BC。本题涉及《联合国国际货物销售合同公约》的适用范围及违反合同的救济。依《联合国国际货物销售合同公约》第 71 条第 1 款的规定,当一方当事人在履行合同的能力或信用方面存在严重缺陷,或在准备履行或履行合同的行为方面表明其将不履行合同中的大部分重要义务时,另一方有权中止履行合同,A 错。依该公约第 71 条第 3 款的规定,中止履行的一方当事人不论是在货物发运前还是发运后,都必须通知另一方当事人,B 正确。C 正确,依该公约第 71 条第 3 款的相关规定,关于中止履行的情况,如果预期违约方提供了相应的履约担保,另一方就应当继续履行。D 错,依该公约第 5 条的规定,本公约不适用于卖方对于货物对任何人所造成的死亡或伤害的责任。

3. AC。本题考查国际货物买卖的要约及要约撤回。A 正确,B 错,十佳公司已将其要约撤回,合同没成立,因此,不需要赔偿,中国十佳公司不必履行任何合同。C 正确,本案属于要约的撤回,撤销与撤回是有区别的,要约人在要约未送达受要约人时取消要约的行为称为要约的撤回。要约人在要约送达受要约人后取消要约的行为称为要约的撤销。本题属于要约的撤回。D 错,本案不属于要约的撤销,要约的撤销是要约已到达受要约人后再撤销的情况。

4. AD。本题考查国际货物买卖中的免责。根据《联合国国际货物销售合同公约》第 79 条第 4 款的规定,虽然乙公司不履行合同义务的原因符合免责的条件,但它有通知的义务,A 正确。依该公约的规定,解除合同并不免除赔偿责任,B 错。本题中合同订立后,乙公司未能按照合同履行交货义务的原因是遇到了无法预见与不能克服的障碍,符合该公约规定的免责的条件,不交货不属于违约,C 错。因乙公司没在合理时间内将障碍及障碍对公司履行义务能力的影响通知甲公司,乙公司的行为使甲公司遭受了损失,所以乙公司对由于甲公司未收到通知而产生的损失应负赔偿责任,甲公司有权就乙公司未通知有关情况而遭受的损失请求赔偿,D 正确。

5. BD。本题考查《联合国国际货物销售合同公约》关于要约和承诺的规定。该公约在承诺的生效时间上采用到达生效原则,A 错误,B 正确。FOB 术语属于国际商业惯例,当事人在引用惯例时可以对惯例进行相应的修改与增减,C 错误,D 正确。

6. ACD。本题考查《联合国国际货物销售合同公约》及 2010 年《国际贸易术语解释通则》。A 正确,当货物与合同不符时,无论货款是否已付,买方都可以要求降低价格。B 错误,依《联合国国际货物销售合同公约》的规定,只有货物的不符达到根本违反的程度,买方才可要求卖方交付替代物。C 正确,在 CFR 术语下,由买方办理保险。D 正确,依该公约的规定,由于买方有义务采取合理措施减轻对方违约造成的损失,因而应当接收货物,但接收不等于接受,买方可以拒绝接受货物。

7. BCD。本题考查《联合国国际货物销售合同公约》中分批无效的处理。对于分批交付的货物无效的处理,当买方宣告合同对任何一批货物的交付为无效,而各批货物又是互相依存时,可宣告对已交付或今后交付的各批货物均无效。在本题中,一套设备各批不同部件之间有内在的联系,一批不能履行,则前面已履行的部分也没有意义了。因此,D 正确,A 错。甲公司有权要求德国公司就该批设备承担违约责任,B 正确。C 是甲公司采取的要求实际履行的补救方法,因此也正确。

## 第三章　国际货物运输与保险

一、1. D。本题考查格式合同、海上货物运输和保险。A 错误,格式合同具有针对性和简化性的作用。格式合同并不是习惯法,对双方没有约束力。B 错,承运人已签发了清洁提单,说明承运人收到货物准备运输时是没有短少的,所以卖方不应承担短少的责任。C 错,平安险不包括短少的风险。D 正确,海天公司在装运港接收货物时签发了清洁提单,应承担货物短少的责任。

2. B。本题考查国际货物运输与保险。A 错,在 CFR 价格下,应由卖方负责运输,但不包括保险。B 正确,因为这 130 箱食品受损是承运人没有履行谨慎管货的义务造成的,承运人应当承担责任。C 错,因为这 140 箱食品的损失是不可抗力引起的,承运人可以免责。D 错,对这 270 箱受损食品,承运人对于一部分要承担责任,对于一部分不承担责任,因此,称都由承运人赔偿是错误的。

3. A。A 属于承运人未尽管货义务,所以承运人应当承担责任;B 属于承运人在驾驶船舶过程中的过失,因而承运人可以免责;C 属于天灾,承运人可以免责;D 属于货物本身所固有的瑕疵所造成的损失,所以承运人也可以免责。故只有 A 情况下承运人应承担责任。

4. B。本题考查海运单。A 错,海运单虽不可流通,但仍然对海上货物运输合同具有证明作用。B 正确,因为第三方以非法方式取得海运单并不能使之获得合法的收货人的地位,这样的第三方即使向承运人出示海运单要求提货也会被拒绝,承运人只向合法的收货人交付货物。C 错误,因为海运单并非物权凭证,收货人是凭借其身份证明提取货物的。D 错误,海运单本身是不可以流通转让的书面运输单证,承运人只向指定的收货人交付货物,这正是航运界采纳海运单的基本原因。

5. B。本题考查国际货物买卖、运输、保险、船舶碰撞损害赔偿的法律适用。A 错误,甲国航运公司签发的是提示提单,提示提单应背书转让。B 正确,平安险承担船舶碰撞等意外事故造成的全部损失及部分损失。C 错,依《海商法》第 273 条第 2 款的规定,船舶在公海上发生碰撞的损害赔偿,适用受理案件的法院所在地法律。D 错误,依 1980 年《联合国国际货物销售合同公约》第 38 条第 1 款的规定,买方必须在按情况实际可行的最短时间内检验货物或由他人检验货物,而不是依自己的方便安排检验。

6. C。依最高人民法院《关于审理无正本提单交付货物案件适用法律若干问题的规定》第 3 条第 1 款的规定,承运人无正本提单交付货物造成正本提单持有人损失的,正本提单持有人可以要求承运人承担违约责任,或者承担侵权责任。因此,AD 错,C 正确。依该规定第 4 条,承运人因无正本提单交付货物承担民事责任的,不适用《海商法》第 56 条关于限制赔偿责任的规定,故 B 错。

7. B。本题考查国际海上货物保险中的水渍险。本题只投保了水渍险,因此,"运输中因茶叶串味等外来原因而货损"并不属于保险公司应赔偿的范围,A 错误。水渍险承保的风险包括平安险,其中涉及承运人过失碰撞造成的承运的货物的损失。B 选项属于过失碰撞引起的货损,保险公司是负责赔偿的,B 正确。水渍险的赔偿不包括战争风险,C 错。D 错误,提货不着属于一切险的范围,水渍险并不承担。

8. A。本题考查信用证独立原则、无单放货、一切险。A 正确,该选项涉及无单放货问题,按照最高人民法院《关于审理无正本提单交付货物案件适用法律若干问题的规定》第 6 条,承运人无正本提单交付货物造成正本提单持有人损失的赔偿额,按照货物装船时的价值加运费和保险费计算,即通常所指的 CIF 价。B 错误,无单放货并不属于一切险的责任范围。C 错误,依《跟单信用证统一惯例》中的信用证独立原则,基础合同项下的争议,不得作为银行不付款,减少付款或延期付款的理由,因此不可以此为由主张信用证止付。D 错,依《跟单信用证统一惯例》第 5 条的规定,信用证处理的只是单据,与基础合同项下货物无关。只要单据符合信用证的要求,银行即应付款。

9. D。本题考查国际货物运输与保险。根据双方约定的商检条款,以装运港的检验证书作为议付货款的依据。而装运港的检验证书显示卖方提交了符合合同要求的货物,所以A错误。货损是中国当局对船舶进行熏蒸造成的,非因承运人未尽到管货义务,所以承运人可以免责,B错误,D正确。在CFR术语下,卖方没有安排保险的义务,C错误。

10. D。A错,卖方甲公司依CIF术语已向保险公司投保了水渍险,对于海水引起的损失水渍险是承保的,因此,保险公司应赔偿此种损失。B错,乙公司是买方,CIF下货物的风险虽在装运港船舷转移给了买方乙公司,但该批货物是投保了水渍险的。C错,承运人对天灾引起的损失是免责的。D正确,水渍险对海浪过大引起的大米被海水浸泡的损失是要承担赔偿责任的。

11. B。本题考查国际货物运输与保险。A错,因为依《海牙规则》承运人对航行过失引起的损失是免责的,所以不能向航运公司提出索赔。B正确,航运公司对航行过失是免责的,而一切险对此类风险是承担赔偿责任的,因此,大风公司应向保险公司提出索赔。C错,艾伦公司是托运人,本题货损与托运人没有关系。D错,依《海牙规则》的规定,承运人对本船承运的货物是免责的,但与对方船舶不是合同关系而是侵权关系,韩国公司对与对方船舶碰撞引起的损失不能免责。

12. D。本题考查国际货物运输与保险。保险公司对海上运输中被保险货物发生的以下损失不承担赔偿责任:(1)被保险人故意或者过失导致的损失;(2)属于发货人责任引起的损失,如发货人在发运货物前包装不当;(3)损失责任开始前,被保险货物已经存在的品质不良或者数量短缺造成的损失;(4)被保险货物的自然损耗、本质缺陷、特性以及市场跌落、运输迟延引起的损失或者费用;(5)海洋运输货物战争险条款和货物运输罢工险条款规定的责任范围和除外责任。本题中ABC3项都属于除外责任,而D项属于一切险的承保范围。

13. B。本题考查国际货物运输与保险。A错,按照2010年CFR贸易术语,风险应在货物自装运港装上船时转移给买方,即只有在甲公司没有买保险或者货损不属于保险赔偿范围时,才出现甲公司自行承担货损的问题。甲公司已经投保了平安险,由此问题变为该部分货物损失是否在保险的范围之内。根据平安险的承保范围,保险公司对这个货损是承担赔偿责任的,因此,甲公司不必自行承担该风险造成的损失。B正确,根据《海牙规则》的相关规定,船舶的所有人对驾驶船舶的过失行为所引起的货物损失可以免责。C错误,因为平安险的保险范围包括对船舶碰撞引起的部分货物损失的赔偿。D涉及信用证支付规则。信用证是独立的交易,不受实际货物买卖合同中发生货损情况的影响,只要单证相符,银行就具有付款的义务,故D错。

14. A。本题考查无单放货。A正确,依最高人民法院《关于审理无正本提单交付货物案件适用法律若干问题的规定》第13条,在承运人未凭正本提单交付货物后,正本提单持有人(丙公司)与无正本提单提取货物的人(丁公司)就货款支付达成协议,在协议款项得不到赔付时,不影响正本提单持有人就其遭受的损失,要求承运人(乙航运公司)承担无正本提单交付货物的民事责任。B错,依该规定第6条,承运人无正本提单交付货物造成正本提单持有人损失的赔偿额,按照货物装船时的价值加运费和保险费计算。C错,依该规定第11条,正本提单持有人可以要求无正本提单交付货物的承运人与无正本提单提取货物的人承担连带赔偿责任。D错,依该规定第14条,正本提单持有人以承运人无正本提单交付货物为由提起的诉讼,适用《海商法》第257条的规定,时效期间为1年,无论是合同之诉还是侵权之诉。

15. B。本题考查国际货物运输与保险。A错,因为本案中的货物损失是货物的固有缺陷所致,所以承运人无须承担责任。D错,依《联合国国际货物销售合同公约》第36条的规定:(1)卖方应按照合同和该公约的规定,对风险移转到买方时所存在的任何不符合同情形,负有责任,即使这种不符合同情形在该时间后方始明显;(2)卖方对在上一款所述时间后发生的任何不符合同情形,也应负有责任,如果这种不符合同情形是卖方违反他的某项义务所致。本案中大米生虫是因为卖方提供的米袋含有虫卵,即卖方违反了应提供足以保全货物的包装的义务,所以卖方应对货损承担责任,故B正确,C错误。

二、1. ABD。本题考查《联合国国际货物销售合同公约》中的卖方知识产权担保义务、风险转移与《国际铁路货物联运协定》中的承运人责任。A正确,《联合国国际货物销售合同公约》第42条规定,如果双方在订立合同时没有规定货物的最终使用地或转卖地,则卖方对买方不承担转卖地知识产权担保义务。B正确,《联合国国际货物销售合同公约》第67条第1款规定,如果销售合同涉及货物的运输,但卖方没有义务在某一特定地点交付货物,风险自货物交付给第一承运人时转移。C错误,按照《国际铁路货物联运协定》的规定,承运人的责任期间是"从签发运单时起至终点交付货物时止",而不是"从货物装上火车时起至卸下时止"。D正确,根据《国际铁路货物联运协定》,按运单承运货物的铁路部门应对货物负连带责任。

2. BC。本题考查国际贸易与货物运输。A正确,题干已告知"货物投保了平安险",承运人一方过失碰撞引起的货物损失属于平安险的责任范围,保险公司可以赔偿。B错误，依《海牙规则》第4条的规定，承运人对船长或承运人的雇佣人在驾驶或管理船舶中的行为、疏忽或不履行职责不负责任。过失碰撞属于航行过失免责，因此，丙公司可以免责。C错误，依最高人民法院《关于审理无正本提单交付货物案件适用法律若干问题的规定》第5条的规定，提货人凭伪造的提单向承运人提取了货物，持有正本提单的收货人可以要求承运人承担无正本提单交付货物的民事责任。因此承运人应当承担赔偿责任。D正确，上述规定第4条规定，承运人因无正本提单交付货物承担民事责任的，不得享受责任限制。

3. AD。本题涉及承运人的责任与免责、提单的种类、保险责任。A正确，从提单上的收货人一栏写明"凭指示"的字样，可判断这是一个指示提单，此种提单在转让上的特点是需要背书才可以转让。B错，货物的损失是由于生产过程中水分过大，虽然货物投保了一切险，但发货人造成的损失属于保险人的除外责任，保险人不应承担货物变质的赔偿责任。C错，D正确，虽啤酒花变质是在运输中产生的，但由于变质原因是生产过程中水分过大，属于货物的潜在缺陷，依《海牙规则》的规定，承运人是可以免责的。生产过程中水分过大属于发货人的责任。

4. ACD。本题考查提单的转让、《汉堡规则》中承运人的免责和责任期间。A正确，指示提单背书可转让。B错误，根据《汉堡规则》，承运人对航行过失免责。C正确，此题中的损失是航行过失导致的，在平安险的承保范围，应由保险人理赔。D正确，《汉堡规则》中承运人的责任期间为自接受货物起至交付货物止。

5. AC。本题考查对贸易合同与运输合同的关系的把握。A正确，尽管本题货物投保了水渍险，但本题的货损是在投保前已存在的缺陷引起的，属于本质缺陷，属于保险人的除外责任。B错，损失是发生在运输途中，但为货物的固有瑕疵或性质造成的损害，承运人是免责的。C正确，因为本题中的货损是甲公司所交货物的质量缺陷所致。D错，尽管此时风险已转移给了乙公司，但甲公司所交货物有缺陷，货物的风险自交货时转移原则的适用有一个前提，即风险是在卖方无违约责任的情况下转移，如卖方有违约行为，上述原则不适用。依1980年《联合国国际货物销售合同公约》第70条的规定，买方仍然有权向卖方提出索赔，采取因此种违反合同而可以采取的各种补救办法。

6. ACD。本题考查无单放货。A项可免责，依最高人民法院《关于审理无正本提单交付货物案件适用法律若干问题的规定》第10条的规定，承运人签发一式数份正本提单，向最先提交正本提单的人交付货物后，其他持有相同正本提单的人要求承运人承担无正本提单交付货物民事责任的，人民法院不予支持。B项不可免责，应依正本提单交货。CD项可免责，依该规定第8条的规定，承运到港的货物超过法律规定期限无人向海关申报，被海关提取并依法变卖处理，或者法院依法裁定拍卖承运人留置的货物，承运人主张免除交付货物责任的，人民法院应予支持。

7. BD。本题考查国际货物运输与保险。依《海牙规则》的承运人过失免责的规定，对于驾驶或者管理船舶过失造成的货物损失，承运人可以免责。本题中的船舶碰撞是驾驶船舶过失造成的，承运人可免责，A错。本题船舶碰撞引起的修理费用属于共同海损，应由船方和货方分担，B正确。到达目的港后检验发现的部分货物与合同不符应属于卖方的责任，非运输途中产生的问题，不应由承运人承担，C错。对于火灾造成的损失，依《海牙规则》承运人是免责的，D正确。

8. BD。本题考查国际货物运输与保险、无单放货的责任。A错，货损是对船舶进行熏蒸造成的，非因承运人丙公司未尽到管货义务，依《海牙规则》，丙公司可以免责。B正确，依《海牙规则》规定的检疫限制免责，丙公司无须负责。C错误，依最高人民法院《关于审理无正本提单交付货物案件适用法律若干问题的规定》第5条的规定，提货人凭伪造的提单向承运人提取了货物，持有正本提单的收货人可以要求承运人承担无正本提单交付货物的民事责任。据此，丙公司应当承担赔偿责任。D正确，依上述规定第4条，承运人因无正本提单交付货物承担民事责任的，不得享受责任限制。

9. BC。本题考查海上货物运输保险。船舱不适货而造成的货物串味损失由承运人船公司承担责任，A错误。货物串味异味险包括在一切险当中，B正确。依《海商法》第252条第1款的规定，保险公司赔偿了被保险人的损失后，可以向承运人行使代位求偿权，但是依我国《海事诉讼特别程序法》第94条的规定，应当以保险公司的名义索赔，所以C正确，D错。

10. AD。本题考查海上货物运输保险。A正确，抛弃货物造成的部分损失是为了船货共同的利益，是共同海损，属于平安险的赔偿范围。B错，延迟造成的损失属于除外责任。C错，恶劣天气导致的货损依《海牙规则》属于承运人免责的范围，承运人不需要赔偿。D正确，平安险负责赔偿在装卸货转运时一件或数件货物落海造成的全部或部分损失。

11. ACD。本题考查国际货物运输与保险中的运输单证。A正确，依《海商法》第71条的规定，提单是承运人与托运人之间海上货物运输合同的证明。B错，海运单、铁路运单及航空运单一般均不可转让。C正确，多式联运单据应是该单据所载货物由多式联运经营人接管的初步证据。D正确，航空运单的作用主要在于：是航空运输合同的证明；是托运人托运货物后取得的货物收据；是运费记载的账单；是进出口申报海关的单证；是承运人或托运人投保的依据，当承运人承办保险或托运人要求承运人代办保险时，航空运单即可作为保险证书。

12. CD。本题考查国际货物运输与保险中的委付。依《海商法》第 249 条第 1 款的规定，在被保险人发出委付通知时，保险人可以接受委付，也可以不接受委付。又依《海商法》第 249 条第 2 款的规定，委付不得附带任何条件，委付一经保险人接受，不得撤回。故选 CD。

13. AC。本题考查水渍险。A 正确，本题投保的是水渍险，货物受损的近因是雨淋，而水渍险不包括雨淋造成的损失。B 错，尽管货损是在保险期间内发生的，但货损的近因不是保险人承保的风险。C 正确，依《海牙规则》的规定，承运人有谨慎管理货物的责任，因此承运人丙公司应承担货损的责任。D 错，乙公司为卖方，该批货物的损失并非因卖方的责任。

14. AC。本题考查《海牙规则》和《汉堡规则》。A 错误，该内容属于《海牙规则》的规定。B 正确，关于海运的 3 个公约中只有《汉堡规则》规定了延迟交货，且《汉堡规则》规定的承运人对延迟交货的赔偿责任限额为迟交货物应付运费的 2.5 倍。C 错误，《汉堡规则》采用的是特别提款权，而不是"美元"。D 正确，《汉堡规则》规定的诉讼时效为两年。

## 第四章　国际贸易支付

一、1. A。本题考查信用证。A 正确，依最高人民法院《关于审理信用证纠纷案件若干问题的规定》第 8 条第 2 项的规定，受益人恶意不交付货物或者交付的货物无价值的，属于信用证欺诈。BD 错误，依该司法解释第 7 条第 1、2 款的规定，开证行有独立审查单据的权利和义务，有权自行作出单据与信用证条款、单据与单据之间是否在表面上相符的决定，并自行决定接受或者拒绝接受单据与信用证条款、单据与单据之间的不符点。开证行发现信用证项下存在不符点后，可以自行决定是否联系开证申请人接受不符点。开证申请人决定是否接受不符点，并不影响开证行最终决定是否接受不符点。C 错，依该司法解释第 10 条第 1 项的规定，即使法律已认定存在信用证欺诈，但如乙银行已付款，则法院不能再裁定中止支付。

2. C。本题涉及国际货物买卖、信用证付款、货物保险等问题。A 错误，水渍险不承担淡水雨淋造成的货物湿损。B 错误，C 正确，依《跟单信用证统一惯例》第 5 条的规定，在信用证业务中，银行处理的是单据，单证不符银行可拒付。依《跟单信用证统一惯例》第 34 条的规定，银行对于货物的发货人、承运人、运输代理人、收货人、保险人或其他任何人的诚信与否、作为、不作为、清偿能力、履约或资信，概不负责，故 D 错误。

3. C。本题考查信用证。《跟单信用证统一惯例》第 34 条规定，银行对单据的真伪性、法律效力不负责任。依我国最高人民法院《关于审理信用证纠纷案件若干问题的规定》，在涉及信用证欺诈的情况下，如果法院对开证行发出了禁止支付令，则开证行应中止付款。在无法院的这种指令的情况下，仅有信用证申请人的要求是不够的，故 B 错。A 错，信用证买卖是单证的买卖，信用证一经开立便独立于买卖合同，成为另一种独立的法律文件，不受买卖合同的约束。因指定行已付款了，所以法院不能发出禁止支付令，终止开证行向指定行付款，故 C 正确。D 错，开证行对单据的真伪事项免责。

4. D。由于银行仅负表面审查单据的义务，所以当卖方日本乙公司提交与信用证表面相符的单据时，银行应付款，银行对卖方所提交单据的真伪性免责。因此一旦银行基于单证相符、单单相符而付款，开证申请人中国甲公司便无权以单据系伪造为由拒绝向银行付款，A 错误。根据最高人民法院《关于审理信用证纠纷案件若干问题的规定》第 9 条的规定，开证申请人、开证行或者其他利害关系人发现有信用证欺诈的情形，并认为将会给其造成难以弥补的损害时，可以向有管辖权的人民法院申请中止支付信用证项下的款项，B 错。根据上述规定第 13 条第 1 款，当事人对人民法院作出中止支付信用证项下款项的裁定有异议的，可以在裁定书送达之日起 10 日内向上一级人民法院申请复议。上一级人民法院应当自收到复议申请之日起 10 日内作出裁定，C 错。除向法院申请中止支付信用证下款项外，买方中国甲公司也可以基于与日本乙公司的买卖合同关系维护自身利益。根据上述规定第 14 条第 2 款，当事人以基础交易欺诈为由起诉的，可以将与案件有关的开证行、议付行或者其他信用证法律关系的利害关系人列为第三人；第三人可以申请参加诉讼，人民法院也可以通知第三人参加诉讼。所以 D 正确。

5. D。本题考查国际贸易支付与风险的关系。A 错，火灾是运输途中遇到的风险，不属于卖方的责任。B 涉及货物买卖的风险转移和卖方的交货义务，本案卖方完成了交货义务，FOB 术语下货物风险在装运港船上交货后转移，所以买方无权向卖方索赔，B 错。C 涉及承运人的责任和免责，火灾属于承运人的免责事项，C 错。D 正确，货物受损不是拒付的理由。

6. C。本题考查信用证、海上货物运输和保险。信用证交易是单据交易，银行对由于天灾、暴动、骚乱、叛乱、战争、恐怖主义行为或任何罢工、停工或其无法控制的任何其他原因而中断营业所引起的后果概不负责，A 错。保兑行对信用证进行保兑后，承担的责任就相当于本身开证，保兑行的责任不因货物的灭失而解除,B错。买方投保了平安险,货物损失属于保险公司承保范围,因此可以向保险公司索赔,C正确。本题台风属于天灾,承运人可以免责,D错。

7. C。本题考查信用证。依最高人民法院《关于审理信用证纠纷案件若干问题的规定》第1条,信用证纠纷案件,指在信用证开立、通知、修改、撤销、保兑、议付、偿付等环节产生的纠纷。对于此类纠纷,当事人约定适用相关国际惯例或其他规定的,从约定;无约定的适用《跟单信用证统一惯例》或其他相关国际惯例。AD错。B项为非信用证流转的纠纷,依规定欠款纠纷、委托开立信用证产生的纠纷、信用证担保、信用证项下融资,适用中国法,当事人另有约定的除外。因此,B项的担保纠纷应适用中国法,B错,C正确。

二、1. CD。本题考查托收。在托收关系中,卖方与托收行、托收行与代收行之间存在委托代理关系,而委托人与代收行之间没有直接的合同关系。因此,代收行违反托收指示给委托人造成损失时,委托人只能通过托收行追究代收行的责任,AB错。卖方开出汇票后,如果托收行对汇票进行了承兑,则托收行有义务向卖方付款,因为"承兑"是汇票付款人在到期日支付票据金额的承诺,所以银行有义务支付经其承兑的汇票,C正确。D正确,因为代收行与付款人之间没有法律上的直接关系,付款人是否付款是依付款人对托收票据的付款责任。

2. AD。本题考查信用证。A正确,依《跟单信用证统一惯例》,只要信用证受益人提交的议付单据与信用证的要求一致,银行即应付款。B错,货物的质量与合同不符与承运人无关,不是运输的原因。C错,内在质量是在投保以前就存在的缺陷,保险公司不承担赔偿责任。D正确,只要单据与信用证一致,银行就应付款,但买方公司可以向卖方公司提出质量不符的索赔。

3. AD。本题考查信用证。最高人民法院《关于审理信用证纠纷案件若干问题的规定》第6条第1款明确了我国在信用证项下单证审查上采用"严格相符"标准,而非"实质相符"标准,但在措辞上并未采用"严格相符"的表述,而是援用了《跟单信用证统一惯例》中"表面上相符"的表述;"表面上相符"标准并非"镜像"标准,而是允许单单之间、单证之间细微的、不会引起理解上歧义的"不完全一致"。这一标准是在充分考虑我国的实践并参考国际标准和借鉴其他国家司法实践经验的基础上确立起来的。因此,应选择AD。

4. BD。本题考查信用证。开证行有独立付款责任。依《跟单信用证统一惯例》的规定,开证行的信用证下的付款义务独立于作为基础合同的买方的付款义务。开证行对受益人承担独立付款义务,不可因为申请人失去支付能力而拒付,也不能因申请人的拒付要求而拒付。在买卖合同中,卖方的货款受到信用证的保证,开证行不能因买方的支付能力问题而拒绝履行合同。BD正确。

5. AD。本题考查托收。根据《国际商会托收统一规则》的规定,银行只需核实单据在表面上与托收指示书是否一致,此外没有进一步检验单据的义务,A正确。托收关系的委托人是卖方,所以托收行是卖方的受托人,B错。银行对于跟单托收项下的货物无义务采取任何措施,C错。银行应毫不迟延地通知托收结果,在汇票被拒绝承兑或拒绝付款时,若托收指示书上无特别提示,银行没有制作拒绝证书的义务,D正确。

6. AC。本题考查信用证。依《跟单信用证统一惯例》第6条c款,不得开立包含以申请人为汇票付款人的信用证。在信用证付款方式中,开证行审核受益人提供的单据,包括汇票,因而汇票不可能是由开证行自己出具的。A正确,汇票的付款人应当是开证行,因为是银行信用。B错,C正确,出票人应当是受益人。D错,依《跟单信用证统一惯例》的规定,信用证都是不可撤销的。

7. AB。本题考查托收。A正确,托收由收款的卖方向银行办理,填写托收委托书。B正确,应当向付款人买方提示。C错,依《国际商会托收统一规则》的规定,买方保证汇票和装运单据与托收指示书的表面一致,如发现任何单据有遗漏,应立即通知发出指示书的一方。D错,依《国际商会托收统一规则》的规定,除非事先征得银行同意,货物不应直接运交银行或以银行为收货人,银行无义务提取货物。银行对于跟单托收项下的货物无义务采取任何措施。

8. ACD。本题考查信用证欺诈及例外。依最高人民法院《关于审理信用证纠纷案件若干问题的规定》第10条有关"信用证欺诈的例外"的规定,即使存在信用证欺诈,但由于开证行或其指定人、授权人已对外付款承兑,故不能再通过司法手段干预信用证项下的付款行为。ACD都属于第8条规定的可以干预付款的情况,ACD正确。

9. BCD。A错误,根据《国际商会托收统一规则》,银行收到的款项在扣除必要的手续费和其他费用后必须按照指示书的规定无迟延地交付。B正确,银行不需要对承兑人签名的真实性负责任。C正确,根据《国际商会托收统一规则》,除非事先征得银行同意,货物不应直接运交银行或以银行为收货人,否则银行无义务提取货物。银行对于跟单托收项下的货物无义务采取任何措施。D正确,根据《国际商会托收统一规则》,银行对任何通知、信件或单据在寄送途中发生延误或失落所造成的一切后果,或对电报、电传、电子传送系统在传送中发生延误、残缺和其他错误,或对专门性术语在翻译上和解释上的错误,概不负责。

# 第五章　对外贸易管理制度

一、1. C。本题考查对外贸易管理制度中的知识产权保护。A 错，依《对外贸易法》第 29 条的规定，采用保护知识产权措施的是“国务院对外贸易主管部门”而不应是法院，且不能完全禁止侵权人销售，因为会有一些销售在外国进行，无法禁止。B 错，处理此事的机构不是法院。D 错，一国无法禁止侵权人在境外生产。C 正确，该措施主要针对的是禁止侵权产品“进口”到中国。

2. B。本题考查反倾销措施。依《反倾销条例》第 40 条的规定，反倾销税的纳税人为倾销进口产品的进口经营者，A 错。依该条例第 42 条的规定，反倾销税税额不超过终裁决定确定的倾销幅度，B 正确。依该条例第 31 条的规定，倾销进口产品的出口经营者在反倾销调查期间，可以向商务部作出改变价格或者停止以倾销价格出口的价格承诺。商务部可以向出口经营者提出价格承诺的建议。商务部不得强迫出口经营者作出价格承诺。选项 C 有强迫出口经营者作出价格承诺的意思，C 错。依该条例第 9 条的规定，倾销进口产品来自两个以上国家（地区），并且同时满足下列条件的，可以就倾销进口产品对国内产业造成的影响进行累积评估：(1) 来自每一国家（地区）的倾销进口产品的倾销幅度不小于 2%，并且其进口量不属于可忽略不计的……该条表明，不是在任何情况下，只要倾销进口产品来自两个以上国家，就可以累积评估，D 错。

3. A。世贸组织的争端解决机制不存在类似的国内民商法中的赔偿机制。因此，进口国不承担赔偿责任，C 错。补偿是自愿的，没有强制执行，一方不履行，另一方可经申请授权报复。因此，A 正确，D 错误。

4. C。本题考查反倾销措施。A 错，依《反倾销条例》第 20 条第 3 款的规定，商务部认为必要时，可以派出工作人员赴有关国家（地区）进行调查，但是，有关国家（地区）提出异议的除外。B 错，依该条例第 31 条第 2 款的规定，商务部可以向出口经营者提出价格承诺的建议，出口经营者不是必须接受。C 正确，依该条例第 42 条的规定，反倾销税税额不超过终裁决定确定的倾销幅度。D 错，依该条例第 48 条的规定，反倾销税的征收期限和价格承诺的履行期限不超过 5 年。但是，经复审确定终止征收反倾销税有可能导致倾销和损害的继续或者再度发生的，反倾销税的征收期限可以适当延长。

5. D。本题考查反倾销。A 错误，依《反倾销条例》第 42 条的规定，反倾销税税额应当不超过终裁确定的倾销幅度，不是“初步裁决”。B 错误，依该条例第 41 条的规定，反倾销税应当根据不同出口经营者的倾销幅度，分别确定。C 错，该条例第 38 条规定：“征收反倾销税，由商务部提出建议，国务院关税税则委员会根据商务部的建议作出决定，由商务部予以公告。海关自公告规定实施之日起执行。”D 正确，该条例第 57 条规定：“商务部负责与反倾销有关的对外磋商、通知和争端解决事宜。”

6. D。本题考查反倾销。根据《反倾销条例》第 33 条第 3 款的规定，调查机关在对倾销及其损害作出肯定的初步裁定前不得寻求或接受价格承诺，B 错，是“初裁”，不是“终裁”。该条例第 33 条第 2 款同时规定，调查机关不接受价格承诺的，应当向有关出口经营者说明理由，即对价格承诺，调查机关并非必须接受，A 错误。价格承诺和反倾销税不可以同时使用，C 错。D 正确，《反倾销条例》第 36 条规定，出口经营者违反其价格承诺的，商务部依照本条例的规定，可以立即决定恢复反倾销调查。

7. A。本题考查保障措施。依《保障措施条例》第 2 条的规定，进口产品数量增加，并对生产同类产品或者直接竞争产品的国内产业造成严重损害或者严重损害威胁的，可以采取保障措施，A 正确。B 错，保障措施中没有价格承诺。进口产品数量增加指进口数量的绝对增加或者与国内生产相比的相对增加，C 错。临时保障措施只能采取提高关税的形式，D 错。

二、1. AB。本题考查《反倾销条例》的规定。A 选项正确，《反倾销条例》第 43 条第 3 款规定低于已付或者应付的临时反倾销税或者为担保目的而估计的金额的，差额部分应当根据具体情况予以退还或者重新计算税额。B 选项正确，《反倾销条例》第 17 条规定支持者的产量占支持者和反对者的总产量的 50% 以上的，应当认定申请是由国内产业或者代表国内产业提出，可以启动反倾销调查。C 选项错误，《反倾销条例》第 32 条规定出口经营者不作出价格承诺或者不接受价格承诺的建议的，不妨碍对反倾销案件的调查和确定。可见出口经营者可以不接受商务部建议的价格承诺。D 选项错误，《反倾销条例》第 48 条规定反倾销税的征收期限和价格承诺的履行期限不超过 5 年；但是，经复审确定终止征收反倾销税有可能导致倾销和损害的继续或者再度发生的，反倾销税的征收期限可以适当延长。可见征收期限与倾销幅度并无直接关联。

2. AC。本题考查保障措施。A 正确，本题针对的是数量激增，属于采取保障措施的情形。B 错，依《保障措施条例》第 22 条的规定，“保障措施应当针对正在进口的产品实施，不区分产品来源国（地区）”，即保障措施不区分来源。C 正确，保障措施的调查针对所有来源的进口产品，适用范围应与调查范围保持一致。D 错，保障措施中没有价格承诺。

3. AB。本题考查保障措施。A 正确，本题出现的市场份额较大增加应当采取的是保障措施。B 正确，依《保障措施条例》第 22 条的规定，保障措施应当针对正在进口的产品实施,不区分产品来源国(地区)。C错,依该条例第7条的规定,数量增加包括绝对增加和相对增加,数量没有增加,但市场份额增加属于相对增加,也可以申请采取保障措施。D错,价格承诺是反倾销措施中的一种,并不属于保障措施的范畴。

4. AD。A正确,反倾销针对来源,而保障措施不针对来源。B错,在保障措施的因果关系上,只要求进口增加是原因之一即可,被调查对象是原因之一,其他因素造成的损害不得归因于被调查对象。C错,反倾销有价格承诺,保障措施没有价格承诺。D正确,保障措施的调查针对所有来源的进口产品,适用范围应与调查范围保持一致,具体的实施方式可以采取提高关税的形式,也可以采取数量限制的形式。因果关系的要求,决定了措施适用范围与调查范围的一致性,这也为世贸组织争端解决机构的裁决所支持。

5. ABC。本题考查反倾销。根据《反倾销条例》第28条的规定,初裁决定确定倾销成立,并由此对国内产业造成损害的,可以采取下列临时反倾销措施:(1)征收临时反倾销税;(2)要求提供保证金、保函或者其他形式的担保。临时反倾销税税额或者提供的保证金、保函或者其他形式担保的金额,应当不超过初步裁决确定的倾销幅度。根据该条,ABC均正确。另外,根据《反倾销条例》第43条第3款的规定,终裁决定确定的反倾销税,高于已付或应付的临时反倾销税或者为担保目的而估计的金额的,差额部分不予收取;低于已付或者应付的临时反倾销税或者为担保目的而估计的金额的,差额部分应当根据具体情况予以退还或者重新计算税额。由此可见,对于已征收过临时反倾销税的情况,终裁反倾销税的征收采取"多退少不补"的原则,D错。

6. BCD。本题考查补贴的种类。依《反补贴条例》第3条第3款第3项,出口国(地区)政府提供除一般基础设施以外的货物、服务,或者由出口国(地区)政府购买货物属于补贴。出资兴建一出口国通向口岸的高速公路属于一般基础设施,不属于补贴,故A不在补贴之列。依该款第2项,出口国(地区)政府放弃或者不收缴应收收入属于财政资助的形式。因此,减免税属于财政资助的范围,故B属于补贴。依该款第1项的规定,出口国(地区)政府以拨款、贷款、资本注入等形式直接提供资金,或者以贷款担保等形式潜在地直接转让资金或者债务的,属于财政资助的范围,故C项属于补贴。依该款第4项,出口国(地区)政府通过向筹资机构付款,或者委托、指令私营机构履行上述职能属于财政资助,因此,虽然政府没有直接付款,但仍然属于补贴的范围,D属于补贴。

7. CD。本题考查反倾销。A错,依我国《反倾销条例》的规定,国内生产者和商务部均可发起反倾销调查。B错,该条例第39条规定,反倾销税适用于终裁决定公告之日后进口的产品,但属于该条例第36条、第43～44条规定的情形除外,即还可以追溯征收。C正确,该条例第42条规定,反倾销税税额不超过终裁决定确定的倾销幅度。D正确,反倾销税应向进口商征收。

8. ACD。根据《反倾销条例》第27条第1款的规定,有下列情形之一的,反倾销调查应当终止,并由商务部予以公告:(1)申请人撤销申请的;(2)没有足够证据证明存在倾销、损害或者二者之间有因果关系的;(3)倾销幅度低于2%的;(4)倾销进口产品实际或者潜在的进口量或者损害属于可忽略不计的;(5)商务部认为不适宜继续进行反倾销调查的。ACD均正确,B倾销幅度应为2%,不正确。

9. ABC。《反倾销条例》第36条规定:"出口经营者违反其价格承诺的,商务部依照本条例的规定,可以立即决定恢复反倾销调查;根据可获得的最佳信息,可以决定采取临时反倾销措施,并可以对实施临时反倾销措施前90天内进口的产品追溯征收反倾销税,但违反价格承诺前进口的产品除外。"A项说法与法律规定一致,正确。

《反倾销条例》第33条第2款规定:"商务部不接受价格承诺的,应当向有关出口经营者说明理由。"因此,B项说法正确。

《反倾销条例》第53条规定:"对依照本条例第二十五条作出的终裁决定不服的,对依照本条例第四章作出的是否征收反倾销税的决定以及追溯征收、退税、对新出口经营者征税的决定不服的,或者对依照本条例第五章作出的复审决定不服的,可以依法申请行政复议,也可以依法向人民法院提起诉讼。"因此出口经营者对商务部价格承诺复审可以提起行政诉讼,C项说法正确,D项说法错误。

## 第六章　世界贸易组织

一、1. D。本题考查WTO国民待遇和争端解决机制相关规则。A错误,WTO的争端解决机构处理的是国家间争端,企业无权在WTO起诉国家。B错误,按照《关于争端解决规则与程序的谅解》,磋商是申请设立专家组的前提条件,但磋商范围与专家组审理范围无必然对应关系。C错误,争端解决机构采取"反向一致"原则进行投票,即要使某一争端解决报告不通过,必须全体均不通过。仅有半数反对,该报告仍可通过。D正确,按照《关于争端解决规则与程序的谅解》,如败诉方在合理期限内没有执行裁决,胜诉一方可以向争端解决机构申请授权报复。

2. C。本题考查世界贸易组织的最惠国待遇。A不违反,A型钢材和B型钢材不是同类产品,因此,给予二者不同的关税并不违反最惠国待遇。B不违反,丙国不是世界贸易组织成员，因此，甲国给予来自乙国和丙国的A型钢材以不同的关税是不违反最惠国待遇的。C项给予两世界贸易组织成员的同类产品以不同的关税，违反最惠国待遇。D不违反，《关税及贸易总协定》允许对造成国内产业损害的倾销进口征收反倾销税。

3. C。本题考查服务贸易。《服务贸易总协定》界定了服务贸易的范围，包括跨境交付、境外消费、在服务消费国的商业存在和自然人的临时流动。其中，跨境交付是指服务的提供者在一个成员国的领土上向任何其他成员国领土内服务消费者提供服务。境外消费是指服务的提供者在一个成员国境内向来自另一个成员国的服务消费者提供消费。商业存在，是指某一成员国的服务提供者通过在另一成员国境内设立商业或专业机构，为后者境内的服务消费者提供服务。自然人流动，是指一成员国的服务提供者以自然人身份进入任何其他成员国的领土提供服务。在本题中，A属于跨境交付，B属于境外消费，C属于商业存在，D属于自然人流动。

二、1. CD。本题考查世界贸易组织争端解决。本题涉及世界贸易组织贸易政策评审结果的效力。世界贸易组织的贸易政策的评审结果和提出的建议对被评审的成员没有约束力，但被评审的成员如果不作出改进，则很可能被其他成员利用争端解决程序提出指控，应选CD。

2. CD。本题考查世界贸易组织的组织机构。A正确，部长级会议有权决定豁免某个成员在特定情况下的义务。B正确，总理事会是世界贸易组织常设权力机构，在部长级会议休会期间处理世界贸易组织的日常事务。C错在后半句，贸易政策审议机构与总理事会实际上是同一个机构，只不过根据不同的职权范围分别召开会议，贸易政策审议机构和总理事会都向最高权力机构——部长级会议，报告工作。因此，说贸易政策审议机构向总理事会报告工作是错误的。D错，总干事和秘书处是国际性质的，不代表其本国。

3. AD。本题考查世界贸易组织的主要法律制度。A正确，依《服务贸易总协定》第1条的规定，政府采购服务是排除在外的。B项错误，境外消费是指在一国境内向其他国的服务消费者提供服务——消费者的流动。甲国公民接受甲国分支机构的服务，同处于一国之内，所以不属于境外消费。C错误，依该协定第2条的规定，在本协定项下的任何措施方面，各成员应立即无条件地予任何其他成员的服务和服务提供者以不低于其给予任何其他国家相同的服务和服务提供者的待遇……所以最惠国待遇是包括服务提供者的。D项正确，依该协定第17条的规定，在列入其承诺表的部门中，在遵照其中所列条件和资格的前提下，每个成员在所有影响服务提供的措施方面，给予任何其他成员的服务和服务提供者的待遇不得低于其给予该国相同服务和服务提供者的待遇……。

4. AB。本题考查世界贸易组织的主要法律制度。A正确，WTO的各规则可以共同适用、累计适用。C错误，货物贸易规则、服务贸易规则、与贸易有关的知识产权规则是相互独立的、并行的：某一事项可能同时受3类规则的调整；某一项贸易措施受其中一个协议的调整，并不表明它不受其他协议的支配。D错误，就货物贸易规则而言，12个货物协议优先于《1994年关税及贸易总协定》。《WTO协定》本身规定，在该协定与任何多边贸易协议条款冲突时，以《WTO协定》为准，这是世界贸易组织规则之间的相互关系的一条原则性规定，因此B正确。

## 第七章　国际经济法领域的其他法律制度

一、1. A。本题考查最高人民法院《关于审理独立保函纠纷案件若干问题的规定》。A正确，根据最高人民法院《关于审理独立保函纠纷案件若干问题的规定》第5条第1款的规定，独立保函载明适用《见索即付保函统一规则》等独立保函交易示范规则的，人民法院应当认定交易示范规则的内容构成独立保函条款的组成部分。《见索即付保函统一规则》是合同示范条款，因此与规则不一致的部分属于当事人的有效约定。B错误，根据上述规定第3条第2款的规定，当事人以独立保函记载了对应的基础交易为由，主张该保函性质为一般保证或连带保证的，人民法院不予支持。C错误，根据上述规定第14条第1款第3项的规定，止付申请人申请中止支付保函项下款项的，必须提供足以弥补被申请人因止付可能遭受损失的担保。D错误，根据上述规定第14条第1款第1项的规定，止付申请人申请中止支付保函项下款项，必须满足“高度可能性”证明标准，而非“排除合理怀疑”。

2. A。本题考查国际税法。CRS与双边协定中的情报交换条款有所不同，双边协定中的情报交换是依申请进行的，并非自动完成，申请时需要提供涉税的证明材料。而CRS将是自动的、无须提供理由的信息交换。只有A正确。

3. A。本题涉及国际技术转让中独占许可证的特点，在国际技术转让中，独占性许可是指被许可方在约定的区域内，在约定的时期独占使用该项技术，即便是技术所有人自己也不能使用。但需特别注意的是独占使用是有特定区域和特定时期的，因而在此特定区域、特定时期之外，技术所有人不仅自己可以使用，也可以许可其他人使用。A正确。

4. D。本题考查独立保函。A错，依最高人民法院《关于审理独立保函纠纷案件若干问题的规定》第7

条第2款的规定,单据与独立保函条款之间、单据与单据之间表面上不完全一致,但并不导致相互之间产生歧义的,人民法院应当认定构成表面相符。B错,依该规定第8条第3款的规定,开立人拒绝接受不符点,受益人以保函申请人已接受不符点为由请求开立人承担付款责任的,人民法院不予支持。C错,依该规定第22条第1款的规定,当事人对适用法律没约定的,才适用开立人经常居所地法律。D正确,本题当事人约定适用《见索即付保函统一规则》,依该规定第5条第1款的规定,独立保函载明适用《见索即付保函统一规则》等独立保函交易示范规则,或开立人和受益人在一审法庭辩论终结前一致援引的,人民法院应当认定交易示范规则的内容构成独立保函条款的组成部分。

5. C。本题考查国际融资法。适用于备用信用证的《跟单信用证统一惯例》也将信用证与基础合同严格区分开来,A错。担保意愿书应作通常意义上的理解,一般并不构成法律上的保证,而仅仅是愿意提供担保的一种意思表示,B错。见索即付保函是一种银行保函,出具保函的银行只要接到相关权利人的书面索赔请求就产生支付保函项下款项的义务。这种保函具有突出的独立性,与基础合同严格区分开来,C正确。浮动担保起源于普通法系国家,并在当今国际融资交易中被广泛地运用。我国法律部分地采用了该制度,为我国的基础设施建设提供了一种融资途径。浮动担保的特点之一是用于担保的财产的价值是不固定的,可以包括担保人现在和未来的收益等。浮动担保的担保物在担保期间处于不确定的浮动状态,但担保权的行使应有明确、固定的标的物,D错。

6. B。本题考查国际投资法。依《关于解决国家和他国国民之间投资争端公约》的规定,该中心仅对争端双方书面同意提交裁决的争端有管辖权,A称“单方申请”错误,B正确。该中心的管辖权具有排他的效力,即双方可以在不用尽当地救济的基础上将争端提交仲裁。例外情况是,依该公约第26条的规定,缔约国可以要求以用尽当地各种行政或司法救济,作为其同意依公约交付仲裁的一个条件,C错。依该公约第42条第1款的规定,中心仲裁庭应依争端双方可能同意的法律规则对争端作出裁决,如果争端双方没有对应适用的法律规则达成协议,则仲裁庭应适用作为争端一方的缔约国的国内法(包括该方冲突法规则)以及可适用的国际法规则,D错。

7. A。本题考查知识产权的国际保护。A正确,依《巴黎公约》第4条的规定,优先权的取得不是自动的,优先权的获得,需要申请人于“在后申请”中提出优先权申请并提供有关证明文件。B错,依《巴黎公约》第6条,对商标的国际保护受地域性和独立原则的限制,只有驰名商标才可以受到成员国普遍性的保护。C错,依《伯尔尼公约》第3条,该作品首次在该公约的一个成员国国内发表的,其他国家也需依此事实加以保护,即所谓作品国籍原则。D错,《与贸易有关的知识产权协定》将计算机程序和有独创性的数据汇编列为了版权保护对象。

8. B。本题考查国际税法中的税收管辖权问题。A错,B正确,朴贞兰的劳务所得属于个人从事独立性的专业活动所得的收入,因朴贞兰在中国停留超过了183天,183天的免税期源于中国与其他国家或地区签订的避免双重征税和防止偷漏税的协定或安排,故超过了183天,中国有权对朴贞兰征税。CD错,朴贞兰的国籍国如认定朴贞兰该国的纳税居民身份,则可以对朴贞兰在全球的收入行使征税权。

9. A。本题综合考查服务贸易的方式和国际税法。A正确,《服务贸易总协定》通过4种服务贸易方式来调整服务贸易,外国实体在另一国境内设立分支机构,提供服务属于商业存在。B错,西蒙是甲国的纳税居民,即纳税人对其居民所属国承担的是无限纳税义务,他需要向甲国纳税。C错,两个国家对同一纳税人的同一笔所得在同一时期征收相同或相类似的税收的,构成国际重复征税,而不是重叠征税。D错,即使乙国不认为西蒙是其纳税居民,乙国仍可行使来源国税收管辖权,乙国有权对西蒙来自设在乙国的分支机构的所得征税。

10. A。本题考查国际税法中的税收管辖权。A正确,D错误,如甲国和乙国对摩斯在乙国的收入同时征税,属于国际重复征税。B错,上述出现的是居民税收管辖权的冲突,而不是来源税收管辖权的冲突。该问题的协调主要是通过双边协定。C错误,甲国是依国籍确定纳税居民的身份,摩斯被确定为甲国的纳税居民后,即被认定为对甲国承担无限纳税义务,即对在甲国境内和境外的收入均需承担纳税义务。

11. C。本题考查国际投资法。A错误,“投资方违约险”应当是“政府违约险”。政府违约险针对的情形是东道国对担保权人违约,且担保权人无法求助于司法或仲裁部门对违约的索赔作出裁决,或司法或仲裁部门未能在合理期限内作出裁决,或有这样的裁决而不能实施。东道国的违约行为包括东道国作为主权者的违约行为和作为一般商业伙伴的违约行为。B错误,因为如投资者和东道国联合申请,且用于投资的资本来自东道国境外,经多边投资担保机构董事会特别多数票通过,可将合格投资者扩大到东道国的自然人、在东道国注册的法人以及多数资本为东道国国民所有的法人。C选项正确,多边投资担保机构只对发展中国家成员领土内的投资予以担保,并不限制投资者来自发展中国家还是发达国家。D错误,多边投资担保机构要求外资必须能够在发展中国家东道国得到公正平等的待遇和法律保护,并未要求必须有双边投资协定。

12. B。本题考查国际知识产权保护。根据许可协议可适用的地域范围以及使用权范围的大小,可将许可协议分5种:独占许可协议、排他许可协议(独家许可协议)、普通许可协议、交叉许可协议和分许可协议。只有普通许可协议(含有允许再许可条款)和分许可协议才有可能使受让方将其使用权再行转让给第三方。但是,受让方和第三方的协议只能是普通许可协议。

二、1. BC。本题考查《伯尔尼公约》中的“作品国籍”、自动保护与版权独立原则。A错误,B正确,依《伯尔尼公约》有关国民待遇的规定,作品只要在一个成员国和非成员国同时出版(30天之内),则在一切成员国中享有国民待遇。本题贝斯的作品符合同时出版的要求,因此在乙国享有国民待遇。C正确,依《伯尔尼公约》第5条的自动保护原则,享有及行使依国民待遇所获得的有关权利时,不需要履行任何手续。D错误。依《伯尔尼公约》第5条的版权独立原则,享有国民待遇的人在公约任何成员国所得到的著作权,不依赖于其作品在来源国受到的保护。

2. ABC。本题考查国际税法。在CRS下,下列资产信息将被交换,包括存款账户、托管账户、投资机构的股权或者债权权益账户,基金、信托计划、专户/集合类资产管理计划,具有现金价值的保险合同或者年金合同等。故ABC当选。被交换的个人信息包括但不限于个人账户、账户余额、姓名、国籍、出生日期、年龄、性别、居住地。只有产生现金流的资产、有现金价值的金融资产,才需要申报;不产生现金流的资产,如不动产、艺术品、贵金属等均不需要申报。故D不当选。

3. BCD。本题考查投资担保制度。A正确,《多边投资担保机构公约》第14条明确规定,机构只对在发展中国家会员国境内所作的投资予以担保。因此,只有乙国是发展中国家,向乙国的投资,机构才予以担保。BC错误,导致货币汇兑风险的行为可以是东道国采取的积极行为,如明确以法律等手段禁止货币的兑换和转移,也可以是消极地限制货币兑换或汇出。D错误,应当是代位取得向东道国的索赔权,而不是甲公司的母国。

4. AD。本题涉及《关于解决国家和他国国民之间投资争端公约》争议解决程序。A正确,依《关于解决国家和他国国民之间投资争端公约》第54条第1款的规定,每一缔约国都应承认依照公约作出的裁决对其具有约束力,并赋予该裁决等同于其国内法院终审判决的效力。因此,中心的裁决不能在国内法院上诉。B错,D正确,依《关于解决国家和他国国民之间投资争端公约》第25条第1款的规定,中心仅对争端双方书面同意提交给中心裁决的争端有管辖权。因此,仅有一方提起争端解决程序不满足中心的管辖权要件。C错误,依《关于解决国家和他国国民之间投资争端公约》第25条第1款的规定,中心的管辖权适用于一缔约国和另一缔约国国民之间直接因投资而产生的任何法律争端,而非与直接投资有关的争议。

5. AD。本题考查海外投资保险。依《多边投资担保机构公约》中的海外投资保险,A正确,政府违约险承保东道国对担保权人的违约,且担保权人无法求助于司法或仲裁部门对违约的索赔作出裁决,或司法或仲裁部门未能在合理期限内作出裁决,或有这样的裁决而不能实施。B错,货币汇兑险承保由于东道国的责任而采取的任何措施,投资人无法自由将其投资所得、相关投资企业破产的清算收入及其他收益兑换成可自由使用的货币,或依东道国的法律,无法将相关收益汇出东道国的风险,但货币贬值属于典型的商业风险,不在货币汇兑险的承保范围内。C错,东道国为了管辖境内的经济活动而采取的普遍适用的措施,不应被视为征收。选项中乙国颁布新的所得税法属于普遍行为,不具有针对性。D正确,内乱通常指直接针对政府的,为推翻该政府或将该政府驱逐出特定地区的有组织的暴力活动,主要由追求广泛的政治或思想目标的集团所引起或实施。

6. ABD。本题考查国际知识产权法。国民待遇原则是《伯尔尼公约》的一个重要的基本原则。其中关于享受国民待遇的主体包括以下5种:其一,公约成员国的国民,其作品无论是否已出版,均应在一切成员国中享有国民待遇。这是公约的作者国籍标准,又称人身标准。其二,非公约成员国国民,其作品只要是首先在任何一个成员国出版,或在一个成员国或非成员国同时出版(30天内),也应在一切成员国中享有国民待遇。这是公约的作品国籍标准,又称为地理标准。其三,非公约成员国的国民而在成员国中有惯常居所,也适用上述人身标准。其四,对于电影作品的作者来说,只要有关电影的制片人的总部或惯常居所在公约成员国中,该电影作者也依据上述地理标准享有国民待遇。其五,对于建筑作品及建筑物中的艺术品(必须和该建筑物不可分)的作者来说,只要有关建筑物位于公约成员国地域内,其作者也依据上述地理标准享有国民待遇。C不应当给予国民待遇,因为乙国制片人在甲国并无住所或惯常居所,只是到甲国采风,不符合公约的标准。ABD都可以。

7. AC。本题涉及备用信用证及其特点。备用信用证是指担保人应借款人的要求,向贷款人开具备用信用证,当贷款人向担保人出示备用信用证及借款人违约证明时,担保人须按信用证的规定支付款项的保证。备用信用证特点是,贷款人出具信用证要求的违约证明时,保证人即向贷款人付款,不需要对违约的事实进行审查,A正确,B错。备用信用证与商业跟单信用证适用不同的国际惯例,前者适用《国际备用信用证惯例》,后者适用《跟单信用证统一惯例》,C正确。

备用信用证独立于国际贷款协议,在贷款协议无效时,开证行仍须承担保证责任,D错。

8. ABCD。本题考查独立保函。依最高人民法院《关于审理独立保函纠纷案件若干问题的规定》第11条第1款的规定,独立保函具有下列情形之一,当事人主张独立保函权利义务终止的,人民法院应予支持:(1)独立保函载明的到期日或到期事件届至,受益人未提交符合独立保函要求的单据;(2)独立保函项下的应付款项已经全部支付;(3)独立保函的金额已减额至零;(4)开立人收到受益人出具的免除独立保函项下付款义务的文件;(5)法律规定或者当事人约定终止的其他情形。因此,ABCD均属于可以终止的情形。

9. ACD。ACD3项都是特别提款权的特点,因此是正确的。特别提款权不能由私人企业持有和使用,因此B错误。

10. ACD。本题考查国际知识产权保护。张成属于甲国公民,即非成员国公民,其文章要在中国享有国民待遇,只能依照“作品国籍”标准,在成员国首次发表,从而享有在一切成员国的国民待遇,A正确,B错误。在CD项中,玛丽为成员国的公民,中国为公约缔约国,根据“作者国籍”标准,玛丽的作品,无论发表与否或在任何国家首次发表,依据《伯尔尼公约》的规定,在中国都享有国民待遇。因此,CD正确。

11. AD。本题考查国际税法。A正确,两个或两个以上国家各依自己的税收管辖权按同一税种对同一纳税人的同一征税对象在同一征税期限内同时征税属于重复征税。B错,因甲乙两国都认为汉森是其纳税居民,居民税收管辖权指一国政府对于本国税法上的居民纳税人来自境内及境外的全部财产和收入实行征税的权力,故甲国可以对汉森在乙国的收入征税。C错,即使投资公司是甲国的纳税义务人,乙国仍然可对该公司行使来源国税收管辖权。D正确,国际重叠征税指两个或两个以上国家对同一笔所得在具有某种经济联系的不同纳税人手中各征一次税的现象。

12. ABD。本题考查国际金融法。ABD3项都符合特别提款权使用的特点。特别提款权不能由私人企业持有和使用。

13. ABCD。本题考查独立保函。依最高人民法院《关于审理独立保函纠纷案件若干问题的规定》第12条,具有下列情形之一的,人民法院应当认定构成独立保函欺诈:(1)受益人与保函申请人或其他人串通,虚构基础交易的;(2)受益人提交的第三方单据系伪造或内容虚假的;(3)法院判决或仲裁裁决认定基础交易债务人没有付款或赔偿责任的;(4)受益人确认基础交易债务已得到完全履行或者确认独立保函载明的付款到期事件并未发生的;(5)受益人明知其没有付款请求权仍滥用该权利的其他情形。因此,ABCD均构成独立保函欺诈。

14. AD。本题考查见索即付保函和投资争端的解决。A正确,该选项涉及见索即付保函的无条件性,见索即付保函具有无条件性。受益人只要提交了与保函中的约定相符合的索赔文件,担保人即应付款。B错,依《关于解决国家和他国国民之间投资争端公约》第27条第1款,当争议被交付中心仲裁后,缔约国不应采取外交保护措施。C错误,D正确,该公约第53条第1款规定,中心的裁决对争端各方均具有约束力,不得进行任何上诉或采取任何其他除本公约规定外的补救办法。